D1705194

Schierenbeck / Rolfes / Schüller
(Herausgeber)
Handbuch Bankcontrolling

Prof. Dr. Henner Schierenbeck
Prof. Dr. Bernd Rolfes
Dr. Stephan Schüller

Handbuch Bankcontrolling

2., überarbeitete und erweiterte Auflage

Die Deutsche Bibliothek – CIP-Einheitsaufnahme

Ein Titeldatensatz für diese Publikation ist bei
Der Deutschen Bibliothek erhältlich

1. Auflage 19994
2., überarbeitete und erweiterte Auflage Juni 2001

Lektorat: Guido Notthoff

Der Gabler Verlag ist ein Unternehmen der Fachverlagsgruppe BertelsmannSpringer.

www.gabler.de

Satz: Fotosatz L. Huhn, Maintal-Bischofsheim
Druck: Wilhelm & Adam, Heusenstamm
Buchbinder: Osswald & Co., Neustadt/Weinstraße
Printed in Germany

ISBN 3-409-24199-X

Vorwort zur 2. Auflage

Der 1995, also vor rund sechs Jahren im Vorwort der ersten Auflage vom Handbuch Bankcontrolling beschriebene Anpassungs- und Restrukturierungsdruck im Bank- bzw. allgemeinen Finanzdienstleistungsgewerbe hält auch im Jahre 2001, im neuen Jahrtausend, unvermindert an. Man könnte sogar weitergehend die These vertreten, dass seitdem die Entwicklung sowohl im Bezug auf die Geschwindigkeit als auch die Intensität und Stärke des Strukturwandels noch zugenommen hat. Und aus heutiger Sicht ist ein Ende noch nicht abzusehen. Dieser Herausforderung musste sich die Neuauflage stellen. Angesichts der entsprechenden Entwicklung auch im Bankcontrolling durfte sich eine Neuauflage des Handbuchs grundsätzlich nicht darauf beschränken, lediglich die alten Beiträge zu überarbeiten.

Die Herausgeber, die sich nach dem Rücktritt von Hubertus Moser, ehemals Vorstandsvorsitzender der Bankgesellschaft Berlin, und der Aufnahme von Dr. Stephan Schüller, Mitglied des Vorstands der Hypovereinsbank München, sowie von Prof. Dr. Bernd Rolfes, Direktor des European Center of Financial Services an der Gerhard-Mercator-Universität in Duisburg, in den Herausgeberkreis für die zweite Auflage formiert haben, sahen sich infolgedessen vor die Aufgabe gestellt, das Handbuch Bankcontrolling neu zu konzipieren und zugleich die Zahl der Beiträge signifikant zu erhöhen.

Rein quantitativ hat sich die Zahl der berücksichtigten Beiträge mit 70 gegenüber 1995 fast verdoppelt. Allein dies mag verdeutlichen, welchen Entwicklungsschub das Bankcontrolling in den letzten Jahren wiederum vollzogen hat. Aber auch die Themen der aufgenommenen Beiträge haben sich erweitert und ausdifferenziert.

Natürlich dürfen die „klassischen" Themen zur Konzeption einer ertragsorientierten Banksteuerung und den dazu erforderlichen Instrumenten auch in der neuen Auflage nicht fehlen. Ergänzt werden diese aber nunmehr von zahlreichen Beiträgen, die sich um den Shareholder-Value-Ansatz gruppieren. Neuere theoretische Erkenntnisse ebenso wie praktische Erfordernisse machen es darüber hinaus erforderlich, dem modernen Risikocontrolling ein stärkeres Gewicht als noch in der ersten Auflage zu geben. Deutlich wird dies an den neu aufgenommenen Beiträgen zur Modellierung des Kreditrisikos, der Einbeziehung des Problemkomplexes „Operationelle Risiken" sowie dem Eingehen auf die Diskussion um die Anpassung bankaufsichtsrechtlicher Risikonormen. Besondere Erwähnung verdienen auch die Beiträge zur Gesamtbanksteuerung, die als Konzept einer integrierten Rendite- und Risikosteuerung das klassische Rentablitätscontrolling mit dem modernen Risikocontrolling verknüpfen.

Schließlich sollte nicht unerwähnt bleiben, dass Beiträge zur IT-Problematik des Bankcontrolling, zu neuen Instrumenten, wie beispielsweise der Balanced-Scorecard sowie besonderen Aspekten des Controllings spezifischer Geschäftsbereiche, wie beispielsweise dem Vermögensverwaltungs-, dem Beteiligungs- und dem Bauspargeschäft, neu aufgenommen wurden.

Den besonderen Reiz des Handbuches schafft im übrigen auch die bewusste Mischung von theoretischen Controllingbeiträgen und ausgeprägten Praxisberichten zum Stand und zur Entwicklung des Controlling in den Banken selbst.

Hinter allen Beiträgen steht ein illustrer Kreis renommierter Wissenschaftler und Praktiker, die sich in die Herausforderung einbinden ließen, einen umfassenden Überblick über den Entwicklungsstand des modernen Bankcontrolling zu liefern. Die Herausgeber sind allen Autoren, die mit ihrem Engagement dieses imponierende Gesamtwerk letztlich erst ermöglicht haben, zu großem Dank verpflichtet. Auf Seiten der Herausgeber haben zahlreiche Helfer zum Gelingen des Gesamtprojektes beigetragen.

An erster Stelle ist hier Herr Dipl. Kfm. Antony Zhou zu erwähnen, der die Gesamtkoordination des Werkes geleitet hat. Ihm zur Seite standen die studentischen Hilfskräfte der Abteilung Bankmanagement und Controlling an der Universität Basel, insbesondere Frau Stefanie Falciani, Frau Bich Lien Luu, Herr Michael Zimmermann sowie Herr Kilian Reber. Ihnen allen gebührt der herzliche Dank der Herausgeber.

Basel/München/Duisburg, im Mai 2001

HENNER SCHIERENBECK
BERND ROLFES
STEPHAN SCHÜLLER

Inhaltsverzeichnis

C. Rentabilitätscontrolling

I. Management Accounting für das Bankcontrolling

II. Planung von Zielgrößen im Rentabilitätscontrolling

III. Rentabilitätsanalyse und Rentabilitätssteuerung

D. Risikocontrolling

I. Risikomessung und Risikosteuerung

II. Bankaufsichtsrechtliche Risikonormen

III. Gesamtbanksteuerung: Integration von Rendite- und Risikosteuerung

E. Geschäftsbereichscontrolling

Autorenverzeichnis

Professor Dr. Peter Albrecht	Professor für Allgemeine Betriebswirtschaftslehre, Risikotheorie, Portfolio Management und Versicherungswirtschaft an der Universität Mannheim
Dr. Torsten Arnsfeld	Stellvertretender Abteilungsdirektor im Zentralbereich Konzernentwicklung und Vorstandsangelegenheiten bei der HypoVereinsbank AG, München
Professor Dr. Klaus Backhaus	Leiter des Betriebswirtschaftlichen Instituts für Anlagen- und Systemtechnologien der Universität Münster
Professor Dr. Jörg Baetge	Professor am Institut für Revisionswesen der Universität Münster
Kai Baetge	Geschäftsführer der Baetge & Partner GmbH & Co. KG, Münster
Dr. Thomas Bannert	Senior Manager der zeb/rolfes.schierenbeck.associates, Münster
Dr. Ralf Benna	Bereichsleiter für Rechnungswesen und Controlling bei der Norisbank AG, Nürnberg
Andreas Bezold	Stellvertretendes Mitglied des Vorstandes der Dresdner Bank AG, Frankfurt am Main
Dr. Peter Bohnenkamp	Business Unit Manager Banken bei der Plaut Consulting München, Ismaning
Dr. Gerrit Jan van den Brink	Senior Manager der zeb/rolfes.schierenbeck.associates, Frankfurt am Main
Dr. Frank Bröker	Referatsleiter bei der Dresdner Bank AG, Frankfurt am Main
Werner Brunner	Mitglied des Vorstandes der Stadtsparkasse München
Professor Dr. Hans E. Büschgen (em.)	Professor für Allgemeine Betriebswirtschaftslehre und Bankbetriebslehre an der Universität zu Köln
Ulrich Burchard	Mitglied der Geschäftsleitung der A. T. Kearney GmbH, Düsseldorf
Dr. Christian Burmester	Bereichsleiter Kreditrisiko und Portfoliosteuerung bei der Bankgesellschaft Berlin AG, Berlin
Professor Dr. Uwe Christians	Professor am Institut für Wirtschaftswissenschaften der Fachhochschule Lausitz

Dr. Karl F. Cordewener	Stellvertretender Generalsekretär der Bank für Internationalen Zahlungsausgleich (BIZ), Basel
Steven H. Disman	Generalbevollmächtigter der Citibank Privatkunden AG, Düsseldorf
Dr. Matthias Everding	Mitglied des Vorstandes der Stadtsparkasse Nürnberg
Dr. Oliver Everling	Geschäftsinhaber der Everling Advisory Services, Frankfurt am Main
Dr. Heino Fassbender	Direktor der Unternehmensberatung McKinsey & Company, Frankfurt am Main
Dr. Beat M. Fenner	Mitglied der Geschäftsleitung, Abteilung CG der Credit Suisse, Zürich
Eelco Fiole	Director Corporate Center Operations der UBS AG, Basel
Dr. Thomas R. Fischer	Mitglied des Vorstandes der Deutsche Bank AG, Frankfurt am Main
Dr. Rolf Flechsig	Mitglied des Vorstandes der Berliner Volksbank eG, Berlin
Dr. Johann Rudolf Flesch	Mitglied des Vorstandes der DG Bank AG, Frankfurt am Main
Dr. Norman Gehrke	Abteilungsdirektor im Zentralbereich Konzernentwicklung und Vorstandsangelegenheiten bei der HypoVereinsbank AG, München
Professor Dr. Hans Geiger	Professor am Institut für schweizerisches Bankwesen, Zürich
Hermann Groß	Konzernstabsleiter der Dresdner Bank AG, Frankfurt am Main
Oliver Haas	Wissenschaftlicher Mitarbeiter am Lehrstuhl für Finanzdienstleistungen und Finanzmanagement an der Universität Kaiserslautern
Stephan Haeringer	Chief Executive Officer UBS Schweiz der UBS AG, Zürich
Professor Dr. Thomas Heidorn	Professor an der Hochschule für Bankwirtschaft, Frankfurt am Main
Eberhard Heinke	Präsident der Landeszentralbank Nordrhein-Westfalen, Düsseldorf
Dr. Volker G. Heinke	Projektleiter Asset/Liability Management bei der Westfälischen Provinzial, Münster

Dr. Matthias Heinrich	Abteilungsleiter Kreditrisiko-Controlling bei der GZ Bank AG, Frankfurt am Main/Stuttgart
Hans-Christian Hentrich	Leiter der Abteilung Ergebnis-Controlling bei der Westdeutschen Genossenschafts-Zentralbank eG, Düsseldorf
Professor Dr. Erwin W. Heri	Chief Financial Officer der Credit Suisse Financial Services, Zürich
Professor Dr. Reinhold Hölscher	Professor für Finanzdienstleistungen und Finanzmanagement an der Universität Kaiserslautern
Dr. Susanne Homölle	Wissenschaftliche Mitarbeiterin am Institut für Kreditwesen der Universität Münster
Professor Dr. Péter Horváth	Professor für Allgemeine Betriebswirtschaftslehre und betriebswirtschaftliche Planung an der Universität Stuttgart
Professor Dr. Detlev Hummel	Professor für Betriebswirtschaftslehre an der Universität Potsdam
Dr. Karl Kauermann	Vorsitzender des Vorstands der Berliner Volksbank eG, Berlin
Dr. Stefan Kirmße	Geschäftsführender Partner der zeb/rolfes.schierenbeck.associates, Münster
Dr. Dirk Kleine	Leiter des Bereiches Financial Services und Mitglied der Kienbaum Management Consultants, Düsseldorf
Dr. Martin Knippschild	Bereichsleiter bei der Dresdner Bank AG, Frankfurt am Main
Patrick Knust	Wissenschaftlicher Mitarbeiter am Institut für Allgemeine Betriebswirtschaftslehre und betriebswirtschaftliche Planung an der Universität Stuttgart
Dr. Ulrich Koch	Wissenschaftlicher Mitarbeiter am Lehrstuhl für Banken und Betriebliche Finanzwirtschaft an der Gerhard-Mercator-Universität Duisburg
Peter König	Leiter des Bereichs Konzernentwicklung bei der Bankgesellschaft Berlin AG
Professor Dr. Wilfried Krüger	Professor für Betriebswirtschaftslehre an der Justus-Liebig-Universität Gießen
Dr. Ariane Kruse	Projektmanagerin beim Westfälisch-Lippischen Sparkassen- und Giroverband, Münster

Reinhard Kutscher	Direktor der DG Bank AG, Frankfurt am Main
Dr. Frank B. Lehrbass	Referatsleiter und Prokurist der Westdeutschen Landesbank, Düsseldorf
Dr. Reinhold Leichtfuß	Direktor bei McKinsey & Company, Frankfurt am Main
Michael Lichtenberg	Abteilungsdirektor Unternehmenssteuerung der DG Bank AG, Frankfurt am Main
Professor Dr. Michael Lister	Professor für Bankmanagement und Controlling am Wirtschaftswissenschaftlichen Zentrum der Universität Basel
Dr. Nicolas von Mende	Geschäftsführer der Aircrafts Services Lemwerder GmbH, Lemwerder
Dr. Wilhelm Menninghaus	Partner der zeb/rolfes.schierenbeck.associates, Münster
Professor Dr. Hermann Meyer zu Selhausen	Professor für Bankwirtschaft an der Ludwig-Maximilians-Universität, München
Danièle Nouy	Secretary General of the Basel Committee bei der Bank für Internationalen Zahlungsausgleich (BIZ), Basel
Dr. Stefan Paul	Associate Director im Bereich Risikotransformation bei der UBS AG, Zürich
Norbert Pawlowski	Mitglied des Vorstandes der Bankgesellschaft Berlin AG, Berlin
Dr. Helmut Pehle	Direktor Consulting Verbund bei der DG Bank AG, Frankfurt am Main
Professor Dr. Andreas Pfingsten	Professor am Institut für Kreditwesen an der Universität Münster
Friedrich Piaskowski	Mitglied des Vorstandes der Deutschen Genossenschafts-Hypothekenbank AG, Hamburg
Jean-Marc Piaz	Research Assistent am Institut für schweizerisches Bankwesen, Zürich
Dr. Christopher Pleister	Präsident des Bundesverbandes der Deutschen Volksbanken und Raiffeisenbanken e.V. (BVR), Bonn
Dr. Peter Pop	Executive Director and Head of Corporate Center Operations der UBS AG, Basel
Wolfgang Quast	Direktor in der Landesbank Berlin
Dr. Rolf Ratzlaff	Mitglied des Vorstandsstabes der Deutschen Genossenschaft-Hypothekenbank AG, Frankfurt am Main

Markus Rester	Direktor Consulting Verbund bei der DG Bank AG, Frankfurt am Main
Dr. Johannes Ringel	Vorstandsmitglied der Westdeutschen Landesbank, Düsseldorf
Dr. Andreas Rinker	Geschäftsführender Partner der zeb/rolfes.schierenbeck.associates, Münster
Klaus Röpke	Generalbevollmächtigter der Vereinsbank Victoria Bauspar AG, München
Professor Dr. Bernd Rolfes	Professor für Banken und Betriebliche Finanzwirtschaft an der Gerhard-Mercator-Universität Duisburg
Professor Dr. Bernd Rudolph	Professor für Kapitalmarktforschung und Finanzierung an der Ludwig-Maximilians-Universität München
Professor Dr. Henner Schierenbeck	Professor für Bankmanagement und Controlling am Wirtschaftswissenschaftlichen Zentrum der Universität Basel
Dr. Gerhard Schlangen	Mitglied der Geschäftsleitung der Landesbausparkasse Münster
Dr. Albrecht Schmidt	Sprecher des Vorstandes der HypoVereinsbank AG, München
Dr. Anton Schmoll	Geschäftsführer des Kreditvereins der Ersten Bank der Österreichischen Sparkassen AG, Wien
Dr. Sebastian Schneider	Wissenschaftlicher Mitarbeiter am Lehrstuhl für Finanz- und Bankwirtschaft der Universität Augsburg
Gustav Adolf Schröder	Vorsitzender des Vorstands der Stadtsparkasse Köln
Dr. Stephan Schüller	Mitglied des Vorstandes der HypoVereinsbank AG, München
Professor Dr. Hermann Schulte-Mattler	Professor am Institut für Wirtschaft an der Fachhochschule Dortmund
Bernd Schuster	Mitglied des Vorstandes der Norddeutschen Landesbank für Mecklenburg-Vorpommern, Schwerin
Professor Dr. Johannes Schwanitz	Professor am Institut für Wirtschaftsinformatik der Fachhochschule Wedel
Professor Dr. Eberhard Seidel	Professor für Betriebswirtschaftslehre an der Universität GH Siegen
Professor Dr. Klaus Spremann	Professor am Schweizerischen Institut für Banken und Finanzen an der Hochschule St. Gallen

Anton Stadelmann	Leiter Controlling und Finance bei der UBS AG, Zürich
Philip Steden	Wissenschaftlicher Mitarbeiter am Institut für Betriebswirtschaftslehre an der Universität Potsdam
Professor Dr. Manfred Steiner	Professor für Finanz- und Bankwirtschaft an der Universität Augsburg
Dr. Reto Suter	Chief Operating Officer der go4equity, Zürich
Dr. Patrick Tegeder	Geschäftsführender Partner der zeb/rolfes.schierenbeck.associates, Münster
Uwe Traber	Leitender Regierungsdirektor und Leiter der Modellprüfungskommission des Bundesaufsichtsamtes für das Kreditwesen, Bonn
Professor Dr. Rudolf Volkart	Professor am Institut für schweizerisches Bankwesen der Universität Zürich
Professor Dr. Arnd Wiedemann	Professor für Betriebswirtschaftslehre an der Universität Siegen
Dr. Claudia B. Wöhle	Lehrstuhl für Bankmanagement und Controlling am Wirtschaftlichen Zentrum der Universität Basel
Professor Dr. Heinz Zimmermann	Professor am schweizerischen Institut für Banken und Finanzen an der Universität St. Gallen

A. Einleitung

Henner Schierenbeck

Controlling als (Fundament für ein) integriertes Konzept ertrags- und wertorientierter Banksteuerung

1. Wesen und Inhalt des Bankcontrolling

1.1 Begriffsbestimmung

Der Begriff des Controlling umfasst mehr als der zugrundeliegende Terminus „to controll“ und bedeutet soviel wie „Steuerung, Lenkung und Überwachung“.[1] Die damit im Vordergrund des Controlling stehende Steuerungsfunktion weist dabei konkret für Banken eine inhaltliche und eine formale Komponente auf.

Materiell zeichnet sich ein geschlossenes Konzept des Bankcontrolling dadurch aus, dass sowohl die Gesamtbank als auch die einzelnen Geschäftseinheiten bis hin zum einzelnen Geschäft mit Hilfe eines integrierten Konzepts bewusst ertragsorientiert gelenkt werden. Dabei geht es im Kern um die Formulierung und Durchsetzung einer Geschäftspolitik, die ihre *Philosophie* aus drei Grundprinzipien herleitet:[2]

a. Es gilt das Primat der *Rentabilität*! Alle geschäftspolitischen Entscheidungen sind stets der Frage zu unterwerfen, ob bzw. inwiefern sie zur Erzielung einer angemessenen (Mindest-)Rentabilität beitragen. Das Controlling fungiert damit als eine Art institutionalisiertes „Ertragsgewissen“ der Bank.

b. Geschäftswachstum wird grundsätzlich nicht als Selbstzweck angestrebt, sondern wird ausschließlich als Mittel zur Rentabilitätsmehrung und Rentabilitätssicherung gesehen. Dabei erfolgt stets eine Abstimmung zwischen wachstumsbedingtem Rentabilitätsbedarf und den voraussichtlichen wachstumsbedingten Rentabilitätswirkungen (= *Ertragsorientierte Wachstumspolitik*).

c. Die Übernahme von Risiken wird dem Rentabilitätsdenken insofern konsequent untergeordnet, als sie sich stets aus den dabei zu erwartenden Ertragsmöglichkeiten zu rechtfertigen hat und strikt mit der generellen Risikotragfähigkeit der Bank gekoppelt sein muss. Das Controlling impliziert also eine deutlich defensive Grundhaltung, was das Eingehen von Risiken betrifft (= *Ertragsorientierte Risikopolitik*).

Während die Konzeption des Ertragsorientierten Bankmanagements die Rentabilität als die oberste Zielgröße an die Spitze bankbetrieblichen Ergebnishierarchie stellt, bestimmt in Shareholder Value-Konzepten, die in jüngster Zeit sowohl in der theoretischen Diskussion als auch in der praktischen Umsetzung zunehmend an Bedeutung gewonnen haben, die *langfristig nachhaltige Steigerung des Unternehmenswertes* (= Value) für die Aktionäre (= Shareholder) die geschäftspolitischen Entscheidungen. Dabei sind jedoch die Merkmale einer auf den Shareholder Value ausgerichteten Bankunternehmenspolitik grundsätzlich identisch mit den oben genannten Grundprinzipien des Konzepts Ertragsorientierter Banksteuerung. Im Shareholder Value-Management für Banken werden lediglich zusätzlich zwei Aspekte ergänzt: Zum einen findet die Investor Relations, also die

1 Vgl. Horváth, 1999; Richter, 1987; Weber, 1999.
2 Vgl. Schierenbeck, 1999.

Pflege der Beziehung zu den Aktionären, besondere Berücksichtigung, zum anderen wird zusätzlich die instrumentelle Beziehung der Bankrentabilität für den Marktwert des Bank-Eigenkapitals beleuchtet.[3]

Ergänzend zu der materiellen Komponente weist das Bankcontrolling stets auch eine formale Komponente auf. Bezogen hierauf kommt dem Controlling zum einen die Aufgabe zu, die Rationalität bankbetrieblicher Entscheidungsprozesse durch *systematische Planaktivitäten und Erfolgskontrollen* sicherzustellen. Zum anderen hat das Controlling eine ausgeprägte *Koordinations- und Informationsfunktion* zu erfüllen. Das Controlling kann also institutionell als eine Art Informationszentrum verstanden werden, das steuerungsrelevante Informationen erfasst, aufbereitet und weiterleitet, um die Aktivitäten der einzelnen Geschäftseinheiten im Hinblick auf die Gesamtbankziele zu koordinieren und abzustimmen.[4] Dabei dokumentiert sich die informationelle Unterstützung der Entscheidungsträger im Hinblick auf ihre kybernetische Funktion für den Planungs- und Kontrollprozess nach einem Vorschlag von *Mertin* (1984) im einzelnen in folgenden Aufgaben:

1. die laufende Erfassung unternehmesrelevanter Daten,
2. die Interpretation der Daten in Abhängigkeit von zukünftigen Entwicklungen,
3. die entscheidungsgerechte Präsentation der Analysen für die Bankleitung,
4. die planerische Gestaltung der Unternehmensaktivitäten,
5. eine permanente und standardisierte Situations- und Abweichungsanalyse,
6. die automatische Reflexion der Analyseergebnisse durch organisierte Kurskorrekturen.

Das Wesen des Bankcontrolling kann zusammenfassend durch zwei (interdependente) Aspekte beschrieben werden: Im materiellen Sinne steht das Bankcontrolling für eine integrierte Management-Konzeption, die die betonte Ertragsorientierung zum tragenden Fundament erhebt. Aus formaler Sicht vollzieht sich das Bankcontrolling als komplexer kybernetischer Prozess von revolvierend ablaufenden Planungs- und Kontrollaktivitäten, die in allen Phasen durch systematisches Informationsmanagement abgestützt werden. Im Mittelpunkt steht dabei die Formulierung und Abstimmung der (ertragsorientierten) Unternehmensziele auf Gesamtbankebene und die Koordination aller Einzelaktivitäten und Geschäftsbereiche im Hinblick auf diese Ziele.

1.2 Bausteine integrierter Controlling-Systeme

Effizientes Controlling kann seiner Steuerungsfunktion nur gerecht werden, wenn in einem Kreditinstitut eine controlling-adäquate Infrastruktur geschaffen wird. Eine solche Infrastruktur bezieht sich zum einem auf die Verankerung einer spezifischen Controlling-Philosophie auf allen Führungsebenen der Bank, zum zweiten auf die Institutionalisierung eines funktionsfähigen Controlling-Zyklus, zum dritten auf eine entsprechende organisatorische Einbindung sowie auf die Existenz eines steuerungsadäquaten Führungsinforma-

3 Vgl. Schierenbeck, 1997.
4 Vgl. Hauschild/Schewe, 1993.

tionssystems. Die controlling-adäquate Infrastruktur ist somit durch vier elementare Bausteine gekennzeichnet:

1.2.1 Ertragsorientierte Geschäftsphilosophie

Die ertragsorientierte Geschäftsphilosophie als Kernelement eines integrierten Controlling-Systems steht gleichbedeutend für eine Management-Konzeption, die die betonte Ertragsorientierung zum tragenden Fundament erhebt und dies auch in einer ganz spezifischen Art des Denkens und Handelns auf allen Führungsebenen einer Bank zum Ausdruck bringt. Ertragsorientierung heißt in diesem Sinne, dass das *Bankergebnis* konsequent im Mittelpunkt geschäftspolitischer Überlegungen stehen muss. Im Hinblick auf die konkrete Umsetzung lassen sich Indikatoren hierfür auf verschiedenen Ebenen festmachen:

- Eine konsequente Orientierung des Denkens und des Entscheidungsverhaltens vorrangig an Rentabilitätskriterien;
- Die Betrachtung von (Geschäftsvolumens-)Wachstum nicht als Selbstzweck, sondern seine strikte Relativierung als lediglich Mittel zum Zweck der Rentabilitätsmehrung respektive -sicherung;
- Eine defensive, ertragsorientierte und an Kriterien der Tragfähigkeit ausgerichtete Risikopolitik;
- Ein ausgeprägtes Verständnis für Kostenkontrolle und von Kostensenkungsmaßnahmen als kontinuierlichem Verbesserungsprozess;
- Die systematische Entwicklung und/oder Sicherung kompetitiver Konkurrenzvorteile;
- Die erfolgreiche Integration von Kundenorientierung und Ertragsorientierung in einem harmonischen Gesamtkonzept;
- Eine betont leistungsorientierte Ausgestaltung der betrieblichen Anreizsysteme;
- Die Synchronisation von Gesamtbankrentabilitätszielen und persönlichen Einkommens- und Karrierezielen;
- Die konsequente Beurteilung von Kundenbeziehungen nach Ertragskriterien u. a. m.

Ein Teil der hier angesprochenen starken Indikatoren für die Existenz einer ertragsorientierten Geschäftsphilosophie lässt sich leicht überprüfen. Andere dagegen entziehen sich teilweise einer objektiven Beurteilung. Hier besteht dann in der Praxis häufig die Gefahr, dass die bankbetriebliche Realität trotz des „Lippenbekenntnisses" zur Ertragsorientierung noch stark von tradierten Denkschemata und Werten geprägt ist.

1.2.2 Institutionalisierter Controlling-Zyklus

Controlling-Systeme sind ihrem Kern nach komplexe Steuerungssysteme, bei denen die Planungs- und Kontrollaktivitäten nicht isoliert und unverbunden vollzogen werden, sondern sich konzeptionell in ein komplexes, hierarchisch vermaschtes kybernetisches Regelkreismodell einfügen. In diesem Sinne ist in Kreditinstituten ein Controlling-Zyklus zu institutionalisieren, dessen Hauptmerkmale sich dabei wie folgt charakterisieren lassen:

(1) Als wesentliches Element dieses Bausteins gilt die Organisation des Planungsprozesses nach dem „*Gegenstromverfahren*", bei dem die Planung hierarchisch von oben nach unten, also durch eine Kombination aus „bottom-up" und „top-down approach" erfolgt. Das bedeutet, dass zunächst ein vorläufiges Zielsystem festgesetzt wird, das von oben nach unten zunehmend konkretisiert und detailliert wird. Nachdem dieser Prozess die unterste Planungsebene erreicht hat, setzt in umgekehrter Richtung ein progressiver Rücklauf ein, durch den auf jeder hierarchischen Stufe die unmittelbar nachgeordneten Pläne schrittweise koordiniert und zusammengefasst werden. Erst nach Beendigung des Rücklaufs wird eine endgültige Entscheidung über das Gesamtsystem der Pläne getroffen.

(2) Die Ausgestaltung einer regelmäßigen Zielerreichungskontrolle und systematischen Abweichungsanalyse erfolgt nach dem Führungskonzept „*Management by Exception*", also der Führung durch Abweichungskontrolle und Intervention in Ausnahmefällen. Es besagt, dass ein Mitarbeiter so lange selbständig entscheiden und handeln kann, bis solch gravierende Probleme auftreten, dass er sie mit seinen eigenen Kompetenzen nicht mehr selbst lösen kann. Nur in diesem Fall gelangt er dann in den Regelkreis höherer Ordnung, d. h. seines Vorgesetzten.

(3) In engem Zusammenhang mit diesem Führungskonzept steht das Prinzip des „*Self-Controlling*", durch das eine möglichst weitgehende Selbständigkeit dezentraler Geschäftsbereiche gewährleistet werden soll. Es ermöglicht, dass grundsätzlich jeder Mitarbeiter als sein eigener Controller fungiert, zu diesem Zweck eigenständige Soll-/Ist-Vergleiche durchführt und daraus resultierend ein entsprechendes Problembewusstsein entwickelt. Die notwendige Voraussetzung dafür bildet die Verankerung von Problembewusstsein, Kompetenz und Verantwortlichkeit an der Schnittstelle von Bank und Markt und wird aus Gründen der Motivation und Marktkenntnis als besonders sinnvoll angesehen. Eine Beschränkung dieser Selbststeuerung erfolgt lediglich dort, wo es aus Gründen eines zentralen Steuerungsbedarfs unumgänglich erscheint.

(4) Die sich bereits hier andeutende Dualität der Steuerungskreise im praktischen Bankmanagement und deren integrative Verknüpfung durch entsprechende organisatorische Vorkehrungen entsprechen den konzeptionellen Hauptmerkmalen eines Steuerungsansatzes, der als „Duales Steuerungsmodell" bezeichnet wird.

1.2.3 Marktorientierte Duale Strukturorganisation

Den dritten Baustein einer controlling-adäquaten Infrastruktur bildet die Organisationsstruktur einer Bank, die insbesondere gewährleisten soll, dass die ertragsorientierte Geschäftsphilosophie am Markt umgesetzt werden kann. Hier sind folgende Aspekte zu berücksichtigen:

(1) Eine zielgerichtete Verwirklichung dieser Marktorientierung bietet in diesem Zusammenhang die sogenannte *Matrix-Organisation*, die das Grundprinzip des Dualen Steuerungsmodells, nämlich die prinzipielle Dualität der Steuerungskreise im praktischen Bankmanagement anerkennt. Demnach ist eine saubere Trennung zwischen kundenorien-

tierten Marktbereichen einerseits und produkt- bzw. funktionsorientierten Fachressorts der Zentrale andererseits vorzunehmen.

(2) Die Organisation der Marktbereiche lässt sich unter dem Begriff der *kundenorientierten Profit Center-Organisation* subsumieren. Kundenorientierung meint dabei speziell, dass der Kunde an sich als maßgebliche Erfolgsquelle betrachtet wird, um auf diese Weise eine verbesserte Kundenansprache und eine effektivere Ausschöpfung des jeweiligen Kundengruppenpotentials zu erreichen. Die Organisationsform der Profit Center bedingt eine Tendenz zu dezentralen Führungsstrukturen, da eine Ertragsverantwortung der Profit Center bei gleichzeitig fehlendem Entscheidungsspielraum zwangsläufig demotivierend wirken würde. Statt dessen sind den einzelnen Profit Center zwecks Selbststeuerung genau zu definierende Kompetenzspielräume einzuräumen, in deren Rahmen sie ohne Rückfragen selbständig entscheiden können. Zur so erwünschten Begrenzung der Regelungsintensität und zur Koordination der Marktbereiche „vor Ort" bietet sich dabei das Konzept der Führung durch Zielvereinbarung (*Management by Objectives*) an.

(3) Von den dezentralen kundenorientierten Marktbereichen sind die zentralen Fachressorts zu unterscheiden, die sich in zwei Gruppen untergliedern. Zum einen in *produktorientierte Fachressorts mit struktureller Rentabilitäts- und Risikoverantwortung*. Sie sind verantwortlich für alle Entscheidungstatbestände, die im Sinne des Dualen Steuerungsmodells nur zentral gesteuert werden können. Dazu zählen die Aufgaben des *Portfolio-Managements* und des *Bilanzstruktur-Managements*. Die zweite Gruppe bilden *funktionsorientierte Fachressorts mit zentraler Service- und Abwicklungsveranwortung*. Zu ihren Aufgaben zählen die focusierte Betreuung für verschiedene Zielgruppen, kompetente Beratungsleistungen für seltene und möglicherweise individuell zu entwickelnde Spezialprodukte anbieten und die Bearbeitung und Abwicklung von Bankgeschäften, die mit zum Teil erheblichem technischen und personellen Aufwand verbunden sind.

1.2.4 Steuerungsadäquates Führungsinformationssystem

Als ein weiterer zentraler Baustein für integrierte Controlling-Systeme in Banken gilt die Existenz eines steuerungsadäquaten Führungsinformationssystems. Wie schon an anderer Stelle ausgeführt, bezieht sich die formale Komponente des Controlling auf die Koordination sämtlicher Unternehmensaktivitäten durch systematisches Informationsmanagement. Da jede Entscheidung nur so gut sein kann wie ihre informatorische Grundlage, werden Informationen zu einer strategischen Managementressource. Ein Informationssystem soll dabei vor allem der Erfassung, Speicherung und Distribution von relevanten Informationen dienen, d. h. dafür Sorge tragen, dass die richtigen Informationen am richtigen Ort zur rechten Zeit zur Verfügung stehen. Dies bedeutet insbesondere:

(1) Ein steuerungsadäquates Informationssystem hat sicherzustellen, dass es allen Ebenen der Bank *entscheidungsrelevante* Ergebnisinformationen liefert, damit die Auswirkungen-von Geschäften unmittelbar sichtbar werden. Konzeptionell muss es sich dabei folgerichtig um einzelgeschäftsbezogene Informationen handeln, die methodisch mithilfe der Marktzinsmethode, der prozessorientierten Standard-Einzelkostenrechnung sowie der Ri-

sikokostenrechnung zu bestimmen sind (Schierenbeck 1999). Zu verknüpfen sind diese Informationen im sogenannten dreidimensionalen Ergebniswürfel, der als Konzept einer integrierten Produkt-, Kunden- sowie Vertriebswegekalkulation zu verstehen ist, und der die Transparenz der Ergebnisentstehung sicherstellt (Schierenbeck 1999). Ergänzt werden müssen Ergebnisinformationen prinzipiell durch Risikoinformationen, die die Frage nach Art und Höhe der mit konkreten Geschäften und Geschäftsstrukturen verbundenen Risiken, dem hierfür erforderlichen Risikokapital sowie den spezifischen Risiko-Ertrags-Effekten zu beantworten haben.

(2) Das *Rechnungswesen* als eine Komponente des Informationssystems hat seinen Schwerpunkt naturgemäß im operativen Controlling und dort in der Bereitstellung von Informationen für die Budgetierung und den Soll-/ Ist-Vergleich. Dabei kann auf den Einsatz leistungsfähiger Rechenzentren und Computer-Software grundsätzlich nicht verzichtet werden, weil nur so die Masse der pro Geschäftsvorfall anfallenden Daten effizient verarbeitet werden kann. Von Bedeutung ist ferner eine Verbindung von zentraler Groß-EDV (die der Datenerfassung und -speicherung dient) mit dezentralen PC-Systemen (mit deren Hilfe Auswertungsrechnungen und -analysen „vor Ort" und abgestimmt auf den spezifischen Informationsbedarf erstellt werden).

(3) Das *Berichtswesen* als weitere Komponente des Führungsinformationssystems umfasst die Auswertung aller abrufbereiten Informationen. Dies ist neben den Ergebnissen des Rechnungswesens die Gesamtheit aller relevanten (evtl. aufbereiteten) internen und externen Informationen, die den Entscheidungsträgern in bestimmten Intervallen unaufgefordert oder bei konkretem Bedarf zur Verfügung gestellt werden. Hierbei ist besonders darauf zu achten, dass jeweils nur der „echte" Informationsbedarf, also möglichst ohne Redundanzen, gedeckt wird.

2. Steuerungsobjekte im Bankcontrolling

Aufgrund seiner Funktion, die Entscheidungsträger bei allen Fragen zu unterstützen, die mit der ertragsorientierten Steuerung ihrer Verantwortungsbereiche zusammenhängen, gelten als Steuerungsobjekte des Bankcontrolling grundsätzlich alle Komponenten der Bankrentabilität. Hierzu zählen nicht nur die eigentlichen Ergebnisgrößen, sondern auch die diese beeinflussenden Risiko- und Volumensparameter.

2.1 Rentabilität

Im Konzept des Ertragsorientierten Bankmanagements steht die Rentabilität im Mittelpunkt sämtlicher geschäftspolitischer Entscheidungen, der die Wachstumspolitik und die Risikopolitik konsequent unterzuordnen sind. Somit ist die ertragsorientierte Banksteuerung ihrem Wesenskern nach in erster Linie Rentabilitäts-Management. Für das Controlling bedeutet dies Planung und Kontrolle all derjenigen Prozesse und Strukturen, die mit der Rentabilitätssteuerung zusammenhängen.

In diesem Zusammenhang wird die *Eigenkapitalrentabilität* (Return on Equity) auf Gesamtbankebene als Ziel- und Steuerungsgröße verwendet. Die Eigenkapitalrentabilität wird bestimmt, indem der Reingewinn als periodische Ergebnisgröße im Verhältnis zum während der betrachteten Periode eingesetzten Eigenkapital ausgedrückt wird. Damit gibt diese Kennzahl die Verzinsung des von den Kapitalgebern zur Verfügung gestellten Eigenkapitals wieder.

Ausgehend von einer geplanten Eigenkapitalrentabilität für die Gesamtbank ist es möglich, das *Zielsystem* der Bank aufzubauen und somit die einzelnen Unternehmensbereiche bis hin zu Einzelgeschäften rentabilitätsorientiert zu steuern. Daran anknüpfend kann die Management-Leistung durch den Vergleich der geplanten Soll- mit der tatsächlich realisierten Ist-Eigenkapitalrentabilität gemessen werden. Für die Beurteilung der Ertragskraft der eigenen Bank können die im Rahmen von (kombinierten) Konkurrenz- und Zeitvergleichen ermittelten Daten herangezogen werden. Des weiteren können sich hieraus geschäftspolitische Konsequenzen für die eigene Bank ableiten und/oder Orientierungshilfen für die Planung der eigenen Ziel-Eigenkapitalrentabilität ergeben. In der Regel werden die Rentabilitätskennziffern anhand der *Zahlen des Rechnungswesens* gebildet. So wird der Reingewinn auf den Buchwert des bilanziellen Eigenkapitals bezogen. Für die Ermittlung der Ist-Eigenkapitalrentabilität können verschiedene Vorgehensweisen, die von den zur Verfügung stehenden Informationen sowie der erforderlichen Genauigkeit abhängen, angewendet werden.

Als *Reingewinn* kann die in der Ertragsrechnung für das Jahr oder einem Teil davon ausgewiesene Größe, (bei Konzernrechnungen) eventuell bereinigt um die auf die Minderheitsaktionäre entfallenden Gewinnanteile, angesetzt werden. In diesem Fall ist der Reingewinn abhängig von den angewendeten Rechnungslegungsvorschriften und bilanzpolitischen Maßnahmen. Des weiteren sind in der Regel Sondereinflüsse enthalten, die zu Verzerrungen des Ergebnisausweises führen. Um eine aussagekräftigere Ergebnisgröße zu erhalten, ist der Reingewinn um diese Sondereinflüsse, wie bspw. außerordentliche Aufwendungen und Erträge, sowie die ausgenutzten Bewertungsspielräume und Wahlrechte der Rechnungslegungsvorschriften – wenn möglich – zu bereinigen.

Für die Bezugsgröße *Eigenkapital* existieren ebenfalls verschiedene Möglichkeiten der Ermittlung. Abgesehen von der Möglichkeit, gegebenenfalls den Marktwert des Eigenkapitals zugrundezulegen, kann das bilanzielle Eigenkapital oder die erweiterte Definition der Eigenmittel im Sinne von Haftungskapital angesetzt werden. Auch hier – wie schon beim Reingewinn – haben die angewendeten Rechnungslegungsvorschriften einen Einfluss auf die Höhe des Eigenkapitals. So reduziert im Falle einer Unternehmensakquisition die sofortige Verrechnung des bezahlten Goodwills mit den Reserven das Eigenkapital im Gegensatz zu einer erfolgswirksamen Abschreibung über mehrere Jahre. Des weiteren ist zu überlegen, inwieweit der Reingewinn der Periode in die Bezugsbasis für die Rentabilitätskennziffer einbezogen wird, da dieser zumindest teilweise als Kapitaleinsatz zur Erzielung weiteren Erfolgs während der betrachteten Periode beiträgt. Die Ermittlung von Durchschnittsgrößen für das Eigenkapital im Vergleich zu Bestandsgrößen auf einen Stichtag, hat den Vorteil, dass die Periode, in welcher der Gewinn erzielt wurde, auch in der Kapitalbasis abgebildet wird.

Während sich die erzielte Eigenkapitalrentabilität durch die darin enthaltene Gewinngröße auf eine Periode von in der Regel einem ganzen Jahr (oder Teilen hiervon) bezieht, ist bei der Planung eines Zielwertes davon auszugehen, dass über mehrere Jahre, also mittel- bis langfristig eine (jährliche) Eigenkapitalrentabilität in einer bestimmten Höhe erzielt wird. Die laufende Überprüfung dieser Zielgröße erfolgt dann jeweils anhand der periodisch realisierten Rentabilitäten. Bei der *Quantifizierung der Ziel-Eigenkapitalrentabilität* kann im Planungsprozess von drei unterschiedlichen Ansätzen ausgegangen werden:

(1) Eigenkapitalrentabilität in Höhe der Gleichgewichtsrentabilität abgeleitet aus dem strukturellen Gewinnbedarf, der zur Sicherung der Existenz der Bank erforderlich ist;

(2) Eigenkapitalrentabilität in Höhe der Renditeforderungen der Eigenkapitalgeber;

(3) Eigenkapitalrentabilität in Höhe der von erfolgreichen Banken als „Vorbild" tatsächlich realisierten (oder realisierbaren) Eigenkapitalrentabilitäten.[5]

2.2 Risiko

Für eine systematische Risikosteuerung im Sinne der Grundsätze der ertragsorientierten Risikopolitik ist die Abgrenzung der banktypischen Risikokategorien von elementarer Bedeutung. Grundsätzlich lassen sich hier *Erfolgsrisiken*, die im Falle ihres Eintritts zu einer Verminderung des Erfolgs bzw. zu einem Verlust führen, und *Liquiditätsrisiken*, die sich in der Gefahr äußern, dass die Zahlungsströme einer Bank nach Umfang und zeitlicher Struktur nicht in der für die Sicherung der Liquidität notwendigen Qualität aufrechterhalten werden können, unterschieden werden. Zu den Erfolgsrisiken gehören das (Kredit-) Ausfallrisiko sowie das Aktienkurs-, Zinsänderungsrisiko-, das Währungs- und das Rohstoffpreisrisiko. Die Liquiditätsrisiken lassen sich unterteilen in das Abruf-, das Termin- und das Liquiditätsanspannungsrisiko. In Anlehnung an die bankaufsichtsrechtlichen Vorschriften zur Risikobegrenzung lässt sich eine Zuordnung dieser Risikokategorien zu den Gegenparteienrisiken und den Marktrisiken vornehmen. Unter die Marktrisiken fallen zum einen die Schwankungsrisiken, die aus Veränderungen von Zinsen, Währungen und Kursen resultieren. Zum anderen sind hier die Liquiditätsanspannungsrisiken, die sich aus nicht vorhandenen Anlage- und Refinanzierungsmöglichkeiten aufgrund einer angespannten Liquiditätssituation am Markt ergeben, zu nennen. Den Gegenparteienrisiken sind das Ausfallrisiko, das emittentenspezifische Aktienkurs- und Zinsänderungsrisiko sowie – liquiditätsbezogen – das Abruf- und das Terminrisiko zuzuteilen.

Aufbauend auf die Abgrenzung der relevanten Risikokategorien ist die jeweilige *Risikoindikation* festzustellen. Im Falle der Gegenparteienrisiken wird der potentielle Risikogehalt durch die Risikokonzentration im Anlagen- und Kreditportfolio sowie in der Refinanzie-

5 Vgl. Schierenbeck, 1999.

rungsstruktur angezeigt. Die Risikosituation hinsichtlich dieser Marktrisiken wird beschrieben durch offene Positionen im Gesamtgeschäft, das heißt Inkongruenzen bezüglich Zinsbindung, Zinselastizität, Fremdwährungen Volatilitäten sowie Finanzierungsinkongruenzen.

Im Rahmen der *Risikomessung* werden das Risikotragfähigkeitspotential, das Risikopotential und die Risiko-Ertragschancen ermittelt. Das *Risikotragfähigkeitspotential* wird über die unterschiedlich abgestuften Risikodeckungsmassen, die im Falle des Eintretens von Erfolgsrisiken zur Verfügung stehen, sowie über die Liquiditätsreserven, die bei Liquiditätsengpässen zum Einsatz kommen, bestimmt. Mit Hilfe der Berechnung des *Value at Risk* und der *Liquidity at Risk* kann die Quantifizierung des *Risikopotentials* vorgenommen werden. Unter dem Value at Risk ist der maximal zu erwartende Verlust aus dem Ausfall von Aktiven sowie aus der Veränderung von Zinsen, Währungen und Kursen zu verstehen, der unter üblichen Marktbedingungen innerhalb einer zuvor festgelegten Periode mit einer bestimmten Wahrscheinlichkeit eintreten kann. Für das Termin- und das Abrufrisiko sowie die Liquiditätsanspannungsrisiken quantifiziert die Liquidity at Risk die Liquiditätsressourcen, die im Falle des schlagend Werdens der Liquiditätsrisiken mit einer bestimmten Wahrscheinlichkeit verbraucht werden. Neben der Ermittlung des Risikopotentials für die einzelnen Risikokategorien ist die Aggregation auf Gesamtbankebene vorzunehmen, um Abhängigkeiten der Risiken untereinander zu berücksichtigen. Schließlich ist bei der Ermittlung der *Risiko-Ertragschancen* festzustellen, inwieweit die eingegangenen Risiken durch entsprechende Mehrerträge gerechtfertigt werden können. Dazu ist es in einem ersten Schritt erforderlich, die Ergebnisanforderungen zu quantifizieren, die in Abhängigkeit von den übernommenen Risiken bestehen (und die sich in den risikoadjustierten Eigenkapitalkosten ausdrücken). In einem zweiten Schritt sind diese sodann mit den ex ante erwarteten bzw. ex post realisierten Nettoergebnissen aus den Risikopositionen zu vergleichen.[6]

2.3 Wachstum

Das Geschäftsvolumen von Banken wird allgemein an *Bilanz- bzw. Bestandsgrößen* (Kreditvolumina, Einlagenvolumina) gemessen, wobei im Regelfall auch die Positionen „unter dem Bilanzstrich“ im Sinne von Eventualverbindlichkeiten einbezogen werden. Problematisch wird die Orientierung an bilanziellen Bestandsgrößen, wenn das Bankgeschäft stark von Dienstleistungen und damit von Provisionserträgen geprägt wird. In diesen Fällen ist es sinnvoller, alternativ oder ergänzend von den Roherträgen (als Summe aus Zins- und Provisionsüberschuss) auszugehen, um das Geschäftsvolumen zu charakterisieren. Das Geschäftswachstum ist dann nicht einfach mit einer Erhöhung der Bilanzsummen und der Positionen „unter dem Bilanzstrich“ gleichzusetzen, sondern setzt konsequent voraus, dass entweder die Preiskomponente und/oder die Mengenkomponente des ertragswirksamen Bankgeschäfts entsprechende Zuwächse aufweisen.

6 Vgl. Schierenbeck, 1999.

Für das Bankcontrolling ist die Steuerung des Geschäftswachstums aus zwei Gründen von Bedeutung. Zum einen wird die Ertragssituation einer Bank absolut und relativ von Zuwächsen im bilanzwirksamen Zinsgeschäft, im „off-balance" Geschäft sowie im reinen Dienstleistungsgeschäft bestimmt, zum anderen ist das Geschäftswachstum an das Vorhandensein bestimmter Resourcen, im wesentlichen sind dies das (haftende) Eigenkapital, das Personal und die Anlagen wie Grundstücke, Gebäude, die Geschäftsausstattung sowie Hard- und Software, gebunden, die in Abhängigkeit vom Geschäftsvolumen zu steuern sind. Im Rahmen des Konzepts der Ertragsorientierten Wachstumspolitik wird das Wachstum des Geschäftsvolumens nur insoweit betrieben, als es sich kurz- und/oder langfristig über seine Rentabilitätsbeiträge rechtfertigt.

3. Bankcontrolling als ertragsorientiertes Steuerungskonzept

Zur integrierten Rentabilitäts-, Risiko- und Volumensteuerung setzen die konkreten Controlling-Aktivitäten in Umsetzung des Prinzips der hierarchischen Unternehmensplanung[7] auf zwei verschiedenen Ebenen an, die sich hinsichtlich Steuerungsmethodik und hierarchischer Einordnung unterscheiden. Dementsprechend lassen sich zwei Managementbereiche differenzieren: die (globale Vor-)Steuerung der Geschäftsstruktur und die (Fein-) Steuerung der Marktbereiche.

3.1 Globale Vorsteuerung der Bank-Geschäftsstruktur

Die globale Vorsteuerung der Geschäftsstruktur im Rahmen des strategischen Controlling zielt auf die *Entwicklung, Strukturierung und Sicherung der Gesamtbank* ab. Sie hat tendenziell einen mehrjährigen Zeithorizont und ihre Steuerungsgrößen sind in der Regel lediglich global formuliert. Typische Steuerungsgrößen sind etwa Bilanzstrukturrisiken, Marktrisiken, die strukturelle Ertragskraft, Wachstumspotentiale u.a. Im Rahmen der Globalsteuerung lassen sich zwei interdependente Teilbereiche unterscheiden:

(1) Das *Portfolio-Management* steuert die Geschäftsstruktur unter Hervorhebung der Marktrisiken und Marktchancen in den verschiedenen Geschäftsfeldern der Bank und versucht, durch *Entwicklung und Konkretisierung entsprechender Markt- und Produktstrategien* ein möglichst hohes Niveau bzw. Wachstum zu gewährleisten. Gleichzeitig hat es aber auch darauf zu achten, dass ein strategisches Gleichgewicht zwischen risikoreichen, aber zukünftig erfolgsträchtigen Geschäftsfeldern (mit in der Regel hohem Finanzbedarf) und gegenwärtig ertragsstarken, aber langfristig möglicherweise nicht mehr besonders erfolgversprechenden Geschäftsfeldern besteht. Im Bankcontrolling hat das Portfolio-Management dabei vornehmlich die Aufgabe, die *strategische Wettbewerbsposition* der Bank

7 Vgl. Koch, 1980.

zu sichern und – wo unter risikopolitischen Gesichtspunkten vertretbar und marktlich durchsetzbar – auch auszubauen.

(2) Das *Bilanzstruktur-Management* steuert die Geschäftsstruktur unter besonderer Beachtung der Bilanzstrukturrisiken und des strukturellen Gewinnbedarfs mit dem Ziel einer *dauerhaften Sicherung des strukturellen finanziellen Gleichgewichts* einer Bank. Seine Aufgabe ist es, unter Berücksichtigung der externen Marktverhältnisse und des internen, selbst festgelegten und nicht zu überschreitenden Risikoplafonds eine unter Risiko- und Rentabilitätsgesichtspunkten akzeptable *optimale Bilanzstruktur* zu definieren und durchzusetzen. Des weiteren soll das Bilanzstruktur-Management eine Verbindung von Struktur- und Rentabilitätssteuerung herstellen und die Abstimmung der Zielrichtungen Rentabilität, Risiko und Wachstum herbeiführen.

3.2 Feinsteuerung der Bankrentabilität und Bankliquidität durch Budget-Management

Gegenstand der Feinsteuerung ist die Operationalisierung und Durchsetzung der Erkenntnisse aus der Globalsteuerung. Bilanzstruktur-Management und Portfolio-Management sind somit deutlich zu unterscheiden vom Budget-Management in Banken, das sich im Rahmen des operativen Controlling mit der *Feinsteuerung jahresbezogener Ergebnisgrößen* beschäftigt. Da die gesamte Zielerreichung letztlich dadurch determiniert wird, ob in den einzelnen Teilbereichen die vorgesehenen Volumina, Überschüsse und finanziellen Strukturen realisiert werden, geht es hier darum, die formulierten Bilanzstruktur- und Rentabilitätsziele mit Hilfe von Budgetplänen in operative Zielgrößen umzusetzen und mit Hilfe eines geschlossenen Planungs- und Kontrollsystems durchzusetzen. Die Feinsteuerung als Bestandteil des operativen Controlling ist dabei konkret auf einzelne Geschäftsbereiche (z. B. Profit Center) ausgerichtet und weist im Vergleich zur Globalsteuerung typischerweise einen höheren Detaillierungsgrad ihrer Steuerungsgrößen auf. Entsprechend der größeren Detaillierung ist auch ihr zeitlicher Planungshorizont kürzer. Im Rahmen des Bankcontrolling ergeben sich für das Budget-Management insbesondere zwei Aufgaben:

(1) Die Gesamtbankziele sollen bei gleichzeitiger sachlicher und zeitlicher Präzisierung auf die einzelnen Geschäftsbereiche heruntergebrochen werden.

(2) Den Entscheidungsträgern in der Bank sollen Orientierungsmöglichkeiten für das laufende Geschäftsjahr geboten werden, indem die Soll-Vorgaben permanent einer Kontrolle durch Vergleich mit den Ist-Werten unterzogen und Abweichungen auf ihre Ursachen hin analysiert werden.

3.3 Integration der Steuerungsebenen im Dualen Steuerungsmodell

Als Konsequenz einer hierarchischen Unternehmensplanung treten bei der Banksteuerung immer dann Koordinationsdefizite auf, wenn zentrale Entscheidungstatbestände durch dezentrale Entscheidungen beeinflusst und zentrale Normen hierdurch gefährdet werden. Die Orientierung an Zinsmargen in den dezentralen Marktbereichen gewährleistet beispielsweise in der Regel keine automatische Steuerung und Abstimmung der Aktiv- und Passivlaufzeiten oder der Währungsstrukturen einer Bank.

Die Umsetzung der zur Bewältigung dieses Abstimmungsproblems in der Theorie entwickelten Simultanansätze scheitern in der Bankpraxis regelmäßig an den nicht erfüllbaren Informationsanforderungen. So bedarf es in der Praxis grundsätzlich solcher Ansätze, wie sie aus dem Modell der „hierarchischen Unternehmensplanung“[8] entwickelt werden können.

Beim praxisorientierten Dualen Steuerungsmodell (*Schierenbeck* 1999) dokumentiert sich die Unterscheidung der beiden Steuerungsebenen dementsprechend in einer Differenzierung der Managementbereiche Zentrale Struktursteuerung und Dezentrale Markt-(bereichs-)steuerung. Jedem dieser beiden Partialbereiche werden dabei zunächst nur die Entscheidungstatbestände zugeordnet, die im jeweiligen Beeinflussungs- und Verantwortungsbereich liegen.

Der *Zentralen Struktursteuerung* unterliegen in diesem Sinne die Bereiche, die in ihrer Gesamtheit nur zentral überblickt werden können (z. B. Grundsätze des BAK, Zinsänderungsrisiken), auch wenn sie durch dezentrale Entscheidungen beeinflusst werden. Ebenso hier einzuordnen sind alle Entscheidungstatbestände von gesamtstrategischer Bedeutung sowie die in der Regel größeren Zentralgeschäfte (z. B. Emissionsgeschäft).

Im Rahmen der *Dezentralen Markt-(bereichs-)steuerung* werden dagegen die direkten Marktergebnisse gesteuert, die sich aus den Steuerungsgrößen Geschäftsvolumina, Konditionsmargen, zurechenbare Risiko- und Betriebskosten sowie Provisionserträge zusammensetzen.

Wegen der Abhängigkeit beider Steuerungsbereiche ist angesichts der Trennung von zentraler und dezentraler Kompetenz und Verantwortung ein *Integrationskreis* einzurichten, der das Spannungsfeld zwischen den zentralen Zielvorstellungen und Ansprüchen einerseits und der „dezentralen“ Entwicklung des Marktes andererseits koordiniert. Die Integration erfolgt dabei über ein Konglomerat von Koordinationsinstrumenten, die in ihrer Bedeutung und in ihrem Einsatz ungleich stark zu gewichten sind und auf die verschiedenen Phasen des Steuerungsprozesses abzielen.

Als Kerninstrumente des Dualen Steuerungsmodells fungieren *Zielvereinbarungen*, mit denen die dezentralen Ziele und Aktivitäten mit den zentralen Ziel- und Strukturvorstellungen harmonisiert werden sollen. Steuerungsgrößen stellen dabei Volumensbudgets, Kostenbudgets und vor allem Soll-Margen dar. Wegen der nur unvollständigen Koordina-

8 Vgl. Koch, 1980.

tionsfähigkeit der Volumens- und Ergebnisbudgets werden sie ergänzt bzw. korrigiert durch Hilfsinstrumente der Integration. Zu ihnen gehören Richtkonditionen, absolute und abgestufte Limite und das sogenannte Bonus-/Malus-System.[9]

Literaturhinweise

HAUSCHILD, J./SCHEWE, G.: Der Controller in der Bank, Systematisches Informations-Management in Kreditinstituten, Frankfurt 1993.

HORVÁTH, P.: Controlling, 7. Auflage, München 1999.

KOCH, H.: Neuere Beiträge zur Unternehmensplanung, Wiesbaden 1980.

MERTIN, K.: (Self-)Controlling, in ZfK 1982, S. 1118-1121.

RICHTER, H. J.: Theoretische Grundlagen des Controlling, Strukturkriterien für die Entwicklung von Controlling-Konzeptionen, Frankfurt 1987.

SCHIERENBECK, H./ROLFES, B.: Entscheidungsorientierte Margenkalkulation in der Kreditwirtschaft, Frankfurt 1988.

SCHIERENBECK, H.: Ertragsorientiertes Bankmanagement im Visier des Shareholder Value-Konzepts, in: Shareholder Value-Konzepte in Banken, Tagungsband zum 4. Basler Bankentag, Hrsg.: Basler Bankenvereinigung, Basel 1997.

SCHIERENBECK, H.: Ertragsorientiertes Bankmanagement, 6. Auflage, Wiesbaden 1999.

WEBER, J.: Einführung in das Controlling, 8. aktualis. u. erw. Auflage, Stuttgart 1999.

9 Vgl. Schierenbeck, 1999.

B. Controllingorganisation und Controllingprozesse

I. Organisation und Implementierung des Bankcontrolling

Johannes Ringel

Controllingorganisation in Banken

1. Einleitung

Das Umfeld von Banken ist geprägt durch Gesellschafts- und Wertordnungen, allgemeine sowie bankspezifische Rechtsnormen, die Nachfrage nach Bankdienstleistungen, die Innovationsfähigkeit der Wirtschaft, den technischen Fortschritt sowie die Wettbewerbsaktivitäten der Non- und Nearbanks.[1] In den letzten Jahren sind in diesem Zusammenhang vor allem die gestiegene Volatilität an den Finanzmärkten, die Wandlung des Marktes für Bankdienstleistungen zum Käufermarkt, der enorme Fortschritt der Kommunikations- und Informationstechnik sowie das Auftreten neuer Konkurrenten wie Versicherungen, Direkt- und Internetbanken hervorzuheben.[2] Hinzu kommt, dass die globale Verflechtung der Finanzmärkte besonders ausgeprägt ist.[3]

Vor dem Hintergrund dieser zunehmenden Komplexität der Bankenumgebung nehmen die Adaptions-, Antizipations-, Reaktions- sowie Koordinationsfähigkeiten der Entscheidungsträger einen immer höheren Stellenwert ein. Ein effizientes und internationales Controllingsystem, welches alle steuerungsrelevanten Informationen laufend erfasst und zielorientiert sowie aktuell zur Verfügung stellt, ist integraler Bestandteil zur Unterstützung und Weiterentwicklung dieser Managementfähigkeiten.[4]

2. Controllingorganisation in Banken

Neben der Unternehmensgröße und der Umwelt ist die Struktur der Organisation für die Ausgestaltung eines Controllingsystems entscheidend.[5] Änderungen in der Organisation eines Kreditinstituts haben daher zumeist unmittelbare Auswirkungen auf dessen Controllingorganisation.[6] Um dieser Komplexität Rechnung zu tragen, sollen die Controllingfunktion und die Organisation zunächst getrennt untersucht werden, um später die Erfordernisse der Controllingorganisation von Banken herauszuarbeiten.

2.1 Bankcontrolling

Controlling bei Kreditinstituten gewann in Deutschland erstmals Anfang der 80er Jahre verstärkt an Bedeutung. Seit dieser Zeit hat es sich rasant fortentwickelt und grundlegend verändert. Durch innovative Methoden und Ansätze wurde den sich immer rascher voll-

1 Vgl. Büschgen 1998.
2 Vgl. Büschgen 1998 und Vettiger 1996.
3 Vgl. Heitmüller 1998.
4 Vgl. Vettiger 1996.
5 Vgl. Küpper 1997.
6 Vgl. Ringel 1995.

ziehenden Umfeldveränderungen Rechnung getragen.[7] Stand in den 80er Jahren noch eine an der Opportunitätstheorie orientierte Bewertung des Bankgeschäfts im Vordergrund, wurde in den 90er Jahren das sogenannte Barwertkonzept entwickelt, welches die durchgängige Bewertung aller Bankdienstleistungen anhand von Marktpreisen beinhaltet. Messlatte ist hier der Vermögenszuwachs bzw. die Gesamtbankperformance. Im Rahmen des Portfolioansatzes als Fortentwicklung des Barwertkonzeptes werden mittels eines Verrechnungspreissystems und interner Transaktionen risikobehaftete Geschäfte auf entsprechende Einheiten innerhalb der Bank umgeschichtet, so dass trennscharfe Portfolien mit abgegrenzter Ergebnis- und Risikoverantwortung entstehen. Aktuell wird das Barwertkonzept auf die Steuerung von Ressourcen übertragen.[8] Die letztgenannte Prozessorientierung des Controllings wird später (Punkt 2.1.2 und 3.2.4) noch dargestellt.

2.1.1 Funktionen und Aufgaben

Der Begriff Controlling beinhaltet mehr als Kontrolle im eigentlichen Sinne, denn er umfasst darüber hinaus eine Steuerungs-, Lenkungs- und Überwachungsfunktion. Die für Banken besonders wichtige Steuerungsfunktion lässt sich in eine inhaltliche und eine formale Komponente untergliedern. Inhaltlich stellt Bankcontrolling ein Gesamtkonzept dar, mit dessen Hilfe sowohl die Gesamtheit der Bank als auch Teilbereiche und Einzelgeschäfte ertragsorientiert gesteuert werden können. Formal hat das Bankcontrolling die Aufgabe, die Entscheidungsrationalität sicherzustellen sowie Koordinations- und Informationsaufgaben zu erfüllen.[9] Explizit soll somit das Controlling das Bankmanagement bei denjenigen operativen und strategischen Steuerungsaufgaben, welche nachhaltig und nennenswert Einfluss auf die Markt-, Rentabilitäts- und Risikosituation einer Bank haben, durch die Bereitstellung aktueller und geeignet aufbereiteter Steuerungsinformationen unterstützen.[10] Angesichts der verstärkten Dynamik im Umfeld von Banken steht somit die innovativ-antizipatorische Philosophie des Controllings gegenüber der passiv-vergangenheitsorientierten Ausrichtung klar im Vordergrund.[11]

Bezüglich der zu steuernden Elemente gewinnt neben der klassischen Wertorientierung des Controllings, dargestellt durch Absatzüberschüsse von Bankdienstleistungen, der technisch-organisatorische Bereich mit den Kosten für die Ressourcen des Bankbetriebes verstärkt an Bedeutung.[12] Durch den hohen Wettbewerbsdruck können steigende Personal- und Sachkosten immer weniger überwälzt werden. Dadurch steigen die Anforderungen an das Controlling im Produktionsbereich, was eine stärkere Koordination von Controlling und Organisation erfordert.[13]

7 Vgl. Paul 1996.
8 Vgl. Flesch 1998.
9 Vgl. Schierenbeck 1999.
10 Vgl. Ringel 1988.
11 Vgl. Welge 1996.
12 Vgl. Jacob et al. 1999.
13 Vgl. Brunold et al. 1995.

2.1.2 Instrumente

Neben der Sammlung und Analyse von Daten umfasst das Controlling auch die Konzeption sowie den Betrieb eines Instrumentariums, mit dessen Hilfe das Management in die Lage versetzt wird, die Bank zeitnah zu steuern.[14] Durch die Instrumente werden Plangrößen und Ziele für Kernerfolgsfaktoren im Rahmen von Ein- und Mehrjahreshorizonten ermittelt, die internen oder externen Benchmarks gegenübergestellt werden. Mit Hilfe der im Folgenden aufgezeigten Instrumente werden Soll-Ist-Vergleiche, Abweichungsanalysen sowie Hochrechnungen der Ist-Ergebnisse vorgenommen.[15]

Übergreifende Controllingsysteme sind Instrumente, mit deren Hilfe Aktionen sowohl der Gesamtunternehmung als auch einzelner Bereiche koordiniert werden können. Diese Controllingsysteme werden auch als die „charakteristischen" Controllinginstrumente bezeichnet, da sie die Aufgaben des Controllings wie die Koordinationsfunktion unmittelbar erfüllen. Beispiele für übergreifende Controllingsysteme sind das Konzept der Budgetierung, Kennziffern- und Zielsysteme sowie Verrechnungs- und Lenkungspreissysteme. In der Praxis finden sich zumeist Mischformen dieser Systeme.

Um trotz starker Zentralisation einerseits einen Teil der zu treffenden Entscheidungen zu delegieren, andererseits jedoch ein koordiniertes und am Gesamtziel orientiertes Agieren sicherzustellen, werden organisatorischen Einheiten Budgets vorgegeben. Ein Budget ist als präzise definierte wertmäßige Vorgabe in einer bestimmten Periode durch selbständige Entscheidungen der jeweiligen Organisationseinheit einzuhalten. Durch die Vorgabe eines Aktivitätsrahmens sollen die Mitarbeiter motiviert werden. Bei der Festlegung der Einzelbudgets sind die organisatorischen Interdependenzen mit anderen Organisationseinheiten zu berücksichtigen, wodurch implizit die Koordinationsfunktion erfüllt wird.

Kennziffern- und Zielsysteme sind Größen mit besonderem Informationsgehalt, welche quantitativ messbar sind und besonders wichtige Aspekte bzw. Interdependenzen in einfacher und verdichteter Form darstellen.[16] Bei Banken sind als relevante Größen insbesondere Geschäftsvolumina, Liquiditätskennziffern, die Grundsatz-I-Auslastung oder das Value-at-Risk einschlägig.[17] Strukturiert man diese Kennziffern, erhält man ein Kennziffernsystem, welches als Informations- bzw. Steuerungswerkzeug nutzbar ist.

Im Rahmen von Verrechnungs- oder Lenkungspreissystemen werden von der Unternehmung selbst Preise für intern verwendete bzw. abgesetzte materielle oder immaterielle Güter festgesetzt.[18] Durch die Übertragung des Marktgedankens auf die Einzelbereiche einer Unternehmung werden dezentral getroffene Entscheidungen automatisch koordiniert und tragen gleichzeitig zur Erreichung der Gesamtunternehmensziele bei.[19] Voraussetzung ist eine funktional bzw. divisional organisierte Unternehmung, worauf noch eingegangen wird.

---

14 Vgl. Jacob et al. 1999.

15 Vgl. Klein et al. 1999, Pesendorfer et al. 1996.

16 Vgl. Küpper 1997.

17 Schierenbeck betont die Bedeutung von integrierten Risikoperformance- und Risikotragfähigkeitsinformationen als Bestandteile von Managementinformationssystemen, vgl. Schierenbeck 1999.

18 Vgl. Küpper 1997.

19 Vgl. Schmalenbach 1947 und 1963 zitiert in Küpper 1997.

Bereichsbezogene Controllinginstrumente sind erforderlich, da die Leistungserstellung in Teilbereichen von Unternehmen, wie zum Beispiel Niederlassungen, erfolgt. Ein eigenes Bereichscontrolling ist immer dann angebracht, wenn die Controllingaspekte oder -objekte eine ausreichende Heterogenität aufweisen und es sich anbietet, diese separat zu analysieren. Somit wird beispielsweise ein Projekt- oder Beteiligungscontrolling gerechtfertigt. [20] Darüber hinaus nutzt ein dezentrales Controlling lokale Vorteile wie Kundennähe und das Vorhandensein spezieller Analysekenntnisse. Oftmals sind für die Planung und Steuerung von Geschäftseinheiten über die von den zentral zur Verfügung gestellten Controllinginformationen hinaus weitere, bereichsspezifische Daten erforderlich.[21] Die Koordinationsfunktion des Bereichscontrollings muss die Synchronisation mit den anderen Teilbereichen der Bank sowie mit dem Gesamtcontrollingsystem umfassen. [22]

Geeignete Instrumente sind, neben den bereits oben vorgestellten Kennzahlen- und Budgetsystemen, spezielle Investitions- oder Marketingverfahren wie zum Beispiel Absatzsegmentrechnungen, die jedoch an dieser Stelle nicht weiter erläutert werden sollen. [23]

Im Rahmen des Prozesscontrollings sind geschäftliche Prozesse, welche unmittelbar aus den Sachzielen des Unternehmens abgeleitet sind, das zentrale Controllingobjekt. Ziel des Prozesscontrollings ist die systematische Steuerung von Prozessen im Hinblick auf eine effiziente Abwicklung der Wertschöpfungsketten bei Reduktion nicht-wertschöpfender Arbeiten. Dies geschieht mittels Einflussnahme auf die Schlüsselfaktoren Kosten, Qualität und Zeitbedarf. Dabei kann es sich sowohl um bereichsinterne wie idealerweise auch um bereichsübergreifende Prozesse handeln. Durch die zahlreichen möglichen Controllingkriterien ergibt sich für das Controlling von Prozessen ein größerer Erkenntnisbereich als bei der traditionellen Betrachtung von Erlösen und Kosten. Denkbar sind fünf verschiedene Controllingebenen: das Abwicklungs-, das Effizienz-, das Ergebnis-, das Termin- sowie das Qualitätscontrolling. Vor dem Hintergrund der Praktikabilität ist eine Beschränkung auf wenige, besonders signifikante Größen ratsam. Voraussetzung für ein derartiges Prozesscontrolling ist die Optimierung der Geschäftsprozesse. Dazu erfolgt zunächst die Aufnahme und Darstellung der Prozesse. Entsprechen die Ist-Prozesse nicht den idealen Abläufen, werden diese optimiert. Ziel darf es nicht sein, höchstmögliche Qualität zu erreichen, sondern das Qualitätsniveau, welches von den Abnehmern erwartet und vergütet wird.[24] Ergebnisse von Prozesskostenrechnungen in Banken haben allgemein gezeigt, dass zu hohe Mitarbeiterressourcen im Rahmen der Prozessabwicklung und -verwaltung eingesetzt werden, die ertragreicher im Vertrieb oder in marktnahen Tätigkeiten eingesetzt werden könnten.[25] Instrumente zur Informationssammlung sind das Prozessbenchmarking mit Wettbewerbern oder Branchenfremden, die Befragung von Kunden und/oder Kundenbetreuern sowie von interdisziplinär zusammengesetzten Gruppen. Ne-

20 Vgl. Küpper 1997.
21 Vgl. Ringel 1995.
22 Vgl. Küpper 1997.
23 Vgl. hierzu ausführlich Küpper 1997 und Köhler 1988.
24 Vgl. Klein et al. 1999.
25 Vgl. Heitmüller 1998.

ben Prozess-Wert-Analysen ist die Prozesskostenrechnung ein weiteres Instrument des Prozesscontrollings.[26]

2.2 Bankspezifische Organisationsformen

Ziel der Organisation einer Bank ist deren Ausrichtung auf die jeweiligen Unternehmensziele. Die Ablauforganisation bezweckt eine möglichst effiziente Ausgestaltung der einzelnen Tätigkeiten, um etwa Wartezeiten für Kunden zu reduzieren, ausreichende Beratungskapazitäten sicherzustellen, Bearbeitungszeiten bei geringer Fehlerquote zu verringern und die Durchlaufzeit der Erstellung der gesamten Dienstleistung zu minimieren. Die Aufbauorganisation einer Bank spiegelt sich zum einen im Organigramm wider, zum anderen impliziert sie eine permanente Anpassung an geänderte Umfeldbedingungen und interne Faktoren mit dem Ziel, die langfristige Leistungsfähigkeit der Bank sicherzustellen und Ertragspotentiale optimal zu nutzen. Eine Umorganisation ist dann erfolgreich, wenn u. a. das Controllingsystem mit anderen Faktoren wie der Strategie gleichmäßig ausgerichtet ist.[27] Dies verdeutlicht erneut die Interdependenzen zwischen der Organisation und dem Controlling einer Bank.

Die Bedeutung der Organisation als Wettbewerbsfaktor lässt sich daran erkennen, dass zu Beginn der 90er Jahre fast alle deutschen Kreditinstitute eine Reorganisation durchgeführt haben, um die Effizienz und die Kundenorientierung zu verbessern.[28]

2.2.1 Primärorganisation

Für Banken gibt es fünf denkbare Modelle für eine primäre Organisationsstruktur: Neben den funktionalen und produktorientierten Strukturen gibt es marktorientierte, divisionale und schließlich Matrixstrukturen. Im Rahmen der funktionalen Organisation, die bis in die 70er Jahre dominierend war, wird eine Bank nach den typischen Funktionen wie Einlagengeschäft und Zahlungsverkehr gegliedert. Dadurch lassen sich zwar Größen- und Spezialisierungsvorteile realisieren, aufgrund der fehlenden Marktnähe sind für den Kunden jedoch verschiedene Ansprechpartner in den einzelnen Abteilungen zuständig.

Bei einer produktorientierten Struktur, welche aus der Industrie stammt, werden alle Funktionen, welche zur Darstellung einer bestimmten Produktgruppe erforderlich sind, in einer Organisationseinheit zusammengefasst. Während flexibel auf Marktänderungen innerhalb der Produktgruppe reagiert werden kann, ist die parallele Durchführung von Funktionen in den einzelnen Teilbereichen unwirtschaftlich.

Im Rahmen einer marktorientierten Organisation werden Bereiche entweder durch eine regionale Aufteilung gebildet oder aber durch eine Gliederung nach Kundensegmenten. Die letztgenannte Organisationsform trägt dem Wandel vom Verkäufer- zum Käufermarkt

26 Vgl. Pesendorfer et al. 1996 und Klein et al. 1999.
27 Vgl. Wielens 1991.
28 Vgl. Krönung 1998.

Rechnung und stellt die Kunden mit ihren unterschiedlichen Bedürfnissen in den Mittelpunkt. Der Kunde hat somit einen Ansprechpartner, der ihm integrierte und umfassende Problemlösungen anbietet. Vorteil der marktorientierten Organisation ist generell die flexible und schnelle Reaktion auf geänderte Marktanforderungen.

Eine Divisions- oder Spartenorganisation liegt vor, wenn die Bank nach dem Objektprinzip wie Kundengruppen, Produktgruppen und Regionen in eigenständige Sparten oder Divisionen gegliedert ist. Dies hat den Vorteil, dass die Teilbereiche eigenverantwortlich als Cost Center oder Profit Center geführt werden können und somit der Erfolg des einzelnen Bereiches ermittelt werden kann.

Matrixstrukturen kombinieren zwei oder mehrere unterschiedliche Strukturmodelle, um deren Vorteile zu realisieren, die Nachteile jedoch zu vermeiden. Wichtig ist die Gleichrangigkeit der Gestaltungsprinzipien. Häufig anzutreffen ist eine Verbindung zwischen funktionaler und kundenorientierter Struktur in Form von Profit Centern, da Verantwortungsbereiche zwecks eindeutiger Erfolgsmessung einfach abzugrenzen sind, eine hohe Flexibilität gewährleistet ist und den jeweiligen Kundengruppen Dienstleistungen aus einer Hand angeboten werden können.

Die genannten Strukturmodelle sind meist nicht in Reinform zu beobachten, da sie auf die konkrete Situation des einzelnen Kreditinstituts maßgeschneidert werden müssen,[29] was durch das individuelle Umfeld sowie die spezielle Strategie bedingt ist.[30]

2.2.2 Sekundärorganisation

Bestimmte zeitlich befristete Aufgaben, insbesondere innovative und komplexe, die mit interdisziplinären Gruppen bearbeitet werden müssen, überfordern die Primärorganisation. Daher ist die Bildung von Sekundär- oder Parallelstrukturen in Form von Projektorganisationen erforderlich, die die primäre Organisation überlagern.[31] Oftmals handelt es sich dabei um Aufgaben mit hoher Bedeutung, die die Einbeziehung der höchsten Führungsebene erfordern.[32] Diese Projektteams dürfen nicht zu einer permanenten Einrichtung werden, da sie sonst die Funktionsweise der Organisation beeinträchtigen.[33] Sekundärorganisationseinheiten sind ein bedeutsamer Aspekt für die organisatorische Wirksamkeit von Controllingsystemen.[34]

2.3 Organisatorische Implementierung

Es gilt, das Bankcontrolling zwecks Erfüllung seiner zahlreichen und wichtigen Aufgaben in die Organisation von Banken effizient zu integrieren und dabei seine aufbau- wie ab-

29 Vgl. Kilgus 1995, Wielens 1991.
30 Vgl. Krönung 1998.
31 Vgl. Kilgus 1995, Bleicher 1991.
32 Vgl. Schierenbeck 1999.
33 Vgl. Kilgus 1995.
34 Vgl. Schierenbeck 1999.

lauforganisatorische Ausgestaltung zu definieren.[35] Da eine Organisationstheorie des Controllings bisher nicht vorhanden ist, lässt sich diese Aufgabenstellung lediglich durch Abwägung positiver bzw. negativer Aspekte lösen.[36]

2.3.1 Zentralität versus Dezentralität

Zunächst ist festzustellen, dass eine völlig zentrale Wahrnehmung des Controllings durch eine einzelne Instanz dem Trend zu dezentraler Eigenverantwortung, bspw. durch Profit Center, widersprechen würde.[37] Darüber hinaus erfordert der zunehmende Bedarf an Koordination auf allen Führungsebenen eine ausgeprägte Dezentralisation des Controllings, verbunden mit einer wachsenden Spezialisierung für alle wichtigen Funktionen der Unternehmung, wie bspw. Marketing.[38] Als weitere Vorteile gelten die Kundennähe und die Akzeptanz bei der Maßnahmenumsetzung.[39] Andererseits sind vollkommen dezentrale Controllingsysteme ungeeignet, da sie der Koordinationsfunktion des Controllings im Hinblick auf einheitliches Handeln der unabhängig gesteuerten Teilbereiche zuwiderlaufen. Daher ist es erforderlich, bestimmte Aufgaben des Controllings zentral zusammenzuführen und andere Aufgaben dezentral in den Teilbereichen anzusiedeln. Zentralisiert werden sollten jene Controllingaufgaben, welche die Gesamtbank tangieren oder dazu dienen, die Aktivitäten der dezentralen Einheiten zu integrieren und zu koordinieren. Beispiele hierfür sind insbesondere die Gesamtergebnisplanung, die Gesamtberichterstattung an das Management bzw. die Eigentümer, die Steuerung des Budgetierungsprozesses sowie das Verrechnungspreissystem. Beziehen sich hingegen die Aufgaben völlig auf die Teilbereiche und sind unabhängig von anderen Teilbereichen zu erfüllen, sollten sie dezentral wahrgenommen werden.[40] Beispielsweise ist das Prozesscontrolling von den Zentralinstanzen in die dezentralen Organisationseinheiten zu transferieren, da die Mitarbeiter für die Einhaltung der Controllinggrößen selbst verantwortlich sind. Nur so kann ein schnelles und effizientes Prozesscontrolling gewährleistet werden.[41] Die Unterstützung von Produkt- und Prozessinnovationen macht die Integration des Controllings in die Sekundärorganisation erforderlich, was wiederum die Voraussetzung für eine flexible und schnelle Koordinations- und Reaktionsfähigkeit schafft.[42]

2.3.2 Hierarchie und Kompetenz

Zunächst ist zu klären, welche Rolle das Controlling in der Bank haben soll. Dazu ist etwa festzulegen, wie umfassend die zu erzielenden Veränderungen sein sollen, in welchem Maße eine Beteiligung an geschäftspolitischen Vorgängen erfolgen und ob eine Neutrali-

35 Vgl. Ebenda S. 27.
36 Vgl. Küpper 1997.
37 Vgl. Schierenbeck 1999.
38 Vgl. Horváth 1998.
39 Vgl. Ringel 1994.
40 Vgl. Schierenbeck 1999.
41 Vgl. Klein et al. 1999.
42 Vgl. Ringel 1994.

tät des Controllers gegeben sein soll.[43] Je höher die vorstandsseitige Unterstützung des Controllings ist, desto geringer ist die Notwendigkeit, das Controlling auf höchster Bankebene zu platzieren. Für eine Entscheidungsbeteiligung spricht die Tatsache, dass das Controlling den Überblick über die Gesamtbank hat. Die Neutralität des Controllers ist u. a. durch systemtechnische Voraussetzungen sicherzustellen.

Eine weitere entscheidende Determinante ist die Unternehmensgröße. Bei kleineren Banken ist die Funktion des Controllings auf der zweiten Ebene anzusiedeln. Bei größeren Banken kann ein für das Controlling zuständiges Vorstandsmitglied bestimmt werden, jedoch sollte dieses weitere Zuständigkeiten zum Beispiel für bestimmte Marktbereiche übernehmen, um zum einen nicht isoliert zu sein und zum anderen den Blick für dezentrale Controllingbelange zu bewahren.[44]

Es ist erforderlich, dass dem Controlling die Methodenkompetenz zusteht, damit die Bank nach einheitlichen und wirtschaftlichen Kriterien gesteuert werden kann. Zwingend notwendig ist ferner die Komplettierung des Controllings durch zusätzliche Einheiten auf operativer Ebene in dezentralen Organisationseinheiten. Nur auf diese Weise ist gewährleistet, dass diese Bereiche ihre Teilziele festlegen und steuern können, wodurch ein „Selfcontrolling“ möglich wird.[45]

2.3.3 Aufgabenzuordnung auf Stellen

Für die Zuordnung von zentral oder dezentral wahrzunehmenden Aufgaben auf Stellen existieren drei Möglichkeiten, nämlich als Linieninstanz, Stabsstelle oder spezielle Controllingstelle.

Den Linieninstanzen können – neben ihren originären Aufgaben – auch Controllingfunktionen zugeordnet werden. Positiv wirken hierbei die Nähe zum Controllingobjekt, spezielle Analysekenntnisse sowie die schnellere Maßnahmenumsetzung. Nachteilig ist die Doppelbelastung aus Tagesgeschäft einerseits und Controllingaufgaben andererseits. Weiterhin können Stabsstellen mit den Controllingaufgaben betraut werden, oder es können eigene Controllingstellen eingerichtet werden.[46] Dies bietet sich immer dann an, wenn die entsprechenden Aufgaben nicht oder aber nicht in adäquatem Maße von anderen Stellen wahrgenommen werden.[47] Von Vorteil ist hierbei, dass Controllingaufgaben institutionalisiert werden und daher intensiver wahrgenommen werden können.[48] Es besteht jedoch die Gefahr, dass Controlling auf seine Servicefunktion reduziert werden könnte und dass die Belange der einzelnen Geschäftsbereiche keine Berücksichtigung mehr finden könnten.[49]

Aufgrund der bereits oben diskutierten vorteilhaften Kombination von zentraler und dezentraler Organisation von Controllingaufgaben sollte dies im Rahmen der Zuordnung auf

43 Vgl. Mann 1989, Kaltenhäuser 1979 und Baumgartner 1980, zitiert in Schierenbeck 1999.
44 Vgl. Schierenbeck 1999.
45 Vgl. Ringel 1994.
46 Vgl. Pfohl 1997 zitiert in Schierenbeck 1999.
47 Vgl. Küpper 1997.
48 Vgl. Schierenbeck 1999.
49 Vgl. Ringel 1994.

Stellen sinnvoll fortgeführt werden. Neben einer Reihe von speziellen Controllingstellen, welche zweckmäßigerweise zentral angesiedelt werden und für die Controllingmethoden und zentralen Controllingsysteme usw. verantwortlich zeichnen, sollte es darüber hinaus Linieninstanzen in den Teilbereichen der Bank geben, die die jeweiligen dezentralen Controllingaufgaben wahrnehmen.[50]

3. Controllingorganisation in der WestLB

Aufgrund der Interdependenzen zwischen der Organisation einer Bank und der Etablierung des Controllings wird zunächst kurz auf die Organisation der WestLB eingegangen, bevor die Zuordnung der Controllingaufgaben auf die einzelnen Bereiche erläutert wird.

Mitte des Jahres 1997 wurde das Projekt „MARKO" (= Marktorientierte Konzernorganisation) gestartet mit dem Ziel, die organisatorischen Voraussetzungen für eine verbesserte Marktausschöpfung durch Stärkung des Vertriebs sowie der Kundenorientierung zu schaffen. Weiterhin sollten die Bedingungen für eine stärkere Fokussierung auf Produktkompetenzen, für eine effizientere Steuerung durch Reduzierung überflüssiger Schnittstellen sowie zur Erreichung einer höheren Flexibilität im Hinblick auf veränderte Marktanforderungen erreicht werden. Damit stand implizit fest, dass eine Veränderung der Organisationsstruktur allein nicht ausreichte, sondern es darüber hinaus einer Anpassung der Steuerungsziele der Bank, der entsprechenden Steuerungsinstrumente sowie der personalwirtschaftlichen Konzepte bedurfte. Das Ergebnis ist ein funktionales Organisationsmodell, welches die Kundenbetreuungs-, Produkt- und Konzerndienstefunktion in Unternehmensbereiche weltweit bündelt.

Die Kundenbereiche wurden über alle Kundengruppen zusammengefasst und nach Regionen, etwa *Asia/Pacific*, in Unternehmensbereiche (UB) strukturiert. Innerhalb dieser UB wurden hierarchisch untergeordnete sogenannte Geschäftsbereiche (GB) definiert, die für eine oder mehrere Kundengruppen als Profit Center in einer Region verantwortlich sind, zum Beispiel der GB *Banken Europa* innerhalb des UB *Deutschland/Europa*. Diese so gebildeten Kundengeschäftsbereiche sind innerhalb ihrer Kundengruppe für die strategische und operative Planung verantwortlich, das heißt, sie besitzen die Gesamtverantwortung für den Budget- und Planungsprozess innerhalb der jeweiligen Region. Auf der Produktseite wurde die Zuständigkeit für Produktgruppen in entsprechenden UB wie zum Beispiel *Corporate Finance* zusammengefasst. Innerhalb dieser UB wurden hierarchisch tiefer gestellte GB als Profit Center definiert, die für Produktbündel wie *Strukturierte Finanzierungen/Exportfinanzierungen* zuständig sind. Diese GB tragen die Verantwortung für ihr Produktergebnis unter Berücksichtigung des Risikos. Im Rahmen des UB *Konzerndienste* werden bankkonzernweite Aufgaben gebündelt. Innerhalb dieses UB wurden GB definiert, wie zum Beispiel der GB *Bilanzen/Controlling/Bankbesteuerung*.

50 Vgl. Schierenbeck 1999.

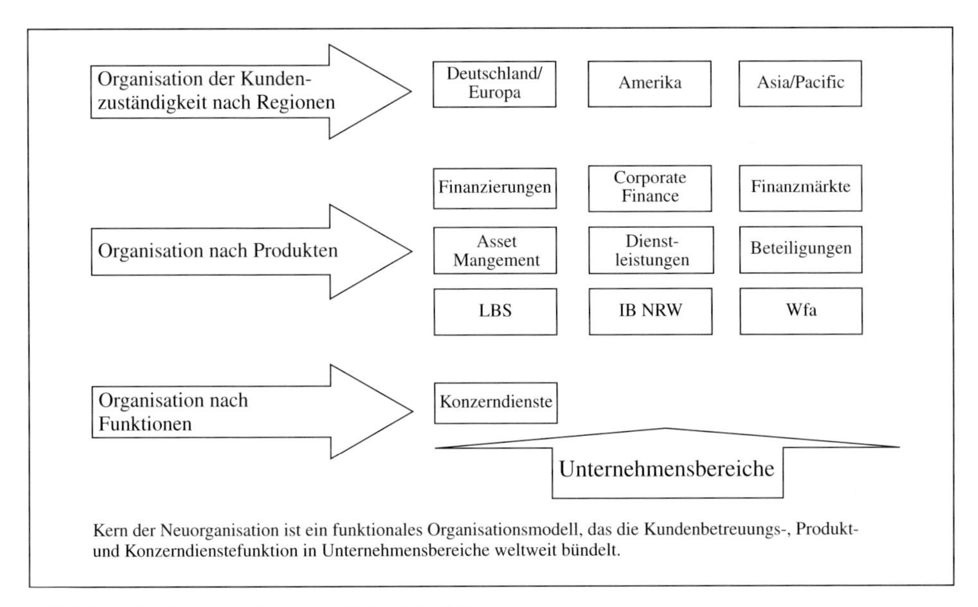

Abbildung 1: Organisationsmodell der WestLB

Das Controlling der WestLB ist mehrstufig organisiert, das heißt, Controllingaufgaben werden auf verschiedenen Ebenen sowohl zentral als auch dezentral wahrgenommen.

3.1 Zentrales Controlling

Für eine Reihe von Controllingaufgaben sind zentrale GB innerhalb des UB *Konzerndienste* zuständig, was im Wesentlichen durch die Integrations- und Koordinationsfunktion des Controllings im Hinblick auf ein an den Unternehmenszielen ausgerichtetes einheitliches Handeln der Bank begründet ist. Jedoch sind in diese Controllingaufgaben auch stets dezentrale Einheiten involviert, zum Beispiel bei der Ermittlung von Daten sowie bei der Überwachung „vor Ort".

3.1.1 Finanzcontrolling

Das operative Finanzcontrolling wird von der Abteilung *Konzerncontrolling* im GB *Bilanzen/Controlling/Bankbesteuerung* wahrgenommen. In dessen Zuständigkeit fallen koordinationsbedürftige und geschäfts- bzw. unternehmensbereichsübergreifende Controllingaufgaben sowie mit diesen in Zusammenhang stehende operative Maßnahmen. Typische Aufgaben sind das intern laufende Reportingsystem mit Abweichungsanalysen zwischen Plan- und Ist-Werten sowie die Hochrechnung der Ist-Werte, die Erstellung von Budgetkonzepten und die Koordination des entsprechenden Prozesses. Darüber hinaus werden die Steuerung der internen Leistungsverrechnung, die Ermittlung der strukturellen Konzernzielrentabilität, die weltweite Methodenkompetenz für Kalkulationsverfahren und -modelle sowie betriebswirtschaftliche Analysen wahrgenommen. In diesem Zusammenhang ist eine enge internationale Koordination mit den globalen Product Heads und Kundengeschäftsbereichen erforderlich. Das *Konzerncontrolling* führt darüber hinaus Projekte zur konzernübergreifenden Weiterentwicklung von Steuerungssystemen und Kalkulationsmodellen durch, damit Entscheidungen durch das Management auf Basis einheitlicher Steuerungsinformationen getroffen werden können. Weiterhin werden sekundärorganisatorische Maßnahmen begleitet, damit deren Ziele mit den vom *Konzerncontrolling* gelieferten Daten und der Controllingphilosophie kompatibel sind.[51]

3.1.2 Strategiecontrolling

Die Funktion des Strategiecontrollings wird zusammen mit der Strategieentwicklung im GB *Konzernentwicklung* durch eine eigene Abteilung *Strategieentwicklung und -beratung* getrennt vom *Konzerncontrolling* wahrgenommen. Zu den Aufgaben dieser Abteilung gehört zum einen die Überprüfung und Fortschreibung der Konzernstrategie, was eine permanente Analyse der Wettbewerbs- und Marktbedingungen sowie der eigenen Stärken und Schwächen auf Gesamtkonzernebene impliziert. Während die Einzelstrategien dezentral und eigenverantwortlich in den unterschiedlichen Kunden- oder Produktgeschäftsbereichen erstellt sowie controllt werden, ist es Aufgabe der *Strategieentwicklung und -beratung,* diese zu überprüfen und im Hinblick auf die Ziele der Gesamtbank zu koordinieren sowie auf Wunsch Support bei deren Erstellung zu leisten. Ferner werden in der Abteilung neue Geschäftsfelder aus konzernstrategischer Sicht geprüft und beurteilt. Darüber hinaus erfolgt dort das eigentliche Strategiecontrolling, nämlich die regelmäßige Überprüfung der Zielerreichung und die Analyse eventueller Abweichungen, verbunden mit dem Vorschlagen entsprechender Handlungsoptionen. Im Unterschied zum Konzerncontrolling sind die Aufgaben des Strategiecontrollings somit langfristiger angelegt und liegen auf höherem Abstraktionsniveau.[52]

3.1.3 Informationscontrolling

Angesichts der strategischen Bedeutung von Informationstechnologie und -versorgung für die Erstellung von Bankleistungen sowie deren Ausgestaltung hat die WestLB ein integriertes Informationscontrolling implementiert, welches durch den GB *Konzerninformationsmanagement* wahrgenommen wird. Ziel ist es, konzernweit das Informationsmanagement der WestLB bei der Gestaltung einer bedarfs- und zeitgerechten Informationsversorgung effizient sowohl kurz- als auch langfristig zu unterstützen.

Die Informationsstrategie wird zunächst durch Ziele und Eckwerte von Qualität und Quantität für die zukünftige Bereitstellung von Informationen definiert. Im Rahmen der Planung wird dann über erforderliche Investitionen unter geschäftsstrategischen Gesichtspunkten sowie unter Berücksichtigung der Informationsstrategie entschieden. Zu diesem

51 Vgl. Ringel 1994.
52 Vgl. Ringel 1994.

Zweck wird ein konzernweites mehrjähriges Informationsverarbeitungs-(IV)-Budget erstellt, welches die dezentralen GB nach Maßgabe und unter Koordination des GB *Konzerninformationsmanagement* erarbeiten. In Form eines Projektportfoliocontrollings werden der aktuelle Stand des Gesamtprojektportfolios permanent analysiert und etwaige Umsetzungsrisiken oder Handlungsbedarf frühzeitig erkannt. Durch das zusätzliche Systemcontrolling werden der aktuelle Stand der Systemlandschaft und insbesondere die Lebenszyklen der verwendeten Systeme untersucht. Dadurch werden wiederum Informationen für die Investitionsentscheidungen im Rahmen der Planung generiert.

3.1.4 Risikocontrolling

Das strategische Risikocontrolling wird vom Bereich *BilanzStrukturManagement* innerhalb des GB *Bilanzen/Controlling/Bankbesteuerung* wahrgenommen. Kernstück ist dabei das Risiko-/Ertragssteuerungssystem, das Ertrag und Risiko in Beziehung setzt und als zentrales Steuerungssystem für den gesamten Bankkonzern fungiert. Dieses System ist auch Basis für die Allokation ökonomischen Risikokapitals auf alle GB der WestLB. Das *BilanzStrukturManagement* hat außerdem die Methodenkompetenz für die einheitliche Rahmenkonzeption bezüglich der drei Risikoblöcke Marktpreis-, Ausfall- und operative Risiken inne. Darüber hinaus ist es die Aufgabe des strategischen Risikocontrollings, das Gesamtrisiko des Bankkonzerns durch die Festlegung von Risikotragfähigkeit, Verlustobergrenze und Risikodeckungspotentialen zu limitieren.

Das Controlling der Bonitätsrisiken inklusive der Portfoliosteuerung ist Aufgabe des GB *Zentrales Kreditmanagements*. Modernes Management von Bonitätsrisiken ergänzt die Einzelanalyse eines Engagement um eine Portfoliosicht. Im Rahmen ihrer Portfoliosteuerung bedient sich die WestLB eines der zur Zeit verfügbaren Modelle, das auf versicherungsmathematischen Modellen fußt. Zu den wesentlichen Aufgaben der Portfoliosteuerung gehört die quartalsweise Portfolioberichterstattung, die u. a. den aus Bonitätsrisiken resultierenden Value at Risk beziffert.[53]

Die tägliche und zeitnahe Risikobewertung und -überwachung von Marktpreisrisiken erfolgt durch den GB *Risk Management Support & Control* (*RMS&C*), der weltweit fachlich und disziplinarisch für das Risikocontrolling aller Handels- und Wertpapieranlagegeschäfte im Bankkonzern zuständig ist. Zu den zentral wahrgenommenen Funktionen gehört die Methodenentwicklung, das Anfertigen von Spezialanalysen, die Sicherstellung der täglichen zentralen Risikoevidenz zu Markt- und Kontrahentenrisiken, fachbezogene IT-Unterstützung sowie die Entwicklung von Prozessen für die Steuerung von Handelsgeschäften. Darüber hinaus verfügt das *RMS&C* über disziplinarisch angebundene dezentrale Mitarbeiter in allen großen Handelsräumen der WestLB. Weiterhin ist der Bereich für die Überwachung und Koordination des *sogenannten New Product Process* zuständig, einer institutionalisierten Analyse für Markt-, Kredit- und operative Risiken.

53 Vgl. Prautzsch 1999.

3.2 Dezentrales Controlling

Eine Vielzahl von Controllingaufgaben ist dezentral in den einzelnen Teilbereichen der Bank angesiedelt, da diese entweder im Rahmen eines verstärkten „Selfcontrollings" vor Ort dorthin verlagert wurden, weil diese Aufgaben speziell in diesen Bereichen anfallen, oder weil das *Konzerncontrolling* entlastet werden soll. Wie unter Punkt 3.1 bereits dargestellt, gibt es eine Vielzahl von Daten, die dezentral erhoben und controllt werden, aber zusätzlich in zentrale Reportings oder Analysen einfließen.

3.2.1 Bereichscontrolling

Das Bereichscontrolling erfolgt zum einen dezentral auf UB-Ebene vom GB *Dienste Kunden* für alle internationalen Kunden-GB, vom GB *Capital Markets Support* für sämtliche globalen Investmentbank-GB sowie von der Abteilung *Dienste Kreditbereiche* für alle internationalen Kredit-GB. Dieses Controlling erfolgt im Vergleich zum *Konzerncontrolling* auf hierarchisch nachgelagerter Ebene und weist eine geringere Aggregation auf. Zum anderen werden eine Vielzahl von dezentralen Controllingaufgaben im Rahmen des „Selfcontrollings" durch die einzelnen GB selbst wahrgenommen.

Der GB *Dienste Kunden* unterstützt die internationalen Kundengeschäftsbereiche sowie den Vorstand durch eigene Berichte, zum Beispiel das monatliche MIS III[54], welches im Vergleich zu den MIS II-Berichten des *Konzerncontrollings* für den Vorstand[55] einen höheren Detaillierungsgrad und zusätzliche Auswertungsparameter aufweist. Darüber hinaus erfolgen Sonderauswertungen, GB-übergreifende Zusammenfassungen von Budget- und Ergebniszahlen sowie datenqualitätsverbessernde Maßnahmen.

Der GB *Capital Markets Support* betreut die Geschäftsbereiche im Investment Banking, nämlich die UB *Corporate Finance*, *Financial Markets* und *Asset Management* inkl. *Private Banking*. Die Tatsache, dass es sich bei den zugrundeliegenden Geschäften um Transaktionsprodukte handelt, die teilweise nicht bilanzrelevant sind, erfordert spezielle Auswertungen, was von zentralen Reportings nicht geleistet werden kann. Darüber hinaus werden Sonderanalysen durchgeführt und Controllingprozesse zwischen den GB koordiniert.

Der Bereich *Dienste Kreditbereiche* ist zum einen für die Entwicklung, Fortschreibung und Kontrolle sowie ggf. die Anpassung der globalen Strategie für den UB *Kredite* zuständig. Im Rahmen der konzernweiten Budgetierung betreut der Bereich die einzelnen internationalen Kreditabteilungen und unterstützt sie durch Planungstools und individuelle Auswertungen. Der Global Credits Report bildet – im Gegensatz zu den Konzernreportingsystemen – alle Steuerungsebenen des UB *Kredite* sowie zusätzliche geschäftsbereichsspezifische Steuerungsgrößen wie Durchschnittsmargen und Kreditvolumina ab.

54 MIS = Management-Informationssystem.

55 MIS I ist das Informationssystem für den Verwaltungs-(Aufsichts-)rat, also am höchsten verdichtet.

Die GB der WestLB werden als Profit Center geführt, deren Leiter für ihren fachlichen Zuständigkeitsbereich ergebnisverantwortlich sind. Diese Verantwortung bezieht sich sowohl auf die Erarbeitung der Strategien und Budgets als auch auf deren Erreichung. Die einzelnen Organisationseinheiten erhalten monatlich ihre eigene GuV-Rechnung und haben diese zu kommentieren. Zur Beurteilung der Leistungsfähigkeit der Profit-Center werden die Kennzahlen Eigenkapitalrentabilität und Cost-Income-Ratio verwendet.

Nachdem der Vorstand die Zielvorgaben im Rahmen eines Top-down-Ansatzes für die Drei-Jahres-Budgetierung festgelegt hat, stellen die dezentralen GB Bottom-up ihre individuellen Pläne auf, welche zum Konzernbudget zusammengefasst werden. Die dezentralen Kunden- und Produkt-GB sind gehalten, bilaterale Abstimmungen selbst untereinander durchzuführen. Zusätzlich zu den Budget- und den tatsächlichen Ist-Werten erhalten die GB monatlich eine Hochrechnung, welche als Informations- und Frühwarnsystem dient.

3.2.2 Regionales Controlling

Trotz der einheitlichen Zuordnung auf Kunden- und Produktgruppen ist es erforderlich, dass die Leiter internationaler Niederlassungen und Banktöchter diese einheitlich gegenüber den lokalen Bankaufsichts- bzw. Steuerbehörden vertreten. Dies erfordert ein zusätzliches regionales Reporting der lokalen Betriebsstellen. Darüber hinaus ist dieses regionale Reporting die Basis für die Koordination durch die *Regional Management Committees* sowie *Client Management Committees*, welche mehrere Länder umfassen. Deren Aufgabe ist es im wesentlichen, regionale Strategien und Budgets zu entwickeln bzw. aufeinander abzustimmen und zu controllen, um einen gemeinsamen und koordinierten Marktangang in der Region, zum Beispiel *Asia/Pacific*, sicherzustellen. Zu diesem Zweck werden auf Basis der Konzerninformationssysteme Reportings der relevanten Betriebsstellen erstellt, die über die Region aggregiert werden.

3.2.3 Beteiligungscontrolling

Neben dem *Konzerncontrolling*, welches für das Controlling der Aktivitäten der Bank und der Banktöchter (Kernmarktbeteiligungen) zuständig ist, ist der UB *Beteiligungen* verantwortlich für das sogenannte Engagementcontrolling der weiteren investiven, nicht kernmarktbezogenen Beteiligungen. Dabei ist zwischen dem strategischen Controlling, welches der Sicherstellung des Beteiligungsziels dient, und dem operativen Controlling im Hinblick auf die Rentabilität, Risikobegrenzung und Fungibilität der Beteiligung zu unterscheiden. Das strategische Controlling erfolgt mittels Votierung der Mehrjahresplanung des Unternehmens, eines Controllings der Prämissen, einer Ergebnispotentialanalyse sowie der Quantifizierung von Meilensteinen zur Erreichung der Zielrentabilität. Im Rahmen des operativen Controllings werden Gegensteuerungsmaßnahmen bei Soll-Ist-Abweichungen sowie Plankorrekturen initiiert. Je nach Größe der Beteiligung, Finanz- und Ertragslage des Unternehmens bzw. dessen Wettbewerbsposition wird zwischen einem Mindest- und einem Intensivcontrolling unterschieden.

3.2.4 Prozesscontrolling

Wurden in der Vergangenheit GB-individuelle Insellösungen entwickelt, um ablauforganisatorische Maßnahmen zur Optimierung von Prozessen umzusetzen, gab es hierfür keine konzerneinheitlichen Methoden und Techniken. Dies hatte zur Folge, dass oftmals kein dauerhafter Nutzen für die Gesamtbank ausgeschöpft werden konnte. Daher wurde von der WestLB ein Rahmenregelwerk erarbeitet, welches die GB bei der Wahrnehmung ihrer ablauforganisatorischen Aufgaben unterstützt und gleichzeitig eine einheitliche Vorgehensweise bei der Beschreibung und Dokumentation von Abläufen in allen Bereichen sicherstellt. Dieses Rahmenregelwerk umfasst neben einer detaillierten Beschreibung der einheitlichen Vorgehensweisen ein WestLB-Prozessmodell, welches als strukturbildende Architektur den übergreifenden Zusammenhang der verschiedenen Prozesse sicherstellt. Es stützt sich auf eine graphische Beschreibungsmethode für prozessuale Zusammenhänge, die durch eine spezielle Software ermöglicht wird. Dadurch werden schnelle, koordinierte und dokumentierte Prozessoptimierungen sichergestellt.

Wichtigstes Grundprinzip hierbei ist die dezentrale Prozessverantwortlichkeit, das heißt, das zentral durch den GB *Konzernorganisation* betreute Rahmenregelwerk steht als einheitliches Werkzeug den GB zur Verfügung, um damit die dezentralen Prozesse inkl. etwaiger Schnittstellen mit anderen GB zunächst zu beschreiben und in einem zweiten Schritt zu optimieren. Mehrere Projekte in der WestLB wurden bereits erfolgreich optimiert, bspw. eine ISO-zertifizierte Dokumentation der Abläufe im Bereich *Trade Control*. Das GB-übergreifende Prozesscontrolling obliegt dem GB *Konzernorganisation*.

4. Ausblick

Für die Zukunft bleibt festzuhalten, dass die innovationsfördernde Sicht des Controllings die unternehmenserhaltende immer mehr in den Hintergrund drängt, wodurch in zunehmendem Maße nicht mehr das Tagesgeschäft, sondern die strategische Planung und Kontrolle von Banken wichtig sein werden.[56] In der WestLB, aber auch in allen anderen Banken wird sich der Trend zum „Selfcontrolling" verstärken, das heißt, Controllingaufgaben werden in zunehmendem Maße von den Stäben weg in die Führung der dezentralen Einheiten verlagert werden. Ein wirkungsvolles Instrument zur Unterstützung dieses Wandels ist das Prozesscontrolling.

Für Banken wird es immer bedeutsamer werden, die knappe Ressource Risikokapital unter Rentabilitätsgesichtspunkten auf die Einheiten zu verteilen. Die Kennziffer RORAC (= Return on Risk Adjusted Capital) liefert hierzu wichtige Informationen, und eine Steuerung ist auf dieser Basis vom Einzelgeschäft über das Profit Center bis hin zur Gesamtbank möglich. Die WestLB hat hierzu bereits Pilotprojekte durchgeführt, deren Ergebnisse eine flächendeckende Einführung in absehbarer Zeit empfehlen.

56 Vgl. Horváth 1998.

Weiterhin gilt es zukünftig, die Faktoren Wettbewerb und Kundenorientierung noch stärker in den Controllingverfahren zu berücksichtigen. Die entsprechenden strategischen Unternehmensziele waren bisher kaum auf das eher operative Controlling übertragbar, da sie schwer messbar und quantifizierbar sind. Mit dem Ansatz der Balanced Scorecard können diese Faktoren durch ein Punktesystem abgebildet und controllt werden.[57] Somit kann eine Bank künftig einerseits nach kurzfristigen, aber auch strategischen Zielen und andererseits nach finanziellen sowie nicht-monetären Zielen gesteuert werden. Die WestLB hat in diesem Kontext bereits erste positive Erfahrungen gesammelt.

Literaturhinweise

BLEICHER, K.: Organisation, 2. Auflage, Wiesbaden 1991, S. 135.

BRUNOLD, A./PFATTEICHER, P.: Neue Perspektiven zur Prozeßkostenrechnung, in: Betriebswirtschaftliche Blätter 4/95, S. 184-189.

BÜSCHGEN, H. E.: Bankbetriebslehre, 5. Auflage, Wiesbaden 1998, S. 42-62.

FLESCH, J. R./GERDSMEIER, S.: Entwicklungslinien im Bank-Controlling, in: Die Bank 5/98, S. 294-301.

HEITMÜLLER, H.-M.: Standortbestimmung und künftige Entwicklungslinien im Bankmarketing, in: Süchting, J., Heitmüller, H.-M. (Hrsg.), Handbuch des Bankmarketing, 3. Auflage, Wiesbaden 1998, S. 597-612.

HORVÁTH, P.: Controlling, 7. Auflage München 1998, S. 76.

JACOB, H.-R./DACHTLER, C./DELNEF, A.: Weiterentwicklung des Bank-Controllings aus kundenorientierter Sicht, in: Österreichisches Bankarchiv 4/99, S. 291-295.

KILGUS, E.: Grundlagen der Strukturgestaltung von Banken, in: von Stein, H., Terrahe, J., Handbuch Bankorganisation, 2. Auflage, Wiesbaden 1995, S. 99.

KIRMßE, S./GRIMMER, J.: „Balanceakt" Vertriebscontrolling, in: Österreichisches Bankarchiv, 11/99, S. 859-864.

KLEIN, A./VIKAS, K.: Überblick über das prozeßorientierte Controlling, in: krp-Kostenrechnungspraxis 2/99, S. 83-90.

KÖHLER, R.: Beiträge zum Marketing-Management, Stuttgart 1988, S. 189-276.

KRÖNUNG, H.-D.: Auf der Suche nach der wettbewerbsfähigen Bankorganisation, in: Süchting, J., Heitmüller, H.-M., Handbuch des Marketing, 3. Auflage, Wiesbaden 1998, S. 56-63.

KÜPPER, H.-U.: Controlling, 2. Auflage, Stuttgart 1997, S. 289-443.

PAUL, S./SIEWERT, K.-J.: Bank-Controlling I: Ertragsmanagement in Kreditinstituten, Frankfurt/M. 1996, S. 14-16.

PESENDORFER, S./WURZER, W.: Prozeßorientiertes Reporting in Banken, in: Österreichisches Bankarchiv 12/96, S. 925-932.

PRAUTZSCH, W.-A.: Kreditrisikomanagement gewinnt an Bedeutung, in: Börsen-Zeitung vom 03.07.99, Seite B4.

RINGEL, J.: Controllingorganisation in Banken, in: Schierenbeck, H., Moser, H. (Hrsg.), Handbuch Bankcontrolling, Wiesbaden 1994, S. 35-47.

57 Vgl. Kirmße et al. 1999, Jacob et al. 1999.

RINGEL, J.: Trends in Controllingphilosophie und Steuerungspraxis in Banken, in: Schierenbeck, H., von Schimmelmann, W., Rolfes, B. (Hrsg.), Bank-Controlling 1988, Frankfurt/M. 1988, S. 20

SCHIERENBECK, H.: Ertragsorientiertes Bankmanagement Band 1, 6. Auflage, Wiesbaden, 1999, S. 1-35.

VETTIGER, T.: Wertorientiertes Bankcontrolling, Bern, Stuttgart und Wien 1996, S. 3-21.

WIELENS, H.: Marktorientierte Bankorganisation, in: Süchting, J, van Hooven, E. (Hrsg.), Handbuch des Bankmarketing, 2. Auflage, Wiesbaden 1991, S. 73-90.

Johannes Schwanitz

Die Entwicklung einer controlling-adäquaten IT-Organisation

1. Die Bedeutung der Informationsverarbeitung für das Controlling

Die Informationstechnologie (IT) prägt die Bankenlandschaft wie kaum eine andere Dienstleistungsbranche. Heute sind wir Augenzeugen einer Phase, in der wesentliche Teile des klassischen Bankgeschäftes durch technologische Entwicklungen wie dem Internet vollständig umgestaltet werden. So sind mit der Gründung reiner Internet-Banken der IT-Bereich und die „Bank" derart verschmolzen, dass sie einzeln nicht mehr identifizierbar sind.

Für das Bankcontrolling ist diese Zeit nicht minder spannend, da auch hier neue, konzeptionelle Herausforderungen liegen und gleichzeitig die IT neue Ansätze zur Lösungsfindung bereitstellt. Gleichwohl ist das Verhältnis zum IT-Bereich als Institution häufig belastet oder zumindest konfliktgeladen. Mit diesem Beitrag soll ein organisatorisches Konzept vorgestellt werden, welches eine produktive Arbeitsteilung zwischen controllingnahen Fachanwendern und dem IT-Bereich längerfristig sichern soll.

1.1 Dispositive IT-Prozesse und Strukturmodelle in der Anwendungsentwicklung

Der hohe Stellenwert der Informationsverarbeitung für Banken lässt sich daraus ableiten, in welch hohem Maße sie den Fertigungsprozess einer Bank unterstützt[1]: Von der Akquisition (Identifikation, Ansprache, Angebot) über die Vereinbarung von Geschäften (Beratung, Vertragsabschluss, Sachbearbeitung) und der Abwicklung von Geschäftsvorfällen (Verarbeiten im Back-Office, Buchen und Speichern) bis zur Bereitstellung von Informationen (Kontoauszüge, Melde-/Rechnungswesen, Controlling) bildet die IT das tragende Fundament aller Bankdienstleistungen. Sofern diese Leistungen das Kerngeschäft von Banken betreffen, soll im Folgenden von *operativen IT-Prozessen* gesprochen werden (vgl. Abbildung 1). Sie werden primär durch von Bankkunden initiierte Geschäftsprozesse angestoßen und unterliegen besonders hohen Sicherheitsstandards. Eine große Herausforderung in dieser Prozess-Ebene liegt in der Integration der vom Kunden geforderten mehrkanaligen Bedienung über unterschiedliche Vertriebswege und Schnittstellen.

Es entspricht dem Selbstverständnis des Controllers als Informationslieferant, Daten und Informationen des Tagesgeschäftes aufzubereiten und in Form von *dispositiven Fachprozessen* in Controllingkonzepte zu integrieren[2]. Voraussetzung dafür sind vielfältige DV-technische Abläufe, die als *dispositive IT-Prozesse* bezeichnet werden sollen.

1 Vgl. Moormann 1999.
2 Vgl. Botschatzke 1998.

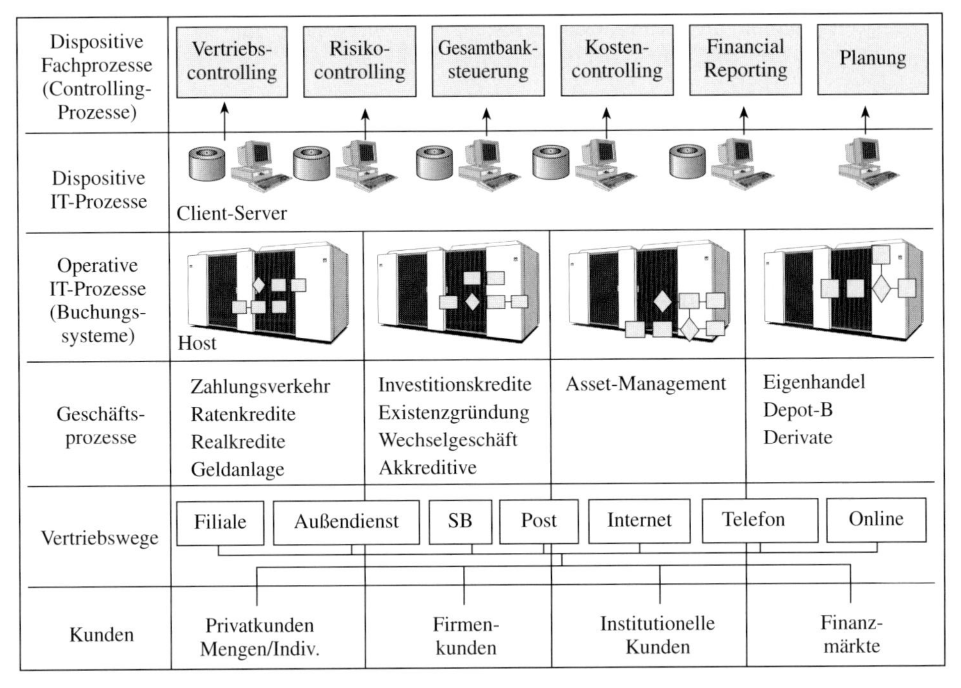

Abbildung 1: Zusammenwirken operativer und dispositiver Prozesse

Häufig stehen solche Prozesse an der Schnittstelle zwischen IT-Bereich und Controlling und sind daher für das organisatorische Zusammenspiel von zentraler Bedeutung.

Für die Betrachtung der Ist-Situation ist es zweckmäßig, zwei organisatorische Grundausrichtungen zu unterscheiden:

1.) Kreditinstitute, die ihre IT in Rechenzentren ausgelagert haben (Sparkassen, Geno-Banken) und

2.) Eigenanwender (Groß-, Regional- und Privatbanken sowie einzelne Sparkassen).

Zu 1.): Circa 85 Prozent der deutschen Kreditinstitute haben die Abwicklung des Tagesgeschäftes und damit ihre operativen Prozesse ausgelagert[3]. Die Hoheit über Massendaten, wie Konten oder Kunden, liegt somit bei den Rechenzentren (RZ). Auch die dispositiven IT-Prozesse werden zum großen Teil von diesen wahrgenommen und als Dienstleistung den angeschlossenen Instituten zur Verfügung gestellt.

Die Anwendungsentwicklung erfolgt im Spannungsfeld zwischen der Berücksichtigung individueller Anforderungen und einer einheitlichen Informatikstrategie. Durch Gründung von Informatik-Zentren, wie dem Sparkasseninformatik-Zentrum (SIZ), versucht man,

3 Quelle: Schätzung aus dem Verhältnis von Sparkassen, Geno-Instituten und bekannten Eigenanwendern zur Anzahl berichtender Institute im Monatsbericht der Deutschen Bundesbank 12/1999.

Geschäftsstrategien und Informationstechnologie in einem abgestimmten Konzept zu verbinden[4].

Den Rahmen für die Anwendungsentwicklung bildet typischerweise eine Projektorganisation, an der Fachanwender einzelner Institute in Arbeitskreisen beteiligt sind. Die Entwicklungsoptionen liegen in einer reinen Make-or-Buy-Entscheidung oder in einer Zwischenposition, in der externe Lösungen in die eigene Systemlandschaft integriert werden. Demnach reicht der Unterstützungsgrad auf Seiten des RZ von der Duldung einer dezentralen Controllinganwendung über eine Schnittstellenversorgung bis zu einem vollständigen Angebot der Controllingdienstleistungen.

Die Verbindung zum RZ wird durch Netzleitungen mit relativ geringer Übertragungskapazität aufrecht erhalten, die für Transaktionen im Rahmen der operativen Geschäftsprozesse vollkommen ausreichen. Die individuelle, das heißt dezentrale Datenverarbeitung im Rahmen dispositiver IT-Prozesse wird allerdings durch lange und kostenintensive Datenübertragungen in ihren Möglichkeiten stark beeinträchtigt.

Zu 2.): Eigenanwender haben als einziger Mandant der RZ-Dienstleistungen den Vorteil, dass Abstimmprozesse, wie sie bei mehreren Nutzern erforderlich sind, weniger langwierig und komplex sind. Häufig befindet sich das RZ in räumlicher Nähe oder sogar im selben Gebäude mit den (zentralen) Controllinganwendern. Hauseigene und hochperformante Netzwerke (LAN) können die Versorgung des Controllings mit Massendaten auch für dezentrale Systeme sicherstellen. Förderlich für die Zusammenarbeit ist auch die höhere Verbindlichkeit der Beteiligten, die aus den leichter aufbaubaren persönlichen Beziehungen resultieren.

Zusammenfassend kann festgehalten werden, dass die Entwicklung von Controllinganwendungen durch folgende Kriterien positiv beeinflusst wird: räumliche Nähe zum Rechenzentrum, Individualität durch niedrige Mandantenzahl, performante Netzbandbreiten für den Transport von Massendaten, gegenseitige Verbindlichkeit der Projektbeteiligten. Somit befinden sich Eigenanwender in einer besseren Ausgangssituation als Institute, die ihre IT-Dienstleistungen ausgelagert haben.

1.2 Konfliktpotenziale der heutigen Situation und ihre wesentlichen Ursachen

Operative Informatikprozesse unterstützen die Kreditinstitute bei ihren Kerngeschäften, wie Zahlungsverkehr, Darlehens- oder Einlagengeschäften. Die Monopolsituation des Anbieters solcher Prozesse steht aus Gründen der Sicherheit, Verfügbarkeit und Performance aus heutiger Sicht nicht zur Disposition. Es wäre realitätsfern, wenn ein Vertriebsmitarbeiter auf seinem PC beispielsweise eine Fonds-Verwaltungsanwendung programmiert, um damit rechtsverbindliche Kundengeschäfte abzuwickeln.

4 Vgl. Stülpnagel/Bendzulla 1999.

Anders ist die Situation bei dispositiven Prozessen, die auf Daten der operativen Systeme aufsetzen und Anwendungen für Marketing, Controlling oder Meldewesen beliefern. Da es sich hier nicht um geschäftskritische Anwendungen handelt, sind auch Entwicklungen außerhalb des Rechenzentrumsbetriebes möglich[5]. Die hierbei entstehenden Spannungen in der Beziehung von IT-Bereich und den Fachanwendern sollen im Folgenden näher beleuchtet werden.

Emanzipation der Controllinganwender durch leistungsfähige Desktop-Systeme

Das beeindruckende Leistungsniveau von Personal-Computern bei gleichzeitig intuitiver Bedienbarkeit erlaubt es Fachanwendern, eigene Applikationen zu entwickeln und so den Anwendungsstau zu mildern. Vor allem Tabellenkalkulationen versetzen den Bankcontroller in die Lage, mit seiner Begriffswelt analytische und simulative Problemstellungen als quantitatives Modell zu formulieren und zu lösen. Als Nachteile dieser Entwicklungsplattform sind zu nennen, dass Daten und Verarbeitungslogik nicht getrennt werden und somit eine personenübergreifende Nutzung der Anwendung nur bedingt erfolgen kann. Daneben stößt die Verarbeitung von Massendaten, wie zum Beispiel. bei Konto-/Kundenkalkulation, auf Kapazitätsgrenzen.

Ein entscheidender Impuls für die dezentrale Anwendungsentwicklung geht heute von Data-Warehouse-Technologien aus[6]. Durch den Einsatz moderner Datenbanken im Client-Server-Umfeld wird eine bislang nur bei Großrechnern bekannte Leistungsfähigkeit in der individuellen Datenverarbeitung erreicht. Damit einher geht eine stetige Professionalisierung der Anwendungsentwicklung innerhalb der Fachabteilungen. Flexible und visuell unterstützte Abfragen auf die Datenbanksysteme lassen auch technikferne Fachanwender eine bis dahin nicht bekannte Analysequalität erreichen. Die vollständige Speicherung und Analyse des gesamten Kunden- und Kontenbestandes mit sämtlichen operativen Feldern einer größeren Sparkasse ist ohne Performanceprobleme auch außerhalb des RZ möglich.

Die technologische Entwicklung wird die Zunahme der Informatik-Kompetenz in den Fachbereichen weiter beschleunigen[7]. Der Produktivitätsabstand bei der Anwendungsentwicklung zwischen Controlling und IT-Bereich steigt durch das Angebot hochperformanter Systeme auf Data-Warehouse-Basis weiter. Eine wesentliche Vereinfachung in der Anwendungsentwicklung erlaubt der deutlich geringere Sicherheits-Overhead. Damit befindet sich die (rechenzentrumsnahe) Anwendungsentwicklung im IT-Bereich in einem strukturellen Nachteil, der auch durch höhere Professionalität und größere Performance bei der Bearbeitung von Massendaten nicht ausgeglichen werden kann.

Die Höhe des Konfliktpotenzials ist davon abhängig, inwieweit der IT-Bereich die Entwicklungsaktivitäten im Fachbereich unterstützt und damit eine Verlagerung früher exklusiv angebotener Leistungen akzeptiert. Aus Unternehmenssicht wäre es fatal, die Datenhoheit über operative Massendaten derart einzusetzen, dass die Versorgung von dezentralen Fachanwendungen nicht gewährleistet ist und damit auch die Anwendungsentwicklung in den Fachbereichen blockiert wird.

5 Vgl. Hofferbert/Schwanitz 1999.
6 Vgl. Muksch 1999.
7 Vgl. Chamoni/Gluchowski 1997.

- Steigende Komplexität der Controllingkonzeptionen

Mit der Weiterentwicklung der Controllingansätze sind die Anforderungen an die Informationsverarbeitung stetig gestiegen. Der folgende Überblick soll die wesentlichen IT-relevanten Meilensteine skizzieren.

Nach der konzeptionellen Ausgestaltung der Marktzinsmethode (MZM) Mitte der 80er Jahre haben bereits einige Banken zeitnah diese moderne Form der Teilzinsspannenrechnung in ihre DV-Systeme übernommen. Schon im Grundmodell der MZM sind die datentechnischen Herausforderungen nicht trivial: Jedem Effektivzins des Kundengeschäftes wird zur Berechnung der Konditionsmarge ein fristenstruktur-kongruenter Opportunitätszins gegenübergestellt. Während der Kundenzins als Effektivzins nach Preisangaben-Verordnung in den operativen Systemen bereits berechnet und als Datum eingestellt ist, muss der Opportunitätszins extern beschafft und permanent aktualisiert werden.

Die Erweiterung des MZM-Modells im Hinblick auf eine entscheidungsorientierte Kalkulation erfordert eine Barwertberechnung unter Berücksichtigung der aktuellen Zinsstrukturkurve. Diese auch als Finanzmathematische Ansätze der MZM[8] bezeichneten Verfahren erfordern den vollständigen Zahlungsstrom des Kundengeschäftes und die Konstruktion eines zahlungs- oder kapitalstrukturkongruenten Opportunitätsgeschäftes. Die Herausforderungen für die IT liegen darin, Ein- und Auszahlungen mit ihren Zeitpunkten aus den Vertragskonditionen zu generieren und diese finanzmathematisch zu bewerten.

Die beiden aktuellen Trends im Bankcontrolling lassen sich einerseits mit steigender Methodenkomplexität und andererseits mit einer zunehmenden Mehrdimensionalität kennzeichnen. So stellen am Unternehmenswert orientierte Banksteuerungskonzepte hohe Ansprüche an das Datenmanagement und die Methodenbibliothek. Um das eingesetzte (Eigen-) Kapital in den Bereichen allokieren zu können, wo es die beste Performance unter Risk-Return-Aspekten erzielt, sind umfassende Zeitreihenanalysen interner und externer Daten notwendig. Die gestiegenen Anforderungen an das mathematisch-statistische Instrumentarium lassen sich auch daran erkennen, dass die Personalstruktur im Controlling durch einen zunehmenden Anteil von Mathematikern und Physikern geprägt ist.

Die Mehrdimensionalität als zweiter Trend im Bankcontrolling ist eine Reaktion auf die erhöhte Wettbewerbsintensität im Finanzdienstleistungsbereich. Die Herausforderung liegt darin, Konzepte für die Bewertung von Kundenbeziehungen vor dem Hintergrund einer zukünftig mehrkanaligen Kundeninteraktion zu entwickeln und die Beziehung zu den Kunden im Rahmen des Relationship-Banking neu zu gestalten[9]. Die Entwicklung hin zu einer mehrdimensionalen Betrachtungsweise findet sich auch in einem derzeit diskutierten Managementkonzept wieder: Mit der Balanced-Scorecard wird der Versuch unternommen, in einem ganzheitlichen Ansatz die finanzwirtschaftliche Sichtweise auf das Unternehmen um weitere, den Unternehmenserfolg bestimmende Perspektiven, wie Kunden, Mitarbeiter und Prozesse, zu ergänzen.

8 Vgl. Schierenbeck 1999a.

9 Vgl. Bernet 1998.

- Mangelnde Abstimmung von langfristiger Controlling-Strategie und IT-Anforderungen

Zu den Akteuren in der Weiterentwicklung von Controllingkonzepten gehören Hochschulen, Banken, Unternehmensberatungen sowie Aufsichtsbehörden und Gremien. Sie alle haben ein Interesse daran, dass ihre Konzepte im Wettbewerb als eigenständig erkennbar bleiben. Die Differenzierung im Markt erfolgt über Innovationen, die den jeweils modernsten Stand des Controllings belegen sollen.

Die Schwierigkeit für die Bankpraxis liegt nun darin, den Grenznutzen einer neuen Controllingkonzeption den primär IT-bezogenen Grenzkosten gegenüberzustellen. Da mit jedem neuen Konzept regelmäßig die Anforderungen an die IT steigen, führt dies schnell zu dem nahezu überall beobachtbaren Anwendungsstau, der die Beziehung zwischen IT-Bereich und Fachbereich belastet. Wenn der Anwendungsstau noch dazu führt, dass ein Paradigma-Wechsel im Controlling in der Umsetzung einfach übersprungen wird, kann dies unerwünschte Trägheitskräfte auch in solchen Themen provozieren, bei denen sich Verzögerungen für die Bank schädlich auswirken.

Mit einer neuen oder modifizierten Controllinganwendung geht in der Regel eine Erweiterung der operativen Datenbasis mit zusätzlichen Tabellen, Feldern oder Attributen einher. Der Aufwand für die Einrichtung und Pflege auf Seiten des RZ ist enorm, da der erforderliche Sicherheitsstandard jederzeit gewährleistet sein muss. Daher sollte gerade für diesen Bereich eine kritische Diskussion über die Nachhaltigkeit des aktuell diskutierten Controllingansatzes erfolgen.

2. Der Informationsbedarf des Controllings als Rahmen für die Ausgestaltung der IT-Organisation

2.1 Kalkülunabhängigkeit durch Essenzielle Daten

Als wesentliche Konfliktpotenziale zwischen IT- und Fachbereich wurden die steigende Komplexität und Vielfalt der Controllingkonzepte genannt. Eine daraus ableitbare Forderung ist die Verständigung auf eine Controllingkonzept-übergreifende Datenbasis, die auch im Falle eines Paradigma-Wechsels in den Controlling-Kalkülen eine längerfristige Datenversorgung sicherstellen kann. Dazu ein Beispiel: Je nach betriebswirtschaftlichem Modell werden mehrere unterschiedliche Effektivzinsverfahren vorgeschlagen und angewendet. Eine Entschärfung des praktischen Umsetzungsproblems und damit eine Vereinfachung in der Kommunikation mit dem IT-Bereich wäre erreicht, wenn man schon frühzeitig den Zahlungsstrom als kalkülunabhängige Basis identifiziert hätte und diesen in Datenform vorhielte.

Die Kriterien für die Klassifizierung solcher im Weiteren als „Essenzielle Daten" bezeichneten Werte sollen daher sein (s. Abbildung 2):

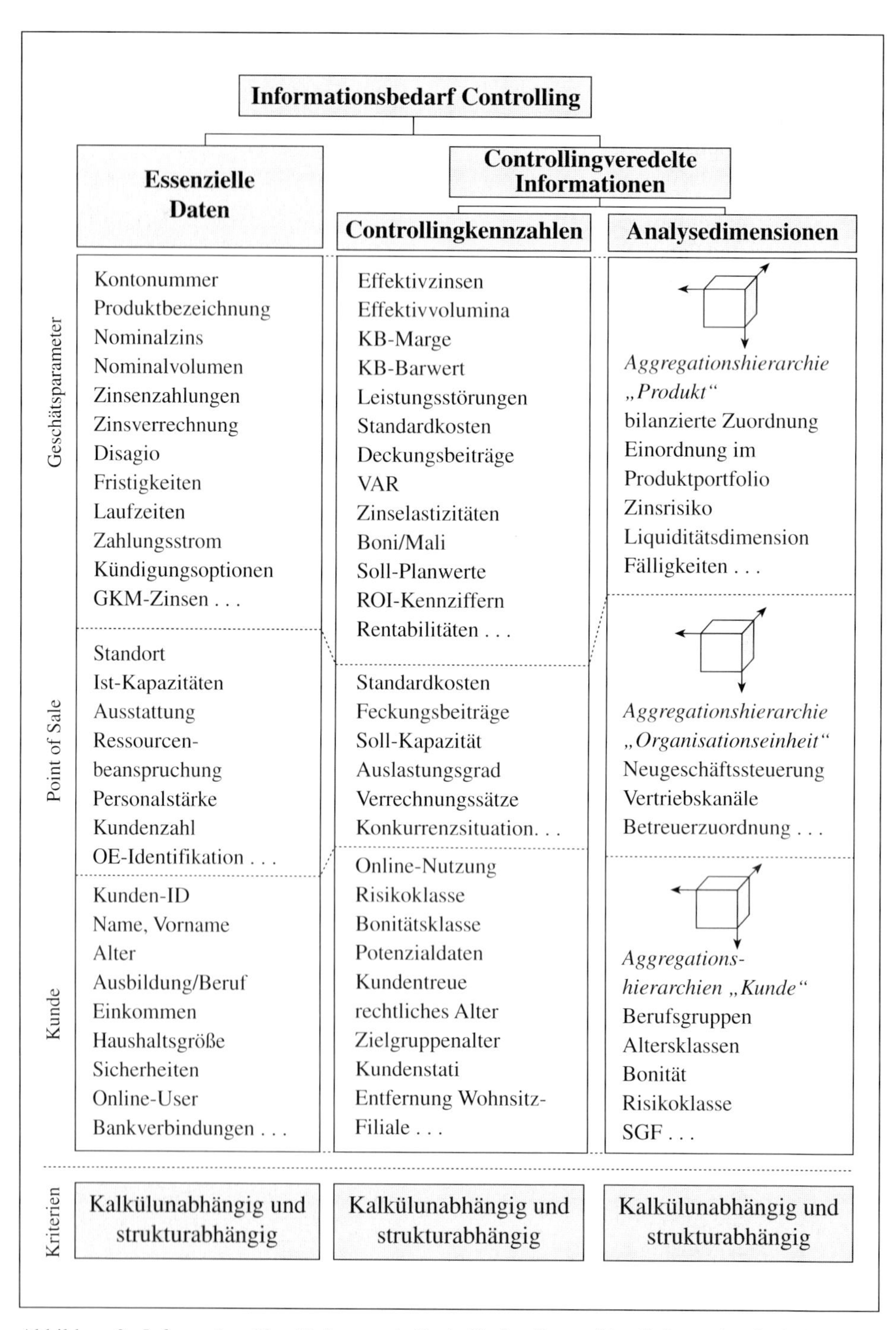

Abbildung 2: Informationsklassifizierung als Basis für den Controlling-Informationsbedarf

- *Kalkülunabhängigkeit*: Die Essenziellen Daten stellen eine gemeinsame und von verschiedenen Controllingansätzen unabhängige Basis dar.
- *Strukturunabhängigkeit*: Die Neutralität Essenzieller Daten in Bezug auf das Controllingkalkül impliziert gleichzeitig die Forderung nach Unabhängigkeit gegenüber einer Zuordnung in die organisatorische Struktur.

Damit liegt die Verantwortung für die Klassifikation bei den fachlich Verantwortlichen, Wissenschaft und Forschung mit eingeschlossen. Nur sie verfügen über das fachliche Wissen, um die Essenziellen Daten zu identifizieren. Erfolgreiche Vorbilder für ähnliche Abstimmungsprozesse finden sich in den internationaltätigen Gremien rund um die Standardisierung des World-Wide-Webs, die mit Hilfe gemeinsam verabschiedeter Protokolle und Datenformate für eine Grundkompatibilität sorgen.

2.2 Controlling-Kennzahlen

Eine wesentliche Aufgabe des Controllers besteht darin, Daten zusammenzuführen und durch Bildung von Kennzahlen in eine entscheidungsrelevante Form zu transformieren. Effektivzinssätze, Konditions- oder Strukturbeiträge, Standardkosten, Zinsanpassungselastizitäten oder ROI-Kennzahlen sollen nur stellvertretend für viele andere genannt werden. In dem hier vorgestellten Systematisierungskonzept werden sie als „Controlling-veredelte Informationen" (s. Abbildung 2) bezeichnet, die sich wiederum in die Klassen „Controlling-Kennzahlen" und „Analysedimensionen" unterteilen lassen. Für die Controlling-Kennzahlen gelten folgende Kriterien:

- Die *Kalkülabhängigkeit* ist für die Controlling-Kennzahlen merkmalsbildend und erfolgt vor dem Hintergrund eines konkreten betriebswirtschaftlichen Kalküls.
- *Strukturunabhängigkeit*: Die Berechnung der Controlling-Kennzahlen sollte unabhängig von der Einbindung in eine organisatorische Struktur erfolgen, da nur so eine konsistente Mehrfachverwendung der Kennzahlen im Unternehmen möglich ist. So ist es beispielsweise zweckmäßig, die Berechnung von Konditionsbeiträgen stets an den atomaren Geschäftsereignissen, den Einzelgeschäften, vorzunehmen und dort zu speichern. Damit wird diese Controlling-Kennzahl auch bei strukturellen Änderungen der Auswertungsdimensionen (zum Beispiel Kunden, Produkte oder Regionen) identifizierbar bleiben.

2.3 Analysedimensionen

Die Analyse und Auswertung von Geschäftsereignissen erfolgt in den dispositiven Unternehmensbereichen auf der Basis definierter Aggregierungsregeln. Dabei sind es häufig Controlling-Kennzahlen, die in einen strukturabhängigen Analysezusammenhang gestellt werden. Die Komponenten eines Deckungsbeitragsschemas werden beispielsweise im Rahmen einer Produkt-, Kunden- oder Profitcenterbewertung eingesetzt (s. Abbildung 2).

Die konkrete Einordnung in einen fachlichen Zusammenhang soll mit Informationen erfolgen, die hier als „Analysedimensionen" bezeichnet werden sollen. Die Anforderungen lauten:

- Nach *Kalkülunabhängigkeit* sollte bei der Definition der Analysedimensionen gestrebt werden, wobei eine Trennung zwischen dem Controllingkonzept und der organisatorischen Zuordnung nicht immer gelingt. So legt beispielsweise das Duale Steuerungskonzept auf Basis der Marktzinsmethode kalkülbedingt den organisatorischen Rahmen fest, indem zwischen zentraler Struktur- und dezentraler Marktdimension unterschieden wird.
- Die *Strukturabhängigkeit* ist für die Analysedimensionen charakteristisch. Hier wird festgelegt, über welche Ebenen und Pfade, mit welchen Regeln Ergebnisinformationen aggregiert werden.

Mit der gesonderten Definition der Analysedimensionen wird zweierlei erreicht: Zum einen können die Controlling-Kennzahlen oder Essenziellen Daten in einen wahlfreien Analysekontext gestellt werden. Ein Konditionsbeitrag als Controlling-Kennzahl wird zum Beispiel in die Analysekombination Kunde-Berufsgruppe/Region-Nord/Produkt-Termineinlagen gestellt. Zum anderen erlaubt die Trennung im Zeitablauf alternative oder sogar parallele Aggregationshierarchien. So können Ergebnis- und Verantwortungszuweisungen je nach organisatorischer Struktur flexibel und dennoch konsistent festgelegt werden.

3. Entwurf einer modernen IT-Organisation für die Banksteuerung

3.1 Dispositives Informationsmanagement auf Data-Warehouse-Basis

Bei der technischen Umsetzung dispositiver Anwendungen werden Data-Warehouse-Systeme künftig eine noch größere Rolle spielen. Da diese Entwicklung unmittelbare Auswirkungen auf das Zusammenwirken von Fach- und IT-Bereich hat, soll das Prinzip eines Data-Warehouse (DWH) kurz erläutert werden. Das Grundkonzept besteht darin, Daten aus verschiedenen operativen Zuliefersystemen zusammenzuführen und auf der Basis einer kontrollierten Redundanz für dispositive Zwecke aufzubereiten und vorzuhalten. Vor diesem Hintergrund lassen sich die vielfältigen Aufgaben und Funktionen eines DWH in drei Bereiche gliedern[10]:

10 Vgl. Schwanitz 2000.

1. Physische Integration

Aus Sicht der Anwender ergibt sich die Forderung nach vollständiger, konsistenter und zeitnaher Extraktion der Daten. Um beispielsweise einen Kunden mit all seinen Bankgeschäften bewerten zu können, sind unterschiedliche operative Systeme aus Giro-, Kredit- und Sparanwendungen einzubeziehen[11]. Der physische Integrationsprozess schafft dafür die Voraussetzungen durch

- die Vernetzung und den Datenaustausch zwischen den unterschiedlichen Systemplattformen,
- das Handling der zahlreichen Schnittstellen mit Unterschieden in den Formaten, in den Bereitstellungszeitpunkten und in den Medien (Datenträger, Online- und Printmedien),
- die Datenextraktion aus den hierarchisch aufgebauten Host-Systemen und den in der Client-Server-Welt weit verbreiteten relationalen Standard-Datenbanken.

Angesichts der gewachsenen und komplexen IT-Landschaft in den Banken stellt die physische Integration beim Aufbau von DWH-Systemen die größte Herausforderung dar und erweist sich immer wieder als erfolgskritischer Faktor.

2. Fachliche Integration

Die zweite Hauptaufgabe von DWH umfasst eine Einordnung von Geschäftsdaten und Ereignissen in einen fachlichen Kontext. Einen ausgeprägt interdisziplinären Charakter erhält die fachliche Integration dadurch, dass die Fachbereiche sich auf gemeinsame Definitionen von Begriffen und Kenngrößen verständigen müssen. Dies beinhaltet auch die gemeinsame Einordnung des Informationsbedarfs in die oben vorgestellten Klassen „Essenzielle Daten", „Controlling-Kennzahlen" und „Analysedimensionen". Die fachliche Integration sollte mit dem Ziel verbunden sein, die Anreicherung der Daten mit Informationen nur einmal – und damit redundanzfrei – im Unternehmen vorzunehmen und die Informationen für alle dispositiven Bereiche zentral für Auswertungszwecke vorzuhalten.

3. Historienführung

Die Speicherung von Vergangenheitsdaten als dritte Hauptaufgabe ergibt sich daraus, dass operative Systeme der Bestandsführung dienen und nicht-aktuelle Daten aus Konsistenzgründen regelmäßig überschrieben werden. Vergangenheitsdaten sind jedoch für dispositive Aufgaben von fundamentaler Bedeutung. Ohne sie sind weder statistisch fundierte Auswertungen noch rationale Prognosen möglich[12]. Je detaillierter und langfristiger Datenhistorisierungen vorgenommen werden, desto größer sind die Möglichkeiten, Entwicklungen und Trends zu erkennen und, wenn notwendig, rechtzeitig gegenzusteuern.

Bei der erfolgreichen Implementierung eines DWH erhält der Controller Zugriff auf sämtliche von ihm als relevant definierte interne und externe Daten des Unternehmens. Durch

11 Vgl. Mertens 2000.
12 Vgl. Schwanitz 1996.

die getrennte Datenhaltung werden störende Eingriffe in den operativen Betrieb vermieden.

3.2 Aufbauorganisation

Kernstück der controlling-unterstützenden organisatorischen Einheit ist das Dispositive Informationsmanagement auf Data-Warehouse-Basis mit den Bereichen Daten-Management[13], Anwendungsentwicklung und Infrastruktur (s. Abbildung 3). Dem Datenmanagement sind Aufbau und Pflege der oben definierten Datenklassen zugeordnet, die als Querschnittsfunktion die Anforderungen des Controllings und die Möglichkeiten des IT-Bereiches moderieren. Dadurch wird die für die Anwendungsentwicklung so wichtige Datenlogistik mit der ihr angezeigten Verbindlichkeit institutionalisiert[14]. Die Eingliederung des Gesamtbereiches Dispositives Informationsmanagement in die Organisationsstruktur kann mit drei Optionen erfolgen[15] (s. Abbildung 3):

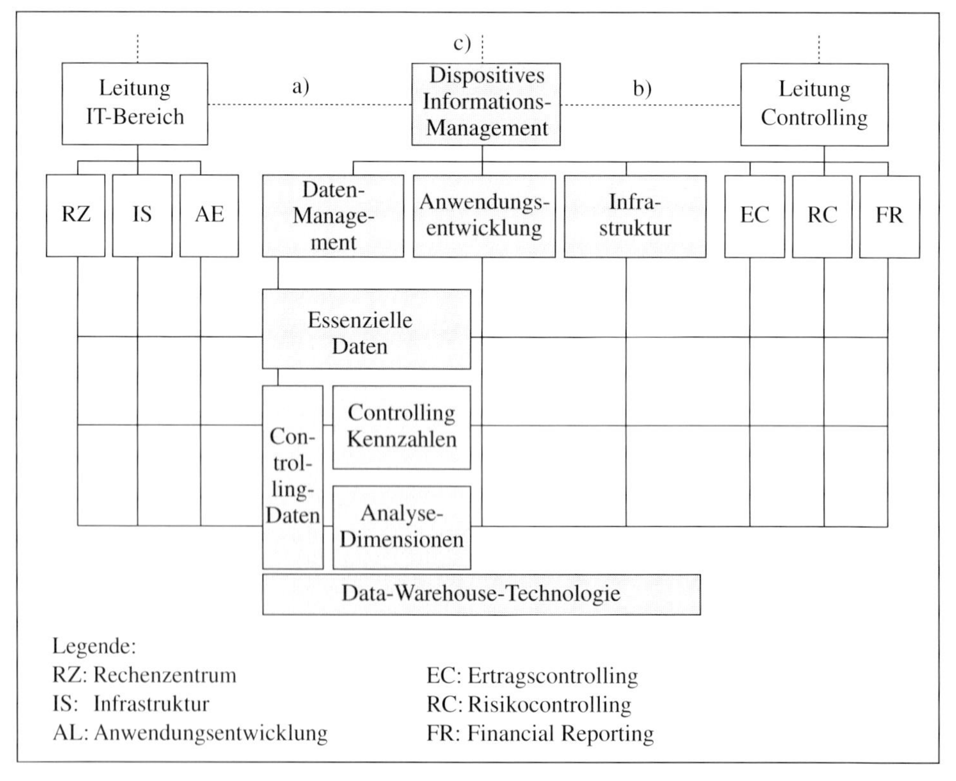

Abbildung 3: Dispositives Informationsmanagement in der Aufbauorganisation

13 Schwinn et al. 1999.

14 Zur Bedeutung des Datenmanagements s. auch Balgheim 1993.

15 Vgl. Al-Ani/Ostermann 1999.

a) Die Unterstellung zum IT-Bereich empfiehlt sich dann, wenn der Anspruch an Verfügbarkeit und Performance besonders hoch ist und die Nähe zu den operativen Systemen technisch erforderlich ist. Bei ausgelagerten IT-Leistungen, wie im Sparkassen- und Genossenschaftsbereich, können durch Mehrfachnutzung der Anwendung hohe Synergien erzielt werden. Als Risiken sind eine möglicherweise geringere Akzeptanz der Lösungen und aus Sicht des Fachbereiches niedrigere Transparenz der Entwicklung zu nennen.

b) Wenn die fachlichen Anforderungen auf anspruchsvollem Niveau liegen und das Controlling in der Bank einen hohen Stellenwert hat, bietet die Eingliederung in den Fachbereich Vorteile. Die damit verbundene Autonomie kann jedoch nur bei ausreichenden personellen und IT-fachlichen Kapazitäten gehalten werden. Es ist weiterhin darauf zu achten, dass die unternehmensweite fachliche Integration bei der Dominanz eines Fachbereiches nicht zu kurz kommt.

c) Die direkte Zuordnung des Dispositiven Informationsmanagements zur Unternehmensleitung hat den Vorzug, als Dienstleister allen Fachbereichen zur Verfügung zu stehen und dadurch interdisziplinäre Entwicklungsprojekte besser steuern zu können. Auch wird man der strategischen Bedeutung der Ressource Information in dieser Organisationsform, ob in der Linie oder als Stabsbereich, wohl am besten gerecht. Beim häufig geforderten Übergang vom Informations- zum Wissensmanagement kann der Bereich in dieser Struktur daher am ehesten eine Schlüsselrolle wahrnehmen[16].

3.3 Ablauforganisation anhand eines Fallbeispiels

Am Beispiel einer aktuellen fachlichen Herausforderung des Controllings soll das Grundprinzip der Ablauforganisation der hier vorgeschlagenen IT-Organisation veranschaulicht werden. Für Bankkunden ist es mittlerweile selbstverständlich geworden, auf alternativen Kanälen ihre Bankgeschäfte zu tätigen[17]. Aus Sicht des Controllings ergeben sich zwei Prinzipien zur Steuerung der Vertriebswege mit dem Ziel einer Ergebnisverantwortung[18]:

Erstens: Zentrale Koordination der Vertriebswege mit einer möglichst ganzheitlichen Betrachtung der Kundenbeziehung über alle Vertriebswege hinweg oder

Zweitens: Dezentrale Steuerung im Sinne einer Ergebnisverantwortung für den jeweiligen Kanal als Profit-Center. Dies impliziert eine Konkurrenzsituation der Vertriebswege untereinander in Bezug auf die Kapitalallokation.

Die Bankpraxis steht nun vor dem Problem, den konkreten Nutzen und die Nachhaltigkeit der beiden Alternativen zu bewerten. Für die erste Alternative spricht, dass sie die konsequente Fortführung der vor Jahren begonnenen und bis heute erfolgreichen marktorientierten Vertriebsstruktur darstellt. Der Vorteil der zweiten Steuerungsphilosophie liegt dar-

16 Vgl. Probst 1999.

17 Vgl. Wölfing/Mehlmann 1999.

18 Vgl. Schierenbeck 1999b.

in, dass nur so die äußerst knappen personellen Ressourcen auf den Aufbau des in erheblicher Konkurrenz befindlichem Bereich des Online-Banking konzentriert werden können Mit dem hier beschriebenen Strukturmodell der Anwendungsentwicklung wird dieses Entscheidungsproblem systematisch angegangen. Das Projekt zur Entwicklung der Controlling-Anwendung wird in die Schritte:

1. Informationsklassifizierung
2. Physische und fachliche Integration und
3. Anwendungsentwicklung

geteilt (s. Abbildung 4).

Zu 1.: Im Mittelpunkt der Informationsklassifizierung steht die Evaluierung der beiden alternativen Controllingkonzepte im Hinblick auf die jeweils benötigten Daten und Informationen. Die Aufgabe für den Fachbereich liegt darin, die kalkülunabhängigen Daten zu identifizieren und als Essenzielle Daten zu kennzeichnen. Bei der Definition der control-

	Informations-klassifikation	Phychsische und Fachliche Integration	Anwendungs-entwicklung
Beteiligte	*Fachbereich:* • Ertragscontrolling *Dispositive Info-M.:* • Datenmanagement	*Fachbereich:* • Ertragscontrolling *Dispositive Info-M.:* • Datenmanagement • Infrastruktur Rechenzentrum	*Fachbereich:* • Ertragscontrolling *Dispositive Info-M.:* • Anwendungsentw. • Infrastruktur
Ergebnisse	*Informationsklassen* *1. Essenzielle Daten:* – Kunden-ID – Kanal-Interaktion – Transaktionen – Investitionszahlungen *2. Controlling-Kennz.:* – Bruttoergebnisse Einzelgeschäft – Standardkosten – Rentabilität *3. Analysedimensionen:* – Aggregation Kunden – Aggregation Kanal	• Datenlogistik • Datenkataloge • Bankweit einheitliche Begriffe	• Controllingsystem mit Bewertung nach – Kunde – Vertriebswege/Kanal • Optional Rückführung der Daten in die operativen Systeme (CAS/Data-Based-Marketing)

Abbildung 4: Phasen der Anwendungsentwicklung

lingveredelten Daten sind bei den Controllingkennzahlen auch die Berechnungsmethoden aufzunehmen. Die Analysedimensionen schließlich beschreiben miteinander kombinierbare Auswertungshierarchien bis auf Gesamtbankebene, in diesem Fall die zwei Hauptdimensionen Kunde und Vertriebsweg.

Wahrscheinlich kommt man schon in der Phase der Informationsklassifizierung zu dem Ergebnis, dass die Entscheidung für das eine oder andere Steuerungskonzept unter IT-Aspekten sich – vereinfacht ausgedrückt – auf die Wahl der Aggregations-Dimension „Kunde" oder „Vertriebsweg" reduzieren lässt. Durch diese Option wird ein Wechsel von der einen zur anderen Controllingkonzeption wesentlich vereinfacht. Konkret ist es aus heutiger Sicht zunächst zweckmäßig, die Forcierung des Online-Kanals unter IT-Verantwortung zu betreiben, um dann später die Rückintegration in den Marktbereich vorzunehmen.

Zu 2.: Die physische Integration stellt in einem ersten Schritt die Datenlogistik sicher. Die Verantwortlichen im Datenmanagement gleichen dazu die Anforderung der Datenklassifikation mit der Lieferfähigkeit der bestehenden Systeme ab und nehmen die Daten in die Kataloge (Repositories) auf. Dazu gehören beispielsweise die während einer Internetsitzung vom Kunden hinterlassenen Ereignisse in den so genannten Logfiles. Die fachliche Integration sorgt in einem zweiten Schritt für die Abstimmung der Informationen im unternehmensweiten Kontext und dem Anbieten von Informationen für andere Fachbereiche wie dem Marketing.

Zu 3.: Die Anwendungsentwicklung wird sich auch zukünftig weiter in Richtung DWH-Technologien verlagern und dabei das Produktivitätspotenzial bei zunehmender Professionalisierung nutzen. Zusätzliche Anforderungen an die Applikation ergeben sich, wenn die von Controllingseite gewonnenen Erkenntnisse als Information wieder in das Tagesgeschäft, zum Beispiel in Computer-Aided-Selling-Anwendungen oder in die operativen Systeme zurückfließen.

Fazit

Das in diesem Beitrag vorgeschlagene Konzept richtet die IT-seitige Controllingunterstützung am Informationsbedarf des Controllings aus. Damit verbunden ist als Bringschuld auf der fachlichen Seite die Definition einer kalkülunabhängigen und langfristigen Datenbasis mit dem Ziel, eine höhere Nachhaltigkeit in der Datenversorgung zu erreichen. Für den IT-Bereich ergibt sich die Forderung, die zunehmende Informatikkompetenz in den Fachbereichen zu akzeptieren und konstruktiv mitzugestalten.

Literaturhinweise

AL-ANI, A./OSTERMANN, P.: Die Organisation des IT-Bereiches in Banken, in: Moormann, J./Fischer T. (Hrsg.): Handbuch Informationstechnologie in Banken, Wiesbaden 1999, S. 486-490.

BALGHEIM T. ET AL.: Banking 2000 – Organisatorische Tendenzen, Verband öffentlicher Banken (Berichte und Analysen Bd. 15), Bonn 1993.

Bernet, B.: Konzeptionelle Grundlagen des modernen Relationship Banking, in: Bernet, B./Held, P. P. (Hrsg.): Relationship Banking: Kundenbeziehungen provitaler gestalten, Wiesbaden 1998, S. 3-36.

Botschatzke, W.: Koordination und Informationsversorgung als Kernfunktion des Controlling, in: Steinle C. (Hrsg.): Zukunftsgerichtetes Controlling: Unterstützungs- und Steuerungssystem für das Management, 3., verbesserte und erw. Auflage, Wiesbaden 1998, S. 98-108.

Chamoni, P./Gluchowski, P.: Organisatorische Aspekte bleiben meist außenvor: Entwicklungstendenzen und Perspektiven der OLAP-Technologie, in: Beilage zur Computerwoche, Ausgabe 2/97.

Hofferbert, B./Schwanitz J.: Unter fremder Kontrolle, in: Bank Magazin, Ausgabe 6/99, 48. Jahrgang.

Mertens, P./Knolmayer, G.: Organisation der Informationsverarbeitung: Grundlagen – Aufbau – Arbeitsteilung, 3., überarb. Aufl., Wiesbaden 1998.

Mertens, P./Wieczorrek, H. W.: Data X Strategien: data warehouse, data mining und operationale Systeme für die Praxis, Berlin 2000.

Moormann, J.: Umbruch in der Bankinformatik – Status quo und Perspektiven für eine Neugestaltung, in: Moormann, J./Fischer T. (Hrsg.): Handbuch Informationstechnologie in Banken, Wiesbaden 1999, S. 4-20.

Mucksch, H.: Das Data Warehouse als Datenbasis analytischer Informationssysteme in: Chamoni, P./Gluchowski, P. (Hrsg.): Analytische Informationssysteme: Data Warehouse, On-Line Analytical Processing, Data Mining, 2., neubearb. Aufl., Berlin 1999.

Probst, J. B.: Wissen managen: wie Unternehmen ihre wertvollste Ressource optimal nutzen, 2. Aufl., Wiesbaden 1998.

Rolf, A.: Grundlagen der Organisations- und Wirtschaftsinformatik, Berlin 1998.

Schierenbeck, H.: Ertragsorientiertes Bankmanagement, Band 1: Grundlagen, Marktzinsmethode und Rentabilitätscontrolling, 6. überarbeitete und erweiterte Auflage, Wiesbaden 1999a.

Schierenbeck, H.: Die Vertriebskanäle der Zukunft im Privatkundengeschäft in: Baseler Bankenvereinigung (Hrsg.), Multi Channel Distribution im Banking: Tagungsband zum 6. Basler Bankentag, Bern 1999b.

Schwanitz, J.: Elastizitätsorientierte Zinsrisikosteuerung in Kreditinstituten, Schriftreihe des Zentrums für Ertragsorientiertes Bankmanagement, Münster 1996.

Schwanitz, J.: Analyse- und Steuerungsmöglichkeiten in Kreditinstituten auf der Basis von Data-Warehouse-Lösungen, in Behme, W./Mucksch, H. (Hrsg.): Data Warehouse-gestützte Anwendungen, Wiesbaden 2000.

Schwinn, K. et al.: Unternehmensweites Datenmanagement: Von der Datenbankadministration bis zum modernen Informationsmanagement, 2. Aufl., Wiesbaden 1999.

Stülpnagel A. v./Bendzulla, M.: Kooperative Entwicklung einer Informatikplattform in einem großen Verbund, in: Moormann, J./Fischer T. (Hrsg.): Handbuch Informationstechnologie in Banken, Wiesbaden 1999, S. 55-72.

Wölfing, D./Mehlmann, O. F.: Multi-Channel-Konzepte für den multimedialen Marktplatz, in: Moormann, J./Fischer T. (Hrsg.): Handbuch Informationstechnologie in Banken, Wiesbaden 1999, S. 106-124.

Thomas R. Fischer

Organisation der Risikoüberwachung im Deutsche Bank Konzern

1. Risikomanagement: Einführung und Geschichte

„A life without adventure is likley to be unsatisfying, but a life in which adventure is allowed to take what-ever form it will is likely to be short.“ Bertrand Russel

Die Deutsche Bank geht mit neuer Organisationsstruktur für das Risikomanagement in das neue Jahrtausend. Die dynamische Entwicklung der jungen Disziplin Risiko-management erforderte gerade in den letzten Jahren strukturelle Anpassungen in der Organisation.

Ist es ein Widerspruch, Risikomanagement als junge Disziplin zu bezeichnen und gleichzeitig das Bankgeschäft ex definitione als Übernahme von Risiko zu begreifen? Wir meinen: Nein!

Die Herausbildung einer eigenständigen und systematisierten Disziplin Risiko-management ist nämlich Ergebnis der dialektischen Wechselwirkung zwischen Problemdruck und Problemlösung unter den dramatisch veränderten Umständen der Globalisierung im Bankgeschäft: Das quasi Selbstverständliche (Risiko) wird zum Engpassfaktor und erfordert Spezialisierung.

Vergegenwärtigen wir uns die geschichtlichen Phasen der Entwicklung der Risikosteuerung. In den 80er/90er Jahren veränderten sich die Rahmenbedingungen dramatisch. Sie waren bestimmt durch steigende Volatilität ökonomischer Faktoren und einschneidende Entwicklungen auf politischem, sozialem und technologischem Gebiet (Globalisierung, Deregulierung, Desintermediation, Informationstechnologie):

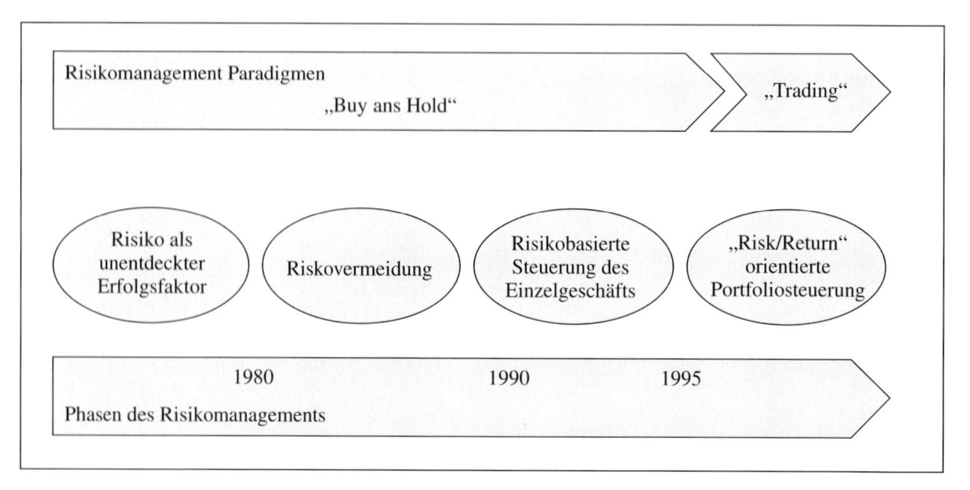

Abbildung 1: Phasen des Risikomanagements

- Phase 1 „Risiko als unentdeckter Erfolgsfaktor“: Mit Wegfall des Soll- und Haben-Zins-Abkommens begann für die Banken in Deutschland das neue Zeitalter der betriebswirtschaftlichen Erfolgsrechnung. Für das Bankgeschäft bis Ende der 70er Jahre konnte -retrospektiv betrachtet- von Risikoübernahme in relativ gesichertem Ertragsumfeld gesprochen werden. Verluste im Kreditgeschäft zum Beispiel aus dem Ölschock (1973/74) konnten noch vergleichsweise gut kompensiert werden. Im Kreditgeschäft war die klassische Bonitätsprüfung Alltag.
- Phase 2 „Strategie der Risikovermeidung“: Die Schuldenkrise der Drittweltländer und die Rezession in den frühen 80er Jahren schlug in deutlich erhöhtem Wertberichtungsbedarf auf die Banken durch. Die Bemühungen im Bereich der Risikosteuerung wurden intensiviert insbesondere mit dem Ziel der Vermeidung von Bewertungsfehlern bei der Kreditvergabe. Instrumente zur Risikoqualifizierung wurden eingesetzt und aufwendige Kreditprozesse etabliert. Instrumente der 2. Phase waren zum Beispiel automatisierte Bilanzanalyseverfahren und Interne Ratingsysteme.
- Phase 3 „Risikobasierte Steuerung des Einzelgeschäfts“: Mit der sprunghaften Entwicklung der Informationstechnologie Anfang der 90er Jahre eröffneten sich neue Möglichkeiten für die Risikosteuerung. Durch die exakte Quantifizierung von Verlusten erfolgte der Wandel zur kalkulierten Risikoübernahme. In dieser Phase hielten zum Beispiel Standardrisikokosten als planbarer Bestandteil der Einzelgeschäfts-steuerung und als Teil der risikobasierten Konditionsgestaltung Einzug in das Risikomanagement. Der Fokus der Risikosteuerung verschob sich zugunsten der Messung und Überwachung von Risiken aus Handelsgeschäften, mit besonderem Augenmerk auf Derivaten, nicht zuletzt als Folge der zahlreichen Schieflagen (Barings, Daiwa, NatWest) und vermehrter aufsichtsrechtlicher Regelungen.[1]
- Phase 4 „Proaktive Risk/Return orientierte Portfoliosteuerung“: Kennzeichnende Elemente dieser Phase sind die Anerkennung interner Modelle im Marktrisiko, die Entwicklung von Kreditportfoliomodellen und Bewertungsmethoden für operationale Risiken sowie die Einführung statistischer Bewertungsverfahren im Kreditentscheidungsprozess. Sie stehen für den Übergang von der Einzelgeschäftssteuerung zur proaktiven „Risk/Return“ orientierten Portfoliosteuerung.
  Ein dramatischer Wandel. Denn der konsequente und vollständige Übergang von Phase 3 auf 4 ist ein Paradigmenwechsel im Risikomanagement: von dem traditionellen „Buy and Hold“ Ansatz (reine Risikoübernahme) zum „Risk Trading“ Ansatz (Risikotransfer). Hier ist das Geschäftsmodell selbst betroffen, was in seiner Wirkung ein Kernelement des Veränderungsprozesses darstellt.

Dieser Einteilung folgend, sprechen wir in der Phase 2 von traditioneller Risikosteuerung oder Risikomanagement im weitesten Sinne. Erst die Phasen 3 und 4 beschreiben die Entwicklung eines modernen Ansatzes. Hier wird deutlich, dass Risikomanagement

1 Basle Committee for Banking Supervision: Consultative Paper: Measurement of Bank's Exposure to Interest Rate Risk, April 1993; Basle Committee for Banking Supervision: Amendment to the Capital Accord to incorporate Market Risks, January 1993; Bundesaufsichtsamt für das Kreditwesen: Verlautbarung über Mindestanforderungen an das Betreiben von Handelsgeschäften der Kreditinstitute, Oktober 1995.

eine vergleichsweise „junge Disziplin“ unter den Konzepten zur Steuerung von Banken ist.

Diese Entwicklungen hatten mehr oder minder deutliche Konsequenzen für die Organisationsstrukturen, die Instrumente und – vor allem in der gegenwärtigen Phase – das Selbstverständnis der Beteiligten. Im Rahmen der Diskussion um die Konsultations-papiere des Basel Committee on Banking Supervision („Principles for the Management of Credit Risk“ und „A New Capital Adequacy Framework“) zeigt sich, dass die national und international tätigen Banken eine sehr heterogene und individuelle Entwicklung genommen haben.

2. Anforderungen und Motive

Wie lassen sich die daraus entstehenden Anforderungen an das heutige Bankgeschäft im allgemeinen und an das Risikomanagement im besonderen beschreiben? Bei der Beantwortung sind auch die folgenden prägenden Einflüsse der vergangenen Dekade zu berücksichtigen:

- durch fortschreitende Annäherung der Preise an das Marktpreisniveau wurden Ertragsspielräume geringer,
- steigende Komplexität der Geschäftsstrukturen und -risiken,
- zunehmende Transaktionsgeschwindigkeit und -menge,
- Produktentwicklungszyklen wurden kürzer,
- steigende Zahl von Produktinnovationen,
- neue Geschäftsfelder entstanden, zum Beispiel E-Commerce, katalysiert durch die rasante Weiterentwicklung auf dem Gebiet der Informationstechnologie.

In diesem Umfeld zunehmend kompetitiver Preise und limitierter Erträge pro Leistungseinheit erhalten effiziente Leistungserstellung und Risikokosten im Wettbewerb eine neue Bedeutung. In beiderlei Hinsicht ist Risikomanagement als einer der zentralen Wettbewerbsfaktoren der heutigen Zeit zu begreifen.

Die daraus abgeleiteten Anforderungen an eine Risikomanagement Struktur sind:

- kosteneffiziente Leistungserstellung (zum Beispiel Verschlankung des Kreditprozesses durch Nutzung moderner statistischer Verfahren),
- weniger Komplexität durch adäquate Strukturen und mehr Transparenz,
- kürzere Entscheidungsprozesse und damit höhere Reaktionsgeschwindigkeit,
- Bedarfsorientierung und Geschäftsnähe, um Innovationsprozesse zu begleiten,
- „State of the Art“ Methoden und Instrumente und deren kontinuierliche Weiterentwicklung unter Nutzung neuester IT und Verfahren,
- Realisierung von Risikotransferstrukturen zur aktiven Gestaltung des Risikoportfolios,
- Integration unterschiedlicher Geschäftsphilosophien und -felder.

3. Der neue Rahmen für Risikomanagement

3.1 Prinzipien

In den fünf Prinzipien des Risikomanagements der Deutschen Bank sind die Anforderungen an eine moderne Risikomanagement Struktur formuliert:

- Integrierter Ansatz zur Steuerung von Risiken auf allen Kompetenzstufen.
- Risikomanagement wird in den jeweiligen Geschäftsbereichen und in einer komplementären Abteilung im Corporate Center betrieben.
- Risikomanagement ist unabhängig von den Geschäftsbereichen (im Sinne der fachlichen und disziplinarischen Unterstellung).
- Ein neu geschaffenes Group Risk Board steuert, stärkt und integriert das Risikomanagement über alle Geschäftsbereiche.
- Vorstand und Aufsichtsrat behalten ihre ultimative Verantwortung für das Risikomanagement, an beide Organe wird zeitnah und umfassend über die Risikopositionen der Bank berichtet.

3.2 Aufbau der globalen Risikomanagement Struktur

3.2.1 Risikomanagement: Organisation und Mandate

Alle Risikomanagement-Funktionen der Bank sind unter einheitlicher Leitung eines Konzernvorstandsmitglieds, dem Group Chief Risk Officer (Group CRO) des Konzerns, zu-

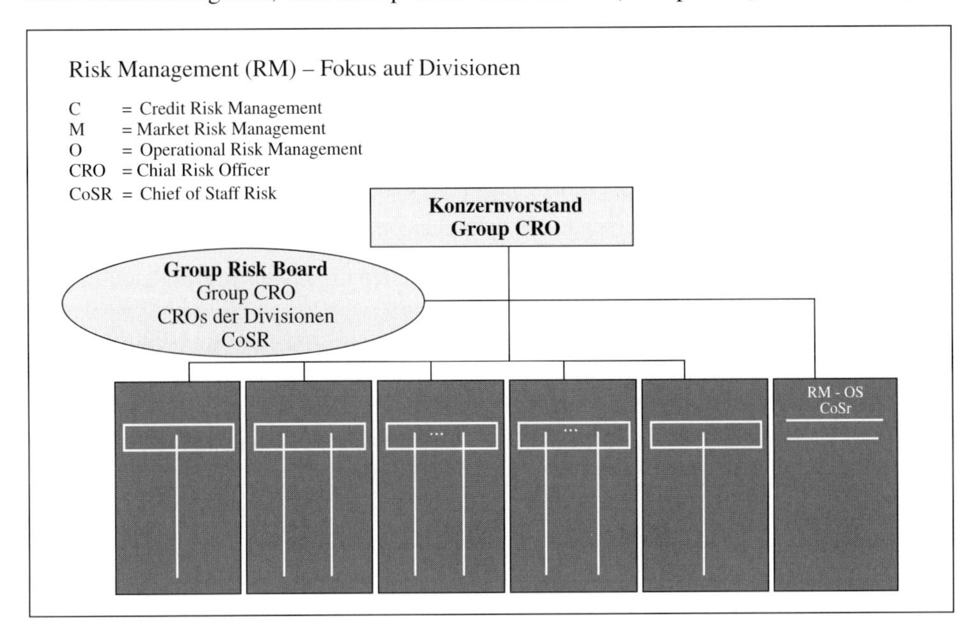

Abbildung 2: Globale Organisationsstruktur Risk Management

sammengeführt. Dem Group CRO unterstehen fachlich und disziplinarisch die CROs der Geschäftsbereiche sowie der Leiter des Stabsbereiches Risk Management – General Staff (RM-GS), der Chief of Staff Risk (CoSR).

Das Group Risk Board (GRB) integriert Risikoarten gleichermaßen aus Bereichs- und Konzernsicht. Der GRB trägt Verantwortung für:

- Strategie des Risikomanagements,
- Risikogrundsätze, -methoden und -prozesse,
- Risikoanalyse und Portfoliomanagement,
- Planung/Allokation von Ökonomischem Kapital und Risikokosten,
- Geschäftsordnung der mit Risikomanagement befassten Organe,
- organisatorischer Aufbau der Risikomanagement Einheiten,
- Ernennung von Senior Credit Executives (SCEs).

Die Risikoeinheiten der Geschäftsbereiche (Divisionen) werden jeweils von Chief Risk Officers geleitet. Entsprechend dem Risikoprofil und der Risikoposition in einem Geschäftsbereich sind ein oder mehrere CROs pro Bereich tätig (zum Beispiel im Geschäftsbereich Global Corporate & Institutions jeweils ein CRO für Marktrisiken und Kreditrisiken).

Gleichzeitig ist es in diesem integrierten Ansatz möglich, die Organisations-strukturen schlank zu halten. So werden zum Beispiel die in der Division GTS auftretenden Kreditrisiken, die in diesem Bereich eine vergleichsweise geringe Rolle spielen, im Kreditprozess der Division GCI betreut.

Die räumliche Nähe der CROs zu den Geschäftsabteilungen erleichtert die Zusammenarbeit und fördert das gegenseitige Verständnis. Aufgaben der divisionalen Risikoeinheiten:

- Management des Risikos ihrer Division und Risikoeinheit inkl. Vorbereitung des Budgetierungsprozesses für Ökonomisches Kapital und Risikokosten,
- Einzellimitentscheidungen;
- Durchführung von divisionalen Portfolioreviews,
- Erarbeitung von Methoden und Policies auf Geschäftsbereichsebene,
- Verantwortung für bereichsbezogene Risikomanagement-Systeme.

Komplementiert werden die divisionalen Risikoeinheiten durch den Stabsbereich Risikomanagement – General Staff (RM-GS). RM-GS ist integrales Element des neuen Risikomanagement Prozesses, mit besonderem Schwerpunkt auf konzernweiter Betrachtungsweise, konsolidierten Risikopositionen sowie strategischen Risikoüberlegungen für den Deutsche Bank Konzern. RM-GS unterstützt alle Risikomanagement Funktionen und Gremien, den Group CRO, Konzernvorstand und Aufsichtsrat. Verantwortlichkeiten im Einzelnen:

- Aggregation, Konsolidierung und Berichterstattung für die konzernweiten Risikopositionen (intern/extern),
- Analytische Unterstützung von GRB und Group Credit Policy Committee GCPC (siehe auch nächsten Abschnitt) bei Vorlagen zu Länderrisiken, Branchen und Portfolios,
- Einführung übergreifender Grundsätze, Richtlinien und Instrumente zur Risikomessung auf strategischer Ebene,

- Portfolio Management auf Konzernbasis zur umfassenden Verbesserung der Ertrag/Risiko Relation,
- Kontakte zu den Aufsichtsbehörden der Bank, Rating-Agenturen und anderen externen Institutionen,
- Projekt Operationale Risiken zur Schaffung einer konzernweiten Struktur für das Management operationaler Risiken.

3.2.2 Risikomanagement Prozess

Kontrollfunktionen, die von der Risikomanagement Funktion unabhängig sind, werden von Controlling, Recht und der Revision wahrgenommen.

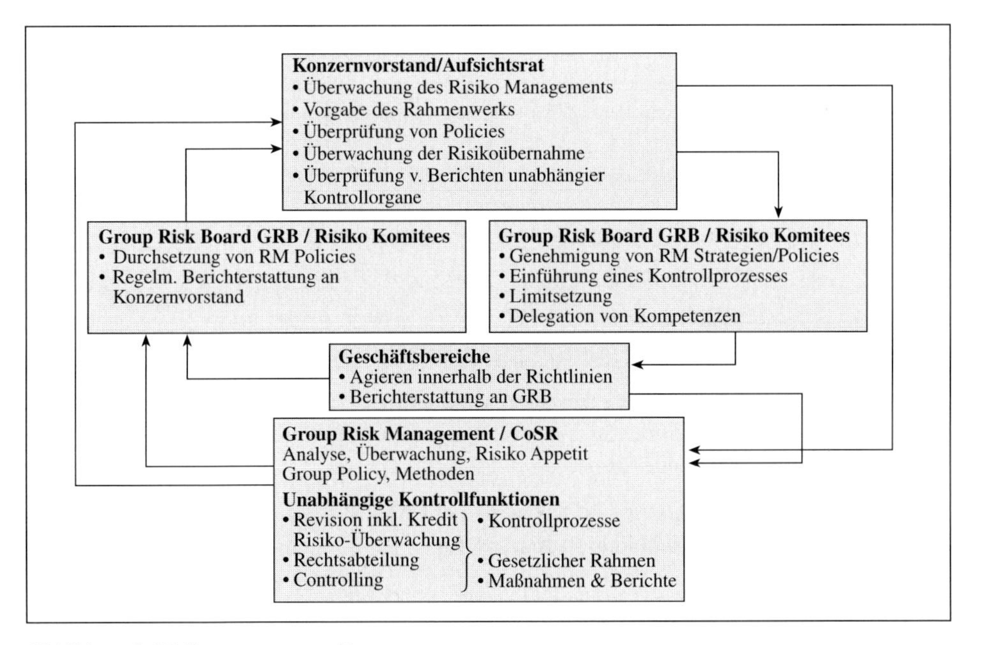

Abbildung 3: Risikomanagement Prozess

3.3 Management des Kreditrisikos

Das Kreditrisiko ist für Universalbanken das nach wie vor bedeutendste Risiko. Im folgenden Abschnitt wird das neue Konzept und seine Wirkungsweise am Beispiel des Kreditrisikos veranschaulicht.

Die Ziele des neuen Risikomanagement-Ansatzes und deren Realisierungsform, der fast schon implizierte Wandel zu einem Management-Holding-Konzept, zeigen sich in dieser Ausgestaltung:

Anspruch/Ziel	Umsetzungskonsequenz
Hohe Marktnähe, enge Kundenverbindung	Etablierung der divisionalen CROs in den regionalen Einheiten
Hohe Flexibilität und Schnelligkeit im Entscheidungsprozess	Weitestgehende Verlagerung der Kompetenzen zu den divisionalen CROs
Vermeidung von „Divisions-Darwinismus", unkontrolliertem Wachstum und der Duplizierung von Funktionen, „Silo"-Mentalität	Bildung der Klammerfunktion Risikomanagement – General Staff im Corporate Center Steuerungsimpulse vom Stabsbereich RM-GS ohne direkten Eingriff in die operative Verantwortung
Entwicklung von Frühwarn-Indikatoren aus Gesamtbanksicht, Erkennen von Klumpenrisiken	Konzernportfolioanalyse als Diagnose-, nicht als Therapieinstrument System von Check and Balances

Abbildung 4: Ziele und Realisierungsformen des neuen Risikomanagement-Ansatzes

3.3.1 Kreditrisiko Management: Organisation und Mandat

Zusätzlich zu den oben beschriebenen Prozessteilnehmern wurde das Group Credit Policy Committee (GCPC) eingerichtet, das den GRB mit Blick auf das Kreditrisiko im Rahmen delegierter Kompetenzen unterstützt.

Bestehend aus den divisionalen CROs sowie dem Chief of Staff Risk ist es unterhalb des Group Risk Board das Entscheidungsgremium für:

- Vierteljährlicher Review der divisionalen Kreditportfolios,
- Genehmigung von Credit Policies und Methoden,
- Genehmigung/Empfehlung von Landeslimiten,
- Genehmigung/Empfehlung von Industry Review,
- Genehmigung von bereichsübergreifenden/globalen Portfoliomanagement Transaktionen.

3.3.2 Änderungen im Kreditentscheidungsprozess (Risikoübernahme)

Die Grundhaltung der Bank zur Risikoübernahme (Group Policy) ändert sich mit der neuen Risikomanagement Struktur nicht. Zentrale Elemente sind:

- Weitgehende Verlagerung der Kreditentscheidungskompetenz auf die divisionalen CROs; sie tragen gleichzeitig die Risikoverantwortung der zugeordneten Portfolios.

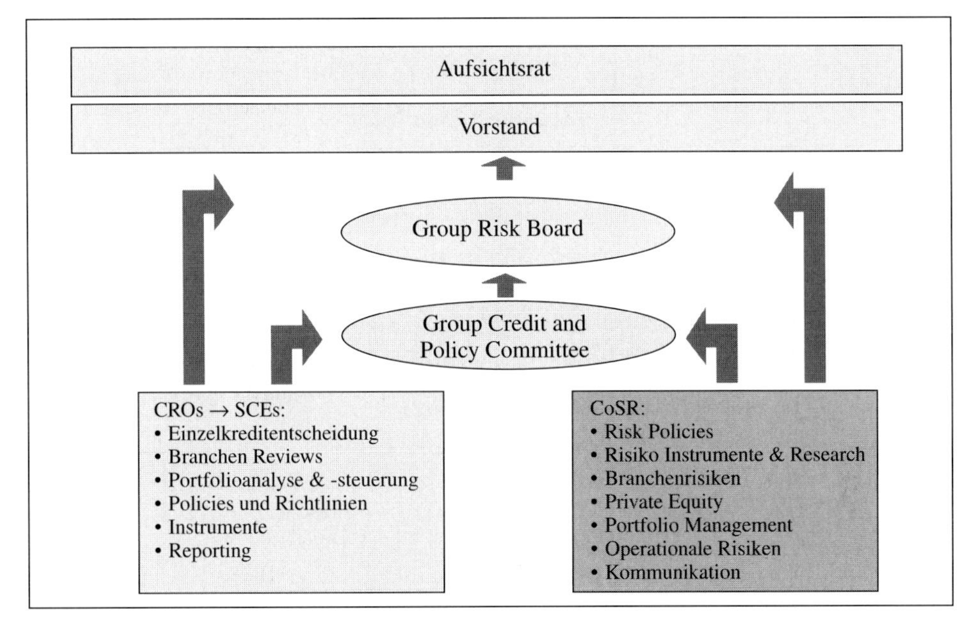

Abbildung 5: Kreditrisiko Management Organisation

- Kreditexposures oberhalb delegierter Kompetenzen sowie die Engagements nach § 15 KWG werden direkt dem Konzernvorstand zur Entscheidung vorgelegt.
- Ausnahmefälle zur Credit Policy werden weiterhin im Stabsbereich Risikomanagement im Corporate Center entschieden.
- Industry Reviews sowie Länderrisikovorlagen werden dem Group Credit Policy Committee vorgelegt.
- Unter den sogenannten Industry Reviews versteht man eine im „Batch Approval"-Verfahren nach Branchen zusammengefasste Kreditentscheidung. Sie umfasst auch die Entscheidungen über im Batch enthaltene Einzel-adressen, um Transparenz zu Wirkungszusammenhängen zu schaffen.
- Der CRO und die SCEs (Senior Credit Executives) tragen die höchste delegierte Kreditkompetenz in den Divisionen. Kreditentscheidungen über Top-Level Engagements werden in divisionalen Kreditkomitees gefällt (einstimmige Entscheidung aus drei Mitgliedern). Für Engagements unterhalb des Top-Level gilt das Vier-Augen-Prinzip.

3.3.3 Zusammenwirken im Risikomanagement Prozess

Ein gemeinsames Prozess- und Rollenverständnis bei allen Beteiligten ist unerlässliche Voraussetzung wie das „Spielen in einem Team". Die stringente Ausrichtung an den Ge-

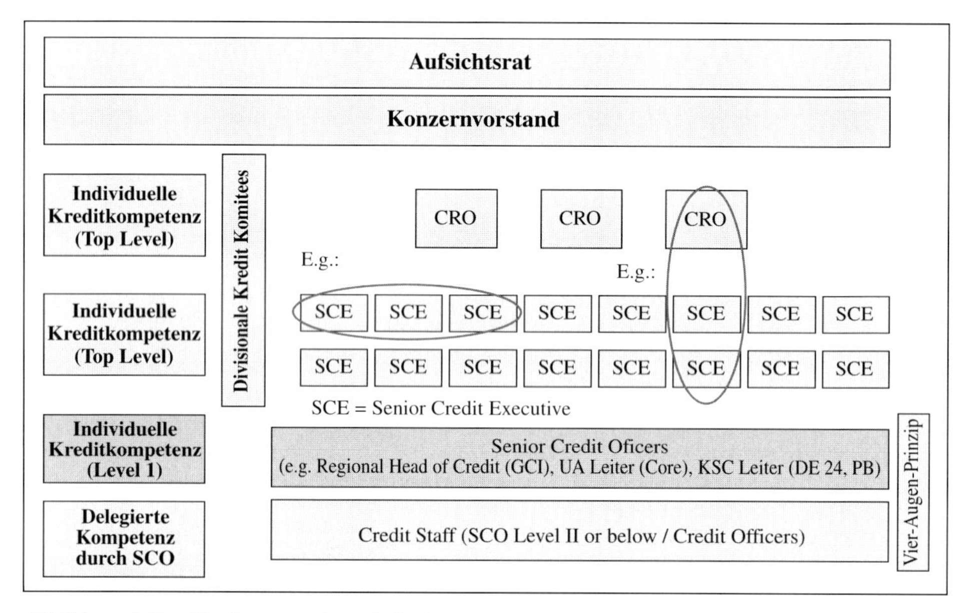

Abbildung 6: Der Kreditprozess innerhalb der Divisionen

schäftserfordernissen hilft dabei, kulturelle Barrieren[2] zwischen Linie und Stab oder „Business" und „Cost Center" abzubauen.

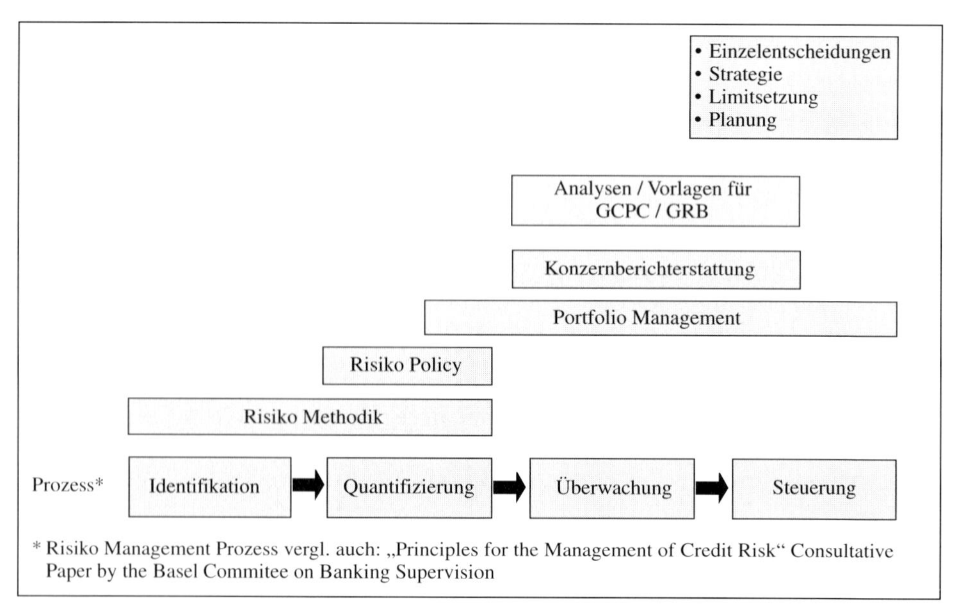

Abbildung 7: Risiko Management Prozess

2 vergleiche auch A. Schmoll „Beispiele für Images, Klischees und Stereotypen zwischen Abteilungen", in: Rolfes/Schierenbeck/Schüller: Risikomanagement in Kreditinstituten, Frankfurt 1997, Seite 243.

Wenn geschäftsnahe Reflexion der Risiken (divisionale CROs) in ein Gesamtsystem (RM-GS) eingebettet ist, wird der Risikomanagement Prozess im Konzern komplettiert.

In nachstehender Tabelle sind Beispiele herausgegriffen, die das Zusammenwirken der Beteiligten in derselben Prozessphase verdeutlichen.

	Divisionale Ebene	**Konzernebene**
Risiko Policy	– Produkt-Richtlinien – Ausübung und Delegation von Kompetenzen in den Geschäftsbereichen	– Group Credit Policy – Kompetenzgrundsätze (konzernweite Standards)
Portfoliomanagement	– Management des divisionalen Portfolios (gemäß Rahmenwerk)	– Management des Diversifikationbenefit des Konzerns; – Initiierung divisionsübergreifender Transaktionen
Reporting	– Branchen oder Segmentberichte zur Risikosituation für den Geschäftsbereich	– Konzerndarstellung für interne/externe Adressaten – Risikobericht im Geschäftsbericht

Abbildung 8: Zusammenwirken der Beteiligten in der Prozessphase

Über ein solches Zusammenwirken lässt sich ein modernes Risikomanagement System realisieren und dabei gleichzeitig aufsichtsrechtliche Konformität gewährleisten.

4. Vom Investor in Risiko zum Händler in Risiken

4.1 Portfoliosteuerung als Philosophie des Risikomanagements

Neben dem traditionellen Buy and Hold Ansatz gehören mittlerweile auch die Techniken des Risikotransfers zum Selbstverständnis und Handwerkszeug einer modernen Finanzinstitution. Dies ist die Phase 4 der eingangs beschriebenen Entwicklung des Risikomanagements in dem die knappe Ressource Kapital bestmöglichst genutzt wird. In diesem Sinne muss es zwangsläufig zur breiten Anwendung von Techniken des Risikotransfers kommen, über die die Kapitalbindung nachhaltig positiv beeinflusst werden kann.

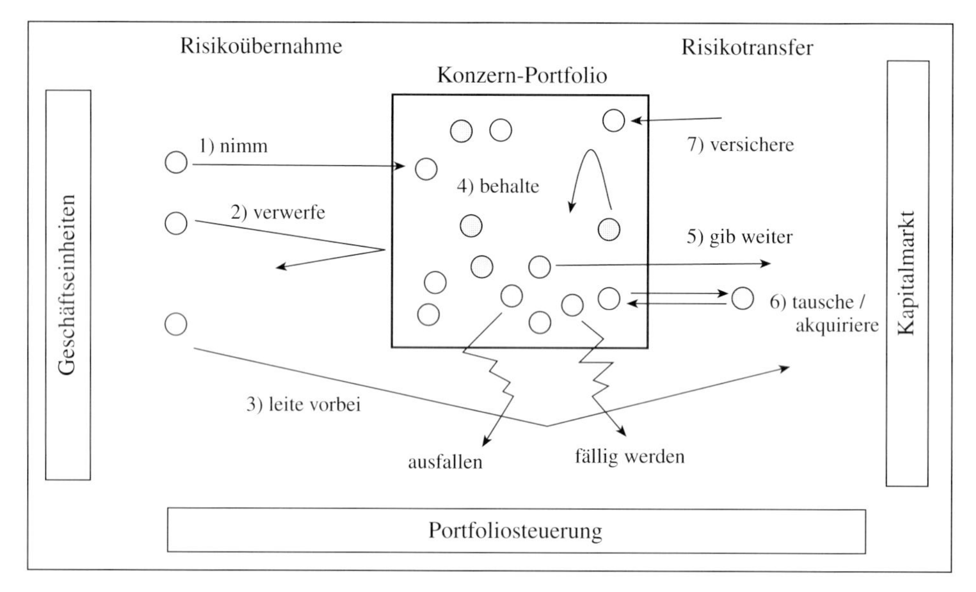

Abbildung 9: Portfoliosteuerung als Risikomanagement-Philosophie

Risikoübernahme und Risikotransfer sind zwei Seiten der Risikomanagement-Medaille. Beide Elemente sind durch Policies und Prozesse zu definieren und in der Organisationsstruktur der Bank zu verankern.

Risikotransfer ist in der Deutschen Bank integraler Bestandteil einer Risikomanagement Funktion und seit 1998 unter dem Begriff Portfolio Management auch in der Aufbauorganisation der Deutschen Bank etabliert. Obwohl es damit kein wirklich neues Element des Risikomanagement-Verständnisses darstellt, ist dieses Thema wegen seiner Bedeutung für ein geändertes Geschäftsmodell und damit für ein geändertes Selbstverständnis besonders wichtig.

4.2 Vom „Buy and Hold" Ansatz zur Portfoliosteuerung

Das Gelingen des Paradigmenwechsels benötigt – ganz besonders auch im nicht angelsächsisch geprägten Euro-Bankenmarkt – werbende Überzeugungskraft. Es müssen Einsichten für die Integration der Disziplin Risikotransfer in das Risikomanagement Repertoire geschaffen werden. Ein Ausspruch[3] von John Hopper, Portfolio Management Group der Barclays Bank, fasst die Problematik zusammen: „Portfolio management hasn't been embraced in a big way because it does require a whole new culture and organizational approach" (to lending).

Nachstehende Tabelle veranschaulicht die Veränderungen und neuen Wahlmöglichkeiten einer Portfoliosteuerung:

3 John Hopper: „The loan market's quiet revolution", in: Risk Publication „Credit", February 2000.

Traditionelles Management „Buy and Hold"	**Modernes Management „Portfoliosteuerung"**
▪ Einwerben und selektieren ▪ Halten und verwalten ▪ Rückstellungen bilden	▪ Halten (als Entscheidung) ▪ Verkaufen ▪ Versichern ▪ Tauschen
▪ Selektion und Genehmigung fußt auf objektiven und subjektiven Einschätzungen ▪ Vertragskonditionen sind das Gestaltungselement	▪ Kreditmanagement wird modular ▪ Umschlagsgeschwindigkeit nimmt industrielle Proportionen an ▪ Finanzierung und Kreditrisiko getrennt

Abbildung 10: Veränderungen und neue Wahlmöglichkeiten einer Portfoliosteuerung

Um den Paradigmenwechsel nachhaltig zu verankern, kann flankierend die Wahl der Aufbauorganisation beitragen. So schafft zum Beispiel die in Kapitel 3.3.2 beschriebene Verlagerung der Einzelkreditentscheidung in die Divisionen Freiräume für das Senior Management, die eine breite Beschäftigung mit den neuen Elementen der Portfoliosteuerung erlauben. So werden heute Portfolio- und Industry Reviews in den Mittelpunkt der Aufmerksamkeit des Senior Managements gerückt.

Auch Fragen der Entwicklung und Interpretation von Markt- und Kreditrisikomethoden und -modellen genießen als integraler Bestandteil der Steuerungsphilosophie einen höheren Stellenwert. Dies wiederum fördert „Ein-Sichten".

4.3 Portfoliosteuerung im Deutsche Bank Konzern

Ziel des Portfolio Management ist die umfassende Verbesserung der Ertrag/Risiko Relation.

Wie im vorangegangenen Kapitel beschrieben, wurde auch für das Portfolio Management ein integrierter Ansatz verwirklicht. Portfolio Management im Konzern umfasst zum einen die Zusammenarbeit der Funktion Group Portfolio Management (Teil des RM-GS) mit den Geschäftsbereichen bei gemeinsamen Risikotransfer Initiativen. Zum anderen agieren sowohl die divisionalen Portfolio Management Einheiten sowie das Group Portfolio Management im Rahmen der Policies eigenständig mit Einsatz geeigneter Instrumente (zum Beispiel Kreditderivate).

Das Zusammenspiel der Einheiten ist in nachstehendem Schaubild skizziert.

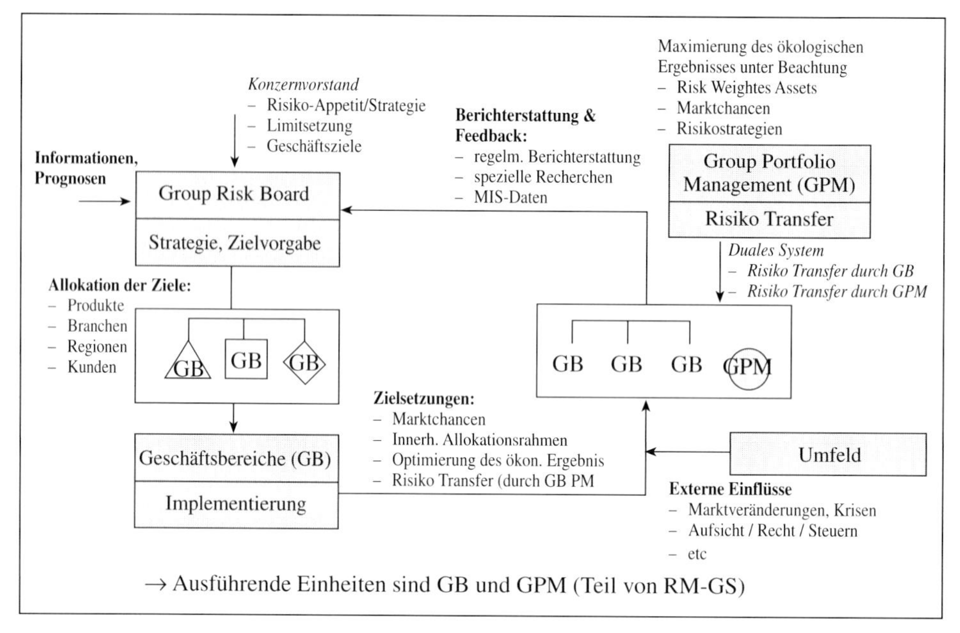

Abbildung 11: „Portfolio Management Loop“

5. Ausblick

Die neue Organisationsstruktur des Risikomanagements der Deutschen Bank wird in ihrer heutigen Form Bestand haben, bis sich externe und interne Determinanten wieder nachhaltig ändern. Ist der beschriebene Paradigmenwechsel vollzogen, ist die Organisation zunächst gut für die künftigen Etappen gerüstet. Dennoch gilt, dass eine Risikomanagement Organisation nur dann einen optimalen Beitrag zum Geschäftserfolg leistet, wenn sie ebenso wie das Geschäft selbst in der Lage ist, schnell und flexibel auf mögliche Änderung zu reagieren. Möglichst schon proaktiv. In diesem Sinne ist nur der Wandel beständig.

Risikomanagement spiegelt jahrzehntelange Erfahrung und gelebte Risikokultur. Sie muss zwangsläufig in der individuellen Ausprägung von Strategien, Aufbauorganisation, Prozessen, Methoden und Instrumenten ihren Niederschlag finden. Die für die Deutsche Bank beschriebene Konzeption der Risikomanagement Funktion ist individuell. Darin wird deutlich, dass Risikomanagement auch Wettbewerbsfaktor ist und sein soll.

Daher begrüßt die Deutsche Bank im Grundsatz (nicht in allen Details) das vom Basler Komitee im Juni 1999 vorgelegte Konsultationspapier „Neuregelung der angemessenen Kapitalausstattung“, das u. a. in Säule II und III stärker auf eine individuelle Betrachtung der Einzelinstitute abstellt. Einheitlich konsistenter Rahmen und ein „Level Playing Field“

sind Grundvoraussetzung jedes Aufsichtsrechts. Es muss allerdings auch Raum geben, um individuelle Stärken zu honorieren.

Eine individualisierte Aufsicht könnte sich zu einem objektiven Gradmesser für das Risikomanagement von Banken entwickeln. Noch mangelt es weitgehend an „Benchmarks“. Dies wäre ebenso begrüßenswert wie eine stärkere Angleichung der handels- und steuerrechtlichen Regelungen an die betriebswirtschaftlichen Realitäten und modernen Risikomanagement- und Reservekonzepte.

Die neue Struktur der Risikoüberwachung versucht, mindestens zweierlei zu befördern: Die umsichtige Risikoübernahme per se vor dem Hintergrund der globalen Bankenaufsicht und die wettbewerbsorientierte Professionalisierung („Best Practice“) aller Teilfunktionen im modernen Risikomanagement.

Peter König / Wolfgang Quast

Die Rolle des Bankcontrollers – Selbstverständnis und Anforderungen

1. Entstehung und Wandel der Rolle des Bankcontrollers

Kaum ein Begriff der Betriebswirtschaftslehre besitzt ein so wenig fest gefügtes, ja bisweilen konfuses Verständnis wie der des Controllers. Das Controlling-Begriffskontinuum erstreckt sich dabei von der fachbereichsbezogenen bis zur führungsorientierten Fassung.[1] Einigkeit herrscht jedoch insoweit, als Controlling die *Zielerreichung* eines Unternehmens verbessern helfen soll.[2]

Controlling wird in Theorie und Praxis überwiegend als eine *Komponente der Führung* sozialer Systeme verstanden. In diesem Sinne *unterstützt* Controlling *das Management* bei seiner Lenkungsaufgabe (Planung und Kontrolle als Informationsverarbeitungsprozesse) – zum Zwecke der Verbesserung der Koordination und Adaption des Unternehmens –, übernimmt selbst aber keine Steuerungs- und Lenkungsaufgaben; andernfalls wäre es von der Leitung nicht mehr unterscheidbar.[3] Controlling ist Führungs*hilfe*, insbesondere durch Bereitstellung von führungsrelevantem Fakten- und Methodenwissen.

Das Verständnis und das Einsatzgebiet des Controllers hat sich im Laufe der Zeit signifikant verändert. Die eigenständige Rolle des Controllers stammt aus den USA des ausgehenden 19. Jahrhunderts. Damals wurde die Stelle des „Comptrollers" mit dem Tätigkeitsschwerpunkt auf dem Gebiet der Unternehmensfinanzierung geschaffen. Die Funktion wurde dort auch weiterentwickelt und verbreitete sich zusehends, wobei auch Banken Controllerstellen einrichteten.

Anfang der sechziger Jahre beschrieb das Financial Executives Institute mit einer umfangreichen Aufgabenstellung die Rolle des Controllers auf der Basis einer bereits lange Zeit davor verabschiedeten Begriffsbestimmung. Danach sollte der Controller die Funktionen „Planning for Control, Reporting and Interpreting, Evaluating and Consulting, Tax Administration, Government Reporting, Protection for Assets und Economic Appraisal"[4] wahrnehmen.

In deutschen Unternehmen, deutsche Banken eingeschlossen, existierten derartige Querschnittsfunktionen lange Zeit praktisch nicht. Erst mit den Investitionen amerikanischer Unternehmen in Europa und in Deutschland nach dem Zweiten Weltkrieg entstanden Controller-Stellen auch außerhalb der USA. Sie blieben zunächst weitgehend beschränkt auf die amerikanischen Tochterunternehmen. Unter dem Druck einschneidender Einbrüche in der Ertragslage der Unternehmen am Ende der Wirtschaftswunderperiode begannen vor allem Industriebetriebe in den 60er Jahren Controlling-Konzepte umzusetzen. Zu einem ernsthaften Thema in *deutschen Kreditinstituten* wurde das Controlling, als sich die Ban-

1 Vgl. Lanter, 1996.
2 Vgl. Schoch, 1993.
3 Vgl. Küpper/Weber/Zünd, 1990.
4 Vgl. Financial Executives Institute, 1962.

ken zu Beginn der 60er Jahre massiv dem Privatkundengeschäft zuwandten, ihr Filialnetz erheblich ausweiteten und neue Produkte einführten. Diese Art von Geschäft war nicht ohne institutionalisierte Steuerungsverfahren beherrschbar. Da zur gleichen Zeit für die Abwicklung des Mengengeschäfts die erforderlichen EDV-Systeme eingesetzt werden konnten, war mit deren rasch ansteigender Leistungsfähigkeit eine systematische Informationsverarbeitung auch zum Zwecke der bankweiten Steuerung möglich. Die Bankkostenrechnung in Form der Abteilungskostenrechnung, der Geschäftsspartenrechnung und der Stückkostenrechnung sowie Planungen und Soll-Ist-Vergleiche meist auf der Ebene der Handelsbilanz oder der Bilanzstatistik sorgten für eine erste Transparenz der Ergebnisstrukturen im Bankgeschäft. Auf dieser Basis begann sich die Rolle des Bankcontrollers zu entwickeln. Häufig geschah dies über die Erweiterung der Funktion der Hauptbuchhaltung oder der Organisationsabteilung. Ein eigenständiges Rollenverständnis des Bankcontrollers ist in größerer Verbreitung in den deutschen Banken etwa seit Anfang der 80er Jahre festzustellen. „Bankcontroller" ist jedoch auch heute noch keine einheitlich definierte Position im Kreditgewerbe, da die Rolle stark institutsindividuell geprägt ist.

2. Ausprägungsmerkmale der heutigen Rolle des Bankcontrollers

2.1 Strukturierung der Rollenmerkmale

Der Begriff der „Rolle" entstammt der Soziologie und weist verschiedene Inhalte auf, wobei das *Verhaltens- oder Handlungsmuster*, das in bestimmten Situationen vom Rollenträger erwartet wird, ein wesentlicher Begriffsbestandteil ist.[5]

Da die Funktion des Controllers in Kreditinstituten in den letzten Jahren eine Ausweitung erfahren hat und da damit auch eine Verschiebung seiner Rollen stattgefunden hat, muss der Rahmen für eine Beschreibung seines Berufsbildes relativ weit gefasst werden. Durch eine Strukturierung wesentlicher Ausprägungsmerkmale wird eine übersichtliche Gestaltung des Gesamtbildes erreicht. In der Praxis ist es eher unwahrscheinlich, dass eine der nachfolgend beschriebenen Facetten für sich genommen der Rolle des Controllers in einem *bestimmten* Kreditinstitut entspricht. Die Merkmale werden sich kombiniert, überlagernd oder in unterschiedlicher Gewichtung im jeweils konkreten Aufgabengebiet wieder finden.

Im Rahmen des Führungszyklus, der sich von der Willensbildung über die Willensdurchsetzung und Ausführung bis hin zur Kontrolle erstreckt, übernimmt das Controlling in allen Phasen die *Funktion der Sicherstellung von Rationalität*.[6] Gegenstand der Willensbildung ist die Frage nach dem, was gemacht werden soll. Bei der Willensdurchsetzung steht

5 Vgl. Stamm, 1991.
6 Vgl. Weber/Schäffer, 1999.

die Problematik der Vermittlung dessen, was gemacht werden soll, in der Betrachtung. Die Umsetzung erfolgt in der Phase der Ausführung. In der Phase der Kontrolle wird nach der Übereinstimmung zwischen Gewolltem und tatsächlich Erreichtem gefragt.

2.2 Die Rolle des Vorbereiters und Koordinators strategischer Zielbildung- und Planungsprozesse

In Literatur und Praxis findet sich häufig die Vorstellung einer funktionalen, wenn auch oft nicht unbedingt institutionalen Trennung des Controlling in ein *strategisches und ein operatives Controlling*. Die Grenzen zwischen beiden Ebenen sind jedoch fließend.[7] Vorrangige Differenzierungskriterien sind Zeitbezug (langfristig versus kurz- und mittelfristig) und Zielgrößen (Wachstum, Wertschaffung, Erfolgspotenzial einerseits gegenüber Rentabilität und Wirtschaftlichkeit andererseits).

Gerade im Rahmen der Willens-/Zielbildung und der Formulierung strategischer Eckwerte sowie der sich daran anschließenden Strategiebildungsphase ist die enge Zusammenarbeit des häufig *intuitiv handelnden* Managers und des – idealtypisch – *„reflexiven"* Controllers von enormer Bedeutung. Die Beteiligung des Controllers an der strategischen Planung ist in der Praxis deshalb heute auch selbstverständlich. Der Controller muss die Geschäftsleitung sowohl bei der fundierten Vorbereitung von *Einzelentscheidungen*, zu der die Generierung von adäquaten Informationen ebenso gehört wie die Entwicklung von Alternativen und der entsprechenden Entscheidungsmethodiken, als auch bei einer über die Einzelentscheidungen hinausgehenden *strategischen Gesamtplanung* für die mittel- bis langfristige Unternehmensentwicklung unterstützen. Insofern nimmt der Controller bei strategischen Fragestellungen, ebenso wie bei operativen Führungsproblemen, eine *managementunterstützende Rolle* ein. Die *strategische Entscheidung* ist jedoch eine exklusive Aufgabe der Geschäftsleitung der Bank.

Bei der Vorbereitung *strategischer Entscheidungen* greift der Controller auf das gesamte verfügbare Informations- und Instrumentenangebot zurück. Im Idealfall stehen ihm alle *unternehmensinternen Informationen* unmittelbar zur Verfügung, und er hat Zugriff auf verschiedene Controllingspezialisten, wie zum Beispiel für das Investitions-, Vertriebs- oder Risikocontrolling. *Externe* Marktdaten, Daten volkswirtschaftlicher Art (zum Beispiel Sparquote, Zinsentwicklung, Währungsaspekte) sowie allgemeine Markt- und Wettbewerbsprognosen werden meist von den Marktbereichen, der Volkswirtschaftlichen Abteilung oder der Research-Abteilung zugeliefert. Welche Informationen und Instrumente bei der Darstellung und Bewertung einer strategischen Alternative zu berücksichtigen sind, hängt von der konkreten Fragestellung ab. Der Controller hat hier eine Vorauswahl zu treffen, wodurch er mittelbar natürlich die *Entscheidungsfindung* beeinflusst. Anders ausgedrückt: Die Tragfähigkeit einer Strategie hängt nicht zuletzt von der Qualität der Vorbereitung durch den Controller ab.

7 Vgl. Horvath, 1998; Steinhübel, 1997.

Über die *strategische Einzelfallentscheidung* hinaus wird bei größeren Banken zunehmend ein *systematisches strategisches Planungsverfahren* installiert. In einzelnen Banken gibt es hierfür besondere organisatorische Einheiten, die zum Beispiel als „Strategische Planung“ oder „Konzernplanung“ bezeichnet werden.[8] Hier werden in einem *strategischen Planungsprozess* die sich auf unterschiedliche Segmente der Geschäftstätigkeit (strategische Geschäftsfelder) beziehenden Teilstrategien zu einer strategischen Unternehmensplanung zusammengeführt. Dem Controller fällt hierbei die Aufgabe zu, die Teilstrategien zu einem stimmigen Ganzen zusammenzuführen. Er nimmt Plausibilitäts- und Verträglichkeitsprüfungen mit etwaigen strategischen Rahmenvorgaben, zum Beispiel mit langfristigen Rentabilitäts-, Wachstums- und Risikoansprüchen, oder mit Restriktionen in den KWG-Bestimmungen vor.

2.3 Die Rolle des Navigators

Die Unternehmenssteuerung besteht kybernetisch beschrieben darin, „Störungen, die einer Kontrolle des Leistungssystems im Wege stehen, entgegenzuwirken oder mit dem Ziel zu beseitigen, das System in dem gewünschten Zustand zu erhalten oder in einen gewünschten Zustand zu bringen“.[9] Genau genommen trifft diese Beschreibung die *Kompetenz der Unternehmensleitung*. Der Controller nimmt jedoch in vielen Banken die Rolle eines *Navigators* ein. Er weist keine Richtungsänderungen an, sondern *stellt fest*, wo die Bank steht, und bedient (betriebswirtschaftliche) *Instrumente*. Er *entwickelt Verfahren* zur Steuerung und wirkt im Einzelfall an *Maßnahmen zur Gegensteuerung* mit.

Der Bankcontroller wird in diesem Zusammenhang auf den *zwei Ebenen* – der zentralen Gesamtbanksteuerung einerseits und der dezentralen Markt- und Geschäftsbereichssteuerung andererseits – tätig.[10] Im Rahmen einer globalen Vor-Steuerung unterstützt er die Bankleitung dabei, die *Geschäftsstruktur der Gesamtbank* möglichst optimal auszurichten. Die Steuerungsgrößen der zentralen Struktursteuerung beziehen sich zum Beispiel auf Bilanzstruktur, Risikoprofil, strukturelle Ertragskraft, aber auch auf die optimale Positionierung von Geschäftsfeldern.

Auf einer anderen Ebene liegt die operative bzw. mittelfristige Steuerung in den *Markt- oder Geschäftsbereichen*. Die geschäftspolitischen Vorstellungen werden heute in fast allen Banken mit Hilfe von *Zielvereinbarungen oder Budgets* im Rahmen der operativen Planungen konkretisiert. Bei der Aufstellungen der Budgets übernimmt der Controller insbesondere eine *Beratungsrolle*, die sehr eng mit seiner – noch zu besprechenden – Rolle als Informationsdienstleister zusammenhängt. Durch permanente Abweichungsanalysen zwischen Soll und Ist erhält der Controller, wie auch der Marktbereich selbst, die Möglichkeit, Steuerungsbedarf zu erkennen und erforderliche Anpassungsmaßnahmen einzuleiten.

---

8 Vgl. hierzu Christians/Klement, 1996.

9 Vgl. Dellmann, 1992.

10 Vgl. grundlegend hierzu Schierenbeck, 1999.

Ein sehr wichtiges, in der Praxis zum Teil bislang noch immer etwas vernachlässigtes Controllingfeld ist die *Vernetzung* der operativen und der strategischen Unternehmensplanung. Beide Planungsebenen werden häufig nicht eng genug miteinander verzahnt und laufen dementsprechend auch weitgehend getrennt voneinander ab. Insofern ist eine weitere Controllingfunktion, die auch in der anschließend zu beschreibenden Rolle Bedeutung hat, darin zu sehen, vernetztes Denken in den Führungsprozess zu integrieren.[11]

2.4 Die Gutachter-/Berater-Rolle

Bei der Bewertung operativer Steuerungsmaßnahmen, noch mehr aber bei der Abwägung strategischer Entscheidungsalternativen, sind regelmäßig *Konflikte* zu lösen. Insbesondere in größeren Banken, die sich häufig aus mehreren Unternehmenseinheiten mit eigenständigem Geschäftsauftrag und meist auch einer umfassenden Ergebnisverantwortung (Profit-Center) zusammensetzen, treten unterschiedliche Interessenlagen auf, die nicht unbedingt mit dem Gesamtbankinteresse identisch sein müssen.[12] Dabei wird es sich oft um Interessenkonflikte handeln, die sich um die *Verteilung knapper Ressourcen*, wie beispielsweise um (Eigen-)Kapital, aber auch um Personal-, Raum- oder EDV-Kapazitäten drehen. Hier sind häufig Überschneidungen zu eliminieren und Abgrenzungen in den Teil-Strategien zu treffen.

Ist eine Gesamtbank-Strategie entschieden worden, so scheitert deren konsequente Realisierung oft an einer schleppenden Umsetzung oder daran, dass die operativen Maßnahmen des Tagesgeschäftes faktisch eine andere Geschäftsentwicklung bewirken als strategisch geplant war. Der Controller kann in der Rolle eines *Gutachters in den Abwägungsprozess* einbezogen werden.[13] Er zeigt dem Vorstand die Wirkungen von operativen oder strategischen Entscheidungsalternativen unter Berücksichtigung des Gesamtbankinteresses auf (à vernetztes Denken). In diesem Zusammenhang wird er mit zu beurteilen haben, ob und inwieweit Maßnahmen geeignet sind, die Zielsetzungen zu erreichen.

Eine akzeptierte Gutachter-Rolle wird der Controller nur dann einnehmen können, wenn es ihm gelingt, gegenüber den Interessen der Linienverantwortlichen in den Bereichen und in der Geschäftsleitung eine weitgehend *neutrale Position* einzunehmen und seine Instrumente objektiv und zuverlässig einzusetzen. Diese Neutralität wird er aufrechterhalten können, wenn ihm keine direkte einzelgeschäftsbezogene Ergebnisverantwortung und auch keine Profit-Center-Verantwortung zugeordnet werden. Da eine Ergebnisverantwortung in einer Geschäftsleitungsfunktion unlösbar enthalten ist, bietet es sich aus diesem Blickwinkel nicht an, den Controller auf Geschäftsleitungsebene anzusiedeln.

---

11 Vgl. Probst/Gomez, 1991.

12 Vgl. hierzu die Studie von Burg, 1995.

13 Vgl. Krumnow 1991.

2.5 Die Rolle des Informationsdienstleisters für die Entscheidungsträger

Unentbehrliche Grundlage einer ziel- und wertorientierten Unternehmensführung ist *Information*. Der Controller hat in diesem Zusammenhang die *Informationsversorgung der Entscheidungsträger* in der Bank optimal und effizient sicherzustellen. Die Bereitstellung von *führungsrelevanten Informationen* wird immer wieder als Mittelpunkt des Controller„lebens" angesehen. [14]

Der Controller gestaltet und steuert dabei einen *Prozess,* der von der Informationsbedarfsanalyse, der Kosten-Nutzen-Abwägung über die Datengewinnung und -verarbeitung bis hin zum Informations„vertrieb" reichen kann. An der Konzipierung, Ausgestaltung und Implementierung des Informationssystems ist der Controller maßgebend beteiligt.[15] Der aufwendige, aus der Erhebung von Daten und der Verarbeitung zu Berichten oder anderen Endprodukten, bestehende Teil dieses Produktionsprozesses verlagert sich zwar insbesondere unter dem Eindruck des Vordringens von Management- und Executive-Informationssystemen nach und nach auf die EDV-technische Ebene. Die *adressatengerechte Konzipierung der Berichte* bleibt aber nach wie vor eine seiner prominenten Aufgaben.

Der *Informationsmanager „Controller"* – eine inzwischen durchaus gängige Rollenbezeichnung des Controllers – ist nun stärker mit der *Definition von Datenstrukturen* und der *Frage der Beschaffung der relevanten (externen und internen) Daten* beschäftigt; hierbei wird von ihm die Übernahme einer *Koordinierungsrolle* erwartet. Auf der Basis weitgehend EDV-gestützter Informationssysteme hat sich seine Rolle somit vom *Informationsermittler zum Informations-Designer* und *Informations-„Verkäufer"* gewandelt. Wenn es in einem Leitsatz für Führung und Zusammenarbeit heißt, „wir wollen nur zufriedene Kunden", dann gilt dies nicht nur im Verhältnis Bank-Kunde, also im externen Verhältnis, ebenso ist damit die Beziehung des Controllers zu „seinen Kunden", den Entscheidungsträgern auf allen Ebenen, angesprochen. Die Erforschung der Informationsbedürfnisse der Adressaten des Controllers ist somit von vordringlichem Interesse.[16]

Im Zuge sich ständig verändernder Umfeldbedingungen, verbunden mit einer zunehmenden Markt-, Wettbewerbs- und Kundenorientierung, wird sich die relativ einseitige Fokussierung des Controllers auf das *interne* Rechnungswesen, so wie wir es heute vielfach noch beobachten können, abschwächen und in Richtung auf die Integration von externen Daten im Sinne eines *vernetzten Controlling* stärker hin bewegen.[17]

In Verbindung mit seinen Rollen als Informationsdienstleister und Navigator fällt dem Controller quasi natürlich auch die Rolle eines *Methodenmanagers* zu. Ein Methodenmanager konzipiert Steuerungsmethoden (zum Beispiel Zinsverrechnungsmethoden, Mindestmargen, Kosten-/Leistungsverrechnungsverfahren, Kostenrechnungssystem, etc.), die

---

14 Vgl. Gutschelhofer, 1995.
15 Vgl. auch Gushorst, 1991; Abegglen, 1999.
16 Vgl. Gleic/Brokemper, 1998.
17 Vgl. Mann, 1992.

er im Unternehmen als Standards durchzusetzen hat. Das bedeutet, dass der Controller die Hoheit über die Methoden zur Steuerung des Geschäfts besitzt.

Neben der Rolle des Informationsdienstleisters, der die Informationen interpretiert und aufbereitet den Entscheidungsträgern zur Verfügung stellt, übernimmt der Controller vor allem im Rahmen operativer Steuerung eine weitere Rolle, nämlich die eines *Moderators* in einem System *institutionalisierter Controlling- und Analysegespräche*. Sie können und müssen dazu dienen, die durchgeführte Abweichungsanalyse in zukunftsgerichtete Aktionen umzusetzen.[18]

3. Die Rolle des Bankcontrollers in Abhängigkeit von Bankvision, -strategie und -organisation

3.1 Einbindung des Bankcontrollers in die Unternehmensphilosophie und die Organisationsstruktur

Die beschriebenen Rollencharakteristika stellen mögliche Ausformungen eines Controller-Bildes dar. Erst in der Unternehmenswirklichkeit finden sie ihre konkrete Ausgestaltung und Gewichtung. Insbesondere die Dynamik der Umwelt wie auch die Unternehmensgröße sind dabei wesentliche Einflussfaktoren im Hinblick auf die Ausprägungen eines Controlling-Konzeptes.[19] Welche Rolle der Controller in einer Bank spielt, hängt also vor allem von der Größe, der Geschäftsstruktur und der Positionierung dieser Bank am Markt sowie von ihrem unternehmerischen Selbstverständnis ab.

Offensichtlich muss ein national oder gar international operierender Bankkonzern eine andere Marktpositionierung und Unternehmensphilosophie verfolgen als zum Beispiel eine regionale öffentlich-rechtliche Sparkasse oder eine spezialisierte Hypothekenbank. Heterogene Anforderungen im Hinblick auf die Unternehmenssteuerung sind aufgrund der unterschiedlichen Komplexität evident. Controlling dient der Bewältigung latenter wie konkreter Probleme der Unternehmensführung. Die Kreditinstitute werden deshalb die Controller-Funktion der Führungsphilosophie ihres Hauses und den sich hieraus ergebenden spezifischen Bedürfnissen entsprechend gestalten. Verschiedene Sichtweisen über das Controlling als *Managementaufgabe*, die Funktion des Controllers als *Dienstleister* für das Management oder als *Teilhaber am Führungsprozess* gehören dazu.

Die *Führungsphilosophie* der Bank, insbesondere die Tendenz, Managementaufgaben und Entscheidungskompetenzen zu dezentralisieren oder zu zentralisieren, bestimmt maßgeblich die *Organisationsstruktur* des Unternehmens. Hieran anknüpfend ist die Entscheidung zwischen zentraler und dezentraler Durchführung der Controllertätigkeit zu treffen.

18 Vgl. zum Kommunikationsprozess im Rahmen des Controlling Reiffenrath, 1997.
19 Vgl. Weber, 1995.

In großen Bankinstituten finden sich heute regelmäßig Kombinationen von dezentralen und zentralen Controllingaufgaben, wobei die *zentrale Controllingkompetenz* mindestens die *Sicherstellung einheitlicher Verfahren (Methodenhoheit)* beinhalten muss. In Abhängigkeit hiervon erfolgen die hierarchische Einordnung des Controllers sowie die Zuordnung von Kompetenzen. In der Bankpraxis tritt die unabhängige Controllerstelle sowohl als *Linien- als auch als Stabsfunktion* auf. Als Leiter des Controllingbereiches nimmt der Controller gegenüber den ihm unterstellten Abteilungen eine *Linienfunktion* ein. Hier nimmt er Entscheidungs- und Leitungsaufgaben wahr und ist mit den erforderlichen Kompetenzen ausgestattet. Im Rahmen einer Beratungsfunktion gegenüber der Bankleitung wirkt er als *Stabsstelle ohne Entscheidungs- und Weisungsbefugnisse*. Als Zentralinstanz benötigt er ein *fachliches Weisungsrecht* für die Teilaufgaben, die er für das Gesamtunternehmen erfüllt. [20]

3.2 Aufgabenabgrenzung des Bankcontrollers zu anderen Funktionen

Eine sachliche Nähe, die unter Umständen zu einer funktionalen Überschneidung mit der Controller-Position führt, kann sich insbesondere zu den Bereichen der (EDV-) Organisation sowie der Revision ergeben. Tatsächlich wird die Rolle des Informationsmanagers in einem engen Zusammenhang mit der Organisation und Entwicklung der Datenverarbeitung in der Bank stehen. Aufgrund der zunehmenden Unabhängigkeit der Führungsinformationssysteme von den Großrechner-Anwendungen durch eine zwar vernetzte, aber dezentrale Systemarchitektur ist es erforderlich, klare Konzeptabsprachen über die bankweite EDV-Strategie zu treffen, um parallele oder unverträgliche Systementwicklungen zu vermeiden.[21]

Interne Revision als integrierter Bestandteil der Controllingfunktion ist in den USA eine durchaus übliche Lösung. Für Kreditinstitute in Deutschland kommt eine derartige Integration jedoch nicht in Betracht. Die Anforderungen des Bundesaufsichtsamtes an die Stellung und die Durchführung der internen Revision in Kreditinstituten führen zu einer Abgrenzung der Aufgaben und Kompetenzen zwischen Controller und Revisor. Abgesehen von den formalen Gründen der Trennung bestehen auch klare Unterschiede hinsichtlich der funktionalen Ziele, der Instrumente und des Rollenverständnisses. Während der Controller unmittelbar in die laufende Steuerung und Strategiefindung der Bank involviert werden kann, ist die Rolle des Internen Revisors distanzierter und eher mittelbar dem Unternehmensziel verbunden. Seine Aufgabe besteht darin, präventiv risikomindernd zu wirken, die des Controllers dagegen, zu agieren und Risikoverträglichkeiten strategisch zu definieren.

20 Vgl. Küpper/Weber/Zünd, 1990.
21 Vgl. Abegglen, 1999.

3.3 Die Rolle des Controllers im Konzern Bankgesellschaft Berlin

Die Bankgesellschaft Berlin AG (Bankgesellschaft) fungiert neben ihrem eigenen operativen Bankgeschäft als *Führungsholding* für unterschiedliche Banken und Geschäftsfelder. Sie tritt für verschiedene Zielgruppen mit mehreren Markennamen in ihrem Geschäftsgebiet auf. In der Grundausrichtung der Unternehmensgruppe ist die Kombination unterschiedlicher Rechtsformen (öffentlich-rechtlich und privatrechtlich) ein konstitutiver Bestandteil. Aus dieser Art der Konzernausrichtung ergibt sich ein mehrschichtiges Bild in der Struktur der Unternehmenssteuerung, so auch in der Organisation des Controlling. Eine Controller-Funktion findet sich an mehreren Stellen im Konzern in verschiedener Ausgestaltung und in unterschiedlicher organisatorischer und hierarchischer Anbindung.

Dem Konzern-Controller fällt die zentrale Aufgabe und Verantwortung zu, eine durchgängige *methodische Ausrichtung des Controllingprozesses* im Konzern herzustellen und aufrechtzuerhalten. Das Konzern-Controlling hat deshalb die *Methodenhoheit des Gesamtkonzerns* in allen Fragen des internen Rechnungswesens, des internen Berichtswesens und des Planungssystems und -prozesses. Die betriebswirtschaftlichen Methoden werden für den Konzern hier entwickelt. Der Controlling-Prozess erhält vom Konzern-Controller sowohl in zeitlicher als auch in inhaltlicher Hinsicht seine Vorgaben. Das Konzern- Controlling hat die *Datenhoheit* bezüglich aller Daten der Geschäftsfeldrechnungen. Dies beinhaltet die Ermittlung und Bereitstellung der Planungs- und Ist-Daten für die Strategischen Geschäftsfelder. Im Rahmen der strategischen Planung unterstützt der Konzern-Controller die Konzernführung bei der Definition und Umsetzung einer Konzern-Strategie. Zur Wahrnehmung dieser Aufgaben stehen ihm konzernweit ein *fachliches Vorschlagsrecht sowie ein gewisses Vetorecht* bei Entscheidungen der Einzelbanken und Geschäftsfelder zu, die seinen Aufgabenbereich tangieren. Eine unmittelbare fachliche Weisungsbefugnis hat der Konzern-Controller im Rahmen der vertraglichen und gesetzlichen Vorgaben.

Der Konzern Bankgesellschaft hat sich zur Unterstützung der einheitlichen strategischen Ausrichtung und zur Gewährleistung übergreifender effizienter Arbeits- und Steuerungsprozesse Rahmenregeln gegeben, die in so genannten „Grundsätzen zur einheitlichen Leitung" niedergelegt sind. Hierzu heißt es in der Präambel: „Zur Sicherstellung der Transparenz und Steuerungsfähigkeit des Konzerns werden einheitliche Bilanzierungsmaßstäbe angewendet sowie durchgängige Kontroll- und Informationsmechanismen etabliert. Ferner werden Prinzipien der strategischen Organisationsentwicklung konzerneinheitlich definiert."

Auf dieser Basis wurde eine mehrstufige Controlling-Organisation etabliert, die neben dem Konzern-Controlling Controlling-Aufgaben in den verschiedenen Konzernbanken sowie den einzelnen strategischen Geschäftsfeldern ansiedelt. Anforderungen und Ausgestaltung der Controller-Rolle werden durch die jeweilige Position bestimmt, die er im Konzern einnimmt. Sie ist in den Controlling-Einheiten der Geschäftsfelder speziell auf die Belange dieser Segmente zugeschnitten, während im Konzern-Controlling die methodische und prozessuale Integration zur Steuerung des Gesamtkonzerns erfolgt.

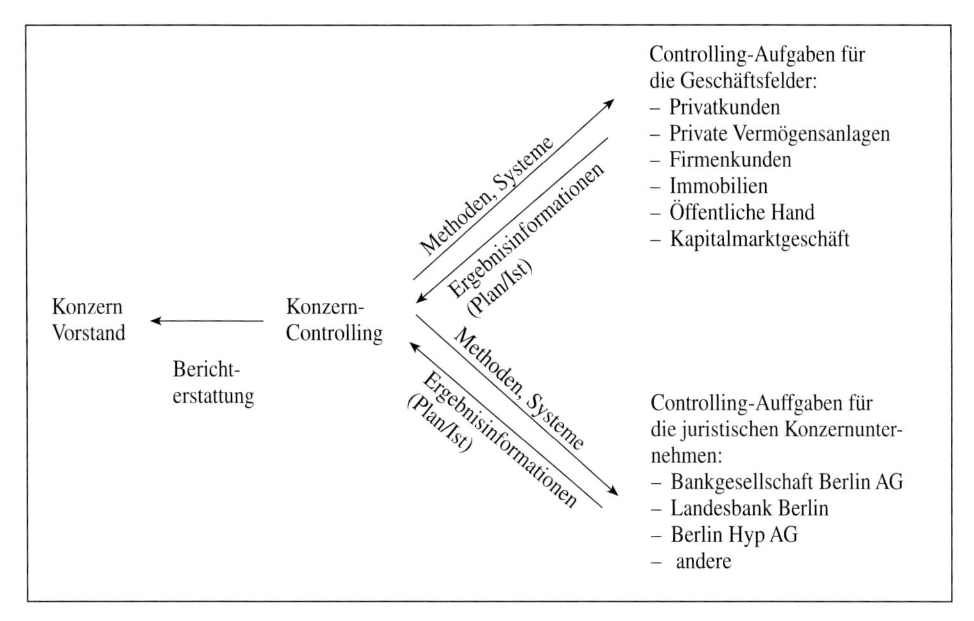

Abbildung 1: Schema der Controlling-Struktur im Konzern Bankgesellschaft Berlin

4. Anforderungen an den Bankcontroller

4.1 Fachliche Anforderungen

Eine fundierte Grundausbildung und möglichst vielfältige in der Praxis erworbene Fähigkeiten und Kenntnisse sind notwendige Voraussetzungen für die Position des Bankcontrollers. Komplexe Fragestellungen aus allen Bereichen des Bankgeschäfts, mit denen der Controller zum Beispiel bei der Unterstützung von Steuerungsmaßnahmen oder der Abwägung strategischer Optionen zu tun haben wird, erfordern eine breite praktische Erfahrung. Sogenannte *„Röhrenkarrieren“* mit einem ausschließlich im Controlling absolvierten Berufsweg entsprechen nicht dem idealen Anforderungsprofil. An speziellen Voraussetzungen werden Kenntnisse im entscheidungsorientierten Rechnungswesen (insbesondere Barwertmethode), in der Planungs- und Kontrollmethodik und deren Instrumenten sowie in der Systemimplementierung erwartet. Für eine vernetzte Betrachtung der Einflussfaktoren der Gesamtbanksteuerung[22] sind insbesondere Kenntnisse nationaler und internationaler Rechnungslegungsregeln (IAS-Abschlüsse), der aufsichtsrechtlichen Vorschriften und Ver-

22 Aufgrund des immer stärker werdenden Transparenzverlangens der Kapitalmarktteilnehmer ist die enge Verflechtung der beiden oft in verschiedenen Kreisen gepflegten Werke des internen und externen Rechnungswesens zu erwarten. Demzufolge sind tief gehende Kenntnisse des externen Rechnungswesens für den Controller in Zukunft unerlässlich. Vgl. Horn/Müller, 2000.

fahren, Wissen über makroökonomische und wettbewerbstheoretische Zusammenhänge, Risikomessung und -management im Kredit-, Geld- und Kapitalmarktgeschäft sowie grundlegende Kenntnisse im Steuerrecht unerlässlich. Wegen der zunehmenden internationalen Verflechtung der Finanzmärkte werden adäquate Sprachkenntnisse vorausgesetzt.

4.2 Persönliche Eigenschaften

Der Controller muss seine Rolle *glaubhaft* ausfüllen können, um entsprechende Akzeptanz im Unternehmen, die Geschäftsleitung eingeschlossen, zu erreichen. Einerseits benötigt er die *Fähigkeit zur Neutralität und Objektivität*, andererseits zur störungsfreien Aufrechterhaltung des Informationsprozesses in der Bank genügend *Kommunikationsgabe und Sensibilität*. Bei der Fülle neuer Situationen und Fragestellungen, denen er sich zum Beispiel bei der Mitwirkung an der Strategiefindung gegenüber sehen wird, sind ihm *Kreativität* und ein gewisses Maß an *Neugier* hilfreich. Die Fähigkeiten des *analytischen Denkens* und des *Denkens in Netzwerken* sind Grundvoraussetzungen, um sich überhaupt in der Controllerrolle zurechtfinden zu können. Der Controller wird zumindest in größeren Kreditinstituten *auch Führungsaufgaben* wahrnehmen. Das heißt, er hat in der Regel hochqualifizierte Mitarbeiter in einer oft mehrstufigen Organisationsstruktur zu führen. Die speziellen Führungseigenschaften, die für eine entsprechende Führungsebene der Bank gelten, werden ebenso vom Controller gefordert.

5. Zukünftiger Wandel in der Rolle des Bankcontrollers

Die Entwicklung des bankbetrieblichen Umfeldes schreitet immer rascher voran. Im Zeitalter der Globalisierung erreichen Markt und Wettbewerb anscheinend wie im Zeitraffer neue Entwicklungsstufen. Erfolgreiche Unternehmen werden die Entwicklungstrends rechtzeitig erkennen und in ihren Strategien proaktiv berücksichtigen. Objektive Informationen als Basis einer systematischen Entscheidungsfindung avancieren deshalb zu strategischen Erfolgsfaktoren im Bankbereich. Der Aufbau von *Frühaufklärungssystemen*, die strategisch ausgerichtet insbesondere weiche Faktoren zu berücksichtigen haben, wird besonders im hart umkämpften Bankensektor deshalb zunehmend wichtiger.

Gerade mit Blick auf eine zunehmend komplexer werdende Umwelt- und Unternehmenssituation besitzt die *Filterung von Datenmassen* anhand zweckorientierter Kriterien eine hohe Relevanz. Angesichts künftig noch weiter ansteigender Datenmassen ist eine Verschärfung der Problematik zu erwarten. Insofern ist die weitere Verbesserung hin zu einem *controlling-adäquaten Informationsmanagement*, das für die notwendige Entlastung der Entscheidungsträger sorgt, dringend geboten. Der Prozess der Entwicklung von Management-Informationssystemen schreitet, ungeachtet der oft noch vorhandenen Probleme wie heterogene Datenbasen und mangelnde Verknüpfung zwischen operativen Systemen und Auswertungssystemen, dementsprechend voran. Bis vor kurzem noch bestimmte die auf den zentralen Großrechner zugeschnittene DV-Landschaft den Umfang und die Art der für Management-Entscheidungen zur Verfügung stehenden Informationen. In Form von „Listen“, im besseren Fall in Form von periodisch ausgedruckten „Berichtstabellen“ wurden Informationen aus dem Bankgeschehen geliefert. Aufgrund der wenig flexiblen und kaum entscheidungsorientierten Datenaufbereitung übernahm der Controller die zeitaufwendige Funktion, das angelieferte Datenmaterial in eine entscheidungsbezogene Form zu gießen. Die Konzentration vieler Controller bzw. Entscheidungsträger liegt auch heute noch nicht – wie wünschenswert – bei der *Entscheidungsfindung*, sondern bei der zeitaufwendigen *Selektion relevanter Informationen*.

Auch in Positionen der Bank, die hauptsächlich mit nicht vorstrukturierten Aufgaben umzugehen haben (Bankleitung, bestimmte Stäbe, Oberer Führungskreis), können entsprechende Executive-Informationssysteme oder Decision-Support-Systeme direkt zur Entscheidungsfindung genutzt werden.[23] Durch die anhaltende exorbitante Prozessverlagerung auf riesige globale Datennetze (Internet) und die Entwicklung wirklich entscheidungsunterstützender Software (zum Beispiel Neuronale Netze, Fuzzy Logic)[24] werden reine einspurige Informationssysteme zu Kommunikationssystemen, die die Mittlerrolle des Controllers zwischen System und Entscheider entbehrlich machen können. Durch die Entwicklung der Controlling-Software dürfte sich aber auch die klassische Rolle des Controllers als „Kennzahlenaufbereiter“ verändern. Bei seiner Neuorientierung muss er vor allem die *Service- und Beraterrolle* – beispielsweise im Sinne eines „Interpretationshelfers“ unter Heranziehung und Würdigung qualitativer, weicher Faktoren – viel stärker in den Blickpunkt nehmen. „Wer Manager-Jobs vor allem im Sammeln, Filtern, ‚Verarbeiten‘ und im interpretierenden Weitergeben von Informationen nach oben und unten sieht, muss sich wirklich Gedanken um deren Zukunft machen. Ebenso wie um den Controller, der nicht endlich über die ‚Rechenknecht-‘ und Berichts(un)wesen-Funktion hinauswächst.“[25]

Anstelle vorwiegend funktional geprägter Organisations- und Ablaufstrukturen in Kreditinstituten werden in Zukunft verstärkt Prozesse als *Wertschöpfungsketten* ausgerichtet. Zunehmende Dezentralisierung und der Verzicht auf Hierarchie-Stufen auch in großen Kreditinstituten – Ausfluss des *Lean Banking* – beeinflussen die Rolle, die der Bankcontroller im Unternehmensgefüge einnimmt.[26] Die Rolle des Bankcontrollers wird sich an die *gewandelten Entscheidungsprozesse* und an ein *verändertes Führungsverständnis* anzupassen haben.

Der Anspruch an die strategische und operative Entscheidungsqualität des Bankmanagements wird sich durch zunehmenden internationalen Wettbewerb, ansteigende Risiken, durch verstärkte interne und externe Kundenorientierung sowie ein höheres Veränderungstempo bei allen geschäftlichen Entwicklungen weiter erheblich vergrößern. Die Beantwortung der Frage nach der zukünftigen Rolle des Bankcontrollers hängt unmittelbar mit seinem *Selbstverständnis* zusammen. Der Controller, der seine Rolle zu sehr auf die Funk-

23 Vgl. Weigert, 1995.
24 Vgl. Dube, 1995.
25 Rösner, 1993.
26 Zum Verhältnis von Controlling und Lean Management vgl. Can/Grevener, 1994.

tion des Informations*bearbeiters* beschränkt, wird in absehbarer Zeit durch bessere Lösungen – wie angedeutet – ersetzt werden können. Das Selbstverständnis des Bankcontrollers muss darin bestehen, in seiner *führungsunterstützenden* Rolle das Tempo und die Richtung des Wandels mitzugehen.

Literaturhinweise

ABEGGLEN, C.: Koordination von Informations-Management und Controlling. Entwicklung eines Informationsmanagement integrierenden Controllingansatzes, Diss. St. Gallen 1999, S. 74 ff.

BURG, M.: Der Einfluss des Dezentralisationsgrades auf die Ausgestaltung des Controlling, Frankfurt am Main 1995, S. 60 ff.

CAN, K./GREVENER, H.: Lean Management – Neue Herausforderungen für das Controlling, in: Controlling Heft 1/1994, S. 68 ff.

CHRISTIANS, U./KLEMENT, M.: Strategisches Controlling in einer Bankenholding, in: Die Bank Heft 6/1996, S. 339 ff.

DELLMANN, K.: Eine Systematisierung der Grundlagen des Controlling, in: Spremann, K./Zur, E. (Hrsg.): Controlling, Wiesbaden 1992, S. 117.

DUBE, J.: Expertensysteme und Neuronale Netze – Wissenstechnologie in Banken, in: Von Stein, J. H./Terrahe, J. (Hrsg.): Handbuch Bankorganisation, 2. Aufl., Wiesbaden 1995, S. 423 ff.

FINANCIAL EXECUTIVE INSTITUTE: Controllership and Treasurership Functions Defined by FEI, in: The Controller, 30, 1962, S. 289.

GLEICH, R./BROKEMPER, A.: Kunden- und Marktorientierung im Controllingbereich schaffen, in: controller magazin Heft 2/1998, S. 148 ff.

GUTSCHELHOFER, A.: Controllingorientierte Unternehmensführung – Synergien und Konsequenzen, in: Wagenhofer, A./Gutschelhofer, A. (Hrsg.): Controlling und Unternehmensführung. Aktuelle Entwicklungen in Theorie und Praxis, Wien 1995, S. 37.

GUSHORST, K.-P.: Controlling in Banken – Informationsaufgaben im neuen Design?. in: ZfgKW Heft 15/1991.

HORN, C./MÜLLER, C.: Rechnungswesen aus einer Hand: Integration von Banksteuerung und externem Reporting, in: Die Bank Heft 2/2000, S. 106 ff.

HORVATH, P.: Controlling, 7. Aufl., München 1998, S. 246 ff.

KRUMNOW, J.: Strategisches Bankencontrolling – organisatorische und instrumentelle Führungsunterstützung in einem Bankkonzern, in: Österreichisches Bankarchiv, Heft 1/1991, S. 9 ff.

KÜPPER, H.-U./WEBER. J./ZÜND, A.: Zum Verständnis und Selbstverständnis des Controlling, in: Zeitschrift für Betriebswirtschaft, Heft 3/1990, S. 285.

LANTER, N.: Beziehungsdynamik im Controlling, Bern u. a. 1996, S. 14 ff.

MANN, R.: Visionäres Controlling, in: Risak, J./Deyhle, A. (Hrsg.): Controlling – State of the Art und Entwicklungstendenzen, Wiesbaden 1992, S. 391 f.

PROBST, G. P. B./GOMEZ, P. (Hrsg.): Vernetztes Denken. Ganzheitliches Führen in der Praxis, 2. Aufl., Wiesbaden 1991.

REIFFENRATH, D.: Controlling und Kommunikation, in: controller magazin Heft 5/1997, S. 364 ff.

RÖSNER, A.: Vortrag vor dem AK Banken des Controller-Vereins. Schloss Hohenkammer bei München am 3.12.1993.

SCHIERENBECK, H.: Ertragsorientiertes Bankmanagement, Teil I, 6. Auflage, Wiesbaden 1999.

SCHOCH, D.: Strategisches Controlling, Diss. St. Gallen 1993, S. 16 ff.
STAMM, M.: Erfolgsfaktoren für's Controlling, Gauting/München 1991, S. 64 ff.
STEINHÜBEL, V.: Strategisches Controlling – Prozess und System, München 1997, S. 24 ff.
WEBER, J.: Wachstumsschwellen als Rahmenbedingungen für ein effizientes Controlling im Klein- und Mittelbetrieb, in: Wagenhofer, A./Gutschelhofer, A. (Hrsg.): Controlling und Unternehmensführung. Aktuelle Entwicklungen in Theorie und Praxis, Wien 1995, S. 3 ff.
WEBER, J./SCHÄFFER, U.: Sicherstellung der Rationalität von Führung als Aufgabe des Controlling?, in: DBW Heft 6/1999, S. 734 ff.
WEBER, J./SCHÄFFER, U.: Der rote Faden in der Arbeit des Controllers, in: Controller Magazin Heft 1/1999, S. 30 ff.
WEIGERT, P.: Daten- und Informationsverarbeitung, in: Von Stein/J. H. Terrahe, J. (Hrsg.): Handbuch Bankorganisation, 2. Aufl., Wiesbaden 1995, S. 359 ff.

II. Funktionsprinzipien von Controllingprozessen

Henner Schierenbeck

Das Duale Steuerungsmodell

1. Dualitäten im bankbetrieblichen Steuerungsmodell

Tragendes Fundament eines Managementkonzepts zur ertragsorientierten Banksteuerung ist eine controlling-adäquate Infrastruktur, die sich nicht nur in einer bestimmten Denkhaltung des Managements dokumentiert, sondern auch in organisatorischen Regelungen ebenso ihren Niederschlag findet, wie in der spezifischen Ausgestaltung des bankbetrieblichen Planungs-, Kontroll- und Informationssystems. Seine konzeptionellen Hauptmerkmale und Konstruktionsprinzipien finden dabei in einem Steuerungsansatz ihren Niederschlag, der vom Verfasser als *Duales Steuerungsmodell* bezeichnet wird. Der Begriff leitet sich aus seinem (dualen) Wesen ab, das sich in den folgenden Problemdimensionen widerspiegelt:

- *Rentabilitäts- und Risikosteuerung*

  Im Rahmen einer ertragsorientierten Banksteuerung muss naturgemäß vor allem das *Rentabilitäts-Management* im Vordergrund der Betrachtung stehen.[1] Weil bankpolitische Entscheidungen (wie unternehmerische Entscheidungen generell) aber stets unter Unsicherheit gefällt und durchgesetzt werden müssen, ist die Gefahr rentabilitätsbeeinträchtigender Entwicklungen prinzipiell nicht ausschließbar. Insofern muss Bankmanagement immer auch *Risikomanagement* sein. Verstärkt wird diese Notwendigkeit zudem auch durch die besondere Sensibilität des finanziellen Sektors.

- *Globalsteuerung und Feinsteuerung*

  Die Unterscheidung von *potentialorientierter Globalsteuerung* (strategisches Controlling) und *aktionsorientierter Feinsteuerung* (operatives Controlling) ergibt sich in konsequenter Anwendung des Prinzips der hierarchischen Unternehmensplanung.[2]

  Die Globalsteuerung zielt ausschließlich auf die Entwicklung, Strukturierung und Sicherung der Gesamtbank und ihrer Potentiale ab. Sie hat tendenziell einen langfristigen Zeithorizont und ihre Steuerungsgrößen wie etwa Bilanzstrukturrisiken, Marktrisiken und Wachstumspotentiale sind lediglich global formuliert.

  Demgegenüber ist das operative Controlling stärker zahlenorientiert und insoweit auch mittelbar mit detaillierten Informationen verbunden. Das operative controlling bedeutet Feinsteuerung in dem Sinn, dass Entscheidungen auf einzelne Geschäfte und ihre Modalitäten ausgerichtet sind. Beispiele hierfür sind Konditionsentscheidungen, konkrete Refinanzierungsentscheidungen und produktpolitische Einzelentscheidungen. Der im Vergleich zur Globalsteuerung kürzere Zeithorizont wird im Normalfall die laufende Budgetperiode nicht übersteigen.

- *Struktursteuerung und Geschäftssteuerung*

  Die *Struktursteuerung* ist eng mit den Begriffen Portfolio-Management und Bilanzstrukturmanagement verbunden. In beiden Bereichen geht es um die Problemkreise der

1 Vgl. Schierenbeck, 1999.

2 Vgl. Koch, 1980.

Geschäftsstruktursteuerung, allerdings mit unterschiedlichen Schwerpunkten. Im Portfolio-Management wird die Geschäftsstruktur unter besonderer Berücksichtigung der Marktchancen und -risiken in den verschiedenen Geschäftsfeldern der Bank gesteuert. Dagegen steuert das Bilanzstrukturmanagement die Geschäftsstruktur unter Beachtung der Bilanzstrukturrisiken und strukturellen Rentabilität.

Bei der *Geschäftssteuerung* geht es um die Ausfüllung der angestrebten Geschäftsstruktur durch konkrete geschäftspolitische (Einzel-)Entscheidungen. Den Rahmen dafür bildet das Budget-Management, das für die Umsetzung der gesamtbankorientierten Globalziele in operative Zielgrößen zu sorgen hat und eine Soll-/Istkontrolle überhaupt erst ermöglicht.

- *Zentrale und Dezentrale Steuerung*
  Die Unterscheidung von *zentraler* und *dezentraler* Steuerung knüpft schließlich an der organisatorischen Zuordnung von Entscheidungskompetenzen und Verantwortlichkeiten an. Die zentrale Steuerung umfasst grundsätzlich alle Entscheidungstatbestände, die nur in ihrer Gesamtheit beurteilt werden können bzw. die nur aus einer Zentralkompetenz heraus verantwortbar sind. Für die dezentrale Steuerung hingegen verbleiben all jene Aufgaben, die auch einzelgeschäftsbezogen steuerbar sind.

Aufgrund seiner besonderen Bedeutung soll im folgenden anhand des Begriffspaares „Zentrale und Dezentrale Steuerung" die prinzipielle Grundidee des Dualen Steuerungsmodells verdeutlicht werden. Die bestehenden Verknüpfungen zwischen den genannten konzeptionellen Merkmalen machen es jedoch notwendig, dass in den entsprechenden Zusammenhängen auf sie Bezug genommen wird, auch wenn sie vorerst untergeordnet behandelt werden (vgl. Abbildung 1).

2. Verknüpfung von zentraler Struktursteuerung und dezentraler Marktsteuerung im Dualen Steuerungsmodell

2.1 Das Modell der Ergebnisspaltung in der Marktzinsmethode als Grundlage

Das Konzept der Ergebnisspaltung in der Marktzinsmethode[3] leistet einen wesentlichen Beitrag zur prinzipiellen Trennung zwischen zentraler Steuerung einerseits und dezentraler Steuerung andererseits. Demnach lassen sich im Rahmen der Marktzinsmethode insgesamt zwei prinzipiell voneinander unabhängige Erfolgsquellen identifizieren: Zum einen der *Konditionsbeitrag*, der den Renditevorteil von Kundengeschäften gegenüber

3 Vgl. ausführlich Schierenbeck, 1999.

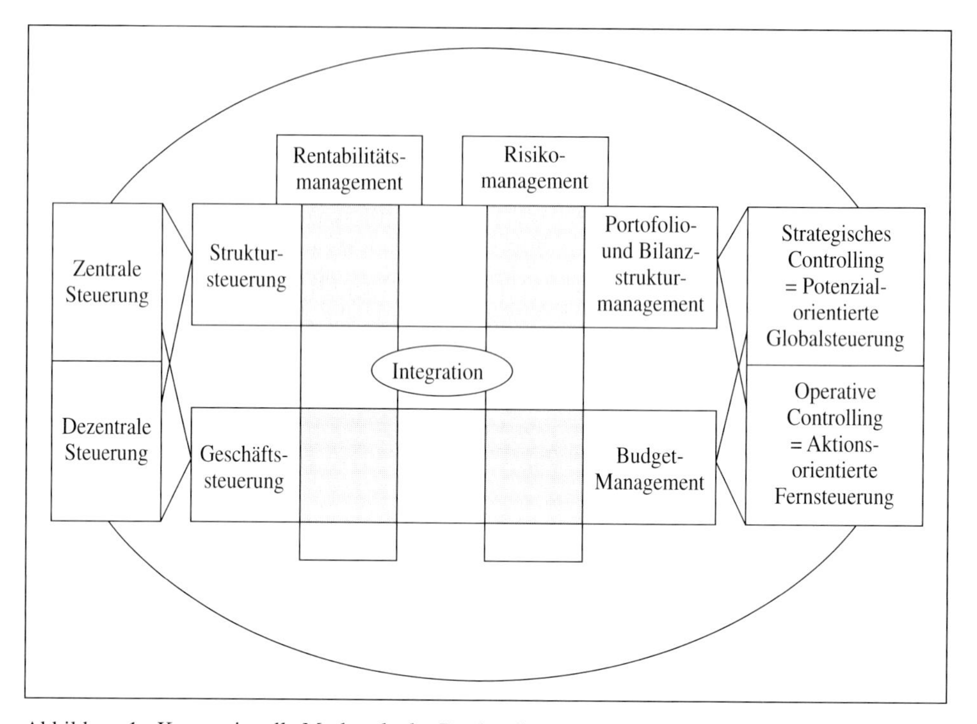

Abbildung 1: Konzeptionelle Merkmale des Dualen Steuerungsmodells

äquivalenten Geld- und Kapitalgeschäften abbildet, zum anderen der *Strukturbeitrag*, der aus der unterschiedlichen Laufzeit- bzw. Zinsbindungsstruktur der Aktiv- und Passivgeschäfte resultiert.

In diesem Zusammenhang ist zu betonen, dass dem Kundengeschäft und damit dem (*dezentralen*) Marktbereichs-Verantwortlichen stets nur der Konditionsbeitrag der Kundengeschäfte als Ergebnisbeitrag zuzurechnen ist. Dies einerseits deshalb, weil ein Kundengeschäft zinsmäßig nicht mehr wert ist als sein Zinsvorteil gegenüber der Alternativanlage und andererseits deshalb, weil die Marktbereiche letztlich auch nur den Konditionsbeitrag beeinflussen können und sollen. Der Strukturbeitrag muss dagegen von der Zentrale verantwortet werden, da er letztlich von der gesamten Geschäftsstruktur, die nur *zentral* koordiniert und gesteuert werden kann, abhängig ist.

Die im Modell der Marktzinsmethode vorgenommene Trennung zwischen zentraler und dezentraler Steuerung soll nun durch die Betrachtung der organisatorischen Ausgestaltung und des Einbezugs sämlicher Aufgabenbereiche verallgemeinert werden.

2.2 Verallgemeinerung der Aufgabenteilung zwischen den Steuerungskreisen

Das Duale Steuerungsmodell trägt dem bereits angedeuteten Wesen des praktischen Bankmanagements dadurch Rechnung, indem es eine Zweiteilung der Managementsbereiche vornimmt. Dabei wird zwischen einer zentralen Struktursteuerung einerseits und einer dezentralen Makrt-(bereichs-)steuerung andererseits unterschieden. Jedem dieser Partialbereiche werden dabei zunächst nur die Entscheidungstatbestände zugeordnet, die im jeweiligen Beeinflussungs- und Verantwortungsbereich liegen (vgl. Abbildung 2).

Der *zentralen Struktursteuerung* obliegen demnach all jene Problemkreise, die nur von der Zentraldisposition der Gesamtbank beurteilt werden können. Hieraus leiten sich konsequenterweise auch ihre Aufgaben ab. Besondere Bedeutung hat dabei die aufgezeigte Funktion der Fristen- und Währungstransformation und die gesamthafte Sicherstellung der Einhaltung bankaufsichtsrechtlicher Vorschriften. Weitere Aufgaben, die den Konnex zur dezentralen Markt-(bereichs-)steuerung tangieren, liegen in der strategischen Fixie-

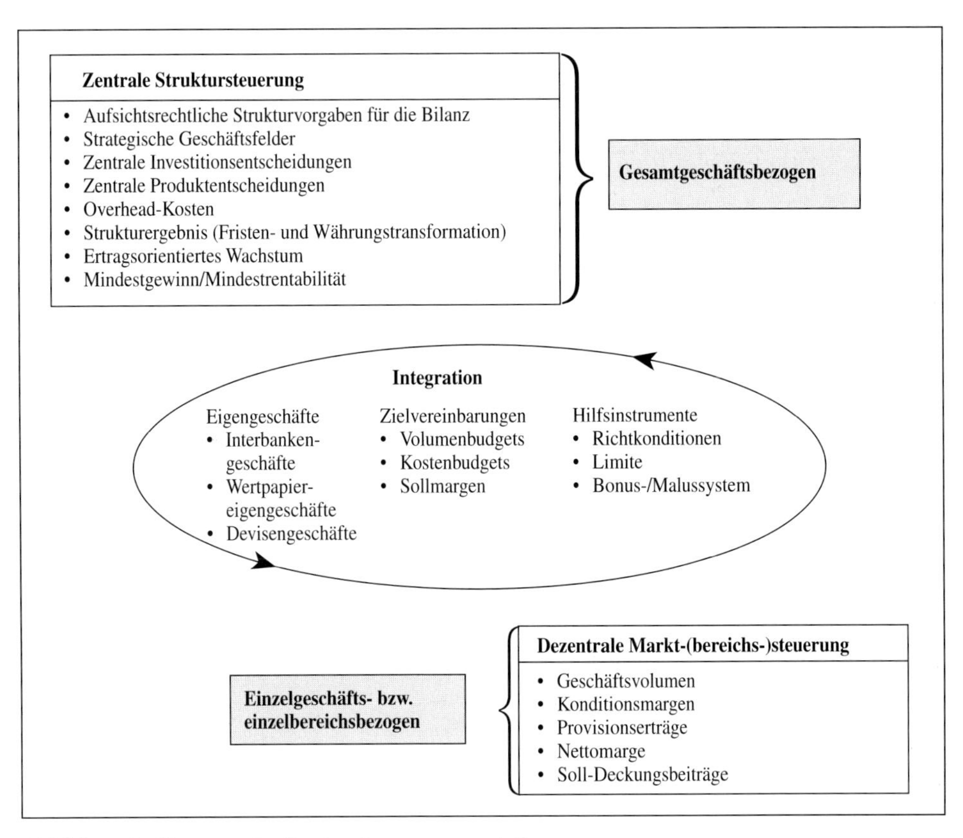

Abbildung 2: Elemente des Dualen Steuerungsmodells

rung der Entscheidungsfelder für die Marktbereiche, also etwa zentrale Produkt-, Geschäftsfeld- und Investitionsentscheidungen.

Im Gegensatz dazu werden der *dezentralen Markt-(bereichs-)steuerung* all jene Aufgaben zugewiesen, die mit dem Kundengeschäft „vor Ort" verbunden sind. Dies beinhaltet im Konzept ertragsorientierter Banksteuerung kurzgesagt die Akquisition von Kundengeschäftsvolumina mit ausreichenden Margen bzw. Deckungsbeiträgen. Im Sinne des Kongruenzprinzips sind dabei dem Marktbereich (etwa Kundenberater, Geschäftsstellen oder der Bankaußendienst) die zur Erfüllung dieser Aufgabe nötigen Kompetenzen zuzuweisen. Das bedeutet insbesondere die Befugnis, von Standardkonditionen in begründbaren Einzelfällen und aus Sicht konkreter Kundenbeziehungen abzuweichen sowie auch kostenwirksame Maßnahmen ergreifen zu können, um der Akquisitions- und Betreuungsaufgabe gerecht zu werden. Natürlich sind die Marktbereiche dann auch für den wirtschaftlichen Erfolg ihrer Tätigkeit verantwortlich. Die Begründung für diese starke dezentrale Komponente ergibt sich zum einen aus der besonderen Motivationskraft dezentraler Wirtschaftssysteme und zum anderen aus der Erkenntnis, dass dezentrale Systeme sich flexibel und rasch auf die Bedingungen des „Wirtschaftens vor Ort" einstellen können, wenn ihnen die entsprechenden entscheidungsrelevanten Informationen zur Verfügung stehen.

Für die Umsetzung dieser weitgehend dezentralen Markt-(bereichs-)steuerung ist es unabdingbar, dass die Erfolgswirkungen dieser Maßnahmen und Entscheidungen tatsächlich sauber isolierbar sind und den Verursachern eindeutig zugerechnet werden können. Dies bedeutet naturgemäß, dass auch die zum Zweck der Kundengeschäftskalkulation eingesetzten Instrumente dieser Anforderung gerecht werden müssen.

Zu beachten ist, dass die Lenkung der dezentralen Marktbereiche allein über Konditionsbeiträge und (nach ihrer Saldierung mit den Provisionserträgen, Betriebskosten und Risikokosten) über Deckungsbeiträge aufgrund der bisher noch fehlenden Koordination mit den Gesamtbankzielen nicht automatisch zu einem Ergebnisoptimum führen kann. Im weiteren gilt es also aufzuzeigen, unter Einsatz welcher Instrumente das Erreichen eines Gesamtoptimums prinzipiell möglich erscheint.

2.3 Instrumente der Integration von zentraler Struktursteuerung und dezentraler Marktsteuerung

Um sicherzustellen, dass trotz der grundsätzlichen Autarkie der dezentralen Marktbereiche keine aus Gesamtbanksicht unerwünschten Fehlentwicklungen auftreten, besteht eine ganz wesentliche Aufgabe der zentralen Struktursteuerung darin, dafür Sorge zu tragen, dass die „vor Ort" abgeschlossenen Kundengeschäfte in ihren Ergebnis- und Strukturwirkungen den Gesamtbankzielen folgen. Zu diesem Zweck stehen ihr ganz unterschiedliche Maßnahmen zur Verfügung, zu denen kompensatorische Eigengeschäfte, Zielvereinbarungen und ergänzende Hilfsinstrumente zählen. Auf diese soll im folgenden differenziert eingegangen werden.

2.3.1 Kompensatorische Eigengeschäfte

Mit der Hilfe kompensatorischer Eigengeschäfte besitzt die zentrale Struktursteuerung die Möglichkeit, unerwünschte Auswirkungen dezentraler Entscheidungen zu korrigieren. So ist sie beispielsweise in der Lage, die aus dem gesamthaften Abschluss von Kundengeschäften resultierenden Strukturrisiken am Geld- und Kapitalmarkt vollständig zu neutralisieren, sofern dies aus Gesamtbanksicht als notwendig oder wünschenswert angesehen wird. Diese mögliche Neutralisation setzt dabei voraus, dass die im Kundenbereich abgeschlossenen Geschäfte mit ihren Markteinstandssätzen unter entgegengesetzten Vorzeichen dupliziert werden können.

Zur Verdeutlichung der integrativen Aufgabenteilung der Partialbereiche im allgemeinen und der Ergebniswirkung kompensatorischer Eigengeschäfte im speziellen sei eine Zentrale betrachtet, die zwei Filialen (A und B) betreut. Aus Vereinfachungsgründen sei unterstellt, dass es sich bei A um eine Kreditfiliale handelt, die lediglich längerfristige Festzinskredite an ihre Kunden vergibt, und B als Einlagenfiliale nur relativ kurzfristige ebenfalls festverzinsliche Kundeneinlagen hält. A erzeugt auf diese Weise einen Aktivüberhang von 100 Mio. GE, B dagegen einen Passivüberhang in gleicher Höhe. Beide Filialen leiten ihre Überhänge zur Verrechnung an die Zentrale weiter. Das gesamte Kundengeschäftsvolumen (Kredite und Einlagen zusammen) weist somit eine Höhe von 200 Mio. GE auf. Die Kundenkondition der Filiale A beträgt 7,6 %, der äquivalente GKM-Zins beläuft sich auf 6,53 %. Die Kundenkondition der Filiale B beträgt 5,8 %, der äquivalente GKM-Satz beläuft sich auf 6,18 %. Die sich aus der Differenz zwischen Kundenzins und äquivalentem GKM-Zins ergebende und den Geschäftsstellen zuzurechnende Konditionsmarge beziffert sich bei der Filiale A auf 1,07 % und bei der Filiale B auf 0,38 % (vgl. Abbildung 3).

Während die Aufgabe der Filialen nun ausschließlich darin besteht, „rentables" Kundengeschäft zu akquirieren und zu betreuen, muss die Zentrale im vorliegenden Fall eine Entscheidung darüber treffen, ob das entstandene Fristenungleichgewicht der Gesamtbilanz beibehalten, verstärkt, gemildert oder gänzlich neutralisiert werden soll. Allein die Zentrale besitzt die hierfür notwendige Transparenz und den Handlungsspielraum, beispielsweise über kompensatorische Eigengeschäfte die Strukturrisiken zu steuern.

Würde sie die vorliegende Fristenstruktur, also den Aktivüberhang im langfristigen Bereich, beibehalten wollen, so ergäbe sich bei dem gegebenen Zinsszenario, also bei Annahme einer unveränderten Zinssituation nach einem Jahr, eine strukturmarge von 0,35 %, die sich aus der Differenz zwischen den genannten GKM-Sätzen ergibt (6,53 % – 6,18 %) und der Zentrale zugerechnet wird (vgl. Abbildung 3). Nicht übersehen werden darf allerdings, dass es sich hierbei um eine risikobehaftete Strukturmarge handelt, die aus dem Betreiben einer positiven Fristentransformation entstanden ist und je nach Veränderung des Zinsniveaus (bei Fälligkeit der Einlagen) konstant bleiben, sich vergrößern, sinken oder sogar negativ werden kann. Ist die Bank nicht bereit, dieses Risiko einzugehen, so muss sie für eine vollständige Neutralisation der beschriebenen Fristenstruktur sorgen, die im vorliegenden Fall darin bestünde, eine im Vergleich zu den Kundenkrediten äquivalente (also längerfristige) Refinanzierung am Geld- und Kapitalmarkt vorzunehmen und die hereingenommenen Kundeneinlagen durch eine äquivaltente (also kurzfristige) GKM-Geldanlage glattzustellen. Als Konsequenz würde sich – abgesehen von einer in der Regel damit einhergehenden Verdoppelung der Bilanzsummen – eine nunmehr sichere Strukturmarge von Null ergeben. Nochmals betont sei, dass die Entscheidung der Zentraldisposition – egal wie sie ausfällt – keinerlei Einfluss auf die Höhe der Konditionsbeiträge nimmt.

Diese Form der Struktursteuerung über kompensatorische Eigengeschäfte ist in der Regel durch weitere Instrumente zu ergänzen. Dies schon deshalb, weil eine exakte Duplizierung – es sei denn, sie erfolgt über den Einsatz außerbilanzieller Finanztransaktionen wie beispielsweise in Form von Swapgeschäften – naturgemäß mit einer Verdoppelung der Bilanzsummen und entsprechend negativen Auswirkungen auf die Zinsspannen sowie die Rentabilität verbunden ist. Deshalb erfolgen kompensatorische Eigengeschäfte in der Regel nur, um den „Saldenausgleich" zu bewerkstelligen, sofern dieser trotz des Einsatzes der übrigen Instrumente überhaupt noch notwendig ist. Diesen nachfolgend beschriebenen Instrumenten ist dabei gemein, dass sie im Gegensatz zu den kompensatorischen Eigengeschäften direkt auf die dezentralen Marktbereiche einwirken, um sicherzustellen, dass sie im Sinne der Gesamtbankziele handeln.

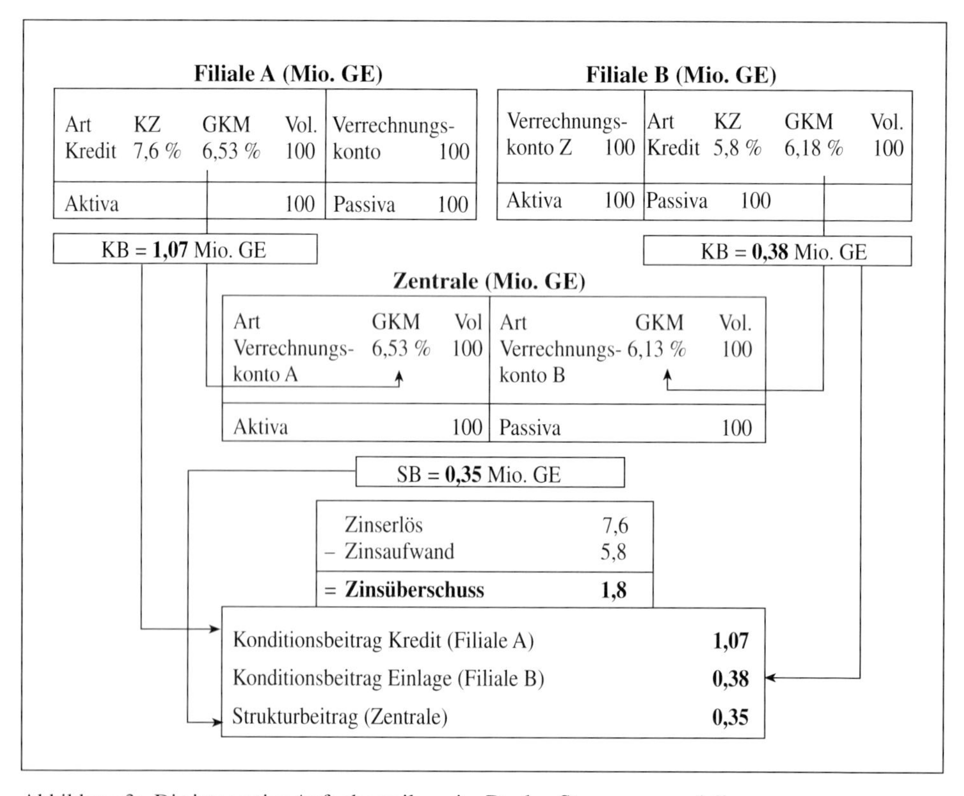

Abbildung 3: Die integrative Aufgabenteilung im Dualen Steuerungsmodell

2.3.2 Zielvereinbarungen

Zielvereinbarungen verknüpfen die zentralen Vorgaben bzw. Anforderungen mit den Möglichkeiten der dezentralen Geschäftsbereiche, rentables Kundengeschäft zu akquirieren und zu betreuen. Sie entstehen aus dem so genannten Gegenstromverfahren, das aus einer Kombination von „bottom-up“ und „top-down approach“ im Rahmen der hierarchischen Unternehmungsplanung besteht und das sich im Führungskonzept des „Management by Objectives“, also der Führung durch Zielvereinbarungen, niederschlägt. Es ist dadurch gekennzeichnet, dass zunächst das vorläufige Zielsystem von oben nach unten konkretisiert wird, sodann aber in umgekehrter Richtung ein progressiver Rücklauf einsetzt, bei dem nach oben hin die Koordination und Zusammenfassung der Teilpläne erfolgt. Die so beschlossenen Budgets berücksichtigen folgerichtig sowohl gesamtbankbezogene Zielvorstellungen als auch die marktlichen Möglichkeiten der dezentralen Geschäftsbereiche „vor Ort“. Die Geschäftsbereiche sind dabei für die Erfüllung der Budgets voll verantwortlich, das heißt sie müssen bei auftretenden Abweichungen die erforderlichen Maßnahmen zur Gegensteuerung im Rahmen ihrer Kompetenzen selbständig ergreifen. Damit wird verdeutlichet, dass auch die Controllingaufgaben auf die dezentralen Geschäftsbereiche delegierbar sind, was als Konzept des „Selfcontrolling“[4] in die Literatur eingegangen ist.

Zur Verdeutlichung dieses Integrationsinstumentes sei unterstellt, dass die in Abbildung 3 betrachtete Filiale B nicht nur wie bisher angenommen Termineinlagen hält, sondern gleichzeitig auch Spareinlagen hereinnimmt. Ihre Budget- und Istzahlen sind in Abbildung 4 wiedergegeben:

Geschäftsart	**Geschäftsstelle B**						
	Budget (in Mio.)			**Ist (in Mio.)**			
	Volumen GE	Marge	Zinsüberschuss GE	Volumen GE	Marge	Zinsüberschuss GE	Abweichung Zinsüberschuss GE
Spareinlagen	100	3,0 %	3,0	90	4,5 %	4,05	+ 1,05
Termineinlagen	50	1,0 %	0,5	18	1,5 %	0,27	- 0,23
	150	2,33 %	3,5	108	4,0 %	4,32	+ 0,82

Abbildung 4: Budget der Geschäftsstelle B

Man erkennt zunächst, dass die Geschäftsstelle B einen deutlichen Rückgang ihres Planvolumens von 150 Mio. GE auf 108 Mio. GE in der Budgetperiode hinnehmen musste, während sie gleichzeitig eine höhere Marge in Höhe von 4,0 % gegenüber dem Budget (2,33 %) realisieren konnte. Insgesamt ist der Zinsüberschuss der Geschäftsstelle B dadurch mit 4,32 Mio. GE um 0,82 Mio. GE höher als ursprünglich geplant (3,5 Mio. GE). Deutlich wird dabei, dass bei den Spareinlagen ein positiver Zinsüberschuss von 1,05 Mio. GE zu verzeichnen ist, während der Zinsüberschuss bei den Termineinlagen um 0,23 Mio. GE verfehlt worden ist.

4 Vgl. Mertin, 1982.

Die auf diese Weise ermittelte Zinsüberschussabweichung kann nun auf verschiedene Abweichungsursachen hin untersucht werden. Zunächst lässt sich die Gesamtabweichung geschäftsartenspezifisch in einen volumens- und einen margenabhängigen Teil aufteilen. In einem weiteren Schritt können die festgestellten Abweichungen dahingehend analysiert werden, welcher Teil der Volumensabweichung auf eine wachstums- oder eine strukturbedingte Ursache zurückzuführen ist. Hingegen kann die Margenabweichung in eine Zinsniveau- und eine Konditionskomponente unterteilt werden. Darüber hinaus lassen sich diese Teilabweichungen durch einen Vergleich mit der Gesamtbankentwicklung danach differenzieren, ob es sich im marktbedingte oder um geschäftsstellenspezifische Abweichungsursachen handelt.[5]

Auch ohne diese Analyse weiterzuverfolgen, wird anhand dieses Beispiels deutlich, dass Budgets dazu verhelfen, Gesamtbankziele in konkrete marktbereichsbezogene Zahlen herunterzubrechen, den Zielerreichungsgrad festzustellen, notwendige Korrekturmaßnahmen zu ergreifen und durch die Rückführung möglicher Abweichungen klare Verantwortlichkeiten zu identifizieren.

Im operativen Tagesgeschäft sind Budgets in der Regel durch weitere Instumente zu ergänzen, um jeder Zeit sicherzustellen, dass Gesamtbanksteuerung und Einzelgeschäftssteuerung harmonisch aufeinander abgestimmt bleiben. Hier sind in erster Linie Limite, Richtkonditionen und Bonus-Malus-Systeme zu erwähnen, die aufgrund ihrer ergänzenden Funktion auch unter dem Begriff Hilfsinstrumente subsumiert werden und zur fallweisen Beeinflussung der Marktbereiche dienen.

2.3.3 Hilfsinstrumente

Limite begrenzen die Möglichkeiten der Marktbereiche, überhaupt Geschäfte zu tätigen, sofern es aufgrund übergeordneter Gesichtspunkte, also aus Gesamtbanksicht notwendig erscheint. Dabei dienen sie nicht nur dazu, die volumensmäßige Entwicklung bestimmter Geschäftsarten in Hinblick auf eine angestrebte Bilanzstruktur zu steuern, vielmehr kann mit ihrer Hilfe ebenfalls sichergestellt werden, dass die Übernahme von Risiken in Übereinstimmung mit der Risikotragsfähigkeit der Bank erfolgt, wozu sie auch an den Grundsätzen des Risikotragfähigkeits-Kalküls ausgerichtet werden. Letzteres fordert, dass das maximale Total-Verlustpotenzial aus risikobehafteten Geschäften die verfügbaren Risikodeckungsmassen der Gesamtbank zu keinem Zeitpunkt übersteigen darf. Für die Quantifizierung von Total-Verlustpotentialen und Risikodeckungsmassen sind bei konsequenter Anwendung des Vorsichtsprinzips repräsentative Risikobelastungsfälle heranzuziehen. Nur im Rahmen der so definierten Spielräume dürfen Geschäfte getätigt werden, um positive Erfolge zu generieren. Dabei ist die dezentrale Marktsteuerung gemäß ihres Kompetenzspielraums konsequenterweise verantwortlich für ein einzelgeschäftsbezogenes Risikomanagement, das sich nicht nur in einer selektiven Kreditpolitik manifestiert, sondern ebenfalls in einer effizienten Kreditwürdigkeitsprüfung sowie ausreichend kalkulierten Besicherungsquoten bzw. Risikoprämien seinen Niederschlag findet. Hingegen ist das Ri-

5 Vgl. Schierenbeck, 1999.

sikomanagement der zentralen Struktursteuerung stets gesamtgeschäftsbezogen und zielt insbesondere auf die Formulierung der betrachteten Risikolimite ab, wozu eine fortlaufende Überwachung der Gesamtgeschäftsstruktur im Hinblick auf die Risiko/Chancen-Verteilung und die Risikotragfähigkeit notwendig ist.

Richtkonditionen haben zweierlei Funktionen. Ihre erste Aufgabe besteht darin, dass sie – neben ihrer Wirkung, für ein einheitliches Auftreten der Bank am Markt zu sorgen – zumindest im Durchschnitt das Erreichen einer aus Gesamtbanksicht angestrebten Mindestrentabilität gewährleisten sollen. Konkret bedeutet dies, dass bei gegebenen Makrtzinssätzen (und unter zusätzlicher Berücksichtigung von etwaigen Dienstleistungserträgen bzw. -aufwendungen) eine Differenz zwischen ihnen und den Kundenkonditionen durchgesetzt werden kann, die verschiedene einzel- und gesamtgeschäftsbezogene Ansprüche abzugelten hat. Betrachtet man die einzelgeschäftsbezogenen Komponenten, so sind hier zunächst die dem Kundengeschäft direkt zurechenbaren Betriebskosten zu nennen, die sich mittels der prozessorientierten Standard-Einzelkostenrechnung ermitteln lassen. Daneben sind für Kreditgeschäfte Risikokosten zu kalkulieren, die aus der Marktrisiko-Methode ableitbar sind. Im Gegensatz zu den gesamtbankbezogenen Strukturrisiken berücksichtigen die hier beschriebenen Risikokosten lediglich das von den Marktbereichen zu verantwortende Ausfallrisiko, welches einzelgeschäftsbezogen steuerbar ist.

Die so ermittelte Nettomarge hat nun die gesamtbankbezogenen, zentral vorgegeben Ansprüche zu decken, die sich aus verschiedenen Determinanten ableiten lassen. Dazu zählen die Wachstumsziele der Bank, ihre Strukturvorgaben und ihre Finanzierungs- und Dividendenpolitik. Die daraus ableitbare Mindestgewinnforderung ist zur Aufrechterhaltung des strukturellen finanziellen Gleichgewichts unerlässlich. Letzteres gilt als erfüllt, wenn ein Kreditinstitut in der Lage ist, sowohl die Ansprüche Dritter (Mitarbeiter, Staat, Aktionäre etc.) als auch die finanziellen Anforderungen, die es zur Existenzsicherung an sich selbst zu stellen hat, zu erfüllen. Darüber hinaus müssen durch die Nettomarge ebenfalls anteilige Overhead- und Eigenkapitalkosten abgegolten werden, die ähnlich einer ertragsabhängigen „Steuer für Infrastruktur" abzuliefern sind. Als Kalkulationsinstrumente zur Ermittlung gesamtbankbezogener Mindestgewinnanforderungen dienen in diesem Zusammenhang Verfahren zur Integration von Overheadkosten in die Mindestmarge, die Umsetzung des Shareholder-Value-Konzeptes oder von Unterlegungsvorschriften zur Ermittlung von Eigenkapitalkosten, Gewinnbedarfs- und Gewinnpotentialrechnungen und das Konzept der marktbezogenen Dekomposition gesamtbankbezogener Sollmargen. Die sich daraus ergebende Richtkondition sei hier am Beispiel eines Kreditgeschäftes dargestellt (vgl. Abbildung 5).

Die zweite Funktion von Richtkonditionen besteht neben ihrer Rentabilitätswirkung darin, dass sie naturgemäß auch immer eine Strukturwirkung aufweisen, so dass sie zur Erfüllung von Bilanzstrukturzielen eingesetzt werden können. Es gilt nämlich zu beachten, dass mit der Veränderung der relativen Differenzen zwischen den Konditionen vergleichbarer Produkte unterschiedlicher Fristigkeit Nachfrageänderungen einhergehen, die entsprechende genutzt werden können. Wegen der engen Interdepenzen zu den Rentabilitätswirkungen von Richtkonditionen ist dieses Instrument allerdings nur sehr begrenzt

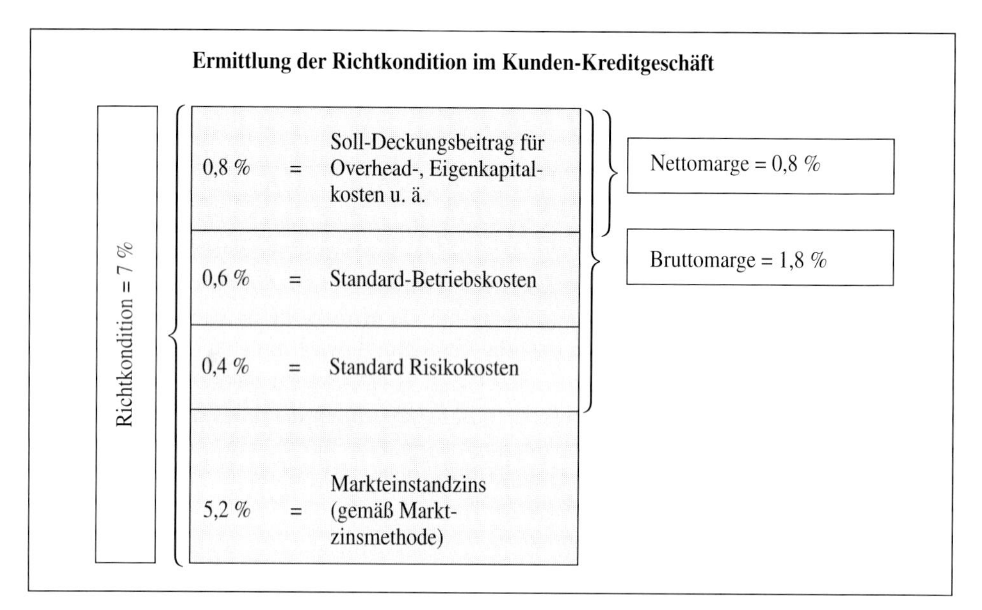

Abbildung 5: Komponenten einer Kunden-Kreditkondition

einsetzbar. Im übrigen sei nicht verschwiegen, dass insbesondere dann, wenn von Richtkonditionen nur in sehr engen Grenzen abgewichen werden darf, eine gewisse Schwächung der Ergebnisverantwortung der Marktbereiche auftreten kann, so dass dadurch unter Umständen das Problem der Rückdelegation von Verantwortung zum Tragen kommt.

Wenn Limite und Richtkonditionen nicht oder nur unzureichend in der Lage sind, Bilanzstrukturziele zu realisieren, können Bonus-/Malussysteme eingesetzt werden, um diese „Lücke" zu schließen. Mit ihrer Hilfe können die von den Marktkonditionen ausgehenden Erfolgsanreize verstärkt (Bonus) oder abgeschwächt (Malus) werden. Bonus-/Malussysteme haben den Vorteil, dass sie am Preismechanismus ansetzen, ohne die Konditions- oder Rentabilitätswirkungen für die Gesamtbank zu verändern und für die Marktbereiche im Vergleich zu Limiten nicht die gleiche rigide Wirkung aufweisen. Eingesetzt werden sie insbesondere, um die Marktbereiche für gesamtbankbezogene Engpasssituationen zu sensibilisieren, ihnen die daraus möglicherweise resultierenden Kosten transparent zu machen und sie zu gewünschten Handlungen zu führen. Relevante Engpasssituationen, für die Bonus-/Malussysteme entwickelt werden, sind vor allem Eigenkapital- und Liquiditätsengpässe. Letztere sorgen nämlich dafür, dass Kundengeschäfte trotz ausreichend hoher Konditionsbeiträge im Grundmodell entweder gar nicht realisiert werden können bzw. sich eine andere Rangfolge der Vorteilhaftigkeit ergibt. Die moderne Marktzinsmethode integriert solche Engpasssituationen mit Erfolg in ihr einzelgeschäftsbezogenes Konzept und erweitert damit ihren Anwendungsbereich entscheidend.

Die Aufgabenteilung zwischen dezentraler Markt-(bereichs-)steuerung und zentraler Struktursteuerung und ihre integrative Verknüpfung lässt sich abschließend in der Abbildung 6 zusammenfassen.

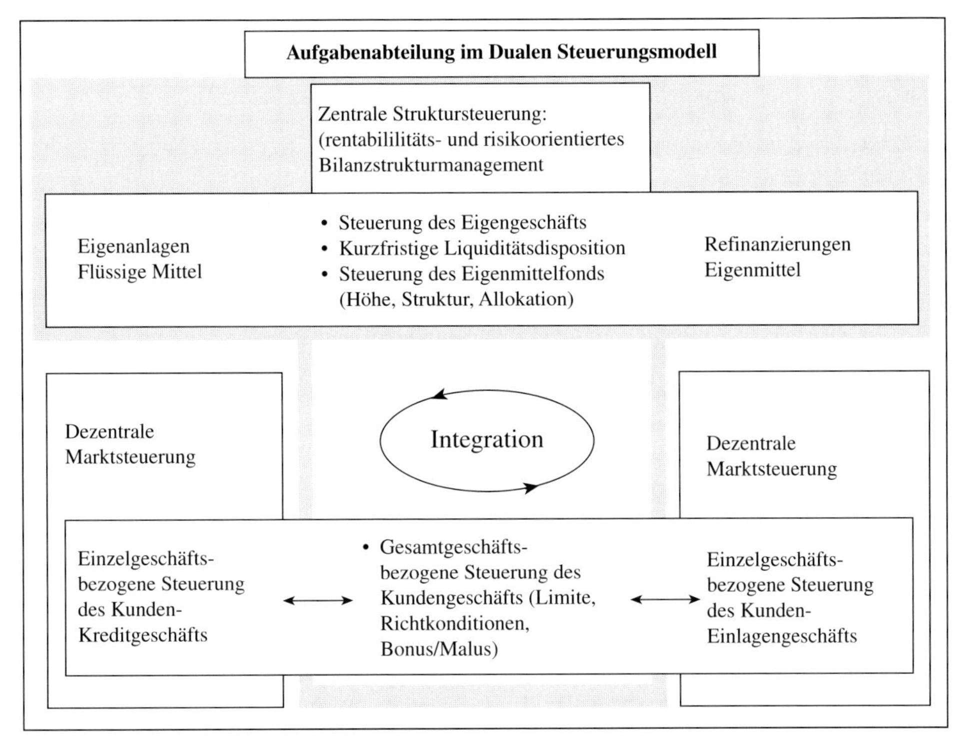

Abbildung 6: Die Aufgabenteilung und ihre integrative Verknüpfung

3. Grenzen des Dualen Steuerungsmodells

Das Duale Steuerungsmodell basiert letztlich auf dem auf Eugen Schmalenbach zurückgehenden Grundgedanken der pretialen Lenkung, Entscheidungen auf dezentraler Ebene zu ermöglichen, diese gleichzeitig im Sinne der Gesamtbankzielsetzung zu koordinieren und die Beurteilung der Qualität der getroffenen dezentralen Entscheidungen über aussagefähige Kontrollrechnungen sicherzustellen.

Das Duale Steuerungsmodell ist aus der Kritik an den Simultanplanungsmodellen heraus entwickelt worden. Letztere haben in der Praxis der finanziellen Unternehmenssteuerung bis heute keine nennenswerte Verbreitung gefunden, nicht zuletzt weil sie unrealistische Anforderungen an die informatorische Fundierung der Modellkomponenten stellen. Das Duale Steuerungsmodell kann das theoretisch denkbare Gesamtbankoptimum naturgemäß nie (oder höchstens zufällig) erreichen. Angestrebt wird lediglich eine bestmögliche Annäherung an dieses Gesamtbankoptimum. Damit ist eine zentrale modellimmanente Grenze des Dualen Steuerungsmodells aufgezeigt. Sie ergibt sich aus den Gründen, die mit dem Prinzip der hierarchischen Unternehmensplanung und der Theorie der Sekundäranpassung[6] untrennbar verbunden sind: Dem Verzicht auf die Simultanplanung in einer Welt der Unsicherheit, in der es vor allem auf die Sicherung einer bestimmten Mindestrentabilität auf einem definierten Gleichgewichtspfad der Entwicklung ankommt.

Grenzen des Dualen Steuerungsmodells ergeben sich des weiteren in seiner praktischen Handhabung und organisatorischen Ausgestaltung. Zunächst einmal ist es ganz wesentlich, dass sich der obige Grundgedanke auch in der Organisationsstruktur der Bank widerspiegelt. Einzig die *Matrix-Organisation* kann dabei der Dualität der Steuerungskreise Rechnung tragen, indem sie eine prinzipielle Trennung zwischen nach Kundenmerkamlen gegliederten Marktbereichen einerseits und produkt- bzw. funktionsorientierten Fachressorts der Zentrale andererseits ermöglicht. Die kundenorientierten Marktbereiche sind dabei als Profitcenter zu führen, was bedeutet, dass sie ausdrücklich eine eigenständige Ergebnisverantwortung besitzen.

Diese durch das Duale Steuerungsmodell determinierte Organisationsstruktur muss sich folgerichtig auch im *Planungs- und Kontrollsystem* der Unternehmung niederschlagen, da sie sowohl die Verteilung der Funktionen regelt als auch Einfluss auf den Ablauf des Planungs- und Kontrollprozesses selbst nimmt. Die Implementierung des Planungs- und Kontrollsystems ist dabei – wie schon mehrfach betont – nach dem Prinzip der hierarchischen Unternehmensplanung vorzunehmen, was bedeutet, dass es sich in das hierarchische Stellengefüge der Unternehmensorganisation einfügen muss und dabei der prinzipiellen Trennung beider Steuerungskreise einerseits sowie ihrer integrativen Verknüpfung andererseits Rechnung zu tragen hat.

Auch das *Führungsinformationssystem* muss in geeigneter Form die Grundidee des Dualen Steuerungsmodells berücksichtigen. Bezüglich des Zinsüberschusses erfüllt dabei die Marktzinsmethode diese Anforderung prinzipiell, indem sie eine entsprechende Ergebnistrennung zwischen Einzel- und Strukturentscheidungen vornimmt. Auch im Risikobereich ist die Separation zwischen einzelgeschäftsbezogenen Ausfallrisiken und gesamtbankbezogenen (strukturellen) Preisrisiken notwendig. Schließlich ist auch die Kostenrechnung den Prinzipien der relativen Entscheidungsrelevanz gemäß so auszugestalten, dass es der Zweiteilung des Steuerungskreises Rechnung trägt.

In dem Maße, wie es gelingt, die genannten Voraussetzungen problemadäquat und aufeinander abgestimmt umzusetzen, werden wichtige Grundlagen für die prinzipielle Funktionsfähigkeit des Dualen Steuerungsmodells geschaffen.

Damit bleibt natürlich im einzelnen noch offen – und damit sei ein letzter Aspekt angesprochen –, ob die zentrale Struktursteuerung überhaupt in der Lage ist, Rahmenbedingungen für die Marktbereiche so zu fixieren, dass die Möglichkeiten der pretialen Lenkung dieser Bereiche nicht gefährdet wird bzw. anders formuliert, ob die *Qualität der notwendigen Integrationsmaßnahmen* ausreicht, um zufrieden stellende Ergebnisse für die Gesamtbank bei Aufrechterhaltung der dezentralen Verantwortungsstrukturen zu gewährleisten. Was letzteres angeht, so sind etwa gesamtbankbezogene Engpässe oder zentrale

6 Vgl. Koch, 1980.

Risikobewertungen auf die Marktbereiche so herunterzubrechen, dass diese die entsprechenden pretialen Impulse in ihren Entscheidungen problemadäquat einbinden. Die diesbezüglich notwendigen (und größtenteils bereits entwickelten) Planungsmodelle (wie etwa das Bonus-/Malussystem im erweiterten Marktzinsmodell) sind an anderer Stellen bereits ausführlich diskutiert worden.[7] Sie verdeutlichen aber auch zugleich den hohen Anspruch des Dualen Steuerungsmodells an die Qualität dieser Instrumente bzw. allgemein an das moderne Bankcontrolling.

Literaturhinweise

KOCH, H.: Neuere Beiträge zur Unternehmensplanung, Wiesbaden 1980.

MERTIN, K.: (Self-)Controlling, in:ZfgK, 35. Jg.,1982, S. 1118-1121.

SCHIERENBECK, H.: Controlling in Kreditinstituten, in: Schierenbeck, H. (Hrsg.): Bank- und Versicherungslexikon, 2. Aufl., München/Wien 1994a, S. 172-182.

SCHIERENBECK, H.: Das Mess- und Steuerungskonzept der Marktzinsmethode – Eine Analyse aus bankbetrieblicher Sicht, in: ZfB 11/1994b, S. 83-118.

SCHIERENBECK, H.: Ertragsorientiertes Bankmanagement, 6. Auflage, Wiesbaden 1999c.

SCHIERENBECK, H.: Marktzinsmethode: Kurze Replik zu „Ein letzter Versuch“ von Adam et al., in: ZfB 111/1994d, S. 119-122.

SCHIERENBECK, H.: Grundzüge der Betriebswirtschaftslehre, 15. Auflage, München/Wien 2000.

SCHIERENBECK, H./ROLFES, B.: Entscheidungsorientierte Margenkalkulation, Frankfurt 1988.

7 Vgl. Schierenbeck 1999c.

Rolf Flechsig

Dezentrales Unternehmertum in der Vertriebssteuerung

1. Bedeutung des dezentralen Unternehmertums

Gegenwärtig erleben wir sowohl national als auch international eine erheblich gestiegene Veränderungsgeschwindigkeit in der strategischen Neuausrichtung der Kreditinstitute. Liberalismus und eine gereifte Beziehung zu den Prinzipien der Marktwirtschaft haben in den modernen Gesellschaftssystemen bei den Kunden dazu geführt, dass sie ihre persönlichen Bedarfslagen auf Basis nachhaltig gestiegener finanzieller Potenziale selbstbewusster artikulieren und eigene Präferenzstrukturen entwickeln, um beides mit einem ausgeprägten Denken und Handeln in Alternativen in die Geschäftsverbindung hinein zu tragen. Dies gilt sowohl für die Bedarfsadäquanz als auch für die Vertriebswege.

Globalisierung und die mit der Entwicklung neuer Informationstechnologien verbundenen Tendenzen zur Wissensgesellschaft multiplizieren die Handlungsspielräume der Kunden und treffen darüber hinaus die Marktorientierung der Banken. So paart sich die Chance zur Eroberung neuer Märkte gleichzeitig mit dem Risiko, die gewachsene Position in angestammten Märkten zu verlieren.

Um das eigene strategische Überleben vor diesem Hintergrund erfolgreich zu sichern müssen rechtzeitig

- die relevanten Veränderungsrichtungen im Markt erkannt,
- die richtigen Maßnahmen zur Anpassung ideenreich entwickelt, priorisiert und in die Bank hinein getragen sowie
- die Akzeptanz und Verkraftbarkeit der erforderlichen Umsetzung mit Blick auf die Belegschaft und finanziellen Ressourcenbasis erzeugt werden.

Es ist unmittelbar einzusehen, dass diese Antizipations-, Initialisierungs- und Verkraftbarmachungsprozesse angesichts ihrer Vielschichtigkeit nur dann geleistet werden können, wenn es gelingt, die dezentrale Intelligenz, Initiative und Kreativität im Unternehmen, verbunden mit einem hohen Verantwortungsbewusstsein für das gemeinsame Ganze, zu mobilisieren. Ein Mensch oder ein Gremium allein kann diese nicht (mehr) leisten.

Künftig wird der Erfolg einer Bank entscheidend davon abhängen, dass und wie sie erreicht, der gewachsenen externen marktlichen Vitalität am Point-of-Sale eine gereifte interne, das heißt unternehmensbezogene Vitalisierung entgegen zu stellen. Damit lautet die Kernfrage, nach welchen konzeptionellen Gesichtspunkten diese interne, unternehmensbezogene Vitalisierung reifen kann.

2. Zur Mobilisierung dezentralen Unternehmertums

2.1 Grundzusammenhänge

Kein Feuer wärmt, wenn man nur darüber spricht – vier Dinge sind erforderlich, um eine zufrieden stellende, wohl temperierte Atmosphäre zu erreichen:

1. jemand, der in Zentralverantwortung sagt: „Ich will, dass es warm wird", und dann mit dem Zünden eines Streichholz den entscheidenden Impuls gibt;
2. energiereiches Brennmaterial, auf das der zündende Funke übergeht und dem Feuer Nahrung, aber auch eine zugelassene Eigendynamik gibt,
3. ein Ofen, der für den Brand und die Wärmeabgabe unter steuerbaren Bedingungen sorgt, und
4. ein prozessualer Rahmen, der über eine kontinuierliche Brennstoffzufuhr und die Entsorgung von Schlacke sichert, dass ein Feuer auch dauerhaft brennen kann.

Die Mobilisierung dezentralen Unternehmertums setzt eine Infrastruktur im Sagen und Handeln voraus, die vom Verstand selbst zunächst entwickelt und durch glaubwürdiges Handeln und Verhalten im Haus gelebt und erlebbar gemacht werden muss. Abbildung 1 fasst die Grundkonzeption zusammen.

Die Erzeugung dezentraler unternehmerischer Vitalität bedarf der Lenkung und Ernährung. Die aus Sicht der Zentralverantwortung zu vollziehenden, investiven Gestaltungshandlungen vollziehen sich dabei auf zwei Ebenen, und zwar auf der Ebene der Verhaltens- und der Ebene der Sachorientierung.

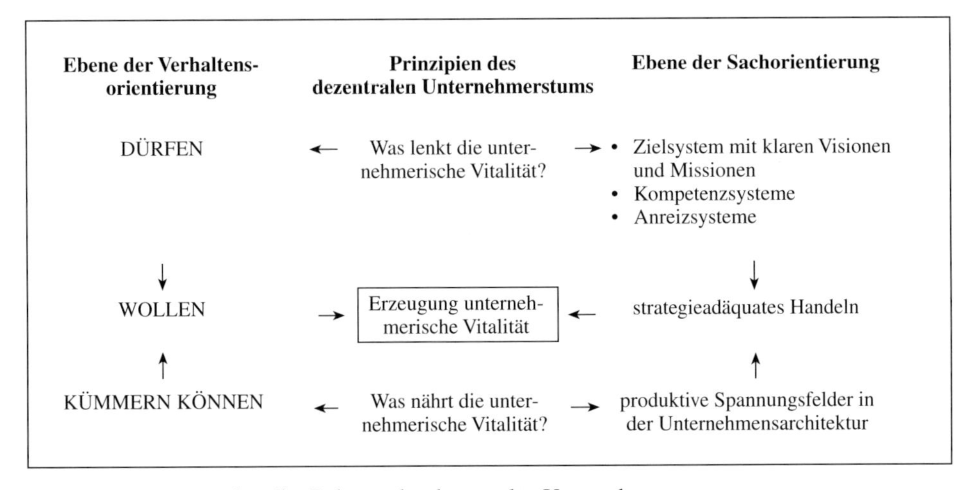

Abbildung 1: Konzeptioneller Rahmen des dezentralen Unternehmertums

2.2 Ebene der Verhaltensorientierung

Dezentrales Unternehmertum muss erlaubt sein. So banal dieses Postulat vordergründig zunächst klingen mag, so schwierig erscheint in der Realität seine Umsetzung. Vielleicht ist es gar ein besonderes Problem in der bundesdeutschen Unternehmenslandschaft; denn die Ordnungsliebe, die sprichwörtliche Schaffung klarer Verhältnisse führt schnell zum Prinzip von Befehl und Gehorsam. Dafür gibt es in unserer Geschichte viele Beispiele. Wie viele Zentralverantwortliche mögen heute noch in ihrem tiefsten Inneren denken, Konflikte – und seien sie auch noch so produktiv – stören letztlich das Betriebsklima und den geregelten Betriebsablauf?

Wie viele Führungskräfte sind heute noch der mehr oder minder offen zum Ausdruck gebrachten Meinung, dass sie für jedes in ihrem Verantwortungsbereich zu lösende Problem die Musterlösung wissen, diese mitunter auch nicht „verraten" wollen, um ihre Mitarbeiter so zu führen, wie der strenge (kluge) Lehrer dies mit seinen (dummen) Schülern macht?

Vielleicht resultiert dieses Verhalten nicht einmal aus einer zynischen Grundeinstellung, sondern vielmehr aus der Tatsache, dass diese Führungskräfte eine alternative Kultur nicht kennen gelernt haben, weil sie selbst ihre Art zu führen in einem Umfeld zentralistischer und gutsherrenartiger Primate gelernt haben. Abbildung 2 beschreibt die Sichtweisen, die sich konsequenterweise aus einer solchen Verhaltensorientierung in traditionellen Hierarchien entwickelt haben.

Jeder schaut mit mehr oder minder demütiger Grundhaltung auf seinen Vorgesetzten, bis hin zum Vorstand selbst, der in erster Linie darauf achtet, bei dem Aufsichtsgremium und in der Öffentlichkeit „gewogen" zu sein – nur auf die Kunden schaut niemand.

Der künftige Erfolg einer Bank hängt entscheidend von dem Gelingen ab, die gesamte Kraft am Point-of-Sale auf den Markt zu konzentrieren. Voraussetzung hierfür ist, die

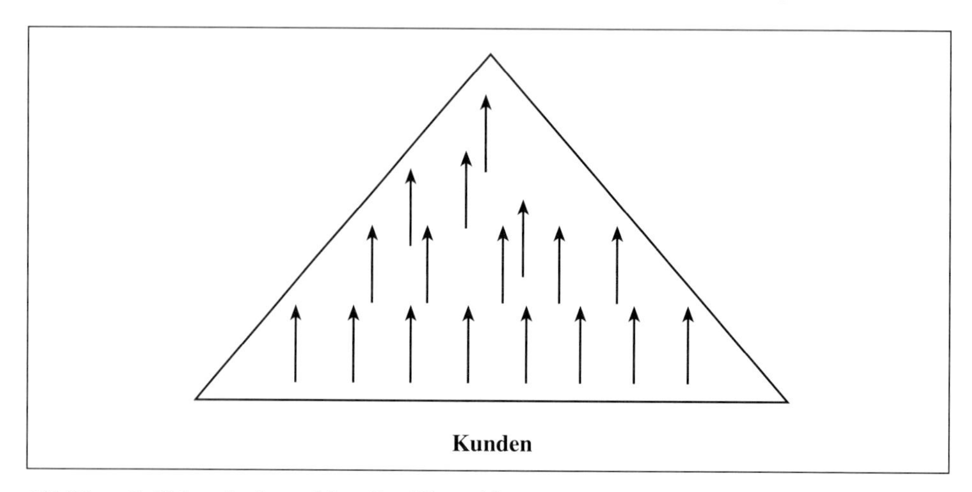

Abbildung 2: Sichtweise in traditionellen Hierarchien

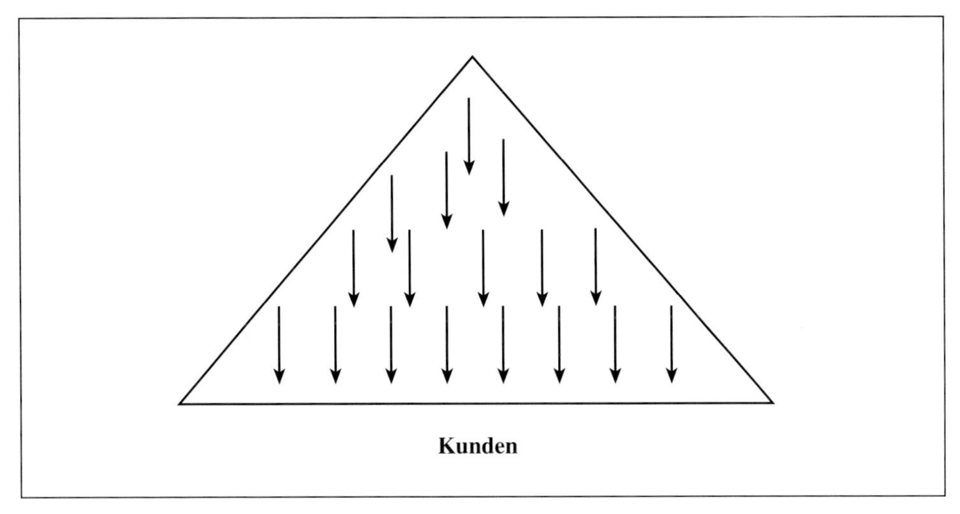

Abbildung 3: Sichtweise innovativer Hierarchie

Sichtweisen in der Unternehmenshierarchie umzudrehen, um den für das dezentrale Tun erforderlichen Gestaltungsrahmen glaubwürdig zu prägen.

Dezentrale Unternehmer wollen begeistert werden. Begeisterung hat etwas zu tun mit Lust und Geist. Die Lust zum Tun entsteht stets dann, wenn ein Mensch in seiner originären Gestaltungsintelligenz, -initiative und -kreativität gefordert und gefördert wird. Dies bedeutet nicht nur das Abgehen von Prinzipien einer „musterlösungsorientierten" Unternehmensführung, sondern setzt eindeutige Vertrauensbeweise in die Effizienz dezentraler Gestaltungskraft voraus (Dürfen); denn nur Vertrauen (aus Sicht der vorgesetzten Instanzen) erzeugt Zutrauen (bei den Mitarbeitern): und dieses Zutrauen erzeugt Erfahrungen, aus denen dann Gestaltungserfahrungsschätze reifen; und Schätze, dies weiß jeder Banker, erwirtschaften Zinsen ... – wenn sie gut angelegt sind.

Dies leistet über zu einem weiteren Aspekt: Das in dem Vertrauen in die dezentrale Gestaltungskraft zum Ausdruck gebrachte *Dürfen* muss auch in qualitativer Hinsicht beherrscht werden. Damit tritt die Bildung der Mitarbeiter auf allen Hierarchieebenen in den Mittelpunkt.

Bildung konkretisiert sich dabei in zwei Komplexen. Der eine Komplex umfasst das *Können*, das heißt das Fachwissen im weitesten Sinne. Dieses Fachwissen muss sich dabei auf die Gesamtheit der Prozesse erstrecken, die ein Mitarbeiter in seiner (Führungs-)Aufgabe verantwortet und darf nicht nur einzelne Module umfassen. So beruht zum Beispiel die Firmenkundenbetreuung genauso wenig ausschließlich auf dem Kreditgeschäft, wie das Privatkundengeschäft ausnahmslos mit Spareinlagen und Zahlungsverkehr zu tun hat.

Der zweite Komplex umfasst die Bildungsinvestitionen in das *Kümmern*, das heißt in die Transferkompetenz. Was nützt das noch so ausgeprägte, funktionsbezogene Fachwissen, wenn der Mitarbeiter seine Fähigkeiten nicht verständlich präsentieren, sprich: verkaufen kann. Erfolgreich verkaufen heißt, den jeweiligen Partner von der eigenen Leistung und ihrem Wert zu überzeugen. Das hiermit verbundene kommunikative Instrumentarium ist wichtig, um die Fähigkeit zum „*Kümmern*“ am Kunden zu beweisen.

Beide Aspekte, nämlich der gelebte Beweis des Vertrauens in das dezentrale *Dürfen*, verbunden mit klar erkennbaren Bildungsinvestitionen in die Fähigkeit zum *Können* und *Kümmern*, erzeugen schließlich die dezentrale Bereitschaft zum *Wollen*.

2.3 Ebene der Sachorientierung

Die Ebene der Sachorientierung umfasst die Konkretisierung des organisatorischen Gestaltungsrahmens im Unternehmen, den das zentrale Management zu setzen hat. Während die Aspekte der Verhaltensorientierung – im sprichwörtlich mathematischen Sinn – als notwendige Bedingung für die Initialisierung des dezentralen Unternehmertums dastehen, kann die Ebene der Sachorientierung als hinreichende Maßgabe gedeutet werden.

Der Organismus Unternehmen benötigt zunächst ein Leitbild mit einer klaren Vision und daraus abgeleiteten Missionen für die einzelnen marktbezogenen Geschäftsfelder. Mitunter fällt es gerade Kreditinstituten schwer, sich zu Unternehmensleitbildern zu bekennen. Möglicherweise hängt dies damit zusammen, dass Bankenvorstände eher auf die Mitbewerber oder Verbundgremien als Orientierungsinstanzen schauen und sich somit dem Prozess des Besinnens-auf-sich-selbst entziehen. Dabei ist ein klar definiertes Unternehmensleitbild in zweierlei Hinsicht von tragender Bedeutung:

Vom grundlegenden Anspruch her beinhaltet ein Unternehmensleitbild zum ersten auf Basis der Früchte der Unternehmenstradition („Wo kommen wir her?“) einer ausgewogenen Analyse der gegenwärtigen Stärken und Schwächen im Unternehmensprofil („Wo stehen wir?“) die maßgeblichen Aussagen über das Denkbare und Machbare in der Zukunft („Was wollen wir sein und wo wollen wir hin?“).

Die mit diesem diagnostischen und therapeutischen Prozess verbundene gedankliche Disziplinierung der Vorstände leistet einen wichtigen Beitrag zur Integration der gegenwärtigen Unternehmensepoche in den evolutorischen Gesamtprozess der Unternehmensentwicklung.

Darüber hinaus fixiert das Unternehmensleitbild den strategischen Handlungsbedarf und liefert damit zum zweiten den dezentralen Unternehmern über das „Prinzip der Strategieadäquanz“ die maßgebliche Rechtfertigungsgrundlage für ihre dezentralen Impulse und Vorgehensweisen.

Aus Visionen und Missionen abgeleitete Handlungsziele, Kompetenz- und Anreiz-/Beitragssysteme operationalisieren schließlich den Handlungsrahmen für das dezentrale Tun.

Was aber ist auf der Ebene der Sachorientierung zu erreichen, um dem dezentralen Unternehmertum kontinuierlich die energiereiche Nahrung zuzuführen, die es braucht, um sich zu regenerieren? Wie es scheint, ist diesem Aspekt bislang nur wenig Augenmerk gewidmet worden. Daher wird auf diesen Punkt im Folgenden ausführlicher eingegangen.

Dezentrale Intelligenz, Initiative und Kreativität muss durch eine Gestaltungsarchitektur herausgefordert werden, deren statisches Gerüst den praktischen Zwang zur dezentralen Impulsgabe sichert und zugleich organisiert. Dies bedeutet den gezielten Aufbau produktiver Spannungsfelder in der Gesamtorganisation, die das horizontale und vertikale Zusammenwirken energiereich zusammenführen und prozessual flankieren.

Die entscheidende Herausforderung für das zentrale Management besteht deshalb darin, eine Systemstruktur produktiver Spannungsfelder nach Art und Inhalt so zu definieren, dass die Impulsgaben weder verkümmern noch eskalieren, sondern in ein vitales Gleichgewicht mit dem Ziel eines praktisch selbst lernenden Gesamtsystems münden. Zweifellos setzt dies Experimentierbereitschaft mit einem hohen Maß an betriebsinterner Kommunikation voraus.

3. Produktive Spannungsfelder in der Unternehmensarchitektur

Im Mittelpunkt der Arbeit zur Gestaltung der Unternehmensvitalisierung können drei Handlungsfelder stehen:

- Aufbauorganisation
- Kommunikationssystem
- Geschäftssteuerung

Für die Implementierung eines Gesamtsystems produktiver Spannungsfelder erhebt diese Aufstellung keineswegs den Anspruch auf Vollständigkeit. Die Anzahl und inhaltliche Ausgestaltung der Handlungsfelder bedarf mit Blick auf die historische Ausgangssituation und der Gestaltungsherausforderungen jedes Unternehmens der individuellen Entwicklung und Konkretisierung. Hierzu sollen die weiteren Ausführungen Anregung geben.

3.1 Aufbauorganisation

Allgemein beschreibt eine Aufbauorganisation das Formalsystem der Arbeitsteilung in einem Unternehmen. Klassische Aufbauorganisationen kennzeichnen sich durch Einlinien-Systeme, deren Hauptschwerpunkt in der Umsetzung gegebener Aufgabenstellungen liegt. Berge von Arbeitsanweisungen flankieren insbesondere in Kreditinstituten das Handeln vor Ort, und das Damoklesschwert einer jederzeit eintreffbaren Revision sanktioniert mit ihren Einzelfallprüfungen die formale Ordnungsmäßigkeit.

Diese eindimensionale Organisationsstrukturen stellen die Abwicklung der Aufgabenerfüllung in den Mittelpunkt und reduzieren im tayloristischen Sinne die Verantwortung der dezentralen Aktivitätsträger auf einzelne Module in den Wertschöpfungsketten.

Der Übergang von der Produktions- zur Vertriebsbank lässt sich aber nur darstellen, wenn die Marktprozesse in den Mittelpunkt rücken und in ganzheitliche Managementverantwortung gegeben werden.

Damit stellt sich die Frage, nach welchem Gesichtspunkt eine vitale, sich weitgehend selbst stimulierende Veränderungs- und Anpassungsdynamik organisierbar ist, ohne dass die zweifellos zu respektierenden Ordnungsmäßigkeitsgesichtspunkte verloren gehen. Vom Grundansatz bietet sich folgende Lösung an:

1. Implementierung einer „strategisch-konzeptionellen" Verantwortung für die Marktsteuerung sowie Forschungs- und Entwicklungsaufgabe und organische Vernetzung mit den Aktivitätsträgern am Point-of-Sale (vertikale Dimension)

2. organische Vernetzung der Aktivitätsträger am Point-of-Sale in einem dualen Managementsystem (horizontale Dimension).

Das Netzwerk der produktiven Spannungsfelder ist in Abbildung 4 dargestellt.

Das „Produkt- und Vertriebsmanagement" verantwortet mit seiner strategisch-konzeptionellen Zuständigkeit in der Zentrale die Inhalte und Anpassung der Handlungsrahmen und -ziele des Kundengeschäfts. Diese Aufgabenstellung konkretisiert sich in zwei Teilaspekten:

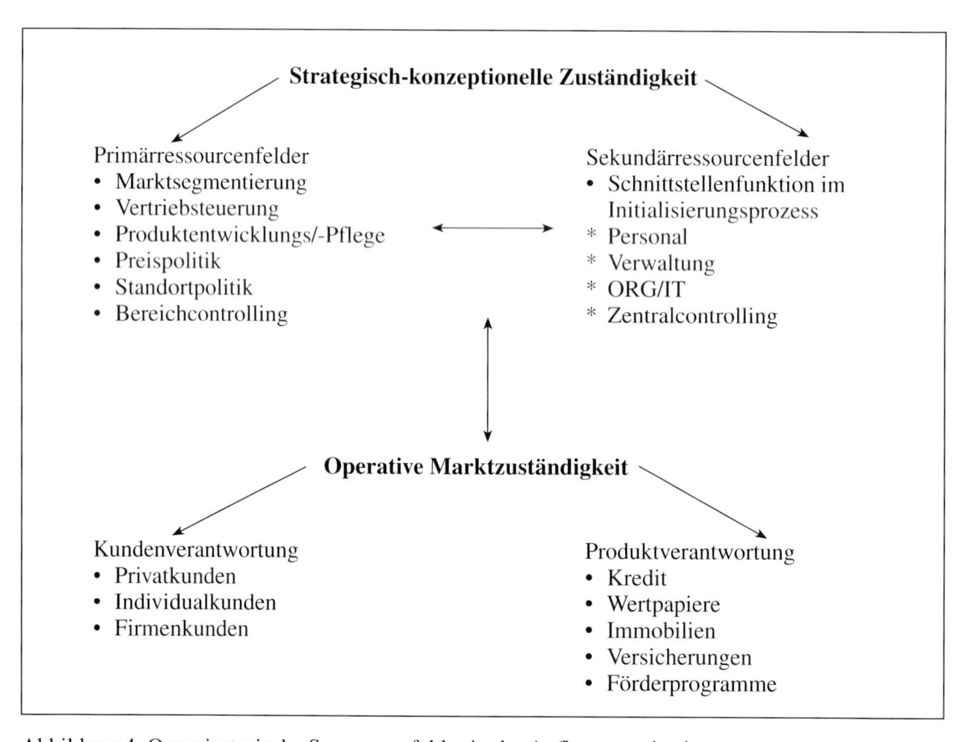

Abbildung 4: Organisatorische Spannungsfelder in der Aufbauorganisation

1. In Bezug auf die Primärressourcenfelder „Markt“ erfolgt hier die Definition und Umsetzung der Kundensegmentierung, die Entwicklung bedarfsgerechter Produkte und Produktbündel, die verkaufsfördernd angereichert sodann in die Vermarktung gegeben werden (Minimierung der Rüstkosten in der dezentralen Umsetzung). Ferner liegt hier die Verantwortung für die Preispolitik auf der Ebene der Standardkonditionen sowie für die Marktforschung. Standortpolitik und das Bereichscontrolling.

2. Die Verantwortung für die Sekundärressourcenfelder „interne Bank“ umfasst die problemorientierte Schnittstellenfunktion zu den Zentralbereichen Personal, Verwaltung, Zentralcontrolling und ORG/IT. Für die Anpassung der Ressourcenbasis im Privatkundengeschäft ist dieser Aufgabenkomplex außerordentlich wichtig. Er dient der Brückenschlag- und Übersetzungsfunktion in einer zunehmend komplexer und schwieriger werdenden fachlichen Zusammenarbeit zwischen Markt-, Stabs- und Betriebsbereichen einer Bank. Naturgemäß steht ein zentrales Produkt- und Vertriebsmanagement neben den eigenen internen Spannungsfeldern laufend in einem dynamischen und produktiven Konfliktfeld zu den Vertriebswegeverantwortungen in der Dezentrale des Kundengeschäfts.

Die organisatorische Grundstruktur im Marktbereich unterscheidet eine disziplinarisch losgelöst voneinander installierte Kunden- und Produktverantwortung.

In der Organisation der Kundenverantwortung sind die nach ihren regionalen Teilmarktpotenzialen ausgestatteten Divisionen jeweils einer Marktbereichsleitung direkt unterstellt, wobei die Einzelkundenverbindungen in Abhängigkeit von ihrer Segmentzugehörigkeit spezifischen Beraterkapazitäten zugeordnet sind. Die Kundenzuständigkeit trägt die Cross-Selling-Verantwortung mit ihren gegenwärtigen Lebensphasen konkretisierten Betreuungskonzepts. Dafür werden den Kundenverantwortlichen in den Divisionen die gesamten Erfolge aus den Kundenverbindungen im Controlling zugerechnet.

Die Produktverantwortung umfasst die Gruppe der „vertriebsbezogenen Produktspezialisten“. Zu etwa 50 Prozent ihrer Arbeit bringen sich diese Experten in Abstimmung mit den Kundenbetreuern mit ihrem Produktwissen in die kundenbezogenen Beratungs- und Verkaufsprozesse ein (übergeleitetes Geschäft). Der verbleibende Teil ihrer Aufgabenstellung besteht darin, durch aktive Hinwendung die Divisionen zu betreuen, das heißt in der Promotion ihrer produktbezogenen Missionen durch „Beratung der Berater“. Für diese beiden Funktionen tragen die Produktspezialisten die gesamte Ergebnisverantwortung für ihre jeweilige Produktsparte.

Ein Geschäft kommt nur zustande, wenn Kunde und Produkt erfolgreich, das heißt bedarfsorientiert zusammengeführt werden. Die dafür erforderlichen Impulsgaben lassen sich in einer Matrix, das heißt in einem Managementsystem des „produktiven Konflikts“ organisieren. Aufgrund der dualen Erfolgsverantwortung hat unabhängig voneinander sowohl die Kunden- als auch die Produktverantwortung das Mandat zur Impulsgabe und zur vernetzten Vorgehensweise in der Geschäftserzeugung. Zugleich liefert diese gemeinsame Arbeit für die strategisch-konzeptionelle Verantwortung des zentralen Produkt- und Vertriebsmanagements wichtige und vor allem strukturierte Rückkopplungseffekte in Bezug auf „relevanten“ Anpassungsbedarf in der Marktorientierung.

3.2 Kommunikationssystem

Kommunikation ist der Treibstoff für die Antizipations- und Initialisierungsprozesse sowie für die Verkraftbarmachung von Veränderungen im Unternehmen. Insofern ist der „Organisation" der Kommunikation besonderes Augenmerk zu widmen.

In vielen Unternehmen werden die Hauptanliegen der Kommunikation in der Strukturierung des vertikalen Gefüges gesehen. Im Mittelpunkt stehen dabei die Top-down- und Bottom-up-Prozesse, wobei nicht wenige Entscheidungsträger den kommunikativen Gestaltungsbedarf auf die Formel reduzieren: „Von oben kommen die Ziele und von unten die Ergebnisse" alles andere kostet nur Zeit und teure Gesprächsrunden. Wenn die Dinge dann nicht funktionieren, reduzieren sich die Diagnosen auf den vielzitierten „Stille-Post-Effekt" im menschlichen Miteinander bis hin zur gezielt vermuteten Verweigerungshaltung.

Wie es scheint, sind zwei Hauptursachen maßgeblich für die Defizite in der innerbetrieblichen Kommunikation:

1. Ein **Verhaltensaspekt**: Führungskräfte neigen dazu, in der vertikalen Kommunikation zu viel zu reden und weniger zuzuhören. Sie beherrschen damit die Gesprächsrunden mit den Mitarbeitern vielleicht aus der Sorge, dass die Dinge sonst nicht vorangehen. Im Ergebnis können diese Führungskräfte erstens nie sicher sein, ob ihre Impulsgaben auch wirklich verstanden worden sind, und zweitens entziehen sie sich der Chance, dass ihre Aspekte kritisch bis hin zu alternativen Impulsgaben „von unten" reflektiert werden.

2. Ein **Sachaspekt**: Mit zunehmender Tiefe in der Hierarchie wächst naturgemäß bei den jeweiligen Mitarbeitern der Anteil operativer Tätigkeiten. Um zur Anreicherung der vertikalen Kommunikation mit effizienten Beiträgen „aus den Wurzeln des Unterholzes in die Höhe zu blicken", bedarf es zunächst der Entwicklung einer durchdachten und strukturierten Positionierung der jeweils horizontalen Ebene im **Vorfeld** der Kommunikation mit den vorgesetzten Führungskräften.

Führen heißt: Erreichen von Zielen durch und mit anderen; bedeutet mehr Fragen als Sagen und in erster Linie: Zuhören, Beobachten und die eigenen Redebeiträge im Kommunikationsprozess so zu fassen, dass jeder die aufmunternde Chance erhält, zu Wort zu kommen.

Zur sachlich-inhaltlichen Verbesserung des Informationsflusses im Unternehmen empfiehlt sich der Aufbau einer Kommunikationsmatrix. Kernstück dieser Matrix ist die Zusammenführung der Funktionsträger einer jeweiligen hierarchischen Ebene zu Qualitätszirkeln ohne Beteiligung vorgesetzter Führungskräfte, aber unter Mitwirkung des Produkt- und Vertriebsmanagements. Die vertikale Kommunikation wird um eine horizontale Dimension ergänzt.

Diese hierarchisch differenzierten Qualitätszirkel ermöglichen Mitarbeitern unter jeweiligen Hierarchieebene als „Gleiche unter Gleichen" eine gereifte und abgestimmte Haltung

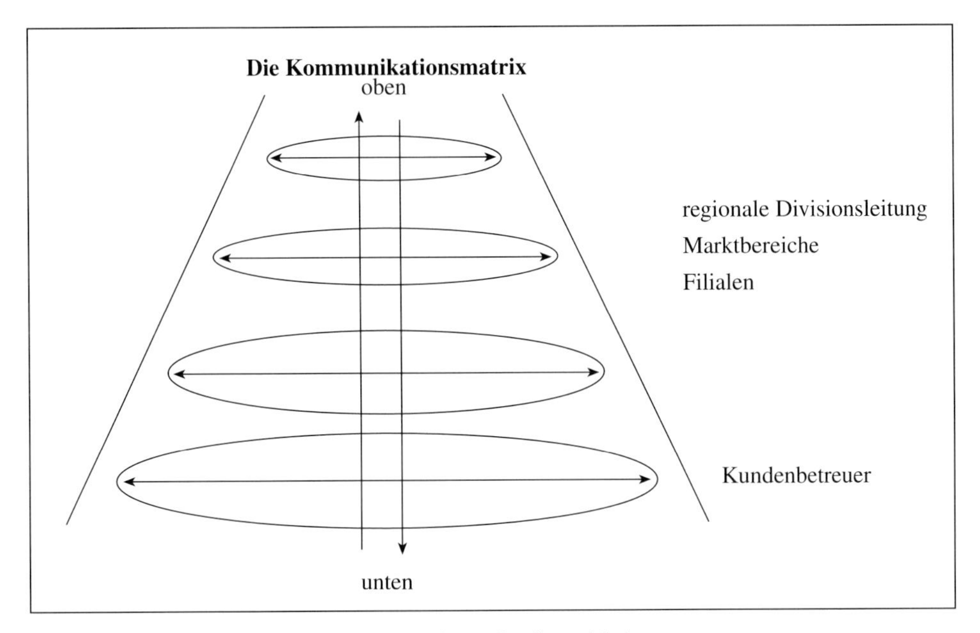

Abbildung 5: System hierarchisch-differenzierter Qualitätszirkel

zu den relevanten Problemfeldern ihres Aufgabengebietes und zwar sowohl im Vor- als auch im Nachfeld der Kommunikation mit den vorgesetzten oder nachgelagerten Stellen in der Hierarchie zu entwickeln.

Sicherlich wird so manche Führungskraft die Kommunikationsmatrix zunächst mit gewisser Sorge betrachten („Was machen die da? Zeit kosten Geld"). Die Erfahrung lehrt allerdings, dass die kostentreibenden Effekte aus Miss- und Unverständnissen in Top-down nachhaltig weniger werden bei gleichzeitiger Verbesserung der inhaltlichen Qualität und vor allem des Selbstbewusstseins in den Bottom-up-Impulsgaben mit entsprechenden Auswirkungen auf die Strategieentwicklung und ihre erfolgreichen Umsetzung.

3.3 Geschäftssteuerung

Grundsätzlich ruht eine erfolgreiche Geschäftssteuerung auf zwei Säulen:

1. einem leistungsfähigen ertrags-, aktivitäts- und potenzialorientierten Berichtssystem und
2. einer vernetzten Planung und Kontrolle von Vertriebszielen und Maßnahmen.

zu 1: Die Controlling-Reports dienen im System des dezentralen Unternehmertums der gemeinsamen Sprachbasis zur Kommentierung der Ursache-Wirkung-Zusammenhänge im Rahmen der Erfolgsquellenanalyse und zur Bewertung konkreter Maßnahmen. Kernstück des Berichtssystems ist die bereichsbezogene Deckungsbeitragsrechnung mit ihren

	Quartal	Jahr kumuliert
Zinskonditionsbeitrag + Aktiv + Passiv		
= Deckungsbeitrag I + Dienstleistungserträge		
= Deckungsbeitrag II ./. verrechnete Betriebskosten		
= Deckungsbeitrag III ./. Risikoprämie		
= Deckungsbeitrag IV		
Produktivität verrechnete Betriebskosten ./. IST-Kosten		
= Beschäftigungsabweichung		
Risiko Risikoprämie ./. IST-Risikokosten		
= Risikoergebnis		
Deckungsbeitrag IV + Beschäftigungsabweichung + Risikoergebnis		
= IST-Deckungsbeitrag IV		
Kennziffern Aufwandsrentabilität Eigenkapitalrentabilität		

Abbildung 6: Grundschema der betriebsbezogenen Deckungsbeitragsrechnung

auf dem Marktzinskonzept und der Standardeinzelkostenrechnung beruhenden methodischen Grundlagen (vgl. Abbildung 6), ergänzt durch situative Kunden- und Produktkalkulationen.

Darüber hinaus lehrt die Erfahrung, dass eine ausschließlich auf Ertragsdaten basierende Steuerung des Vertriebs nicht ausreicht.

Akquisiteure denken in „Deals“. Insofern sind die Ertragsinformationen um ein aktivitätsorientiertes Berichtssystem mit Stückzahlen, durchschnittliche Abschnittsgrößen, realisierten Margen und Provisionen in Bezug auf das Alt- und Neugeschäft nebst Vergleich zum Vorjahr zu ergänzen.

Informationen zu den jeweiligen regionalen Marktpotenzialen aus der quantitativen und qualitativen Marktanalyse runden das Controlling-Berichtssystem ab. Dabei ist es von zentraler Bedeutung, die inhaltliche Struktur und das Design des Berichtssystems ausführlich mit den dezentralen Nutzern abzustimmen, denn sie sind schließlich die maßgeblichen Adressaten im Steuerungsprozess. Ihnen dienen die Informationen zur dezentralen Verhaltenssteuerung im Markt.

zu 2: Kernstück des Bereichscontrollings ist das Ziel, die dezentralen Unternehmer der marktlichen Verantwortungsbereiche im Rahmen der Maßnahmenentwicklung kommunikativ zu vernetzen. So gesehen konzentriert sich die dezentrale Unternehmenssteuerung weniger auf die Analyse quantitativer Zusammenhänge, sondern fokussiert sich auf den Kreativprozess der Maßnahmenentwicklung und -bewertung, denn: Sind die Handlungen effizient, dann sind die guten Ergebnisse „Abfallprodukte".

Zum Aufbau kreativer Spannungsfelder zwischen den Regionalbereichen einer Kundendivision dient die Aufbereitung der so genannten regionalen Bedeutungsanteile und ihre Einführung in den Steuerungsprozess (Abbildung 7).

Regional Bereiche Division	Plan DB II	IST DB II	Primäre Betriebs-kosten	Personal Bestand	Neuge-schäfts-volumen	Überstun-den	Kran-kenstand
Region I	...	...	...	...	...	...	...
Region II	...	...	...	...	...	...	...
Region X	...	...	...	...	...	...	...
Summe:	100 %	100 %	100 %	100 %	100 %	100 %	100 %

Abbildung 7: Bedeutungsanteile

Allgemein beschreibt der Bedeutungsanteil einer Region das Verhältnis ihres Teils zum Gesamten. Dieses Verhältnis lässt sich über alle Elemente des Erfolges und seiner Entstehung abbilden: Deckungsbeiträge, Kosten, Neugeschäftsanteile, Mitarbeiterzahlen, Überstunden, Krankenstand.

Da die Regionalbereiche naturgemäß unterschiedliche Größenordnungen haben, ist es sinnvoll, zunächst einen „geborenen Bedeutungsanteil" abzuleiten und zur Basisorientierung in den Mittelpunkt zu stellen. Für diese Zwecke eignet sich der aus der Mittelfristplanung abgeleitete quotale Anteil am Marktleistungsergebnis, das heißt der Deckungsbeitrag II. Um diesen „geborenen Bedeutungsanteil" ranken sich nunmehr die horizontalen und vertikalen Vergleichsdebatten.

Im Ergebnis werden damit die Entwicklungen in den einzelnen regionalen Verantwortungen vernetzt abgebildet. Dies erzeugt eine erhebliche Vitalisierung der dezentralen Kommunikation, weil jeder das Bestreben hat, seine Bedeutungsanteile mindestens zu halten; denn für diesen Zweck müssen die dezentralen Unternehmer unter anderem in Erfahrung bringen, was die anderen planen und tun, respektive so erfolgreich unternommen haben.

Schließlich münden die skizzierten Aspekte in den Prozess der Jahresplanung ein. Naturgemäß ist die Jahresplanung angesichts der Vielzahl einzubeziehender Mitarbeiter ein aufwendiges, aber gleichwohl wichtiges Unterfangen, zeigt sich in diesem Prozess nicht nur die sachliche Loyalität zu den Unternehmenszielen, sondern vor allem der Reifegrad des dezentralen Unternehmertums im Haus. Gradmesser ist die Qualität der Kommunikation und die entwickelten Maßnahmepläne zur Zielerreichung.

Im Folgenden wird beispielhaft gezeigt, wie der Prozess einer Jahresplanung gestaltet werden kann.

Ausgehend von der strategischen Fünfjahres-Geschäftsplanung werden von der Gesamtverantwortung für die Kundendivision Top-down insgesamt sechs Leitsätze für die dezentrale Jahresplanung vorgegeben:

1. *Jahreserlösplanung der Division multipliziert mit dem „geborenen Bedeutungsanteil" = Erlösplanung der Region*
   In der Regel werden strategische Businesspläne lediglich auf Basis der Kundendivision entwickelt. Der „geborene Bedeutungsanteil" einer Region markiert den Anspruch für die Zurechnung des Jahreserlösplan auf die Division.

2. *Erlössteigerung (%) Kostensteigerungsrate (%)*
   Dieser Leitsatz induziert in Abhängigkeit von der resultierenden Erlössteigerungsrate eine analytische Kostenplanung und will verhindern, dass sich die Kostenschere auftut.

3. *Realistische Erlösprognose für die Nichtschwerpunktprodukte*
   Der erforderliche Erlössteigerungsbedarf ist zunächst durch eine Prognose des Erlöszuwachses aus jenen Produkten zu unterlegen, die im Vertrieb nicht besonders fokussiert werden sollen (zum Beispiel Sichteinlagen).

4. *Vertriebsplanung für ausgewählte Schwerpunktprodukte*
   Für die geschäftspolitisch priorisierten Zielprodukte (zum Beispiel Baufinanzierungen, Konsumentenkredite, Sparpläne, Wertpapiergeschäft, Bausparverträge) ist eine stückzahl-, abschnittsgrößen- und margenorientierte Aktivitätsplanung inklusive zeitlicher Verteilung der Aktionsschwerpunkte zu erstellen, um die Vertriebsleistung zu fokussieren und unter anderem die Arbeit mit der Marketingplanung zu vernetzen.

5. *Bedeutungsanteil am Gesamtergebnis halten*
   Dieses Postulat erzeugt eine Vielzahl übergreifender Gesprächsinitiativen während des Planungsprozesses und leistet damit einen wichtigen Beitrag zur Stimulanz der dezentralen Kreativität in der Maßnahmenentwicklung.

6. *Mindestwert für die Aufwendungsrentabilität pro Region*
   Die Aufwendungsrentabilität stellt die Erlöse und Kosten jeder Region ins Verhältnis. Mit dieser Relation sind Benchmarks in Bezug auf die Produktivität in den Marktbereichen verbunden. Letztlich flankiert diese Leitlinie als Zielsystem und Handlungsrahmen die dezentrale Erfolgs- und Maßnahmeentwicklung im Bottom-up-Prozess. Genügen die dezentralen Ergebnisse den Leitlinien, dann gilt die Zielplanung als vereinbart.

4. Resümee

Es gibt sicherlich keine Musterlösung erfolgreicher Unternehmensführung. Eines dürfte jedoch gewiss sein: Ohne die Mobilisierung dezentraler Intelligenz, Kreativität und Initiative, die Bank mitzugestalten, bleiben wichtige Erfolgspotenziale ungenutzt und wird das strategische Überleben immer schwieriger.

Dezentrale Unternehmer brauchen für ihre Mobilisierung Kraft und Richtung. Beides erfordert top-down ein eindeutiges Zielbekenntnis in der Verhaltens- und Sachorientierung sowie ein klug demissioniertes System produktiver Spannungsfelder in der Unternehmensarchitektur. Diese Pole skizzieren letztlich die Entscheidungsfelder, die dem Unternehmer vor Ort gegeben sind, um zielorientiert handeln zu können und seine Arbeit Bottom-up als strategieadäquat zu rechtfertigen. Dezentrales Unternehmertum braucht darüber hinaus den kooperativen Führungsstil, eine Unternehmenskultur, die den Wandel organisch fördert, und ein Betriebsklima, das die Veränderung als Chance und nicht als Gefahr begreift.

Reinhold Leichtfuß

Effektive Führungsorganisation in Banken als zentrale Voraussetzung für effiziente Controllingprozesse

1. Einleitung

Jeder Controller weiß, dass Controlling, um wirklich effizient zu sein, eine effektive Führungsorganisation erfordert. Viele Unternehmen glauben, es reiche aus, Hierarchien und Prozesse festzulegen, um „Führung" möglich zu machen. Entscheidender als alle formalen Kriterien ist jedoch der Führungsmodus, der in einem Unternehmen herrscht: das Anspruchsniveau und das Commitment des Top-Managements sowie die Leistungskultur, die in einem Unternehmen existiert. Und diese Elemente lassen sich weitaus schwieriger ändern als ein Organigramm.

Die Ausgestaltung von Führungsorganisation und Controlling orientiert sich zudem an den Rahmenbedingungen, die der Markt vorgibt. Derzeit sind dort rasche Veränderungen zu beobachten, die den Veränderungsdruck beträchtlich erhöhen: Universalbanken wandeln sich angesichts des Konzentrationsprozesses und der Orientierung auf den Shareholder Value verstärkt zum fokussierten Multispezialisten mit Holding-Struktur. Retail-Banken werden vor allem durch die zunehmende Vielfalt der Vertriebswege, insbesondere auf Grund der Online-Direktkanäle, das zweigstellenzentrierte System verlassen und sich zu modernen Multikanalanbietern mit gleichberechtigten Vertriebswegen entwickeln. Wir erläutern zunächst die Voraussetzungen, die die Führungsorganisation erbringen muss, damit Controlling effizient sein kann, gehen dann auf den Wandel von Universalbanken zum fokussierten Multispezialisten und auf die damit einhergehenden Änderungen in der Führungsorganisation ein; abschließend beleuchten wir die Veränderungserfordernisse im Retail Banking. Ziel dieses Beitrags ist es, insbesondere die zukünftigen Anforderungen zu erläutern.

2. Controlling stellt Anforderungen an die Führungsorganisation in drei Dimensionen

Effizienz bemisst sich nach Output- und Input-Komponenten. Controlling muss also wirksam das Erreichen der Unternehmensziele steuern, ohne zu großen Aufwand zu verursachen. Die Führungsorganisation ist gefordert, dazu die folgenden Voraussetzungen schaffen (Abbildung 1):

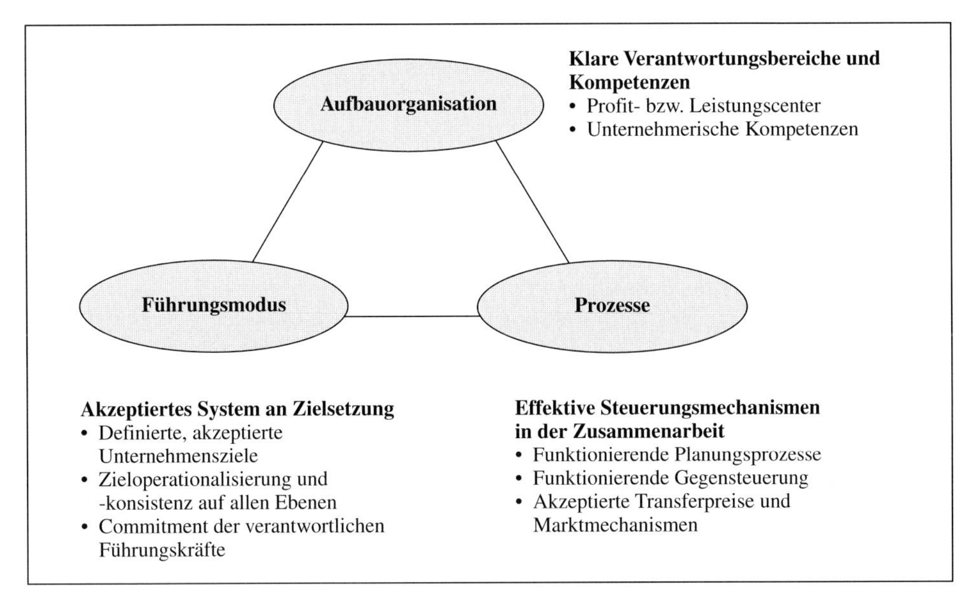

Abbildung 1: Klare Anforderungen des Controlling an Führungsorganisation
Quelle: McKinsey

- Die *Aufbauorganisation* muss gekennzeichnet sein durch *klar abgegrenzte Verantwortungsbereiche und Kompetenzen*. Dies setzt eine geeignete Zuordnung von Aufgaben zu Bereichen voraus, die meist als Profit-Center agieren, zum Teil auch als sorgfältig definierte anderweitige Leistungscenter. Die Profit-Center-Leiter müssen Freiraum zum unternehmerischen Handeln haben, wobei ein ausgewogenes und problemadäquates Verhältnis von eigenständigem Agieren und im Gesamtkontext erforderlicher Abstimmung wichtig ist.

- Die *Prozessgestaltung* muss sich auszeichnen durch *leistungsfähige und akzeptierte Mechanismen zur Planung, Gegensteuerung bei Zielabweichungen und zur Zusammenarbeit im operativen Geschäft*. Solange der Planungsprozess nur als tradiertes Ritual betrieben wird, gewissermaßen als notwendiges Übel, und ein konsequentes Gegensteuern bei Abweichungen ausbleibt, wird die Wirkung des Controlling sehr eingeschränkt sein. Die Verantwortlichen in den Wert schaffenden Einheiten müssen den Controllingprozess als Möglichkeit begreifen, das gewünschte anspruchsvolle Zielniveau sinnvoll zu definieren und gleichzeitig durch geeignete Maßnahmen auf allen Ebenen abzusichern.

- An den *Führungsmodus* schließlich richten sich die höchsten Anforderungen, denn er entscheidet letztlich über Erfolg oder Misserfolg des Controlling. Ein *klares Zielsystem* mit anspruchsvollen Gesamtunternehmenszielen, die von Führung und Mitarbeitern akzeptiert werden, ist der Startpunkt. Dabei ist ein einziges Oberziel, z. B. ein bestimmter Aktienkurs, Marktwert oder Return on Equity, einfacher zu handhaben als mehrere Ziele. Gleichwohl gewinnt in jüngerer Zeit das System der Balanced Scorecards wieder an

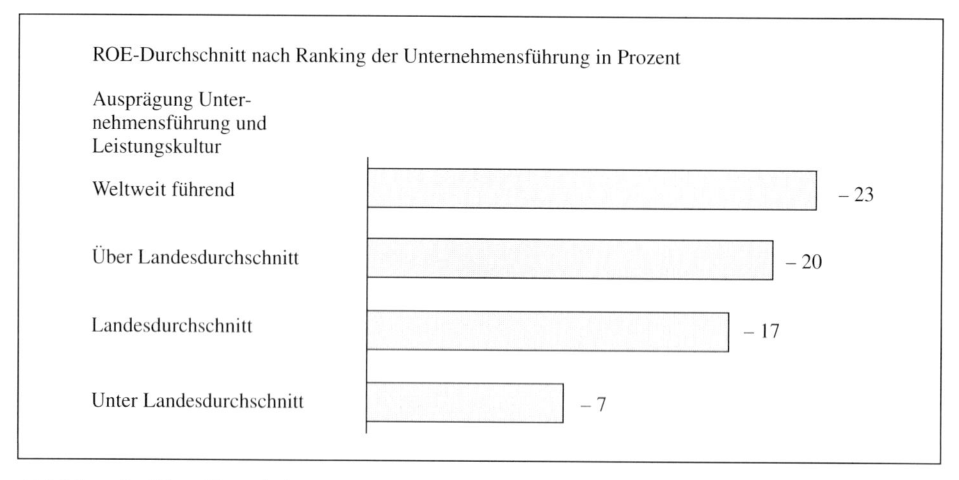

Abbildung 2: Klare Korrelation zwischen starker Unternehmensführung und finanziellem Erfolg
Quelle: McKinsey

Bedeutung. Die Realisierung der Ziele hängt ab von der Operationalisierung auf allen Ebenen, d. h. in Unternehmens- und Zentralbereichen, Abteilungen bis hin zu Teams oder einzelnen Mitarbeitern. Wichtig ist dabei eine möglichst weit gehende Konsistenz der Ziele auf allen Ebenen. Der Charakter des Führungsmodus wird entscheidend geprägt durch das Commitment der Verantwortlichen, d. h. durch die Leistungskultur: Sie äußert sich in dem Nachdruck, mit dem das Erreichen der etablierten Ziele eingefordert wird. Dieses Commitment muss sich sowohl auf das tägliche Handeln auswirken als auch auf die Karriereentwicklung und Vergütung; sonst bleibt es ein Lippenbekenntnis. Misst man den Erfolg des Controlling an der Wirkung auf den Wert eines Unternehmens bzw. am Return on Equity, so zeigen unsere Analysen von Banken weltweit, dass Top-Management-Commitment, Leistungskultur und Return on Equity klar korrelieren (Abbildung 2).

Natürlich muss auch das Controlling selbst seinen Teil beisteuern, um effiziente Controlling-Prozesse zu ermöglichen: U. a. muss es ein leistungsfähiges System zur Zielerfüllungsanalyse bereitstellen, das für eine betriebswirtschaftlich korrekte Zielerfüllungs- und Abweichungsmessung im Ergebnis- und Risikocontrolling sorgt.

3. Universalbanken wandeln sich zu Multi-Spezialisten mit Holding-Struktur

Die europäischen Universalbanken durchlaufen einen massiven Konzentrationsprozess, der mittelfristig immer mehr verbunden sein wird mit einer Europäisierung und zum Teil Globalisierung. Im Rahmen dieses Prozesses entstehen zunehmend größere Konzerne, die hinsichtlich Produktbreite und Länderpräsenz immer vielfältiger werden. Um die größeren Konzerne und Konglomerate weiterhin wertsteigernd zu managen, ist eine Neuordnung in eigenständigere Bereiche erforderlich. Der Trend zur Spezialisierung innerhalb eines Gesamtkonzerns unter einer Holding, d. h. zum fokussierten Multispezialisten, wird sich damit fortsetzen.

3.1 Aufbauorganisation durch eigenständige Bereiche gekennzeichnet

Nahezu alle größeren europäischen Banken entwickeln sich zum Multispezialisten, der seine verschiedenen Geschäftsfelder stärker als in der Vergangenheit in separaten, z. T. rechtlich selbständigen Unternehmensbereichen betreibt. Diese müssen sich am Markt mit Spezialisten bzw. anderen spezialisierten Einheiten von Multispezialisten messen. Das setzt voraus, dass sowohl die finanzielle als auch die operative Leistung dieser Einheiten klar messbar und mit der des Wettbewerbs vergleichbar wird. Als Konsequenz wird es bald Maxime sein, nur solche Leistungen selbst zu erstellen, die gegenüber Markt- und Wettbewerbsangeboten konkurrenzfähig sind. Nicht konkurrenzfähige Einheiten werden abgegeben, die von ihnen bisher erbrachten Leistungen gegebenenfalls outgesourct.

Bereits Anfang der 90er Jahre hatten viele Banken den Aufgliederungsprozess eingeleitet, ohne jedoch den definierten Unternehmensbereichen völlige Eigenständigkeit einzuräumen. Mitte der 90er Jahre haben dann einzelne Banken eigenständige juristische Einheiten etabliert, die von Quasi- oder wirklichen Holding-Einheiten geführt werden (Abbildung 3).

In den meisten großen Bankkonzernen sind die Unternehmensbereiche Retail Banking und Corporate Banking sowie Asset Management anzutreffen. Häufig existiert auch ein Bereich Investment Banking; er bildet jedoch nur bei den großen, in der Regel europa-

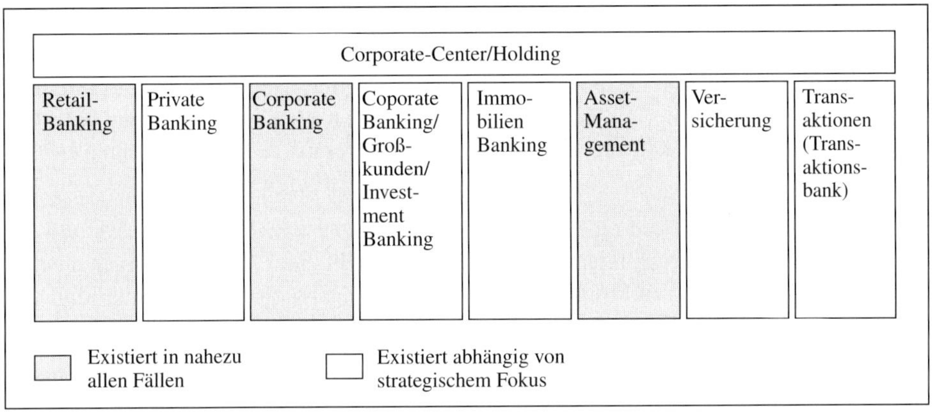

Corporate-Center/Holding

Retail-Banking | Private Banking | Corporate Banking | Coporate Banking/ Groß-kunden/ Invest-ment Banking | Immo-bilien Banking | Asset-Mana-gement | Ver-sicherung | Trans-aktionen (Trans-aktions-bank)

Existiert in nahezu allen Fällen

Existiert abhängig von strategischem Fokus

Abbildung 3: Der Multispezialist
Quelle: McKinsey

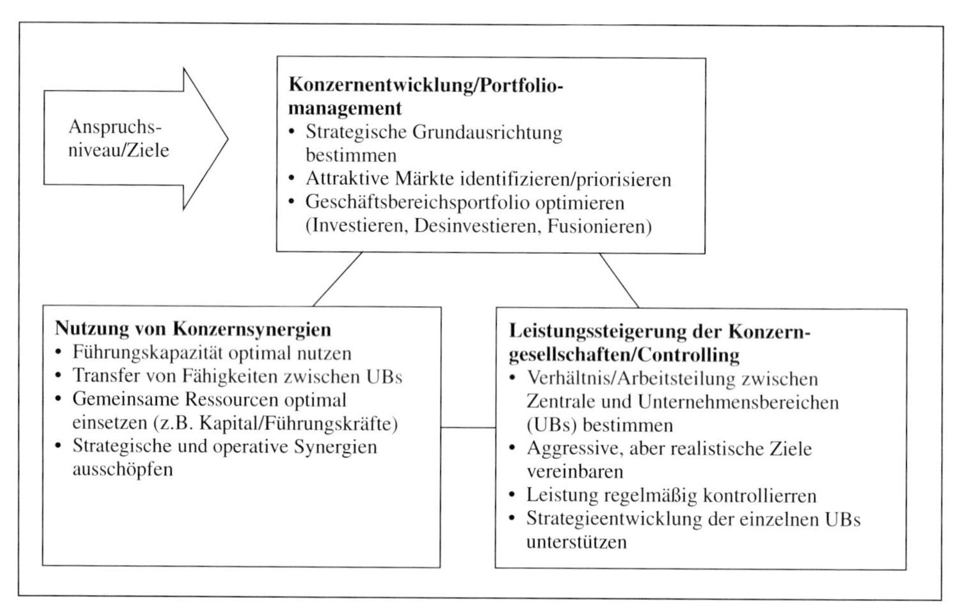

Abbildung 4: Wichtigste Aufgaben der Konzernführung/Holding
Quelle: McKinsey

oder weltweit tätigen Banken einen strategischen Schwerpunkt. Darüber hinaus gelten je nach strategischem Fokus als Unternehmensbereiche: Private Banking, Immobilien-Banking, Versicherung und auch ein zur Transaktionsbank entwickelter Abwicklungsbereich.

Aus der Holding-Struktur ergeben sich folgende Anforderungen an die Aufbauorganisation sowie an die Führungsrollen: Die Holding bzw. das Corporate-Center soll sehr schlank sein, in erster Linie Konzernentwicklung, Portfolio-Strukturierung und -Optimierung betreiben und den einzelnen Geschäftseinheiten möglichst viel Freiraum gewähren. Damit die Holding einen Wertbeitrag liefert, muss sie Synergien aus dem Portfolio realisieren, die insbesondere in der Nutzung der gemeinsamen Marke, einer teilweise gemeinsamen Infrastruktur sowie im Wissens- bzw. Best-Practice-Transfer liegen. Schließlich muss das Corporate-Center die Leistungssteigerung der Konzerngesellschaften bzw. Unternehmensbereiche unterstützen, ohne die Freiräume operativ zu sehr einzuengen (Abbildung 4).

Die Unternehmenseinheiten einer Holding untereinander sowie die Einheiten und das Corporate-Center haben zahlreiche Berührungspunkte. In einer Holding müssen deshalb Schnittstellen, die häufig zu Problemen führen, effektiv geregelt werden. Dabei sind vier Erfolgsfaktoren zu beachten:

Starkes und unabhängiges Corporate-Center. Das Corporate-Center ist in seiner Durchschlagskraft erheblich geschwächt, wenn beim Vorstand keine ausgeprägte Verpflichtung gegenüber vereinbarten Zielen vorliegt oder eine Interessenvermischung zwischen Holding-Forderungen an Unternehmenseinheiten und dem Eigeninteresse einer Unternehmenseinheit besteht. Dies ist vor allem dann der Fall, wenn einzelne Vorstandsmitglieder aus dem Corporate-Center bzw. der Holding gleichzeitig ergebnisverantwortlich für Unternehmensbereiche sind. Zunehmend setzen sich zwar holdingartige Strukturen durch, in denen auch in „traditionellen" Vorstandsstrukturen der Vorsitzende oder mehrere Vorstände losgelöst von Unternehmensbereichsverantwortung Leistungsziele für ein Unternehmen als Ganzes anspruchsvoller definieren. Die effektivere, zukunftsweisende Lösung in einem Bankkonzern ist jedoch die „echte" Holding-Lösung.

Geringe Gemeinkosten der Zentralbereiche bzw. der Holding. Dem optimalen Organisationsmodell folgend sollte sich das Corporate-Center auf die notwendigsten Funktionen zur Portfoliostrukturierung, Synergierealisierung und Leistungssteigerung konzentrieren. Gemeinkosten sollten deshalb in Grenzen gehalten werden, um die Akzeptanz des Corporate-Center durch die Unternehmensbereiche nicht zu beeinträchtigen. Hier werden häufig folgende Fehler begangen:

- Den leistungsempfangenden Einheiten wird nicht deutlich genug erklärt, warum und in welchem Umfang Kapazitäten und damit Gemeinkosten im Corporate-Center notwendig sind.
- Den Zentralbereichen wird nicht in gleichem Maße wie den Unternehmensbereichen ein für jeden im Konzern offensichtliches Effizienzziel vorgegeben.
- Die Aufgaben, die Gemeinkosten verursachen, werden nicht so weit dezentralisiert oder auch nur zugerechnet wie dies möglich wäre. Die tiefere Analyse zeigt häufig, dass große Teile von Gemeinkosten de facto zurechenbare Bereichskosten sind.

Klar zugeordnete Informationstechnologie-Ressourcen. Die Form, in der die Unternehmensbereiche mit der Informationstechnologie zusammenarbeiten, kann sich erheblich auf die Kosten und die Erfüllung der Ertragsziele auswirken. Die Leistungsfähigkeit der Informationstechnologie ist essentiell für die Schlagkraft eines Unternehmensbereiches; Engpässe können Probleme in der Leistungserbringung verursachen, die die Unternehmensbereiche dann häufig mit der Verzögerung durch die Informationstechnologie entschuldigen. Daraus erwächst vielfach die Forderung, diesen Bereich stärker auf die Unternehmensbereiche aufzuteilen oder aber unter Anwendung von Marktmechanismen zu verselbständigen. Unterbleibt Ersteres aus Effizienzgründen, ist die Informationstechnologie zumindest intern so separat zu organisieren, dass Unternehmensbereiche ihre Entwicklungs- bzw. Integrationskapazität und entsprechend auch ihre Kosten und Investitionen weitestgehend selbst bestimmen können.

Richtige Unterteilung der Geschäftsfelder. Werden Geschäftsfelder ungeeignet definiert, kann dies drei negative Auswirkungen haben: Erstens können die Leistungen eines Geschäftsfeldes zu stark von dem eines anderen abhängen, während Wertschöpfungsbündel komplett erbracht werden müssten. Zweitens kann durch einen falschen Schnitt ein Geschäftsfeld am Markt nicht adäquat vergleichbar sein, da der Wettbewerb sich anders und gegebenenfalls besser organisiert. Drittens können mehrere Geschäftsfelder eine im Prinzip ähnliche Leistung erstellen, wodurch Synergien und Wertpotentiale nicht optimal ausgeschöpft werden. Alle drei Auswirkungen sind unbefriedigend für den Controllingprozess.

3.2 Planungsprozess als strategischer Dialog

Eine effektive Prozessgestaltung zeichnet sich dadurch aus, dass die Holding den strategischen Planungsprozess in Form eines inhaltlich getriebenen strategischen Dialogs führt. Ziel der Holding ist die Steigerung des Shareholder Value, was im Normalfall impliziert, dass sie sich mit finanziellen Kennzahlen, strategischen Stoßrichtungen und möglichen Synergieerschließungen befasst.

Je weiter sich die Holding von einer operativen Holding entfernt, desto weniger beschäftigt sie sich mit operativen Kennzahlen, sondern vielmehr mit finanziellen Kerngrößen wie der Eigenkapitalrendite bzw. zunehmend der Wertsteigerung.

Ausgehend von einer zukunftsgerichteten Konzernanalyse, in der die Ausgangslage unter den Gegebenheiten von Wettbewerbssituation und Markttrends überprüft wird, muss die Konzernleitung den Unternehmensbereichen eine Gesamtvision, strategische Richtlinien sowie Anspruchsniveaus und Ziele vermitteln. Daraufhin werden die Konzerneinheiten bzw. Unternehmensbereiche ihre strategischen Stoßrichtungen im Überblick darlegen und die damit erzielbaren Ergebnisniveaus spezifizieren (Abbildung 5).

Ein strategischer Dialog zwischen Konzernführung und Töchtern bzw. Unternehmensbereichen beleuchtet die strategische Ausrichtung und entwickelt sie weiter. Endergebnis dieses Dialogs ist die notwendige Ausrichtung in Form von Eckdaten für die Budgetplanung sowie für die zu spezifizierende Mehrjahresplanung, damit in kurzer Zeit und mit möglichst wenigen Iterationen das gewünschte Ziel erreicht wird.

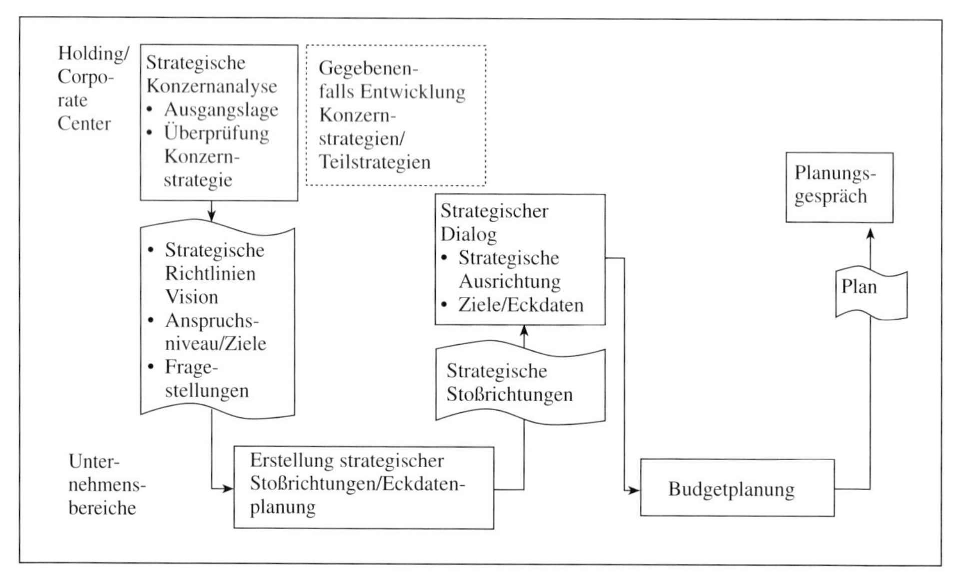

Abbildung 5: Strategischer Dialog
Quelle: McKinsey

3.3 Verbesserte Bedingungen für effektiven Führungsmodus

Best-Practice-Untersuchungen bestätigen die eingangs dargelegten, grundsätzlichen Anforderungen an den Führungsmodus in Controlling-Prozessen. Für die zum Multispezialisten gewordene Universalbank heisst das: Das Commitment der Unternehmensführung muss sich im Planungsprozess in einer starken Beteiligung des Vorstandsvorsitzenden und des Vorstands insgesamt dokumentieren. Worst Practice zeichnet sich dadurch aus, dass der Planungsprozess weitgehend in den Händen der Planungsunterstützenden in den Stäben liegt. Dementsprechend müssen, um Best Practice zu erzielen, die ergebnisverantwortlichen Linienkräfte sehr stark in den strategischen Dialog einbezogen sein. Schließlich sind in Best-Practice-Unternehmen die Abläufe zeitlich eng getaktet und die Ergebnisse sehr eng mit der Vergütung der Führungskräfte verknüpft.

Begünstigt wird die Umsetzung der aus Best Practice abgeleiteten Anforderungen durch die zunehmende Shareholder-Value-Orientierung in Europa: Da einige global agierende Banken die IAS-Standards eingeführt haben und verstärkt an mehreren Kapitalmärkten – insbesondere dem amerikanischen – auftreten, hat die Bedeutung des Shareholder-Value-Ziels in Europa erheblich zugenommen. In vielen Unternehmensführungen ist infolgedessen in den letzten Jahren ein neuer „Mindset" feststellbar. Er schlägt sich nieder in der Verpflichtung zu klareren Zielen gegenüber den Kapitalmärkten. Dieses Commitment der obersten Unternehmensführung hat zur Folge, dass zur Zuweisung und Absicherung der Ziele die Verantwortungen für die nachgeordneten Einheiten klarer formuliert werden.

Auch das Anspruchsniveau ist gewachsen. Nahezu alle Banken in Europa, die bislang keine Nachsteuerrendite von 15 Prozent erreichen, streben diese Größenordnung zumindest an. Der Wunsch, dieses anspruchsvolle Ziel zu erreichen, wird die Bereitschaft zur Restrukturierung sowie zum Abbau und Verkauf auch bislang „heiliger Kühe" erheblich steigern.

All diese Entwicklungen begünstigen einen effektiven Führungsmodus und führen zu einer konsequenteren Behandlung von Zielen und Erkenntnissen des Controlling.

4. Retail Banking ist auf dem Weg zum Multikanalsystem mit gleichberechtigten Vertriebswegen

Der Markttrend „Online World" wird zu revolutionären Veränderungen im Retail Banking führen, die sich bereits deutlich abzeichnen. Mit der Migration in die Online-Welt stehen Retail-Banken vor einer signifikanten Verlagerung des Geschäfts auf den elektronischen Vertriebskanal; er wird zu einem gleichberechtigten Vertriebsweg, der die Dominanz des Filialnetzes langfristig aufhebt. Auf Grund dessen werden sich auch die Führungsorganisation sowie das Controlling im Retail Banking erheblich verändern. Zudem werden neue, aggressive Wettbewerber und wesentlich mehr Transparenz einen massiven Druck auf die

Margen ausüben, so dass zum Ausgleich erhebliche Prozessveränderungen und Kostenentlastungen in den stationären Distributionsnetzen erforderlich werden. Das Multichannel-Management steht damit vor bedeutenden neuen Anforderungen.

Die meisten Banken werden auf diese Entwicklungen reagieren, indem sie eine Transformation zum fokussierten Multispezialisten auch im Retail Banking anstreben (Abbildung 6) und sich darüber hinaus für die Online-Welt rüsten, u. a. indem sie neue, flexiblere Einheiten als Startups ausgründen.

4.1 Vom Filialsystem zum Hybridmodell mit gleichberechtigten Vertriebswegen

Die Transformation zum fokussierten Multispezialisten wird im Retail Banking neue organisatorische Strukturen und Rollen mit sich bringen, darüber hinaus eine neue Art der Leistungsmessung und der Anreizsysteme. Auch die Kundenmanagement-Verantwortungen werden neu definiert. Auf Grund der steigenden Leistungskraft der Direktkanäle werden ihre Bedeutung und ihre Kompetenzen zunehmen.

Die Entstehung mehrerer gleichberechtigter Vertriebskanäle in Verbindung mit weiterentwickelten Technologien im Database Marketing und dem so genannten Electronic Customer Relationship Management fordert ein qualifizierteres und zugleich stärker zentral gesteuertes Kundenmanagement-System. Für das Continuous Relationship Marketing wird deshalb eine zentrale Stelle benötigt, die diese Aufgabe ausfüllt. Sie unterstützt den Seg-

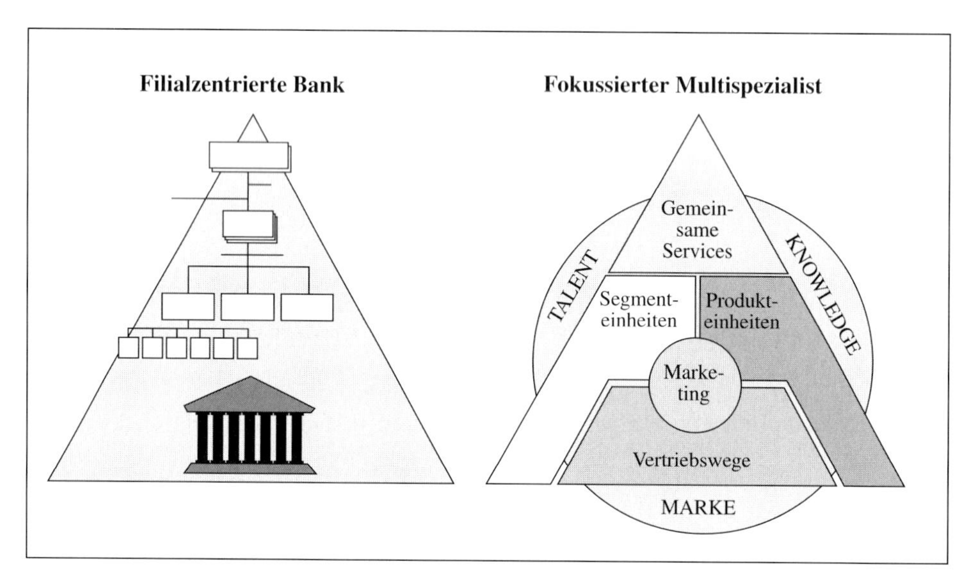

Abbildung 6: Hebel für die Veränderung hin zum Multispezialisten
Quelle: McKinsey

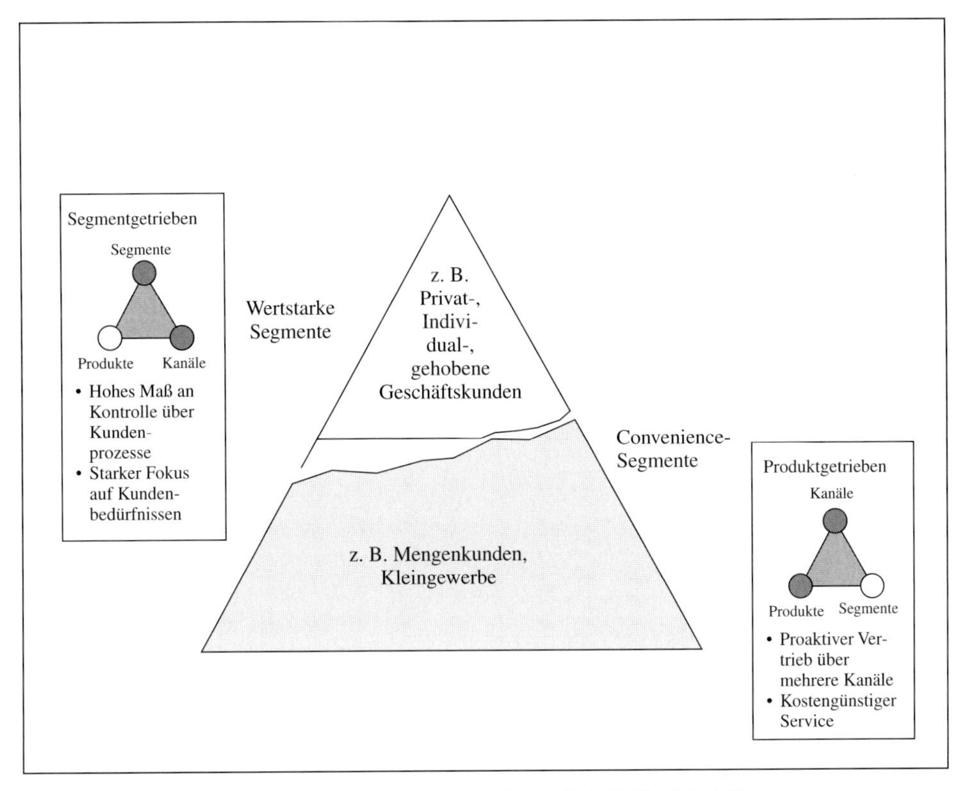

Abbildung 7: Die Vorteile der Dimensionen verbinden – ein hybrides Modell
Quelle: McKinsey

ment-Manager beim optimalen Einsatz aller Vertriebskanäle im Rahmen des Multichannel-Managements. Sie macht auch den Kern des Marketing-„Kreises" beim Multispezialisten aus (vgl. Abbildung 6).

Für die Aufbauorganisation heisst dies: Abkehr von der zweigstellendominierten Organisation hin zu einer stärker segment-, vertriebswege- und zum Teil produktbezogenen Organisation. Die konkrete Ausprägung in den Banken variiert zwischen verschiedenen Ländern und Banksystemen und wird jeweils zwei dieser Dimensionen stärker betonen als die dritte, muss allerdings für die einzelnen Kundensegmente unterschiedlich gehandhabt werden (Abbildung 7):

- Die meisten Banken werden sich für eine *segmentgetriebene Organisation* für die nutzenorientierten Segmente im Retail Banking entscheiden, d. h. für das Private Banking, das Individualkundengeschäft sowie für Geschäftskunden. Hier ist nach wie vor in hohem Maße „Relationship Banking" gefragt.
- Das Mengengeschäft mit Privatkunden und kleinen Gewerbekunden wird von der *Vertriebsweg- und Produktdimension* dominiert sein. Konkret bedeutet dies eine stärkere Ausprägung der Produkteinheiten in diesem Segment: Neben Karten, Investmentfonds

und Versicherungen werden sich mittelfristig auch das Baufinanzierungsgeschäft sowie der Konsumentenkredit als Produkteinheiten herausbilden, die für optimale Prozesse und Produkte bis hin zu Marketing und Vertrieb verantwortlich sind.

Einen Teil des Weges in diese Welt haben Banken bereits hinter sich bzw. sie befinden sich aus regulatorischen Gründen schon immer in dieser Welt: Investmentfonds oder Versicherungen beispielsweise werden seit jeher von rechtlich selbständigen Einheiten „produziert“ und verlangen deshalb eine explizite Verrechnung.

Noch deutlich radikalere Schritte verlangt die „New Economy“ der Online-Welt in Bezug auf die Aufbauorganisation im Retail Banking, aber auch in anderen Geschäftsfeldern. Wollen die etablierten Anbieter im E-Commerce mithalten, müssen sie sowohl das bestehende Unternehmen zum E-Commerce-Unternehmen transformieren als auch flexible, eigenständige Startups für neue Geschäfte wie z. B. Brokerage initiieren, die mit den neuen Angreifern mithalten können. Dafür gibt es eine Reihe von Organisationsvarianten (Abbildung 8).

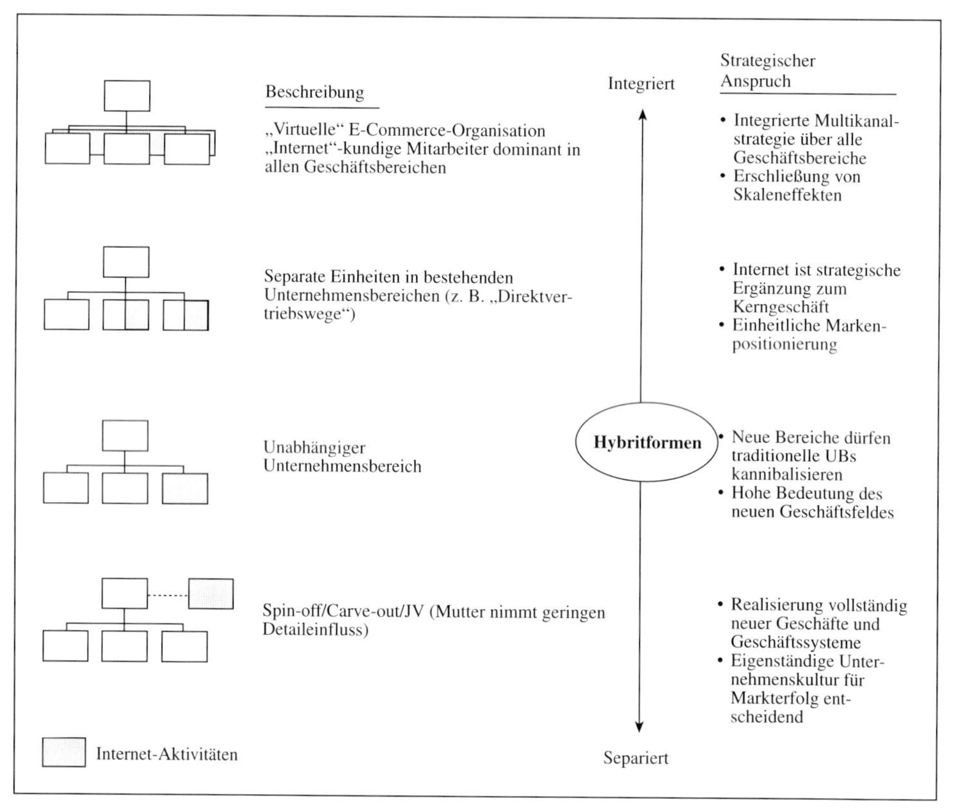

Abbildung 8: Reine Modelle sowie Hybridformen zur Organisation der Internet-Aktivitäten denkbar
Quelle: McKinsey

Welche Organisationsvariante am geeignetsten ist, hängt ab vom strategischen Anspruch und der gewünschten Geschwindigkeit, mit der das Internet-Unternehmen aufgebaut werden soll. Bei neuen Geschäften ist die Führungsorganisation gefordert, durch aufbauorganisatorische Separierung, attraktivere, aktienorientierte Incentives und gegebenenfalls Reintegration in das Unternehmen das gesamte Wertpotential der Optionen bestmöglich zu erschließen. Manche Startups sind möglichst weit weg vom bestehenden Geschäft zu führen, damit sie sich freier entwickeln und Wert generieren können. Die deutschen Discount Broker sind dafür ein gutes Erfolgsbeispiel.

Die Bandbreite der Optionen für den Weg in die Online-Welt macht deutlich: Das Internet stellt Führungsorganisation und Controlling vor völlig neue Anforderungen. Nicht mehr nur sachliche Net-Present-Value-Berechnung ist gefragt, sondern Bewertung von Optionen in neuen Geschäften. Nicht das Jahresergebnis zählt, sondern der Wert der akquirierten Kunden.

4.2 Zentralere Steuerung komplexer Prozesse mit Impulsen für internen Wettbewerb

Die Planungs- und Umsetzungsprozesse, die traditionell stark hierarchisch im Rahmen von stationärem Vertriebsnetz und Produkteinheiten abliefen, werden in der neuen Organisation zwischen *gleichberechtigten* Vertriebswegen stattfinden, die in Deutschland überwiegend von segmentorientierten Einheiten gesteuert werden dürften.

Auf Grund der zunehmenden Vertriebswegevielfalt fallen in zunehmendem Maße Informationen über Kundenverhalten und Nachfrage an unterschiedlichen Stellen an. Will man dem Kunden bestmögliche, maßgeschneiderte Angebote unterbreiten, müssen diese Informationen zentral zusammenfließen, intelligent interpretiert und schließlich in effektive Kampagnen bzw. Angebote umgesetzt werden.

Die gleichberechtigteren Einheiten implizieren ein etwas komplexeres und schwierigeres Zusammenwirken, zum Einen in der Kampagnensteuerung, zum Anderen in der Notwendigkeit, Transferpreise für Leistungen zu vereinbaren. Dabei ist in vielen Banken der Abnahmepreis, die Produkt-Performance oder auch der Ablauf Gegenstand der Kritik. Wird der Preis zwischen den Parteien vernünftig ausgehandelt, können bereits viele Friktionen in den Prozessen vermieden werden. Die Markttrends zeigen den Weg in eine noch unabhängigere Welt, in der sich die Einheiten selbst am Markt bedienen können, Vertriebseinheiten gerade bei Investmentfonds Produkte von Drittanbietern im Angebot haben bzw. sich als Transaktionsbank der Markteffizienz stellen müssen. Die frühzeitige Adaption derartiger Organisationsregeln schafft Fitness für den Markt. Werden Probleme mit Abnahmepreisen etc. in Führungsorganisationen effektiv geregelt, hat das Controlling bessere Voraussetzungen, die Einhaltung der Unternehmensziele zu steuern.

Auch für das Controlling impliziert diese Entwicklung erhebliche Veränderungen. Während bislang sämtliche Erträge und die dazugehörigen Kosten dem Filialnetz zugeordnet wurden, Call-Center entweder als Cost-Center bzw. Ergebnis-Nebenrechnung geführt und Produkteinheiten auf Abteilungsebene betrieben wurden, geht es in der zukünftigen Welt stärker darum, sämtliche Einheiten an den Erträgen und Ergebnissen zu beteiligen – und zwar so, wie es ihrem Leistungsbeitrag entspricht.

Einzelne Banken in den USA und Europa haben ihr System zur Leistungsmessung schon weit in diese Richtung vorangetrieben. Sie sind bereits so weit gegangen, den Filialen lediglich eine Verkaufsprovision für das Neugeschäft zu erstatten. Davon werden die für den Verkauf anfallenden Kosten abgezogen. Eine Folge dieses Vorgehens ist, dass die Produkteinheiten den Vertriebswege-Einheiten Transferpreise bzw. Provisionen zahlen. Die Vertriebswege-Einheiten werden gemessen an der Kanalprofitabilität, der Kundenausschöpfung, den Verkaufszahlen sowie der Kundenzufriedenheit (Abbildung 9).

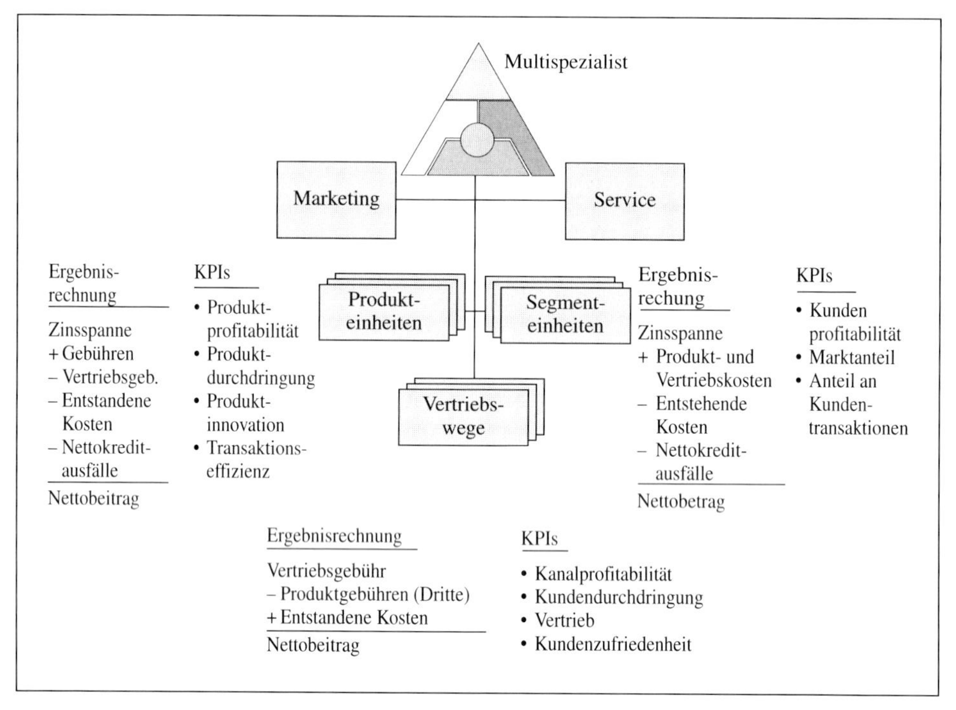

Abbildung 9: Implikationen für das Controllingsystem
Quelle: McKinsey

4.3 Vision, Gestaltungswille und Umsetzungsstärke gefragt

Die Unternehmensführung im Retail Banking ist angesichts des Margen- und Restrukturierungsdrucks aus der Online-Welt massiv gefordert. Will die Unternehmensführung unter den Gegebenheiten sinkender Margen und neuer Investitionserfordernisse ihr Ziel der Wertsteigerung erfüllen, muss sie erfolgreich darauf hinwirken, dass „neue" Investitionen (z. B. ins Internet) durch den Abbau „alter" Kosten (z. B. Filialen) finanziert werden. Vision, Gestaltungswille und Umsetzungsstärke werden massiv gefragt sein, da sich traditionelle Machtstrukturen, Mechanismen der Zusammenarbeit und Anforderungsprofile an Mitarbeiter in einem bislang nicht gekannten Ausmaß verändern werden. Das Controlling muss dazu die richtigen Analysen und Impulse liefern.

Die beschriebenen Veränderungen, gerade im Retail Banking, müssen und können nicht vollständig „Next Monday Morning" vollzogen sein. Neuerungen dieses Ausmaßes beanspruchen die ganze Kraft eines Unternehmens für längere Zeit. Gleichwohl ist vorgezeichnet, dass der beschriebene Weg eingeschlagen wird; und Gewinner zeichnen sich im Allgemeinen dadurch aus, die notwendigen Schritte deutlich früher als das „Feld" zu gehen.

Klaus Röpke

Budgetsysteme in Banken

1. Einleitung

Der Budgetprozess ist zentrales und wichtiges Steuerungsinstrument im Unternehmen. Bei der Einführung der Budgetierung Mitte der achtziger Jahre stand das Erheben von Planzahlen im Vordergrund. Der nächste Schritt war die Integration aller Planungsaktivitäten zu einer integrierten Planung. Die Planungen von Volumen, Erträgen, Kosten, Personal und Investitionen sollten vernetzt und nicht isoliert erfolgen. Ebenfalls wurden Aktions- und Maßnahmenplanungen systematisch einbezogen. Mit der Verbesserung der Controllingsysteme hat sich auch die Budgetierung weiterentwickelt. Heute ist die Nähe zur und die Einbettung in die strategische Planung wichtiges Element der Budgetierung.

Im Folgenden wird zunächst der Ablauf der Planung beschrieben. Die inhaltliche Seite der Budgetierung betrifft die Planung der Profit-Center-Ergebnisse und die Planung von Maßnahmen. Dann wird der Ausbau zu einem Führungsinstrument geschildert und abschließend werden – auf Basis langjähriger Erfahrungen[1] – die Erfolgsfaktoren zur Akzeptanz in der Praxis dargestellt.

2. Budgetprozess

2.1 Strategische Planung als Rahmen

Die strategische Planung bildet den Rahmen für die Budgetierung. Diese wird in Form der Mehrjahresplanung quantifiziert und ist meist als rollierende Fünf-Jahres-Planung angelegt. Die Mehrjahresplanung ist als Fortschreibung der Jahresplanung entstanden, um innerhalb des Unternehmens eine Orientierung hinsichtlich der Ergebnisentwicklung und der mittelfristigen Eigenkapitalpolitik zu erlangen. Heute ist die strategische Planung ein kreativer Prozess, in dem die Geschäftsfelder daraufhin untersucht werden, ob sie auch in Zukunft den Renditeanforderungen der Aktionäre entsprechen und welche strukturellen Veränderungen erforderlich sind. Die Zahlenplanung steht am Ende des strategischen Planungsprozesses. Die strategische Planung hat heute weitreichende Bedeutung erlangt und Verbindlichkeit bekommen. Denn die Kreditinstitute wollen anspruchsvolle Zielrenditen erreichen; dieses bedingt ein Herunterbrechen auf und ein Commitment mit jedem einzelnen Unternehmensbereich. Daher sind die Unternehmensbereiche aktiv in die strategische Planung eingebunden und legen strategische Umsetzungsmaßnahmen fest, die in der Budgetierung zu berücksichtigen sind.

1 Der Verfasser war bis Juli 1999 in der Vereins- und Westbank tätig, sieben Jahre als Leiter des Zentralbereichs Controlling, anschließend 4 Jahre als Mitglied der Unternehmensbereichsleitung Privat- und Geschäftskunden.

2.2 Vorplanung

Als erster Schritt der Jahresplanung findet die Vorplanung durch die Unternehmensbereiche, koordiniert durch das zentrale Controlling, statt. Das Controlling sorgt für:

- einheitliche Planungsprämissen (Entwicklung Personalkosten/Tarifabschluss, Zinserwartung usw.),
- Vorgabe der Planungsbasis und Planungsmechanik,
- Vorgabe der Planungsunterlagen und Form der in der ersten Planungsklausur vorzulegenden Unterlagen.

Die Unternehmensbereiche definieren ihre Schwerpunkte für das Planjahr. Wichtige Rahmenbedingung ist die Ressourcenplanung, die die Personalkapazitäten und Investitionen umfasst. Daran schließt sich ein Vorschlag einer Absatz- und Maßnahmenplanung an. Die Vorplanungen werden dem Controlling zwecks Plausibilitätskontrollen und Aggregation eingereicht. Ziel der ersten Vorstandsklausur ist die Verabschiedung des Rahmenplans und die Freischaltung der direkten Planung.

2.3 Direkte Planung

Die direkte Planung bindet alle Ergebnisverantwortlichen ein. Zunächst beschäftigen sich die Bereichsleitungen in den Vertriebsbereichen mit dem vom Vorstand verabschiedeten Rahmenplan. Da die Bereichsleitungen in der Regel die wesentlichen Ressourcenentscheidungen treffen, planen sie die Personalkapazitäten und größeren Investitionen für die einzelnen Einheiten. Außerdem werden die in der Vorplanung beschlossenen Ziele um bereichsspezifische Ziele ergänzt. Das gesamte Planungspaket wird üblicherweise im Rahmen einer Planungsklausur den Niederlassungsleitern[2] vorgestellt. Zentrale Themen sind der Ressourcenrahmen, die Ergebnisziele, die organisatorischen Maßnahmen und der Marketingplan. Hierbei wird erläutert, wie die Ziele zustande und auf die Einzelbereiche verteilt worden sind und welches die Kriterien bei der Festlegung der Schwerpunkte waren. Und natürlich gilt es, die Bedeutung der Ziele für den Unternehmensbereich sowie ihre Erreichbarkeit darzustellen.

Dieses Verfahren wird stufenweise „nach unten“ fortgesetzt. Die Planung erfolgt dann in einem Bottom-up-Verfahren und die Planungsergebnisse werden in umgekehrter Richtung schrittweise koordiniert und zusammengefasst.[3] Begleitet wird dieser Budgetprozess von Planungsgesprächen, in denen der Planende zum Abschluss seiner Planung die Ergebnisse dem Führungsverantwortlichen vorlegt. Im gemeinsamen Gespräch werden dann die Zielvereinbarungen getroffen – immer vorbehaltlich der Genehmigung durch die nächsthöhere Instanz.

2 synonym für die hierarchische Ebene unterhalb der Unternehmensbereichsleitung.

3 Vgl. Schierenbeck 1994.

In den Zentralbereichen werden die Ressourcen und Kosten für die eigenen Bereiche geplant; in den Handelsabteilungen zusätzlich die Eigenhandelsergebnisse.

Vor der Vorstandsvorlage werden die Planungen durch das Controlling aggregiert und auf Plausibilitäten geprüft. Insbesondere wird geprüft, ob die Maßnahmen zur Umsetzung der strategischen Beschlüsse Eingang in die Planung gefunden haben. Die durch die Vertriebsbereiche geplanten Marktergebnisse werden um die Planung des Bilanzstrukturergebnisses ergänzt. Hierzu verwendet man ein Simulationsmodell für die Bilanzstruktur, in das Zinsbindungsabläufe, die Planvolumen der Vertriebsbereiche sowie weitere relevante Planinformationen (Eigenkapitalentwicklung, Beteiligungserträge, EWB-Bestand usw.) eingegeben werden. Abhängig von der Zinserwartung errechnet sich der Zinsüberschuss für das Planjahr. Abschließend wird eine Plan-GuV erstellt. Das Controlling macht einen Abgleich zur Vorplanung und legt dem Vorstand die Planungsergebnisse zur Verabschiedung vor.

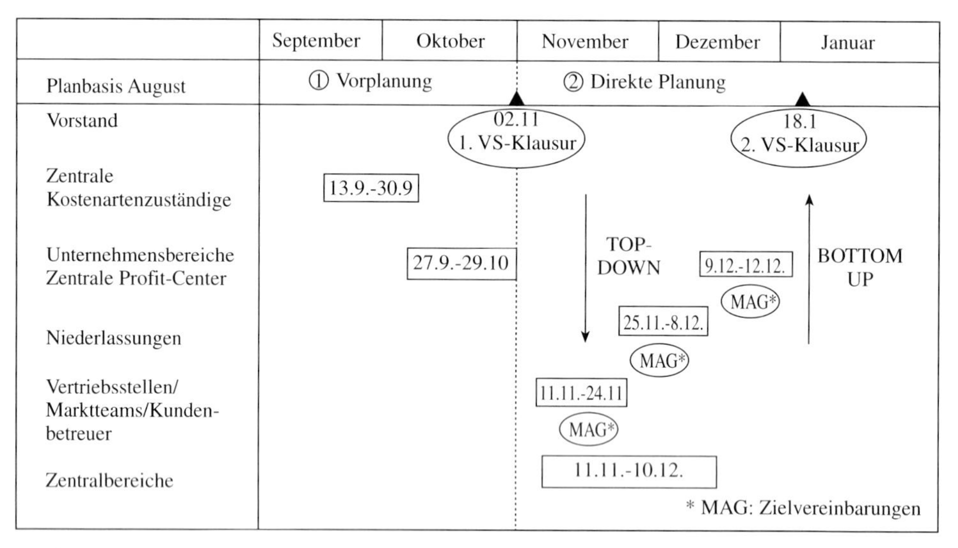

Abbildung 1: Planungskalender

3. Planungsinhalte

3.1 Planung der Profit-Center-Ergebnisse

3.1.1 Volumen und Erträge

Im Kredit- und Einlagengeschäft werden Volumen geplant. Um aus den Volumen die Planerträge abzuleiten, sind ergebniswirksame Volumen, also Durchschnittsvolumen zu planen. Ausgehend von zeitnahen Volumensinformationen – um Zufallsschwankungen auszuschließen bieten sich Monatsvolumen an – wird das Jahresdurchschnittsvolumen oder das Monatsvolumen für das Ende des Planungszeitraums geplant. Darüber hinaus werden Tilgungsabläufe zum Beispiel im Darlehensgeschäft berücksichtigt.

Für die Bruttobeitragsberechnung werden die bestehenden Margen bzw. monatsaktuellen Margen verwendet. Die Margen sollten grundsätzlich nicht dezentral geplant werden, sondern nur durch das Controlling veränderbar sein. Denn Margenänderungen betreffen in der Regel alle Planenden einheitlich:

- Konditionsänderungen, die durch Konkurrenzdruck entstehen; so zu beobachten im standardisierten Baufinanzierungsneugeschäft durch niedrigere Konditionen der Internet-Anbieter,
- Veränderungen der Verrechnungszinssätze, die sich auf Produkte mit am Geldmarkt orientierten Konditionen auswirken; so zu beobachten bei Kontokorrent- und Dispositionskrediten,
- systematische Veränderungen in der Struktur des Geschäfts; so zu beobachten im Bereich der Spareinlagen mit der Verschiebung weg von den klassischen Spareinlagen hin zu höherverzinslichen Sparformen.

Individuelle Margenänderungen sind nur bei strukturellen Änderungen durch individuelle Maßnahmen im geplanten Geschäft einer Vertriebseinheit denkbar. Die Erträge im Dienstleistungsgeschäft werden als Provisionen in ihrer absoluten Größe geplant. Abhängig vom Geschäftsschwerpunkt ist eine weitergehende Rechenunterstützung sinnvoll. So können im Wertpapiergeschäft beispielsweise Depotstrukturen und Umschlagsfaktoren usw. wichtige Impulse geben.

3.1.2 Ressourcen und Kosten

In Banken werden wesentliche Kostenpositionen wie Personal-, Arbeitsplatz- und DV-Kosten relativ zentral entschieden. Sie sind für einzelne Einheiten nur bedingt beeinflussbar, zumal viele Tätigkeiten im Rahmen einer sinnvollen Spezialisierung und Arbeitsteilung in unterschiedlichen Einheiten erfolgen.

Der Budgetprozess muss sich zum einen auf die strukturellen Planungen der Ressourcen und kostenbeeinflussenden Maßnahmen, das heißt auf die Personalausstattung, die Investitionen (Filialvertrieb, DV-Systeme) und die Marketingmaßnahmen konzentrieren. Diese Planungen erfolgen durch die Entscheidungsträger, in der Regel die Unternehmensbereichs- bzw. Zentralbereichsleitungen. Die Ergebnisse sind auf die einzelnen Einheiten herunterzubrechen und in die Planungsunterlagen einzuarbeiten.

Zum anderen werden die Kostenarten, die eine Einheit eigenverantwortlich entscheidet, auch eigenverantwortlich geplant. Die Kostenplanung umfasst oft nur kleinere beeinflussbare Positionen (Geschäftsreisen, Fortbildung, Materialverbrauch usw.). Die Gesamtwirkung der Planung ist für den jeweiligen Ergebnisverantwortlichen in der Plan-Profit-Center-Ergebnisrechnung ersichtlich, die notwendige Transparenz ist gegeben und er kann

Impulse für sein Handeln ableiten. Dem einzelnen Entscheidungsträger wird durch die Darstellung der Kostenentwicklung – hierzu zählen neben den Kosten des eigenen Bereiches auch Kosten anderer Bereiche – deutlich, welche Ertragsentwicklung erforderlich ist, um sein Ergebnis zu halten, und welche zusätzlichen Steigerungen erforderlich sind, um sein Ergebnis zu verbessern.

Zur Ressourcen- und Aufwandsplanung sind also vielfältige Vorarbeiten durch das Controlling erforderlich. Hierzu gehören weiterhin:

- Veränderungen von Kostenarten durch Preisveränderungen am Markt oder neue Lieferanten, die zentral in die Planung eingestellt werden,
- Veränderungen in der innerbetrieblichen Leistungsverrechnung; z. T. sind Vereinbarungen entsprechend einer Kunden-Lieferantenbeziehung zwischen einzelnen Unternehmensbereichen zu treffen und dann vorab in die Planungsunterlagen einzuarbeiten,
- durch die Ertragsplanungen zusätzlich entstehende Verbräuche, die wiederum in die Kostenplanung einfließen müssen. Hier empfiehlt sich ein robustes Planungsvorgehen, indem zum Beispiel die geplante Veränderungsrate im Provisionsgeschäft pauschal als Veränderungsrate für die Verrechnung von Leistungen von zentralen Serviceeinheiten zugrunde gelegt wird.

3.1.3 Risikokosten

Da Kreditrisiken im Einzelfall nicht planbar sind, eine Ertragskalkulation im Kreditgeschäft ohne Risikokosten aber nicht denkbar ist, werden für die Budgetierung Standardrisikokosten eingestellt. Ob man Ist- oder Plan-Standard-Risikokostensätze ansetzt, ist individuell im Unternehmen zu entscheiden. Zuletzt werden die zu planenden Sollverzinsungsansprüche auf das Eigenkapital und das Risikokapital abgeleitet.

3.2 Verzahnung mit der Maßnahmenplanung

3.2.1 Jahreskalender

In einer Zeit des permanenten Wandels fallen für die Mitarbeiter eine Vielzahl an Zusatz- und Veränderungsaktivitäten an. Hierzu gehören die Einführung neuer oder veränderter Arbeitsabläufe und DV-Systeme, Schulungsmaßnahmen aufgrund neuer gesetzlicher Vorschriften oder im Rahmen organisatorischer Veränderungen. Um diese zusätzlich anfallenden Aktivitäten mit den eigentlichen Vertriebstätigkeiten zu koordinieren, kann ein Jahreskalender eingeführt werden. Mit diesem Instrument werden die beschriebenen Themen differenziert nach Mitarbeitergruppen erfasst und auf die entsprechenden Monate verteilt. Zusätzlich werden die Marketingaktivitäten über das Jahr verteilt in den Jahreskalender eingepasst. Auf Basis dieser Unterlage wird im Unternehmensbereich eine Priorisierung von Maßnahmen vorgenommen. Oft wird in dieser Phase deutlich, dass Abstriche hinsichtlich der zu planenden Aktivitäten unumgänglich sind.

3.2.2 Struktur- und Absatzziele

Um den strategischen Wandel des Unternehmens zu unterstützen, muss die Umsetzung strategischer Maßnahmen im Budgetprozess gewährleistet werden. Hierfür dienen Strukturziele. So können strategische Produktfelder und strategisch bedeutsame neue Produkte mit Hilfe von Strukturzielen hervorgehoben werden. Ebenso können bestimmte Strukturen, zum Beispiel zur qualitativen Verbesserung des Kreditportfolios, forciert werden. Absatzziele unterstützen den systematischen Produktverkauf. Struktur- und Absatzziele unterstützen in jedem Fall die Maßnahmenorientierung der Budgetierung, denn durch die Definition eines Struktur- oder Absatzziels wird ein Thema in seiner Bedeutung betont und erhält zusätzliches Gewicht im Rahmen der Zielvereinbarungen. Im Folgenden werden die Begriffe Strukturziel und Absatzziel synonym verwendet.

In der Vereins- und Westbank hat die Einführung von Strukturzielen in Verbindung mit dem Jahreskalender zu einer klaren Ausrichtung im Vertrieb geführt. Bei ihrer Einführung sind zunächst zwei Produktziele definiert und im Laufe der Jahre behutsam weitere Ziele hinzugefügt worden. Die Erfahrung zeigt, dass die dauerhafte Einführung eines neuen Produktes oft nur über einen mehrjährigen Zeitraum erfolgreich ist. Daher haben wir Strukturziele frühestens nach drei Jahren gestrichen, um der Gefahr eines Einbruchs der Neugeschäftsentwicklung nach Wegfall als Strukturziel zu begegnen. Erst wenn die Bedeutung eines Produktes für den Verkaufserfolg, die Kundenbindung und/oder für die Ergebnisrechnung in der Fläche des Vertriebes erkannt und verinnerlicht worden ist, kann ein Produkt aus der Liste der Strukturzielprodukte gestrichen werden.

Die Einführung der Struktur- und Absatzziele hat uns geholfen, in unserem Hause die Volumen der Spareinlagen Mitte der neunziger Jahre signifikant zu erhöhen und die Produkte Bausparen, Versicherungen, Sachwertanlagen und AS-Fonds erfolgreich im Vertrieb zu verankern. Außerdem konnten wir die Bedeutung des Immobilienfinanzierungs- und Wertpapiergeschäfts herausstellen und dieses Geschäft überproportional ausbauen. Die „Kunst" bei der Definition der Ziele besteht darin, eine hinreichende Konstanz in den Themen zu sichern, die Zusammensetzung der Zielthemen ausgewogen zu gestalten und genug Spielraum für dezentrale Aktivitäten zu belassen, damit die Vertriebseinheiten entsprechend individueller Marktsituationen handeln können.

Strukturziele bieten sich auch für qualitative Themen an. Aus der Vielzahl der Möglichkeiten werden drei Beispiele beschrieben. Im Kreditbereich können maximale Rückstandsquoten für die Kreditbearbeitung definiert werden. Zur qualitativen Verbesserung des Kreditportfolios können Obergrenzen für das Kreditvolumen in bestimmten Risikoklassen vereinbart werden. Um die Serviceleistung im Filialvertrieb zu verbessern, kann die Kundenzufriedenheit gemessen und in Form eines Strukturziels festgelegt werden.

Auch die Neugeschäftsplanung für langfristige Kredite und Einlagen kann durch Struktur- oder Absatzziele abgedeckt werden. Dieses macht die Diskussion über barwertige oder periodische Steuerung praktisch überflüssig. So ist bei periodischer Steuerung des Vertriebes mit der Ergebnisabbildung von Bestands- und Neugeschäften ein Ausruhen auf Altbeständen nicht mehr möglich, wenn zum Beispiel das Immobilienfinanzierungsgeschäft als Neugeschäft geplant und im Plan-Ist-Abgleich nachgehalten wird.

4. Budgetierung als Führungsinstrument

4.1 Synchronisation von Beurteilungs- und Zielvereinbarungsgesprächen

Wesentliches Element in der Führung ist die Leistungsbeurteilung des Mitarbeiters und die hieran anknüpfende leistungsgerechte Bezahlung. Um den Budgetprozess zu einem Führungsinstrument zu machen, sollten Beurteilungsgespräch und Planung synchronisiert werden. Auf diese Weise wird die Bedeutung und Ernsthaftigkeit der Budgetierung deutlich gemacht. Durch Verankerung auf allen Ebenen der Bank können alle Mitarbeiter aktiv in den Planungsprozess eingebunden werden.

Hierzu wurde in unserem Hause das so genannte Mitarbeitergespräch als Führungsinstrument verankert. Dieses jährlich stattfindende Gespräch zwischen Mitarbeiter und Führungskraft besteht aus fünf Teilen: Feedback des Mitarbeiters an den Vorgesetzten; Beurteilung des Mitarbeiters durch die Führungskraft; Bewertung über das Erreichen der Ziele für das abgelaufene Jahr; Vereinbarung der neuen Ziele für das Planjahr – qualitativ und quantitativ – und Diskussion über die zukünftige Entwicklung und Förderung des Mitarbeiters.

Leistungsgerechte Bezahlung erfolgt über den individuellen Leistungsbonus, der an die Höhe der Zielerreichung geknüpft wird. Die quantitativen Ziele sind dabei einheitlich zu gewichten. In der Praxis haben wir gute Erfahrungen gemacht mit der Hauptgewichtung für das Gesamtergebnis (Summe Bruttobeiträge bzw. Profit-Center-Ergebnis), starker Gewichtung der Strukturziele und einem vorgegebenen Prozentsatz für Unvorhergesehenes. Unvorhergesehenes kann unterjährig als Verstärkung genutzt werden, wenn ein Strukturziel aus aktuellem Anlass oder aus Marketing-Gesichtspunkten eine erhöhte Bedeutung erhält oder wenn Produkte zum Beispiel Fonds zu platzieren sind. In ausgereiften Systemen wird die Gewichtung der Ziele bereits im Voraus kommuniziert und befähigt die Ergebnisverantwortlichen und letztlich alle Mitarbeiter im Vertrieb zu einer klaren Zielausrichtung. Allerdings darf das Zielsystem nicht zu mechanistisch werden, da sonst die Gefahr einer Übersteuerung besteht. Ein derart ausgereiftes System setzt Verständnis für geschäftspolitische Notwendigkeiten voraus, denn Flexibilität muss immer gewährleistet sein.

Um die Bedeutung von Teamleistungen neben den Einzelleistungen berücksichtigen zu können, erfolgt im Mitarbeitergespräch eine persönliche Beurteilung durch den Vorgesetzten. Auf diese Weise fließen nicht nur quantitative Größen in die „Gesamtwertung“ ein.

4.2 Potenzialorientierung

Für die Akzeptanz und Identifikation der Budgetierung müssen außerdem die Planziele nachvollziehbar und am Potenzial orientiert sein. Eine Zielverteilung mit gleichen Steigerungsraten für alle Ergebnisverantwortlichen bestraft Erfolgreiche und begünstigt Underperformer. Neben nachvollziehbaren Zielwerten wird es immer individuelle Veränderungen geben. Diese können zum Beispiel ein Team betreffen, in dem einzelne Teammitglieder Ziele anderer ganz oder anteilig übernehmen oder abgeben. Führungskräfte werden von besonders erfolgreichen und erfahrenen Mitarbeitern höhere Ziele abverlangen, um angesichts weniger erfahrener Mitarbeiter die Gesamtziele erreichen zu können. Dieser Effekt kann auch in der leistungsgerechten Bezahlung durch differenzierte Basiswerte für den individuellen Leistungsbonus berücksichtigt werden.

Eine faire Verteilung von Ertrags- und Absatzzielen sollte Besonderheiten in den Kundenstrukturen, Kundenpotenzialen und in der Marktpräsenz (Alter, Lage und Ausstattung einer Filiale oder einer anderen Verkaufseinheit) berücksichtigen. Die Potenzialplanung kann sich auch an den Kundenzahlen und an den Kundenwerten ausrichten. Dabei werden für einzelne Kundengruppen auf Basis von Marktforschungsdaten Kunden-Erlöspotenziale ermittelt. Für die Ertrags-, Struktur- und Absatzziele ergeben sich auf diese Weise individuell abgeleitete Werte. Die Ziele müssen mit der Ressourcenausstattung abgeglichen werden. Für die Entscheidung über Personalkapazitäten und Investitionen gilt, dass attraktive Bereiche mit hohen Potenzialen bevorzugt behandelt werden und parallel entsprechend höhere Ergebnisse zu erzielen haben.

5. Praxisbewährte Planungsprinzipien

5.1 Regeln der Budgetierung

Für die Akzeptanz der Budgetierung in der Anwendungspraxis haben sich einige Regeln[4] bewährt:

- Budget und Kontrolle basieren auf einer einheitlichen und vergleichbaren Informationsbasis. Das wird erreicht, wenn die Planungsformulare den Controllinginformationen entsprechend, also wie die Profit-Center-Ergebnisrechnung, aufgebaut werden. So wird auch ein laufendes Nachhalten der Planwerte in Form regelmäßiger Plan-Ist-Vergleiche sichergestellt.
- Die Planungsformulare sind einfach und sich selbst erklärend zu gestalten. Die Erfassung sollte DV-gestützt erfolgen.
- Die Planungsverantwortung entspricht der Ergebnisverantwortung, das heißt die Planung hat durch den Ergebnisverantwortlichen zu erfolgen. Es sind die Größen zu pla-

4 Vgl. Grundsätze der Budgetierung in Schierenbeck 1999.

nen, für die eine Zuständigkeit besteht. Ein Beispiel hierfür ist die Planung von Volumen und Erträgen auf der Ebene der Vertriebseinheiten durch den jeweiligen Vertriebsverantwortlichen vor Ort, während die Planung der Mitarbeiterkapazitäten in der Regel nicht auf Filialebene sondern auf Unternehmensbereichsebene erfolgt.

- Im Sinne der Planung im Gegenstromverfahren, wird zunächst ein Planungsrahmen vorgegeben, dann werden die Bottom-up-Planungen erarbeitet, im Planungsgespräch vorgelegt, diskutiert und entschieden. Veränderungen können sich aus den Zielvereinbarungen heraus ergeben und werden anschließend vorgenommen.
- Die Budgetierung beinhaltet Maßnahmen- und Aktionsplanungen. Dieser Grundsatz wird durch die Strukturzielplanung und die Verankerung der Zielvereinbarungen in den Beurteilungsgesprächen erreicht.

5.2 Haupterfolgsfaktoren

Neben der Einhaltung der Regeln der Budgetierung sind

- die Führungskultur,
- die Strategieorientierung,
- die Integriertheit sowie
- die Anwenderfreundlichkeit des Budgetsystems

die Haupterfolgsfaktoren für ein Budgetsystem.

Die Art der Führung im Unternehmen prägt wesentlich die Akzeptanz und das erfolgreiche Umsetzen des Planungsbudgets. Die Budgetierung muss transparent, offen und fair verlaufen. Die Vorgehensweise wird kommuniziert, sie kann hinterfragt werden, Diskussionen sind erwünscht und die Zielansprüche werden nach Potenzialen abgeleitet. Der Zeitplan wird von allen Beteiligten konsequent eingehalten, hierfür wird hinreichend Zeit reserviert.

Die Führungskräfte verstehen es, ihre Mitarbeiter zu involvieren und zu Verantwortlichen zu machen. Eine Planung kann allerdings nur so gut sein, wie sie in der Umsetzung „gelebt" wird. Die Führungskräfte führen regelmäßige Plan-Ist-Gespräche mit ihren Mitarbeitern und begleiten permanent die Umsetzung von Maßnahmen und Aktivitäten. Wie dicht die Ziele der Budgetierung und der Führung beieinander liegen, zeigt das folgende Zitat: „Führung ist die Ausrichtung verschiedener Personen auf ein Ziel und die Steuerung der Prozesse, diese Ziele zu realisieren".[5]

Strategieorientierung drückt aus, dass die Budgetierung in die Strategie eingebettet sein muss; ungeklärte strategische Fragen wirken als Störfaktoren und beinhalten das Risiko, die Planung im Nachhinein ändern zu müssen.

Integriertheit des Planungssystems bedeutet, dass jeder Entscheidungsträger Budgetunterlagen koordiniert aus einer Hand erhält. In der Praxis gelingt diese Koordinierungsauf-

5 Innerhofer/Innerhofer/Lang 1999, Seite 7.

gabe für Zentral- und Bereichscontroller nur, wenn die Kompetenzen im Planungsprozess klar geregelt sind und ausschließlich bei den Controllern liegen. Budgets werden grundsätzlich unterjährig nicht verändert. Methodenänderungen sind unterjährig ebenfalls nicht zulässig. Organisatorische Änderungen werden rechtzeitig vor dem Budgetprozess abgestimmt und in die Planbasis eingestellt, damit bereits in der „neuen Welt“ geplant werden kann. Methodenänderungen in der Kalkulationslogik, bei denen keine Reorganisation der Datenbasis stattfindet und die nicht zu veränderten Zielansprüchen führen, werden aus Gründen der Arbeitserleichterung erst nach Abschluss der Budgetierung zentral durch das Controlling eingestellt.

Das Controllingsystem ist zur „Selbststeuerung“ geeignet. Nur so können die Entscheidungsträger bei Plan-Ist-Abweichungen Gegensteuerungsmaßnahmen ergreifen, die sich bei Erfolg positiv im Plan-Ist-Vergleich niederschlagen. Wichtiges Beispiel ist die Definition von Verrechnungszinssätzen, die einen sinnvollen Plan-Ist-Vergleich ermöglichen.[6]

Anwenderfreundlichkeit heißt, dass der Planende nur die für ihn relevanten Informationen erhält und entsprechende Planungsformulare vorfindet, in die bereits die von übergeordneten Stellen verantworteten und geplanten Größen eingestellt sind. Die Anzahl der Formulare ist niedrig zu halten. Erfahrungsgemäß besteht die Tendenz, die Budgetierung von Jahr zu Jahr umfangreicher zu gestalten, um verschiedene zusätzliche Anforderungen abdecken zu können. Dies verhindert nur die Hartnäckigkeit des Controllers.

6. Fazit

Eingebettet in die Ergebnisse und Umsetzungsmaßnahmen der strategischen Planung dient die Jahresplanung der operativen Ausrichtung des Unternehmens. Sie schafft verlässliche Basis für die Ziele, Aufgaben und Maßnahmen auf allen Ebenen der Bank. Durch Einbindung aller Ergebnisverantwortlichen wird sie zu einem zentralen Führungselement und ist in der Führungssystematik zu verankern.

Nur auf den ersten Blick erscheint die Budgetierung als zahlenorientierter Vorgang. In der Praxis ist die Budgetierung ein aktives Führungsinstrument. Im Mittelpunkt steht dabei die gemeinsame Auseinandersetzung über Ziele, Vorhaben und Maßnahmen sowie das Festlegen und Verabschieden dieser. Die Zielvereinbarungsgespräche sind Bestandteil der Beurteilungsgespräche und mit der Planung synchronisiert.

Der Controller hat die Aufgabe, die Planungssystematik zu definieren, den zeitlichen Ablauf festzulegen, die Planungen auf ihre Konsistenz hin zu überprüfen und letztlich zum Gesamtplan zu konsolidieren. Der Abgleich zur strategischen Planung erhält zunehmend Bedeutung.

6 Im Retailbanking ist zum Beispiel für Sichteinlagen und Spareinlagen, die zum Spareckzinssatz verzinst werden, auf Grund des Bodensatzverhaltens eine Abrechnung mit kurzfristigen Geldmarktsätzen nicht geeignet und kann erheblichen Interpretationsbedarf bei Plan-Ist-Vergleichen verursachen (Aufspaltung in Volumens- und Margeneffekte).

Literaturhinweise

EVERDING, M.: Kostenmanagement in Kreditinstituten, Frankfurt am Main 1995.

INNERHOFER, C./INNERHOFER, P./LAND, E.: Leadership Coaching: Führen durch Analyse, Zielvereinbarung und Feedback, Neuwied/Kriftel 1999.

LEUSMANN, K.: Implementierung eines strategischen Controllingprozesses, Vortragsunterlage vbo-Erfahrungsaustausch Leiter Controlling, Bremen 1999.

SCHIERENBECK, H.: Controlling als integriertes Konzept ertragsorientierter Banksteuerung, in: Schierenbeck, H./Moser, H. (Hrsg.): Handbuch Bankcontrolling, Wiesbaden 1994, S. 3-31.

SCHIERENBECK, H.: Ertragsorientiertes Bankmanagement, 6.Auflage, Wiesbaden 1999.

Bernd Schuster

Integrierte Softwarelösungen für das Bankcontrolling

1. Strategische Neuausrichtung der OstseeSparkasse Rostock

1.1 Ausgangssituation und Rahmenbedingungen

Die wiedervereinigungsbedingten Strukturveränderungen in den neuen Bundesländern führen seit 1990 zu starken Anpassungsprozessen bei den ostdeutschen Kreditinstituten. Die Veränderungen der marktlichen Rahmenbedingungen sind maßgeblich durch den zunehmenden Wettbewerbsdruck gekennzeichnet. Nearbanks wie Bausparkassen und Versicherungen, aber auch Nonbanks wie Versandhäuser, Warenhäuser, Cash & Carry-Märkte und die Finanzinstitute der Automobilhersteller drängten zusätzlich in den Markt. Sie erreichten sehr schnell eine hohe Akzeptanz und übernahmen häufig die Absatzfinanzierung. Auf der Nachfrageseite veränderten sich die Bedürfnisstrukturen durch die Verbesserungen der Einkommens- und Vermögensverhältnisse und führten zu einem Rückgang der Bankloyalität.[1] Damit wurde die Vertriebsorganisation neuen Anforderungen ausgesetzt. Dies erforderte eine Neugestaltung der Vertriebswege sowie eine zielgerichtetere Ansprache aktueller und potenzieller Kunden.

Da sich die Einkommens- und Vermögensverhältnisse erst allmählich an das bundesdurchschnittliche Niveau angleichen, sind die Einlagen- und Kreditvolumina im Vergleich zu westdeutschen Sparkassen auch heute noch deutlich geringer. Das Transaktionsaufkommen beispielsweise im Zahlungsverkehr ist jedoch durchaus mit westdeutschen Verhältnissen vergleichbar, was höhere Stückkosten zur Folge hat und somit einen steigenden Kostendruck verursacht. Auch das Kreditgeschäft entwickelte sich anders als in den alten Bundesländern. Bedingt durch die Auflösung und Privatisierung der ehemaligen staatlichen Unternehmen gab es eine Vielzahl von Existenzgründern, die von den Sparkassen durch die Übernahme der Finanzierung unterstützt wurden. Die damit verbundenen Risiken konnten nur teilweise durch werthaltige Sicherheiten unterlegt werden, so dass ein relativ hohes Restrisiko bei den Sparkassen verblieb. Aufgrund der vergleichsweise langsamen konjunkturellen Belebung und der hohen Insolvenzquoten war das Firmenkundengeschäft vor allem in den ersten Jahren nach der Wiedervereinigung durch erhöhte Ausfallrisiken gekennzeichnet. Die Risikokosten im Kreditgeschäft lagen daher deutlich über dem westdeutschen Niveau.

Als Reaktion auf die geänderten Rahmenbedingungen und die wachsenden Anforderungen fusionierten im Jahr 1994 zunächst die Sparkassen Güstrow und Bützow zur Sparkasse Güstrow und kurz darauf die Sparkassen Güstrow, Teterow, Bad Doberan und Rostock zur OstseeSparkasse Rostock (OSPA). Mit einer Bilanzsumme von ca. 4,5 Mrd. DM Ende 1994 war die OstseeSparkasse Rostock damit die größte Sparkasse in Mecklenburg-

1 Vgl. Tegeder, P.: Business Reengineering als Grundlage eines ganzheitlichen Restrukturierungsprozesses in ostdeutschen Kreditinstituten, Band 8 der Schriftenreihe des Zentrums für Ertragsorientiertes Bankmanagement, Münster 1996, S. 17-18 und S. 95-96.

Vorpommern. Der erste Schritt zum Aufbau einer leistungs- und wettbewerbsfähigen Sparkasse war vollzogen.

Das Kreditgeschäft entwickelte sich von Beginn an sehr positiv. Allein im Zeitraum von 1993 bis 1999 konnte die OstseeSparkasse Rostock die Forderungen an Kunden fast verdoppeln. Trotz der regional anhaltend hohen Insolvenzraten gelang es, den anfänglich hohen Wertberichtigungsbedarf sukzessive zu verringern. Auch die Sicht- und Spareinlagen haben sich in diesem Zeitraum ausgehend von einem hohen Bilanzsummenanteil positiv entwickelt. Als Folge der sich verschärfenden Wettbewerbsbedingungen sowie aufgrund des sinkenden Zinsniveaus verringerte sich die Bruttozinsspanne jedoch deutlich.[2] Zur Kompensation dieses nicht unerheblichen Ertragsanteils mussten neue Ertragsquellen generiert und alle vorhandenen Potenziale bestmöglich ausgeschöpft werden.

Neben einer verstärkten Markt- und Kundenorientierung war es erforderlich, die gesamtbankbezogene Zinsrisikosteuerung im Rahmen des Treasury-Managements auszubauen, um zusätzliche Erträge aus der Fristentransformation generieren zu können. Zur Erfolgskontrolle ist eine solche Strategie mit klar definierten quantitativen Kennziffern zu unterlegen. Die erfolgreiche strategische (Neu-)Positionierung hängt nicht zuletzt von der genauen Kenntnis der ergebnisrelevanten Größen sowohl im Kunden- als auch im Eigengeschäft ab. Nur wer die eigenen Stärken und Schwächen identifizieren und analysieren kann, ist in der Lage, Maßnahmen zu einer nachhaltigen Rentabilitätsverbesserung unter Einbeziehung des damit verbundenen Risikos zu ergreifen. Diese neuen Anforderungen konnten mit der bisherigen technischen und organisatorischen Struktur des Controllings nicht bewältigt werden. Die Reorganisation des Controllings wurde zur zentralen Herausforderung für die Bewältigung der neuen Aufgabenfelder.

1.2 Reorganisation des Controllings – Inhaltliche und organisatorische Herausforderungen

Zunächst wurde die aufbauorganisatorische Einbindung der Abteilung Controlling neu geregelt. War der Bereich Controlling bisher Bestandteil des Vorstandssekretariats, so wurde er nunmehr als eigene Abteilung direkt unterhalb des Vorstands organisatorisch verankert. Hierdurch spiegelt sich der hohe Stellenwert wider, den die Steuerung der Vertriebs- und Risikoprozesse innerhalb der Sparkasse einnimmt. Als Hauptaufgabenbereiche wurden die Unternehmensplanung und -analyse, das Risiko-Controlling und das Vertriebs- und Produktivitätscontrolling definiert. Als Schwerpunktaufgaben wurden dem Bereich Unternehmensplanung und -analyse neben der operativen und mittelfristigen Unternehmensplanung die Betriebsvergleichs-, Sachkosten- und Situationsanalyse zugewiesen. Das Ri-

2 Der aktive Elastizitätsüberhang ist typisch für ostdeutsche Sparkassen mit ihren vergleichsweise hohen Anteilen an Sicht- und Spareinlagen. In Phasen sinkender Marktzinsen reagiert der durchschnittliche Aktivzins stärker als der durchschnittliche Passivzins auf Marktzinsänderungen mit der Folge, dass sich die Zinsspanne reduziert. Vgl. Rolfes, B.: Die Steuerung von Zinsänderungsrisiken in Kreditinstituten, Band 29 der Schriftenreihe des Instituts für Kreditwesen der Westfälischen Wilhelms-Universität Münster, 1985, S. 172-178.

sikocontrolling ist für die Erstellung der täglichen und monatlichen Reports gemäß den Mindestanforderungen an das Betreiben von Handelsgeschäften (MaH) zuständig. Der Teilbereich Vertriebs- und Produktivitätscontrolling umfasst schwerpunktmäßig das Berichtswesen zur Vertriebssteuerung und die Investitionsrechnung. Die Umsetzung dieser Aufgabenbereiche erfolgte durch Projektarbeit. Entsprechend ihrer Priorität und den verfügbaren Kapazitäten wurde ein Projektplan zum „ganzheitlichen Controlling" erstellt, der die Umsetzung der Aufgaben in den einzelnen Bereichen weiter konkretisierte. Um das Ziel einer integrierten ertrags- und risikoorientierten Gesamtbanksteuerung zu erreichen, musste ein leistungsfähiges Management-Informationssystem aufgebaut werden, das die zunehmend komplexeren Anforderungen der OstseeSparkasse Rostock auch mittel- bis langfristig erfüllen kann.

1.3 Anforderungen an den Aufbau eines Management-Informationssystems

Vor der Entscheidung für ein konkretes Management-Informationssystem war zunächst ein Kriterienkatalog zu erstellen, in dem die Anforderungen an ein solches System definiert wurden. Um auch zukünftigen Anforderungen gerecht zu werden, muss das System so flexibel gestaltet sein, dass sämtliche aktuellen und zukünftigen steuerungsrelevanten Informationen integrierbar sind. Das beinhaltet sowohl die Anbindung verschiedenster Vorsysteme und Informationsquellen über geeignete Schnittstellen als auch eine hohe Flexibilität in Bezug auf die abzubildenden Organisations-, Produkt- und Kundenstrukturen. Beispielsweise muss die Abbildung neuer Filialtypen wie Selbstbedienungs-Center, bei denen im Reporting Auslastungsgrade der SB-Terminals nicht fehlen dürfen, problemlos möglich sein. Das Datenmodell muss so gestaltet sein, dass je nach Adressat und Steuerungszweck die gewünschten Daten flexibel und zielgerichtet aufbereitet zur Verfügung gestellt werden können. Individuelle Abfragemöglichkeiten der controllingrelevanten Kennzahlen nach den Dimensionen Kunde, Produkt und Vertriebsweg sowie ein umfassendes Standardreporting mit der Möglichkeit zur Definition institutsspezifischer Reports stellen weitere zentrale Anforderungen dar. Das System sollte modular aufgebaut sein, damit eine sukzessive Einführung verschiedener betriebswirtschaftlicher Bausteine programmseitig unterstützt wird. Auf Basis des Anforderungskataloges entschied sich die OstseeSparkasse Rostock für die Einführung des integrierten Planungs- und Steuerungssystems des zeb/rolfes.schierenbeck.associates, Münster. Diese fortan in vielen Punkten für die OstseeSparkasse Rostock weiterentwickelte Softwarelösung wurde hausintern als „OSPA Control" bezeichnet.

2. DV-technische Realisierung und Einführungsprozess

2.1 Data-Warehouse-Konzeption von OSPA Control

Unter einem Data-Warehouse versteht man eine Sammlung von Schlüsselinformationen, die verwendet werden, um ein Unternehmen ertragsorientiert steuern zu können.[3] Ein Data-Warehouse wird auf Basis einer zusätzlichen Datenbank angelegt, in der die steuerungsrelevanten Informationen zusammengefasst und für Controllingzwecke aufbereitet werden. Das Modul Data-Warehouse ist zentraler Bestandteil von OSPA Control. Hier wird die Struktur des zugrunde liegenden Datenmodells für alle weiteren Programmmodule festgelegt. Dies beinhaltet die Definition der Bankstrukturen, das heißt die detaillierte Abbildung der Organisations-, Produkt- und Kundenstrukturen der OSPA.

OSPA Control integriert alle entscheidungsrelevanten Informationen aus den operativen Systemen sowie aus weiteren Datenquellen und stellt sie für betriebswirtschaftliche Auswertungen sowie Analyse- und Planungsrechnungen zielgerichtet zur Verfügung. Für die OstseeSparkasse Rostock wird ein Großteil der operativen Daten im Rechenzentrum der dvs[4] verarbeitet und gespeichert. Hierbei handelt es sich insbesondere um kunden- und kontenbezogene Daten wie Stichtags- und Durchschnittsvolumina, Zinskonditionsbeiträge, Provisionsergebnisse etc. Um diese Daten für Controllingzwecke nutzen zu können, werden die vorab definierten relevanten Teilmengen des Datenbestandes monatlich durch so genannte Marktaufträge online als Rohdaten von der dvs zur Verfügung gestellt. Diese Rohdaten werden im Rahmen eines automatischen Importprozesses in das Data-Warehouse von OSPA Control importiert. Ergänzt werden die Informationen um Auswertungen aus hausinternen Systemen, wie z. B. Daten aus der Kostenrechnung, und externe Daten der Verbundpartner LBS und Neue Leben.

Dem schnellen und unmittelbaren Zugriff der Analyse- und Planungsanwendungen auf die Datenbank kommt bei dem großen Umfang der Datenmengen eine entscheidende Bedeutung zu. Um auf der einen Seite eine hohe Performance des Systems sicherzustellen, ohne dies auf der anderen Seite durch Einschränkungen bei den Auswertungs- und Analysemöglichkeiten erkaufen zu müssen, wurden diese Anforderungen mittels einer speziellen Datenstruktur innerhalb des Data-Warehouses realisiert. Dabei werden die Rohdaten der operativen Systeme eingelesen, automatisch aufbereitet und anschließend in zwei Bereichen innerhalb des Datenmodells abgelegt. In voraggregierten Tabellen werden die Daten nach Kundengruppen, Produktarten und Profit-Centern strukturiert und verdichtet vorgehalten. Sämtliche Auswertungen und Reports auf höheren Ebenen, wie zum Beispiel strategische Zentralplanungen oder standardisierte Deckungsbeitragsrechnungen, können auf diese Weise einfach gerechnet und mit hoher Performance ausgegeben werden. Ebenso ist ein systematischer Online-„Drill-Down" vom Gesamtbankergebnis bis auf die klein-

3 Vgl. Anahory, S., Murray, D.: Data-Warehouse, AddisonWesley 1997, S. 19.

4 Datenverarbeitungsgesellschaft Sparkassenorganisation mbH, Berlin.

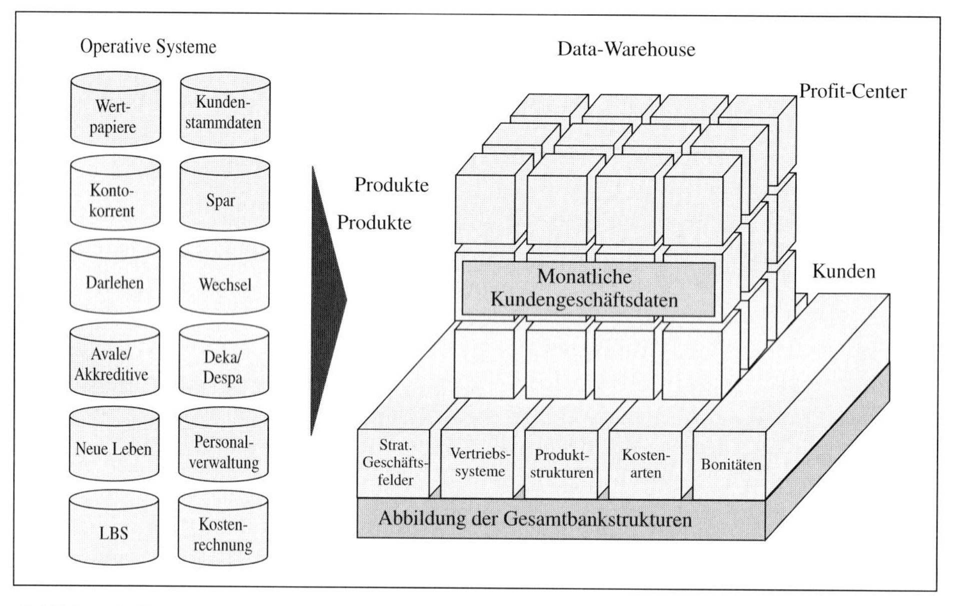

Abbildung 1: Data-Warehouse-Struktur von OSPA Control

ste Ebene der abgebildeten Gesamtbankstrukturen sehr schnell möglich. Dabei werden alle Einzelkunden- und Kontendaten des jeweils aktuellen Monats und ausgewählter historischer Monate sowie die kumulierten Jahreswerte vorgehalten. Auf diese Weise lässt sich jederzeit ein performanter „Drill-Down" bis auf einzelne Ergebnisquellen erreichen.

2.2 Modularer Aufbau der Systemarchitektur

Die betriebswirtschaftlichen Bausteine von OSPA Control setzen auf einer einheitlichen Datenplattform auf und liefern somit sachlogisch kompatible und nachvollziehbare Ergebnisse. Die verschiedenen Controlling-Module sind dabei datentechnisch miteinander vernetzt und kommunizieren über programminterne Schnittstellen. Der modulare Aufbau unterstützt die sukzessive Einführung der integrierten Gesamtbanklösung: Aufbauend auf dem OSPA-Control-Data-Warehouse lassen sich die betriebswirtschaftlichen Programmbausteine in beliebiger Reihenfolge anbinden.

Das Modul Ergebnissteuerung ermöglicht eine systematische Analyse und Planung des Kundengeschäfts. Grundlage der Ergebnissteuerung ist der nach der Marktzinsmethode[5] kalkulierte Deckungsbeitrag einzelner Kundengeschäfte zum Gesamterfolg der Bank. Die Ergebnisse können entweder über das Standard-Reporting nach den Dimensionen Produkte, Kunden und Profit-Center ausgewertet oder im Detail über den Ergebniswürfel ana-

5 Vgl. Schierenbeck, H.: Ertragsorientiertes Bankmanagement, Band 1, Grundlagen, Marktzinsmethode und Rentabilitäts-Controlling, 6. Aufl., Wiesbaden 1999, S. 72 ff.

lysiert werden. Für jedes Element des Ergebniswürfels werden die Deckungsbeiträge auf Basis der Einzelgeschäfte ermittelt. So ist ein Datenelement beispielsweise der Provisionserlös für ein Wertpapierdepot eines Kunden innerhalb eines Profit-Centers. Sollen zum Beispiel die Provisionserlöse einer Vertriebseinheit ausgewiesen werden, aggregiert OSAP Control sämtliche Provisionen auf Konten- und Kundenebene des jeweiligen Profit-Centers. Auf diese Weise werden sinnbildlich beliebige Scheiben aus dem Ergebniswürfel herausgeschnitten, das heißt Auswertungen können nach verschiedenen Dimensionen und in beliebigem Aggregationsgrad erfolgen. Selbstverständlich lassen sich alle über den Ergebniswürfel abfragbaren Daten auch über das Reporting ausweisen.

Im Modul Bilanz-/GuV-Planung wird eine mittelfristige Ergebnis- und Bilanzstrukturplanung durchgeführt. Hierbei steht insbesondere die Analyse der durch Änderungen der Zinsstruktur und unterschiedliche aktivische und passivische Zinselastizitäten ausgelösten Zinsspannenveränderungen nach dem Elastizitätskonzept[6] im Mittelpunkt der Betrachtungen. Ausgangsbasis sind die aktuelle Stichtagsbilanz, der Derivatebestand und die Konditionenparameter im Kundengeschäft, das heißt die Zinssätze und Restlaufzeiten der Bilanzpositionen nach unterschiedlichen Zinsbindungsfristen. Auf Basis der Bilanzstrukturplanung erfolgt die Simulation des Zinsspannenverlaufs mit Hilfe der dynamischen Elastizitätsbilanz. Durch die Kombination unterschiedlicher Zins- und Bilanzstrukturszenarien kann eine

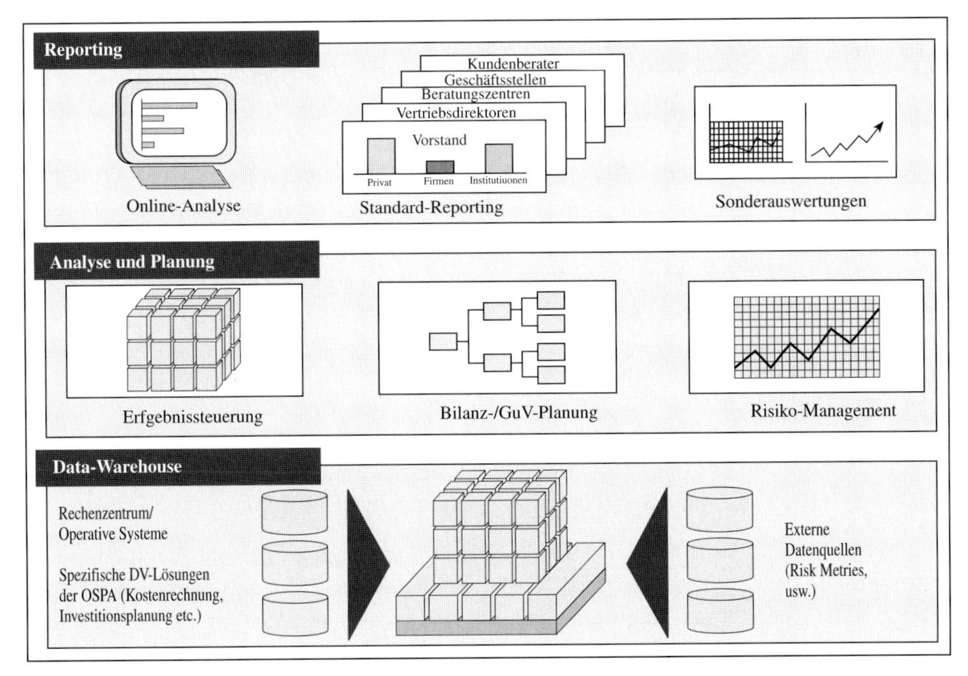

Abbildung 2: Systemarchitektur von OSPA Control im Überblick

6 Vgl. Rolfes, B.: Die Steuerung von Zinsänderungsrisiken in Kreditinstituten, Band 29 der Schriftenreihe des Instituts für Kreditwesen der Westfälischen Wilhelms-Universität Münster, 1985, S. 172-178.

Bandbreite der zukünftigen Zinsspannenentwicklung ermittelt werden. Das Risiko einer negativen Veränderung der Bruttozinsspanne wird mit der dynamischen Elastizitätsbilanz in die ursächlichen Bestandteile Elastizitätseffekt, Zinsablaufeffekt und Struktureffekt zerlegt. Diese Kennziffern ermöglichen eine detaillierte Analyse der zukünftigen Zinsspannenentwicklungen und zeigen Ansatzpunkte zur Steuerung der Bruttozinsspanne auf.

Im Modul Risiko-Management erfolgt parallel zu der handelsrechtlich-periodischen Sichtweise des Moduls Bilanz-/GuV-Planung eine barwertige Risikoanalyse. Der einheitliche Datenbestand des OSPA-Control-Data-Warehouses ermöglicht eine Überführbarkeit der Ergebnisse von periodischen und barwertigen Steuerungskreisen. Zur barwertigen Zinsrisikoanalyse werden Cashflows erzeugt, die mit der aktuellen Zinsstrukturkurve auf den Betrachtungszeitpunkt abdiskontiert werden. Auf diese Weise erhält man den aktuellen Barwert des Zinsbuches bzw. den Reinvermögenswert aus den zinstragenden Geschäften der Sparkasse. Durch die Analyse verschiedener Zinsszenarien kann die Barwertentwicklung prognostiziert werden und es lassen sich konkrete dispositive Steuerungsmaßnahmen ableiten. Der Risikostatus kann dabei wahlweise auf Basis von Benchmark-Szenarien (zum Beispiel Best-/Worst-Case-Analysen oder Stress-Szenarien) ermittelt oder unter Einbeziehung von Volatilitäten und Korrelationen nach dem Value-at-Risk-Konzept (VaR) im Sinne eines Markt-Szenarios quantifiziert werden.

2.3 Prozessschritte im Rahmen der Einführung von OSPA Control

Nach der Installation des Data-Warehouse sowie der Konfiguration der Datenbank und der Metadaten erfolgte zunächst der Aufbau der Organisations-, Produkt- und Kundenstrukturen in der Strukturverwaltung von OSPA Control. Hierdurch wird festgelegt, in welchen Dimensionen und in welchem Detaillierungsgrad Auswertungen erfolgen sollen. Dabei ist zu berücksichtigen, dass auf der einen Seite der Detaillierungsgrad hoch genug sein muss, um den Datenanforderungen aller Anwender gerecht zu werden. Auf der anderen Seite bedeutet eine sehr detaillierte Struktur aber auch einen höheren Pflegeaufwand des Systems im Controlling, so dass im Vorfeld eine genaue Spezifikation der Analysebereiche und Strukturebenen vorgenommen wurde. Daraufhin erfolgte der Aufbau des Ergebniswürfels mit der Möglichkeit zur Drill-Down-Analyse. Hierbei standen nach kurzer Zeit die wesentlichen vertriebsrelevanten Schlüsselinformationen in OSPA Control zur Verfügung.

Im zweiten Schritt wurde ein umfassendes Vertriebsreporting aufgebaut. Ziel hierbei war eine optimale Unterstützung der Vertriebsbereiche durch ein standardisiertes Reporting für alle Berater und Organisationseinheiten mit Vertriebsfunktionen. Nach der Konzeption eines Reportsatzes, der alle Informationen für einen Plan-Ist-Vergleich der Vertriebsziele sowie weitere Informationen zur Ergebnisanalyse enthält, wurde dieser unter OSPA Control abgebildet. Das Vertriebsreporting wird monatlich durch das Controlling erstellt. Über eine Anbindung an das hausinterne Informations- und Kommunikationssystem Lotus-Notes erhält jeder Vertriebsverantwortliche Zugriff auf die für ihn relevanten und speziell zugeschnittenen Reportsätze. Über gezielte Schulungen der Berichtsempfänger wurde gewährleistet, dass aus den zahlreichen Berichten unmittelbare Handlungsempfehlungen für das Tagesgeschäft abgeleitet werden können.

Im dritten Schritt erfolgte die Integration der betriebswirtschaftlichen Programmbausteine. OSPA Control konnte damit sukzessive zu einem gesamtbankbezogenen Steuerungssystem ausgebaut werden. Nachfolgend werden die zentralen Aspekte der integrierten Ertrags- und Risikosteuerung unter OSPA Control exemplarisch dargestellt.

3. Dimensionen der Gesamtbanksteuerung unter OSPA Control

3.1 Potenzialorientierte Vertriebssteuerung

Die mittelfristige Ergebnisplanung wird in der OstseeSparkasse Rostock durch eine simultane Top-down- und Bottom-up-Planung durchgeführt, welche von OSPA Control prozessual unterstützt wird. Die Volumenzuwächse über alle Produkte werden zunächst auf Gesamtbankebene geplant und auf die Beratungszentren heruntergebrochen. Diese vereinbaren im Rahmen der Vorgaben eigenverantwortlich mit den ihnen unterstellten Geschäftsstellen und Beratern detaillierte Planwerte nach Zielkundengruppen und Produktbereichen. Anschließend erfolgt eine Aggregation der dezentral geplanten Volumens- und Ergebnisstrukturen als Ausgangsbasis für die unterjährige Ertrags- und Kostenbudgetsteuerung.

Zur klaren Positionierung als regionaler Marktführer ist eine Orientierung an den Entwicklungen und Möglichkeiten des Marktes erforderlich. Ausgangsbasis der Planung im Privatkundengeschäft ist die Geldvermögensbildung innerhalb des Geschäftsgebietes. Diese beinhaltet den Vermögenszuwachs der privaten Haushalte aus dem verfügbaren Nettoeinkommen einschließlich der Zinskapitalisierung und stellt somit das maximal erreichbare Volumen des Planungsjahres für Einlagen, Wertpapiere, Bausparverträge und Lebensversicherungen dar. In Höhe des Marktanteils von derzeit ca. 70 % bildet die Geldvermögensbildung die Grundlage für die Planung der Produktvolumina, Zinskonditionsbeiträge und Provisionserlöse. Zur Ermittlung der Zinskonditionsbeiträge werden die Leistungsvolumina[7] prognostiziert und mit den erwarteten Bruttomargen multipliziert. Die Ermittlung der Provisionserlöse erfolgt analog durch Multiplikation des geplanten Neugeschäftsvolumens mit den Provisionssätzen. Die in Abstimmung zwischen Vertrieb und Controlling ermittelten Planwerte werden in OSPA Control über entsprechende Planungsmasken erfasst. Gleichzeitig erfolgt eine zentrale Budgetierung der Personal- und Sachkosten für die einzelnen Organisationseinheiten.

7 Das Leistungsvolumen entspricht der Summe des durchschnittlichen Aktiv- und Passivvolumens aus zinstragenden Geschäften innerhalb einer Periode.

Die im Data-Warehouse von OSPA Control abgebildeten Plandaten stehen als Ausgangsbasis für die Bilanz- und GuV-Planung, die Zinsrisikosteuerung auf Gesamtbankebene und für die Vertriebssteuerung der dezentralen Einheiten zur Verfügung. Die Aktivitäten- und Erfolgsbeurteilung erfolgt auf Basis eines detaillierten Vertriebsreportings. Es umfasst die vier Teilbereiche Plan-/Ist-Reporting, Vertriebsentwicklung, Geschäftsstellenanalyse und den Vergleich der Zielvereinbarungsprodukte. Das Plan-/Ist-Reporting stellt die potenzialorientierten Planwerte den tatsächlichen Ist-Werten gegenüber. In einer dreistufigen Deckungsbeitragsrechnung werden für jede Organisationseinheit und für jeden Berater die Zinskonditionsbeiträge und das Provisionsergebnis sowie die Personal- und Sachkosten dargestellt. Durch ergänzende Detailreports können die den Deckungsbeitrag bestimmenden Einflussfaktoren wie Leistungsvolumina, Bruttomargen, Provisionsgeschäfte und Kostenarten analysiert und so die Ursachen für Zielabweichungen ermittelt werden. Maßnahmen zur Ergebnissteigerung und zur Erfüllung der Zielvorgaben können so gezielt an den Schwachstellen ansetzen. Die Reports zur Vertriebsentwicklung zeigen die Veränderung der Produktvolumina und steuerungsrelevanter Kennziffern, wie zum Beispiel die Entwicklung von Kundenzahlen, Cross-Selling-Quoten usw. Hierdurch erhalten die Berichtsempfänger Hinweise für die Planung und Erfolgskontrolle von Vertriebsmaßnahmen. Die Auswertungen zur Geschäftsstellenanalyse informieren über die Entwicklung der Kundenstruktur nach den strategischen Geschäftsfeldern und der Lebenszyklusphase des Kunden. Abweichungen von der geplanten Kundenstruktur werden auf diese Weise transparent. Ertragsstarke, ggf. aber unterrepräsentierte Kundengruppen können gezielter angesprochen und betreut werden. Über den Vergleich der Zielvereinbarungen wird die unterschiedliche Entwicklung der Ergebniskennziffern der verschiedenen Bezirksdirektionen deutlich. Ergänzende Rennlisten, bei denen die Budgeterreichung der Geschäftsstellen und Berater in eine Rangfolge gebracht werden, bieten einen zusätzlichen Leistungsanreiz und erlauben eine dezidierte Erfolgsbeurteilung des Vertriebs.

3.2 Gesamtbankbezogenes Zinsrisiko- und Treasury-Management

Aufbauend auf den festgelegten Volumens- und Margenzielen ist zu analysieren, welche Zinsänderungsrisiken aus den bestehenden und zukünftigen Positionen für die Gesamtbank resultieren. Im zinstragenden Geschäft übernehmen Kreditinstitute u. a. die Funktion der Fristentransformation, das heißt die herausgegebenen Kredite haben in der Regel eine andere Zinsbindungsfrist als die hereingenommenen Einlagen. Auch das variable Geschäft beinhaltet aufgrund unterschiedlicher Zinsanpassungselastizitäten Risiken bezüglich der Zinsspannenentwicklung. Bei einer normalen Zinsstruktur, also mit zunehmender Laufzeit steigenden Zinssätzen, lässt sich durch eine kurzfristige Refinanzierung der Aktiva zusätzlich zum Zinskonditionsbeitrag ein Fristentransformationsbeitrag erzielen. Aufgrund der in den letzten Jahren sinkenden Bruttomargen gewinnt der Transformationsbeitrag zunehmend an Bedeutung. Fristeninkongruenzen in der Bilanzstruktur können aber mit z. T. erheblichen Zinsänderungsrisiken behaftet sein. Eine Erhöhung des Ergebnisses aus der Fristentransformation kann daher nur unter Berücksichtigung der Risikotragfähigkeit bzw. der Risikodeckungsmasse der Sparkasse erfolgen. Da im Rahmen eines aktiven Treasury-Managements die Möglichkeit besteht, das Verhältnis von Ertrag und Risiko auch ohne Beeinflussung der Vertriebsaktivitäten durch den Abschluss von Eigengeschäften und Derivaten zu steuern und somit zu optimieren, erfolgt eine Quantifizierung der Veränderung des Zinsrisikostatus nicht nur auf Basis verschiedener Szenarien bezüglich der Zins- und Bilanzstrukturentwicklung, sondern auch unter Einbeziehung von bestehenden und geplanten derivativen Finanzinstrumenten.

Die Prognose der Entwicklung der einzelnen Bilanzpositionen erfolgt auf Monats- oder Jahresbasis für einen fünfjährigen Planungszeitraum. Hierbei werden auf Grundlage der Eckdaten der Vertriebsplanung drei Strukturszenarien (Real-, Worst- und Best-Case) angelegt. Ebenfalls drei Szenarien werden bezüglich der Zinsentwicklung erarbeitet. Das Real-Case-Szenario wird durch den Anlageausschuss bestimmt. Die erwartete Bandbreite des Zinskorridors wird durch das Best- und Worst-Case-Szenario abgebildet. Über die im Programm hinterlegten, OSPA-spezifischen Zinselastizitäten errechnen sich in Abhängigkeit des Zinsszenarios die zukünftigen Positionszinssätze bzw. Durchschnittsverzinsungen der Bilanzpositionen. In Kombination mit dem Strukturszenario lassen sich somit Veränderungen der Bruttozinsspanne prognostizieren und im Hinblick auf ihre Ursachen analysieren. Die Steuerung der Bruttozinsspanne erfolgt durch den Abschluss von geeigneten Derivaten, wie zum Beispiel Swaps. Der Einsatz solcher Instrumente wird dabei von OSPA Control bei der Simulation des zukünftigen Zinsergebnisses berücksichtigt. Auf diese Weise werden die periodischen Wirkungen derivativer Instrumente transparent.

Neben der periodischen Zinsbuchsteuerung gewinnt der barwertige Ansatz seit einigen Jahren zunehmend an Bedeutung. Dies ist vor allem darin begründet, dass die periodische Zinsbuchsteuerung einen begrenzten Planungshoriziont impliziert und Auswirkungen von Geschäften, die außerhalb des Planungshorizontes liegen, nicht berücksichtigt. Dies kann zu falschen Steuerungsimpulsen führen. Beim Barwertansatz werden alle zukünftigen Zahlungsströme der im Bestand befindlichen Geschäfte mit der aktuellen Zinsstruktur abgezinst. Dabei werden die Auswirkungen aller zukünftigen Perioden in die Betrachtung einbezogen und auf den Barwert verdichtet. Der Barwert des Zinsbuches entspricht dem Reinvermögenswert der Sparkasse aus zinstragenden Positionen und kann analog zum Eigenhandelsbestand betrachtet werden. Damit ist sowohl eine Quantifizierung des Risikos über den Value-at-Risk-Ansatz möglich, als auch eine Messung der Portfoliorendite und -performance über die aus dem Wertpapierbereich bekannte Kennziffer Return on Risk Adjusted Capital (RORAC)[8].

Durch die simultane Betrachtung von Zinsänderungsrisiken in periodischer und barwertiger Sichtweise können sowohl gezielte Steuerungsmaßnahmen abgeleitet als auch Auswirkungen auf das handelsrechtliche Ergebnis dezidiert analysiert werden. Beide Instru-

8 Zum Return on Risk Adjusted Capital vgl. Schierenbeck, H.: Ertragsorien.tiertes Bankmanagement, Band 2: Risiko-Controlling und Bilanzstruktur-Management, 6. Auflage, Wiesbaden 1999, S. 496.

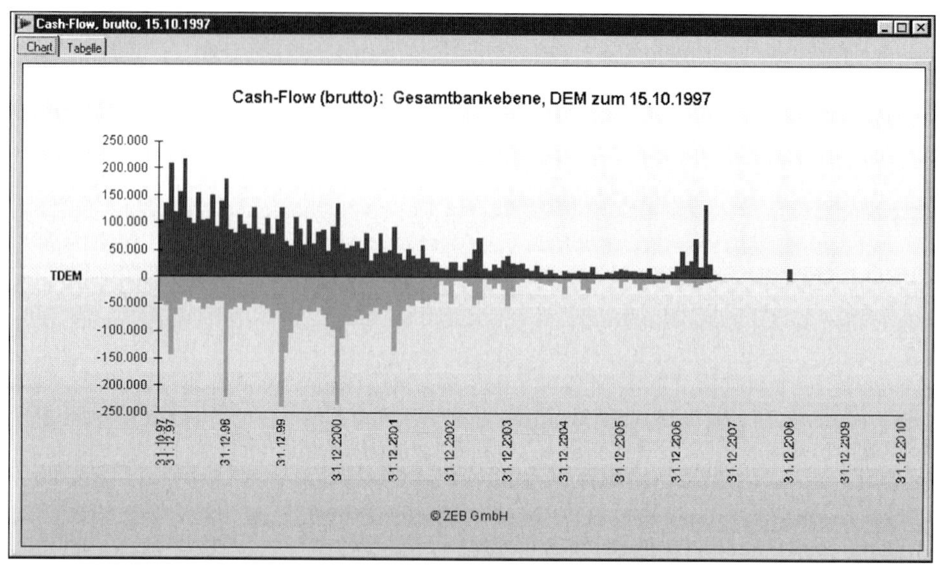

Abbildung 3: Cashflow auf Gesamtbankebene

mente liefern somit wertvolle Informationen für die Gesamtbanksteuerung und sind unverzichtbare Werkzeuge eines ertrags- und risikoorientierten Treasury-Managements.

3.3 Kreditnehmer-Rating, Risikokostenkalkulation und Kreditportfoliosteuerung

Neben Zinsänderungsrisiken stellen Kreditrisiken die zweite wesentliche Risikokategorie einer Sparkasse dar. Die Steuerung der Risiken aus dem Kreditgeschäft erfolgt einerseits auf Kreditnehmer-, andererseits auf Portfolioebene. Beide Steuerungsbereiche werden von OSPA Control systematisch unterstützt. Auf diese Weise gelingt eine umfassende, konsequent an Ertrags- und Risikotragfähigkeitsgesichtspunkten ausgerichtete Gesamtbanksteuerung über alle Risikoarten und Geschäftsfelder der OstseeSparkasse hinweg.

Ausgangspunkt der Kreditrisikosteuerung bildet die regelmäßige Bonitätseinstufung der Kreditnehmer im Rahmen des Kreditnehmer-Ratings. Im Firmenkundengeschäft setzt die OstseeSparkasse hierzu das vom Deutschen Sparkassen- und Giroverband (DSGV) entwickelte Ratingsystem ein. Auf Grundlage der mit dem DSGV-Firmenkundenrating generierten Rating-Klassifizierungen werden in OSPA Control institutsspezifische Standardrisikoprämien nach Bonitäts- und Sicherheitenklassen berechnet. Über entsprechend standardisierte Schnittstellen können weitere kreditrisikorelevante Informationen, wie die über das Feri-Modul bereitgestellten Branchenratings, in den Datenbestand des Data-Warehouses importiert werden.

Durch Aggregation der kreditnehmerbezogenen Standardrisikokosten wird der „Expected Loss" einzelner Vertriebsdirektionen, Geschäftsstellen und Berater nach Bonitäts- und Sicherheitenklassen ermittelt. In OSPA Control wurde zu diesem Zweck ein umfangreiches Reporting zur systematischen Analyse und Steuerung von Kreditportfoliorisiken angelegt. Hier wird der gesamte Kreditbestand nach Kreditnehmereinheiten gemäß § 19 Abs. 2 KWG, Produktarten, Bonitäten, Sicherheiten, Branchen, Größenklassen sowie Inanspruchnahmen, Kreditlinien, offene Zusagen, Risikokosten etc. ausgewertet. So lassen sich Risiken rechtzeitig erkennen und Steuerungsmaßnahmen gezielt einleiten. Die Branchenauswertung zum Beispiel macht Klumpenrisiken transparent. Weiterhin können Wanderungsbewegungen von Kreditnehmern zwischen den verschiedenen Bonitäts- und Sicherheitenklassen in sog. „Migrationsmatrizen" untersucht werden. Die Bonitätswanderungsmatrix zeigt Veränderungen der Qualität des Kreditnehmerbestandes zeitnah an. Das OSPA-Control-Kreditportfolioreporting löste einen bisher manuell unter hohem Arbeitsaufwand vierteljährlich erstellten Kreditportfoliobericht ab und steht nun allen Empfängern mit detaillierten Informationen monatlich zur Verfügung.

Während der „Expected Loss" durch die kalkulierten und vereinnahmten Risikoprämien im Kreditnehmerbestand der OSPA abgedeckt wird, ist zur Unterlegung des „Unexpected Loss" entsprechendes Risikokapital vorzuhalten. Die Kalkulation des notwendigen Eigenkapitals zur Deckung des Kredit-Value-at-Risk erfolgt derzeit durch eine Gegenüberstellung der in der Vergangenheit erwirtschafteten Risikoprämien mit dem tatsächlichen Risikovorsorgebedarf. Zukünftig soll zur Analyse und Simulation des Value-at-Risk im Kreditgeschäft ein modernes Kreditportfoliomodell eingesetzt werden. Die insbesondere durch die jüngsten Konsultationspapiere des Baseler Ausschusses für Bankenaufsicht zur regulatorischen Eigenmittelunterlegung von Kreditrisiken formulierten konzeptionellen, organisatorischen und datentechnischen Voraussetzungen hierfür konnten in der Ostsee-Sparkasse Rostock – nicht zuletzt mit der Einführung von OSPA Control – bereits frühzeitig geschaffen werden.

Heino Fassbender

Strategisches Bankcontrolling – heutiger Stand und Weiterentwicklung

1. Einleitung

Hätten gerade deutsche Banken auf ihre gegenwärtig unbefriedigende Position in der „Welt- und Europa-Liga“ der Banken – aufgereiht nach Marktkapitalisierung (Abbildung 1) – entschieden früher reagieren können? Hätte das strategische Controlling Frühindikatoren für die dramatische Entwicklung der letzten Jahre liefern können, sie transparenter machen und Wege zum Meistern der neuen strategischen Herausforderung aufzeigen müssen? Im Nachhinein sind wir alle klüger und müssen erneut feststellen, dass die Lieferfähigkeit des strategischen Controllings hinter der Lieferpflicht bleibt. Viel zu spät wurden erst Anfang der 80er Jahre mit der Marktzinsmethode die Voraussetzungen geschaffen, um die „Economics“ in der Bank, insbesondere der Universalbank, zu verstehen. Erst zu Beginn der 90er Jahre kamen mit der Eigenkapitalthematik (Eigenkapitalkosten/-allokation) die methodischen Grundlagen zur Portfolio-Optimierung. Erst jetzt findet die Shareholder-Value-orientierte Diskussion Eingang im Controlling, nachdem die oben aufgezeigten dramatischen Verschiebungen in der Marktkapitalisierungs-Liga bereits stattgefunden haben und einige Banken existenzielle Freiheitsgrade verloren haben. Dabei steht die nächste Herausforderung an, die Wertschöpfungskette[1] drastisch umzubauen, im Prinzip Banking und Bank neu zu definieren. Hier muss das strategische Controlling dem Bankmanagement helfen, neue Wertschöpfungsmöglichkeiten in einem sich schnell und fundamental wandelnden Markt bestmöglich wahrzunehmen. Wir werden hierauf unten näher eingehen.

	01/1993				04/2000	
1	Deutsche Bank	16,2	**1**	(27)	Citigroup	229,6
2	HSBC	14,7	**2**	(2)	HSBC (incl. CCF)	105,7
3	UBS	12,6	**3**	(24)	MSDW	99,6
4	SBC	11,1	**4**	(5)	Bank of America	90,3
5	Bank of America	10,8	**5**	(18)	Wells Fargo	71,0
6	Crédit Suisse Group	10,1	**6**	(3/4)	UBS	66,5
7	Lloyds Bank	9,6	**7**	(16)	ING Group	65,7
8	Bank One	9,6	**8**	(12)	Chase	61,6
9	NatWest	9,4	**9**	(6)	Crédit Suisse Group	57,9
10	JP Morgan	9,4	**10**	(7)	Lloyds TSB	57,6
11	Barclays	8,7	**11**	(1)	Deutsche Bank	54,2
12	Chase Manhattan	8,2	**12**	(-)	BBV-Argentaria	49,9
13	SocGen	7,3	**13**	(-)	Merril Lynch	46,8
14	Abbey National	7,2	**14**	(-)	BNP/Paribas	45,7
15	Dresdner Bank	6,8	**15**	(-)	Royal Bank of Scotland Group	44,8
16	ING	6,4	**16**	(-)	BSCH	44,2
17	ABN Amro	6,4	**17**	(-)	Charles Schwab	43,6
18	Wells Fargo	5,9	**18**	(-)	Goldman Sachs	41,8
19	PNC Bank	5,8	**19**	(-)	Barclays	41,0
20	Suez	5,5	**20**	(17)	ABN Amro	38,6

Abbildung 1: Banken Europa und USA nach Marktkapitalisierung in Mrd. Euro

1 Vgl. Faßbender, 2000.

Es kommen aber nicht nur die Methoden-Durchbrüche zu spät. Selbst wenn sie da sind, hinkt die Praxis hinterher: In der Regel vergehen fünf Jahre bis zur Einführung neuer Instrumente und weitere fünf Jahre, bis praktische Konsequenzen, zum Beispiel strategische Fokussierung durch Aufgabe einer Geschäftssparte, gezogen werden. In mehr als der Hälfte der uns bekannten Fälle ist immer noch „Schnee von gestern" in den Ergebniszahlen enthalten, u. a. weil Bestand und Neugeschäft nicht getrennt werden. In vielen Fällen werden „Windfall Profits" aus der aktuellen Zinsstruktursituation unverändert im strategisch ausschlaggebenden strukturellen Ergebnis ausgewiesen. Tendenziell ist das strategische Controlling in der Praxis immer noch primär eine Nabelschau. Die eigenen Zahlen werden solange analysiert bis am Ende der Markt aus der Sicht des Unternehmens gesehen wird statt umgekehrt. Schließlich ist es – anders als das operative Controlling – oft eine Einmalübung, die, anlässlich eines Strategieprojekts unternommen, schnell verkümmert. Aber auch, wo es als Daueraufgabe installiert ist, stellt es häufig eher eine bürokratische Dauerbeschäftigung des Stabs und eine Belästigung der Linie dar – ohne wirklich gelebt zu werden. Shareholder-Value-orientiertes Controlling wird bislang eher von einer Minderheit angewendet, Controlling der Wertschöpfungskette findet praktisch noch nicht statt.

Die Ursache dafür, dass das heutige strategische Controlling weder konzeptionell noch praktisch den erforderlichen Beitrag liefert, liegt aber nicht einseitig an den Controlling-Abteilungen, sondern am mangelnden Dialog zwischen Management und Controlling. Verbesserungen sind dringend erforderlich, da Geschwindigkeit und Ausmaß von Marktstrukturänderungen neue Anforderungen an die strategische Führung auf allen Managementebenen – Steuerungseinheiten, Vorstand und Aufsichtsrat – stellen.

Unter strategischem Controlling verstehen wir im Folgenden alle systematischen Voraussetzungen in der Managementinfrastruktur für eine erfolgreich in der ganzen Bank gelebte strategische Steuerung. Das heißt, wir gehen über die arbeitsteilig zu organisierende Stabsfunktion hinaus und betrachten das strategische Controlling ganzheitlich als in den Management-Prozess integrierte und unternehmensimmanente Fähigkeit, wobei Controlling im englischen Wortsinn als Steuerung zu verstehen ist.

Der heutige Stand der theoretischen Konzeption ist in der Literatur prinzipiell beschrieben[2]. Allerdings stehen in den jeweiligen Publikationen meist einzelne Aspekte im Vordergrund. Wir wollen deshalb an dieser Stelle einen möglichst geschlossenen Kurzüberblick über das strategische Controlling in seiner Gesamtheit geben: Zu den Hauptinhalten und zum Prozess gehen wir neben der Schilderung des derzeitigen Standes auch auf erforderliche Weiterentwicklungen ein. Einige praktische Hinweise für eine erfolgreiche Umsetzung schließen die Darstellung ab.

2 Vgl. Flesch/Gerdsmeier, 1998; Schierenbeck, 2000; Schulte, 1996.

2. Hauptinhalte des strategischen Controlling

Hauptinhalte des strategischen Controllings sind (1) die strategische Diagnose der eigenen Position und Struktur, (2) der wesentlichen externen Faktoren in ihren Auswirkungen auf die Bank und ihre Optionen, (3) die aus beidem abgeleitete Beschreibung der Ziele und (4) des Weges dorthin (Abbildung 2).

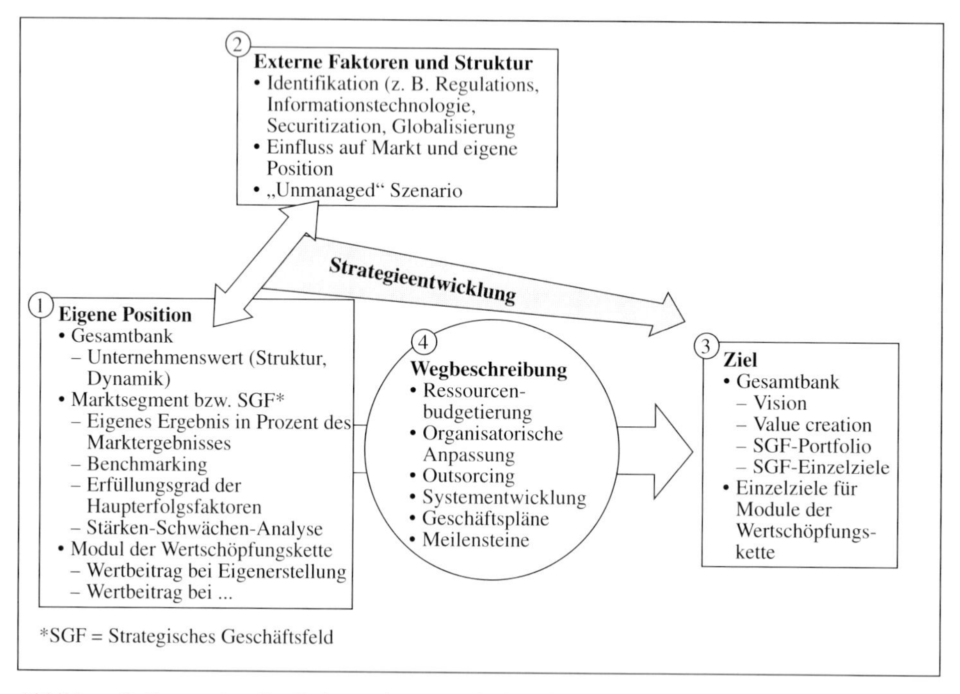

Abbildung 2: Konzeptioneller Rahmen des strategischen Controlling – Hauptinhalte

2.1 Diagnose der eigenen Position und Struktur – weg von der reinen Nabelschau

Die Beschreibung der eigenen Position und Struktur wird häufig als eine reine Nabelschau konzipiert und von endlosen Analysen eigener Zahlen dominiert. Die Selbstbetrachtung ist sicherlich ein wichtiger erster Schritt, noch wichtiger ist es allerdings, die Unterschiede zum Markt zu erkennen und die eigene Position und Struktur aus der Marktperspektive heraus zu beleuchten. Unter der Diagnose der Position verstehen wir insbesondere die Ergebnisausschöpfung nach strategischen Geschäftsfeldern (SGF), unter Diagnose der Struktur insbesondere die Beiträge der Module der Wertschöpfungsketten – vor allem Produktmanagement, Vertrieb, Refinanzierung, Risikoübernahme und Operations – im Abgleich zwischen Eigenerstellung und Outsourcing. Die verschiedenen Steuerungsebenen benötigen entsprechende Diagnoseinstrumente. Ihre Anforderungen werden im nächsten Unterabschnitt 2.1.1 dargestellt. Anschließend wird in 2.1.2 skizziert, wie aus dem Management-Informations-System (MIS) die quantitativen Daten bereitzustellen sind.

2.1.1 Diagnose auf den verschiedenen Steuerungsebenen

Die Diagnose gliedert sich theoretisch in Symptomdarstellung und Ursachenanalyse, in der Praxis sind die Übergänge jedoch fließend. Der Wert der Diagnose lebt vom Wechsel zwischen der Betrachtung interessanter Ergebnisse und dem fortgesetzten Suchen nach den Gründen. Wenn beispielsweise eine Kundengruppe ein negatives Ergebnis ausweist, könnte die Break-even-Analyse etwa auf einen zu hohen Anteil kleiner Losgrößen hinweisen, die auf eine verfehlte Akquisitionspolitik zurückgehen, welche ihrerseits von fehlenden Anreizen im Vergütungssystem verursacht wird. Im Folgenden werden die Diagnoseanforderungen der verschiedenen Steuerungsebenen betrachtet.

2.1.1.1 Anforderungen zur Steuerung der Strategischen Geschäftsfelder

Im Mittelpunkt der *quantitativen* Symptomdarstellung steht hier die Messung der Marktergebnisausschöpfung über Zeit: Für alle relevanten Marktsegmente – in der Regel die Strategischen Geschäftsfelder (SGF) – wird die eigene Ergebnisstruktur berechnet und in Prozent des entsprechenden Marktergebnisses ausgedrückt. Das Beispiel in Abbildung 3

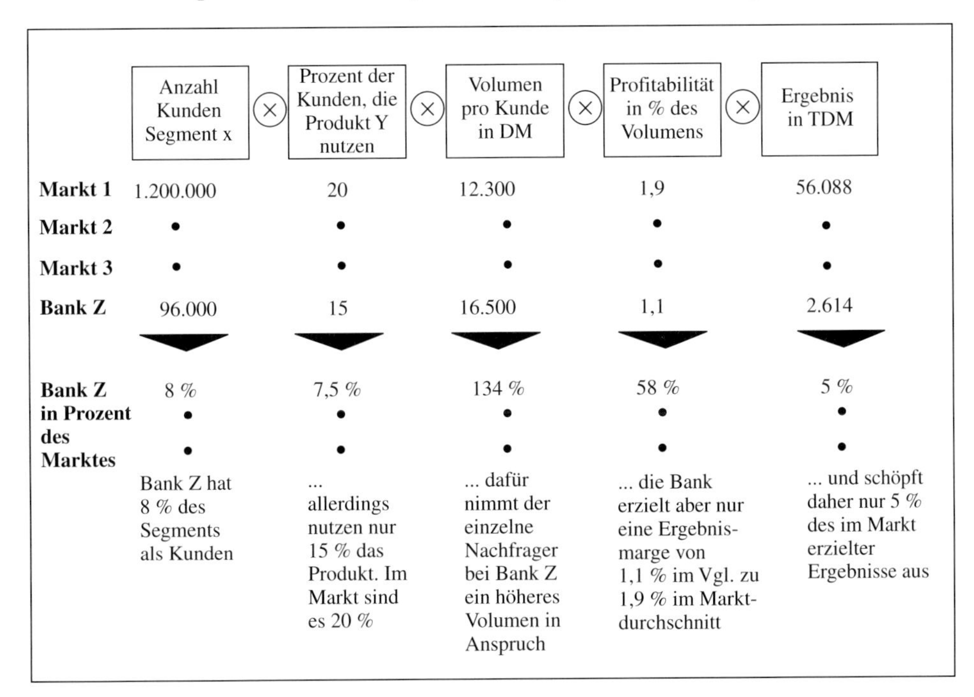

Abbildung 3: Beispiel für eine Ergebnisauswertung – Segment X, Produkt Y

zeigt, wie viel aufschlussreicher eine Gegenüberstellung der eigenen Zahlen mit Marktdaten statt eine reine Innenansicht ist.

Typische eher *qualitative* Ursachenanalysen sind:

- Analyse der Haupterfolgsfaktoren nach Bedeutung und Erfüllungsgrad im Vergleich zu den Hauptwettbewerbern
- Stärken-Schwächen-Profil, nach einer bestimmten Struktur, wie zum Beispiel dem 7-S-Modell von McKinsey.

Bei Abschluss der Diagnose muss nachvollziehbar sein, warum die Bank im jeweiligen SGF eine bestimmte Position erlangt hat, wo ihre intrinsischen Stärken und Schwächen liegen und welche Auswirkung diese auf die relative Ergebnisposition im Markt haben.

2.1.1.2 Anforderungen zur Steuerung der Module der Wertschöpfungskette

Securitization und Informationstechnologie (IT) ermöglichen es, die traditionell „monolithische“ Wertschöpfungskette einer Bank zu disaggregieren und modular neu zu konfigurieren[3] (Abbildung 4). Dadurch kann die Bank entscheiden, welche Module sie selbst erstellt und welche sie einkauft. Das strategische Controlling wird in Zukunft einen wesentlichen Beitrag dazu liefern, die richtigen Entscheidungen zu treffen. Hierzu muss eine zweite Dimension des Controlling neben die SGF-Dimension treten. Wichtige konzeptionelle und praktische Fragen sind hier zu beantworten: Zu welchen Preisen übergibt „Produktmanagement“ Produkte an die Vertriebskanäle, mit welchen Verrechnungskosten belastet „Operations“ seine Beiträge usw.

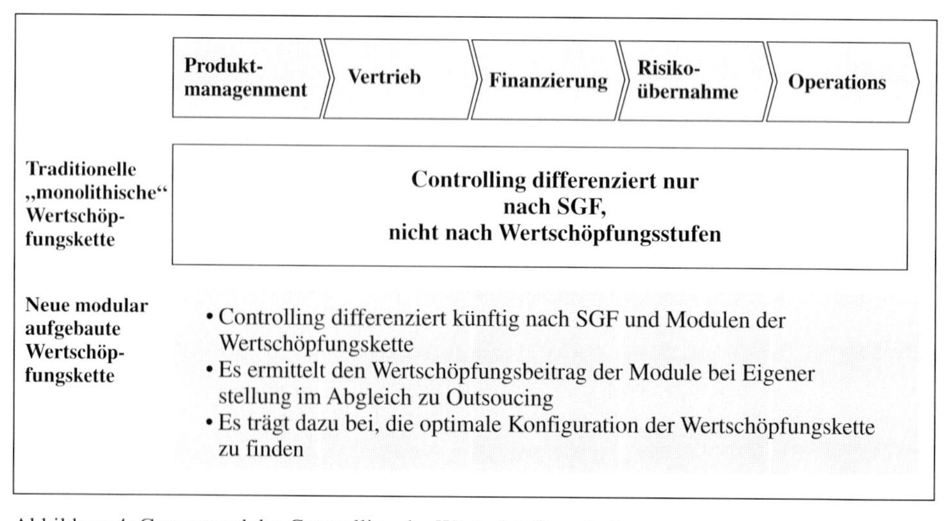

Abbildung 4: Gegenstand des Controlling der Wertschöpfungskette

3 Vgl. Faßbender, 2000

Antworten zu finden, ist schwierig, aber unabdingbare Voraussetzung, damit die eigenen Ressourcen der Bank nur in solchen Stufen der Wertschöpfung eingesetzt werden, wo ein Mehrwert gegenüber Drittbeschaffung erzeugt wird. Der zunehmende Wettbewerbsdruck und das Shareholder-Value-"Diktat" erfordern, die durch Securitization und IT gegebenen neuen Möglichkeiten, Banking radikal neu zu organisieren, so wahrzunehmen, dass jede Institution aus sich eine maximale Wertschöpfung herausholt. Das Controlling muss dieses Neuland betreten und auch hier wie beim Controlling der SGF die reine Nabelschau überwinden, beispielsweise durch Benchmarking zur Relativierung der eigenen Kosten- und Produktivitätssituation.

2.1.1.3 Anforderungen zur Steuerung auf Gesamtbankebene

Die Positions- und Strukturbeschreibung auf der Ebene der Gesamtbank verlangt mehr als die Summe der Einzelbetrachtungen. Konzeptionell wird diese Lücke durch den Ansatz des Value-based-Management geschlossen (Abbildung 5). Dieses Instrument ermöglicht es, alle SGF mit einem einheitlichen Maßstab zu bewerten, die Beiträge der Module der Wertschöpfungskette zu erkennen und Synergien transparent zu machen. Es schlägt die Brücke von einzelnen Aktivitäten in der Bank zur Auswirkung im Unternehmenswert, bei Aktiengesellschaften zum „Total Return to the Shareholder".

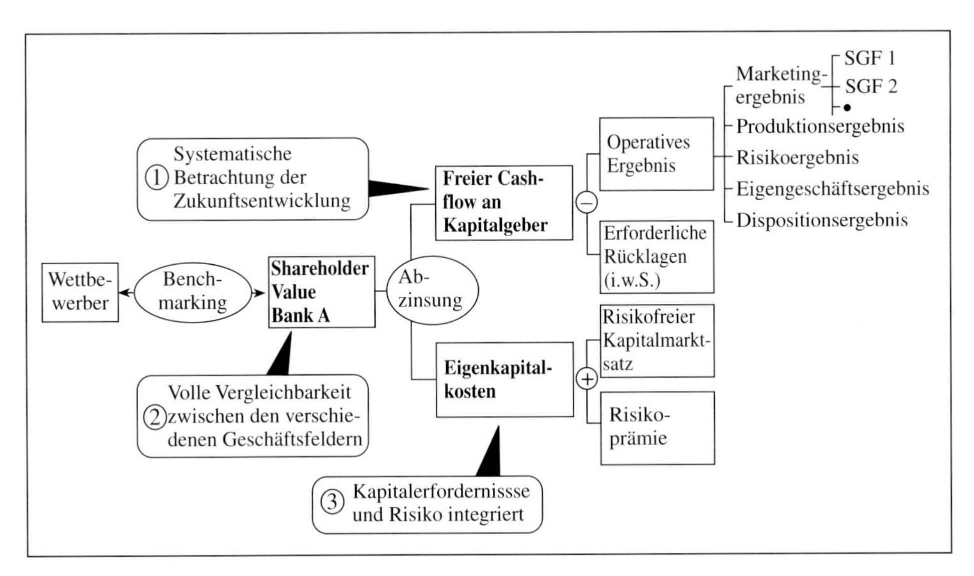

Abbildung 5: Value-based Management Betrachtung

Als Beispiele für Synergien seien genannt:

- Nutzung von Kundeninformationen in verschiedenen Kanälen für Cross Selling,
- Nutzung von Produkt-Know-how in verschiedenen Kundengruppen,

- Verringerung der Kreditrisiko- und Eigenkapitalzusatzkosten, wenn Risiken verschiedener SGF stochastisch voneinander unabhängig sind und Eigenkapital kalkulatorisch mehrfach belegt werden kann, zum Beispiel zwischen Handels- und Kredit-SGF,
- Gemeinsame Nutzung von Ressourcen („Shared Resources") wie EDV, Call Center oder stationäres Netz,
- Verbesserung der Personalentwicklung, wenn etwa Karrieren durch diverse SGF führen.

Auch diese Analysen dürfen nicht in Form einer Nabelschau durchgeführt werden, sie leben vom Vergleich mit dem Markt und den Hauptwettbewerbern und erlauben Aussagen über die Gründe für die Veränderung des eigenen Unternehmenswertes im Vergleich zu den Wettbewerbern. Die Strategic Control Map hat sich als Controllinginstrument bewährt (Abbildung 6). Auf der Abszisse wird das Eigenkapital abgetragen, auf der Ordinate die Relation von Markt- zu Buchwert als Maßstab der Performance. Gerade in Phasen der Konsolidierung und des Wachstums über Merger- und Acquisition-Aktionen werden hier die entscheidenden strategischen Stellhebel gezeigt. Auf dieser Strategic Control Map haben sich die dramatischen Verschiebungen in der Bankenlandschaft in den letzten Jahren gezeigt. Die Gewinner haben in der Regel einen sich positiv selbst verstärkenden Kreislauf in Gang gesetzt: Zunächst haben sie, entsprechend dem Shareholder-Value-Postulat, die Performance der eigenen Bank gesteigert. Am Kapitalmarkt hat sich entsprechend der Aktienkurs und damit die Markt-zu-Buchwert-Relation erhöht. Auf der Strategic Control Map bewegte sich das Unternehmen nach oben auf eine höhere Marktkapitalisierungs-"Isoquante". Dies sind die in der Abbildung eingezeichneten Kurven. Auf einer Isoquante

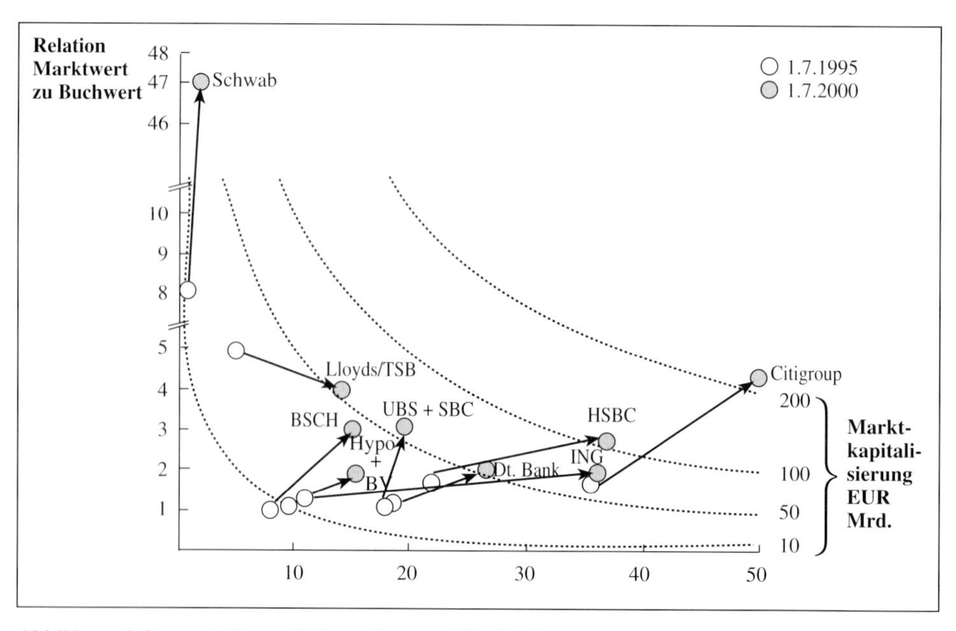

Abbildung 6: Strategic Control Map – Ausgewählte Banken

sind alle Kombinationen von Markt-zu-Buchwert-Relation und Eigenkapital dargestellt, die zur jeweils gleichen Marktkapitalisierung führen (Marktkapitalisierung ist definitionsgemäß das Produkt aus Eigenkapital und Markt-zu-Buchwert-Relation). Anschließend kann weiteres Eigenkapital zugeführt und dadurch eine noch höhere Marktkapitalisierung (Isoquante) erreicht werden. Damit wird die Akquisitionswährung erlangt, die erforderlich ist, um andere Banken, die sich eher in der Strategic Control Map in einem Teufelskreis befinden, zu übernehmen. Der Teufelskreis läuft genau umgekehrt: Die Performance ist schlecht bzw. wird vom Kapitalmarkt als schlecht bewertet, der Kurs ist niedrig; es ist schwierig, Eigenkapital zu erheben, die Marktkapitalisierung ist entsprechend niedrig. Die Bank wird zum Übernahmekandidaten. Das strategische Controlling muss das Management mit den Analyseinstrumenten und Daten versorgen, um auf der unternehmensstrategischen Ebene im Zeitalter der Shareholder-Value-Diskussion erfolgreich zu operieren und damit die strategische Position nach vorne zu bringen.

2.1.2 Management-Informations-System

Damit sind wichtige Diagnoseanforderungen definiert. Im Folgenden beschreiben wir, wie die hierzu erforderlichen Zahlen zustande kommen. Der quantitative Kern der Positions- und Strukturbeschreibung auf allen Aggregationsebenen ist das strategische MIS. Wir gehen zunächst auf die offenen Fragen bei der Einzelgeschäftskalkulation ein und diskutieren dann markante Aggregationsstufen für die verschiedenen Steuerungsbereiche und -ebenen.

2.1.2.1 Kalkulation des Einzelgeschäfts

Abbildung 7 zeigt die Komponenten, aus denen sich der Ergebnisbeitrag des einzelnen Geschäfts zusammensetzt: Zinskonditionenbeitrag, Dienstleistungsbeitrag und gegebenenfalls Handelsbeitrag, abzüglich kalkulatorischem Risiko-, Eigenkapitalzusatz-Liquiditäts- und Betriebskosten (Personal- und Sachkosten). Offene Fragen bestehen sowohl theoretisch als auch praktisch bei einigen Abgrenzungen zum Zinskonditionenbeitrag, bei den Kreditrisiko- und Eigenkapitalzusatzkosten, bei den Betriebskosten sowie der Barwertbetrachtung.

Der Zinskonditionenbeitrag wird bekanntlich als fristenkongruente Marge mit Hilfe der Marktzinsmethode ermittelt. Seit unserer Publikation zur Marktzinsmethode Anfang der 80er Jahre hat das Thema in der Forschung, der Literatur und auch der Praxis große Aufmerksamkeit gewonnen[4]. Es kann mittlerweile konzeptionell als weitgehend gelöst angesehen werden. Dies gilt auch für die übrigen Ertragskomponenten. Es gilt jedoch nicht für die kalkulatorischen Kostenkomponenten. Hier werden in der Regel Ist-Werte in mehr oder weniger geeigneter Definition gewonnen, bei den Risikokosten beispielsweise vergangenheitsbezogene Durchschnittsausfallkosten, bei den Betriebskosten mittels Divisionskalkulation ermittelte Ist-Stückkosten. Damit kalkuliert sich eine Bank mit ineffizientem Back-Office bei der Akquisition aus dem Markt, statt das Signal für Verbes-

4 Vgl. Droste/Faßbender/Pauluhn/Schlenzka/von Löhneysen, 1983.

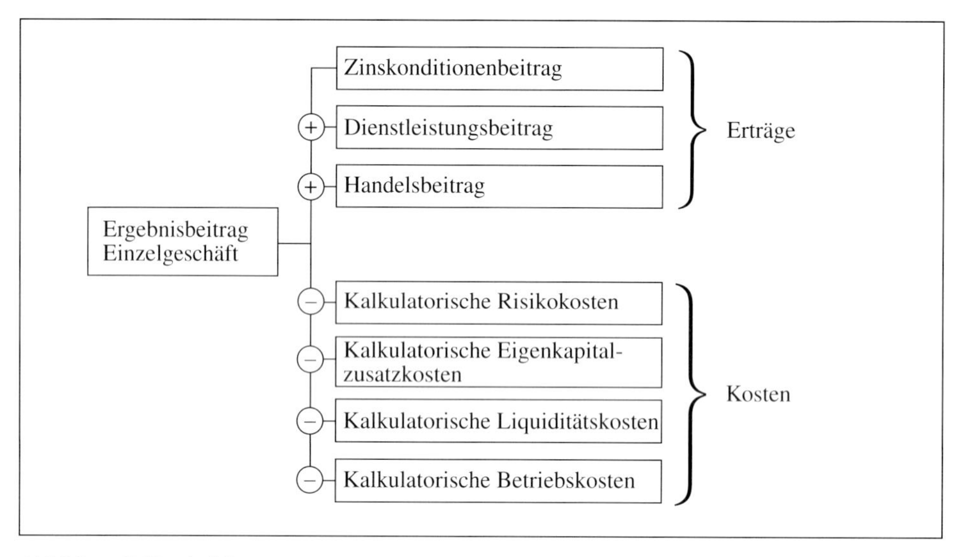

Abbildung 7: Ergebniskomponenten

serungen „nach hinten" zu geben. Korrekterweise müssten Benchmarking-Werte führender Wettbewerber oder – wo möglich – Marktpreise zur Kostenverrechnung verwendet werden. Bei Kreditrisikokosten wäre dies der Teil des Abschlags, der bei Kreditverkauf bzw. Securitization am Markt entsteht, wenn der Kredit im bestgeeigneten Portfolio platziert wird statt in dem der kreditgewährenden Bank, wo er mehr oder weniger gut hereinpasst, mehr oder weniger gut gemanaged wird. Als Betriebskosten sollten Preise aus dem Transaction-Banking-Markt verwendet werden, sofern sie existieren. Aufgrund von Securitization und IT werden in den nächsten Jahren vermehrt Marktpreise für Risiken und Operations-Services verfügbar werden. Hierauf sollte sich Controlling umstellen und Lücken über Benchmarking-Werte schließen, bevor auf eigene Ist-Werte zurückgegriffen wird.

Abschließend einige Bemerkungen zur Barwertmethode. Heute werden bei vielen Banken Ergebnisänderungen im Neugeschäft erst mit erheblicher Verzögerung sichtbar. Der eingangs zitierte „Schnee von gestern" muss aber aus der Ergebnisbetrachtung isoliert werden, damit eine veränderte Ergebnisstruktur zeitnah erkannt wird. Nur mit der Barwertbetrachtung, also der Kalkulierbarkeit der Ergebniswirkung des gesamten Neugeschäfts über die gesamte Laufzeit, kann der Erfolg aus den Aktivitäten der Berichtsperiode für die Wertsteigerung des Unternehmens korrekt gemessen werden. Abbildung 8 zeigt die Zusammenhänge zwischen Pro-anno- und Barwertbetrachtung. Konzeptionell ist diese Frage damit zwar beantwortet, in der Praxis befinden sich die Barwertbetrachtung allerdings noch in einem Entwicklungsstadium. Das größte Problem besteht darin, dass die Controller sich schwer tun, für das Management die Brücke zwischen jährlichen und Barwertgrößen zu schlagen.

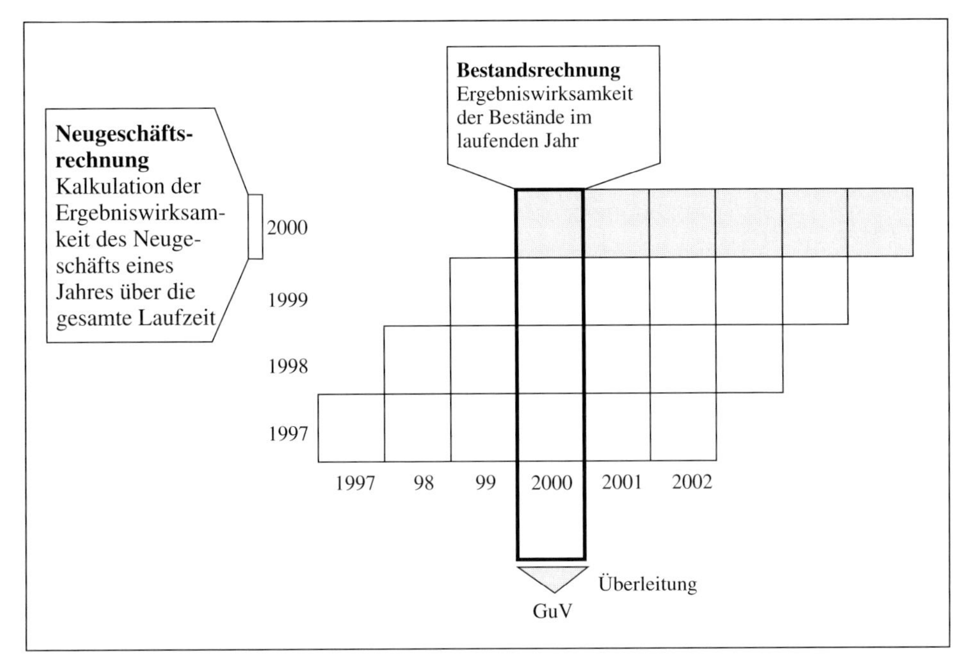

Abbildung 8: Barwertprinzip für Neugeschäftverknüpfung von Neugeschäfts-, Bestandsrechnung und GUV

2.1.2.2 MIS für die Strategischen Geschäftsfelder

Die im vorigen Unterabschnitt verwendete Definition des Einzelgeschäfts misst den Wertbeitrag einer einzelnen Aktivität am Markt. Entsprechend ergibt die Summe aller Einzelgeschäfte den Erfolg der gesamten Markttätigkeit der Bank und wird daher Marketingergebnis genannt. Die Marktaktivitäten sind in der Regel nach strategischen Geschäftsfeldern organisiert, so dass die Einzelgeschäfte entsprechend zu aggregieren sind. Strategische Geschäftsfelder können Kundengruppen sein, aber auch Produktbereiche und Vertriebskanäle.

2.1.2.3 MIS für die Module der Wertschöpfungskette

Wenn die Einzelgeschäfte mit kalkulatorischen Kosten abgerechnet werden, können auch die Beiträge der Module der Wertschöpfungskette (Abbildung 4) berechnet werden. Beispielsweise ist der Beitrag der Operations die zu Verrechnungspreisen bewertete Produktion abzüglich der Ist-Kosten. Eine Bank sollte nur dann Ressourcen in Operations einsetzen, wenn sie es selbst besser kann. Ein eigenes Kreditportefeuille ist nur dann gerechtfertigt, wenn der Saldo zwischen echtem Buchwert bzw. Erwartungswert des Portefeuilles und seines Marktwertes positiv ist; das heißt wenn es keinen besseren Investor und keinen besseren Manager gibt. Diese Betrachtungsweise lässt sich auf alle Module der Wertschöpfungskette anwenden. Abbildung 5 zeigt im rechten Teil den Zusammenhang mit der Wertschöpfung der Gesamtbank.

2.1.2.4 MIS für die Gesamtbankebene

Für die Steuerung der Gesamtbank sind einerseits Aggregationen der vorgenannten Ergebnisbereiche erforderlich, andererseits treten zusätzliche Analysen, wie zum Beispiel die Strategic Control Map, hinzu. Auf Gesamtbankebene muss herausgefunden werden, ob es sich letztendlich um das optimale Bündel von Aktivitäten handelt, seien es Marktaktivitäten oder Phasen der Wertschöpfung, bis hinein ins Back Office. Die Bündelung ist dann sinnvoll, wenn es die erwähnten Synergien gibt oder wenn besondere Fähigkeiten der Bank ausgespielt werden. Im Folgenden werden die wesentlichen Datenaggregationen für Gesamtbankanalysen genannt.

Gesamtbankdaten werden auf jeden Fall für das Risiko-Exposure und seine Struktur benötigt sowie für die Fristentransformation, die aus der Inkongruenz der Gesamtbankbilanz resultiert. Die Fristentransformation ist der Überschuss der Zinsertragsbilanz, bewertet mit Marktzinssätzen.

So wie Eigenkapital der Gesamtbank Steuerungsbereichen zugeordnet ist, können Shareholder-Value-orientierte Gesamtbankanalysen gemacht werden, um zu klären, wo die Quellen für Shareholder-Value-Erhöhung und -Vernichtung sind.

Letztlich werden die Daten des MIS erst dann geglaubt, wenn die Brücke zum offiziellen externen Rechnungswesen geschlagen werden kann. Abbildung 9 zeigt die wesentlichen Zusammenhänge.

Vereinfachte Darstellung

Ergebniskomponenten / Ergebnisteile	Zinskonditionenbeitrag				Dienstleistungsbeitrag (DLB)	Handelsbeitrag (HB)	Kreditrisikokosten (KK)		Liquiditätskosten (LKN)		Betriebskosten (BK)		Eigenkapitalzusatzkosten (EKK)
	Aktiv		Passiv										
	Eff.	Verr.	Verr.	Eff.			Eff.	Verr.	Aktiv	Passiv	Verr.	Eff.	
1. Marketing	$+EZ_A$	$-OZ_A$	$+OZ_P$	$-EZ_P$	* DLB		- KKV		- LKN	+ LKN	- BKV		- EKK
2. Eigengeschäft	$+EZ_A$	$-OZ_A$	$+OZ_P$	$-EZ_P$	+ DLB	+ HB	- KKV		- LKN	+ LKN	- BKV		- EKK
3. Disposition		$+OZ_A$	$-OZ_P$										- EKK
4. Kreditrisiko							+ KKV	- KKE					
5. Produktion											+ BKV	- BKE	
Operatives Ergebnis (Summe 1-5)	$+EZ_A$			$-EZ_P$	+ DLB	+ HB		- KKE	- LKN	+ LKN		- BKE	- EKK

Saldo = 9 im operativen Ergebnis
Eff. = Effektive Ist-Werte
Verr. = Verrechnete Werte
EZ = Effektivzins
OZ = Fristkongruenter Opportunitätszins
A = Aktiva
P = Passiva

Abbildung 9: Weitgehende Neutralisierung der von bilanziellen Vorschriften abweichenden Verrechnungswerte im operativen Ergebnis

2.2 Einfluss externer Faktoren – Management-Optionen und Szenarien statt Blick in die „Glaskugel"

Im Unterschied zur bisher diskutierten Positions- und Strukturbeschreibung wird bei der Betrachtung der externen Faktoren zusätzlich ein Blick in die Zukunft erforderlich. Die aus Sicht des jeweils betrachteten Marktes endogenen Faktoren – Kunden, Eigentümer, Mitarbeiter und Wettbewerber – sind von den aus Marktsicht exogenen Faktoren – insbesondere Regulations, Securitization, IT und Globalisierung – zu unterscheiden.

Die externen Faktoren werden in der Praxis häufig nur anlässlich einzelner Strategieprojekte mehr oder weniger systematisch zusammengetragen und reflektiert, sind danach jedoch selten integraler Bestandteil des strategischen Controllingprozesses. Hier ist die Diskussion auch konzeptionell noch nicht abgeschlossen. Modifikationen von Michael Porters Modell zur Strukturanalyse von Branchen haben sich bislang am ehesten bewährt[5].

Strategisches Controlling bedeutet, relevante externe Faktoren als Frühwarnsystem zu erkennen und ihre Auswirkungen auf die eigene Bank und ihre sich hieraus ergebenden Handlungsalternativen herauszuarbeiten. Da die gebündelte Wirkung dieser Faktoren alles bisher am Bankmarkt erlebte in den Schatten stellt – sowohl bezüglich des Ausmaßes wie auch der Geschwindigkeit –, ist hier das strategische Controlling, und damit Controller ebenso wie Manager, im besonderen Maße gefordert.

2.2.1 Marktexogene Faktoren

Alle erwähnten marktexogenen Faktoren haben eine verschärfte Bedeutung für die Banken bekommen. Es wurde bereits erwähnt, dass Securitization und IT eine komplette Zerlegung der traditionellen Bank und ihre Neukonfiguration erlauben. Die hierdurch verstärkt eintretende Spezialisierung macht es zugleich wirtschaftlich sinnvoll, zunehmend grenzüberschreitend tätig zu werden. Regulatorische Hemmnisse werden tendenziell weiter abgebaut. Dadurch werden zum ersten Mal über das Investment Banking hinaus Globalisierungstendenzen auch im Retail Banking zunehmen. Hierdurch entstehen für die Bank neue Möglichkeiten. Es kommen aber auch neue Wettbewerber auf ihren eigenen Kundenstamm zu.

2.2.2 Marktendogene Faktoren

Auch hier müssen alle Faktoren – Kunden, Eigentümer, Wettbewerber, Mitarbeiter – im Rahmen des strategischen Controllings neu betrachtet werden. Die Kundensegmentierung muss über die üblichen Kriterien wie Einkommen, Vermögen und Alter hinaus Kunden nach dem gewünschten Bedienungskomfort von der persönlichen Betreuung aus seiner Hand bis zur Selbstbedienung im Internet ebenso unterscheiden wie nach der vom Kunden wahrgenommenen Komplexität seines Finanzbedarfs. Hieraus ergeben sich sehr viel

5 Vgl. Porter, 1983.

differenziertere Kundensegmente, die mit unterschiedlichen Geschäftssystemen bedient werden müssen. Das strategische Controlling muss hier Anstöße zur richtigen Segmentierung geben und in der Lage sein, die Anforderungen der Marktbereiche im MIS zu reflektieren.

Die Shareholder-Value-Diskussion hat die Eigentümer sehr viel anspruchsvoller gemacht. Das Management steht unter dem Druck maximaler Wertschöpfung, die sich in der Marktkapitalisierung niederschlagen muss. Das strategische Controlling muss daher, wie erwähnt, die Brücke von den einzelnen Aktivitäten in der Bank hin zur gesamten Wertschöpfung schlagen, damit diese Aktivitäten entsprechend gesteuert werden.

Wettbewerber müssen sehr viel genauer beobachtet werden. Während sich in der Vergangenheit Marktanteile relativ wenig verändert haben, beobachten wir heute drastische Verschiebungen. Beispielsweise sehen die Marktanteile im Internet völlig anders aus als im stationären Vertrieb. Sehr viel häufiger kommen neue Angreifer, wie zum Beispiel die Online-Broker oder auch ausländische Anbieter, neu auf den Markt. Um so wichtiger ist es, im strategischen Controlling die Nabelschau zu überwinden und Wettbewerbsaktivitäten und Abgleiche der eigenen Bank mit den Wettbewerbern intensiver durchzuführen.

Im Zeitalter des „War for Talent" gewinnen gerade die hochqualifizierten Mitarbeiter im Kundenkontakt bzw. in den kritischen Produktentwicklungs- und sonstigen Know-how-Bereichen eine Schlüsselrolle für den Erfolg der Bank. Hierzu sind neue Vergütungssysteme erforderlich mit teilweise erheblichen Rückwirkungen auf die Höhe und Verteilung der Wertschöpfung. Auch hier ist das strategische Controlling gefordert.

2.2.3 Entwicklungsszenarien für Markt sowie eigene Position und Struktur

Niemand kann in Zeiten so fundamentaler und schnell eintretender Änderungen vorhersagen, was genau passieren wird. Um so wichtiger ist es jedoch, die möglichen Entwicklungen in Szenarien sichtbar und diskutierbar zu machen, um aus einer informierten Sichtweise die tief greifenden strategischen und strukturellen Entscheidungen zu treffen, die gefordert sind. Als erstes sollten die Auswirkungen in einem „Unmanaged Scenario" deutlich gemacht werden: wenn die Bank weder ihre Strategie noch ihre Struktur verändert, wo steht sie dann in Anbetracht der externen Entwicklungen? Sodann sollten Extremszenarien betrachtet werden, die fundamentale strategische Alternativen ebenso durchdiskutieren wie fundamentale strukturelle Änderungen, insbesondere im Bereich der oben diskutierten Rekonfiguration der Wertschöpfungskette. Hinzu kommen im zunehmenden Maße Szenarien, die Merger- und Acquisition-Alternativen berücksichtigen sowie den Aufbau von vollständig neuen Aktivitäten wie zum Beispiel Online-Brokerage. Die bereits erwähnte Strategic Control Map ist der geeignete Rahmen, um die letztlichen Auswirkungen für die Bank darzustellen.

Aber auch für die einzelnen strategischen Geschäftsfelder sind Hausaufgaben zu machen. Hierzu hat sich die in Abbildung 10 gezeigte Darstellungsform bewährt, um die eigene Stellung in jedem SGF zum Markt in Beziehung zu setzen. Horizontal wird die eigene Po-

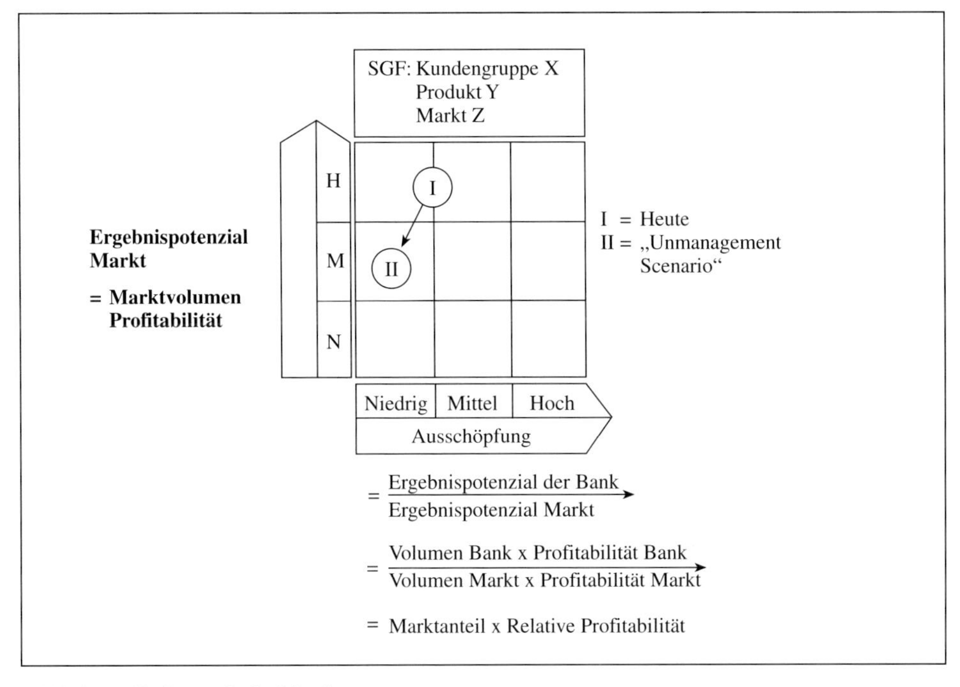

Abbildung 10: Strategische Matrix

sition, wie bei Abbildung 3 beschrieben, als Prozentsatz dargestellt und vertikal der Markt in seiner Ergebnisdynamik mit den Elementen Rentabilität und Ergebnisgröße im Zeitverlauf. Diese Form der Matrixdarstellung eignet sich, um die quantifizierbaren Informationen auf einen Punkt zu bringen. Die Bewegung von Position I zu Position II stellt das „Unmanaged Scenario“ dar, die Positionsänderung bei unveränderter Strategie und damit die Kosten des Nicht-Handelns.

2.3 Zielbeschreibung – hin zur Moving-Target-Betrachtung und zur Neugestaltung

Vom Grundsatz her besteht mit der Diagnose der eigenen Position und der externen Faktoren die Informationsbasis zur Ableitung der strategischen Ziele einer Bank. Wir gehen aus Platzgründen nicht auf die Frage ein, wie Strategien selbst abgeleitet werden. Wir unterstellen, dass die strategischen Ziele gefunden wurden, zum Beispiel eine Vision für die Gesamtbank, die Formulierung der künftigen Mindestrendite-Anforderung (evtl. kombiniert mit Nebenbedingungen), das Portfolio der künftigen SGF und Stufen der Wertschöpfung, der hieraus resultierende Unternehmenswert sowie die Marktkapitalisierung und schließlich die Einzelziele für die jeweiligen SGF und Module der Wertschöpfungskette.

In Zeiten, in denen sich Märkte in ihrer Struktur schneller und in größerem Ausmaß ändern, ist es eine Illusion, strategische Ziele deterministisch zu formulieren. Zu unbekannt sind die externen Trends und die Chancen und Risiken, die sich für das einzelne Institut der Zukunft ergeben. Genauso illusorisch ist es, nur von einem Ziel auszugehen, weil beispielsweise eine gelungene Akquisition neue Ziele eröffnet. Hier sind vom strategischen Controlling enorme Flexibilität und Schnelligkeit erforderlich, weil gerade in Zeiten intensiver Konsolidierungen kurzfristig Gelegenheiten auftauchen und den Lösungsraum signifikant verändern. Es ist erforderlich, bewegliche multiple Ziele – „Moving Targets" – zu identifizieren und eine strategische Controllingintelligenz in die gesamte Organisation zu bringen, die es erlaubt, Entwicklungen relativ schnell zu erkennen und sich neu bietende Chancen zum eigenen Nutzen zu ergreifen.

Eine ähnliche Rolle eines weitgehend externen Faktors spielt die Technologie. Gegenwärtig sind alle strategischen Pläne auf das PC-gebundene Internet ausgerichtet. Neue Technologien sind erkennbar, zum Beispiel M-Commerce und Breitband. Auch hier kommt es nicht darauf an, eine Vorhersage zu wagen, sondern im Sinne von „what, if" aufzuzeigen, welches sinnvolle strategische Ziele sind, wenn eine bestimmte technische Entwicklung ihre Akzeptanz findet, und die geeigneten ersten Schritte zu unternehmen.

2.4 Wegbeschreibung – Herausarbeitung der wesentlichen Stellhebel

Wenn Klarheit darüber besteht, ob beispielsweise eine Fusion möglich ist oder eine bestimmte Technologie hinreichend Aussicht hat, sich durchzusetzen, sind die hierzu passenden Ziele definierbar, und es kommt jetzt darauf an, den Weg zur Zielerreichung zu beschreiben. Hier haben sich drei Instrumente bewährt: Geschäftspläne, Ressourcenbudgetierung sowie Umstrukturierungscontrolling.

In der *Ressourcenbudgetierung* sind vor allem Eigenkapital zuzuordnen, aber auch die qualifiziertesten Mitarbeiter und Stellen, die erforderlichen Beschaffungsmaßnahmen sowie das EDV-Portefeuille für die Zukunft.

Zu *Umstrukturierungen* gehören Post-Merger-Management, Umbau der Aufbauorganisation, Rekonfiguration der Wertschöpfungsketten samt Outsourcing- oder auch Insourcing-Entscheidungen. Immer häufiger steht am Ende einer strategischen Neupositionierung auch eine Umwandlung der Universalbanken in Richtung einer Holdingkonstruktion, da nur so die Vorteile von Fokussierung und Marktabdeckung im Einzelfall optimal austariert werden können. Das strategische Controlling ist einerseits gefordert, die Migration selbst in ihrer Planung mitzugestalten und in der Durchführung zu kontrollieren. Zum anderen haben die Restrukturierungen fundamentale Auswirkungen auf die Struktur des Management-Informations-Systems. Da solche Strukturänderungen immer häufiger kommen, muss das MIS, beginnend bei seiner Architektur, entsprechend flexibel angelegt sein. Insbesondere müssen die oben erwähnten beiden Dimensionen, SGF einerseits, Module der Wertschöpfungskette andererseits, matrixartig berücksichtigt werden, da in beiden Dimensionen und Achsen mit ständigen und tief greifenden Änderungen gerechnet werden muss.

Sowohl für die einzelnen SGF und Module der Wertschöpfungskette als auch für die Gesamtbank sind *Geschäftspläne* zu errichten, die analog zur Positionsbeschreibung aus den wichtigsten Ergebniskomponenten eine Ergebnisplanung für die Zukunft bereitstellen und die kritischen Annahmen und Stellhebel herausarbeiten. Die Geschäftspläne stellen die Verbindung zur geplanten Wertschöpfung in der Zukunft dar und damit die beabsichtigte Bewegung auf der Strategic Control Map.

3. Prozess des strategischen Controllings

Die Phasen des Controlling und die Beteiligung verschiedener Instanzen müssen koordiniert (Abbildung 11) und die Voraussetzung dafür geschaffen werden, dass hieraus ein Instrument unternehmerischer Führungskräfte zur Verbesserung der Wertschöpfung wird.

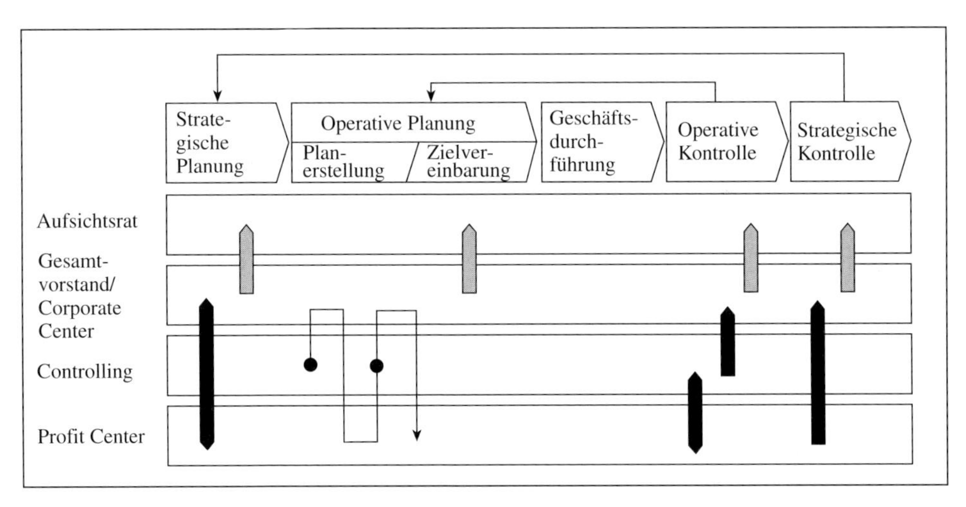

Abbildung 11: Controllingprozess und Beteiligte

3.1 Prozessphasen und Beteiligte

Für den bereits häufig beschriebenen Phasenablauf des Controllings ist entscheidend, dass das strategische und das operative Controlling konsistent miteinander verbunden sind, dass beide laufend Feedbacks von der Ex-post-Analyse zurück zur Ex-ante-Planung erhalten und dass hierzu die besten „Radarantennen" in der Organisation ständig aktiviert sind. Weder der operative noch der strategische Controllingprozess darf zum Selbstzweck werden; beide sollten ausschließlich dazu dienen, das Geschäft voranzubringen, und dürfen daher nicht zur Bürokratie erstarren.

Das strategische Controlling ist als eine Daueraufgabe zu verstehen, als laufende Auseinandersetzung – im Sinne von Erkennen, Entscheiden und Handeln – der Intelligenz des Unternehmens mit einer in ständigem Umbruch befindlichen Umwelt.

Das Verhältnis Top-down zu Bottom-up im Controllingprozess ist letztlich eine Frage des Führungsstils. Es hat sich herausgestellt, dass nach der Verlagerung zur Basis in vielen Fällen wieder eine stärkere Betonung des Top-down erforderlich ist. Rahmenvorgaben zur Einleitung des strategischen Planungsprozesses müssen in der Regel spezifizierter und anspruchsvoller sein. Gerade das überall angestrebte dezentrale Unternehmertum setzt klare Vorstellungen über das Gesamtunternehmen und verbindliche Eckwerte, beispielsweise über Renditen, voraus. Der gesamte Prozess, der strategische ebenso wie der operative, zeichnet sich durch Ringen um anspruchsvolle Ziele aus, die allerdings auch akzeptiert und gelebt werden müssen. Der Vorstand muss diesen Prozess als Führungsinstrumentarium verwenden, allerdings so, dass er für die Beteiligten einen Nutzen im praktischen Geschäft mit sich bringt.

Häufig – zu häufig – wird strategisches ebenso wie operatives Controlling an die Stabsbereiche „delegiert", statt wirksames Managementinstrument zu sein. Der Stab sollte fünf Aufgaben haben: (1) Prozessmanager, (2) Methodenlieferant, (3) Systembeschaffer, (4) subsidiärer Datenlieferant und (5) Aufklärer über Ursachen von Entwicklungen und noch wichtiger über neue Potentiale der Wertschöpfung. Die gesamte inhaltliche Arbeit sollte in der Linie in enger Zusammenarbeit mit dem Stab geleistet werden, zum Beispiel in gemeinsamen Sitzungen. Diese Treffen dürfen aber nicht zur bürokratischen Papierübung werden, sondern sollten Gelegenheit zur inhaltlichen Diskussion über das Geschäft, etwa über Marktchancen, anspruchsvolle Ziele und wesentliche Voraussetzungen, bieten. Erfolgsvoraussetzungen hierfür sind eine leistungsfähige Systemunterstützung und die vorherige Klärung der Faktengrundlage, um zeitraubenden Zahlenstreit zu vermeiden.

3.2 Prozessdynamik

Mit einer Beschreibung von Inhalten, Beteiligten und Ablauf des strategischen Controllings ist es nicht getan. Der Prozess muss seine Dynamik der ganzen Organisation entfalten; ihm muss „Leben eingehaucht werden", sonst ist nicht garantiert, dass die Entscheidungen und Aktivitäten der einzelnen Mitarbeiter tatsächlich in die gewünschte Richtung gehen. Lange herrschte die Illusion vor, man könne mit dem strategischen Controlling aus dem Unternehmen einen sich nahezu selbst steuernden „Automaten" machen. Der Erfolg der Lean Production gegenüber dem Taylorismus hat aber gezeigt, wie wichtig es ist, die Intelligenz der Mitarbeiter zu aktivieren und für einen ständigen Verbesserungsprozess zu nutzen; auch im strategischen Controlling der Banken steht der Mensch im Mittelpunkt; denn nur er erkennt Anpassungsbedarf, muss die neue Strategie erarbeiten und umsetzen.

Auf Papier geschriebene Pläne bleiben per se wirkungslos. Stattdessen müssen strategisch relevante Informationen schnell an die richtigen Stellen gelangen und aufgegriffen werden. Dies geschieht nicht auf dem Dienstweg mit Formularen. Hierzu müssen positive Anreize vorhanden sein. Der Profit-Center-Leiter muss überzeugt sein, dass er mit Hilfe des strategischen Controllings seinen Geschäftserfolg steigert. Möglicherweise hat die Einführung eines akzeptierten Anreizsystems eine ebenso ausschlaggebende Bedeutung für die Funktion der strategischen Steuerung wie die Qualität der Inhalte und die saubere Strukturierung des Controllingablaufs.

4. Fazit für eine erfolgreiche Umsetzung

Zusammenfassend lässt sich sagen, dass die stärkere Berücksichtigung der Marktperspektive bei der Betrachtung der eigenen Position, Investitionen in das Risikomanagement, das Setzen beweglicher Ziele und die Stärkung der strategischen Fähigkeiten der Linienorganisation, Potentiale durch radikale Veränderungen zu erkennen, zu den wichtigsten Anliegen im Bereich des strategischen Controllings gehören.

In den meisten Banken wird denn auch gegenwärtig an der Einführung bzw. Verbesserung des strategischen Controllings gearbeitet. Gleichgültig wie schnell dies gelingt, Markt und Wettbewerb warten nicht. Die einzelne Bank muss Quantensprünge in die richtige Richtung machen. Hierfür haben sich bestimmte Sofortmaßnahmen als zweckdienlich erwiesen. Kein Weg führt an der Entwicklung eines sauberen, vom gesamten Vorstand getragenen Gesamtkonzepts vorbei. Die Entwicklung dieses Konzepts ist eine Führungsaufgabe ersten Ranges, die vor allem Top-down-Vorgaben erfordert, auch wenn das strategische Controlling anschließend dezentral betrieben wird. Es lohnt sich, in die Nutzerfreundlichkeit des Instrumentariums zu investieren. Sobald der harte Kern methodisch und prozessual klar festgelegt ist, sollte jeder Profit-Center-Leiter viele Freiheitsgrade haben, wie er „seinen“ Plan ausgestaltet, wie er das „Monitoring“ der Märkte in seinem Bereich organisiert usw. In zahlreichen Implementierungsbegleitungen hat sich als Erfolgsfaktor herausgestellt, dass im Sinne der oben angeführten horizontalen und vertikalen Kooperation intensive Diskussion zwischen Controller als Moderator, Informationslieferant und Herausforderer einerseits sowie Profit-Center-Leiter und verantwortlichem Vorstand andererseits stattfinden, in denen die Kernfrage der Geschäftsentwicklung und nicht Zahlenstreit oder Formularausfüllen im Vordergrund stehen. Strategisches Controlling macht aus der Bank nicht etwa einen automatischen Regelkreis, sondern stellt vielmehr den Menschen in den Mittelpunkt, dem es als hilfreiches Managementinstrument dient. Es macht aus Führungskräften Unternehmer, es macht ihnen klar, welchen Beitrag sie zur Wertschöpfung leisten und welche potentiellen Beiträge sie liefern können. Dies gilt umso mehr, je direkter auch die Vergütung hieran geknüpft ist. Es macht die Bank als lebendige Organisation strategisch intelligenter und richtet sie auf Wertschöpfung aus.

Literaturhinweise

CONRAD, C. A./STAHL, M.: Risikomanagement an internationalen Finanzmärkten, Stuttgart, 2000.

DROSTE, K. D./FASSBENDER, H./PAULUHN, B./SCHLENZKA, P. F./VON LÖHNEYSEN, E.: Falsche Ergebnisinformation – Häufige Ursache für Fehlentwicklungen in Banken, in: Die Bank, 7/1983.

FASSBENDER, H.: New Economy, New Banking: Das Entstehen der modularen Bank, in: Perspektiven des Finanzdienstleistungsmarktes – Zur Positionierung der öffentlich-rechtlichen Institute, Stuttgart, 2000.

FENGLER, D./SIMON, B.: Strategisches Controlling – Auswertungen mit EIS-Software, in: Controlling, 1993.

FLESCH, R./GERDSMEIER, S.: Entwicklungslinien im Bank-Controlling, in: Die Bank, 5/1998.

KRUMNOW, J.: Strategisches Controlling in der Deutschen Bank, in: Controlling, 1993.

SCHIERENBECK, H.: Risk Controlling in der Praxis, Stuttgart, 2000.

SCHIERENBECK, H.: Ertragsorientiertes Bankmanagement, Grundlagen, Marktzinsmethode und Rentabilitäts-Controlling, Band 1, Wiesbaden, 1998.

SCHIERENBECK, H.: Zukünftige Schwerpunkte des Controlling in Kreditinstituten, in: Aktuelle Probleme des Controlling und der Rechnungslegung, Stuttgart, 1993.

SCHULTE, C.: Lexikon des Controlling, München, 1996.

Gerrit Jan van den Brink

Datawarehousekonzepte im Bankcontrolling

1. Einführung

Der Einsatz von automatisierten Hilfsmitteln im Bankcontrolling ist heutzutage unverzichtbar. Die Aufgaben des Controllings werden regelmäßig durch neue Anforderungen der Aufsichtsbehörden erweitert, die bekanntesten sind die Mindestanforderungen für das Betreiben von Handelsgeschäften. Der Controlling-Zyklus ändert sich hier vom monatlichem zum täglichen Reporting, eine Verkürzung, die ohne technische Unterstützung nicht mehr zu bewältigen ist.

Nicht nur die aufsichtsrechtlichen Anforderungen, sondern auch die gewandelten internen Informationsbedürfnisse verändern das Aufgabenprofil des Controllers. Die Führungsgremien einer Bank müssen mehr denn je in der Lage sein, neue Trends rechtzeitig zu erkennen und angemessene Maßnahmen einzuleiten.

In diesem Beitrag wird kurz auf die heute relevanten Trends im Bankenmarkt eingegangen. Danach werden Beispiele gezeigt, wie ein Management-Informations-System (MIS) das Management einer Bank bei der Entscheidungsfindung unterstützen und Steuerungsaufgaben erleichtern kann.

2. Trends im Bankmarkt

Der *Markt* wandelt sich schneller und schneller. Wo in den Lehrbüchern noch von strategischen Planungshorizonten von drei bis fünf Jahren die Rede ist, da sprechen Visionäre heutzutage nur noch von einigen Monaten. Der frühere niederländische Finanzminister, Dr. Hans Wijers[1], behauptet, dass längere Strategiehorizonte zukünftig nicht mehr sinnvoll sind, weil das Umfeld einem ständigen Wandel unterliegt. Damit rückt das Wort 'Strategie' wieder ein bisschen näher an seine ursprüngliche Bedeutung, denn auf Griechisch bedeutet es nichts anderes als „General“: Die Hauptaufgabe eines Generals ist, ständig zu überlegen, in welche Richtung der Krieg weitergehen wird. Er reagiert auf die Züge des Feindes und versucht, den nächsten Schritt seines Opponenten einzuschätzen. Dabei muss er auch auf unvorhersehbare Faktoren wie zum Beispiel die Änderung des Wetters reagieren. Ähnlich werden heute Manager im Bankbereich mit unerwarteten Veränderungen konfrontiert. So gibt es inzwischen Anbieter im Markt, an die man vor fünf Jahren noch nicht gedacht hat. Produkte wie Zahlungsverkehr oder Wertpapierabwicklung, aber auch Privatbanken werden heute wieder positiver gesehen als vor fünf Jahren, und das nicht zuletzt, weil sich die Distributionswege durch das Internet neu entwickelt haben.

Die neuen *Distributionskanäle* eröffnen nicht nur neue Konkurrenzmöglichkeiten, etwa für solche Anbieter, die die Last eines teuren Filialnetzes nicht tragen könnten, sondern

1 H. Wijers, Uiteindelijk zal alles Ne Economy worden, www.rabobank.nl.

machen den Markt auch transparenter. Kurzfristige Preisvergleiche sind durch die Informationsangebote im Internet relativ leicht durchzuführen. Dadurch sind nicht nur Zinsmargen, sondern auch Provisionen unter Druck geraten: Ein Gehaltskonto kann mittlerweile auf unterschiedliche Art und Weise gebührenfrei geführt werden, und auch die Gebühren für Wertpapiertransaktionen sind durch das Internet als Distributionsmedium bedeutend gefallen.

Gleichzeitig bringt das Internet auch neue Risiken: der Geschäftsanfall wird nicht mehr von der Bank, sondern von den Kunden gesteuert. Die Systeme müssen darauf ausgerichtet werden, weil die Erreichbarkeit der Bank anders nicht gegeben ist. Der Zuwachs von Transaktionen bei Direktbanken hat zum Beispiel für größere Probleme gesorgt, die sogar öffentlich[2] diskutiert sind.

Wo die Erträge rückgängig sind, nimmt gleichzeitig der Druck auf das *Eigenkapital* zu. Das Eigenkapital ist eine der knappsten Ressourcen, die Banken haben. Nachdem das Eigenkapital zuerst nur explizit für das Kreditrisiko allokiert werden musste, gilt dies nach der 6. KWG Novelle auch für das Marktpreisrisiko. Zurzeit arbeitet der Baseler Ausschuss an einem neuen Kapitalakkord, der auch das Betriebsrisiko explizit berücksichtigen wird. Gerade in diesem Bereich ist die Management-Information in den Banken noch nicht optimal ausgelegt.

Als letzter Punkt ist die weitergehende *Globalisierung* zu nennen. Die Kunden erwarten von Banken globale Lösungen, zum Beispiel für das Cash-Management. Hier kann die Kundenbewertung möglicherweise die Profit-Center-Bewertung überlagern, weil einzelne Niederlassungen ggf. Verlustgeschäfte für einen globalen Kunden in Kauf nehmen müssen, obgleich aus Kundensicht eine der Norm entsprechenden Rentabilität erreicht wird.

Märkte sind mittlerweile so mit einander vernetzt, dass das Risikomanagement inzwischen eher global als lokal stattfinden sollte. Dieses globale Risikomanagement wird im Übrigen nicht nur durch wirtschaftliche, sondern auch durch aufsichtsrechtliche Anforderungen gefördert.

3. Die Komponenten eines MIS

MIS waren in ihren Anfängen strikt finanzwirtschaftlich orientiert: Lange Zeit haben Profit-Center-Steuerung, Kostenrechnung und Bilanzplanung im Vordergrund gestanden. Mittlerweile sind auch die nicht-finanziellen Informationen nachgerückt. Dabei ist zum Beispiel an alle Inhalte zu denken, die mit der Personalführung zusammenhängen, zum Beispiel die Fluktuationsrate, die Betriebszugehörigkeit, die Fortbildungsmaßnahmen und die Mitarbeiterzufriedenheit im Haus.

Die Komponenten eines MIS lassen sich sehr gut mit dem Armaturenbrett in einem Auto vergleichen: Neben Warnleuchten, die einem Fahrer eine drohende Gefahr signalisieren,

2 Frankfurter Allgemeine Zeitung, 26.02.2000.

werden auch Geschwindigkeit und Zeit angegeben. Damit kann der Fahrer abschätzen, ob er rechtzeitig an sein Ziel ankommen wird. Externe Informationen wie Straßenschilder bestätigen ihm zudem, dass er auf dem richtigen Weg ist.

Ein MIS arbeitet ganz ähnlich: Es soll die Geschäftsleitung frühzeitig warnen, wenn eine Gefahr, wie zum Beispiel Ressourcenknappheit, droht, um korrigierende Maßnahmen zu ermöglichen. Gleichzeitig muss periodisch festgestellt werden, ob das Unternehmen „auf Kurs liegt“ und die gesteckten Ziele erreicht. Außerdem sollte ein MIS das Management unterstützen, wenn mögliche Alternativen zur Zielerreichung geprüft werden müssen.

Die Komponenten eines MIS sind in Abbildung 1 abgebildet. Das Herz des Systems besteht aus zwei Hauptteilen: Das Datenmanagement- und das Modellmanagementsystem. Das Datenmanagementsystem verwaltet sowohl interne als auch externe Daten. Dabei ist es wichtig, dass das System so konzipiert wird, dass interne und externe Daten nicht vermischt werden, weil anders die daraus gezogenen Rückschlüsse unbrauchbar werden. Weiterhin ist in diesem Bereich einiges an technischer Optimierung zu leisten, weil die Datenmengen sonst die Leistungsfähigkeit des Systems vermindern können. Schließlich hängt der Nutzen des Systems stark von der Schnelligkeit der Analyseergebnisse ab. Darum müssen die häufig benutzten Suchpfade im Voraus festgelegt und optimiert werden. Auch ist vorab zu definieren, welche Zwischenergebnisse für einen möglichst schnellen Zugriff gespeichert werden sollen.

Das Modellmanagementsystem legt die Parameter fest, die als Basis für die Analyse dienen. Das sind zum Beispiel Planungsparameter wie Zinserwartungen, das zur Verfügung stehende Eigenkapital, die Voluminaentwicklungen per Geschäftsart, die erwarteten Personalkostensteigerungen aufgrund der Tariferhöhungen, die erwarteten Risikokosten aufgrund der Bonität der Kunden und verschiedene makroökonomische Größen.

Wenn alle Parameter richtig gesetzt werden, kann mit einem MIS festgestellt werden, ob die Ziele unter Berücksichtigung der Ressourcen (Eigenkapital und Verarbeitungskapazität) auch realisiert werden können.

Datawarehousekonzepte versetzen das Management in die Lage, in kürzester Zeit verschiedene Entscheidungsvarianten durchzurechnen. Gleichzeitig bietet ein Data-Warehouse die Gelegenheit, die Daten auf unterschiedliche Art und Weise zu sichten. In der EDV-Welt werden diese Sichtweisen „Views“ genannt.

So kann ein Kundenbetreuer mittels der Kunden-View feststellen, welche Produkte durch den Kunden abgenommen werden. Er wird die internen Daten mit externen Daten anreichern, um herauszufinden, ob die jeweils aktuellen Bedürfnisse des Kunden abgedeckt werden. So kann er zum Beispiel prüfen, ob nach der Geburt eines Kindes ein Sparplan abgeschlossen wurde, der das Studium des Kindes finanzieren soll. Ein anderes Beispiel ist das aktive Kontaktieren von Kunden, bei denen im Kontokorrent langfristig hohe Haben-Salden wahrgenommen werden. Es kann in dem Fall angebracht sein, mit dem Kunden über andere Anlagestrategien zu reden, bevor Mitbewerber solches tun und die Einlagen zur Konkurrenz abwandern.

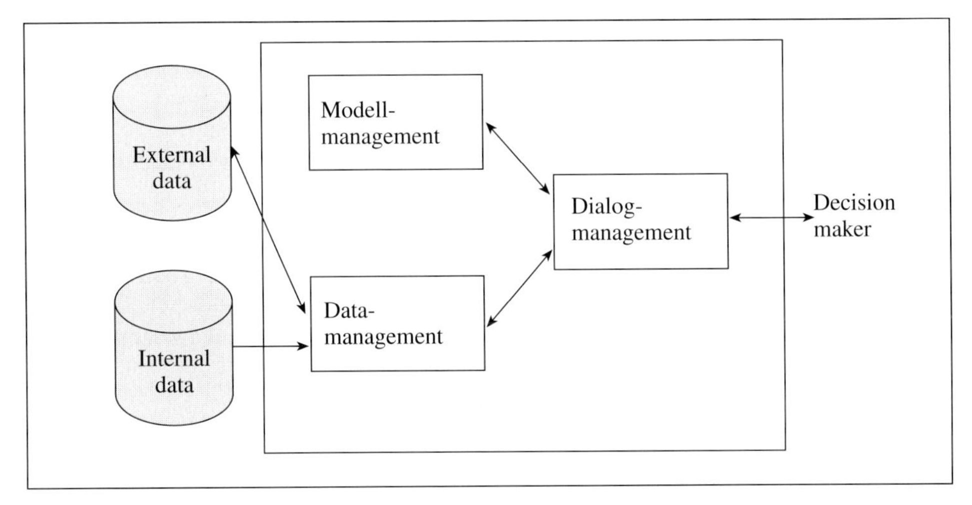

Abbildung 1: MIS-Komponenten

Die Globalisierung macht sich auch in diesem Bereich bemerkbar. Globale Unternehmen versuchen, durch ein anspruchvolles Cash-Management die Soll- und Haben-Salden miteinander auszugleichen. Banken, die internationale Kunden ihren Bedürfnissen entsprechend bedienen möchten, sollten in der Lage sein, solche Ausgleichbuchungen automatisch vorzunehmen oder Zinsberechnungen nur auf konsolidierte Positionen abzustellen. Die dazu notwendige Zusammenführung aller relevanten Daten ist nur in einem Datawarehouse effizient machbar.

Ein Risk-Manager wird eine ganz andere Datensicht benötigen. Das Ausfallrisiko wird er aus der Kunden- oder Konzernsicht, aber sicherlich auch aus der Emittentensicht betrachten. Das Marktpreisrisiko wird er mehr aus der Portfoliosicht sehen, das aus einer Gruppe von Produkten besteht. Das Betriebsrisiko dagegen ist stärker prozessorientiert zu betrachten.

Alle Sichten haben gemeinsam, dass sie immer wieder auf die gleichen Daten zurückgreifen. Darum ist ein Datawarehouse für das MIS einer Bank von größter Bedeutung: Es befähigt die Geschäftsführung, die Zukunft unter Berücksichtigung verschiedener Ausgangsszenarien besser zu planen und deren Realisierungsmöglichkeiten genauer zu überprüfen.

Beispiel: Ein MIS-unterstütztes Transaktionsmanagement
Das moderne Online-Banking bringt gerade für die Geschäftsabwicklung neue Herausforderungen mit sich. Durch die verlängerten Öffnungszeiten von Börsen und Zahlungsverkehrsystemen wird das Geschäftsvolumen, das verarbeitet werden muss, nicht länger vom Operation-Management gesteuert. Die Kunden geben ihre Wertpapierorders und Zahlungen per Internet ab und die Aufträge werden vom Server der Bank bestätigt. Abgesehen von einer Überbelastung dieser Server (die Bank ist dann auf elektronischen Wege nicht

erreichbar!) kann außerdem eine direkte Weiterleitung der Geschäfte zu den „Legacy"-Systemen der Bank zu einer unvollständigen Bearbeitung führen. Denn in den alten Systemen gibt es so genannte Buffer, die „überlaufen" können – die Transaktionen verschwinden ins Nichts und sind später nicht mehr auffindbar. Der Kunde hat aber eine Bestätigung seines Auftrages erhalten, so dass die Bank in den meisten Fällen für das nicht korrekte Ausführen des Geschäftes haftet.

Die Kapazitätssteuerung ist damit zu einer der wichtigsten Fragen geworden, weil nichts das Geschäft einer Direktbank mehr beschädigt als ein nicht ausgeführter Auftrag. Anders als bei Filialbanken ist hier die Kundenbindung nicht durch den persönlichen Kontakt zum Kundenbetreuer abgesichert. Entsprechend leicht lässt sich die Geschäftsbeziehung zu einer nicht korrekt arbeitenden Direktbank kündigen.

Das MIS einer Bank sollte immer klar auf die kritischen Erfolgsfaktoren fokussieren. Bei einer Direktbank ist das beispielsweise die Kapazitätssteuerung. Wenn es um die Kapazitätssteuerung der Systeme und Netzwerke geht, ist sogar eine kontinuierliche Steuerung unumgänglich geworden. Die Auslastung von Netzwerk, Speichermedien und Rechnern muss ständig überwacht werden. Wo Engpässe drohen, ist ein alternativer Abwicklungsweg einzuleiten. Solche Alternativen können grundsätzlich auch von dem Überwachungssystem selber angesteuert werden.

Wenn die Rechner- und Speicherauslastung sich in die Richtung von kritischen Grenzen bewegt, sollte rechtzeitig eine Erweiterung eingeleitet werden. Der Trend des Geschäftsvolumens muss daher präzise überwacht werden, um unerwartete Auslastungen und daraus resultierende Folgeverluste zu vermeiden.

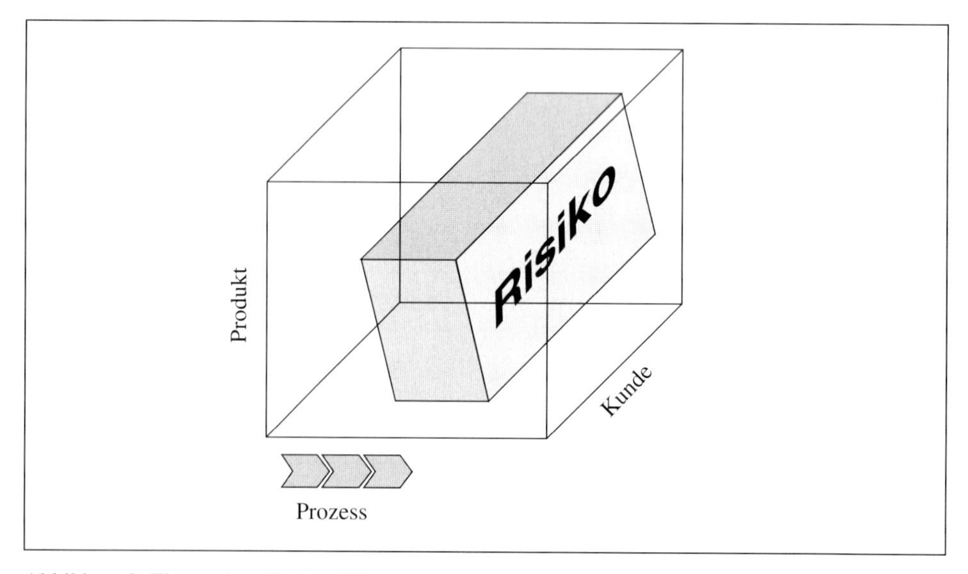

Abbildung 2: Eine andere Sicht auf Daten

Ein anderer Punkt ist die Überwachung der Geschäftsabwicklung. Wenn das Geschäftsvolumen rasant ansteigt (sich bei Direktbanken das Wertpapiergeschäft in kurzer Zeit vervielfacht), sind die Mitarbeiter nicht mehr in der Lage, alle notwendigen Abstimmungen selbst vorzunehmen. Gerade im Wertpapierbereich ist jedoch die rechtzeitige Abstimmung zwischen Geld- und Stückenseite besonders wichtig. Wenn zum Beispiel geliefert worden ist, aber die entsprechende Geldbewegung fehlt, erleidet der Verkäufer einen Zinsverlust. Solche Fehler kommen vor allem dann vor, wenn der Abwicklungsprozess nicht richtig strukturiert ist. Das „Straight-Through-Processing" hat sich noch nicht überall durchgesetzt. Abbildung 2 zeigt die Ergebnisse einer Studie von SWIFT:

Um die so genannten Abwicklungsfehler (settlement failures) frühzeitig erkennen und beheben zu können, muss das M.I.S. einer Bank die notwendigen Steuerinformationen über diesen Abwicklungsprozess liefern. Ein Data-Warehouse ist in solchen Fällen sehr wertvoll, weil es der Bank ermöglicht, Daten aus unterschiedlichen Quellen miteinander zu verbinden und die notwendigen Abstimmungen vorzunehmen. Abbildung 4 zeigt die Daten, die in den Abstimmungsprozess eingebunden sind:

In Abbildung 4 ist das Prinzip „Straight-Through-Processing" schon weitgehend umgesetzt. Ein Geschäft ist gehandelt worden und wird von dem Händler im Frontoffice-System eingegeben. Diese Eingabe wird in vielen Fällen direkt aus dem Handelssystem übernommen. Die Daten werden an das Backoffice-System weitergegeben und geprüft. Dabei sind nicht nur die Prüfungen im Rahmen der Mindestanforderungen für das Betreiben von Handelsgeschäften durchzuführen, sondern auch die Prüfung der Vollständigkeit und Richtigkeit der Kontrahenten und Geschäftsdaten. So sollten zum Beispiel Abweichungen

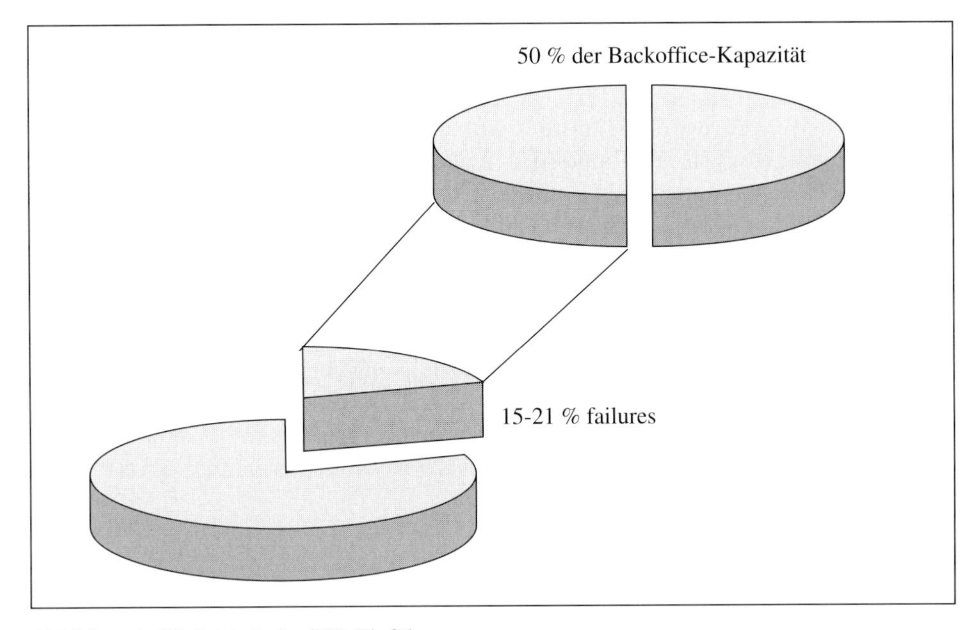

Abbildung 3: Wichtigkeit der STP-Einführung

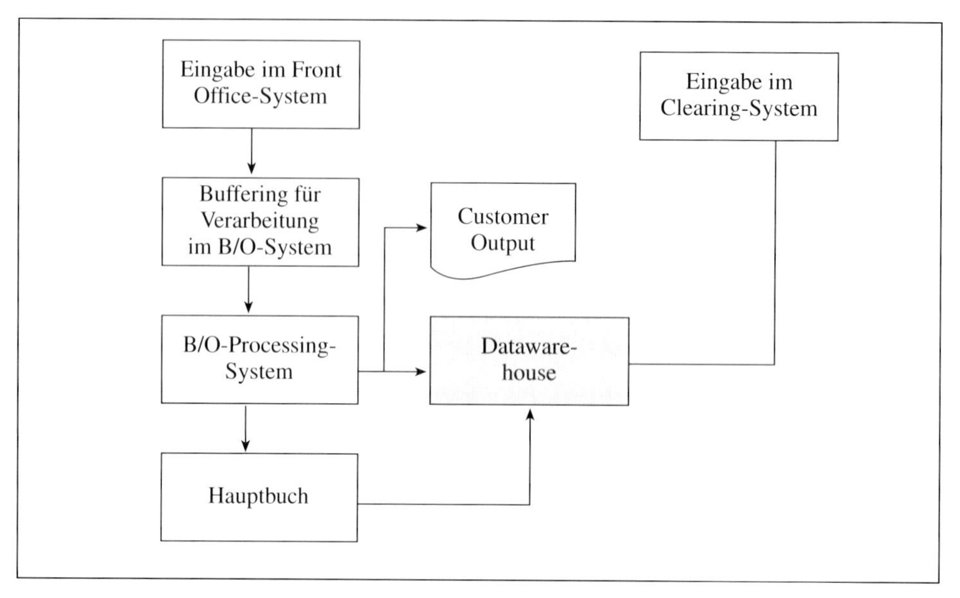

Abbildung 4: Umsetzung des Straight-Through-Processing

von Standard-Settlement-Instructions signaliert werden. Das sind Vereinbarungen zwischen Banken, die die Abwicklung von Geschäften vereinfachen sollen. So werden zum Beispiel die Korrespondentbankverbindung oder das eigene Konto angegeben, auf die die zu zahlenden Beträge überwiesen werden sollen.

Das Buffering von Daten zwischen Frontoffice- und Backoffice-Systemen ist notwendig, um Datenverluste zu vermeiden. Im Idealfall werden diese Daten im Gegensatz zu anderen Überleitungen, die per File-Transfer stattfinden, kontinuierlich weitergeleitet. Sollte die Verbindung zwischen dem Frontoffice- und dem Backoffice-System vorübergehend unterbrochen werden, werden die Geschäfte nicht weitergegeben. Diese fehlenden Datensätze werden aber von keinem System und keinem Mitarbeiter bemerkt. Das geschieht erst, wenn der Kontrahent eine Beschwerde einreicht, weil ihm Wertpapiere oder Zahlungen fehlen. In dem Fall ist ein so genanntes Settlement-Failure eingetreten.

Aus dem Backoffice-System werden neben Zahlungen auch Buchungen auf Kunden- und Hauptbuchkonten veranlasst. Die Verbuchung läuft häufig über CpD, weil Gelder gezahlt worden sind, obwohl noch keine Wertpapiere erhalten wurden, oder Wertpapiere geliefert wurden, für die die entsprechende Zahlung noch nicht eingegangen ist. Diese CpD-Konten spielen im Rahmen der Abstimmung eine wichtige Rolle, die im folgenden Beispiel erklärt wird.

Die Lieferung und der Empfang von Wertpapieren läuft über ein Clearing-System. Bei der Deutsche Börse Clearing AG werden die Lieferinstruktionen sowohl durch die kaufende Partei als auch die verkaufende Partei eingestellt. Beide Sätze werden von dem Clearing-System abgestimmt und bei Übereinstimmung werden die Wertpapiere verlagert, nachdem geprüft wurde, ob alle Instruktionen erfüllt sind. So wird in den meisten Fällen nur gegen Zahlung geliefert. Normalerweise erscheint ein Geschäft einen Tag nach dem Handelstag in der so genannten Lieferliste und zwei Tage später in der Regulierungsliste. Diese Daten werden von der Deutsche Börse Clearing AG auch elektronisch geliefert und können durch die Bank in ihrem Datawarehouse gespeichert werden, um die Abstimmung zu erleichtern.

Beispiel: Börsengeschäft für eigene Rechnung

Am 28.02.200 werden 100 Aktien Siemens à 170 DM für eigene Rechnung gekauft. Die Instruktionen werden vom Backoffice in dem Clearing-System eingestellt. Am 29.02.2000 erscheint dieses Geschäft in der Lieferliste. Am 01.03.2000 sollte das Geschäft in der Regulierungsliste erscheinen, weil die Deutsche Börse Clearing das Konto bei der Landeszentralbank automatisch belastet, womit die Zahlung erfolgt ist.

Da die Bank am 28.02.2000 schon das Preisrisiko trägt, wird der Kauf direkt in Frontoffice- und Backoffice-Position verarbeitet. Auf einem CpD wird festgehalten, dass die Aktien noch zu erhalten sind. Dieses Konto wird gegen die Zahlung per Landeszentralbank ausgeglichen.

Das Backoffice wird die rechtzeitige Lieferung durch den Kontrahenten überwachen.

Welche Management-Informationen werden für die Steuerung dieses Prozesses benötigt?

Die Management Information kann nach folgenden Blickwinkeln eingeteilt werden:

- Performance-Management
- Risikomanagement

Für das Performance-Management sind folgende Informationen vorzusehen:

- Transaktionsvolumen nach Geschäftsart
- Transaktionsvolumen nach Kontrahent
- Transaktionsvolumen, das nicht automatisch abgewickelt werden konnte, aufgeführt nach Störungsursachen
- Anzahl der nicht übereinstimmenden Transaktionen beim Clearing-House per Kontrahent
- Bezahlte Zinsen bezüglich falsch abgewickelter Geschäfte

Die Transaktionsvolumina sind sowohl in der Zeit (Trend) als auch gegenüber der maximalen Abwicklungskapazität zu betrachten.

Für das Risikomanagement sind folgende Informationen sinnvoll:

- Kontrahentenrisiko:
  - Offene Wertpapierposten per Kontrahent
  - Offene Zahlungen per Kontrahent
- Betriebsrisiko:
  - Anzahl und Geldvolumen der offenen Posten auf Nostrokonten per Periode (< 1 Woche, < 1 Monat, usw.)
  - Anzahl und Geldvolumen der offenen Posten auf CpD-Konten per Periode (< 1 Woche, < 1 Monat, usw.)
  - Anzahl Transaktionen per Kontrahent, die nicht nach den Standard-Settlement-Instructions abgewickelt wurden.

4. Schlussfolgerung

Die Steuerung der Abwicklungsprozesse wird in der nahen Zukunft an Bedeutung gewinnen, weil die Banken nicht mehr in der Lage sein werden, den Input der Abwicklungssysteme selbst zu steuern. Die Betriebsrisiken werden sich dadurch qualitativ und quantitativ verändern.

Mit Management-Informationen, die aussagekräftig Volumentrends darlegen und Fehler in der Verarbeitung rechtzeitig aufdecken, sollte das Backoffice einer Bank die Prozesssteuerung eigenständig wahrnehmen können.

Die Analyse von SWIFT hat gezeigt, dass 50 % der Backoffice-Kapazitäten mit dem Beheben von Settlement-Failures verloren gehen. Die Gewinnpotenziale aus der Behebung dieses Problems sind enorm. Das ist Steuerung, die nicht den Anlass für das Stellen der richtigen Frage gibt, sondern die Ursachen der Probleme offen legt.

Detlev Hummel / Philip Steden

Frühwarnsysteme für die externe Bankbeobachtung – Bedarf und Entwicklungsansätze

1. Einleitung

Entscheidungsträger der Regulierungs- und Aufsichtsbehörden, der Einlagensicherung und Gläubigerbanken am Geldmarkt brauchen angesichts schwer durchschaubarer Gesamtbankrisiken für ihre externe Beobachtung treffsichere Ansätze und statistische Modelle der Insolvenzprognose. Es geht darum, mit bewährten, verbesserten und neuen Ansätzen der Bankbeobachtung künftige Problemfälle rechtzeitig zu identifizieren und Erkenntnisse über den zeitlichen Ablauf verschiedener Stadien von Bankenkrisen zu gewinnen. Auf diese Weise können Zusammenbrüche eher erkannt und verhindert, der Ressourceneinsatz für die Sanierung vermindert oder andere sinnvolle Lösungen, wie zum Beispiel Übernahmen und Fusionen, frühzeitig gefunden werden.

In Deutschland und Europa besteht ein Defizit an externen Analyseinstrumenten. Aufsichtsbehörden und Management stützen sich bisher auf Einzeluntersuchungen und Vergleiche in der Prüfungs-, Aufsichts- oder Beobachtungspraxis.

Neue Ansätze und Instrumente erscheinen notwendig, um den künftigen Anforderungen an die Bankenanalyse gerecht zu werden. Wie insbesondere Erfahrungen aufgrund des umfangreichen empirischen Materials aus den USA beweisen, können externe Prognosen über die Bonität, Ertragskraft und Wettbewerbsfähigkeit von Banken durch spezielle Analyseinstrumente verbessert werden.

2. Notwendigkeit externer Bankbeobachtung

2.1 Mehr Risiken und Bankenkrisen

Seit Beginn der 80er Jahre ist eine unerwartet große Zahl von Banken in Schwierigkeiten geraten. Insolvenzen mit hohen Verlusten sorgen für Aufsehen bei Bankkunden, Investoren, Regulierungsbehörden und auch in der Bankwirtschaft selbst. Durch internationale Marktbeziehungen sind Finanzinstitutionen untereinander weltweit verbunden. Angesichts möglicher Ansteckungsgefahren („contagion") von einzelnen Bankkrisen ist die Notwendigkeit einer Früherkennung von schwerwiegenden Fehlentwicklungen offenkundig. Um Gefährdungen der Finanzmärkte durch Bankenkrisen frühzeitig zu erkennen, arbeiten Aufsichtsbehörden und Zentralbanken an verbesserten Beoabachtungs- und Kontrollsysteme.

Die Notwendigkeit der Entwicklung von externen, auf fremde Adressen gerichteter Frühwarnsystemen für ein rechtzeitiges Reagieren des Managements sowie der Aufsichtsbehörden, wird durch spektakuläre Bankenkrisen im Ausland unterstrichen: Die Größe des Bankensystems und die vielfältigen Erfahrungen mit Bankkrisen in den USA stellten die Aufsichtsbehörden vor besondere Aufgaben, welche zur Entwicklung von Know-how im

Bereich der „Frühwarnung“ führten. In den 80er Jahren erlebten die US-Commercial Banks die schwerste Krise seit der großen Depression. Gab es in den 70er Jahren durchschnittlich 2 gescheiterte Banken pro Jahr, so erhöhte sich ihre Zahl in der Periode von 1982 bis 1991 auf rund 130 pro Jahr.[1]

Daneben zog in den 80er Jahren die Schulden- und Bankenkrise der Entwicklungsländer die Aufmerksamkeit auf sich. Auch die 90er Jahre blieben nicht verschont von zahlreichen Bankenkrisen. Nach dem Platzen der spekulativen Blase an den Wertpapierbörsen und Immobilienmärkten („bubble economy“) in Japan versuchte die Regierung, mit finanziellen Hilfen die Gefahren für die Banken abzuwehren. Schätzungen (1992) über den Umfang der gefährdeten Kredite der Banken reichten von 150 bis 375 Mrd. DM[2]. Ernste Bankenkrisen fanden auch in anderen Ländern statt. Die Krise der nordischen Länder 1992, die Mexikokrise 1994, die sich zu einer systemischen Bankenkrise und Mexikos Zahlungsunfähigkeit ausweitete, und die Asienkrise 1997, in der Indonesien, Korea, Malaysia und Thailandbetroffen waren, sind Zeugen dieser Entwicklung. In Frankreich bedurfte selbst der Crédit Lyonnais – die damals größte Bank Europas – einer kräftigen Kapitalspritze durch den Staat.[3] In Großbritannien sorgte 1995 die Pleite der angesehenen Barings-Bank infolge von verfehlten Terminspekulationen für Furore[4], und in Spanien lösten 1993 fallende Börsen- und Devisenkurseeine Krise der Finanzgruppe Banco Espaniol de Crédito (Banesto) aus, was erneut die Gefährdung von Großbanken und den Bedarf adäquater Frühwarnsysteme unterstreicht.[5] Nicht zuletzt erwächst in Osteuropa wegen der hohen Risiken und der großen Anzahl relativ unbekannter Banken mit unklaren Entwicklungsperspektiven ein enormer Analysebedarf. [6] Allein in Russland kämpften 2 000 Banken um Marktanteile. Seit der Russlandkrise vom Sommer 1998 ist durch einen Konzentrations- und Restrukturierungsprozess die Anzahl der Banken auf etwa 1 300 im Frühjahr 2000 zurückgegangen.[7]

2.2 Zur Situation in Deutschland

Obgleich das Bankgeschäfts überwiegend inlandsorientiert ist, haben deutsche Banken aufgrund ihres internationalen Engagements die Risikosituation an den internationalen Finanzmärkten und die Adress- und Länderrisiken im Ausland zu berücksichtigen.

Das deutsche Universalbankensystem hat auch in Zeiten der Rezession und in Krisenzeiten Stabilität bewiesen. Die Finanzierung der staatlichen Einheit und der Aufbau des Bankensystems in den neuen Bundesländern lösten keine Bankenkrisen aus. Ende der 90er Jahre konnten in einigen Geschäftsgebieten Rekordergebnisse erzielt werden, andererseits

1 Vgl. Boyd J. H./Gertler, M., The Role auf Large Banks in the Recent U.S. Banking Crises, Federal Reserve Bank of Minneapolis, Quarterly Review Winter 1994, S. 2.

2 Vgl. Frankfurter Allgemeine Zeitung v. 25.11.1992, S. 21.

3 Vgl. Frankfurter Allgemeine Zeitung v. 4.1.1994, S. 17.

4 Vgl. Körnert, J., Barings 1995 – eine Bankenkrise im Überblick, in: ÖBA 8/96, S. 512-520 und 612-618.

5 Börsenzeitung v. 7.1.1994, S. 4 sowie FAZ v. 26.5.1994, S. 25.

6 Vgl. Handelsblatt v. 13.06.1994, S. 23.

7 Aktuelle Zahlen zum russischen Bankensystem vgl. auch http://www.cbr.ru.

entstanden hohe Kreditverluste. Die insgesamt positive Bilanz darf aber nicht den Blick vor den Gefahren des Bankgeschäfts auch für deutsche Banken verstellen.

Die im internationalen Vergleich geringe Anzahl von Bankinsolvenzen in Deutschland ist wenig aussagekräftig. Bei der Informationspraxis der Verbände sowie der Bankenaufsicht muss von einer größeren „Dunkelziffer" ausgegangen werden. So sind wirtschaftliche Schwierigkeiten häufig Anlass für Fusionen und Übernahmen der betroffenen Institute, was an der signifikant zurückgegangenen Zahl der selbständigen Sparkassen und Genossenschaftsbanken in den letzten Jahren deutlich wurde.

Im vorigen Jahrzehnt war die Bankenbranche ein überdurchschnittlich dynamischer Wirtschaftszweig mit steigenden Beschäftigungszahlen. Zugleich vollzog sich ein tief greifender struktureller Wandel: Deregulierung, Globalisierung, innovative Instrumente, Technisierung, verändertes Kundenverhalten sowie Wettbewerb und Kostendruck haben das Bankgeschäft verändert. Diese Faktoren haben Gesamtbank-Risikoprofile entstehen lassen, die mit den bisherigen kaum vergleichbar sind. Eine Folge sind sinkende Erträge in strukturell wichtigen Geschäftsbereichen sowie wachsende Unwägbarkeiten im Aktivgeschäft. Trotz der gestiegenen Risiken besteht allerdings bei der Mehrzahl der Bankinstitute immer noch ein Nachholbedarf im Bereich des Risiko-Controlling und des strategischen Controlling.[8] Das Management von Ausfall- und Marktrisiken der Banken wird im veränderten wirtschaftlichen Umfeld sowie angesichts neuer Finanzmarktrisiken eine vorrangige – allerdings auch aufwendigere – Aufgabe.

3. Externe Frühwarnsysteme für Kreditinstitute

3.1 Grundlagen

3.1.1 Begriff und Arten von Frühwarnsystemen

Bei Frühwarnsystemen geht es darum, mit ausreichendem zeitlichen Vorlauf durch Auswertung von Vergangenheitsdaten und Zukunftsschätzungen vor allem kritische, negativen, aber auch positive Geschäftsentwicklungen zu erkennen. Dem Nutzer von Frühwarnsystemen soll eine adäquate Reaktionsmöglichkeit eingeräumt werden. Anhand empirisch-analytischer Erkenntnisse aus Ursache-Wirkungs-Beziehungen können Konsequenzen für zukünftiges Handeln abgeleitet werden. Fehler sollen durch frühzeitiges Beachten der Symptome vermieden werden.[9]

8 Vgl. Nader, G., Evaluation des Entwicklungsstandes von Controlling-Systemen österreichischer Kreditinstitute, in ÖBA 1/2000, S. 66 ff.

9 Vgl. Dülfer E./Kramer J. W. (Frühwarnsysteme), Schwachstellenanalyse und Frühwarnsysteme bei Genossenschaftsbanken, Göttingen 1991, S. 98; Bürge, W., Ein computergestütztes Frühwarnsystem, Swiss Banking School Nr. 86/1994, S. 9; Zimmermann, Tim H. P., Vernetztes Denken und Frühwarnung – ein systemorientiertes Frühwarnkonzept mit Beispielen aus der Praxis einer Unternehmung, Dissertation St. Gallen, 1992.

Unterschiedliche Frühwarnsysteme haben sich herausgebildet, die je nach Anwendungsfeld eine teilweise sehr spezifische Ausrichtung haben. Sie wenden diverse mathematisch-statistische Verfahren auf Vergangenheits- bzw. Zukunftsdaten mit teils komplexer Informationsverarbeitung an.

3.1.2 Empirisch-statistische Verfahren

Externe Frühwarnsysteme für Banken werden auf der Grundlage allgemeiner Analyseerfahrungen und -methoden entwickelt, die drei Entwicklungsstufen umfassen.[10]

In der *ersten Generation* entstanden quantitative Verfahren der Trendberechnung und Extrapolation. Die univariate, statistische Analyse überprüft die Fähigkeit verschiedener Kennzahlen, erfolgreiche und insolvenzgefährdete Unternehmen zu trennen. Frühwarnsysteme der *zweiten Generation* bauen auf diesen Erkenntnissen auf. Als exemplarisches Verfahren untersucht die multivariate Diskriminanzanalyse mehrere gewichtete Kennzahlen im Zusammenhang auf ihre Fähigkeit, gute und schlechte Unternehmen zu trennen. Die *dritte Generation* externer Frühwarnung umfasst Verfahren der so genannten Mustererkennung, wobei verschiedene Merkmale in ihrer Kombination automatisch verarbeitet werden.[11] Sog. Expertensysteme unterstützen den Praxiseinsatz der komplexeren Analyseverfahren.[12]

Bei der Anwendung und Entwicklung der Frühwarnsysteme der dritten Generation ist in den letzten Jahren jedoch etwas Ernüchterung eingetreten. Die Erwartung, dass neuronale Netze und Expertensysteme wesentlich bessere Vorhersageergebnisse als zum Beispiel die Diskriminanzanalyse liefern können, hat sich bisher nicht erfüllt.

Kühnberger et al.[13] zeigen, dass die multivariate lineare Diskriminanzanalyse trotz aller mit ihrer Anwendung verbundenen Probleme respektable Vorhersageergebnisse ermöglicht. Sie benutzen für ihr Frühwarnsystem die Bilanzkennzahlen Eigenkapitalquote, Kapitalrückflussquote, Gesamtkapitalrentabilität und Kapitalumschlagshäufigkeit. Weiterer Vorteil der Diskriminanzanalyse ist die Nachvollziehbarkeit der gewonnenen Ergebnisse, die bei neuronalen Netzen und Expertensystemen nicht gegeben ist.

Seit Beginn der 90er Jahre haben so genannte dynamische Verfahren der Risikobeurteilung zunehmend Akzeptanz in der Praxis gefunden. Beurteilt wird hierbei vor allem die künftige Ertragskraft einer Unternehmung unter Einbeziehung des wirtschaftlichen Umfeldes. Dieser Ansatz verdrängt die vergangenheitsorientierte Beurteilung der Unterneh-

10 Vgl. Krystek, U., Frühwarnung vor Insolvenzrisiken: Controlling-Aufgabe auch im Bankenbereich, in: Spremann (Hrsg.), Controlling – Grundlagen – Informationssysteme – Anwendungen, 317-319.

11 Vgl. Krystek a. a. O., S. 319, Verweis auf: Grenz, T., Dimensionen und Typen der Unternehmenskrise. Analysemöglichkeiten auf der Grundlage von Jahresabschlussinformationen, Frankfurt/M. 1987.

12 Vgl. Krystek ebenda., Verweis auf Niehaus, H.-J., Früherkennung von Unternehmenskrisen, Düsseldorf 1987; Hauschild, J., Krisendiagnose durch Bilanzanalyse, Köln 1988 sowie Bruckner, B., Neue Wege in der Bonitätsbeurteilung von Firmenkunden, Wien 1996.

13 Vgl. Kühnberger, M./Eckstein, P./Woithe, M., Die Diskriminanzanalyse als ein Instrument der Früherkennung negativer Unternehmensentwicklungen, in: Zeitschrift für Betriebswirtschaft, 66. Jg. (1996), H. 12, S. 1449-1464.

menslage zwar nicht, gibt ihr aber nur noch im Zusammenhang mit der zukunftsbezogenen Betrachtungsweise eine Funktion.

Die Interpretation und qualitative Bewertung statistischer Kennziffern unter Einbeziehung nicht quantifizierbarer Entscheidungskriterien und intuitiver Einschätzungen wird damit wichtig. Empirisch fundierte Aussagen eignen sich zudem eher für kurz- und mittelfristige Prognosen und die operative Frühwarnung. Voraussetzung für den richtigen und nutzbringenden Umgang mit Frühwarnsystemen und den Analyseergebnissen ist Verständnis für die Methodik und die Fähigkeit zur Beurteilung der Ergebnisse.

3.1.3 Strategische Frühwarnsysteme

Empirische Daten erlauben nur begrenzt Prognosen über längere Zeiträume, da mit Diskontinuitäten und Trendbrüchen zu rechnen ist. Langfristige Analyseansätze können sich folglich weniger auf quantitative Methoden stützen. Für strategische Frühwarnsysteme war daher ein neuer Ansatz zu entwickeln. Entsprechend dem Konzept der „Strategic Issue Analysis" von Ansoff[14] zielt er darauf ab, auch schwer vorhersehbare Trendbrüche und weit in der Zukunft liegende, aber für die Unternehmung existentielle Ereignisse zu erfassen. Durch die systematische Sensibilisierung gegenüber qualitativen Signalen sollen strategische Diskontinuitäten früh erkannt werden. Schwache Signale liegen zeitlich vor den starken Signalen, allerdings sind sie schwerer zu erfassen, da sie ex definitione nicht systematisierbar und in ihrer Aussage nicht eindeutig sind.

Trotz des noch notwendigen Forschungsbedarf wird dieser Ansatz beispielsweise im Controlling von Banken verfolgt. So fordert Schierenbeck[15] die Implementierung eines strategischen Frühwarnsystems in das Konzept der ertragsorientierten Banksteuerung, um eine antizipative Gegensteuerung negativer Entwicklungen zu ermöglichen. Strategische Frühwarnsysteme haben die Aufgabe, strategisch relevante Informationen zu erfassen und umgehend die oberste Führungsebene davon in Kenntnis zu setzen.[16]

3.2 Ansätze und Entwicklungstand

3.2.1 Ursachen und Begleiterscheinungen von Bankenkrisen

Bankbezogene Frühwarnsysteme müssen die Hauptursachen und typischen Begleiterscheinungen von Bankenkrisen und Insolvenzen einzelner Banken rechtzeitig erkennen. Neben den historischen Erfahrungen sind die strategischen Geschäftsfelder und die Entwicklung des Gesamtrisikos einer Bank zu bewerten. Anhaltspunkte für sinnvolle Beobachtungsfelder und Kennziffern für effiziente Frühwarnsysteme liefern zunächst vergangene Bankenkrisen.

14 Vgl, Ansoff, H.I., Managing Surprise and Discontinuity – Strategic Response to Weak Signals, ZfbF 28/1976, 129-152.

15 Vgl. Schierenbeck, H., Ertragsorientiertes Bankmanagement – Controlling in Kreditinstituten, 4. Auflage, Wiesbaden 1994, S. 497-502.

16 ebenda S. 499.

Hauptursache von Bankenkrisen sind Ausfälle bei Großkrediten und eine ungenügende Diversifikation im Kreditportefeuille. Nachdem Banken in den achtziger Jahren in der lateinamerikanischen Schuldenkrise erhebliche Kredite abschreiben mussten, finanzierten sie Ende der 80er Jahre eine unfundierte Hausse an den Wertpapiermärkten. Kurs- und Preisrückgänge machten die Ausleihungen auch hier Not leidend. Weitere Kreditrisiken und Abschreibungsbedarf entstanden schließlich durch Ausleihungen an Ostblock-Länder. Bewertungskriterium eines Frühwarnsystems könnte folglich das Gesamtrisiko des Kreditportefeuilles sein. Zugleich sollten die Praxis der Kreditpolitik sowie Qualität und Know-how der Kreditprüfung analyserelevant sein.

Eine *zweite* Krisenursache sind Zinsänderungsrisiken, welche das Aktiv- und Passivgeschäft der Banken bei den heutigen Volatilitäten erheblich beeinflussen können. Die internen Steuerungs- und Controllingsysteme der Banken sind in den letzten Jahren aus diesem Grund stark entwickelt worden.

Dritte Krisenursache sind Schieflagen bei Termingeschäften, meist im Zusammenhang mit unzureichender Qualifikation der Entscheidungsträger, Managementfehlern, Betrug sowie Lücken in der Rechnungslegung und Risikokontrolle.

Viertens muss ein umfangreicher Ursachenkomplex angeführt werden, welcher angesichts sich schnell wandelnder Märkte Managementrisiken in der richtigen und effizienten Umsetzung von Strategien, Organisationsstrukturen und Produkt- und Absatzpolitiken umfasst. Bewertet werden müssen in diesem Zusammenhang beispielsweise der Führungsstil des Managements, Effizienz der Organisationsstrukturen, Mitarbeiterqualifikation ebenso wie Kundennähe, Researchpotential und die Innovationskraft des Instituts.

3.2.2 Stand und Erfahrungen in den USA

Aufgrund der Größe des Bankensystems, vieler Problemfälle im Bankenbereich und des besonderen Wissenschaftspotentials im Fachgebiet sind in den USA die Verfahren der externen Bankenanalyse am weitesten entwickelt. Die Verfahren knüpfen an Methoden der Kreditanalyse an, die im deutschsprachigen Bereich primär intern für die Bewertung der Risiken im Firmen- und Privatkundengeschäft genutzt werden. Für die Prognose von Bankinsolvenzen und des Krisenverlaufs wurden verschiedene theoretische Ansätze entwickelt und empirisch getestet. Dazu zählen die Diskriminanzanalyse, das Cox Hazard- und Split-Population-Timing-Modelle, aber auch Methoden der Kursanalyse von Bankaktien sowie spezielle Anwendungen von Optionspreismodellen.

Es ist zu prüfen, inwiefern die Erfahrungen und das Know-how aus den USA auf die externe Bankbeobachtung in anderen Ländern, insbesondere Deutschland sinnvoll übertragbar sind. Im Folgenden wird die Literatur in den USA knapp diskutiert, die erste Anhaltspunkte für die Erarbeitung deutscher Systeme gibt.

Ausgangspunkt der Entwicklung systematischer Analysemethoden war die Erkenntnis, dass Bankzusammenbrüche nicht plötzlich auftreten; die Gründe entstehen vielmehr über einen bestimmten Zeitraum. Meyer/Pifer[17] entwickelten 1970 eine erste Studie zu den Ur-

17 Vgl. Meyer, P. A./Pifer, H. W., Prediction of Bank Failures, The Journal of Finance 25, 9/1979, 853-868.

sachen von Bankinsolvenzen. Sie bildeten zu diesem Zweck vier Gruppen von Variablen (lokales wirtschaftliches Umfeld, allgemeine ökonomische Bedingungen, Managementqualität, Integrität der Angestellten). Sie untersuchten den Zusammenhang mit bestimmten Bilanzkennziffern wie Bilanzsumme, Kreditwachstum und Einlagenentwicklung. Mittels schrittweiser Regression identifizierten sie aus 160 Kriterien diejenigen, die signifikant solvent gebliebene und später insolvente Banken trennen konnten, u. a. das Verhältnis Gewinn zu Kosten sowie den Anteil der Konsumenten- und Realkredite an der Bilanzsumme. Sie erreichten mit einem Horizont von ein bis zwei Jahren gute Prognoseergebnisse; 80 % der Banken wurden richtig klassifiziert. Der Einfluss lokaler Daten – wie Einkommen der ansässigen Bevölkerung, Wachstumsrate des Verwaltungsbezirks, Struktur des lokalen Bankenmarktes – spielte dabei eine große Rolle. Der Einfluss allgemeiner ökonomischer Bedingungen konnte dagegen nicht signifikant festgestellt werden.

Dieses Analysemodell wurde 1975 erweitert (Sinkey und Walker)[18], die feststellten, dass bei „Problembanken" finanzielle Schwierigkeiten sichtbar werden, schon bevor die Bankenaufsicht diese feststellen kann.. Hier zeigte sich, dass die Problembanken signifikant niedrigere Eigenkapitalquoten und höhere Anteile von Krediten an der Bilanzsumme hatten. Beobachtet wurde ferner, dass die „Problembanken" diese Merkmale bereits mindestens ein Jahr aufwiesen, bevor sie die FDIC als solche identifizierte.

Rose/Scott[19] befassten sich 1978 erneut mit den Ursachen von Bankenkrisen. Sie stellten zunächst fest, dass sich die Anzahl der Bankenkrisen pro Jahr in den 70er Jahren im Vergleich zur Nachkriegsperiode deutlich erhöht hat und dass das Problem bisheriger Prognosen die geringe Vorlaufzeit war. Die Autoren testeten 110 Variablen auf Signifikanz unter Verwendung der *linearen, der multiplen und der quadratischen Diskriminanzanalyse*. Kranke und gesunde Banken konnten schon wesentlich früher als ein Jahr im Voraus unterschieden werden – anhand der Kennzahlen Kreditvolumen zu Bilanzsumme, kurzfristige Aktiva, Verhältnis von Sichteinlagen und befristeten Einlagen, Relation Eigenkapital zu Renditen. Festgestellt wurde eine größere Verwundbarkeit der gefährdeten Banken bereits vor der eigentlichen Bankenkrise, so dass ein Zusammenbruch im Falle besonderer ökonomischer bzw. finanzieller Belastungen oder auch rechtlicher Probleme abschätzbar wird.

Eisenbeis[20] fasst die Entwicklung der 70er Jahre zusammen und zeigt *zwei bisher bekannte Systemtypen* der Frühwarnung auf: Das erste Frühwarnsystem errechnet die wichtigsten Ergebniskennzahlen und Trends einzelner Banken und vergleicht sie dann innerhalb ähnlicher Gruppen. Für diese Art von Modellen wurden bisher die größten Entwicklungsanstrengungen unternommen. Ein solches System kam zum praktischen Einsatz – so als National Bank Surveillance System (NBSS) des Comptroller of the Currency. Ein zweiter Ansatz versuchte die Datenmengen auf Summenzahlen – durch statisti-

18 Vgl. Sinkey, Joseph F. Jr./Walker A., Problem Banks: Identification and Charakteristics, Journal of Bank Research, Spring 1975, 208-217.

19 Rose, Peter S./Scott, William L., Risk in Commercial Banking: Evidence from Postwar Failures, Southern Economic Journal 45, 7/1978, 90-106.

20 Vgl. Eisenbeis, R. A., Financial Early Warning Systems: Status and Futures Directions, Issues in Bank Regulations, (Summer 1977).

sche Techniken wie die Diskriminanzanalyse (Beispiel Sinkey/Walker[21]) – zu reduzieren. Beide Frühwarnsysteme zeigten auch Nachteile, da sie von Finanzdaten abhängig sind, die die Banken selbst liefern.

Ob *Aktienkurse* als Frühwarnsystem die Veränderung der finanziellen Situation einer Bank frühzeitig signalisieren, untersuchten Shick/Sherman[22] im Jahre 1980. Die Autoren nehmen die „effiziente Markthypothese“ zum Ausgangspunkt. Die Annahme lautet, dass jede Veränderung der Gesamtsituation sich unmittelbar in dem Kurswert niederschlägt. Ein solcher Ansatz hat den Vorteil einer sehr aktuellen Datenbasis und Einfachheit, da in den Kursen bereits komplexe Einflüsse antizipiert sind. Als Maßstab der Bewertung der Kurse wurden Veränderungen der Bankenratings einbezogen. Um andere Einflüsse als die Banksituation auf die Kurse zu eliminieren, wird die Technik der Residualanalyse von Fama/Fisher/Jensen/Roll (FFJR, 1969) verwendet. Die Analyse von 25 ausgewählten Bankaktien in den USA zeigte einen deutlichen Abwärtstrend für die Problemgruppe insgesamt bereits 15 Monate im Voraus – bevor für sie ein schlechteres Rating durch externe Prüfer erstellt wurde. Aufgrund der notwendigen Prämissen des Modells konnte sich dieser Ansatz nicht durchsetzen. Hauptursache ist die Schwierigkeit, externe Einflüsse auf die Entwicklung von Börsenkursen zu eliminieren. Außerdem ist nur ein Teil der Banken börsennotiert.

Börsennotierung ist auch die Voraussetzung für das Heranziehen *impliziter Volatilitäten* zur Prognose von Bankproblemen. Unter impliziten Volatilitäten wird die aus Optionspreisen mit Hilfe von Optionspreisformeln ermittelte erwartete Volatilität des „underlyings“ verstanden. Optionsprämien neigen dazu zu steigen, wenn die Marktteilnehmer größere Turbulenzen erwarten. In einer Studie von Malz[23] (2000) wird gezeigt, dass implizite Volatilitäten einen Informationsgehalt über zukünftige Entwicklungen enthalten, die nicht in anderen Risikomaßen enthalten ist. Daher kann eine ansteigende Volatilität als ein Warnsignal für zukünftige Bankrisiken angesehen werden. Malz' Ansatz kann als weiterer Versuch angesehen werden, Marktdaten als vorlaufenden Indikator für finanzielle Ereignisse oder Krisen heranzuziehen. Besonderer Vorteil hierbei ist, dass aktuelle Marktdaten täglich, teilweise sogar häufiger („intraday“), verfügbar und damit aktueller als Bilanzdaten oder makroökonomische Daten und ohne Zeitverzögerung sind.

Bereits 1980 lieferten Pettway/Sinkey[24] ein relativ einfaches, allerdings nur für größere Banken geeignetes Frühwarnsystem anderer Art. Dieses verwendet sowohl Markt- als auch Rechnungswesendaten und signalisiert, wo eine Vor-Ort-Prüfung der Bankenaufsicht notwendig ist. Ausgangspunkte der Analyse sind einmal Untersuchungsmethoden auf der Basis von Rechnungswesendaten mittels der *Diskriminanz-, der Logit- und der Probit-*

21 Vgl. Sinkey, J. F., Jr./Walker, D. A., a. a. o.

22 Vgl. Shick, R./Sherman, L, Bank Stock Prices as an Early Warning System for Changes in Condition, Journal of Bank Research, Autumn 1980, 136-146.

23 Vgl. Malz, A. M., Do Implied Volatilities Provide Early Warnings of Market Stress?, The RiskMetrics Group Working Paper No. 00-01, February 2000.

24 Vgl. Pettway, Richard H./Sinkey, Joseph F. Jr., Establishing On-Site Bank Examination Priorities: An Early-Warning System Using Accounting and Market Information, The Journal of Finance 3/1980, 137-150.

Analyse, wie sie von Hanweck, Korobow, Stuhr, Martin und Sinkey entwickelt wurden.[25] Auch Espahbodi (1991)[26] kommt durch Validierungstests und Betrachtung der Klassifikationsgenauigkeit zu dem Schluss, dass auf Logit- und Diskriminanzanalyse aufbauende Modelle im Vergleich zu früheren Ansätzen wesentlich vorteilhafter abschneiden. Zum anderen wurden Marktdaten in Form wöchentlicher Renditen (weekly holding period return) von insolventen Banken mit einem Portfolio gesunder Banken verglichen. Diese Methode der Portfolioanalyse machten Sharpe und Lintner bereits in den 60er Jahren bekannt.[27] Pettway/Sinkey verwendeten nun 2 Variablen im Rechnungswesentest (operating expenses/operating income; investments/total assets), welche die Bankprobleme etwa 66 Wochen im voraus signalisierte. Dies ist wesentlich früher als beim Markttest. Die Fehlerhäufigkeit der so genannten ersten Art („eine gefährdete Bank wird irrtümlich als gesund bezeichnet") und zweiten Art fiel im Vergleich zu bisherigen Modellen günstig aus. Somit kann dieser Ansatz als nützlich für ein Frühwarnsystem für Banken gewertet werden.

In den USA existieren bis in die Gegenwart verschiedene Strömungen der externen Bankenanalyse. Wie gezeigt, gibt es eine sehr umfangreiche Literatur über Techniken der Abschätzung der Wahrscheinlichkeit von Bankenkrisen über einen begrenzten Zeitraum.[28] In jüngster Zeit geht es in der Forschung stärker um die genaue Abschätzung der Krisenzeit.

Einen für die theoretische und praktische Fortentwicklung wichtigen Ansatz zeigen Lane/Looney/Wensley[29], indem sie die bisherigen Verfahren der Diskriminanzanalyse durch Einführung des sog. *Cox-Proportional-Hazards-Modell* für die Bestimmung von Bankenkrisen erweiterten. Ursprünglich wurde dieses Verfahren in der Medizin entwickelt, um den Zusammenhang zwischen der Überlebenschance der Patienten und unabhängigen Variablen zum Beispiel nach Herztransplantationen zu bestimmen. Während bisherige Ansätze der Früherkennung insolvenzgefährdeter Banken nur eine Insolvenzwahrscheinlichkeit feststellen können, liefert der neue Ansatz eine Angabe über die Restzeit bis zur bevorstehenden Insolvenz, das heißt es wird eine „Überlebensfunktion" errechnet. Dieses beschreibt auf der Grundlage der sog. Hazard-Funktion von Cox, mit welcher Wahrscheinlichkeit eine Bank mit bestimmten Finanzcharakteristika zu einem zukünftigen Zeitpunkt noch lebensfähig ist. Ein Vorteil gegenüber der Diskriminanzanalyse liegt darin, dass der

25 Vgl. Hanweck, Gerald H., Predicting Bank Failures, Research Papers in Banking and Financial Economics, Financial Studies Section, Board of Governors of the Federal Reserve System, 11/1977; Using a Simulation Model Approach for the Identification and Monitoring of Problem Banks, Research Papers in Banking and Financial Economics, Financial Studies Section, Board of Governors of the Federal Reserve System, 8/1977; Korobow, L./Stuhr, D./Martin, D., A Nationwide Test of Early-Warning Research in Banking, Quarterly Review, Federal Bank of New York, Autumn, 1977; Martin, D., Early Warning of Bank Failure: A Logit Regression Approach, Federal Reserve Bank of New York, unpublished paper; Sinkey, Josef F. Jr., Problem and Failed Institutions in the Commercial Banking Industry, Greenwich, Conn.: JAI Press, 1979 u. a.

26 Vgl. Espahbodi, P., Identification of problem banks and binary choice models, in: Journal of Finance and Banking, vol. 15 (1991), issue 1, S. 53-71.

27 Vgl. Sharpe, Wiliam F., Capital Asset Prices: A Theorie of Market Equilibrium under Conditions of Risk, Journal of Finance, 9/1, 1964.

28 Demirguc-Kunt, A., Deposit-institution failures: A review of the empirical literature, FED Bank of Cleveland Economic Review, Fourth Quarter/1989, 2-18.

29 Vgl. Lane, R./Looney, W./Wansley, W., An Application of the Cox Proportional Hazards Model to Bank Failure, Journal of Banking and Finance 10/1986, 511-531.

neue Ansatz eine geringere Anzahl von sog. Fehlern 1. Art aufweist. Weniger problematisch aus Sicht der Bankenaufsicht ist der so genannte Fehler zweiter Art, wo gesunde Banken irrtümlich als insolvenzgefährdet bezeichnet werden, da in jedem Fall Frühwarnindikatoren durch Einzelbehandlung überprüft und nicht voreilig veröffentlicht werden.

Lane/Looney/Wansley vergleichen in ihrer Studie 130 in den Jahren 1979-1983 insolvent gewordenen Banken mit 334 direkt vergleichbaren, gesunde Banken. Insgesamt fand man 21 prognosefähige Insolvenzindikatoren. Sie stammen insbesondere aus den „CAMEL"-Bereichen (Prüfungsschema der amerikanischen Aufsichtsbehörden: *c*apital/Eigenkapital, *a*sset quality/Anlagevermögen, *m*anagement/Führungsqualität, *e*arnings quality and amount/Ertragskraft, *l*iquidity/Kassenbestände). Daraus werden Datengruppen, um Überlebenswahrscheinlichkeiten für verschiedene Monatsperioden berechnen zu können, was den entscheidenden Vorteil der Cox-Methode darstellt, denn eine Diskrimanzanalyse kann nur zeigen, mit welcher Wahrscheinlichkeit eine Bank irgendwann innerhalb einer bestimmten Periode ein Insolvenzproblem bekommt.

Einen ähnlichen Ansatz verwendet auch Whalen[30] im Jahre 1991 bei der Beschreibung von Timing-Modellen für Bankenkrisen. Auch er benutzt das *Cox-Proportional-Hazard-Model* mit dem Vorteil weniger strenger Modellannahmen, wie sie durch parametrische Überlebenszeitmodelle verlangen. Eine Merkwürdigkeit des Cox-Modells ist aber die unrealistische Annahme, dass alle Banken irgendwann in Konkurs gehen.

Cole/Gunther[31] verwenden für die Gruppierung der Bankgesamtheit in einer Arbeit über die Voraussage von Bankenkrisen ein sog. *Split-Population-Survival-Time-Modell* von Schmidt/Witte[32]. Wichtig ist dabei die Unterscheidung der Bestimmungsfaktoren für die Bankenkrise selbst und für den Zeitpunkt (Timing) der Insolvenz. Damit kann einerseits die Richtigkeit der Regeln für Bankschließungen überprüft werden. Zum anderen kann die Bankenaufsicht damit zwischen solchen Instituten unterscheiden, die langfristig eine Überlebenschance haben, so dass Zeit und Chance für Sanierungsmaßnahmen besteht, und solchen, die sofort geschlossen werden müssen. Der konkrete Verlauf von Bankenkrisen bzw. -insolvenzen hängt auch von der Entscheidung der staatlichen Aufsicht, nicht allein vom Markt, ab. Cole/Gunther stellen fest, dass für die Voraussage einer Bankenpleite mehr Variablen notwendig sind als für die Bestimmung des Timing, wobei es nur begrenzt zu Überschneidungen der Variablen kommt. Konkret wurden im Zeitraum 1985-1992 Daten von 10 843 Banken erhoben. Allerdings kann das Cox-Modell verzerrte Ergebnisse bringen. Zur Diskussion der Survival-Time-Modelle trägt auch der Beitrag von Lancaster[33] bei.

30 Whalen, G., A proportional hazard model of bank failure: An examination of its usefulness as an early warning model tool", Federal Reserve Bank of Cleveland Economic Review, First Quarter 1991, 21-31.

31 Vgl. Cole, R. A./Gunther, J. W.: Seperating the Likelihood and Timing of Bank Failure, (noch) unveröffentlichtes Manuskript für das Journal of Finance.

32 Vgl. Schmidt, P./Witte, A. D., An economic analysis of crime and justice: Theory, methods and applications, Orlando 1984; Predicting criminal recidivism using ‚split population' survival time models, Journal of Econmetrics 40/1989, 141-159.

33 Vgl. Lancaster, T., The econometric analysis of transition data, (Cambridge University Press), Cambridge 1990.

Die Studien zusammenfassend ergibt sich, dass Anzeichen einer drohenden Bankkrise über einen Zeitraum von zwei Jahren relativ gut feststellbar sind. Als Gebiete für prognosefähige Merkmale haben sich vor allem die Liquiditätslage, der Jahresüberschuss, Kostenkontrolle, Eigenkapitalausstattung, die Qualität der Vermögensanlagen und die Managementqualität herausgestellt. Letztere wird in den USA zum Beispiel anhand der Häufigkeit von Wertberichtigungen, des Wechsels von Bankstrategien und deren Umsetzung u. ä. bewertet.

Bei aller Kritik an der Verwendung von Vergangenheitsdaten aus der Rechnungslegung zeigt sich jedoch, dass diese mindestens ebenso geeignet für die Voraussage von Bankenkrisen sind wie die Marktdaten. Zu berücksichtigen ist dabei die marktorientierte Bewertung der Vermögenswerte in den US-Bilanzen (kaum stille Reserven) und, dass Kursanalysen nur für börsennotierte Banken in Frage kommen.

3.2.3 Zur Analysepraxis in Deutschland

In der deutschsprachigen Literatur dominiert unter dem Thema externe Frühwarnung die Analyse von Kreditnehmern aus Bankensicht. Verfahren der Kreditwürdigkeitsprüfung, vor allem im Mengengeschäft, haben eine sehr intensive Entwicklung erfahren, während die externe Bankenbeobachtung primär auf Verfahren der Einzelbilanzanalyse und Branchenvergleichen beruht. Statistische Verfahren und Modelle der Ursachenanalyse und Frühwarnung sind in der deutschen Kreditwirtschaft bisher wenig entwickelt.

Ein eigenes externes Analysemodell im Bereich der Landesbanken gelangte in den 80er Jahren nicht über die konzeptionelle Phase hinaus. Die Notwendigkeit der Entwicklung externer Frühwarnsysteme wird in Deutschland auch für die Gruppe der Genossenschaftsbanken gesehen. Darauf geht Dülfer[34] ein, der die Pflichtprüfungs-Überwachungssysteme der Genossenschaftsbanken zum Ausgangspunkt wählt und eine rechtzeitige Risikoerkennung durch Frühwarnsysteme für Entscheidungsträger durch operationale, quantitative wie auch strategische Frühwarninstrumente fordert.

Frühwarnsysteme im Bereich von Bankenverbänden haben aufgrund des Datenverbundes gute Entwicklungschancen. Weitreichende Informationspflichten haben alle Banken auch gegenüber dem Bundesaufsichtsamt für das Kreditwesen (BAKred) und der Bundesbank. Dagegen werden Frühwarnsysteme auf der Grundlage allgemein publizierter Daten schwer zu entwickeln sein. Mit dem Argument der Vertrauensempfindlichkeit hat es der Gesetzgeber den Banken ermöglicht, wesentliche Daten nicht zu publizieren.

Dabei geht es vor allem um den *Jahresabschluss*. Die Eignung der daraus gewonnenen Daten als Frühwarninformationen ist beim bisherigen Entwicklungsstand der Verfahren begrenzt. Daneben bieten die Jahresabschlusszahlen nur ein statisches Momentbild der Bank, welches erst einige Monate nach Bilanzstichtag veröffentlicht wird und zudem von den Banken durch Bilanzpolitik erheblich beeinflusst werden kann. Schließlich drohen Risiken in nicht unerheblichem Maße auch aus bilanzunwirksamen Geschäften.

34 Vgl. Dülfer, E., Brauchen wir Frühwarnsysteme für Genossenschaftsbanken?, in ZfgG 42/1992, 197-216.

Für den Aufbau eines Frühwarnsystems zur externen Bankbeobachtung liegt es nahe, auf die Methoden zurückzugreifen, die sich für andere Branchen bewährt haben und auf die bereits eingegangen wurde.

Die Bedeutung des *Eigenkapitals* und seiner Entwicklung im Zeitablauf ist als Frühindikator für Krisen nach wie vor wichtig.[35] Bei Kreditinstituten hat das Eigenkapital eine besondere Bedeutung als Risikopuffer, so dass schwache oder sinkende Eigenmittelausstattung als deutliches Anzeichen für Krisenanfälligkeit gilt. Einige Untersuchungen kommen jedoch zu dem Schluss, dass zwischen Eigenkapitalquote und Insolvenzwahrscheinlichkeit kein signifikanter Zusammenhang besteht. Das Insolvenzrisiko ist vorwiegend durch die Qualität des Risikomanagements bestimmt. Eine hohe Eigenkapitaldecke kann sogar fälschliche Sicherheit suggerieren, wenn das Risikomanagement nicht der Komplexität der eingegangenen Geschäfte entspricht. Aufgrund der Publizitätslage kann die Eigenkapitalquote extern nur unvollständig ermittelt werden. Der Grund dafür sind die umfangreichen Möglichkeiten zur Bildung stiller Reserven. Dies ist beim Einsatz von Eigenkapitalkennzahlen in Frühwarnsystemen zu beachten.

Für das Gebiet der Liquidität liegt es nahe, Kennzahlen zur strukturellen Liquidität, ihre Entwicklung im Zeitablauf sowie Vergleiche zu anderen Kreditinstituten heranzuziehen. Zur Ermittlung und Beurteilung ihrer Prognosefähigkeit für ein Frühwarnsystem ist noch empirische Forschungsarbeit zu leisten.

Bankinsolvenzen werden vor allem durch den Ausfall übergroßer Kredite verursacht.[36] Eine ausgewogene Diversifikation der Kreditengagements mindert das Risiko von Ausfällen. Das Auftreten *hoher Einzelengagements* ist also ein Frühwarnindikator.

Auch die Analyse der *Ertragslage* wird durch bankspezifische Regelungen und Praktiken erschwert. Der bilanziell ausgewiesene Periodengewinn ist als Beurteilungsmaßstab angesichts der Möglichkeit, stille Reserven aus Vorjahren aufzulösen oder neue zu bilden, weitgehend ungeeignet.

Der Lagebericht[37] enthält u. a. eine Prognose über die voraussichtliche Entwicklung des Kreditinstituts in den nächsten Jahren. Berichtet wird dabei über *Chancen und Risiken der Gesamtbank*. Willkür und übermäßige Beschönigungen sind durch die Plausibilitätsprüfung des Jahresabschlussprüfers[38] weitgehend ausgeschlossen. So lassen sich in gewissem Maße zukunftsbezogene Informationen – in der Regel qualitative Aussagen – gewinnen, die im Rahmen eines externen Frühwarnsystems einbezogen werden könnten.

Als Schlussfolgerung ergibt sich: Der Jahresabschluss ist als Informationslieferant für Frühwarnsysteme zwar unverzichtbar, seine Daten sind aber aufgrund von Regelungen und Praxis der Rechnungslegung in Deutschland nur eingeschränkt für die externe Bankbeobachtung verwendbar.

---

35 Vgl. Baetge, J., Möglichkeiten der Früherkennung negativer Unternehmensentwicklungen mit Hilfe statistischer Jahresabschlussanalysen, in: ZfbF 9/1989, S. 792-811, hier S. 804.

36 Vgl. von Stein, J. H., Insolvenzen privater Banken und ihre Ursachen, München 1969, S. 37; auch die seither eingetretenen Insolvenzen zeigen dies.

37 Vgl. § 340a HGB i.V.m. § 264, I HGB.

38 Vgl. IdW [Hrsg.], WP-Handbuch 1992, 10. Aufl., Düsseldorf 1992, S. 1231.

Ausreichende Informationen zum Aufbau von Frühwarnsystemen für das rechtzeitige Erkennen aufkommender Bankkrisen haben insbesondere die Bundesbank und das Bundesaufsichtsamt für das Kreditwesen, denen periodische Meldungen der Kreditinstitute, der Bericht über die Jahresabschlussprüfung und zahlreiche andere Meldungen zur Verfügung stehen. In einer ähnlichen Situation befinden sich Prüfungsgesellschaften und Rating-Agenturen für Banken. Für sie liegt es deshalb besonders nahe, effiziente Frühwarnsysteme für Banken zu entwickeln.

4. Entwicklungslinien externer Bankenanalyse

4.1 Verbesserung der Informationsbasis

Gegenüber der Öffentlichkeit sind Aufsichtsbehörden bei den Daten für Frühwarnsysteme im Vorteil. In den USA erhalten die Behörden ihre Informationen auch durch Meldungen und aus Sonderprüfungen, die mehrmals im Jahr unangekündigt durchgeführt werden. Die US-Aufsicht kann sich insofern aus erster Hand direkt vor Ort informieren, was einen hohen Informationsstand der Aufsicht ermöglicht.[39] Die Öffentlichkeit ist auch in den USA auf die publizierten Informationen im Jahresabschluss angewiesen. Das System der Generally Accepted Accounting Principles (US-GAAP) stellt im Gegensatz zur deutschen Rechnungslegung stärker auf den „true and fair view“ ab, so dass die US-Commercial Banks wesentlich strengeren Publizitätspflichten unterliegen[40] und auch geringere bilanzpolitische Wahlmöglichkeiten haben. Dies ist für externe Frühwarnsysteme deshalb wichtig, weil die Jahresabschlussdaten wesentlich stärker der tatsächlichen wirtschaftlichen Situation der Banken entsprechen als dies in Deutschland der Fall ist.

Die Jahresabschlussdaten nach amerikanischen und internationalen Standards haben zwar eine höhere Aussagekraft als deutsche Abschlüsse. Dennoch sind ihre Daten in der Regel für ein leistungsfähiges, quantitativ ausgerichtetes Frühwarnsystem allein nicht ausreichend. Zukunftsorientierte Informationen zur Situation der Bank und Perspektiven des wirtschaftlichen Umfeldes müssen einbezogen werden. Folglich ist international – vor allem aber national in Deutschland – eine Verbesserung der Aussagefähigkeit der publizierten Daten und eine Angleichung der nationalen Standards dringend erforderlich. Auch deutsche Banken bilanzieren mittlerweile nach IAS und US-GAAP und stellen einen (vom HGB) befreienden Jahresabschluss auf.

Eine weitere Möglichkeit der Verbesserung von Transparenz ist die vereinzelt praktizierte freiwillige Kooperation von Banken, zum Beispiel stellen sich Geldhandelspartner zusätzliche Informationen zur Verfügung. Denkbar sind auch Anreize für mehr Information. Die

39 Vgl. Hütz, G., Die Bankenaufsicht in der Bundesrepublik Deutschland und in den USA. Berlin 1990, S. 214 f.

40 Vgl. Puckler, G., Bankenaufsicht und Bankbilanzierung in den USA, in: Die Wirtschaftsprüfung 1973, S. 666.

Bankenaufsicht könnte die Eigenkapitalanforderungen nach Vorhandensein und Qualität interner Risikoanalysesysteme (zum Beispiel Frühwarnsysteme) differenzieren.

4.2 Elemente von Frühwarnsystemen für systemische Bankenkrisen

Die Krisenanfälligkeit einzelner Banken steht in engem Zusammenhang mit der Anfälligkeit des gesamten Bankensystems (systemisches Risiko). Sollen Indikatoren oder Modelle gefunden werden, die als Frühwarnsystem für den Zusammenbruch einer einzelnen Bank dienen können, so ist zunächst die Frage nach der Stabilität des gesamten Bankensektors eines Landes zu stellen, in welches die betrachtete Bank eingebettet ist.

Im Zusammenhang mit den Krisen der letzten Jahre ist die Frage nach der Krisenfestigkeit von Bankensystemen und nach Frühwarnsystemen für Banksysteme wieder in den Vordergrund gerückt. Eine Vielzahl von Artikeln zum Thema Währungs- und Bankenkrisen in Lateinamerika, Europa und Asien ist in den letzten Jahren erschienen.

So weisen Calomiris und Gorton schon 1991 darauf hin, dass Bankenkrisen häufig einer Rezession folgen.[41] Kaminsky[42] (1998) analysiert Frühwarnsysteme für Bank- und Währungskrisen, indem er über 100 Finanzkrisen in 20 Ländern betrachtet, und kommt zu dem Resultat, dass im Gegensatz zur weit verbreiteten Ansicht die Asienkrise nicht unvorhersehbar war und viele Gemeinsamkeiten mit früheren Bank-/Finanzkrisen aufweist.

Betrachtet man Frühwarnsysteme für systemweite Bankenkrisen und solche für einzelne Banken, so zeigen sich einige Parallelen: Bei der Konzeption geht es in beiden Fällen zunächst darum, geeignete Indikatoren aufgrund sachlogischer Überlegungen zu finden. Anschließend muss der Schwellenwert für jeden Indikator bestimmt werden, ab dem eine Krise unvermeidlich erscheint. Problematisch ist, dass beim Heranziehen vieler Indikatoren die Zahl der Fehlalarme bei einzelnen Indikatoren beträchtlich ist. Eine Möglichkeit ist es, die Zahl der „aufleuchtenden" Indikatoren als Metaindikator zu beobachten. Es zeigt sich nämlich, dass vor Krisen die Anzahl der aufleuchtenden Indikatoren signifikant ansteigt, und sich daraus gute Prognosemodelle bilden lassen.

Kaminskys Analysen zeigen, dass Bankenkrisen dann entstehen, wenn die gesamte Wirtschaft eines Landes sich in einer Krisensituation befindet. Daher sind Indikatoren die auf eine (gesamt-)wirtschaftliche Schwächephase deuten gleichzeitig auch Indikatoren für Bankenkrisen. Bank- und Finanzkrisen gehen oftmals einher, weshalb von „twin-crises" gesprochen wird. Rosengreen[43] stellt fest, dass Bankenkrisen aus langsamem Wirtschafts-

41 Vgl. Calomiris, C. W./Gorton, G., The Origins of Banking panics: Models, Facts and Bank Regulation, in Hubbard, G. (Hrsg.): Financial Markets and Financial Crises, Chicago 1991, S. 109-173.

42 Vgl. Kaminsky, G. I. (1998), Currency and Banking Crises: The Early Warnings of Distress, International Finance Discussion Paper der FED.

43 Vgl. Rosengreen, E., Will Greater Disclosure Prevent the next Banking Crisis?, Federal Reserve Bank of Boston 1999.

wachstum resultieren und dass das Erreichen größerer Transparenz in einem Bankensystem zu mehr Stabilität führt.

Kaminsky gelang es, vier Frühwarn-Indikatoren zu isolieren, die eine Aussage über die Wahrscheinlichkeit einer Krisensituation zulassen. Dabei handelt es sich um den Grad der Liberalisierung des Finanzmarktes eines Landes, die Höhe der „world interest rate", die Verschuldung gegenüber dem Ausland, insbesondere den kurzfristigen Finanzverbindlichkeiten und einem Maß für die Kapitalflucht. Das daraus konzipierte Frühwarnsystem besteht daneben aus weiteren makroökonomischen Indikatoren und gewichtet alle Signale zu einem „composite indicator". Das Modell ist in der Lage, „out-of-sample" die Asienkrise vorherzusagen.

Mehrere Studien zusammenfassend lässt sich realistischerweise davon ausgehen, dass sich Finanz- und Bankenkrisen etwa 24 Monate vor ihrem Ausbruch durch verschlechterte Indikatorwerte feststellen lassen.

4.3 Elemente von institutsspezifischen Frühwarnsystemen

Das rechtzeitige Aufspüren der Gefahr einer Bankenkrise erfordert die Diagnose der aktuellen Gesamtsituation der betreffenden Bank. Fast alle Geschäfte verursachen Risiken, die es zu identifizieren und in ihrem strukturellen Zusammenwirken zu bewerten gilt. Effiziente Analysemethoden erfordern deshalb weniger die isolierte Diskussion von Einzelrisiken, sondern eine Portfoliobetrachtungen der Aktiva und Passiva einer Bank.

Der Grundgedanke besteht darin, bestimmte Gesamtrisikogrenzen zu ermitteln, deren Überschreitung als hinreichendes Signal für eine Gefährdung der Bank gelten kann. Es geht im Bankgeschäft nicht einfach darum, das Gesamtrisiko zu minimieren, sondern die Fähigkeit, mit ertragbringenden Geschäften verbundene Risiken zu tragen, muss im Wettbewerb in vertretbarem Maße ausgeschöpft werden. Eine genaue Kenntnis und Bewertung des eigenen Gesamtrisikos sowie fremder Banken erhält angesichts neuer, komplexerer Risikostrukturen einen hohen Stellenwert. Aber selbst das interne Bankencontrolling mit hohem Daten- und Informationszugriff steht bei dieser komplexen Aufgabe eher am Anfang.

Aus externer Sicht ist es trotz begrenzter Datenbasis notwendig, alle wesentlichen Risikobereiche zu erfassen und in ihrem Gesamtzusammenhang zu bewerten. Eine Standardisierung der Analysemethoden muss künftig die Kosten reduzieren. Frühwarnsysteme für die externe Bankbeobachtung müssen bezogen auf die Gesamtsituation der jeweiligen Bank sowohl die konkrete Markt- und Wettbewerbssituation berücksichtigen als auch eine wirklichkeitsnahe Bonitäts- und Budgetanalyse einschließen. Stockinger[44] zeigt mehrere Prozessstufen eines solchen Analyseansatzes:

Die *Markt- und Wettbewerbsanalyse* einer Bank zielt auf konkrete Geschäftsstrukturen und die Markt- und Wettbewerbsrisiken in verschiedenen Teilbereichen ab. Analysen von

44 Vgl. Stockinger, J., Überlegungen zur globalen Analyse der Banken-Geschäftsstruktur, ÖBA 12/1990, 990-998.

Markt- und Zielgruppen sowie Produktstrategien verschiedener Banken im Vergleich können Ertragspotentiale bzw. Risiken verdeutlichen.

Die *Bonitätsanalyse* muss klären, inwiefern das finanzielle Gleichgewicht gesichert ist. Die Bonitätsanalyse zielt auf die risikopolitische Analyse der Geschäftsstruktur und der Bilanzstruktur ab. Darüber hinaus ist zu überlegen, ob interne Risikomodelle der Banken und Konzepte der Gesamtbanksteuerung für externe Analysezwecke genutzt werden können. Diese liefern nämlich gerade hochaggregierte Zahlen zur Abschätzung von Gesamtbankrisiken. Es ist davon auszugehen, dass in Zukunft interne Risikomodelle Anknüpfungspunkt der Aufsichttätigkeit werden, da zunehmend erkannt wird, dass interne Risikomodelle bisherigen aufsichtsrechtlichen Ansätzen überlegen sind.[45] Damit macht es Sinn, interne Risikomodelle und Systeme der Gesamtbanksteuerung selbst zum Bewertungsmaß für die externe Bank-Beobachtung zu machen.

Die *Budgetanalyse* nimmt bei der globalen Analyse der Geschäftsstruktur jahresbezogene Ergebnis- und Bestandsgrößen zum Ausgangspunkt und erfasst den Wert- und Betriebsbereich.

Ergebnis der vielschichtigen Globalanalyse der Geschäftsstruktur einer Bank ist die Erstellung von so genannten Bank-Profilen mit spezifischen Stärken- und Schwächenmustern, die als effiziente Instrumente genutzt werden können, wenn sie mit den Zahlenwerten vergangener Perioden sowie Banken des gleichen Sektors bzw. Mitwettbewerbern verglichen werden (Zeit-, Betriebs-, Konkurrenzvergleich).[46]

4.4 Szenariotechniken und neuronale Netze

Permanenter Strukturwandel und ständiger Anpassungsdruck auf die Banken, der sich auch auf die bankmäßigen Risiken auswirkt, macht die Bewertung von Zukunftssituationen durch bankspezifische Szenarien sinnvoll. Qualifizierte Techniken dafür sind entstanden als Hilfsmittel für das Bankmarketing[47] sowie für das interne Controlling. Diese gilt es für Zwecke externer Bankbeobachtung weiterzuentwickeln. Ausgangspunkt ist die Annahme, dass Banken mit unterschiedlichen Geschäftsprofilen von verschiedenen Marktszenarien unterschiedlich betroffen sind. Die Klassifizierung der Banken dürfte daher in verschiedenen Szenarien unterschiedlich ausfallen. Die Bestandsfestigkeit von Positionen und Strukturen in der Bilanz von Banken kann anhand geeigneter Szenarien getestet werden. Daher erscheint die Koppelung der Bewertung von Bankprofilen im Zusammenhang mit der Marktszenariotechnik ein möglicher Weg, um die Frühwarnsysteme fortzuentwickeln, sofern die datenmäßigen, technischen und Kostenbarrieren überwunden werden können.

Neueste Entwicklungen auf den Gebieten der Zins- und Wechselkursprognose sowie des Portfoliomanagements und der Kreditwürdigkeitsprüfung bei Unternehmen zeigen Wege

45 Vgl. Fischer, T. R., Finanzindustrie und Risikomanagement, in ÖBA 2/2000. S. 107-114.

46 ebenda, S. 996.

47 Vgl. dazu Wildening, O. S., Bewertung von Zukunftsmärkten durch bankspezifische Marktszenarien, Die Bank 9/1986, 447-450.

auf, die auch für externe Frühwarnsysteme der Bankbeobachtung gangbar sein könnten. So wurde zum Beispiel bereits früher versucht, neuronale Netze dazu zu benutzen, Kapitalmarktentwicklungen vorherzusagen und in Handelsstrategien umzusetzen. In den 90er Jahren wurde darauf aufbauend versucht, neuronale Netze zur Prognose von Bankzusammenbrüchen und damit als Frühwarnsystem zu nutzen. Alam et al.[48] (2000) vergleichen zwei selbstorganisierende neuronale Netzwerke mit einem „fuzzy-clustering"-Algorithmus, einer speziellen Form der Clusteranalyse, mit dem Ziel, die Wahrscheinlichkeit eines Bankzusammenbruchs zu prognostizieren. Sie resümieren, dass zwar beide Verfahren noch nicht ausgereift sind, aber doch viel versprechende Methoden für die Identifikation potentieller Problembanken sind.

Weitere aus der Kreditrisikoanalyse kommende Verfahren sind genetische Algorithmen, Multivarianz-Analysen, Migrations-Matritzen und dem Kalibrierungsverfahren.[49] Auch annualisierter Ausfallwahrscheinlichkeiten zeigen den Trend zur Risiko-Analyse ganzer Portfolios und werden zukünftig auf die Vorhersage von Bankzusammenbrüchen angewandt werden.

Das Instrument des „Neurocomputing" findet schrittweise im Bankenbereich Anwendung.[50] Hochleistungsfähige Rechner imitieren mittels massiv-parallelverarbeitender Prozessoren die Informationsverarbeitung des menschlichen Nervensystems, insbesondere des Gehirns. Eine Zelle des neuronalen Netzes ist in der Lage, Rechenoperationen auszuführen und besitzt lokale Speicher in Form von sog. synaptischen Gewichten. Das Besondere dieser technischen Entwicklung besteht in der Lernfähigkeit der neuen Generation von Prozessorennetzwerken, die ihr Vorbild in den biologischen Neuronen haben.

In einem engem Zusammenhang mit neuronalen Netze stehen sog. Expertensysteme, die erst durch leistungsfähige Computer möglich wurden. Expertensysteme zeichnen sich dadurch aus, dass sie als selbstlernendes System konzipiert sind. Es werden Lernregeln programmiert und dem System Trainingsdaten zur Verfügung gestellt, mit denen dann Erfahrungen generiert werden. Mit zunehmender Einsatzdauer lernt ein Expertensystem immer besser, wie bestimmte Situationen zu bewerten sind und ist daher auch in der Lage, Reaktionen auf unbekannte Situationen abzuleiten.[51]

Aufsichts- und Managemententscheidungen bedürfen immer stärker der elektronischen Unterstützung. Künstliche neuronale Netze und Fuzzy Logic haben einen Entwicklungsstand erreicht, der eine testweise Anwendung in der Praxis ermöglicht. Neue Ansätze wie die Chaostheorie und genetische Algorithmen sowie unter dem Schlagwort „Evolutionary Computing" charakterisierte Ideen werden die Prognosemöglichkeiten und das Instrumentarium des Risikomanagements erweitern.

48 Vgl. Alam, P./Booth, D./Lee, K./Thordarson, T., The use of fuzzy clustering algorithm and self-organizing neural networks for identifying potentially failing banks, in: Expert Systems with Applications, vol. 18 (3), 2000, S. 185-199.

49 Vgl. Dicken, A. J., Kreditwürdigkeitsprüfung, 2. Aufl, Berlin 1999.

50 Vgl. dazu Loistl, O./Schmidtmeier, S., Anlegerklassifizierung mit Hilfe eines neuronalen Netzes, in Sparkasse 4/1993, S. 183.

51 ebenda, S. 184.

4.5 Zukunftsorientierte Bankenratings

Für die externe Bankbeobachtung steht neben den angesprochenen Informationsmöglichkeiten ein weiteres Instrumentarium zur Verfügung. Verschiedene Rating-Agenturen bieten als Dienstleistung für den Kapitalmarkt eine Beurteilung der relativen Bonität. Mit Hilfe von Ratings werden Wertpapiere und die dahinterstehenden Emittenten nach qualitativen oder quantitativen Maßstäben klassifiziert, wobei das Gesamturteil zu einem Symbol (zum Beispiel AAA) verdichtet wird.[52]

Ratingeinschätzungen sind das Ergebnis einer fundierten und zukunftsbezogenen Analyse gegenüber dem Ausfallrisiko. Das Ziel von Banken-Ratings besteht darin, Kreditinstitute „bonitätsmäßig" zu vergleichen bzw. Bonitätsaussagen zu erhalten. Damit werden die Risiken von Kapitalmärkten transparenter gestaltet. Ein Vorteil ist die einheitliche Systematik der Rating-Agenturen bei der Abgrenzung von Bonitätseinstufungen.

Zwecks Anwendung eines einheitlichen Bewertungsschemas erfolgt die Analyse in der Regel entsprechend der Struktur des Geschäftsportfolios: Kreditgeschäft (langfristig, kurzfristig, nach Kreditarten), Geldgeschäft (Devisentermin- und Kassageschäft, Finanzinnovationen), Wertpapiergeschäft (Aktien, Renten, Finanzinnovationen) und Dokumentengeschäft (Akkreditive, Warenpapiere, Inkassogeschäfte).

Neben der Bilanzanalyse, mit der bilanzielle Risiken der Bank festgestellt werden können, wird eine Art „Bonitätsprüfungsprotokoll" angefertigt, in das die Rating-Agenturen über die Jahresabschlussdaten hinausgehende Informationen einbeziehen. Berücksichtigung finden das Umfeld und weitere unternehmensinterne Informationen. Die Informationslage ist hier aufgrund der Motivation des Rating-Kandidaten besser als bei sonstigen externen Analysten. Im Dialog der Analysten von Rating-Agenturen mit dem Bankmanagement werden das Diversifizierungspotential und die Managementqualität, insbesondere das Risikomanagement beurteilt. Der genaue Ratingprozess und die Gewichtung einzelner Einflussfaktoren auf das Ratingurteil werden von den Ratinggesellschaften jedoch nicht preisgegeben, da sie als eine Art Betriebsgeheimnis gelten.

Zumindest als Selektionskriterium im Rahmen von externen Frühwarnsystemen – für die Auswahl näher zu prüfender Kreditinstitute – sind solche Ratings nützlich. Die Bankstrategie sowie die Geschäftspolitik werden in Konsultationen erörtert. Auftraggeber von Ratings (in der Regel die Emittenten) wünschen von der Rating-Agentur eine zukunftsbezogene Bonitätseinschätzung und sind daher bereit, zusätzliche, auch nicht publizierte Informationen preiszugeben.

Rating-Agenturen haben folglich besondere Informationsmöglichkeiten und spezielles, frühwarnorientiertes Wissen. Die Ratings werden zukunftsbezogen erteilt. Durch den regelmäßigen Dialog mit dem Management, die Zusatzinformationen und die Einbeziehung umfassender Marktinformation erhalten Ratings, insbesondere Veränderungen in der Einstufung, einen besonderen Stellenwert auch für externe Frühwarnsysteme.

52 Vgl. Steiner, M., Rating, Risikobeurteilung von Emittenten durch Rating-Agenturen, WiSt Heft 10/1992, 509-515, siehe auch: Mattern, E., Rating im internationalen Kreditgeschäft, Die Bank 8/1984, 374-378; Everling, O., Bestimmungsgründe des langfristigen Rating, Die Bank 11/1991, 608-612.

Auf einige Probleme bei der Benutzung von Ratingurteilen der Agenturen muss jedoch hingewiesen werden: Ratingurteile können als Frühwarnindikatoren für Aufsichtsbehörden verwendet werden. Damit dient ein Rating als Grundlage für die Regulierungspraxis. Gerade dies aber sehen Rating-Agenturen selbst skeptisch, da unter anderem Interessenskonflikte zwischen den Aufsehern, der Rating-Agentur und dem Auftraggeber des Ratings, also zumeist einer Bank, entstehen könnten.

Ein weiteres Problem liegt darin, dass Rating-Agenturen bei Banken besondere Schwierigkeiten haben, ein Ratingurteil zu finden. Morgan (2000)[53] zeigt, dass es für die Agenturen schwieriger ist, Banken zu raten als andere Unternehmen. Das zeigt sich daran, dass die verschiedenen Agenturen bei Banken deutlich häufiger zu unterschiedlichen Urteilen kommen. Diese Unsicherheit ergibt eine besondere Problematik, sofern kommerzielle Ratings zur Grundlage von Regulierungen werden.

5. Schlussbemerkung

Der Bedarf an externen Frühwarnsystemen für Banken ist angesichts der aufgezeigten Entwicklung dringend. Daraus erwächst die Notwendigkeit der (Weiter-)Entwicklung empirisch-gestützter Analyseverfahren. Die Nutzung der Analyseerfahrungen in den USA sowie die erweiterten Publizitätspflichten von Banken eröffnen neue Möglichkeiten.

Aufsichtsbehörden, Prüfungsgesellschaften und Rating-Agenturen haben besondere Informationsrechte und -möglichkeiten. Kreditinstitute haben zur Beurteilung von Geschäftspartnern ebenso Bedarf an Frühwarnsystemen. Geldhandelspartner können untereinander durch Kooperation und Informationsaustausch sich ebenfalls erweiterte Daten beschaffen und diese in Frühwarnsystemen verarbeiten.

Diejenigen, die aufgrund erweiterter Informationsmöglichkeiten gute Chancen zur Entwicklung von externen Frühwarnsystemen haben, verspüren Handlungsdruck. Die neue Risikolage erfordert „Gesamtbank-Frühwarnsysteme“. Diese müssen ebenso wie die Ansätze der Gesamtbanksteuerung die Verknüpfung der Ertrags- und Risikokomponenten sicherstellen. Trotz erweiterter Publizitätspflichten für Banken sind aufgrund der schlechteren Informationslage der externen Analysten andere Ansätze als bei unternehmensinterner Risikosteuerung notwendig.

Bisherige Ansätze wie Bilanzstrukturanalysen müssen durch neue Analyseinstrumente erweitert werden. Um Frühwarnsysteme zu verbessern, sollten Trends, Verläufe, typische Begleiterscheinungen und sonstige Erfahrungen bei Bankenkrisen auf ihre Eignung untersucht werden. Insbesondere geht es darum, interne und externe Einflussfaktoren in ihrem Zusammenwirken zu erkennen und stärker als bisher zu quantifizieren.

53 Vgl. Morgan, D. P., Rating Banks: Risk and Uncertainty in an opaque Industry, New York FED Working Paper, April 2000.

Die internen Systeme des Controllings werden selbst zum Bewertungsmaß für den Beherrschungsgrad der Geschäftsfelder und damit für die Sicherheit der Gesamtbank. Ein solcher Analyseansatz hat einen doppelten Effekt, einerseits werden aufgrund begrenzter Ressourcen und Informationen die internen Steuerungsmechanismen ausgenutzt, andererseits wird der Druck in Richtung Vervollkommnung des Risikomanagements der Banken erhöht.

Bei der Ausnutzung quantitativer Methoden empfiehlt sich eine sinnvolle Kombination empirisch-statistischer Analyseverfahren mit strategischen Frühinformationen durch „weiche" qualitative Daten. Quantitative Analyseverfahren können aufgrund relativ kurzfristiger Prognosemöglichkeiten die strategischen, intuitiven Analysetechniken nicht ersetzen, sondern ergänzen diese.

Fazit: Für die externe Bankbeobachtung können Frühwarnsysteme entwickelt werden. Sie stellen ein wirksames Instrumentarium der Risikoüberwachung dar. Für den bestehenden Bedarf ist der Entwicklungsstand in Deutschland eher niedrig – eine Herausforderung an gemeinsame Anstrengungen von Wissenschaft und Praxis.

Christopher Pleister

Zur optimalen Organisation von Controllingprozessen in Verbundsystemen

1. Rahmenbedingungen
2. Standardisierung von Instrumenten und Prozessen zur Gesamtbanksteuerung
3. Der Spitzenverband als Kompetenzzentrum für eine verbundeinheitliche Unternehmenssteuerung
4. Entwicklungslinien in der Banksteuerung

1. Rahmenbedingungen

Die Verbundorganisationen stehen vor großen Herausforderungen. Die Trends am Bankenmarkt zeigen auch im genossenschaftlichen Verbund ihre deutlichen Spuren. Hier ist ein starker Wandel im Aufsichtsrecht zu beobachten. Die rein quantitativ ausgerichtete Bankenaufsicht wandelt sich immer stärker zu einer qualitativen Aufsicht. Interne Modelle werden zur verfeinerten Risikomessung zugelassen, bedeuten aber auch erhöhte Ansprüche an die Prozesse und Qualitätsstandards auch in kleineren Instituten. Dieser Trend zeichnete sich schon vor einigen Jahren mit den Mindestanforderungen an das Betreiben von Handelsgeschäften und der Möglichkeit der Zulassung interner Modelle zur Messung der Marktpreisrisiken für Handelsgeschäfte ab. Mit den neuen Baseler Papieren werden erstmals interne Modelle zur Messung von Adressausfallrisiken entwickelt. Dabei soll zunächst ein ratingabhängiges Bonitätsgewicht entwickelt werden. In einem weiteren Schritt werden sicherlich Portfoliomodelle zur Bemessung der Adressrisikoposition eines Institutes herangezogen werden. Generell haben sich über die letzten zehn Jahre die Controllinginstrumente in ihrer Vielfalt und Komplexität deutlich entwickelt. Die Barwertmethode hat die Marktzinskonzeption der achtziger Jahre auch in der Praxis abgelöst. Einfache Szenariotechniken zur Bestimmung von Marktpreisrisiken sind zu komplexen wahrscheinlichkeitsorientierten Modellen des „Value at Risk" weiterentwickelt worden. Heute diskutieren wir über entsprechende Kreditrisikomodelle und am Horizont erscheinen Ansätze zur Quantifizierung der operationellen Risiken. Diese wenigen Beispiele zeigen die hohe Veränderungsgeschwindigkeit von Steuerungsinstrumenten.

Die Tendenz an den Geld- und Kapitalmärkten zur Deregulierung hat ihre Spuren auch auf dem deutschen Bankenmarkt hinterlassen. Sie führt zu den hinlänglich bekannten Effekten einer stärkeren Volatilität der Preise, die sich dann auch in den Bankbilanzen niederschlägt. Weiterhin führt eine zunehmende Preistransparenz zu einem immer stärkeren Margenverfall. Die Rentabilität von gestern kann somit nicht unbesehen für eine Kreditgenossenschaft oder Sparkasse fortgeschrieben werden. Schließlich muss an dieser Stelle auf die Internetbanken verwiesen werden, von denen man behauptet, dass sie binnen zwei Jahren 20 % aller Kapitalmarkttransaktionen abwickeln werden.

All diese Szenarien machen deutlich, dass heute jede Bank – unabhängig von der Größe – Instrumente und Prozesse zur Messung und Steuerung ihrer Geschäfte unter betriebswirtschaftlichen Gesichtspunkten braucht. Denn nur so kann die Bank auf die oben grob skizzierten Anforderungen in angemessener Weise reagieren.

2. Standardisierung von Instrumenten und Prozessen zur Gesamtbanksteuerung

Einen entscheidenden Faktor stellt die Schaffung einer Konzeption zur Gesamtbanksteuerung dar. Diese Konzeption muss folgende Punkte umfassen:

- Man muss erkennen, welche besonderen Fähigkeiten die einzelne Bank hat, um sich positiv im Wettbewerb zu differenzieren. Die strategische Positionierung ist also ein Grunderfordernis. Keine Bank wird künftig darauf verzichten können, diese komparativen Wettbewerbsvorteile zu ermitteln.
- Diese Fähigkeiten müssen mit dem Geschäftsportfolio abgeglichen werden. Um das Kapital sinnvoll einzusetzen, muss man sich von marginalen oder defizitären Geschäftsfeldern im Extremfall trennen und sich auf das Kerngeschäft konzentrieren. Dies kann man auch als Entwicklung vom zufälligen zum gesteuerten Geschäft bezeichnen.
- Das betriebswirtschaftliche Instrumentarium muss im konkreten Entscheidungsprozess konsequent genutzt werden, um Abweichungen frühzeitig korrigieren zu können.
- Es gilt, das Geschäftsportfolio permanent nach Ertrags- und Risikogesichtspunkten zu steuern.
- Die bankbetriebliche Produktion ist nach kostenrechnerischen und letztlich industriellen Gesichtspunkten zu organisieren. Solche Denkansätze sind speziell in den Feldern umzusetzen, in denen Massenproduktion stattfindet. Konkret ist zum Beispiel an Wertpapierabwicklungssysteme zu denken, die sich durchaus industrienah steuern lassen.

All diese Anforderungen setzen damit ein Gesamtbanksteuerungskonzept voraus, das sich in der folgenden Abbildung als Baukasten beschreiben lässt (vgl. Abbildung 1). Von entscheidender Bedeutung sind hierbei die konsequente Abbildung von Erträgen, Kosten und Risiken nach dem Verursachungsprinzip und die Installation eines Controllingregelkreises mit den Prozessen Planung, Vorsteuerung und Soll-Ist-Vergleich.

Die Bankleitung erhält u. a. die Möglichkeit, auf Einzelgeschäftsebene durch die Kalkulation von Ertrag, Kosten und Risikoprämien die Vorteilhaftigkeit eines Neugeschäftes im Rahmen einer entsprechenden Vorkalkulation von Deckungsbeiträgen zu beurteilen. Die Vorkalkulation wird dann durch Simulation verschiedener Geschäftsparameter (zum Beispiel Laufzeiten, Besicherung, Zahlungsmodalitäten) die Auswirkung auf die Konditionierung und auf eine kosten- und risikogerechte Preisstellung im Vertrieb aufzeigen.

Ferner werden auf Gesamtbankebene bzw. Portfolioebene Instrumente zur ertrags- und risikoorientierten Steuerung der Marktpreisrisiken, insbesondere der Fristentransformation, und der Adressrisiken geschaffen. Dies schließt derivative Geschäfte mit ein. Es werden potenzielle Verluste der Grundgeschäfte und der Derivate berechnet. Diese Größen werden durch festgelegte Risikolimite begrenzt.

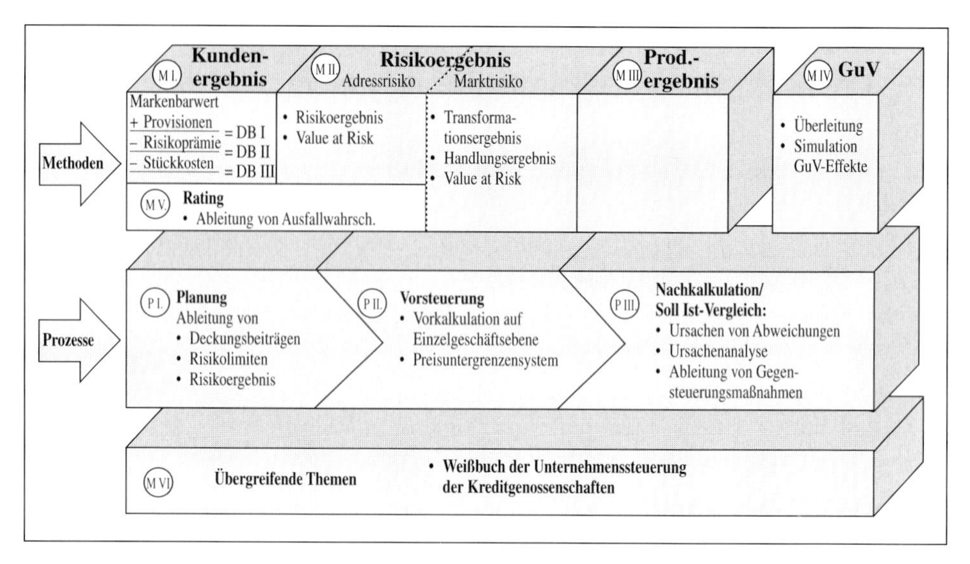

Abbildung 1: Der Controlling-Baukasten und seine Module

Die oben dargestellte Controllingrechnung, die sich aus dem Kundengeschäftsergebnis (DB III), den Risikoergebnissen aus Marktpreisrisiko und Adressrisiko und dem Produktivitätsergebnis zusammensetzt, zeigt verursachungsgerecht die Wirkungen der Geschäftstätigkeit in den verschiedenen Geschäftsfeldern einer Bank auf. Diese Rechnung ist in einen Regelkreis der Unternehmensteuerung einzubetten (vgl. Abbildung 2).

Dieser Regelkreis besteht aus den Phasen Planung, Vorsteuerung und Soll-Ist-Vergleich. Die Planungsphase dient zum einen dazu, verbindliche Ziele – insbesondere der oben aufgeführten Ergebnisbereiche – für die einzelnen Verantwortungsbereiche einer Bank festzulegen und zum anderen im Sinne einer Vorausschau die mögliche und angestrebte Entwicklung der Bank abzuschätzen.

Mit Blick auf die Vorkalkulation von Deckungsbeiträgen dient die Vorsteuerung der Entscheidungsunterstützung bei Konditionenverhandlungen. Sie misst die Wertschöpfung aus dem Abschluss eines Kundengeschäftes und ist zugleich der Ausgangspunkt für die Festlegung von Standardkonditionen bzw. die Ableitung von Preisuntergrenzen.

Erst der Soll-Ist-Vergleich (die dritte Phase) ermöglicht die Kontrolle, inwiefern die gesetzten Ziele für die Planungsperiode erreicht werden können. Dies gilt für alle genannten Ergebnisbereiche. Die regelmäßige Nachkalkulation ist die Voraussetzung für die Identifikation von Fehlentwicklungen und das rechtzeitige Gegensteuern.

Die Entwicklung, Implementierung und Betreuung einer solchen umfassenden Konzeption stellt einen großen Anspruch an die Verbundorganisation. Nur mit einem abgestimmten Miteinander und dem Einsatz von Spezialisten bei den jeweiligen Verbundpartnern können die Instrumente voll eingesetzt und ihre Vorteile genutzt werden. Der Aufbau einer integrierten Gesamtbanksteuerung ist ein langjähriger Prozess. Er macht Antworten auf bislang noch konzeptionell ungelöste Fragen ebenso erforderlich wie die kritische Auseinandersetzung mit der Praktikabilität von Lösungen. Nicht zuletzt wird der hohe Umsetzungsaufwand hier eine beachtliche Rolle spielen.

Die erheblichen Investitionen in Mitarbeiter und Technik können nur durch die Nutzung von Synergiepotentialen in der arbeitsteilig organisierten Verbundorganisation bewältigt werden. Dabei spielt auch die weitgehende Standardisierung von Instrumenten eine herausragende Rolle. Bei einer dezentralen Lösung würden die Entwicklungs-, Implementierungs- und Betreuungskosten für die Organisation um ein Vielfaches höher sein als im Falle einer gemeinsamen Lösung: Die Rechenzentralen wären gezwungen, mehrere Verfahren datenverarbeitungstechnisch zu unterstützen, betriebswirtschaftliches Know-how müsste an verschiedenen Stellen des Verbundes für gleich oder ähnlich gelagerte Fragestellungen aufgebaut werden.

Von großer Bedeutung ist diese Standardisierung auch für den Risikotransfer zwischen Zentralbank und Primärinstitut im Bereich der Adressausfallrisiken. Ein verbundeinheitliches Verfahren zur Bonitätsbeurteilung in den verschiedenen Kundensegmenten würde nicht nur zu einer beschleunigten Bearbeitung von Gemeinschaftskrediten beitragen, sondern auch dazu führen, dass zum Beispiel mit Kreditderivaten ein Risikoausgleich zwischen dem Primärinstitut und der betreffenden Zentralbank installiert werden könnte. Ein solcher würde zu einer neuen, verbesserten Risikoverteilung führen, wie wir es schon aus der Marktpreisrisikosteuerung kennen und nutzen.

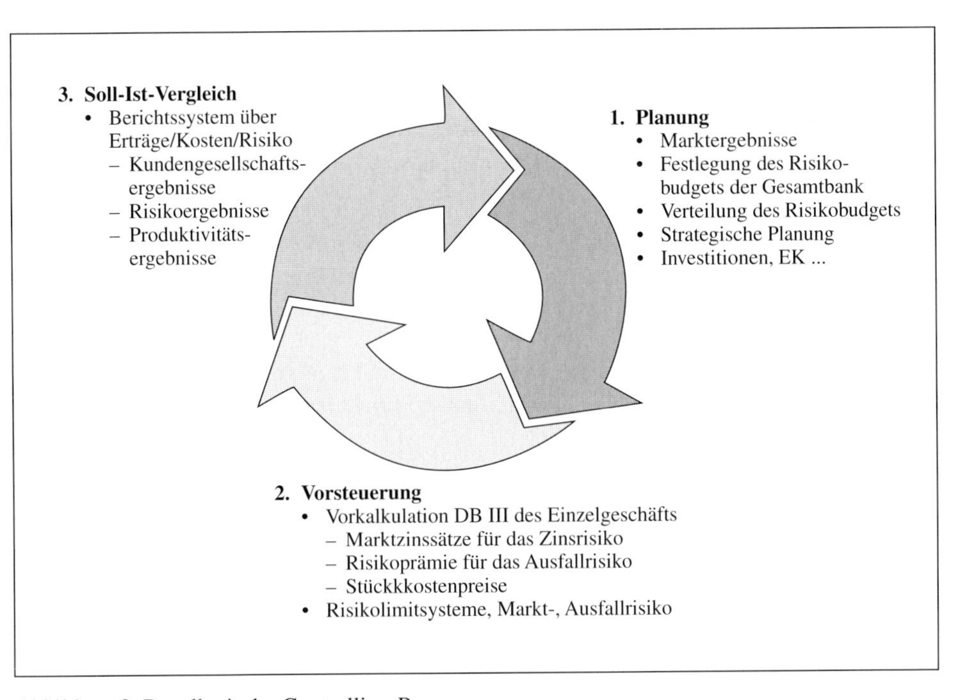

Abbildung 2: Regelkreis der Controlling-Prozesse

Sicherlich lassen sich auch Vorteile einer dezentralen, heterogenen Entwicklung von Steuerungsinstrumenten aufzeigen. Allerdings dürften angesichts der oben ausgeführten Gesamtsituation, in der sich die Bankwirtschaft befindet, die Nachteile überwiegen.

3. Der Spitzenverband als Kompetenzzentrum für eine verbundeinheitliche Unternehmenssteuerung

Unter Effektivitäts- und Effizienzgesichtspunkten erscheint es sinnvoll, eine Institution als Kompetenzcenter mit der Koordination der Entwicklung eines Gesamtbanksteuerungssystems zu betrauen. Diese Rolle wird im Verbund vom BVR wahrgenommen, der die Initiierung und Betreuung des gesamten Projektes übernommen hat. Diese Rolle ist umso wichtiger, da die Beteiligung vielfältiger Verbundpartner und das Einbringen von deren Know-how als zentraler Erfolgsfaktor angesehen werden können. Für die Zusammenarbeit formuliert der Spitzenverband die Rahmenbedingungen. Dabei umfasst die Aufgabe des BVR die Koordination von fachlichen Standards, von arbeitsteiligen Entwicklungen und von Pilotierungen zum Thema.

Aus dem Verbund sind außer dem BVR weiterhin eine Reihe von Primärbanken, Verbänden, Zentralbanken und Rechenzentren an der Entwicklung beteiligt.

Durch die Vielfalt der unterschiedlichen beteiligten Verbundpartner wird sichergestellt, dass bereits in der Konzeptionsphase die Fragestellungen der organisatorischen und datenverarbeitungstechnischen Umsetzung einbezogen werden. Diese beiden Arbeitspakete sind von so großer Bedeutung, dass hierzu separate Arbeitsgruppen eingerichtet werden. Diese Vorgehensweise stellt außerdem eine zügige und gut abgestimmte Umsetzung der fachlichen Konzeptionen sicher.

Natürlich erfordert eine solche Vorgehensweise mit vielen Beteiligten einen höheren Abstimmungsbedarf. Angesichts der Vorteile, die sich in der Integration des fundierten, im Verbund vorhandenen Wissens und einer zügigeren Umsetzung zusammenfassen lassen, scheint dieser Aufwand jedoch sinnvoll investiert, insbesondere vor dem Hintergrund der umfangreichen Erfahrungen des Spitzenverbandes im Projektmanagement, die im Rahmen der Moderation vieler verbundübergreifender Projekte gesammelt wurden.

Die Entwicklung eines Gesamtbanksteuerungssystems ist kein Vorgang, der mit seiner Fertigstellung abgeschlossen ist. Der Fortschritt in der Methodenentwicklung und die Erfahrung mit den implementierten Systemen und Prozessen werden auch in Zukunft immer wieder Anpassungen und Überarbeitungen notwendig machen. Die Rolle des Spitzenverbandes als Koordinationsstelle wird sich auch im Rahmen dieser Weiterentwicklung bewähren. Er versteht sich als „Think Tank“ zu sämtlichen Fragestellungen des genossenschaftlichen Verbundes. Der BVR sieht sich hierbei aber auch aktiv in der Rolle des Marktbeobachters, der neue Entwicklungen aufgreift und ihr Einbringen in den Verbund initiiert.

4. Entwicklungslinien in der Banksteuerung

Die Quantifizierung von Risiken und Ergebnissen ist als Grundlage der Ergebnistransparenz einer Bank anzusehen. Sie ist notwendige Voraussetzung für eine zielgerichtete Steuerung der Bankaktivitäten. Der Nutzen eines derartigen Systems kann aber nur dann vollständig realisiert werden, wenn eine Bank die generierten Informationen in korrekte Steuerungsimpulse umsetzen kann. Diese umfassen nicht nur das Einzelgeschäft oder die dispositive Steuerung eines Risikobereiches, sondern berühren immer mehr auch strategische Fragestellungen und damit die Unternehmensentwicklung insgesamt.

Dabei wird die Nutzung der generierten Informationen erleichtert, wenn in der Bank angemessene und geeignete Prozesse implementiert werden. Diese sollten die Umsetzung der geeigneten Steuerungsimpulse unterstützen. So kann der Soll-Ist-Vergleich der Kundengeschäftsergebnisse (DB III) der Ausgangspunkt einer strategischen Neuausrichtung sein, in dem die Schwerpunkte der Vertriebsaktivitäten hinsichtlich der Kundensegmente, der Produktgruppen und/oder der Vertriebswege einer grundsätzlichen Überprüfung unterzogen werden. Der Soll-Ist-Vergleich stellt dabei „lediglich" den Ausgangspunkt vielfältiger Aktivitäten dar, die von Markt- über Wettbewerbsanalysen bis zur strategischen Standortbestimmung reichen. Hierbei handelt es sich um Instrumente, die sehr viel stärker qualitativ ausgerichtet sind, gerade deshalb jedoch eine systematische Vorgehensweise erfordern.

Auf der instrumentellen Ebene ist sicherlich im Rahmen der Vertriebssteuerung eine Weiterentwicklung zu erwarten. Ausgehend von der DB-III-Kalkulation wird die Kundengeschäftssteuerung zukünftig an in der Wertekette vorgelagerten Aktivitäten anknüpfen. Ein prozessorientiertes Vertriebssteuerungssystem wird nicht nur die vermögensmäßigen Konsequenzen der Kundengeschäftsabschlüsse berücksichtigen, sondern darüber hinaus auch bei Kundenkontakten, Verkaufsgesprächen u. ä. ansetzen. Vergleichbare Tendenzen werden sich mit Sicherheit auch in den weiteren Entwicklungen von Risikomanagement- und Führungsinstrumenten zeigen. Insbesondere bei letzterem wird sich der Informationsbereich in Zukunft auf das Management von Personalkapazitäten, Sachkosten und der Produktivität ausweiten.

C. Rentabilitätcontrolling

I. Management Accounting für das Bankcontrolling

Henner Schierenbeck / Reinhold Hölscher

Die Marktzinsmethode als entscheidungsorientiertes Konzept der Ergebnismessung von Einzelgeschäften (Perioden- und Barwertmodell)

1. Das Grundkonzept der Marktzinsmethode

1.1 Charakteristische Merkmale der Marktzinsmethode

Um die Entscheidungsträger einer Bank ertragsorientiert führen zu können, ist es zwangsläufig erforderlich, dass adäquate Kosten- und Erlösinformationen zur Verfügung stehen. Während ursprünglich zur Beurteilung der Prozesse im Wertbereich eines Kreditinstitutes auf die Pool- und die Schichtenbilanzmethode zurückgegriffen wurde, hat sich hier in den letzten Jahren die Marktzinsmethode zunehmend durchgesetzt. Die Marktzinsmethode beruht auf dem von *Eugen Schmalenbach* entwickelten Konzept der pretialen Lenkung, nach dem untergeordnete Einheiten eine weit gehende Dispositionsfreiheit erhalten, gleichzeitig jedoch deren Entscheidungen durch ein Verrechnungspreissystem im Sinne des Gesamtunternehmensoptimums gesteuert werden.[1] Basierend auf Erkenntnissen und Veröffentlichungen aus der (Bank- und Beratungs-)Praxis begann die Diskussion um die Marktzinsmethode in den Jahren 1982/83.[2] Zunächst wurde das Verfahren dabei als Wertsteuerung oder Opportunitätskonzept bezeichnet. Erst *Schierenbeck* prägte den Namen „Marktzinsmethode".[3]

Bei der Marktzinsmethode handelt es sich konkret um ein integriertes, aus den realen Ergebniskonsequenzen von Entscheidungen abgeleitetes und am Opportunitätsprinzip orientiertes Verfahren der Einzelbewertung, das in der Lage ist, den Entscheidungsträgern „richtige" Ergebnisinformationen bereitzustellen.

Im Mittelpunkt der Marktzinsmethode steht die bankbetriebliche *Margenkalkulation von Einzelgeschäften*. Im Gegensatz zu den traditionellen Verfahren basiert die Marktzinsmethode auf der Grundüberlegung, dass jedes einzelne Geschäft das Ergebnis der Bank in einer bestimmten Weise beeinflusst und daher als eigener Erfolgsfaktor isoliert werden kann. Statt einer Bewertung der einzelnen Aktiv- und Passivgeschäfte jeweils mit (Durchschnitts-)Zinssätzen der gegenüberliegenden Bilanzseite werden bei der Marktzinsmethode die einzelnen Kredit- und Einlagengeschäfte entsprechend dem Postulat der grenznutzenorientierten Einzelbewertung mit Bewertungsmaßstäben der gleichen Bilanzseite gemessen. Damit wird dem sog. *Opportunitätsprinzip* Rechnung getragen. Es besagt, dass der Nutzen eines (Kunden-)Geschäfts darin besteht, mehr zu erwirtschaften als ein vergleichbares und in jedem Fall mögliches Alternativgeschäft am Geld- und Kapitalmarkt. Als Erfolgsmaßstab dient also jeweils die Rendite bzw. der Kostensatz eines äquivalenten, alternativ stets möglichen Geld- und Kapitalmarktgeschäfts (ausführlich *Schierenbeck* 1999).

Von entscheidender Bedeutung für die Umsetzung des *Opportunitätsprinzips* ist die Existenz von vergleichbaren Alternativgeschäften, deren Konditionen darüber hinaus

1 Vgl. Schmalenbach, 1948.
2 Vgl. Droste, 1983 und Flechsig/Flesch, 1982.
3 Vgl. Schierenbeck, 1999.

objektiv, das heißt von den einzelnen Entscheidungsträgern in der Bank und nicht willkürlich manipulierbar sein müssen. Diese aus dem Postulat der „richtigen" Ergebnisinformationen abgeleitete Anforderung lässt sich folgerichtig und bei Existenz (zumindest annähernd) vollkommener Geld- und Kapitalmärkte auch theoretisch konsequent erfüllen, wenn der Bewertungsmaßstab an dem (aus der Sicht der Bank) externen Geld- und Kapitalmarkt gesucht wird. Für die Marktzinsbewertung ist somit eine strenge Trennung zwischen Kundengeschäft einerseits und Geld- und Kapitalmarktgeschäft (Interbanken- und Wertpapiergeschäft) andererseits erforderlich. Erst eine solche Abgrenzung ermöglicht bei konsequenter Fortführung auch die kalkulatorische Trennung von Aktiv- und Passivseite der Bilanz. Denn bei gegebener Liquidität verdrängt letztlich jeder Kundenkredit eine ansonsten in jedem Fall mögliche Alternativanlage in Interbankengeld oder Wertpapieren. Umgekehrt gilt bei gegebenen Anlagemöglichkeiten, dass jede Kundeneinlage eine ansonsten notwendig werdende Refinanzierung im Interbankenbereich oder über Schuldverschreibungen ersetzt. Als Vergleichskriterien zwischen Kundengeschäften und alternativen Geld- und Kapitalmarktgeschäften werden das Volumen, die Laufzeit und/oder das Zinsanpassungsverhalten des zu kalkulierenden Kundengeschäfts herangezogen.

Neben der Grenznutzenorientierung und der Einzelbewertung ist die Bereitstellung *„richtiger" Ergebnisinformationen* ein weiteres charakteristisches Merkmal der Marktzinsmethode. Damit die Margenkalkulation ihre Steuerungsfunktion erfüllen kann, müssen die Erfolgswirkungen von Entscheidungen der Realität entsprechend wiedergegeben werden. Dies erfordert letztlich also eine Isomorphie zwischen dem Kalkulationskonzept und der Realität.[4]

Während mit den Generalanforderungen der grenznutzenorientierten Einzelbewertung und der „richtigen" Ergebnisinformation Elementarfunktionen der Kalkulation angesprochen sind, ist das Postulat der *integrierten Ergebnisrechnung* auf die Einbindung der Kalkulation in das Steuerungssystem ausgerichtet. Demnach wirkt eine Erfolgsrechnung in einem Planungs- und Kontrollsystem nur dann integrativ, wenn die Vor- und Nachkalkulation auf den gleichen Entscheidungsgrundlagen beruhen. Nur dann lässt sich im Rückgriff auf das Postulat der richtigen Ergebnisinformation die Qualität der (nach den Ergebnissen der Vorkalkulation) getroffenen Entscheidungen richtig messen. Eine zweite Anforderung für eine integrierte Ergebnisrechnung ist die Identität von Gesamterfolg und Summe der Einzelgeschäftserfolge. Mit diesem Kriterium wird der Tatsache Rechnung getragen, dass der gesamte Überschuss letztlich aus der Summe der einzelnen Geschäftsergebnisse resultiert und die Einzelergebnisse sich additiv zum Gesamtergebnis aggregieren. Eine Margenkalkulation, die diese Bedingung nicht erfüllt, kann die Realität der Ergebnisentstehung nicht abbilden.

4 Vgl. Schierenbeck/Rolfes, 1988.

1.2 Prinzipielle Vorgehensweise der Marktzinsmethode

Die aus dem Postulat der „richtigen" Ergebnisinformation sich unmittelbar ableitende Schlussfolgerung, dass nur äquivalente Geldgeschäfte verglichen werden dürfen, führt letztlich dazu, dass bei den üblicherweise immer auftretenden Fristeninkongruenzen zwischen dem Aktiv- und Passivgeschäft der Banken ein „Rest-Erfolg" aus Fristentransformation sichtbar wird. Im Prinzip legt erst diese aus der Anwendung der Marktzinsmethode auf Kundengeschäfte der Bank resultierende Erkenntnis eine über das Kundengeschäft hinausgehende und selbständig steuerbare Erfolgsquelle offen: die inzwischen bekannte und bei allen traditionellen Kalkulationsverfahren bislang vernachlässigte Erfolgsquelle Fristentransformation.

Im Rahmen des Grundmodells der Marktzinsmethode lassen sich damit zusammenfassend *drei Erfolgsquellen* identifizieren: der *aktivische Konditionsbeitrag*, der den Renditevorteil von Kundenkrediten gegenüber äquivalenten Alternativanlagen am Geld- und Kapitalmarkt angibt, der *passivische Konditionsbeitrag*, der den Zinskostenvorteil von Kundeneinlagen gegenüber vergleichbaren Refinanzierungen am Interbankenmarkt oder durch Schuldverschreibungen abbildet, und der *Strukturbeitrag*, der aus der unterschiedlichen Laufzeit- bzw. Zinsbindungsstruktur des Aktiv- und Passivgeschäfts resultiert (*Schierenbeck* 1999).

Die prinzipielle Vorgehensweise der Marktzinsmethode zur Bewertung von Bankprodukten soll nun anhand eines einfachen Beispiels verdeutlicht werden. Eine Bank vergibt einen 4-Jahres-Festzins-Kundenkredit und refinanziert sich durch eine 1-Jahres-Festzins-Kundeneinlage. Es ist sofort erkennbar, dass diese Bank Fristentransformation betreibt. Sie muss, damit diese Struktur liquiditätsmäßig überhaupt darstellbar wird, die Kundeneinlage fortlaufend prolongieren oder durch entsprechende Kundengelder substituieren. Der Kundensatz auf der Aktivseite ist 8,5 % und der Einlagenzinssatz auf der Passivseite beträgt 5,5 %. Auf das Jahr gerechnet (bei konstanten Zinsen) bedeutet dies, dass zunächst einmal eine Zinsspanne von 3 % bzw. ein Zinsüberschuss von 3 000,- GE (3 % auf 100 000,- GE) erzielt wird (vgl. Abbildung 1).

Im Rahmen der Marktzinsmethode setzt sich der gesamte Zinsüberschuss von 3 000,- GE bzw. die Bruttozinsspanne von 3 % aus drei Komponenten zusammen, wobei die Aufteilung nicht pauschal erfolgt, sondern bestimmt wird durch die Zinsstruktur am Geld- und Kapitalmarkt.

1. Der Konditionsbeitrag des Kreditgeschäfts ergibt sich als Differenz zwischen dem vereinbarten Zins von 8,5 % und dem Zins für Geldanlagen äquivalenter Fristigkeit am Kapitalmarkt von 7,75 % multipliziert mit dem Volumen $(0{,}085 - 0{,}0775) \cdot 100\,000$,- GE = 750,- GE; das macht 25 % des Zinsüberschusses von 3 000,- GE aus.

2. Der Konditionsbeitrag des Einlagengeschäftes errechnet sich aus der Differenz zwischen dem Zins für Geld äquivalenter Fristigkeit am Geldmarkt von 6,9 % und dem vereinbarten Zins von 5,5 % multipliziert mit dem Volumen $(0{,}069 - 0{,}055) \cdot 100\,000$,- GE = 1 400,- GE; das macht knapp 47 % des Zinsüberschusses von 3 000,- GE aus.

3. Der Strukturbeitrag des Kredit- und Einlagengeschäftes ermittelt sich für den Kreditbereich als Differenz zwischen zuzurechnendem Kapitalmarktsatz und Tagesgeldsatz (0,0775 – 0,0615) · 100 000,- GE = 1 600,- GE und für den Einlagenbereich als Differenz zwischen Tagesgeldsatz und zuzurechnendem Geldmarktsatz (0,0615 – 0,069) · 100 000,- GE = -750,- GE. Per Saldo erhält man folglich den gesamten Strukturbeitrag von 850,- GE, der gut 28 % des erwirtschafteten Zinsüberschusses ausmacht. Da der Strukturbeitrag in der Summe aller Geschäfte nur von einer Warte aus gesteuert werden kann, die die gesamte Bilanz überblickt, handelt es sich um eine Aufgabe, die – im Gegensatz zur Konditionsbeitragssteuerung – von einer zentralen Abteilung (Zentraldisposition) wahrgenommen werden kann.

Die auf diese Weise kalkulierten Ergebnisinformationen haben grundsätzlich eine unmittelbar entscheidungsrelevante Qualität. Wäre beispielsweise das Kundenkreditgeschäft nicht akquiriert worden und hätte die Bank die Mittel lediglich am Geld- und Kapitalmarkt platzieren können, wäre der Zinsüberschuss (bei gleich bleibenden Zinsen aufs Jahr gerechnet) um 750,- GE kleiner gewesen. Analoge Überlegungen gelten für das Einlagengeschäft. Der Strukturbeitrag von jährlich 850,- GE wäre auch ohne Kundengeschäft allein aus der Fristentransformation erzielbar gewesen, die sich als eine revolvierende Finanzierung eines 4-Jahres-Kapitalmarktpapiers durch 1-Jahres-Gelder (bei hier als konstant angenommenen GKM-Sätzen) darstellt.

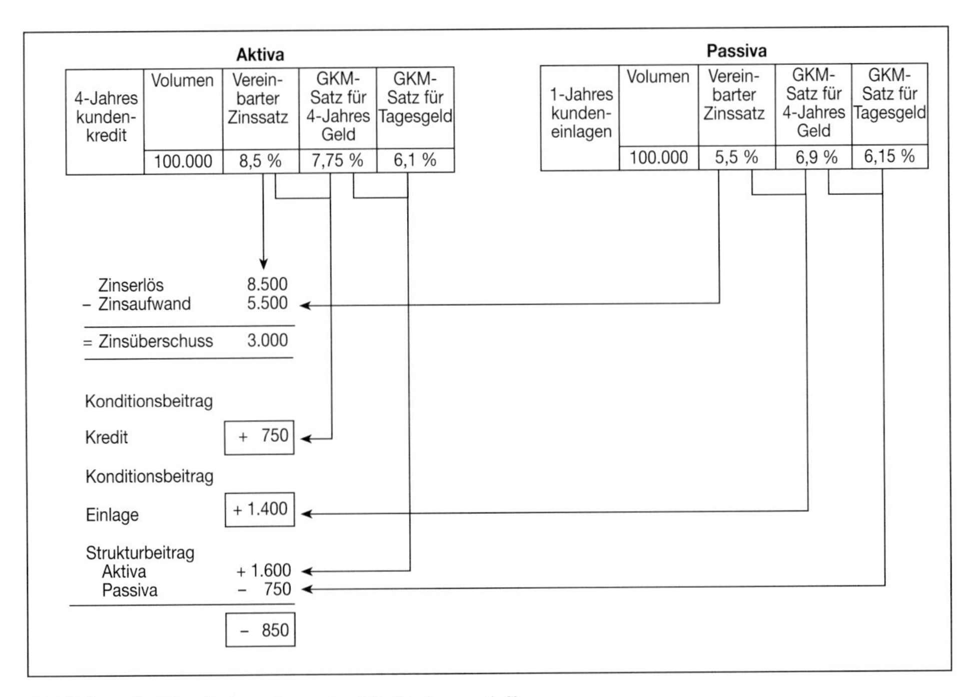

Abbildung 1: Ergebnisspaltung im Marktzinsmodell

2. Prinzipien der Verknüpfung von Bank- und Opportunitätsgeschäften

2.1 Problemstellung und methodisches Vorgehen

Damit die Marktzinsmethode als entscheidungsorientiertes Zinsverrechnungskonzept eingesetzt werden kann, ist es erforderlich, für konkrete Bankgeschäfte die „echten" Geld- und Kapitalmarktopportunitäten mit den jeweils dazugehörigen Marktzinssätzen zu identifizieren bzw. – wenn nötig – zu konstruieren. Als Opportunitätsgeschäfte kommen dabei nach der Grundregel der Marktzinsmethode nur laufzeit- und/oder zinsanpassungskongruente, real durchführbare Alternativgeschäfte in Betracht. Da sich dieses Zuordnungsproblem unterschiedlich komplex darstellt, sind Zuordnungstypen zu bilden, die Grundgeschäfte mit gleichen Zinsanpassungscharakteristika zusammenfassen. Gemäß den Unterschieden zwischen den einzelnen Typen kann daraufhin eine differenzierte Zuordnung von Alternativgeschäften erfolgen, die ihrerseits die Laufzeit- und/oder Zinsmerkmale der zugrunde liegenden Produkte exakt abbilden.

Dabei erscheint es sinnvoll, die Typologisierung der Grundgeschäfte nach folgenden konkreten und operationalen Entscheidungstatbeständen vorzunehmen:

1. Annahme von Ablauffiktionen;
2. Wahl des Zuordnungsprinzips für die Bildung strukturäquivalenter Opportunitätsgeschäfte;
3. Bildung von Finanzierungs- bzw. Anlagetranchen.

2.2 Formulierung von Zuordnungsprinzipien und Anpassungsregeln

Mit Hilfe der voranstehenden Kriterien lassen sich verschiedene Zuordnungstypen ableiten, die die Umsetzung des Zuordnungsproblems systematisieren (vgl. Abbildung 2).

Der *Typ I* wird in zwei Untergruppen gegliedert. Dabei entspricht der *Typ Ia*, dessen Opportunitätskonstruktion schon im obigen Beispiel beschreiben wurde, dem Standardmodell der Marktzinsmethode. Er beinhaltet Festzinsprodukte mit konstanter Kapitalbasis und indikatorgebundene variabel verzinsliche Geldmarktprodukte. Diese Geschäftsarten sind technisch am einfachsten zu handhaben, da aufgrund der Fristen- und Zinscharakteristika eine direkte Zuordnung von Geld- und Kapitalmarktopportunitäten möglich ist.

Die Festzinsgeschäfte des *Typs Ib* sind dagegen insoweit komplexer als die des Typs Ia, als sich bei ihnen während der Zinsbindungsfrist das Kapitalvolumen verändert. Insoweit kann bei genauer Rechnung nicht einfach der alternative Marktzins für den entsprechenden Zinsbindungszeitraum gewählt werden. Bei solchen Kundengeschäften setzt sich viel-

<table>
<tr><td></td><td rowspan="3">Festzins-produkte</td><td colspan="6">variabel verzinsliche Produkte</td><td rowspan="3">sonstige Aktiv-/ Passiv-Positionen</td></tr>
<tr><td></td><td colspan="2">indikatorgebundene Produkte</td><td colspan="4">unspezifische variable Produkte</td></tr>
<tr><td></td><td>kurz-fristig (Geld-markt)</td><td>länger-fristig (Kapital-markt)</td><td colspan="3">längerfristig</td><td>kurzfristig (bis 3 M.)</td></tr>
<tr><td></td><td colspan="5">bekannte Kapitalbindung</td><td colspan="3" rowspan="2">unbekannte (tatsächliche) Kapitalbindung</td></tr>
<tr><td></td><td>variabel</td><td colspan="2">fest</td><td colspan="2">fest/variabel</td></tr>
<tr><td>Beispiele</td><td>z. B.
• Til-gungs-darlehen
• Zero-bonds</td><td>z. B.
• End-fällige Darlehen
• Termin einlagen</td><td>z. B.
• Euro-kredite
• Geld-markt-einlagen</td><td>z. B.
• Prime-Rate-Darlehen
• Kap.-Markt-darlehen</td><td>z. B.
• (Til-gungs-) Darlehen</td><td>z. B.
• normale) Spareinlagen
• Sicht-einlagen
• Konto-korrentkredit</td><td>z. B.
• (normale) Spareinlagen
• Sicht-einlagen
• Konto-korrentkredit</td><td>z. B.
• Eigenkapital
• Sachanlagen
• Rückstel-lungen</td></tr>
<tr><td>Annahme von Ablauf-fiktionen</td><td colspan="5">nein</td><td>ja</td><td>nein</td><td>ja</td></tr>
<tr><td>Zu-ordnungs-prinzip</td><td colspan="3">Zinsbindung</td><td colspan="3">Zinselastizität (kalkulatorisch geschätzt oder effektiv durch gestaffelte Tranchen abgebildet)</td><td colspan="2">formelle juristische oder technische (Mindest-)Laufzeit</td></tr>
<tr><td>Bildung von Finan-zierungs- bzw. Anlage-ranchen</td><td>ja</td><td colspan="2">nein</td><td colspan="3">ja</td><td>nein</td><td>ja</td></tr>
<tr><td>Typologie</td><td>Typ Ib</td><td colspan="2">Typ Ia</td><td colspan="2">Typ IIa/b</td><td>Typ IIc</td><td>Typ IIIa</td><td>Typ IIIb</td></tr>
</table>

Abbildung 2: Typologie von Zuordnungsbeziehungen zwischen Bankbilanzpositionen (ohne GKM-Positionen) und Opportunitätsgeschäften

mehr „das" Alternativgeschäft aus mehreren Einzelopportunitäten unterschiedlicher Fristigkeit zusammen. So würde die Gesamt-Opportunität für ein zweijähriges Kreditgeschäft mit jährlichen Zahlungen aus einer 1-Jahres-Geld-Tranche und aus einer 2-Jahres-Geld-Tranche bestehen. Der entsprechende Opportunitätszins stellt in diesem Fall einen zeit- und kapitalgewogenen Durchschnittszins dar, der rechnerisch zu bestimmen ist.

Als Besonderheit bei Geschäften des Typs I gilt zu beachten, dass die am Abschlussstichtag geltenden Opportunitätssätze für die gesamte Dauer der Zinsbindung Gültigkeit besitzen. Konsequenterweise können hier auch keine Änderungen des Konditionsbeitrages auftreten. Diese Konstanz kann sich natürlich nur ergeben, wenn tatsächlich kongruente Gegengeschäfte zu Festzinskonditionen abgeschlossen werden. Da solche Strukturentscheidungen von der Bankleitung und nicht vom Kundenbereich zu treffen sind, werden dem Marktbereich bei Geschäften diesen Typs grundsätzlich konstante Konditionsbeiträge zugerechnet. Aus der Sicht der Gesamtbank tatsächlich auftretende Margenverengungen oder zusätzliche Zinsbeiträge, die aus inkongruenten Gegengeschäften resultieren, sind demnach der Verantwortung der Zentrale zuzuordnen.

Geschäfte bzw. Bilanzpositionen des *Typs II* und *III* sind weder von ihrer Fristigkeitsdimension her eindeutig geregelt noch entsprechen ihre Verzinsungscharakteristika den Usancen auf dem Geld- und Kapitalmarkt. Insofern sind hier die entsprechenden Opportunitätskonstruktionen prinzipiell aufwendiger.

Bei Geschäften des *Typs IIa* bzw. *IIb* findet das Zinselastizitätskonzept zur Konstruktion fristenäquivalenter Opportunitätsgeschäfte Anwendung, welches ursprünglich im Zusammenhang mit der Steuerung des Zinsänderungsrisikos entwickelt worden ist (*Rolfes* 1985). In dieser Sichtweise besteht der Unterschied zwischen Festzinsgeschäften und variabel verzinslichen Geschäften darin, dass die Zins-(anpassungs-)elastizität bei ersteren stets null ist, während variabel verzinsliche Geschäfte eine solche zwischen null und eins aufweisen. Hieraus lässt sich bei einem konkreten variablen Kreditgeschäft ein elastizitätskongruenter Opportunitätszins konstruieren, der sich aus der Mischung eines laufzeitkongruenten Festzinses und eines kurzfristig anpassungsfähigen Geldmarktzinssatzes ergibt (ausführlich *Rolfes/Schierenbeck* 1992). Änderungen der Marktzinssätze drücken sich dann prinzipiell nur in der variablen Geldmarktzinskomponente aus und schlagen sich im Opportunitätszins entsprechend auch nur anteilig nieder. Je mehr die Zinselastizität des zu kalkulierenden Kundengeschäfts in Richtung eines Festzinsgeschäfts tendiert, desto geringer ist folgerichtig auch seine variable Geldmarktkomponente.

Besonders hervorzuheben ist bei diesem Konzept die prinzipielle Möglichkeit, die Konditionsmarge konstant zu halten. Grundsätzlich ist die Konditionsmarge bei Geschäften dieses Typs zwar aufgrund des veränderlichen Bewertungszinses als variabel zu bezeichnen. Da jedoch die Konstruktion der Opportunität elastizitätskonform zum Grundgeschäft erfolgt, liegt es letztlich in der Verantwortung des Marktbereiches, inwieweit Marktzinsänderungen auch tatsächlich an den Kunden weitergegeben werden. Auch ist es bei Verwendung des Elastizitätskonzepts weiterhin möglich, die Strukturverantwortung der Zentraldisposition ebenso konsequent zu definieren wie für Geschäfte des Typs I. Demnach ist die Zentraldisposition für alle Margeneffekte verantwortlich, die daraus entstehen, dass tatsächlich keine elastizitätskongruenten Gegengeschäfte abgeschlossen werden.

Die Voraussetzung zur Konstruktion elastizitätskongruenter Opportunitäten bildet die Kenntnis der Zinselastizitäten der zu kalkulierenden Produkte. Die Zinselastizität ist definiert als Relation zwischen der Positionszinsänderung und der Referenzzinsänderung. Betrachtet man nun die Entwicklung der Zinssätze der zu kalkulierenden Produkte im Zeitablauf und verwendet man aufgrund der notwendigen Zinsempfindlichkeit den Tagesgeldzins als Referenzgröße, so lassen sich für verschiedene Zinsphasen produktbezogene Zinselastizitäten berechnen, die anschließend in zeitgewogene Durchschnittswerte umgerechnet werden.

Die Konstruktion einer elastizitätskongruenten Opportunität sei nun am Beispiel eines variabel verzinslichen Hypothekardarlehens (ohne laufende Tilgungen) mit 5-jähriger Laufzeit und einer unterstellten Zinselastizität von 0,4 demonstriert. Dabei sollen die Auswirkungen eines Zinsanstiegs betrachtet werden. Im Zeitpunkt t_0 beträgt der Tagesgeldzins 5 %, während sich der laufzeitkongruente Kapitalmarktzins auf 8 % (fest) beläuft. Die entsprechende Opportunität, die eine Zinselastizität von 0,4 besitzen soll, ist nun zu 40 % aus Tagesgeld und zu 60 % aus 5-Jahres-Geld zu konstruieren. Der daraus resultierende Mischzins liegt folglich bei 6,8 % (0,4 · 5 % + 0,6 · 8 %). Unterstellt man, dass das kreditgewährende Institut eine Marge von 1,5 % anstrebt, so muss der Hypothekar-Kundenzins im Zeitpunkt t_0 auf 8,3 % (6,8 % + 1,5 %) festgelegt werden. Im Zeitpunkt t_1 steigt das Zinsniveau derart an, dass sich der Tagesgeldzins von 5 % auf 9 % erhöht. Dies hat zur Konsequenz, dass der elastizitätsorientierte Einstandszins um 1,6 % auf 8,4 % (0,4 · 9 % + 0,6 · 8 %) anwächst. Wird nun zu diesem neuen Einstandszins die angestrebte Marge von 1,5 % addiert, so ergibt sich ein neuer Kundenzins in Höhe von 9,9 %. Da dieser Kundenzins prinzipiell auch am Markt durchgesetzt werden kann, ist somit – ebenso wie bei Geschäften des Typs I – eine konstante Marge erzielbar.

Hier nur erwähnt werden sollte, dass anstelle der Verwendung einer kalkulatorischen Zinselastizität auch die Möglichkeit besteht, reale Anlage-/Refinanzierungstranchen staffelweise so aufzubauen, dass Zinsänderungsimpulse immer dann wirksam werden, wenn einzelne Tranchen auslaufen und durch neue ersetzt werden müssen (vgl. ausführlich *Schierenbeck* 1999).

Die variable Zinsvereinbarung und die im Kontrahierungszeitpunkt unbekannte Kapitalbindung sind die wesentlichen Charakteristika der Geschäfte des *Typs IIc*. Zu diesen Geschäften zählen Spareinlagen mit vereinbarter Kündigung, Sichteinlagen und Kontokorrentkredite. Um für diese Geschäfte eine adäquate Geld- und Kapitalmarktopportunität zu konstruieren, muss neben der Anwendung des Elastizitätskonzepts eine Ablauffiktion für den vermuteten Kapitalverlauf der Position unterstellt werden.

Geschäfte des *Typs IIIa* weisen zwar die gleichen Charakteristika bezüglich Zinszahlungsvereinbarung und Tilgungsmodalitäten auf wie Typ-IIc-Geschäfte, aufgrund ihres kurzfristigen Charakters orientieren sich ihre Opportunitätszinssätze jedoch grundsätzlich an ihrer formellen (juristischen Mindest-)Laufzeit. Da Sichteinlagen und Kontokorrentkredite in engem Zusammenhang mit dem Zahlungsverkehr stehen und täglich abrufbereit sind, handelt es sich bei ihren Alternativgeschäften um Tagesgelder. Dagegen sind (normale) Spareinlagen gemäß ihrer Kündigungsfrist (zum Beispiel mit dem 3-Monats-Zins) zu bewerten. Tendenziell sind die Konditionsmargen dieser Geschäfte variabel. Denn Marktzinsänderungen, die sich zwangsläufig in den recht kurzfristigen Bewertungszinsen niederschlagen, können oder sollen bei diesen Geschäften häufig nicht an die Kunden weitergegeben werden. Ein extremes Beispiel hierfür sind die Sichteinlagen.

Zu den Positionen des *Typs IIIb* zählen sonstige Aktiv- und Passivpositionen wie zum Beispiel das Eigenkapital, Sachanlagen, Rückstellungen und die Barreserve. Für Sachanlagen und Eigenkapital sind langfristige Kapitalmarktsätze zugrunde zu legen, die der angenommenen langen Verweildauer dieser Positionen entsprechen. Für Rückstellungen ist die relevante Verweildauer im Einzelnen zu prüfen. Generell gilt, dass zur Vermeidung von abrupten Schwankungen der Opportunitätszinssätze bei Fälligkeit der Kapitalmarktopportunitäten gestaffelte Tranchen zu bilden sind, die unter Berücksichtigung der jeweils neu gebildeten bzw. abfließenden Kapitalbeträge eine gewisse Verstetigung der Einstandszinssätze ermöglichen. Veränderungen (einschließlich frei werdender Tranchen) des Eigenkapitals bzw. Anlagevermögens werden durch zusätzliche Tranchen in Höhe des Zuwachses berücksichtigt. Für die Barreserve wird im Übrigen stets ein Marktzins von null herangezogen. Dagegen hat die Bewertung von Rückstellungen je nach ihrer voraussichtlichen Bindung – im Grenzfall sogar wie Eigenkapital – zu erfolgen.

Betrachtet man nun zusammenfassend die *Anpassungsregeln bzw. die Bewertungsmaßstäbe im Falle von Marktzinsänderungen für die Typen I, II und III,* so wird deutlich, dass hier erhebliche Unterschiede bestehen, die die vorgestellte Typologisierung untermauern. Für Typ-I-Produkte gilt bekanntlich, dass für ihre Bewertung die am Abschlussstichtag gültigen GKM-Sätze Verwendung finden und für die gesamte Dauer der Zinsbindung gelten. Abweichend davon gilt für Produkte des Typs II und III, dass die kurzfristigen Geldmarktsätze nach festgelegten Modalitäten laufend angepasst werden. Auf diese Weise wird der notwendige Anpassungsimpuls für die Kundenkonditionen auch im Altgeschäft generiert (Typ II und IIIa) bzw. werden Änderungen in der Marktbewertung der Bilanzpositionen zeitnah abgebildet (Typ IIIb).

Neben den Produktmerkmalen Verzinsung, Kapitalbindung und Laufzeit bzw. Zinsbindungsdauer, die bei der Ermittlung von Markteinstandszinssätzen eine wesentliche Rolle spielen, existieren im Kundengeschäft der Banken noch weitere Produkteigenschaften, deren Wirksamkeit von dem Eintreten eines bestimmten zukünftigen Umweltzustandes abhängig ist. Beispiele dafür wären (vorzeitige) Kündigungsrechte, die dem Kunden eingeräumt werden, oder die Vereinbarung von Zinsober- bzw. -untergrenzen im variabel verzinslichen Geschäft. Die beschriebenen Produkteigenschaften, die in ihrer Wirkung auf den Zahlungsstrom vom Eintritt bestimmter Umweltzustände in der Zukunft abhängen, entsprechen ihrem Wesen nach Optionsrechten, deren Zahlungsstrom bekanntlich ebenfalls zustandsabhängig ist (contingent claims). Bei der Opportunitätskonstruktion solcher Geschäfte muss das vorgestellte Kalkulationsinstrumentarium der Marktzinsmethode um die Optionspreistheorie ergänzt werden.

3. Das Barwert-Modell der Marktzinsmethode

3.1 Verbarwertung der Konditionsbeiträge

Während das vorstehend dargelegte Grundkonzept in der Regel nur eine periodenweise Betrachtung vornimmt, erweitert das Barwert-Kalkül den Horizont, indem es ein zu kalkulierendes Bankgeschäft vom Zeitpunkt des Geschäftsabschlusses über die Gesamtlaufzeit hinweg bewertet. Ziel des Barwert-Konzeptes ist es, den heutigen und, wenn gewünscht, auch realisierbaren Wert sämtlicher aktuellen und zukünftigen Zahlungen eines Bankgeschäfts zu bestimmen.

Um den Konditionsbeitrags-Barwert, also die auf den Zeitpunkt des Geschäftsabschlusses t = 0 bezogene, komprimierte Vorteilhaftigkeit eines Kundengeschäfts gegenüber der Opportunität für die Bank zu bestimmen, sind sämtliche in der Zukunft liegenden Zahlungen mit Hilfe der aktuellen Zinssätze arbitragefrei auf den Abschlusszeitpunkt zu transformieren. Mathematisch erfolgt diese Neutralisation der zukünftigen Zahlungen mit Hilfe so genannter Zerobond-Abzinsfaktoren, die sich auch als prozentuale Barwerte von Rückzahlungskursen bezeichnen lassen (zu ihrer Berechnung vgl. *Schierenbeck/Marusev* 1990).

Die Verwendung von Zerobond-Abzinsfaktoren im Marktzinsmodell soll nun anhand eines 2-jährigen Darlehens mit einem Volumen in Höhe von 200 000,- GE, das zu 90 %, das heißt mit 180 000,- GE, ausgezahlt wird, veranschaulicht werden. Die Höhe des Nominalzinses beträgt 4 % p.a., die Tilgungszahlungen erfolgen jährlich zum Jahresende hin, die Zinszahlungen hingegen werden halbjährlich vorgenommen. Die GKM-Sätze betragen 5 % für 6 Monate, 6 % für 12 Monate, 6,5 % für 18 Monate und 7 % für 24 Monate Laufzeit.

Die Ermittlung des Konditionsbeitrags-Barwertes beginnt damit, dass die Kapitaldienstleistungen des Kreditkunden mit den jeweils relevanten Abzinsfaktoren abgezinst werden. Anschließend sind die sich daraus ergebenden Barwerte zu addieren und letztlich mit dem Kreditauszahlungsbetrag zu saldieren, um auf diese Weise den Konditionsbeitrags-Barwert zu erhalten.

Die einzelnen Schritte bis zur Ermittlung des Konditionsbeitrags-Barwertes lassen sich anhand der dargestellten Beispielrechnung nachvollziehen (vgl. Abb. 3). Im hier vorliegenden Beispiel wird ein Konditionsbeitrags-Barwert in Höhe von 12 865,81 GE ermittelt.
Da der Barwert allein für Steuerungszwecke unzureichend ist, gilt es nun, diesen periodisch zu verteilen. Hierzu existiert eine Fülle von Alternativen, die gewährleisten, dass die Abzinsung der periodisch verrechneten Überschussbeiträge zum Konditionsbeitrags-Barwert führt.

		Kapitaldienst (Kunden-Cash-flow) (1)	(Zerobond-) Abzinsfaktoren (2)	Barwerte der Kunden-Cash-flows (3)
Einzahlungsbeträge des Darlehens	6 Mon.	4 000,00	0,97561	3 902,44
	12 Mon.	104 000,00	0,94340	98 113,20
	18 Mon.	2 000,00	0,90913	1 818,26
	24 Mon.	102 000,00	0,87286	89 031,91
Auszahlungsbetrag des Darlehens		– 180 000,00	1,0000	– 180 000,00
Saldo		32 000,00		12 865,81

Abbildung 3: Ermittlung des Konditionsbeitrags-Barwertes

3.2 Verrentungskonzeption

Während jedoch die Ermittlung des Konditionsbeitrags-Barwertes eindeutig determiniert ist, stellt seine Verteilung eine geschäftspolitische Entscheidung dar, die je nach Zielsetzung zu unterschiedlichen Ergebnissen führen kann.

Die Konzeptionen zur Verrentung des Konditionsbeitrags-Barwertes lassen sich in zwei Gruppen unterteilen (vgl. Abb. 4). Die erste Gruppe umfasst Verfahren, die nach dem Proportionalitätsprinzip eine Verteilung des Konditionsbeitrags-Barwertes vornehmen. Hierzu zählen die zeitproportionale, die kostenproportionale, die rückflussproportionale und die kapitalproportionale Verteilungsregel. Die andere Gruppe bildet die Verteilung nach dem Prinzip treasury-konformer Margenkalkulation (ausführlich *Schierenbeck/Fellenstein* 1992).

Im Gegensatz zu einer sofortigen Vereinnahmung nimmt die *zeitproportionale Verteilungsmethode* – wie ihr Name bereits andeutet – eine annuitätische Periodisierung des Konditionsbeitrags-Barwertes vor. Die Verteilung erfolgt dabei anhand des formalen Kriteriums, konstante Überschüsse bzw. Entnahmebeträge im Zeitablauf zu erzielen.

Bei der *kostenproportionalen Verteilungsmethode* erfolgt die Periodisierung des Konditionsbeitrags-Barwertes, indem konstante Überschussraten im Zeitablauf im Sinne eines stabilen Verhältnisses zwischen Zinsüberschuss und den Betriebskosten angestrebt werden. Die Grundidee dieses Konzeptes besteht also darin, dass die Betriebskosten als Ursache für die Entstehung des Konditionsbeitrages gesehen werden. Ein Ertrag gilt somit als realisiert, wenn die entsprechenden Kosten angefallen sind.

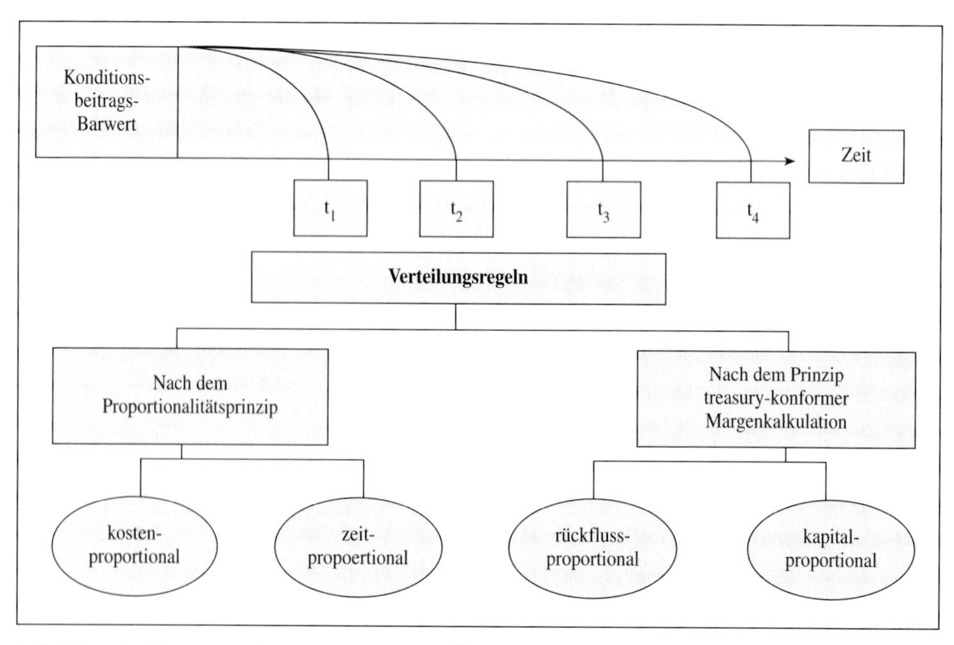

Abbildung 4: Verrentungskonzeptionen in der Übersicht

Hingegen wird bei der *rückflussproportionalen Verteilungsregel* als Basis für die Verrentung der Anteil jeder Kundeneinzahlung am gesamten Kunden-Cash-flow zugrunde gelegt. Demnach stehen die periodisierten Zeitwerte des Konditionsbeitrags zu den periodischen Kundeneinzahlungen in einem stabilen Verhältnis.

Den unmittelbarsten Zusammenhang zwischen Barwert- und Margenkonzept liefert die *kapitalproportionale Verteilungsmethode*. Dieser Sichtweise folgend wird eine strikt an der Kapitalbindung orientierte Verteilung des Konditionsbeitrags-Barwertes angestrebt. Damit ergibt sich eine konstante Periodenmarge, die sich aus dem Verhältnis zwischen dem Barwert des Konditionsbeitrages und dem Barwert der Durchschnittssalden des Kundengeschäftes errechnet.

Die Verrentung gemäß der treasury-konformen Margenkalkulation lässt sich – im Vergleich zu einer rein kapitalproportionalen Verteilung – nicht aus dem Produkt zwischen der vorhergehend ermittelten Marge und dem periodisch gebundenen Kapitalbetrag berechnen. Vielmehr erfolgt die Verteilung des Konditionsbeitrags-Barwertes anhand von laufzeitunterschiedlichen Refinanzierungstranchen, die das Ergebnis der expliziten Berücksichtigung der am Geld- und Kapitalmarkt üblichen Usancen sind (vgl. ausführlich *Schierenbeck* 1999).

4. Grenzen der Marktzinsmethode

Die theoretische Idealanforderung an ein entscheidungsorientiertes Verrechnungszinskonzept besteht darin, die Zusammensetzung des Zinsergebnisses verursachungsgerecht zu ermitteln, Entscheidungen auf dezentraler Ebene zu ermöglichen, diese dabei gleichzeitig über Verrechnungszinssätze im Sinne der Gesamtbankzielsetzung (Gesamtbankoptimum) zu koordinieren sowie die Beurteilung der Qualität der getroffenen dezentralen Entscheidungen über eine aussagefähige Kontrollrechnung zu ermöglichen. Diese Idealanforderung ergibt sich aus dem Grundgedanken der pretialen Lenkung von Eugen Schmalenbach. Die Marktzinsmethode basiert auf diesem Grundgedanken und soll deshalb an der oben umschriebenen Anforderung gemessen werden.

Geprüft wird der theoretische Wert der Marktzinsmethode dabei an drei Punkten, und zwar an:

1. der Koordinationsproblematik,
2. der Unvollkommenheit des Geld- und Kapitalmarktes sowie
3. der notwendigen Existenz strukturkongruenter Geld- und Kapitalmarktopportunitäten für alle Kundengeschäfte.

Zu 1.: Ein grundlegendes Steuerungsdefizit der Marktzinsmethode wird darin gesehen, dass die Lenkung der Marktbereiche über Marktzinssätze keine automatische Koordination der Aktiv- und Passivpositionen im Sinne des Bilanzstrukturmanagements bewirkt. Dazu bedarf es vielmehr ergänzender Mechanismen, die der

- Aussteuerung bilanzstruktureller Engpässe sowie der
- Steuerung von Ausfall-, Preis- und Liquiditätsrisiken dienen.

Was die Engpassproblematik angeht, unterstellt die Marktzinsmethode in ihrer dargestellten Grundversion nämlich grundsätzlich, dass alle Geschäfte mit positivem Konditionsbeitrag auch tatsächlich realisiert werden können. Erst das so genannte erweiterte Marktzinsmodell vergrößert den Anwendungsbereich der (klassischen) Marktzinsmethode entscheidend (ausführlich *Schierenbeck* 1999). Dabei wird mit Hilfe des so genannten Bonus-/Malus-Systems angestrebt, eine optimale Aussteuerung der Gesamtbank zu erzielen. Dies soll erreicht werden, indem ein Bonus bzw. Malus als additive Komponente zum Konditionsbeitrag hinzugefügt wird. Die Höhe des Bestandteils ist der Lenkpreistheorie folgend so zu bemessen, dass die durch den Geschäftsabschluss resultierende Gewinnveränderung direkt am Ort der Entstehung ausgewiesen wird. Dieses Ziel erfordert eine Erweiterung der Marktzinsmethode in dem Sinne, dass insbesondere Engpasssituationen auf Gesamtbankebene in der Einzelgeschäftskalkulation Berücksichtigung finden. Dabei stellt ein Malus die Kosten für eine gesamtbankbezogene Wirkung dar, wogegen ein Bonus vergütet wird, wenn durch das Einzelgeschäft eine Engpassbelastung auftritt. Während die Marktzinsmethode in ihrer Grundversion lediglich mit einer Nebenbedingung arbeitet, nämlich dem Engpass Kasse, sollen in dieser neu entwickelten Konzeption alle entscheidungsrelevanten Engpässe in die Betrachtung einbezogen werden (vgl. Abbildung 5).

Um diese Engpässe im Marktzinsmodell steuerungsadäquat abzubilden, muss für ein Einzelgeschäft zunächst die Opportunität ermittelt werden, die dessen absolute Preisuntergrenze darstellt. Die Opportunität muss so konstruiert werden, dass sie alle möglichen Engpasswirkungen des Einzelgeschäfts neutralisiert. Da im Grundmodell zu diesem Zweck lediglich ein bis mehrere Geld- und Kapitalmarktgeschäfte verwendet werden, erfolgt in diesem Zusammenhang eine Aufstockung der zugelassenen Opportunitätsgeschäfte, damit durch diese eine Kompensation aller durch das Einzelgeschäft hervorgerufenen Engpasswirkungen erzielt werden kann. Somit werden nun neben den Geld- und Kapitalmarktgeschäften weitere Interbankentransaktionen, aber auch Geschäfte mit institutionellen Kunden erster Bonität zur Neutralisation herangezogen. Rechnerisch ist zur Ermittlung des optimalen Mixes der kompensatorischen Geschäfte die Formulierung eines LP-Ansatzes notwendig, der unter Einhaltung der Nebenbedingungen den maximal möglichen Konditionsbeitrags-Barwert bei totaler Engpassneutralität liefert. Alternativ dazu lässt sich der maximale Konditionsbeitrags-Barwert ebenfalls mit Hilfe von Zerobond-Abzinsfaktoren berechnen, die allerdings in Abhängigkeit von der jeweiligen Engpasssituation variieren.

Die Entwicklung des erweiterten Marktzinsmodells hat somit zur Folge, dass der teilweise in der Literatur geäußerten Kritik an der Steuerungsadäquanz der Marktzinsmethode im Engpassfall der Boden entzogen wird.

Dass die Marktzinsmethode für das strukturelle Rentabilitäts- und das Risiko-Management nur Steuerungsimpulse liefern kann, ist angesichts der Tatsache, dass es sich hierbei um komplexe Gestaltungsprobleme mit mehrfacher Zielsetzung handelt, selbstverständ-

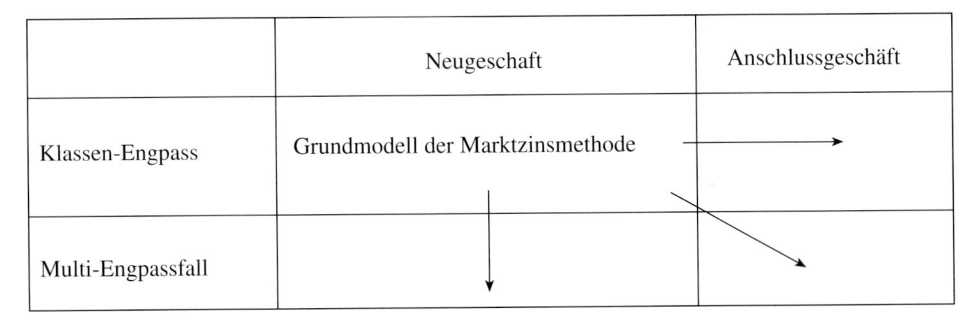

Abbildung 5: Ausdehnung des Gültigkeitsbereiches der Marktzinsmethode

lich, denn weder Konditionsbeitragsmaximierung noch Strukturbeitragsmaximierung führen automatisch zu einer Bilanzstrukturoptimierung. Darin kann aber kein Steuerungsdefizit der Marktzinsmethode, die ja letztlich nur die sich in Marktzinssätzen widerspiegelnde Bewertung von „Geldforderungen auf der Zeitachse" transparent macht, gesehen werden.

Zu 2.: Grundsätzlich gilt, dass die Marktzinsmethode, die – wie bereits formuliert – nichts anderes tut, als den Wert von „Geld auf dem Zeitstrahl" mit Hilfe von Marktzinssätzen zu bewerten, nur so gut sein kann wie der Markt, an dem sie sich orientiert. Die Steuerungsqualität des Marktzinsmodells (im Rahmen der oben analysierten Einschränkungen) ist damit in erster Linie davon abhängig, wie vollkommen der Geld- und Kapitalmarkt im theoretischen Sinne ist. Geld- und Kapitalmarktsätze gelten dabei als vollkommen, wenn keine Zugangsbeschränkungen bestehen, jeder Teilnehmer beliebig hohe Beträge anlegen und refinanzieren kann, wenn in den einzelnen Fristigkeiten nur ein Zinssatz existiert und wenn kein Teilnehmer Einfluss darauf hat.

Tatsächlich ist der Geld- und Kapitalmarkt jedoch nicht vollkommen. Während gespaltene Geld- und Kapitalmarktsätze keine unlösbaren Probleme bereiten (*Schierenbeck* 1999), entstehen vor allem durch Volumensbeschränkungen oder durch oligopolistische/monopolistische Einflüsse auf die Zinshöhe erhebliche Probleme. So sind möglicherweise erforderliche Ausgleichsoperationen volumenmäßig nicht darstellbar oder etwa durch Einflüsse auf die Geld- und Kapitalmarktsätze nicht zu den Konditionen zu tätigen, wie sie ohne diesen Einfluss gegeben wären und wie sie den dezentralen Einzelentscheidungen zugrunde liegen.

Zu 3.: Die Existenz strukturkongruenter Geld- und Kapitalmarktopportunitäten gilt – wie dargestellt – vollständig nur für Festzinsgeschäfte sowie näherungsweise für variabel verzinsliche Kundengeschäfte mit klar konturierten Fristenprofilen. Während in den frühen Lösungsansätzen speziell für variabel verzinsliche Produkte (die ja in dieser Form kein Pendant auf dem Geld- und Kapitalmarkt haben) nur sehr grobe Bewertungsraster vorgeschlagen wurden, hat sich dies mit den neueren Ansätzen deutlich gebessert. Hinzu kommt, dass die Prognose gewagt werden darf, dass die Probleme der Marktzinsmethode mit fristen- und konditionsspezifischen Produkten sich in dem Maße lösen werden, wie die bereits beobachtbare Entwicklung auf den Finanzmärkten voranschreitet und die Bedeutung solcher „archaischen“, nicht marktkonformen Produkte für das Bankgeschäft schwindet. Die Entwicklung auf dem Markt für Spargelder weist zumindest in diese Richtung.

Festzuhalten bleibt somit, dass die Marktzinsmethode den klassischen Verrechnungszinskonzepten von der betriebswirtschaftlichen Substanz grundsätzlich überlegen ist, dass aber mögliche Mängel der Marktzinsmethode vornehmlich darin zu sehen sind, dass sie in ihrem Anwendungsbereich unzulässig überfordert wird,

- sei es, weil über eine pretiale Lenkung von Einzelgeschäften ohne sekundäre Steuerungskomponente prinzipiell keine gesamtbankbezogene und dynamische Strukturoptimierung sichergestellt werden kann;
- sei es, weil sie unter Rahmenbedingungen eingesetzt wird, die von den Produkten und/oder den Marktunvollkommenheiten her für eine pretiale Marktbewertung nur bedingt geeignet sind.

Literaturhinweise

FLECHSIG, R./FLESCH, H.-R.: Die Wertsteuerung – Ein Ansatz des operativen Controlling im Wertbereich, in: Die Bank (1982), S. 454-465.

JACOB, A.-F.: Planung und Steuerung der Zinsspanne in Banken, in DBW, 38 Jg. (1978a), S. 341-350.

KAMINSKY, S.: Die Kosten- und Erfolgsrechnung der Kreditinstitute – Eine theoretische, systematische und verfahrenstechnische Untersuchung, 2. Aufl., Meisenheim am Glan 1955.

LINDENMANN, H.-H.: Grundlagen der Kosten- und Erlösrechnung im Bankbetrieb, 2. Auflage, Bern/Stuttgart 1978.

ROLFES, B.: Die Steuerung von Zinsänderungsrisiken in Kreditinstituten, Frankfurt a. M. 1985.

ROLFES, B./SCHIERENBECK, H.: Der Marktwert variabel verzinslicher Bankgeschäfte, in: Die Bank 1992, S. 403-412.

SCHIERENBECK, H.: Ertragsorientiertes Bankmanagement, 6. Auflage, Wiesbaden 1999.

SCHIERENBECK, H./FELLENSTEIN, D.: Bankbetriebliche Controlling-Systeme unter Berücksichtigung Schweizer Rahmenbedingungen, Basel 1992.

SCHIERENBECK, H./MARUSEV, A. W.: Margenkalkulation von Bankprodukten im Marktzinsmodell, in: ZfB 1990, S. 789-814.

Henner Schierenbeck / Arnd Wiedemann

Das Treasury-Konzept der Marktzinsmethode

1. Integration von Grundmodell und Barwertkalkül

In den letzten Jahren fanden sowohl in der Theorie als auch in der Praxis eine kontinuierliche Fortentwicklung und Ausweitung des Anwendungsbereichs der Marktzinsmethode statt. Während ihr Einsatz zur Kalkulation und Steuerung von Kundengeschäften eine immer größere Akzeptanz erlangt, hinkt ihr Einsatz im Bereich der Fristentransformationssteuerung bisher eher hinterher. Entscheidende Fortschritte zur Weiterentwicklung in diesem Bereich gehen vom Barwertmodell aus.[1]

Das Barwertmodell steht dabei nicht im Gegensatz zur traditionellen Margenkalkulation, vielmehr lassen sich Barwerte, Margen und Effektivzinsen harmonisch miteinander verbinden. Dies gilt nicht nur für den Konditionsbeitrag und damit für die Kalkulation von Kundengeschäften, sondern auch für den Strukturbeitrag und damit für den Bereich der Fristentransformation. Hier wird allerdings die Erweiterung des Grundmodells der Marktzinsmethode durch das Barwertkonzept besonders deutlich. Das Ziel der Barwert-Steuerung ist, für die Zentraldisposition ein Steuerungsinstrumentarium zu entwickeln, das sowohl den Erfolg der aktuellen Periode als auch die Erfolgswirkungen zukünftiger Zahlungen adäquat erfasst und eine integrierte Ertrags-Risiko-Steuerung ermöglicht.

1.1 Das Grundmodell der Marktzinsmethode

Die Ausführungen basieren auf einem einheitlichen Beispiel, dem die Zinsstruktur, wie sie im Januar 1989 vorlag, zugrunde liegt. Aus Gründen der Übersichtlichkeit wird ein vollkommener Geld- und Kapitalmarkt unterstellt.

Abbildung 1 enthält die Zinssätze für Wertpapiere mit Laufzeiten von einem bis zu vier Jahren sowie die zugehörigen Zerobond-Abzinsfaktoren.

Laufzeit (in Jahren)	Zinssätze	umgerechnet in Zerobond-Abzinsfaktoren
1	6,18 %	0,9418
2	6,35 %	0,8841
3	6,46 %	0,8285
4	6,53 %	0,7760

Abbildung 1: Zinsstruktur am Geld- und Kapitalmarkt im Januar 1989

Eine Bank möge im Januar 1989 zwei Kundengeschäfte abgeschlossen haben: einen über vier Jahre laufenden, endfälligen Kredit zum Nominalbetrag von 100 000,– GE mit einem Effektivzins von 7,53 % und eine 1-Jahres-Termineinlage, ebenfalls mit einem Volumen

1 Vgl. Schierenbeck/Wiedemann, 1995.

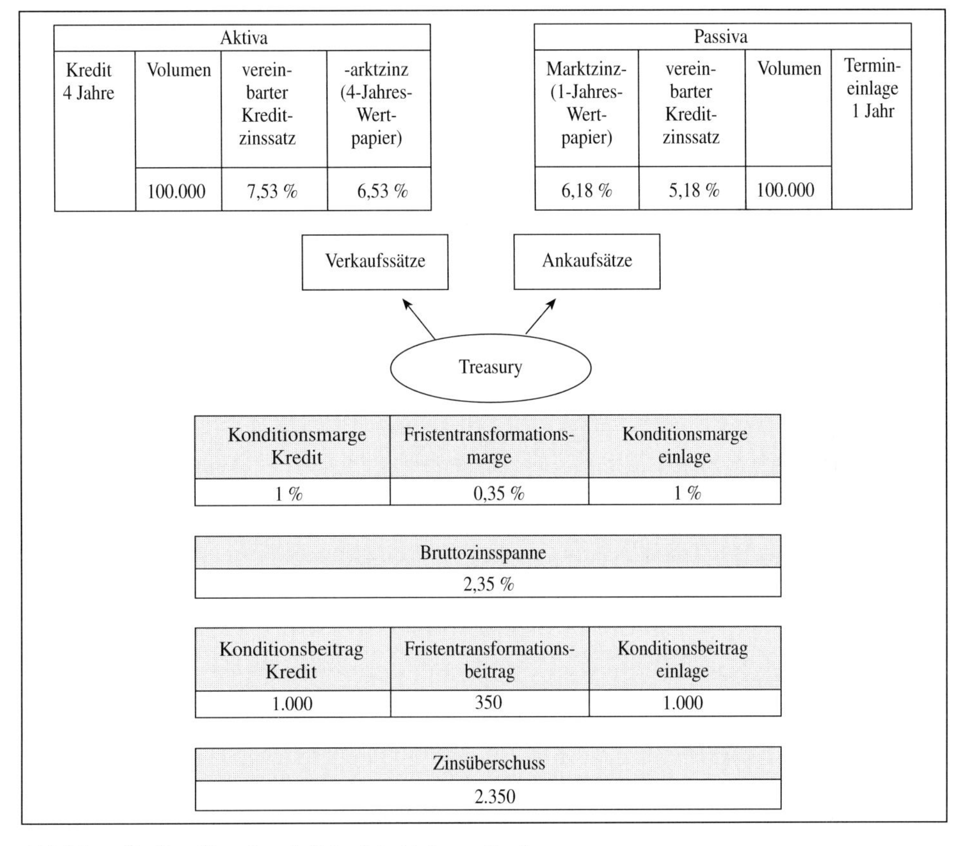

Abbildung 2: Das Grundmodell der Marktzinsmethode

von 100 000,– GE, zu einem Zins von 5,18 %. Abbildung 2 zeigt das Ergebnis für die Bank sowohl in relativen (Bruttozinsspanne) als auch in absoluten Größen (Zinsüberschuss) und die einzelnen Ergebniskomponenten gemäß dem Grundmodell der Marktzinsmethode.

Insgesamt ergibt sich aus beiden Geschäften eine Bruttozinsspanne von 2,35 % bzw. absolut ein Zinsüberschuss von 2 350,– GE. An der Entstehung der Bruttozinsspanne sind drei Bereiche in der Bank beteiligt. Der Marktbereich, der den Kredit ausgegeben hat, erwirtschaftet demnach einen Konditionsbeitrag „Kredit" in Höhe von 1 000,– GE. Der Marktbereich, der die Termineinlage hereingeholt hat, erwirtschaftet einen Konditionsbeitrag „Einlage" von 1 000,– GE. Der noch verbleibende Rest des Zinsüberschusses entfällt auf die dritte Größe, den Fristentransformationsbeitrag. Er entsteht in diesem Fall, weil die Zentraldisposition sich zur Fristentransformation entschlossen hat, indem sie die von den Marktbereichen auf der Aktivseite angelieferte Zins- und Kapitalbindung von vier Jahren und auf der Passivseite die von einem Jahr unverändert übernommen hat. Aufgrund der aktuellen Zinssituation in Gestalt einer normalen Zinsstrukturkurve lohnt sich eine derartige Fristentransformation, da länger laufende Papiere einen höheren Zins erzielen als kürzerlaufende. Der gesamte erzielte Zinsüberschuss von 2 350,– GE muss sich, wenn von den Marktbereichen und der Zentraldisposition für den Zeitraum von 1989 (t=0) bis 1990 (t=1) keine weiteren erfolgswirksamen Geschäfte abgeschlossen werden, auch beim Barwertkalkül in der Kasse wieder finden.

1.2 Das Barwertkonzept

Der aufgezeigten für die erste Periode gültigen Cash-flow-orientierten Sichtweise des Grundmodells ist nunmehr das Ergebnis gemäß dem Barwert-Konzept gegenüberzustellen. Während im Grundmodell lediglich die erste bzw. irgendeine beliebige, aber immer nur eine, Periode betrachtet wird, erweitert das Barwertkalkül – wie bereits gezeigt wurde – den Horizont, indem es den heutigen und, wenn gewünscht, auch realisierbaren Wert sämtlicher aktuellen und zukünftigen Zahlungen eines Bankgeschäftes zu bestimmen.

Um den Konditionsbeitrags-Barwert, also die auf den Zeitpunkt des Geschäftsabschlusses (t=0) bezogene, komprimierte Vorteilhaftigkeit eines Kundengeschäfts gegenüber der Opportunität für die Bank zu bestimmen, sind sämtliche in der Zukunft liegenden Zahlungen mit Hilfe der aktuellen Zinssätze arbitragefrei auf den Abschlusszeitpunkt zu transformieren. Mathematisch erfolgt diese Neutralisation der zukünftigen Zahlungen mit Hilfe der Zerobond-Abzinsfaktoren (vgl. Abbildung 3).

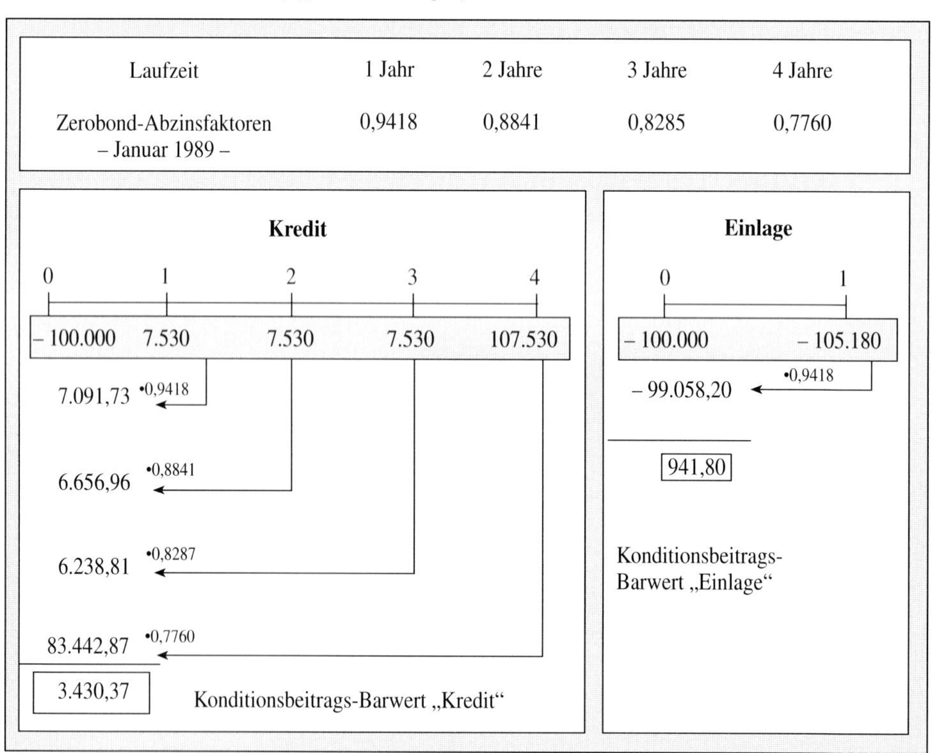

Abbildung 3: Bestimmung der Konditionsbeitrags-Barwerte

Insgesamt ergibt sich für den Kundenkredit ein Konditionsbeitrags-Barwert zum Zeitpunkt des Geschäftsabschlusses von 3 430,37 GE und für die Einlage von 941,80 GE. Während die Ermittlung der Konditionsbeitrags-Barwerte eindeutig determiniert ist und hierüber in der Literatur auch keine Meinungsverschiedenheiten bestehen, so stellt demgegenüber die Verteilung der Konditionsbeitrags-Barwerte eine geschäftspolitische Entscheidung dar.[2]

Um für den Vergleich des Barwertkonzeptes mit dem Grundmodell der Marktzinsmethode gleiche Bedingungen zu schaffen, müssen die Barwerte kapitalproportional periodisiert werden. Die Verrentung des Konditionsbeitrags-Barwertes des Kredites führt zu vier periodischen Konditionsbeiträgen von jeweils 1 000,– GE, während die Einlage aufgrund ihrer nur einjährigen Laufzeit nur einen einmaligen Konditionsbeitrag von 1 000,– GE erwirtschaftet. Damit wird auch unmittelbar der erweiterte Horizont des Barwertkalküls gegenüber dem Grundmodell deutlich, denn während Letzteres nur die jeweils 1 000,– GE aktivischen und passivischen Konditionsbeiträge zum Zeitpunkt t=1 betrachtet, zeigt das Barwertkalkül und Gestalt des Konditionsbeitrags-Barwertes in t=0 die höhere Ertragskraft des Kundenkredits gegenüber der Kundeneinlage für die Bank an.

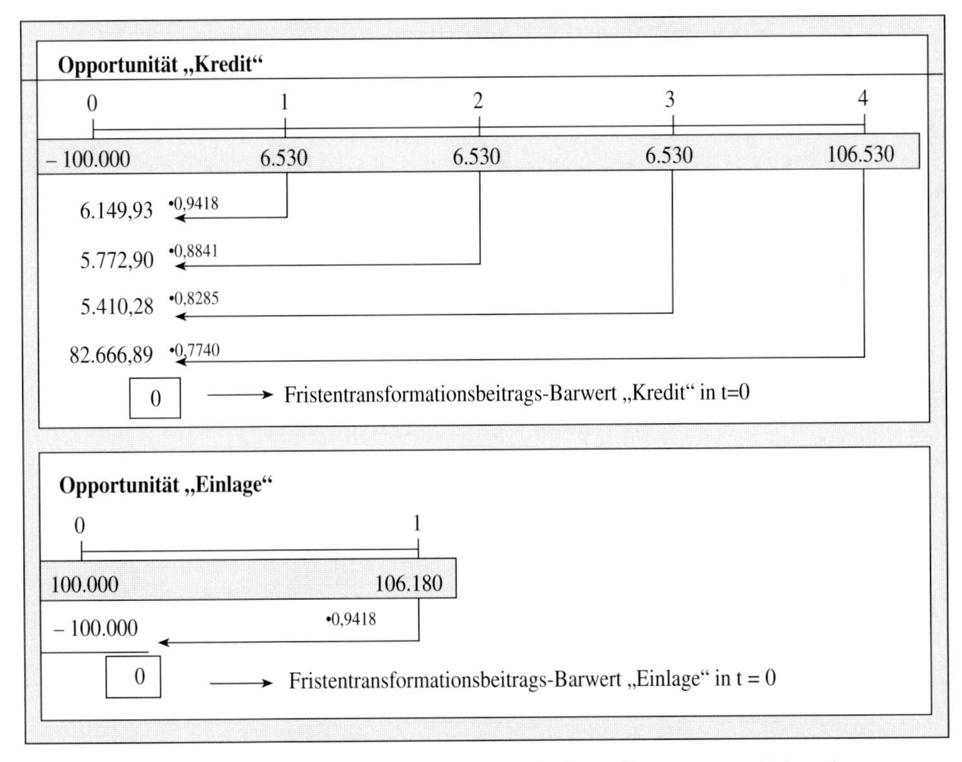

Abbildung 3a: Bestimmung der Fristentransformationsbeitrags-Barwerte zum Zeitpunkt des Geschäftsabschlusses

2 Vgl. Schierenbeck, 1999.

Im Anschluss an die Berechnung der Konditionsbeitrags-Barwerte für die beiden Geschäfte stellt sich nun die Frage, welchen Beitrag der dritte Ergebnisbereich, die Fristentransformation, erwirtschaftet. Zu bestimmen ist also in Analogie zu den Konditionsbeitrags-Barwerten der Fristentransformationsbeitrags-Barwert der beiden Geschäfte zum Zeitpunkt des Geschäftsabschlusses. Alle Barwerte addiert ergeben dann den insgesamt von der Bank erzielten Zinsüberschuss-Barwert. Um die Integration des Barwertmodells mit dem Grundmodell der Marktzinsmethode herzustellen, müsste sich ein Fristentransformationsbeitrag von 350,– GE oder äquivalent dazu eine Marge von 0,35 % in t=1 ergeben.

Abbildung 3a zeigt die Bestimmung des Fristentransformationsbeitrags-Barwertes für den Kredit und die Einlage zum Zeitpunkt des Geschäftsabschlusses. Den Ausgangspunkt bildet die Zahlungsreihe der jeweiligen Opportunität. Wiederum lassen sich die Zerobond-Abzinsfaktoren benutzen, um den entsprechenden Barwert zu ermitteln.

Als Ergebnis erhält man sowohl beim Kredit als auch bei der Einlage einen Fristentransformationsbeitrags-Barwert im Zeitpunkt des Geschäftsabschlusses von 0 GE. Das Ergebnis lässt sich zu der Aussage verallgemeinern, dass generell jedes Bankgeschäft zum Zeitpunkt seines Abschlusses einen Fristentransformationsbeitrags-Barwert von 0 GE aufweist. Dies ergibt sich schon aus der Notwendigkeit, dass die Zentraldisposition zum Zeitpunkt des Geschäftsabschlusses die Möglichkeit haben muss, ein Geschäft glattzustellen und damit eine Fristentransformation zu vermeiden. Auch aus mathematischer Sicht ist das Ergebnis zwingend, denn die Zahlungsreihen der sich zu aktuellen Geld- und Kapitalmarktkonditionen verzinsenden Opportunitätsgeschäfte werden mit den auf der Basis der aktuellen Zinssätze errechneten Zerobond-Abzinsfaktoren neutralisiert.

Abbildung 4 fasst die bisherigen Kalkulationsergebnisse zusammen, indem der Konditionsbeitrags-Barwert des Kredites, der zugehörige Fristentransformationsbeitrags-Barwert sowie der Fristentransformations- und Konditionsbeitrags-Barwert der Einlage zum Zinsüberschuss-Barwert addiert werden. Insgesamt ergibt sich aus beiden Geschäften ein Zinsüberschuss-Barwert von 4 372,17 GE.

	Konditionsbeitrags-Barwert „Kredit“	=	3 430,37 GE
+	Fristentransformationsbeitrags-Barwert „Kredit“	=	0,00 GE
+	Fristentransformationsbeitrags-Barwert „Einlage“	=	0,00 GE
+	Konditionsbeitrags-Barwert „Einlage“	=	941,80 GE
=	Zinsüberschuss-Barwert	=	4 372,17 GE

Abbildung 4: Komponenten des Zinsüberschuss-Barwertes in t=0

Das Ergebnis lässt sich überprüfen, indem statt der Einzelgeschäfte die aggregierte Zahlungsreihe (als Portefeuille) bewertet wird. Fasst man die Zahlungsreihe des Kredits (–100 000,-; 7 530,-; 7 530,-; 7 530,-; 107 530,-) und die Zahlungsreihe der Einlage (100 000,-; –105 180,-) zusammen, so erhält man die aggregierte Zahlungsreihe des Portefeuilles (0; –97 650,-; 7 530,–; 7 530,–; 107 530,–). Wird diese Zahlungsreihe mit den zugehörigen Zerobond-Abzinsfaktoren multipliziert, so erhält man wiederum den bereits bekannten Zinsüberschuss-Barwert von 4 372,17.

Ein Vergleich der Ergebnisse gemäß dem Grundmodell der Marktzinsmethode und dem Barwertkalkül scheint in der Tat die Schlussfolgerung nahe zu legen, dass Grundmodell und Barwertkalkül unvereinbar sind (vgl. Abbildung 5).

Wie gezeigt, kommt das Grundmodell zu dem Ergebnis, dass sich der Zinsüberschuss von 2 350,– GE aufteilen lässt in 1 000,– GE Konditionsbeitrag des Kredites, 350,– GE Fristentransformationsbeitrag und wiederum 1 000,– GE Konditionsbeitrag der Einlage. Periodisiert man demgegenüber die Barwerte gemäß der Zielsetzung kapitalstrukturkongruenter Verteilung (konstante Margen im Zeitablauf), so erhält man zwar die gleichen Konditionsbeiträge wie nach dem Grundmodell in der Periode t=1, aber einen Fristentransformationsbeitrag von 0 GE. Dieser scheinbare Widerspruch ist nun genauer zu analysieren.

Die Lösung des Problems liegt in den unterschiedlichen Prämissen der beiden Modelle bzw. in den unterschiedlichen Betrachtungszeitpunkten. Während das Grundmodell unmittelbar das Ende der ersten Periode betrachtet und damit de facto bereits eine bestimmte Fristentransformationsentscheidung zugrunde legt, unterstellt das Barwertkalkül – richtigerweise – zum Zeitpunkt des Geschäftsabschlusses (t=0) eine strukturneutrale Deckung jedes Geschäftes. Auf das Beispiel bezogen wird also kalkulatorisch unterstellt, dass die

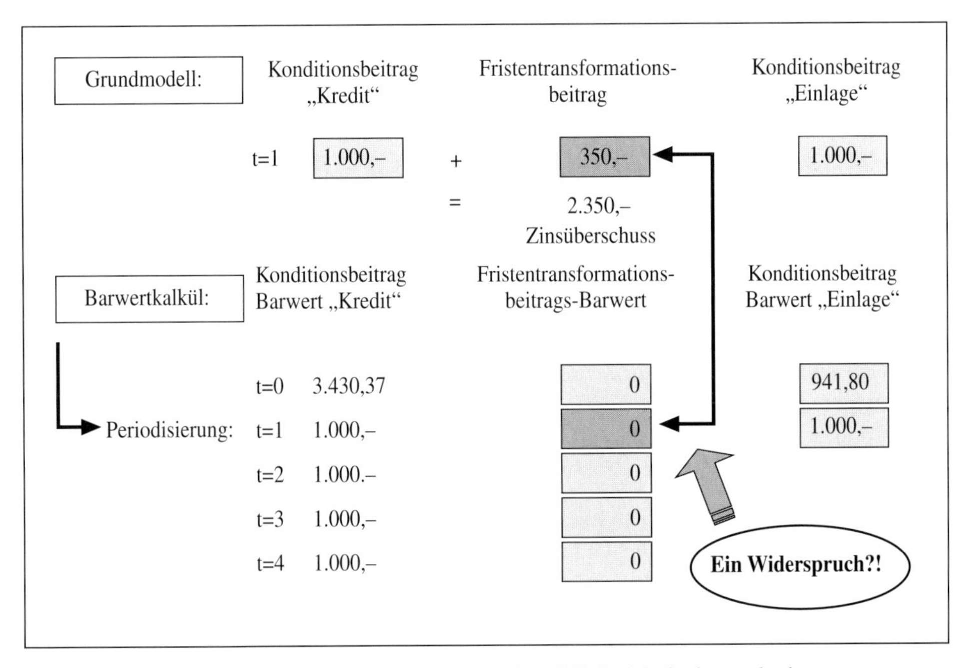

Abbildung 5: Vergleich der Ergebnisse gemäß Grundmodell der Marktzinsmethode und Barwertkalkül

Zentraldisposition sowohl für den Kundenkredit als auch für die Kundeneinlage die zugehörigen Gegengeschäfte am Geld- und Kapitalmarkt abschließt und damit die Fristentransformation als Ergebnisquelle ausscheidet. Handelt die Zentraldisposition tatsächlich nach dieser Regel, so führt dies zu den in Abbildung 6 gezeigten periodischen Zinsüberschüssen.

	t=0	t=1	t=2	t=3	t=4
Kundenkredit	–100 000	7 530	7 530	7 530	107 530
Gegengeschäft „Kredit“	100 000	-6 530	–6 530	–6 530	–106 530
Gegengeschäft „Einlage“	–100 000	106 180			
Kunden-Einlage	100 000	-105 180			
Zinsüberschuss	0	2 000	1 000	1 000	1 000

Abbildung 6: Periodischer Zinsüberschuss in t=0 bis t=4

Unternimmt die Zentraldisposition dagegen nichts, und genau das wird im Grundmodell der Marktzinsmethode für die Periode t=1 abgebildet, so hat sie damit eine Strukturentscheidung getroffen. Als definitives Ergebnis erhält sie dann in t=1 den aus dem Grundmodell bereits bekannten Fristentransformationsbeitrag von 350,– GE in der Kasse. Mit dem Ende von Periode 1 endet allerdings auch der Betrachtungszeitraum des Grundmodells der Marktzinsmethode, das so gesehen als Ex-post-Analyseinstrument einperiodischer liquiditätsmäßiger Erfolgswirkungen interpretiert werden kann.

2. Analyse des Zinsüberschusses im Barwertkonzept

Das Barwertkalkül geht darüber hinaus, indem weiter gefragt wird, welchen Wert die noch verbleibenden zukünftigen Zahlungsströme zum aktuellen Zeitpunkt (hier nun t=1) haben. Gesucht wird also der Fristentransformationsbeitrags-Barwert der Zahlungsströme der Opportunitäten in t=1 auf der Basis der nun gültigen Geld- und Kapitalmarktzinssätze. Der in der ersten Periode aufgrund der eingegangenen Fristentransformation erzielte Fristentransformationsbeitrag von 350,– GE kann nämlich durch Veränderungen der Zinsstrukturkurve weiter gestiegen, reduziert oder sogar negativ geworden sein, weil die Zentraldisposition für die Perioden t=2 bis t=4 eine offene Position eingegangen ist.

Derartige zusätzlich zu berücksichtigende Effekte, die sich in Form von Kurswertschwankungen niederschlagen, lassen sich grundsätzlich auf zwei Bestimmungsursachen zurückführen. Zum einen ist der „Rutsch“ auf der Zinsstrukturkurve zu nennen. Dieser Effekt tritt grundsätzlich immer ein, es sei denn, es liegt eine völlig flache Zinsstrukturkurve vor. Der Kurseffekt entsteht durch die Verkürzung der Restlaufzeit eines Wertpapiers resp. jedes beliebigen Bankgeschäfts und der damit veränderten Vergleichsgrundlage, die sich an den Restlaufzeiten orientiert. Heute würde eine in vier Jahren erfolgende Zahlung mit dem zugehörigen 4-jährigen Zerobond-Abzinsfaktor bewertet. Nach einem Jahr wird die gleiche Zahlung nur noch mit dem 3-jährigen Zerobond-Abzinsfaktor multipliziert, da sich der Zahlungszeitpunkt um ein Jahr verkürzt hat. Dieser Effekt führt allgemein dazu, dass bei normaler Zinsstrukturkurve der „Rutsch“ auf der Kurve zu Kursgewinnen führt, bei inverser Zinsstruktur dagegen zu Kursverlusten. Er tritt unabhängig davon auf, ob sich die Zinsstrukturkurve selber verändert hat.

Darüber hinaus kann sich allerdings auch die Zinsstrukturkurve selber verändern, indem das Zinsniveau steigt oder fällt mit zusätzlichen Variationen über eine Drehung der Zinsstrukturkurve, zum Beispiel von normal nach invers. Letzteres beruht auf der empirisch beobachtbaren Tatsache, dass die Zinsen am kürzeren Ende reagibler sind als am längeren Ende und somit stärker schwanken, so dass es zu einem Überdrehen kommen kann.

2.1 Der Zinsstrukturkurvenrutsch-Effekt

Die Wirkungen beider Effekte auf den Kurswert seien im Folgenden isoliert dargestellt. Um den reinen Fristentransformationseffekt nicht noch mit etwaigen Marktwertveränderungen der Konditionsbeitrags-Barwerte zu vermischen, wird im Folgenden ausschließlich auf die Zahlungsreihe der Opportunitäten, konkret derjenigen des Kredites abgestellt, denn nur hier liegt ab t=1 noch eine offene Position vor. Der reine Effekt des „Rutschens“ auf der Zinsstrukturkurve lässt sich isolieren, indem man annimmt, dass sich die Zinssätze zwischen t=0 und t=1 nicht verändern. Die Zentraldisposition habe auch keine weiteren Maßnahmen ergriffen, sondern Fristentransformation wie im Grundmodell unterstellt betrieben. Damit weist die Bank einen Aktivüberhang im längerfristigen Bereich auf, was bei normaler Zinsstruktur zu einem positiven Fristentransformationsbeitrag führen muss.

Schaut man sich die beiden Zahlungsreihen der Opportunitäten an, so erkennt man, dass die Fristentransformation am Ende des ersten Jahres zu einem auch liquiditätsmäßig vorhandenen Zinsvorteil von 350,– GE führt (vgl. Abbildung 7). Dieser entspricht dem periodisierten Fristentransformationsbeitrag des Grundmodells. Darüber hinaus besteht aber noch eine offene Position ab t=1 in Form des Zahlungsstroms –100 000,-; 6 539,-; 6 530,-; 106 530,-. Das Barwertkalkül fragt jetzt nach dem Wert der noch verbliebenen zukünftigen Zahlungen zum aktuellen Zeitpunkt (nunmehr t=1). Da sich die Zinssätze definitionsgemäß nicht verändert haben, können weiterhin die schon im Januar 1989 gültigen Zerobond-Abzinsfaktoren verwendet werden. Die Verkürzung der Restlaufzeit des 4-jährigen Wertpapiers auf drei Jahre bewirkt einen positiven Kurseffekt. Würde die Zentraldisposition jetzt die offene Position schließen, so könnte sie einen zusätzlichen Zinsertrag von 185,80 GE erwirtschaften. Dieser Wert entspricht dem Fristentransformationsbeitrags-Barwert zum Zeitpunkt t=1.

Die Fristentransformation hätte sich also doppelt gelohnt, denn zu dem bereits vereinnahmten Fristentransformationsbeitrag von 350,– GE käme der realisierte Fristentransformationsbeitrags-Barwert aus dem Schließen der offenen Positionen hinzu. Insgesamt ließe sich in t=1 ein Fristentransformationsbeitrag von 535,80 GE erwirtschaften. Dies ge-

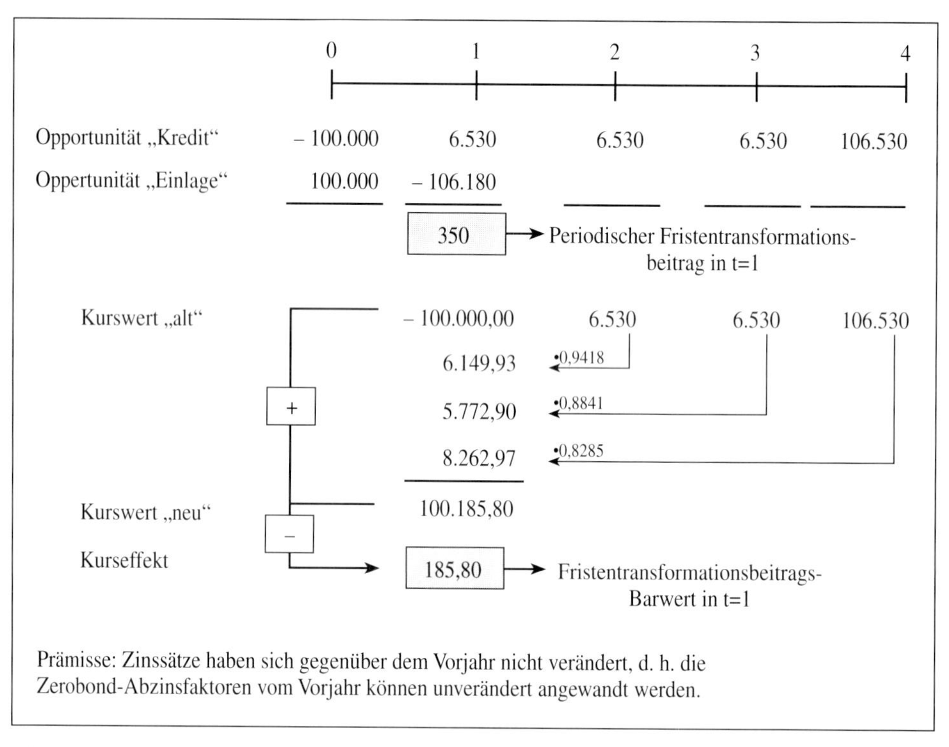

Abbildung 7: Veränderung des Kurswertes durch den „Rutsch" auf der Zinsstrukturkurve

schieht aber nur unter der gesetzten Prämisse, dass sich die Zinssätze während des Jahres nicht verändert haben, die Spekulation der Zentraldisposition also aufgeht.

2.2 Der Marktzinsänderungs-Effekt

Darüber hinaus seien nun auch die Kurseffekte aus Verschiebungen der Zinsstrukturkurve betrachtet. Zugrunde gelegt werden die Zinssätze, wie sie sich tatsächlich ein Jahr später im Januar 1990 am Geld- und Kapitalmarkt eingestellt haben. Die Zentraldisposition hatte auf sinkende bzw. konstante Zinsen spekuliert und dementsprechend zum Zeitpunkt des Geschäftsabschlusses in t=0 positive Fristentransformation betrieben, das heißt sie hat bewusst eine offene Position für den Zeitraum t=2-4 in Kauf genommen. Die neue Zinsstrukturkurve macht eine Neuberechnung der Zero-Abzinsfaktoren notwendig (vgl. Abbildung 8).

Die offenen zukünftigen Zahlungen sind mit den neuen, jetzt aktuellen Zerobond-Abzinsfaktoren zu multiplizieren. Als Ergebnis erhält man insgesamt einen Kurseffekt von –4 113,35 GE (vgl. Abbildung 9). Der errechnete Kursverlust ist das Ergebnis beider Effekte, des Rutsches auf der Zinsstrukturkurve und der Verschiebung. Will man den reinen

Laufzeit (in Jahren)	Zinssätze	umgerechnet in Zerobond-Abzinsfaktoren
1	8,14 %	0,9247
2	8,14 %	0,8551
3	8,13 %	0,7910
4	8,12 %	0,7318

Abbildung 8: Zinsstruktur am Geld- und Kapitalmarkt im Januar 1990

Effekt der Zinsstrukturverschiebung ermitteln, so ist der gesamte Kurseffekt um den Kursgewinn von 185,80 GE aufgrund des Rutschens auf der Zinsstrukturkurve zu korrigieren. Insgesamt ergibt sich damit ein isolierter Kurseffekt aufgrund der Verschiebung von –4 299,15 GE. Würde die Zentraldisposition nun die offene Position schließen, so ergäbe sich ein Verlust aus der Fristentransformationsentscheidung von –3 763,35 GE (350,00 – 4 113,35). Der Zinsanstieg war so stark, dass er den Zinsvorteil, der aufgrund der Kundenkonditionen und der Fristentransformation während des Jahres erzielt wurde, wieder aufzehrte.

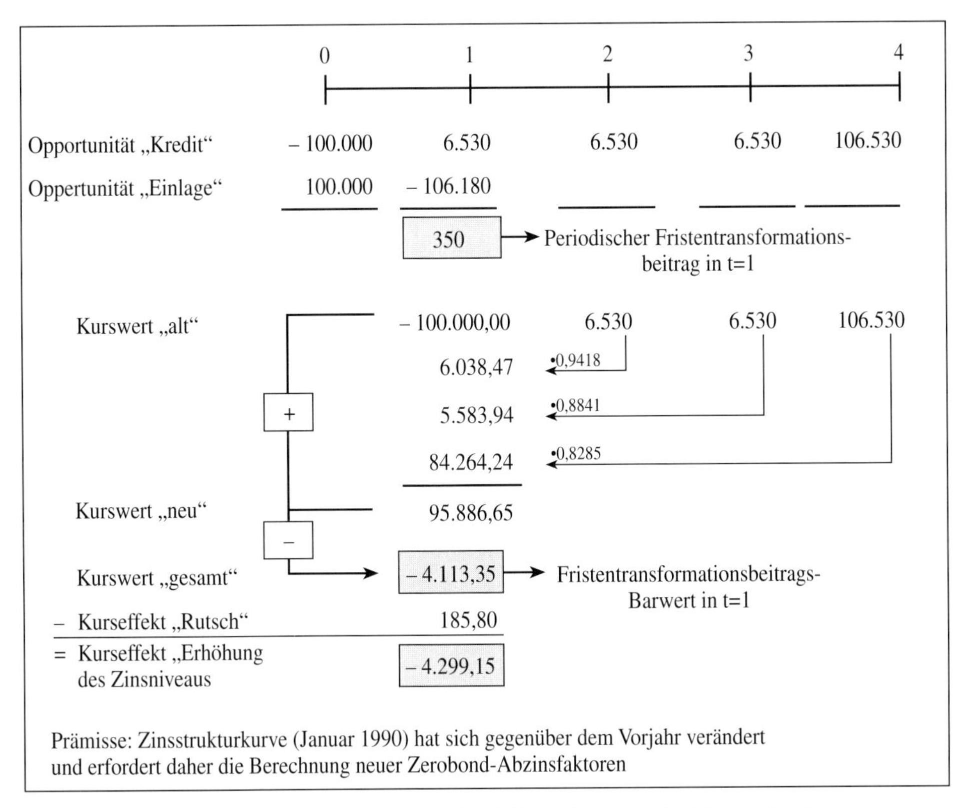

Abbildung 9: Veränderungen des Kurswertes durch Veränderungen der Zinsstrukturkurve

Zusammenfassend lässt sich feststellen, dass sich das Barwertkalkül nahtlos in das Grundmodell der Marktzinsmethode überführen lässt, wenn man die dem Grundmodell zugrunde liegenden Prämissen berücksichtigt. Darüber hinaus weist das Barwertkalkül aber den Vorteil auf, dass es eine exakte Abschätzung der Kosten bzw. Erträge ermöglicht, die das Schließen einer offenen Position erfordert. Es erweitert damit den Betrachtungshorizont des Grundmodells beträchtlich.

3. Kalkulation des Treasury-Erfolgs im Wertbereich

Die Voraussetzung für den Aufbau eines effizienten Steuerungsinstrumentariums für die Fristentransformation bilden exakte Messvorschriften. Das Gesamtbankergebnis muss verursachungsgerecht auf die für seine Entstehung verantwortlichen Stellen (Marktbereiche, Zentraldisposition etc.) aufgeteilt werden. Eindeutige Messvorschriften bestehen bis jetzt aber nur für die Marktbereiche. Ihnen werden die Konditionsbeitrags-Barwerte, gegebenenfalls in periodisierter Form, zugerechnet. Welchen Erfolgsbeitrag leistet aber die Zentraldisposition und wie kann er gemessen werden? Dieser zentralen Frage soll im Folgenden nachgegangen werden, wobei der Überschuss aus der Fristentransformation, der der Zentraldisposition zuzurechnen ist, als Treasury-Erfolg bezeichnet sei.

Zur Messung der Leistung der Zentraldisposition wird in der Literatur beispielsweise vorgeschlagen, das Transformationsergebnis per annum durch eine Performance-Kennziffer nach Art der Investmentfonds zu ersetzen. Die Grundlage für die Berechnung der Performance bildet ein Barwertvergleich von zwei Zeitpunkten. Problematisch an dieser Vorgehensweise ist allerdings, dass zwei unterschiedliche Vergleichszeitpunkte zugrunde gelegt werden und zwischen diesen Punkten die Veränderung der Barwerte gemessen wird. Dabei wird übersehen, dass die Zentraldisposition stets die Möglichkeit hat, den Barwert zu Beginn der Periode zu Marktzinsen für die betrachtete Periode anzulegen und damit risikolos eine entsprechende Barwertsteigerung zum Ende der Periode zu erzielen.

Eine derartige Anlage kann aber nicht schon als Verdienst der Zentraldisposition gewertet werden. Ein Barwertvergleich darf nur zu gleichen Zeitpunkten erfolgen. Der am Ende einer Periode tatsächlich verfügbare Barwert ist daher mit dem entsprechend aufgezinsten Barwert zu Beginn der Periode zu vergleichen. Nur dieser stellt die korrekte Benchmark für die Zentraldisposition dar und erst die über ihn hinausgehenden Überschüsse sind dem Ergebniskonto der Zentraldisposition gutzuschreiben. Offen ist damit aber noch die Frage, mit welchem Zinssatz bzw. Zinssätzen der Barwert zu Beginn der Periode risikofrei aufgezinst werden soll. Als Lösung bieten sich die deterministischen, zukünftigen Zinssätze, auch implizite Forward Rates genannt, an.

3.1 Forward Rates und Forward-Abzinsfaktoren

Um die Darstellung möglichst einfach und überschaubar zu halten, sei die Vorgehensweise anhand eines einzelnen Geschäfts gezeigt. In der praktischen Anwendung kann auf die einzelgeschäftsbezogene Berechnung allerdings verzichtet werden und direkt der aggregierte Cash-flow des Portefeuilles (= aller Geschäfte einer Bank) bewertet werden. In einem ersten Schritt wird nach dem Kurswert eines Bankgeschäfts resp. Portefeuilles in zukünftigen Zeitpunkten gesucht, der bereits heute an diesen zukünftigen Zeitpunkten sicher realisierbar wäre (vgl. Abbildung 10).

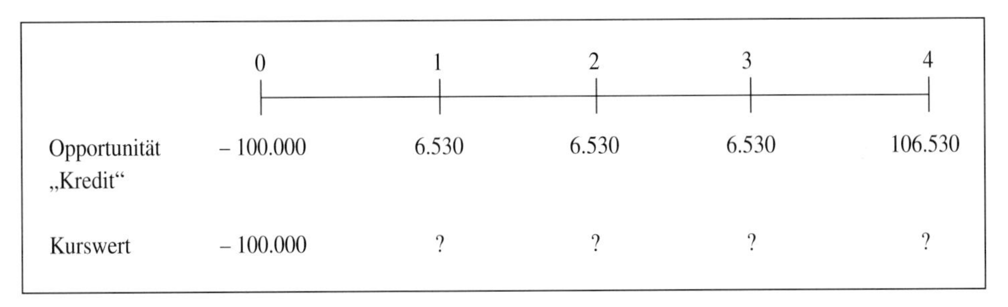

Abbildung 10: Gesuchte deterministische zukünftige Kurswerte

Ausgehend von der Zahlungsreihe der Opportunität „Kredit“, die zum Zeitpunkt t=0 einen Kurswert von 100 000, – GE aufweist, wird konkret nach den deterministischen Kurswerten in den Jahren 1990 (t=1), 1991 (t=2), 1992 (t=3) und 1993 (t=4) gesucht. Die Opportunität „Kredit“ weist zum Zeitpunkt t=0 einen Kurswert von 100 000,– GE bzw. 100 % auf, da die Nominalverzinsung von 6,53 % exakt dem zurzeit gültigen Geld- und Kapitalmarktzinssatz für vier Jahre entspricht.

Um die deterministischen, zukünftigen Kurswerte eines Geschäfts bestimmen zu können, müssen zuerst die zukünftigen deterministischen Zinsstrukturkurven aus den aktuellen Geld- und Kapitalmarktzinssätzen hergeleitet werden. Dies geschieht in zwei Stufen: in einem ersten Schritt sind analog zur bisherigen Vorgehensweise für den Zeitpunkt t=0 auch für alle zukünftigen Zeitpunkte Zerobond-Abzinsfaktoren zu bestimmen. Daran anschließend werden aus den Zerobond-Abzinsfaktoren die dazugehörigen Zinssätze (Forward Rates) konstruiert (vgl. Abbildung 11). Als Ergebnis erhält man die gesuchten deterministischen Zinsstrukturkurven für zukünftige Zeitpunkte.

3.2 Deterministische Kurswertbestimmung

Die zukünftigen Zerobond-Abzinsfaktoren bzw. Zerobond-Forward Rates können nun dazu benutzt werden, die deterministischen Kurswerte von Bankgeschäften in der Zukunft zu errechnen. Abbildung 12 zeigt die Bestimmung des deterministischen Kurswertes der

Zerobond-Abzinsfaktoren

Beginn \ Laufzeit	1 Jahr	2 Jahre	3 Jahre	4 Jahre
1989 (t_0)	0,9418	0,8841	0,8285	0,7760
1990 (t_1)	0,9387	0,8797	0,8240	
1991 (t_2)	0,9372	0,8778		
1992 (t_3)	0,9366			

Zerobond-Forward Rates

Beginn \ Laufzeit	1 Jahr	2 Jahre	3 Jahre	4 Jahre
1989 (t_0)	6,18 %	6,36 %	6,47 %	6,55 %
1990 (t_1)	6,53 %	6,61 %	6,66 %	
1991 (t_2)	6,61 %	6,73 %		
1992 (t_3)	6,77 %			

Beispiel: ZB–AF (1,3) = 0,8240 FR (1,3) = 6,66 %

$0{,}8240 \cdot 1{,}0666^3 = 1$

ZB–AF = Zerobond – Abzinsfaktor

FR = Zerobond – Forward Rate

Abbildung 11: Deterministische Zerobond-Abzinsfaktoren und Zerobond-Forward Rates auf der Basis der Zinssätze vom Januar 1989

Kundenkredit-Opportunität für den Zeitpunkt t=1 auf der Basis der jetzt gültigen (Januar 1989) Zinsstrukturkurve.

Grundsätzlich stehen zwei Wege offen, um die deterministischen Kurswerte zu errechnen. Entweder werden die bis zum Betrachtungszeitpunkt erfolgenden Zahlungen mit den zugehörigen Forward Rates aufgezinst und mit den gegebenenfalls im Betrachtungszeitpunkt anfallenden Zahlungen saldiert oder aber es werden die über den Betrachtungszeitpunkt hinausgehenden Zahlungen mit den entsprechenden Zerobond-Abzinsfaktoren auf den Betrachtungszeitpunkt abgezinst (vgl. Abbildung 12).

Der so ermittelte deterministische Kurswert von –99 650,– GE stellt die Benchmark der Zentraldisposition für die Opportunität dar, da er aus heutiger Sicht (Januar 1989) für die Zentraldisposition risikofrei erzielbar ist. Der Kurswert enthält sämtliche rechnerischen Kursgewinne resp. -verluste, die aus dem Schließen aller noch offenen Positionen des Geschäfts zum Zeitpunkt t=1 resultieren.

Die beiden Alternativen zur Kurswertberechnung verdeutlichen aber auch noch einmal das besondere Wesensmerkmal deterministischer Zinssätze in Gestalt der Forward Rates, nämlich die Möglichkeit, mit ihnen Zahlungen, die heute oder in der Zukunft erfolgen, beliebig auf der Zeitachse arbitragefrei hin- und herzuschieben. Angenommen, die Zentraldisposition hätte zum Zeitpunkt t=0 das Kundenkreditgeschäft fristenkongruent refinanzieren wollen, dann hätte sie anstatt des direkten Kaufs eines 4-jährigen Wertpapiers mit

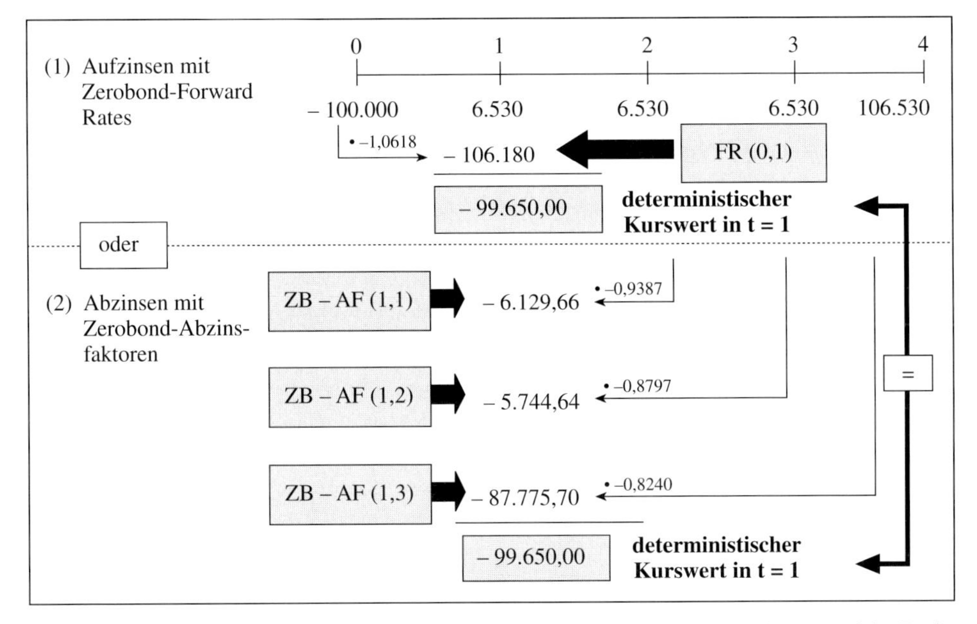

Abbildung 12: Deterministische Kurswert der Kundenkredit-Opportunität 1990 (t=1) auf der Basis der Zinsstrukturkurve Januar 1989 (t=0)

dem entsprechenden Volumen die fristenkongruente Refinanzierung zum Beispiel auch durch Kombination eines 1-jährigen Wertpapiers mit entsprechenden Forward-Geschäften gestalten können.

Die Alternative im Zeitpunkt t=0 wäre gewesen, ein 1-jähriges Wertpapier zum aktuellen Zinssatz von 6,18 % zu kaufen und gleichzeitig drei Zerobond-Forward-Geschäfte abzuschließen, die, jeweils zum Zeitpunkt t=1 beginnend, ein, zwei und drei Jahre laufen. Das Einjahres-Forward-Geschäft kann heute zu einem deterministischen Zinssatz von 6,53 % abgeschlossen werden, das über zwei Jahre laufende Geschäft zu 6,61 % und das über drei Jahre laufende Geschäft zu 6,66 %.

Insgesamt führen diese drei Zerobond-Forward-Geschäfte mit den Volumina (6 129,66; 5 744,64 und 87 755,70 GE) zu einer exakten Nachbildung der noch offenen zukünftigen Zahlungsreihe von t=2 bis t=4 in Gestalt der 6 530,– GE in t=2, 6 530,– GE in t=3 und 106 530,– GE in t=4. Die positive Fristentransformation im ersten Jahr führt zu einem Fristentransformationsbeitrag von 350,– GE. Dieser wird allerdings wieder aufgezehrt durch die drei Forward-Geschäfte, denn die offene Position kann nur mit einem Kursverlust von 350,– GE geschlossen werden. Per Saldo ist der Fristentransformationserfolg der Zentraldisposition, wie schon beim unmittelbaren Kauf eines 4-jährigen Wertpapiers, also wieder gleich Null.

3.3 Kalkulatorisches Gesamtbankergebnis und Treasury-Erfolg

Nachdem bekannt ist, wie hoch der sichere Kurswert der Opportunität in t=1 ist, sei nun der deterministische Zinsüberschuss in t=1 berechnet, der sich auf der Basis der im Januar 1989 gültigen Zinssätze für das Jahr 1990 errechnet. Insgesamt sind in dem hier zugrundegelegten Beispiel vier Zahlungsströme zu berücksichtigen: die Konditionsbeiträge des Kredites und der Einlage sowie die Opportunitäten des Kredites und der Einlage. Addiert man sämtliche tatsächlichen (= liquiditätswirksamen) und kalkulatorischen Effekte zusammen, so erhält man in t=1 einen deterministischen Zinsüberschuss von 4 642,38 GE (vgl. Abbildung 13).

Der oben genannte Zinsüberschuss von 4 642,38 GE lässt sich wie folgt in seine einzelnen Bestandteile aufteilen: Samt Konditionsbeitrag des Kredits, Konditionsbeitrag der Einlage und Fristentransformationsbeitrag befinden sich in der Kasse ein pagatorischer Zinsüberschuss in Höhe von 2 350,– GE. Er würde entstehen, wenn die Bank ausschließlich diese beiden Geschäfte getätigt hätte. Darüber hinaus sind aber auch die kalkulatorischen bzw.

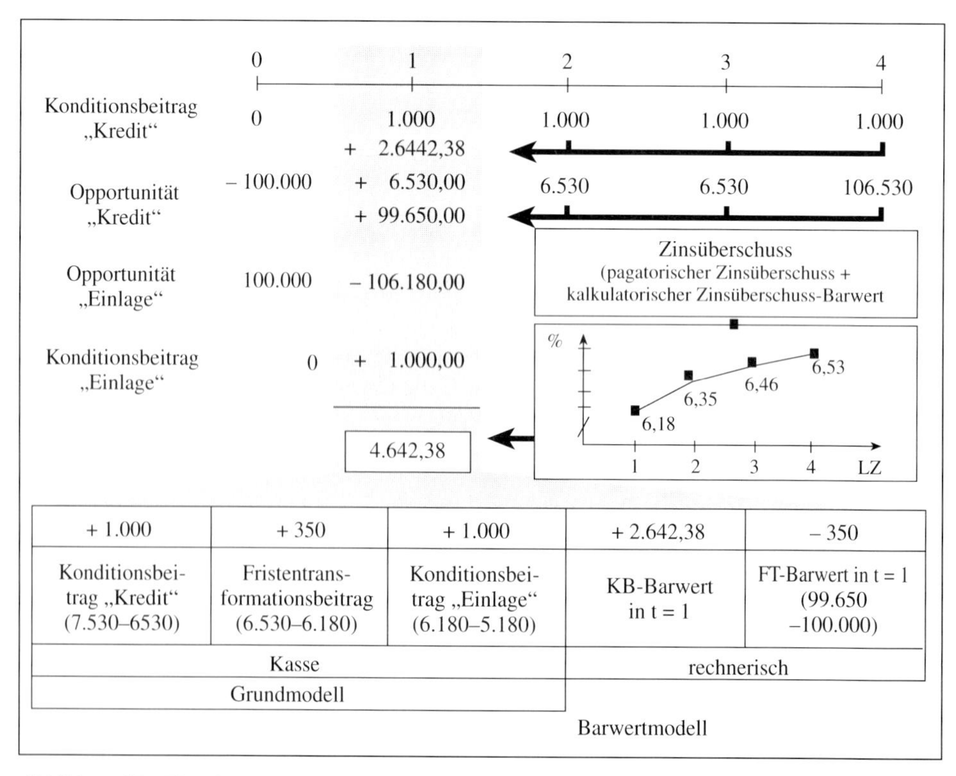

Abbildung 13: Zinsüberschuss 1990 (t=1) auf Basis der Zinsstrukturkurve Januar 1990 (t=0)

rechnerischen Effekte zukünftiger Zahlungen zu berücksichtigen. Es handelt sich zum einen um den noch nicht verteilten Konditionsbeitrags-Barwert des Kredites (2 642,38 GE) und zum anderen um den (potenziellen) Kursverlust der Opportunität „Kredit“ (99 650,– – 100 000,– = -350,– GE).

Der sich aus der Addition sämtlicher Effekte ergebende Betrag von 4 642,38 GE könnte von der Bank im Jahr 1990 auf der Basis der aktuellen (Januar 1989) Zinsstrukturkurve definitiv realisiert werden. Voraussetzung hierzu wäre allerdings, dass die Bank bereits heute die entsprechenden Forward-Geschäfte tätigt, um in den Zeitpunkten t=2 bis t=4 keine offene Position mehr aus dem Kundenkredit zu haben.

Hierauf aufbauend soll überprüft werden, welche Konsequenzen die Entscheidung der Zentraldisposition im Januar 1989, nichts zu unternehmen, gehabt hätte. Im Januar 1990 ist die Zinsstrukturkurve gegenüber dem Stand vom Januar 1989 erheblich gestiegen und hat sich zu einem leicht inversen, fast waagrechten Verlauf verflacht (vgl. Abbildung 14).

Berechnet man nun den Zinsüberschuss für t=1, so müssen die bereits ermittelten Zerobond-Abzinsfaktoren, die auf der Basis der nunmehr gültigen Zinssätze errechnet wurden, verwendet werden (vgl. Abbildung 8). Hieraus errechnet sich ein neuer Rest-Konditions-

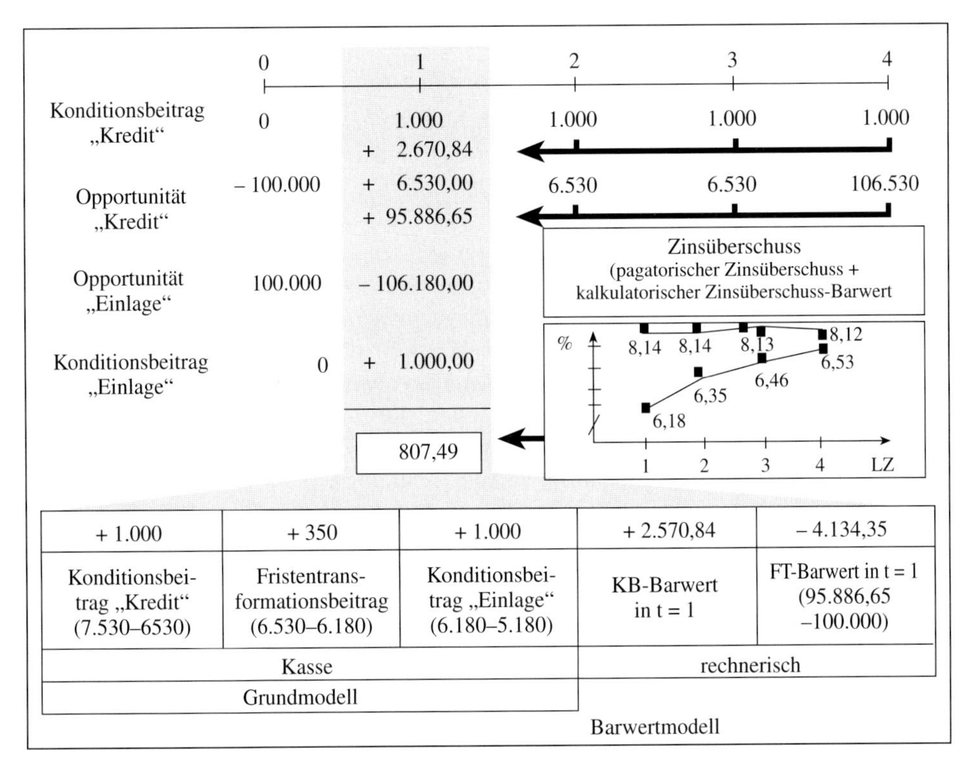

Abbildung 14: Zinsüberschuss in 1990 (t=1) auf der Basis der Zinsstrukturkurve Januar 1990 (t=1)

beitrags-Barwert des Kredites von 2 570,84 GE bzw. ein neuer Kurswert der Opportunität von 95 886,65 GE. Insgesamt ergibt sich nur noch ein realisierbarer Zinsüberschuss von 807,49 GE (vgl. Abbildung 13).

Wie aus Abbildung 13 ersichtlich ist, hat die Entscheidung der Zentraldisposition keine Auswirkungen auf den Kassenstatus der Bank. Das liquiditätsmäßige Ergebnis der Bank ist also unabhängig von der zukünftigen Zinsentwicklung. Veränderungen haben sich allerdings bei den rechnerischen Kurswerten ergeben, da hier die neuen Zerobond-Abzinsfaktoren zur Anwendung kommen. Der rechnerische Rest-Konditionsbeitrags-Barwert des Kredites hat sich nur verhältnismäßig moderat von 2 642,38 GE auf 2 570,84 GE reduziert. Demgegenüber fällt der Kursverlust bei der Opportunität in Form des Fristentransformationsbeitrags-Barwertes von –350,– GE auf –4 113,35 GE schon erheblich größer aus. Die Entscheidung der Zentraldisposition, im Januar 1989 nicht schon vorsorglich die offene Position in den Jahren t=2 bis t= 4 zu schließen, war demnach falsch.

Wie hoch ist nun der negative Treasury-Erfolg, welcher der Zentraldisposition zuzurechnen ist? Unter der Annahme, dass die Bank sich für eine kapitalstrukturkongruente Verteilung des Konditionsbeitrags-Barwertes entschieden hat, werden den Marktbereichen „Aktiv“ und „Passiv“ zum Zeitpunkt t=1 jeweils 1 000,– GE zugerechnet. Es verbleibt den Marktbereichen dann noch ein Rest-Konditionsbeitrags-Barwert von 2 642,38 GE, aus dem die noch verbleibenden dreimal 1 000,– GE Konditionsbeitrag „Aktiv“ in den Perioden t=2 bis t=4 finanziert werden.

In den Einflussbereich der Treasury fallen dagegen die in der Kasse vereinnahmten 350,– GE aus der Fristentransformation zwischen t=0 und t=1 sowie die kalkulatorischen Effekte, die sich in Veränderungen des Fristentransformationsbeitrags-Barwertes und des Konditionsbeitrags-Barwertes niederschlagen. Zum Zeitpunkt t=0 betrug der Fristentransformationsbeitrags-Barwert noch 0 GE. Aufgrund der für die Bank bei der gegebenen Transformationsentscheidung unglücklichen Zinsentwicklung beläuft sich der Fristentransformationsbeitrags-Barwert in t=1 allerdings nun auf –4 113,35 GE (vgl. Abbildung 14). Darüber hinaus hat die Zentraldisposition aber auch die Wertveränderungen des Konditionsbeitrags-Barwertes zu verantworten, denn ein rechtzeitiges Schließen der Position in t=0 hätte einen Rest-Konditionsbeitrags-Barwert von 2 642,38 GE gesichert. Die Differenz von –71,54 ist der Zentraldisposition und nicht den Marktbereichen anzulasten, denn diese haben den Konditionsbeitrags-Barwert der Zentraldisposition ab t=0 mit der Verrentungsauflage zur Verfügung gestellt, ihnen in jeder Periode der Laufzeit 1 000,– GE gutzuschreiben. Damit lässt sich das Treasury-Ergebnis zusammenfassend wie folgt berechnen:

periodischer Fristentransformationsbeitrag	+ 350,00 GE
+ Fristentransformationsbeitrags-Barwert-Veränderung	– 4 113,35 GE
+ Konditionsbeitrags-Barwert-Veränderung	71,54 GE
= Treasury-Ergebnis	– 3 834,89 GE

Abbildung 15 zeigt abschließend, wie sich dieser Verlust auf die verschiedenen Komponenten aufteilt und stellt zugleich den Zusammenhang zum kalkulatorischen GuV-Ergebnis her. Dabei wird zwischen einer Periodenrechnung und kalkulatorischen Barwerten unterschieden. Die Periodenrechnung spiegelt die definitiv eintretenden und damit liquiditätswirksamen Effekte wider, während die kalkulatorischen Barwerte den jeweils aktuellen Wert aller offenen Positionen in der Zukunft wiedergeben und damit den Erfolg bzw. den Verlust beim Schließen dieser Positionen anzeigen.

In Zeile I wird der Verkaufszeitpunkt von Kredit und Einlage betrachtet. Es erscheinen der hinlänglich bekannte Konditionsbeitrags-Barwert von 4 372,17 GE sowie der Fristentransformationsbeitrags-Barwert von 0 GE, so dass im Jahr 1989 (t=0) insgesamt ein Gesamtergebnis von 4 372,17 GE zustande kommt. Als Benchmark für die Aktivitäten der Treasury wird dieses Ergebnis jetzt auf den Zeitpunkt t=1 (1990) hochgerechnet (vgl. Zeile II.). Dies geschieht, indem das Gesamtergebnis mit der 1-jährigen Forward Rate multipliziert wird. Der Gesamtbetrag teilt sich in die beiden periodisierten Konditionsbeiträge „Aktiv" und „Passiv" von jeweils 1 000,– GE und den verbleibenden Rest-Konditionsbeitrags-Barwert von 2 642,38 GE auf.

In Zeile III wird diesem potenziell möglich gewesenen Ergebnis der Zentraldisposition das tatsächliche Ergebnis auf der Basis der nunmehr gültigen Zinssätze gegenübergestellt. Zusätzlich zu den Konditionsbeiträgen von zweimal 1 000,– GE erwirtschaftet die Fristentransformationsentscheidung den bereits zum Entscheidungszeitpunkt sicheren positiven periodischen Fristentransformationsbeitrag von 350,– GE. Hinzu kommen die neuen kalkulatorischen Werte für den Konditionsbeitrags-Barwert von 2 570,84 GE und den Fristentransformationsbeitrags-Barwert von – 4 113,35 GE, so dass sich insgesamt ein Gesamtergebnis von 807,49 GE ergibt (vgl. auch Abbildung 14).

			pagatorische Periodenrechnung				kalkulatorische Barwerte			
	Entscheidungszeitpunkt	Zeitpunkt des Schließens der offenen Positionen	KB „Kredit"	FTB	KB „Einlage"	pag. Zinsüberschuss"	KB-Barwert	FTB-Barwert	kalk. Zinsüberschuss-Barwert	Gesamtwert
	(0)	(1)	(2)	(3)	(4)	(5) = (2) + (3) + (4)	(6)	(7)	(8) = (6) + (7)	(9) = (5) + (8)
I.	1989	1989	–	–	–	–	4.372,17	–	4.372,17	4.372,17
II.	1990	1989	+ 1.000		+ 1.000	+ 2.000	2.642,38	–	2.642,38	4.642,38
III.	1990	1990	+ 1.000	+ 350	+ 1.000	+ 2.350	2.570,84	– 4.113,35	– 1.542,51	807,49
IV,	1990	Δ (III.-II.)	0	+ 350	0	+ 350	+ 71,54	+ 4113,35	– 4113,35	– 3.834,89

(Pfeil von I. nach II.: – 1,0618)

mit: KB = Konditionsbeitrag; FTB = Fristentransformationsbeitrag

807,49 Gesamtergebnis (= pag. Zinsüberschuss + kalk. Zinsüberschuss-Barwert) 1990)

– 3.834,89 Gesamtergebnis (= pag. Zinsüberschuss + kalk. Zinsüberschuss-Barwert) 1990)

Abbildung 15: Vergleich der Ergebnisse

In den Bereich der Zentraldisposition fällt zum einen der positive Fristentransformationsbeitrag von 350,– GE. Darüber hinaus muss sich die Treasury aber Verluste im Bereich der kalkulatorischen Barwerte anrechnen lassen. Der Rest-Konditionsbeitrags-Barwert hat sich um – 71,54 GE und der Fristentransformationsbeitrags-Barwert um – 4 113,35 GE verringert (vgl. Zeile IV). Hieraus errechnet sich insgesamt ein Treasury-Ergebnis von –3 834,89 GE. Vereinfacht lässt sich das Treasury-Ergebnis auch aus der Differenz der beiden Gesamtergebnisse errechnen. Dem potenziell möglichen (4 642,38 GE) wird das tatsächliche Ergebnis (807,49 GE) gegenübergestellt.

Das Treasury-Ergebnis ist damit strikt zu trennen von einer ebenfalls denkbaren Benchmark, dem kalkulatorischen Gesamtergebnis. Dieses beläuft sich im Jahr 1990 nur noch auf 807,49 GE. Es zeigt an, ob die Bank zum Betrachtungszeitpunkt noch in der Lage ist, einen positiven Zinsüberschuss zu erzielen, wenn sie keine weiteren Geschäfte mehr abschließen, gleichzeitig sämtliche offenen Positionen schließen und die hieraus resultierenden Zinserträge und -aufwendungen zum Betrachtungszeitpunkt vereinnahmen würde.

Der hier gemachte Vorschlag für eine Definition des Treasury-Ergebnisses verdeutlicht, dass grundsätzlich zwischen unmittelbar liquiditätswirksamen und zuerst einmal nur kalkulatorischen, aber potenziell (bei Realisation) ebenfalls liquiditätswirksamen Effekten unterschieden werden muss. Während die liquiditätswirksamen Effekte für die Liquiditätssteuerung, für die Gewinnbedarfsrechnung und damit den Jahresüberschuss die unmittelbar relevanten Größen darstellen, sind für die Zwecke eines effizienten Bilanzstrukturmanagements auch die kalkulatorischen Effekte konsequent mit ins Kalkül einzubeziehen, da die Barwerte quasi den Pool an potenziell liquiditäts- und damit auch GuV-wirksamer Dispositionsmasse zur Steuerung der Jahresergebnisse darstellen.

Literaturhinweise

BENKE, H./GEBAUER, B./PIASKOWSKI, F.: Die Marktzinsmethode wird erwachsen: Das Barwertkonzept (I), in: Die Bank, 8/1991a, S. 457-463.

BENKE, H./GEBAUER, B./PIASKOWSKI, F.: Die Marktzinsmethode wird erwachsen: Das Barwertkonzept (II), in: Die Bank, 9/1991b, S. 514-521.

MARUSEV, A. W.: Das Marktzinsmodell in der bankbetrieblichen Einzelgeschäftskalkulation, Frankfurt am Main 1990.

MARUSEV, A. W./PFINGSTEN, A.: Arbitragefreie Herleitung zukünftiger Zinsstruktur-Kurven und Kurswerte, in: Die Bank, 3/1992, S. 169-172.

SCHIERENBECK, H.: Ertragsorientiertes Bankmanagement, 6. Auflage, Wiesbaden 1999.

SCHIERENBECK, H./MARUSEV, A. W./WIEDEMANN, A.: Aussteuerung von Engpässen mit Hilfe der Marktzinsmethode, in: DBW, 4/1992, S. 443-471.

SCHIERENBECK, H./WIEDEMANN, A.: Das Treasury-Konzept der Marktzinsmethode (I), Die Integration von Grundmodell und Barwertkalkül, in: Die Bank, 11/1992a, S. 670-676.

SCHIERENBECK, H./WIEDEMANN, A.: Das Treasury-Konzept der Marktzinsmethode (II), Die Messung des Treasury-Erfolgs, in: Die Bank, 12/1993b, S. 731-737.

Andreas Pfingsten / Susanne Homölle

Implizite zukünftige Zinsstrukturen

1. Problemstellung und Überblick

Im Grundmodell der Marktzinsmethode[1] sowie in seiner Erweiterung um zusätzliche Engpässe[2] werden zukünftige Zahlungen bewertet. Das geschieht zum Beispiel durch Duplizierung mit einem Arbitrageportfolio[3]. Dafür werden nur die im Kalkulationszeitpunkt existierenden Handlungsmöglichkeiten auf dem als vollkommen angenommenen Geld- und Kapitalmarkt benötigt.

Für weitergehende Aufgaben – zum Beispiel beim Management des Zinsänderungsrisikos, für die Planung des Zinsergebnisses und die Vorausbestimmung der Wertentwicklung von Wertpapieren sowie Derivaten – wäre die Kenntnis zukünftiger Zinssätze hilfreich. Als Forward Rate Agreements werden einige davon am Geld- und Kapitalmarkt gehandelt. Marktteilnehmer können aber auch aus Kassageschäften (zum Beispiel endfälligen Kuponpapieren) Termingeschäfte (zum Beispiel in der Zukunft beginnende Zerobonds) selbst synthetisch herstellen. Auf vollkommenen Märkten fallen dabei keine Arbitragegewinne oder -verluste an. Die Zinssätze dieser Termingeschäfte ergeben sich aus der heutigen Zinsstruktur und werden daher *implizite Terminzinssätze* genannt.

Welche Zinssätze in der Zukunft tatsächlich auftreten, ist eine völlig andere Frage, zu der wir einige Erklärungsansätze in Abschnitt 2 behandeln. Dort werden wir auch etwas zur Prognosequalität der impliziten Terminzinssätze sagen, deren genaue Herleitung aus der aktuellen Zinsstruktur in Abschnitt 3 relativ ausführlich erläutert wird. Dabei gehen wir jeweils auf Kuponzinssätze, Zerobondrenditen und Abzinsungsfaktoren ein.

Abschnitt 4 ist den Anwendungsmöglichkeiten der impliziten Terminzinssätze gewidmet. Bei der Kalkulation des Konditionsbeitrags werden sie im Marktzinsmodell schon seit jeher – gelegentlich unbewusst – verwendet, aber auch bei der Beurteilung des so genannten Strukturbeitrags sind sie nützlich. Darüber hinaus erlauben sie unter anderem eine Bewertung der Kursveränderungen von Wertpapieren, die zutreffender als andere Methoden eine Beurteilung der Dispositionsqualität gestattet.

2. Erklärung und Ermittlung von Zinsstrukturen

2.1 Definition und Beispiele von Zinsstrukturen

In den gängigen Modellen der Investitionsrechnung werden Zahlungen mit einem einheitlichen Kalkulationszinssatz i diskontiert. Der Barwert einer Zahlung x_T, die im Zeitpunkt

1 Vgl. Schierenbeck, 1999a.

2 Vgl. Gaida et al., 1997.

3 Vgl. Franke, 1983.

t = T anfällt, ist dementsprechend $x_T / (1+i)^T$. Damit wird so getan, als gelte für jede Laufzeit der Kapitalüberlassung der gleiche Zinssatz i. Das muss in der Realität keineswegs so sein. Der funktionale Zusammenhang zwischen Laufzeiten und Zinssätzen wird als *Zinsstruktur* oder auch als *term structure* (of interest rates) bezeichnet.[4] Die folgende Abbildung zeigt beispielhaft verschiedene Zinsstrukturkurven:

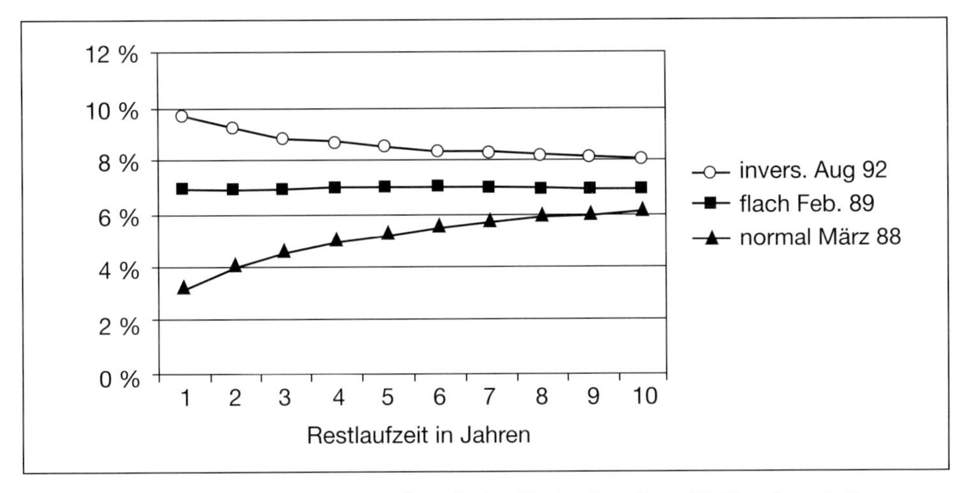

Abbildung 1: Zinsstrukturkurven auf Basis der Umlaufrenditen für Bundesanleihen
Quelle: Hartmann-Wendels/Pfingsten/Weber, 2000, S. 300

In t = 0 werden als Zinssätze i_{0T} in einer solchen Kurve z. B. die aktuellen Renditen von Zerobonds, die so genannten *Spotzinssätze*, mit der Laufzeit T angegeben. Eine Zahlung x_T hat dann den Barwert $x_T / (1+i_{0T})^T$. Möglich ist aber auch, die Kuponzinssätze von zu pari emittierten und zurückzuzahlenden Papieren mit jährlicher Zinszahlung als Zinssäze zu verwenden (*par yield curve*).

2.2 Zinsstrukturtheorien

Zur *Erklärung* der Zinsstruktur wurden verschiedene Ansätze entwickelt:[5]

1. Die *Erwartungshypothese* postuliert, dass die erwarteten zukünftigen Spotzinssätze gleich den heute impliziten Terminzinssätzen sind.
2. Die *Liquiditätspräferenztheorie* geht davon aus, dass für längere Kapitalbindungsdauern Risikoprämien wegen wachsender Kursrisiken zu zahlen sind.
3. Die *Preferred-Habitat-Theorie* unterstellt, dass Investoren Aufschläge für jedwede Abweichung von der von ihnen gewünschten Bindungsdauer fordern.

4 Vgl. hier und im weiteren Verlauf Wilhelm, 1995 und die dort angegebene Literatur.
5 Vgl. Cox/Ingersoll/Ross, 1981 und Wilhelm, 1995.

Die Zinsaufschläge im Rahmen der Preferred-Habitat-Theorie können als Vergütung der Transaktionskosten verstanden werden, die zur Beseitigung unerwünschter Wirkungen anfallen. Für derartige Prämien gibt es auf vollkommenen Märkten ebenso wenig eine Begründung wie für die Risikoprämien der Liquiditätspräferenztheorie. Letztere würden sich im Übrigen anstatt auf die Restlaufzeit genauer auf die Duration als Maß für potenzielle relative Wertänderungen beziehen müssen.

Implizite Terminzinssätze, die für die Erwartungshypothese zentral sind, werden an einem einfachen Beispiel verständlich: In $t = 0$ gilt der Zinssatz i_{01} für einjährige, der Zinssatz i_{02} für zweijährige Zerobonds. Aus den beiden Zahlen können wir berechnen, welcher Zinssatz in der Zinsstrukturkurve für das zweite Jahr steckt. Es ist der implizite Terminzinssatz i_{12} und er wird wie folgt berechnet:

$$(1+i_{01}) \cdot (1+i_{12}) = (1+i_{02})^2.$$

Eine einperiodige Anlage zu i01 mit Wiederanlage zu i_{12} führt dann definitionsgemäß zu demselben Endwert wie die sofortige zweiperiodige Anlage zu i_{02}. Falls in $t = 0$ ein *Forward Rate Agreement* (FRA) von $t = 1$ bis $t = 2$ angeboten wird, so ist i_{12} gleichzeitig derjenige Zinssatz, der keine Arbitrage ermöglicht, und er wird daher gelegentlich als *arbitragefreie Forward Rate* bezeichnet.

Die Grundideen der drei genannten Zinsstrukturtheorien wurden inzwischen in vielerlei Hinsicht präzisiert und verfeinert. Dennoch haben sie nur beschränkte Aussagekraft (vgl. nächster Abschnitt). Neuere Erklärungsansätze mutmaßen, dass *stochastische Prozesse* die Entwicklung der Zinsstruktur determinieren.[6]

2.3 Empirische Untersuchungen

Zur empirischen Ermittlung der heutigen Zinsstrukturkurve[7] sind einige Annahmen nötig. So soll eine Beschränkung auf öffentliche Emittenten dafür sorgen, dass kein Ausfallrisiko besteht und damit die Zinssätze nicht durch Bonitätsunterschiede zwischen den einbezogenen Papieren beeinflusst werden. Ebenso dürfen keine Kündigungsrechte oder Ähnliches vorliegen, weil sonst in den Zinssätzen Optionsprämien enthalten wären. Kuponeffekte können kaum ausgeschaltet werden.

Auf unterschiedliche Arten kann aus Marktdaten auf dieser Basis eine „möglichst gut passende" Zinsstruktur abgeleitet werden. Dabei muss mit dem Problem umgegangen werden, dass unter anderem aufgrund von Rundungsproblemen Arbitragemöglichkeiten bestehen.[8] Die Unvollständigkeit des Marktes (da nur an wenigen Tagen Zahlungen aus den

6 Vgl. hierzu etwa Cox/Ingersoll/Ross, 1985; Ho/Lee, 1986; Longstaff/Schwartz, 1992 und Heath/Jarrow/Morton, 1992.
7 Vgl. Anderson et al., 1996.
8 Vgl. Wilhelm/Brüning, 1992.

betrachteten Papieren erfolgen) ist bei der Ermittlung von Zinsstrukturkurven ebenfalls zu beachten.[9]

Die empirische Überprüfung der Erklärungsansätze, insbesondere der Erwartungshypothese, hat einige Tradition.[10] Sie wird von manchen deutschen Autoren[11] nicht gewürdigt, die in ihrer Analyse der Prognosequalität impliziter Terminzinssätze u.a. deshalb weniger differenziert als die auf Fama basierende Literatur argumentieren.

In einer Vielzahl von Beiträgen wird gezeigt, dass die impliziten Terminzinssätze nicht ohne Weiteres für eine treffende Vorhersage zukünftiger Spotzinssätze geeignet sind. Die Prognosekraft erhöht sich jedoch deutlich, wenn die impliziten Terminzinssätze um im Zeitablauf auftretende Veränderungen der Risikoprämien korrigiert werden.[12]

3. Herleitung impliziter zukünftiger Zinsstrukturen

3.1 Notation

Die für viele Anwendungen in der Bankkalkulation wichtigen impliziten Terminzinssätze wollen wir jetzt ausführlich herleiten.[13] Wir gehen dabei von Kuponzinssätzen i_{0T}^{C} aus, da Zerobonds insbesondere im Retailgeschäft eine wesentlich geringere Bedeutung haben. Wir beschränken uns auf Aus- und Rückzahlungen zu 100 % sowie auf ganze Laufzeitjahre. Damit können wir den Kern unserer Bewertung klarer herausarbeiten, als dies bei Integration von Agien und Disagien sowie unterjähriger und kalenderspezifischer Effekte möglich wäre.[14]

Mit i_{ST}^{C} bezeichnen wir für $T \geq S > 0$ den Zinssatz für die in $t = S$ startende und $t = T$ endende Laufzeit (T-S), der implizit in der Zinsstruktur des Zeitpunkts $t = 0$ steckt. Mit AF_{ST} werden Zahlungen in $t = T$ auf $t = S$ abgezinst. $KF_{ST} = AF_{S(S+1)} + ... + AF_{ST}$ ist der kumulierte Abzinsungsfaktor (für $T > S$). Es sei $KF_{SS} = 0$.

N steht für die längste Laufzeit, für die im Zeitpunkt 0 ein Zinssatz vorliegt. Mit CFT bezeichnen wir eine Zahlung zum Zeitpunkt $t = T$, mit KWS den Kurswert eines GKM-Papiers zum Zeitpunkt $t = S$. Unter GKM-Papier wollen wir hierbei ein Wertpapier verstehen, das zu den am Geld- und Kapitalmarkt (GKM) herrschenden Konditionen erworben wurde und damit einen Konditionsbeitrag von null erwirtschaftet. Ein solches Papier erlaubt es, den Blick ganz auf die Veränderung der Kurswerte zu fokussieren.

9 Vgl. Lassak, 1992. Weitere Ansätze finden sich bei Uhrig/Walter, 1997 sowie in der dort angegebenen Literatur.

10 Vgl. als grundlegende Arbeit Fama, 1976.

11 Vgl. Adam/Hering/Johannwille, 1995.

12 Vgl. Fama, 1976 und Fama, 1984.

13 Vgl. auch die Überlegungen von Rudolph, 1988.

14 Vgl. Wilhelm/Brüning, 1992.

3.2 Kuponzinssätze, Abzinsungsfaktoren und Zerobondrenditen in t = 0

Aus den Kuponzinssätzen für endfällige GKM-Geschäfte mit jährlich nachträglicher Zinszahlung lassen sich arbitragefreie Abzinsungsfaktoren für den Zeitpunkt t = 0 berechnen.[15] Dazu werden sukzessiv für T = 1, ..., N die folgenden Formeln mit S = 0 verwendet:[16]

$$AF_{ST} = \frac{1 - i^C_{ST} \cdot KF_{S(T-1)}}{1 - i^C_{ST}} \text{ und } KF_{ST} = KF_{S(T-1)} + AF_{ST}.$$

Der Zusammenhang zwischen Abzinsungsfaktoren und Zerobondrenditen ist durch die Formeln

$$i_{ST} = \sqrt[T-S]{\frac{1}{AF_{ST}}} - 1 \text{ bzw. } AF_{ST} = \frac{1}{(1+i_{ST})^{(t-S)}}$$

gegeben, die für S = 0 speziell die zur Kuponzinsstruktur in t = 0 gehörenden Spotzinssätze liefern. Damit ist unser Datenkranz für den Zeitpunkt t = 0 komplett.

3.3 Abzinsungsfaktoren, Zerobondrenditen und Kuponzinssätze in t > 0

Für die Zeitpunkte t > 0 können wir folgende Überlegung anstellen: Eine Abzinsung von T nach S (T > S > 0) können wir gedanklich in zwei Schritte zerlegen, nämlich eine Abzinsung von T nach 0 und eine anschließende Aufzinsung von 0 nach S. Damit erhalten wir den Ausdruck

$$AF_{ST} = AF_{0T}/AF_{0S}$$

zur Berechnung impliziter zukünftiger Abzinsungsfaktoren aus den Abzinsungsfaktoren des Zeitpunkts t = 0.

Die impliziten zukünftigen Zerobondrenditen ergeben sich daraus nach der letzen Formel des vorherigen Abschnitts bzw. direkt aus

$$i_{ST} = \sqrt[T-S]{\frac{1+ i_{0T})^T}{(1+i_{0S})^S}} - 1.$$

15 Vgl. Schierenbeck, 1999a und Schierenbeck/Marusev/Wiedemann, 1992.

16 Vgl. für eine allgemeinere explizite Formel Altrock,1999, S. 166.

Für die zugehörigen Kuponzinssätze gilt

$$i_{ST}^{C} = \frac{1 - AF_{ST}}{KF_{ST}}$$

Die Berechnung der Abzinsungsfaktoren und anschließend der zugehörigen Kuponzinssätze kann in gleicher Weise für alle zulässigen Kombinationen aus Startzeitpunkt S und Endzeitpunkt T erfolgen. Haben wir im Zeitpunkt t = 0 Zinssätze für Laufzeiten bis einschließlich N, so bedeutet dies die Einschränkung, dass T höchstens gleich N sein darf. Mit anderen Worten: Für den Zeitpunkt S = 1 können wir Zinssätze bis zur Laufzeit N-1 berechnen, während für den Zeitpunkt S = N-1 nur noch der Einjahreszins ermittelt werden kann. Die Zinsstrukturkurven verkürzen sich also schrittweise.

3.4 Beispiel

Für ein Beispiel[17] wählen wir die Zinsstrukturkurve vom 24. Januar 1992. Die Zinssätze für endfällige GKM-Emissionen mit Laufzeiten zwischen einem und fünf Jahren lauten:[18]

1 Jahr	2 Jahre	3 Jahre	4 Jahre	5 Jahre
9,05 %	8,60 %	8,37 %	8,25 %	8,15 %

Insgesamt können in der beschriebenen Weise aus den Marktdaten vom 24. Januar 1992 die folgenden Abzinsungsfaktoren für die Laufzeiten (T-S) ermittelt werden:

Laufzeit	1 Jahr	2 Jahre	3 Jahre	4 Jahre	5 Jahre
in S = 0	0,917010	0,848192	0,786428	0,729321	0,677394
in S = 1	0,924953	0,857600	0,795324	0,738698	
in S = 2	0,927181	0,859853	0,798633		
in S = 3	0,927384	0,861355			
in S = 4	0,928801				

Dazu gehören die folgenden arbitragefreien Kuponzinssätze:

Laufzeit	1 Jahr	2 Jahre	3 Jahre	4 Jahre	5 Jahre
in S = 0	9,05 %	8,60 %	8,37 %	8,25 %	8,15 %
in S = 1	8,1134 %	7,9885 %	7,9396 %	7,8786 %	
in S = 2	7,8537 %	7,8424 %	7,7878 %		
in S = 3	7,8301 %	7,7509 %			
in S = 4	7,6656 %				

17 Vgl. Marusev/Pfingsten, 1992.

18 Vgl. Blick durch die Wirtschaft vom 27. Januar 1992.

4. Anwendungen impliziter Terminzinssätze

4.1 Konditionsbeitrag im Marktzinsmodell

Die Marktzinsmethode zerlegt das Zinsergebnis einer Bank in den Konditionsbeitrag und den Strukturbeitrag.[19] Der *Barwert des Konditionsbeitrags* als barwertiger Vorteil des Kundengeschäftes gegenüber äquivalenten Kapitalmarktgeschäften ist nichts anderes als der Net Present Value bzw. Kapitalwert (C_0) eines Kundengeschäftes. Bezeichnet CF_T die Zahlungen aus dem Kundengeschäft im Zeitpunkt t = T, so gilt

$$C0 = \sum_{T} AF_{OT} \cdot CF_T.$$

Wegen der häufig nützlichen Beziehung

$$1/AF_{OT} = (1+i_{OT})^T = \prod_{t=0}^{t=T-1} (1+i_{t(+1)})$$

ist offensichtlich, dass die impliziten Terminzinssätze (hier dargestellt mittels der einperiodigen arbitragefreien Forward Rates) in der (Vor-)Kalkulation des Konditionsbeitragsbarwertes verwendet werden.

Zu fragen ist, ob ein Abweichen von den impliziten Terminzinssätzen in der Vorkalkulation modellkonsistent wäre. Bei *Sicherheit* hinsichtlich der Zinsentwicklung ist dies auf jeden Fall zu verneinen, da die zukünftigen Spotzinssätze aufgrund der geforderten Arbitragefreiheit den impliziten Terminzinssätzen entsprechen müssen.

Für den Fall der *unsicheren* Zinsentwicklung kann auf bekannte Ergebnisse zur Beurteilung von Einzelinvestitionen zurückgegriffen werden. Es lässt sich nachweisen, dass auch in diesem Fall aufgrund von Arbitrageüberlegungen allein die impliziten Terminzinssätze bewertungsrelevant sind. Das gilt unabhängig davon, ob sie sich in der Nachkalkulation als zutreffend erweisen.[20] Ein Abweichen von den impliziten Terminzinssätzen bei der Vorkalkulation ist folglich unter der Annahme der Vollständigkeit des Kapitalmarktes auch bei Unsicherheit über die Zinsentwicklung modell*in*konsistent.

4.2 Strukturbeitrag im Marktzinsmodell

Um den Strukturbeitrag eines Einzelgeschäftes ermitteln zu können, bedarf es einer Annahme über die Gegengeschäfte, das heißt wie die benötigten oder zufließenden liquiden Mittel beschafft oder angelegt werden. Der *Strukturbeitrag eines Jahres* ist dann die Dif-

19 Vgl. die umfassende und wiederum aktualisierte Lehrbuchdarstellung von Schierenbeck, 1999a,b.
20 Vgl. Hartmann-Wendels/Gumm-Heußen, 1994.

ferenz aus dem tatsächlichen Zinsüberschuss von Einzelgeschäft und Gegengeschäft in diesem Jahr sowie dem hypothetischen Zinsüberschuss des Jahres bei fristenkongruenter Refinanzierung. (Je nach gewählter periodischer Entnahme des Konditionsbeitrags sind mehrere Arten fristenkongruenter Refinanzierung zu unterscheiden.[21])

Bei normaler Zinsstruktur können Banken durch die revolvierende kurzfristige Refinanzierung langfristiger Ausleihungen anfänglich höhere Zinsüberschüsse durch positive Strukturbeiträge erzielen. Fraglich ist, welche Ergebniswirkungen aus derartiger *Fristentransformation* sich in den späteren Perioden ergeben. An einem verallgemeinerungsfähigen zweiperiodigen Zahlenbeispiel lässt sich zeigen:[22]

1. Bei Eintreten des impliziten Terminzinssatzes ergibt sich durch die Fristentransformation zwar eine Gewinnverschiebung zwischen den Perioden, aber keine barwertige Ergebniswirkung.[23]
2. Bei Eintreten eines anderen Zinssatzes ist der Barwert des Strukturbeitrags im Allgemeinen ungleich null.
3. Ein negativer Strukturbeitrag zeigt keineswegs zwingend eine verfehlte Spekulation an, sondern kann das Ergebnis barwertneutralen Gewinntransfers sein.[24]
4. Der implizite Terminzinssatz dient als Benchmark für die Fristentransformationsentscheidungen.

Arbeitet ein Kreditinstitut in der *Zinsrisikosteuerung* mit Zinsszenarien, so ist es in der Praxis nicht unüblich, die Auswirkungen von Verschiebungen der Zinsstrukturkurve um einen Prozentpunkt nach oben oder unten zu betrachten. Je nach ursprünglicher Zinsstruktur liegt eine so gewonnene Zinsstrukturkurve (ganz oder teilweise) oberhalb oder unterhalb der Kurve der impliziten Terminzinssätze. So liefert eine Verschiebung in Höhe von einem Prozentpunkt nach oben, ausgehend von einer flachen Zinsstrukturkurve, eine deutliche „Überschätzung", ausgehend von einer relativ steilen normalen Zinstrukturkurve hingegen eine deutliche „Unterschätzung" der impliziten Terminzinssätze. Wir schlagen daher vor, zumindest ergänzend die impliziten Zinsstrukturkurven und Abweichungen davon als Szenarien zu verwenden.

4.3 Arbitragefreie zukünftige Kurswerte

Die letzte Erkenntnis steht in engem Zusammenhang mit der Bewertung der Kursveränderungen von Wertpapieren. Die aktuellen Kurswerte von Wertpapieren und anderen Finanzanlagen lassen sich auf folgende Weise einfach berechnen: Die noch ausstehenden, zukünftigen Zahlungen werden mit den Abzinsungsfaktoren der jeweiligen Laufzeiten multipliziert und dann addiert.

21 Vgl. Hartmann-Wendels/Pfingsten/Weber, 2000, S. 645 ff.
22 Vgl. Hartmann-Wendels/Pfingsten/Weber, 2000, S. 649 f.
23 Vgl. Marusev/Pfingsten, 1993.
24 Vgl. Marusev/Zumbach, 1993.

In ganz ähnlicher Weise sind auch zukünftige Kurswerte arbitragefrei ermittelbar: Aus den GKM-Zinssätzen des Zeitpunktes t = 0 werden die arbitragefreien Abzinsungsfaktoren für t = S, AFST, hergeleitet. Mit ihnen bewerten wir die Anleihe, nachdem die Zahlung in S schon erfolgt ist, und bezeichnen den so berechneten Kurswert mit KW_S:

$$KW_S = \sum_{T>S} AF_{ST} \cdot CF_T.$$

Darin enthalten ist als Sonderfall (S = 0) der heutige Kurswert KW0.

Die Berechnung von impliziten zukünftigen Kurswerten demonstrieren wir am Beispiel des Kaufs einer fünfjährigen Anleihe in Höhe von 100 000 DM. Sie wird am Geld- und Kapitalmarkt zum Zeitpunkt t = 0 mit einem Zinssatz von 8,15 % zu einem Kurs von 100 % ausgegeben (das heißt mit einem Konditionsbeitrag von null). Damit hat sie den folgenden Cash Flow

t = 0	t = 1,...,4		t = 5	
– 100 000,00	8 150,00		108 150,00	

sowie den folgenden Verlauf der Kurswerte, falls die impliziten Terminzinssätze eintreten:

KW_0	KW_1	KW_2	KW_3	KW_4
100 000,00	100 900,00	100 936,51	100 713,81	100 449,86

Offenbar treten erhebliche Kursveränderungen auf, wenn sich die Zinssätze so entwickeln, wie es der arbitragefreien Fortrechnung der heutigen Marktdaten entspricht. Das bedeutet: Wenn als Nulllinie für die Messung von Kursschwankungen statt eines konstanten Kurses (zum Beispiel eines Mittelwertes der Vergangenheit) der mit den impliziten Terminzinssätzen fortgerechnete Kursverlauf verwendet wird, so hat dies Auswirkungen auf die Bewertung von Handelsaktivitäten.

Eine gängige Zerlegung der Betriebsergebniswirkung im Eigenhandel setzt auf der untersten Stufe mit einer Aufteilung des Handelsstrukturbeitrags in zwei Effekte an: Der Zinsniveauänderungseffekt beruht auf einer Veränderung der allgemeinen Marktzinssituation und der Zinsstrukturkurveneffekt ist Folge des „Rutschens auf der Zinsstrukturkurve".[25]

Diese Zweiteilung ist nicht unbedingt hilfreich. Sie übersieht einen wichtigen Zusammenhang, auf den jedoch unseres Wissens auch in anderen Literaturbeiträgen nicht (oder zumindest nicht deutlich) hingewiesen wurde. Es wird nämlich in der Regel so getan, als läge zwischen zwei Zeitpunkten t = 0 und t = S dann keine Veränderung der Zinssituation vor, wenn die Zinssätze zu den beiden Zeitpunkten gleich sind. Wie aber oben sichtbar ge-

25 Vgl. Echterbeck, 1991, S. 121 ff. und Schierenbeck, 1999a, S. 265 ff.

worden sein sollte, stecken in den heutigen Marktdaten andere zukünftige Zinssätze, die heute schon realisierbar sind. Die damit im Voraus determinierten Kurswerte stellen betriebswirtschaftlich zugleich die Messlatte für die Aufspaltung des Handelserfolges dar, nämlich die Nulllinie zwischen *Spekulationserfolg* (bzw. -misserfolg) im engeren Sinne und nachträglicher Zinskorrektur. Als nachträgliche Zinskorrektur seien dabei alle Kursgewinne (bzw. -verluste) definiert, die sich aus arbitragefreien Kursveränderungen vorausberechnen lassen.

Die Kurswertberechnung mit impliziten Terminzinssätzen spielt auch bei der Bewertung von Derivaten eine wichtige Rolle. Das sei kurz am Beispiel eines plain vanilla Zinsswaps demonstriert, bei dem feste Zinszahlungen gegen variable Zinszahlungen getauscht werden.[26] Auf einem vollkommenen Kapitalmarkt hat dieser in $t = 0$ einen Kapitalwert von null, was bedeutet, dass der Barwert der sicheren Festzinszahlungen gleich dem Barwert der (unsicheren) variablen Zinszahlungen sein muss. Dies gilt zwingend nur unter Zugrundelegung der impliziten Terminzinssätze.

Literaturhinweise

Adam, D./Hering, T./Johannwille, U., Analyse der Prognosequalität impliziter Terminzinssätze, Zeitschrift für Betriebswirtschaft, 1995, S. 1405-1422.

Altrock, F..: Nach-Steuer-Bewertung festverzinslicher Finanztitel, Frankfurt am Main 1999.

Anderson, N./Breedon, F./Deacon, M./Derry, A./Murphy, G.: Estimating and Interpreting the Yield Curve, Chichester 1996.

Cox, J. C./Ingersoll, J. E./Ross, S. A.: Re-examination of Traditional Hypotheses about the Term Structure of Interest Rates, Journal of Finance, 1981, S. 769-799.

Cox, J. C./Ingersoll, J. E./Ross, S. A.: A Theory of the Term Structure of Interest Rates, Econometrica, 1985, S. 385-407.

Echterbeck, H.: Marktzinsorientierte Ergebnisspaltung des Eigenhandels von Kreditinstituten, Frankfurt am Main 1991.

Fama, E. F.: Forward Rates as Predictors of Future Spot Rates, Journal of Financial Economics, 1976, S. 361-377.

Fama, E. F..: The Information in the Term Structure, Journal of Financial Economics, 1984, S. 509-528.

Franke, G.: Operative Steuerung der Geldanlage in festverzinslichen Wertpapieren, Zeitschrift für betriebswirtschaftliche Forschung, Sonderheft, 1983, S. 49-71.

Gaida, S./Homölle. S./Marusev, A. W./Pfingsten, A.: Das erweiterte Marktzinsmodell: Matrixdarstellung und Ablaufdiagramm, Betriebswirtschaftliche Forschung und Praxis, 1997, S. 76-99.

Hartmann-Wendels, T./Gumm-Heußen, M.: Zur Diskussion um die Marktzinsmethode: Viel Lärm um Nichts?, Zeitschrift für die Betriebswirtschaft, 1994, S. 1285-1301.

Hartmann-Wendels, T./Pfingsten, A./Weber, M.: Bankbetriebslehre, 2. Aufl., Berlin et al. 2000.

Heath, D. C./Jarrow, R. A./Morton, A. J.: Bond Pricing and the Term Structure of Interest Rates: A New Methodology for Contingent Claims Valuation, Econometrica, 1992, S. 77-105.

26 Vgl. ausführlicher Hartmann-Wendels/Pfingsten/Weber, 2000, S. 303 ff.

HO, T. S. Y./LEE, S.-B.: Term Structure Movements and Pricing Interest Rate Contingent Claims, Journal of Finance, 1986, S. 1011-1029.

LASSAK, G.: Bewertung festverzinslicher Wertpapiere am deutschen Rentenmarkt, Heidelberg 1992.

LONGSTAFF, F. A./SCHWARTZ, E. S.: Interest Rate Volatility and the Term Structure: A Two-Factor General Equilibrium Model, Journal of Finance, 1992, S. 1259-1282.

MARUSEV, A. W./PFINGSTEN, A.: Arbitragefreie Herleitung zukünftiger Zinsstruktur-Kurven und Kurswerte, Die Bank, 1992, S. 169-172.

MARUSEV, A. W./PFINGSTEN, A.: Die Entstehung des Strukturbeitrages, Die Bank, 1993, S. 223-228.

MARUSEV, A. W./ZUMBACH, U.: Arbitragefreier Gewinntransfer durch Veränderung von Festzinsüberhängen, Die Bank, 1993, S. 608-612.

RUDOLPH, B.: Grundlagen einer kapitalmarktbezogenen Ermittlung bankgeschäftlicher Perioden- und Spartenergebnisse, in: Rudolph, B./Wilhelm, J. (Hrsg.): Bankpolitik, finanzielle Unternehmensführung und die Theorie der Finanzmärkte, Berlin 1988, S. 177-196.

SCHIERENBECK, H.: Ertragsorientiertes Bankmanagement, Band 1: Grundlagen, Marktzinsmethode und Rentabilitäts-Controlling, 6. Aufl., Wiesbaden 1999a.

SCHIERENBECK, H.: Ertragsorientiertes Bankmanagement, Band 2: Risiko-Controlling und Bilanzstruktur-Management, 6. Aufl., Wiesbaden 1999b.

SCHIERENBECK, H./MARUSEV, A. W./WIEDEMANN, A.: Einzelgeschäftsbezogene Aussteuerung von Engpässen mit Hilfe der Marktzinsmethode, Die Betriebswirtschaft, 1992, S. 443-471.

UHRIG, M./WALTER, U.: Ein neuer Ansatz zur Bestimmung der Zinsstruktur – Theorie und empirische Ergebnisse für den deutschen Rentenmarkt, Kredit und Kapital, 1997, S. 116-139.

WILHELM, J./BRÜNING, L.: Die Fristigkeitsstruktur der Zinssätze: Theoretisches Konstrukt und empirische Evaluierung, Kredit und Kapital, 1992, S. 259-294.

WILHELM, J.: Zinsstruktur, in: Gerke, W./Steiner, M. (Hrsg.): Handwörterbuch des Bank- und Finanzwesens, 2. Aufl., Stuttgart 1995, S. 2051-2060.

Eberhard Heinke / Hans-Christian Hentrich

Der Aufbau eines controlling-orientierten Ergebnisinformationssystems

1. Einleitung

Eine weitsichtige, auf die langfristige Unternehmenssicherung ausgelegte Geschäftspolitik verlangt eine zielorientierte Unternehmenssteuerung, die sich aussagefähiger Navigationsinstrumente bedient.

Unternehmenssteuerung umfasst dabei alle Planungs- und Kontrollaktivitäten, die – in langfristiger Sicht – der Erhaltung und erfolgreichen Weiterentwicklung des Unternehmens dienen und – in kurzfristiger Sicht – die Erreichung der Rentabiltitäts-, Wachstums- und Sicherheitsziele der Bank gewährleisten sollen.

Dazu gehört auch ein adäquates Informationssystem, denn erst durch den Zugriff auf die maßgeblichen Informationen innerhalb und außerhalb des Unternehmens werden die Entscheidungsträger in die Lage versetzt, die Bilanz- und Ergebnisstrukturen vorausschauend an die Marktveränderungen anzupassen oder selbst Marktveränderungen herbeizuführen und die geschäftlichen Aktivitäten entsprechend effizient zu steuern.

2. Generelle Überlegungen zum Aufbau eines controlling-orientierten Ergebnisinformationssystems

2.1 Zielsetzung des Ergebnisinformationssystems

Unter einem controlling-orientierten Ergebnisinformationssystem soll im Folgenden nur diejenige Komponente eines umfassenden steuerungsadäquaten Informationssystems verstanden werden, die vornehmlich über interne, quantitative Größen im operativen Bereich Auskunft gibt.

Ein Ergebnisinformationssystem zielt zum einen auf die Unterstützung von Managemententscheidungen, zum anderen auf die Unterstützung von Entscheidungen bei der Konditionengestaltung von Einzelgeschäften und zwar sowohl isoliert als auch im Kontext mit anderen Geschäften eines Kunden oder einer Kundengruppe. Die Adressaten erhalten somit entscheidungsrelevante Informationen über Zustände und Vorgänge in ihrem Kompetenzbereich.

2.2 Informationsbedarf und -nutzen

Damit das System seinem Anspruch auf Bereitstellung relevanter Steuerungsinformationen gerecht werden kann, muss es so ausgelegt sein, dass es die richtigen Informationen zur richtigen Zeit vollständig zu seinen Adressaten transportiert. Die Relevanz einer Information richtet sich dabei sowohl nach dem Bedarf ihres Empfängers als auch danach, ob ihr Nutzen die Kosten ihrer Beschaffung und Verarbeitung übersteigt.

Der Informationsbedarf eines Empfängers lässt sich in diesem Zusammenhang allgemein durch folgende Fragestellung umreißen: „Welche Information wird worüber wofür in welchem Zustand benötigt und wann und wie soll sie vorliegen?“[1]

Der Nutzen eines controlling-orientierten Ergebnisinformationssystems ist vor allem in der Verbesserung der Steuerungskompetenz zu sehen, eröffnet darüber hinaus aber weitere Möglichkeiten durch die „Erschließung von Rationalisierungspotenzialen bei Informationsgebern und -nehmern“ und führt zu einem „effizienteren Datenmanagement durch Datenqualität, Datenkonsistenz und einheitlicher Datenbasis sowie zur Straffung und Transparenz der Informationsflüsse und -strukturen“.[2]

Die Realisierung der Nutzenpotentiale hängt allerdings zum einen von der Fähigkeit und Bereitschaft der Fach- und Führungskräfte ab, ein Mehr an Informationsqualität auch gleichzeitig in ein Mehr an Entscheidungsqualität und an Ergebnissen umzusetzen[3], zum anderen von einer controllingadäquaten Infrastruktur, die die dafür erforderlichen Prozesse unterstützt.[4] Dabei steht der Gedanke im Mittelpunkt, dass Controlling weder eine Stelle im Hause noch ein EDV-Programm ist, sondern eine die Bank durchdringende Denkhaltung, die konsequent den Ertrag als Basis für das Erreichen aller anderen Ziele in den Vordergrund rückt.

2.3 EDV-technische Unterstützung

Der Aufbau eines den oben dargelegten Kriterien genügenden controlling-orientierten Ergebnisinformationssystems erfordert aufgrund der hohen Komplexität der dahinter liegenden betriebswirtschaftlichen Verfahren und des aus den Empfängerbedürfnissen resultierenden Anspruches an Datenqualität und -verarbeitung eine adäquate EDV-technische Unterstützung. Dies gilt für Hard- und Software gleichermaßen.

2.3.1 Hardware

Welche Hardwarearchitektur zur Lösung der mit dem Berichtswesen zusammenhängenden Probleme beitragen soll, hängt von einer Reihe von Faktoren ab und muss von jedem Kreditinstitut für sich entschieden werden. Die folgenden Fragen mögen beispielhaft die Komplexibilität des zu entscheidenden Sachverhaltes verdeutlichen:

1 Vgl. Biel, A.: Controllinggeprägtes Informationsmanagement, in: Controller Magazin 6/93, S. 341 f.
2 Biel, A.: a. a. O., S. 343 f.
3 Biel, A.: a. a. O., S. 344.
4 Schierenbeck, H.: Ertragsorientiertes Bankmanagement, Controlling in Kreditinstituten, Wiesbaden, 5. Auflage 1997, S. 7 ff.

- Welche Hardwarearchitektur passt zur generellen EDV-Philosophie des Hauses? Die Hardwarearchitektur folgt der EDV-Anwendungsarchitektur, zum Beispiel bei zentraler Ausrichtung Host, bei dezentraler Ausrichtung Client/Server.
- Ist das Steuerungssystem auf Selbst-Controlling oder Fremd-Controlling ausgerichtet (je nach Führungskonzeption hohe zentrale oder dezentrale Verantwortung)?[5]
- Welche Software soll genutzt werden?
- Wie sicher soll das System sein?
- Passt die präferierte Lösung in die Systemumgebung des Service-Rechenzentrums?

2.3.2 Software

Nicht minder komplex als die Beantwortung der „Hardwarefrage" ist der Versuch einer Antwort auf die Frage nach der geeigneten und angemessenen Software. Hinsichtlich ihrer Eignung hat sie sich generell an der funktionalen Grundstruktur eines wie oben skizzierten Informationssystems zu orientieren, nämlich der Wissensermittlung[6], der Wissensverarbeitung und der Wissensvermittlung, hinsichtlich der Angemessenheit im Wesentlichen am Kosten-Nutzen-Aspekt mit der zentralen Frage „make or buy"; Kriterien, die hier zu einer rationalen Entscheidungsfindung beitragen wollen, finden sich zum Beispiel bei A. Picot.[7]

Im Rahmen der Wissensermittlung ist zu klären, ob die benötigten Daten aus vorhandenen Basissystemen generiert werden sollen oder ob eine isolierte „Controller-Datenbank" einzurichten ist.

Besonderes Interesse seitens der Controller verdient der Bereich Wissensverarbeitung, denn hier ist mit darüber zu befinden, welche betriebswirtschaftlichen und kommunikativen Funktionen das System umfassen soll und wie Funktionen und Daten zusammenzuführen sind. Zu definieren sind hier neben Kalkulationsobjekten wie Kunden, Produkten und Organisationseinheiten und deren Verknüpfung auch die Maßeinheiten, in denen berichtet wird, seien es Volumina, Wert- oder Zeiteinheiten. Hierarchien, Berichtswesenbäume, Kennzahlensysteme und Soll-Ist-Vergleiche sind hier zu strukturieren[8], Report- und Graphik-Generatoren und IDV-Tools anzusiedeln, die helfen, die Controller-Berichte effizient und benutzerfreundlich aufzubereiten, egal ob vordefinierte Standardberichte oder Ad-hoc-Auswertungen, die auch von Nicht-Controllern erstellt werden können.

Über die Oberfläche des Ergebnisinformationssystems werden die aus den Basisdaten gewonnenen Informationen den jeweiligen Adressaten zur Verfügung gestellt. Sie ist damit die Visitenkarte des gesamten Systems. Dem Bereich Wissensvermittlung sollte daher ebenfalls besondere Sorgfalt gewidmet werden.[9] Ganz vorn im Anforderungskatalog der

5 Vgl. Meyer zu Selhausen, H.: Informationssysteme für das Bank-Controlling, in: Spremann, K./Zur, E. (Hrsg.): Controlling Grundlagen, Wiesbaden 1992, S. 238 ff.

6 Vgl. Peemöller, V.H.: Controlling Grundlagen und Einsatzgebiete, Herne/Berlin 1990, S. 367.

7 Vgl. Picot, A.: Organisation von Informationssystemen und Controlling, in: controlling Zeitschrift für erfolgsorientierte Unternehmenssteuerung, November/Dezember 1990, S. 298 ff.

8 Vgl. Schierenbeck, H.: a. a. O., S. 24 ff.

9 Vgl. Krahe, A.: Balanced Scorecard-Baustein zu einem prozeßorientierten Controlling?, in: Controller Magazin, 2/99, S. 116 ff.

Endnutzer stehen hoher Bedienungskomfort und leichte Verständlichkeit durch zum Beispiel hohe Selbsterklärungskraft der Masken.

Überblick und Detailinformationen sind so zu trennen, dass keine Zahlenfriedhöfe entstehen und ein Drill-down-Reporting (von der Gesamtbankebene bis zum Einzelgeschäft) ermöglicht wird, wobei eine Visualisierung von Zusammenhängen in Grafiken hilfreich sein kann. Zur Akzeptanz gehört auch eine ausreichende Performance: Das System muss nicht nur die Informationen hinreichend schnell zur Verfügung stellen, sondern auch ein rückwirkungsfreies Arbeiten in Bezug auf andere Anwender ermöglichen.

Schließlich sollte es so ausgelegt sein, dass es sich den wandelnden Umfeldbedingungen hinreichend und rasch anpassen kann.

3. Der Aufbau eines controlling-orientierten Ergebnisinformationssystems am Beispiel der WGZ-Bank

Anhand der Vorgehensweise der WGZ-Bank soll im Folgenden dargestellt werden, wie der Aufbau eines controlling-orientierten Ergebnisinformationssystems institutsindividuell erfolgen kann.

Mitte der achtziger Jahre begann die WGZ-Bank damit, bereits punktuell vorhandene controlling-orientierte Aktivitäten zusammenzufassen und ein Controllingsystem mit einer angemessenen EDV-Unterstützung auf- und auszubauen. Da Standard-EDV-Systeme mit dem gewünschten betriebswirtschaftlichen Umfang am Markt nicht vorhanden waren, entschloss sich die Bank zur Eigenentwicklung. Dabei sollte das System in die allgemeine EDV-Anwendungsarchitektur des Hauses mit einer integrierten Datenbasis, einer einheitlichen Benutzeroberfläche und dem unternehmenseinheitlichen, logischen Datenmodell eingepasst werden. Basis für die im Berichtssystem zu generierenden Informationen waren dabei die vorhandenen Abrechnungsverfahren der einzelnen Geschäftsarten.

Sehr schnell stellte sich heraus, dass ein solches System aufgrund der komplexen betriebswirtschaftlichen Inhalte und EDV-Verfahren eine längere Entwicklungszeit benötigt. Daher musste für die Implementierung eine Vorgehensweise gefunden werden, die es ermöglichte, ein solches Projekt so voranzutreiben, dass weder das Ziel aus den Augen verloren wurde noch die Motivation der Mitarbeiter nachließ. Sie wurde im Konzept der geplanten Evolution gefunden (think big, start small).[10]

Die WGZ-Bank leitete hieraus ein mehrstufiges Entwicklungsmodell ab. Die erste Stufe umfasst die Erfolgsrechnung und bildet die Basis für zwei Folgestufen: das System zur Unterstützung des Bilanzstrukturmanagements und das Planungs- und Budgetierungssy-

10 Schierenbeck, H.: a. a. O., S. 39.

stem, das den operativen Controlling-Regelkreis schließt, in das letztendlich auch das Risiko-Controlling Eingang findet.

Alle aus diesen Systemteilen gewonnenen Informationen sind Bestandteile des nachfolgend näher beschriebenen controlling-orientierten Ergebnisinformationssystems und werden den Adressaten zeitnah, das heißt auch unmittelbar, wenn es zur Entscheidungsfindung notwendig ist, zur Verfügung gestellt. Dabei wird großer Wert auf die Unterstützung der Fachbereiche gelegt.

Voraussetzung für die Abbildung im Berichtssystem war die Implementierung geeigneter betriebswirtschaftlicher Verfahren, wie zum Beispiel der Marktzinsmethode als Basis der Teilzinsspannenrechnung, und der Aufbau controlling-relevanter Datenbestände, sofern diese nicht bereits in den Basis-Verfahren vorhanden waren.

Die Daten werden einerseits bei der Erfolgsermittlung der Controlling-Einzelgeschäfte, andererseits bei deren Zuordnung zu den Kalkulationsobjekten Kunden, Produkte und Organisationseinheiten benötigt. Durch die Integration des Controlling-Systems in die allgemeine EDV-Anwendungsarchitektur des Hauses ist sichergestellt, dass gleichzeitig mit der Erfassung eines Geschäftes in operativen Systemen auch die Controlling-Funktionen aktiviert und die Erfolgswirkungen damit unmittelbar im Geschäftsprozess bei den Einzelgeschäften ausgewiesen werden.

3.1 Erste Stufe: Erfolgsrechnung

Die im Rahmen der ersten Stufe realisierte Online-Vorkalkulation ist als Entscheidungshilfe in jede Phase des Geschäftsprozesses integriert. So können sowohl im Vorfeld des Geschäftsabschlusses beliebige Zahlungsströme und Konditionsvarianten vorkalkuliert als auch im Verlaufe des Geschäftes die Erfolgswirkungen potenzieller Zahlungsstromänderungen transparent gemacht werden.

Dabei wird der Opportunitätszins anhand des geschäftsindividuellen Zahlungsstromes errechnet und die Kundenkondition unter Zugrundelegung eines Sollkonditionsbeitrages bestimmt.[11]

Der Kundenberater hat die Möglichkeit, sich nicht nur die zinserfolgsrelevanten Informationen anzeigen zu lassen, sondern auch die Konditionsbestandteile so zu variieren, dass unter Berücksichtigung der Kundenwünsche mindestens der für die WGZ-Bank erforderliche Sollkonditionsbeitrag erreicht wird. Als zentraler Bewertungsparameter wird der Konditionsbeitrag als Barwert und als Marge ausgewiesen. Ist die endgültige Übereinkunft mit dem Kunden erzielt, werden die Abrechnungsdaten des Geschäftes automatisch in das Bilanzstrukturmanagementsystem zur Steuerung des Zinsänderungsrisikos überstellt.

11 Vgl. Hentrich, H.-Chr./Hartmann, A.: Effektivzinsrechnung und Vorkalkulation in der Marktzinsmethode – Implikationen der Kapitalstrukturkongruenz, in Schierenbeck, H. (Hrsg.): ifk nachrichten aus dem Institut für Kreditwesen, Heft Nr. 33, Wintersemester 1987/88, S. 83 ff.

In einem weiteren Schritt der ersten Stufe wurden die Online-Nachkalkulation von Einzelgeschäften und ihre Verteilung auf die Kalkulationsobjekte mit verschiedenen Kombinationsmöglichkeiten realisiert. Dabei werden nicht nur die vorkalkulierten, sondern alle Aktiv- und Passivgeschäfte erfasst, wobei durch die Verfahrens-Integration sichergestellt ist, dass die Ergebnisse von Vor- und Nachkalkulation für diejenigen Zinsgeschäfte übereinstimmen, die zu den vorkalkulierten Konditionen abgeschlossen wurden.

Die Erfolgsbestandteile der Einzelgeschäfte werden in einem Deckungsbeitragsschema je Kalkulations-Objekt aggregiert und ausgewiesen. Dabei ist der prinzipielle Aufbau im Berichtssystem für alle Kalkulationsobjekte und -stufen gleich. Die Berichtsperiode beträgt in der Regel einen Monat, kann aber aufgrund spezieller Erfordernisse, wie zum Beispiel im Tagesgeldbereich, auch darunter liegen. Andererseits gestatten zeitliche Aggregationen auch die Betrachtung von Zeiträumen, die über einen Monat hinausgehen. Analog können die Systemnutzer, von den Gesamtbankwerten ausgehend, direkt oder über die verschiedenen Hierarchiestufen die Ergebnisbeiträge bis hinunter zu den einzelnen Geschäften am Bildschirm analysieren. Die Unterscheidung nach Gesamt- und Neugeschäft erlaubt es, gezielt den Erfolg von Vertriebsaktivitäten in nahezu beliebig bestimmbaren Perioden zu beurteilen.

In der Kundenkalkulation gibt das System dem Berater zunächst einen Überblick über die Ergebniskomponenten der Deckungsbeiträge. Bestands- und Vertriebsinformationen erhöhen die Steuerungswirksamkeit.

In der Auswertungsrichtung Kunde/Produkt kann sich der berechtigte Nutzer bei Bedarf vertiefend alle oder eine Auswahl der mit dem Kunden getätigten Geschäfte online anzeigen lassen. Dabei ist es unter anderem möglich, eine nach Deckungsbeiträgen gestaffelte „Produkt-Hitliste“ zu erstellen, um die Kundenbeziehung bewusst ertragsorientiert zu intensivieren.

Die Produktkalkulation fasst Einzelgeschäfte nach bestimmten Kriterien zu Produkten zusammen, die wiederum über verschiedene Stufen so aggregiert werden, dass sich für die Erfolgsgrößen auf oberster Ebene die Gesamtbankwerte ergeben.

In der Organisationseinheitenkalkulation wurde neben der Abbildung der Hierarchie ein zweiter, virtueller Ast geschaffen, der es erlaubt, Organisationseinheiten nach nicht-hierarchischen Kriterien beliebig zusammenzufassen und bis zur Gesamtbank hin zu aggregieren. Über die skizzierten Online-Anwendungen hinaus können die Datenbestände der Nachkalkulation mit Hilfe der individuellen Datenverarbeitung von den Controllern, aber auch von den Nutzern in den Fachabteilungen zu gesonderten Analysen herangezogen werden.

3.2 Zweite Stufe: Bilanzstrukturmanagement

Nachdem in der ersten Stufe eine hinreichend große Daten- und Verfahrensbasis geschaffen worden war, begann die WGZ-Bank, parallel zur Weiterentwicklung der kurzfristigen Erfolgsrechnung, mit dem ersten Schritt zur Implementierung eines darauf aufbauenden

Online-Controlling-Systems zur integrativen Unterstützung des Bilanzstrukturmanagements.

Da eine wesentliche Steuerungsaufgabe einer genossenschaftlichen Zentralbank darin besteht, die von den Mitgliedsbanken aufgenommenen und zur Verfügung gestellten Gelder liquiditäts- und fristenmäßig so auszugleichen, dass ein auskömmlicher Ergebnisbeitrag erzielt werden kann, ohne durch das dafür notwendige Eingehen von Fristeninkongruenzen die Existenz des Unternehmens zu gefährden, wurde die Priorität in einem ersten Schritt auf ein System zur Unterstützung der Steuerung des Zinsänderungsrisikos gelegt. Über die Messung und Bewertung des Zinsänderungsrisikos hinaus zielt das Verfahren dabei auf konkrete Hilfestellungen für die Mitarbeiter im Treasury, die die Fristentransformationsstrategie des Vorstands in Marktgeschäfte umzusetzen haben.

Die Integration in das Controllingsystem stellt sicher, dass die überwiegende Anzahl der Geschäfte automatisch Eingang in das das Zinsänderungsrisiko messende Verfahren findet. Die Daten werden täglich aktualisiert und den Nutzern – das sind neben den Controllern im Wesentlichen der Vorstand und das Treasury – online und dezentral zur Verfügung gestellt. Der Ausweis insbesondere des Zahlungsstroms kann zunächst in einer Übersicht auf Jahresbasis und von da aus im „drill down" mehrstufig von der Jahresübersicht bis auf Tagesbasis erfolgen.

Das Zinsänderungsrisiko wird insgesamt angezeigt, ist aber auch auf einzelne, frei wählbare Schließungszeiträume zur selektiven Steuerung eingrenzbar. Neben den Zahlungsüberhängen je Laufzeitbereich und den dahinterliegenden Größen, wie zum Beispiel Tilgungen und Zinszahlungen, werden die Nutzer darüber informiert, in welcher Höhe Finanzierungen oder Anlagen heute zu tätigen wären, um das Zinsänderungsrisiko ganz oder für einzelne Zeiträume zu eliminieren.

Eine dispositionsbezogene Unterteilung der in das System eingehenden Geschäfte in Portfolien erleichtert es dem Treasury, die jeweiligen Geschäfte gemäß Strategie vorzunehmen. Die Errechnung der marktzinsinduzierten Steuerungsinformationen kann dabei über Standardzinsannahmen hinaus auf der Basis beliebiger Zinsprognosen dynamisiert erfolgen.

In einem zweiten Schritt wurde das Instrumentarium zur Unterstützung des Bilanzstrukturmanagements auf Basis des Barwertkonzeptes zu einem System der VaR-Marktpreisrisikomessung auf Gesamtbankebene erweitert, das externe und interne Geschäfte berücksichtigt. Zudem wurden hier Erfolgsgrößen definiert, die die jeweilige Bereichsstrategie bewerten.

Die Steuerung erfolgt unter Beachtung von Restriktionen, die in einem Limitsystem niedergelegt sind, das die Risikoneigung des Vorstandes ebenso berücksichtigt wie die Risikotragfähigkeit der Bank gemäß Ertragslage.

Ein Tagesbericht gibt den maßgeblichen Entscheidungsträgern einen umfassenden Gesamtüberblick. Monatliche, quartalsmäßige und sporadische Berichte zu unterschiedlichen Sachverhalten ergänzen die Berichterstattung.

3.3 Dritte Stufe: Risiko-Controlling

3.3.1 Marktpreisrisiken

Die Mindestanforderungen an das Betreiben von Handelsgeschäften haben Mitte der neunziger Jahre erstmals explizit zu der Funktion der „Handelsüberwachung“ geführt und ein System des Risiko-Controllings erforderlich gemacht. Dazu gehören die tägliche Neubewertung der Handelsgeschäfte, die Ergebnisermittlung, die Messung, Überwachung und Analyse des Risikogehalts des Handelsbuchs sowie das Managementreporting. Diese Funktion ist handelsunabhängig wahrzunehmen.

Zur Ermittlung des Risikogehalts werden zwei Wege beschritten: Zum einen wird das Risiko anhand von statistischen Verfahren (Value-at-Risk) ermittelt, zum anderen werden Stresstests und Worst-Case-Szenarien durchgeführt. Die von der Geschäftsleitung vorzunehmende Limitierung orientiert sich an den potenziellen Verlusten.

Das von der WGZ-Bank entwickelte Value-at-Risk-Modell darf mit der 6. KWG-Novelle nach Genehmigung durch die Bankenaufsicht auch für das externe Meldewesen verwendet werden, um die Eigenmittelunterlegung der Risikopositionen nach Grundsatz I zu ermitteln. Dies führt zu einer beträchtlichen Reduktion des erforderlichen Eigenkapitals gegenüber dem Standardverfahren.

Das Managementreporting erfolgt zum einen periodisch, zum anderen ad hoc. Das regelmäßige Reporting umfasst in Tagesmeldungen an den Überwachungs- und den Handelsvorstand die Mark-to-Market-Ergebnisse, die Risikopositionen sowie Kontrollen bezüglich Marktgerechtigkeit und weiterer Limitierungen. In Monatsmeldungen an den Gesamtvorstand werden die Tagesmeldungen aufbereitet, zusammengefasst und um Ergebnisabgleiche mit dem Rechnungswesen und Szenariorechnungen ergänzt. Zusätzlich erfolgen Ad-hoc-Meldungen, wie beispielsweise bei außergewöhnlichen Vorfällen oder Verstößen gegen interne Anweisungen, unüblichem Geschäftsgebaren oder Verdacht auf unkorrektes Verhalten eines Marktteilnehmers.

3.3.2 Ausfallrisiken

Zur systematischen Messung, Bewertung und Steuerung der Ausfallrisiken gehört neben einem wirksamen Instrumentarium zur Beurteilung der Kreditkunden auch ein funktionierendes technisch-organisatorisches System, mit dem das Kreditgeschäft gesteuert wird.

Durch entsprechende DV-Systeme ist die zeitnahe Erfassung aller Ausfallrisiken, bezogen auf den einzelnen Kreditnehmer oder die Kreditnehmereinheit, in der WGZ-Bank sichergestellt. Dazu sind in die Ablauforganisation periodisch vorzunehmende Prüfungshandlungen eingebaut, die in einem klaren Berichtswesen einem systematischen Controlling unterworfen sind.

Auf der Basis von Rating-Ansätzen in der Einzelrisikosteuerung hat die WGZ-Bank Überwachungs- und Steuerungsfunktionalitäten implementiert. Mit dem Basler Konsultationspapier zur Neuregelung der angemessenen Eigenkapitalausstattung erhält das Rating auch über die interne Steuerung hinaus erhebliche Bedeutung. Für eine effiziente Steuerung des Ausfallrisikos ist es unter anderem erforderlich, Ratingklassen des gesamten Kreditbestandes sowie Wanderungsbewegungen und Strukturerhebungen nach Bonitäts-, Rating- oder Größenklassen und Blankoanteilen abzubilden.

Darüber hinaus müssen die durchzusetzenden Margen im Kreditgeschäft im Rahmen der Einzelgeschäftssteuerung neben anderen Kosten wie Personal-, Sach- und Eigenkapitalkosten auch die Standardrisikokosten beinhalten.

3.4 Vierte Stufe: Planungs- und Budgetierungssystem

Das Planungs- und Budgetierungssystem der WGZ-Bank umfasst, ausgehend von strategischen Überlegungen, in einem aufeinander aufbauenden Verfahren die Ertrags- und Risikoplanung, die Ressourcenplanung mit besonderem Augenmerk auf Investitionen/Projekte und die Bilanz- und GuV-Planung. Die operative Planung erfolgt revolvierend für einen Drei-Jahres-Zeitraum.

Die Plangrößen werden im Gegenstromverfahren festgelegt. Quartalsmäßige Soll-Ist-Vergleiche sorgen dafür, dass Planabweichungen unterjährig rasch festgestellt und, wenn unerwünscht, Maßnahmen zu ihrer Beseitigung durchgeführt werden können.

Die materielle Planungshoheit liegt dabei bei den Fachbereichen, die formelle beim Controlling, das mittels eines eigenen EDV-Systems die Quartalsberichte an Geschäftsführung und Bereiche generiert.

4. Ausblick

Auch zukünftig wird das Controlling-Instrumentarium kontinuierlich weiter auszubauen sein. Neue Anforderungen entstehen durch die Erschließung neuer Geschäftsfelder, durch die Weiterentwicklung der Controlling-Methodik, durch immer höhere Anforderungen an eine effiziente Banksteuerung und nicht zuletzt durch aufsichtsrechtliche Anforderungen.

Wesentlich wird zukünftig eine vollständige Integration der verschiedenen Controlling-Bereiche sein. So sind zum Beispiel die Mess- und Steuerungsmethoden für Markt- und Ausfallrisiken einander anzugleichen; der Erfolg von Geschäften ist anhand des damit verbundenen Risikos zu gewichten; strategische und operative Entscheidungen sind auf der Basis von Risk-Return-Betrachtungen zum Beispiel im Rahmen von RAROC/RORAC-Modellen zu treffen.

Zielsetzungen und Methoden des controlling-orientierten Ergebnis-Informationssystems werden sich daher auch zukünftig ständig weiterentwickeln.

Bernd Rolfes / Thomas Bannert

Die Kalkulation variabel verzinslicher Bankgeschäfte

1. Einleitung

Die Marktzinsmethode gilt heute wohl unumstritten als der modernste und umfassendste Bewertungsansatz zur Kalkulation und Steuerung des zinstragenden Geschäftes in Kreditinstituten. Seit jeher bringt jedoch die Bewertung variabel verzinslicher Bankgeschäfte erhebliche theoretische und praktische Schwierigkeiten mit sich, weil am Geld- und Kapitalmarkt keine direkt vergleichbaren Anlage- oder Refinanzierungsalternativen existieren. Die Zuordnung von Opportunitäten nach der Zins- oder Kapitalbindung ist nicht befriedigend im Hinblick auf die verursachungs- und verantwortungsgerechte Erfolgsspaltung in Zins- und Strukturergebnis. Auch andere Konzepte können nicht mit derselben Eindeutigkeit die „richtige“ Kalkulationsmethodik liefern, wie es für festverzinsliche Geschäfte möglich ist. Es existieren jedoch praxiserprobte Ansätze, die die schlüssige Integration variabler Geschäfte in das Steuerungsmodell der Marktzinsmethode ermöglichen. Diese werden im weiteren Verlauf dargestellt.

2. Grundlagen der Ergebnisermittlung bei variabel verzinslichen Bankgeschäften

2.1 Definition und Klassifizierung variabel verzinslicher Bankgeschäfte

Grundsätzlich lassen sich sämtliche zinstragenden Geschäfte einer Bank in Geschäfte mit fester und variabler Zinsbindung einteilen. Von einer variablen Zinsbindung spricht man dann, wenn das Kreditinstitut berechtigt ist, den Zinssatz eines Geschäftes nach eigenem Ermessen anzupassen. Dabei ist es unerheblich, ob der Zinssatz faktisch konstant bleibt oder nicht. So gelten klassische Spareinlagen und Sichteinlagen als variabel verzinslich. Variable Zinsbindungen existieren aufgrund der einseitigen Gestaltungsfreiheit der Kondition in der Regel nur im Kundengeschäft.

Einen Grenzfall zwischen fester und variabler Zinsbindung bilden indikatorgekoppelte Produkte wie etwa Floating Rate Notes, deren Verzinsung zwar bei Vertragsabschluss nicht feststeht, aber in einer vertraglich festgeschriebenen Weise an die Entwicklung eines Marktparameters gebunden ist. Nach der obigen Einteilung gehören sie zur Kategorie der Geschäfte mit fester Zinsbindung, da die Zinsanpassung nicht im Ermessen des Kreditinstitutes liegt. Allerdings werden zumindest die klassischen Fälle, in denen die Kopplung sich auf einen Geldmarktzins bezieht, durch die im Folgenden dargestellten Verfahren mit abgedeckt (zum Beispiel Spar- und Sichteinlagen mit Euribor-gekoppelter Verzinsung). Ebenso können auch längerfristige Geschäfte mit sehr kurzen Zinsbindungen kalkulatorisch als variable Geschäfte behandelt werden, als ob es keine Zinsanpassungsfrist gäbe.

Die Gruppe der variabel verzinslichen Bankgeschäfte kann nach der Bestimmbarkeit des Kapitalverlaufs weiter differenziert werden. Zum einen handelt es sich um Positionen, bei denen der nominelle Kapitalverlauf ex ante vertraglich vereinbart wird. Hier lassen sich beispielsweise zinsvariable Darlehen mit vereinbartem Tilgungsplan einordnen. Bei der zweiten Gruppe zinsvariabler Geschäfte ist der Kapitalverlauf zu Vertragsbeginn nicht bestimmbar, wie zum Beispiel bei Sichteinlagen, Kontokorrentkrediten oder klassischen Spareinlagen. Diese zinsvariablen Geschäfte sind gekennzeichnet durch unregelmäßige Verfügungen und/oder nicht definierte bzw. tägliche Fälligkeit. Abbildung 1 fasst die Systematik variabel verzinslicher Bankgeschäfte zusammen.

	Variabel verzinsliche Bankgeschäfte	
Nomineller Kapitalverlauf	Bekannt	Unbekannt
Merkmale	Vereinbarter Tilgungs-/ Auszahlungsplan	– Täglich fällig/ohne Fälligkeit – Unregelmäßige Verfügungen
Beispiele	– Mittel- und langfristige Darlehen – Rentensparplan	– Kontokorrentkredite – Sichteinlagen – Spareinlagen

Abbildung 1: Systematik variabel verzinslicher Bankgeschäfte

Auch bei Geschäften mit bekanntem Kapitalverlauf ist aufgrund von Kündigungs- oder Verfügungsrechten der Kapitalverlauf nicht in jedem Fall wirklich „sicher". Jedoch kann oft der erwartete Kapitalverlauf als Basis der Kalkulation herangezogen werden.

2.2 Anforderungen der Marktzinsmethode

Ein wichtiger konzeptioneller Grundsatz der Marktzinsmethode liegt darin, jedes Bankgeschäft als isolierten Erfolgsfaktor zu betrachten. Um diesem Anspruch gerecht zu werden, wird das Opportunitätsprinzip angewendet. Dementsprechend besteht der Nutzen eines Kundengeschäftes darin, mehr zu erwirtschaften als mit einem vergleichbaren Alternativgeschäft am Geld- und Kapitalmarkt. Die Marktzinsmethode liefert auf dieser Basis für ein klassisches Festzinsgeschäft folgende Ergebnisse:

- Eine Vorschrift für die „zinsrisikofreie" Refinanzierung bzw. Wiederanlage[1] am Geld- und Kapitalmarkt, die durch die Zentraldisposition hergestellt werden kann. Bei exakter Einhaltung dieser Vorschrift erwirtschaftet die Zentraldisposition ein Strukturergebnis von null.

1 Im Folgenden wird zur sprachlichen Vereinfachung nur noch der Begriff „Refinanzierung" verwendet.

- Die Quantifizierung des Nutzens, der durch das Festzinsgeschäft gegenüber der als zinsrisikofrei erkannten Refinanzierung entsteht. Dieser Nutzen kann alternativ in Form des Konditionsbeitragsbarwertes des Geschäftes oder in Form periodisch anfallender Konditionsbeiträge ausgedrückt werden und wird dem Marktbereich verantwortlich zugeordnet.

Beide Ergebnisse werden auf der Ebene des Einzelgeschäftes ermittelt und von dort für Portfoliobetrachtungen aggregiert.

Der Gesamterfolg aus dem zinstragenden Geschäft kann, wiederum alternativ in barwertiger oder periodischer Sichtweise, als Summe aus dem Konditionsbeitrag(sbarwert) der Einzelgeschäfte und dem Ergebnis der Zentraldisposition dargestellt werden, welches diese durch Abweichung von der zinsrisikofreien Refinanzierung der Einzelgeschäfte erzielt. Dabei hat die Zentraldisposition jederzeit die Möglichkeit, die zinsrisikofreie Refinanzierung der Kundengeschäfte im Saldo wirklich durchzuführen und damit für sich selbst ein Ergebnis von null zu erwirtschaften.

2.3 Übertragung der Anforderungen auf das variabel verzinsliche Geschäft

Die spezifischen Eigenschaften der variabel verzinslichen Bankgeschäfte bringen für die Anwendung der Marktzinsmethode ein Zuordnungsproblem mit sich, weil die fehlende Fristigkeitsdimension und die Verzinsungscharakteristika nicht den Usancen auf dem Geld- und Kapitalmarkt entsprechen. Der Erfolg der Marktzinsmethode für Festzinsgeschäfte legt es nahe, auch für variable Geschäfte eine bestmögliche Refinanzierung für das Einzelgeschäft zu suchen. Wie im Folgenden gezeigt wird, führt diese Vorgehensweise aber gerade für klassische variable Produkte wie Spar- und Sichteinlagen nicht zu einer für alle Steuerungsbereiche adäquaten Kalkulation.

Daher wird für variabel verzinste Produkte bei bestimmten Bewertungskonzepten der strenge Ansatz der Einzelgeschäftsbetrachtung nicht mehr als oberste Anforderung betrachtet, sondern zugunsten einer Portfoliobetrachtung teilweise gelockert. Die im Rahmen der Marktzinsmethode benötigten Steuerungsinformationen, „zinsrisikofreie" Refinanzierungsvorschrift und Vorteilhaftigkeitsbewertung, werden in diesem Fall auf der Ebene eines Gesamportfolios generiert und erst im zweiten Schritt auf Einzelgeschäfte heruntergebrochen. Die Summierbarkeit von Kundengeschäfts- und Dispositionserfolg zum Gesamterfolg bleibt dabei gewährleistet.

Im Folgenden werden daher zwei Klassen von Bewertungskonzepten für variabel verzinsliche Geschäfte vorgestellt:

- Einzelgeschäftsbetrachtung mit vollständiger Übertragung der Bewertungsprinzipien aus dem Festzinsgeschäft,
- Portfoliobetrachtung, bei der Einzelgeschäftsergebnisse eine sekundäre Rolle spielen und auf teilweise pragmatische Weise aus Portfolioergebnissen abgeleitet werden.

Da die Zuordnung der einzelnen variablen Bankprodukte zu den Kalkulationsverfahren nicht in jedem Fall eindeutig ist, wird erst im Anschluss daran ein Überblick gegeben, welche Bewertungskonzepte auf welche Produkte anwendbar sind.

3. Bewertungskonzepte

3.1 Einzelgeschäftsorientierte Ansätze

3.1.1 Orientierung an der Zins- oder Kapitalbindungsdauer

Der einfachste Ansatz zur Refinanzierung variabler Geschäfte besteht in der Orientierung an der Zins- oder Kapitalbindungsdauer. Am Beispiel eines variablen Darlehens soll dargestellt werden, dass beide Möglichkeiten in der Regel nicht zu adäquaten Handlungsvorgaben führen.

Bei der Orientierung an der Zinsbindung wird eine Kongruenz von Kunden- und Refinanzierungsgeschäft für den Zeitraum hergestellt, in dem der Zinssatz aufgrund der vertraglichen Vereinbarungen nicht angepasst werden kann. Das variable Darlehen wäre demnach mit Tagesgeld zu refinanzieren.

Die Folge sind massive Margenschwankungen, da der variable Darlehenszinssatz in der Realität die Schwankungen des volatilen Tagesgeldzinssatzes nur in stark abgeschwächter Form nachvollzieht. Insbesondere ist die Zinsdifferenz zwischen Hoch- und Niedrigzinsphasen beim Tagesgeld in der Regel viel höher als beim variablen Darlehen. Abbildung 2 zeigt typische Verhältnisse aus der Vergangenheit.

Monat	11/99	12/95	4/94	3/93	8/92	6/81
Tagesgeldzins	2,92 %	4,08 %	5,66 %	7,82 %	9,72 %	11,93 %
Zinssatz für variable Darlehen	5,94 %	6,88 %	7,64 %	8,86 %	10,42 %	11,46 %
Marge	3,02 %	2,80 %	1,98 %	1,04 %	0,70 %	– 0,47 %

Abbildung 2: Typische Verhältnisse von Tagesgeldzins und variablem Darlehenszins

Dieses einfache Beispiel zeigt bereits die entscheidenden Probleme bei der Wahl des Refinanzierungsgeschäftes nach dem Zinsbindungskriterium auf. Obgleich die eintägige Zinsbindungsverpflichtung der Refinanzierung durch Tagesgeld der prinzipiell bestehenden Möglichkeit entspricht, die Zinssätze von variabel verzinslichen Bankgeschäften jederzeit anpassen zu können, orientiert sich die Konditionierung der variabel verzinslichen Bankgeschäfte nicht direkt am Tagesgeldzins. Die Refinanzierung mit Tagesgeld führt daher zu sehr hohen Margenschwankungen zwischen Hoch- und Niedrigzinsphasen, die primär auf der hohen Volatilität des Geldmarktzinses beruhen.

Somit kann die Refinanzierung mit Tagesgeld den Anspruch der Zinsrisikofreiheit nicht erfüllen. Vielmehr würde der Marktbereich bei Refinanzierung mit Tagesgeld systematisch mit Ergebnisbeiträgen belastet, die nicht aus seiner Leistung, sondern aus Marktzinsveränderungen stammen. Die Ergebnistrennung zwischen Marktbereich und Zentraldisposition wäre damit nicht steuerungsgerecht, da ja die Steuerung von Zinsänderungsrisiken Aufgabe der Zentraldisposition ist.

Auch die Orientierung an der erwarteten Kapitalbindung führt nicht zu besseren Resultaten. Wenn das variable Darlehen im Abschlusszeitpunkt durch ein laufzeitgleiches festverzinsliches Kapitalmarktgeschäft refinanziert wird, führt jede Änderung des variablen Darlehenszinssatzes unmittelbar zu einer Margenveränderung in gleicher Höhe. Auch diese Form der Refinanzierung ist also keinesfalls zinsrisikofrei.

Die folgenden Abschnitte zeigen, dass die bei zins- oder kapitalbindungsorientierter Refinanzierung auftretenden Margenschwankungen durch differenziertere Refinanzierungsstrategien zum großen Teil vermeidbar sind. Daher ist die einfache Ausrichtung der Refinanzierung an der Zins- oder Kapitalbindungsdauer in der Regel abzulehnen. Einen Ausnahmefall bilden Produkte, bei denen die hohe Fluktuation des Bestandes und die starke Marktorientierung der Kunden eine Refinanzierung über die juristische Mindestlaufzeit hinaus nicht zulassen. In diesem Fall kann die Orientierung an der juristischen Mindestlaufzeit ein angemessenes Verfahren sein.

3.1.2 Das Elastizitätskonzept bei Einzelgeschäftsbetrachtung

Der vorhergegangene Abschnitt zeigt, dass die Refinanzierung variabler Bankgeschäfte durch zins- oder kapitalbindungsgleiche Geschäfte in der Regel nicht mit der Anforderung einer steuerungs adäquaten Ergebnisspaltung zwischen Markt- und Zentralbereich vereinbar ist, da das dem Marktbereich zugeordnete Ergebnis massiv von Marktzinsschwankungen beeinflusst wird.

Demzufolge ist für eine steuerungsadäquate Refinanzierung die Anforderung der Margenkonstanz zu berücksichtigen. Diese beinhaltet, dass sich die Refinanzierungskosten bzw. Wiederanlageerlöse in Abhängigkeit von der Zinsentwicklung in gleicher Weise verändern sollen wie die Zinserlöse bzw. Zinskosten des kalkulierten Kundengeschäftes (*Zinsanpassungskongruenz* zwischen Kundengeschäft und Refinanzierung). Margenkonstanz ist die zentrale Forderung, aus der sich die im Folgenden dargestellten Verfahren ableiten lassen. Die Forderung kann entweder für die *Laufzeit eines Einzelgeschäftes* oder darüber hinaus für die *erwartete Verweildauer eines Gesamtbestandes* oder sogar für unbegrenzte Zeit gestellt werden.

Margenkonstanz für ein Einzelgeschäft kann mit Hilfe des Elastizitätskonzeptes erreicht werden.[2] Als Beispiel wird ein endfälliges variables Darlehen über 100 000 DM mit einer Laufzeit von fünf Jahren und monatlicher Zinszahlung betrachtet. Um Margenkonstanz herzustellen, muss zunächst die Abhängigkeit der produktspezifischen Konditionierung

2 Vgl. Rolfes, 1989, Rolfes/Schierenbeck, 1992.

vom Marktzinsniveau beschrieben werden. Das Elastizitätsmodell bedient sich hierfür der Kennzahl der Zinsanpassungselastizität. Sie bringt zum Ausdruck, wie stark die Kondition des variablen Geschäftes auf die Veränderungen des Geldmarktzinses reagiert. Für das variable Darlehen wird eine Elastizität in Höhe von 0,6 zum 1-Monats-Zins angenommen.[3] Das bedeutet, dass sich der Kundenzins um 0,6 Prozentpunkte verändert, wenn sich der 1-Monats-Geldmarktzins um 1 Prozentpunkt verändert.

Um eine konstante Marge herzustellen, ist jetzt eine Refinanzierung zu konstruieren, die ebenfalls eine Zinselastizität von 0,6 aufweist. Dies wird durch eine Kombination aus Geld- und Kapitalmarktgeschäften erreicht. Das Darlehen wird zu 40 % durch eine Festzinstranche von 5 Jahren, kontrahiert zum Zeitpunkt des Darlehensabschlusses, und zu 60 % durch revolvierende Monatsgeldtranchen refinanziert. Abbildung 3 zeigt, dass unabhängig von der Veränderung des Marktzinsniveaus die Marge konstant bleibt, sofern der Darlehenszinssatz dem Zinsanpassungsmodell exakt folgt.

Datum	1-Monats-Zins (2)	Zinssatz der 5-Jahres-Tranche (3)	Refinanzierungszins (4) = (2) · 60 % + (3) · 40%	Darlehenszins (5)	Marge (6) = (5) – (4)
30.6.2000 (Geschäftsabschluss)	3 %	5 %	3,8 %	6 %	2,2 %
30.6.2001	4 %	5 %	4,4 %	6,6 %	2,2 %
30.6.2002	5 %	5 %	5,0 %	7,2 %	2,2 %
30.6.2003	6 %	5 %	5,6 %	7,8 %	2,2 %

Abbildung 3: Darlehens- und Refinanzierungszins nach Elastizitätskonzept (Einzelgeschäft)

Das Verfahren erfüllt demnach alle Anforderungen, die bei der Marktzinsmethode an die Kalkulation von Kundengeschäften zu stellen sind, in gleicher Weise wie im Standardfall der festverzinslichen Geschäfte:

- Es findet eine strikte Einzelgeschäftskalkulation statt.
- Es wird eine „zinsrisikofreie" Refinanzierung definiert, die – bei exaktem Zutreffen des Zinsanpassungsmodells – die Anforderung der Margenkonstanz erfüllt.
- Aus der Differenz zwischen Kundenzins und Refinanzierungszins kann der periodische Ergebnisbeitrag ermittelt werden (Marge · Volumen).

Auch der Barwert des Kundengeschäftes kann aus dem Modell abgeleitet werden. Der Differenzzahlungsstrom von Kundengeschäft und Refinanzierung besteht im Beispiel aus einer Zahlung in Höhe von

3 Die Laufzeit des Geldmarktzinses ist prinzipiell frei wählbar, jedoch hat sich aufgrund der geringeren Volatilität eine Laufzeit von einem oder drei Monaten gegenüber dem Tagesgeld als vorteilhaft herausgestellt. Falls für das kalkulierte Produkt eine bestimmte Zinsanpassungsperiode vorgegeben ist, ist die Laufzeit des Geldmarktzinses gleich der Länge der Zinsanpassungsperiode zu wählen.

100 000 DM · 2,2 % / 12 = 1 833,33 DM

pro Monat. Dieser Zahlungsstrom tritt unabhängig von der zukünftigen Marktzinsentwicklung ein. Der Barwert des Darlehens kann daher durch Abzinsung dieses Zahlungsstroms mit der Zinsstruktur im Abschlusszeitpunkt berechnet werden.[4]

3.2 Portfolioorientierte Ansätze

3.2.1 Das Elastizitätskonzept bei Portfoliobetrachtung

Die bisher dargestellte Einzelgeschäftsbetrachtung stößt auf Schwierigkeiten bei Produkten mit unbekanntem Kapitalverlauf. Diese Situation besteht aufgrund des dem Kunden zustehenden Kündigungsrechtes schon bei variablen Darlehen, verschärft aber noch bei anderen Produkten wie Spareinlagen, Sichteinlagen oder Kontokorrentkrediten, bei denen von vornherein kein regulärer Verlauf existiert. Tatsächlich bereitet schon die Identifikation eines „Einzelgeschäftes" und eines „Abschlusszeitpunktes" Schwierigkeiten.

Trotz dieser Schwierigkeiten ist es rechnerisch möglich, auch hier die strenge Einzelgeschäftsbetrachtung durchzuhalten.[5] Das Prinzip wird am Beispiel eines Sparkontos erläutert: Zu jedem Zeitpunkt wird ein „erwarteter zukünftiger Kapitalverlauf" (Ablauffiktion) aufgestellt. Auf der Basis dieses Kapitalverlaufes wird die aktuelle Struktur des Wiederanlageportfolios definiert, entsprechend dem Verfahren aus Abschnitt 3.1.2. Jede Abweichung von dem erwarteten Kapitalverlauf, die im weiteren Zeitablauf eintritt, wird als Leistungsstörung behandelt und führt zu einer Neukalkulation mit Korrektur des Wiederanlageportfolios und zusätzlich auszuweisenden Erfolgsbeiträgen. Da der Kapitalverlauf ex ante nur „geraten" werden kann, wird in der Regel in jeder Betrachtungsperiode eine Leistungsstörung zu kalkulieren sein.

Dieses Verfahren erfüllt formal die kalkulatorischen Anforderungen der Marktzinsmethode, insbesondere durch Einhaltung der strengen Einzelgeschäftsbetrachtung. Es weist aber für den praktischen Einsatz erhebliche Defizite auf:

- Der als Eingangsparameter benötigte „erwartete Verlauf" des Einzelgeschäftes ist nur schwer objektiv festzulegen.

---

4 Zu der dargestellten Rechnung sind noch einige kalkulatorische Einzelheiten nachzutragen: Zunächst hat man – wie für Festzinsgeschäfte – die Auswahl, ob man unter der „zinsrisikofreien Refinanzierung" eine Refinanzierung mit Entnahme des Barwertes im Abschlusszeitpunkt oder mit periodischer Entnahme versteht; Letzteres ist oben dargestellt. Für die Entnahme zum Abschlusszeitpunkt wäre zusätzlich der Zahlungsstrom der Margenentnahmen durch GKM-Geschäfte glattzustellen. Weiterhin ist eine kalkulatorische Ungenauigkeit zu beachten, die aus nicht kongruenten Zinsterminen des Darlehens und der Refinanzierungstranchen resultieren kann. Zum einen ist, um Zahlungskongruenz zu gewährleisten, im obigen Beispiel die 5-Jahres-Kapitalmarkttranche mit *monatlichen Zinszahlungen* (im Zinsrhythmus des Darlehens) und dem dafür marktadäquaten Zinssatz zu kalkulieren. Zum anderen würde, wenn das Darlehen eine längere Zinsperiode als einen Monat hätte, eine Zahlungsinkongruenz zwischen Darlehen und variablem Teil der Refinanzierung entstehen. Diese Inkongruenz kann in Kauf genommen oder durch Auswahl des variablen Bezugszinses gemäß der Zinsperiode des Darlehens beseitigt werden.

5 Vgl. Schierenbeck/Wiedemann, 1996.

- Der Ergebnisbeitrag des Einzelgeschäftes weist im Zeitablauf erhebliche Sprünge auf.
- Der Ergebnisbeitrag des Einzelgeschäftes ist nur mit EDV-Einsatz kalkulierbar und kaum nachvollziehbar (Akzeptanzproblem).

Insgesamt steht damit die Komplexität des Verfahrens in keinem Verhältnis zur Einfachheit der kalkulierten Produkte. Allerdings kommt man, wenn man sich die barwertige Bewertung des Einzelgeschäftes als Ziel setzt, wieder zu diesem Verfahren zurück.

Ein alternativer Ansatz ist der Portfolioansatz, bei dem anstelle des Einzelgeschäftes ein Portfolio (zum Beispiel das Portfolio aller normalverzinsten Spareinlagen mit gesetzlicher Kündigungsfrist) betrachtet wird. Die „zinsrisikofreie" Refinanzierung wird für das gesamte Portfolio festgelegt. Man nutzt dadurch aus, dass zwar für das Einzelgeschäft eine nahezu vollkommene Unsicherheit über den zukünftigen Verlauf besteht, dass aber für die statistische Gesamtheit des Portfolios wesentlich zuverlässigere Einschätzungen möglich sind. So besteht zum Beispiel eine gewisse Wahrscheinlichkeit dafür, dass ein bestimmtes Sparkonto innerhalb des Folgejahres aufgelöst wird, während das Verschwinden des gesamten Spareinlagenbestandes innerhalb desselben Zeitraums ausgeschlossen werden kann.

Neben kalkulatorischen und prognosetechnischen Vereinfachungen wird durch die Portfoliobetrachtung aber ein noch bedeutenderer inhaltlicher Fortschritt gegenüber der Einzelgeschäftsbetrachtung erzielt. Dieser besteht darin, dass bei der Portfoliobetrachtung kein Unterschied zwischen Alt- und Neugeschäft gemacht wird. Grundlage des Verfahrens ist vielmehr eine Einschätzung der Entwicklung des Gesamtbestandes. Durch die aufgestellte „zinsrisikofreie Refinanzierung" werden daher auch erwartete zukünftige Neugeschäfte gegen Zinsrisiken abgesichert.

Diese Vorgehensweise kann auf den ersten Blick als Widerspruch zur klassischen Form der Marktzinsmethode erscheinen, in der das Kundengeschäft grundsätzlich zum Zeitpunkt des Geschäftsabschlusses, also keinesfalls vorher, glattzustellen ist. Die Abweichung wird jedoch durch die unterschiedlichen Charakteristika fest und variabel verzinslicher Produkte gerechtfertigt. Ein Festzinsgeschäft weist eine individuelle, zum Abschlusszeitpunkt gemäß der aktuellen Marktsituation festgelegte Kondition auf. Ein für die Zukunft erwartetes Festzinsgeschäft unterliegt, zumindest in erster Näherung, keinem Zinsänderungsrisiko, da eine vor dem Abschlusszeitpunkt eintretende Marktzinsänderung durch einen entsprechend veränderten Produktzins ausgeglichen werden kann.[6] Im Gegensatz dazu besteht bei variablen Produkten kein Konditionsunterschied zwischen Alt- und Neugeschäft. Für Zinsrisikobetrachtungen spielt es daher keine Rolle, zu welchen Anteilen sich ein für die Zukunft erwarteter Bestand aus Alt- und Neugeschäft zusammensetzt: Sicher erwartetes Neugeschäft unterliegt demselben Zinsrisiko wie das Altgeschäft. Der Schritt von der Einzelgeschäfts- zur Portfoliobetrachtung spiegelt also eine wesentliche Eigenschaft variabler Geschäfte wider und ermöglicht letztendlich eine längerfristige und damit attraktivere

6 Diese Aussage gilt nur in erster Näherung. Bei genauerer Betrachtung zeigt sich, dass auch zukünftige Festzinsgeschäfte sehr wohl einem Zinsänderungsrisiko unterliegen, sofern sie eine Zinsanpassungselastizität ungleich 1 aufweisen; vgl. Rolfes, 1999. Dieses Risiko wird in der klassischen Marktzinsmethode üblicherweise vernachlässigt.

Wiederanlage des Blockes der Spar- und Sichteinlagen, als es bei Einzelgeschäftsbetrachtung der Fall wäre. So liegt die erwartete Verweildauer einer einzelnen Sichteinlage typischerweise bei wenigen Tagen bis Monaten, die des Gesamtbestandes dagegen bei etlichen Jahren.

Die Anwendung des Elastizitätskonzeptes auf Portfolioebene soll am Beispiel eines Spareinlagenbestandes von 100 Mio. DM mit gesetzlicher Kündigungsfrist und einer aktuellen Verzinsung von 1,25 % dargestellt werden. Die Elastizität des Sparzinses zum Ein-Monats-Geldmarktzins betrage 0,16. Analog zur Vorgehensweise auf Einzelgeschäftsebene werden 16 % des Bestandes in Ein-Monats-Tranchen und 84 % in längerfristigen Festzinstranchen angelegt. Für die Laufzeit der längerfristigen Tranchen ist die erwartete Verweildauer des Gesamtbestandes maßgeblich. Hierfür sollen zwei Erwartungen durchgespielt werden:

1. Erwartung eines dauerhaft konstanten Sparvolumens,
2. Erwartung eines linearen Abschmelzens des Sparbestandes auf null innerhalb der nächsten fünf Jahre.

Im Fall 1 wäre für den Festzinsanteil in Höhe von 84 Mio. DM theoretisch eine in der Laufzeit unbegrenzte Wiederanlageform am Kapitalmarkt zu wählen, um einen dauerhaft konstanten Wiederanlagezins herzustellen. In der Praxis wird jedoch üblicherweise eine Laufzeitobergrenze, zumeist von zehn Jahren, festgesetzt. Dadurch wird neben der geringeren Liquidität des Marktes in längeren Laufzeiten auch der Tatsache Rechnung getragen, dass einer Volumenprognose über einen Zeitraum von mehr als zehn Jahren zumeist keine Signifikanz mehr beigemessen wird.

Um für den Festzinsanteil der Wiederanlage eine möglichst konstante Verzinsung herzustellen, wählt man in der Regel eine monatlich revolvierende Anlage in 10-Jahres-Tranchen. Der Festzinsanteil, im Beispiel 84 Mio. DM, wird also in 120 10-Jahres-Tranchen à

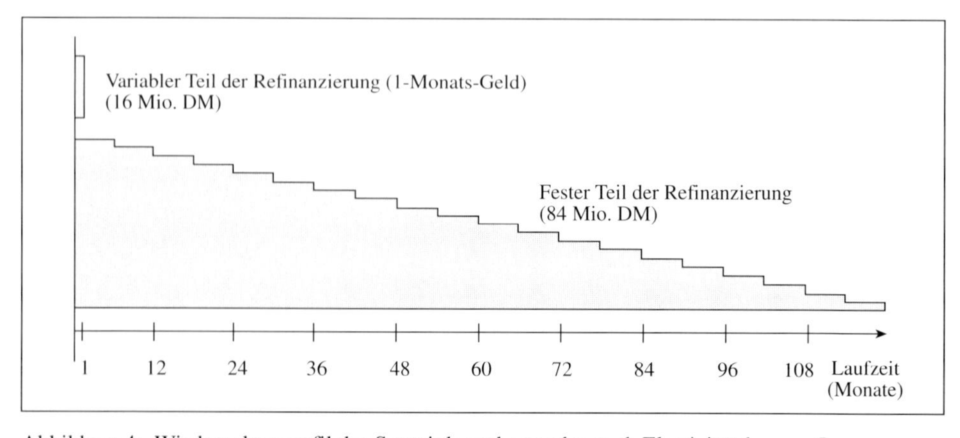

Abbildung 4: Wiederanlageprofil des Spareinlagenbestandes nach Elastizitätskonzept[7]

7 Feste Tranchen zur besseren Übersicht im 6-Monats-Raster zusammengefasst.

700.000 DM aufgeteilt, von denen zum jeweiligen Betrachtungszeitpunkt eine gerade abgeschlossen wurde, also noch 120 Monate läuft, eine weitere im Vormonat abgeschlossen wurde, also eine Restlaufzeit von 119 Monaten aufweist, bis zur letzten Tranche, die vor 119 Monaten abgeschlossen wurde und in einem Monat fällig ist. Abbildung 4 zeigt die dadurch aufgebaute treppenförmige Refinanzierungsstruktur. Der sich dabei auf lange Sicht einstellende Mischzins, der gleitende Durchschnitt der 10-Jahres-Zinsen der vergangenen zehn Jahre, ist erfahrungsgemäß der konstanteste Zinssatz, der sich mit Kapitalmarktinstrumenten von maximal zehnjähriger Laufzeit darstellen lässt.

Datum	1-Monats-Zins (2)	Gleitender 10-Jahres-Durchschnitt (3)	Wiederanlagezins (4) = (2) · 16 % + (3) · 84 %	Sparzins (5)	Marge (6) = (5) – (4)
30.6.2000	3 %	6,5 %	5,94 %	1,25 %	4,69 %
30.6.2001	4 %	6,5 %	6,10 %	1,41 %	4,69 %
30.6.2002	5 %	6,5 %	6,26 %	1,57 %	4,69 %
30.6.2003	6 %	6,5 %	6,42 %	1,73 %	4,69 %

Abbildung 5: Darlehens- und Refinanzierungszins nach dem Elastizitätskonzept (Einzelgeschäft)

In Abbildung 5 wird die sich einstellende Entwicklung von Kunden- und Refinanzierungszins bei einem als konstant angenommenen gleitenden 10-Jahres-Durchschnittszins von 6,5 % dargestellt.

Das Elastizitätskonzept stellt also auch in diesem Fall Margenkonstanz her, sofern insgesamt drei Prämissen erfüllt sind:

- Das Sparvolumen ist konstant,
- das Zinsanpassungsmodell trifft zu, das heißt der Sparzins folgt dem 1-Monats-Zins mit einer Zinsanpassungselastizität von 0,16,
- der gleitende 10-Jahres-Durchschnittszins ist konstant.

Schwankungen des Sparvolumens werden durch Bildung von Korrekturtranchen ausgeglichen.[8] So muss zum Beispiel, wenn das Sparvolumen von 100 Mio. auf 110 Mio. DM steigt und ein dauerhafter Verbleib des zusätzlichen Volumens erwartet wird, für den Festzinsanteil des zusätzlichen Volumens in Höhe von 8,4 Mio. DM der zehnjährige treppenförmige Ablauf nachgebildet werden. Dies ist natürlich nicht zu den historischen 10-Jahres-Konditionen der letzten 10 Jahre möglich, sondern nur mit Hilfe von aktuell marktgerechten Kapitalmarktgeschäften mit Restlaufzeiten zwischen einem und 120 Mo-

8 Es sei nochmals angemerkt, dass es sich hierbei um kalkulatorische Tranchen handelt. In Wirklichkeit wird das Ablaufprofil der Spareinlagen an die Zentraldisposition gemeldet, und diese entscheidet, ob und in welcher Weise das aus sämtlichen Geschäftsbereichen gemeldete Profil glattgestellt werden soll.

naten. Für die Kalkulation gibt es zwei Möglichkeiten: Entweder kann – kalkulatorisch – eine Wiederanlage in 10-Jahres-Tranchen hergestellt werden, die vor 1, ... , 119 Monaten mit dem damaligen 10-Jahres-Zins als Nominalzins emittiert wurden. Da der aktuelle Fair-Value dieser Tranchen von 100 abweicht, entsteht neben der durch die Volumenveränderung nicht veränderten Marge eine zusätzliche Ergebniskomponente, die zum Zeitpunkt der Volumenveränderung ausgewiesen wird (barwertiger Ausweis des Erfolges aus der Volumenveränderung). Oder es werden Tranchen mit 1, ..., 120 Monaten Laufzeit zu den aktuellen Marktzinsen der jeweiligen Laufzeit abgeschlossen. In diesem Fall weicht der Durchschnittszins der Wiederanlagetranchen vom gleitenden 10-Jahres-Durchschnitt ab und führt in der Folge zu veränderten Margen (periodischer Ausweis des Erfolges aus der Volumenceränderung). Der Wiederanlagezins des Sparbestandes ist damit abhängig von der Vorgeschichte des Portfolios.

Im Fall 2 – Erwartung eines linearen Abschmelzens des Sparbestandes auf null innerhalb der nächsten fünf Jahre – verläuft die Kalkulation analog, wobei der treppenförmige Ablauf nur über die erwartete Verweildauer des Bestandes, also fünf Jahre, aufgestellt wird. Die Refinanzierung besteht aus einer 1-Monats-Tranche von wiederum 16 Mio. DM sowie 60 Tranchen von je 1,4 Mio. DM und einer Restlaufzeit von 1 bis 60 Monaten. Beim Eintreffen der Ablauferwartung und der Erwartungen des Zinsanpassungsmodells wird über die betrachteten fünf Jahre eine konstante Marge erzielt.

Differenziertere Erwartungen bezüglich der Volumenentwicklung können durch eine entsprechende Aufteilung des Festzinsblocks der Refinanzierung auf mehrere Laufzeiten berücksichtigt werden (zum Beispiel „kurzfristig fällig“ und „Bodensatz“).

Mit Hilfe des Elastizitätskonzeptes kann somit eine im Rahmen des Modells zins-risikofreie Refinanzierung eines Portofolios aus variablen Kundengeschäften aufgestellt werden. Dadurch wird die Ergebnistrennung zwischen Markt- und Zentralbereich definiert: Dem Marktbereich ist die Differenz aus Kundengeschäft und risikofreier Refinanzierung, dem Zentralbereich der Erfolg aus dem Abweichen von der risikofreien Refinanzierung zuzurechnen. Der periodische Konditionsbeitrag aus dem Portfolio entspricht dem Produkt aus der oben dargestellten Marge mit dem Volumen des Portfolios, korrigiert ggf. um einmalige Ergebnisbeiträge bei Volumenänderungen.

Damit ist eine die Anforderung der verursachungsgerechten Ergebnistrennung erfüllende Produktkalkulation definiert. Um das Verfahren zu einer Kunden- und Profit-Center-Kalkulation zu erweitern, ist das Portfolioergebnis auf das einzelne Kundengeschäft (die Kontoebene) herunterzubrechen. Für den periodischen Ergebnisausweis wird zumeist das nahe liegende Verfahren verwendet, die auf Portfolioebene berechnete Marge mit dem Volumen des Einzelkontos zu multiplizieren:

$$\text{Konditionsbeitrag}_{\text{Einzelkonto}} = \text{Volumen}_{\text{Einzelkonto}} \cdot \text{Marge}_{\text{Portfolio}} \cdot \text{Periodenlänge}$$

Dieses Verfahren führt zu einem plausiblen, zeitlich gleichmäßigen und in der Summe über alle Geschäfte mit dem Portfolioergebnis übereinstimmenden periodischen Ergebnisausweis. Man muss sich allerdings dessen bewusst sein, dass das Verursachungsprinzip durch dieses Verfahren verletzt wird: Der ausgewiesene Erfolg kann nur im Kontext des Gesamtportfolios erwirtschaftet werden. Durch das einzelne Kundengeschäft allein wäre er nicht realisierbar. Das am Einzelgeschäft ausgewiesene Ergebnis stellt nicht den Grenznutzen des Einzelgeschäftes dar.

Die Attraktivität des Verfahrens besteht darin, dass die auf Portfolioebene ermittelte Marge im Idealfall zeitlich konstant ist, was zu einem nachvollziehbaren, zeitlich gleichmäßigen Ergebnisausweis für das Einzelkonto führt. Gestört wird der Idealfall durch Margenschwankungen, die in diesem Zusammenhang gemäß den drei möglichen Ursachen wie folgt zu beurteilen sind:

- Schwankungen der Marge, die durch Abweichungen des Kundenzinses vom Zinsanpassungsmodell entstehen, werden in der Regel nicht vom einzelnen Profit Center, sondern durch die zentrale Vorgabe der Standardkonditionen verursacht.[9] Die Ergebnisveränderung ist zwar dem Produkt, aber nicht dem Profit Center zuzuschreiben.
- Ähnliches gilt für Schwankungen der Marge, die aus einer Änderung des gleitenden 10-Jahres-Durchschnittszinssatzes resultieren. Es handelt sich modellgemäß um einen unvermeidbaren Effekt, der in der Konditionierung des Produktes begründet ist und im Zeitablauf zu einer sich verändernden Profitabilität des Produktes führen kann.[10] Am deutlichsten wird dies am Beispiel unverzinster Sichteinlagen. Wenn diese aufgrund ihrer Elastizität von null und einer konstanten Volumenprognose zum gleitenden 10-Jahres-Durchschnittszins wieder angelegt werden, führt jede Änderung des gleitenden 10-Jahres-Durchschnittszinses unmittelbar zu einer Margenverengung bzw. -ausweitung. In diesem Fall besitzt weder das Profit Center noch die zentrale Konditionenvorgabe die Möglichkeit, den Effekt zu steuern. Die Ergebnisveränderung ist wiederum ursächlich dem Kundenprodukt zuzurechnen.
- Schließlich können Ergebnisschwankungen durch Änderungen des Portfoliovolumens verursacht werden. Diese schlagen sich wie oben ausgeführt je nach Kalkulationsvariante entweder in einer veränderten Marge oder in einem einmaligen Ergebnisbeitrag nieder. In beiden Fällen ist ein ursächlicher Bezug zum Einzelgeschäft nicht mehr gegeben. So kann zum Beispiel das Volumen des Gesamtportfolios zurückgegangen sein, während gleichzeitig das Volumen eines Einzelkontos sich erhöht hat. Dennoch würden in diesem Fall dem Einzelkonto Ergebniseffekte durch den Volumenrückgang auf Portfolioebene zugeschrieben.

In allen drei Fällen wird also die Margenveränderung durch das Produkt selbst, die zentrale Konditionenvorgabe oder durch globale Bestandsbewegungen, nicht aber durch das Profit Center, dem die Konditionsbeiträge gutgeschrieben werden, verursacht. Somit können die berechneten Margenschwankungen nur begrenzt zu einer Erhöhung der Steuerungsqualität in den Marktbereichen beitragen. Die erreichte Summierbarkeit der Einzelgeschäftsergebnisse zum Portfolioergebnis ist gegen Akzeptanzprobleme abzuwägen, die durch am Einzelkonto nicht steuerbare Margenschwankungen entstehen.

9 Ausnahme sind Sonderkonditionen, die in der Kompetenz des Profit Centers liegen.

10 Die Aufhebung dieses Störeffektes wird bei der Refnanzierung durch gleitende Durchschnitte versucht, siehe Abschnitt 3.2.2.

Da das Verursachungsprinzip durch die Portfoliobetrachtung schon generell durchbrochen wird, kann die dadurch gewonnene Freiheit prinzipiell auch zu anderen, für die Marktbereiche plausibleren periodischen Ergebnisverteilungen genutzt werden. So ist etwa die banale Methode, dem Profit Center Konditionsbeiträge auf der Basis einer aus der Vergangenheitserfahrung heraus einmalig festgesetzten, nur in größeren Abständen revidierten Marge von zum Beispiel 4 % für Spareinlagen gutzuschreiben, durchaus nicht a priori zu verwerfen, sondern kann durch seine Einfachheit zu einer höheren Akzeptanz bei gleicher Steuerungsqualität führen. Die Differenz zwischen den ausgewiesenen Einzelgeschäftsergebnissen und dem aus Kundengeschäft und Refinanzierung auf Portfolioebene tatsächlich erzielten Überschuss muss in diesem Fall einem zentralen Produktverantwortungsbereich zugeordnet werden. Dieses Ergebnis würde in der Produktkalkulation berücksichtigt, in der Kunden- und Profit-Center-Kalkulation dagegen vernachlässigt (vgl. Abbildung 6).

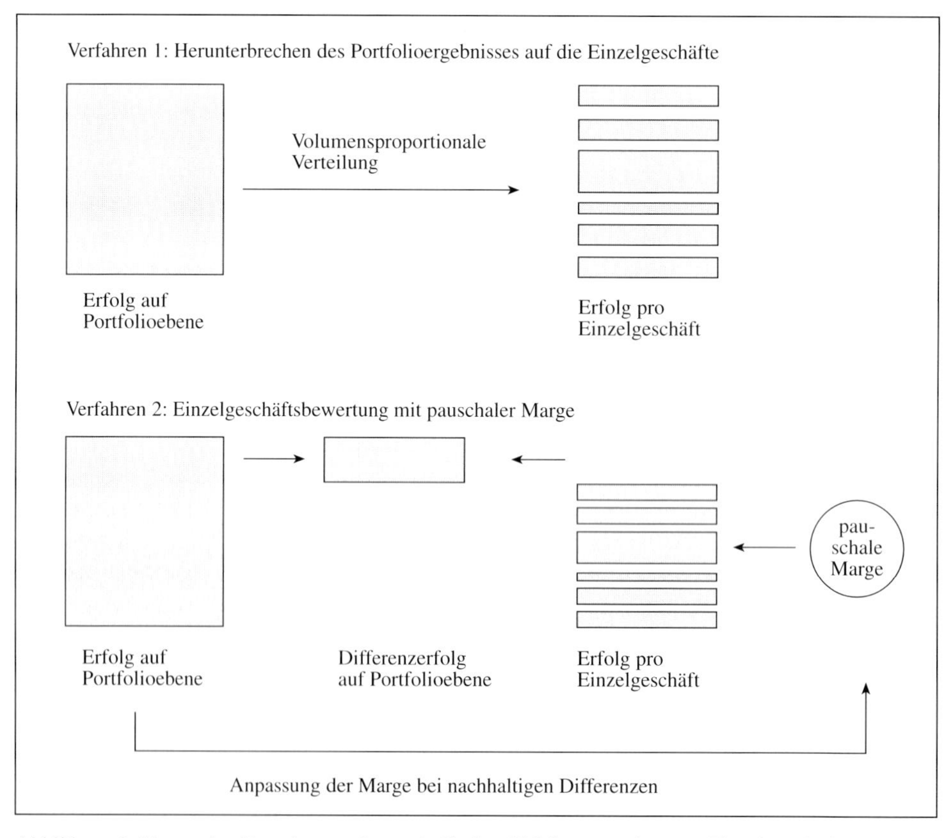

Abbildung 6: Alternative Berechnung des periodischen Erfolgsausweises am Einzelgeschäft

Zur Deutlichkeit sei gesagt, dass auch die vereinfachte Ergebnisdefinition auf Einzelgeschäftsebene natürlich nicht davon befreit, die zinsrisikofreie Refinanzierungsvorschrift auf Portfolioebene, etwa nach dem Elastizitätskonzept, zu definieren.

Auch ein barwertiger Ergebnisausweis am Einzelgeschäft ist möglich, wobei der am Anfang dieses Abschnitts erwähnte Gedanke der einzelgeschäftsbezogenen Ablauffiktion wieder aufgegriffen wird. Jedoch hat sich dafür noch kein festes Verfahren eingebürgert. Abbildung 7 gibt einen Überblick über mögliche Ansätze.

Verfahren	Kommentar
Kalkulation des Einzelkontos mit der Ablauffiktion des Portfolios	Die auf Einzelkontoebene berechneten barwertigen Erfolge ergeben in der Summe den Erfolg des Gesamtportfolios. Die Ergebnisverteilung ist nicht verursachungsgerecht, da in die Ablauffiktion des Portfolios auch zukünftiges Neugeschäft mit einfließt.
Kalkulation des Einzelkontos mit einer kontobezogenen Ablauffiktion	Der Ergebnisausweis ist verursachungsgerecht nach dem Grenznutzenprinzip. Es besteht eine u. U. erhebliche Differenz zu dem auf Portfolioebene tatsächlich erzielten barwertigen Ergebnis. Diese ist wiederum einem zentralen „Produktverantwortungsbereich“ zuzuordnen; sie entspricht der Ergebniswirkung des für die Zukunft erwarteten Neugeschäftes.
Kalkulation des Einzelkontos mit einer konto- oder portfoliobezogenen Ablauffiktion und pauschaler Marge	Im Gegensatz zu den ersten beiden Ansätzen wird hier lediglich der innerhalb der Ablauffiktion erwartete Konditionsbeitrag, berechnet auf Basis einer konstanten Marge, abgezinst. Das Verfahren führt zu geringerer Abhängigkeit des Ergebnisausweises von der aktuellen Zinssituation, ist aber nicht verursachungsgerecht. Als einziges Verfahren ist es auch in Verbindung mit gleitenden Durchschnitten anwendbar.

Abbildung 7: Verfahren zum barwertigen Ergebnisausweis am Einzelgeschäft

Das zweite in Abbildung 7 dargestellte Verfahren, Kalkulation des Einzelkontos mit einer kontobezogenen Ablauffiktion, kann als Kompromiss zwischen der Portfoliobetrachtung, die adäquate Steuerungsimpulse für die Zentraldisposition liefert, und der Einzelgeschäftsbetrachtung, die verursachungsgerechte Ergebnisse nach dem Grenznutzenprinzip liefert, angesehen werden. Die Differenz wird dem zentralen Produktverantwortungsbereich zugewiesen.

Generell führt die barwertige Bewertung von variablen Einzelgeschäften zu massiven Ergebnissprüngen, worin die bislang nicht allzu große Beliebtheit dieses Ansatzes begründet ist. Wenn man die Ablauffiktion eines Sparkontos zum Beispiel mit einer Duration von einem Jahr ansetzt, bringt man damit die Erwartung zum Ausdruck, dass jedes neu akquirierte Sparvolumen im Durchschnitt ein Jahr im Bestand bleibt. Dem Kundenverantwortlichen wird daher der periodische Konditionsbeitrag für ein Jahr zum Zeitpunkt der Volumenerhöhung als Erfolg zugeschrieben. Konsequenterweise muss dem Kundenverantwortlichen dann auch bei einem Abzug des Sparvolumens der negative Barwert der bisher erwarteten, nun aber nicht mehr eintreffenden einjährigen Verweildauer angerechnet werden. Abbildung 8 zeigt das ausgewiesene Ergebnis mit den typischen Ergebnissprüngen.

Monat	1	2	3	4
Sparvolumen	0	1000	1000	0
Periodisches Ergebnis	0	3,33[11]	3,33	0
Barwertiges Ergebnis	0	38,50[12]	3,00[13]	-35,50

Abbildung 8: Periodisches und barwertiges Ergebnis eines Sparkontos im Vergleich (beispielhaft)

3.2.2 Gesamtrefinanzierung im gleitenden Durchschnitt

Die Gesamtrefinanzierung im gleitenden Durchschnitt definiert ebenfalls eine Refinanzierungsstrategie für ein Portfolio von zinsvariablen Geschäften, wobei aber die Zusammensetzung der Refinanzierung nach anderen Kriterien bestimmt wird.

Im Elastizitätskonzept wird die Refinanzierung so definiert, dass durch den „variablen“ Anteil der Refinanzierung (1-Monats-Geld) gerade die Konditionsschwankungen des Kundenproduktes ausgeglichen werden, während für den festen Anteil der Refinanzierung durch Bildung revolvierender Tranchen eine möglichst konstante Verzinsung hergestellt wird. Als ursächlich für Konditionsänderungen wird also die aktuelle Marktzinsänderung angesehen.

Eine Gesamtrefinanzierung im gleitenden Durchschnitt versucht dagegen, die Refinanzierung aus revolvierenden Tranchen verschiedener Laufzeiten so zusammenzusetzen, dass die Konditionsschwankungen des Kundenproduktes durch die Änderung des Refinanzierungszinses insgesamt, also inklusive der Veränderung des Durchschnittszinses des Festzinsanteils, erklärt werden. Als ursächlich für Konditionsänderungen werden damit auch Marktzinsänderungen der Vergangenheit, die bis zu zehn Jahre zurückliegen, angesehen. Als Beispiel wird wiederum ein Spareinlagenblock von 100 Mio. DM betrachtet. Die zinsrisikofreie Wiederanlage der Spareinlagen hat bei Gesamtrefinanzierung im gleitenden Durchschnitt folgende Zusammensetzung:

- 5 % revolvierende 3-Monats-Tranchen (3 Tranchen von je 1 666 667 DM und Restlaufzeit 1, ..., 3 Monate),
- 10 % revolvierende 1-Jahres-Tranchen (12 Tranchen von je 833 333 DM und Restlaufzeit 1, ..., 12 Monate),
- 10 % revolvierende 5-Jahres-Tranchen (60 Tranchen von je 166 667 DM und Restlaufzeit 1, ..., 60 Monate),
- 75 % revolvierende 10-Jahres-Tranchen (120 Tranchen von je 625 000 DM und Restlaufzeit 1, ..., 120 Monate).

11 1000 · 4 % / 12 bei einer Marge von 4 %.

12 1000 · 4 % = 40 = Konditionsbeitrag für ein Jahr, abgezinst = 38,50.

13 Barwertgewinn durch Verlängerung der Ablauffiktion um einen Monat.

Die Ablaufstruktur ist in Abbildung 9 dargestellt. Der Durchschnittszins der Wiederanlage beträgt

$$Z_{\text{Wiederanlage}} = 5\ \% \cdot [\text{GD 3M}] + 10\ \% \cdot [\text{GD 1J}] + 10\ \% \cdot [\text{GD 5J}] + 75\ \% \cdot [\text{GD 10J}]$$

(GD = Gleitender Durchschnitt).

Die Gewichte von 5 %, 20 % und 75 % sind so gewählt, dass sich auf Basis der historischen Marktzinsen und des historischen Spareckzinses in der Vergangenheit eine so weit wie möglich konstante Marge zwischen Sparzins und Wiederanlagezins ergeben hätte.

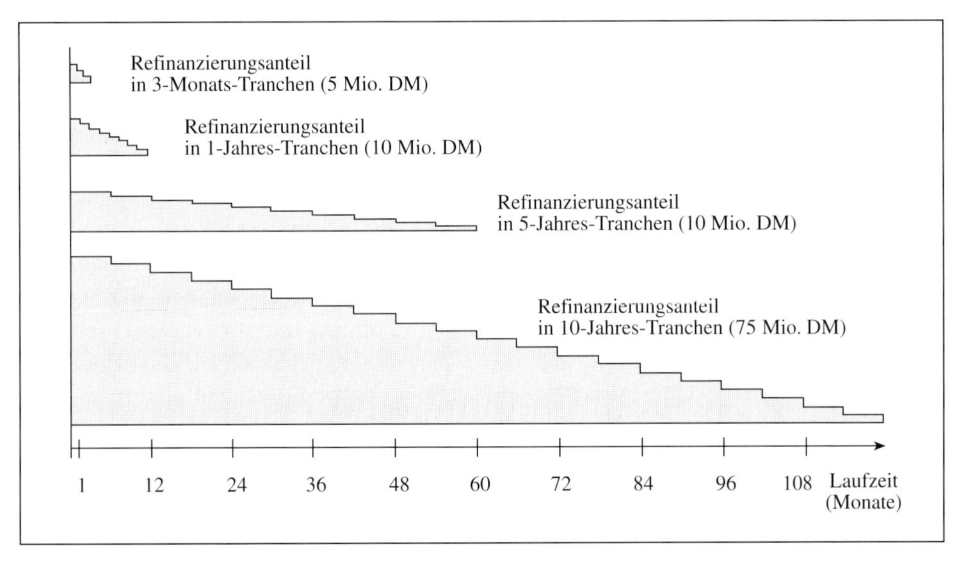

Abbildung 9: Wiederanlageprofil des Spareinlagenbestandes im gleitenden Durchschnitt[14]

Auf der Basis der so definierten Wiederanlage werden die weiteren Kalkulationsergebnisse nach demselben Schema berechnet wie im Elastizitätskonzept. Aus der aktuellen Marge, definiert als die Differenz zwischen dem aktuellen Refinanzierungszins und dem aktuellen Produktzins, leitet sich direkt der periodische Konditionsbeitrag ab. Auch für die Verteilung des periodischen Portfolioergebnisses auf Einzelgeschäfte und Profit Center sowie für die Behandlung von Volumenschwankungen werden die für das Elastizitätskonzept dargestellten Verfahren in analoger Weise angewandt. Im Gegensatz zum Elastizitätskonzept ist die Gesamtrefinanzierung im gleitenden Durchschnitt nur auf Portfolioebene anwendbar. Eine grenznutzenorientierte (barwertige) Behandlung von Einzelgeschäften ist nicht möglich. Schwierigkeiten bereitet auch der Fall, dass tatsächlich ein Auslaufen des Bestandes erwartet wird.

14 Langfristige Tranchen zur besseren Übersicht im 6-Monats-Raster zusammengefasst.

Die Attraktivität der Gesamtrefinanzierung im gleitenden Durchschnitt beruht darauf, dass die eingehenden Parameter auf einfache Weise aus historischen Zeitreihen bestimmt werden können und dass sich im Idealfall, Eintreffen des Kundenzinsmodells und konstantes Portfoliovolumen, eine dauerhaft konstante Marge zwischen Kundengeschäft und Refinanzierung ergibt.

Kritikwürdig ist die Prämisse, dass der Sparzins tatsächlich die Bewegung der gleitenden 5- und 10-jährigen Kapitalmarktdurchschnitte mitverfolgt, dass also die Kreditinstitute die Produktkondition abhängig von historischen Zinssätzen gestalten, etwa auch dann, wenn die aktuelle Marktzinsentwicklung in die entgegengesetzte Richtung zeigt wie die Entwicklung der gleitenden Durchschnitte. Dadurch widerspricht das Verfahren schon im Ansatz dem Grenznutzenprinzip. So ist zum Beispiel ein neu gegründetes Kreditinstitut von der Zinsentwicklung der Vergangenheit unabhängig, hat von einer zusätzlichen Spareinlage jedoch den gleichen Nutzen wie jedes andere Institut. Diese Überlegung zeigt, dass ein mit dem Grenznutzengedanken kompatibles Konditionierungsmodell sich zwingend nur an aktuellen Marktzinsen orientieren darf. Voraussetzung für einen Einsatz der gleitenden Durchschnitte ist also, dass man im Modell unterstellte Verhalten des Kreditinstitutes und der Kunden, die die gestellte Kondition ohne wesentliche Umdisposition akzeptieren müssen, als realistische Vorhersage oder sogar Handlungsbasis (in diesem Fall entspricht das Modell einer Selffulfilling Prophecy) für die Zukunft ansieht. In der Niedrigzinsphase Anfang 1999 führte dies zum Beispiel zu offensichtlich unrealistischen Prognosen. Laut Modell hätte bis zum Jahr 2002 – bei gleich bleibendem Zinsniveau – der Sparzins unter null absinken müssen, da die Hochzinsphase Anfang der neunziger Jahre allmählich aus dem gleitenden 10-Jahres-Durchschnitt verschwand.

In konzeptioneller Hinsicht weist das Elastizitätsmodell im Vergleich deutliche Vorteile auf. Dabei ist zunächst die Trennung der Parameter Zinsanpassungsmodell und erwartete Volumenentwicklung zu nennen, die unabhängig voneinander in das Modell eingehen. Ferner ist das Modell im Gegensatz zur Gesamtrefinanzierung mit gleitenden Durchschnitten universell anwendbar (Einzelgeschäfts- und Portfoliobewertung) und geht in Grenzfällen in die üblichen Methoden zur Bewertung von Kapitalmarktinstrumenten, zum Beispiel Floating Rate Notes, über. Schließlich ist der das Zinsanpassungsverhalten beschreibende Parameter, die Zinsanpassungselastizität, bei Fehlen einer aussagekräftigen historischen Zeitreihe einfacher zu prognostizieren als die Laufzeitgewichte der gleitenden Durchschnitte.

4. Modellauswahl für die verschiedenen variablen Produkte

Die folgende Tabelle gibt einen Überblick, welche der vorgestellten Verfahren für die wichtigsten variabel verzinslichen Geschäfte eingesetzt werden.

Produkt	Mögliche Verfahren, Kommentar
Variable Darlehen (lang- und mittelfristig)	Orientierung an der juristischen Mindestlaufzeit Elastizitätskonzept (Einzelgeschäftsbetrachtung) Elastizitätskonzept (Portfoliobetrachtung) Gesamtrefinanzierung im gleitenden Durchschnitt
Kontokorrentkredite	Orientierung an der juristischen Mindestlaufzeit Elastizitätskonzept (Portfoliobetrachtung) Gesamtrefinanzierung im gleitenden Durchschnitt
Sichteinlagen (unverzinslich)	Elastizitätskonzept (Portfoliobetrachtung) Gesamtrefinanzierung im gleitenden Durchschnitt Bei unverzinslichen Sichteinlagen (generell bei Produkten mit festem Zins und variabler Kapitalbindung) kommen beide Konzepte zu identischen Ergebnissen.
Spar- und Sichteinlagen (an Geldmarktzins gekoppelt)	Orientierung an der juristischen Mindestlaufzeit Elastizitätskonzept (Portfoliobetrachtung) In diesem Fall ist das Elastizitätskonzept vorzuziehen, da die Indikatorkopplung des Kundenzinses in der Regel dem Elastizitätsmodell entspricht, etwa: Euribor – 50 Basispunkte oder Euribor · 0,7.
Spareinlagen mit gesetzlicher Kündigungsfrist ohne Bonus	Elastizitätskonzept (Portfoliobetrachtung) Gesamtrefinanzierung im gleitenden Durchschnitt
Bonifizierte Spareinlagen	Elastizitätskonzept (Einzelgeschäftsbetrachtung) Elastizitätskonzept (Portfoliobetrachtung) Gesamtrefinanzierung im gleitenden Durchschnitt

Literaturhinweise

ROLFES, B.: Risikosteuerung mit Zinselastizitäten, in: Zeitschrift für das gesamte Kreditwesen, 5/1989.

ROLFES, B./SCHIERENBECK, H.: Der Marktwert variabel verzinslicher Bankgeschäfte, in: Die Bank, 7/1992.

ROLFES, B.: Gesamtbanksteuerung, Stuttgart 1999.

SCHIERENBECK, H./WIEDEMANN, A.: Marktwertrechnungen im Finanzcontrolling, Stuttgart 1996.

Stephan Schüller

Stückkostenkalkulation mit Hilfe der prozessorientierten Standard-Einzelkostenrechnung (PSEK)

1. Standard-Einzelkostenrechnung als modernes Analyseinstrument

Vor dem Hintergrund enger werdender Margen im Kredit- und Einlagenbereich eines durch den Einfluss der elektronischen Kommunikation immer komplexeren Bankgeschäftes und des Auftretens neuer (ausländischer) Wettbewerber, die sich auf rentable Geschäftsfelder spezialisieren, verändern sich die Umfeldbedingungen der Kreditinstitute einschneidend. Begrenzte Wachstumsmöglichkeiten bei gleichzeitig steigenden Personal- und Sachkosten vergrößern den Druck auf die Banken, ein effizientes Kostenmanagement einzuführen. Die Kenntnis der eigenen Kostenstrukturen ist zur Abschätzung von Rationalisierungsvorhaben und Spielräumen der Kostensteuerung unerlässlich geworden. Zudem bildet eine aussagefähige, entscheidungsorientierte Stückkostenkalkulation die Basis der Planung von Preisen im Dienstleistungsgeschäft.

In Kreditinstituten ist die Kalkulation der einzelnen Produkte über die betriebliche Leistungserstellung aufgrund der Vielfalt der Dienstleistungen und Abläufe bis heute erschwert. Der Betriebsbereich in Banken ist durch folgende Struktur gekennzeichnet:

- hoher Gemeinkostenanteil (Personalkosten),
- geringer Anteil an Kosten, die mit dem Leistungsvolumen der Kostenstelle schwanken,
- eine Vielzahl heterogener Leistungen in einzelnen Kostenstellen,
- häufig nur indirekte Beziehungen zwischen den Leistungen einer Kostenstelle und den Kostenträgern des Betriebs.

1.1 Kritikpunkte der traditionellen Bankkostenrechnung

Die Anlehnung der traditionellen Bankkostenrechnung an die industrielle Kostenrechnung bringt zwei wesentliche Problemkreise mit sich, die die ertragsorientierte Beurteilung eines Einzelgeschäftes gefährden können. Sie liegen in den Proportionalisierungs- und Zurechnungsproblemen der traditionellen Vollkostenrechnung sowie in der Vernachlässigung erheblicher Kostenblöcke durch die gängigen Verfahren der Teilkostenrechnung. Da Kreditinstitute im Vergleich zu Industrieunternehmen einen sehr hohen Anteil der Personalkosten an den gesamten Betriebskosten aufweisen, besitzt ein Großteil der einzelnen Bankleistungen zuzuordnenden Kostenbestandteile den Charakter von Gemeinkosten, die durch fragwürdige Schlüsselungsprinzipien die Ermittlung steuerungsadäquater Ergebnisse verhindern können. Da zudem nur ein geringer Teil der Betriebskosten variabel anfällt, repräsentieren die meisten Betriebskosten dementsprechend Fixkosten. Die methodenimmanente Fixkostenproportionalisierung, die ohne direkte Beziehung zu den Einzelgeschäften fixe Kosten willkürlich verrechnet, kann insbesondere bei Beschäftigungsschwankungen zu falschen Schlussfolgerungen führen.

1.2 Grundprinzipien der prozessorientierten Standard-Einzelkostenrechnung

Aus den Mängeln der traditionellen Kostenrechnungsmethoden des Betriebsbereichs ergibt sich unmittelbar die Forderung nach einem entscheidungsorientierten Teilkostenrechnungssystem für Banken. Als moderner Ansatz hat sich hier die Standard-Einzelkostenrechnung durchgesetzt. Sie soll die Verbesserung der Kostentransparenz durch Identifikation der hinter den Prozessen stehenden Kosteneinflussgrößen und die Ermittlung von steuerungsrelevanten Kostensätzen für die betrieblichen Leistungsprozesse innerhalb der Bank gewährleisten. Sie ist besonders geeignet für sich wiederholende, standardisierte Vorgänge und arbeitet nach folgenden Grundprinzipien:

1. Orientierung an den arbeitsprozesstechnischen Einzelkosten

Die PSEK erweitert die Standardkostenrechnung zur Kalkulation der Stückkosten um die ganzheitliche Betrachtung des Herstellungsprozesses, wobei sie von relativen (prozessabhängigen) Einzelkosten ausgeht. Nur die prozessorientierten Einzelkosten werden dem jeweiligen Kostenträger zugerechnet, wobei eine der Standard-Einzelkostenrechnung äquivalente Bezugsgrößen- und Kostenhierarchie gebildet wird. Die Stückleistungen werden den direkt zurechenbaren Einzelkosten zugeordnet, wobei nicht nur variable, sondern auch fixe, periodenbezogene Leistungskosten verrechnet werden. Diese Quasi-Gemeinkostenschlüsselung ist dadurch gerechtfertigt, dass durch den Einsatz von Ablauf- und Zeitstudien der Zusammenhang zwischen Perioden- und Stückkosten leistungsbezogen erhellt wird und somit keineswegs mit der traditionellen Gemeinkostenschlüsselung zu vergleichen ist.

2. Kalkulation auf Basis von Standard-Bearbeitungszeiten bzw. Standard Verbrauchsmengen sowie stellenbezogener Auslastungsvorgaben

Durch die Bezugnahme von Zeit- und Mengenstandards wird das Problem der Fixkostenproportionalisierung vermieden. Die Kalkulation erfolgt unter den Voraussetzungen der Voll- bzw. Planauslastungen der Kostenstellen und Einhaltung der Standardbearbeitungszeiten und Standardverbrauchsmengen. Auf diese Weise werden lediglich Nutzkostenanteile auf die Stückleistungen verrechnet und das Problem der Fixkostenproportionalisierung maßgeblich entschärft. Die beim Umgang mit Standardkosten auftretenden Kostenabweichungen weisen als „Restkosten" (zumeist Leerkosten) eine durchaus erwünschte Signalwirkung auf und lassen sich im Rahmen der modernen PSEK einer systematischen Analyse unterziehen.

2. Charakterisierung der Standard-Stückkostenrechnung auf Einzelkostenbasis

Die Standard-Einzelkostenrechnung führt zu einer Verbesserung der Kostentransparenz durch Identifikation der hinter den Prozessen stehenden Kosteneinflussgrößen und dient der Ermittlung von steuerungsrelevanten Kostensätzen für die betrieblichen Leistungsprozesse. Sie unterstützt die Vertriebssteuerung durch Ermittlung von Abwicklungskosten für Geschäftsvorfälle und stellt Basisdaten für die Personalbedarfsrechnung bereit. Im laufenden Controllingprozess lassen sich mit ihrer Hilfe drei wesentliche Ziele verfolgen:

1. Bewertung des Marktergebnisses

Marktergebnisse stellen die zentrale Erfolgsquelle im Kundengeschäft dar. Sie berechnen sich auf Basis der Einzelgeschäftskalkulation als Summe der Zinskonditonenbeiträge und Provisionsüberschüsse abzüglich der Standardstückkosten (der Zentrale und des Vertriebs) und der gleichfalls auf Standardbasis kalkulierten Risikokosten. Die Bewertung der Bruttobeiträge mit Standardkosten entspricht den Anforderungen der Objektivität und Willkürfreiheit. Dabei werden sowohl Unproduktivitäten und Beschäftigungsschwankungen als auch in der Höhe schwankende Ist-Ausfälle konsequent aus dem Marktergebnis herausgehalten und somit die Ergebnisse der Einzelkunden untereinander vergleichbar gemacht.

2. Ermittlung des Produktivitätsergebnisses

Im Produktivitätsergebnis werden den tatsächlichen Ist-Kosten die in Kundenkalkulationen weiterverrechneten Standardstückkosten gegenübergestellt, um die Wirtschaftlichkeit der Leistungserstellung zu beurteilen. Sinnvoll ist ihr Einsatz bei mengenorientierten Kostenstellen bzw. Organisationseinheiten, die auch tatsächlich Einfluss auf ihre Produktivität nehmen können. Dort liefert die Analyse des Produktivitätsergebnisses durch die Aufdeckung ungenutzter Kapazitäten, unproduktiver Arbeitsabläufe und unwirtschaftlicher Kostensteigerungen wichtige Informationen zur Betriebskostensteuerung einzelner Organisationseinheiten.

3. Durchführung einer innerbetrieblichen Leistungsverrechnung

Der arbeitsteilige Produktionsprozess in Kreditinstituten erfordert Kostenverrechnungen, wenn die Marktergebnisse gesamtheitlich dem jeweils betreuenden Kundenberater bzw. Profit-Center zugeordnet sind. Damit muss den anderen an der Leistungserstellung für einen Kunden beteiligten Stellen ein kalkulatorischer Ausgleich in Form von Stückkosten für die jeweiligen erbrachten Leistungseinheiten zugewiesen werden.

2.1 Merkmale der prozessorientierten Standard-Einzelkostenrechnung

Das Ziel der PSEK ist die kostenrechnerische Erfassung und Bewertung sämtlicher bankbetrieblicher *Prozesse,* die zur Produktion und/oder zum Vertrieb von Bankprodukten durchgeführt werden.

Sie erweitert die Standardkostenrechnung zur Kalkulation der Stückkosten um die ganzheitliche Betrachtung des Herstellungsprozesses und orientiert sich dabei an den *prozessabhängigen Einzelkosten.* In ihrer Reinform stellt die PSEK ein entscheidungsorientiertes Kostenrechnungssystem auf Teilkostenbasis dar. Nur die prozessorientierten Einzelkosten (leistungsmengeninduzierte und leistungsmengen-neutrale Kosten, die mit der Produktion in Zusammenhang stehen) werden dem jeweiligen Kostenträger zugerechnet. Durch das Prinzip der *Einzelkostenzurechnung und normierten Leistungsinanspruchnahme* ist es möglich, ein hierarchisches System der stufenweisen (direkten) Kostenzurechnung aufzubauen, indem eine Berücksichtigung der anfallenden Kostengrößen, entsprechend ihrem nachvollziehbaren Leistungszusammenhang, als Einzelkosten und der damit erlaubten Zuordnung zu den bankbetrieblichen Prozessen erfolgen kann.

Normierte Zeit- und Mengenverbräuche bewertet mit Planpreisen bilden die Basis für die Bestimmung der Standardkosten. Auf diese Weise lassen sich jene Kostengrößen je Kostenträger ermitteln, die bei wirtschaftlichem Einsatz der Ressourcen anfallen würden. Bei der Kalkulation der Standardkosten werden den Kostenträgern ausschließlich *Nutzkostenanteile* zugeordnet. Sie ist somit frei von Kosteneinflussgrößen, die auf Beschäftigungsschwankungen, unwirtschaftliche Abläufe oder Unterschreitung von Leistungsnormen zurückgehen.

Konzipiert man die PSEK im Sinne einer „relativen Prozesskostenrechnung", so lassen sich weitere steuerungsrelevante Informationen gewinnen und die Kostenzuordnung nach dem Verursachungsprinzip optimieren. Differenziert man nach den drei Dimensionen Produktarten, Kundengruppen und Geschäftsstellen im Sinne der *hierarchischen Relativierung der Einzel-/Gemeinkostenbetrachtung,* wird der jeweilige Kostenanfall im Rahmen der relativen Prozesskostenrechnung jeweils der Bezugsgröße in den Dimensionen zugewiesen, bei der die Zuordnung gerade noch ohne Schlüsselung erfolgen kann. Aufgrund der gleichartigen Stückkostenbasis entsprechen einander die Gesamtergebnisse der einzelnen Dimensionen (vgl. Abbildung 1).

2.2 Vorgehensweise der Standard-Einzelkostenrechnung

Die Erfüllung der oben dargestellten Kostenrechnungsprinzipien für die Kalkulation von Stückleistungen muss durch eine saubere Operationalisierung und klar strukturierte Vorgehensweise sichergestellt werden. Die Anwendung der PSEK mit ihrer Fokussierung auf die direkten, leistungsbezogenen Kosten sowie die Festlegung der einzubeziehenden Aktivitätsbereiche setzt eine systematische Kostenursachenanalyse voraus. Ausgehend von

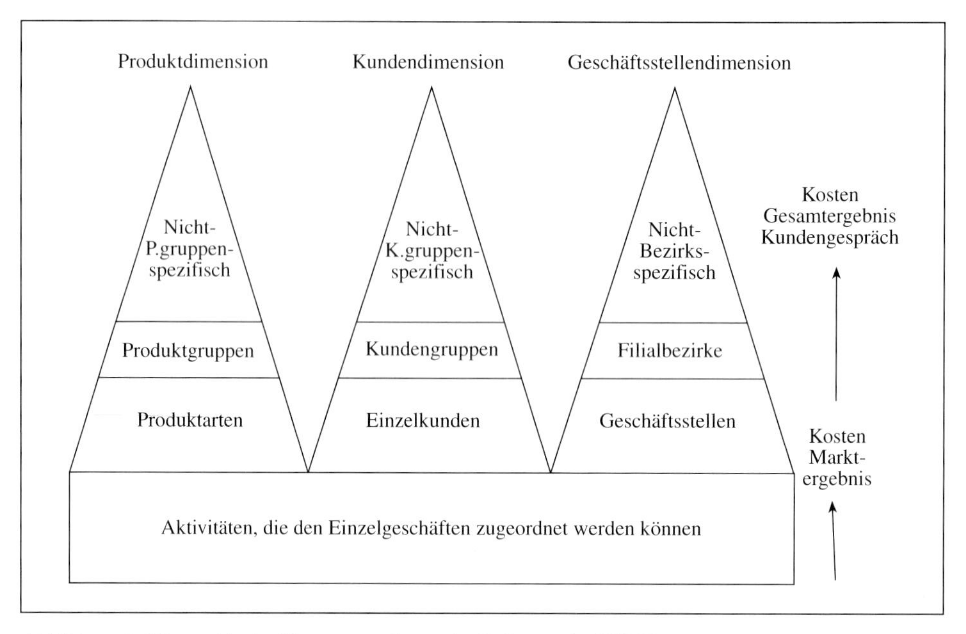

Abbildung 1: Hierarchische Kostenzuordnung im Rahmen der PSEK

dieser Einteilung der Prozesse werden die Kosten in direkte Standard-(Prozess-)Kosten, indirekte Standardkosten und in Restkosten eingeteilt (vgl. Abbildung 2).

Tätigkeiten	**Bezugsobjekte**	**Kostenarten**
Arbeitsprozesse in den Filialen und der Zentrale	bankbetriebliche Leistungen, Leistungsartengruppen, Kunden, Kundengruppen, Filialen	Prozesskosten i.e.S. bzw. Prozesskosten i.w.S. (direkte Standardkosten)
Arbeitsprozesse in der Zentrale	Zentrale	Overheadkosten (indirekte Standartkosten)
Arbeitsprozesse in den Filialen und der Zentrale	Kostenstellen	Restkosten

Abbildung 2: Kosteneinteilung

Direkte Standardkosten im engeren Sinn sind Kosten, die unmittelbar mit den bankbetrieblichen Geschäftsvorgängen des Tagesgeschäftes in Zusammenhang stehen. Unter direkten Standardkosten im weiteren Sinn werden Kosten verstanden, die nur mittelbar mit den bankbetrieblichen Geschäftsvorgängen verbunden sind, sich jedoch auf Leistungsarten, Kunden, Kundensegmente oder Filialen zuordnen lassen. Indirekte Standardkosten (Overhead, zum Beispiel Geschäftsleitung, Stäbe) resultieren aus Aktivitäten, die sich keinem der genannten Bezugsobjekte zuordnen lassen. Restkosten schließlich entstehen durch die unwirtschaftliche Nutzung vorhandener Kapazitäten. Nach dieser Kostenaufspaltung ist zur stärkeren Differenzierung der einzelnen Kostengruppen die Identifikation der „Cost Drivers" nützlich, die hinter den Geschäftsvorgängen der Bank stehen und die damit verbundenen Kosten bestimmen.

Die Vorgehensweise der prozessorientierten Standard-Einzelkostenrechnung vollzieht sich in fünf Ablaufstufen und kann am Beispiel der Ermittlung von Kostensätzen für einzelne Bankprodukte erläutert werden (vgl. Abbildung 3).

Ausgangspunkt der Ermittlung von Standard-Einzelkostensätzen ist die *Erstellung eines Produktkataloges*. Dieser enthält sowohl die Zins- als auch Provisionsprodukte, die die Bank dem Kunden am Markt anbietet. Die *zweite Stufe* verfolgt als Ziel die Definition von *Standardarbeitsabläufen*. Dazu wird zunächst der gesamte Produktionsprozess eines Kreditinstitutes untersucht und in Einzeltätigkeiten zerlegt. Im Rahmen einer Ist-Erhebung wird die zur Zeit praktizierte Bearbeitung aller Bankprodukte aufgenommen und einer Schwachstellenanalyse unterzogen. Zielsetzung ist die Straffung von Arbeitsabläufen zwecks Schaffung von Freiräumen, die für eine verstärkte Kundenorientierung genutzt werden können. Abschließend ergibt sich ein Standard-Arbeitsablauf, der gesamtbankweit Gültigkeit hat.

Nachdem für jedes Produkt sämtliche zur Produktion und/oder zum Vertrieb notwendigen Aktivitäten mit Soll-Abläufen unterlegt sind, werden in der *dritten Stufe* die *Standard-Bearbeitungszeiten* bzw. Standard-Verbrauchsmengen ermittelt. In dieser Phase ist der Aufbau der prozessorientierten Standard-Einzelkostenrechnung am aufwendigsten, da hier gemessen und festgelegt wird, was unter durchschnittlicher Arbeitsleistung zu verstehen ist. Die Zurechnung von Sachmitteln und EDV-Nutzung ist relativ unproblematisch. Da die Personalkosten in Kreditinstituten mit ca. zwei Dritteln den größten Kostenblock ausmachen, wird hier die Ermittlung von Standardbearbeitungszeiten in den Vordergrund gestellt.

Es lassen sich analytische und auf Schätzungen basierende Zeitmessverfahren unterscheiden. Für deutlich abgegrenzte, stark standardisierte Aufgaben der Produktabwicklung im Retailgeschäft bzw. im Zahlungsverkehr können ggf. analytische Verfahren, zum Beispiel der klassische REFA-Zeitmessansatz, Multimoment-Aufnahmen und Verfahren vorbestimmter Zeiten, wie das Master-Clerical-Data-Verfahren, eingesetzt werden.

Beim *REFA-Zeitmessverfahren* erfolgt die Messung der Bearbeitungszeiten mittels Stoppuhren von erfahrenen Zeitnehmern unter Einstufung des Leistungsgrades der beobachteten Person. Die Probleme dieses Verfahrens liegen in einem sehr hohen Zeit- und Kostenaufwand sowie starker psychologischer Widerstände der betroffenen Mitarbeiter. Vorteile liegen in der Erzielung genauer Werte, der Nachvollziehbarkeit für die Beteiligten und den fehlenden Manipulationsmöglichkeiten. Das *Multimoment-Verfahren* ist gekennzeichnet durch stichprobenartige Erhebungen häufig anfallender Verrichtungen und Ableitung des korrespondierenden Zeitanteils. Trotz geringerer Kosten und verminderter psychischer Belastung der Beobachteten ist diese Methode ungeeignet, da sie in den nur kurzen Beobachtungszeiten keine verlässliche Einschätzung des Leistungsgrades ermöglicht. *Die Master-Clerical-Data-Methode* stellt einen Mittelweg zwischen den beiden vorgenannten

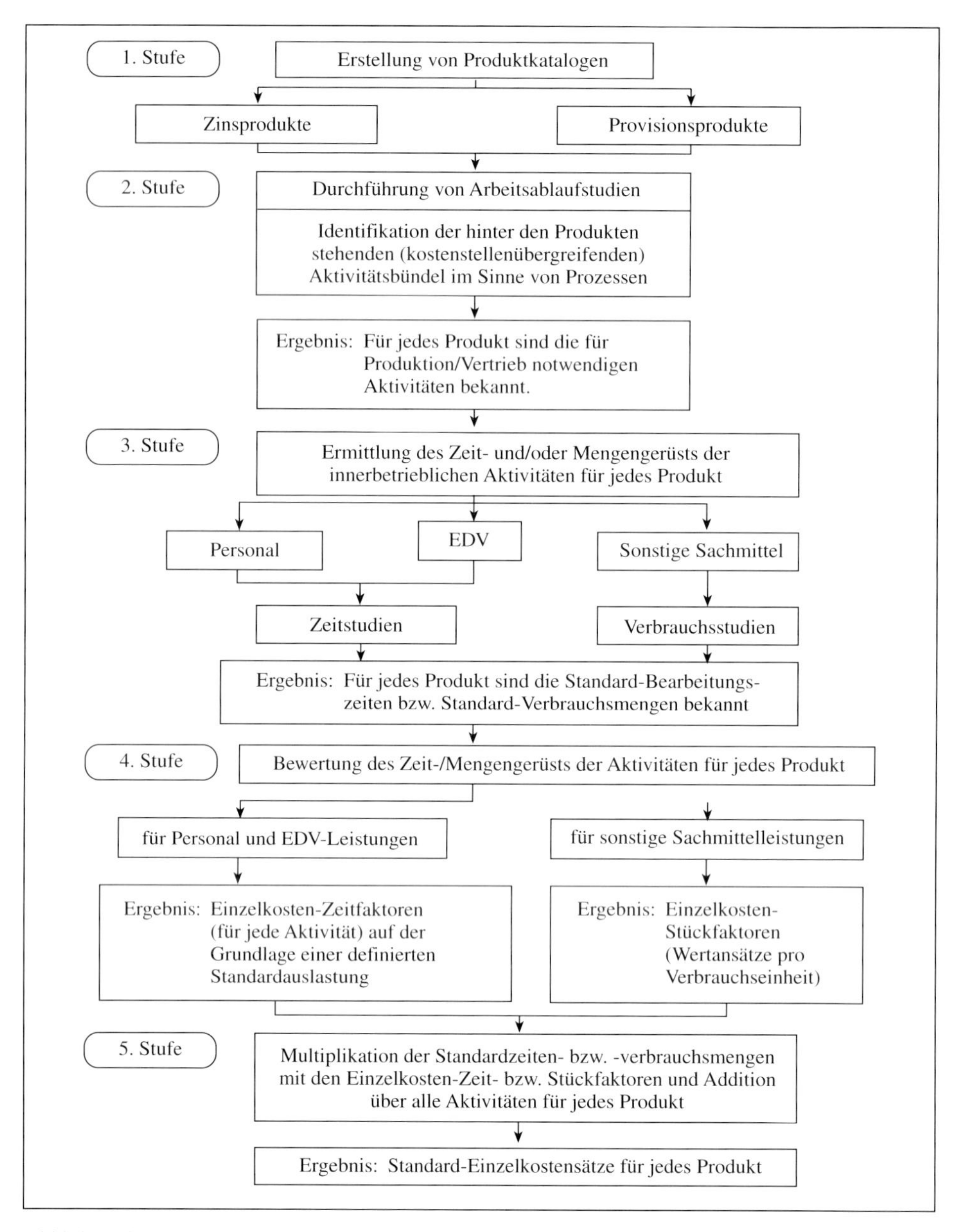

Abbildung 3: Aufbau der prozessorientierten Standard-Einzelkostenrechnung für Bankprodukte

Stufe (1): Ermittlung der Marktleistungen
Stufe (2): Durchführung von Arbeitsablaufstudien
Stufe (3): Erhebung von Kostenträgermengen
Stufe (4): Bewertung mit Standardkostensätzen
Stufe (5): Berechnung von Standardstückkosten

Verfahren dar. Bei ihr erfolgt die Zerlegung der vorliegenden Arbeitsabläufe in Bewegungselemente. Die notwendige Einstufung des Leistungsgrades erfolgt durch Entnahme katalogisierter Normzeitelemente aus Tabellen, die auf umfangreichen empirischen Untersuchungen beruhen. Da sich die Analyse auf Grundbewegungen konzentriert, treten bei diesem Verfahren bei vertretbaren Kosten kaum psychologische Probleme auf.

Bei den konventionellen Methoden greift man auf das Fachwissen der die Aufgaben erfüllenden Mitarbeiter zurück und orientiert sich an direkten Zeitbestimmungen, Zeitschätzungen und Mitarbeiterzeitaufschreibungen. Der höheren Mitarbeiterakzeptanz und den geringen Kosten stehen hierbei ungenaue Standardbearbeitungszeiten gegenüber.

Auf der *vierten Stufe* erfolgt die *Bewertung des Zeit- und Mengengerüsts* der klassifizierten Aktivitäten für jedes Produkt. Während für die direkt zurechenbaren Sachmittel die Stückkosten direkt bestimmt werden können, sind für den Personal- und EDV-Einsatz Einzelkostenfaktoren zu ermitteln. Diese werden als Relation der direkt zurechenbaren Kosten zu den korrespondierenden Standardauslastungen gebildet. Für die Berechnung der Stückkosten müssen die Sollbearbeitungszeiten in DM-Werte transformiert werden. Zur Bewertung wird ein Standardkostensatz herangezogen, der sich aus der Division der Plankosten (DM/Jahr) durch die Maximal- bzw. Normalkapazität (Minuten/Jahr) ergibt. Durch die Zugrundelegung der Maximal- bzw. Normalkapazität wird der Standardkostensatz unabhängig vom Auslastungsgrad der Bank, das heißt die Stückkosten steigen nicht bei Mengenrückgängen und sinken nicht bei Mengensteigerungen. Während in den zentralen Abteilungen pro Organisationseinheit ein separater Kostensatz gebildet wird, sollten im Vertrieb unabhängig vom jeweiligen Leistungsort gesamtbankweit einheitliche Stückkosten verwendet werden, damit alle Kunden (einer Kundengruppe) auf die gleiche Weise kalkuliert werden.

In der *fünften Stufe* erfolgt nun die Berechnung der Standardstückkosten pro innerbetrieblicher Aktivität als Produkt aus Standardbearbeitungszeit und -kostensatz. Die Standardeinzelkosten aller einzelnen Aktivitäten werden dann abschließend durch Addition in die Standard-Einzelkosten eines Produktes überführt. Dies gilt für die produktbezogenen DV-Kosten analog.

2.3 Bewertung

Die Beschreibung der Stückkostenkalkulation auf Basis der prozessorientierten Standard-Einzelkostenrechnung hat gezeigt, dass es sich um ein komplexes, aber lohnendes Verfahren handelt. Durch den Einsatz von Standardkosten und die Beleuchtung der Zeit- und Sachressourcen-Verbräuche der einzelnen Aktivitäten/Prozesse der Bank werden die o.g. Probleme der traditionellen Bankkostenrechnung überwunden. Die Beurteilung der PSEK anhand der Kriterien:

a) Entscheidungsrelevanz der Informationen
b) Flexibilität und Informationsqualität des Rechenkonzeptes und
c) Wirtschaftlichkeit und Akzeptanz des Rechenkonzeptes

ergibt eine sehr hohe Qualität und Praxistauglichkeit des vorgestellten Ansatzes (vgl. Bohnenkamp). Die PSEK empfiehlt sich wegen ihrer klaren Ergebnisse und der hohen Vielfalt an Auswertungsmöglichkeiten, die sowohl ebenengenaue als auch stufenförmige Vollkosten-(Zusatz-)Auswertungen in allen Dimensionen zulässt.

3. Anwendungsgebiete

Nachdem in einem ersten Kalkulationsschritt die Kosten des Wert- und Betriebsbereichs verursachungsgerecht aufgespalten und einzelgeschäftsbezogene Ergebnisbeiträge kalkuliert wurden, sind die Kostenkomponenten zu aussagefähigen Kalkulationsaggregaten zu verdichten und diese in den Zusammenhang der Gesamtergebnisrechnung zu integrieren. Die zentralen Ergebnisgrößen im Kundengeschäft stellen dabei das Marktergebnis dar. Das Marktergebnis eines Einzelgeschäftes zeigt den Ergebnisbeitrag, der unter Einbeziehung sämtlicher Kosten und Erlöse unter normalen Geschäftsbedingungen bei Geschäftsabschluss zu erwarten ist. Im Gesamtzusammenhang der Bankkalkulation repräsentiert er die kleinste vollständig definierte Ergebnisgröße. Im Mittelpunkt des Interesses bei den Auswertungsrechnungen steht dabei die differenzierte Ermittlung der jeweiligen Ergebnisbeiträge der drei zentralen Auswertungsdimensionen einer Bank, der Produkt-, Kunden- und Filialkalkulation.

3.1 Produktkalkulation

Ein Schwerpunkt der Verwendung von Standard-Stückkosteninformationen liegt in der Produktkalkulation. Sie stellt den Produktverantwortlichen alle relevanten Informationen zur Verfügung. Mit ihrer Hilfe erfolgt die Analyse der Profitabilität der definierten Einzelprodukte, der Kosten und Erlöse von Produkt-Gruppen und -Sparten, sowie der Ausweis und die Analyse nicht spartenspezifischer Kosten. Die Produktkalkulation bietet so einen Ausgangspunkt zur Bestimmung von Produkt-(Mindest-) Preisen, Abwicklungsoptimierungen und strategischen Produktüberlegungen.

Im Rahmen des Produktmanagements werden die Deckungsbeiträge einzelner Produkte nach Abzug von Stückkosten ausgewertet. Trotz eines insgesamt positiven Deckungsbeitrages kann jedoch eine Vielzahl negativer Einzelgeschäfte vorliegen, die durch wenige große, sehr ertragreiche Geschäfte überlagert werden. Eine Analyse der nicht kostendeckenden Geschäfte zeigt hier gegebenenfalls notwendige Korrekturmaßnahmen auf. Da die Standardstückkosten bei gegebenen Ertragssätzen (Standardkonditionen) vereinfachend in Break-even-Volumen bzw. -Umsätze transformiert werden können, kann alternativ auch eine Auswertung von Geschäften über und unter Break-even erfolgen.

Das Break-even-Diagramm verdeutlicht die Alternativen für ein sinnvolles Produktmanagement (Vgl. Abbildung 4). Ein hoher Anteil nicht kostendeckender Geschäfte kann einerseits durch höhere Ertragssätze bzw. eine Steigerung der Inanspruchnahme reduziert werden. Auch die Einführung oder Erhöhung einer volumen-/umsatzunabhängigen Mindestgebühr hat einen verbesserten Break-even-Wert zur Folge. Alternativ ist auch eine Verlagerung auf kostengünstigere Produkte bzw. eine generelle Produktstraffung denkbar. Alle angeführten Maßnahmen haben jedoch Außenwirkung und bergen das Risiko von Kundenreaktionen. Deswegen müssen zunächst sämtliche intern gerichteten Maßnahmen zur Senkung der (Stück-)Kosten ergriffen werden. Dazu gehören u. a. die Rationalisierung der Arbeitsabläufe, die Straffung und DV-technische Unterstützung der Abwicklung oder die Nutzung der Kostendegression durch eine zentrale Massenfertigung.

Wichtige Impulse kann die Stückkostenrechnung im Rahmen der PSEK darüber hinaus für die Entwicklung neuer Produkte und die entsprechende Implementierung eines „Target-Costing" liefern. Im Grundgedanken wird dabei aus der Untersuchung des Marktes und der Kundenwünsche ein Produktkonzept mit einer Zielpreis- und Zielrendite-Erwartung abgeleitet. Hieraus werden Zielkostengrößen entwickelt und auf die Teilkomponenten/prozesse der Leistungserstellung aufgeteilt. Dabei ermöglicht die PSEK eine konstruktive, rasche und an der Praxis der Bank orientierte Schätzung der potenziellen Produktkosten. So lassen sich bereits vor Einführung der Innovation am Markt Optimierungsmaßnahmen bzw. Konzeptvariationen vornehmen, die den Deckungsbeitrag verbessern und Fehlentwicklungen verhindern, das heißt den oftmals in der Bankpraxis noch nicht kostenrechnerisch durchdrungenen Entwicklungsprozess optimieren.

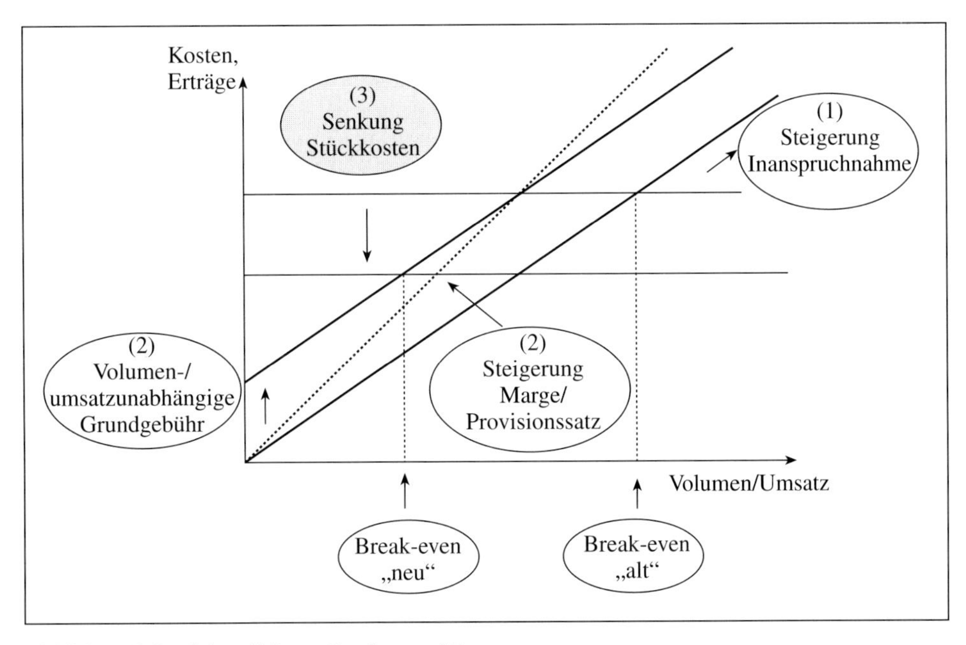

Abbildung 4: Produktpolitik am Break-even-Diagramm

3.2 Konto- und Kundenkalkulation

Ein zweiter Schwerpunkt der Verwendung von Standardstückkosteninformationen liegt in der Konto- und Kundenkalkulation. Während die Kontokalkulation den Erfolgsbeitrag einzelner von Kunden unterhaltener Konten ermittelt, dient die Kundenkalkulation der Feststellung, inwieweit die Kunden bzw. Kundengruppen des Instituts zu dessen Gesamterfolg beigetragen haben. In der Kontokalkulation werden zunächst die dem jeweiligen Konto direkt zurechenbaren Resultate aus der Kalkulation des Wert- und Betriebsbereichs gegenübergestellt. Es handelt sich hierbei um die mittels der Marktzinsmethode ermittelten Konditionenbeiträge, die Summen der vereinnahmten Gebühren und Provisionen, die zugerechneten Standardrisikoprämien sowie die mittels Standardeinzelkostenrechnung ermittelten Stückkosten.

In der Kundenkalkulation dienen die Stückkosten der Vorteilhaftigkeitsbestimmung von Einzelgeschäften bzw. Kundenverbindungen. Hier stellt sich (insbesondere im langfristigen Kreditgeschäft) das Problem des Auseinanderfallens von Kosten und Erträgen und damit die Frage, wie eine steuerungsgerechte Abbildung in den jahresbezogenen Kundenkalkulationen erfolgen kann. Die Entscheidung über eine Periodisierung oder Nichtperiodisierung der Stückkosten kann jedoch nicht nur aus Sicht des Marktergebnisses betrachtet werden. Wenn Stückkosten gleichzeitig als Effizienzmaßstab im Produktivitätsergebnis und als Verrechnungspreis benutzt werden sollen, sind auch die daraus resultierenden Anforderungen zu berücksichtigen. Für beide Funktionen ist die Verrechnung der Kosten (periodengerecht oder als Barwert) im Zeitpunkt der Kostenentstehung besser geeignet, weil die tatsächliche Leistungserbringung zum richtigen Zeitpunkt abgebildet wird.

Die Kundenkalkulation bildet das zentrale Hilfsmittel zur Analyse der Profitabilität von Einzelkunden-Beziehungen, Kundensegmenten und der nicht kundenspezifischen Kostenkomponenten. Die Kundenkalkulation liefert den Entscheidungsträgern wichtige Hinweise zur Optimierung von Einzelkunden-Beziehungen (Cross-selling) und strategischen Neuausrichtung der Segmente und Vertriebswege.

3.3 Informationen über Preisuntergrenzen

Sowohl in Produkt- als auch Kundenkalkulationen spielen Stückkosten als Preisuntergrenze eine Rolle. Aufgrund des vorherrschenden Fixkostencharakters der Bankbetriebskosten kann jedoch nicht – im Gegensatz zum Industriebetrieb – die kurzfristige Preisuntergrenze mit den variablen Kosten gleichgesetzt werden. Da mit zusätzlichen Geschäften zwangsläufig der Aufbau sprungfixer Kapazitäten bzw. Kosten verbunden ist, ist es sinnvoller, alle leistungsmengenabhängigen Kosten im weiteren Sinne, das heißt auch die mittelfristig gestaltbaren Kosten in die Preisuntergrenzendefinition miteinzubeziehen. Die Standardstückkosten, die per Definition nur leistungsmengenabhängige Kosten enthalten, können daher als Preisuntergrenzen benutzt werden. Dabei ist es sinnvoll, die Stückkosten nach ihrem unterschiedlichen „Härtegrad" zu differenzieren.

Während die harten Stückkosten der industriellen Massenproduktion in jedem Fall zu verdienen sind, sind die weichen Stückkosten der Betreuung interpretationsfähig. Sie stellen nur eine Orientierungshilfe dar, haben jedoch nicht zum Ziel, die durchschnittliche (Standard)beratungszeit in jedem Kundengespräch zu erreichen. Die Stückkosten der Produktion können somit als kurzfristige Preisuntergrenze angesehen werden, die nur in Ausnahmefällen unterschritten werden darf. Zusammen mit den Stückkosten der Betreuung ergibt sich die mittelfristige Preisuntergrenze. Langfristig sollte natürlich der Zieldeckungsbeitrag, der auch die nicht verrechneten Gemein- und Overheadkosten sowie die Gewinnansprüche (Kernkapital- und Value-at-Risk-Verzinsung) enthält, angestrebt werden.

4. Fazit

In der Theorie und Praxis der bankbetrieblichen Kostenrechnung hat sich die Standard-Einzelkostenrechnung bereits seit längerem als Instrument der Stückkostenkalkulation durchgesetzt. Ihre Vorteile liegen in der Prozessorientierung, die die Abbildung von Stückkosten über den gesamten Arbeitsablauf innerhalb eines Kreditinstitutes ermöglicht, in der Standardisierung, die Unwirtschaftlichkeiten steuerungsadäquat beim Verursacher belässt und in der Vermeidung willkürlicher Kostenschlüsselungen.

Die Betriebskostenermittlung der PSEK beruht auf der Erfassung der bankbetrieblichen Prozesse mittels Zeit- und Ablaufstudien und ihrer kostenrechnerischen Bewertung. Die Kalkulation der Kostensätze der PSEK erfolgt auf Basis von Standard-Bearbeitungszeiten und Verbrauchsmengen bei Orientierung an einer definierten Standardauslastung, bzw. nach wirtschaftlichen Kriterien geplanten Kosten. Die Relativierung der Einzel-/Gemeinkostenbetrachtung und Zuordnung der Arbeitsprozesse zur jeweils tiefstmöglichen Bezugsgröße in den Auswertungsdimensionen (Produkt, Segment, Kunde, Organisationseinheit), bei der die Zuordnung gerade noch ohne Schlüsselung erfolgen kann, kennzeichnen die moderne Ausprägung der PSEK. Die Weiterentwicklung der PSEK sieht darüber hinaus eine entsprechend differenzierte Berücksichtigung interner Weiterbelastungen vor.

Die PSEK lässt sich als ein praxisbewährter, konsistenter Ansatz der Betriebskosten-Ermittlung und dimensionalen Integration klassifizieren, der die ertragsorientierte Steuerung der Bank hilfreich unterstützt. Dabei bleibt grundsätzlich zu beachten, dass auch das Verfahren der PSEK kein automatisch wirkendes Führungssystem darstellt. Ihre Anwendung erfordert eine bewusste Interpretation der Rechenergebnisse und sollte in einem offenen Diskussionsprozess mit den Entscheidungsträgern erfolgen. So kann das notwendige Verständnis für die Implikationen von Teilentscheidungen geweckt und damit eine Identifikation mit dem bankindividuellen Verfahren sowie die notwendige Akzeptanz der Ergebniswerte erzielt werden. Denn nur eine hohe Systemqualität und Systemakzeptanz führen zu einem hohen Nutzwert des eingesetzten Controlling-Instrumentariums.

Literaturhinweise

BOHNENKAMP, P.: Prozessorientierte Standard-Kostenrechnung im Bank-Controlling, in: Schierenbeck, H.(Hrsg.), Basler Bankenstudien, Bern, Stuttgart, Wien 1995, S. 42 ff.

BRÜHL, R./FRISCHMUTH, R.: Standardeinzelkostenrechnung im Bankbetrieb, in: Die Bank 6/1996, S. 372-375.

BRÜHL, R./FRISCHMUTH, R.: Prozeßkostenrechnung im Bankbetrieb, in: Die Bank 9/1995, S. 551-555.

GEHRKE, W.: Prozeßkostenrechnung im Bankbetrieb, in: Schierenbeck, H./Moser, H.(Hrsg.), Handbuch Bankcontrolling, Wiesbaden 1994, S. 395 ff.

HOYER, R./SCHUSTER, W.: Steuerung des Produktivitätsergebnisses auf der Basis prozeßorientierter Standardstückkosten, in: Witt, F.-J. (Hrsg.), Aktivitätscontrolling und Prozeßkostenmanagement, Stuttgart 1991, S. 231-249.

SCHIERENBECK, H.: Geschäftsstellen-, Produkt- und Kundenkalkulation im Kreditgewerbe, in: Männel, W.(Hrsg.), Handbuch Kostenrechnung, Wiesbaden 1992, S. 1057-1084.

SCHIERENBECK, H.: Ertragsorientiertes Bankmanagement, Band 1, 6. Auflage, Wiesbaden 1999, S. 352-366.

SCHIERENBECK, H.: Kostenmanagement als zentrale bankstrategische Herausforderung, in: Rolfes, Schierenbeck, Schüller (Hrsg.), Produktivitätsmanagement für Finanzdienstleister, Frankfurt am Main 1992, S. 1-32.

SCHÜLLER, ST.: Ergebnisorientierte Produktivitätssteuerung, in: Rolfes, Schierenbeck, Schüller (Hrsg.), Produktivitätsmanagement für Finanzdienstleister, Frankfurt am Main1992, S. 33-63

SCHÜLLER, ST.: Steuerung des Produktivitätsergebnisses, in: Die Bank, 5/1990, S. 264-272.

WIMMER, K.: Bankkalkulation. Neue Konzepte der Kosten- und Erlösrechnung von Kreditinstituten, Berlin 1993, S. 194 ff.

Hermann Meyer zu Selhausen

Interne Leistungsverrechnung in der Profit Center-Rechnung

1. Profit Center-Konzeption

In Kreditinstituten würde eine vollkommene Zentralisation der Entscheidungskompetenz komplexe Management-Informationssysteme erfordern, die die zentrale Entscheidungsinstanz unterstützen. Umfangreiches dezentral erfasstes Datenmaterial müsste durch Datenfernübertragung an ein zentrales Computer-System übermittelt werden, das eine umfassende und detaillierte Gesamtplanung vornimmt. Diese Planung müsste dann von der zentralen Instanz überprüft und ggf. modifiziert werden, so dass die Entscheidungen der zentralen Instanz, ebenso umfassend und detailliert, durch Datenfernverarbeitung wiederum an die ausführenden Organisationseinheiten übermittelt würden. Diese vollkommen zentralisierte Führungskonzeption ist zwar theoretisch denkbar, von Kreditinstituten wird sie aber nicht praktiziert, auch nicht von filiallosen Instituten. Hierfür gibt es vielfältige Gründe:

- Der vollkommen zentralisierte Planungs- und Entscheidungsprozess ist sehr aufwendig.
- Umfangreiche dezentral verfügbare Marktinformationen bleiben teilweise ungenutzt.
- Die Organisation reagiert verzögert oder sogar vollkommen inadäquat auf marktliche Veränderungen.
- Die Mitarbeiter werden zu Befehlsempfängern degradiert und sind schwach motiviert. Die gesamte Verantwortung liegt bei der zentralen Instanz.

Bei Filialinstituten kommt zu diesen Gesichtspunkten, die gegen eine Zentralisierung der Entscheidungen sprechen, noch der Aspekt der räumlichen Dezentralisierung der Aktivitäten hinzu. Der Informationsstand einer zentralen Planungsstelle ist bezüglich entfernt liegender inländischer oder sogar ausländischer Märkte zwangsläufig sehr schlecht, was zusätzlich gegen eine vollkommen zentralisierte Führung und Steuerung eines Kreditinstituts spricht. Daher wurden dezentrale Führungskonzeptionen entwickelt, bei denen die Gesamtorganisation eines Unternehmens, hier eines Kreditinstituts, in Organisationseinheiten zerlegt wird, denen Entscheidungsbefugnis und Gewinnverantwortung übertragen wird. Diese Organisationseinheiten werden als Divisions, Profit Center, Sparten oder Geschäftsbereiche bezeichnet. Eine Delegation von Entscheidungsbefugnis gibt es bekanntlich auch in nichtdivisionalisierten Unternehmen. Das Besondere bei der dezentralisierten Führungskonzeption ist aber, dass den divisionalisierten Organisationseinheiten auch eine eigene Gewinnverantwortung übertragen wird. Deshalb spricht man bei diesen Einheiten auch von Profit Centern. Diese Konzeption setzt voraus, dass die Profit Center-Leiter den Gewinnbeitrag ihrer Einheit durch ihre Entscheidungen beeinflussen können, und dass dieser Gewinnbeitrag auch mit Hilfe des Rechnungswesens eindeutig festgestellt werden kann. Ein Profit Center ist gewissermaßen ein Unternehmen im Unternehmen, hier also eine Teilbank innerhalb der Gesamtbank, deren Aktivitäten allerdings mit denen der anderen Profit Center koordiniert werden müssen (Büschgen, 1998, S. 502).

Mit der dezentralen Führungskonzeption werden verschiedene Ziele verfolgt:

- Der Informationsstand der dezentralen Profit Center-Leiter ist in Bezug auf deren Verantwortungsbereich regelmäßig sehr viel besser als derjenige der zentralen Planungsstellen. Dieser Informationsstand soll daher bestmöglich genutzt werden, so dass das Institut schnell und zielgerecht am Markt agieren kann.
- Motivation, Initiative und Verantwortlichkeitsempfinden der Profit Center-Leiter sollen gefördert werden (Büschgen, 1998, S. 502).
- Die Führung der Profit Center durch die Zentrale erfolgt nur global durch Zielvereinbarung, Budgetierung und Kontrolle. Für die laufende Steuerung stellt das Rechnungswesen nur Informationen über den jeweiligen Grad der Zielerreichung bereit, so dass die Profit-Center-Leiter ihre Aktivitäten in möglichst großem Umfang selbst steuern können.

Dieses Konzept soll dazu beitragen, die Ziele des Gesamtinstituts durch ein System von Zielvereinbarungen in Bereichsziele umzusetzen und die Führungskräfte und Mitarbeiter dieser Bereiche (Profit Center) koordiniert zur Erreichung der Ziele des Gesamtinstituts zu aktivieren.

Diese Konzeption der dezentralen Führung, hier auch als Profit-Center-Konzeption bezeichnet, kann nur praktiziert werden, wenn verschiedene Voraussetzungen gegeben sind:

- Als Profit Center müssen Organisationseinheiten definiert werden, die eine eigene Entscheidungskompetenz und Erfolgsverantwortung haben.
- Die Entscheidungskompetenz muss sich, wenn auch in gewissen Grenzen, auf das Mengengerüst und auf die Preise erstrecken, sowohl bei der Leistungserstellung als auch beim Vertrieb.
- Aufwendungen und Erträge eines Profit Centers müssen durch den Leiter beeinflussbar sein und verursachungsgerecht zugerechnet werden können.
- Eine Umlage von Gemeinkostenanteilen, die bei Vollkostenrechnung vorgenommen wird, sollte nicht erfolgen.
- Die Übernahme der Erfolgsverantwortung setzt einen Erfolgsmaßstab voraus, der nicht nur gerecht, plausibel und mit vertretbarem Aufwand zu ermitteln sein muss, sondern der auch in möglichst vollkommener Weise dazu beiträgt, dass durch die Aktivitäten der Profit Center zugleich auch die Ziele des Gesamtinstituts erreicht werden.
- Zu den Einsatzvoraussetzungen der dezentralen Führung gehört schließlich noch, dass wenigstens ein gewisses Maß an Koordination der Aktivitäten der verschiedenen Profit Center und eine Kontrolle der Ergebnisse erfolgen.

Das Oberziel des Instituts, zu dem Profit Center primär beitragen können, ist natürlich der Jahresüberschuss (Erfolg). Als Maßstab ist der Erfolgsbeitrag der Profit Center aber nur bedingt geeignet, denn ein bestimmter Erfolgsbeitrag kann mit unterschiedlichen Risiken erwirtschaftet werden. Daher sollte versucht werden, für die einzelnen Profit Center den

Value-at-Risk zu ermitteln, so dass der RAROC (Risk-Adjusted Return on Capital) als Erfolgsmaßstab für die Risk-Return-Steuerung verwendet werden kann (Büschgen, 1998, S. 772).

2. Organisationseinheiten als Grundlage der dezentralen Steuerung

Die Definition der Organisationseinheiten, die als Profit Center geführt werden sollen, hängt grundsätzlich von der Aufbauorganisation des jeweiligen Instituts ab. Hat diese Bank beispielsweise, um ein extremes Beispiel heranzuziehen, noch die traditionelle Spartenorganisation realisiert, dann ist es natürlich nicht möglich, kundengruppenbezogene Profit Center zu definieren. Daher können die im Einzelfall durch die Aufbauorganisation gegebenen Voraussetzungen für die Abgrenzung von Profit Centern in maßgeblicher Weise den Erfolg der Bildung von Profit Centern und letztlich der dezentralen Führung beeinflussen.

Wenn sich die Geschäftsleitung eines Instituts dazu entschlossen hat, dezentrale Führung zu praktizieren und Profit Center einzurichten, dann sollte die Gesamtorganisation auch in möglichst großem Umfang in Profit Center und, soweit notwendig, Service Center eingeteilt werden, so dass möglichst die ganze Organisation durch das Konzept der dezentralen Führung erfasst wird. Als Service Center werden in diesem Zusammenhang Organisationseinheiten bezeichnet, die keine für den direkten Absatz bestimmten Leistungen, sondern innerbetriebliche Leistungen erstellen, die von Profit Centern in Anspruch genommen werden. Service Centern können daher keine Erträge zugerechnet werden; sie haben nur Aufwendungen zu verantworten (Hartmann-Wendels, Pfingsten, Weber, 2000, S. 693).

Als Kriterien für die Abgrenzung von Profit Centern kommen traditionell die Produktgruppe, die Kundengruppe oder der Vertriebsweg in Betracht (Villiez, 1989, S. 27 f.). Darüber hinaus werden aber auch Regionen und Funktionen als Kriterien benannt. Hat das betrachtete Institut strategische Geschäftsfelder definiert, denen in der Aufbauorganisation strategische Geschäftseinheiten als Organisationseinheiten entsprechen, dann sollte nach Möglichkeit versucht werden, diese strategischen Geschäftseinheiten als Profit Center zu führen. Strategische Geschäftsfelder werden in Kreditinstituten dadurch abgegrenzt, dass eine Kundengruppe festgelegt wird, die innerhalb einer bestimmten Region mit einem bestimmten Leistungsbündel bedient wird. Als Kundengruppen kommen im einfachsten Fall Mengenkunden, gehobene Privatkunden, Firmenkunden und institutionelle Kunden in Betracht. Abhängig von ihrer Bedürfnisstruktur nehmen diese Kundengruppen jeweils ein bestimmtes Leistungsbündel in Anspruch, was allerdings nicht bedeutet, dass das gesamte Leistungsbündel von der betrachteten Bank bezogen wird. Zwischen Kundengruppe und Leistungsbündel besteht also ein enger Zusammenhang. Der regionale Bezug eines strategischen Geschäftsfeldes ist bei Sparkassen durch den Geschäftsbezirk, der gemäß Regionalprinzip bearbeitet werden kann, eng vorgegeben. Andere Institute können ihre Geschäftsfelder regional auf das ganze Inland oder Teile davon und auch auf andere Länder oder sogar ganze Kontinente beziehen.

Manche Institute haben einen Treasury-Bereich in ihrer Aufbauorganisation verankert, in dem sie insbesondere den Eigenhandel mit Aktien, Renten, Devisen und Edelmetallen sowie den Geldhandel und den Handel mit derivativen Finanzinstrumenten zusammenfassen. Dieser Bereich ist typischerweise in der Zentrale angesiedelt, und es lassen sich ihm eigene Marktpartner (hauptsächlich Banken) und eigene Aufwendungen und Erträge zurechnen, so dass auch er als Profit Center geführt werden kann. International oder global operierende Institute haben auch ihren großen Niederlassungen, die sich jeweils an bedeutenden ausländischen Finanzplätzen wie London, New York, Tokio, Hongkong und Singapur befinden, dezentralisierte Treasury-Einheiten zugeordnet. Diese arbeiten zwar eng mit ihrem jeweiligen zentralen Treasury-Bereich zusammen, sie können aber auch einzeln als Profit Center geführt werden.

Wegen des damit verbundenen hohen Koordinationsaufwandes realisieren große Kreditinstitute nicht die dreidimensionale Matrixorganisation nach den Kriterien Kundengruppe, Produktgruppe und Region, sondern sie bilden strategische Organisationseinheiten und ordnen diesen die Produktbereiche unter. Dabei wird die Zuständigkeit für die Anlageprodukte der Geschäftseinheit für die Privatkunden und die Zuständigkeit für die Kreditprodukte der Geschäftseinheit für die Firmenkunden zugeordnet. Diese organisatorische Einordnung der Zuständigkeit für die Produktgruppen erfolgt nur nach dem Schwerpunkt der Produktnutzung; eine eindeutige Zuordnung ist nicht möglich, weil, um im obigen Beispiel zu bleiben, Firmenkunden auch Anlageprodukte und Privatkunden auch Kreditprodukte nutzen. Diese Produktbereiche können durchaus als Profit Center definiert werden. Dabei ist aber zu beachten, dass sie den strategischen Geschäftseinheiten untergeordnet sind, und dass es einen Leistungsaustausch zwischen den Geschäftseinheiten gibt, wenn die Kunden einer Geschäftseinheit Produkte nutzen, die ein Produktbereich erstellt, der einer anderen strategischen Geschäftseinheit untergeordnet ist. Diese Leistungsverflechtung stellt erhebliche Anforderungen an die Profit Center-Rechnung.

Das divisional strukturierte Organisationsmodell einer Bank sieht vor, dass die Bank in weitgehend unabhängig voneinander arbeitende strategische Geschäftseinheiten gegliedert wird, die durch die Nutzung einiger Funktionen der Zentrale miteinander verbunden sind. Aus Kostengründen hat man in der Praxis aber davon abgesehen, die organisatorische Grundstruktur der strategischen Geschäftseinheiten auch im Filialsystem, von der Hauptfiliale bis zur kleinsten Zweigstelle, durchzuhalten. Die Filialen können also nicht eindeutig einer bestimmten strategischen Geschäftseinheit unterstellt werden, sie sind aber als in sich abgeschlossene Betriebseinheiten zu betrachten, die alle Voraussetzungen erfüllen, um als Profit Center geführt zu werden: Sie sind abgegrenzte Organisationseinheiten mit eigener Entscheidungskompetenz, die verantwortlich handeln und im Kundengeschäft einen Erfolgsbeitrag für die Gesamtbank erwirtschaften. In vielen Instituten unterstehen die Filialen einer größeren Region einer Organisationseinheit, die auch als Filialbereich bezeichnet wird. Der Erfolgsbeitrag eines Filialbereichs ergibt sich durch

Aggregation der Erfolgsbeiträge der unterstellten Filialen. Da sie organisatorisch klar abgegrenzt sind, in hinreichendem Umfang Entscheidungskompetenzen haben und auch für ihren Erfolg verantwortlich sind, erfüllen auch sie die Voraussetzungen, um als Profit Center geführt zu werden.

Funktionalbereiche, wie Personal, Organisation, Informatik, Marketing, Controlling, Rechnungswesen, interne Revision, Raum und Bau etc., bedienen keine eigenen Kunden und erzielen keine Erträge, sondern sie erbringen Serviceleistungen für andere Organisationseinheiten, insbesondere für die Profit Center. Diese Organisationseinheiten, hier als Service Center bezeichnet, sind auch organisatorisch eindeutig abgegrenzt, und sie haben erhebliche Entscheidungskompetenzen; sie erzielen nur keinen eigenständig zurechenbaren Erfolgsbeitrag und haben daher keine Gewinnverantwortung. Auch sie werden in den Zielvereinbarungsprozess einbezogen, also seitens der Geschäftsleitung durch Zielvereinbarung, Budgetierung und Kontrolle geführt. Dies bedeutet im einfachsten Fall, dass jeweils zum Jahresende geprüft wird, ob das einzelne Service Center die vereinbarten Ziele erreicht hat, und ob das Budget über- oder unterschritten wurde.

Service Center erbringen – wie oben bereits erwähnt – innerbetriebliche Leistungen, die von Profit Centern in Anspruch genommen werden. Um den Erfolgsbeitrag eines Profit Centers möglichst genau zu bestimmen, ist es wünschenswert, dass die innerbetrieblichen Leistungen der Service Center wertmäßig erfasst und mit den Profit Centern (Leistungsempfängern) abgerechnet werden. Dies setzt aber eine Standardisierung der von den Service Centern erbrachten innerbetrieblichen Leistungen voraus. Ist diese Möglichkeit gegeben, dann werden den Profit Centern die von ihnen jeweils in Anspruch genommenen innerbetrieblichen Leistungen in Rechnung gestellt, und den Service Centern, die sie erbracht haben, wird der Verrechnungsbetrag gutgeschrieben. Es liegt auf der Hand, dass sich die Höhe der Verrechnungspreise für innerbetriebliche Leistungen direkt auf den Erfolgsbeitrag der Profit Center auswirkt.

Innerbetriebliche Leistungsverrechnung führt dazu, dass der innerbetriebliche Leistungsaustausch quasi marktlich abläuft. Die Abnehmer kennen die Preise der innerbetrieblichen Leistungen, und sie werden sich zur Inanspruchnahme nur entschließen, wenn sich dies positiv auf den Erfolgsbeitrag auswirkt. Gleichzeitig erhalten die Service Center Rückkopplungsinformationen, die ihnen anzeigen, welche ihrer Service-Leistungen gefragt sind und welche nicht. Dies trägt dazu bei, die häufig beklagte Stabsmentalität der Funktionalbereiche abzubauen und bei den Service Center-Leitern unternehmerisches Verhalten zu fördern.

3. Koordination der Profit Center

Profit Center sollen weitgehend selbstständig und eigenverantwortlich handeln können; sie bleiben aber Teilbereiche des Gesamtinstituts, und ihre Aktivitäten müssen daher in gewissem Umfang koordiniert werden. Diese Koordination könnte nur entfallen, wenn jedes Profit Center zu einer eigenständigen Bank ausgebaut würde. Das würde aber kostenmäßig zu erheblichen Nachteilen führen, weil dann jedes Profit Center alle bankbetrieblichen Funktionsbereiche aufweisen müsste. Die Profit Center-Organisation ist also als Kompromiss zu verstehen: Die Profit Center können bestimmte bankbetriebliche Funktionalbereiche wie zum Beispiel den Personalbereich gemeinsam nutzen, was kostenmäßige Vorteile mit sich bringt; ihre Ziele, Entscheidungskompetenzen und Handlungsspielräume müssen dann aber koordiniert und mit der Zentrale abgestimmt werden.

Die Koordination zwischen den Profit Centern, Service Centern und der Zentrale der Bank erfolgt vertikal und horizontal. Die vertikale Koordination betrifft primär die Beziehungen zwischen der Zentrale und den Profit Centern. Die strategischen und operativen Ziele des Instituts sollen durch die Aktivitäten der Profit Center und Service Center erreicht werden. Diese Ziele müssen daher so operationalisiert werden, dass, wenn sie von den betreffenden Organisationseinheiten erreicht werden, zugleich auch die Ziele der Gesamtbank erreicht werden. Die Zentrale des Instituts, die die vertikale Koordination organisiert, übt hierbei eine Steuerungs-, eine Kontroll- und eine Erfolgsbewertungsfunktion aus.

Die Steuerungsfunktion wird insbesondere durch Zielvereinbarung und Kompetenzbegrenzung wahrgenommen. Bei der Koordination durch Zielvereinbarung werden primär operative Ziele in Form von Erfolgsbeitragszielen (für die Profit Center) und Aufwandszielen in Verbindung mit der Vorgabe von Leistungsmengen (für die Service Center) festgelegt. Diese Ziele beziehen sich auf das einzelne Geschäftsjahr. Strategische Ziele, die darauf gerichtet sind, Wettbewerbsvorteile gegenüber der Konkurrenz aufzubauen, zum Beispiel durch Heranbildung hoch qualifizierter Betreuer für die Kunden eines strategischen Geschäftsfeldes, sind längerfristig orientiert. Maßnahmen zur Erreichung dieser Ziele verursachen zunächst nur Aufwendungen und erst in späteren Geschäftsjahren Erträge. Sie müssen daher gesondert als Komponenten in die Zielvereinbarung einbezogen werden. Das Steuerungskonzept für eine Profit Center-Organisation kann nur die Gewinnsteuerung sein (Mertin, 1981, S. 397), allerdings nicht in vollkommen reiner Form. Ergänzend müssen Komponenten in die Zielvereinbarung einbezogen werden können, damit auch die strategischen Ziele der Bank erreicht werden.

Die Steuerungsfunktion der Zentrale umfasst außer der Zielvereinbarung auch die Kompetenzbegrenzung. Profit Center haben typischerweise nicht das Recht, Kapazitäten aufzubauen, die es an anderer Stelle in der Bank auch gibt, also Kapazitäten zu duplizieren. In der Profit Center-Organisation sollen derartige Kapazitäten ja gerade von mehreren Profit Centern gemeinsam in Anspruch genommen werden, um Wirtschaftlichkeitsvorteile zu nutzen. Für die Schaffung derartiger Kapazitäten haben Profit Center daher keine Kompetenz. Bestimmte Geschäftsarten werden typischerweise nicht von den Filialen, sondern von der Zentrale des jeweiligen Instituts betrieben. Hierzu gehören insbesondere Geld-, Devisen-, Wertpapier- und Edelmetallhandel, das Emissionsgeschäft, das Konsortialkreditgeschäft und der Handel in derivativen Finanzinstrumenten. Diese Geschäftsarten sind typischerweise Zentralbereichen vorbehalten, und dezentrale Organisationseinheiten, zum Beispiel Inlandsfilialen, haben hierfür keine Kompetenz. Großbanken können für einen Teil dieser Geschäftsarten auch inländischen Hauptfilialen Kompetenzen übertragen, und sie werden bei ihren Auslandsfilialen in noch größerem Umfang von dieser Möglichkeit Gebrauch machen, um auf diese Weise an den internationalen Devisen- und Wertpapierhandelsplätzen präsent zu sein. Die Steuerungsfunktion der Zentrale sieht im Rahmen der vertikalen Koordination der Profit Center also nicht nur die Vereinbarung von Zielen und Komponenten, sondern auch die inhaltliche Festlegung von Kompetenzen vor.

Je mehr bei der Profit Center-Organisation von der Delegation von Entscheidungsbefugnissen Gebrauch gemacht wird, desto wichtiger ist die Kontrollfunktion, die auch von der Zentrale ausgeübt werden muss. Kontrolle steht nicht im Mittelpunkt des Controlling, diese Funktion wird aber vom Controlling-Bereich typischerweise mit wahrgenommen. Als Instrumente werden dabei das interne Rechnungswesen, insbesondere die bankbetriebliche Kosten- und Leistungsrechnung, und weitere EDV-gestützte Informationssysteme eingesetzt. Dabei ist primär zu prüfen, ob die vereinbarten Ziele erreicht und Komponenten realisiert, ob die Budgetgrenzen eingehalten und ob die vorgegebenen Qualitätsstandards erfüllt worden sind. Ergänzend kann die interne Revision tätig werden, um zu kontrollieren, ob Profit Center und Service Center ihre Kompetenzen in Hinsicht auf den Ressourceneinsatz und die Geschäftsarten eingehalten haben.

Zwischen Profit Centern und Service Centern, hier zusammenfassend als Divisions bezeichnet, bestehen verschiedenartige Beziehungen, die auf zwei Grundformen zurückgeführt werden können. Zwischen den Divisions finden Leistungstransfers statt, und die Divisions konkurrieren um knappe Kapazitäten, zum Beispiel um Leistungen von Service Centern (Coenenberg, 1973, S. 374). Diese Beziehungen berühren ausschließlich die Ebene der Divisions. Ihre Koordination wird auch als horizontale Koordination bezeichnet. Der Leistungsaustausch zwischen den Divisions vollzieht sich in unterschiedlichster Form. Service Center, zum Beispiel der Informatik-Bereich, erbringen Leistungen für Profit Center und auch für andere Service Center. Profit Center, zum Beispiel strategische Geschäftseinheiten, denen spezifische Produktbereiche untergeordnet sind, können Wertleistungen und Betriebsleistungen für andere Profit Center erbringen. Theoretisch ist es durchaus möglich, diesen Leistungsaustausch durch eine zentrale Entscheidungsinstanz zu steuern. Dies würde aber dem Konzept der Profit Center-Organisation widersprechen, bei dem der Umfang der zentralen Steuerungseingriffe ja gerade niedrig gehalten werden soll. Daher bedarf die horizontale Koordination eines besonderen Koordinationsmechanismus.

Der Grundgedanke, die innerbetrieblichen Aktivitäten durch Preise zu steuern, wurde erstmals von Schmalenbach unter der Bezeichnung „Pretiale Lenkung" formuliert und ausgearbeitet. Er hat seither eine breite Akzeptanz gefunden, und er kommt auch bei der Profit Center-Steuerung zur Geltung. Hier werden die von den Divisions gemeinsam genutzten Ressourcen sowie die Leistungstransfers zwischen den Divisions mit Verrechnungspreisen bewertet, die gewährleisten sollen, dass die dezentral getroffenen Entscheidungen über die Allokation von Ressourcen und das Ausmaß des Leistungstransfers für das Gesamtinstitut optimal sind (Coenenberg, 1973, S. 374).

4. Verrechnungspreise für die interne Leistungsverrechnung

Wenn in der Profit Center-Organisation den Profit Centern der von ihnen erarbeitete Erfolgsbeitrag und den Service Centern der von ihnen verursachte Aufwandsbeitrag sachgerecht zugerechnet werden soll, dann müssen die Leistungstransfers zwischen den Service Centern und den Profit Centern und auch zwischen den Profit Centern durch Verrechnungspreise bewertet werden, die so festgelegt sind, dass sie eine Lenkungs- und eine Erfolgsermittlungsfunktion übernehmen können. Die Lenkungsfunktion sieht vor, dass die Verrechnungspreise die Entscheidungen der Divisions, also der Profit Center und Service Center, so beeinflussen (lenken), dass sich für das Gesamtinstitut der maximale Erfolg einstellt. Die Lenkung bezieht sich hier also auf die Allokation der Produktionsfaktoren und der innerbetrieblichen Leistungen. Die Erfolgsermittlungsfunktion der Verrechnungspreise besteht darin, dass die innerbetrieblichen Leistungstransfers mit Hilfe der Verrechnungspreise so bewertet werden, dass der Erfolg der Profit Center ermittelt werden kann. Im Rahmen der vertikalen Koordination kann die Kontrollfunktion der Zentrale wahrgenommen werden, wenn die Erfolgsermittlung der Profit Center und die Aufwandsermittlung der Service Center stattgefunden haben. Erst dann können Zielabweichungen festgestellt, Budgetveränderungen ausgehandelt und Korrekturmaßnahmen ergriffen werden.

Die Forderung, Verrechnungspreise müssten so festgelegt werden, dass die Maximierung des Erfolgs auf Profit Center-Ebene gleichzeitig zur Maximierung des Erfolgs auf Gesamtbankebene führt, lässt sich nur erfüllen, wenn der Zentrale das optimale Produktions- und Absatzprogramm des Instituts schon bekannt ist. Einerseits ist diese Voraussetzung in der Praxis nicht gegeben, andererseits hätten die Profit Center nur noch eine Scheinautonomie, wenn der Zentrale das Gesamtoptimum schon bekannt wäre, die Divisions mit Hilfe der optimalen Verrechnungspreise aber nur noch veranlasst werden müssten, dieses Gesamtoptimum zu realisieren. Daher musste das Ziel, optimale Transferpreise für die Profit Center-Rechnung zu ermitteln, aufgegeben werden, und man begnügt sich seither damit, mangelbehaftete Transferpreise zu verwenden, die auch als befriedigende Verrechnungspreise bezeichnet werden.

Für die dezentrale Lenkung von Profit Centern kommen grundsätzlich drei Formen von Verrechnungspreisen in Betracht: Marktpreise, Grenzkostenpreise und Knappheitspreise. Coenenberg (1973, S. 376 f.) untersucht ausführlich, in welchem Umfang und unter welchen Voraussetzungen diese Verrechnungspreistypen die Lenkungsfunktion und die Erfolgsermittlungsfunktion erfüllen und welche praktischen Schwierigkeiten mit ihrer Verwendung verbunden sind. Für die meisten der innerbetrieblich ausgetauschten Leistungsarten existiert kein externer Markt, auf dem Marktpreise festgestellt werden könnten. Zu den wenigen Ausnahmen gehören die Preise für EDV-Leistungen, die von den Marktpreisen, die von kommerziellen Rechenzentren in Rechnung gestellt werden, abgeleitet werden können.

Wenn nur ein interner Markt existiert und bei der liefernden Division keine Restriktionen, insbesondere Kapazitätsrestriktionen, wirksam sind, so dass die Leistungen grundsätzlich in unbegrenzter Menge zur Verfügung stehen, dann sollten die Verrechnungspreise in Höhe der von den Leistungen verursachten Grenzkosten angesetzt werden. Die Lenkungsfunktion wird von diesem Verrechnungspreistyp erfüllt, die Erfolgsermittlungsfunktion jedoch nicht. Mit den Grenzkosten werden nur die variablen Kosten verrechnet, so dass die liefernde Division nur diese variablen Kosten erstattet bekommt, während die empfangende Division den gesamten auf das Endprodukt entfallenden Erfolgsanteil erhält. Weicht man dagegen vom Grenzkostenpreis ab, um der liefernden Division einen Erfolgsanteil zurechnen zu können, dann übt der Verrechnungspreis die Lenkungsfunktion nicht mehr korrekt aus.

Stehen die innerbetrieblichen Leistungen nur begrenzt zur Verfügung, weil Kapazitätsrestriktionen wirksam sind, dann konkurrieren verschiedene Abnehmer-Divisions um die knappe Kapazität. In dieser Knappheitssituation müssen den innerbetrieblichen Leistungen Knappheitspreise zugeordnet werden in Höhe der Grenzkosten zuzüglich Opportunitätskosten (Coenenberg, 1973, S. 378). Opportunitätskosten einer knappen Kapazität erhält man zum Beispiel dadurch, dass man für das gesamte Produktionsprogramm des Unternehmens ein lineares Optimierungsmodell formuliert, das die knappe Kapazität durch eine Kapazitätsrestriktion berücksichtigt. Mit der optimalen Lösung für dieses Modell erhält man gleichzeitig auch die Opportunitätskosten zu den einzelnen Restriktionen. In Bezug auf die betrachtete Kapazitätsrestriktion geben die Opportunitätskosten an, in welchem Ausmaß der Wert der Zielvariablen, zum Beispiel Deckungsbeitrag, steigen würde, wenn die knappe Kapazität um eine Einheit ausgeweitet würde. Knappheitspreise als Verrechnungspreise würden die Lenkungsfunktion erfüllen, die Erfolgsermittlungsfunktion jedoch wiederum nicht. Knappheitspreise für innerbetriebliche Leistungen führen dazu, dass die Erfolgsanteile den Divisions mit Engpässen zugerechnet werden. Liegen die Engpässe allein in den liefernden Divisions, dann wird der Erfolg ausschließlich diesen Divisions zugerechnet.

5. Erfolgsrechnung für Profit Center und Service Center

Grundlage der Profit Center-Rechnung sind die bekannten entscheidungsorientierten Verfahren der Bankkalkulation, insbesondere die Marktzinsmethode und die Standard-Einzelkostenrechnung. In das Grundschema der Einzelgeschäftskalkulation gehen vier Erfolgselemente ein (Schierenbeck, 1992):

Zinskonditionsbeitrag
– (Standard-)Risikokosten
+ Provisionserträge
– (Standard-)Einzelkosten
= Einzelgeschäftserfolg

Bei der Produktkalkulation wird ermittelt, welchen Erfolgsbeitrag ein bestimmtes Produkt während einer Periode eingebracht hat. Zu diesem Zweck werden alle Einzelgeschäftsabschlüsse der Periode, die dieses Produkt zum Gegenstand haben, nach dem Schema der Einzelgeschäftskalkulation kalkuliert, und die Erfolgsbeiträge werden dann zu dem Erfolgsbeitrag dieses Produkts der betrachteten Periode zusammengefasst. Wendet man dieses Verfahren für alle Produkte einer Produktgruppe an, dann ergibt sich durch Aggregation auch das Ergebnis der Produktgruppenkalkulation.

Das Ergebnis der Kundenkalkulation erhält man, wenn man alle Geschäftsabschlüsse, die der betrachtete Kunde in der Periode getätigt hat, nach dem Einzelkalkulationsschema bewertet und die Ergebnisse aggregiert. Wird dieses Verfahren auf alle Kunden einer Kundengruppe angewandt, dann erhält man durch Zusammenfassung der Kalkulationsergebnisse das Kundengruppenergebnis.

Werden schließlich alle Einzelgeschäftsabschlüsse, die die Kunden einer Geschäftsstelle getätigt haben, kalkuliert, dann ergibt die Zusammenfassung der Einzelergebnisse das Geschäftsstellenergebnis. Fasst man die Ergebnisse aller Geschäftsstellen, die zu einem Niederlassungsbereich gehören, zusammen, dann erhält man das Kalkulationsergebnis des Niederlassungsbereichs. Diese Verfahren, die hier nur stark verkürzt und vereinfacht angesprochen werden können, haben in der Praxis weite Verbreitung gefunden. Sie waren von Anfang an nicht auf die Kalkulation von Profit Centern ausgerichtet, und es ist nun zu prüfen, welche Modifikationen erforderlich sind, damit sie auch der Profit Center-Rechnung zugrunde gelegt werden können.

Von den Kalkulationsobjekten Produkt, Kunde und Geschäftsstelle trägt nur die Geschäftsstelle zugleich auch die Merkmale eines Profit Centers. Der einzelne Kunde und auch die Kundengruppe sind keine Profit Center; eine Kundengruppe, die in einer bestimmten Region mit einem bestimmten Leistungsbündel bedient wird, kann aber als strategisches Geschäftsfeld definiert werden, dem in organisatorischer Hinsicht eine strategische Geschäftseinheit zugeordnet wird. Wenn diese strategische Geschäftseinheit organisatorisch eindeutig abgegrenzt ist und selbstständig und mit eigener Gewinnverantwortung geführt wird, dann ist sie als Profit Center zu betrachten. Und wenn zum Kalkulationsobjekt Produkt ein organisatorischer Produktbereich gehört, der für die Erstellung dieses Produkts oder für eine ganze Produktgruppe verantwortlich ist, der selbstständig geführt wird und eine eigene Gewinnverantwortung hat, dann kann auch ein derartiger Produktbereich als Profit Center gelten. Damit hat sich gezeigt, dass die bekannten Kalkulationsverfahren mit gewissen Modifikationen zur Kalkulation von Profit Centern wie Produktbereichen, strategischen Geschäftseinheiten und Geschäftsstellen herangezogen werden können. Die wichtigste Besonderheit der Profit Center-Rechnung besteht aber darin, dass den Profit Centern nur die jeweils von diesen wirklich verursachten Aufwands- und Ertragsbestandteile zugerechnet werden dürfen. Diese Abgrenzungsproblematik in Bezug auf organisatorisch wohldefinierte Einheiten (Profit Center) kann durch die Kalkulationsverfahren nicht gelöst werden; sie erfordert eine Erfassung, Bewertung und Abrechnung von Leistungstransfers, die zwischen Profit Centern und auch zwischen Service Centern und Profit Centern stattfinden.

Die Erträge, die die Profit Center erwirtschaften, werden ihnen direkt zugerechnet. Bei den Produktbereichen, strategischen Geschäftseinheiten und Filialen sind dies insbesondere die Konditionsbeiträge und die Provisionserträge aus dem Kundengeschäft. Bei der strategischen Geschäftseinheit Treasury handelt es sich dagegen primär um Ergebnisse aus dem Geld-, Devisen-, Wertpapier- und Edelmetallhandel sowie aus dem Handel mit derivativen Finanzinstrumenten.

In der Produkt-, Kunden- und Geschäftsstellenkalkulation werden die Betriebskosten den Kalkulationsobjekten in Form von Standard-Einzelkosten angelastet. In der Profit Center-Rechnung müssen diese Standard-Einzelkosten nun so abgegrenzt werden, dass die Profit Center nur mit den Betriebskostenanteilen belastet werden, die sie verursacht und daher auch zu verantworten haben.

Die Ermittlung der Standard-Einzelkosten einer Betriebsleistung erfolgt in vier Schritten (Schierenbeck, 1992, S. 1065):

1. Tätigkeitskatalog je Betriebsleistungsart
   Jede Betriebsleistungsart besteht aus einer Kette innerbetrieblicher Teilleistungen. Ablaufstudien sind erforderlich, um die bei jeder Teilleistung zu vollziehenden Arbeitsschritte zu erfassen und in einem Tätigkeitskatalog niederzulegen.
2. Erfassung des Zeit- und Mengengerüsts
   Durch Zeit- und Verbrauchsstudien werden für jede Betriebsleistungsart, gegliedert nach den zugehörigen innerbetrieblichen Teilleistungen, die Standard-Bearbeitungszeiten und Standard-Verbrauchsmengen ermittelt. Hierbei handelt es sich um Sollbearbeitungsgrößen, die bestimmte Wirtschaftlichkeitsvorstellungen implizieren. Sie können von den Ist-Bearbeitungszeiten und -verbrauchsmengen abweichen. Voraussetzung für diese Erfassung ist natürlich, dass es sich bei den einzelnen Teilleistungen um regelmäßig wiederkehrende, gleichartige Tätigkeiten, zum Beispiel Sachbearbeitungsvorgänge, handelt.
3. Bewertung des Zeit- und Mengengerüsts
   Für Produktionsfaktoren, deren Verbrauch in Standard-Bearbeitungszeiten gemessen wird – insbesondere die Arbeitsleistung –, werden Einzelkosten-Zeitfaktoren ermittelt, indem die Perioden-Einzelkosten einer Kostenstelle durch die verfügbare Gesamtkapazität dieser Kostenstelle dividiert werden. Es ergibt sich ein Einzelkosten-Zeitfaktor in der Dimension „Geldeinheiten pro Zeiteinheit“, zum Beispiel DM pro Minute. Für Produktionsfaktoren, deren Verbrauch in Standard-Bearbeitungsmengen gemessen wird, werden Einzelkosten-Stückfaktoren ermittelt, die den Wertansatz pro Verbrauchsmengeneinheit des jeweiligen Produktionsfaktors beinhalten.
4. Standard-Einzelkosten der Teilleistungen und der Betriebsleistung
   Für jede Teilleistung werden nun die Standard-Bearbeitungszeiten mit den Einzelkosten-Zeitfaktoren und die Standard-Verbrauchsmengen mit den Einzelkosten-Stückfaktoren multipliziert und summiert, so dass sich die Standard-Einzelkosten der Teilleistung ergeben. Wenn die Standard-Einzelkosten aller Teilleistungen, die zu einer Betriebsleistungsart gehören, vorliegen, dann können sie auch zu den Standard-Einzelkosten der Betriebsleistungsart zusammengefasst werden.

Dieses Verfahren der Ermittlung von Standard-Einzelkosten der Betriebsleistungen verrechnet die menschliche Arbeitsleistung, soweit sie auf sachbearbeitende Tätigkeiten entfällt, als Einzelkosten. Auch angesichts des Kündigungsschutzes, den Bankmitarbeiter genießen, erscheint dies gerechtfertigt, weil Profit Center-Leiter auch für den Personaleinsatz verantwortlich sind und Sachbearbeiter innerhalb gewisser Grenzen für verschiedene Aufgaben einsetzen können. Selbst wenn die Personalkapazität eines Profit Centers insgesamt höher ist als notwendig, kann der Profit Center-Leiter etwa durch Versetzung einen Ausgleich herbeiführen. Kommt es auch auf Gesamtbankebene zu einem Überschuss an Personalkapazität, dann kann das Institut durch Einstellungsstopp und Ausnutzung der Fluktuation einen Kapazitätsabbau erreichen. Das Postulat der Verursachungsgerechtigkeit der Kostenzurechnung setzt nicht zwangsläufig voraus, dass Kostenbestandteile, hier die Personalkosten, ohne Zeitverzögerung sinken, wenn die Beschäftigung abnimmt. Vielmehr sollten Kosten auch dann noch als variabel betrachtet werden, wenn sie erst eine gewisse Zeit nach dem Beschäftigungsrückgang sinken, oder wenn, wie hier im Beispiel der Personalkosten, die betroffenen Mitarbeiter erst nach einer gewissen Umstellungszeit andere Aufgaben in der Leistungserstellung übernehmen.

Bei der Ermittlung der Standard-Einzelkosten, insbesondere in den Schritten 2. und 3., findet bei der Erfassung der Standard-Bearbeitungszeiten und -mengen sowie bei der Bewertung des Zeit- und Mengengerüstes eine Standardisierung statt. Entsprechend den Verfahren der Arbeitsbewertung wird auch hier als Leistungsgrad die Normalleistung unterstellt, also ein Leistungsgrad, den die Mitarbeiter unter Berücksichtigung von Verteilzeiten auf Dauer realisieren können. Bei der Berechnung der Einzelkosten-Zeitfaktoren ist nicht von Sonderfällen auszugehen, sondern von Mitarbeitern in den für die jeweilige Tätigkeit typischen Lohngruppen und mit den typischen Lohnnebenkosten. Der Verbrauch von Material etc. ist so anzusetzen, wie er sich bei sorgfältiger Sachbearbeitung im Mittel einstellt. Insgesamt ist jeweils zu berücksichtigen, dass durch die Standardisierung ein Maßstab festgelegt wird, an dem die Wirtschaftlichkeit der tatsächlichen Sachbearbeitung später gemessen wird. Wenn dieser Maßstab zu streng ist, wenn also zum Beispiel die Service Center-Leiter mit ihren Ist-Kosten die Standard-Einzelkosten faktisch gar nicht erreichen oder unterschreiten können, dann werden sie demotiviert. Abweichungen zwischen Ist-Kosten und Standard-Kosten wird es in der Praxis immer geben, und diese können auch auf ihre Ursache hin untersucht werden, so dass man Beschäftigungs-, Verbrauchs- und Preisabweichungen erkennen kann. In jedem Fall muss aber gewährleistet sein, dass leistungsbereite und sorgfältig arbeitende Service Center die Standard-Kosten auch erreichen können.

Für die Profit Center-Rechnung wird nun davon ausgegangen, dass der gesamte organisatorische Bereich der Bank, der mit Leistungserstellung und Vertrieb beschäftigt ist, flächendeckend in Profit Center und Service Center eingeteilt worden ist. Lediglich die Geschäftsleitung und ihr Sekretariat sowie Funktionsbereiche, deren Leistungen nicht standardisiert werden können, so dass sie den Profit Centern auch nicht durch interne Verrechnungen angelastet werden können, bleiben außer Betracht.

Zunächst wird nun die Profit Center-Rechnung für eine Filiale untersucht. Nach Schierenbeck (1992, S. 1073) wird eine Filiale wie folgt kalkuliert:

Ergebnisbeitrag aller Einzelgeschäftsabschlüsse der Filiale

\+ Risikoergebnis der Filiale

\+ Produktivitätsergebnis der Filiale

= direkter Ergebnisbeitrag der Filiale.

In der Summe der Einzelgeschäftsergebnisse, die der Filiale zugerechnet werden, sind die Standard-Einzelkosten der Einzelgeschäfte schon in vollem Umfang berücksichtigt, gleichgültig, ob die zu den einzelnen Geschäftsabschlüssen gehörenden Betriebsleistungen ganz oder nur teilweise von der betreffenden Filiale erbracht worden sind. Die Teilleistungen jeder Betriebsleistungsart, die die Filiale selbst erbracht hat, müssen in der Profit Center-Rechnung mit den Ist-Kosten angesetzt werden, denn diese hat der Profit Center-Leiter zu verantworten. Da die Standard-Einzelkosten der Geschäftsabschlüsse schon in vollem Umfang der Filiale angelastet worden sind, erfolgt jetzt nur noch eine Korrektur durch das Produktivitätsergebnis der Filiale. Zu diesem Zweck ermittelt man zunächst das

Einzel-Produktivitätsergebnis je Betriebsleistungsart

= Standard-Einzelkosten der Betriebsleistungsart (soweit sie gemäß Teilleistungskette auf die Filiale entfallen

./. Ist-Einzelkosten für die Betriebsleistungsart.

Für jede Betriebsleistungsart, die in Zusammenhang mit den Geschäftsabschlüssen der Filiale erbracht werden musste, wird auf diese Weise ein Einzel-Produktivitätsergebnis errechnet. Multipliziert man dieses Einzel-Produktivitätsergebnis je Betriebsleistungsart mit der Menge der Betriebsleistungen je Betriebsleistungsart und summiert man über alle Betriebsleistungsarten, dann ergibt sich das Produktivitätsergebnis der Filiale. In der Profit Center-Rechnung der Filiale werden zunächst also sämtliche Betriebsleistungen, die zu den von der Filiale getätigten Geschäftsabschlüssen gehören, in Form von Standard-Einzelkosten berücksichtigt. Durch das Produktivitätsergebnis der Filiale erfolgt nun eine Korrektur: Die Standard-Einzelkosten, soweit sie auf die von der Filiale selbst ausgeführten Teilleistungen entfallen, werden wieder kompensiert. An ihre Stelle treten die Ist-Einzelkosten, die auf diese Teilleistungen entfallen. Die Standard-Einzelkosten, die auf Teilleistungen entfallen, die von Service Centern, zum Beispiel vom Service Center „Zentrale Geschäftsabwicklung" erbracht worden sind, und die das Kalkulationsergebnis der Filiale mindern, werden in gleicher Höhe dem Service Center, von dem die Filiale die Teilleistungen bezogen hat, erstattet. Der innerbetriebliche Leistungstransfer wird also zu Standard-Einzelkosten abgerechnet. Als Verrechnungspreise werden dabei die Standard-Einzelkosten pro Teilleistung angesetzt. Diese Verrechnungspreise sind als Grenzkostenpreise zu betrachten, die die Lenkungsfunktion der Verrechnungspreise erfüllen.

Das Service Center erfasst seine Ist-Kosten auf einer oder mehreren Kostenstellen, und es erhält durch interne Leistungsverrechnung Gutschriften in Höhe der Standard-Einzelkosten für die Teilleistungen, die dieses Service Center für seine verschiedenen Abnehmer erbracht hat.

Dadurch ergibt sich das Produktivitätsergebnis des Service Centers

= Summe der Gutschriften der Standard-Einzelkosten von allen Leistungsabnehmern des Service Centers

./. Ist-Kosten des Service Centers.

Das Service Center bedient keine Kunden, und es kann auch keinen Erfolgsbeitrag erwirtschaften. Es kann aber an seinem Produktivitätsergebnis gemessen werden, das darüber Auskunft gibt, ob es wirtschaftlich geführt worden ist und seine Ist-Kosten etwa in Höhe der Standard-Einzelkosten gehalten hat oder ob die Ist-Kosten tatsächlich erheblich über den verrechneten Standard-Einzelkosten liegen. Es versteht sich von selbst, dass hierbei als Ist-Kosten nur die Kosten angesetzt werden dürfen, die bei der Erbringung der Teilleistungen tatsächlich angefallen sind, die auch zur Verrechnung der Standard-Einzelkosten geführt haben. Verrechnungspreise in Form von Standard-Einzelkosten können zwar die Lenkungsfunktion erfüllen, die Erfolgsermittlungsfunktion jedoch nicht in der theoretisch wünschenswerten Weise, denn unter Verrechnung von Standard-Einzelkosten kann den Service Centern kein Erfolgsbeitrag im herkömmlichen Sinne zugerechnet werden. Im übertragenen Sinne kann aber das Produktionsergebnis als Maß für den Erfolg eines Service Centers betrachtet werden.

In die Profit Center-Rechnung von strategischen Geschäftseinheiten gehen die Einzelgeschäftsergebnisse der Geschäfte ein, die die Kunden der strategischen Geschäftseinheit in der Betrachtungsperiode abgeschlossen haben. Dadurch werden der strategischen Geschäftseinheit zunächst auch die Standard-Einzelkosten für die mit diesen Geschäften verbundenen Betriebsleistungen vollständig angelastet, und das Produktivitätsergebnis der strategischen Geschäftseinheit bewirkt ebenso wie im Fall des Profit Centers „Filiale", dass für Teilleistungen, die von der strategischen Geschäftseinheit selbst erbracht werden, die Ist-Kosten angesetzt werden, während für Teilleistungen, die von Service Centern bezogen werden, Standard-Einzelkosten verrechnet werden. Die Service Center erhalten diese Standard-Einzelkosten wiederum gutgeschrieben, und sie setzen hiervon ihre Ist-Kosten ab, um ihre jeweiligen Produktivitätsergebnisse zu erhalten. Hierbei ist aber zu beachten, dass getrennte Service Center-Rechnungen durchgeführt werden müssen, wenn die Profit Center-Rechnung für verschiedene Arten von Profit Centern aufgestellt wird. Denn wenn man in einem Rechengang sowohl für Filialen als auch für strategische Geschäftseinheiten die Profit Center-Rechnung durchführte, dann würde jedes Kundengeschäft zweimal berücksichtigt, so dass die Service Center die doppelte Gutschrift an Standard-Einzelkosten erhielten, während ihre Ist-Kosten nur einmal eingesetzt würden.

Die Segmentierung der Teilleistungsketten, die zu den einzelnen Betriebsleistungsarten gehören, und die entsprechende Segmentierung der Standard-Einzelkosten der Betriebsleistungsarten, die für die Profit Center-Rechnung notwendig ist, hängen von der organisatorischen Abgrenzung der Profit Center ab. Dies unterstreicht zunächst, dass die Profit Center-Rechnung vollkommen auf das Organisationsmodell der jeweils betrachteten Bank abzustimmen ist. Wird die Rechnung für mehrere Profit Center-Arten durchgeführt, dann ist auch für jede Profit Center-Art eine spezifische Segmentierung der Teilleistungsketten erforderlich. Nur so kann sichergestellt werden, dass jedem Profit Center die Kosten, die der Profit Center-Leiter zu verantworten hat, als Ist-Kosten zugerechnet werden, während die Kosten, die von Service Centern verursacht werden, in die Rechnung des Profit Centers in Form von Standard-Einzelkosten eingehen.

Für große Institute ist die Profit Center-Rechnung außerordentlich komplex und entsprechend aufwendig. Es kann wohl nur im Einzelfall entschieden werden, ob die Kosten-Nutzen-Relation, die sich bei Durchführung der Profit Center-Rechnung einstellt, akzeptabel ist.

Literaturhinweise

BÜSCHGEN, H. E.: Bankbetriebslehre, Bankgeschäfte und Bankmanagement, 5. Auflage, Wiesbaden 1998.

COENENBERG, A. G.: Verrechnungspreise zur Steuerung divisionalisierter Unternehmen, in: Wirtschaftswissenschaftliches Studium, 8/9/1973, S. 373-382.

HARTMANN-WENDELS, T./PFINGSTEN, A./WEBER, M.: Bankbetriebslehre, 2. Auflage, Berlin 2000

MERTIN, K.: Profitcenter-SteueruBlens, H. (Hrsg.), Controlling in Banken und Sparkassen, Frankfurt 1981, S. 39-47.

SCHIERENBECK, H.: Geschäftsstellen-, Produkt- und Kundenkalkulation im Kreditgewerbe, in: Männel, W. (Hrsg.), Handbuch Kostenrechnung, Wiesbaden 1992, S. 1057-1084.

VILLIEZ, C. VON: Budgetkontrolle und Abweichungsanalyse in Kreditinstituten, Frankfurt 1989.

Bernd Rudolph

Kalkulation von Risikokosten auf Basis des Optionspreismodells

1. Kreditentscheidungen

Risikokosten als Komponenten der Preisuntergrenzen von Krediten hängen von dem gesamten Entscheidungsfeld einer Bank und somit auch von der Organisation des Kreditvergabeentscheidungsprozesses ab. Sowohl die Messung als auch die Bewertung der Kreditrisiken sind davon abhängig, in welchem zeitlichen und sachlichen Bezug die Kreditvergabeentscheidung gesehen wird. Die Bewertung umfasst auch die Umsetzung der Kreditrisiken in Risikokosten.

1.1 Einzelkredit- und Portefeuilleentscheidungen

Bei einer *Einzelkreditvergabeentscheidung* werden die Chancen und Risiken eines Kredits vom Entscheidungsträger ausschließlich an den zum Zeitpunkt der Kreditvergabe vorliegenden Informationen über den Kreditnehmer bzw. die zu übernehmende Kreditposition bemessen. Das übrige Entscheidungsfeld der Bank geht in den Kalkül nur mit Pauschalannahmen etwa über alternative Anlagemöglichkeiten am Geld- und Kapitalmarkt oder bankaufsichtliche Restriktionen der Kreditentscheidung ein.

Bei *Kreditportefeuilleentscheidungen* sind dagegen die Chancen und Risiken eines Kredits an der Entwicklung des Gesamtkreditportefeuilles der Bank zu messen und prinzipiell sogar im Hinblick auf alle von der Bank übernommene Risiken und Chancen zu beurteilen. Dabei sind die bestehenden, sinnvollerweise aber auch die Chancen und Risiken des zukünftig geplanten Kreditportefeuilles zu berücksichtigen. Froot/Stein (1998)[1] weisen darauf hin, dass aufgrund der Nichthandelbarkeit vieler Kreditprodukte auch deren Bewertung in Abhängigkeit des bankindividuellen Portfolios zu erfolgen hat.

Kreditengagements, die auf der Basis einer Einzelbetrachtung vorteilhaft erscheinen, können sich im Rahmen einer Kreditportefeuilleentscheidung als unvorteilhaft erweisen (beispielsweise wegen eines starken Risikozusammenhangs der Position mit dem bestehenden Kreditportefeuille). Umgekehrt können auch Kredite, die auf der Basis einer Portefeuillebetrachtung vorteilhaft sind, isoliert gesehen negativ zu beurteilen sein (beispielsweise weil im Rahmen der Einzelkreditentscheidung mögliche Cross-Selling- oder Diversifikationseffekte unberücksichtigt bleiben). Risikokosten sind also prinzipiell unterschiedlich anzusetzen, je nachdem, ob Kreditentscheidungen als Einzel- oder als Portefeuillentscheidungen getroffen werden.

Die Portfolio-Selection-Theorie nach Markowitz[2] ist ursprünglich für Vermögensgegenstände mit einem hohen Liquiditätsgrad, nämlich für börsennotierte Wertpapiere, insbesondere für Aktien entwickelt worden, bei denen erstens die Risiken als von der Anlage-

1 Vgl. Froot/Stein, 1998.
2 Vgl. Markowitz, 1959.

entscheidung nicht beeinflussbare Daten angesehen werden und zweitens die Annahme normalverteilter Ergebnisse zumindest näherungsweise Gültigkeit beanspruchen können. Die Übertragung des Portfolio-Selection-Modells auf das Kreditgeschäft[3] ist daher mit erheblichen methodischen (zum Beispiel Einperiodigkeit des Modells, asymmetrische Verteilung der Chancen und Risiken einer Kreditposition) und praktischen (Datenerhebung, Korrelationsanalyse) Schwierigkeiten verbunden.[4] Dennoch erscheinen die Grundideen des Portfolio-Selection-Modells durchaus auf die Kreditportefeuilleplanung anwendbar, so dass aus diesem Ansatz ebenso Anhaltspunkte zur Fundierung strategischer Kreditentscheidungen wie zur Kalkulation von Risikokosten gewonnen werden können.[5]

1.2 Beurteilung von Kreditrisiken

Als *Bonitätsrisiko* wird das individuelle, von der Entscheidung des Kreditgebers unabhängige Risiko bezeichnet, dass der Kreditnehmer bei Fälligkeit seine Verbindlichkeiten nicht oder nicht vollständig zurückzahlen kann oder will. Dieses Risiko betrifft *alle* Gläubiger des Kreditnehmers. Das Bonitätsrisiko eines Unternehmens wird durch das leistungswirtschaftliche Risiko (operating risk), das Kapitalstrukturrisiko (leverage risk) und das Konkursrisiko determiniert[6] und bankaufsichtlich als *Adressenausfallrisiko* bezeichnet.

Das *Ausfallrisiko* ist die für einen *bestimmten* Kredit gemessene Gefahr, dass ein bestimmter Kreditbetrag einschließlich Zinsen nicht oder nicht vollständig zurückgezahlt wird. Das Ausfallrisiko einer Kreditposition bemisst sich bei gegebener Bonität des Schuldners auch nach der Länge des Kreditvertrages, nach der speziellen Besicherung und dem Rang der Kreditposition. Kreditsicherheiten nehmen eine Umverteilung der Ausfallrisiken zwischen den Kreditgebern entgegen der gesetzlichen Konkursrangfolge vor.[7] Ein Besicherungsrisiko (Recovery Risk) besteht, wenn sich die eingeräumten Sicherungsrechte im Falle ihrer Verwertung als ganz oder teilweise wertlos erweisen sollten.

Das Risiko eines Kreditausfalls ist in seinen Konsequenzen für die Bank (Ertrags- und Liquiditätsrisiken) davon abhängig, ob es mit dem gleichzeitigen Eintreten anderer Risiken einhergeht und ob es aus den laufenden Geschäftserträgen ausgeglichen werden kann. Welche konkreten Ausgleichsmöglichkeiten bestehen, orientiert sich an der gesamten Risikovorsorgepolitik der Bank[8], aber auch an der bankaufsichtlich „erzwungenen“ Risikovorsorge durch Eigenkapitaldeckungsnormen, die dazu führen können, dass neben den Risikokosten auch Eigenkapitalkosten zu kalkulieren sind, wobei der Übergang zwischen beiden Kostenkategorien häufig als fließend angesehen wird.[9] Die folgenden Ansätze gehen davon aus, dass Kreditinstitute in Abhängigkeit vom Risikogehalt der Kreditpositionen Risikokosten kalkulieren.

3 Vgl. zum Beispiel Schneider, 1970.
4 Vgl. zum Beispiel Altman/Saunders, 1998.
5 Vgl. Meyer zu Selhausen, 1992 und Gollinger/Morgan, 1993.
6 Vgl. Wiegel, 1985.
7 Vgl. Rudolph, 1974.
8 Vgl. Krümmel, 1989.
9 Vgl. zum Beispiel Süchting, 1980.

2. Die Kalkulation von Risikokosten

Zur Kalkulation von Risikokosten im Rahmen der Marktzinsmethode wird typischerweise der aktivische Konditionenbeitrag zum Bankerfolg betrachtet, der den Renditevorteil von Kundenkrediten gegenüber äquivalenten Alternativanlagen am Geld- und Kapitalmarkt angibt.

Es wird also beispielsweise nicht berücksichtigt, dass sich die Passivkonditionen der Bank als von der Risikostruktur des Kreditportefeuilles abhängig erweisen, so dass bei Entscheidungen und Konditionierungen risikobehafteter Kreditgeschäfte die Rückwirkungen auf die Passivkonditionen berücksichtigt werden müssten. Aufgrund besonders risikobehafteter Kreditengagements könnten sich so die Refinanzierungsbedingungen und die Bedingungen für äquivalente Alternativanlagen verschlechtern. Solche Interdependenzen werden hier ebenso außer Acht gelassen wie die mögliche Substituierbarkeit von Bonitäts- und Zinsänderungsrisiken beim Kreditnehmer.[10]

2.1 Einzelkreditentscheidungen

Traditionelle Analysen der Bilanz, der Gewinn- und Verlustrechnung, der Finanzplanung und der Kreditsicherheiten sind darauf ausgerichtet, „Ausreißer" auszumachen, die von einer Kreditvergabe möglichst ausgeschlossen werden sollen. Die Beurteilung der Bonität des Kreditnehmers erfolgt weitgehend subjektiv und ist wenig standardisiert. Schon wegen messtechnischer Ungenauigkeiten sind differenzierte Ansätze von Risikokosten häufig ausgeschlossen. In praxi erfolgte oft die Umlage eines vergangenheitsbezogenen durchschnittlichen Risikoausfallsatzes auf alle Kredite eines Portefeuilles bzw. eines Portefeuillesegmentes.

Rating- und Bonitätsindikatorensysteme, bei denen anhand von geschätzen Ausfallwahrscheinlichkeiten oder Punktbewertungen die Kredite in Bonitätsklassen eingeteilt werden, weisen gegenüber den traditionellen Analysen eine größere Transparenz und Standardisierung auf, können darüber hinaus zwischen unterschiedlichen Risikoklassen des Kreditportefeuilles differenzieren und somit zum Ansatz unterschiedlicher Risikokosten Anlass geben. Für marktgängige Schuldverschreibungen liegen oft Ratings der bekannten Ratingagenturen vor, traditionelle Kredite werden anhand spezieller bankinterner Ratingsysteme beurteilt, die wiederum hinsichtlich ihrer Standardisierung oder auch ihres quantitativen vs. qualitativen Charakters unterschieden werden können. Dazu werden oft im Rahmen *quantitativ-statistischer Verfahren* mit Hilfe der Diskriminanzanalyse oder der Faktorenanalyse Kennzahlen gebildet, die sich zur Differenzierung der Kreditpositionen nach ihrem Ausfallrisiko als besonders aussagekräftig (trennfähig) erwiesen haben. Über derartige *Credit-Scoring-Verfahren* gelangt man zu einem „Score" je Kreditposition und damit zu einer Einteilung der Kreditprüfungen in „kreditwürdig" bzw. „nicht kreditwürdig" oder

10 Vgl. Kürsten, 1991.

auch in Ratingklassen. Man unterscheidet univariate und komplexere, multivariate Verfahren. Zu den bekanntesten Ausprägungen letzterer zählen die lineare Diskriminanzanalyse[11] und die nicht-linearen Logit-/Probit-Analysen. Weiterentwicklungen daraus sind zum Beispiel Fuzzy-Theorien und Neuronale Netze.[12] Als problematisch für die Ansetzung von Risikokosten erweist sich dabei aber, dass es keine vollkommen trennfähigen Kennzahlen gibt, die Analyse notwendigerweise vergangenheits-bezogen ist und oft auf Bilanzdaten beruht. Als Alternative zu derartigen *entscheidungsorientierten* Verfahren bieten sich *marktorientierte* Verfahren an, weil hier am Markt zu beobachtende Marktwert- oder Renditedifferenzen unterschiedlich riskanter Assets beobachtet und als Ausdruck unterschiedlicher Risikoklassen gedeutet werden können. Damit wird es möglich, objektiv bestimmbare Anhaltspunkte für eine Kalkulation von Risikokosten zu gewinnen. Für eine solche Vorgehensweise bietet sich im Aktienbereich insbesondere das Kapitalmarktmodell (CAPM) und für Kredite das im folgenden Abschnitt ausführlicher behandelte Optionspreismodell an. Daneben sind in der Literatur arbitragepreisorientierte Ansätze zur Beschreibung und Analyse der Kreditposition einer Bank entwickelt worden.[13]

2.2 Kreditportefeuilleentscheidungen

Wie oben bereits erwähnt, ist es in Anlehnung an die Portfolio-Selection-Theorie für Marktrisiken anzustreben, die Einzelkreditentscheidung an die aktuelle bzw. zukünftige Zusammensetzung des bankindividuellen Kreditportefeuilles zu knüpfen. Verschiedene neuere Modelle der letzten Jahre beschäftigen sich mit der Messung von Kreditportefeuillerisiken.[14] Als problematisch erweisen sich dabei insbesondere die Asymmetrie der Verteilungen von Kreditergebnissen und die Bestimmung von Kredit-(Ausfall-) Korrelationen. Nichtsdestotrotz wird man im Zuge der Weiterentwicklung dieser Modelle immer mehr darauf abzielen, Risikokosten bzw. Risikoprämien für einzelne Kreditengagements auch aus den marginalen Risikobeiträgen (zum Beispiel im Sinne eines marginalen Value-at-Risk) dieser Positionen zum Gesamtportefeuillerisiko zu berechnen.[15]

Das im folgenden behandelte Optionspreismodell abstrahiert von Portfolioüberlegungen und stellt daher eine der angesprochenen Methoden der Einzelbonitätsanalyse dar, aus denen dann „Stand-Alone“-Risikokosten für das jeweilige Exposure abgeleitet werden.

11 Vgl. Altman, 1968.

12 Vgl. zum Beispiel Anders/Szczesny, 1998.

13 Vgl. Wilhelm, 1988.

14 Wie zum Beispiel CreditMetrics™ von J.P. Morgan, 1997.

15 Vgl. zum Beispiel Koyluoglu/Hickman, 1998 und Kern/Rudolph, 2000.

3. Risikokosten auf der Basis des Optionspreismodells

3.1 Der Optionscharakter von Finanztiteln

Die Erkenntnis, dass die Optionspreistheorie für die Analyse von Finanzierungstiteln von erheblicher Bedeutung ist, wurde erstmals von Fischer Black und Myron Scholes in ihrem berühmten Beitrag von 1973 zur Herleitung der Formel für die präferenzfreie Bewertung von Optionen formuliert.[16] Zur Darstellung des Grundansatzes der optionspreis-theoretischen Bewertung von Kreditpositionen wird ein Unternehmen betrachtet, das zur Finanzierung seiner Investitionen zwei Arten von Wertpapieren ausgegeben hat, nämlich Zerobonds, die zum Zeitpunkt T fällig werden, und Aktien. Der Marktwert des Unternehmens V ist wegen des angenommenen vollkommenen Kapitalmarktes gleich dem Marktwert der Aktien EK und dem Marktwert des Fremdkapitals FK.

(3) $V = EK + FK$

EK bezeichnet den Marktwert der Aktien, wobei der Einfachheit halber hier vorausgesetzt wird, dass auf die Aktien vor dem Fälligkeitszeitpunkt T der Zerobonds keine Dividenden ausgeschüttet werden. FK ist der Marktwert der Zerobonds, für die ein Rückzahlungsbetrag F vereinbart wurde, der im Zeitpunkt T fällig wird. Weiterhin wird ein vollkommener Kapitalmarkt insoweit angenommen, als dass der gesamte Marktwert des Unternehmensvermögens V_T zum Fälligkeitszeitpunkt der Bonds T ohne Transaktionskosten auf die Aktionäre EK_T und Fremdkapitalgeber FK_T aufgeteilt wird, so dass (3) gilt. Die Aufteilung des Unternehmensvermögens auf die Eigen- und Fremdkapitalgeber lässt sich bei einer haftungsbeschränkenden Gesellschaftsform (AG, GmbH) im Zeitpunkt T wie folgt charakterisieren:

(4) $EK_T = \max [V_T - F, 0]$ für die Eigenkapitaltitel
(5) $FK_T = \min [V_T, F]$ für die Fremdkapitaltitel.

Die Bewertungsgleichungen (4) und (5) machen ebenso wie die Grafik deutlich, dass die Werte der Finanzierungstitel im Zeitpunkt T vom Marktwert V_T der Vermögens-gegenstände des Unternehmens im Zeitpunkt T abhängig sind. Der Funktionsverlauf für den Marktwert der Aktien entspricht dem Funktionsverlauf einer gekauften Kaufoption (long call), der Funktionsverlauf für den Marktwert des Fremdkapitals entspricht dem Verlauf einer gedeckten Stillhalterposition (covered write), bei der die Fremdkapitalgeber also über das Basispapier verfügen und dagegen eine gedeckte Call-Option verkauft haben. Die Zahlungsfunktionen entsprechen exakt jenen europäischer Optionen auf Aktien. Diese Entsprechung resultiert aus der gesellschaftsrechtlichen Konstruktion der Haftung in Kapitalgesellschaften, wonach das Eigenkapital einen Residualanspruch mit begrenzter Haftung für die Schulden des Unternehmens darstellt.

Da die Zahlungscharakteristik für Aktien zum Zeitpunkt T der Fälligkeit des Fremdkapitals gerade der Zahlungscharakteristik einer Call Option auf eine Aktie am Fälligkeitstag

16 Vgl. Black/Scholes, 1973.

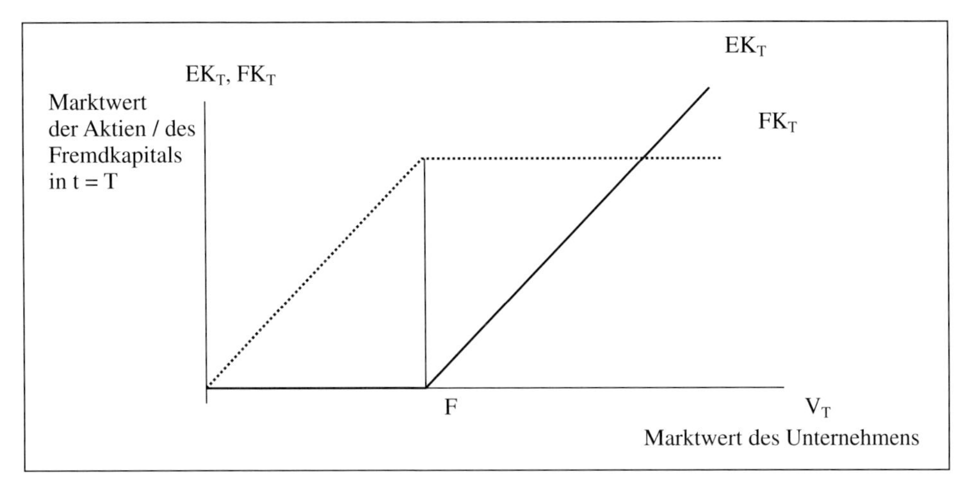

Abbildung 1: Optionscharakter der Finanzierungstitel

mit dem Basispreis F in Höhe des fälligen Fremdkapitalbetrages entspricht, kann der Marktwert der Aktien wie der Wert einer Call Option auf den Marktwert des Unternehmens mit einem Basispreis von F bestimmt werden. Bezeichnet C den Wert eines europäischen Call, dann gilt also:

(6) $EK_0 = C_0 (V_0, F, T),$

wobei der Wert des Calls eine Funktion des Wertes des Basispapiers V, des vereinbarten Kreditrückzahlungsbetrages als Basispreis F und der Zeit T bis zum Verfall der Option ist. Entsprechend den Eigenkapitaltiteln kann man einen Zusammenhang zwischen Optionen und Fremdkapitaltiteln herstellen. Die Zahlungsfunktion des Fremdkapitaltitels am Laufzeitende lässt sich danach angeben als:

(7) $FK_T = \min [V_T, F] = F - P_T,$

Der derzeitige Marktwert des Fremdkapitals beträgt also (bei kontinuierlicher Verzinsung r der risikofreien Anlage):

(8) $FK_0 = Fe^{-rT} - P_0 (V_0, F, T)$

P_0 ist der Wert einer europäischen Put-Option auf den Marktwert des Unternehmens wiederum mit Basispreis F. Ein risikobehafteter Fremdkapitaltitel kann also auch als Portefeuille aus einem Bestand an risikofreien Fremdkapitaltiteln und einer Verkaufsposition in einem europäischen Put auf das Unternehmensvermögen betrachtet werden. Die Put-Option der Gläubiger ist das Pendant der begrenzten Haftung der Aktionäre, für die die Gläubiger eine „Stillhalterposition“ einnehmen. Bei einem risikoarmen Fremdkapitaltitel wird P vergleichsweise klein sein, bei einem Junk Bond einen beträchtlichen Wert annehmen, so dass sich in diesem Fall ein entsprechend niedriger Marktwert des Fremdkapitals FK bilden würde.

3.2 Anwendung der Black- und Scholes-Formel

Da sich die Eigenkapital- und Fremdkapitaltitel eines Unternehmens als Optionen darstellen lassen, liegt es nahe, die Optionspreistheorie zur Bewertung von Puts und Calls auf die Bewertung von Eigen- und Fremdkapitaltiteln anzuwenden. Bei der Anwendung des Black- und Scholes-Modells sind dabei einige Annahmen zu beachten, die in der Optionspreistheorie ausführlich diskutiert werden. Für die Ableitung von Risikokosten ist wesentlich, dass der im Optionspreismodell für den Verlauf des Aktienkurses angenommene stochastische Prozess hier auf den Prozess der Wertentwicklung aller Assets des Unternehmens, den Marktwert des Unternehmens, übertragen werden muss. Der Marktwert des Unternehmens folgt danach einem kontinuierlichen und stationären Zufallsprozess, wobei die Rendite des Marktwertes des Vermögens annahmegemäß normalverteilt ist.

$$(9)\quad EK_0 = C_0(V_0,F,T) = V_0 N(d) - Fe^{-rT}\mathrm{N}(\mathrm{d}-\sigma\sqrt{\mathrm{T}})$$

$$\text{mit } \mathrm{N(d)} = \frac{\mathrm{In}(\mathrm{V}_0/\mathrm{F})+(\mathrm{r}+\sigma^2/2)T}{\sigma\sqrt{T}}$$

In Gleichung (9) steht N(d) für die kumulierte Dichte der Normalverteilung.

Die Bewertung des Fremdkapitals geht von der Marktwertgleichung (3) des Unternehmens aus und berechnet den Marktwert des Fremdkapitals als Differenz zwischen dem Marktwert des Unternehmens V und dem gerade festgestellten Wert des Eigenkapitals EK. Daraus folgt:

$$\begin{aligned}(10)\quad FK_0 &= V_0 - EK_0 = V_0 - V_0\mathrm{N}\,(\mathrm{d}) + \mathrm{Fe}^{-rT} N(d-\sigma\sqrt{T}) \\ &= V_0\,(1 - N\,(d)) + FE^{-\mathrm{rT}} N\,(d-\sigma\sqrt{T})\end{aligned}$$

Park[17] und Subrahmanyam haben die Gleichung (10) umgeformt zu

$$\begin{aligned}(11)\quad FK_0 &= V_0 N\,(h_1) + Fe^{-\mathrm{rT}} N\,(h_2) = \\ &= Fe^{-\mathrm{rT}}\,[N\,(h_2) + N\,(h_1)\,/\,\mathrm{L}]\end{aligned}$$

mit $L = Fe^{-rT}/V_0$ als „Quasi-Verschuldungsgrad" und:

$$h_1 = -\,[\sigma_2 T\,/\,2 - \log\,(L)\,/\,\sigma\sqrt{T}$$
$$h_2 = -\,[\sigma_2 T\,/\,2 + \log\,(L)\,/\,\sigma\sqrt{T}$$

Die Rendite R des Fremdkapitaltitels ergibt sich als Lösung der Gleichung $e^{-RT} = F/FK_0$. Dann kann man mit Hilfe von (11) die Risikoprämie RP des Fremdkapitals als Differenz RP = R – r berechnen:

$$(12)\quad RP_0 = R - r = \frac{1}{T}\,1\ \mathrm{In}\left[\,N(h_2) + \frac{1}{L}N\,(h_1)\right] + \frac{2}{T}\,\mathrm{In}\left[\frac{\mathrm{L}\cdot\mathrm{V}_0}{F}\right],$$

damit gilt im wesentlichen:

17 Vgl. Park, 1990.

$$RP_0 = RP_0\,(L, \sigma, T)\,,$$

das heißt die Risikoprämie hängt von der Kapitalstruktur, der Risikoklasse des Unternehmens (repräsentiert durch den Volatilitätsparameter σ) und der Laufzeit des Kredits T ab. Eine höhere Verschuldung des Kreditnehmers lässt die Risikoprämie ebenso ansteigen wie ein zunehmendes Unternehmensrisiko. Die Wirkung der Kreditlaufzeit ist allerdings zwiespältig, sie hat nämlich zwei Effekte, einen über den risikofreien Zinssatz und den anderen über die Volatilität des Unternehmensvermögens. Beide Effekte arbeiten ebenso gegeneinander wie die beiden Effekte einer Put-Option, die dazu führen, dass es durchaus Situationen gibt, in denen es vorteilhaft ist, eine amerikanische Put-Option vor Verfall auszuüben.

3.3 Bestimmung von Ausfallwahrscheinlichkeiten über den Optionspreisansatz

Eine direkte Berechnung der Risikoprämie des Fremdkapitaltitels wie in 3.3. dargestellt dürfte sich in praxi als schwierig erweisen. Der „Quasi-Verschuldungsgrad" L bezieht sich auf den aktuellen Marktwert aller Assets eines Unternehmens Vo, der nicht unmittelbar beobachtbar ist. Ebenso problematisch erscheint dabei die Bestimmung der Volatilität dieses Vermögenswertes, σ.

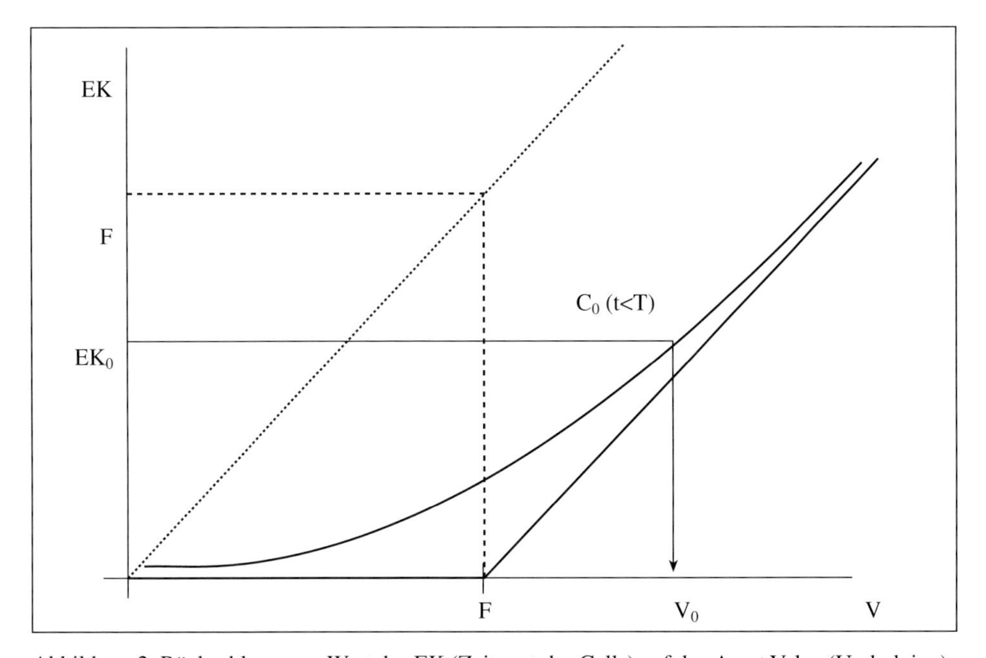

Abbildung 2: Rückschluss vom Wert des EK (Zeitwert des Calls) auf den Asset Value (Underlying)

In einem etwas anderen Ansatz, der auf Mertons Asset-Value-Modell (1974)[18] zurückgeht und inzwischen weiterentwickelt und in der Einzelbonitätsanalyse der Banken z.T. auch implementiert wurde, versucht man daher zunächst den Rückschluss von dem beobachtbaren Marktwert (Aktienkurs) des Eigenkapitals und dessen Volatilität auf diese Parameter (vgl. Abb. 2). Die Optionspreisformel von Black-Scholes wird hier sozusagen rekursiv angewendet[19]:

statt (13) $C_0 = C_0\,(V_0, \sigma, F, r, T)$ kommt hier zur Anwendung:

(14) $V_0 = V_0\,(C_0; \sigma(C_0); F; r; T)$

Unterstellt man analog zu Aktienoptionen (und wie bei Merton) eine Normalverteilung des Wertes der Unternehmensassets am Risikohorizont, V_T, so kann aus dem Erwartungswert $EW(V_T)$ und der Volatilität σ des Asset Value direkt die Wahrscheinlichkeit abgeleitet werden, dass der Unternehmenswert in T unter die ausstehenden Verbindlichkeiten F fällt und damit das Default Event eintritt (Expected Default Frequency=EDF; vgl. Abb. 3).

Die so gewonnene Ausfallwahrscheinlichkeit kann dann je nach Höhe des unbesicherten Exposures direkt in eine ausfallrisikobezogene (Risiko-)Prämie übersetzt werden.

Bedenkt man jedoch, dass sich V_0 gemäß (3) aus EK_0 und FK_0 zusammensetzt und der Marktwert der Fremdkapitaltitel wie bereits erwähnt asymmetrisch verteilt ist, sollte von

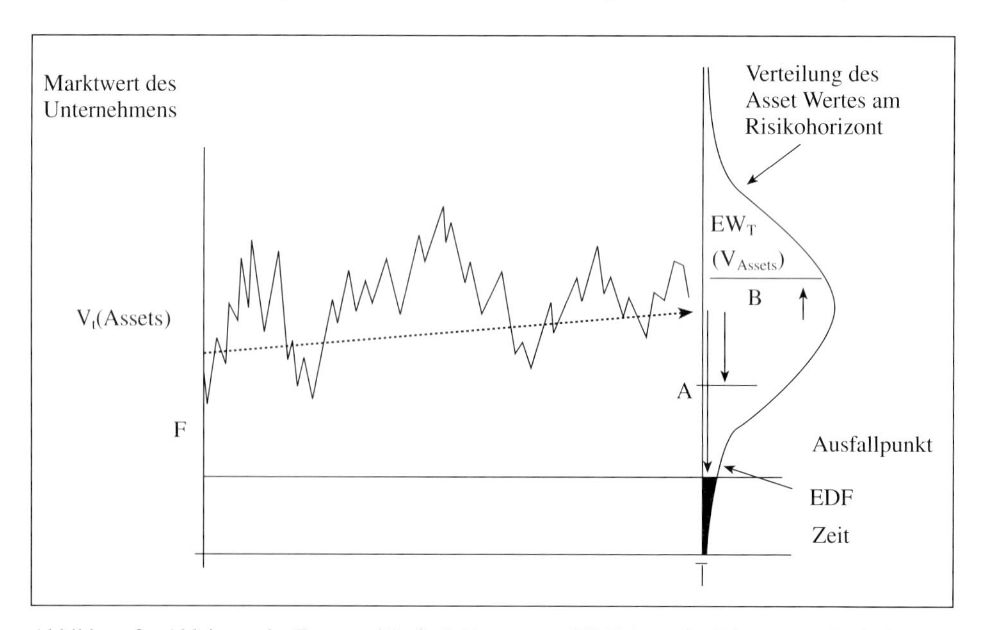

Abbildung 3: Ableitung der Expected Default Frequency (EDF) bzw. der Distance-to-Default

18 Vgl. Merton, 1974.

19 Vgl. hierzu Crosbie, 1999.

der Normalverteilungsannahme für V_T abstrahiert werden. Der sogenannte „Distance-to-Default“-Ansatz (DTD) betrachtet daher den (erwarteten) Abstand des Wertes der Unternehmensassets zum Ausfallpunkt F und setzt ihn zur Standardabweichung der Asset Values ins Verhältnis. Bezogen auf Abbildung 3 berechnet sich also die DTD gemäß:

$$(15)\quad DTD = \frac{\text{abs. Abstand zum Ausfallpunkt (F)}}{\sigma} = \frac{\text{„A“}}{\text{„B“}}$$

Diese Distance-to-Default kann nun für sich als Maßzahl genommen und in eine Risikoprämie übertragen werden. Es ist aber auch möglich, ihr zunächst eine Ausfallwahrscheinlichkeit zuzuordnen, wie es bspw. bei KMV auf Basis empirischer Zusammenhänge geschieht.[20]

4. Zusammenfassung und Bewertung des Ansatzes

Theoretisch erlaubt der Optionspreisansatz eine direkte Berechnung von Risikoprämien bzw. Ausfallwahrscheinlichkeiten im Kreditgeschäft. Zusätzlich attraktiv erscheint er dabei durch die Verwendung von Markt- und nicht nur von Bilanzdaten, wodurch eine gewisse Objektivität (viele Marktteilnehmer) und ein Zukunftsbezug erreicht wird.

In den vorgestellten Beispielen der Anwendung des Optionspreisansatzes wurde jedoch auch deutlich, dass auf „Marktwerte“ zurückgegriffen wird, die nicht unmittelbar (Marktwert der Assets eines Unternehmens) oder nicht für alle Unternehmen (Börsenwert des Eigenkapitals) am Markt abgerufen werden können. Eine direkte Berechnung von Risikoprämien mit dem Optionspreisansatz ist daher in praxi schwierig und kann für börsennotierte Unternehmen über die Schätzung von Ausfallwahrscheinlichkeiten approximiert werden. Für nicht-notierte Unternehmen müssten vergleichbare Unternehmen, bspw. hinsichtlich Größe, Branche und geografischem Geschäftsfeld, gefunden werden, um dann den Unternehmenswert und dessen Volatilität über diese „Fremddaten“ zu schätzen.

Weitere Kritikpunkte an der Anwendung des Optionspreismodells zur Bewertung von Kreditrisiken beziehen sich auf die Annahmen des Black-Scholes-Modells selbst: So ist zum Beispiel die Annahme konstanter Zinsen und einer konstanten Volatilität des Underlying hinsichtlich der langen Risikohorizonte im Kreditgeschäft problematisch.[21]

20 Vgl. Overbeck, 1999.
21 Vgl. Locke , 1998.

Literaturhinweise

ALTMAN, E. I./SAUNDERS, A.: Credit Risk Measurement: Developments over the Last 20 Years, in: Journal of Banking & Finance 21, 1998, S. 1721-1742.

ALTMAN, E. I.: Financial Ratios, Discriminant Analysis and the Prediction of Corporate Bankruptcy, in: Journal of Finance 23, 1968, S. 589-609.

ANDERS, U./SZCZESNY, A.: Prognose von Insolvenzwahrscheinlichkeiten mit Hilfe logistischer neuronaler Netzwerke, in: Zeitschrift für betriebswirtschaftliche Forschung 50, 1998, S. 892-915.

BLACK, F./SCHOLES, M.: The Pricing of Options and Corporate Liabilities, Journal of Political Economy 81, 1973, S. 637-654.

BRAKENSIEK, T.: Die Kalkulation und Steuerung von Ausfallrisiken im Kreditgeschäft der Banken, Frankfurt a. M. 1991.

COX, J. C./RUBINSTEIN, M.: Options Markets, Englewood Cliffs, N. J. 1985.

CROSBIE, P. J.: Modeling Default Risk, Manuskript, KMV Corporation, San Francisco 1999.

DRUKARCZYK, J.: Theorie und Politik der Finanzierung, 2. Aufl., München 1993.

DUBOFSKY, D. A.: Options and Financial Futures. Valuation and Uses, New York 1992.

EVERLING, O.: Credit Rating durch internationale Agenturen. Eine Untersuchung zu den Komponenten und instrumentellen Funktionen des Rating, Wiesbaden 1991.

FLECHSIG, R./ROLFES, B.: Risikokosten in der Deckungsbeitragsrechnung, Die Bank, 1987, S. 373-377.

FROOT, K. A./STEIN, J. C.: Risk Management, Capital Budgeting, and Capital Structure Policy for Financial Institutions: An Integrated Approach, in: Journal of Financial Economics, Vol. 47, 1998, S. 55-82.

GOLLINGER, T. L./MORGAN, J. B.: Calculation of an Efficient Frontier for a Commercial Loan Portfolio, Journal of Portfolio Management, Winter 1993, S. 39-46.

HÖLSCHER, R.: Risikokosten-Management in Kreditinstituten. Frankfurt a. M. 1987.

JURGEIT, L.: Bewertung von Optionen und bonitätsbehafteten Finanztiteln. Anleihen, Kredite und Fremdfinanzierungsfazilitäten, Wiesbaden 1989.

KERN, M./RUDOLPH, B.: Komparative Analyse alternativer Kreditrisikomodelle, Working Paper im Rahmen des Projekts „Kreditmanagement" des Center for Financial Studies, erscheint demnächst.

KLUG, M.: Zur Ableitung von Kapitalkosten aus dem diskreten Optionspreismodell, Berlin1985.

KOYLUOGLU, H./HICKMAN A.: Reconcilable differences, Risk Magazine 11, Nr. 10, 1998, S. 56-62.

KRAHNEN, J. P.: Zur Wahl der Vertragsdauer bei Kreditarrangements unter asymmetrischer Information, Wirtschschaftswissenschaftliche Studium 17 (1988), S. 343-349.

KRÜMMEL, H.-J.: Unternehmenspolitische Vorgaben für die Risikosteuerung der Bank, in: B. Rudolph/H. J. Krümmel (Hrsg.), Finanzintermediation und Risikomanagement, Frankfurt a. M. 1989.

KÜRSTEN, W.: Optimale fix-variable Kreditkontrakte: Zinsänderungsrisiko, Kreditausfallrisiko und Financial Futures Hedging, Zeitschrift für betriebswirtschaftliche Forschung 43, 1991, S. 867-891.

LOCKE, J.: Credit Check, in: Risk Magazine 11, Nr. 9, 1998, S. 40-44.

MARKOWITZ, H. M.: Portfolio Selection, New York 1959.

MERTON, R. C.: On the Pricing of Corporate Debt: The Risk Structure of Interest Rates, in: Journal of Finance 29, 1974, S. 449-470.

MEYER ZU SELHAUSEN, H.: Informationssysteme für das Bank-Controlling, in: K. Spremann/E. Zur (Hrsg.), Controlling. Grundlagen – Informationssysteme – Anwendungen, Wiesbaden, 1992, S. 229-260.

MORGAN, J. P.: Credit Metrics TM – Technical Document, New York 1997.

OVERBECK, L.: Die Portfolioversion des Asset-Value-Modells für das Kreditrisiko, in: Kreditrisikomodelle und -derivate, in: Eller et al. (Hrsg.), Stuttgart, 1999.

PARK, S. Y./SUBRAHMANYAM, M. G.: Option Features of Corporate Securities, in: S. Figlewski/W. L. Silber/M. G. Subrahmanyam (Hrsg.), Financial Options. From Theory to Practice, New York 1990, S. 357-414.

RUDOLPH, B.: Die Kreditvergabeentscheidung der Banken. Der Einfluss von Zinsen und Sicherheiten auf die Kreditgewährung, Opladen 1974.

RUDOLPH, B.: Werfen die Banken im Kreditgeschäft schlechtem Geld das Gute hinterher?, in: E. Rühli / J.-P. Thommen (Hrsg.)., Unternehmensführung aus finanz- und bankwirtschaftlicher Sicht, Stuttgart 1981, S. 197-209.

RUDOLPH, B.: Neuere Kapitalkostenkonzepte auf der Grundlage der Kapitalmarkttheorie, Zeitschrift für betriebswirtschaftliche Forschung 38, 1986, S. 892-898.

RUDOLPH, B.: Risikomanagement in Kreditinstituten. Betriebswirtschaftliche Konzepte und Lösungen, in: ZIR Zeitschrift Interne Revision, 28. Jg., 1993, S. 117-134.

SCHIERENBECK, H.: Ertragsorientiertes Bankmanagement. Controlling in Kreditinstituten, 4. Aufl., Wiesbaden 1994.

SCHLENZKA, P. F.: Ansätze zur Mindestmargenkalkulation bei der Steuerung des Kreditgeschäfts, in: H.-J. Krümmel/B. Rudolph (Hrsg.), Innovationen im Kreditmanagement, Frankfurt a. M. 1985, S. 42-57.

SCHMIDT, H.: Einzelkredit und Kreditportefeuille, in: B. Rudolph/J. Wilhelm (Hrsg.), Bankpolitik, finanzielle Unternehmensführung und die Theorie der Finanzmärkte, Berlin 1988, S. 245-259.

SMITH, C. W.: Applications of Option Pricing Analysis, in: J. L. Bicksler (Hrsg.), Handbook of Financial Economics, Amsterdam 1979, S. 79-121.

SÜCHTING, J.: Rechtfertigungsfähige Preise im Zahlungsverkehr und Kreditgeschäft, Die Bank, Nr. 12, 1980, S. 550-556.

WIEGEL, K. D.: Rentabilität und Risiko im Kreditgeschäft der Banken, Köln 1985.

WILHELM, J.: Risikohorizont und Kreditspielraum, Zeitschrift für betriebswirtschaftliche Forschung 29, 1977, S. 117-127.

WILHELM, J.: Erwartungsstruktur und bestandsökonomische Darstellung aus kapitalmarkt-theoretischer Sicht, in: B. Rudolph/J. Wilhelm (Hrsg.), Bankpolitik, finanzielle Unternehmensführung und die Theorie der Finanzmärkte, Berlin 1988, S. 475-500.

ZIMMER, S. A.: Event Risk Premia and Bound Market Incentives for Corporate Leverage, Federal Reserve Board of New York Quarterly, Rev. 15, 1990, S. 15-30.

Norbert Pawlowski / Christian Burmester

Ableitung von Standardrisikokosten auf der Basis von Expected-Loss-Kalkulationen

1. Einleitung

Die Bankenlandschaft ist in Deutschland gegenwärtig sehr polypolistisch strukturiert, so dass selbst die fünf größten Banken zusammen betrachtet im Kreditgeschäft nur über einen Marktanteil von ca. 17 % verfügen. In Folge dessen herrscht ein intensiver Wettbewerb, der es schwierig macht, auskömmliche Margen beim Kunden durchzusetzen. So ist es eine Tatsache, dass Kredite an schlechte Adressen meist zu billig, an sehr gute Adressen hingegen zu teuer zu verkauft werden[1] (vgl. Abbildung 1). Die Banken sind gezwungen, die Erträge im gewerblichen Kreditgeschäft über Fristentransformationen zu erhöhen, wodurch zwangsweise die Kredit- zusätzlich mit Zinsänderungsrisiken angereichert werden.

Vor diesem Hintergrund ist es für die Banken äußerst wichtig, Kreditrisiken vor Vergabe des Kredites möglichst exakt einschätzen zu können. Diese Risikoberechnung dient folgenden Aufgaben:

1. *Kreditbepreisung:* Bei der Kreditvergabe ist es für die Bank von Interesse, das erwartete Risiko zu antizipieren und eine entsprechende Risikomarge vom Kunden einzufordern. Bei einer ausreichend großen Anzahl an Krediten gilt dann das „Gesetz der großen Zahlen", so dass die Summe aller Risikomargen die tatsächlichen Verlusten abdecken sollte (sofern die Umwelt zukünftig konstant bleibt; Versicherungsprinzip).

Die Notwendigkeit für eine exakte Bepreisung zeigt ein einfaches Beispiel:

Nimmt man an, dass eine Bank für einen Kredit über 10 Mio. Euro mit einer Laufzeit von einem Jahr eine Marge von 50 Basispunkten erhält, so ergibt sich bei einer vollständigen

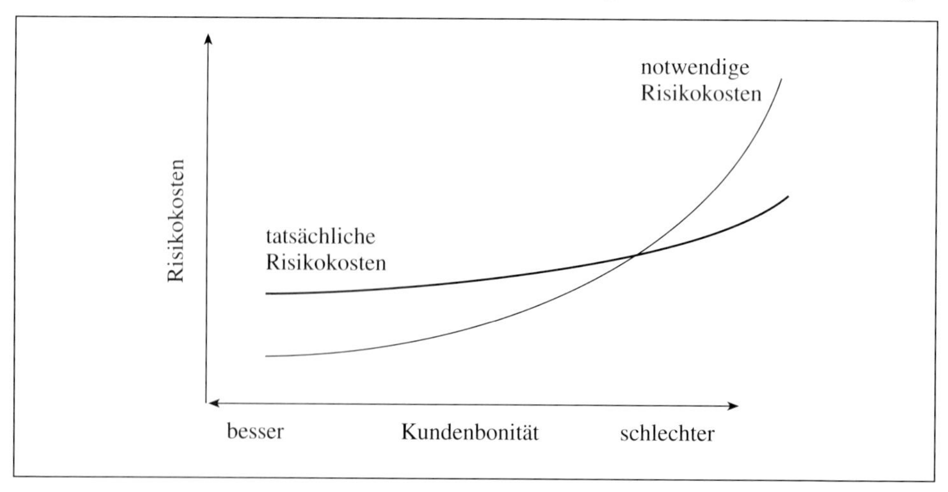

Abbildung 1: Schematische Darstellung der Diskrepanz zwischen tatsächlichen, am Markt durchsetzbaren und den notwendigen Risikokosten im Kreditgeschäft

1 Vgl. zum Beispiel Sarkis/Leben/Sevet (1998): Risikoadjustiertes Marketing: Marktchancen im Kreditgeschäft, in: Die Bank 11/98, S. 662-665.

Wertberichtigung ein unmittelbarer Schaden von 10,05 Mio. Euro (der mögliche Refinanzierungsverlust bleibt unberücksichtigt). Um allein den Verlust aus dem Kreditgeschäft vollständig auszugleichen, ist es notwendig, Ersatzgeschäft über 2,01 Mrd. Euro zu akquirieren (ebenfalls 50 Basispunkte Marge und ein Jahr Laufzeit unterstellt), das heißt für ein Kreditereignis, das zu einer Einzelwertberichtigung oder Abschreibung führt, muss Ersatzgeschäft in Höhe von

$$x = \frac{1}{\textit{Basispunkte Neugeschäft}}$$

generiert werden. Wie das Beispiel zeigt, kann hierzu das 200-fache Neugeschäftsvolumen notwendig sein. Genau genommen müsste sogar noch mehr Geschäft in die Bücher genommen werden, da die Ersatzgeschäfte ihrerseits Risiken in sich bergen. Es wird deutlich, welchen Stellenwert eine korrekte Risikoermittlung erfahren muss.

2. *Portfoliomanagement:* Aktives Portfolio-Management bedeutet zunächst einmal, dass eine Methode zur Verfügung stehen muss, mit deren Hilfe das Risiko des Portfolios gemessen werden kann. Sind Abweichungen von den Zielvorstellungen des Risikoexposures zu verzeichnen, kann durch Modifikation der Portfoliozusammensetzung die Risikostruktur beeinflusst werden. Beispielsweise bietet es sich an, Kreditexposures über Anleihen einzukaufen oder Risiken über Kreditderivate zu verkaufen. Zusätzlich sind die Korrelations-Effekte der Kredite zu beachten bzw. aktiv zu nutzen. Dabei gilt die Tatsache, dass das Risiko eines Portfolios aufgrund der Diversifikation höchstens gleich, in der Regel aber kleiner als die Summe aller Einzelrisiken ist. Als Risikomessmethodik sind verschiedene Varianten der Credit-Value-at-Risk-Berechnung verfügbar.

Im Mittelpunkt des vorliegenden Aufsatzes steht die risikoadjustierte Kreditbepreisung, dessen Ziel es ist, Standardrisikokosten auf der Basis von erwarteten Kreditausfällen zu ermitteln.

2. Verfahren der Kreditrisikomessung

Die Methodik der Kreditrisikomessung gliedert sich in drei Teile. Zunächst werden aus formaler Sicht das Kreditrisiko definiert und die Standardrisikokosten hergeleitet (Abschnitt 0). Anschließend zeigt Abschnitt 0, wie die Inputdaten für die Risikoberechnung gewonnen werden können. In Abschnitt 0 wird die Anwendung der Standardrisikokosten für die Banksteuerung kurz skizziert. Ein Rechenbeispiel verdeutlicht in Kapitel 0 die Algorithmen.

2.1 Definition des Kreditrisikos

Für die nachfolgende Definition des Kreditrisikos ist es sinnvoll, zunächst die Rahmenbedingungen a.) bis c.) zu klären.

a) Das Kreditrisiko wird als Verlustpotential gesehen, das zur externen Rechnungslegung kompatibel sein soll, damit eine risikoorientierte Portfolio-Steuerung sinnvoll ist. Deshalb muss die interne Ermittlung der Kreditrisiken weitgehend den tatsächlich ermittelten G&V-relevanten Wertberichtigungen (Risiken) entsprechen.

b) Während es sich beim Jahresabschluss um eine ex-post-Betrachtung handelt, ist es für die Steuerung einer Bank notwendig, Aussagen über die zukünftige Entwicklung der Risiken zu formulieren. Es liegt in der Natur der Sache, dass es sich dabei um Aussagen unter Unsicherheit handelt, da die Kreditentscheidungen heute, die Erträge bzw. evtl. Aufwendungen jedoch erst in der Zukunft anfallen werden. Deshalb muss der im folgenden zu definierende Risikobegriff eine Wahrscheinlichkeitsaussage enthalten.

c) Das Kreditrisiko wird durch ein Kreditereignis – also durch Leistungsstörungen – verursacht, das heißt durch den Ausfall der Zins- und/oder Tilgungsleistungen oder des Kontrahenten (Liquidation). Das Kreditereignis wird im weiteren Verlauf auch als *Default* bezeichnet. Dadurch ist die Bank gezwungen, je nach Schwere erfolgsbeeinflussende Wertberichtigungen oder Abschreibungen in die Gewinn- und Verlustrechnung einzustellen.

Das Risiko einer Kreditentscheidung kann quantifiziert werden, indem der Barwert der *geplanten* Cash-Flow-Reihe dem Barwert der *erwarteten* Zahlungsreihe gegen-übergestellt wird. Die Erwartung wird durch eine Eintrittswahrscheinlichkeit p festgelegt. Wenn C_P die geplanten Cash Flows und C_E die erwarteten Cash-Flows sowie q^{-t} die Diskontfaktoren sind, so ist das Risiko R während der Laufzeit T definiert als negative Abweichung zwischen Plan und Erwartung:

$$\mathrm{R}:=\mathrm{p}\left(\sum_{t=1}^{T} C_{t,E}\, q^{-t}\right) < \sum_{t=1}^{T} C_{t,P}\, q^{-t}. \tag{1}$$

Nach einigen Umformungen ergibt sich der Ausdruck

$$\textit{Definition Risiko:}\ \mathrm{R}:=\mathrm{p}\left(\sum_{t=1}^{T} (C_{t,E}-C_{t,P})q^{-t}\right) < 0 \tag{2}$$

Jede negative Abweichung der tatsächlichen Cash Flows von den geplanten führt zu barwertigen Verlusten. Bei den Cash Flows handelt es sich um Netto-Beträge, das heißt die Krediteexposures sind um die Sicherheiten bereinigt. Somit entspricht der Cash Flow zu jedem Zeitpunkt dem maximal möglichen Verlustpotential.

Mit der vorgestellten Definition wird das Risiko einseitig definiert, das heißt die möglichen Chancen aufgrund einer höher als geplanten Cash-Flow-Reihe bleiben unberücksichtigt. Eine Betrachtung der Chancen – also eine Wertzuschreibung der Kredite – wäre auch nur dann möglich, wenn alle Kreditexposures Mark-to-Market bewertet und bilanziert werden. Insbesondere nach der deutschen Rechnungslegung (HGB) ist es aber nicht möglich, dass ein Kredit ausschließlich aufgrund einer Verbesserung beim Ratings zu einem Wertanstieg führt. Da in diesem Aufsatz keine Mark-to-Market-Betrachtung berücksichtigt wird, ist es zulässig, das Risiko nur einseitig, das heißt ohne Chancen, zu betrachten.[2]

Ausgehend vom Risiko-Begriff können in einem nächsten Schritt die Standardrisikokosten ermittelt werden. Hierzu wird angenommen, dass ein Portfolio mit N Krediten ($n = 1 \dots N$), existiert, wobei jeder Kredit ein Risikopotential R_n aufweist. Ist N hinreichend groß, so kann ein Mittelwert $\mathfrak{R}$ für die erwartete Ausfallhöhe gemäß

$$\mathfrak{R} = \left(\sum_{n=1}^{N} R_n \right) N^{-1} \qquad (3)$$

gebildet werden. $\mathfrak{R}$ wird als *Standardrisikokosten* bzw. *erwarteter Verlust* bezeichnet. Dieser Betrag sollte vom Kreditnehmer vereinahmt werden und – wie bei einem Versicherungsprinzip – zur Abdeckung der erwarteten Verluste der Kreditexposures dienen. In der obigen Darstellung werden die Standardrisikokosten über den gesamten Bestand ermit-

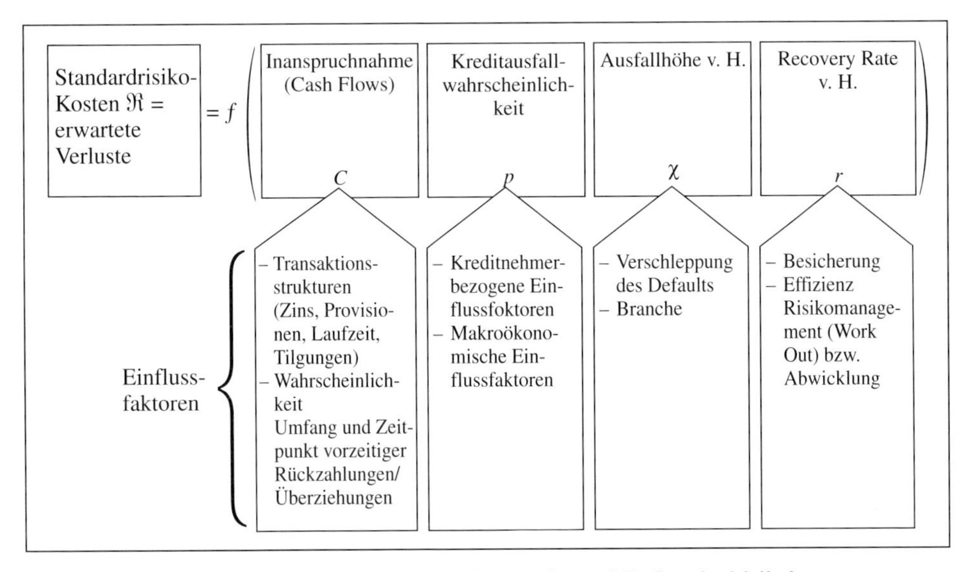

Abbildung 2: Schematische Darstellung der Einflussgrößen auf die Standardrisikokosten

2 Bei einer durchgängigen Bewertung aller Bilanzpositionen nach Mark-to-Market führt jede Veränderung des Ratings (Up- und Downgrading) auch außerhalb der Default-Klasse zu einer Neubewertung. Für diesen Ansatz muss zunächst die Voraussetzung erfüllt sein, dass alle Kreditexposures Mark-to-Market bewertet werden. Dies ist bei Kapitalmarktprodukten (zum Beispiel Wertpapiere oder strukturierte Anleihen) leicht möglich, jedoch nicht bei kommerziellen Krediten. Deshalb wird in diesem Aufsatz keine Mark-to-Market-Bewertung vorgestellt, so dass dem Kreditrisiko ausschließlich eine handelsrechtlichen Wertberichtigung zu Grunde gelegt wird. Gleichwohl kann das vorgestellte Konzept der Standardrisikokosten um eine Mark-to-Market-Bewertungen erweitert werden.

telt. Für die Praxis ist es sinnvoller, in sich homogene Gruppen an Krediten (Konsumentenkredite, Gewerbliche Baufinanzierungen, Projektfinanzierungen etc.) zu bilden und für diese jeweils eigene Standardrisikokosten zu ermitteln. Im nächsten Abschnitt wird anhand eines Ratingverfahrens gezeigt, wie die Risikokosten für einzelne Kredite individuell berechnet werden können.

Die Berechnung kann noch verfeinert werden, indem berücksichtigt wird, dass beim Default nicht der komplette Kredit, sondern nur ein Teil χ – die *Schadenshöhe* – ausfällt. Darüber hinaus ist es plausibel anzunehmen, dass ein Teil r der Wertberichtigung wieder zurückgenommen werden kann (*Recovery Rate*). Wenn χ und r in relativer Größenordnung vorliegen, so kann (1) modifiziert werden zu

$$\Re = \left(\sum_{n=1}^{N} R_n \right) N^{-1} \chi r \tag{4}$$

Ein praxisgerechtes Kalkulationssystem hat somit mit vier Inputgrößen – Cash Flows der Kredite C_t (als Bestandteil von R), Wahrscheinlichkeit des Ausfalls p, Ausfallhöhe χ und Recovery-Rate r – zu arbeiten (vgl. Abbildung 2). Die Schwierigkeiten bei einer Implementierung liegen weniger bei der Berechnung der Standardrisikokosten $\Re$ als vielmehr bei der Gewinnung der Inputgrößen. Während die erwarteten Cash Flows C_t durch das tatsächliche, geplante Obligo eines Kreditnehmers dargestellt werden kann, liegt der Schwerpunkt hauptrangig bei der Ermittlung der Kreditausfall-wahrscheinlichkeit p, in zweiter Linie bei der der Ausfallhöhe χ und der Rückgewinnungsquote r. Der folgende Abschnitt zeigt eine Möglichkeit auf, diese Daten zu generieren.

2.2 Möglichkeiten der Risikoermittlung

Um den erwarteten Verlust numerisch bestimmen zu können, ist es notwendig, ein Messverfahren für die Berechnung der Ausfallwahrscheinlichkeit aufzubauen. Grundsätzlich können Wahrscheinlichkeiten nur berechnet werden, wenn normierte Datenreihen vorliegen. Bei Kreditnehmern ist dies aber nicht der Fall, da es sich einerseits nicht um normierte Subjekte handelt und andererseits bei einem Kredit-Default um singuläre und seltene Ereignisse (aus Sicht der Statistik) handelt. Dennoch gibt es zwei Möglichkeiten, die erwarteten Kreditrisiken zu ermitteln und zwar über ein

1. *optionspreisbasiertes Modell:* Dem Kreditnehmer wird gedanklich unterstellt, dass er das jederzeitige Recht besitzt, den Kredit der Bank anzudienen, das heißt im Falle der Insolvenz stellt der Schuldner seine Zahlungsverpflichtungen ein. Formal wird das Recht als Put-Option bewertet. Obwohl das Verfahren vom Lösungsansatz (geschlossener Algorithmus) her sehr effizient ist, hat es sich in der Praxis nicht durchgesetzt, da insbesondere die Input-Parameter für die Optionspreisformel – Volatilität und Wert des Underlyings – schwer zu ermitteln sind.[3]

3 Vgl. Gerdsmeier/Kutscher (1996): Verfahren der Risikokosten-Ermittlung im Kreditgeschäft, in: 6/96 S. 40-44.

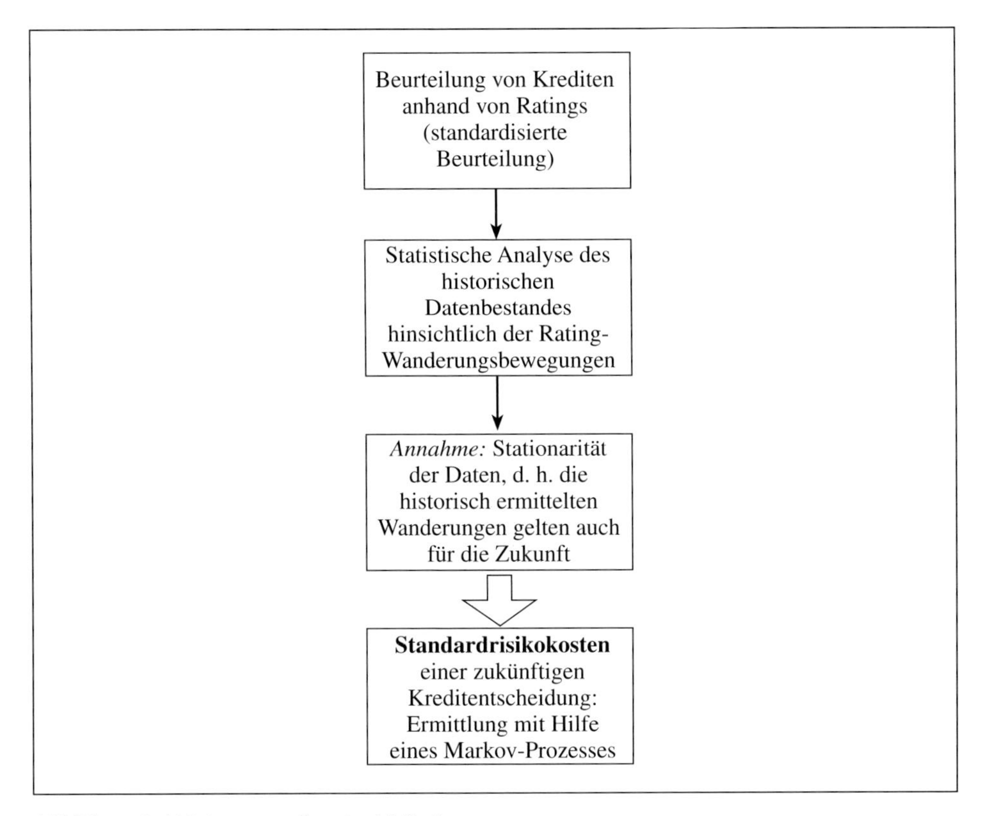

Abbildung 3: Ableitung von Standardrisikokosten

2. *ratingbasiertes Modell:* Kredite bzw. Kreditnehmer werden einem standardisierten Rating unterzogen. Kennzeichen eines jeden Ratings ist es, dass die verschiedensten Merkmale – finanzielle, Managementqualitäten, Absatz, Produktion etc. – einzeln beurteilt werden und anschließend zu *einer* (Rating-) Kennzahl verdichtet werden. Erst dadurch ist es möglich, dass die verschiedensten Kredite bzw. Kreditnehmer vergleichbar sind und für statistische Auswertungen zur Verfügung stehen. So können zum Beispiel anhand von historischen Rating-Zeitreihen Ausfallwahrschein-lichkeiten für jede Ratingklasse ermittelt werden.

Aufgrund der genannten Schwächen des Optionspreismodells beziehen sich die nachfolgenden Ausführungen ausschließlich auf das ratingbasierte Modell. Zwei methodische Varianten kommen in Betracht (vgl. Abbildung 4):

a) *Matrix der Ausfallwahrscheinlichkeiten:* In einer einfachen Variante wird für jede Kombination aus Restlaufzeit des Kredites und Rating eine Ausfallwahrscheinlichkeit ermittelt. Für jeden neu zugesagten Kredit kann sodann eine entsprechende Ausfallwahrscheinlichkeit ermittelt werden. Dieses Verfahren ist sehr leicht zu handhaben, weist aber – wie weiter unten erläutert wird – gegenüber der zweiten Variante (b) einige Nachteile auf.

b) *Migrationsmatrix:* Mit Hilfe der historischen Rating-Zeitreihen wird ermittelt, mit welcher Wahrscheinlichkeit ein Kredit eines bestimmten Ratings in eine andere Ratingklasse – hierzu zählt auch die Klasse „Default" – wandert. Mit dieser Methode kann das Risiko genauer ermittelt werden, da der noch ausstehende Cash Flow zum Ausfallzeitpunkt berücksichtigt wird.

Die Überlegenheit der Methode (b) kann anhand eines Beispiels illustriert werden. Es werden zwei zehnjährige Kredite miteinander verglichen, von denen der eine endfällig und der andere nach einem Jahr zu 90 % getilgt ist. Verwendet man eine gemeinsame Ausfallwahrscheinlichkeit, die sich ausschließlich an der Laufzeit (10 Jahre) orientiert, so wird das Risiko bei der Tilgungsvariante deutlich überzeichnet, da das größte Exposure ausschließlich während des ersten Jahres besteht. Erst bei der Berücksichtigung der jährlichen Cash Flows wird deutlich, dass das Risiko des tilgungsfreien Kredites deutlich höher ist das des Tilgungskredites.

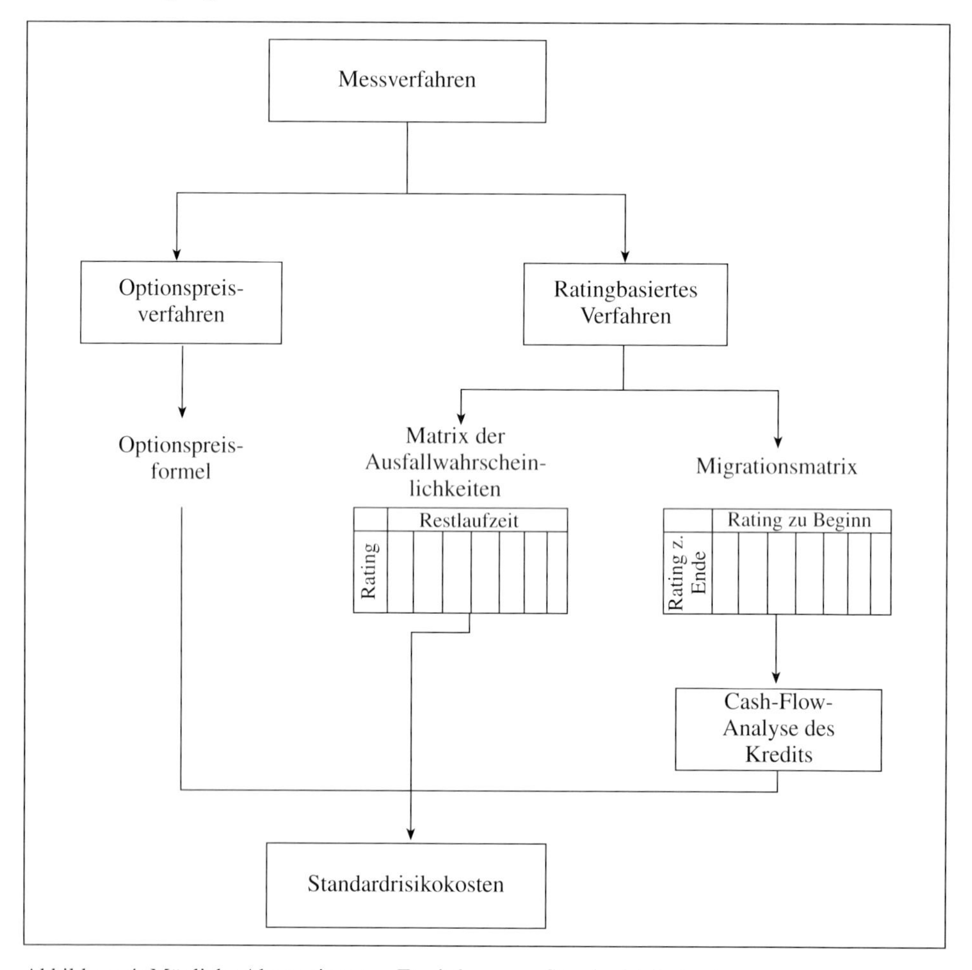

Abbildung 4: Mögliche Alternativen zur Ermittlung von Standardrisikokosten

Als ein positiver Nebeneffekt der Migrationsmatrix-Variante ist zu erwähnen, dass die Matrix Basis für verschiedene Methoden der Portfolio-Steuerung (Credit-Value-at-Risk) und somit aus Konsistenz- und Effizienzgründen zu bevorzugen ist (vgl. für eine kurze Darstellung Abschnitt 0). Deshalb wird im weiteren Verlauf ausschließlich die Migrationsmatrix für die Ermittlung der Standardrisikokosten verwendet.

Der Prozess zur Ermittlung der Standardrisikokosten mit Hilfe der Migrationsmatrix verläuft zweigleisig. (a) Grundsätzlich muss zunächst einmal mit Hilfe der historischen Zeitreihen die oben erwähnte Migrationsmatrix ermittelt werden. (b) Die eigentlichen Standardrisikokosten werden fallweise bei jeder anstehenden Konditionierung von Krediten ermittelt. Hierzu muss der Kredit als Zahlungsstrom abgebildet werden, so dass die Cash Flows dann mit Hilfe der Migrationsmatrix hinsichtlich der Ausfallwahrscheinlichkeit bewertet werden können. Beide Vorgänge (a) und (b) werden im folgenden separat geschildert.

Migrationsmatrix im Kreditgeschäft							
Wahrscheinlichkeit der Wanderung		**Rating zu Beginn eines Jahres**					
		A	B	C	D	E	F
Rating nach Ablauf eines Jahres	A	61,19 %	12,00 %	2,80 %	1,50 %	0,30 %	0,00 %
	B	25,60 %	55,20 %	23,00 %	3,80 %	0,80 %	0,01 %
	C	9,80 %	15,00 %	28,32 %	17,10 %	2,50 %	3,00 %
	D	2,60 %	8,40 %	**26,70 %**	30,00 %	12,80 %	8,20 %
	E	0,80 %	6,00 %	12,90 %	23,00 %	45,90 %	23,00 %
	F	0,01 %	3,30 %	4,50 %	16,80 %	25,80 %	47,99 %
	X	0,00 %	0,10 %	1,78 %	7,80 %	11,90 %	17,80 %

Abbildung 5: Schema einer Migrationsmatrix mit fiktiven Wahrscheinlichkeiten. Die Ratingklasse X entspricht dem Default.

Zu (a): Anhand der historischen Kreditzeitreihen wird ermittelt, mit welcher Wahrscheinlichkeit ein Kredit eines bestimmten Ratings innerhalb eines Jahres in seiner Ratingklasse bleibt oder in eine andere wandert (Down- oder Upgrading). Als Ergebnis erhält man eine $i \times j$ Matrix (vgl. Abbildung 5). Für die Berechnung der Standardrisikokosten ist die Zeile j (Rating X) von ausschließlicher Bedeutung, da sie die Eintrittswahrscheinlichkeit für den Default bescheibt. Die Matrix unterstellt, dass ein einmal ausgefallener Kredit (Default, Rating X) nicht wieder aufsteigt, deshalb gibt es keine Spalte für den Default. Mögliche Rating-Verbesserungen eines einmal ausgefallenen Kredites werden über die Recovery-Rate (vgl. unten) abgedeckt.

Weiterhin wird anhand der historischen Zeitreihen die durchschnittliche relative Schadenshöhe χ ermittelt, wobei sich der Schaden in Form einer Einzelwertberichtung bzw.

Abschreibung (*EWB*) auf die Forderungen gegenüber dem Kreditnehmer bezieht. Grundsätzlich kann auch eine Wahrscheinlichkeitsverteilung ermittelt werden. Für diesen Aufsatz wird aber der Einfachheit halber mit einer durchschnittlich erwarteten Einzelwertberichtigung gemäß

$$\chi = \left(\sum_{n=1}^{N} \frac{EWB_n}{I_n} \right) N^{-1} \tag{5}$$

gerechnet. Dabei bedeuten:

EWB: absolute Höhe der Einzelwertberichtigung aufgrund eines Defaults

I: absoluter Betrag der Inanspruchnahme (Forderung)

n, N: Anzahl der Kredite mit EWB.

Darüber hinaus ist noch die sog. Recovery-Rate *r* zu ermitteln. Sie beschreibt die Höhe der späteren EWB-Auflösung, das heißt der Einbringung von ausstehenden Forderungen, zum Beispiel aufgrund eines inzwischen erfolgten turn-arounds oder auch durch die Verwertung der Forderungen. Auch in diesem Fall kann mit einer Wahrscheinlichkeitsverteilung gearbeitet werden, jedoch wird wiederum für diese Zwecke mit einem durchschnittlichen Wert

$$r = 100 \left(\sum_{n=1}^{N} \frac{\vartheta_n}{EWB_n} \right) N^{-1} \tag{6}$$

gerechnet. Es bedeuten:

ϑ: absolute Höhe der Auflösung einer Einzelwertberichtigung

EWB: absolute Höhe der Einzelwertberichtigung

n, N: Anzahl der Kredite mit EWB

Zu (b): Der Prozess zur Risikoberechnung anhand einer Migrationsmatrix basiert auf einem Markov-Prozess, das heißt die Zustände zu jedem Zeitpunkt sind unabhängig vom vorherigen Zustand. In Bezug auf die Ausfallwahrscheinlichkeit eines Kredites kann dies u. U. eine sehr weitgehende Annahme sein, da sich viele Engagements in der Regel auf einem Entwicklungspfad bewegen. So ist es intuitiv einleuchtend, dass ein Kredit eher im seltenen Fall eine Ratingentwicklung A – D – A durchläuft, sondern eher einem Entwicklungspfade wie zum Beispiel A – B – B – C folgt. Dennoch wird der Markov-Methode – in Übereinstimmung mit der Literatur – der Vorzug gegeben, da sie sehr viel leichter zu operationalisieren ist als pfadabhängige Modelle.

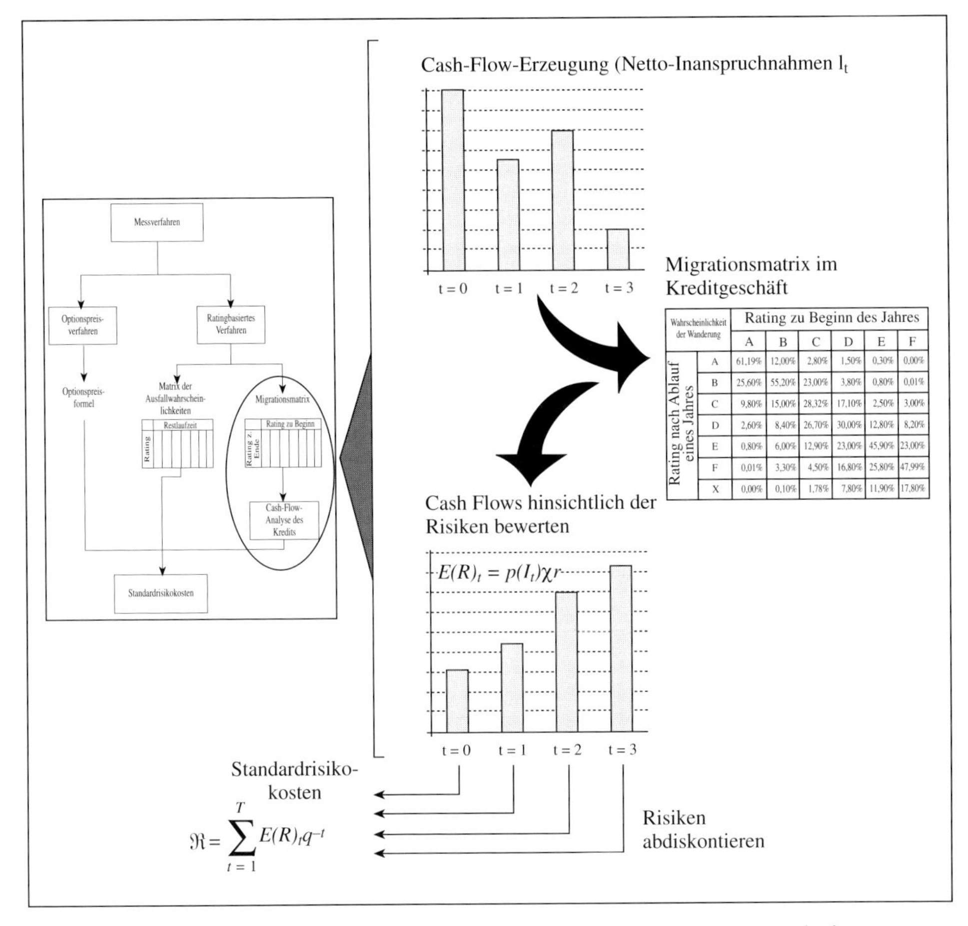

Wahrscheinlichkeit der Wanderung		Rating zu Beginn des Jahres					
		A	B	C	D	E	F
Rating nach Ablauf eines Jahres	A	61,19%	12,00%	2,80%	1,50%	0,30%	0,00%
	B	25,60%	55,20%	23,00%	3,80%	0,80%	0,01%
	C	9,80%	15,00%	28,32%	17,10%	2,50%	3,00%
	D	2,60%	8,40%	26,70%	30,00%	12,80%	8,20%
	E	0,80%	6,00%	12,90%	23,00%	45,90%	23,00%
	F	0,01%	3,30%	4,50%	16,80%	25,80%	47,99%
	X	0,00%	0,10%	1,78%	7,80%	11,90%	17,80%

Abbildung 6: Schematischer Prozess zur Berechnung der Standardrisikokosten. Es bedeuten: $E(R_t)$: Erwartete Risikokosten zum Zeitpunkt t; $p(I_t)$: Wahrscheinlichkeit, dass zum Zeitpunkt t das Kreditexposures I in den Default wandert; χ: durchschnittliche relative Schadenshöhe beim Default; r: durchschnittliche relative Recovery Rate bei Krediten mit Default; q^{-t}: Diskontierungsfaktor

Die Berechnung erfolgt in mehreren Schritten (vgl. Abbildung 6):

1. Zerlege den Kredit in seine Netto-Zahlungsströme, das heißt mögliche Sicherheiten sowie Tilgungs- und Zinszahlungen werden gegengerechnet.
2. Berechne zu jedem Zeitpunkt die Wahrscheinlichkeit und die Höhe eines Default (Einzelwertberichtung).
3. Diskontiere die so gewonnenen Beträge zu einem erwarteten Verlust ab.
4. Ermittle aus dem erwarteten Verlust eine Risikomarge für das avisierte Geschäft.

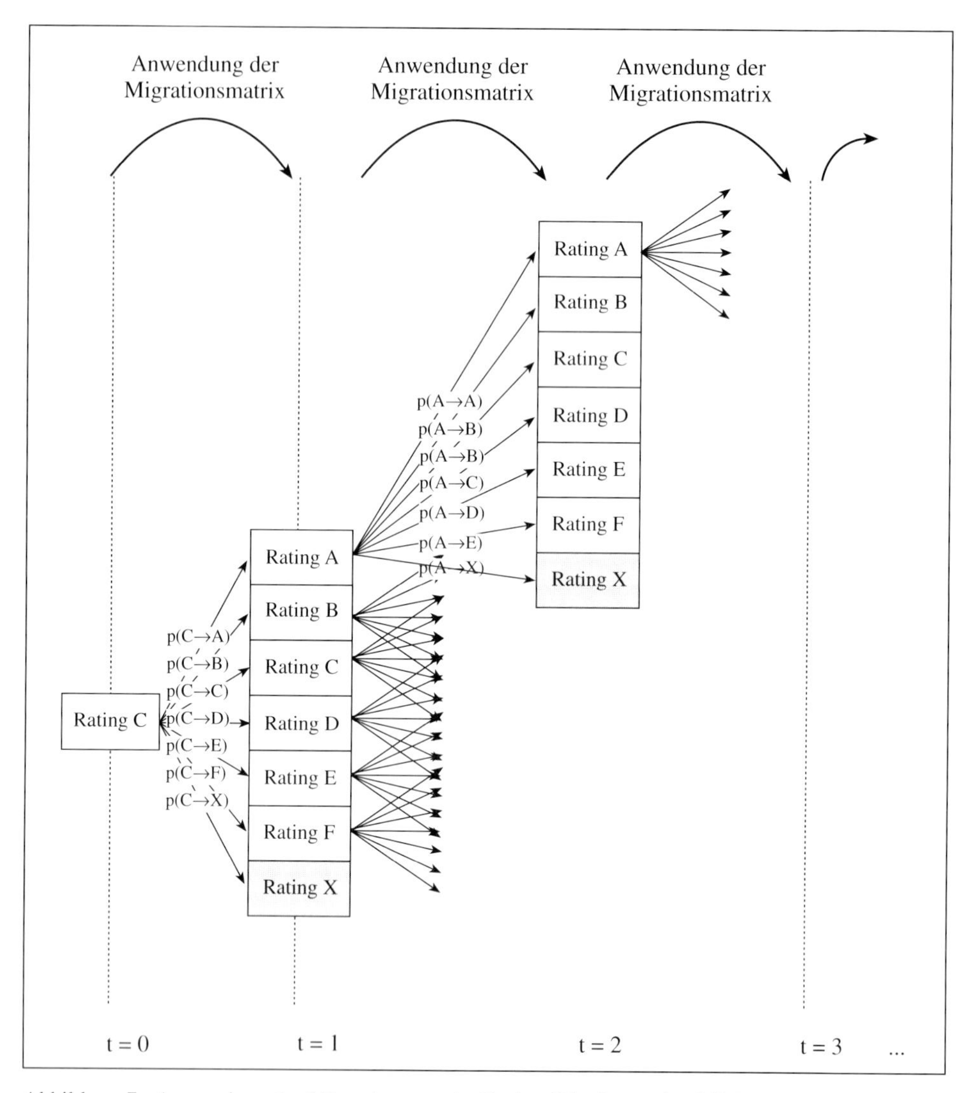

Abbildung 7: Anwendung der Migrationsmatrix, Rating X bedeutet Ausfall. Für ein Zahlenbeispiel vgl. Abschnitt 4. Berechnung der Risikokosten an einem Beispiel.

Gemäß Punkt 1 ist der Kredit in seine Cash Flows ex möglicher Sicherheiten zu zerlegen. Dadurch ist es möglich, dass sich ein Cash Flow von Null ergibt, sobald das ausstehende Kreditexposure durch erstklassige Sicherheiten (erstrangige Grundschuld, Barsicherheit etc.) abgedeckt ist. Konsequenterweise fallen dann auch keine Risikokosten an. Handelt es sich um nachrangige oder schwer bewertbare Sicherheiten, so liegt es im Ermessen des Institutes, diese teilweise oder aus Vorsicht gar nicht zu berücksichtigen.

Ferner ist unter Punkt 1 zu klären, wie die unterschiedlichen Formen von Kreditexposures erfasst werden. Während es bei klassischen Krediten und Anleihen offensichtlich ist, wie die Cash Flows gebildet werden, ist dies bei Avalen und sonstigen Kreditlinien, die zwar zugesagt, aber bisher nicht in Anspruch genommen wurden, schwieriger. Hier bietet es sich an, mit Wahrscheinlichkeiten zu operieren. Es ist stets zu fragen, mit welcher Wahrscheinlichkeit Kreditlinien bei einer Krise (Default) in Anspruch genommen werden. Bei Barkreditlinien wird eine Inanspruchnahme relativ sicher sein (beispielsweise 95 %), während bei Gewährleistungsavalen im Immobiliengeschäft eher ein Wert von zum Beispiel 35 % angesetzt werden kann. Die zugesagten Linien werden alle mit der geschäftspezifischen Wahrscheinlichkeit bewertet. Der so ermittelte Betrag ist dann äquivalent zu dem Cash Flow eines klassischen Kredites.

Der 2. Punkt ist die Kern-Routine zur Ermittlung der Ausfallwahrscheinlichkeit. Zu jedem Zeitpunkt wird die Wanderungsbewegung des Ratings anhand der Migrationsmatrix ermittelt. Dabei kann man sich die Berechnung anhand eines Entscheidungsbaumes verdeutlichen (vgl. Abbildung 7). Nimmt man an, dass ein Kredit zum Zeitpunkt der Genehmigung mit C geratet ist, so kann der Kredit nach Ablauf des ersten Jahres mit einer bestimmten Wahrscheinlichkeit $p(C \rightarrow C)$ in seiner Ratingklasse C verbleiben. Andererseits ist auch ein Übergang in eine andere Klasse (einschließlich der Default-Klasse X) mit der Wahrscheinlichkeit $p(C \rightarrow X)$ möglich. Nach dem zweiten Jahr kann der Kredit erneut wandern. Der Prozess entwickelt sich bis zum Ende der Kreditlaufzeit weiter. Dabei spaltet er sich in x t Pfade auf, wobei t die Anzahl der Zeitintervalle angibt, zu denen die Migrationsmatrix angewandt wird, und x die Anzahl der Ratingklassen. Beispielsweise gibt es bei 7 Ratingklassen und 5 Zeiträumen insgesamt $7^5 = 16\,807$ Rating-Pfade, die dieser Kredit durchlaufen kann.

Die Standardrisikokosten werden über alle möglichen Pfade bestimmt, indem zu jedem Zeitpunkt die Eintrittswahrscheinlichkeit für einen Default mit dem dann vorliegenden Exposure multipliziert wird. Zusätzlich ist die relative Höhe einer durchschnittlichen Einzelwertberichtigung χ zu berücksichtigen (da in der Regel nicht das gesamte Blankovolumen wertberichtigt wird) sowie ein Prozentsatz r, der eine mögliche Auflösung einer Wertberichtigung erfasst (Recovery-Rate). Diese so ermittelten Risikobeträge werden abdiskontiert und zu einer Summe, den Standardrisikokosten $\mathfrak{R}$, aufaddiert. Formal errechnen sich die Standardrisikokosten zu

$$\mathfrak{R} \sum_{n=1}^{T} (p_x C_t \chi r) q^{-1}, \tag{7}$$

p_X: Wahrscheinlichkeit, dass der Kredit in die Ratingklasse X (Default) wandert, also dass eine Wertberichtigung in die Gewinn- und Verlustrechnung eingestellt werden muss.

C_t: Höhe der Netto-Cash-Flows zum Zeitpunkt t

χ: Durchschnittliche relative Höhe der Einzelwertberichtigung im Falle eines Defaults

r: Durchschnittliche relative Höhe der Auflösung einer Einzelwertberichtigung

q^{-t}: Diskontierungsfaktor

2.3 Anwendung der Risikokosten

Die Standardrisikokosten sind Teil der Gesamtkosten einer Kreditentscheidung. Die Gesamtkosten setzen sich zusammen aus

+ **Standardrisikokosten** (das heißt Risikoprämie für erwartete Ausfälle)

+ **Regulatorische Eigenkapitalkosten** (das heißt Eigenkapitalunterlegung gemäß Kreditwesengesetz)

+ **Refinanzierungskosten** (das heißt strukturkongruente Refinanzierung)

+ **Kreditadministrationskosten** (Standardbetriebskosten)
+ **Gewinnanspruch** (Verzinsung des eingesetzten Eigenkapitals [4])
= **Gesamtkosten** des Kredites

Die in dieser Rechnung nicht erfassten unerwarteten Verluste bleiben unberücksichtigt, da sie erratischer Natur sind und nicht einem einzelnen Kredit angelastet werden können. Solche Verluste sind ggf. durch das Eigenkapital der Bank aufzufangen.

Die Kreditentscheidung und der tatsächlich geforderte Preis hängen dann noch von unternehmenspolitischen Entscheidungen ab. Aus geschäftspolitischen Erwägungen *kann* eine Kreditvergabe aus zwei Gründen unterhalb der Risikomarge erfolgen: (a) Die Wettbewerbssituation erfordert ein sehr günstiges Angebot, zum Beispiel bei einem beabsichtigten Markteintritt oder bei hohen Cross-Selling-Potentialen. (b) Aus Portfoliosicht kann das zusätzliche (marginale) Risiko, das ein Kreditexposure im Portfolio verursacht, äußerst gering – theoretisch auch sogar negativ – sein, so dass eine niedrige Marge gerechtfertigt ist. Gleichwohl ist zu beachten, dass es sich bei dieser Betrachtungsweise weniger um eine Frage der Kreditbepreisung als vielmehr um die Portfoliosteuerung (-management) handelt.

3. Aufbau eines Ratingsystems zur Messung von Standardrisikokosten

Wie im vorhergehenden Abschnitt gezeigt wurde, entsprechen die Standardrisikokosten den erwarteten Verlusten der Kreditexposures. Ihre Berechnung basiert auf einem Ratingsystem, dessen Aufbau in diesem Abschnitt vorgestellt wird. Zunächst sind die Anforderungen an ein Ratingsystem zu klären:

4 Bei der Verzinsung des eingesetzten Eigenkapitals ist zu unterscheiden, ob das Kreditinstitut zusätzlich zu der aufsichtsrechtlich geforderten Eigenkapitalunterlegung eine eigene, interne Methodik zur Berechnung der Eigenkapitalbindung („ökonomisches Kapital“) besitzt. Ist dies der Fall, so stellt der höhere Eigenkapitalbedarf der beiden Varianten die Basis für den Verzinsungsanspruch, also: *Max (Eigenkapital nach KWG; Eigenkapital nach bankinternen Berechnungen).*

- Das Rating muss als valider Schätzer für die zukünftig erwarteten Ausfälle zu gebrauchen sein.
- Das Ratingsystem muss weitgehend frei von subjektiven Einflüssen sein, das heißt die Vergabe einer Ratingziffer muss so weit wie möglich objektiv nachvollziehbar sein.

Das System muss für alle von der Bank gehandelten Produkten geeignet sein, damit eine Vergleichbarkeit des Risikogehaltes gegeben ist. Für eine Universalbank müssen beispielsweise sowohl die Kreditrisiken, die aus der Vergabe klassischer Personal-, Immobilien- und Projektkredite resultieren, als auch die Kontrahentenrisiken der Kapitalmarktprodukte abgedeckt werden können.

- Das Verfahren muss praktikabel und vom Vertrieb bzw. den Kreditbereichen akzeptiert werden.

Die Entwicklung eines Ratingystems ist eine Maßanfertigung für jede Bank, da eine Vielzahl von strategischen und analytischen Faktoren zu berücksichtigen sind. Das Design hat folgende Gestaltungsparameter zu berücksichtigen:

- *Definition und Anzahl der Ratingklassen.* Insbesondere bei risikoreicheren Engagements – zum Beispiel im Non-Investment-Grade oder in den Emerging Markets – ist eine feinere Abstufung der Ratingklassen notwendig.

- *Anlehnung der eigenen Systematik an Kapitalmarktratings (Moody's, S&P etc.).* Hierdurch fällt es der Bank leichter, das eigene Systeme auf Plausibilitäten hin zu überprüfen oder zu testen. Zudem ist weniger Aufwand seitens der Ratingagenturen notwendig, wenn Forderungen über den Kapitalmarkt oder über Kreditderivate verkauft werden sollen.

- *Struktur des Ratingsystems.* Es ist zu klären, auf welche Bereiche sich das Rating erstreckt. Wird der Kreditnehmer, der Kredit (das Objekt bzw. Projekt) oder beides zusammen beurteilt?

- *Zeithorizont des Ratings.* Berücksichtigt der Ratingprozess den gegenwärtigen Zustand des Unternehmens („Point of time"-Rating), oder wird der Kreditnehmer (bzw. der Kredit) einem Stress-Szenarium unterworfen („Through the cyle"-Rating)?

Die folgenden Abschnitte erläutern diese Punkte ausführlicher.

3.1 Definition von Ratingklassen und -variablen

Emprische Analysen von Moody's zeigen, dass das Kreditrisiko im Bondmarkt mit abnehmendem Rating exponentiell ansteigt (vgl. Abbildung 8). Während sich das Kreditrisiko von einem „AAA"-gerateten Bond zu einer „AA"-Qualität nur um ca. 20 Basispunkte verschlechtert, erhöht sich das Risiko von „BA" zu „B" um ca. 160 Basispunkte. Daraus lässt sich die Anforderung ableiten: Je intensiver die Bank mit schlechten Adressen handelt, umso detaillierter und feiner abgestuft sollten die Ratingklassen sein. Im Top-Investment-Grade-Bereich ist eine etwas gröbere Einteilung ausreichend.

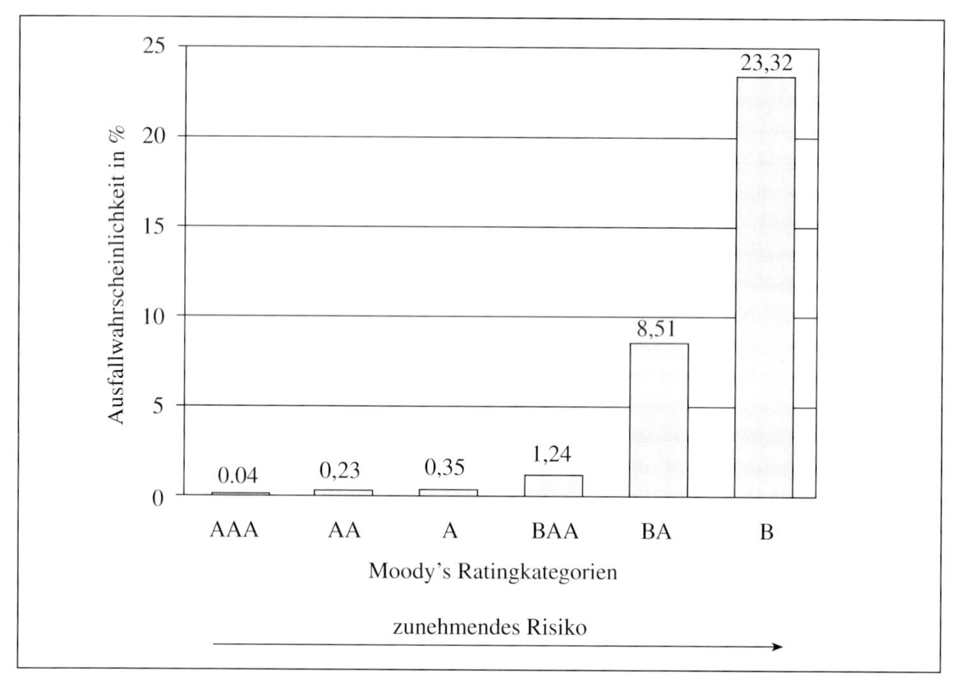

Abbildung 8: Kumulierte Ausfallwahrscheinlichkeit für das Kreditrisiko der Bondmärkte im Laufzeitenbereich von 4 Jahren
Quelle: Moody's Special Report on Credit Risk

So wünschenswert eine differenziertere Betrachtung ist, so stößt sie dann an ihre Grenzen, wenn sich die einzelnen Abstufungen nur noch marginal ändern. Da jedes Rating letztlich zum Teil auch auf subjektiven Beurteilungen beruht, muss die kleinste Änderung noch objektiv erkennbar sein. In der Praxis verwenden die Top-50-US-Banken nach einer Übersicht von McKinsey & Co. zu ca. 80 % acht bis 10 verschiedene Ratingklassen. Angabegemäß planen viele dieser Banken eine weitergehende Differenzierung (vgl. Abbildung 9).

Beim Aufbau des Ratingsystems steht die Bank vor der Frage, ob die internen Ratingklassen zu gängigen Kapitalmarktratings kompatibel sein sollen oder nicht.

Eigene Kriterien und Ansprüche können dann sinnvoll sein, wenn sich die Bank vorwiegend in ganz bestimmten Märkten bewegt, die eine differenzierte Betrachtung notwendig machen. Solch ein Markt könnten zum Beispiel die Konsumentenkredite darstellen. Ferner ist es evtl. leichter möglich, den Altdatenbestand auf eine eigene Ratingssystematik zu übertragen.

Die Nachteile werden deutlich, wenn man die Vorteile der zweiten Alternative – Kompatibilität zu Kapitalmarktratings – betrachtet. Externe Ratings als Benchmark können für die eigene Beurteilung bzw. zum Adjustieren des eigenen Systems dienen. Ferner ist die Abstimmung immer dann von Vorteil, wenn die Bank Teile ihres Portfolios auf Sekundär-

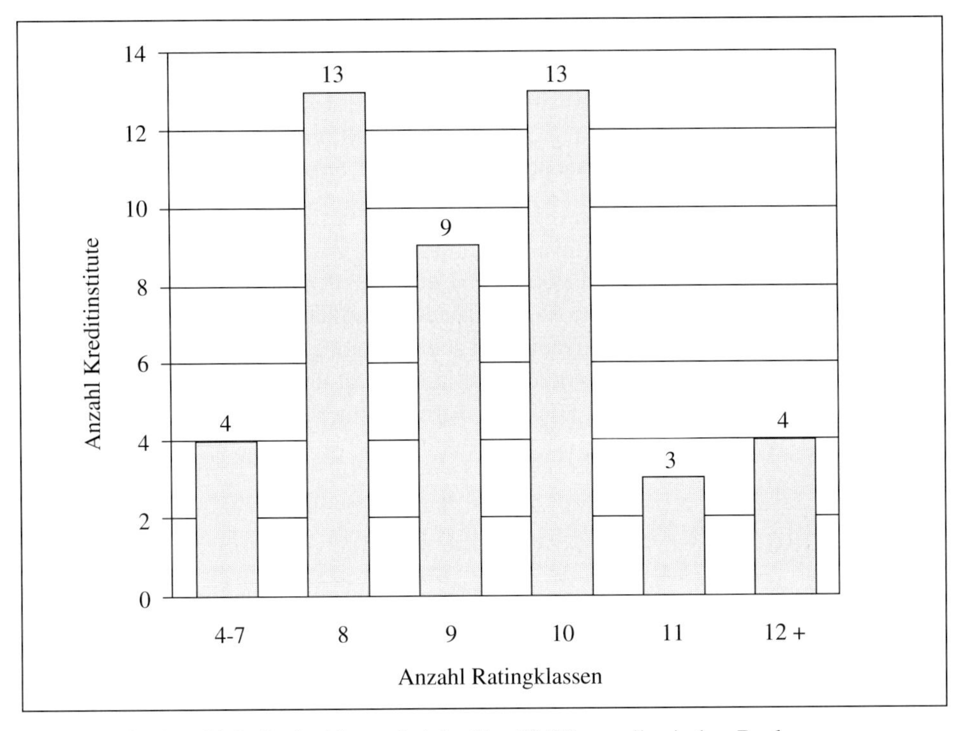

Abbildung 9: Anzahl der Ratingklassen bei den Top-50-US-amerikanischen Banken
Quelle: McKinsey & Co. (vier Banken verweigerten die Auskunft; Anzahl der Ratingkategorien exklusive der Verlustkategorien)

märkten platzieren möchte, zum Beispiel über Asset Backed Transactions. Der Prozess lässt sich erheblich beschleunigen, wenn das eigene Rating der Assets weitgehend kompatibel zu den Einstufung der externen Rating-Agenturen ist. Ferner kann die Bank vom Erfahrungsschatz der Ratingagenturen profitieren, indem sie deren Ratings anhand von Übersetzungstabellen auf die eigene Ratingstruktur übersetzt. Aus diesen Gründen sollte die Anlehnung der eigenen Ratingsystematik an gängige Kapitalmarktratings die bevorzugte Option für die Banken sein.

Das Ratingverfahren bzw. die Ratingzeitreihen sind ursächlich für die Qualität der ermittelten Risikozahlen verantwortlich. Deshalb ist besonderes Augenmerk auf ein möglichst objektives Rating-Verfahren zu legen, das heißt die Beurteilungen müssen möglichst frei von subjektiven Einschätzungen durch den Bearbeiter sein. Nach Möglichkeit sind überwiegend Kennzahlen zu verarbeiten, und erst in zweiter Linie können die sog. „soft facts" wie Managmentqualitäten hinzugezogen werden. Bei der Entwicklung des Kriterienkatalogs ist stets zu fragen,

- ob die Variable eine ausreichende Erklärungskraft für die Unternehmensbeurteilung besitzt. Bei sehr anspruchsvollen Ratings sollte die Trennschärfe der Variablen mit Hilfe von Diskriminanzanalysen untersucht werden.

- ob Kriterien, die sich gut für eine verbale (weiche) Beurteilung eignen, nicht auch numerisch eindeutig erfasst werden können. Beispielsweise kann das Kriterium Marktdurchdringung sowohl als „hoch" eingestuft werden als auch über eine Zahl „Marktanteil in Prozent" dargestellt werden. Das Kriterium „Mitarbeiterqualifikation" könnte evtl. durch die Zahl „Fluktuationsrate der Mitarbeiter" teilweise erklärt werden.

Je höher der Anspruch ist, das Rating zu objektivieren, desto höher ist der Aufwand der Datenbeschaffung. Ferner sind die Kennzahlen über einen Korrekturfaktor auf die Branchensituation anzupassen. Idealerweise würde man den historischen Datenbestand auf Variablen untersuchen, die eine Ratingwanderung erklären können (Cluster, Diskriminanzanalysen). Ziel muss es in jedem Fall sein, sich möglichst wenig auf die subjektive Beurteilung der Kreditabteilungen zu verlassen. Dadurch beugt man auch der Gefahr vor, dass die Ratings sich alleine aufgrund von Fluktuation der Mitarbeiter verändern.

3.2 Struktur und Zeithorizont des Ratingsystems

Ein Rating kann für folgende Eigenschaften vergeben werden:

- *Für den Kreditnehmer:* Das Rating bezieht sich ausschließlich auf den Kreditnehmer, nicht auf den nachgefragten Kreditwunsch oder das zu finanzierende Objekt bzw. Projekt. In erster Linie wird somit die Bonität des Kreditnehmers beurteilt. Strukturelemente des Kredites werden nicht mit einbezogen.

Dieser Ansatz kann beim Retailgeschäft durchaus sinnvoll sein, da aus Zeit- und Kostengründen oftmals eine Prüfung der Objekte oder Projekte entfallen muss. Von Vorteil ist, dass es für einen Kreditnehmer genau ein Rating gibt.

- *Für den Kredit:* In diesem Fall wird die Kreditstruktur in Verbindung mit dem zu finanzierenden Objekt bzw. Projekt bewertet, zum Beispiel hinsichtlich der Kapitaldienstfähigkeit und der Sicherheiten. Insbesondere bei großen Projekten, die beim Scheitern die Finanzkraft des Kreditnehmers übersteigen, ist es unabdingbar, dass der Kredit bewertet wird.

Da jeder Kredit ein eigenes Rating erhält, kann somit ein Kreditnehmer mehrere Ratings unterschiedlichster Qualität aufweisen. Der Ansatz ist dann von Vorteil, wenn ein Kreditnehmer viele verschieden strukturierte Kredite besitzt.

- *Kombiniertes Rating Kredit/Kreditnehmer:* Bei diesem Ansatz erfolgt eine Kombination von Kreditnehmer- und Kreditrating. Die Kombination berücksichtigt sowohl die Bonität des Kreditnehmers als auch die Qualität des Kredites (also des Objektes/Projektes).

Dieser Ansatz ist in der Praxis weit verbreitet und sinnvoll bei Kreditnehmern, die überwiegend strukturierte oder heterogene Kredite in ihren Portfeuilles haben. Beim kombinierten Rating muss die Bank noch Dominanzkritieren festlegen. Beispielsweise ist zu klären, welche Auswirkungen ein sehr schlechtes Kreditrating bei konstantem Kreditnehmerrating auf die Kreditvergabe (und umgekehrt) hat.

Hinsichtlich des betrachteten Zeithorizontes lassen sich bei einer Ratinganalyse grundsätzlich zwei Ansätze unterscheiden:

- „Point-in-time"-Rating: In diesem Fall beruht das Rating auf der *heutigen* Einschätzung des Kreditnehmers bzw. des Projektes durch die Bank. Zwar wird eine Prognose über die zukünftigen Entwicklungen eingearbeitet, jedoch wird in der Regel nur ein Entwicklungspfad betrachtet, der durch Kennzahlen beschrieben wird. Eine systematische Szenarienanlayse – wie beim zweiten Ansatz, dem „Through-the-cycle"-Rating – erfolgt nicht.

- „Through-the-cycle"-Rating: Der Kreditnehmer wird Worst-case-Szenarien ausgesetzt und anhand dieser Ergebnisse beurteilt. Beispielsweise könnte für Unternehmen der Baubranche eine Rezession unterstellt werden. Die Überlebensfähigkeit und Stabilität unter derartigen Stressszenarien bestimmt dann das Rating.

  Das „Through-the-cycle"-Rating führt tendenziell zu schlechteren Ratings, die allerdings gegenüber der tatsächlichen Entwicklung robuster sind. Andererseits erfordern sie einen erheblichen höheren Aufwand und substanziell höhere Anforderungen an die Rating-Mitarbeiter. In der Praxis werden diese Verfahren z. T. von den international agierenden Ratingagenturen ausgeführt. Beim Point-in-time-Rating sind aufgrund des statischen Ansatzes in relativ kurzen Abständen Anpassungen notwendig, vor allem bei massiven Veränderungen in der Unternehmensumwelt.

  Aufgrund der höheren Aussagekraft sollte die Entwicklung bei mittleren und schwächeren Kunden grundsätzlich in Richtung „Through-the-cycle"-Rating gehen. Der höhere Aufwand wird durch die höhere Aussagekraft kompensiert.

Der Ratingprozess läuft sinnvoller weise zweistufig ab. Zunächst wird in jedem Fall ein Point-in-time-Rating erstellt. Bei sehr bonitätsstarken Unternehmen kann dann auf eine weitergehende Analyse verzichtet werden. Bei allen übrigen Kreditnehmern sollten dann die Stresstests formuliert werden („Through-the-cycle"-Rating). Diese sind branchen- und länderspezifisch auszurichten und müssen insbesondere die typischen erfolgsbeeinflussenden Parameter umfassen, zum Beispiel Wachstumsraten der Branche, Entwicklung der Haupt-Kostenträger, möglicher Eintritt von Wettbewerbern. Mit diesen Datenmengen sind dann die wichtigsten Finanzkennzahlen zu berechnen, und von den Ergebnissen können anschließend die Ratingkennzahlen abgeleitet werden.

3.3 Modellgrenzen und Ratingschwierigkeiten

Im Hinblick auf die Ermittlung der Standardrisikokosten sehen sich die Banken beim Rating mit verschiedenen Problemen konfrontiert, die hinsichtlich (1) methodischer Grenzen und (2) operativer Schwierigkeiten differenziert werden können.

Zu 1:
Für die Risikoermittlung ist ein besonderes Augenmerk auf die historischen Zeitreihen der Ratings sowie der Wertberichtigungen zu legen. Je umfangreicher die Datenbasis ist, umso valider sind die Risikoermittlungen. Wenn sich allerdings zwischenzeitlich die Ratingmethodik ändert, dürfen die alten Zeitreihen streng genommen nicht mehr verwendet werden; vielmehr müssen erst wieder neue Historien gebildet werden. Dies bedeutet, dass bei einem Rating-Methodenwechsel zunächst keine Ausfallwahrscheinlichkeiten ermittelt werden können. Um dennoch Risikokosten ermitteln zu können, sollte man überlegen, die alte Methodik in der Übergangszeit weiter zu nutzen, das heißt man wird dann mit zwei Ratingkennzahlen arbeiten. Dies hat ferner den Vorteil, dass das neue System anhand der alten Methodik auf seine Plausibilität hin überprüft werden kann. Ändert sich die neue Methodik nur graduell, ist evtl. die alte Zeitreihe weiterhin als Datengrundlage akzeptabel.

Die historischen Daten sollten mindestens über einen Zeitraum von 4 bis 5 Jahren vorliegen und idealerweise einen volkswirtschaftlichen Zyklus mit umfassen. Denn gerade in den sehr guten Ratingklassen sind Kreditausfälle bzw. Ratingverschiebungen seltene Ereignisse, die bei zu kurzen Zeitreihen nicht erfasst werden. Liegen nur sehr kurze Zeitreihen vor – zum Beispiel weil die Bank gerade ein neues Rating einführte oder weil sich die Wirtschaft in einer langanhaltenden Aufschwungphase befindet – so kann die Migrationsmatrix durch pauschale Aufschläge (add ons) korrigiert werden. Idealerweise wird die Berechnung der Ausfallwahrscheinlichkeit durch solche makroökonomischen Komponenten erweitert, die die Veränderung der Insolvenzen gut prognostizieren kann. Beispielsweise könnten die Wachstumsrate der Volkswirtschaft oder die Inflationsrate herangezogen werden. Die Prognosefähigkeit der Kennzahlen ist mit Hilfe statistischer Verfahren zu klären.

Bei jeder Implementierung eines neuen Ratingsystems mit einer Zeitverzögerung zu rechnen ist, bis die Kreditrisikokosten einigermaßen stabil sind. Alternativ können auch Ratings von Fremdanbietern hinzugezogen werden. Bei genossenschaftlichen Instituten und Sparkassen ist zu überlegen, auch auf die Daten der jeweils anderen Institute zurückzugreifen, um die Datenbasis zu verbreitern.

Zu 2:
Beim operativen Rating sind bei den verschiedenen Kundensegmenten nachfolgende Schwierigkeiten zu berücksichtigen:

- *Kleingewerbekunden:* Die Datengrundlage ist oftmals sehr lückenhaft und mit großer Zeitverzögerung verfügbar. Zudem rechtfertigen die absoluten (erwarteten) Margen kaum eine aufwendige Analyse. Als Alternative zu einem klassischen Rating im obigen Sinne kann eine Scoring-Verfahren sinnvoll sein, bei dem anhand klassischer Kennzahlen die Bonität geprüft wird, so dass der Vertrieb rasch zu einer Kreditentscheidung kommt. Eine weitere Möglichkeit besteht darin, einen Vergleich mit einer homogenen Gruppe gleicher bzw. ähnlicher Kreditnehmer (Peer-to-Peer-Matching) durchzuführen.
- *Mittleres Firmenkundensegment:* Für anspruchsvolle „Through-the-cycle"-Ratingverfahren ist auch in diesem Segment die Datenbasis in der Regel unzureichend. Anderer-

seits ist es in diesem Kundensegment besonders aufschlussreich, „Through-the-cycle"-Ratings anzuwenden. Kunden dieses Segmentes werden häufig durch unsystematische Ereignisse getroffen, die die Bonität dann grundlegend verschlechtern können. Beispielsweise können auf der Lieferanten- oder Abnehmerseite hohe Abhängigkeiten von nur einem oder zwei Partnern bestehen. Wird eine solche Beziehung gekündigt, so kann dies das Unternehmen in eine Krise führen. Ein weiteres Problem kann die Abhängigkeit von nur einem wichtigen Produkt darstellen oder die Nachfolgeregelung. Der Übergang auf die nächste Generation führt oftmals zu einen grundlegenden Wandel des Unternehmens, welcher teilweise mit einer deutlichen Bonitätsverschlechterung einhergeht.

- *Großkundensegment:* Bei Großkunden ist die Datengrundlage als weitgehend gut, teilweise sogar als sehr gut bezeichnen, vor allem dann, wenn auch internationale Ratingagenturen das Unternehmen bewerten und ein Listing an einer Börse besteht. Teilweise kann der Börsenkurs in einem sog. Peer-to-Peer-Vergleich deutliche Hinweise auf den Zustand des Unternehmens liefern, so dass man sich auf ein einfaches Point-in-Time-Rating verlassen kann. Andererseits ist anzumerken, dass im Falle einer Krise sehr hohe Kreditierungen ausstehen und somit das Risiko in absoluten Beträgen erheblich ist. Insofern erfordern auch sehr gute Adressen eine enge Begleitung, sobald die Bank für diesen Kunden ein großes Kreditexposure verwaltet.

- *Projektfinanzierungen:* Bei Projekten mit singulären Eigenschaften ist ein „Through-the-cycle"-Rating unvermeidbar. Es sind sowohl das Projekt selbst als auch die dahinter stehenden Unternehmen zu bewerten. Von Bedeutung sind die gestellten Sicherheiten.

- *Gewerbliche Immobilienfinanzierungen:* In diesem Segment sind nicht nur die gestellten Sicherheiten relevant, sondern auch die Qualitäten des Unternehmens. So sollte auch das Unternehmen analysiert werden, da eine Verwertung mit sehr hohen Kosten verbunden ist, das Kreditexposure nicht in jedem Fall zu 100 % erzielt und über abgegebene Garantien (zum Beispiel Mietgarantien) die Bonität des Unternehmens belastet werden kann. Das Rating sowohl des Unternehmens als auch des Objektes wird umso bedeutender, je höher der Blanko-Anteil des Kredites bzw. der Kreditauslauf ist.

4. Berechnung der Risikokosten an einem Beispiel

Dieser Abschnitt führt die Berechnung von Standardrisikokosten schrittweise anhand eines Beispiels vor. Es wird angenommen, dass eine Migrationsmatrix wie in Abbildung 10 dargestellt vorliegt. Die Ratingklassen laufen von A bis F, wobei A die beste Klasse darstellt. Darüber hinaus gibt es die Klasse X, die den Default (Einzelwertberichtigung) beschreibt. Die Matrix enthält Wahrscheinlichkeiten, die die Wanderung eines Kredites zwischen den Ratingklassen innerhalb eines Jahres beschreibt. Beispielsweise würde ein Kredit der Ratingklasse C mit einer Wahrscheinlichkeit von 26.70 % bis zum Ende eines Jahres in die Klasse D wandern. Zu 28.32 % würde er in Klasse C verbleiben, und zu 1.78 % in die Default-Klasse X eingestuft werden.

Migrationsmatrix im Kreditgeschäft							
Wahrscheinlichkeit der Wanderung		Rating zu Beginn eines Jahres					
		A	B	C	D	E	F
Rating nach Ablauf eines Jahres	A	62,00 %	12,00 %	2,80 %	1,50 %	0,30 %	0,00 %
	B	25,60 %	55,20 %	23,00 %	3,80 %	0,80 %	0,01 %
	C	9,80 %	15,00 %	28,32 %	17,10 %	2,50 %	3,00 %
	D	2,60 %	8,40 %	26,70 %	30,00 %	12,80 %	8,20 %
	E	0,00 %	6,00 %	12,90 %	23,00 %	45,90 %	23,00 %
	F	0,00 %	3,30 %	4,50 %	16,80 %	25,80 %	47,99 %
	X	0,00 %	0,10 %	1,78 %	7,80 %	11,90 %	17,80 %

Abbildung 10: Beispiel einer Migrationsmatrix (fiktive Daten)

Der zu beurteilende Kredit wird zum Zeitpunkt der Vergabe mit C geratet und über 2 Jahre laufen (vgl. Abbildung 11). Von Bedeutung ist der Verlauf der Netto-Kreditexposures. Für das Beispiel wird unterstellt, dass die Cash-Flows um Sicherheiten und Tilgungsleistungen bereinigt sind. Ferner wird angenommen, dass aufgrund der historischen Zeitreihen für den Fall einer EWB-Bildung durchschnittlich mit einem Ausfall von $\chi = 85\ \%$ des Blankovolumens zu rechnen ist. Gleichzeitig zeigt die Auswertung, dass von diesen Wertberichtigungen durchschnittlich $r = 50\ \%$ wieder aufgelöst werden können (Recovery Rate), das heißt der tatsächlich durchschnittlich abzuschreibende Betrag beläuft sich auf 43 % = 85 % x 50 % des EWB-Betrages.

Tilgungskredit über 2 Jahre
Rating **C**
Verlauf des Netto-Exposures:

Kreditvergabe t_1	1000.00 €
nach Ablauf t_1	750.00 €
nach Ablauf t_2	200.00 €

Durchschnittliche relative EWB-Höhe bezogen auf das Netto-Exposure: 85 %

Durchschnittliche relative Höhe der Auflösung einer EWB 50 %

Abbildung 11: Daten für den Beispielkredit (EWB = Einzelwertberichtigung)

In einem ersten Schritt ist die Verteilung der Ratingzustände nach dem ersten Jahr anhand der Migrationsmatrix zu ermitteln. Das Ergebnis kann der Abbildung 12 entnommen werden, das heißt der ursprünglich C-geratete Kredit wird sich mit einer Wahrscheinlichkeit von 1.78 % in der Klasse X (Default) wiederfinden. Das Netto-Exposure beläuft sich zu diesem Zeitpunkt auf 750.00 Euro, so dass sich kalkulatorische Risikokosten in Höhe von 5.67 Euro = 750.00 Euro x 1.78 % x 43 % ergeben.

Ratingverteilung nach Ablauf t_1							
Wahrscheinlichkeit der Wanderung		**Rating zu Beginn eines Jahres**					
		A	B	C	D	E	F
Rating nach Ablauf eines Jahres	A			2,80 %			
	B			23,00 %			
	C			28,32 %			
	D			26,70 %			
	E			12,90 %			
	F			4,50 %			
	X			1,78 %			

Exposure	**750.00 €**
EWB-Wahrscheinlichkeit	**1,78 %**
Risikokosten	**5.67 €**

Abbildung 12: Verteilung des Ratings nach Ablauf des ersten Jahres

Nach Ablauf des zweiten Jahres spalten sich die Entwicklungspfade auf (vgl. hierzu den Markov-Prozess nach Abbildung 7, Seite). Während zum Ende des ersten Jahres ausschließlich die Kreditwanderung in die Default-Klasse X von Bedeutung ist, dienen nunmehr zu Beginn des 2. Jahres die Ratingklassen A bis F *erneut* als *Ausgangspunkt* für die weiteren Kreditwanderungen. Beispielsweise könnte eine Möglichkeit lauten, dass der C-Kredit nach dem ersten Jahr in die Klasse B mit einer Wahrscheinlichkeit von 23.00 % aufgestiegen ist, wie der Abbildung 10 zu entnehmen ist. Von Klasse B ausgehend befindet sich der Kredit nach einem weiteren Jahr dann mit hoher Wahrscheinlichkeit weiterhin in Klasse B (55.20 %). Der Kredit kann aber auch in Klasse A aufsteigen (Wahrscheinlichkeit: 12.00 %), oder nach C (15.00 %) bzw. nach D (8.40 %), E (6.00 %) oder F (3.30 %) absinken (vgl. Abbildung 10). Es ist aber auch möglich – wenn auch sehr unwahrscheinlich –, dass sich der Kredit in die X-Klasse bewegt, und zwar mit 0.10 %.

An dieser Stelle wird auch der Nachteil des Markov-Prozesses deutlich, da die Wanderungswahrscheinlichkeit von beispielsweise 0.10 % unabhängig von der „Vorgeschichte“

des Kredites ist. Im vorliegenden Beispiel ist es nicht plausibel, dass der Kredit zunächst von C nach B hochgestuft wird, um daraufhin wertberichtigt zu werden. Dies wäre zum Beispiel dann plausibel, wenn die Ratinghochstufung fehlerhaft war. Dennoch ist dem Markov-Prozess der Vorzug zu geben, da Matrizen mit bedingter Wahrscheinlichkeit ungleich komplexer werden, und zwar nicht nur bei der Berechnung der Ausfallwahrscheinlichkeit, sondern auch bei der Ermittlung der Wahrscheinlichkeiten anhand des historischen Datenbestandes.

Ratingverteilung nach Ablauf t_2							
Wahrscheinlichkeit der Wanderung		**Rating zu Beginn eines Jahres**					
		A	B	C	D	E	F
Rating nach Ablauf eines Jahres	A	1,74 %	2,76 %	0,79 %	0,40 %	0,04 %	0,00 %
	B	0,72 %	12,70 %	6,51 %	1,01 %	0,10 %	0,00 %
	C	0,27 %	3,45 %	8,02 %	4,57 %	0,32 %	0,14 %
	D	0,07 %	1,93 %	7,56 %	8,01 %	1,65 %	0,37 %
	E	0,000 %	1,38 %	3,65 %	6,14 %	5,92 %	1,04 %
	F	0,00 %	0,76 %	1,27 %	4,49 %	3,33 %	2,16 %
	X	0,0000 %	0,0230 %	0,5041 %	2,0826 %	1,5351 %	0,8010 %

Exposure	**200.00 €**
EWB-Wahrscheinlichkeit	**4,95 %**
Risikokosten	**4,20 €**

Standardrisikokosten = Summe Risikokosten: 18.19 €
Annahmen: abdiskontiert mit 6 %

Abbildung 13: Verteilung der Ratingzustände nach Ablauf des zweiten Jahres

Beispielhaft soll die Wahrscheinlichkeit für einen Entwicklungspfad über zwei Jahre erläutert werden. Unterstellt man die Wanderung C → D → X, so berechnet sich deren Eintrittswahrscheinlichkeit zu $p(C \rightarrow D) \cap p(D \rightarrow X) = 26.70\ \% \times 7.80\ \% = 2\ 0826\ \%$. Analog werden alle anderen Kombinationen (Pfade) berechnet. Die Ergebnisse sind in Abbildung 13 wiedergegeben.

Das Netto-Exposure nach der zweiten Periode beläuft sich auf 200.00 Euro. Die Summe der Wahrscheinlichkeiten, dass die EWB-Klasse eintritt, beträgt 4.95 %. Daraus ergeben sich Risikokosten in Höhe von 4.20 Euro. Abschließend müssen die Risikokosten jeder einzelnen Periode abdiskontiert und zu den Standardrisikokosten aufsummiert werden Es ergeben sich Risikokosten in Höhe von 18.19 Euro. Für Vertriebszwecke kann der Barwert in Basispunkte umgerechnet werden.

5. Theorie versus Praxis

Die vorgestellte Methode zur Kalkulation der Standardrisikokosten ist als Modell auf einem PC leicht zu implementieren – in der Bankenpraxis sind derartige Verfahren jedoch im Allgemeinen erst im Aufbau begriffen. Die Probleme liegen nämlich weniger im theoretischen Konzept, sondern vielmehr in den Bereichen

- *Rating-Verfahren*: Die bankinternen Ratingverfahren, die den Ansprüchen der Risikokalkulationen genügen, befinden sich z. T. erst im Aufbau. Eine korrekte Einschätzung der Kreditrisiken ist dadurch in der Regel nicht gegeben. Dies kommt auch dadurch zum Ausdruck, dass – wie in der Einleitung erwähnt – ein deutliches Missverhältnis zwischen Kreditpreis und Risikogehalt besteht.

- *Datenqualität und -verfügbarkeit:* Die notwendigen Kredit- und Ratingdaten sind in den Liefersystemen teilweise unvollständig vorhanden, da zum Beispiel nicht alle Datenfelder implementiert sind oder aus Nachlässigkeit bei der Kreditbearbeitung nicht gefüllt werden. Die (Kredit-) Produkte sind u. U. nicht eindeutig definiert, so dass es zu Schwierigkeiten bei der Bewertung kommen kann. Sicherheiten werden nicht korrekt erfasst bzw. bewertet, und Risikogemeinschaften (das heißt Abhängigkeiten der Kreditnehmer untereinander) sind nicht vollständig abgebildet.

- *EDV-Systeme*: Insbesondere in Institutsgruppen wird oftmals mit einer Vielfalt an verschiedenen EDV-Systemen gearbeitet, die untereinander nicht kompatibel sind. Dies gilt vor allem dann, wenn Retail-, Hypotheken- oder Investmentbanken unter einem Dach vereint sind und international tätig sind. Dadurch ist der Datenaustausch erschwert, so dass viele Schnittstellen zu programmieren sind. Oftmals handelt es sich um Großrechner-Programme, die nicht mehr zeitgemäß sind.

Die obigen Mängel führen dazu, dass eine risikoorientierte Steuerung größerer Bankengruppen gegenwärtig in der Regel mit hohem manuellen Aufwand verbunden ist. Insbesondere ist es kaum möglich, eine Risikosteuerung konsolidiert über die gesamte Gruppe und real-time zu ermöglichen. Je kleiner ein Kreditinstitut ist und je monolithischer es aufgebaut ist, um so einfacher ist der Aufbau einer Risikosteuerung und um so vollständiger kann das theoretische Konzept ohne Abstriche in der Praxis umgesetzt werden.

Auch die Bankgesellschaft Berlin ist mit den geschilderten Defiziten konfrontiert. Mittlerweile ist das interne Ratingsystem für den gesamten Konzern vereinheitlicht worden. Auf dieser Basis wurden in der Landesbank Berlin – eine Tochter der Bankgesellschaft Berlin – in Zusammenarbeit mit der Unternehmensberatung McKinsey & Co. sowie dem Deutschen Sparkassen und Giroverband (DSGV) zwei Systeme implementiert, die die Basis für eine Risikosteuerung darstellen:

- Nach der in diesem Aufsatz vorstellten Methode kann jeder Einzelkredit entsprechend seines Risikogehaltes gepreist werden (Risk Adjusted Pricing).

- Für die Risikobewertung der Kreditportfolien wurde ein Credit-Value-at-Risk-Verfahren (vgl. hierzu Abschnitt 6) implementiert.

Beide Verfahren nutzen dieselbe Migrationsmatrix, die anhand des internen Ratings ermittelt wurde. Die beiden Prototypen der Landesbank Berlin werden konzernweit in der Bankgesellschaft Berlin eingeführt, so dass einerseits die Kredite risikoadäquat gepreist und andererseits die Risiken der Kreditportfolien mit Hilfe des Credit-Value-at-Risk ermittelt werden können.

6. Zusammenfassung und Ausblick

Die vorhergehenden Abschnitte haben gezeigt, dass die korrekte Erfassung der erwarteten Kreditrisiken wichtig ist, um das Kreditportefeuille der Bank risikoadjustiert zu steuern. Das erwartete Kreditrisiko kann quantifiziert werden, indem jeder Kredit anhand eines standardisierten Ratingverfahrens beurteilt und in eine Ratingklasse eingestuft wird. Aufgrund historischer Zeitreihen generiert die Bank für jedes Ratingklasse die erwarteten Ausfallwahrscheinlichkeiten bzw. die Elemente der Migrationsmatrix. Auf Basis dieser Daten kann dann für jeden Kredit die Standardrisikokosten (erwartete Risikokosten) berechnet werden.

Da das bankeigenes Ratingsystem ein möglichst stabiler Schätzer für die zukünftigen Adressenausfallrisiken sein soll, ist es wichtig, dass die Ratingmethodik einerseits über einen möglichst langen Zeitraum konstant gehalten wird und andererseits die Ratingergebnisse möglichst gering durch subjektive Elemente der Mitarbeiter zu beeinflussen ist. Eine vollkommene Unabhängigkeit von subjektiven Einflüssen ist jedoch nicht möglich, da Unternehmen bzw. Projekte/Objekte ihrerseits durch weiche Faktoren zu beschreiben sind (zum Beispiel Managementqualität, Zukunftsperspektiven).

Die Vorteile einer exakten Kalkulation der erwarteten Risikobeträge (Standardrisikokosten) sind darin zu sehen, dass

- der Vertrieb größere Transparenz über das Risiko seiner Geschäfte erhält und
- die Margen für die Kreditprodukte risikogerecht bestimmen kann. Dadurch können wie bei einer Versicherung die erwarteten (systematischen) Risiken durch die Margen vorab vereinnahmt werden. Lediglich die unerwarteten (unsystematischen) Risiken müssen dann durch das Eigenkapital der Bank abgedeckt werden.
- Darüber hinaus ist davon auszugehen, dass bei zukünftigen aufsichtsrechlichen Vorgaben die Eigenmittelanforderungen u. a. an Kreditrisikomodelle geknüpft werden, so dass in naher Zukunft faktisch jede Bank gezwungen sein wird, die Kreditrisiken exakter preisen zu können.

In einer perfekten Welt würde bei einem ausreichend großen Portfolio der tatsächliche Verlust dem erwarteten, also den Standardrisikokosten, entsprechen. In der Realität streut aber der tatsächliche Kreditausfall um den Erwartungswert, da einerseits das Rating kein fehlerfreier Prädikator ist und andererseits unvorhersehbare Umwelteinflüsse auf die Kreditnehmer einwirken. Deshalb ist es sinnvoll, zusätzlich zu den erwarteten die maximal

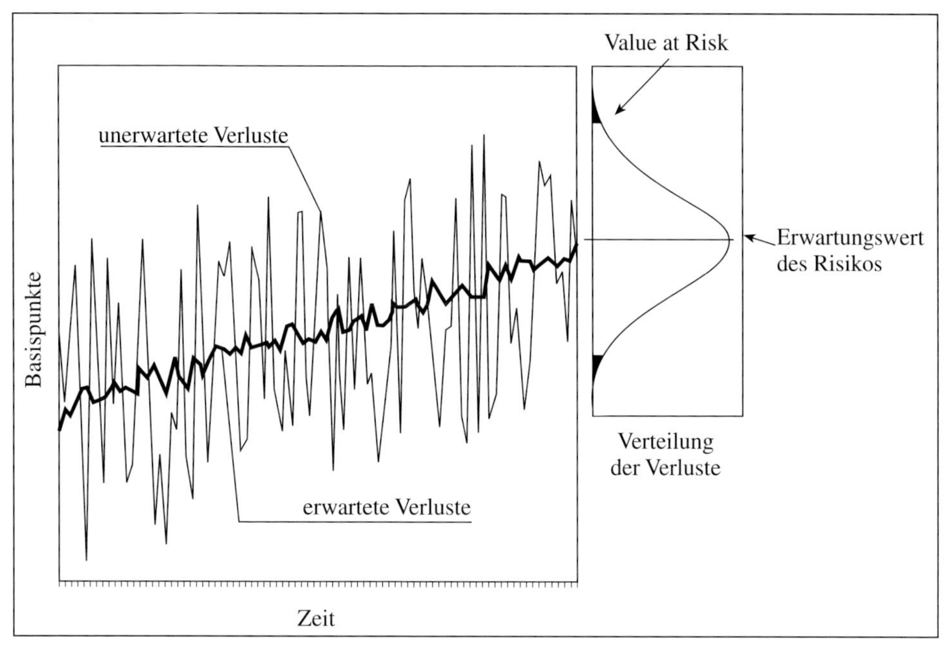

Abbildung 14: Schematische Entwicklung der erwarteten und unerwarteten Kreditrisiken im Zeitablauf. Es wird angenommen, dass die erwarteten Verluste im Kreditgeschäft im Zeitablauf ansteigen. Die unerwarteten Verluste streuen erratisch um die erwarteten Verluste.

möglichen Risiken zu ermitteln (vgl. Abbildung 14). Letztere werden als Credit-Value-at-Risk bezeichnet und ähnlich wie bei den Marktpreisrisiken (Value-at-Risk) ermittelt. Unterstellt man, dass die Risiken um den Erwartungswert streuen und dabei einer Verteilung folgen, so entspricht das Value at Risk dem Integral (der Summe) der Verteilung unter Annahme eines Konfidenzintervalls. Am Markt sind hauptsächlich vier verschiedene Value-at-Risk-Modelle für Kreditrisiken vertreten: Credit Risk+™ von Credit Suisse Financial Produts,[5] CreditMetrics™ von J. P. Morgan,[6] Credit Portfolio View (CPV) von McKinsey & Co.[7] sowie der Portfolio Manager™ der Firma KMV[8]. Alle basieren im weitesten Sinne auf Ausfallwahrscheinlichkeiten der Kreditadressen. Im Detail unterscheiden sie sich dadurch, (1) wie die Ausfallwahrscheinlichkeiten berechnet und verarbeitet werden, und (2) in der Generierung der Risikoverteilung. Während Credit Risk+ als einziges von den vier Modellen auf einem analytischen Ansatz beruht, basieren die übrigen Modelle auf einem Simulationsverfahren. CreditMetrics™ und CPV verwenden Migrationsmatrizen, so dass

5 Ein Technical Document findet sich unter http://www.csfp.co.uk

6 Ein Technical Document findet sich unter http://www.riskmetrics.com/cm/standard/index.html.

7 Wilson (1997): Measuring and Managing Credit Portfolio Risk, Part I: Modelling Default Risk, in: The Journal of Lending & Credit Risk Management, 7/97, und Part II: Portfolio Loss Distributions, in: The Journal of Lending & Credit Risk Management, 8/97.

8 Vgl. http://www.kmv.com.

die Ausfallwahrscheinlichkeit erst über einen Markov-Prozess berechnet wird. Während KMV und CreditMetrics™ sich auf Börsenindikatoren beziehen, arbeitet Credit Risk+™ und CPV auch mit bankinternenen Ratingverfahren. Dies ist insbesondere dann von Vorteil, wenn hauptsächlich Forderungen gegenüber nicht-börsennotierten Unternehmen bestehen. Zusätzlich ist zu erwähnen, dass CPV als einziges der erwähnten Verfahren bei seiner Kalkulation die makroökonomische Entwicklung explizit mit berücksichtigt, das heißt es wird postuliert, dass die Ausfallwahrscheinlichkeit in Rezessionszeiten zu- und beim wirtschaftlichen Aufschwung abnimmt.

Peter Bohnenkamp

Das Integrationskonzept des dreidimensionalen Ergebnisausweises im Bankcontrolling

1. Ergebniswürfel im Kontext des modernen Bankcontrolling

Fragt man Manager und Theoretiker, muss modernes Bank-Controlling als interner Dienstleister eine zielgerichtete, systematische Entscheidungsfindung auf allen Unternehmensebenen durch adäquate zeitnahe Informationsbereitstellung gewährleisten. Dabei hat sich im vergangenen Jahrzehnt, insbesondere resultierend aus den wachsenden Anforderungen der weltweit agierenden institutionellen Shareholder nach effizienter Kapitalallokation bzw. herausragenden Renditen im Benchmark, eine umfassende Steigerung der Komplexität ergeben. Gefordert wird in diesem Sinne heute u. a. dass das Bank-Controlling

- neben einer klassischen Ein-Periodensichtweise (zum Beispiel das aktuelle Monats- bzw. Jahresergebnis in Plan- und Ist) eine weit in die Zukunft reichende Vorschau- und Wertgenerierungs-Ermittlung erlaubt
- neben Erlös-, Betriebs- und Risikokosten-Komponenten auch Informationen in u. a. den Dimensionen Markt (zum Beispiel Marktanteile/-potenziale), Kunde (zum Beispiel Zufriedenheitsdaten), Qualität (zum Beispiel Durchlaufzeiten für kritische Prozesse) und Mitarbeiter (zum Beispiel Motivation) zur Verfügung stellt[1].

Stichworte wie „Strategic Enterprise-Management" mit spezifischen Bank-Rorac/Raroc-Modellen, „Balanced Scorecards" usw. umschreiben den Wandel des Bank-Controllings auf der strategischen Seite. Es liegen heute bereits für nahezu alle der genannten Themen hervorragende Steuerungsansätze in partieller Sichtweise vor. Die Herausforderung für die anstehende Zukunft bleibt jedoch der praktische Aufbau integrativer Steuerungssysteme, die die genannten Informationen konsistent und mit vertretbarem wirtschaftlichen Aufwand zur Verfügung stellen. Hier ist vor allem die Verknüpfung mit einem neu auszurichtenden, schlanken und schlagkräftigen (drei-) dimensionalen „Ergebniswürfel"- Controlling in innovativer Form zu gewährleisten. Abbildung 1 zeigt ein Schichtenmodell, an dem sich der Aufbau der Systemwelt ausrichten kann.

Auf der Ebene 1 angesiedelt sind dabei die Fragen nach dem Unternehmenswert, resp. der Schaffung von *„Mehrwert"* für die Aktionäre in zu prognostizierenden zukünftigen Perioden und die Ableitung von *„strategischen Optionen"* zur Optimierung des Mehrwerts in der Zukunft. Den Kern der Ebene 2 bildet die Berechnung periodischer *RORAC- (Return-on-risk-adjusted-capital) resp. Economic-Profit-Kennzahlen*[2], die Konzernsicht und Perspektive der strategischen Steuerung der Bereiche verbinden. Problematische theoretische

1 Vgl. zu diesen und weitergehenden Anforderungen Schierenbeck 1999, S. 45ff; mit spezifischem Bezug zum operativen Ergebniswürfel auch Schierenbeck/Bohnenkamp 1996.

2 Vgl. zur Umsetzung des Gedankengutes des Shareholder Value, Economic Profit, RORAC etc. u. a. Schierenbeck/Lister 1997; Copeland,/Koller/Murrin 1998; für bankspezifische Werttreiber-Bäume Schierenbeck 1999, S. 421 ff.

Größe ist hier die Bestimmung des „ökonomischen“ Kapitals. Mit dem Instrument der *Werttreiber-Bäume* (das heißt über mehrere Ebenen verknüpfter Kennzahlen, die die wichtigsten Ursache-Wirkzusammenhänge für die Ergebniskomponenten) zeigen, wird die Verbindung zu den langfristigen Zukunftssimulationen hergestellt. Werttreiberbäume (an deren Spitze zum Beispiel der Bereichs-Rorac stehen kann) kombinieren in diesem Sinne die Kosten- und Erlös-Sichtweise des periodischen Ergebniswürfels resp. von Barwert-Ergebnisberechnungen mit Kapitalbetrachtungen und externen Daten. Sie können in einem zweiten Sinne aber auch spezifische Aspekte der im Ergebniswürfel hinterlegten Komponenten (wie zum Beispiel die zum Ergebnis einer Kundengruppe beitragenden Teile) in vertiefter Sichtweise auf ihre Ursache-Wirkungszusammenhänge beleuchten. Die wichtigsten Kennzahlen zum Beispiel Bereichswertziele, Options, Kennzahlen für Kundengruppenergebnisse, Marktanteile, Produktdeckungsbeitragsziele, Cost-Income-Ratios für Profit-Center, Nutzungsquoten für SB- und Internetbankingaktivitäten etc., die ausgewogen die strategische Zielausrichtung dokumentieren, sollten schließlich in *Balanced Scorecards*[3] ihren Niederschlag finden, mit deren Hilfe die Bank pragmatisch auf die strategischen Ziele ausgerichtet und die Erreichung überprüft werden kann.

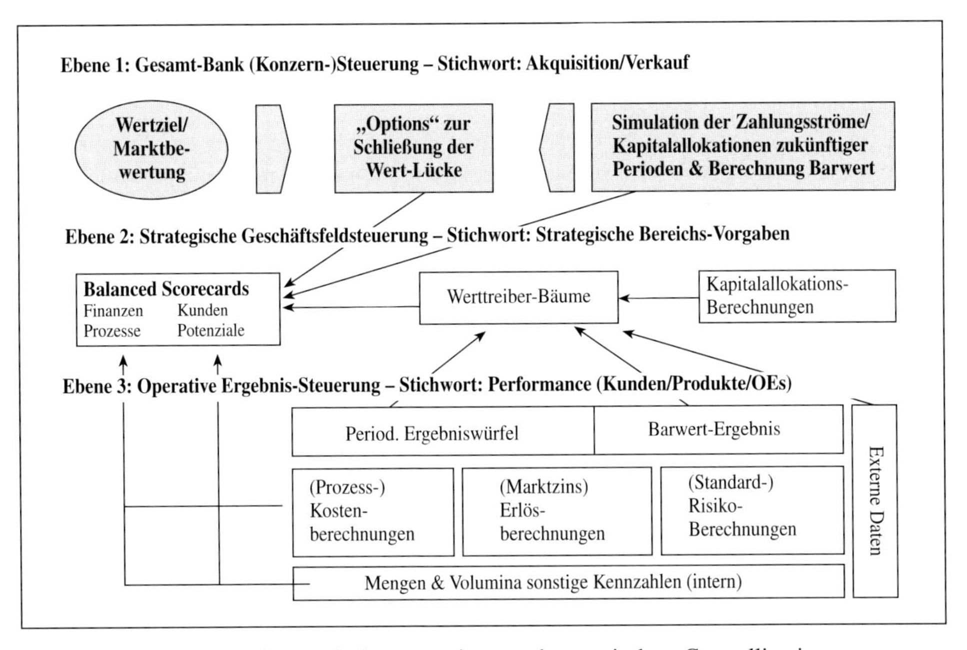

Abbildung 1: Die Verbindung zwischen operativem und strategischem Controlling im Strategic Enterprise Management

Dabei bedingt der erfolgreiche Aufbau der Ebenen eins und zwei ein entsprechend schlagkräftiges und vor allem zeitnahes operatives Controlling. Hier stehen der *perio-*

3 Vgl. zum Konzept der Balanced Scorecard klassisch Kaplan/Norton 1997; für ein praktisches Modell der Adaption und die Integration mit dem operativen Bank-Controlling zum Beispiel Bohnenkamp 1999.

dische Ergebniswürfel der Bank sowie ergänzende *Life-Cycle-(Barwert)-Modelle* und eine hervorragende Mengendatenbasis im Mittelpunkt. So wird der klassische (drei-) dimensionale Ergebnisausweis im Bank-Controlling heute einerseits durch weitergehende Instrumentarien ergänzt, gewinnt andererseits jedoch wiederum eine neue Kernbedeutung, die entsprechende Bemühungen um eine konstruktive Strukturierung fordert.

2. Berechnungsbasis und ausgewählte Modellvarianten des Ergebnisausweises

2.1 Dimensionen und Rechnungen

Aufgabe des operativen Bank-Controlling mit dem Perioden- und ggf. auch Barwert-Ergebniswürfel ist es in diesem Sinne,

- an den Einzelgeschäften (als kleinster Kalkulationseinheit) anzuknüpfen und ihre Bewertung mit Erlös- und Kosten-Informationen durchzuführen
- für die Zusammenfassung der Einzelgeschäftsdaten zu hochaggregierten Kalkulationsgrößen und ihre Auswertung im Sinne der klassischen drei Dimensionen Produkt (Erzielung des Erfolges womit), Kunde (Erzielung des Erfolges mit wem) und Organisationseinheit (Erzielung des Erfolges durch wen) die notwendigen Rechenschritte zu setzen und Auswertungen zur Verfügung zu stellen.[4]

Ausgangspunkt der Konzeption eines entsprechenden Rechenwerkes muss daher die bankspezifische Festlegung der Dimensionen und ihrer jeweiligen Merkmale (resp. „Objekte") auf den verschiedenen Hierarchiestufen sein. Die örtlich-organisatorische Perspektive der Steuerung spiegelt sich in der *Organisationseinheiten (kurz OE-) Dimension* des Ergebniswürfels wider. Sie lässt sich im praktischen Sinne dabei noch einmal unterteilen in eine Profit-Center- und eine Kostenstellen-Perspektive.

Die Hierarchie der Kostenstellen-Sichtweise umfasst in der Bankpraxis alle Organisationseinheiten des Institutes, die in Prozessen Leistungen (als Cost- oder Profit-Center) erbringen. In dieser „Verursachungs"-Sichtweise lässt sich ermitteln, wer Erlöse oder Kosten generiert. Praktisch sind dies zum Beispiel mobile Vertriebsteams, stationäre Filialen, Back-Office-Einheiten (wie eine zentrale Mahnstelle), Overhead-Stabsstellen, Hierarchie-Kostenstellen (zum Beispiel eines Bereichsleiters) oder auch technische Kostenstellen (zum Beispiel für alle Internettransaktionen). Je differenzierter das Modell in dieser Dimension ist, um so genauer können Betriebskosten zugeordnet, ihre Auswirkung auf das Gesamtergebnis analysiert und Produktivitätsmodelle berechnet werden (lässt sich zum

4 Vgl. zur Diskussion um die Dimensionen vertiefend Schierenbeck 1999, S. 375 ff; Schierenbeck/Bohnenkamp 1996; Bohnenkamp 1995, S. 14 ff.

Beispiel feststellen, welche Filialen, welche Transaktionen für sich selbst oder aber auch andere Filialen durchgeführt haben und daher ihre Gesamtauslastung bestimmen oder kann Kunden ein genauer Kostenwert für die Inanspruchnahme sehr verschiedener Vertriebswege bei ihren Multi-Channel-Aktivitäten zugerechnet und damit die Auswertung optimiert werden).

In der Profit-Center-Sichtweise des Ergebniswürfels finden sich in praktischen Modellen nur mehr jene Organisationseinheiten, die als Profit-Center eine (partielle) Kundenverantwortung übernehmen. Auch hier sind je Institut gänzlich individuelle Lösungen beobachtbar (zum Beispiel Definition von mobilen Betriebseinheiten oder Internetaktivitäten als eigenständige Profit-Center resp. umgekehrt als reine Cost-Center). In dieser Perspektive ist mithin das Problem der internen Leistungsverrechnung zwischen Profit-Centern und von Cost- zu Profit-Centern zu lösen. Es bleibt in jedem Fall eine konsistente Zuordnung von Erlösen und Kosten sicherzustellen. Dabei sollte die Zuordnung im Sinne der verursachungsgerechten Relativierung sowohl bei elementaren Einheiten als auch Hierarchieknoten (zum Beispiel einer Landesdirektion als ganzer, der Bank als ganzer) in einem ersten Schritt (im Sinne technischer Buchungen) erfolgen. Unabhängig von dieser „sauberen" Zuordnung lassen sich dann ggf. zusätzliche virtuelle Vollkosten-Darstellungen mit mehreren Deckungsbeitragsstufen produzieren, bei denen die ursprünglich auf höheren Ebenen zugeordneten Kosten (nach festzulegenden Schlüsseln) für eine bestimmte gewünschte Verhaltenssteuerung (im Sinne des „what you measure is what you get") in andersartiger Form ausgewiesen werden.

Die zweite klassische Dimension des Ergebniswürfels bildet die *Produkt-Dimension.* Hier geht es um die möglichst realistische Analyse der Profitabilität der einzelnen Objekte, um so u. a. die strategische Programmausrichtung der Bank sowie Mindest- und Sollpreis-Entscheidungen zu unterstützen. Die Auswertungen sollten darüber hinaus Felder für kostensenkende Maßnahmen erkennen lassen und den deckungsbeitragsoptimalen Einsatz der Bankprodukte fördern. Im Mittelpunkt steht die Orientierung am Prinzip der „Einzelkostenzuordnung mit normierter Leistungsinanspruchnahme". Es sieht vor, neben den variablen Einzelkosten, auch jene Anteile der Personal- und Sachkosten den Kalkulationsobjekten zuzuordnen, die in unmittelbarem Zusammenhang mit der Leistungserstellung dieses Objektes stehen (wenn diese auf Grund empirischer Studien erhellt wurden und keine Einflüsse aus unwirtschaftlichen Ressourcenverbräuchen enthalten). Zeit- und Sachressourcen-Verbräuche, aber auch Erlöse und Risikokosten, die nicht unmittelbar die Einzelgeschäftsfälle betreffen, sind jeweilig getrennt für die Auswertungs-Dimensionen auf ihre Zuordenbarkeit zu den hierarchisch geordneten Kalkulationsobjekten zu überprüfen und jenem Objekt zuzuweisen, bei dem dies verursachungsgerecht im Einzelkosten-Sinne gerade noch möglich erscheint (zum Beispiel einer Produktgruppe oder gar der Bank als ganzes, wenn kein Bezug hergestellt werden kann). Auch hier gilt praktisch wieder das Prinzip, dass man versuchen sollte, die Kosten in einem ersten Schritt im Sinne der Relativierung „sauber" zuzuordnen („zu buchen"). Virtuelle Vollkostenauswertungen der elementaren Kalkulationsobjekte mit klar erkennbaren Zurechnungsstufen können dann separat berechnet werden.

Was ein Produkt, eine Produktgruppe etc. dabei institutsindividuell ist, bleibt mit den Führungskräften zu diskutieren. Hier lassen sich eine „instrumentenorientierte" und eine „Business-Segment-Philosophie" unterscheiden. Als praktisch hat sich hier eine „weiche Sichtweise" erwiesen, bei der die Produkthierarchie je nach Bedarf der einen und anderen Perspektive folgt. So wären zum Beispiel bei Konsumentenkreditbanken in instrumentenorientierter Sicht 80 % der Geschäfte als Ratenkredit anzusehen. Hier bietet sich ein differenzierteres Business-Modell an. Damit ergibt sich eine Unterscheidung von zum Beispiel Möbelkrediten kleiner/größer bestimmter Volumensgrenzwerte oder privaten/gewerblichen PKW-Finanzierungen auf der Aktivseite, während man auf der Passivseite eher instrumentenorientiert zwischen Bausparen, Sparbüchern, Termingeldern etc. unterscheidet. Analoge Überlegungen (weg von der Instrumenten, hin zu einer Business-Sicht in der Produkt-Definition) sind für den komplexeren Firmenkunden-Bereich typisch.

In der dritten Dimension des Ergebniswürfels geht es um die Partner, mit denen Geschäfte getätigt werden. Im klassischen Sinne sind dies die (End-)*Kunden*, zusammengefasst in Kundensegmenten verschiedenster Aggregationsstufe. Als kleinste Kalkulationsbasis lassen sich hier die „Konten" und die für sie anfallenden Erlöse (Zinsen gemäß Marktzinsmethode, Provisionen), Betriebskosten (für entsprechende Prozesse) und Risikokosten bestimmen. Darüber hinaus können spezifische Komponenten nur den Einzelkunden als ganzes (zum Beispiel Eröffnung Freistellungsauftrag, Adressänderung) oder ganzen Kundengruppen (zum Beispiel entsprechende Marketing-Aktionen) zugeordnet werden.

Für einige Institute treten neben Endkunden auch Geschäftspartner in den Mittelpunkt einer spezifischen Auswertung und Steuerung. So hat diese Dimension bei Förder- (Einreicher-Banken oder Vermittler als Partner) und Konsumentenbanken (Händler, die für ihre Waren Endkunden-Finanzierungen anbieten) eine besondere Bedeutung. Werden beispielsweise PCs an Handelspartner mit Übertragungssoftware zur Bank eingesetzt, sind die entsprechenden Kosten differenziert je Handelspartner zu führen. Wichtig bleibt auch in diesem Bereich der Aufbau eines differenzierten Cost-Driver-Modells, so dass man zum Beispiel im Kreditbereich erkennen kann, welche Anfrage-Mengen ein Händler gestellt hat, wie viele Kredite für ihn zugesagt wurden, welchen Aufwand/welches Risiko diese Kredite über die Laufzeit aufweisen etc., um eine genaue Auswertung der Sinnhaftigkeit der Partnerbeziehung erstellen zu können. Ergänzend gilt es hier ein Modell zu definieren, das festlegt, welche der Geschäfte (zum Beispiel den Verkauf einer Versicherung, eines Girokontos etc.), die anschließend mit dem Kunden (den der Partner als Adresse mit dem zum Beispiel Kredit-Erstgeschäft der Bank gebracht hat) getätigt wurden, da der Partner diese Geschäfte indirekt erst ermöglicht hat. Auch solche Partner-Deckungsbeitragsanalysen mit gestufter Berücksichtigung von Erst- und Folgegeschäften müssen ggf. in den Ergebniswürfel (als separate Dimension) integriert werden.

Im technischen Sinne stellen schließlich auch die *Erlös- und Kostenkomponenten* selbst eine Analyse-Dimension des Ergebniswürfels dar. Neben den Erlösarten und den Standardrisikokosten sind es vor allem die Betriebskosten, die im Ergebniswürfel differenziert – als zum Beispiel Prozesskosten (mit einer eigenen analysierbaren Hierarchie), Restkosten (wiederum ggf. differenziert in Kosten der Auslastungslücke und Preisabweichung) und sonstige Sachkosten – ausgewiesen werden können.

Eine weitere Herausforderung an ein adäquates operatives Controlling im Ergebniswürfel bildet darüber hinaus das Problem, dass die Bearbeitung vieler Produkte (wie zum Beispiel bereits ein einfacher Ratenkredit) aus Sicht der Bank mit dem Verkauf nicht abgeschlossen ist, sondern eine Vielzahl von Transaktionen (wie zum Beispiel Mahnungen, Stundungen, Ratenerhöhungen etc.) im *Lebenszyklus des Geschäftsfalles* in den kommenden Monaten und Jahren auftreten können. Für „richtige“ Auswertungen in den Ergebnisdimensionen ist daher erstens jeder dieser Prozesse letztlich einzeln zu zählen, denn nur so lassen sich einem Produkt, einem Kunden oder auch einem Profit-Center, genau jene Kosten zuordnen, die das Objekt tatsächlich verursacht hat. Durchschnittsbetrachtungen (zum Beispiel die Aussage ca. eine Stundung auf 1000 Kredite/Monat) führen bei den einzelnen Objekten (zum Beispiel einem bestimmten Kunden) zu keinen verwertbaren Aussagen. Diese Besonderheit bedingt darüber hinaus zweitens, dass neben einer periodischen Rechnung (alle Kosten eines Produktes über den gesamten Bestand mit allen Prozessen im Monat x) für Kalkulationsbetrachtungen auch Analysen über den gesamten Lebenszyklus eines durchschnittlichen Geschäftsfalles des Produktes separat zu erstellen sind (zum Beispiel die Analyse der Erlöse und Kosten eines Ratenkredites über seine potentielle Laufzeit von 45 Monaten auf Basis einer Erfahrungs-Datenbank über den wahrscheinlichen Anfall bestimmter Prozesse (das heißt Transaktionen) und ihrer Kosten in den letzten x Jahren).

Aus der Vielfalt der mithin möglichen Alternativen seien im Folgenden zwei Modelle für die Gestaltung der Integration im Ergebnisausweis beispielhaft skizziert.

2.2 Die Pragmatische Implementierung im Grundmodell

Die hier als „Grundmodell“ bezeichnete Lösungsalternative bildet eine erste, pragmatische Realisierungsvariante, die in der Praxis eine weite Verwendung findet. Wesentliches Merkmal ist hier die systemtechnische Abtrennung und separate Erstellung der Kunden- (und ggf. Partner-) Rechnung vom OE-/Produkt-Ergebniswürfel. Die Kundenrechnung setzt auf vorbestimmten (aggregierten) Produktkosten, resp. Bausteinen auf.[5]

Als Ausgangspunkt der Berechnungen des Grundmodells auf der Betriebskostenseite fungiert dabei die *Kostenstellenarten und -rechnung* mit

- der Unterscheidung und Aggregation der Kosten in den *Kategorien* „Personal“ (ca. 65 % der Kosten normaler Kostenstellen), „Arbeitsplatz“ (wie Raumkosten, Büromaterial, Büroausstattung, DV-Peripherie, einer zumindest partiellen Korrelation mit der Anzahl der Mitarbeiter und einem typischen Anteil von ca. 25-35 %) sowie „Sonstige Sachkosten“ (wie Gerichtskosten, Werbung etc.)

---

5 Vgl. als Beispiel für die Beschreibung einer entsprechenden Praxis-Implementierung mit Berücksichtigung der Partner-Perspektive, Erstellung von Lebenszyklusanalysen etc. Bohnenkamp/Dolata 1999.

– der Berechnung von *Preisen je Leistungseinheit* (meist Minuten oder Stunden für die Kategorien Personal und Arbeitsplatz; differenzierten Bezugsmengen nach Kostenart-/Kostenstellen-Kombinationen für die sonstigen Sachkosten).

Die Preise ergeben sich aus einer Division der Kosten durch die Leistungseinheitsmenge. Hier existieren verschiedenste Verfahrensweisen, die sich im Wesentlichen aus einer spezifischen Konkretisierung der folgenden Parameter bilden lassen:[6]

1. Normierung über Kostenstellen
Berechnung eines eigenständigen Preises für jede Organisationseinheit oder einheitlicher Preis für gleichartige Stellen; bei letzterem Verfahren bleibt gewährleistet, dass eine Aktivität in einem Monat in beispielsweise allen Filialen den gleichen Preis aufweist. Differenzierte Systeme der Praxis arbeiten hier meist mit Kombinationsmodellen (zum Beispiel ein einheitlicher Preis für alle Privat-Banking-Teams, ein separater Preis für alle Retail-Banking-Teams, ein Preis für das Inbound-Call-Center etc.).

2. Kostenbasis
In der Theorie geht man hier von einer einmaligen Berechnung auf Plankostenbasis zu Beginn des Jahres aus; in der Bank-Praxis weicht man von dieser Vorstellung, insbesondere bei Verwendung des Grundmodells, heute wieder vermehrt ab und nutzt die in der Kostenstellen- und -artenrechnung angefallenen Istkosten festgelegter Zeitintervalle.

3. Mengenbasis
Hier nutzt man typischerweise die tatsächliche Anwesenheit im Plan, resp. im spezifischen Zeitintervall; das heißt es wird nicht von der theoretisch maximalen, sondern der realen Stundenzahl ausgegangen; der Preis einer Stunde enthält implizit die Kosten, die durch die entgangenen Urlaubs-/Krankheits-/Seminar-Stunden verursacht werden.

4. Einbezug Verrechnungen
Im Rahmen moderner Systeme gehen Verrechnungen nur in minimaler Form in die Preis-Bestimmung ein; typischerweise belässt man es bei „Verteilungen", das heißt es erfolgt ausschließlich eine Verteilung auf technischen Kostenstellen gesammelter Daten (wie Raumkosten). Ansonsten werden für alle Einheiten Preise berechnet und Prozesse beschrieben. Leistungsverrechnungen zwischen Organisationseinheiten erfolgen über Verrechnungen der Prozesskosten in höheren DB-Stufen der OE-Dimension.

Auf Basis der so gewonnen Preise je Kostenkategorie/Leistungseinheit erfolgt die Weitergabe der Kosten in den Ergebniswürfel. Basis für die Verrechnung der Personal- (und meist auch Arbeitsplatz-) Kosten bilden die *Prozessmodelle der Bank*. Abbildung 2 zeigt ein Prinzipschema der Belastung der Prozesse aus „verursachenden" Kostenstellen und

6 Für die nachfolgend beschriebenen Berechnungsaspekte finden sich in der Praxis vielfältigste Varianten; für eine vertiefende Diskussion der Vor- und Nachteile, entsprechende Vorgehensweisen bei der Prozessbeschreibung, Mengenermittlung etc. vgl. Schierenbeck/Bohnenkamp 1996; Bohnenkamp 1995, S. 47ff; für die weitergehenden Anforderungen im modernen Multi-Channel-Banking zum Beispiel Bohnenkamp 1999.

ihre Entlastung in die OE- und Produkt-Dimension des Ergebniswürfels. Wesentliche Bestimmungsgrößen sind hier neben dem Preis:

- Die Ermittlung von Zeit- resp. „Leistungseinheits-Standards". Sowohl Zeitwerte je Fall, statistische Modelle (zum Beispiel Zeitwerte je Stück im Bestand), aber auch Fixblöcke, das heißt fixe (Zeit-) Anteile je Periode, sind hier in der Praxis notwendig. Abgebildet werden sie in einer Hierarchie auf Prozessebene oder ggf. in Detail-Workflows.
- Eine konzentrierte Sammlung der Mengen und differenzierte Steuerung des Mengenzuflusses mittels sog. „Zählgrößen" und Berechnungsgrundlagen.

Insbesondere der letzteren Komponente kommt in der Praxis dabei die wesentliche Bedeutung für Qualität und Systembetriebsaufwand zu. Denn nur wenn möglichst viele *Mengenwerte* (zum Beispiel Neugeschäfte, Bestände, Transaktionen im Lebenszyklus der Produkte) differenziert und automatisch aus den operativen Systemen der Bank ausgelesen und integriert zur Verfügung gestellt werden, erreicht das operative Controlling eine ausreichende Aussagekraft und zeitnahe Aktualität. Hier sind angesichts noch immer zersplitterter Systemlandschaften und vorhandener Altsysteme spezifische Aktivitäten notwendig. Professionelle Modelle arbeiten daher meist mit einer differenzierten Steuerung:

- Der Zufluss aus den verursachenden Kostenstellen in den Prozess – via der Logik (Zeit-) Standard · Ist-Menge · Preis je Leistungseinheit der verursachenden Kostenstellen – wird über einen *„Ressource-Driver"* gesteuert. Als Schlüssel bezeichnet er eine be-

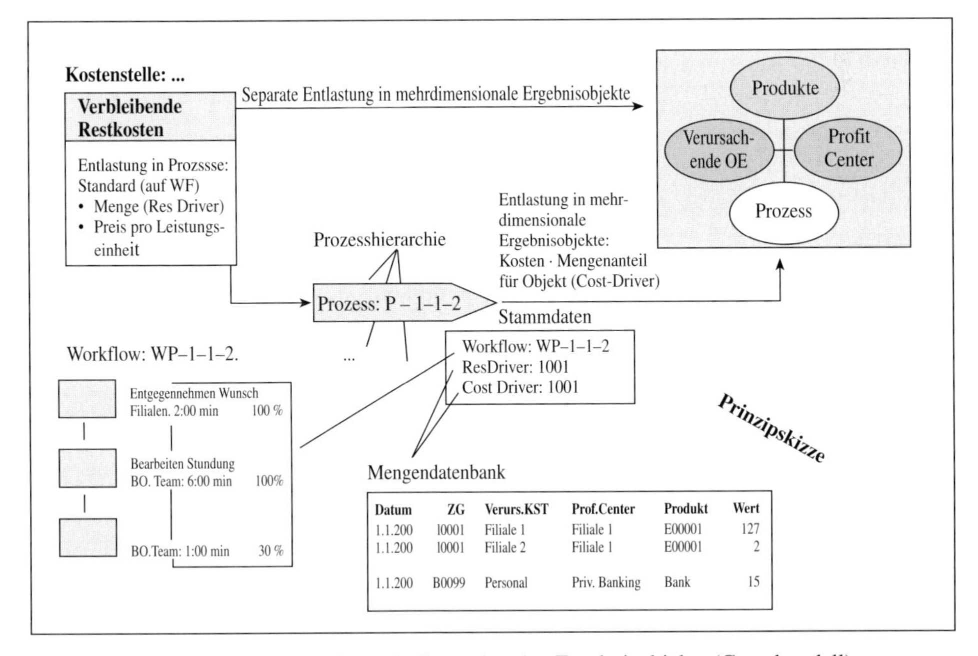

Datum	ZG	Verurs.KST	Prof.Center	Produkt	Wert
1.1.200	10001	Filiale 1	Filiale 1	E00001	127
1.1.200	10001	Filiale 2	Filiale 1	E00001	2
1.1.200	B0099	Personal	Priv. Banking	Bank	15

Abbildung 2: Kosten-Belastung der mehrdimensionalen Ergebnisobjekte (Grundmodell)

stimmte zählbare Menge, deren tatsächliche Periodenwerte in einer separaten Mengen-Datenbank abgelegt werden.

- Der Abfluss in den Ergebniswürfel wird hiervon separat über eine zweite Zählgröße bestimmt (im Prozess gesammelte Kosten je Kostenstelle aufgeteilt gemäß der Mengen für den *„Cost-Driver"* je mehrdimensionalem Ergebnisobjekt).

Über die Mengenzählung wird mithin der Zu- und Abfluss der Kosten zentral gesteuert. Dies erleichtert, so zeigen praktische Anwendungen, die Handhabbarkeit des Modells. Es lassen sich, mit geringem Systemaufwand auch Verrechnungen im System abbilden, wenn Datensätze zur Verfügung gestellt werden, die beispielsweise für eine Zählgröße „Anzahl Neugeschäfte Passiv" die Mengen differenzieren in die zugehörigen Produkte (zum Beispiel Depoteröffnungen, Termingelder etc.), die „Verursachenden Kostenstellen" (zum Beispiel Außendienst-Team „München-Schwabing") und die Profit-Center, die die Kundenverantwortung haben (zum Beispiel Filiale ...). Analoge Überlegungen gelten für Cost-Center-Aktivitäten (so kann hier zum Beispiel als Profit-Center nicht mehr die einzelne Filiale sondern eine Einheit höherer Ordnung angegeben werden und damit eine Verrechnung auf eine höhere Ebene erfolgen).

Für die Mengenaufbereitung aus den operativen Systemen bietet sich in der Praxis eine separate Steuerungsdatenbank an, die die je Vorsystem meist sehr spezifischen Informationen aufnimmt und mittels Übersetzungs-, Anreicherungs- und Aggregationsregeln in ein einheitliches Format (wie im Schaubild gezeigt) übersetzt.

Nachdem so über Standard · Preis · Menge eine erste Entlastung der Kostenstellen erfolgte, ist anschließend eine Weitergabe der *„Restkosten"* in den Ergebniswürfel auf verschiedenste Ebenen möglich. Die Basis bilden die für die Kapazitätssteuerung in Banken typischen Auslastungsrechnungen. Hier werden zum Beispiel für Filialen die über Ist-Mengen · Standardzeiten hochgerechneten „Sollstunden" mit den tatsächlichen Ist-Anwesenheiten der Einheit verglichen (das heißt die Mitarbeiter einer Stelle · Sollanwesenheit im Monat minus Urlaub & Krankheit der Periode). Die sich hieraus ergebenden „Auslastungslücken" (resp. der -überhänge) sind wichtige Steuerungsgrößen, die anschließend mit dem Tarif bewertet getrennt in den Ergebniswürfel an die passenden Merkmalskombinationen als Kostengrößen übergeben werden sollten. Analoges gilt für die ggf. auftreten Preisabweichungen, so dass der Ergebniswürfel alle Betriebskosten der Periode in mehrdimensionaler Form (auf verschiedensten Ebenen) umfasst.

Separat hiervon gilt es, die Erlöse (meist in der Form Profit-Center/Produkt, differenziert nach Erlöskategorien) sowie die Risikokosten (differenziert in Standardrisiko und Abweichungen Ist-Standard) in den Ergebniswürfel einzusteuern. Der so bestimmte Ergebniswürfel enthält im Grundmodell mit anderen Worten nicht die Einzelkunden. Für die *Kundenrechnung* greift man auf die ermittelten Ergebnisse zurück; das heißt stellt meist für einen mehrperiodigen Zeitraum im Ergebniswürfel fest, welche Kosten für ein Produkt (zum Beispiel differenziert nach Abschlusskosten und Kosten je Stück im Bestand für die weiteren Monate des Lebenszyklus) anfallen und setzt den entsprechenden Preis für eine separate Kundenrechnung ein. Damit müssen je Kunde nicht mehr alle einzelnen Transaktionen sondern nur wenige, signifikante Bausteine gezählt werden. Welche Bausteine dies sind (zum Beispiel separate Bepreisung für Kreditfälle, die sich in Mahnbearbeitung befinden) und welche Preise für die Kundenberater sichtbar angesetzt werden, lässt sich in beliebiger Tiefe (damit Aufwand für den Systembetrieb) sowie aus Verhaltenssicht (unabhängig von der Berechnung des OE/Produkt-Ergebniswürfels) steuern, im Zeitablauf variieren und zusammen mit den Erlösen/Risikokosten je Kunde zu kombinierten Kundensegment/Profit-Center-Ergebnissen verdichten.

Mit dieser Vorgehensweise bietet bereits das Grundmodell eine außerordentliche Fülle an Auswertungsmöglichkeiten. Um nur wenige Beispiele zu nennen:

- Lässt sich u. a. sehr schön im Zeitvergleich die Entwicklung der Overhead-Kosten (die zum Beispiel der Bank insgesamt zugewiesen wurden) verfolgen, anhand der Prozesse/verursachenden Kostenstellen auf die Gründe einer evtl. Kostensteigerung prüfen und mit entsprechenden Zielen in der Balanced Scorecard für die Overhead-Einheiten ein steuernder Einfluss generieren.
- Können die für eine bestimmte Produktgruppe verantwortlichen Manager die Deckungsbeiträge ihrer Produkte und die Entwicklung der Produktgruppenkosten verfolgen und ggf. Optimierungsmaßnahmen (für zum Beispiel die wichtigsten Prozesse im Sinne einer ABC-Analyse) initiieren, die erwarteten Optimierungspotenziale von Projekten simulieren und nach Abschluss den Umsetzungserfolg im Ergebniswürfel controllen.
- Lassen sich auf Basis der vorliegenden (Prozess-) Kostenbausteine Simulationen im Target-Costing-Sinne für neue Produkte bestimmen oder aus den reinen Mengen- und Zeitdaten entsprechende Zahlen in Werttreiber-Bäume/Balanced Scorecards übernehmen und als Basis von Prognosen und Zielen für die Zukunft nutzen.
- Bildet die Kundenrechnung einen hochwertigen Datenschatz zur Analyse der Profitabilität von Segmenten, aber auch entsprechender One-to-one-Marketing-Aktivitäten (zum Beispiel wenn man feststellt, dass bestimmte Produktkombinationen zu positiven/negativen Ergebnissen in Gesamtkundensicht führen).

Auf der Basis des vorliegenden Datenmaterials können darüber hinaus mit einfachen Mitteln zusätzliche (virtuelle) Auswertungen produziert, zum Beispiel

- durch sukzessive Umlage der auf höheren Ebenen zugeordneten Kosten entsprechende *mehrstufige Produkt-Vollkostenrechnungen* für sehr langfristige Überlegungen erstellt werden,
- resp. ist die Wahrscheinlichkeit bestimmter Transaktionen im mehrjährigen Lebenszyklus der Geschäftsfälle und damit verbundenen bisherigen Kosten ermittelbar, die wiederum als Basis für umfassende *Barwert-(Neugeschäfts-) Modelle* dienen können.

2.3 Mehrwert und Probleme im „Optimalmodell“

Die hier als „Optimalmodell“[7] bezeichnete Lösungsvariante lässt sich – trotz ihrer einhelligen Präsenz in der Literatur – heute praktisch kaum beobachten. Sie basiert auf einer zum Grundmodell analogen Vorgehensweise, nur wird hier die Trennung der Kundenrechnung aufgegeben und auch die Endkunden- und ggf. Partnersichtweise in den Ergebniswürfel unmittelbar aufgenommen.

Wesentliche Systemvoraussetzung ist mithin eine soweit als mögliche Zählung aller Transaktionsmengen in mehrdimensionalem Sinne, zum Beispiel als Datensatz der Form „Zählgröße (zum Beispiel „Vergabe Kredit“)/Verursachende OE/Profit-Center/Kunde/Partnerbezug/Mengenwert“. Dabei kann „Kunde“ analog zur obigen Beschreibung jedes Objekt der Kundenhierarchie darstellen, das heißt vom Kundenkonto (denn Kunden besitzen häufig sehr unterschiedliche Konten eines Produktes) über den „Kunden als Einheit“ oder „Kundensegmente“ bis hin zur Aussage „nicht zuordenbar“ Ausprägungen auf unterschiedlichen Ebenen enthalten. Dass dies bereits bei kleineren Banken (mit zum Beispiel 800 000 Konten) zu umfassenden Datenmengen und kaum mehr handhabbarer Komplexität führt, bleibt festzuhalten. So muss neben einer Verarbeitung der anfallenden Transaktionen je Konto/Kunde unter anderem festgelegt (und im Zeitablauf gepflegt) werden, auf welche Objekte der Kundenhierarchie beispielsweise die Auslastungslücke in den Filialen oder die Aktivitäten der Cost-Center der Bank im Ergebniswürfel gesteuert werden sollen.

Implementierungsversuche des „Optimalmodells“ arbeiten daher oftmalig statt mit Einzelkunden ausschließlich mit Kundensegmenten als tiefster Differenzierungsebene. Damit geht letztlich jedoch ein wesentlicher Steuerungsimpuls verloren, der heute – im Zeitalter des „Customer-Relationship-Managements“ und geplanten „One-to-One-Marketings“ mit der Generierung kundenindividueller Impulse zur Steuerung der Vertriebs-Aktivitäten der Frontmitarbeiter – gefordert wird.

Dass bei Überwindung der – technischen und organisatorischen Probleme – sowie Einsatz der für die Modellbetreuung und Dateninterpretation notwendigen Mitarbeiter-Kapazitäten in der Controlling-Abteilung, das Optimalmodell seinen Namen im Sinne einer hochdifferenzierten ertragsorientierten Banksteuerung verdient, kann an dieser Stelle im positiven Sinne nur vermerkt werden.

3. Erfolgsfaktoren der Implementierung

Für Experten aus der Praxis stellt sich, angesichts des hier nur ansatzweise vorgestellten Möglichkeits- und Problemraumes, vor allem die Frage, wie der dimensionale Ergebnisausweis im eigenen Haus konkret konzipiert, erfolgreich realisiert und insbesondere dau-

7 Zum Optimalmodell vgl. u. a. Schierenbeck 1999, S. 376 ff. Eine realitätsnahe Fallstudie, die Möglichkeiten und Probleme des Optimalmodells sehr schön beschreibt und auf weitergehende Individualisierungsnotwendigkeiten im Wholsesale-Banking verweist, findet sich in Schierenbeck 1998, S. 188 ff.

erhaft (angesichts des dynamischen Wandels in Produkten, Vertriebswegen, Organisationseinheiten, Prozessen etc.) betrieben werden kann. Die Implementierungen der letzten Jahre haben dabei aus Sicht des Autors folgende Erfolgsfaktoren gezeigt:

1. Die frühzeitige Einbindung des Managements in die Systemkonzeption
Hier gilt es die Auswertungsdimensionen strikt an den Anforderungen auszurichten und Vor- bzw. Nachteile der verschiedenen Grade der Genauigkeit offen zu diskutieren, aber auch genau abzuwägen, welche zum Beispiel Abweichungsanalysen und Auswertungsvarianten tatsächlich operativ benötigt werden, insbesondere dann, wenn eher ein „Strategic Entreprise Management" ganzheitlich das Bank-Controlling der Zukunft prägen soll.

2. Die Beschränkung der Komplexität des Modells
Selbstverständlich gilt: „Letztlich ist alles machbar" – es muss nur beschrieben, permanent gezählt, verrechnet etc. werden und der Rechner groß genug sein, um die Gigabytes verarbeiten zu können. Insbesondere mit einem differenzierten Erhebungskonzept (das in konsequenter Form die Tiefe bei der Prozessbeschreibung je nach Grad der Strukturiertheit der Prozesse beschränkt), dem Verzicht auf komplexe Planmodelle und mehrstufige Verrechnungen sollte versucht werden, die Systemkomplexität zu begrenzen. Zeigt man frühzeitig anhand eines praktischen Beispielmodells (zum Beispiel Excel) die grundsätzliche Systemfunktionalität und Auswirkungen komplizierter Sonderwünsche, lässt sich eine klare Akzeptanz für ein schlankes Modell erreichen.

3. Die konsequent modulare Strukturierung des Projektes und der Systemeinführung
Bei der Implementierung hat es sich als sinnvoll erwiesen, ausgehend von einer ganzheitlichen Zielsichtweise, die Einführung schrittweise für Pilotbereiche vorzunehmen. Hierfür u. a. die Prozesse zu erheben, Mengen zu ermitteln, erste Schnittstellenprogramme zu konzipieren und die grundsätzliche Software einzuführen sowie die angestrebten periodischen und Lebenszyklus-Analysen aufzubauen. So sind rasch erste Erfolge und Erfahrungen sichtbar sowie Anpassungen mit geringeren Reibungsverlusten möglich.

4. Der parallele Aufbau eines konsequenten Nutzungs- und Wartungsmodells
Ein solches System kann in der Praxis nur dann erfolgreich sein, wenn die Entscheidungsträger die Informationen angemessen strukturiert erhalten und mit diesen lernen umzugehen. Hier spiegelt sich die konsequente Einführung eines Nutzungsmodells wider. Die sorgfältige Konzeption und Einführung eines Wartungskonzepts stellt hierzu korrespondierend sicher, dass die Systembasis, das heißt die Prozesse, Produkte etc. zeitaktuell im System hinterlegt werden.

5. Die optimale Unterstützung durch den Vorstand
Für den Projekterfolg maßgeblich bleibt schließlich die optimale Unterstützung durch den Vorstand. Nur wenn in diesem Gremium eine positive Einstellung zu den Zielen und Zahlen des operativen Controllings – manifestiert im Ergebniswürfel – vorhanden ist und an das Haus signalisiert wird (u. a. durch konsequente Nutzung relevanter Daten bei Personal- und Investitionsentscheidungen), kann einem solchen System, das doch eine hohe

Transparenz in das Institut trägt, langfristig Erfolg beschieden sein. Ist diese Unterstützung in hohem Maße gegeben, bietet ein modernes mehrdimensionales operatives Controlling einen Datenschatz für die weitergehende Optimierung der Aktivitäten im Rahmen eines umfassenden Bank-Managements.

Literaturhinweise

BOHNENKAMP, P.: Prozessorientierte Standard-Kostenrechnung im Bank-Controlling Innovative Ansätze der Betriebskosten-Ermittlung und dimensionalen Integration. Bern/Stuttgart 1995.

BOHNENKAMP, P.: Controlling im Multi-Channel Banking in krp 1/1999 S. 30-34.

BOHNENKAMP, P./DOLATA, B. W.: Wege zu erhöhter Rentabilität in Geldinstitute 3/99 S. 38-41.

COPLAND, T./KOLLER, T./MURRIN, J.: Unternehmenswert: Methoden und Strategien für eine wertorientierte Unternehmensführung 2. aktualisierete und erweiterte Auflage Frankfurt a.M. 1998.

KAPLAN, R. S./NORTON, D. P.: Balanced Scorecard – Strategien erfolgreich umsetzen Stuttgart 1997.

SCHIERENBECK, H.: Ertragsorientiertes Bankmanagement Band 1: Grundlagen, Marktzinsmethode und Rentabilitäts-Controlling. 6. überarbeitete und erweiterte Auflage Wiesbaden 1999.

SCHIERENBECK, H.: Ertragsorientiertes Bankmanagement. Band 3: Fallstudien mit Lösungen. 4. aktualisierte und erweiterte Auflage Wiesbaden 1998.

SCHIERENBECK, H./BOHNENKAMP, P.: „Mehrdimensionale Kostenrechnung in Kreditinstituten – Ein Beitrag zur prozessorientierten Standard-Einzelkostenrechnung“ in DBW 4/1996, S. 475-488.

SCHIERENBECK, H./LISTER, M.: Integrierte Risikomessung und Risikokapitalallokation in Die Bank 8/1997 S. 492-499.

Eelco Fiole / Peter Pop

Controlling of a Management holding in a Major Financial Services Group: The Case of UBS AG

1. Introduction

This chapter deals with the controlling processes of the Corporate Center of UBS AG, which plays the role of the management holding of the Group. These processes are different from other divisions within UBS, as the Corporate Center, as an organisational entity only as opposite to a legal entity, is no commercial division, or stated differently, the Corporate Center has no external clients and has only one sector, Corporate Financial Management, which produces revenues. All other sectors produce primarily costs. The justification and allocation of these costs is a prime issue.

1.1 General description of UBS AG

UBS AG (UBS) is a global integrated investment services firm of more than 49 000 people (of which 67% in Switzerland) working in more than 40 countries and based in Basle and Zurich, Switzerland. Its balance sheet totals CHF 980bn and net profits were over CHF 6,3bn for 1999[1]. In terms of activities it resembles a universal bank in some form, although it does not have an insurance activity[2]. Generally speaking, a universal bank conducts an array of financial services comprising credit, trading of financial instruments and foreign exchange (and their derivatives), underwriting of new debt and equity issues, brokerage, corporate advisory services (including mergers and acquisitions advice), investment management, and insurance (Smith & Walter, 1997, p. 426). UBS, presided by a Group Executive Board and a Group Managing Board, is organised in four business divisions:

1. Corporate Center: management holding, with headquarters in Zurich, Switzerland
2. UBS Asset Management: institutional asset management, with headquarters in Chicago, IL, United States of America
3. UBS Switzerland: private & corporate clients, with headquarters in Zurich, Switzerland
4. UBS Warburg: investment banking, with headquarters in London, United Kingdom

These divisions are oriented towards specific clients and markets and operate as semi-independent units. However, the operating model is as an integrated Group, which means that UBS works in a co-ordinated manner and takes advantage of the synergies available from the perspective of strategy and financial performance, both revenue and cost.

1.2 The role of the Corporate Center

The aim of a management holding, as opposed to a financial holding, is to combine the advantages of the flexibility and autonomy of the divisions with the unified strategic

1 The numbers on total assets, net profit and headcount originate from UBS AG's annual report over 1999.

2 For a review on Universal Banking we refer to Saunders & Walter (1996) and Smith & Walter (1997).

direction and management. It is typical for a management holding that it is not directly involved in direct business operations. More strictly speaking, a management holding should have a normative character (Stein, 1993, p. 26). Its tasks encompass setting of goals, principles, norms and rules and generally speaking a framework in which the group undertakes certain activities. In the case of UBS, the management holding is called the Corporate Center. The Corporate Center has no operational business activities and complies to the definition of Stein. The Corporate Center contributes significantly to the overall result of the Group, in that it has a unifying function and always emphasises Group considerations. Thus, it facilitates synergies between the divisions. The Corporate Center encompasses the business areas of the Chairman of the Board of Directors, the Chief Executive Officer and the Chief Financial Officer. Although the majority of Corporate Center functions take place in Switzerland, there are foreign locations, making the controlling function international in nature. The basic modus operandi for the Corporate Center is formulated as exercising minimal process ownership counterbalanced by strong governance. The mission of the Corporate Center is to contribute to the long term maximisation of shareholder value by 1) ensuring the Group is competitively positioned in growing market places with an optimal business model and adequate resources 2) ensuring the long term financial stability of the Group by maintaining an appropriate balance between risk and profit 3) ensuring that the divisions, while being accountable for their results, operate as a coherent and effective Group with a common set of values and principles. In order to pursue this mission, the Corporate Center operates the following functions in sectors with the same name:

Corporate Center Functions	*Chairman*	*CEO*	*CFO*
1 Audit	x		
2 Corporate Center Operations			x
3 Corporate Financial Management			x
4 Chief Credit Officer			x
5 Chief Risk Officer			x
6 Group Controller			x
7 Group Economic Research		x	
8 Group Human Resources		x	
9 Group Legal and Compliances		x	
10 Group Management Support		x	
11 Group Mandates		x	
12 Group Marketing		x	
13 Group Public Relations		x	
14 Group Strategic Analysis			x
15 Investor Relations			x

2 includes Sourcing
6 includes Accounting, Controlling, Real Estate and Tax
8 includes Management Development

Table 1: Corporate Center functions in the different Business Areas

1.3 The central treasury function

All sectors in the Corporate Center are similar in that they produce costs which allows for similar treatment in controlling. The only revenue generating sector is the sector with treasury functions which asks for a specific controlling focus. Therefor, we will highlight this sector. Treasury management in banking can be performed actively and passively. Respectively, the following is meant (Schierenbeck, 1997b, p. 65): active treasury management is concerned with all the structural sources of risk and therefor aims to manage incongruity of interest rate differentials, currency issues and liquidity processes; passive treasury management is concerned with risk management in terms of precautionary measures, like liquidity reserves and the disposition of equity in case of interest rate changes. As a next step we can identify the following five coherent core functions of treasury management: 1) *transformation function* with respect to incongruity as discussed above, 2) *trade function* with respect to trade in interest and equity derivatives, equities, and currencies, 3) *liquidity function* with respect to liquidity limits and reserves, 4) *pricing function* with respect to financing of divisions, and 5) *co-ordination function* with respect to capital structure, liquidity, proprietary trading and capital management. At UBS, the treasury function is performed by Corporate Financial Management (CFM), part of the Corporate Center. CFM is the only sector in the Corporate Center where revenues can be generated and can be seen as an operational body of the Group Executive Board. CFM has no day-to-day (proprietary) trading function: stability in financing and compliance with regulatory requirements are most important. On a global scale, the mission of CFM has three focal points: 1) control the market risk exposure of the Corporate Center (with respect to interest rate, currency, own shares and strategic share holdings) 2) provide cost-efficient equity and wholesale debt funding for subsidiaries and 3) optimise and co-ordinate corporate treasury processes and risks. CFM implements these principles with the following core processes:

1. liquidity & funding: the aim of liquidity management is to ensure sufficient liquidate to repay debt in a timely manner. In order to comply with its (potential) payment obligation the liquidity position for different scenarios is managed. These scenarios vary between 1) going concern, 2) UBS specific liquidity crisis and 3) general market crisis. Although this ongoing activity does have an effect on the Corporate Center accounts, it is qualitative in nature[3] and there is no goal here for the Corporate Center to actually produce a profit. Funding (>1 year) takes place as required by divisions and they get the funds transferred at an agreed rate (which is linked to market rates). The funding can have different forms and encompasses any form within Tier 1 and 2[4]. Funding often takes place via structured products where resulting risks get hedged; this

3 Until a crisis arrives that is. When this happens, principally the results are booked in the division where the crisis takes place.

4 The 2 tier system, as defined by the Committee on Banking Regulations and supervisory Practices (Report titled: International Convergence of Capital Measurement and Capital Standards, Basle, July, 1988) aims to define bank capital. Tier One consists of share capital and disclosed reserves, and Tier Two incl. ‚hidden‘ reserves, unrealised gains on investment securities, and medium- to long-term subordinated debt. The total of Tier Two is not allowed to exceed Tier One. We refer to the original report for a full definition.

results in a lower cost of funds[5]. Any transactions concerning equity will have an effect on the equity position in the balance sheet – there is no impact on the profit- or loss accounts

2. capital[6]: here the capital structure of UBS and the capitalisation of subsidiaries are being managed. The BIS Tier One ratio is ensured by capital procurement. There is no impact on the profit and loss accounts: changes occur in the equity position (i.e. treasury stock position). The capital for the subsidiaries is kept at a minimum, but in line with any local and tax regulations. At the same time limits are installed so that the process is orderly. Subsidiaries receive a market-based charge for using (any form of) capital

3. participations: the Corporate Center does have a limited amount of strategic participations which do not belong to the business of any other division. Transactions in this field get recorded in the Corporate Center

4. interest rates: CFM performs the classic asset & liability function in that it manages the non-trading interest rate risks. These risks result out of client business with undefined maturities and rate-sensitive non-interest bearing balance sheet items. These positions are managed by transforming them into fixed-rate transactions by means of replicating portfolio techniques. Any profits or losses out of the replication flows into the divisional accounts

5. corporate foreign exchange: main aim here is to transform income and costs in currencies other then CHF into the functional currency CHF. This is needed for internal performance measurement and a consistent remuneration process; with this a stabilised currency environment is achieved by reduced transaction risk. Annual budgets, often partly denominated in different currencies, are hedged by CFM. This makes sure that the realisation of the annual budget is not affected by currency movements. In the management accounts, divisions show economic values of hedge activities and underlying positions on a mark-to-market basis, instead of accrued foreign net profits (which would be the case for financial accounting). Although this has an effect on the management accounts during the period, this effect is offset at the end of the period. Another activity is balance sheet currency management: this takes place when a foreign asset gets divested. Foreign assets must have the flexibility to be divested at any time without negative currency impact (translation risk). To eliminate this impact, matching funds in the respective currencies (and maturities) are created. Effects on profit or loss get booked in the divisions.

5 We refer to internet page http://www.wdr.com/warrants/e_products.html for more information on structured products.

6 For a practical approach with relevance to Swiss Bank Corporation, one of the merger banks to form UBS, we refer to Matten (1996).

2. Controlling of Corporate Center functions

2.1 Controlling philosophy

After having introduced UBS AG and its Corporate Center, we now take a closer look at the controlling activities concerned with this division. First, let us define the major purpose of controlling. The controlling system is the principal quantitative information system in the organisation. This system should provide information for three broad purposes (Horngren & Foster, 1991, p. 3) 1) internal routine reporting to managers to provide information and influence behaviour regarding cost management and the planing and controlling of operations, 2) internal non-routine, or special, reporting to managers for strategic and tactical decisions on matters such as pricing products and services, choosing which products to emphasise or de-emphasise, investing in equipment, and formulating overall policies and long-range plans, and 3) external reporting through financial statements to investors, government authorities, and other outside parties. Specifically in a bank, Controlling has three elementary responsibilities (Schierenbeck, 1997a, p. 4ff): 1) build up and maintenance of management infrastructure supportive of value based management 2) institutionalising of controlling specific process functions, and 3) moderation of and support for bank management areas. The subjects that the controlling system is reporting on, namely the activities taking place, have to be controlled against a certain benchmark. That benchmark is established in the planning process. Planning contributes in three ways (Johnson & Scholes, 1986, p. 30): 1) assisting in the adaptation of the organisation to its environment by means of monitoring changes in the environment, formulating environmental and strategic scenarios, 2) providing an integration role in an organisation in the sense of acting as a communication channel and 3) providing a control mechanism to monitor performance of (parts of) the organisation against priorities.

The success of a controlling organisation can be measured as having helped to increase line managers' performance. This implies that the controlling function has to be aligned with the corporate strategy and infrastructure. The basis for this controlling infrastructure, as implemented in the Corporate Center, is formed by (Schierenbeck, 1997) a value based cost management philosophy, an organisational responsibility for cost management, an institutionalised controlling cycle for cost management, and an appropriate cost information system for controlling.

2.2 Controlling organisation

Within UBS, any division, and also the Corporate Center, can accounting wise be seen as a hierarchy: a tree of accounts which cumulate up to the divisional level (see table 2).

Hierarchy	Example
Division	Corporate Center
Business area	Chief Executive Officer
Sector	Chief Executive Officer
Segment	Chief Executive Officer
Function	Group Marketing
Cost Center	Sponsoring

Table 2: Account hierarchy in the Corporate Center

This hierarchical structure is present throughout the Corporate Center globally and matches the organisational structure. Through this transparent structure, analysis of all results is possible identifying where, functionally and geographically, certain events occur. It goes without saying that systems throughout the world have to support this structure. Corporate Center Controlling, whose mission it is to deliver client focused state-of-the-art controlling products and processes, is embedded in UBS as shown in figure 1.

Functionally, Corporate Center Controlling reports to Group Controlling; this makes sure that Corporate Center Controlling is independent and uses group-wide consistent (reporting-) standards and controlling processes. Business wise, Corporate Center Controlling

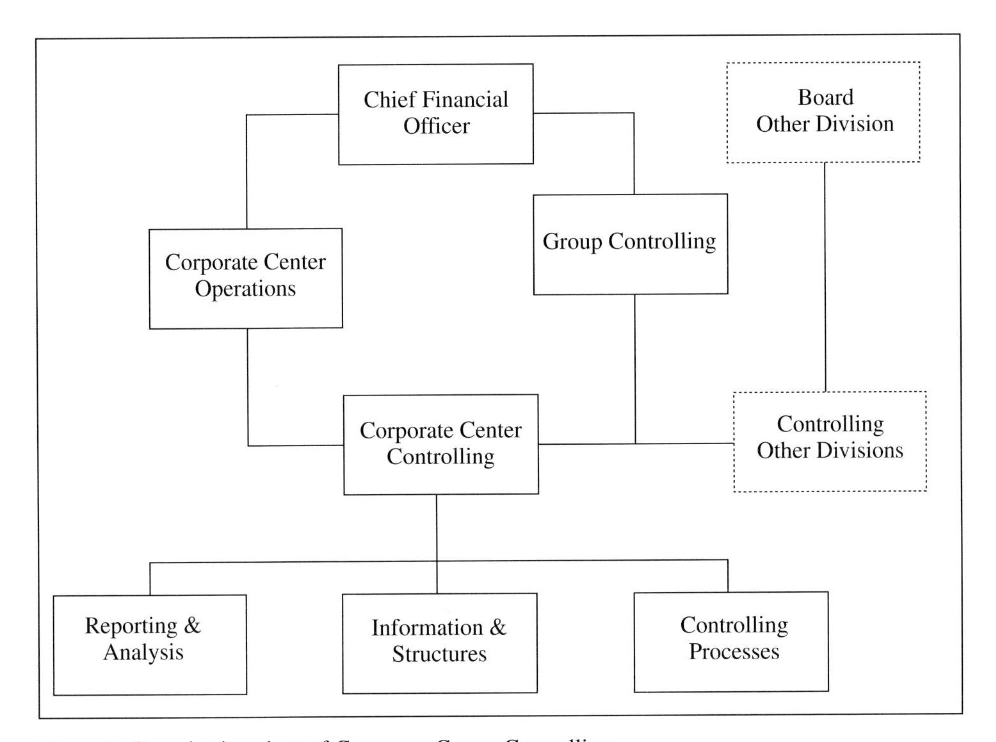

Figure 1: Organisation chart of Corporate Center Controlling

reports to Corporate Center Operations, which is responsible for an efficient management of the Corporate Center in terms of support functions: this enables closeness to Corporate Center management. In the Corporate Center, the controlling function consists of three areas of focus: 1) reporting in the team Reporting & Analysis, 2) data management in the team Information & Structures, and 3) controlling processes in the team with the same name. We will discuss these three functions in more depth.

2.2.1 Reporting

The implementation of the philosophy, as discussed in paragraph 2.1, is done by the department Reporting & Analysis, which is responsible for the end products which gets delivered to Corporate Center management or to Group Controlling for further use. By using cost reports and scorecards the following is achieved: clarification and translation of vision and strategy, communication and link of strategic objectives and measures, planning and setting of targets and aligning of strategic initiatives, and enhancing strategic feedback and learning.

2.2.1.1 Financial measurements for management

Corporate Center Controlling reports extensively on (developments in) results:

- monthly reporting on highlights in the management accounts: the client is Group Controlling. On a monthly basis the Group Managing Board and the Board of Directors is informed on the financial results and outlook of the divisions including the Corporate Center. The level of analysis is the division. This report is delivered in three versions: the first takes place directly after months end and gives a good estimate of the results. The second version deals with the final results and the third gives a three months forecast

- monthly reports on actual versus budgeted results over time: the client is the management of the Corporate Center. There is a monthly sign-off procedure in order to create accountability. Trends are visible and management can act pro-actively if needed. The level of analysis is the sector and reports take place on the main revenue and cost lines.

Specifically, controlling on CFM-transactions can be difficult. A benchmark is hard to establish, as often decisions to execute a transaction is of strategic nature (as opposed to a transaction which finds its origination in a direct market opportunity). Positions are registered and limits are applied. Hedging strategies are derived from positions and market expectations. Although interesting in order to measure the quality of a forecast, the post-hedge opportunity costs or gains, when financial markets moved other than expected, are not booked in management accounts. Methodologies used are as close to best practice as company strategy allows. Further, in the reports, accounting based performance indicators are introduced: these are applied to the development of the cost base, the allocated cost to and from the division and headcount related cost. Obviously, there sometimes is a need for more detailed reports on specific sectors or topics like fixed assets, merger costs and others.

2.2.1.2 Non-financial measurements for management

Based on the need to get a better feeling for qualitative performance and inspired by Kaplan & Norton (1996) the idea of a scorecard was introduced. The scorecard is used to translate strategy into operational terms. The scorecard, as Kaplan & Norton propose it, takes on the following views:

1. financial perspective: here appropriate financial metrics should be developed per organisational unit. The general question asked here is: *to succeed financially, how should we appear to our shareholders?* Especially in the Corporate Center, where primarily costs and sometimes revenues are produced and where there is no cash reward for the services, a simple measure of return (e.g. on invested capital) is not feasible. The measurement of the development of specifically the cost base over time then seems appropriate

2. customer perspective: as Corporate Center units have no external clients and often produce services which have no external comparable, typical issues like retention, market share et cetera do not play a role, nevertheless, the principal question: *to achieve our vision, how should we appear to our customers?* does apply. What is important here is that only products are produced which internal clients require (demand pull) and that these products live up to expectations. Note that clients can only in part exercise pressure over their internal suppliers

3. internal business process perspective: here the most critical processes for achieving customer and shareholder objectives are identified. The main question to be answered is: *to satisfy our shareholders and customers, what business processes must we excel at?* This starts with reflection on which products are needed and how they are produced, till services after product consumption

4. organisational learning and growth perspective: objective here is to provide the infrastructure to enable objectives in the other three perspectives to be achieved. The question to be answered is*: to achieve our vision, how will we sustain our ability to change and improve?* Three principal categories for exploration are: employee capabilities, information systems capabilities, and motivation, empowerment and alignment.

These views are incorporated in a monthly scorecard which reports on progress of the actions as defined in the business plan: the client is the management of the Corporate Center. Scorecards keep track of developments in different sectors and these developments are characterised with traffic lights. The performance indicators here are specific per sector and activity, are consistent throughout UBS and match practices outside of the Bank (in so far as possible). This reporting does not replace the direct reporting line of a sector head to Corporate Center management, but gives Corporate Center management an overview on how the division is performing in terms of achieving qualitative and quantitative results.

2.2.1.3 Reporting for publication

UBS as a Group has a responsibility to external parties like investors and analysts. A quarterly reporting takes place, in which Corporate Center Controlling delivers the key management accounts for this purpose to Group Controlling.

2.2.2 Data management

The team Information & Structures is responsible for the design and maintenance of the cost center structure, the account structure and the data exchange between different systems. Working for a management holding, Corporate Center Controlling itself employs only a system for its internal management accounting in Switzerland (as shown in figure 3). Due to the high level complexity of structures, mappings, the organisational changes and the differences between systems, also based on a history of organisational growth by acquisition, providing the necessary detail in a timely manner is a great challenge, especially as over 50% of the results of the Corporate Center are booked by controlling functions of other divisions abroad. This (management) challenge is dealt with through strict and disciplined procedures in which Corporate Center Controlling keeps the management

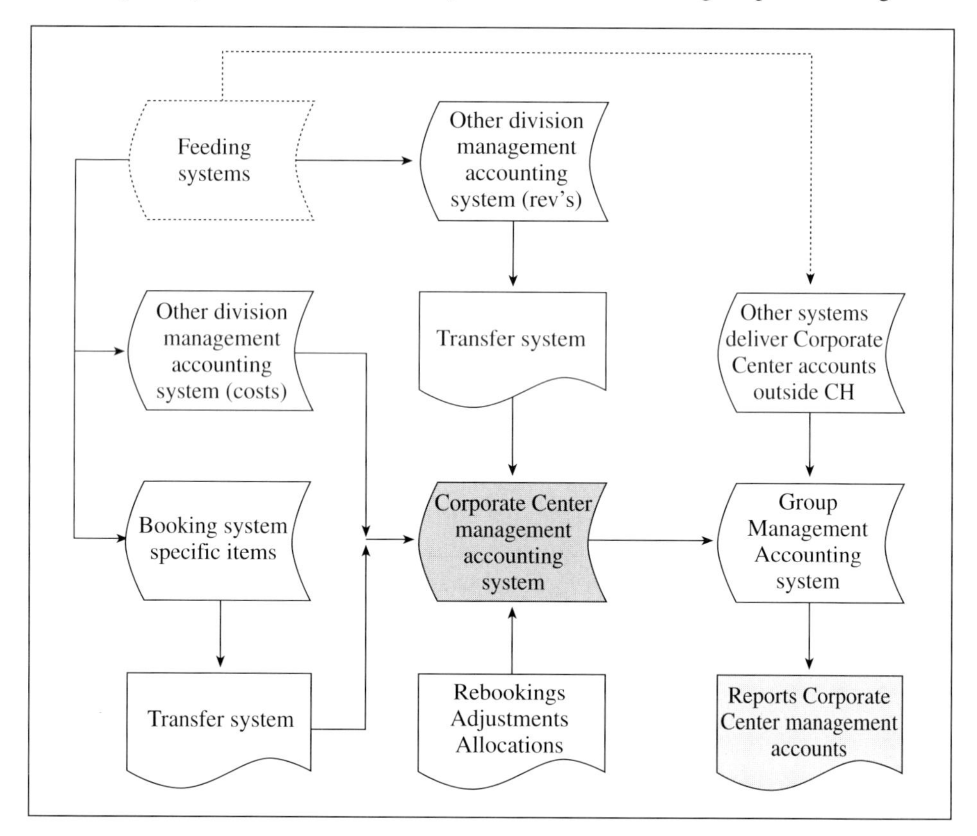

Figure 2: Corporate Center Management Accounting System and its complexities

of bookings abroad, having other division's staff as agents working on Corporate Center's behalf. After the financial accounts close, the management accounting needs another period of time to make the adjustments and the reconciliation. These adjustments deal with bookings of accruals, inter- and intradivisional allocations and correction of errors.

2.2.3 Controlling Processes

As the name of the department indicates, the main products are processes. The client is Group Controlling and Corporate Center Management. We distinguish between the planning cycle and the allocation processes.

2.2.3.1 The planning cycle

The planning cycle, as a group wide process, is an ongoing and recurring activity in which management takes a step back from the day-to-day activities and reflect on future challenges. This cycle has three phases: the Terms of Reference, which takes place from March to June, the Business Planning Process, which takes place from June to November, and the Budgeting Process, which takes place from November to January. During the first phase, the *Terms of Reference* are established. These take on a high level of abstraction and deal with the mission of the division, the key strategic issues and, in brief, the resources it will take to deal with the issues. In the *business planning process*, the second phase, the terms of reference are made explicit in five steps[7]:

1. definition of current role, mission and responsibilities as a result of present, realised strategy. On a sector level, this step covers the present status of its activities, products and clients

2. examination of business environment in which the sector operates. Also on sector level this step deals with the nature and effect of environmental influences and the sectors position. Also an analysis of opportunities and threats takes place here. For this analysis the 5-forces model (Porter, 1985) is used. In particular the analysis focuses on the chain of activities, whereby sectors deliver and receive products to and from one and another. Also social, economical, regulatory, political and technological trends are analysed on their impact leading to an assessment in terms of opportunities or threats

3. strengths and weaknesses: here an analysis is made of the present key capabilities and limitations of the sector a present

4. goal setting: in this step an outline of the long-term goals of the sector should be developed. The envisaged future should describe what the sector materially aims to achieve. The goals should address the environmental changes and the existing strengths and weaknesses. Goals have to be SMART: specific, measurable, acceptable, realistic and time-bound. The definition of intermediate targets and measurements will allow for progress to be monitored against long-term goals

7 for a description on strategy development in the planning process, we refer to Johnson & Scholes, 1989.

5. strategies: the last step looks for different strategic alternatives to achieve the goals as set out in step 4. Strategies deal with the scope of the activities, the match between the activities and the environment and resources, and the resource implications and the operational decisions. The different strategic alternatives should be assessed and ranked in terms of success, likelihood of success and risk. After the assessment one strategy has to be chosen. This strategy, and underlying assumptions, has to be explained and translated in key actions.

This process has a strong business focus and guarantees the (internal) client-orientation of the Corporate Center. The business plans of the different sectors are consolidated by Corporate Center Controlling into area plans and a division plan, which gets presented and approved by the Group Managing Board. After the approval, the third phase is entered. In the *budget process*, sectors are asked to make a detailed budget for the following year in which the level of detail is increased to cover all cost centers and main accounting lines. This level of detail will enable Corporate Center management to perform a tight cost control in the following year. Also it creates awareness and accountability in the division. Specific interest can be given to headcount development, allocations, fixed assets, strategic projects et cetera. Here Corporate Center Controlling challenges the budgets and consolidates these up to division level. After possible adjustments and approval, the budget is fixed and active as of the start of the new year.

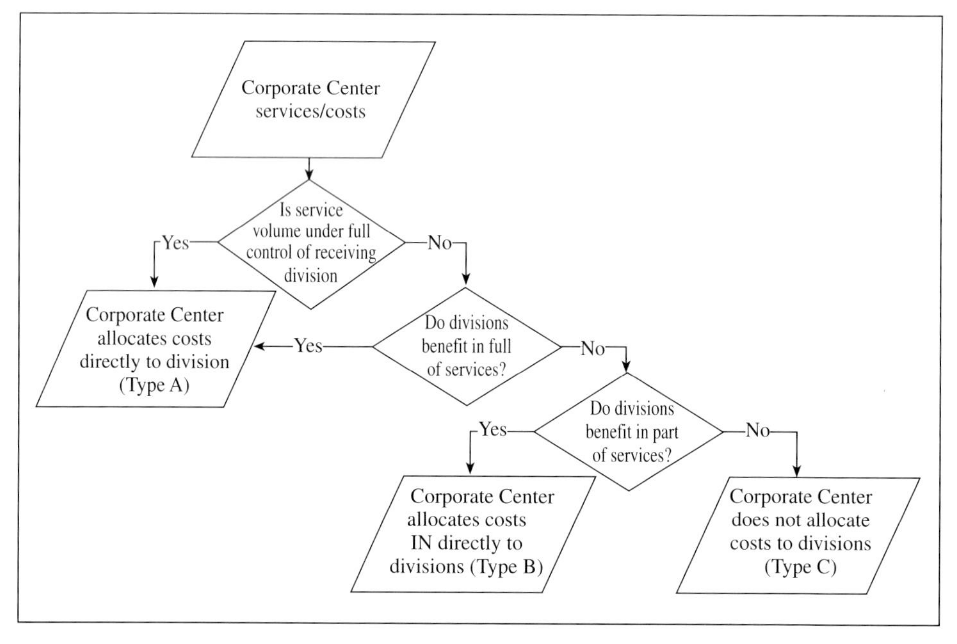

Figure 3: Corporate Center cost allocation procedure

2.2.3.2 Allocation processes for direct and indirect costs

As mentioned before, as a management holding without revenue streams from transactions with clients, the Corporate Center mainly is a producer of costs. These costs occur as the Corporate Center provides services to the divisions and on behalf of the Group. In order to have an optimal level of services of the Corporate Center, costs of services get partly allocated to the division.

This process stimulates market behaviour internally, especially as some allocated costs are seen as direct costs and have the same impact on compensation as direct costs. Figure 3 shows which costs fit in which categories of allocation[8]. The process of direct allocation is as follows: during the year the Corporate Center (and for that matter every division) performs a service which qualifies for direct allocation. This service then becomes subject to an agreement between divisions, a so called Service Level Agreement. In this agreement parties agree on the quantity, unit price and quality of a service, similar to a contract with an external supplier. On a monthly or quarterly basis this service is paid, i.e. costs get allocated. On an annual basis, this delivery gets reviewed and the service can be cancelled when it is no longer needed. For the year 2000, the planning is that 16% of the total cost of the Corporate Center gets directly allocated to the divisions. This means that the divisions receive these cost charges as direct cost which have an impact on the result of the division. The result of the division is linked to managers' compensation, implying that divisional management has an incentive to lower that cost. This cost can be lowered in two ways 1) use a lower volume of services: this is possible in changing times or by lowering the need for the service and 2) negotiate a lower price: generally speaking, the price paid, which is the unit cost allocated, is the cost of the service. By exerting pressure on the Corporate Center by means of external benchmarking or by being able to produce the service in-house at lower cost, the Corporate Center is incentivised to lower its cost and think of new and lower cost ways of producing that service.

The costs which qualify for indirect allocation are also determined as shown in figure 3. As these costs are in the interest of the Group and appear as a lump sum, a distribution of these costs is not a simple question. For the year 2000, the planning is that 48% of the total cost of the Corporate Center gets allocated to the divisions as indirect cost. Although this allocation does have effect on the net result of the division this has no impact on divisional managers' compensation. The incentive to produce these services at lower cost is with Corporate Center management whose compensation is linked to these costs. Where possible an external benchmark shows in which direction the cost base should be able to develop.

At present the total percentage of the cost base which gets charged to divisions is 64% and targets are set to increase this percentage, primarily via direct allocation, while at the same time lowering the total cost. This is visible from figure 4.

Although this does not have a direct effect in the divisional result, the Corporate Center does have a process to allocate costs for services *within* the division, based on the same

8 For a review of allocation of costs in banking, we refer to Voegelin (1999).

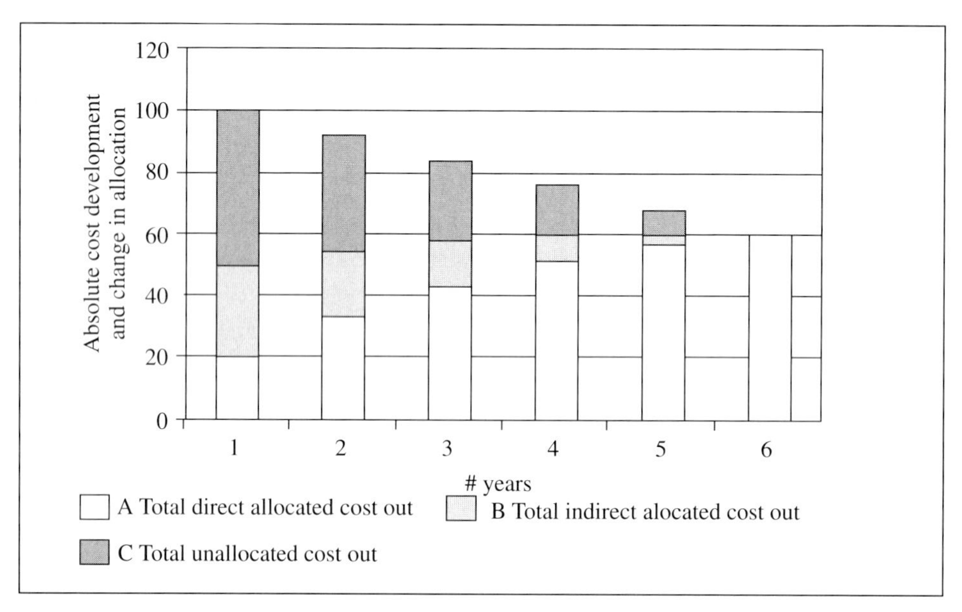

Figure 4: Target settings for cost allocation

principles as mentioned in figure 3. Compared to the total cost of the Corporate Center, this is a rather small amount.

3. Conclusion and Outlook

As we have seen, the controlling function of the Corporate Center of UBS has some distinct features and is of high importance for creating the right level of activity in the Corporate Center in a way enabling the Corporate Center to reach its mission. From a controlling perspective, the main activity of a Corporate Center is the production of costs and occasional revenues. This leads to the notion that it is not straightforward to measure shareholder value creation. Nevertheless, cost management stays important and, as shown, it is indeed possible to create a controlling environment which supports management in its efforts to produce high-level synergetic services at reasonable cost levels. Challenges include striking the right balance between controlling effort and usefulness of results, the measurement of value creation, benchmarking relatively unique holding services, especially treasury-type activities, and owning or outsourcing certain controlling activities, e.g. in order to shorten cycle time.

Bibliography

HORNGREN, C. T./FOSTER, G.: Cost Accounting: A Managerial Emphasis, 7th ed., Prentice-Hall International, Englewood Cliffs 1991.

JOHNSON, G./SCHOLES, K.: Exploring Corporate Strategy, Prentice Hall, Hertfordshire 1989.

KAPLAN, R. S./NORTON, D. P.: The Balanced Scorecard, Harvard Business School Press, Boston 1996.

MATTEN, C.: Managing Bank Capital, John Wiley & Sons, Chichester 1996.

PORTER, M. E.:: Competitive Advantage, The Free Press, New York 1985.

SAUNDERS, A./WALTER, I. (eds): Universal Banking: Financial System Design Reconsidered, Irwin, Chicago 1996.

SCHIERENBECK, H.: Ertragsorientiertes Bankmanagement, Band 1, 5th ed., Gabler, Wiesbaden 1997a.

SCHIERENBECK, H.: Ertragsorientiertes Bankmanagement, Band 2, 5th ed.,Gabler, Wiesbaden 1997.

SMITH, R.C./WALTER, I.: Global Banking, Oxford University Press, Oxford 1997.

STEIN, M.:: Die Management Holding – Analyse eines Struktur- und Führungs- konzeptes, Difo-Druck, Bamberg 1993.

VOEGELIN, M.D.: Integrierte Leistungsallokation als zentrales Element einer Wertorientierten Banksteuerung, Zürich, Schulthess Polygraphischer Verlag 1999.

Ulrich Koch

Unternehmenswertorientierte Ergebnisrechnung

1. Einleitung

Die Geschichte der Ergebnisrechnung in Kreditinstituten ist auch die Geschichte gewandelter Unternehmensphilosophien. Im Zuge der verstärkten Ertragsorientierung erwuchs Anfang der achtziger Jahre die Notwendigkeit, ein geeignetes Kalkulations- und Messinstrumentarium zu entwickeln. Mit der Marktzinsmethode, der Standard-Einzel- respektive Prozesskostenrechung sowie der Kalkulation von Standard-Risikokosten wurden grundlegende Methoden entwickelt, um den Erfolgsbeitrag einzelner Kundengeschäfte sowie in der Aggregation die Ergebnisse von Organisationseinheiten sowie Kunden- und Produktgruppen zu quantifizieren. Durch Rückgriff auf „Überleitungsergebnisse" in Form des Transformations-, Produktivitäts- und Risikoergebnisses konnte – dies war zum damaligen Zeitpunkt eine zentrale Anforderung an ein Ergebnisinformationssystem – die Brücke zum handelsrechtlich ausgewiesenen Jahresergebnis hergestellt werden.

Ende der achtziger Jahre wurde dieses Controlling-Instrumentarium um erste Elemente einer wertorientierten Sichtweise erweitert. Hierbei lag der Fokus zunächst auf der Loslösung von der zurückliegenden bilanziellen Rechnungsperiode, hin zu einer zukunftsbezogenen barwertigen Abbildung des Unternehmens- und Geschäftsbereichserfolges.

In den neunziger Jahren wurde diese zunächst noch eindimensionale, (bar-)wertige Sichtweise im Rahmen der expliziten Shareholder-Value-Orientierung hin zu einer zweidimensionalen Risk-/Return-Steuerung erweitert, was unter anderem zur Konsequenz hatte, dass für sämtliche Geschäftsbereiche und Risikoarten adäquate Verfahren der Risikomessung entwickelt werden mussten. Insbesondere im Bereich des Operational Risk sowie des allgemeinen Geschäftsrisikos ist diese Entwicklung derzeit keinesfalls als abgeschlossen zu bezeichnen.

Der vorliegende Beitrag untersucht, ob es möglich ist, die operative Ergebnisrechnung unmittelbar kompatibel zu einer auf Gesamtbankebene verfolgten wertorientierten Unternehmensphilosophie zu gestalten und versucht zu skizzieren, wie ein entsprechendes Ergebnis- und Informationssystem im Kunden- und Dispositionsbereich aussehen kann.

2. Shareholder Value und Ergebnisrechnung

2.1 Wesensmerkmale des Shareholder-Value-Konzeptes

Die wertorientierte Ergebnisrechnung ist auch im Bankenbereich mit der Diskussion um den Shareholder Value verstärkt in den Mittelpunkt des Interesses gerückt und wird derzeit in zweierlei Hinsicht diskutiert.

Zum einen stellt der Shareholder-Value-Ansatz die Ausrichtung an den Interessen der Eigenkapitalgeber explizit in den Mittelpunkt. Diese Orientierung des betriebswirtschaftlichen Handelns stellt im Grunde keinen neuen Aspekt dar, hat aber durch ihre ausdrückliche Betonung eine neuerliche politische Diskussion darüber entfacht, inwieweit die Eigenkapitalrentabilität die alleinige zentrale Zielgröße zur Beurteilung des Unternehmenserfolges darstellen darf und in welcher Weise und in welchem Umfang die Interessen anderer Anspruchsgruppen zu berücksichtigen sind.

Zum anderen ist der betriebswirtschaftliche Kern herauszustellen. Die wertorientierte Ergebnisrechnung ist ihrem Wesen nach zeitpunktbezogen ausgerichtet und zielt primär auf die Ermittlung des Reinvermögens, das sich als Differenz aus (Brutto-)Vermögen und Verbindlichkeiten ergibt. Die Marktwerte der einzelnen Vermögensgegenstände und Verbindlichkeiten sind teilweise direkt beobachtbar (etwa bei börsennotierten Wertpapieren) und können ansonsten über die Diskontierung der aus ihnen resultierenden Zahlungsreihen ermittelt werden. Der Unternehmenswert selbst ergibt sich über die Diskontierung sämtlicher Zahlungen des Unternehmens mit den relevanten Marktrenditen.

Im Rahmen wertorientierter Ansätze lässt sich durch den Vergleich der Unternehmenswerte zu zwei aufeinanderfolgenden Stichtagen das Periodenergebnis als Wertänderung des dazwischenliegenden Zeitraumes unter Berücksichtigung zwischenzeitlicher Ein- und Auszahlungen ermitteln.

Die für den Periodenerfolg bedeutsamen Einflussgrößen unterscheiden sich damit deutlich von den im Rahmen der bilanziellen Sichtweise relevanten Größen. Während im Rahmen der letztgenannten Rechnungslegung gemäß Realisationsprinzip lediglich die in die jeweilige Periode fallenden handelsrechtlichen Erfolgswirkungen berücksichtigt werden, sind für den Unternehmenswert zukünftige Effekte von entscheidender Bedeutung. Hier werden einerseits sämtliche Zahlungen bereits bestehender Positionen, darüber hinaus aber auch die erwarteten Cash Flows zukünftiger Geschäfte einbezogen, was eine entscheidungsorientierte Ergebnismessung unterstützt, gleichzeitig aber auch ein entsprechendes auf Zahlungsströmen aufsetzendes Steuerungssystem bedingt.[1]

Daneben sind die Risiken auf Gesamtbank- und Geschäftsbereichsebene in der Ergebnisrechnung abzubilden. Die Bedeutung der Risikoadjustierung hat in der jüngeren Vergangenheit stark zugenommen. Traditionell wird bei der Systematisierung potenzieller Unternehmensziele die Unterscheidung zwischen der Ertrags- bzw. Rentabilitäts-, der Wachstums- und der Risikodimension vorgenommen. Heute hat sich allgemein die Erkenntnis durchgesetzt, dass eine Rentabilitätsmessung ohne die Integration der Risikodimension nicht darstellbar ist. Zwischen Ertrag und Risiko bestehen Interdependenzen, die im Rahmen der Ergebnisrechnung adäquat zu berücksichtigen sind. So ermöglicht erst das Eingehen von Risiken das Erwirtschaften von Erträgen, wobei sicherzustellen ist, dass die Summe der Risiken die vorhandene Deckungsmasse nicht übersteigt (Risikotragfähigkeitskalkül). Vor diesem Hintergrund stellt das Risikokapital (in Form potenzieller Verluste) den zentralen knappen Faktor des wirtschaftlichen Handelns dar, der im Rahmen der Gesamtbanksteuerung in Abhängigkeit von den Ertragserwartungen und unter Berück-

1 Vgl. Rolfes 1999.

sichtigung kompensatorischer Wirkungen zwischen den verschiedenen Verwendungsrichtungen zu verteilen ist (Risiko-/Chancen-Kalkül). Aufgrund des direkten Zusammenhangs zwischen Ertrag und Risiko verliert die eindimensionale Ertragsmessung zunehmend an Bedeutung. Erträge sind stets durch das eingegangene Risiko zu relativieren und können erst dann, beispielsweise für den Vergleich verschiedener Geschäftsbereiche herangezogen werden (risikoadjustierte Ergebnismessung). In der Praxis werden derzeit verschiedene Kennzahlen, etwa in Form der Value-at-Risk-Rendite, der Cost-Earning-Ratio oder des Deckungsbeitrags nach Kapitalkosten verwendet. Der vorliegende Beitrag behandelt den Aspekt der Risikoadjustierung nicht eingehender sondern widmet sich der Frage, wie der wertorientierte „Return" geschäftsbereichsspezifisch messbar gemacht werden kann.

2.2 Shareholder Value und bilanzielles Ergebnis

Grundsätzlich erfordert eine die Shareholder-Value-Ausrichtung unterstützende Ergebnisrechnung die Orientierung an den zukünftigen Cash Flows. In der Praxis hat das bilanzielle Jahresergebnis auch bei sich zur Shareholder-Value-Orientierung bekennenden Unternehmen weiterhin eine überragende Bedeutung als Erfolgsmaßstab. Dies liegt vor allem an den begrenzten Möglichkeiten der externen Messung der Unternehmenswertänderung i. e. S. Die zukünftige Wertentwicklung hängt vor allem davon ab, inwieweit die Unternehmung in attraktiven Geschäftsfeldern investiert ist, das heißt die Portfoliostruktur und die gewählten Strategien sind die ursächlich relevanten Werttreiber. Des Weiteren kann über die aktive Gestaltung der Finanzierungsstruktur sowie ein an der langfristigen Performance orientiertes Entlohnungssystem für die Führungskräfte flankierend auf die Entwicklung des Unternehmenswertes eingewirkt werden. All diesen Ansatzpunkten ist gemein, dass sie für den Kapitalgeber kaum direkt beurteilbar bzw. messbar sind, sondern im Rahmen der Investor Relations seitens des Unternehmens schlüssig zu kommunizieren sind. Die Qualität der „Story" hat dabei eine direkte Wirkung auf die Entwicklung des Unternehmenswertes respektive der Aktionärsrendite. Diese ergibt sich, indem man die Veränderung des Aktienkurses (als vom Markt bepreisten Unternehmenswert) zuzüglich laufender Ausschüttungen zum Aktienkurs zu Beginn der Periode ins Verhältnis setzt. Damit nimmt der Kapitalmarkt selbst über Angebot und Nachfrage die Bewertung des Unternehmenserfolges und der Managementleistung vor.

In diesem Zusammenhang hat das ausgewiesene Jahresergebnis – trotz der bekannten Probleme – weiterhin als wesentlichste quantifizierte Flankierung der eher weichen Erfolgsfaktoren eine zentrale Bedeutung. Denn Banken sehen sich wie jede andere Unternehmung der Anforderung ausgesetzt, die den Anlegern in Aussicht gestellten zukünftigen Wertsteigerungen durch handfeste nachweis- und messbare Jahresergebnisse zu untermauern.

3. Wertorientierte Ergebnisrechnung im Kundengeschäft

3.1 Möglichkeiten und Grenzen periodischer Erfolgsrechnungen

Aus Kritik an den traditionellen Verfahren in Form der Schichtenbilanz- und Poolmethode wurde zu Beginn der achtziger Jahre das Konzept der Marktzinsmethode entwickelt, das in der Praxis mittlerweile eine weite Verbreitung gefunden und die zuvor genannten traditionellen Verfahren im Prinzip vollständig abgelöst hat. Wesensmerkmal dieses auf dem Opportunitätsprinzip beruhenden Kalkulationsansatzes ist die konsequente Einzelbewertung jedes Kundengeschäftes.[2]

Im Grundmodell wird die Frage des „Einstandszinses" für Kundenkredite bzw. des „Wiederanlagezinses" für Einlagen durch Rückgriff auf qualitätsgleiche Kapitalmarktzinsen gelöst. Bei (endfälligen) Festzinsgeschäften führt dies typischerweise zu einer Bewertung mit der zinsbindungsidentischen Kapitalmarktrendite, bei komplexeren Geschäftsarten bestehen die Opportunitätsgeschäfte häufig aus einem Bündel unterschiedlicher Geld- und Kapitalmarkttranchen. Der Mehrertrag (Kundenkredite) bzw. der Minderaufwand (Kundeneinlagen) eines Kundengeschäftes gegenüber der qualitätsgleichen Kapitalmarktopportunität wird als Konditionsmarge (in Relation zum Volumen) bzw. als Konditionsbeitrag (in Geldeinheiten) bezeichnet.

Daneben existiert mit dem Transformationsergebnis eine eigenständige Erfolgsquelle, die das periodische Ergebnis aus der gesamtbankbezogenen Zinsbindungsdisposition quantifiziert. Es ergibt sich durch Vergleich der Zinsbindungsprämien bzw. der Opportunitätszinsen beider Bilanzseiten.

Die Marktzinsmethode stellt das Herzstück der schwerpunktmäßig in den achtziger Jahren entwickelten Controlling-Systeme dar, um das herum Konzepte entwickelt wurden, um auch die über das Zinsergebnis hinausgehenden Ergebniskomponenten eines Kundengeschäftes im Rahmen der sogenannten Nettomargenkalkulation quantifizierbar zu machen. Die Zurechnung von Provisionserlösen ist dabei konzeptionell im Grunde unproblematisch und stellt für viele Institute eher eine datentechnische Herausforderung dar.

Aufgrund des hohen Fix- und Gemeinkostenanteils hat sich im Bankbereich die Kalkulation auf Basis der Standardeinzelkosten- bzw. der Prozesskostenrechnung durchgesetzt. Diese Konzepte basieren auf der Standardisierung von Arbeitsprozessen und -zeiten und nehmen die Kalkulation von Standardkosten unter Zugrundelegung der Maximal- oder Planbeschäftigung vor. Auf diese Weise wird eine Zurechnung anhand des Verbrauchs einzelner Tätigkeiten an zentral festgelegten Kapazitäten ermöglicht, und die Auswirkungen von unwirtschaftlicher Arbeitsweise, Beschäftigungsschwankungen und Überkapazitäten

2 Vgl. Schierenbeck 1999.

werden aus dem Ergebnis des Einzelgeschäftes herausgehalten. Diese kalkulatorischen Kostengrößen weichen in aller Regel vom handelsrechtlich relevanten Aufwand ab.

Bei der Kalkulation von (Ausfall-)Risikokosten besteht das Grundproblem darin, dass im Zeitpunkt der Kreditvergabe und entsprechend im Moment der Kreditkalkulation nicht bekannt ist, ob und in welchem Umfang der Kreditnehmer seinen Zahlungsverpflichtungen nachkommen wird. Es wurde eine Vielzahl von Ansätzen zur Bemessung des erwarteten Verlustes entwickelt, wobei die Entwicklung in diesem Bereich als keineswegs abgeschlossen zu bezeichnen ist. Die wesentlichen Unterschiede liegen in den Merkmalen zur Klassifizierung der Engagements (zum Beispiel Bonität, Branche) einerseits und der konkreten Quantifizierung des zu kalkulierenden Ausfallvolumens (historisch, gleichgewichtstheoretisch) andererseits. Allen Ansätzen ist gemein, dass die kalkulierten Standard-Risikokosten der Periode in der Regel nicht mit den später tatsächlich bilanziell angesetzten Wertberichtigungen bzw. Abschreibungen übereinstimmen, was bei unvollständiger Informationsbasis auch nicht zu erwarten ist.

Saldiert man Konditionsbeiträge, Provisionserlöse sowie Standard-Betriebs- und Risikokosten eines Kundengeschäftes im Rahmen der sogenannten Nettomargenkalkulation auf, so gelangt man zum Ergebnisbeitrag des entsprechenden Einzelgeschäftes. Je nach konkreter Ausgestaltung des Deckungsbeitragsschemas können hierbei auch weitere Komponenten wie Overhead- oder Eigenkapitalkosten berücksichtigt werden. Eine Aggregation über sämtliche Kundengeschäfte führt zum Marktergebnis, das das gesamte Kundengeschäftsergebnis quantifiziert.

3.2 Neugeschäftsbarwert

Als ein in Theorie und Praxis gleichermaßen intensiv diskutierter Ansatz der wertorientierten Ergebnisrechnung ist das an den Barwerten der kontrahierten Neugeschäfte orientierte Marktergebnis zu nennen.[3] Der wesentlichste Unterschied zur periodischen Verdichtung liegt im Zeitpunkt des Ausweises des Ergebnisses von Kundengeschäften.

Die Verteilung der Konditionsbeiträge gemäß der Kapitalbindung in den einzelnen Perioden basiert auf der Grundidee von Zinserträgen als Kapitalüberlassungsprämien. Der Konditionsbeitragsbarwert verdichtet hingegen sämtliche Erfolgswirkungen des Kundengeschäftes auf den Zeitpunkt des Geschäftsabschlusses. Es wird damit ein zeitlicher Zusammenhang zwischen der durch die dezentral Verantwortlichen erbrachten akquisitorischen Leistung und den daraus resultierenden Erträgen konstruiert, wobei hier zur Beurteilung des Markterfolges ausschließlich auf das Neugeschäft zurückgegriffen wird. Aufgrund dieser Betonung der Vertriebsleistung wird der Konditionsbeitragsbarwert aktuell als eine der periodischen Betrachtung überlegene Ergebnisverdichtung diskutiert. Diese im Grundsatz zutreffende Beurteilung ist beim praktischen Einsatz des Konzeptes jedoch in einigen Punkten zu relativieren.

3 Vgl. Benke/Gebauer/Piaskowski 1991; Rolfes/Hassels 1994.

Die unterschiedlichen Steuerungsimpulse beider Ansätze lassen sich am Beispiel der Entscheidungssituation eines Vertriebsmitarbeiters verdeutlichen (vgl. Abbildung 18). Dieser soll einem Kunden mit einem Anlagewunsch über 100.000 DM, der die Wahl zwischen einer einjährigen und einer dreijährigen Zinsbindung hat, das aus Sicht seines Profit-Centers günstigste Produkt empfehlen. Die in Frage kommenden Sparbriefe sind so gestaltet, dass ein einjähriger Sparbrief eine Konditionsmarge von 1,5 % p. a., ein dreijähriger Sparbrief hingegen lediglich eine Konditionsmarge von 1 % p. a. erbringt. Die Verbarwertung mit den aus den vorherigen Betrachtungen bekannten Abzinsfaktoren führt zu einem um 1.257,90 DM höheren Konditionsbeitragsbarwert bei der dreijährigen Anlage, der periodische Konditionsbeitrag fällt hingegen für den einjährigen Sparbrief um 500 DM höher aus als bei der längerfristigen Variante. Bei einer Beurteilung des Profit-Centers anhand des Konditionsbeitragsbarwertes wird damit der Verkauf des margenengeren, langfristigen Sparbriefes unterstützt.[4]

Ein derart deutlicher Steuerungsimpuls geht vom periodischen Konditionsbeitrag nur bei Beschränkung der Betrachtung auf die erste Periode aus, bei der der einjährige Sparbrief vorzuziehen ist. Durch explizite Berücksichtigung sämtlicher Perioden wird hingegen das letztlich einzig sachgerechte Kalkül unterstützt: Wenn es gelingt, die Anlage in den Folge-

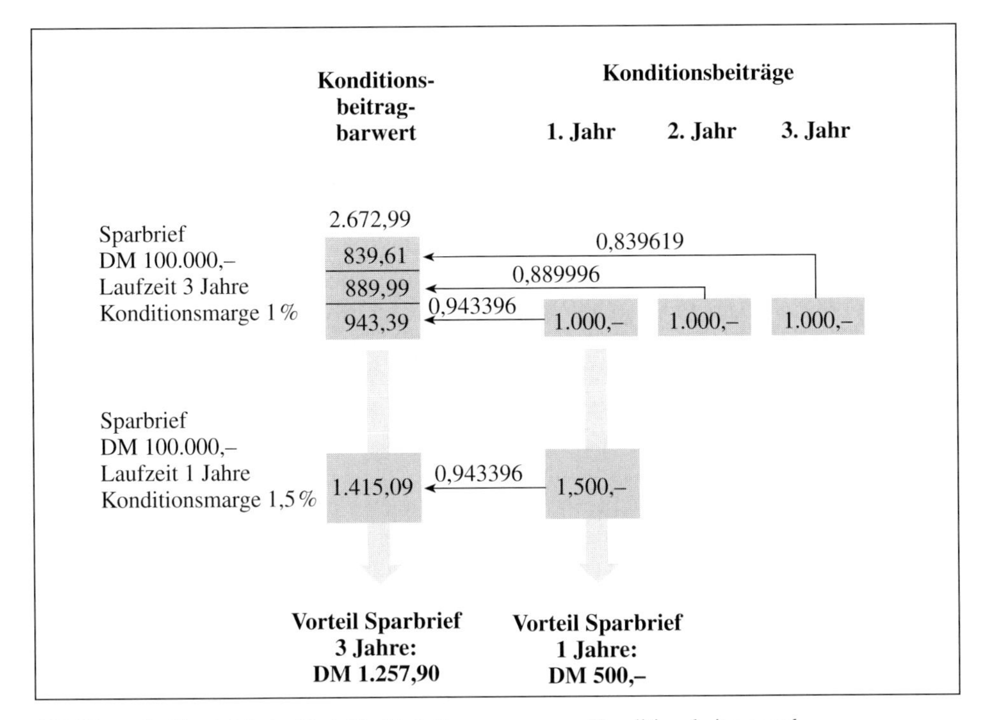

Abbildung 1: Vergleich der Vorteilhaftigkeitsaussagen von Konditionsbeitrag und Konditionsbeitragsbarwert

4 Vgl. Koch 1996.

jahren gleichartig zu prolongieren, ist – ohne Berücksichtigung zu verrechnender Betriebskosten – der einjährige Sparbrief vorteilhaft. Ansonsten erwirtschaftet die dreijährige Anlageform höhere Konditionsbeiträge.

Verallgemeinernd bestätigt sich die zuvor gewonnene Erkenntnis, dass der Neugeschäftsbarwert das Problem der Selektion der entscheidungsrelevanten Erfolgskomponenten keineswegs löst. Bei Substitutions- und Alternativentscheidungen zwischen verschiedenen Produktarten – und diese fallen in der Praxis bei nahezu sämtlichen Kredit- und Anlageentscheidungen an – sind Prämissen hinsichtlich der über die reine Laufzeit des Einzelgeschäftes hinausgehenden Prolongations- und Anschlussmöglichkeiten unverzichtbar.

Den beiden betrachteten Verdichtungsformen liegen jeweils sehr rigide implizite Prämissen zugrunde: Der Konditionsbeitragsbarwert impliziert, dass Bankgeschäfte über ihre ursprüngliche Zinsbindung hinaus nicht prolongiert werden bzw. von einer Prolongation ex ante nicht ausgegangen werden kann. Die Konditionsmarge bzw. der periodische Konditionsbeitrag unterstellen hingegen bei Geschäften mit unterschiedlicher Laufzeit die mögliche Prolongation des kürzerfristigen Geschäftes zu identischen Margen. Beide Sichtweisen werden in der Regel eine zu starke Vereinfachung der realen Situation darstellen. Der Anspruch, über die zugrundeliegenden Prämissen automatisch eine zielführende Selektion zu erreichen, dürfte damit nur in Ausnahmefällen erfüllbar sein.

Selbst bei der Kalkulation von Einzelgeschäften überwiegen die Vorteile des Konditionsbeitragsbarwertes nicht zwangsläufig. So wird die Anwendung des Barwertansatzes immer dann problematisch, wenn Akquisitionszeitpunkt und/oder Kapitalbindung des betreffenden Geschäftes nicht objektiv erhebbar sind. Hiervon sind insbesondere Positionen wie Sichteinlagen, klassische Spareinlagen oder Kontokorrentkredite betroffen. Diese Positionen machen bei regionalen Instituten in der Regel einen bedeutenden Teil der Bilanzsumme, aufgrund der überdurchschnittlich hohen Margen vor allem aber einen noch höheren Anteil am Marktergebnis aus. Sollen diese Produkte barwertig kalkuliert werden, so sind subjektive Annahmen hinsichtlich der zu erwartenden Laufzeiten aufzustellen. Da beispielsweise bei Sichteinlagenbeständen faktisch kein „Verkaufszeitpunkt" ausgemacht werden kann, geht dieser synthetisch aus den Ablauffiktionen hervor: Befinden sich nach der kalkulierten Laufzeit noch Beträge auf dem Konto, so sind sie kalkulatorisches Neugeschäft – obgleich weder ein Kundengespräch noch eine Einzahlung stattgefunden haben – und werden in diesem Zeitpunkt mit ihrem „Neugeschäftsbarwert" gutgeschrieben. Diese Vorgehensweise führt den mit der Zielgröße des Neugeschäftsbarwertes eigentlich verfolgten Grundgedanken der Akquisitionsunterstützung ad absurdum. Bietet der Neugeschäftsbarwert auch im Einzelfall und für einige Produkte hilfreiche Steuerungsimpulse, so ist er für die Vielzahl der regionalen Institute als alleinige Alternative zum periodischen Marktergebnis in der derzeit diskutierten Form kaum geeignet. Hier sind gegebenenfalls Mischformen anzuwenden, bei denen objektiv kalkulierbare Produkte barwertig und Produktarten wie Sicht- und Spareinlagen periodisch bewertet werden, wobei der Mehrnutzen einer derartigen Misch-Ergebnisrechung gegenüber einem durchgehend periodisch orientierten Ansatz im Einzelfall kritisch hinterfragt werden sollte.

3.3 Potenzialorientierte Ansätze

Zunächst soll anhand eines einfachen Beispiels aufgezeigt werden, inwieweit das Konzept des Neugeschäftsbarwertes – wie vielfach behauptet wird – eine zum Shareholder-Value-Ansatz kompatible Ergebnisrechung gewährleistet. Hierbei wird von einem aus drei Kundengeschäften bestehenden Gesamtbank-Zahlungsstrom ausgegangen. Dieser umfasst einen zum Stichtag aktuell abgeschlossenen Kundenkredit sowie ein zum nächsten Stichtag und ein für einen späteren Zeitpunkt prognostiziertes Kreditgeschäft. Die Geschäfte haben bei einem Volumen von 100 GE jeweils eine zweijährige Zins- und Kapitalbindung und werden mit 7 % verzinst (vgl. Abbildung 2). Sonstige Zahlungen bleiben im Beispiel unberücksichtigt.

Es wird eine flache Zinsstruktur von 6 % über alle Laufzeiten unterstellt, so dass die Diskontierung einfach entsprechend der Vorgehensweise der klassischen Investitionsrechnung erfolgen kann. Über die Multiplikation der Zahlungen des Gesamtbank-Zahlungsstroms mit den laufzeitspezifischen Abzinsfaktoren (1 Jahr: 1,06-1 = 0,943396; 2 Jahre: 1,06-2 = 0,889996) und die Aufsummierung der Einzelbarwerte ergibt sich der Unternehmenswert. Er beträgt in t_0 5,19 GE. Hierbei wird unterstellt, dass dieser Unternehmenswert die in t_0 zu leistende Auszahlung über 100 GE beinhaltet.

In Abbildung 3 ist der Gesamtbank-Zahlungsstrom zum folgenden Stichtag (t_1) dargestellt. Hierbei wird zunächst unterstellt, dass der für diesen Zeitpunkt prognostizierte Kundenkredit (Geschäft 2) tatsächlich abgeschlossen wird. Mit Ausnahme der Aufzinsung des für Geschäft 1 bereits vor einem Jahr (t_0) ausgezahlten Kreditbetrages mit der zu diesem Zeitpunkt gültigen 1-Jahresrendite von 6 % ändert sich der Gesamt-Zahlungsstrom also nicht. Die Aufzinsung des negativen Kassenbestandes aus t_0 ist notwendig, um die Unternehmenswerte beider Zeitpunkte vergleichbar zu halten.

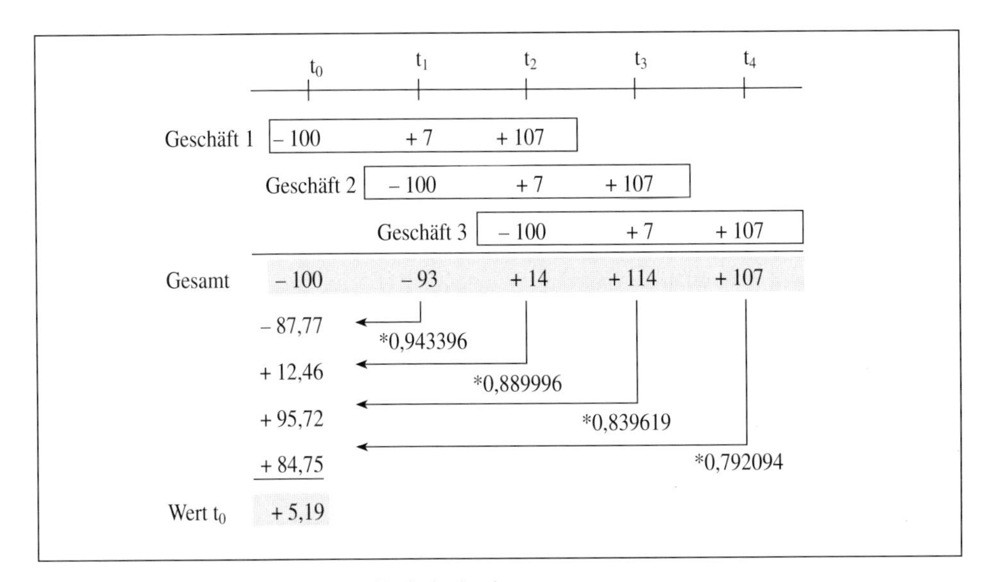

Abbildung 2: Unternehmenswert zu Periodenbeginn

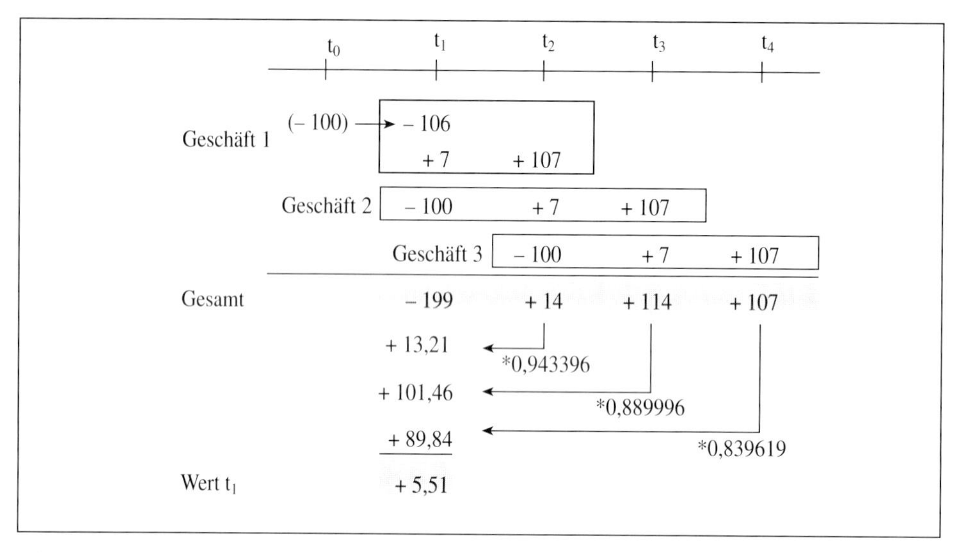

Abbildung 3: Unternehmenswert zum Periodenende (konstanter Zahlungsstrom, konstante Marktzinsen)

Wie erwähnt ist der Zahlungsstrom zur Beurteilung des Kundengeschäftserfolges mit einer wertneutralen Zinsstruktur zu bewerten. Bei der hier aus methodischen Gründen für t_0 vollständig flach unterstellten Zinsstruktur bedeutet dies den Ansatz konstanter Marktzinsen. Diese entsprechen in diesem Fall den grundsätzlich heranzuziehenden arbitragefrei ermittelbaren Forward Rates.

Der sich in t_1 ergebende Barwert beträgt dann 5,51 GE, was – von Rundungsdifferenzen abgesehen – dem Wert entspricht, der sich ergibt, wenn man den in t_0 gültigen Barwert mit der 1-Jahresrendite um ein Jahr aufzinst. Diese Wertsteigerung um 6 % stellt die mindestens zu erreichende Benchmarkrendite dar, da sie durch Anlage des Eigenkapitalmarktwertes zum risikolosen 1-Jahreszins realisierbar wäre.

Durch Kontrahierung des Kundengeschäftes 2 ergeben sich also unter der Prämisse, dass im Diskontierungszinsfuß keine „Unsicherheitsprämie“ für prognostizierte, aber nicht sichere Geschäfte angesetzt wird, keine relevanten Effekte auf den Unternehmenswert. Diese Erkenntnis steht im Gegensatz zum überwiegenden Teil der derzeit im Bankbereich unter dem Etikett der Wertorientierung propagierten Steuerungssysteme, bei denen vorgeschlagen wird, den Erfolg des Marktbereiches einzig und allein am Barwert der in der betreffenden Periode kontrahierten Geschäfte festzumachen.

Beispielhaft wird nun unterstellt, dass Geschäft 2 in t_1 nur mit der Hälfte des in t_0 erwarteten Volumens vergeben werden kann (vgl. Abbildung 4). Dies führt zu einer Veränderung des Gesamtbankzahlungsstroms und zu einer Verringerung des Unternehmenswertes um 0,92 GE auf 4,59 GE. Entgegen dieser insgesamt negativen Entwicklung des Unternehmenswertes ergibt sich – bei einer über dem Marktzins (6 %) liegenden Verzinsung von 7 % – ein positiver Barwert des in t_1 kontrahierten Kredites. Es sind also durchaus Kon-

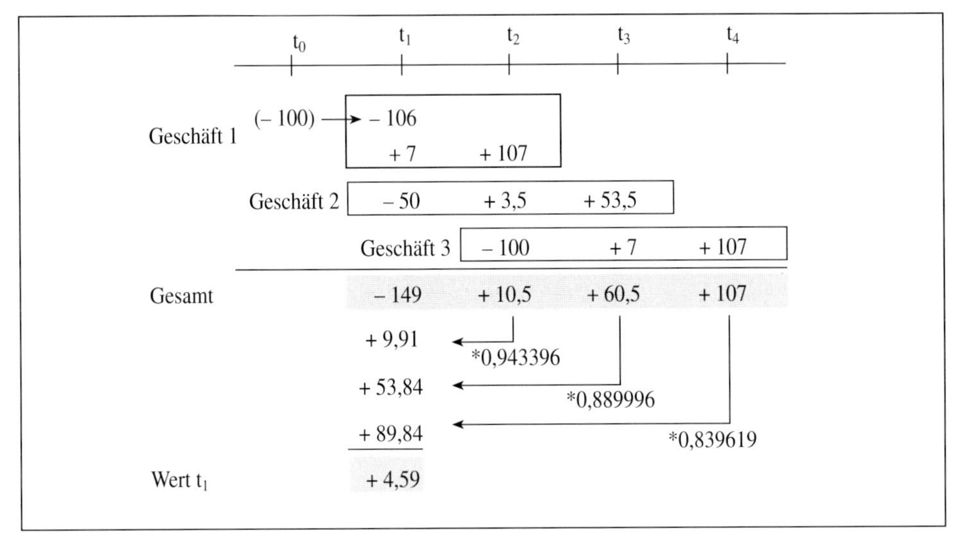

Abbildung 4: Unternehmenswert zum Periodenende (Einfluss eines unter dem prognostizierten Wert liegenden Neugeschäftsvolumens)

stellationen konstruierbar, in denen der Steuerungsimpuls eines am „Neugeschäftsbarwert" orientierten Marktergebnisses der tatsächlichen Entwicklung des Unternehmenswertes entgegenläuft.

Grundsätzlich könnte die Nichtrealisierung prognostizierter Geschäftsabschlüsse über die Gegenüberstellung von Ziel-Barwerten berücksichtigt werden. Auch auf diesem Weg ist die Kompatibilität zum Unternehmenswert jedoch nicht sicherzustellen, da das Grundproblem der Nichtberücksichtigung zukünftiger Engagements weiterhin besteht.

Wird beispielsweise in t_1 davon ausgegangen, dass der in der Periode zuvor noch erwartete Abschluss des Geschäftes 3 für t_2 nicht mehr unterstellt werden kann, so ergibt sich aus dem geänderten Gesamtbank-Cash-Flow ein verringerter Unternehmenswert von 3,78 GE. Auch dieser Wertverlust ist bei Beschränkung auf die kontrahierten Neugeschäfte nicht abbildbar (vgl. Abbildung 5).

Zusammenfassend ist festzuhalten, dass der Unternehmenswert in hohem Maß auch durch noch nicht abgeschlossene, jedoch erwartete Geschäfte determiniert wird. Fraglich ist, in welcher Weise derartige zukünftige Engagements abbildbar sind und inwieweit daraus resultierende Werteffekte in einer Ergebnisrechnung für die Marktbereiche Berücksichtigung finden können und sollen.

Ein Lösungsansatz besteht in der Ermittlung kundentypspezifischer Ertragswerte. Rein formal resultiert ein solcher Ertragswert aus dem Barwert sämtlicher zukünftiger Kundengeschäfte in der Lebensdauer einer Kundenbeziehung. Zur Modellierung des Ertragswertes sind zunächst die Determinanten herauszuarbeiten, um darauf aufbauend einen Bewertungsvorschlag zu entwickeln.

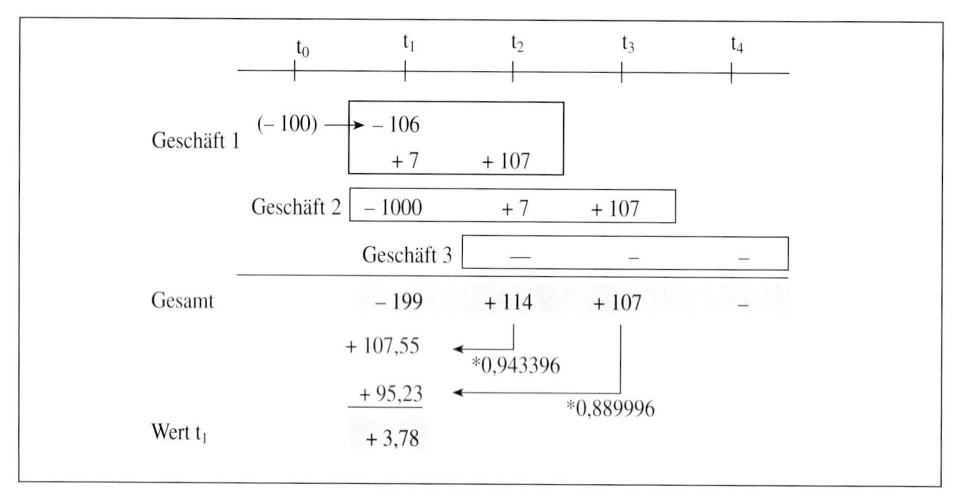

Abbildung 5: Unternehmenswert zum Periodenende (Einfluss des Wegfalls eines prognostizierten Geschäfts)

Der Modellkern versucht unter Berücksichtigung verschiedener externer Einflussfaktoren kundentypspezifische Einkommens- und Vermögensverläufe abzuleiten, die die Basis für die Ermittlung des Bankgeschäftspotenzials bilden. Daraus kann dann ein (Brutto-)Ertragswert des Kunden errechnet werden, der ggf. noch mit einem Faktor adjustiert werden kann, der eine realistische Quote des maximal auf eine Bankverbindung entfallenden Potenzials zum Ausdruck bringt (vgl. Abbildung 6).[5]

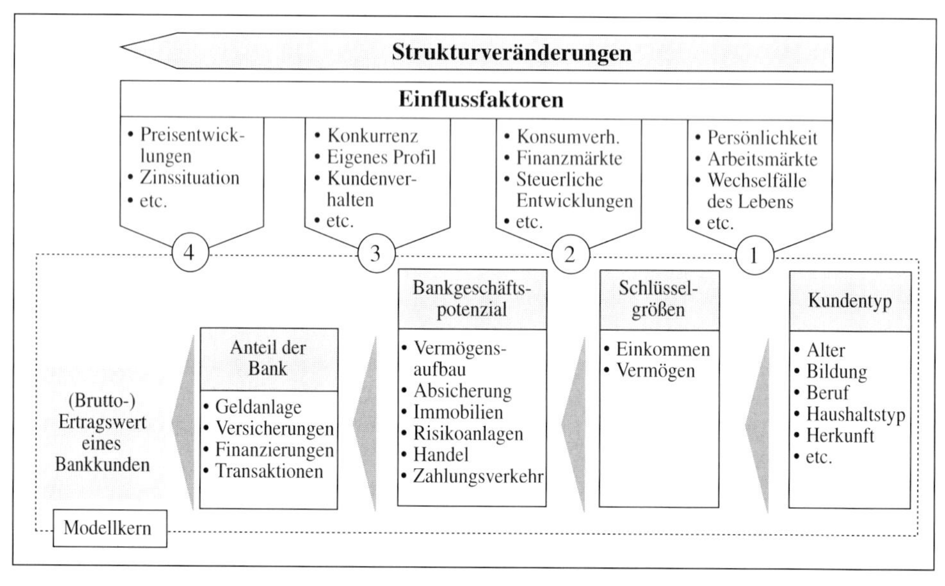

Abbildung 6: Determinanten des Ertragswertes

5 Vgl. Rolfes/Kirmße 2000.

Als externe Einflüsse können Faktoren berücksichtigt werden, die an den jeweiligen Übergangsstellen des Modellkerns wirken. So spielen neben einem Kundentypus natürlich auch die „Wechselfälle des Lebens“ eine Rolle für die Erreichung eines bestimmten Einkommens- und Vermögensstatus. Entwicklungen an den Finanzmärkten, grundlegende Veränderungen des Konsumverhaltens oder der steuerlichen Rahmenbedingungen haben selbstverständlich große Bedeutung für das auf Bankprodukte gerichtete Nachfrageverhalten der Kunden. Der Adjustierungsfaktor wird maßgeblich von der Konkurrenzintensität sowie der institutseigenen strategischen Positionierung beeinflusst. Die letztendliche Verdichtung zu einem Ertragswert hängt von produktspezifischen Preisen und der Zinssituation ab. Diese noch sehr grobe Modellierung kann weiter verfeinert werden.

Das Ergebnis einer solchen Modellierung stellt ein kunden- und lebensphasenspezifisches Produktnutzungsprofil dar. Dieses wird dann durch eine am Cash Flow orientierte Ertragsbewertung zu einem Ertragwert einer Kundenbeziehung verdichtet. Ein Beispiel ist in Abbildung 7 dargestellt. Dort ist für die Etablierungsphase versucht worden, eine entsprechende Modellierung durchzuführen.

Ein derartiges Instrument kann im Rahmen der Vertriebsintensivierung zweifellos sinnvoll eingesetzt werden. Fraglich ist jedoch, inwieweit „schwebende Potenziale“ bereits im Zeitpunkt der Kundengewinnung ganz oder teilweise in der Ergebnisrechnung gutgeschrieben werden sollten. So würde die vollständige kalkulatorische Realisierung keine Anreize für die spätere faktische Realisierung entlang der Lebensphasen bieten. Denkbar wäre es jedoch einen Teil, zum Beispiel. 10 % des Ertragswertes im Zeitpunkt der Neukundengewinnung zu vergüten, um so diesen für die weitere Ertragsrealisierung zentralen Akquisitionserfolg angemessen zu honorieren. Die dann später faktisch abgeschlossenen Geschäfte dürften sich entsprechend nur noch mit einer Quote von 90 % in der Ergebnis-

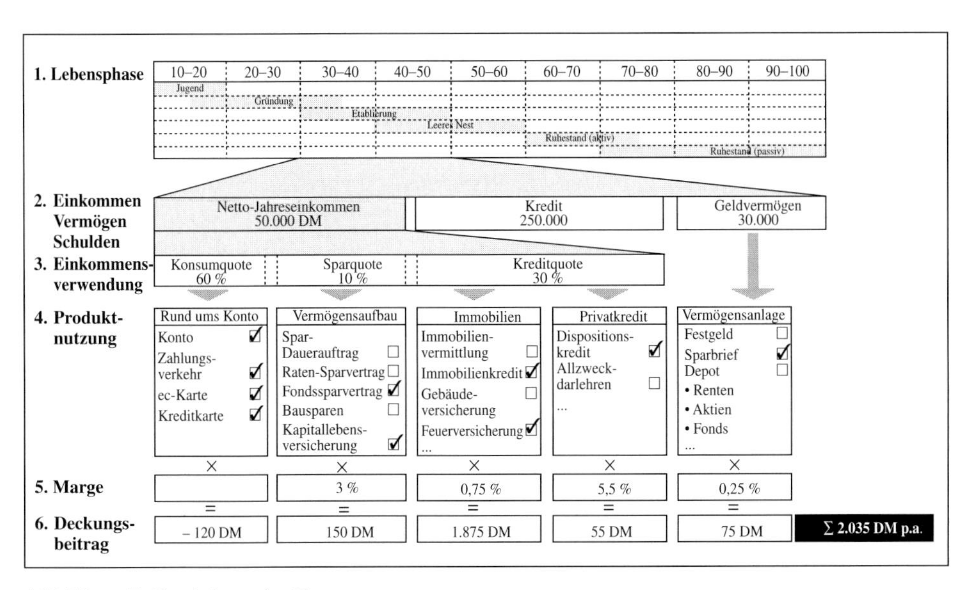

Abbildung 7: Ermittlung des Ertragswertes

rechnung niederschlagen. In jedem Fall gestattet das Instrument die Ableitung von periodenbezogenen Soll-Neuabschlüssen und ist so im Rahmen von Zielvereinbarungen sinnvoll einsetzbar. Insgesamt muss aber festgestellt werden, dass eine vollständige Kompatibilität zwischen der Entwicklung des Unternehmenswertes und der operativen Ergebnisrechung im Kundengeschäft kaum sinnvoll erreichbar ist. Denn in den Unternehmenswert fließen definitionsgemäß auch in hohem Umfang Erfolgsbeiträge aus erwarteten, jedoch noch nicht sicher kontrahierten Geschäften ein. Das Vertriebscontrolling hat hingegen die Aufgabe, sowohl die Schaffung neuer Potenziale – etwa durch die Gewinnung neuer Kunden – als auch, und dies ist die vordergründige Aufgabe, die Realisierung der bestehenden Potenziale zu honorieren und zu unterstützen. Daneben würden sich massive Probleme aus der mangelnden Objektivierbarkeit und damit auch der kaum erreichbaren Akzeptanz eines primär auf Erwartungen beruhenden Messinstrumentariums ergeben.

4. Ergebnisrechnung im Dispositionsbereich

4.1 Notwendigkeit der Berücksichtigung zukünftiger Kundengeschäfte

Im Folgenden wird untersucht, in welcher Weise zukünftige Kundengeschäfte im Rahmen der Zinsrisikomessung und -disposition einzubeziehen sind. Die Frage, mit welchen Konzepten man das Zinsänderungsrisiko einer Bank am besten in den Griff bekommen kann, beschäftigt Theorie und Praxis seit geraumer Zeit. Die unterschiedlichen Ansätze lassen sich dabei vor allem an der Frage der „richtigen" Zielgröße und des Umfangs der einzubeziehenden Positionen festmachen. Einen der ältesten auf die Zielgröße der Zinsspanne respektive des Zinsüberschusses abstellenden Ansätze stellte die Zinsbindungsbilanz dar. Die Nichtberücksichtigung zukünftiger Geschäfte sowie realitätsferne implizite Annahmen über die Zinsreagibilität variabler Bankprodukte (hier sind vor allem Sicht- und Spareinlagen zu nennen) führten dazu, dass die Risikoaussagen der Zinsbindungsbilanz sich in aller Regel exakt gegenläufig zur Realität bewegten.

Aus der Kritik an der Zinsbindungsbilanz wurde zu Beginn der achtziger Jahre das Konzept der Elastizitätsbilanz entwickelt.[6] Über die Modellierung des produktspezifischen Zinsanpassungsverhaltens mit Hilfe von Zinselastizitäten und die – in der heute dynamisierten Form – mögliche Berücksichtigung zukünftiger Engagements wird eine realitätsnahe Abbildung des Zinsspannenrisikos erreicht. Dieser Ansatz stellt heute die Basis für die Zinsspannenplanung und -steuerung in der überwiegenden Zahl der deutschen Banken und Sparkassen dar.

Während bei der Abbildung des Zinsspannenrisikos die Berücksichtigung zukünftiger Geschäfte unverzichtbar ist, kann diese in einer wertorientierten Modellwelt auf den ersten

6 Vgl. Rolfes 1985a, 1985b.

Blick unterbleiben. So gilt im Zins-Eigenhandel, dass das Risikoprofil über die Erfassung der bestehenden Festzinspositionen vollständig abgebildet werden kann. Dies liegt an zwei Gründen: Zum einen besitzen variabel verzinsliche Geschäfte (Tagesgeldpositionen) stets einen Kurswert von 100 % des Nominalwertes, da ihre Verzinsung täglich an das aktuelle Marktzinsniveau angepasst wird. Zum anderen weisen zu-künftige Eigengeschäfte stets einen Barwert von null auf, da sie zukünftig zur dann geltenden Marktrendite abgeschlossen werden.

Genau diese beiden Besonderheiten zinstragender Eigengeschäfte gelten für Kundengeschäfte jedoch nicht. Hier existieren zum einen unterschiedlichste Formen variabel verzinslicher Geschäfte, die sich in ihrem Zinsanpassungsverhalten teilweise erheblich von Tagesgeldpositionen unterscheiden. Zum anderen weisen zukünftige Kundengeschäfte in der Regel einen von null verschiedenen Barwert – nämlich den Konditionsbeitragsbarwert – auf. Da sich die Höhe dieses Wertes in Abhängigkeit von der Marktzinsentwicklung verändert, sind diese Positionen in das Risikoprofil einzubeziehen.

Diese Sachverhalte sind bei der Formulierung barwertiger Zinsrisikomodelle für die Gesamtbank zunächst übersehen worden. Erst allmählich setzt sich die Erkenntnis durch, dass formale Kriterien wie die Frage des vertraglich fixierten Geschäftsabschlusses kein zeitgemäßes Kriterium für die Berücksichtigung einer Position im Zinsrisikostatus sind. Zwar besteht mittlerweile ein weitgehender Konsens darüber, dass bestehende, jedoch nicht exakt determinierte Positionen (insbesondere Sicht- und Spareinlagen) adäquat in den Risikostatus zu integrieren sind, und dass dies über Kapitalbindungsannahmen erfolgen kann; die Berücksichtigung eines erwarteten Prolongationsgeschäftes wird jedoch – obgleich dies den materiell gleichen Sachverhalt darstellt – vielfach noch immer kritisch gesehen.

Dies mag auch darin begründet sein, dass bislang die konzeptionelle Basis fehlt, derartige zukünftige Positionen überhaupt schlüssig in einer barwertorientierten Sichtweise abzubilden. Die zentrale Grundlage einer jeden barwertigen Ergebnis- und Risikorechnung stellen Zahlungsreihen dar, welche die Dispositionsgrundlage für den Ergebnisverantwortlichen bilden. Für zukünftige Geschäfte sind nun aber gerade im Planungszeitpunkt keine Zahlungsreihen generierbar, da sich die Höhe der Zinszahlungen erst in Abhängigkeit von der zukünftigen Marktzinsentwicklung ergibt.

Im Folgenden wird gezeigt, wie wert- und risikoäquivalente Cash Flows für zukünftige Kundengeschäfte generiert werden können. Die Duplikation erfolgt über das Konstrukt der Zinselastizität. Der dynamische Barwertansatz stellt damit das wertorientierte Pendant zur (periodenorientierten) dynamischen Elastizitätsbilanz dar, so dass auf dieser Basis eine in sich geschlossene integrierte Ergebnis- und Wertsteuerung gewährleistet ist.

4.2 Die Duplikation zukünftiger Cash Flows

Bei der wertorientierten Abbildung des Risikoprofils zukünftiger Kundengeschäfte sind grundsätzlich zwei Aspekte zu unterscheiden. Zum einen ist das Zustandekommen unsicher, da zukünftige Kundenkredite und -einlagen nicht bereits im Planungszeitpunkt vertraglich vereinbart werden, sondern ihr Abschluss seitens der Bank allenfalls aufgrund verschiedener Indikatoren und Erfahrungswerte als mehr oder weniger wahrscheinlich angesehen werden kann. Unabhängig von diesem generellen Absatzrisiko unterliegen zukünftige Kundengeschäfte einem Dispositionsrisiko, das darin besteht, dass sich die Marge respektive der Wert des zukünftigen Geschäftes selbst bei unterstelltem sicheren Zustandekommen in Abhängigkeit von der Marktzinsentwicklung verändert.

Da die Zahlungsreihe eines zukünftigen Geschäftes zum Planungszeitpunkt selbst bei unterstelltem sicheren Zustandekommen aufgrund der unbekannten Zinshöhe nicht feststeht, ist die Abbildung des Zinsrisikoprofils eines zukünftigen Kundengeschäftes nicht unmittelbar möglich. Am Beispiel eines erwarteten Prolongationsgeschäftes für einen 2-jährigen Sparbrief wird das Zinsrisikoprofil synthetisch dupliziert. Es gelten folgende Daten:

Volumen des Sparbriefs:	50.000 DM
Laufzeit:	2 Jahre (endfällig)
Aktueller Sparbrief-Zins:	3 %
Prolongationstermin:	in 2 Jahren (t_2)
Neugeschäftselastizität zum GKM 2 Jahre:	0,75
GKM 1 Jahr:	3,29 %
GKM 2 Jahre:	4,29 %
GKM 3 Jahre:	4,87 %
GKM 4 Jahre:	5,28 %

Der vom Kunden über die Konditionsbeiträge erbrachte Wert der Einlage fällt bei einer Neugeschäftselastizität von 0,75 in Abhängigkeit von der Marktzinsentwicklung unterschiedlich hoch aus. So führen steigende Marktzinsen zu steigenden Neugeschäftsmargen und sinkende Marktzinsen entsprechend zu einer Margenverengung.

In einem ersten Schritt wird zunächst davon ausgegangen, dass das Prolongationsgeschäft als beidseitig verpflichtendes Termingeschäft verbindlich mit dem Kunden vereinbart wird und sich im zukünftigen Abschlusszeitpunkt exakt die Forward Rates einstellen. In t_0 beträgt die 2-Jahres-Forward-Rate für t_2 6,3936 %. Sie liegt damit um 2,1036 %-Punkte über dem Wert der Ausgangssituation (4,29 %). Ausgehend vom im Planungszeitpunkt gültigen 2-jährigen Sparbriefzins von 3 % ergibt sich damit gemäß der Elastizität von 0,75 ein zukünftiger Neugeschäftszins von 4,5777 % (3 % + 0,75 * 2,1036 %). Da der Opportunitätszins zu diesem Zeitpunkt annahmegemäß 6,3936 beträgt, steigt die Marge im Vergleich zur Ausgangssituation (1,29 %) um 0,5259 %-Punkte auf 1,8159 % (6,3936 % – 4,5777 %). Bei einem Sparbriefvolumen von 50.000 TDM, das in t_2 akquiriert wird, ergeben sich bei fristenkongruenter Wiederanlage zur Forward Rate jeweils periodische Konditionsbeiträge in Höhe von 907,95 TDM (vgl. Abbildung 8).[7]

Durch Diskontierung der so ermittelten Konditionsbeiträge mit den in der Ausgangssituation gültigen Marktzinsen gelangt man zum Barwert des zukünftigen Sparbriefs in Höhe

7 Vgl. Rolfes/Koch 2000.

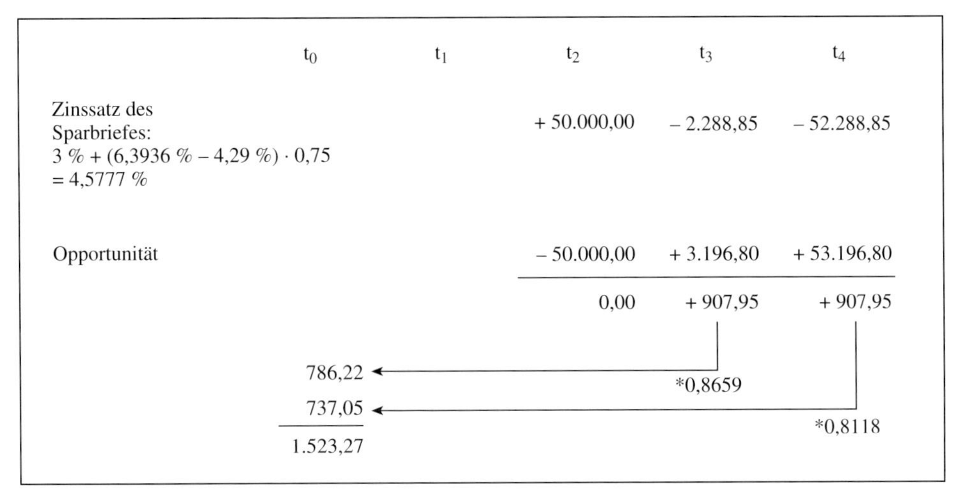

Abbildung 8: Deterministische Konditionsbeiträge des prognostizierten Sparbriefs

von 1.523,27 TDM. Da der Geld- und Kapitalmarktkern dieses zukünftigen Geschäftes einen Ertragswert von Null aufweist, ergibt sich derselbe Wert auch durch Diskontierung der originären Kundenzahlungsreihe (vgl. Abbildung 9).

Da der Zinssatz eines zukünftig geplanten Kundengeschäftes tatsächlich aber erst im zukünftigen Zeitpunkt des Geschäftsabschlusses festgelegt wird, unterliegt der so ermittelte Wert marktzinsänderungsbedingten Risiken. Abbildung 10 zeigt die Entwicklung der Kundenzahlungsreihe sowie des Barwertes in Abhängigkeit von alternativen Marktzinsentwicklungen, wobei als Stichtag nun der Zeitpunkt t_1 gewählt wird. Für diesen Zeitpunkt werden für die ein- bis dreijährigen Marktzinsen drei unterschiedliche Zinsszenarien erstellt, die vor allem mit Blick auf die aus ihnen ableitbaren Forward Rates konstruiert sind.

Im Szenario „flache Entwicklung“ ergibt sich in t_1 eine flache Zinsstruktur auf dem Niveau des 1-Jahreszinses der Ausgangssituation in Höhe von 3,29 %. In diesem Fall beläuft

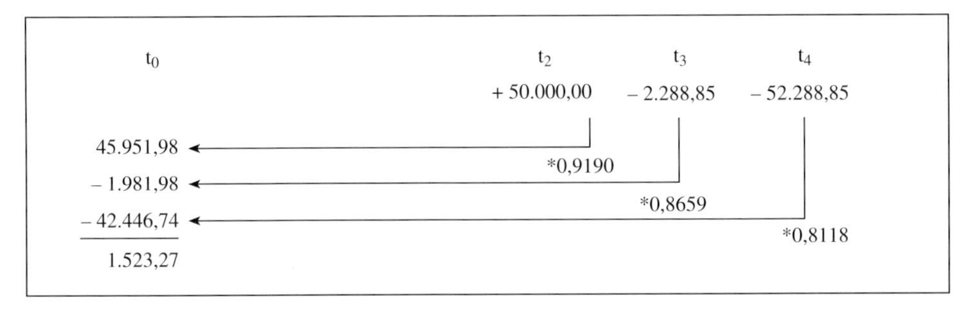

Abbildung 9: Barwert des zukünftigen Sparbriefs

sich auch die zweijährige Forward Rate für den Prolongationstermin (t_2) auf 3,29 %, der damit um 1 %-Punkt unterhalb des Vorjahresniveaus liegt. Auf Basis dieses Zukunftszinses ergeben sich eine Sparbriefkondition von 2,25 % (3 % + 0,75 * -1 %) und der in Abbildung 10 angegebene Cash Flow. Im Szenario „deterministische Forward Rates", in dem exakt die aus t_1 arbitragefrei prognostizierten Zukunftszinsen eintreten, bleibt die gesamte Forward-Struktur und damit auch die für die Preisbildung des Sparbriefes relevante zweijährige Kapitalmarktrendite unverändert, so dass sich hier eine im Vergleich zur Ausgangssituation identische Kundenzahlungsreihe ergibt. Das Szenario „steile Entwicklung" geht schließlich von einem starken Zinsanstieg insbesondere in den längeren Laufzeiten und damit einhergehend einer deutlichen Erhöhung der zweijährigen Forward Rate aus. Hieraus resultiert ein entsprechend gestiegener zukünftiger Sparbriefzins.

Bei Eintritt der Forward Rates beträgt der Barwert in t_1 1.573,39 TDM. Dieser Wert entspricht exakt dem mit der 1-Jahresrendite von 3,29 % aufgezinsten Barwert aus t_0 (1.523,27 TDM). Bei Eintritt der Forward Rates hätte sich also die Vermögensposition der Beispielbank im Vergleich zum Vorjahr nicht verändert. Bei der im Szenario „flache Entwicklung" unterstellten, unter den Forward Rates liegenden Zinsentwicklung verringert sich der Barwert hingegen um knapp 40 % auf 959,28 TDM. Im Szenario „steile Entwicklung" ergibt sich ein Wert von 2.084,30 TDM.

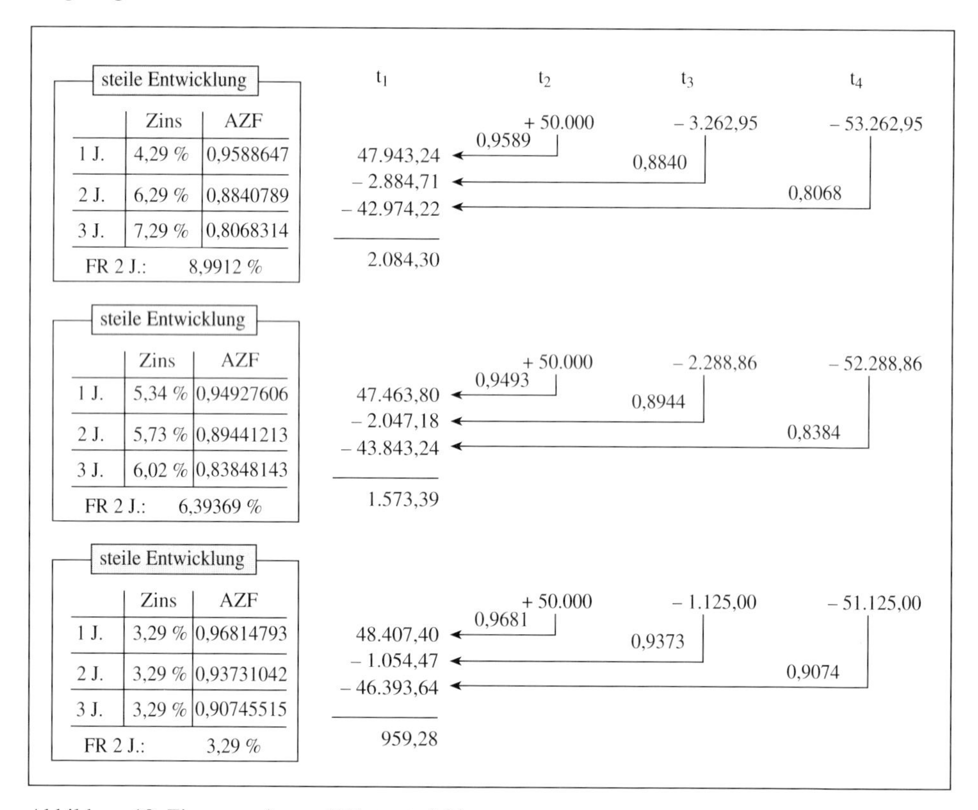

Abbildung 10: Zinsszenarien und Wertentwicklung

Der sich in diesem „Best-Case“ ergebende Ertragswert erreicht mehr als die doppelte Höhe des sich im Szenario „flache Entwicklung“ einstellenden Wertes. Diese angesichts der Elastizität von 0,75 und der Ausgangsmarge von 1,29 % durchaus realitätsnahen Ergebnisse verdeutlichen die massiven marktzinsbedingten Wertrisiken, die aus dem Profil zukünftiger Kundengeschäfte resultieren können, und zeigen die Notwendigkeit einer adäquaten Berücksichtigung im gesamtbankbezogenen Zinsrisikoprofil auf.

Die Abbildung des Risikoprofils kann nun über eine synthetische Duplikation der marktzinsabhängigen Kundenzahlungsreihe erreicht werden. Die Ausgangsbasis stellen zunächst die deterministischen Konditionsbeiträge dar. Für den Fall, dass die Zinsstruktur sich während der gesamten Planungsperiode stets gemäß den Forward Rates entwickeln würde, bliebe das für den Abschlusszeitpunkt prognostizierte Zinsniveau konstant und die Höhe der zukünftigen Konditionsbeiträge ebenfalls unverändert. Stellt sich hingegen eine abweichende Zinsentwicklung ein, so verändern sich auch die Forward Rates für den prognostizierten Abschlusszeitpunkt. Diese Veränderung schlägt sich in den Konditionsbeiträgen in genau dem Ausmaß nieder, in dem Kunden- und Opportunitätszinsentwicklung divergieren. Diese Abweichung kann über die Konditionsmargen-Elastizität, die als Differenz der Elastizitäten von Opportunitäts- und Kundengeschäft definiert ist, gemessen werden. Sie beträgt im konkreten Fall 0,25 (1 – 0,75).

Der Duplikations-Cash-Flow umfasst damit zwei Komponenten: Zum einen sind die deterministischen Konditionsbeiträge in den Zahlungsstrom einzustellen. Zum anderen ist ein Forward-Rate-Agreement zu berücksichtigen, dessen Laufzeit derjenigen des Kundengeschäftes (hier: zwei Jahre) entspricht. Das Volumen ergibt sich dabei in Höhe des prognostizierten Kundenvolumens multipliziert mit der Konditionsmargen-Elastizität des betreffenden Produktes. Diese Art der Duplikation ist im Folgenden beispielhaft für den prognostizierten Sparbrief dargestellt.

In t_0 beträgt die deterministische Konditionsmarge 1,8159 %. Bezogen auf das Volumen von 50.000 TDM ergibt sich der bekannte, jährlich anfallende deterministische Kondi-

1. Schritt: Ermittlung der deterministischen Konditionsbeiträge

a) det. Marge:
= derzeitige Marge + determ. Marktzinsänderung · Konditionsmargenelastizität
1,129 % + (2,1036 · 0,25)
= 1,8159 %

b) det. Konditionsbeitrag:
= 50.000,– · 0,018159 = 907,95

2. Schritt Ermittlung des Forward-Rate-Agreements

Forward-Volumen = Positionsvolumen · Konditionsmargenelastizität
= 50.000 · 0,25
= 12.500

Abbildung 11: Duplikationsansatz

	t_2	t_3	t_4
determ. Konditionsbeiträge		970,95	907,95
FRA	12.500,00	– 799,20	– 13.299,20
Σ	12.500,00	108,75	– 12.291,25

Abbildung 12: Duplikations-Cash-Flow

tionsbeitrag von 907,95 TDM. Die der Laufzeit des Sparbriefes entsprechende zweijährige Forward Rate für t_2 beträgt in t_0 6,39369 %. Bei einer Konditionsmargen-Elastizität von 0,25 ist ein Volumen von 12.500 TDM (50.000 * 0,25) per Termin aufzunehmen, was zu einem jährlich anfallenden Zinsaufwand in Höhe von 799,20 TDM führt. In der Summe ergibt sich der in Abbildung 12 angegebene Duplikations-Cash-Flow.

Da sowohl die konstante Ausgangskonditionsbeitrags-Zahlungsreihe als auch die Cash-Flows des im Prognosezeitpunkt konstruierten Forward-Rate-Agreements feststehen, kann durch diese Duplikation die marktzinsabhängige variable Einlagenzahlungsreihe in eine wert- und risikoäquivalente Festzins-Zahlungsreihe transformiert werden. Abbildung 13 zeigt die Wertentwicklung des so ermittelten, einheitlichen Duplikations-Zahlungsstroms in Abhängigkeit vom zugrundegelegten Zinsszenario. Es zeigt sich, dass die Entwicklung der Barwerte in den verschiedenen Zinsszenarien exakt den zuvor durch Simulation der Sparbriefzahlungsreihen ermittelten Werten entspricht.

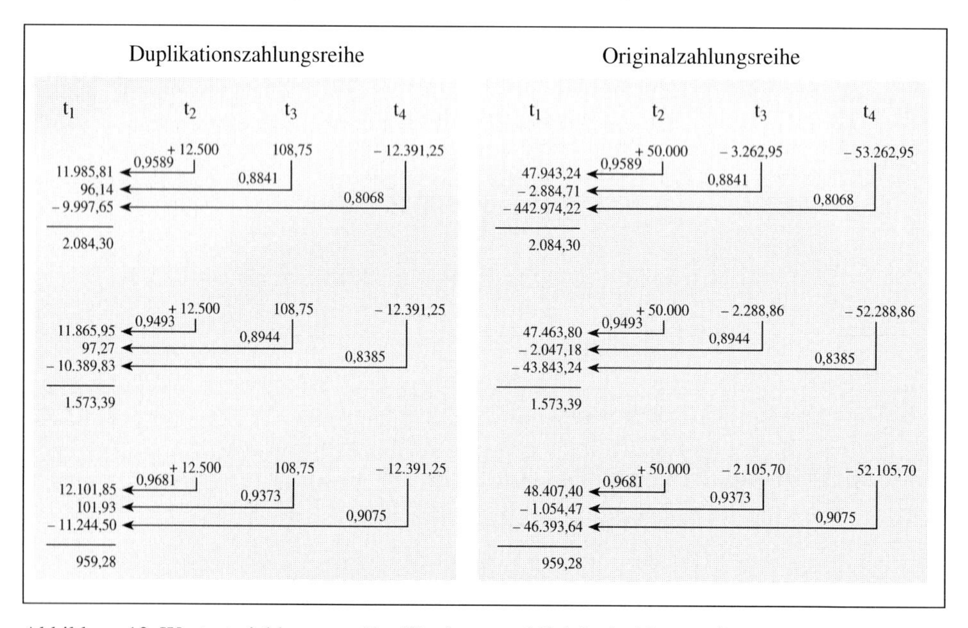

Abbildung 13: Wertentwicklung von Duplikations- und Originalzahlungsreihe

4.3 Anwendungskonsequenzen

Über den beschriebenen Duplikationsansatz ist es möglich, die Cash Flows zukünftiger Geschäfte und damit den dynamischen Barwert der Bank zu ermitteln und seine Sensitivität gegen Marktzinsänderungen abzubilden. Bei der Praxisanwendung liegt die zentrale Herausforderung darin, Volumina, Laufzeiten sowie Abschlusszeitpunkte für die verschiedenen Produkte möglichst zutreffend zu prognostizieren. Dabei ist eine Position grundsätzlich immer dann einzubeziehen, wenn ein Geschäftsabschluss wahrscheinlicher ist als ein Nicht-Abschluss (und damit eine offene Position aus dem nicht abgesicherten Grundgeschäft wahrscheinlicher ist als eine offene Position aus der Absicherungsmaßnahme, für den Fall, dass das Grundgeschäft nicht zustande kommt).

Während sich zukünftige Geschäfte für einige Produkte relativ verlässlich prognostizieren lassen (etwa neue Zinsfestschreibungen für Hypothekendarlehen, Prolongationen von Termingeldern) wird dies bei anderen Geschäftsarten und bei zunehmender zeitlicher Entfernung vom Planungszeitpunkt lediglich relativ global möglich sein. Insgesamt können hier etwa monatsgenaue positionsbezogene Cash Flows angestrebt werden. Dabei sollten sinnvollerweise relativ einfach gehaltene Tilgungs- und Zinszahlungshypothesen unterstellt werden.

Die hier beschriebene Ausdehnung des gesamtbankbezogenen Zinsrisikoprofils auf zukünftige Geschäfte gibt der Barwertsteuerung eine geänderte Ausrichtung. Bislang schien die Zinsrisikosteuerung einen in hohem Maße objektiv abbildbaren Bereich darzustellen, da für die bestehenden Geschäfte taggenaue Zahlungsreihen aufgestellt werden konnten. Mit diesem fest kalkulierbaren Bereich kann jedoch lediglich ein geringer Teil des gesamten zinsänderungsbedingten Schwankungspotenzials des Unternehmenswertes erfasst werden. Die Beschränkung auf bestehende Geschäfte kann faktisch sogar zu Fehleinschätzungen des Risikoprofils und entsprechenden „Fehlabsicherungen“ führen. Bei der notwendigen Einbeziehung erwarteter Geschäfte werden nun zwangsläufig Unschärfen und Fehleinschätzungen bei der Volumensplanung auftreten, die es über einen sorgsamen Planungsansatz nach Möglichkeit einzugrenzen gilt, die aber im Ergebnis den Abschied von der „pfenniggenauen“ Rechenbarkeit des Gesamtbank-Barwertes bedeuten.

Literaturhinweise

BENKE, H./GEBAUER, B./PIASKOWSKI, F.: Die Marktzinsmethode wird erwachsen: Das Barwertkonzept (I), in: Die Bank, o. Jg. 1991, S. 457-463.

KOCH, U.: Die Integration von Marktzinsmethode und dynamischem Elastizitätskonzept im Rahmen der Aktiv-/Passivsteuerung, Frankfurt a. M. 1996.

ROLFES, B.: Die Entstehung von Zinsänderungsrisiken, in: B. Bl., 34. Jg. 1985a, Heft 11, S. 468-473.

ROLFES, B.: Die Steuerung von Zinsänderungsrisiken, Frankfurt a. M. 1985b.

ROLFES, B.: Gesamtbanksteuerung, Stuttgart 1999.

ROLFES, B./HASSELS, M.: Das Barwertkonzept in der Banksteuerung, in: ÖBA, 42. Jg. 1994, S. 337-349.

ROLFES, B./KIRMßE, S.: Der Ertragswert einer Kundenbeziehung, in B. Bl., 49. Jg. 2000.

ROLFES, B./KOCH, U.: Gesamtbankbezogene Zinsrisikosteuerung, in: Die Bank, 2000.

SCHIERENBECK, H.: Ertragsorientiertes Bankmanagement, Band 1, 6. Auflage, Wiesbaden 1999.

II. Planung von Zielgrößen im Rentabilitätscontrolling

Albrecht Schmidt / Norman Gehrke / Torsten Arnsfeld

Der Aktionärswert als Zielgröße in der Banksteuerung

1. Einleitung

Die breite Welle an Unternehmensfusionen und die zunehmende „Aktienitis" bei Privatanlegern hat deutlich werden lassen, dass die „Equity-Culture" aus den USA und Großbritannien kommend, Einzug in Kontinentaleuropa gehalten hat. Damit verbunden ist eine bisher nicht gekannte Beschleunigung von Strukturumbrüchen, auch im Finanzdienstleistungssektor. Es ist ein bedingungsloser Wettbewerb um die knappe Ressource Eigenkapital und damit um die Gunst der Eigenkapitalgeber bzw. des Kapitalmarktes entbrannt. Maßstab für den Unternehmenserfolg ist der „Shareholder Value", zu deutsch Aktionärswert.[1] Die Anleger wollen für den Preis, den sie für ihre Aktie bezahlen, und das damit verbundene Risiko eine adäquate Rendite erzielen. Erhalten sie diese nicht, investieren sie ihr Geld in alternative Anlageobjekte. Für Banken ist indes eine hinreichende Eigenkapitalausstattung auch aus aufsichtsrechtlicher Sicht von besonders hoher Bedeutung. Ohne den durch das Eigenkapital gebildeten Puffer zum Schutz gegen unerwartete Risiken können Banken keine Kredite gewähren, keine Handelspositionen unterhalten, ja nicht einmal Dienstleistungen im Zahlungsverkehr anbieten.

Der Druck einer nachhaltigen und regelmäßigen Steigerung des Aktionärswertes wird durch weitere Anspruchsgruppen bzw. Aspekte erhöht, wie beispielsweise die strengeren Bonitätsstandards der Rating-Agenturen und die gewachsene Gefahr feindlicher Übernahmen im aktuellen Konsolidierungsprozess der Banken. Abbildung 1 fasst die zentralen Einflussgrößen zusammen.

Diese Überlegungen stellen Banken vor die Herausforderung, die Unternehmenssteuerung konsequent an den Erwartungen der Aktionäre und auf eine Steigerung des Aktionärswertes auszurichten. Die Erwirtschaftung einer für das Unternehmensrisiko adäquaten Aktionärsrendite ist demnach zum Primärziel zu erheben. Dementsprechend muss im Fokus einer dem Aktionärswert verpflichteten Steuerung die Suche nach den Werttreibern und den Wertvernichtern stehen. Für etliche Banken bedeutet dies immer noch einen erheblichen konzeptionellen Nachholbedarf. Die meisten Banken haben inzwischen funktionierende Ertrags- und Kostenrechnungssysteme installiert, die den Wandel von einer reinen Volumens- zu einer Ertragsorientierung in der Steuerung bewirkt haben. Auch bei der Messung des Risikos sind viele Institute in den letzten Jahren deutlich vorangekommen. Der konsequente nächste Schritt, die Orientierung der Banksteuerung nicht an absoluten Erträgen, sondern im Sinne des Shareholder Value Gedankens am Verhältnis von Ertrag zu Risiko, steht theoretisch außer Zweifel, wird aber praktisch bislang selten gelebt. So bleibt häufig die Frage offen, welcher Ertrag eigentlich „gut" und welches Risiko zu welchem Preis „noch vertretbar" ist.

1 Materiell entspricht der Aktionärswert dem Marktwert einer Unternehmung an der Börse.

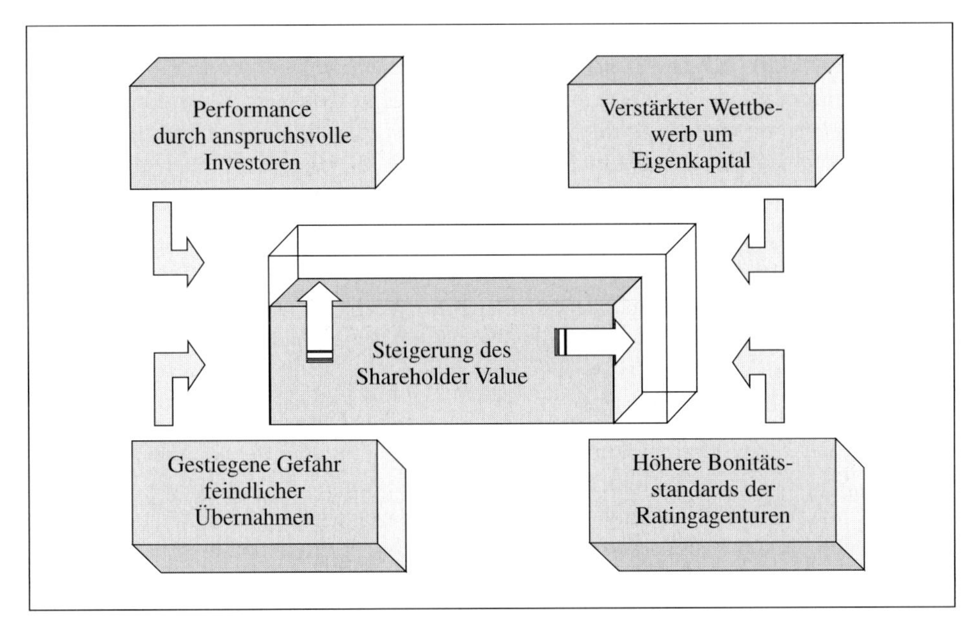

Abbildung 1: Externe Impulse zur Shareholder-Value-Maximierung

2. Ableitung des langfristigen Gewinnanspruchs im Shareholder-Value-Konzept

Die traditionelle Sichtweise, bei der sich der Aktionär primär an Größen wie der Dividende, der Rücklagenbildung oder dem Jahresüberschuss orientiert, ist weitestgehend von einer kapitalmarktorientierten Betrachtung abgelöst worden. Zusätzlich zur Dividende haben die Marktwerte bzw. deren Veränderungen erheblich an Bedeutung gewonnen. Die Aktionärsrendite bemisst sich mithin aus dem Verhältnis der Summe von Kursgewinnen und direkten Zahlungen an die Aktionäre wie Dividenden (= total shareholder return) zum Kapitaleinsatz.

In der Kapitalmarkttheorie, die im Wesentlichen im angelsächsischen Raum entwickelt wurde, lassen sich grundsätzlich zwei Ansatzpunkte zur Bestimmung einer risiko-adäquaten Renditeforderung unterscheiden:[2]

Bei den *modelltheoretischen Ansätzen* wird die risikoadäquate Rendite aus einem Modell abgeleitet. Am bekanntesten ist wohl das „Capital-Asset-Pricing-Model“[3]. Ausgehend von der Zielsetzung, die Preisfindung und die Renditen unterschiedlich riskanter Anlagefor-

2 Vgl. im Folgenden Schmittmann/Penzel/Gehrke 1996.

3 Das CAPM wurde Mitte der 60er Jahr nahezu zeitgleich von Sharpe 1964, Lintner 1965 und Mossin 1966 entwickelt. Eine ausführliche Darstellung für den deutschsprachigen Raum findet sich bei Warfsmann 1993.

men zu erklären, stellt das CAPM einen Zusammenhang zwischen der Rendite und dem in Bezug zum Marktindex verbundenen Risiko (β) her. Mit steigendem Risiko steigt dabei der Renditeanspruch des Anlegers. Somit lässt sich bei festgelegtem Risiko für jede Aktie ein Renditeanspruch des Kapitalmarktes ableiten. Da sich der Renditeanspruch für jede Anlagemöglichkeit auf dem Kapitalmarkt ermitteln lässt, kann dieser auch als *Preis für* das mit dieser Anlage verbundene *Risiko* interpretiert werden.

Rein *empirische Ansätze* leiten die Verteilung der Renditen und den daraus resultierenden Anspruch der Aktionäre bzw. des Kapitalmarktes aus der historischen Entwicklung ab. Die Renditeforderung als Benchmark wird über den Vergleich mit Wettbewerbern ermittelt, wobei unterstellt wird, dass die Anlage in Aktien des eigenen Instituts und der Wettbewerber mit vergleichbarem Risiko behaftet sind.[4]

Die Zielsetzung bei der Ableitung der Aktionärsansprüche muss die Bestimmung einer zumindest mittelfristig stabilen Benchmark sein, um der gesamten Bank eine hinreichende Planungssicherheit zu ermöglichen. Eine unterjährige Anpassung scheint dabei in jedem Fall verfehlt. Wird die Benchmark über Erwartungswerte gebildet, dann ist für stabile Größen die Wahl der Beobachtungsperiode von erheblicher Bedeutung. Je nach dem gewählten Zeitraum können sich durchaus stark differierende Erwartungswerte ergeben.[5]

Letztlich ist jedoch die Wahl der individuellen langfristigen Zielrendite ein normativer Akt in Abhängigkeit der Marktbedingungen, der entweder durch die modelltheoretischen oder durch die empirischen Ansätze unterlegt wird. Die Wahl wird geprägt sein von der Wettbewerbsposition der Bank ebenso wie von der langfristigen Einschätzung, die der jeweilige Entscheidungsträger vom Kapitalmarkt sowie vom relevanten Bankenmarkt hat. Unabdingbar ist die enge Verknüpfung der Zielrendite mit der Risikoneigung des Vorstands bzw. der geplanten Risikostruktur, das heißt dem Verhältnis von unerwarteten Risiken und Risikodeckungsmasse. Weicht dabei die geplante Risikostruktur von der aktuellen ab, sind bei der Ableitung der Zielrendite entsprechende Anpassungen vorzunehmen.

Die ermittelte Zielrendite darf nicht mit der Eigenkapitalrendite verwechselt werden. Die Eigenkapitalrendite bezieht sich auf rein dokumentäre Größen wie Jahresüberschuss und (durchschnittlich eingesetztes) bilanzielles Eigenkapital, während die vom Aktionär geforderte Rendite auf das von ihm zur Verfügung gestellte Kapital und damit auf Marktwerte abstellt. Trotz dieses bedeutsamen Unterschiedes lassen sich beide Größen unter bestimmten Annahmen ineinander überführen und darf die Bedeutung der Eigenkapitalrendite für den Aktienkurs nicht unterschätzt werden.

4 Ein weiteres empirisches Vorgehen zur Ermittlung des Kapitalmarktanspruches ist die Verwendung von Regressionsmodellen, die den Zusammenhang zwischen Rendite und Risiko untersuchen. Die Regression wird dabei zur Bestimmung der Renditeforderung verwendet. Vgl. etwa Elton/Gruber 1995.

5 Vgl. Schmittmann/Penzel/Gehrke 1996.

3. Transformation in interne Steuerungsgrößen

Die Transformation der aus externen Informationen abgeleiteten Zielrendite in interne Steuerungsgrößen vollzieht sich in zwei Schritten. Zunächst muss der geeignete Transformationsansatzes festgelegt werden. Es gilt m. a. W. zu bestimmen, nach welchem Konzept der bankindividuelle Aktionärsanspruch grundsätzlich in einen instrumentellen Ergebnisanspruch überführt werden soll. Im zweiten Schritt ist dann die Höhe dieses Ergebnisanspruches zu quantifizieren.

3.1 Identifikation eines geeigneten Transformationsansatzes

Die Frage nach der adäquaten Methodik zur Ermittlung interner Steuerungsgrößen aus dem extern abgeleiteten Renditeanspruch der Aktionäre ist eng mit der Frage nach der geeigneten Ressourcenallokation verknüpft. Denn im Prinzip geht es darum, den Renditeanspruch der Aktionäre, die im Sinne eines Opportunitätskalküls auch als Eigenkapitalkosten bezeichnet werden, möglichst verursachungsgerecht einzelnen Kostenträgern zuzurechnen bzw. anzulasten.[6]

Bei den Optionen zur Allokation der Eigenkapitalkosten gilt es grundsätzlich zwei Arten zu unterscheiden, die Allokation nach *einer Ressource* und die Allokation nach *zwei* oder mehr *Ressourcen*. Die Allokation nach einer Ressource kann entweder nach Maßgabe des bankaufsichtsrechtlichen respektive gesetzlich gebundenen Eigenkapitals erfolgen oder in Abhängigkeit des ökonomischen Risikokapitals[7].

Traditionell erfolgt die Allokation des Eigenkapitals von Banken auf Basis *bankaufsichtsrechtlicher Vorschriften*. Die Eigenkapitalbindung wird dabei von den Vorschriften des Kreditwesengesetzes bzw. den Vorschlägen des Basler Ausschusses für Bankenaufsicht abgeleitet. Ziel dieser Vorschriften ist die Schaffung einer möglichst umfassenden Sicherung der Finanzsysteme.

Im Einklang mit den Erkenntnissen der Kapitalmarkttheorie und damit ökonomisch richtig ist jedoch eine Allokation des Renditeanspruchs in Abhängigkeit von dem im jeweiligen Geschäftsfeld bzw. Geschäft vorhandenen Risiko. Die angelsächsischen und großen kontinentaleuropäischen Banken sammeln bereits seit einiger Zeit Erfahrungen mit diesem betriebswirtschaftlich korrekten Ansatz. Sie bestimmen die Ressourcenbindung dabei über den Value at Risk als Maß für die Ausnutzung des Risikokapitals (im Sinne eines Limits).

Die bankaufsichtsrechtliche und die betriebswirtschaftliche Sicht nähern sich in den letzten Jahren sukzessive an. Beim Marktpreisrisiko schlagen sie mit der Zulassung interner

6 Zur Kalkulation von Eigenkapitalkosten in Banken vgl. zum Beispiel Arnsfeld 1998.

7 Unter Risikokapital wird Kapital verstanden, dass einer Steuerungseinheit, zum Beispiel einem Unternehmensbereich, für ein Jahr zur Deckung der mit dem jeweiligen Geschäft verbundenen unerwarteten Risiken zur Verfügung gestellt wird und zu verzinsen ist. Risikokapital wird bisweilen auch als ökonomisches Kapital bezeichnet und aus dem Value at Risk berechnet.

Modelle bereits im Gleichklang. Bei den übrigen Risikoarten sind indes noch einige Unterschiede zu konstatieren. So entsprechen die derzeit diskutierten bankaufsichtsrechtlichen Neuerungen beim Kreditrisiko noch nicht den ökonomischen Notwendigkeiten. Noch größer ist die Lücke jedoch bei den operationellen Risiken. Für das Geschäftsrisiko, die Gefahr eines unerwarteten Ertragseinbruches, gibt es überhaupt noch keine Vorschriften.

Solange diese Diskrepanzen noch bestehen und solange bankaufsichtsrechtliches Eigenkapital eine knappe Ressource darstellt, ist eine *Allokation der Eigenkapitalkosten nach zwei Ressourcen* erforderlich, das heißt sowohl nach Risikokapital als auch nach bankaufsichtsrechtlichem Kapital. Dies führt entgegen einer ersten intuitiven Vermutung zu keiner Doppelbelegung, da die beiden Ressourcen bankaufsichtsrechtliches Kapital und Risikokapital, als unabhängige Größen zu sehen sind und der fixe Gesamtbankanspruch auf beide Ressourcen verteilt wird.[8] Für die nach Bankaufsichtsrecht kapitalunterlegungspflichtigen Geschäfte steht das aufsichtsrechtliche Kapital der Bank zur Verfügung, für die Abdeckung der gesamten Geschäftsrisiken hingegen die Risikodeckungsmasse.

Der Vorteil dieser Vorgehensweise liegt in der gleichmäßigen Ausnutzung beider Ressourcen bzw. einer gleichzeitigen Beachtung respektive Optimierung beider Engpassfaktoren. Die Gefahr einer massiven Unterauslastung eines Faktors bei gleichzeitiger Vollauslastung des anderen und damit eines hohen Maßes an Ineffizienz beim Ressourceneinsatz besteht nicht.

3.2 Überführung des bankindividuellen Aktionärsanspruchs in einen instrumentellen Ergebnisanspruch

Hilfreiches Instrument bei der Überführung der genannten Renditeforderung in eine instrumentell verwertbare Ziel- oder Steuerungsgröße ist der in Abbildung 2 dargestellte Ergebnisbaum. Ausgangspunkt ist der prozentuale Renditeanspruch des Kapitalmarktes. Bezogen werden muss dieser ebenso wie die Aktionärsansprüche auf den Marktwert der Bank und nicht auf das bilanzielle Eigenkapital. Nur in dem – sehr seltenen – Fall eines unter dem Nettosubstanzwert liegenden Marktwertes, empfiehlt es sich – im Sinne einer langfristigen Orientierung des Ergebnisanspruches – den Nettosubstanzwert als höheren Wert zur Bestimmung des Ergebnisanspruches zu verwenden.

Stille Reserven sind in jedem Falle, sei es über den Nettosubstanzwert (nach Abzug latenter Steuern), sei es über den Marktwert, in die Basis des Verzinsungsanspruches einzubeziehen. Denn die Stillen Reserven sind als von den Eigentümern zur Verfügung gestelltes Kapital zu betrachten und unterliegen daher dem Anspruch auf eine angemessene Verzinsung. Aus diesem Grunde ist auch der Renditeanspruch für das Beteiligungs- oder Immo-

8 Bankaufsichtsrechtliches Kapital und Risikokapital sind als zwei unterschiedliche Ressourcen-„Töpfe“ zu sehen. Stark vereinfacht ausgedrückt kann der Verbrauch der Ressource aufsichtsrechtliches Kapital sogar unabhängig von Risikoaspekten gesehen werden.

bilienportfolio auf dem Verkehrs- und nicht auf den Buchwert zu formulieren. Bei erheblichen Stillen Reserven sehen sich daher die Verantwortlichen für diese Positionen hohen Anforderungen an die Wertentwicklung dieser Aktiva gegenüber, was zu einem aktiven Management der Beteiligungs- und Immobilienportfolios führen kann.[9]

Das Beispiel in Abbildung 2 zeigt, dass sich bei der Verknüpfung des Marktwertes von 23 Mrd. Euro mit der 10 %-igen Renditeforderung ein Ergebnisanspruch von 2,3 Mrd. Euro ergibt. Aus Aktionärssicht ist dies der absolute Ergebnisanspruch *nach Unternehmenssteuern*, aber *vor persönlichen Steuern*. Dieser Anspruch wird durch Dividenden inkl. Steuergutschrift, sonstige direkte Zuflüsse – zum Beispiel Gratisaktien, Vorteilen aus Bezugsrechten – sowie Kursgewinne befriedigt. Für die Bank sind die Dividenden und die übrigen direkten Leistungen an die Aktionäre exakt quantifizierbar. Sehr viel schwieriger zu bestimmen ist die Kursentwicklung und der Grad der Einflussnahme auf sie seitens der Bank. Denn einerseits wird die Kursentwicklung sowohl durch die vorgenommenen Gewinnthesaurierungen[10] als auch durch die Veränderung der Stillen Reserven beeinflusst. Andererseits stellt jedoch die vom Kapitalmarkt erwartete Zukunftsentwicklung der Bank, die sich in der Differenz zwischen Nettosubstanzwert und Marktwert manifestiert, den wichtigsten Einflussfaktor auf den Marktwert dar. Die Markterwartungen sind auch über eine gut funktionierende Investor-Relations-Einheit nur eingeschränkt steuerbar und hängen in starkem Maße von der gesamten Aktienmarktentwicklung ab.

Die *Verknüpfung* der einzelnen Ergebniskomponenten innerhalb des Ergebnisbaumes muss weitgehend *institutsindividuell* erfolgen. Sie wird beeinflusst von der Dividendenpolitik, der Steuersituation sowie von Art und Umfang der Stillen Reserven. Bei der Überleitung zum instrumentellen Gesamtanspruch sind all diese Faktoren ebenso zu berücksichtigen wie kalkulatorische Steuervorteile, die im instrumentellen Ergebnis, vor allem bei ausländischen Erträgen, enthalten sein können.

Im Beispiel wurden die Dividenden, die Steuervorteile und die Neubildung Stiller Reserven als gegebene Größen angenommen. Die Steuerbelastung auf Ausschüttungen betrage inkl. Gewerbesteuer 45 % und auf Rücklagen sowie latente Steuern 50 %.[11] Darüber hinaus soll der Kapitalmarkt bei der Bewertung der thesaurierten Gewinne eine price book ratio von eins unterstellen und Thesaurierungen damit nicht überproportional zur Befriedigung des Renditeanspruchs beitragen.[12] Spekulationseffekte auf den Marktwert werden nicht betrachtet. Im Beispiel führen die getroffenen Annahmen für die Musterbank zu einem Gesamtanspruch von 4 Mrd. Euro vor Unternehmenssteuern.

Auf Basis des ermittelten Gesamtanspruchs sind in einem nächsten Schritt die Ergebnisansprüche bzw. „Preise" für die beiden Ressourcen bankaufsichtsrechtliches Eigenkapital

9 Vgl. Schmittmann/Penzel/Gehrke 1996.

10 Bei identischen Geschäftsstrukturen würde eine weitere investierte Geldeinheit mit dem Hebel der price book ratio in den Marktwert eingehen.

11 Die derzeit diskutierten Reformvorschläge der deutschen Steuergesetzgebung werden nicht berücksichtigt.

12 Betriebswirtschaftlich bedeutet dies, dass die mit thesauriertem Kapital finanzierten Neuinvestitionen gerade die Verzinsungsansprüche (Eigenkapitalkosten) verdienen und somit einen Kapitalwert von Null aufweisen.

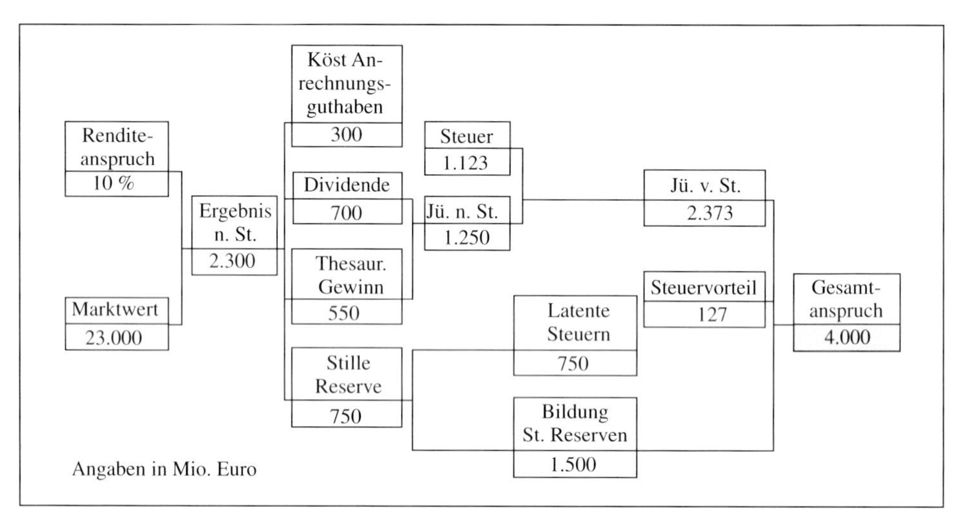

Abbildung 2: Überführung des externen Renditeanspruchs in einen internen Gesamtanspruch v. St.

und Risikokapital zu bestimmen. Eine mögliche Vorgehensweise sei nachfolgend beschrieben.

Für die Musterbank wird zunächst unterstellt, dass Eigenkapital separat disponiert wird und es ausschließlich risikofrei, zum Beispiel in Bundeswertpapieren, investiert sei. Bei einer solchen Risikostruktur kann der Aktionär auch nur einen Zinssatz in Höhe des langfristigen Durchschnitts für 10-jährige Bundesobligationen von zum Beispiel 7,0 % erwarten. Die Steuersätze und Dividendenpolitik seien wie oben skizziert. Die Bildung von Stillen Reserven sowie die Generierung von Steuervorteilen ist hier nicht mehr möglich, so dass die tatsächliche Steuerbelastung nach Herstellung der körperschaftssteuerlichen Ausschüttungsbelastung auf die Dividende bei 30 % liegt. Die Musterbank muss demzufolge vor Steuern etwa 10 % verdienen, um den Renditeanspruch von 7 % erfüllen zu können.[13] Bei einer Eigenkapitalausstattung der Musterbank von 15 Mrd. Euro beträgt der absolute Ergebnisanspruch auf das Eigenkapital damit 1,5 Mrd. Euro. Der gesamte darüber hinausgehende Renditeanspruch des Kapitalmarktes in Höhe von 2,5 Mrd. Euro (= 4,0 – 1,5) an die Musterbank muss durch die Übernahme von Risiken erwirtschaftet werden. Dieser absolute Anspruch von 2,5 Mrd. Euro bezogen auf ein unterstelltes Risikokapital von 10 Mrd. Euro führt zu einem relativen Ergebnisanspruch von 25 % für das übernommene Risiko.

Diese Vorgehensweise setzt voraus, dass die Bank über ein konsistentes Messverfahren zur Quantifizierung sämtlicher Bankrisiken verfügt, das heißt Kreditrisiken und operationelle Risiken mit Marktrisiken vergleichbar gemacht werden können.

13 Der finanzielle Nutzen aus der Disposition des Eigenkapitals wird auf den Verzinsungsanspruch angerechnet (Anlagenutzen). Der Einfachheit halber wird im Weiteren unterstellt, dass sich disponiertes Eigenkapital und bankaufsichtsrechtliches Kapital gerade entsprechen.

4. Konsequenzen für die Banksteuerung

Die Kalkulation der Aktionärsansprüche und ihre Transformation in den internen Ergebnisanspruch hat vielfältige Konsequenzen für die Banksteuerung. Exemplarisch werden nachfolgend die möglichen Implikationen für die Produktkalkulation als unmittelbare Anwendungsmöglichkeit der internen Ergebnisansprüche, die Messung des Wertbeitrages als Erweiterung der Messmethodik und schließlich als mittelbare Anwendungsgebiete die Themen Ressourcenallokation, Performancemessung und Anreizsysteme diskutiert.

4.1 Produktkalkulation

Bei der Produktkalkulation in Banken können drei unterschiedliche Ansätze unterschieden werden: Zum einen kostenorientierte Ansätze im Sinne einer Mindestmargenkalkulation die im Bankcontrolling am weitesten verbreitet sind, zum anderen Tragfähigkeitskalküle basierend auf dem Gedanken einer Preis-Absatzfunktion und schließlich Kombinationen dieser beiden Methoden.[14]

Die Mindestmargenkalkulation kann durch die beschriebene Methodik erweitert und verbessert werden. Die Renditeansprüche auf den Aktionärswert werden explizit in die Bankprodukte einkalkuliert und damit um eine Risikokomponente ergänzt. Wurden Eigenkapitalkosten und/oder Gewinnansprüche bislang analog zu den Overheadkosten pauschalisiert, das heißt ohne Einbezug eines Ursache-Wirkung-Zusammenhangs zu den direkten „Produktionskosten“ hinzuaddiert, besteht jetzt die Möglichkeit, den Renditeanspruch des Aktionärs in Abhängigkeit des „Verbrauchs“ an bankaufsichtsrechtlichem Kapital und an Risikokapital zu berechnen. Vorteilhaft ist dabei neben einem höheren Genauigkeitsgrad, dass die Risiko-/Renditezusammenhänge bei Bankprodukten transparenter gemacht werden.

Beispielhaft wird dies anhand einer Kreditkalkulation verdeutlicht (vgl. Abbildung 3). Betrachtet wird ein privater Baufinanzierungskredit guter Bonität mit einem Volumen von 100 000 Euro, zehnjähriger Zinsfestschreibung und einem Value at Risk von 100 Euro bei einem 99 %-Konfidenzintervall.

Den Ausgangspunkt der Kalkulation stellt streng nach der Marktzinsmethode der laufzeitkongruente Opportunitätssatz bzw. in der Praxis der entsprechende Refinanzierungssatz des Kapitalmarktes von hier 7,0 % dar. Zur Bestimmung der Mindestmarge müssen dazu Standard-Risikokosten, Standard-Stückkosten und die anteiligen Overheadkosten addiert werden, die hier exemplarisch für die Musterbank angegeben sind. Im Beispiel ergibt sich eine Mindestmarge von 7,45 %. Um darüber hinaus zur Abgeltung der Aktionärsansprüche beitragen zu können, muss das Kreditgeschäft auch noch den Verzinsungsanspruch für den Verbrauch von aufsichtsrechtlichem Kapital und Risikokapital verdienen. Ausgehend von einer Mindestkapitalunterlegung nach Grundsatz I von 8 %, einem Anrechnungsfak-

14 Vgl. Schierenbeck 1999.

	7,0 %	Opportunitäts- bzw. Refinanzierungszinssatz
+	0,15 %	Standard-Risikokosten
+	0,2 %	Standard-Stückkosten[15]
+	0,1 %	Anteilige Verrechnung Overheadkosten
=	7,45 %	**Mindestmarge bzw. Einstandskosten**
+	8 % x 100 % x 10 %	Verzinsungsanspruch für den Verbrauch von aufsichtsrechtlichem Kapital
./.	8 % x 100 % x 7 %	Anlagenutzen für das gebundene Eigenkapital
+	0,1 % x 25 %	Verzinsungsanspruch für den Risikokapitalverbrauch
=	**7,715 %**	**Risikoadjustierte Marge bzw. Einstandskosten**

Abbildung 3: Mindestmargenkalkulation eines privaten Baufinanzierungskredits

tor der Risikoaktiva von 100 % und einem Preis für aufsichtsrechtliches Kapital von 10 %, errechnet sich ein Verzinsungsanspruch für den Verbrauch an aufsichtsrechtlichem Kapital von 0,8 %. Der für das gebundene Eigenkapital von der zentralen Eigenkapitaldisposition erzielte und zurechenbare Anlagenutzen mindert den Verzinsungsanspruch im Beispiel um 0,56 % (= 8 % x 100 % x 7 %). Für den Einsatz von Risikokapital ist bei einem Value at Risk von 100 Euro und dem oben errechneten Satz von 25 % ein Verzinsungsanspruch von 0,025 % anzusetzen. Demnach muss die Marge für das mit dem Kredit verbundene unerwartete Risiko um 0,025 % erhöht werden. Insgesamt ergibt sich eine *risikoadjustierte Marge* von 7,715 %.

Wenn nun mit dem beschriebenen Kreditgeschäft diese risikoadjustierte Marge erzielt wird, dann werden sämtliche Ansprüche einschließlich der Renditeansprüche des Aktionärs erfüllt und das Geschäft ist isoliert betrachtet vorteilhaft. Daraus darf nicht gefolgert werden, dass es bei einer niedrigeren Marge in keinem Fall abgeschlossen werden darf. Grundlage für die Entscheidung über den Geschäftsabschluss muss stets die gesamte Kundenbeziehung sein. Es kann durchaus sinnvoll sein, aus Cross-selling-Gesichtspunkten im Einzelfall unvorteilhafte Geschäfte mit einem Kunden abzuschließen, um mit diesen eine insgesamt profitable Geschäftsbeziehung zu etablieren.

4.2 Messung des Wertbeitrags einzelner Steuerungseinheiten

Sobald ein Geschäft mit einer höheren Rendite als der risikoadjustierten Marge abgeschlossen wird, ist es für die Bank absolut vorteilhaft bzw. wertschaffend. Da sowohl aufsichtsrechtliches Kapital als auch Risikokapital eine knappe Ressource darstellen, reicht die absolute Vorteilhaftigkeit als Entscheidungskriterium für einen Geschäftsabschluss oft nicht aus. Vielmehr ist auch eine Aussage bezüglich der relativen Vorteilhaftigkeit eines Geschäfts notwendig. Diese lässt sich bei konsequenter Anwendung der neu gewonnenen Erkenntnisse aus einer erweiterten Einzelgeschäftskalkulation ziehen (vgl. Abbildung 4).

15 Stückkosten sind prinzipiell volumensunabhängig und hier nur zur Vereinfachung als Prozentsatz angegeben.

	Einzelgeschäftskalkulation		**Profitcenterkalkulation**
	Bruttobeitrag des Geschäfts		Summe Bruttobeiträge
./.	Standard-Risikokosten	./.	Standard-Risikokosten
./.	Standard-Stückkosten	./.	Standard-Stückkosten
+	zurechenbare Dienstleistungserträge	±	Risikoergebnis
=	**Deckungsbeitrag I**	+	**Produktivitätsergebnis**
. /.	Verzinsungsanspruch Aufsichtskapital	±	Ergebnis interne Leistungsverrechnung
+	Anlagenutzen gebundenes EK	./.	Verzinsungsanspruch Aufsichtskapital
./.	Verzinsungsanspruch Risikokapital	+	Anlagenutzen gebundenes EK
=	**Deckungsbeitrag II**	./.	Verzinsungsanspruch Risikokapital
		=	**Profitcenterergebnis**

Abbildung 4: Einzelgeschäftskalkulation und Kalkulation Profitcenterergebnis

Auf Basis dieser Rechnung können Geschäfte direkt miteinander verglichen werden. Bei gleichem Ressourceneinsatz gilt, je höher der Deckungsbeitrag II eines Geschäftes, desto attraktiver ist es. Differieren die Ressourceneinsätze, so gibt der relative Deckungsbeitrag (Deckungsbeitrag/bewerteten Ressourceneinsatz) Auskunft über den Grad der Vorteilhaftigkeit.[16]

Auf aggregierter Ebene, das heißt auf Profitcenter- oder Geschäftsbereichsebene muss diese Logik weiter präzisiert werden. Eine simple Addition aller zurechenbaren Bruttobeiträge und Istkosten könnte zu Fehlsteuerungen führen. Zentral ist in diesem Zusammenhang der Gedanke der „Steigerung des Aktionärswertes“ oder kurz der „zusätzlichen Wertschaffung“: Eine Steuerungseinheit, zum Beispiel ein Profitcenter schafft nur *zusätzlichen Wert*, wenn die Veränderung des von der Steuerungseinheit zu verantwortenden Ergebnisses zu Vollkosten (Profitcenterergebnis, PCE) im Zeitablauf positiv ist oder formal ausgedrückt:

- $\mathbf{PCE_{t1} - PCE_{t0} > 0}$ (= es wird zusätzlicher Wert im Profitcenter geschaffen)

Somit ist bereits die Verbesserung eines negativen Profitcenterergebnisses mehrwertschaffend. Dies ist insofern eine wichtige Erkenntnis, als auch Geschäftsbereiche mit einem negativen Geschäftsbereichsergebnis zur Unternehmenswertsteigerung beitragen können, ohne dass diese geschlossen oder verkauft werden müssen, vorausgesetzt eine entsprechende Umstrukturierung findet statt und die kalkulierten Verzinsungsansprüche werden mittelfristig verdient.

16 Bezieht sich der Ressourceneinsatz auf unterschiedliche Bezugsgrößen – wie zum Beispiel aufsichtsrechtliches Kapital und Risikokapital – dann müssen die verschiedenen Ressourcenbindungen in Opportunitätskosten transformiert werden und der relative Ertrag pro Kosteneinheit gibt die Vorteilhaftigkeit wieder.

4.3 Ressourcenallokation, Performancemessung und Anreizsysteme

Mit Hilfe der gewonnenen Erkenntnisse lassen sich einige grundsätzliche Aussagen zu den drei Themengebieten Ressourcenallokation, Performancemessung und Anreizsystem treffen.

Aus betriebswirtschaftlicher Sicht gilt es *Ressourcen* stets möglichst effizient einzusetzen. Demnach muss Eigenkapital in die Geschäfts- bzw. Unternehmensbereiche mit der besten Risiko/Ertragsrelation fließen, bzw. um in der gewählten Terminologie zu bleiben, bei gleichem Ressourceneinsatz in die Geschäfte mit dem höchsten Deckungsbeitrag II investiert werden.

Auf aggregierter Ebene muss der strenge Rentabilitätsgedanke um eine Volumenskomponente ergänzt werden. Denn aus Aktionärssicht ist nicht nur eine strikte Rentabilitätsorientierung, das heißt die Vergrößerung des Abstands zu den Eigenkapitalkosten mehrwertgenerierend, sondern auch eine Volumenerhöhung (zusätzlicher Ressourceneinsatz) oberhalb der Eigenkapitalkosten. Dieser Gedanke trägt der betriebswirtschaftlichen Erkenntnis Rechnung, dass mit zunehmendem Sättigungsgrad eines Marktes kaum mehr Renditen oberhalb der Kapitalkosten getätigt werden können. Für die Ressourcenallokation auf Unternehmensbereichsebene bedeutet dies, dass Geschäftswachstum zum einen nur den Bereichen mit dem höchsten Wertzuwachs gestattet werden darf und dies zum anderen nur dann, wenn sie mindestens die Eigenkapitalkosten verdienen, das heißt einen positiven Deckungsbeitrag II aufweisen.

Die aus Aktionärs- und damit auch aus Unternehmenssicht letztlich relevante *Performance* der Steuerungseinheiten (Mitarbeiter, Profitcenter, Niederlassung etc.) lässt sich mit Hilfe des zusätzlichen Wertbeitrags gut messen. Denn der zusätzliche Wertbeitrag spiegelt, wie oben gezeigt, gerade den spezifischen Anteil einer Steuerungseinheit zur Steigerung des Unternehmenswertes wider. Kontrovers diskutiert wird die Frage, ob den Steuerungseinheiten neben dem Ziel der Schaffung eines möglichst großen zusätzlichen Wertbeitrags, weitere Ziele formuliert werden sollten und ob der zusätzliche Wertbeitrag fixiert werden sollte.[17] Um einen effizienten Ressourceneinsatz gewährleisten zu können ist keine weitere Präzisierung notwendig. Der Ressourceneinsatz wird im Rahmen der Ressourcenallokation festgelegt und die Maximierung des Wertbeitrags sichert den effizienten Einsatz der Ressource. Die Effektivität der Steuerung wird zudem nicht durch einen hohen Detaillierungsgrad, sondern durch Transparenz und Akzeptanz gefördert. Infolgedessen scheint für die Vertriebssteuerung *eine* zentrale Messgröße ausreichend.

Für größere Steuerungseinheiten wie Geschäfts- oder Unternehmensbereiche ist es hingegen sinnvoll, weitere Ziele zu formulieren. Dies gilt insbesondere dann, wenn strategische Komponenten, wie der Aufbau eines neuen Geschäftsfeldes, zu berücksichtigen sind. Die Aggregation sämtlicher Wertbeiträge führt dann zur Performance der Gesamtbank. Aller-

17 Inwiefern externe Effekte aus der Performance herausgerechnet werden sollten oder ob nicht die Möglichkeit zur Steuerung dieser Effekte zum Beispiel durch Hedging sinnvoller wäre, wird hier nicht diskutiert.

dings muss diese interne Sicht noch um die externe ergänzt werden. Die vom Aktionär wahrgenommene Gesamtbankperformance lässt sich eindeutig anhand eines „Total-Perfomance-Indexes“ quantifizieren, der die Kurswertsteigerungen zusammen mit den direkten Aktionärszahlungen abbildet. Dieser wird im Sinne eines Benchmarkings noch mit der Performance von Konkurrenzinstituten und/oder dem Gesamtmarkt verglichen. Dieser externe Vergleich sichert einen engen und zeitnahen Abgleich mit der internen Messung. Dies ist unabdingbar, da es sich bei der internen Messung nur um ein Hilfsvehikel handelt, mit dem das Fehlen von Marktwerten für eine Vielzahl von Aktiva und Passiva und damit auch für die Steuerungseinheiten kompensiert werden soll. Überdies können durch einen Vergleich Fehlentwicklungen, wie eine fehlerhafte interne Messung oder eine Unterbewertung des Marktes, die beispielsweise durch eine bessere Kommunikation und Pressearbeit behebbar ist, verdeutlicht werden.

Eine Performancemessung ist indes ausschließlich dann wirklich effektiv, wenn sie mit Konsequenzen verbunden ist, das heißt eng mit dem *Anreizsystem* verknüpft ist. Es muss sich für die Mitarbeiter nicht nur lohnen den von ihnen verantworteten Wertbeitrag zu maximieren, sondern es muss klar sein, wie der funktionale Zusammenhang zwischen Wertbeitrag und Anreizgewährung ausgestaltet ist. Denn hier gilt in noch stärkerem Maße, dass nur über die Transparenz eines Anreizsystems dessen Akzeptanz und damit die erfolgreiche Umsetzung erreicht werden kann.[18]

5. Fazit

Für eine an den Bedürfnissen des Kapitalmarktes ausgerichtete Steuerung ist es eine condition sine qua non den Aktionärswert bzw. dessen Steigerung zur zentralen Steuerungsgröße zu erheben. Dies kann nur dann gelingen, wenn die Aktionärsansprüche in instrumentelle Größen transformiert und die sich ergebenden Ansprüche auf die einzelnen Steuerungseinheiten alloziiert werden. Um die Allokation möglichst objektiv und den ökonomischen Zusammenhängen entsprechend durchzuführen, sind die Ansprüche in Abhängigkeit des Risikogehaltes zu formulieren. Eine ausschließliche Orientierung daran konfligiert indes mit den bankaufsichtsrechtlichen Normen. Aus diesem Grunde wurde vorstehend ein dualer Ansatz entwickelt, der eine gleichzeitige Berücksichtigung der ökonomischen Gegebenheiten und der bankaufsichtsrechtlichen Normen in einer aktionärswertorientierten Steuerung gestattet.

18 Zu Anreizsystemen in Banken vgl. zum Beispiel Torka 1995 oder Schierenbeck/Arnsfeld 1996.

Literaturhinweise

ARNSFELD, T.: Deduktion einer grenzkostenorientierten Eigenkapitalkostenkalkulation für Banken, Frankfurt/M. 1998.

ELTON, E. J./GRUBER, M.J.: Modern Portfolio Theory and Investment Analysts, 5th ed., New York u.a. 1995.

LINTNER, J.: The Valuation of Risky Assets and the Selection of Risky Investments in Stock Portfolios and Capital Budgets, in: Review of Economics and Statistics, Vol. 4 (1969), S. 347 – 400.

MOSSIN, J.: Equilibrium in a Capital Asset Market, in: Econometrica, Vol. 34 (1966), S. 768 – 783.

SHARPE, W. F.: Capital Asset Prices. A Theory of Market Equilibrium under Conditions of Risk, in: Journal of Finance, Vol. 19 1964, S. 425 – 442.

SCHIERENBECK, H.: Ertragsorientiertes Bankmanagement, 6. überarb. u. erw. Aufl., Band 1, Wiesbaden 1999.

SCHIERENBECK, H./ARNSFELD, T.: Leistungsorientierte Vergütungssysteme in Banken, WWZ-Forschungsbericht 1/96, Basel 1996.

SCHMITTMANN, ST./PENZEL, H.-G./GEHRKE, N.: Integration des Shareholder Value in die Gesamtbanksteuerung, in: Die Bank, o.Jg. 1996, S. 648-653.

TORKA, W.: Wen erreicht die leistungsorientierte Vergütung? Seminarunterlagen zum Seminar: Leistungs- und erfolgsorientierte Vergütungssysteme in Banken, Sulzbach 1995.

WARFSMANN, J.: Das Capital Asset Pricing Model in Deutschland, Wiesbaden 1993.

Thomas Heidorn

Entscheidungsorientierte Mindestmargenkalkulation

1. Einleitung

Zur sinnvollen Steuerung von Bankprodukten müssen alle Beteiligten die Kosten für das Produkt kennen. Dabei stehen im Bankenbereich die finanziellen Aspekte im Vordergrund und sollen hier den Schwerpunkt bilden. Auf der anderen Seite kommen die Stückkosten hinzu. Da diese betrieblichen Kosten an anderer Stelle ausführlich diskutiert wurden, werden sie hier nur kurz angesprochen.

Das Problem einer Margenkalkulation ist aus der allgemeinen BWL hinlänglich bekannt. Die Mindestmarge für ein Produkt entspricht den variablen Kosten bzw. den Grenzkosten, während die Fixkosten bzw. die Gemeinkosten anschließend über verschiedene Zuordnungen einfließen. Während bei den finanziellen Kosten inzwischen sehr genau zugeordnet werden kann, bleibt bei den reinen Stückkosten aufgrund der Kuppelproduktion und der Auslegung auf Engpass-Situationen im Bankgewerbe für eine sachgerechte Zuordnung zu einer Einzeltransaktion immer viel Ermessensspielraum. Auf einer höheren Aggregationsstufe können dann jedoch wieder Entscheidungen über den Ergebnisbeitrag einer Produktgruppe gefällt werden. Aufgrund dieser Problematik entstand eine mehrstufige Margenkalkulation.

Auf Basis der Marktzinsmethode (zum Beispiel Schierenbeck 1999) wurde eine drei- oder vierstufige Kalkulationskette entwickelt. Klassisch wurde meist ein dreistufiger Ansatz angewandt. Die Mindestmarge I wird als kurzfristige Preisgrenze angesehen, bei der zumindest die variablen Kosten gedeckt sind. Hier wird im Regelfall die Opportunität des Zinses vorgeschlagen. Die Mindestmarge II deckt auch die langfristigen Kosten ab, wobei im Vordergrund Standardrisikokosten und Standardbetriebskosten mit Fixkostencharakter stehen. Mindestmarge III deckt darüber hinaus noch die Anforderungen an Rentabilität des Eigenkapitals und die Gemeinkosten ab.

Inzwischen erscheint ein vierstufiges Verfahren zur Entscheidungsunterstützung sinnvoll. Dabei zeigt die Mindestmarge I den Überschuss über die Zinskosten, bei der Mindestmarge II fließen zusätzlich die direkten Risikokosten ein. Die Mindestmarge III beinhaltet die Betriebskosten, und die Mindestmarge IV zielt auf die Ausnutzung des Eigenkapitals ab. Diesen Überlegungen wird hier in modifizierter Form gefolgt, da so der Gedanke der entscheidungsorientierten Mindestmarge am besten mit den Überlegungen der modernen Banksteuerung verknüpft wird.

	Zinskosten	=	Mindestmarge Ia
+/-	Kosten für Kündigungsrechte	=	Mindestmarge Ib
+	direkte Risikokosten	=	Mindestmarge II
+	Standard Betriebskosten	=	Mindestmarge III
+	ökonomische Eigenkapitalkosten	=	Mindestmarge IV (oder aufsichtsrechtliche Eigenkapitalkosten)

Die Idee der Mindestmarge beruht auf der Entscheidung beim Verkauf eines Produktes. Der Mitarbeiter muss in der Lage sein, den Nutzen verschiedener Produktmöglichkeiten für die Bank und für den Kunden vergleichen zu können. Je genauer die einzelnen Zuordnungsstufen sind, desto besser kann das Gefühl für die Werthaltigkeit einzelner Geschäfte und positiver Abschlüsse verstärkt werden.

Der Kundenzins muss auf der ersten Stufe mindestens den Wert des Cash Flows inklusive möglicher Rechte (Kündigung, Verlängerung) widerspiegeln. Daher beruht die Mindestmarge Ia auf einer Abbildung der Zinskosten. Existieren jedoch Kündigungsrechte des Kunden (der Bank) muss der Wert dieser Option in der Mindestmarge Ib addiert (abgezogen) werden.

Auf der zweiten Stufe müssen dann die direkt zuzuordnenden Risikokosten abgedeckt werden. Hier handelt es sich primär um Adressenrisiken. Auf der dritten Stufe können dann die Betriebskosten einbezogen werden. Auf der letzten Stufe ändert sich hier unter Berücksichtigung der Eigenkapitalkosten das kostenorientierte Verfahren. Auf dieser Stufe geht es um das Erreichen der aus der Gesamtstrategie folgenden Eigenkapitalkosten und daher nicht um Kosten, sondern um einen „Zielgewinn" pro genutzte Eigenkapitaleinheit. Hier ist einerseits die ökonomische Betrachtung wichtig, denn auf der Basis des Value at Risk muss für die Geschäfte Eigenkapital vorgehalten werden. Es kann aber andererseits durchaus sein, dass die aufsichtsrechtlichen Anforderungen den ökonomischen nicht entsprechen. Dann ist es notwendig, beide Aspekte bei der Bewertung des Geschäftes mit einzubeziehen, was durch die Deckungsbeiträge IV gekennzeichnet wird. Bei der Benutzung interner Modelle werden sich diese beiden Aspekte in der Zukunft hoffentlich immer stärker angleichen. Zur Zeit muss aber von teilweise substanziellen Abweichungen ausgegangen werden.

2. Mindestmarge I

In den letzten Jahren hat sich durch die Weiterentwicklung der Finanzmärkte die Möglichkeit ergeben, die finanziellen Kosten einem Produkt sehr genau zuzuordnen. Im Rahmen der modernen Treasury kann ein Produkt im Kern in drei Ebenen zerlegt werden.

1. Der Preis für die Zeit (Überlassung des Kapitals).
2. Der Preis für das Adressenrisiko (Ausfallkosten).
3. Der Preis für die zur Verfügungstellung des Kundenproduktes (Stückkosten).

Dies entspricht letztlich den Mindestmargen I bis III und soll zunächst besprochen werden. Um die Vorgehensweise und die Schwierigkeiten zu verdeutlichen, werden im folgenden zwei Produkte beispielhaft analysiert.

Beispielprodukt I: Fünfjähriger 100 Mio. Euro **Kredit an Mexiko** mit einem Kündigungsrecht des Emittenten (Call) nach zwei Jahren zu par.

Beispielprodukt II: Einlage auf einem **Sparbuch** mit einer dreimonatigen Kündigungsfrist.
Die betrachtete Bank hat ein Rating von A. Die Sätze sind an das Niveau vom Januar 2000 angelehnt.

Zur Ermittlung des Preises für die Zeit (Mindestmarge I) wird in der klassischen Marktzinsmethode meist eine fristenkongruente Anleihe benutzt. Dies führt jedoch durch die Laufzeitverkürzung der Anleihe und der Problematik, auch irreguläre Cash Flows abbilden zu müssen, oft zu großen Schwierigkeiten. Daher setzt sich bei Produkten mit Laufzeiten ab einem Jahr inzwischen immer mehr der Zinsswap (zum Zinsswap zum Beispiel Heidorn 1998) als die beste Möglichkeit der Feststellung der Zinskosten durch. Ein Zinsswap entspricht ungefähr dem Renditeniveau einer synthetischen AA Anleihe, hat keine Laufzeitverkürzung und ist durch Payer-/Receiver-Seite im Prinzip sowohl als Satz für die Kapitalaufnahme, als auch für die Kapitalanlage zu sehen. Da bei der Margenkalkulation eine durchlaufende Rendite des verkauften Produktes das Ziel ist, stehen hier auch jeweils Zinssätze im Sinne einer Effektivverzinsung (Coupon Par Rate) im Vordergrund. Die Hauptvorteile von Zinsswaps im Vergleich zu anderen Opportunitätsprodukten liegen in folgenden Aspekten:

- Der Markt für Zinsswaps ist sehr liquide, und damit sind die Preise tendenziell die „richtigsten".
- Das Problem der Definition eines bestimmten Staates als Benchmark im Euroraum entfällt.
- Durch das synthetische Produkt können alle Arten von Cash Flows genau bewertet werden.
- Die Zuordnung zu Produkten bleibt für immer bestehen und kann leicht nachvollzogen werden.
- Alle Produkte werden auf der gleichen Zinsbasis behandelt.

Da der Zinsswapmarkt in den letzten Jahren selbst während Krisensituationen mit zu den liquidesten Bereichen zählte, kann hier durch eine einmalig festgelegte Quelle eine konsistente Zuordnung der Zinskosten zur Laufzeit erreicht werden. Da die Produkte auch handelbar sind, ergibt sich damit auch automatisch eine Hedge-Möglichkeit. Wird hingegen mit Anleihen gearbeitet, sind diese oft unterschiedlich liquide, und meist existieren keine genau passenden Laufzeiten. Ein weiterer Nachteil von Anleihen liegt in der Restlaufzeitverkürzung, durch die die Zuordnung zu Produkten immer wieder neu diskutiert werden muss. Bei einem Swap kann auf Basis einer Brokerreferenz intersubjektiv nachvollzogen werden, wie die Mindestmarge I zustande kommt. Gerade diese Nachvollziehbarkeit ist für eine Akzeptanz der Bewertung besonders wichtig. Dieser Ansatz ist auch in allen wesentlichen Währungen möglich, so dass für alle Bankgeschäfte eine einfache und

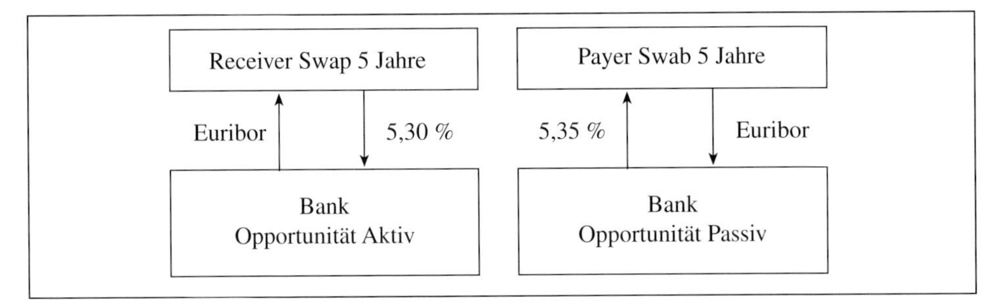

Abbildung 1: Opportunität auf Swapbasis

identische Kalkulation vorliegt. Da besonders im Euroraum die Definition einer risikofreien Staatsanleihe problematischer geworden ist, erscheint das synthetische AA Niveau als die bessere Benchmark. Mit Swaps kann jede Form von Kundenprodukt abgebildet werden, ohne den konsistenten Rahmen zu verlassen.

Für den Beispielkredit wird also der fünfjährige Swapsatz als Basis für die Mindestmarge Ia benutzt. Auf dieser Ebene ist das Kündigungsrecht noch nicht mit einbezogen.

Mindestmarge Ia Mexiko 5,30 % (Receiver Swap 5 Jahre, Preis für die Zeit)

Bei Bindungsdauern unter einem Jahr eignen sich für eine Opportunität am besten die Geldmarktsätze, die laufzeitkongruent und liquide zur Verfügung stehen. In diesem Laufzeitsegment stehen daher EURIBOR- (bzw. LIBOR-) Sätze zur Verfügung. Da diese Geldmarktsätze auch einem AA entsprechen, passt daher der Zinsswap für die längeren Laufzeiten, denn beide Opportunitäten das gleiche Bonitätsniveau haben.

Bei dem Beispiel der Spareinlage ist jedoch die Zuordnung der Bindungsdauer sehr viel problematischer. Hier fallen die ökonomischen und juristischen Bindungen im Regelfall deutlich auseinander. Aus Sicht der Marge muss wohl von den juristischen Fälligkeiten ausgegangen werden, da im Kern die rationale Ausübung als „worst case" unterstellt werden muss. Dies bedeutet für das Sparbeispiel als Mindestmarge I den drei Monats Euribor.

Maximalmarge Ia Spareinlage 3,30 % (3 Monats Euribor)

Auf dieser Ebene werden somit die reinen Zinskosten abgebildet, aber es müssen zusätzlich noch Kündigungsrechte bewertet werden. Alternativ hätte das Sparbuch auch mit der ökonomischen Fälligkeit und den zusätzlichen Kündigungsrechten durch den Kunden beschrieben werden können. Dies führt aber auf Grund der Optionsstruktur meist zu ungenaueren Ergebnissen. Sieht man das Sparbuch als Verlängerungsoption nach drei Monaten zum aktuellen Marktpreis, hat diese Option auch keinen Wert.

Maximalmarge Ib Spareinlage 3,30 % + 0 % = 3,30 % (keine weiteren Kündigungsrechte)

Existieren jedoch Kündigungsrechte des Kunden oder der Bank, müssen diese nun einbezogen werden. Die Bank muss in der Lage sein, bei einer Ausübung der Option durch den Kunden die Zinsrisiken der Refinanzierung aufzufangen. Dies geschieht durch den Kauf einer Swaption (vgl zum Beispiel Heidorn 1998), das bedeutet für die Bank das Recht, in einen identischen Swap einzutreten, um damit den durch die Kündigung verlorenen Festsatzstrom dann vom Swappartner zu erhalten. Die Kosten der Swaption werden entsprechend annualisiert und zum fünfjährigen Swapsatz zugeschlagen, um so in der Mindestmarge Ib auch die Kosten des Kündigungsrechtes abzubilden. Hat die Bank das Kündigungsrecht, erwirbt sie somit vom Kunden eine Swaption, deren Wert von der Mindestmarge Ia abgezogen werden muss.

Bei Kündigungsprodukten und Einlageprodukten muss darüber hinaus noch die Frage nach der Rationalität der Kunden gestellt werden. Obwohl im Regelfall der Kunde dieses Recht nicht optimal benutzt und bewertet, muss bei einer Margenkalkulation doch von dieser Rationalität ausgegangen werden. Entsprechend liegt hier der Kapitalmarktpreis der Option bzw. die vereinbarte Kündigungsfrist bei einer Einlage als Bewertungsmaßstab zu Grunde. Für die Bewertung von Mexiko bedeutet dies nun den zusätzlichen Kauf einer Receiverswaption, um das Kündigungsrecht abbilden zu können.

Eine Receiverswaption in zwei Jahren für drei Jahre (in 2 für 3) bei einem Strike von 5,30 % gibt der Bank das Recht, nach Ende der Vorlaufperiode von zwei Jahren in einen dreijährigen Zinsswap zu 5,30 % als Festsatzempfänger (Receiver) einzutreten. Die Option wird ausgeübt, wenn das Zinsniveau in zwei Jahren unter 5,30 % liegt, und genau dann wird Mexiko seine Anleihe auf Grund der nun billigeren Refinanzierungskosten kündigen. Damit ist es gelungen, den Marktwert des Cash Flows ohne Berücksichtigung von Adressenrisiken zu erkennen.

Bei einer Swaption wird der Preis meist als einmalige Zahlung am Anfang quotiert. Entsprechend muss der Preis von 0,75 % noch annualisiert werden. Hierdurch ändert sich aber auch der Strike, so dass sich durch einen iterativen Prozess ein Strike von 5,48 % ergibt, der die annualisierte Swaption Prämie von 0,18 % p.a. mitbeinhaltet.

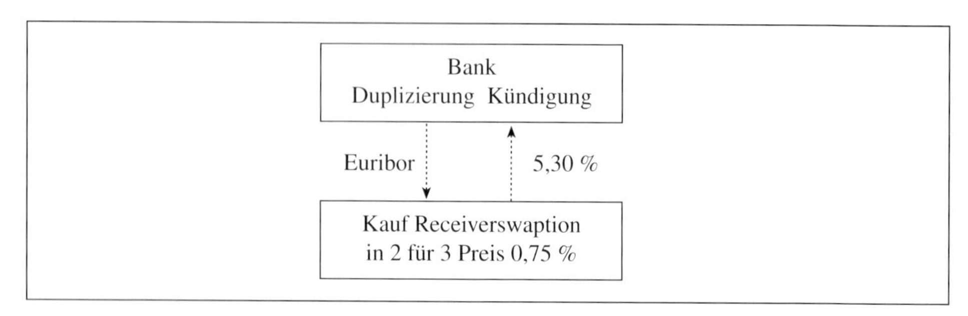

Abbildung 2: Duplizierung von Kündigungsrechten

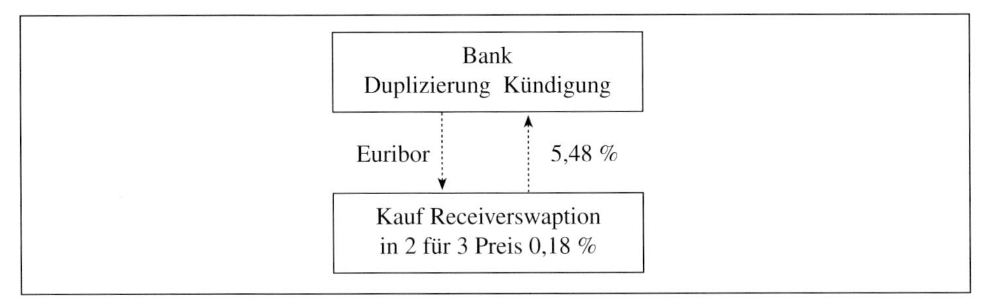

Abbildung 3: Kündigungsrecht mit annualisierter Prämie

Mindestmarge Ib Mexiko 5,30 % + 0,18 % = 5,48 % (Receiver Swaption für Kündigungsrecht)

Gerade bei der Entscheidungsorientierung ist diese Differenzierung der Margen Ia und Ib wichtig. Jetzt kann im Kundengespräch genau geklärt werden, ob dem Kreditnehmer die Kündigungsrechte wirklich wichtig sind und ob sie ihm tatsächlich so wertvoll erscheinen, dass er sie durch den höheren Preis bezahlen möchte. Auf dieser Ebene werden oft aus Unwissenheit dem Kunden Optionen gegeben, die die Absicherung sehr teuer werden lässt, dem Kunden aber kaum zusätzlichen Nutzen stiftet. In der Strukturierung von Kündigungsrechten liegt ein wesentlicher Aspekt der Kundenberatung, der durch unterschiedliche Mindestmargen Ib je nach Art der Option unterstützt wird.

Die letzte Frage auf dieser Bewertungsstufe ist die Problematik der Geld-Brief-Spanne. Grundsätzlich sollte die Spanne bei der Margenbildung mit einbezogen werden, damit es dann faktisch möglich ist, für die Treasury die Produkte nicht nur zu bewerten, sondern auch am Markt glattzustellen. Dies führt aber zwangsläufig zu „windfall profits" in der Treasury, da alle Produkte, die sich in der Bank direkt gegeneinander stellen, eine unbegründete Marge abwerfen. Der Konflikt ist letztlich nicht lösbar und kann pragmatisch durch eine engere Spanne für inhouse Geschäfte gelöst werden.

3. Mindestmarge II

Auf der nächsten Ebene der Kalkulation müssen nun Adressenrisiken einbezogen werden. Auf dieser Stufe der Mindestmarge II stehen die erwarteten Verluste auf Grund von Ausfällen im Vordergrund. Hier hat sich in letzter Zeit eine Vielzahl neuer Möglichkeiten herauskristallisiert. Insbesondere der Markt für Kreditderivate (vgl. zum Beispiel Ong 1999) hat sich recht gut entwickelt und ergibt nun die Chance, mit Hilfe von Credit Default Swaps das Ausfallrisiko komplett extern zu versichern. Bei einem Credit Default Swap

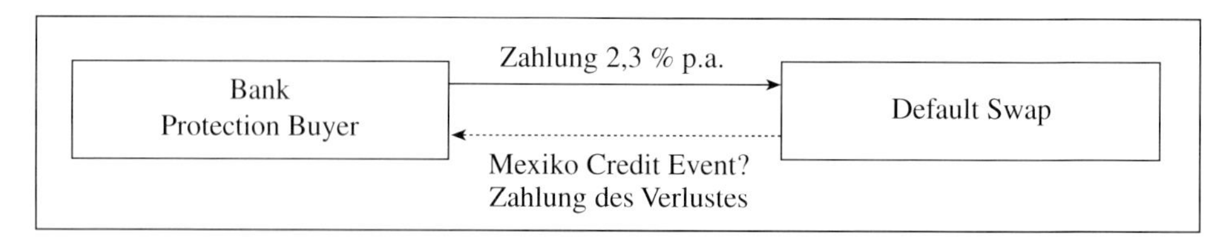

Abbildung 4: Credit Default Swap für Mexiko ohne Kündigungsrecht des Käufers

wird gegen Zahlung einer Prämie (hier annualisiert) von der Gegenseite, bei einem Credit Event (Ausfall) der Verlust aus dem Geschäft übernommen.

Auf Basis der Quotierungen eines Credit Default Swaps wird dann tatsächlich eine perfekte Abbildung des übernommenen Risikos im Sinne des Deckungsbeitrages II möglich, da hier das gesamte Adressenrisiko als Marktpreis bewertet werden kann.

Mindestmarge IIa Mexiko 5,48 % + 2,3 %= 7,78 % (Default Swap Mexiko, ohne Kündigung)

An dieser Stelle zeigen sich dann auch die immensen Kosten für das Kündigungsrecht. Auf der ersten Stufe wurde nur die Kündigung auf Basis einer Zinssenkung bewertet. An dieser Stelle muss nun aber auch die Kündigung auf Grund einer Bonitätsverbesserung von Mexiko einbezogen werden, da jetzt ein Kupon von 7,78 % nicht mehr bezahlt werden muss. Um eine perfekte Abbildung zu erzielen, muss der Default Swap also nach zwei Jahren kündbar sein, so dass er sich um weitere 0,5 % verteuert.

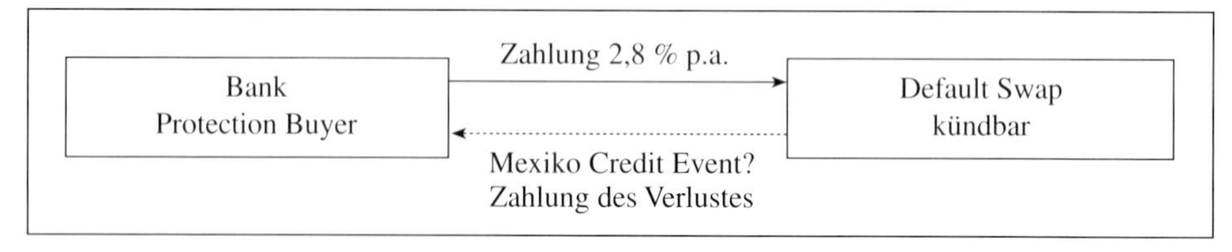

Abbildung 5: Credit Default Swap mit Kündigungsrecht

Mindestmarge IIb Mexiko 7,78 %+ 0,5 % = 8,28 % (Default Swap Mexiko, mit Kündigung)

Dies bedeutet also für den Mexikokredit, dass sich durch das Kündigungsrecht sich der Kredit um 0,68 % verteuert, was bei einer Diskussion mit dem Kunden natürlich ein wesentliches Element bei der Kreditstrukturierung ist.

Der Markt für Kreditderivate ist noch klein und die Geld-Brief-Spanne groß. Er entwickelt sich jedoch schnell weiter und wird in Zukunft eine ähnliche Genauigkeit bei der Abbildung und der Absicherung von Adressenrisiken zulassen, wie der Zinsswap dies bereits im Marktbereich getan hat.

Im Rahmen der Kreditderivate können die Mindestmargen I und II auch direkt zusammengefasst und mit Hilfe eines Total Rate of Return Swaps dargestellt werden. Bei diesem Derivat zahlt der Risikokäufer den Zinssatz des entsprechenden Kredits und darüber hinaus bei einem Ausfall eine Ausgleichszahlung in Höhe des Verlustes. Hier wird eine vollständige Absicherung der Risiken in einem Schritt erreicht. Jedoch ist dieser Markt sehr illiquide, und auch die Aufteilung von Zins- und Adressenrisiken ist für die spätere Absicherung der Geschäfte in der Treasury sinnvoller.

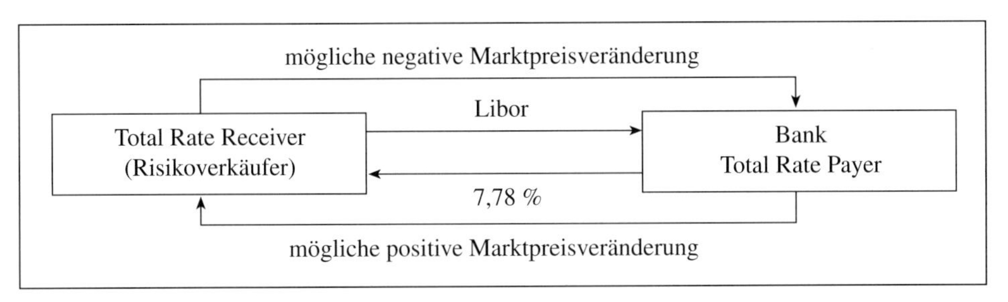

Abbildung 6: Total Rate of Return Swaps ohne Kündigungsrecht

Aufgrund der nicht immer existierenden Verfügbarkeit von Kreditderivaten muss meistens alternativ auf Basis von internen oder externen Ratings eine Ausfallwahrscheinlichkeit ermittelt und die daraus sich ergebenden Kosten auf die Bonitätsklassen umgelegt werden. Im Unterschied zum Credit Default Swap liegt hier aber noch kein wirklicher Marktpreis vor, sondern lediglich die Einschätzung der Bank über zukünftige Ausfälle, die zwangsläufig deutlich ungenauer sein muss. Am Beispiel von Mexiko und einem Rating von BB ergibt sich eine Ausfallwahrscheinlichkeit von ca. 11 % (S&P 1998). Unterstellt man eine Recovery von 30 %, ergeben sich damit Standardrisikokosten von:

$$\text{Standardrisikokosten}_{\text{vorschüssig}} = 11\ \% \cdot 0{,}7 = 7{,}7\ \%$$

$$\text{Standardrisikokosten}_{\text{annualisiert}} = 1{,}9\ \%$$

> Mindestmarge IIc Mexiko 5,48 % + 1,9 % = 7,38 % (Standardrisikokosten ohne Kündigung)

Die Mindestmarge IIc ist nur auf den ersten Blick geringer. Die Unterschiede ergeben sich hier in erster Linie durch eine spätere Berücksichtigung der Eigenkapitalkosten, die durch den kompletten Verkauf des Risikos bei IIa schon abgebildet wurden. Hier ist wiederum das Kündigungsrecht noch nicht berücksichtigt, da die volle Marge erst auf der Eigenkapitalstufe entsteht.

Auf der Einlagenseite stellt sich die Problematik spiegelverkehrt. Da die Opportunität auf Basis von Euribor bzw. Swap – also auf einem AA Niveau – bestimmt wurde, wird jetzt eine davon abweichende Bonität berücksichtigt werden. Entsprechend muss der Einlagenseite ein kalkulatorischer Bonus zugeschrieben werden, wenn die Bank ein schlechteres eigenes Rating hat. Dieser Unterschied ergibt sich aus dem Spread der Eigenfinanzierung am Kapitalmarkt der Bank zur Swap- bzw. Euriborkurve. So kann die Werthaltigkeit der eigenen Bonität tatsächlich in der Marge ausgedrückt werden. Bei Einlagen kann die Mindestmarge I und II gleich (Bonität AA), bei schlechterer Einstufung als AA aber auch kleiner sein . Am Beispiel des Sparbuches entsteht hier also ein kalkulatorischer Vorteil von 0,08 % (Basis Zinskurvenspread A zu AA). Entsprechend müssen auf dieser Ebene noch eventuelle Kosten durch eine Haltung der Mindestreserve berücksichtigt werden.

Maximalmarge II Spareinlage 3,30 % + 0,08 % = 3,38 % (Berücksichtigung der Bonität der Bank)

Auf der Ebene der Mindestmarge I und II ist daher ein relativ genauer Grad der Zuordnung möglich. Da es sich hier um die Übernahme von Markt- und Adressenrisiken handelt, sind Geschäfte unterhalb dieses Niveaus im Regelfall nicht sinnvoll. Bei Übernahme gleicher Risiken im Kapitalmarkt wäre dieses Vergütungsniveau direkt zu erzielen. Werden Geschäfte trotzdem abgeschlossen, müssen dann aus anderen Überlegungen heraus Subventionierungen wünschenswert sein. Bei der Mindestmarge IIa sind die Eigenkapitalkosten bereits zum großen Teil berücksichtigt. Bei IIc hingegen wurden bisher nur die durchschnittlichen Verluste abgebildet, die Kosten der Eigenkapitalunterlegung fehlen daher noch.

4. Mindestmarge III

Die beiden ersten Mindestmargen bewegen sich auf einer anderen Ebene als die folgenden. Da bei Banken echte variable Stückkosten bei Produkten eher marginal sind, muss jetzt überlegt werden, wie die nicht-finanziellen Produktionskosten in den Prozess einbezogen werden. Auf dieser Ebene spielt die Zielrichtung der Mindestmarge eine entscheidende Rolle. Sind die Mitarbeiter und EDV-Systeme nicht ausgelastet, ist die Mindestmarge II die Untergrenze für ein Geschäft. Wenn es um die Werthaltigkeit einer Produktgruppe für die Bank geht, müssen mittelfristig alle direkt mit dem Produkt verbundenen Stückkosten gedeckt sein, und muss die Mindestmarge III erreicht werden. Die Zurechnung von den direkten Kosten sind beim Kredit wahrscheinlich noch vergleichsweise einfach, während bei dem Sparbuch eine direkte Zuordnung der Kosten immer problematisch sein wird. Da Overheadkosten im Kern gar nicht zurechenbar sind, ist es daher auch nicht besonders sinnvoll, diese in eine Margenkalkulation im Sinne einer Mindestmarge einzubeziehen. Wird dieser Ansatz gewählt, ist es natürlich entscheidend, dass dem Mitarbeiter bewusst wird, dass bei einer Erzielung der Mindestmarge III noch kein Gewinn erwirtschaftet wurde. Entsprechend ergeben sich bei Stückkosten von 0,02 % für den Kredit und von 0,2 % auf das Sparbuch folgende Mindestmargen.

Mindestmarge IIIb Mexiko 8,28 %+ 0,02 %= 8,30 % (Default Swap+Kündigung +Stückkosten)

Mindestmarge IIIc Mexiko 7,38 % + 0,02 % = 7,40 % (Standardrisikokosten + Stückkosten)

Maximalmarge III Spareinlage 3,38 % – 0,2 % = 3,18 % (Stückkosten)

5. Mindestmarge IV

Bis zu dieser Stufe basierte die Margenkalkulation auf „echten“ Kosten. Begibt man sich in der letzten Stufe nun zur Eigenkapitalbasis, geht es nicht mehr um den Preis eines Produktes, sondern um die Erzielung einer maximalen Rendite für das Eigenkapital. Dies ist ein qualitativer Unterschied zu den Mindestmargen I bis III. Im Sinne einer Mindestmarge wird auf dieser Ebene berücksichtigt, ob das durch die Geschäfte gebundene Eigenkapital die Zielrendite erwirtschaftet. Bevor das gebundene Eigenkapital zugeordnet werden kann, muss zuerst die Methodik der Zielrendite analysiert werden.

Im Kern gibt es zwei Ansätze. Der erste Weg führt wieder über den Kapitalmarkt. Die Eigenkapitalgeber der Bank (zum Beispiel die Aktionäre) erwarten eine Verzinsung, die das übernommene Risiko beinhaltet. Bei diesem Ansatz wird im allgemeinen das Capital Asset Pricing Modell (CAPM) (vgl. zum Beispiel Uhlir/Steiner 1994) benutzt. Hier wird die Eigenkapitalverzinsung in einen risikofreien Zins- und einen Risikoaufschlag zerlegt. Dabei bestimmt das Beta der Firma, in wie weit der Aktionär Marktrisiken trägt und dafür vergütet werden soll (siehe Arnsfeld 1998).

$$r_{EK} = r_{frei} + \beta_{Firma} \cdot \underbrace{\left(r_{Markt} - r_{frei}\right)}_{\substack{\text{Risikoprämie} \\ \text{Markt}}}$$

r_{frei} : risikofreier Zins
r_{Markt} : Marktrendite des Aktienmarktes
r_{EK} : Eigenkapitalverzinsung
$ß_{Firma}$: relative Übernahme von Marktpreisrisiken

Da das Eigenkapital angelegt wird, muss ein Geschäft eine Zusatzrendite auf das dadurch gebundene Eigenkapital in Höhe der beta-fachen Risikoprämie des Marktes verdienen. Der Ansatz ermöglicht, die Risikoprämie aus Marktdaten abzuleiten. Jedoch ist das Beta im Zeitablauf sehr instabil, und auch die Abschätzung der Risikoprämie stellt in der Realität größere Probleme dar. Aufgrund dieser Ungenauigkeiten muss dieser Ansatz in der Regel modifiziert werden.

Als Alternative kann der Eigenkapitalbeitrag basierend auf der strategischen Entscheidung der Bank über eine Zielrendite festgelegt werden. Dies geschieht im Regelfall auf der Basis der eben angesprochenen CAPM Analyse, zusätzlich wird aber auch die Verzinsung bei Vergleichsinstituten und die strategische Ausrichtung berücksichtigt. In diesem Sinne ist die Mindestmarge IV mehr als Zielerreichungsgrad zu verstehen.

Auf der letzten Stufe muss nun die Bindung von Eigenkapital durch das Produkt untersucht werden. Um dabei Geschäfte sinnvoll miteinander vergleichbar zu machen, haben sich durch die Entwicklung des Value at Risk Begriffs, den Einsatz interner Modelle bei der Bankenaufsicht, und durch die Definition von ökonomischem Kapital neue Möglichkeiten der Zuordnung ergeben. Im klassischen Sinne wurde den Produkten oft einfach das Eigenkapital des Grundsatzes I zugeordnet. Da dies eine rechtliche Bindung ist, muss diese bei einer Analyse berücksichtigt werden, denn sie stellt eine bindende Restriktion für die Bank dar. Zuerst soll für die Marge kurz der Gedanke des ökonomischen Kapitals erläutert werden.

Der Kerngedanke kann am einfachsten für einen Kredit gezeigt werden. Hier stehen kleine Chancen der Wertsteigerung, einer hohen Wahrscheinlichkeit der Werterhaltung, einer

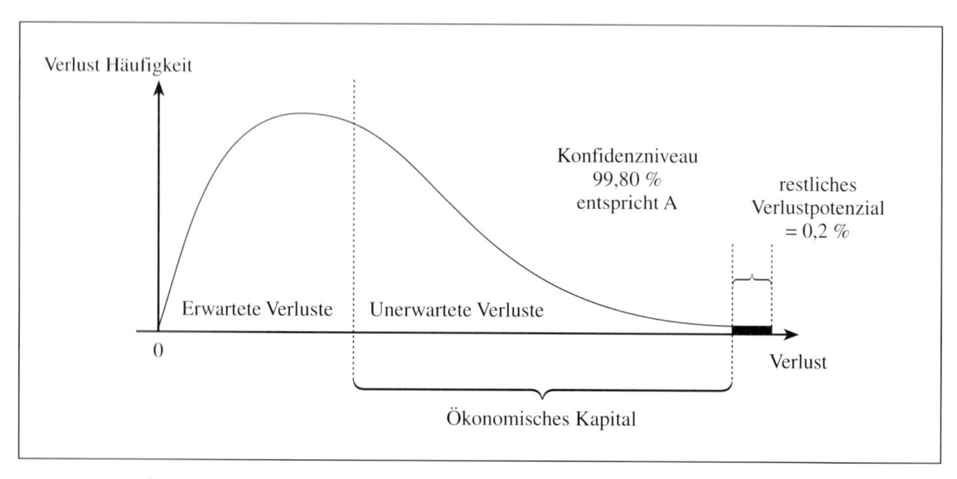

Abbildung 7: Ökonomisches Kapital

kleinen Wahrscheinlichkeit eines großen Verlustes gegenüber. Es ergibt sich daher eine „schiefe" Verteilung der Wahrscheinlichkeiten im Bezug auf den Wert des Portfolios (vgl. zum Beispiel Ong 1999). Die durchschnittlich erwarteten Verluste gehen direkt als Kosten in die Marge II ein. Jedoch muss zusätzlich Eigenkapital vorgehalten werden, um die unerwarteten Verluste einer Periode abdecken zu können. Um das notwendige Eigenkapital zu bestimmen, ist zuerst eine strategische Entscheidung über die Bonität der Bank notwendig. Aus dem angestrebten Ratingniveau lässt sich die akzeptierte Wahrscheinlichkeit eines eigenen Konkurses ableiten. Dies bedeutet für eine Bank mit dem Rating A, dass ca. 99,8 % der Schwankungen mit Eigenkapital unterlegt werden müssen. Bei dem Ziel einer eigenen guten Bonität wird damit bei Risiken mehr Eigenkapital gebunden, im Gegensatz dazu wird die Refinanzierungsseite von einer guten Bonität profitieren. Somit ist das gebundene ökonomische Eigenkapital also abhängig von einer strategischen Entscheidung.

Im weiteren stellt sich die Frage, welche Eigenkapitalkosten auf der Ebene IV zu berücksichtigen sind. Ein Value at Risk Bedarf (Jorion 1997) entsteht eigentlich nur, wenn die Risiken tatsächlich von der Bank übernommen werden. Da beim Einsatz von Zinsswaps und Creditswaps alle Risiken zum fairen Preis an die Risikogruppen weitergeben wurden, ist somit keine weitere Unterlegung der Adressen- und Marktpreisrisiken in der Mindestmarge erforderlich. Stellen die Risikogruppen die Positionen nicht im Markt glatt, gehen sie eine Handelsposition ein, die dann entsprechend mit Eigenkapital unterlegt werden muss. Dies ist aber vom Kundengeschäft völlig unabhängig.

Sind die Risiken im Markt nicht verkäuflich, bzw. wird mit Standardrisikokosten auf der Ebene II gearbeitet, dann muss entsprechend noch das ökonomisch gebundene Eigenkapital bestimmt werden. Dies geschieht im Regelfall durch die Ermittlung einer Value at Risk Kennzahl für die über die Standardrisikokosten hinausgehende unerwartete Schwankung. Anschließend kann dann mit der Beta gewichteten Marktrisikoprämie auf eine Verzinsung umgerechnet werden. Der Kerngedanke dieses Ansatzes lässt sich wieder am besten am Beispiel des Mexiko Kredites bestimmen. Bei einem Beta der Bank von 1,2 und einem zusätzlichen VAR des Kredites von 8 Mio. und einer Marktrisikoprämie von 4,8 %, ergibt sich ein Aufschlag von:

$$Eigenkapitalkosten_{Adressenrisiko} = \frac{8\ \text{Mio.} \cdot 4{,}8\ \% \cdot 1{,}2}{100\ \text{Mio.}} = 0{,}46\ \%$$

Auf der Ebene I wurde mit Hilfe von handelbaren Swaps und Swaptions der Cash Flow exakt abgebildet. Dieser kann in der Form auch durch die Treasury gesichert werden, so dass die Marktpreisrisiken ausgeschaltet werden können. Positioniert sich die Treasury anders, ist der daraus resultierende VAR den Handelsaktivitäten zuzuordnen, für Marktpreisrisiken wird bei dem hier vorgestellten Verfahren in der Margenkalkulation kein Eigenkapital benötigt. Durch die Bankenaufsicht entsteht hier noch kein Problem, da Zinsrisiken aus dem nicht Handelgeschäft im Kern noch nicht mit Eigenkapital unterlegt werden müssen. Dies darf jedoch nicht darüber hinwegtäuschen, dass bei einer Nichtabsicherung für die Zinsänderung ökonomisch Eigenkapital benötigt wird.

Problematischer wird die Eigenkapitalanforderung aus dem Adressenrisiko heraus. Dies betrifft aber nur die Aktivprodukte, da Einlagen ex definitione kein Adressenrisiko haben können. Der Vor- oder Nachteil der Bank im Bezug auf die eigene Bonität im Vergleich zur AA Swapkurve wurde bereits mit dem Spread auf Stufe II berücksichtigt. Entsprechend kann die Marge des Sparbuches aus der dritten Ebene übernommen werden.

Maximalmarge IV Spareinlage 3,18 % + 0 % = 3,18 % (kein Adressenrisiko)

Wird das Ausfallrisiko über einen Credit Default Swap abgesichert, bleibt jedoch das Ausfallrisiko des Risikokäufers. Da es sich hier meist um eine AA Bank handelt, ist im Prinzip das Risiko durch die Geld – Brief Spanne des Credit Default Swaps in der Mindestmarge II berücksichtigt. Gleiches gilt für die Ausfallrisiken der Zinsswaps auf der ersten Ebene. Im Sinne einer Mindestmarge sind die marktüblichen Eigenkapitalkosten also bereits in der Kalkulation enthalten.

Mindestmarge IVb Mexiko 8,30 % + 0 % = 8,30 % (Default Swap+Kündigung
(kein zusätzliches Adressenrisiko) + Stückkosten)

Das Problem stellt sich anders, wenn auf der zweiten Stufe mit Standardrisikokosten gearbeitet wird. Hier sind nur die durchschnittlichen Risikokosten abgedeckt. Der Kredit bindet jedoch Eigenkapital, um die unerwarteten Schwankungen abfedern zu können. Dieser Eigenkapitalbedarf muss entsprechend mit der Risikoprämie berücksichtigt werden. An dieser Stelle kann dann entweder der individuelle zusätzliche VAR des Produktes, oder der marginale zusätzliche VAR des Produktes bei der Hinzufügung zum Portfolio als Ansatz dienen. Die marginale VAR ist kleiner, da hier die Diversifikationseffekte des gesamten Portfolios auf das Kreditrisiko miteinbezogen werden. Wird der individuelle VAR benutzt, ist hier am ehesten eine Einheitlichkeit und Nachvollziehbarkeit gegeben, da sich die Marge nicht durch Portfolioveränderungen anpasst. Jedoch wird der tatsächliche Nutzen eher durch das marginale VAR widergespiegelt. Für den Kredit ergeben sich Eigenkapitalkosten von 0,46 %. Wird zudem noch das Kündigungsrecht auf diesem Niveau mit weiteren 0,5 % eingerechnet, ergibt sich die Marge mit:

Mindestmarge VIc Mexiko 7,40 % + 0,46 +0,5 %= 8,36 % (Standardrisiko + Stückkosten + Eigenkapitalkosten + Kündigung)

Wie auch im Beispiel führt eine Betrachtung über Default Swaps im Regelfall zu anderen Ergebnissen als über die interne Risikoanalyse. Welches der Verfahren sinnvoller ist, kann dabei nur im Einzelfall in Abhängigkeit von der Liquidität der Kreditderivate und der Fähigkeit der Kreditbewertung der Bank entschieden werden.

Wird jedoch zusätzlich das aufsichtsrechtliche Kapital in die Überlegung miteinbezogen, so muss Mexiko mit 100 % unterlegt werden. Bei einer Eigenkapitalquote von 8 %, und unter der Annahme, dass nur Kernkapital eingesetzt wird, ergäbe sich dann eine Belastung von ebenfalls 0,46 %, so dass es zu keinem Konflikt zwischen aufsichtsrechtlichen und ökonomischem Eigenkapital käme. Dies ist jedoch eher ein glücklicher Zufall.

Der klassische Konflikt ist am ehesten über den Credit Default Swap zu zeigen. Dabei muss der Risikokäufer aufsichtsrechtlich das Ausfallrisiko mit 100 % unterlegen. Ist der Käufer eine Bank, hat der Verkäufer eine Unterlegungspflicht von 20 %. Nach einer Absicherung eines Kredites mit einem Credit Default Swap muss der Bankensektor das gleiche Risiko mit mehr Eigenkapital als vorher unterlegen, obwohl sich vermutlich aus Portfoliogesichtspunkten das Gesamtrisiko eher verkleinert hat. Für die Marge auf Ebene IV muss eine größere Eigenkapitalbindung aus ökonomischem Eigenkapital im Vergleich zum aufsichtsrechtlichen genutzt werden. Auf Entscheidungsbasis ist es sinnvoll, diese beiden Ansätze separat auszuweisen. Liegt das aufsichtsrechtliche Eigenkapital über dem ökonomischen, erscheint es sinnvoll diese Forderungen zu verbriefen und außerhalb des Bankensektors zu verkaufen.

6. Ausblick

In der weiteren Entwicklung werden sich viele Schwierigkeiten bei der Margenkalkulation entschärfen. Die Bewertung der Stufe II wird durch die Entwicklung des Marktes für Kreditderivate immer genauer, so dass auch auf dieser Stufe handelbare Opportunitäten entstehen. Mit der Verbesserung der internen Modelle und den Ansätzen der Bankenaufsicht wird sich hoffentlich das ökonomische und das aufsichtsrechtliche Eigenkapital immer weiter annähern.

Wie es heute möglich ist, und immer stärker umgesetzt wird, werden alle Marktpreisrisiken aus dem kommerziellen Geschäft von der Treasury übernommen, so dass der gestellte Preis auch die daraus resultierenden Eigenkapitalkosten abdeckt. Ähnliches geschieht im Moment im Adressenrisikobereich, in dem die Kredit-Treasury faktisch für einen Preis – ähnlich dem Credit Default Swap – das Risiko übernimmt. Dann können die entsprechenden Eigenkapitalkosten den jeweiligen Handelsbereichen zugeordnet werden.

Auf der Eigenkapitalebene entstehen legale, operationale und strategische Risiken, die wohl auf absehbarer Zeit schwer zu messen sind. Ob unterschiedliche Produkte tatsächlich sinnvoll im Sinne dieser Risiken unterschieden werden können, ist fraglich. Dies sprengt dann auch den Rahmen der Mindestmarge, da letztlich primär festgestellt werden soll, ob Geschäfte überhaupt einen Beitrag zum Gewinn der Bank beisteuern. Die strategische Ausrichtung im Sinne eines Vergleichs der Werthaltigkeit verschiedener Produkte, liegt dann eher bei der Ermittlung von Barwerten im Sinne einer RAROC .

Literaturhinweise

ARNSFELD, T.: Deduktion einer Grenzkostenorientierten Eigenkapitalkostenkalkulation für Banken, Frankfurt 1998.

HEIDORN, T.: Finanzmathematik in der Bankpraxis, Wiesbaden 1998.

JORION, P.: Value at Risk, Chicago 1997.

ONG, M. K.: Internal Credit risk Models, Capital Allocation and Performance Measurement, London, 1999.

SCHIERENBECK, H.: Ertragsorientiertes Bankmanagement, Wiesbaden 1999.

STANDARD & POORS: Rating Performance 1997, New York 1998.

UHLIR, H./STEINER, P.: Wertpapieranalyse, Heidelberg 1994.

Péter Horváth / Patrick Knust

Target Costing im Bankcontrolling

1. Einleitung

Die Globalisierung der Finanzmärkte, das Auftreten neuer Wettbewerber sowie die Entwicklung neuer Technologien haben zu einer Veränderung des bankbetrieblichen Produktangebots und zu einer verschärften Wettbewerbssituation geführt. Da in vielen Bereichen eine Angleichung der Bankdienstleistungen unterschiedlicher Anbieter zu beobachten ist, wird der Wettbewerb zunehmend über den Preis ausgetragen.[1] Das gilt insbesondere für das Privatkundengeschäft, bei dem eine fortschreitende Industrialisierung der bankbetrieblichen Prozesse zu beobachten ist.

Neben dem Auftreten neuer Wettbewerber führt ein verändertes Kundenverhalten zu neuen Herausforderungen im Retail Banking. Kunden stellen immer höhere Anforderungen an Finanzdienstleistungen und verhalten sich zunehmend illoyaler gegenüber ihren Kreditinstituten.[2] Während 1980 nur 16 % der deutschen Haushalte angaben, ihre Bankverbindung schon einmal gewechselt zu haben, hat sich diese Zahl 1995 mit 30 % schon nahezu verdoppelt.[3] Dabei besteht gleichzeitig eine Tendenz zur Inanspruchnahme mehrerer Geldinstitute für unterschiedliche Leistungen. 1970 hatten 17 % der deutschen Haushalte mehr als eine Bankverbindung[4], 1991 besaßen bereits mehr als die Hälfte aller Haushalte (51 %) zwei und mehr Bankverbindungen.[5] Durch den Aufbau von Mehrfachbankverbindungen nehmen die Kunden den jeweils günstigsten Anbieter für die gewünschten Finanzdienstleistungen in Anspruch.[6] Verstärkt wird dieser Effekt durch die hohe Leistungs- und Preistransparenz, die über das Angebot und die Darstellung der Bankprodukte im Internet erzeugt wird. Quersubventionierungen günstiger, jedoch unrentabler Produkte durch teurere, rentable Leistungen sind aufgrund der beschriebenen „Cherry-Picker"-Mentalität der Kunden nicht mehr möglich. Jedes einzelne Dienstleistungsangebot muss damit effizient und konkurrenzfähig sein. Hoch profitable Kunden können die Leistungen weniger profitabler oder sogar unprofitabler Kunden langfristig nicht mitfinanzieren.[7]

Neben dem illoyalen Kundenverhalten prägen gestiegene Kundenanforderungen hinsichtlich des Leistungsspektrums und des Servicegrads das Privatkundengeschäft der Banken. „Value-Added-Services" spielen daher eine zunehmend wichtigere Rolle bei der Gestaltung von Finanzdienstleistungen. Sie stellen ein wirkungsvolles Mittel zur Leistungsdifferenzierung dar und bieten damit eine Möglichkeit den individuellen Kundennutzen zu steigern und dem verschärften Preiswettbewerb entgegenzutreten.[8] Banken stehen damit vor der Herausforderung ein profitables und zugleich differenziertes Leistungsangebot bereitzustellen.

1 vgl. Kaven 1997, S. 24 f.; Epple 1991, S. 544.
2 vgl. Künzli/Knöbel 1998, S. 198.
3 vgl. Paul/Paul 1998, S. 86.
4 vgl. Paul/Paul 1998, S. 86.
5 vgl. Epple 1991, S. 548.
6 vgl. Kröner 1998, S. 63; Epple 1991, S. 548.
7 vgl. Künzli/Knöbel 1998, S. 203 f.; Lepelmeier 1999, S. 967; Lange 1998, S. 395.
8 vgl. Meffert 1998, S. 978.

Für die bankbetriebliche Produktentwicklung bedeutet dies, dass die hohen Leistungs- und Serviceanforderungen der Kunden sowie eine kostengünstige Produktgestaltung gleichermaßen berücksichtigt und realisiert werden müssen. Hierbei spielt, insbesondere aufgrund der zunehmenden Wertschöpfung im Servicebereich der Banken, die Gestaltung der Prozesse im Betriebsbereich eine immer bedeutendere Rolle. Während für den Wertebereich zahlreiche Steuerungsinstrumente zur Verfügung stehen, weisen betriebswirtschaftliche Steuerungsansätze für den Betriebsbereich noch starken Entwicklungsbedarf auf. Das gilt insbesondere für die notwendige Verflechtung von Kundenorientierung und Kostenmanagement. Zunehmend wird die Frage wichtig, welchen Preis ein Kunde für eine Bankdienstleistung zu zahlen bereit ist; folglich wie hoch die erlaubten Kosten sind.

Im Folgenden wird mit dem Target Costing-Ansatz ein Instrument vorgestellt, das die Beantwortung dieser Fragen erlaubt und die bankbetrieblichen Anforderungen einer markt- und kostenorientierten Produktgestaltung bereits in den frühen Phasen der Bankproduktentwicklung unterstützt.

2. Target Costing – Ein Kostenmanagement-Ansatz

2.1 Herkunft und Grundgedanken des Target Costing

Die ersten Ansätze einer markt- und kostenorientierten Produktgestaltung gehen bis zur Entwicklung des ersten VW-Käfers in die 30er Jahre zurück, bei der alternative technische Lösungen unter Kostengesichtspunkten und der Vorgabe eines maximalen Verkaufspreises gegeneinander abgewogen wurden. Damals wurde letztlich die technisch bessere Hydraulikbremse zugunsten einer billigeren, jedoch mit vergleichbarer Funktionalität ausgestatteten, Seilzugbremse verworfen.[9] Die Vorgehensweise einer kosten-/nutzenoptimalen Produktgestaltung unter Vorgabe bestimmter Produkt-Funktionalitäten wurde in den 60er Jahren mit dem „Value Engineering" erstmals in einer Methodik definiert.

Der Begriff „Target Costing" lässt sich auf das japanische Management-Instrument „Genka Kikaku" zurückführen, das in den 60er Jahren in der japanischen Industrie, insbesondere bei Toyota, entwickelt und geprägt wurde und zur Kostenplanung diente. Die ersten englischsprachigen Veröffentlichungen zum „Target Costing", als Übersetzung des „Genka Kikaku", stammten von japanischen Autoren Ende der 80er Jahre (bspw. Hiromoto 1989, Monden/Sakurai 1989, Sakurai 1989, Tanaka 1989). Dabei ist die Bezeichnung „Target Costing" insofern leicht irreführend, als dass es sich dabei nicht um ein Kostenrechnungsinstrument handelt, sondern um einen Management-Ansatz, der unabhängig von den jeweils angewandten Kostenrechnungsverfahren verwendet werden kann. Die in der deutschsprachigen Literatur verwendete Bezeichnung des „Marktorientierten Zielkostenmanagements" trifft die Charakteristika des Ansatzes exakter.[10] Die Entstehung des

9 vgl. Franz 1993, S. 124.

10 vgl. Seidenschwarz 1993a.

Target Costing ist vor dem Hintergrund des japanischen Unternehmensumfeldes und der kulturellen Gegebenheiten zu betrachten. Traditionell herrscht in Japan eine sehr teamorientierte Arbeitsweise und eine enge Bindung zwischen Arbeitnehmern und „ihrer" Firma. Gleichzeitig setzen japanische Firmen ihre Mitarbeiter bewusst – im Sinne von Job Rotation – in verschiedenen Bereichen und Abteilungen des Unternehmens ein, wodurch eine breite, generalistische Ausbildung und ein umfassendes Unternehmens- und Kundenverständnis erzielt werden. Diese unternehmenskulturellen Rahmenbedingungen spiegeln sich in dem Target Costing-Ansatz wider: Einsatz eines interdisziplinären Target Costing Teams, abteilungsübergreifende Produktentwicklung und hohe Kundenorientierung. Die Charakteristika und die Vorgehensweise beim Target Costing werden im Folgenden näher beschrieben:[11]

Das Target Costing stellt einen umfassenden marktorientierten Kostenplanungs-, -steuerungs- und -kontrollprozess dar, der auf den von den Kunden gewünschten Produktmerkmalen aufbaut. Die Grundidee des Konzepts besteht darin, bereits in den frühen Phasen der Produkt- sowie der Prozessgestaltung die Kostenstrukturen dahingehend zu beeinflussen, dass sie den Marktanforderungen gerecht werden. Charakteristisch für das Target Costing sind daher die Konzentration auf die durchgängige Marktorientierung im Kostenmanagement und die frühzeitige Kostenbeeinflussung.

Ein zentrales Merkmal stellt die retrograde produktlebenszyklusorientierte Kalkulation dar. Im Gegensatz zur klassischen Cost-plus-Kalkulation, die den Verkaufspreis über die Selbstkosten und einen Gewinnzuschlag ermittelt, geht die retrograde „Preis-minus-Kalkulation" vom Zielumsatz aus, subtrahiert davon den Zielgewinn und erhält dadurch die „vom Markt erlaubten Kosten". Ausgangspunkt der retrograden Kalkulation ist folglich eine nach außen, auf den Markt gerichtete Betrachtungsweise („Was darf uns ein Produkt kosten?"), während die traditionelle Kalkulation den Blick erst auf das „Innere des Unternehmens" lenkt („Was wird uns ein Produkt kosten?").

Bevorzugt verwendet wird das Target Costing von Unternehmen, die auf wettbewerbsintensiven Märkten einem hohen Preisdruck ausgeliefert sind und Produkte mit kurzen Produktlebenszyklen herstellen. Typische Anwendungsobjekte sind dabei solche Produkte, die einen Vergleich mit Vorgängermodellen zulassen.

Eine kurze jedoch umfassende Definition des Target Costing findet sich bei Ansari/Bell/CAM-I Target Cost Core Group:

> The Target Costing process is a system of profit planning and cost management that is price led, customer focused, design centered, and cross functional. Target Costing initiates cost management at the earliest stages of product development and applies it throughout the product life cycle by actively involving the entire value chain.[12]

11 vgl. im Folgenden Sakurai 1989, Tanaka 1989, Seidenschwarz 1993a.

12 vgl. Ansari/Bell/CAM-I Target Cost Core Group 1997, S. 11 ff.

Aus der Definition lassen sich sechs wichtige Prinzipien des Target Costing separieren:

1. *Price Led Costing:* Ausgangspunkt des Kostenmanagements stellt der am Markt erzielbare Preis dar. Die Preisorientierung spiegelt sich insbesondere in der retrograden Kalkulationsmethodik wider.
2. *Focus on Customer:* Der Kunde steht im Mittelpunkt des Kostenmanagement-Ansatzes. Seine Anforderungen stellen die Ausgangsbasis für den Produktgestaltungsprozess dar.
3. *Focus on Design:* Target Costing ist ein Instrument, das zur Gestaltung von Produkten eingesetzt wird. Es findet in den frühen Phasen der Produktentwicklung seine Anwendung und zielt nicht auf ein Kostenmanagement bestehender Produkte ab.
4. *Cross-Functional-Involvement:* Der Target Costing-Ansatz ist ein abteilungsübergreifendes Kostenmanagement-Instrument. Für den Produktentwicklungsprozess werden Mitarbeiter aus verschiedenen Bereichen (Controlling, Marketing, Produktentwicklung, Produktion, etc.) in einem interdisziplinären Target Costing-Team zusammengeschlossen.
5. *Life Cycle Orientation:* Der Target Costing-Prozess richtet sich am Produktlebenszyklus aus. Es finden daher auch Entwicklungs- sowie Entsorgungskosten Eingang.
6. *Value-Chain Involvement:* Das Target Costing zielt auf eine Integration der gesamten Wertschöpfungskette ab. Das gilt sowohl für die vorgelagerte Zulieferintegration als auch für nachgelagerte Weiterverarbeitungsprozesse.

Anhand der Prinzipien wird deutlich, dass es sich beim Target Costing nicht um ein Kostenrechnungsinstrument handelt, vielmehr stellt es einen umfassenden Management-Prozess dar, der weit über die Abteilungsgrenzen des Rechnungswesens hinaus geht.

2.2 Vorgehensweise beim Target Costing

Der Prozess des Target Costing kann in drei Phasen dargestellt werden: Zielkostenfindungszyklus, Zielkostenspaltungszyklus und Zielkostenerreichungszyklus.

2.2.1 Zielkostenfindungszyklus

Ausgangspunkt des Target Costing ist die Zielkostenfindung. In der Literatur werden mehrere Methoden zur Bestimmung der Gesamtproduktzielkosten diskutiert:[13]

- *Market into Company*: Ausgangspunkt der Zielkostenbestimmung ist der am Markt erzielbare Preis und der geplante Gewinn.
- *Out of Company*: Die Zielkosten werden aus den technischen und betriebswirtschaftlichen Fähigkeiten, dem Erfahrungsschatz und den Potenzialen des Unternehmens abgeleitet.

13 vgl. Sakurai 1989, S. 43; Hiromoto 1989, S. 316 ff.; Seidenschwarz 1991, S. 199.

- *Into and out of Company*: Dieses Verfahren stellt eine Kombination der oberen zwei Verfahren dar.
- *Out of Competitor*: Die Zielkosten werden aus den Kosten der Konkurrenz abgeleitet.
- *Out of Standard Costs*: Ableitung der Zielkosten aus den eigenen Standardkosten und Senkungsabschlägen.

Die erste Methode gilt als die „Reinform" des Target Costing, da sie den Markt in den Mittelpunkt unternehmerischer Entscheidungen stellt. Bei den anderen Formen der Zielkostenfestlegung ist eine Marktorientierung nur indirekt (zum Beispiel über Wettbewerbsprodukte) möglich. Im Folgenden wird die „Market into Company"-Methode näher beschrieben (vgl. Abbildung 1).[14]

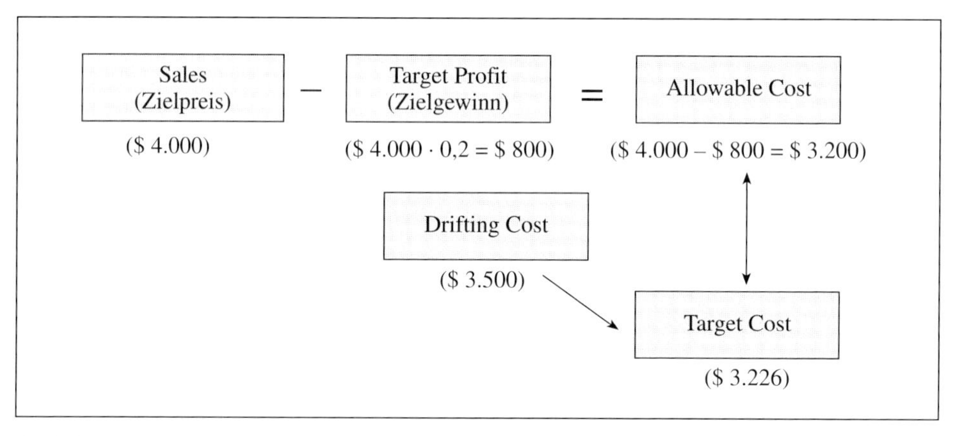

Abbildung 1: Zielkostenfindungsprozess nach der Market-into-Company-Methode (in Anlehnung an Sakurai 1989, S. 57)

Ausgangspunkt des „Market into Company"-Prozesses ist der mit Hilfe der Marktforschung ermittelte „am Markt erzielbare Preis" für ein Produkt. Durch Subtraktion der angestrebten Gewinnspanne erhält man die „vom Markt erlaubten Kosten" (Allowable Costs). Diese werden den sogenannten „Drifting Costs" gegenübergestellt. Als Drifting Costs werden die Kosten bezeichnet, die das Produkt bei Aufrechterhaltung vorhandener Technologie- und Verfahrensstandards im Unternehmen verursachen würde. Sie werden auf Basis bisheriger oder geschätzter eigener Standardkosten durch eine progressive Kalkulation ermittelt.

Zwischen den Drifting Costs und den Allowable Costs werden die Zielkosten (Target Costs) festgelegt. Die Unterscheidung zwischen den Allowable Costs und den Target Costs resultiert daraus, dass unter motivationalen Gesichtspunkten die Zielkosten nicht zwingend mit den Allowable Costs gleichzusetzen sind. Die Zielkosten sollten auf jeden

14 vgl. im Folgenden Tanaka 1989, S. 56 ff.

Fall realistisch und erreichbar sein. Sie werden daher letztlich innerhalb der Spanne zwischen den Allowable Costs und den Drifting Costs fixiert. Wie nah sie an den Allowable Costs festgelegt werden, ist jeweils nach Situation des Marktes, des Unternehmenskontextes und nach der strategischen Position zu bestimmen. Je höher die Wettbewerbsintensität und der Kostendruck sind, desto näher sollten die Zielkosten an den vom Markt erlaubten Kosten positioniert sein.

Der Kostenreduktionsbedarf wird vorerst nur auf der Gesamtproduktebene sichtbar. Um ihn zu operationalisieren und spezielle Maßnahmen zur Kostensenkung einleiten zu können, bedarf es der weiteren Aufspaltung der Zielkosten auf einzelne Komponenten und Prozesse.

2.2.2 Zielkostenspaltungszyklus

In der Literatur werden vornehmlich zwei Ansätze zur Zielkostenspaltung diskutiert: die Komponentenmethode und die Funktionsmethode.

Bei der Komponentenmethode dienen die Kostenstrukturen von Vorgängerprodukten, ähnlichen Produkten oder Konkurrenzprodukten als Anhaltspunkt für die Zielkostenspaltung. Die Kostenvorgaben werden dabei auf einzelne Elemente oder Prozesse eines Produkts bezogen. Dieses Verfahren ist verhältnismäßig unkompliziert und mit geringem Aufwand durchzuführen. Der Nachteil der Komponentenmethode liegt darin, dass sich dieses Modell in dieser einfachen Form nicht direkt an den Kundenwünschen orientiert und eine „Einfrierung" der bestehenden Kostenstruktur vorgenommen wird.

Die Funktionsmethode stellt einen umfassenderen Ansatz dar, der sich direkt an den Wünschen des Kunden orientiert. Grundgedanke dieser Methode ist, dass Kunden die Nutzenzuordnung zu Funktionen erheblich einfacher fällt als zu Komponenten. Ein Produkt wird daher als eine Kombination von Funktionen definiert, die wiederum durch Komponenten erfüllt werden. Bei Dienstleistungsprodukten können die Komponenten als Prozesse aufgefasst werden, die zur Erstellung der Produkte notwendig sind. Die Verbindung von Funktionen und Komponenten erfolgt anschließend über eine Funktionen-Komponenten-Matrix. In dieser Matrix wird dargestellt, welchen Anteil die jeweiligen Komponenten zur Erfüllung der Funktionen beitragen. Über die von den Kunden vorgenommene Bewertung der Funktionen kann dann – über die Funktionen-Komponenten-Matrix – die Gewichtung der einzelnen Komponenten bestimmt werden. Die Gesamtproduktzielkosten werden anschließend gemäß der ermittelten Gewichtungen auf die Komponenten verteilt.

2.2.3 Zielkostenerreichungszyklus

Nach der Festlegung der Zielkosten beginnt die Umsetzungsphase, in der die angestrebten Zielkosten durch Kostensenkungsmaßnahmen realisiert werden müssen. Für den Prozess der Zielkostenerreichung existiert eine Anzahl von Instrumenten und Maßnahmen zur Aufdeckung und anschließenden Umsetzung von Kostensenkungspotenzialen.

Die Kostensenkungsmaßnahmen beziehen sich auf den gesamten Produktlebenszyklus, insbesondere auf die Entwicklungsphase sowie die Produktionsplanungs- und die Produktionsphase eines Produkts. In der Literatur wird immer wieder darauf hingewiesen, dass bereits in den frühen Phasen der Produktgestaltung ca. 70 % und bis zum Beginn der Produktion bis zu 95 % der Produktionskosten bestimmt werden.[15] Daher spielen auch beim Target Costing die frühen Phasen des Produktentstehungszyklus (Produktentwicklung, Produktionsplanung) eine entscheidende Rolle, und es steht eine Reihe von Konzepten zur Verfügung, die vor allem den Kostenreduktionsprozess in den frühen Phasen unterstützen

Wie oben gezeigt, ist das Target Costing ein produktlebenszyklusorientierter Ansatz, der den Entstehungs-, den Markt- sowie den Nachsorgezyklus beinhaltet.[16] Um der Lebenszyklusorientierung gerecht zu werden, liegt eine Ergänzung durch das Product Life Cycle Costing nahe, das eine ganzheitliche Sichtweise in den Ansatz mit einbringt, um alle Anschaffungs- und Folgekosten von Produkten zu erfassen und diese möglichst zu minimieren. Der Begriff „Costing" impliziert zunächst einen Periodenbezug, der dem Grundgedanken des Ansatzes jedoch nicht entspricht, da dieser gerade eine peridodenübergreifende Betrachtung des Produktlebenszyklusses anstrebt. Die kostenimmanente Periodisierung kann zugunsten der Betrachtung einer „Produkt-Gesamtperiode" aufgegeben werden, wodurch der Produktlebenszyklus durch Ein- und Auszahlungen exakt abgebildet werden kann.[17]

Im Rahmen eines lebenszyklusorientierten Kostenmanagements erhält eine permanente Kostenorientierung eine große Bedeutung. Die kostenorientierte Produktentwicklungsphase ist dabei durch einen kontinuierlichen Verbesserungsprozess zu ergänzen, der auch während der Marktphase des Produktes eine markt- und kostenorientierte Weiterentwicklung von Komponenten und Prozessen sicherstellt.

3. Target Costing – Einsatz im Bankmanagement

3.1 Eignung des Target Costing für den Einsatz in Banken

Das Target Costing ist ein Kostenmanagement-Ansatz, der ursprünglich für industrielle Produkte entwickelt wurde und sich bei der Kostenplanung auf direkte Kosten im Produktionsbereich konzentriert.[18] Die Steuerung von Gemeinkostenbereichen, die in der japanischen Kalkulationssystematik nicht in der Form wie in Europa existieren, wurde mit dem Ansatz zunächst nicht bezweckt. Die Übertragbarkeit des Instruments auf gemeinkostenintensive Dienstleistungen bzw. Finanzdienstleistungen ist daher nicht unmittelbar gewährleistet.

Seit Anfang der 90er Jahre haben sich Autoren mit der Anwendbarkeit des Target Costing auf gemeinkostenintensive Bereiche und Dienstleistungsunternehmen beschäftigt, wobei

15 vgl. zum Beispiel Corsten/Stuhlmann 1996, S. 12.
16 vgl. Coenenberg/Fischer/Schmitz 1997, S. 226 f.
17 vgl. Coenenberg/Fischer/Schmitz 1997, S. 224.
18 vgl. Sakurai 1989, S. 43 ff.

auf diesem Gebiet im Vergleich zur industriellen Kostenplanung nach wie vor erheblicher Forschungsbedarf besteht.[19] Mit der Ausweitung des Target Costing auf Leistungssysteme hat *Niemand* eine marktorientierte Kostenplanung industrieller Dienstleistungen realisiert und konzeptionell die Anwendbarkeit des Ansatzes auf Dienstleistungen aufgezeigt.[20] Die prinzipielle Übertragbarkeit des Ansatzes auf Bankprodukte ist von *Rudolph* untersucht und als grundsätzlich geeignet bewertet worden.[21] Zu dem gleichen Ergebnis kommen *Krugmann/Kaum/Rauch,* die eine marktorientierte Kostenplanung anhand eines Wertpapier-Depots darstellen und das Grundprinzip des Target Costing mit den Spezifika des Bankensektors als gut vereinbar sehen.[22] Weitere Anwendungsmöglichkeiten des Target Costing-Ansatzes in der Finanzdienstleistungsbranche wurden in der Literatur bereits anhand einfacher Beispiele aufgezeigt.[23] Eine umfassende, den bankspezifischen Anforderungen entsprechende Konzeption zur kosten- und marktorientierten Produktgestaltung ist bisher jedoch noch nicht entwickelt worden, wenngleich in der bankbetrieblichen Literatur vielfach auf die fehlende Verbindung und Integration zwischen Markt- und Kostenorientierung hingewiesen wird.[24] Vielmehr wird ein Produktangebot gefordert, dass sich stärker am Bedarfsprofil einzelner Kundengruppen und an den Produktions- und Vertriebskosten ausrichtet.[25]

Ein wesentlicher Anpassungsbedarf für den klassischen Target Costing-Ansatz ergibt sich aus den Produktspezifika von Bankdienstleistungen. Da es sich um einen produktorientierten Kostenmanagement-Ansatz handelt, setzt dies zunächst eine genaue Definition und Abgrenzung des Bankproduktes voraus. Während bei physischen Produkten eine Produkt- bzw. Leistungsabgrenzung eindeutig durchführbar ist, existiert bei einigen Bankprodukten kein abgegrenztes und vordefiniertes Leistungsspektrum, es besteht vielmehr ein Leistungsangebot seitens der Bank, das vom Kunden in beliebigem Umfang in Anspruch genommen werden kann.

Hinsichtlich der Kostenplanung lässt sich eine Strukturierung der Bankprodukte in drei Kategorien vornehmen: Vorgänge, definierte Produkte und offene Produkte.[26]

„Vorgänge" stellen die einfachsten Produkte dar. Die angebotene Bankdienstleistung ist mit einem einmaligen Vorgang abgeschlossen (zum Beispiel Währungstausch in der Bankfiliale). Bei „Vorgängen" wird durch die Interaktion mit dem Kunden pro Produkt nur ein Prozess innerhalb der Bank ausgelöst und der Kunde besitzt sonst keinen Einfluss auf Art und Anzahl der Bankprozesse. Es besteht eine 1:1-Beziehung zwischen Produkt und Prozess.

„Definierte Produkte" besitzen einen hohen Standardisierungsgrad. Die Laufzeit der Produkte ist fixiert und kann über mehrere Perioden gehen (zum Beispiel Kleinkredite). Die

19 vgl. Paul/Reckenfelderbäumer 1998, S. 650.
20 vgl. Niemand 1996.
21 vgl. Rudolph 1998.
22 vgl. Krugmann/Kaum/Rauch 2000, S. 105.
23 vgl. Krumnow 1998, S. 119 ff.; Hoffjahn 1994, S. 594 ff.; Schierenbeck 1997a, S. 545 f.
24 vgl. stv. Paul/Reckenfelderbäumer 1998, S. 660; Berger/Hoock 1998, S. 861.
25 vgl. Betsch 1999, S. 102; Paulhuhn 1995, S. 55 ff.; Wiechers 1998, S. 582 ff.
26 vgl. hierzu Tschmelitsch/Krause 1998, S. 360 f.

Interaktion mit dem Kunden ist bei diesen Produkten relativ gering und auf definierte Vorgänge beschränkt (zum Beispiel Kreditantrag, Überweisung Tilgungsrate, etc.). Es werden pro Produkt mehrere Prozesse ausgelöst, die jedoch in einem bestimmten Verhältnis zum Produkt stehen und nicht von der Interaktivität mit dem Kunden abhängen (feste 1:N-Beziehung).

„Offene Produkte" besitzen eine hohe Interaktivität mit dem Nachfrager. Die von den Kunden in Anspruch genommenen Leistungen sind hinsichtlich Menge und zeitlichem Anfall nicht bekannt.[27] Es besteht ferner keine feste Laufzeit der Produkte (zum Beispiel Girokonto). Als Produkt wird vielmehr eine Kundenbeziehung definiert, in der dem Kunden ein bestimmtes Leistungsspektrum zur Verfügung gestellt wird, dessen Inanspruchnahme im Ermessensspielraum des Kunden liegt und im voraus nicht bestimmbar ist. Die Anzahl der Prozesse pro Produkt ist folglich nicht wie bei den definierten Produkten fixiert, sondern sie hängt vom Kundenverhalten ab (zum Beispiel Anzahl der Überweisungen, Anzahl der Beratungsgespräche, etc.). Es besteht eine flexible 1:X-Beziehung zwischen Produkt und Prozessen, wobei X von dem Verhalten des Kunden abhängt.

Die Herausforderung der Anwendung der Target Costing-Methodik auf Bankprodukte liegt in der Fokussierung auf die offenen Produkte und in der Integration der Interaktivität mit den Kunden. Hierin liegt ein wesentlicher Unterschied zu den klassischen Target Costing-Anwendungen in der Industrie, bei denen eine feste 1:N-Beziehung hinsichtlich Produktanzahl und Ressourcenbeanspruchung unterstellt wurde. Da das Verhalten der Kunden im voraus nicht bestimmbar ist, muss bei offenen Bankprodukten mit Statistiken und Annahmen gearbeitet werden. Um den spezifischen Charakteristika und der höheren Komplexität der offenen Produkte gerecht zu werden, sollen sie im Folgenden für den Target Costing-Ansatz zugrunde gelegt werden. Eine Übertragung der Methodik auf die anderen Produktgruppen (Vorgänge, definierte Produkte) ist danach leicht möglich.

Eine weiteres Charakteristikum von Bankprodukten ist die Leistungsdualität. Die Erstellung von Bankleistungen kann dabei in einen Werte- und einen Betriebsbereich untergliedert werden. Aufgrund des steigenden Wettbewerbs zwischen den Kreditinstituten, den damit verbundenen schrumpfenden Zinsspannen und den weitestgehend ausgeschöpften Verbesserungspotentialen im Wertebereich gewinnen Effizienzsteigerung im Betriebsbereich, insbesondere im Retail-Banking, zunehmend an Bedeutung.[28] Die folgende Betrachtung des Target Costing konzentriert sich daher auf den Betriebsbereich im Retail-Banking von Kreditinstituten. Die Wertkosten gelten dabei, aus Sicht vom Target Costing Team, als nicht beeinflussbar. Prinzipiell ist jedoch eine integrierte Anwendung des Ansatzes unter Einbeziehung von Betriebs- und Wertebereich möglich.[29]

---

27 vgl. Tschmelitsch/Krause 1998, S. 361.

28 vgl. Endres, 1993, S. 5.

29 vgl. Schierenbeck 1997a, S. 545 f.; Krugmann/Kaum/Rauch, 2000, S. 101 ff.

3.2 Integration des Target Costing in das Bankmanagement

Das Target Costing wird vielfach als ein reines Controlling-Instrument aufgefasst. Diese Einschätzung ist in sofern nicht weitreichend genug, als dass es sich um einen umfassenden und interdisziplinären Management-Ansatz handelt, der weit über die Grenzen der Controlling-Abteilungen hinaus geht (vgl. oben). Dennoch besitzt das Instrument im europäischen Raum einen starken controllingspezifischen Charakter, da die Kostenplanung in den Aufgabenbereich der Controlling-Abteilungen fällt und die Koordination von Target Costing-Projekten dort ebenfalls meist erfolgt.

Der Einsatz des Target Costing erfolgt im Bankmanagement an der Schnittstelle von Kostenmanagement, Qualitätsmanagement und Preis- bzw. Konditionenpolitik, zur Unterstützung einer markt- und kostenorientierten Gestaltung von Bankdienstleistungen. Es wird eine frühzeitige und integrierte Berücksichtigung von Kostenstrukturen und Kundenanforderungen in der Produktentwicklung angestrebt: „Der künftige Erfolg im Privatkundengeschäft hängt davon ab, ob es gelingt, Kostendenken und Kundeninteresse im Gleichgewicht zu halten".[30] Die marktorientierte Gestaltung impliziert eine Ausrichtung der Produktpalette an den Kundenanforderungen und -wünschen. Zur Marktorientierung zählt damit zum einen die Leistungsgestaltung der angebotenen Bankprodukte, gleichzeitig aber auch die Festsetzung des am Markt durchsetzbaren Preises bzw. Konditionengefüges. Die Kostenorientierung beinhaltet eine kostenoptimierte Gestaltung der Wertschöpfungsprozesse zur Erbringung der von den Kunden geforderten Leistungen.

Schierenbeck drückt die Markt- und Kostenorientierung im Privatkundengeschäft durch die Notwendigkeit der integrierten Verfolgung zweier geschäftspolitischer Konzeptionen aus:[31]

- *Customer Benefit Banking:* Dieses Konzept strebt die kundennutzenorientierte Optimierung des Bankgeschäfts an.
- *Lean Banking:* Hierunter werden alle Aktivitäten subsumiert, die einer produktivitäts-/kostenorientierten Gestaltung des Bankgeschäfts dienen.[32]

Das Target Costing wird nun als instrumentelle Unterstützung der integrierten Verfolgung der beiden Konzeptionen in der Produktentwicklung verstanden (vgl. Abbildung 2). Über die parallele Verfolgung beider Konzeption wird als oberste Zielsetzung eine hohe Bankrentabilität verfolgt.

30 Krupp 1992, S. 8.

31 vgl. Schierenbeck 1997b, S. 141 ff.

32 vgl. Schierenbeck 1997b, S. 141.

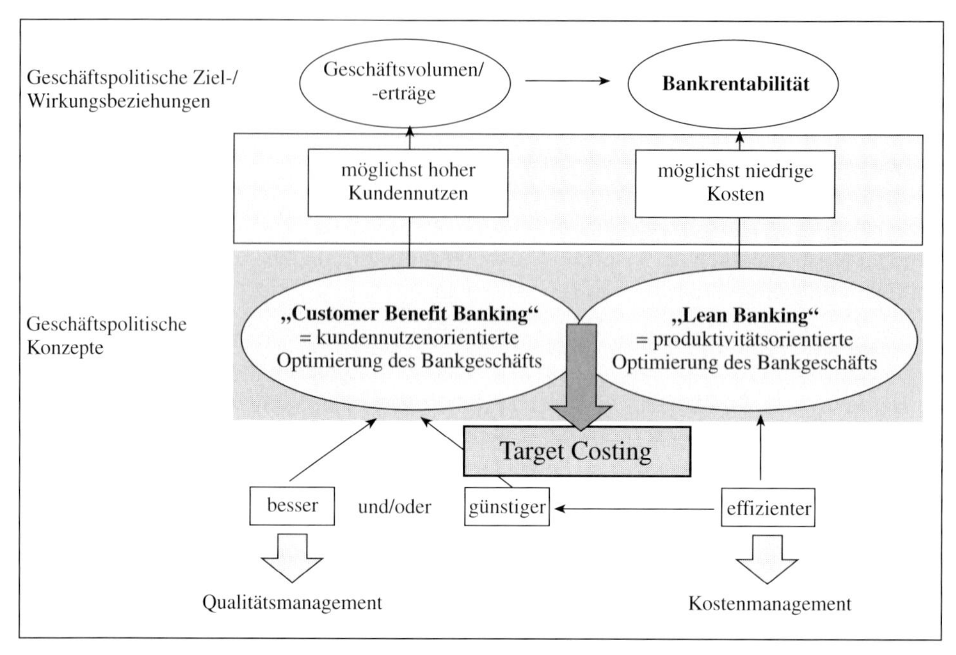

Abbildung 2: Integration von kundennutzenorientierter und produktivitätsorientierter Gestaltung des Bankgeschäfts (in Anlehnung an Schierenbeck 1997b)

3.3 Target Costing-Prozess in Banken

Aufbauend auf den allgemeinen Ausführungen zum Target Costing und unter Berücksichtigung der spezifischen Charakteristika offener Bankprodukte wird im Folgenden ein Target Costing-Ansatz für das Bankcontrolling dargestellt.

Die Zielkostenfindung erfolgt über die Planung der Erlöse abzüglich einer definierten Zielrendite. Während bspw. für einfache physische Produkte feste Preise existieren, setzen sich die Gesamterlöse bei den offenen Bankprodukten aus unterschiedlichen Bestandteilen zusammen, deren Höhe und zeitlicher Anfall vom Kundenverhalten abhängt. Es existieren sowohl fixe Erlöse, transaktionsabhängige Erlöse als auch volumenabhängige Erlöse. Ferner können im Wertebereich volumenabhängige Zinserlöse erzielt werden (vgl. Abbildung 3).

Die Höhe der Erlöse hängt bei offenen Produkten von zwei Parametern ab. Zum einen vom Gebührenmodell, also den Preisen für einzelne Teilleistungen. Zum anderen vom Kundenverhalten, denn der Kunde entscheidet über Art und Zeitpunkt der Inanspruchnahme der Leistungen und damit über den Gebühren- oder Provisionsanfall.

Von den geplanten Erlösen wird der geplante Gewinn in Form einer Zielrendite (zum Beispiel Umsatzrendite) abgezogen, wodurch man die „vom Markt erlaubten Kosten" (Allo-

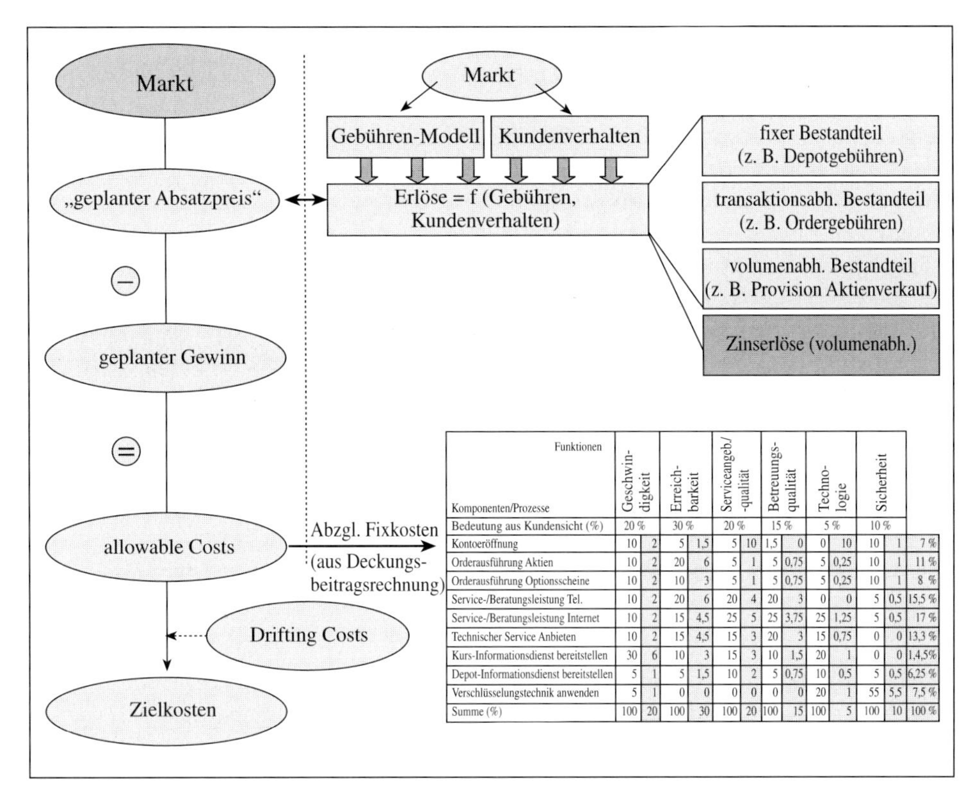

Funktionen / Komponenten/Prozesse	Geschwindigkeit		Erreichbarkeit		Serviceangeb./-qualität		Betreuungsqualität		Technologie		Sicherheit		
Bedeutung aus Kundensicht (%)	20 %		30 %		20 %		15 %		5 %		10 %		
Kontoeröffnung	10	2	5	1,5	5	10	1,5	0	0	10	10	1	7 %
Orderausführung Aktien	10	2	20	6	5	1	5	0,75	5	0,25	10	1	11 %
Orderausführung Optionsscheine	10	2	10	3	5	1	5	0,75	5	0,25	10	1	8 %
Service-/Beratungsleistung Tel.	10	2	20	6	20	4	20	3	0	0	5	0,5	15,5 %
Service-/Beratungsleistung Internet	10	2	15	4,5	25	5	25	3,75	25	1,25	5	0,5	17 %
Technischer Service Anbieten	10	2	15	4,5	15	3	20	3	15	0,75	0	0	13,3 %
Kurs-Informationsdienst bereitstellen	30	6	10	3	15	3	10	1,5	20	1	0	0	1,4,5%
Depot-Informationsdienst bereitstellen	5	1	5	1,5	10	2	5	0,75	10	0,5	5	0,5	6,25 %
Verschlüsselungstechnik anwenden	5	1	0	0	0	0	0	0	20	1	55	5,5	7,5 %
Summe (%)	100	20	100	30	100	20	100	15	100	5	100	10	100 %

Abbildung 3: Target Costing-Prozess für Bankprodukte

wable Costs) für die in Anspruch genommenen Bankleistungen erhält. Wenn die Zielkostenlücke zwischen Allowable Costs und Drifting Costs sehr groß ist, werden die Zielkosten aus motivationalen Gründen zwischen den Drifting Costs und den Allowable Costs angesetzt, ansonsten können sie den Allowable Costs gleich gesetzt werden (vgl. oben). Die ermittelten Zielkosten beziehen sich auf das gesamte Bankprodukt, inklusive aller Gemein- und Fixkosten. Für das interdisziplinäre Target Costing-Team sind bei der Entwicklung neuer Bankprodukte jedoch nicht alle Kostenarten beeinflussbar und relevant. Insbesondere Kosten aus den Overhead-Bereichen (zum Beispiel Kosten der Personalabteilung, Lohnbuchhaltung, Geschäftsführung, etc.) liegen außerhalb der Beeinflussungsmöglichkeiten bei der markt- und kostenorientierten Produktgestaltung und werden von den Zielkosten im Sinne einer retrograden Deckungsbeitragsrechung subtrahiert. Je nach Produktart und spezifischer Unternehmenssituation sind auch Kostenarten wie IT-Kosten, Raumkosten, etc. als nicht relevant zu betrachten und aus der retrograden Kalkulation auszuschließen. Die späteren Zielkosten dürfen nur solche Elemente beinhalten, die auch im Gestaltungs- und Verantwortungsbereich des jeweiligen Target Costing-Teams liegen.[33] Das Target Costing kann dabei auf den Informationen von Deckungsbeitragsrechnungen

33 vgl. Krugmann/Kaum/Rauch 2000, S. 101.

aufbauen, die Fixkosten in unterschiedlichen Stufen ausweisen. Je nach Beeinflussungsmöglichkeit und Fristigkeit der fixen Kosten, können diese mit in die Zielkostenvorgaben mit aufgenommen oder ausgeschlossen werden. Eine Zielkostenvorgabe und die Steuerung der ausgeschlossenen Kostenarten kann über andere Kostenmanagement-Ansätze wie zum Beispiel Benchmarking, Gemeinkostenwertanalyse, Zero Base Budgeting etc. erfolgen. Bis zu diesem Schritt existieren die Zielkosten nur auf Gesamtproduktebene, wodurch eine markt- und kostenorientierte Produktgestaltung noch sehr undifferenziert möglich ist.[34] Ein Kernelement des Target Costing besteht nun in dem Herunterbrechen der Produktgesamtzielkosten auf einzelne Produktbestandteile.[35] Hierzu werden vom Markt die Leistungsanforderungen der Kunden abgefragt und durch die Gewichtung vorab definierter Funktionen abgebildet. Zur Ermittlung der Kundenanforderungen und der entsprechenden Funktionengewichtungen können unterschiedliche Marketing-Instrumente eingesetzt werden. Das interdisziplinäre Target Costing-Team ermittelt mit Hilfe der Funktionen-Komponenten-Matrix, welche Komponenten (Prozesse) in wie weit zur Erfüllung der Funktionen beitragen (vgl. Abbildung 4).

Die Prozentwerte in der Spalte ganz rechts geben die Bedeutung der einzelnen Prozesse aus Kundensicht an. Beispielsweise besitzt die „Orderausführung Aktien" einen Nutzen- und damit auch Zielkostenanteil von 11 %.

Nach der Ermittlung der Komponenten-Gewichtungen stellt sich die Frage, wie die Ressourcen und damit die Kosten für die jeweiligen Prozesse kalkuliert und gesteuert werden können. Da die Prozesse weitestgehend in indirekten Leistungsbereichen ablaufen, stoßen klassische Kostenrechnungsansätze an die üblichen Grenzen der Gemeinkostentransparenz und -schlüsselung. Einen bewährten Ansatz zur Produktkalkulation, auch in Verbindung mit dem Target Costing, stellt hier die Prozesskostenrechnung dar.

3.4 Marktorientiertes Prozesskostenmanagement

Über die Verbindung des Target Costing mit der Prozesskostenrechnung bzw. dem Prozessmanagement wird eine marktorientierte Steuerung der Ressourcen bzw. Prozesse angestrebt. „Die Prozesskosten sollten so eingesetzt werden, wie dies dem Kundenwunsch, also letztlich dem Beitrag des Prozesses zur Produktrealisierung, entspricht."[36] Wie oben gezeigt, erfolgt die Zielkostenspaltung über die ermittelten Funktionen direkt auf Hauptprozesse. Dieses Vorgehen bietet sich insbesondere für Dienstleistungsunternehmen an, da hier die indirekten Kostenbereiche dominieren und physische Produktkomponenten (wie beim klassischen Target Costing) eine vernachlässigbare Rolle spielen.

Das Marktorientierte Kostenmanagement erfordert dabei eine gegenläufige Vorgehensweise. Zum einen gilt es, über eine Produkt- und Prozessanalyse bottom-up diejenigen

34 vgl. Paul/Reckenfelderbäumer, 1998, S. 651.
35 vgl. Mayer 1993, S. 87.
36 Seidenschwarz 1994, S. 172.

Funktionen Komponenten/ Prozesse	Geschwindigkeit		Erreichbarkeit		Serviceangeb./ -qualität		Betreuungs- qualität		Technologie		Sicherheit		
Bedeutung aus Kundensicht (%)	20 %		30 %		20 %		15 %		5 %		10 %		
Kontoeröffnung	*10*	2	*5*	1,5	*5*	1	*10*	1,5	*0*	0	*10*	1	**7 %**
Orderausführung Aktien	*10*	2	*20*	6	*5*	1	*5*	0,75	*5*	0,25	*10*	1	**11 %**
Orderausführung Optionsscheine	*10*	2	10	3	*5*	1	*5*	0,75	*5*	0,25	*10*	1	**8 %**
Service-/Beratungs- leistung Telefon	*10*	2	*20*	6	*20*	4	*20*	3	*0*	0	*5*	0,5	**15,5 %**
Service-/Beratungs- leistung Internet	*10*	2	*15*	4,5	*25*	5	*25*	3,75	*25*	1,25	*5*	0,5	**17 %**
Technischen Service anbieten	*10*	2	*15*	4,5	*15*	3	*20*	3	*15*	0,75	*0*	0	**13,3 %**
Kurs-Informations- dienst bereitstellen	*30*	6	*10*	3	*15*	3	*10*	1,5	*20*	1	*0*	0	**14,5 %**
Depot-Informations- dienst bereitstellen	*5*	1	*5*	1,5	*10*	2	*5*	0,75	*10*	0,5	*5*	0,5	**6,25 %**
Verschlüsselungs- technik anbieten	*5*	1	*0*	0	*0*	0	*0*	0	*20*	1	*55*	5,5	**7,5 %**
Summe (%)	*100*	20	*100*	30	*100*	20	*100*	15	*100*	5	*100*	10	**100 %**

Abbildung 4: Funktionen-Komponenten-Matrix für ein Internet-Wertpapier-Depot

Prozesse zu definieren, die für die Bereitstellung und Erbringung der Leistung notwendig sind, und diese mit Hilfe der Prozesskostenrechnung zu bewerten. Dieser Prozessperspektive, die auch als Basis zur Ermittlung der Drifting Costs dient, wird die Marktperspektive gegenüber gestellt, bei der, ausgehend vom Gesamtprodukt, die Zielkosten auf Prozesse (Komponenten) in Gestalt von Zielprozesskosten verteilt werden. Um eine Vergleich- und Steuerbarkeit der Prozesse zu gewährleisten, ist eine Synchronisierung der Teil- und Hauptprozesse bzw. eine einheitliche Prozessdefinition notwendig.

Nicht alle Prozesse weisen jedoch einen direkten oder indirekten Bezug zum Absatzobjekt Bankdienstleistung auf. *Paul/Reckenfelderbäumer* unterscheiden drei Prozesstypen.[37] Prozesse ersten Grades sind direkte Bestandteile der Dienstleistung (zum Beispiel Auftragsentgegennahme in einem Call-Center). Prozesse zweiten Grades besitzen nur einen mittelbaren Bezug zum Absatzobjekt (zum Beispiel Wartung und Leistung des Call-Centers). Schließlich gibt es Prozesse dritten Grades, die für den Kunden keine erkenn- und spürbare Verbindung mehr zu dem Absatzobjekt Bankdienstleistung vorweisen (zum Beispiel Lohnbuchhaltung der Mitarbeiter im Call-Center).[38] Während für die Prozesse ersten und zweiten Grades eine Zielkostenvorgabe aus den Kundenanforderungen möglich

37 vgl. Paul/Reckenfelderbäumer 1998, S. 653.

38 Eine ähnliche Klassifizierung findet sich bei Gaiser/Kieninger 1993. Sie unterscheiden Prozesse mit „produktnahen Gemeinkosten", „produktferne, leistungsmengeninduzierte Gemeinkosten" und „produktferne, leistungsmengenneutrale Gemeinkosten".

ist, erscheint die Kausalität für die Prozesse dritten Grades hinsichtlich Markt- und Kundenorientierung und Prozessgestaltung nicht mehr gegeben zu sein. Von den Gesamtproduktzielkosten wird daher zunächst ein Kostenblock für die Prozesse dritten Grades subtrahiert, soweit die Kosten nicht bereits schon in die ausgeschlossenen Overheads eingegangen sind, bevor die Zielkostenspaltung der Prozesse ersten und zweiten Grades einsetzen kann. Die Zielkostenvorgabe für die Prozesse dritten Grades erfolgt somit nicht mehr anhand von Kundenanforderungen, sondern leitet sich aus internen Vorgaben oder extern ermittelten Benchmarks ab. Die vom Markt top down ermittelten Zielprozesskosten werden den Standardprozesskosten (Drifting Costs) im Unternehmen gegenübergestellt. Aus der Zielkostenlücke ergeben sich Prozesskostensenkungsvorgaben und Gestaltungsanforderungen an die Abläufe in der Bank.

Die eigentliche Herausforderung liegt nun in der Schließung der Zielkostenlücke und der Erreichung der Zielkosten durch ein zielorientiertes Management der Prozesskosten. *Seidenschwarz* unterscheidet drei Ebenen des Prozesskostenmanagements, die für den erfolgreichen Einsatz des Target Costing berücksichtigt werden müssen. [39] Die Ebenen unterscheiden sich durch den Produktbezug und die jeweilige Gestaltungsfreiheit hinsichtlich einer Prozessoptimierung und damit auch hinsichtlich einer marktorientierten Prozesskostenbeeinflussung.

Die erste Ebene ist die Dimension der *Prozessgestaltung*. Diese Ebene beinhaltet produktspezifische Prozesse, die neben einen hohen Produktbezug auch einen großen Gestaltungsspielraum offen lassen. Die zweite Ebene der *laufenden Prozessverbesserung* bezieht sich auf Prozesse, die auch von anderen Produkten beansprucht werden. Der direkte Produktbezug ist hier nur bedingt gegeben, die Gestaltungsspielräume sind aufgrund der mehrproduktorientierten Ausrichtung nur gering. Die dritte Ebene der *Prozessbereinigung* bezieht sich auf die oben schon erwähnten produktfernen Prozesse, die über das Target Costing nur noch schwer zu beeinflussen sind. Hier greifen Kostenmanagement-Ansätze wie bspw. das Prozessbenchmarking oder das Kaizen Costing.

Für die ersten zwei Ebenen erfolgt die Ableitung von Zielprozesskosten aus den Kunden- und Marktanforderungen. Zielkostenlücken, die sich aus dem Vergleich mit den Drifting Costs ergeben, können vielfältige Ursachen haben. Um eine Senkung der Drifting Costs auf Zielkostenniveau zu bewerkstelligen, ist zunächst eine Kostenabweichungsanalyse notwendig.

Abweichungen auf Prozesskostenbasis können grundsätzlich auf zwei Ursachen zurückgeführt werden. Zum einen können Mengenabweichungen auftreten, die durch eine Veränderung der Höhe der Kostentreiber, also eine Differenz im Output verursacht werden. Zum anderen können Ressourcenabweichungen auftreten, die durch einen veränderten Ressourceneinsatz, also eine Differenz auf der Input-Seite bei konstanten Output hervorgerufen werden.[40]

Für die Prozesse der ersten und zweiten Ebene mit direktem bzw. indirektem Produktbezug gilt, dass der Wert der Kostentreiber vom Markt diktiert wird (abgesehen von Nach-

39 vgl. Seidenschwarz 1993b, S. 47 f.

40 vgl. Tschmelitsch/Krause 1998, S. 374 f.; Batz/Schimpf/Eigenbrodt 1998, S. 367 ff.

besserungsprozessen und Fehlleistungen). Eine Kostenbeeinflussung über die Output-Seite ist nur über Produkteliminierungen, Variantenreduktionen oder konsequente Kundenfokussierung möglich. Bspw. könnte die Einsparung selten gewählter Varianten eine hohe Kosteneinsparung bei gleichzeitig geringen Nutzeneinbußen bei den Kunden die Zielkostenlücke reduzieren. Prozesskostenreduktion auf diese Art setzt voraus, dass Prozesse in einem direkten und alleinigen Zusammenhang mit dem zu gestaltenden Bankprodukt stehen. Basieren mehrere Produkte auf den gleichen Prozessen sind Prozesseliminierungen oder umfassendes Prozess-Reengineering nur eingeschränkt möglich, da sie nicht mehr im unmittelbaren Gestaltungsbereich des Target Costing-Teams liegen. Einsparungen auf der Ressourcen-Ebene führen bei konstantem Output zu Effizienzsteigerungen und damit zu einer Reduktion der Prozesskosten. Bspw. führt eine schnellere Orderannahme und Bearbeitung in einem Call-Center zu höherer Effizienz und damit bei fester Kostentreiber-Menge zu einem reduzierten Ressourcenbedarf und geringeren Prozesskostensätzen.

3.5 Target Costing im Direct-/Internet Banking

Im Privatkundengeschäft, insbesondere im Retail Banking sind Direct Banking-Leistungen in den letzten Jahren sehr erfolgreich gewesen. Verschiedene Studien zum Marktpotential des Direct Banking zeigen deutlich, dass sich dessen Bedeutung zukünftig noch verstärken wird.[41] Direct Banking-Leistungen unterscheiden sich von Filialbankleistungen weniger in der Art der finanziellen Bankleistung, als vielmehr in der Leistungsabgabe, wobei dem Kunden mehrere Vertriebswege zur Verfügung stehen (Telefon, Fax-Gerät, Internet etc.). Es handelt sich dabei um transparente, hochstandardisierte und selbsterklärende Leistungen mit günstigen und transparenten Konditionen kombiniert mit einem hohen Servicegrad.[42] Auf den sich schnell entwickelnden Direct Banking-Märkten zielten die Kreditinstituten bisher auf die zügige Gewinnung von Marktanteilen ab, um sich auf dem stark wachsenden Zukunftsmarkt gut zu positionieren. Dies hat dazu geführt, dass sich die Gestaltung von Direct Banking-Leistungen zunächst an dem „technisch Machbaren" orientierte.[43] Mit abnehmenden Marktwachstumsraten, zunehmenden Wettbewerb und preissensibleren Kunden steigt jedoch die Notwendigkeit, sich an den spezifischen Kundenanforderungen zu orientieren und effiziente Produkte im Sinne eines hohen Kundennutzens und geringen Kosten zu entwickeln. Der Target Costing-Ansatz ist vor diesem Hintergrund eine geeignete Methode um der Dualität der Zielsetzungen gerecht zu werden.

Insbesondere bei den Internet Banking-Produkten sind im Vergleich zum Filialbankengeschäft andere Prozess- als auch Kostenstrukturen hinterlegt. Auch der Kundennutzen richtet sich an anderen Parametern aus als im traditionellen Bankgeschäft: Gute Erreichbarkeit, leichte Bedienbarkeit, große Leistungsvielfalt und eine aktuelle und übersichtliche Informationsbereitstellung stellen aus Kundensicht kritische Erfolgsfaktoren dar, die es zu

41 vgl. Pischulti 1997, S. 46 ff.; Burkhardt/Lohmann 1998, S. 27 ff.

42 vgl. Veil 1998, S. 39 ff.

43 vgl. Birkelbach 1999, S. 484.

erfüllen gilt. Eine noch größere Rolle als im Filialbankengeschäft spielen die fixen Kosten (insbesondere IT-Kosten), die zur Aufrechterhaltung des virtuellen Finanzplatzes notwendig sind. Ein sehr großer Teil der Kosten fällt für IT-Projekte an, die bspw. der Überarbeitung oder Ausweitung des elektronischen Produktangebots dienen. Zur Sicherstellung einer marktorientierten Steuerung dieser IT-Projekte kann der Target Costing-Prozess zu einem Target Project Budgeting erweitert werden.[44]

4. Ausblick

Zwei Aspekte sollte dieser Beitrag zum Target Costing im Bankcontrolling deutlich machen:

- Target Costing ist ein Instrument, das den aktuellen Management-Herausforderungen (Kundenorientierung und Effizienz) im Bankmanagement gerecht wird: Es verbindet und integriert die marktorientierte mit der kostenorientierten Produktgestaltung.
- Target Costing ist in der Bankwirtschaft einsetzbar: Trotz anderer Produkteigenschaften, Kosten- und Prozessstrukturen im Vergleich zur Industrie, ist der Target Costing-Ansatz, mit leichten Modifikationen und in Verbindung mit der Prozesskostenrechnung, in der Bankwirtschaft anwendbar.

Wie sieht es nun mit Anwendungserfahrungen in der Praxis aus? Leider gibt es bisher nur sehr wenige Anwendungsberichte aus der Praxis. Woran das liegt, ist schwer zu sagen. In vielen Instituten ist das Controlling derzeit mit der Weiterentwicklung bestehender Kostenrechnungs- und Kostenmanagement-Instrumente bzw. der Einführung neuer Ansätze (insbesondere der Prozesskostenrechnung) beschäftigt, so dass das Target Costing erst als zweiter Schritt auf der Agenda steht. Teilweise bedarf der Ansatz auch noch konzeptioneller Weiterentwicklung für den Einsatz in Kreditinstituten. Hierbei geht es insbesondere um die Klärung der folgenden Punkte:

- Wie kann eine umfassende marktorientierte Steuerung der fixen Gemeinkosten sichergestellt werden?
- Wie können insbesondere die IT-Kosten stärker eingebunden werden?
- Wie kann eine Kostenplanung über mehrere Produkt- und Kundengruppen hinweg erfolgen?

Insgesamt steht mit dem Target Costing ein betriebswirtschaftlicher Ansatz zur Verfügung, der insbesondere bei der Entwicklung neuer Bankprodukte eine kunden-nutzenorientierte Ressourcenverwendung sicherstellt und somit dem steigenden Kostendruck in der Finanzdienstleistungsbranche entgegenwirkt und den steigenden Kundenanforderungen gerecht wird.

44 vgl. Wittmann 1998.

Literaturhinweise

ANSARI, S./BELL, J.: CAM-I Target Cost Core Group: Target Costing – The next frontier in Strategic Cost Management, Chicago u. a. 1997.

BATZ, V./SCHIMPF, T./EIGENBRODT, M.: Prozessorientierte Ressourcenplanung als Baustein eines integrativen Prozessmanagements, in: Controlling, 1998, Nr. 6, S. 364-373.

BERGER, R./HOOCK, R.: Mit kundenorientierter Organisation und Kultur zur Weltspitze, in: Betsch, O., u. a., Handbuch Privatkundengeschäft, Frankfurt am Main 1998, S. 859-872.

BETSCH, O.: Entwicklung und Perspektiven des Privatkundengeschäfts, in: FLF, Nr. 3, 1999, S. 99-106.

BETSCH, O., u. a. (Hrsg.): Handbuch Privatkundengeschäft, Frankfurt am Main 1998.

BIRKELBACH, J.: Internet Banking geht in die nächste Runde, in: Die Bank, 1999, Nr. 7, S. 484-490.

BRUHN/MEFFERT (Hrsg.), Handbuch Dienstleistungsmanagement, Wiesbaden 1998.

BURKHARDT, T./LOHMANN, K.: Banking and electronic commerce, Berlin 1998.

COENENBERG, A. G./FISCHER, T./SCHMITZ, J.: Target Costing und Product Life Cycle Costing als Instrumente des Kostenmanagements, in: Freidank/Götze/Burkhard/Weber (Hrsg. 1997), S. 195-232.

CORSTEN, H./STUHLMANN, S.: Grundlagen eines rechtzeitigen Kostenmanagement, in: krp (Sonderheft), 1996, Nr. 1, S. 11-19.

ENGELHARDT, W. H. (Hrsg.): Perspektiven des Dienstleistungsmarketing, Wiesbaden 1998

EPPLE, M. H.: Die Kundenbindung wird schwächer: Vertrieb von Bankprodukten, in: Die Bank, 1991, Nr. 10, S. 544-550.

FICKERT, R. (Hrsg.): Customer Costing, Bern u. a. 1998.

FRANZ, K.-P.: Target Costing – Konzept und kritische Bereiche, in: Controlling, 1993, Nr. 3, S. 124-130.

FREIDANK, C. C. u. a. (Hrsg.): Kostenmanagement, Berlin u. a. 1997.

GAISER, B./KIENINGER, M.: Fahrplan für die Einführung des Target Costing, in: Horváth, P. (Hrsg. 1993), S. 53-73.

HIROMOTO, T.: Management Accounting in Japan, in: Controlling, 1989, Nr. 6, S. 316-322.

HOFFJAHN, A.: Strategisches Zielkostenmanagement im Zahlungsverkehr der Banken, in: Die Bank, 1994, Nr. 10, S. 594-599.

HORVÁTH, P. (Hrsg.): Kunden und Prozesse im Fokus, Stuttgart 1994.

HORVÁTH, P. (Hrsg.): Target Costing – marktorientierte Zielkosten in der deutschen Praxis, Stuttgart 1993.

HORVÁTH, P./NIEMAND, S./WOLBOLD, M.: Target Costing – State of the Art, in: Horváth, P. (Hrsg. 1993), S. 1-27.

HORVÁTH & PARTNER GMBH (Hrsg.): Prozesskostenmanagement, 2. Aufl., München 1998.

KAVEN, J.-P.: Bankprodukte vom Reissbrett, in: Bank Magazin, 1997, Nr. 9, S. 24-26.

KRÖNER, M.: Bankdienstleistungen im Internet – Mehr als ein Vertriebsweg, in: Lange (Hrsg. 1998).

KRUGMANN, B./KAUM, S./RAUCH, M. (2000): Kundengerechte Preis- und Produktgestaltung durch Target Costing, in: Die Bank, 2000, Nr. 2, S. 98-105.

KRUMNOW, J.: Banken-Controlling: modernes Kostenmanagement, in: Lachnit/Lange/Palloks (Hrsg. 1997), S. 107-127.

KÜNZLI, A. K./KNÖBEL, U.: Struktureller Wandel im Retail Banking, in: Fickert, R. (Hrsg. 1998), S. 193-214.

LACHNIT, L./LANGE, C./PALLOKS, M. (Hrsg.): Zukunftsfähiges Controlling, München 1998.

LANGE, T. A. (Hrsg.): Internet-Banking – Der Bankvertrieb im Umbruch, Wiesbaden 1998.

LEPELMEIER, D.: Bank-Angebotsstrukturen auf dem Prüfstand, in: WISU, 1999, Nr. 7, S. 965-971.

MAYER, R.: Target Costing und Prozesskostenrechnung, in: Horváth, P. (Hrsg. 1993), S. 77-92.

MEFFERT, H.: Marktorientierte Führung von Dienstleistungsunternehmen – State of the Art und Entwicklungsperspektiven, in: Bruhn/Meffert (Hrsg. 1998), S. 955-982.

MONDEN, Y./SAKURAI, M. (Hrsg.): Japanese Management Accounting, Cambridge, Massachussetts 1989.

NIEMAND, S.: Target Costing für industrielle Dienstleistungen, München 1996.

PAUL, M./PAUL, S.: Illoyalität als Chance?, in: Engelhardt, W. H. (Hrsg. 1998), S. 81-119.

PAUL, M./RECKENFELDERBÄUMER, M.: Preisbildung und Kostenrechnung bei Dienstleistungen auf Basis neuerer Kostenrechnungsverfahren, in: Bruhn/Meffert (Hrsg. 1998), S. 633-664.

PAULHUHN, B.: Vertriebsstrukturen für Finanzdienstleistungen im Privatkundengeschäft, in: Rolfes/Schierenbeck (Hrsg. 1995), S. 49-67.

PISCHULTI, H.: Direktbankengeschäft, Frankfurt am Main 1997.

ROLFES, B./SCHIERENBECK, H. (Hrsg.): Vertriebssteuerung in Kreditinstituten, Frankfurt am Main 1995.

ROLFES, B./SCHIERENBECK, H./SCHÜLLER, S. (Hrsg.): Das Privatkundengeschäft – Die Achillesferse deutscher Kreditinstitute, Frankfurt am Main 1997.

RUDOLPH, B.: Zielkostenmanagement bei Kreditinstituten, Stuttgart 1998.

SAKURAI, M.: Target Costing and how to use it, in: Journal of Cost Management, 1989, Nr. 2, S. 39-50.

SCHIERENBECK, H. (1997a): Ertragsorientiertes Bankmanagement, Band 1, Grundlagen, Marktzinsmethode und Rentabilitäts-Controlling, 5. Aufl., Wiesbaden 1997.

SCHIERENBECK, H. (1997b): Qualitätsmanagement im Privatkundengeschäft, in: Rolfes/Schierenbeck/Schüller (Hrsg. 1997), S. 139-171.

SEIDENSCHWARZ, W.: Das Controlling der Markt- und Prozesskette, in: Horváth, P. (Hrsg. 1994), S. 161-183.

SEIDENSCHWARZ, W.: Target Costing: marktorientiertes Zielkostenmanagement, München, 1993a.

SEIDENSCHWARZ, W.: Target Costing – durch marktgerechte Produkte zu operativer Effizienz oder: Wenn der Markt das Unternehmen steuert, in: Horváth, P. (Hrsg. 1993), S. 29-52.

SEIDENSCHWARZ, W.: Target Costing – Einjapanischer Ansatz für das Kostenmanagement, in: Controlling, 1991, Nr. 4, S. 198-203.

TANAKA, M.: Cost planning and control systems in the design phase of a new product, in: Monden/Sakurai (Hrsg. 1989), S. 49-71.

TSCHMELITSCH, E./KRAUSE, G.: Prozessmanagement in Banken – Erfahrungen der Landeshypothekenbank Tirol, in: Horváth & Partner GmbH (Hrsg. 1998), S. 355-384.

VEIL, M.: Direktbanken im Retail-Banking, Freiburg i. Br. 1998.

WIECHERS, R.: Vertrieb im Auftrag: Gedanken zur Neupositionierung von Finanzdienstleistungsproduzenten und Absatzmittlern, in: Betsch, O., u. a. (Hrsg. 1998), S. 573-587.

WITTMANN, J.: Target Project Budgeting, Wiesbaden 1998.

Ulrich Burchard / Nicolas von Mende

Benchmarking für die Zielplanung im Produktionsbereich von Finanzdienstleistern

1. Zusammenfassung

Bankdienstleistungen sind weitgehend vom Wettbewerb kopierbar und müssen durch ständige Innovation optimal gestaltet werden, um höchste Effizienz, Sicherheit und Geschwindigkeit zu erreichen. Große Abteilungen, Markt-, Organisations- und Technologiebereiche sind kontinuierlich dabei, ihre Kennzahlen zu verbessern: Abschluss pro Mitarbeiter, pro Kunde, pro Filiale; Bearbeitungszeit pro Kredit, Kosten pro Transaktion usw. Häufig stellen diese Verbesserungen nur auf den Vergleich zur Vorperiode ab. Dadurch bleibt manches Wettbewerbsrisiko verborgen.

Benchmarking soll klare Hinweise auf Leistungsreserven geben und durch Vergleich von einzelnen Prozessen wichtige Anhaltspunkte für den Weg zur Verbesserung aufzeigen. Dabei wird mit gelungener Kombination von Best Practices auch eine Überlegenheit erreichbar, weil kaum eine Organisation insgesamt Bester sein wird. Die abgesicherte Vorgehensmethodik und Wiederholbarkeit schafft Akzeptanz im Unternehmen und macht es leichter, eine Organisation im ständigen Wandel zu halten. Mit Hilfe der integrierten Beweisumkehr-Methodik wird dabei auch ein Beitrag zur Verbesserung struktureller Defizite geleistet. Es wird angenommen, dass der beste Wert (Benchmark) erreicht werden kann, es sei denn, ein Verantwortlicher beschreibt exakt, warum dies nicht geht. Die Einwände können entweder durch wirtschaftlich sinnvolle Investitionen beseitigt werden oder stellen einen Ansatzpunkt für Allianzen, Outsourcing oder andere grundsätzliche Schritte dar, um Wettbewerbsstärke und Best Practice zu erreichen.

Der vorliegende Beitrag wird auf die Begrifflichkeit und Stärken/Schwächen näher eingehen und die Methodik erläutern. Ein kurzes Fallbeispiel soll den Einsatzrahmen weiter verdeutlichen.

2. Einführung

Benchmarking hat gegenüber anderen Methoden so große Beliebtheit und Verbreitung erfahren, weil es in der betrieblichen Praxis „erfunden“ wurde. Das Grundkonzept – der Vergleich mit den Wettbewerbern – ist schon alt, aber erst die Xerox Corporation hat es 1979 formalisiert und in den darauffolgenden Jahren unternehmensweit eingesetzt. Die Suche nach einer radikal anderen Managementmethode war notwendig geworden, nachdem Xerox auf dem Markt für Kopiergeräte empfindliche Umsatzeinbußen erlitten hatte, weil die Xerox-Kopierer teurer als die der japanischen Konkurrenz waren. Dank Benchmarking lernten die Produktionsverantwortlichen von Xerox neue Herstellverfahren, und das Management gewann Ziele, die sich am Markt orientierten. Zusammen mit Mitarbeiterbeteiligung und der Einführung des TQM (Total Quality Management) wurde Benchmarking zum strategischen Mittel für dauerhafte Marktführerschaft durch Qualität.

3. Benchmarking: Begriff und Ziele

Benchmarking hat sich inzwischen zu einem Standard-Werkzeug entwickelt. Auch für Banken und andere Finanzdienstleistungsunternehmen stellt es ein anerkanntes Controlling- und Planungsinstrument dar. Ziel des Benchmarking ist es, durch die Orientierung an Spitzenleistungen die Voraussetzungen für eigene Überlegenheit zu schaffen. Benchmarking identifiziert Best Practices und ermittelt den Abstand zu den Besten auf dem jeweiligen Gebiet, der dann dafür genutzt werden kann, die strategische Zielplanung des Finanzdienstleistungsunternehmens effektiv zu unterstützen.

3.1 Definition und Abgrenzung

Der Vergleich zwischen Unternehmenskennzahlen im Zeitablauf, also die Veränderung von einem Messzeitpunkt zum nächsten (Umsatz gegenüber Vorjahr, Erhöhung der Rendite, Reduzierung der Kosten usw.) gehört zum traditionellen Controlling, das jedoch keine Rückschlüsse auf die Marktposition eines Finanzdienstleisters zulässt. Denn trotz steigendem Umsatz kann der Marktanteil bedrohlich sinken, trotz höherer Rendite können die Wettbewerber sehr viel profitabler sein und trotz reduzierter Kosten kann es sein, dass die Produktpreise im Markt nicht mehr konkurrenzfähig sind.

Erst Benchmarking stellt den Bezug zum Wettbewerb her. Dabei müssen die Benchmarking-Partner nicht aus derselben Branche kommen. Die Suche nach Spitzenleistungen außerhalb der eigenen Branche (funktionales Benchmarking) öffnet den Blick für andere Lösungen, die häufig erst Überlegenheit ermöglichen. Denn mit der Orientierung an Spitzenleistungen in der eigenen Branche kann man bis zum Branchenbesten aufholen, aber selten überholen. Innovationen resultieren häufig aus dem Transfer von Lösungen aus anderen Branchen. Da eine große Gruppe von Prozessen in fast allen Unternehmen vorkommt, steht für solche Benchmarking-Projekte eine breite Auswahl möglicher Benchmarking-Partner zur Verfügung (allgemeines Benchmarking).

Während mit externem Benchmarking der Abstand zu den Wettbewerbern gemessen wird, dient ein unternehmensinterner Projektfokus dazu, die Entwicklung eines Unternehmens anhand von Vergleichen mit der eigenen Vergangenheit nachzuvollziehen – man spricht dann von internem Benchmarking. Auch der amerikanische Begründer des Benchmarking, Xerox, hat für seine ersten Benchmarking-Projekte zunächst seine japanische Tochter als Benchmarking-Partner herangezogen. Für die Organisation einer Filialbank etwa können aus einem Benchmarking-Projekt mit der Direktbanktochter wertvolle Hinweise dafür gewonnen werden, wie auch die Wertpapiergeschäftsabwicklung aus einem Prozess-Benchmarking mit dem Terminmarktgeschäft profitieren kann. Kontinuierlich eingesetzt, kann Benchmarking daher auch als Controllinginstrument dienen, vorausgesetzt, unternehmens- oder konzerninterne Daten liegen über einen längerfristigen Zeitraum vor. Der Einbezug von Benchmarking nicht nur auf der Gesamtunternehmensebene (zum Beispiel Eigenkapitalrendite, Kunden pro Mitarbeiter), sondern auch für die operativen Unternehmenseinheiten (zum Beispiel Prozesskosten, Wertpapierbearbeitung oder Call-Center-Performance) bringt dem Nutzer von Controllingdaten Informationen, die über den Markterfolg entscheiden.

Gerade in der Finanzdienstleistungsbranche werden innerhalb der Institutsgruppen häufig seit Jahren wesentliche Leistungsdaten in Form von Kennzahlen erhoben und ausgetauscht. Solche Kennzahlen werden meist vom Unternehmenscontrolling gespeist und ausgewertet. Benchmarking geht über die Bereitstellung von Kennzahlen wesentlich hinaus. Die Orientierung an den Besten zeigt zusätzlich den Abstand auf und schafft durch die Prozessorientierung echte Vergleichbarkeit und wesentliche Erkenntnisse für Veränderungen. Auch geht man bei Benchmarking bewusst von branchen- und institutsgruppenübergreifenden Vergleichen aus, um daraus wirkliche Überlegenheit entwickeln zu können.

3.2 Kennzeichen des Benchmarking

Vier Charakteristika kennzeichnen das Benchmarking:

- *Orientierung an den Besten* (Best Practices): Benchmarking orientiert sich immer an Spitzenleistungen. Im Idealfall braucht man nur das Unternehmen mit der besten Leistungserbringung (Best Practices zu betrachten. Im Regelfall sind aber die gesuchten Spitzenleistungen für verschiedene Untersuchungsbereiche in unterschiedlichen Unternehmen zu finden. Deshalb wird man meistens mehrere Benchmarking-Partner in die Benchmarking-Studie einbeziehen.

  Benchmarking wird dadurch interessant, dass der Beste zunächst das theoretische Optimum zwischen vielen Teiloptima darstellt. Die quantifizierbare Leistungslücke zum jeweils Besten repräsentiert das mögliche Verbesserungspotenzial und wird zum Maßstab für die eigenen Anstrengungen auf dem Weg zu Spitzenleistungen.

- *Messbarkeit:* Benchmarking ermittelt Vergleichszahlen und analysiert die ihnen zugrundeliegenden Praktiken. Mit Benchmarking wird objektiv messbar, ob Produkte und Prozesse tatsächlich besser sind oder ob sie nur besser zu sein scheinen. Damit liefert Benchmarking dem Management zugleich eine objektive Legitimation für Veränderungen, die notwendig sind, um die Verbesserungen im eigenen Unternehmen zu erreichen, die aber häufig nur schwer durchzusetzen sind. Zielgrößen für Benchmarking, die alle weiteren messbaren Prozess- und Produktcharakteristika enthalten, sind Kosten (zum Beispiel Prozesskosten, Werbekosten pro Kunde), Qualität (zum Beispiel Fehlerraten, Erreichbarkeit) und Zeit (zum Beispiel Prozessdurchlaufzeiten, Antwortzeiten).

- *Kontinuierliche Anwendbarkeit:* Regelmäßiges Benchmarking macht eigene Erfolge im Zeitablauf sichtbar und gibt Einblick in die Entwicklung der Wettbewerber. Um Spitzenleistungen zu erzielen, ist kontinuierliches Benchmarking sogar zwingend erforderlich, wenn sich ein Unternehmen in dem sich ständig verändernden Umfeld schneller entwickeln, den Weg der Wettbewerber erkennen, überbieten und schließlich auch seinen Vorsprung erfolgreich verteidigen will.

- *Unternehmensweite Einsetzbarkeit:* Benchmarking ist äußerst vielseitig anwendbar. Benchmarking-Werte – so genannte Benchmarks – können für Produkte (zum Beispiel Zufriedenheit der Kunden mit dem Servicelevel) und Prozesse (zum Beispiel Benchmarking der Durchlaufzeiten), externe (zum Beispiel Benchmarking des Neukundenzuwachses) und interne Leistungen (zum Beispiel Benchmarking der Fehlerraten) bestimmt werden. Benchmarking kann außerdem für alle Organisationsebenen verwendet werden (zum Beispiel Benchmarking der Führungsspanne im Management und Benchmarking der Wertpapierkunden pro Berater). Wenn es darum geht, komplexe strategische Unternehmensziele zu erreichen, ist Benchmarking für verschiedene Unternehmensfunktionen einsetzbar. Die Dekomposition eines übergeordneten Zieles erleichtert es, operationalisierbare Einzelziele zu definieren. Soll zum Beispiel die Kundenzufriedenheit in einem Bankfilialbetrieb erhöht werden, so betrifft dies mehrere Unternehmensfunktionen, für die jeweils eigene Unterziele definiert werden müssen, etwa in Bezug auf Bearbeitungs- und Durchlaufzeiten, Verfügbarkeit von Beratern, telefonische Erreichbarkeit, Öffnungszeiten und Akzeptanz. Für die verschiedenen Ziele und Unterziele kann jeweils ein bestimmter Benchmarking-Ansatz sogar mit jeweils anderen Benchmarking-Partnern und anderen Benchmarking-Erfassungstechniken eingesetzt werden. Die grundsätzliche Methode wird dabei beibehalten.

Die universelle Einsatzmöglichkeit des Benchmarking bringt den Unternehmen einige Vorteile: Das einmal erworbene Methodenwissen kann für unterschiedliche Aufgabenstellungen und in verschiedenen Unternehmensbereichen angewendet werden. Mitarbeiter können die einmal gelernte Methode auf unterschiedliche Projekte anwenden und die Ergebnisse deuten. Der wiederholte Umgang mit Projektplänen, Erfassungstechniken, Analyseverfahren und Ergebnisinterpretationen verfeinert die unternehmenseigene Benchmarking-Methode und übt die Mitarbeiter in der Anwendung. Das einmal akzeptierte Verfahren wird dann nicht mehr in Frage gestellt, das heißt Maßnahmen können mit breiter Akzeptanz und schneller realisiert werden.

3.3 Benchmarking als ergänzendes Managementinstrument

Finanzdienstleister, die Benchmarking konsequent verwenden, erhalten die notwendigen Informationen für eine Ausrichtung auf Marktführerschaft. Das Benchmarking liefert zunächst Transparenz über die eigenen Geschäftsprozesse, identifiziert aber auch die Führenden und ermöglicht so die Orientierung an Spitzenleistungen (Best Practices) als Voraussetzungen für Überlegenheit. Benchmarking ist jedoch nur ein ergänzendes Managementinstrument, denn:

- Benchmarking liefert nicht die Lösung eines Problems – vielmehr macht Benchmarking erst auf Probleme aufmerksam und zeigt, wie andere ähnliche Probleme gelöst haben.

- Benchmarking kann nur bei vergleichbaren Prozessen eingesetzt werden. Eine wesentliche Aufgabe bei der Entwicklung von Benchmarkingprojekten ist deshalb die Normierung der Prozesse. Andernfalls führen Ergebnisse nicht zur gewünschten Akzeptanz, zum Beispiel sind interne Prozesse wie die Aufgabe des Personalwesens bei den Teilnehmern des Benchmarkings oft unterschiedlich zwischen Zentrale und Regional-/Filialbereich aufgeteilt.

- Benchmarking kann nicht alleiniger Indikator für ein Problemfeld sein – vielmehr müssen neben der identifizierten Leistungslücke auch deren Ursachen durch Prozessanalyse usw. gesucht werden.
- Benchmarking kann kreative und innovative Problemlösungen nicht ersetzen – denn nur durch Überlegenheit bei neuen Produkten und Prozessen kann der Führende überholt werden.

3.4 Voraussetzungen eines erfolgreichen Benchmarking-Projekts

Die Prozesse und Methoden der Besten geben wertvolle Hinweise auf Wege zu Spitzenleistungen. Für die erfolgreiche Anwendung von Benchmarking ist die Erfüllung einiger Bedingungen erforderlich.

- Die Unterstützung durch das Top-Management gewinnen: Trotz der weitgehend homogenen Produktpalette und Vertriebskanäle sind Mitarbeiter häufig der Meinung, dass in ihrer Bank „alles ganz anders ist" als bei den Wettbewerbern und deshalb die Leistungen der Branchenbesten nicht zum Vergleich herangezogen werden dürfen. Nur eine starke Unterstützung des Benchmarking durch das Top-Management gewährleistet, dass die Ergebnisse der Studie akzeptiert und die erforderlichen Veränderungen umgesetzt werden.
- Vergleichbarkeit sicherstellen: Der Vergleich eines Unternehmens mit dem Wettbewerb macht eine gründliche Analyse der Wettbewerber und ihrer Praktiken erforderlich. Eine vollständige Vergleichbarkeit von Methoden und Prozessen ist in der Realität fast nie gegeben. Dennoch wird es meistens so sein, dass der Bessere auch einen spürbaren (in Zukunft schmerzhaften) Vorsprung hat, der aus Wettbewerbsgründen nicht bestehen bleiben darf (warum zum Beispiel soll ein Kunde für die Standardleistung mehr bezahlen, nur weil er Kunde bei einem kleineren Institut ist?). Dem Argument, dass die „Vergleiche hinken" muss daher von Anfang an aktiv begegnet werden. Nur wenn Kunden und Öffentlichkeit das „Anderssein" nachvollziehen (zum Beispiel Privatbank im Vergleich zur Retailbank) lassen sich erkannte Unterschiede rechtfertigen.
- Methodisch transparente Vorgehensweise anwenden: Andernfalls werden aus den Benchmarks falsche Ziele abgeleitet, die entweder für eine Spitzenposition nicht ausreichen oder nicht erreicht werden können. Selbst bei an sich richtigen Zielen werden die Gegner der Veränderung mit Hinweis auf falsche Daten, mangelnde Vergleichbarkeit und methodische Fehler die geplanten Veränderungen zu behindern versuchen. Neben der Unterstützung des Top-Managements ist eine methodisch abgesicherte Erfassung der richtigen Daten deshalb für den Projekterfolg ausschlaggebend.

- Das strategische Ziel höher setzen als der Branchenbeste, aber für die Einzelziele realistische Werte vorgeben, um Erfolge in den Zwischenschritten dokumentieren zu können.
- Die Prozess-Sicht in den Vordergrund stellen und aus dem übergeordneten Ziel für Prozesse und Produkte die Einzelziele für die beteiligten Organisationseinheiten ableiten.

Die Analyse von Spitzenleistungen aus der eigenen Branche oder von vergleichbaren branchenfremden Prozessen führt zu einem Vorrat an Lösungsoptionen oder gar Innovationen, die neu kombiniert selbst den Branchenbesten überholen und das Unternehmen an die Spitze der Branche bringen können.

4. Vorgehensweise bei Benchmarking-Projekten

Benchmarking-Projekte folgen einer eigenen systematischen Vorgehensweise, ob sie Teil des ständigen Controlling-Instrumentariums sind oder den Vergleich mit dem Wettbewerb anstreben. Die häufigsten Probleme wie mangelnde Vergleichbarkeit, fehlende Benchmarking-Partner und falsche Interpretation der Ergebnisse können vermieden werden, wenn der erprobte Ablauf von Benchmarking-Projekten in sieben Schritten beachtet wird.

- Zunächst muss das *Benchmarking-Projekt genau definiert werden*. Ist der zu untersuchende Bereich ausgewählt, sind die zu messenden Leistungsparameter und die zugrunde liegenden Bezugsgrößen sowie die zu erfassenden Produktcharakteristika zu definieren (s. Kapitel 4.1: Mit Benchmarking planbare Ziele).
- Parallel zur Projektdefinition müssen zweitens die möglichen *Benchmarking-Partner identifiziert* und für die Teilnahme an einem gemeinsamen Benchmarking-Projekt gewonnen werden (s. Kapitel 4.2: Geeignete Benchmarking-Partner).
- Im dritten Schritt werden die *Benchmarking-Daten gesammelt*. Hierfür sind unterschiedliche Verfahren möglich, zum Beispiel die Verarbeitung vorhandener interner Daten, die Recherche in öffentlich zugänglichen Informationsquellen, die Befragung in Interviews oder die selbstständige Erfassung durch die teilnehmenden Benchmarking-Partner. Dabei sind wichtige Bedingungen wie Gegenseitigkeit der Partner, Vertrauensschutz usw. zu beachten (s. Kapitel 4.3: Informationen für die Benchmarking-Untersuchung).
- Im vierten Schritt werden die *Benchmarking-Daten analysiert*. Die Analyse der den Spitzenleistungen zugrunde liegenden Prozesse und Strukturen schafft die Voraussetzung für eigene Verbesserungen (s. Kapitel 4.4: Analyse der Benchmarking-Ergebnisse).
- Im fünften Schritt werden die *Benchmarking-Zielpläne definiert*, Zielgrößen und Zeitpunkte werden festgelegt (s. Kapitel 4.5: Zielplanung).

- Im sechsten Schritt müssen die *Zielsetzungen* für die Linienverantwortlichen durch die Forderung an die Verantwortlichen, die Gründe zu nennen, warum ein Spitzenziel nicht erreicht werden kann, bzw. was dafür getan werden muss (Beweisumkehr), *akzeptabel gemacht* werden (s. Kapitel 4.6: Beweisumkehr).
- Im siebten Schritt müssen die Benchmarking-Ergebnisse und die daraus abgeleitete Zielplanung operationalisiert und die *Umsetzung* mit starkem Projektmanagement *geplant* werden (s. Kapitel 4.7: Kommunikation der neuen Ziele).

4.1 Mit Benchmarking planbare Ziele

Die Zielplanung in Finanzdienstleistungsunternehmen kann durch Benchmarking effektiv unterstützt werden, wenn für den betreffenden Leistungsbereich bereits strategische Ziele definiert wurden. Für Benchmarking prädestinierte Prozesse oder Leistungsbereiche können an folgenden Kriterien identifiziert werden:

- erfolgskritisch für das Kerngeschäft (zum Beispiel Erreichbarkeit im Callcenter),
- Bereiche mit häufigen Problemen (zum Beispiel Fehlerraten im Zahlungsverkehr),
- wesentliche Produkte/Prozesse des Geschäftsbereiches (zum Beispiel Wertpapierberatung im Geschäftsbereich Private Banking),
- bedeutend für die Kundenzufriedenheit (zum Beispiel Erreichbarkeit der Mitarbeiter),
- größter Wettbewerbsdruck (zum Beispiel E-Banking für Geschäftskunden),
- wesentlicher Kostentreiber (zum Beispiel Personalkosten im Privatkundengeschäft).

Dem jeweiligen strategischen Ziel entsprechend werden die zu verwendenden Kennzahlen (Benchmarks) definiert. So dienen Qualitäts-Kennzahlen dem strategischen Ziel Qualitätsführerschaft oder Effizienz-Kennzahlen dem strategischen Ziel, kostengünstigster Anbieter zu werden. Wichtig bei der Auswahl von Kennzahl und Bezugsgröße ist die unmittelbare Bedeutung für den zu planenden Prozess oder die zu planende Leistung. Die Unterschiede zu den Wettbewerbern und die eigenen Leistungsverbesserungen müssen im Benchmark sichtbar werden. Dies ergibt häufig auch eine Hierarchie von Benchmarks mit unterschiedlichem Detaillierungsgrad, die Ursache-Wirkungs-Zusammenhänge beschreiben. So kann zum Beispiel für die Zielplanung der kostengünstigsten Wertpapier-Geschäftsabwicklung die Kennzahl Kosten pro Standardtransaktion verwendet werden, die in weiterer Detaillierung die Kostentreiber Anteil Online-Transaktionen, Automatisierungsgrad (Straight-Through-Processing), Transaktionen pro Mitarbeiter usw. beinhalten.

Für den Beweis der Vergleichbarkeit und die Erklärung von Spitzenleistungen (Best Practices) werden die Rahmenbedingungen für die zu planende Leistung ebenfalls erfasst. Für ein möglichst verlustfreies Sammeln von Informationen sollte man schon im Vorfeld der Erhebung die möglichen Erfolgsfaktoren vermuten und entsprechende Fragen für die Erhebung vorbereiten. In jedem Fall sind aber grundlegende Charakteristika der Leistungserstellung zu erfassen, also unter anderem die Prozessorganisation, die beteiligten Organisationseinheiten, die Schnittstellen zu Fremdleistern und der Umfang der beteiligten Fremdleistung, die erbrachten Stückzahlen und die eingesetzten Ressourcen (Personal, Kapital).

4.1 Zusammenfassung: Mit Benchmarking planbare Ziele

- Auswahl der zu unterplanenden Leistungsbereiche mit den Kriterien Kundenbezug, Kostentreiber, Konkurrenzdruck, Problemhäufung u. a.
- Definition des Detaillierungsgrades, der Kennzahlen (Benchmarks) und ggf. der Bezugsgrößen
- Dokumentation des zugrunde liegenden Prozesses und der Rahmenbedingungen (Organisation, Automatisierungsgrad, Fremdleistungsanteil usw.)

4.2 Geeignete Benchmarking-Partner

Die Auswahl der Benchmarking-Partner, die parallel zur Definition des Benchmarking-Projekts vorgenommen werden muss, beginnt mit einer Basis-Informationssammlung über die potenziellen Partner. Schon hierbei wird die Wahl durch Vergleichbarkeit und Vorbildfunktion der potenziellen Benchmarking-Partner enger gezogen. Die Basis-Informationssammlung umfasst die wesentlichen, öffentlich verfügbaren Daten über das Unternehmen (zum Beispiel Anzahl Kunden und Filialen, Bilanzzahlen, Verzeichnis der Produktpaletten und Preisvergleiche) und weitere, die sowohl qualitative als auch quantifizierbare Einschätzungen wiedergeben (zum Beispiel Ergebnis des Kundenbarometers, Imageprofile, Test der Produkte). Vergleichbarkeit mit den Benchmarking-Partnern erfordert nicht immer, dass diese Partner aus der eigenen Branche kommen.

Die Teilnahme von Benchmarking-Partnern aus dem eigenen Unternehmen oder Konzern ist am einfachsten zu erreichen. Für dieses interne Benchmarking reicht eine Entscheidung des Top-Managements. Schwieriger wird es, direkte Wettbewerber für ein Benchmarking-Projekt zu gewinnen. Die Zurückhaltung steigt mit der Wettbewerbsrelevanz der zu untersuchenden Leistungen. Durch Einschaltung eines neutralen Dritten und Zusicherung höchster Vertraulichkeit durch Anonymisierung können diese Vorbehalte im Allgemeinen weitgehend abgebaut werden.

Eine Alternative zum Wettbewerber-Benchmarking kann das funktionale Benchmarking bieten, gleichwohl mit Abstrichen an der Vergleichbarkeit. Für funktionales Benchmarking werden Benchmarking-Partner aus anderen Branchen gesucht, die Leistungen mit vergleichbaren Prozessen erbringen, zum Beispiel die Rezepterfassung im Gesundheitswesen als Benchmarking-Partner für die Zahlungsverkehr-Belegerfassung oder die Call-Center-Funktionen von Telekommunikationsdienstleistern für Direktbanken. Auch ist der

Neuproduktentwicklungsprozess in einer Bank und in einer Versicherung durchaus vergleichbar, ohne dass die beiden Institute konkurrieren. Funktionales Benchmarking fördert Innovationen durch den „Blick über den Tellerrand“ der eigenen Branche.

Auf Grundlage der verfügbaren Basis-Informationen werden aus den potenziellen Benchmarking-Partnern die Unternehmen selektiert, bei denen Spitzenleistungen offensichtlich sind (zum Beispiel größter Neukundenzuwachs) oder vermutet werden. Da die Spitzenleistungen in verschiedenen Untersuchungsbereichen in der Regel nicht in einem Unternehmen zu finden sind, wird man meistens mehrere Benchmarking-Partner in die Benchmarking-Studie einbeziehen.

4.2 Zusammenfassung: Geeignete Benchmarking-Partner

- Internes Benchmarking (Organisationseinheiten aus dem eigenen Unternehmen oder Konzern): leichte Informationsbeschaffung, gut für internen Wettbewerb
- Wettbewerber-Benchmarking: bester direkter Vergleich, hohe Vertraulichkeit durch Anonymisierung erforderlich
- Funktionales Benchmarking: Vergleichbarkeit schwierig, aber gute Quelle für Prozessinnovationen

4.3 Informationen für die Benchmarking-Untersuchung

Die Qualität der Informationen für die Benchmarking-Untersuchung entscheidet über die Glaubwürdigkeit des Projekts. Für die Informationsbeschaffung sind verschiedene Wege möglich:

Zunächst können öffentlich zugängliche Informationen genutzt werden. Ihre Verwendbarkeit für das Benchmarking-Projekt wird schnell eingeschränkt sein, wenn konkrete Schlussfolgerungen für die operativen Bereiche der zu planenden Produkte und Prozesse gefordert werden. Andererseits erfordert die Nutzung öffentlicher Information nicht die Zustimmung zur Teilnahme der Unternehmen. Außerdem ist diese Form der Informationsbeschaffung am kostengünstigsten.

Die Qualität und Detaillierung der Benchmarking-Informationen ist umso höher, je näher die Erfassung am betroffenen Prozess erfolgt. Denkbar ist hierfür die Erfassung durch eigene Befragung der Benchmarking-Partner, eine durch Dritte durchgeführte Befragung oder eine Erfassung der Daten durch die Projekt-Mitarbeiter des jeweiligen Benchmarking-Partners. Bei der Erfassung der Daten durch die Benchmarking-Partner und beim anschließenden Austausch der Daten muss gewährleistet sein, dass die Erfassung nach gleicher Methodik erfolgt und alle Besonderheiten berücksichtigt werden. Trotz guter Vorsätze neigen die betroffenen Mitarbeiter und Verantwortlichen zu einer eher geschönten Darstellung der eigenen Situation, deshalb ist oft eine höhere Neutralität empfehlenswert.

Je höher der Anteil zentraler Koordination und Auswertung ist, desto eher ist objektive Erfassung und Vergleichbarkeit der Daten und die methodisch korrekte Erfassung abgesichert. Die höchstmögliche Qualität wird durch Einsatz Externer erreicht. Sie können darüber hinaus auch durch das erforderliche Anonymisieren und Weiterverarbeiten der Daten (zum Beispiel Ausweis der Kennzahlen anstelle von Leistungszahl und Bezugsgröße) die erforderliche Vertraulichkeit sicherstellen. Darüber hinaus verfügen Externe häufig über umfangreiche Datenbanken aus bereits durchgeführten Projekten, die wertvolle Ergänzungen zum Einzelfall liefern können.

4.3 Zusammenfassung: Informationen für die Benchmarking-Untersuchung

- Öffentliche Quellen: häufig nicht ausreichende Detaillierung, große Integrationsspielräume
- Experten aus den beteiligten Unternehmen: größtmögliche Detaillierung bei der Erfassung, mitunter fehlende Objektivität bei der Datenrepräsentation, langwieriger Prozess bei internen Widerständen
- Befragungen (eigene oder durch externe Berater): objektive Datenerfassung und schnelle Ergebnisse. Beratereinsatz ermöglicht Vertraulichkeit durch Anonymisieren und Zugang zu bereits bestehenden Benchmarking-Kennzahlen aus vergleichbaren Projekten

4.4 Analyse der Benchmarking-Ergebnisse

Die Benchmarking-Daten liegen vor, ebenso Basisinformationen der Benchmarking-Teilnehmer. Die Produkt- und Prozesseigenschaften wurden festgehalten. Die ersten Kennzahlen werden berechnet. Nun folgt die Analyse der Kennzahlen und ihre logische Verknüpfung mit den identifizierten Leistungs- und Prozesscharakteristika. Daher geht Benchmarking über Kennzahlvergleiche hinaus.

Die Benchmarking-Ergebnisse für die strategische Zielgröße geben pro Kennzahl den besten Benchmarking-Teilnehmer mit den besten Leistungen (Best Practice) zu erkennen. Dies ist die eigentliche Überraschung, denn es gibt kaum einen, der in allen Kennzahlen Bester ist. Interessant ist die quantifizierbare Leistungslücke zum jeweils Besten, die das mögliche Verbesserungspotenzial repräsentiert.

Mit den detaillierten Kennzahlen werden die einzelnen Stellgrößen für das strategische Ziel sichtbar. Die jeweils besten Kennzahlen korrespondieren mit den vorteilhaften Prozess- und Produkt-Eigenschaften (Best Practices). Die so identifizierten Best Practices werden in einem Katalog zusammengeführt und ihre jeweilige Verknüpfung auf die Kennzahlen und die strategische Zielgröße festgehalten (zum Beispiel geringe Produktkomplexität – erstes Benchmark – und intensive Mitarbeiterschulung – zweites Benchmark –

bringen den höchsten Verkaufserfolg – strategische Zielgröße). Mitunter sind auch interessante Eigenschaften aufzunehmen, die zwar nicht mit den besten Kennzahlen korrespondieren, die aber innovative Ansätze oder besondere Lösungsoptionen aufzeigen. Der Katalog der besten Prozess- und Produkteigenschaften (Best Practices) dient später für den möglichen Einsatz im eigenen Unternehmen.

Die anschließende Umsetzung erfordert beide Analyseergebnisse gleichermaßen: Zum einen die qualitative Beschreibung der besten Prozess- und Produkteigenschaften (Best Practices) und zum anderen die quantitative Betrachtung der Kennzahlen (Benchmarks).

4.4 Zusammenfassung: Analyse der Benchmarking-Ergebnisse

- Identifikation der besten Leistung über verschiedene Teilnehmer hinweg: Gesamtoptimum
- Prozess- und Produkteigenschaften (Best Practices) des besten Benchmarking-Partners und die zugehörigen Kennzahlen (Benchmarks) für innovative Ansätze zu Verbesserungen

4.5 Zielplanung

Das Benchmarking-Projekt hat dem Finanzdienstleister eine gute Kenntnis der eigenen Geschäftsprozesse und ihrer Unterschiede zu den Prozessen der Wettbewerber vermittelt. Die Prozess- und Produkteigenschaften (Best Practices) und die korrespondierenden Kennzahlen des bestgeeigneten Wettbewerbers sind bekannt. Die Leistungslücke zum strategischen Ziel des eigenen Unternehmens kann quantifiziert werden.

Aus dem strategischen Ziel werden gegebenenfalls Einzelziele abgeleitet, mit denen die Leistungslücke zum Branchenbesten systematisch schrittweise geschlossen wird. Die zu planenden Einzelziele werden als Kennzahl quantifiziert. Den Zielverantwortlichen dienen die Ergebnisse der Benchmarking-Untersuchung für Hinweise auf Best Practices, um ihre Ziele zu erreichen. Hierbei sollte sich die Unternehmensführung jedoch auf wenige wesentliche Ziele beschränken.

Durch kontinuierliches Einbeziehen des Benchmarking in die Zielplanung werden nicht nur die eigenen Verbesserungen gegenüber den Wettbewerbern transparent, sondern auch die Markt- und Wettbewerberdynamik in neue Benchmarks übersetzt.

Das strategische Ziel kann bei einer entsprechend großen Leistungslücke mitunter nicht nur durch operative Maßnahmen, in der Prozessoptimierung oder Produktneudefinition, erreicht werden. Manchmal sind strategische Entscheidungen, zum Beispiel Fremdvergabe, Marktaustritt oder Zusammenschluss diejenigen Entscheidungen, die Quantensprünge in der Performance ermöglichen (zum Beispiel bei fehlendem Volumen kann Fremdvergabe wesentlich günstiger sein).

4.5 Zusammenfassung: Zielplanung

- Ziele und Leistungslücken sind quantifizierbar
- Best Pratices geben Hinweise auf strategische und taktische Maßnahmen zur Zielerreichung
- Überlegenheit durch Erreichen der Ergebnisse der Besten
- Benchmarking als kontinuierliche Methode für die Zielplanung etablieren

4.6 Beweisumkehr

Die Erkenntnis über Leistungslücken und die Hinweise auf Maßnahmen zur Zielerreichung sind bis zu diesem Zeitpunkt das Ergebnis des Benchmarking-Arbeitsteams. Die Daten und Fakten sind bestmöglich gegen mangelnde Vergleichbarkeit erprobt und müssen nun im Dialog mit den „Prozess-Ownern“ und Linienverantwortlichen überzeugend durchgesetzt werden. Benchmarking-Ergebnisse sind in dieser Phase traditionell strittig, legen sie doch immer subjektiv die Vermutung nahe, die Verantwortlichen hätten in der Vergangenheit nicht genug getan, um Effizienz zu erreichen.

Diese kritische Dialogphase entscheidet letztlich über Akzeptanz der Benchmarking-Studie und die Aufbruchstimmung, die Lücke zu schließen. Zwei wesentliche Erfolgsfaktoren sind zu beachten.

- Das Top-Management muss geschlossen hinter den Ergebnissen der Studie stehen.
- Die Verantwortlichen erhalten die Aufgabe binnen kurzer Zeit aufzuzeigen, was – wenn die Sollgröße nicht erreichbar sein sollte – zum Erreichen getan werden müsste.

Zunächst muss das Ergebnis der Benchmarking-Studie im Top-Management verabschiedet werden. Die Verbesserungspotenziale müssen dabei so groß und so konkret sein, dass die davon ausgehende „konstruktive Unruhe“ unausweichlich und nützlich ist. In dieser Situation tritt im Allgemeinen Überraschung bei den Linienverantwortlichen auf, weil meistens die Konsequenz der Umsetzung vorher nicht ernsthaft erwartet wurde. Bei einzelnen Mitgliedern des Top-Managements wird versucht, die Richtigkeit der Ergebnisse und die Vorgehensweise zu untergraben. Hier ist Geschlossenheit erforderlich.

Gleichzeitig wird aber auch konstruktiv nachvollzogen, welche Gründe tatsächlich dagegen sprechen, Best-Practice zu erreichen. Vier berechtigte Gründe lassen sich am häufigsten ausmachen:

- Medienbrüche, das heißt meistens Investitionsrückstände – dazu muss die Investitionsrechnung den Nutzen der Verbesserung zeigen;

- Verantwortungsbrüche, das heißt Komplexität der Prozesse durch fehlende Prozessstruktur;
- Skalennachteile, das heißt zu wenig Volumen um industrielle Abwicklung zu erreichen – dabei hilft häufig nur Wachstum oder Outsourcing/Partnering;
- Servicelevel-Differenzierung, das heißt zielgruppenspezifische Sonderleistungen und Belastungen, die durch hohe Bepreisung ausreichend ausgeglichen werden.

Intensive, organisatorische und volumenbezogene Maßnahmen werden vom Linienverantwortlichen erarbeitet und die dadurch erreichbare Best Practice verabschiedet. Der Beweis, dass es möglich ist, die Best Practice zu erreichen, erfolgt durch den Verantwortlichen, wir nennen das Beweisumkehr.

4.6 Zusammenfassung: Beweisumkehr

- Geschlossenheit des Führungskreises
- Unterstützung der Linienverantwortlichen für investive, organisatorische und volumenbezogene Maßnahmen
- Akzeptanz der Benchmarks durch Verantwortliche (Beweisumkehr)

4.7 Zusammenfassung: Vorgehensweise

Die gesamte Vorgehensweise lässt sich kurz zusammenfassen:

- erfolgskritische Produkte oder Leistungen für das Benchmarking aussuchen,
- geeignete, vergleichbare Benchmarking-Partner beteiligen,
- Leistungszahlen und Bezugsgrößen für die untersuchten Produkte und Prozesse erfassen,
- Kennzahlen (Benchmarks) und Eigenschaften des Branchenbesten (Best Practices) identifizieren,
- strategische Zielgrößen definieren und Maßnahmen für quantifizierbare Verbesserungen planen,
- Beweisumkehr: Verantwortliche müssen überzeugende Gründe nennen für Unmöglichkeit,
- neue Ziele bekannt geben und unternehmensweite Unterstützung für sie gewinnen.

5. Fallstudie Wertpapierabwicklung

Untersuchungsgegenstand sind die Prozesskosten, die Durchlaufzeit und die Fehlerrate bei der Abwicklung gewöhnlicher Wertpapiertransaktionen (zum Beispiel Handel DAX-Aktien an deutscher Wertpapierbörse). Aufgrund der Bedrohung durch Online-Broker und dem Wettbewerb über Anlageberatung und ähnliche Leistungen ist die Wertpapierabwicklung im klassischen Privatkundengeschäft nicht mehr wettbewerbskritisch; maximale Kosteneffizienz ist Zielparameter für diese Dienstleistung. Deshalb konnten Benchmarking-Partner leicht gefunden werden, zumal vom Top-Management mehrerer Benchmarking-Teilnehmer die komplette Fremdvergabe an externe Dienstleister als strategische Option diskutiert wurde. Besonderes Augenmerk wurde im Kosten-Benchmarking auf die Abgrenzung der prozessbeteiligten Leistungserbringer gelegt. Hierfür wurde ein generischer Wertschöpfungsprozess definiert und die bei den Benchmarking-Teilnehmern existierenden Prozesse und Organisationseinheiten zerlegt und in dem generischen Prozess wieder zusammengefügt. Problematisch erwies sich die Zuordnung der DV-Kosten, da hier häufig keine genaue Abrechnung der Rechenzentrumsleistungen vorlag. Jedoch konnte dieser Aspekt zunächst vernachlässigt werden, da stets etwa der gleiche DV-Unterstützungsgrad identifiziert wurde (gleichwohl ein Benchmarking der Kosteneffizienz der Rechenzentren interessante Unterschiede aufzeigen würde).

Als Best Practice wurde erkannt: möglichst übergreifende Prozessverantwortung, größtmögliche Automatisierung, Ausschöpfen von Größenvorteilen und definierte Prinzipien zur Fehlervermeidung. Den verantwortlichen Führungskräften in der Wertpapierabwicklung wurde mit den Benchmarking-Ergebnissen eine Alternative zu den ansonsten drohenden Fremdvergabe gegeben. Entsprechend ernsthaft wurde die Umsetzung von Maßnahmen zur Leistungsverbesserung angegangen.

6. Ausblick: Umsetzungsplanung

Die Festlegung der Vorgehensweise, das Einbeziehen der verantwortlichen Führungskräfte und die Abstimmung gemeinsamer Ziele führt nur dann zu wirklichen Veränderungen, wenn zwei wesentliche Erfolgsfaktoren erreicht werden können:

- Erzeugen einer Aufbruchstimmung, in der die ständige Veränderung und das Streben nach Best Practice gelebt werden;
- übergreifende Koordination der einzelnen Initiativen durch ein operativ kompetentes und mit Entscheidungskompetenz ausgestattetes Projektmanagement.

So selbstverständlich die beiden Erfolgsfaktoren erscheinen, so schwierig sind sie in der funktionalen Organisation der meisten Finanzdienstleister umzusetzen. Viel hängt am Aufbau von Glaubwürdigkeit und Vertrauen in die ernsthaft betriebene Umsetzung. Viele Teile der Organisation haben selber – meist keine guten – Erfahrungen mit Verbesserungsvorschlägen gemacht und bleiben skeptisch und beobachtend. Dies gilt es als Ausgangsrealität zu akzeptieren.

Wichtig ist aber auch, dass Erfolg weitere Eigeninitiative nach sich zieht. Deshalb hat sich in der Praxis das aktive, einheitliche Kommunizieren, koordiniert über das Projektmanagement, immer wieder als sehr hilfreich dargestellt. Dabei gilt es Early Wins zu identifizieren, die auf dem langen Weg – oft mehr als 24 Monate – rechtzeitig notwendig sind. An dieser Stelle erhalten die allgemeinen Erfahrungen zur Umsetzung von komplexen, übergreifenden Projekten volle Bedeutung und würden den Rahmen dieser Darstellung sprengen. Die Erwähnung bleibt aber deshalb wesentlich, weil die Schwächen der Umsetzung oft der Methodik angelastet werden.

Arnd Wiedemann

Balanced Scorecard als Instrument des Bankcontrolling

1. Das Management-Konzept Balanced Scorecard

1.1 Gründe für eine Balanced Scorecard

Banken sind heute einem immer stärker zunehmenden Wettbewerb ausgesetzt. Der steigende Konkurrenzdruck führt in vielen Geschäftsbereichen zu fallenden Margen. Neu in den Markt eintretende (internationale) Banken, aber auch branchenfremde Anbieter von Bankprodukten drohen Marktanteile wegzunehmen. In vielen Bereichen sinkt die Kundenbindung, während die Preissensibilität steigt. Weiterhin sorgte die Deregulierung der Kapitalmärkte und die sich ständig verbessernde Informationstechnologie für einen weltweiten Wettbewerb um Kapital, welches nach seiner effizientesten Verwendungsmöglichkeit sucht.

Die hier nur angedeuteten Umweltveränderungen verlangen nach einer klaren, zukunftsweisenden Strategie, um den Unternehmenswert einer Bank langfristig und nachhaltig zu steigern (Shareholder-Value-Konzept). Diese wertorientierte Betrachtungsweise ist nicht nur auf börsennotierte Banken beschränkt, sondern gilt gleichermaßen auch für Sparkassen und Genossenschaftsbanken. Sie steht im Einklang mit einem ertragsorientierten Bankmanagement und wird weiter an Bedeutung gewinnen. In diesem Zusammenhang wird der Erfolg einer Bank und damit dessen Management verstärkt am finanziellen Ergebnis beurteilt, was dazu führt, dass finanzielle Kennzahlen immer wichtiger werden.

Eine einseitige Orientierung an finanziellen Kennzahlen greift jedoch zu kurz. Das finanzielle Ergebnis einer Bank ist vergangenheitsbezogen und gibt keinen Aufschluss darüber, in wie weit eine vom Management beschlossene Strategie erfolgversprechend ist, und welche Maßnahmen ergriffen werden müssen, um die strategischen Ziele der Bank zu erreichen.

Eine ausschließliche Fokussierung auf die finanziellen Kennzahlen kann zur Folge haben, dass für den langfristigen Erfolg notwendige Investitionen in die Qualifikation der Mitarbeiter, die Entwicklung neuer Produkte, die Optimierung interner Prozesse oder die Verbesserung der Beziehung zu den Kunden der Bank nur unzureichend erfolgen.

Finanzielle Erfolge können aber auch ausbleiben, wenn eine Strategie zwar formuliert wird, die Umsetzung in konkrete Aktionen jedoch ausbleibt. Hierfür können z. B. Kommunikationsdefizite die Ursache sein. Die für die Umsetzung verantwortlichen unteren Hierarchieebenen mit einem größeren Anteil operativer Aufgaben werden von der Unternehmensspitze, die für die Strategieformulierung verantwortlich ist, nur unzureichend informiert.

1.2 Die vier Perspektiven im Überblick

Um die aufgezeigten Gefahren für den Erfolg eines Unternehmens zu umgehen, zu verringern oder zumindest frühzeitig zu erkennen, ist die Balanced Scorecard entwickelt worden (vgl. Kaplan/Norton 1997). Mit ihrer Hilfe soll die Umsetzung strategischer Ziele auf der operativen Ebene mittels (finanzieller und nicht-finanzieller) Kennzahlen überwacht werden. Im Kern handelt es sich bei der Balanced Scorecard um ein System von Kennzahlen, die über Ursache-Wirkungs-Ketten miteinander verbunden sind. Sie ist aber mehr als eine bloße Ansammlung von finanziellen und nicht-finanziellen Kennzahlen. Denn mit der Identifizierung der Ursache-Wirkungs-Ketten wird herausgearbeitet, welche Kennzahl welche andere mit welchem Zeitverzug und in welchem Ausmaß beeinflusst. Dabei wird gleichzeitig deutlich, in welchem Maße eine Kennzahl zum Erreichen der strategischen Zielsetzungen beiträgt.

Die für eine Bank oder für einzelne Bereiche entwickelte Scorecard kann bis auf einzelne Mitarbeiter heruntergebrochen werden. Dies ermöglicht es dem einzelnen, seinen Beitrag zur Strategieumsetzung durch konkrete Maßnahmen zu leisten und den Erfolg der Strategieumsetzung überprüfbar zu machen.

Der Erfolg einer Bank bei der Strategieumsetzung soll anhand von vier möglichst gleich gewichteten Perspektiven beurteilt werden. Diese sind in Abbildung 1 dargestellt:

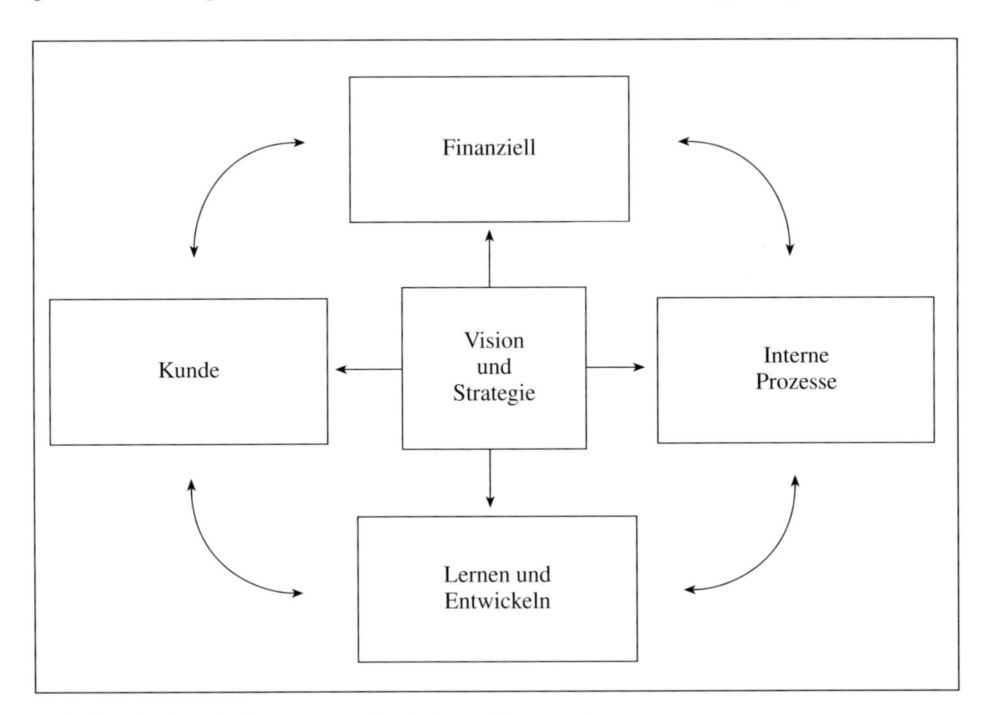

Abbildung 1: Die vier Perspektiven der Balanced Scorecard

Die finanzielle Perspektive beinhaltet Kennzahlen, die Aufschluss darüber geben, wie sich bereits durchgeführte Aktionen auf den finanziellen Erfolg der Bank ausgewirkt haben. Die Kundenperspektive wird betrachtet, weil die finanziellen Ziele einer Bank nur über zufriedene Kunden zu erreichen sind, welche die Produkte und Dienstleistungen der Bank kaufen. Die Kundenperspektive zeigt die Kunden- und Marktsegmente auf, in denen eine

Bank tätig ist und stellt dar, wie sich die einzelnen Geschäftssparten in den entsprechenden Segmenten entwickeln. Sie enthält zum einen für alle Unternehmen gültige Kennzahlen wie die Kundenzufriedenheit, die Anzahl der Kundenakquisitionen oder die Kundenrentabilität. Weiterhin können bankspezifische Kennzahlen entwickelt werden, die aus der Strategie eines Kundensegments abgeleitet werden. Hierunter fallen sowohl Kennzahlen, die für alle Banken in Betracht kommen, als auch solche, die sich nur für einzelne Banken aufgrund ihrer speziellen Strategie ergeben.

Die interne Prozessperspektive wird betrachtet, da eine Bank die Bedürfnisse ihrer Kunden nur befriedigen kann, wenn die internen Prozesse einer Bank die Produktion qualitativ hochwertiger Produkte und Dienstleistungen kosten- und zeitgünstig ermöglichen. Dazu müssen nicht nur Kennzahlen gefunden werden, die die Optimierung bereits bestehender Prozesse messen, wie zum Beispiel Standardstückkosten oder Durchlaufzeiten. Vielmehr gilt es auch, Innovationsprozesse mit einzubeziehen, die es ermöglichen, durch neue und attraktive Produkte Wettbewerbsvorteile gegenüber der Konkurrenz zu erzielen. Ein besonderer Fokus ist auch auf Kundendienstprozesse zu legen, da diese in direktem Zusammenhang mit dem Kunden stehen (zum Beispiel Bearbeitungszeit von Reklamationen). Gerade bei Banken sind die Grenzen zwischen Betriebs- und Kundendienstprozessen jedoch fließend, da auch die internen (Betriebs)prozesse einer Bank stets auf den Kunden ausgerichtet sein sollten.

Die vierte Perspektive der Balanced Scorecard ist die Lern- und Entwicklungsperspektive. Im Blickpunkt steht hier die Infrastruktur einer Bank, die notwendig ist, um langfristiges Wachstum und einen stetigen Verbesserungsprozess zu sichern. Da für kundenorientierte Banken die Qualifikation und Motivation ihrer Mitarbeiter äußerst wichtig ist, sind diesbezügliche Kennzahlen zu berücksichtigen. Daneben sind Kennzahlen, welche die Leistungsfähigkeit der Informationssysteme beschreiben, von besonderer Bedeutung. Mögliche Kennzahlen in dieser Perspektive sind zum Beispiel die Mitarbeiterfluktuation, die Anzahl der Verbesserungsvorschläge oder das Verhältnis von verfügbaren Informationen zu den benötigten Informationen.

1.3 Aspekte für die Auswahl von Kennzahlen

Für die Balanced Scorecard sind aus der Gesamtstrategie für alle vier Perspektiven (Teil-) Strategien zu formulieren und relevante Kennzahlen zu finden. Zu den Kennzahlen werden anschließend Zielvorgaben festgelegt und Maßnahmen formuliert, die zum Erreichen der Ziele durchzuführen sind.

Die Anzahl der Kennzahlen für eine Scorecard sollte 25 nicht übersteigen, wobei diese zudem noch gleichmäßig auf die vier Perspektiven verteilt sein sollten. Der Grund liegt zum einen in der abnehmenden Übersichtlichkeit der Balanced Scorecard mit steigender Anzahl der Kennzahlen. Zum anderen sind nur diejenigen Kennzahlen für eine Balanced Scorecard relevant, die einen Strategiebezug aufweisen. Wird eine Unterscheidung zwischen strategischen und diagnostischen Kennzahlen getroffen, so zeigt sich, das letztere zwar zur Überwachung ungewöhnlicher Ereignisse eingesetzt werden können, aber keinen Einblick in die Strategieumsetzung geben. Sie bleiben deshalb für die Balanced Scorecard unberücksichtigt (vgl. Kaplan/Norton 1997, S. 156 f.). Zum Beispiel ist der Value at Risk kein Indikator für die Qualität des Risikomanagements. Eine Reduzierung kann auch auf gesunkene Volatilitäten zurückzuführen sein. Umgekehrt bedeutet eine Steigerung auch nicht zwangsläufig eine Verschlechterung des Risikomanagements, sondern kann ebenfalls auf externe Marktfaktoren zurückgehen. Durch die Auswahl der Kennzahlen soll eine Balance erreicht werden zwischen:

- harten (objektiven) und weichen (subjektiven) Kennzahlen,
- extern und intern orientierten Kennzahlen sowie
- vergangenheitsbezogenen Kennzahlen und Kennzahlen, welche zukünftige Leistungen antreiben.

Eine Balanced Scorecard kann (und sollte) daher auch Kennzahlen enthalten, die durch ihre Ursache-Wirkungs-Beziehung negativ miteinander korreliert sind. zum Beispiel geht eine durch niedrige Preise erkaufte Kundenzufriedenheit zu Lasten der Kundenrentabilität. Derartig identifizierte Gegenläufigkeiten sollen durch eine ausgewogene Kombination der Kennzahlen ausbalanciert werden. Trotz dieses Anspruchs auf Ausgewogenheit ist zu beachten, dass über die kausalen Verknüpfungen der Kennzahlen diejenigen der finanziellen Perspektive am Ende der Kette stehen. Die Kennzahlen der Lern- und Entwicklungsperspektive stehen am Anfang. Sie beeinflussen das finanzielle Ergebnis, indem sie sich auf die interne Prozessperspektive und über diese auf die Kundenperspektive auswirken. Dieser Zusammenhang ist in Abbildung 2 dargestellt:

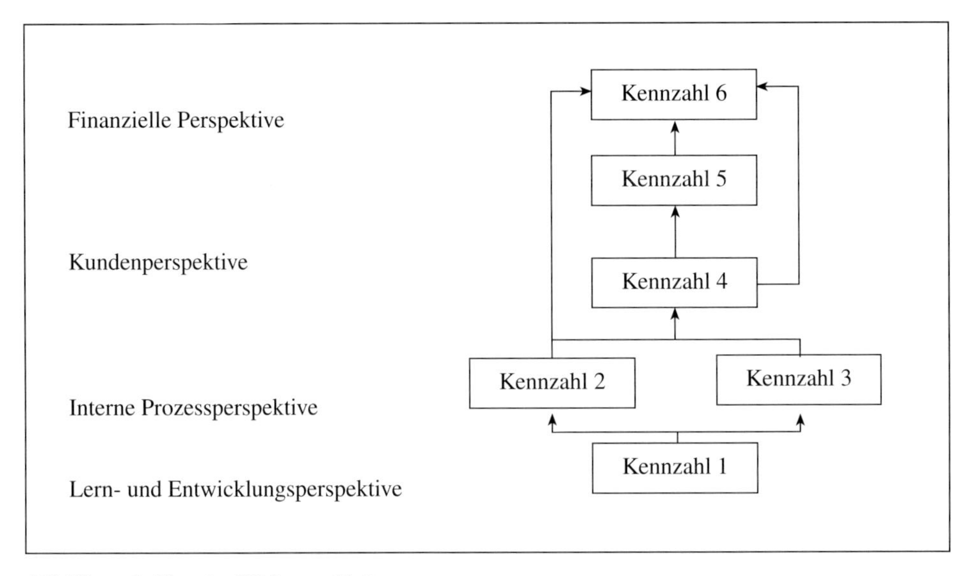

Abbildung 2: Ursache-Wirkungs-Kette

Die vier Perspektiven stellen einen Rahmen dar, den eine Bank füllen, erweitern oder modifizieren muss. Die Festlegung der Kennzahlen und die Identifizierung der Kausalketten ist immer eine Einzelfallbetrachtung. Jede Bank muss somit eine an ihrer Strategie ausgerichtete individuelle Balanced Scorecard entwickeln.

2. Kennzahlen für die Perspektiven von Bankenscorecards

2.1 Gesamtbankbezogene Rahmendaten

Im Folgenden sollen exemplarisch Kennzahlen für eine bankenbezogene Scorecard entwickelt werden. Die entwickelten Kennzahlen sollen Denkanstöße liefern. Sie können auch als Kennzahlenkatalog betrachtet werden, der die Identifizierung von relevanten Kennzahlen für die eigene Bank erleichtert. Die Vorgabe einer allgemeingültigen Scorecard würde deren Konzeption widersprechen, da diese individuell entworfen werden muss und auch innerhalb jeder Bank einer fortlaufenden Überprüfung und Verbesserung unterliegt.

Um die nachfolgenden Ausführungen dennoch möglichst allgemeingültig zu halten, sei im Folgenden eine Universalbank zugrunde gelegt. Die Bank möge über wesentliche Elemente eines für eine ertragsorientierte Banksteuerung erforderlichen Controlling-Instrumentariums verfügen. Die Einzelgeschäftskalkulation basiert auf der Marktzinsmethode zur Kalkulation von Konditions- und Strukturbeiträgen, die um eine Standardrisiko- und Standardbetriebskostenrechnung ergänzt wird. Die einzelgeschäftsbezogenen Mindest- und Sollergebnisse (als Margen oder Barwerte) sind in eine Gesamtbankplanung (Gewinnbedarfsrechnung) eingebettet. Das Risikocontrolling stellt die erforderlichen Informationen zur Messung von Marktpreis-, Adressenausfall- und operativen Risiken bereit.

Die Bank wird geführt nach dem Dualem Steuerungsmodell (vgl. Schierenbeck 1999, S. 283 ff.). Demnach besitzt sie eine zentrale Struktursteuerung (Treasury) sowie dezentrale Marktbereiche. Die dezentralen Marktbereiche (Vertriebseinheiten) der Bank sind nach Kundensegmenten aufgeteilt. Sie bestehen aus den Geschäftsbereichen Privatkunden (Retail-Banking), vermögende Privatkunden (Private Banking) und Firmenkunden (Corporate Banking). Die Organisationsstruktur ist in Abbildung 3 dargestellt:

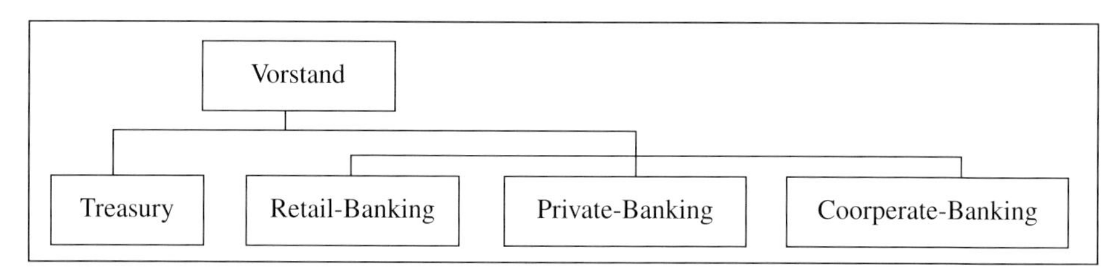

Abbildung 3: Geschäftsfelder der Beispielbank

Das Geschäft mit internationalen Großkunden (global corporates and institutions) inklusive dem Investmentbanking betreibt sie nicht. Damit lassen sich die Ausführungen neben Privatbanken auch auf Sparkassen und Genossenschaftsbanken übertragen. Weiterhin verfolgt die Bank eine Marktdominanzstrategie. Dies bedeutet, dass sie ihr Geschäft in den bestehenden Segmenten ausbauen und zukunftsweisend auf neu zu identifizierende Geschäftsfelder ausweiten möchte. Diese in der Praxis oft zu beobachtende Strategie sei hier nicht weiter verfeinert, um den Katalog möglicher Kennzahlen nicht unnötig einzuschränken.

Die Geschäftsbereiche der Bank werden unabhängig voneinander geführt und verfolgen daher teils sehr unterschiedliche Strategien. Sie verfügen über eigene Kunden und ggf. auch eigene Produkte und eigene Vertriebswege. Die zum Erreichen der finanziellen Vorgaben notwendigen strategischen Ziele bezüglich der vier Perspektiven sowie die dazu gehörigen Kennzahlen, Vorgaben und Maßnahmen fallen in den Verantwortungsbereich der jeweiligen Geschäftsbereiche. Aus diesem Grund soll auch keine Gesamtbank-Scorecard entwickelt werden. Die Scorecards beginnen erst auf der hierarchischen Ebene, auf der eigene Strategien verfolgt werden. Die oberste Bankleitung formuliert lediglich eine allgemein gehaltene Strategie und gibt zusätzlich die finanziellen Ziele vor. Dies erfordert lediglich finanzielle Kennzahlen, die auf die einzelnen Geschäftsbereiche heruntergebrochen werden können.

Als Kennzahlen für die gesamte Bank bieten sich risikoadjustierte Ergebnisgrößen wie RAROC (risk adjusted return on capital) oder RORAC (return on risk adjusted capital) an. Der RORAC ist definiert als das Verhältnis des Nettoergebnisses (Ergebnis abzüglich Betriebs- und Standardrisikokosten) eines Geschäftes oder eines Portfolios zum eingesetzten Risikokapital. In diesem Zusammenhang ist auch der Value at Risk (VaR) von Bedeutung, der als Messgröße für das eingesetzte Risikokapital dient. Die risikoadjustierten Kennzahlen verdichten die Renditeerwartung und das Risiko eines Einzelgeschäftes oder eines Portfolios zu einer Kennzahl. Sie besitzen den Vorteil, dass die gerade für Banken so wichtige Verknüpfung von Rentabilität und Risiko innerhalb der finanziellen Perspektive abgedeckt werden kann. Eine eigene Risikoperspektive als Ergänzung der Balanced Scorecard wird deshalb nicht benötigt.

Zusätzlich kann die Bankleitung finanzielle Vorgaben in Bezug auf das Wachstum des Geschäftsvolumens, Erträge/Kosten pro Mitarbeiter und/oder Verwaltungskosten pro-operativem Gewinn (cost-earnings-ratio) machen. Nachdem diese Zahlen auf die Geschäftsbereiche heruntergebrochen sind, obliegt es denen, die Festlegung der strategischen Ziele innerhalb der Perspektiven, der Zielvorgaben und der dafür erforderlichen Maßnahmen vorzunehmen.

2.2 Kennzahlen für die Treasury

Die Kernfunktionen der Treasury liegen in der gesamtbankbezogenen Risikosteuerung sowie dem Eigenhandel. Dazu treten als Schnittstellenfunktion die Preisstellung gegenüber den dezentralen Vertriebseinheiten und die Koordinationsfunktion (vgl. Wiedemann 2000a, S. 102 ff.).

Die strategische Zielsetzung der Treasury besteht zum einen in einer Optimierung des Risikomanagements. Bei den Marktpreisrisiken (Zins-, Währungs- und Aktienkursrisiken) sind Messmethoden zu entwickeln und mit den aufsichtsrechtlichen Anforderungen abzugleichen. Für die Optimierung der Ergebnisse aus der bewussten Risikoinkaufnahme sind auch Modelle zur Prognose zukünftiger Marktpreisentwicklungen zu implementieren. Ferner sind Risikotragfähigkeitskalkül und Risiko-Chancen-Kalkül systematisch miteinander zu verzahnen.

In Analogie zum Marktpreisrisiko wird auch für den Bereich der Kreditrisiken angestrebt, die Vertriebseinheiten vom Risiko freizustellen und das Kreditportefeuille der Gesamtbank losgelöst von den Vertriebseinheiten zu managen. Hierfür müssen geeignete Kreditrisikomodelle entwickelt und implementiert werden. Eine weitere Voraussetzung ist die Handelbarkeit von Kreditrisiken, was zum einen geeignete Produkte (zum Beispiel verbriefte Kredite (Asset-Backed-Securities) und Kreditderivate) aber auch den Aufbau einer Abteilung zum Handel von Kreditrisiken erfordert.

Um diese Ziele zu erreichen, braucht die Treasury-Abteilung einerseits hochqualifizierte und motivierte Mitarbeiter sowie ein zuverlässiges und leistungsstarkes IT-System. Im Rahmen der internen Prozesse sind die Transaktionskosten zu minimieren. Gleichzeitig muss gewährleistet sein, dass die Kapazitäten zur Durchführung der Transaktionen jederzeit ausreichend sind. Auch muss die Treasury innerhalb einer akzeptablen Zeit über Informationen zur aktuellen Risikoposition der Bank verfügen können.

Die Kennzahlen der Kundenperspektive weisen in der Treasury eine andere Dimension als bei den Vertriebsbereichen auf. Hier soll eine Verbesserung der Marktpräsenz des Eigenhandels und damit eine Verbesserung des Standings der Bank insgesamt erreicht werden. Dafür kann der Handel beispielsweise als Market-Maker auftreten, der jederzeit attraktive Geld-Brief-Spannen stellt.

Aus diesen Vorgaben ergeben sich folgende mögliche Kennzahlen für die Treasury (vgl. Abbildung 4).

Aus den obigen Kennzahlen sind diejenigen zu identifizieren, die in der Lage sind, den jeweiligen Stand der Strategieumsetzung zu messen.

2.3 Kennzahlen für die Vertriebseinheiten

Die Kennzahlenkataloge für die Vertriebseinheiten Retail-Banking, Private Banking und Corporate Banking sind vom Grundsatz her gleich aufgebaut. Im Detail unterscheiden sie sich lediglich durch die unterschiedlichen Schwerpunktsetzungen. Daher wird im Folgenden bei den Kennzahlen für die vier Perspektiven danach differenziert, ob eine Kennzahl unabhängig von der Art des Geschäftsbereichs allgemeingültigen Charakter hat oder lediglich segmentspezifisch eingesetzt werden kann.

Perspektive	Kennzahlen
Lern- und Entwicklungs-perspektive	Mitarbeiterloyalität (Fluktuationsrate) Mitarbeiterzufriedenheit (Umfrage) Anzahl Fortbildungstage/Mitarbeiter Anzahl geschäftsbereichsübergreifende Kommunikation Anzahl Meetings mit IT-Abteilung Systemperformance Systemausfälle
Interne Prozess-perspektive	Anzahl neu eingeführter Produkte Qualität und Geschwindigkeit der Risikomessung Qualität von Marktpreisprognosen (Verhältnis richtiger zu falschen Prognosen) Transaktionskapazität Transaktionsdauer Transaktionskosten
Kundenperspektive	Anzahl neuer Geschäftspartner Bekanntheitsgrad an den relevanten Marktsegmenten Platzierungskraft
Finanzielle Perspektive	RAROC/RORAC Return on Equity Economic Profit Cost-Earnings-Ratio Strukturbeitrag resp. Strukturbeitragsbarwert Handelsgewinn Performance

Abbildung 4: Treasury-Kennzahlen

Aufgrund der zunehmenden Preisverschärfung kann für das Retail-Banking ein strategisches Ziel die Kostenreduzierung sein. Ansatzpunkte bieten sich über die Bereinigung der Produktpalette (zum Beispiel maximal 25 standardisierte Produkte), eine kosten- und zeitgünstige Automatisierung der Prozesse sowie eine Reduzierung der Kosten des Filialnetzes. Ein zweiter Schwerpunkt kann auf der Festigung der Kundenbindung liegen. Neben kundenfreundlichen Öffnungszeiten der Filialen gehört dazu auch die Bereitstellung zeit- und ortsunabhängiger Angebote (SB-Terminals und -Filialen, Call-Center, Internet-Banking und Mobilfunkbanking) und eine Ergänzung des Angebots um Allfinanz- und möglicherweise auch bankfremde Produkte (vgl. Harengel/Hess 1999). Daneben ist ein erstklassiger (schneller, störungsfreier und freundlicher) Service von besonderer Bedeutung. Da auch hier der Schwerpunkt dem Vertrieb dient, sollten alle Mitarbeiter die relevanten Produkte des Retail-Bereiches beherrschen und möglichst viel ihrer Arbeitszeit in direktem Kontakt mit dem Kunden stehen.

Für die Vertriebseinheit Private Banking steht die stetige Verbesserung der Beratungskompetenz der Mitarbeiter sowie die Entwicklung von Produkten, die individuelle Kundenbedürfnisse befriedigen, im Mittelpunkt. Die Mitarbeiter sollten zusätzlich in der Lage sein, ohne örtliche und zeitliche Einschränkungen auf das IT-System der Bank zuzugreifen, um zum Beispiel bei Kundenbesuchen vor Ort (beim Kunden zu Hause oder an dessen Arbeitsplatz) alle benötigten Informationen abrufen und die Geschäfte direkt abschließen zu können.

Beim Corporate Banking liegt der Schwerpunkt zur Zeit noch vielfach im Kreditgeschäft. Entwicklungsperspektiven ergeben sich im Produktangebot durch strukturierte Finanzierungen, Verbriefung von Forderungen (Asset-Backed-Securities), Mezzanine Capital (Mischung von Eigen- und Fremdkapitalelementen), Going Public-Transaktionen und Unterstützung der Kunden bei M & A-Transaktionen.

Vielversprechend scheinen auch Investitionen in den Bereich E-Commerce. Über Kooperationen können den Firmenkunden Business-to-Business-Plattformen inklusive der Abwicklung von Finanztransaktionen angeboten werden. Damit können sowohl bestehende Kundenbindungen gefestigt und profitabler gestaltet, als auch neue Kunden hinzugewonnen werden. Der Vorstoß in neue Wachstumsmärkte und die Erweiterung des Angebots

Perspektive	Kennzahlen
Lern- und Entwicklungsperspektive	Mitarbeiterzufriedenheit Mitarbeiterloyalität (Fluktuationsrate) Anzahl (realisierter) Verbesserungsvorschläge Anwendungsfreundlichkeit des Informationssystems Verhältnis verfügbarer zu benötigten Informationen Verhältnis genutzter zu verfügbaren Informationen
Interne Prozessperspektive	Bearbeitungszeit Reklamationen
Kundenperspektive	Kundenzufriedenheit Kundenzuwanderung und -abwanderung Marktanteile Verkauf neuer Produkte Anzahl Kundenreklamationen Kundenrentabilität Anteil rentabler Kunden
Finanzielle Perspektive	RAROC/RORAC Return on Equity Cost-Earnings-Ratio Konditionsbeiträge/Konditionsbeitragsbarwerte Provisionsüberschüsse Standardrisikokosten Standardbetriebskosten Ergebnisse pro Mitarbeiter Anteil/Höhe der ausgefallenen Kredite

Abbildung 5: Allgemeingültige Vertriebskennzahlen

über traditionelle Bankdienstleistungen hinaus ermöglicht es, lange Zeit festgeschriebene Marktanteile zum eigenen Vorteil aufzuweichen.

Auch Dienstleistungsprodukte, wie die Unterstützung der Firmenkunden beim Aufbau eines finanziellen Risikomanagementsystems ermöglichen eine Intensivierung der Kundenbindung. Gerade in diesem Bereich signalisiert eine am Lehrstuhl für Finanz- und Bankmanagement der Universität Siegen durchgeführte Umfrage bei den 500 größten Industrie-, Handels- und Dienstleistungsunternehmen noch erheblichen Handlungsbedarf bei den Unternehmen und damit geschäftspolitische Chancen für Banken (vgl. Wiedemann 2000b).

Aufgrund der beschriebenen Strategie kommen die in Abbildung 5 aufgeführten Kennzahlen für alle Vertriebssegmente in Betracht.

Spezielle Kennzahlen für die einzelnen Segmente können Abbildung 6 entnommen werden.

Perspektive	Vertriebseinheit	Kennzahlen
Lern- und Entwicklungs-perspektive	Retail Banking	Kenntnisstand der Mitarbeiter bezüglich aller angebotenen Produkte Kenntnisstand der Filial-Mitarbeiter über andere Vertriebswege (Internet-Banking, SB-Banking, Telefon-Banking)
	Private Banking	Anzahl Schulungstage Mitarbeiter
	Corporate Banking	Anzahl Schulungstage Mitarbeiter Anzahl Mitarbeiter E-Commerce Investitionen in E-Commerce
Interne Prozess-perspektive	Retail-Banking	Bearbeitungszeit Kreditantrag (andere Produkte) Prozesskosten Kreditantrag (andere Produkte) Anteil Geschäftsabwicklung über Internet, SB-Service, Call-Center Cross Selling Ratio Anzahl Produkte, die an weniger als XX % der Kunden verkauft werden
	Prvate Banking	Bearbeitungszeit Kreditantrag (andere Produkte) Prozesskosten Kreditantrag (andere Produkte) Möglichkeit des externen Zugriffs auf Informationen durch Mitarbeiter
	Corporate Banking	Anteil innovativer Produkte (neue Geschäftsfelder) am Geschäftsvolumen Anteil Echtzeit-Transaktionen
Kunden-perspektive	Retail-Banking	Verhältnis Arbeitszeit im direkten Kundenkontakt / Anzahl Kunden
	Private Banking	Beurteilung Beratungskompetenz durch Dritte bzw. Kunden Beurteilung der Produktpalette durch Kunden
	Corporate Banking	Image als Anbieter innovativer Problemlösungen

Abbildung 6: Segmentspezifische Vertriebskennzahlen

3. Einsatz der Balanced Scorecard in Banken

3.1 Balanced Scorecard als strategisches Managementsystem

Die Balanced Scorecard ist mehr als ein Messsystem, das es erlaubt, die strategischen Ziele auf operativer Ebene zu kontrollieren. Sie kann darüber hinaus als strategisches Managementsystem zur Bewältigung kritischer Managementprozesse eingesetzt werden (vgl. Abbildung 7). Diese Prozesse, von denen einige in der bisherigen Betrachtung bereits angerissen wurden, sollen kurz erläutert werden.

Die Formulierung einer Strategie und die Entwicklung der Balanced Scorecard beginnt auf der obersten Bankebene und ist eine Teamaufgabe für die gesamte Führungsspitze. Dies trägt zu einer klaren, gemeinschaftlichen Auffassung über die Strategie der Bank bei.

Mit Hilfe der Balanced Scorecard kann die Strategie der Bank anschließend im gesamten Unternehmen kommuniziert werden. Kennt jeder einzelne Mitarbeiter die Strategie und hat sie verinnerlicht, ist es für die Mitarbeiter bzw. Abteilungen einfacher, die persönlichen Ziele oder die Ziele der Abteilung mit der Strategie der Bank in Einklang zu bringen.

In einem weiteren Schritt unterstützt die Balanced Scorecard auch den Planungs- und Zielsetzungsprozess innerhalb einer Bank. Nach Festlegung der Ziele für die Kunden-, die interne Prozess- und die Lern- und Entwicklungsperspektive können die verschiedenen

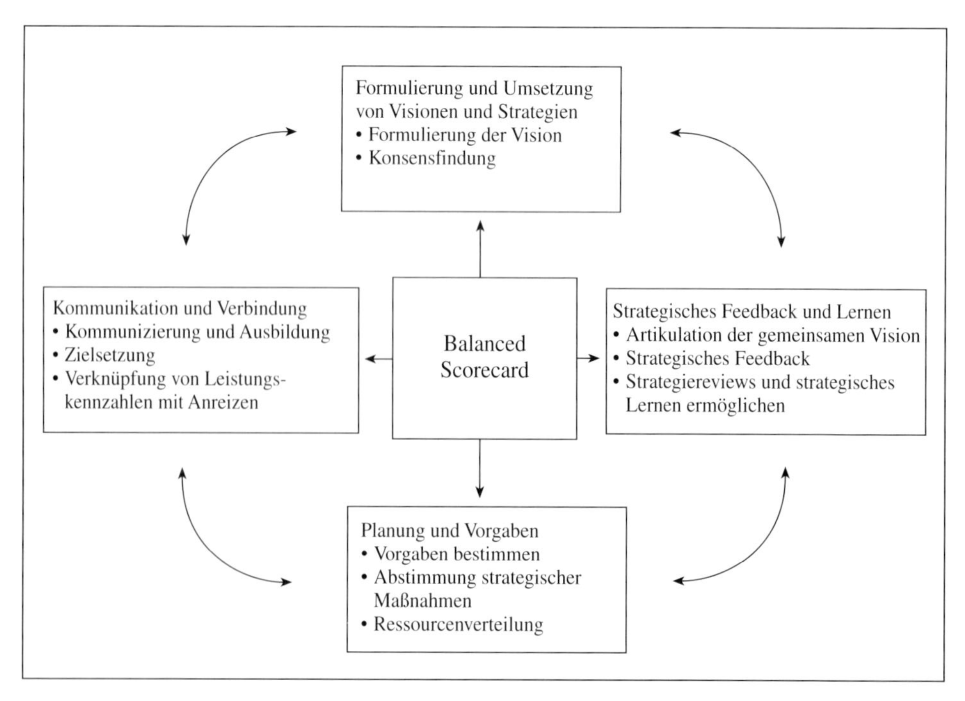

Abbildung 7: Balanced Scorecard als strategischer Handlungsrahmen

Ziele miteinander verknüpft werden, um so bessere Ergebnisse als bei isolierter Betrachtung zu erzielen. Die Balanced Scorecard kann auch die Verknüpfung der strategischen Planung mit der jährlichen Budgetierung verbessern. Mit Hilfe von Meilensteinen werden die langfristigen Planvorgaben für jedes Geschäftsjahr fixiert. Die Erfassung kurzfristiger Planfortschritte zeigt den bereits erfolgreich zurückgelegten Weg auf.

Als innovativster und vielleicht wichtigster Aspekt der Balanced Scorecard als strategisches Managementsystem wird die Verbesserung von strategischem Feedback und Lernen angeführt (vgl. Kaplan/Norton 1997, S. 15). Ein einfacher Rückkopplungsprozess führt bei Abweichungen von den geplanten Ergebnissen lediglich dazu, dass Aktionen gestartet werden, die die Bank näher zu den geplanten strategischen Zielen bringen sollen. Die Balanced Scorecard bewirkt dagegen einen doppelten Rückkopplungsprozess, der sich insbesondere bei ständig verändernden Umweltbedingungen als vorteilhaft erweist. Bei Abweichungen von den Zielvorgaben muss zusätzlich die Gültigkeit der verfolgten Strategie überprüft werden. Darüber hinaus bedarf es einer stetigen Überwachung der Relevanz der ausgewählten Kennzahlen sowie der Ursache-Wirkungs-Zusammenhänge.

Hier schließt sich dann der Kreis bzw. beginnt von neuem, indem die Überprüfung der Strategie gegebenenfalls zu einer veränderten bzw. verbesserten Strategie führt.

3.2 IT-Implementierung

Mit der Einführung der Balanced Scorecard stellt sich auch die Frage, wie die IT-Unterstützung des Balanced Scorecard-Konzepts realisiert werden kann. Um die dabei auftretenden Probleme lösen zu können, wird eine Zusammenarbeit zwischen allen Mitarbeitern, die an der Entwicklung der Balanced Scorecard beteiligt sind und der IT-Abteilung der Bank schon zu Beginn der Einführungsphase dringend empfohlen. Dabei sollte sich die IT-Lösung an dem Konzept der Balanced Scorecard orientieren und nicht umgekehrt das Balanced Scorecard-Konzept auf die vorhandene IT-Struktur zugeschnitten werden (vgl. Klaus/Dörnemann/Knust 1998).

Da viele der für die Balanced Scorecard benötigten Daten in der Bank maschinell zur Verfügung stehen, lassen sich Synergieeffekte nutzen, indem die Balanced Scorecard in die bereits vorhandenen Controlling-Informationssysteme integriert wird (vgl. Harengel/Hess 1999).

Auch die Einführung und Mitarbeiterakzeptanz des Balanced Scorecard-Konzepts kann durch die IT-Umsetzung unterstützt werden. Wesentliche Voraussetzung ist hier die Benutzerfreundlichkeit. Der Vorteil der Balanced Scorecard, die Übersichtlichkeit durch die geringe Anzahl der Kennzahlen und die Darstellung der Ursache-Wirkungs-Zusammenhänge kann durch entsprechend gestaltete grafische Oberflächen noch gesteigert werden. Da die Balanced Scorecard mehr als nur ein Messsystem sein soll, ist diesem Gedanken unbedingt Rechnung zu tragen.

Um die Kommunikation zu verbessern und letztendlich strategisches Lernen zu ermöglichen, sollten die Kennzahlen auch um qualitative Informationen der Mitarbeiter ergänzt werden können (vgl. Klaus/Dörnemann/Knust 1998).

3.3 Zukunftsperspektiven für die Balanced Scorecard in Banken

Die Balanced Scorecard unterstützt eine Bank bei der Verwirklichung ihrer strategischen Ziele, indem sie die isolierte Betrachtung finanzieller Ziele aufgibt und die Bank ganzheitlich betrachtet. Der Erfolg einer Balanced Scorecard wird dabei auch davon abhängen, ob ihr Potenzial als strategisches Managementsystem genutzt, oder ob sie bloß als ein weiteres Kennzahlensystem betrachtet wird.

Die Balanced Scorecard kann auch zum besseren Verständnis für das in Kontinentaleuropa auf Vorbehalte stoßende Shareholder-Value-Konzept beitragen, da sie verdeutlicht, dass eine nachhaltige Steigerung des Unternehmenswertes auch Vorteile für Mitarbeiter und Kunden der Bank bringt.

Auf der anderen Seite gibt es auch kritische Stimmen, die argumentieren, dass die Berücksichtigung nicht-finanzieller Kennzahlen keine Neuerung darstellt (vgl. Weber/Schäffer 1998). Dies spricht allerdings nicht gegen den Einsatz dieses Konzeptes in Banken. Gerade durch ihre leicht verständliche und übersichtliche Konzeption ist die Balanced Scorecard in der Lage, die häufig kritisierte Fokussierung auf das finanzielle Ergebnis aufzubrechen.

Echte Probleme hingegen kann die Identifizierung der relevanten Kennzahlen und der Ursache-Wirkungs-Zusammenhänge bereiten. Eindeutige Empfehlungen, wie diese gefunden werden können, gibt es nicht. Es bleibt nur der Rückgriff auf Erfahrungen von Unternehmen, die das Konzept der Balanced Scorecard bereits einsetzen. Gerade für den Bankenbereich mit all seinen Besonderheiten liegen umfangreiche Erfahrungsberichte aber (noch) nicht vor, da das Konzept erst am Anfang seiner Entwicklung steht.

Trotz der Kritik an und der unzureichenden Erfahrung mit dem Einsatz der Balanced Scorecard scheint sie ein geeignetes Instrument, um die Lücke zwischen der Formulierung einer Strategie und ihrer Umsetzung in konkrete Aktionen zu schließen. Ob sich die in sie gesetzten Erwartungen und Hoffnungen erfüllen, werden die nächsten Jahre zeigen.

Literaturhinweise

HARENGEL, J./HESS, T.: Entwicklung einer Balanced Scorecard, untersucht am Beispiel des Retailgeschäfts einer Bank, in: Kostenrechnungspraxis, 43. Jg., H. 4/1999, S. 239-245.

KAPLAN, R. S./NORTON, D. P.: Balanced Scorecard, Stuttgart 1997.

KLAUS, A./DÖRNEMANN, J./KNUST, P.: Chancen der IT-Unterstützung bei der Balanced Scorecard-Einführung, in: Controlling, H. 6, November/Dezember 1998, S. 374-380.

WEBER, J./SCHÄFFER, U.: Balanced Scorecard – Gedanken zur Einordnung des Konzepts in das bisherige Controlling-Instrumentarium, in: Zeitschrift für Planung, 9. Jg, Nr. 4/1998, S. 341-365.

WIEDEMANN, A.: Perspektiven für die Gesamtbank-Steuerung, in: Betriebswirtschaftliche Blätter, 49. Jg., H. 2/2000a, S. 102-104.

WIEDEMANN, A.:: Finanzielles Risikomanagement in Unternehmen, Siegen 2000b.

SCHIERENBECK, H.: Ertragsorientiertes Bankmanagement, Band 1: Grundlagen, Marktzinsmethode und Rentabilitätscontrolling, 6., überarbeitete und erweiterte Auflage, Wiesbaden 1999.

Bernd Rolfes

Renditeansprüche für Gesamtbank und Geschäftsbereiche

1. Einleitung

Mit dem Strukturwandel im Bankgeschäft haben sich auch die Anforderungen an die Steuerungssysteme und die Rentabilität der Banken deutlich erhöht. Auf Druck des Kapitalmarktes und angesichts der wachsenden Macht institutioneller Investoren sind die Banken dazu gezwungen, eine kapitalmarktgerechte Verzinsung für das bereitgestellte Risikokapital zu erwirtschaften. Diese Anforderung besteht nicht nur auf Gesamtbankebene, sondern gilt in gleicher Weise für die einzelnen Geschäftsfelder, wie etwa das Firmenkunden- oder das Privatkundengeschäft. Das Steuerungs- und Ergebnisinformationssystem hat dabei sicherzustellen, dass der seitens des Kapitalmarktes formulierte Ergebnisanspruch adäquat auf die verschiedenen Geschäftsbereiche budgetiert wird und die Steuerungsgrößen derart ausgestaltet sind, dass sie die Erreichung des definierten Renditeanspruchs möglichst weitgehend gewährleisten. In dem vorliegenden Beitrag werden die derzeit in der Praxis angewendeten Ansätze zur Ermittlung und Allokation von Ergebnisansprüchen gegenübergestellt und kritisch gewürdigt.

2. Ansätze zur Ermittlung des gesamtbankbezogenen Ergebnisanspruches

Grundsätzlich lassen sich zwei Ansätze zur Formulierung eines gesamtbankbezogenen Ergebnisanspruches unterscheiden. Zum einen wird unter dem Begriff des „strukturellen Gewinnbedarfs“ auf das zur Erfüllung wirtschaftlicher und rechtlicher Strukturnormen erforderliche Eigenkapital – bzw. das notwendige Eigenkapitalwachstum – abgestellt. Zum anderen kann ein (in der Regel risikoorientierter) Ergebnisanspruch aus dem Verzinsungsanspruch der Eigenkapitalgeber auf das vorhandene Eigenkapital abgeleitet werden. Beide Komponenten können – je nach Ansatz – sowohl additiv, als auch über Nebenbedingungen verknüpft werden.[1]

2.1 Ableitung des strukturellen Gewinnbedarfs

Unter dem Begriff des „strukturellen Gewinnbedarfs“ wird in erster Linie auf den aufsichtsrechtlich begründeten Thesaurierungsbedarf abgestellt.

In der Ausgangssituation beläuft sich das nach (der in Grundsatz I umgesetzten) EG-Solvabilitätsrichtlinie angerechnete Risikovolumen auf DM 8,5 Mrd., was bezogen auf das Geschäftsvolumen von DM 12 Mrd. einer Risikoquote von 70,8 Prozent entspricht. Dem

1 Vgl. Rolfes, 1999.

steht nach der Eigenmitteldefinition dieser Richtlinie ein haftendes Eigenkapital von DM 715 Mio. gegenüber, so dass die Solvabilität, das heißt die Eigenkapitalunterlegung des Risikovolumens, 8,41 Prozent beträgt und damit knapp über der vorgeschriebenen Untergrenze von 8 Prozent liegt.

Die Bank geht nun annahmegemäß für das kommende Jahr von einem Geschäftswachstum in Höhe von 5 Prozent auf DM 12,6 Mrd. aus. Dabei wird unterstellt, dass der Strukturanteil des Risikovolumens mit 70,8 Prozent stabil bleibt. Das Risikovolumen nimmt entsprechend um DM 425 Mio. zu. Um den Solvabilititätskoeffizienten in Höhe von 8,41 Prozent konstant halten zu können, wird ein zusätzliches haftendes Eigenkapital in Höhe von DM 35,74 Mio. (425 * 0,0841) benötigt.

Um zum Gewinnbedarf zu gelangen, sind weitere Annahmen hinsichtlich (entlastenden) externen Eigenkapitalzuführungen einerseits und (belastenden) Ausschüttungserfordernissen andererseits zu treffen. Geht man davon aus, dass keine Kapitalerhöhung geplant ist – diese würde den Gewinnbedarf im übrigen nur kurzfristig entlasten, da dieser aufgrund der später erhöhten Dividendenanforderungen lediglich zeitlich nach hinten verschoben würde – so entspricht der Eigenkapitalbedarf in Höhe von DM 35,74 Mio. dem erforderlichen Thesaurierungsbetrag. Bei einem hier angesetzten Steuersatz auf thesaurierte Gewinne in Höhe von 50 Prozent ergibt sich daraus ein aufsichtsrechtlicher Ergebnisbedarf von DM 71,48 Mio.

Hinzu kommen die für Dividendenzahlungen erforderlichen Gewinnkomponenten. Als Bardividende wird im Beispiel ein zusätzlicher Gewinnbedarf in Höhe von DM 30 Mio. angesetzt. Hinzu kommen die auf ausgeschüttete Gewinne zu zahlenden Steuern, die insgesamt mit DM 25 Mio. veranschlagt werden. Der Reingewinnbedarf beläuft sich unter Einbeziehung sämtlicher genannter Komponenten auf DM 119,48 Mio. Dieser Wert kann nun wiederum durch Zugrundelegen weiterer Prämissen in Größen wie das Mindest-Teilbetriebsergebnis oder den Mindest-Zinsüberschuss transformiert werden, wobei im Beispiel die erstgenannte Überführung angedeutet ist.

Als wesentliches Charakteristikum dieser Art der Gewinnbedarfsermittlung ist herauszustellen, dass der Kern der Analyse in der Ableitung des aufsichtsrechtlichen Gewinnbedarfs liegt. Die Verzinsungsansprüche der Kapitalgeber werden als gegeben unterstellt, ohne ihre normative Festlegung zu unterstützen. Die Einfachheit und Überschneidungsfreiheit des Ansatzes resultiert aus der Prämisse über die Ausschüttungsansprüche. Sie lässt eine eindeutige Trennung zwischen Ausschüttung und Thesaurierung zu: Da die Eigenkapitalgeber sich annahmegemäß nur an der Ausschüttung orientieren, wird die Thesaurierung als ausschließlich aufsichtsrechtlich motiviert betrachtet. Aufgrund dieser Trennung ergibt sich ein linearer Zusammenhang zwischen Wachstumsziel und Ergebnisbedarf. Bei einem angestrebten Null-Wachstum wären lediglich die Bardividende, die darauf zu leistenden Steuern sowie das A.o.-Ergebnis (insgesamt DM 63,5 Mio.) als Mindest-Teilbetriebsergebnis zu erzielen. Dieser Wert erhöht sich mit steigendem Wachstumsziel linear und erreicht bei einer Wachstumsrate von 5 Prozent den Wert von DM 134,98 Mio.

2.2 Ermittlung risikoorientierter Renditeansprüche

Die wesentlichen Ansätze zur Formulierung risikoadäquater Renditeforderungen auf das bestehende Eigenkapital basieren auf kapitalmarkttheoretischen Modellen. Hierbei erfolgt keine Orientierung an der Ausschüttung, sondern an der Aktionärsrendite. Aus Sicht des Aktionärs stellt der Aktienwert zu Beginn der Betrachtungsperiode das relevante (betriebswirtschaftliche) Eigenkapital dar. Der Return auf dieses Eigenkapital setzt sich aus laufenden Ausschüttungen und Aktienkurssteigerungen zusammen. Die Frage, ob ausgeschüttet oder thesauriert wird, ist hierbei im Grunde irrelevant, da Ausschüttungen und Erhöhungen der Rücklagen sich – unter Vernachlässigung steuerlicher Aspekte – in gleicher Weise auf die Aktienrendite auswirken. Im Rahmen eines derartigen Ansatzes kann das aufsichtsrechtlich zu thesaurierende Eigenkapital als Nebenbedingung berücksichtigt werden.

Als kapitalmarkttheoretisches Modell ist in diesem Zusammenhang in erster Linie das Capital Asset Pricing Model zu nennen.[2] Hierbei wird ein Zusammenhang zwischen der Rendite und dem in Bezug zum Index gemessenen Risiko hergestellt, wobei das Risiko über den Betafaktor gemessen wird. Für eine Bank lässt sich – unter Berücksichtigung eines beobachtbaren Betas von um die 0,9 sowie einer durchschnittlichen Risikoprämie für den Gesamtmarkt von 3,95 Prozent – eine Risikoprämie in Höhe von 3,56 Prozent ableiten (der risikolose Zins wird beispielhaft mit 7,75 Prozent angesetzt). Es handelt sich hierbei jeweils um Werte, die vor Steuern der Eigenkapitalgeber – und damit auch vor abzugsfähigen Unternehmenssteuern – gelten. In der Bankpraxis werden diese Werte vielfach jedoch als Nachsteuer-Rendite interpretiert, wobei dieser gegenüber der eigentlichen Rechnung erhöhte Kapitalmarktanspruch noch deutlich unter den Werten internationaler „Best-Practice"-Banken liegt.

Da die Gesamtmarktrenditen im Zeitablauf deutlich schwanken, kommt insbesondere der (subjektiven) Festlegung der Beobachtungsperiode eine entscheidende Bedeutung zu. Empirische Werte können vor diesem Hintergrund vor allem als Orientierungshilfe dienen, die Wahl der individuellen Zielrendite bleibt letztlich aber auch bei dieser „marktorientierten" Vorgehensweise in hohem Maße eine normative Entscheidung der Unternehmensleitung bzw. der sonstigen Anspruchsgruppen, insbesondere der Investorenvertreter.

Im Sinne einer wertorientierten Unternehmenssteuerung ist der ermittelte Ergebnisanspruch nicht zwangsläufig auch mit periodischen Überschüssen darzustellen. Vielmehr würde eine entsprechende Wertsteigerung des Unternehmens und damit eine Steigerung des Reinvermögenswertes im Grunde ausreichen. Letzteres ist aber, wie bereits erläutert worden ist, kurzfristig nur eingeschränkt steuerbar und insbesondere von der allgemeinen Aktienmarktentwicklung abhängig. Im folgenden wird daher beispielhaft unterstellt, dass von einer Veränderung des Unternehmenswertes ex ante nicht ausgegangen werden kann und der Ergebnisanspruch vollständig als periodischer Überschuss darzustellen ist.

2 Vgl. Sharpe 1964; Lintner 1965.

3. Allokation von Renditeansprüchen auf Geschäftsfelder

Ausgehend vom gesamtbankbezogenen Ergebnisanspruch ist in einem nächsten Schritt die Budgetierung des Ergebnisanspruchs auf die einzelnen Geschäftsbereiche vorzunehmen. Dies gilt grundsätzlich sowohl für den strukturellen Gewinnbedarf, als auch für risikoorientierte Renditeansprüche, wobei letzterer Bereich im Folgenden explizit behandelt wird. Die derzeit diskutierten Ansätze unterschieden sich hinsichtlich der Einbeziehung von aufsichtsrechtlichem und ökonomischem Risikokapital und der Frage, ob die gemessenen Risk-Exposures direkt als Risikokapital aufgefasst werden können oder lediglich als quasi Äquivalenzziffern einen Verteilungsschlüssel darstellen.

Die Impulse der unterschiedlichen Ansätze werden im Folgenden anhand einer Beispielrechnung für eine Bank, die mit dem Privatkunden- (PK) und dem Firmenkundengeschäft (FK) lediglich zwei Geschäftsbereiche unterscheidet gegenübergestellt.

3.1 Dualer Top-down-Ansatz

Der duale Top-down-Ansatz geht davon aus, dass sowohl das betriebswirtschaftliche Risikokapital, als auch das gesetzliche Kapital zu bedienen sind. Daher ist von dem sich insgesamt ergebenden kapitalmarktorientierten Renditeanspruch zunächst ein sog. risikofreier Ergebnisanspruch für die Inanspruchnahme von gesetzlichem Eigenkapital abzuziehen, um die Differenz schließlich zum gesamten Value-at-Risk der Bank in Relation zu setzen und eine VaR-Verzinsung abzuleiten.[3]

Im Beispiel wird annahmegemäß von einem auf beide Geschäftsbereiche entfallenden Gesamt-Ergebnisanspruch von GE 2,6 Mrd. ausgegangen. In einem ersten Schritt wird der Ergebnisanspruch berechnet, der sich auf das von den Geschäftsbereichen benötigte aufsichtsrechtliche Kernkapital ergibt. Bei einem unterstellten Gewichtungsfaktor von 5 Prozent ergibt sich ein aufsichtsrechtliches Kapital von GE 6 Mrd. für das Firmenkunden- und von GE 7,5 Mrd. auf das Privatkundengeschäft. Hierauf ist die risikolose Verzinsung anzurechnen, wobei dieser Satz um nicht anrechenbare Unternehmenssteuern zu korrigieren ist. Im Beispiel wird diese (steueradjustierte) Soll-Verzinsung mit 13 Prozent angesetzt, was der in der Praxis derzeit verwendeten Größenordnung entspricht. Reduziert wird dieser Verzinsungsanspruch um den sog. Anlagenutzen, das heißt um die Verzinsung, die aus der faktischen Anlage der Mittel resultiert. Im Beispiel ergibt sich so ein risikofreier Ergebnisanspruch von insgesamt GE 0,81 Mrd., von dem GE 0,36 Mrd. auf den Firmenkunden- und GE 0,45 Mrd. auf den Privatkundenbereich entfallen. Bei einem insgesamt zu erzielenden Ergebnisanspruch von GE 2,6 Mrd. verbleiben somit GE 1,79 Mrd. (= 2,6 Mrd. – 0,81 Mrd.), die in Abhängigkeit vom auf den jeweiligen Geschäftsbereich entfallenden Value at Risk zu verteilen sind.

3 Vgl. Schmittman/Penzel/Gehrke 1996.

Hierbei wird mit dem Value at Risk auf Ausfallrisiken und dem Value at Risk auf Investitionsrisiken auf zwei für diese Geschäftsbereiche relevante Risikoarten abgestellt. Hinsichtlich der Quantifizierung dieser Größen existiert eine Reihe von Ansätzen, die an dieser Stelle nicht weitergehend diskutiert werden sollen.[4] In der Praxis wird der Value at Risk auf Ausfallrisiken häufig auf Basis der historischen Schwankung der Ausfallrisikoergebnisse festgelegt. Unter dem Begriff des Investitionsrisikos wird das allgemeine Geschäfts- oder Absatzrisiko erfasst. Das Risiko besteht hier insbesondere darin, dass sich Verluste einstellen können, wenn bei rückläufigen Absatzerfolgen überzählige Personal- und Sachressourcen nicht zeitnah zurückgeführt werden können. Die im Beispiel angesetzten Risikofaktoren bewegen sich wiederum in derzeit in der Praxis verwandten Größenordnungen. Über beide Risikoarten ergibt sich für das Firmenkundengeschäft ein Gesamt-VaR von GE 4,43 Mrd. und für das Privatkundengeschäft ein Wert von GE 3 Mrd. Dies entspricht einer VaR-Relation von 1 zu 1,48, was bedeutet, dass das Firmenkundengeschäft im Vergleich zum Privatkundengeschäft das 1,48-fache Risiko in sich trägt. Gemäß dieser Relation wird der verbleibende (Rest-)Ergebnisanspruch von GE 1,79 Mrd. auf die beiden Geschäftsbereiche aufgeteilt. Für das Firmenkundengeschäft ergibt sich ein Gesamtergebnisanspruch (risikofreier Ergebnisanspruch zuzüglich VaR-Ergebnisanspruch) in Höhe von GE 1,43 Mrd.

3.2 VaR-Top-down-Ansatz

Im Gegensatz zum zuvor beschriebenen Ansatz erfolgt die Aufteilung des Gesamtbank-Ergebnisanspruchs beim VaR-Top-down-Ansatz ohne Berücksichtigung des aufsichtsrechtlich benötigten Kernkapitals ausschließlich nach dem Anteil des Geschäftsbereichs-Value at Risk am Gesamt-VaR. Als Argument wird von Vertretern dieses Ansatzes vor allem angeführt, dass das aufsichtsrechtliche Kapital keinen faktischen Engpassfaktor darstellt, da eventuelle Schieflagen sich beispielsweise über Asset-backed-Security-Transaktionen umgehen lassen.

Bei ansonsten gleichen Prämissen hinsichtlich Gesamt-Ergebnisanspruch und Risikofaktoren würde der gesamte Ergebnisanspruch in Höhe von GE 2,6 Mrd. nun gemäß der VaR-Relation von 1:1,48 auf die Geschäftsbereiche aufgeteilt.

Im Ergebnis ergibt sich bei dieser Variante ein auf den Firmenkundenbereich entfallender Anspruch in Höhe von GE 1,55 Mrd. Dieser Wert liegt um GE 0,12 Mrd. über dem zuvor ermittelten Ergebnisanspruch, was daran liegt, dass im konkreten Beispiel das Privatkundengeschäft aufgrund der höheren (nominellen) Risikoaktiva deutlich stärker mit risikofreien Renditeansprüchen auf das aufsichtsrechtliche Eigenkapital belastet wird und sich hieraus im dualen Top-down-Ansatz eine entsprechende (relative) Entlastung für den Firmenkundenbereich ergibt. Dieser Zusammenhang gilt jedoch nur in der konkreten Beispielsituation und kann sich bei Einbeziehung weiterer Geschäftsbereiche, Risikoarten und Änderungen der Risikoparameter ins Gegenteil verkehren.

4 Vgl. hierzu Rolfes 1999.

3.3 VaR-Bottom-up-Ansatz

Im Gegensatz zu den beiden zuvor betrachteten Top-down-Ansätzen wird der geschäftsbereichsspezifische Ergebnisanspruch beim VaR-Bottom-up-Ansatz direkt aus der Ziel-Rendite abgeleitet. Die VaR-Werte werden dabei direkt als Risiko- bzw. Eigenkapital interpretiert. Für die Ziel-Rendite wird im Beispiel ein Wert von 15 Prozent (vor Steuern) angesetzt. Dies entspricht dem in der Praxis derzeit überwiegend angesetzten Wert, zu dem man gelangt, wenn man den CAPM-Ergebnisanspruch von 11 Prozent bis 12 Prozent um bankspezifische Steuereffekte, die bei einer risikolosen Wertpapieranlage nicht anfallen würden, modifiziert.

Im Beispiel wird in Anlehnung an die tatsächliche Vorgehensweise einer europäischen Großbank ausschließlich der VaR auf Ausfallrisiken berücksichtigt. Es ergibt sich ein Ergebnisanspruch von GE 0,288 Mrd. Dieser Wert liegt deutlich unterhalb der bei den beiden Top-down-Verfahren ermittelten Werte und zeigt das zentrale Problem eines Bottom-up-Ansatzes: Er erfordert zum einen zwingend die vollständige Erfassung sämtlicher Risikoarten, wobei zum anderen die „richtige" Festlegung der Parameter „Haltedauer" und „Signifikanzniveau" sicherzustellen ist. Nur bei Erfüllung dieser Bedingungen ist gewährleistet, dass der für die Bank geltende Gesamt-Ergebnisanspruch über die Summe der Geschäftsbereichs-Ergebnisansprüche abgedeckt wird. Im Beispiel würde sich durch eine zusätzliche Berücksichtigung von Investitionsrisiken nicht nur der auf den Firmenkundenbereich entfallende Ergebnisanspruch erhöhen, sondern in der Summe auch der insgesamt zu erzielende Gesamt-Ergebnisanspruch. Bei den Top-down-Verfahren würde eine derartige Erweiterung hingegen lediglich zu einer Verschiebung zwischen den Geschäftsbereichen führen und die Höhe des Gesamt-Ergebnisanspruchs nicht beeinflussen. Da der Gesamt-Anspruch bei einem Bottom-up-Ansatz damit faktisch allenfalls zufällig getroffen wird, haben auch Institute, die dieses Verfahren zwischenzeitlich eingesetzt haben, mittlerweile von einer weiteren Verwendung Abstand genommen.

4. Kritische Würdigung und Ausblick

Die dargestellten, derzeit in der Praxis verwandten Methoden zur Ermittlung und Aufteilung von Ergebnisansprüchen werfen eine Reihe von Problemen auf. Zum einen ergibt sich ein Zirkelschluss zwischen dem Ergebnisanspruch, der erst bei Kenntnis des Risikoprofils abgeleitet werden kann, und der Ergebnisbudgetierung, die erst bei Kenntnis des Ergebnisanspruchs vorgenommen werden kann. Die Formulierung des gesamtbankbezogenen Ergebnisanspruchs über das Beta impliziert, dass die in der Vergangenheit beobachtbare Volatilität auch das zukünftige Risiko zum Ausdruck bringt. Gerade die Festlegung des zu tragenden Risikokapitals hängt jedoch in hohem Maße von der Risikoneigung des Managements ab, so dass sich faktisch zukünftig abweichende Risikoprofile einstellen können. Bei der Festlegung der Marktrisikoprämie auf der Basis historischer Renditen am Aktienmarkt kommt insbesondere der (subjektiven) Festlegung der Beobachtungsperiode eine entscheidende Bedeutung zu.

Ein weiteres Problem ist die Festlegung des Parameters „Haltedauer" bei der Value at Risk-Bestimmung, die für die Allokation des Gesamtanspruchs notwendig ist. Hier gestaltet sich die Formulierung eines Wertes, der einheitlich für sämtliche Risikoarten anwendbar ist angesichts des teilweise stark voneinander abweichenden Risikocharakters (zum Beispiel Marktpreisrisiko versus Investitionsrisiko) schwierig. Dies wäre aber notwendig, um eine angemessene Gewichtung der Risikoarten zueinander sicherzustellen.

Des Weiteren erwächst aus der expliziten Einbindung der Risikodimension in Verbindung mit der Erkenntnis über risikoreduzierende Diversifikationseffekte ein kaum auflösbares Dilemma. Einerseits ist es konsequent, das Risikokapital – konkretisiert als in Geldeinheiten quantifiziertes Verlustpotenzial – als knappen Faktor des Wirtschaftens in die Ergebnisrechnung einzubinden und als Maßstab für die Budgetierung der Ergebnisansprüche heranzuziehen. Andererseits ergibt sich das gemessene Risiko eines Portfolios nicht als Summe der Einzelrisiken, so dass eine direkte Rückverteilung des Risikos auf die Einzelpositionen – quasi nach dem Verursachungsprinzip – nicht ohne weiteres möglich ist. Sowohl für die Ex-post Beurteilung einzelner Teilbereiche im Rahmen einer risikoadjustierten Erfolgsmessung als auch bei der Budgetierung des gesamtbankbezogenen Ergebnisanspruchs ist gerade dies jedoch notwendig. Eine Möglichkeit der Ermittlung könnte der sogenannte marginale oder Teil-Value at Risk darstellen.[5] Hierbei wird quantifiziert, wie sich das Eingehen einer zusätzlichen Risikoposition unter Einbeziehung von Diversifikationseffekten auf das Gesamt-Risikoprofil der Bank auswirkt. Der Teil-Value at Risk liefert eine Reihe interessanter Einsatzmöglichkeiten, kann aber das Problem der verursachungsgerechten Verteilung des Gesamtbankrisikos auf Einzelportfolios insgesamt nicht lösen, da der Ausgangspunkt der Berechnungen stets das bereits bestehende Gesamtrisikoprofil ist. Im Rahmen der Kapitalallokation ist aber jedes Gesamtprofil zunächst in Frage zu stellen und „zerobased" zu gestalten.

Eine methodisch saubere Lösung würde darin liegen, auch auf Geschäftsbereichsebene lediglich den systematischen Anteil der einzelnen Risikoarten zu messen und diesen beim Budgetierungsprozess anzusetzen, es wären also „Beta-Faktoren" auf Geschäftsbereichsebene zu ermitteln. Dies würde die Kompatibilität zum ebenfalls nur in Abhängigkeit vom systematischen Risiko formulierten Gesamt-Ergebnisanspruch und daneben die Addierbarkeit der Geschäftsbereichs-VaR-Werte zum Gesamt-VaR sicherstellen. Eine Umsetzung scheitert zumindest derzeit an der begrenzten Messbarkeit einiger Risikoarten, für die sich bereits die Quantifizierung des sowohl systematische wie unsystematische Risiken beinhaltenden Gesamtrisikos schwierig gestaltet und bei dem der systematische Teil kaum zu separieren sein dürfte.

Die Quantifizierung des Value at Risk für Marktpreisrisikoportfolios ist zwar weitestgehend unproblematisch, für einen integrierten Planungs-, Budgetierungs- und Steuerungsansatz ist jedoch die vergleichbare Risikomessung für sämtliche Ergebnis- und Steue-

5 Vgl. Garman 1997; Rolfes/Henn, 1998.

rungsbereiche zwingende Voraussetzung. Ist bereits die Quantifizierung von Bonitätsrisiken angesichts der größtenteils fehlenden Handelbarkeit und damit auch fehlender empirischer Marktdaten deutlich schwieriger als die Quantifizierung kurzfristiger Marktpreisrisiken, so stellt sich die systematische Einbindung strategischer Ergebnis- und Investitionsrisiken in ein integriertes Ertrags-/Risikomanagement noch deutlich komplexer dar. Hierunter fällt letztlich das gesamte Marktergebnis in seiner strategischen Dimension. Diese unterscheidet sich erheblich von den operativen Geschäften.

Dies betrifft nicht nur deren konkrete Berechnung, sondern auch die Definition der Risikoperiode und Bezugnahme auf das Risikodeckungspotenzial. Denn erstens handelt es sich bei den strategischen Ergebnis- und Investitionsrisiken um mittel- bis längerfristige Wertminderungspotenziale, die in aller Regel nicht eine vergleichbar unmittelbare Ergebniswirkung aufweisen wie die Marktpreis- und Kreditrisiken. Zum zweiten sind derartigen Risiken nicht nur die derzeit verfügbaren Risikodeckungsmassen, sondern auch die zukünftig sich aufbauenden Risikodeckungspotenziale gegenüberzustellen. Strategische Ergebnis- und Investitionsrisiken greifen also nicht auf die gleichen Risikodeckungsmassen zu und sind deshalb auch nicht dem gleichen Allokationsmechanismus zu unterwerfen wie die Markt- und Kreditrisiken.

Drei methodische Ansätze zur Quantifizierung von strategischen Ergebnis- und Investitionsrisiken lassen sich derzeit herausfiltern. Zum ersten lassen sich analog zu den Value at Risk-Modellen historische Ergebnisschwankungen in den verschiedenen Geschäftsbereichen analysieren. Die einfachste Vorgehensweise bestünde in einer Fortschreibung der bisherigen Ergebnisvolatilität, anspruchsvollere Modelle analysieren die Determinanten früherer Ergebnisentwicklungen und leiten aus deren erwarteter Entwicklung zukünftige Ergebnisverminderungspotenziale ab. Einen solchen Ansatz stellt beispielsweise die Methode der dynamischen Zinselastizitätsbilanz dar, die als Indikatormodell für die marktzinsabhängige Entwicklung der Zinserträge und Zinsaufwendungen eine Abschätzung des zukünftigen Ergebnisverminderungspotenzials ermöglicht. Sie stellt mit den statistisch ermittelten Zins- und Bilanzstrukturelastizitäten zwar auch auf historische Werte ab, bildet über die notwendige Einschätzung der zukünftigen Zinsentwicklung und grundlegender Bilanzstrukturverschiebungen jedoch gleichzeitig ein Prognosemodell.

Einen ganz anderen Grundgedanken verfolgt der zweite Ansatz, nämlich aus der Kostenflexibilität respektive Kostenstarrheit das Investitionsrisiko einzelner Geschäftsbereiche abzuleiten. Dazu wird auf die Eigenkapital/Kosten-Relation vergleichbarer Unternehmensstrukturen aus anderen Branchen – gewissermaßen als Benchmark – abgestellt. Für eine Filialbank könnte dabei etwa der Vergleich mit dem filialbasierten Einzelhandel dienen. Aus der Übertragung der dort beobachteten Eigenkapital/Kosten-Relation auf das Kostenvolumen der Filialbank würde sich dann hilfsweise die Eigenkapitalbindung für den eigenen Kostenapparat und damit das Investitionsrisiko ableiten. Ein solcher Ansatz hat jedoch erhebliche Schwächen. Erstens ist ein Vergleich mit Unternehmensstrukturen anderer Branchen ausgesprochen grob und als Benchmark absolut willkürlich. Zum zweiten wird das Risiko wieder im klassischen Sinne als Verlust des eingesetzten Investitionsbetrages statt als Schwankungspotenzial um die für die Zukunft erwarteten Ergebnisse definiert.

Dem gegenüber stehen als dritter Ansatz explizite Prognosemodelle zur Investitionsbewertung. Dazu würde etwa die Quantifizierung des Investitionsbarwertes für die erwartete Ergebnisentwicklung zum Beispiel einer Direktbank sowie die Abschätzung der möglichen (negativen) Abweichungen von diesem erwarteten Barwert gehören. Kennzeichnend für solche expliziten Prognosemodelle ist die sorgfältige Analyse der wertdeterminierenden Parameter sowie die Bildung von Szenarien und eine Wahrscheinlichkeitsschätzung für die möglichen Parameterentwicklungen. Daraus kann das Risikopotenzial mit einem vorgegebenen Konfidenzniveau, dem allerdings vorwiegend eine subjektive Wahrscheinlichkeitseinschätzung zugrunde liegt, quantifiziert werden.

Insgesamt ist festzuhalten, dass bei der Ermittlung und Aufteilung von Ergebnisansprüchen erhebliche Gestaltungsspielräume bestehen und sich je nach eingesetztem Verfahren sowohl auf Gesamtbank- als auch auf Geschäftsbereichebene deutlich voneinander abweichende Werte ergeben können. Diese Tatsache sollte insbesondere mit Blick auf die Ableitung geschäftspolitischer Konsequenzen auf Basis der sich nach Kapitalkosten ergebenden Geschäftsbereichsergebnisse nicht aus den Augen verloren werden.

Literaturhinweise

GARMAN, M.: Improving on VAR, in: Risk, 1996, No. 5, S. 61 ff.

LINTNER, J: The Valuation of Risk Assets and the Selection of Risky Investments in Stock Portfolios and Capital Budgets, in: Review of Economics and Statistics, 1965, 47. Jg., S. 13 ff.

ROLFES, B.: Gesamtbanksteuerung, Stuttgart 1999.

ROLFES, B./HENN, E. T.: Über die Bestimmung des „Teil-Value-at-Risk" eines Subportfolios, in: Finanzmarkt und Portfoliomanagement, 1998.

SCHIERENBECK, H./ROLFES, B.: Die Planung des strukturellen Gewinnbedarfs eines Kreditinstituts, in: ZfbF. 36. Jg. (1984), S. 887 ff.

SCHMITTMANN, S./PENZEL, H.-G./GEHRKE, N.: Integration des Shareholder Value in die Gesamtbanksteuerung, in: Die Bank, 1996, S. 648 ff.

SHARPE, W. F.: Capital Asset Prices: A Theory of Market Equilibrium under Conditions Risk, in: Journal of Finance, 1964. S. 425 ff.

Werner Brunner

Eckwertplanung in der Kapazitäts- und Kostenplanung

1. Einleitung

Verstärkter Wettbewerb, zunehmendes Preis- und Konditionsbewusstsein der Kunden – es gibt verschiedene Gründe für den kontinuierlichen Rückgang der Erträge, insbesondere der Zinsspanne. Um die Rentabilität zu sichern, liegt es daher nahe, sich auf das Geschäft mit besonders lukrativen Kunden zu konzentrieren. Doch deren Anzahl ist begrenzt. Zudem würde ein solches Vorgehen nicht zum Auftrag und zur Geschäftspolitik der Sparkassen passen.

Deshalb ist die Suche und Realisierung von Möglichkeiten zu Kostenreduzierung und Ertragsoptimierung einzelner Produkte und Abläufe ein Erfolg versprechender Weg. Die Stadtsparkasse München wird dieser Anforderung durch das Zusammenspiel von Kapazitäts- und Kostensteuerung gerecht. Aber auch Steuerung und das Controlling des Vertriebs spielen eine wesentliche Rolle. So gelingt es der Stadtsparkasse München, sich im so genannten Mengengeschäft erfolgreich zu betätigen.

2. Vertriebsplanung und -controlling

Zielgerichtetes Vorgehen, geschäftspolitische Konsequenzen und zukunftsweisende Entscheidungen bedingen ein planerisches Vorgehen auf breiter Ebene. Das gilt auch in hohem Maße für den Vertrieb.

2.1 Zielvereinbarungsprozess mit Auswirkung auf Strategie, Zielbilanz, Jahresplanung und letztlich auf Budgetplanung

Der Planungsprozess für das gesamte Institut und die Verteilung der Institutsziele auf die einzelnen verantwortlichen Organisationseinheiten basiert auf der längerfristigen Unternehmenszielsetzung sowie dem Marktumfeld und dessen Veränderungen.

Neben der Formulierung von langfristigen Zielen, wie z. B. der Marktpositionierung und der Unternehmensentwicklung, wird bei der strategischen Planung der Stadtsparkasse München eine Zielbilanz abgleitet, deren Zeithorizont fünf Jahre umfasst. Die Zielbilanz gibt Bandbreiten für die jährliche operative Planung und für das Controlling vor.

2.1.1 Planungsprozess

Orientierungsgrößen für die Entwicklung der operativen Institutsziele sind, neben der Zielbilanz, externe Einflussfaktoren, beispielsweise volkswirtschaftliche Prognosen, er-

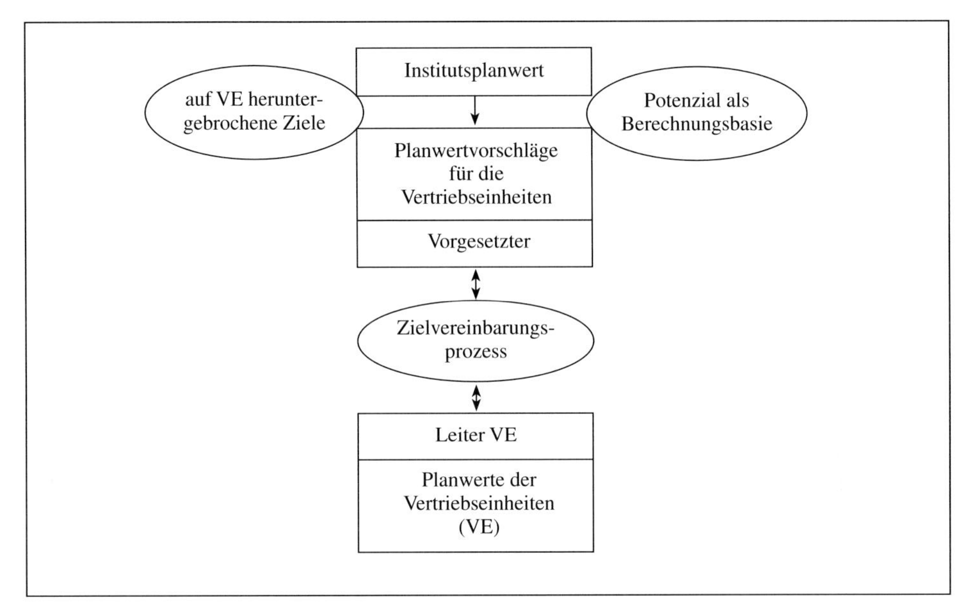

Abbildung 1: operative Planung

wartete oder geplante Änderungen bei (Steuer-)Gesetzen, Trends bei Kundenpräferenzen oder das erwartete Konkurrenzverhalten. Als interne Planungsgrößen werden darüber hinaus auf das Potenzial ausgerichtete Daten aus Marktforschung, Kundensegmentauswertungen und Ergebnissen der Vorperiode herangezogen.

Im ersten Schritt werden daraus die geschäftspolitischen Schwerpunkte für das Planungsjahr formuliert. In Abstimmung mit verschiedenen Teilbereichen werden daraufhin konkrete Planvorschläge entwickelt. Abschließend verabschiedet der Vorstand die Planwerte für das Gesamthaus.

Neben der Volumenplanung erfolgt parallel die Rentabilitätsplanung auf Basis von Sollgewinnen und Planmargen.

2.1.2 Planwertverteilung und Rentabilitätsplanwerte

Die Verteilung der Institutsplanwerte auf die Vertriebseinheiten richtet sich nach den Absatzpotenzialen der einzelnen Vertriebseinheiten. Als Basis werden die Anzahl der Kunden in den einzelnen Segmenten, deren Durchschnittsbestände und die Durchschnittergebnisse des Vorjahres zugrunde gelegt. Um auch die örtlichen Marktgegebenheiten zu berücksichtigen, wird auf ein mikrogeografisches Marktanalysesystem zurückgegriffen. Die Geschäftsgebiete der einzelnen Vertriebseinheiten wurden in Marktzellen mit maximal eintausend Einwohnern aufgeteilt und nach soziodemografischen Gesichtspunkten klassifiziert. Der Vergleich von Marktzellen gleicher Klassifizierung ermöglicht Aussagen darüber, wie die einzelnen Vertriebseinheiten ihr Marktpotenzial ausgeschöpft haben. Dabei wird auch die Wettbewerbssituation der einzelnen Zellen berücksichtigt.

Ergänzend zu den Volumenzielen werden auch Rentabilitätsplanwerte festgelegt. Die Zielmarge orientiert sich an der Ist-Marge-DB III (vgl. Abschnitt 4.1.3) des Vorjahres, die gegebenenfalls angepasst wird. Der Planwert für die Rentabilität ergibt sich aus der Multiplikation mit dem aus dem Volumenplanwert errechneten durchschnittlichen Bestandszuwachs.

2.1.3 Zielvereinbarung und Anreizsystem für Mitarbeiter

Zielvereinbarung und Erfolgskontrolle sind notwendige Bestandteile der Führungsgespräche. Deshalb vereinbaren die Führungskräfte mit jedem einzelnen Mitarbeiter den Beitrag zum Gesamtziel der Vertriebseinheit oder des Stabsbereiches. Die individuelle Zielvereinbarung beschreibt auch, wie die vorgegebenen (Absatz-)Ziele erreicht werden sollen.

Über ein Anreizsystem motiviert die Stadtsparkasse München ihre Mitarbeiter, die persönlichen Leistungsziele zu erreichen oder zu übertreffen.

Voraussetzung für die Ausschüttung von Leistungsanreizen an einzelne Mitarbeiter ist, dass zum Ablauf des Geschäftsjahres das gesamte Institut die vorgegebenen Planwerte für Absatz und Rentabilität erreicht oder übertroffen hat. Vertriebseinheiten mit überdurchschnittlichen Ergebnissen erhalten einen Bonus, der auf alle Mitarbeiter aufgeteilt wird. Darüber hinaus können herausragende Einzelergebnisse der Mitarbeiter mit einem Leistungsbonus honoriert werden.

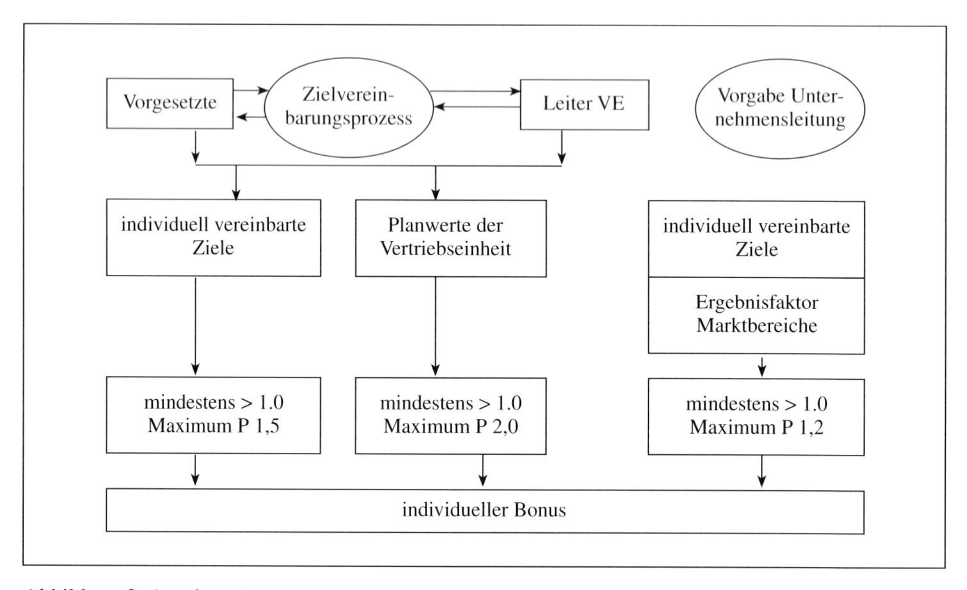

Abbildung 2: Anreizsystem

2.2 Controlling und Steuerung mittels Vertriebsreport

Die Absatzzahlen und Volumina jeder einzelnen Vertriebseinheit werden zentral erfasst und in einem monatlichen Vertriebsreport der Vetriebseinheit zusammengestellt. Dieser Report ist über das Intranet aufrufbar. Auf diese Weise ist es möglich, durch Mausklick am Bildschirm unterschiedliche Auswertungen aufzurufen. Der Bericht informiert jeden Leiter einer Vertriebseinheit detailliert über die Entwicklung seines Bereiches in Hinblick auf Absatzvolumen und Rentabilität. Zudem beinhaltet er auch Soll-Ist-Vergleiche auf der Basis der Absatzziele. Als Vergleichswert enthält der Vertriebsreport die aktuellen Durchschnittswerte des Regionalbezirks und der gesamten Sparkasse.

Mit Hilfe des Vertriebsreportes kann jeder Leiter seine Mitarbeiter während des gesamten Jahresverlaufes über den aktuellen Zielerreichungsgrad informieren, Schwachstellen analysieren und Schwerpunkte für den kommenden Monat festlegen, um möglichst frühzeitig eventuelle Defizite auszugleichen.

Weichen mehrere Vertriebseinheiten bei dem selben Produkt von den Planwerten ab, kann die Geschäftsleitung den Vertrieb durch Konditionsänderungen, Marketingmaßnahmen oder Schulungsangebote fördern. Bei grundlegenden Veränderungen der Rahmendaten ist eine Anpassung der Absatzziele möglich.

Neben dem Vertriebsreport stützt sich die Geschäftsleitung auf Vergleiche mit anderen Großsparkassen bezüglich Absatz- und Rentabilitätsergebnissen. Dadurch können gegebenenfalls ebenfalls frühzeitig entsprechende Korrekturmaßnahmen ergriffen werden.

3. Kapazitätssteuerung

Im Vertriebsbereich verfügt die Stadtsparkasse München über drei Personalbemessungsinstrumente, die eine effiziente Kapazitätssteuerung, aber auch eine Kostensteuerung ermöglichen.

3.1 Personalbedarfsberechnung und Spitzenbedarfsrechnung

Die **Personalbedarfsrechnung** ist die Grundlage für die in den Vertriebseinheiten vorgehaltenen Personalkapazitäten. Als Basis wurden in einer Multimomentaufnahme die erforderlichen Zeitwerte für die einzelnen Geschäftsvorfälle ermittelt.

In der monatlich aktualisierten Personalbedarfsrechnung werden diese Zeitwerte mit der tatsächlich angefallenen Zahl der einzelnen Positionen multipliziert. In der Summe ergeben sie die Nettobearbeitungszeit. Hinzu kommen nun Zuschläge für die betriebsbedingten und persönlich bedingten Brachzeiten. In einem weiteren Schritt werden die Verteilzeiten für Urlaub, Krankheit und Schulung hinzugerechnet, da die Personalreserve hierfür in der Geschäftsstelle vorgehalten wird.

Während die monatliche Personalbedarfsrechnung den durchschnittlichen Mitarbeiterbedarf einer Organisationseinheit widerspiegelt, zielt die **Spitzenbedarfsrechnung** auf die Ermittlung des erforderlichen Personals an den umsatzstärksten Tagen innerhalb eines Monats ab, damit ein gezielter Personaleinsatz, beispielsweise durch Teilzeitkräfte, für den Spitzenausgleich erfolgen kann.

3.2 Strukturanalyse

Während die Personalbedarfsrechnung Auskunft darüber gibt, wie viele Mitarbeiter für die Erledigung aller Geschäftsvorfälle notwendig sind, gibt die Strukturanalyse genauere Auskunft darüber in welchen Bereichen welche Kapazitäten notwendig sind.

Hierzu wurden alle anfallenden Tätigkeiten eines Geschäftsvorfalles erfasst und die Zeitanteile den einzelnen Bereichen prozentual zugeordnet. So erfolgt eine Girokontoeröffnung zwar in der Beratung, Zeitanteile entfallen aber auch auf den Schalter (Erstkontakt), auf den Marktfolgebereich (Nachbearbeitung der Unterlagen) und auf die Kasse (gegebenenfalls Einzahlung). Auf der Basis der Personalbedarfsrechnung erhält man somit eine detaillierte Aussage über die benötigte Personalstruktur

	Beratung	Service	Kasse	Marktfolgeb.	Spitzenbed.
MA – Soll	6,79	7,17	2,68	2,92	
MA – Ist	6,60	6,00	3,00	4,00	0,75
Abweichung	**0,19**	**1,17**	**–0,32**	**–1,08**	

Tabelle 1: Strukturanalyse für eine Geschäftsstelle

3.3 Kostenaspekte der Personalbedarfsberechnung

Ergänzt man die Zeitanteile um die jeweiligen Kostenanteile, so erhält man wichtige Informationen für lohnenswerte Rationalisierungsmöglichkeiten. Diese Maßnahmen rentieren sich insbesondere dort, wo zeit- und kostenaufwendige Tätigkeiten häufig vorkommen.

Geschäftsvorfall	Zeit/Stück in Minuten	Vollkosten in DM gemäß in DM DB II	Vollkosten gemäß in DB III
Einzahlung Girokonto	1,01	1,794	4,032
Auszahlung Girokonto	1,72	3,073	5,440
GA-Abhebung	0,05	0,170	0,917
Einzelüberweisung mit Beleg	0,66	1,069	1,587
Einzelüberweisung am SB-Terminal	0,05	0,290	0,295
Wertpapier-Auftrag mit Beratung	29,69	68,520	77,610
Neuabschluss Privatkredit	117,62	301,450	388,860
Neuabschluss Baufinanzierung	243,35	572,140	954,360

Tabelle 2: Personalbedarfsrechnung (Auszug), ergänzt um anteilige Kosten (vgl. 4.1.3)

Vergleicht man die Entwicklung der personellen Struktur der Geschäftsstellen in den letzten Jahren, so zeigt sich eine Zunahmen bei den Mitarbeitern im Beratungs- und Servicebereich und eine Abnahme im Kassen- und Marktfolgebereich. Dies ist bereits die Folge entsprechender Rationalisierungsmaßnahmen. Dennoch bieten die Routinearbeiten immer noch ein hohes Potenzial an Einsparungsmöglichkeiten, das durch stärkere technische Unterstützung und organisatorische Maßnahmen erschlossen werden kann.

Bemerkenswert sind beispielsweise die hohen Kosten im Kassen- und Zahlungsverkehr und damit die immer noch beachtlichen Einsparungspotenziale durch den Einsatz von kundenbedienten Automaten für Ein- und Auszahlungen, beispielsweise auch im Sparverkehr, den Einsatz von Multifunktionsterminals oder die Onlineabwicklung via Internet.

An einem Beispiel wird deutlich, wie sich Kundeninteressen und Rationalisierungen erfolgreich kombinieren lassen.

Kosteneinsparung in Höhe von 12,3 Millionen DM durch den Einsatz von Geldautomaten

Kassenposten: 4,02 DM, GA-Posten: 0,68 DM (Teilkosten)

In der Berechnung ist berücksichtigt, dass Kunden am Geldautomaten öfter Geld abheben (hier 2,5 mal) als an der Kasse.

13,3 Millionen GA-Posten zu 0,68 DM:	9,0 Millionen DM
entspricht einer Einsparung von 5,3 Millionen	
Kassenposten (13,3 Millionen: 2,5) zu 4,02 DM:	21,3 Millionen DM
Einsparung	**12,3 Millionen DM**

Ähnliche Erfolge konnten mit der Verlagerung der Auftragserteilung auf das Internet verzeichnet werden. So wickeln die Kunden der Stadtsparkasse München 20 Prozent der Überweisungen per SB, Telefon oder online und 50 Prozent der Wertpapieraufträge per Telefon oder online ab. Bei zwei Dritteln der neu eröffneten Sparkonten wollen die Kunden Ein- und Auszahlungen auch über SB-Geräte tätigen.

4. Kostensteuerung

Nur mit adäquaten Kosten- und Erlösinformationen lässt sich ein Kreditinstitut ertragsorientiert führen. Mit der Kalkulation lassen sich Eckwerte für Rationalisierungen ermitteln und Entscheidungen unter Kosten-/Nutzenaspekten betrachten.

4.1 Vorkalkulation

Die Vorkalkulation errechnet bereits vor dem Abschluss eines Neugeschäftes die Rentabilität. Dabei werden den Erlösen über die gesamte Laufzeit (Zinsfestbindung) die Kosten gegenübergestellt. Neben der Bestimmung von Angebotspreisen und Preisuntergrenzen stellt die Produktvorkalkulation einen wichtigen Aspekt bei der Kosten- und Erlössteuerung von Betriebs- und Vertriebseinheiten sowie der Konditionsfindung dar.

4.1.1 Margenermittlung nach der Marktzinsmethode

Bei den bilanzwirksamen Aktiv- und Passivprodukten wird die Bruttomarge nach der Marktzinsmethode errechnet. Jedes einzelne Geschäft auf der Aktiv- bzw. Passivseite wird dabei als isolierte Erfolgsquelle betrachtet. Die Höhe des Erfolges (Bruttomarge) wird mit Hilfe der (fristengleichen) externen Geld- und Kapitalmarksätze bestimmt. Dem Kundengeschäft wird nur der Erfolg zugerechnet, der sicher realisiert werden könnte.

Bei variabel verzinslichen Kundengeschäften arbeitet die Marktzinsmethode mit Mischzinssätzen als Opportunitätszins. Im Dienstleistungsgeschäft besteht die Bruttomarge ausschließlich aus den Provisionseinnahmen.

4.1.2 Abzug von Betriebs- und kalkulatorischen Kosten

Eine Aussage über die Rentabilität lässt sich jedoch nur treffen, wenn man die Kosten, die das Produkt verursacht, berücksichtigt. Dabei werden neben den Betriebskosten (Standardstückkosten) beispielsweise auch kalkulatorische Kosten für die Eigenkapitalbildung (Sollgewinn) und bei Aktivgeschäften auch kalkulatorische Risikokosten betrachtet.

Der errechnete Gewinn/Verlust wird als DM-Betrag (Barwert) über die gesamte Laufzeit und als eine konstante Prozentmarge pro Jahr ausgewiesen. Mit dem jährlichen Prozentwert können auch Produkte mit unterschiedlichen Laufzeiten verglichen werden. Beim Dienstleistungsgeschäft bezieht sich der Prozentwert einmalig auf den Umsatz.

Um die Ergebnisse besser interpretieren zu können, werden die Betriebskosten in drei Schritten abgezogen.

Betriebskosten werden dabei unterteilt in:

- direkt zurechenbare Personalkosten (z. B. Kosten des Beraters),
- Personalverteilzeitkosten (Urlaub, Krankheit, Seminar),
- Profit-Center-Fixkosten (feste Kosten für Heizung, Miete, Reinigung usw.),
- Overheadkosten/Gemeinkosten (Gesamtkosten der internen Abteilungen).

Die Verrechnung der Overheadkosten erfolgt, soweit möglich, verursachungsgerecht. Im Übrigen erfolgt ein prozentualer Zuschlag auf die Kosten im DB I und II.

Das Ergebnis wird in Form einer dreistufigen Deckungsbeitragsrechnung dargestellt, wobei die eigentliche Nettomarge (bei der alle Kosten verrechnet sind) als DB III erscheint.

1. Aktivgeschäft	2. Passivgeschäft Dienstleistungsgeschäft
Margenwert	Margenwert
– Risikokosten	– Mindestreservekosten
– Vermittlungsprovision	– Vermittlungsprovision
– direkte Personalkosten	– direkte Personalkosten
– Malus	– Malus
+ Bonus	+ Bonus
= **Deckungsbeitrag I**	
– Personalverteilkosten	
– Profit-Center Fixkosten	
– Anteil geplanter Soll-Gewinn	
= **Deckungsbeitrag II**	
– Overheadkosten	
– Anteil geplanter Soll-Gewinn	
= **Deckungsbeitrag III**	

Tabelle 3: Berechnung von Deckungsbeiträgen

4.1.3 Kundennachkalkulation

Die Kundennachkalkulation berücksichtigt die erzielten Deckungsbeiträge aus der gesamten Kundenverbindung. Das Ist-Ergebnis beinhaltet somit nicht den Sollgewinn, sondern zeigt den *tatsächlichen Gewinn* an.

Die Nachkalkulation ermöglicht insbesondere bei der Vergabe von Sonderkonditionen (vgl. Abschnitt 4.3) die Berücksichtigung der Rentabilität der gesamten Kundenverbindung.

Beispiel: **Vor- und Nachkalkulation einer Termineinlage, 100 000 DM, 30 Tage**

Vorkalkulation

DB I	0,77 %	64 DM	Barwert aus 30 Tagen
DB II (anteiliger Sollgewinn 0,10 % berücksichtigt)	0,63 %	52 DM	"
DB III (Sollgewinn 0,20 % berücksichtigt)	0,48 %	40 DM	"
SG:	0,20 %	16 DM	

Nachkalkulation

DB I	0,77 %	65 DM	tatsächlicher Monatswert
DB II	0,73 %	61 DM	"
DB III	0,68 %	57 DM	"

Ein positiver DB III in der Vorkalkulation bedeutet einen über die Erreichung des Sollgewinns hinausgehenden Zusatzgewinn.

4.1.4 Auswirkungen auf Geschäftsstellen-Erfolgsrechnung (Profit-Center-Rechnung)

In der Profit-Center-Rechnung werden, anders als bei der Vor- und Nachkalkulation, keine Standardstückkosten, sondern die tatsächlichen Kosten aus der Kostenstelle angesetzt. Nur die Bruttomargen werden aus der Vor-/Nachkalkulation übernommen. Es ist deshalb ein indirekter Zusammenhang zu den Deckungsbeiträgen der Vor-/Nachkalkulation gegeben.

Bei der Gesamtrentabilität einer Geschäftsstelle spielt darüber hinaus ihre Auslastung und das bewältigte Volumen eine wichtige Rolle.

Hohe Margen bei geringem Volumen und geringer Auslastung können ungünstiger für die Gesamtrentabilität sein als durchschnittliche Margen bei hohem Volumen und guter Auslastung.

4.1.5 Auswirkungen auf Rentabilitätsziele

Jedes abgeschlossene Einzelgeschäft mit positivem DB II (unter Herausrechnung des Sollgewinnes) trägt zur Erreichung der Deckungsbeitragsziele bei. Ist lediglich der DB III negativ, wäre es falsch, das Geschäft abzulehnen. Die *volle* Planerfüllung ist jedoch nur dann gewährleistet, wenn die getätigten Geschäftsabschlüsse im *DB III* mindestens Null aufweisen und auch das Volumenziel erreicht wird.

Jedes zusätzliche Geschäft mit positivem DB II (ohne Sollgewinn) erhöht den Ergebnisfaktor. Jedes Einzelgeschäft mit negativem DB II (ohne Sollgewinn) ist schädlich für das Deckungsbeitragsziel, trägt aber natürlich zur Erreichung der Volumenziele bei. Bei einer Volumenzielüberschreitung kann das DB-Ziel auch erreicht werden, wenn bei dem entsprechenden Produkt der DB III negativ ist.

4.2 Kalkulationsgrundlage für Preise/Zinsen

Die Vorkalkulation gibt Informationen über die Rentabilität von Einzelgeschäften. Sie zeigt an, welche Auswirkungen die Neugeschäfte und Verlängerungen auf die Gesamtkalkulation der Kunden haben. Es kann tendenziell abgeschätzt werden, wie die Margen dieser Geschäfte die Profit-Center-Rechnung beeinflussen, falls keine schlechte Auslastung oder schlechte Volumenzahlen einen gegenteiligen Einfluss ausüben.

Eine Feinsteuerung übernimmt dabei die Sollgewinn-Komponente. Sie ist einerseits als Variable zwischen den kurzfristig festen Kosten und dem täglich schwankenden Bewertungszins eingesetzt, andererseits die produktbezogene Ausgestaltung des jährlichen Zielgewinns. In diesem Spannungsfeld bewegt sich auch die Preisgestaltung. Sie orientiert sich nicht nur am Markt, sondern basiert auf eben diesen Kalkulationsgrundlagen. Sollten die kalkulierten Preise nicht wettbewerbsfähig sein, ist an der Kostenschraube zu drehen.

Damit ergeben sich permanent Hinweise auf mögliche Schwachstellen, die sich für das Kapazitäts- und Kostenmanagement nutzen lassen.

4.3 Kompetenzspielräume bei der Gewährung von Sonderkonditionen

Die Regularien und Kompetenzen für die Vergabe von Sonderkonditionen orientieren sich bei der Stadtsparkasse München an der Produktvorkalkulation. Über eine Computerberechnung kann jeder Mitarbeiter die Deckungsbeiträge und Erlösschwellen ermitteln und mit Hilfe der Kundenkalkulation (vgl. Abschnitt 4.1.4) die Ergebnisse aus der gesamten Kundenverbindung in die Entscheidung miteinbeziehen. Die Kompetenzen zur Vergabe von Sonderkonditionen, die zu einem negativen DB I, DB II oder DB III führen, orientieren sich an der Funktion der Mitarbeiter. Mit der Zuhilfenahme der Produktvorkalkulation wird einerseits das unternehmerische Denken gefördert, andererseits ist es gewährleistet, dass Sonderkonditionen am Volumen des Einzelgeschäftes und damit am zu erzielenden Deckungsbeitrag ausgerichtet werden und dass Sonderkonditionen nicht zu unrentablen Abschlüssen führen.

Beispiel: **Produktvorkalkulation einer Termineinlage mit Standard- und Sonderkonditionen:**

Betrag Festlegung	100 000 DM 30 Tage			
Zinssatz	Sonderkonditionen 3,250 %		Standardkonditionen 2,750 %	
Ergebnis der Produktvorkalkulation				
DB I	0,273 %	23 DM	0,773 %	64 DM
DB II	0,127 %	11 DM	0,627 %	52 DM
DB III	– 0,024 %	– 2 DM	0,476 %	40 DM
Erlösschwelle mit SG 0,2 %:	Erlösschwelle nicht erreicht			21 469 DM

5. Schlussbemerkung

Die Eckwertplanung in der Kapazitäts- und Kostenplanung der Stadtsparkasse München basiert auf den angesprochenen Aspekten: Produktkalkulation und Kostensteuerung, Kapazitätssteuerung, Vertriebsplanung und Vertriebscontrolling, die sich gegenseitig beeinflussen.

Mit Vertriebsplanung und -controlling werden Marktaktivitäten gesteuert und Markterfolge stimuliert. Mit der Personalbedarfsrechnung werden die erforderlichen Kapazitäten bereitgestellt bzw. der Bedarf überprüft. Dabei spielt die Marktaktivität eine wichtige Rolle, weil diese über die anteiligen Zeitwerte einfließen. Nimmt man die Werte aus der Kostensteuerung hinzu, erhält man wichtige betriebswirtschaftliche Informationen zum Vertrieb, kann diese unter Kostengesichtspunkten steuern und zielführende Rationalisierungsmaßnahmen einleiten.

Dabei richtet sich das Hauptaugenmerk auf Standardprodukte und auf den Vertrieb. Da hier viele gleichartige Geschäftsvorfälle anfallen, bringen selbst kleine kostenreduzierende Maßnahmen deutliche Effekte.

Um Kapazitäten einsparen zu können, müssen einzelne Arbeitsabläufe rationell gestaltet werden. Dabei bietet der Einsatz moderner Technik in vielen Bereichen noch erhebliche Einsparungspotenziale. Neuentwicklungen von Soft- und Hardware, sowie die zunehmende Akzeptanz und Nutzung der Technik bei den Zielgruppen, machen es erforderlich, Arbeitsabläufe regelmäßig auf Rationalisierungspotenziale zu untersuchen. So schließt sich der Kreis und die aufgezeigten Eckwertplanungen führen zu der gewünschten Kosten- und Kapazitätsoptimierung im Vertrieb.

Hans E. Büschgen

Leistungsorientierte Vergütungssysteme als Instrument zur Synchronisation von Mitarbeiterinteressen und Gesamtbankzielen

1. Einordnung leistungsorientierter Anreizsysteme in den Steuerungskontext des Bankcontrolling

Bereits in Kreditinstituten, deren Bilanzsumme bzw. deren Betriebsgröße verglichen mit den Größenverhältnissen der Einheiten, die sich im Zuge der jüngsten Fusionswelle herausgebildet haben, allenfalls noch als minimal bezeichnet werden kann, weisen die Komplexität des Geschäftsumfeldes und der Geschäftstätigkeit ein so hohes Maß auf, dass diese nur noch bei erheblicher Differenzierung des Organisationssystems, das heißt bei einem hohen Grad an Aufgabendezentralisation und – damit korrespondierend – Entscheidungsdelegation, zu bewältigen sind.[1] Die Einräumung autonomer Handlungs- und Entscheidungsspielräume verbessert die Marktnähe und Anpassungsflexibilität eines Kreditinstituts einerseits zwar deutlich, wirft andererseits allerdings ein komplexes Koordinationsproblem auf, das darin besteht, die zwangsläufig isoliert voneinander zu treffenden, tatsächlich aber interdependenten[2] Anlage- und Finanzierungsentscheidungen der dezentralen Entscheidungsinstanzen (Kundenberater) so aufeinander abzustimmen, dass diese Entscheidungen in ihrem Zusammenwirken, zumindest tendenziell, zu einer Optimierung der Zielfunktion führen. Die Lösung dieses Koordinationsproblems stellt eine der zentralen Herausforderungen des Bankcontrolling dar.

Aus theoretischer Sicht wäre mit Hilfe eines simultanen Planungsmodells an das angeführte Optimierungs- und Steuerungsproblem heranzugehen, ein Ansatz, dem praktisch jedoch erhebliche Informationsbeschaffungs- und -verarbeitungsprobleme entgegenstehen und der außerdem dem Prinzip der Dezentralität widersprechen würde.[3] Prinzipiell ließe sich das Problem der Modellkonzeption und -handhabung zwar entsprechend der kapitaltheoretischen Separationstheoreme vereinfachen, praktisch scheitert dies jedoch regelmäßig daran, dass die erforderlichen Anwendungsvoraussetzungen dieser Theoreme (zum Beispiel vollkommene Märkte) nicht erfüllt sind. Doch selbst wenn die notwendigen Anwendungsbedingungen erfüllt wären, eine isolierte Behandlung *sämtlicher* Einzelaspekte würde auch in diesem Fall nicht ermöglicht. Insofern muss die Koordination der dezentralen Entscheidungen zwangsläufig auf einer geeigneten Steuerungsheuristik aufsetzen, das heißt einem (nichtalgorithmischen) Näherungsverfahren, das eine Geschäftsentwicklung in Richtung des theoretischen Optimums sicherstellt. Dabei stellen heuristische Verfahren keine grundsätzliche Abkehr von dem konzeptionellen Lösungsansatz des Totalmodells dar, denn bestehenden Entscheidungsinterdependenzen wird auch hierbei Rechnung getragen – dies allerdings nur insoweit, wie diese als relevant eingestuft werden.

Ein im Bankcontrolling bewährtes heuristisches Steuerungsverfahren ist das so genannte *Duale Steuerungsmodell*, dessen Grundidee darin besteht, die Aufgabe der Koordination der dezentralen Anlage- und Finanzierungsentscheidungen aufzuspalten und zwei kom-

1 Vgl. Bleicher 1999 sowie Horváth 1996, S. 7 ff.

2 Hauptsächlich handelt es sich hierbei um Risikoverbundeffekte.

3 Vgl. hierzu und nachfolgend Ewert/Wagenhofer 1997, S. 444 ff.

plementären Steuerungsbereichen – Marktbereichs- und Geschäftsstruktursteuerung – zuzuordnen.[4] Gegenstand der Marktbereichssteuerung ist hierbei, die in den dezentralen Markteinheiten zu treffenden Entscheidungen auf die Erfolgsziele der Bank auszurichten. Dies kann für jede einzelne anstehende Entscheidung separat geschehen, da sich der Gesamterfolg eines Kreditinstituts additiv aus den Teilerfolgen der jeweiligen Einzelentscheidungen zusammensetzt. Der Geschäftsstruktursteuerung unterliegen hingegen sämtliche Entscheidungsprobleme, die nur unter Berücksichtigung des gesamten Anlage- und Finanzierungsprogramms getroffen werden können. Damit greift die Geschäftsstruktursteuerung die auf dezentraler Ebene zunächst unberücksichtigt bleibenden Verbundwirkungen auf und führt diese auf zentraler Ebene einer gesonderten Abstimmung zu. Zentrales Prinzip der Marktbereichssteuerung ist hierbei die Koordination von Entscheidungen durch implizite Normen,[5] das heißt, die erfolgsbezogene Steuerung der Einzelentscheidungen erfolgt nicht, indem den Entscheidungsträgern verbindliche Weisungen für alle denkbaren Entscheidungssituationen vorgegeben werden, sondern indem ihnen geeignete Orientierungsgrößen – Budgets und Informationen über die Ergebniswirkungen zu treffender bzw. getroffener Entscheidungen (Lenkpreise) – zur eigenverantwortlichen Ausrichtung der Entscheidungsfindung bereitgestellt werden.

Die spezielle Problematik einer Koordination durch implizite Normen besteht allerdings darin, dass die Genauigkeit der vorzugebenden Verhaltensnormen umso kleiner und damit der erforderliche Ermessensspielraum der Entscheidungsträger bei der Interpretation und Befolgung der Verhaltensnormen um so größer wird, je geringer die „Strukturiertheit" der zugrunde liegenden Entscheidungsprobleme ist.[6] Sieht man einmal vom Direktbankgeschäft ab, so kommt diese Problematik in Banken besonders zum Tragen, da die Leistungsnachfrage hier in aller Regel durch ein hohes Maß an Komplexität und Individualität des Kundenproblems gekennzeichnet ist. Mit zunehmendem Ermessensspielraum der Entscheidungsträger steigt aber auch die Gefahr, dass diese Fehlentscheidungen treffen oder den ihnen zur Verfügung stehenden Handlungsspielraum zur Verfolgung eigener Zielsetzungen nutzen. Kontrollen und Sanktionen vermögen dies zwar in gewissem Umfang zu verhindern, schaffen jedoch keinen positiven Anreiz zur Befolgung der vorgegebenen Verhaltensnormen, sondern veranlassen die Entscheidungsträger allenfalls, sich so zu verhalten, dass die Kontrollinstanz keinen Grund zu Beanstandungen findet. Außerdem würde sich ein ausreichend hoher Kontrollgrad negativ auf die Motivation der Mitarbeiter sowie die organisatorische Flexibilität der Bank auswirken und wäre zudem mit sehr hohen Kontrollkosten verbunden. Die Gewährung positiver Anreize kann bei entsprechender Ausgestaltung des Anreizsystems hingegen dazu führen, dass die Entscheidungsträger den vorgegebenen Verhaltensnormen in ihrem eigenen Interesse folgen, das heißt, dass es zu einer Synchronisation zwischen den Interessen der Mitarbeiter und den (Erfolgs-)Zielen der Bank kommt. Insofern zählen Anreizsysteme zu den wichtigsten Steuerungsinstrumenten des Bankcontrolling.

Unter einem Anreizsystem kann eine Gesamtheit bewusst gestalteter und aufeinander abgestimmter Stimuli (Arbeitsbedingungen im weiteren Sinne) verstanden werden, die be-

4 Vgl. hierzu grundlegend Schierenbeck 1999, S. 279 ff.
5 Hinsichtlich impliziter Normen als Koordinationsinstrument vgl. grundlegend Hax 1965, S. 73 ff.
6 Vgl. hierzu und im Folgenden Laux 1995, S. 7 ff.

stimmte Verhaltensweisen der Mitarbeiter auslösen bzw. verstärken und die Wahrscheinlichkeit des Auftretens unerwünschter Verhaltensweisen reduzieren sollen.[7] Wenngleich im Folgenden ausschließlich Vergütungssysteme betrachtet werden, müssen die Leistungsanreize, die durch das Anreizsystem gesetzt werden, jedoch nicht zwangsläufig nur materieller Natur sein (beispielsweise fixe oder variable Entgelte, Erfolgs- oder Kapitalbeteiligungen, Firmenfahrzeuge, Incentivereisen, Mitarbeiterkonditionen), sondern können auch immaterielle Anreize, wie zum Beispiel Aufstiegschancen, fachliche Entwicklungsmöglichkeiten oder Aufgabenerweiterung umfassen. Von zentraler Bedeutung bei der Konzeption eines Anreizsystems ist das Element des Leistungsbezugs, das heißt, es kommt mit anderen Worten ganz entscheidend darauf an, einen – möglichst objektiven und nachvollziehbaren – Bezug zwischen der Anreizgewährung und der individuellen Leistung der Mitarbeiter herzustellen. Wichtig ist, dass hierbei genau zwischen der Anstrengung eines Mitarbeiters, seiner Leistung und dem aus der Leistung des Mitarbeiters resultierenden Ertrag unterschieden wird. So ist Leistung in diesem Zusammenhang allein mit dem vom Mitarbeiter erwirtschafteten Ertrag und nicht zugleich auch mit seiner individuellen Anstrengung gleichzusetzen. Entsprechend ist es durchaus vorstellbar, dass aus der individuellen Anstrengung kein bzw. kein angemessener Ertrag für die Gesamtunternehmung resultiert. Dies ist beispielsweise dann der Fall, wenn der Mitarbeiter seine Anstrengungen auf einen wenig ertragstarken Kunden ausrichtet und attraktivere Kundenbeziehungen vernachlässigt. Andererseits kann die individuelle Anstrengung auch auf Grund einer sich verschlechternden Marktlage nicht zu einem adäquaten Ertrag führen. Wiederum kann es anderen Mitarbeiter bei durchschnittlicher Anstrengung im Falle eines Börsenbooms und hoher Wertpapierumsätze bzw. positiver Konstellationen anderer externer Faktoren vergönnt sein, überdurchschnittliche Erträge zu erzielen.[8] Hiermit sei verdeutlicht, dass mit Leistung nicht eine individuelle Anstrengung des Mitarbeiters, sondern vielmehr der aus den Anstrengungen resultierende Ertrag gemeint sein kann, will man nicht die mit leistungsorientierten Anreizsystemen verfolgten Ziele aufgeben.

Hinsichtlich des Anwendungsfeldes leisungsorientierter Vergütungssysteme nimmt der Vertriebsbereich einer Bank eine hervorgehobene Stellung ein. Dies lässt sich erstens damit begründen, dass in diesem Bereich ein besonders enger Zusammenhang zwischen den Entscheidungen der Mitarbeiter und der Erfolgssituation der Bank besteht. Zweitens ist die individuelle Erfolgszurechnung bei Mitarbeitern im Vertriebsbereich relativ unproblematisch, da deren Leistungen im Vergleich zu solchen des Backoffice-Bereichs unmittelbar mit Marktpreisen bewertet werden können. Und drittens sind die Mitarbeiter im Vertriebsbereich notwendigerweise mit höherer Entscheidungskompetenz ausgestattet als die Mitarbeiter im Backoffice-Bereich der Bank und verfügen insofern über weitaus größere Handlungsspielräume. Eine entsprechende Beschränkung nachstehender Ausführungen auf den Einsatz leistungsorientierter Vergütungssysteme in der Vertriebssteuerung von Banken erscheint somit, auch vor dem Hintergrund des umfangmäßigen Rahmens dieses Beitrags, gerechtfertigt. Ungeachtet dessen sollten im Bankcontrolling grundsätzlich auch Überlegungen hinsichtlich einer leistungsorientierten Steuerung des Backoffice-Bereichs

7 Vgl. Becker 1995, Sp. 35.
8 Vgl. Schuster 1993, S. 12.

angestellt werden, nicht zuletzt, um das Entstehen einer „Zwei-Klassen-Gesellschaft" innerhalb der Bank zu vermeiden.

2. Gestaltungsmöglichkeiten leistungsabhängiger Vergütungssysteme für Banken

Ausgangspunkt leistungsorientierter Anreiz- bzw. Vergütungssysteme ist die Hypothese, dass die Mitarbeiter durch die Beteiligung am Wirtschaftsprozess eines Unternehmens persönliche Zielsetzungen zu erreichen suchen, die durch einzelnes Handeln nicht oder zumindest nicht in gleichem Umfang erreicht werden können. Da die individuellen Ziele der Mitarbeiter allerdings nicht zwangsläufig mit den Zielen der Bank übereinstimmen und insofern stets die Möglichkeit opportunistischen Verhaltens besteht, versucht man mittels einer anreizorientierten Steuerung die Mitarbeiter zu einem mit den Bankzielen konformen Handeln zu veranlassen, indem man den Grad ihrer persönlichen Zielrealisation an die Höhe ihres Beitrags zur Erreichung der Bankziele koppelt. Hierbei werden dem einzelnen Mitarbeiter leistungsabhängige, mit seiner Bedürfnisstruktur möglichst übereinstimmende Zielbeiträge in Aussicht gestellt, die sein Handeln auf die Erreichung dieser Zielbeiträge und damit mittelbar die Realisierung der Bankziele ausrichten. Die hier im Vordergrund stehenden leistungsabhängigen Vergütungssysteme knüpfen dabei in erster Linie an finanzielle Zielsetzungen an, berücksichtigen darüber hinaus aber auch die Risikopräferenz der Mitarbeiter. Zu den wichtigsten Gestaltungsparametern, durch deren Variation auf die Anreizkompatibilität des Vergütungssystems Einfluss genommen werden kann, zählen hierbei die Leistungsbemessungsgrundlage des Systems, die Art der Verknüpfung von Leistung und Belohnung, die Vergütungsmodalitäten sowie die Art der gesetzten Anreize. Welche konkreten Gestaltungsalternativen hierbei im Einzelnen in Betracht kommen und welche motivationalen bzw. steuerungsbezogenen Konsequenzen sich hieraus ergeben (können), soll im Folgenden genauer betrachtet werden.

2.1 Definition der Leistungsbemessungsgrundlage des Vergütungssystems

Um die Effektivität des Vergütungssystems zu gewährleisten, sind bereits bei der Entscheidung über die Leistungsbemessungsgrundlage einige grundlegende *Anforderungen* zu berücksichtigen. Eine erste besteht zunächst in der zu gewährleistenden Kompatibilität mit den Oberzielen der Bank. Hierdurch wird gewährleistet, dass der Mitarbeiter mit der individuellen Optimierung des Verhältnisses der von ihm geleisteten Beiträge und der erhaltenen Anreize zugleich auch zur Optimierung der Gesamtbankziele beiträgt. Obwohl das bankbetriebliche Zielsystem mit dem monovariablen Extremierungsansatz des Gewinnziels nur unzureichend beschrieben wäre, ist doch nicht zuletzt auf Grund der Veränderungen im bankrelevanten Handlungsrahmen eine zunehmende Dominanz des Ertragsstrebens zu konstatieren. Entsprechend ist auch die Leistungsbemessungsgrundlage konsequent am Ertragsziel auszurichten.

In engem Zusammenhang mit der zu gewährleistenden Kompatibilität der Bemessungsgrundlage mit den Bankoberzielen besteht eine weitere Anforderung darin, dass ausschließlich solche Leistungen bzw. Erfolge zu erfassen sind, die durch das Verhalten des einzelnen Mitarbeiters unmittelbar bestimmt werden, und dass diese Erfolge zudem auch verursachungsgerecht ermittelt werden können. Die Möglichkeiten für die hier geforderte Individualisierung der Erfolgsmessung und -zurechnung sind eng verknüpft mit der von der Bankunternehmung gewählten Organisationsform.[9] So ist es nicht nur im Hinblick auf die veränderten bankrelevanten Umfeldbedingungen erforderlich, dass der Mitarbeiter mit umfangreichen Entscheidungskompetenzen ausgestattet ist; vielmehr impliziert die mit einem leistungsorientierten Anreizsystem verbundene Ergebnis-verantwortung, dass Erfolgskomponenten vom Mitarbeiter auch tatsächlich beeinflusst werden können.[10] Außerdem ist es in Bezug auf die Zentralisationsarten unabdingbar, dass die Bankunternehmung nicht nach funktionalen Gesichtspunkten, sondern entsprechend der marktlichen Gegebenheiten primär nach Kundengruppen organisiert ist. Während sich eine funktionale Zentralisation bereits aufgrund der bei Banken nicht eindeutig bestimmbaren Beschaffungs-, Produktions- und Absatzfunktionen verbietet, ist eine an Leistungsarten ausgerichtete Zentralisation im Hinblick auf die zwischen den Bankleistungen bestehenden Verflechtungen und die daraus resultierende Notwendigkeit innerbetrieblicher Erfolgsverrechnung problematisch. Allein der ein Bündel verschiedenartiger Bankleistungen nachfragende Kunde stellt den zentralen Erfolgsfaktor und damit das maßgebliche Zentralisationskriterium dar.

Die dritte Anforderung an die Bemessungsgrundlage, das Akzeptanz- bzw. Transparenzprinzip, zielt auf die Umsetzbarkeit und Integrationsfähigkeit des Anreizsystems in die bankbetriebliche Realität ab. Die Akzeptanz ist dabei eng mit der Transparenz des Systems verknüpft. Je besser nachvollziehbar die Entstehung der Berechnungsgrundlage ist, desto eher wird diese vom Mitarbeiter als gerechte Grundlage für die Beurteilung seiner Leistung akzeptiert. Gewährleistet wird die Nachvollziehbarkeit durch einen logisch-konsequenten Aufbau, eine einfache Handhabbarkeit sowie eine entsprechend aufbereitete Präsentation des Anreizsystems.[11] In diesem Zusammenhang besteht regelmäßig ein Konflikt zwischen größtmöglicher Transparenz bzw. Akzeptanz des Systems einerseits und einer verursachungsgerechten Leistungszurechnung auf den einzelnen Mitarbeiter andererseits. So ist es im Hinblick auf den Dualismus der Bankleistung grundsätzlich geboten, neben individuellen auch kollektive Bemessungsgrundlagen zu Grunde zu legen, was allerdings die Transparenz des Systems einschränkt. Bezüglich der Akzeptanz ist ferner erforderlich, dass die Ermittlung der Bemessungsgrundlage auf weitgehend objektiven Daten beruht.

9 Vgl. Hill 1989, S. 224 ff.
10 Vgl. Rolfes/Krämer 1986, S. 118 ff.
11 Vgl. Schierenbeck/Rolfes 1988, S. 16 f.

Als *Bezugsgröße der Leistungsmessung* kommen prinzipiell Volumen- oder Erfolgsgrößen in Betracht.[12] Volumengrößen werden im Bankgewerbe häufig im Rahmen von Vermittlergeschäften verwendet, wo jeder zu vergütenden Geschäftsart ein fester Provisionssatz zugeordnet wird. Wenngleich von dieser Bemessungsgrundlage eine hohe Motivationswirkung ausgeht, ist eine Kongruenz mit den Bankoberzielen nur insoweit gegeben, als die jeweiligen Provisionssätze die aus den Bankleistungen resultierenden Deckungsbeiträge richtig widerspiegeln. Dies wird in der Regel dann nicht gelten, wenn die Provisionssätze aus Gründen der Kontinuität für längere Zeit konstant gehalten werden und für alle Volumina identisch sind.[13] Zudem berücksichtigt dieses System den bei der Konditionenfestsetzung vorhandenen Verhandlungsspielraum nicht. So besteht im Falle einer volumenorientierten Bemessungsgrundlage für den Mitarbeiter kein Anreiz, dem Kunden bei der Vertragsverhandlung möglichst wenig Zugeständnisse zu machen.

Eine mögliche erfolgsbezogene Bemessungsgrundlage stellt das *Betriebsergebnis* dar, das das Ergebnis aus dem ordentlichen Bankgeschäft abbildet. Außerordentliche Erfolgskomponenten bleiben hierbei unberücksichtigt, und auch Ansatz- und Bewertungswahlrechte beeinflussen das Betriebsergebnis in weitaus geringerem Umfang als das beim Jahresüberschuss der Fall ist. Entsprechend ist die Akzeptanz des Betriebsergebnisses als Erfolgsmaßstab grundsätzlich gewährleistet. Problematisch ist allerdings die Undifferenziertheit der Erfolgsmessung. Der einzelne Mitarbeiter hat auch hier keinen Anreiz zu einer höheren individuellen Anstrengung.[14] Angesichts dieser Mängel kommt als erfolgsbezogene Bemessungsgrundlage für ein leistungsorientiertes Anreizsystem vielmehr ein differenzierter, das heißt die Erfolgsmerkmale jedes einzelnen Geschäfts berücksichtigender Deckungsbeitrag in Frage. Hierbei können vier Komponenten identifiziert werden:[15]

Die erste Komponente stellt der mit Hilfe der Marktzinsmethode ermittelte *Bruttokonditionsbeitrag* dar. Dieser ist im Falle eines Aktivgeschäfts definiert als der Mehrertrag eines Kundengeschäfts gegenüber einem alternativ am Geld- und Kapitalmarkt durchzuführenden Opportunitätsgeschäft (aktivischer Konditionsbeitrag). Analog besteht bei Passivgeschäften der Konditionsbeitrag im Minderaufwand einer Kundeneinlage gegenüber einer fristenstrukturkongruenten Refinanzierung, die ebenfalls am Geld- und Kapitalmarkt durchgeführt werden könnte (passivischer Konditionsbeitrag). Die Konditionsbeiträge stellen damit jenen Anteil am gesamten Zinsüberschuss dar, um den dieser sinken würde, wenn gerade dieses Geschäft nicht abgeschlossen würde. Eine Kompatibilität mit den Bankoberzielen ist damit zumindest im Hinblick auf das Zinsergebnis gewährleistet. Zudem werden die Konditionsbeiträge von den Akquisitionsbemühungen der Mitarbeiter einerseits und ihrem Verhandlungsgeschick bei der Konditionsfestsetzung andererseits maßgeblich determiniert, so dass eine Beeinflussbarkeit dieser Komponente der Bemessungsgrundlage seitens des Mitarbeiters stets gewährleistet ist. Die Höhe und die zeitliche Struktur der Konditionsbeiträge sind aber auch von den vom Mitarbeiter nicht weiter zu beeinflussenden Marktbedingungen abhängig. So unterliegt die Nachfrage nach Bankleistungen zykli-

12 Vgl. Erdmann 1991.
13 Vgl. Dorner 1993, S. 4.
14 Vgl. Erdmann 1991.
15 Vgl. hierzu und nachfolgend ausführlich Schierenbeck 1999, S. 72 ff., sowie Büschgen 1998, S. 728 ff.

schen Schwankungen, die auf Grund der mangelnden Lagerfähigkeit nicht durch eine Emanzipation der Produktion vom Absatz ausgeglichen werden können. Weiterhin wird die Höhe der Konditionsbeiträge auch vom allgemeinen Marktzinsniveau determiniert, das ebenfalls nicht vom einzelnen Mitarbeiter bestimmt werden kann. Auch die durch den zunehmenden Wettbewerb mit Non- und Nearbanks verursachte Erosion der Zinsmargen ist letztlich nicht vom einzelnen Mitarbeiter zu verantworten. Folglich wird mit der Zugrundelegung von Konditionsbeiträgen als Teilkomponente der Bemessungsgrundlage nicht nur das Ergebnis individueller Anstrengungen gemessen; vielmehr wird die Ausprägung der Bemessungsgrundlage in diesem Fall auch vom allgemeinen Unternehmerrisiko determiniert. Wie oben angedeutet wurde, mindert dies aber nicht die Eignung von Konditionsbeiträgen als Komponente der Bemessungsgrundlage. Im Hinblick auf die mit leistungsorientierten Anreizsystemen angestrebten Ziele ist ein Transfer unternehmerischer Risiken auf den Mitarbeiter vielmehr eine unabdingbare Voraussetzung.

Als zweite Komponente der Bemessungsgrundlage aus dem Wertbereich sind die *Risikokosten* zu nennen, die aus Ausfällen von Zins- und Tilgungszahlungen resultieren und ein zwingendes Korrektiv zum Zinsüberschuss darstellen. Ohne eine Berücksichtigung von Risikokosten sind die erfolgsmäßigen Konsequenzen aktivischer Kundengeschäfte nicht vollständig abgebildet, und eine Kompatibilität der Bemessungsgrundlage mit den Bankoberzielen ist nicht gewährleistet. Allerdings ist zu beachten, dass ungeachtet der Tatsache, dass Kreditausfälle im externen Rechnungswesen erst zu dem Zeitpunkt berücksichtigt werden, zu dem der Kredit tatsächlich ausfällt, weder eine interne Verrechnung der Risikokosten als Periodeneinzelkosten noch eine Zuordnung zum Einzelgeschäft sachgerecht wäre. Geht man davon aus, dass die einzelnen Kreditausfälle weitgehend zufallsbedingt und insbesondere vom Vertriebsmitarbeiter nicht weiter beeinflussbar sind, so ist allein eine Verrechnung standardisierter Risikoprämien sachgerecht. In diesem Zusammenhang übernimmt die Zentrale im Verhältnis zu den dezentralen Kundenbetreuern die Funktion ähnlich einer Kreditversicherung, die durch die Vielzahl ihr übertragener Einzelrisiken weitaus größere Möglichkeiten zur Konsolidierung einzelner Kreditausfälle besitzt.

Die dritte Komponente der Bemessungsgrundlage stellen die mit einem einzelnen Kundengeschäft erzielten *Provisionsüberschüsse* dar, wobei allerdings nur solche verrechnet werden dürfen, die nicht bereits auf Grund ihres Zinscharakters in das Zinsergebnis eingeflossen sind. Unter erstere fallen beispielsweise Provisionen und Gebühren aus dem Zahlungsverkehr, aus Geschäften im Außenhandel, aus Wertpapierkommissions- oder Depotgeschäften sowie aus durchlaufenden Krediten. Zu beachten ist in diesem Zusammenhang, dass wie bei den Konditionsbeiträgen auch die Erzielung der Provisionsüberschüsse neben der individuellen Anstrengung des einzelnen Mitarbeiters weiterhin von allgemeinen Marktbedingungen determiniert wird, so dass hier gleichfalls ein unternehmerisches Risiko einfließt.

Die erfolgsmäßigen Konsequenzen der sowohl für die Erwirtschaftung des Zins- als auch des Provisionsergebnisses notwendigen Betriebsbereitschaft der Bank schlagen sich vornehmlich in den *Betriebskosten* nieder. Diese sind entsprechend als vierte Komponente in der Bemessungsgrundlage zu berücksichtigen. Allerdings ist im Rahmen der traditionellen Stückleistungsrechnung von Banken insbesondere die Tatsache bedeutend, dass nahezu sämtliche Kosten des technisch-organisatorischen Bereichs bezogen auf die Leistungseinheit Stückgemeinkosten darstellen, die auf die Kostenträger durch mehr oder weniger plausible Schlüsselgrößen umgelegt werden. Durch diese Subjektivität der Kostenzurechnung wird die Akzeptanz des gesamten Anreizsystems gefährdet. Eingeschränkt wird die Aussagefähigkeit der Stückleistungsrechnung ferner durch den Sachverhalt, dass ein Großteil der Betriebskosten der Bank beschäftigungsfixe Kosten darstellen, die im Gegensatz zu den meisten industriellen Kostenrechnungssystemen auf allen Rechnungsstufen auf Kostenstellen und Kostenträger abgewälzt werden.[16] Dies hat zur Folge, dass sich Beschäftigungsschwankungen in Änderungen der Selbstkosten niederschlagen, und die Festlegung der Betriebskapazität mit einem hohen Risiko verbunden ist. Wenngleich es sich auch bei der Überdimensionierung der Betriebskapazitäten gleichfalls um ein unternehmerisches Risiko handelt, so stellt doch die Kapazitätsplanung eine originäre Aufgabe der Geschäftsführung dar, womit das Risiko in diesem Fall maßgeblich von einer zentralen Stelle determiniert wird. Entsprechend ist es nicht sachgerecht, derartige Risiken dem einzelnen Mitarbeiter im Marktbereich zu übertragen. Eine Lösung bietet hier die Standardeinzelkostenrechnung, die mit Hilfe von Ablauf- und Zeitstudien sowohl die variablen als auch die fixen periodenbezogenen Leistungskosten verrechnet und durch die Zugrundelegung normierter Zeit- und Mengenverbrauche nur Nutzkostenanteile umfasst. Das einzelne Geschäft wird folglich unabhängig von Beschäftigungsschwankungen, der Dimensionierung der Betriebskapazitäten sowie individueller Schlüsselgrößen mit im Zeitablauf gleich bleibenden Betriebskosten belastet.

Die Summe aus den vier Komponenten der Bemessungsgrundlage über alle Kundengeschäfte stellt das vom einzelnen Mitarbeiter erwirtschaftete Marktergebnis dar. Dieses ist im Vergleich zu den oben angeführten alternativen Bemessungsgrundlagen individuell beeinflussbar (unabhängig von subjektiven Entscheidungen anderer Stellen), kompatibel mit den Bankoberzielen und in seiner Entstehung weitgehend transparent. Hinsichtlich der zeitlichen Erfolgszurechnung ist zu beachten, dass nicht nur bereits erwirtschaftete Marktergebnisse, sondern weiterhin auch die Barwerte als sicher oder wahrscheinlich geltender zukünftiger Markterfolge in der Bemessungsgrundlage zu berücksichtigen sind. Geht man davon aus, dass der gesamte aus einem Kundengeschäft resultierende Erfolg ausschließlich dem Mitarbeiter zum Abschlusszeitpunkt und nicht dem zukünftigen Bestandsverwalter zuzurechnen ist, so besteht bei alleiniger Betrachtung bereits erwirtschafteter Markterfolge die Gefahr, dass im Rahmen der Bemessungsgrundlage der Würdigung vergangener Erfolge breiter Raum eingeräumt wird, während der Steuerung des Neugeschäfts nicht in ausreichendem Maße Rechnung getragen wird. Stellt sich also der Barwert des Markterfolgs als geeignetere Bemessungsgrundlage heraus, erweist sich allerdings dessen Inkongruenz mit traditionellen Grundsätzen des externen Rechnungswesens wie dem Vorsichtsprinzip, dem Realisationsprinzip bzw. dem Imparitätsprinzip als problematisch. So kann der Barwert der Bemessungsgrundlage lediglich im Bereich des internen Rechnungswesens ausgewiesen werden; zur Ausschüttung stehen hingegen nur die in den jeweiligen Perioden realisierten Erfolge zur Verfügung.[17]

16 Vgl. Schierenbeck 1999, S. 351 f.

17 Vgl. Benke u.a. 1991a, dies. 1991b sowie Dorner 1993.

2.2 Beurteilung der Mitarbeiterleistung auf Basis der Leistungsbemessungsgrundlage

Neben der Bestimmung einer idealtypischen Leistungsbemessungsgrundlage ist bei der Gestaltung eines leistungsorientierten Vergütungssystems darüber zu entscheiden, wie der einzelne Mitarbeiter auf dieser Grundlage beurteilt werden kann. Dies kann nicht nur anhand der absoluten Ausprägung der Bemessungsgrundlage, sondern vielmehr auch mit Hilfe von vereinbarten Zielwerten oder Zuwächsen der Bemessungsgrundlage erfolgen.

Bei der Vereinbarung von Zielwerten wird die Leistung des Mitarbeiters erst dann positiv beurteilt und mit entsprechenden Anreizen belohnt, wenn der Zielwert überschritten wird. Hiermit wird eine differenzierte, das heißt insbesondere die Marktgegebenheiten berücksichtigende Steuerung und eine systematische Planung von Aktivitäten beabsichtigt.[18] Wenngleich der mit dieser Form der Leistungsbeurteilung verbundene Wunsch nach Planungssicherheit von Seiten der Zentrale durchaus verständlich ist, so ist die Vereinbarung von Zielen in einigen Punkten problematisch. Zum einen dürfte die Festsetzung konkreter Zielwerte zwischen den vorgesetzten und den zu beurteilenden Stellen stets kontrovers diskutiert werden. Während erstere ein Interesse an möglichst anspruchsvollen Zielen haben, werden letztere die Festlegung möglichst pessimistischer Werte anstreben, um die später dann tatsächlich erzielte Leistung um so positiver herauszustellen und entsprechend vergütet zu bekommen. Sofern nicht bereits andere Sanktionsmechanismen greifen (Heraufsetzung der Ziele in Folgeperioden, Reputationsverlust, Androhung einer Versetzung), lässt sich dieser Problematik bis zu einem gewissen Grad allerdings dadurch entgegenwirken, dass die Wahl des Zieles ausschließlich den Mitarbeitern überlassen wird, in der Vergütungsfunktion jedoch Anreize zu ehrgeizigen Zielsetzungen verankert werden.[19] Schwerer wiegt allerdings, dass die Festsetzung von Zielwerten auch im Hinblick auf die originär mit leistungsorientierten Anreizsystemen verfolgten Zielsetzungen nicht unbedingt sachgerecht ist. Werden erwartete Marktveränderungen wie beispielsweise Veränderungen des Zinsniveaus oder konjunkturelle Verschlechterungen mit daraus resultierenden Ergebniseinbußen in der Zielvereinbarung berücksichtigt, so findet der angestrebte Transfer unternehmerischer Risiken auf den Mitarbeiter gerade nicht statt. Zudem besteht ein methodischer Fehler darin, dass bei einer absehbaren Zielunterschreitung kein Anreiz besteht, dem Ziel möglichst nahe zu kommen, wenn nicht zugleich eine negative Abweichung vom Zielwert bestraft wird.[20]

Angesichts dieser Einwendungen wird vorgeschlagen, allein den Zuwachs der Bemessungsgrundlage im Vergleich zum Vorjahreswert unter Berücksichtigung eines bestimmten Mindestzuwachses positiv zu bewerten. Hierbei soll zum einen ausschließlich auf den Erfolg des Neugeschäfts fokussiert werden, und zum anderen soll die Wiedererwirtschaftung des Vorjahresertrages garantiert werden.[21] Obschon auch in diesem Fall die mit der

18 Vgl. Leichtfuß/Bonacker 1992.
19 Vgl. Rinker 1997, S. 232 ff.
20 Vgl. Siegel/Degener 1988, Schuster 1993, Leichtfuß/Bonacker 1992 sowie Wienkamp 1993.
21 Vgl. Schröder 1993) sowie Lentes 1993.

Evaluierung verfolgte Intention durchaus nachvollziehbar ist, so sind Fehlsteuerungen im Hinblick auf die Bankoberziele nicht auszuschließen, und auch die Akzeptanz einer solchen Evaluierung scheint nicht a prima vista gewährleistet. Zum einen besteht für die Mitarbeiter ein Anreiz, bei einem abzusehenden Nichterreichen des Vorjahresergebnisses dieses möglichst weit zu unterschreiten, damit im Folgejahr ein um so höherer Zuwachs mit entspre chenden Leistungsanreizen erzielt werden kann. Zum anderen werden unternehmerische Risiken hier ebenso wenig übertragen wie bei der Zielvereinbarung. Schließlich ist eine Fokussierung auf das Neugeschäft eher durch die Berücksichtigung des Barwertes zukünftiger Markterfolge als durch die Evaluierung mittels Zuwachsraten zu erreichen.

Im Gegensatz zur Vereinbarung von Zielen und der Berücksichtigung von Zuwächsen, wo jeweils nur Teile der Bemessungsgrundlage Eingang in die Evaluierung finden, kann die Bemessungsgrundlage auch in ihrer absoluten Höhe zur Evaluierung herangezogen werden.[22] Allein dies gewährleistet den gewünschten Transfer unternehmerischer Risiken auf den Mitarbeiter und ermöglicht einen Gleichlauf von Ertrag und leistungsorientierter Vergütung. Fehlsteuerungen im Hinblick auf die Bankoberziele werden vermieden und subjektive und kontroverse Entscheidungen, wie die Festlegung einer Zielgröße, werden ausgeschlossen, sodass eine Akzeptanz der Evaluierung erwartet werden kann.

2.3 Gestaltung der Vergütungsmodalitäten

Hinsichtlich der Frage nach dem an den Mitarbeiter *auszuschüttenden Anteil an dem individuell erwirtschafteten Marktergebnis* liegt die Überlegung nahe, dass dem Mitarbeiter im Grunde der gesamte Barwert des Markterfolges zusteht. Durch die Berücksichtigung von tatsächlich realisierbaren Opportunitätszinsen im Bereich der Konditionsbeiträge sowie die Verrechnung von Standardeinzel- und Standardrisikokosten wäre der Gesamterfolg der Bank ohne den Mitarbeitereinsatz schließlich um das individuell erwirtschaftete Marktergebnis geringer ausgefallen. Die vollständige Ausschüttung ist jedoch aus folgenden Gründen nicht gerechtfertigt: Zum einen werden bei der Ermittlung des Markterfolges nur Standardeinzelkosten für die Inanspruchnahme des Betriebsbereichs verrechnet. Die Kosten des Overhead, die auf der unteren Marktbereichsebene nicht als Einzel-, sondern als Gemeinkosten anfallen und damit noch nicht gedeckt sind, müssen aber gleichwohl von allen Mitarbeitern bzw. den von ihnen erzielten Erfolgen getragen werden. Zum anderen werden mit den verrechneten Standardrisikokosten nur die unter normalen Umständen eintretenden Ausfälle von Zins- und Tilgungszahlungen berücksichtigt. Damit trägt die Gesamtbank stets die Gefahr, dass die tatsächlich eintretenden Risikokosten um die Summe vereinnahmter Standardrisikokosten schwanken und das Risikoergebnis nur im langfristigen Durchschnitt ausgeglichen ist. Auch für den hiermit verbundenen Missnutzen ist der Zentrale von den Marktbereichen eine Prämie zu zahlen. Weiterhin konnte im beschriebenen Anreizsystem das allgemeine Unternehmerrisiko nicht vollständig auf den Marktbereich übertragen werden, wie beispielsweise die Ausführungen zur Kapazitätsplanung gezeigt haben. Der Zentrale ist auch hierfür eine Entschädigung zu entrichten.

22 Vgl. Siegel/Degener 1988.

Letztlich ist in diesem Zusammenhang zu beachten, dass aus strategischen Investitionen resultierende Einzahlungen nicht aus den operativen Konditionsbeiträgen herausgerechnet werden, so dass die Erfolge der Mitarbeiter teilweise auf Auszahlungen beruhen, die von der Zentrale getragen werden. Auch aus diesem Grund ist eine vollständige Zurechnung des Markterfolges auf die Mitarbeiter nicht zulässig. Insgesamt wird der Anteil des Markterfolges, der für die Ausschüttung an die Mitarbeiter zur Verfügung steht, nicht exakt zu quantifizieren und in praxi entsprechend dem Kräfteverhältnis der Tarifpartner festzulegen sein. Entscheidend ist allerdings in diesem Zusammenhang, dass die Diskussion um eine leistungsgerechte Entlohnung durch die Nennung jener Komponenten des Markterfolges, die dem Mitarbeiter aus systemimmanenten Erwägungen heraus nicht zustehen, versachlicht werden kann.

Mit der Festlegung des dem Mitarbeiter zustehenden leistungsgerechten Anteils am Markterfolg ist allerdings noch keine Aussage hinsichtlich der *Relation fixer und variabler Entgeltbestandteile* getroffen. In der Regel werden die Mitarbeiter nicht bereit sein, ihr Entgelt vollständig erfolgsabhängig zu gestalten; vielmehr werden sie im Hinblick auf ihre finanzielle Unabhängigkeit und soziale Sicherheit ein Interesse an einem entsprechend ihrer individuellen Risikoneigung mehr oder weniger hohen Fixum haben. Im Sinne eines konsequent leistungsorientierten Anreizsystems ist aber auch das Fixum nach Leistungsgesichtspunkten und nicht nach sozialen, Alters- oder hierarchischen Gesichtspunkten zu gewähren. Entsprechend sollte das Fixum quasi als Vorschuss für eine zukünftig erwartete Mitarbeiterleistung interpretiert werden. Dabei könnte die Höhe des Fixums vom Mitarbeiter sogar entsprechend seiner individuellen Risikoneigung frei gewählt werden, wobei der mathematische Erwartungswert des zukünftigen Erfolges allerdings das Maximum des Fixums darstellt. In diesem Zusammenhang ist jedoch zu bedenken, dass mit der Gewährung eines Fixums ein Teil des unternehmerischen Risikos auf die Gesamtbank rückübertragen wird, sodass das Fixum um eine dafür zu vergütende Risikoprämie niedriger ausfallen muss. Insgesamt ist jedoch herauszustellen, dass – soweit variable Entgeltbestandteile überhaupt gewährt werden – das Entgelt bei Normalleistung höher auszufallen hat als bei einem vollständig fixen Entlohnungssystem gezahlt würde. Andernfalls besteht die Gefahr der Abwanderung von Arbeitskräften.[23]

Die Abhängigkeit variabler Entgeltbestandteile von der Bemessungsgrundlage betreffend, das heißt hinsichtlich möglicher *Funktionsverläufe der variablen Vergütung,* sind grundsätzlich degressive, progressive und lineare Verläufe möglich. Obgleich ein zusätzliches Marktergebnis in der Regel mit einer immer höheren individuellen Anstrengung verbunden ist, so rechtfertigt dies noch keinen progressiven Funktionsverlauf. Vielmehr implizierte dies eine Interpretation der Mitarbeiterleistung als persönliche Anstrengung, was bereits zuvor abgelehnt wurde. Schließlich ist für die Gesamtbank der zuletzt vom Mitarbeiter erwirtschaftete Euro ebenso viel wert wie der zuerst erwirtschaftete. Die Entscheidung über das Ausmaß der individuellen Anstrengung obliegt vielmehr dem Mitarbeiter allein und ist abhängig von seinem persönlichen Grenznutzen des Geldes. Ein degressiver Funktionsverlauf bewirkt hingegen eine tendenziell bremsende Wirkung auf das Leis-

23 Vgl. Leichtfuß/Bonacker 1992.

tungsverhalten und ist daher gleichfalls abzulehnen. Folglich ist allein eine lineare Beziehung zwischen den variablen Entgeltbestandteilen und der Bemessungsgrundlage sachgerecht.

Schließlich ist auch der Grad der dem Mitarbeiter zugestandenen Disposition über sein Entgelt festzulegen, das heißt, es ist über *Ausschüttungsperiode und -häufigkeit* der Erfolgsbeteiligung zu entscheiden. Die Entgeltbestandteile können zum einen direkt und vollständig nach der Zurechnung ausgeschüttet werden, zum anderen sind auch eine vorübergehende Zurückstellung der Entgeltzahlungen sowie Zwischenformen zwischen beiden Extremen denkbar. Für eine sofortige Ausschüttung spricht die damit assoziierte direkte Beziehung der Anreize mit dem Leistungsverhalten, was eine motivationssteigernde Wirkung hervorruft. Dagegen ist aus Liquiditäts- und bei einer Un- oder Minderverzinslichkeit der zurückgestellten Anteile auch aus Rentabilitätsgründen eine Einbehaltung der Erfolgsanteile anzustreben. Letzteres ruft aber Probleme bei einem Stellenwechsel der Mitarbeiter hervor und weckt den Verdacht, dass Leistungsanreize vorenthalten werden. In diesem Zusammenhang ist auch eine Einbehaltung der Entgeltzahlungen zur späteren Verrechnung mit virulent gewordenen Kreditrisiken nicht sinnvoll, da tatsächlich eingetretene Ausfallrisiken – wie oben dargestellt wurde – von der Zentrale getragen und beim einzelnen Mitarbeiter nur in Form von Standardrisikokosten berücksichtigt werden sollten. Gleichfalls kann das Problem der Ungewissheit und Zurechenbarkeit strategischer Erfolge durch eine Einbehaltung von Entgeltbestandteilen nicht gelöst werden.[24] Auch wenn in praxi eine Kombination aus sofortiger Ausschüttung und Einbehaltung sinnvoll sein dürfte, ist auf jeden Fall das Fixum, das in der Regel zur Begleichung fixer Ausgaben benötigt wird, sofort auszuschütten.

2.4 Formen betrieblicher Anreize

Während bislang ausschließlich auf die adäquate Höhe in Geldgrößen gemessener Leistungsanreize eingegangen wurde, ist im Folgenden die konkrete Form der gewährten Anreize zu diskutieren. Im Rahmen materieller Anreize ist in diesem Zusammenhang neben den im Vordergrund stehenden monetären Anreizen des Weiteren auch die Gewährung betrieblicher Neben- und Sozialleistungen zu erwähnen, die vom Mitarbeiter oft nicht als Entgeltbestandteile erkannt werden und deren Wert nicht unmittelbar ersichtlich ist, die aber gleichwohl Kosten bei der Bank hervorrufen.[25]

Bei monetären Anreizen handelt es sich zum einen um die Barausschüttung und zum anderen um die Beteiligung der Mitarbeiter am Eigen- oder Fremdkapital der Bank. Konkret kann es sich hierbei um eigene Aktien oder Aktienoptionen sowie um Genussrechtskapital handeln, wobei die Veräußerung jeweils erst nach einer bestimmten Frist möglich ist. Letzteren Ausschüttungsformen wird im Hinblick auf die fehlende bzw. unzureichende Berücksichtigung strategischer Ertragsaspekte im Rahmen der Bemessungsgrundlage ei-

24 Vgl. Erdmann 1991.
25 Vgl. Schiller 1990, S. 175.

ne besondere Bedeutung beigemessen. Entsprechend werden Beteiligungsmodelle so konzipiert, dass der Wert der Kapitalanteile möglichst von strategischen Erfolgen der Bank determiniert wird. Zwar ist davon auszugehen, dass beispielsweise der Kurswert von Aktien unter anderem auch durch strategische Erfolge beeinflusst wird; doch sind es regelmäßig nur die von der Geschäftsführung und nicht auch die von den dezentralen Vertriebsmitarbeitern getroffenen und dem Markt bekannt werdenden Entscheidungen, die kursbeeinflussenden Charakter haben. Entsprechend kann die Kapitalbeteiligung nur als ein bedingt geeignetes Korrektiv zur operativen Orientierung der Bemessungsgrundlage angesehen werden. Daneben können Kapitalbeteiligungen ähnlich der Rückstellung von Entgeltzahlungen aber auch aus Liquiditäts- und Rentabilitätsgesichtspunkten erwägenswert sein. So wird durch die Gewährung von Kapitalanteilen ein bei Barausschüttung erfolgender unmittelbarer Liquiditätsabfluss verhindert. Schließlich wird durch die Beteiligung der Mitarbeiter am Eigenkapital der Bank das aufsichtsrechtliche Haftungspotenzial vergrößert, woraus sich zusätzliche Wachstumschancen ergeben. Insgesamt ist jedoch bei allen Formen der Kapitalbeteiligung darauf zu achten, dass nicht der Verdacht aufkommt, Entgeltbestandteile dem Mitarbeiter vorenthalten zu wollen. So sollte der Marktwert der als Entgelt gewährten Kapitalbeteiligungen stets höher sein als dem Mitarbeiter bei einer Barausschüttung zugebilligt werden könnte.

Im Gegensatz zu monetären Anreizen werden betriebliche Neben- und Sozialleistungen von den Mitarbeitern häufig nicht als Entgeltbestandteile erkannt und stehen aus Motivationsgesichtspunkten insofern hinter einer Barausschüttung zurück. Dennoch lassen sich Argumente anführen, die dafür sprechen, diese Form von Anreizen in das Vergütungssystem zu integrieren. Zum einen können aus steuerlichen Gründen oder auf Grund von Beschaffungsvorteilen die bei der Bank für derartige Leistungen anfallenden Kosten geringer sein als der Mitarbeiter bei einer adäquaten Selbstbeschaffung aufwenden müsste. Dies ist in der Regel bei privaten Nutzungsrechten für Dienstwagen der Fall, wenn die Bank die hierfür anfallenden Ausgaben als Betriebsaufwendungen berücksichtigen kann, und der Mitarbeiter den Vorteil nicht bzw. nur zum Teil versteuern muss. Zum anderen kann eine Gewährung von Neben- und Sozialleistungen auch dann sinnvoll sein, wenn mit diesen nicht nur ein Nutzen für den Mitarbeiter, sondern auch für die Bank selbst verknüpft ist. So geht mit der Bereitstellung eines Dienstwagens mit Fahrer oder der Zubilligung von Flügen in der ersten Klasse auch eine positive Imagewirkung für das Institut einher. Schließlich kann sich eine Bank in bestimmten Situationen aus sozialen oder moralischen Gründen bestimmten Leistungen nicht entziehen, selbst wenn hierzu keine gesetzliche oder vertragliche Verpflichtung besteht. Zu denken ist in diesem Zusammenhang an Todes-, Invaliditäts- oder Krankheitsfälle sowie an die Altersversorgung der Mitarbeiter. Da es sich hierbei um faktische Verpflichtungen handelt, kann durch eine explizite und vertraglich festgelegte Gewährung eine Einbeziehung in das Entgeltsystem und damit eine Transparenz dieser Leistung erreicht werden. Eine Transparenz der Kosten ist aber nicht nur bei den faktischen Verpflichtungen, sondern bei allen gewährten Neben- und Sozialleistungen anzustreben, damit der Mitarbeiter den direkten Zusammenhang zwischen seiner individuellen Leistung und den betrieblichen Anreizen erkennt. In diesem Zusammenhang ist darauf hinzuweisen, dass das gesamte Entgelt, bestehend aus monetären Anreizen und betrieblichen Neben- und Sozialleistungen, grundsätzlich den gesamten Erfolgsanteil des Mitarbeiters nicht übersteigen darf. Werden die betrieblichen Neben- und Sozialleistungen beispielsweise unabhängig von der individuellen Leistung des Mitarbeiters gewährt, was in der Regel bei solchen gesetzlicher oder tarifvertraglicher Art zutrifft, so haben diese den Charakter eines Fixums mit den bereits angesprochenen Konsequenzen.

3. Resümee

Während sich traditionelle Anreizsysteme bei Banken nur auf einen kleinen Kreis führender Mitarbeiter beziehen und die Bemessungsgrundlagen überwiegend auf globalen Erfolgsgrößen basieren, stellt die Marktzinsmethode ein Instrumentarium zur Verfügung, das die Bestimmung einer vom Mitarbeiter individuell beeinflussbaren und in seiner Höhe transparenten Leistung ermöglicht. Allerdings fokussiert die Marktzinsmethode vornehmlich auf operative Erfolge, während die Berücksichtigung strategischer Ziele auch weiterhin ein ungelöstes Problem darstellt. Zudem ist der auszuschüttende Anteil an dem vom Mitarbeiter individuell erwirtschafteten Erfolg auch bei Zugrundelegung der Marktzinsmethode nicht exakt quantifizierbar und kann nur auf dem Verhandlungswege festgelegt werden. Allerdings lässt sich eine Reihe von Kriterien für die Approximation an eine gerechte Ausschüttungshöhe finden, was zu einer Versachlichung der Diskussion beiträgt. Hinsichtlich der Formen betrieblicher Anreize ist bei der Gestaltung leistungsorientierter Anreizsysteme insbesondere der Entgeltcharakter von Neben- und Sozialleistungen transparent zu machen. Dabei darf das monetäre Äquivalent aller gewährten Anreize die gesamte Ausschüttungshöhe nicht überschreiten. Insgesamt hängt der Erfolg leistungsorientierter Anreizsysteme aber nicht zuletzt von der Überwindung persönlicher Widerstände der betroffenen Mitarbeiter ab. In diesem Zusammenhang ist nicht nur die Funktionsweise des Systems mit Hilfe informationspolitischer Maßnahmen zu erklären; vielmehr sind auch die Notwendigkeit und die Leistungsgerechtigkeit der Systeme zu kommunizieren. Auch darf nicht unerwähnt bleiben, dass leistungsorientierte Anreizsysteme vergleichsweise höhere Verdienstchancen bieten und zum Vorteil aller finanziell Beteiligten gereichen.

Literaturhinweise

BECKER, F. G.: Anreizsysteme als Führungsisntrumente, in: Handwörterbuch der Führung, hrsg. von A. Kieser, 2. Auflage, Stuttgart 1995, Sp. 34 ff.

BENKE, H. u.a.: Die Marktzinsmethode wird erwachsen: Das Barwertkonzept (1), in: Die Bank, Heft 8/1991 (1991a), S. 457-463.

BENKE, H. u.a.: Die Marktzinsmethode wird erwachsen: Das Barwertkonzept (2), in: Die Bank, Heft 9/1991 (1991b), S. 514-521.

BLEICHER, K.: Das Konzept integriertes Management, 5. Auflage, Frankfurt am Main u.a. 1999.
BÜSCHGEN, H. E.: Bankbetriebslehre, 5. Auflage, Wiesbaden 1998.
DORNER, M.: Leistungsorientierte Vergütung im Privatkundengeschäft von Kreditinstituten, in: 36. Semesterbericht des Instituts für Kredit- und Finanzwirtschaft, hrsg. v. J. Süchting, S. 2-6.
ERDMANN, U.: Die Entlohnung von Führungskräften in Kreditinstituten, Frankfurt am Main 1991.
EWERT, R./WAGENHOFER, A.: Interne Unternehmensrechnung, Berlin u.a. 1997.
HAX, H.: Die Koordination von Entscheidungen, Köln u.a. 1965.
HILL, W. U. A.: Organisationslehre, Bern und Stuttgart 1989.
HORVÁTH, P.: Controlling, 6. Auflage, München 1996.
LAUX, H.: Erfolgssteuerung und Organisation, Berlin u.a. 1995.
LEICHTFUSS, R./BONACKER, M.: Erfolgsorientierte Anreizsysteme, in: Die Bank, Heft 11/1992, S. 624-631.
LENTES, T.: Anreizsysteme gibt Gehalt Leistungsbezug, in: Betriebswirtschaftliche Blätter, Heft 9/1993, S. 424-541.
RINKER, A.: Anreizsysteme in Kreditinstituten, Frankfurt am Main 1997.
ROLFES, B./KRÄMER, C.: Erfolgsorientierte Steuerung marktbezogener Organisatonseinheiten in Kreditinstituten, in: Kredit und Kapital, 1988, S. 118-142.
SCHIERENBECK, H.: Ertragsorientiertes Bankmanagement, Band 1, 6. Auflage, Wiesbaden 1999.
SCHIERENBECK, H./ROLFES, B.: Entscheidungsorientierte Margenkalkulation, Frankfurt am Main 1988.
SCHILLER, B.: Leistungsbeinflussung von Mitarbeitern im Bankaußendienst, in: Sparkasse, Heft 4, 1990, S. 171-176.
SCHRÖDER, G. A.: Möglichkeiten und Grenzen von Anreizsystemen, in: Betriebswirtschaftliche Blätter, Heft 7, 1993, S. 329-331.
SCHUSTER, L.: Erfolgsorientierte Vergütung von Bankmitarbeitern, in: Zeitschrift für das gesamte Kreditwesen, Heft 3/1993, S. 124-127.
SIEGEL, B./DEGENER, R.: Leistungs- und ertragsorientierte Entlohnungssysteme, in: Zeitschrift für das gesamte Kreditwesen, Heft 12/1988, S. 532-536.
SIEGEL, B./DEGENER, R.: Die ertragsorientierte Tantiemeregelung, in: Zeitschrift für das gesamte Kreditwesen, Heft 13/1988, S. 574-576.
WIENKAMP, H.: Mit dem Bonus kommen Sie ans Ziel, in: Bank Magazin, Heft 4/1993, S. 35-39.

Rudolf Volkart / Reto Suter

Determinanten der Eigenkapitalkosten einer Bank

1. Bedeutung der Kapitalkosten

Die im Rahmen von Unternehmensbewertungen und Investitionsrechnungen schon lange verwendeten durchschnittlichen Gesamtkapitalkosten (Weighted Average Cost of Capital, WACC) stehen im Zentrum der wertorientierten, finanziellen Führung. Die Kapitalkosten sind durch die von den Investoren minimal geforderte Rendite auf dem von ihnen zur Verfügung gestellten Kapital bestimmt. Die Investoren werden sich in der Herleitung dieser Minimalrendite primär von den mit dem Engagement verbundenen Risiken leiten lassen. Eigenkapitalgeber beurteilen dabei primär das mit der Aktie verbundene, systematische, also nicht diversifizierbare Risiko, während für Fremdkapitalgeber in der Regel das Ausfallrisiko (default risk) maßgebend ist, wenn man vom Zinsänderungsrisiko absieht.

Die Kapitalkosten spielen im Rahmen der wertorientierten Unternehmensführung eine tragende Rolle. Sie stellen die „Hürde" dar, welche über Wertschöpfung oder Wertvernichtung entscheidet. Dies wird im Economic Value AddedR-Konzept (EVAR) bildlich illustriert. Nur ein positiver Spread zwischen erzielter Rendite (Return on invested capital, ROIC) und Kapitalkosten (WACC) schafft Wert. Dieser Grundsatz findet Anwendung in allen Phasen der Unternehmensführung, namentlich in der Planung, der Ressourcenzuweisung, der Performance-Messung und der Entlohnung des Managements.

Um die Wertorientierung auch in einzelnen Divisionen einer Unternehmung verankern zu können, sind divisionale Wertinformationen, beispielsweise in Form eines EVAR, nötig. Dies bedingt die Bestimmung divisionaler Kapitalkosten und des pro Division gebundenen Kapitals.

Im Bankbetrieb sind die Eigenkapitalkosten für die wertorientierte Führung relevant. Dies gründet auf verschiedenen Besonderheiten einer Finanzinstitution. Das Fremdkapital einer Bank stellt, im Gegensatz zu einem Nichtfinanzunternehmen, nicht nur eine Finanzierungsquelle dar, sondern vor allem auch bilanzwirksames Bankgeschäft. Im weiteren sind verschiedene, dienstleistungsorientierte Bereiche einer Bank nur wenig kapitalintensiv. Hier drängt sich eine Zuteilung von Eigenkapital (das heißt Capital-at-Risk) nur aufgrund der Risikotragfähigkeit auf.

Nachfolgend gelangen die klassischen Methoden zur Eigenkapitalbestimmung zur Darstellung. Darauf aufbauend soll auf die Besonderheiten der Kapitalkosten von Banken eingegangen werden. Je ein separater Abschnitt ist der Bestimmung divisionaler Kapitalkosten und der Interpretation von Eigenkapitalrenditen (im Sinne des Return on Equity, ROE) gewidmet.

2. Herleitung der Eigenkapitalkosten

In der traditionellen Bankbetriebswirtschaftslehre sind verschiedene Definitionen von Eigenkapitalkosten anzutreffen. So wird häufig noch von einer von der Bank mindestens zu erzielenden Gewinngröße ausgegangen, die zum buchwertig bestimmten Eigenkapital in Relation gesetzt wird.[1] Oftmals wird bei der Bestimmung der Eigenkapitalkosten auch auf die Dividendenrendite, oder gar auf die geplante Dividendenausschüttung der nächsten Periode abgestellt.[2] Diese Definitionen vermögen aus kapitalmarkttheoretischer Sicht nicht zu genügen.

Die moderne Finance Theory stellt verschiedene Methoden zur Herleitung von Kapitalkosten zur Verfügung. Es ist ihnen gemein, dass sie sich am Markt ausrichten. Nachfolgend gelangen die am häufigsten verwendeten Methoden zur Darstellung.

2.1 Dividend Discount Model (DDM)

Das Dividend Discount Model ist eine Abwandlung des Grundkonzepts der Discounted Cash-Flow-Methode. Das DDM interpretiert den Aktienwert V als Barwert der zukünftigen Dividendenrückflüsse. Für konstant angenommene Dividendenzahlungen D gilt der folgende Zusammenhang (k_{EK}: Eigenkapitalkosten), der sich aufgrund der spezifischen Annahmen mit dem einfachen Gewinnmodell (vgl. Abschnitt 2.2. zur P/E-Ratio) deckt.

$$V = \frac{D}{k_{EK}}$$

Das Auflösen nach dem Eigenkapitalkostensatz k_{EK} führt dann zum folgenden Resultat. Die Eigenkapitalkosten entsprechen damit der sogenannten Dividendenrendite (dividend yield).

$$k_{EK} = \frac{D}{K}$$

Eine Erweiterung erfährt das Dividend Discount Model, wenn es um einen konstanten Wachstumsfaktor g für die jährlichen Dividenden ergänzt wird (Gordon Growth Model). Die Herleitung des Eigenkapitalwerts ergibt sich dabei wie folgt.

$$V = \frac{D}{k_{EK} - g}$$

Aufgelöst nach den Eigenkapitalkosten ergibt sich die Lösung.

$$k_{EK} = \frac{D}{V} + g$$

2.2 Kehrwert der P/E-Ratio

Unter der Annahme von Nullwachstum kann die einfache Ertragswertformel (Gewinnansatz) auf Nettoebene nach den Eigenkapitalkosten aufgelöst werden (P: Aktienkurs [Price], E: Reingewinn pro Aktien [Earnings per Share, EPS]).

1 Vgl. Behm 1994, S. 148 und die dort angeführten Quellen.

2 Vgl. Behm 1994, S. 148.

$$P = \frac{E}{k_{EK}}$$

$$V = \frac{E}{P} = \frac{1}{P/E}$$

Die Eigenkapitalkosten entsprechen damit genau dem Kehrwert der im Rahmen der Aktienanalyse oft verwendeten Price/Earnings-Ratio (P/E).

Genau betrachtet gilt dieser Zusammenhang nur für die restriktive Einschränkung der einfachen Ertragswertformel. Es wird angenommen, dass die aktuelle Gewinngröße in ihrer Höhe konstant bleibt. Zusätzlich wird vorausgesetzt, dass die jährlich zu tätigenden Investitionen genau dem Betrag der Abschreibungen entsprechen (theoretisches Nullwachstum). Falls diese zwei Voraussetzungen nicht haltbar sind, unterschätzt der Kehrwert der Price-Earnings-Ratio die wahren Eigenkapitalkosten.

2.3 Capital Asset Pricing Model (CAPM)

Das Capital Asset Pricing Model (CAPM)[3] postuliert einen linearen Zusammenhang zwischen dem systematischen Risiko (gemessen durch das Beta) einer Anlage und deren risikogerechter Verzinsung. Es geht implizit von der Annahme aus, dass für einen gutdiversifizierten Investor nur das systematische, nicht diversifizierbare Risiko massgebend ist und vom Markt abgegolten wird.

Gemäß der Gleichgewichtsbedingung des CAPM ergibt sich der risikogerechte Eigenkapitalkostensatz als Summe des risikolosen Zinssatzes und der mit dem Beta der Aktien multiplizierten Marktrisikoprämie.

$$k_{EK} = r_f + \beta \cdot (\bar{r}_M - r_f)$$

Die Herleitung der einzelnen Parameter ist in der praktischen Anwendung mit vielerlei Unwägbarkeiten verbunden. So ist oft schon die Bestimmung des risikolosen Zinssatzes oder der Marktrisikoprämie mit schwierigen, arbiträr vorzunehmenden Entscheiden belastet. Ähnliches gilt für die hier nicht betrachteten Multifaktor-Modelle.

Abbildung 1 stellt die Eigenkapitalkosten für die zwei Grossbanken UBS und Credit Suisse nach drei verschiedenen Modellen berechnet dar. Dabei wird deutlich, dass der Kehrwert der P/E-Ratio und erst recht die Dividendenrendite die wahren Eigenkapitalkosten, wie sie sich entsprechend dem Capital Asset Pricing Model ergeben würden, deutlich unterschätzen.

3 Vgl. für eine grundlegende Darstellung des Capital Asset Pricing Models zum Beispiel Copeland/Weston 1992, S. 195-218.

	Dividendenrendite	Kehrwert der Price-Earnings-Ratio	Eigenkapitalkosten aufgrund CAPM
Credit Suisse Group	1.79 %	6.25 %	Beta: 1.48 k_{EK}: 15.34 %
UBS AG	2.46 %	7.14 %	Beta: 1.45 k_{EK}: 15.10 %

Abbildung 1: Eigenkapitalkosten aufgrund verschiedener Modelle
Quelle: Datastream (alle Werte per 12.1999); Annahmen: risikoloser Zinssatz 3.5 %, Marktrisikoprämie 8 %.

3. Herleitung divisionaler Eigenkapitalkosten

Wie bereits erwähnt, ist die Bestimmung von bereichsspezifischen Eigenkapitalkosten für die wertorientiert ausgestaltete Führung einer Bank unerlässlich. Für die Herleitung bereichsspezifischer Eigenkapitalkostensätze kann dabei nicht auf Marktdaten basiert werden, da Aktien nur für die Bank als Ganzes gehandelt werden.

Zur Bestimmung von bereichsspezifischen Eigenkapitalkosten muss in einem ersten Schritt das bereichsspezifische Risiko festgelegt werden. Dabei wird häufig auf den sogenannten Analogie-Ansatz zurückgegriffen.[4]

Der Analogieansatz zieht für die Bestimmung des Risikos einer Geschäftseinheit eine möglichst vergleichbare, an der Börse kotierte Unternehmung heran. Die Marktdaten erlauben die Abschätzung des systematischen Risikos der Anlage (in Form des Betas). Der Analogie-Ansatz tritt in zwei Unterformen auf:

- Pure play-Ansatz
  Anhand des Betas einer Vergleichsunternehmung wird auf das Beta des eigenen Geschäftsbereichs geschlossen. Es ist dazu nötig, das Beta der Vergleichsgesellschaft in einem ersten Schritt in ein Beta einer (fiktiv) zu 100 % eigenfinanzierten Gesellschaft zu transformieren um danach die Adjustierung auf die eigene Kapitalstruktur vorzunehmen.[5]
- Full information-Ansatz
  Dieser Ansatz basiert auf der Tatsache, dass das totale Risiko einer Unternehmung dem gewichteten Durchschnitt der Bereichsrisiken entspricht. Wenn am Markt verschiedene Unternehmen kotiert sind, die in den gleichen Geschäftsfeldern tätig sind, kann mittels einer multiplen Regressionsanalyse auf die Betas der einzelnen Geschäftsbereiche geschlossen werden.[6]

4 Daneben stehen der analytische Ansatz oder der qualitative Ansatz (Managementbefragungen) zur Verfügung. Vgl. dazu Copeland/Koller/Murrin 1996, S. 342 und S. 364, Mills 1998, S. 121.
5 Vgl. Dazu Copeland/Koller/Murrin 1996, S. 343.
6 Vgl für eine genaue Darstellung mit Beispiel Suter 2000, S. 166-167.

Auf Basis des Capital Asset Pricing Model[7] können in der Folge die bereichs-spezifischen Eigenkapitalkostensätze hergeleitet werden.

Um im Rahmen der wertorientierten Führung auch bereichsspezifische Wertinformationen herzuleiten, ist neben der Bestimmung der Eigenkapitalkosten auch die Festlegung des pro Bereich gebundenen Eigenkapitals notwendig. Grundsätzlich sind zwei Positionen zu unterscheiden:

- Einerseits muss die Bank zwingend die regulatorisch vorgeschriebenen Eigenmittelunterlegungen vornehmen. Diese gehören zu den zentralen Normen der Bankengesetzgebung und dienen in erster Linie dem Gläubiger- und dem Systemschutz. In diesem Sinne orientiert sich die regulatorische Eigenmittelunterlegung auch an den Risiken der Bankgeschäfte. Sie stellt in diesem Sinne eine Restriktion für die Bank dar.
- Andererseits muss eine Bank Eigenkapital nach internen, ökonomischen, das heißt risikospezifischen Kriterien allozieren. Währenddem die regulatorischen Vorschriften primär die Kategorien „Markt-“ und „Kreditrisiken“ abdecken, nehmen Finanzinstitute gelegentlich (zum Beispiel die Schweizer Grossbanken) auch eine Zuweisung von Eigenkapital für operationelle Risiken vor.[8] Eine Möglichkeit, Eigenkapital nach ökonomischen Kriterien zu allozieren, stellt das Value-at-Risk-Konzept dar.[9]

Grundsätzlich eignet sich die regulatorische Eigenmittelunterlegung nicht für die Eigenkapitalallokation zwecks Herleitung von divisionalen Wertinformationen. Dies gründet auf zwei Feststellungen: Zum einen ist die (oft geäußerte) Ansicht falsch, dass Eigenkapitalkosten durch die gesetzliche Unterlegungspflicht entstehen. Die Höhe der Eigenkapitalkosten wird primär durch Risikoaspekte determiniert. Zum anderen erfassen die regulatorischen Bestimmungen das Risikogeschehen einer Bank nur fragmentarisch.[10]

4. Eigenkapitalkosten und Eigenkapitalrendite

Im Rahmen von zwischenbetrieblichen, auch internationalen Vergleichen wird häufig auf die Eigenkapitalrendite (Return on Equity, ROE) abgestellt. Von Seiten der Banken werden eigentliche ROE-Ziele formuliert. In jüngerer Zeit wurde die ROE-Diskussion durch die zunehmende Häufung von Aktienrückkäufen und Eigenkapitalrückzahlungen erneut entfacht. Es wird häufig argumentiert, dass die Rückführung von Eigenmitteln eine substantielle Verbesserung der Eigenkapitalrendite mit sich bringt. Dabei wird übersehen,

7 Vgl. Abschnitt 2.3.

8 Vgl. Jovic 1999, S. 122.

9 Vgl. zum Value-at-Risk-Konzept Diggelmann 1999, zur Anwendung auf bankspezifische Problemstellungen Jovic 1999, S. 121-131. Uyemura/Kantor/Pettit stellen Methoden zur Zuweisung von Eigenkapital unter Risikogesichtspunkten vor (sog. Risk Capital). Vgl. Uyemura/Kantor/Pettit 1996, S. 106.

10 Vgl. Behm 1994, S. 162. Vgl. für eine Kritik der geltenden, regulatorischen Eigenmittelunterlegung Jovic 1999, S. 272-276.

dass spiegelbildlich zur Abnahme der Eigenkapitalquote auch der Eigenkapitalkostensatz ansteigt.

Rappaport hat in seinem prominenten Beitrag zur wertorientierten Unternehmensführung bereits darauf hingewiesen, dass rechnungswesenbasierte Kennzahlen keine geeigneten Beurteilungskriterien darstellen.[11] Der Renditewert per se ist nicht aussagekräftig; er muss zwingend einer Kapitalkostengröße gegenübergestellt werden, wie dies beispielsweise im Rahmen des EVAR-Konzeptes geschieht. Im Rahmen der internen, wertorientierten Bankführung gelangen auch verfeinerte, risikoadjustierte Renditegrößen zum Einsatz, wie sie unter den Begriffen des RAROC (Risk Adjusted Return on Capital), RORAC (Return on Risk Adjusted Capital) bzw. RARORAC (Risk Adjusted Return on Risk Adjusted Capital) bekannt geworden sind. Im Rahmen dieses Kurzbeitrags wird nicht weiter darauf eingegangen.

Ein weiteres Missverständnis bildet die Interpretation von ROE-Werten. ROE-Ziele werden häufig mit der marktbezogenen Aktionärsperformance verwechselt. In der Regel beziehen sich ROE-Ziele aber auch das ausgewiesene, buchwertige Eigenkapital. Ein Verhältnis zwischen Marktwert des Eigenkapitals und Buchwert des Eigenkapitals von 2 zu 1 führt dazu, dass ein buchwertig interpretierter ROE von 15 % für den Aktionär zu einer marktwertigen Rendite von gerade 7.5 % führt. Eine zusätzliche Fußangel wird durch die in heutigen Gewinngrößen nicht abgebildeten künftigen Wachstumsaussichten geschaffen. Mit zunehmendem Gewicht der Wachstumskomponente im Gesamt- bzw. Eigenkapitalwert der Unternehmung verschärft sich die angesprochene Diskrepanz zwischen Markt- und Buchwerten.

5. Folgerungen

Die Eigenkapitalkosten bilden eine zentrale Steuerungsgröße modern geführter Finanzinstitutionen, insbesondere Banken. Die Profitabilität einer Bank sowie ihrer verschiedenen Geschäftsbereiche, häufig durch Ermittlung von Eigenkapitalrenditen (ROE) erfasst, lässt sich ohne Verfügbarkeit risikogerechter Eigenkapitalkostensätze nicht schlüssig beurteilen. Zusammen mit der Tatsache, dass ROE-Zahlen zumeist auf buchwertigen Größen aus Erfolgsrechung und Bilanz basieren, erwächst daraus eine große Gefahr der Fehlinterpretation von ROE-Resultaten.

Im Rahmen der wertorientierten Führung von Finanzinstitutionen ist die Ermittlung und Verrechnung divisionaler Eigenkapitalkosten von zentraler Bedeutung. Dabei kann der unterschiedliche Risikograd der einzelnen Geschäftsbereiche theoretisch in der Höhe der bereichsspezifischen Eigenkapitalkostensätze berücksichtigt werden. Banken arbeiten aber häufig mit einem Einheitskostensatz für die Eigenmittel, und die Risikodifferenzierung geschieht dann über eine risikoabhängige Zuteilung (Unterlegung) mit Eigenkapital

11 Vgl. Rappaport 1998.

(Capital-at-Risk). Dazu kommt, dass im Rahmen der Resultatanalyse auch Risikoadjustierungen der erzielten Renditegrößen erfolgen können (sogenanntes RAROC- bzw. RARORAC-Konzept).

Verschiedene Probleme der Bestimmung und Verrechnung risikogerechter Eigenkapitalkosten sind heute weder theoretisch noch praktisch befriedigend gelöst. Wichtig ist neben einer konzeptionell sauberen Arbeitsweise in jedem Fall eine führungsmässig subtile Handhabung, damit die Entscheidungsfindung des Managments in die gewünschten Bahnen gelenkt werden kann.

Literaturhinweise

BEHM, U.: Shareholder-Value und Eigenkapitalkosten von Banken. Bank- und finanzwirtschaftliche Forschungen, Band 191, Bern/Stuttgart/Wien, Haupt 1994.

GEIGER, H./VOLKART, R.: Eigenkapitalkosten. Puzzle mit vielen Fragezeichen, in: Schweizer Bank, Nr. 5, Mai 1999, S. 30-34.

JOVIC, D.: Risikoorientierte Eigenkapitalallokation und Performancemessung bei Banken. Bank- und finanzwirtschaftliche Forschungen, Band 296, Bern/Stuttgart/ Wien, Haupt 1999.

MILLS, R. W.: The Dynamics of Shareholder Value. The Principles and Practices of Strategic Value Analysis, Lechlade, Mars 1998.

RAPPAPORT, A.: Creating Shareholder Value: A Guide for Managers und Investors, New York, Free Press 1998.

SCHIERENBECK, H.: Ertragsorientiertes Bankmanagement. Band 1: Grundlagen, Marktzinsmethode und Rentabilitäts-Controlling. 6., überarbeitete und erweiterte Auflage, Wiesbaden, Gabler 1999a.

SCHIERENBECK, H.: Ertragsorientiertes Bankmanagement. Band 2: Risiko-Controlling und Bilanzstrukturmanagement. 6., überarbeitete und erweiterte Auflage, Wiesbaden, Gabler 1999b.

STRUTZ, E.: Wertmanagement von Banken. Bank- und finanzwirtschaftliche Forschungen, Band 178, Bern/Stuttgart/Wien, Haupt 1993.

SUTER, R.: Corporate Governance & Management Compensation. Wertsteigerung durch Lösung des Manager-Investoren-Konflikts, Zürich, Versus 2000.

UYEMURA, D. G./KANTOR, C. C./PETTIT, J. M.: EVA for Banks: Value Creation, Risk Management and Profitability Measurement, in: Journal of Applied Corporate Finance, Vol. 9, Nr. 2, 1996, S. 94-113.

VETTIGER, TH.: Wertorientiertes Bankcontrolling. Bank- und finanzwirtschaftliche Forschungen, Band 242, Bern/Stuttgart/Wien, Haupt 1996.

VOLKART, R.: Strategische Finanzpolitik. 2. Auflage, Zürich, Versus 1998.

VOLKART, R.: Unternehmensbewertung und Akquisitionen. Zürich, Versus 1999.

III. Rentabilitätsanalyse und Rentabilitätssteuerung

Matthias Everding

Instrumente des Kostenmanagements in Kreditinstituten

1. Einleitung

Kosteneffizienz in der Leistungserstellung bildet die Basis für die Wettbewerbsfähigkeit eines Kreditinstitutes. Dies gilt insbesondere im preissensitiven Mengengeschäft. Kreditinstitute müssen daher für eine permanente Verbesserung ihrer Produktivität sorgen. Die Instrumente des Kostenmanagements dienen dazu, in allen Bereichen der Bank über die Beeinflussung der Kostenseite zu einer Verbesserung des analyserelevanten Verhältnisses von Kosten zu Erträgen (= cost-income-ratio) beizutragen. Eine steuerungsadäquate Kostenarten- und Kostenstellenrechnung sowie eine prozessorientierte Standardstückkostenrechnung mit jeweils zugeordneten Verantwortlichkeiten bildet die notwendige Ausgangsbasis für ein erfolgreiches Kostenmanagement. Auf diesen Informationen aufbauend müssen in Kreditinstituten die nachfolgenden Instrumente des Kostenmanagements zur aktiven Steuerung der Kostenposition eingesetzt werden.

2. Klassifizierung der Instrumente im Kostenmanagement

Die Klassifizierung der Instrumente im Kostenmanagement baut auf den Kostenursachen und -bestimmungsfaktoren auf. Die Bankbetriebskosten unterscheiden sich generell in zwei Kategorien von Unternehmensaktivitäten: Bei den leistungsmengeninduzierten/-abhängigen Aktivitäten besteht eine feste Input-Output-Relation zwischen Absatzmenge und Ressourcenverzehr. Der Geschäftsumfang determiniert daher vor allem die Kosten im Produktions- und Vertriebsbereich. Bei den leistungsmengenneutralen/unabhängigen Aktivitäten liegt eine solche deterministische Mengenabhängigkeit nicht vor. Über strukturelle Änderungen der Investitions- und Overheadkosten müssen vielmehr strategisch begründete Einzelfallentscheidungen getroffen werden. Die Instrumente des Kostenmanagements können insofern nach dem Kriterium der Leistungsmengenabhängigkeit differenziert werden:

Zum einen existieren *Instrumente zur Steuerung der leistungsmengenabhängigen Produktions- und Vertriebskosten.* Da es sich in der Regel um kurz- und mittelfristig wirksame Instrumente handelt, soll auch vom operativen Kostenmanagement im Produktionssteuerungssystem gesprochen werden. Ziel ist in erster Linie die Senkung der Standardprozesskosten sowie die Reduzierung der Leerkosten. Der Abbau von Leerkosten bzw. von Beschäftigungsabweichungen erfordert ein personelles und technisches Kapazitätssteuerungssystem sowie eine Variabilisierung der Kapazitäten und Kosten über flexible Arbeitszeiten, monetäre Anreizsysteme oder Outsourcing. Die Steuerung der Standardstückkosten setzt vor allem bei der Senkung von Standardbearbeitungszeiten durch die Rationalisierung und Auto-

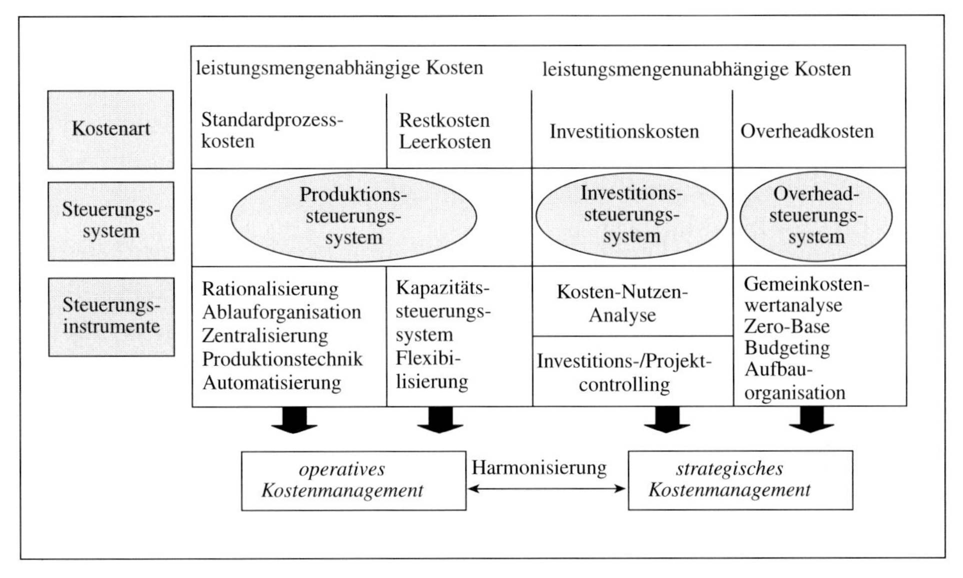

Abbildung 1: Klassifizierung der Instrumente des Kostenmanagements Kreditinstituten

matisierung von Arbeitsabläufen sowie bei der Ausgestaltung der Produktionstechnik an. Marktbezogen kommt eine produktivitätsorientierte Produkt- und Preispolitik hinzu.

Zum anderen können alle *Instrumente zur Steuerung der leistungsmengenunabhängigen, strukturell entscheidbaren Investitions- und Overheadkosten* zusammengefasst werden. Weil die Wirksamkeit der Instrumente eher langfristig ausgelegt ist, soll dieser Teil als strategisches Kostenmanagement bezeichnet werden. Ziel ist vor allem die ertragsorientierte Allokation der Personal, DV- und Sachressourcen über ein einheitliches Investitionsgenehmigungsverfahren im Rahmen des Investitions- bzw. Projektcontrolling. Daneben sichert eine permanente Aufgabenanalyse die laufende Überprüfung der bestehenden Overheadkosten, ergänzt durch einmalige Kostensenkungsverfahren.

Durch die gleichberechtigte Stellung von Produktions- und Investitionssteuerung wird der Wandel vom operativen Kostenmanagement hin zum strategischen Produktivitätsmanagement unterstrichen. Statt kurzfristiger Erfolgsmaximierung durch Rationalisierung steht die Schaffung und Erhaltung von langfristigen Kostenvorteilen im Vordergrund. Zugleich wird eine Harmonisierung von operativem und strategischem Kostenmanagement notwendig. Zahlreiche Interdependenzen zwischen beiden Teilsystemen erfordern einen konfliktlösenden Abstimmungsprozess: So führen kurzfristig kostenreduzierende Maßnahmen ggf. zu langfristigen Produktivitätsnachteilen, während umgekehrt laufende Kosten bereits durch Investitionsentscheidungen der Vergangenheit determiniert wurden. Der Nutzen der eingesetzten Instrumente des Kostenmanagements muss rechnerisch nachgehalten werden. Die Wirkung der Instrumente greift meistens nicht kurzfristig, sondern benötigt Zeit. Produktivitätsmanagement in Banken stellt somit einen kontinuierlichen Verbesserungsprozess dar.

3. Instrumente des Kostenmanagements im Produktions- und Vertriebsbereich

3.1 Systeme zur Steuerung der personellen und technischen Produktionskapazität

Der hohe Anteil fixer Bereitschaftskosten in Kreditinstituten macht eine systematische quantitative Kapazitätssteuerung mit dem Ziel einer optimalen Kapazitätsauslastung notwendig, um über eine Leerkostenminimierung eine hohe Wirtschaftlichkeit der Leistungserstellung zu erreichen. Gleichzeitig müssen Spitzenbelastungen verkraftet werden. Geeignetes Instrument zur Festlegung der erforderlichen Personalkapazität ist bei leistungsmengenabhängigen Kosten bzw. standardisierbaren Tätigkeiten ein *institutionalisiertes Kapazitätssteuerungssystem* (Personalbedarfsrechnung), das auf Basis prozessorientierter und optimierter Standardarbeitsabläufe und -zeiten rechnerisch bestimmt, wie viele Ressourcen in einzelnen Organisationseinheiten benötigt werden. Die benötigte Gesamtkapazität ergibt sich aus der multiplikativen Verknüpfung von Bearbeitungsmenge und notwendigem Zeitaufwand (inklusive Verteilzeiten) pro Leistungseinheit, summiert über alle Geschäfte.

Das auf Geschäftsprozessen basierende Kapazitätssteuerungssystem erlaubt es, zeit- und mengenbedingte Prozessveränderungen permanent in der Personalplanung zu berücksichtigen und kontrollierbare Begründungen für zusätzliche Mitarbeiterwünsche einzufordern. Der rechnerische Kapazitätsbedarf bildet generell nur einen Anhaltspunkt für die optimale Personalausstattung einer Organisationseinheit, weil auch andere Faktoren wie Qualifikation oder Engagement der Mitarbeiter Einfluss ausüben. Die rechnerisch ermittelten Werte bedürfen daher zwecks Akzeptanz und Nachvollziehbarkeit einer Überprüfung in der Praxis. Differenzen zwischen Standard- und Istkapazität (= Beschäftigungsabweichung) müssen intensiv beobachtet und interpretiert werden. Denn Leerkosten können aufgrund mangelnder Teilbarkeit der Produktionsfaktoren oder als bewusste Reservekapazität für besondere Arbeitsbelastungen quasi automatisch entstehen. Vor Ergreifen von Anpassungsmaßnahmen sind daher Entwicklungstendenzen über die Zeit sowie evtl. Sonderfaktoren zu beurteilen.

Bei der Planung des Kapazitätsbedarfs muss beachtet werden, dass neben der quantitativen Anzahl an Mitarbeitern auch die entsprechende Qualifikation berücksichtigt wird. Das Kapazitätssteuerungssystem sollte daher in der Lage sein, den Personalbedarf pro Funktionstyp bzw. Vertriebsbaustein (zum Beispiel Firmenkundenbetreuer oder Kreditsachbearbeiter) zu ermitteln.

In den kundenbetreuenden Organisationseinheiten existieren besondere Schwierigkeiten bei der Anwendung des rein rechnerischen, mengenorientierten Kapazitätssteuerungssystems, weil die Bearbeitungszeiten der Kundenbetreuung nur sehr schwer standardisierbar sind. Hinzu kommt, dass im Kundengeschäft nicht rein produktivitätsorientiert, sondern vielmehr kundenbedarfs- und ertragsorientiert gesteuert werden muss. Weil Kundenbetreuer direkt Erträge generieren und Kosten zwecks Ertragserzielung eingesetzt werden, kann hier auch eine direkte Anwendung der Cost-income-ratio erfolgen. Dabei wird aus dem Verhältnis von Ergebnisanspruch und Erträgen ein so genannter *Kundeneckwert* ermittelt, bei dessen Erreichen sich ein Personalbedarf ergibt. Ausgangspunkt der Eckwertermittlung ist ein Ergebnisanspruch, der sich aus den Kosten eines Kundenbetreuers (Personalkosten, personalabhängige Sachkosten und ausgelöste zentrale Stückkosten) und der gewünschten Cost-income-ratio errechnet. Bei durchschnittlichen Erträgen pro Kunde (ggf. inklusive Marktpotenziale) ergibt sich dann rechnerisch eine „kritische Masse von Kunden", der so genannte „Eckwert", ab der sich der Einsatz eines Kundenbetreuers lohnt. Mit der Ermittlung von Eckwerten für einzelne Vertriebsbausteine existiert neben dem intern ausgerichteten, mengenorientierten Kapazitätssteuerungssystem auch ein extern ausgerichtetes, marktorientiertes Verfahren zur Personalbedarfsrechnung, bei dem die Ausstattung von Filialen mit Vertriebsbausteinen letztlich von der Marktattraktivität und -größe abhängt.

Auch die *absatzbezogene Dimensionierung der Sachmittelressourcen* (zum Beispiel Formulare) bzw. der DV-Kapazität im Rechenzentrum lassen sich über das mengenorientierte Kapazitätssteuerungssystem als Produkt von zu bearbeitender Menge und Verbrauch pro Leistungseinheit (in Stück bzw. in Rechnereinheiten) steuern. Eine pragmatische Ergänzung um sog. Standardrelationen trägt zur weiteren Objektivierung von Kapazitäten für Sachmittelressourcen bei. So können für personalabhängige Arbeitsplatzkosten zum Beispiel pro Mitarbeiter eine Standard-Arbeitsplatzausstattung und ein Standard-Raumbedarf vorgegeben werden. Damit lässt sich der Beschaffungsprozess von Sachmitteln zu großen Teilen (circa 70 %) normieren und über einen zentralen Einkauf durch das Service-Center „Materialwirtschaft" kostengünstig abwickeln. Nicht normierte geringwertige Wirtschaftsgüter (circa 20 % der Kosten) können dezentral im Rahmen des Kostenbudgets beschafft werden. Verbleibende hochwertige Wirtschaftsgüter, deren Beschaffung nicht standardisiert werden kann, werden als Ausnahmebeschaffung in das Investitionsgenehmigungsverfahren übergeleitet. Mit dieser Vorgehensweise wird auch in Banken ein umfassendes Logistik-Controlling installiert.

3.2 Instrumente zur Flexibilisierung von Kapazitäten und Kosten

Aufgrund des außerordentlich hohen Fixkostenblocks für die Betriebsbereitschaft in Kreditinstituten setzen einige Instrumente des Kostenmanagements bei der Aufgabe an, aus fixen Kosten variable Kosten zu machen. Der Tausch fixer in variable Kosten gelingt beispielsweise in der Personalpolitik über die Flexibilisierung von Personalkosten durch *Arbeitszeitmanagement*. Die Übereinstimmung von schwankender Kapazitätsnachfrage und starrem Kapazitätsangebot wird in erster Linie durch die Anpassung der Personalkapazität an die Nachfrage gelöst, da der Anpassung der Kundennachfrage an vorhandene Kapazitäten (Produktion auf Lager, Kundentermine) in Kreditinstituten enge Grenzen gesetzt sind. Der Produktionsfaktor Arbeit ist in Grenzen multifunktional einsetzbar, so dass bei entsprechender Qualifikation und gleichzeitiger Über- und Unterauslastung in verschiedenen Abteilungen ein abteilungsübergreifender Kapazitätsausgleich möglich ist. Dadurch werden Kosten, die für die Gesamtbank kurzfristig nicht abbaubar sind, zu variablen Kosten einer Abteilung. Die Bewältigung von Volumenschwankungen findet insofern durch flexible, den veränderten Produktionsmengen angepasste Personalkapazitäten statt, die sich nicht mehr an den höchsten, sondern an den durchschnittlichen Postenzahlen ausrichten. Spitzenbelastungen werden mit flexiblen Personalkapazitäten bewältigt. Die aus der industriellen Produktion bekannten drei Formen der Anpassung an Beschäftigungsschwankungen bei variierenden Absatzleistungen können auch auf den Bankbetrieb übertragen werden:

- Bei der *intensitätsmäßigen Anpassung* wird die begrenzte Leistungssteigerungsfähigkeit der Mitarbeiter genutzt.
- Eine *zeitliche Anpassung* findet über Überstunden bzw. flexible Arbeitszeitregelungen durch Gleitzeit oder freie Arbeitszeiteinteilung innerhalb zeitautonomer Gruppen statt.
- Die *quantitative Anpassung* setzt auf einen internen Personalausgleich durch Springer oder auf einer vorübergehenden bzw. ständigen Ausdehnung der Mitarbeiterkapazitäten über Teilzeitkräfte, Aushilfen, Zeitarbeitskräfte oder Auszubildende.

Voraussetzung dafür sind flexible Teilzeitmitarbeiter mit unterschiedlichsten Arbeitsstunden und ein zentraler Ressourcenpool zum bedarfsorientierten Abruf von Mitarbeitern. Unterauslastungen können umgekehrt durch den Abbau von Gehaltszulagen, Überstunden, Aushilfen und durch das Ausnutzen der natürlichen Fluktuation ausgeglichen werden. Dadurch wird ein Personalabbau, der erst mittelfristig durchsetzbar wäre und in Zukunft ggf. zu erhöhten Wiedereinstellungskosten führen würde, weitgehend vermieden.

Ein zweites Instrument zur Flexibilisierung von Personalkosten stellt die Unterstützung des Kostenmanagements durch erfolgs- bzw. produktivitätsorientierte monetäre Anreizsysteme dar. Durch die leistungsorientierte Vergütung wird *eine Variabilisierung der Bezahlung* erreicht, die dazu führt, dass sich die Kosten stärker den Erträgen anpassen und eine bessere Kapazitätsausnutzung erfolgt. Gleichzeitig werden durch eine erhöhte Mitarbeitermotivation zusätzliche Leistungspotenziale aktiviert, die sich in zusätzlichen Geschäftsabschlüssen und damit in Ertragssteigerungen niederschlagen. Ein effektives Anreizsystem hat dabei unterschiedliche Anforderungen zu erfüllen und zahlreiche Fragen zur Ausgestaltung zu beantworten, auf die hier jedoch nicht näher eingegangen werden soll.

Drittes Instrument zur Umwandlung von fixen in variable Kosten ist das *Outsourcing*. Bei der Auslagerung von Funktionen auf Dritte (Outsourcing) handelt es sich um den betriebswirtschaftlich bekannten Make-or-buy-Entscheid, bei dem die Produktions- und Koordinationskosten der internen Eigenfertigung mit den Kosten des externen Fremdbezugs verglichen werden. Outsourcing bedeutet, Aufgaben/Bereiche einer Wertschöpfungskette, die nicht zum Kerngeschäft einer Bank gehören, von Dritten oder Gemeinschaftsunternehmen besser und kostengünstiger erstellen zu lassen. Ziel des Outsourcing ist es folglich,

- die Kosten durch die (kooperative) Auslagerung auf produktivere Dritte zu senken bzw. die Qualität durch professionellere Dritte zu steigern,
- eine Kostenvariabilisierung durch den Fremdbezug von Leistungen zu erreichen, die gemäß der Leistungsinanspruchnahme bezahlt werden,
- die Fertigungstiefe zu verringern, um organisatorische und finanzielle Freiräume für die Konzentration auf bankspezifische Aufgaben und Ertragspotenziale zu schaffen.

Ein Fremdbezug bzw. eine Zusammenarbeit bietet sich immer dann an, wenn Externe durch größeres Spezialwissen, höhere Auslastung, stärkere Spezialisierung, spezielle Software bzw. kostengünstigere Standorte Produktionsvorteile besitzen, Datensicherheit und Schnittstellen regelbar sind und sich durch die Eigenproduktion keine Wettbewerbsvorteile aufbauen lassen. Als Auslagerungsobjekte kommen daher im Bankbetrieb neben nicht bankspezifischen Nebenfunktionen insbesondere die Datenverarbeitung sowie die Abwicklungsfunktionen in Betracht. Wegen der gewünschten Beeinflussbarkeit ist die Beauftragung von bankneutralen Drittfirmen bisher noch seltener anzutreffen. In der Regel findet eine Verlagerung von Produktionsaufgaben auf Gemeinschaftsunternehmen mehrerer Banken statt. Auch die Auslagerung der Vertriebsfunktionen auf Dritte/Konzerngesellschaften ist bei Hypothekenbanken und Bausparkassen üblich. Gefährliche Abhängigkeiten sind zu vermeiden.

3.3 Verfahren zur Rationalisierung der Ablauf- und Aufbauorganisation

Maßnahmen zur effizienteren Gestaltung der Ablauforganisation setzen bei einer ständigen Überprüfung von Arbeitsabläufen im Hinblick auf Rationalisierungsreserven und eine Verbesserung der Produktionssteuerung durch umfassende EDV-Unterstützung an. Zentrale Größe zur Verbesserung der Wirtschaftlichkeit ist die Bearbeitungszeit für einzelne Geschäftsvorfälle. Die Bearbeitungszeit hängt auch von personellen und sozialen (Leistungsverhalten, Betriebsklima) sowie von sachlichen Einflussfaktoren (Arbeitstechnik, Arbeitsorganisation) ab, deren Kenntnis und bewusste Gestaltung Voraussetzung für die Verringerung des Zeitbedarfs und damit für eine höhere Produktivität der Leistungserstellung ist. Die Arbeitsaufgabe selbst,der Arbeitsablauf, die gewünschte Qualität des Arbeitsergebnisses, die benutzten Arbeitsmitteln und die Qualität der zu bearbeitenden Unterlagen und Informationen bestimmen den notwendigen Zeitbedarf. Die Ablauforganisation muss deswegen einer laufenden Geschäftsprozessoptimierung Analyse unterzogen werden. Maßnahmen zur effizienteren Gestaltung gegebener Arbeitsabläufe können vielfältiger Art sein:

- Überprüfung von Aufgaben auf die Notwendigkeit des Inhalts bzw. Umfangs sowie der Häufigkeit mit dem Ziel der Reduzierung der Durchlaufzeiten
- Verbesserung des Produktionsprozesses durch die Verkürzung von Wegen und die Realisierung möglicher Parallelarbeiten oder die Zusammenfassung getrennter Funktionen, aber gleichartiger Leistungen verschiedener Bereiche in einer Hand

- Anpassung der Aufbauorganisation durch Integration zusammengehörender Aufgaben
- Systematisierung eines zielgerichteten Informationswesens
- Reduzierung von Sicherheitskosten durch den Abbau von Kontrollen zwecks Reduktion der Ablaufkomplexität (Einsparung Überwachungskosten größer als Fehlerkosten).

Verbesserungen in der Ablauforganisation sind insbesondere dann zu erzielen, wenn alle am Arbeitsprozess beteiligten Mitarbeiter in die Ablaufuntersuchungen eingebunden sind und ihre Innovations- und Kreativitätsfähigkeiten einbringen. Dies geschieht sowohl durch ein *betriebliches Vorschlagswesen,* bei dem lohnenswerte Verbesserungsvorschläge mit kleinen Prämien honoriert werden, als auch durch *Qualitätszirkel.* Qualitätszirkel stellen dabei das Bindeglied zwischen Produktivitäts- und Qualitätsmanagement dar. Auf der einen Seite führt die Reduzierung von Fehler- und Reklamationskosten zu sinkenden Prozesskosten, auf der anderen Seite wird die Servicequalität und damit die Kundenzufriedenheit verbessert.

Effizientes Personalmanagement setzt die Entlastung des Personals von administrativen Aufgaben voraus. Eine Entlastung kann etwa durch die Unterstützung mit technischen Hilfsmitteln bzw. die Automatisierung von Arbeitsabläufen erfolgen. Kosteneffizienz durch Technikeinsatz wird aber erst ab einer kritischen Menge erzielt. Die „Industrialisierung“ der Dienstleistungsproduktion durch maschinenintensive Prozesse setzt daher dort an, wo über eine Vergrößerung und Separierung von Bereichen ein Potenzial für Arbeitssubstitution und Produktivitätssteigerungen geschaffen werden kann. Für den Einsatz technischer Produktionsfaktoren (EDV- bzw. Maschinentechnologie) sind in Kreditinstituten vor allem Abwicklungsfunktionen (zum Beispiel in der Zahlungsverkehrs-, Wertpapier- oder Kreditabwicklung) geeignet, die in so genannten (zentralen oder regionalen) Servicezentren zentralisiert werden können. Die dafür erforderlichen Investitionen werden unter den freigesetzten Personalkosten liegen, so dass insgesamt eine Stückkostensenkung realisiert wird. Der verstärkte Einsatz von EDV-Technik in Kreditinstituten führt somit zur Rationalisierung von Arbeitsvorgängen und zur Entwicklung veränderter Produktionstechniken. Maschinenkosten bieten zusätzlich den Vorteil, aufgrund des Preisrückgangs zu stagnieren oder sogar zu sinken.

Ein aufbauorganisatorischer Ansatzpunkt für die Produktivitätssteuerung in Kreditinstituten besteht in der aufbauorganisatorischen *Zusammenfassung von Produktionsfunktionen.* Reine Abwicklungsfunktionen (zum Beispiel Kreditsachbearbeitung, Zahlungsverkehr, Wertpapierabwicklung) werden aus dem Vertrieb herausgelöst und in einer (zentralen) Organisationseinheit zusammengefasst. Die Produktivitätsvorteile einer Zentralisierung bankbetrieblicher Produktionsfunktionen liegen neben der bereits erwähnten Möglichkeit zum verstärkten Einsatz der EDV-Technik in drei weiteren Punkten begründet:

- Durch die Zentralisierung der Produktionsbereiche wird eine *Variabilisierung von Fixkosten* erreicht, so dass nicht abbaubare Leerkosten einzelner dezentraler Organisationseinheiten durch die Zusammenfassung von Mengen und Kapazitäten in Nutzkosten bzw. abbaubare Betriebskosten transformiert werden.

- Effizienz im Mengengeschäft ist nur ab einer bestimmten „kritischen Masse" möglich. Mit steigender Betriebsgröße sind *Skaleneffekte (economies of scale)* erzielbar, die zu einem Rückgang der Kosten pro Stück führen. Die Stückkostenreduzierung wird durch zwei Effekte verursacht: Zum einen werden die vorhandenen Kapazitäten durch größere Mengen besser genutzt, was zu einer Fixkostendegression führt. Zum anderen führt die wiederholte Ausführung einer bestimmten Tätigkeit zu einem Lernkurveneffekt bei den Mitarbeitern, der die Bearbeitungszeit pro Leistungseinheit reduziert. Durch die Zusammenfassung aller Produktionsfunktionen in einer zentralen Geschäftsabwicklung wird eine kostengünstigere Massenfertigung von Bankdienstleistungen sowie ein produktübergreifender Kapazitätsausgleich erreicht. Nur in größeren Einheiten können nämlich zeitliche und sachliche Arbeitsausgleichsmechanismen im Hinblick auf die Spitzenbelastung stattfinden. Der Kostendegression durch Zentralisierung stehen ab einer bestimmten Größenordnung ggf. negative Skalenerträge in Form erhöhter Koordinationskosten, eingeschränkter Flexibilität, reduziertem Kostenbewusstsein und bürokratischer Informationswege nachteilig gegenüber. Größe allein stellt insofern kein maßgebliches Kriterium für die Arbeitseffizienz von Banken dar. Im Umkehrschluss ergibt sich, dass die Bestimmung einer „optimalen Betriebsgröße" aufgrund zahlreicher Einflussfaktoren kaum möglich und sinnvoll ist. Allenfalls die Frage nach einer Mindestbetriebsgröße (ggf. im Verbund) ist gerechtfertigt.
- Die Zusammenfassung der Produktionsfunktionen ebnet den Weg zu neuen, produktivitätsorientierten Produktionskonzepten, wenn über die interne organisatorischen Verselbständigung der Produktionsbereiche hinaus eine *rechtliche Trennung von Produktions- und Vertriebsgesellschaften* zur Vermeidung der Verrechnungspreisproblematik vorgenommen wird. Die universelle „Vertriebsbank" und die spezialisierte „Produktionsbank" handeln dann untereinander echte Marktpreise aus, die zu kunden- und kostenorientiertem Verhalten zwingen. Das „Vertriebsunternehmen" konzentriert sich auf den Verkauf von Fremdleistungen, die das „Produktionsunternehmen" möglichst kostengünstig erstellt hat. Durch dieses neue Produktions- und Vertriebskonzept wird das bankbetriebliche Universalleistungssystem, das alle Prozessstufen von der Beschaffung über die Produktion bis zum Endvertrieb umfasst, abgelöst. Durch Konzentration auf Kernkompetenzen werden Ertrags- und Kostenvorteile erzielt.

3.4 Produktivitätsorientierte Produkt- und Preispolitik

Produktivitätssteigerungen in der Produktpolitik können durch reduzierte Ablaufkomplexitäten mittels standardisierter Produkte bzw. Produktbündel erzielt werden. Produktvielfalt führt nämlich zu höheren Herstellungskosten durch individuelle Auftragsfertigung. Hohe Aufwendungen für Anwendungsprogrammpflege, Verkaufsförderungsschulungen sowie für Rüst- und Beratungszeiten ergeben negative Produktdeckungsbeiträge. Die Produktvielfalt führt auch zu schrumpfenden Produktlebenszyklen bei sich ausdehnenden Pay-off-Perioden und zu steigenden Infrastrukturkosten (Gemeinkosten). Die *Konzentration auf Basisprodukte* und die *Standardisierung des Leistungsangebotes* (Produktstraffung) hingegen bringt eine Kostenreduzierung mit sich. Gleichzeitig ermöglicht eine Bereinigung des Produktsortiments aber auch Ertragszuwächse, wenn die Produkte dem Kundenbedürfnis angepasst werden und die Mitarbeiter die kleinere Produktpalette besser verkaufen können.

Ein weiteres Instrument in der Produkt- und Preispolitik stellt das **marktorientierte Zielkostenmanagement** dar. Dabei wird das kostenorientierte Mindestmargenkonzept, welches die Stückkosten, den notwendigen Sollbeitrag zur Deckung der Gemeinkosten und den Gewinnbedarf beinhaltet und ggf. um eine Preispolitik auf Basis der marktlichen Tragfähigkeit erweitert wird, durch ein marktorientiertes Maximalkostenkonzept ergänzt. Statt die Kosten als vorgegebene Größe und die Marge als resultierende, am Markt durchzusetzende Größe zu betrachten, wird hierbei der am Markt erzielbare Ertrag als extern vorbestimmte, konkurrenzbedingte Konstante gesehen. Nach Abzug des erforderlichen Solldeckungsbeitrages zur Abdeckung der Gemeinkosten und des Gewinnbedarfes werden die höchstens tragbaren Einzelkosten ermittelt, die im Unternehmen durchzusetzen sind (vgl. Abbildung 2).

Diese Vorgehensweise entspricht dem „Target Costing" als marktorientiertes Instrument des strategischen Kostenmanagements in Industrieunternehmen. Im Vordergrund steht nicht die traditionelle Frage „Was wird ein Produkt kosten und wie kann ich den Preis am Markt durchsetzen?", sondern die Frage „Was darf ein Produkt höchstens kosten, um es erfolgreich am Markt abzusetzen?". Das gesamte Produktkostenmanagement ist damit marktorientiert und bezieht sich bereits auf die den gesamten Lebenszyklus umfassende Produktentwicklungsphase. Die Marktorientierung führt dazu, dass die Kosten zur beeinflussenden Größe werden. Bei gegebenen Möglichkeiten des Wachstums und der Ertragssteigerung am Markt kann zur Sicherung des Gewinnbedarfs nur ein maximaler Kostenanstieg verkraftet werden.

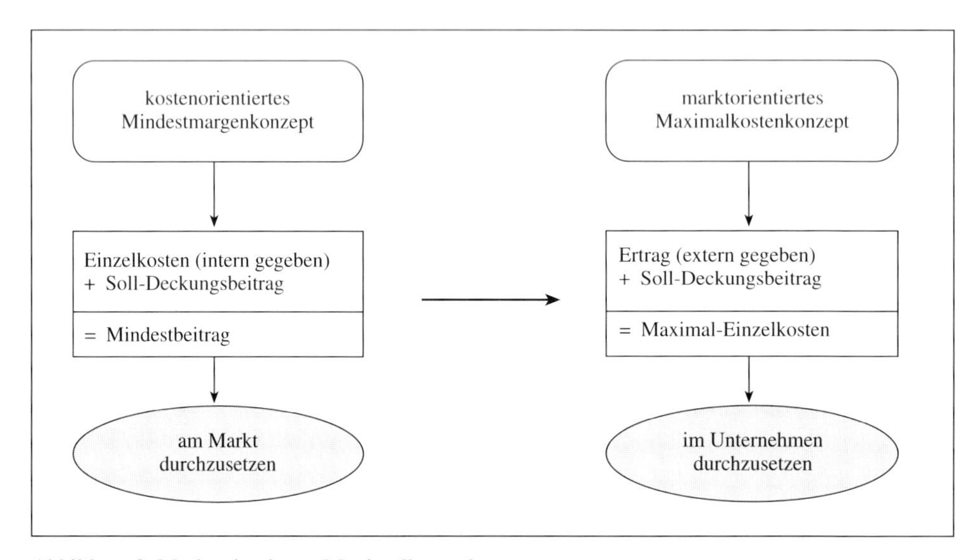

Abbildung 2: Marktorientiertes Maximalkostenkonzept

Ein weiteres Instrument zur Unterstützung des Produktivitätsmanagements stellt eine transparente, *kostenorientierte und verursachungsgerechte Preisgestaltung* dar, die individuelle Leistungen konsequent in individuelle Preise umsetzt und Preiselastizitäten ausnutzt. Kosten haben Bedeutung für die Preisfestsetzung, da Preise Kunden(nachfrage)verhalten steuern und Kundenreaktionen auslösen. Die Bankpreise stehen wie alle Preise im Spannungsfeld externer Marktgerechtigkeit und interner Kostendeckung bzw. Gewinnerzielung. Eine aktive Preisgestaltung im Wettbewerb ist daher nur möglich, wenn es gelingt, mit dem Angebot das Kundenbedürfnis zu treffen und gleichzeitig eine gegenüber der Konkurrenz herausgehobene Anbieterposition durch Qualitäts- oder Servicevorsprünge zu erlangen.

Die Kundenakzeptanz kann bei Bankpreisen zum einen gefördert werden durch eine Beteiligung an der Preisgestaltung, indem Pauschalpreise durch eine Einzelabrechnung mit leistungsbezogenen Postenpreisen ersetzt werden, so dass der Kunde den Gesamtpreis durch sein Verhalten beeinflussen kann. Die Einzelpreise ermöglichen gleichzeitig eine Preisdifferenzierung, die den Absatz kostengünstigerer Leistungen forciert (Lenkpreise). Zum anderen hilft eine verursachungsgerechte, das heißt dem Zeitaufwand entsprechende Kostenzurechnung mittels Standardstückkosten. Dabei muss die Preispolitik stärker entlang der Wertschöpfungskette, das heißt in Abhängigkeit von einzelnen Arbeitsschritten, festgemacht werden. So muss die differenzierte, wertschöpfungsorientierte Ausrichtung von Bankpreisen zum Beispiel im Wertpapiergeschäft auch die Informationsbeschaffung und die (ggf. erfolglose) Beratung nach dem zeitbezogenen Aufwand durch den Wertpapierberater berücksichtigen. Bei der Auftragsabwicklung sind die Preise stärker als bisher nach dem jeweiligen Ausführungsplatz sowie nach Verwahrort und -art zu differenzieren. Zuletzt schließen sich einzelgeschäftsbezogene Preise für alle Folgetätigkeiten (Dividenden, Kupons etc.) an.

4. Instrumente des Kostenmanagements im Investitions- und Overheadsteuerungssystem

4.1 Systeme zur Steuerung der Investitionskosten

Wegen der Vorbestimmung vieler laufender Kosten durch langfristige Entscheidungen in der Vergangenheit kann sich das Produktivitätsmanagement nicht auf die operative Produktions- und Vertriebssteuerung beschränken, sondern muss auch die (periodenübergreifende) Steuerung von Investitionen und Projekten beinhalten. Damit sind (strategische) Entscheidungen über Kostenveränderungen zu treffen, die nicht von externen Leistungsmengen oder Preiserhöhungen abhängen. Durch die Investition in zusätzliche Planstellen durch neue Aufgabenfelder, in Sachmittel oder DV-Systeme bzw. DV-Projekte werden unabhängig von Leistungsmengen langfristig Kosten gebunden, die zu strukturellen Veränderungen der Betriebskosten führen. Gerade die zukünftigen Investitionen der Banken in den Multikanal-Vertrieb und in die Informationstechnologie erfordern hohe Auszahlungen bei Einzahlungen unter Unsicherheit. Sie bedürfen deswegen einer fundierten Entscheidungsgrundlage sowie eines speziellen Genehmigungsverfahrens im Rahmen des Investitionscontrolling.

Ein wirksames Verfahren zur Genehmigung von Planstellen, Sachinvestitionen und DV-Projekten muss daher folgende Aufgaben bewältigen:

- Koordination aller Investitionen und Projekte in sachlicher und zeitlicher Hinsicht;
- systematische, transparente Investitionsplanung unter besonderer Berücksichtigung der Kapitalbindung;
- risikoorientierte Beurteilung von Investitionen mittels Sensitivitätsanalysen und Simulationsrechnungen (zum Beispiel in Bezug auf veränderte Deckungsbeiträge);
- laufende Kontrolle der Prämissen und Fortschritte von Investitionen sowie Nachrechnungen und Abweichungsanalysen im Investitions-/Projektergebnis.

Zur Erfüllung dieser Aufgaben ist ein umfassender Planungs- und Kontrollprozess und ein Steuerungssystem notwendig, das die knappen Ressourcen in Investitionen mit höchstem Wirkungsgrad lenkt. Das Investitionscontrolling muss daher drei Bestandteile umfassen:

Ziel des *formalen Investitionscontrolling* ist es, ein einheitliches Verfahren zur Sammlung und Dokumentation aller Investitionsanforderungen bereitzustellen und in ein Investitionsgenehmigungsverfahren mit festen organisatorischen Ablaufregeln zu leiten. Eine klar definierte Projektorganisation und ein Projektmanagement sollen gewährleisten, dass die ausgewählten Investitionen/Projekte ergebnisoptimal und termingerecht durchgeführt werden.

Das *inhaltliche Investitionscontrolling* bestimmt, welche Investitionen bzw. Projekte aufgrund ihrer hohen Effektivität mit welcher Priorität durchzuführen sind. Dabei gilt es, die Vorteilhaftigkeit bzw. Reihenfolge einzelner Investitionen anhand bestimmter Kriterien zu bewerten. Geeignetes Instrument dafür sind Investitions-Portfolios, die den monetären und nicht-monetären Aufwand und Ertrag der einzelnen Investitionen quantifizieren und eine ergebnisorientierte zeitliche Prioritätenstrukturierung vornehmen:

- Das Anwendungs- bzw. Projektportfolio analysiert die einzelnen Projekte anhand der Priorisierungskriterien „rechenbare Profitabilität“ und „strategischer Nutzen“. Basis der Ermittlung des quantitativ messbaren Nutzens ist *eine betriebswirtschaftliche Einzelanalyse* mit dem Ziel, die Vorteilhaftigkeit von Einzelinvestitionen zu bestimmen. Der strategische Nutzen fasst die kostenmäßig nicht quantifizierbaren marktbezogenen oder dv-technischen Vorteile über ein Punktbewertungsverfahren zusammen.

- Anhand der Kriterien „rechnerischer und strategischer Nutzen“ werden die Investitionen nun in das zweidimensionale *mittelfristige Investitionsportfolio* eingetragen. Die Größe der Kreise gibt dabei den geschätzten Gesamtaufwand einer Investition wieder. Gesetzlich erzwungene Investitionen sind nicht im Portfolio enthalten, mindern aber als Zwangsprojekte natürlich die verfügbare Realisierungskapazität. Folgeprojekte aus Vorjahren können ggf. bereits die zur Verfügung stehende Entwicklungskapazität einschränken. Wechselseitige Abhängigkeiten von Projekten (ein isoliert betrachtet unattraktives Projekt ist Voraussetzung für ein hochattraktives anderes) müssen analysiert werden und haben ggf. Einfluss auf die Priorisierung. In der Portfolio-Matrix werden dann die Handlungsoptionen ersichtlich: Beginnend oben rechts bei den Investitionen mit dem höchsten Nutzen, werden alle Investitionen bis zum Erreichen eines bestimmten Nutzenniveaus bzw. der Kapazitätsbeschränkungsgeraden realisiert. Anhand der rechenbaren Rentabilität und der strategischen Bedeutung erfolgt so eine Investitionsprogrammplanung, welche die Reihenfolge der Realisierung festlegt.

- Die ausgewählten Investitionen werden schließlich hinsichtlich der Ressourcen- und Terminplanung konkretisiert und in die jährliche Investitionsplanung überführt. Im so genannten *operativen Investitionsplan* findet eine sukzessive Abstimmung von Investitionswünschen und Finanzierungsmöglichkeiten statt. Werden dabei Diskrepanzen offenbar, besteht Handlungsspielraum im Hinblick auf die zeitliche Verschiebung von Investitionen, die Prüfung des Investitionsumfangs und die kurzfristige Senkung des Ausstattungsstandards. Im Investitionsplan sind gleichzeitig alle Auswirkungen auf andere Planungsbereiche (wie zum Beispiel Personalanforderungen, DV-Kapazitäten, Ablauf- und Aufbauorganisation) integrativ zu berücksichtigen.

Das *budgetäre Investitionscontrolling* sorgt dafür, dass die Plan- und Istkosten von Personal, Sach- und DV-Investitionen bzw. Projekten festgehalten, kontrolliert und an den Auftraggeber weiterverrechnet werden. Mit Projektabschluss und -abnahme setzt das Projektabrechnungsverfahren ein, das den kontierten Ressourcenverbrauch als interne Leistung an den Auftraggeber des Projektes verrechnet und dort zum Nutzeninkasso zwingt. Dadurch wird erreicht, dass neue Investitionen oder Systemerweiterungen nur beantragt werden, wenn die erwarteten Ertragssteigerungen bzw. Kosteneinsparungen die verrechneten Kosten sicher übersteigen. Der Auftragnehmer hat einen marktorientierten Festpreis auf Basis einer festgeschriebenen Anforderungsspezifikation anzubieten und zu garantieren. Kosten- und Terminüberschreitungen gehen zu Lasten seines eigenen Produktivitätsergebnisses. Lediglich Zusatzanforderungen des Auftraggebers können wieder verrechnet werden. Nur dieses marktwirtschaftliche Verhandlungsverfahren gewährleistet, dass der Realisierungsaufwand sowohl auf Empfänger- als auch auf Leistungsseite richtig geplant wird.

Gleichzeitig wird beim Auftraggeber periodenübergreifend das Nutzeninkasso nachgehalten. Produktivitätsorientierte Projekte führen zu einer Senkung der Bearbeitungszeit, so dass der mengenbezogene Personalbedarf sinkt. Dieses Kostensenkungspotenzial in Form von Ressourceneinsparungen wird im Produktivitätsergebnis budgetiert und kontrolliert. Dazu werden die Kosteneinsparungen über die Standardbearbeitungszeiten in niedrigere Stückkosten und Kapazitätsanforderungen transformiert. Bei ertragsorientierten Projekten werden entsprechende Ertragssteigerungen in den Zielvereinbarungen berücksichtigt und nachgehalten. Rein qualitative Verbesserungen sind über spezielle Nachuntersuchungen zu prüfen.

4.2 Verfahren zur Steuerung der Overheadkosten

Wirtschaftlichkeitskontrolle darf nicht nur in Bereichen mit quantitativ messbaren Leistungen und leistungsmengenabhängigen Kosten stattfinden, sondern muss auch in Stabsbereichen mit leistungsmengenunabhängigen Kosten greifen. Die Gemeinkosteneindämmung ist jedoch aufgrund der besonderen Eigenschaften von Verwaltungskosten außerordentlich schwierig, weil die dort erstellten Dienstleistungen häufig geistig-konzeptioneller Art sind, einen hohen Komplexitätsgrad aufweisen und nur einmalig vorkommen. Wettbewerbsbedingungen sind aufgrund des fehlenden (zumindest internen) Marktvergleichs mit Preis- und Kostenkontrolle durch den Wettbewerb nicht herstellbar. Aufgrund der Monopolstellung entsteht ein automatisches Expansionsstreben (Tendenz zum Wachsen) durch die Initiierung immer neuer Projekte bzw. neuer Aufgaben. Der Umfang der Gemeinkosten wird also weniger von der Nachfrage als vielmehr von der Anzahl der verfügbaren Mitarbeiter bestimmt. Schließlich erschweren zahlreiche Widerstände bei den Betroffenen die Kostenkontrolle.

Ein Management der Overheadkosten muss daher an verschiedenen Punkten ansetzen:

- Die *jährliche Kostenplanung* darf nicht auf einer einfachen und pauschalen Fortschreibung der Istkosten der Vergangenheit korrigiert um Tarif- und Preissteigerungen – aufsetzen, sondern die Personal- und Sachkosten müssen vielmehr auf der Grundlage von Anforderungsprofilen in Stellenbeschreibungen differenziert geplant werden. Basis dafür sind Mitarbeiterzeitaufschreibungen, die den Zeitbedarf für verschiedene Tätigkeiten festhalten und um Eigeneinschätzungen über Bedeutung und Umfang künftiger Aufgaben korrigiert werden. Im Planungsprozess erfolgt aufgabenbezogen eine laufende Überprüfung des Kosten-Nutzen-Verhältnisses zwischen Leistungserbringer und -empfänger und eine gesamtbankweite Abstimmung der einzelnen Aufgaben, um Doppelarbeiten bzw. Überschneidungen zu vermeiden. Durch diese Vorgehensweise findet eine Kostentransparenz und -straffung statt, weil schriftliche Begründungen für die Notwendigkeit von Kosten stärkere Verantwortungen fixieren.

- Da Abweichungsanalysen bei der Gegenüberstellung von Plan- und Istkosten mit dem Argument der Aufgabenänderungen häufig ins Leere stoßen bzw. der Argumentationsfähigkeit des Kostenstellenverantwortlichen unterliegen, müssen die Entscheidungsträger solcher *Abteilungen für Produktivitätsabwägungen generell sensibilisiert werden.* Dazu gehören eine ständige Überprüfung der Hierarchieebenen auf schlanke Strukturen, Zeit- und Betriebsvergleiche sowie ständige Rationalisierungsvorgaben, und eine periodische Prüfung der Alternative Fremdbezug statt Eigenfertigung.

- Eine laufende Überprüfung der Angemessenheit der Overheadkosten kann am besten durch eine *permanente, objektive und fundierte Aufgabenanalyse* erfolgen. Dazu werden (im Sinne des Self-Controlling) in der Linienverantwortung in bestimmten Zeitabständen alle Aktivitäten im Hinblick auf Kosten und Nutzen einzelner Leistungen untersucht und folgende Fragen beantwortet: Welche Aufgaben werden z. Zt. erbracht und welche sollen neu hinzukommen? Wie hoch sind der Zeitbedarf und die Kosten für einzelne Leistungen und für wen werden die Leistungen überhaupt erbracht? Wie hoch schätzt der Leistungsempfänger den Nutzen der jeweiligen Leistung ein? Entscheidend für dieses Verfahren ist die Beurteilung des Nutzens und der Qualität der Leistungen durch den Leistungsempfänger. Gleichzeitig werden alle Leistungsverflechtungen gesamtbankweit ersichtlich und koordiniert. Mit Hilfe eines Punktwertemodells kann dann entschieden werden, ob Leistungen im entsprechenden Umfang erbracht werden sollen oder müssen. Neue Planstellen werden nur nach Durchlaufen eines Arbeitsplatzgenehmigungsverfahrens mit schriftlicher Begründung geschaffen. Freiwerdende Planstellen müssen vor Wiederbesetzung sogar neu beantragt werden.

- Zusätzlich können *einmalige Kostensenkungs- bzw. Leistungssteigerungsmaßnahmen* durchgeführt werden. Zur Aufdeckung von Rationalisierungspotenzialen und Senkung von bestehenden Kosten sind in angemessenen Zeitabständen weitere ergänzende Verfahren erforderlich, die auf einer gründlichen und detaillierten Funktionsbeschreibung der zu analysierenden Organisationseinheiten basieren. In Kreditinstituten finden dabei insbesondere zwei Verfahren Anwendung: Ziel der Gemeinkostenwertanalyse ist eine Kostenreduzierung von 10 bis 20 %, indem alle Tätigkeiten durch die Nutzenbeurteilung des Leistungsempfängers in Frage gestellt werden. Dabei werden die drei Phasen Leistungserfassung, Erarbeitung von Einsparungsvorschlägen durch den Leistungsersteller sowie Bewertung und Klassifizierung der Einsparungsmöglichkeiten unterschieden. Das sog. Zero-Base-Budgeting will ebenfalls 10 bis 25 % der Kosten einsparen und plant künftige Aktivitäten und Kosten auf Null-Basis, das heißt stellt zunächst grundsätzlich alle Leistungen in Frage. Der Grundgedanke liegt somit in einer vollständigen Neubegründung sämtlicher Aktivitäten im Hinblick auf die unternehmerischen Zielsetzungen. In einem mehrstufigen Prozess werden für notwendige Tätigkeiten Handlungsalternativen gesucht, die ausgehend von der Minimalvariante sukzessiv in komfortablere Alternativen mit entsprechend höheren Kosten transformiert werden. Dabei wird klar, dass ein höheres Leistungsniveau nur mit höheren Kosten erzielt werden kann. Letztlich entscheidet der Vorstand anhand einer Prioritätenliste nach Kosten-/Nutzen-Aspekten und verfügbaren Mitteln über die Variantenwahl und damit das Leistungsniveau. Der Vorteil beider Verfahren liegt in der systematischen und zukunftsgerichteten Kostenanalyse, die sich damit von der bloßen Übernahme vergangener Werte loslöst. Für die Wirksamkeit der Verfahren ist die professionelle Qualifikation des internen bzw. externen Analyseteams sowie das Erreichen einer nachhaltigen, realisierten Einsparungsquote von entscheidender Bedeutung.

Die vielfältigen Instrumente zur Steuerung der Produktivität im Bankbetrieb verdeutlichen, dass der Einsatz eines umfassenden Produktivitätssteuerungskonzeptes im Bankbetrieb Produktivitätsreserven freisetzt und damit heute und zukünftig einen notwendigen Bestandteil der Strategie zur Sicherung der Wettbewerbsposition von Kreditinstituten darstellt. Pauschale Budgetkürzungen oder Personal(einstellungs)stopps sind wegen ihrer Ungerechtigkeit und Demotivation zu vermeiden. Produktivitätsmanagement muss vielmehr eine gezielte Suche nach einzelnen Rationalisierungspotenzialen bewirken, denn schließlich sind Mitarbeiter das bedeutsamste Aktivum eines Kreditinstitutes. Zielsetzung ist somit nicht nur die Kostensenkung, sondern in erster Linie die effiziente Ressourcenallokation.

Literaturhinweise

BODIN, M./BEHR, V.: Investitionsplanung und Investitionscontrolling, in: Betriebswirtschaftliche Blätter 11/1986, 35. Jg., S. 477-481.

BÖSCH, G.: Produktionsmanagement im Bankbetrieb, Bern/Stuttgart/Wien 1992.

BOHNENKAMP, P.: Verankerung eins permanenten Geschäftsprozessmanagements, in: Die Bank 10/1997, S. 593-597.

COENENBERG, A./FISCHER, TH./SCHMITZ, J.: Target Costing und Product Life Cycle Costing als Instrumente des Kostenmanagements, in: Zeitschrift für Planung 1/1994, S. 1-38.

EVERDING, M.: Kostenmanagement in Kreditinstituten, Schriftenreihe des Zentrums für Ertragsorientiertes Bankmanagement, Band 4, Hrsg. Rolfes, B./Schierenbeck, H., Frankfurt 1995.

FÖRDERREUTHER, R.: Beschäftigungspolitik im Bankbetrieb, Berlin 1977.

GLOYSTEIN, P.: Kostenmanagement bei Banken, in: Die Bank 10/1993, S. 581-586.

HAIL, L.: Prozesskostenmanagement bei Banken, Zürich 1996.

KREWERTH, B.: Kostenrechnung als Steuerungsinstrument im Bankbetrieb, Frankfurt 1981.

ROLFES, B./SCHIERENBECK, H./SCHÜLLER, ST. (Hrsg.): Produktivitätsmanagement für Finanzdienstler, Schriftenreihe des Zentrums für Ertragsorientiertes Bankmanagement, Band 1, Frankfurt am Main 1992.

ROSENKRANZ, R.: Methoden der Rationalisierung, in: Juncker, K. /Muthesius, P. (Hrsg.), Rationalisierung im Kreditwesen, Frankfurt am Main 1979, S. 145-153.

SCHADE, C. A.: Verwaltungskostensteuerung im Kreditbereich der Bank: Zero Base Budgeting und Wertanalyse als Steuerungsinstrumente, Frankfurt/Bern/New York 1985.

SCHIERENBECK, H.: Prozessorientierte Standard-Einzelkostenrechnung und Produktivitätssteuerung im Kundengeschäft der Banken, in: Dellmann, K./Franz, K.-P. (Hrsg.), Neuere Entwicklungen im Kostenmanagement, Bern/Stuttgart 1994.

SCHIERENBECK, H./WIELENS, H. (Hrsg.): Rationalisierung und Personalmanagement in Kreditinstituten, Band 25 der Schriftenreihe des Instituts für Kreditwesen der Westfälischen Wilhelms-Universität Münster, Frankfurt am Main 1983.

SCHMITT, TH.: Standardeinzelkostenrechnung für Banken, Wiesbaden 1993.

SCHÜLLER, ST.: Steuerung des Produktivitätsergebnisses, in: Die Bank 5/1990, S. 264-272.

SOKOLOVSKY, Z.: Projektcontrolling – Projektbegleitende Wirtschaftlichkeitskontrollen bei großen DV-Projekten, in: Zeitschrift für Organisation 4/1987, 56. Jg., S. 261-268.

WITT, F.-J. (Hrsg.): Aktivitätscontrolling und Prozesskostenmanagement, Stuttgart 1991.

ZIEGENBEIN, K.: Bedeutung der Erfahrungsökonomie für Geschäftsbanken, in: Die Bank 10/1985, S. 508-515.

Klaus Backhaus / Dirk Kleine

Der Beitrag des Controlling für das Management von KKV auf Bankenmärkten

1. Die Bedeutung des Controlling für die strategische Ausrichtung der Kreditinstitute vor dem Hintergrund aktueller Entwicklungen auf den Bankenmärkten

1.1 Veränderungen auf den Bankenmärkten

Weitgehende Veränderungen auf den Bankenmärkten bewirkten bereits in den vergangenen Jahren erhebliche Akzentverschiebungen bei der Geschäftsausrichtung vieler Kreditinstitute. Die anhaltende Umweltdynamik wird auch in der Zukunft einen starken Anpassungsdruck auf die Wettbewerber ausüben. Dabei sind die Anpassungszwänge durch unterschiedliche Einflussfaktoren bedingt.

Die Kreditinstitute sehen sich zunehmend mit massiven Veränderungen auf der *Nachfrageseite* konfrontiert, wofür neben dem grundsätzlichen Wertewandel ein gesteigertes Qualitätsbewusstsein und eine gestiegene Servicesensibilität der Kunden ursächlich sind. Unter dem zusätzlichen Einfluss gestiegener Umweltkomplexität sind erhebliche Individualisierungs- und Fragmentierungstendenzen als marktliche Konsequenzen dieser Entwicklungen feststellbar. Auf der *Anbieterseite* muss parallel dazu neben den generellen Konsequenzen zusammenwachsender Märkte insbesondere die Auswirkung der EG-Bankrechtsharmonisierung, der bankenaufsichtsrechtlichen Verschärfungen, die Bedeutung neuer Wettbewerber aus dem non- und near-bank-Bereich sowie das Entstehen innovativer Vertriebswege beachtet werden.

Vor diesem Hintergrund sind die Veränderungen im Leistungsspektrum von Kreditinstituten zu verstehen, die sich unter anderem in der Anhäufung von Substitutions-, Standardisierungs- und Spezialisierungseffekten manifestieren. Damit einher gehen weitreichende Umwälzungen in der Kosten- und Erlössituation von Kreditinstituten, was neben einem starken Anstieg der Personal- und Sachkosten seine Ursachen in der Verengung preispolitischer Spielräume und schrumpfenden Marktanteilen findet. Die erhebliche Zunahme der Risiken in vielen Bereichen des Bankgeschäftes akzeleriert den ohnehin vorhandenen Ertragsdruck für einen großen Teil der Kreditinstitute.

Die aus den oben genannten Einflussgrößen resultierenden Handlungszwänge bilden den Rahmen der aktuellen Diskussion über Möglichkeiten zur Schaffung und Sicherung langfristiger Wettbewerbsvorteile.

1.2 Controlling-Konzeptionen in Kreditinstituten

Im Mittelpunkt einer effizienten Unternehmensführung mit dem Ziel der dauerhaften Sicherung des marktlichen Erfolgs steht der Aufbau eines adäquaten Steuerungssystems. Grundsätzlich zu unterscheiden sind dabei die Komponenten der aktionsorientierten

Fein- und der potenzialorientierten Globalsteuerung. In diesem Zusammenhang erfolgt das zuerst genannte operative Controlling primär mit der Intention der Ergebnissteuerung. Das erfolgreiche Unternehmen bedarf somit eines probaten Instrumentariums zur Sicherung der Rentabilität im Rahmen einer kurz- und mittelfristigen, operativen Planungsperspektive. Die dazu notwendige Voraussetzung einer möglichst exakten Zurechnung von Ergebnisgrößen macht die Trennung der ausgetauschten Leistungen nach Betriebs- und Wertbereich und den Einsatz moderner Kalkulationsmethoden erforderlich. Stellvertretend seien dafür die Marktzinsmethode bei der Leistungsverrechnung im Wertbereich und die Standardeinzelkostenrechnung und Prozesskostenrechnung, insbesondere bei Geschäftsvorfällen mit Involvierung zentraler Beratungs- und technischer Kapazitäten genannt.

Für einen darüber hinausgehenden langfristigen Betrachtungszeitraum hat jedoch insbesondere die Berücksichtigung strategischer Chancen- und Risikopotenziale erfolgsdeterminierenden Charakter. Das strategische Controlling erfolgt vor diesem Hintergrund mit der Absicht der langfristigen Existenzsicherung des Unternehmens durch die Bewahrung aktueller und die Generierung zukünftiger Erfolgspotenziale und schafft somit den Rahmen für die der operativen und finanziellen Unternehmensführung zurechenbaren Maßnahmen zur Gewinnsteuerung und Liquiditätssicherung.

Das Postulat, Controlling als Bestandteil eines zukunfts- und engpassorientierten Führungssystems zu verstehen, erfordert insbesondere vor dem Hintergrund der oben genannten Entwicklungstendenzen auf Bankenmärkten eine daran orientierte, marktnahe Diskussion über die Generierung und Bewahrung von Wettbewerbsvorteilen. Auf Grundlage der oben geannten Führungsaufgaben und Zielsetzungen sind im operativen wie im strategischen Bereich Regelkreise zur Steuerung zu implementieren. Die diesen Zyklen immanenten Führungskonzepte basieren auf den Parametern „Zielsetzung", „Planung", „Kontrolle" (bzw. Abweichungsanalyse), „Information" und „Steuerung".

Abbildung 1 zeigt die komplexitäts- und dynamikinduzierten Anpassungserfordernisse für ein zeitgemäßes Bankencontrolling:

Dafür müssen die traditionellen finanziellen, vergangenheitsorientierten Kennzahlen durch eine Kunden-, eine interne Prozessperspektive sowie eine Mitarbeiterdimension ergänzt werden. Durch den damit beschriebenen Paradigmenwechsel werden auch vorlaufende Indikatoren, wie beispielsweise Durchlaufzeiten, Fehlerquoten und Innovationsindikatoren berücksichtigt. Diese so genannten Leistungstreiber sind in der Regel hochgradig geschäftsspezifisch und reflektieren unmittelbar die Wettbewerbsvorteile des Unternehmens.

Das so verstandene Controlling geht dabei weit über die konventionelle kurz- und/oder mittelfristige Erfolgs- und Liquiditätssteuerung hinaus, hin zu einer ganzheitlichen systematischen Analyse der Stärken und Schwächen eines Kreditinstituts im Kontext umfeldlicher Chancen- und Risikopotenziale. Strategisches Controlling impliziert somit auch und insbesondere die Generierung und Modifikationen unternehmerischer Ressourcen. Die Mobilisierung von Aktions- (ex ante) und Reaktionspotenzialen (ex post) entspricht dabei

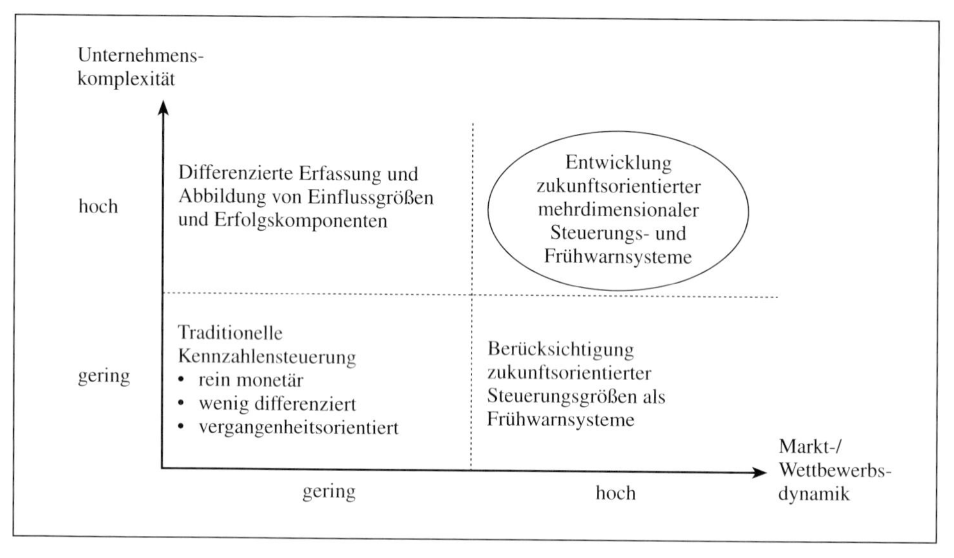

Abbildung 1: Steuerungssysteme und Unternehmensumwelt

dem Postulat einer ganzheitlichen, sämtliche Funktionen umfassenden Ausrichtung auf die Markterfordernisse.

2. Das Management von KKV auf Bankenmärkten

2.1 Eigenarten von Bankleistungen

Vor dem Hintergrund einer heterogenen, durch unterschiedliche Bankbetriebsformen – von der Direkt- über die Teilzahlungs- bis hin zur Universalbank – geprägten Bankenlandschaft kann das Leistungsprogramm von Kreditinstituten in die Kernkomponenten Aktivgeschäft, Passivgeschäft, Dienstleistungsgeschäft im engeren Sinne und Eigengeschäft differenziert werden.

Da die bankbetriebliche Marktleistung regelmäßig das Resultat einer Kombination von wert- (Zinskosten- und -erlöse) und stückmäßigen (Leistungserstellung im Betriebsbereich) Komponenten ist, kommt es prinzipiell zu einer Verknüpfung artverschiedener innerbetrieblicher Teilleistungen. Dieser so genannte Dualismus der Bankleistung determiniert neben ihrer Stofflosigkeit und der mangelnden Lagerfähigkeit ihren traditionellen Charakter. Im Hinblick auf die Positionierungspotenziale und die wettbewerbliche Ausrichtung von Banken erfahren die den Bankleistungen impliziten Attribute Individualität und Unvergleichbarkeit der Leistungserstellung regelmäßig eine Schlüsselfunktion. Dabei ist jedoch generell der Immaterialität bankbetrieblicher Leistungen in Verbindung mit einer für den Bankkunden evidenten Bewertungsproblematik Rechnung zu tragen. Die Absatzbeziehungen im Zeitverlauf sowie das dem Leistungsprozess zu Grunde liegende Objekt „Geld" sind kausal für die der bankspezifischen Dienstleistung immanente Vertrauensempfindlichkeit. Dieser Leistungscharakter bildete in der Vergangenheit den konstituierenden Rahmen für die Generierung und Verteidigung komparativer Konkurrenzvorteile durch Kreditinstitute. Angesichts dramatisch gestiegener Informationstransparenz für den Verbraucher sowie der Etablierung neuer bisweilen aggressiver Wettbewerber und innovativer Vertriebswege ist jedoch zuletzt ein erheblicher Rückgang der Kundenloyalität feststellbar. Dieses zeigt sich unter anderem in einer Verdoppelung des Kundenanteils mit mehr als einer Bankverbindung im Privatkundenbereich, dem parallelen Nutzen diverser Vertriebswege sowie einer zunehmenden Kundenfluktuation.

2.2 Bestimmungsfaktoren von KKV

Voraussetzung jeder erfolgreichen Unternehmenstätigkeit in einer Marktwirtschaft ist die auf konkrete Wettbewerbsvorteile ausgerichtete Marktbearbeitung. Die Schaffung so genannter „Komparativer Konkurrenzvorteile" (KKV) impliziert eine zielgerichtete Gestaltung des eigenen Leistungsangebotes im weiteren Sinne, dessen subjektive Wahrnehmung durch den Kunden besser sein soll, als die der Konkurrenzangebote.

Die Erzielung von KKV setzt dabei zunächst die Kenntnis ihrer in Abbildung 2 dargestellten grundsätzlichen Bestimmungsfaktoren voraus.

Neben den Problemstellungen auf der Seite der potenziellen Nachfrager gilt es, die Leistungsart und den Leistungsumfang der relevanten Konkurrenten zu eruieren. Schließlich

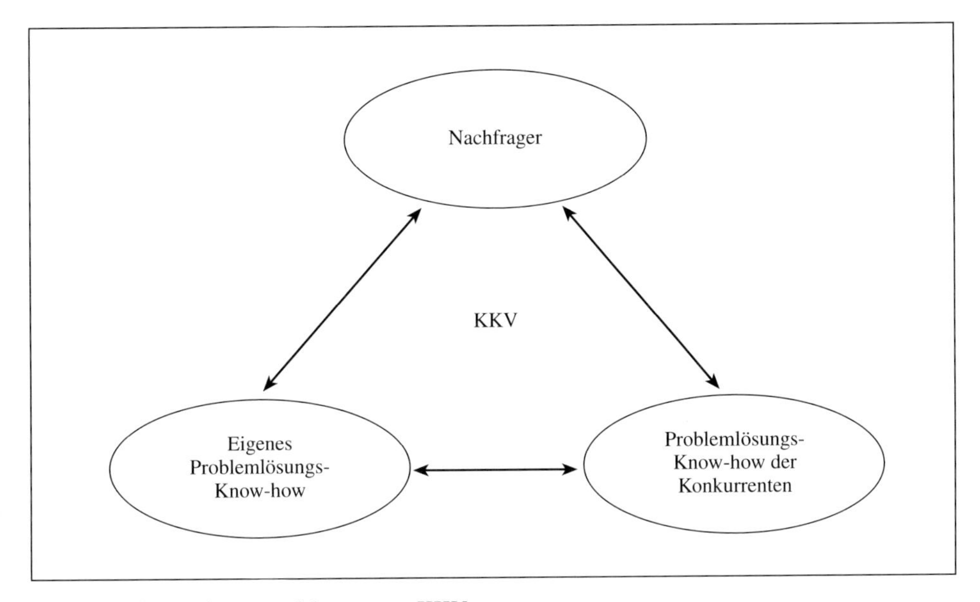

Abbildung 2: Bestimmungsfaktoren von KKV

ist diesen, auf Basis von Konkurrenz- und Nachfrageranalysen abgeleiteten Bestimmungsfaktoren das eigene Problemlösungs-Know-how im Sinne einer differenzierten Erfolgsfaktorendiskussion gegenüberzustellen.

Die Existenz von komparativen Konkurrenzvorteilen setzt ein generell hohes Anspruchsniveau der maßgeblichen KKV-Kriterien voraus:

- Wichtigkeit,
- Wahrnehmung,
- Zeitstabilität.

Nach dem Erfordernis der Bedeutsamkeit geht es um die für den Bankkunden subjektiv relevanten Kaufmerkmale, die Basis einer KKV-Generierung sein sollen. Für den Nachfrager weniger bedeutsame Kriterien erfüllen diese Funktion unabhängig von der Anbietereinschätzung nicht.

Ein Leistungsniveau muss darüber hinaus auch vom jeweiligen Kunden bewusst wahrgenommen werden, um Grundlage eines Wettbewerbsvorteils zu sein. Dabei geht es nicht um die objektiv besten Bankleistungen, sondern um die subjektive Merkmaleinschätzung durch den Nachfrager.

Schließlich sollte der bewusst vom Kunden wahrgenommene und als wichtig erachtete Leistungsvorteil ein hohes Maß an Zeitstabilität aufweisen, also eine kurzfristige Imitation durch die Konkurrenten ausschließen. Damit sind Leistungspotenziale angesprochen, die einen signifikanten Vorsprung gegenüber dem Mitbewerber erwarten lassen und somit nicht unmittelbar kopierbar sind.

Der Aufbau von KKV kann häufig in ein- und demselben Markt über unterschiedliche Erfolgsfaktoren erfolgen. Der komparative Konkurrenzvorteil muss dabei für konkrete Segmente definiert werden. Diese sind zunächst auf der Basis von Kundenanalysen zu ermitteln, wobei festzustellen ist, anhand welcher unterschiedlichen Erfolgsfaktoren eine Institutsprofilierung in den jeweiligen Marktsegmenten möglich ist.

2.3 Ansatzpunkte zur Schaffung von KKV

2.3.1 Differenzierung als Wettbewerbsvorteil

Ziel einer Erlangung von Differenzierungsvorteilen ist die Abschirmung gegenüber dem Wettbewerb dergestalt, dass durch die Bank eine hohe Kundenbindung in Verbindung mit dem Aufbau monopolistischer Preissetzungsspielräume angestrebt wird. Basis von Differenzierungsvorteilen ist damit die Bündelung der strategischen Stärken vor dem Hintergrund eines auf Einmaligkeit ausgerichteten Spektrums der Leistungskomponenten einer Bank bezüglich der gesamten Branche.

Voraussetzung dafür ist, dass die angebotenen Leistungsvorteile eines Kreditinstituts durch den Kunden nachgefragt und als solche wahrgenommen werden. Differenzierung zielt somit auf die Erfüllung individueller Kundenwünsche ab. Damit rückt der Preis aus dem Zentrum der strategischen Ausrichtung einer Bank. Dabei hat das betreffende Kreditinstitut jedoch die latente Gefahr zu berücksichtigen, aufgrund zu großer Kostenunterschiede gegenüber einem Billiganbieter die Institutsloyalität der eigenen Bankkunden zu verlieren.

Durch die Generierung von Differenzierungs- bzw. Individualisierungsvorteilen ist die Bank um eine Wettbewerbsprofilierung über die Aufwertung der Dienstleistung bemüht. Eine an der Differenzierung ausgerichtete KKV-Position kann dabei über folgende Indikatoren erlangt werden:

- Qualitätsvorteil,
- Leistungsprogrammvorteil sowie
- Zeitvorteil und/oder Innovationsvorteil.

Generell können für die oben genannten KKV-Potenziale hinsichtlich der Wahrnehmbarkeit durch den Kunden unterschiedliche, nach Leistungsphasen differenzierte Bedeutungsschwerpunkte identifiziert werden. Eine Übersicht der KKV-Potenziale und der sie determinierenden Einflussgrößen gibt Abbildung 3.

Die Differenzierung durch den Faktor Zeit ist primär durch Leistungsbereitstellung im Sinne von Geschäftszeiten, die Erreichbarkeit von Kreditinstituten (Transferzeit) und die Zeitpunkt- und Zeitraumdimension während der Beratungsphase determiniert. Bestimmungsfaktor des auf der Zeitkomponente beruhenden potenziellen KKV ist neben dem

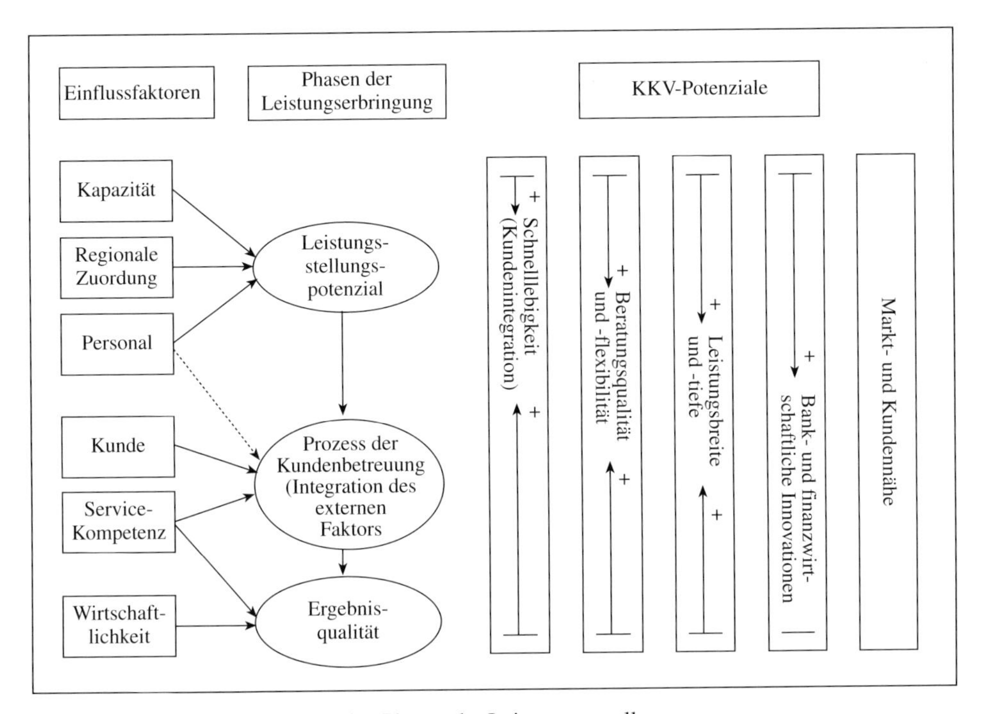

Abbildung 3: KKV-Potenziale in den Phasen der Leistungserstellung

Vorhalten von Leistungsbereitschaft über eine flexibilisierte, möglichst frequenzorientierte Geschäftszeitenregelung, die an Leistungsspitzen orientierte, beratungsphasenkonforme Kapazitätsplanung.

Eine vergleichsweise größere Bedeutung kommt den KKV-Potenzialen Beratungsqualität und -flexibilität zu, die nach Parasuraman, Zeithaml und Berry im Dienstleistungsbereich in die fünf faktoranalytisch eruierten Qualitätsebenen Zuverlässigkeit, Reaktionsbereitschaft, Leistungskompetenz, Einfühlungsvermögen und Erscheinungsbild des tangiblen Umfelds differenzierbar sind.

Die Beratungsqualität einer Bank und die Bequemlichkeit der Leistungsabnahme ergeben einen adäquaten Maßstab zur Beurteilung und Ausnutzung der preispolitischen Optionen eines Kreditinstituts. Darüber hinaus sind sie generell Grundlage für ein aktiv gestaltetes Kundenbindungsmanagement. So hat der von seinem persönlichen Kundenberater zum Zweck der Konditionenvereinbarung bzw. der Leistungsabnahme kontaktierte vermögende Privatkunde vor dem Hintergrund der individuellen Dienstleistungskomponente regelmäßig hohe Preis- und Gebührentoleranzen. Mit dem gleichen Effekt schätzt das international tätige Unternehmen ein breites Netz von Auslandsstützpunkten der kontoführenden Bank und damit die Möglichkeit eines gegebenenfalls vergrößerten Platzierungspotenzials im Zusammenhang mit geplanten Kapitalerhöhungen.

Gemeinsam mit dem Kriterium der Beratungsqualität können die Faktoren Leistungsprogrammbreite und -tiefe (Varianten) als maßgebliche Indikatoren für die Bestimmung der Problemlösungsfähigkeit eines Kreditinstituts herangezogen werden. Unter der Programmbreite wird dabei die Verfügbarkeit eines breiten Spektrums diverser Dienstleistungen zur Entsprechung der kundenindividuellen Anspruchsprofile verstanden.

So kann beispielsweise ein breiter Rahmen potenzieller Kundenbedürfnisse in dem fragmentierten Kapitalanlagebereich abgedeckt werden. Neben den konventionellen Anlageformen müssen sowohl differenziert verzinste, kundenstatusorientierte Leistungskomponenten als auch die Option zur Anlage in Risikotitel vorgehalten werden. Das komplettierende Angebot existenzorientierter Anlagemodule wie Lebensversicherungen und Bausparverträge gehört ebenso in den Differenzierungskontext der Produktbreite (Allfinanz) wie aktive Formen der Vermögensverwaltung. Die darüber hinausgehende Variation eines Produktes im Rahmen der jeweiligen Produktlinie induziert als Erweiterung der Produkttiefe weitere Individualisierungspotenziale zum Aufbau von KKV-Positionen.

Obwohl die Stofflosigkeit von Bankprodukten die Leistungspräsentation und somit das aktive Innovationsmanagement durch Kreditinstitute hinsichtlich der Bedeutung für die Kundenakquisition stark relativiert, kommt der Produktinnovation in Banken in Zeiten einer hohen Umweltdynamik, individualisierter Kundenbedürfnisse und zunehmenden Wettbewerbsdrucks eine nicht unwesentliche Bedeutung zu. Die im Vergleich zum Sachgüterbereich tendenziell größeren Innovationspotenziale resultieren für den Bereich der Produktinnovation aus den Alternativen Neuentwicklung, Folgeinnovation, Verbundangebote und Diversifikation. Insbesondere die zuletzt genannten Kategorien der Bundling-Innovationen sind dabei ursächlich für die dramatische Erosion der Branchengrenzen und eröffnen als Leistungsverbundpotenziale zumeist exklusive Optionen zur Erlangung von KKV-Positionen.

Dabei muss allerdings das nicht unerhebliche Risiko der Konturenlosigkeit Beachtung finden, welches durch Überforderung der Mitarbeiter bei der Bündelung einer Vielzahl unterschiedlicher Produkte in dem Vertriebskanal Filiale entstehen kann. In diesem Fall provoziert die Generierung einer besonderen Leistungsbreite ein in der Sortimentstiefe absinkendes Leistungsniveau.

Voraussetzung der Generierung von KKV durch den Aufbau von Differenzierungsvorteilen ist generell ein hohes Ausprägungsniveau der entsprechenden Bestimmungsparameter wie Servicequalität, Kapazität, breit gestreutes Filialnetz usw. Die daraus ableitbare Kostenintensität einer Differenzierungsstrategie bewirkt jedoch neben der Institutsbelastung häufig einen nachhaltigen Imitationsschutz für die jeweilige Bank.

2.3.2 Preis als Erfolgsfaktor

Der Preis als Ausgangspunkt der Generierung von KKV zielt auf die Realisierung gegenwärtiger und zukünftiger Kostensenkungspotenziale ab. Primäres Anliegen ist die Erlangung der Kostenführerschaft und damit die Generierung größerer Preisflexibilitäten. Basis für die Erreichung von Preisvorteilen ist die standardisierungsgestützte Ausrichtung der Leistungserstellung auf Kostengünstigkeit. Das Kreditinstitut muss dazu konsequent die diversen Möglichkeiten der Kostenreduzierung nutzen. Regelmäßig erfolgsinduzierenden Charakter hat für diese Ausrichtung das Volumengeschäft mit der Absicht zur Realisierung von Economies of Scale, wofür sich der Bereich der problemlosen Massenprodukte empfiehlt. Intention ist somit die Bearbeitung aller relevanten Marktsegmente mit einem weitgehend homogenen Leistungsangebot und damit verbunden die Absicht zur rigorosen Kostenreduzierung. Stellvertretend seien in diesem Zusammenhang die erhebliche Zunahme der Automatisierung (Zahlungsverkehr) und Selbstbedienungskomponenten (Kontoauszugsdrucker, Geldausgabeautomaten) genannt. Die in der jüngsten Vergangenheit zu beobachtende selektive Einführung von auf Selbstbedienung ausgelegten Multifunktionsterminals zur Abwicklung kundenindividueller Kontotransaktionen, der Versorgung mit Informationen über neue Finanzprodukte und der Musterberechnungen für Kredite setzt diese Entwicklung in vielen Kreditinstituten fort.

In die gleiche Richtung weisen hier die zunächst auf Zahlungsverkehrstransaktionen beschränkten Optionen des Telefonbankings und die neuen Formen des PC-gestützten Home Bankings. Die aus den genannten Selbstbedienungs- bzw. Rationalisierungsbestrebungen diverser Kreditinstitute ableitbaren Kostensenkungspotenziale sollen neben strukturellen Anpassungen und schlanken Leistungsprogrammen die preispolitischen Spielräume der entsprechenden Banken ausdehnen und eine Kostenführerschaft realisieren helfen.

2.3.3 Spezialisierung als Wettbewerbsvorteil

Im Gegensatz zu den zuvor genannten potenziellen komparativen Konkurrenzvorteilen, die auf einen branchenweiten strategischen Zielmarkt ausgerichtet waren, fokussiert der Spezialisierungsvorteil die anzustrebende KKV-Position auf ein bestimmtes Marktsegment. Ein konkretes über das zu Grunde liegende Kundenproblem definierte, relativ homogene Teilmarktsegment mit den festgelegten Koordinaten Zielgruppe, Vertriebsweg und Region, soll dann durch die betrachtete Bank nachhaltig besser differenzierter oder preisgünstiger als durch die Konkurrenz bedient werden. Vorstellbar ist für einen derartigen Nischenanbieter beispielsweise ein kleines Privatbankhaus durchaus die Realisierung von Kostenvorteilen vor dem Hintergrund von Standortvorteilen.

Weiterhin kann die Fokussierung auf bestimmte Teilsegmente kausal sein für eine aus Image- und Beratungsvorteilen resultierende höhere Kompetenzwahrnehmung durch den Bankkunden. So generiert sowohl die ländlich angebundene Volksbank als auch die auf den medizinischen Berufsstand konzentrierte Ärzte- und Apothekerbank bisweilen erhebliche komparative Konkurrenzvorteile aus ihrer Zielgruppenorientierung. Die Polarität von Differenzierungsvorteil und Kostenführerschaft kann auch generell überwunden werden. In diesem Zusammenhang kann der Spezialisierungsvorteil durch die Kombination von Preisvorteil und kundenseitig wahrgenommenem Differenzierungsvorteil für das angesprochene Marktsegment beispielsweise über Formen der Produktbündelung und Cross Selling konkretisiert werden. Eine durch den Effekt der Kundenbindung bewirkte, erhebliche Reduzierung von relativen Vertriebskosten und Beratungsaufwendungen korreliert dabei mit der Möglichkeit zur kundenindividuellen Leistungserbringung (-bündelung).

3. Gestaltungsbereiche des strategischen Bankencontrolling zum Management von KKV

3.1 Strategische Geschäftsfelder und strategische Erfolgsfaktoren als Komponenten der strategischen Planung in Kreditinstituten

Nach Büschgen ist die strategische Unternehmensplanung ein „komplexer, permanenter Informationsverarbeitungs- und Willensbildungsprozess, innerhalb dessen auf der Basis einer rationalen Analyse der geschäftspolitischen Ausgangssituation wie auch der zukünftigen Möglichkeiten und Risiken der Kreditinstitute die Konzipierung und Formulierung von Zielen, Strategien, Intentionen und Maßnahmen angestrebt wird“. Dabei zeigen die abgeleiteten Ziele, Intentionen, Strategien und Maßnahmen die bestmögliche Allokation und Ausnutzung der vorgegebenen Ressourcen zur Wahrnehmung der umweltlich bedingten Chancen und zur Abwehr der durch die Umwelt induzierten Risiken auf.

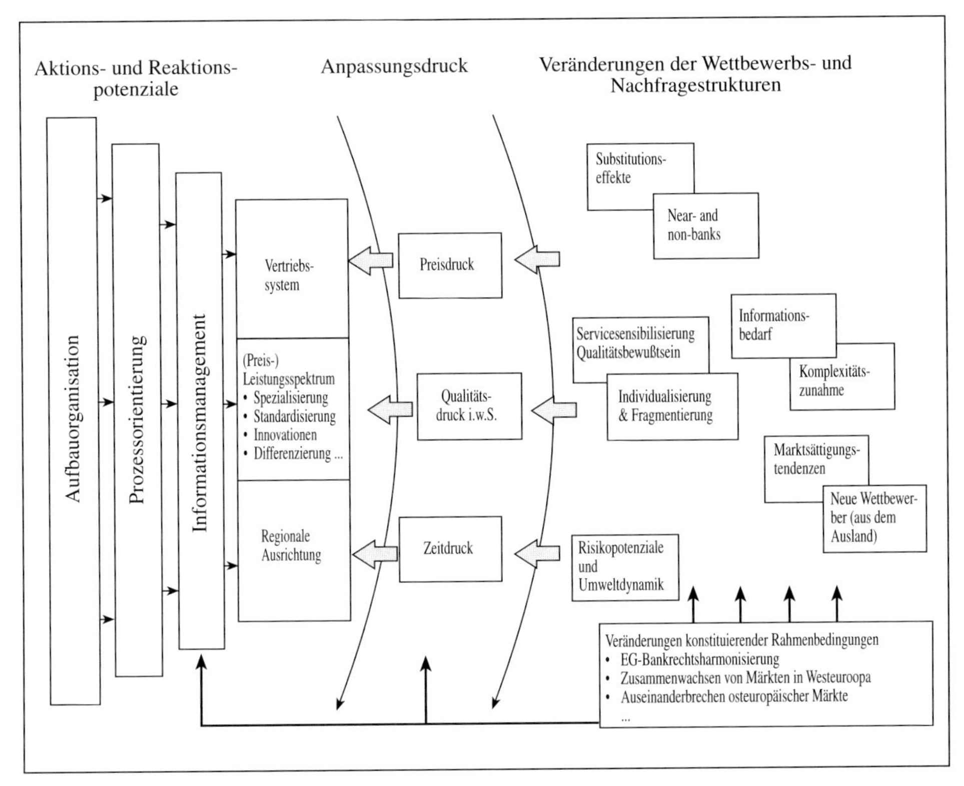

Abbildung 4: Informationsrelevante Veränderungen im Wettbewerbsumfeld von Kreditinstituten

Die hohe Dynamik auf den Bankenmärkten verbunden mit der Veränderung maßgeblicher Wettbewerbsfaktoren ist zugleich Ausgangspunkt und Betrachtungsgegenstand der strategischen Planung eines Kreditinstituts im Kontext mit den übrigen Elementen des strategischen Controlling. Dabei erfolgt die strategische Planung einerseits in der Absicht der gegebenenfalls im Rahmen einer Neuausrichtung erforderlichen Fokussierung auf die aktuell erfolgsversprechenden Geschäftsfelder. Darüber hinaus steht die Strategieentwicklung im Sinne einer zielorientierten Gesamtbanksteuerung im Mittelpunkt der Überlegungen, um die Konzentration auf das Erfolgspotenzial der Bank zum Aufbau komparativer Konkurrenzvorteile zu ermöglichen. Abbildung 4 zeigt die dabei zu berücksichtigenden generellen Einflussfaktoren auf die Bankenmärkte und die unternehmensindividuellen Aktions- und Reaktionspotenziale im Rahmen des Bankmanagements.

Die strategische Planung eines Kreditinstituts findet somit ihre oberste Zielsetzung in der strategischen Ausrichtung einer Bank hinsichtlich der Abnehmer, der komparativen Positionierung gegenüber den Konkurrenten und der Fixierung unternehmensindividueller Strukturkomponenten und bildet damit den Orientierungsrahmen für das gesamte Planungssystem eines Kreditinstituts. Voraussetzung und Ausgangspunkt der strategischen Planung ist die hinreichende Unterstützung durch die Sicherstellung einer zeitnahen, präzisen und vollständigen Informationsversorgung hinsichtlich der unternehmensinternen und -externen Betrachtungsdimensionen. Das effiziente strategische Informationsmanagement eines Kreditinstituts bewegt sich damit im Bezugsrahmen nachfrager-, konkurrenz- und unternehmensbezogener Einflussgrößen und schafft so die Grundlage einer apriorischen Chancen- und Risikodiskussion.

Die Situationsanalyse umfasst die Beurteilung des Ist-Zustands einer Bank (Potenzialanalyse) und ihres Umfelds. Daraufhin erfolgt die Lückenanalyse in Form einer Offenlegung der operativen und strategischen Lücken zwischen dem Basisgeschäft und den Entwicklungsgrenzen mit der Absicht, Optionen zur Gegensteuerung zu eruieren. Auf der Grundlage einer unmittelbar anschließenden, das Wettbewerbsumfeld berücksichtigenden Stärken-Schwächen-Analyse sind in einem weiteren Schritt die strategischen Geschäftsfelder eines Kreditinstituts zu definieren. Nach Süchting handelt es sich dabei um „die wichtigsten Erfolgspotenziale einer Unternehmung, von denen ihre zukünftige Entwicklung abhängt." Für jedes strategische Geschäftsfeld müssen daher klar abgrenzbare Leistungen bzw. Leistungsbündel identifizierbar sein.

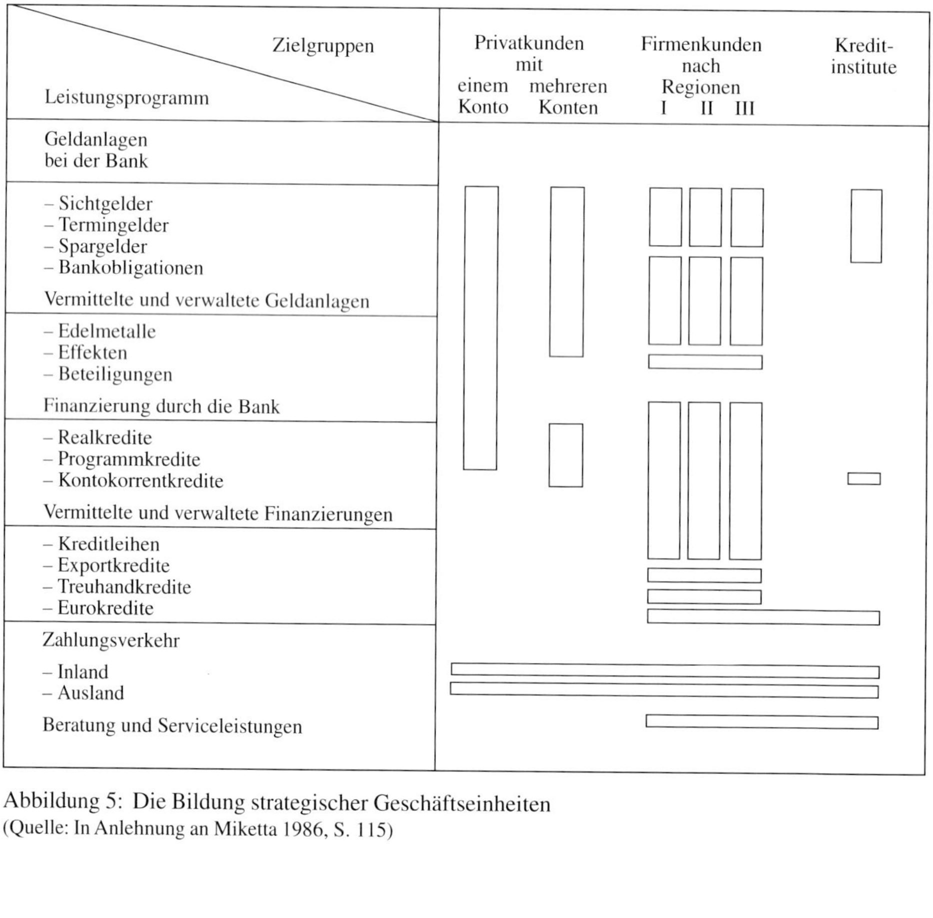

Zielgruppen
Leistungsprogramm

Privatkunden mit
einem Konto
mehreren Konten

Firmenkunden nach Regionen
I
II
III

Kreditinstitute

Geldanlagen bei der Bank
- Sichtgelder
- Termingelder
- Spargelder
- Bankobligationen

Vermittelte und verwaltete Geldanlagen
- Edelmetalle
- Effekten
- Beteiligungen

Finanzierung durch die Bank
- Realkredite
- Programmkredite
- Kontokorrentkredite

Vermittelte und verwaltete Finanzierungen
- Kreditleihen
- Exportkredite
- Treuhandkredite
- Eurokredite

Zahlungsverkehr
- Inland
- Ausland

Beratung und Serviceleistungen

Abbildung 5: Die Bildung strategischer Geschäftseinheiten
(Quelle: In Anlehnung an Miketta 1986, S. 115)

Die in der Bankpraxis evidenten Kriterien der Geschäftsfeldabgrenzung genügen aufgrund der weitreichenden Leistungsverbundenheit und der daraus resultierenden Leistungserstellungs- und -absatzinterdependenzen dem theoretischen Anspruch nur bedingt. Eine Segmentierung ist hier regelmäßig anhand der Kriterien Marktleistung, Kundenstruktur, Region etc. feststellbar. Dabei berücksichtigen insbesondere kundengruppenorientierte Segmentierungen die Synergiewirkungen breiter Leistungsspektren. Abbildung 5 zeigt eine Möglichkeit zur Bildung strategischer Geschäftseinheiten auf Bankenmärkten.

Für die aus einer Segmentierung resultierenden Produkt-Markt-Kombinationen ist über die genannten Kriterien hinaus eine Diskriminierung beispielsweise aufgrund unterschiedlicher Konkurrenzdichte, Vertriebswege oder Beratungsintensitäten vorstellbar. Notwendige Voraussetzung einer sinnvollen Marktabgrenzung ist es jedoch grundsätzlich, dass die Homogenität des Kaufverhaltens innerhalb eines Segmentes höher als zwischen den Segmenten ist. Der am Ende der Geschäftsfeldeinteilung im Vergleich zur Gesamtbankplanung erheblich höhere Detaillierungsgrad ermöglicht daraufhin die geschäftsfeldspezifische Ableitung von Strategien zum Zweck der Ressourcensteuerung und der Diskussion von Erfolgsfaktoren für die zuvor segmentierten Teilmärkte.

In einem weiteren Schritt sind die für den langfristigen Erfolg der Bank maßgeblichen strategischen Erfolgsfaktoren zu identifizieren, denen fortan eine Maßstabsfunktion für den langfristigen Geschäftserfolg des Kreditinstituts zukommt. Diese sind die segmentspezifische Basis für den Aufbau komparativer Konkurrenzvorteile. Die Geschäftsfeldbewertung erfolgt dann im Rahmen der Gewichtung relevanter externer (Marktattraktivität) und interner (Wettbewerbsstärke) Erfolgsfaktoren. Für die umweltliche Ebene der Marktattraktivität seien hier stellvertretend die Kriterien Wachstum der disponiblen Einkommen privater Haushalte, Eintrittswahrscheinlichkeit ausländischer Banken in den Markt für mittelständische Unternehmer und private Haushalte sowie der Abbau von Preissetzungsspielräumen mittels der durch Selbstbedienungs- und Technikkomponenten induzierten Konditionentransparenz genannt. Demgegenüber kann die Wettbewerbsstärke einer Bank in einem bestimmten Teilsegment unter anderem auf die Komponenten Image der Bank, Vertriebsnetz, Akquisitionsperformance oder Beratungsqualität und Sortimentsbreite zurückführbar sein. Eine Positionierung der Geschäftsfelder in dem aufgespannten zweidimensionalen Merkmalsraum ist die Grundlage für die daraufhin geschäftsfeldspezifisch geforderten Entscheidungen zwischen den Normstrategien Wachsen, Abschöpfen und Selektieren. Die Ableitung konkreter Handlungsempfehlungen und strategischer Optionen erfolgt anschließend unter Berücksichtigung der zuvor diskutierten umweltspezifischen Einflussfaktoren.

3.2 Strategische Optionen zum Aufbau von KKV auf Bankenmärkten

3.2.1 Produkt-/Marktstrategien für Kreditinstitute

In direkter Ausrichtung auf die zuvor positionierten strategischen Geschäftsfelder sind die potenziellen Strategiealternativen auf ihre Erfolgswirkungen hin zu analysieren. Dazu wird in Abhängigkeit von Teilmärkten bzw. Kundengruppen und dem Leistungsprogramm der Bank die Form der Marktbearbeitung unter Berücksichtigung der Gestaltungsbereiche eines Kreditinstituts und mit dem Ziel der KKV-Generierung diskutiert.

Auf der Grundlage der Ergebnisse der strategischen Planung als integrativem Bestandteil des strategischen Controlling hat die Bank unter Berücksichtigung der zur Verfügung stehenden Ressourcen strategische Entscheidungen zu treffen, die dann im Rahmen der operativen Planung in konkrete Maßnahmen transformiert werden. Die Darstellung verdeutlicht in diesem Zusammenhang, dass in Abhängigkeit von der Bankleistungs-Markt-Konstellation die bankbetrieblichen Gestaltungselemente unterschiedliche Bedeutungsgewichte erfahren.

Marktdurchdringung, verstanden als Konzentration auf den bestehenden Markt, bedeutet für das Kreditinstitut eine Intensivierung der Bestandswahrung und -pflege. Dieses Ziel kann beispielsweise über den Aufbau zusätzlicher Beratungskapazitäten, die Steigerung der personengebundenen Beratungsqualität oder den Aufbau eines Informationssystems zur differenzierten Erfassung der kundenindividuellen Bedarfsprofile angestrebt werden.

Demgegenüber operationalisiert sich die Marktentwicklung beispielsweise in Form einer vertikalen Expansion über Filialisierungen und Preissenkungen zur Überbrückung von Markteintrittsbarrieren. Preis- und Gebührensenkungspotenziale können sich dabei über die Generierung von Produktivitätssteigerungen auf der Grundlage von Standard-, Leer- und Overhead-Kosten-Reduzierungen ergeben.

	Produkt-Markt-Strategien			
Bankbetriebliche Gestaltungsbereiche	Marktdurch-dringung	Markt-entwicklung	Produkt-entwicklung	Diversifikation
Produktinnovation				
Leistungs-flexibilität				
Beratungsqualität				
Produktionssystem				
Vertriebssystem				

Abbildung 6: Bedeutungsschwerpunkte bankbetrieblicher Gestaltungskomponenten

Die horizontale Expansion im Sinne der Entwicklung neuer Produkte für die traditionellen Kunden ist in der Regel untrennbar mit dem Cross-Selling-Ansatz in Banken verknüpft, wobei die erweiterte Dienstleistungspalette aus dem eigenen Haus oder über einzugehende Kooperationen bereitgestellt werden kann.

Die Strategie der Diversifikation als gezielte Erweiterung des Marktprogramms einer Bank um bisher nicht angebotene Bankleistungen und bisher nicht bearbeitete Zielgruppen impliziert eine, die üblichen Vertriebskooperationen übersteigende Ausrichtung als Allfinanzunternehmen. Nach Steiner ist Allfinanz dabei zu verstehen als „Marketing-Philosophie zur Schaffung von Erfolgspotenzialen, die auf die Bedürfnisse an Finanzdienstleistungen bestimmter Kundengruppen abstellt und gewisse Kernprodukte der eigenen Branche um komplementäre Produkte artverwandter Branchen ergänzt (zum Beispiel Baufinanzierung, Lebensversicherung, Bauherrenhaftpflicht- und Wohngebäudeversicherung)."

Unabhängig von der gewählten Strategie eines Kreditinstituts sollten Produkt-/Markt-Entscheidungen unter Berücksichtigung potenzieller Folgewirkungen hinsichtlich Marktstellung, Ertragslage und Risikosituation generell mittels subtiler Bewertungsverfahren validiert werden.

Dass neben den evidenten Chancen auch erhebliche Risikopotenziale insbesondere mit den Diversifikationsbestrebungen verbunden sind, zeigt das Beispiel einer etablierten Schweizer Regionalbank. Die zu Beginn der achtziger Jahre gleichzeitig vorgenommene Produktneueinführung eines Leasing- und Teilfinanzierungsleistungsangebotes auf für dieses Kreditinstitut völlig neuen Märkten, bewirkte den Zusammenbruch des gesamten Instituts. Nicht hinreichend qualifizierte Mitarbeiter, mangelndes Know-how und eine unzureichende Risikoanalyse induzierten dabei erhebliche Ertragsausfälle und nicht kompensierbare Risikopositionen.

3.2.2 Die Strategie der Kundenbindung

3.2.2.1 Erfolgswirkungen der Kundenbindung

Unter dem Einfluss massiver Marktsättigungstendenzen in Verbindung mit einem erheblichen Wettbewerbsdruck auf den Bankenmärkten nehmen die Möglichkeiten der Banken, Neukunden zu akquirieren und neue Märkte insbesondere über klassische Preis- und/oder Qualitätsvorteile zu erschließen, drastisch ab. Das gilt insbesondere vor dem Hintergrund zunehmender Konditionentransparenz aufgrund der Automatisierungs- und Standardisierungsprozesse nahezu sämtlicher Basisleistungen. Die Anbieter müssen daher bemüht sein, eine nachhaltige und erfolgspotenzialorientierte Kundenloyalität zu generieren.

Die Generierung eines festen Kundenstamms im Individualgeschäft bzw. der Aufbau so genannter Bestandskunden stellt nämlich im Gegensatz zum standardisierten Mengengeschäft relevante Vertriebspotenziale in Aussicht und impliziert Möglichkeiten zu erheblichen Kostenreduzierungen. Dabei zielt die strategische Planung einer Geschäftsbeziehung auf die Bereitschaft des Kunden, wiederholt von dem Kreditinstitut Leistungen abzunehmen bzw. Cross-Selling-Ansatzpunkte zu schaffen, ab.

Die Basis für derartige Cross-Selling-Effekte sind in der Regel die kontaktarmen Routineleistungen Kontoführung und Zahlungsverkehr, worauf aufbauend dann kontaktintensive, komplexe und interaktionsorientierte Leistungen vermittelbar sind. Neben den zusätzlichen Vertriebserwartungen eines kundenindividuellen Cross Sellings können weitere geschäftsbeziehungsinduzierte Vertriebspotenziale mittels positiver Mund-zu-Mund-Referenzen und Preiszuschlagsmöglichkeiten in späteren Phasen der Geschäftsbeziehung erwartet werden.

Die Strategie der langfristigen Kundenbindung zur Sicherung einer lukrativen Klientel im Firmenkunden- und/oder gehobenen Privatkundengeschäft bewirkt daneben auch eine mittelfristige Reduzierung von Verwaltungs- und Akquisitionskosten.

Kundenbindung zu erzeugen setzt jedoch zunächst hohe Investitionen voraus, um Austrittsbarrieren aufzubauen, bzw. die Kundenloyalität über erfahrbare Qualitätskomponenten zu verbessern. Primäre Kostentreiber sind dabei die Investitionen in die Beraterausund -weiterbildung sowie die Kosten für die Bereitstellung kundenindividueller Leistungskomponenten. Abbildung 7 dokumentiert den Zusammenhang zwischen den kurzfristig hohen Kundenbindungsinvestitionen und den langfristig überkompensierenden Ertragspotenzialen.

Zusammenfassend kann man festhalten, dass das Ziel der hohen Anfangsinvestition in die Kundenbeziehung der Aufbau von Austrittsbarrieren und Wechselkosten für den Kunden sein muss, um mittel- bis langfristig den preispolitischen Spielraum und die relativen Kostenvorteile nutzen zu können. Dabei steigt die Bankenloyalität des Kunden mit dem An-

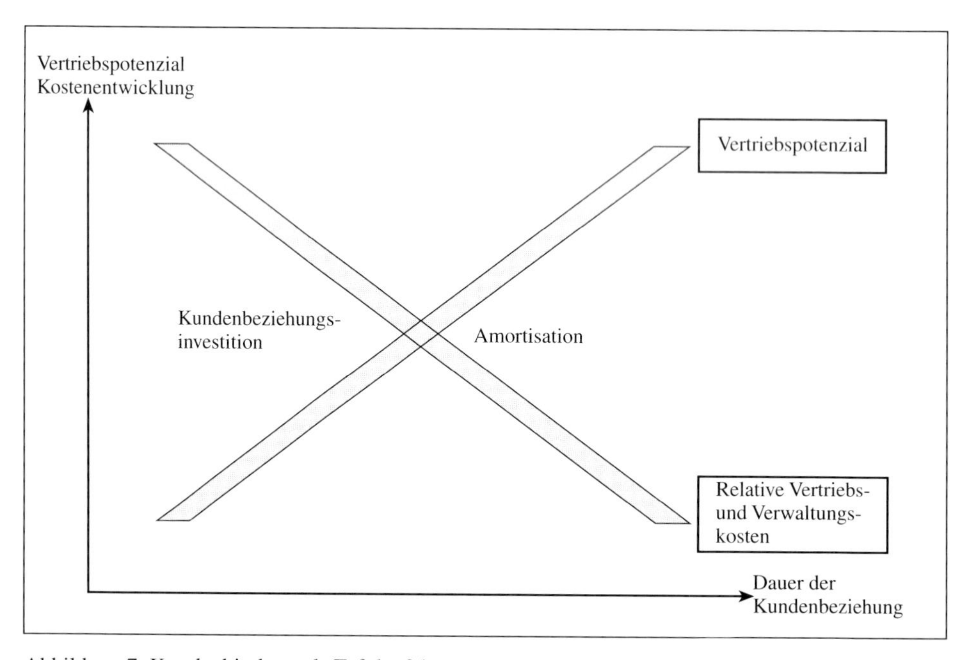

Abbildung 7: Kundenbindung als Erfolgsfaktor

stieg von Wechselkosten, die sich insbesondere auf Basis vertrauensempfindlicher Beratungsdienstleistungen ergeben.

3.2.2.2 Strategien zum Aufbau von Austrittsbarrieren

Die Absicherung von Bindungseffekten und daraus resultierenden Ertragspotenzialen zwischen Kunden und Bank im Rahmen eines kundenindividuellen Beziehungsmanagements setzt die zielgerichtete Schaffung von Austrittsbarrieren voraus. Im Mittelpunkt dieser Betrachtung steht die Absicht, mittel- und langfristig Übertragungs- und Verbundeffekte durch die Nutzung von Cross-Selling-Potenzialen zu sichern. Die folgende Abbildung zeigt produktexemplarisch das daraus resultierende Aufwands-/Ertragsverhältnis einer Kundenbindungsstrategie.

Das strategische Controlling hat dabei die Aufgabe der Informationsbereitstellung, Geschäftsausrichtung und Maßnahmenplanung.

Als relevante Wechsel- oder Austrittsbarrieren sind die folgenden Gruppen zu diskutieren:

- leistungsprogramminduzierte Austrittsbarrieren,
- beratungsinduzierte Austrittsbarrieren im engeren Sinne,
- kontraktinduzierte Austrittsbarrieren,
- kompatibilitätsinduzierte Austrittsbarrieren.

Leistungsprogramminduzierte Austrittsbarrieren zeigen das Maß an Problemlösungsfähigkeit des Anbieters an. Die Kundenbindungswirkung ergibt sich hier aus der Exklusivität und der Individualität des Angebotes. Im Mittelpunkt einer kundenbindungsorientier-

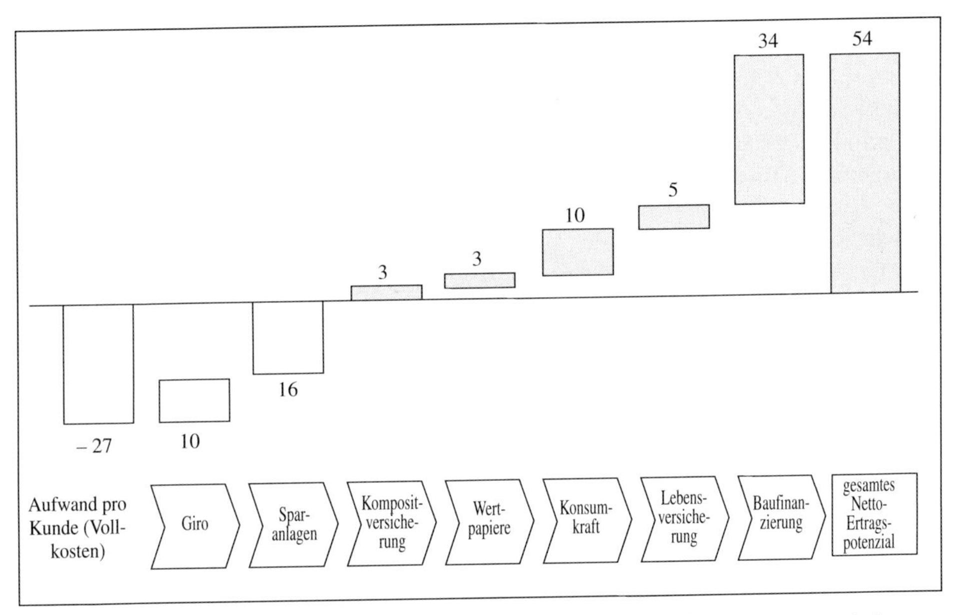

Abbildung 8: Durchschnittl. Aufwand-/Ertragspotenziale Kunde (Barwert in TDM); Simulation

ten Strategie steht somit das Problemlösungsangebot; singuläre Produkte haben eine sekundäre Bedeutung. Die Fokussierung auf Zielgruppen, mit der Absicht strategische Geschäftsfelder (durch Abschottung) zu sichern, stellt auf kundenindividuelle Problemlösungen ab. Dabei kann der modulare Aufbau des Leistungssystems als Grundlage von Cross-Selling-Bestrebungen besonders vorteilhaft sein. In diesem Zusammenhang müssen die Leistungsbündel nach den Kriterien Lebensphasen- (Existenzgründung, Familiensicherung etc.), Berufsgruppen- (Lehrer, Ärzte, Einzelhandel etc.) und Objektbezug (Konsum, Investition) differenziert werden. Kundenbindung durch Zielgruppenorientierung setzt dabei sowohl Leistungsdifferenzierung (kundenindividuelle Leistungsvarianten- und -konditionen) als auch Diversifizierung im Sinne der Betreuung mit Allfinanz-Leistungsbündeln (Versicherung, Bausparen, Unternehmensberatung) voraus, die häufig über Vertriebskooperationen realisierbar sind. Große Firmenkunden sind dagegen regelmäßig bestrebt, ein international breites Netz von Auslandsstützpunkten einer Bank für exportbegleitende Finanzdienstleistungen oder eigenkapitalschaffende Platzierungsspielräume zu nutzen.

Hintergrund einer so verstandenen Kundenbindung sind die Erfahrungs- und Vertrauensqualitäten, welche für das zu Grunde liegende, individualisierte Leistungsbündel charakteristisch sind. Dem Kunden muss die Fähigkeit einer dauerhaften Bedürfnisbefriedigung suggeriert und somit eine Wechselbarriere aufgebaut werden. Strategische Planung einer Kundenbeziehung postuliert damit ein effektives Lebenszyklus-Management, welches jedoch in Sonderheit hinsichtlich der Leistungsprogrammerweiterung über zusätzliche Dienstleister der differenzierten Kosten-Nutzen-Analyse bedarf. Eine hohe Leistungsindividualität auf Basis der zu Grunde liegenden Produktbündel reduziert die Vergleichbarkeit mit Alternativangeboten für den Kunden mit der Folge erhöhter Kundenbindung und Preissetzungsspielräumen.

Beratungsinduzierte Austrittsbarrieren setzen neben der die Leistungsindividualität komplettierenden Beratungsqualität durch gut ausgebildete und informierte Mitarbeiter auf eine Optimierung der Beratungsbequemlichkeit, die beim Kunden beispielsweise über ein differenziertes Time-Management, die gute Erreichbarkeit der Standorte und eine weitgehende Kundeninformation erzeugt werden kann. Voraussetzung einer bedarfsgerechten Kundenberatung ist die gründliche Ausbildung und Informationsversorgung der Berater mit kundenbezogenen Informationen, die als vertragsimmanenter Stammdatenbestand generell verfügbar sein sollten und Grundlage computergestützter Vermögensberatungen und Finanzierungsberatungen sein müssen.

Kontraktinduzierte Austrittsbarrieren tangieren direkt die der Bankleistung zu Grunde liegende Vertragskonstellation. Hier sind laufzeitabhängige Konditionenverbesserungen als Motivation zur Etablierung von Kundenbeziehungen sowie Negativabschottungen über Vorfälligkeitsklauseln oder Vorschusszinsberechnungen evident.

Schnittstelleninvarianzen mit Alternativanbietern verursachen kompatibilitätsinduzierte Austrittsbarrieren. Leistungsbündelinduzierte Schnittstellenprobleme ergeben sich beispielsweise bei langjährigen Projektfinanzierungen mit spezifischen Teilnehmerkonstellationen und -konditionen. Daneben steigen die Möglichkeiten technik- und/oder dateninduzierte Invarianzen zu implementieren. Der kundenbankspezifische Datenträgeraustausch, internationales Cash-Management und moderne Formen des Telebankings sind diesbezüglich Angebote, denen eine steigende Bedeutung als Kriterium bei der Auswahl von Bankverbindungen zukommt.

Zur ertragsmäßigen Absicherung des KKV Kundenorientierung bedarf es grundsätzlich einer differenzierten Risikoanalyse im Hinblick auf die hier aufgezeigten Vorlaufinvestitionen. Nach Süchting muss die Kundenerfolgsrechnung ein integraler Bestandteil des Bankencontrolling sein, um sicherzustellen, dass die Investitionen in den Verkäufer längerfristig durch die Erfolgsbeiträge seiner Kundenverbindungen amortisiert werden. Dazu sind im Rahmen des Controlling unter anderem Kennziffern der erreichten Bankenloyalität zu generieren. Sie wären dann als Maßstäbe für die Förderungswürdigkeit einer Kundenbeziehung heranzuziehen.

Generell stellt sich im Rahmen der strategischen Planung und Geschäftsausrichtung als Alternative die Massengeschäftsbearbeitung dar. Im Gegensatz zu der zuvor erörterten Geschäftsbeziehungs- bzw. Kundenbindungsorientierung handelt es sich dabei um kurzfristige, unmittelbar wahrnehmbare Anreize auf Basis transaktionsorientierten Verhaltens. Bei einer derartigen Geschäftsausrichtung treten Beratungs- und Individualisierungsoptionen grundsätzlich in den Hintergrund der Marktbearbeitung, die im Vergleich zur Kundenbindungsorientierung stattdessen Neukundenakquisition mittels kurzfristiger, meist „preisbedingter" Vorteile intendiert. Die strategische Planung eines Kreditinstituts muss bei dieser Alternative sämtliche Anstrengungen auf Standardisierungs- und Kostenreduzierungspotenziale fokussieren, was in der Regel zu Lasten differenzierter Leistungsprogramme sowie zeit- und kostenintensiver Beratungsanstrengungen geht.

Zusammenfassend stellt sich die abschließende Frage, ob die Bank auf Basis einer geschäftsbeziehungsorientierten Strategie in Qualitätsvorsprünge investieren soll oder alternativ den transaktionsorientierten Weg aggressiver Preisführerschaft mit dem Risiko eines ruinösen Konditionenwettbewerbs präferiert. Dabei darf kundenbindungsorientierte Leistungs(bündel)gestaltung jedoch keinesfalls Kostenignoranz implizieren. Natürlich müssen durch das operative und strategische Controlling auch hier auf der Basis einer hohen Leistungsdifferenzierung Optionen zur Kostenreduzierung eruiert werden. Neben der Implementierung von zahlungsverkehrsorientierten Multifunktionsterminals und der Reduzierung der Hierarchieebenen kann auch die Standardisierung von Basisdienstleistungen als mit der Differenzierungsstrategie kompatibel eingestuft werden.

4. Strategische Kontrolle zur Verteidigung von KKV

Die strategische Kontrolle hat die Funktion einer fortlaufenden Überprüfung der strategischen Pläne im Hinblick auf ihre Durchführbarkeit und Tragfähigkeit. Dabei sollen Risiken und Bedrohungen antizipiert werden, um darauf aufbauende Gegenmaßnahmen und Abwehrmechanismen zu generieren. Vor dem Hintergrund des ihr zu Grunde liegenden komplexen strategischen Planungsprozesses hat die strategische Kontrolle ein breites Aufgabenspektrum wahrzunehmen. Kreikebaum unterscheidet in diesem Zusammenhang die Kontrollaktivitäten in die Dimensionen strategische Durchführungskontrolle, strategische Prämissenkontrolle und strategische Überwachung.

Dabei zielt die zuerst genannte Aufgabe auf Schwierigkeiten bei der Umsetzung strategischer Ziele und die Überprüfung der Erreichbarkeit dieser Ziele ab. Die Prämissenkontrolle stellt demgegenüber die Diskussion der Richtigkeit der Planannahmen des strategischen Planungsprozesses in den Vordergrund (zum Beispiel Einkommenszuwachs im Segment der vermögenden Privatkunden).

Im Mittelpunkt der strategischen Kontrolle steht jedoch die strategische Überwachung mit dem Ziel der informationsbasierten Früherkennung kritischer Ereignisse, die eine Gefährdung bereits generierter KKV-Positionen bedingen, und im Extremfall sogar die Unternehmensexistenz gefährden können. Dazu bedarf es der Implementierung strategischer Frühwarnsysteme. Zentrale Aufgabe derartiger Informationssysteme ist die Festlegung relevanter Beobachtungsbereiche sowie die Definition maßgeblicher Frühwarnindikatoren, um die für Trendwenden im Bankgeschäft kausalen Faktoren frühzeitig zu eruieren und eine differenzierte Beurteilung relevanter umweltlicher Entwicklungstrends im Hinblick auf ihre Bedeutung für strategische Entscheidungen des Kreditinstituts (zum Beispiel die Errichtung neuer Zweigstellen im Rahmen der Vertriebswegegestaltung, Aufnahme von Auslandstätigkeiten, Differenzierung der Marktbearbeitung über das zusätzliche Angebot beratungsintensiver Leistungsmodule etc.) zu ermöglichen. So konkretisierte sich die bereits Mitte der 80er Jahre geführte Diskussion über die Zukunft staatlicher Zuschüsse im Rahmen der vermögenswirksamen Leistungen erst 1989 zu der gesetzeswirksamen Fokussierung der staatlichen Förderung auf den Bereich des Bausparens. Als Konsequenz daraus gewann die Kundenakquisition durch Bausparkassen deutlich an Attraktivität. Für die auf konventionelle Leistungsprogramme beschränkten Hausbanken der potenziellen Bausparer war damit ein beträchtlicher Marktanteilsverlust an die auf Basis der Allfinanz-Idee mit bankähnlichen Beratungsangeboten operierenden Bausparkassen zu erwarten. Verstärkend wirkte dabei die Tatsache, dass Bausparkassen (wie auch Versicherungen) Differenzierungsvorteile über flexibel terminierbare Kundenberatungen inklusive der Option von Hausbesuchen haben. Die rechtzeitige Gegensteuerung bzw. Anpassung der Banken hinsichtlich der genannten Entwicklungen, beispielsweise durch Diversifikation mittels Allfinanz-Kooperationen, hätte zur Entfaltung eines optimalen Wirkungsgrades bereits in einem Stadium beginnen müssen, als erste Anzeichen (schwache Signale) diese Geschehnisse ankündigten.

Neben den wohl definierten, leicht erkennbaren Informationen, deren Wirkungszusammenhänge als integrale Bestandteile der strategischen Gesamtbankplanung sui generis eine hinreichende Berücksichtigung erfahren (zum Beispiel Bankrechtsharmonisierungsrichtlinie), sollten somit weitere, schlechter identifizierbare Kriterien Eingang in den Prozess der strategischen Kontrolle finden. Dieses scheint insbesondere deshalb so wichtig, weil diese so genannten „schwachen Signale“ als Indikatoren strategischer Diskontinuitäten den „starken Signalen“ regelmäßig zeitlich vorgelagert sind. Dabei konkretisieren sich derartige „Weak Signals" im Zeitablauf durch die Entwicklung zu „starken Signalen" bestimmter Chancen und Risiken, die entsprechende Anpassungsmaßnahmen erforderlich machen.

Die Grundlage eines daran ausgerichteten strategischen Frühwarnsystems geht zurück auf das „Ansoff'sche Konzept der schwachen Signale". Gegenstand einer Real Time Erkennung schwacher Signale sind nach Schierenbeck strategische Schwachstellen im politisch-strukturellen Umfeld (zum Beispiel Bankengesetzgebungsdiskussion, gesellschaftlicher Wertewandel), im markt- und wettbewerbspolitischen Umfeld (zum Beispiel neue Wettbewerber, Verschiebungen in der Geldvermögensbildung) und im geschäfts- und risikostrukturellen Bereich (zum Beispiel Anzeichen einer Veränderung von Ausfall-, Zinsänderungs-, Währungsrisikostruktur).

Nach der Identifikation und Analyse folgt die Evaluation schwacher Signale als Voraussetzung für apriorische Anpassungsprozesse im Rahmen der strategischen Planung eines Kreditinstituts. Sie ist somit Grundlage der Sicherung bzw. des Neuaufbaus von KKV-Potenzialen. Auf dieser Basis sind aus bankinternen schwachen Signalen ressourcengestützte Anpassungsmaßnahmen abzuleiten, während bankexterne schwache Signale Basis für die Erkennung marktbezogener KKV-Gefährdungspotenziale und die Diskussion kundenbeziehungs-orientierter Störfaktoren sind. Ableitbare Anpassungsstrategien als Resultat der strategischen Kontrolle richten sich dabei in der Regel auf die Marktwahl (Diversifikation, Bestandspflege etc.), die Form der Marktbearbeitung (differenziert, undifferenziert) und die Zielgruppenauswahl (Segmentierungskriterien).

Literaturhinweise

ANSOFF, H. I.: Management Surprise and Discontinuity-Strategic Response to Weak Signals, Die Bewältigung von ÜberraschungenStrategische Reaktionen auf schwache Signale. In: ZfbF, 28 Jg., 1976, S. 129-152.

BACKHAUS, K.: Industriegütermarketing, 6. Aufl. München 1999.

BENÖLKEN, H./GREIPEL, P.: Dienstleistungs-Management, Wiesbaden 1990.

BERRY, L. L./ZEITHAML, V. A./PARASURAMAN, A.: Fife Imperatives for improving service quality. In: Sloan Management Review, 31. Jg., 1990, Nr. 4, S. 29-38.

BRUNNER, W. L.: Die Güte der Kundenberatung als Wettbewerbsfaktor. In: Handbuch Finanzdienstleistungen, hrsg. von Brunner, W.L./Vollath, J., Frankfurt a.M. 1992, S. 751-768.

BÜSCHGEN, H. E.: Bankbetriebslehre, 5. Aufl., Wiesbaden 1998.

COENENBERG, A. G./BAUM, H. G.: Strategisches Controlling, 2. Aufl., Augsburg 1999.

HEITMÜLLER, H. M.: Auswirkungen der Selbstbedienung auf das Vertriebssystem. In: Bankmarketing, hrsg. von Süchting, J./van Hooven, E., 2.Aufl., Wiesbaden 1991, S. 191-211.

KILHEY, U.: Die Beurteilung des Erfolgs von Bankprodukten als Grundlage produktpolitischer Entscheidungen, Frankfurt am Main 1987.

KAPLAN, R. S.: Balanced Scorecard, Stuttgart 1997

KORFF, U./DORNER, M.: Allfinanz durch Kooperation. In: bank und markt, Heft 6, Juni 1991, S. 16-19.

KREIKEBAUM, H.: Strategische Unternehmensplanung, 6. Aufl., Stuttgart/Berlin/Köln 1997.

KRYSTEK, U.: Früherkennungssysteme als Instrument des Controlling. In: Handbuch Controlling, Meyer, E./Weber, J., Stuttgart 1990, S. 419-442.

LEHMANN, A.: Dienstleistungsmanagement. In: Entwicklungstendenzen im Management, Band 9, hrsg. von Institut für Betriebswirtschaft der Hochschule St. Gallen für Wirtschafts-, Rechts- und Sozialwissenschaften, Zürich 1993.

LEICHSENRING, H.: Führungsinformationssysteme in Banken, Wiesbaden 1990.

LIESSMANN, K.: Strategisches Controlling als Aufgabe des Management. In: Handbuch Controlling, Meyer, E./Weber, J., Stuttgart, 1990, S. 303-323.

MEFFERT, H.: Strategische Unternehmensführung und Marketing, Wiesbaden 1988.

MEFFERT, H.: Marktorientierte Führung von Dienstleistungsunternehmen – neuere Entwicklungen in Theorie und Praxis. In: Arbeitspapier Nr. 78 der Wissenschaftlichen Gesellschaft für Marketing und Unternehmensführung, hrsg. von Backhaus, K./Meffert, H./Wagner, H., Münster, 1993.

MENGEN, A.: Konzeptgestaltung von Dienstleistungsprodukten, Stuttgart 1993.

MEYER, A./WESTERBARKEY, P.: Die Bedeutung der Kundenbeteiligung für die Qualitätspolitik von Dienstleistungsunternehmen. In: Dienstleistungsqualität, hrsg. von Bruhn, M./Stauss, B., Wiesbaden 1991, S. 83-107.

RUDOLPH, P.: Aufbau und Ablauf der strategischen Bankplanung. In: Bank-Entwicklung, hrsg. von Congena, Wiesbaden 1986, S. 111-121.

SCHIERENBECK, H.: Ertragsorientiertes Bankmanagement, 5. Aufl., Wiesbaden 1991.

SCHUSTER, G. R.: Zielgruppenorientierte Preispolitik im Privatkundengeschäft der Kreditinstitute; in Müller, St./Strothmann H., Kundenzufriedenheit und Kundenbindung; S. 353 – 370; München 1998.

SCHUSTER, L.: Produktinnovation und Strategisches Management im Bankbetrieb. In: Die Unternehmung, 39 Jg., 1/1985 S. 64-79.

SEYFRIED, M.: Lebensphasenmodell Kundenwertmanagement. In: HB Privatkundengeschäft von Betsch et al., Frankfurt am Main 1998, S. 351-367.

SPANIER, H. D.: Anmerkungen zur Strategie und Vertriebspolitik im gehobenen Privatkundengeschäft. In: bank und markt, Heft 10, Oktober 1991, S. 5-12.

STALK, G./EVANS, P./SHULMAN, L.E.: Kundenbezogene Leistungspotenziale sichern den Vorsprung. In: Harvard Business manager 1/1993, S. 59-71.

STEIN, J. H. VON/SCHMUTZ, J.: Grundüberlegungen zum Management bank- und finanzwirtschaftlicher Innovationen. In: Innovationsmanagement bei Finanzdienstleistungen, hrsg. von von Stein, J. H., Frankfurt am Main 1988, S. 1-23.

SÜCHTING, J.: Wachsen die preispolitischen Spielräume? Anmerkungen zu Banktreue und Beziehungsmanagement. In: bank und markt, Heft 5/1991, S. 16-20.

SÜCHTING, J.: Die Theorie der Bankloyalität (noch) eine Basis zum Verständnis der Absatzbeziehungen von Kreditinstituten? In: Bankmarketing, hrsg. von Süchting, J./van Hooven, E., 2. Aufl., Wiesbaden 1991, S. 25-44.

SÜCHTING, J.: Strategische Planung und Kontrolle bei Banken. In: Vahlens großes Controlling-Lexikon, hrsg. von Horvath, P./Reichmann, T., Frankfurt am Main, Stuttgart 1993, S. 606-607.

WALTER, B.: Electronic Banking als Erweiterung des Vertriebssystems und Leistungsprogramms. In: Bankmarketing, hrsg. von Süchting, J./van Hooven, E., 2. Aufl. Wiesbaden 1991, S. 303-331.

WEBER, J./SCHÄFER, U.: Balanced Scorecard & Controlling, 2. Aufl., Wiesbaden 2000.

Gustav Adolf Schröder

Portfolio-Analyse im Kundengeschäft

1. Einleitung

In der Kreditwirtschaft sind heute die Kunden zunehmend aufgeklärt und kennen sich in Fragen der Finanzdienstleistungen selbst aus. Als Folge ist eine abnehmende Kundenloyalität und höhere Wechselbereitschaft der Kunden festzustellen. Das Unterhalten einer Geschäftsbeziehung zu mehr als nur einer Bank ist der Regelfall, Preise werden verglichen und die gewünschte Finanzdienstleistung über den günstigsten Anbieter abgewickelt.

Auch ist ein Sinken der Margen in der Kreditwirtschaft festzustellen, was gleichzeitig zu einem steigenden Wettbewerb um Bankkunden führt. Insbesondere findet eine Fokussierung des Wettbewerbs auf die vermögende Privatkundschaft statt, die die höchste Rentabilität der Kundenbeziehung und damit die höchsten Erträge verspricht.

Vor dem Hintergrund dieser verschärften Wettbewerbssituation ist es für die Kreditinstitute von zunehmender Wichtigkeit, diejenigen Kunden zu identifizieren, die die höchste Rentabilität versprechen und aufgrund dessen auch für Wettbewerber attraktiv und entsprechend abwanderungsgefährdet sind.

Aufbauend auf die Kenntnis der Rentabilität einzelner Kundengruppen sind differenziert nach diesen Kundengruppen Vertriebsstrategien aufzusetzen, die einen effizienten Einsatz der knappen Vertriebsressourcen ermöglichen.

Auch ist es zunehmend wichtig, noch unausgeschöpfte Potenziale innerhalb des eigenen Kundenstammes aufzudecken und auszuschöpfen, da die Ausschöpfung dieser Potenziale gegenüber der Neugewinnung von Kunden als die kostengünstigere Alternative zur Gewinnung von Marktanteilen anzusehen ist.

2. ABC-Analyse

Zur effizienten Steuerung des Ressourceneinsatzes ist zunächst eine Bewertung der Kundenbeziehungen nach ihrer Rentabilität vorzunehmen. Hierzu bietet sich die Durchführung einer ABC-Analyse auf den vorhandenen Kundenstamm an. Ziel dieser Kundenstrukturanalyse ist die Einteilung des Kundenstammes hinsichtlich ihres Beitrages zum Geschäftsvolumen und/oder zum Geschäftserfolg in die folgenden Kategorien:

A = Überdurchschnittlich
B = Durchschnittlich
C = Unterdurchschnittlich

Basis für die Segmentierung stellt dann das gegenwärtige Geschäftspotenzial der Kunden dar. Zu beachten ist, dass die ermittelten Größen, insbesondere bei Vorhandensein mehrerer Bankverbindungen nicht mit den tatsächlichen Verhältnissen der Kunden übereinstimmen müssen. Die ABC-Analyse stellt eine eindimensionale Segmentierung dar, da nur das interne Potenzial, als eine Dimension der Kundenbeziehung betrachtet wird. Geschäfte, die der Kunden mit fremden Banken tätigt werden nicht berücksichtigt.

2.1 ABC-Analyse als Grundlage für die Kundensegmentierung

Eine Kundensegmentierung auf Basis der ABC-Analyse erfolgt bei der Stadtsparkasse Köln unter Berücksichtigung des Beitrags der Kunden zum Geschäftsvolumen und/oder zum Geschäftsergebnis. Das gegenwärtige Geschäftsvolumen der Kunden wird mit Hilfe der Größen Einkommen, Vermögen und Kredite der Kunden gemessen.

Die Ermittlung des Kundeneinkommens erfolgt mit Hilfe eines um Ausreißer bereinigten *Habenumsatzes auf der Basis von Jahreswerten.* Als Ausreißer werden Sonderzahlungen zugunsten des Girokontos, zum Beispiel Wertpapier-Umsätze oder Darlehensgutschriften betrachtet, so dass aufgrund des verbleibenden Habenumsatzes weitgehend auf das tatsächliche Einkommen des Kunden geschlossen werden kann.

Das *Vermögen* umfasst alle auf den Kundenkonten vorhandenen Guthaben, einschließlich bilanzneutraler Wertpapiere bewertet mit aktuellen Kursen. Die Ermittlung des Vermögens beschränkt sich bei Anwendung dieser Methode immer auf die im Hause erkennbaren Guthaben.

Kredite als Summe aller in Anspruch genommenen Kredite und Darlehen spielen als Hilfsgröße dann eine Rolle, wenn kein Girokonto mit Habenumsatz zur Strukturanalyse sowie kein Guthaben für den einzelnen Kunden vorhanden ist.

Die gewerblichen Kunden (ohne Freiberufler und Kreditinstitute) werden anhand der Indikatoren Habenumsatz auf Basis von Jahreswerten, Vermögen, Krediten und Kreditlinien analysiert.

Beim *Habenumsatz auf der Basis von Jahreswerten* wird hier aus Vereinfachungsgründen der gesamte Umsatz der Girokonten herangezogen. Für das *Vermögen* als disponible Größe gelten die Ausführungen analog der Privatkunden. Im Gegensatz zu den Privatkunden sind die *Kredite* als Summe aller in Anspruch genommenen Kredite und Darlehen bei den Firmenkunden eine wesentliche Hilfsgröße für die Kundenstrukturanalyse.

Ausgehend von den drei Klassen der ABC-Analyse erfolgt eine Klassifizierung der Kunden zu den vordefinierten Kundensegmenten Individual-, Standard- oder Mengenkunden gemäß der höchsten Wertigkeit. Das bedeutet, dass beispielsweise ein Kunde mit sehr hohem Habenumsatz aber geringem Vermögen und ohne Kredite in die A-Klasse (Individualkunden) eingeordnet wird. Innerhalb dieser Segmente wird weiter zwischen Einkommens- und Vermögenskunden differenziert. Auch hier bestehen unterschiedliche Kundenbedürfnisse und Geschäftspotenziale.

Als Ergebnis der so durchgeführten Kundenstrukturanalyse zeigt sich, dass die einzelnen Segmente nicht nur in unterschiedlicher Weise zum Geschäftsvolumen, sondern auch zum

Gesamterfolg des Kreditinstitutes beitragen. So entfallen auf 20 % der privaten Kunden 80 % des Geschäftsvolumens und des Gesamterfolges.

Dieser Zusammenhang lässt sich grafisch verdeutlichen, indem man auf der x-Achse eines Koordinatensystems die Anzahl der Kunden in Prozent und auf der y-Achse die Deckungsbeiträge bzw. Geschäftsvolumina im Privatkundengeschäft aufträgt.

Die so gebildeten Kundensegmente bilden nun als strategische Geschäftsfelder die Basis für eine differenzierte Marktbearbeitung und Ressourcenzuordnung.

2.2 Aus der Kundensegmentierung abgeleitete Strategien

Zur Verfolgung der Strategie einer differenzierten Marktbearbeitung wird nun für die einzelnen Kundensegmente eine individuelle Betreuungsstrategie entwickelt. Je nach Höhe des derzeit vorhandenen Geschäftsvolumens wird ein mehr oder weniger spezialisierter Produktbedarf und damit einhergehende Betreuungsintensität der unterschiedlichen Kundengruppen abgeleitet. Es wird unterstellt, dass Kunden mit einem größeren zu verwaltenden Geschäftsvolumen einen spezielleren Produktbedarf haben als Kunden mit einem geringeren zu verwaltenden Geschäftsvolumen. Nach Erzeugung diese Produktsicht wird eine Unterscheidung zwischen Grundbedarf, erweitertem Grundbedarf und Spezialbedarf der Kundengruppen getroffen. Standardprodukte, die dem Grundbedarf zuzuordnen sind,

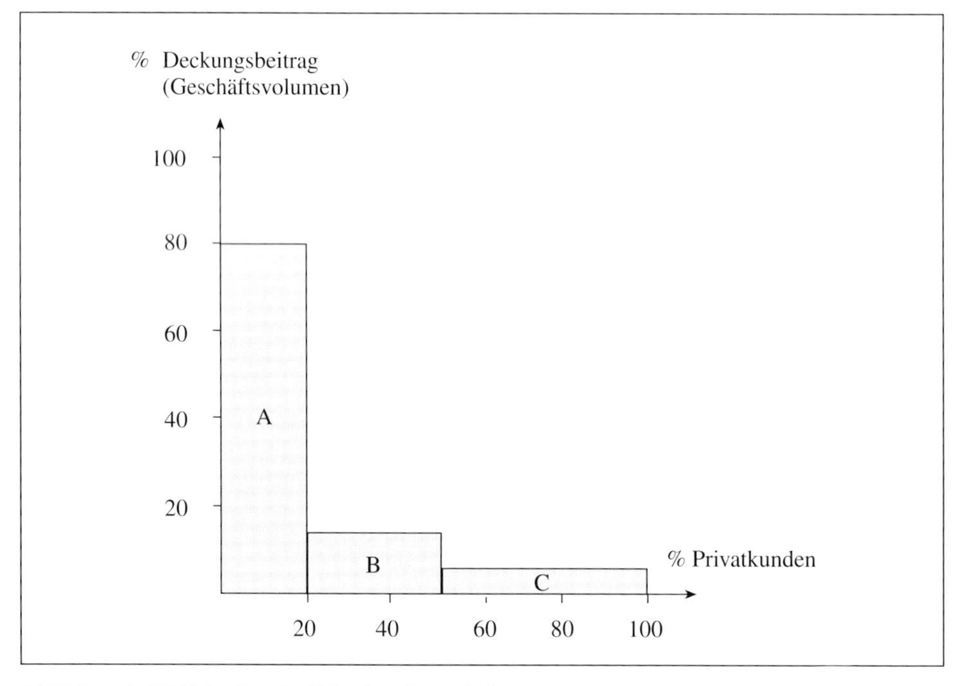

Abbildung 1: ABC-Analyse im Privatkundegeschäft

können direkt vom Kundenbetreuer vertrieben werden, während der Produktexperte hochspezialisierte und individuelle Produkte, wie zum Beispiel Aktienneuemissionen, in der Kategorie Spezialbedarf vertreibt.

Die Klassifizierung der Zielkunden mittels der ABC-Analyse führt dann zu einer Festlegung der geeigneten Betreuungsintensität und ist damit als Voraussetzung für einen adäquaten Ressourceneinsatz zu verstehen.

So ist bei der Stadtsparkasse Köln eine abgestufte Vertriebsstruktur konsequent auf die Kundensegmentierung aufgesetzt. Sie umfasst Zentrale Vertriebsbereiche, Beratungscenter und Geschäftsstellen, deren Spezialisierungsgrad und geplante Betreuungsintensität den unterschiedlichen Anforderungen der Kundensegmente Rechnung tragen. Entsprechend erfolgt eine Zuordnung der Kundensegmente zu den Vertriebsstellen.

Bei Privaten Mengenkunden ist angesichts der Einkommens- und Vermögensverhältnisse ein qualifizierter Beratungsbedarf in der Regel nicht vorhanden. Hier werden in erster Linie Basisleistungen in Anspruch genommen. Aufgrund der damit verbundenen Mengengerüste und Ergebnispotenziale bietet sich für dieses Segment die Tätigkeitsdefinition „Bedienen" an. Hierunter ist zu verstehen, dass diese Kunden zur Erledigung ihrer täglichen Bankgeschäfte zum einen Selbstbedienungsgeräte nutzen können und dass sie zum anderen in den Geschäftsstellen freundlich und schnell bedient werden.

Ebenfalls in den Geschäftstellen werden die im Hinblick auf das Ertragspotenzial interessanten Privaten Standardkunden qualitativ gut beraten. Diese Kunden zeichnen sich dadurch aus, dass bei ihnen zwar ausreichend Geschäftspotenzial vorhanden sein kann, die aktuellen Verhältnisse jedoch noch keine darüber hinausgehende Betreuung rechtfertigen.

Die individuelle und persönliche Betreuung der Privaten Individualkunden erfolgt in eigens dafür eingerichteten Beratungscentern. Eine kleine Gruppe ausgesuchter, vermögender Kunden wird ausschließlich durch den in der Hauptstelle angesiedelten Zentralen Vertriebsbereich *Private Banking* unmittelbar umfassend betreut.

Durch die oben beschriebene Einteilung des Kundenstammes wird eine differenzierte Zuordnung von Planzielen und Ressourcen zu den gebildeten Kundensegmenten ermöglicht. Die vorhandenen knappen Vertriebsressourcen können so potenzialoptimiert eingesetzt werden.

2.3 Probleme der ABC-Analyse

Als problematisch im Rahmen der Kundensegmentierung auf Basis einer ABC-Analyse ist anzusehen, dass lediglich die bereits durch das eigene Kreditinstitut ausgeschöpften Potenziale der Kunden betrachtet werden. Bankgeschäfte, die an dem eigenen Kreditinstitut vorbei, bei Drittinstituten getätigt werden, werden hier nicht beachtet. Kunden, deren gesamtes Potenzial, gemessen an dem Geschäftsvolumen, das mit dem eigenen Institut und dem Geschäftsvolumen, das mit Drittinstituten getätigt wird, tatsächlich so hoch ist, dass ihnen ein Spezialbedarf unterstellt werden kann und so eine intensive Betreuung gerechtfertigt ist, werden bei dieser Vorgehensweise nicht identifiziert. Die Möglichkeit vorhandene externe Potenziale der Kunden durch das eigene Kreditinstitut auszuschöpfen, wird so nicht wahrgenommen.

Um zur Betreuung der Kunden entsprechend ihrer tatsächlichen Bedürfnisse und als Voraussetzung zur Ausschöpfung vorhandener Potenziale eine *richtige* Segmentierung der Kunden vornehmen zu können, müssen auch diese externen Potenziale der Kunden betrachtet werden.

Ein geeignetes Instrument zur Berücksichtung der externen Potenziale als zusätzliche Dimension zu den internen Potenzialen der Kundenbeziehung stellt die mehr-dimensionale Portfoliobetrachtung dar.

3. Kundensegmentierung auf Basis der Portfolio-Analyse

Die Bezeichnung Portfolio wird in der Unternehmensführung auf die Produkt-Markt-Kombinationen eines Unternehmens angewendet, die im Rahmen einer Portfolio-Analyse anhand bestimmter Kriterien bewertet werden.

Eines der bekanntesten Portfolio-Analyse-Verfahren stellt die von General Electric entwickelte Multifaktoren-Methode dar. Die Bewertung der Strategischen Geschäftseinheiten erfolgt hier anhand der Dimensionen *Marktattraktivität* und *Eigene Wettbewerbsstärke*. Zur Visualisierung des Ansatzes wird eine Klassifizierungsmatrix erstellt, auf deren x-Achse die Marktattraktivität (gering, mittel, hoch) und auf der y-Achse die eigene Wettbewerbsstärke (stark, mittel, schwach) abgetragen wird. Auf diese Weise werden neun strategische Geschäftseinheiten gebildet, für die differenzierte Handlungsstrategien und Ressourcenzuordnungen entwickelt werden.

In Anlehnung an dieses Grundmodell soll für das Privatkundengeschäft der Kreditwirtschaft ein Kundenportfolio entwickelt werden, das eine Orientierungshilfe für die ertragsorientierte Betrachtung der verschiedenen Kundengruppen und den effizienten Einsatz von Vertriebsressourcen bildet.

Um die bisher unausgeschöpften Potenziale innerhalb der Geschäftsfelder durch die Zuordnung von Planzielen und Ressourcen effizienter lenken zu können, soll die bestehende Segmentierung auf Basis des internen Kundenpotenzials um die Dimension des externen Kundenpotenziales ergänzt werden.

Die Beschreibung der Kundengruppen als Strategische Geschäftseinheiten erfolgt hierzu mit Hilfe der Dimensionen *Kundenattraktivität* und *Eigene Wettbewerbsposition*. Den so zu bildenden Kundensegmenten werden dann – wie auch in der ABC-Analyse – Handlungsstrategien und darauf abgestimmt Ressourcen zugewiesen.

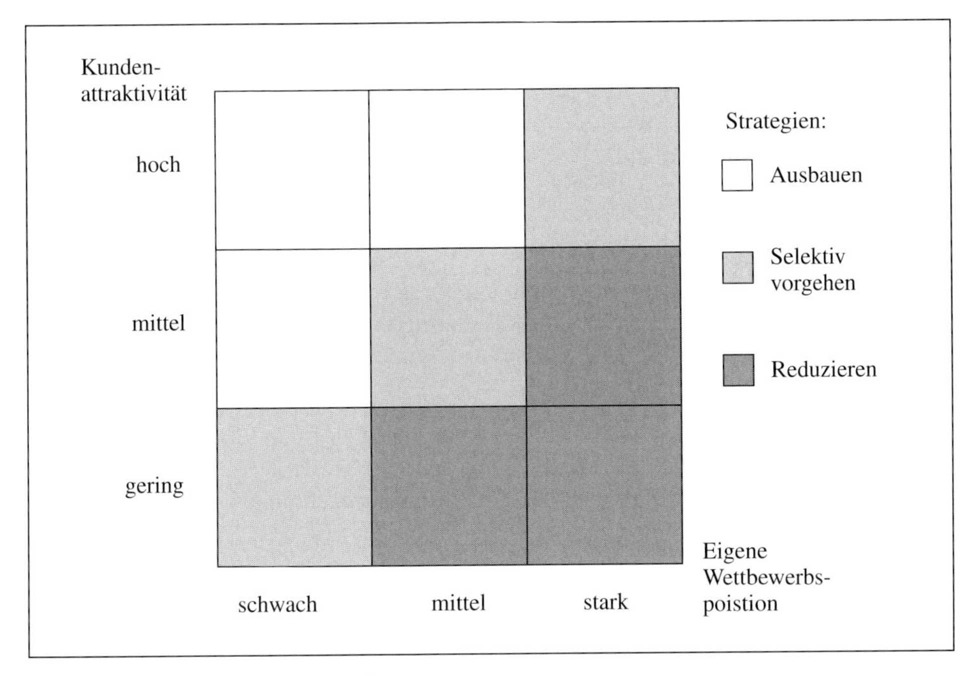

Abbildung 2: Kundenportfolio-Matrix

Die Kundenattraktivität wird durch das Geschäftsvolumen ausgedrückt, das die Kunden bereits über das eigene Kreditinstitut abwickeln. Um die Zuordnung der Kunden zu verschiedenen Kundengruppen vorzunehmen, kann auf die bereits bestehende Segmentierung auf Basis der ABC-Analyse zurückgegriffen werden, wie bereits in Abschnitt 2.1 beschrieben. Man erhält dann die Gruppe der Individualkunden als sehr attraktive Kunden, die Gruppe der Standardkunden von mittlerer Attraktivität sowie die Gruppe der Mengenkunden von eher geringer Attraktivität.

Die *Eigene Wettbewerbsposition* des Kreditinstitutes bei den Kunden soll neben dem Geschäft, das bereits durch das eigene Institut mit den Kunden getätigt wird, auch deren externes Potenzial, also das Geschäft, das die Kunden mit Drittinstituten tätigen, beinhalten. Zur Ausschöpfung vorhandener Potenziale im eigenen Kundenstamm, ist es von besonderer Bedeutung, solche Kunden zu identifizieren, die zwar derzeit noch keinen starken Beitrag zum Geschäftsvolumen leisten, denen jedoch aufgrund geeigneter Indikatoren unterstellt werden kann, dass sie über ein zusätzliches externes Potenzial in Form von weiteren Vermögenswerten verfügen.

Da diese Vermögenswerte derzeit bei fremden Instituten verwaltet werden, werden diese Kunden mit der eingeschränkten Sicht auf ihr internes Potenzial bei dem eigenen Institut *falsch* segmentiert und entsprechend ihrer tatsächlichen Bedürfnisse *falsch* betreut. Um diese Kunden auf Basis der vorhandenen internen und externen Potenziale *richtig* zu segmentieren und zu betreuen und die vorhandenen Potenziale ausschöpfen zu können, müssen die externen Potenziale zunächst identifiziert werden.

Da im Normalfall einer Kunde-Bank-Beziehung lediglich die Höhe des Geschäftsvolumens, das im eigenen Haus getätigt wird, als Information über den Kunden vorhanden ist, muss die Ermittlung des externen Potenzials des Kunden über Hilfsgrößen erfolgen.

3.1 Ermittlung des externen Kundenpotenzials

Eine wichtige Größe zur Ermittlung der Attraktivität von Kundenbeziehungen stellt das Geldvermögen der Kunden dar. Bekannt ist derjenige Teil des Geldvermögens, der für die Kunden im eigenen Institut verwaltet wird. Bestehen weitere Bankverbindungen und werden bei fremden Instituten Vermögenswerte der Kunden verwaltet, so können diese Größen nur geschätzt werden.

Eine Schätzung des gesamten Geldvermögens, das eine Person im Laufe ihres bisherigen Lebens durchschnittlich angesammelt hat, wird mit Hilfe der Größen Einkommen und Alter einer Person über den Mikrozensus des Statistischen Bundesamtes ermittelt.

Der Mikrozensus wird als laufende Repräsentativstatistik über die Bevölkerung und den Arbeitsmarkt seit 1957 in der Bundesrepublik Deutschland durchgeführt. Im Rahmen des Mikrozensus werden durch das Statistische Bundesamt in regelmäßigen Abständen die wichtigsten bevölkerungs- und arbeitsmarktstatistischen Strukturdaten und deren Veränderung laufend ermittelt.

Unter anderem werden Informationen über Alter, Einkommen und Geldvermögen von privaten Personen ermittelt. Auf Basis der erfassten Informationen können zuverlässige Werte darüber errechnet werden, welches Geldvermögen eine Privatperson mit einem bestimmten Alter und Jahresnettoeinkommen besitzen sollte.

Legt man diese Tabelle des Statistischen Bundesamtes zugrunde und kennt man aus den bestehenden Kundenbeziehungen das Alter, Einkommen und beim eigenen Institut verwaltete Geldvermögen der Kunden, so kann man aus der Differenz zwischen dem statistisch ermittelten Wert und dem tatsächlich verwalteten Vermögen der Kunden deren externes Potenzial berechnen.

Das externe Potenzial der Kunden wird als Prozentwert an dem gesamten statistisch ermittelten Vermögen der Kunden ausgedrückt und stellt damit als noch zu erschließendes Kundenpotenzial die Grundlage für die Dimension *Eigene Wettbewerbsposition* des Kreditinstituts der Kundenportfolio-Matrix dar.

Eine schwache eigene Wettbewerbsposition bei den Kunden wird angenommen, wenn auf Basis des geschätzten Geldvermögenswertes lediglich 0-33,3 % des Kundenvermögens bei dem eigenen Institut verwaltet werden. Bei 33,4-66,6 % verwaltetem Vermögen wird eine mittlere Wettbewerbsposition, bei 66,7-100 % verwaltetem Kundenvermögen bei dem eigenen Kreditinstitut eine starke eigene Wettbewerbsposition bei den Kunden angenommen.

3.2 Aus der Portfolio-Segmentierung abgeleitete Strategien

Die Kundenportfolio-Matrix ist in neun Felder unterteilt, die wiederum drei Gruppen zugeordnet werden. In den drei Feldern oben links sind die interessanten Kundengruppen angesiedelt, bei denen das Kreditinstitut die eigene Position möglichst *ausbauen* sollte. Die drei Felder, die sich diagonal von links unten nach rechts oben erstrecken, beinhalten diejenigen Kundengruppen, deren Attraktivität insgesamt mittelmäßig ist. Hier sollte das Unternehmen *selektiv vorgehen* und dabei hauptsächlich auf das Halten der eigenen Position bzw. Gewinnerzielung achten. In den Feldern unten rechts sind die wenig attraktiven Kundengruppen zu finden, bei denen es sich empfiehlt, möglichst Kosten zu *reduzieren*.

Innerhalb der drei Hauptgruppen werden für jede Kundengruppe als strategisches Geschäftsfeld Handlungsstrategien geplant. Diese umfassen insbesondere die Vertriebswegezuordnung sowie die Zuordnung von Ressourcenkapazitäten.

3.2.1 Reduzieren

Starke eigene Wettbewerbsposition – geringe Kundenattraktivität: die Kunden tätigen bereits den Großteil ihrer Bankgeschäfte über das eigene Institut, ihr Beitrag zum Geschäftsvolumen und Ergebnis ist jedoch gering. Eine Erhöhung des Geschäftsvolumens ist nicht möglich. Eine Handlungsstrategie sollte insbesondere auf die Reduktion der Kosten ausgerichtet sein. Die Kundengeschäfte sollen möglichst über elektronische Vertriebswege abgewickelt werden. Es werden nur Standardprodukte angeboten, die einen geringen Beratungsaufwand benötigen. Eine aktive Kundenansprache erfolgt nicht.

Starke eigene Wettbewerbsposition – mittlere Kundenattraktivität: die Kunden tätigen bereits den Großteil ihrer Bankgeschäfte über das eigene Institut, ihr Beitrag zum Geschäftsvolumen und Ergebnis bewegt sich im mittleren Bereich. Die aufgrund der ABC-Analyse festegelegte Betreuung wird beibehalten. Aufgrund des fehlenden externen Potenzials und der vorhandenen Kundenloyalität ist eine aktive Kundenansprache, zur Akquisition von zusätzlichem Geschäft, nur in eingeschränktem Umfang notwendig. Zur aktiven Kundenansprache wird dann ein möglichst kostengünstiger Vertriebsweg, beispielsweise ein Call-Center eingesetzt. Um zusätzliche Erträge zu erwirtschaften wird eine Strategie der Kostenreduktion gefahren.

Mittlere eigene Wettbewerbsposition – geringe Kundenattraktivität: die Kunden tätigen nur einen mittleren Teil ihres gesamten Bankgeschäftes über das eigene Institut. Externes Potenzial ist zwar vorhanden, jedoch nur in geringem Maße, da der derzeitige Beitrag der Kunden zum Geschäftsvolumen bereits gering ist. Es werden Standardprodukte angeboten, die einen geringen Beratungsaufwand erfordern. Eine aktive Kundenansprache zur Potenzialausschöpfung erfolgt nur in eingeschränktem Maße. Zur aktiven Kundenansprache wird dann ein möglichst kostengünstiger Vertriebsweg, beispielsweise ein Call-Center eingesetzt. Um zusätzliche Erträge zu erwirtschaften wird eine Strategie der Kostenreduktion gefahren.

3.2.2 Selektiv vorgehen

Schwache eigene Wettbewerbsposition – geringe Kundenattraktivität: die Kunden tätigen nur einen geringen Teil ihres Geschäftvolumens über das eigene Institut, der größere Teil wird über Drittinstitute abgewickelt. Externes Potenzial ist in eher geringem Maße vorhanden, es ist fraglich, ob die Erschließung lohnenswert ist. Die Potenzialerschließung sollte vorsichtig forciert werden. Aktive Kundenansprache zur Potenzialerschließung ist notwendig, sollte jedoch möglichst kostengünstig über den Vertriebsweg Call-Center erfolgen, so dass die Belastung von Betreuerkapazitäten zunächst gering bleibt. Erst bei Identifikation eines komplexeren Produktbedarfes durch das Call-Center sollte ein Beratungstermin vereinbart werden. Preiszugeständnisse zur Gewinnung von Geschäftsvolumen sollen nicht gewährt werden.

Mittlere eigene Wettbewerbsposition – mittlere Kundenattraktivität: die Kunden tätigen einen mittleren Teil ihrer Bankgeschäfte über das eigene Institut, ein weiterer Teil wird über fremde Institute abgewickelt. Aufgrund der mittleren Kundenattraktivität ist eine Erschließung der vorhandenen externen Potenziale lohnenswert und sollte forciert werden. Aktive Kundenansprachen sollten häufig und über den vorhandenen persönlichen Betreuer des Kunden erfolgen. Preiszugeständnisse zur Gewinnung von Geschäftsvolumen sind möglich.

Eigene Wettbewerbsposition stark – Kundenattraktivität hoch: Die Kunden dieser Gruppe tätigen den Großteil ihrer Geschäfte über das eigene Institut. Sie leisten einen großen Beitrag zu Geschäftsvolumen und Ergebnis und sind daher eine sehr attraktive Kundengruppe. Die Kunden können als eher loyal mit eingeschränktem externen Potenzial beschrieben werden. Als Handlungsstrategie empfiehlt es sich insbesondere das Halten bzw. vorsichtige Ausbauen der eigenen Position. Hierzu ist ein intensives Betreuen der Kunden notwenig, mit Einladungen zu Kundenveranstaltungen, jedoch möglichst keinen Preiszugeständnissen. Eine aktive Kundenansprache ist nur in eingeschränktem Maße notwendig.

3.2.3 Ausbauen

Eigene Wettbewerbsposition schwach – Kundenattraktivität hoch: Kunden liefern bereits jetzt einen hohen Beitrag zum Geschäftsvolumen des eigenen Instituts, obwohl sie nur einen geringen Teil ihrer Geschäfte hier tätigen. Es ist ein großes externes Potenzial vorhanden, dessen Ausschöpfung stark forciert werden sollte. Die Kunden sind aufgrund ihrer stärkeren Beziehungen zu fremden Instituten und ihrer Attraktivität als stark abwanderungsgefährdet einzustufen. Die Kunden sollten möglichst häufig aktiv durch ihren persönlichen Betreuer angesprochen werden, insbesondere sind Einladungen zu Kundenveranstaltungen und attraktive Produktangebote zu unterbereiten. Preiszugeständnisse zur Gewinnung von Geschäftsanteilen können notwendig sein.

Eigene Wettbewerbsposition schwach – Kundenattraktivität mittel: Auch wird von den Kunden nur eine geringer Teil der Bankgeschäfte über das eigene Institut abgewickelt, trotzdem liefern die Kunden bereits eine erheblichen Beitrag zum Geschäftsvolumen. Externe Potenziale sind vorhanden und sollten über häufige aktive Kundenansprachen durch die vorhandenen persönlichen Betreuer ausgeschöpft werden. Aufgrund der schwachen eigenen Wettbewerbsposition und mittleren Attraktivität sollte ein vorsichtiges Umwerben dieser Kundengruppe erfolgen. Attraktive Produktangebote sollten verstärkt angeboten werden, Einladungen zu Kundenveranstaltungen und Preiszugeständnisse eher eingeschränkt vorgenommen werden.

Eigene Wettbewerbsposition mittel – Kundenattraktivität hoch: Die Kunden halten bereits einen großen Teil ihres Volumens bei der eigenen Bank und werden als hoch attraktive Kundengruppe eingestuft. Zum Ausbauen der eigenen Position als empfohlene Handlungsstrategie können hier aufgrund der relativ guten eigenen Wettbewerbsposition Kundeneinladungen und Preiszugeständnisse in mäßigem Umfang eingesetzt werden. Eine aktive Kundenansprache mit attraktiven Produktangeboten sollte möglichst häufig durch den persönlichen Betreuer erfolgen.

3.3 Probleme der Portfolio-Analyse

Als problematisch bei der Portfolio-Analyse und der daraus abgeleiteten Zuordnung von Vertriebsressourcen zu den unterschiedlichen Kundengruppen ist insbesondere anzusehen, dass Kunden, die ihr gesamtes Geschäft über die eigene Bank abwickeln und möglicherweise kontinuierlich Geschäft aufbauen, als weniger attraktiv eingestuft werden als solche Kunden, die zusätzlich über fremde Kreditinstitute Bankgeschäfte abwickeln. Die Bedeutung von Kunden, die ihre Hauptbankverbindung bei dem eigenen Institut unterhalten und als attraktive Kunden betrachtet werden sollten, kann dadurch herabgestuft werden. Umgekehrt wird Kunden, die ihr Geschäft reduzieren und auf fremde Banken verlagern, ein hohes Wachstumspotenzial und damit eine hohe Attraktivität zugewiesen.

Auch kann die Ermittlung des tatsächlichen Geldvermögens (internes und externes Potenzial) eines Kunden als problematisch angesehen werden, da hier auf statistisch ermittelte Durchschnittsgrößen zurückgegriffen wird, die nicht mit dem realen gesamten Geldvermögen eines Kunden übereinstimmen müssen.

4. Fazit

Trotz der oben genannten Probleme des Portfolio-Ansatzes ist dessen Praktikabilität nicht zu unterschätzen. Das statistisch ermittelte gesamte Geldvermögen eines Kunden stellt zwar keine reale Größe, jedoch einen guten Ansatzpunkt zur Bewertung der eigenen Wettbewerbsposition bei den Kunden und der Loyalität der Kunden gegenüber dem eigenen Kreditinstitut dar. Erfahrungen in der operativen Arbeit mit der Größe *geschätztes Geldvermögen* eines Kunden haben gezeigt, dass der Wert tatsächlich eine gute Schätzung darstellt.

Die Ermittlung der noch auszuschöpfenden Potenziale der eigenen Kunden werden mit Hilfe dieses Wertes erheblich vereinfacht. Gerade in der heutigen Bankenlandschaft gewinnt die Ausschöpfung der vorhandenen Potenziale im bestehenden Kundenstamm gegenüber der Gewinnung von Neukunden zunehmend an Bedeutung. Die Neukundengewinnung ist mit einem wesentlich größeren Aufwand verbunden, da hier höhere Bearbeitungskosten anfallen und in der Regel erhebliche Preiszugeständnisse notwendig sind. Gleichzeitig ist durch eine Senkung der Kundenabwanderungsrate um nur 5 % eine Gewinnsteigerungsrate um bis zu 80 % erreichbar.

Vor dem Hintergrund des weiter steigenden Wettbewerbdruckes im Bankgeschäft und der weiter sinkenden Margen stellt die Kundenportfolio-Analyse eine Entscheidungshilfe dar, die Steuerung der knappen Vertriebsressourcen sowie die Intensität der Betreuung einzelner Kundengruppen sowohl kosten- als auch ergebnisoptimal zu planen und damit die eigene Wettbewerbsposition langfristig zu stärken.

Derzeit findet eine Anwendung der Kundenportfolio-Analyse als Grundlage für die Kundensegmentierung bei der Stadtsparkasse Köln noch nicht statt, wird aber als Instrument zur Identifizierung vorhandener, noch auszuschöpfender Potenziale und entsprechend *richtiger* Kundensegmentierung und Ressourcenzuordnung zunehmend an Bedeutung gewinnen.

Literaturhinweise

BAUER, E.: Markt-Segmentierung, Stuttgart 1977.
KOTLER, P./BLIEMEL, F.: Marketing-Management, Stuttgart 1999.
SCHMOLL, A.: Firmenkunden aktiv und erfolgreich betreuen, Wiesbaden 1996.
WALTER, G.: Beurteilung der Kundenattraktivität durch Kreditinstitute, München 1996.

Karl Kauermann

Kennzahlenorientierte Produktivitätsanalyse

1. Produktivitätsanalysen als Einsatzbereich von Kennzahlen

Erträge und Aufwendungen sind nur im Zusammenhang sinnvoll zu beurteilen. Steigende Aufwendungen können akzeptabel sein, wenn sie durch ein stärkeres Ertragswachstum aufgefangen werden. Umgekehrt kann es selbst bei reduzierten Aufwendungen zu Problemen kommen, wenn Ertragsschmälerungen den Aufwandsrückgang überkompensieren. Gerade dieser zweite Zusammenhang wurde in den letzten Jahren vielen Kreditinstituten angesichts stark rückläufiger Zinsmargen schmerzlich vor Augen geführt. Entscheidend für den Erfolg eines Kreditinstituts ist also, dass das Verhältnis zwischen Input und Output stimmt.

Die Produktivität drückt als Quotient dieses Verhältnis von geschaffenen Produkten (Output) zu den dafür eingesetzten Produktionsfaktoren (Input) aus. Die ursprünglich mengenbezogen definierte Produktivität wird häufig in einem zweiten Schritt durch die Bewertung mit Preisen gleichnamig gemacht. Dann spricht man auch von der Profitabilität oder Wirtschaftlichkeit. Produktivität und Wirtschaftlichkeit spiegeln damit unmittelbar das ökonomische Prinzip wider, das fordert, den Output bei gegebenem Input zu maximieren oder den Input bei gegebenem Output zu minimieren (vgl. Pedell 1996, S. 611, Everding 1995, S. 21). Was allerdings vielen Kreditinstituten noch fehlt, ist ein Instrumentarium, um gehaltvolle Informationen über die Produktivität zu gewinnen, entsprechende Analysen durchzuführen und Maßnahmenempfehlungen zu generieren.

Als eines der wichtigsten Controllinginstrumente gelten gemeinhin Kennzahlen. Sie stellen komprimierte Informationen über quantitativ abbildbare Sachverhalte dar (vgl. Reichmann 1997, S. 16, Trossmann 1994, S. 520). In der Komprimierung kann einer der Hauptvorteile des Kennzahleneinsatzes gesehen werden: Kennzahlen bringen einen Sachverhalt auf den Punkt. Dadurch erlauben sie dem Adressaten einen schnellen und unkomplizierten Einblick, bieten aber auch vielfältige Vergleichsmöglichkeiten, sei es im Zeit-, sei es im Betriebsvergleich. Besonders Verhältniszahlen, die von absoluten Größen abstrahieren, bieten hier gute Ansatzpunkte.

Insoweit liegt es natürlich nahe, bei der Steuerung der Produktivität kennzahlenorientiert vorzugehen. Allerdings muss es gelingen, ein kontinuierliches Steuerungssystem aufzubauen, das die angesprochenen Stärken des Kennzahleneinsatzes zu nutzen vermag. Eine zentrale Aufgabe des Produktivitätsmanagements ist es daher, ein aussagefähiges Kennzahlensystem zu schaffen, das es erlaubt, Produktivitätslücken nicht nur zu konstatieren, sondern sie auch ursachenbezogen zu analysieren und zu steuern.

2. Die Aufwandsproduktivität als Kernelement kennzahlenorientierter Produktivitätsanalysen

2.1 Abgrenzung der Aufwandsproduktivität

Viele Banken nutzen zur ertragsorientierten Steuerung mit Kennzahlen das ROI-Schema (vgl. Schierenbeck, 1999, S. 420 ff.). Innerhalb dieses Schemas bietet sich auch die Möglichkeit zur Bildung von Produktivitätskennzahlen, die dann der Ausgangspunkt weiterer Produktivitätsanalysen sein können. Zentrale Produktivitätskennzahl ist dabei die *Aufwandsproduktivität*, die sich aus dem Quotienten von Bruttoerträgen und den Betriebskosten ergibt. Auf der Basis von Spannen, also volumenbezogen ausgedrückt, ergibt sie sich auch, wenn man die Bruttoertragsspanne durch die Bruttobedarfsspanne dividiert (vgl. Everding 1995, S. 58). Die Kennzahl Aufwandsproduktivität sagt aus, welchen Bruttoertrag eine Geldeinheit eingesetzter Ressourcen erwirtschaftet. Damit wird auf prägnante Weise aufgezeigt, inwieweit es einem Kreditinstitut gelingt, den betrieblichen Aufwand in einen marktlich honorierten Output umzumünzen. Die Betonung der marktlichen Honorierung verdeutlicht, dass es in einer Marktwirtschaft nicht darum gehen kann, „irgendeinen" Output zu generieren, sondern letzten Endes nur der Output von Belang ist, der auch am Markt zu Erträgen führt.

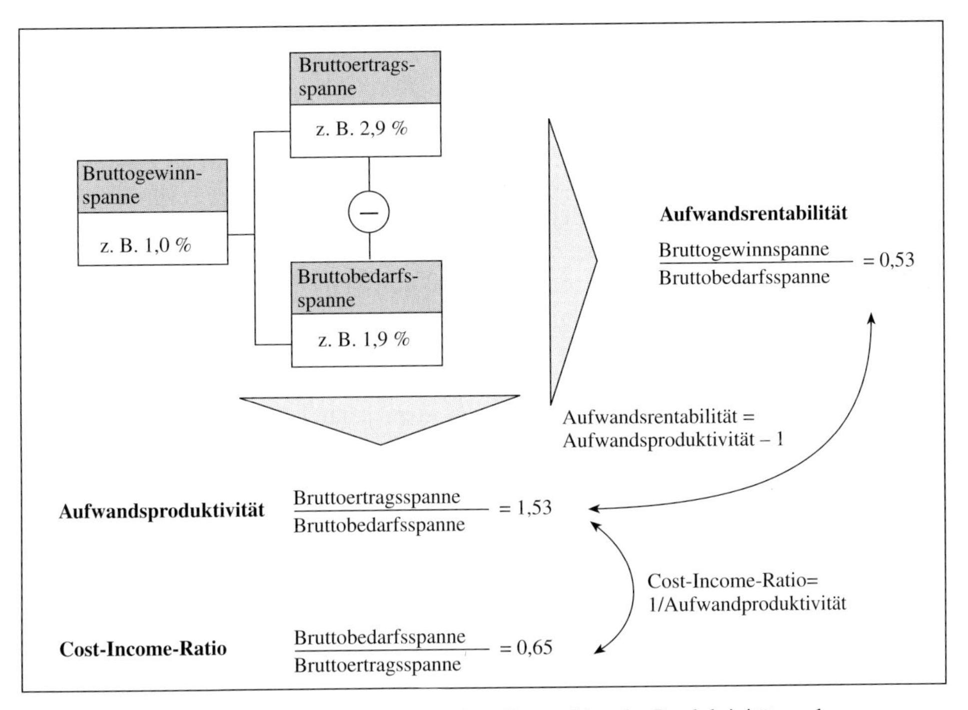

Abbildung 1: Zusammenhänge zwischen typischen Kennzahlen der Produktivitätsanalyse

Als Kehrwert der Aufwandsproduktivität lässt sich die international gebräuchliche Kennzahl *Cost-Income-Ratio* errechnen, die angibt, wie hoch die Kosten in Prozent der Bruttoerträge sind (vgl. Schierenbeck, 1999, S. 438). Häufig findet in diesem Zusammenhang auch die *Aufwandsrentabilität* Verwendung, die sich aus dem Quotient von Bruttogewinnspanne und Bruttobedarfsspanne ergibt. Sie sagt aus, welcher Gewinn mit einer Geldeinheit eingesetzter Ressourcen erzielt wird (vgl. Everding 1995, S. 25).

Abbildung 1 verdeutlicht nochmals die Berechnungsweise der angesprochenen Produktivitätsmaße und zeigt die Zusammenhänge zwischen ihnen auf. Es wird erkennbar, dass die Zahlen unproblematisch ineinander überführbar und insoweit gleichermaßen zur Produktivitätssteuerung einsetzbar sind.

2.2 Aufwandsproduktivitäten als Basis für Betriebsvergleiche

Auf der Basis der Produktivitätsmaße aus dem ROI-Schema lässt sich eine Standortbestimmung vornehmen, die zeigt, wie die eigene Produktivität im Vergleich mit anderen Kreditinstituten ausfällt. Dabei ist natürlich auf institutsspezifische Besonderheiten zu achten. So können Hypothekenbanken aufgrund ihrer Spezialisierung in der Regel deutlich niedrigere Cost-Income-Ratios aufweisen als Universalbanken. Allerdings darf das Berücksichtigen von Besonderheiten nicht dazu führen, eine vergleichsweise schlechte Produktivität mit dem Hinweis auf ein besonderes Umfeld und individuelle Strukturen als weitestgehend „naturgegeben" hinzunehmen.

Ein externer Produktivitätsvergleich gibt auch schon erste Hinweise darauf, ob produktivitätssteigernde Maßnahmen eher auf der Aufwands- oder eher auf der Ertragsseite erfolgen sollten. Beispielsweise ist jede Cost-Income-Ratio durch höchst unterschiedliche Kombinationen aus Ertrags- und Bedarfsspanne erzielbar. Die verschiedenen Kombinationen spiegeln wider, dass man sich in gewissem Maße höhere Erträge mit höheren Aufwendungen erkaufen muss bzw. bei niedrigen Aufwendungen auch nur niedrige Erträge erwirtschaften kann. Ursächlich dafür ist die funktionale Zweck-Mittel-Beziehung zwischen Input und Output, die jeder Produktionsbeziehung zugrunde liegt. Dennoch lassen sich häufig Ungleichgewichte feststellen, die auf eine spezielle ertrags- oder kostenseitige Schwäche hindeuten (vgl. Rolfes 1992, S. 224 f.). Der besseren Verdeutlichung dieser Zusammenhänge kann eine Visualisierung dienen, etwa dadurch, dass man die Produktivitätskennzahlen in einem Koordinatensystem abbildet, wie etwa Abbildung 2 zeigt.

Abbildung 2 zeigt zwei Beispiele mit ausgeprägten Problemschwerpunkten. So weist die Beispielbank 1 zwar niedrige Kosten auf, liegt aber mit ihrer Bruttoertragsspanne deutlich unter allen Vergleichsinstituten. Hier hat man möglicherweise großvolumiges, aber margenschwaches Geschäft betrieben oder war vielleicht generell zu nachgiebig in der Konditionengestaltung. Umgekehrt liegt der Fall bei der Beispielbank 2, die mit ihrer Bruttoertragsspanne über vielen Vergleichsinstituten liegt, sich aber durch ihre hohe Bruttobedarfsspanne eine schlechte Produktivität einhandelt. Offenkundig gibt es vergleichbare Institute, die ähnlich hohe Erträge mit deutlich niedrigeren Kosten erwirt-

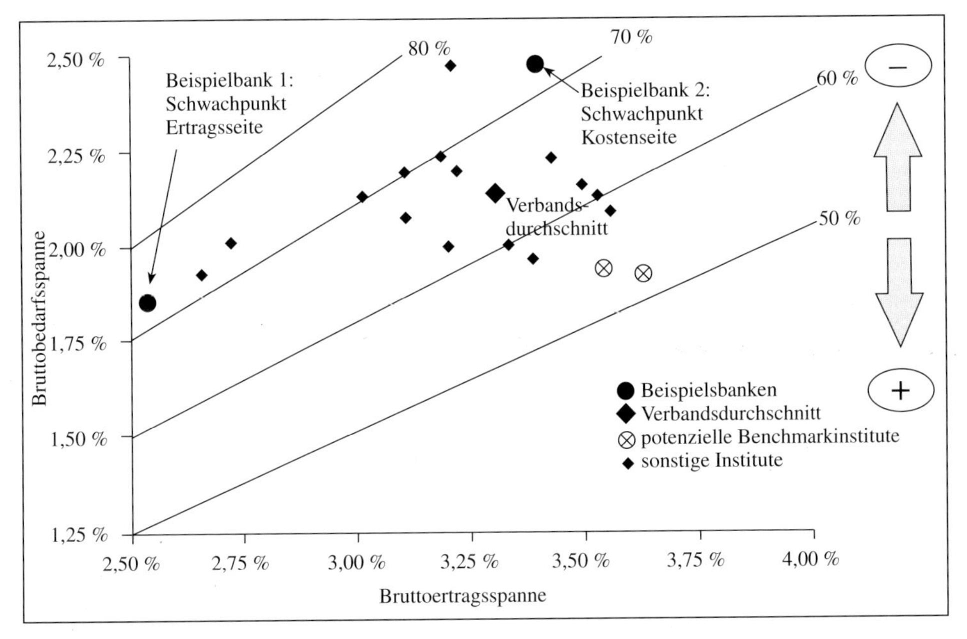

Abbildung 2: Positionierung in einem Cost-Income-Ratio-Chart

schaften. Dies lässt den Schluss zu, dass in der Beispielbank 2 größere Blöcke unproduktiver Kosten bestehen, die nicht zu einem vom Markt honorierten Output geführt haben. Möglicherweise sind hier Überkapazitäten von Personal- oder Sachressourcen aufgebaut worden, deren Leerkosten sich nun in der Bedarfsspanne wieder finden. Eine gute Möglichkeit, die eigenen Produktivitätslücken auszumerzen, bietet das Benchmarking, bei dem Verbesserungen durch Vergleiche mit Bestleistungen (Benchmarks) angestrebt werden. Die Abbildung 2 verweist auch auf potenzielle Benchmarkpartner, bei denen ein Vergleich auf Basis verschiedener Kennzahlenbündel für die meisten anderen Institute lohnenswert sein dürfte.

Eine ähnliche Konstellation wie in diesem Beispiel ließ sich im übrigen auch bei den größeren deutschen Genossenschaftsbanken (mit einer durchschnittlichen Bilanzsumme über 2 Mrd. DM) im Jahr 1998 beobachten. Abbildung 3 zeigt die Cost-Income-Ratios dieser Banken in einer Übersicht. Nur zwei dieser Institute lagen unter einer Cost-Income-Ratio von 60 %. Auffällig sind auch bei diesen beiden Benchmarkinstituten die unterschiedlichen Wege zum Erreichen einer hohen Produktivität. Das erste Institut erreichte mit einer Bruttobedarfsspanne von 1,65 % die kostenseitige Bestleistung, das zweite Institut mit einer Bruttoertragsspanne von 3,96 % die ertragsseitige Bestleistung.

	Bruttobedarfsspanne	Bruttoertragsspanne	Cost-Income-Ratio
unter 60 % Cost-Income-Ratio	1,65 %	2,98 %	55,30 %
	2,31 %	3,96 %	58,21 %
über 60 % Cost-Income-Ratio	2,23 %	3,31 %	67,26 %
	2,34 %	3,36 %	69,69 %
	2,42 %	3,38 %	71,75 %
	1,97 %	2,73 %	71,92 %
	2,24 %	3,04 %	73,60 %
	2,67 %	3,56 %	75,00 %
über 75 % Cost-Income-Ratio	2,50 %	3,17 %	78,83 %
	2,52 %	3,19 %	79,12 %
	3,01 %	3,78 %	79,62 %
	2,31 %	2,89 %	79,85 %
	3,27 %	3,76 %	86,95 %
	2,50 %	2,77 %	90,37 %
	2,10 %	2,23 %	94,22 %
	1,98 %	1,74 %	113,66 %

Abbildung 3: Cost-Income-Ratios größerer Genossenschaftsbanken 1998

3. Aufbau eines produktivitätsorientierten Kennzahlensystems

3.1 Aufgaben von Produktivitätsanalysen im Rahmen von Kennzahlensystemen

Betriebsvergleiche auf der Basis gesamtbankbezogener Produktivitätskennzahlen können wertvolle Hinweise auf Mängel und Produktivitätslücken in einem Kreditinstitut liefern. Hinreichende Antworten auf Ursachen und Zusammenhänge hinter den Fehlentwicklungen liefern solche Vergleiche indessen kaum. So müssen sie häufig in größerem Umfang unkontrollierten und uneinheitlichen Dateninput, etwa bilanzpolitisch gefärbte Zahlen des externen Rechnungswesens, einbeziehen.

Vor allem jedoch verharren sie zumeist auf einer hoch aggregierten Ebene und spiegeln damit zwar Symptome, nicht aber die Ursachen von Fehlentwicklungen wider. Um die Ursachen von Fehlentwicklungen ermitteln zu können, bedarf es tiefergehender Analysen, wie es auch Abbildung 4 verdeutlicht.

Im linken Teil der Abbildung geht man von der Aufwandsproduktivität als Zielgröße des Produktivitätsmanagements aus. Die Entwicklung dieser Zielgröße wird in Zeitverglei-

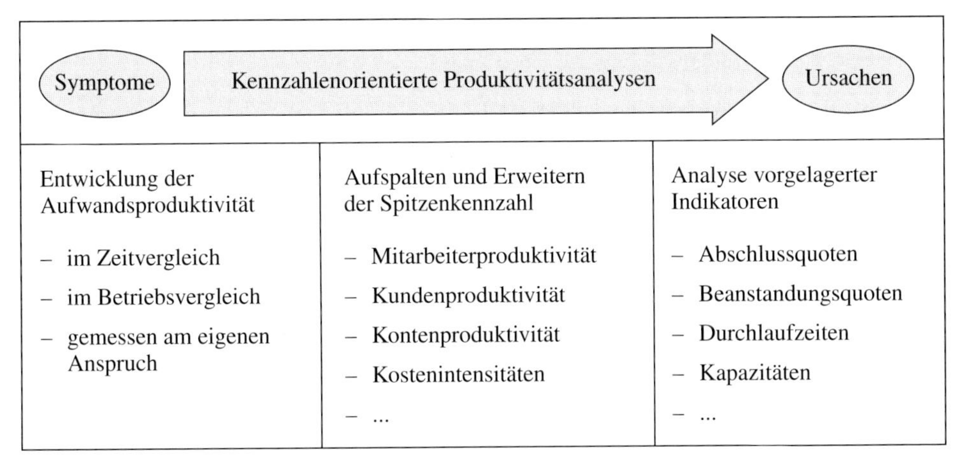

Abbildung 4: Ursachenfindung durch kennzahlenorientierte Produktivitätsanalysen

chen aber auch in Betriebsvergleichen mitverfolgt. Ausschlaggebend für die Angemessenheit der eigenen Produktivität ist allerdings stets der eigene Anspruch, der aus einem geordneten Planungs- und Steuerungsprozess heraus erhoben werden sollte (vgl. dazu Rolfes, 1992, S. 217 ff.). Dabei ist das Produktivitätsziel zu operationalisieren und auf diese Weise einer Umsetzung zuzuführen. Zuvor muss man aber wissen, welche Ursachen-Wirkungs-Zusammenhänge hinter der Produktivität stehen.

Die Aufgabe, von den Symptomen einer Produktivitätslücke zu den dahinterstehenden Ursachen vorzudringen, kommt den *Produktivitätsanalysen* zu. Im ersten Schritt wird die Aufwandsproduktivität in ihre direkten Bestandteile aufgespalten und durch Hinzunehmen weiterer Größen erweitert. In einem weiteren Schritt gilt es dann, vorgelagerte Kennzahlen zu identifizieren, die als ursachenbezogene Indikatoren, am besten mit zeitlichem Vorlauf, Auskunft über zu erwartende Produktivitätsentwicklungen geben.

3.2 Produktivitätsanalysen im umgruppierten ROI-Kennzahlensystem

Kennzeichnend für die erste Stufe der Produktivitätsanalysen ist die definitionslogische Verknüpfung der herangezogenen Kennzahlen, das heißt die Kennzahlen werden über Rechenvorschriften direkt miteinander verknüpft. Durch diese Verknüpfung wirken sich Zahlenänderungen unmittelbar im gesamten Kennzahlensystem einschließlich der Spitzenkennzahl aus. So sind sowohl Zielrechnungen (How-to-achieve-Analysen) möglich, die ausgehend von einer Zielproduktivität nach Wegen zur Erreichung dieser Ziele suchen, als auch Wirkungsanalysen (What-if-Analysen), die untersuchen, wie sich vorgegebene Entwicklungen untergeordneter Kennzahlen auf die Aufwandsproduktivität auswirken. Die folgende Abbildung 5 zeigt, wie ein derartiger produktivitätsorientierter Ausschnitt innerhalb des ROI-Kennzahlensystems aussehen kann.

Ausgehend von der Aufwandsproduktivität, die in ihre kosten- und ertragsseitigen Bestandteile aufgespalten wird, können vielfältige Analysen mit jeweils unterschiedlicher Fokussierung vorgenommen werden. Dabei kann man eine horizontale Fokussierung erkennen, wenn man sich bei den Analysen primär auf die Kosten- oder die Ertragsseite konzentriert. Kostenseitig gewinnt man wichtige Kostenstrukturinformationen, etwa Personal- und Sachkostenspannen, Anteile von Sach- und Personalkosten an den Gesamtkosten oder die Kosten pro Mitarbeiter. Auch ertragsseitig lassen sich, wenn auch aus darstellungstechnischen Gründen in Abbildung 5 nicht näher gezeigt, weitere Aufgliederungen vornehmen, etwa im Hinblick auf die verschiedenen Arten von Erträgen. Neben diesen horizontalen Fokussierungen auf Kosten und Erträge sind auch vertikale Fokussierungen sinnvoll, bei denen Auswertungen im Hinblick auf ausgewählte Bezugsgrößen durchgeführt werden. Typische Bezugsgrößen für derartige Produktivitätsanalysen sind das Geschäftsvolumen und die Mitarbeiter, aber auch Kunden oder Konten (vgl. Everding, 1995, S. 58 f.). Bei den Auswertungen mit Bezug auf das Geschäftsvolumen geht es einerseits um die Berechnung von Ertrags- und Kostenspannen, andererseits kann auch das Geschäftsvolumen je Mitarbeiter ausgewertet werden. Hier sind im Übrigen weitere Verfeinerungen sinnvoll, etwa im Hinblick auf nähere Untersuchungen speziell des Kundengeschäftsvolumens.

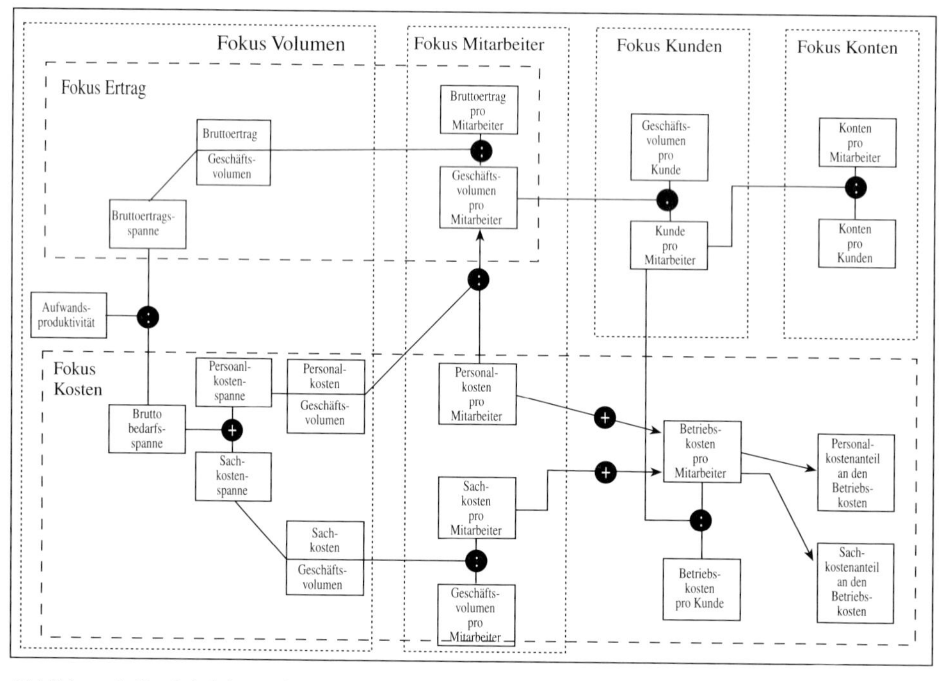

Abbildung 5: Produktivitätsorientierte Fokussierungen im ROI-Kennzahlensystem

Die Auswertung des Geschäftsvolumens pro Mitarbeiter stellt gleichzeitig die Verbindung zwischen volumens- und mitarbeiterorientierten Analysen dar. Angesichts der hohen Bedeutung des Personals für die Kosten, aber auch für Qualität und Umfang des bankbetrieblichen Outputs, kommen den mitarbeiterbezogenen Kennzahlen eine besondere Bedeutung zu. Beispielsweise sind die Kostensätze je Mitarbeiter wichtige Maßgrößen dafür, wie teuer die Ressource Personal eingekauft wird. Auch hier sind weitere Verfeinerungen denkbar, etwa indem zwischen Mitarbeitern mit Overheadaufgaben und Mitarbeitern im direkten Kundenkontakt unterschieden wird.

Daneben zeigen die Beispiele der kunden- und kontenbezogenen Fokussierungen, wie weiterführende Aspekte in die Analysen mit aufgenommen werden können. Das Geschäftsvolumen oder die Kontenzahl je Kunde lassen Tendenzaussagen darüber zu, inwieweit es dem Kreditinstitut gelungen ist, eine Hauptbankverbindung zu ihren Kunden zu knüpfen oder Cross-Selling-Erfolge zu erzielen. Die Kennzahlen Kunden pro Mitarbeiter und Konten pro Mitarbeiter geben Auskunft darüber, wie groß die Betreuungskapazität der Mitarbeiter ist. Hohe Ausprägungen sind demzufolge Ausdruck einer hohen Mitarbeiterproduktivität. Allerdings zeigen diese Kennzahlen auch das potenzielle Konfliktfeld zwischen der Produktivität und anderen betrieblichen Zielgrößen, etwa der Qualität oder dem Service. Die vom Kunden wahrgenommene Servicebereitschaft und Qualität des Personals stellen wesentliche Elemente des Kundennutzens dar, so dass sich eine unüberlegt über die Vorgabe verschärfter Betreuungsvolumina angestrebte Produktivitätsverbesserung durchaus negativ auswirken kann. Eine allzu mechanische Steuerung über Produktivitätskennzahlen verbietet sich also. Die Produktivitätsverbesserung muss als Steigerung oder mindestens Erhalt des Kundennutzens unter Optimierung des Ressourceneinsatzes der Bank verstanden werden (vgl. Trost/Hahn, 2000, S. 393).

3.3 Kennzahlen zur ursachenbezogenen Produktivitätssteuerung

Das Ziel einer umfassenden Produktivitätsoptimierung wird man langfristig nur dann erreichen, wenn man es versteht, die Produktivität wirklich ursachenbezogen zu steuern. Allerdings sind die bislang vorgestellten Produktivitätskennzahlen im ROI-Schema dadurch charakterisiert, dass sie bereits auf einer vergleichsweise hohen Ebene des betrieblichen Zielsystems angesiedelt sind. Sie geben noch zu wenige Hinweise darauf, wo die Ursachen für festgestellte Probleme liegen. Zusätzlich ergibt sich die Gefahr, dass es für antizipative Steuerungsmaßnahmen meist schon zu spät ist, wenn sich in diesem Kennzahlensystem erst einmal Abweichungen zeigen (vgl. Dülfer, 1992, S. 204). Dieser Zusammenhänge sind sich die meisten Kreditinstitute bewusst, wenn es um den Bereich der fremdorientierten Frühwarnung, etwa um die Identifizierung von Kreditrisiken, geht. Hier werden zum Teil aufwendige Untersuchungen gemacht, um zu Kennzahlen mit Indikatoreigenschaft zu gelangen, die mit zeitlichem Vorlauf Auskunft über latent vorhandene Bedrohungen geben. Noch zu wenig erkannt wurde bislang, dass solche Indikatoren auch der internen Produktivitätssteuerung eine neue Qualität verleihen können.

Will man die Idee einer antizipativen Produktivitätssteuerung über Kennzahlen umsetzen, bedarf es einer Erweiterung des obigen Kennzahlensystems. Auch Kennzahlen, die sich unmittelbar auf die Leistungserstellungsprozesse, die Kapazitätssituation, die Produktqualität oder die Kunden- und Mitarbeiterzufriedenheit beziehen, sind zu integrieren. Dabei geht es primär darum, Ursache-Wirkungs-Zusammenhänge und auch zeitliche Zusammenhänge zu beschreiben und abzubilden.

Die Vorgehensweise sei anhand des Beispiels einer Fehlerquote bei der Ordererfassung im Wertpapiergeschäft verdeutlicht. Eine hohe Fehlerquote hat in zweierlei Hinsicht einen Einfluss auf die Produktivität. Zum einen führen Fehler zu höheren Kosten. Hier ergeben sich vor allem Kosten für die Bereinigung der Fehler und erhöhte Prüfkosten zur Sicherstellung der Prozessqualität. Wie beachtlich diese Kosten sein können, zeigen Schätzungen, nach denen selbst in gut organisierten Banken circa 15 % der personellen Kapazität für die Beseitigung von Fehlern aufgewendet werden müssen (vgl. Bokranz/Kasten, 1994, S. 73). Ein weiterer Aspekt tritt hinzu: Fehler führen auch unmittelbar zu abnehmenden Erträgen, wenn erst einmal unzufriedene Kunden abwandern. Die Fehlerquote ist also aus kosten- und ertragsseitiger Sicht als relevante Kennzahl bei den Produktivitätsanalysen zu berücksichtigen.

Eher schwierig gestaltet sich indes die Integration der Fehlerquote und anderer vorgelagerter Kennzahlen in das produktivitätsorientierte Kennzahlensystem. Eine Möglichkeit der Integration besteht darin, Beobachtungsbereiche zu definieren, für die dann geeignete Kennzahlen zusammengestellt werden, die zwar erfasst und analysiert werden, die aber

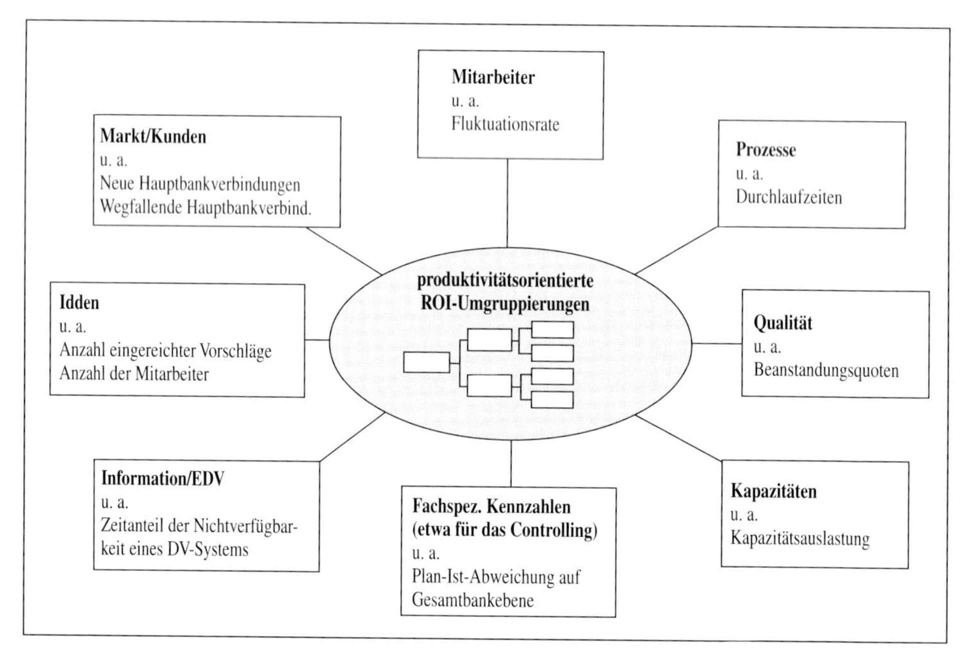

Abbildung 6: Produktivitätsorientiertes Kennzahlensystem mit Beobachtungsbereichen

nicht unbedingt rechentechnisch mit den anderen Kennzahlen verknüpft sind. Ein solches System produktivitätsorientiert zusammengestellter Beobachtungsbereiche weist eine gedankliche Nähe zum Balanced-Scorecard-Ansatz (vgl. zum Beispiel Kaplan/Norton, 1997 oder Horstmann, 1999) auf, allerdings mit einem eindeutigen operativen Schwerpunkt auf der Produktivitätssteuerung. Die Abbildung 6 zeigt ein solches System mit verschiedenen Beobachtungsbereichen, für die jeweils eine Beispielkennzahl angeführt wird.

In der Realität wird man für die Beobachtungsbereiche je nach Bedarf weitere Kennzahlen definieren, die fallweise sogar zu eigenständigen Kennzahlensystemen ausgebaut werden können, um ihrerseits eigene Steuerungsimpulse zu setzen. Besonders nahe liegend ist dies sicherlich für die Kapazitätssteuerung, das Qualitätsmanagement oder den Bereich Markt/Kunden. Die Abbildung 7 zeigt beispielhaft Kennzahlen für Produktivitätsvergleiche zwischen Filialen. Aber auch andere der in Abbildung 6 aufgeführten Beobachtungsbereiche könnten über Kennzahlen adäquat gesteuert werden, wie zum Beispiel der Entwurf eines Kennzahlensystems für das Ideencontrolling (vgl. Läge, 1999) zeigt.

Strebt man eine stärkere rechnerische Verknüpfung auch für die ergänzenden Produktivitätskennzahlen an, lässt sich dies über Ursache-Wirkungs-Hypothesen bewerkstelligen (vgl. grundsätzlich zur Vorgehensweise Coenenberg et. al., 1996, S. 363 f.), wie erneut anhand des Beispiels der Fehlerquote gezeigt werden soll. Den Zusammenhang zwischen der Fehlerquote und der Produktivität könnte man wie folgt im Kennzahlensystem abzubilden versuchen: Als Ausgangssituation sei eine Quote von 10 % fehlerhaft erfassten Orders und eine durchschnittliche Abwicklungsleistung von 50 Orders pro Mitarbeiter am Tag unterstellt. Es wird zugleich angenommen, dass eine fehlerhafte Order einen Bearbeitungsaufwand verursacht, der den einer einwandfreien Order um das fünffache übersteigt. Damit wäre es über eine Reduktion der Fehlerquote auf 5 % möglich, pro Mitarbeiter fast 64 Orders pro Tag abzuwickeln. Umgekehrt würde eine weitere Zunahme der Fehlerquote um fünf Prozentpunkte auf 15 % einen Rückgang der abwickelbaren Orders je Mitarbeiter auf knapp 44 Stück bewirken. Die Kapazitätseffekte einer veränderten Fehlerquote können nun ihrerseits der Ausgangspunkt weiterführender Analysen im ROI-Schema sein, um die Folgewirkungen einer veränderten Prozessqualität auf andere Zielgrößen zu prüfen.

Insgesamt hängt die Qualität solcher rechnerischen Verknüpfungen und Analysen natürlich von der Validität der zugrunde liegenden Ursache-Wirkungs-Hypothesen ab. Größere Ansprüche an die Genauigkeit der Ergebnisse können demzufolge frühestens nach einiger Zeit im Einsatz gestellt werden. Dies sollte jedoch den Nutzer nicht davon abhalten, solche Hypothesen aufzustellen, zu prüfen und letztendlich auch einzusetzen. Ein geschlossenes System von Kennzahlen, das es dem Kreditinstitut erlaubt, die Produktivität ursachenbezogen und zeitnah zu steuern, sollte den Aufwand alle Mal lohnen.

Intensitätskennzahlen		Leistungskennzahlen	
1.	**Bestandsaktivität**	**5.**	**Saldo je Konto**
1.1	Scheck/LS und Überweisung je KK-Konto	5.1	Saldo je KK-Konto (debitorisch)
1.2	Kassenposten je KK-Konto	5.2	Saldo je KK-Konto (Sichteinl.)
1.3	Kassenposten Spar je Sparkonto	5.3	Saldo je Darlehenskonto (k. + m.)
1.4	Kosten gesamt je Stamm-Nr.	5.4	Saldo je Darlehenskonto (langfr.)
1.5	Sparkonten gesamt je Stamm-Nr.	5.5	Saldo je Sparkonto gesetzl.
1.6	Einlagen gesamt je Konto	5.6	Saldo je Sparkonto, gesamt
		5.7	Saldo je Termineinlagenkonto
2.	**Kontaktintensität**	**6.**	**Mitarbeiterauslastung im Markt**
2.1	Kontakte gesamt je Stamm-Nr.	6.1	Kontakte je MA gesamt
2.2	Kontakte KK-Kunden je KK-Konto	6.2	Belastungen je MA gesamt
2.3	Kontakte Sparkunden je Sparkonto	6.3	von MA erstellte Überweisungen je MA
2.4	Kontakte Termineinlagen/Termineinlagenkonten	6.4	von MA erstellte Scheck/Lastschriften je MA
2.5	Anzahl Auszahlungen/Kassenposten gesamt	6.5	von MA erstellte Überweisungen und Scheck/Lastschriften je MA
2.6	Kontakte KK-Kunden/Kassenposten KK	6.6	von MA erstellte Auszahlungen je MA
2.7	Kontakte Sparkunden/Kassenposten Spar	6.7	von MA erstellte Belege gesamt
2.8	Kontakte Wertpapier/An- und Verkäufe Wertpapier	6.8	von MA erstellte Belege (in %) gesamt
3.	**Beratungsintensität**	**7.**	**Konten je Mitarbeiter im Markt**
3.1	Beratungen gesamt/Kontakte gesamt	7.1	Stamm-Nr. je MA
3.2	Beratungen gesamt je Stamm-Nr.	7.2	KK-Konten je MA
3.3	Beratung Kredit gesamt/Kreditkonten	7.3	Sparkonten je MA
3.4	Beratung Schalter/Kontakte Schalter		
4.	**Kontenbewegungsintensität**	**8.**	**Volumina je Mitarbeiter im Markt**
4.1	Kontoeröffnung KK/KK-Konten	8.1	Volumina KK-Konto (debit.) je MA
4.2	Kontoeröffnung Spar/Sparkonten	8.2	Volumina KK-Konto (Sicht.) je MA
4.3	Kontoeröffnung Termineinlagen/Termineinlagenkonten	8.3	Volumina Darlehen (k. + m.) je MA
		8.4	Volumina Darlehen (langfr.) je MA
4.4	Kontoeröffnung Depots/Depots	8.5	Volumina Darlehen gesamt je MA
4.5	Kontoeröffnung Kredit/Kreditkonten	8.6	Volumina Spar, gesetzl. je MA
4.6	Löschungen KK/KK-Konten	8.7	Volumina Spar, sonstige je MA
4.7	Löschungen Spar/Sparkonten	8.8	Volumina Spar, gesamt je MA
		8.9	Volumina Termineinlagen je MA

Abbildung 7: Kennzahlen für Produktivitätsvergleiche zwischen Filialen (vgl. Dierolf, 1987, S. 16 f.)

4. Erweiterungen zu einem systematischen Produktivitätscontrolling

Kennzahlen wurden als zentrales Instrument des Produktivitätscontrolling gekennzeichnet. Gleichwohl reicht der Einsatz von Kennzahlen alleine nicht aus. Vielmehr gilt es, aus einer vergleichsweise großen Bandbreite einsetzbarer Instrumente, genau denjenigen Instrumente-Mix zu finden, der am besten für den Einsatz in der jeweiligen Bank geeignet ist (vgl. hierzu und zum Folgenden Trost/Hahn, 2000).

Zwei weitere Bestandteile können verhindern, dass das Produktivitätscontrolling als eine mehr oder minder unkoordinierte Reihung von Aktionen und Projekten endet. Die KAIZEN-Philosophie, die sich eine kontinuierliche Verbesserung von Potenzialen, Prozessen und Produkten zum zentralen Ziel setzt, sollte die gedankliche Basis des Produktivitätscontrolling sein. Zudem sollte eine feste organisatorische Verankerung dafür sorgen, dass in der gesamten Bank gleichermaßen zielorientiert und konsistent an der Verbesserung der Produktivität gearbeitet wird.

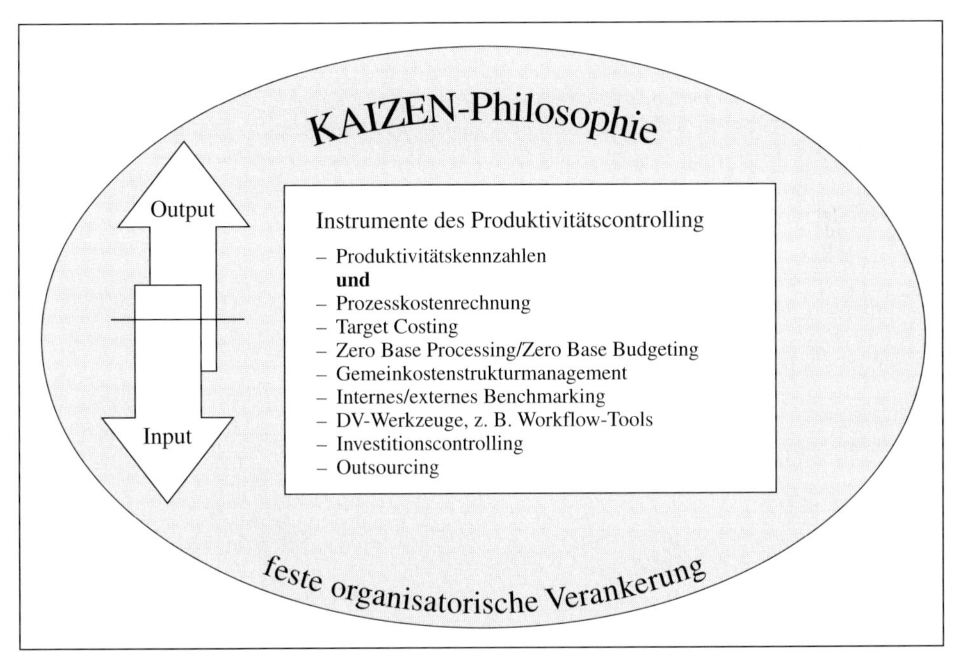

Abbildung 8: Bestandteile eines systematischen Produktivitätscontrolling (nach Trost/Hahn, 2000, S. 391)

Literaturhinweise

BOKRANZ, R./LARS K.: Qualitätssicherung im Bankbetrieb. Wiesbaden 1994.

BÜHNER, R.: Mitarbeiter mit Kennzahlen führen. In: Harvard Business Manager 3/1995, S. 55-63.

COENENBERG, A. G./FISCHER T./SCHMITZ J.: Qualitätscontrolling mit Kennzahlen. In: Controlling (8) 1996, S. 360-369.

DIEROLF, G. O: Produktivitätsanalyse – Instrument zur Aufdeckung von Leistungsreserven im Betriebs- und Marktbereich. In: Bank und Markt (16) 1987, S. 14-20.

DÜLFER, E.: Brauchen wir Frühwarnsysteme für Genossenschaftsbanken? In: ZfgG (42) 1992, S. 197-216.

EVERDING, M.: Kostenmanagement in Kreditinstituten. Frankfurt/Main 1995.

HORSTMANN, W.: Der Balanced Scorecard-Ansatz als Instrument der Umsetzung von Unternehmensstrategien. In: Controlling (11) 1999, S. 193-199.

KAPLAN, R. S./NORTON, D. P.: Balanced Scorecard. Stuttgart 1997.

LÄGE, K: Ideencontrolling mit Kennzahlen. In: Controlling (11) 1999, S. 261-266.

PEDELL, K. L.: Produktivität. In: Lexikon des Controlling. Hrsg. v. Ch. Schulte. München, Wien 1996, S. 610-614.

REICHMANN, T.: Controlling mit Kennzahlen und Managementberichten. 5. Aufl., München 1997.

ROLFES, B.: Rentabilitätsnormen als Kernstück ertragsorientierten Bankmanagements. In: Produktivitätsmanagement für Finanzdienstleister. Hrsg. Von B. Rolfes, H. Schierenbeck und S. Schüller. Frankfurt/Main 1992, S. 205-229.

SCHIERENBECK, H.: Ertragsorientiertes Bankmanagement. Band 1. 6. Aufl., Wiesbaden 1999.

TROSSMANN, E.: Kennzahlen als Instrument des Produktionscontrolling. In: Handbuch Produktionsmanagement. Hrsg. v. H. Corsten. Wiesbaden 1994, S. 519-536.

TROST, S./HAHN, K.: Systematisches Produktivitätscontrolling. In: Betriebswirtschaftliche Blätter (49) 2000, S. 390-394.

Friedrich Piaskowski / Rolf Ratzlaff

Zur Ertrags- und Risikosteuerung einer Hypothekenbank im Kontext der Mindestanforderungen an das Betreiben von Handelsgeschäften der Kreditinstitute

1. Einleitung

Seit geraumer Zeit widmet sich die Bankwirtschaft einem zentralen Thema: Der Umsetzung der Verlautbarung des Bundesaufsichtsamtes für das Kreditwesen (BAKred) zu den Mindestanforderungen an das Betreiben von Handelsgeschäften der Kreditinstitute vom 23.10.1995.[1] Der Stoßrichtung der Verlautbarung – einheitliche Mindeststandards für das Handelsgeschäft – lässt sich dabei leicht folgen. Wie mittlerweile selbst der Tagespresse zu entnehmen war, legen die teilweise erheblichen Risiken von Derivaten eine stärkere bankaufsichtliche Erfassung einschlägiger Instrumente des Handelsbuches sowie – angesichts solcher Risikopositionen – die Einrichtung eines sachgerechten Risiko-Controlling und -Management-Systems nahe. Im Konzert bankaufsichtlicher Regelwerke, die derivative Geschäfte zum Gegenstand haben, flankieren die Mindestanforderungen zudem

- die 5. KWG-Novelle in Verbindung mit der Kreditbestimmungsverordnung, die am 31.12.1995 in Kraft getreten sind[2] sowie
- die Umsetzung der Kapitaladäquanz-Richtlinie zur Beschränkung der Kredit- und Marktrisiken bei Geschäften mit Wertpapieren und Derivaten sowie aus allen Fremdwährungsgeschäften durch die 6. KWG-Novelle.[3]

Auch die Verbesserung der Publizität bei derivativen Geschäften durch bestimmte Angaben über Umfang und Risikogehalt im Jahresabschluss oder Geschäftsbericht lassen sich hier anfügen.[4]

Die Mindestanforderungen haben das Ziel, Schieflagen bei Kreditinstituten zu vermeiden. Jedoch sind die Regelungen teilweise sehr interpretationsfähig, so dass viele Kreditinstitute bis heute Komplikationen bei ihrer Implementierung erfahren haben.[5] Konflikte ergeben sich dabei oftmals auch daraus, dass die Regelungen das Handelsgeschäft einbeziehen, andere risikoträchtige Bereiche – die mitunter schwierig abgrenzbar sind – aber vernachlässigen.[6] Darüber hinaus gewährleistet die alleinige Kenntnis der Risiken einer Bank nicht zwangsläufig eine effiziente Risikosteuerung. Folgt man der Portfoliotheorie, dann liegt es nahe, Ertrag und Risiko gemeinsam zu beurteilen und hierbei das Vermögen für eine optimale Allokation zu nutzen.[7] Das Ziel des vorliegenden Beitrags besteht daher

1 Siehe BAKred 1995, S. 1-15. Die Verlautbarung ersetzt die ‚Mindestanforderungen für bankinterne Kontrollmaßnahmen bei Devisengeschäften – Kassa und Termin' (Siehe BAKred 1975) sowie die ‚Anforderungen an das Wertpapiergeschäft der Kreditinstitute' (Siehe BAKred 1980). Gleichzeitig umgesetzt werden hiermit die Richtlinien des Basler Ausschusses für das Risikomanagement im Derivativgeschäft. Siehe Basler Ausschuss 1994.

2 Siehe zu Einzelaspekten Boos/Klein 1994, S. 529-535 und 1995, S. 535-541.

3 Einzelheiten bei Schulte-Mattler/Traber 1995, S. 99-178. In jüngster Zeit Bonfig 1999.

4 Vgl. Bundesverband der Deutschen Volksbanken und Raiffeisenbanken e. V. 1995; Bundesverband deutscher Banken e. V. 1994, 1996a und 1996b; Epperlein/Scharpf 1994, S. 1629-1636.

5 Vgl. hierzu insbesondere die Erläuterungen des Amtes. Siehe BAKred 1998.

6 So auch Wohlert 1999, S. 553.

7 Vgl. Benke/Gebauer/Piaskowski 1991, S. 514-521; Piaskowski 1993; Flesch/Lichtenberg 1994, S. 46-51.

darin zu ermessen, wie die Ertrags- und Risikosteuerung einer Hypothekenbank im Kontext der Mindestanforderungen ausgestaltet werden könnte, wenn man die Erkenntnisse aus der Portfoliotheorie nutzt. Es erscheint vordringlich, zunächst einmal an die Verlautbarung des BAKred anzuknüpfen.

2. Verlautbarung des BAKred

An dieser Stelle sei allerdings davon abgesehen, diese ausführlich darzulegen und zu erläutern, weil sich die bankbetriebliche Literatur damit bereits detailliert auseinander gesetzt hat.[8] Soviel sei dennoch gesagt: Das Amt geht von *Mindest*anforderungen an das Betreiben von Handelsgeschäften aus. Die Kreditinstitute sind jedoch gehalten, diese Anforderungen entsprechend der jeweiligen Art und des Umfangs der Handelsaktivitäten zu ergänzen oder zu präzisieren. Von entscheidender Wichtigkeit ist dabei auch die Frage, wie das BAKred die Definition der Handelsgeschäfte gefasst hat. Folgt man dem Amt, dann zählen hierzu alle Kontrakte, die folgende Geschäfte zur Grundlage haben und die im eigenen Namen und für eigene oder für fremde Rechnung abgeschlossen werden: Geldmarktgeschäfte, Wertpapiergeschäfte[9], Devisengeschäfte, Edelmetallgeschäfte und Geschäfte in Derivaten[10]. Auch Vereinbarungen von Rückgabe- oder Rücknahmeverpflichtungen sowie Pensionsgeschäfte fallen unter die Kategorie der Handelsgeschäfte gemäß BAKred.

Als Kernstück der Mindestanforderungen erweist sich der Aufbau eines Risiko-Controlling und -Management-Systems,[11] dem die Verlautbarung einen eigenen Abschnitt vorbehält. Man könnte daher vermuten, dass das Bank-Controlling ein in der Praxis weniger beachtetes Gebiet darstellt. Das wäre aber falsch. Denn schon ein flüchtiger Blick zeigt, dass Controlling in den einzelnen Häusern mitunter bereits eine lange Tradition – auch im genossenschaftlichen Banksektor – hat.[12] Wenn hier von Risiko-Controlling und -Management die Rede ist, so ist allerdings zu berücksichtigen, dass dieser Terminus im Bankwesen oft genannt, aber uneinheitlich interpretiert wird. Entgegen der weit verbreiteten Definition der Begriffe Risiko-Controlling oder -Management im Sinne von (betriebswirt-

8 Siehe im Einzelnen Jacob 1995, S. 479-481; Höfer/Jütten 1995, S. 752-756; Wohlert 1999, S. 551-566. Vgl. ferner Fabritius 1995; Hagen/Jakobs 1995.

9 Einschließlich des Handels in Schuldscheinen und Namensschuldverschreibungen sowie der Wertpapierleihe, ohne Emissionsgeschäfte.

10 Hierzu zählen gemäß BAKred alle Geschäfte, deren Preis sich von einem zugrunde liegenden Aktivum, einem Referenzpreis, Referenzzins oder Referenzindex ableitet. Siehe BAKred 1995, S. 1.

11 So auch Höfer/Jütten 1995, S. 753.

12 Vgl. hierzu etwa Juncker 1971, S. 610-613; Küllmer 1974, S. 126-128; Hauschildt 1982; Schierenbeck/Seidel/Rolfes 1987; Peemöller 1993, S. 76, Fn. 5 und die dort angegebene Spezialliteratur zum Controlling in (Kredit-)Genossenschaften sowie S. 78. In jüngerer Zeit ebenso Köpf 1995, S. 58-59. Siehe ferner Selbach 1987, S. 221-235. Allgemein zur Unternehmensführung des einzelnen Bankbetriebes auch bereits Hahn 1977.

schaftlich) Steuerung, Lenkung *und* Überwachung[13] oder (kybernetisch) Regelung[14] der einzelnen Bank-Managementbereiche versteht das BAKred hierunter bestimmte Begriffsinhalte, die insbesondere die Begrenzung der Risiken zum Gegenstand haben, die mit den Handelsgeschäften verbunden sind, und zwar unter

- Risiko-Controlling: Messung und Überwachung der betreffenden Risikopositionen sowie die Analyse des mit ihnen verbundenen Verlustpotenzials – also im wesentlichen eine Kontrollfunktion (beschrieben ist damit die Aufgabe des Controllers),
- Risiko-Management: Steuerung der Risikopositionen – also im wesentlichen die Planungs- und Entscheidungsfunktion (beschrieben ist damit vor allem die Aufgabe des Treasurers).

Nicht verborgen bleiben darf jedoch, dass das Ziel auch darin besteht, das System in ein möglichst alle Geschäftsbereiche der Bank umfassendes Konzept zur Risikoüberwachung und -steuerung einzugliedern und vergleichbare Risiken aus Nichthandelsaktivitäten erfassen und analysieren zu helfen.

Gemäß BAKred muss das so verstandene Risiko-Controlling und -Management-System entsprechend dem Umfang, der Komplexität und dem Risikogehalt der Geschäfte, die betrieben oder beabsichtigt sind, ausgestaltet sein. Das klang bereits an. Auch sind die allgemeine geschäftspolitische Ausrichtung des Kreditinstituts, die allgemeinen Handelsusancen und die sonstigen Marktgegebenheiten bei seiner Konzeption zu berücksichtigen. Zu erfassen und zu quantifizieren hat es vor allem die Marktpreisrisiken, die mit den Handelsgeschäften verbunden sind. Darüber hinaus muss auf Veränderungen in den marktmäßigen und organisatorischen Rahmenbedingungen kurzfristig reagiert werden können. Die Elemente des Systems sind detailliert zu dokumentieren, mindestens jährlich zu überprüfen und fortlaufend weiterzuentwickeln. Weil die Mindestanforderungen kein bestimmtes Risiko-Controlling und -Management-System festlegen, können die einzelnen Institute ausgefeilte interne Risikomodelle, aber auch einfache Verfahren ins Auge fassen, um Aussagen über mögliche Verluste zu treffen. In jedem Fall gilt es, die ermittelten Risikowerte fortlaufend mit der tatsächlichen Entwicklung zu vergleichen. Ergeben sich größere Abweichungen zwischen Modellergebnissen und tatsächlichen Entwicklungen, ist das Modell anzupassen. Dem BAKred zufolge sind die Handelsgeschäfte und die zugehörigen Risikopositionen regelmäßig auf die Verlustrisiken hin zu untersuchen, die diese implizieren. Dabei geht es dem Amt auch darum, auf den ‚schlimmsten Fall' bezogene Szenarien in Betracht zu ziehen. Insbesondere zu berücksichtigen sind außergewöhnliche Marktpreisänderungen, Störungen der Liquidität der Märkte und Ausfälle großer Marktteilnehmer.

Über die Ergebnisse einschlägiger Untersuchungen ist die Geschäftsleitung zu unterrichten. Sie hat – unter Berücksichtigung der Eigenkapitalausstattung und der Ertragslage –

13 Zuletzt Schierenbeck 1999, S. 1.

14 Vgl. hierzu und zur Abgrenzung der Begriffe Regeln und Steuern im Bankwesen Ratzlaff 1995, insbesondere S. 12. Siehe auch Lehmann 1975, Sp. 2411-2424; Schauer 1992, vor allem S. 271 f.; Peemöller 1993, S. 76-78.

eine Verlustobergrenze festzulegen. Ausgehend von dieser Grenze ist auf der Grundlage der Analyseergebnisse des Risiko-Controlling ein System risikobegrenzender Limite einzurichten, wobei sich die Limite sowohl auf Adressenausfall- als auch auf Marktpreisrisiken beziehen. Ergeben sich Änderungen in der Risikoeinschätzung, sind die Limite unverzüglich anzupassen. Sämtliche Einzelrisiken – die in den Geschäftsbereichen und Risikoarten bestehen – sind mindestens einmal täglich zum Geschäftsschluss zu Gesamtrisikopositionen zusammenzufassen. Auch sind sie spätestens bis zum Geschäftsbeginn des nächsten Geschäftstages unter Auflistung der einzelnen Risikoarten darzustellen. Hervorgehoben sei noch, dass Handelsgeschäfte nur mit Vertragspartnern getätigt werden dürfen, für die Kontrahentenlimite eingeräumt wurden. Die Limite zur Begrenzung der Marktpreisrisiken sollen sich auf die Verlustrisiken bei aktuellen und möglichen Marktpreisveränderungen beziehen. Nicht zuletzt sind etwaige Liquiditätsrisiken, rechtliche Risiken und Betriebsrisiken zu beachten.[15]

Nachdem diese Punkte sichergestellt sind, erhebt sich zunächst einmal die Frage, inwieweit Hypothekenbanken der Verlautbarung des BAKred überhaupt unterliegen. Erst in einem weiteren Schritt empfiehlt es sich, die Aufmerksamkeit auf die Gestaltungsmöglichkeiten der Ertrags- und Risikosteuerung zu richten.

3. Anwendungsbereich aus der Sicht der Hypothekenbanken

Im Folgenden erscheint es nützlich, sich von vornherein auf die Ergebnisse des Ausschusses für Rechnungswesen des Verbandes Deutscher Hypothekenbanken zu stützen, um die Bedeutung der Verlautbarung des BAKred für die Hypothekenbanken zu ermessen. Denn der Ausschuss hat sich mit der aufgeworfenen Frage in einem Arbeitskreis befasst.[16] Für dieses Vorgehen spricht auch, dass man das Problem auf diese Weise praxisnah angeht. Folgt man dem Arbeitskreis, dann lässt sich unter Bezugnahme auf das Hypothekenbankgesetz konstatieren, dass Hypothekenbanken keinen Handel im üblichen Sinne betreiben dürfen.[17] Das könnte den Eindruck entstehen lassen, solche Banken seien als Nicht-Handelsbuchinstitute von der Verlautbarung des BAKred ausgenommen. Dieser Eindruck trügt jedoch. Denn das Amt hat die Definition der Handelsgeschäfte so weit gefasst, dass Hypothekenbanken allgemein nicht außer Acht gelassen werden können. Die Besonderheiten des Hypothekenbankgeschäftes bleiben in der Verlautbarung jedoch unberücksich-

15 Einen gesonderten Punkt stellt die Organisation der Handelstätigkeit dar. Abgesehen von Einzelfragen – etwa der zeitnahen Überwachung des Risikogehalts der Handelsgeschäfte durch die Geschäftsleitung – ist hier oberster Grundsatz für den Arbeitsablauf eine funktionale Trennung von Handel, Abwicklung und Kontrolle, Rechnungswesen sowie Überwachung. Regelungen für Revisionen und für spezielle Geschäftsarten runden die Verlautbarung ab. Vgl. BAKred 1995, S. 8-13.

16 Siehe zur näheren Ausführung Verband Deutscher Hypothekenbanken e. V. 1995b.

17 Vgl. hierzu §§ 1 und 5 HBG, in: Verband Deutscher Hypothekenbanken (Hrsg.) 1999. Zur Zuordnung der Bestände und Geschäfte der Institute zum Handelsbuch und zum Anlagebuch BAKred 1999.

tigt. Das kann allerdings wenig überraschen, weil die verschiedenen Erleichterungen, die das Amt unter Berücksichtigung von Art und Umfang etwaiger Handelsaktivitäten einräumt, bereits darauf hindeuten. Auch die Gestaltung des Risiko-Controlling und -Management-Systems des einzelnen Instituts richtet sich nach diesem Umfang, der Komplexität und dem Risikogehalt der Handelsgeschäfte. Sind Elemente des Systems in einer Hypothekenbank zu schaffen, so sei nachfolgend geprüft, ob sich nicht die Grundlagen der Portfoliotheorie integrieren lassen.

4. Integrierter Ansatz der Ertrags- und Risikosteuerung

Schon angeschnitten ist damit die Frage, auf welche Weise einschlägige Bausteine aus der Sicht einer Hypothekenbank ausgestaltet werden könnten. Das Ziel mag dabei nun darin bestehen, auf alle relevanten Punkte detailliert einzugehen. Es muss jedoch bescheidener sein, da eine erschöpfende Analyse den hier verfügbaren Rahmen bei weitem sprengte. Sinnvoller erscheint es deshalb, besonders wichtige und aufschlussreiche Fragen herauszugreifen.

Geht es dabei zunächst einmal um den Umfang der Handelsaktivitäten im Sinne des BAKred, so sind aus der Sicht einer Hypothekenbank Geschäfte in Derivaten, Wertpapiergeschäfte in fremden Wertpapieren (Wertpapiere der Liquiditätsreserve) und Geldmarktgeschäfte besonders zu beachten, auch deshalb, weil sie im Zusammenhang mit der Disposition – der Treasury – stehen. Diese hat die Marktpreisrisiken auch der Handelsgeschäfte zu steuern und etwa außergewöhnliche – aktuelle oder mögliche – Marktpreisänderungen sowie eine Störung der Liquidität der Märkte zu bedenken. Einen wichtigen Punkt kann man im betrachteten Zusammenhang daher darin sehen, dass bei Handelsgeschäften und den zugehörigen Risikopositionen Verlustrisiken in Betracht zu ziehen sind, die auf den schlimmsten Fall bezogene Szenarien implizieren. Weiterhin sei daran erinnert, dass die Geschäftsleitung unter Berücksichtigung der Eigenkapitalausstattung und der Ertragslage eine Verlustobergrenze festzulegen und ein System risikobegrenzender Limite in Bezug auf Adressenausfall- und Marktpreisrisiken einzurichten hat. Schließlich empfiehlt es sich, ein Licht auf das geforderte umfassende Konzept zur Risikoüberwachung und -steuerung zu werfen, in das möglichst alle Geschäftsbereiche der Bank einzugliedern sind. Denn ein (integriertes) Risiko-Controlling und -Management hat auch die Aufgabe, vergleichbare Risiken aus Nichthandelsaktivitäten erfassen und analysieren zu helfen. Dabei könnten sich grundlegende Erkenntnisse aus der Portfoliotheorie (Portfolio Selection) als nützlich erweisen.

4.1 Grundlagen der Portfoliotheorie

Die (mikroökonomische) Portfoliotheorie[18] betrachtet einen gegebenen Vermögensbestand, der auf unterschiedliche Vermögensobjekte wie Finanz- oder Realanlagen verteilt wird. Die einzelnen Vermögensobjekte differieren hierbei im Hinblick auf den erwarteten Ertrag oder die Wertentwicklung [Performance (siehe 4.2.2)] und den Risikograd. Ein höherer Ertrag aus einem Vermögen lässt sich in dieser Sicht nur mit einem vergrößerten Risiko erzielen. Je breiter man das Vermögen jedoch auf verschiedene Anlageobjekte verteilt (Diversifikation), desto geringer wird in der Regel das Risiko eines gegebenen Portefeuilles. Dessen Optimum bestimmt neben den Erwartungen des Anlegers auch die Risikoeinstellung. Die Portfolio Selection hat sich als sehr hilfreich etwa für das Management von Wertpapierdepots oder Investmentfonds erwiesen. Seit einiger Zeit nutzen allerdings auch neuere Ansätze des Bankmanagements die Grundlagen der Portfoliotheorie, indem diese eine Bank als ein großes Portefeuille sehen.[19] Das mag auch für eine Hypothekenbank hilfreich sein.

4.2 Die Bank als Portefeuille

Sieht man eine Bank als Portefeuille, das – unter Ertrags- und Risikogesichtspunkten – auf unterschiedlichen Märkten oder in verschiedenen Teilportefeuilles investiert ist, dann entspricht die Position der Bank grundsätzlich der eines Kapitalanlegers. Gegenüber der reinen Vermögensanlage des Anlegers werden Banken in aller Regel aber noch geneigt sein, Fremdkapital aufzunehmen und den Leverage-Effekt zur Erlangung einer höheren Rentabilität zu nutzen. Betrachtet man eine Bank derart, dann stellen Ertrag (Performance) und Risiko die Komponenten zur effizienten Portfoliosteuerung dar.[20] Bevor diese Punkte zur Sprache kommen, ist aber noch offen, was im betrachteten Kontext unter Vermögen zu verstehen ist.

4.2.1 Vermögen

Bewertet man alle Bilanzpositionen und außerbilanziellen Positionen zu Marktpreisen und subtrahiert die Passiva von den Aktiva, dann erhält man eine Residualgröße, die das aktuelle (Rein-)Vermögen einer Bank darstellt. Dieses marktgerecht bewertete Vermögen – der Substanzwert der Bank – lässt sich als ein Barwert aus allen Ein- und Auszahlungen in der Totalperiode interpretieren. Bevor eine Bank ihr Vermögen investiert und ihre Geschäftsaktivitäten abschließend plant, ist in aller Regel jedoch noch das für sie insgesamt tragbare Risiko erheblich, das heißt die maximal erlaubte Abweichung von ihrem erwarteten Reinvermögen. Diese Abweichung sei nachfolgend als Risikovermögen bezeichnet, das

18 Siehe zu den wissenschaftlichen Grundlagen einer optimalen Portfolio Selection Markowitz 1959. Vgl. auch Sharpe 1981; Uhlir/Steiner 1986.

19 Siehe in zeitlicher Abfolge Benke/Gebauer/Piaskowski 1991; Benke/Flesch 1991; Piaskowski 1993; Flesch/Lichtenberg 1994, auf die sich die nachfolgenden Ausführungen stützen.

20 Vgl. etwa Flesch/Lichtenberg 1994, S. 40.

verschiedene Bankeinheiten wie die Treasury für ihre Aktivitäten nutzen können. Unterteilt man daher das Gesamtportefeuille in Untermengen und stützt sich implizit auf das Konzept der zahlungsstrukturkongruenten Bewertung[21] von Engagements, dann gelingt es auch, alle Zahlungsströme des Teilportefeuilles abzugrenzen, über das in aller Regel ein Treasurer als Portfoliomanager[22] disponiert, wenn es darum geht, Rentabilität und Marktpreisrisiken zu steuern. Um den Abschnitt in einem überschaubaren Rahmen zu halten, konzentrieren sich die weiteren Ausführungen allein auf die Ertrags- und Risikostruktur der Bankaktivitäten, die Marktpreisrisiken unterliegen können. Im Hinblick auf die Steuerung von Ausfall- oder Kostenrisiken sind aber ähnliche Ansätze denkbar.[23] Von den Punkten, die im vorliegenden Abschnitt zu klären sind, verbleiben schließlich noch Ertrag (Performance) und Risiko als Komponenten einer effizienten Portfoliosteuerung.

4.2.2 Ertrag (Performance) und Risiko als Komponenten einer effizienten Portfoliosteuerung

Der Ertrag eines Portefeuilles lässt sich als Barwert kennzeichnen. Da es nachfolgend darum geht, das Ergebnis der Treasury herauszustellen, seien die Erträge (Barwerte) aus Kundengeschäften hier vernachlässigt. Vergleicht man den Barwert aus der Disposition am Ende einer Periode mit dem Barwert am Anfang dieser Periode, dann kann man eine Performance-Rechnung als Maß für die Aktivitäten eines Treasurers aufmachen. Zwischenzeitliche Ein- und Auszahlungen sind dabei zu berücksichtigen. Die Rechnung ist überdies von den Ein- und Auszahlungen wie Kapitalerhöhungen oder Lohn- und Gehaltszahlungen zu entlasten, die der Treasurer nicht zu verantworten hat. Die Performance lässt sich allgemein wie folgt ausdrücken:

$$P = 1 + \frac{K_{tE} - K_{tA}}{K_{tA}}; \text{ wobei}$$

K_{tE} = Barwert am Ende der Periode, K_{tA} = Barwert am Anfang der Periode, P_1 = Performance in Teilperiode 1. Eine multiplikative Verknüpfung der Performance etwaiger Teilperioden führt zur Gesamtperformance P. Bei einer Betrachtung zweier Perioden ergibt sich daher die Gesamtperformance als $P = P_1 \cdot P_2$.[24] Für eine Hypothekenbank mag man

21 Dieses Konzept stellt – im Rahmen der Marktpreismethode – sicher, dass sich die Zahlungsströme eines Kreditgeschäfts und die Refinanzierung zu jedem zukünftigen Termin ausgleichen. Wiederanlageprobleme und Zinsrisiken beim Einzelgeschäft treten daher nicht auf. Der Erfolg eines Neugeschäfts schlägt sich bei diesem Vorgehen als Barwert in der Kasse nieder. Für die Steuerung von etwaigen Zahlungsstrominkongruenzen und damit der Marktrisiken ist allein die Treasury zuständig. Siehe zur näheren Ausführung Flesch/Piaskowski/Sievi 1984, S. 363 f.; Flesch/Piaskowski/Seegers 1987, S. 486-488; Benke/Gebauer/Piaskowski 1991.

22 Vgl. zu diesem Verständnis der Treasury insbesondere Benke/Gebauer/Piaskowski 1991, S. 516; Flesch/Lichtenberg 1994, S. 45. Daneben Rolfes/Schierenbeck/Schüller (Hrsg.) 1994.

23 Vgl. Piaskowski 1993; Gerdsmeier/Krob 1994.

24 Siehe für eine Beispielrechnung bereits Benke/Gebauer/Piaskowski 1991, S. 515. Vgl. auch Piaskowski 1993. Bildet man alle Teilportefeuilles einer Bank als Barwertrechnung ab, führt das zur tatsächlichen Vermögensänderung des Gesamtportefeuilles.

es für vertretbar halten, solche Rechnung monatlich zu erstellen und darüber hinaus einschlägige Marktindizes als Benchmarks heranzuziehen, um den Performance-Wert zu beurteilen. Den Erfolg des Treasurers auch einer Hypothekenbank kann man dann unter anderem im Überschreiten des Investitionsgrades einer Zinsbindung bei dort gegebener überdurchschnittlicher Performance sehen.[25]

Im Gegensatz zu Ertrag oder Performance lässt sich Risiko vergleichsweise einfach definieren. Folgt man der Portfoliotheorie, dann stellt Risiko die Schwankung um den erwarteten Ertrag dar. Erwartet eine Bank oder ein Treasurer aus einem Engagement eine bestimmte Rendite, ist die Abweichung von dieser Rendite das Risiko.[26] Im Hinblick auf Handelspositionen liegt es auch nahe, Risiko als Value-at-Risk auszudrücken. Der in einem Betrachtungszeitpunkt bestimmte Value-at-Risk ist dann als DM-Verlust einer Handelsposition definiert, der nur mit einer vorgegebenen Wahrscheinlichkeit p (Konfidenzniveau von 1 – p) während einer bestimmten Halteperiode überschritten wird.[27] Auf diesem Weg erhält man eine Verlustgröße, die prinzipiell einen positiven Betrag ausmacht. Definiert man Risiko – wie oben – im Sinne der Portfoliotheorie, dann kann man auch von einer Schwankung der Ist-Performance um die erwartete Performance sprechen. Das Ziel für einen Treasurer wird dabei in aller Regel darin bestehen, den am Beginn des Planzeitraumes ermittelten Barwert innerhalb vorgegebener Risikolimitierungen zu maximieren. Durch die Abbildung des Erfolgs als Barwert, wird auch auf diesem Weg das Risiko in absoluten DM-Beträgen sichtbar. Alle Teilportefeuilles einer Bank lassen sich auf diese Weise vergleichbar machen.

4.3 Instrumente zur Risikoquantifizierung

Um ein verlässliches Bild von der Risikosituation zu erhalten, benötigt der Treasurer – gestützt auf den Controller – schließlich geeignete Instrumente, die ihn unter anderem über die zukünftigen Zahlungsstrominkongruenzen in Kenntnis setzen. Hierfür bietet sich eine Cash-Flow-Rechnung an, die zunächst einmal die festen Zahlungsströme der Grundgeschäfte wie Immobilienkredite, Kommunalkredite etc. entsprechend darstellt. Derivate mit deterministischem Charakter wie Swaps müssen des weiteren in Cash Flows übersetzt werden. Ein kurzer Blick auf die heutige Praxis der Hypothekenbanken lässt jedoch bereits verschiedene Grundgeschäfte erkennen, die einen zunehmend optionalen Charakter tragen. Erinnert sei in diesem Zusammenhang an das Kündigungsrecht des Schuldners gemäß § 609a Abs. 1 Nr. 3 BGB oder an entsprechende zwischenzeitliche Kündigungsberechtigungen. Entgegen oftmals geübter Praxis kann man diese Geschäfte nicht sachgerecht in einen deterministischen Cash Flow übersetzen und alle Risiken abbilden. Vielmehr ist es erforderlich, solche Geschäfte über eine Optionssoftware zu bepreisen und zu bewerten. Auch bei optionalen Derivaten wie etwa Swaptions ist analog vorzugehen.[28]

25 Siehe Benke/Gebauer/Piaskowski 1991, S. 516.

26 Vgl. etwa auch bereits Piaskowski 1993; Flesch/Lichtenberg 1994, S. 45 f. Siehe ebenso Benke/Flesch/Piaskowski 1989, S. 434 f.

27 Für viele Johanning 1998, S. 20-24.

28 Vgl. hierzu auch Benke/Piaskowski/Sievi 1995.

Nur die sachgerechte Berücksichtigung aller relevanten Cash Flows führt zu einer effizienten Portfoliosteuerung. Dass Hypothekenbanken im Übrigen die gebräuchlichen Instrumente nutzen, die die Kursentwicklung (fremder) Wertpapiere quantifizieren helfen, die in die Performance eingeht, versteht sich von selbst.

Es lässt sich folgendes Zwischenfazit ziehen: Die Betrachtung der Treasury einer Hypothekenbank als Teilportfolio ermöglicht, Ertrag (Performance) und (Markt-)Risiko gemeinsam zu quantifizieren. Offen ist noch die Frage nach der Höhe des maximal zulässigen Risikos dieser Art. Hierzu ist in Überlegungen zur Risikopolitik einzutreten.

4.4 Risikopolitik

Der Treasurer hat auf Limite zu achten. Das klang bereits an. Zwar wird er bei seiner Disposition das Marktrisiko – als Schwankung des Barwertes um den erwarteten Ertrag – beachten, gleichfalls muss er in aller Regel jedoch die zulässige Obergrenze kennen, bis zu der Risiken dieser Art schlagend werden dürfen. Im hier dargelegten Ansatz greift die Regel, dass sich eine solche Grenze sachgerecht nur im Rahmen der Gesamtbankplanung durch die Unternehmensleitung festlegen lässt. Denn dieser fällt die Aufgabe zu, Märkte, Geschäftsfelder oder Aktivitäten, die jeweils durch Erträge und Risiken gekennzeichnet sind, auf der Basis einer Gesamtstrategie auszuwählen und das insgesamt tragbare Risiko zu fixieren. Ohne die gleichzeitige Erfassung aller Bankrisiken, kann man das tolerierbare Marktrisiko normalerweise nicht ermitteln. Dieses Vorgehen zieht auch die Entscheidung nach sich, das gesamte Risikodeckungspotenzial zu bemessen und – unter Beachtung eines vom Vorstand beschlossenen Normportfolios – auf einzelne Risikokategorien aufzuteilen. Dieser Punkt sei hier noch etwas näher angesprochen. Legt der Vorstand das Risikovermögen fest, dann muss die Summe aller Risikolimite der Teilperioden dieses Risikovermögen ergeben. Unterliegt daher die zukünftige Unternehmensentwicklung einem worst-case, so werden alle Risikolimite ausgenutzt. Für diesen Fall weicht der erzielte Ertrag in Höhe der Limite vom erwarteten Ertrag ab. Geht es schließlich darum, das Risikovermögen unter Beachtung der im Normportfolio festgelegten Ertrags-/Risiko-Präferenz zu verteilen, so wird folgendes als zweckmäßig erachtet: Der Controller unterbreitet dem Vorstand – gestützt auf die vom Treasurer zur Erfüllung der Ertrags-/Risiko-Präferenz vorgenommene Aufteilung des Risikovermögens auf die Aktivitäten mit Marktpreisrisiken – einen Gesamtvorschlag für die Verteilung des Risikovermögens auf die einzelnen Tätigkeitsfelder. Alle Aktivitäten in Bezug auf Marktpreisrisiken sind an dieser langfristig ausgelegten Strategie auszurichten. [29]

Mitunter hört oder liest man, dass es sich anbietet, die Marktrisikosteuerung durch Volumenslimite zu flankieren. Man wird diese Position nicht immer teilen mögen. Denn der erläuterte Value-at-Risk-Begriff ist für interne Modelle vom Amt gefordert und als Standard weithin akzeptiert, so dass Volumenslimite in diesem Lichte lediglich eine ergänzende Rolle spielen. Nur ergebnisorientierte Limite[30] helfen, eine unzulässige Beeinflussung

29 Siehe Piaskowski 1993; Flesch/Lichtenberg 1994, S. 49 f.

30 Vgl. hierzu bereits Benke/Flesch/Piaskowski 1989, S. 434 f.

des bankbetrieblichen Gesamtergebnisses verlässlich zu vermeiden. Das Ziel solcher Limite besteht darin, dass die Performance – hier der Treasury – bei einer Veränderung des Marktes um einen festgelegten Prozentsatz nicht um mehr als einen beschlossenen Betrag sinken darf.[31] Dass sich die Leistung sachgerecht nur durch die Abweichung der Ist-Performance von der Markt-Performance messen lässt, liegt auf der Hand. Denn in ihrer strategischen Ausrichtung ist die Bank von der Performance des betreffenden Marktes ausgegangen. An dieser Stelle verdient noch ein weiterer Punkt Erwähnung. Das strategische Normportfolio, das die Unternehmensleitung festgelegt hat, beinhaltet Erträge und Risiken. Letztere werden im Zweifel die höchsten sein, so dass Treasury und Handelsbereiche die Strategie nicht überkompensieren können.

Nach diesen Ausführungen erscheint folgende Aussage vertretbar: Das integrierte Vorgehen versetzt das Controlling in die Lage, unterschiedliche Ertrags-/Risikoprofile von eingegangenen Marktpreisrisiken gegenüberzustellen und eine Allokation des Vermögens zu induzieren, die auf eine optimale Zusammensetzung der Geschäftstätigkeit auch der Treasury abzielt. Über die Feststellung des Vermögenswertes am Anfang und am Ende der Periode lassen sich schließlich alle Entscheidungen innerhalb der Berichtsperiode den während dieser Zeit Verantwortlichen zurechnen. Wie ist – für die Zwecke einer Hypothekenbank – das integrierte Konzept der Ertrags- und Risikosteuerung im Kontext der Mindestanforderungen an das Betreiben von Handelsgeschäften zu beurteilen? Dieses ist dem folgenden Abschnitt vorbehalten.

5. Aussagefähigkeit des dargelegten Konzepts im Kontext der Mindestanforderungen an das Betreiben von Handelsgeschäften und Ausblick

Hypothekenbanken betreiben Handelsgeschäfte im Sinne des BAKred, wenn Geschäfte in Derivaten, Wertpapiergeschäfte in fremden Wertpapieren[32] und Geldmarktgeschäfte[33] getätigt werden, so dass hierbei grundsätzlich auch Marktpreisrisiken auftreten können. Weil der Einsatz von Derivaten für Hypothekenbanken eine zentrale Bedeutung erlangt hat, richtet sich das Augenmerk im Folgenden auf Geschäfte dieser Art. Erinnert sei dabei zunächst einmal daran, dass den betreffenden Banken ein Handel in Derivaten gemäß §§ 1 und 5 HBG prinzipiell untersagt ist.[34] Es ist daher in Theorie und Praxis verbreitet, dass solche Banken Derivate als Sicherungsgeschäfte abschließen. Auch bei Makrohedges (Be-

31 Siehe Piaskowski 1993.

32 Der Erwerb solcher Wertpapiere dient aus der Sicht einer Hypothekenbank vorrangig der (mittelfristigen) Anlage verfügbarer Gelder.

33 Betreiben Hypothekenbanken Geschäfte dieser Art gemäß § 5 HBG, so geschieht das oftmals im Umfang der Liquiditätsplanung, das heißt man gleicht Spitzen (Aufnahme und Anlage) aus, die sich aus den Haupt- und Nebengeschäften der betreffenden Bank ergeben. Daß sich solche Geschäfte im übrigen auch für die Transformation von Zinsbindungsfristen einsetzen lassen, versteht sich von selbst.

34 Vgl. Verband Deutscher Hypothekenbanken (Hrsg.) 1999.

tragskongruenz von Derivativ- und Grundgeschäft) wird eine Hypothekenbank daran interessiert sein, das Risiko dauerhaft zu begrenzen und das Streben nach Zusatzprofits zurücktreten zu lassen.[35] Die zentrale Bedeutung der Derivate wird offenkundig, wenn man sich deren Einsatz insbesondere vom Marktsegment der Jumbo-Pfandbriefe her veranschaulicht. Denn die Internationalisierung des Pfandbriefmarktes lässt die Hypothekenbanken zunehmend Jumbos in der Form von Hypothekenpfandbriefen begeben, wobei das emittierte Volumen in einer Welt ohne Derivate erst sukzessive im zu akquirierenden Kreditgeschäft gebunden wäre und daher zu Klumpenrisiken führte. Dreht man jedoch solch (festverzinslichen) Jumbo in Kombination mit einem Receiver-Swap in variabel und in der Folgezeit mit einem Payer-Swap wieder in fest, ist das Klumpenrisiko vermeidbar. Im dargelegten Konzept wird die Steuerung einschlägiger Marktrisiken aus den genannten Geschäften (das Risiko-Management) bei der Treasury angesiedelt. Diese hat dabei auch außergewöhnliche aktuelle und mögliche Marktpreisänderungen sowie eine Störung der Liquidität der Märkte für ihre Entscheidungen zu erwägen und deren Wirkungen – gestützt auf den Risiko-Controller – in den Limiten anzurechnen. So kann etwa ein Marktwechsel vom Rentenmarkt zum Swapmarkt von nöten sein, dessen Geschäfte aufgrund einschlägiger Risiken unter die Mindestanforderungen fallen. Im Kontext der Verlautbarung des BAKred erscheint die bisher skizzierte Verfahrensweise sachgerecht, auch deshalb, weil sich mit der Treasury eine zentrale Stelle der Marktpreisrisikosteuerung widmet, die einschlägige Risiken aus Handelsgeschäften, aber auch aus anderen Bankaktivitäten – gemeinsam mit dem Controlling – unter Kontrolle hält. Auf diese Weise dürfte die zentrale Bedeutung, die das Amt den Marktpreisrisiken allgemein zuerkennt, angemessen Berücksichtigung finden. Deutlich für diese Aussage spricht auch die Verwendung einer Cash-Flow-Gesamtdarstellung.

Folgt man der Verlautbarung weiter, dann ist unter Berücksichtigung der Eigenkapitalausstattung und der Ertragslage eine Verlustobergrenze festzulegen. Auch hat eine Bank ein System risikobegrenzender Limite einzurichten. Der vorstehend skizzierte Ansatz ergebnisorientierter Limite dürfte dabei bereits klar hervortreten lassen, dass das im Hinblick auf alle Bankaktivitäten entsprechend verteilte Risikovermögen – auch bei Vorliegen eines worst-case – nicht überschritten wird. Von einer weitergehenden Diskussion über diesen Punkt mag man den vorliegenden Beitrag daher entlasten. Die geforderte Festlegung der Verlustobergrenze unter Berücksichtigung von Eigenkapitial und Ertrag verdient dagegen genauere Betrachtung. Der hier gewählte Ansatz gewährleistet dabei zunächst einmal eine Ableitung der Verlustobergrenze für verschiedene Geschäftsbereiche und Aktivitäten aus der Gesamtplanung. Das wird weithin gefordert und erhebt in der Regel keinen Widerspruch. Bei der Berücksichtigung von Eigenkapital und Ertrag geht der Ansatz im betrachteten Zusammenhang jedoch einen anderen als den üblichen Weg. Denn die Bewertung aller Bilanz- und außerbilanziellen Positionen zu Marktpreisen führt zum marktgerecht bewerteten Reinvermögen der Bank. Es gibt deren Substanzwert – als Barwert aus allen Ein- und Auszahlungen in der Totalperiode – korrekt wieder. Diese Aussage trifft auf das bilanziell ausgewiesene Eigenkapital dagegen nicht zu. Es unterliegt den handelsrechtlichen Bewertungsvorschriften und weist das tatsächliche Reinvermögen, das für betriebs-

35 Siehe hierzu auch Bonfig 1995, insbesondere S. 33 f.

wirtschaftliche Planungs- und Steuerungsprozesse heranzuziehen ist, nicht sachgerecht aus.

Führt man den Gedanken konsequent weiter, dann ist auch der Risikobegriff der Rechnungslegung für betriebswirtschaftliche Zwecke ungeeignet, wie die Bewertungsproblematik von Wertpapieren deutlich erkennen lässt. Vielmehr erscheint es – wie hier vorgeschlagen – zweckmäßig, Risiko als Schwankung um den erwarteten Ertrag zu definieren und Ertrag darüber hinaus nicht wie in der Gewinn- und Verlustrechnung als Periodengröße zu sehen, sondern als Barwert auszuweisen, der die Vorzüge einer Performance-Rechnung ermöglicht. Auch das erscheint im Sinne einer ganzheitlichen Steuerung der Marktpreisrisiken sachgerecht und im Lichte der Portfoliotheorie geboten, die Ertrag und Risiko für eine effiziente Risikosteuerung gemeinsam heranzieht, um zudem das Vermögen für eine optimale Allokation zu nutzen. Im betrachteten Zusammenhang erweist sich die Rechnungslegung daher als strenge Nebenbedingung, nicht als impulsgebende Größe.[36] Das beschriebene Vorgehen lässt sich im Kontext der *Mindest*anforderungen schließlich als ein Aspekt der Ergänzung und Präzisierung verstehen, die das Amt in Verbindung mit Art und Umfang der Handelsaktivitäten nachgerade verlangt.

Abschließend sei hier noch ein Blick auf das geforderte umfassende Konzept zur Risikoüberwachung und -steuerung geworfen, in das möglichst alle Geschäftsbereiche der Bank einzugliedern sind, so dass sich auch Risiken aus Nichthandelsaktivitäten erfassen und analysieren lassen. Wie man leicht erkennen kann, ermöglicht der vorgestellte Ansatz zur Ertrags- und Risikosteuerung über die Treasury hinaus, alle bankbetrieblichen Geschäftsbereiche und Aktivitäten in einer geschlossenen Rentabilitäts- und Risikosteuerung zu integrieren. Das macht auch deshalb Sinn, weil es für den Treasurer einer Hypothekenbank nahe liegt, Marktpreisrisiken aus Handelsgeschäften und anderen Bankaktivitäten zusammen zu steuern. Denn der Umfang der Handelsaktivitäten solcher Banken ist mit Blick auf deren geschäftspolitische Ausrichtung nicht frei von den Hauptgeschäften zu sehen. Auch gewährleistet die alleinige Kenntnis der Risiken einer Bank nicht zwangsläufig eine effiziente Risikosteuerung. Es empfiehlt sich – wie mehrfach gefordert – Ertrag und Risiko gemeinsam zu beurteilen. Die Übertragung des Ansatzes auf die Steuerung von Ausfall- oder Kostenrisiken könnten die integrierte Ertrags- und Risikosteuerung dabei abrunden.

Wie sich ergab, lässt sich eine ganzheitliche Steuerung der Marktpreisrisiken auf der Basis barwertiger Abbildungen auch in einer Hypothekenbank realisieren und über eine Integration von Performance und Risiko eine optimale Allokation des Vermögens induzieren. Durch das beschriebene Vorgehen wird ein fortlaufender Vergleich der Risikowerte mit der tatsächlichen Entwicklung ermöglicht, so dass die Unternehmensleitung täglich über die betreffende Gesamtrisikoposition Kenntnis erhält. Im Kontext der Verlautbarung des BAKred erweist sich das integrierte Konzept als zielführend, wobei es strengere als die *Mindest*anforderungen erfüllt und deren Anwendungsbereich ergänzt. Das Konzept wird, über die bekannten Elemente des Risiko-Controlling und -Management hinaus, entsprechend den besonderen Bedürfnissen fortlaufend weiterzuentwickeln sein.

36 Siehe zur handelsrechtlichen und betriebswirtschaftlichen Abbildung auch bereits Benke/Gebauer/Piaskowski 1991, insbesondere S. 515; Piaskowski 1993; Flesch/Lichtenberg 1994, S. 51 f.

Literaturhinweise

BASLER AUSSCHUSS: Richtlinien für das Risikomanagement im Derivativgeschäft, Basel 1994.

BENKE, H./FLESCH, H.-R.: Die Steuerung des Zinsänderungsrisikos, in: Risikomanagement in Banken – Konzeptionen und Steuerungssysteme. Berichte und Analysen des Verbandes öffentlicher Banken, Band 13, Hrsg. Lüthje, B., Bonn 1991, S. 17-40.

BENKE, H./FLESCH, H.-R./PIASKOWSKI, F.: Steuerung des Zinsänderungsrisikos, in: Die Bank, o. Jg. 1989, Heft 8, S. 431-438.

BENKE, H./GEBAUER B./PIASKOWSKI, F.: Die Marktzinsmethode wird erwachsen: Das Barwertkonzept, in: Die Bank, o. Jg. 1991, Heft 8, S. 457-463 (Teil I) und Heft 9, S. 514-521 (Teil II).

BENKE, H./PIASKOWSKI, F./SIEVI, C. R.: Neues vom Barwertkonzept, in: Die Bank, o. Jg. 1995, Heft 2, S. 119-125.

BONFIG, K.: Das Derivativgeschäft der Hypothekenbanken – Mehr Chancen als Risiken? In: Der Langfristige Kredit, 46. Jg. 1995, Heft 16/17, S. 550-555.

BONFIG, K.: Das Basler Konsultationspapier zur Novellierung der Kapitaladäquanzrichtlinie, in: Der Langfristige Kredit, 50. Jg. 1999, Heft 16/17, S. 537-541.

BOOS, K.-H./KLEIN, U.: Die neuen Bestimmungen des KWG, in: Die Bank, o. Jg. 1994, Heft 9, S. 529-535.

BOOS, K.-H./KLEIN, U.: Die neuen Großkredit- und Millionenkreditbestimmungen, in: Die Bank, o. Jg. 1995, Heft 9, S. 535-541.

BUNDESAUFSICHTSAMT FÜR DAS KREDITWESEN: Schreiben des Bundesaufsichtsamtes für das Kreditwesen vom 24.2.1975: Mindestanforderungen für bankinterne Kontrollmaßnahmen bei Devisengeschäften – Kassa und Termin, Berlin 1975.

BUNDESAUFSICHTSAMT FÜR DAS KREDITWESEN: Schreiben des Bundesaufsichtsamtes für das Kreditwesen vom 30.12.1980: Anforderungen an das Wertpapierhandelsgeschäft der Kreditinstitute, Berlin 1980.

BUNDESAUFSICHTSAMT FÜR DAS KREDITWESEN: Schreiben des Bundesaufsichtsamtes für das Kreditwesen vom 23.10.1995: Verlautbarung über Mindestanforderungen an das Betreiben von Handelsgeschäften der Kreditinstitute, Berlin 1995.

BUNDESAUFSICHTSAMT FÜR DAS KREDITWESEN: Schreiben des Bundesaufsichtsamtes für das Kreditwesen vom 8.4.1998: Erläuterungen zu einzelnen Regelungen der Mindestanforderungen an das Betreiben von Handelsgeschäften der Kreditinstitute, Berlin 1998.

BUNDESAUFSICHTSAMT FÜR DAS KREDITWESEN: Schreiben des Bundesaufsichtsamtes für das Kreditwesen vom 8.12.1999: Zuordnung der Bestände und Geschäfte der Institute zum Handelsbuch und zum Anlagebuch (§ 1 Abs. 12 KWG, § 2 Abs. 11 KWG), Berlin 1999.

BUNDESVERBAND DER DEUTSCHEN VOLKSBANKEN UND RAIFFEISENBANKEN E. V.: Rundschreiben Nr. 49/1995 vom 29.8.1995, o. O. 1995.

BUNDESVERBAND DEUTSCHER BANKEN E. V.: Bilanzpublizität von Finanzderivaten. Empfehlungen des Ausschusses für Bilanzierung des Bundesverbandes deutscher Banken für die Berichterstattung über das Finanzderivategeschäft im Rahmen der externen Rechnungslegung von Kreditinstituten, Köln 1994.

BUNDESVERBAND DEUTSCHER BANKEN E. V.: Sonderrundschreiben an die Geschäftsleitungen der Banken Nr. 208 vom 15.1.1996., o. O. 1996a.

BUNDESVERBAND DEUTSCHER BANKEN E. V.: Marktrisikopublizität. Empfehlungen des Ausschusses für Bilanzierung des Bundesverbandes deutscher Banken für die Offenlegung quantitativer Angaben zum Marktrisikopotenzial im Geschäftsbericht, Köln 1996b.

EPPERLEIN, J. K./SCHARPF, P.: Anhangangaben im Zusammenhang mit so genannten Finanzinnovationen, in: Der Betrieb, 47. Jg. 1994, Heft 33, S. 1629-1636.

FABRITIUS, H. G.: Ordnungspolitischer Handlungsbedarf bei Derivaten, in: Derivative Finanzinstrumente, Hrsg. Rudolph, B., Stuttgart 1995, S. 277-286.

FLESCH, J. R./LICHTENBERG M.: Integration des Treasury-Managements in die Unternehmensplanung, in: Bilanzstruktur- und Treasury-Management in Kreditinstituten, Hrsg. Rolfes B., Schierenbeck, H. und Schüller, S., Frankfurt am Main 1994, S. 33-53.

FLESCH, H.-R./PIASKOWSKI, F./SEEGERS, J.: Marktzinsmethode bzw. Wertsteuerung – Neue Thesen und Erkenntnisse aus der Realisierung, in: Die Bank, o. Jg. 1987, Heft 9, S. 485-494.

FLESCH, H.-R./PIASKOWSKI, F./SIEVI, C. R.: Erfolgsquellensteuerung durch Effektivzinsen im Konzept der Wertsteuerung, in: Die Bank, o. Jg. 1984, Heft 8, S. 357-366.

GERDSMEIER, S./KROB, B.: Die kundenindividuelle Bewertung des Ausfallrisikos mit dem Optionspreismodell, in: Die Bank, o. Jg. 1994, Heft 8, S. 469-475.

HAGEN, P./JAKOBS W.: Risikosteuerung im Eigenhandel, in: Die Bank, o. Jg. 1995, Heft 11, S. 664-671.

HAHN, O.: Die Führung des Bankbetriebes. Eine Einführung in die Geschäftsbank-Politik, 1. Auflage, Stuttgart, Berlin, Köln und Mainz 1977.

HAUSCHILDT, J.: Der Controller in der Bank. Organisation des Planungs- und Rechnungswesens in Bankbetrieben, in: Taschenbücher für Geld, Bank und Börse, Band 89, Hrsg. Büschgen, H. E., Herrhausen, A. und Rittershausen, H., Frankfurt am Main 1982.

HÖFER, B./JÜTTEN, H.: Mindestanforderungen an das Betreiben von Handelsgeschäften, in: Die Bank, o. Jg. 1995, Heft 12, S. 752-756.

JAKOB, K. D.: Die neuen Mindestanforderungen an das Betreiben von Handelsgeschäften der Kreditinstitute, in: Sparkasse, 112. Jg. 1995, Heft 10, S. 479-481.

JOHANNING, L.: Value-at-Risk zur Marktrisikosteuerung und Eigenkapitalallokation, in: Risikomanagement und Finanzcontrolling, Band 1, Hrsg. Rudolph,B., Bad Soden/Ts. 1998.

JUNCKER, K.: Der Controller im Bankbetrieb, in: Zeitschrift für das gesamte Kreditwesen, 24. Jg. 1971, Heft 14, S. 610-613.

KÖPF, G.: Risiko-Management – ein Muss im Bankgeschäft, in: Banken und Versicherungen, September 1995, S. 58-59.

KÜLLMER, H.: Controller und Treasurer, in: Zeitschrift für das gesamte Kreditwesen, 14. Jg. 1974, Heft 4, S. 126-128.

LEHMANN, H.: Kybernetik, in: Handwörterbuch der Betriebswirtschaft, Band 2, 4., völlig neu gestaltete Auflage, Hrsg. Grochla, E. und Wittmann, W., Stuttgart 1975, Sp. 2411-2424.

MARKOWITZ, H. M.: Portfolio Selection, New Haven 1959.

PEEMÖLLER, V. H.: Controlling in Genossenschaften, in: Zeitschrift für das gesamte Genossenschaftswesen, Band 43 1993, Heft 1, S. 75-88.

PIASKOWSKI, F.: Treasury im Barwertkonzept, in: Die Bank, o. Jg. 1993, Heft 5, S. 290-295.

RATZLAFF, R.: Aufgaben des Internen Rechnungswesens im bankbetrieblichen Zinsgeschäft und Ausbau zur Steuerung des Zinsrisikos, Frankfurt am Main, Berlin, Bern, New York, Paris und Wien 1995.

ROLFES, B./SCHIERENBECK, H./SCHÜLLER, S. (HRSG.): Bilanzstruktur- und Treasury-Management in Kreditinstituten, Frankfurt am Main 1994.

SCHAUER, R.: Der Beitrag des „Controlling" zur Führung in Genossenschaften, in: Zeitschrift für das gesamte Genossenschaftswesen, Band 42 1992, Heft 3, S. 270-277.

SCHIERENBECK, H.: Ertragsorientiertes Bankmanagement. Band 1: Grundlagen, Marktzinsmethode und Rentabilitäts-Controlling und Band 2: Risiko-Controlling und Bilanzstruktur-Management, 6., überarbeitete und erweiterte Auflage, Wiesbaden 1999.

Schierenbeck, H./Seidel, E./Rolfes, B.: Controlling in Kreditgenossenschaften, Band 1: Gesamtbank-Controlling und Band 2: Geschäftsstellen-Controlling, in: Schriftenreihe der Akademie Deutscher Genossenschaften, Wiesbaden 1987.

Schulte-Mattler, H./Traber, U.: Marktrisiko und Eigenkaptital. Bankaufsichtliche Normen für Kredit- und Marktrisiken, Wiesbaden 1995.

Selbach, R.: Aktive und passive Risikopolitik bei Kreditgenossenschaften der Primärstufe, in: Zeitschrift für das gesamte Genossenschaftswesen, Band 37 1987, Heft 3, S. 221-235.

Sharpe, W. F.: Investments, 2. Auflage, Englewood Cliffs 1981.

Uhlir, H./Steiner, P.: Wertpapieranalyse, Heidelberg 1986.

Verband Deutscher Hypothekenbanken e. V.: Der Einsatz derivativer Instrumente bei Hypothekenbanken, 12.1.1995, o. O. 1995a.

Verband Deutscher Hypothekenbanken e. V.: Mindestanforderungen an das Betreiben von Handelsgeschäften der Kreditinstitute, V-Rundschreiben Nr. 157 vom 27.12.1995, o. O. 1995b.

Verband Deutscher Hypothekenbanken e. V. (Hrsg.): 100 Jahre Hypothekenbankgesetz: Textsammlung und Materialien, Frankfurt am Main 1999.

Wohlert, D.: Mindestanforderungen an das Betreiben von Handelsgeschäften der Kreditinstitute, in: Handbuch Bankenaufsicht und Interne Risikosteuerungsmodelle, Hrsg. Eller, R., Gruber, W. und Reif, M., Stuttgart 1999, S. 551-566.

Uwe Christians

Strategische Geschäftsfeldplanung

1. Begriffsbestimmungen und Überblick über die Struktur des strategischen Planungssystems

Die *strategische Planung* ist eine qualitative und quantitative zielorientierte Programm- und Potenzialplanung. Sie ist mittel- bis langfristig ausgelegt und bezieht sich auf die gesamte Unternehmung und auf deren wesentliche Teilbereiche. Gerade angesichts der immer dynamischer und komplexer werdenden Märkte ist die Konzipierung und die Implementierung einer strategischen Planung zwingend notwendig. Sie übernimmt die Orientierungsfunktion für die nachfolgenden operativen Planungen. Bestimmender Inhalt einer strategischen Planung ist der Auf- und Ausbau bzw. die Erhaltung von Erfolgspotenzialen zum Zwecke der *langfristigen Existenzsicherung* der gesamten Unternehmung.[1]

Unter *Erfolgspotenzialen* versteht man Gegebenheiten, die dem Unternehmen in einer längerfristigen Perspektive die Möglichkeit zur Erzielung von Erfolgen bieten. Sie entstehen aus dem Zusammenwirken von *marktlichen Chancen* – das sind Nachfragepotenziale, die durch das bestehende Angebot nicht ausgeschöpft werden –[2] einerseits und unternehmensspezifischen *Leistungs-/Fähigkeitspotenzialen* andererseits.[3] *Fähigkeitspotenziale* beschreiben die Möglichkeiten, die ein Unternehmen besitzt, die Marktpotenziale – zum Beispiel durch Marktentwicklung oder durch Befriedigung latenter Bedürfnisse auf dem Wege eines innovativen Angebots – zu erschließen und zu nutzen.[4] Dabei handelt es sich um unternehmenspezifische Fähigkeiten und Ressourcen, aus denen, wenn sie in Kundennutzen umgesetzt werden, *Kernkompetenzen* erwachsen. Ökonomische Erfolge (wie Rendite oder Marktanteil) entstehen durch die möglichst optimale Erschließung der Erfolgspotenziale über die Durchsetzung von marktlichen Wettbewerbsvorteilen. Die *Ausschöpfung* der Erfolgspotenziale ist dann Schwerpunkt der *operativen Planung*.

Strategien stellen Leitplanken des operativen Führungshandelns dar. Vor dem Hintergrund, den Bestand des Unternehmens zu sichern, ist in ihnen vor allem zu bestimmen,[5] auf welchen (Geschäfts-)Feldern/Domänen (*Portfoliostrategie; Integrationsstrategie*), mit welchen Mitteln (in Relation zur Konkurrenz) und in welcher Intensität der Wettbewerb am Markt betrieben werden soll (*Markt-/Wettbewerbsstrategie*) und wie die Querschnittsfunktionen zum Zwecke der Produktivitäts- und Synergieoptimierung zu entwickeln sind (*Funktionalstrategien der Corporate Center*).

Die *Geschäftsfeldplanung* stellt den Kern der strategischen Planung dar. Ein Strategisches Geschäftsfeld (SGF) ist ein Aktivitätsbereich der Bankunternehmung, der sowohl vom Markt als auch von der Infrastruktur her relativ unabhängig führbar und strategisch plan-

1 Vgl. Grünig (1992).
2 Vgl. Jenner (1998a).
3 Vgl. Jenner (1998b).
4 Vgl. Börner (2000).
5 Vgl. Kühn/Grünig (1998).

bar sein sollte.[6] Für viele Kreditinstitute dürfte die geforderte strategische Unabhängigkeit der einzelnen SGF allerdings kaum zu realisieren sein, da bankbetriebliche SGF oft durch zahlreiche *Ressourcen-, Leistungs- und/oder Marktinterdependenzen* gekennzeichnet sind.[7] Bei der Entwicklung der Gesamtbankstrategie sind diese Beziehungen besonders im Zusammenhang mit der Ausschöpfung von Economies of Scope oder Economies of Scale auf dem Corporate Level zu beachten.[8]

Mit Hilfe des *Kunden-Areal-Produkt-Ansatzes* kann das Aktivitätsfeld einer Bank beispielsweise sinnvoll strukturiert werden.[9] Abbildung 1 zeigt am Beispiel der Bankgesellschaft Berlin AG die Strategischen Geschäftsfelder, bei deren Definition man sich hauptsächlich an der Kundensegmentierung und an Produkt-/Marktbegriffen orientiert hat.

Unternehmens-, Geschäftsfeld- und Funktionsbereichsstrategien werden in einem komplexen arbeitsteiligen Prozess erarbeitet.[10] Ausgangspunkte sind dabei das auf dem *Cor-*

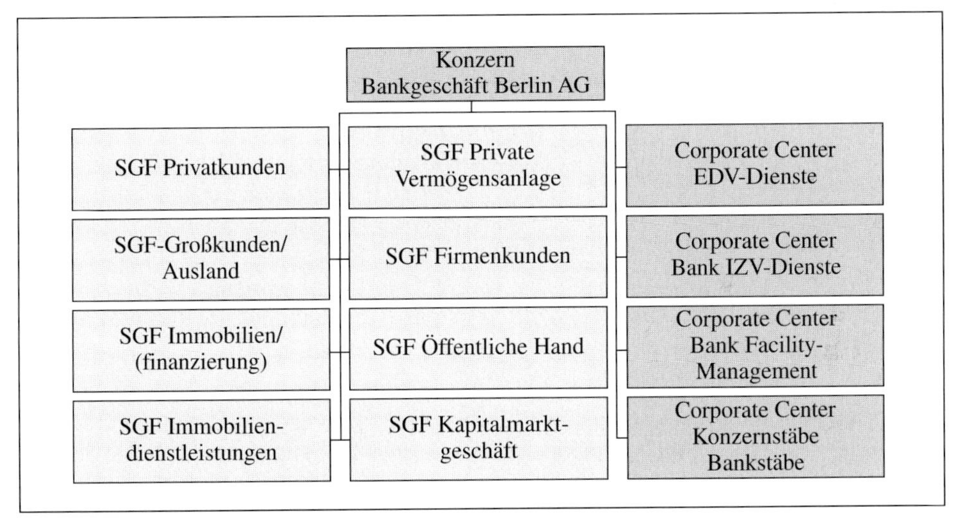

Abbildung 1: Strategische Geschäftsfelder und Corporate-Center des Konzerns Bankgesellschaft Berlin AG

Zu den idealtypischen *Anforderungen* an die SGF gehören: eigenständige Marktaufgabe in einem abgegrenzten Markt; Erreichbarkeit von Wettbewerbsvorteilen; zeitliche Stabilität in der Abgrenzung untereinander; selbstständige Führbarkeit und strategische Unabhängigkeit, das heißt Vorhandensein einer eigenen Infrastruktur. Vgl. zu den Anforderungen Kreilkamp (1987).

7 Vgl. Frischknecht (1996).

8 Vgl. Kilgus (1994).

9 Vgl. Küspert (1991).

10 Vgl. zur Gestaltung strategischer Planungsprozesse Picot/Lange (1979). Aufgrund des längeren Planungshorizonts und der hohen Dynamik der Märkte unterliegt die strategische Planung regelmäßig einer großen Unsicherheit. Infolgedessen sollte der Grad an Differenzierung und Formalisierung nicht zu weit getrieben werden. Ein zu starrer strategischer Planungsprozess mit einem hohen Formalisierungsgrad würde dem Gedanken der zwingend zu beachtenden Flexibilität des Handelns widersprechen.

porate Level erstellte *unternehmenspolitische Konzept*[11] und das *Leitbild*[12]. Gegenstand der Unternehmenspolitik sind die Wert- und Zielvorstellungen des Top-Managements, die vor allem durch die Bestimmung der Ertrags-/Risikopräferenzen, durch die Festlegung des Anspruchsniveau zum Beispiel bezüglich des Wachstums und der Qualität sowie durch die Gewichtungen im formellen Zielsystem konkretisiert werden. Maßgebliche strategische Aufgabe der *Zentrale* ist, die Geschäftsfelder und Querschnittsfunktionen – vor allem durch ein gezieltes Portfoliomanagement der SGF und durch Ausnutzung von Verbundeffekten im Wege des Ressourcentransfers – so zu integrieren, dass eine Wertsteigerung des Gesamtunternehmens daraus resultiert.[13]

Dieses Rahmenkonzept verringert die Freiheitsgrade auf dem *Business Level*, auf dem die Bereichsziele, die Geschäftsfeld- und Funktionalstrategien sowie die aus ihnen folgenden Strategischen Programme angesiedelt sind. Unternehmens- und Bereichsziele sind dabei sehr eng zu vermaschen. Die Konzepte strategischer Planung und Führung basieren im Wesentlichen auf *wertorientierten, marktorientierten* und *ressourcenorientierten* Ansätzen.[14]

Die strategischen Programme werden quantifiziert und in strategische Budgets überführt. Aus den mittelfristigen Planungen der SGF und Corporate Center wird eine gesamtbankbezogene mittelfristige Finanz-, Bilanz- und Erfolgsplanung erarbeitet.

Abbildung 2 zeigt die Struktur des strategischen Planungssystems im Überblick.

2. Strategische Analyse, Zielsystemformulierung und Rahmendatenvorgabe

Die Formulierung des unternehmenspolitischen Konzeptes und des Leitbildes (Mission Statement) stellen die Ausgangspunkte der strategischen Planung dar. Im Rahmen der Unternehmenspolitik werden – wie erwähnt – die Ziele, die Verhaltensgrundsätze gegenüber den Stakeholdern und die Business Mission bestimmt. Sie sind die *normativen Fixpunkte* der Planung.[15]

Im Zuge der *strategischen Analyse* werden dann unter Berücksichtigung der prägenden Wertvorstellungen des Top-Managements (Wertvorstellungsprofil) die *Chancen und Risiken* aus der Veränderung des bankbetrieblichen *Umfeldes* über die Bildung von *Szenarien* prognostiziert.[16] Das *eigene Unternehmen* ist in Bezug auf augenblickliche und zukünfti-

11 Vgl. zum Begriff der Unternehmenspolitik Welge/Al-Laham (1999), S. 101 f.

12 Vgl. zum bankbetrieblichen Leitbild, den Anforderungen und dem konzeptionellen Rahmen für dessen Festlegung Maranghino-Singer (1998), S. 211 ff.

13 Vgl. Simanek (1999), S. 134 ff., 164 ff.

14 Vgl. Hahn (1998).

15 Vgl. Welge/Al-Laham (1999), S. 96, 101 ff.

16 Vgl. zur Szenario-Technik Götze (1990).

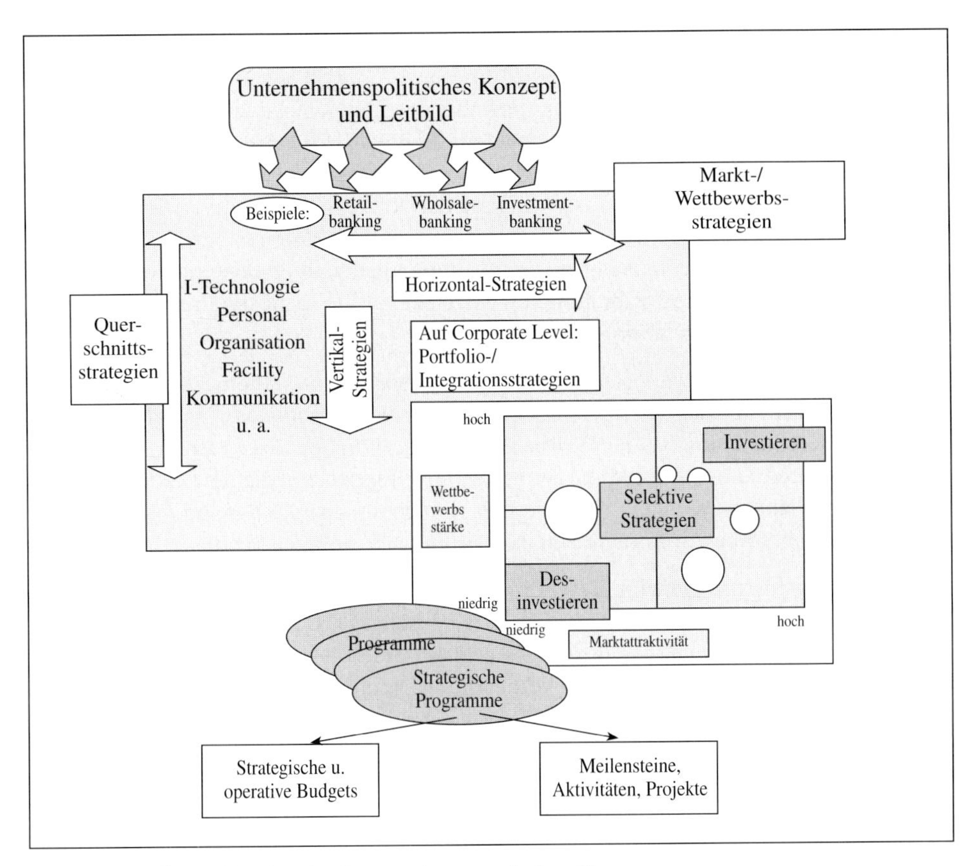

Abbildung 2: Überblick über das System der strategischen Planung

ge *Stärken und Schwächen* zu analysieren. Aus der Zusammenfügung der Ergebnisse von Umwelt- und Unternehmensanalyse kann eine umfassende *Lagebeurteilung* (zum Beispiel in Form einer SWOT-Analyse)[17] vorgenommen werden.

Die *Analyse der Umwelt* hat strategisch relevante Trends und Entwicklungen beispielsweise in der Gesamtwirtschaft, in der Technologie, in der Rechtsordnung, in Politik und Gesellschaft aufzuzeigen.[18] Bei der Beurteilung der Umwelt und ihrer Veränderungen ist die Einnahme der Position eines möglichst vorurteilsfreien Betrachters sinnvoll, dessen Blick

17 Strengths-Weaknesses-Opportunities-Threats, kurz: SWOT. Vgl. hierzu Maranghino-Singer (1998), S. 195 ff.

18 Aktuelle Entwicklungstrends in der Finanzdienstleistungsbranche, die in einer Branchenanalyse zu berücksichtigen wären, sind zum Beispiel Internationalisierungs-, Globalisierungs- und Fusionsprozesse, die Neuorientierung im Bereich der öffentlich-rechtlichen Finanzdienstleister und bei den Genossenschaften, Vordringen internationaler Bankkonzerne verbunden mit stärkerer Konkurrenzintensität im Heimatmarkt, Quantensprünge in der technologischen Entwicklung, Veränderung des Kapitalanlage- und Finanzierungsverhaltens der Privaten und Firmen, steigende Risiken im Kreditgeschäft und Disintermediation.

von außen auf die Unternehmung (*Outside-in-Approach*) gerichtet ist.[19] Die Einbeziehung eines externen Beraters ist in diesem Stadium ebenso sinnvoll wie die Durchführung von Marktstudien. Die Erfassung relevanter Umweltentwicklungen und der daraus resultierenden Chancen und Risiken kann zum Beispiel mit Hilfe von *Chancen-/Risiken-Profilen* erfolgen. Wesentliche Änderungen im Verhalten der *Stakeholder* (zum Beispiel Gewerkschaften, Eigentümer, Verbände, institutionelle Partner, Kunden, staatliche Institutionen) sind hierbei zu prognostizieren. Eine im Zeichen der Globalisierung besonders wichtige Gruppe für börsennotierte Banken sind die institutionellen und großen privaten *Shareholder*, deren Einfluss auf die Zielbildung des Managements (Eigenkapitalrenditeanspruch; Wertsteigerung) beständig zunimmt.[20]

Im Rahmen der *Branchenanalyse* kann auf verschiedene Instrumente zurückgegriffen werden,[21] insbesondere auf das *Portersche Wettbewerbsstrukturmodell*[22] (s. Abbildung 3). Mit ihm sollen die Einflüsse der Wettbewerbskräfte (Kunden, Lieferanten, potenzielle Konkurrenten und Substitute) auf die Strategischen Gruppen und die dort vorzufindenden Banken abgeschätzt werden. Die Generierung von empirischen Daten und ihre Umwandlung in strategierelevante Informationen ist allerdings oft recht aufwendig.[23]

Die Potenziale für die Entwicklung der jeweiligen SGF werden durch die *speziellen Marktgegebenheiten* beeinflusst. Die externe Analyse und Prognose konzentriert sich dabei besonders auf die *Kundenbedürfnisse* sowie auf die *Kompetenzen der Konkurrenten*. Innerhalb der *Kundenanalyse* werden Verhandlungsmacht und Loyalität sowie mögliche Änderungen in den Präferenzen, den Bedürfnisstrukturen und im Kaufverhalten der Nachfrager untersucht und prognostiziert. Markt- und Kundenorientierung hat inzwischen im Bankensektor eine herausragende Bedeutung gewonnen.[24]

Banken sollten sich auf Kunden konzentrieren, deren Bedürfnisse sie mit ihren *Ressourcen und Fähigkeiten* im Verhältnis zur Konkurrenz besser befriedigen können. Die Datenerhebung bei der *Konkurrenzanalyse* sollte sich an den Kriterien der eigenen Leistungs-/Fähigkeitspotenzialanalyse orientieren, um eine hinreichende Vergleichbarkeit zu gewährleisten. Dort wo starke *oligopolistische Interdependenzen* vorherrschen – dies ist besonders innerhalb von *Strategischen Gruppen* der Fall –, sind die konkurrierenden Unternehmen einer besonders intensiven Analyse zu unterziehen. Die Beobachtung des strategischen Verhaltens der Banken und Finanzdienstleister außerhalb der eigenen Strategischen Gruppe ist jedoch keinesfalls zu vernachlässigen.[25]

19 Vgl. Bea/Haas (1997), S. 75.

20 Vgl. Bötzel/Schwilling (1998).

21 Vgl. zu einem Überblick Hinterhuber (1996), S. 117 ff.

22 Vgl. Porter (1999).

23 Vgl. zu einem Beispiel für die branchenorientierte Analyse des Geschäftsfelds Firmenkunden Christians (1998a).

24 Vgl. Krumnow (2000); Schmidt (1995).

25 Die Strategischen Gruppen bestehen aus Unternehmen oder Geschäftseinheiten mit ähnlichem Verhalten bzw. mit ähnlichen Ressourcen. Die Auseinandersetzung mit Unternehmen verschiedener Gruppen ist mit jeweils anderen Wettbewerbsstrategien zu führen. Zwischen den Strategischen Gruppen existieren Mobilitätsbarrieren. Zu den strategischen Gruppen im Bankensektor vgl. Wentlandt (1993) und Christians (1999).

Zur Feststellung und Bewertung der vorhandenen Ressourcen und Fähigkeiten ist eine differenzierte, disaggregierte und selbstkritische *Unternehmensanalyse* notwendig. Hierfür bietet sich eine Orientierung an den *Wertketten* an (s. Abbildung 3), um den Fit zwischen angestrebtem Kundennutzen und den bankbetrieblichen Aktivitäten – möglichst unter Einbeziehung von *Benchmarking-Methoden*[26] – feststellen zu können. Weitere Instrumente[27] sind Funktionsbereichsanalysen, strategische Bilanzen und Produkt- und Imageanalysen (zum Beispiel Imageprofil-Analysen mit Hilfe der WISA-Methodik[28]). Im Vordergrund von *Produktanalysen* werden Lebenszyklus-, Margen- und Rentabilitätsanalysen stehen.

Die Stärken-/Schwächen-Analyse sollte auf die strategischen *Erfolgsfaktoren* bezogen sein.[29] Unter Erfolgsfaktoren werden situative Bedingungskomponenten verstanden, die einzeln oder in ihrer jeweiligen Zusammensetzung auf Erfolgspotenziale wirken können.[30] Aus einer vorhandenen Kombination von Erfolgsfaktoren ist es möglich, Erfolgspotenziale zu diagnostizieren. Die diesbezügliche Forschung hat in der jüngeren Vergan-

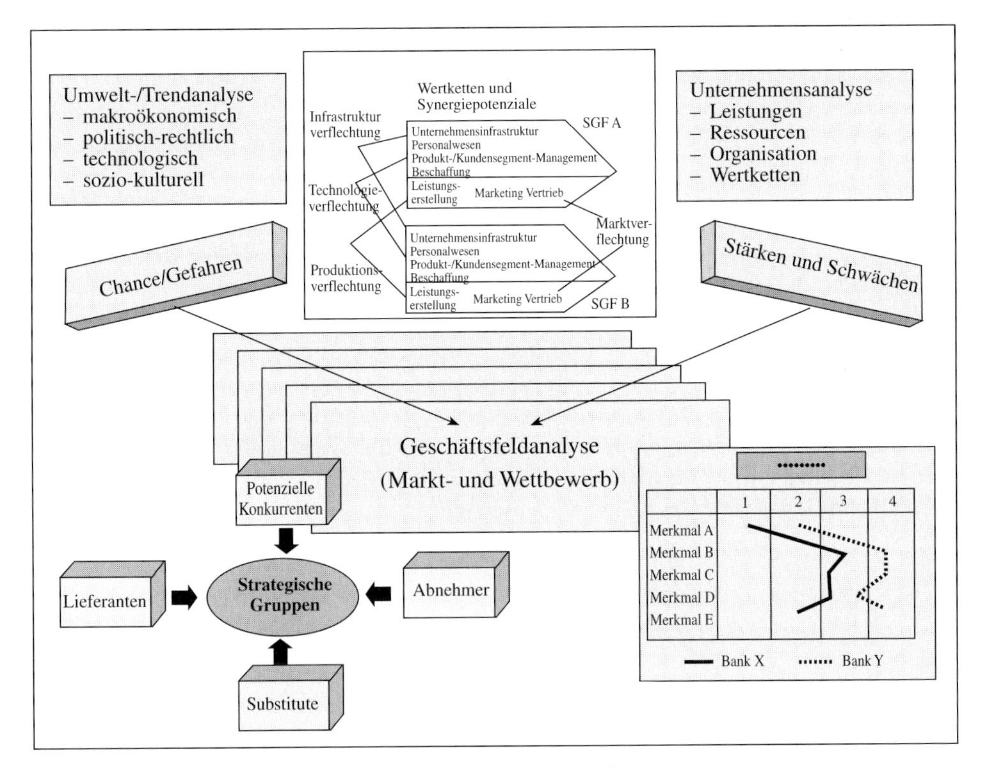

Abbildung 3: Felder und Instrumente einer strategischen Analyse

26 Vgl. Kajüter (2000).

27 Vgl. Steinhübel (1997), S. 69 ff.

28 Zur Methodik der WISA (Wettbewerbs-Image-Struktur-Analyse) vgl. Christians/Paulssen/Trommsdorff (1998).

29 Vgl. zur Systematik strategischer Erfolgsfaktoren Bea/Haas (1997), S. 99 ff.

30 Vgl. Steinhübel (1997), S. 43.

genheit Ergebnisse erzielt, die Hinweise auf wesentliche Erfolgsfaktoren geben (zum Beispiel aus den PIMS-Studien).[31]

Die folgende Abbildung zeigt zusammenfassend die Analysefelder der strategischen Lagebeurteilung mit den hervorzuhebenden Instrumenten der Branchenanalyse, der Konkurrenzanalyse und der Wertkettenanalyse.[32]

Die Lagebeurteilung und die prognostizierten Szenarien der strategischen Analyse schlagen sich in der Erstellung möglicher *Zielsystemvarianten* nieder. Ein Abgleich der Zielprojektion, d. h. der gewünschten Entwicklung der Erfolgsgrößen, mit der Status-Quo-Projektion, das heißt der Projektion auf Basis der gegebenen Strategie, offenbart oft strategische *Lücken* (*Gap-Analyse mit Hilfe einer strategischen Geschäftsfeldkurve*).[33]

Das Zielsystem, welches *Wert-, Sach- und Sozialziele* umfassen kann,[34] wird differenziert in Gesamtbank-, Geschäftsfeld- und Funktionsbereichsziele. Je nach der Kategorie können unterschiedliche Zielarten und -ausmaße in Frage kommen. Für die Anteilseigner steht die *Maximierung des eingesetzten Kapitals* im Mittelpunkt. Im Rahmen des wertorientierten Managements wird darum der *ökonomische Gewinn (EVA)*, das heißt die Differenz zwischen Eigenkapitalrendite (RoE) und Eigenkapitalkosten, von vielen Kreditinstituten an die Spitze ihres Zielsystems gestellt und – möglicherweise spezifiziert und adjustiert – den SGF als Wertziel vorgegeben.[35]

Inwiefern weitere *Wertziele* (zum Beispiel Ausprägungen der Cost-Income-Ratio oder maximale Risikoübernahme oder maximaler Verwaltungsaufwand) auf der Top-Ebene für den Bottom-up-Teil des Strategieprozesses gesetzt werden, hängt von der Intensität der Einflussnahme der Bankführung ab.[36] Straffer geführte Bankunternehmen werden neben Formalzielen auch verschiedene *Sachziele*, zum Beispiel Führerschaft in bestimmten Kernkompetenzen, vorgeben. So kann ex-ante etwa aufgrund von gesetzlichen Bestimmungen oder Druck von Stakeholdern das Angebot gewisser Produkte oder die Dienstleistung für bestimmte Kundengruppen als notwendig erachtet werden. Bankeinheitliche Normen im Hinblick auf die Personal- und Sozialpolitik sowie imageprägende Faktoren, sind ebenfalls oft Gegenstand der Rahmendatensetzung.

3. Strategiekonzipierung und -formulierung

3.1 Wert-, markt- und ressourcenorientierte Ansätze

Nach der strategischen Analyse und der Zielbildung folgt die Phase der *Strategiekonzipierung und -formulierung*. Hier werden die Gesamtunternehmensstrategie, die Markt- und

31 Vgl. zur Erfolgsfaktorenforschung den Überblick bei Göttgens (1995).

32 In Anlehnung an Frischknecht (1996), S. 108.

33 Vgl. Schierenbeck (1999), S. 510 ff.

34 Vgl. Hahn (1996).

35 Vgl. Schierenbeck (1999), S. 444 ff.; Behm (1994).

36 Vgl. zu einem Beispiel aus einer Bankenholding Christians/Klement (1996).

Wettbewerbsstrategien auf der SGF-Ebene und die Funktionalen Strategien der Service/Corporate Center entwickelt und verfasst. Dies geschieht in der Praxis zumeist in einem *Gegenstromverfahren*: Einer vorgeschalteten, rahmendatensetzenden *Top-down-Phase*, folgt die *Bottom-up-Phase,* in der die Geschäftsfeldstrategien erarbeitet werden.

Bei der Konzipierung von Geschäftsfeldstrategien sind sowohl wert- als auch markt- und ressourcenorientierte Ansätze zu berücksichtigen. Ziel des *wertorientierten Ansatzes* ist die systematische Wertsteigerung der Unternehmung. Wertsteigerung beinhaltet hier die Vergrößerung des Eigenkapitalwertes. Im Hinblick auf dieses Ziel gewährt das Value-based-Concept eine zieladäquate Auswahl unter markt- und ressourcenorientierten Gestaltungsmöglichkeiten der Unternehmensentwicklung.

Im *Market-based-View-of-Strategy (MBV)* werden neben der Marktstruktur insbesondere die Unterschiede im *Wettbewerbsverhalten* der Unternehmen als zentrale Bestimmungsgrößen des Unternehmenserfolges herangezogen. Markteintrittsbarrieren und Mobilitätsbarrieren zwischen den Strategischen Gruppen sichern die Nachhaltigkeit eines einmal gewonnenen Wettbewerbsvorteils. Die im Rahmen der marktorientierten Strategiekonzipierung gewonnene *Typologie der generischen bzw. hybriden Wettbewerbsstrategien* (Kostenführer-, Leistungsführer-, Kombinationsstrategien oder Stuck-in-the-middle-Position) ist weitgehend zum Allgemeingut geworden.[37]

Während im MBV die Wettbewerbspositionierung am Produkt-/Absatzmarkt besonders betont wird, steht beim *Resource-based-View-Ansatz (RBV)* die Stellung der Ressourcen und Kompetenzen im Mittelpunkt. Nach dem RBV ist die Einzigartigkeit eines Unternehmens durch die *Qualität seiner Ressourcen* zu erklären.[38] Dauerhaft überdurchschnittliche Gewinne beruhen auf Angeboten mit nachhaltigen Wettbewerbsvorteilen.[39] Nachhaltige Wettbewerbsvorteile sind realisierbar, wenn sie auf Ressourcen-Stärken aufbauen, die über längere Zeit gegenüber der Konkurrenz aufrecht erhalten werden können. Voraussetzung hierfür ist die Verteidigungsfähigkeit gegenüber Imitationsversuchen. Die Ressourcen dürfen nicht transferierbar sein. Außerdem dürfen sie – selbst wenn eine Imitation nicht möglich ist – nicht durch Substitution entwertet werden.[40] „Im Ergebnis basieren dauerhafte Wettbewerbsvorteile demnach auf einer oder mehreren einzigartigen Positionen im Markt, welche durch strategisch relevante Ressourcen abgesichert werden müssen, die der Bedrohung durch Imitation und Substitution standhalten sowie eine gewisse Unternehmensspezifität aufweisen."[41]

Zwischen den Denkweisen des RBV und des MBV bestehen zwar relevante Unterschiede;[42] allerdings sind die Gegensätze weitgehend aufhebbar: „Bei dem marktorientierten

37 Vgl. Corsten (1995).

38 Der RBV hat in den letzten Jahren in vielen Firmen in Form einer konsequenten Ausrichtung an den Kernkompetenzen konkrete Gestalt angenommen. In der Deutschen Bank werden zum Beispiel unternehmensbereichsspezifische, -übergreifende sowie strategische und funktionale Kernkompetenzen unterschieden. Vgl. Krumnow (2000), S. 155 ff.

39 Vgl. Kühn/Grünig (1998), S. 148; Bamberger/Wrona (1996).

40 Dazu, dass im Bankensektor tatsächlich langfristig relativ stabile Rentabilitätshierarchien zu beobachten sind, vgl. Christians (1998b).

41 Rasche/Wolfrum (1994).

42 Vgl. Rühli (1995).

und dem ressourcenorientierten Ansatz wird letztendlich das gleiche Problem, Erreichen bzw. Bewahren einer günstigen Marktposition, von unterschiedlichen Sichtweisen heraus behandelt, so dass sich die beiden Ansätze bei der Strategiewahl ergänzen."[43]

3.2 Planung und Formulierung der Geschäftsfeldstrategie

Leitender Gedanke der Strategieentwicklung auf der Ebene der SGF ist die Erzielung von auf Dauer haltbaren Wettbewerbsvorteilen in den Marktsegmenten mit Hilfe von Kernkompetenzen.[44] Die Grundstruktur strategischer Geschäftsfeldpläne sieht zunächst Aussagen zur *Rolle* des SGF innerhalb der Bank vor. Hier wird die enge Beziehung zu den Rahmenvorgaben hergestellt. Die *strategischen Ziele*, insbesondere die angestrebte Marktpositionierung (zum Beispiel nach Zielgruppen, Produktfelder oder Regionen) sowie die Erfolgs- und Finanzziele (zum Beispiel Margenziele, Roherträge, Deckungsbeiträge, Risikospannen, Renditen und Cash Flows) sind explizit und konkret darzulegen.

Die SGF-Strategie sollte differenzierte Aussagen zu den *Prämissen* machen, auf denen die Strategie beruht. Hierzu zählen vor allem Entwicklungen bzw. Veränderungen des künftigen Umfeldes und der Einflussfaktoren des SGF (zum Beispiel EWU-Erweiterung, Auswirkungen Baseler-EK-Novelle; E-Commerce und Internetbanking; Attraktivität des Marktes; Vertriebswegeentwicklung; Kundenbedürfnisse; Veränderung der Konkurrenzstruktur).

Im Rahmen der SGF-Strategieformulierung ist nachvollziehbar darzulegen, welche Kundensegmente zu den Zielgruppen gehören, auf welche Art und Weise diese Zielgruppen marketingpolitisch bearbeitet werden sollen und wie man sich von der direkten oder potenziellen Konkurrenz abheben will. Einen weiten Raum nimmt mithin die möglichst differenzierte Formulierung der Marketingstrategie (Vertriebswege-, Konditionen-, Produktprogramm- und Kommunikationspolitik) ein.

Die SGF-Strategieteams sollten darüber hinaus – abgeleitet aus den relativen Stärken und Schwächen bzw. Chancen und Risiken ihrer Geschäftsfelder – Aussagen darüber abgeben, wie sie ihre Fähigkeitspotenziale (weiter)entwickeln wollen und welcher *Ressourcenbedarf* in Kapital-, Human-, Management-, Raum- sowie EDV- und Orga-Kapazitäten daraus erwächst.[45] Sie formulieren zu diesem Zweck sog. *Strategische Programme*. Inhalte von strategischen Programmen können u. a. sein: Aufbau neuer Vertriebswege, Veränderung des Absatzprogramms, Imagekampagnen, Eingehen von Joint Ventures, Übernahme von Unternehmen in fremden Märkten, Outsourcing-Maßnahmen, Beschaffungszentralisierung oder signifikante Veränderung von Prozessen. Strategische Programme „beinhalten Ressourcen-, Zeit- und Ergebnisziele als notwendige Basis zur Sicherung ihrer Umsetzung".[46] Die wichtigsten Schritte der Plan-Implementierung sind durch *Meilensteine* zu markieren.

43 Nolte/Bergmann (1998).

44 Vgl. Hinterhuber (1996), S. 44.

45 Beispielhaft für ein strategisches Aktivitätenprofil vgl. Benölken/Wings (1985).

46 Weber (1999), S. 52.

Ein weiteres wesentliches Element einer SGF-Strategie ist das Aufstellen einer *mittelfristigen Planbilanz, einer Plan-Deckungsbeitrags- bzw. einer Plan-Free-Cash-Flow-Rechnung* für jedes SGF, zum Beispiel in Form einer Fünf-Jahres-Planung[47] (s. Abbildung 4).

4. Bewertung, Priorisierung und Konsolidierung der quantifizierten Strategien

Die Bottom-up entwickelten Strategien werden vom Controlling sodann auf *Kompatibilität untereinander und zu den Unternehmenszielen (Fit) sowie im Hinblick auf die Ressourcenanforderungen* hin geprüft.[48] Da in der Regel die Anforderungen aus den bottom-up-entwickelten (Teil-)Strategien die zur Verfügung stehenden Ressourcen übersteigen dürften, hat der Bankvorstand die Aufgabe, die SGF-Strategien zu bewerten und zu *priorisieren*.[49] Hierfür stehen dem Bankmanagement verschiedene Instrumente zur Verfügung, wie insbesondere wertorientierte, investitionstheoretische Verfahren (zum Beispiel Kapitalwert- bzw. Interne Zinsfußmethode), die Flexibilität berücksichtigenden Realoptionsansätze[50], die qualitative Daten einbeziehenden Nutzwertanalysen bzw. Analytische Hierarchie Prozesse (AHP)[51] sowie die verschiedenen Varianten der *Portfolioanalyse*,[52] die insbesondere zur Visualisierung geeignet sind. Um Interdependenzen und die hieraus entstehenden potenziellen Auswirkungen auf die Ziele möglichst umfassend zu erkennen, bietet es sich an, die Instrumente des *vernetzten Denkens* zu berücksichtigen.[53] Trotz aller methodischen Unterstützung spielen Erfahrung und Intuition, Fachwissen und Fingerspitzengefühl gerade bei der Strategiebewertung eine wichtige Rolle.

Im Zuge der Implementierung von Wertmanagementkonzepten werden Gesamtunternehmens- genauso wie Geschäftsfeldstrategien vor allem an ihrem Beitrag zur *Wertsteigerung* gemessen. Zu diesem Zweck wird auf die mittelfristigen Planungen der SGF zurückgegriffen. Die Beurteilung einer Wertsteigerung erfolgt dann – wie in Abbildung 4 angedeutet – in mehreren Schritten.[54]

47 Vgl. Strutz, 1993; Hörter (1998). Auf Basis der *Marktzinsmethode* ist zu gewährleisten, dass bei bankeinheitlicher Vorgabe von volkswirtschaftlichen Rahmendaten und Verrechnungszinsen Konditionen- und Strukturbeiträge im Zinsergebnis voneinander getrennt werden. Vgl. zu einem Beispiel Christians/Hoffmann (1996). Dieses Planungsmodell – das gedanklich aus einer sog. *Going Rate*, die das Geschäft ohne zusätzliche Investitionen widerspiegelt, und einer *Investitions-Rate*, die im Wesentlichen die strategischen Vorstellungen aufnimmt, besteht – wird den SGF-Verantwortlichen zur Verfügung gestellt, so dass diese jederzeit die Möglichkeit der Simulation ihrer Ergebnisse haben.

48 Vgl. Schwartzkopff (1993).

49 Vgl. zur Strategiebewertung Voigt (1992) und Wilde (1989).

50 Vgl. Meise (1998).

51 Vgl. Lusti (1999).

52 Vgl. zum Marktattraktivitäts-Wettbewerbsstärken-Portfolio Schierenbeck (1999), S. 516 ff.

53 Vgl. Eggers/Eickhoff (1996).

54 Vgl. zum Beispiel Hörter (1998), S. 145 ff.

Ist schließlich die Bildung kongruenter Zielsystem-, Strategie- und Ressourcenvarianten abgeschlossen, so ist zu überprüfen, ob sich diese im Rahmen der bestehenden *Organisationsstruktur und Unternehmenskultur* in die Realität überführen lassen. Anpassung sind nötigenfalls auf beiden Seiten denkbar.[55] Insbesondere die Abstimmung der SGF-Strategien untereinander sowie der SGF- mit den Funktionsstrategien stellt ein komplexes Problem dar. Das priorisierte SGF-Portfolio ergibt zusammen mit den funktionalen Strategien, insbesondere Bank-Personal-Strategie, DV-Strategie, Facility-Strategie, PR-Strategie, und den auf der obersten Ebene formulierten Zielen und Rahmendaten sowie dem Leitbild die *Gesamtbankstrategie*.

„Um eine Verbindung zwischen strategischer und operativer Führung herstellen zu können, sind die aus den strategischen Programmen abzuleitenden *Maßnahmen(pakete)* inhaltlich zu konkretisieren, aufeinander abzustimmen und in zeitlich abgrenzbare Aktionen und Projekte umzusetzen, für die klare Verantwortlichkeiten geschaffen werden."[56] Zu definieren sind also *strategische Meilensteine*. Idealerweise müsste im Rahmen der *strategischen Budgetierung*[57] eine SGF-spezifische Differenzierung nach den strategischen Programmen und nach Perioden vorgenommen werden. Darüber hinaus wäre es sinnvoll, auch zwischen den grundlegenden *Potenzialkategorien* sowie dem *potenzialerhaltenden oder dem potenzialaufbauenden Charakter* des finanziellen Ressourceneinsatzes zu unterscheiden (s. Abbildung 4).[58] Hier bestehen jedoch in der Praxis oft erhebliche Schwierigkeiten bei der Zurechnung der Kosten und mehr noch der Erträge auf die Investitionen, weil das Rechnungswesen in der Regel nicht nach Investitionsobjekten gegliedert ist.[59]

Die mittelfristigen Bilanz- und Erfolgsplanungen werden zusammengeführt und konsolidiert. Ergebnis ist die *mittelfristige Planung der Gesamtbankunternehmung*. Aus ihr sind ungewollte Entwicklungen oder gar Schieflagen in der Bilanz- und GuV-Struktur zu erkennen. Die Einhaltung von gesetzlichen Erfordernissen (KWG-Grundsätze) können hier überprüft werden. Sollten wesentliche Zielvorgaben oder Rahmendaten nicht eingehalten werden oder wird bei plankonformer Entwicklung gegen Vorschriften verstoßen, so sind Korrekturen an den Strategien vorzunehmen.

Die nachfolgende Abbildung stellt noch einmal einige wesentliche Instrumente des quantitativen Teils der strategischen Geschäftsfeldplanung, wie Basisgeschäftsprojektion, Investitions- und Projektplanung bis hin zur Mittelfristplanung und der sich daraus ergebenden Wertsteigerungsanalyse, im Zusammenhang dar.

Nach der Kommunizierung sind die Gesamtbankstrategie und ihre Sub-Strategien in operative Pläne umzusetzen. Hierzu ist es zwingend, zum Beispiel mit Hilfe einer *Balanced-Score-Card* strategiekonforme, konkret umsetzbare und die Dimensionen der Strategie exakt abbildende operationale Ziele abzuleiten.

55 Vgl. hierzu Maranghino-Singer (1998), S. 67.

56 Breid (1994).

57 Vgl. zur Konzeption einer strategischen Budgetierung Lehmann (1993).

58 Vgl. Breid, 1994. *Potenzialaufbauende* Investitionen sind solche, die die Marktposition und/oder die Ertragskraft verbessern bzw. die strategischen Ziele realisieren helfen. *Potenzialerhaltende* Investitionen sind solche, die die Funktion haben, die erreichte Marktposition und die bisher realisierte Ertragskraft zu sichern.

59 Vgl. hierzu Schäfer (1992); Rösgen (2000).

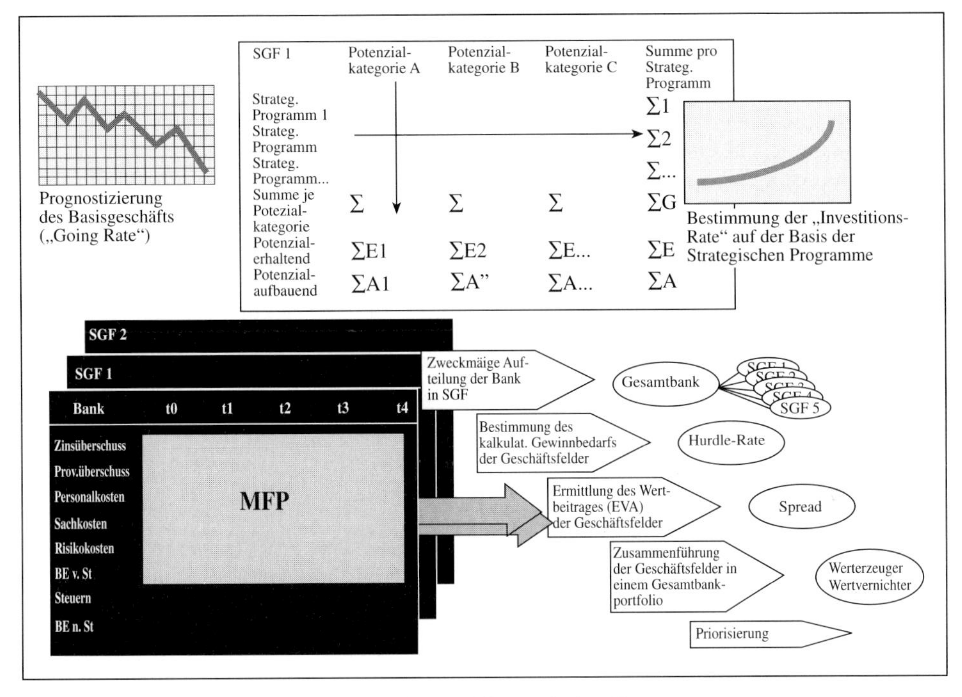

Abbildung 4: Quantifizierung von Strategien und Strategischen Programmen

5. Schlussbetrachtung

Strategische Entscheidungen beziehen sich aus Sicht der Gesamtbank auf die *Planung der Geschäftsfelder*, aus Sicht der einzelnen Geschäftsfelder auf die *Planung je Geschäftsfeld*. In Kreditinstituten, die in der Regel mehrere Geschäftsfelder aufweisen, sind die Planungen demzufolge *mehrstufig:* Die Abstimmung der Geschäftsfeldstrategien mit den Plänen und Strategien der zentralen Funktionen/Serviceeinheit sowie den unternehmenspolitischen Rahmenbedingungen ist ein komplexer, rückgekoppelter Prozess. Das Top-Management darf in diesem Prozess nicht nur Initiator sein. Es muss den gesamten Ablauf eng begleiten und straff führen.

Sollen die Geschäftsfeldstrategien die ihnen gebührende Beachtung in den konkreten Handlungen der Entscheidungsträger und Akteure finden, ist ihre *sachgerechte Implementierung* zu sichern. Voraussetzung hierfür ist die Ableitung der operativen Planungsvorgaben und Zielsetzungen aus den strategischen Zielen und Maßnahmen. Die Konzipierung und Umsetzung eines *Beurteilungs- und Anreizsystems für Führungskräfte und Mitarbeiter*, das auf den strategischen Zielen aufbaut, ist deshalb zwingend notwendig.

Literaturhinweise

BAMBERGER, I./WRONA, T.: Der Ressourcenansatz und seine Bedeutung für die strategische Unternehmensführung, in: zfbf, Heft 2/1996, S. 136 ff.

BEA, F. X./HAAS, J.: Strategisches Management, 2. Aufl., Stuttgart 1998.

BEHM, U.: Shareholder Value & Eigenkapitalkosten in Banken, Bern u. a. 1994, S. 172.

BENÖLKEN, H./WINGS, H.: Strategisches Bank-Controlling (IV), in: Die Bank, Heft 3/1985, S. 146.

BÖRNER, C. J., Strategisches Bankmanagement. Ressourcen- und marktorientierte Strategien von Universalbanken, München/Wien 2000, S. 253 ff.

BÖTZEL, S./SCHWILLING, A.: Erfolgsfaktor Wertmanagement, München/Wien 1998, S. 3 ff.

BREID, V.: Erfolgspotentialrechnung, Stuttgart 1994, S. 155.

CHRISTIANS, U.: Planung des Firmenkundengeschäfts in Kreditinstituten. Nutzung empirischer Erkenntnisse im Rahmen einer branchenorientierten strategischen Geschäftsfeldplanung, Berlin 1998a.

CHRISTIANS, U.: Rentabilitätshierarchien im Bankensektor und ihre Entwicklung, in: ZfgKW, Heft 20/1998b, S. 1128 ff.

CHRISTIANS, U./HOFFMANN, T.: Die mittelfristige Planung einer Bank. Fragestellungen und Lösungsmöglichkeiten mit Hilfe von Planungsmodellen, in: Controlling, Heft 2/1992, S. 84 ff.

CHRISTIANS, U./KLEMENT, M.: Strategisches Controlling in einer Bankholding, in: Die Bank, Heft 6/1996, S. 339 ff.

CHRISTIANS, U./PAULSSEN, M./TROMMSDORFF, V.: Die Methodik der Wettbewerbs-Image-Struktur-Analyse (WISA), in: Die Bank, Heft 4/1998, S. 252 ff.

CHRISTIANS, U.: Langfristige Rentabilitätshierarchien, Strategische Gruppen und Jahresabschluß-Kennzahlen im Bankensektor, in: ZfgKW, Heft 11/1999, S. 550 ff.

CORSTEN, H.: Wettbewerbsstrategien – Möglichkeiten einer simultanen Strategieverfolgung, in: Corsten, H./Reiß, M. (Hrsg.), Handbuch Unternehmensführung: Konzepte – Instrumente – Schnittstellen, Wiesbaden 1995, S. 341 ff.

EGGERS, B./EICKHOFF, M.: Instrumente des Strategischen Controlling, Wiesbaden 1996, S. 49 ff.

FRISCHKNECHT, M.: Strategische Planung globaler Universalbanken, Bern u. a. 1996, S. 93 f.

GÖTTGENS, O.: Erfolgsfaktoren in stagnierenden und schrumpfenden Märkten, Wiesbaden 1996.

GÖTZE, U.: Szenario-Technik in der strategischen Unternehmensplanung, Wiesbaden 1991.

GRÜNIG, R.: Methoden und Instrumente der strategischen Planung, in: DU, Heft 4/1992, S. 267 ff.

HAHN, D.: PuK – Controllingkonzepte, 5. Aufl., Wiesbaden 1996.

HAHN, D.: Konzepte strategischer Führung, in: ZfB, Heft 6/1998, S. 565 ff.

HINTERHUBER, H. H.: Strategische Unternehmensführung, I, 6. Aufl., Berlin/New York 1996.

HÖRTER, S.: Shareholder Value-orientiertes Bank-Controlling, Sternenfels 1998, S. 165 ff.

JENNER, T.: Aufbau und Umsetzung strategischer Erfolgspotentiale als Kernaufgabe des strategischen Managements, in: Die Unternehmung, Heft 3/1998a, S. 147.

JENNER, T.: Management strategischer Erfolgspotentiale, in: WISU, Heft 11/1998b, S. 1312 ff.

KAJÜTER, P.: Strategieunterstützung durch Benchmarking, in: Welge, M. K./Al-Laham, A./Kajüter, P. (Hrsg.), Praxis des strategischen Managements, Wiesbaden 2000, S. 113 ff.

KILGUS, E.: Strategisches Bank-Management, Bern u. a. 1994, S. 254.

KREILKAMP, E.: Strategisches Management und Marketing, Berlin-New York 1987, S. 316 ff.

KRUMNOW, J.: Managing Core Competences – Praxisportrait Deutsche Bank, in: Welge, M. K./Al-Laham, A./Kajüter, P. (Hrsg.), Praxis des strategischen Managements, Wiesbaden 2000, S. 147 ff.

KÜHN, R./GRÜNIG, R.: Grundlagen der strategischen Planung: ein integrierter Ansatz zur Beurteilung von Strategien, Bern u. a. 1998, S. 28.

KÜSPERT, A.: Bildung und Bewertung strategischer Geschäftsfelder, in: Die Bank, Heft 8/1991, S. 425.

LEHMANN, F. O.: Strategische Budgetierung, Frankfurt/M. u. a. 1993, S. 49 ff.

LUSTI, M.: Data Warehouse und Data Mining, Berlin u. a. 1999, S. 16 ff.

MARANGHINO-SINGER, B.: Methoden der strategischen Bankplanung, Bern u. a. 1998.

MEISE, F.: Realoptionen als Investitionskalkül, München/Wien 1998.

NOLTE, H./BERGMANN, R.: Ein Grundmodell des ressourcenorientierten Ansatzes der Unternehmensführung, in: Nolte, H. (Hrsg.), Aspekte ressourcenorientierter Unternehmensführung, München 1998, S. 4.

PORTER, M.: Wettbewerbsstrategie, 5. Aufl., Frankfurt am Main/New York 1999.

RASCHE, C./WOLFRUM, B.: Ressourcenorientierte Unternehmensführung, in: DBW, Heft 4/1994, S. 504 ff.

RÖSGEN, K.: Investitionscontrolling, Frankfurt am Main u. a. 2000, S. 250 ff.

RÜHLI, E.: Ressourcenmanagement. Strategischer Erfolg dank Kernkompetenzen, in: DU, Heft 2/1995, S. 94.

SCHÄFER, S.: Investitions-Controlling, München 1992, S. 150 f.

SCHIERENBECK, H.: Ertragsorientiertes Bankmanagement (Teil I), 6. Aufl., Wiesbaden 1999.

SCHMIDT, A.: Die Entwicklung einer Bankstrategie – Das Beispiel der Vereinsbank, in: zfbf, Heft 7/8/1995, S. 748.

SCHWARTZKOPFF, W. D.: Holdingstrukturen im Bankenbereich, Bern 1993, S. 204.

SIMANEK, A.: Markt- und kompetenzorientierte Geschäftsfeldplanung, Wiesbaden 1998.

STEINHÜBEL, V.: Strategisches Controlling – Prozeß und System, München 1997.

STRUTZ, E.: Wertmanagement in Banken, Bern u. a. 1993.

VOIGT, K.-I.: Strategische Planung und Unsicherheit, Wiesbaden 1992, S. 421 f.

WEBER, J.: Einführung in das Controlling, 8. Aufl., Stuttgart 1999, S. 50.

WELGE, M. K./AL-LAHAM, A.: Strategisches Management: Grundlagen – Prozess – Implementierung, 2. Aufl., Wiesbaden 1999.

WENTLANDT, A.: Die strategische Positionierung von Finanzdienstleistungsunternehmen, Frankfurt am Main u. a. 1993, S. 122 f.

WILDE, K.: Bewertung von Produkt-Markt-Strategien: Theorien und Methoden, Berlin 1989.

Andreas Rinker / Patrick Tegeder

Geschäftsprozessoptimierung in Banken

1. Zielsetzung und Rahmenbedingungen der Geschäftsprozessoptimierung in Banken

Laufende Änderungen in den relevanten Märkten, im Wettbewerbsumfeld und in den rechtlichen Rahmenbedingungen fordern, insbesondere aufgrund der rasanten Entwicklung der Informationstechnologie, von den Banken sich stetig erhöhende Anpassungsgeschwindigkeiten.[1] Einerseits werden immer kürzere Reaktionszeiten auf die Kundenbedürfnisse erwartet, während andererseits der Druck auf die Margen steigt. Diese Divergenz führt zu der schon seit geraumer Zeit zu beobachtenden sich verengenden Spanne von Erträgen und Aufwendungen.

Unter Beachtung der beschriebenen Wettbewerbssituation bei gleichzeitiger Polarisierung der Kundenbedürfnisse, Mengenkunden mit der Nachfrage nach kostengünstigen Standardprodukten einerseits, Individualkunden mit dem Anspruch einer hohen Service- und Beratungsqualität andererseits, ergibt sich für die Banken die Chance der Erhaltung und Schaffung von Wettbewerbsvorteilen durch die verhaltensorientierte Kundensegmentierung und durch die konsequente Ausrichtung auf Kundenbedürfnisse. Die Umsetzung dieser Strategien in messbare Erfolge werden zukünftig jedoch nur die Banken realisieren können, welche ihre Ablauf- und Aufbauorganisation kundenorientiert ausrichten und gleichzeitig die innerbetrieblichen Prozesse sowie die damit verbundenen Kostenstrukturen optimieren, und zwar unter Abkehr von starren funktionsorientierten Organisationsformen.

Die notwendige Optimierung der Prozesse kann dabei verschiedenen Ansätzen folgen, die sich insbesondere durch die Art und Weise der Umgestaltung eines Unternehmens, der Zeitdauer des Wandels sowie der Einbindung der Mitarbeiter unterscheiden. Das in den USA entwickelte Konzept des Business Process Reengineering, in der Literatur oftmals auch als „revolutionäres“ Business Reengineering bezeichnet, steht für das eine Extremkonzept, während der konsensgetriebene japanische Kaizen-Ansatz für eine konträrevolutionäre Vorgehensweise steht.[2] Der revolutionäre Ansatz zielt auf eine radikale Unternehmensumgestaltung ab, welche mit einem tiefgreifenden und umfassenden Wandel während eines begrenzten Zeitraums verbunden ist. Die Fokussierung liegt hier auf den Kernprozessen, also den für das Unternehmen wesentlichsten Prozessen zur Leistungserstellung. Die Initiierung eines solchen Business Reengineering geschieht durch das Management und ist somit typischerweise top-down-getrieben, wodurch die Mitarbeiter keine bzw. nur geringe Einflussmöglichkeiten besitzen. Demgegenüber setzt der Kaizen-Ansatz auf einen langsamen und dauerhaften Wandel unter Einbeziehung der Mitarbeiter. Da bei diesem Ansatz die Kernprozesse innerhalb der gegebenen Strukturen verändert werden, findet eine radikale Unternehmensumgestaltung nicht statt. Das „evo-

1 Vgl. Lohmann 1998, S. 340.
2 Vgl. Servatius 1994, S. 11; Tegeder 1996, S. 110-111.

lutionäre“ Business Reengineering[3] nimmt eine Position zwischen diesen beiden Ansätzen ein und verbindet deren Vorteile zu einem Konzept, das in seiner Anwendung zunächst auf einzelne Unternehmensebenen beschränkt werden kann, im Gegensatz zum revolutionären Ansatz auf kontinuierliche Prozessverbesserungen im Zeitablauf abzielt und die Mitarbeiter analog zum Kaizen-Ansatz in den Verbesserungsprozess integriert, während das Management eine moderierende Funktion wahrnimmt. Die Dominanz eines Ansatzes für den Bankensektor ist nicht erkennbar, vielmehr kommen je nach Unternehmenssituation sowohl revolutionäre (etwa im Rahmen von Fusionen, Sanierungen oder geplanten Technologiewechseln) als auch evolutionäre Reengineering-Programme (zur Strategieumsetzung, zur Mitarbeitermotivation) zum Einsatz.

Bei der Übertragung der verschiedenen Ansätze der Geschäftsprozessoptimierung von den ursprünglichen Einsatzgebieten in Industrieunternehmen auf Banken, für die dieses Thema eher neu ist, sind Besonderheiten hinsichtlich der Produktion von Bankleistungen zu beachten,[4] die dem Optimierungsprozess mehr hinderlich denn förderlich entgegenstehen.

So sind Bankleistungen abstrakt und zum Teil gegenüber dem Kunden, aber auch intern, in hohem Maße erklärungsbedürftig, und die Produktion von Bankleistungen zielt im Gegensatz zur Industrieproduktion insbesondere auf die Verarbeitung von Informationen ab. Im Vergleich zu anderen Branchen sind Geschäftsprozesse in Banken oftmals länger, komplexer, kostenintensiver und häufig reglementiert. So sind etwa Kreditprozesse aufgrund von Kompetenzregelungen und Verantwortungsverteilung durch eine hohe Komplexitätsdichte gekennzeichnet, die sich in entsprechend langen Bearbeitungs- und Durchlaufzeiten niederschlägt und aufgrund der rechtlichen Anforderungen an Kreditprozesse im Rahmen einer Geschäftsprozessoptimierung nur eingeschränkt zur Disposition steht.[5] Darüber hinaus erfolgt die Produktion der Dienstleistung im Gegensatz zur Industrie häufig erst im Moment des Absatzes. Just-in-Time-Produktion bedingt aber die laufende Synchronisation von Kapazitätsangebot und Kapazitätsnachfrage mit dem Dilemma, dass eine Ausrichtung auf den Spitzenbedarf bei temporärer Unterauslastung Leerkosten generiert, während eine am Normalbelastungsfall orientierte Kapazitätsausstattung im Falle von Belastungsspitzen eine zeitnahe Produktion nicht oder nur eingeschränkt gewährleisten kann.

Die Geschäftsprozessoptimierung wird häufig definiert als die wertschöpfende Ausrichtung[6] der Kernprozesse einer Bank an den Kundenbedürfnissen,[7] welche nachfolgend als Qualität aus Kundensicht bezeichnet wird. Diese Qualität aus Kundensicht ist vor dem Hintergrund der rechtlichen Reglementierungen sowie angesichts des Risikogehalts von Bankgeschäften um eine Qualitätsdimension aus Sicht des Managements (Qualität aus Institutssicht) zu erweitern. Beide vorgenannten Dimensionen sind Rahmenbedingungen für das eigentliche Ziel der Geschäftsprozessoptimierung, der Effizienz von Prozessen. Die

3 Vgl. Servatius 1994, S. 39-41; Tegeder 1996, S. 110-111.
4 Vgl. Everding 1995, S. 46-49; Rinker 1997, S. 71 ff.
5 Vgl. Peters/Schmidt 1998, S. 352-353.
6 Vgl. Jacob/Dachtler/Delnef 1998, S. 264; Moormann 1996, S. 74.
7 Vgl. Richter 1995, S. 342; Terrahe 1995, S. 674-675.

Effizienz als Zielgröße steht als Synonym für Wirtschaftlichkeit und Produktivität.[8] Während die Wirtschaftlichkeit das Verhältnis Output zu Input auf einer wertmäßigen Basis definiert (zum Beispiel Eigenkapitalrentabilität, Aufwandsrentabilität) steht die Kennzahl der Produktivität für eine mengenmäßige Output-Input-Beziehung (etwa Volumina oder Mengen pro Mitarbeiter, Zeit pro Stück). Für die Geschäftsprozessoptimierung in Banken sind damit insgesamt drei Blickwinkel in die Beurteilung einzubeziehen:[9]

- Qualität aus Kundensicht: beispielsweise kurze Durchlaufzeiten, günstige Konditionen, hohe Bearbeitungsqualität sowie unbürokratische Abwicklung.
- Qualität aus Institutssicht: etwa die Gewährleistung von Sicherheitsbedürfnissen und Erfüllung der rechtlichen Anforderungen.
- Effizienz: Hierunter fallen zum Beispiel die Gewährleistung niedriger Kosten sowie die Bereitstellung von Bankprodukten auf Basis eines wirtschaftlichen Ressourceneinsatzes.

Die drei Determinanten bilden ein Spannungsfeld, welches eine gleichzeitige Maximierung der Qualitätsdimensionen sowie der Effizienz aufgrund verschiedenster Abhängigkeiten verhindert. So besteht beispielsweise zwischen Qualität und Effizienz ein Zielkonflikt: Der Kundennutzen kann von Preis, Bearbeitungsqualität und zeitlicher Verfügbarkeit einer Leistung abhängen, während unter dem Aspekt der Effizienz eine taggleiche Bankdienstleistung gegenüber einer späteren grundsätzlich mit höheren Kosten verbunden ist. Somit ist eine Maximierung der Effizienz nicht ohne Einbußen der Qualität möglich und vice versa.[10] Die Erfahrung zeigt aber, dass spürbare Umsetzungserfolge zwingend die Einbeziehung aller drei Dimensionen erfordern, was einen Spagat zwischen den Zielerreichungsgraden verlangt.

2. Vorgehensmodell zur Geschäftsprozessoptimierung in Banken

2.1 Vorgehensweise im Überblick

Die Anwendung der Geschäftsprozessoptimierung auf eine Bank bedingt die Strukturierung des Unternehmens in horizontaler Ausrichtung nach Prozessen über Abteilungen hinweg, so dass eine Identifikation von durchgängigen Prozessketten vom Vertrieb bis zur Produktion erreicht werden kann. Das Ziel ist die gesamtheitliche Betrachtung der zwischen einzelnen Organisationseinheiten zergliederten und in der Regel durch mehrere Spezialisten bearbeiteten Prozessschritte. Dieses entspricht der Abkehr von der bisher

8 Vgl. Everding, Matthias, Kostenmanagement, S. 21 ff.
9 Vgl. Schäfer, Frank; Tegeder, Patrick, Verkaufen, S. 57-58.
10 Vgl. Everding, Matthias, Kostenmanagement, S. 29-30.

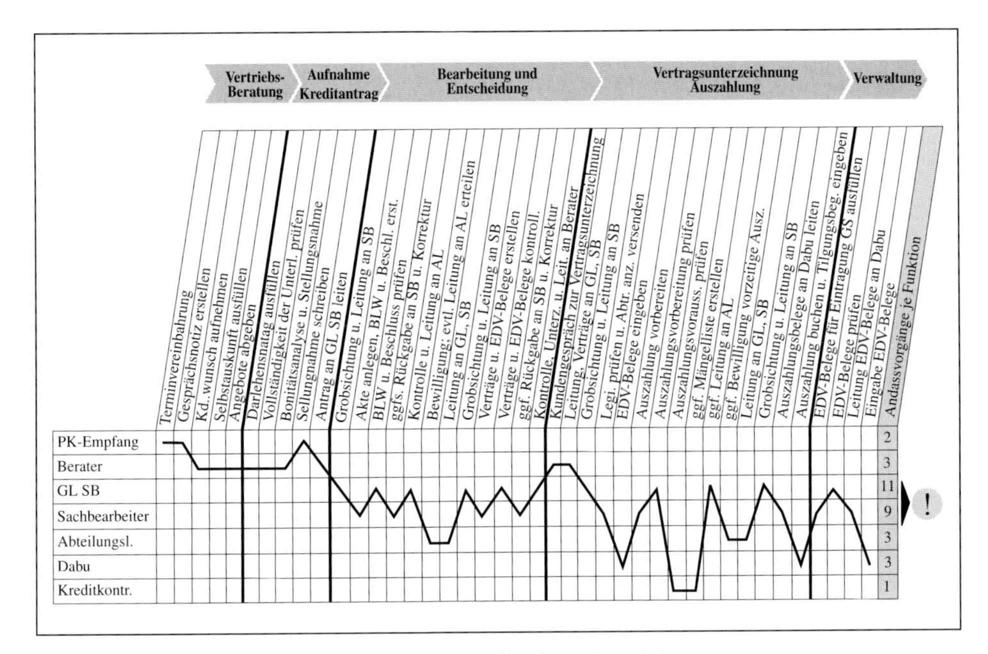

Abbildung 1: Extrem zergliederte Prozesse in der Kreditsachbearbeitung

praktizierten tayloristischen Teilung der Arbeit und der damit verbundenen Zersplitterung der Organisation.[11]

Eine reine Prozessorientierung ist in der Praxis jedoch selten realisierbar, da aufgrund des Leistungsverbunds, der damit verbundenen Komplexität der Bankleistungen und der geforderten hohen rechtlichen Anforderungen an diese Leistungserstellung – beispielhaft sei hier die Trennung von Markt und Marktfolge im Kreditbereich genannt – ein Minimum an Spezialistentum erforderlich ist. Daher sind auch bei einer grundsätzlich durchgängigen Prozessorientierung immer noch Verantwortungsbereiche nicht nur für ganze Prozesse (sogenannte Process Owner[12]), sondern vielmehr auch für Teilprozesse und Spezialfunktionen vorzufinden. Daher sollen hier unter dem Begriff der Geschäftsprozessoptimierung einerseits die Prozessanalyse im eigentlichen Sinne und andererseits die Funktionsanalyse (Geschäftsprozessoptimierung im weiteren Sinne) betrachtet werden. Die Funktionsanalyse zielt auf die Bereiche ab, die im Rahmen der horizontalen Strukturierung des Unternehmens keine Berücksichtigung finden, da sie keinen oder nur geringen repetitiven und standardisierbaren Charakter haben oder bei denen eine Spezialisierung explizit gewünscht ist. Für diese Bereiche wird die aufwendige prozessuale End-to-End-Betrachtung aus Wirtschaftlichkeitsgründen aufgegeben und die Optimierungspotenziale über die Beiträge der Funktionen zur Kunden- bzw. Institutsqualität analysiert sowie die Effizienz des Ressourcenverbrauchs bewertet.

11 Vgl. Servatius 1994, S. 27.

12 Vgl. Kunze/Kittlaus 1998, S. 319.

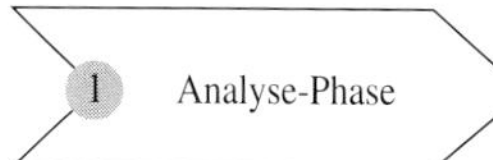

Umsetzungs-Phase

- Explizite Zielformulierung
- Definition der prozessbezogenen Untersuchungstiefe
- Festlegung der zu untersuchenden Kompetenzen
- Auswahl der Untersuchungsbereiche
- Erhebung und Dokumentation der Kernprozesse
- Erhebung der Mengengerüste
- Verdichtung/Aufbereitung der Informationen

- Entwicklung von Soll-Prozessen
- Ableitung von Sollfunktionen/Stellen
- Ableitung notwendiger Strukturveränderungen und des Investitionsbedarfs (Prozessressourcen, Sachressourcen)

- Priorisierung und Aufstellung des Zeitplans für die Realisierung
- Definition der Projektorganisation
- Pilot- und Flächenrealisierung
- Erfolgskontrolle

Abbildung 2: Phasen der Geschäftsprozessoptimierung
Quelle: zeb

Die Vorgehensweise bei einem Prozessprojekt folgt einem dreistufigen Modell (vgl. Abbildung 2). In der Analyse-Phase werden die Art der Prozesse, die Prozesszeiten sowie die Mengen erhoben und in verdichteter Form dargestellt. In der Re-Design-Phase wird unter anderem die Entwicklung von Soll-Prozessen vorgenommen, während die Realisierung der zu priorisierenden Soll-Prozesse in der Umsetzungs-Phase erfolgt.[13]

2.2 Phasen der Geschäftsprozessoptimierung

Analyse-Phase

Unter Berücksichtigung der institutsspezifischen strategischen Ziele und der jeweiligen Kundenwünsche sind die Untersuchungsbereiche der Geschäftsprozessoptimierung einzugrenzen und die zu analysierenden Prozesse bzw. Funktionen festzulegen.[14] Operative Ziele einer Geschäftsprozessoptimierung können beispielsweise die Reduzierung von Durchlaufzeiten und Kosten oder die Steigerung der Verfügbarkeit sein.[15] Im Falle einer Prozessanalyse kann die Differenzierung etwa nach Produktbündeln erfolgen (Kreditprozesse, Wertpapierprozesse), bei einer Funktionsanalyse nach Funktionsbereichen (Markt, Markfolge, zentrale Servicebereiche). Ferner ist die Untersuchungstiefe im Vorfeld zu bestimmen, das heißt, es ist die Fragestellung zu beantworten, ob mit Blick auf die Zielsetzung, zum Beispiel eine Fokussierung auf die Teilprozessebene, ausreicht, oder ob im Extremfall sogar einzelne Aktionen Gegenstand der Betrachtung sein sollen. Beispielhaft sei

13 Vgl. Venohr 1996, S. 134-136.
14 Vgl. Pesendorfer/Wurzer 1996, S. 928.
15 Vgl. Kunze/Kittlaus 1998, S. 321.

hier die Zeiterhebung des Teilprozesses der Bilanzanalyse genannt. Auf Teilprozessebene würde lediglich dieser einen Tätigkeit eine Bearbeitungszeit zugemessen werden, während auf Aktionsebene dieser Teilprozess in Datenerfassung, Generierung von Kennzahlen und Beurteilung oder ggf. in noch tiefere Ebenen zerlegt würde. In Analogie zu dieser Gliederung erfolgt die Zeiterhebung. Letztendlich reduziert sich die Frage auf eine Grenzbetrachtung von Kosten und Nutzen bei zunehmender Untersuchungstiefe.

Um isolierte und damit suboptimale Teilverbesserungen zu vermeiden, sollte die Bildung von Prozessketten stets eine bereichsübergreifende, von der Initiierung bis zum Abschluss reichende End-to-End-Betrachtung sein. Die Aufnahme dieser Prozessketten sowie der korrespondierenden Zeitgerüste und Mengen[16] wird typischerweise durch den zeitlich abgestuften Einsatz verschiedener Instrumente erreicht. Die Erfahrung zeigt, dass auch bei geplanter radikaler Veränderung auf Analysen der Ist-Situation, wenn auch mit einem niedrigeren Detaillierungsgrad, kaum verzichtet werden kann. So werden beispielsweise Ist-Prozesse und Ist-Zeiten benötigt, um die Entscheidung für oder gegen ein radikales Re-Design zu fundieren sowie eine den Projekterfolg unterstützende Umsetzungsplanung zu ermöglichen.

Der Einsatz von Erhebungsinstrumenten unterscheidet sich nach der Art der Analyse: Bei einer originären Prozessanalyse wird stets eine detaillierte Beschreibung der Prozesse zu fordern sein. Typischerweise werden je Prozessschritt die zuständigen Mitarbeiter, die Arbeitsmittel bzw. Technik sowie die Prozesszeiten dokumentiert.[17] Die Prozesserhebung selbst kann durch Beobachtung, Interviews oder Workshops mit den Beteiligten – ggf. unterstützt durch vorhandene Prozessdatenbanken – erfolgen. Die Zeitkomponente[18] kann mit konventionellen oder analytischen Verfahren ermittelt werden. Konventionelle Verfahren, zu denen die Selbstaufschreibung sowie die Beobachtung bzw. das Interview gerechnet werden, zeichnen sich durch eine hohe Praktikabilität und Akzeptanz bei den Mitarbeitern sowie durch geringe Kosten aus. Die Ergebnisse der Zeiterhebung haben jedoch stets nur die Qualität einer Näherungslösung, deren Genauigkeit mit der Anzahl der berücksichtigten Arbeitstage sowie der einbezogenen Mitarbeiter zunimmt. Die mittels analytischer Verfahren erhobenen Zeiten sind zwar tendenziell exakter, jedoch zeigt die Praxis, dass gegenüber den konventionellen Verfahren kaum eine Qualitätssteigerung erreicht werden kann, die die hohen Verfahrenskosten rechtfertigt. Aus Effizienz- und Akzeptanzüberlegungen kann daher häufig mit den sogenannten konventionellen Verfahren die Zeiterhebung durchgeführt werden.

Die Erhebung von Durchlauf- oder Transportzeiten geschieht typischerweise durch die Verwendung von Aktenbegleitbögen, sofern ein prozessorientiertes Controlling noch nicht installiert ist. Abbildung 3 zeigt beispielhaft die Bearbeitungs- und Durchlaufzeiten einer Baufinanzierung auf Teilprozessebene vor Optimierung. Auf Basis der vorliegenden Zeitgerüste kann dann ein Benchmarking auf Prozessebene ansetzen, um erste Ansatzpunkte für den notwendigen Restrukturierungsumfang und die zeitliche Priorisierung zu entwickeln.[19]

16 Vgl. Hillen 1998, 282-284; Tegeder 1996, S. 160.

17 Vgl. hierzu auch die Darstellung in Abbildung 6.

18 Vgl. Hillen 1998, S. 283.

19 Vgl. Al-Ani 1996, S. 106.

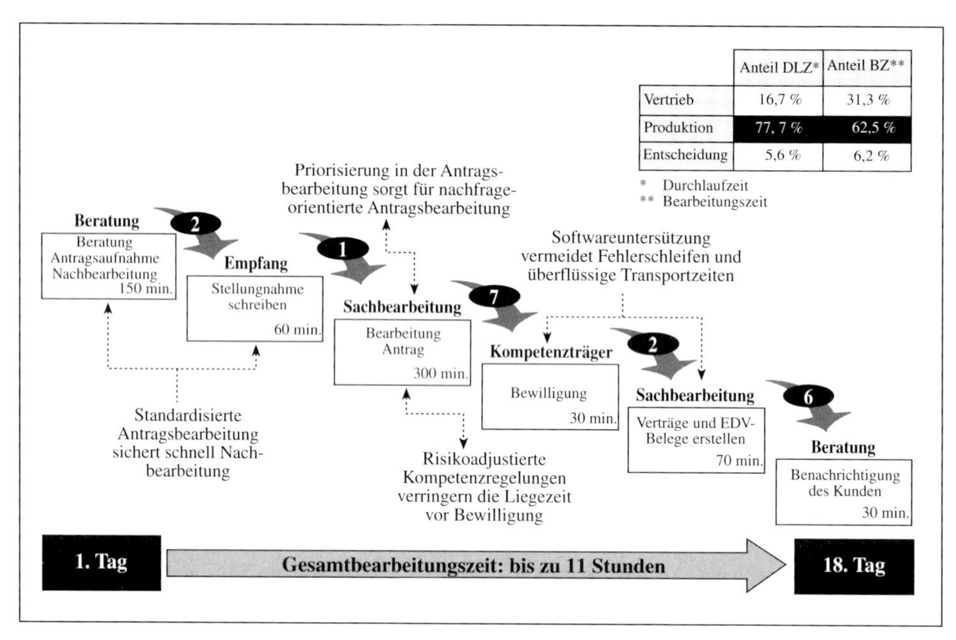

Abbildung 3: Bearbeitungs- und Durchlaufzeit einer Baufinanzierung vor Geschäftsprozessoptimierung

Funktionsanalysen werden zur kritischen Überprüfung der Notwendigkeit aller Tätigkeiten sowie zur Überprüfung der Effizienz und Qualität von Funktionsbereichen bzw. einer Stelle herangezogen. Die Schwerpunkte liegen in der Beurteilung der Aufgabenzuordnung, der Schnittstellen, der kapazitären Ausstattung sowie der Qualität der Leistungen, die vor allem als interner Dienstleister für andere Bereiche der Bank erbracht werden. Die Funktionsanalyse verzichtet auf eine detaillierte Prozess- zu Gunsten einer Globalbeschreibung, die beispielsweise durch sogenannte Selbstaufschreibungen durch die betroffenen Mitarbeiter in eigener Regie vorgenommen werden können, und wird insbesondere zur Beurteilung der Ressourcenallokation (vgl. Abbildung 4) und damit auch zur Verifizierung von durchgeführten Kapazitätsschätzungen im Rahmen von stichprobenartigen Prozessanalysen genutzt. Ergebnisse von Funktionsanalysen können Verbesserungsvorschläge auf Tätigkeitenebene sowie Strukturvorschläge sein.

Mengenkomponenten werden im Rahmen von Geschäftsprozessoptimierungen insbesondere für zwei Themenfelder benötigt: Einerseits dienen sie in Verbindung mit den jeweiligen Prozesszeiten der Bemessung von Kapazitäten, andererseits können sie zur Festlegung der Untersuchungstiefe herangezogen werden. Werden Prozesse nach der zeitlichen Dimension (Prozesslänge) und der mengenmäßigen Komponente (Prozesshäufigkeit) klassifiziert, so können vier Prozesstypen identifiziert und der jeweilige Handlungsbedarf abgeleitet werden:

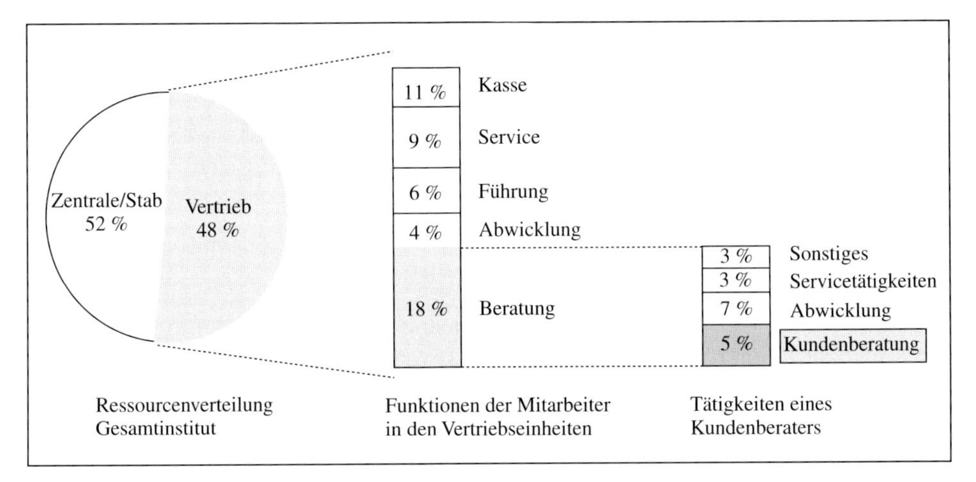

Abbildung 4: Anteil Vertrieb an der Ressourcenallokation der Gesamtbank
Quelle: zeb

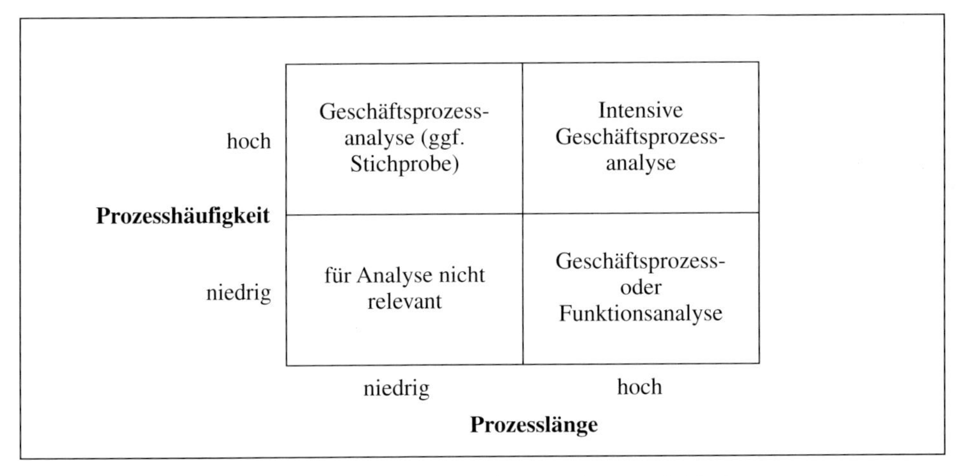

Abbildung 5: Klassifizierung der Prozesstypen nach Prozesslänge und -häufigkeit
Quelle: zeb

Die Mengengerüste selbst lassen sich oftmals durch auf die jeweilige Zielsetzung zu spezifizierende DV-Abfragen, Auswertungen von Kontrollbüchern und sonstigen bereits in der Bank vorliegenden Statistiken erheben.

Re-Design-Phase

Die Beurteilung der Ist-Prozesse und die Generierung von Soll-Prozessen erfolgt unter Beachtung der bereits erläuterten Qualitätsdimensionen aus Kunden- und Bankensicht sowie unter dem Blickwinkel der Effizienz. Hierbei kann ein Benchmarking, das Best-Practice-Werte für den zu modellierenden Prozess beschreibt, wertvolle Ansatzpunkte für Ausmaß und Priorisierung des Veränderungsprozesses liefern sowie Entscheidungen für die Rentabilität der Umsetzung fundieren. Das Re-Design erfolgt bei Wahl des revolutionären Ansatzes durch Gestaltung eines idealtypischen Prozesses am Reißbrett, beim evolutionären Ansatz durch Veränderungen des dokumentierten Ist-Prozesses. Dieses kann durch die Veränderungen dreier Stellgrößen erfolgen (vgl. Abbildung 6). Diese sind

- die Bereinigung um Prozessschritte,
- die Verkürzung der für einzelne Prozessschritte erforderlichen Zeit und
- die Umgestaltung von Zuständigkeiten bzw. Schnittstellen.

Die Stellgröße mit der schnellsten Umsetzbarkeit auf die bestehenden Prozessketten ist die Bereinigung um Prozessschritte, das heißt das Weglassen von Tätigkeiten. Hierbei gilt es, jeden einzelnen Prozessschritt bzw. auch einzelne Aktivitäten hinsichtlich der Notwendigkeit der Funktionserfüllung zu überprüfen.

Der zweite Faktor, die Zeitverkürzung, zielt insbesondere auf die Reduzierung des Ressourceneinsatzes sowie die Verkürzung von Durchlaufzeiten ab. Bezüglich der Reduzierung des Ressourceneinsatzes sei hier auf die Vermeidung von Prozessschleifen sowie auf die Forcierung der technischen Unterstützung hingewiesen, die zu Quantensprüngen führen kann. Der Generierung zeit- und ressourcenminimaler Prozesse durch den Technikeinsatz stehen allerdings oftmals hohe Investitionskosten gegenüber. Diesbezüglich ist eine Investitionsrechnung, die die Vorteilhaftigkeit der Technikinvestition explizit beurteilt,

Bereinigung um Prozessschritte (1) — Zeitverkürzung durch Technikeinsatz (1)

Nr.	Ereignisse/Prozessschritte	Mit-arbeiter	Technik/Arbeitmittel	Zeitbedarf
	Prozess BauFi-Neugeschäft			
E	**Telefonische Terminanfrage des Kunden**			
1	**Terminvereinbarung mit Kunden**	PK-E	Telefonische/persönlich; Terminbücher	2 Minuten
2	Auf einzureichende Unterlagen hinweisen	PK-E	Checkliste, Formular Selbstauskunft	5 Minuten
3	Gesprächsnotiz über Finanzierungswunsch erstellen	PK-E	Manuell auszufüllender Vordruck	6 Minuten
4	Kontoabfrage durchführen (Obligo)	PK-E	PC	2 Minuten
5	Gesprächsnotiz und Kontoabfrage an Berater leiten	PK-E		3 Minuten
E	**Kunde kommt zum Gespräch**			
	...			
	...			

Veränderung von Zuständigkeiten/ Schnittstellen (1)

Abbildung 6: Stellgrößen der Restrukturierung von Prozessen
Quelle: zeb

zwingend erforderlich. Hinsichtlich der Verkürzung von Durchlaufzeiten kann neben der Reduzierung auch ein Zusammenfassen, Verlagern oder Parallelisieren von Prozessschritten vorgenommen werden.[20]

Die dritte Stellgröße ist die Veränderung von Zuständigkeiten bzw. Schnittstellen. Diese führt isoliert noch zu keiner Modellierung der originären Prozesskette und sollte daher in Kombination mit den beiden erstgenannten Faktoren vorgenommen werden. Als Beispiel für eine Schnittstellenverlagerung sei die Übertragung von Sachbearbeitungstätigkeiten von den Kundenberatern auf die originären Sachbearbeiter genannt. Hierdurch gewinnen die Berater Freiräume für den Vertrieb; die Frage der Bewältigung der zusätzlichen Tätigkeiten durch die Sachbearbeitung ist hierdurch freilich noch nicht beantwortet. Ein weiteres Beispiel für die Veränderung von Zuständigkeiten[21] bzw. Schnittstellen ist die Vergabe von Aktivitäten der Teilprozesse auf andere Bereiche, etwa das Outsourcing einzelner Unternehmensbereiche.[22]

Umsetzungs-Phase

Die Priorisierung der Umsetzung der Restrukturierungsvorschläge erfolgt anhand der Kriterien Umsetzbarkeit (Kosten, Zeitaufwand) und Erfolgswirkung.

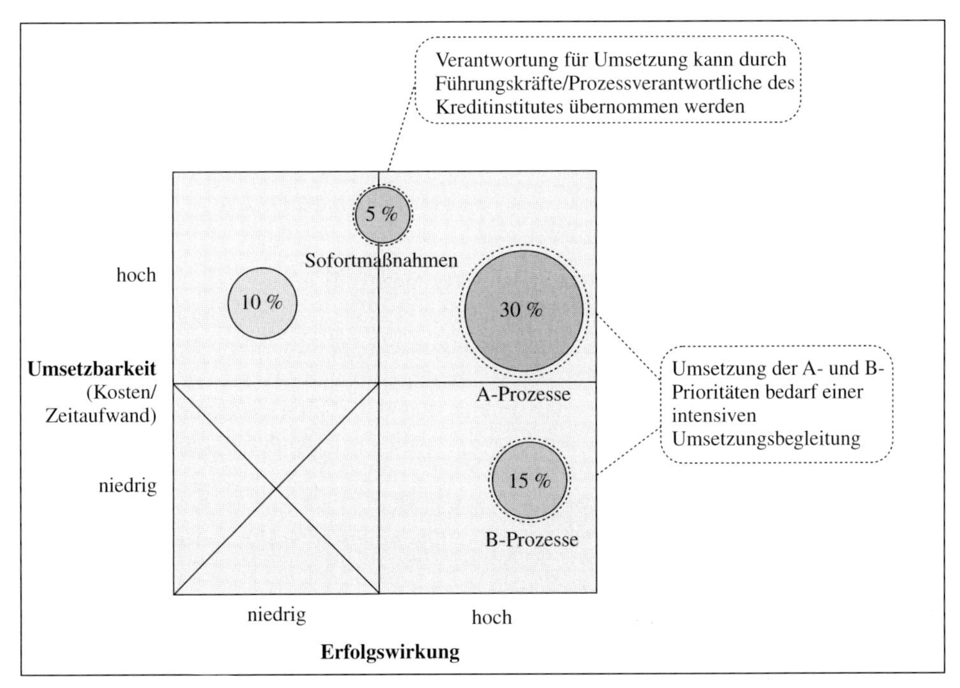

Abbildung 7: Priorisierung der Restrukturierungsvorschläge
Quelle: zep

20 Vgl. Lohmann 1998, S. 341.
21 Vgl. Richter 1995, S. 345.
22 Vgl. Tegeder 1996, S. 147 sowie zu Spezialaspekten etwa Hofferbert/Schwanitz 1999, S. 58-60.

Projekterfahrungen zeigen, dass circa 60 Prozent aller untersuchten Prozesse Optimierungsbedarf haben, von denen wiederum circa die Hälfte gemäß den Kriterien Umsetzbarkeit und Erfolgswirkung als sogenannte A-Prozesse einzustufen sind. Um ein maximales Nutzeninkasso zu generieren, sollten zumindest die als A- und B-Prioritäten klassifizierten Prozesse im Rahmen der Umsetzung explizit als Projekt geplant und umgesetzt werden – ggf. unter externer Begleitung. Die Umsetzung der Sofortmaßnahmen verbleibt für gewöhnlich bei den Führungs- bzw. Prozessverantwortlichen, wobei die Erfahrung zeigt, dass insbesondere ein zeitnaher Umsetzungserfolg zu einer hohen Mitarbeitermotivation führt.[23]

Neben der kurzfristigen Generierung von Erfolgen und der Steigerung der Mitarbeitermotivation schaffen die Sofortmaßnahmen oftmals die für die Umsetzung der A- und B-Prozesse benötigten kapazitären Freiräume. Umfangreiche Restrukturierungsmaßnahmen wie etwa das Outsourcing, die die Einbindung hoher sachlicher und personeller Ressourcen beanspruchen, sollten aus projektorganisatorischen Gründen in eigenständige Projekte überführt werden.

2.3 Geschäftsprozessoptimierung als Basis bankbetrieblicher Ressourcensteuerung

Die Geschäftsprozessoptimierung ist Ausgangspunkt der Flexibilisierung von Kapazitäten und Kosten im Bankbetrieb. Das Ziel der Flexibilisierung ist der Tausch von fixen in variable Kosten; die Instrumente hierzu sind das Kapazitätsmanagement, monetäre Anreizsysteme sowie das Outsourcing.[24]

Das Ziel des Kapazitätsmanagements ist die Synchronisation von Kapazitätsbedarf und Kapazitätsangebot. In einem ersten Schritt ist eine Personalbedarfsrechnung zu erstellen, die über die gängigen Symptombetrachtungen (zum Beispiel Deckungsbeiträge je Mitarbeiter, Kunden-, Konten- oder Volumenproduktivitäten) hinaus explizit auf Tätigkeiten abstellt. Auf diese Weise entstehen exakte und für den Mitarbeiter nachvollziehbare Werte. Ferner können mit geringem Aufwand neue Prozesse sowie Änderungen in den Prozesszeiten bzw. den korrespondierenden Mengen integriert werden, so dass steuerungsrelevante Informationen zeitnah zur Verfügung stehen. Der bei der Ersterhebung zu konstatierende erhebliche Aufwand lässt sich aufgrund zunehmender Technisierung in der Folge deutlich reduzieren.

In einem zweiten Schritt erfolgt die grobe Abstimmung der ermittelten Soll-Kapazitäten mit den Ist-Kapazitäten durch variable Arbeitszeitmodelle. Diese Grobabstimmung lässt sich ggf. durch eine etwa an Kundenfrequenzen orientierte untertägige Kapazitätssteuerung, wie sie im Versandhandel oder bei der Steuerung von Call Centern bekannt ist, weiter verfeinern. Die vor dem Hintergrund der heutigen Möglichkeiten der Steuerung von

23 Vgl. Linnebank 1996, S. 128-130; Peters/Schmidt 1998, S. 356.
24 Vgl. Zaugg 1998, S. 346.

Kundenströmen (Selbstbedienung) reduzierten Schwankungen im Kapazitätsbedarf verringern den Bedarf der Synchronisation mit dem Kapazitätsangebot jedoch deutlich.

Aufgrund der Variabilisierung der Bezahlung führen monetäre Anreizsysteme zu einer Anpassung von Kosten an die Erträge der Bank und zu einer verbesserten Kapazitätsausnutzung. Ferner werden den Mitarbeitern motivationale Anreize gesetzt, den Gesamtbankertrag zu steigern. Vergütungsfunktion und Bemessungsgrundlage stellen die Kernelemente des monetären Anreizsystems dar. Für die Vertriebsbereiche sollte die Bemessungsgrundlage auf das Profit-Center-Ergebnis abstellen, für die Produktions- und Stabsbereiche auf quantitative oder qualitative Punktbewertungsverfahren.[25]

Das Outsourcing ist definiert als die Übertragung von bisher innerbetrieblich erfüllten Aufgaben an einen rechtlich selbstständigen Dritten. Im Gegensatz zur internen Produktion, bei der Produktions- und Koordinationskosten anfallen, ist der externe Bezug von Leistungen (Outsourcing) durch Beschaffungs- und Transaktionskosten gekennzeichnet. Somit sind die Kernziele des Outsourcing zum einen, die Kosten durch die Auslagerung von Aufgaben auf produktivere Dritte zu senken bzw. die Qualität durch professionellere Dritte zu erhöhen sowie eine Variabilisierung der Kosten zu erreichen. Zum anderen soll durch das Outsourcing eine Verringerung der Fertigungstiefe erreicht werden.[26] Ein Fremdbezug bzw. eine Zusammenarbeit – Letztes wird als sogenanntes Co-Sourcing[27] bezeichnet – bietet sich immer dann an, wenn der Fremdproduzent durch größeres Wissen, höhere Auslastung, stärkere Spezialisierung bzw. kostengünstigere Standorte Produktionsvorteile besitzt, die die Effizienz oder die Qualitätsziele verbessern, oder wenn dieser spezielle Produktionsverfahren bereits entwickelt hat. In der Praxis zeigt sich jedoch, dass das Outsourcing – insbesondere vor dem Hintergrund von Abhängigkeiten von Dritten sowie des Verlustes an direkter Qualitätskontrolle – eine Alternative ist, die stets sorgfältig zu prüfen ist.

3. Ausblick

Insgesamt kann der Erfolg von Geschäftsprozessoptimierungen auf drei wesentliche Faktoren reduziert werden.[28] Dabei handelt es sich erstens um die klare Fokussierung auf die Strategie der Bank sowie auf die Mitarbeiter. Zweitens kann als Erfolgsfaktor die Technologieorientierung der Bank identifiziert werden. Die Implementierung einer neuen bzw. die Optimierung einer bestehender IT-Umgebung ist allerdings noch kein Garant für Erfolg. Vielmehr sind Quantensprünge nur dann möglich, wenn auch die die IT betreffenden Prozessketten optimiert sind.[29] Drittens ist als Erfolgsfaktor die Gewährleistung der Umsetzung zu nennen. Nur eine straffe Projektorganisation mit eindeutigen Umsetzungsver-

25 Vgl. Rinker 1997, S. 143 ff.

26 Vgl. Schierenbeck 1999, S. 569 ff.

27 Vgl. Zaugg 1998, S. 347.

28 Vgl. Moormann/Gossmann 1997, S. 374-376.

29 Vgl. Al-Ani 1996, S. 106; Servatius 1994, S. 27.

antwortlichkeiten, zeitlicher Fixierung und einem aussagefähigen Umsetzungscontrolling kann zu einem deutlichen Nutzeninkasso führen.[30]

Obwohl die Geschäftsprozessoptimierung einen hohen Personal- und Sachressourceneinsatz verlangt, zeigt die Praxis, dass sich oftmals schon allein durch die Umsetzung von Sofortmaßnahmen die Aufwendungen zeitnah amortisieren. Für den Bereich der A- und B-Prozesse lassen sich einschneidende Verbesserungen erzielen. So zeigen Umsetzungserfolge, dass durch Bedarfsharmonisierung und Teilzeitmodelle bis zu 15 Prozent der Personalkapazitäten und durch den Einsatz von innovativen DV-Lösungen die Anfassvorgänge und die Prozesskosten im Kreditbereich um bis zu 40 Prozent reduziert werden können. Diese erstaunlichen Erfolge sind jedoch nicht nur einmalig generierbar, vielmehr können und müssen – vor dem eingangs skizzierten Wettbewerbsumfeld – Geschäftsprozessoptimierungen wiederholt durchgeführt werden. Dieses gilt insbesondere vor dem Hintergrund sich abzeichnender Marktverschiebungen aufgrund von E-Commerce. Zukünftige Projekte gestalten sich jedoch um so einfacher, je mehr die Führungs- und Steuerungsprozesse in den Optimierungsprozess eingebunden werden und je standardisierter die Ergebnisse der Analyse-, Re-Design- und Umsetzungs-Phasen beispielsweise in einer Prozessdatenbank abgelegt sind. Damit kommt dem Controlling eine entscheidende neue Aufgabe zu. Neben die bisher auf Kunden, Produkte bzw. Filialen fokussierte Ausrichtung tritt damit eine vierte Dimension hinsichtlich der Prozesse, so dass eine zukunftsweisende laufende Mess- und Bewertbarkeit von übergreifenden Geschäftsprozessen ermöglicht wird.[31]

Literaturhinweise

AL-ANI, A.: Business Reengineering heute, in: Geldinstitute, 10/1996, S. 104-107.

EVERDING, M.: Kostenmanagement in Kreditinstituten, Frankfurt/Main 1995.

HILLEN, J.: Produktivitätsmanagement im Bankbetrieb, in: Die Bank, 5/1998, S. 282-286.

HOFFERBERT, B./SCHWANITZ, J.: Unter fremder Kontrolle, in: Bank Magazin, 6/1999, S. 58-60.

JACOB, H.-R/DACHTLER, C./DELNEF, A.: Geschäftsprozessgestaltung: Kundennutzen im Visier, in: Die Bank 5/1998, S. 264-269.

KUNZE, C./KITTLAUS, H. B.: Kunden und Produktivität im Mittelpunkt, in: Betriebswirtschaftliche Blätter, 7/1998, S. 318-326.

LINNEBANK, R.: Schlanke Vertriebswege in einem regionalen Kreditinstitut, Konzeption und Umsetzung, in: Ertragsmanagement und Rationalisierung in Kreditinstituten, Hrsg.: Rolfes, B./Schierenbeck, H./Schüller, St.; Schriftenreihe des Zentrums für Ertragsorientiertes Bankmanagement, Münster, Band 9, Frankfurt am Main 1996, S. 115-133.

LOHMANN, L. G. E.: Service Response-Logistik, Ein neuer Organisationsansatz für Bankbetriebe, in: Zeitschrift Führung und Organisation, 6/1998, S. 340-345.

MOORMANN, J.: Auswirkungen von Reengineering-Projekten auf die Informatik in Banken, in: Business Reengineering in Banken – Erfahrungen aus der Praxis, Hrsg.: Al-Ani, A., Bankwissenschaftliche Schriftenreihe, Band 82, Wien 1996, S. 65-84.

30 Vgl. Tegeder 1996, S. 182-189 und die dort angegebene Literatur.

31 Vgl. Kunze, Christian; Kittlaus, Hans-Bernd, Kunden, S. 326.

MOORMANN, J./GOSSMANN, A.: Erfolgsfaktoren von Reengineering-Projekten, in: Die Bank, 6/1997, S. 372-376.

PESENDORFER, S./WURZER, W.: Prozessorientiertes Reporting in Banken, ÖBA, 12/1996, S. 925-932.

PETERS, T./SCHMIDT, B.: Geschäftsprozessoptimierung: ein wichtiger Wettbewerbsfaktor, in: Zeitschrift Führung und Organisation, 6/1998, S. 351-357.

RICHTER, G.: Systemorientierte Ablauforganisation, in: Handbuch Bankorganisation, Hrsg.: von Stein, H./Terrahe, J., 2. Aufl., Wiesbaden 1995, S. 337-355.

RINKER, A.: Anreizsysteme in Kreditinstituten: Gestaltungsprinzipien und Steuerungsimpulse aus Controllingsicht, Schriftenreihe des Zentrums für Ertragsorientiertes Bankmanagement, Münster, Band 15, Frankfurt am Main 1997.

SCHÄFER, F./TEGEDER, P.: Intensiver verkaufen (Teil 1), in: Bank Magazin, 2/2000, S. 56-58.

SCHIERENBECK, H.: Ertragsorientiertes Bankmanagement: Band 1: Grundlagen, Marktzinsmethode und Rentabilitäts-Controlling, 6. Aufl., Wiesbaden, 1999.

SERVATIUS, H.-G.: Reengineering-Programme umsetzen – Von erstarrten Strukturen zu fließenden Prozessen, Stuttgart, 1994.

TEGEDER, P.: Business Reengineering als Grundlage eines ganzheitlichen Restrukturierungsprozesses in ostdeutschen Kreditinstituten, Schriftenreihe des Zentrums für Ertragsorientiertes Bankmanagement, Münster, Band 8, Frankfurt am Main 1996.

TERRAHE, J.: Unternehmensstrategie und Organisation, in: Handbuch Bankorganisation, Hrsg.: von Stein, H./Terrahe, J., 2. Aufl., Wiesbaden 1995, S. 667-685.

VENOHR, B.: Reengineering der Kreditprozesse, in: Die Bank, 3/1996, S. 132-138.

ZAUGG, R. J.: Strategic Sourcing bei der Schweizerischen Bankgesellschaft, in: Zeitschrift Führung und Organisation, 6/1998, S. 346-350.

Helmut Pehle / Markus Rester

Outsourcing-Strategien als Instrument der Rentabilitätsoptimierung in Verbundsystemen

1. Einleitung

Outsourcing gehört in jüngster Zeit zum Standardvokabular jeder aktuellen betriebswirtschaftlichen Diskussion. Dabei gehören Outsourcing-Strategien – wenn auch damals noch nicht unter dem anglizistischen Begriff – seit dem Bestehen von Verbundsystemen zu den konstitutiven Elementen derselben. Mit dem Begriff des Outsourcing werden aber von verschiedenen Autoren unterschiedliche wirtschaftliche Sachverhalte belegt, so dass in einem ersten Schritt eine Definition des Begriffes zweckmäßig ist.[1]

Der Begriff Outsourcing wird – als Abkürzung für das amerikanische ,*out*side re*source* us*ing*' – in dieser Arbeit bewusst weit gefasst, um die Vielfältigkeit von solchen Phänomenen in Verbünden wiederzugeben. Outsourcing bezeichnet demnach generell die Versorgung eines Unternehmens mit bestimmten Inputs, die nicht zu den Kernkompetenzen des Unternehmens gehören, aus einer externen Bezugsquelle.[2] Somit bezieht sich Outsourcing auf eine ganze Reihe von möglichen, teilweise bereits schon komplexen Produkten, Vorleistungen, Komponenten eines Produktes, Nebenleistungen bis hin zu sekundären Wertschöpfungsaktivitäten.

Auch die Definition von Verbundsystemen ist nicht unproblematisch. Sie verbinden im Verhältnis ihrer Mitglieder Elemente der Kooperation und der Konzentration und bilden somit eine quasi hybride Form eines Unternehmenszusammenschlusses bzw. eines Unternehmensnetzwerkes.[3] Im Gegensatz zu den Mitgliedern eines Konzerns, die sich durch wirtschaftliche Unselbständigkeit auszeichnen, sind die Verbundunternehmen grundsätzlich selbständig. Hierdurch sind Verbundsysteme zur Koordinierung ihrer Aktivitäten gezwungen, Konsenslösungen bei Willensbildung und Entscheidungsfindung anzustreben. Eine Weisungsgebundenheit wie bei Konzernen existiert folglich in Verbünden nicht.

Outsourcing-Strategien als Instrument der Rentabilitätsoptimierung in Verbundsystemen müssen deshalb grundsätzlich im gegenseitigen Einverständnis der Verbundunternehmen geplant werden. Die Willensbildung erfolgt dabei im Gegensatz zu Konzernen von unten nach oben.

2. Umweltveränderung als Auslöser von Outsourcing-Strategien in Verbundsystemen

Umweltveränderungen erfordern aus strategischer Sicht eine Flexibilität der Organisationsform. Hierbei haben unterschiedliche Organisationsformen unterschiedliche Anpas-

---

1 Vgl. hierzu und im Folgenden die grundlegende Arbeit von *Hellinger* 1999.

2 Vgl. *Picot/Maier* 1992, S. 15.

3 Siehe zu der Aktualität des genossenschaftlichen Prinzips der Kooperation *Pester* 1995, S. 190 ff.

sungsstrategien entwickelt. So ist beispielsweise die Herausbildung von Holdingstrukturen oder von Verbundsystemen Ausdruck dieser Anpassung.

Das Organisationsprinzip Verbundsystem steht wie jede unternehmerische Organisationsform im Wettbewerb um die Gunst potenzieller unternehmerischer Aktivitäten. Ein Verbund muss sich immer wieder im Sinne einer permanenten Aufgabenverteilung an die Umweltveränderungen anpassen. Eine geeignete Strategie, diesen Umweltveränderungen zu begegnen, ist im Sinne des Subsidiaritätsprinzips das Outsourcen von Aktivitäten, die die jeweilige Stufe eines Verbundes ökonomisch sinnvoll, also auch unter Rentabilitätsgesichtspunkten, alleine nicht mehr tragen kann.

In Verbundsystemen kann dieser Prozess anhand folgender Grafik deutlich gemacht werden:

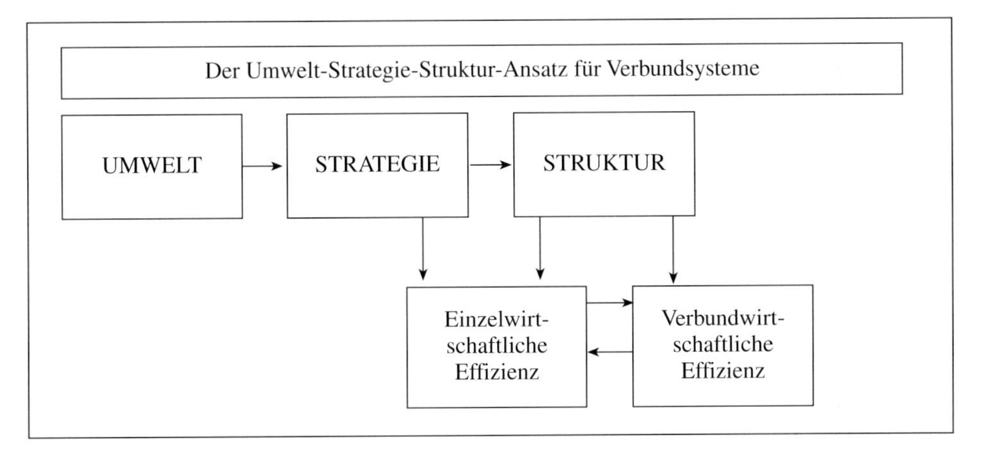

Abbildung 1: Umwelt-Struktur-Ansatz für Verbundsysteme
Quelle: eigene Darstellung

Die paradigmenhafte Zusammenarbeit von Unternehmen in Verbundsystemen kann über einen für verbundspezifische Zwecke modifizierten Umwelt-Strategie-Struktur-Ansatz erklärt werden.[4] Kernthese dieses Ansatzes ist, dass Umweltveränderungen eine Veränderung in der Unternehmensstrategie bedingen. Diese wiederum determiniert die Unternehmens- und Verbundstruktur. Hierbei wird auf Unternehmensebene einzelwirtschaftliche Effizienz angestrebt, die in einem wechselseitigen Verhältnis zur verbundwirtschaftlichen Effizienz steht.

Auslöser für Outsourcing-Strategien sind also stets Umweltveränderungen, die zu einer veränderten Wettbewerbssituation und dadurch zu neuen Wettbewerbsstrategien der Unternehmen, egal ob in Verbünden organisiert oder nicht, führen. Daraus ergibt sich die Notwendigkeit einer Analyse der im Wandel befindlichen Umweltdaten, die, bedingt durch die Komplexität des Sachverhaltes, auf die wichtigsten Aspekte konzentriert werden.

4 Dieser geht zurück auf *Bea* 1988, S. 2522.

Der führenden Rolle der Mikroelektronik in diesen Veränderungsprozessen wird durch die schwerpunktmäßige Betrachtung der Informationstechnologie Rechnung getragen. Weitere wesentliche Umweltveränderungen werden in den nachrangigen Phänomenen Globalisierung der Märkte, verändertes Nachfrageverhalten und in veränderten politischen Rahmenbedingungen gesehen.

2.1 Informationstechnologie

Keine andere Technologie hat in den letzten Jahrzehnten die Weltwirtschaft so revolutioniert wie die Informationstechnologie. Diese Entwicklung wird sich in absehbarer Zukunft noch verstärken. In allen Unternehmen wird der gesamte Leistungserstellungsprozess durch Informationen gesteuert. Fortschritte in der Informationstechnologie ermöglichen eine effizientere Gestaltung dieser Prozesse. Die Informationstechnologie gewinnt daher maßgeblichen Einfluss auf die Bestimmung der unter Rentabilitätsgesichtspunkten optimalen internen Leistungsbreite und -tiefe. Die Frage der Hebung von Effizienzpotenzialen durch Neu- und Umstrukturierung bedingt, welche Leistungen unternehmensintern erstellt, welche verbundintern und welche verbundextern bezogen werden sollen.

Bei näherer Betrachtung bewirkt der Fortschritt in der Informationstechnologie das Zusammenwachsen bisher separater Technologien. In der folgenden Grafik ist dieser Zusammenhang wiedergegeben.

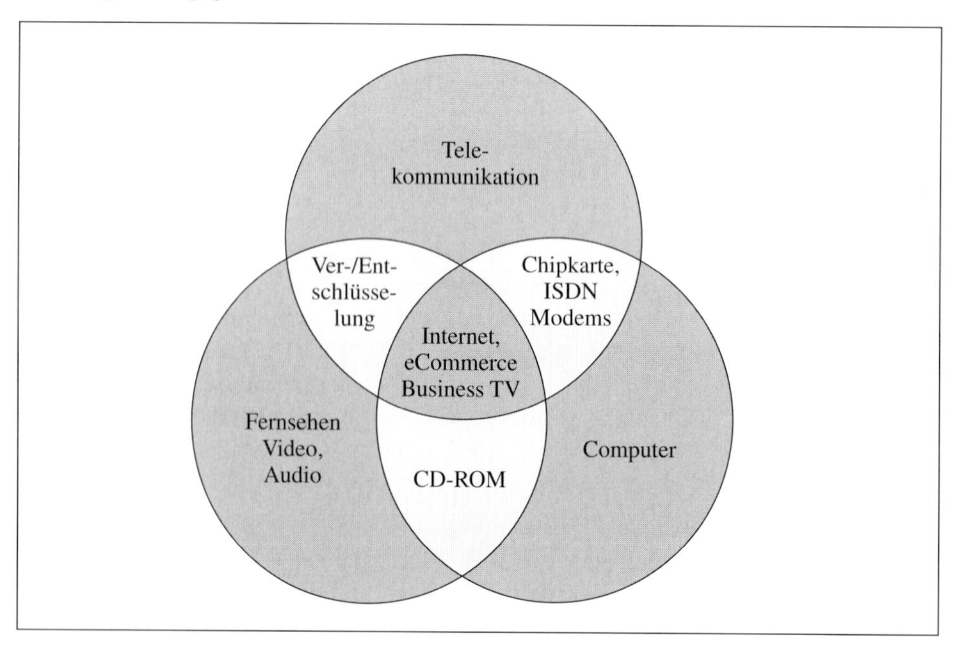

Abbildung 2: Zusammenwachsende Technologien
Quelle: LEDERER (1999), S. 17.

Die Herausforderung durch das Zusammenwachsen dieser Technologien für Unternehmen ist evident. Unabhängig von der Branche wird es für Unternehmen immer unmöglicher, sämtliche hochentwickelten Technologiesysteme zu beherrschen. Im Sinne einer Konzentration auf die unternehmerischen Kernkompetenzen ist dies weder erwünscht noch sinnvoll. Dies hat zur Konsequenz, dass sich die Unternehmen nur noch auf wenige zentrale Technologien konzentrieren und in zunehmendem Maße auf externen Technologietransfer angewiesen sind. Auch dies erhöht die Bereitschaft der betreffenden Unternehmen, in einem Verbund zusammenzuarbeiten. Aber auch der steigende Technologiegehalt vieler Produkte (Internet-IPOs, Internetbanking etc.) forciert die Verwendung kooperativer Strategien innerhalb eines Verbundes.

2.2 Globalisierung der Märkte

Die Debatte um die Globalisierung der Märkte ist in den frühen achtziger Jahren entbrannt. Sie spiegelt im weitesten Sinne ein Umdenken in den traditionellen Anschauungen der Unternehmen wider, wonach die Weltwirtschaft als ein Markt ohne nationale Grenzen interpretiert wird. Auf den Absatzmärkten trifft das globalisierte Angebot multinationaler Unternehmen auf eine globalisierte Nachfrage von Konsumenten, deren Konsumgewohnheiten sich allmählich, wenn auch nicht vollständig, homogenisieren. Diese Entwicklung betraf in der Frühphase in erster Linie Unternehmen der verarbeitenden Industrie. Aufgrund zunehmender Komplementarität von Gütern und Dienstleistungen setzt sich dieser Trend in jüngster Zeit auch für Dienstleistungsunternehmen fort.[5] Der Bankenmarkt für finanzielle Dienstleistungen folgt dieser Entwicklung. Eine Bank, die nicht auch internationale Transaktionen kostengünstig und kompetent anbieten kann, erleidet zunehmend einen Wettbewerbsnachteil. Auch hier sind kleinere und mittlere Banken für sich allein überfordert.

2.3 Verändertes Nachfrageverhalten

Soziodemografische Veränderungen, wie zum Beispiel die Zunahme von Ersparnissen und Vermögen, Verschiebungen in der Altersstruktur und ein Anstieg im Bildungsniveau führen zu individuellen Verhaltensänderungen auf der Nachfrageseite. Der Konsument von heute ist zunehmend anspruchsvoller, informierter und technikorientierter. Hieraus resultieren generell neue Anforderungen aus den Kundenbedürfnissen. Gleichzeitig wird im Bankenmarkt durch die erwähnten Innovationen in der Informationstechnologie das Kunden-Bank-Verhältnis neu definiert. Zunehmend haben Selbstbedienungselemente Einzug in den Bankenalltag gehalten. Neu entstandene Vertriebswege, die nur über hohe Investitionen in die Informationstechnologie bereitgestellt werden können, ersetzen zunehmend den stationären Vertrieb oder ergänzen ihn.

5 Vgl. *Pehle* 1995.

2.4 Politische Rahmenbedingungen

Änderungen in den politisch motivierten Rahmenbedingungen stellen eine weitere Herausforderung dar, denen sich Verbundsysteme stellen müssen und die das tägliche Geschäft zumindest im Bankensektor schwieriger machen. Aufsichtssrechtliche Vorgaben und Auflagen beispielsweise zum Beauftragtenwesen, die Vorgabe von externen Ratings sowie die Entwicklung und Bereitstellung von Risikosteuerungsinstrumenten verursachen politisch administrierte Kosten, die von kleinen und mittleren Banken nicht mehr getragen werden können.

Im internationalen Kontext ist beispielsweise auch durch die Globalisierung eine nationale Bankenaufsicht in Frage gestellt. Hier sind starke Tendenzen hin zu einer einheitlichen europäischen Bankenaufsicht zu beobachten. Da diese wiederum die originäre Aufgabe hat, Marktzutritts- und Zulassungsbedingungen zu definieren bzw. verbindliche Kriterien für Risikosysteme festzulegen und durchzusetzen, sind hier weitere Veränderungen zu erwarten.

3. Outsourcing-Strategien im genossenschaftlichen Finanzverbund

3.1 Der genossenschaftliche Finanzverbund

Die zuvor besprochenen Veränderungen im Wettbewerbsumfeld von Banken stellen aus bankbetriebswirtschaftlicher Sicht hohe Anforderungen an die Strategie eines Unternehmens.

Die mittelständischen Kreditgenossenschaften des Finanzverbundes arbeiten seit jeher ebenso strategisch wie arbeitsteilig mit Spezialinstituten zusammen, die es ihnen ermöglichen, ihren Mitgliedern und Kunden ein umfassendes, auf deren persönliche Bedürfnisse zuschneidbares Allfinanzangebot zu machen.[6] Einzelne Märkte wie der Versicherungsmarkt oder Bausparkassensektor werden so für die Volksbanken und Raiffeisenbanken erschlossen. In dieser Hinsicht ist die Aufgabenverteilung im genossenschaftlichen Finanzverbund funktionsorientiert. Dies gewährleistet die Kalkulierbarkeit von Investitionen auf allen Verbundebenen. Jedes Verbundmitglied muss sich auf seinem jeweiligen Markt behaupten.

Im Gegensatz zu dem Sparkassenverbund, dessen Eigentümer die öffentliche Hand ist, ist das Unternehmensnetzwerk des genossenschaftlichen Finanzverbundes bereits an der Basis durch Dezentralität gekennzeichnet. Die Kreditgenossenschaften stehen im Eigentum ihrer Mitglieder und sind deren Interessen verpflichtet. Die Dezentralität im genossen-

6 *Heinke* spricht in diesem Zusammenhang auch von einem Multifinanzkonzept. Vgl. *Heinke* 1994, S. 8.

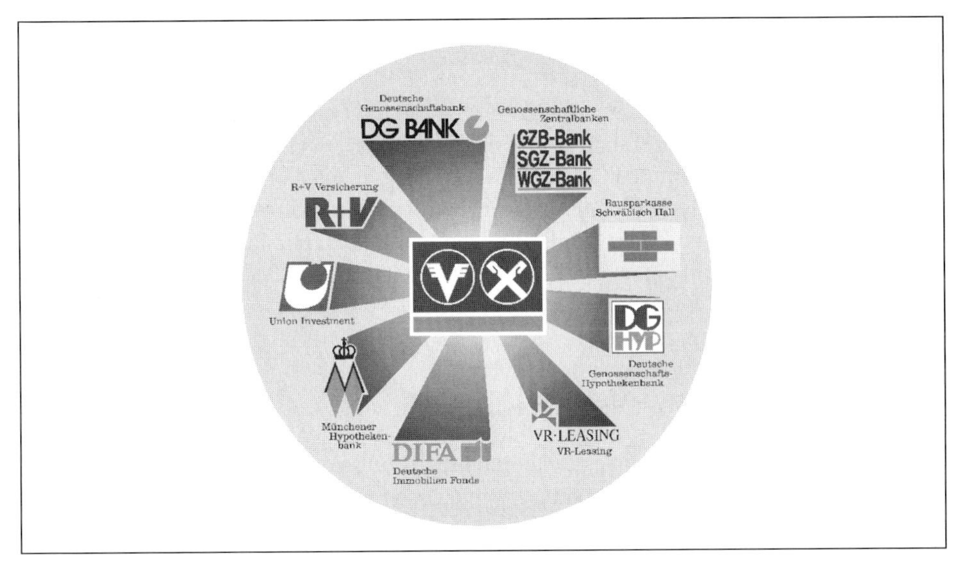

Abbildung 3: Übersicht über den Finanzverbund

schaftlichen Verbund setzt sich fort mit der freiwilligen Kooperation der selbständigen Kreditgenossenschaften mit den Verbundinstituten. Veränderungen und somit auch Outsourcing-Aktivitäten im Verbund werden dabei in der Regel nicht von oben initiiert, sondern von den autonomen Interessen der lokalen Einheiten ausgelöst.

3.2 Subsidiaritätsprinzip und Historie des Finanzverbundes

Outsourcing ist für Unternehmen im Finanzverbund, insbesondere für die Kreditgenossenschaften nichts grundlegend Neues. Seit Gründung der ersten Zentralbank im Jahre 1893 wird der Wettbewerbsvorteil der lokalen Kundennähe, die eine gewisse Regionalität der Bank erfordert, durch Zentralbankleistungen komplettiert, die es heute jeder Kreditgenossenschaft ermöglicht, das komplette Angebot einer Universalbank anzubieten.[7] Unter Wahrung ihrer Eigenständigkeit und Selbstverantwortung werden nach dem Subsidiaritätsprinzip Funktionen auf die Verbundunternehmen übertragen. Das Subsidiaritätsprinzip als genossenschaftliches Identitätskriterium bezeichnet dabei jenen Grundgedanken des Outsourcings, dass nur diejenigen Leistungen ausgegliedert werden, für die die eigenen Ressourcen nicht ausreichen bzw. deren effiziente Bereitstellung nicht möglich ist. Hieraus resultiert eine sehr differenzierte Arbeitsteilung im Verbund, so dass auf Kreditgenossenschaftsebene Fachkompetenzen in den Bereichen Versicherung, Bausparen oder Investment abgerufen werden können.[8] Auf der Seite der Spezialinstitute werden diese Leistungen skalenoptimiert zusammengefasst. Ziel ist es also, unternehmensexterne Sy-

7 Vgl. *Faust* (1977), S. 278 und *Pester* 1995, S. 191.

8 Zum Subsidaritätsbegriff siehe *Heinke* 1993, S. 5 ff. und *Reibert* 1994, S. 6.

nergieeffekte[9] in strategisch relevanten Bereichen für den genossenschaftlichen Finanzverbund zu nutzen.

Auf Seiten der Zentralbanken wurden zu Beginn des zwanzigsten Jahrhunderts in erster Linie die Auslagerung der Refinanzierung, des Liquiditätsausgleichs und der Zahlungsabwicklungsverkehr übernommen. Neben diese ursprünglichen Aufgaben sind im Laufe der Jahrzehnte im Sinne einer arbeitsteiligen Verbundstruktur sukzessive weitere Aufgaben getreten. Hierzu gehören die Verbundunternehmen für spezielle Finanzdienstleistungen. Subsidiarität ist aber kein Selbstzweck, sondern bezeichnet den Gedanken der optimierten Leistungserstellung im Interesse der Mitglieder eines Verbundes.

3.3 Gegenwärtige Situation

Eine umfassende, vor allen Dingen aber einheitliche (Outsourcing-) Strategie kann es im genossenschaftlichen Finanzverbund aufgrund der zuvor genannten Dezentralität nicht

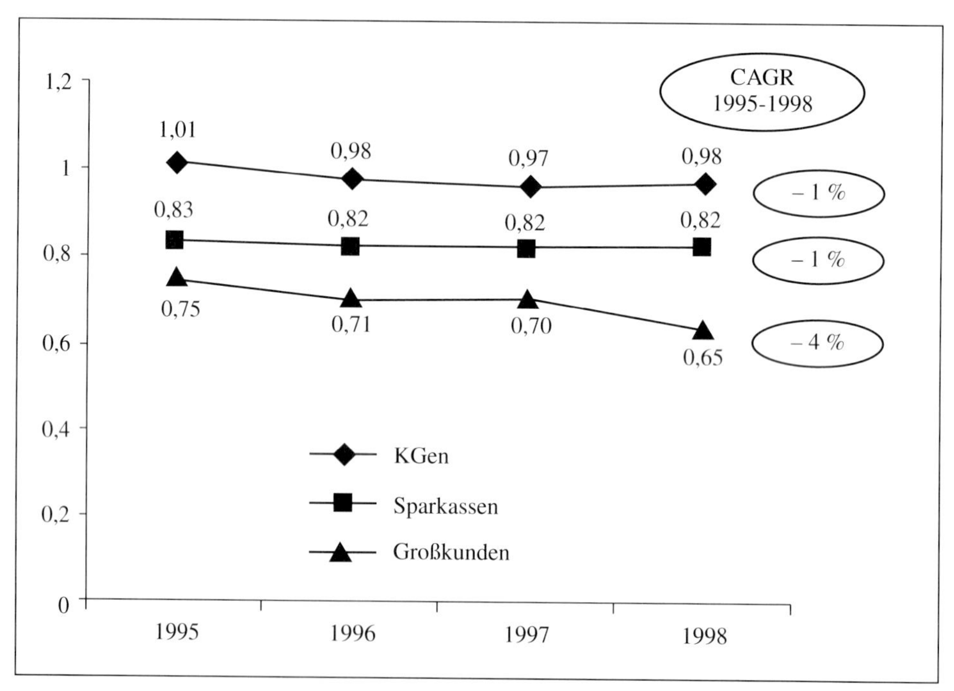

Abbildung 4: Entwicklung anderer Verwaltungsaufwendungen in % des Geschäftsvolumens
Quelle: DEUTSCHE BUNDESBANK; *CAGR: Compound Annual Growth Rate*

9 Unter Synergie (griech. ‚syn' = ‚mit' oder ‚zusammen' und ‚ergon' = ‚Werk' oder ‚wirken') wird das Zusammenwirken verschiedener Kräfte, Funktionen, Objekte etc. verstanden. Im Gegensatz zu interner Synergie bezieht sich die Verbundsynergie auf die Realisierung des Potenzials einer verbundsorganisatorischen Verflechtung selbständig bleibender Unternehmen.

geben. Die Durchsetzung und Kontrolle einer solchen Strategie steht im grundlegenden Widerspruch zu den Verbundprinzipien. Die klassischen Stärken des genossenschaftlichen Finanzverbundes wie etwa Dezentralität, Informationsvorsprünge und schnelle Entscheidungswege vor Ort sowie die Mitglieder- und Kundennähe haben aber auch ihren Preis. Insbesondere im Vergleich zu den Großbanken aber auch zu dem Sparkassenverbund besitzen die Kreditgenossenschaft komparative Wettbewerbsnachteile in Form höherer Kosten. Gleichzeitig sinken durch den verstärkten Wettbewerb die Zinsspannen und zusätzliche Kosten werden vom Staat (Beauftragtenwesen etc.) administriert, die gerade die mittelständischen Banken kostenmäßig proportional stärker belasten als Großbanken. Daher wächst der verbundinhärente Zwang zur Aufgabenteilung aus Kostengründen.

Mit der Überprüfung einer verbundpolitischen Aufgabenteilung geht immer auch eine Aufgaben*ver*teilung einher, die im Folgenden anhand einzelner Fallbeispiele verdeutlicht wird.

3.4 Outsourcing im genossenschaftlichen Finanzverbund

Das Verständnis für den Begriff „Genossenschaft" im Finanzverbund macht den hier seit jeher bestehenden Gedanken des Outsourcen deutlich. Eine Genossenschaft ist dadurch gekennzeichnet, dass Betriebe und/oder Haushalte als Mitglieder freiwillig bestimmte Funktionen ganz oder teilweise auf einen gemeinsamen Geschäftsbetrieb übertragen, mit dem Ziel, dass für jedes einzelne Mitglied durch die gemeinsame Ausübung dieser Funktion Vorteile gegenüber der individuellen Ausübung entstehen, ohne dass die Mitglieder ihre Selbständigkeit verlieren.

3.4.1 Informationstechnologie (IT) im genossenschaftlichen Finanzverbund

Die steigenden Anforderungen hinsichtlich Flexibilität, Datentransparenz, Benutzerfreundlichkeit insbesondere aber auch zur Kostenreduzierung zwingen die Kreditgenossenschaften, die ‚Primärbanken' des Verbundes, dazu, veränderte Systemstrukturen und neue Technologien einzusetzen. Im genossenschaftlichen Finanzverbund konnte schon früh durch die Auslagerung von Dienstleistungen der Informationstechnologie (IT) in Rechenzentralen und in das kreditgenossenschaftliche Spitzeninstitut ein wirtschaftlicher Mehrwert für die Primärbankebene geschaffen und ihre Wettbewerbsposition gestärkt werden.[10] Im rasanten Fortschritt der IT liegt einerseits die Chance, verkrustete Strukturen aufzubrechen und ganzheitlich neue Prozesse gezielt unter Rentabilitätsgesichtspunkten zu gestalten. Andererseits ist die IT selbst Kostentreiber Nummer eins des genossenschaftlichen Finanzverbundes.[11]

10 Die Entwicklung bei den IT-Kosten hat schon in den 60er Jahren zu dem Outsourcen von Rechen- und Buchungsleistungen in die Gemeinschaftsdatenverarbeitungszentren geführt.

11 Vgl. *Zastrow 1995*, S. 1 ff.

Weitere zusätzliche Optimierungspotenziale im Finanzverbund stecken beispielsweise im Dokumentenmanagement durch neue Archivierungs- und Vorgangssteuerungssysteme, sowie in der Handelsabwicklung von Wertpapieren. Durch die Fortschritte in der Informationstechnologie können ganze, teilweise noch manuell bearbeitete Vorgänge elektronisch abgewickelt und gesteuert werden. Wesentliche Teile der Prozessabwicklung dieser Vorgänge werden dann zukünftig außerhalb der Primärbank von spezialisierten Dienstleistern abgewickelt.

Beispielsweise wird für die Kunden der Kreditgenossenschaften die Möglichkeit entwickelt, elektronisch Neuemissionen zu zeichnen. Die zur Zeit erbrachte Dienstleistung der manuellen Entgegennahme und Bearbeitung von Zeichnungswünschen wird auf das Internet verlagert. Die Primärbank wird dadurch von der Entgegennahme der Zeichnungswünsche entlastet und diese Leistung aus ihr ausgelagert. Derartige Prozesse sind zukünftig einheitlich IT-gesteuert abzubilden und umzusetzen.

Die hier aufgezeigten Beispiele machen deutlich, dass der Schritt zur Auslagerung von Dienstleistungen eine strategische Managemententscheidung aller beteiligten Verbundpartner ist. Entscheidendes Kriterium für die Auslagerung bestimmter Bankprozesse in den Verbund ist der Beitrag zur Wertschöpfung. Um letztlich auch einen Mehrwert für den Kunden schaffen zu können, benötigt der genossenschaftliche Verbund ein umfassendes, auf die Bedürfnisse des Kunden variabel ausgerichtetes Leistungsspektrum. Deshalb verfügt der Finanzverbund neben dem klassischen Leistungsportfolio auch über Dienstleister, die große Teile des IT-Consulting, der Systementwicklung und -integration sowie der kompletten IT-Unternehmenssteuerung beherrschen. Konsequenz und zugleich Zielsetzung dieser Outsourcing-Strategien ist die verbesserte Konzentration der Primärbank auf ihre Kernkompetenzen unter Wahrung ihrer Selbständigkeit.

3.4.2 Globalisierung des genossenschaftlichen Finanzverbundes

Durch die Globalisierung verändert sich das Aufgabenfeld der Kreditgenossenschaften. Die aufgezeigte Integration in den Finanzverbund erschließt ihnen die Größenvorteile nationaler und internationaler Institutionen. Transaktionen auf den durch die Informationstechnologie vorangetriebenen globalen Geld- und Kapitalmärkten, die Erschließung von Auslandsmärkten oder die Möglichkeit zu Geschäften mit wachsenden Unternehmen können von lokalen Einheiten nicht direkt geleistet werden. Hierzu bedarf es der Kooperation im Verbund, die es den Kreditgenossenschaften ermöglicht, Bankdienstleistungen auch für international ausgerichtete Kunden anzubieten. Auf Verbundebene wirkt sich der Trend der Globalisierung ebenfalls wieder auf die Verbundstrategie aus. So haben die deutsche DG BANK und die niederländische Rabobank beschlossen, ihr Investment und internationales Corporate Banking in eine größere Einheit ‚outzusourcen'. Zwei Bereiche, die im besonderen Maße vom Globalisierungsprozess betroffen sind.[12]

12 Vgl. Thiemann 2000, S. 2 f.

3.4.3 Verbundreaktionen auf veränderte Kundenbedürfnisse

Mit dem grundlegenden Wandel der Kundenbedürfnisse ändert sich die traditionelle Erwartungshaltung bezüglich Ort, Zeit und Intensität des Leistungsbezuges. Neue Vertriebswege kennzeichnen den Übergang in ein Informationszeitalter. CD-ROMs als Informationsmedium für die Altersvorsorge, Banking per Telefon und Computer, die Entwicklung von sicheren Bezahlmöglichkeiten im Internet, aktuelle Online-Finanzmarktinformationen etc. stellen Dienstleistungen dar, die erst in den letzten Jahren als Reaktion auf die veränderten Kundenbedürfnisse in Hinblick auf Bankleistungen entwickelt wurden. Die Aufgabenverteilung im genossenschaftlichen Finanzverbund ist nicht statisch geregelt, sondern orientiert sich an den Bedürfnissen seiner Mitglieder. So haben beispielsweise im Falle der BWS Bank für Wertpapierservice und -systeme die DG BANK und die drei Zentralbanken gemeinsam ihr Know-how und ihre Finanzkraft gebündelt.

3.4.4 Outsourcing als Reaktion politisch administrierter Kosten

Outsourcingmaßnahmen von Kreditgenossenschaften als Reaktion auf staatliche Regelungen sind ebenfalls im Verbund anzutreffen. Durch die 6. KWG-Novelle wurde der Tatbestand des Outsourcings selbst geregelt. Bisher bankinterne Vorgänge wie beispielsweise Maßnahmen zur Verhinderung von Geldwäsche werden im genossenschaftlichen Finanzverbund zunehmend auf Dienstleister ausgelagert. Das Outsourcen des Beauftragtenwesen soll die Fähigkeit der auslagernden Bank erhöhen, sich auf banktypische Geschäfte zu konzentrieren.

3.5 Herausforderungen und Ausblick

Die Probleme, die sich für eine rentabilitätsorientierte Outsourcing-Strategie ergeben, sind in Verbundsystemen komplexer als in anderen Organisationsformen. Die Gründe hierzu sind vielfältig. Sie reichen über historisch gewachsene Verbundstrukturen und heterogene IT-Landschaften bis hin zu den nötigen Abstimmungsprozessen. Bei letzteren werden die Unterschiede zu der Unternehmensform der Aktiengesellschaft am deutlichsten. Für die Aktionäre einer Großbank stellen die Aktien lediglich eine Anlageform unter vielen dar. Hingegen sind die Mitglieder einer Genossenschaft in der Regel auch gleichzeitig deren Kunden. Das genossenschaftliche Selbstverständnis äußert sich in den Stimmrechten auf der Vertreter- bzw. Generalversammlung. Leitet sich das Stimmrecht auf der Hauptversammlung einer Aktiengesellschaft aus der Höhe der Kapitalbeteiligung ab, so gilt im genossenschaftlichen Verbund das demokratische Prinzip „ein Kopf – eine Stimme". Der Meinungsbildungsprozess im Verbund dauert daher in der Regel länger als bei anderen Unternehmensformen.

Zusätzlich kommt folgender Sachverhalt erschwerend hinzu: In dem Maße, in dem sich der Outsourcinggegenstand vom punktuellen Leistungsaustausch entfernt, erschweren sich die Verhandlungen über angemessene Vergütungs-, Abstimmungs- und Controllingregelungen. Auch diese müssen von den Beteiligten abgestimmt werden. Erhebliche

Machtgefälle zwischen dem outsourcenden Unternehmen und dem Outsourcingpartner sind ebenfalls eine potentielle Hürde für eine gemeinsame Outsourcing-Strategie.

Der Wettbewerb auf dem Markt für Bankdienstleistungen wird zunehmend zu einem dynamischen Prozess. Bedeutende Prozess- aber auch Produktinnovationen werden in immer kürzer werdenden Zyklen auf die Bankenlandschaft zukommen und diese verändern. Beide Merkmale führen zu einem intensiven Zeitwettbewerb, dem sich die Genossenschaftsbanken und der Finanzverbund stellen müssen. Die Entscheidungsprozesse sind so abzukürzen, dass der Zeitwettbewerb bestanden wird. Klare und nach außen verständliche Entscheidungsprozesse im Zeichen von Corporate Government sind wichtig. Entsprechende Lösungen und Bündelungen der Kräfte entstehen gerade unter Federführung des Bundesverbandes der Deutschen Volksbanken und Raiffeisenbanken.

4. Schlussbetrachtung

Der genossenschaftliche Finanzverbund besteht seit 150 Jahren sehr erfolgreich im Wettbewerb um unternehmerische Organisationsformen. Rentabilitätsorientierte Outsourcing-Strategien stellen einerseits eine wichtige Komponente bei der Erhaltung der Attraktivität eines Verbundsystems dar, stehen aber andererseits im Spannungsfeld zwischen Fokussierung und Subsidiarität.

Der Genossenschaftsverbund muss sich auch in Zukunft so anpassen, dass ein Outsourcing im Sinne einer permanenten, dynamischen Aufgabenverteilung möglich wird. Dieser Prozess ist aber nicht nur einseitig. Kreditgenossenschaften werden auch in Zukunft Aufgaben, die auf lokaler kundennaher Ebene besser bewältigt werden können als durch ein Zentralinstitut, zu übernehmen haben. Dies ist bei der geforderten Anpassung zu berücksichtigen.

Literaturhinweise

BEA, F. X.: Diversifikation durch Kooperation, in: Der Betrieb, Heft 50 16.Dezember 1988, S. 2521-2526.

GREVE, R.: Die Identität von Kreditgenossenschaften in sich wandelnden Märkten, Institut für Genossenschaftswesen der Universität Münster, Genossenschaftliche Beiträge, Heft 46 1999.

HEINKE, E.: Subsidiarität im genossenschaftlichen Bankenverbund aus der Sicht der Zentralbank, Institut für Genossenschaftswesen der Universität Münster, Genossenschaftliche Beiträge, Heft 33 1993.

HEINKE, E.: Dezentralität und Verbundkooperation als strategische Erfolgsfaktoren der Genossenschaftsbanken, Institut für Genossenschaftswesen der Universität Münster, Genossenschaftliche Beiträge, Heft 34 1994.

HELLINGER, C.: Kernkompetenzbasiertes Outsourcing in Kreditgenossenschaften, Münster: Regensberg 1999.

LEDERER, A.: Kreditgenossenschaften zwischen Mitgliedernähe und Technikkompetenz, Institut für Genossenschaftswesen der Universität Münster, Genossenschaftliche Beiträge, Heft 45 1999.

PEHLE, H.: Zukunftsperspektiven der Kreditgenossenschaften, veröffentlichter Vortrag bei der Mitgliederversammlung des Instituts für Genossenschaftswesen an der Humboldt-Universität zu Berlin, 24. November 1995.

PESTER, M.: Das Prinzip Kooperation – Dimensionen strategischer Kooperation und ihre Relevanz für den genossenschaftlichen Finanzverbund, Kölner Genossenwissenschaft, Band 19 Regensburg 1993.

PESTER, M.: Dimensionen strategischer Kooperation – Zur Aktualität genossenschaftlicher Prinzipien, in: Zeitschrift für das gesamte Genossenschaftswesen, Bd. 45, Heft3 1995, S. 190-197.

PICOT, A/MAIER, M.: Analyse- und Gestaltungskonzepte für das Outsourcing, in: Information Management, 7. Jg., Heft 4 1992, S. 14-27.

REIBERT, G.: Subsidiarität im genossenschaftlichen Bankenverbund aus der Sicht der Primärbanken, Institut für Genossenschaftswesen der Universität Münster, Genossenschaftliche Beiträge, Heft 35 1994.

THIEMANN, B.: Bündelung der Kräfte, in: Bank Information, 27. Jg., Heft 2 2000, S. 2-3.

ZASTROW, R.: Banken haben durch Outsourcing Vorteile im Wettbewerb – Die Informationstechnologie im Bankenmarkt, in: Blick durch die Wirtschaft, 4. September 1995 Nr. 170, S. 1.

Ralf Benna

Marketing-Controlling

1. Grundzüge des Marketing-Controlling

1.1 Marketing-Controlling als Erfolgsfaktor im Wettbewerb

Die drei Megatrends Globalisierung, Technisierung und Spezialisierung auf weitgehend deregulierten Märkten treffen wie keine andere Branche die Banken. In Zeiten von Internet und e-commerce ist ein Strukturwandel im Gange, der radikaler ist als alle seit Jahren immer wieder beschriebenen Veränderungen auf dem Markt für Finanzdienstleistungen. Daraus resultiert – vor allem für das Retailbanking – eine erhöhte Wettbewerbsintensität zwischen Großbanken, Sparkassen/Genossenschaftsbanken und Direktbanken in der klassischen Betrachtungsweise, die zu ergänzen ist zum einen um Versicherungskonzerne, die für ihre Produkte einen weiteren Retail-Vertriebskanal suchen, und zum anderen um ausländische Konkurrenten, die entweder durch Zukäufe oder virtuell via Internet ihren Marktzutritt suchen. In der Konsequenz hat insbesondere im Retailbanking in Deutschland ein echter Verdrängungswettbewerb eingesetzt.

Vor diesem Hintergrund gewinnen Strategien zur Kundenbindung, Neukundengewinnung und Markenpositionierung, wie sie dem Bankenmarkt bislang eher fremd waren, eine herausragende Bedeutung. Denn einerseits lassen sich die Kosten der technologischen „Neu-Erfindung" der Banken nur mit einer hohen Kundenzahl rechtfertigen. Und andererseits sollte es gelingen, sich als „Bank" und/oder „seine" Produkte zu einer Marke zu machen, um aus dem Wettbewerb heraus zu ragen. Eine Marke ist wesentliche Voraussetzung, um sich im Gedächtnis der zusehends virtuell an die Banken herantretenden Kunden zu verankern und die Absatzchancen eigener Produkte zu erhöhen.

Kundenbindung, Neukundengewinnung und Markenbildung erfordern aber ein ganzheitliches Marketingkonzept. Damit verbunden sind überproportional steigende Marketingbudgets, die einen immer größeren Anteil an den Verwaltungsaufwendungen ausmachen. Um die Nachhaltigkeit und die Effizienz der Ausgaben für das Marketing einer Bank zielgerichtet zu gewährleisten, ist ein adäquates Marketing-Controlling (nachfolgend MC) unverzichtbar und ein wesentlicher Erfolgsfaktor im Wettbewerb.

1.2 Betriebswirtschaftliche Einordnung

In der konsequenten und im ganzen Unternehmen verankerten Ausrichtung der Unternehmensführung auf den Markt und die dort auftretenden Nachfrager ist die zentrale Aufgabe des Marketing („Mission") zu sehen. Die Globalisierung der Märkte und die Internationalisierung des Wettbewerbs, aber auch die gestiegene Bedeutung der Interessen von Stakeholdern (Kunden; andere Partner wie zum Beispiel Lieferanten; gesellschaftliche Gruppen) haben zu einer erweiterten Interpretation des Marketing geführt. In einer modernen Definition ist Marketing „der Prozess der Planung und Umsetzung der Konzeption, Bepreisung, Kommunikation und Distribution von Ideen, Gütern und Dienstleistungen zur Generierung von Austauschprozessen, die die individuellen und organisationsspezifischen Zielsetzungen erfüllen". Hinter dieser Definition der American Marketing Association steht der Dienstleistungsgedanke des Marketing, sich im Sinne des Unternehmens und seiner Ziele der mit diesem Anspruch verbundenen Herausforderungen und Aufgaben anzunehmen.

Die sich mit diesem Anspruch eröffnende Dimension und Komplexität ist im Rahmen des sog. Marketing-Management zu gestalten. Es gilt, die Ziele festzulegen, die Strategien zu bestimmen und die passenden Instrumente einzusetzen. Die Aufgaben des Marketing werden im Allgemeinen anhand hierarchischer Strukturen (Vision, Strategie, Oberziele, Subziele, Maßnahmen) konkretisiert. Der Operationalisierung dient vor allem die Ausgestaltung der Parameter des sogenannten Marketing-Mix. Controlling-relevante Fragestellungen und Aspekte ergeben sich aber nicht nur auf operativer, sondern auf allen Ebenen des Marketingmanagementprozesses.[1]

1.3 Konzeptionelle Grundlagen, funktionale Inhalte und Aufgaben

Unabhängig von einer bestimmten Branche (mit Ausnahme gemeinnütziger und wohltätiger Organisationen) oder eines bestimmten Marktes bzw. Produktes kann festgestellt werden, dass die dem Marketing inhärente Konzeption der Unternehmensführung „vom Markt her" zwingend zu flankieren ist durch die dem Controlling inhärente Konzeption der Unternehmensführung „vom Ertrag her". Dies führt zu der Erfordernis einer engen Verzahnung dieser beiden betrieblichen Funktionsbereiche Controlling ist Gegengewicht zum Marketing. Aus dem Controlling heraus ist die koordinierte und zielgerichtete Informationsversorgung der Entscheidungsträger eines Unternehmens zu leisten, um so dessen Effizienz zu steigern und den erfolg- (im Sinne von „ertrag")reichen Fortbestand dauerhaft zu sichern.

Die hohe Komplexität der Controllingfunktionen in jedem Unternehmen bedingt eine Delegierung und Spezialisierung dieser originären Managementaufgabe. Diese Teilung kann funktional oder prozessual erfolgen. Das MC ist ein *funktionaler* Teilbereich des gesamten Controllingsystems sowie gleichzeitig integraler Bestandteil des Marketingmanagementprozesses. Schon hier zeigt sich die große Bedeutung des MC für die Unternehmensführung. *Wo* die Institutionalisierung eines MC schlussendlich stattfindet und welche Organisationseinheit die MC-Tätigkeiten übernimmt, ist im Vergleich zu der Frage, *Wie* die Aufgaben wahrgenommen werden, eher von sekundärem Interesse, wird aber in Abschnitt 1.5. noch erläutert.

Marketing-relevante Fragestellungen lassen sich zwar hierarchisch strukturieren, deren Beantwortung wird aber in der Praxis selten isoliert, sondern vielmehr simultan erfolgen. Die Umsetzung einer Marketingproblemstellung erfordert:

1 Die Einordnung des MC erfolgte über den Begriff „Marketing" und der gleichnamigen Disziplin der Betriebswirtschaftslehre. Gleichfalls möglich wäre die Klassifizierung anhand der Disziplin „Controlling"; die nachfolgend beschriebene Ausgestaltung und Umsetzung des MC bliebe davon jedoch unberührt.

- die integrierte Planung aller Komponenten des Marketing-Mix,
- die Analyse der Interdependenzen und deren Abstimmung im Unternehmen,
- die Organisation des Marketingprozesses per se (Struktur, Schnittstellen etc.),
- die Implementierung und Realisierung in- und außerhalb des Unternehmens.

Das MC bildet zu diesen Aspekten die Klammer. Seine zentrale Aufgabe ist zu sehen in der Überwachung und Koordination des gesamten Marketingmanagementprozesses. Die Überwachungsfunktion umfasst die Beteiligung bei der Planung, Steuerung, Kontrolle und Informationsversorgung dieses Prozesses und kann eher der operativen Dimension des MC zugeordnet werden. Die Koordinationsfunktion beinhaltet die Sicherstellung und Weiterentwicklung der Leistungsfähigkeit des Marketing-Systems und der Marketing-Prozesse als Ganzem und ist eher als strategische Dimension des MC charakterisierbar.

Dieser system- und prozessübergreifende (Koordinations-)Ansatz ist primär zukunftsorientiert angelegt. Hier gilt es zu prüfen, ob für zukünftige Marketing-Aktivitäten die erforderlichen Rahmenbedingungen vorliegen. Die damit verbundene systematische, kritische, vollständige und zielgerichtete Analyse des gesamten Marketing wird als „Marketing-Audit" bezeichnet. Ein solches Audit bezieht sowohl die Prüfung von Zielen und Strategien als auch von Maßnahmen und allen konkreten Gestaltungsparametern des Marketing-Mix' eines Unternehmens ein. Ziel ist es, in einem Feedforward-Prozess die Voraussetzungen für die zukünftige Realisierung von Erfolgspotenzialen zu eruieren. Die vollumfängliche Durchführung eines effizienten Marketing-Audits bietet sich an bei größeren strategischen, für das Unternehmen bedeutsamen Veränderungen (zum Beispiel Repositionierung des Unternehmens bzw. eines Kernproduktes; Neuerschließung eines Vertriebsweges) und bildet eher eine unregelmäßig wiederkehrende Aufgabe des MC. Jedoch umfasst das strategische MC mit dem Marketing-Audit nicht nur dieses eine Instrument; weitere sind zum Beispiel Geschäftsfeld- oder Produktportfolio-Analysen.

Als „Bindeglied" zwischen strategischem und operativem MC fungieren Budgets und Aktionspläne. Sie dienen der Konkretisierung einer verabschiedeten Strategie in Form von Mitteln (Personal-, Sach- und finanzielle Ressourcen) und Maßnahmen (Mediaplanung, Aktionen etc.), die zu deren Erreichung eingesetzt werden dürfen, um die strategisch identifizierten Erfolgspotenziale auch tatsächlich erfolgswirksam zu realisieren.

Als Ergänzung dazu stehen die zum operativen MC zählenden Ergebniskontrollen, mit deren Hilfe ein erreichter Status und der Einsatz von Budgets rückblickend beurteilt wird. Funktionale Inhalte zur Erfüllung der Koordinationsfunktion können die Entwicklung von spezifischen Systemen und Methoden des MC, die Überprüfung der Realitätsnähe der Prämissen einer Strategie, die Sicherstellung der Konsistenz von Unternehmens- und Marketing-Zielen, die Mitwirkung bei der Planung von Strategien und Zielen, die Analyse von Soll-Ist-Abweichungen und Ableitung daraus resultierender Korrekturen sowie die Kontrolle einzelner Marketing-Maßnahmen sein.

1.4 Gestaltung und Arbeitstechniken

Die wesentliche Herausforderung für die Gestaltung des MC besteht in der Identifikation, Verfügbarmachung, Verknüpfung und Kommunikation der vielfältigen potenziellen Informationsarten und -quellen für die sich ergebenden Fragestellungen. Dafür sind dv-gestützte Informationssysteme unerlässlich, deren Qualität natürlich von den beim Absatz eines Produktes bzw. einer Dienstleistung erfassten Daten abhängig ist. Neben reinen Umsatzstatistiken und der Auswertung von Kundenstammdaten, die bedarfs- und benutzerorientiert zur Verfügung zu stellen sind, bietet jedoch erst die Verknüpfung mit erfolgsorientierten Größen aus dem Rechnungswesen die Möglichkeit der umfassenden Beurteilung der Daten. Die Ergänzung um Plandaten schafft die Voraussetzung für Zielerreichungsanalysen. Die systematische Auswertung und Analyse der Kundendaten und deren Speicherung in speziellen Datenbanken ist die Basis für ein erfolgreiches Database-Marketing. In weiteren Ausbaustufen empfiehlt es sich, bei der Gestaltung des MC den Blick von unternehmensinternen Daten heraus auch auf Marktdaten zu richten (zum Beispiel mittels externer Marktdatenbanken oder sozio-ökonomischer Daten) und diese bei der Beurteilung der eigenen Vertriebsleistung hinzu zu ziehen.

Die Hauptaufgabe des MC ist es, den aus Marketing-relevanten Aspekten entstehenden Bedarf an Informationen durch die Bereitstellung von Daten mittels adäquater Methoden zu erfüllen. Hierzu bedarf es der Einführung und Pflege eines effektiven MC-Systems sowie spezifischer Arbeitstechniken. Die Bausteine eines solchen Systems können sein:

- organisatorische Regelungen (u. a. Aufbau- und Ablauforganisation, Richtlinien, Arbeitsanweisungen, Handbücher, Dokumentationen),
- Planungs-, Budget- und Kontroll-Systeme (u. a. institutionalisierte Top down-/Bottom up-Planung, rückkoppelnder Regelkreis zwischen Planung und Kontrolle),
- Kennzahlen(-systeme).

Während die beiden erstgenannten Bausteine Grundvoraussetzung für eine zielgerichtete Unternehmenssteuerung sind, daher in jedem Unternehmen vorhanden sein sollten und lediglich wenn dies noch nicht der Fall ist um Marketing-relevante Aspekte zu ergänzen sind, stehen Kennzahlen(-systeme) und Techniken zu deren Erstellung im Mittelpunkt der weiteren Ausführungen.

Das Potenzial an Kennzahlen ist vielfältig und nicht abschließend darstellbar. Zunächst empfiehlt sich also eine Systematisierung, für die sich die o. g. Differenzierung zwischen operativem und strategischem MC anbietet (vgl. Abbildung1). Innerhalb dieser Kategorien existieren zahlreiche Instrumente und Arbeitstechniken. Der Charakter der gewonnenen Informationen ist dabei stark unterschiedlich. Die Instrumente des strategischen MC zeichnen sich dadurch aus, dass sie primär qualitative Aspekte identifizieren, systematisieren und in eine strukturierte Darstellung überführen. Dies gilt bspw. für Gap-Analysen, Szenariotechniken und SWOT-Analysen. In Kombination mit Scoring-Modellen (zum Beispiel Punktbewertungsverfahren) oder mit quantitativen Daten (zum Beispiel aus der Marktforschung) gewinnen die qualitativen Aussagen an Objektivität und ergänzen die

Unterstützung des strategischen MC		Unterstützung des operativen MC	Unterstützung sonstiger Aspekte
mehrjährig	**Jährlich**	**unterjährig/lfd.**	**lfd./bei Bedarf**
• Marketing-Audits • Gap-Analysen • Punktbewertungsverfahren • strategische Budgets • Szenariotechniken	• Gestaltung von Früherkennungssystemen • Geschäftsfeld-/Kundengruppen-/Produkt-/Vertriebsweg-Portfolios • SWOT-Analysen • Benchmarketing-Analysen • ABC-Analysen	• Strengthes, Weaknesses, Opportunities, Threats • Deckungsbeitragsrechnungen • Entscheidungskalküle für Maßnahmen innerhalb des Marketing-Mix • Budgetkontrollrechnungen • Umsatzanalysen • Aktionsanalysen • Werbewirkungsanalysen • Kundenbindungs-/Zufriedenheitsanalysen	• Gestaltung von Provisionssystemen zur Mitarbeiterführung • Vorgabe von Preisuntergrenzen für Verhandlungen

Abbildung 1: Instrumente des Marketing-Controlling

subjektiven Einschätzungen (zum Beispiel über erwartete Entwicklung für die strategische Neuausrichtung einer Marke oder eines Produktes). Werden die Informationen um Daten aus dem Rechnungswesen ergänzt, so könnte man hier die Grenze zum operativen MC ziehen. Insbesondere durch Berücksichtigung von realen oder erwarteten Kosten-Erlös-Situationen kommt man zu einer objektivierten Beurteilung von Maßnahmen innerhalb des Marketing-Mixes. Auf diesem Level setzen dann auch die zahlreichen Kennzahlen an, mit deren Hilfe die Beurteilung und Steuerung eines Unternehmens erfolgreich gelingen kann (zum Beispiel Deckungsbeitragsrechnungen, Werbewirkungsanalysen, Aktionskennzahlen). Die Abbildung 1 zeigt ergänzend, dass die Instrumente des MC auch Anforderungen zur Führung von Mitarbeitern (zum Beispiel durch erfolgsorientierte Gestaltung von Provisionierungssystemen) und weitere Aspekte unterstützen können.

Im Rahmen des operativen MC dienen isolierte Kennzahlen primär der Effizienzkontrolle und stellen bei richtiger Auswahl sicher, dass anhand einer überschaubaren Anzahl die wesentlichen Tendenzen der Unternehmensentwicklung angezeigt werden. Beispiele sind „Deckungsbeitrag pro Produkt“, „Neukunden zu Gesamtkunden“, „Marktanteilsveränderung zu Marketingbudget“ oder „Umsatz pro Werbeaktion“. Zur Darstellung der Wirkungszusammenhänge einzelner Parameter dienen dann Kennzahlensysteme. Eines der bekanntesten Kennzahlensysteme ist sicherlich das „Du Pont-Schema“; es zeigt für das gesamte Unternehmen die Rentabilität des eingesetzten (Eigen-)Kapitals. In seiner spezifischen Ausprägung für Banken haben *Schierenbeck* und *Rolfes* dieses Instrument zu einem Standard-Tool des ertragsorientierten Bankmanagements weiterentwickelt. Um ein verursachungsgerechtes MC zu ermöglichen, sind die Basissysteme durch spezifische Kennzahlen zu erweitern. In jüngster Zeit stehen derartige Systeme wieder im Mittelpunkt von Managementliteratur und praktischer Umsetzung. Zwar wird unter einer „Balanced Score Card" mehr verstanden als ein reines Kennzahlensystem, doch in finaler Konsequenz münden die mit einer BSC verbundenen Aktivitäten in einem solchen.

1.5 Implementierung von MC

Zur Durchführung eines effizienten MC sind, in Abhängigkeit von der Unternehmensgröße sehr unterschiedliche, organisatorische Vorkehrungen zu treffen. Die Institutionalisierung eines MC kann abgesehen von der vollständigen Auslagerung auf externe Berater – entweder im zentralen Controlling des Gesamtunternehmens, innerhalb eines bestimmten Bereiches (in divisionalisierten Unternehmen) oder im Marketing in Person eines speziellen Marketingcontrollers bzw. MC-Teams erfolgen. Die erstgenannte Form der Institutionalisierung stärkt vor allem das Ziel einer einheitlichen und mit geringem Koordinationsaufwand verbundenen Durchführung des Controlling im Unternehmen. Dabei besteht jedoch die Gefahr einer zu großen Distanz zwischen Zielen, Inhalten und handelnden Personen von Marketing und Controlling. Detailliertere Kenntnisse der spezifischen Marketingprobleme und -instrumente versprechen dann eine effizientere Aufgabenerfüllung, wenn dies durch die institutionalisierte organisatorische Nähe des Controllers zum Marketing sichergestellt ist. Daher gewinnen gerade in größeren Unternehmen Formen des Bereichscontrolling, das auch Aufgaben des MC wahrnimmt, steigende Akzeptanz und praktische Relevanz.

Mit der Dezentralisierung der Aufgaben des MC erhöhen sich die Anforderungen an die Koordination der Aktivitätsfelder und die Zusammenarbeit zwischen den handelnden Protagonisten. Um Redundanzen zu vermeiden, qualitativ hochwertige Ergebnisse zu erzielen und Kompetenzstreitigkeiten zu minimieren, ist eine klare organisatorische Strukturierung des MC erforderlich. Abbildung 2 zeigt Alternativen zur Implementierung des MC sowie eine Kurzbeurteilung. Unabhängig von der gewählten Variante ist die intensive Zusammenarbeit zwischen Marketing und Controlling der Haupterfolgsfaktor für ein qualitativ hochwertiges und erfolgreiches MC.

Ein richtig institutionalisiertes, konsequent umgesetztes und zielstrebig betriebenes MC leistet einen wesentlichen Beitrag zur ertragsorientierten Unternehmenssteuerung.

Alternative	Beschreibung	Kurzbeschreibung	
		Vorteile	Nachteile
1. Zentrales Controlling	Aufgabengebiet innerhalb einziger, funktioneller Controllingstabsabteilung des Unternehmens	• Einheitlichkeit des Controlling • Neutralität • Hohe Konformität mit Gesamtunternehmenszielen	• mangelnde Detailkenntnisse • Isolation vom Marketing • Koordinationsaufwand
2. Funktionelles MC	Eigene Stabstelle mit direkter Anbindung an die Geschäftsführung	• Mehr Kompetenz zur Durchsetzung von Maßnahmen	• hoher Koordinationsaufwand • Isolation • Zusammenarbeit • Wirkungslosigkeit
3. Bereichscontrolling	Eigene Einheit (Team/Abteilung) innerhalb von Geschäftssparten	• Hohe Nähe zum Markt • Geringe Gefahr der Isolation • Unabhängigkeit von Marketing und Controlling	• mangelnde Neutralität • ggf. zu unkritisch • Know-how?
4. Integriertes MC	Eingliederung in Marketing-Bereich	• Enge Zusammenarbeit mit Marketing • Schnelle und umfangreiche Information	• Neutralität • Objektivität
5. Duales MC	Zuordnung gem. „Dotted-Line-Prinzip“ (disziplinarisch Marketing, funktional Controlling)	• Gute Kombination zwischen Unabhängigkeit des Controllers und Einbindung in Marketing-Entscheidungen	• Koordination • Führung

Abbildung 2: Organisatorische Einbindung des MC

2. Kundenbindungsmanagement als Baustein einer MC-Konzeption für Banken

Eine der drei aufgezeigten Kernziele des Marketing ist die Sicherstellung der Kundenbindung an das Unternehmen. Gerade das MC kann für Banken einen erheblichen Beitrag zur

Überprüfung, Messung und Gestaltung von Kundenzufriedenheit und Kundenorientierung leisten. Vielfach wird den Banken bei diesen Punkten ein erhebliches Nachholpotenzial attestiert. Daher konzentrieren sich die nachfolgenden Ausführungen auf diesen Aspekt des MC.

2.1 Grundlagen des modernen Kundenbindungsmanagements

Strategien und Maßnahmen zur Verbesserung der Kundenbindung sind wesentliche Determinanten einer langfristig erfolgreichen Geschäftstätigkeit auch für Banken. Unter dem Begriff „Retention Marketing" lassen sich dabei alle Maßnahmen subsumieren, die zur Aufrechterhaltung der vorhandenen Kundenbeziehungen (Senkung der Kundenmigration, Erhöhung der Kundentreue) beitragen. Die „Kundenbindung" ist dabei als ein Prozess wiederkehrender Kontakte zu verstehen, der die Verbundenheit des Kunden mit der Bank und/oder ihren Produkten zum Ausdruck bringt und den es langfristig zu stärken gilt, um einen wesentlichen Beitrag zum wirtschaftlichen Erfolg zu gewährleisten.

Die Integration der zentralen psychografischen Zielgröße „Kundenbindung" in das Zielsystem ist für im Dienstleistungssektor tätige Unternehmen wie Banken von besonderer Bedeutung. Dies resultiert aus der Immaterialität der von Banken erbrachten Leistung, der Interaktivität zwischen Kunde und Dienstleister bei Erbringung der Leistung sowie der daraus folgenden engen Relation zwischen Personalmotivation, Leistungsqualität, Kundenzufriedenheit und ökonomischem Erfolg. Dabei zeigt sich Kundenzufriedenheit in der Dauer einer erfolgreichen Bindung des Kunden an die Bank. Um dann in der Wahrnehmung des Kunden einen Mehrwert zu kreieren und gleichzeitig aus Banksicht Wettbewerbsvorteile zu realisieren, setzt dies die Erlangung komparativer Konkurrenzvorteile in den drei Dimensionen Qualität („besser als andere"), Zeit („schneller als andere") und Kosten („preiswerter als andere") voraus. Je nach Priorität des Kunden sollte die Bank in der Lage sein, die Kundenbedürfnisse in zumindest einer dieser drei Dimensionen subjektiv und objektiv zu erfüllen.

Ausgangspunkt der Strategien und Maßnahmen zur Bindung des Kunden an das eigene Unternehmen war die, zwar banal wirkende, aber erst durch Methoden zur Quantifizierung des Wertes einer Kundenbeziehung in ihrer ganzen Bedeutung an Gewicht gewinnende Erkenntnis, dass die Erträge aus einer Kundenbeziehung um so stärker steigen, desto länger die Beziehung zu einem Kunden anhält. Ziel der Bank muss es daher sein, den subjektiv von den Kunden empfundenen Wert aus der empfangenen Leistung zu verbessern, um den Kunden langfristig zu binden. Nicht-treue und damit „fremdkaufende" oder gar wechselnde Kunden sind zu interpretieren als Kunden, die eine mit Mängeln behaftete Wertschöpfung durch die Bank erfahren haben; die Kundentreue wird dabei als bester Langfrist-Indikator für den Erfolg eines Unternehmens interpretiert. Basierend auf idealtypischen Lebenszyklus-Analysen lässt sich der Kapitalwert einer Kundenbeziehung über deren gesamte potenzielle Dauer quantifizieren; somit können ökonomische Konsequenzen einer Kundenabwanderung transparent gemacht werden. Die

Ableitung eines „Customer Lifetime Value" visualisiert das Erfolgspotenzial einer langfristigen Kundenbindung, wobei verschiedene Faktoren gleichzeitig einen Einfluss darauf haben (siehe die idealtypische Darstellung relevanter Faktoren in Abbildung 3).

Auf den einzelnen Stufen tragen folgende Effekte zur Erzielung der skizzierten Erfolgspotenziale einer langfristigen Kundenbindung bei:

- Kosten der Kundenakquisition in Form von Anwerbe- und Anlaufkosten können erspart werden (für Banken von steigender Bedeutung).
- Aus der unterstellten Produktnutzung entsteht der einkalkulierte Grundgewinn (relevant bei Banken, da Grundgewinn i. S. v. Margen tendenziell sinkend).
- Cross Selling-Erträge entstehen durch Deckung eines wiederkehrenden oder neuen Bedarfs und/oder eine zunehmende Kauffrequenz und/oder gestiegene Kaufvolumina (bei Banken von besonderer Bedeutung).
- Multiplikatoreffekte zufriedener Kunden (durch Weiterempfehlungen im Kommunikationsumfeld des Kunden) ersparen die Kosten der Neuakquisition und bringen durch kostenlose Werbung neue Kunden (bei Banken von steigender Bedeutung).
- Sinkende Verwaltungskosten entstehen durch sinkende Dauer von Beratungsgesprächen aufgrund spezifischer Kundenkenntnisse (für Banken von Relevanz).
- Preiszuschlagsoptionen entstehen, wenn die Bindung der Kunden an das eigene Unternehmen und/oder dessen Leistungen im besonderen Maße gelingt und somit reaktionsfreie Preisspielräume entstehen, weil der Kunde Kauf-, Wechsel-, Vertrauens- oder Bekanntheitsrisiken scheut (für Banken in besonderem Maße relevant).

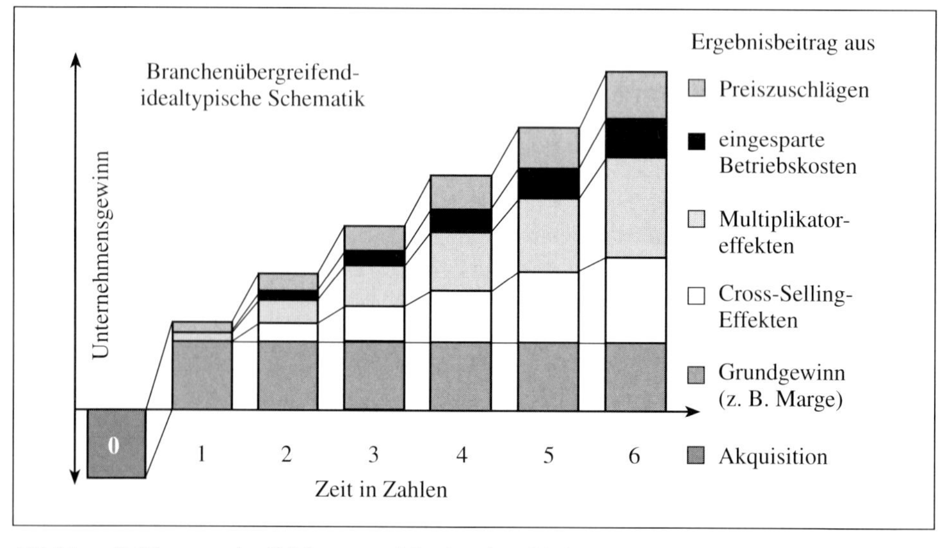

Abbildung 3: Elemente des Erfolgspotenzials einer langfristigen Kundenbindung

Abgerundet werden die Erfolgspotenziale des Retention Marketing dann, wenn sich ein positives Gesamtimage des Unternehmens in der Wahrnehmung des Kunden in deren Resistenz gegenüber akquisitorischen Maßnahmen der Wettbewerber widerspiegelt und die angestrebte langfristige Kundenbindung somit erreicht wird.

2.2 Gestaltungselemente für ein Retention Marketing in Banken

Die bisher abgeleiteten Erkenntnisse zur Bedeutung des Retention Marketing gelten aus folgenden Überlegungen in besonderem Maße für das Retail Banking:

- Aufgrund technologischer Entwicklungen verändert sich das Umfeld von Kreditinstituten besonders dynamisch (Stichworte „Internet"und „e-commerce").
- Der Markt für Financial Services ist zum einen von zunehmender Sättigung mit den traditionellen Produkten in den traditionellen Märkten und zum anderen durch begrenzte Wachstumsmöglichkeiten im Neukundengeschäft gekennzeichnet.
- Die steigende Homogenität von Financial Services und die zunehmende Sortimentsarrondierung bei allen Konkurrenten und auf allen Vertriebskanälen erhöht die Anzahl alternativer Angebote und lässt somit die Wechselbereitschaft bei den Kunden steigen.
- Die Markttransparenz steigt und damit die Wechselgefahr.
- Im Gegensatz zu anderen Branchen rückten die Aspekte qualitätsorientierter Banksteuerung erst relativ spät in den Mittelpunkt des Interesses, so dass sich in dem dadurch ergebenden Rückstand ein hoher Nachholbedarf ausdrückt.

Für Banken existieren zahlreiche Gestaltungselemente aus vier unterschiedlichen Dimensionen, die – als Imperative formuliert – zur Erreichung des Ziels „Kundenbindung" beitragen können und harmonisch aufeinander abzustimmen sind:

- Nutze das Potenzial aus einzigartigen Aktiva! → zielgerichtete Bearbeitung des Kundenstamms mit allen Optionen des Vertriebssystems.
- Bilde ein eindeutiges Zielgruppenprofil! → ertragsorientierte Analyse der Kundensegmente als Basis, Schaffung von Transparenz im Kundenstamm, dann gezielte Kundenansprache und Bemühungen zur Reduzierung von Abwanderungen.
- Schaffe die infrastrukturellen Voraussetzungen!→ integriertes Informationsmanagement, Databased Marketing-Konzepte, istergebnis- und potenzialorientierte Profit Center-Rechnung, flexible Kundeninformationssysteme;
- Stelle die Personalressourcen sicher! → Know-how, Kompetenz, Motivation; Akquisitions- und Abschlussorientierung, Erfolgsbeteiligung.

In keinem dieser vier genannten Gebiete können Kreditinstitute leichter Wettbewerbsvorteile erreichen bzw. verteidigen als durch die Potenziale aus der Nutzung einzigartiger Informations- und Vertrauensvorsprünge. Die Erzielung von Kundenzufriedenheit durch die Pflege bestehender Kundenbeziehungen im Retail Banking dient dabei nicht nur psychografischer Ziele; empirische Analysen haben auch für Finanzdienstleistungen, die primär dem Produktangebot des Retail Banking zuzuordnen sind, einen quantitativen Nachweis einer positiven Auswirkung der Kundenzufriedenheit auf den ökonomischen Erfolg von Banken erbracht.
Zur Nutzung dieses Potenzials sind Maßnahmen zu ergreifen, die die Qualität und Flexibilität der Leistungserstellung sowie die Bequemlichkeit der Leistungsabnahme verbessern. Die Erhöhung der Kundenbindung kann in diesem Sinne erreicht werden durch:

- Verbesserungen im Leistungsprogramm einer Bank (zum Beispiel Verknüpfung der Kernleistung mit Zusatzleistungen, lebenszyklusorientierte Produktkonzepte, anlassbezogene Produktbündel, Produktangebote [e.g. Fonds] von Dritten/Mitwettbewerbern),
- Schaffung einer differenzierten Vertriebsstruktur (insb. Bereitstellung verschiedener Interaktionsmedien und -wege zur Kontaktierung der Bank),
- Generierung emotionaler Elemente in der Kunde-Bank-Beziehung (zum Beispiel Schaffung einer Vertrauensbasis, Platzierung der Bank und/oder ihrer Produkte als „Marke", besondere Leistungsflexibilität, kundenspezifische Beratungsqualität).

2.3 Besonderheiten und Anpassungserfordernisse für den Aufbau eines Retention Marketing bei Retail-Banken

Die permanente Analyse von Anzahl und Motiven abwandernder Kunden ist ein wesentlicher Steuerungsbereich des Retention Marketing und durch passende Kennzahlen durch das MC zu messen. Setzen Banken ihre Analysen jedoch erst bei den abgewanderten Kunden an, so erhalten sie in der Regel zu spät Hinweise über negative Entwicklungen. Vielmehr ist gerade für Banken schon die Abschwächung der Geschäftsbeziehung zu erkennen und als ein erstes Anzeichen zu interpretieren. So sind bspw. einmalige oder regelmäßige Überweisungen auf Konten bei anderen Banken sog. „schwache Signale" einer sinkenden Banktreue und damit einer indirekt geäußerten Unzufriedenheit auf Seiten des Kunden mit der Produktpalette, der Produktqualität oder dem Service der Bank. Über derartige Entwicklungen sollte ein Frühwarnsystem aufgebaut und Kennzahlen oder periodische Analysen in das Berichtssystem integriert werden.

Im Retail Banking sind Anpassungsmaßnahmen auf verschiedenen Ebenen erforderlich, um die Potenziale eines Retention Marketing nutzbar zu machen:

1. Verbesserung der Kundenorientierung im Vertriebssystem durch Aufbau multioptionaler Vertriebssysteme

Unter Berücksichtigung der herausragenden Bedeutung des Vertriebssystems für die Aufrechterhaltung der Kundenbindung gilt es bei Banken zu erkennen, dass die starke Konzentration auf den Vertriebskanal „Filiale" den spezifischen Kundenanforderungen nicht mehr gerecht wird. Zwar wurden die Vertriebssysteme der Banken in den letzten Jahren differenzierter ausgestaltet, doch zeigen aktuelle Entwicklungen und Prognosen, dass die Bedeutung der klassichen Service- und Bedienungsfilialen stark abnehmen wird zugunsten technisierter Vertriebswege („Virtual Banking" bspw. via Internet). Der Aufbau fokussierter Vertriebskanäle und deren kundenorientierte Gestaltung ist somit eine der wesentlichen strategischen Herausforderungen für das Retail Banking in den nächsten Jahren.

2. Klare Produktfokussierung in den einzelnen Vertriebskanälen

Die Fokussierung auf den Vertriebsweg „Filiale" bedeutete für Banken gleichzeitig, dass Produkte und Dienstleistungen mit unterschiedlichem Eigenschaftsprofil über identische Kanäle vertrieben wurden. Hierin zeigt sich mangelnde Kundenorientierung, die bei den mittlerweile verfügbaren Alternativangeboten zu Kundenabwanderungen führt. Da die Eigenschaftsprofile von Bankprodukten stark differenzieren, sind für spezifische Produktkategorien separate Vertriebswege möglich. Nur wenn deren Implementierung gelingt, können die Kunden entsprechend ihren individuellen Bedürfnissen und ihrem Know-how den Vertriebsweg wählen, der ihnen den höchsten Nutzen stiftet. Das Produktangebot der unterschiedlichen Vertriebswege ist dann bedarfsadäquat und zielgruppenspezifisch zu gestalten. Das dem Kunden zur Nutzung offerierte Multichannel-Vertriebssystem kann dann zur Stärkung der Kundenbeziehung beitragen.

3. Verbesserte Informationssysteme

Die dauerhaft erfolgreiche Anwendung von Retention Marketing-Strategien in Banken erfordert den Einsatz spezifischer Mess- und Kontrollinstrumente. Um Kundenbedürfnisse und Änderungen im Kundenverhalten entdecken, erkennen, verstehen und erfassen zu können, ist der Einsatz integrierter Databased-Marketing- und Kundeninformationssysteme unverzichtbar. Nur durch Schaffung dieser infrastrukturellen Voraussetzungen kann es dem Vertrieb gelingen, die Kunden bedarfsgerecht, individuell, kompetent, wertschöpfend, langfristig und ertragreich zu betreuen. Hierzu sind in das MC-System spezielle Kennziffern und Statistiken zu integrieren; die nachfolgende Abbildung 4 zeigt eine Übersicht zur Operationalisierung in drei Steuerungsbereiche.

Bereich „Kundenabwanderungen“	
1) aktuelle Fluktuationsrate	Relation aus Anzahl Kundenabgänge zu Kundenbestand (je Profit Center und für die Gesamtbank)
2) Gründe für Bankwechsel	systematische Analyse in einem Beschwerde-Erfassungs-System
3) Ergebnisbeitrag der wechselnden Kunden	aktueller und potenzialorientierter Deckungsbeitrag des Kunden zur Analyse, ob die „richtigen“ Kunden gehen (erfordert Definition von Zielkundentypen und aussagefähige Kundeninformationssysteme)
4) Einkaufs- und Verhaltensmuster der Abwanderer	standardisierte Kundenbefragung zur Erkennung eigener Schwachstellen und strategischer Wettbewerbsvorteile der aufnehmenden Banken
Bereich „Atypisches (Ziel-/Stamm-)Kundenverhalten“	
1) Zahlungsverkehr	regelmäßige Überprüfung von Zahlungsabgängen (Überweisungen, Daueraufträge, Lastschriften)
2) Schufa-Meldungen	systematische Erfassung weiterer Bankverbindungen
3) Freistellungsaufträge	Anteil der Kunden mit Teilaufträgen bei eigener Bank
Bereich „Neukundengewinnung“	
1) Kosten der Akquisition 2) Ergebnisqualität der neugewonnenen Kunden	Relation aus Marketingaufwand zu Anzahl Neukunden Positionierung im Lebenszyklus zur Berechnung des potenzialorientierter Deckungsbeitrags durch Vergleich mit Kundenbestand gleichen Typs
3) Positionierung im eigenen Kundenbestand	Kundenzuwanderung in den strategisch gewünschten Zielsegmenten

Abbildung 4: Inhalt einer Retention Marketing-Statistik (Auswahl)

3. Praktische Umsetzung von MC-Bausteinen am Beispiel der norisbank AG

„norisbank – wir machen es einfach“ – unter diesem Slogan tritt die zum HypoVereinsbank-Konzern gehörende Bank seit ihrer Gründung im April 1998 am Markt auf. Gerade für eine so junge Bank ist es von besonderer Bedeutung, die nach einer Fusion (die Bank ist entstanden aus der Integration von drei Instituten) verunsicherten Kunden an das eigene Haus zu binden, neue Kunden von der Kompetenz der Bank zu überzeugen und zu gewinnen sowie die neue Marke „norisbank" in einem schon übersättigten Markt neu zu platzieren. Daher sind die drei Kernziele des MC die Kundenbindung, die Neukundengewinnung und die Markenprofilierung von besondere Bedeutung für die Bank. An ausgewählten Bausteinen des MC werden Methoden zur Unterstützung dieser Kernziele dargestellt und ihre Wirkungsweise an idealisierten Beispielen erläutert.

3.1 Steuerung der Markenprofilierung

Der Entscheidung über die Wahl einer Bankverbindung oder den Abschluss eines Bankproduktes liegt ein kognitiver Prozess zugrunde. Dabei wählen Käufer aus der Menge der ihnen bekannten Alternativen im Rahmen dieses Prozesses eine Bank und/oder ein Produkt aus (Präferenzbildung im Modell des „Evoked Set of Alternatives"). Um in diesem Auswahlprozess zum Zuge kommen zu können, ist es von besonderer Bedeutung, durch potenzielle Neukunden überhaupt wahrgenommen zu werden. Die Verankerung im individuellen Wahrnehmungsraum kann im Wesentlichen und nachhaltig nur über Werbemaßnahmen (inkl. Öffentlichkeitsarbeit) gelingen.

Ziel der Werbeaktivitäten der norisbank AG ist es, die Marke „norisbank" und Kernproduktparameter im Markt zu platzieren und hierbei in der Psyche des Kunden ein unverwechselbares Vorstellungsbild zu verankern. Dieses Ziel hat zwei Dimensionen, die beide im Rahmen des MC in ihrer Effizienz zu steuern sind: die Steigerung der Markenbekanntheit (inkl. signifikanter Kernproduktparameter) und der Aufbau eines Images.

Die Messung der Markenbekanntheit kann zum Beispiel im Rahmen einer Mehrthemenumfrage erfolgen, wie sie von Marktforschungsinstituten durchgeführt werden. Dabei wird unterschieden zwischen der gestützten und der ungestützten Bekanntheit. Während bei der gestützten Bekanntheit der Name der Bank vorgegeben und deren Kenntnis erfragt wird, nennt die Auskunftsperson ungestützt eine bestimmte, ihr spontan einfallende Anzahl von Banken. Für beide Werte sind möglichst hohe Ausprägungen anstrebenswert.

Nur durch eine ausbalancierte Kombination von durchgeführten Werbemaßnahmen und angestrebter Zielkundengruppe kann es gelingen, den optimalen Media-Mix zu finden, um so effizient zu sein und nachhaltige Erfolge zu erzielen. Abbildung 5 zeigt den Entwicklungspfad der gestützten Markenbekanntheit der norisbank AG inkl. flankierender Werbemaßnahmen. Der angestrebte Zielkorridor der gestützten Bekanntheit leitet sich aus Kosten-Nutzen-Überlegungen ab: Die Werbeaufwendungen zur Erzielung einer über den Median des Zielkorridors hinaus gehenden Bekanntheit wären für eine Bank in der Größe der norisbank AG nicht mehr adäquat. Auf dem Weg in den Zielkorridor ist die norisbank AG in den vergangenen Jahren gut voran gekommen.

In der zweiten Phase ist die bekannte Marke auszubauen um charakteristische, unverwechselbare und sofort wiedererkennbare Eigenschaften. Aus dem angestrebten bzw. etablier-

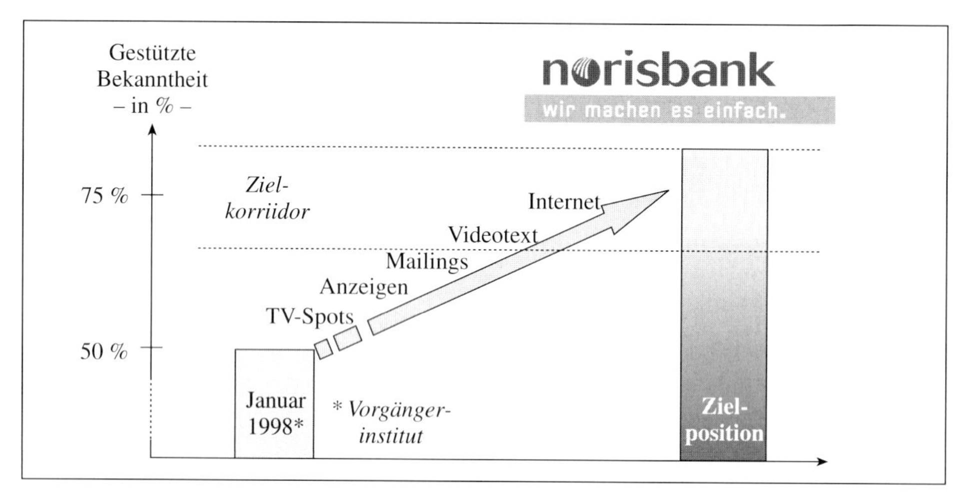

Abbildung 5: Bekannheit der norisbank AG und unterstützende Werbemaßnahmen

ten Image müssen sich konkrete Produktaffinitäten bei der Zielgruppe manifestieren. Unter den Schlagworten „jung. dynamisch. kompetent." ist die norisbank AG auf dem Weg, sich ein prägnantes Image im heterogenen Bankenmarkt aufzubauen. Dazu tragen neben der klassischen Medienkampange (TV und Print) u. a. die POS-Aktivitäten (Corporate Design der Filialen und bei den Händlern), die neuen Medien (www.norisbank.de) sowie Sportsponsoring bei.

3.2 Aktionscontrolling mit Kennziffern zur Neukundengewinnung

Zur quantitativen Analyse der Effizienz durchgeführter Aktionen helfen Kennzahlen. Aus der Vielzahl an möglichen Kennziffern seien nachfolgend zwei näher erläutert, die auch von der norisbank AG eingesetzt werden:

- Die Kennzahl „Cost per Contact (CpC)" setzt die Gesamtkosten einer Werbeaktion in Relation zur Anzahl Kundenkontakte/-reaktionen/Anrufe/Print-Rückläufer etc.
- Die Kennzahl „Cost per Order (CpO)" setzt die Gesamtkosten einer Werbeaktion in Relation zur Anzahl der tatsächlich erzielten Geschäftsabschlüsse.

Abbildung 6 zeigt ein idealisiertes Aktionscontrolling für mehrere Direct-Mailings zur Neukundenakquise im Fondsgeschäft die praktische Anwendung der obigen Kennzahlen. Hier sind „Neukunden" auch Bestandskunden ohne Nutzung des Produktes „Fonds", daher fallen keine Adressbeschaffungskosten an. Anhand derartiger Auswertungen lässt sich ein systematisches Effizienzcontrolling durchführen, um die Hit-Ratios einer Aktion zu verbessern und die Durchschnittskosten einer Neukundenakquisition zu senken.

Direct Mailing-Aktion Nr.		D-03/2000	D 04/2000	D-05/2000
Versanddatum		17.1.2000	25.2.2000	9.4.2000
Zielgruppe		Neukunden	Neukunden	Neukunden
Zielgebiet:	Vertriebsregion...	Nord	Südost	West
Versangmenge		15.000	5.800	13.200
Agenturkosten		10.400 DM	6.000 DM	7.500 DM
Produktionskosten		15.000 DM	6.550 DM	13.700 DM
Versandkosten		7.050 DM	15.276 DM	27.404 DM
Gesamtkosten		32.450 DM	15.276 DM	27.404 DM
Anzahl Neugeschäfte		250 Stück	73 Stück	186 Stück
Response Rate (in %)		1,67 %	1,26 %	1,41 %
Volumen Neugeschäft		1.875.000 DM	392.375 DM	1.525.200 DM
CpC (Kosten per Mailing)		2,16 DM	2,63 DM	2,08 DM
CpO (Kosten pro Abschluss)		129,80 DM	209,26 DM	147,33 DM
Erzielter Provisionsertrag*		84.375 DM	17.657 DM	68.634 DM
Aufwandsrentabilität je Aktion		260 %	116 %	250 %

* Ausgabeaufschlag Aktienfodns 4,0 % zzgl. Bestandsprovision 0,5 %

Abbildung 6: Kennziffern zum Aktionscontrolling „Direct Mail Neukunden Fonds“

Vorteile des Einsatzes von Kennzahlen sind deren relativ leichte Ermittelbarkeit, die hohe Kommunikationsfähigkeit an die für die Aktion verantwortlichen Mitarbeiter sowie an das Top-Management der Bank und die Anwendungsbreite. Kennzahlen lassen sich – neben dem Einsatz bei Direktwerbeaktionen für alle Arten von Maßnahmen zur Generierung von Umsätzen ermitteln (Beispiele: Reaktion auf filialspezifische Kundenbriefe, Ergebnisse aus regionalen Verkaufsförderungsmaßnahmen wie Kundenveranstaltungen). Erst durch den Vergleich der Ergebnisse verschiedener Maßnahmen lässt sich der Methoden-Mix optimieren. Gerade Kennzahlen ermöglichen die Vergleichbarkeit der Werbe-Investments in unterschiedlichen Medien (TV, Print, Mailings etc.).

Literaturhinweise

BACKHAUS, K./KLEINE, D.: Der Beitrag des Controlling für das Management von komparativen Konkurrenzvorteilen auf Bankenmärkten, in: Schierenbeck, H./Moser, H. (Hrsg.), Handbuch Bankcontrolling, Wiesbaden 1995, S. 457-476.

BECKER, J.: Marketing-Konzeption – Grundlagen des strategischen Marketing-Managements, 4. Auflage, München 1992.

BENNA, R.: Bedarfsorientiertes Filialbanking, in: Schriftenreihe des ZEB Zentrum für Ertragsorientiertes Bankmanagement, Münster, Bd. 16, Frankfurt am Main 1998.

BRAKENSIEK, T.: Konditionensteuerung über Kennzahlensysteme, in: Rolfes, B./Schierenbeck, H./Schüller, St. (Hrsg.), Ertragsmanagement und Rationalisierung in Kreditinstituten, ZEB-Schriftenreihe, Bd. 9, Frankfurt am Main 1996, S. 135-152.

BÜSCHGEN, H. E.: Bankmarketing, Düsseldorf 1995.

GEML, R./GEISBÜSCH, H.-G./LAUER, H.: Das kleine Marketing-Lexikon, 2. Auflage, Düsseldorf 1999.

HELM, R.: Strategisches Controlling für den Vertrieb zur Unterstützung der Marketing-Kommunikation, in: Marktforschung & Management, 39. Jg. 1995, Heft 1, S. 27-32.

HEUER, K. R.: Marketing-Controlling, in: Marketing und Marktforschung, Münster 1996, S. 359-375.

KELLER, H. U.: Strategisches Kundenmanagement und Retention Marketing, in: Bernet, B./Schmid, P. (Hrsg.), Retail Banking, Visionen, Konzepte und Strategien für die Zukunft, Wiesbaden 1995, S. 87-104.

KÖHLER, R.: Durch Marketingcontrolling zur konsequenten Kunden- und Prozeßorientierung im Target Marketing, in: Kunden und Prozesse im Fokus, Stuttgart 1994, S. 61-79.

KÖHLER, R.: Marketing-Controlling – Konzepte und Methoden, in: Reinecke, S./Tomczak, T./Dittrich, S. (Hrsg.), Marketing-Controlling, St. Gallen 1998, S. 10-21.

MEFFERT, H.: Marketing, 8. Auflage, Wiesbaden 1998.

MEFFERT, H./BRUHN, M.: Dienstleistungsmarketing – Grundlagen, Konzepte, Methoden, 2. Auflage, Wiesbaden 1997.

NADER, G./JOHNSON, M. D./BÜHLER, W.: Kundenzufriedenheit und Unternehmenserfolg – Eine kausalanalytische Betrachtung des Privatkreditgeschäftes von Universalbanken, in: ÖBA, 44. Jg. 1996, Heft 9, S. 702-710.

NIESCHLAG, R./DICHTL, E./HÖRSCHGEN, H.: Marketing, 18. Auflage, Berlin 1997.

RAPP, A.: Nur wer dient, kann verdienen – Dienstleistung fördert Kundenbindung, in: geldinstitute, 27. Jg., 1996 Heft 6, S. 26-29.

REICHHELD, F.-F.: Lernen Sie von abtrünnigen Kunden, was Sie falsch machen, in: HARVARD BUSINESS manager, 19. Jg. 1997, Heft 2, S. 57-68.

REICHHELD, F.-F./SASSER, W. EARL.: Zero-Migration – Dienstleister im Sog der Qualitätsrevolution, in: HARVARDmanager, 13. Jg. 1991, IV. Quartal, S. 108-116.

REINECKE, S./TOMCZAK, T./DITTRICH, S. (Hrsg.): Marketing-Controlling, THEXIS, St. Gallen 1998.

ROLFES, B.: Die Ertragszukunft im Privatkundengeschäft, in: Rolfes, B./Schierenbeck, H./Schüller, St. (Hrsg.), Privatkundengeschäft – Die Achillesferse deutscher Kreditinstitute, ZEB-Schriftenreihe, Bd. 14, Frankfurt am Main 1997, S. 1-14.

SCHIERENBECK, H.: Ertragsorientiertes Bankmanagement, Band 1: Grundlagen, Marktzinsmethode und Rentabilitäts-Controlling; Band 2: Risiko-Controlling und Bilanzstruktur-Management, 6. Auflage, Wiesbaden 1999.

SCHÜLLER, S.: Multimedia – Konsequenzen für das Retailgeschäft der Banken, in: Rolfes, B./Schierenbeck, H./Schüller, St. (Hrsg.), Ertragsmanagement und Rationalisierung in Kreditinstituten, ZEB-Schriftenreihe, Bd. 9, Frankfurt am Main 1996, S. 61-76.

SÜCHTING, J./VAN HOOVEN, E.: Handbuch des Bankmarketing, 3. Auflage, Wiesbaden 1996.

Johann Rudolf Flesch / Reinhard Kutscher / Michael Lichtenberg

Das Barwertkonzept in der Unternehmenssteuerung

1. Marktveränderungen erfordern betriebswirtschaftliche Steuerung

Die sich bereits in den 80er Jahren zeigenden Veränderungen in den Rahmenbedingungen für Banken haben sich in den 90er Jahren dramatisch verschärft. Die zunehmende Globalisierung der Finanzmärkte, ihre Volatilität und Dynamik erfordern immer stärker eine schnellere Veränderungsgeschwindigkeit für ein erfolgreiches Bestehen im Wettbewerb. Gleichzeitig eröffnet die Entwicklung der IT-Technologie neue Chancen und Risiken für alle Bankaktivitäten.

Spätestens mit Einführung des Euros sind auch im deutschen Bankensektor fundamentale Strukturveränderungen erkennbar. Insgesamt erwachsen aus diesem Marktumfeld neue strategische Herausforderungen für ein erfolgreiches Bankmanagement.

Im folgenden Beitrag wird, abgeleitet aus der Entwicklung der Banksteuerung, das konzeptionelle Grundgerüst des Barwertkonzeptes dargestellt. Durch die integrative Betrachtung von Ertrag und Risiko ist das Barwertkonzept ein geschlossenes Gesamtbanksteuerungssystem mit dessen Einsatz den strategischen Herausforderungen begegnet werden kann. Die Notwendigkeit eines dualen Steuerungsansatzes

2. Die Notwendigkeit eines dualen Steuerungsansatzes

2.1 Probleme des Grundmodells der Marktzinsmethode

Ausgangspunkt aller Überlegungen zur Geschäftssteuerung ist die Schaffung von Transparenz über die Erfolgsquellen einer Bank. Nur so können die einzelnen Steuerungsbereiche wie Kunden, Produkte und Profit-Center in den Regelkreis von Planung, Vorsteuerung und Kontrolle eingebunden werden.

Die Zielgröße bisheriger Controllingansätze war dabei immer das handelsrechtlich definierte Betriebsergebnis. Ein besonderes steuerungstechnisches Problem bildete in diesem Zusammenhang die verursachungsgerechte Aufspaltung des Zinsüberschusses als wichtigste Erfolgsquelle einer Bank.

Mit der Marktzinsmethode wurde hier ein Weg gefunden, den wirtschaftlichen Zinsüberschuss in einen Konditionsbeitrag (Aktiv/Passiv), einen Anlage- und Finanzierungserfolg und einen Transformationserfolg zu zerlegen[1]. Der Konditionsbeitrag wird dabei als Er-

1 Vgl. Flesch/Piaskowski/Seegers, 1987, S. 492 ff.

folg aus dem Kundenzinsgeschäft definiert. Ein Zinskonditionenbeitrag Aktiv ist der Erlös aus einem Kundenkreditgeschäft bei Bewertung mit dem Briefsatz am Geld- und Kapitalmarkt. Dieses Gegenseitekonzept unterstellt, dass jedes neu akquirierte Geschäft das dispositionelle Gleichgewicht der Gesamtbank stört[2]. Der Anlage- und Finanzierungserfolg gibt den kalkulatorischen Erfolg aus der Anlage bzw. Refinanzierung unverzinslicher Aktiva (zum Beispiel Beteiligungen und Betriebs- und Geschäftsausstattung) und Passiva (zum Beispiel Eigenkapital und Wertberichtigungen) wider.

Der Transformationserfolg ist letztlich eine Residualgröße. Er bildet den Periodenerfolg aus der Disposition der Gesamtzinsposition ab. In ihm spiegelt sich das Eingehen von Inkongruenzen im zinstragenden Geschäft wider (Fristentransformation).

Das Grundmodell der Marktzinsmethode weist jedoch in der Praxis, insbesondere mit Blick auf die Leistungsmessung im Kundengeschäft und die umfassende, methodisch einheitliche Risikosteuerung, erhebliche Schwächen auf.

Die Schwächen sind dabei im wesentlichen auf die Orientierung an handelsrechtlichen Bewertungskonventionen sowie auf die undifferenzierte Bewertung aller Bankgeschäfte, auch des Nichtzinsgeschäftes, gegenüber dem Zinsmarkt zurückzuführen.

Durch die Orientierung am Handelsrecht arbeitet die Marktzinsmethode auf der Basis periodischer Ergebnisse, die unter Steuerungsgesichtspunkten falsch sind. So wird der Zinskonditionsbeitrag eines Kundenbereiches in einem Betrachtungszeitraum wesentlich durch die Margenwirkung von in der Vergangenheit abgeschlossenen Geschäften bestimmt. Beispielsweise sind bei eingeworbenen Krediten mit durchschnittlich zehnjähriger Laufzeit und konstantem Neugeschäft nur 10 Prozent des ermit telten Erfolgsbeitrages in der laufenden Periode entstanden und beeinflussbar. Für Steuerungszwecke sind die verbleibenden 90 Prozent nicht relevant, da sie durch Entscheidungen in der Vergangenheit bestimmt und fixiert sind. Das führt dann zu falschen Steuerungsimpulsen, wenn zum Beispiel durch den Erfolg der Vergangenheit der aktuelle Personal- und Sachmitteleinsatz legitimiert wird. Neue oder stark wachsende Geschäftsbereiche werden so diskriminiert.

Die gleichen Fehlsteuerungsimpulse sind auch für die Beurteilung der Zentraldisposition anhand des periodisierten Transformationsergebnisses nachweisbar[3].

Neben der Periodenbezogenheit stellen unterschiedliche Bewertungsmethoden einen weiteren Schwachpunkt eines handelsrechtlich orientierten Controllingansatzes dar. Entsprechend dem Realisationsprinzip sind nicht realisierte Gewinne nicht auszuweisen. Steigen in einem Betrachtungszeitraum die Kurse des Aktienmarktes um 20 Prozent, so hat die Bank, die ihren Aktienbestand am Ende der Periode verkauft, einen entsprechenden Gewinn erzielt. Ist eine Bank, die ihre Aktien nicht verkauft betriebswirtschaftlich gesehen schlechter einzuschätzen? Fallen dagegen die Kurse um den gleichen Prozentsatz, so werden beide Banken handelsrechtlich (Anwendung des Vorsichtsprinzip) wie auch betriebswirtschaftlich gleich beurteilt.

2 Vgl. Banken, 1987, S. 195 ff.
3 Vgl. Benke/Flesch/Piaskowski, 1987, S. 431 f.

Eine Bewertung zu Marktpreisen findet darüber hinaus nur für Vermögenstitel und Handelsgeschäfte statt. Schuldtitel werden generell zum Nominalwert ausgewiesen, obwohl sie über die Geschäftslaufzeit genau den gleichen Wertänderungen ausgesetzt sind wie vergleichbare Aktiva.

Dieses Imparitätsprinzip dient dem Schutz der Adressaten des externen Rechnungswesen wie zum Beispiel den Aktionären, Anteilseigner und Gläubiger. Einer betriebswirtschaftlichen Steuerung steht dieser Schutzgedanke entgegen.

Mit der undifferenzierten Messung aller Bankgeschäfte gegenüber dem Zinsmarkt macht die Marktzinsmethode darüber hinaus einen systematischen Fehler. Eingeworbene Aktienpositionen zum Beispiel lassen sich in ihrer Erfolgs- und Risikowirkung nicht durch Zinsgeschäfte duplizieren. Der Zinsmarkt stellt für den Aktienmarkt nicht die Marktalternative dar.

Zur Steuerung der bankbetrieblichen Kernrisiken, Ausfall- und Marktrisiken, liefert das externe Rechnungswesen keine integrative und methodisch einheitliche Betrachtung. In diesem Zusammenhang ist zum Beispiel darauf hinzuweisen, dass Finanzinnovationen wie Swaps, Caps und Floors benutzt werden, um sich gegen Zinsänderungsrisiken zu hedgen. Als außerbilanzielle Geschäfte finden sie aber keine Berücksichtigung in der Bilanz.

Es wird deutlich, dass durch den handelsrechtlich orientierten Ansatz der Marktzinsmethode eine gesamthafte Steuerung im Sinne eines Regelkreises problematisch ist. Insbesondere die Periodenbetrachtung und der Versuch alle Geschäftsaktivitäten durch Vergleich mit alternativen Marktzinssätzen zu beurteilen sind nicht vereinbar mit einer betriebswirtschaftlichen Steuerung.

2.2 Kernelemente des Barwertkonzeptes

Der Grundgedanke der Marktzinsmethode, die Messung des Einzelgeschäfts an der Marktalternative, hat sich in Theorie und Praxis als überlegene Methode zur Steuerung des Bankergebnisses im zinsabhängigen Geschäft erwiesen. Aber nur die Weiterentwicklung zum Barwertkonzept und damit die Loslösung von der mit einer Margenrechnung verbundenen Erfolgsperiodisierung sichert die richtige Steuerung des Erfolges. Die Zeitraumbetrachtung wird durch die Zeitpunktbetrachtung abgelöst.

Ausgangspunkt der Steuerung im Barwertkonzept ist das einzelne Neugeschäft. Dabei ist der Zahlungsstrom die Beurteilungsbasis für die Akquisitionsleistung im Kundengeschäft. Idealtypisch wird im Augenblick der Konditionierung jedes Neugeschäft mit den Marktzinssätzen der entsprechenden Laufzeiten bewertet[4]. Die zahlungsstrukturkongruente Bewertung stellt sicher, dass sich zum Beispiel die Zahlungsströme eines Kreditgeschäftes und der Refinanzierung zu jedem Termin in der Zukunft exakt ausgleichen. Durch dieses Vorgehen sind Wiederanlageprobleme und Zinsänderungsrisiken während der Laufzeit ausgeschlossen. Der in der Kasse verbleibende Barwert bildet den Erfolg des Kundenge-

4 Vgl. Benke/Gebauer/Piaskowski, 1991, S. 458 ff.

schäftes in einer DM-Zahl korrekt ab. Hierdurch wird ausschließlich die Akquisitionsleistung bewertet und sanktioniert, und nicht die Bestandsverwaltung.

Sämtliche Erträge aus einem Geschäft, also Provisionen, Gebühren und Konditionsbeitrag, sind direkt miteinander vergleichbar.

Für das festkonditionierte Neugeschäft ist die Ermittlung eines Barwertes problemlos. Für die Erfolgsrechnung gilt neben dem erstmaligen Abschluss eines Geschäftes auch die Zinsanpassung und die angenommene Fälligkeit von Positionen ohne feststehenden Ablauf[5] als Neugeschäft. Durch Summation der Barwerte aller Neugeschäfte wird der kundenseitige Erfolg aller Aktiv- und Passivgeschäfte vollständig abgebildet.

Das Barwertkonzept bietet auch die Möglichkeit, das Ergebnis aus sämtlichen handelbaren und nicht handelbaren abgeschlossenen Geschäften über die Laufzeit zu bewerten[6]. Dabei ist es unerheblich, ob ein einzelner Disponent alle Geschäfte der Bank innerhalb eines Portfolios steuert oder diese Aufgabe von sehr vielen Teilportfolioverantwortlichen wahrgenommen wird. In kleineren oder stark spezialisierten Banken wird ein einzelner Disponent bzw. eine Disponentengruppe diese Aufgabe erfüllen. Dagegen wird in einer überwiegend handelsorientierten Bank eine Vielzahl von Portfolioverantwortlichen eigenständige Risiken im Rahmen ihrer Limite eingehen. Die regelmäßige Bewertung sämtlicher bilanzieller und außerbilanzieller Positionen mit den aktuellen Marktzinssätzen ermöglicht, den periodischen Beitrag zur Vermögenswertänderung aus Inkongruenzen zu ermitteln. Die mittlerweile äußerst liquiden Swap- und Optionsmärkte bieten in diesem Zusammenhang die Möglichkeit, auch die durch Neugeschäft entstehenden Zinspositionen aus Krediten, begebenen Schuldverschreibungen, Termin- und Spareinlagen nahezu zinsänderungsrisikofrei auszusteuern. Anhand der Zinsbeitragskalkulation eines Kundenneugeschäftes und der Steuerung des Zinsänderungsrisikos wird die Unterscheidung von Einzelgeschäfts- und Portfoliosteuerung im Barwertkonzept sichtbar. Das Bindeglied zwischen den Steuerungsebenen bildet der individuell ermittelte Lenkpreis, im vorgenannten Beispiel der Margenbarwert.

Die Berücksichtigung von Barwerten und damit von Marktpreisen erweitert die Marktzinsmethode zu einer Marktpreismethode. Wenn alle Geschäfte am Marktpreis (= Barwert) gemessen werden, existiert der Strukturbruch zwischen der Messung und Steuerung von Nichtzins- und Zinsgeschäften nicht mehr. Die konsequente Belegung aller Bankgeschäfte mit ihrem Marktpreisen führt zudem von einer Periodenrechnung zu einer Vermögensrechnung.

Bei Bewertung aller Aktiv- und Passivpositionen (Bilanz- und außerbilanzielle Positionen), verbleibt als Ausgleich der Bilanz das Vermögen der Bank. Dieses Vermögen gilt es unter Ertrags-/Risikogesichtspunkten entsprechend den Präferenzen der Unternehmensführung optimal anzulegen.

Wenn die Bank als Portfolio gesehen wird, so sind Ertrag und Risiko die Komponenten zur effizienten Portfoliogestaltung. Der Ertrag ist dabei definiert als Vermögensmehrung

5 Vgl. Benke/Gebauer/Piaskowski, 1991, S. 459.
6 Vgl. Benke/Gebauer/Piaskowski, 1991, S. 462 f.

der Bank innerhalb eines Planungszeitraums. Der Portfoliotheorie entsprechend ist das Risiko als mögliche Abweichung vom erwarteten Ertrag (Volatilität) zu sehen.

Das Barwertkonzept legt die Basis für eine geschlossene und aktive Steuerung des Gesamtbankportfolios unter Ertrags-/Risikogesichtspunkten.

Die am Beispiel des „Zinsbuches" dargestellte Grundkonzeption ist auch auf die Steuerungsbereiche Ausfallrisiken und Personal- und Sachmitteleinsatz zu übertragen. So sind zur Erfolgsmessung im Kundengeschäft vom Zinsbeitrag die barwertigen Risiko- und Produktionskosten in Abzug zu bringen.

2.3 Der Zweck bestimmt die Rechnung

Grundsätzlich gilt, dass jede Steuerung aus einem Regelkreis mit den Komponenten Planung, Vorsteuerung und Kontrolle bestehen muss. Ausgehend von der Zielsetzung, die mit der Steuerung erreicht werden soll, sind Steuerungsbereiche zu definieren. Innerhalb der Steuerungsbereiche müssen nach den Gesichtspunkten der Verursachung bzw. der Verantwortlichkeit einzelne Steuerungsebenen identifiziert und auch organisatorisch umgesetzt werden. Im Rahmen der Vorsteuerung sind Handlungsempfehlungen zu entwickeln, die zu einer Planerfüllung führen. Eine Kontrollrechnung dient dazu, Plan- und Ist-Zahlen zu vergleichen, Abweichungsanalysen durchzuführen und gegebenenfalls Anpassungen vorzunehmen.

Am Anfang der Überlegungen zur Strukturierung eines Steuerungssystems steht also das Ziel.

Mit dem handelsrechtlichen Ergebnis präsentiert sich die Bank einer kritischen Öffentlichkeit[7]. Es sind gesetzliche Vorschriften einzuhalten, die primär den Gläubiger- und Anteilseignerschutz gewährleisten sollen. Vorsichts-, Realisations- und Imparitätsprinzip bringen dies zum Ausdruck.

Folglich muss sich eine Bilanz- und GuV-Steuerung an einer Bestandsrechnung nach handelsrechtlichen Bewertungskriterien orientieren.

Die Unternehmenssteuerung hat eine ganz andere Zielsetzung als das externe Rechnungswesen. Betriebswirtschaftlich gilt es, das Vermögen der Bank unter Ertrags/Risikogesichtspunkten zu optimieren. Entsprechend sind die Steuerungsbereiche anders aufzuspalten. Gleichzeitig ist sicherzustellen, dass die einzelnen kalkulierten Teilergebnisse zu einem Gesamtbankergebnis in betriebswirtschaftlicher Logik zusammengeführt werden können. Dies setzt eine methodisch einheitliche Betrachtung über alle Bereiche voraus.

Hieraus ist zwingend ein duales System der Finanz- und Unternehmenssteuerung abzuleiten. Vor dem Hintergrund, dass über die Totalperiode handelsrechtliches und betriebswirtschaftliches Ergebnis identisch sind und Unterschiede nur in den Periodisierungskonventionen bestehen, ist eine laufende Überführungsrechnung nicht notwendig. Wie für

7 Vgl. Emmerich, 1978, S. 118 ff.

Handelsgeschäfte leicht nachvollziehbar, ist die freie Gestaltbarkeit des periodischen Anfalls der Vermögensposition in der Praxis möglich[8].

Das Bindeglied zwischen beiden Steuerungsbereichen stellen formal die gemeinsamen Grunddaten zu den einzelnen Geschäftsvorfällen dar. Inhaltlich bilden finanzwirtschaftliche Ziele strenge Nebenbedingungen für die Unternehmenssteuerung. So sind die Geschäftsaktivitäten zum Beispiel so zu steuern, dass ein der Höhe und Struktur nach gewünschter handelsrechtlich verwendungsfähiger Überschuss ausgewiesen werden kann. Für die Praxis ergibt sich daher, dass geplante Geschäftsaktivitäten in ihrer handelsrechtlichen Ergebniswirkung simuliert werden müssen. Werden handelsrechtliche Normen verletzt, so müssen die Aktivitäten unterbleiben.

3. Die Steuerungsbereiche im Überblick

Im Barwertkonzept können folgende Steuerungsbereiche unterschieden werden:

- Kundenergebnis
- Dispositionsergebnis
- Produktivitätsergebnis

Das Kundenergebnis spiegelt den Erfolg aus den Kundenbeziehungen wider. Das Dispositionsergebnis ermittelt sich aus der Steuerung der bankbetrieblichen Kernrisiken, Markt- und Ausfallrisiken. Es schließt die „klassischen" Teilergebnisse Transformationsergebnis, Handelsergebnis und (Ausfall-)Risikoergebnis ein. Im Produktivitätsergebnis werden die Ist-Kosten den Standard(Soll-)kosten gegenübergestellt.

Da alle Ergebnisse und Risiken in DM ausgedrückt werden, führt die Addition des Kunden-, Dispositions- und Produktivitätsergebnisses zum Gesamtbankergebnis.

Dabei sichert das Konzept, dass eine jederzeitige Aufspaltung der Ergebnisse auf einzelne Kunden, Produkte und Risiken möglich ist. So lassen sich in einem Soll-/Ist-Vergleich Abweichungsanalysen nach verschiedenen Ursachen und Ebenen durchführen.

Im folgenden werden die beiden Steuerungsbereiche Kunden- und Dispositionsergebnis dargestellt. Auf die generelle Problematik der Bankkostenrechnung soll hier nicht eingegangen werden; es sollen nur konzeptionell die Auswirkungen des Barwertansatzes auf die Kostenrechnung gezeigt werden.

3.1 Das Kundenergebnis als wichtige Erfolgsquelle

Zur Ermittlung eines Kundenergebnisses gilt es, sämtliche Erlös- und Kostenkomponenten, die aus der Kundenbeziehung resultieren, verursachungsgerecht zuzuordnen. Aus-

8 Dabei entstehen allerdings Veränderungen in der Risikoposition der Bank.

gangspunkt ist das Einzelgeschäft, womit die Kundenergebnisrechnung gleichzeitig auch die Produktergebnisrechnung sicherstellt. Im Rahmen der Aufbauorganisation gilt es Kunden- und Produktergebnisse auf Profit-Center-Ergebnisse zu verdichten. Zur Integration der Steuerungsbereiche ist eine Ergebnisrechnung im Sinne der folgenden Deckungsbeitragsrechnung sinnvoll:

+ Wertbeitrag
+ Kundenhandelsbeitrag
+ Wertstellungsbeitrag
+ Dienstleistungsergebnis

= Deckungsbeitrag I
– Standardstückkosten

= Deckungsbeitrag II
– Risikoprämie

= Deckungsbeitrag III

Der DB I (Bruttoerlös) lässt sich unter Steuerungsgesichtspunkten weiter aufgliedern. Der Wertbeitrag ist der Barwert eines Kundenzinsgeschäftes, der durch struktur-kongruente Bewertung erzielt wird.

Der Kundenhandelsbeitrag kann als „Wertbeitrag" eines Kunden aus Handelsgeschäften interpretiert werden. Er ergibt sich aus dem Vergleich eines Handelsgeschäftes zu abgeschlossenen Kundenkonditionen und Marktkonditionen.

Der Wertstellungsbeitrag kann insbesondere bei Kunden mit hohem Zahlungsverkehrsvolumen eine Größenordnung erreichen, die den gesonderten Ausweis rechtfertigt. Er errechnet sich aus der unterschiedlichen Valutastellung von Zahlungsverkehrstransaktionen für die Bank und den Kunden.

Die vierte Erfolgskomponente stellt das Dienstleistungsergebnis dar. Die Summe aller Komponenten ergibt den DB I des Kunden, wenn über alle Einzelgeschäfte mit dem Kunden summiert wurde.

Von diesem DB I sind die Standardstückkosten als Produktionskosten für ein bestimmtes Produkt gegenüber dem Kunden abzuziehen. Sie sind dabei über die Prozesskette der Produktion eines bestimmten Produktes definiert. In die Kalkulation gehen sowohl die Geschäftsabschluss- als auch die Folgekosten im Sinne von „Bestandsverwaltungskosten" (zum Beispiel Buchungskosten für jährliche Zins- und Tilgungszahlungen eines Kredites mit mehreren Jahren Laufzeit) ein. Der Barwertlogik folgend müssen die Folgekosten auf den Zeitpunkt des Geschäftsabschlusses diskontiert werden. Nach Subtraktion der Stückkosten vom DB I verbleibt der DB II.

Als weitere Erfolgskomponente sind die Risikokosten als Entgelt für die Übernahme des mit der Finanzierung verbundenen latenten Ausfallrisikos eines Kunden zu berücksichtigen. Zur Kalkulation wird in der Praxis bisher auf vergangenheitsorientierte Durchschnittskalkulationen zurückgegriffen. Die Basis hierfür bilden in der Regel die durchschnittlichen Ausfallquoten der Bank selbst. Unter Steuerungsgesichtspunkten ist die

Orientierung an der eigenen Ausfallrisikosituation der Vergangenheit und damit ein Ist/Ist-Vergleich aber falsch. Die Berücksichtigung von Ausfallquoten des Marktes führt nur zu graduellen Verbesserungen, da die Betrachtung immer noch vergangenheitsorientiert ist. Nur die Berücksichtigung der individuellen, zukunftsorientierten Risikosituation eines Kunden bei der Kalkulation barwertiger Ausfallrisikoprämien liefert korrekte Steuerungsimpulse. Diesbezüglich sind mittlerweile mehrere Verfahren entwickelt worden. Als zukunftsweisend werden insbesondere das auf Black/Scholes zurückgehende Optionspreismodell zur Bewertung von Ausfallrisiken sowie der auf Ausfallwahrscheinlichkeiten kalibrierte Ratingansatz angesehen. Beim Optionspreis-Modell ist der Eigentümer eines mit Fremd- und Eigenkapital finanzierten Unternehmens vergleichbar mit dem Käufer einer Verkaufsoption auf dieses Unternehmen. Grundlegende Bewertungskriterien für den Preis der Option sind neben der Laufzeit ausschließlich die Höhe und Stabilität der zukünftigen Erträge und der Verschuldungsgrad des zu beurteilenden Kunden. Mit Hilfe dieses Optionspreismodells lässt sich so eine zukunftsorientierte barwertige Risikoprämie errechnen. Als den Stillhaltern der Verkaufsoption steht den Fremdkapitalgebern die Optionsprämie als wirtschaftlich richtiger Preis für die Übernahme des latenten Ausfallrisikos zu.

Bei dem auf Ausfallwahrscheinlichkeiten kalibrierten Ratingansatz, der insbesondere vor dem Hintergrund der aktuellen bankenaufsichtsrechtlichen Diskussion über die Anerkennung interner Rating-Modelle große Bedeutung erlangt, werden individuell für jeden Kreditnehmer Ratings ermittelt. Die Art und Anzahl der bei der Ratingfestsetzung berücksichtigten Bilanzkennziffern und qualitativen Merkmale sowie deren Gewichtung im Ratingsystem werden hierbei auf empirisch-statistischer Grundlage festgelegt. So werden beispielsweise bei der Entwicklung eines Ratingsystems mit Hilfe der Diskriminanzanalyse oder der logistischen Regression historische Ausprägungen von Bilanzkennziffern und qualitativen Merkmalen von guten und insolventen Unternehmen untersucht und die aussagekräftigsten Kennziffern bzw. Merkmale werden dann im Ratingsystem berücksichtigt. Diesbezüglich wird davon ausgegangen, dass bei entsprechenden Kennziffernausprägungen neu zu beurteilender Unternehmen auch in Zukunft ein Indiz für den Ausfall gegeben ist. Werden dann die Unternehmen in der historischen Stichprobe mit diesem Ratingsystem beurteilt, können den einzelnen Rating-Klassen aufgrund der Kenntnis historischer Ausfälle auch Ausfallwahrscheinlichkeiten beigelegt werden. Diese Ausfallwahrscheinlichkeiten stellen schließlich die Grundlage dar für die Ermittlung barwertiger Ausfallrisikoprämien.

Werden die barwertigen Ausfallrisikoprämien vom DB II abgezogen, errechnet sich der DB III, der als Nettoerfolg aus dem Kundengeschäft anzusehen ist. Der DB III deckt im weiteren die nicht kunden- und produktseitig zurechenbaren Overhead-Kosten und alimentiert bei vollständiger Deckung den Nettoerfolg der Bank.

Die Beurteilung eines Einzelgeschäftes ist durch die dargestellte Deckungsbeitragsrechnung vollständig und betriebswirtschaftlich richtig. Für die Beurteilung einer Kundenbeziehung muss diese Deckungsbeitragsrechnung über alle Geschäfte mit einem Kunden erfolgen. Die Standardstückkosten und die Risikoprämie dienen als Verrechnungspreise für die Portfoliobetrachtung im Dispositionsergebnis. Sie stellen sicher, dass einzig und allein die Akquisitionsleistung in der Kundenergebnisrechnung gefördert wird. Das Eingehen von Markt- und Ausfallrisiken stellt einen separaten Steuerungsbereich mit eigenen Ergebnis- und Risikowirkungen dar.

3.2 Das Dispositionsergebnis aus der Portfoliobetrachtung

Bei Geschäftsabschluss erfolgt die einzelgeschäftsbezogene Bewertung und Steuerung der bankbetrieblichen Kernrisiken (Markt- und Ausfallrisiken) über den Marktpreis (Barwert durch strukturkongruente Bewertung) und die Ausfallrisikoprämie. Für die Kundenkalkulation werden die Risiken barwertig berücksichtigt.

Die Bewertung von Erfolg und Risiko aus dem Geschäftsbestand über die Zeit ist Gegenstand der Portfoliosteuerung. Im Rahmen der Disposition ist zu entscheiden, ob und wie die eingegangene Risikoposition aktiv gestaltet werden soll.

Die Erfolgsmessung erfolgt dabei über die Veränderung des Barwertes (Marktwertes) vom Beginn bis zum Ende einer Periode. Diese Vorgehensweise zur Messung des Dispositionserfolges entspricht der Performance-Rechnung von Publikums- und Spezialfonds[9].

Im Barwertkonzept ergeben sich auch erweiterte Möglichkeiten der Leistungsmessung für Teilportfolios selbstdisponierender Einheiten durch den direkten Vergleich der Wertentwicklung einzelner Teilportfolios (zum Beispiel des Rentenportfolios) mit der des Marktes selbst. Hier bieten sich als Maßstab die jeweiligen Marktindices (zum Beispiel der REX-Performance-Index) an[10].

Durch die konsequente Bewertung aller Teilportfolios mit Marktpreisen ist die Zerlegung des Transformationsergebnisses in seine einzelnen Komponenten möglich. Den organisatorisch selbständigen Einheiten wie Rentenhandel, Aktienhandel, Geld- und Devisenhandel können durch die Performancerechnung verursachungsgerecht Ergebnisse zugerechnet werden.

Mit der Betrachtung der Bank als Portfolio und die konsequente Umsetzung der Performancemessung entfällt die Erfolgsquelle Anlage- und Finanzierungserfolg der Marktzinsmethode.

Neben dem Ertrag – gemessen als Performance – ist das Risiko ein entscheidendes Kriterium zur optimalen Portfoliogestaltung. Risiko ist dabei betriebswirtschaftlich als Abweichung vom erwarteten Ertrag definiert.

Als Risiko-Maßgröße für handelbare Produkte hat sich der Value-at-Risk in den letzten Jahren etabliert. Er ist mittlerweile auch aufsichtsrechtlich zur Eigenkapitalunterlegung nach Prüfung nutzbar. Bei Anwendung der historischen Simulation wird beispielsweise

9 Vgl. Benke/Gebauer/Piaskowski, 1991, S. 515.
10 Vgl. Benke/Gebauer/Piaskowski, 1991, S. 516.

die Position des betrachteten Handelstages daraufhin getestet, welche Wertveränderungen sich bei einer angenommenen Haltedauer von 10 Tagen ergeben, wenn man die Marktkonstellationen der letzten 250 Handelstage durchspielt. Die Marktpreisentwicklung des letzten Jahres dient damit als Indikation für den Risikogehalt der Portfolien.

Das so definierte Risiko ist ausgehend von dem auf Gesamtbankebene als tragbar angesehenen Risikopotenzial für alle risikodisponierenden Einheiten über ein entsprechend ausgelegtes Limitsystem vorzusteuern bzw. zu begrenzen (vgl. Punkt 3.1).

Für die Steuerung des Ausfallrisikos gelten analoge Überlegungen. Auch hier ist eine Performancerechnung durch Gegenüberstellung der Portfoliowerte im Zeitablauf und eine zukunftsgerichtete Risikosimulation möglich.

4. Operationalisierung des Steuerungsprozesses

In den vorausgehenden Ausführungen wurde das Barwertkonzept als ein Ansatz vorgestellt, der eine integrative Steuerung von Ertrag und Risiko über alle Geschäftsaktivitäten einer Bank ermöglicht. Nachfolgend soll aufgezeigt werden, wie auf der Basis dieses Ansatzes eine Geschäfts- und Risikopolitik systematisch implementiert werden kann.

4.1 Festlegung der Risikopolitik durch die Geschäftsleitung

Ziel der Unternehmenssteuerung ist die Unterstützung der Geschäftsleitung bei der Formulierung und Umsetzung einer unter Ertrags- und Risikogesichtspunkten optimalen Geschäftsstrategie.

Den Ausgangspunkt der Überlegungen bilden dabei alle Geschäftsfelder bzw. Investments, deren Besetzung im Rahmen der global von der Geschäftsleitung formulierten Gesamtbankstrategie erfolgen sollen. Jedes Investment ist dabei durch seine mittelfristigen Ertragserwartungen und seine spezifischen Risiken, definiert als Abweichung vom erwarteten Ertrag, charakterisiert. Es ist nunmehr eine Entscheidung der Geschäftsleitung, wie sie in Abhängigkeit von den erwarteten Erträgen und den damit verbundenen Risiken in den einzelnen Geschäftsfeldern investiert sein will. Naheliegend ist, dass bei mehreren Geschäftsfeldern mit langfristig gleich hohen Ertragserwartungen auf diejenigen verzichtet wird, die höhere Risiken aufweisen. Über die individuelle Wertung der Geschäftsfelder hinaus sind aber auch Diversifikationseffekte in Abhängigkeit von der jeweils gewählten Struktur des Gesamtportfolios zu berücksichtigen. Eine entsprechende Portfoliostrukturierung kann die Stabilität des Ertrages im Zeitablauf erhöhen. Durch optimale Auswahl der Investments in einzelne Geschäftsfelder unter Ertrags-/Risikogesichtspunkten ist entsprechend der Portfoliotheorie ein effizientes Portfolio, das Normportfolio, aus den Anlagealternativen zu formulieren.

In der operativen Steuerung müssen die Rahmenvorgaben aus dem Normportfolio in konkrete Handlungsanweisungen umgesetzt werden. Die Risikopolitik ist dabei in zwei Schritten zu implementieren (vgl. Abbildung 1):

1. Festlegung des Risikokapitals (-vermögen)
2. Verteilung des Risikokapitals (-vermögen)

Im ersten Schritt ist das Risikokapital als ein Teil des Vermögens der Bank zu ermitteln. Dabei beschreibt das Risikokapital die maximal erlaubte Abweichung vom erwarteten Reinvermögen.

Die Festlegung des Risikokapitals ist abhängig von den folgenden drei Faktoren:

- Ertragserwartungen der Kapitalgeber,
- Ertrags-/Risikoprofilen möglicher Anlagealternativen,
- Risikoneigung der Geschäftsleitung

Die Ertragserwartungen der Kapitalgeber bestimmen die Höhe des Risikokapitales in der Weise, dass bei Eintreten des „worst case" in allen Teilportfolios diese Ertragserwartungen noch realisiert werden können.

Das Ertrags-/Risikoprofil möglicher Anlagealternativen ist ein weiterer bestimmender Faktor für die Höhe des Risikokapitals.

Die Geschäftsleitung muss nun eine Geschäftspolitik formulieren, die das gewünschte Ertragsniveau unter Berücksichtigung ihrer Risikoneigung mit den zur Verfügung stehenden Anlagealternativen sicherstellt. Unter der Voraussetzung, dass eine Vermögensminderung mittelfristig ausgeschlossen werden soll, ist die absolute Höhe auf die durchschnittliche Performance des Gesamtbankportfolios zu beschränken.

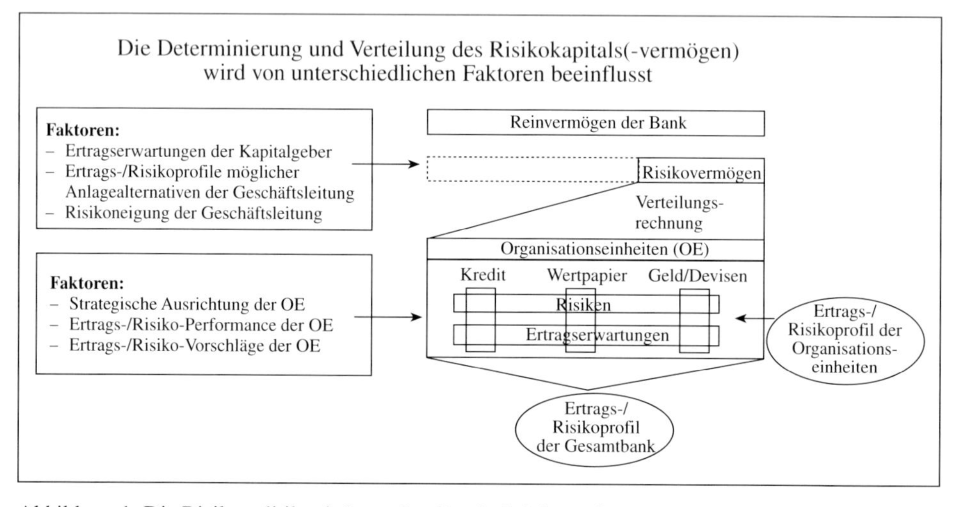

Abbildung 1: Die Risikopolitik wird von der Geschäftsleitung festgelegt.

Nach Festlegung der Höhe des Risikokapitals muss die Geschäftsleitung entscheiden wie – unter Berücksichtigung des Normportfolios – das Risikokapital auf die einzelnen Organisationseinheiten der Bank verteilt werden soll.

Hier ist denkbar, dass das Controlling auf der Basis der Einzelvorschläge risikodisponierender Einheiten der Geschäftsleitung einen Gesamtvorschlag für die Verteilung des Risikokapitals auf die einzelnen Bankaktivitäten und Risiken unterbreitet. Die Verteilung des Risikokapitals hängt dabei von der strategischen Ausrichtung, der Ertrags-/Risiko-Performance in der Vergangenheit und der zukünftigen geschätzten Ertrags-/Risiko-Relation der einzelnen Organisationseinheiten ab.

Da alle disponierenden Einheiten durch die relative Performancemessung gegen den Markt (bzw. das Normportfolio) gemessen und über ergebnisbezogene Limite beschränkt werden, ist ablauforganisatorisch sichergestellt, dass die Strategie operational umgesetzt werden kann.

4.2 Die Notwendigkeit der aufbauorganisatorischen Unterstützung

Die aus der theoretischen Aufspaltung des Gesamtergebnisses entstandenen Steuerungsbereiche sind auch aufbauorganisatorisch umzusetzen. Das heißt es müssen klare Verantwortlichkeiten für das Kunden-, das Dispositions- und das Produktivitätsergebnis geschaffen werden. Dabei eröffnet die Trennung zwischen der Einzelgeschäfts- und der Portfoliosteuerung im Barwertkonzept die Möglichkeit, der erforderlichen Dezentralität im Kundengeschäft und der notwendigen Zentralität der Risikosteuerung gleichermaßen Rechnung zu tragen.

Die Marktbereiche tragen die alleinige Verantwortung für das Kundengeschäft und damit für das Kundenergebnis. Idealtypisch liegt ihre Aufgabe in der reinen Maximierung des Kundenumsatzes vor dem Hintergrund von Lenkpreisen für die Risikoübernahme und die Produktion.

Die zentrale Steuerung des Risikos erfolgt durch die Vergabe von Limiten für die gebildeten Teilportfolios. Innerhalb der Limite können die Portfolioverantwortlichen autonom agieren. Die Performancerechnung erlaubt eine verursachungsgerechte Ergebnis- und Risikomessung aller risikotragenden Portfolios und bildet die Basis zur Limitallokation im Jahresplanungsprozess.

Unabhängig von der konkreten Ausgestaltung der Organisation ist eine klare Profit-Center-Abgrenzung auf Basis des vorgestellten Konzeptes notwendig. Ergebnisse und Risiken müssen verantwortungsgerecht zugeordnet werden können. In der Praxis übliche Komitee-/Ausschuss-Lösungen (Asset-Liability-Committee, Credit-Committee, Dispositionsauschuss etc.) sind nur Kompromisse, die die notwendige Verantwortungszurechnung nicht sicherstellen und allenfalls der Entscheidungsvorbereitung dienen können.

4.3 Ausfallrisiko- und Produktivitätssteuerung als wesentliche Umsetzungsbausteine für die Zukunft

Die vorausgehenden Ausführungen haben gezeigt, dass das Barwertkonzept, abgeleitet aus der Notwendigkeit zweier Steuerungskreise und der Weiterentwicklung der Marktzinsmethode, als ein geschlossenes Gesamtbanksteuerungskonzept angesehen werden kann.

Die Entwicklung äußerst liquider Swap- und Optionsmärkte haben zur konsequenten Umsetzung des Barwertkonzeptes im Rahmen der praktischen Marktrisikosteuerung geführt. Interne Risikomodelle sind inzwischen aufsichtsrechtlich anerkannt.

Eine der Marktrisikosteuerung analoge Steuerung des Ausfallrisikos ist konzeptionell vollständig beschrieben und wird mit der weiteren Entwicklung von Kreditderivaten auch in der praktischen Umsetzung ein aktuelles Thema sein.

Die erweiterten steuerungstechnischen Möglichkeiten des Barwertkonzeptes im Bereich der Produktivitätssteuerung müssen konzeptionell noch deutlicher beschrieben werden. Die Umsetzung in diesem Bereich ist ein Zukunftsthema für die nächsten Jahre.

Literaturhinweise

Banken, R.: Die Marktzinsmethode als Instrument der pretialen Lenkung in Kreditinstituten, Schriftenreihe des Instituts für Kreditwesen der Westfälischen Wilhelms-Universität Münster, Band 35, Fankfurt/Main 1987.

Benke, H./Flesch, H.-R./Piaskowski, F.: Steuerung des Zinsänderungsrisikos, in: Die Bank 8/89, S. 431 ff.

Benke, H./Gebauer, B./Piaskowski, F.: Die Marktzinsmethode wird erwachsen: Das Barwertkonzept (I), in: Die Bank 8/91, S. 458 ff.

Emmerich, G.: Grundfragen der Rechnungslegung westdeutscher Bankbetriebe im Interessengegensatz der Beteiligten, in: Deppe, H.-D. (Hrsg.), Bankbetriebliches Lesebuch, Stuttgart 1978, S. 118 ff.

Flesch, H.-R./Piaskowski, F./Seegers, J.: Marktzinsmethode bzw. Wertsteuerung – Neue Thesen und Erkenntnisse aus der Realisisierung, in: Die Bank 9/87, S. 492 ff.

D. Risikocontrolling

I. Risikomessung und Risikosteuerung

Henner Schierenbeck

Risikokalküle im Ertragsorientierten Bankmanagement

1. Grundsätze einer ertragsorientierten Risikopolitik

2. Der Risiko-Chancen-Kalkül
   - 2.1 Ergebnisanforderungen für Risikopositionen
   - 2.2 Risikoadjustierte Performance-Kennzahlen
   - 2.3 Kontrolle der risikoadjustierten Ergebnisse

3. Optimale Risikokapitalallokation als ungelöstes Problem einer Ertragsorientierten Risikopolitik

1. Grundsätze einer ertragsorientierten Risikopolitik

Ertragsorientiertes Bankmanagement ist vom Begriff her primär auf eine Rentabilitätssteuerung ausgerichtet. Da unternehmerische und somit auch bankspezifische Entscheidungen stets unter Unsicherheit getroffen werden müssen, ist die *ertragsorientierte Risikopolitik* als Teil der Geschäftsphilosophie für die Konzeption eines integrierten Controlling-Prozesses von besonderer Bedeutung. Sie ist – wie die ertragsorientierte Geschäftspolitik und die ertragsorientierte Wachstumspolitik – als wesentlicher Baustein eingebunden in die Triade des ertragsorientierten Bankmanagements. Wichtige Aspekte zur Philosophie dieses dritten Grundprinzips verdeutlichen die nachfolgenden Grundsätze:[1]

- *Grundsatz 1*:
  Risikoübernahme darf kein Selbstzweck sein und muss dem Rentabilitätsdenken konsequent untergeordnet werden. Dementsprechend müssen im Rahmen einer ertragsorientierten Risikopolitik die Risiken und Chancen von Geschäften und Geschäftsstrukturen stets aufeinander abgestimmt werden. Erst wenn sich im Rahmen dieses Abstimmungsprozesses ein lohnendes Risiko-Chancen-Profil zeigt, also eine akzeptable „Risk Performance" im Verhältnis zum vorhandenen „Risk Exposure" zu erwarten ist, sollten Risiken übernommen werden.

- *Grundsatz 2*:
  Selbst wenn aber die Übernahme von Risiken in diesem Sinne als lohnenswert erscheint, muss stets noch geprüft werden, ob sich eine Bank die Übernahme dieser Risiken überhaupt leisten kann. Das heißt, es ist zwingend eine Abstimmung zwischen dem zu quantifizierenden Risikopotentialen einerseits und den allokierten Risikodeckungspotentialen der Bank andererseits vorzunehmen. Die sogenannte „Risk Taking Capacity" hat also stets konsequent das existierende „Risk Exposure" zu begrenzen.

Vor dem Hintergrund dieser Grundsätze ergeben sich für eine Bank also zwei zentrale Problemstellungen: Das Risiko-Management muss zuerst klären, ob sich die Bank die Risikoübernahme überhaupt leisten kann bzw. ob die Risikotragfähigkeit der Bank gegeben ist. Des weiteren muss überprüft werden, ob sich die Übernahme der Risiken lohnt, das heißt welche Chancen einer Bank aus der Übernahme von Risiken entstehen. Diese getrennt voneinander zu beantwortenden Fragestellungen führen dann zwangsläufig zu den beiden im Risiko-Controlling der Banken zu unterscheidenden *Risikokalkülen*, dem Risikotragfähigkeitskalkül und dem Risiko-Chancen-Kalkül (vgl. Abbildung 1).

Das zentrale Messkonzept für das Risikopotential, das den Risikotragfähigkeitskalkül und den Risiko-Chancen-Kalkül miteinander verknüpft, ist der sogenannte „Value at Risk". Da sich dieser aber nur auf die Messung von Erfolgsrisiken bezieht, ist als Pendant dazu entsprechend die „Liquidity at Risk" für Liquiditätsrisiken zu definieren. Während im Risikotragfähigkeitskalkül das Risikopotential mit den für die verschiedenen Belastungs-

1 Vgl. Schierenbeck 1999.

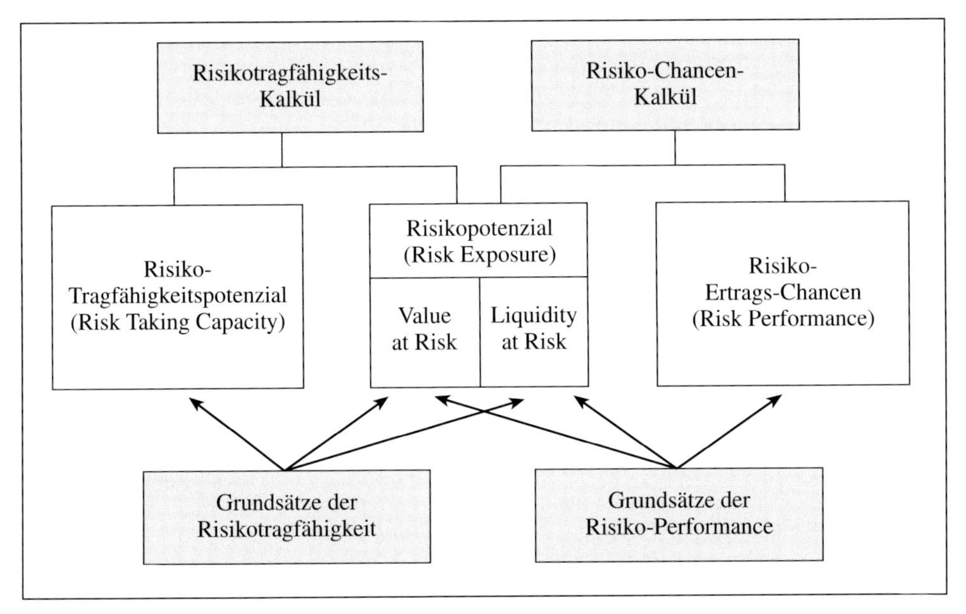

Abbildung 1: Risikokalküle im Konzept ertragsorientierter Banksteuerung

szenarien ermittelten Risikodeckungsmassen abzustimmen ist, gilt es im Risiko-Chancen-Kalkül, das Risikopotential systematisch mit den Risiko-Ertrags-Chancen zu vergleichen.

Im Mittelpunkt der folgenden Ausführungen steht der Risiko-Chancen-Kalkül. Dabei wird in einem praxisorientierten Ansatz vorgestellt, wie sich von den Eigenkapitalgebern formulierte Verzinsungsansprüche, welche zwischen der „risikolosen" Verzinsung und einem Risikozuschlag differenzieren, in bankinterne Steuerungsgrößen transformieren lassen.

2. Der Risiko-Chancen-Kalkül

2.1 Ergebnisanforderungen für Risikopositionen

Im Risiko-Chancen-Kalkül wird untersucht, ob und inwieweit Risiken, die von der Bank übernommen werden (sollen), sich überhaupt lohnen bzw. in welche Geschäftsbereiche das Risikokapital zu allokieren ist, um die Risikoperformance zu optimieren. Den Kern des Risiko-Chancen-Kalküls bilden dabei die risikoadjustierten *Eigenkapitalkosten*, die im Sinne von Ergebnisvorgaben aus den Risikopositionen erwirtschaftet werden müssen.

Dabei ist von Bedeutung, dass die risikoadjustierten Eigenkapitalkosten im modernen Risiko-Controlling aus den Erkenntnissen der Kapitalmarkttheorie abgeleitet werden, sie also auch enge Bezüge zum Shareholder Value-Konzept aufweisen.[2] Die dort postulierten Forderungen, dass Unternehmen mindestens ihre Eigenkapitalkosten verdienen müssen, um Shareholder Value zu generieren, ist auf den Risiko-Chancen-Kalkül mit Hilfe einer (Un-) Gleichgewichtsbedingung zu übertragen, die wie folgt lautet:

- Nettoergebnisse > risikoadjustierte Eigenkapitalkosten bzw.
- Nettoergebnisse nach risikoadjustierten Eigenkapitalkosten > 0

Aus der Kapitalmarkttheorie ist bekannt, dass sich risikoadjustierte Eigenkapitalkosten von zwei Determinanten herleiten, nämlich

- der Höhe der risikofreien Eigenkapitalverzinsung aus der risikolosen Anlage und
- der Risikoprämie für eingegangene Risikopositionen.

Der für die Bank relevante Eigenkapitalkostensatz kann dabei mit Hilfe eines Kapitalmarktmodells, wie beispielsweise dem CAPM,[3] ermittelt werden. Aus diesem Modell ergibt sich der unternehmensspezifische Eigenkapitalkostensatz gemäß der Gleichung:

- $EKKS_i = r_f + [EW(r_M) - r_f] \cdot \beta_i$
  (mit: $EKKS_i$ = Eigenkapitalkostensatz der Bank i, r_f = „risikoloser" Zinssatz, $EW(r_M)$ = Erwartungswert der Rendite des Marktportefeuilles, $EW(r_M) - r_f$ = Risikoprämie des Marktes, β_i = Renditevolatilität der Bank i in Relation zur Marktvolatilität (= Beta-Faktor)).

Das Produkt aus unternehmensspezifischem Beta-Faktor und Risikoprämie des Marktes kann dabei als Risikozuschlag der Bank i (RZ_i) auf den risikolosen Zins interpretiert werden. Ziel muss es nun sein, den ermittelten bzw. formulierten Ergebnisanspruch in eine bankinterne Steuerungsgröße zu transformieren.

Grundlage hierfür ist das für die Risikoabdeckung kalkulierte und allokierte Risikokapital der Bank. Im Gegensatz zum Risikotragfähigkeitskalkül, wo bei Anwendung des Value at Risk-Konzeptes durch die Wahl des Z-Wertes die verschiedenen Risikobelastungsszenarien durchgeprüft werden können, und das Risikokapital faktisch beliebig hohe Werte annehmen kann,[4] gilt für den Risiko-Chancen-Kalkül ein anderes Grundprinzip für die Bestimmung dieses Risikokapitals: Es wird fixiert durch die normative Festsetzung eines oberen Z-Wertes, der das von der Geschäftsleitung angestrebte Sicherheitsniveau für definierte Risikobelastungsszenarien (im Regelfall unter Ausschluss des Maximalbelastungsfalls) ausdrückt. Häufig wird beispielsweise ein Z-Wert in Höhe von 3 mit einem daraus resultierenden Sicherheitsniveau von 99,87 % gewählt. Das sich hieraus ergebende *Risikokapital* ist im Risiko-Chancen-Kalkül also damit Ausdruck eines *bankintern allokierten Value at Risk mit normiertem Z-Wert*.[5]

Das so bestimmte Risikokapital definiert somit unmittelbar auch das Verhältnis zwischen dem allokierten Value at Risk und dem gesamthaft verfügbaren Eigenkapital zu Markt-

2 Vgl. Rappaport 1999.
3 Vgl. Sharpe 1964, Lintner 1965 und Mossin 1966.
4 Vgl. Schierenbeck/Lister 1998.
5 Vgl. ausführlich hierzu und zum folgenden Schierenbeck 1999.

werten. Dieses Verhältnis wird als *Risiko-/Eigenkapital-Koeffizient* (REKMW) bezeichnet und dient dazu, den kapitalmarkttheoretisch hergeleiteten Risikozuschlag in eine vom Risikokapital abhängige Risikoprämie r_p umzuwandeln. Dies ist deshalb erforderlich, da sich der Risikozuschlag gemäß CAPM, wie auch der damit dort bestimmte Eigenkapitalkostensatz insgesamt, auf den Marktwert des Eigenkapitals bezieht.

$$r_{pi} = \frac{RZ_i}{REK_{MWi}} \quad \text{mit}: REK_{MWi} = \frac{\text{Risikokapital der Bank i } (RK_i)}{\text{Eigenkapital zu Marktwerten der Bank i } (EK_{MWi})}$$

Unter Verwendung der Risikoprämie (r_p) und des Eigenkapitals zu Marktwerten (EK_{MW}) können dann die extern deduzierten Eigenkapitalkosten als interne Größe für die Bank i ausgedrückt werden:

$$\text{risikoadjustierte } EKK_i = r_i \cdot EK_{MWi} + r_{pi} \cdot RK_i$$

Der Terminus „risikoadjustiert" induziert dabei, dass es sich bei den hier formulierten Eigenkapitalkosten um eine interne Größe handelt, die in Abhängigkeit des bankspezifischen Risikokapitals formuliert ist. Auf Gesamtbankebene wirkt diese Umformung noch redundant. Wie sich aber zeigen wird, ist sie für die Formulierung bzw. Ermittlung geschäftsbereichsspezifischer Eigenkapitalkosten äußerst nützlich.

Ein Beispiel soll den skizzierten Zusammenhang verdeutlichen. Die gemäß CAPM ermittelten Eigenkapitalkosten der Musterbank in Höhe von 8 % setzen sich aus dem risikolosen Zins von 6 % und dem Risikozuschlag der Musterbank in Höhe von 2 % zusammen. Bei einem Eigenkapital zu Marktwerten von 1 000 GE belaufen sich die Eigenkapitalkosten somit insgesamt auf:

$$\begin{aligned} EKK_i &= r_f \cdot EK_{MWi} + RZ_i \cdot EK_{MWi} \\ &= 6\,\% \cdot 1.000\text{ GE} + 2\,\% \cdot 1.000\text{ GE} \\ &= 80\text{ GE} \end{aligned}$$

Das Risikokapital (RK) – das heißt der auf Basis eines normierten Z-Wertes ermittelte und allokierte Value at Risk – betrage 400 GE, so dass sich ein REK_{MW} für die Musterbank von 0,4 ergibt. Die vom bankspezifischen Risikokapital abhängige Risikoprämie beläuft sich folglich auf 5 % (= 2 %/0,4). Damit entsprechen notwendigerweise auch die risikoadjustierten Eigenkapitalkosten einer Höhe von 80 GE:

$$\begin{aligned} \text{risikoadjustierte } EKK_i &= r_f \cdot EK_{MWi} + r_{pi} \cdot RK_i \\ &= 6\,\% \cdot 1.000\text{ GE} + 5\,\% \cdot 400\text{ GE} \\ &= 80\text{ GE} \end{aligned}$$

Die risikoadjustierten Eigenkapitalkosten lassen sich in einem weiteren Schritt durch Bezugnahme auf den Marktwert des Eigenkapitals in eine *Soll-Marktwertrendite* (Soll-MWR) transformieren. Während diese – wie sich zeigen wird – für einzelne Geschäftsbereiche durchaus von dem für die Gesamtbank ermittelten Eigenkapitalkostensatz abweichen kann, müssen sich auf Gesamtbankebene der Eigenkapitalkostensatz und die Soll-MWR entsprechen:

$$\text{Soll} - \text{MWR}_i = \frac{\text{risikoadjustierte EKK}_i}{\text{EK}_{\text{MWi}}} = \frac{80 \text{ GE} = 8\ \%}{1.000 \text{ GE}}$$

Für interne Steuerungszwecke lässt sich die Soll-Marktwertrendite darüber hinaus durch Berücksichtigung des Markt-/Buchwertverhältnisses (MBV) in eine Soll-Return on Equity (Soll-ROE), die sich bekanntlich auf den Buchwert des Eigenkapitals bezieht, überführen:

$$\text{Soll} - \text{ROE}_i = \text{Soll} \cdot \text{MWR}_i \cdot \text{MBV}_i$$

Bei einem unterstellten MBV von zwei beträgt die Soll-ROE für die Musterbank somit 16 % (= 8 % · 2). Wie ebenfalls deutlich wird, muss die Soll-ROE umso höher sein, je erfolgreicher die Bank den Shareholder Value-Ansatz bereits implementiert hat. Denn es lässt sich zeigen, dass das Markt-/Buchwertverhältnis in bestimmter Weise sich als eine Funktion von erzielter und erwarteter (Ist-) Eigenkapitalrendite darstellt: Je höher diese Renditen sind, desto größer ist in der Regel das Markt-/Buchwertverhältnis. Damit entsteht ein zentrales Dilemma für Banken, die im Sinne des Shareholder Value-Konzeptes erfolgreich sind: Sie unterliegen einem sich spiralförmig entwickelnden, ständig steigenden Renditedruck.

2.2 Risikoadjustierte Performance-Kennzahlen

Vor dem Hintergrund der aufgezeigten Zusammenhänge muss sich nun der Frage einer möglichst exakten Ergebnismessung von risikobehafteten Geschäften und Geschäftsstrukturen zugewandt werden. Denn es ist deutlich geworden, dass aussagekräftige Steuerungskennziffern Ertrags- und Risikogesichtspunkte verknüpfen müssen. Ausgehend von dem im Rahmen der Risikomessung vorgestellten Value at Risk-Konzept sind daher *Kennzahlen* zur *risikoadjustierten Performance-Messung* (RAPM) zu formulieren, mit deren Hilfe eine risikoadjusierte Ergebnismessung durchgeführt werden kann.

Eine der zentralen Kennzahlen ist hierbei die Kennziffer *RORAC*.[6] Die Abkürzung RORAC steht für „return on risk adjusted capital". Danach ist zur Formulierung dieser Kennziffer das Nettoergebnis aus Bankgeschäften (vor risikoadjustierten Eigenkapitalkosten) in Relation zum Risikokapital zu setzen, wobei das Risikokapital dem mit dem Value at Risk-Konzept gemessenen Risiko grundsätzlich entspricht. Mit Hilfe der risikoadjustierten Rentabilitätskennziffer RORAC können nun Geschäftspositionen bzw. ganze Geschäftsbereiche, die eine unterschiedliche Risikostruktur aufweisen, auf eine einheitliche Bezugsgröße, das Risikokapital, dimensioniert und damit hinsichtlich ihrer risikoadjustierten Performance sinnvoll verglichen werden. Dabei ist zwischen dem faktisch genutzten Risikokapital und dem budgetierten Risikokapital (= Risikolimit) zu unterscheiden. Entsprechend ergeben sich zwei Ist-RORAC-Kennziffern:

$$\text{Ist-RORAC auf Ist-Risikokapitalbasis} = \frac{\text{Nettoergebnis aus (Ist-)Risikokapital}}{\text{(Ist-)Risikokapital}}$$

6 Vgl. hierzu J.P.Morgan 1995a und dieselben 1995b.

- $\text{Ist-RORAC auf Limitbasis} = \frac{\text{Nettoergebnis aus (Ist-)Risikokapital}}{\text{Risikokapital}}$

Zu Steuerungszwecken ist zunächst auf Gesamtbankebene der *Ziel-(Soll-)RORAC* zu formulieren. Wie zur Ermittlung des Ist-RORAC gilt für den Ziel-RORAC allgemein:

- $\text{Ziel-RORAC} = \frac{\text{Nettoergebnisanspruch aus Risikokapital}}{\text{geplantes Risikokapital (= Value at Risk)}}$

Zur Herleitung des Ziel-RORAC sind grundsätzlich drei alternative Ansätze denkbar. diese unterscheiden sich in der Definition des Teils des Ergebnisanspruches, der auf das Risikokapital zu erzielen ist und somit in die Berechnung des Ziel-RORAC einbezogen wird:

Ansatz 1

Vom gesamtbankbezogenen Ergebnisanspruch wird die risikofreie Verzinsung, die auf den anlagefähigen Buchwert des Eigenkapitals zu erzielen ist, abgezogen. Es verbleibt der Ergebnisanspruch auf Risikokapital, der durch Bezugnahme auf den geplanten Value at Risk den Ziel-RORAC ergibt.

Ansatz 2

In den Ergebnisanspruch aus Risikokapital wird die risikofreie Verzinsung auf das Risikokapital (als Teil des anlagefähigen Buchwerts des Eigenkapitals) einbezogen. Somit enthält der Ziel-RORAC einen Teil der risikofreien Verzinsung auf den Buchwert des Eigenkapitals.

Ansatz 3

Der gesamte Ergebnisanspruch auf Gesamtbankebene wird auf das geplante Risikokapital bezogen, um den Ziel-RORAC zu bestimmen.

Ein Beispiel soll die zwischen den Ansätzen bestehenden Unterschiede verdeutlichen (Vgl. Abbildung 2).

Herleitung des gesamtbankbezogenen Ziel-RORAC der Musterbank

Risikofreier Zinssatz:	$r_f = 6\ \%$
Soll-Marktwertrendite:	Soll-MWR = 8 %
Eigenkapital zu Marktwerten:	$EK_{MW} = 1\ 000$ GE
Eigenkapital zu Buchwerten:	$EK_{BW} = 500$ GE
Geplantes Risikokapital:	RK = 400 GE

Ansatz 1

$$\text{Ziel-RORAC} = \frac{\text{Soll-MWR} \cdot EK_{MW} - r_f \cdot EK_{BW}}{RK} = \frac{8\ \% \cdot 1\ 000 - 6\ \% \cdot 500}{400} = 12{,}5\ \%$$

Ansatz 1

$$\text{Ziel-RORAC} = \frac{\text{Soll-MWR} \cdot EK_{MW} - r_f \cdot EK_{BW} - RK)}{RK} = \frac{8\ \% \cdot 1\ 000 - 6\ \% \cdot 100}{400} = 18{,}5\ \%$$

Ansatz 1

$$\text{Ziel-RORAC} = \frac{\text{Soll-MWR} \cdot EK_{MW}}{RK} = \frac{8\ \% \cdot 1\ 000}{400} = 20\ \%$$

Abbildung 2: Ansätze zur Herleitung des gesamtbankbezogenen Ziel-RORAC

Die drei alternativen Ansätze zur Bestimmung des Ziel-RORAC weisen dabei folgende Pro und Kontras auf (vgl. Abbildung 3):

Zum Ansatz 1:

Pro:
- Die Vorgehensweise entspricht dem Modell einer Zentraldisposition des Eigenkapitals (durch etwa die Treasury).
- Die Methode ist einfach und transparent.

Kontra:
- Obwohl entsprechendes Eigenkapital für den Fall vorgehalten werden muss, dass Risikokapital bei Verlusten in Anspruch genommen wird, enthält der Ziel-RORAC den risikofreien Zins nicht als Komponente.

Zum Ansatz 2:

Pro:
- Die Aufspaltung der Soll-MWR in eine „risikolose" Komponente und eine auf das Risikokapital bezogene Risikoprämie entspricht konzeptionell der dem CAPM zugrundeliegenden Gleichung der Wertpapierlinie.
- Das Contra-Argument von Ansatz 1 gilt nicht mehr.

Kontra:
- Im Gegensatz zum (anlagefähigen) Buchwert des Eigenkapitals handelt es sich beim Risikokapital nicht um einen Kapitalbetrag, der im Bankportfolio investiert ist, sondern um eine Messgröße für das Verlustpotential von Risikopositionen. Damit werden zwei Kapitalgrößen miteinander verknüpft, die methodisch nicht vergleichbar sind.

Zum Ansatz 3:

Pro:
- Ansatz 3 ist wie Ansatz 1 eine einfache und transparente Methode.
- Das Contra-Argument von Ansatz 2 gilt nicht mehr.

Kontra:
- Der Ansatz erzwingt die Berücksichtigung der Konditionsmarge des Eigenkapitals in der Ist-Rechnung, um einen aussagefähigen Soll-/Ist-Vergleich zu ermöglichen. Hierzu sind grundsätzlich zwei alternative Vorgehensweise denkbar:
  - (anteilige) Verteilung des Konditionsbeitrages des Eigenkapitals im Bankportfolio (Voraussetzung ist eine differenzierte Allokation des Eigenkapitals zu Buchwerten)
  - Zurechnung der Konditionsmarge des Eigenkapitals zum Ergebnisbeitrag des Anlagenbereiches (Voraussetzung ist eine Übertragung der in der Marktzinsmethode vorgenommenen Abgrenzung von Ergebnisbereichen auf die risikoadjustierte Kennzahlensystematik)

Abbildung 3: Pro und Kontras der alternativen Ansätze zur Herleitung des Ziel-RORAC

Aufgrund der Übersichtlichkeit beziehen sich die folgenden Ausführungen nur auf Ansatz 1.

Da der Ziel-RORAC als Kennziffer nach Unternehmenssteuern zu verstehen ist, muss zwecks Soll-/Ist-Vergleich eine Anpassung der Vor- und Nachsteuergröße vorgenommen werden. Bei einem Unternehmenssteuersatz von 30 % und einem Ziel-RORAC nach Steuern von 12,5 % ergäbe sich ein Ziel-RORAC vor Steuern von:

$$\text{Ziel-RORAC (vor Steuern)}_i = \frac{\text{Ziel-RORAC (nach Steuern)}_i}{1 - \text{Unternehmenssteuersatz}_i} = \frac{12{,}5\ \%}{1 - 30\ \%} = 17{,}86\ \%$$

Der so ermittelte gesamtbankbezogene Ziel-RORAC gilt auch einheitlich für die einzelnen Geschäftsbereiche einer Bank. Damit kann aber keinesfalls der Schluss gezogen werden, dass die risikoadjustierten Eigenkapitalkosten und die daraus abgeleiteten Soll-Marktwertrenditen der einzelnen Geschäftsbereiche einer Bank übereinstimmen müssen. Diese werden sich immer dann unterscheiden, wenn den Geschäftsbereichen mehr Eigenkapital zu Buchwerten als Risikokapital allokiert wurde und dieses Verhältnis zwischen den Geschäftsbereichen uneinheitlich ist. In diesem Fall weisen die Geschäftsbereiche eine unterschiedliche Relation von risikoadjustierten Eigenkapitalkosten zum Eigenkapital zu Marktwerten auf. Eine genauere Analyse der Vorgehensweise zur Eigenkapitalkostenermittlung lässt die Aussage sofort transparent werden. Die risikoadjustierten Eigenkapitalkosten setzen sich in der Regel aus zwei Komponenten zusammen, einer risikoabhängigen und einer risikounabhängigen. Die *risikoabhängige* Komponente entspricht dem Soll-Ergebnis auf das dem Geschäftsbereich zugewiesene Risikokapital und ergibt sich aus der Multiplikation des einheitlichen Ziel-RORAC mit dem Risikokapital des jeweiligen Geschäftsbereiches. Gemäss der Konzeption des ersten Ansatzes zur Bestimmung des Ziel-RORAC entspricht die *risikounabhängige Komponente* der risikolosen Verzinsung auf das den Geschäftsbereichen zugewiesene Eigenkapital zu Buchwerten. Das in Abbildung 4 angeführte Beispiel soll diesen Zusammenhang veranschaulichen.

Den drei Geschäftsbereichen der Musterbank A, B, und C, deren Risiken vereinfachend eine Korrelation in Höhe von 1 aufweisen, werden unterschiedliche Volumina an Eigenkapital zu Marktwerten bzw. zu Buchwerten zugewiesen [Spalte (1) und (2)]. Demnach wurde Geschäftsbereich A 200 GE Eigenkapital zu Buchwerten zugeteilt, die ausschließlich als Risikokapital eingesetzt werden. Geschäftsbereich B wurde hingegen insgesamt 250 GE Eigenkapital zu Buchwerten zugeteilt, von denen jedoch nur 200 GE als Risikokapital eingesetzt werden dürfen. Geschäftsbereich C wurde zwar 50 GE Eigenkapital zu Buchwerten zugewiesen, für ihn wurde jedoch keine Risikoposition unterstellt. In Spalte (4) ist nun der Soll-Ergebnisbeitrag angeführt, den die drei Geschäftsbereiche durch den Einsatz ihres Risikokapitals zu erwirtschaften haben.

Die zweite Komponente der risikoadjustierten Eigenkapitalkosten, die risikounabhängige Ergebnisvorgabe, ergibt sich als risikolose Verzinsung des Eigenkapitals zu Buchwerten. Diese beläuft sich für Geschäftsbereich A auf 12 GE, für B auf 15 GE und schließlich für C auf 3 GE [Spalte (5)]. Die in Spalte (6) angeführten Ergebnisse zeigen anschaulich die risikoadjustierten Eigenkapitalkosten der drei Geschäftsbereiche. Da die Geschäftsbereiche der Musterbank voneinander abweichende Verhältnisse zwischen Risikokapital und Eigenkapital zu Buchwerten aufweisen, differieren auch die in Spalte (7) angegebenen Soll-Marktwertrenditen des Eigenkapitals.

Geschäfts-bereich (GB)	EK_{MW}	EK_{BW}	Risiko-kapital auf Limit-basis	Soll-Ergebnis aus Risiko-Kapital **Ziel-RORAC**	Risikofreie Verzinsung	Risiko-adjustierte Eigenkapital-kosten	Soll-Markt-wertrendite des Eigen-kapitals
	(1)	(2)	(3)	(4) = 12,5 % · (3)	(5) = 6 % · (2)	(6) = (4) + (5)	(7) = (6) : (1)
GB A	400	200	200	12,5 % · 200 = 25	6 % · 200 = 12	37	9,25 %
GB B	500	250	200	12,5 % · 200 = 25	6 % · 250 = 15	40	8 %
GB C	100	50	0	12,5 % · 0 = 0	6 % · 50 = 3	3	3 %
Σ bzw. Ø:	1 000	500	400	50	30	80	8 %

Abbildung 4: Soll-Marktwertrenditen des Eigenkapitals bei differierenden Risiko-/Eigenkapital-Koeffizienten

2.3 Kontrolle der risikoadjustierten Ergebnisse

Die Kontrolle, ob die oben postulierten (Un-)Gleichgewichtsbedingungen ex post auch eingehalten wurden, markiert den letzten Schritt im Risiko-Chancen-Kalkül. Am sinnvollsten erscheint dabei eine Überprüfung anhand einer neu zu formulierenden Kennzahl, dem *RAROC*.[7] RAROC steht für den Begriff „risk adjusted return on (risk adjusted) capital". Zur Berechnung dieser Kennziffer wird das risikoadjustierte (Netto-) Ergebnis ins Verhältnis zum Risikokapital gesetzt. Die Berücksichtigung des Risikos im Ergebnis erfolgt dadurch, dass vom Ergebnis aus Risikopositionen vor Berücksichtigung risikoadjustierter Eigenkapitalkosten diese abgezogen werden. Da also sowohl im Zähler als auch im Nenner dieser Kennzahl eine Risikoadjustierung vorgenommen wird, wäre es eigentlich korrekter von einem „risk adjusted return on risk adjusted capital" (= RARORAC) zu sprechen. In der Praxis hat sich jedoch der Begriff RAROC mittlerweile durchgesetzt.[8]

Ein direkter Bezug zu den oben aufgeführten (Un-) Gleichgewichtsbedingungen für den Risiko-Chancen-Kalkül besteht bei der RAROC-Kennziffer insoweit, als sie sich praktisch in der zweiten (Un-) Gleichgewichtsbedingung wiederfindet:

- Nettoergebnisse nach risikoadjustierten Eigenkapitalkosten aus Risikopositionen > 0

Der RAROC kann also zur Überprüfung der (Un-) Gleichgewichtsbedingungen im Risiko-Chancen-Kalkül herangezogen werden, indem er Auskunft darüber gibt, ob die einzelnen Geschäftsbereiche und die Gesamtbank ein positives risikoadjustiertes (Netto-) Ergebnis erwirtschaftet haben.

Da es sich bei den risikoadjustierten Eigenkapitalkosten um den oben formulierten und hergeleiteten Ziel-RORAC handelt, lässt sich der Ist-RAROC auch als das Ergebnis des Vergleichs von Ist-RORAC und Ziel-RORAC interpretieren und somit wie folgt formulieren:

7 Vgl. Bankers Trust 1995.
8 Vgl. Gross/Knippschild 1995.

- Ist-RORAC = Ist-RORAC – Ziel-RORAC

Aufgrund der großen Bedeutung, die der *Kontrolle der (Un-) Gleichgewichtsbedingung* im Risiko-Chancen-Kalkül beizumessen ist, soll diese nachfolgend mit Hilfe eines Beispiels ausführlich erläutert werden (vgl. Abbildung 5). Grundsätzlich gilt dabei, dass die Kontrolle nur für Risikopositionen durchgeführt werden kann, da auch nur für diese ein Soll-Ergebnis aus dem eingesetzten Risikokapital erwartet werden kann. Die Überprüfung, ob die per Definition risikolosen Geschäfte auch die risikolose Verzinsung erzielt haben, erübrigt sich, da die risikolose Verzinsung über den Planungszeitraum mit Sicherheit erzielt wird.

Betrachtet werden nun wieder die drei Geschäftsbereiche der Musterbank. In einem ersten Schritt werden die Ausgangsdaten für das Risiko-Chancen-Kalkül bestimmt. Gemäß Abbildung 5 ist das Eigenkapital zu Buchwerten mit 200 GE auf Geschäftsbereich A, mit 250 GE auf Geschäftsbereich B und mit 100 GE auf Geschäftsbereich C allokiert [Zeile (1)]. Für den Geschäftsbereich A und B wird jeweils ein Risikokapital in Höhe von 200 GE unterstellt, dessen Höhe mithilfe des Value at Risk-Konzepts bestimmt werden kann. Zur Vereinfachung wird weiterhin unterstellt, dass die Risikoentwicklung der Geschäftsbereiche jeweils vollkommen positiv miteinander korreliert sind (Korrelationskoeffizient = + 1), entsprechend muss die Musterbank insgesamt ein Risikokapital von 400 GE (= 200 GE + 200 GE) bereitstellen. Der Ziel-RORAC (nach Steuern) soll auch hier 12,5 % betragen [Zeile (3)].

In einem ersten Schritt wird *in der Planungsphase* überprüft, ob die Geschäftsbereiche A und B *ex ante* auch die oben postulierte (Un-) Gleichgewichtsbedingung erfüllen, das heißt ob die Performance-Erwartung in Relation zum Risikokapital den Ziel-RORAC übersteigt. Denn nur wenn dies der Fall ist, kann ex ante eine Steigerung des Unternehmenswertes erwartet werden. Müssten hier bereits Abweichungen konstatiert werden, dann gälte es entweder kurzfristig den geplanten Maßnahmenkatalog des betroffenen Geschäftsbereiches für die kommende Planungsperiode zu modifizieren oder langfristig die Strategie der Gesamtbank entsprechend anzupassen, das heißt entweder das Risiko nachhaltig zu senken, damit sich mittelfristig die Verzinsungsansprüche der Eigenkapitalgeber reduzieren, oder im Extremfall sogar den Geschäftsbereich abzustoßen.[9] Für die drei Geschäftsbereiche der Musterbank ist die (Un-) Gleichgewichtsbedingung ex ante erfüllt [Zeile (9)], so dass keine Anpassungsmaßnahmen notwendig sind.

Am Periodenende ist schließlich in einem zweiten Schritt zu überprüfen, ob die verrechneten Eigenkapitalkosten auch tatsächlich (*ex post*) verdient wurden. Die Kalkulation des Ist-RAROC macht dies transparent. Demnach ist der Ist-RAROC für Geschäftsbereich B negativ und für Geschäftsbereich A positiv [Zeile (11)]. Das bedeutet, dass es Geschäftsbereich A gelungen ist, einen über die geforderten risikoadjustierten Eigenkapitalkosten liegenden Ergebnisbeitrag zu erzielen und damit Shareholder Value zu generieren, während Geschäftsbereich B in der abgelaufenen Periode Aktionärswert vernichtet hat. Jedoch ist das Periodenergebnis von Geschäftsbereich A so hoch, dass der negative RAROC des Geschäftsbereichs B überkompensiert werden konnte und die Musterbank deshalb in der Lage war, insgesamt noch einen positiven RAROC von + 0,5 % zu erwirtschaften.

9 Vgl. Arnsfeld 1998 und Schierenbeck 1999.

Geschäftsbereiche	**A**	**B**	**C**	**Gesamt**
Gegebene Ausgangsdaten:				
(1) Eigenkapital zu Buchwerten	200 GE	250 GE	50 GE	500 GE
(2) Risikokapital (= Value at Risk)	200 GE	200 GE	0 GE	400 GE
(3) Ziel-RORAC	12,5 %			
(4) risikofreier Zinssatz	6 %			
(5) zu verrechnende Eigenkapitalkosten aus Risikopositionen gemäß Ziel-RORAC [= (2) · (3)]	25 GE	25 GE	–	50 GE
(6) (absolute) Performance-Erwartung aus Risikopositionen (nach Steuern)	28 GE	30 GE	–	58 GE
(7) (absolute) Performance-Erwartung aus Risikopositionen in % des Risikokapitals [= (6) : (2)]	14 %	15 %	–	14,5 %
(8) realisiertes Netto-Ergebnis aus Risikopositionen (nach Steuern)	32 GE	20 GE	–	52 GE
Kontrolle der (Un-) Gleichgewichtsbedingungen im Risiko-Chancen-Kalkül für die Risikopositionen:				
(9) Risikobedingung *ex ante* erfüllt? [(7) (3) oder (6) (5)]	ja	ja	–	ja
(10) Ist-RORAC [= (8) : (2)]	16 %	10 %	–	13 %
(11) Ist-RAROC [= (10) – (3)]	3,5 %	– 2,5 %	–	0,5 %
(12) verrechnete Eigenkapitalkosten aus Risikopositionen *ex post* verdient? [(11) 0?]	ja	nein	–	ja

Abbildung 5: Beispiel zur Ergebniskontrolle im Risiko-Chancen-Kalkül

Die risikoadjustierten Ergebnisse lassen sich prinzipiell nicht nur für einzelne Geschäftsbereiche und die Gesamtbank ermitteln, sondern sind auch für einzelne Positionen vorstellbar. Durch diese Vorgehensweise wird erreicht, dass zum einen das Ergebnis aller Risikopositionen in seine einzelnen Komponenten zerlegt und somit die Entwicklungen transparenter gemacht werden. Zum anderen wird ein Ausgleich negativer Entwicklungen bestimmter Risikopositionen durch die positiven Tendenzen in anderen Bereichen zugelassen. Denn grundsätzlich kann eine Bank nur im Durchschnitt mit nicht negativen risikoadjustierten Ergebnissen rechnen. Banken werden in einzelnen Perioden und in einzelnen Bereichen immer auch weniger erfolgreiche bzw. verlustbringende Positionen hinnehmen müssen. Diesbezüglich konnten im Beispiel die Risikopositionen des Bereiches A dazu beitragen, die Risikoprämienunterdeckungen aus dem Geschäftsbereich B zu kompensieren, woraus ein insgesamt positives Risikoergebnis für die betrachtete Bank resultiert. Ein negatives risikoadjustiertes Ergebnis in einer Periode ist infolgedessen noch kein Grund einen bestimmten Geschäftsbereich zu schließen, es sei denn Analysen lassen deutlich werden, dass auch in Zukunft systematisch negative risikoadjustierte Ergebnisse zu erwarten sind. Es wird somit deutlich, dass der Kontrolle der risikoadjustierten Eigenkapitalkosten eine detaillierte Abweichungsanalyse zu folgen hat, in deren Rahmen Ursachen festzustellen und Verantwortlichkeiten zuzuweisen sind. Darauf aufbauend sind Konsequenzen für die zukünftige Geschäftstätigkeit abzuleiten.

3. Optimale Risikokapitalallokation als ungelöstes Problem einer Ertragsorientierten Risikopolitik

Eine Ertragsorientierte Risikopolitik setzt die Lösung des Problems einer optimalen Risikokapitalallokation voraus. Technisch besteht der Allokationsprozess dabei aus zwei Stufen:

- Auf der *ersten Stufe* ist das Risikokapital der Gesamtbank als Ausdruck des gesamthaft tolerierten Value at Risk zu bestimmen. Mit dieser Festlegung ergibt sich gleichzeitig auch der gesamtbankbezogene Risiko-/Eigenkapital-Koeffizient, der gleichzeitig sowohl den „Risikoappetit" der Gesamtbank verdeutlicht wie auch die kapitalmarkttheoretisch daraus resultierende Soll-Marktwertrendite und den daraus abgeleiteten Ziel-RORAC fixiert.
- Auf der *zweiten Stufe* geschieht die Aufteilung des gesamtbankbezogenen Risikokapitals auf die einzelnen Geschäftsbereiche, wobei neben der Berücksichtigung von Korrelationseffekten vor allem zu beachten ist, dass sich hier je nach deren Risikostruktur unterschiedliche Risiko-/Eigenkapital-Koeffizienten und damit auch unterschiedlichen Soll-Marktwertrenditen ergeben können.

Da beide Stufen nicht unabhängig voneinander sind, müssten sie ähnlich, wie dies im Budgetierungsprozess üblich ist, im Wege eines iterativen Prozesses mit einem kombinierten „Top down/Bottom up-Ansatz" verbunden werden. Das reine Durchlaufen dieser beiden Schritte garantiert natürlich noch nicht, dass die Risikokapitalallokation ökonomischen Optimalitätskriterien genügt. Eine optimale Risikokapitalallokation ist erst dann vollzogen, wenn diese Allokation gleichzeitig den (Ist-) RORAC der Gesamtbank maximiert. Wie einsichtig sein dürfte, wird der Prozess der optimalen Risikokapitalallokation damit zu einem komplexen Problem, das sich letztlich nur durch die Anwendung eines *EDV-technisch zu verarbeitenden Algorithmus* lösen lässt. Ein sukzessiver Planungsansatz kann hier also nicht angewendet werden, weil Risikokapitalallokation und RORAC-Kennziffer sich gegenseitig bedingen.[10] Der RORAC muss von daher unter Berücksichtigung zahlreicher Nebenbedingungen maximiert werden. Hierbei handelt es sich beispielsweise um:

- die Gewinnerwartungen in den einzelnen Geschäftsbereichen,
- geschäftspolitisch fixierte bzw. marktlich existierende Volumensbeschränkungen in den verschiedenen Geschäftsfeldern,
- Risikokorrelationseffekte zwischen den Geschäftsbereichen,
- bankaufsichtsrechtliche Restriktionen,
- geschäftspolitisch motivierte Risiko-/Eigenkapital-Koeffizienten-Limite
- u. a.

Besonders problematisch ist dabei natürlich, dass einzelne der oben genannten Parameter nur schwer prognostiziert werden können und typischerweise auch starken Schwankungen unterworfen sind, so dass rechnerische Optimallösungen ständig an die veränderten

10 Vgl. Schierenbeck 1999.

Daten angepasst werden müssten bzw. für diese Änderungen entsprechende Vorkehrungen zu treffen wären.

Zu konstatieren ist jedenfalls, dass beim derzeitigen Erkenntnisstand der bankbetrieblichen Forschung keine leistungsfähigen Modelle zur praktischen Lösung des skizzierten Problems existieren. Hier werden noch erhebliche Forschungsanstrengungen erforderlich sein.

Literaturhinweise:

ARNSFELD, T.: Deduktion einer grenzkostenorientierten Eigenkapitalkostenkalkulation für Banken, Band 19 der Schriftenreihe des ZEB Zentrum für Ertragsorientiertes Bankmanagement, Münster 1998.

BANKERS TRUST: A Comprehensive Risk Measurement Service, erhältlich via internet-mail an raroc@BankersTrust.com, 1995.

ELTON, E./GRUBER, M.: Taxes and Portfolio Composition, in: Journal of Financial Economics, 6. Jg. (1978), S. 399-410.

GROSS, H./KNIPPSCHILD, M.: Risikocontrolling in der Deutsche Bank AG, in: Schierenbeck, H./Rolfes, B./Schüller, S. (Hrsg.): Risikomanagement in Kreditinstituten, Band 5 der Schriftenreihe des ZEB Zentrum für Ertragsorientiertes Bankmanagement, Münster, 1996.

MORGAN, J. P.: Introduction to RiskMetrics, 4. Aufl., New York, 1995a.

MORGAN, J. P.: RiskMetricsTM -Technical Document, 3. Aufl., New York, 1995b.

LINTNER, J.: The Valuation of Risk Assets and the Selection of Risiky Investments in Stock Portfolios and Capital Budgets, in: Review of Economics and Statistics, 47. Jg. (1965), S. 13-37.

LISTER, M.: Risikoadjustierte Ergebnismessung und Risikokapitalallokation, Band 12 der Schriftenreihe des ZEB Zentrum für Ertragsorientiertes Bankmanagement, Münster, 1997.

MOSSIN, J.: Equilibrium in a Capital Asset Market, in: Econometrica, 34. Jg. (1966), S. 768-783.

RAPPAPORT, A.: Shareholder Value, 2. Aufl., Stuttgart 1999.

SCHIERENBECK, H.: Ertragsorientiertes Bankmanagement, 6. Aufl., Wiesbaden, 1999.

SCHIERENBECK, H./LISTER, M.: Risikoadjustierte Ergebnismessung und Allokation von Risikokapital, in: Schierenbeck, H./Rolfes, B./Schüller, St. (Hrsg.): Gesamtbankmanagement – Integrierte Risiko-/Ertragssteuerung in Kreditinstituten, Band 18 der Schriftenreihe des ZEB Zentrum für Ertragsorientiertes Bankmanagement, Münster, 1998.

SHARPE, W. F.: Capital Asset Prices; A Theory of Market Equilibrium under Conditions of Risk, in: Journal of Finance, 29. Jg. (1964), S. 425-442.

Oliver Everling / Volker G. Heinke

Empirische Analyse des Zusammenhangs von Bonitätsrisikoprämie und Rating

1. Begriffsbestimmungen

1.1 Einführung

Während dem Praktiker der Zusammenhang zwischen Rating und Marktrisikoprämie selbstverständlich erscheinen mag, tun sich wissenschaftliche Analysen oft schwer, den an den Finanzmärkten zu beobachtenden Einfluss von Ratings zu erklären oder auch nur empirisch nachzuweisen. Eine Problematik mag darin liegen, dass das Phänomen des Ratings, wie sich als eine gegen Entgelt von Ratingagenturen erbrachte Leistung insbesondere an den Geld- und Kapitalmärkten zeigt, oft nur unbefriedigend in theoretische Beschreibungs-, Erklärungs- und Prognosemodelle zur Preisbildung an den Finanzmärkten integrieren ließ. Dass sich Ratingagenturen dennoch zu einem unübersehbaren Faktor an den internationalen Finanzmärkten entwickelt haben, zeigt deren unaufhaltsam erscheinende Expansion rund um den Globus.

Führende Ratingagenturen wie Standard & Poor's (S&P's) und Moody's Investors Service erteilen nicht nur Ratings für nahezu sämtliche Emissionen an den US-Anleihemärkten, sondern darüber hinaus in mehr als 100 Ländern der Welt. In zahlreichen Staaten wurden neben den bekannten Marktführern lokale Ratingagenturen gegründet, die in der Beurteilung von Emittenten und Emissionen des jeweiligen nationalen Finanzmarktes ihre Marktnische finden. Die Erteilung von Bonitätsnoten ist ein unübersehbarer Markteinflussfaktor geworden. Alleine Moody's erteilt Ratings für mehr als 100 000 Emissionen weltweit und darüber hinaus rund 68 000 Ratings für Papiere öffentlicher Schuldner. Moody's zählt mehr als 15 000 Abonnenten, die sich das kostenintensive Research der Agentur leisten. Die führenden Agenturen zählen unter ihren Abonnenten praktisch alle potenten Vermögensverwalter der Welt.

Allein der Einfluss der Beurteilungen von Moody's auf die rund 3 000 institutionellen Investoren, die akribisch jede Herauf- oder Herabstufung von Ratings zum Zwecke der Fundierung ihrer Anlageentscheidungen verfolgen, ist nicht zu unterschätzen. Vorsichtigen Schätzungen zufolge ist davon auszugehen, dass alleine die beiden Agenturen Moody's und Standard & Poor's über die von ihnen erteilten Ratings den Fluss von rund 80 % des gesamten Weltkapitals beeinflussen. Die zunehmende Institutionalisierung der Finanzmärkte wird dem weiter Vorschub geben. Dieser ad hoc ermittelbare empirische Befund lässt zumindest begründet erscheinen, dass die empirische Analyse des Zusammenhangs von Bonitätsrisikoprämie und Rating ein lohnendes Untersuchungsfeld sein dürfte.

1.2 Rating

Um sich dieser Analyse zu nähern, sind offenbar zwei Begriffsbestimmungen elementar. Zum einen ist zu klären, welche Ratings betrachtet werden sollen. Zum anderen ist abzugrenzen, was unter einer Marktrisikoprämie in diesem Zusammenhang zu verstehen ist.

Der Begriff des Ratings wird in der deutschen Sprache bereits seit Jahrzehnten in vielfältigen Zusammenhängen gebraucht. In wissenschaftlichen Untersuchungen ist er insbesondere im Bereich der Psychologie und der Soziologie verbreitet, wo versucht wird, durch ein Rating nicht metrisch messbare Eigenschaften von Personen oder Beurteilungen von Verhältnissen oder Verhaltensweisen zu klassifizieren. Die neuen Informations- und Kommunikationstechnologien wie das Internet haben wesentlich zum Boom von Ratingmethoden beigetragen. Ratings geben wie Schulnoten in kürzestmöglicher Form die Beurteilung einer berufenen oder selbsternannten Instanz wieder. So wird die Qualität von Websites ebenso einem Rating unterzogen wie der Professor an einer Hochschule, der selbst Ratings in Form von Zensuren für die in Klausuren oder sonstigen Prüfungen erbrachten Leistungen seiner Studenten erteilt.

Allein im Bankenbereich werden Ratings inzwischen in vielfältigen Zusammenhängen und Anwendungsfeldern gebraucht. So sind Ratings für ganze organisatorische Einheiten wie Unternehmen oder Gebietskörperschaften von Ratings für einzelne Finanztitel zu unterscheiden. Unter den beurteilten Finanztiteln müssen wiederum Ratings für Beteiligungstitel von solchen unterschieden werden, die für Forderungstitel erteilt werden. So wird auch bei Aktien von einem Rating gesprochen, obwohl sich diese Art von Rating grundlegend vom Kreditrating für das Unternehmen unterscheidet.

Von einem Aktienrating wird auch bei der bloßen Kauf-, Verkauf- oder Halteempfehlung eines Finanzanalysten oder einer Researcheinheit gesprochen. Für die Beurteilung von Aktien sind jedoch auch Kreditratings relevant, geben sie doch das existentielle Risiko eines Unternehmens zum Ausdruck. Die moderne Optionspreistheorie hat es ermöglicht, nicht nur Derivate, sondern auch Eigenkapitalpositionen mit Optionspreismodellen zu bewerten. Der Optionscharakter von Eigenkapitalpositionen kann auch durch ein Kreditrating deutlich gemacht werden. Je höher das Rating ist, desto weiter ist die „Option“ des Aktionärs „im Geld“, ein Rating von D (= Default, der Schuldner ist nicht mehr solvent) signalisiert, dass die Aktie offenbar „aus dem Geld“ ist.

Innerhalb der Gruppe der Kreditratings, die im Vordergrund dieses Beitrags stehen sollen, kann weiter zwischen kurzfristige und langfristigen Ratings unterschieden werden. Kurzfristige Ratings beziehen sich auf Titel mit einer Emissionslaufzeit von bis zu einem Jahr, also etwa Commercial Paper oder Certificates of Deposit. Langfristige Ratings werden dagegen für Anleihen erteilt, die eine Ursprungslaufzeit von mehr als ein Jahr aufweisen. Bei der Unterscheidung kommt es auf die Restlaufzeit nicht an, vielmehr ist es das analytische Ziel der Agenturen, die durch das jeweilige Ratingsymbol zum Ausdruck gebrachte Struktur der Ausfallwahrscheinlichkeiten bis zur Endfälligkeit über die gesamte Laufzeit eines Titels zu bewahren.

Neben diesen Unterscheidungen sind auch die nach der Institution von Bedeutung, die die Ratings erteilt. Nicht zuletzt durch die durch die Basler Konsultationspapiere initiierte Koppelung der Eigenmittelunterlegung im Kreditgeschäft der Banken an Ratings wurden bankinterne Ratingmodelle in das öffentliche Interesse gerückt, die nach dem Vorbild der Systeme etablierter Ratingagenturen der Klassifizierung von Kreditrisiken dienen. Bankinterne Ratings sind nicht ohne weiteres mit externen Ratings vergleichbar, da der qualitative Anspruch an bankinterne Modelle weit von den Anforderungen abweichen, die an externe, von den Agenturen publizierte Ratings gestellt werden.

In den meisten Banken wurden bankinterne Ratingmodelle mit den Zielen der Rationalisierung und der Strukturierung von Kreditentscheidungen eingeführt. Die massenhafte Bearbeitung von Kreditanträgen macht vergleichsweise einfache Regeln erforderlich, nach denen die Bonität von Kreditnehmern eingeschätzt werden kann. Aus Gründen der Kostenersparnis wurde der Fokus auf Modelle gerichtet, die computergestützt zu einer Bewertung gelangen. Da eine grobe Bonitätsklassifizierung in allen Fällen noch besser ist als gar keine, finden interne Ratingmodelle bei Banken rasche Akzeptanz und – nicht zuletzt angetrieben durch die Basler Vorstöße – Verbreitung.

Beim externen Rating dagegen sind die dafür bezahlten Ratingagenturen einem wesentlich anderen öffentlichen Druck ausgesetzt, präzise und zuverlässige Urteile zu erstellen. Allein die Asienkrise 1997 verdeutlichte, welche Verantwortung auf den Ratingagenturen lastet und wie hoch die Ansprüche an die Qualität der Analysen von Ratingagenturen sind. Für die Entwicklung der Finanzmärkte sind in erster Linie die Ratings externer Agenturen maßgeblich, da nur diese systematisch veröffentlicht und von einer Vielzahl von Marktteilnehmern benutzt werden. Geht es um die Bestimmung des empirischen Zusammenhangs zwischen Marktrisikoprämien und Ratings, stehen somit die Ratings anerkannter Agenturen im Vordergrund.

1.3 Bonitätsrisikoprämie

Für das gedankliche Konzept der marktlichen Bonitätsrisikoprämie sind gewisse Vorstellungen über das Verhalten von Marktteilnehmern elementar. Insbesondere für das Verhalten von Gläubigern in Kreditbeziehungen existieren in der Literatur verschiedene Erklärungsansätze, insbesondere das Verhalten von Banken wurde an verschiedenen Stellen eingehend untersucht. So wurden verschiedene Thesen über das Gläubigerverhalten in Kreditbeziehungen entwickelt.

Nach der *Risikovermeidungsthese* wären Gläubiger in Kreditbeziehungen grundsätzlich nicht bereit, planvoll Bonitätsrisiken zu übernehmen. Dieser These liegt somit die Vorstellung vom völlig risikoaversen Gläubiger zugrunde, der die Existenz von Ratingagenturen erübrigt. Die Kreditwürdigkeitsprüfung reduziert sich auf die Frage, ob ein Kreditnehmer risikobehaftet ist oder nicht. Der Gläubiger würde nach dieser These grundsätzlich kein Bonitätsrisiko übernehmen wollen, alle dennoch eintretenden Verluste wären „ungeplant". Obwohl viele Kreditnehmer das Verhalten der Banken als risikovermeidend wahrnehmen, entspricht es nicht der volkswirtschaftlichen Rolle der Banken als Institutionen der Transformation von Fristen, Losgrößen und nicht zuletzt auch Risiken.

Nach der *Risikonormierungsthese* vergeben Gläubiger bis zu einem bestimmten Bonitätsrisikoniveau gegen eine entsprechende Kompensation Kredite an bonitätsrisikobehaftete Schuldner. Diese Risikogrenze würde unabhängig vom Zinssatz und für alle Unternehmen gleichermaßen festgesetzt. Ab einem bestimmten Risikoniveau werden keine weiteren

Kredite mehr herausgelegt, so dass auch eine differenzierte Prämierung des Risikos im Preis nicht stattfinden kann.

Grundlage des in diesem Beitrag erörterten empirischen Zusammenhangs zwischen Bonitätsrisikoprämie und Rating ist die *Risikoabgeltungshypothese*, nach der Gläubiger grundsätzlich bereit sind, Bonitätsrisiken zu übernehmen, solange zum Ausgleich eine entsprechende Risikoprämie gezahlt wird. Im Vertragszinssatz wird die Risikoprämie kalkulatorisch berücksichtigt.

Durch die These von der Abgeltung des in einer Kreditbeziehung relevanten Bonitätsrisikos durch eine Prämie wird zunächst nur das Verlangen von Gläubigern konstatiert, eine „Entschädigung" für das übernommene Risiko zu erhalten. Die Risikoabgeltungshypothese setzt nicht die Existenz eines effizienten Marktes für Bonitätsrisiken voraus. Die Frage der Informationseffizienz des Marktes ist vielmehr nur für die Frage bedeutsam, ob sich die von Gläubigern verlangte Prämie in der Marktpreisbildung abbildet.

Der an der Zahl der Transaktionen bzw. Kreditbeziehungen gemessene, ganz überwiegende Teil des deutschen Kreditmarktes ist intransparent, da öffentlich abrufbare Marktinformationen nicht vorliegen. Über die Konditionengestaltungen bei Krediten liegen nur vergleichsweise allgemein gehaltene Erhebungen vor, die es offenbar nicht erlauben, den empirischen Zusammenhang zwischen Marktrisikoprämien und Ratings zu untersuchen. In Deutschland wurden bis zum Jahr 2000 erst einige Dutzend Industrieadressen geratet. Die Gesamtzahl auch für Banken und Versicherungen neben Industrieunternehmen bekannten Ratings überstieg kaum 200. Zudem befindet sich unter den gerateten Banken eine Anzahl sog. „No-Brainers", deren Bonitätseinschätzung mit AAA aufgrund des AAA-Ratings für die Verbindlichkeiten der Bundesrepublik Deutschland und der von dieser bzw. den Ländern und Gebietskörperschaften gewährten Garantien, Gewährträgerhaftungen und Anstaltslasten kaum Grundlage für eine differenzierte Marktpreisbildung in Abhängigkeit vom Bonitätsrisiko Grundlage geben.

Bankinterne Ratings werden dagegen nicht systematisch veröffentlicht. Einzelne Banken sind dazu übergegangen, das erteilte Rating zumindest gegenüber dem Unternehmen selbst offen zu legen.

2. Bonitätsrisikoprämie und Rating

2.1 Isolierung der Bonitätsrisikoprämie

Die erklärte Aufgabe von Credit Ratings ist, das *Bonitätsrisiko* von Schuldtiteln aus Investorensicht zu bemessen. Bei gehandelten Wertpapieren wird das Bonitätsrisiko auch am Markt bewertet und kann in Form der Bonitätsrisikoprämie (Yield Spread, Credit Spread) isoliert werden. Die Höhe der Bonitätsrisikoprämie ist eine Funktion mikro- und makroökonomischer Einflussfaktoren:[1]

1 Vgl. Lamy/Thompson (1988), S. 587.

$$c_i = f(X_1, X_1, \ldots, X_n)$$

$$\Leftrightarrow \quad c_i = r_i - r_B,$$

mit c_i : Bonitätsrisikoprämie des Wertpapiers i,

X_n : unabhängige Determinante n der Bonitätsrisikoprämie,

r_i : Fälligkeitsrendite der bonitätsrisikobehafteten Anleihe i,

r_B : Fälligkeitsrendite der bonitätsrisikofreien Benchmark.[2]

Die Bonitätsrisikoprämie ergibt sich als Renditedifferenz zwischen dem betrachteten Gläubigerpapier und einem in allen relevanten Ausstattungsmerkmalen identischen bonitätsrisikolosen Papier, wobei hierfür in empirischen Untersuchungen regelmäßig qualitativ hochwertige Staatsanleihen herangezogen werden (vgl. Abbildung 1).[3]

Wenn das Rating eine marktkonforme Bonitätseinschätzung bietet, müsste sich bei Annahme informationseffizienter Kapitalmärkte eine hohe Korrelation zwischen der Höhe der Bonitätsrisikoprämie und der Ratingeinstufung ergeben. Dies ist unabhängig von der Frage, ob der Markt sich in der Bonitätsbewertung am Rating orientiert hat oder das Rating lediglich die bereits vorhandene Markteinschätzung widerspiegelt.

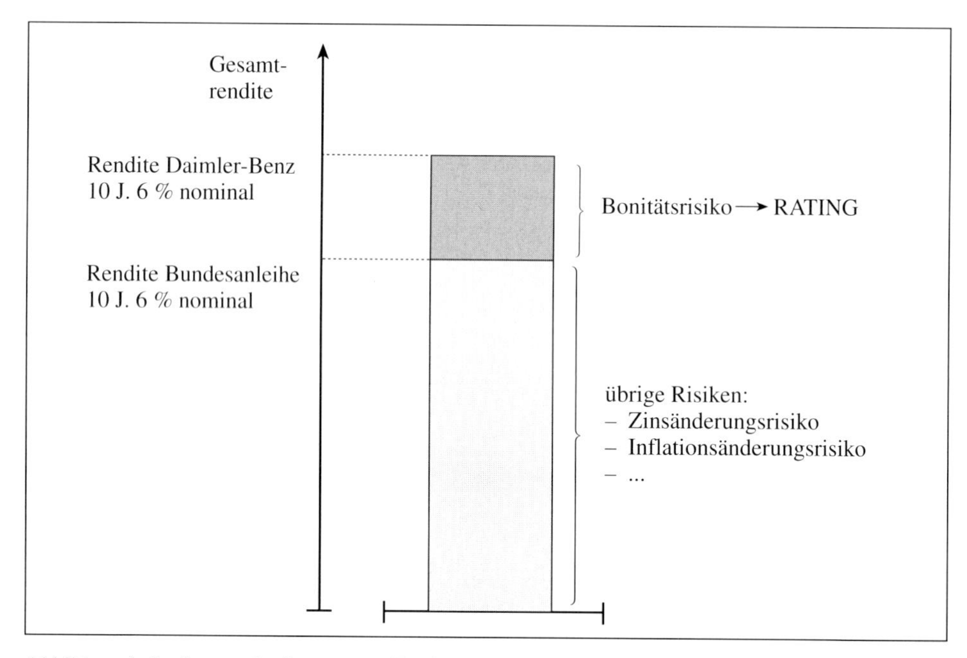

Abbildung 1: Isolierung des bewerteten Bonitätsrisikos

2 Es sei darauf hingewiesen, dass damit nicht der in der Kapitalmarkttheorie herangezogene risikolose Zins rf gemeint ist. rB enthält abgesehen vom Bonitätsrisiko alle Risiken des bonitätsrisikobehafteten Titels (zum Beispiel Zinsänderungsrisiko, Inflationsänderungsrisiko, Liquidierbarkeitsrisiko, etc.).

3 Vgl. zum Beispiel Fisher (1959), S. 221.

Theoretisch ist nach der Risikoabgeltungshypothese zu erwarten, dass mit einem durch ein niedrigeres Rating ausgedrückten, höheren Bonitätsrisiko höhere *Renditeforderungen* der Kapitalgeber und damit höhere Kapitalkosten des Unternehmens verbunden sind. Wenn allerdings Anleihen mit niedrigerem Rating niedrigere Spreads als höher geratete Titel gleicher Ausstattung aufweisen, stimmen die Ratings nicht mit der Markteinschätzung des Bonitätsrisikos überein. Der Zusammenhang zwischen abnehmendem Rating und steigenden Renditen bzw. Bonitätsrisikoprämien gilt am US-Markt als unstrittig.[4] Diese Feststellung scheint wenig überraschend. Allerdings konnten Artus/Garrigues/Sassenou (1993) für den französischen CP- und Bond-Markt keinen Zusammenhang zwischen Ratings und Fälligkeitsrenditen feststellen.[5] Eine Haupterklärung hierfür könnte sein, dass anders als am Junk-Bond-Markt in den USA am französischen wie auch am DM-Markt bislang kaum Ausfälle zu beobachten waren. Folgende Argumente werden darüber hinaus als Erklärungen angeführt:[6]

- Ratingagenturen sind als informationelle Orientierungsgrößen am Fremdkapitalmarkt ein relativ *neues Phänomen*. Zahlreiche Investoren haben diese Informationsquelle möglicherweise bislang vernachlässigt.
- Dies belegt auch die noch immer vergleichsweise niedrige Zahl vergebener Ratings sowie die *vernachlässigbare Wahrscheinlichkeit eines Totalausfalls*. Dies führt zu einer *fehlenden Wahrnehmung* des Bonitätsrisikos.
- Die Anzahl der inländischen Unternehmensschuldner am Anleihenmarkt ist relativ gering. Die wenigen auftretenden *Unternehmen sind wohlbekannt* und in ihrer Kreditwürdigkeit als unzweifelhaft akzeptiert („name trading"). Daher existiert eine starke Homogenität der Kapitalkosten, weshalb Investoren in erster Linie das Zinsänderungsrisiko beachten.
- Der *Banksektor* Frankreichs spielt auch bei der disintermediären Fremdkapitalfinanzierung eine nicht zu vernachlässigende Rolle als Underwriter und Investment Adviser. Banken nehmen nach wie vor eine *Kreditwürdigkeitsprüfung* vor, wodurch die Bedeutung von Ratings zu relativieren ist.

Im *Inlandssegment* für DM-Anleihen können die gleichen Erklärungen für eine geringe Beachtung und Akzeptanz von Ratings abgegeben werden. Hier wird zum einen die Bundesbank genannt, die sich zunächst mit einer Liberalisierung des heimischen Kapitalmarktes zurückhielt und damit die Entwicklung eines auch von internationalen Unternehmen besuchten Marktes für Industrieschuldverschreibungen zumindest nicht förderte. Daneben ist in Deutschland der Prozess der Disintermediation in der Fremdfinanzierungsbeziehung noch nicht so weit vorangeschritten, so dass Kreditinstitute nach wie vor eine bedeutende Rolle in der Unternehmensfinanzierung spielen und diese bislang kein wesentliches Interesse an der Bildung eines funktionsfähigen Fremdkapitalmarktes aufbrachten.[7] Ein

4 Vgl. Cantor/Packer (1994), S. 10; Altman (1989), S. 918 f.

5 Vgl. Artus/Garrigues/Sassenou (1993), S. 211 ff.

6 Vgl. Artus/Garrigues/Sassenou (1993), S. 218.

7 Vgl. Monro-Davies (1996), S. 180. Daneben wird der Mangel an institutionellen Investoren (zum Beispiel Pensionsfonds) als Ursache für einen dünnen Sekundärmarkt für Fremdkapital gesehen.

flacher Verlauf der Renditeforderungen würde bedeuten, dass mit Anleihekäufen aus Gläubigersicht keine Bonitätsrisiken verbunden wären und für alle Schuldner eine identische Risikoprämie existiert. Im *Auslandssegment* ist dagegen ein progressiver Anstieg zu erwarten, weil dort das Bonitätsrisiko aufgrund internationaler Unternehmens- und Staatsschuldner evident wird.

2.2 Empirische Untersuchungen

Zahlreiche Untersuchungen zum Zusammenhang zwischen Renditeforderungen/Spread und Rating belegen den Informationswert von Ratings.[8] Gegenstand der Analysen ist die Frage, ob sich eine erwartungsgemäße Korrelation zwischen der Ratinghöhe und der Höhe der Renditeforderung oder speziell des auf das Bonitätsrisiko zurückführbaren Credit Spread ergibt. Als Ausgangspunkt der empirischen Analyse des Zusammenhangs Rendite/Credit Spread und Rating wird regelmäßig die Arbeit von Fisher (1959) gesehen. Zwar steht hier noch nicht direkt das Rating im Mittelpunkt, sondern die Bewertung des Bonitätsrisikos von Anleihen und deren Einflussgrößen. Auch bei einer Vielzahl nachfolgender Analysen war nicht die Frage des Erklärungsgehalts von Ratings zentrales Forschungsziel, sondern häufig zunächst die Bonitätsrisikobewertung als solche, und damit insbesondere die Analyse der Bonitätsrisikoprämie sowie ihrer Einflussfaktoren. Die folgende Darstellung beschränkt sich daher ausschließlich auf Studien, die sich insbesondere mit dem informationellen Gehalt von Ratings befassen.

Methodisch handelt es sich bei den betrachteten Studien regelmäßig um multiple Regressionsanalysen, wobei die zu erklärende Variable die Gesamtrendite oder aber die Bonitätsrisikoprämie ist.[9] Der Informationswert von Ratings wird an der Signifikanz der Regressionskoeffizienten und dem Anteil der durch das Rating erklärten Streuung der Gesamtrenditen bzw. Spreads gemessen. Sofern nicht die gesamte Variation im bewerteten Bonitätsrisiko von Anleihen allein durch Ratings erklärt wird, lässt sich eine Erhöhung des erklärten Anteils der Streuung durch Hinzufügungen theoretisch relevanter Einflussfaktoren erreichen. Als Nebenprodukt der Untersuchung fallen dann Informationen über empirisch relevante Einflussfaktoren des Bonitätsspreads an. Tabelle 1 zeigt die empirischen Untersuchungen zum Zusammenhang zwischen Rating und dem bewerteten Bonitätsrisiko im Überblick.

8 Vgl. zum Beispiel Steiner/Heinke (1996), S. 599 ff.

9 Der vorliegende Beitrag dokumentiert lediglich Untersuchungen im Zusammenhang mit der Bonitätsrisikoprämie. Daher sind die Ansätze zur Gesamtrendite streng genommen hier nur am Rande relevant. Sie sind in die folgende Tabelle insofern trotzdem aufgenommen, als sich daraus Aussagen bezüglich des Informationswertes von Ratings ableiten lassen.

Autor (Jahr) Markt	**Zeitraum; Stichprobe; Besonderheiten**	**Erklärungsansatz; Bereinigung; Faktormodell**	**Untersuchte Faktoren**	**Ergebnisse; Besonderheiten**
Fisher (1959) USA	Industrieanleihen von 71, 45, 89, 73, 88 Firmen; 1927, 1932, 1937, 1949, 1953 (jeweils 31.12.);	Spread-Erklärung; US-Staatsanleihen gleicher Laufzeit; lineare OLS-Mehrfachregression	Logarithmische Bonitätsrisikofaktoren: ▪ Gewinnvariabilität ▪ Solvenzzeit ▪ Verschuldungsgrad Marktfähigkeit: ▪ Volumen ausstehender Anleihen	signifikante Faktoren; hohe Stabilität der Faktoren über 25 Jahre; Erklärung der Spreads zu ca. 75 % zu allen Zeitpunkten; positiver Zusammenhang zwischen Risikoprämie und Bonitätsrisikohöhe
West (1973) USA	Daten der Fisher-Studie	Erklärung der Residuen aus Fisher-Regression mit Hilfe von Moody's Ratings	kein Zusammenhang in 1927, 1932, 1937; systematischer Zusammenhang in 1949 und 1953	CR besitzen kausalen Rendite-einfluss durch Verwendung als Regulationsmechanismus
Sorensen (1980) USA	504 Neuemissionen kommunaler Anleihen (1971-1976)	Erklärung kommunaler Zinskosten (Net Interest Cost); lineare OLS-Mehrfachregression	▪ Marktfaktoren ▪ Emittentencharakteristika ▪ Titelcharakteristika ▪ Charakteristika des Emissionsverfahrens	Erklärung von 80 % der Zinskostenvariation; erwartete, sign. Koeffizienten der Ratingvariablen; ratingunabhängige Variationen beobachtbar
Liu/Thakor (1984) USA	Ökon. Daten von 28 US-Staaten, Renditedaten der Neuemissionen vom Februar 1977; RLZ=2 Jahre	YTM-Erklärung; Zweistufige OLS-Regression: 1. CR=f(F) 2. YTM=f(F, Res1)	7 sozioökonomische Fundamentalvariablen Moody's Ratings (numerische Variable)	4 Fundamentalvariablen können 80 % der CR erklären (1. Regression); 4 Fundamentalvariablen und Res1 erklären 60 % der Renditen; signifikanter, unabhängiger Einfluss der CR auf Y
Liu (1985) USA	Unkündbare Anleihen von 76 Kommunen; Renditedaten der Neuemissionen vom November 1981; keine Laufzeitbeschränkung	Spread-Erklärung; OLS-Regression einer kupon- und laufzeit-angepassten Benchmarkrendite aus 37 US-Staatsanleihen; Zweistufige OLS-Regression: 1. YP=f(F) 2. CR=f(Res1)	8 sozioökonomische Fundamentalvariablen; Moody's und S&P Ratings (numerische Variable)	4 Fundamentalvariablen können 76 % der YP erklären (1. Regression); Signifikante Erklärung der Reststreuung durch CR, damit unabhängiger Einfluss der CR auf YP
Billingsley/Lamy/Marr/Thompson (1985) USA	258 Neuemissionen von Industrieanleihen im Zeitraum Januar 1977 bis Juni 1983; Moody's und S&P; 33 Split Ratings	Spread-Erklärung; Moody's long-term Treasury Index; OLS-Regression: YP=f(CR,M,T)	Indikatorvariablen für Ratings und Split Ratings; Makroök. Faktoren: ▪ Zinsniveau ▪ Zinsvolatilität ▪ Indexspread Titelspezifika: ▪ RLZ ▪ Tilgungsfonds (j/n) ▪ log. EV ▪ Kündigungsfreijahre	Erklärung von 75,5 % der Spreadvariation; Koeffizienten in der Regel signifikant und mit erwartetem Vorzeichen; Investoren messen niedrigerem Rating höheres Gewicht bei; keine der Agenturen hat stärkeren Renditeeinfluss

Finnerty/Nunn (1985) Eurodollar	173 Neuemissionen von Euro-$-Anleihen (1972-1982); Moody's Rating	Spread-Erklärung; Matching mit domestic US-Bond (gleiches Rating, RLZ, sonstige Ausstattung); YP=f(M,T)	Makroök. Faktor: ▪ BSP-Wachstum Titelspezifika: ▪ Kuponhöhe ▪ EV	höhere Spreads in Abhängigkeit vom Rating; Koeffizienten in der Regel signifikant; Spreads im Euromarkt geringer als im nationalen Markt
Billingsley/Lamy (1985) USA	332 Neuemissionen von Industrieanleihen im Zeitraum Januar 1977 bis März 1983; 303 mit S&P-Rating; 29 ohne Rating; RLZ > 10 Jahre, EV > 1 Mio. USD	YTM-Erklärung; OLS-Regression: YTM=f(CR,M,T)	Moody's Ratings (Indikatorvariablen) Makroök. Faktoren: ▪ Zinsniveau ▪ Zinsvolatilität Titelspezifika: ▪ log. RLZ ▪ Tilgungsfonds (j/n) ▪ log. EV ▪ Kündigungsfreijahre	Erklärung von 93 % der YTM-Variation; Koeffizienten in der Regel signifikant und mit erwartetem Vorzeichen; Anleihen ohne Rating werden auf einem Bonitätsniveau von BBB bis BB bepreist
Barrett/ Heuson/ Kolb (1986) USA	Renditedaten von 76 Versorgungsanleihen (1977-1982)	Spread-Erklärung; Matching mit durationsangepasstem US-Treasury-Bond; OLS-Regression: YP=f(M,T)	Moody's Ratings (Indikatorvariablen) Makroök. Faktoren: ▪ Zinsniveau ▪ Zinsstruktur ▪ Industrieproduktion Titelspezifika: ▪ RLZ ▪ Tilgungsfonds (j/n) ▪ EV	Erklärung von 63 % der Spreadvariation; Ratingkoeffizienten signifikant in konsistenter Reihenfolge und mit erwartetem Vorzeichen
Barrett/ Heuson/ Kolb (1986 b) USA	Renditedaten von 76 Anleihen im Zeitraum von Januar 1977 bis April 1983)	Spread-Erklärung; Matching mit durationsangepasstem US-Treasury-Bond; OLS-Regression: YP=f(M,T)	Moody's Ratings (Indikatorvariablen) Makroök. Faktoren: ▪ Zinsniveau ▪ Zinsstruktur ▪ Industrieproduktion Titelspezifika: ▪ RLZ ▪ Tilgungsfonds (j/n) ▪ EV	Erklärung von 62,9 % der Spreadvariation; Ratingkoeffizienten signifikant in konsistenter Reihenfolge und mit erwartetem Vorzeichen
Ederington/ Yawitz/ Roberts (1987) USA	Renditen von Industrieanleihen am 29.2.1979 (176 Titel) und am 27.2.1981 (180 Titel); Mindestens 7 Jahre Restlaufzeit; Moody's und S&P	YTM-Erklärung; lineare und log-lineare OLS-Regressionen: 1. YTM=f(F,T) 2. YTM=f(CR,T) 3. YTM=f(F,CR,T)	Fundamentalvariablen: ▪ Verschuldungsgrad ▪ Zinsdeckung ▪ Streuung der Zinsdeckung um Trend ▪ Gesamtvermögen ▪ Rangordnung Titelspezifika: ▪ RLZ ▪ Steuerbehandlung ▪ Kündbarkeit	Erklärungsgehalt der Regressionen: 1. 79,9 % 2. 81,8 % 3. 86,9 % CR besitzen unabhängigen Renditeeinfluss, umfassen aber nicht alle relevanten Informationen; CR von Moody's und S&P besitzen gleiche Verlässlichkeit

Liu/Moore (1987) USA	Renditedaten von 282 Anleihen im Juni 1984; Moody's und S&P; 150 Split Ratings	Spread-Erklärung; Laufzeitangepassten US-Treasury Bonds; Mittelwertvergleiche der Yield Spreads verschiedener Unterstichproben	keine Faktoren, lediglich Analyse der Spreaddifferenzen durch Split Ratings	Investoren folgen bei Split Rating der niedrigeren Einstufung; keine der Agenturen hat stärkeren Renditeeinfluss
Hsueh/Kidwell (1988) USA	1512 Neuemissionen von Kommunalanleihen (1976-1983); 560 Doppelratings; 135 Split Ratings	Erklärung kommunaler Zinskosten (Net Interest Cost); Lineare OLS-Mehrfachregression	▪ Marktfaktoren ▪ Emittentencharakteristika ▪ Titelcharakteristika ▪ Charakteristika des Emissionsverfahrens	Erklärung von 96 % der Zinskostenvariation; erwartete, sign. Koeffizienten der Ratingvariablen; erwartete Zinskostenreduktion von 5,2 Basispunkten durch Doppelrating
Perry/Liu/Evans (1988) USA	Renditedaten von 269 Industrieanleihen aus März und Mai 1982; Split Ratings unter Berücksichtigung der Feinabstufungen	Spread-Erklärung; Kupon- und laufzeitangepasste US-Treasury-Rendite aus OLS-Regression; Mittelwertvergleiche der Yield Spreads verschiedener Unterstichproben	Keine Faktoren, lediglich Analyse der Spreaddifferenzen durch Split Ratings; Vergleich der Situationen vor und nach Einführung der Feinabstufungen	Vor Einführung der Feinabstufung ist niedrigeres Rating renditebestimmend, keine der Agenturen hat stärkeren Einfluss; Nachher lassen sich keine Renditeunterschiede zwischen Feinabstufungen mehr feststellen
Thompson/Vaz (1990) USA	426 Neuemissionen von Industrieanleihen zwischen Januar 1977 und Dezember 1983; 61 Split Ratings, 14 Einzelratings, 6 ohne Rating	Spread-Erklärung; Laufzeitangepasster US-Treasury Index; OLS-Regression: YP=f(CR,M,T); Indikatorvariablen für Doppel- u. Split Ratings	CR: Indikatorvariablen Makroök. Faktoren: ▪ Zinsniveau ▪ Zinsvolatilität ▪ Geldpolitikindikator Titelspezifika: ▪ Tilgungsfreijahre ▪ Kündigungsfreijahre ▪ log. EV	Erklärung von 83,3 % der Spreadvariation; Koeffizienten in der Regel signifikant und mit erwartetem Vorzeichen; sign. Spreadreduktion durch Doppelrating; Investoren messen bei Split niedrigerem Rating höheres Gewicht bei
Bradley (1991) Euro $	Kursdaten von 289 unkündbaren Euro-$-Bonds (1985-1987); S&P's Ratings	Preiserklärung; GLM und ANOVA: Res1=Kurs-Modellpreis Res1=f(CR,T); Titelspezifika: ▪ Anzahl der Market Maker ▪ Anleihetyp ▪ Emittententypus	Noch Titelspezifika: ▪ Garantieart ▪ Warrant (j/n) ▪ FT/AIBD-Listing(j/n) ▪ EV ▪ Nationalität ▪ Registrierungsform ▪ Kuponhäufigkeit ▪ Mindeststückelung ▪ Anz. Börsenlistings	erwarteter Ratingeinfluss nur bis Stufe A; signifikante Faktoren: CR, Market Maker, Warrant, Anleiheart, Garantie, Emittententy pus; restliche Faktoren insignifikant
Liu/Seyyed (1991) USA	Renditedaten von 92, 91, 94 Kommunalanleihen am 24.11.81, 27.12.82, 19.12.83; Moody's Ratings	Spread-Erklärung; kupon-, laufzeit- und steuerangepasste US-Treasury-Rendite aus OLS-Regression; OLS-Regression: YP=f(F,CR)	18 sozioökonomische Fundamentalvariablen numerische Ratingvariable	Spread-Erklärung: 50-70 %; Ratingvariable unabhängig vom Zeitpunkt stets signifikant und mit erwartetem Vorzeichen; CR besitzen unabhängigen Renditeeinfluss

Reiter/ Ziebart (1991) USA	320 Neuemissionen von Versorgern im Zeitraum 21.2.81-28.2.84; Moody's und S&P; Split Ratings	YTM-Erklärung; GLS-Simultanansatz dreier Regressionen mit jeweils zwei Gleichungssystemen: 1. Gesamtmodell YTM=f(T,M,CR,F) CR=f(T,F) 2. Fundamentalmodell YTM=f(T,M,F) CR=f(T,F) 3. Ratingmodell YTM=f(T,M,CR) CR=f(T,F)	8 versorgerspezifische Fundamentalvariablen Makroök. Faktoren: ▪ Verbraucherindex ▪ Zinsniveau Titelspezifika: ▪ RLZ ▪ Tilgungsfonds (j/n) ▪ Yield-to-first call ▪ log. EV	CR besitzen unabhängigen Renditeeinfluss, umfassen aber nicht alle relevanten Informationen; Moody's und S&P unterscheiden sich systematisch; Moody's vergibt bei Split Ratings zu 75 % das höhere Rating; Investoren folgen dem höheren Rating
Ziebart/ Reiter (1992) USA	189 Neuemissionen von Industrieanleihen im Zeitraum 24.2.1981-28.2.19 85; Moody's und S&P; Split Ratings	YTM-Erklärung; GLS-Simultanansatz dreier Regressionen mit jeweils zwei Gleichungssystemen: 1. Gesamtmodell YTM=f(T,M,CR,F) CR=f(T,F) 2. Fundamentalmodell YTM=f(T,M,F) CR=f(T,F) 3. Ratingmodell YTM=f(T,M,CR) CR=f(T,F)	Fundamentalvariablen ▪ Value Line Beta ▪ log. Ges.vermögen ▪ Zinsdeckung ▪ Kapitalumschlag ▪ Verschuldungsgrad Makroök. Faktoren: ▪ Verbraucherindex ▪ Zinsniveau Titelspezifika: ▪ RLZ ▪ Tilgungsfonds (j/n) ▪ Nachrangigkeit ▪ Kündigungsfreijahre ▪ Differenz YTM-YTC ▪ Diskont (j/n) ▪ log. EV	CR besitzen unabhängigen Renditeeinfluss, umfassen aber nicht alle relevanten Informationen; Moody's und S&P unterscheiden sich systematisch; Renditen spiegeln bei Split Ratings das niedrigere Rating wieder
Hsueh/Liu (1993) USA	1475 Neuemissionen von in Texas emittierten Anleihen (1981-1986); 274 Titel ohne CR; Unabhängige Bonitätsermittlung ungerateter Anleihen und Zinskostenvergleich mit gerateten Titeln	Erklärung kommunaler Zinskosten (Net Interest Cost); Probit-Modell zur Ermittlung eines unabhängigen Bonitätsrisikoindikator s Z=f(F); lineare OLS-Mehrfachregression: NIC=f(CR,M,T)	Fundamentalvariablen Makroök. Faktoren: ▪ Zinsniveau ▪ Zinsvolatilität ▪ Zinsstruktur ▪ rel. Anleiheangebot Titelspezifika: ▪ log. RLZ ▪ EV ▪ Kündbarkeit (j/n) ▪ Gebotanzahl	Erklärung: 87,5 %; Koeffizienten in der Regel signifikant und mit erwartetem Vorzeichen; Offenlegungswert: 26 BP; Zertifizierungswert: 41 BP; Ratingwert steigt monoton mit dem Emissionsvolumen
Artus/ Garrigues/ Sassenou (1993) France	Renditedaten von 381, 350, 360, 369 Anleihen am 16.3., 17.6., 16.9. und 16.12.1991 und von CP's von 26 Emittenten; Moody's und S&P	YTM-Erklärung; OLS-Regression: CP: YTM=f(CR,T) Bonds: YTM=f(CR,T)	CR: Indikatorvariablen Titelspezifika: ▪ RLZ ▪ Tagesumsatz (nur bei Bonds)	geringe Erklärungswerte; kaum signifikante Koeffizienten, kein eindeutiger Zusammenhang zur CR-Höhe; Umsatzhöhe senkt Rendite signifikant

Brister/ Kennedy/ Liu (1994) USA	498 Neuemissionen 1982-1987; S&P Ratings; Ausfallrisikoermittlung über Multivariate Diskriminanzanalyse	Spread-Erklärung; Durationangepasste US-Staatsanleihe; MDA zur Ermittlung eines unabhängigen Bonitätsrisikoindikators (Z-Wert); OLS-Regression: YP=f(Z,M,T)	9 Fundamentalvariablen für MDA Makroök. Faktor: ▪ Treasury-Bill-Rate Titelspezifika: ▪ Tilgungsfonds (j/n) ▪ Besicherung (j/n) ▪ Kündbarkeit (j/n) ▪ Kündigungsfreijahre ▪ EV ▪ Diskont (j/n) ▪ Specul. Grade (j/n)	Berücksichtigte Faktoren sind in der Regel signifikant und weisen die erwarteten Vorzeichen auf; Anleihen der SG-Klasse weisen Überrenditen auf, die nicht durch höheres Bonitätsrisiko gerechtfertigt sind, sondern auf den Regulierungseffekt zurückzuführen sind
Nöth (1995) Euro-DM	Monatliche Renditen umlaufender Anleihen von 113 Emittenten 1988-1991; Moody's Ratings	YTM-Erklärung; OLS-Regressionen: YTM=f(CR,T) 3 verschiedene Modellierungsansätze für Ratings	CR: Indikatorvariablen, Dummyvariablen, Binärcodierung Einflussgrößen: ▪ Zinsniveau ▪ log. RLZ ▪ log. EV	Erklärungsgehalt max. 64,5 %; CR besitzen signifikanten Renditeeinfluss; Einflussgrößen sämtlich signifikant mit erwarteten Vorzeichen
Adedeji/ McCosh (1996) Euro $	Renditen von 2068 Anleihen am 7.7.89 und 5.4.91; Moody's Ratings	YTM-Erklärung; SU-Regressionen für 8 Nationen: YTM=f(CR,T)	CR: Indikatorvariablen Titelspezifika: ▪ RLZ ▪ Kuponhäufigkeit ▪ Besicherung	Koeffizienten für niedrige Ratings insignifikant, fehlendes Rating führt zu niedrigerer Rendite; andere Koeffizienten sign.
Cantor/Packer/Cole (1997) USA	4399 Neuemissionen von Industrieanleihen von Januar 1983 bis Juli 1993; 2405 Split Ratings; EV>10 Mio. USD; CR> B- bzw. B3; keine US-Garantie	Spread-Erklärung; Laufzeitangepasste US-Treasuries; OLS-Regression: YP=f(CR,M,T)	16 CR-Dummies Makroök. Faktor: ▪ Indexspread ▪ Zinsniveau ▪ Zinsvolatilität Titelspezifika: ▪ log. RLZ ▪ log. EV ▪ shelf registr. (j/n) ▪ compet. bidding (j/n) ▪ Finanzbranche (j/n) ▪ Versorger (j/n)	Erklärung von 93,25 % der Spreads; zwei Drittel aller Koeffizienten signifikant und bis auf zwei mit erwartetem Vorzeichen; steigende Spreads mit abnehmendem CR; IG-Anleihen: unteres Rating dominiert; SG-Anleihen: Rendite entspricht dem Durchschnitt beider Ratings
Fridson/ Garman (1998) USA	428 Neuemissionen von High-Yield Bonds (Baa3 bis B2) von Januar 1995 bis Dezember 1996; Moody's Ratings	Spread-Erklärung; Laufzeitangepasste US-Treasuries; OLS-Regression: YP=f(CR,M,T)	▪ metrische Rating-variable ▪ Makroök. Faktor: Spread zwischen BB- und B-Index, Zinsänderungen Titelspezifika: Nachrang, Laufzeit, Kündbarkeit, Nullkupon-Status, Erstemission, Emissionsbanktypus	Erklärung von 56 % der Spreads; alle Koeffizienten signifikant und bis auf eins mit erwartetem Vorzeichen; steigende Spreads mit abnehmendem CR; Rating stellt mit Abstand die wichtigste Variable dar.

Heinke (1998) Euro-DM	Neuemissionsrenditen von 868 Neuemissionen (1988-1997) Moody's und S&PSpread-Erlärung	OLS-Regressionen: YP=f(CR,T, M) CR: Indikatorvariablen, Dummyvariablen Makroökonomische Größen: ▪ Zinsniveau ▪ Zinsstruktur ▪ Zinsvolatilität	Titelspezifika: ▪ RLZ ▪ log. EV ▪ Anz. Börsenlistings ▪ Anz. Market Maker ▪ Nationalität ▪ Emittententypus ▪ Kündbarkeit ▪ Garantieart ▪ Nachrangigkeit	Signifikanter Zusammenhang zwischen Ratings und Spreads; Erklärungsgehalt max. 83,66 %; Kaum höhere Erklärungswerte durch Hinzufügung weiterer Spread-Determinanten; Nur wenige der weiteren Einflussgrößen signifikant; Signifikanter Zertifizierungswert von Ratings

CR: Credit Rating; EV: Emissionsvolumen; F: Fundamentalinformationen; IG: Investment Grade; M: Makroökonomische Informationen; NIC: kommunale Zinskosten (Net Interest Cost); Res1: Residuen der ersten Regression; RLZ: Restlaufzeit; SG: Speculative Grade; T: Titelspezifische Informationen; YTC: Yield-to-Call (Rendite bis zum ersten Kündigungstermin); YTM: Yield-to-Maturity (Fälligkeitsrendite); YP: Bonitätsrisikoprämie (Spread); Z: unabhängiger Bonitätswert.

Tabelle 1: Empirische Untersuchungen zum Zusammenhang zwischen Bonitätsrisikobewertung und Rating

Während frühe Untersuchungen primär auf die Bestätigung eines positiven Zusammenhangs zwischen der Rendite bzw. Renditeprämie von Anleihen und einigen das Bonitätsrisiko reflektierenden Größen ausgerichtet waren, wurde später verstärkt der Frage nachgegangen, ob hinter der reinen Korrelation auch ein Kausalzusammenhang vermutet werden kann. Dabei entstand jedoch die Schwierigkeit, einen eindeutig von den zugrundeliegenden Fundamentalinformationen unabhängigen Einfluss von Ratings zu ermitteln.[10] Während Fisher (1959) lediglich den positiven Zusammenhang zwischen dem Bonitätsrisiko und der Bonitätsrisikoprämie bestätigt, wird durch West (1973) erst die Verbindung zum Rating aufgegriffen. Aus der Verwendung von Ratings im Rahmen von Regulierungsvorschriften schließt West auf eine kausale Beeinflussung der Renditen durch Ratings. Diese Erklärung wurde in der späteren Untersuchung von Brister/Kennedy/Liu (1994) bestätigt.

Spätere Studien untersuchen speziell den Zusammenhang zwischen Ratings und den bilanziellen Zinskosten von Kommunen. Aus der Beobachtung, dass die Zinskosten zum Teil auch unabhängig vom Rating schwanken, schließt Sorensen (1980), dass die Investoren auch unabhängig vom Rating eine eigene Bonitätsrisikoeinschätzung und -bewertung vornehmen.[11]

Die Problematik der Multikollinearität der erklärenden Variablen, die bei gleichzeitiger Regression fundamentaler Variablen und Ratings auf die zu erklärende Risikoprämie auftritt, hat dazu geführt, dass sich die Untersuchungen stärker dem Problem der Unabhängigkeit des Ratingeinflusses auf die Rendite *jenseits* des Einflusses von Fundamentalin-

10 Vgl. die Diskussion in Ziebart/Reiter (1992) und die Repliken in Chandra (1992) und Richardson (1992).

11 Vgl. Sorensen (1980), S. 68. Vgl. auch die Übersicht einiger hier nicht aufgeführter, älterer Untersuchungen zur Zinskostenanalyse in Hsueh/Liu (1993), S. 297.

formationen konzentrieren. Liu/Thakor (1984) unternehmen erstmalig eine zweistufige Regression, in der die erste Regression die Abhängigkeit zwischen den Anleiheratings und den Fundamentalvariablen ermittelt. In der zweiten Stufe wird eine Regression der Anleiherenditen über die Fundamentalvariablen und die Residuen der ersten Regression durchgeführt. Sofern die Koeffizienten der Residuen signifikant sind, gehen sie davon aus, dass Anleiheratings unabhängig von den zugrundeliegenden Fundamentalinformationen einen Einfluss auf Anleiherenditen besitzen.[12]

Ederington/Yawitz/Roberts (1987) wählen ein differenziertes Vorgehen, indem in drei Regressionen zunächst Ratings und Fundamentalvariablen getrennt und schließlich kombiniert zur Renditeerklärung eingesetzt werden. Auch hier wird bestätigt, dass Ratings einen über die Fundamentalinformationen hinausgehenden Informationswert besitzen. Allerdings musste auch festgestellt werden, dass die Marktteilnehmer in Ratings keine abschließende Bonitätsinformation sehen, sondern diese zusätzlich Fundamentalinformationen zur Bewertung heranziehen.[13] Der methodische Weg einer einzigen Regressionsgleichung aus Ratings und Fundamentalvariablen wird von Reiter/Ziebart (1991) kritisiert, weil Ratings selbst von diesen Fundamentalvariablen beeinflusst werden.[14] Daher werden Simultangleichungen aufgestellt, um den Ratingeffekt zu isolieren. Die Ergebnisse der früheren Untersuchungen werden jeweils bestätigt. Interessant ist, dass in der untersuchten Stichprobe von Split Ratings das höhere Rating zu 75 % von Moody's stammte. Im Gegensatz zu früheren Untersuchungen orientiert sich der Markt hier am höheren Rating, was einen stärkeren Markteinfluss von Moody's andeutet.

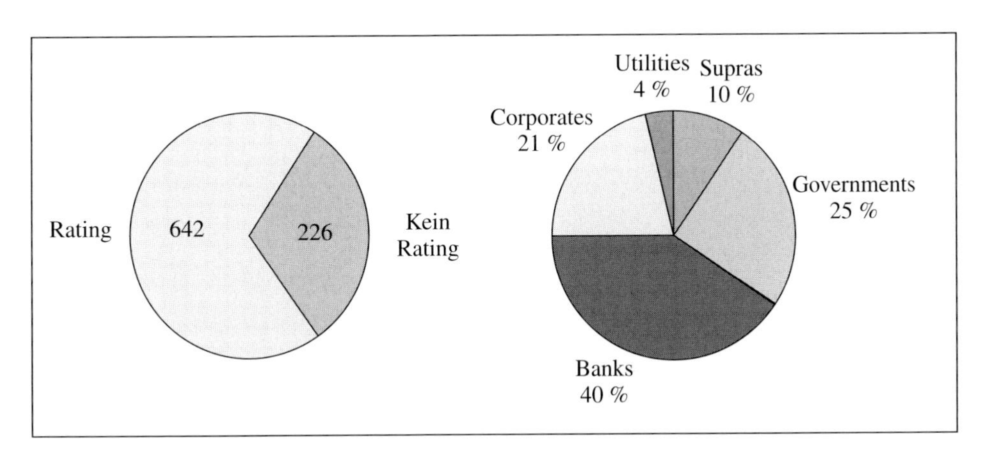

Abbildung 2: Merkmale der untersuchten Neuemissionen

12 Vgl. Liu/Thakor (1984), S. 346 f. Da allerdings nicht ausgeschlossen werden kann, dass in der ersten Regressionsstufe wichtige Variablen nicht berücksichtigt wurden, haben die Autoren ihre Aussage abgeschwächt. Die Ergebnisse erlauben demnach lediglich, dass die Hypothese eines unabhängigen Renditeeinflusses von Ratings nicht abgelehnt werden kann. Eine ähnliche Methodik wählt Liu (1985) zur Analyse der Risikoprämie. Vgl. Liu (1985), S. 57 ff.

13 Vgl. Ederington/Yawitz/Roberts (1987), S. 224.

14 Vgl. Reiter/Ziebart (1991), S. 49; Ziebart/Reiter (1992), S. 254. Vgl. aber auch die diesbezüglichen Stellungnahmen von Chandra (1992), S. 283 ff. und Richardson (1992), S. 290 ff.

Es existieren nur wenige Untersuchungen, die die Rendite oder Bonitätsrisikoprämie von Industrieanleihen und in diesem Zusammenhang auch den Einfluss von Ratings außerhalb der USA untersuchen. Drei der vorliegenden Untersuchungen beziehen sich auf den Eurodollarmarkt, eine auf den Markt französischer Anleihen bzw. Commercial Paper und eine auf DM-Euroanleihen. Auf dem Eurodollarmarkt sind die Ergebnisse widersprüchlich. Während die Finnerty/Nunn (1985) und Bradley (1991) einen Erklärungswert von Ratings ermitteln, spricht die auf einer breiten Stichprobe basierende Untersuchung von Adedeji/McCosh (1995) dagegen.[15] Für den Euro-Franc-Markt scheint das Rating überhaupt keinen Informationswert zu besitzen.[16] Weder für Commercial Paper noch für Anleihen zeigen sich signifikante Spreadunterschiede in Abhängigkeit vom Rating. Dies wirft die Frage auf, ob Ratings auf Primärmärkten außerhalb der USA oder außerhalb des US-Dollar überhaupt einen Informationswert besitzen. Für den Sekundärmarkt von DM-Euroanleihen ermittelte Nöth (1995) einen signifikanten Einfluss von Ratings auf die Gesamtrendite der Anleihen, wobei sich die Analyse allerdings auf Moody's Ratings beschränkt.[17] Der Einfluss von Ratings auf Bonitätsrisikoprämien am Primärmarkt internationaler DM-Anleihen wurde bislang nur durch eine Studie von Heinke (1998) analysiert, einige Resultate werden im folgenden vorgestellt.[18] Die Stichprobe der Primärmarkt-

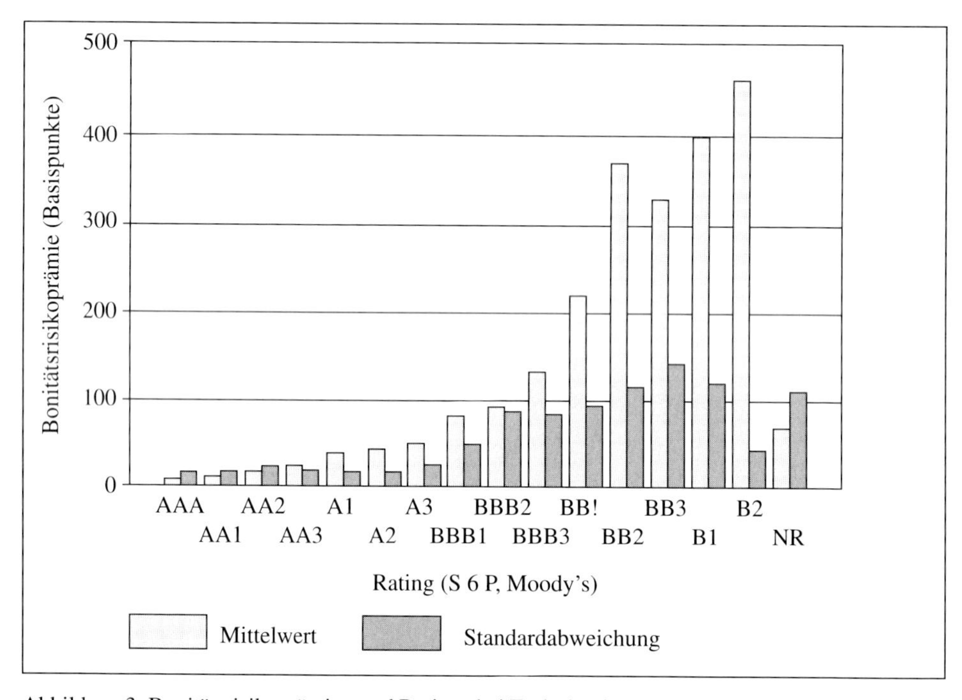

Abbildung 3: Bonitätsrisikoprämien und Ratings bei Emission internationaler DM-Anleihen

15 Vgl. Finnerty/Nunn (1985), S. 29 f.; Bradley (1991), S. 67; Adedeji/McCosh (1996), S. 1113.
16 Vgl. Artus/Garrigues/Sassenou (1993), S. 211 ff.
17 Vgl. Nöth (1995), S. 535 ff.
18 Vgl. Heinke (1998), S. 310 ff.

analyse umfasst internationale DM-Neuemissionen der Jahre 1988 bis 1997, wobei 246 Anleihen von deutschen Emittenten stammen. Die Struktur der Stichprobe hinsichtlich der Existenz eines Rating und der Verteilung der Emittententypen kann Abbildung 2 entnommen werden. Zur Ermittlung von Credit Spreads wurde die Differenz zwischen der Emissionsrendite der jeweiligen Anleihe und der restlaufzeit- und kuponäquivalenten REX-Rendite ermittelt.

Zunächst wird der Ratingeinfluss auf die ermittelten Bonitätsspreads im Rahmen einer univariaten Einfachregression untersucht. Werden die im Analysezeitraum für alle Anleihen ermittelbaren und in Tabelle 2 wiedergegebenen Bonitätsrisikospreads in Abhängigkeit vom ausgewiesenen Rating abgetragen, zeigt sich ein in Abbildung 3 dargestellter Verlauf. Wie aus der Abbildung ersichtlich, steigen die *durchschnittlichen Credit Spreads* für jede Klasse mit abnehmendem Rating deutlich an. Dabei sind Mittelwertdifferenzen im Investment Grade-Bereich (AAA bis BBB3) deutlich geringer als im Speculative Grade-Bereich. Der Anstieg der Bonitätsrisikoprämien nimmt also mit abnehmendem Rating überproportional zu.

Rating	Durchschnitt	Standardabw.	Minimum	Maximum
AAA	7,8	17,7	–54,6	58,0
AA1	12,2	16,8	–39,8	54,4
AA2	16,4	22,0	–42,6	63,3
AA3	23,8	18,2	–34,6	76,0
A1	36,3	17,1	4,8	75,0
A2	41,5	16,3	18,1	77,0
A3	48,0	24,4	8,9	83,3
BBB1	78,2	47,5	46,2	160,7
BBB2	89,9	83,9	3,2	251,4
BBB3	130,6	78,4	23,2	274,2
BB1	215,4	90,9	35,2	349,3
BB2	354,5	112,9	182,7	520,8
BB3	313,1	137,6	200,9	509,5
B1	383,5	114,8	211,0	608,4
B2	443,6	39,2	415,9	471,2
NR	64,3	106,5	–42,0	691,4

Tabelle 2: Credit Spreads und Ratings

Es zeigt sich ein deutlich positiver Zusammenhang zwischen Ratings und den bonitätsdeterminierten Kapitalkosten. Ratings haben somit am DM-Markt einen starken Einfluss auf die Kapitalkosten bei Neuemission. Der Verlauf der Spreads gleicht also dem häufig für die US-Märkte bestätigten und nach der Risikoabgeltungshypothese erwarteten positiven Zusammenhang.[19] Die für den französischen Sekundärmarkt internationaler Anleihen gefundenen Ergebnisse eines nicht existenten Zusammenhanges zwischen Rating und Bonitätsrisikoprämie werden für das DM-Segment nicht bestätigt.[20]

Allerdings ist zu beachten, dass eine hohe *Streuung der Bonitätsrisikoprämien* für jedes Ratingniveau existiert, welche ebenfalls mit abnehmendem Rating steigt. Die Streuung der Spreads unabhängig vom Rating kann auf verschiedene Gründe zurückführbar sein:

- Zum einen existieren Einflussfaktoren auf den Spread, die nicht im Rating berücksichtigt werden. Die Marktteilnehmer verwenden zum Pricing der Schuldtitel weitere Faktoren, die nicht durch die Ratingagenturen erfasst werden.
- Zum anderen stellt das Rating eine ordinale Klassifizierung der metrischen Größe Bonitätsrisiko dar. Es müssen unerklärte Streuungen der Spreads verbleiben, wenn marginal unterschiedliche Bonitätsrisiken in die gleiche Ratingklasse eingestuft werden.
- Schließlich liegt hier eine Zeitraumbetrachtung vor, wobei jeder Beobachtungswert einem anderen Zeitpunkt zuzuordnen ist. Möglicherweise wirken sich die äußeren Marktumstände stärker auf den Bonitätsspread aus als auf das Rating. Aufgrund der längerfristigen Risikobetrachtung der Agenturen sind auf kurzfristigen Informationsänderungen beruhende Beurteilungsdifferenzen zwischen der Ratingagentur und dem Markt möglich.

Erstaunlich ist allerdings, dass die Streuung zwar auch mit abnehmendem Rating zunimmt, jedoch nicht im Gleichlauf mit dem Mittelwert. Während die Streuung in den Klassen AAA bis A3 relativ konstant bleibt, steigt sie mit Beginn der BBB-Klassen übermäßig stark an. Entweder wirken hier bislang unberücksichtigte Einflussfaktoren stärker, die Klassenbreite der Ratingklassen nimmt mit abnehmendem Rating zu oder die Bewertungsunsicherheit des Marktes steigt trotz eines vorhandenen Rating mit zunehmendem Bonitätsrisiko an.[21]

Fraglich ist, ob die dargestellten Mittelwerte benachbarter Ratingklassen trotz der hohen Streuung in den Klassen signifikant voneinander verschieden sind, denn nur dann kann von einer Bewertungsrelevanz unterschiedlicher Einstufungen ausgegangen werden. Tabelle 3 zeigt die Ergebnisse von Tests auf Mittelwertunterschiede der Bonitätsrisikoprämien im Vergleich der einzelnen Ratingklassen. Sowohl der t-Test als auch der Mann-Whitney-U-Test führt nur bei fünf Klassenvergleichen zur Ablehnung der Nullhypothese gleicher Mittelwerte. Zwischen den übrigen Klassen lassen sich hingegen keine signifikant unterschiedlichen Bonitätsrisikoprämien finden. Die hohe Streuung der Bonitätsrisi-

19 Vgl. zum Beispiel Altman (1989), S. 917.

20 Vgl. Artus/Garrigues/Sassenou (1993), S. 211 ff.

21 Die stark absinkende Streuung in der B2-Klasse ist mit der extrem niedrigen Klassenbesetzung von nur 2 Beobachtungen zu begründen und damit nur wenig aussagekräftig.

Vergleich	∅-Difft	t-Test[1)]	Z-Wert[2)]
∅(AAA) < ∅(AA1)	–4,40	**–1,93***	**–2,28****
∅(AA1) < ∅(AA2)	–4,19	–1,15	–1,40
∅(AA2) < ∅(AA3)	–7,40	**–1,94***	**–2,11****
∅(AA3) < ∅(A1)	–12,52	**-3,14*****	**–3,05*****
∅(A1) < ∅(A2)	–5,16	–1,08	–0,94
∅(A2) < ∅(A3)	-6,45[3)]	–0,87	–0,84
∅(A3) < ∅(BBB1)	–30,26	**–1,85***	–1,20
∅(BBB1) < ∅(BBB2)	–11,65	–0,27	–0,55
∅(BBB2) < ∅(BBB3)	–40,69	–1,04	–1,24
∅(BBB3) < ∅(BB1)	–84,80	**–2,87*****	**-2,76*****
∅(BB1) < ∅(BB2)	–139,12	**–3,72*****	**2,72*****
∅(BB2) < ∅(BB3)	41,35	0,58	–0,71
∅(BB3) < ∅(B1)	–70,32	–1,11	–1,44
∅(B1) < ∅(B2)	–60,10[3)]	–1,66	–0,87

∅-Diff: Mittelwertdifferenz der Spreads zweier benachbarter Ratingklassen; 1) t-Test unabhängiger Stichproben; 2) Mann-Whitney-U-Test; 3) Varianzen beider Gruppen bei einem Signifikanzniveau von α =0,1 verschieden; ***: signifikant auf dem 1 %-Niveau (**: 5 %, *: 10 %)

Tabelle 3: Mittelwertvergleich der Credit Spreads

koprämien in den einzelnen Klassen stellt den Informationswert von Ratings hinsichtlich des Bonitätsrisikos in Frage, da ein großer Teil der Streuung in den Bonitätsrisikoprämien unabhängig vom Rating auftritt.[22] Durch die mit abnehmendem Rating zunehmende Streuung kommt es sogar vor, dass eine Reihe von BB1-Anleihen existieren, die deutlich niedrigere Bonitätsrisikoprämien aufweisen als zahlreiche AAA-Anleihen. Offensichtlich ignorieren viele Marktteilnehmer die Ratingurteile, oder es gelten andere bewertungsrelevante Faktoren, die das Rating in seiner Bedeutung überlagern.

Tabelle 4 zeigt den funktionalen Zusammenhang zwischen Rating und Bonitätsspread. Dabei gehen im Gegensatz zu den obigen Analysen nur Anleihen in die Regressionen ein, die ein Rating aufweisen.

Die linearen Regressionen zeigen, dass die Ratings beider Agenturen allein mehr als 70 % der Streuung in den Bonitätsrisikoprämien erklären können. Während die die einzelnen Klassengrenzen vergleichenden Mittelwerttests eher verhaltene Ergebnisse zeigen, deuten

22 Die gleiche Schlussfolgerung treffen Longstaff/Schwartz (1995), S. 807.

Modell	Statistiken	Rating
Linear[1)]	A	**–34,0653*****
	B	**23,3780*****
	R^2	**0,7111*****
	K	**0,843*****
	DW-Wert	0,7583
Kubisch[2)]	A	**10,3231****
	B	–2,4344
	c^2	0,8625
	d^3	**0,0909****
	R^2	**0,8366*****
N		642

1) lineares Modell: e(Rating) = a +b-Rating; 2) kubisches Modell: e(Rating) = a + b-Rating + c-Rating^2 + d-Rating^3; a, b, c, d: Regressionskoeffizienten; k: Korrelationskoeffizient; DW-Wert: Durbin-Watson-Teststatistik auf Autokorrelation der Regressionsresiduen; N: Stichprobenumfang; ***: signifikant auf dem 1 %-Niveau (**: 5 %, *: 10 %)

Tabelle 4: Lineare und nichtlineare Regressionsansätze

diese Analysen in der Gesamtschau der Bonitätsskala auf einen hohen *Informationswert* von Ratings bei der Bestimmung der Bonitätsrisikoprämien im Emissionsprozess hin.

Hinsichtlich der *Art des Zusammenhangs* zwischen Ratings und Bonitätsspreads scheinen sich ebenfalls die schon am US-Markt gefundenen Ergebnisse zu bestätigen, die im Widerspruch zu den am französischen Markt internationaler Franc-Anleihen stehen. Durch Modellierung eines nichtlinearen Anstiegs der Risikoprämien wird der Erklärungsgehalt der Ratings beider Agenturen um ca. 10 Prozentpunkte erhöht, womit insgesamt mehr als 80 % der Variation in den Risikoprämien allein durch das Rating erklärt werden. Unklar muss allerdings bleiben, ob der progressive Anstieg in den Risikoprämien

- durch eine stärkere Konzentration höherer Bonitätsrisiken in den niedrigeren Klassen und damit nicht-äquidistante Ratingurteile oder
- durch regulierungsbedingte Segmentierungseffekte (Preisdruckhypothese) oder
- durch eine erhöhte Risikoaversion der Investoren bedingt wird, die neben der Risikoprämie zur Abgeltung des erhöhten Bonitätsrisikos eine weitere Abgeltungskomponente fordern.

Bei der Beurteilung des *Informationswertes* der Ratings anhand der ermittelten Regressionsfunktionen ist deutlich zwischen Investment Grade- und Speculative Grade-Anleihen

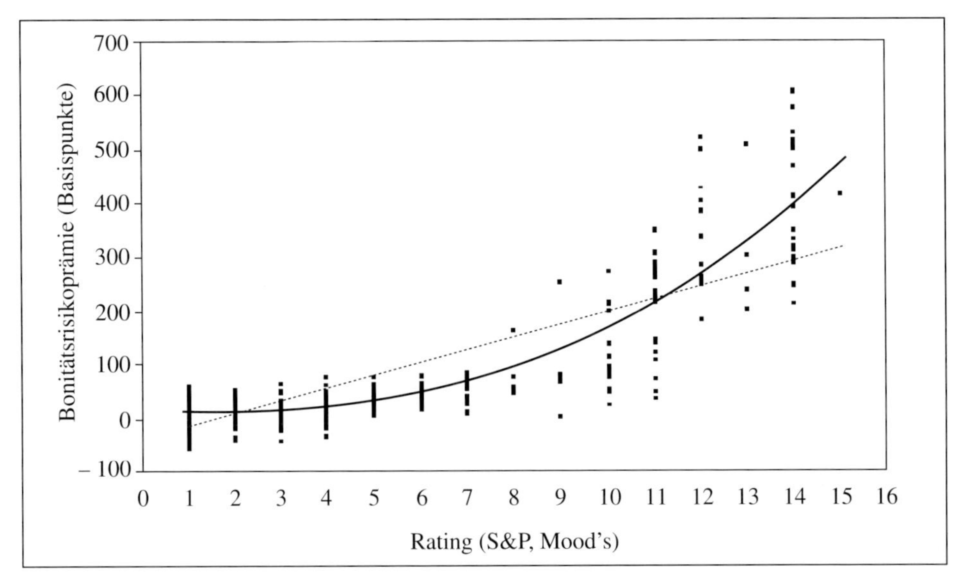

Abbildung 4: Lineare und kubische Regressionen zwischen Spreads und Rating

zu unterscheiden. Das Streuungsdiagramm in Abbildung 4 zeigt, dass die Spannweiten der beobachteten Bonitätsrisikoprämien bis zur Klasse A3 (Code: 7) sich kaum verändern, während die Klassenmittelwerte leicht ansteigen. Die kubische Regressionsfunktion hat in den obersten drei Ratingklassen einen nahezu waagerechten Verlauf. Unter zusätzlicher Berücksichtigung der nur wenig signifikanten Mittelwertdifferenzen zwischen den obersten Klassen in Tabelle 2 ist fraglich, ob der Markt zwischen diesen Anleihen ebenso deutlich unterscheidet, wie dies die Ratingagenturen durch unterschiedliche Einstufungen tun. Offensichtlich differieren diese Anleihen im bewerteten Bonitätsrisiko nur wenig, das abgestufte Rating hat hier kaum Bewertungseinfluss. Demgegenüber nimmt die Steigung der Funktion mit abnehmendem Rating zu und damit auch die Diskriminanzkraft der Ratingurteile.[23]

Gegen die vorgetragenen Interpretationen der Regressionsanalysen und der Mittelwertvergleiche könnte vorgebracht werden, dass sich die Bonitätsrisikoprämien jeweils in unterschiedlichen ökonomischen Rahmenbedingungen ergeben haben, die durch das Rating nicht erklärt werden können. Möglicherweise ist ein fehlender positiver Spread-Rating-Zusammenhang in den obersten Ratingklassen nicht durch fehlenden Informationsgehalt von Ratings zu erklären, sondern durch die Instabilität der Bonitätsrisikoprämien im Zeitablauf bedingt. Im Rahmen weiterer Einfachregressionen und mittels multipler Mehrfachregressionen ist daher zu testen, inwiefern solche Einflussfaktoren bonitätsrelevant sind. Die Ergebnisse dieser Regressionsanalysen sind Tabelle 5 zu entnehmen.[24] Bezüglich der Erklärungskraft von Ratings zur Erklärung der Spreads in der Gesamtstichprobe

23 Ähnliche Ergebnisse erzielte Nöth (1995), S. 557 bei Betrachtung der Sekundärmarktrendite von DM-Anleihen. Obwohl dieser nur vier Ratingklassen betrachtet, ist auch dort ein signifikanter Renditeunterschied zwischen den beiden höchsten Klassen nicht immer vorhanden.

24 Für weitere Details vgl. Heinke (1998), S. 362 ff.

werden die Ergebnisse der univariaten Untersuchungen auch im multiplen Analyserahmen bestätigt. Die adjustierten Bestimmtheitsmaße sind für alle Regressionen signifikant gegen Null gesichert, so dass auch für die Grundgesamtheit jeweils ein Zusammenhang zwischen erklärten Bonitätsrisikoprämien und den erklärenden Variablen anzunehmen ist.

Regressions-koeffizient	erw. VZ	Anleihen mit Rating (642 Titel)		Investment Grade-Titel (580 Titel)	
		nur Ratings	Alle Variablen	nur Ratings	alle Variablen
Konstante		388,079***	407,287***	110,329***	118,019***
AAA	–	–380,242***	–376,501***	–102,492***	–102,334***
AA	–	–370,476***	–368,900***	– 92,726***	– 94,569***
A	–	–347,416***	–344,050***	– 69,666***	– 69,506***
BBB	+,–	–277,750***	–273,445***	KG	KG
BB	+,–	–123,207***	–121,388***	–	–
B	+,–	KG	KG	–	–
Zinsniveau	+,–	–	0,054**	–	0,045***
Zinsvolatilität	+	–	1,245**	–	1,067***
Zinsstruktur	+	–	0,046***	–	0,046***
Restlaufzeit	+,–	–	0,370	–	0,544
Emissionsvol	–	–	3,100	–	3,126**
Börsenlistings	–	–	1,746	–	0,857
Market Maker	–	–	0,732	–	2,868*
USA-Emittent	–	–	1,048	–	1,622
Supranational		–	–12,326*	–	–9,306***
Staatsemittent		–	–4,024	–	–1,151
Industrie		–	–10,801*	–	–8,229**
Versorger		–	– 4,290	–	–2,017
Kündbarkeit	+	–	8,293	–	6,223
Garantie	–	–	– 4,037	–	–1,938
Nachrangig		–	15,750	–	18,245***
Doppelrating		–	0,349	–	–2,040
adj R^2 F-Wert DW-Wert KS-Test		0,828 618,812*** 1,106 4,934***	0,831 150,627*** 1,111 4,796***	0,458 164,367*** 0,892 2,724***	0,511 32,830*** 0,931 2,404***

erw. VZ: erwartetes Vorzeichen; KG: Kontrollgruppe; ***: signifikant auf dem 1 %-Niveau (**: 5 %; *: 10 %); DW-Wert: Durbin-Watson-Wert; Kolmogorv-Smirnov-Test auf Normalverteilung der Regressionsresiduen

Tabelle 5: Multiple Regressionen zur Erklärung der Spreads

Unabhängig davon, ob lediglich die Ratingvariablen oder zusätzlich auch die verschiedenen theoretisch relevanten Einflussgrößen in die Regression eingehen, sind die Regressionskoeffizienten aller Ratingdummies hochsignifikant von Null verschieden. Alle Koeffizienten besitzen die erwarteten Vorzeichen. Zudem steigt die Höhe der Koeffizienten mit abnehmendem Rating konsistent an, was erneut eine Bestätigung der *Risikoabgeltungshypothese* darstellt und den für den US-Markt gefundenen Ergebnissen entspricht.[25] 82,8 % der Spreadstreuung können allein durch die Ratingvariablen erklärt werden. Das adjustierte Bestimmtheitsmaß erhöht sich auch bei dieser Teilstichprobe durch Berücksichtigung der übrigen Variablen nur wenig, was für einen überragenden Erklärungsanteil von Ratings spricht.[26] Bei allen Regressionen zeigen die Koeffizienten der Ratingvariablen eine hohe Stabilität bei Hinzufügung der übrigen Einflussgrößen. Dies deutet ebenfalls auf ihre starke Erklärungskraft hin, die nicht durch andere Einflussgrößen überdeckt wird. Allerdings nimmt diese Erklärungskraft stark ab, wenn lediglich Anleihen der Investment Grade-Kategorie betrachtet werden. Dies bestätigt die bereits im Rahmen der univariaten Analysen gefundene Vermutung, dass der Informationswert von Ratings bei höchsten Bonitäten geringer ist als bei niedrigeren Bonitäten. Der Markt belegt Anleihen der obersten Ratingklasse mit Bonitätsrisikoprämien, die sich im Mittel nur wenig voneinander unterscheiden. Durch die Streuung der Bonitätsrisikoprämien in den einzelnen Klassen steigt der Erklärungsgehalt der Regression bei dieser Teilstichprobe durch Hinzufügung der anderen hypothetischen Einflussfaktoren am stärksten. Der Erklärungsgehalt steigt um 5,3 Prozentpunkte auf 51,1 % im Vergleich zur Gesamtstichprobe, bei der sich der Erklärungsgehalt durch die Hinzunahme der hypothetischen Einflussfaktoren nur marginal erhöht. Außerdem wächst die Anzahl der übrigen signifikanten Variablen an. Die Tatsache jedoch, dass auch die Hinzufügung der übrigen Einflussfaktoren insgesamt nur die Hälfte der Spreadvariation erklären kann, deutet darauf hin, dass möglicherweise relevante Variablen existieren, die in der vorliegenden Spezifikation nicht berücksichtigt worden sind.

3. Schlussbetrachtung

Neueste empirische Untersuchungen zeigen für den Primärmarkt von Euro-Schuldtiteln, dass das Rating den bedeutendsten Einflussfaktor bei der Ermittlung der Bonitätsrisikoprämie im Rahmen des Pricing neuer Anleihen darstellt. Im Gegensatz zu früheren Studien des französischen Euro-Segments wird der auch am US-Markt zu beobachtende positive Zusammenhang zwischen Rating und Bonitätsrisikoprämie bestätigt. Die Bedeutung von Ratings für das Bankcontrolling wird in den nächsten Jahren in bisher nicht gekanntem Ausmaß zunehmen. Einen wichtigen, wenn auch nicht entscheidenden Impuls dazu

25 Vgl. zum Beispiel Barrett/Heuson/Kolb (1986); Billingsley/Lamy/Marr/Thompson (1985); Brister/Kennedy/Liu (1994); Cantor/Packer/Cole (1997); Thompson/Vaz (1990). Bestätigt werden auch die von Nöth (1995), S. 551 ff. für die Gesamtrendite am Sekundärmarkt von DM-Anleihen gefundenen Ergebnisse.

26 Auch Fridson/Garman (1998), S. 34, heben den herausragenden Einfluss von Ratings bei Neuemissionen hervor.

geben die Basler Eigenmittelrichtlinien, nach denen die Eigenmittelunterlegung im Kreditgeschäft der Banken an Risikoklassifizierungen in der Art eines Ratings gekoppelt werden soll. Die Kopplung von Risikoklasse und vorzuhaltender Höhe des Eigenkapitals zwingt die Institute zu einer risikogerechteren Preisgestaltung. Während in der Vergangenheit eine nicht sachgerechte Quersubventionierung schlechter Schuldner durch gute Schuldner kalkulatorisch möglich war, ohne entsprechende Risikoprämien zu berücksichtigen, dürften derartige Vorgehensweisen in Zukunft nur noch bei Instituten anzutreffen sein, bei denen das Kreditgeschäft einen vernachlässigbaren Beitrag zum Gesamtergebnis erbringt.

Literaturhinweise

ADEDEJI, A./MCCOSH, A.-M.: Determinants of Eurobonds Yields, in: Journal of Business, Finance and Accounting, Vol. 22, Nr. 8, December 1995, S. 1107-1124.

ALTMAN, E. I.: Measuring Corporate Bond Mortality and Performance, in: Journal of Finance, Vol. 49, No. 4, September 1989, S. 909-922.

ARTUS, P./GARRIGUES, J./SASSENOU, M.: Interest Rate Costs and Issuer Ratings: The Case of French CP and Bonds, in: The Journal of International Securites Markets, Vol. 7, Autumn 1993, S. 211-218.

BARRETT, W. B./HEUSON, A. J./KOLB, R. W.: The Effect of Three Mile Island on Utility Bond Risk Premia: A Note, in: Journal of Finance, Vol. 41, No. 1, March 1986, S. 255-261.

BARRETT, W. B./HEUSON, A. J./KOLB, R. W.: The Differential Effect of Sinking Funds on Bond Risk Premium: A Note, in: Journal of Financial Research, Vol. 9, No. 4, Winter 1986, S. 303-312.

BARRETT, W. B./KOLB, R. W.: The Structure of International Bond Risk Differentials, in: Journal of International Business Studies, Vol. 17, 1986, S. 107-118.

BILLINGSLEY, R. S./LAMY, R. E.: The Informational Content of Unrated Industrial Bonds, in: Akron Business and Economic Review, Vol. 16, Nr. 2, Summer 1985, S. 53-58.

BILLINGSLEY, R. S./LAMY, R. E./MARR, M. W.: Split Ratings and Bond Reoffering Yields, in: Financial Management, Vol. 14, 1985, S. 59-65.

BOARDMAN, C. M./MCENALLY, R. W.: Factors Affecting Seasoned Corporate Bond Prices, in: Journal of Financial and Quantitative Analysis, Vol. 16, Nr. 2, June 1981, S. 207-226.

BRADLEY, F.: Neglected Factors in the Market Pricing of Eurodollar Bonds, in: Journal of Portfolio Management, Vol. 17, Nr. 2, Winter 1991, S. 62-73.

BRISTER, B. M./KENNEDY, R. E./LIU, P.: The Regulation Effect of Credit Ratings on Bond Interest Yield: The Case of Junk Bonds, in: Journal of Business Finance and Accounting, Vol. 21, 1994, S. 511-531.

CANTOR, R./PACKER, F.: The Credit Rating Industry, in: Federal Reserve Bank of New York Quarterly Review, Vol. 19, Nr. 2, Summer-Fall 1994, S. 1-26.

CANTOR, R./PACKER, F./COLE, K.: Split Ratings and the Pricing of Credit Risk, Research Paper, Federal Reserve Bank of New York, Nr. 9711, New York, March 1997.

CHANDRA, R.: Discussion of „Bond Ratings“, Bond Yields and Financial Information“, in: Contemporary Accounting Research, Vol. 9, No. 1, Fall 1992, S. 283-289.

FISHER, L.: Determinants of the Risk Premiums on Corporate Bonds, in: Journal of Political Economy, Vol. 67, No. 3, June 1959, S. 217-237.

FRIDSON, M. S./GARMAN, M. C.: Determinants of Spreads on New High-Yield Bonds, in: Financial Analysts Journal, Vol. 54, No. 2, 1998, S. 28-39

HEINKE, V. G.: Bonitätsrisiko und Credit Rating festverzinslicher Wertpapiere, Bad Soden/Ts. 1998.

HSUEH, L. P./KIDWELL, D. S.: Bond Ratings: Are Two Better Than One?, in: Financial Management, Vol. 17, Nr. 1, 1988, S. 46-53.

HSUEH, L. P./LIU, Y. A.: Market Anticipation and the Effect of Bond Rating Changes on Common Stock Prices, in: Journal of Business Research, Vol. 24, S. 225-239.

HSUEH, L. P./LIU, Y. A.: Should All Tax-Exempt Borrowers with Investment-Grade Quality Acquire Credit Ratings?, in: Journal of Business Finance & Accounting, Vol. 20, Nr. 3, January 1993, S. 291-306.

LAMY, R./THOMPSON, G. R.: Risk Premia and the Pricing of Primary Issue Bonds, in: Journal of Banking and Finance, Vol. 12, No. 2, S. 585-601.

LIU, P./MOORE, W. T.: The Impact of Split Bond Ratings on Risk Premia, in: Financial Review, Vol. 22, Nr. 1, February 1987, S. 71-85.

LIU, P./SEYYED, F. J.: The Impact of Socioeconomic Variables and Credit Ratings on Municipal Bond Risk Premia, in: Journal of Business & Accounting, Vol. 18, Nr. 5, 1991, S. 735-746.

LIU, P./THAKOR, A. V.: Interest Yields, Credit Ratings, and Economic Characteristics of State Bonds: An Empirical Analysis, in: Journal of Money, Credit and Banking, Vol. 16, 1984, S. 344-351.

LONGSTAFF, F. A./SCHWARTZ, E. S.: A Simple Approach to Valuing Risky Fixed and Floating Rate Debt, in: Journal of Finance, Vol. 50, Nr. 3, July 1995, S. 789-819.

MONRO-DAVIES, R.: Die Bonitätsbewertung von Banken, in: Handbuch Rating, hrsg. von Büschgen, H. E./Everling, O., Wiesbaden 1996, S. 175-218.

NÖTH, M.: Untersuchung der Renditestruktur im Markt der DM-Euroanleihen, in: Kredit und Kapital, 28. Jg., 1995, S. 535-568.

REITER, S. A./ZIEBART, D. A.: Bond Yields, Ratings, and Financial Information: Evidence from Public Utility Issues, in: Financial Review, Vol. 26, 1991, S. 45-73.

RICHARDSON, G. D.: Discussion of „Bond Ratings", Bond Yields and Financial Information", in: Contemporary Accounting Research, Vol. 9, Nr. 1, Fall 1992, S. 290-295.

SORENSEN, E. H.: Bond Ratings Versus Market Risk Premiums, in: Journal of Portfolio Management, Spring 1980, S. 64-69.

STEINER, M./HEINKE, V. G.: Rating aus Sicht der modernen Finanzierungs-theorie, in: Handbuch Rating, hrsg. von Büschgen, H. E./Everling, O., Wiesbaden 1996, S. 579-628.

WEST, R. R.: Bond Ratings, Bond Yields and Financial Regulation: Some Findings, in: Journal of Law and Economics, April 1973, S. 159-168.

ZIEBART, D. A./REITER, S. S.: Bond Ratings, Bond Yields and Financial Information, in: Contemporary Accounting Research, Vol. 9, Nr. 1, Fall 1992, S. 252-282.

Andreas Bezold

Bilanzstrukturmanagement im Spannungsfeld von Risikosteuerung und handelsrechtlicher Ergebnisperiodisierung

1. Überblick zum Bilanzstrukturmanagement in Kreditinstituten

Das Management der Bilanzstruktur gehört zu den Kernfunktionen von Unternehmen. Insbesondere vor dem Hintergrund einer ertragsorientierten Steuerung ist das Bilanzstrukturmanagement zu den strategischen Aufgaben einer Bank zu zählen. Aus diesem Grunde sind Einflussgrößen von Bedeutung, die sich nachhaltig auf den Unternehmenserfolg beziehungsweise auf den Unternehmenswert auswirken. Zu nennen sind hier beispielsweise starke Marktschwankungen, zunehmender Margendruck sowie Konzentrationsprozesse in der Finanzwelt. Das Bilanzstrukturmanagement muss durch Steuerungsimpulse den Führungsprozess des Bankmanagements unterstützen und die Fokussierung auf die strategisch bedeutsamen Ziele ermöglichen. Bildeten noch vor einigen Jahren die handelsrechtlichen Größen Bilanz sowie Gewinn- und Verlustrechnung eine hinreichende Grundlage für die meisten geschäftspolitischen Entscheidungen, so werden diese heute um risikoorientierte Größen ergänzt. Somit steht ein risikoorientiertes Bilanzstrukturmanagement immer mehr im Zentrum der strategischen Überlegungen.

1.1 Bilanzstrukturmanagement vor dem Hintergrund des Zielsystems einer Bank

Das Zielsystem einer Bank leitet sich aus der Anforderung ab, eine risikoadäquate Verzinsung des eingesetzten Kapitals sowie die Schaffung eines Mehrwertes für die Kapitaleigner sicherzustellen. Die Berücksichtigung der Kunden- und Mitarbeiterbedürfnisse hat bei Kreditinstituten als Dienstleistungsunternehmen gerade für die Steigerung des Shareholder Value besondere Bedeutung.

Das Bilanzstrukturmanagement einer Bank muss gerade im Hinblick auf das Zielsystem entsprechende Kenngrößen konsistent zu den Grundprinzipien einer ertragsorientierten Steuerung formulieren. Im Vordergrund stehen hierbei Gewinnbedarfs- und Mindestmargenanforderungen. Aufgrund einer von der Geschäftsleitung formulierten Rentabilitätsvorgabe, beispielsweise in Form eines RoE-Ziels (Return-on-Equity-Ziel) sind entsprechende Vorgaben für einzelne Geschäftsbereiche und/oder einzelne Teilergebnisse konsistent abzuleiten. Die strenge Bedingung der Sicherstellung der jederzeitigen Zahlungsbereitschaft stellt ein weiteres Ziel im Rahmen des Zielsystems einer Bank dar. Dies kann über entsprechende Kenngrößen gewährleistet werden, wobei Cash-Flow-Analysen als Basis dienen.

Des Weiteren ist das Zielsystem einer Bank geprägt von dem Streben nach Sicherheit. Im klassischen Sinne wurde unter Sicherheit die Vermeidung von Risiko angesehen. Im heutigen Sinne wird unter Sicherheit das bewusste und kontrollierte Eingehen von finanziellen Risiken verstanden. Die Geschäftsführung hat hier im Rahmen der Festlegung der Risikopolitik Normen und Standards zur Risikomessung und -begrenzung festzulegen.

1.2 Bilanzstrukturmanagement als Risikomanagement

Das Bilanzstrukturmanagement wird im Rahmen des Risikomanagements in ein Konzept der integrativen Risiko- und Rentabilitätssteuerung eingebunden. Dieses bezieht sich unter anderem auf die Planung und Steuerung der verschiedenen Komponenten des Kundengeschäfts, eigener Positionen im Rahmen des Eigenhandels der Bank sowie kompensatorischer Eigengeschäfte im Rahmen der Fristentransformation. Die Sicherstellung der jederzeitigen Zahlungsbereitschaft und die Einhaltung der aufsichtsrechtlichen Mindestanforderungen an die Eigenkapitalausstattung sind ebenfalls zu gewährleisten.

Zur systematischen Erfassung der finanziellen Risiken in einer Bank ist zunächst deren Identifikation und Quantifizierung erforderlich, um anschließend eine entsprechende Steuerung zu etablieren. Die finanziellen Risiken einer Bank lassen sich in mehrere Risikokategorien aufteilen: Marktrisiken, Adressenrisiken, operative Risiken und Liquiditätsrisiken.

Marktrisiken resultieren aus der Gefahr einer negativen Entwicklung des Portfoliowertes durch Veränderungen von Marktpreisen und -parametern. Hierunter sind Zinsänderungsrisiken, Währungsrisiken und sonstige Preisrisiken, wie beispielsweise Aktienkursrisiken, zu fassen. Im Rahmen des Bilanzstrukturmanagements sind insbesondere die Zinsänderungsrisiken aus der Steuerung der Fristentransformation zu beachten.

Zur Marktrisikomessung hat sich in den letzten Jahren das Verfahren des Value at Risk als Marktstandard etabliert. Der Value at Risk kennzeichnet einen möglichen Verlust, der innerhalb eines vorgegebenen Zeitraums bei unterstellten Veränderungen von Marktwerten auftreten kann. Die hierbei zu berücksichtigenden Marktschwankungen müssen für ein zu bestimmendes Konfidenzniveau, zum Beispiel 95 Prozent, und eine festzulegende Haltedauer, zum Beispiel ein Tag, ermittelt werden. Da die Schwankungen der Marktparameter nicht in dem selben Maße zur gleichen Zeit auftreten, ergeben sich aufgrund der Korrelationen der Marktparameter untereinander risikomindernde Effekte auf Portfolioebene, sogenannte Diversifikationseffekte.

Im Gegensatz zu den übrigen Marktrisiken sind die Zinsänderungsrisiken aus dem kommerziellen Geschäft derzeit nicht mit Eigenkapital zu unterlegen. Dies wird jedoch aktuell zwischen den Banken und der Bankenaufsicht diskutiert. Intern ist es durchaus als Marktstandard anzusehen, dass für diese Risiken ein Value at Risk berechnet wird.

Die Steuerung der Marktrisiken erfolgt mittels Vergabe entsprechender Value-at-Risk-Limite und der täglichen Überwachung und Reporting durch ein unabhängiges Risikocontrolling. Neben der Verwendung des Value at Risk finden zusätzliche operationale Steuerungsgrößen für die tägliche Risikosteuerung Verwendung. Zu diesen Risikogrößen zählen etwa laufzeitspezifische Sensitivitäten, die die Veränderung des Portfoliowertes bei Zinssatzvariationen um einen Basispunkt kennzeichnen.

Die Adressenrisiken lassen sich als mögliche Verluste definieren, die aufgrund eines Zahlungsausfalls der Gegenpartei oder aufgrund einer Änderung der Bonitätszugehörigkeit (Rating) entstehen. Bei den Adressenrisiken werden Kreditrisiken aus dem kommerziellen Bankgeschäft und Kontrahentenrisiken aus Handelsgeschäften unterschieden.

Allerdings steht die Entwicklung der Adressenrisikomodelle im Vergleich zu den bereits am Markt etablierten Marktrisikomodellen noch in den Anfängen. Derzeit werden am Markt unterschiedliche Modelle zur Credit-Value-at-Risk-Berechnung angeboten. Der Credit Value at Risk berechnet den unerwarteten Verlust als mögliche Abweichung vom erwarteten Verlust. Der erwartete Verlust wiederum kennzeichnet den von der Bank erwarteten Verlust in Form der Standardausfallkosten, die bereits in den Kreditkonditionen bei Abschluss eines Kredites berücksichtigt werden.

Die Datengewinnung für die Berechnung des Credit Value at Risk stellt eine große Herausforderung dar. Beispielsweise werden Zeitreihen für Ausfallraten einzelner Ratingkategorien sowie Erlösquoten für einzelne Produktgruppen benötigt. Für die Berechnung des Diversifikationseffektes auf Portfolioebene müssen Korrelationen zwischen einzelnen Branchen und Volkswirtschaften berücksichtigt werden, die nur zum Teil aus externen Ratinginformationen oder den Entwicklungen von Aktienkursen abgeleitet werden können.

Die zentrale Berechnung eines Credit Value at Risk ersetzt nicht die traditionellen Bonitätsbeurteilungen bei der Kreditvergabe. Die Steuerung erfolgt ebenfalls über einzelgeschäftsbasierte Kreditgenehmigungen sowie regelmäßige Analysen von Kreditnehmereinheiten und Portfolien. Intern werden die Kreditnehmer verschiedenen Bonitätsgruppen, den sogenannten Ratingklassen, zugeordnet, um eine differenzierte Analyse möglicher Ausfallraten durchführen zu können. Weitere Limite für Branchen und Kreditgrößen werden zur Begrenzung von Klumpenrisiken eingesetzt. Zur Reduzierung des Adressenrisikos werden zunehmend umfassende, produktübergreifende Rahmenverträge mit Geschäftspartnern abgeschlossen, die ein beiderseitiges Aufrechnen, auch über verschiedene Produktgruppen hinweg, ermöglichen. Dieses Verfahren wird als Netting bezeichnet.

Zunehmende Bedeutung erlangen die operativen Risiken. Sie umfassen alle Risiken, die beispielsweise durch System- und Kommunikationsfehler, Prozessfehler, menschliche Fehler oder Veränderungen von vertraglichen oder rechtlichen Verhältnissen entstehen. Aufsichtsrechtlich sind die operativen Risiken derzeit noch nicht mit Eigenkapital zu unterlegen. Es hat sich bislang am Markt auch noch kein Standard für die Risikoquantifizierung herausgebildet. Es finden jedoch erste Diskussionsrunden zwischen den Banken und der Bankenaufsicht über angemessene Methoden zur Ermittlung und Steuerung der operativen Risiken statt.

Die Steuerung der operativen Risiken erfolgt über die Fokussierung auf die Kontrolle der Prozesse in den verschiedenen Ebenen. Insbesondere im IT-Bereich und in den Ablauforganisationen von Banken werden technische und organisatorische Maßnahmen umgesetzt, die das Risiko begrenzen bzw. vermeiden sollen.

Das Liquiditätsrisiko birgt als klassisches Bankrisiko die Gefahr, dass die Bank ihren gegenwärtigen und zukünftigen Zahlungsverpflichtungen nicht vollständig oder zeitgerecht nachkommen kann. Die Erfassung der Liquiditätsrisiken erfolgt aufsichtsrechtlich nach dem neuen Grundsatz II. Dieser soll sicherstellen, dass ein Kreditinstitut über ausreichende Liquidität verfügt, indem eine entsprechende Liquiditätskennzahl nicht unterschritten werden darf. Diese Kennzahl wird monatlich als Quotient von verfügbaren Zahlungsmitteln zu innerhalb eines Monats abrufbaren Zahlungsverpflichtungen bestimmt. Zahlungsmittel werden als risikoentlastend definiert, wohingegen Zahlungsverpflichtungen als risikobelastend einzustufen sind. Für weitere drei Laufzeitbänder bis zu zwölf Monaten sind analog zu der Berechnung der Liquiditätskennzahl sogenannte Beobachtungskennzahlen zu ermitteln.

Bankintern werden die aufsichtsrechtlich vorgegebenen Liquiditätskennzahlen in der Regel auf Zeiträume größer zwölf Monate für eine langfristige Liquiditätsplanung und somit eine Steuerung der mittel- und langfristigen Refinanzierung ausgedehnt. Dies begründet sich insbesondere aufgrund der Notwendigkeit einer langfristigen Liquiditätssicherung, des Offenhaltens von Geldhandelslinien sowie der Investorenpflege.

Im Rahmen des Bilanzstrukturmanagements ist letztendlich die Quantifizierung und Steuerung des Zinsänderungsrisikos der gesamten Bilanzstruktur sowie der außerbilanziellen Positionen maßgeblich. Im Folgenden wird daher der Fokus auf die Messung und Steuerung dieser Zinsänderungsrisiken des kommerziellen Bankgeschäfts sowie auf die notwendigen Überleitungen zur handelsrechtlichen Ergebnisperiodisierung gelegt.

2. Zinsänderungsrisiken im kommerziellen Bankgeschäft

Für das Kreditinstitut stellt sich nach der Bündelung der Zinsänderungsrisiken in einer zentralen Einheit, der Treasury, die Frage, wie diese Zinsänderungsrisiken gemessen werden sollen. In der Regel werden zwei Ansätze verfolgt, die sowohl alternativ, jedoch besser nebeneinander verwendet werden sollten: die periodenbezogene Risikomessung und die barwertige Risikomessung.

2.1 Periodenbezogene Zinsrisikomessung

Die periodenbezogene Zinsrisikomessung konzentriert sich auf die Quantifizierung der durch Zinsschwankungen hervorgerufenen Veränderungen der Periodenergebnisse. Zur Messung dieser Veränderungen werden unterschiedliche Größen herangezogen: der Zinsüberschuss, das Betriebsergebnis, die marktzinsbedingten Marktwertänderungen auf die Anleihebestände und der Jahresüberschuss.

Ein Instrument zur Darstellung der periodischen Risikosicht stellt die traditionelle Zinsablaufbilanz dar. Hier werden die festverzinslichen Aktiv- und Passivpositionen mit ihren

Beständen in einem Fälligkeitsraster gegenüber gestellt. Ein Zinsrisiko ist beispielsweise bei einem Aktivüberhang darin zu sehen, dass die (nicht explizit abgebildete) variable Refinanzierung sich bei steigenden Zinsen verteuert. Das Risiko resultiert aus der – im Gegensatz zum Barwertansatz -variablen Position.

Wird zum Beispiel ein 2-Jahres-Festsatzkredit von 100 Mio. € über eine 1-Jahres-Termineinlage (festverzinslich) refinanziert, so entsteht im ersten Jahr kein Zinsänderungsrisiko. Ein Zinsrisiko ergibt sich erst später, da sich die Anschluss-Refinanzierung in einem Jahr bei einem Zinsanstieg verteuern kann. Steigt der variable Zins um einen Prozentpunkt, so sinkt die Marge nach einem Jahr um 1 Mio. €. Bei dieser einfachen Sichtweise ist die Art und Laufzeit der Anschlussfinanzierung nicht näher spezifiziert.

Im Unterschied zur Zinsablaufbilanz, die nur Festzinspositionen berücksichtigt, werden im Konzept der Elastizitätsbilanz auch die zinsvariablen Positionen erfasst. Die Elastizität kennzeichnet die Reagibilität des Kundenzinses zum Beispiel des Satzes für Spareinlagen bei Veränderungen eines am Markt vorhandenen Referenzzinses wie zum Beispiel des Tagesgeldsatzes. Somit können in Abhängigkeit von Marktsätzen Veränderungen des Zinsergebnisses simuliert werden.

Im Rahmen einer erweiterten periodenbezogenen Risikodefinition wird das Risiko als eine mögliche Verteuerung des Schließens von offenen Positionen definiert. Hedgepositionen werden beginnend mit der längsten Laufzeit für alle offenen Positionen aufgebaut. Anschließend wird das jeweilige Zinsergebnis der einzelnen Jahre ermittelt. In einem nächsten Simulationsschritt werden die derzeitigen Zinssätze am Geld- und Kapitalmarkt variiert und ausgehend von der Grundstruktur vor Hedging die offenen Positionen zu diesen simulierten Konditionen geschlossen. Die auf diese Weise gemessenen Zinsergebnisse werden den zuvor ermittelten Ergebnissen gegenübergestellt. Die Veränderung ergibt das periodenbezogene Zinsrisiko.

Im dem oben erwähnten Beispiel würden zur Schließung der offenen Position exakt zwei Gegengeschäfte mit Laufzeiten von zwei bzw. einem Jahr zu den derzeit geltenden Konditionen durchgeführt. Bei einer unterstellten Erhöhung des 1-Jahres-Satzes um 0,7 Prozentpunkte, des 2-Jahres-Satzes um einen Prozentpunkt und einer danach erfolgenden Schließung vermindert sich das periodenbezogene Zinsergebnis um 0,3 Mio. €.

Die Art und die Struktur der verwendeten Zinsszenarien hängt davon ab, auf welche Effekte hin die Zinsreagibilität der Periodenergebnisse untersucht werden soll. Denkbar sind einfache Shifts der gesamten Zinskurve bis hin zu einer Modellierung der einzelnen Stützpunkte der Zinskurve, abgeleitet aus der Historie oder mittels statistisch fundierter Modellrechnungen.

Um ein vollständiges Bild über alle eingegangenen Zinsänderungsrisiken zu gewinnen, müssen Risikokennzahlen für alle zukünftigen Periodenergebnisse berechnet werden, für die Zinsbindungen im bilanziellen Geschäft und im Derivateportfolio einer Bank enthalten sind. Eine Beschränkung auf wenige Perioden zeigt ein unvollständiges Bild des Zinsänderungsrisikos und ist so nicht zur Steuerung der Zinsrisiken verwendbar.

Die Grenzen der periodenorientierten Risikomessung zeigen sich schnell, wenn eine Wertung der unterschiedlichen Risikokennzahlen der einzelnen Perioden in Abhängigkeit von ihrem zeitlichen Auftreten vorgenommen wird. Treten in den verschiedenen Perioden unterschiedliche Periodenergebnisänderungen auf, ist eine Beurteilung der Risikohöhe ohne Einbezug der zeitlichen Komponente nicht mehr möglich. Daher ist es notwendig, die zeitliche Verteilung von Risikobeträgen in die Risikomessung zu integrieren. Das geschieht durch die Berechnung von Barwerten.

2.2 Barwertorientierte Zinsrisikomessung

Bei der Barwertmethode können zwei Betrachtungsweisen unterschieden werden, die jedoch zu ähnlichen Ergebnissen führen. Im ersten Ansatz werden die oben erwähnten zukünftigen Veränderungen der Periodenergebnisse durch Diskontierung mit der risikofreien Marktzinskurve auf den Auswertungszeitpunkt bezogen und dort zu einer Risikokennzahl zusammengefasst.

In dem zweiten Ansatz wird eine barwertige Abbildung jedes einzelnen Geschäfts vorgenommen. Das Zinsänderungsrisiko ergibt sich dann aus der Summe der Veränderungen der Barwerte der Einzelgeschäfte bei unterstellter Variation der risikofreien Marktzinssätze. Für die Etablierung einer Zinsrisikoanalyse für das kommerzielle Geschäft werden Barwertänderungen auf Basis von verschiedenen, standardisierten Verschiebungen der Zinskurve (zum Beispiel einem Basispunkt nach oben) berechnet. Dadurch wird ein Sensitivitätenprofil generiert, dass die Zinsempfindlichkeit der Barwerte in den jeweiligen Laufzeitbereichen zeigt. Die Veränderung der aggregierten Risikokennzahl für alle Laufzeitbereiche wird durch Addition der einzelnen Barwertabweichungen ermittelt.

Mit Hilfe des Sensitivitätenprofils kann auch der Einfluss von nicht linearen Bewegungen der Zinskurve abgeschätzt werden. Ebenso ist es möglich, extreme Bewegungen der Zinskurve und deren Einfluss auf die Risikokennzahl zu simulieren (Stress Szenarien). Sensitivitätsprofile bilden auch die Voraussetzung für die Berechnung der bereits im ersten Kapitel beschriebenen Value-at-Risk-Kennziffern.

Die barwert- und periodenbezogenen Analysen sollten durchaus nebeneinander eingesetzt werden, da sich die beiden Ansätze in ihren Steuerungsimpulsen ergänzen. Die periodenbezogene Zinsablaufbilanz kann für die Planung und Steuerung der Periodenergebnisse eingesetzt, wohingegen die Barwerte zur Limitierung der Risikopositionen herangezogen werden.

2.3 Risikosteuerung über Limite und Mikro-/Makro-Hedging

Die Steuerung der Zinsänderungsrisiken einer Geschäftsbank erfolgt zentral in der Treasury. Die Übertragung der Zinsänderungsrisiken von einem Filialinstitut auf die Treasury erfolgt durch ein Transferpreissystem, das durch die Verwendung von marktorientierten, strukturkongruenten internen Verrechnungszinsen (im Sinne des Opportunitätsprinzips) die Margen der Geschäftsbereiche über die Zinsbindungsdauer des Kundengeschäfts sichert. Das bedeutet, dass eine zentrale Steuerung der Zinsänderungsrisiken nur im Verbund mit der konsequenten Anwendung der Marktzinsmethode in der Bank zu verwirklichen ist.

Wird das Zinsänderungsrisiko in einer Universalbank ertragsorientiert in einer Treasury gesteuert, sollte die Positionierung durch ein Limitsystem begrenzt werden. Welche Limite im Einzelnen eingeführt werden, orientiert sich im Wesentlichen an den Risikomaßen, die zur Steuerung der Zinsänderungsrisiken Anwendung finden. In komplexen Limitsystemen können mittels Value at Risk und Sensitivitäten die einzelnen Facetten des Zinsänderungsrisikos, wie zum Beispiel Basisrisiken oder Timespreads, sehr wirkungsvoll begrenzt werden.

Zur Begrenzung des Zinsänderungsrisikos innerhalb vorgegebener Limite werden von der Treasury Hedges durchgeführt. Hierbei sind einzelgeschäftsbezogene Mikro-Hedges und portfoliobezogene Makro-Hedges zu unterscheiden. Als Mikro-Hedging wird die fristenkongruente Absicherung von Zinsänderungsrisiken durch Transaktionen, die dem Grundgeschäft weitestgehend entsprechen, bezeichnet. Dadurch lassen sich Zinsänderungsrisiken nicht nur reduzieren, sondern tatsächlich vermeiden. Es ist offensichtlich, dass das Verfahren, jedes Geschäft einzeln abzusichern, hohe Kosten verursacht. Diese entstehen sowohl durch die Anforderungen an das Datenmanagement, zahlreiche Marktzutritte, geringe Losgrößen und nicht marktkonforme Transaktionsparameter, wie ungerade Laufzeiten und marktunübliche Zinskonventionen.

Mikro-Hedging hat seine Berechtigung dort, wo es um die zeitnahe Absicherung von großvolumigen Einzelgeschäften geht. Das Verfahren ist unpraktikabel, wenn eine Zinsrisikoabsicherung im Mengengeschäft vorgenommen werden soll. Ein Vorteil des Mikro-Hedgings ist der Verzicht auf die Etablierung eines Limitsystems, da alle Zinsrisiken sofort gehedgt werden. Gleichzeitig wird auf die Möglichkeit einer flexiblen, aktiven Risikosteuerung und die Nutzung von Chancen verzichtet.

Durch den Fokus auf eine aktive Portfoliosteuerung anstelle der Einzelkontraktabsicherung wird immer häufiger das Makrohedging dem Mikrohedging vorgezogen. Die Vorteile sind aus den oben genannten Nachteilen des Mikrohedgings ableitbar: flexibler Hedgeansatz zur Ausnutzung von Marktentwicklungen, Zusammenfassung von mehreren Einzelpositionen zu marktgängigen Volumengrößen und dadurch Durchsetzung von günstigeren Preisen, Hedges auf Standardstrukturen statt auf individuellen Cash-Flow-Strukturen einzelner Geschäfte.

Im Rahmen eines ertragsorientierten, aktiven Bilanzstrukturmangements einer Universalbank und der damit erforderlichen Steuerung von Zinsänderungsrisiken ist der Einsatz von Makro-Hedging eine notwendige Voraussetzung.

3. Bilanzstrukturmanagement und periodische Ergebnisermittlung aufgrund handelsrechtlicher Normen

Die Ergebnisermittlung der Kreditinstitute für eine Rechnungsperiode erfolgt auf der Grundlage handelsrechtlicher nationaler Ansatz- und Bewertungsnormen (zum Beispiel dem deutschen HGB) und/oder – auf Konzernebene – entsprechender internationaler Rechnungslegungsstandards (zum Beispiel IAS, US-GAAP). Insbesondere die internationalen Rechnungslegungsregeln gewinnen dabei zunehmend auch für deutsche Kreditinstitute an Bedeutung.

3.1 Überblick über die internationalen Rechnungslegungsregularien der Ergebnisermittlung

Die Abbildung der Aktivitäten des Bilanzstrukturmanagements in der Rechnungslegung von Kreditinstituten stellt ein zentrales Thema in der Diskussion internationaler Standard Setter um die Einführung von Rechnungslegungsstandards für Finanzinstrumente dar. In diesem Zusammenhang sind die Ende 1998 verabschiedeten IAS 39 „Financial Instruments: Recognition and Measurement" sowie ihre US-amerikanisches Pendants FAS 133, 138 „Accounting for Derivative Instruments and Hedging Activities" zu nennen.

Einigkeit besteht in den Diskussionen dahingehend, dass traditionelle Methoden für eine Bilanzierung derivativer Finanzinstrumente nicht adäquat sind. Für den Handelsbestand haben sich in der Praxis Lösungen wie die Bildung von Bewertungseinheiten entwickelt, die sehr schnell an die eng gezogenen Grenzen traditioneller deutscher Bilanzierungsgrundsätze stoßen. Eine Marktbewertung des Handelsbestandes ist folgerichtig mittlerweile Standard im Konzernabschluss international bilanzierender Kreditinstitute. Diese hat sich nicht zuletzt auf Grund der Erkenntnis durchgesetzt, dass nur durch eine Fair-Value-Bewertung die Erfolgsquelle Eigenhandel transparent wird.[1]

Als Fair Value bezeichnet man den Betrag, zu dem ein Finanzinstrument zwischen sachverständigen, vertragswilligen und unabhängigen Parteien, die nicht unter Handlungszwang stehen, fairerweise gehandelt werden kann. Der Fair Value wird am besten durch einen Marktpreis ausgedrückt, soweit ein solcher zur Verfügung steht. Für Finanzinstrumente, die nicht auf organisierten Märkten gehandelt werden und ein Marktpreis demzufolge nicht existiert (zum Beispiel nicht börsengängige Derivate), erfolgt die Ermittlung des Fair Value mit geeigneten finanzmathematischen Bewertungsmodellen (Mark-to-Market-Model) unter Beachtung von Credit- und Liquidity-Spreads.

1 Vgl. Krumnow 1996, S. 396.

Im März 1997 hat das IASC ein Diskussionspapier vorgelegt, das für alle Kategorien von Finanzinstrumenten unabhängig ob Handelsbestand oder Nichthandelsbestand eine umfassende Fair-Value-Bewertung vorsieht.[2] Für das traditionelle Bankgeschäft ist der sehr theoretische und sehr anspruchsvolle Ansatz auf scharfe Kritik nicht zuletzt von Seiten der Kreditwirtschaft gestoßen.[3] Das traditionelle Zinsgeschäft weist naturgemäß nicht die hohe Ergebnisvolatilität auf, die im Eigenhandel anzutreffen ist. Dies beruht auch darauf, dass eine zentrale Zinsrisikosteuerung bei Universalbanken mittlerweile Marktstandard ist. Das Adressenausfallrisiko als entscheidender Risikofaktor des kommerziellen Bankgeschäfts wird in diesem Zusammenhang nicht durch eine weitergehende Fair-Value-Bewertung, sondern durch eine Aufgliederung der Risikovorsorge transparent.

Unter Kosten-Nutzen-Aspekten wird daher von Banken der sogenannte Mixed Approach favorisiert.[4] Dieser sieht eine Fair-Value-Bewertung im Eigenhandel und eine At-Cost-Bewertung im traditionellen Bankgeschäft vor. Informationen zum Fair Value kommerzieller Bankprodukte werden in den Erläuterungen (Notes) zum Geschäftsbericht gegeben. Um alle Ertragsquellen einer Universalbank (Eigenhandel, Zinsgeschäft und nicht kapitalgebundenes Dienstleistungsgeschäft) in einem Jahresabschluss sachgerecht darzustellen, sind für den Mixed Approach auch Zins-Hedges in der Rechnungslegung abzubilden. Risikomäßig wird im Rahmen der Banksteuerung lediglich die Nettoposition mittels dynamischer Hedges gesteuert. Direkte Zuordnungen zwischen einzelnen Krediten und Einlagen und den zu Sicherungszwecken eingesetzten derivativen Finanzinstrumenten sind aus Gründen der praktischen Handhabung unmöglich. Hat die Zinsrisikosteuerung bei dezentraler Organisation keinen externen Marktzugang, sind auch intern mit dem Eigenhandel geschlossene Geschäfte zu berücksichtigen.[5].

Sowohl IAS 39 als auch FAS 133 sehen die Fair-Value-Bewertung sämtlicher derivativer Finanzinstrumente vor. Für Derivate, die zur Sicherung von Nichthandelspositionen abgeschlossen werden, ergibt sich aus der differierenden Behandlung von zinsinduzierten Wertänderungen für Grundgeschäft und Sicherungsderivat somit eine wirtschaftlich nicht sinnvolle Darstellung in der Gewinn- und Verlustrechnung. Wurden diese Effekte bislang durch die Nichtbewertung des Sicherungsderivates vermieden (Off-Balance-Ansatz), so führen die aktuellen Regeln des Hedge-Accountings[6] nunmehr zu einer zinsinduzierten, jedoch symmetrischen Bewertung von Grund- und Sicherungsgeschäft (On-Balance-Ansatz).

2 Vgl. IASC 1997.

3 Auch theoretisch ist der Ansatz nicht unumstritten, vgl. zum Beispiel Schildbach 1999, S. 177 ff. kritisch ferner: Basel Committee, April 2000; S. 3 ff, 18 ff, Tz. 47.

4 Vgl. Joint Working Group of Standard Setters 1999.

5 Vgl. zum Beispiel Bezold 1995, S. 341 ff.; Krumnow 1995, S. 11 ff.; Naumann 1995, S. 183 ff.; Wittenbrink/Göbel 1997, S. 270-274.; Diese Sichtweise wird auch von Seiten der Bankenaufsicht unterstützt, vgl. Basel Committee, April 2000.

6 IAS 39, 136.

3.2 Kritische Anmerkungen zum Hedge-Accounting nach IAS 39

Die Regelungen zum Hedge-Accounting in IAS 39 – nach den zuerst diskutierten Interpretationen akzeptieren lediglich Perfect-Hedge-Beziehungen. Derivatives Sicherungsgeschäft und bilanzielles Grundgeschäft müssen eindeutig zuzuordnen sein und in hohem Maße gegenläufige Wertentwicklungen aufweisen. Eine Zuordnung von Risikopositionen durch Bilden von Zins-Makro-Hedges wird aus Furcht vor bilanzieller Willkür nicht anerkannt. Im Rahmen dynamischer Sicherungsstrategien unvermeidbare temporäre Hedge-Mismatches führen zu einer sofortigen Auflösung der Sicherungsbeziehung. Die Bilanzierungsvorschriften schließen damit andere Maßnahmen der Risikoreduktion aus.

Für die Anwendung des Hedge-Accountings im Rahmen von IAS 39 müssen folgende Kriterien kumulativ erfüllt sein:[7]

- Der Sicherungszusammenhang zwischen dem Grund- und Sicherungsgeschäft muss bereits bei Abschluss des Sicherungsgeschäfts dokumentiert werden, wobei unter anderem die Zielsetzung des Managements und das Risiko zu benennen sind.
- Das Sicherungsgeschäft darf nicht intern mit dem Handel abgeschlossen werden, es sei denn, der Handel schließt das Sicherungsgeschäft 1:1 extern ab.
- Der Sicherungszusammenhang muss effizient sein (das heißt Fair-Value- oder Cash-Flow-Veränderungen aus Grund- und Sicherungsgeschäft heben sich gegenseitig auf).
- Die Effizienz des Sicherungszusammenhangs muss zuverlässig ermittelbar sein und laufend überwacht werden, ausgenommen sind Perfect-Hedges.
- Eine geplante, mit einem Cash-Flow-Hedge abzusichernde Transaktion (zum Beispiel Wertpapierterminkauf) muss sehr wahrscheinlich sein und Cash-Flow-Risiken (erwarteter Kursanstieg bei Termin) aufweisen.

Die Regelungen zum Hedge-Accounting nach US-GAAP sehen eine noch strengere Zuordnung zwischen dem einzelnen Grundgeschäft und dem Sicherungsgeschäft vor.

Eine solche restriktive Sichtweise birgt nicht zu unterschätzende Gefahren, wenn Unternehmen ihre interne Steuerung an Rechnungslegungsvorschriften anpassen sollten[8]. Mikro-Hedges, die für sich genommen einen Perfect-Hedge darstellen, können gleichwohl die Gesamtrisikoposition eines Unternehmens erhöhen. Während solche quasi offenen Risikopositionen erzeugenden Sicherungsbeziehungen nach IAS/US-GAAP anerkannt werden, finden wertkompensierende Effekte einer Gesamtzinssteuerung keine Berücksichtigung.

---

7 Vgl. auch IAS 39 142; Price Waterhouse Coopers 1999, S. 178.

8 Basel Committee, April 2000, S. 2, 15 Tz. 36: „would be of concern ..if the restrictive nature of the hedging provisions of IAS 39 encouraged banks to move away from meeting the principles for best practice global risk management."

Die Nichtanerkennung der Makro-Hedges innerhalb des Hedge-Accountings führt, aufgrund der damit verbundenen uneinheitlichen Erfassung von zinsinduzierten Wertänderungen, immer zu Verfälschungen der Ertragslage und damit zu einem Verstoß gegen das Prinzip des „true and fair view“. Wird das Kreditneugeschäft nicht offen gelassen, sondern teilweise gehedgt, so führen sinkende Zinsen zu einem negativen Barwert des Swaps. Dem negativen Wert des Swaps steht in der Gewinn- und Verlustrechnung keine ausgleichende Wirkung aus dem Kreditgeschäft entgegen, so dass dies zu einer Ergebnisverzerrung führt. Proberechnungen bei deutschen Banken haben gezeigt, dass eine derartige Umsetzung dieser Regeln zu unvorhersehbaren Schwankungen in der Gewinn- und Verlustrechnung führt. Bei vier von fünf Banken betrug die Höhe der Verzerrungen des Netto-Betriebsergebnisses 50 Prozent und mehr. Die Volatilität des Ergebnisses erhöht sich beträchtlich, ohne dass sich das Risiko des zugrundeliegenden Geschäfts geändert hat. Impliziert wird damit eine Veränderung in der Geschäftstätigkeit, die so nicht stattgefunden hat.

3.3 Lösungsansätze des IAS 39 Implementation Guidance Committees

Angesichts weltweit geringer Erfahrung mit den neuen Vorschriften berief der IASC Board im März 2000 ein Implementations Guidance Committee (IAS 39 IGC), welches im Wege der Veröffentlichung von „Question and Answers (Q&A)“ Hilfestellung bei der praktischen Anwendung für eine Reihe von Fragestellungen geben sollte. Hierzu gehörten auch die Diskussionen, ob die Hedge Accounting Regeln in Formen angewandt werden könnten, die mehr im Einklang mit anerkannten „best practices“ des Risikomanagements stünden.[9]

Die vom IAS 39 IGC veröffentlichten Q & A[10] geben in der Tat eine Reihe von Hilfestellungen zu Fragen des Hedge Accounting.

Sie machen deutlich, dass es sich bei IAS 39 um eigene Regeln handelt, die mit FAS 133 nicht deckungsgleich sind und deren Interpretation sich nicht aus FAS 133 ableiten lässt. So ist zum Beispiel (im Gegensatz zu US GAAP) ein partial term hedge als hedge eines Teils eines Risikos[11] zulässig, dagegen der Verzicht auf den „effectiveness test“ durch Unterstellung der vollkommenen Hedge Wirksamkeit[12] (perfect hedge, sog. „short cut method“) nicht.

Wichtiger ist die Klarstellung, dass IAS 39 statt eines rein instrumentellen Ansatzes die Steuerung von Risikokomponenten[13], zum Beispiel des risikofreien Zinssatzes, akzeptiert.

9 Basel Committee, a. a. O., S. 14 Tz.32.
10 IASC, IAS 39 Implementation Guidance, Question and Anwers, insbes. Q&A 121 ff.
11 s. Fn. 10, Q&A 128 ff.
12 s. Fn. 10, Q&A 147.
13 s. Fn. 11.

Die Ausführungen der IAS 39 IGC verdeutlichen, dass zwischen einem Fair-Value- und einem Cash-Flow-Hedge zwar kein Unterschied für die Risikoabdeckung besteht, jedoch scheint der Cash-Flow-Hedge eher geeignet, der heutigen Praxis des Asset-Liability-Managements nahe zu kommen[14]. So erlaubt der Cash-Flow-Hedge die Aggregation von Cash-Flows zukünftiger (variabler) Zinszahlungen – als klares Beispiel: IAS 39 139 c). Die Ermittlung des Risikos kann wie bisher auf Netto-Basis erfolgen, lediglich die „designation" für die Rechnungslegung muss brutto erfolgen. Das gesicherte Geschäft (Grundgeschäft) sind die zukünftigen Zinszahlungen. Daher ist auch die Dokumentation der Hedge-Beziehung auf der Ebene des Cash-Flow-Generators möglich, den Banken häufig zur Ermittlung ihres Exposures einsetzen. Da die zukünftigen Zahlungen in der GuV und nicht in der Bilanz erfasst werden, ist auch kein (aufwendiges) Basis Adjustment erforderlich. Zum Zeitpunkt der Zinszahlung ist lediglich die Veränderung des Fair-Value des derivativen Hedge-Geschäftes aus dem Eigenkapitalposten in die GuV zu buchen.

Dennoch ist unzweifelhaft, dass die neuen Vorschriften höhere Anforderungen an die Dokumentation als bisher üblich stellen. Aus diesem Grunde wird sich auch emfehlen, bei Erforderlichkeit eines Fair-Value-Hedges die Dokumentation und Abwicklung in der Form eines Mikrohedges zu wählen. Aber auch die Umstellung des Asset-Liability-Managements auf die Technik der Dokumentation als Cash-Flow-Hedge wird für die Unternehmen aufwendig, wenngleich wohl lösbar.

4. Ausblick

Die Diskussion um die richtige Anwendung von IAS 39 wird ebenso wie die Veröffentlichung von Q&A durch das IAS 39 IGC andauern. Auch die Veröffentlichung zu „internen Geschäften" als Dokumentation interner Leistungsbeziehungen geht dabei in die richtige Richtung.

Mit IAS 39 erfolgt erstmalig international – und außerhalb der USA wohl auch für die meisten Länder national – eine Festschreibung der Regeln zum Hedge Accounting. Hieraus ergibt sich eine vertiefte Beschäftigung und genauere Abgrenzung der Ergebnisabbildung zwischen Bankbuch und Handelsbuch.

Die Übertragung des Zinsrisikomanagements an die Handelsabteilungen der Banken folgte der Erkenntnis, dass das zeitnahe Management dieses Risikos an einer Stelle konzentriert und von entsprechend ausgebildeten Spezialisten wahrgenommen werden sollte. Es wird täglich gemanagt und die „Performance" mark-to-market gemessen. Es zeichnet sich ab, dass die neuen Vorschriften auch dazu führen könnten, dass das Ergebnis dieses Zinsmanagements Bestandteil des Handelsergebnis wird.

14 s. Fn. 10, a. a. O.

Literaturhinweise

BASEL COMMITTEE ON BANKING SUPERVISION: Report to G7 Finance Ministers and Central Bank Govenors on international Accounting Standards, April 2000.

BEZOLD, A.: Finanzinstrumente in der (internen) Risiko- und Ergebnissteuerung, in IDW (Hrsg.): Bericht über die Fachtagung 1994, Düsseldorf 1995.

IASC: Accounting for Financial Assets and Financial Liabilities, März 1997.

IASC: IAS 39 Implementation Guidance, Question and Anwers, 2000.

JOINT WORKING GROUP OF STANDARD SETTERS: Financial Instruments – Issues Relating to Banks vom 31. August 1999

KRUMNOW, J.: Das derivative Geschäft als Motor des Wandels im Bankcontrolling, in: DBW, 1995.

KRUMNOW, J.: IAS-Rechnungslegung für Banken, in: Die Bank, 1996, S. 396.

NAUMANN, TH.: Bewertungseinheiten im Gewinnermittlungsrecht der Banken, Düsseldorf 1995.

Price Waterhouse Coopers: IAS für Banken, Frankfurt 1999.

SCHILDBACH, TH.: Zeitbewertung, Gewinnkonzeptionen und Informationsgehalt – Stellungnahme zu Financial Assets and Liabilities – Fair Value or Historical Cost?, in: Wpg, 1999.

WITTENBRINK, C./GÖBEL, G.: Interne Geschäfte – ein trojanisches Pferd vor den Toren des Bilanzrechts?, Die Bank, 1997, S. 270-274.

Frank Bröker / Frank B. Lehrbass

Kreditportfoliomodelle in der Praxis

1. Einleitung und Zielsetzung des Beitrags

Der Eckpfeiler des Bankgeschäfts ist die Übernahme und das Management von Risiken.[1]

Die Kreditinstitute tragen dieser Erkenntnis zunehmend Rechnung, indem sie ein Risikomanagement organisatorisch institutionalisieren und sich intensiv mit Konzepten zur Risikosteuerung auseinandersetzen. Akzentuiert und intensiviert wird diese Entwicklung durch den Strukturwandel im Finanzsektor, mit dem sich auch die Anforderungen an die Steuerungssysteme der Banken deutlich erhöht haben.[2]

Banken, Aufsichtsbehörden und die Wissenschaft konzentrieren sich dabei erst seit wenigen Jahren vermehrt auf die systematische Messung und Steuerung von Kreditrisiken, obwohl für die Mehrzahl der Institute die größte Gefahr von Ausfällen ihrer Schuldner ausgeht.[3] Dem Präsidenten des Bundesaufsichtsamtes für das Kreditwesen, Wolfgang Artopoeus, zufolge sind Kreditrisiken trotz des Strukturwandels an den Finanzmärkten weiterhin die häufigste Ursache existenzbedrohender Schwierigkeiten von Banken und Auslöser von Krisen ganzer Bankensysteme. In der Bundesrepublik seien aus diesem Grund seit Anfang der sechziger Jahre fast 100 private Banken aus dem Markt verschwunden, und auch im Sparkassen- und Genossenschaftssektor seien zahlreiche Rettungsaktionen durch einen Wertverfall des Kreditportfolios ausgelöst worden.[4] Detaillierte Studien führen als Hauptursachen für Bankenkrisen neben Ausfällen bei Großkrediten vor allem ein unzureichendes Management der Konzentrationsrisiken (Regionen, Branchen, etc.) im Kreditportfolio an.[5]

Vor diesem Hintergrund ist es verständlich, dass in einer aktuellen Studie zur Kreditwürdigkeitsanalyse im Firmenkundengeschäft fast die Hälfte aller Kreditinstitute erklärt, in Zukunft die Risikoanalyse ihres gesamten Kreditportfolios anzustreben.[6] Zu diesem Zweck haben vor allem einige international tätige Großbanken in den letzten Jahren stochastische Portfoliomodelle des Kreditrisikos entwickelt, um, analog zu den mittlerweile etablierten internen Modellen zur Messung der Marktpreisrisiken, über ein entsprechendes Steuerungsinstrumentarium für das Kreditportfolio zu verfügen. Diese Kreditportfoliomodelle stellen dabei ein wichtiges Instrumentarium für die Bankführung dar, um im sich verschärfenden Spannungsfeld zwischen Regulatoren, die auf funktionstüchtige Strukturen zur Limitierung des Gesamtbankrisikos drängen, und Investoren, die im Sinne des Shareholder Value vehement eine kapitalmarktgerechte Verzinsung auf das bereitge-

1 Vgl. Deutsche Bank 1996, S. 29.

2 Vgl. Rolfes 1999, S. V.

3 So allokiert zum Beispiel die Deutsche Bank AG Ende 1998 72,5 Prozent ihres ökonomischen Eigenkapitals für Kreditrisiken und ordnet nur 5,0 Prozent den Marktrisiken zu; ferner werden 22,5 Prozent des Eigenkapitals für operative Risiken allokiert. Vgl. Deutsche Bank, 1999, S. 121.

4 Vgl. o. V. 1998, S. 25.

5 Vgl. von Stein/Hummel 1994, S. 694 f. Als weitere Krisenursachen werden Zinsänderungsrisiken, Schieflagen bei Termingeschäften sowie „mangelnde Strategieanpassung“ genannt.

6 Vgl. Betsch/Brümmer/Hartmann/Wittberg 1997, S. 150 f.

stellte Risikokapital einfordern, zu bestehen.[7] Entsprechend stehen diese Modelle nach grundlegenden Publikationen im Jahre 1997 im Zentrum zahlreicher bankbetriebswirtschaftlicher Diskussionen in Theorie und Praxis.[8] In diesem Beitrag sollen die verschiedenen Kreditportfoliomodelle einander gegenübergestellt und ihre praktischen Einsatzmöglichkeiten sowie ihre zentralen Ergebnisse für die Banksteuerung dargestellt werden.

2. Formale Zielgröße der Kreditportfoliomodelle

Die formale Zielsetzung nahezu aller modernen Ansätze zur Quantifizierung von Kreditportfoliorisiken besteht in der Ermittlung von Wahrscheinlichkeitsverteilungen für die Verluste oder die Marktwerte der Portfolios (vgl. Abbildung 1). Eine Wahrscheinlichkeitsverteilung ordnet dabei jedem denkbaren Kreditportfolioverlust (bzw. Marktwert eines Portfolios) die Wahrscheinlichkeit seines Auftretens zu.

Aus einer derartigen Verteilung lassen sich, neben den zumeist auch einfacher zu ermittelnden Größen erwarteter Verlust und Standardabweichung der Verluste, insbesondere Risikoquantile im Sinne des Value-at-Risk-Konzeptes ableiten und die Einzelbeiträge der Kreditengagements zum Portfoliorisiko generieren. So ist Abbildung 1 zu entnehmen, dass innerhalb des Folgejahres mit einer Wahrscheinlichkeit von 97,5 Prozent (das heißt in 39 von 40 Jahren) keine Kreditverluste auftreten werden, die den erwarteten Verlust um

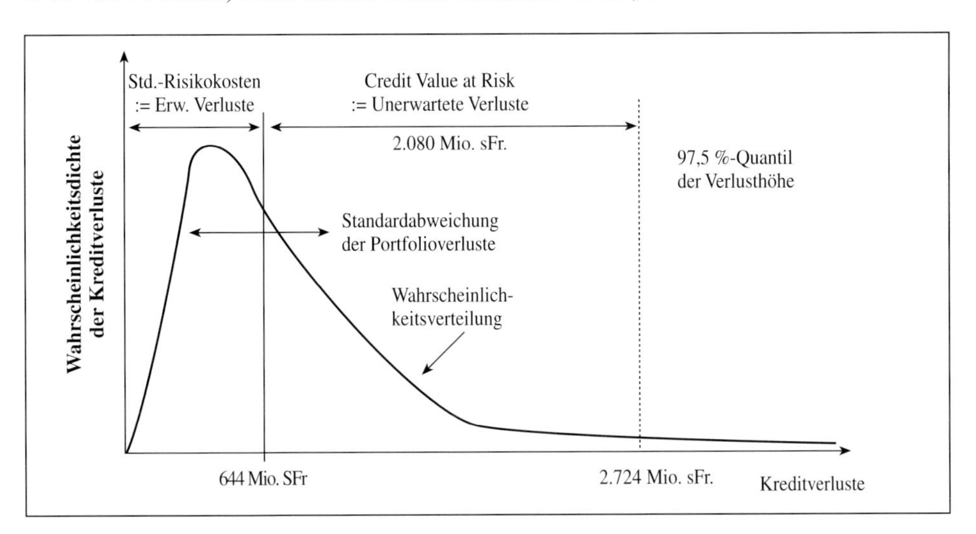

Abbildung 1: Ende 1996 prognostizierte Wahrscheinlichkeitsverteilung für Kreditverluste des Schweizerischen Bankvereins innerhalb des Folgejahres.

7 Vgl. Rolfes 1999, S. V.

8 Als grundlegende Veröffentlichungen zur detaillierten Ausgestaltung von Kreditrisikomodellen sind aufzuführen: J. P. Morgan 1997, Credit Suisse Financial Products 1997, Wilson 1997a, S. 111-117; Wilson 1997b, S. 56-61.

mehr als 2 080 Mrd. sFr. übertreffen. In diesem Zusammenhang ist es mittlerweile unumstritten, dass, im Gegensatz zu vielen Verteilungen von Marktrisikopositionen, die bloße Kenntnis von Erwartungswert und Standardabweichung unzureichend zur Bestimmung des Value-at-Risk ist, „weil Kreditrisiken ... nicht normalverteilt ... sind".[9]

Für Kreditportfolioverluste ist vielmehr eine ausgeprägt rechtsschiefe Verteilung charakteristisch. Die ökonomische Ursache dieser Rechtsschiefe beruht auch hier darauf, dass Kreditausfälle zwar selten (niedrige Ausfallwahrscheinlichkeiten) auftreten, dann jedoch zu relativ hohen Verlusten führen, und mit Verlusten aus anderen Engagements des Portfolios zumeist positiv korreliert sind, das heißt verstärkt gleichzeitig auftreten. Dies ist insbesondere relevant, wenn zum Beispiel regionale oder branchenbezogene Konzentrationen oder ungünstige Kreditvolumensstrukturen im Portfolio vorliegen.[10]

Die erwähnte Rechtsschiefe impliziert, dass der erwartete Verlust (Expected Loss) in mehr als 50 Prozent der Fälle (typisch: circa 60 bis 70 Prozent der Fälle) unterschritten wird. Somit können über Jahre hinweg die realen Verluste für ein Kreditportfolio unter den Verlusterwartungen liegen, in gewissen Jahren jedoch mit ausgeprägter Vehemenz auftreten.

Insbesondere für die Berechnung des sogenannten Economic Capitals, des ökonomisch für die Unterlegung von Kreditrisiken notwendigen Kapitals, wird aus der Wahrscheinlichkeitsverteilung der Credit-Value-at-Risk zu einem deutlich höheren Konfidenzniveau als in Abbildung 1 berechnet. Als Konfidenzniveau wird dabei häufig von 100 Prozent minus einer sogenannten Ziel-Insolvenzrate (Target Insolvency Rate) ausgegangen, die zumeist in Zusammenhang mit dem angestrebten externen Rating für die Verbindlichkeiten der Bank gesehen und festgelegt wird.[11] Strebt das Kreditinstitut zum Beispiel ein AAA-Rating an, so ist es konsistent, die Ziel-Insolvenzrate entsprechend der historischen Ausfallrate von Unternehmensanleihen mit einem AAA-Rating (ungefähr 0,02 Prozent) und das Konfidenzniveau zu 99,98 Prozent zu definieren. Die von großen amerikanischen Finanzinstituten am häufigsten verwendete Ziel-Insolvenzrate beträgt entsprechend der historischen Ausfallrate von Anleihen mit AA-Rating rund 0,03 Prozent p. a.[12]

3. Bestimmung des erwarteten Verlusts

Für den Verlustbegriff existieren zwei unterschiedliche Konkretisierungen, die auch erhebliche Bedeutung für Kreditportfoliomodelle haben: Ansätze, die sich am Ausfallparadigma (Default Mode Paradigm) orientieren, stellen ausschließlich auf Verluste bei Eintritt eines Ausfallereignisses (zum Beispiel EWB oder Insolvenz) ab. Demgegenüber berücksichtigen am Marktwertparadigma (Mark-to-Market-Paradigm) orientierte Kon-

9 Vgl. Schwicht/Neske 1997, S. 472.
10 Vgl. Varnholt 1997, S. 42.
11 Vgl. Federal Reserve System Task Force on Internal Credit Risk Models 1998, S. 7.
12 Vgl. Federal Reserve System Task Force on Internal Credit Risk Models 1998, S. 33; James 1996, S. 18; Jones/Mingo 1998, S. 54.

zepte jegliche bonitätsbedingte Wertveränderung von Kredittiteln, so dass zum Beispiel auch die mit einer Ratingmigration verbundenen Wertänderungen einer Anleihe erfasst werden.

Das Ausfallparadigma eignet sich vor allem für klassische Buchkredite, die nicht veräußerbar sind und bis zum Laufzeitende gehalten werden müssen; entsprechend existieren keine Marktwerte und auch die Rechnungslegung zielt auf Verluste bei Kreditausfall ab. Demgegenüber ist die Verwendung des Marktwertparadigmas insbesondere für an einem Sekundärmarkt handelbare Positionen wie Anleihen anzuraten. Kreditportfoliomodelle orientieren sich zwar in ihrer Grundstruktur an einem dieser beiden Verlustbegriffe, jedoch lassen sich auch originär am Ausfallparadigma orientierte Ansätze so adaptieren, dass sie als Marktwertmodelle fungieren et vice versa.[13]

Der erwartete Verlust eines einzelnen Kreditengagements (im Sinne des Ausfallparadigmas) lässt sich grundsätzlich in die Komponenten Kreditäquivalent, erwartete Rückzahlungsquote[14] im Insolvenzfall (Recovery Rate) und erwartete Ausfallrate separieren (Abbildung 2). Diese drei Parameter bilden auch das quantitative Fundament für fast alle Ansätze zur Quantifizierung von Kreditportfoliorisiken. Sie unterliegen verschiedenarti-

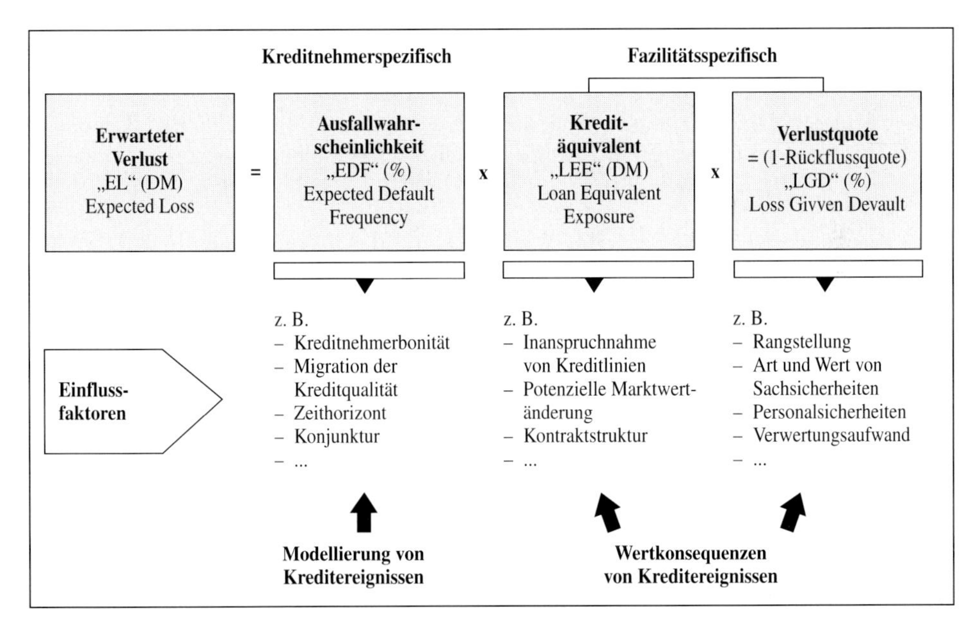

Abbildung 2: Grundgleichung der Verlusterwartung auf Einzelkreditebene.

13 Marktwertänderungen können mit Ausfallmodellen dargestellt werden, indem jede potenzielle Wertveränderung durch eine Ratingmigration als ein Pseudo-Ausfallereignis dargestellt wird. Um mit Marktwertmodellen nur mögliche Verluste durch Kreditausfall zu bestimmen, ist das Spektrum der möglichen Kreditzustände (Ratingkategorien) auf die beiden Fälle solvent und insolvent zu vereinfachen. Vgl. Rolfes/Bröker 1998, S. 72 f.; Ammann/Schmid/Wegmann 2000, S. 44-46.

14 Alternativ werden auch die Begriffe Rückflussquote im Insolvenzfall und Verwertungsquote verwendet.

gen Einflussfaktoren und werden zumeist separat voneinander mittels produkt- oder kundensegmentspezifischer Verfahren erhoben. Die Ausfallrate stellt dabei häufig den kritischsten und am schwierigsten zu ermittelnden Parameter bei der Bestimmung des erwarteten Verlusts dar. Die Ermittlung von aussagekräftigen Ausfallraten mittels statistischer Verfahren ist auf eine sehr umfangreiche Grundgesamtheit an historischen Kreditfällen angewiesen, die zumeist nur großen Kreditinstituten und Verbandsorganisationen sowie spezialisierten Dienstleistern zur Verfügung steht.[15]

Hervorzuheben sind die unterschiedlichen Bezugsgrößen der drei Parameter: Die Ausfallrate ist dem Kreditnehmer zuzuordnen, während sich das Kreditäquivalent und die Rückzahlungsquote im Insolvenzfall in grundlegender Hinsicht auf eine Kreditposition beziehen.[16] Auf der Ebene eines einzelnen Kreditnehmers werden die drei Determinanten des erwarteten Verlusts in der Regel als voneinander unabhängige Variable modelliert, da häufig nur schwache Interdependenzen zwischen den Größen vermutetet werden und eine Messung der Korrelationen de facto kaum realisierbar ist.[17] Der Separationsansatz und die Annahme der Unabhängigkeit gestatten es, für jede Komponente isoliert zweckmäßige Ansätze und Module zu entwickeln und sie anschließend zu einem optimierten Gesamtverfahren zusammenzuführen. Somit ist es möglich, parallel am Ausbau einzelner Schätzverfahren zu arbeiten und diese in der Praxis schrittweise zu verbessern.[18]

Auf der Kreditportfolioebene ist es hingegen von großer Bedeutung, Interdependenzen bzw. Korrelationseffekte zwischen verschiedenen Kreditnehmern oder -engagements zu berücksichtigen. Die einzelnen Portfoliomodelle unterscheiden sich dabei zum Teil erheblich in der Art, wie sie diese empirisch nur grob abzuschätzenden Korrelationen modellieren.

4. Modellgegenüberstellung

In vielen Kreditinstituten und in der Bankbetriebswirtschaftslehre erstrecken sich die aktuellen Diskussionen vor allem auf die Ansätze CreditRisk+™ der Credit Suisse Financial Products, Portfolio Manager™ der KMV Corporation, CreditMetrics™ von J. P. Morgan und CreditPortfolioView™ von McKinsey & Company.[19]

15 So werden zum Beispiel 20 000 bis 30 000 Kreditnehmer bzw. Unternehmensjahre für eine stabile Schätzung von Ausfallraten als sinnvoll erachtet. Vgl. McAllister/Mingo 1994, S. 4 ff. Siehe auch die Abschätzungen zu der benötigten Datenintensität bei Bröker 2000, S. 41-43.

16 In der Praxis wird für jeden Kreditnehmer zumeist ein aggregiertes Kreditäquivalent aus allen Einzelpositionen ermittelt. Ebenso wird die erwartete Rückzahlungsquote zumeist nicht für jeden einzelnen Kontrakt geschätzt, sondern auf das aggregierte Kreditäquivalents des Schuldners bezogen.

17 Vgl. Gruber 1997, S. 15. Als Beispiel für Korrelationen zwischen dem LGD und der Bonität des Kreditnehmers sei auf den bekannten Zusammenhang von Linienausnutzung und Bonität verwiesen.

18 Vgl. Varnholt 1997, S. 137.

19 Es wird darauf hingewiesen, dass die aufgeführten Modellnamen durch das Urheberrecht geschützt sind. Sie werden bei der erstmaligen Nennung mit dem Symbol TM versehen, anschließend wird auf diesen Zusatz verzichtet.

Die wissenschaftliche Analyse der Modelle hat gezeigt, dass zwischen den aufgeführten Kreditrisikomodellen ein bemerkenswerter Konsens bezüglich der theoretischen Grundkonzepte besteht, so dass unterschiedliche Resultate primär auf die konkrete Parametrisierung des Modells zurückzuführen sind.[20] Es bestehen weder in der Theorie noch in den Ergebnissen signifikante Unterschiede, solange zueinander konsistente Eingangsparameter für die Modelle gewählt werden.

Im Hinblick auf die Richtigkeit der Modellergebnisse ergeben sich somit keine grundsätzlichen Präferenzen für einen bestimmten Ansatz. Auch eine empirische Überprüfung der verschiedenen Modelle durch einen Vergleich der prognostizierten Wahrscheinlichkeitsverteilungen mit den später realisierten Verlustverteilungen gestaltet sich ob mangelnder Datengrundlagen äußerst schwierig und ist kaum durchführbar.

Bei der Wahl eines konkreten Kreditportfoliomodells ist der Berücksichtigung der bank- oder problemspezifischen Portfoliostrukturen eine hohe Relevanz einzuräumen. Insbesondere sollte der Ansatz die portfoliotypische Verlust- bzw. Risikoauffassung (Ausfall- oder Marktwertparadigma) widerspiegeln, das Zeitprofil der Kreditrisikoexposition adäquat erfassen, die kausalen Risikofaktoren des Portfolios reflektieren und sich an der Verfügbarkeit geeigneter und geschäftsfeldtypischer Modellparameter orientieren. Ferner ist im Auswahl- und Entscheidungsprozess die Erfüllung praxisorientierter Zusatzanforderungen zur technischen Implementierbarkeit, Akzeptanz, Flexibilität und Wirtschaftlichkeit der Modelle zu prüfen.

Ein weiterer Aspekt bei der Auswahl eines Kreditrisikomodells hängt mit der bankspezifischen Steuerungsphilosophie zusammen. Wenn ökonomisches Kapital optimal im Sinne einer Risk/Return-Steuerung allokiert werden soll, ist die Kenntnis der exakten Risikobeiträge einzelner Engagements von zentraler Bedeutung. Dies wiederum setzt voraus, dass (nahezu) die gesamte Wahrscheinlichkeitsverteilung der Portofolioverluste exakt und schnell berechnet werden kann.[21]

Nicht nur für kleine oder mittelgroße Institute mit einer hohen Kreditrisikoexposition im Bankenbuch erscheint es dabei empfehlenswert, den Einsatz des vergleichsweise einfachen und leicht zu implementierenden Portfoliomodells CreditRisk+ in Erwägung zu ziehen. Dies ist dadurch begründet, dass die für die Implementierung dieses Modells benötigten Daten eine echte Teilmenge derjenigen Daten sind, die für die Umsetzung der drei anderen aufgeführten Modelle erforderlich sind.[22] Insgesamt sind die ausgeprägte Anpassungsfähigkeit, die einfache Implementierbarkeit und Skalierbarkeit, die gute Handhabbarkeit, die Verfügbarkeit einer kostenlos erhältlichen Softwarelösung und die hohe Berechnungsgeschwindigkeit als wesentliche Vorzüge von CreditRisk+ anzuführen. Die vergleichsweise geringen Datenanforderungen und der Rückgriff auf das Ausfallparadigma lassen die Anwendung vor allem für die kaum veräußerbaren Kredite des Bankenbuches zweckmäßig erscheinen. Einschränkend muss jedoch hervorgehoben werden, dass es Aufgabe des Anwenders ist, das Ereignis „Ausfall“ zu definieren und zu klären, was unter

20 Vgl. Koyluoglu/Hickman 1998, S. 52-62; Finger 1998, S. 7-9; Gordy 2000, S. 125-145.

21 Vgl. Lehrbass 1999b, S. 39.

22 Vgl. Lehrbass 1999a, S. 130 f.

	CreditRisk+™	PortfolioManager™	CreditMetrics™	CreditPortfolioView™
Risikoverständnis				
• Risikodefinition	• Verlust aus Kreditausfall	• Marktwertänderung	• Marktwertänderung	• Marktwertänderung
• Kausaler risikofaktor	• Keine Kausalität	• Unternehmensvermögen	• Unternehmensvermögen	• Makroökonomie
• Kreditausfälle	• Ja	• Ja	• Ja	• Ja
• Bonitätsveränderungen	• Nein (aber: integrierbar)	• Ja	• Ja (Credit Spread)	• bei Bonds: Credit Spread
Portfoliostrukturen				
• Liquidität der Portfoliopositionen	• Vor allem illiquide Portfolios	• Vor allem liquide Portfolios	• Liquide Portfolios, sonst kein Kurswert existent	• Integration liquider und illiquide Portfolios
• Zeithorizont der Risikoprognose	• Fester Zeithorizont/bis kreditspezif. Fälligkeit	• Fester Zeithorizont	• Fester Zeithorizont	
• Ausrichtung der Datenanforderungen auf	• V. a. Kreditpositionen im Bankbuch	• Anleihen und Kredite börsennotierter Firmen	• Anleihen mit einem externen Rating	• Konjunktursensible Kreditportfolios
• Zuordnung der Ausfallraten	• Internes Scoring/Rating	• Schuldnerindividuelle optionsth. Betrachtung	• Rating	• Rating/Scoring, Branche, Region, BIP
Implementierung				
• Software	• Kostenloses Excel-Tool	• KMV Portf. Manager™	• CreditManager™	• CreditPortfolioView™
• Datenanforderungen	• Relativ gering	• Relativ hoch	• Relativ hoch	• Relativ hoch
• Rechenmethodik	• Analytischer Ansatz	• Analytischer Ansatz	• Monte-Carlo-Simulation	• Monte-Carlo-Simulation
• Rechengeschwindigkeit	• Sehr schnell	• Schnell	• Langsam	• Sehr Langsam
Umsetzung				
• Flexibilität	• Einfache/schnelle Auswertungen & Adaptionen	• Modellierung und Parametrisierung flexibel	• Flexibilität v.a. durch Eingangsparameter	• Modellierung & Parametrisierung sehr flexibel
• Umsetzungsaufwand	• Relativ gering	• Mittel bis hoch	• Mittel	• Relativ hoch
• Umsetzungserfahrung	• Mehrere Banken	• Diverse Banken	• Mehrere Banken	• Einige Banken

Abbildung 3: Portfoliomodelle des Kreditrisikos im Überblick

„Net Exposure“ konkret zu verstehen ist. Ebenso verhält es sich mit der in CreditRisk+ optionalen Branchenzuordnung. Was unter einer Branche verstanden wird, kann anwendungsbezogen definiert werden. Die im nächsten Abschnitt aufgeführte exemplarische Darstellung verdeutlicht dies.

Portfolio Manager als ein optionspreistheoretisches Modell eignet sich primär für große, börsennotierte Kreditnehmer, da für diese Unternehmen die benötigten Eingangsparameter hinsichtlich der Kriterien Verfügbarkeit, Objektivität, Aktualität, Umfang und Kosten relativ gut zu ermitteln sind. Umgekehrt erweist sich ihre Implementierung für andere Kundensegmente als schwieriger und aufwendiger. Diese kommerziell erfolgreich vertriebene Applikation wird vor allem in international tätigen Großbanken eingesetzt.

CreditMetrics ist, der Verwendung des Marktwertparadigmas entsprechend, vor allem für Portfolios aus liquiden, marktbewerteten Anleihen zu präferieren. Für illiquide Kredittitel ohne Rating scheint es weniger geeignet zu sein, da allein die Zuordnung eines Marktwertes für eine nicht veräußerbare Kreditposition aus betriebswirtschaftlicher Sicht fragwürdig ist.

Kreditzyklen und makroökonomische Entwicklungen bleiben trotz ihrer nachgewiesenen Bedeutung im CreditMetrics-Modell unberücksichtigt. Daher wurden entsprechende Erweiterungen des Konzeptes analysiert, die in der Regel zu einer verbesserten Prognosegüte führen. So kann auch das von McKinsey & Company entwickelte Portfoliomodell CreditPortfolioView als ein Migrationsansatz aufgefasst werden, in dem die Abbildung makroökonomischer Entwicklungen konstituierender Bestandteil ist. CreditPortfolioView erscheint zwar für zahlreiche Fragestellungen flexibler und problemadäquater zu sein, die größere Modellkomplexität und die erforderliche große Anzahl an verlässlichen und gut kalibrierten Daten erschweren jedoch die praktische Umsetzung.

5. Exemplarische Darstellung von CreditRisk+

Die sparsamste Informationsbasis, mit der CreditRisk+ in Betrieb genommen werden kann, besteht darin, dass das Portfolio in die Struktur Ausfallbetrag (= LEE x LGD = Net Exposure) und zugehörige erwartete Ausfallwahrscheinlichkeit (= EDF) gebracht werden kann. Die Westdeutsche Landesbank Girozentrale (WestLB) hat in der Portfoliosteuerung des Zentralen Kreditmanagements jedoch nicht diese sparsamste, sondern die umfassendste Version von CreditRisk+ in Produktion gebracht, bei der zusätzlich jedem Engagement die Streuung der Ausfallwahrscheinlichkeit und die Branchenzuordnung zugewiesen wird.[23] Dies soll nun exemplarisch beleuchtet werden.

Der Ausfallbetrag ist eine Interpretation des „exposure ... net of recovery“.[24] Darunter soll der Teil eines Kreditengagements verstanden werden, den die Bank im Insolvenzfall eines

23 Für eine ausführlichere Beschreibung siehe Lehrbass 1999a, S. 39 f.; Lehrbass 1999b, S. 130 f.

24 Vgl. Credit Suisse Financial Products 1997, S. 58.

Kunden als voraussichtlich uneinbringlich abschreiben müsste. Er ist einem nach Streichung ungenutzter Linien sowie Verwertung von Sicherheiten und Vereinnahmung sonstiger Insolvenzerlöse verbleibenden „Restrisiko“ vergleichbar. Banksystemseitig lässt sich diese Größe etwa durch die Formel „(Liniensumme – Sicherheiten) mal (1 – Rückflussquote)“ zahlenmäßig bestimmen. Statt auf die Liniensumme kann auch auf die aktuelle Summe der Ausnutzungen rekurriert werden. Die Bestimmung der Sicherheitenwerte und Rückflussquoten stellt dabei eine nicht-triviale Aufgabe dar, bei deren Bewältigung am Anfang die Eingabe von ausfallrelevanten Daten aus historischen Kreditakten in eine eigens dafür programmierte Datenbank stand. Dadurch ist die WestLB mittlerweile in der Lage, die Rückflussquoten nicht nur aufgrund einer Expertenschätzung bestimmen zu können. Die in Marktpositionen vorhandenen Kreditrisiken werden durch die EDV-gestützte Hinzuführung der jeweiligen Kreditäquivalente (= LEE) integriert, so dass nicht nur das klassische Kreditgeschäft erfasst wird.

Der Begriff Ausfallwahrscheinlichkeit ist erläuterungsbedürftig. Das im Rahmen der Portfoliosteuerung von Kreditrisiken für die WestLB interessierende Ereignis ist die GuV-wirksame Einzelwertberichtigung. Ausfall wird als das erste Auftreten einer EWB definiert. Eine EWB wird schon dann vorgenommen, wenn sich die wirtschaftlichen Verhältnisse des Kunden verschlechtern und nicht erst dann, wenn es zu Zahlungsstörungen kommt. Die WestLB verfügt über Rating- und EWB-Historien in elektronischer Form seit Einführung des Bonitätsratings für Firmenkunden Mitte der 80er Jahre, so dass verschiedene konjunkturelle Situationen empirisch abgedeckt sind. Angesichts der daraus resultierenden Stichprobenumfänge (Kohortengrößen) lassen sich analog zum Vorgehen der Ratingagentur Moody's Ausfallwahrscheinlichkeiten mit hoher statistischer Signifikanz schätzen. Ebenso ist die Bestimmung der Streuung der Ausfallwahrscheinlichkeit auf diesem empirischen Wege möglich. Im Ergebnis kann die WestLB jedem Bonitätsrating die der wirtschaftlichen Situation angemessene, erwartete Ausfallwahrscheinlichkeit und deren Streuung zuordnen, wobei von ökonometrisch ermittelten Zusammenhängen Gebrauch gemacht wird. Diese Zahlen passen per Konstruktion zum Kundenkreis der Bank und spiegeln das Risiko der Bank wieder. Die Zuordnung von erwarteter Ausfallwahrscheinlichkeit und Streuung auf den Ausfallbetrag geschieht über das Bonitätsrating des hinter dem Ausfallbetrag stehenden Kunden.

Die Branchenzuordnung geschieht über die ersten beiden Ziffern des fünfstelligen Branchenschlüssels WZ93 (Klassifikation der Wirtschaftszweige, 1993). Systemseitig sind je Kunde bis zu drei Branchenangaben verfügbar, so dass etwa bei Konzernen, die wiederum aus mehreren Kunden bestehen, die dort möglicherweise vorhandene Diversifikation auf mehr als drei Branchen erfasst wird.

Wie bei der Anwendung von CreditRisk+ auf ein reales Bankportfolio nicht anders zu erwarten, bedient sich die WestLB nicht des im Internet kostenfrei verfügbaren EXCEL-Werkzeugs, sondern greift auf Eigenerstellungen zurück. Es wird eine Windows-Anwendung verwendet, die die Daten an einer Datenbankschnittstelle abholt, den Algorithmus von CreditRisk+ ausführt sowie die exakte Verlustverteilung exportiert und auswertet. Die dafür notwendigen Daten werden durch eine weitere eigenerstellte Anwendung aus dem zentralen Datawarehouse beschafft, aggregiert, geprüft und in der oben beschriebenen Struktur an der erwähnten Datenbankschnittstelle abgeliefert.

Seit September 1998 werden regelmäßig Portfolioberichte erstellt, die nicht nur über erwarteten und unerwarteten Verlust berichten, sondern auch branchen- und engagementbezogen Aufschluss über die Risikobeiträge geben. Die praxisrelevanten Einsichten[25] basieren auf einer durch CreditRisk+ ermöglichten Gesamtsicht der kundenindividuellen Faktoren Engagementhöhe, Branchenzugehörigkeit, Ausfallwahrscheinlichkeit und deren Streuung: Der Risikobeitrag eines einzelnen Kunden zum Portfolio wird durch seine Kreditwürdigkeit und die Größe des Engagements beeinflusst. Dies bedeutet, dass ein sehr großes Engagement mit einem guten Rating einen genau so hohen Risikobeitrag haben kann wie ein mittleres oder kleines Engagement mit einem weniger guten Rating. Diversifikationseffekte werden in besonderem Maße dann erreicht, wenn das Engagement in Branchen ausgeweitet wird, wo der „erwartete Verlust" des bestehenden Portfolios relativ gering ist. Dies können Branchen sein, in denen die Bank wenig engagiert ist und/oder bislang Kunden sehr guter Kreditwürdigkeit zahlenmäßig dominieren. Branchen mit volatilen beziehungsweise schwer einzuschätzenden kundenindividuellen Ausfallwahrscheinlichkeiten sollten gemieden werden.

Die Portfoliosteuerung des Zentralen Kreditmanagements integriert derzeit zusätzlich Länderrisiken in das Portfoliomodell. Dadurch lassen sich – analog zu den Risikobeiträgen einzelner Kunden – die Risikobeiträge einzelner Länder ermitteln. Hausinterne Länderratings – für die ebenfalls entsprechende Historien verfügbar sind – gewinnen dadurch zusätzliche Bedeutung als wesentlicher Input in das Portfoliomodell. Bezüglich der Bestimmung der Ländersektorzuordnung kann auf neuere Arbeiten[26] zurückgegriffen werden, die die Grundlage zur Bestimmung von Länderausfallkorrelationen bilden.

In bestimmten Geschäftsbereichen (Immobilen, Projektfinanzierungen, usw.) steht nicht der Kunde, sondern eine auch rechtlich abgegrenzte Einheit bei der Risikoeinschätzung im Vordergrund. In diesen Fällen kommt kein kundenbezogenes Bonitätsrating zum Einsatz, sondern ein sogenanntes Objektrating.

Mit der Einführung weiterer Ratingsysteme wird die Portfoliosteuerung der WestLB in der Lage sein, für das gesamte kreditrisikobehaftete Bankgeschäft den Expected Loss, den Value at Risk und damit auch das Economic Capital zu berechnen. Je Kunde oder Objekt oder Land wird der Beitrag zum Economic Capital des Gesamtportfolios berechnet. Dieser Beitrag der betreffenden Einheit zum Economic Capital wird gegebenenfalls anhand der Gesamtengagementanteile den Geschäftsbereichen zugeordnet.

Ein Beispiel verdeutlicht dies: Angenommen der fiktive Kunde K hat ein Gesamtengagement von 1 Mrd. €, das zu 20 Prozent aus Kreditäquivalenten aus Swapgeschäft besteht und zu 80 Prozent aus klassischem Kreditgeschäft. Ferner verbrauche er Economic Capital im Volumen von 50 Mio. €. In diesem Fall wird dem für den Swaphandel verantwortli-

25 Vgl. Prautzsch 1999 und Adam 2000.

26 Lehrbass 2000a,; Lehrbass 2000b.

chen Geschäftsbereich 10 Mio. € Economic Capital zugewiesen und dem entsprechenden Geschäftsbereich Kredite 40 Mio. €.

Dem möglichen Einwand, dass der erstgenannte Geschäftsbereich dadurch bestraft wird, dass die Gesamtengagementsicht des Kunden K zur Anwendung kommt und dadurch der Beitrag zum Economic Capital überzeichnet wird (ein anderer fiktiver Kunde L mit lediglich 200 Mio. € Kreditäquivalent hätte ceteris paribus einen deutlich kleineren EC-Beitrag) kann in mindestens zweierlei Weise begegnet werden. Zum einen sind in der üblichen Gesamtkundensicht alle Produkte gleichwertig. Insofern kann kein Geschäftsbereich beanspruchen, die „ersten X (zum Beispiel 200) Mio. €" Geschäft getätigt zu haben. Zum anderen stellt diese Sichtweise die faktische Risikosituation der Bank dar, da ein Ausfall des Kunden alle Produkte betrifft. Mögliche Unterschiede im Ausmaß der Betroffenheit werden bereits bei der produktspezifischen Berechnung der Kreditäquivalente berücksichtigt, sowie bei der je Produkt zur Anwendung kommenden Rückflussquote.

Diesen WestLB-spezifischen Ausführungen schließt sich nun eine allgemein gehaltene Darstellung der wesentlichen Ergebnisse aus der Anwendung von Portfoliomodellen an.

6. Wesentliche Ergebnisse und Zusammenfassung

Im bankinternen Risikomanagement lassen sich die Ergebnisse der Kreditportfoliomodelle direkt zur Bestimmung der ökonomischen Eigenkapitalanforderungen für Kreditrisiken verwenden. Dieser für die Absicherung der kreditrisikobehafteten Aktivitäten erforderliche Kapitalbetrag wird als Risikoquantil der Wahrscheinlichkeitsverteilung bestimmt; das verwendete Konfidenzniveau orientiert sich häufig am angestrebten externen Rating der Bank und den damit assoziierten Ausfallraten. Die Anwendung der Modelle ergibt, dass die ökonomischen Kapitalanforderungen (unerwartete Verluste) zu hohen Konfidenzniveaus (zum Beispiel 99,98 Prozent in Entsprechung zum Rating AAA) häufig um einen Faktor in der Größenordnung von zehn größer als die erwarteten Portfolioverluste sind.

Mit den Kreditportfoliomodellen lassen sich auch die Beiträge der Einzelengagements zum Portfoliorisiko und somit die ökonomischen Kapitalanforderungen für einzelne Kredite quantifizieren. Für jeden Kredit werden so Einflussfaktoren wie Volumen, Ausfallrate, Laufzeit und Korrelationswirkungen im Portfolio zu einer einzigen, engagementspezifischen Größe für das Kreditrisiko aggregiert. Diese Risikobeiträge können direkt für den Abgleich mit entsprechenden Einzel- oder Konzentrationslimiten eingesetzt werden.

In der Kreditbepreisung werden neben den Standard-Risikokosten für die erwarteten Kreditverluste häufig auch Zuschläge für die unerwarteten Verluste gefordert. Im Sinne eines RORAC-Kalküls soll die erwartete Nettorendite auf das durch einen Kredit gebundene ökonomische Kapital die Ziel-Eigenkapitalrendite der Bank erreichen. Kredite mit hohem Volumen, schlechter Bonität, langer Laufzeit und ausgeprägten Konzentrationsrisiken verursachen somit besonders hohe ökonomische Eigenkapitalkosten.

Die damit verbundene risikobasierte Kapitalallokation kann als Operationalisierung des Shareholder-Value-Konzeptes aufgefasst werden; denjenigen Geschäftsfeldern soll das für die Durchführung ihrer Aktivitäten notwendige und zugleich teure Eigenkapital zugeteilt werden, die maximale erwartete Renditen im Verhältnis zum benötigten Kapital erwirtschaften können. In weiten Bereichen des Aktivgeschäftes und vor allem bei Krediten an große Firmenkunden können die Eigenkapitalkosten nicht am Markt durchgesetzt werden. Vor diesem Hintergrund gewinnt die Freisetzung von Eigenkapital durch die Distribution von Kreditrisiken mittels Asset-Backed-Securities und anderen Instrumenten an Bedeutung. Dieser Entwicklung tragen einige Institute Rechnung, indem sie entsprechend dem Dualen Steuerungsmodell eine Kreditrisiko-Zentraldisposition einrichten, deren Aufgabe das aktive Management der Kreditportfoliostrukturen ist. Die Etablierung von liquiden Sekundärmärkten für Kreditrisiken ermöglicht zudem auch eine stärkere Fokussierung von Banken auf bestimmte Kerngeschäftsfelder, da die mit diesen Aktivitäten einhergehenden Konzentrationsrisiken nun durch Transaktionen auf den Kreditmärkten reduziert werden können. Da bereits bankinterne Modelle zur Messung von Marktrisiken in das bankenaufsichtsrechtliche Normenwerk integriert worden sind, stellt sich die Frage, ob und unter welchen Rahmenbedingungen auch Kreditportfoliomodelle in die regulatorischen Eigenmittelvorschriften zur Unterlegung von Kreditrisiken einbezogen werden können. Die Unzulänglichkeiten der aktuellen Eigenmittelvorschriften beruhen auf einer sehr pauschalen und groben Berücksichtigung unterschiedlicher Kreditrisikointensitäten. Die damit verbundenen Unterschiede zu der differenzierteren Bestimmung des ökonomisch erforderlichen Kapitals führen über den Mechanismus der Eigenkapitalkosten zu Marktverzerrungen; sie können zudem Anreize setzen, die eine ökonomisch sinnvolle Ressourcenallokation und ein adäquates Risikomanagement hemmen oder gar konterkarieren. So haben etwa die sogenannte regulatorische Kapitalarbitrage und die zunehmende Intransparenz der komplexen Kreditrisikostrukturen einiger Banken dazu geführt, dass auch die Bankenaufsicht eine Revision der bestehenden Normen als notwendig erachtet.

Jedoch stehen der regulatorischen Anerkennung von bankinternen Kreditrisikomodellen einige methodische Hindernisse entgegen. Eine genauere Differenzierung der Risikointensitäten von Kreditpositionen im Sinne einer graduellen Annäherung an die ökonomischen Eigenkapitalanforderungen erscheint vor diesem Hintergrund wahrscheinlicher als eine sofortige und vollständige aufsichtsrechtliche Akzeptanz der bankinternen Kreditportfoliomodelle.

Es ist zu konstatieren, dass die Kreditportfoliomodelle die Transparenz des Aktivgeschäftes nachhaltig erhöhen und von grundlegender Bedeutung für ein gezieltes Management der Risiko-/Ertragsstrukturen im Rahmen einer wertorientierten Gesamtbanksteuerung sind. Die auch von den Regulatoren intensiv verfolgte kritische Auseinandersetzung mit diesem Themenkomplex sowie die nicht unerheblichen Anstrengungen und Investitionen zur Umsetzung dieser Konzepte in den Banken sind ein Beleg dafür, welche Relevanz den Kreditportfoliomodellen für zukünftige Strukturveränderungen im Kreditgeschäft zugemessen wird.

Literaturhinweise

ADAM, K. G.: Risikomanagement in der Landesbank Rheinland-Pfalz, in: Der Langfristige Kredit 5+6/2000, S. 179-182.

AMMANN, M./SCHMID, C./WEGMANN, P.: Gesucht: Das beste Kreditportfolio-Modell, in: Schweizer Bank, 1/2000, S. 42-46.

BETSCH, O./BRÜMMER, E./HARTMANN, E./WITTBERG, V.: Kreditwürdigkeitsanalyse im Firmenkundengeschäft, in: Die Bank, o. Jg., 3/1997, S. 150-155.

BRÖKER, F.: Quantifizierung von Kreditportfoliorisiken, im Druck, Frankfurt a. M 2000.

CREDIT SUISSE FINANCIAL PRODUCTS: Credit Risk+ TM – Technical Document, 1st edition, London 1997.

DEUTSCHE BANK (Hrsg.): Geschäftsbericht 1995, Frankfurt a. M. 1996.

DEUTSCHE BANK (Hrsg.): Geschäftsbericht 1998, Frankfurt a. M. 1999.

FEDERAL RESERVE SYSTEM TASK FORCE ON INTERNAL CREDIT RISK MODELS (Hrsg.): Credit Risk Models at Major U. S. Banking Institutions: Current State of the Art and Implications for Assessments of Capital Adequacy, FED-Report, 5/1998.

FINGER C. C.: Sticks and Stones, RiskMetrics Group publication, New York 1998.

GORDY, M. B.: A Comparative Anatomy of Credit Risk Models, in: The Journal of Banking and Finance, Vol. 24, 2000, S. 119-149.

GRUBER, W.: Modelle zur Quantifizierung von Kreditrisiken, Vortrag im Rahmen der Veranstaltung „Kreditderivate“ des Handelsblatt Financial Training, Düsseldorf, August 1997.

INTERNATIONAL SWAPS AND DERIVATIVES ASSOCIATION (Hrsg.): Credit Risk and Regulatory Capital, ISDA Publication, New York 3/1998.

J. P. MORGAN (Hrsg.): CreditMetricsTM – Technical Document, 1st edition, New York 1997.

JAMES, C.: RAROC Based Capital Budgeting and Performance Evaluation: A Case Study of Bank Capital Allocation, Working Paper, Wharton Financial Institutions Center, Pennsylvania 1996.

JONES, D./MINGO, J.: Industry Practices in Credit Risk Modeling and Internal Capital Allocations: Implications for a Models-Based Regulatory Capital Standard, in: Economic Policy Review, Special Issue, October 1998, S. 53-60.

KOYLUOGLU, H. U./HICKMAN, A.: Reconcilable Differences, in: Risk Magazine, Vol. 11, No. 10, 1998, S. 56-62.

LEHRBASS, F. B.: Risikomessung für ein Kreditportfolio – ein Methodenvergleich, in: Die Bank, o. Jg., 2/1999 (1999a), S. 130-134.

LEHRBASS, F. B.: Rethinking Risk-Adjusted Returns, in: Risk Magazine, Credit Risk Special Report, Vol. 12, No. 4, 1999 (1999b), S. 35-40.

LEHRBASS, F. B.: A Simple Approach to Country Risk, in FRANKE, J./HÄRDLE, W./STAHL, G. (Hrsg.), Measuring Risk in Complex Stochastic Systems, Berlin 2000 (2000a), S. 51-90.

LEHRBASS, F. B.: Kapitalmarktbasierte Portfolioanalyse von Länderrisiken – Ein struktureller No-Arbitrage Ansatz, in: RUDOLPH, B./JOHANNING, L. (Hrsg.): Handbuch Risikomanagement, Bad Soden 2000 (2000b).

MCALLISTER, P./MINGO, J. J.: Commercial Loan Risk Management, Credit Scoring and Pricing: The need for a new shared database, in: Journal of Commercial Bank Lending, 1994, S. 6-20.

MCQUOWN, J. A./KEALHOFER, S.: A Comment on the Formation of Bank Stock Prices, San Francisco 1997.

O. V.: Die Gefährdung für Banken wächst, in: Handelsblatt, Nr. 228 vom 25.11.1998, S. 25.

PRAUTZSCH, W.-A.: Kreditrisikomanagement gewinnt an Bedeutung, in: Börsenzeitung, 3.7.1999.

ROLFES, B.: Gesamtbanksteuerung, Stuttgart 1999.

ROLFES, B./BRÖKER, F.: Good Migrations, in: Risk Magazine, Vol. 11, No. 11, 1998, S. 72-73.

SCHWICHT, P./NESKE, C.: CreditMetrics – neues System zur Risikoanalyse, in: Die Bank, o. Jg., 8/1997, S. 470-473.

VARNHOLT, B.: Modernes Kreditrisikomanagement, Zürich 1997.

VON STEIN, J. H./HUMMEL, D.: Frühwarnsysteme für die externe Bankbeobachtung – Bedarf und Entwicklungsansätze, in: SCHIERENBECK, H./MOSER, H. (Hrsg.): Handbuch Bankcontrolling, Wiesbaden 1994, S. 687-710.

WILSON, T. C.: Portfolio Credit Risk (I), in: Risk Magazine, Vol. 10, No. 9, 1997 (1997a), S. 111-117.

WILSON, T. C.: Portfolio Credit Risk (II), in: Risk Magazine, Vol. 10, No. 10, 1997 (1997b) S. 56-61.

Hans Geiger / Jean-Marc Piaz

Identifikation und Bewertung operationeller Risiken

1. Einleitung

Dieser Artikel befasst sich mit konzeptionellen Fragen operationeller Risiken. Die Thematik fand vor rund fünf Jahren noch kaum Beachtung, heute hingegen steht sie im Zentrum vieler Seminare, Diskussionen, Theorien und Managementlehren. Wir verfolgen einen theoretischen Ansatz, der nicht primär auf das Management operationeller Risiken ausgerichtet ist, sondern auf die Definition, Abgrenzung und Einordnung in die größeren Zusammenhänge. Das operationelle Risiko ist kein neues, sondern das älteste Risiko einer Bank überhaupt. Mit operationellen Risiken ist eine neu gegründete Bank bereits konfrontiert, bevor sie über das erste Kreditgeschäft oder die erste Marktposition entscheidet. Neu und aktuell sind jedoch einige besondere Aspekte: (1) Die Wahrnehmung, dass operationelle Risiken in den letzten Jahren stark zugenommen haben; (2) die Einsicht, dass die Beschränkung auf die meist quantitative Betrachtung der Kredit- und Marktrisiken wesentliche Gefahrenbereiche vernachlässigt, und dass deshalb das operationelle Risikomanagement zu einer dem Markt- und Kreditrisikomanagement gleichwertigen eigenständigen Disziplin zu entwickeln ist; (3) der Einbezug operationeller Risiken in ein wie immer auch geartetes Gesamtrisikomanagement; (4) und schließlich nicht zuletzt das neu erwachte Interesse der Aufsichtsbehörden an operationellen Risiken, sowie die erklärte Absicht des Basler Ausschusses für Bankenaufsicht, für operationelle Risiken im Rahmen der Revision des Eigenmittel-Akkords Kapitalvorschriften zu erlassen.[1]

In der Vergangenheit beschränkten sich die Maßnahmen im operationellen Risikomanagement weitgehend auf die Sicherstellung der internen Kontrolle, die reaktive Schadensbegrenzung im Nachhinein und die Prävention in ausgewählten Bereichen. Dieser Ansatz genügte den Anforderungen in der langen Nachkriegsperiode, die durch eine hohe Stabilität, begrenzten Wettbewerb und das weitgehende Fehlen von Innovationen gekennzeichnet war. Als wichtige Auslöser der Aktualität des Themas wirkten auch spektakuläre Fälle, in denen Banken auf Grund operationeller Risiken große und öffentlich bekannte Verluste erlitten oder gar daran zugrunde gingen. Allen voran genannt werden dabei die großen Verluste von Barings, die zum Untergang des renommierten Institutes und zu einem mittleren Erdbeben in Bank- und Bankaufsichtskreisen führten. Es gilt als gesicherte Erkenntnis, dass die Derivatverluste von 827 Mio. £ nicht eigentlich Marktrisiken, sondern operationelle Risiken gewesen seien.[2] Auf diese Meinung ist im Folgenden noch zurückzukommen.

2. Definition operationeller Risiken

„If language is not correct, then what is said is not what is meant; if what is said is not what is meant, then what must be done remains undone.“[3]

1 Vgl. BIS 1999, S. 8 ff.

2 Vgl. Board of Banking Supervision, Bank of England 1995.

3 Konfuzius.

Voraussetzung nicht nur für die theoretische Analyse eines Themas, sondern auch für dessen praktische Handhabung ist eine Klärung der verwendeten Sprache. Eine solche Klärung ist im Zusammenhang mit operationellen Risiken noch nicht erfolgt. Deshalb seien vorab einige Begriffe erläutert.

Risiko wird nicht einfach als „Unsicherheit über die Zukunft" oder „Wahrscheinlichkeit, einen Verlust zu erleiden" verstanden, sondern definiert als „Ausdruck für die Gefahr, dass das effektive zukünftige Ergebnis vom erwarteten oder geplanten negativ abweicht."[4] Diese Definition impliziert, dass eine Bank Verluste nicht einfach als Schicksal hinnimmt, sondern sich damit bewusst auseinandersetzt. Das Risiko bemisst sich an der Wahrscheinlichkeit und der Höhe einer negativen Abweichung. Gemäß diesem Konzept ist der Gegenbegriff zum „Risiko" die „Chance". Andere Autoren definieren Risiko neutral, es umfasst dann nicht nur negative, sondern auch positive Abweichungen. Für die operationellen Risiken ist dieser Unterschied nicht von Belang. Bei beiden Definitionen ist entscheidend, dass nicht jeder finanzielle Ausfall als Risiko bezeichnet wird, sondern nur der Unerwartete. Im Kreditgeschäft bezeichnet man demnach nicht jeden künftigen Verlust als Risiko, sondern nur die Möglichkeit, dass die effektiven Ausfälle die geplanten und in der Kalkulation berücksichtigten Verluste übertreffen. Auch wäre die Überschreitung eines Kostenbudgets um 1 Mio. Franken ebenso ein Risiko, wie die Überschreitung der geplanten Kreditausfälle um den gleichen Betrag. Dieses Risikoverständnis impliziert, dass eine Bank für die verschiedenen Risikobereiche Vorstellungen über erwartete Ausfälle besitzt. Solche Vorstellungen basieren auf mehr oder weniger sicheren Informationen über die zukünftige Umwelt (zum Beispiel bezüglich Konjunktur und Zinsniveau) einerseits und über die zukünftige Innenwelt der Bank andererseits. Hierbei spielen die Erkenntnisse aus der Vergangenheit fast immer eine wichtige Rolle.

Für das Risikoverständnis ist eine weitere begriffliche Klärung wichtig: Es ist nicht nur die Unterscheidung zwischen „erwarteten" und „unerwarteten" Ausfällen bedeutsam, sondern auch zwischen „akzeptabel" und „inakzeptabel", einem Begriffspaar, in welchem einerseits die Risikotragfähigkeit, andererseits die Risikoeinstellung einer Organisation oder Person ihren Ausdruck findet. Die Akzeptanz unerwarteter Ausfälle ist nicht nur von ökonomischen, sondern in ausgeprägtem Maße auch von soziologischen und psychologischen Elementen bestimmt.

Die Suche nach einer allgemeingültigen Definition operationeller Risiken ist im Bankbereich seit geraumer Zeit im Gange. Diese Suche hat sich in den geschilderten übergeordneten Rahmen der allgemeinen Risikodefinition einzuordnen. Anders als in der Industrie standen im Risikomanagement der Banken in der Vergangenheit primär die Kredit- und Marktrisiken im Vordergrund, wobei der mathematischen Modellierung und Messung eine wichtige Rolle zukam.

Die vorwiegend von der Praxis und der Bankenaufsicht getriebene Suche nach einem allgemein anerkannten Begriff des operationellen Risikos führte in den letzten Jahren zu einer Fülle an Definitionsprägungen, welche unter sich oft kaum vergleichbar sind. Die vor-

4 Geiger 1999, S. 556.

herrschende Definitionslandschaft kann prinzipiell in zwei Kategorien aufgeteilt werden: in indirekte und direkte Definitionen. Bei der indirekten handelt es sich zwar einerseits um die scheinbar verständlichste, andererseits aber auch um die unpräziseste Definition. Hierbei werden operationelle Risiken als alle Risiken definiert, welche nicht den Kredit- oder Marktrisiken zugeordnet werden können. Auf Grund ihrer Einfachheit fand diese Variante zu Beginn großen Anklang; die Aufsichtsbehörden verfolgen noch heute diesen indirekten Definitionsansatz. Die genauere Betrachtung zeigt jedoch, dass eine indirekte Definition aus mehreren Gründen nicht befriedigen kann. In der innerbetrieblichen Praxis führt die indirekte Definition dazu, dass die Kredit- und Marktrisiken immer enger definiert und quantifiziert werden, was zu einem automatischen Anwachsen der „übrigen" oder eben „operationellen" Risiken führt, die dann nicht weiter unterteilt und beschrieben werden, und für die auch kaum Verantwortungen und Kompetenzen festgelegt werden können. Aus der Sicht der Theorie ist die indirekte Definition unbefriedigend, weil dabei fast alle wichtigen Fragen der begrifflichen Erfassung und Abgrenzung unbeantwortet bleiben.

Die Untersuchung der direkten Definitionen von insgesamt 16 Banken, Beratungsfirmen und Aufsichtsbehörden zeigt, dass folgende Wörter am häufigsten Verwendung finden: Prozesse und Verfahren (processes and procedures), Menschen und menschliche Fehler (people and human errors), interne Steuerung und Kontrolle (internal control), interne und externe Vorkommnisse (internal and external events), direkte und indirekte Verluste (direct and indirect losses), Versagen (failure), Technologie (technology) und Systeme (systems). Nahezu alle Definitionen legen das Schwergewicht auf den innerbetrieblichen Bereich, häufig werden jedoch auch unerwartete äußere Ereignisse zu den operationellen Risiken gezählt. Die meisten Ansätze sprechen von Verlusten im Sinne von direkten finanziellen Ausfällen, als auch von indirekten, häufig auf die Reputation bezogene Verluste am Gesamtwert der Unternehmung. Insgesamt erachten wir den Wortlaut der British Bankers' Association (BBA) als die beste generelle Definition. Sie lautet: „Operational risk is the risk of direct or indirect loss resulting from inadequate or failed internal processes, people, and systems or from external events."[5] Diese Formulierung mag wohl nicht für jede spezifische Situation in jeder Bank genügen, sie scheint sich aber in jüngster Zeit als allgemeiner definitorischer Kern in Theorie und Praxis zu etablieren. Wir übersetzen diesen Wortlaut unter Anpassung an unseren Risikobegriff wie folgt: „Operationelles Risiko bezeichnet die Gefahr, dass direkte oder indirekte Verluste aus Mängeln oder Versagen interner Prozesse, Personen und Systeme oder auf Grund externer Vorfälle höher ausfallen als erwartet oder geplant."

Die wichtigsten Charakteristika dieser Definition sind:

- Im Vordergrund stehen interne Aspekte, welche durch die Bank selbst gestaltet und beeinflusst werden können und sollen. Oft geht es um Handeln oder Unterlassen durch die Bank und ihres Personals. Damit unterscheiden sich diese Risiken im Fokus deutlich von den Markt- und Kreditrisiken, bei welchen die Unsicherheit über unternehmensexterne Entwicklungen im Zentrum steht.

5 British Bankers' Association 2000, S. 3.

- Wichtig ist die Prozessorientierung des operationellen Risikobegriffes. Durch die Betonung der Prozessaspekte siedelt sich die Definition des operationellen Risikomanagements in der Nachbarschaft des Begriffes „Qualitätsmanagement“ an. Die operationellen Risiken im Bankenbereich haben eine stärkere Verwandtschaft mit den entsprechenden Risiken im Industriebetrieb als mit den Markt- oder Kreditrisiken in der Bank.
- Eine entscheidende Rolle spielen Menschen und deren Fehler, und zwar sowohl Fehlverhalten aus Eigeninteresse wie auch aus Unwissenheit. Damit sind Verhaltensrisiken und Anreizeffekte von Geschäftsstrukturen, Entlohnungs- und Beförderungssystemen, sowie generell die Auswahl, Instruktion und Überwachung von Angestellten, Kunden und anderen Geschäftspartnern von hoher Bedeutung. Der fundamentale Wandel im Bankenbereich macht zudem die Fragen des Knowledge Management und des Aufbaus und Erhalts von Wissen zu einem wichtigen Bestimmungsfaktor operationeller Risiken.
- Bei den externen Vorfällen geht es um Ereignisse außerhalb der Kredit- und Marktrisiken, das heisst insbesondere um naturgebundene, politische oder militärische Vorfälle, um Ausfälle und Mängel in der technischen Infrastruktur, sowie um Veränderungen und Probleme im rechtlichen, steuerlichen und regulatorischen Umfeld.
- Eine wichtige Rolle spielt das interne Kontrollsystem, dessen Elemente und Regeln seit Jahrzehnten bekannt und akzeptiert sind, die aber im Rahmen der Produkt- und Prozessinnovationen häufig vergessen, missachtet oder nicht angepasst wurden.[6] Eine Großzahl der berühmten Verlustfälle aus der jüngeren Bankgeschichte hätten bei Befolgung der altbekannten Regeln der internen Kontrolle vermieden oder begrenzt werden können.
- Auf den Unterschied zwischen direkten und indirekten Verlusten wird im nachfolgenden Abschnitt eingegangen.

Aus praktischer Sicht lassen sich die wichtigsten operationellen Risiken einer Bank in folgende acht Risikoarten aufteilen:

3. Identifikation und Abgrenzung

Sowohl im Hinblick auf den praktischen Nutzen wie auch zur theoretischen Klärung ist es wünschenswert, die im letzten Abschnitt definierten operationellen Risiken gegenüber anderen Risikokategorien abzugrenzen und dabei wenn möglich die Gesamtheit aller Risiken einer Bank zweifels- und überschneidungsfrei wohldefinierten Risikokategorien zuzuordnen. Eine solch umfassende Modellierung der Risikolandschaft würde den vorliegenden Rahmen sprengen. Wir beschränken uns auf die Abgrenzung der operatio-

6 Vgl. BIS 1998, S. 8 ff.

Transaktionsrisiko	Risiko von Fehlern in der Abwicklung von Transaktionen (inkl. Fehler in Dokumentation).
Überwachungsrisiko	Risiko von Schwachstellen in der Überwachung und Kontrolle (zum Beispiel unentdeckte Limitenüberschreitung).
Systemrisiko	Risiko aus Schwachstellen in Systemen (EDV, Weisungswesen, Organisationsstruktur, Geschäftsprozesse).
Modellrisiko	Risiko von Fehlern in mathematischen Modellen oder Informationssystemen.
Katastrophenrisiko	Risiko aus Unruhen, Kriegen, Naturkatastrophen und Politik.
Reputationsrisiko	Risiko aus schlechter Reputation, Verlust von Geschäftsmöglichkeiten.
Rechts- und Steuerrisiko	Risiko aus Verletzung von Gesetzen oder Steuervorschriften oder auf Grund von Gesetzesänderungen.
Regulatorisches Risiko	Risiko aus Verletzung von Aufsichtsvorschriften und Unmöglichkeit der Erfüllung (neuer) Vorschriften.

Abbildung 1: Unterteilung der operationellen Risiken.
Quelle: Geiger 1999, S. 714.

nellen Risiken von den Kredit- und Marktrisiken sowie ganz pauschal von allen übrigen Risiken, welche sich aus den Kategorien Abwicklungs-, Liquiditäts- und strategische Risiken[7] zusammensetzen. Im Zentrum unserer Untersuchung steht die Frage, ob unter Risiko die Ursachen einer negativen Abweichung vom gewünschten oder geplanten Ergebnis zu verstehen sind, oder ob wir die negativen Wirkungen als Risiko bezeichnen. In vielen Definitionen und Erläuterungen zum Begriff des operationellen Risikos wird dieser Aspekt nicht klargelegt. Gelegentlich wird auch eine Mischung von Ursachen und Wirkungen für die Identifikation und Abgrenzung verwendet. Überprüft man beispielsweise die allgemein anerkannte Erkenntnis, bei den Derivatverlusten von Barings habe es sich eigentlich nicht um Marktrisiken, sondern um operationelle Risiken gehandelt, nach diesem Denkansatz, so zeigt sich, dass diese Aussage wenig Sinn macht. Es geht nicht um „Entweder – Oder", sondern um „Ursache – Wirkung". Die Ursachen lagen ohne Zweifel im operationellen Bereich, und zwar in der grobfahrlässigen Verletzung der anerkannten Grundsätze der internen Kontrolle. Die Wirkung war ebenso zweifelsfrei ein unerwarteter Verlust an Marktwert, also ein Marktrisiko.

Wir verwenden im Folgenden für die Identifikation und Abgrenzung der operationellen Risiken eine Ursachen/Wirkungsmatrix, die wir als „Risiko-Identifikations-Matrix" (RIM) bezeichnen. Die Ursachen dienen uns als Grundlage zur Abgrenzung der operationellen von anderen Risiken. Operationelle Risiken sind unerwartete Verluste aus internen Fehlern oder Mängeln im personellen Bereich, in Prozessen und Systemen sowie aus externen Ereignissen. Die (negative) Wirkung manifestiert sich entweder direkt in unerwarteten Kredit- [I], Markt- [II] oder operationellen Verlusten (unerwarteten Mehrkosten [III] oder Mindererlösen [IV]) oder indirekt in einer unerwarteten Reduktion des Marktwertes

7 Vgl. dazu den Vorschlag von Geiger 1999, S. 714.

[V] der Bank. Die direkten Verluste finden ihren unmittelbaren Niederschlag im Moment ihres Eintritts in der Bilanz und der Gewinn- und Verlustrechnung, die indirekten im Wert der diskontierten zukünftig erwarteten Cash Flows. Die möglichen Wirkungsweisen der operationellen Risiken sind in Abbildung 2 mit einem Pfeil ( ) eingezeichnet.

Die RIM ist als Denkhilfe zu verstehen. Sie will die sprachliche Verständigung erleichtern und ist ein Hilfsmittel für die Schaffung eines ganzheitlichen Bildes von Ursachen- und Wirkungszusammenhängen der Risiken. Mit Hilfe der RIM lassen sich beispielsweise auch die Kredit- und Marktrisiken klarer definieren. Das Kreditrisiko könnte zum Beispiel auf drei Arten definiert werden:

- Eingeschränkt definiert aus Ursachen- und Wirkungssicht als „unerwartete Verluste aus Bonitätsveränderungen auf Grund unsicherer oder falscher Informationen über die Gegenparteien" [A]. Operationell verursachte unerwartete Kreditausfälle wären gemäß dieser Definition keine Kreditrisiken.
- Definiert aus Wirkungssicht als „unerwartete Verluste aus Bonitätsveränderungen auf Grund aller denkbaren Ursachen". Operationell verursachte unerwartete Kreditausfälle [I] (zum Beispiel durch mangelhafte Kreditüberwachung) würden gemäß dieser Definition auch zu den Kreditrisiken gehören, und dürften dann in einer Gesamtrisikobetrachtung nicht nochmals als „operationelle Risiken" aufgeführt werden, es sei denn ausdrücklich im Sinne einer Doppelzählung.

		Wirkung					
		Direkte Manifestation					Indirekte Manifestation im Marktwert
		Verlust aus Bonitätsveränderung	Verlust aus Marktwertveränderung	Andere Verluste	Operationelle Verluste in der Form von Mehrkosten	Mindererlösen	
Ursache	Unsichere oder falsche Informationen über Gegenpartei	A					
	Unsichere oder falsche Informationen über Marktentwicklung						
	Andere (Liquidität Abwicklung, Strategie)						
	Fehler im Bereich: – Personen – Prozesse – Systeme Externe Ereignisse	I	II		III	IV	V

Abbildung 2: Risiko-Identifikations-Matrix
Quelle: eigene Darstellung

- Erweitert definiert aus Ursachensicht als „alle unerwarteten Verluste aus unsicheren oder falschen Informationen über Gegenparteien".

In der RIM sind sowohl auf der Ursachen- wie auf der Wirkungsachse „Andere" aufgeführt. Diese Zeile und Spalte soll als Platzhalter lediglich anzeigen, dass sowohl die Ursachen- wie die Wirkungsseiten mit den drei Begriffen „Kredit", „Markt" und „operationell" nicht abschließend beschrieben sind.

4. Bewertung und Registrierung operationeller Risiken

Das Ausmaß der operationellen Risiken bemisst sich nach der Wahrscheinlichkeit und der Höhe der unerwarteten Verluste, die auf Mängel oder Versagen interner Prozesse, Personen und Systeme oder auf externe Vorfälle zurückzuführen sind. Eine vollständige quantitative Bewertung setzt voraus, dass für solche Verluste Erwartungswerte bestehen, die als Kosten in die Kalkulation eingehen, und dass die Eintrittswahrscheinlichkeiten und die effektiven Verlusthöhen gemessen werden können.

Im Unterschied etwa zu den Marktrisiken sind die Voraussetzungen für die vollständige quantitative Bewertung bei den operationellen Risiken häufig nicht gegeben und zwar einerseits aus theoretischen Gründen, andererseits auf Grund der fehlenden Erfassung der entsprechenden Informationen in der Praxis. Aus theoretischer Sicht sind insbesondere zu erwähnen:[8]

- Offene sozio-technische Systeme sind charakterisiert durch eine unbegrenzte Vielzahl von Fehlermöglichkeiten, die nicht abschließend spezifiziert werden können;
- die Risikobewertungsprozesse sind oft subjektiv und politisch, sie können demnach Risiken nicht genau definieren und unzweifelhaft bemessen;
- die Komplexität des menschlichen Verhaltens verhindert oft eine vorausdefinierte und auf Zahlen reduzierte Abbildung der Fehler, die sich zudem im Zeitablauf verändert;
- der Mangel an Informationen über extreme Verlustfälle führt zu einer sehr hohen Unsicherheit;
- in holistischen Systemen lässt sich das Gesamtrisiko nicht durch die Addition der einzelnen Aspekte ermitteln. Das Ganze ist oft größer als die Summe der Teile und die „unglückliche" Kombination bestimmter Faktoren kann zu extremen Risiken führen.[9]

8 Vgl. Young 1999, S. 10.

9 Ein theoretisches Beispiel wäre: Wenn sich das operationelle Risiko einer ungenügenden Funktionentrennung in einem Bereich auf 10 beläuft, das Risiko der ungenügenden Auswahl, Anleitung und Überwachung der Personen in diesem Bereich auf 20, dann könnte das kombinierte Risiko aus beiden Elementen durchaus 100 betragen.

Diese Eigenschaft steht ganz im Gegensatz zu den Markt- und Kreditrisiken, bei denen Diversifikationseffekte zur Risikoreduktion führen;

- die Vergangenheit ist im Bereich operationeller Risiken keine gute Basis für Zukunftsprognosen;
- selbst wenn gute Daten vorhanden sind, lassen sich diese im Bereich der operationellen Risiken nicht ohne weiteres von einer Bank auf die andere übertragen.

Angesichts dieser grundsätzlichen Probleme stellt sich die Frage, warum denn operationelle Risiken überhaupt quantitativ bewertet werden sollen. Dafür gibt es mehrere gute Gründe, auch wenn nicht aus den Augen gelassen werden darf, dass Quantifizierung und Messung im Bereich operationeller Risiken aus theoretischer Sicht weniger bedeutungsvoll sind als bei den Marktrisiken, und dass aus der Perspektive der Praxis die präventiven Aspekte der Risikoverminderung wichtiger sind als die mit der Quantifizierung verbundenen Fragen. Für die wissenschaftliche Durchdringung des Phänomens der operationellen Risiken ist die Quantifizierung und Messung eine selbstverständliche Methode. Aus der Sicht der praktischen Risikopolitik einer Bank ist es im Zusammenhang mit einer wertorientierten Führung, mit der risikogerechten Allokation von Ressourcen, der Gestaltung von Anreizsystemen und den Fragen der Eigen- oder Fremdversicherung wünschenswert, die operationellen Risiken so weit wie möglich und wirtschaftlich sinnvoll zu registrieren, zu quantifizieren und auszuwerten. Der heute beklagte Mangel an brauchbaren Daten über operationelle Risiken lässt sich auf jeden Fall nicht nur auf die dargelegten theoretischen Probleme der Quantifizierung zurückführen. Grundsätzlich sollten die operationellen Risiken und die damit verbundenen Schadenfälle auf Stufe der einzelnen Transaktion systematisch und vollständig in einer Datenbank oder „Risikobuchhaltung" erfasst, analysiert und wenn möglich gemessen und aggregiert werden.[10] Direkte Schäden schlagen sich entweder in Kreditverlusten, in Marktverlusten oder in anderen unerwarteten Mehrkosten oder Mindererlösen nieder, indirekte in einer Reduktion des Unternehmungswertes. Dabei sollten mindestens die folgenden Daten erhoben werden:

- Art der Schadenfälle;
- Ort des Eintritts der Schadenfälle;
- Zeitpunkt und Häufigkeit der Schadenfälle;
- Höhe des Verlustes bei Eintritt eines Schadenfalls;
- Zusammenhänge zwischen den verschiedenen Ursachen, Schadensorten und Schadenfällen. Besonders gefährlich sind operationelle Risiken, die nicht verstanden werden oder bei denen eine lange Zeit zwischen Ursache und Feststellung der Auswirkung verstreicht;
- Versicherungsaspekte;
- Festhalten von Korrekturmaßnahmen, deren Überwachung und Erfolg;

10 Vgl. hierzu Hoffman 1998, S. 37 ff.

	Wahrscheinlichkeit	
Schadens-höhe	klein	groß
klein	C	B
groß	D	A

Abbildung 3: Höhe und Wahrscheinlichkeit unerwarteter Verluste.
Quelle: eigene Darstellung in Anlehnung an Rachlin 1998, S. 119.

- Es sollen nicht nur interne, sondern auch bekannte und zugängliche externe Fälle aus der Bankbranche dokumentiert werden.

Eine solche Risikodatenbank ist nicht nur Grundlage für die Bewertung operationeller Risiken, sie bildet auch ein Kernelement des operationellen Risikomanagements.

Für die operationelle Risikopolitik ergeben sich aus der Analyse von Schadenshöhe und Wahrscheinlichkeit folgende Regeln: Geschäftsfelder mit operationellen Risiken großer Schadenhöhe und großer Wahrscheinlichkeit [A] sind selbstverständlich zu meiden oder durch Prävention zu entschärfen. Bereiche mit kleinen Schadenfällen und großer Wahrscheinlichkeit des Eintritts [B] werden oft gar nicht als „Risikofelder" bewusst wahrgenommen, sondern einfach als „kostenintensiv" oder „von schlechter Qualität" empfunden. In diesen Fällen liegen die Probleme häufig im Bereich der Prozess- und Systemgestaltung. Sie gehören damit in einen Themenkreis, der mit demjenigen des Qualitätsmanagements eng verwandt ist. Fälle mit kleiner Wahrscheinlichkeit und kleiner Schadenhöhe [C] können akzeptiert werden, da die Präventionskosten höher sein dürften als die Schadensreduktion. Die spektakulären operationellen Verlustfälle gehören meist in den Bereich „kleine Wahrscheinlichkeit, hoher Schaden" [D]. Die Fälle mit externen Ursachen eignen sich grundsätzlich für externe Versicherungslösungen. Falls die Ursachen im Innern der Bank liegen, gehören die Probleme oft in den Bereich des internen Kontrollsystems, das im nächsten Kapitel angesprochen wird, oder sie sind ein Zeichen dafür, dass einer Bank das nötige Wissen und die nötigen Ressourcen für ein erfolgreiches Bestehen im entsprechenden Geschäftsfeld einfach fehlen.

Die Aggregation operationeller Risiken nach Höhe und Wahrscheinlichkeit des Eintritts unerwarteter Verluste lässt sich grafisch in einer Kurve abbilden, die Ähnlichkeiten mit dem bekannten Risikoprofil von Kreditportfolios aufweist (Abbildung 4).

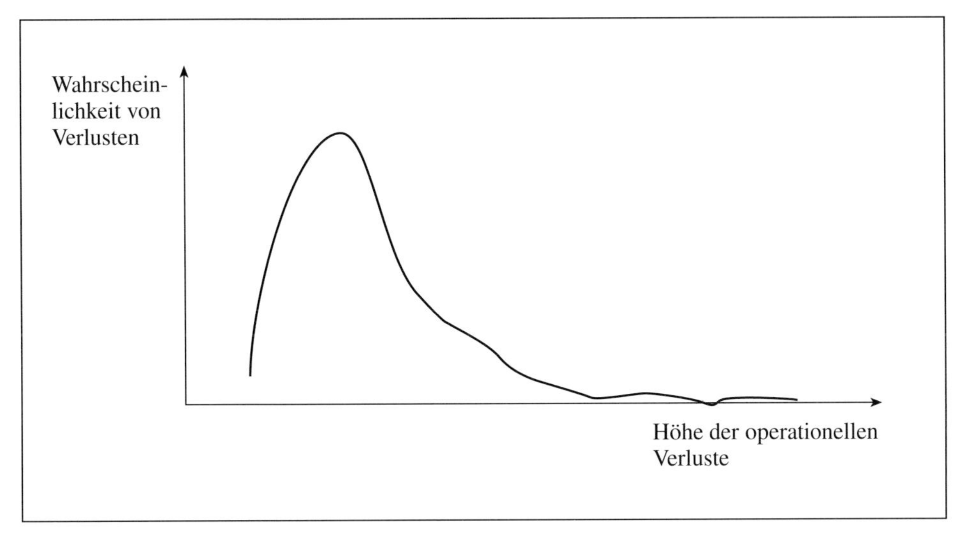

Abbildung 4: Aggregation operationeller Risiken.
Quelle: eigene Darstellung.

Aufgrund der dargelegten Meinung zur Messung und Quantifizierung der operationellen Risiken scheint die von den Aufsichtsbehörden in Ergänzung zu den Kredit- und Marktrisiken geplante Erhebung von Eigenmittelzuschlägen für operationelle Risiken verfehlt. Wie gezeigt, finden operationelle Risiken ihren Niederschlag häufig in Kredit- und Marktverlusten.[11] Soweit dies der Fall ist, sind sie nach den heutigen Vorschriften bereits in die Berechnung der gesetzlich notwendigen Kapitalien und Rückstellungen einbezogen, und es ist wenig plausibel, sie auf willkürliche Art, beispielsweise durch Eigenmittelerfordernisse auf den „Handels- und Kommissionserträgen" oder den „Betrieblichen Aufwendungen" nochmals zu unterlegen. Zudem ist das Argument nicht haltbar, dass die großen und bekannten operationellen Verluste durch Eigenkapitalvorschriften hätten vermieden oder vermindert werden können. Diese Ausführungen wenden sich gegen eine neue Eigenkapitalvorschrift mit falscher Begründung und falscher Basis. Die Autoren sprechen sich damit aber nicht generell gegen eine Erhöhung der Erfordernisse aus.

5. Das Management operationeller Risiken

Es kann im Rahmen dieser Arbeit nicht darum gehen, das Thema Management operationeller Risiken vertieft zu untersuchen. Einige generelle Hinweise müssen genügen: Das Schema des finanziellen Risikomanagements der Banken ist für die Entwicklung des operationellen Risikomanagements weniger geeignet als die Erkenntnisse aus andern Branchen, insbesondere aus der Industrie, sowie dem Energie- und Verkehrsbereich. Fruchtbar

11 So zum Beispiel auch im Fall der Barings Bank.

dürften Erkenntnisse aus dem industriellen Qualitätsmanagement (Total Quality Management) sein, bei dem ähnlich wie beim operationellen Risikomanagement Prozess-Aspekte und Prävention eine zentrale Rolle spielen. Eine Gegenüberstellung der Ansätze von Banken und Industrie möge diesen Punkt beleuchten:

Risikomanagement Banken	**Risikomanagement Industrie**
1. Erkennen und verstehen	1. Erkennen und verstehen
2. Registrieren und bewerten	2. Registrieren und bewerten
3. Steuern durch	3. Ursachen erkunden, bewerten
3.1 Übernahme	4. Prävention planen, entwickeln
3.2 Verkaufen, Versichern	5. Versichern
3.3 Diversifizieren	6. Frühwarnsystem
4. Kontrolle der Risiken	7. Notfallmaßnahmen planen
5. Gestaltung der Systeme	8. Gestaltung der Systeme

Abbildung 5: Risikomanagement von Banken und Industrie.
Quelle: eigene Darstellung.

Im praktischen Management operationeller Risiken sind heute folgende Tendenzen festzustellen:[12]

- Schaffung einer formellen Organisation des operationellen Risikomanagements, wobei insbesondere eine Klärung der Kompetenzen und Verantwortungen der einzelnen Bereiche und Hierarchiestufen der Bank erfolgt. Ein wichtiger erster Schritt hierzu ist eine systematische Berichterstattung zu operationellen Risiken entlang der Hierarchie bis auf die Stufe des Verwaltungsrates.
- Einbezug von operationellen Risiken in ein Gesamtrisikomanagement-Konzept.
- Entwicklung und Einsatz von Werkzeugen des operationellen Risikomanagements. Dabei stehen zur Zeit fünf Instrumente im Vordergrund: (1) Self-Assessment (Selbstbeurteilung, oft qualitativ), (2) Risk Mapping (Fehler- und Risiko-Auflistung im Abwicklungsbereich, oft qualitativ), (3) Risk Indicators (Risikoindikatoren-Analyse), (4) Escalation Triggers (Festgelegte Schwellenwerte für die Eskalation, quantitativ und qualitativ) und (5) Loss Event Models (quantitative Verlustfallmodelle).
- Einbezug des operationellen Risikomanagements in ein wertorientiertes Gesamtführungskonzept (zum Beispiel auf der Basis eines Risk Adjusted Performance Measurement, [RAPM]).[13] Hierbei wird versucht ein ökonomisches Kapital für operationelle Risiken zu ermitteln.
- Generell setzt sich im Management der operationellen Risiken der Bottom-up Ansatz durch, während die Aufsichtsbehörden versuchen, das Thema mit einem Top-down Approach in den Griff zu bekommen.

12 British Bankers' Association 2000, S. 3 ff.

13 Das RAPM-Konzept beinhaltet die Risikoadjustierung von Rentabilität und Kapital. Vgl. Saunders 1999, S. 151.

Das operationelle Risikomanagement wird seine Methoden in den kommenden Jahren weitgehend auf Grund praktischer Erfahrungen und Einsichten (Best Practice) entwickeln. Die Theorie kann dazu zum heutigen Zeitpunkt im Gegensatz etwa zum Marktrisikomanagement (noch) keine großen Hilfen bieten. Eine zentrale Aufgabe nach der Klärung der Definitionsfragen ist, wie erwähnt, die systematische Sammlung, Aufbereitung und Auswertung von Daten zu operationellen Risiken. Einzelne Banken haben bereits beträchtliche Investitionen in den Aufbau solcher Risikodatenbanken getätigt und dabei sowohl interne Informationen ausgewertet als auch externe Daten beigezogen. Einzelne Versicherungsgesellschaften verfügen ebenfalls über gute Informationen zu operationellen Risiken.[14] Eine besondere Herausforderung für das operationelle Risikomanagement der Banken bilden die enormen Produkt- und Prozessinnovationen, mit welchen die Banken seit einigen Jahren konfrontiert werden. Innovation bedeutet Unsicherheit, Unsicherheit bedeutet erhöhte Risiken, und dies ganz besonders in einer Branche, die während Jahrzehnten durch eine hohe Stabilität gekennzeichnet war und damit nur über geringe Erfahrungen verfügt, wie das Risikomanagement dem raschen und fundamentalen Wandel anzupassen ist. Eine hohe Bedeutung für das operationelle Risikomanagement hat das interne Kontrollsystem. Obschon die entsprechenden Grundsätze seit Jahrzehnten bekannt sind, stellt das Basler Komitee für Bankenaufsicht in einer neueren Studie Mängel der internen Kontrolle als Ursache vieler großer Verluste fest. Das Komitee hat deshalb 13 Prinzipien für die Geschäftsleitung und den Verwaltungsrat erarbeitet und Regeln für die Überwachung durch die Bankenaufsichtsbehörden vorgeschlagen.[15]

Ein besonderer Aspekt der Prozessinnovation stellt die zunehmende Reduktion der Fertigungstiefe vieler Banken durch Outsourcing dar. Dadurch kann die Kontrolle verschiedener Aspekte der operationellen Risiken nicht mehr innerhalb der Bank, allenfalls auch nicht mehr im Einflussbereich der Bankenaufsicht wahrgenommen werden. Sie muss deshalb auf andere Weise sichergestellt werden. Auch auf diesem Gebiet bieten die Erfahrungen und Methoden der Industrie nützliche Vorlagen und Einsichten für die Banken.

Ein weiterer neuer Aspekt für die Banken ist die Bedeutung der Projektarbeit. Innovation und Wandel werden in Projekten realisiert. Damit gehört die Beherrschung des Projektmanagements zu den essentiellen Fähigkeiten einer Bank. Innerhalb des Projektmanagements kommt dem Risikomanagement eine besondere Bedeutung zu und zwar in zweierlei Hinsicht: Einerseits geht es darum, die Misserfolgsrisiken der Projekte selbst unter Kontrolle zu behalten, andererseits darum, die operationellen Risiken des Betriebs durch vorausschauende Disposition nach Projektabschluss zu beherrschen. Letztlich führen die verschiedenartigen Herausforderungen des operationellen Risikomanagements zur Frage nach der Risikokultur der Bank. Beim operationellen Risikomanagement geht es nicht um eine einmalige Aufgabe, die das Management nach Abschluss der Arbeit als Routineaufgabe delegieren kann, sondern um einen kontinuierlichen Prozess der betrieblichen Verbesserungen und des betrieblichen Lernens.

14 Vgl. Hoffman 1998, S. 37 ff.
15 Vgl. BIS 1998, S. 2 ff.

6. Zusammenfassung und Ausblick

Das Thema „operationelle Risiken" ist im vollen Fluss. Sowohl die theoretische und empirische Forschung als auch die Praxis und Aufsicht beschäftigen sich intensiv mit der Weiterentwicklung des Verständnisses dieser Risiken. Nachdem sich in den Fragen der Definition der wichtigsten Begriffe eine Einigung abzeichnet, wird es nun darum gehen, auf dieser begrifflichen Basis zu neuen Erkenntnissen und Anwendungen vorzustoßen. Vordringlich scheint dabei die Aufgabe der systematischen Sammlung, Analyse und Modellierung von Daten zu operationellen Risiken. Zu dieser großen Aufgabe können und sollen die Banken, die Versicherungsgesellschaften, die Revisions- und Beratungsunternehmen, die Aufsichtsbehörden und die Wissenschafter ihren Beitrag liefern. Im wissenschaftlichen Bereich geht es nicht nur um die ökonomische und mathematische Durchdringung des Problemkreises, auch die Rechtswissenschaft, die Psychologie und die Soziologie und nicht zuletzt die Systemtheorie sollen ihre Impulse zur Entstehung und Förderung einer operationellen Risikokultur beitragen, welche sich das permanente Lernen zum Ziel setzt.

Literaturhinweise

BASLE COMMITTEE ON BANKING SUPERVISION: Framework for Internal Control Systems in Banking Organizations, Basel 1998 (zitiert BIS 1998).

BASLE COMMITTEE ON BANKING SUPERVISION: A New Capital Adequacy Framework (Consultative Paper), Basel 1999 (zitiert: BIS 1999).

BOARD OF BANKING SUPERVISION/BANK OF ENGLAND: Report of the Board of Banking Supervision. Inquiry into the Circumstances of the Collapse of Barings, London 1995.

BRITISH BANKERS' ASSOCIATION/INTERNATIONAL SWAPS AND DERIVATIVES ASSOCIATION/ROBERT MORRIS ASSOCIATES: Operational Risk Management Survey, London 2000 (zitiert: British Bankers' Association 2000).

GEIGER, H.: Die Risikopolitik der Banken, Teil 1 und Teil 2, in: Der Schweizer Treuhänder, Vol. 73, Nr. 6/7 und 8 1999, S. 555-564/713-718.

HOFFMANN, D.: New Trends in Operational Risk Measurement and Management, in Risk Books/Arthur Andersen: Operational Risk and Financial Institutions, London 1998, S. 29-42.

RACHLING CH.: Operational Risk in Retail Banking, in Risk Books/Arthur Andersen: Operational Risk and Financial Institutions, London 1998, S. 113-127.

SAUNDERS, A.: Credit Risk Measurement – New Approaches to Value at Risk and Other Paradigms, New York 1999.

WILLS, S.: Rewards on Offer from a New Discipline, in: RISK 1999, Vol. 12, No 11, S. 52-54.

YOUNG, B.: Raising the Standard, in: RISK – Special Report on Operational Risk 1999, No 11.

Peter Albrecht

Mathematische Modellierung von Kredit- und Marktrisiken

1. Modellierung von Marktrisiken

1.1 Vorbemerkungen

Unter die Kategorie der Marktrisiken einer bestimmten Finanzposition subsumieren wir allgemein alle Risiken, die aus der *Veränderung des Marktpreises* dieser Position über eine bestimmte Zeitperiode resultieren. Die Finanzposition kann dabei ein einzelner Finanztitel, eine Klasse von Finanztiteln (zum Beispiel Aktien) oder aber ein beliebiges Portefeuille aus Finanztiteln sein. Entsprechend der betrachteten Klasse von Finanztiteln kann man etwa Aktienkursänderungsrisiken, Zinsänderungsrisiken, Währungsrisiken sowie Risiken aus derivativen Instrumenten (Forwards/Futures, Optionen, Swaps) unterscheiden. Die resultierenden Risiken hängen dabei von dem Unternehmen/der Institution ab, die die Finanzposition erworben (oder aber leerverkauft) hat, zum Beispiel kann man die Marktrisiken im Handelsbereich einer Bank betrachten oder aber Marktrisiken im Finanzbereich eines Industrieunternehmens.

Die mathematische Modellierung von Marktrisiken umfasst im Kern drei Problemkreise:

1) Die *Spezifikation eines* (diskreten oder zeitstetigen) *stochastischen Prozesses* für die Marktwertentwicklung der Finanzposition während der betrachteten Zeitperiode oder vereinfachend die *Spezifikation einer Wahrscheinlichkeitsverteilung* für die Änderung des Marktwertes über die betrachtete Zeitperiode. Diese Spezifikation kann für die betrachtete Finanzposition insgesamt direkt erfolgen oder aber – wenn die Position aus einzelnen Teilpositionen besteht – parallel für alle Teilpositionen (ggf. inkl. deren Abhängigkeiten). Letzteres führt zu einem multivariaten stochastischen Prozess bzw. zu einer multivariaten Verteilung. Möchte man zum Beispiel die Marktwertänderung der Finanzposition explizit als Funktion der Marktwertänderung ihrer Teilpositionen bestimmen, so führt dies auf die Problemstellung der *Aggregation* von Finanzpositionen. Eine andere Problemstellung besteht etwa darin, die Verteilung einer Finanzposition auf der Grundlage der Spezifizierung von zentralen Einflussgrößen (Faktoren) auf diese Finanzposition zu bestimmen.

2) Die Spezifikation eines *Risikomaßes*, einer Messgröße für das Ausmaß des resultierenden (Markt-)Risikos.

3) Die *Risikoevaluation*, gegeben die Spezifikation des Risikomaßes und die Zufallsgesetzmäßigkeit der Marktwertentwicklung der Finanzposition.

Die konkrete Ausgestaltung der Umsetzung der vorstehenden Problemstellungen ist dabei noch entscheidend abhängig vom *Evaluationszweck*. Solche Evaluationszwecke können sein das Pricing von Risiken, das Hedging von Risiken, die Unterlegung von Risiken mit Kapital, das Setzen von Risikolimits oder die risikoadjustierte Performancesteuerung.

Im Weiteren soll zunächst ein (jeweils sehr knapper) Überblick über die vorstehend genannten Problemkreise gegeben werden, wobei die Value-at-Risk-Thematik – auch hinsichtlich der Literaturhinweise – den notwendigen Fokus darstellt.

1.2 Spezifikation der Zufallsgesetzmäßigkeit der Marktwertentwicklung

Wir wenden uns zunächst dem Gebiet der Modellierung von Aktienkursen P_t im Zeitablauf zu. Im Rahmen von Ein-Periodenmodellen ist dabei die *Normalverteilung* die Basis-Zufallsgesetzmäßigkeit für diskrete Renditen

$$R_{t+1} = (P_{t+1} - P_t) / P_t - N(\mu, \sigma^2) \tag{1}$$

bzw. für zeitstetige Renditen $R_{t+1} = \text{In}\,(P_{t+1} / P_t)$. Die absoluten Kurse P_t sind entsprechend normal- bzw. logarithmisch normalverteilt. Allgemeinere Ein-Periodenmodelle versuchen primär, die Abweichungen empirischer Aktienrenditen von der Normalverteilung (zum Beispiel „fat tails") zu erfassen.

Im Rahmen von diskreten stochastischen Prozessen (Zeitreihen) ist das Standardmodell der *Random Walk*, angewendet entweder auf die absoluten Preisdifferenzen $P_{t+1} - P_t$ oder die logarithmierten Preise. Der Random Walk beinhaltet in seiner Basisform unabhängig und identisch verteilte Änderungen der (logarithmierten) Kurse und wird oftmals mit einer Normalverteilungsannahme verbunden. Entsprechend konzentrieren sich Verallgemeinerungen auf die Verteilungsannahme, die Annahme der Stationarität (zum Beispiel Mean Reversion) sowie die Modellierung der Volatilitäts- und Autokorrelationsentwicklung (zum Beispiel ARCH-, GARCH-Modelle).

Im Rahmen von zeitstetigen Modellen sind die arithmetische bzw. geometrische *Brownsche Bewegung* (Wiener Prozess) die Standardmodelle, die wiederum auf unabhängige und identisch normalverteilte (logarithmierte) Kurszuwächse führen. Entsprechende Verallgemeinerungen bestehen im Ansatz allgemeinerer *Diffusionsprozesse* (insbesondere beinhaltet dies stetige Pfade), zum Beispiel Ornstein-Uhlenbeck-Prozesse, oder von *Lévy-Prozessen* (hierbei sind auch nicht-stetige Pfade möglich).

Neben eine direkte Modellierung von Aktienkursen treten Möglichkeiten der Modellierung der Einflüsse von erklärenden Variablen auf die Kurse (*Single-/Multi-Indexmodelle, Multi-Faktoren-Modelle, Dividenden-Diskontierungsmodelle, Kointegrations- und Fehlerkorrekturmodelle*).

Schließlich gelangt man durch die Verbindung der Spezifikation der Zufallsgesetzmäßigkeit von Aktienrenditen mit Annahmen eines Kapitalmarkts im Gleichgewicht (*Gleichgewichtsmodelle, No Arbitrage-Ansätze*) über die rein mathematisch/statistisch/ökonometrische Modellierung von Aktienkursverläufen hinaus zu ökonomisch/kapitalmarkttheoretisch basierten Modellen (CAPM, Arbitrage Pricing Theorie) von Aktienkursverläufen.

Wenden wir uns nun dem Bereich der Modellierung von Zinstiteln zu. Hier steht das *Barwertkonzept* zur Bestimmung von Marktpreisen im Vordergrund. Auf der Grundlage von deterministisch oder stochastisch modellierten Entwicklungen der fristigkeitsabhängigen Zinssätze (Spot Rates), das heißt der Modellierung der *Zinsstruktur* und ihrer zeitlichen Entwicklung, kann man entsprechend die Kursentwicklung von Zinstiteln/Zinstitelportefeuilles ableiten. Eine zentrale Rolle spielt in diesem Bereich die Analyse von Zinsänderungsrisiken, das heißt die Auswirkungen der Änderungen der Zinsstruktur auf die Bar- und Endwerte von Zinstiteln. Im Bereich der deterministischen Modellierung der Zinsstruktur führt dies insbesondere zu linearen bzw. quadratischen Approximationen der Barwertänderung auf der Basis von *Durations-* bzw. *Konvexitätsanalysen*.

Eine einfache Erweiterung des deterministischen Modellierungsansatzes einer (lokalen) linearen Approximation der relativen Barwertänderung

$$(P_{t+1} - P_t) / P_t \approx - D_M (r_{t+1} - r_t) \tag{2}$$

auf der Basis der modifizierten Duration DM und der zeitlichen Änderung des deterministischen fristigkeitsunabhängigen Zinssatzes r erfolgt auf der Basis der Normalverteilungsannahme für $\Delta_t = r_{t+1} - r_t$. Dies führt zu einer (lokalen) linearen Approximation der Barwertänderung im Rahmen eines einfachen stochastischen Ansatzes.

Wie im Falle von Aktienkursentwicklungen lassen sich auch die Entwicklung der Preise von Zinstiteln bzw. der Zinsstrukturkurve auf die Entwicklung von exogenen Einflussgrößen zurückführen (zum Beispiel *Faktorenmodelle*).

Abschließend gehen wir noch kurz auf den Bereich der Derivate ein. Hier lässt sich die Preisbildung auf die Kursentwicklung der zugrunde liegenden Basistitel zurückführen (*Cost-of-Carry-Ansatz* für Forwards/Futures, *Optionspreistheorie* für Optionen, Bewertung von Swaps analog zu der Bewertung von Zinstiteln). Entsprechend lassen sich Preisänderungen bei Derivaten bei gegebenem Bewertungsmodell auf die Preisänderungen des Basistitels zurückführen. Als Illustration betrachten wir die *Delta*-Approximation der Wertänderung $C_{t+1} - C_t$ einer Call-Option relativ zur Kursänderung $P_{t+1} - P_t$ des Basistitels:

$$C_{t+1} - C_t \approx \Delta (P_{t+1} - P_t). \tag{3}$$

Dabei entspricht das Optionsdelta der ersten Ableitung des (auf der Grundlage eines Optionspreismodells bestimmten) Call-Wertes nach dem Kurs des Basistitels, $\Delta = \partial C / \partial P$. Diese Vorgehensweise führt zu einer (lokalen) linearen Approximation der Änderung des Optionspreises relativ zur Preisänderung des Basisobjektes.

1.3 Spezifikation eines Risikomaßes

Das traditionelle Risikomaß der Kapitalmarkttheorie stellt die *Varianz* (bzw. die Quadratwurzel hieraus, die *Standardabweichung*) der Werte (bzw. Rendite-)entwicklung dar. Die

Varianz bzw. Standardabweichung sind Volatilitätsmaße, sie quantifizieren das Ausmaß der Schwankungen der Wertentwicklung um die mittlere Entwicklung. Im Gegensatz zu Volatilitätsmaßen erfassen *Shortfall-* bzw. *Downside-Risikomaße* nur das Verlustpotenzial im Sinne einer Unterschreitung der mittleren Wertentwicklung bzw. eines alternativen Targets (zum Beispiel Mindest-Renditeerfordernisse des Investors). Shortfall-Maße sind Volatilitätsmaßen dann als Risikomaße vorzuziehen, wenn Verlust- und Chancenpotenzial nicht symmetrisch verteilt sind, beispielsweise ist dies bei Optionspositionen vielfach der Fall. Einfache Shortfall-Maße sind die Shortfall-Wahrscheinlichkeit (Wahrscheinlichkeit der Unterschreitung des Targets), der Shortfall-Erwartungswert (mittlere Höhe der Unterschreitung des Targets) und die Shortfall-Standardabweichung (Standardabweichung der Unterschreitung des Targets). Zu unterscheiden sind unbedingte Shortfall-Maße von bedingten Shortfall-Maßen. Letztere messen das Risikopotenzial nur auf der Grundlage derjenigen Realisationen, die zu einer Unterschreitung des Targets führen. Ein Beispiel ist der bedingte Shortfall-Erwartungswert oder *Tail Conditional Expectation* (TCE). Er misst die mittlere Shortfall-Höhe, gegeben den Eintritt des Shortfalls. Der TCE ist ein Maß, das im Rahmen der Extremwerttheorie eine wichtige Rolle spielt, es ist ein statistisches Maß für das Worst-Case-Risiko. Zudem besitzt der TCE besondere Güteeigenschaften (*Kohärenz*) im Sinne des Axiomensystems von Artzner et al. (1999).

Alternative Risikomaße stellen die *Quantile* einer Verteilung dar. Dies sind diejenigen Werte einer Verteilung, die mit einer bestimmten Wahrscheinlichkeit (zum Beispiel 1 %, 5 %) nicht unterschritten werden. Shortfall-Wahrscheinlichkeit und Quantile sind somit Risikomaße, die in einer direkten Beziehung zueinander stehen. Ein Quantil-Risikomaß von zentraler Bedeutung im Zusammenhang mit der Risikosteuerung (insbesondere der Kapitalunterlegung von Risiken) von Banken ist der *Value-at-Risk*. Formal ist der Value-at-Risk einer Finanzposition zum Konfidenzniveau 0 < < 1 über einen Zeitraum der Länge u definiert durch

$$P(\Delta V_u \geq VaR) = \alpha \tag{4}$$

Dabei entspricht $\Delta V_u = v_t - V_{t+u}$ der potentiellen Verlusthöhe der Finanzposition über ein bestimmtes Zeitintervall der Länge u. Der Value-at-Risk zum Konfidenzniveau ist somit diejenige Ausprägung der Verlusthöhe, die mit der vorgegebenen Wahrscheinlichkeit nicht unterschritten wird. Interpretiert man den VaR als Höhe eines zu unterlegenden Kapitals, dann besagt (4), dass die Wahrscheinlichkeit der Aufzehrung dieses Kapitals durch ein negatives Investmentergebnis kontrolliert klein ist. Folgt die Rendite der Finanzposition einer Normalverteilung mit über den Zeitraum der Länge u als konstant angenommenen Parametern und , so ergibt sich für den Value-at-Risk der explizite Ausdruck

$$VaR = v_t N_{1-\alpha} \sigma - v_t \mu, \tag{5}$$

wobei $N_{1-\alpha}$ das $(1-\alpha)$-Quantil der Standard-Normalverteilung bedeute, das heißt derjenige Wert der Standard-Normalverteilung, der exakt in nur $100-\alpha$ % der Fälle überschritten wird. Nimmt man an, dass die mittlere Rendite über das betrachtete Zeitintervall gleich null ist, so verschwindet der zweite Term auf der rechten Seite der Gleichung (5) und der Value-at-Risk wird proportional zu dem Risikomaß Standardabweichung.

Die bislang diskutierten Risikomaße waren statistische Risikomaße in dem Sinne, dass in ihre Berechnung sowohl Eintrittshöhen als auch Eintrittswahrscheinlichkeiten der zugrunde liegenden Wertentwicklung eingehen. Alternativ bzw. ergänzend kann man Risikomaße betrachten, die auf den unter Annahme bestimmter besonders ungünstiger Szenarien (Worst-Case-Szenarien, Stress-Szenarien) resultierenden Wertentwicklungen beruhen.

1.4 Verfahren der Risikoevaluation

Unter Vorgabe eines Risikomaßes und einer vollständigen Spezifikation der Zufallsgesetzmäßigkeit der Wertentwicklung (inkl. der Bestimmung der Parameter auf der Basis empirischer Daten) kann zunächst versucht werden, die numerische Ausprägung des Risikomaßes in *analytisch geschlossener* Form exakt oder unter Verwendung *analytischer Approximationsverfahren* approximativ zu berechnen. Ist dies nicht möglich, so kann man alternativ auf der Grundlage einer vollständig spezifizierten Zufallsgesetzmäßigkeit entsprechende Realisationen der betrachteten Wertentwicklung im Wege einer *Monte-Carlo-Simulation* generieren und pro Simulation eine Ausprägung des zu evaluierenden Risikomaßes gewinnen. Auf der Basis „genügend vieler" Simulationen lässt sich so eine durchschnittliche Ausprägung gewinnen, die eine Approximation der gesuchten wahren Größe darstellt.

Analytische Evaluation und Monte-Carlo-Simulation erfordern jeweils eine vollständige Spezifikation der zugrunde liegenden Zufallsgesetzmäßigkeit (parametrischer Ansatz). Im Falle von Quantilberechnungen (inkl. Value-at-Risk) ist nur der untere bzw. obere Randbereich der Wahrscheinlichkeitsverteilung von Bedeutung. Mit Verfahren der *Extremwerttheorie* lässt sich dieser Verteilungsbereich durch eine Grenzverteilung (zum Beispiel verallgemeinerte Pareto-Verteilung) approximieren und die entsprechende Quantilgröße bestimmen (semi-parametrischer Ansatz). Gänzlich ohne Annahmen über die zugrunde liegende Zufallsgesetzmäßigkeit kommt die „*historische Simulation*" aus, bei der die interessierenden Größen rein auf der Basis der in der Vergangenheit beobachteten Realisationen (die als aus einer unabhängig und identisch verteilten Zufallsgesetzmäßigkeit entstammend angenommen werden) der betreffenden Finanzposition gewonnen werden. Bei nicht genügend vielen (unabhängigen) Realisationen eröffnet das *Bootstrapping*-Verfahren eine Möglichkeit der Erhöhung des Stichprobenumfangs.

1.5 VaR-Berechnung: Die Delta-Normal-Methode

Besteht die zu evaluierende Finanzposition aus einer Vielzahl heterogener Einzelpositionen, deren Einfluss (inkl. Interaktionen) auf die Gesamtposition explizit erfasst werden soll, so stellt sich das Problem der Aggregation der Zufallsgesetzmäßigkeiten der Einzelpositionen. Dies gelingt problemlos und in einfacher Form (*lineare Aggregation*) nur unter starken Restriktionen an die zugelassenen Zufallsgesetzmäßigkeiten, so dass eine Vielzahl der in Abschnitt 1.2 erwähnten Ansätze für einzelne Klassen von Finanzpositionen für diese Problemstellung nicht verwendet werden können. Es soll deshalb abschließend am Beispiel der Value-at-Risk Berechnung für eine solche gesamthafte Finanzposition dargestellt werden, wie die genannte Problemdarstellung (approximativ) einer Lösung zugeführt werden kann.

Sind die in die Aggregation eingehenden Finanzpositionen (i = 1, ..., n) multivariat normalverteilt mit über die betrachtete Zeitperiode jeweils konstanten Erwartungswerten i bzw. Varianzen σ^2 sowie Korrelationskoeffizienten ρ_t, so ist die Gesamtposition normalverteilt mit Erwartungswert

$\mu = \sum_{i=1}^{n} \mu_i$ und Varianz $\sigma^2 = \sum_{i=1}^{n} \sum_{i=1}^{n} \rho_{ij} \sigma_i \sigma_j$.

Aus (5) ergibt sich damit für den Value-at-Risk der Gesamtposition

$$VAR = N_{1-\alpha} \sum_{i=1}^{n} \sum_{i=1}^{n} v_{it} v_{jt} \rho_{ij} \sigma_i \sigma_j - \sum_{i=1}^{n} v_{it} \mu_i \tag{6}$$

wobei v_{it} dem Wert der i-ten Finanzposition am Anfang der betrachteten Zeitperiode entspreche.

Die Zurückführung der Gesamtposition auf die der Beziehung (6) zugrunde liegenden Konstellation erfordert in der Regel die Vorschaltung des Verfahrens des sog. *Mappings* sowie die *Linearisierung nicht-linearer Preisänderungen*. Im Rahmen des Mappings, dem zentralen Baustein zum Beispiel der Risk Metrics-Methodik, werden die in einem Portefeuille enthaltenen Finanztitel in ihre Grundbausteine zerlegt und diese dann mittels Sensitivitätsmaßen standardisierten Assets (*Risikofaktoren*) zugeordnet. Beispiele für die Linearisierung von nicht-linearen Preisänderungen haben wir bereits unter (2) sowie (3) kennen gelernt. Zur Bestimmung des Value-at-Risk werden nun nur noch die eingehenden Parameter, insbesondere eine Schätzung für die *Varianz/Kovarianz-Matrix* benötigt.

Verallgemeinerungen dieser Vorgehensweise bestehen in der Vornahme einer *quadratischen Approximation* anstelle einer linearen Approximation (Delta-Gamma-Normalverfahren) sowie Verbesserungen hinsichtlich der Erfassung der einzelnen Instrumente. An dieser Stelle kann dabei nur auf die Literatur verwiesen werden. Das Literaturverzeichnis enthält hierzu eine Reihe von ausgewählten Hinweisen.

2. Modellierung von Kreditrisiken

2.1 Vorbemerkungen

Unter die Kategorie der Kreditrisiken, die aus einer bestimmten Finanzposition resultieren, subsumieren wir alle Risiken, die zu einer Wertänderung der Finanzposition, bedingt durch eine Änderung der „*Kreditqualität*“ der Finanzposition, beruhen. Die Änderung der

Kreditqualität besteht typischerweise in einer *Bonitätsänderung* (Kreditmigration). Als bedeutsamer Extremfall einer Bonitätsänderung ist dabei der *Ausfall der Position* zu sehen. Beispiele für eine Änderung der Kreditqualität sind Unternehmensanleihen, deren Wertentwicklung von der Bonität des Emittenten abhängt auf der einen Seite und (Over-the-Counter-)Derivate, deren Wert durch den Ausfall der Gegenpartei bedroht ist (ohne dass der Basistitel der Option seine Kreditqualität ändern muss), auf der anderen Seite.

Die Strukturierung der Problemkreise im Zusammenhang mit der Modellierung von Kreditrisiken gestaltet sich vollständig analog zu dem in 1.1 behandelten Fall der Marktrisiken. Es hat eine Spezifikation der Wertentwicklung („*Kreditrisikoprozess*") der Finanzposition unter Berücksichtigung von Bonitäts- und Ausfallrisiken der Gegenpartei zu erfolgen, geeignete Risikomaße sind zum Einsatz zu bringen und es hat eine Risikoevaluation zu erfolgen. Auch die Modellierungszwecke (zum Beispiel Pricing, Kapitalunterlegung) bleiben unverändert. Da der zentrale Unterschied, neben dem relevanten Zeithorizont, der im Falle von Kreditrisiken typischerweise sehr viel länger ist als im Falle von Marktrisiken, im Bereich der Modellierung der Wertentwicklung liegt, konzentrieren wir uns im Weiteren auf diesen Aspekt. Die anderen genannten Problemkreise können weitgehend analog zu den Ausführungen in Abschnitt 1 behandelt werden.

2.2 Spezifikation der Zufallsgesetzmäßigkeit des Kreditrisikoprozesses

Die Modellierung des Kreditrisikoprozesses umfasst zwei zentrale Komponenten, die Modellierung des *Kreditqualitätsprozesses* (Ereignisrisiko) auf der einen Seite sowie die Modellierung des *Ausfallexposures* (Volumenrisiko) auf der anderen. Verfahren zur Analyse des Kreditrisikoprozesses unterliegen dabei einer großen Modell- und Methodenvielfalt. Für die Zwecke dieser Arbeit unterscheiden wir im Folgenden, nicht gänzlich frei von Überschneidungen, *Firmenwertmodelle*, Ansätze mit *exogener Modellierung des Kreditqualitätsprozesses* sowie *Portfolio-Modelle*.

Im Rahmen der in ihrer Grundform auf Merton (1974) zurückgehenden Unternehmenswertmodelle (firm value models), auch als Diffusions- oder Contingent Claims-Modelle bezeichnet, wird der „Wert der Schulden" eines Kreditgebers als Wert einer Put-Option auf die Vermögenswerte (Asset Values) des Unternehmens mit einem Ausübungspreis in Höhe des Nominalwertes der Schulden (Liabilities) interpretiert. Damit können Resultate der Optionspreistheorie benutzt werden, um Anleihen in Abhängigkeit von der Kreditqualität des Emittenten zu bewerten. Das Basismodell von Merton hat viele Erweiterungen (zum Beispiel stochastische Zinsraten) erfahren, Variationen dieses Ansatzes erlauben das Pricing von ausfallbedrohten Optionen und Swaps ebenso wie das von Kreditderivaten. Vorteile dieses Ansatzes sind seine Konsistenz mit den Bedingungen arbitragefreier Märkte, Probleme bestehen bei seiner praktischen Implementation.

Die Kreditqualität, insbesondere die Ausfallwahrscheinlichkeit, sind bei Firmenwertmodellen endogene Größen. Im Rahmen von Modellen mit exogener Modellierung des Kreditqualitätsprozesses wird dieser als exogener Prozess betrachtet. Relevante Größen wie Ausfallwahrscheinlichkeiten oder Migrationswahrscheinlichkeiten werden aufgrund statistischer Daten, gegebenenfalls unter Heranziehung von weiteren erklärenden Variablen (Regressionsansätze) bestimmt. In voller modelltheoretischer Spezifikation werden *zeitinhomogene Markovketten* (zeitabhängige Übergangswahrscheinlichkeiten) mit endlich vielen Zuständen, die den möglichen Rating-Klassen entsprechen, betrachtet und statistisch identifiziert. Hieraus können interessierende Größen, wie die Zufallsgesetzmäßigkeit der Ausfallzeit oder die Ausfallwahrscheinlichkeit, abgeleitet werden. Eine Variation dieser Ansätze (die Basis ist üblicherweise eine „*Poissonapproximation*") besteht darin, die Ausfallintensität direkt oder als Funktion exogener Variablen zu modellieren.

Unter die Ansätze mit einer exogenen Modellierung des Kreditqualitätsprozesses sind Verfahren zu einem Pricing von ausfallrisikobehafteten Anleihen bzw. ausfallbedrohten derivativen Instrumenten bzw. der Struktur risikobehafteter Zinssätze ebenso zu subsumieren, zum Beispiel Jarrow/Turnbull (1995), Jarrow/Lando/Turnbull (1997), Duffie/Singleton (1997), wie Ansätze im Rahmen des Kreditrisikomanagements, zum Beispiel der Kapitalunterlegung von Risiken, wie etwa Iben/Brotherton-Ratcliffe (1994). Während bei Pricingmodellen die Konsistenz zur Bedingung arbitragefreier Märkte gewährleistet ist und auch das Ausfallexposure von der Kreditqualität abhängig ist (Marktwerte in Abhängigkeit des Kreditrisikos), ist dies bei den letzteren Ansätzen nur teilweise, beispielsweise bei Barth (2000), gewährleistet. In der Regel werden zum Beispiel die Ausfallwahrscheinlichkeiten primär nur unter Berücksichtigung statistischer Aspekte identifiziert und der Kontraktwert bei Ausfall unabhängig vom Ausfallprozess angesetzt. Bei beiden Ansätzen geht in der Regel die kritische Annahme ein, dass Ausfallwahrscheinlichkeiten und Zinsraten unabhängig voneinander sind, das heißt eine Unabhängigkeit von Kredit- und Marktrisiken wird unterstellt. Das/Tufano (1996) im Bereich von Pricingmodellen und Barth (2000) im Bereich von Risikomanagementmodellen stellen erste Ansätze dar, diese Trennung graduell aufzuheben.

Wie im Bereich der Modellierung von Marktrisiken, vgl. Abschnitt 1.5, besteht auch im Bereich der Modellierung von Kreditrisiken bei Finanzpositionen, die aus einer Vielzahl heterogener Einzelpositionen bestehen, das Problem der Aggregation. Im Zusammenhang mit der Kapitalunterlegung von Kreditrisiken (*Credit Value-at-Risk*) sind vor diesem spezifischen Hintergrund Tools entwickelt worden, bei denen der Portfolio-Ansatz und das Primat einer praktischen Implementierbarkeit im Vordergrund stehen. Bekannte Tools sind Credit Metrics™ von J. P. Morgan, Credit Portfolio View™ von McKinsey & Company sowie Credit Risk+ von Credit Suisse Financial Products. Eine auch nur kursorische Darstellung dieser Tools würde aber den Rahmen dieser Arbeit sprengen, so dass wir an dieser Stelle auf die Literatur verweisen müssen, insbesondere auf die vergleichenden Darstellungen in Henn/Wegmann (1998), Wilson (1998) und Barth (2000).

Literaturhinweise

ALBRECHT, P.: Stochastische Ansätze zur Quantifizierung des Ausfallrisikos von OTC-Finanzderivaten, Transactions of the 26th International Congress of Actuaries 1998 Vol. 7, S. 359-370.

ALBRECHT, P./KÖNIG, A./MAURER, R.: An actuarial approach to determine the required capital for portfolios of options subject to credit risk, in: Albrecht, P. (Hrsg.): Aktuarielle Ansätze für Finanz-Risiken, Band I, Karlsruhe 1996, S. 25-39.

ALBRECHT, P./MAURER, R./MÖLLER, M.: Shortfall-Risiko/Excess-Chance-Entscheidungskalküle, Zeitschrift für Wirtschafts- und Sozialwissenschaften 118 1998, S. 249-274.

ALEXANDER, C.: Volatility and Correlation: Measurement, Models and Applications, in: Alexander C. (Hrsg.): Risk Management and Analysis, Vol. 1, Chichester u. a. 1998, S. 125-171.

ALTMAN, E. I./SAUNDERS, A.: Credit risk measurement: Development over the last 20 years, Journal of Banking and Finance 21 1998, S. 1721-1742.

ALTMAN, E. I.: Measuring Corporate Bond Mortality and Performance, Journal of Finance 44 1989, S. 909-921.

AMMANN, M.: Pricing Derivate Credit Risk, Berlin u. a. 1999.

ARTZNER, P./DELBAEN, F./EBER, J.-M./HEATH, H.: Coherent Measures of Risk, Mathematical Finance 9 1999, S. 203-228.

ARVANITIS, A./GREGORY, J./LAURENT, J.-P.: Building Models for Credit Spreads, Journal of Derivatives, Spring 1999, S. 27-43.

BARNDORFF-NIELSEN, O.: Processes of normal inverse Gaussian type, Finance and Stochastics 2 1998, S. 41-68.

BARTH, J.: Worst-Case Analysen des Ausfallrisikos von Finanzderivaten unter Berücksichtigung von Markteinflüssen, Hamburg 2000.

BROADIE, M./GLASSERMAN, P.: Simulation for Option Pricing and Risk Management, in: Alexander, C. (Hrsg.): Risk Management and Analysis, Vol. 1, Chichester u. a. 1998, S. 173-207.

BÜHLER, W./KORN, O./SCHMIDT, A.: Ermittlung von Eigenkapitalanforderungen mit „Internen Modellen", Die Betriebswirtschaft 58 1998, S. 64-85.

COSSIN, D.: Credit Risk Pricing: A Literature Survey, Finanzmarkt und Portfolio Management 11 1997, S. 398-412.

DAS, S. R./TUFANO, P.: Pricing Credit-Sensitive Debt when Interest Rates, Credit Ratings and Credit Spreads are Stochastic, Journal of Financial Engineering 5 1996, S. 161-198.

DUFFEE, G. R.: On measuring credit risks of derivative instruments, Journal of Banking and Finance 20 1996, S. 805-833.

DUFFEE, G. R.: Estimating the Price of Default Risk, Review of Financial Studies 12 1999, S. 197-226.

DUFFIE, D./PAN, J.: An Overview of Value at Risk, Journal of Derivatives, Spring 1997, S. 7-49.

DUFFIE, D./SINGLETON, K. J.: An Econometric Model of the Term Structure of Interest-Rate Swap Yields, Journal of Finance 52 1997, S. 1287-1321.

EL-JAHEL, L./PERRAUDIN, W./SELLIN, P.: Value at Risk for Derivatives, Journal of Derivatives, Spring 1999, S. 7-26.

EMBRECHTS, P./KLÜPPELBERG, C./MIKOSCH, T.: Modelling Extremal Events, Berlin u. a. 1997.

EMBRECHTS, P./RESNICK, S./SAMORODNITSKY, R.: Extreme Value Theory as a Risk Management Tool, North American Actuarial Journal 3 1999, S. 30-41.

FONS, J. S.: Using Default Rates to Model the Term Structure of Credit Risk, Financial Analysts' Journal, September/October 1994, S. 25-32

HARASTY, H./ROULET, J.: Modeling Stock Market Returns, Journal of Portfolio Management, Winter 2000, S. 33-46.

HENN, J./WEGMANN, P.: Aktuell in wissenschaftlichen Zeitschriften: Kreditrisikomanagement, Finanzmarkt und Portfolio Management 12 1998, S. 95-101.

HO, T.S.Y./CHEN, M.Z.H./ENG, F.H.T.: VAR Analytics: Portfolio Structure, Key Rate Convexities, and VAR Betas, Journal of Portfolio Management, Fall 1996, S. 89-98.

IBEN, B./R. BROTHERTON-RATCLIFFE: Credit Loss Distributions and Required Capital for Derivative Portfolios, Journal of Fixed Income 4, June 1994, S. 6-14.

JARROW, R. A./LANDO, D./TURNBULL, S. M.: A Markov Model for the Term Structure of Credit Risk Spreads, Review of Financial Studies 10 1997, S. 481-523.

JARROW, R./TURNBULL, S.: Credit Risk, in: Alexander, C. (Hrsg.): Risk Management and Analysis, Vol. 1, Chichester u. a. 1998, S. 237-254.

JARROW, R./TURNBULL, S.: Pricing Pptions on Financial Securities Subject to Default Risk, Journal of Finance 50 1995, S. 53-86.

JOHANNING, L.: Value-at-Risk zur Marktrisikosteuerung und Eigenkapitalallokation, Bd. Soden/Taunus 1998.

JORION, P.: Value at risk, Chicago u. a. 1997.

KIJIMA, M./KOMORIBAYASHI, K.: A Markov Chain Model for Valuing Credit Risk Derivatives, Journal of Derivatives, Fall 1998, S. 97-108.

KLAUS, M.: Die Value-at-Risk-Berechnung für Optionen – praktische Probleme nicht-linearer Produkte, Zeitschrift für das gesamte Kreditwesen 50 1997, S. 375-379.

KROPP, M.: Management und Controlling finanzwirtschaftlicher Risikopositionen, Bd. Soden/Taunus 1999.

LISTER, M.: Risikoadjustierte Ergebnismessung und Risikokapitalallokation, Frankfurt/Main 1997.

LITTERMAN, R./IBEN, T.: Corporate Bond Valuation, and the Term Structure of Credit Spreads, Journal of Portfolio Management 17 1991, S. 52-64.

MERTON, R. C.: On the Pricing of Corporate Debt: The Risk Structure of Interest Rates, Journal of Finance 29 1974, S. 449-470.

O'CONNOR, R./GOLDEN, J. F./BECK, R.: A Value-at-Risk Calculation of Required Reserves for Credit Risk in Corporate Lending Portfolios, North American Actuarial Journal 3 1999, S. 72-83.

OVERBECK, L./STAHL, G.: Stochastische Modelle im Risikomanagement des Kreditportfolios, in: Oehler, A.. (Hrsg.): Credit Risk und Value-at-Risk Alternativen, Stuttgart 1998, S. 77-110.

ROLSKI, T./SCHMIDLI, H./SCHMIDT, V./TEUGELS, J.: Stochastic Processes for Insurance and Finance, Chichester u. a. 1999.

SORENSEN, E. H./BOLLIER, T. F.: Pricing Swap Default Risk, Financial Analysts' Journal, May-June 1994, S. 23-33.

TOBLER, J./WALDER, R.: Die Modellierung von Zinsrisikofaktoren in einem Value-at-Risk-Modell, Finanzmarkt und Portfolio Management 12 1998, S. 342-370.

WILSON, T. C.: Value at Risk, in: Alexander, C. (Hrsg.): Risk Management and Analysis, Vol. 1, Chichester et al. 1998, S. 61-124.

WIRCH, J. L./HARDY, M. R.: A Synthesis of Risk Measures for Capital Adequacy, Insurance: Mathematics and Economics 25 1999, S. 337-347.

Matthias Heinrich

Kreditportfoliosteuerung mit Kreditderivaten

1. Einleitung

Bisher war das Management von Adressausfall- bzw. Kreditrisiken[1] in Banken im Wesentlichen auf Einzelgeschäfte ausgerichtet. Zwar versuchten Bankmanager auch in der Vergangenheit, ein möglichst diversifiziertes Kreditportfolio zu halten, um weniger abhängig von der Entwicklung einzelner Risikofaktoren zu sein. Jedoch war bisher eine systematische Steuerung aufgrund von fehlenden Methoden nur in begrenztem Umfang möglich. Eine intuitive Vorgehensweise reicht vor dem Hintergrund zunehmender Probleme im Kreditgeschäft zukünftig nicht mehr aus. Auch aufsichtsrechtliche Vorschriften werden zukünftig Verfahren zur Bestimmung der Portfoliorisiken von den Banken fordern und eine Verringerung dieser Risiken durch Reduzierung der Eigenkapitalunterlegungspflicht belohnen. Um ein Portfolio unter Risiko-/Ertragsgesichtspunkten steuern zu können, gibt es eine Reihe von klassischen Instrumenten. Daneben entwickeln sich aber auch neue Kategorien von Finanzinstrumenten, die in ihrem Volumen rasch wachsen, sogenannte Kreditderivate. Dadurch werden Kreditrisiken getrennt von ihren Underlyings am Kapitalmarkt handelbar.[2] Zielsetzung dieses Beitrages ist es, eine Übersicht über die gängigen Formen dieser Instrumente zu geben und ihre Eignung für die Steuerung von Portfolien unterschiedlicher Kreditnehmertypen darzustellen.

2. Das Management des Portfolios von Adressausfallrisken

2.1 Die Berechnung des erwarteten und des unerwarteten Verlustes

Risiko ist die Gefahr einer negativen Abweichung eines tatsächlichen von einem geplanten Ergebnis. So ist die mögliche Erzielung eines Verlustes für sich genommen kein Risiko, sofern dieser Verlust in entsprechender Höhe geplant war. Damit ist das eigentliche Adressrisiko die mögliche negative Abweichung des tatsächlichen vom geplanten Adressrisikoergebnis. Es entsteht also dadurch, dass die aufgrund von Kreditausfällen tatsächlich eingetretenen Verluste höher sein können als die planbaren, erwarteten Verluste.[3] Die fol-

1 Der hier verwendete Kreditbegriff beinhaltet alle Formen der Geld- und Kreditleihe (inkl. Handelsgeschäfte), die zu einem Kontrahenten/Emittenten bestehen. Er beinhaltet außerdem (potentielle) Forderungen, die aus Marktpreisrisiken (Wiedereindeckungsrisiken) entstehen. Zu den Adressenrisiken zählen neben reinen Ausfallrisiken (Default) auch die Bonitätsrisiken (Spread-Risiken) aufgrund von Bonitätsverschlechterungen der Geschäftspartner.

2 Zum Wachstum und zur Größe des Marktes für Kreditderivate, vgl. Laundry 1999, S. 527 ff.

3 Vgl. Kealhofer 1998, S. 6.

gende Gleichung gibt die Berechnungsformel für den Expected Loss (EL) der Einzelgeschäfte wieder:

$$\text{(1) Expected Loss (EL)} = \underbrace{\text{(Exposure) x (1-Recovery Rate}^{4})}_{} \text{ x Ausfallwahrscheinlichkeit}$$

$$= \text{Risiko-Exposure} \text{ x Ausfallwahrscheinlichkeit}$$

Der Expected Loss des Portfolios ist die Summe aller einzelnen im Portfolio enthalten Expected Losses. Schwankungen um den Expected Loss des Portfolios werden als unerwarteter Verlust, Unexpected Loss (UL) oder Kreditportfoliorisiko bezeichnet. Für seine Höhe ist vor allem der Diversifikationsgrad des Portfolios verantwortlich. Dieser wird einerseits durch die relative Höhe der Einzeladressrisiken andererseits aber auch durch die Korrelationen zwischen den Einzelkreditrisiken und die damit verbundenen Klumpenrisiken bestimmt. Bei positiver Korrelation fallen Kunden mit hoher Wahrscheinlichkeit gleichzeitig aus. Negative Korrelationen als das andere Extrem bedeuten demgegenüber, dass zwei Forderungen mit einer hohen Wahrscheinlichkeit nicht gemeinsam ausfallen. Solche, aber auch unkorrelierte Forderungen würden ein deutlich besser diversifiziertes Portfolio darstellen als positiv korrelierte Kredite. Insgesamt kann gesagt werden, dass die Diversifikation eines Portfolios umso höher ist, je geringer die Ausfälle der im Portfolio enthaltenen Kredite bzw. deren Risikoäquivalenzbeträge miteinander korreliert sind. Positive Korrelationen ergeben sich insbesondere aus den sog. Segmentrisiken. Beispielsweise bezeichnen das „Länderrisiko“ und/oder das „regionale Risiko“ die Abhängigkeit einer Bank von regionalen Entwicklungen allgemein. „Branchenklumpenrisiken“ entstehen für eine Bank dadurch, dass ihr Portfolio durch bestimmte Branchen geprägt ist, weil sie eventuell entweder auf bestimmte Branchen spezialisiert ist oder aber die Region, in der die Bank schwerpunktmäßig tätig ist, von dieser Branche abhängt. Das „Namensrisiko“ entsteht durch Risiken, die mit einem einzigen Unternehmen, beispielsweise dominierende „Schlüsselunternehmen“, zusammenhängen, zu denen die Bank nicht einmal direkt Kundenkontakt haben muss. Mit Hilfe neuerer Methoden können die Korrelationen zwischen Ausfällen bzw. Ratingveränderungen von Adressen geschätzt werden.[5] Dabei werden zum Beispiel Korrelationen zwischen Branchen auf Unternehmen, die diesen Branchen zuzuordnen sind, übertragen. Zur darauf aufbauenden Berechnung der Diversifikation des Portfolios und des unerwarteten Verlustes gibt es mehrere Modelle. CreditMetrics von JP Morgan und Credit Risk+ von Credit Suisse First Boston sind bekannte Beispiele. Weiterentwicklungen der Methodik sind hier noch zu erwarten. Problematisch ist hier momentan noch besonders die Datenversorgung.[6]

4 Mit Recovery Rate wird der Rückfluss beim Kreditausfall und damit die Liquidations- und die Sicherheitenrückflussquote bezeichnet. Das Risiko-Exposure wird häufig als Loss given Default (LgD) bezeichnet.

5 Im Regelfall werden Korrelationen von anderen Faktoren wegen der Komplexität noch nicht berücksichtigt.

6 Vgl. Heinrich 1999, S. 42 ff., zu den Verfahren siehe die entsprechenden Artikel in diesem Buch.

2.2 Die Unterlegung des unerwarteten Verlustes mit Eigenkapital

Der Expected Loss wird langfristig idealerweise durch die Risikoprämie (Standardrisikokosten) der Kredite abgedeckt. Zum Auffangen nicht vereinnahmter Risikoprämien und eventuell eintretender Unexpected Losses während einzelner Rechnungsperioden muss die Bank wirtschaftliches Eigenkapital als Risikopuffer bereitstellen. Dabei wird soviel Eigenkapital unterlegt, dass der unerwartete Verlust mit einer vorgegebenen Wahrscheinlichkeit (zum Beispiel 99,0 %) gedeckt wird.[7] Abbildung 1 macht deutlich, dass das Portfoliorisiko bei zusätzlicher Diversifizierung abnimmt. Portfolio 1 hat denselben Expected Loss wie Portfolio 2. Letzteres ist jedoch besser diversifiziert und hat daher eine geringere Streuung um den Expected Loss. Die Wahrscheinlichkeit hoher Kreditausfälle ist geringer, so dass weniger Eigenkapital bei gleichem Sicherheitsniveau bereitgestellt werden muss. In Abgrenzung zu diesem wirtschaftlichen Eigenkapital ist das aufsichtsrechtlich geforderte Eigenkapital zu unterscheiden, obwohl beide Betrachtungsweisen letztendlich dieselbe Zielsetzung, nämlich die Absicherung gegen Risiken, haben. Die aufsichtsrechtlichen Vorschriften orientieren sich jedoch momentan nicht an den ökonomisch tatsäch-

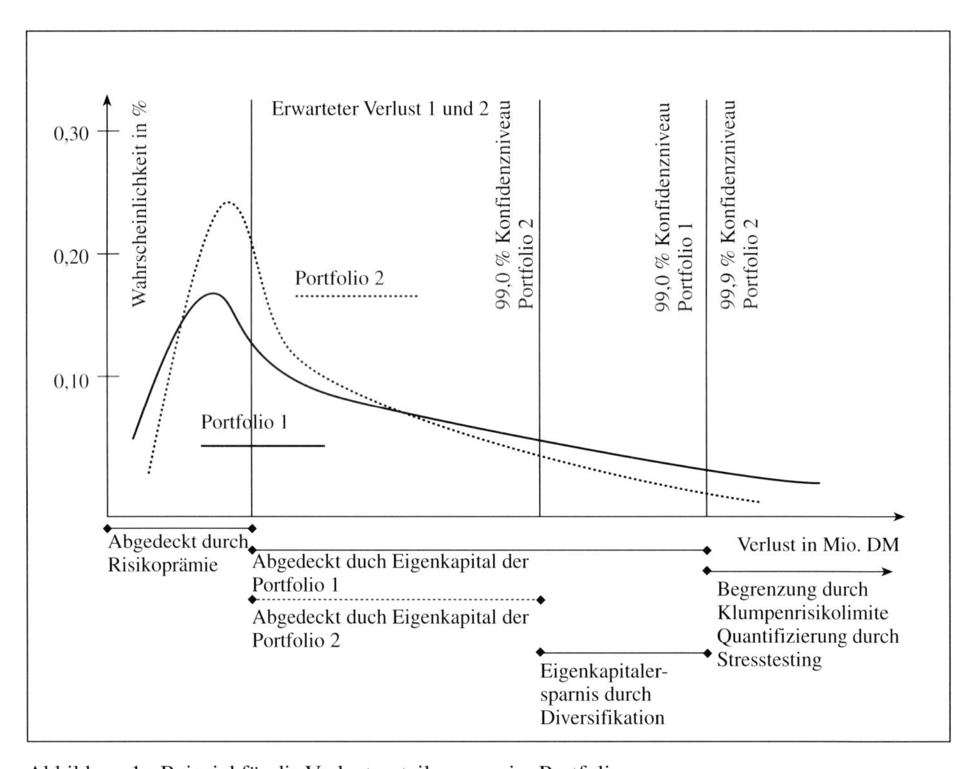

Abbildung 1: Beispiel für die Verlustverteilung zweier Portfolien

7 Vgl. Kretschmer 1999, S. 359 ff.

lich vorhandenen Risiken, sondern geben Werte vor, die von einem Portfolio mit durchschnittlichem Risiko ausgehen. Über die zu verwendenden Standardverfahren werden u. a. sowohl die individuelle Bonität der Kreditnehmer als auch Portfolioeffekte vernachlässigt. Bestrebungen, die Vorschriften zu ändern und risikoorientiertere Verfahren zur Berechnung der Kapitalunterlegung zu verwenden, sind im Gange und ein Schritt in die richtige Richtung.[8]

2.3 Notwendigkeit der Steuerung – Ertrag aus Diversifikation

Obwohl sich das Portfoliomanagement auch an den Vorgaben bzw. strategischen Vorstellungen des Managements und der Gesamtbankrisikotragfähigkeit zu orientieren hat, steht im Mittelpunkt der Portfoliosteuerung die Senkung des Portfoliorisikos und damit die Optimierung der Eigenkapitalallokation. Durch eine aktive Steuerung der Verlustverteilung des Kreditportfolios und die Vergrößerung der Diversifikation kann die erforderliche Unterlegung mit wirtschaftlichem Eigenkapital reduziert werden. In der Abbildung 1 würde sich durch Steuerung das Portfolio 1 in das Portfolio 2 wandeln und wirtschaftliches Eigenkapital einsparen, das für andere renditebringende Geschäfte verwendet werden kann. Eine Erhöhung der Eigenkapitalrentabilität wäre die Folge. Der entstehende zusätzliche Ertrag kann als „Ertrag aus Diversifikation" bezeichnet werden.[9] Andererseits würde sich bei evtl. aufsichtsrechtlich bedingt unverändertem Eigenkapital und besserer Diversifikation des Portfolios das Konfidenzniveau (zum Beispiel von 99,0 % auf 99,9 %) erhöhen und sich durch das höhere Sicherheitsniveau des Portfolios die Ausfallwahrscheinlichkeit der Bank selbst verringern. Ratingagenturen könnten c.p. eine solche Bank besser beurteilen und die Refinanzierungskosten der Bank würden sinken. Die hieraus entstehenden zusätzlichen Einsparungen bei der Refinanzierung können ebenfalls als „Ertrag aus Diversifikation" gesehen werden. Damit ist ein solcher Ertrag zumindest theoretisch unabhängig von der aufsichtsrechtlichen Anerkennung risikoreduzierender Instrumente. Dennoch sollten zur risikogerechten Unterlegung mit Eigenkapital sämtliche risikomindernden Instrumente und Maßnahmen anerkannt werden.

2.4 Voraussetzungen zur Portfoliosteuerung

2.4.1 Instrumentarium zur Darstellung der Klumpenrisiken im Portfolio

Als Grundlage für die Portfoliosteuerung wird ein modernes Instrumentarium benötigt, mit dem erwartete Verluste der Einzelkredite bzw. die Verlustverteilung des Portfolios dargestellt werden kann. Der Aufbau und die Bestandteile eines solchen Kreditrisikomanagement-Systems sind aus Abbildung 2 ersichtlich. Aufbauend auf dem internen und externen Datenbestand, sind systematisiert Ausfallwahrscheinlichkeiten, Exposures und

8 Vgl. Bank für Internationalen Zahlungsausgleich Juni 1999; Gontarek/Colbourne 1998, S. 33.
9 Vgl. Phelan/Alexander 1999, S. 35.

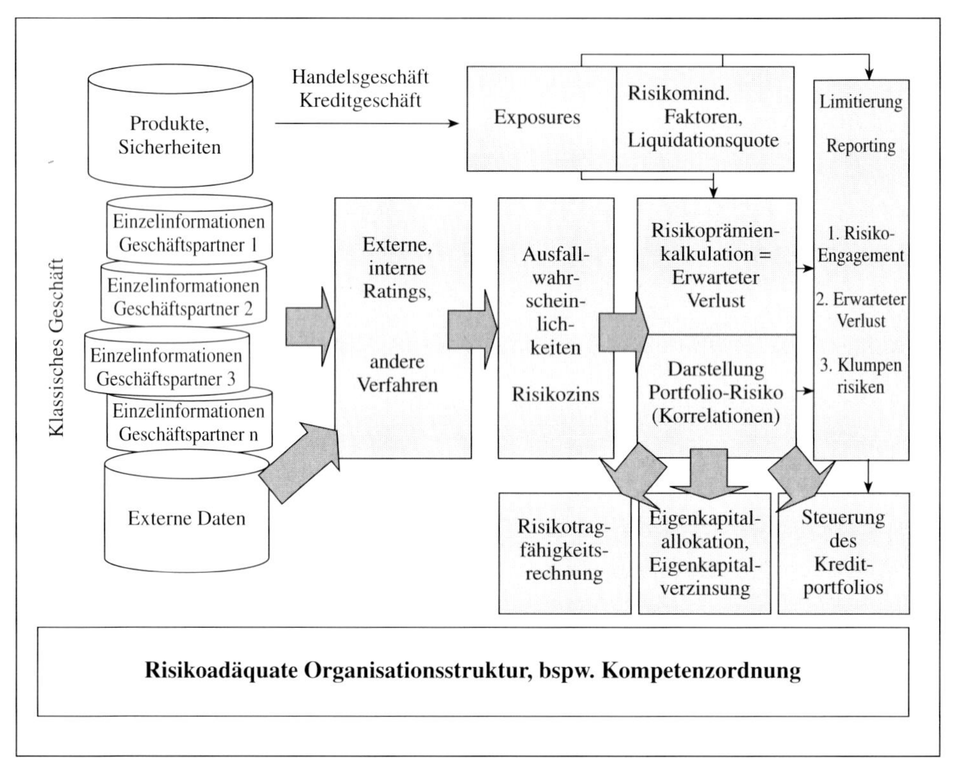

Abbildung 2: Bestandteile eines Kreditrisikomanagement-Systems

Recovery Rates zu ermitteln. Verfahren für die Berechnung des Expected Loss (Risikoprämienkalkulation) und des Portfoliorisikos sind zu implementieren.[10]

2.4.2 Die Kreditnehmertypen des Portfolios

Für die Auswahl der Instrumente zur Portfoliosteuerung und deren Pricing ist die Kenntnis über die Art der Kreditnehmer im Portfolio hilfreich. Interessant ist hierbei die folgende, häufig gebrauchte Unterscheidung der Kreditnehmertypen:

- Typen I-III: Solche Kreditnehmer haben Kapitalmarktfähigkeit und/oder ein externes Rating. Sie zeichnen sich durch verfügbare externe Informationen über ihre Bonität und damit eine hohe Liquidität des Sekundärmarktes aus.
- Typ IV: Es bestehen weder ein externes Rating noch Kapitalmarktfähigkeit. Dieser Typ repräsentiert im Firmenkundengeschäft vor allem mittelständische Unternehmen und bildet den Großteil der Kreditportfolien europäischer Geschäftsbanken. In Deutschland

10 Vgl. Allen 1998, S. 13

gibt es rund 2,8 Mio. Unternehmen, wovon nur etwa 30 – 40 extern geratet sind. Der Handel des Risikos solcher Assets wurde bisher vernachlässigt.[11]

2.4.3 Strategien und Instrumente zur Steuerung des Portfolios

Zur Portfoliosteuerung gibt es grundsätzlich vier Strategien, die sich dadurch unterscheiden, ob positiv korrelierte Kredite verringert (Strategienbündel I) oder ob durch Kauf idealerweise negativ korrelierter Assets Gegenpositionen aufgebaut werden (Strategienbündel II). Diese Bündel lassen sich jeweils danach unterscheiden, ob sie sich auf die Steuerung von Einzelgeschäften (Strategien a) oder die Steuerung des Gesamtportfolios (Strategien b) beziehen:

- Strategie Ia: Das Risiko-Exposure des Kredites selbst wird verringert (Mitigation). Hierdurch wird das Gewicht des Einzelexposures relativ zum Gesamtportfolio reduziert. Eine aus der Optionspreistheorie stammende Variante dieser Strategie ist das Eingehen von Short-Positionen hinsichtlich beliebiger zum abzusichernden Risiko positiv korrelierter Referenz-Assets.[12]
- Strategie Ib: Eine bessere Diversifikation entsteht auch durch Verringerung (Mitigation), Vermeidung sowie den Verkauf von Risiken, die mit dem Portfolio insgesamt eine positive Korrelation aufweisen und somit das Portfoliorisiko erhöhen. Hier tritt der negative Effekt auf, dass sich das Portfolio verkleinert und die bereits bestehenden Risiken – obwohl in ihrer absoluten Höhe unverändert relativ zum Portfolio größer werden.[13] Auch hier können Short-Positionen hinsichtlich positiv korrelierter Assets eingesetzt werden.
- Strategie IIa: Bei der Neutralisierung von einzelnen Risikopositionen (Mikrohedges) wird das Risiko aus einer bestimmten Adressausfallrisikoposition durch den Aufbau einer möglichst negativ korrelierten Gegenposition abgesichert.
- Strategie IIb: Bei Makrohedges werden durch Hereinnahme oder Vergrößerung von Risiken, die mit dem Portfolio insgesamt eine bestenfalls negative Korrelation aufweisen, „Risikoüberhänge“ des Gesamtportfolios kompensiert. Dies hat daneben auch die positive Folge, dass sich das Portfolio vergrößert und die bereits bestehenden Risiken relativ zum Portfolio prozentual kleiner werden.

Hedges erzeugen unter Umständen zusätzliche Hedgekosten und/oder neue Adressausfallrisiken. Bei den Varianten der Einzelkreditrisikosteuerung (Strategien a) ist daher zu bedenken, dass eventuell auf „zufällige“ kostenfreie Hedges im Portfolio verzichtet wird.

Zur Umsetzung dieser Strategienbündel gibt es mehrere Instrumente:

- Veränderungen der Risiko-Exposures und damit des erwarteten Verlustes aus Einzelgeschäften durch beispielsweise Linien-Management, Konsortialkredite, Sicherheitenmanagement, Netting- und Collateralvereinbarungen.

11 Vgl. Hüttemann 1997, S. 66 ff., zu den Zahlen vgl. Baetge 1998, S. 41.
12 Vgl. Shimko 1999, S. 215.
13 Vgl. Laundry 1999, S. 542 ff.

- Physische Änderung der Zusammensetzung des Portfolios aufgrund des Tagesgeschäftes. Dabei werden Einzelrisiken nach Diversifikationskriterien durch beispielsweise Management von strukturellen Limiten (Branchenrisiken, Ländergruppenrisiken etc.) gesteuert. Andere Möglichkeiten sind die Akquisition von Risiken, die im Idealfall negativ zum Portfolio korreliert sind, sowie die Vermeidung von Risiken, die zum Gesamtportfolio positiv korrelieren.

- Reine Risikodiversifikation. Neben beispielsweise Kreditversicherungen fallen Kreditderivate in diese Kategorie.[14]

3. Kreditderivate als Instrumente zur Portfoliosteuerung

3.1 Definition von Kreditderivaten

Kreditderivate sind Finanzinstrumente (in der Regel Off-Balance-sheet), die es dem Risikoverkäufer (Protection Buyer) erlauben, das Kreditrisiko eines Referenz-Assets an den Risikokäufer (Protection Seller) gegen Zahlung einer Prämie zu transferieren. Der Risikokäufer trägt somit das Kreditrisiko des Referenz-Assets, ohne dies tatsächlich erwerben zu müssen. Kreditderivate beinhalten eine Auszahlung, die abhängt vom Wert des Referenz-Assets, dem Eintreten eines Credit Events, der Größe bestimmter Credit Spreads und/oder der Veränderung der Credit Ratings. Basis können hierbei Darlehen, Anleihen, aber auch sonstige Exposures einzelner bzw. mehrerer Kreditnehmer (sog. Baskets) oder ein Index sein.[15]

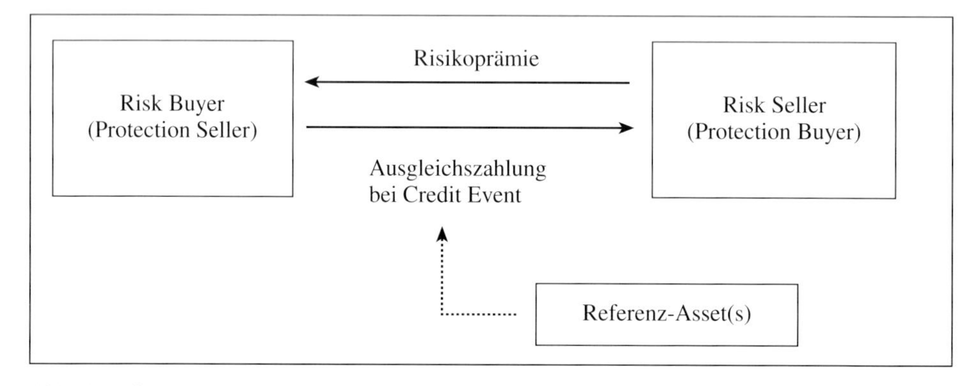

Abbildung 3: Die Grundstruktur von Kreditderivaten

14 Vgl. Schierenbeck 1997, S. 3; Oelrich/Stocker 1998, S. 46.
15 Vgl. Hüttemann 1998, S. 55.

3.2 Der Credit Event und die Auszahlung

Als Credit Event wird ein Ereignis bezeichnet, das mit dem Referenz-Asset (Underlying) in Zusammenhang steht und das die Ausgleichszahlung auslöst. Zur Definition des Credit Event wird häufig die Zahlungsunfähigkeit benutzt. Möglich sind jedoch auch beispielsweise Zahlungsverzug, Zahlungsunwilligkeit, Cross Default, Restrukturierung, Downgrading, Konvertibilitätsrisiko und Marktstörungen. Die Ausgleichszahlung im Falle des Eintritts des Credit Events kann auf dreierlei Weise vereinbart werden. Beim Cash-Settlement wird vom par-Preis des Referenz-Assets entweder der Marktpreis nach dem Credit Event oder der Recovery-Wert abgezogen. Die so errechnete Differenz entspricht dann der Ausgleichssumme, die an den Risikoverkäufer ausgezahlt wird. Beim Binary Payment erhält der Risikoverkäufer einen vorher fixierten Betrag. Bei der physischen Lieferung wird der Bond dem Risikokäufer geliefert, gegen Bezahlung des ursprünglichen Wertes an den Risikoverkäufer.[16]

3.3 Die Risikoprämie und das Pricing von Kreditderivaten

Grundsätzlich richtet sich das Pricing von Kreditderivaten an den durch die Kreditderivate abgesicherten Risiken aus. Die Preisfindung der Kreditrisikokomponenten bei Kreditderivaten orientiert sich in der Regel an den Marktspreads der Referenz-Assets gegenüber risikolosen Papieren mit gleicher Laufzeit.[17] Dies ist direkt nur möglich, falls diese liquide sind oder genügend externe Informationen zum Beispiel über die Emittenten der Referenz-Assets vorliegen (Kreditnehmertypen I-III). Grundsätzlich können zur Preisermittlung entweder theoretische Modelle der Finanz- und Kapitalmarkttheorie oder marktorientierte (Arbitrage)-Überlegungen verwendet werden.[18] Für Referenzaktiva der Kreditnehmertypen IV orientiert sich das Pricing (ersatzweise) am erwarteten und unerwarteten Verlust. Der Unterschied zwischen dem Pricing eines Kreditderivates und einem physischen Asset entsteht einerseits durch die Refinanzierungskosten (fallen in der Regel bei Kreditderivaten nicht an) und andererseits aber auch durch die Stückkosten, die bei Kreditderivaten in der Regel geringer sind.

3.4 Arten von Kreditderivaten

Im folgenden Diagramm wird eine Übersicht über die gängigen Kreditderivate und die von ihnen abgesicherten Risiken gegeben.

16 Vgl. Caouette/Altman/Narayanan 1998, S. 307.

17 Hierin sind der erwartete Verlust, die Eigenkapitalkosten und Liquiditätskomponenten enthalten.

18 In zahlreichen Publikationen werden Überblicke über die theoretischen Modelle zur Bewertung von Kreditderivaten gegeben, vgl. hierzu u. a. Hüttemann 1997, S. 69 ff.; Jarrow/Turnbull 1999, S. 29 ff.; Insgesamt kann jedoch gesagt werden, dass sich hier nach wie vor noch kein Standard analog eines Black-Scholes-Modells für Optionen durchgesetzt hat, und dass diese häufig auf Daten beruhen, die entweder nicht verfügbar oder irrelevant sind. vgl. James 1999, S. 8 ff.

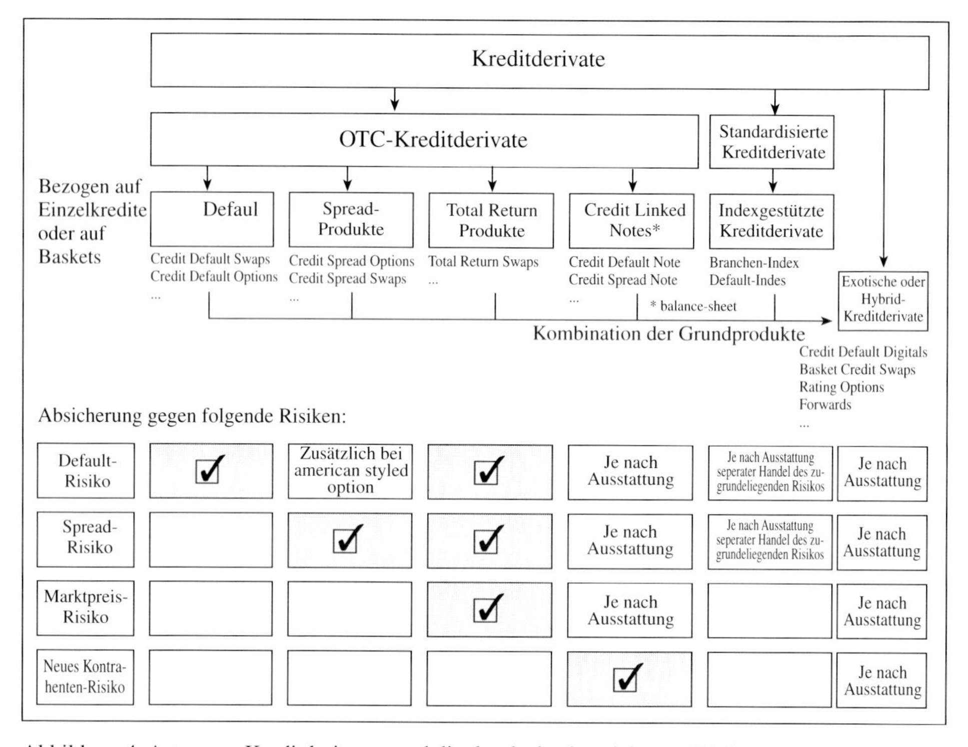

Abbildung 4: Arten von Kreditderivaten und die durch sie abgesicherten Risiken

3.4.1 OTC-Kreditderivate

OTC-Kreditderivate beziehen sich im Gegensatz zu standardisierten Kreditderivaten auf ganz konkrete Referenz-Assets. Die Verträge basieren meist auf ISDA-Vertragsentwürfen, können jedoch auch individuell vereinbart werden.[19]

Default-orientierte Produkte:

Der Credit Default Swap (CDS) und die Credit Default Option (CDO) sind Kreditderivate, die den Default als Credit Event beinhalten. Sie dienen damit der Absicherung des reinen Ausfallrisikos. Bei einem CDS zahlt ein Geschäftspartner eine periodische Prämie in Basispunkten auf den Nominalbetrag an einen anderen Kontrahenten. Bei der CDO wird diese durch eine einmalige Up-Front-Prämie ersetzt. Als Gegenleistung erhält der Prämienzahler beim Kreditereignis des Referenz-Assets die Ausgleichszahlung.[20]

19 Vgl. Tanemura 1999, S. 14 f.

20 Vgl. Caouette/Altman/Narayanan 1998, S. 307.

Credit Spread-orientierte Produkte:

Im Gegensatz zu o.g. Instrumenten sind der Credit Spread Swap (CSS) und die Credit Spread-Option (CSO) von Veränderungen der Bonität des Referenz-Assets abhängig. Bei einem CSS vereinbaren zwei Vertragsparteien periodische Zahlungen. Der Risikogeber erhält vom Risikonehmer feste Zahlungsströme, ausgedrückt in Basispunkten auf den Wert eines Referenz-Assets. Im Gegenzug zahlt der Risikonehmer den zum jeweiligen Zeitpunkt vorhandenen Spread zwischen dem Referenz-Assets und einer risikolosen Anleihe gleicher Laufzeit. Bei einer anderen Variante kann man nicht mehr von einem Risikogeber und einem Risikonehmer sprechen. Jeder der beiden Swap-Partner zahlt dem anderen periodisch den Spread zwischen einem vereinbarten Underlying und dem Referenzzinssatz. Hierdurch werden die relativen Spread-Veränderungen der beiden Underlyings zueinander isoliert gehandelt. Der CSS eignet sich durch seine Konstruktion zur Absicherung des reinen Spread-Risikos.[21] Bei der CSO lassen sich Puts und Calls unterscheiden. Ein Credit Spread Call (Put) Option gibt dem Käufer innerhalb eines bestimmten Zeitraums das Recht, aber nicht die Verpflichtung, ein Referenz-Asset zu einem bestimmten Preis zu kaufen (zu verkaufen).[22] Bei einer CSO wird der Basiswert als ein Credit Spread zwischen einem Referenz-Underlying und einem Bezugwert (beispielsweise EURIBOR) definiert. Der Options-Strike wird als konkreter Wert des Credit Spreads festgelegt. Sinkt beispielsweise der Markwert eines Referenz-Assets aufgrund einer Bonitätsverschlechterung, wird gleichzeitig der Wert einer Credit Spread Put-Option steigen, wodurch der Put-Käufer eine Ausgleichszahlung vom Stillhalter erhält. Dafür zahlt er im Gegenzug bei Abschluss des Geschäfts den Optionspreis. Wichtig bei Credit Spread Puts ist – im Gegensatz zu normalen Optionen – die Unterscheidung in American und European Style Optionen. Beim europäischen Credit Spread Put (nur am Laufzeitende ausübbar) führt ein Schadensereignis zum Verfall der Option und es wird nur das reine Spread-Risiko abgesichert. Beim amerikanischen Credit Spread Put (jederzeit ausübbar) ist auch der Ausfall abgesichert. Die Risikoprofile von CSOs ähneln denen anderer Optionen aus dem Marktpreisrisikobereich. Es lassen sich daher auch alle bekannten Kombinationen von Puts und Calls bilden, zum Beispiel Credit Spread-Collars.[23]

Total Return Swaps (TRS):

Bei einem TRS zahlt der Risiko-Verkäufer (Total Rate Payer) dem Risiko-Käufer (Total Rate Receiver) zu festgelegten Bewertungsterminen den „total return“ eines Referenz-Assets, also Marktwertänderungen und Veränderung der Credit Spreads, während er im Gegenzug einen variablen Zins (beispielsweise EURIBOR) zuzüglich einem Risikoaufschlag und einer potenziellen Wertsteigerung erhält. Durch eine solche Konstruktion hat der Risiko-Verkäufer das gesamte Risiko eines Assets auf den Käufer übertragen, ohne es physisch verkaufen zu müssen. Für Verluste aus dem Referenz-Asset wird er durch Ausgleichszahlungen entschädigt. Der Käufer hingegen hat das Asset Off-balance-sheet für die Laufzeit des TRS erworben, ohne es tatsächlich kaufen zu müssen. So entspricht die

21 Vgl. Das 1998, S. 29.
22 Vgl. Whittaker/Li 1997, S. 18 ff.
23 Vgl. Heidorn 1999, S. 7.

Position des Total Rate Receiver dem synthetischen Kauf (long) der Kreditposition und entsprechend ist die Position des Total Rate Payer der synthetische Leerverkauf (short).[24]

Credit Linked Notes (CLN):

Bei einer CLN wird eine Schuldverschreibung mit einem Kreditderivat kombiniert. Der Investor (Risikokäufer) in die CLN übernimmt zusätzlich zum Ausfallrisiko des Emittenten das Ausfallrisiko eines Referenz-Assets. Er erhält dafür regelmäßige Zahlungen, die zusammengesetzt sind aus einer Basisverzinsung (zum Beispiel EURIBOR) und einer Prämie für die Übernahme des Ausfallrisikos der abgesicherten Forderung. Wenn diese Forderung ausfällt, dann findet eine Ausgleichszahlung des Investors an den Emittenten statt, oder der Rückzahlungsbetrag des Wertpapiers reduziert sich. Der Investor hat somit eine synthetische Anlage in das Reference-Underlying getätigt, ohne es selbst gekauft zu haben. CLN's werden zur Verbesserung der Emittentenbonität in der Regel von Special Purpose Vehicels (Zweckgesellschaft) ausgegeben. Bei allen bis hierher besprochenen Kreditderivaten wird zwar das Kreditrisiko des Referenzwertes abgesichert, es entsteht jedoch ein neues Kontrahentenrisiko mit dem Partner des Derivativgeschäftes. Durch die CLN wird neben der Absicherung des eingebetteten Kreditderivates dieses zusätzliche Risiko für den Risikoverkäufer abgesichert, da das eventuell benötigte Kapital bereits durch den Kauf der CLN zur Verfügung gestellt wurde.[25]

3.4.2 Standardisierte Kreditderivate

OTC-Kreditderivate beinhalten u. a. das Problem, dass durch individuelle Vertragsgestaltung deren Handling sehr aufwendig ist. Außerdem besteht bei Referenz-Assets des Typs IV wegen fehlender frei zugänglicher Informationen über die Bonität der Referenz-Aktiva eine Informationsasymmetrie zwischen Risikoverkäufern und Risikokäufern und damit ein Moral-hazard-Problem. Mögliche interne Ratings der Hausbanken und spieltheoretische Überlegungen konnten in diesem Zusammenhang bisher keine Abhilfe schaffen.[26] Es wäre zur Lösung dieser Probleme denkbar, Portfoliorisiken mit Hilfe von standardisierten Kreditderivaten zu managen, die sich auf beispielsweise Indizes für Unternehmensausfälle oder bestimmte Branchen beziehen könnten. Solche Indices sollten eine möglichst hohe (positive oder negative) Korrelation zu den abzusichernden Kreditrisiken aufweisen. Des weiteren sollten die damit gehandelten Derivate eine große Liquidität aufweisen, damit sich ein Marktpreis bilden kann. Auf dem Weg dahin könnte mit Market-Makern gearbeitet werden. Bereits im November 1998 legte die Chicago Mercantile Exchange einen Future und Optionen auf ihren „bancruptcy index" auf.[27] Die Instrumente weisen dabei ähnliche Risikoprofile auf wie die entsprechenden Marktpreisrisikoderivate. Daher können beliebige Profile an Long- bzw. Short-Positionen aufgebaut werden und es werden sich vielfältige neue Anwendungsmöglichkeiten für Kreditderivate ergeben. Durch index-

24 Vgl. Caouette/Altman/Narayanan 1998, S. 308.
25 Vgl. Allen 1998, S. 13.
26 Vgl. Rosar 1999.
27 Vgl. Heidorn 1999, S. 24.

orientierte Kreditderivate ist es beispielsweise möglich, genau das damit verbundene Risiko, beispielsweise das der Automobilbranche, separat zu handeln. Durch den Erwerb eines Put auf den Automobilbranchen-Index und eine physische Kreditposition in dieser Branche ließe sich beispielsweise eine branchenunabhängige Kreditnehmerposition synthetisch erzeugen.

3.4.3 Exotische oder Hybrid-Kreditderivate

Die bisher dargestellten Kreditderivate können nahezu beliebig kombiniert werden. Es gibt bereits jetzt eine große Zahl von Kreditderivaten, die aus der Kombination dieser Grundformen entstanden sind. Je nach Konstruktion können unterschiedliche Risiken, aber auch unterschiedliche Risikoprofile, gesteuert werden. Beispielsweise sind zu nennen: Credit Default Digitals, Basket Credit Swaps, Rating Options, oder auch Forward-Konstruktionen von Kreditderivaten. Hier dürften sich auch zukünftig vielfältige weitere Produkte entwickeln.[28]

3.5 Der Einsatz von Kreditderivaten zur Portfoliosteuerung

3.5.1 Eignung von Kreditderivaten zur Umsetzung der Steuerungsstrategien

In Ergänzung zu traditionellen Mitigations- und Steuerungstechniken sind Kreditderivate besonders gut geeignet, Risiko-Exposures und Portfolios unter einer rein ökonomischen Betrachtungweise Off-balance-sheet zu managen.[29] Die besondere Eignung ergibt sich daraus, dass Long- oder Shortpositionen sehr schnell beliebig aufgebaut bzw. geschlossen werden können, ohne dass auf Kreditnehmer-Relationships Rücksicht genommen werden muss. Somit lässt sich durch Kreditderivate der Konditions- völlig vom Risikoerfolg trennen. Dies stellt eine wichtige Grundlage für die Umsetzung des dualen Steuerungsmodells dar.[30] Daneben kann das Risiko durch Kreditderivate wegen der möglichen Kombinationen der unterschiedlichen Instrumente mit deren jeweiligen Risikoprofilen grundsätzlich sehr genau und fein gesteuert werden. Durch Kreditderivate kann eine Bank außerdem Risiken eingehen, zu denen sie durch traditionelle Produkte keinen Zugang hätte, zum Beispiel zu Risiken eines amerikanischen Mittelständlers. U. a. wegen der geringeren Stückkosten stellen Kreditderivate dabei eine effizientere Alternative zu einer direkten Investition in die Referenz-Assets dar.[31]

28 Vgl. Hüttemann 1997, S. 42 ff.

29 Da für die Erzielung eines Ertrages aus Diversifikation die aufsichtsrechtliche Anerkennung der Steuerungsinstrumente nicht unbedingt Voraussetzung ist und Kriterien für die aufsichtsrechtliche Anerkennung von Kreditderivaten noch nicht abschließend geklärt sind, wird hier lediglich auf weitergehende Literatur verwiesen. Vgl. Lendzian 1999, S. 645 ff.

30 Vgl. Schierenbeck 1997.

31 Vgl. Whittaker/Li 1997, S. 18 ff.

Mittels Kreditderivaten kann das Portfolio in Abhängigkeit von den Korrelationen der Referenz-Assets zu den abzusichernden Positionen (Einzelkredite oder Gesamtportfolio) durch das Eingehen von Long- oder Shortpositionen gesteuert werden. In Kombination der Strategienbündel (Ia, Ib, IIa und IIb) mit den Kreditnehmertypen (I-III, IV) lassen sich folgende Aussagen machen:

- Strategien Ia und Ib: Eine Verringerung von Risiken kann durch Kreditderivate erreicht werden, indem eine Bank eine Short-Position bezüglich eines Referenz-Assets eingeht, das positiv zum abzusichernden Risiko (Einzel- oder Portfoliorisiko) korreliert ist. Dabei sind zwei Fälle denkbar: Wenn das abzusichernde Risiko selbst als Referenz-Asset herangezogen wird, können Risiken hinsichtlich sämtlicher Kreditnehmertypen vollkommen gehedgt werden. Zur Risikoreduktion kann aber auch eine Short-Position hinsichtlich eines beliebigen positiv korrelierten Referenz-Assets eingesetzt werden. Risiken der Typen I-III können wegen der vorhandenen Informationen dabei durch Short-Positionen auf positiv korrelierte Referenz-Assets der Typen I-III nahezu vollkommen gehedgt werden. Risiken des Typs IV lassen sich ebenfalls durch Derivate auf Referenz-Assets der Typen I-III grundsätzlich absichern. Risiken aller Typen (I-III, IV) können wegen der Informationsasymmetrie nur bedingt durch Short-Positionen auf Referenz-Assets des Typs IV abgesichert werden. Mittels standardisierter Kreditderivate auf Indices, die zum abzusichernden Risiko positiv korreliert sind, kann durch Short-Positionen das Indexrisiko, beispielsweise ein bestimmtes Branchenrisiko, aus einem Portfolio reduziert werden.
- Strategien II: Falls abzusichernde Einzelpositionen oder „Risikoüberhänge" im Portfolio aus Assets der Kreditnehmertypen I-III bestehen, kann durch Kreditderivate mit einer Long-Position und negativ korrelierten Referenz-Assets der Typen I-III ein nahezu vollkommener Hedge erreicht werden. Negativ korrelierte Referenzwerte des Kreditnehmertyps IV sind, obwohl grundsätzlich möglich, wegen der Informationsasymmetrie weniger geeignet. Zur Absicherung von Risiken des Kreditnehmertyps IV durch Long-Positionen auf negativ korrelierte Referenz-Assets sind wegen der Informationsasymmetrie ebenfalls Referenz-Assets der Typen I-III zu bevorzugen. Standardisierte Kreditderivate mit Long-Positionen auf negativ korrelierte Indices erlauben bei abzusichernden Risiken der Typen I-III und der Typen IV einen Hedge des jeweiligen Indexrisikos.

Insgesamt eignen sich die OTC-Kreditderivate mit Referenz-Assets der Typen I-III besser zur Risikosteuerung, als Derivate mit Referenz-Assets der Typen IV (Informationsasymmetrie). Problematisch bei Kreditderivaten ist momentan noch das Pricing, insbesondere auf Referenz-Assets des Kreditnehmertyp IV. Schwierig ist auch, wie bereits dargestellt wurde, nach wie vor die Ermittlung von Klumpenrisiken in den Portfolien.

3.5.2 Beispiele der Portfoliosteuerung durch Kreditderivate

Die regional tätige Bank X hat ein hohes Branchenrisiko in Bezug auf die Automobilindustrie, insbesondere auf eine bestimmte Adresse, Automobilzulieferer und Arbeitnehmer,

Strategie zur Steuerung des Klumpenrisikos / Abzusichernder Wert / Referenz-Wert		Risikoverkauf (short), Strat. IIa (Mikro) u. Strat. Ib. (Makro) Positive Korrelation des Referenz-Wertes zum abzusicherdnen Risiko		Risikokauf (long), Strat. IIa (Mikro) u. Strat. IIb. (Makro) Negative Korrelation des Referenz-Wertes zum abzusicherndnen Risiko	
		Typ I-III	Typ IV	Typ I-III	Typ IV
OTC	Typ I-III	(a) Vollkommener Headge möglich/ (b) nahezu vollk. Hedge möglich	Hedge grundsätzlich möglich	Nahezu vollkommener Hedge möglich	Hedge grundsätzlich möglich
	Typ IV	Hedge grunds. möglich, jedoch Informations-asymmetrie	(a) Vollkommener Hedge möglich/ (b) Hedge grunds. Möglich, Infoasym.	Hedge grunds. möglich, jedoch Informations-asymmetrie	Hedge grunds. möglich, jedoch Informations-asymmetrie
Standardisiert	Index	Hedge des Indexrisikos möglich	Hedge des Indexrisikos möglich	Hedge des Indexrisikos möglich	Hedge des Indexrisikos möglich

Abbildung 5: Die Eignung von Kreditderivaten zur Umsetzung der Steuerungsstrategien in Abhängigkeit von Kreditnehmertypen

im Kreditportfolio. Diese Bank hat nun, neben dem Einsatz von klassischen Steuerungsmöglichkeiten, verschiedene Möglichkeiten, dieses Klumpenrisiko zu steuern. Eine Anwendung der Strategien IIa wäre der Risikokauf einer zum Einzelklumpenrisiko negativ korrelierten Anleihe mittels eines CDS. Da zur Durchführung einer solchen Strategie jedoch eine negativ korrelierte Anleihe erst gefunden werden müsste, wäre im geschilderten Fall die Anwendung der Strategie Ia sinnvoller. Dabei würde eine Short-Position des Risikos des Automobilherstellers aufgebaut werden, indem das Risiko einer Referenzanleihe des Automobilherstellers über einen CDS (Absicherung gegen Default) verkauft wird. Der Kauf eines European Style Credit Spread Puts bezüglich desselben Referenz-Assets würde derselben Strategie dienen, allerdings eine Absicherung gegen die Verschlechterung der Bonität des Automobilproduzenten bedeuten. Aufgrund der regionalen Ausrichtung fehlen der Bank Kunden, deren Risiken gering oder negativ mit dem deutschen Automobilmarkt korreliert sind.[32] Andererseits weisen Banken, die in anderen Regionen tätig sind, andere Klumpenrisiken im Portfolio auf. Daraus folgend könnte es interessant sein, bundesweit Risiken zu tauschen, um eine bessere Diversifikation der Portfolios zu erreichen. Anhand einer CLN soll hier beispielhaft gezeigt werden, wie Kreditderivate in einer dezentralen Verbundorganisation zur Risikosteuerung eingesetzt werden könnten. Regional tätige Banken könnten ihre Klumpenrisiken verringern, indem sie mittels Konsortialkrediten zum Gesamtportfolio positiv korrelierte Risiken an eine Zentralbank abgeben (Strate-

32 Vgl. Heidorn 1999, S. 10 ff.

gie Ib). Diese bündeln mehrere solcher Kreditrisiken und koppeln sie an die Emission einer CLN. Diese wird investierenden Banken quotal zur Risikostreuung ins Depot A verkauft (Strategie IIb). Falls eine der Kreditforderungen notleidend würde, wäre der Ausfall für eine investierende Bank dadurch tragbar, dass das zugrundeliegende Portfolio diversifiziert ist und sie als eine von mehreren investierenden Banken lediglich in Höhe ihrer Quote an den Verlusten beteiligt wäre. Eine andere Möglichkeit wäre gegebenenfalls für die Bank X der Kauf eines standardisierten Put beispielsweise auf einen Automobilindustrie-Branchenindex (Strategie Ib). Wenn es der Branche insgesamt schlechter geht, werden tendenziell auch die automobilbranchenabhängigen Kredite im Portfolio der Bank schlechter werden, das heißt der Spread wird sich vergrößern. Gleichzeitig würde aber ein solcher Put an Wert gewinnen, so dass dem Wertverlust der Kredite im Portfolio ein Wertzuwachs durch das Kreditderivat entgegensteht. Eine andere Bank mit anderen Klumpenrisiken könnte demgegenüber über Verkauf des Put (Strategie IIb) bzw. die Übernahme des Automobil-Branchenrisikos ihr Portfolio diversifizieren.

3.6 Weitere Anwendungsmöglichkeiten für Kreditderivate

Kreditderivate können – wie gezeigt wurde – zur Portfoliosteuerung eingesetzt werden. Andere Anwendungsmöglichkeiten sind die Ertragssteuerung, der Eigenhandel, das Bilanz-Management und/oder die steuerliche Optimierung. An dieser Stelle soll insbesondere auf das Linien- und das Passivmanagement kurz eingegangen werden.

- Linienmanagement: Durch Kreditderivate können Geschäftspartnerlimite effizienter genutzt werden, indem Linien, die teilweise nicht ausgenutzt sind, auch im Zeitverlauf durch Kreditderivate optimal ausgefüllt werden. Andererseits können bei Linien, die überzogen oder ausgeschöpft sind, durch Kreditderivate neue Freiräume geschaffen werden, damit mit dem Geschäftspartner neue, lukrativere Geschäfte getätigt werden können.[33]

- Passivmanagement: Die Refinanzierungskonditionen einer Bank sind u. a. von der Bonität einer Bank abhängig. Der Credit Spread einer Bank kann sich aus verschiedenen Gründen ausweiten. Um sich gegen eine Spread-Vergrößerung zu schützen, kann die Bank beispielsweise eine CSO abschließen, in der der Spread der Bank selbst als Basisinstrument definiert wird. Wenn sich der Spread erhöht, erhält die Bank eine Ausgleichszahlung in Höhe der Spreadausweitung, das heißt ihr Refinanzierungsrisiko ist abgesichert.[34]

33 Vgl. Hohl/Liebig 1999, S. 518 f.
34 Vgl. Hüttemann 1997, S. 54 f.

4. Zusammenfassung und Ausblick

Anreize für Banken, ihre Klumpenrisiken im Kreditporfolio aktiv zu steuern, entstehen hauptsächlich durch die Möglichkeit, die Erträge aus Diversifikation zu optimieren. Diese können die wirtschaftliche Rentabilität des Kreditportfolios wesentlich verbessern. Die Ausführungen haben gezeigt, dass Kreditderivate für die Steuerung von Portfolien unterschiedlicher Zusammensetzung durchaus interessante Instrumente darstellen. Insbesondere, wenn Probleme der Banken hinsichtlich der Datenversorgung zur Bestimmung des Portfoliorisikos und hinsichtlich des Pricing von Kreditderivaten beseitigt sein werden, kann mit einer weiteren erheblichen Ausweitung der Volumina gerechnet werden. Fehlende externe Informationen über die Kreditnehmertypen IV und eine damit verbundene Informationsasymmetrie führen dazu, dass zur Steuerung von Kreditportfolien am ehesten OTC-Kreditderivate auf Referenz-Aktiva der Typen I-III effizient eingesetzt werden können. Hier können aber auch neue standardisierte Instrumente zusätzliche Impulse geben, da sich zahlreiche, völlig neue Anwendungsformen für Kreditderivate ergeben werden.

Auch auf die Prozesse im Kreditgeschäft sowie die Vertriebsstrukturen der Banken werden ein aktives Kreditrisikomanagement und die Möglichkeit des Handels von Kreditrisiken grundlegende Auswirkungen haben. Es bestünde durch Kreditderivate beispielsweise die Möglichkeit, gegen Vereinnahmung der „richtigen" Risikoprämie jeden Kredit auszuzahlen, ohne das dadurch entstehende Risiko in der (Risiko)-Bilanz behalten zu müssen. Erst der Portfoliomanager würde darüber entscheiden, ob der Kredit das Portfolio weiter diversifiziert und damit im Bestand gehalten, oder ob das Risiko weitergegeben bzw. gehedgt wird. Eine bessere Ausschöpfung der Kundenpotenziale durch die Banken und damit zusätzliche Ertragspotenziale könnten die positiven Folgen sein.

Literaturhinweise

ALLEN, W.: Approaches to Bank Credit Portfolio Diversification, in: Risk Books, Credit Derivatives, 1998, S. 13.

BAETGE, J.: Bilanzanalyse, Düsseldorf, 1998,

BANK FÜR INTERNATIONALEN ZAHLUNGSAUSGLEICH: A new capital adequacy Framework, Basel, Juni 1999, www.bis.org.

CAOUETTE, J./ALTMAN, E./NARAYANAN, P.: Managing Credit Risk, 1998.

DAS, S.: Credit Derivatives – Instruments, in: Das, S. (Hrsg.), Credit Derivatives, 1998, S. 17 ff.

GONTAREK, W./COLBOURNE, C.: Regulatory Capital versus Model-Based-Capital: Giving Credit to New Approaches, in: Risk Books, Credit Derivatives, 1998, S. 33.

HEIDORN, T.: Kreditderivate, Hochschule für Bankwirtschaft Nr. 13, 1999, S. 6.

HEINRICH, M.: Management des Porfolios von Adressrisiken, in: Bankinformation 12/1999, S. 42 ff.

HOHL, S./LIEBIG, T.: Kreditderivate – ein Überblick, in: Eller, R., Gruber, W., Reif, M. (Hrsg.), Handbuch Kreditrisikomodelle und Kreditderivate, Stuttgart 1999, S. 499 ff.

HÜTTEMANN, P.: Derivative Instrumente für den Transfer von Kreditrisiken, in: Öhler, A. (Hrsg.), Credit risk und value at risk-Alternativen, Stuttgart 1998, S. 55.

HÜTTEMANN, P.: Kreditderivate im europäischen Kapitalmarkt, Wiesbaden 1997, S. 23.

JAMES, J.: How much should they cost?, in: Credit Risk, A supplement to Risk Magazine, October 1999, S. 8 – 10.

JARROW, R./TURNBULL, M.: Pricing Derivatives on financial Securities Subjekt to Credit Risk, in: Shimko, D. (Hrsg.) Risk Books, Credit Risk, Models and Management, 1999, S. 219 ff.

KEALHOFER, S.: Portfolio Management, in: Net exposure (www.netexposure.com), Vol. 1, No.2, 1998, S. 6.

KRETSCHMER, J.: Credit Risk+ – Ein portfolioorientiertes Kreditrisikomodell, in: Eller, R., Gruber, W., Reif, M. (Hrsg.), Handbuch Kreditrisikomodelle und Kreditderivate, Stuttgart 1999, S. 359 ff.

LAUNDRY, S./REDEKE, O.: Kreditderivate in der Praxis, in: Eller, R., Gruber, W., Reif, M. (Hrsg.), Handbuch Kreditrisikomodelle und Kreditderivate, Stuttgart 1999, S. 527 ff.

LENDZIAN, S.: Bankaufsichtliche Behandlung von Kreditderivaten im Grundsatz I, in: Eller, R., Gruber, W., Reif, M. (Hrsg.), Handbuch Kreditrisikomodelle und Kreditderivate, Stuttgart 1999, S. 645 ff.

OELRICH, F./STOCKER, G.: Ausfallrisiken aus der Sicht des Risikocontrolling, in: Credit risk und value at risk-Alternativen, Stuttgart 1998, S. 46.

PHELAN, K./ALEXANDER, C., Different Strokes, Credit Risk, A supplement to Risk Magazine, October 1999, S. 32 – 35.

ROSAR, M.: Asset Backed Sucurities – Spieltheoretische Fundierung und bankstrategische Konsequenzen, 8th Symposium on Finance, Banking und Insurance, Universität Karlsruhe 15. – 17.12.1999.

SCHIERENBECK, H.: Ertragsorientiertes Bankmanagement, Bd. 1 und 2, Wiesbaden 1997, S. 3.

SHIMKO, D.: Credit Risk Mitigation Alternatives, in: Shimko, D. (Hrsg.) Risk Books, Credit Risk, Models and Management, 1999, S. 215 f.

TANEMURA, R.: Taming the wild frontier, Credit Risk, A supplement to Risk Magazine, October 1999, S. 14 f.

WHITTAKER, J./LI, W.: An Introduction to Credit Derivatives, in: Credit Risk, A Supplement to Risk Magazine, July 1997, S. 18 ff.

Steven H. Disman

Credit Scoring im standardisierten Kreditentscheidungsprozess

1. Einleitung

Das Konsumentenkreditgeschäft ist ein wichtiger Bestandteil der Gesamtgeschäftsaktivitäten des modernen Bankwesens. Zudem spielt es hinsichtlich der Förderung des Konsumverhaltens der Kunden eine bedeutende Rolle in der sozialen und wirtschaftlichen Entwicklung eines Landes und trägt dadurch zur Konjunkturbelebung bei. Verglichen mit den übrigen Geschäftszweigen des Bankkreditgeschäfts bedarf das Konsumentenkreditgeschäft eines besonderen Managementverhaltens und einer anderen Geschäftsabwicklung. Vor dem Hintergrund zunehmender standardisierter Entscheidungsprozesse im gesamten Bankbetrieb zeichnet sich im Bereich des Konsumentenkreditgeschäfts dabei das Kreditscoring als herausragende Entwicklung aus.

Kreditscoring ist eine sogenannte „statische Screeningtechnik", die in Europa und den USA in den letzten 20 Jahren angewandt wurde. Durch sie kann das Verhalten einer Gruppe potenzieller Kreditnehmer vorherbestimmt werden. Kreditscoring ermöglicht es nicht, die Rückzahlung eines gewöhnlichen Kredites vorauszusehen. Es kann jedoch mittels dieses Verfahrens ziemlich genau die Zahl der schlechten Kredite einer Kundengruppe ermittelt werden, und zwar anhand bestimmter spezifischer, quantifizierbarer Charakteristika des jeweiligen Kreditnehmers. Die Merkmale werden durch den Score bewertet und gewissen Bewertungspunkten zugeordnet. Je höher der Score ist, desto unwahrscheinlicher ist es, dass der Schuldner seinen Kredit nicht zurückzahlt. Das Management muss nun entscheiden, wie viel Risiko es bei einer Kreditnehmergruppe zu tragen bereit ist. Es wird eine Genehmigungsgrenze (Cut-off) festgelegt und nur Anträge, die diesen Cut-off überschreiten, werden akzeptiert. Das bedeutet auch, je höher der Cut-off ist, desto niedriger wird das eingegangene Risiko sein. Ein höherer Cut-off bringt jedoch gleichzeitig eine geringe Anzahl herausgelegter Kredite mit sich. Ein Scoresystem ermöglicht somit eine klare und quantitative Abwägung (Trade-off) von Qualität und Quantität.

Mit seinen Eigenschaften „Ergebnisse und Risiken bereits im vornhinein recht präzise zu kalkulieren und damit eine gewisse Vorhersehbarkeit zu unterstellen", kann Kreditscoring innerbetrieblich insbesondere den Bedürfnissen von Financial Control im modernen Bankgeschäft sehr entgegenkommen. Gleichzeitig kann mit Kreditscoring dem Financial Control ein ideales Instrument an die Hand gegeben werden, auf Ad-hoc-Veränderungen im monetären Umfeld sofort zu reagieren oder aber Änderungen in der Kreditvergabepolitik in kürzester Zeit ohne Effizienzverlust an den Point of Sale weiterzugeben. Dabei sollte jedoch nicht vergessen werden, dass das hier beschriebene Kreditscoring ein sehr komplexer Bereich ist, der schon in seinem Entwicklungsprozess äußerst aufwendig ist und sich im tagtäglichen Anpassungsprozess an die verschiedenen in- und externen Änderungsvariablen als sehr kompliziert erweist.

Im Verlaufe des Geschäftslebens erhält eine Bank viele Arten von Kreditanträgen. Ein erfahrener Bankangestellter kann gewöhnlich in 80 % der Fälle ohne ein kompliziertes Kreditscore die richtige Entscheidung fällen. Die verbleibenden 20 % sind jedoch eine wirkliche Herausforderung und bilden die Mehrzahl der Kreditverluste. Als Vergleich kann Abbildung 1 herangezogen werden: Kurve A charakterisiert „Schlechte“ Risikokunden und schneidet Kurve B „gute“ Risikokunden im Bereich zwischen 35 und 60 Score Punkten. Würde der Cut-off-Wert wie gezeigt bei etwa 57 Punkten gesetzt, so würden etwa 20 % der „schlechten“ Risikokunden abgelehnt (schraffierte Fläche), während aber etwa 80 % der „guten“ Risikokunden akzeptiert würden. Diese Aufteilung mag eine erstrebenswerte Mischung guter und schlechter Risiken sein, aber nur eine genaue Kalkulation kann die wirklich profitabelste Mischung analysieren. Das Hauptanliegen des Kreditscoring ist es, Hilfestellung für den Entscheidungsprozess bei diesen prozentualen Minderheiten oder, wie eben dargestellt „überlappenden“ Flächen, zu geben. Kein Score ist so „intelligent“, dass es die statistische Basis des Scoring der Bank, solche Risiken vorherzubestimmen, die davon abhängen, wo der Cut-off angesetzt wird. Die meisten Banken ohne Anwendung eines Kreditscoringsystem werden sämtliche Kunden in jener Grauzone zurückweisen. Banken, die jedoch ein Scoringsystem einsetzen, können den besseren Teil der verbleibenden 20 % so lange akzeptieren, wie sie davon ausgehen, dass, dieses Geschäft gewinnbringend ist.

Heutzutage ist der Einsatz eines Scoresystems auf dem Gebiet des Massengeschäfts im Finanzdienstleistungssektor erforderlich. Es wird durch moderne Datenverarbeitungstechniken unterstützt und schafft damit ein Umfeld für einen sehr effizienten Kreditvergabeprozess. Stimmungen und Launen des Kreditsachbearbeiters oder des Unterzeichnenden eines Kreditvertrages steht es vollkommen objektiv und unabhängig gegenüber.

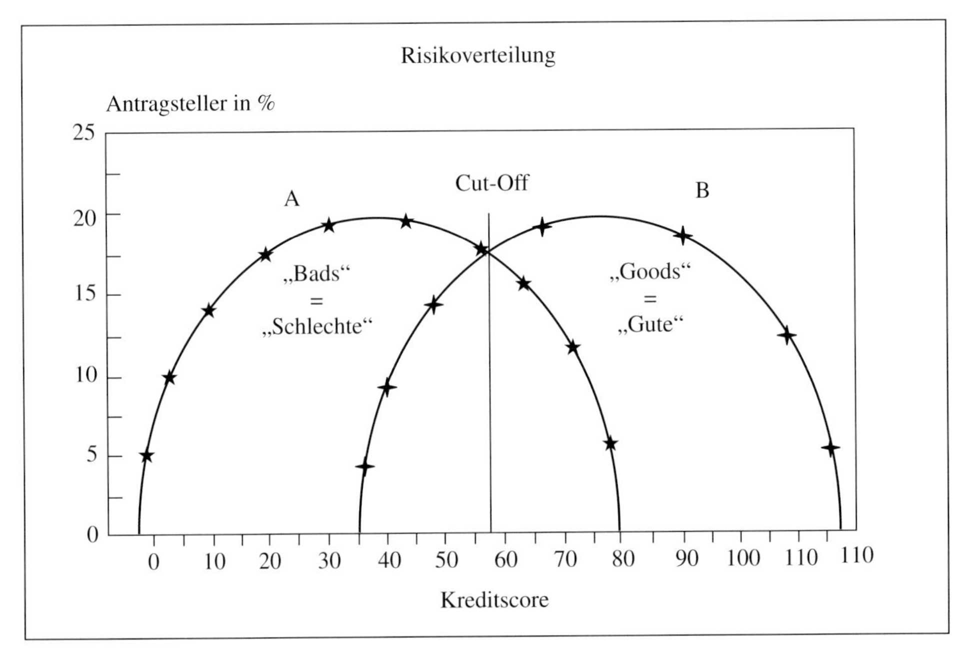

Abbildung 1: Bonität bei Kreditnehmern

Neben den genannten ertrags- und risikoorientierten Vorteilen zeigt Kreditscoring auf einem weiteren Gebiet positive Auswirkungen: im Lean Management. Oberstes Ziel des derzeit häufig zitierten und dringlich geforderten Lean Managements ist eine flache Hierarchieebene mit kurzen Kommunikationswegen. Kreditscoring begünstigt in idealer Weise dieses Postulat: Die zentrale Handhabung einer generellen Kreditvergabepolitik (= Setzen des Cut-off-Wertes) führt in den dezentralen Entscheidungsgremien (Zweigstellen) zu schneller, unbürokratischer, aber gleichzeitig kontrollierbarer Kreditvergabe. Der Cut-off-Wert bestimmt die Annahme/Ablehnung eines Kreditvertrages, während hierarchisch bestimmte Verantwortlichkeiten (Konsultation des Vorgesetzten) für sogenannte Grenzfälle die Ausnahme bleiben. Entscheidungen direkt am Point of Sale sind die automatische Folge. Existiert gleichzeitig eine permanente Kontrolle des Cut-offs, bzw. der score-bestimmenden Faktoren, kann eine sehr effiziente Kontrolle des Kreditvergabeprozesses zentral stattfinden. Wichtig in diesem Zusammenhang ist die Beachtung der Risiken hinsichtlich Herauslage- und Bestandsrisiko: Während das Herauslagerisiko direkt abhängig vom Setzen des Cut-off (Kreditherauslagepolitik des Unternehmens) ist, gestaltet sich das Bestandsrisiko differenzierter. Trotz bester Herauslagepolitik kann in Zeiten wirtschaftlicher Stagnation oder Rezession oder auch bei einschneidenden Gesetzesänderungen (aktuelles Beispiel ist das Insolvenzrecht) das Bestandsrisiko stark ansteigen. Nicht im vornhinein absehbare Einflussfaktoren können einen direkten Einfluss auf die Rückzahlungsfähigkeit der Kreditnehmer bekommen.

2. Abgrenzung und Definition

Das Konsumentenkreditgeschäft unterscheidet sich grundsätzlich von anderen Formen des Bankkreditgeschäfts. Es ist eine Geschäftssparte mit hohen Stückzahlen und geringen Durchschnittskreditbeträgen, die nur durch sorgfältige Kontrolle der Betriebskosten und Kreditverluste Gewinn bringen kann. Grosse Stückzahlen sind gleichzeitig verbunden mit geringen Durchschnittsbeträgen, die nur als Großvolumen zu erkennbaren Erträgen führen. Demgegenüber bringen große Waren- und Firmenkredite ausreichende Nettoerträge (obgleich ihre Nettospanne sichtlich niedriger ist als die der Konsumentenkredite, erzielt das höhere Volumen je Einzelkredit deutlich höhere Gewinne), um die ausführlichen Untersuchungen und Analysen von Kreditanträgen zu ermöglichen. Um eine gründliche Betreuung zu gewährleisten, können exzellent ausgebildete und spezialisierte Mitarbeiter aus dem Bereich des Kreditwesens langfristig einigen wenigen Firmenkunden zugewiesen werden. Verglichen damit, werden Entscheidungen im Konsumentenkreditgeschäft durch viele individuelle Kundenberater in Zweigstellen oder gar anonym über das Telefon getroffen. Diese haben jeden Tag mit vielen Menschen zu tun, und verfügen aber nicht über genügend Zeit, um jede Kundensituation bis ins Detail zu analysieren. Zielsetzung eines Entscheidungsprozesses bei der Kreditvergabe ist es, die Arbeit des Kreditsachbearbeiters zu unterstützen und durch schnelle und objektive Entscheidungen den Wünschen des Kunden gerecht zu werden. Je gründlicher der Entscheidungsprozess ist, desto teurer und langwieriger wird er allerdings, woraus sich ein sichtbares Optimierungsproblem ergibt. Beim klassischen Industriekreditgeschäft werden große Kreditvergaben ausschließlich von der Führungsebene bewilligt, während letztere beim Konsumentenkreditgeschäft nur die generellen Kreditrichtlinien vorgibt. Ein weiterer Unterschied zwischen Industriekrediten und Konsumentenkrediten liegt in der Akzeptanz des Risikos. Verluste im Konsumentenkreditgeschäft müssen unter dem Gesichtspunkt „Geschäftskosten" gesehen werden, vergleichbar mit Mieten und Gehältern. Sie können nicht wie bei Industriekrediten reduziert werden, sondern müssen optimiert werden. Ebenso wie bessere Standorte die Steigerung des Umsatzes zu Lasten höherer Mieten rechtfertigen, so isst sie Optimierung des Ertrages aus dem Kreditaußenstand und den Risikokosten für das Konsumentenkreditgeschäft oberstes Kriterium. Die wichtigste Determinante einer angemessenen Kreditpolitik ist die genaue Kalkulierbarkeit und nicht die endgültige Summe der Kreditverluste. Kreditscoring misst sich an genau diesen Kriterien: Kalkulierbarkeit, Schnelligkeit und Objektivität.

3. Entscheidungsprozess bei der Kreditvergabe

Die Entscheidungsgüte oder wider eine Kreditvergabe misst sich an der Kenntnis des Gläubigers (Kreditgebers) über die diversen Ausfallrisiken des Kreditnehmers. Im Vordergrund stehen dabei drei Risiken: menschliche Probleme des Kreditnehmers, wie etwa Krankheit, Scheidung, Arbeitslosigkeit. Weiterhin müssen Überschuldung und Zahlungsunwilligkeit genannt werden. Alle drei Komponenten beschreiben in der Hauptsache die „Fähigkeit eines Kunden zurückzuzahlen" und „ die Bereitschaft eines Kunden zurückzuzahlen". Die Fähigkeit eines Kunden zurückzuzahlen kann auf Basis der wirtschaftlichen Situation des Kreditnehmers sehr genau festgestellt werden. Die Zahlungsbereitschaft ist deutlich schwieriger zu erkennen, denn es setzt voraus, in die Psyche des Kunden Einblick zu haben. Dies einmal zu dem Zeitpunkt des Kreditantrages und noch wichtiger während des Zeitraumes, in dem der Kredit zurückgezahlt werden soll. Kreditscoring soll in diesem völlig subjektiven Bereich entscheiden helfen, da es auf Analysen des Verhaltens ähnlicher Personen, die in der Vergangenheit Kredite aufgenommen haben, zurückgreift und aufbaut. Kreditscoring kann jedoch nicht dabei helfen zu ermitteln, ob der Kunde genügend Geld hat oder haben wird, um den aufgenommenen Kredit zurückzuzahlen. Es kann jedoch helfen zu bestimmen, ob der Lebensstil des Kunden oder sein Charakter mehr dem Personenkreis mit positivem Rückzahlungsverhalten oder jenen, die Schwierigkeiten mit der Kreditzurückzahlung haben, gleicht. Dabei ist es interessant festzustellen, dass die oben aufgeführte Zahlungsfähigkeiten keinen Einfluss auf die Zahlungsbereitschaft hat. Auch wohlhabende Menschen können durchaus einen derart chaotischen Lebensstil führen, dass sie zu „schlechten" Kreditnehmern werden, obgleich sie die Mittel zur Rückzahlung ihrer Schulden hätten.

Zunächst muss man sich vor Augen führen, dass ein Scoresystem eines von vier Bestandteilen (Ausgaben/Einkommen, Auskunftei, Sicherheiten und schließlich das hier beschriebene Kreditscoring) eines modernen, standardisierten Kreditentscheidungsprozesses ist. Jeder Beurteilung eines Kreditantrages muss vorab das Nettoeinkommen des potenziellen Kreditnehmers zugrunde gelegt werden. Ein Kreditgeber muss die Gewissheit haben, dass sein Kunde über ein ausreichendes Monatseinkommen (oder andere Einnahmen) verfügt, um nach Abzug der Steuern die normalen Lebenshaltungskosten, die erforderlichen Versicherungsbeiträge, Altersversorgungsbeiträge, etc. und den zu erwartenden monatlichen Rückzahlungsbetrag bestreiten zu können. In den USA spricht man von der „debt burden calculation". Auch wenn es sich hierbei um einen nicht so klaren Risikoindikator wie das Kreditscore handelt, verpflichten viele Kreditgeber ihre Kreditnehmer ungern (aus gutem Grund), mit mehr als 30 % ihres monatlichen Bruttoeinkommens den Kredit zurückzuzahlen (ausschließlich Rückzahlungsraten für eine laufende Hypothek). Dies gilt insbesondere für unerfahrene Kreditnehmer. Diesem Erfordernis kann jedoch häufig durch Änderung des Rückzahlungsbetrages oder der Laufzeit nachgekommen werden, anstatt dass eine direkte Ablehnung des Kreditantrages erfolgt.

Informationen der Kreditauskunftei gehen als zweiter Faktor in die Kreditentscheidung ein. Viele Märkte mit einem hochentwickelten Finanzdienstleistungssektor für Konsumenten haben eine oder mehrere Auskunfteien. Diese sind vom Prinzip her Datenbanken, die Auskunft über frühere Kreditverträge von Privatpersonen mit Banken oder anderen Kreditinstitutionen geben. In der einfachsten Form kann die Kartei einer Auskunftei lediglich die Einleitung rechtlicher Schritte gegen rückständige Kreditnehmer enthalten.

Umfangreichere Auskunfteien beinhalten alle Kreditaufnahmen einer Person einschließlich aller positiven und negativen Rückzahlungserfahrungen. Normalerweise wird der Bericht der Auskunfteien dazu benutzt, auch die Kreditnehmer zurückzuweisen, die durchaus für einen Kredit in Frage kämen. Demgegenüber können umfangreichere Auskünfte zur „debt burden calculation" oder beispielsweise eine gute Kreditrückzahlungserfahrung als Basis dafür dienen, überhaupt Kredite zu vergeben. Viele Banken und andere Kreditgeber, die Kein Kreditscore haben, stützen sich im wesentlichen nur auf Auskunfteien. Die Schwäche liegt jedoch oft sowohl in der Unzuverlässigkeit der Informationen als auch darin, dass sie nicht immer aktuell sind. Zusätzlich gibt es über jüngere Kreditnehmer nur wenige oder gar keine Informationen in der Datei.

Der letzte Faktor (und meistens der unwichtigste, ausgenommen bei Hypotheken) ist die Bewertung von Sicherheiten. Viele Kreditgeber verlangen, dass der Kreditnehmer irgendeine Art Sicherheit hinterlegt, um diese im Falle der Zahlungsunfähigkeit zur Rückzahlung des Kredits zu verwerten. Am gebräuchlichsten ist dabei die Sicherungsübereignung eines Kraftfahrzeuges. Die „Verwertung einer Sicherheit" ist jedoch ein zeit- und kostenintensiver Prozess, mit dem Resultat, dass der Verkauf der übergebenen Sicherheit häufig nicht die Schulden des Kreditnehmers deckt. Außerdem schmälern die mit der Verwaltung der hinterlegten Sicherheit verbundenen Ausgaben (zum Beispiel Aufbewahrung und Sachversicherung) den Verkaufserlös in entscheidender Weise. Die aktuelle Rechtsprechung verlangt heute vom Kreditgeber die Wahl zwischen der Lohnabtretung oder anderer sachlicher Sicherheiten. Dabei fällt die Wahl unter Kostengesichtspunkten verständlicherweise verstärkt auf die Lohnabtretung. Heute stützen sich viele Kreditgeber bei der

Entscheidung für die Gewährung eines Kredites verstärkt auf das Kreditscore und weniger auf die „debt burden calculation“, die Auskunfteien und Sicherheiten, obgleich alle drei vor dem entsprechendem Hintergrund auch weiterhin von Bedeutung sind.

4. Arten von Kreditscore

Je nach Informationsquelle lassen sich drei Arten von Kreditscores unterscheiden. „Selectionscore“ oder „ Mailingscore“ basieren normalerweise auf Daten von Dritten und werden üblicherweise Magazinen oder Mail-Order-Mailing-Listen entnommen. In den USA und anderen Staaten ist es durchaus möglich, Kundenadressen von den Auskunfteien auswählen zu lassen. Falls der Selectionscore die Möglichkeit der Überprüfung der Kundendaten durch die Auskunfteien bietet, ist es möglich, vorab genehmigte Kredite oder Kreditkarten zu offerieren. Ansonsten wird er bei der Suche nach erstklassigen Kreditkunden eingesetzt.

Der klassische Kreditscore ist ein „Applicationscore“. Der Kunde muss eine Reihe von Fragen beantworten, die dazu dienen, seine persönliche und wirtschaftliche Situation festzustellen. Dieses Score begünstigt fast immer ältere Kreditnehmer, da sich die bewerteten Kriterien auf Faktoren wie Arbeitsjahre, Wohnsitzdauer und Alter stützen.

Die letzte Art des Kreditscore wird zur Beurteilung solcher Kreditnehmer angewandt, bei denen schon eine Geschäftsbeziehung mit dem Kreditgeber existiert. Da dieser Kreditscore auf dem Verhalten des Kreditnehmers bzw. dessen Beziehungen zum Kreditgeber basiert, wird er gewöhnlich als Verhaltensscore (Behaviorscore) bezeichnet. Der Verhaltensscore ermöglicht eine optimale Differenzierung des gesamten Kundenverhaltens; der „bessere“ Kunde erhält ein höheres Kreditlimit, während der andere Kunde isoliert und kontrolliert betrachtet werden kann. Zusammenfassend kann festgehalten werden, dass ein Verhaltensscore ein äußerst wirksames Mittel zur Erhöhung des Ertrages des Kreditvolumens ist. Schließlich existieren noch Mischformen, bei denen der Applicationscore als Bestandteil des Behaviorscore Verwendung findet.

In der klassischen Form wird der Behavior bei der Entscheidung für oder gegen eine Kreditlimiterhöhung bei Kreditkarten oder Kontoüberziehungen angewandt. Auch kann mit Hilfe dieses Scores eine Beurteilung über eine Erhöhung des vorhandenen Kreditvolumens eines Schuldners gefällt werden. Die Citibank verfolgt eine aktive Politik bei der Unterstützung der Finanzierungsbedürfnisse ihrer Kunden dadurch, dass sie guten Kreditnehmern aufgrund ihres gezeigten positiven Rückzahlungsverhaltens zusätzliche Kredite gewährt und dabei diesen Verhaltensscore für die Neukundenbeurteilung. Kreditscoring muss nicht ausschließlich auf die Gewährung von Krediten beschränkt bleiben. Es gibt unzählige Anwendungen, bei denen die statistische Auswertung der Kundendemographien zur Vorherbestimmung zukünftigen Kundenverhaltens dienen kann, so etwa vorselektierte Marketing-Mailings, geographisch begrenzte Verkaufsprogramme und viele andere. Ziel dieses Beitrages ist jedoch die Darstellung des Einsatzes standardisierter Entscheidungshilfen im Kreditgeschäft. In diesem Zusammenhang können Banken automatisch dann einen weiteren Vorteil aus Scoresystemen ziehen, wenn letztere für Inkassoaktivitäten miteinbezogen werden. Nicht jeder Kreditnehmer ist in der Lage oder gewillt, die Schulden in der vereinbarten Form oder Zeit zurückzuzahlen. Der Umgang mit Problemsituationen verschiedenen Grades ist wesentlicher Teil des Managements eines Kreditportfolios. Entscheidungen müssen getroffen und Aktionen in Angriff genommen werden, um das Kapital und die Zinsen des Kreditgebers zu schützen. Viel Zeit und Geld wird durch undifferenzierte Eintreibungsstrategien verloren, die nicht berücksichtigen, dass ein großer Teil der Zahlungsrückstände auch ohne Intervention des Kreditgebers gelöst wird. Auch das Gegenteil ist möglich. Früherkennung ermöglicht die schnellere Durchführung rechtlicher Schritte, um keine Möglichkeit außer Acht zu lassen, das nicht gezahlte Kapital zurückzubekommen.

Ebenso wie erfahrene Kreditsachbearbeiter können viele erfahrene Inkassosachbearbeiter zwischen extrem guten und extrem schlechten Situationen unterscheiden. Auf der anderen Seite sorgt das Scoringsystem für eine effektive Bewertung aller Fälle, indem es alle relevanten Faktoren der Kredithistorie des Kreditnehmers auf statistisch gültiger Basis bewertet. Hierbei muss deutlich herausgestellt werden, dass ein Scoresystem am wirkungsvollsten bei der Entscheidung ist, *ob* zu handeln ist, und nicht *wie* zu handeln ist. Individuelle Schritte zur Eintreibung des Geldes sind am besten in den Händen von erfahrenen Inkasso-Fachleuten zu belassen, wobei über ein richtig zu entwickelndes Expertensystem nachzudenken ist.

5. Scoreentwicklung

Im folgenden soll die Entwicklung und Implementierung eines Scoresystems beschrieben werden, ungeachtet des Einsatzgebietes und der zu lösenden Probleme. Gleichzeitig wird die Kontrolle des Scores nach der Implementierung aufgezeigt, um sicherzustellen, dass die Funktionsweise auch nach einer gewissen Einsatzzeit noch der ursprünglichen Planung entspricht.

Obwohl die Kreditscoreentwicklung anspruchsvolle Mathematik und komplexe Statistiken verlangt, müssen gewisse Grundprinzipien vom Geschäftsmann verstanden werden, damit der zu entwickelnde Score den tatsächlichen Anfordernissen des Tagesablaufes entspricht. Wie in jenem Gebiet, sei es nun in der Betriebswirtschaft, der Datenverarbeitung oder der Marktforschung muss der Anwender beim Managen des Projektes beteiligt sein. Der Techniker kann seinerseits nur bestätigen, dass die Methode korrekt ist, nicht jedoch die Anwendungsfähigkeit des Ergebnisses.

Beim Entwickeln eines Kreditscores ist der erste Schritt, „schlechte“ Kunden (bads) zu definieren. Die Definition muss präzise, messbar und objektiv sein, denn auf ihr beruht die Genauigkeit des Scores. Im Falle des Konsumentenkredites ist ein Kunde, der seine Außenstände nicht zurückzahlt, klar erkennbar. Zusätzlich geht ein weiterer Faktor mit in diese Definition ein. Die Genauigkeit eines Scores hängt ab von der Anzahl der analysierten „schlechten“ Kunden der Zeitspanne der Analyse.

Der Scoreentwickler braucht für die Analyse mindestens 500 bis 1000 „schlechte“ Konten, die nicht mehr als maximal zwei Jahre zurückliegen. Die Erfahrung bei der Entwicklung von Kreditscores hat gezeigt, dass eine geringe Zahl „schlechte“ Konten oder ein längerer Zeitraum zur Entnahme der Stichproben nicht zu einer akzeptablen Trennfähigkeit des Systems zwischen Goods und Bads führen. Glücklicherweise haben die meisten Kreditgeber jedoch nicht so viele wirklich „schlechte“ Kunden. Es ist also erforderlich, für „schlechte“ Kunden eine Ersatzdefinition festzulegen, wie zum Beispiel die Einleitung rechtlicher Schritte, Lohnabtretung oder das Versenden einer dritten Mahnung. Solange eine hohe Wahrscheinlichkeit (50 % oder höher) besteht, dass sich in dieser Phase befindliche Konten keine Rückzahlung des Kredites erwarten lassen, schafft die Ersatzdefinition die erforderlichen Voraussetzungen in Bezug auf die Anzahl der „schlechten“ Kunden und den Stichprobenzeitraum.

Die Auswahl der „guten“ Konten stellt in der Regel keine Probleme dar. Schwieriger ist die Erfassung und Berücksichtigung von Konten, die nicht die Kriterien für „schlechte“ Konten erfüllen, allerdings bereits deutliche Risikoindikatoren aufweisen („Indeterminates“). Hier wird der Scoreentwickler versuchen, die Kunden nach der Entwicklung eines ersten „Good-Bad“-Scores, entsprechend ihrer Merkmalausprägungen als gute oder schlechte Konten zu klarifizieren und in die weitergehende Scoreentwicklung einzubeziehen.

Die Scoreentwicklung beruht darauf, dass man die Merkmale von guten und schlechten Konten gegenüberstellt und mit Hilfe mathematisch-statistischen Methoden bewertet.

Die fachlichen Fähigkeiten eines Scoreentwicklers dokumentieren sich in zwei sehr wichtigen Bereichen: „Reject inference“ (= Eingruppierung der abgelehnten Kredite in gute und schlechte Kredite) und Definition der Kundenstruktur. Die erste Fähigkeit hat damit zu tun, bekannte Verhaltensmuster auf Kosten zu projizieren, die im Stichprobenzeitraum abgelehnt wurden, mit dem Ziel, die Leistungsfähigkeit des neuen Kreditscore vorhersagen zu können. Die zweite soll gewährleisten, dass ein Score für eine statistisch identische Gruppe von Kunden entwickelt wird.

Der Scoreentwickler hat die Charakteristika aller Kunden, die Kreditanträge stellen, vorliegen, Daten über die gute oder schlechte Entwicklung (performance data) jedoch nur über die gewährten Kredite. Da einige der zuvor abgelehnten Kredite künftig nach dem neuen Score herausgelegt werden, muss er Schlussfolgerungen in Bezug auf ihre gute oder schlechte Entwicklung (performance) ziehen, um den Anwender mit allen Informationen für das Scoresystem zu versehen. Jeder, der einen Kreditscore entwickelt, hat seine eigene, wohl gehütete Methode, wie er zu seiner Festlegung gelangt. Für den Anwender ist es leider unmöglich, die beste Methode zu bestimmen. Sie scheinen jedoch alle zu funktionieren, so dass sie sich nur geringfügig unterscheiden können.

Unter Sicherheitsgesichtspunkten sollte jedoch die Zahl der vorher abgelehnten und jetzt unter Anwendung des Score angenommenen Kreditherauslagen möglichst gering gehalten werden. Im Verlaufe der Analyse der Daten aus dem Stichprobenzeitraum muss der Scoreentwickler den Grad der Einheitlichkeit der Kunden festlegen. Es ist möglich, dass bestimmte Charakteristika nicht gleichmäßig auf die gesamte für die Stichprobe herangezogene Kundengruppe verteilt sind.

Das Unternehmen könnte zwei oder mehr verschiedene Kundensegmente haben, die sich sehr verschieden entwickeln. Da der Kreditscore am besten im Rahmen homogener Kundengruppen funktioniert, die ein ähnliches gutes oder schlechtes Verhalten haben, wäre es erforderlich, für jedes Segment ein anderes Bewertungscharakteristika (score characteristics) wechselseitig voneinander abhängig sind. Jüngere Kreditnehmer sind erst seit kurzer Zeit am Arbeitsplatz und sind kürzere Zeit am jüngsten Wohnsitz. Bei älteren Kreditnehmern ist es dagegen wahrscheinlicher, dass negative Auskünfte einer Auskunftei vorliegen. Bei der Bewertung der Verteilung dieser Charakteristika nach Alter und einem Erfahrungsvergleich (performance) nach Alter und Charakteristikum kann derjenige, der einen Kreditscore entwickelt, feststellen, ob mit gleichen Bewertungen in der Tat die gleiche Wahrscheinlichkeit für eine gute Entwicklung gegeben ist. In anderen Worten, junge Kunden mit einem Scorewert von 50 sollten die gleiche Wahrscheinlichkeit haben gut zu sein wie ältere Kunden mit derselben Bewertung. Ist das nicht möglich, sind zwei verschiedene Bewertungsschemata (score sets) erforderlich.

6. Implementierung des Kreditscores

Die wichtigste Entscheidung bei der Implementierung eines Kreditscores ist die Festlegung des Cut-off zur Genehmigung von Kreditanträgen. Vor der Einführung des neuen Scores hatte das Unternehmen eine bestimmte Herauslagequote und eine bestimmte Verlustrate. Der neue Score ermöglicht es dem Unternehmen, dieselbe Herauslagequote beizubehalten und dabei das Risiko zu verringern oder dieselbe Verlustrate beizubehalten und die Zahl der gewährten Kredite zu erhöhen. Natürlich ist der Mittelweg, die Herauslagequote ein wenig zu erhöhen und gleichzeitig das Risiko ein wenig zu vermindern auch akzeptabel. Das Unternehmen muss auf der Grundlage seiner allgemeinen Ziele entscheiden. Als Entscheidungsgremium bietet sich ein Policy Committee an, das die verschiedenen Aspekte und Zielsetzungen des Unternehmens möglichst in Einklang zu bringen versucht.

Sehr wichtig für das zu erwartende Unternehmensergebnis ist die dem Cut-off zugrundeliegende Kosten/Ertragskalkulation. Dabei müssen viele Einflussfaktoren berücksichtigt werden: Kreditanträge, die knapp über dem Cut-off-Wert liegen, haben eine Gewinnspanne von praktisch Null. Zu klären ist jedoch, ob dieser Gewinnkalkulation ein Zeitraum von beispielsweise fünf Jahren zugrunde liegt oder nur der Zeitraum von einem Jahr. Dabei muss immer beachtet werden, dass herausgelegte Kredite durch Kapital in der Bilanz gedeckt sind, dessen Rentabilität wiederum mit in die Kalkulation einfließen muss. All diese Erörterungen dokumentieren, dass die Unternehmensleitung als Grundlage einer ertragreichen Cut-off-Berechnung wohl durchdachte Richtlinien setzen muss.

Die schließliche Entscheidung für einen bestimmten Cut-off-Wert wird durch Überschreitung (overrides) erschwert. Einige wenige unter dem Cut-off liegende Kredite sind und werden auch weiterhin gewährt (low side overrides), wohingegen ein größerer Anteil von Krediten über dem Cut-off (high side overrides) auch weiterhin abgelehnt werden wird, und zwar hauptsächlich aufgrund der von Auskunfteien angeführten Gründe oder aufgrund der „debt burden calculation". Ein weiteres Beispiel sind Erfahrungen der Kundenberater mit äußerst solvent erscheinenden Kunden, deren Arbeitsplatzsituation in Zukunft jedoch äußerst fraglich ist. In diesem Fall ist ein „high side overrides" aus der Sicht des Beraters und des Unternehmers dringend notwendig. Den Cut-off zu erhöhen, um das Risiko zu vermindern, führt zu einer Zunahme der genehmigten Kredite unter dem Cut-off (low side override rate), wohingegen eine Senkung des Cut-off zur Steigerung des Umsatzes sowohl eine Senkung der „low side overrides" als auch eine Erhöhung der „high side overrides" (abgelehnte Kredite über dem Cut-off) bewirkt. Wichtig anzumerken bleibt die Frage, wer bevollmächtigt ist, einen Override durchzuführen. Da ein Cut-off eine offizielle Handlungsweise eines Unternehmens bezüglich Annahme-/Ablehnungsquote ist, muss deutlich geklärt sein, ab welcher Hierarchiestufe eine Veränderung der offiziellen Vorgaben erlaubt werden darf, ohne dass eine drastische Verschlechterung der Kreditherauslagequote zu befürchten ist. Häufige Overrides machen die Kontrolle des eingesetzten Scores als eignungsfähiges Instrument unmöglich. Bei direkter Kreditvergabe (über Zweigstellen beispielsweise) sind Overrides sicherlich häufiger als bei indirekter Vergabe (zum Beispiel Versandhäuser). Eine Analyse möglicher Auswirkungen von Overrides muss die Art des Vertriebweges deshalb mitberücksichtigen. Um die Wirkung der Overrides auf den Cut-off zu quantifizieren, ist es erforderlich, sie sowohl im Hinblick auf ihre Ursache und ihre Bewertungsstufe (score range) zu analysieren. Gründe für Überschreitungen können sich drastisch ändern, was zurückzuführen ist auf Veränderungen der Charakteristika, die für den Score verwendet werden. Die negative Auskunft einer Kreditauskunftei wird möglicherweise nicht länger der Grund für einen „high side override" sein, wenn die Charakteristika der Kreditauskunftei in der neuen Bewertung berücksichtigt werden. Da die neue Herauslagequote sowohl eine Funktion des Cut-offs als auch der „override rates" ist, müssen beide Faktoren auf der Basis der Bewertung berechenbar sein, um die angestrebten Geschäftsergebnisse zu erzielen. Die praktischen Erfahrungen haben jedoch gezeigt, dass die Summe erfolgter Overrides im Kreditgeschäft der Citibank sehr gering ist und bei kontinuierlicher Verbesserung der Scores bald eine absolute Ausnahme bilden wird.

Das Risiko akzeptierter Kunden ist bei steigendem Score geringer (vgl. Abbildung 2). Würde, wie im Beispiel angenommen, der Cut-off auf 40 gesetzt, ergibt sich links von diesem Wert ein Bereich abgelehnter Kunden, rechts davon der dem höheren Score und damit geringerem Risiko zugeordneten Bereich der angenommenen Kunden. In diesem Fall liegt ein marginales Risiko von etwa 20 % vor.

Eine weitere Überlegung bei der Implementierung des Scores ist die Beibehaltung eines gleichbleibenden Standards für die Kreditherauslage. Hat eine Bank bestimmte Gruppen von Kreditnehmern, wie zum Beispiel Personen unter 25 Jahren oder Selbständige, in der Vergangenheit aus ihrem Zielmarkt ausgeschlossen, so ist es unwahrscheinlich, dass ein

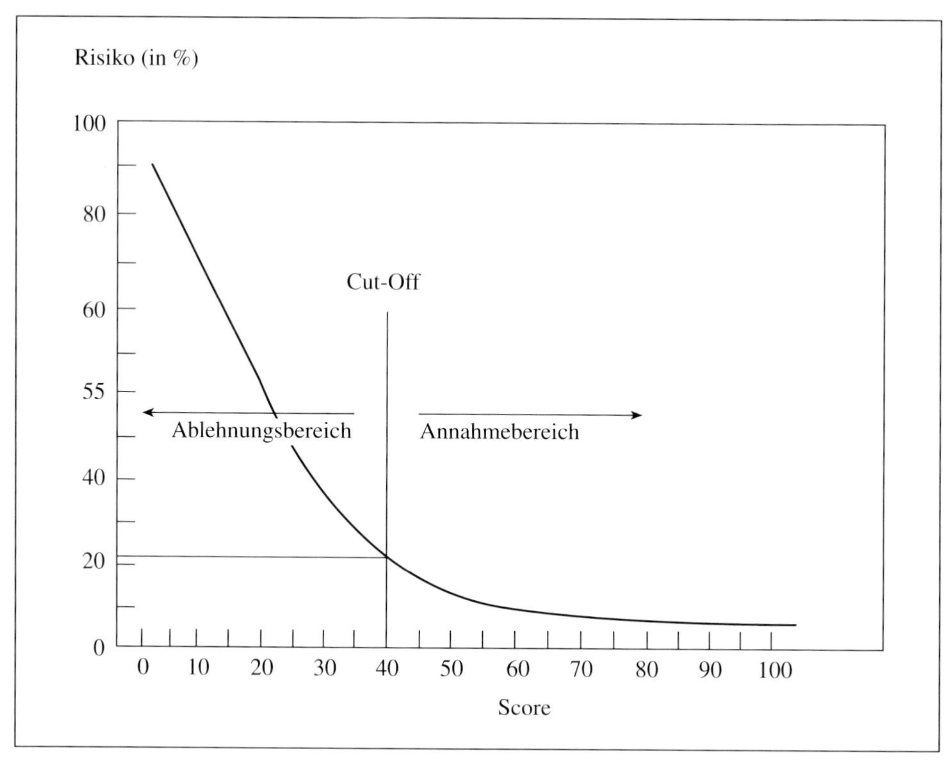

Abbildung 2: Risikoverteilung bei unterschiedlichen Scores

Score, der nach der bisherigen Krediterfahrung (loan performance) entwickelt wurde, genau das Risiko wiedergibt, das mit diesen ausgeschlossenen Gruppen verbunden ist. Ein Kreditscore könnte es der Bank jedoch ermöglichen, von diesen neuen Gruppen vorerst – zumindest versuchsweise – die potenziell besseren Kunden auszuwählen. Die Ergebnisse dieses Versuchs, das heißt bezogen auf die tatsächliche gute oder schlechte Erfahrung (performance), könnten es dann ermöglichen, den Score entsprechend zu modifizieren oder die Entwicklung eines neuen Kreditscores für diese Segmente zu unterstützen. Dies ist ein langer Prozess, der jedoch unumgänglich ist, wenn die Bank auch weiterhin ordnungsgemäß Kontrolle über ihre Kreditverluste haben will. Neue Zielgruppen können deshalb unmöglich über einen Bestehenden, an abweichende Zielgruppen angepassten Score, erschlossen und bearbeitet werden.

7. Handhabung des Scores

Leider reicht es nicht, einfach einen Kreditscore zu entwickeln und zu implementieren. Man muss die entsprechende Informationssysteme (management reports), um zu gewährleisten, dass der Score wie gewünscht funktioniert. Die beiden wesentlichen Berichtstypen werden in der Regel als „Report zur Kundenstabilität (population stability report)“ und „Report zur Analyse der Charakteristika (characteristic analysis report)“ bezeichnet. Der erste Report informiert über demographische Schwankungen in Bezug auf die Kreditanträge. Auf Grundlage der Stichprobe erwartet man, dass ein bestimmter Prozentsatz der Anträge eine bestimmten Score erreicht. Ändert sich dieser Prozentsatz, hat eine Schwankung in der Kundenstruktur stattgefunden, und der angewandte Score hat seine Entscheidungsfähigkeit reduziert. Desweiteren wird für jedes Scoremerkmal eine bestimmte Verteilung erwartet; die tatsächlichen Ergebnisse werden dieser Verteilung gegenübergestellt, um festzustellen, ob es ausgleichende Bewertungen (offsetting shifts) gibt.

Schließlich sollte sorgfältig die tatsächliche Zahl der „Schlechten“ pro Scoregruppe (score range) mit der auf dem Stichprobenzeitraum beruhenden erwarteten Anzahl überwacht werden. Bis jedoch diese Information verfügbar ist, wurde bereits einiges an Geld verloren, und zwar entweder in Form verlorener Umsätze oder eines übermäßigen Risikos. Jemand, der mit der Entwicklung von Scores erfahren ist, kann aufgrund der regelmäßigen Überwachung des Scores und seiner charakteristischen Verteilung sagen, wann mit der Entwicklung eines neuen begonnen werden sollte, ohne zu warten, bis der Gewinn rückläufig wird. Des weiteren können diese Schwankungen kompensiert werden, indem der Cut-off für den Entwicklungs- und Implementierungszeitraum des neuen Scores angepasst wird.

Zusammenfassend lassen sich fünf Vorteilsbereiche durch Implementierung eines Scoresystems Aufzeigen:

1. Genaue Risikovorhersage und Risikosteuerung: Durch Senkung oder Erhöhung des Cut-off kann die zukünftige Kreditausfallrate direkt beeinflusst werden.

2. Umsatzsteigerung: In Zeiten starker Expansion erlaubt Kreditscoring eine genaue Abschätzung des Risikoprofils des neu hinzugewonnenen Kreditvolumens.

3. Bessere Kundeninformation: Kreditscoring erlaubt einen Einblick in die demographischen Kundendaten. Diese könnten beispielsweise als Vergleich zwischen erwünschtem Target Market und tatsächlichem Kundenstamm herangezogen werden oder aber zur zielgerichteten Steuerung diverser Marketingaktivitäten Verwendung finden.

4. Schnellere Antragsbearbeitung: Kreditscoring reduziert deutlich die Zeit je bearbeitetem Kreditantrag.

5. Management Information Systems (MIS): Mit einem funktionierendem Scoring System geht automatisch ein effizientes MIS einher.

Schließlich bleibt anzumerken, dass zwischen Scoreentwicklern einerseits (zumeist Mathematikern) und Außendienstmitarbeitern andererseits oftmals große Diskrepanz herrscht. Mitarbeiter im Feld blicken in der Regel auf viele Jahre erfolgreiche Tätigkeit im Kontakt mit Kunden und der Vergabe von Krediten zurück. Sie haben gelernt, auf ihre Erfahrung zu bauen und ihr Urteilsvermögen bestmöglich einzusetzen. Ein Scoresystem lässt ihnen zwar die Möglichkeit des overrides, nimmt ihnen aber grundsätzlich die Entscheidung über die Kreditfähigkeit eines Kunden ab. Die Scoreentwickler andererseits sehen ihre Tätigkeit vor dem Hintergrund mathematisch statistischer Gesetzmäßigkeiten, die ihnen als unverrückbar gelten. Ein Ausgleich beider Interessenlagen auch vor dem Hintergrund möglicher Mitarbeitermotivation ist unumgänglich und darf nicht vernachlässigt werden.

8. Schlussfolgerung

Allen genannten Vorteilen des Kreditscoring stehen jedoch auch Probleme und Grenzen entgegen, die eine uneingeschränkte Anwendung nicht möglich machen. So kann Kreditscoring beispielsweise nur Ausfallraten vorhersagen, nicht jedoch in Geldeinheiten ausgedrückte Gewinne und Verluste. Während diese Ausfallraten zwar in zu erwartende Verlustbeiträge umgerechnet werden, unterliegen diese Schätzungen aufgrund fehleranfälliger Vergangenheitserfahrungen immer noch gewissen Ungenauigkeiten. Weiterhin ist ein eingesetztes Kreditscoringmodell immer nur so gut, wie die ihm zugrundeliegende Stichprobe.

Sobald jedoch ein Unternehmen realistische Erwartungen an ein Scoresystem stellt und damit beginnt, zur Unterstützung seines Kreditentscheidungsprozesses ein derartiges System einzusetzen, wird es sofort die Vorteile erkennen, die es nicht nur in Bezug auf gesteigerte Rentabilität, sondern auch in Bezug auf verbesserten Kundenservice und ein gezieltes Marketing hat. Obwohl Kreditscoring nur ein Teil des Gesamtprozesses ist, kann es der Schlüssel für das effektive Management in der Optimierung von Qualität und Quantität im Kreditgeschäft sein.

Die Bedeutung der Beteiligung des Unternehmens an der Entwicklung des Scores, seiner Anwendung und Kontrolle kann nicht oft genug betont werden. Da zwischenzeitlich das Konzept, das hinter Kreditscoring steht, mehr und mehr verstanden wird, werden die Vorteile der Anwendung dieser Technik auch auf anderen Gebieten als dem des Kreditentscheidungsprozesses erkannt.

Eberhard Seidel

Ökologisches Risikocontrolling

1. Begriffliche Vorbemerkung

Risikocontrolling ist eine qualifizierte fachliche *Informationsdienstleistung* an das Risiko-Management. Gegenstand derselben ist die Identifikation, Quantifizierung, Planung, Steuerung und Kontrolle von Risiken. Kann das Risikocontrolling, seinem analytisch-ganzheitlichen Ansatz gemäß, die beiden ersten Funktionen in der Hauptsache allein verrichten, so ist es hinsichtlich der letzten drei, die grundsätzlich im Verantwortungsbereich des Managements verbleiben müssen, in der Hauptsache unterstützend und moderierend tätig.

Die vorgenommene Begriffsbestimmung weist auf die, vornehmlich betrachtete, *funktionale Dimension* beider Konzepte hin. Gleichwohl lässt sich „Controlling" wie auch „Management" sowohl vorgangs- oder prozessbezogen als auch einrichtungs- oder trägerbezogen betrachten. In einer weiteren Unterteilung beider Stränge erscheinen beide Konzepte dann jeweils vierfach: in einer funktionalen, instrumentellen, institutionellen und personellen Dimension.

Unter Risiko wird allgemein die Möglichkeit (Gefahr) der *negativen Abweichung* einer tatsächlichen Entwicklung von der geplanten bzw. prognostizierten Entwicklung verstanden. Hinsichtlich der Abweichung wird des näheren nach

- der Größe der Abweichung und
- der Höhe ihrer Eintrittswahrscheinlichkeit

unterschieden. Wie „Problem" lässt sich damit auch „Risiko" nicht unabhängig von einer Soll- oder Zielvorstellung bestimmen. Die Frage nach den ökologischen Risiken des Bankgeschäfts rekurriert damit auf die Frage nach den *ökologischen Zielsetzungen* der Banken. Im Sinne begrifflicher Klarheit ist hier eine grundsätzliche Unterscheidung geboten. Zu deren Beschreibung stehen Kosiols Zielklassifikationen: endogenes/ exogenes Ziel, Formalziel/Sachziel (Kosiol 1966, S. 11 ff., S. 212 f., Frese/Kloock 1989, S. 6) sowie die drei relevanten Relationen in Zielsystemen: Instrumental-, Interdependenz- und Prioritätsrelationen zur Verfügung.

2. Zwei grundsätzlich zu unterscheidende Auslagen bankbetrieblicher ökologischer Zielsetzung und Risikokonzeption

2.1 Weite Auslage

In der weiten Auslage ist Umweltschutz ein *endogenes Formalziel* der Bank, das zu den konventionellen bankbetrieblichen Oberzielen *im gleichen Rang* hinzutritt. Umweltschutz als ein solches Oberziel darf zu anderen Oberzielen nicht in einer bloßen Instrumentalrelation verbleiben. Die Frage der Interdependenz- und Prioritätsrelationen ist im Grundsatz offen und jeweils nach geplantem Zielausmaß sowie realisierter Zielerreichung *situativ* zu gestalten bzw. hinzunehmen. Es wird im ganzen zu Konditionierungen der anderen Oberziele kommen, bereichsweise zu deren Beschränkung führen müssen, bereichsweise aber auch für andere Ziele – darunter das Renditeziel – neue Räume eröffnen können. (Dass es in der marktwirtschaftlichen Ordnung eine Systembedingung ist, Liquiditäts- und Rentabilitätsziele hinreichend anspruchsvoll zu bilden und zu erreichen, steht außer Frage.)

Eine solche weitreichende ökologische Zielsetzung der Bank folgt aus ihrer eigenen grundsätzlichen *Werthaltung* gegenüber Natur und Umwelt. Als Grundwert oder Grundnorm gehört sie – um es in der Sprache des St. Galler Management-Modells auszudrücken – in die Schicht des *normativen Managements* (Ulrich 1984). Ein so begründetes geschäftspolitisches Verhalten der Bank gegenüber potenziellen und aktuellen Kunden, die in ihrer Geschäftstätigkeit die Umwelt in unvertretbarem Maße belasten, folgt aus der *Betroffenheit eigener normativer Werte.*

Ökologische Risiken, auf der Grundlage der weiten Zielauslage formuliert, sind Risiken der *Mitwelt* und/oder der *Nachwelt* und stehen damit außerhalb des engen geldökonomischen Geschäftskalküls. Erkennt man der Natur als solcher einen Selbstwert zu, ist die Natur Träger oder Quasi-Subjekt des Risikos (biozentrische Version und Variante der Betrachtung). Lehnt man – aus methodologischen Gründen – diese Betrachtungsweise ab, so sind Träger und Subjekte dieses Risikos die künftigen Generationen des Menschengeschlechts (anthropozentrische Version und Variante der Betrachtung). (Soweit freilich die Risiken für die natürliche Umwelt heute schon sozial vermittelt sind, zum Beispiel in die Rechts- und Gütersphäre heutiger Wirtschaftssubjekte eingreifen, sind selbstverständlich auch diese Risikoträger (Konzept der „social costs").)

Für beide Betrachtungsweisen bleibt es offen, inwieweit sich die Antriebe zur einschlägigen Risikoverminderung aus einer eigenwertigen Motivation dazu („eigenwertig") oder aus der Reflexion einschlägiger umweltethischer Maxime („ethisch") herleiten (vgl. Seidel 1991, S. 181 ff.).

2.2 Enge Auslage

In der engen Auslage ist Umweltschutz zunächst ein *exogenes Sachziel* der Bank. Umweltschutz wird im Rahmen legaler Geschäftstätigkeit in dem Maße angestrebt, in dem er von außen – insbesondere durch den Staat in seiner Rolle als Gesetz- und Verordnungsgeber – vorgeschrieben ist. Darüber hinaus ist Umweltschutz in der engen Auslage ein *endogenes Sachziel*, das im Verhältnis zu den konventionellen Oberzielen im Stande des Mittels und der Nachordnung verharrt. Ökologische Ziele treten damit in den Fokus ökonomischer Ziele zurück. Einer anderen Motivation als der ökonomischen bedarf es zu ihrer Verfolgung nicht. Weder eine eigenwertige Motivation zu Umwelt- und Naturschutz noch umweltethische Reflexionen sind streng genommen zur Handlungsbegründung vonnöten.

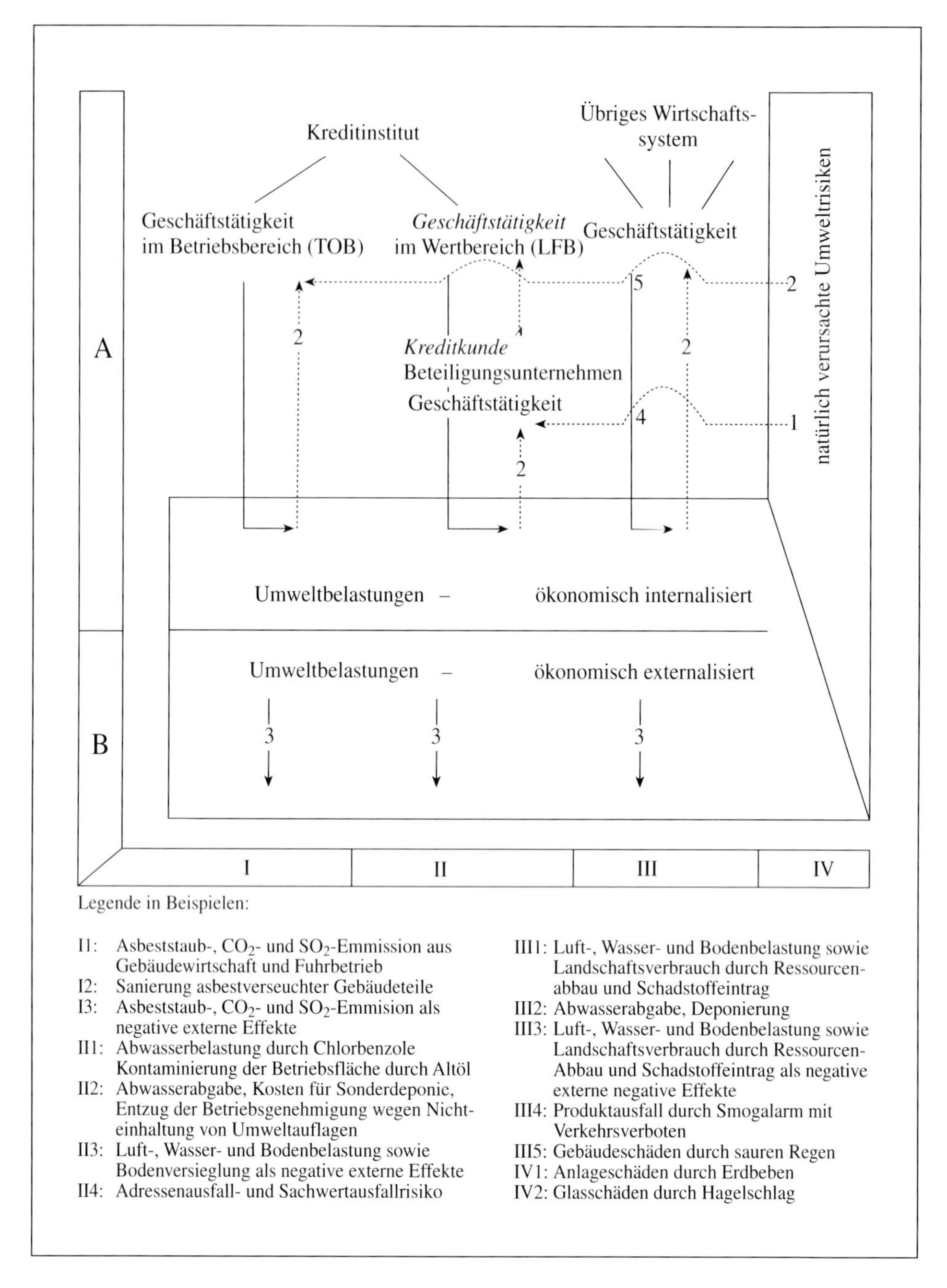

Abbildung 1: Der grundsätzliche Wirkungszusammenhang von Verursachung und Trägerschaft ökologischer Risiken

Auf der Grundlage einer solchen engen Zielsetzung sind ökologische Risiken schlechthin ökonomische Risiken innerhalb des *geldökonomischen Geschäftskalküls*. Sie werden nur insoweit erfasst, als sie – durch den Staat und/oder den Markt – in die ökonomische Sphäre vermittelt werden und infolgedessen als *ökonomische Risiken* an die Bank herantreten.

2.3 Zusammenschau beider Auslagen

Die gemeinsame risikokonzeptionelle Grundlage beider Auslagen zeigt Abbildung 1 mit der Darstellung des Wirkungszusammenhangs von Verursachung und Trägerschaft ökologischer Risiken. Bei der weiten Auslage treten ökologische Risiken als eine grundsätzlich neue *Risikokategorie* auf (Bereich BI und BII in Abbildung 1). Bei der engen Auslage treten die ökologischen Risiken nur als eine zusätzliche *Risikoquelle* im Rahmen der herkömmlich bekannten Risiken auf (Bereich AI bis AIV in Abbildung 1).

Der entscheidende Unterschied zwischen beiden Auslagen ist ihre Haltung zu den aus eigenen Geschäftsaktivitäten herrührenden Umweltschäden in Gestalt von nichtintendierten Konsequenzen des Handelns oder *negativen externen Effekten*. Die enge Auslage ist um diese Aspekte unbesorgt und schneidet sie ab, die weite Auslage versucht sie in ihre Zielbildung und Risikoerwägung mit hineinzunehmen.

Einen gewissen Grenzfall zwischen der weiten und engen Auslage bilden kosten-, erlös- und erfolgsneutrale Umweltschutzaktivitäten der Bank. Ihre Inangriffnahme bzw. Nichtinangriffnahme ist im Rahmen der engen Auslage ohne zusätzliche Kriterien nicht zu entscheiden.

Die große Mehrzahl aller Banken steht der weiten Auslage bankbetrieblicher ökologischer Zielsetzung zur Zeit noch oder vielleicht auch für immer skeptisch gegenüber. Eine einschlägige Haltung wird nicht selten mit Attributen wie „weltfremd“, „praxisfern“ oder „idealistisch“ belegt. Immerhin sei festgestellt, dass sich aus den einschlägigen offiziellen Erklärungen der Banken durchaus einige Evidenz für die weite Auslage herauslesen lässt; siehe Abbildung 2.

Erwähnt sei auch, dass das Controlling-Konzept zu Umweltschutzbelangen im Sinne der weitreichenden Zielsetzung eine genuine Affinität hat. Analyseschwerpunkt und Ganzheitsbezug des Controlling sind dabei ebenso zu nennen wie Moderation des Informationsmanagements, integrierte Planungs- und Kontrollrechnung, Organisationsform betrieblichen Lernens und – insbesondere – die risikoaverse, zumindest risikosensible Grundhaltung des Controlling. Das hat zur Idee eines *„ökologischen Controlling“* geführt (Seidel 1988, S. 310 ff.): Es geht um die Indienstnahme eines besonders qualifizierten Systems der Information, Kommunikation und Analyse für die Bildung und Durchsetzung eines schwachen bzw. gefährdeten Unternehmensziels, hier des betrieblichen Umweltschutzziels; siehe Abbildung 3.

Gleichwohl akzeptieren wir im folgenden, dass die große Mehrzahl aller Banken ökologische Risiken nur im Fokus der vorgenannten ökonomischen Risiken, gleichsam als einen

II. Umweltmanagement und Banken

2.1 Wir befürworten ein vorausschauendes Umweltmanagement zur frühzeitigen Erkennung und Vorbeugung potenzieller Umweltschäden.
2.2 Im Rahmen unserer Geschäftspraxis erwarten wir, dass unsere Kunden alle geltenden regionalen, nationalen und internationalen Umweltauflagen erfüllen. Darüber hinaus halten wir einen verantwortungsbewussten Umgang mit der Umwelt für einen der Hauptmerkmale effizienter Unternehmensführung.
2.3 Wir erkennen, dass potenzielle Umweltrisiken in den Katalog der Risikobeurteilungs- und Risikostreuungskriterien aufzunehmen sind. Als Teil unserer Kreditrisikobewertung empfehlen wir, falls angebracht, die Erstellung von Umweltverträglichkeitsstudien.
2.4 Wir werden bemüht sein, bei der Einschätzung von Umweltrisiken die gleichen Maßstäbe sowohl im Inland als auch im Ausland anzuwenden.
2.5 In der Zusammenarbeit mit internationalen Organisationen achten wir auf die Erarbeitung angemessener, aktueller und umfassender Umweltverträglichkeitsprüfungen, deren Ergebnisse den beteiligten Banken zur Verfügung zu stellen sind.
2.6 Wir wollen unser unternehmerisches Handeln in allen Bereichen, einschließlich Rechnungswesen, Marketing, Risikobeurteilung, Öffentlichkeitsarbeit, Mitarbeiterkommunikation und -ausbildung entsprechend ausrichten und relevante Entwicklungen im Umweltmanagement einbringen. Wir bejahen eine Forschungstätigkeit seitens der Banken auf diesen und damit verbundenen Gebieten.
2.7 Wir werden uns bemühen, die neuesten Techniken im Umweltmanagement, wie zum Beispiel effiziente Energienutzung, Recycling und Abfallminimierung, in unseren internen Betriebsabläufen anzuwenden. Wir werden uns bemühen, Geschäftsbeziehungen zu Lieferanten und Vertragsunternehmen mit ähnlich hohen Umweltmaßstäben zu knüpfen.
2.8 Wir unterstützen Bankprodukte und -dienstleistungen, die dem Umweltschutz förderlich sind und werden sie bei gegebener Wirtschaftlichkeit selbst entwickeln.
2.9 Wir erkennen die Notwendigkeit regelmäßiger interner Überprüfungen zur Kontrolle unserer bankbetrieblichen Abläufe im Hinblick auf die Erfüllung unserer Umwelt-Ziele.

Abbildung 2: Auszug aus der UNEP-Erklärung der Banken vom 6.5.1992 zum „Sustainable Development“

Unterfall oder auch Teilaspekt derselben, begreift. Im folgenden Abschnitt 3 werden wir deshalb ökologische Risiken strikt in ihrem ökonomischen Zuschnitt behandeln. Allerdings wird sich daraus bald eine beachtliche Relativierung der getroffenen grundsätzlichen Unterscheidungen im Hinblick auf die Praxis ergeben (siehe Abschnitte 4 und 5).

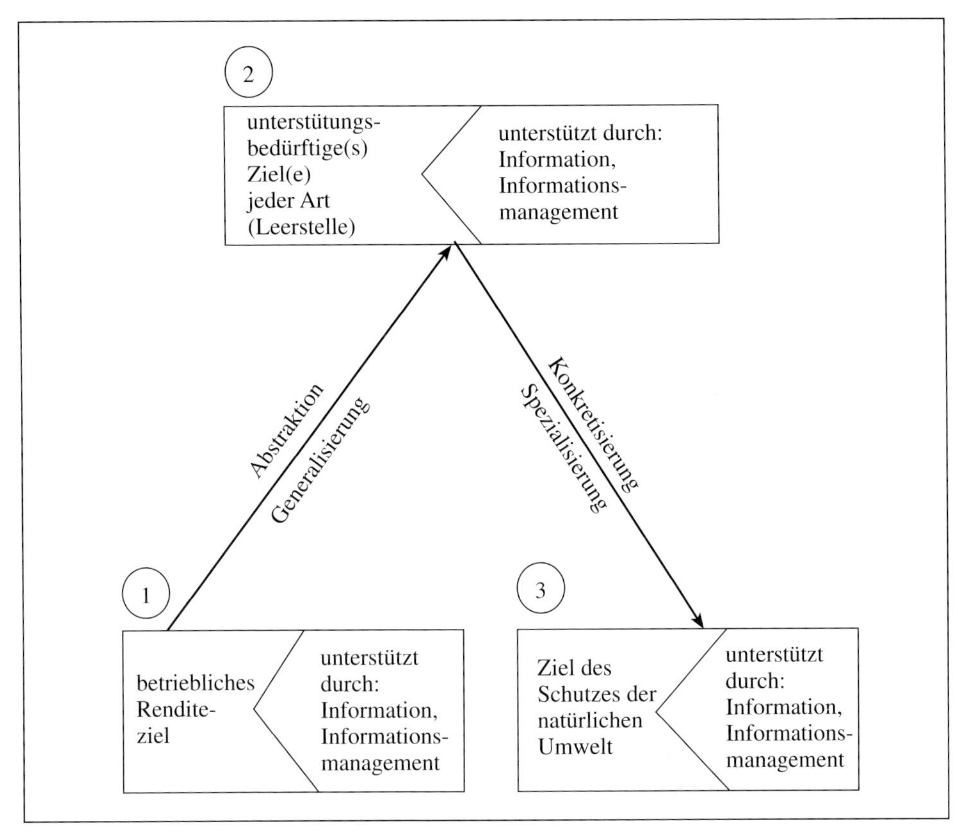

Abbildung 3: Übertragung des Controllingskonzepts: vom konventionellen zum ökologischen Controlling

Quelle: Seidel 1988, S. 315

3. Ökologisches Risikocontrolling im ökonomischen Zuschnitt

3.1 Alle Bankrisiken haben eine ökologische Komponente

Alle ökonomischen Risiken haben Zustände und Veränderungen in der natürlichen Umwelt als eine ihrer *Risikoquellen* und sind insoweit auch ökologisch gespeist. Bei dem grundsätzlichen Verhältnis von Ökonomie und Ökologie kann das gar nicht anders sein: Das techno-ökologische System Wirtschaft ist der Öko- und Biosphäre im Wortsinne implantiert (Haber 1980, S. 137 ff.). Ökologie ist allüberall die Grundlage der Ökonomie.

An allen aktivischen und passivischen Positionen im Wertleistungsbereich der Bank und an all ihren Handlungen und Geschäften im Dienstleistungsbereich machen ökologische Risiken fest:

- den Erfolgsrisiken (Preis- und Ausfallrisiken)
- den Liquiditätsrisiken (Refinanzierungs-, Termin- und Abrufrisiken)
- den Betriebsrisiken (Personal-, Sachmittel- und Organisationsrisiken).

Wie Abbildung 1 zeigt, werden sie grundsätzlich aus *drei Quellen* gespeist:

- aus der Rückvermittlung eigenverursachter bzw. mittelbar mitverursachter Umweltschäden,
- aus der passiven Betroffenheit von negativen externen Effekten in der Natur verursacht durch die Handlungen Dritter sowie
- aus der passiven Betroffenheit von natürlich verursachten Ereignissen negativen Charakters in der Öko- und Biosphäre.

Für die Erfolgsrisiken seien die Zusammenhänge im folgenden etwas näher erläutert.

3.2 Ökologisch gespeiste Erfolgsrisiken

Abbildung 4 markiert – exemplarisch-grundsätzlich – Einwirkungsstränge ökologischer Risikoquellen auf die bankbetrieblichen Erfolgsrisiken. Das Zinsänderungsrisiko als Unterfall des Markt- oder Preisrisikos beinhaltet grundsätzlich eine starke ökologische Kom-

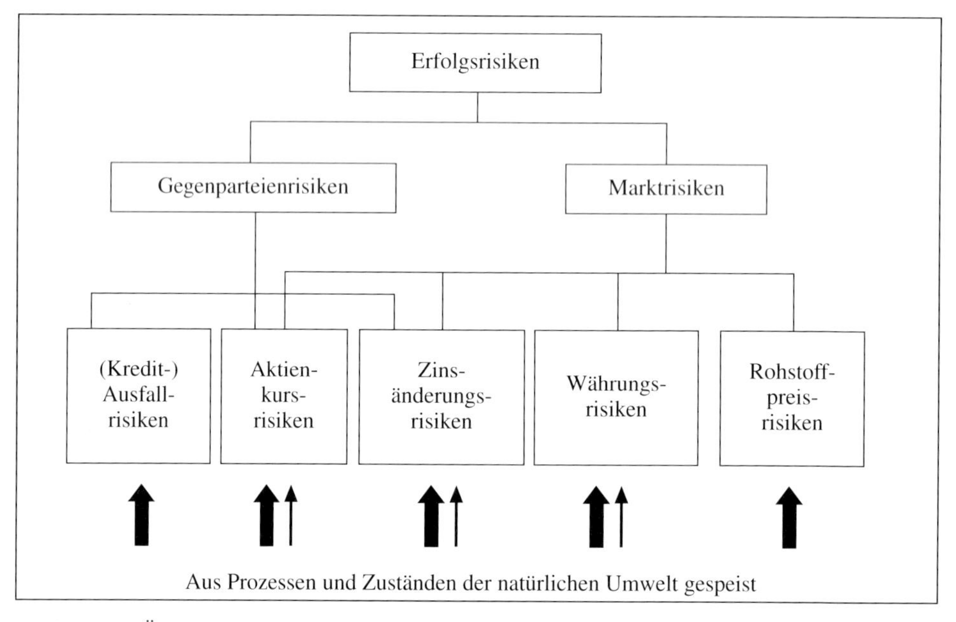

Abbildung 4: Ökologisch gespeiste Erfolgsrisiken der Banken
Quelle: In Anlehnung an Schierenbeck, 1999, S. 5

ponente, indem die Preis- und Zinsentwicklung global und regional von den drohenden Erschöpfungszuständen der Natur als Ressourcenlieferant (Quelle) und Rückstandsaufnahmemedium (Senke) wesentlich mitbestimmt wird (Binswanger/Frisch/Nutzinger u.a. 1983, S. 140 ff.). Auch die Währungsrisiken werden offensichtlich vom ökologischen Zustand der jeweiligen Währungsterritorien mitbestimmt. Man denke hier naheliegend an die Devastierungen in den Ländern der Sahel-Zone.

Das *Ausfallrisiko* kumuliert schon über haftungs-, ordnungs- und strafrechtliche Risiken der Kreditkundschaft in einem beachtlichen Maße (zum Beispiel Produkthaftungsrisiko, tilllegungsrisiko durch Entzug der Betriebsgenehmigung). Marktwirtschaftliche und entsorgungswirtschaftliche Risiken treten hinzu (Gefahr des Nachfragerückgangs nach wenig umweltfreundlichen Produkten, existenzbedrohender Anstieg der Entsorgungskosten).

Wird das Adressenausfallrisiko schlagend, so tritt im Falle der Besicherung das *Sachwertausfallrisiko* (Besicherungsrisiko) an dessen Stelle. In ökologischer Dimension ist es insbesondere durch auf Sicherungsgrundstücken eventuell ruhende Altlasten bestimmt. Besteht die Gefahr, dass der Sicherungsnehmer für die Sanierungskosten in Anspruch genommen wird, so erwächst aus diesem Punkt ein drittes eigenständiges *Verlustrisiko*: das Risiko eines den Sicherungswert möglicherweise übersteigenden Sanierungsaufwands. Umweltbedingte Erfolgsrisiken unter dem Aspekt der Wirkungskette zeigt Abbildung 5.

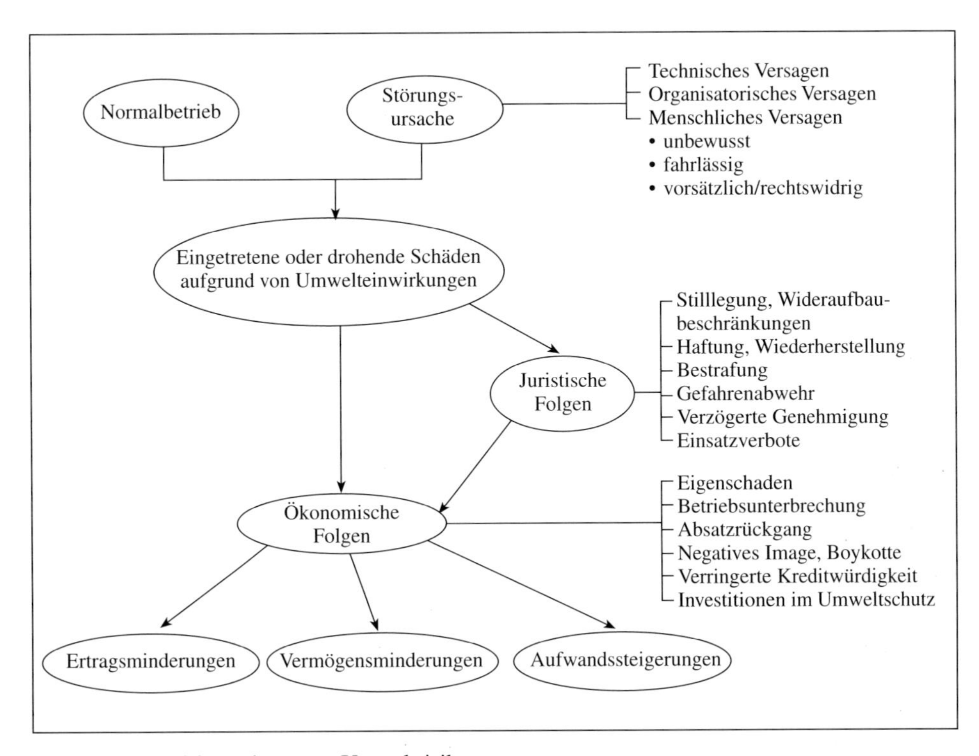

Abbildung 5: Wirkungskette von Umweltrisiken
Quelle: Hölscher/Rücker, 1999, S. 11

3.3 Ökologisch orientierte Risikopolitik

Einschlägige risikopolitische Ansätze werden schon aus den letzten Ausführungen ersichtlich: Die *Betreiberrisiken* des Kreditkunden sind nach ihrer Identifizierung und Quantifizierung auf ihre Tragbarkeit zu prüfen und gegebenenfalls durch geeignete Maßnahmen abzusenken. Technische Umstellungen oder auch Versicherungen können hier in Frage kommen. Die Frage der *Altlasten* auf den zur Sicherheit übereigneten oder verpfändeten Grundstücken ist durch Bodenuntersuchung zu klären, und im übrigen ist die Freistellung von der Verpflichtung zur Grundstückssanierung zu erreichen.

Grundsätzlich gibt es gegenüber den ökologischen Risiken dieselben Möglichkeiten der Sicherheits- bzw. Risikopolitik wie gegenüber den anderen bisher schon wahrgenommenen Risiken auch:

- aktive Sicherheitspolitik durch Limitierung, Abwälzung und Streuung von Risiken,
- passive Sicherheitspolitik durch Erhöhung der Risikotragfähigkeit.

Die Erhöhung der Risikotragfähigkeit besteht auch hier in der Schaffung von Kapital- und Liquiditätsreserven sowie in der Steigerung der laufenden Ertragskraft. Allerdings erfährt das Konzept der Risikotragfähigkeit in ökologischer Sichtweise eine bemerkenswerte Ergänzung: Resilience im Sinne nicht nur finanzieller, sondern auch organisatorischer und personeller Elastizität der Bank kommt als ein *Qualifizierungs-Kriterium überlebensfähiger Systeme* in den Blick (Held 1993, S. 23 f.).

Die meisten der angesprochenen ökologischen Risikoquellen – man denke beispielsweise an den Einfluss der weltweiten ökologischen Krise auf die globale und regionale Zinsentwicklung im Zusammenhang mit den Zinsänderungsrisiken – bilden in herkömmlicher Betrachtung keinen tragfähigen Grund für ein *einzelwirtschaftliches* bankbetriebliches Risikomanagement. Die bankbetriebliche Risikopolitik bezieht sich so in der Hauptsache auf die *Ausfallrisiken* und dort insbesondere auf die im Kundenkreditgeschäft. Hier geht es um die Aufnahme ökologischer Kriterien in die *Kreditwürdigkeitsprüfung*. Die im Abschnitt 4 vorgestellten Instrumente lassen sich alle als ökologische Module im Rahmen einer Kreditwürdigkeitsprüfung ansprechen.

Mit der intensiven Zunahme der Eigengeschäftsaktivitäten der Kreditinstitute ist die angesprochene herkömmliche Betrachtung indessen wohl künftig zu eng. Das gilt zumal, wenn man bedenkt, dass Zinsänderungs- und Währungsrisiken zunehmenden Einfluss auf das Ausfallrisiko haben.

Wie die bankbetriebliche Risikopolitik im allgemeinen kennzeichnet es die ökologieorientierte Risikopolitik im besonderen, dass es im Ganzen nicht um *Risikovermeidung* gehen kann. Nur einzelne spezielle Umweltrisiken lassen sich ganz ausschalten. Im allgemeinen kann es nur darum gehen, die Umweltrisiken nach Möglichkeit zu minimieren und im Ganzen auf einem tragfähigen Niveau zu halten. Wirtschaftliche Tätigkeit bedeutet zwangsläufig Umweltbelastung. Realisierbar ist nicht das Prinzip des absoluten Umweltschutzes, sondern nur der *relativen Umweltschonung* (Strebel 1980, S. 93 ff.).

Im übrigen sind die risikopolitischen Gesichtspunkte in ökologischen Bezügen in ihrer Fülle kaum absehbar. Der allgemeinen Risikodefinition entsprechend sind sie häufig sogleich als Gefahr der Verfehlung bestimmter Zielsetzungen konzipiert. So befürchtet man bei Handlungsabstinenz in ökologischen Bezügen

- Beratungskompetenz gegenüber der Kundschaft und Anschluss an ein sich entwickeln des großes Geschäftsfeld zu verlieren,
- im Vergleich zu Wettbewerbern auf Risiken mit höherem Verlustpotenzial abgedrängt zu werden und
- Imageverluste in der Gesellschaft und bei Teilen der potenziellen Kundschaft zu erleiden.

Bei ökologieorientierter Handlungsabstinenz im eigenen Betriebsbereich (TOB) droht die Gefahr des Glaubwürdigkeitsverlustes gegenüber Mitarbeitern und Kunden. Darüber hinaus droht hier die Gefahr des Verlustes der Motivation zu einschlägigen Anstrengungen im Wertbereich (LFB).

Es gibt im ökonomischen Zuschnitt selbstverständlich auch gegengerichtete Risikoeinschätzungen. Man befürchtet, durch zuviel Umweltschutzaktivität in eine abseitige Position zu geraten und ökonomische Verluste (vermeidbare Mehraufwendungen und Mindererlöse) hinnehmen zu müssen. An dieser Stelle ist auch die nötige besondere Beobachtung der – zumindest tendenziell und teilweise – höheren Risiken der speziellen *ökologischen Produkte* zu nennen. Hierbei stehen die Aktivprodukte (Öko-Kredite, Öko-Fonds, auch „Ethical Investment") im Vordergrund. Aber auch die Passivprodukte (Öko-Einlagen) sind hinsichtlich ihres Abrufrisikos nicht zu unterschätzen. (Dass das auffälligste Ökoprodukt der Banken, die Debt for Nature Swaps, schon entstehungsmäßig im Zusammenhang mit (freilich in anderen Bezügen) schlagend gewordenen Risiken steht, ist für manche Beobachter vielleicht nicht ganz ohne Symbolcharakter.)

Die Frage der Kommunikation mit der Versicherungswirtschaft ist hinsichtlich eigener Versicherungen und zu fordernder Versicherungen seitens der Kunden ein wichtiger Abschnitt ökologieorientierter Risikopolitik.

4. Instrumente des ökologischen Risikocontrolling

Im Folgenden werden einige markante Instrumente des ökologischen Risikocontrolling kurz angesprochen und anschließend zusammenfassend gewürdigt sowie ergänzt.

Checklisten

Checklisten sind das älteste Instrument des betrieblichen Umweltschutzes (Winter 1993, S. 88 ff.). Sie sind einschlägig auch die ältesten bankbetrieblichen Instrumente. Eine naheliegende, weil ohne große Voraussetzungen praktikable Variante der Checklisten ist die *Selbstauskunft* des Kreditnehmers. Wichtig sind in diesem Zusammenhang auch Checklisten als Arbeitsanleitung für den Kreditsachbearbeiter bei Betriebs- und Grundstücksbesichtigungen.

Prüfraster für Umweltrisiken und Scoring-Ansätze

Prüfraster für Umweltrisiken sind matrixartige Darstellungen, die zumeist in ihrer Kopfspalte die Funktionsbereiche des Unternehmens und in ihrer Kopfzeile die Risikosektoren aufzeigen. In den jeweiligen Schnittfeldern sind die wichtigsten *Risikoquellen* angeführt. Scoring-Modelle führen auf der Basis einer ähnlichen Darstellung Punktbewertungen der Risiken durch und stellen so Vergleichbarkeit in den relevanten Bezügen her; siehe Abbildung 6.

Beurteilungsaspekte / Beurteilungsbereiche	Gesetzliche Grundlagen	Ökologischer Aspekt							
		Emissionen	Verbrauch natürlicher Ressourcen	Beeinflussung des Abwassers	Belastung für Mensch und Tier	Abfallstoffe	Beeinflussung des Boden/ Grundwasser	Energie-verbrauch	Summe
Lagerbereiche	2	1	1	1	3	3	4	2	17
Vermögensbereiche	2	2	4	2	2	4	3	1	20
Produktionsbereiche	2	2	2	3	3	3	2	3	20
Transportbereiche	2	1	1	1	1	3	4	2	15
Entsorgungsbereiche	4	1	1	2	2	4	3	1	18
Grundstücke/Gebäude	3	2	1	1	1	1	4	1	14
Summe	15	9	10	10	12	18	20	10	104

betreffend die gesetzlichen Grundlagen

1.	ohne erkennbare Einschränkungen für die Zukunft	1
2.	zur Zeit keine Einschränkungen	2
3.	begrenzte Zulässigkeit	3
4.	zeitlich begrenzte Zulässigkeit	4
5.	entspricht der Rechtslage	5

betreffend die ökologischen Aspekte

1.	ohne Bedeutung	1
2.	sehr geringe Bedeutung	1
3.	geringe Bedeutung	3
4.	hohe Bedeutung	4
5.	sehr hohe Bedeutung	5

Abbildung 6: Anwendungsbeispiel für die Verwendung eines Scoring-Ansatzes zur Beurteilung von Umweltrisiken
Quelle: Nach Keidel, 1993, S. 85 f.

Umweltkennzahlen-Systeme

Umweltkennzahlen-Systeme können einerseits als Surrogat und Vorläufer für Umweltberichte und Öko-Bilanzen fungieren, andererseits aber auch einen besonders dispositionsorientierten Extrakt aus denselben vorstellen. Zur Zeit sind die Kennzahlen (Indicators) zur Umweltleistungsbewertung (Environmental Performance Evaluation) nach dem internationalen ISO-14031-Standard aktuell (speziell zu bankbetrieblichen Umweltkennzahlen siehe Seidel 1999).

Umweltberichte und Ökobilanzen

Im deutschen Sprachraum haben weit über tausend Unternehmen Umweltberichte und Öko-Bilanzen herausgegeben. Darunter auch eine Reihe Banken. Ist die Öko-Bilanz des Kreditkunden ein Instrument der Kreditwürdigkeitsprüfung, so ist die eigene Öko-Bilanz der Bank ein Instrument zur Erfassung der Risiken im eigenen Betriebsbereich. Beispielhaft erwähnt sei die Öko-Bilanz der Landesgirokasse Stuttgart vom Jahre 1992.

Umweltmanagementsysteme und Umweltbetriebsprüfung (Audit) nach Maßgabe von EMAS und ISO 14001
Der Aufbau betrieblicher Umweltmanagementsysteme erfolgt zur Zeit regelmäßig auf der Grundlage einer, bei EMAS vorgeschriebenen, bei ISO empfohlenen, Umweltprüfung. Schon die im Rahmen dieser Bestandsaufnahme ermittelten Schwachstellen geben dem Kreditgeber einen guten Einblick in das ökologische Risikopotenzial eines Unternehmens. Die zunehmende Berücksichtigung produktbezogener Tatbestände im Umweltaudit erschließt diese Aspekte auch dem Controlling. Im Herbst 1999 wurden in Deutschland rund 1400 Managementsysteme nach ISO 14001 und knapp 2000 nach EMAS gezählt. Die EMAS-Verordnung befindet sich gegenwärtig im Stande der Revision.

Zusammenfassende Würdigung und Ergänzung
Die meisten Instrumente überlappen sich – begriffsinhaltlich und -umfänglich – in größerem Maße. Sie können im Verhältnis zueinander ebenso als Alternative wie als Ergänzung, teilweise auch als Operationalisierung, fungieren. Leider stagniert die Entwicklung der Instrumente weitgehend auf dem Stand von Anfang der 90ziger Jahre und ist damit über das *Entwurfsstadium* noch nicht wesentlich hinausgekommen. Als leicht realisierbarer Fortschritt wird der deutschen Bankpraxis die Rezeption der US-amerikanischen ASTM-Standards (American Society for Testing and Materials) empfohlen (Keidel 1999, S. 23 f.). Ein gewisser Entwicklungsimpuls mag auch von dem „Gesetz zur Kontrolle und Transparenz im Unternehmensbereich (KonTraG)“ ausgehen, das für die nach dem 31.12.1998 erstellten Jahresabschlüsse gilt (Birgel 1999, S. 271 ff.).

Als ein – recht effizientes und leicht praktikables – Instrument zur ökologieorientierten Kreditwürdigkeitsprüfung müssen *ökologieorientierte Kreditausschüsse* gelten. Besetzt mit Experten aus den relevanten Umweltschutzbereichen prüfen sie Kreditanträge und insbesondere beantragte Projektfinanzierungen auf die Umweltverträglichkeit der ihnen zugrunde liegenden Vorhaben.

Neben der Entwicklung von speziellen Instrumenten zur Abschätzung der ökologischen Risiken könnte man sich vorstellen, die ökologischen Gesichtspunkte in die schon vorhandenen Instrumente oder Techniken der Kreditwürdigkeitsprüfung aufzunehmen. Ohnehin sind die speziellen Instrumente denen des konventionellen Controlling regelmäßig nachgebildet, und letztlich soll sich das ökologische Controlling auch möglichst vollständig in das finanzwirtschaftliche integrieren. Zu denken wäre hier z. B. an die statischen und insbesondere die dynamischen Risiko-Analysetechniken (Sensitivitätsanalyse, Szenariotechnik, Simulationsrechnungen). Grundsätzlich wird man sagen können, dass diese Integration um so leichter gelingen kann, je stärker qualitativ diese Instrumente ausgerichtet sind (zum Beispiel Frühwarnsysteme). Sie fällt um so schwerer, je stärker der finanzmathematische Modellcharakter ausgeprägt ist (zum Beispiel Kalkulation des Capital-at-risk).

Trotz des noch geringen Entwicklungsstandes seiner speziellen Instrumente ist das bankbetriebliche ökologische Risikocontrolling in einer besonderen Weise *„instrumentengestützt“*: Die Instrumente sind nicht nur solche der (operativen) Zieldurchsetzung und Risikosteuerung in Umweltbezügen. Sie müssen auch als Instrumente der einschlägigen (strategischen) Zielbildung und Risikoplanung fungieren. Noch davor sind sie Instrumente der einschlägigen Bewusstseinsbildung in Sachen Umwelt und der Vermittlung elementarer ökologischer Kenntnisse. Die Instrumente haben so starke Bezüge zur bankbetrieblichen Organisationsentwicklung als Personal- und Strukturentwicklung unter dem Aspekt einer nachhaltigen Wirtschaft.

5. Lage und Ausblick

Die konstatierte Stagnation des ökologieorientierten Risikocontrolling und seiner speziellen Instrumente ist vor dem Hintergrund des starken Bedeutungsverlustes zu bewerten, den das Umweltthema seit Anfang der 90ziger Jahre erfahren hat. Gewicht und Beachtung ökologischer Risiken haben nicht so zugenommen, wie das die Vertreter einer nachhaltigen Wirtschaftsweise für richtig und nötig halten. Das ist auch im Zusammenhang mit der Machtverschiebung zwischen Politik und Wirtschaft im Zuge der zunehmenden Globalisierung zu sehen. Die Schwächen der Position staatlicher Ordnung sind bei den Fragen des Ausstiegs aus der Atomenergie oder der Altautoentsorgung in Deutschland offen zu Tage getreten. Das mindert fraglos den Respekt vor den – gesellschaftlich vermittelten – Umweltrisiken.

In diesem Klima ist sodann auch eine gewisse Marketing- und Chancen-Orientierung gegenüber der Controlling- und Risiko-Orientierung (in einem engeren Sinne) in den Vordergrund getreten. Risiken werden betont im Kurzschluss mit Chancen und denen eher nachgeordnet betrachtet. Die Phantasie beflügeln enorme Geschäftsmöglichkeiten auf dem im Entstehen begriffenen neuen Markt für die Emissionsreduktionen von Treibhausgasen, den das auf der Klimakonferenz in Kyoto/Japan im Dezember 1997 verabschiedete „Kyoto-Protokoll" eröffnet (Hugenschmidt/Janssen 1999, S. 14 ff).

Gleichwohl bleiben summa summarum der Risikogesichtspunkt und damit das Risikocontrolling für den größten Teil der Bankwirtschaft die Hauptsache beim Umweltthema. Sind doch hier nicht nur die staatlichen Straf- und Haftungsandrohungen, sondern auch die privaten Haftungsansprüche zu sehen. Dazu treten dann – auch bei abwehrend-zögerlicher Haltung der Versicherungswirtschaft – zwingend Versicherungsfragen. Ökonomische Risiken aus Umweltbezügen bleiben damit gewiss relevant und sind bei wirtschaftlichen Betätigungen grundsätzlich unumgehbar. Unter dem zentralen Gesichtspunkt der Tragbarkeit solcher Risiken ist dabei neuerdings der Gesichtspunkt ihrer Finanzierung stärker in den Vordergrund getreten (Rücker 1999).

Bei dieser Lage soll abschließend – auch wenn das in der gegenwärtigen Bankpraxis kaum eine Resonanz findet – die weite Auslage des Risikocontrolling noch einmal betont werden. Es geschieht das nicht zuletzt im Blick auf den analytischen Anspruch des Controllingkonzepts in Sachen Ganzheit. Mit Blick auf das Ganze ist festzuhalten, dass der globale ökologische Kollaps bei Andauern der gegenwärtigen Wirtschaftsweise unvermeidlich erscheint. Die risikoaverse Haltung, die Controlling auszeichnet, sollte aber immer mit einer – in qualifizierter Weise – *offenen Zukunftsperspektive* verbunden sein. Dieses Kriterium sollte dann auch aus der immer unabsehbaren Fülle denkmöglicher Risikobezüge die jeweils wirklich bedeutsamen auswählen helfen. Ungeachtet aller Verdrängungsversuche wird die ökonomische Wahrheit des 21. Jahrhunderts eine ökologische sein.

Literaturhinweise

BINSWANGER, H./FRISCH, H./NUTZINGER, H. G. U.A.: Arbeit ohne Umweltzerstörung. Strategien für eine neue Wirtschaftspolitik, Frankfurt a. M. 1983, S. 140 ff.

BIRGEL, K. J.: Gesetz zur Kontrolle und Transparenz im Unternehmensbereich (KonTraG), in: PdR (Praxis des Rechnungswesens), Loseblatt-Sammlung, Heft 7, Gruppe 14, 1999, S. 271-313.

EWER, W./LECHELT, R./THEUER, A. (Hrsg.): Handbuch Umweltaudit, München 1998.

EUROPÄISCHE KOMMISSION: Geänderter Vorschlag für eine Verordnung des euro-päischen Parlaments und des Rates über die freiwillige Beteiligung von Organisatio-nen an einem Gemeinschaftssystem für das Umweltmanagement und die Umweltbetriebsprüfung (EMAS), Brüssel, 23.06.1999, http://www.eu.int/comm/environment/emas/reference_en.htm.

FRESE, E./KLOOCK, J.: Internes Rechnungswesen und Organisation aus der Sicht des Umweltschutzes, in: BFuP, Heft 41, 1989, S. 1-29.

HABER, W.: Über den Beitrag der Ökosystemforschung zur Entwicklung der menschlichen Umwelt, in: Bierfelder, W./Höcker, K. H.: Systemforschung und Neuerungs-management, München/Wien 1980, S. 135-149.

HAUSKA, S.: Entwicklung eines „Öko-Audits". Aufnahme ökologischer Aspekte in die Kreditwürdigkeitsprüfung als entscheidender Beitrag von Banken zur Unterstützung einer langfristig tragfähigen Entwicklung. Diss. Siegen 1994, S. 222 f.

HELD, M.: Zeitmaße für die Umwelt, in: Held, M./Geissler, K. A. (Hrsg.): Ökologie der Zeit, Stuttgart 1993, S. 16-23.

HÖLSCHER, R./RÜCKER, U. C.: Die Finanzierung von Umweltrisiken – Teil 1, in: uwf, Heft 3, 1999, S. 10-13.

HUGENSCHMIDT, H./JANSSEN, J.: Chancen und Risiken der Kyoto-Klimapolitik für Finanzinstitute, in: uwf, Heft 3, 1999, S. 14-17.

KEIDEL, T.: Ökologische Risiken im Kreditgeschäft. Systematische Prüfungs- und Bewertungsverfahren, Wiesbaden 1993.

KEIDEL, T.: Berücksichtigung von Umweltrisiken durch Banken, in: uwf, Heft 3, 1999, S. 22-25.

KOSIOL, E.: Die Unternehmung als wirtschaftliches Aktionszentrum, Reinbek bei Hamburg 1966.

MANSKI, E. E.: Bonitätsprüfung unter ökologischen Kriterien. Umweltaspekte rücken ins Blickfeld, in: Kreditpraxis, Heft 3, 1993, S. 3-7.

MEUCHE, T.: Ökologische Risiken in der Kreditwürdigkeitsprüfung, Frankfurt a.M. 1994.

ROBERTS, H./ROBINSON, G.: ISO 14001 EMAS Implementation Handbook, Oxford 1998.

RÜCKER, U. C.: Finanzierung von Umweltrisiken im Kontext eines systematischen Risikomanagements, Sternenfels 1999.

SCHALTEGGER, S./FIGGE, F.: Öko-Investment – Spagat zwischen Shareholder Value und Sustainable Development?, in: uwf, Heft 3, 1999, S. 4-8.

SCHIERENBECK, H.: Ertragsorientiertes Bankmanagement, 6. Auflage, Wiesbaden 1999.

SCHIERENBECK, H./SEIDEL, E. (Hrsg.): Banken und Ökologie. Konzepte für die Umwelt, Wiesbaden 1992.

SCHMIDT, F./HAHN, J./HERBORT, M.: Aspekte ökologischer Risiken im genossenschaftlichen Bankgeschäft, in: uwf, Heft 3, 1999, S. 26-29.

SEIDEL, E.: Ökologisches Controlling. Zur Konzeption einer ökologisch verpflichteten Führung von und in Unternehmen, in: Wunderer, R. (Hrsg.): Betriebswirtschaftslehre als Management- und Führungsaufgabe, 2. erg. Auflage, Stuttgart 1988, S. 307-322.

SEIDEL, E.: Bankbetriebliches Umweltmanagement mit Kennzahlen, Wiesbaden 1999.

STEINER, M.: Kreditwürdigkeitsprüfung, in: Schierenbeck, H. (Hrsg.): Bank- und Versicherungslexikon, 2. Auflage, München 1994, S. 425-438.

STREBEL, H.: Umwelt und Betriebswirtschaft, Berlin 1980, S. 93 ff.

ULRICH, H.: Management, Bern 1984.

WAGNER, G. R./JANZEN, H.: Umwelt-Auditing als Teil des betrieblichen Umwelt- und Risikomanagements, in: BFuP, Heft 6, 1994, S. 573-604.

WINTER, G.: Das umweltbewußte Unternehmen, 6. Auflage, München 1998, S. 88 ff.

Klaus Spremann

Das Management von Währungsrisiken

1. Risiko und Risikomanagement
2. Wann Risikomanagement relevant wird
3. Vier Zielgrößen für das Währungsrisiko-Management
4. Die Frist der Betrachtung
5. Eine Fallstudie

1. Risiko und Risikomanagement

Die Währungsparitäten mit ihren Veränderungen stellen eine Art von externen Faktoren dar, die auf die Unternehmung einwirken und von daher Überlegungen, Planungen, Maßnahmen nahe legen, die zum Risikomanagement gehören. Andere externe Faktoren sind beispielsweise die Zinsen, die Rohstoffpreise oder die Kurse von Wertpapieren, die zum Vermögen der Gesellschaft gehören können.

Diese und andere externe Faktoren es sind Marktgrößen oder makroökonomische Variablen stehen außerhalb des Einflusses der einzelnen Unternehmung. Folglich gehören die genannten „Risiken“ zur Gruppe der Markt- oder Preisrisiken. Ganz andere Arten von Risiken werden getrennt betrachtet, weil sie vielfach gesonderte Maßnahmen und Vorkehrungen erfordern. Nur zur Einordnung seien sie genannt: operationelle Risiken, systemische Risiken, Verhaltensrisiken, strategische Risiken.

Um auf die Marktrisiken oder Währungsrisiken zurückzukommen. Zunächst ist nicht so wichtig, ob sich die Veränderung bei diesen externen Faktoren „rein zufällig“ vollzieht oder ob sie der Unternehmung nur deshalb als zufällig erscheint, weil ihr weitere und detaillierte Informationen nicht zur Verfügung stehen. In jedem Fall beeinflussen diese Faktoren die Zielerreichung der Unternehmung und gelegentlich wirken sie abträglich und hinderlich.

Risiko wird in der Literatur mit unterschiedlichem Akzent definiert.

- Das Lexikon versteht Risiko als die Möglichkeit eines unerwünschten oder abträglichen Ausgangs wirtschaftlicher Aktivität. Was unerwünscht oder abträglich ist, hängt erstens von den Wünschen (Präferenzen) und zweitens von der individuellen Situation ab. Ähnlich, nur noch pointierter auf katastrophale Ergebnisse, definierte A. D. Roy das Risiko als die Wahrscheinlichkeit für ein Desaster.

- Eine andere Definition hat H. Markowitz, der wesentlich die Grundlagen der Klassischen Portfoliotheorie legte, gewählt: Risiko ist nach ihm die Möglichkeit, dass gewisse Größen, zum Beispiel finanzielle Ergebnisse oder auch die Renditen, von ihrem prognostizierten oder erwarteten Werten abweichen können. Die Abweichung einer zufälligen Größe von ihrem Erwartungswert wird in der Statistik durch die Streuung (Standardabweichung) gemessen, also durch die Wurzel aus der Varianz. Markowitz folgend wird im Gebiet des *Finance* das Risiko mit der Renditestreuung identifiziert. Wenn die stetige und nicht die einfache Rendite gemeint ist, spricht man von der Volatilität.

Angemerkt sei, dass die Gleichsetzung von Risiko mit Volatilität noch nichts darüber aussagt, ob überhaupt oder wie abträglich Abweichungen der finanziellen Resultate von ihren erwarteten Werten für die Unternehmung sind. Die Volatilität ist in diesem Sinn ein technisches Risikomaß, während die zuvor genannte Lexikon-Definition und auch Roy deutlich auf die Frage abheben, wie hoch der Schaden in der individuellen Situation und angesichts der individuellen Pläne und Wünsche nun ist.

2. Wann Risikomanagement relevant wird

Eine immer wieder gestellte Frage ist, *wann* denn nun ein Risiko (oder synonym dazu: eine offene Position, ein Exposure) entsteht.

Die Antwort lautet: Für eine Person legt der Lebensplan, für eine Unternehmung der *Geschäftsplan* fest, welche offenen Positionen bestehen. Mit anderen Worten: Mit Aufstellung oder mit Änderung eines Geschäftsplans können neue Risiken für die Unternehmung entstehen.

Wenn beispielsweise eine Firma einen Großauftrag in Südamerika annimmt, dann stellt die Annahmeentscheidung eine Änderung des Geschäftsplanes dar. Mit dieser Änderung sind verschiedene Themen betroffen: Es können Einnahmen in Fremdwährung budgetiert werden, es müssen (vielleicht in der heimischen Referenzwährung) Ressourcen und Faktoren bereitgestellt werden, es sind Änderungen des Unternehmenswertes zu verzeichnen, Änderungen der Pläne für die Liquiditätsplanung und Tresorie sowie Änderungen des Bilanzbildes und der Berichterstattung gegenüber den Kontrollinstanzen, den Aufsichtsgremien und anderen Berichtsempfängern.

Nochmals: Das Währungsrisiko entsteht mit der Aufstellung oder Änderung eines Geschäftsplanes. Aus dem Geschäftsplan und daraus abgeleiteten Zielgrößen wir nannten den Unternehmenswert, die Liquidität, die Bilanz wird auch deutlich, welche Währungsrisiken oder Risiken in welcher Größenordnung nun *abträglich* sind. Nicht jede kleine Schwankung von Einnahmen oder von Renditen ist abträglich. Was also ist für die Unternehmung abträglich? Abträglich ist die Möglichkeit von Veränderungen (der Währungsparitäten), die den Geschäftsplan durchkreuzt, also besondere Planänderungen oder Sondermaßnahmen erfordern könnte, die in aller Regel aufwendig sind. Daher können wir definieren:

1. Risiko ist die Möglichkeit zufälliger Veränderungen erwarteter Größen, die eine vorliegende, realistische Planung der operativen Geschäftstätigkeit durchkreuzen und so aufwendige Planänderungen, Sondermaßnahmen, den Verzicht auf Opportunitäten oder gar Notmaßnahmen auslösen können.

2. Risikomanagement umfasst alle Vorkehrungen und ihre organisatorische Umsetzung 1) zur Identifikation jener zufälligen Einflussfaktoren und ihrer Wirkungen sowie 2) zur Selektion und zum Ergreifen von Maßnahmen, die geeignet sind, abträgliche Planänderungen (Sondermaßnahmen, den Verzicht auf Opportunitäten, Notmaßnahmen) abzuwenden, zu vermeiden, zu kompensieren, auszugleichen.

Bei dieser Festlegung ist der Begriff der „aufwendigen" Planänderung wichtig. Aus den frühen Überlegungen von Modigliani und Miller lässt sich ableiten, dass Schwankungen (des Unternehmenswertes, der Rendite) für die Aktionäre an sich nicht nachteilig sind. Wenn Beispielsweise ein Konzern mit Referenzwährung Euro viel in den Dollarraum exportiert, dann dürfte der in Euro ausgedrückte Aktienkurs schon mit der Währungsparität schwanken (wobei die Sensitivität von Analysten mit einer Regressionsrechnung ermittelt wird). Die Frage, ob nun die Unternehmung, etwa durch Termingeschäfte, das Dollarrisiko absichern sollte, ist nach Modigliani und Miller zu verneinen. Denn jeder Aktionär (man denke an institutionelle Aktionäre wie große Investoren, Investmentfonds, Pensionskassen, Versicherungen) könnte, da der Finanzmarkt allen dieselben Konditionen offeriert, selbst in seinen Portfolios eine Absicherung des Dollarrisikos vornehmen. Zudem werden einige dieser Investoren gar nicht hedgen, weil sie vielleicht selbst in Dollar rechnen. Andere Investoren werden vielleicht sogar ein noch größeres Exposure absichern wollen, weil sie vielleicht auch noch andere Aktien halten, die ebenso ein Exposure im Dollarraum verzeichnen. Der Punkt ist also, dass Hedging nicht bereits relevant ist, wenn „Schwankungen" vorliegen. *Hedging in der Unternehmung ist von Bedeutung, wenn die Unternehmung die Währungsschwankungen nicht unberührt an Aktionäre weiterreichen kann, sondern bei dieser Weitergabe selbst noch von aufwendigen Planänderungen, Sondermaßnahmen, den Verzicht auf Opportunitäten, Notmaßnahmen betroffen ist.* Diese wichtige Erkenntnis verdanken wir K. Froot, D. Scharfstein, J. Stein (1991).

3. Vier Zielgrößen für das Währungsrisiko-Management

Die Frage also lautet:

- Wenn wir, die Manager der Unternehmung, von Währungsrisiken unangenehm getroffen werden, ist das nur Pech, genauso, wie wir auch Glück haben können?
- Oder müssen wir dann irgendwie und aufwendig unsere Vorhaben ändern, haben wir höhere Nachteile (im Vergleich zu geringen Vorteilen, bei einer günstigen Währungsentwicklung)?

Im ersten Fall sind Schwankungen der Währungsparitäten kein Thema für das Risikomanagement, jedoch kann sich eine transparente Informationspolitik gegenüber den Aktionären empfehlen, besonders wenn die Gesellschaft zahlreiche Kleinaktionäre hat.

Im zweiten Fall wird Risikomanagement relevant. Die Unternehmung wird dann der Frage nachgehen, welche ihrer Zielgrößen besonders nachteilig betroffen sind, und an welchen Zielgrößen sich der besondere Aufwand von Planänderungen, Sondermaßnahmen, Verzicht auf Opportunitäten, Notmaßnahmen manifestiert. Nun zeichnet die Unternehmung ein komplexes, sich dynamisch entfaltendes Geschehen. Um ein Flugzeug zu steuern, werden viele Anzeigen, Karten, externe Leitstellen benötigt. Jede Reduktion auf wenige Zielgrößen der Unternehmung wirkt zu vereinfachend. Dennoch lässt sich sagen, dass sich der Blick im Zusammenhang mit dem Risikomanagement der Unternehmung auf vier „Größen" lenkt:

1. Die strategische, langfristige Perspektive der Unternehmung in ihrem ökonomischen, gesellschaftlichen und ökologischen Umfeld. Zweifellos können Verschiebungen der

Währungsparitäten die strategische Perspektive durchkreuzen. Entsprechend wird von einem „ökonomischen" Risiko gesprochen. Beispielsweise können Verlagerungen eines Produktionsstandortes sich schon nach wenigen Jahren als falsch herausstellen.

2. Der Unternehmenswert, so wie er sich als Barwert der für die zukünftigen Jahre in Referenzwährung ausgedrückten freien Cash-Flows errechnet (Discounted Cash-Flows, DCF). Wohl bemerkt: es gilt nicht, Schwankungen des Unternehmenswertes zu eliminieren. Der Unternehmenswert wird dann zu einer Zielgröße im Risikomanagement, wenn ein Abfall ausgesprochen abträglich ist (im Vergleich zu nur kleinen Vorteilen bei einer durch eine günstige Währungsentwicklung bedingten Wertsteigerung). So könnte die Unternehmung beispielsweise befürchten müssen, dass sich ein Großaktionär von seinem Engagement trennen könnte, oder dass ein Wertverlust in einer ohnehin „kritischen" Zeit sehr negativ von Analysten kommentiert werden könnte. Erwähnt sei, dass Banken neuerdings auch die Verschuldungskapazität (Debt Capacity) an den Cash-Flows festmachen.

3. Die Liquidität der Unternehmung. Diese Zielgröße wird für das Währungsrisiko-Management relevant, wenn die Treasorie unvorhergesehene und vergleichsweise teure Maßnahmen einleiten müsste, beispielsweise die Neuaufnahme eines mittelfristigen Kredits.

4. Das Bilanzbild. Beispielsweise könnte durch Währungsrisiken das Bilanzbild so beeinträchtigt sein, dass Aufsichtsgremien und Banken zu einer abträglichen Beurteilung gelangen.

Selbstverständlich wird es Unternehmen geben, die bei *allen* vier Zielgrößen abträgliche Wirkungen möglicher Änderungen der Währungsparitäten ausmachen. Eine Unternehmung, die sich im Zustand eines Financial Distress oder eines Turnaround befindet, wird bei *allen* vier Größen Probleme sehen und vielleicht könnte ein Währungsthema auch Kündigungen qualifizierter Mitarbeiter auslösen. Dann wird das Hedging von Währungsrisiken höchst bedeutungsvoll. Empirische Studien zeigen, dass Unternehmen, die sich in diesem Zustand befinden, unbedingt absichern sollten.

Andererseits gibt es Unternehmen, bei denen nur eine dieser vier Zielgrößen im Zentrum steht, und zwar deshalb, weil es nur hinsichtlich dieser (einen) Zielgröße *abträgliche* Wirkungen zu verzeichnen gibt.

- Beispielsweise weisen empirische Studien darauf hin, dass bei einer verschuldeten Unternehmung mit über einem über dem Branchendurchschnitt liegenden Verschuldungsgrad das gute Bilanzbild so wichtig ist, dass diese Unternehmung Währungsrisiken auf eine Weise absichern sollte, dass das Bilanzbild sich nicht abträglich verändert. Ähnliches ist für Unternehmen zu sagen, bei denen es eine latente Verteilungsproblematik gibt, zum Beispiel bei Versicherungen. Hier werden Verteilungsthemen an der Bilanz festgemacht und die Planung der Bilanz wird wichtig. Deshalb sind durch Änderungen der Währungsparität bewirkte Bilanzverschiebungen abträglich.

- Wieder andere Unternehmen besonders bei Startups und in den Phasen von Innovation und Wachstum haben die bekannten Probleme der Finanzierung ihrer Erweiterungsinvestitionen. Hier wäre es höchst abträglich, wenn durch eine Währungsentwicklung die Liquidität benachteiligt wird. Diese Unternehmen werden dann ihr Währungsrisiko-Management darauf ausrichten, die Liquidität zu stabilisieren, planbar zu machen, und Überraschungen zu vermeiden (weil negative Überraschungen hohe Nachteile und positive Überraschungen nur kleine Vorteile zur Folge hätten).

Die Unternehmung muss also vorweg klären, an welcher Zielgröße sich die abträglichen Wirkungen zeigen. Es gilt dann, diese Zielgröße zu stabilisieren.

4. Die Frist der Betrachtung

Große Währungen wie Dollar und Euro haben eine Währungsparität, die frei floatet. Stabilisierende Interventionen seitens der Zentralbanken sind eher die Ausnahme, nachdem Erfahrungen und volkswirtschaftliche Theorien deren Wirksamkeit kritisch hinterfragen. Ohne tieferes Wissen müssen wir die Kursänderungen als unsicher betrachten. Zwar gibt es Theoreme, wie beispielsweise die Kaufkraftparität, oder aus der nationalen Gesamtrechnung abgeleitete Größen wie etwa Defizite oder Überschüsse. Sie suggerieren eine gewisse *Prognostizierbarkeit* der Währungsparität.

Die Empirie jedoch belegt, dass diese volkswirtschaftlichen Gesetzmäßigkeiten allenfalls langfristig greifen. Gleiches gilt für die Zinssätze und deren Unterschiede in den einzelnen Ländern. Auch sie werden zur Prognose zukünftiger Währungsparitäten herangezogen. Es zeigt sich jedoch: Zinssätze sind vielleicht auf einen Horizont von zwei Jahren prognostizierbar, nicht jedoch auf eine Woche, einen Monat oder auf ein Quartal.

Das Management von Währungsrisiken zerfällt daher in zwei Bereiche, die sich durch die Fristigkeit der gestellten Fragen unterscheiden.

- Wenn es um *längerfristige* Themen geht, dann dürfen wir von einer *gewissen* Prognostizierbarkeit der Währungsparitäten ausgehen. Die Antwort liegt dann in der strategischen Unternehmensplanung: Welche Währungsgebiete sind langfristig für den Absatz anzustreben? In welchen Währungen kann langfristig gesehen Kapital aufgenommen werden? Wo sind die Produktionsstandorte und in welchen Währungen werden Kosten für die Faktoren anfallen? Selbstverständlich werden diese Fragen nicht einzig aus der Währungsperspektive zu sehen sein. Sie hängen mit der wirtschaftlichen und sozialen Entwicklung der betreffenden Volkswirtschaften eng zusammen. Die Aussage aber lautet: *Das Management von Währungsrisiken ist, was den langen Horizont betrifft, kein Auftrag an eine Abteilung Risikomanagement. Es ist zusammen mit anderen Fragen der Unternehmensentwicklung integriert der Gegenstand der strategischen Planung.*
- Im Bereich der *kurzen* Frist müssen wir die Währungsparitäten als zufällig betrachten. Volkswirtschaftliche Gesetze und Prognosen betreffen Gleichgewichte, die nicht kurzfristig erreicht werden. Kurzfristig dominieren zahllose Einflüsse, kurzfristig sind Währungsparitäten verrauscht. Zufällige Änderungen der Währungsparität von bis 2 %

am Tag sind die Regel, solche von 5 % treten zwar auf, sind aber für tägliche Veränderungen selten, für wöchentliche Änderungen jedoch wieder der Regelfall. Gleichzeitig haben sich die Märkte geöffnet und jede Unternehmung sieht sich von den Paritäten tangiert. Ein europäischer Produzent, der mit einer Marge von 5 % in den Dollarraum liefert oder aus dem Dollarraum Faktoren bezieht, muss damit rechnen, dass diese Marge innerhalb weniger Tage durch entsprechende Bewegungen der Kurse aufgezehrt sein kann.

Im kurzfristigen Bereich, gemeint ist eine Frist von bis zu zwei Jahren, wird das Management von Währungsrisiken sich daher stark auf zwei Punkte fokussieren.

1. Erstens legt die Zufälligkeit der Kurse den Einsatz mathematischer und statistischer Kalküle nahe.
2. Zweitens können die von der Finanzwelt der Derivate angebotenen Derivate als Hedge eingesetzt werden.

Ein Drittes kommt hilfreich hinzu: Kurzfristig sind gewisse Festlegungen der Unternehmung starr und viele Aspekte des Umfeldes wenig veränderlich. Folglich können, wohlgemerkt immer auf kurze Sicht, Währungsrisiken isoliert werden. Vielfach wird von indirekten oder ökonomischen Risiken gesprochen, weil sich durch die Währungsparitäten auch das ökonomische Umfeld ändert. Die Empirie belegt, dass Konsumenten und Firmen langsam reagieren.

Mit anderen Worten:

- Kurzfristige Währungsrisiken betreffen die Kasse, den Wert von Forderungen und Verbindlichkeiten in Referenzwährung, eben das kurzfristige Umlaufvermögen und die kurzfristigen Verbindlichkeiten. Die betrachteten kurzfristigen Währungsrisiken betreffen den Cash-Flow der kommenden zwei Jahre, damit auch den Unternehmenswert. Sie betreffen auch das Bilanzbild und die gegenüber Aufsichtsorganen zu gebenden Berichte.
- Kurzfristige Währungsrisiken betreffen aber nicht die Unternehmensstrategie und das ökonomische Umfeld, weil dieses nur langsam auf makroökonomische Größen reagiert.

Aus allen drei Gründen kommt bei dem kurzfristig angelegten Risikomanagement der Technokrat der Finanzwelt zum Zuge und mit ihm auch das Instrumentarium wie Value-at-Risk und andere Steuerungsgrößen für die tägliche Disposition.

5. Eine Fallstudie

Wir beginnen mit dem traditionellem Beispiel aus der Vorlesung: Es ist Mitte November 2000. Eine Unternehmung, Referenzwährung ist der Euro, erwartet in drei Monaten, also Mitte Februar kommenden Jahres 2001, eine Einzahlung von 1 Million Dollar. Angesichts der Größe der Gesellschaft soll es sich hierbei um einen wesentlichen Betrag handeln.

Eine Faktura ist noch nicht gestellt, das ist für Ende Januar 2001 vorgesehen. Deshalb darf noch keine Forderung in der Bilanz aktiviert werden, die zum Jahresende 2000 (zugleich Ende des Geschäftsjahres) erstellt wird.

Über ihren Broker zeichnet die Unternehmung im November 2000 Währungsfutures und verkauft so die für später budgetierte Dollareinnahme und hat damit, wie gesagt wird, den Dollarkurs eingefroren. Ein Finanzmarkttheoretiker kommentiert: „Das ist sehr gut, so ist der *Unternehmenswert* stabilisiert und gesichert."

Wie bei Futures üblich, muss die Unternehmung eine kleine Marginzahlung an die Börsenorganisation leisten, die bei dem Futures die Gegenpartei einnimmt. Die Kontrakte gehören zum kurzfristigen Umlaufvermögen.

Der Terminkurs sei anfänglich 1 Euro für 1 Dollar. Angenommen, gegen Jahresschluss 2000 steigt der Dollar immer wieder gegenüber dem Euro. Um ein einfache Rechnung für diese Illustration zu haben, steige er sogar auf 1,5 Euro = 1 Dollar. Der Finanzmarkttheoretiker erläutert: „Wenn der Dollar im Februar 2001 immer noch bei 1,5 Euro steht, dann freut sich die Unternehmung, weil die Einnahme von 1 Million Dollar dann einen Wert von 1,5 Millionen Euro haben wird. Das ist ein Gewinn von 500 Tausend Euro. Andererseits hat sie jetzt bei den Derivaten einen Verlust von 500 000 Euro. Das gleicht sich aus, weder hat sie *per saldo* einen Gewinn noch einen Verlust aus der Währungsposition."

Also ganz klar: Die Unternehmung, die ja die Lieferung von Dollar per Futures versprochen hat, erleidet gegen Jahresende 2000 laufend und immer wieder kleine Verluste aus ihrer Futures-Position und sie muss diese Verluste gegenüber der Börsenorganisation durch entsprechende Zahlungen ausgleichen. Gegen Jahresende hat sie einen beträchtlichen Abfluss an Zahlungsmitteln zu verzeichnen, nämlich 500 000 Euro.

- Die Liquiditätslage ist angespannt.
- Auch ist bei der Rechnungslegung ein Verlust aus Derivatpositionen auszuweisen (Achtung: die erwartete Dollareinnahme ist noch nicht aktiviert).

Die Aufsichtsgremien sind schwer enttäuscht ein Verlust aus einer Spekulation in Derivaten, wie sie sagen. Die Hausbank stellt laut und vernehmlich die Frage, ob die budgetierten Dollar überhaupt einbringlich seien. Immerhin könnte der Kunde einen Mangel rügen oder bis dahin selbst in Zahlungsschwierigkeiten gelangen. Das Management hat einen so schweren Vertrauensverlust, dass es nicht mehr wagt, eine höchst interessante Investitionsmöglichkeit zur Abstimmung zu stellen. Die Mitarbeiter sehen diesen Vertrauensverlust und erkennen, „dass es so nicht weiter geht." Es kommt zu Kündigungen.

Was ist hier falsch gelaufen:

1. Das Management hat einfach eine „Schwankung" abgesichert und sich dabei einzig auf den Unternehmenswert als zu stabilisierende Zielgröße konzentriert.
2. Auswirkungen der gewählten Absicherungsmaßnahme (Futures) auf andere Zielgrößen, wie etwa die Liquidität oder das Bilanzbild der Unternehmung, wurden nicht in Betracht gezogen.

3. Es wurde vom Management nicht die Frage gestellt, welche Änderungen bei den vier genannten Zielgrößen (strategische Perspektive, DCF, Liquidität, Bilanzbild), die auf Änderungen der Parität zwischen Euro und Dollar zurückgehen könnten, zu einer *abträglichen* Situation führen und dann *aufwendige* Planänderungen und Sondermaßnahmen verlangen.

Es kann deshalb gut sein, dass die „richtige" Lösung des Schulbeispiels so aussieht:

1. Sichere das Währungsrisiko *nicht* ab. 2. Kommuniziere den Aktionären, dass die Unternehmung diese Dollareinnahme erwartet, dass der Kurs vom Management nicht abgesichert werde und es allenfalls dem einzelnen Aktionär empfohlen sei, privat eine kleine Absicherung vorzunehmen, und dies eigentlich nur, wenn ein Verkauf der Aktie in den nächsten Monaten geplant sei und deshalb der Aktienkurs zu stabilisieren sei.

Anton Schmoll

Analyse und Steuerung des Kreditportefeuilles

1. Einleitung

1.1 Kreditgeschäft ist Risikogeschäft

Die Ausleihungen bilden auch heute den weitaus überwiegenden Teil des Geschäftsvolumens auf der Aktivseite der Kreditinstitute. Die Erlöse aus dem Kreditgeschäft sind daher eine sehr wesentliche Ertragskomponente einer Bank. Durch den hohen Anteil der Aktivposten in der Bankbilanz liegt im Kreditgeschäft naturgemäß aber auch die größte Gefahrenquelle für finanzielle Verluste. Das Kreditgeschäft unterscheidet sich daher von anderen Bankgeschäften vor allem durch die Dimension *„Risiko"*.

Risiken aus dem Kreditgeschäft können die wirtschaftliche Situation bzw. den Fortbestand eines Kreditinstituts wesentlich beeinflussen. Wir müssen dabei jedoch nicht gleich den Extremfall einer Bankinsolvenz vor Augen haben, vielmehr geht es darum, den Einfluss der Kreditrisiken auf die *Ertragssituation* zu betonen: „Der Umfang an risikobehafteten Aktivgeschäften determiniert zum einen die Höhe des potenziellen Ausfallrisikos und ist zum anderen gleichzeitig mitbestimmend für die Höhe der Zinserträge einer Bank."[1]

Aufgrund der gesamtwirtschaftlichen und bankspezifischen Rahmenbedingungen wird das Geschäft mit den mittelständischen Firmenkunden in Zukunft nicht nur differenzierter und anspruchsvoller, sondern vor allem auch risikoreicher. Ihren zahlenmäßigen Niederschlag findet diese Entwicklung in der Dotierung von Einzelwertberichtigungen sowie in den Abschreibungsquoten. Diese *Risikokosten* bilden heute neben den Wert- und Personalkosten einen der wichtigsten Kostenblöcke eines Kreditinstituts. Fragen des *Risikomanagements* im Kreditgeschäft haben daher nach wie vor große Aktualität.

Dabei kann es aber nicht das Ziel sein, Risiken um jeden Preis zu vermeiden bzw. auszuschalten – das wäre praxisfremd. Das *Risiko* gehört zur Natur des *Kreditgeschäfts*. Gefordert sind: eine bewusste Auseinandersetzung mit dem Kreditrisiko, eine systematische Vorgangsweise und ein *effizientes Instrumentarium* zur Risikosteuerung und Risikokontrolle. Ob es künftig einer Bank gelingt, ihre Marktposition im zunehmenden Wettbewerb und wirtschaftlich schwierigen Umfeld zu sichern, wird daher nicht zuletzt auch davon abhängen, wie es ihr gelingt, die steigenden Kreditrisiken zu managen (erkennen, messen, begrenzen).

1.2 Die Risikotragfähigkeit der Bank

Die Möglichkeit, Risiken im Kreditgeschäft einzugehen, hängt im Wesentlichen von den Ressourcen und der Risikotragfähigkeit einer Bank ab. Neben den organisatorischen und technischen Kapazitäten spielen vor allem die *personellen Ressourcen* (zum Beispiel Know-how der Mitarbeiter) eine entscheidende Rolle.

1 Vgl. Schierenbeck 1993.

Für das Kredit-Risikomanagement und die Steuerung des Kreditportefeuilles liegt eine wesentliche Aufgabe darin, die *Risikofähigkeit* eines Instituts festzustellen.

Darunter versteht man die Summe jener Mittel, die zur Deckung von Verlusten eingesetzt werden können (Risikoverkraftungskapazität).[2]

Dabei stehen als *Risikodeckungspotenziale*

- aus statischer Sicht die Eigenmittel und
- aus dynamischer Sicht die Ertragskraft

zur Verfügung.

Bei den *Eigenmitteln* stellen vor allem die kurzfristig realisierbaren stillen Reserven ein Verlustausgleichspotenzial dar, durch das kurzfristige Schwankungen der Ertrags- und Risikolage aufgefangen werden können. Diese statischen Deckungspotenziale aus dem vorhandenen Eigenkapital stehen nur ein einziges Mal zur Verlustabdeckung zur Verfügung und müssen in der Folge wieder aus den Jahreserträgen aufgefüllt werden. Demgegenüber steht das Deckungspotenzial aus der *Ertragskraft* jährlich zur Verfügung. Grundlage für die Größenordnung ist dabei nicht jene eines einzelnen Wirtschaftsjahres, sondern der innerhalb eines Zeithorizontes von drei bis maximal fünf Jahren mit großer *Wahrscheinlichkeit* erzielbare Jahresdurchschnittswert.[3]

Das Bankmanagement hat daher die Verpflichtung, auf den Aufbau und Ausbau eines ausreichenden, qualitativ verbesserten „Verlustauffangpotenzials" zu achten, so dass die Bank jederzeit über ein ihrem Risiko angemessenes Haftkapital verfügt. „Ziel der *passiven Sicherheitspolitik* ist die Erhöhung der Risikotragfähigkeit, die sich in einer ausreichenden Ertragskraft und damit der Möglichkeit zur Stärkung der Eigenkapitalreserven manifestiert."[4]

Die *aktive Sicherheitspolitik* zielt auf eine Risikobeschränkung durch *Risikolimitierung* und *Risikostreuung* ab. So wird in den für das Kreditgeschäft maßgeblichen Rechtsvorschriften beispielsweise ein Mindestmaß an Risikozerfall zur Vermeidung einer Risikokonzentration durch Bindung der Höchstkreditgrenze einer Großveranlagung und der Klumpenrisikogrenze an das Haftkapital festgelegt.

2. Risikomanagement im Kreditgeschäft

2.1 Die Elemente des Kredit – Risikomanagements

Risikopolitik im Kreditgeschäft ist immer eine Gratwanderung zwischen dem Streben nach Sicherheit und dem Erwirtschaften einer möglichst hohen Rendite. Um das Ziel der

2 Vgl. Brandner 1999.
3 Ebenda.
4 Schierenbeck 1993.

Risikobegrenzung zu erreichen, bedarf es verschiedener Maßnahmen und des Einsatzes unterschiedlicher risikopolitischer Instrumente. Wobei stets zu beachten ist: Erst durch die Verzahnung, durch das Zusammenwirken der vielfältigen Elemente, wird der optimale Erfolg erreicht!

Dies zu erkennen ist Herausforderung und Schwierigkeit zugleich. Denn sehr oft kann man in der Praxis beobachten, dass sich vor allem kleinere Banken schwer tun, diese einzelnen Elemente zu erkennen und sie sinnvoll zu verzahnen. Um dieser Schwierigkeit zu begegnen, bietet die Abbildung 1 einen Überblick über das Gesamtsystem, das sich in der Praxis bereits bewährt hat.

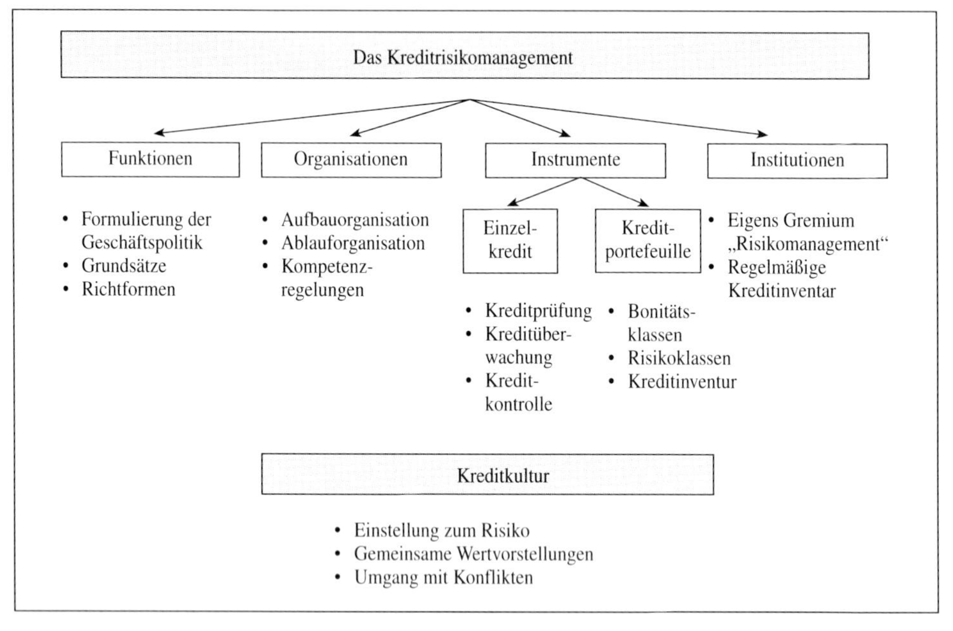

Abbildung 1: Elemente des Kredit-Risikomanagements

2.2 Die Funktionen des Kredit-Risikomanagements

Wie aus der Abbildung 1 hervorgeht, umfasst der Begriff *„Risikomanagement"* im Kreditgeschäft fünf Ebenen:

- Risikomanagement als Funktion
- Risikomanagement als Institution
- Die Kreditorganisation
- Das risikopolitische Instrumentarium
- Die Verhaltensebene: Kreditkultur

Risikomanagement als *Funktion* bedeutet, das Kreditgeschäft einer Bank aktiv zu gestalten und zu steuern. Im Hinblick auf die Risikooptimierung stehen dabei beispielsweise folgende Aufgaben im Vordergrund:[5]

- Ausarbeitung einer schriftlichen Kredit- und Risikopolitik
- Formulierung von Kreditstrategien
- Grundsätze, inhaltliche und verfahrensmäßige Richtlinien
- Festlegung der Systeme zur Risikoreduzierung
- Festlegung der kreditrisikorelevanten Informationssysteme
- Entscheidung über die Organisationsstruktur im Kreditgeschäft
- Festlegung der Ablauforganisation des Kreditentscheidungsprozesses
- Festlegung der Berichts- und Kommunikationsbeziehungen
- Fixierung der Pouvoirrichtlinien (Kreditkompetenzbewilligungen) und Delegation der Kreditentscheidungskompetenzen
- Maßnahmen zur Aus- und Fortbildung der mit dem Kreditgeschäft befassten Mitarbeiter und Führungskräfte
- Gestaltung und Pflege der Kreditkultur

Abbildung 2: Aufgaben des Kreditrisikomanagements

Systematik der risikopolitischen Maßnahmen

Eine differenzierte Betrachtung der risikopolitischen Maßnahmen erhalten wir, indem wir von den Ursachen und möglichen Wirkungen des Risikos ausgehen. Demnach können folgende Maßnahmenbereiche unterschieden werden:

- ursachenbezogene Risikopolitik
- wirkungsbezogene Risikopolitik.

Die Maßnahmen der *ursachenbezogenen* Risikopolitik sollen die Eintrittswahrscheinlichkeit von Risiken verringern bzw. den Grad der Ungewissheit herabsetzen (zum Beispiel durch eingehende Kreditprüfung). Die Möglichkeit der Schadensentstehung soll frühzeitig eingeschränkt werden. Demgegenüber zielt die *wirkungsbezogene* Risikosteuerung auf den dennoch verbleibenden potenziellen Schaden ab. Es handelt sich um Maßnahmen zur Verringerung etwaiger Verluste und zur Milderung der Wirkungen von Schadensfällen auf das Existenzrisiko der Bank (zum Beispiel durch Sicherheiten). Der Schaden für die Bank soll so minimiert werden, dass der Weiterbestand des Instituts möglichst störungsfrei gewährleistet wird.

Sowohl ursachen- als auch wirkungsbezogene Maßnahmen können sich jeweils

- auf den einzelnen Kreditfall (Einzelkreditengagement) oder
- auf die Gesamtheit der Kredite (Kreditportefeuille)

beziehen.

5 Vgl. Schmoll 1999 (a) Berner1998.

Die Abbildung 3 gibt einen systematischen Überblick über die risikobegrenzenden Maßnahmen im Kreditgeschäft:[6]

	Einzelkredit-Engagement	**Kredit-Portefeuille**
Ursachenbezogene Maßnahmen	• Selektive Kreditpolitik • Kreditprüfung • Kreditüberwachung	• Risikostreuung • Risikolimitierung • (Obergrenzen)
Wirkungsbezogene Maßnahmen	• Kreditsicherheiten • Risikoüberwälzung • Risikoprämien	• Stärkung der Risikotragfähigkeit • Risikovorsorge

Abbildung 3: Systematik der risikoreduzierenden Maßnahmen im Kreditgeschäft

2.3 Die Stelle „Kredit-Risikomanagement"

Um die Sorgfaltspflicht der Geschäftsleiter wirkungsvoll zu erfüllen, ist es sinnvoll, die Funktion *„Risikomanagement"* als *eigenständige Organisationseinheit* zu definieren, die sich von anderen Funktionen im Kreditgeschäft deutlich unterscheidet.[7] Diese unterstützt den Vorstand bei der Entwicklung und Umsetzung der Risikopolitik und Risikostrategien im Kreditgeschäft.

In der Praxis hat es sich als zweckmäßig erwiesen, die Organisationseinheit „Risikomanagement" als *Stabstelle* direkt unter dem Vorstand einzurichten. Wichtig ist es, die Aufgaben dieser Stelle exakt zu definieren und die Schnittstellen mit den anderen im Kreditgeschäft tätigen Organisationseinheiten zu klären. Die Fixierung der konkreten Aufgaben hängt unter anderem von der Größe des Instituts ab: Während in größeren Banken beispielsweise die Funktionen „Risikomanagement", „Kreditüberwachung", „Kredit-Controlling", „Kreditsanierung", „Rechtsverfolgung" auf *verschiedene Organisationseinheiten* aufgeteilt sind, werden sie in kleineren Instituten vielfach in *einer* Stelle zusammengefasst.

Die Stelle *„Risikomanagement"* hat dann sowohl

- strategische Funktionen (Gesamtrisiko) als auch
- operative Funktionen (Einzelrisiko) wahrzunehmen.

Auf *strategischer Ebene* ist diese Stelle quasi *„Informationslieferant"* für den Vorstand: Für eine aktive Risikokontrolle und Risikosteuerung des Kreditportefeuilles benötigt dieser jederzeit einen sicheren *Einblick* in die aktuelle *Risikosituation* der Bank sowie Hinweise über *Fehlentwicklungen* im Kreditgeschäft. Die dafür notwendigen Daten werden vom Risikomanager aus den *unterschiedlichsten Informationsquellen* zu aussagekräftigen Managementinformationen aufbereitet und daraus in regelmäßigen Abständen bzw. anlassbezogen ein *„Risikobericht"* erstellt.

6 Vgl. Schierenbeck 1997.
7 Vgl. Schmoll 1999 (b).

Auch im *operativen Bereich* sind vielfältige Aufgaben wahrzunehmen: So geht es hier beispielsweise um die Bearbeitung der Frühwarnliste, mit deren Hilfe bei Einzelengagements auf Bonitätsverschlechterungen (bzw. potenzielle Ausfallsgefahren) aufmerksam gemacht wird. Bei der materiellen Kreditkontrolle steht die Frage der Nachvollziehbarkeit der Kreditentscheidung sowie die materielle Vertretbarkeit im Mittelpunkt. Die Zielsetzung bei der Betreuung gefährdeter Kreditengagements besteht wiederum darin, durch bestimmte Sanierungsmaßnahmen eine Verbesserung der Risikosituation herbeizuführen.

Die Funktionen der Stelle „Kredit-Risikomanagement" können demnach zu zehn *Hauptaufgaben* zusammengefasst werden:

- Risiko-Früherkennung/Kreditüberwachung
- Materielle Kreditkontrolle
- Bonitäts- und Risikoklassen
- Risikoanalyse/Risikoberichte
- Organisation der Kredit-Risikomanagementsitzung
- Betreuung gefährdeter Kreditengagements
- Organisation des „Sanierungs-jour-fixe"
- Beratungsunterstützung für Kundenbetreuer
- Mahnungen/Betreibungen/Insolvenzen
- Mitwirkung bei Aus- und Weiterbildung.

Die damit verbundenen Aktivitäten sind in der Checkliste im Anhang (Abbildung 15) dargestellt.

3. Das EDV-gestützte Frühwarnsystem

Im Hinblick auf die Reduzierung von Kreditausfällen ist es notwendig, die Bonität eines Unternehmens nicht nur vor der Kreditzusage zu prüfen, sondern auch *während der Laufzeit* des Kredites zu überwachen. Das Ziel besteht hier darin, Unternehmenskrisen bzw. wirtschaftliche Verschlechterungen so rechtzeitig zu erkennen, dass man noch sinnvolle Maßnahmen ergreifen kann.

Bei diesen Überwachungsaufgaben unterscheiden wir zwei Bereiche:[8]

1. *Die anlassbezogene Kreditüberwachung:* Vielfach tritt der Kunde während der Laufzeit eines Kredites mit einem Wunsch an die Bank heran (zum Beispiel Kreditprolongation, -aufstockung, Überziehung). Diese Entscheidungssituationen bilden den Anlass für eine systematische „Durchleuchtung" des Gesamtengagements.

2. *Die nicht anlassbezogene Kreditüberwachung:* Hier wird der Kundenbetreuer mit Hilfe eines EDV-gestützten Frühwarnsystems auf Bonitätsverschlechterungen (bzw. potenzielle Ausfallsgefahren) aufmerksam gemacht. Bestimmte Frühwarnindikatoren sollen

8 Vgl. Schmoll 1994.

dem Betreuer als „Warnlichter" ein Signal geben, sich mit bestimmten Kreditfällen näher auseinander zu setzen.

3.1 Die Kontodatenanalyse

Bei der Kontodatenanalyse geht es um die bessere Nutzung des Informationsspeichers „Konto". Der systematischen Auswertung der *Kontoinformationen* kommt ein hoher Stellenwert zu, denn zwischen den Kontodaten und der wirtschaftlichen Entwicklung von Unternehmen existiert ein enger Zusammenhang.

Eine derartige EDV-gestützte Zeitreihenentwicklung zeigt die Abbildung 4. In der hier abgebildeten Bildschirmmaske wird die Saldoentwicklung (= Summe Sollsalden) mit der Entwicklung der Kredit- und Überziehungsrahmen dargestellt. Details, wie Höhe der Überziehungsrahmen bzw. Kreditrahmen, sind durch Anklicken des markierten Zeitpunktes auf der Zeitachse abfragbar. Hier ist deutlich erkennbar, ob sich der Ausnützungsstand innerhalb der aufgegebenen Kredit- bzw. Überziehungsrahmen befindet oder ob es zu Ausnützungen kommt, die über den eingeräumten Rahmen hinausgehen. Diese grafische Darstellung bestimmter Kontodaten im Zeitvergleich ist ein wertvolles Instrument zur laufenden Beobachtung der Ausnützung und damit ein Beitrag zur Risikofrüherkennung.

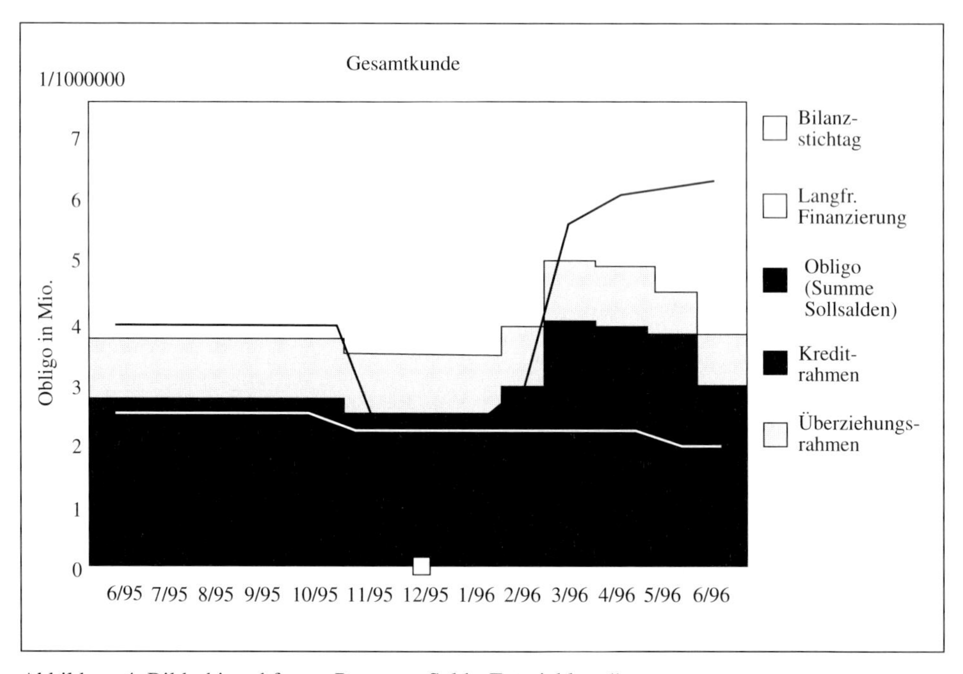

Abbildung 4: Bildschirmabfrage „Personen-Saldo-Entwicklung"

3.2 EDV-Frühwarnindikatoren

Für die praktische Gestaltung der Risikoanalyse und Risikosteuerung müssen aus der Fülle möglicher Informationen jene bankspezifischen Risikoindikatoren identifiziert werden, die auch EDV-mäßig verarbeitet werden können. Diese bilden quasi das Kernstück eines bankbetrieblichen Frühwarnsystems und haben sowohl für die Risikokontrolle als auch für die Kreditüberwachung besondere Bedeutung. Bei dem praktischen Einsatz werden in der Ersten Bank beispielsweise die Daten der Girodatei (Kontokorrentkredite), der Bilanzdatei und der Meldungsdatei (Negativdatei) herangezogen.

In der Folge geht es nun darum, aus diesen EDV-mäßig gespeicherten Informationen *„Kennzahlen der Früherkennung“* zu erarbeiten und die auf diese Weise gewonnenen Frühwarnindikatoren miteinander zu *kombinieren.* Diese Indikatorenkombination erleichtert die Zuordnung der Kreditengagements zu bestimmten Bonitätsklassen. Die Filialen erhalten diese Informationen in Form von speziellen *„Frühwarnlisten“*, so dass für sie in regelmäßigen Abständen (quartalsweise) eine risikomäßige „Kreditinventur“ möglich ist. Derartige Frühwarnlisten geben somit den Anstoß, sich mit bestimmten Kreditfällen intensiver auseinander zu setzen und gegebenenfalls *Maßnahmen* zur Risikoreduzierung zu setzen.

Wie die Abbildung 5 zeigt, umfasst das EDV-gestützte Indikatorensystem drei Teilbereiche, und zwar

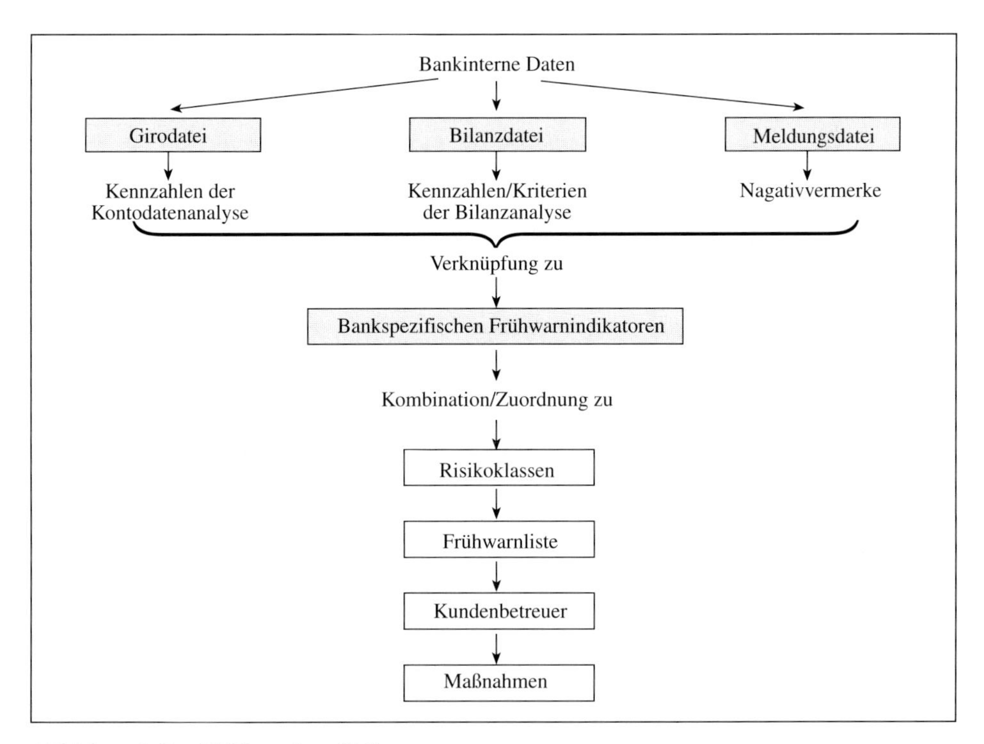

Abbildung 5: Das EDV-gestützte Frühwarnsystem

- die Kontodatenanalyse (Kontengestion),
- die Bilanzanalyse sowie
- das Auskunftswesen.

Aufbauend auf unseren eigenen Erfahrungen und bankinternen Tests[9] ergeben sich die in den Abbildungen 6a bis 6d dargestellten Kataloge der Risikoindikatoren.

EDV-Frühwarnindikatoren aus der Kontengestion			
1.	Überziehung	>	20 % des Kreditrahmens und größer als ... Schilling
2.	Überziehung	>	Summe der Habenumsätze des letzten Quartals
3.	Betrag der Überziehung im letzten Quartal	>	10 % des Überziehungsbetrages im vorletzten Quartal
4.	Dauer der Überziehung	>	4 Monate
5.	Ø Kreditsaldo / Kreditrahmen	>	70 %
6.	Gesamtobligo	>	30 % des Vorjahres-Habenumsatzes
7.	Habenumsatz des letzten Quartals	<	50 % des Habenumsatzes des Vorjahres-Vergleichsquartals
8.	Habenumsatz des letzten Monats	<	25 % des Habenumsatzes des Vormonats
9.	Frist seit der letzten Habenbewegung	>	10 Tage

Abbildung 6a: EDV-Indikatorensystem (Kontengestion)

9 Vgl. Hackl/Schmoll 1990; Schmoll 1994.

EDV-Frühwarnsystem aus der Bilanzanalyse

Nr.	Indikator		Kriterium
10.	Alter der Bilanzdaten in Monaten	>	älter als ... Monate
11.	Bianzbonitätsindikator	=	negativ oder Grenzwertbereich
12.	Netto-Cash-Flow	=	negativ
13.	Kreditwirtschaftliches Fehlkapital	>	0 (vorhanden)
14.	Eigenkapital	<	als dreifacher Unternehmensverlust

Abbildung 6b: EDV-Indikatorensystem (Bilanzanalyse)

EDV-Frühwarnindikatoren ais dem Auskunftswesen

Nr.	Indikator		Kriterium
15.	Vorhandensein von:		Wechselprotest, Klage, Exekution, Offenbarungseid verurteilter Kridatar
16.	Vorhandensein von:		Ausgleich, Zwangsausgleich, Moratorium
17.	Anzahl der Auskunfts-fragen im letzten Quartal	>	als 20 % der Auskunftsanfragen im Vorquartal

Abbildung 6c: EDV-Indikatorensystem (Auskunftswesen)

Sonstige Kriterien

18.	Kreditnehmer hat am Auswertungsstichtag einen Sollstand von ... Schilling
19.	Kreditnehmer gehört einer bestimmten Branche an (Definition nach Branchenschlüssel)
20.	Kontoeröffnung liegt kürzer als ... Monate zurück.

Abbildung 6d: EDV-Indikatorensystem (Sonstige Kriterien)

4. Die Steuerung des Kreditportfeuilles

Für die auf das Gesamtengagement ausgerichtete Risikosteuerung gilt ebenso wie für die auf das Einzelengagement bezogene Kreditbeurteilung, dass nur ein verbesserter Informationsstand die Unsicherheit zu reduzieren vermag. Zielgerichtete Informationen sind somit der „Rohstoff" für das Risikomanagement im Kreditgeschäft. So einleuchtend diese Feststellung auch klingen mag, so zeigt sich in der Praxis dennoch immer wieder, dass im Allgemeinen zu wenig *aussagekräftige Informationen* über das Kreditportefeuille vorhanden sind. Die Versorgung der für die Risikokontrolle und Risikosteuerung verantwortlichen Entscheidungsträger mit Informationen darf daher nicht dem Zufall überlassen werden. Vielmehr muss dieser Informationsprozess in der Bank gezielt und systematisch gestaltet werden.

Ein effizientes *Kredit- und Risikoinformationssystem*

- liefert Informationen zur Beurteilung der Art und Struktur des Kreditgeschäfts;
- vermittelt einen verlässlichen Einblick in die aktuelle Risikosituation des Instituts;
- vermag Fehlentwicklungen und latente Risiken im Kreditgeschäft aufzuzeigen;
- bietet die Grundlage für geschäftspolitische Steuerungsmaßnahmen zur Risikominimierung.

Bei den *risikopolitischen Steuerungsmaßnahmen*[10] können folgende Ansatzpunkte unterschieden werden:

- Quantitative Risikosteuerung und
- Qualitative Risikosteuerung

4.1 Quantitative Risikosteuerung

Eine der gewichtigsten Risikogrößen im Bankbetrieb stellt zweifelsohne das Ausfallsrisiko dar, mit den Kreditrisiken der Großkredite als besondere Gefahrenquelle. Hier kann der Verlust aus einem einzigen Geschäft die Existenz einer Bank in Frage stellen. Das Gebot der Risikostreuung durch eine *Höchstkreditgrenze* soll verhindern, dass eine Bank einen zu großen Teil ihrer Mittel an einige wenige (Groß-)Kreditnehmer vergibt und damit ihre wirtschaftliche Existenz von der Bonität dieser (wenigen) Kreditnehmer abhängig macht. Die quantitative Risikostreuung beruht daher auf der Erfahrung, dass Verluste nie gleichzeitig bei allen Kreditengagements auftreten und sich kleinere Kreditausfälle fast immer verkraften lassen. Bei der technischen Aufbereitung der für die betragsmäßige Risikostreuung notwendigen Daten ist jeweils vom *Gesamtobligo* der wirtschaftlichen Einheit auszugehen, das heißt die Einzelforderungen an einen Kreditnehmer sind zusammenzufassen. Um die größenmäßige Entwicklung dieser Obligi innerhalb des Kreditportefeuilles im Zeitvergleich verfolgen zu können, bietet sich folgende Strukturanalyse an:

10 Vgl. Drzik u. a. 1996.

Größenklasse in ATS	31.3.			30.6.			30.9.			31.12.		
	Anzahl	Volumen	%	Anzahl	Volumen	%	Anzahl	Volumen	%	Anzahl	Volumen	%
Unter 500												
500-1 000												
1 000-3 000												
3 000-5 000												
5 000-10 000												
10 000-15 000												
15 000-20 000												
20 000-30 000												
Über 30 000												
Summe			100			100			100			100

Abbildung 7: Gliederung des Ausleihungsvolumens nach Größenklassen/Zeitvergleich

4.2 Qualitative Risikosteuerung

Die Risikolimitierung durch eine größenmäßige Risikostreuung muss durch eine *qualitative Ausgewogenheit* des Kreditportefeuilles ergänzt werden. Angestrebt werden sollte eine qualitative Risikostreuung nach den folgenden Kriterien:

Kreditnehmerbezogene Risikostreuung

- nach Zielgruppen
- nach Branchenzugehörigkeit der Kreditnehmer

Sachliche Risikostreuung

- nach Kreditarten
- nach Verwendungszweck
- nach Sicherheiten
- nach Zinssatzstruktur

Zeitliche Risikostreuung

- nach Fristigkeiten (kurz-, mittel-, langfristige Kredite)
- nach Restlaufzeiten der bisherigen Ausleihungen

Örtliche Risikostreuung

- nach Wirtschaftsregionen

Überbetriebliche Risikostreuung

- durch gemeinsame Kreditgewährung eines Einzelkredites im Rahmen eines Kreditkonsortiums (Konsortialfinanzierung)

Abbildung 8: Maßnahmenkatalog für die qualitative Risikostreuung

Für eine qualitative Steuerung des Kreditgeschäfts ist es notwendig, die in den verschiedenen Dateien gespeicherten Daten zu aussagefähigen Management-Informationen zu verarbeiten. Dies ist in der Praxis eine nicht zu unterschätzende Herausforderung, da die dafür erforderlichen Daten in den Instituten oftmals unstrukturiert (und daher vielfach ungenutzt) nebeneinander stehen. Die Qualität eines risikorelevanten Informationssystems ist davon abhängig, welche Möglichkeiten bestehen, verschiedene Dateien zueinander in Beziehung zu setzen. So sind dann beispielsweise folgende Auswertungsmöglichkeiten, jeweils mit Darstellung der Risikosituation, denkbar:

- Informationen über einzelne Kreditnehmer bzw. eine Firmengruppe,
- Gliederung der Kreditengagements nach Größenklassen (zum Beispiel alle Kreditrahmen ab 5 Mio. DM),
- Gliederung der Kredite nach regionalen Gesichtspunkten (zum Beispiel eines bestimmten Bundeslandes),
- Gliederung der Kredite nach Rechtsform der Kreditnehmer,
- Gliederung nach Branchen,
- Gliederung nach Kreditarten (zum Beispiel Betriebsmittelkredite, Investitionskredite, geförderte Kredite),
- Gliederung nach Filialen bzw. Vertriebsregionen,
- Kombination mehrerer dieser Kriterien (zum Beispiel regionale Gesichtspunkte mit Branche und Größenklasse).

4.3 Auswertungsbeispiele für Strukturanalysen

Von der Vielfalt der möglichen Auswertungen sollen im folgenden Abschnitt jene näher beschrieben werden, die für das praktische Kredit- und Risikomanagement von besonderer Bedeutung sind. Für eine erste *Strukturanalyse* des Kreditportefeuilles bietet sich beispielsweise eine Auswertung nach Zielgruppen an (Abbildung 9).

Zielgruppe	31.3.			30.6.			30.9.			31.12.		
	Anzahl	Volumen	%	Anzahl	Volumen	%	Anzahl	Volumen	%	Anzahl	Volumen	%
Private Haushalte												
Freie Berufe												
Klein- und Mittelbetriebe												
Grosskommerz												
Insitutionelle Kunden												
Land- und Forstwirtschaft												
Usw.												
Summe			100			100			100			100

Abbildung 9: Struktur des Kreditportefeuilles nach Zielgruppen/Zeitvergleich

Nach dem Grundmuster in Abbildung 9 lassen sich auch Auswertungen nach Branchen, Sicherheitenarten usw. erstellen und *Zeitreihen* anfertigen. Unter Risikogesichtspunkten bedarf es aber noch einer wesentlichen Ergänzung: Die Feststellungen zur Größen- und Branchenschichtung sowie Sicherheitenstruktur sind zwar wichtige Informationen, aber erst durch die Verknüpfung zur Kreditnehmerbonität wird der Wert der Daten fundierter. Für das *Risiko*management ist es somit erforderlich, die Strukturdaten der Kreditengagements mit *Risikomerkmalen* zu verknüpfen.

Erst auf diese Weise lassen sich Schlussfolgerungen und Maßnahmen hinsichtlich der *Qualität des Risikoverteilungsprofils* eines Kreditportefeuilles ableiten. „Bei der Formulierung der Risikoklassen sollte zuerst nach gedeckten und ungedeckten Krediten unterschieden werden. Besondere Beachtung ist den ungedeckten Krediten zu schenken, da bei den gedeckten Krediten stets die Möglichkeit zur Verwertung der Sicherheiten besteht."[11] Für eine diesbezügliche Risikoanalyse bietet sich beispielsweise die in Abbildung 10 dargestellte Auswertung an.

					Davon entfallen auf die Risikoklassen											
					Klasse I			Klasse II			Klasse III			Klasse IV		
Größenklasse in TS ATS	Anzahl	Volumen	%	Davon unbesichert	Anzahl	Volumen	Davon unbesichert	Anzahl	Volumen	Davon unbesichert	Anzahl	Volumen	Davon unbesichert	Anzahl	Volumen	Davon unbesichert
Unter 1 000																
1 000-3 000																
3 000-5 000																
5 000-10 000																
10 000-15 000																
15 000-20 000																
20 000-30 000																
Über 30 000																
Summe			100													

Abbildung 10: Gliederung des Ausleihungsstandes nach Größenklassen und Risikogruppen

11 Vgl. Schierenbeck 1993.

Für geschäftspolitische Entscheidungen von besonderem Interesse ist die Verknüpfung von Volumen-, Ertrags- und Risikogesichtspunkten. Zu diesem Zweck sind für jede Risikoklasse neben den absoluten Zahlen wie Obligo, Deckungsbeiträgen und Wertberichtigungen auch

- Ertragskennzahlen (zum Beispiel Deckungsbeitrag in Relation zum Wertleistungsvolumen),
- Risikokennzahlen (zum Beispiel Wertberichtigungen in Relation zum Ausleihungsstand) sowie
- Durchschnittswerte pro Kunde (zum Beispiel Deckungsbeitrag pro Kunde)

zu bilden.

Eine diesbezügliche Auswertung wie sie in der Erste Bank verwendet wird, zeigt die Abbildung 11.

Wie die Abbildungen zeigen, besteht eine der wesentlichsten Voraussetzungen für ein effizientes Risikomanagement darin, dass die einzelnen Kreditengagements bestimmten *Bonitäts-* bzw. *Risikoklassen* zugeordnet werden. Für die laufende Überwachung und Steuerung der Entwicklung der Risikostruktur im Kreditgeschäft ist die Zuordnung der Kreditengagements in Risikoklassen erforderlich. Wegen der Bedeutung dieser Frage für die Kreditpraxis wollen wir im nächsten Abschnitt auf die Entwicklung von Bonitäts- und Risikoklassensystemen näher eingehen.

	Risikoklasse I	Risikoklasse II	Risikoklasse III	Risikoklasse IV	Gesamt
Kundenanzahl					
Soll-Stand					
Wertleistungs-volumen (WLV)					
Summe Deckungs-beiträge (DB)					
DB in % WLV					
WLV pro Kunde					
DB pro Kunde					
Gesamtobligo					
Einzelwertbe-richtigung (EWB)					
EWB in % Obligo					

Abbildung 11: Kompaktinformationen für das Kredit- und Risikomanagement

5. Bonitäts- und Risikoklassensysteme

5.1 Funktionen von Bonitäts- und Risikoklassensystemen

Informationsfunktion

Die gezielte Anwendung von Bonitäts- und Risikoklassensystemen gibt dem Kredit-Risikomanagement ein Instrument zur Hand, das die Beantwortung folgender Fragen erleichtert:

- In welchen Risikoklassen liegen die größten Volumina unseres Kreditbestandes?
- Wie hat sich die Risikostruktur im Zeitvergleich verändert?
- Kann man – im Hinblick auf zusätzliche Ertragschancen – zusätzliche Kreditrisiken eingehen?
- Muss bei der Kreditvergabe differenzierter bzw. restriktiver vorgegangen werden, weil das Gesamtrisiko aus dem Kreditbestand zu hoch zu werden droht?

Beim einzelnen *Kreditengagement* vermag die Risikoklassifizierung die Qualität der Kreditüberwachung zu verbessern, weil ein *standardisiertes Bewertungsschema* vorgegeben ist. Ein vorgegebenes Bewertungsschema zwingt jeden Kundenbetreuer, einen Kredit zunächst nach den gleichen Gesichtspunkten zu bewerten.

Sicherungsfunktion

Der wichtigste und augenscheinlichste Aspekt der Risikoklassifizierung ist zweifelsohne die Sicherungsfunktion, die auch eine *Verhütungswirkung* und *Beseitigungswirkung* mit einschließt. Im Vordergrund steht hier das Ausfallsrisiko, das es zu minimieren gilt.

Frühzeitiges Erkennen von Fehlentwicklungen soll möglichen Schaden für die Bank durch Kreditausfälle verhindern. Aufgrund der Informationen aus dem Bonitäts- und Risikoklassensystem sind daher präventive *Maßnahmen* einzuleiten bzw. Geschäftspolitische Steuerungsmaßnahmen zu setzen, um Kreditverluste und damit die *Risikokosten* zu reduzieren.

5.2 Elemente und Merkmale

Bei der Abgrenzung der Begriffe *„Bonitätsklasse“* bzw. *„Risikoklasse“* gehen wir vom inhaltlich umfassenderen Begriff der *Risiko-Klasse* aus. Wenn wir diesen Terminus in seine zwei Bestandteile zerlegen, kommt das Wesen deutlich zum Ausdruck: Es geht um (Kredit-)„Risiko“ und um eine „Klasseneinteilung“.

Das *Kreditrisiko* lässt sich in folgende Teilrisiken aufgliedern: Das Ausfallsrisiko (Verlustrisiko) und das Liquiditätsrisiko ergeben das Bonitätsrisiko, das zusammen mit dem Besicherungsrisiko das Kreditrisiko i. e. S. (auch als das „aktive Kreditrisiko“ bezeichnet) ergibt. Aus dieser Unterteilung können wir auch den Unterschied zwischen „Bonitätsklassen" einerseits und „Risikoklassen" andererseits ableiten: Während sich die *Risikoklassen* unter Berücksichtigung der Kreditsicherheiten auf die Erfassung des aktiven Kreditrisikos beziehen, wird mit den *Bonitätsklassen* ausschließlich das Bonitätsrisiko (ohne Sicherheitenbetrachtung) erfasst.[12]

Eine Risikoklassifizierung im mittelständischen Firmenkundengeschäft wird somit durch die Verknüpfung der Beurteilung der Unternehmensbonität und Bewertung der Sicherheitenposition möglich. In der Praxis müssen daher die Kreditengagements in zweierlei Hinsicht analysiert und klassifiziert werden:

- nach der Unternehmensbonität (Bonitätsklassen) und
- nach den Sicherheiten (Sicherheitenklassen).

Erst die Verbindung von Bonitätsklassen und Sicherheitenklassen führt zu *Risikoklassen,* die das Ausfallsrisiko ausdrücken. In der Praxis stellt sich nun die Frage, anhand welcher Merkmale die Bonität des Unternehmens erfasst werden kann und nach welchen Kriterien Sicherheiten zu beurteilen sind. Dabei sind bei der Bewertung der *Unternehmensbonität* folgende Bonitätsmerkmale zu unterscheiden:

- die Bilanzbonität,
- die Unternehmenssituation sowie
- die Kontoführung

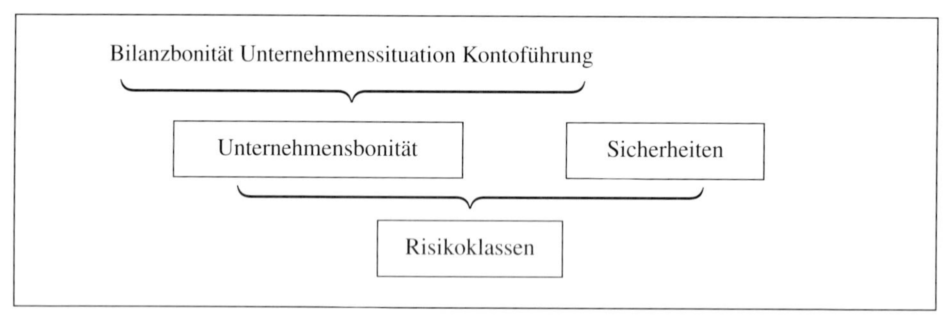

Abbildung 12: Aufbau des Risikoklassensystems

Bei der Fixierung der *Anzahl* der Risikoklassen ist schließlich noch darauf zu achten, dass die Engagements *innerhalb* einer Risikoklasse hinsichtlich des Ausfallsrisikos möglichst homogen sind (Intra-Klassen-Homogenität). Umgekehrt soll die Homogenität *zwischen* den Risikoklassen (Inter-Klassen-Homogenität) möglichst klein sein.

Als ein Beispiel aus der Praxis sei hier das Bonitätsklassensystem des Deutschen Sparkassen- und Giroverbandes (DSGV) genannt.[13] Dieses „Kredit-Rating-System" verknüpft folgende Instrumente bzw. Informationen

12 Vgl. Heisinger 1999; Hengl 1999.

13 Vgl. Buchmann 1996.

- der Kontoführung (Scoring, KONDAN)
- der wirtschaftlichen Verhältnisse des Unternehmens in der Vergangenheit und in der Zukunft (EBIL, STATBIL, FIPLA)
- der Unternehmer-, Unternehmensbeurteilung (UUB)
- der Markt- und Wettbewerbssituation (Portfolioanalyse)
- der Branchensituation und -prognose (BRADI, FERI)

zu einem Gesamtergebnis.

Durch eine systematische Beurteilung der Bonität des Unternehmens und der Bewertung der Sicherheiten entsteht ein Klassifikationsschema in Form einer Matrix. Um die Risikostruktur eines Kreditinstituts übersichtlich darzustellen, kann man nun auf jedes dieser Felder das dieser Risikoklasse entsprechende Kreditvolumen in Form einer Säule auftragen, so dass man, bildlich gesprochen, eine institutsspezifische „Risikolandschaft" erhält. Ein diesbezügliches Praxisbeispiel aus dem österreichischen Raiffeisensektor zeigt die Abbildung 13:

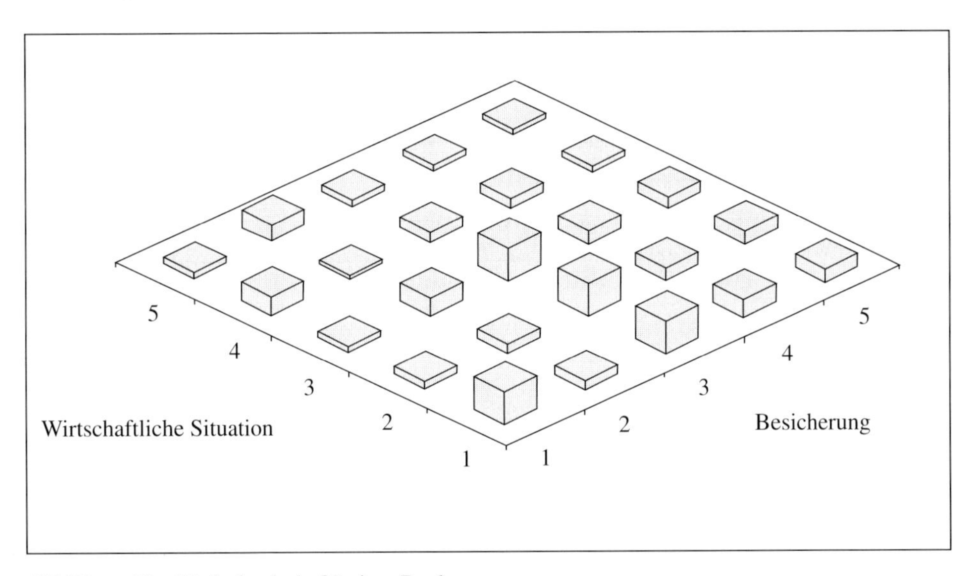

Abbildung 13: „Risikolandschaft" einer Bank

6. Maßnahmen

Risikomanagement und die damit verbundenen Instrumente sind kein Selbstzweck. Dies gilt es zu betonen, weil die damit verbundenen Maßnahmen oftmals als „lästiges Übel" empfunden werden. Mit den Ergebnissen der Risikoanalyse und Risikoklassifizierung muss man sich ernstlich auseinandersetzen. So können aus dem Risikoklassensystem beispielsweise *Maßnahmen* für

- eine abgestufte Kreditüberwachung
- die Kreditbetreuung
- die weitere Behandlung des Engagements
- die Kompetenzregelungen
- die Konditionengestaltung

abgeleitet werden.

6.1 Betreuungsintensität

Risikoklassen machen den Grad der potenziellen Gefährdung sichtbar und geben damit Hinweise auf Abweichungen vom angestrebten Kreditverlauf. Sie liefern damit dem Kundenbetreuer einen Anstoß, sich mit bestimmten Kreditfällen intensiver auseinander zu setzen und Maßnahmen zur Risikoreduzierung einzuleiten. Damit wird auch der Nutzen solcher Instrumente deutlich: Der Kundenbetreuer kann seine Überwachungsaktivitäten auf die *kritischen* Fälle konzentrieren, die knappen Ressourcen werden *effizienter* eingesetzt.

Die konkreten Maßnahmen sind von der jeweiligen Problemstellung des *Einzelfalls* abhängig, so dass keine generellen Handlungsempfehlungen gegeben werden können. Abbildung 14 liefert einen groben Überblick, welche Maßnahmen bei den Kreditengagements der einzelnen Risikokategorien zu ergreifen sind.

Risikoklassen	**Maßnahmen**
In Ordnung befindliche Kreditengagements	Regelmäßige (mind. jährliche) Prüfung, ob sich die wirtschaftliche Situation nicht verändert hat
Anmerkungsbedürftige Kreditengagements	• Laufende Überwachung der Kontogestionierung • Vierteljährliche Überprüfung der Gesamtkundenverbindung durch den Kundenbetreuer: Obligoentwicklung, Entwicklung des Blankoanteils usw. • Regelmäßige Kundengespräche • Einforderung aktueller Unterlagen, Auskünfte usw.
Notleidende Kreditengagements	• Eigene Betreuungsorganisation für gefährdete Engagements („Sanierungsausschuss") • Erstellung eines betriebswirtschaftlichen Sanierungskonzeptes • Strenge Gestionierung • Anteilige Wertberichtigung für Blanko (Risiko-) anteil Uneinbringliche Kreditengagements • Eintreibungsmaßnahmen • Betreuung durch Rechtsbüro

Abbildung 14: Beispiele für Maßnahmen bei den einzelnen Risikoklassen

6.2 Kreditkompetenzen

6.2.1 Differenzierung nach Bonitätsklassen

Sehr häufig wird die Höhe der übertragenen Kreditkompetenzen in Abhängigkeit von der jeweiligen Bonitätsklasse festgelegt. Das heißt, bei Unternehmen mit einem besseren Bonitätsrating kann der Betreuer über betragsmäßig höhere Kreditanträge entscheiden als bei bonitätsmäßig schlechteren. Einige Banken sehen hier vor, dass ab einer bestimmten Risikostufe (zum Beispiel bei gefährdeten Kreditengagements) die allgemeine Kreditkompetenz des Betreuers erlischt. Die Entscheidungen werden dann gemeinsam mit der Fachabteilung (Sanierungsstelle) getroffen.

6.2.2 Differenzierung nach Kreditsicherheiten

Ausschlaggebend bei Kreditentscheidungen ist immer der Blanko- oder Risikoanteil. Daher wird bei manchen Kompetenzsystemen im Kreditgeschäft nach der Art der Sicherstellung differenziert. Die Kundenbetreuer erhalten betragsmäßige Obergrenzen, innerhalb derer ein bestimmter Betrag „blanko" (das heißt ohne Sicherheiten) vergeben werden darf. Wichtig ist bei diesem System, dass die Vorgangsweise der Sicherheitenbewertung im Institut in Form eines „Sicherheitenkatalogs" klar und eindeutig geregelt ist.

6.3 Risikoabhängige Konditionengestaltung

Die Praxis zeigt, dass trotz ausgefeilter Instrumente ein bestimmter Anteil der Ausleihungen regelmäßig abgeschrieben werden muss. Dieses Risiko ist daher bei der *Preisfestsetzung* zu berücksichtigen. Latente Risiken sollen daher kalkulatorisch in Form von *Risikokosten* bereits bei der Kreditvergabe berücksichtigt werden. Als *risikoadäquater Preis* kann demnach jene Marge bezeichnet werden, die pro Kredit erzielt werden muss, um dessen potenziellen Ausfall (Verlust) zu decken. Dabei kann man von folgendem Kalkulationsschema ausgehen:[14]

  Referenzzinssatz (Geld-/Kapitalmarkt)
\+ Risikokosten
\+ Bearbeitungskosten
\+ Eigenkapitalkosten
= Orientierungsmarge

Ein solches Pricing-Modell bietet dem Bankmanagement die Möglichkeit, Kreditmargen je nach voraussichtlichen Verlustwahrscheinlichkeiten zu variieren.

Zusammenfassend können wir somit Folgendes festhalten:

14 Vgl. Grabher u. a. 1996 ; Schröder 199; Berner1998.

Ein systematisch aufgebautes Instrumentarium des Kredit-Risikomanagements vermittelt eine bessere Transparenz des im Kreditportefeuille einer Bank enthaltenen Ausfallsrisikos und bietet die Basis für eine aktive Risikokontrolle und Risikosteuerung.

Gleichzeitig erreicht man dadurch eine stärkere Bewusstseinsbildung und Sensibilisierung bei den für das Kreditgeschäft verantwortlichen Führungskräften und Mitarbeitern.

7. Anhang

Risiko-Früherkennung/Kreditüberwachung

- Bearbeitung der regelmäßig erscheinenden „Frühwarnlisten" (EDV-Frühwarnindikatoren)
- Feststellung des Grades der Ausfallsgefährdung der Engagements
- Erarbeitung von Vorschlägen für Maßnahmen zur Risikoreduzierung
- Berichte an die zuständigen Kundenbetreuer (Aufforderung zur Stellungnahme)
- Berichte an den Vorstand
- Kontrolle der Listen-Bearbeitung, die der Überwachung des Kreditgeschäfts dienen (Überziehungslisten, Rückstandslisten usw.)
- Überwachung der Limits für Großveranlagungen

Materielle Kreditkontrolle

- Materielle Kontrolle der Kreditentscheidungen ab einem Gesamtobligo von ... DEM
- Prüfung der kompletten Dokumentation des Kreditfalles (Nachvollziehbarkeit der Kreditentscheidung/Aussagekraft der Stellungnahme im Kreditantrag)
- Kontrolle der richtigen Ermittlung des Gesamtobligos
- Aktualität der Unterlagen
- Überprüfung der Kreditsicherheiten bei diesen Engagements (Wirtschaftlicher Wert, rechtliche Durchsetzbarkeit)
- Besprechung der geprüften Entscheidungen mit dem zuständigen Pouvoirträger (Schwachstellenanalyse/Maßnahmensetzung)
- Prüfung der Kreditanträge, die in die Kompetenz des Vorstandes bzw. Sparkassenrates fallen, vor deren Genehmigung

Bonitäts- und Risikoklassen

- Mitwirkung bei der Festlegung der Einstufungskriterien Bonitätsklassen/Sicherheitenklassen
- Überprüfung der Richtigkeit der Einstufung bei Kreditengagements ab ....DEM Gesamtobligo (Risikoklassenzuordnung)
- Regelmäßige Darstellung der Risikostruktur des Kreditportefeuilles
- Veränderung der Risikostruktur im Zeitvergleich (Zeitreihen)

Risikoanalyse/Risikoberichte

- Regelmäßige Strukturanalysen des Keditportefeuilles (zum Beispiel nach Branchen, Größenklassen)
- Regelmäßige Auswertungen der Bonitäts- und Risikoklassen (unter Berücksichtigung der Blankoanteile)
- Herausarbeiten von Veränderungen der Gesamtrisikolage (Zeitvergleich)
- Verfassen der vierteljährlichen Risikoberichte an den Vorstand
- Erarbeitung von Vorschlägen für die EWB-Bildung
- Erarbeitung von Vorschlägen für Systeme/Instrumente zur Risikoreduzierung

Organisation der Kredit-Risikomanagementsitzung

- Vorbereitung der Sitzungsunterlagen (Risikoberichte, Auswertungen usw.)
- Berichterstattung über Gesamtrisikolage
- Sitzungsorganisation (Terminkoordination, Einladung, Tagesordnung, Protokollerstellung)

Betreuung gefährdeter Kreditengagements

- Feststellung der Gefährdung von Engagements aufgrund sparkasseninterner und externer Informationen
- Erarbeitung von Vorschlägen für die weitere Vorgangsweise (Sanierungsstrategien)
- Verbesserung der betrieblichen Situation (Unternehmenssanierung in ertragsmäßiger Hinsicht: Überprüfung der vom Unternehmer/Steuerberater vorgelegten Konzepte und Prognosen)
- Verbesserung der Sicherheitensituation
- Führung von Kundengesprächen
- Dokumentation der Entwicklung der Gefährdeten Engagements (GE) im Zeitverlauf

Organisation des „Sanierungs-jour fixe"

- Koordination des Gremiums für gefährdete Engagements: Einladung, Tagesordnung, Protokollerstellung
- Aufbereitung der GE-Fälle (Obligoaufstellung, Referat usw.)
- Teilnahme an der Entscheidungsfindung und Maßnahmenfestsetzung im Gremium
- Veranlassung und Mitwirkung bei der Umsetzung der beschlossenen Maßnahmen
- Überwachung der Maßnahmenumsetzung (Terminevidenz)

Beratungsunterstützung für Kundenbetreuer

- Unterstützung der Firmenkundenbetreuer bei jenen Kreditfällen, die aufgrund ihrer Größenordnung nicht in die zentrale Betreuung für gefährdete Engagements aufgenommen werden
- Gestionierung dieser Fälle gemeinsam mit dem zuständigen Kundenbetreuer (inklusive Überwachung der gesetzten Maßnahmen sowie Erfolgskontrolle)
- Über Wunsch des Kundenbetreuers Teilnahme an Kundengesprächen

Mahnungen/Betreibungen/Insolvenzen

- Mahnwesen
- Abwicklung der Klagefälle in Zusammenarbeit mit Rechtsanwälten (Rechtsverfolgung)
- Überwachung der Klagefälle
- Laufende Abfrage der Insolvenzdatei (Insolvenzmeldungen)
- Aufbereitung der Insolvenzfälle
- Laufende Betreuung bei Insolvenzverfahren (Vertretung des Instituts bei Anwälten, vor Gericht usw.)

Mitwirkung bei Aus- und Weiterbildung

- Mitverantwortung beim institutionalisierten Erfahrungsaustausch innerhalb der Sparkasse im Hinblick auf Risikobewusstsein
- Mitwirkung bei internen Schulungsveranstaltungen
- Entwicklung von „job-rotation-Programmen" (für Kundenbetreuer)

Abbildung 15: Tätigkeitenkatalog der Stelle „Risikomanagement"

Literaturhinweise

BERNER, O.: Risikoabhängige Preisgestaltung im Firmenkundengeschäft, in: Management von Marktpreis- und Ausfallrisiken (Hrsg.: P. Hanker), Wiesbaden 1998.

BRANDNER, W.: Risikotragfähigkeit im Rahmen des Risiko-Managementsystems, in: Kreditrisiken erfolgreich managen (Hrsg.: A. Schmoll), Wien 1999.

BUCHMANN, P.: Ratingsystem zwischen Ist und Soll, in: Betriebswirtschaftliche Blätter, 5/1996.

DRZIK J./STROTHE G.: Die sieben Stufen des Kreditrisikomanagements, in: Die Bank, 5/1997.

GRABHER C./KLIEN W./STOSS, K.: Neue Wege im Kreditrisikomanagement, in: Bank-Archiv, 1/1996.

HACKL P./SCHMOLL A.: Kontodatenanalyse zur Früherkennung von Kreditrisken, in: Bank-Archiv, 11/1990.

HEISINGER, A.: Risikoklassensystem für Regionalbanken, in: Kreditrisiken erfolgreich managen (Hrsg.: A. Schmoll), Wien 1999.

ISERN W./HENRICH L.: Kreditstrukturmanagement, in: Bank Information, 2/2000.

ROLFES, B.: Gesamtbanksteuerung, Stuttgart 1999.

SCHIERENBECK, H.: Frühwarnsysteme für Bankverwaltungsräte (Hrsg.: Gesellschaft für Bankenrevision), 2. Auflage, Bern 1993.

SCHIERENBECK, H.: Risikomanagement im Konzept ertragsorientierter Banksteuerung, in: Die gewerbliche Genossenschaft, 1/1997.

SCHMOLL, A.: Effizientes Risikomanagement in Kleinbanken, in: Kreditrisiken erfolgreich managen (Hrsg.: A. Schmoll), Wien 1999(a).

SCHMOLL, A.: Handbuch der Kreditüberwachung, 2. Auflage, Wien 1994.

SCHMOLL, A: Risikomanagement – nichts dem Zufall überlassen, in: Kredit-Praxis, 3/1999(b).

SCHRÖDER, G. A.: Kalkulation der Risikokosten, in: Kreditrisiken erfolgreich managen (Hrsg.: A. Schmoll), Wien 1999.

TESCHNER, C.: Aufbau einer effektiven Portfoliosteuerung, in: Management von Marktpreis- und Ausfallrisiken (Hrsg.: P. Hanker), Wiesbaden 1998.

Reinhold Hölscher / Oliver Haas

Modellbasierte Analyse und Steuerung von Liquiditätsrisiken

1. Grundlagen

Ein wichtiges Ziel eines jeden Unternehmens – speziell eines Kreditinstituts – ist neben der Rentabilität die Sicherstellung der jederzeitigen Zahlungsbereitschaft, der so genannten Liquidität. Zur Erfüllung dieser Bedingung muss ggf. das dominierende Ziel der Ertragsmaximierung in den Hintergrund treten.

Die Aufgaben des Liquiditätsmanagements bestehen in diesem Zusammenhang in der Feststellung der Liquiditätserfordernisse, dem ständigen Abgleich der Soll- und der Ist-Entwicklung sowie der fortlaufenden Analyse potenzieller Liquiditätsrisiken aus der Entwicklung der Anlage- und Refinanzierungsstruktur. Der dafür notwendige Überwachungs- und Steuerungsprozess setzt eine Quantifizierung der Liquiditätsrisiken voraus, wobei die Vielschichtigkeit und das Zusammenwirken der Bestimmungsfaktoren der Liquidität berücksichtigt werden müssen.

1.1 Die verschiedenen Liquiditätsrisiken

Als Liquiditätsrisiko wird die Gefahr einer betrags- oder zeitpunktbezogenen Abweichung der tatsächlichen von den erwarteten Zahlungsströmen bezeichnet.[1] Es sind verschiedene Liquiditätsrisiken zu unterscheiden, wobei eine Differenzierung in originäre und derivative Liquiditätsrisiken sinnvoll ist.

Zu den *originären Liquiditätsrisiken* gehören das Refinanzierungs-, das Termin- und das Abrufrisiko. Das Refinanzierungs- oder Liquiditätsanspannungsrisiko bezeichnet die Gefahr, dass im Rahmen der kurzfristigen Refinanzierung längerfristiger Aktiva die Anschlussfinanzierung nicht oder nur zu schlechteren Konditionen sichergestellt werden kann. Das Terminrisiko besteht in der Gefahr eines verspäteten Eingangs von Tilgungs- und/oder Zinszahlungen. Das Abrufrisiko drückt schließlich die Gefahr einer überplanmäßigen Inanspruchnahme von Kreditzusagen oder fälliger resp. jederzeit abrufbarer Einlagen aus.[2]

Während die originären Liquiditätsrisiken unmittelbar aus der Liquiditätssphäre stammen, sind die *derivativen Liquiditätsrisiken* die mittelbare Folge des Eintretens anderer Risikoarten. So haben sowohl die klassischen Erfolgsrisiken (zum Beispiel Ausfall-, Zinsänderungsrisiken) als auch die operationellen Risiken (zum Beispiel technische Risiken) neben ihren ertragsmindernden Effekten auch liquiditätsmäßige Konsequenzen.

Das im Rahmen dieses Beitrags aufgezeigte Modell ist auf die Steuerung der originären Liquiditätsrisiken fokussiert. Die derivativen Liquiditätsrisiken müssen bei der Informationsaufbereitung und Analyse berücksichtigt werden, die Steuerung dieser Risikoarten

1 Vgl. Bauer 1991, S. 2 ff.; Schulte 1997, S. 38 f.
2 Vgl. Schierenbeck 1999, S. 7.

obliegt jedoch in der Regel nicht dem Liquiditätsmanagement, sondern anderen Fach- und Stabsabteilungen (Kreditabteilung, Zinsrisikosteuerung).

Für Bonitätsrisiken und zur Messung des Verlustpotenzials aus Marktpreisrisiken ist die Anwendung von Value-at-Risk-Konzepten bereits Standard in den Kreditinstituten. Zur umfassenden Quantifizierung des Liquiditätsrisikos hingegen hat sich bisher noch kein generell anerkanntes Konzept etabliert. Dies dürfte u.a. daran liegen, dass es für Kreditinstitute nicht ausreicht, die aus den vereinbarten Fälligkeiten ableitbaren Zahlungsverpflichtungen termingerecht erfüllen zu können. Vielmehr muss eine Bank auch in der Lage sein, vorfälligen Auszahlungswünschen in einem gewissen Umfang zu entsprechen. Bei der Modellbildung sind daher die nicht exakt vorhersehbaren bzw. unsicheren Liquiditätsströme angemessen zu berücksichtigen.

1.2 Dimensionen der Liquiditätsanalyse

Die Liquiditätssituation einer Bank hängt zunächst von den Zahlungsmittelzu- und Zahlungsmittelabflüssen der bilanzwirksamen Produkte ab. Darüber hinaus wird die Liquidität auch durch die Zahlungserfordernisse aus dem derivativen und dem sonstigen außerbilanziellen Geschäft stark beeinflusst.

Zur *Mittelbeschaffung* stehen einem Kreditinstitut neben dem klassischen Einlagengeschäft eine Vielzahl von Finanzierungsmöglichkeiten zur Verfügung. Eine besondere Bedeutung besitzt hierbei der Interbankenmarkt (Geldmarkt) für den kurzfristigen Zahlungsausgleich sowie der Kapitalmarkt zur längerfristigen Refinanzierung. Aussagen über die daraus resultierenden Zahlungsströme, das heißt den Zeitpunkt der jeweiligen Rückzahlungsverpflichtung, lassen sich in der Regel aus den vertraglich festgelegten Fälligkeiten ableiten. Bei nicht terminierten Einlagen (Spareinlagen, Kontokorrentkonten) muss hingegen mit wahrscheinlichkeitstheoretischen Methoden gearbeitet werden, hier sind die Fälligkeiten also aufgrund von bisherigen Verhaltensmustern (Vergangenheit) zu berechnen. Eine besondere Form der Refinanzierung stellt Eigenkapital dar, das unter der Annahme des „going concern" zeitlich unbegrenzt zur Verfügung steht. Eine weitere wesentliche Rolle im Refinanzierungsprozess besitzt der Zugang zu Zentralbankliquidität. Unter Nutzung sogenannter „refinanzierungsfähiger Sicherheiten" können bei der Zentralnotenbank Refinanzierungsfazilitäten zur kurzfristigen Liquiditätsbeschaffung in Anspruch genommen werden.

Die *Mittelverwendung* vollzieht sich bei Kreditinstituten über die Vergabe von Krediten, der Anlage von Geldern am kurzfristigen Interbanken(Geld-)markt und durch mittel- und langfristige Investitionen am Kapitalmarkt. Ein Teil der in Wertpapieren investierten Mittel dient dabei als Liquiditätsreserve. Mit der Haltung einer angemessenen Liquiditätsreserve beschäftigt sich die Liquiditätsreservesteuerung, die einen Teil des Liquiditätsmanagementprozesses darstellt. Wie bei der Mittelbeschaffung gibt es auch bei der Mittelverwendung nicht (unmittelbar) terminiertes Geschäft, wie beispielsweise Dispositionskredite, deren Liquiditätsauswirkungen nicht eindeutig bestimmbar sind. Analog zur

Vorgehensweise bei nicht terminierten Einlagen können die Fälligkeiten dieser Kredite nur abgeschätzt oder statistisch hergeleitet werden.

Ferner haben Geschäfte, die noch keinen Niederschlag in der Bilanz gefunden haben, einen teilweise erheblichen Einfluss auf die Liquiditätssituation. Beispielsweise sind bei bereits abgeschlossenen, noch nicht valutierten Geschäften neben den Cash-Flows bei Geschäftsende auch die initialen Zahlungen zu berücksichtigen. Darüber hinaus ist es erforderlich, die Inanspruchnahme von eingeräumten, aber noch ungenutzten Kreditlinien unter wahrscheinlichkeitstheoretischen Gesichtspunkten abzubilden.

Bei *derivativen Geschäften*, wie zum Beispiel dem Futures-, Options- oder Swapgeschäft, sind die zukünftigen Liquiditätsauswirkungen mit vielen Unsicherheitsmomenten verbunden. Es ist daher zweifelhaft, ob es sachdienlich ist, eine komplexe Beurteilung dieser Geschäfte unter Liquiditätsgesichtspunkten vorzunehmen. Letztlich wird sich die Form der Berücksichtigung derivativer Geschäfte an institutspezifischen Aspekten, das heißt am Einfluss der Geschäfte auf die Liquiditätssituation, orientieren müssen.

Die Komplexität der Liquiditätsthematik ergibt sich nicht nur aus der Vielzahl der liquiditätsbestimmenden Faktoren, sondern auch aufgrund der verschiedenen Betrachtungsweisen der Liquidität. Einerseits ist eine *statische Beurteilung* der Liquidität möglich, bei der nur fest vereinbarte Fälligkeiten („contractual maturities“) bereits abgeschlossener Geschäfte berücksichtigt werden. Unbekannte Größen werden hierbei als konstant unterstellt bzw. finden keine Anrechnung. Andererseits ist eine *dynamische Betrachtung* der Liquiditätssituation unter zusätzlicher Würdigung potenzieller zukünftiger Entwicklungen (Prolongationen, Einlagenabbau, Aquisitionen) denkbar. Ein Modell zur Liquiditätssteuerung sollte beide Perspektiven berücksichtigen.

Die Analyse der Liquiditätslage kann sich darüber hinaus auf einen *aktuellen Zeitpunkt* (Analyse verschiedener Kennzahlen zu einem aktuellen Auswertungszeitpunkt) oder einen *historischen Zeitraum* (Betrachtung von Kennzahlen über mehrere Auswertungszeitpunkte) beziehen[3]. Eine zeitraumbezogene Betrachtung bietet sich insofern an, da diese es ermöglicht, einen Liquiditätstrend zu erkennen (vgl. Abbildung 1).

<table>
<tr><th></th><th>Auswertungstag</th><th>„contractual“
(statisch)</th><th>simulierte Cash Flows
(dynamisch)</th><th></th></tr>
<tr><td>**Zeitpunktbezogen**
(aktuell)</td><td>30.12.2000</td><td>–5</td><td>–8</td><td rowspan="4">**Zeitraum-bezogen**
(historisch)</td></tr>
<tr><td></td><td>29.12.2000</td><td>–4</td><td>–6</td></tr>
<tr><td></td><td>28.12.2000</td><td>–5</td><td>–7</td></tr>
<tr><td></td><td>27.12.2000</td><td>–3</td><td>–5</td></tr>
</table>

Abbildung 1: Möglichkeiten der Liquiditätsanalyse

3 Vgl. Meyer 1996, S. 255 f.

Weiter ist der Zeithorizont der Analyse entscheidend. Die sehr *kurzfristige Liquiditätssteuerung* – die so genannte Gelddisposition – hat die Aufgabe, die Zahlungsein- und Zahlungsausgänge (unter Berücksichtigung der Mindestreservehaltung) durch Transaktionen am Interbankenmarkt auszugleichen. Die *mittel- und langfristige Beschaffung* der Liquidität hingegen basiert auf den Geschäftsplänen der einzelnen Geschäftsfelder, aus denen der Bedarf an Finanzierungsmitteln abzuleiten ist. Daneben gewinnt die Beschäftigung mit den Liquiditätserfordernissen innerhalb eines Tages *(Intraday Liquidität)* zunehmend an Bedeutung. Diese Liquidität wird primär durch verpfändbare Sicherheiten bei der Zentralnotenbank determiniert. Ein ausreichender Bestand an Intraday Liquidität ist u.a. zur reibungslosen Abwicklung des Zahlungsverkehrs in verschiedenen Clearingsystemen (Target, EBA, CLS) erforderlich, da in der Regel eine Ausführung von Zahlungsaufträgen nur auf Guthabenbasis erfolgt.

1.3 Einflussfaktoren auf die Liquiditätsrisikosteuerung

Die fristgerechte Erfüllung der Zahlungserfordernisse ist für Banken unabdingbar, da Kreditinstitute besonders vom *Vertrauensverhältnis* mit ihren Kunden abhängen. Das Vertrauen in ein Kreditinstitut kann u.a. am Rating des Instituts abgelesen werden. Ratingagenturen wie Moodys oder Standard & Poors analysieren die Liquiditätssituation anhand verschiedener Faktoren, zum Beispiel der Refinanzierungsquellen oder der Zusammensetzung der Einlegerstruktur. Das vorgestellte Modell kann als qualitatives Liquiditätssteuerungskonzept ein wichtiges Element bei der Bewertung eines Kreditinstituts darstellen.

Jedes Kreditinstitut hat neben internen institutspezifischen Ansprüchen an eine Liquiditätssteuerung (Liquiditätspolitik) auch die Erfüllung *externer Liquiditätsnormen und Meldeerfordernisse* sicherzustellen. Neben den Anforderungen des BaKred[4] können für international operierende Banken eine Vielzahl weiterer Regelungen relevant sein. Spezielle Anforderungen zur Thematik Liquidität/Liquiditätssteuerung wurden u.a. von der Bank of England, der Hong Kong Monetary Authority, der Reserve Bank of Australia und vom US-amerikanischen Federal Reserve System formuliert.

Unter Berücksichtigung der aufgezeigten Liquiditätsaspekte soll im Folgenden ein generelles Modell vorgestellt werden, das es ermöglicht, die Liquiditätssituation eines Kreditinstituts angemessen zu modellieren und basierend auf diesem Konzept gezielt zu analysieren, zu überwachen und zu steuern. Die verschiedenen Stufen des Modells verdeutlicht die nachstehende Abbildung 2.

Auf der Basis des dargelegten Liquiditätsrisikoverständnisses wird im Folgenden der Prozess der Informationsverarbeitung und Analyse der Liquiditätsrisiken erläutert.

4 Vgl. Bundesaufsichtsamt für das Kreditwesen: Bekanntmachung über die Änderung der Grundsätze über die Eigenmittel und die Liquidität der Kreditinstitute vom 25.November 1998.

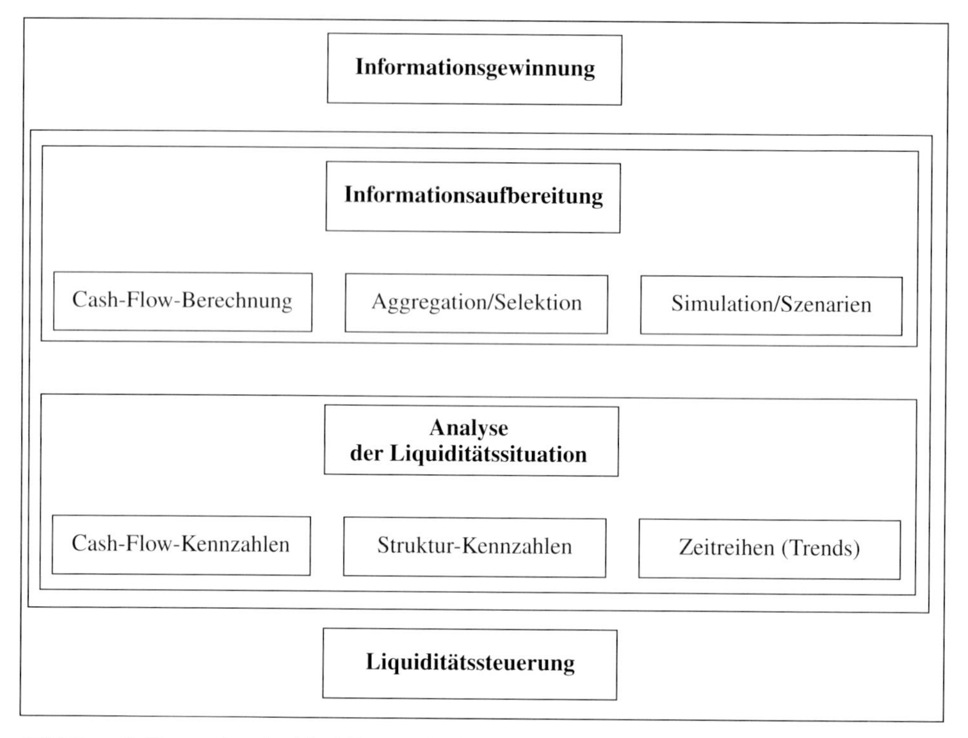

Abbildung 2: Konzeption des Modells zur Liquiditätssteuerung

2. Quantifizierungsprozess

Bevor die Liquiditätsrisiken quantifiziert und analysiert werden können muss sichergestellt werden, dass alle zur Analyse und Steuerung benötigten Informationen zur Verfügung stehen.

2.1 Informationsgewinnung

Bei der Festlegung der Informationsbasis (Input) für den Quantifizierungsprozess gilt es, ein optimales Verhältnis zwischen Datenqualität und Aktualität zu finden. Unter dem Gesichtspunkt der Datenqualität ist die Auswertung von Daten der *Finanzbuchhaltung* zu bevorzugen. Auch für die Erfüllung externer Meldeerfordernisse ist die weitgehende Fokussierung auf diesen „gesicherten" und verifizierten Datenbestand erforderlich. Alternativ können für einzelne Geschäftsarten, wie dem Geldhandel-, dem Wertpapier-, dem Repogeschäft oder dem derivativen Geschäft, entsprechende Informationen aus *Front-Office/Handelssystemen* genutzt werden. Dabei kann auf das für Controllingzwecke ermittelte Zahlenmaterial zur Marktpreisrisikoberechnung und Eigenmittelunterlegung nach Grundsatz I des BAKred zurückgegriffen werden. Diese Daten stehen unmittelbar nach der Eingabe des Geschäftsvorfalles zur Verfügung und können bereits frühzeitig in den Steuerungsprozess einfließen. Fehlerhafte Eingaben oder spätere Stornierungen der Geschäfte können die Qualität dieser Informationen jedoch beeinträchtigen.

Die Bewertung der Wertpapierbestände, die Darstellung der Daten in einer einheitlichen Berichtswährung sowie die Auswertung von Ratinginformationen erfordern darüber hinaus den Zugriff auf Marktinformationen (zum Beispiel Wechselkurse oder Kurswerte). Diese Informationen liefern *Marktinformationssysteme* wie beispielsweise Reuters, Telerate oder Bloomberg. Eine andere Möglichkeit besteht in der Nutzung einer *betriebsinternen Datenbank*, in der Marktinformationen abgespeichert werden. Dies bietet den Vorteil, dass alle Einheiten und Systeme einer Bank zur Bewertung der Bestände auf einheitliche und geprüfte Informationen zurückgreifen. Eine solche Vorgehensweise reduziert Probleme bei der Abstimmung zwischen der Liquiditätssteuerung und externen Meldungen oder Kennzahlen anderer interner Betriebseinheiten. Aus bankinternen Datenpools können darüber hinaus weitere liquiditätsrelevante Informationen gewonnen werden, beispielsweise Angaben zum Land des Kunden, zur Kundengruppe (Bank/Nichtbank) oder zur betriebsinternen Risikoklasse des Kontrahenten. Diese Informationen sind für die spätere Risikoeinschätzung hilfreich.

Ein ebenso wichtiger Prozess wie die Informationsgewinnung ist die darauf aufbauende Informationsaufbereitung.

2.2 Informationsaufbereitung

Aufgrund der hohen Datenmenge sowie der vielfältigen Einflussfaktoren ist eine gleichzeitige Darstellung aller liquiditätsrelevanten Informationen nicht möglich. Die Liquiditätssituation wird vielmehr erst durch eine sinnvolle *Kombination* von *Selektion* und *Aggregation* sukzessive transparent. Da sich mit steigendem Aggregationsniveau der Informationsgehalt jedoch vermindert, muss sichergestellt sein, dass bei der Analyse von einer höheren auf eine niedrigere Aggregationsstufe gewechselt werden kann (Top-Down-Level); das heißt die Informationen müssen auf verschiedenen Aggregationsstufen zur Verfügung stehen. Durch die kontinuierliche Verringerung des Aggregationsniveaus und die Verwendung zusätzlicher Selektionskriterien können dann die liquiditätsbestimmenden resp. -verändernden Geschäfte schrittweise eingegrenzt werden. Die nachfolgende Abbildung zeigt überblicksartig eine mögliche Gliederung verschiedener Aggregationsstufen und Selektionskriterien.

Die unter Liquiditätsgesichtspunkten wichtigste Art der Informationsverdichtung ist die Erstellung eines *Fälligkeitsprofils* für alle Geschäftsvorfälle. Dazu wird der zu betrachtende Zeitraum in Laufzeitbänder aufgeteilt. Für jedes Laufzeitband werden die Nettoliquiditätsposition sowie ggf. die summierten Zahlungsein- und Zahlungsausgänge ausgewiesen. Dazu werden die Geschäftsvorfälle entsprechend ihren Fälligkeiten in das

Aggregationsniveau 0	Bilanzkennzahlen, Cash-Flow-Kennzahlen
Aggregationsniveau 1	Ausweis pro Geschäftsart, Kundengruppe, Land, Währung, Laufzeit (raster), Bank-Einheit (Niederlassung)
Aggregationsniveau 3	Kombinationen verschiedener Aggreationskriterien (des Niveaus 1)
Aggregationsniveau 4	Einzelgeschäftsinformationen

Abbildung 3: Aggregationsstufen und Selektionskriterien

Laufzeitraster eingeordnet. Nicht terminierte Positionen, wie beispielsweise Kontokorrentkonten können auf Basis von Erfahrungswerten oder über mathematische Modelle abgebildet werden.

Sollen verschiedene Auswertungen möglich sein, zum Beispiel aufgrund unterschiedlicher internationaler regulatorischer Anforderungen, ist es zweckmäßig, verschiedene *Laufzeitraster* vorzusehen. Für den Liquiditätsgrundsatz II ist beispielsweise eine Differenzierung in die Zeitintervalle Monat 1, Monate 2 und 3, Monate 4 bis 6 und Monate 7 bis 12 erforderlich. Alternativ kann ein fein gegliedertes Grundraster gebildet werden, das nachträglich zu verschiedenen gröberen Laufzeitbändern zusammengefasst werden kann. Ein Laufzeitraster, das diesen Anforderungen entspricht, kann wie folgt aussehen:

- Monat 1: tägliche Rasterung,
- Monate 2 bis 12: monatliche Untergliederung,
- darüber hinaus: jährlicher Ausweis.

Ausgehend von den Unsicherheiten bei fest vereinbarten Fälligkeiten (Kreditausfälle, verzögerter Zahlungsausgang, frühzeitige Rückzahlung) und der Problematik nicht terminierter Geschäfte ist zu berücksichtigen, dass die Geschäfte bei Fälligkeit z. T. prolongiert werden und dann letztlich doch keine Liquiditätsveränderung bewirken. Diese Faktoren können über Verteilungsfunktionen abgebildet werden.

Verteilungsfunktionen ordnen den Geschäften synthetische Fälligkeiten zu oder modifizieren die originären Fälligkeiten der Geschäfte und verteilen die so gewonnenen Cash Flows auf die Laufzeitraster. Typischerweise (zum Beispiel im Liquiditätsgrundsatz II) werden marktgängige Wertpapiere entgegen ihrer tatsächlichen Fälligkeit im ersten Laufzeitintervall (als jederzeit liquidierbare Aktiva) erfasst.

Bei der Verwendung von *Anrechnungssätzen* für verschiedene Produktgruppen werden die Bruttovolumina um Abschläge (Discounts) gekürzt. Dies hat zur Folge, dass im Fälligkeitsprofil nur ein Teil des Gesamtbestandes berücksichtigt wird. Anrechnungssätze finden oftmals in aufsichtsrechtlichen Normen Verwendung. So sieht der Grundsatz II Anrechnungssätze für die täglich fälligen Verbindlichkeiten gegenüber Kunden und die Spareinlagen im ersten Laufzeitband von jeweils 10 % vor.

Die Implementierung von *Bodensätzen* erlaubt es hingegen, einen Teil des Geschäftsvolumens als dauerhaft prolongiert zu simulieren bzw. keine Fälligkeiten zu unterstellen. Im Gegensatz zur Verwendung von Anrechungssätzen fließt bei der Verwendung von Bodensätzen jedoch der gesamte Bestand in die Analyse ein, indem der prolongierte Anteil dem letzen Fälligkeitsband zugeordnet wird.

Bei der Cash-Flow-Berechnug ist es nicht sinnvoll, ausschließlich vom „normalen" Geschäftsablauf auszugehen. Um Aufschluss über die Entwicklung der Liquiditätslage unter bestimmten Annahmen zu erhalten, kann die Liquiditätssituation des Instituts vor dem Hintergrund vordefinierter *Szenarien* prognostiziert werden. Verbreitet sind Untersuchungen der Liquiditätsströme aus vereinbarten Fälligkeiten („contractual maturities" bzw. „run-off"), Schätzungen über den zu erwartenden maximalen Liquiditätsausgang („probabilistic approach") und Annahmen für den Maximalbelastungsfall („worst case"). Im Krisenfall kann dabei zwischen institutsspezifischen Krisen, generellen Marktkrisen und Krisen innerhalb eines Marktsegmentes unterschieden werden. Bei der Cash-Flow-Generierung werden einer Geschäftsart – je nach dem unterstellten Szenario – verschiedene Funktionen, Bodensätze und Abschläge zugeordnet.

Durch die Kombination von Bodensätzen, Abschlägen und Verteilungsfunktionen lassen sich somit verschiedene Arten mathematischer Fälligkeitsmodelle und Szenarien nachbilden. Die Erstellung von Liquiditätsablaufschemata für externe Zwecke ist letztlich nur eine spezielle Form eines Liquiditätsszenarios. Ebenso ist es möglich, die liquiditätsrelevanten Risikoarten (Refinanzierungsrisiko, Terminrisiko, Abrufrisiko) explizit in die Auswertung mit einzubeziehen. Ferner können zur Abbildung der derivativen Liquiditätsrisiken Ergebnisse aus Value-at-Risk-Modellen in die Berechnung von erwarteten Liquiditätsbewegungen einkalkuliert werden, indem Abschläge auf entsprechende Positionen vorgenommen werden.

2.3 Analyse der Liquiditätssituation

Verbreitet ist die Beurteilung der Liquiditätssituation anhand von Kennzahlen, die auf einem bestimmten Fälligkeitsprofil resp. Laufzeitband aufbauen (Gap-Kennzahlen). Der neue Liquiditätsgrundsatz II betrachtet beispielweise das Verhältnis der Zahlungsein- und Zahlungsausgänge im Laufzeitband bis zu einem Monat als primäre Kennzahl. Werden alle Liquiditätsveränderungen innerhalb eines Zeitraums in einer Kennzahl verdichtet, gehen allerdings Informationen über einzelne Zahlungsbewegungen (wesentliche Inkongruenzen) und deren Zeitpunkte verloren. Zur Messung von Laufzeitinkongruenzen kann daher zusätzlich die *maximale Liquiditätsunterdeckung* („peak") innerhalb eines Intervalls berechnet werden. Dies hat den Vorteil, dass neben der absoluten Größe auch der Zeitpunkt dieses negativen Liquiditätssaldos transparent wird.

Eine weitere Möglichkeit zur Liquiditätsanalyse sind kombinierte Kennzahlen, die auf der absoluten Liquiditätslücke, deren zeitlicher Dringlichkeit sowie einer Relativierungsgröße (zum Beispiel die Bilanzsumme) beruhen. Zur Abbildung der Dringlichkeit sollten dabei Fälligkeiten in naher Zukunft höher gewichtet werden als solche, bei denen der Reaktionszeitraum größer ist. Ein derartiger Liquiditätskoeffizient könnte beispielsweise folgendermaßen konzipiert sein:

$$Liquiditätskoeffizient = \frac{Liquiditätslücke \cdot Dringlichkeitsfaktor}{Relativierungsgröße\ (Bilanzsumme)}$$

Werden die einzelnen Koeffizienten innerhalb eines Intervalles summiert, so ergibt sich eine Gesamtkennzahl (Liquiditätsindex), die die zeitliche Komponente, die absoluten Liquiditätssalden und etwaige Kompensationseffekte innerhalb des betrachteten Intervalles berücksichtigt. Ein positiver Gesamtkoeffizient impliziert dabei, dass zu Beginn des betrachteten Intervalls die Zahlungseingänge die Zahlungsausgänge übersteigen, folglich tendenziell ein Liquiditätsüberschuss besteht. Im umgekehrten Fall dominieren die Zahlungsverpflichtungen in naher Zukunft. Anhand des Liquiditätsindexes lässt sich die kurzfristige Liquiditätssituation einschätzen, ohne detaillierte Fälligkeitsanalysen durchführen zu müssen.

Um die Liquiditätssituation präziser einschätzen zu können, sind über die Cash-Flow-Analyse hinausgehende Informationen zur Geschäftsstruktur *(Liquiditätsstrukturanalyse)* zu ermitteln. Das Refinanzierungsrisiko wird u.a. durch die Konzentration auf wenige Einleger verstärkt. Stehen diese Einleger (nach Ablauf der Vertragsfrist) nicht länger zur Verfügung, so müssen andere Refinanzierungsquellen erschlossen werden. Je größer die Bedeutung eines Kontrahenten, desto schwieriger kann es sein, dessen Anteil am Refinanzierungsvolumen zu ersetzen. Die Messung einer Großeinlegerquote (Klumpenrisiko) als Pendant zur Großkreditmessung auf der Aktivseite der Bilanz ist daher zweckmäßig. Als Großeinleger werden dabei alle Investoren bezeichnet, deren Anteil am Refinanzierungsvolumen einen bestimmten Prozentsatz übersteigt:

$$Klumpenrisiko = \frac{\sum_{Kreditgeberanteil \geq x\,\%} Einlagevolumen}{Bilanzsumme}$$

Zusätzlich zur Erfassung von Klumpenrisiken ist die Messung des Abrufrisikos zweckmäßig. Abrufrisiken entstehen durch die Inanspruchnahme von Kreditlinien, durch die Vergabe von Bürgschaften und Garantien sowie durch den Abzug nicht terminierter Einlagen:

$$Abrufpotenzial = \sum nicht\ terminierte\ Einlagen + \sum Kreditzusagen + \sum Avalkredite$$

Je nach Risikobereitschaft und dem zur Verfügung stehenden eigenen Refinanzierungsrahmen muss ein Teil dieser Linien permanent in liquider Form vorgehalten werden. Im Liquiditätsgrundsatz II wird implizit gefordert, dass 20 % der Kreditzusagen und 5 % der Avale mit Liquidität unterlegt werden. Im Rahmen der Liquiditätsstrukturanalyse kann über die genannten Beispiele hinaus eine Vielzahl weiterer Kennzahlen berechnet werden. Neben Kennzahlen zur Höhe des Ausfallrisikos (Risikokreditquote) und der Spareinlagenquote[5] sind die Erstellung einer Tagesbilanz und ein Überblick über die Einlegerstruktur zur Beurteilung der Liquiditätssituation hilfreich.

Während die aus strukturellen Größen abgeleiteten Kennzahlen über die Zusammensetzung des Geschäftes und das damit verbundene Risiko informieren, geben Cash Flow orientierte

5 Vgl. Bauer 1991, S. 66 ff.

Größen, wie beispielsweise der größte Netto-Zahlungsausgang in den nächsten 30 Tagen, konkrete Hinweise zur Liquiditätssteuerung. Folglich wird die Liquiditätssituation letztlich erst durch die Kombination struktureller und Cash Flow orientierter Größen transparent.

Bei der Analyse von Liquiditätsrisiken kommt der Beobachtung von *Zeitreihen* zum Erkennen von *Trendbewegungen* eine besondere Bedeutung zu, da über eine zeitpunktbezogene Betrachtung die objektive Feststellung der Liquiditätssituation (Ist-Zustand) ggf. nicht exakt möglich ist. Durch die Trendanalyse können, bei gleichbleibendem Simulationsszenario, Liquiditätsveränderungen frühzeitig erkannt und liquiditätsverbessernde Maßnahmen eingeleitet werden. Die Analyse von Zeitreihen ist zudem die Basis für mathematische Modelle zur wahrscheinlichkeitstheoretischen Simulation von Fälligkeiten. In Bezug auf die Veränderung von Cash-Flow-Kennzahlen können Limite gesetzt und „Triggerpunkte" (Beobachtungsgrenzen) festgelegt werden. Die Entwicklung des Abrufpotenzials und der Inanspruchnahme von Kreditlinien gibt beispielsweise Anhaltspunkte, ob zusätzliche Reserven erforderlich sind, um die getroffenen Zusagen jederzeit einhalten zu können. Zusätzlich können anhand der Geschäftsentwicklung (zum Beispiel Entwicklung des Geldhandelsgeschäfts mit Banken) Umschichtungseffekte erkannt werden.

3. Liquiditätssteuerung

Nach der Quantifizierung der Risikoparameter bzw. Risikokennzahlen gilt es, einen Steuerungsprozess zu initiieren. Die folgende Abbildung 4 skizziert den auf der Analyse aufbauenden Steuerungsprozess.

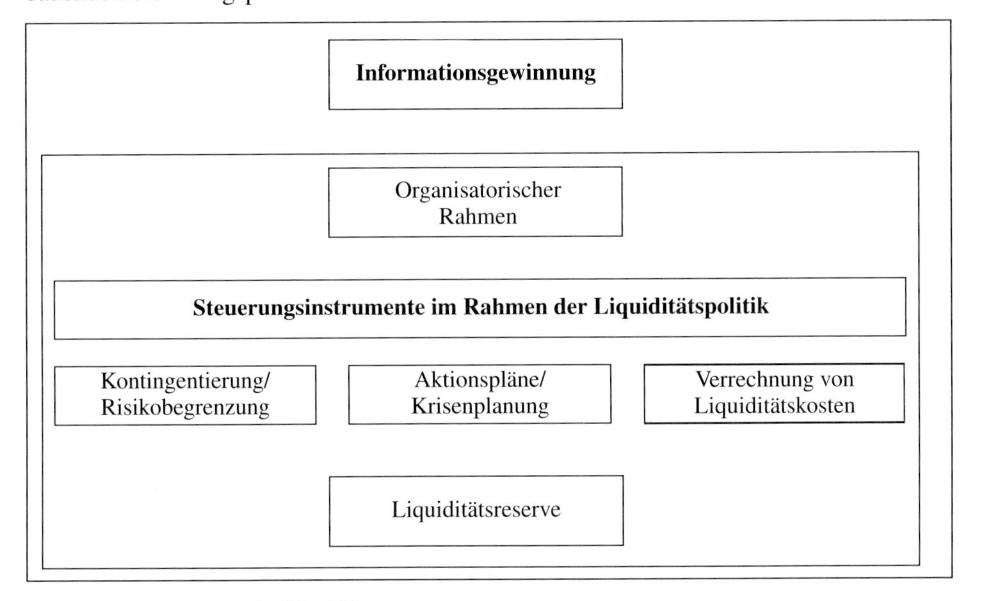

Abbildung 4: Elemente des Liquiditätssteuerungsprozesses

3.1 Der organisatorische Rahmen

Der angemessene Umgang mit der Liquiditätsproblematik setzt zunächst die Festlegung der für das Liquiditätsmanagement verantwortlichen Instanzen voraus. Es ist sicherzustellen, dass über die Liquiditätssituation alle wesentlichen Entscheidungsträger bis hin zur Geschäftsleitung ausreichend informiert sind *(Risikokommunikation)*. Ebenso ist der Steuerungsprozess durch eine unabhängige Instanz (Controlling) zu überwachen. Durch eine periodische Revision der einzelnen Prozessabschnitte muss sichergestellt sein, dass die bestehenden internen und externen Reglementierungen eingehalten werden. Nur so können Defizite bei der Risikohandhabung frühzeitig erkannt und beseitigt werden.

Grundlage für das Liquiditätsmanagement ist die institutspezifische *Liquiditätspolitik*, in der die Rahmenbedingungen und Mindestanforderungen festgelegt werden müssen. Neben der permanenten Überwachung der Liquiditätskennzahlen sind dabei auch die weiteren Aspekte der Liquiditätsrisikosteuerung, wie zum Beispiel die Formulierung von Aktionsplänen mit verbindlichen Maßnahmen, Zeitplänen und Prioritäten, zu regeln. Die Aktionspläne verknüpfen einen bestimmten Zustand (Trigger) mit einer zeitlichen Folge von Maßnahmen. Zur Vorbereitung auf Krisensituationen ist die Erarbeitung von Notfallplänen (contingency plans) sinnvoll. Viele Kreditinstitute hatten beispielsweise als Vorbereitung auf den Jahrtausendwechsel Liquiditätsnotfallpläne erarbeitet. Darüber hinaus ist es notwendig, Verantwortungsbereiche und Zuständigkeiten (zum Beispiel lokal vs. zentral) für verschiedene Liquiditätsaspekte zu definieren. Für den Krisenfall sind Notfallteams und kurze Entscheidungswege vorzusehen und die entsprechenden Entscheidungsträger (ggf. abweichend von den Instanzen im „Normalfall") zu bestimmen.

Das vorgestellte Steuerungsmodell eignet sich zur Umsetzung einer derartigen Liquiditätspolitik, da anhand der Kennzahlen aus dem Modell Risikoparameter (Limite/Trigger) festgelegt, überwacht und bestimmte Aktionen bzw. Maßnahmen vorgesehen werden können. Im Folgenden werden beispielhaft verschiedene Möglichkeiten der Liquiditätssteuerung aufgezeigt.

3.2 Steuerungsinstrumente

Die Steuerung der Liquidität kann zunächst durch die Festlegung von Kontingenten erfolgen. Über Limitierungen verschiedener Maßgrößen soll primär die *jederzeitige Zahlungsfähigkeit* unter den Prämissen des ausgewählten Szenarios sichergestellt werden. Limitierungen können dabei auf Cash-Flow-Kennzahlen oder strukturellen Größen basieren. Eine Möglichkeit zur Begrenzung struktureller Größen ist die unmittelbare Limitierung des Volumens einzelner Geschäftsarten. Vorteilhaft an der direkten Limitierung bestimmter Geschäftsarten ist deren unmittelbare Wirksamkeit. Die Limitierung von Geschäftsvorfällen sollte zudem mit Zielen der Bilanzstruktursteuerung kombiniert werden. Bei der Limitierung struktureller Größen ist es wichtig, sowohl aktivische Kennzahlen, wie das Minimum liquidierbarer Aktiva, als auch passivische Größenrelationen, zum Beispiel das Verhältnis der volatilen kurzfristigen Bankeneinlagen zum gesamten Einlagenbestand, zu definieren.

Zur Festlegung der Limitierungsparameter ist es sinnvoll, sich an der bisherigen Entwicklung der Kennzahlen (Vergangenheitsanalyse) zu orientieren sowie Kennzahlen vergleichbarer Institute zu beobachten.[6] Letztlich kann jede Limitierung des Geschäftsvolumens einen Verzicht auf zusätzliches Ertragspotenzial bedeuten Bei der Limitierung sind daher auch weitergehende geschäftspolitische Aspekte zu berücksichtigen.

Neben der Volumens- und Struktursteuerung sind die vorgestellten Cash Flow basierten Kennzahlen (Liquiditätskoeffizient, maximale Liquiditätsunterdeckung, Inkongruenzlimite pro Laufzeitband) geeignet, um die Liquiditätsrisiken zu begrenzen (vgl. Abbildung 5). Der *Begrenzung der Liquiditätsinkongruenzen* (GAP-Limite) muss dabei das kurzfristig realisierbare Refinanzierungspotenzial zugrundeliegen.

Laufzeitband:	Gesamt	1 bis 7 Tage	8 bis 14 Tage	15 Tage bis 1 Monat
Netto-Gap		-4 €	+3 €	-8 €
Gap-Limit		**-5 €**	**-5 €**	**-10 €**
Kumulatives Gap	-9	-4 €	-1 € (1 bis 14 Tage)	-9 € (1T. bis 1 M.)
Kumulatives Gap-Limit	**-10 €**	**-5 €**	**-7 €**	**-5 €**
Zeitfunktion/Dringlichkeitsfunktion		1	0,5	0,3
Liquiditätskoeffizient	-0,10	-0,08	0,03	-0,048
(Bilanzsumme 50)		(= -4 € * 1 / 50 €)	(= 3 €* 0,5 / 50 €)	(= -8 €* 0,3 / 50 €)
Limit Liquiditätskoeffizient	**-0,10**	**-0,10**	**-0,05**	**-0,05**

Abbildung 5: Limitierung von Cash Flow-Kennzahlen

Zur praktischen Umsetzung ist es zweckmäßig, Limitierungen auf das Normal-Szenario zu beschränken. Die weiteren (Krisen-)Szenarien können darüber hinaus über vorher definierte „Trigger Punkte" Hinweise auf potenzielle Liquiditätsanspannungen liefern.

Eine weitere Möglichkeit der Risikoreduzierung ist die *Risikokompensation* durch das (globale) „*Pooling*" von Geschäften. Als Pooling bezeichnet man das Sammeln verschiedener Transaktionen in einer Sammelstelle (Pooling Center), das „Netten" der gegenläufigen Geschäfte und die Konzentration des Zugangs zum Geld- und Kapitalmarkt auf diese Pooling Center. Die Effizienz der Liquiditätsverwendung wird gesteigert, wenn verschiedene Betriebseinheiten nur über eine zentrale Stelle am externen Markt agieren dürfen. Dadurch können Transaktionskosten und „Geld-Brief-Spannen"-Verluste vermieden werden. Ferner erhöht sich die Marktdurchdringung, womit eine generelle Verbesserung der Konditionen einhergehen kann.

Um einen effizienten Einsatz der (knappen) Ressource Liquidität zu gewährleisten, ist zusätzlich die Steuerung der Liquidität über die Verrechnung von Liquiditätskosten, das heißt der Einsatz von Verrechnungspreisen auf der Basis von Marktzinssätzen notwendig. Als geeignetes Verrechnungszinskonzept hat sich hier in Kreditinstituten die Marktzinsmethode etabliert.[7] Werden jedem Geschäft Liquiditätskosten entsprechend der Kapital-

6 Vgl Bauer 1991, S. 70 f.

7 Vgl. Schierenbeck 1999, S. 43 ff.

resp. Zinsbindung zugewiesen, kann durch entsprechende Gegengeschäfte eine Ausschaltung der Liquiditätsrisiken erreicht werden. In Ausnahmefällen kann bei einer sich abzeichnenden Liquiditätsanspannung durch eine Anhebung der Verrechnungspreise für Einlagen und den dadurch zu erwartenden zusätzlichen Liquiditätseingang entgegengesteuert werden. Grundsätzlich sollten die aus den jeweils aktuellen Marktpreisen abgeleiteten Verrechnungspreise nur in Sondersituationen verändert werden.

Basierend auf den im Modell berechneten Kennzahlen und Zeitreihenvergleichen sind geeignete *Aktionspläne* mit verbindlichen Maßnahmen, Zeitplänen und Prioritäten zu erarbeiten. Wird eine vorher festgelegte Kennzahl über- oder unterschritten, so sind die im Vorhinein definierten Maßnahmen einzuleiten. Der Maßnahmenkatalog kann zum Beispiel die gezielte Reduzierung von Laufzeitinkongruenzen (zum Beispiel durch den Abschluss entsprechender Neugeschäfte) oder eine verstärkte Akquisition neuer Einlagenbestände vorsehen. Eine mittel- bis langfristige Liquiditätsaufnahme bei gleichzeitiger Anlage in kurzfristiger Aktiva (Tagesgeld) entschärft zum Beispiel kurzfristige Liquiditätsengpässe und führt zu einer gleichzeitigen Verbesserung von Liquiditätskennzahlen (zum Beispiel im Grundsatz II).

Überdies ist die Beseitigung der Ursachen für Liquiditätsanspannungen wichtig. Ein Ansatzpunkt hierzu ist die Planung und Steuerung der zukünftigen Liquiditätsbewegungen. Die voraussichtlichen Liquiditätserfordernisse der verschiedenen Bankeinheiten werden bereichsübergreifend zu einem *Gesamt-Liquiditätsplan* zusammengefasst. Der sich daraus ergebende Refinanzierungsprozess wird dann im permanenten Soll/Ist-Abgleich basierend auf den Planungen und den tatsächlich getätigten Geschäften umgesetzt. Eine gezielte Steigerung langfristiger Einlagen und die laufzeitkongruente Refinanzierung langfristiger Aktiva vermindern Liquiditätsrisiken und stellen den kontinuierlichen Refinanzierungsprozess sicher. Die Planung der kurzfristigen Liquiditätserfordernisse hingegen kann über den Einsatz von Dispositionssystemen (Cash Management Systeme) erfolgen. Diese stellen eine spezielle Ausprägung eines Liquiditätssteuerungsmodells mit Fokus auf den sehr kurzfristigen Zeithorizont (zum Beispiel 14 Tage) dar.

Im Rahmen der Liquiditätsplanung muss auch sichergestellt sein, dass die Verschlechterung der Liquiditätssituation durch Bonitätsverluste bzw. Imageschaden frühzeitig erkannt wird, beispielsweise durch einen permanenten *Informationsaustausch* mit den Mitbewerbern, Ratingagenturen und den zuständigen Aufsichtsbehörden. Hinsichtlich des Umganges mit Liquiditätsrisiken kann der modellbasierte Steuerungsprozess auch als Nachweis eines „prudent banking approaches" dienen.

3.3 Elemente der Liquiditätsreserve

Da auftretende Liquiditätsrisiken aufgrund verbleibender Unsicherheiten nicht vollkommen vermieden werden können, ist der Aufbau von Liquiditätsreserven zur *Risikovorsorge* ein besonders wichtiges Steuerungsinstrument. Durch Verkauf und Verpfändung aktivischer Wertpapierbestände bzw. deren Nutzung als Sicherheit im Refinanzierungsprozess mit den Notenbanken kann den Auswirkungen von Liquiditätsengpässen zielgerichtet entgegengewirkt werden. Ein Rückgriff auf die aktivische Liquiditätsreserve ist jedoch nur in dem Fall angebracht, dass andere Refinanzierungsquellen (Interbankenmarkt) nicht oder nur zu höheren Kosten verfügbar sind.

Zur aktivischen Liquiditätsreserve gehören alle Positionen eines Kreditinstituts, die kurzfristig in Liquidität umgewandelt werden können. Dabei ist der *Liquidierbarkeitsgrad* der Vermögensgegenstände zu beachten. So kann es bei verschiedenen Reservebeständen zu Abschlägen bei der Veräußerung über den Sekundärmarkt kommen. Aus einer Notierung an einem amtlichen oder geregelten Markt kann nicht abgeleitet werden, dass eine Veräußerung zum dort festgestellten Kurs problemlos möglich ist. Sind die Märkte vorübergehend illiquide oder besitzt das Institut einen großen Teil des gesamten (Wertpapier-)Volumens einer Gattung, muss mit Einschränkungen in der Liquidierbarkeit bzw. mit Abschlägen bei der Veräußerung gerechnet werden (Marktliquiditätsrisiko). Im Vorfeld der Quantifizierung der Liquiditätsreserve sollten daher empirische Studien zur *effektiven Liquidierbarkeit* eines Vermögensgegenstandes durchgeführt werden.

Die zugesagten Kreditlinien stellen das passivische Element der Liquiditätsreserve eines Kreditinstituts dar. Insbesondere die unwiderruflich zugesagten Liquiditätslinien können – auch im Krisenfall – direkt in Liquidität „umgewandelt" werden. Des weiteren kann durch eine Steigerung der Marktdurchdringung eine Verbesserung der Liquiditätsposition erreicht werden, da Institute mit höherer *Marktdurchdringung* aufgrund ihrer Reputation an den Finanzmärkten zusätzliche Liquidität generieren können. Es ist daher notwendig, auch im Normalfall ständig an den Refinanzierungsmärkten präsent zu sein, um im Ernstfall aufgrund des Bekanntheitsgrades zusätzliche Mittel aufnehmen zu können (Reziprozität).

Die Frage nach der optimalen Höhe (Dimensionierung) der Liquiditätsreserve ist von verschiedenen Faktoren abhängig. Da die Haltung von Reserven in der Regel Opportunitätskosten verursacht, ist unter Gewinnmaximierungsaspekten ein möglichst geringes Volumen und eine ertragsoptimale Struktur der Reserve anzustreben. Aufgrund externer Vorgaben (Grundsatz II, Mindestreserve) müssen die Institute ein Mindestmaß an Reserven unterhalten. Darüber hinaus werden Wertpapierbestände für die Refinanzierung bei der Zentralbank und für die Abwicklung des Zahlungsverkehrs benötigt. Die optimale Höhe der Liquiditätsreserve lässt sich aus den tatsächlichen, durchschnittlichen Zahlungsströmen und der institutspezifischen Risikobereitschaft ableiten, wobei die Zusammensetzung der Liquiditätsreserve (Liquiditätsgrad, Rendite) zu beachten ist.

4. Fazit und Ausblick

Infolge der Komplexität liquiditätsbestimmender Faktoren stellt die Analyse und Steuerung der Liquiditätsrisiken ein vielschichtiges, von vielen Unsicherheiten begleitetes Problemfeld dar.

Bei der Entwicklung eines Liquiditätsmodells ist darauf zu achten, dass die Informationsbasis und die Informationsaufbereitung so gestaltet werden, dass die Liquiditätssituation hinreichend genau analysiert, beurteilt und gesteuert werden kann. Zu den Kerngedanken des vorgestellten Modells gehört die selektions- und aggregationsgesteuerte Analyse der Geschäftsentwicklung, um wichtige Liquiditätskennzahlen berechnen und deren Veränderungen feststellen zu können. Diese Kennzahlen sind nicht als absolutes Risikomaß zu interpretieren, vielmehr stellen sie Orientierungsgrößen dar, anhand deren Entwicklung Aktionspläne und Maßnahmen implementiert werden können.

Bei der direkten Steuerung mittels Limitierung handelt es sich um einen ständig zu regulierenden Prozess, bei dem die Kennzahlen permanent abgeglichen und adjustiert werden müssen. Ein besonders wichtiges Instrument ist dabei die Steuerung der Liquiditätsreserve, da diese wesentlich die „Liquidität“ eines Unternehmens im Krisenfall determiniert.

Zukünftig ist darauf hinzuwirken, dass bei der modellbasierten Steuerung von Liquiditätsrisiken interne und externe Meldeerfordernisse in einem einheitlichen Ansatz integriert werden, der darüber hinaus als „internes Liquiditätsrisikomodell“ aufsichtsrechtlich anerkannt werden sollte. Es kann davon ausgegangen werden, dass aus externer, regulatorischer Sicht neben der Fokussierung auf die quantitative Erfassung der Liquiditätsrisiken zunehmend ein qualitatives Risikomanagement im Sinne des vorgestellten Modellansatzes von den Kreditinstituten abgefordert werden wird.

Literaturhinweise

BAUER, A.: Strategien zur Steuerung von Liquiditätsrisiken, Regensburg 1991.

MEYER, C.: Die Bankbilanz als finanzielles Führungsinstrument, Bern 1996.

SCHIERENBECK, H.: Ertragsorientiertes Bankmanagement, Band 1: Grundlagen, Marktzinsmethode und Rentabilitäts-Controlling, Band 2: Risiko-Controlling und Bilanzstruktur-Management, 6. Auflage, Wiesbaden 1999.

SCHULTE, M.: Bank-Controlling II: Risikopolitik in Kreditinstituten, Frankfurt 1997.

Manfred Steiner / Sebastian Schneider

Neuere Finanzprodukte zur Steuerung des Zinsänderungsrisikos

1. Einleitung

Seit Beginn der siebziger Jahre sind auf den internationalen Finanzmärkten zunehmende Schwankungen des Zinsniveaus zu beobachten. Infolge dieser Zinsschwankungen sind insbesondere Kreditinstitute in verstärktem Maße dem Risiko ausgesetzt, dass sich ihr Zinsergebnis bei sonst unveränderten Bedingungen verschlechtert. Vor diesem Hintergrund gewinnen Instrumente zur Begrenzung des Zinsänderungsrisikos an Bedeutung.

Im folgenden werden nach einer kurzen Beschreibung des Zinsänderungsrisikos von Banken und struktureller Steuerungsmöglichkeiten neuere Zinssicherungs- und Zinsbegrenzungsinstrumente vorgestellt.

2. Das Management von Zinsänderungsrisiken

2.1 Banktypische Erfolgsrisiken

In der betriebswirtschaftlichen Literatur werden Risiken als Gefahren von möglichen Vermögensverlusten angesehen.[1] Formal geben Risiken potentielle Abweichungen bestimmter Zielvariablen von zuvor definierten Referenzwerten wieder. Die Hauptaufgaben eines effizienten Risikomanagements sind deshalb die Erfassung und Messung aller vorhandenen Risiken, die Entscheidung, welche Risiken beibehalten werden sollen sowie die Konstruktion von Portfolios, welche die gewünschten Charakteristika aufweisen.[2] Demnach ist ein komplexer Prozess, der die Phasen Vorbereitung, Risikomessung, Risikosteuerung und Kontrolle als zentrale Aufgaben umfasst, zu bewältigen.[3] Neben wirtschaftlichen Gründen sind aufsichtsrechtliche, gesetzliche und interne Anforderungen, die von Satzungen oder Richtlinien ausgehen, für die Implementierung von Risikomanagementsystemen verantwortlich.

Im Bankgeschäft treten vielfältige Risiken auf, die zum Teil interdependent sind. Im einzelnen sind dabei Markt-, Kredit-, Liquiditäts-, Wechselkurs-, Settlement-, Modellrisiken und operative Risiken hervorzuheben. Nach den Richtlinien für das Risikomanagement von derivativen Geschäften des Basler Ausschusses (1991) fasst das Marktrisiko alle Risiken für die Finanzlage eines Instituts zusammen, die sich aus negativen Entwicklungen von Marktpreisen ergeben. Unter dem Kreditrisiko versteht man dagegen die Gefahr, dass ein Schuldner seinen zukünftigen Zahlungsverpflichtungen nicht oder nur unvollständig nachkommen kann. Mit Hilfe von Ratings wird versucht, Indikationen über die Insolvenzgefahr anzugeben.[4] Höhere Kreditrisiken haben in der Regel zunehmende Renditeforde-

1 Vgl. Bamberg/Coenenberg, 1996.
2 Vgl. Zagst, 1999.
3 Vgl. Schierenbeck, 1997.
4 Vgl. Steiner, 1992, Steiner/Heinke, 1996 und Perridon/Steiner, 1999.

rungen der Investoren zur Folge. Auf illiquiden Märkten tritt zusätzlich das Liquiditätsrisiko in Form von zeitlich variierenden Bid-Ask-Spreads auf. Umfasst ein Portfolio auch unterschiedliche Währungspositionen, gehen von den Schwankungen der Währungsparitäten zusätzliche Wechselkursrisiken aus. Settlement-Risiken werden durch verspätete oder falsche Settlement-Transaktionen in Verbindung mit Derivaten ausgelöst. Parallel führt die Verwendung ungeeigneter Bewertungsmodelle zu Modellrisiken, die beispielsweise in einer falschen Berechnung von Hedge-Ratios zum Ausdruck kommen.[5] Weil das Risikomanagement unterschiedliche Produkte und Unternehmensbereiche gleichermaßen betrifft, erlangen funktionsfähige Steuerungssysteme, zum Beispiel Computersysteme, eine besondere Bedeutung. Die Gefahren eines Systemausfalls werden dementsprechend als operative Risiken ausgewiesen.

Zinsänderungsrisiken sind den Marktrisiken zuzuordnen. Weil Banken und Kreditinstitute sowohl aktive als auch passive Zinsgeschäfte betreiben, nehmen Zinsänderungen sowohl auf das Zins- als auch das Bankergebnis unmittelbaren Einfluss. Das Zinsänderungsrisiko umfasst sowohl Zinsrisiken aus variabel als auch fest verzinslichen Geschäften. Festzinsrisiken entstehen durch Zinsbindungstransformationen und werden in der Zinsbindungsbilanz als Differenz zwischen aktiven und passiven Festzinsüberhängen gemessen.[6] Variable Zinsänderungsrisiken lassen sich auf die unterschiedliche Reagibilität der variabel verzinslichen Aktiv- und Passivpositionen auf Marktzinsänderungen zurückführen. Übersteigt die Zinselastizität der Aktivpositionen die der Passivpositionen, sinkt bei einem fallenden Zinsniveau auch das Zinsergebnis.

Zu den Zielgrößen des traditionellen Zinsgeschäfts zählen der Zinsüberschuss, die Bruttozinsspanne und das Barwert- oder Endwertvermögen.[7] Der Zinsüberschuss entspricht dem Saldo aus den Zinserträgen und -aufwendungen einer Periode, die Bruttozinsspanne ergibt sich dagegen aus dem durchschnittlichen Zinsertragssatz abzüglich des Zinsaufwendungssatzes.[8] Als Barwertvermögen wird die Differenz zwischen den auf Grundlage des aktuellen Zinsniveaus berechneten Marktwerten der Aktiv- und Passivpositionen bezeichnet. Bei der Ermittlung des Endwertvermögens wird diese Vermögensposition für einen zukünftigen Zeitpunkt berechnet.

2.2 Dynamik der Zinsstruktur

Zinsänderungsrisiken gehen von variablen Marktzinsen für verschiedene Laufzeitbereiche aus. Das Risikomanagement setzt deshalb die Ermittlung von Zinsstrukturkurven sowie die Auswahl und Kalibrierung von geeigneten Bewertungsmodellen voraus. Typischerweise sind dafür Forward-Kurven für die Schätzung der zukünftigen Cash-Flows und Zero-Kurven zur Diskontierung der Cash-Flows zu generieren.[9] Für die Approximation

5 Vgl. Green/Figlewski, 1999.
6 Vgl. Rolfes, 1989 und Schierenbeck, 1997.
7 Vgl. Herzog, 1990.
8 Vgl. Schierenbeck, 1997.
9 Vgl. Brotherton-Ratcliffe/Iben, 1993.

der gegenwärtigen Zinsstruktur haben sich Spline-Verfahren und das Bootstrapping etabliert. Während Spline-Verfahren die Zero-Kurven mittels Spline-Funktionen und einfacher OLS- oder RLS-Ansätze aus beliebigen Anleihen bestimmen,[10] beruht das Bootstrapping auf einem iterativen Ansatz.[11] Die Forward-Zinsstruktur wird durch die Volatilität der Zero-Kurve determiniert. Aus der Spezifikation einer risikoneutralen Volatilitätsstruktur für Zero-Bonds unterschiedlicher Laufzeit ergibt sich ein arbitragefreier Prozess für die Forward-Rates.[12] Unter der Prämisse einer risikoneutralen Bewertung folgt die Dynamik der Zinsstruktur der Dynamik der risikolosen Momentanverzinsung, die selbst durch den Anstieg der Forward-Kurve und somit durch die momentanen Varianzen der Zero-Bonds bestimmt wird.

Ein allgemein anerkannter Ansatz zur Modellierung der Zinsstruktur existiert nicht. Statt dessen können Gleichgewichts- und Arbitragemodelle unterschieden werden. Gleichgewichtsmodelle führen nur zu approximativen Bewertungsergebnissen und spielen deshalb nur eine untergeordnete Rolle. Statt dessen werden Arbitragemodelle auf die gegenwärtige Zinsstruktur kalibriert und führen zu konsistenten Bewertungsergebnissen. Aus diesem Grund nehmen arbitragefreie Modelle der Zinsstruktur im Risikomanagement eine dominante Rolle ein.

Weil die Bestimmungsfaktoren der Zinsstruktur vielfältig sind, wird in der Regel versucht, Veränderungen der Diskontierungssätze durch wenige Faktoren zu beschreiben. Die Faktoren wirken auf verschiedene Bereiche der Zinsstruktur ein und lassen vielfältige Strukturen der Zero-Kurven zu. Die verschiedenen Faktormodelle unterscheiden sich durch die Spezifikation der Faktoren. Zu ihnen gehören die Einfaktormodelle von Vasicek (1977), Cox, Ingersoll, Ross (1985), Ho, Lee (1986), Black, Derman, Toy (1990) sowie Hull und White (1990). Diese Modelle erklären die Entwicklung der Zinsstruktur mithilfe einer kurzfristigen Short-Rate. Brennan und Schwartz (1982) erweitern diese Modelle durch einen langfristigen Zinssatz für einen Consol. Statt dessen verwenden Longstaff, Schwarz (1992) sowie Hull und White (1994) anstelle des langfristigen Zinssatzes eine stochastische Volatilität bzw. eine stochastische Drift als zweiten Faktor. Heath, Jarrow und Morton (1992) schaffen die theoretische Grundlage für Zinsstrukturmodelle mit einer beliebigen Anzahl von Faktoren, indem sie zeigen, dass die Drift der Forward-Kurve durch die momentane Standardabweichung der Faktoren erklärt wird. Dies rechtfertigt die empirische Bestimmung der Faktoren mit Hilfe von Hauptkomponentenanalysen. Die Vorteile dieses Verfahrens bestehen in der Unkorreliertheit der berechneten Faktoren und dem hohen Erklärungsgrad, der bereits bei zwei bis drei Faktoren erreicht wird.[13] Als nachteilig wird in der Regel die schwierige Interpretation der statistischen Faktoren empfunden. Dennoch lassen sich die drei Faktoren mit dem höchsten Erklärungsgehalt für den deutschen Rentenmarkt, berechnet aus den Renditeänderungen der REX-Subindizes mit Laufzeiten von einem bis zehn Jahren, als Parallelverschiebung, Drehung und Krümmung der

10 Vgl. McCulloch, 1971 und Suits/Mason/Chan, 1978.

11 Vgl. Hull, 1997.

12 Vgl. Heath/Jarrow/Morton, 1992.

13 Vgl. Bühler/Zimmermann, 1991.

Zinsstrukturkurve interpretieren.[14] Ein Nachteil der Hauptkomponentenanalyse besteht in der Kalibrierung des Modells auf historischen Daten. Somit setzten empirische Faktormodelle implizit voraus, dass sich zukünftige Marktbewegungen mithilfe historischer Zusammenhänge über die Risikoquellen erklären lassen.

2.3 Messung von Zinsänderungsrisiken

Zinsänderungsrisiken ergeben sich aus jedem beliebigen Punkt der Zinsstrukturkurve. Das Management von Zinsänderungsrisiken muss deshalb die gesamte Zinsstruktur berücksichtigen. Weil nicht für jeden beliebigen Zeitpunkt Sicherungsinstrumente bereit stehen, das Risikomanagement mit zunehmender Genauigkeit komplexer wird und die Zinsbewegungen innerhalb bestimmter Laufzeitenbereiche hoch korreliert sind, beschränkt sich das Management von Zinsänderungsrisiken auf ausgewählte Stützpunkte der Zinsstruktur.[15]

Zu den klassischen Risikomaßen für Zinsänderungsrisiken zählen die Duration, die Konvexität und das sogenannte PVBP-Konzept (Price Value of a Basis Point). Ursprünglich geht die Duration von einer flachen Zinsstrukturkurve aus. Grundsätzlich kann zur Berechnung der effektiven Duration eine beliebige Zero-Kurve verwendet werden. Unabhängig davon berücksichtigen die Durationsmaße nur Parallelverschiebungen der Zinsstruktur mit

$\Delta R_i = \Delta Y.$

Wenn R_i den stetigen Zinssatz für einen Zeitraum von i Jahren wiedergibt, ergibt sich der Dirty-Preis einer Anleihe $P(R_i)$ als Barwert der zukünftigen Cash-Flows C_t zu

$$P(R) = \sum_{t=1}^{N} C_t e^{-R_i t}.$$

Die Preisänderung der Anleihe in Abhängigkeit einer Verschiebung der Zinsstruktur lässt sich aus einer Taylorentwicklung berechnen durch

$$\Delta P(R) \approx \sum_{i=1}^{N} \frac{\partial}{\partial R_i} P(R)\Delta Y + \frac{1}{2} \sum_{i=1}^{N}\sum_{j=1}^{N} \frac{\partial^2}{\partial R_i \partial R_J} P(R)(\Delta Y)^2.$$

Dabei entsprechen die Duration

$$D = -\frac{1}{P(R)} \sum_{i=1}^{N} \frac{\partial}{\partial R_i} P(R) = \frac{\sum_{i=1}^{N} iC_i e^{-R_i i}}{\sum_{i=1}^{N} iC_i e^{-R_i i}}$$

14 Vgl. Langewand/Nielsen, 1999 und Zagst, 1999. Die drei Faktoren erklären 97,7 Prozent der Zinsstrukturbewegungen, vgl. Zagst, 1999.

15 Zagst, 1999, gibt paarweise Korrelationskoeffizienten zwischen den 9- und 10-jährigen Zinssätzen mit 0,99 und für 3-, 4- und 5-jährige Zinssätze mit mindestens 0.98 an.

sowie die Konvexität

$$K = \sum_{i=1}^{N} \sum_{i=1}^{N} \frac{\partial^2}{\partial R_i \partial R_j} P(R) = \sum_{i=1}^{N} i^2 C_i e^{-Rii},$$

so dass sich die Preisänderung einer Anleihe ergibt als

$$\Delta P(R) \approx -D \cdot P(R) \cdot \Delta Y + \frac{1}{2} K(\Delta Y)^2.$$

Sowohl die Duration als auch die Konvexität werden aus der Zahlungsstruktur der Anleihe oder eines zinstragenden Portfolios berechnet. Die Stützpunkte in der Zinsstruktur werden deshalb durch die zugehörigen Zahlungstermine bestimmt. Weil die Duration und die Konvexität von Portfolios durch einfache Aggregationsmechanismen berechnet werden können, ist es grundsätzlich möglich, beide Kennzahlen für die Gesamtbank zu berechnen.

Beim Duration-based-Hedging wird versucht, die Duration eines Gesamtportfolios aus dem originären Portfolio und dem Hedgeportfolio mit Hilfe des An- oder Verkaufs von Anleihen oder Futures auf Null zu reduzieren. Die ursprünglichen Stützpunkte in der Zinsstruktur werden demzufolge durch die Fälligkeitszeitpunkte der neuen Anleihen oder der zu den Futures zugehörigen Cheapest-to-Deliver-Anleihen ergänzt. Weil die Korrektur der Duration auf wenige und in der Regel vom originären Portfolio abweichende Stützpunkte in der Zinsstruktur zurückgreift, führt ein Duration-based-Hedging nur zu einer scheinbaren Immunisierung gegenüber Zinsänderungsrisiken. Während das durchschnittliche Zinsänderungsrisiko gegen Null konvergiert, verbleiben für die einzelnen Zeitpunkte in der Regel Exposures gegenüber den laufzeitkongruenten Zinssätzen. Wenn die Stützpunkte des Hedgeportfolios und des originären Portfolios voneinander abweichen, werden sogar zusätzliche Risikopositionen aufgebaut.[16] Deshalb kann die Duration keine Absicherung gegen nicht parallele Verschiebungen der Zinsstruktur gewährleisten. Abbildung 1 stellt diesen Zusammenhang graphisch dar.

Das Konzept der Key-Rate-Duration beruht im Unterschied zur Duration explizit auf einer Fristenstruktur der Zero-Kurve und nicht-parallelen Verschiebungen der Zinsstruktur.[17] Dafür wird die Zinsstruktur in jene N Key-Rates unterteilt, die für eine Bewertung des Zinsportfolios maßgeblich sind. Im Vordergrund des Risikomanagements stehen dann Fragen nach der absoluten (relativen) Veränderung des Preises eines Zinsportfolios bei isolierter Veränderung einer Key-Rate, das heißt den Key-Rate-Deltas (Key-Rate-Durations). Zusätzlich wird die Stabilität der Key-Rate-Deltas oder Key-Rate-Durations gegenüber den Veränderungen einzelner Key-Rates durch die Key-Rate-Gammas gemessen. Wenn

$$d_i = \frac{\partial}{\partial R_i} P(R)$$

16 Ähnlich äußern sich Bühler/Hies, 1995 und Zagst, 1999.

17 Parallele Verschiebungen der Zinsstruktur führen zu Arbitragemöglichkeiten und werden entsprechend selten auftreten, vgl. Dahl, 1993.

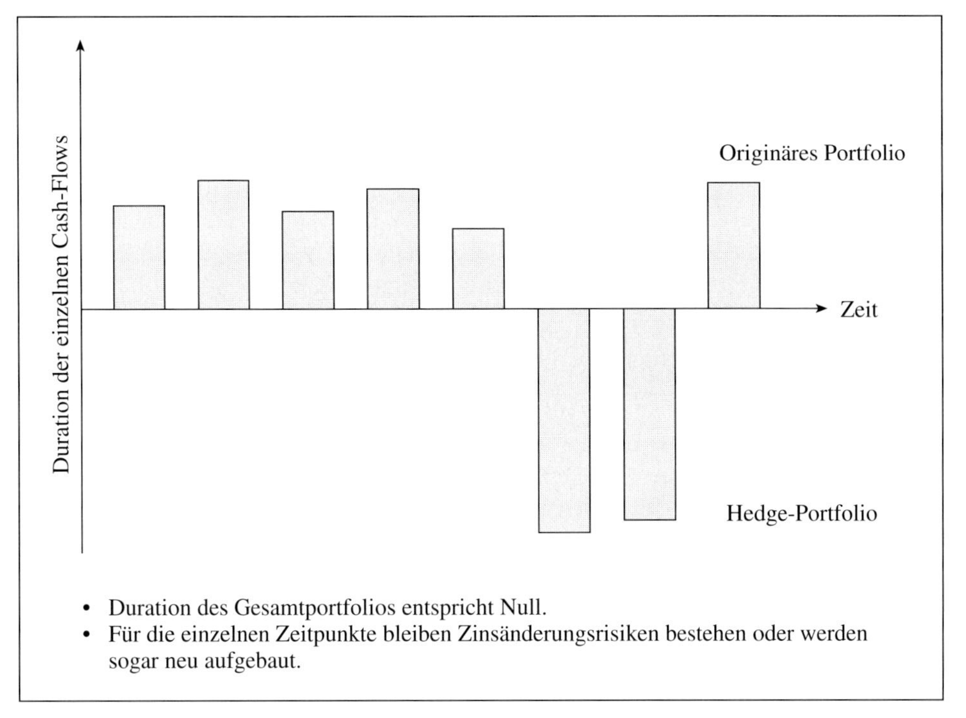

Abbildung 1: Duration-based-Hedging

den Key-Rate-Deltas und

$$k_{i,j} = \frac{\partial^2}{\partial R_i \partial R_j} P(R)$$

den Key-Rate-Gammas entsprechen, ergibt sich die Preisänderung eines Zinstitels als

$$\Delta P(R) \approx \sum_{i=1}^{N} d_i \Delta R_i + \frac{1}{2} \sum_{i=1}^{N} \sum_{j=1}^{N} k_{i,j} \Delta R_i \Delta R_j. \tag{1}$$

Die Key-Rate-Duration misst die prozentuale Preisveränderung des Zinstitels bei einer Veränderung der i-ten Key-Rate als

$$KRD_i = -\frac{d_i}{P(R)} = \frac{\partial P(R)}{\partial R_i} \frac{1}{P(R)}.$$

Die i-te Key-Rate-Duration eines Portfolios kann als die barwertgewichtete Summe der i-ten Key-Rate-Durationen der Einzeltitel berechnet werden.[18] Für das Risikomanagement der Gesamtbank ist es also möglich, die Key-Rate-Durationen zu berechnen.

18 Vgl. Bühler/Hies, 1995.

Bankgeschäfte erstrecken sich auf eine Vielzahl von unterschiedlichen Laufzeiten. Aus diesem Grund es nahezu unmöglich, alle Key-Rate-Durationen isoliert zu berechnen. Statt dessen kann die Eigenschaft genutzt werden, dass die Summe aller Key-Rate-Durationen einer Parallelverschiebung der Zinsstrukturkurve entspricht. Werden die Key-Rate-Durationen nicht über alle Zeitpunkte sondern nur bestimmte Bereiche aggregiert, wird angenommen, dass sich abgetrennte Bereiche der Zero-Kurve parallel verschieben. Weil aber keine identische Variation der Bereiche gefordert wird, bleibt die laufzeitkongruente Erfassung der Zinsänderungsrisiken weitgehend erhalten.[19] Das Key-Rate-Delta und das Key-Rate-Gamma für einen Key-Rate-Bereich entsprechen dann

$$d'_k = \sum_{t=\tau_1}^{\tau_2} d_t \text{ bzw. } k'_k = \sum_{t=\tau_1}^{\tau_2} \sum_{t'=\tau_3}^{\tau_4} k_{t,t'}.$$

Ähnlich wie der Duration wird beim Management der Zinsänderungsrisiken versucht, mit Hilfe von Finanzinstrumenten auf die Key-Rate-Durationen einzuwirken. Ein Portfolio ist gegenüber den Zinsänderungsrisiken abgesichert, wenn alle Key-Rate-Durationen genau Null entsprechen. Im Unterschied zum Durationskonzept werden alle Stützpunkte der Zinsstruktur separat immunisiert,

Die Key-Rate-Durationen beziehen sich unmittelbar auf die Zinsstruktur. Die Entfaltung der Unsicherheit in Bezug auf die Zinsentwicklung bleibt aber unberücksichtigt. Im Abschnitt 2.2 wurde gezeigt, dass Faktormodelle versuchen, die Dynamik der Zinsstruktur zu erklären. In Bezug auf die Key-Rates folgt aus der Faktormodellannahme

$$\Delta R_I = \sum_{k=1}^{K} a_{i,k} \Delta F_k + \varepsilon_i.$$ [20]

Die Messfehler werden als normalverteilt mit einem Erwartungswert in Höhe von Null angenommen. Die Sensitivität der Key-Rates gegenüber den Faktoren wird durch die Faktorladungen a ausgedrückt. Ausgehend von (1) ergibt sich die Preisveränderung eines Zinstitels als

$$\Delta P(R) \approx \sum_{k=1}^{K} \left(\sum_{k=1}^{N} d_i a_{i,k} \right) \Delta F_k + \frac{1}{2} \sum_{k=1}^{K} \sum_{l=1}^{K} \left(\sum_{i=1}^{N} \sum_{j=1}^{N} k_{i,j} a_{i,k} a_{j,k} \right) \Delta F_l \, \Delta F_k.$$

Dabei werden

$$d_{F_k} = \sum_{i=1}^{N} d_i \, a_{i,k}$$

als Faktor-Delta und

$$k_{F_k} = \sum_{i=1}^{N} \sum_{J=1}^{N} k_{i,j} \, a_{i,k} a_{j,k}$$

19 Vgl. Ho, 1992. Außerdem sind angrenzende Teilbereiche der Zinsstruktur hoch korreliert, siehe Fußnote 15.

20 Vgl. Zagst, 1999.

als Faktor-Gamma bezeichnet. Die Faktormodellannahme erleichtert die Berechnung des Value-at-Risk für Zinsportfolios. Neben den herkömmlichen Methoden mit vollständiger Bewertung (Empirische Methode, Monte-Carlo-Simulation, Approximate Full-Valuation-Methode[21]) eignet sich insbesondere der Delta-Normal-Ansatz als Methode mit approximativer Bewertung bei der Berücksichtigung der Faktoren.[22]

Die Aufspaltung des Zinsänderungsrisikos auf die Key-Rates und die Faktoren verdeutlicht, dass die Anforderungen an das Management der Zinsänderungsrisiken zunehmen. Einfach strukturierte Plain-Vanilla-Produkte, zum Beispiel Zinsoptionen, Zinsfutures und Zinsswaps, wirken demgegenüber nur auf einzelne Bereiche der Zinsstruktur ein und spielen deshalb eine begrenzte Rolle bei der Steuerung der Zinsexposures. An ihre Stelle treten im stärkeren Maße komplexe Finanzprodukte wie Differential Swaps, Constant-Maturity-Swaps oder Yield-Curve-Swaps.

3. Plain-Vanilla-Produkte zur Steuerung des Zinsänderungsrisikos

3.1 Kassainstrumente

Einen ausführlichen Überblick über Kassainstrumente zur Steuerung des Zinsänderungsrisikos geben Perridon und Steiner (1999). Im Folgenden werden Floating Rate Notes (FRN) und Asset Backed Securities (ABS) besprochen.

FRN stellen Anleihen dar, deren Nominalverzinsung nicht festgeschrieben ist, sondern regelmäßig an einen Referenzzinssatz angepasst wird. Als Referenzzinssätze kommen vor allem Geldmarktsätze, zum Beispiel der LIBOR oder EURIBOR, in Frage. Zum Teil werden die Anleihen auch an längerfristige Zinssätze, bspw. die zehnjährige Constant Maturity Treasury Note-Verzinsung, gekoppelt.[23] Zusätzlich wird je nach Bonität der Emittenten ein fester Zinsaufschlag (Spread) vereinbart.

Aufgrund der variablen Verzinsung eignen sich FRN zur fristenkongruenten Refinanzierung von Roll-over-Krediten mit einer periodischen Zinsanpassung. Im Treasury-Bereich erlauben FRN eine langfristige Refinanzierung bei einer geldmarktnahen Verzinsung. Außerdem können Festzinsbindungen reduziert werden.

Als Varianten von FRN kommen zum Teil Reverse FRN (RFRN) und Bull bzw. Bear FRN zum Einsatz. Bei RFRN folgt die Verzinsung einem festen Zinssatz abzüglich des Referenzzinssatzes. RFRN bieten Investoren die Chance, von fallenden Geldmarktzinsen zu

21 Vgl. Zagst, 1997.

22 Weitere Faktor-Normal-Methoden mit approximativer Bewertung stellen die Asset-Normal-Methode und CreditMetrics zur Verfügung.

23 Vgl. Brotherton-Ratcliffe/Iben, 1993.

profitieren. Emittenten können RFRN u. a. durch Differential Swaps hedgen. Wenn die FRN mit einem Hebel versehen sind, die Wirkungen von Zinsänderungen verstärken oder reduzieren, spricht man in der Regel von Bull oder Bear FRN.

Bei ABS-Transaktionen werden geeignete Aktiva in Pools zusammengefasst und veräußert. Als Käufer kommen Finanzierungsgesellschaften, die sich selbst am Kapitalmarkt refinanzieren oder institutionelle sowie private Investoren in Frage. Die ABS-Transaktionen werden so gestaltet, dass die Cash-Flows aus den Aktiva eine Bedienung der Zins- und Tilgungsverpflichtungen gewährleisten. Im Unterschied zum Factoring oder der Forfaitierung werden die Zahlungsansprüche aus den ABS-Transaktionen werpapiermäßig verbrieft und somit selbst handelbar. Weil aus ursprünglich illiquiden Aktivpositionen fungible Wertpapiere werden, ermöglichen ABS-Transaktionen den Verkauf von aktiven Festzinsüberhängen. Daneben erlauben ABS-Transaktionen den teilweise Verkauf von Kreditrisiken und die Entlastung von aufsichtsrechtlichen Grundsätzen. Von besonderer Bedeutung sind Mortage-Backed-Securities (MBS), bei denen langfristig zinsgebundene Hypothekarkredite gebündelt und verkauft werden. Im Unterschied zu ABS-Transaktionen weisen MBS häufig komplexe Kündigungsrechte auf. Dies erschwert zwar die Bewertung der Transaktion, ermöglicht aber auch einen Verkauf der von den Kündigungsrechten ausgehenden Zinsrisiken.

3.2 Termininstrumente

Einen ausführlichen Überblick über zinsbezogene Termininstrumente geben Steiner und Bruns (2000). Eine Systematisierung von verschiedenen Finanztermingeschäften kann auch Abbildung 2 entnommen werden.

3.2.1 Unbedingte Termingeschäfte

3.2.1.1 Forward Rate Agreements

Bei Forward Rate Agreements (FRA) handelt es sich um individuelle, nicht standardisierte und somit nicht börsenfähige Vereinbarungen zwischen zwei Marktteilnehmern über eine Zinsfestschreibung auf einen feststehenden Betrag V für eine in der Zukunft liegende Zinsperiode $(t_2 - t_1)$.[24] Im Unterschied zu herkömmlichen Zinsinstrumente steht bei FRA nicht die Finanzierungswirkung im Vordergrund. Statt dessen erfolgt das Settlement der gesamten Transaktion am Beginn der vereinbarten Zinsperiode. Eine Differenz zwischen dem vertraglich festgeschriebenen Zinssatz R_{FRA} und dem Referenzzinssatz R_{REF} führt aus Sicht des Käufers zu der Ausgleichszahlung

24 Aufgrund der weiten Verbreitung von FRA existieren am OTC-Markt bestimmte Standards, die einen Handel von FRA ermöglichen.

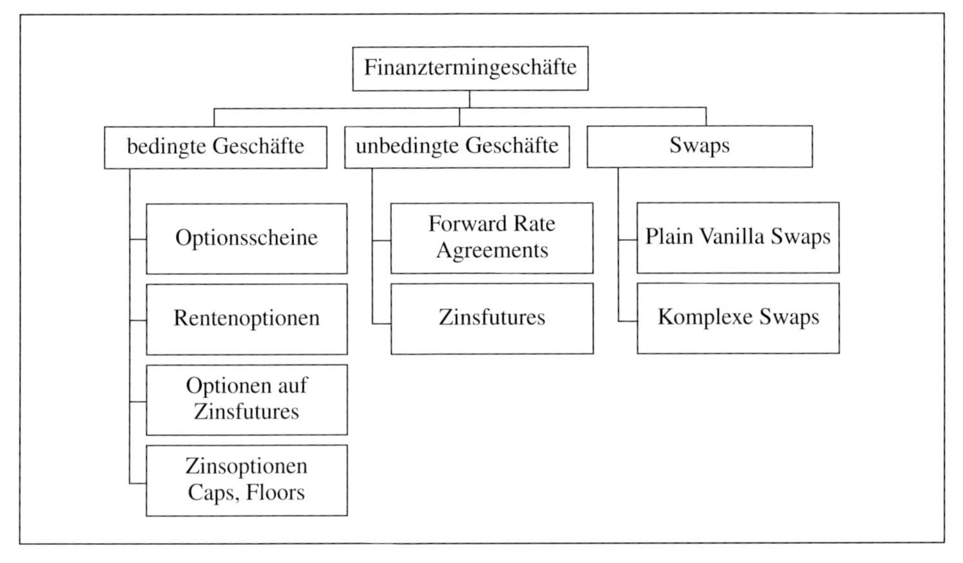

Abbildung 2: Systematisierung von Finanztermingeschäften im Zinsbereich

$$S = V(R_{REF} - R_{FRA})\frac{t_2 - t_1}{360} \cdot \frac{1}{1 + \left[R_{REF}\frac{(t_2 - t_1)}{360}\right]}.$$ [25]

Der gegenwärtige Wert von FRA beträgt Null, wenn *RFRA* genau der Forward-Rate für $(t_2 - t_1)$ entspricht.

Aufgrund des Zinsdifferenzgeschäfts sind FRA mit Zinsswaps vergleichbar. Während die fiktive Verbindlichkeit weiterhin mit *RREF* bedient wird, fließt aus dem FRA eine Verzinsung in Höhe von *RFRA* zu. FRA ermöglichen eine Transformation von zinsvariablen Risikopositionen in festverzinsliche Cash-Flows. Durch den Kauf von FRA können Kreditinstitute beispielsweise offene Passivpositionen absichern. Aufgrund der einmaligen Transaktion sowie den individuellen Gestaltungsmöglichkeiten bieten FRA den Marktteilnehmern in Bezug auf den Betrag und die Laufzeit eine hohe Flexibilität.

3.2.1.2 Zinsfutures

Im Gegensatz zu FRA unterliegen Futures einer Standardisierung in Bezug auf Erfüllungstermin, Betrag und Menge, so dass ein Börsenhandel möglich ist. Ein Kauf von Zinsfutures beinhaltet die vertragliche Vereinbarung, ein dem Kontrakt in Bezug auf die Laufzeit und Verzinsung entsprechendes Zinsinstrument zu einem vorab festgelegten Preis zu einem zukünftigen Zeitpunkt abzunehmen oder zu liefern.[26] Zinsfutures werden in der Regel als Differenzgeschäft eingesetzt, um an Bewegungen der Zinsstruktur zu partizipieren.

25 Vgl. Hull, 1997.

26 Vgl. Perridon/Steiner, 1999 und Steiner/Bruns, 2000.

Anstelle einer Lieferung oder Abnahme des zugrundeliegenden Zinsinstruments lösen Investoren ihre Verpflichtungen durch Gegengeschäfte auf. An den Terminbörsen werden Zinsfutures in der Regel als Geldmarkt- und Kapitalmarktinstrumente angeboten.

Eine Absicherung gegen steigende Zinsen kann durch den Verkauf von Futures (short Hedge) erfolgen, während zum Schutz gegen fallende Zinsen Futures erworben werden (long Hedge). Dieser Fall wird beispielsweise dann relevant, wenn ein in der Zukunft anfallender Betrag wieder zur Anlage ansteht und das gegenwärtige Zinsniveau gesichert werden soll.

Bei allen Hedging-Strategien kommt dem sorgfältigen Aufbau des Sicherungsgeschäfts und somit der Bestimmung der Hedge-Ratio eine zentrale Bedeutung zu. Den Ausgangspunkt bildet die Zielsetzung, das Zinsänderungsrisiko bzw. die Varianz aus den Erträgen eines Zinsportfolios zu minimieren. Die Hedge-Ratio h_F spiegelt die unterschiedlichen Reaktionen von abzusichernden und absichernden Positionen auf Zinsänderungen wieder und entspricht dem Verhältnis beider Positionen, bei dem sich die Wertveränderungen ausgleichen. Die Anzahl der einzusetzenden Futures n ergibt sich demzufolge als

$$n = h_F \frac{\text{Nominalwert der abzusichernden Position}}{\text{Nominalwert der Futureposition}}.$$

Bei der Bestimmung der Hedge-Ratio ist zwischen yield-orientierten Verfahren für einfache Zinsportfolios und an die gesamte Zinsstrukturkurve angelehnte Methoden für komplexe Zinsportfolios zu unterscheiden. Zu den erstgenannten Ansätzen zählen u. a. die Nominalwert- oder Kurswertmethode, statistische Methoden und die Durationsmethode.

Bei der Nominal- bzw. Kurswertmethode wird die Hedge-Ratio durch die Division der jeweiligen Nominal- oder Kurswerte berechnet

$$h_F = \frac{\text{Nominalwert des Kassainstruments}}{\text{Nominalwert des Futures}} \quad \text{bzw.}$$

$$h_F = \frac{\text{Kurs des Kassainstruments}}{\text{Kurs des Futures}}.$$

Die Nominalwertmethode berücksichtigt die unterschiedlichen Zinselastizitäten und Preisvolatilitäten der Instrumente nicht. Aus diesem Grund sind die berechneten Hedge-Ratios ungenau und für ein Risikomanagement ungeeignet.

Ein Ziel des Managements von Zinsänderungsrisiken besteht in der Minimierung der Varianz der Erträge aus einem abgesicherten Portfolio. Wenn P und P_F die Preise, σ_P und σ_F die Standardabweichungen sowie $cov(\Delta P, \Delta P_F)$ die Kovarianz von Grund- und Sicherungsgeschäften darstellen, gilt

$$v = \sigma_P^2 + h_F^2 \sigma_F^2 + 2h_F cov(\Delta P, \Delta P_F).$$

Aus der ersten Ableitung dieser Varianz nach der Hedge-Ratio ergibt sich

$$h_F = \frac{\text{cov}(\Delta P, \Delta P_F)}{\sigma_F^2}.^{27} \tag{2}$$

Weil die Kovarianz cov(ΔP, ΔP_F) parallele Preisanpassungsprozesse bei Grund- und Sicherungsgeschäften erfasst, bildet sie einen natürlichen Maßstab für die Hedge-Ratio. Das negative Vorzeichen deutet darauf hin, dass zum Hedging eine der Kassaposition entgegengesetzte Futureposition eingegangen wird. Da die Hedge-Ratio zugleich dem linearen Einfachregressionskoeffizienten einer Regression nach dem Prinzip der kleinsten Quadrate von ΔP auf ΔP_F entspricht, kann (2) als statistisches Modell der Hedge-Ratio angesehen werden.

Einer Berechnung der Hedge-Ratio gemäß (2) liegt die Überlegung zugrunde, dass historische Zusammenhänge uneingeschränkt auf die Zukunft übertragen werden können. Wird dagegen nur auf das gegenwärtige Zinsniveau zurückgegriffen, bieten sich die Durationen des Grundgeschäfts D und der dem Zinsfuture zugrundeliegenden Cheapest-to-Deliver-Anleihe D_{CtD} als Maßstäbe für die Zinselastizitäten an. Im Hinblick auf die Zielsetzung einer Minimierung der Varianz des Ertrages errechnet sich die Hedge-Ratio als

$$h_F = \frac{D \cdot P}{D_{CtD} \cdot P_F}.^{28}$$

Bei der Anwendung dieser Hedge-Ratio sind allerdings die restriktiven Annahmen des Durationskonzepts zu beachten.[29] Insbesondere die Beschränkungen des Durationskonzepts auf wenige Stützstellen und parallele Verschiebungen der Zinsstruktur können zu Fehlsteuerungen führen.[30]

Um das Management von Zinsänderungsrisiken mit der gesamten Zinsstruktur und beliebigen Veränderungen aller Zinssätze in Einklang zu bringen, muss auf das Konzept der Key-Rates zurückgegriffen werden. Die Key-Rate-Deltas messen die absolute Preisreaktion eines Zinstitels bei einer isolierten Veränderung einer Key-Rate. Infolgedessen besteht das Ziel eines Risikomanagements in einer Neutralisierung der Key-Rate-Deltas durch entsprechende Gegengeschäfte. Da sich aus den Hedging-Instrumenten nicht notwendigerweise Portfolios bilden lassen, deren Deltas in den einzelnen Key-Rate-Bereichen mit dem Ausgangsportfolio übereinstimmen, wird in der Regel versucht, ein Hedgeportfolio zu bilden, für das die Summe der quadratischen Abweichungen minimal wird

$$\sum_{i=1}^{N} \left(d_i - \sum_{s=1}^{S} w_s d_{s,i} \right)^2 \xrightarrow[w_s]{} \min.^{31}$$

27 Vgl. Hull, 1997.

28 Vgl. Steiner/Meyer, 1993 und Zagst, 1999.

29 Siehe Abschnitt 2.3.

30 Vgl. Bühler/Hies, 1995 und Zagst, 1999.

31 Bei komplexen Zinsportfolios kann das Gamma- und Vega-Risiko mitgesteuert werden, indem die Zielfunktion angepasst oder zusätzliche Nebenbedingungen aufgenommen werden. Vgl. Zagst, 1999.

Die Anzahl der zulässigen Hedging-Instrumente entspricht *S*. Zugleich geben $d_{s,i}$ und w_s die Key-Rate-Deltas sowie die Gewichtungen dieser Instrumente im Hedgeportfolio wieder.[32] Die Zielfunktion kann durch Erweiterungen oder die Einführung von Nebenbedingungen an die individuellen Bedürfnisse des Risikomanagements angepasst werden. Beispielsweise erlangt die Minimierung der Kosten beim Aufbau des Hedgeportfolios im Asset-Liability-Management eine besondere Bedeutung. Zusätzlich ist aus der Sicht eines Kreditinstituts mit einem Portfolio aus Zahlungsverpflichtungen zu fordern, dass die Key-Rate-Gammas auf der Aktivseite stets größer als diejenigen auf der Passivseite sind. Das Portfolio auf der Aktivseite besitzt dann eine größere Konvexität, so dass bei Zinsänderungen in beliebigen Key-Rate-Bereichen der Preisanstieg (Preisverfall) der Aktivseite immer größer (kleiner) als auf der Passivseite ausfällt.

3.2.2 Bedingte Termingeschäfte

Zu den bedingten Finanztermingeschäften zählen die Optionsgeschäfte, die dem Käufer eine Wahlmöglichkeit in Bezug auf die Ausübung einräumen. Optionsscheine und Optionen räumen Investoren gegen die Zahlung einer Optionsprämie das Recht ein, eine bestimmte Menge von Vermögenswerten (Underlying) zu einem vereinbarten Preis (Basispreis) an einem vorbestimmten Zeitpunkt (europäische Optionen) oder innerhalb eines Zeitraums (amerikanische Optionen) zu erwerben (Call) oder zu veräußern (Put).

Optionen und Optionsscheine können aufgrund ihrer Standardisierung an Börsen gehandelt werden. Zugleich findet aber auch OTC-Handel statt. Zinsoptionsscheine richten sich vor allem an private Investoren und sollen deshalb in diesem Beitrag nicht betrachtet werden.[33] Im Vergleich zu Optionsscheinen bieten Optionen den Vorteil, dass sowohl Kauf- (Long) als auch Verkaufspositionen (Short) eingegangen werden können.

3.2.2.1 Rentenoptionen

Die Basis von Rentenoptionen bilden am Kassamarkt gehandelte oder synthetische Anleihen. Dabei werden vor allem nominal risikofreie Anleihen der öffentlichen Hand oder fiktive Anleihen, die sich an der Verzinsung öffentlicher Anleihen orientieren, eingesetzt. Mit dem Kauf eines Calls können ein bestimmtes Zinsniveau konserviert und Portfolios gegen fallende Zinsen geschützt werden. Dies ist u. a. dann sinnvoll, wenn Zinsgarantien zu erfüllen sind, passive Zinsüberhänge neutralisiert werden sollen oder passive Zinspositionen weniger elastisch als die aktiven Gegenpositionen reagieren. Während der Kauf von Calls direkt auf die aktiven Zinspositionen einwirkt und nur mittelbar passive Zinsänderungsrisiken durch die Festschreibung von minimal akzeptablen Renditeniveaus oberhalb der offenen Zinsverpflichtungen absichert, bietet der Kauf von Puts einen Schutz vor steigenden Zinsen. Passive Zinspositionen können dann zu einem vorab festgelegten Preis abgegeben werden, wenn der entsprechende Marktzins unterhalb des impliziten Zinssatzes der Rentenoption fällt. Verkaufspositionen in Calls (Puts) liegt eine Spekulation auf fal-

32 Eine explizite Hedge-Ratio kann nicht mehr ausgewiesen werden. An ihre Stelle treten die Portfoliogewichte *w*.
33 Für einen Überblick über Zinsoptionen und -optionsscheine vgl. Steiner/Bruns, 2000.

lende (steigende) Zinsen oder das Ausnutzen von Arbitragemöglichkeiten zugrunde. Die damit verbundene Aufnahme von Zinsänderungsrisiken muss mit dem Risikomanagement nicht inkonsistent sein, weil die Risikosteuerung auch eine Entscheidung über das maximal hinzunehmende Zinsexposure einschließt.

Die Berechnung von Hedge-Ratios hängt maßgeblich von einer Bewertung der Rentenoptionen ab. Das für Aktienoptionen entwickelte Modell von Black und Scholes (1973) und dessen Übertragung auf Zinstitel durch Black (1976) ist für die Bewertung von Rentenoptionen nur bedingt geeignet. Insbesondere amerikanische Optionen können damit nicht bewertet werden. Ausschlaggebend dafür sind

1. die regelmäßigen Kuponzahlungen von herkömmlichen Anleihen,
2. die beschränkte Laufzeit der zugrundeliegenden Anleihen und
3. die widersprüchlichen Annahmen von konstanten Finanzierungsraten und stochastischen Anleihepreisen.

Für europäische Rentenoptionen können diese Probleme weitgehend ausgeschaltet werden, wenn anstelle des gegenwärtigen Kurses einer Anleihe deren Forward-Kurs für den Verfallstag der Option verwendet wird. Dagegen muss für eine Bewertung von amerikanischen Optionen das gesamte Kontinuum von Forward-Preisen, das heißt die gesamte Zinsstruktur, für die Laufzeit der Optionen einbezogen werden, um potentielle Ausübungsschranken zu ermitteln. Deshalb müssen der Bewertung von Rentenoptionen die in Abschnitt 2.2 erwähnten Zinsstrukturmodelle zugrundegelegt werden.[34]

3.2.2.2 Caps, Floors und Zinsoptionen

Als Varianten von Zinsoptionen haben Caps, Floors und Collars zunehmend an Bedeutung gewonnen. Unter diesen Finanzinstrumenten versteht man eigenständig handelbare Zinsbegrenzungsvereinbarungen, die sich im Zusammenhang mit variabel verzinslichen Anlagen und Krediten einsetzen lassen.[35] Caps dienen der Vereinbarung einer Zinsobergrenze. Kreditinstitute können Caps einsetzen, um zinsvariable Refinanzierungsrisiken zu begrenzen und dadurch die Zinselastizitäten zu verändern. Durch den Cap wird ein Zinsniveau festgelegt, ab deren Überschreiten der Cap-Verkäufer dem Cap-Inhaber die Zinsdifferenz vergütet.[36] Als Gegenleistung erhält der Cap-Verkäufer für die Risikoübernahme eine Risikoprämie. Interpretiert man das durch den Cap definierte Zinsniveau als Basispreis und den Preis des Caps als Optionsprämie, wird deutlich, dass es sich bei

---

34 Für eine Diskussion alternativer Zinsstrukturmodelle vgl. Courtadon, 1993, Hull, 1997. Breite Verwendung hat das Verfahren von Hull/White, 1990, gefunden. Alternativ können Zinsbäume eingesetzt werden, vgl. Hull/White, 1994. Eine besondere Rolle spielt dabei das nicht stationäre Verfahren von Black/Derman/Toy, 1990. Ein in der Literatur noch unterrepräsentiertes Modell wurde von Miltersen/Sandmann/Sondermann, 1997, vorgestellt, das eine besonders effiziente Bewertung von Zinsoptionen erlaubt.

35 Obwohl diese Instrumente häufig unabhängig von einer Kreditaufnahme oder Geldanlage geschlossen werden, sind Emissionen von FRN oft mit Caps verbunden. Aus dem Stripping der Anleihe und der verbundenen Optionen können 'stripped Caps' extrahiert und isoliert gehandelt werden.

36 Es werden auch Caps gehandelt, die nur eine anteilige Vergütung der Zinsmehrkosten oder eine Staffelung der Zinsobergrenze vorsehen. Hierdurch können die Kosten für Caps reduziert und die Zinsobergrenzen an die Bedürfnisse des Kreditinstituts angepaßt werden.

Caps wirtschaftlich um Kaufoptionen handelt.[37] Weil Caps bei einer Laufzeit über mehrere Zinsperioden mehrfach ausgeübt werden können, handelt es sich um Bündel von Calls auf den Referenzzinssatz.[38] Aufgrund des inversen Zusammenhangs zwischen Zinsen und Anleihebewertungen können Caps auch als Portfolio von Put-Optionen auf Renten angesehen werden.[39]

Die Bewertung von Caps unterliegt ähnlichen Schwierigkeiten wie die Bewertung von europäischen Rentenoptionen. Aus dem gewählten Zinsstrukturmodell können Erwartungen über die Summe der Cash-Flows aus dem Cap gebildet werden, die auf den Betrachtungszeitpunkt abzudiskontieren sind. Weil bei Caps die Zahlungen erst am Ende der Zinsperiode erfolgen, ist keine Konvexitätsbereinigung bei der Preisbildung erforderlich.

Im Gegensatz zu Caps sichert ein Floor dem Käufer eine Mindestverzinsung seiner variablen Geldanlage. Der Verkäufer verpflichtet sich, dem Käufer den Betrag zu zahlen, um den der Referenzzinssatz die Mindestverzinsung unterschreitet. Dementsprechend können Floors genutzt werden, um passivistische Festzinsüberhänge durch die Garantie von aktivistischen Mindestrenditen abzusichern. Floors können als Bündel von Puts auf einen Zinssatz oder Calls auf Rentenwerte interpretiert werden.

Durch den gleichzeitigen Kauf eines Caps und dem Verkaufs eines Floors entsteht ein Collar. Dabei werden parallele Mindest- und Maximalverzinsungen festgelegt. Der Verkauf des Floors dient dabei der zumindest partiellen Finanzierung der Prämienzahlung für den Cap. Collars entsprechen somit Portfolios aus Kauf- und Verkaufsoptionen auf Zinsen oder Zinstitel. In der zugrundeliegenden Vereinbarung verpflichtet sich der Kontraktpartner, einer Bank den entstehenden Zinsmehraufwand für einen feststehenden Nominalbetrag zu vergüten, der aus einer Überschreitung der Zinsobergrenze folgt. Umgekehrt erklärt sich die Bank bereit, dem Vertragspartner beim Unterschreiten einer Zinsuntergrenze die auf den gleichen Nominalvertrag entfallende Differenz zwischen dem Referenzzinssatz und der Zinsuntergrenze zu erstatten. Collars wirken demzufolge wie die Abgabe einer Garantie über eine Mindestverzinsung bei gleichzeitiger Begrenzung von Maximalverzinsungen. Banken können Collars zur Steuerung von Zinselastizitäten einsetzen. Collars sind im besonderen Maße attraktiv, wenn steigende Marktzinsen erwartet werden und die Marktpreise für die Caps und Floors diese Erwartungen nicht vollständig widerspiegeln. Die Wirkung von Caps, Floors und Collars ist in Abbildung 3 dargestellt.

3.2.3 Zinsswaps

Zinsswaps zählen zu den unbedingten Termingeschäften. Dabei werden zinsvariable und festverzinsliche Zinsforderungen (Asset Swap) oder Zahlungsverpflichtungen (Liability Swap) auf eine hypothetische Kapitalsumme in einer Währung ausgetauscht.[40] Weil die

37 Vgl. Perridon/Steiner, 1999 und Steiner/Bruns, 2000.

38 Die einzelnen Optionsrechte als Bestandteile des Caps werden auch 'Caplets' genannt.

39 Vgl. Hull, 1997.

40 Vgl. Perridon/Steiner, 1999 und Steiner/Bruns, 2000.

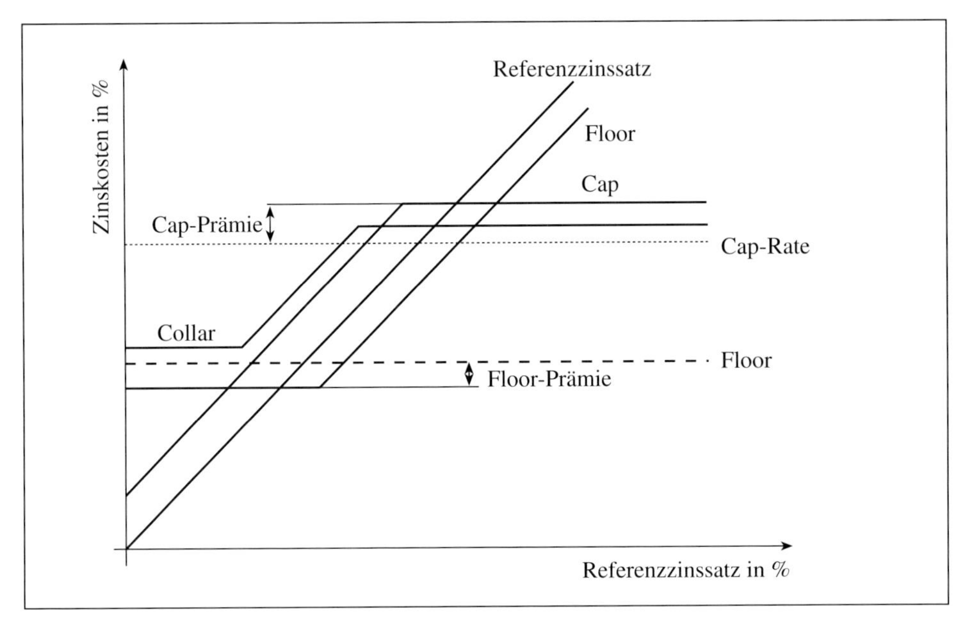

Abbildung 3: Absicherung einer variabel verzinslichen Passivposition durch einen Collar

Kapitalbeträge nicht getauscht werden,[41] dienen Zinsswaps einer Umwandlung von Zinsverpflichtungen und somit der Steuerung von Zinsänderungsrisiken. Während die variablen Zinszahlungen dem Geldmarkt entstammen, folgen die fixierten Zinszahlungen normalerweise den Kapitalmarktzinsen für die Laufzeit des Swap-Geschäfts (Swapsatz). Das Eingehen von Zinsswaps beinhaltet somit eine Positionierung entlang der Zinsstrukturkurve. Die Struktur eines Zinsswaps kann Abbildung 4 entnommen werden.

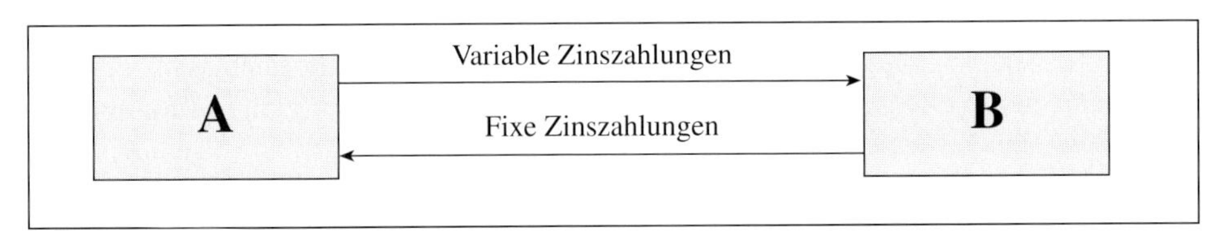

Abbildung 4: Transaktion im Rahmen eines Zinsswaps

Bei Währungsswaps werden sowohl die Kapitalbeträge als auch die Zinszahlungen in verschiedenen Währungen ausgetauscht. Neben dem Zinsänderungsrisiko können auch Fremdwährungspositionen aufgebaut oder besichert werden. Weil auch die Nominalbeträge ausgetauscht werden, sind Währungsswaps risikoreicher als Zinsswaps. Grundsätzlich tragen aber alle Swaps Kreditrisiken in Form des Wiedereindeckungsrisikos, wenn die Ge-

41 Der Nominalbetrag dient nur der Berechnung der Zinszahlungen.

genseite ausfällt und eigene Zins- und Währungsrisiken entstehen. Banken nehmen häufig die Rollen von Finanzintermediären ein, indem sie Swap-Transaktionen zwischen Dritten vermitteln. Gegebenenfalls entstehen dabei offene Positionen, die ebenso wie Zinsüberhänge durch Gegengeschäfte geschlossen werden können.[42]

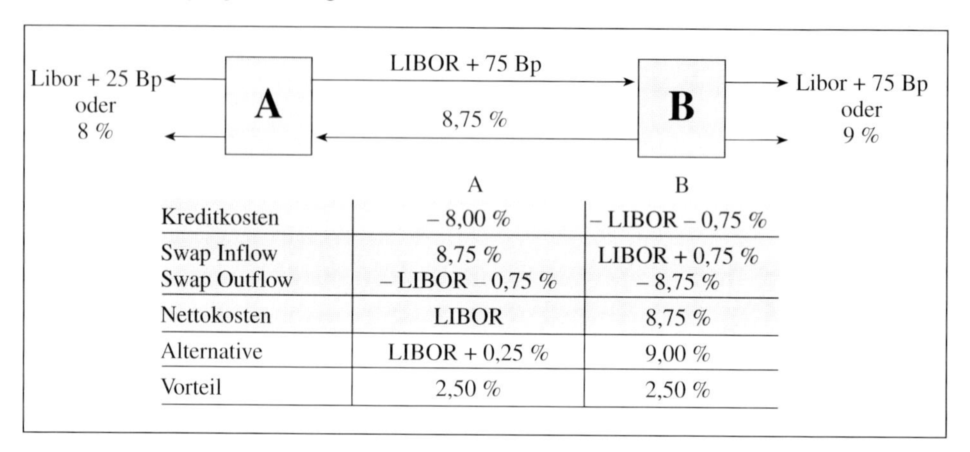

	A	B
Kreditkosten	– 8,00 %	– LIBOR – 0,75 %
Swap Inflow Swap Outflow	8,75 % – LIBOR – 0,75 %	LIBOR + 0,75 % – 8,75 %
Nettokosten	LIBOR	8,75 %
Alternative	LIBOR + 0,25 %	9,00 %
Vorteil	2,50 %	2,50 %

Beispiel 1: Komparativer Vorteil bei Zinsswaps

Zum Teil wird das Ausnutzen von komparativen Kostenvorteilen als Argument für den Einsatz von Zinsswaps genannt, weil dadurch die Refinanzierungskosten beider Partner reduziert werden können. Beispiel 1 illustriert diesen Zusammenhang graphisch. Aufgrund von Arbitrageüberlegungen ist es nicht plausibel, dass zwei Unternehmen gleicher Bonität an den Geld- (im Beispiel 1 beträgt der Spread: 0,5 %) und Kapitalmärkten (Spread: 1%) unterschiedlich behandelt werden. Statt dessen können Unterschiede in der Kreditwürdigkeit für die divergierenden Spreads verantwortlich sein. Die variable Verzinsung wird periodisch angepasst. Gegebenenfalls kann der Spread an Veränderungen des Kreditrisikos angepasst oder das Roll-over des Kredits verweigert werden. Bei einer festverzinslichen Kreditvergabe entfallen die Neuverhandlungsmöglichkeiten. Zudem deuten empirische Untersuchungen darauf hin, dass sich die Insolvenzwahrscheinlichkeiten von Unternehmen mit einer geringeren Kreditwürdigkeit oder schlechteren Rating im Zeitablauf schneller verschlechtern als bei anderen Unternehmen.[43] Dieser Zusammenhang erklärt anstelle komparativer Kostenvorteile die zunehmenden Spreads zwischen Unternehmen verschiedener Bonitätsklassen. Die Kostenvorteile reflektieren somit unterschiedliche Prämien für die Kreditrisiken.

Zinsswaps können als kombinierte Kauf- und Verkaufspositionen in FRN und festverzinslichen Anleihen angesehen und als Differenz der beiden Anleihen oder als Portfolio aus FRA bewertet werden.[44]

42 Beispielsweise können die von festverzinslichen Roll-over-Krediten ausgehenden Zinsänderungsrisiken durch Zinsswaps ausgeglichen werden.

43 Vgl. Steiner, 1992 und Steiner/Heinke, 1996.

44 Vgl. Hull, 1997.

4. Finanzinnovationen

Finanzinnovationen sind nur schwer von Plain-Vanilla-Produkten zur Steuerung des Zinsänderungsrisikos zu unterscheiden. Eigentliche Trennkriterien existieren nicht. Dennoch ist der Trend zu beobachten, dass aus der Variation oder Kombination von Grundgeschäften wie Optionen und Swaps zunehmend komplexere Finanzinstrumente zur Steuerung von Risiken entwickelt werden. Diese Finanzinnovationen wirken häufig nicht gemeinsam auf mehrere Parameter der Zinselastizität eines Portfolios sondern adressieren ein genau definiertes Spektrum an Einflussgrößen und Effekten. Ursächlich dafür sind die detaillierteren Risikowahrnehmungen, die durch komplexere mathematische Modelle ermöglicht werden. Bei den Optionen ist eine Vielzahl von Produktinnovationen, zum Beispiel Spread-, Lookback- und Barriere-Optionen, Optionen auf Renten- oder Zinsportfolios, asiatische Optionen etc., zu beobachten, die hier nicht weiter betrachtet werden sollen.[45] Swaps ermöglichen eine längerfristige Steuerung von Zinsänderungsrisiken. Da bei Finanzdienstleistern sowohl aktivistische als auch passivistische Zinsänderungsrisiken auftreten, die Positionen unterschiedliche Elastizitäten und Konvexitäten aufweisen, sind Swaps im besonderen Maße zum Management von Zinsänderungsrisiken bei Banken geeignet.

4.1 Swaptions und Deferred Swaps

Eine Swaption stellt eine Kombination aus Swap- und Optionsvereinbarungen dar, indem gegen die Zahlung einer Prämie die Option auf den Eintritt in einen vorab festgelegten Swap geschaffen wird. Zu unterscheiden sind dabei Optionen auf bereits bestehende oder zukünftige Swap-Geschäfte. Während erstere das Recht beinhalten, eine Swap-Vereinbarung zu verlängern (Extendable Swap) oder vorzeitig zu kündigen, erwirbt der Käufer einer Option auf einen zukünftigen Swap das Recht, während der Optionsfrist das Swap-Geschäft zu den vereinbarten Konditionen zu tätigen (Callable/Putable Swap).[46] Er wird nur dann von seinem Recht Gebrauch machen, wenn er dadurch einen Vorteil erzielen kann.

Swaptions räumen Banken die Möglichkeit ein, antizipierbare Zinsänderungsrisiken durch Garantien zu reduzieren oder auszuschalten. Wenn Swaptions das Recht verbriefen, variable Zinsverpflichtungen abzugeben und dafür festverzinsliche Zahlungsverpflichtungen einzugehen, können die maximal auf zinsvariable Verbindlichkeiten entfallenden Zinszahlungen begrenzt werden, ohne eine mögliche Partizipation an günstigen Entwicklungen der Geld- und Kapitalmärkte auszuschließen. Insofern fixierte gegen variable Zinszahlungen getauscht werden, können Festzinsüberhänge beseitigt werden.

Weil Swaps einem gleichzeitigen Kauf (Verkauf) von FRN und einer Veräußerung (Erwerb) herkömmlicher Kuponanleihen entsprechen, können Swaptions als gebündelte Optionen auf diese Kauf- und Verkaufsmöglichkeiten angesehen und bewertet werden.[47]

45 Einen Überblick gibt u. a. Hull, 1997.
46 Vgl. Gray/Kurz/Strupp, 1986.
47 Für die Bewertung vgl. Rauleder, 1994 und Hull, 1997.

Im Unterschied zu Swaptions legen 'Deferred Swaps' sowohl dem Käufer als auch dem Verkäufer die Verpflichtung auf, zu einem zukünftigen Zeitpunkt in eine vorab spezifizierte Swap-Transaktion einzutreten. Deferred Swaps entsprechen deshalb auch Forward-Geschäften auf Swaps.

4.2 Accrual Swaps und Indexed Principal Swaps

Accrual Swaps erweitern Zinsswaps dahingehend, dass Zinszahlungen einer Seite nur dann anfallen, wenn der Referenzzinssatz innerhalb einer vorab definierten Bandbreite liegt. Die Bandbreiten variieren in der Regel im Zeitablauf. Accrual Swaps können in ähnlicher Weise wie Caps eingesetzt werden, um Risiken dann abzugeben, wenn diese ungünstig auf das Zinsergebnis der Bank einwirken. Beispielsweise können zinsvariable Einzahlungen getauscht werden, wenn die Geldmarktzinssätze unterhalb eines minimal akzeptablen Niveaus fallen. Weil im Gegenzug ein fester Zins gezahlt wird, kann ein bestimmtes Zinsergebnis garantiert werden. Andererseits muss beim Eingehen eines Accrual Swaps eine zinsvariable Verpflichtung nur bedient werden, wenn ein bestimmtes Zinsniveau erreicht wird. In allen anderen Fällen entfällt die Zahlungsverpflichtung aus dem Swap. Damit wird ebenfalls ein minimal akzeptables Zinsergebnis garantiert, da Verpflichtungen nur nachgekommen werden muss, wenn die Erträge ein bestimmtes Niveau erreicht haben.

Wenn eine lognormale Verteilung des Referenzzinssatzes angenommen wird, kann die risikoneutrale Wahrscheinlichkeit, dass der Referenzzinssatz zu einem bestimmten Zeitpunkt unterhalb eines bestimmten Niveaus liegt, aus der Standardnormalverteilung berechnet werden. Wenn Accrual Swaps in Portfolios aus binären Optionen aufgespalten werden, kann für jeden Tag der Restlaufzeit ein rechnerischer Wertbeitrag bestimmt werden. Der Preis von Accrual Swaps ergibt sich dann aus der Aggregation und Diskontierung der Werte für alle Tage der Restlaufzeit.

Indexed Principal Swaps liegt ein vergleichbarer Wirkungszusammenhang zu Grunde. Hier ist der Fortbestand des Nominalwerts eines Swap-Geschäfts an die Zinsentwicklung gebunden. Je niedriger der Referenzzinssatz ausfällt, desto stärker fällt auch das dem Swap zugrundeliegende Nominalvolumen. Indexed Principal Swaps spiegeln damit die Überlegung wieder, dass Absicherungen von Zinsänderungsrisiken nur bei einer negativen Entwicklung der Zinsstruktur erforderlich sind.[48]

4.3 Constant-Maturity-Swaps und Yield-Curve-Swaps

Im Bankgeschäft fallen regelmäßige Geschäfte an, die zu einer dynamischen Portfoliobildung führen. Obwohl diese Portfolios laufenden Umschichtungen durch parallele Neugeschäfte, auslaufende Altverträge sowie der Einbuchung neuer Transaktionen unterworfen

48 Daneben existieren sogenannte Amorizing-Swaps (Step-up-Swaps), wo der Nominalwert des Swap-Geschäfts in vorher festgelegten Zeitabständen schrittweise fällt (steigt).

sind, weisen die Portfolios durchschnittlich konstante Restlaufzeiten auf. Deshalb entfällt auf diese Positionen eine Verzinsung für fiktive Zinstitel mit konstanten Restlaufzeiten an, obwohl die Portfoliobestandteile individuell entsprechend ihrer Laufzeit verzinst werden.[49] Constant-Maturity-Swaps (CM-Swaps) kommen diesen Gegebenheiten entgegen, indem eine variable oder fixierte Verzinsung gegen einen Swapsatz getauscht wird. Zeitvariable Swapsätze geben die fixe Verzinsung für eine konstante Restlaufzeit wieder, wenn ein bestimmter variabler Zins im Rahmen eines Zinsswaps gegen eine feststehende Verzinsung getauscht wird. CM-Swaps neutralisieren unterschiedliche Zinselastizitäten von bestimmten Positionen und den zugehörigen Refinanzierungsstrategien. Abbildung 5 veranschaulicht dieses Prinzip graphisch.

In ähnlicher Weise werden bei Yield-Curve-Swaps Geldmarktzinssätze gegen Kapitalmarktzinssätze mit einer konstanten Restlaufzeit getauscht. Die Basis für das Tauschgeschäft bilden hier aber keine Swapsätze sondern Benchmarkrenditen. Als Benchmarks kommen vor allem die Laufzeitenbänder von Zinsindizes (zum Beispiel REX, PEX oder BOX) oder die Umaufrenditen bestimmter Anleihetypen mit einer konstanten Restlaufzeit (zum Beispiel CMT) in Frage.[50] Neben der bislang dargestellten Einsatzmöglichkeit von Yield-Curve- oder CM-Swaps eignen sich beide Produkte auch zur Absicherung von Zinsswaps mit einer längeren Laufzeit oder anderer Zahlungsgarantien sowie zum Ausnutzen von antizipierten Veränderungen des Anstiegs der Zinsstruktur.

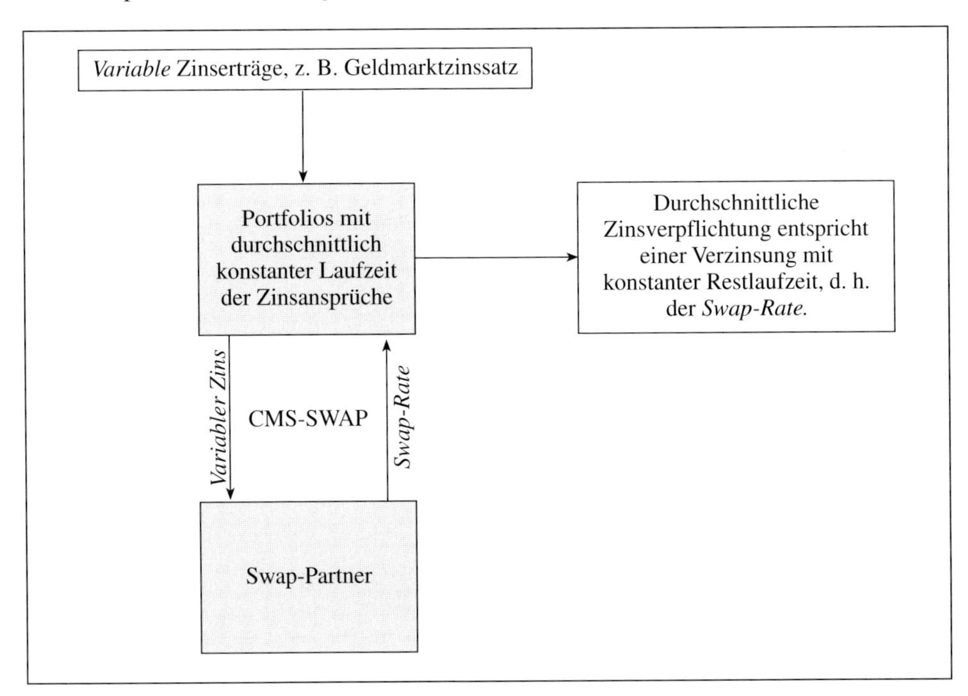

Abbildung 5: Anwendung eines CMS-Swaps

49 Beispielsweise ist dies für das Einlagen- und Kreditgeschäft vorstellbar.

50 Vgl. Brotherton-Ratcliffe/Iben, 1993.

Die konstante Laufzeit eines Zinssatzes aus dem Swap-Geschäft erschwert die Bewertung von Yield-Curve-Swaps sowie CM-Swaps, da eine Konvexitätsanpassung erforderlich wird. Dabei zeigt es sich, dass die Forward-Kurve und die Volatilität der Forward-Rates maßgeblichen Einfluss auf die Bewertung nimmt. Eine Einführung in die Bewertung dieser Finanzinnovationen geben Brotherton-Ratcliffe und Iben (1993).

4.4 Differential Swaps

Differential Swaps erlauben das Ausnutzen von bestehenden oder erwarteten Unterschieden zwischen den Geldmarktzinssätzen in verschiedenen Währungen ohne dabei unmittelbare Wechselkursrisiken übernehmen zu müssen.[51] Der Käufer eines Differential Swaps tauscht mit dem Vertragspartner variable Zinszahlungen auf einen feststehenden Nominalbetrag aus. Obwohl sich die Referenzzinssätze auf zwei verschiedene Währungen beziehen, werden alle Zahlungen in einer Währung ausgeglichen. Die Struktur von Differential Swaps kann Abbildung 6 entnommen werden.

Eine Bewertung von Differential Swaps ist komplex. Die Struktur des Hedge-Portfolios ist in Abbildung 5 veranschaulicht. Dafür muss das ausführende Swap-Warehouse zwei

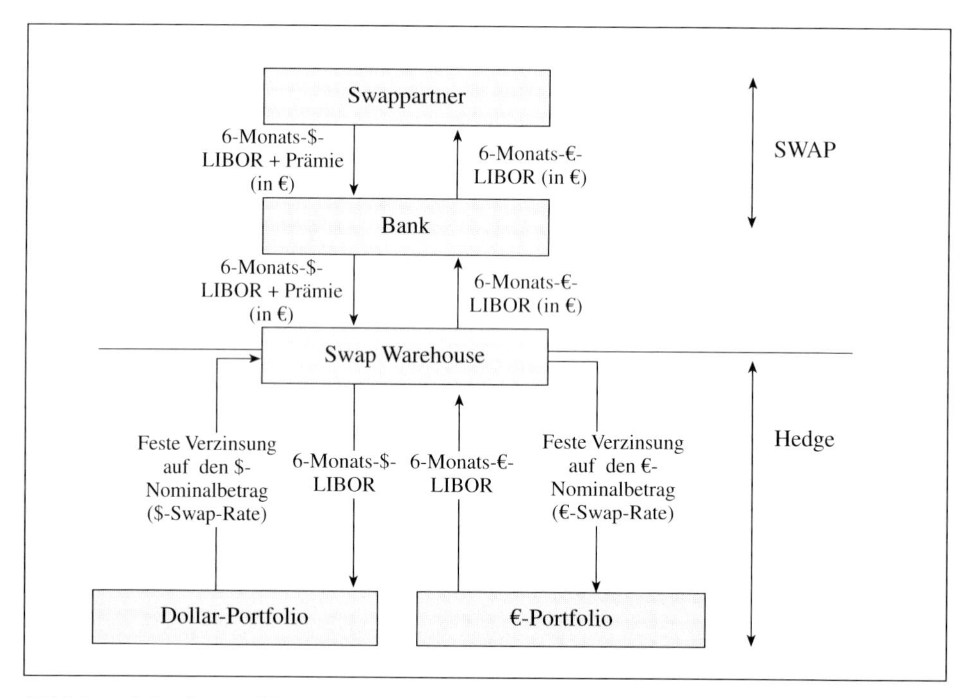

Abbildung 6: Struktur und Hedge eines Differential Swaps[52]

51 Vgl. Das, 1992a.

52 Vgl. Das, 1992a.

Zinsswaps in den beteiligten Währungen (hier $ und €) eingehen. Deshalb wirken Wechselkursrisiken auf die Bewertung von Differential Swaps ein, wenn die Geldmarktzinssätze mit Wechselkursveränderungen korreliert sind.[53] In der Regel wird der Zinsswap, der zu festverzinslichen Einzahlungen führt ($-Zinsswap in Abbildung 6) so strukturiert, dass er die festverzinslichen Auszahlungen im anderen Zinsswap bestmöglich abdeckt. Insofern der Swapsatz aus dem ersten Zinsswap geringer ausfällt als der Swapsatz des zweiten Zinsswaps entsteht eine Finanzierungslücke, die eine Vorauszahlung (up-front payment) in Höhe des Barwerts der Differenzen erfordert, um das Hedge-Portfolio zu realisieren. Diese Vorauszahlung muss durch eine positive Prämienzahlung aus dem Differential Swap abgedeckt werden. Durch diese Restrukturierung entsprechen die Swapsätze beider Zinsswaps der höheren der beiden Swapsätze.

Bei der Zusammenführung des Hedge-Portfolios mit dem Differential Swap zeigt es sich, dass die in € zu zahlende Geldmarktverzinsung abgesichert ist. Dagegen müssen die in € anfallenden und variabel zum Fremdwährungsgeldmarktzinssatz verzinslichen Einkünfte aus dem Differential Swap als variabel verzinsliche Zahlungen in der Fremdwährung weitergereicht werden. Zugleich fließt dem Swap-Warehouse der Swapsatz in der Fremdwährung zu. Dieser Cash-Flow muss eingesetzt werden, um die zum Swapsatz verzinslichen Verbindlichkeiten in € abzudecken. Insgesamt verbleiben komplexe und wechselseitig verbundene Fremdwährungsrisiken, die durch die Entwicklung der Geldmarktzinssätze bestimmt werden. In Abhängigkeit des Wechselkurses sowie dem Verhältnis der Geldmarktsätze entstehen Wiedereindeckungsrisiken in € oder der Fremdwährung.[54] Zum Ausschalten aller Fremdwährungsrisiken muss das Hedge-Portfolio um verschiedene Währungsoptionen er-

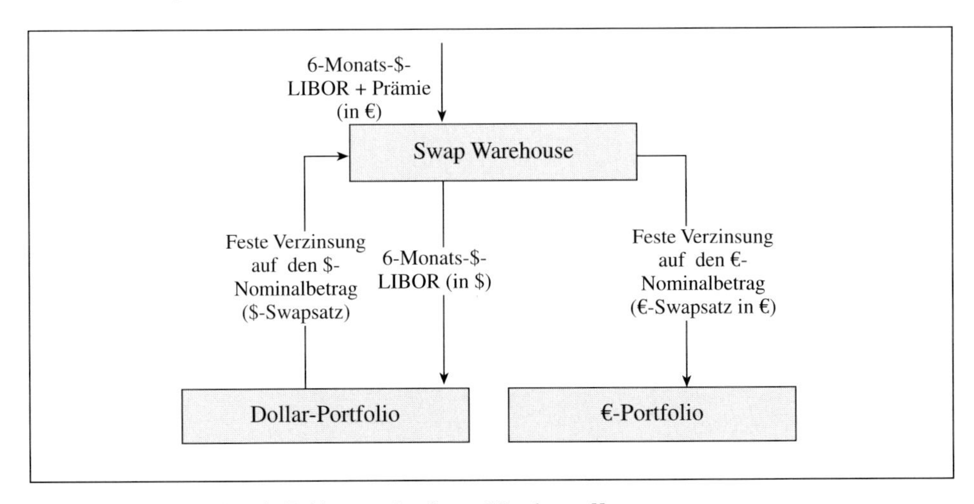

Abbildung 7: Verbleibende Zahlungen des Swap-Warehouse[55]

53 Vgl. Brotherton-Ratcliffe/Iben, 1993. Es kann als gesichert gelten, dass beide Variablen nur schwach korreliert sind. Beispielsweise betrug der Korrelationskoeffizient zwischen dem $-DM-Wechselkurs bis 1993 und dem DM-LIBOR-Satz nur 0,8 Prozent.

54 Für eine Analyse des Break-Even vgl. Das, 1992a.

55 Vgl. Das, 1992a.

weitert werden, die beide Eventualitäten eines Zahlungsüberhangs in € oder $ abdecken. Das erforderliche Optionsvolumen muss durch das Risikomanagement festgelegt werden. Beispielsweise können die maximalen und minimalen Geldmarktzinssätze der Fremdwährung für die nachfolgende Zinsperiode geschätzt werden. Hieraus ergeben sich Obergrenzen für das Eindeckungsrisiko in beiden Währungen. Durch kombinierte Käufe von €-($-)Calls und €-($-)Puts sollte dieses Volumen abgesichert werden. Die Nettokosten für die Absicherung des Fremdwährungsrisikos müssen anschließend mit den Prämienzahlungen auf die Geldmarktzinssätze im Differential Swap verrechnet werden.[56]

Obwohl Differential Swaps den Austausch von Geldmarktzinsen vorsehen, schließt das zugehörige Hedge-Portfolio durch das Eingehen von Zinsswaps Positionen entlang der Zinsstruktur ein. Zugleich wirken unterschiedliche Verläufe der Zinsstrukturkurven über die Kosten einer Absicherung von Fremdwährungsrisiken auf die Bewertung von Differential Swaps ein. Unterschiede in den Swapsätzen bestimmen den Wert des Differential Swaps somit maßgeblich. Im aktiven Portfoliomanagement können Differential Swaps zur Performanceverbesserung ausgenutzt werden, wenn Veränderungen der Spreads zwischen den Zinsstrukturkurven erwartet werden. Zugleich können über die Prämienzahlungen von Differential Swaps die eigenen Refinanzierungskosten reduziert werden.[57] Inverse Zinsstrukturen oder hohe Zinsniveaus auf einzelnen Geldmärkten können durch Differential Swaps ebenfalls genutzt werden, indem sogenannte Cross-Rate-Loans konstruiert werden. Abbildung 8 veranschaulicht den Aufbau von Cross-Rate-Loans grafisch.

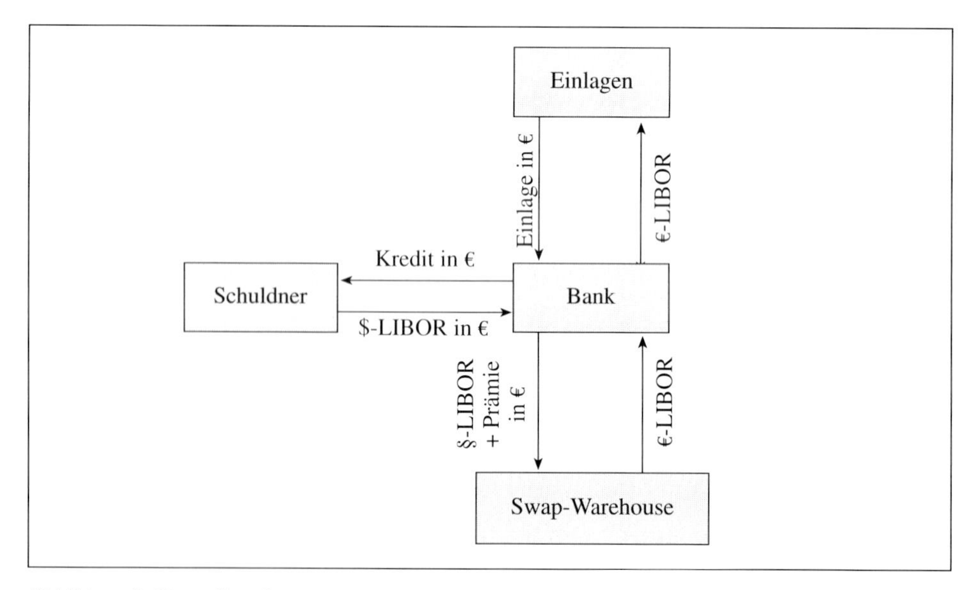

Abbildung 8: Cross-Rate-Loan

56 Die Kosten für die Absicherung der Wechselkursrisiken hängen maßgeblich von den Anstiegen der beiden Zinsstrukturkurven ab, vgl. Das, 1992a und Brotherton-Ratcliffe/Iben, 1993.

57 Beispielsweise kann ein Kredit zu €-LIBOR aufgenommen werden. Mit einem Differential Swap kann diese Zahlungsverpflichtung gegen eine auf € lautende Verzinsung zu $-LIBOR zuzüglich einer Prämie getauscht werden, wenn das $-Zinsniveau unterhalb des €-Zinsniveaus liegt.

In ähnlicher Weise ermöglichen Differential Swaps die Transformation von RFRN in FRN. Wird beispielsweise eine €-RFRN mit einer Verzinsung in Höhe von 18 % – $-LIBOR ausgegeben und mit

- einem Differential Swap, wobei $-LIBOR zuzüglich einer Prämie im Austausch gegen €-LIBOR gezahlt wird und alle Zahlungen in € anfallen sowie
- einem Zinsswap in € über das doppelte Volumen der RFRN, indem €-LIBOR gegen einen €-Swapsatz getauscht wird,

kombiniert, entsteht eine herkömmliche €-FRN.[58]

Eine weitere Möglichkeit der Anwendung von Differential Swaps besteht in der Restrukturierung der Refinanzierung einer Bank. Wenn bestehende zinsvariable Zahlungsverpflichtungen in $ durch Zinsswaps in festverzinsliche Zahlungsverpflichtungen überführt wurden und ungünstige Entwicklungen der Zinsstrukturkurve eintreten, kann die Bank zusätzlich einen entgegensetzten Zinsswap in $ abschließen und simultan einen Differential Swap abschließen, wobei zinsvariable Einzahlungen in einer anderen Währung zufließen, deren LIBOR den $-LIBOR übersteigt. Weil alle Zahlungen in $ anfallen, werden so die zinsvariablen Einzahlungen in $ erhöht und ungünstige Entwicklungen der Zinsstrukturkurve kompensiert, solange der Fremdwährungs-LIBOR bestimmte Grenzen nicht überschreitet. Abbildung 9 veranschaulicht diese Transaktion.

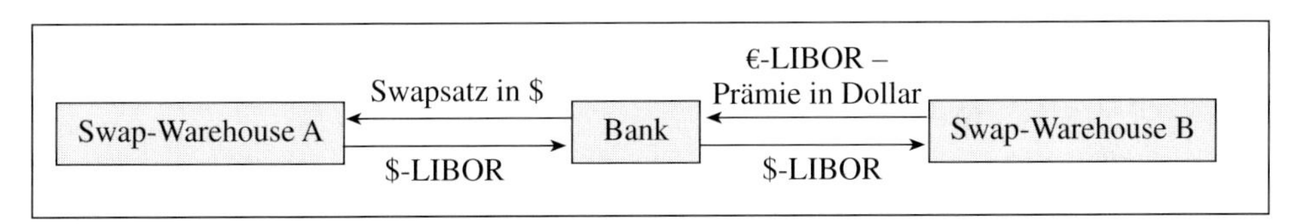

Abbildung 9: Kombination aus Zinsswaps und Differential Swaps

5. Zusammenfassung

Finanzinnovationen bieten im Vergleich zu traditionellen Möglichkeiten der Risikosteuerung im Rahmen des Bilanzstrukturmanagements hinsichtlich der Kriterien Effektivität, Sicherheit, Liquidität und Rentabilität einige Vorteile. Insbesondere können Risiken isoliert durch das Eingehen von Gegenpositionen neutralisiert oder reduziert werden. Durch die Steuerung von Einzelrisiken oder bestimmten Risikokörben wird das Management von Zinsänderungsrisiken genauer und damit auch kostengünstiger sowie effektiver. Zugleich sinkt hierdurch das für Risikopositionen bereitzustellende Eigenkapital.

Betrachtet man den Sicherheitsaspekt, so ist festzustellen, dass durch den Einsatz von Finanzinnovationen Zinsänderungsrisiken durch Kreditrisiken ersetzt werden. Das Kreditri-

58 Vgl. Das, 1992b.

siko reflektiert die Möglichkeit, das die Gegenseite ausfällt und ihren Verpflichtungen aus den Finanzinnovationen nicht nachkommen kann. Weil auch zinsabhängige Swaps nur Zug-um-Zug-Geschäfte darstellen, ist das eigentliche Kreditrisiko beschränkt. Durch den Ausfall der Gegenseite treten die originären Risikopositionen wieder auf. Aus der erforderlichen Wiedereindeckung durch den Neuabschluss eines identischen Geschäfts bei veränderten Marktbedingungen entstehen zusätzlich Risiken.

Infolge des Leverage-Effekts oder des nicht erforderlichen Austauschs von Nominalbeträgen geht von Finanzinnovationen teilweise eine geringere Liquiditätsbelastung als von traditionellen Instrumenten aus. Allerdings werden bei börsengehandelten Derivaten in der Regel Sicherheitsleistungen (Margins) gefordert, die erhebliche Liquiditätsbelastungen induzieren können.[59]

Die Finanzinnovationen müssen zum Teil nicht bilanziert werden und verbessern gegebenenfalls die Bilanzoptik. Allerdings ist die Bilanzierung von Finanzinnovationen nicht vollständig geklärt.

Wie aus den vorangehenden Ausführungen hervorgeht, erhöht der Einsatz von Finanzinnovationen im Rahmen des Managements von Zinsänderungsrisiken die Flexibilität der Kreditinstitute, ihre implizite Zinsstruktur an die jeweiligen Marktbedingungen anzupassen. Parallel dazu werden die Kosten der Anpassungsprozesse reduziert.

Literaturhinweise

BAMBERG, G./COENENBERG, A. G.: Betriebswirtschaftliche Entscheidungslehre, 9. Auf-lage, München 1996.

BLACK, F./DERMAN, E./TOY, W.: A One-Factor Model of Interest Rates and ist Application to Treasury Bond Pricing, in: Financial Analyst Journal, Januar 1990, S. 33 ff.

BRENNAN, M. J./SCHWARTZ, E. S.: An Equilibrium Model of Bond Pricing and a Test of Market Efficiency, in: JoFQA, 1982, S. 301 ff.

BROTHERTON-RATCLIFFE, R./IBEN, B.: Yield Curve Applications of Swap Products, in: Schwartz, R. J./Smith, C. W (Hrsg.): Advanced Strategies in Financial Risk Management, New York 1993.

BÜHLER, A./HIES, M.: Zinsrisiken und Key-Rate-Duration, in: Die Bank, 1995, S. 112 ff.

BÜHLER, F./ZIMMERMANN, H.: A Statistical Analysis of the Term Structure of Interest Rates in Switzerland and Germany, in: Journal of Fixed Income, Dezember 1996, S. 55 ff.

COURTADON, G.: A Survey of Bond Option Pricing Models, in: Schwartz, R. J./Smith, C. W (Hrsg.): Advanced Strategies in Financial Risk Management, New York 1993.

COX, J. C./INGERSOLL, J. E./ROSS, S. A.: A Theory of the Term Structure of Interest Rates, in: Econometrica, 1985, S. 385 ff.

DAHL, H.: A Flexible Approach to Interest-Rate Risk Management, in: Zenios, S. A. (Hrsg.): Financial Optimization, Cambridge 1993.

DAS, S.: Differential Operators, in: RISK, Juli-August 1992b, S. 53 ff.

59 Beispielhaft sei hier die Krise der Metallgesellschaft AG genannt, vgl. dazu auch Hull, 1997.

DAS, S.: Differential Strip-Down, in: RISK, Juni 1992a, S. 65 ff.

GREEN, T. C./FIGLEWSLI, S.: Market Risk and Model Risk for a Financial Institution writing Options, in: JoF, 1999, S. 1465 ff.

GRAY, R. W./KURZ, W. C./STRUPP, C. N.: Interest Rate Swaps, in: Antl, B. (Hrsg.): Swap Finance, Bd. 1, London 1986.

HEATH, D./JARROW, R. A./MORTON, A.: Bond Pricing and the Term Structure of Interest Rates: A New Methodology, in: Econometrica, 1992, S. 77 ff.

HERZOG, W.: Zinsänderungsrisiken in Kreditinstituten – Eine Analyse unterschiedlicher Steuerungskonzepte auf der Grundlage eines Simulationsmodelles, Wiesbaden 1990.

HO, T. S. Y./LEE, S.-B.: Term Structure Movements and Pricing Interest Rate Contingent Claims, in: JoF, 1986, S. 1011 ff.

HO, T. S. Y.: Key Rate Durations: Measures of Interest Rate Risk, in: Journal of Fixed Income, September 1992, S. 29 ff.

HULL, J. C.: Options, Futures, and other Derivatives, 3. Auflage, Upper Saddle River 1997.

HULL, J./WHITE, A.: Numerical Procedures for Implementing Term Structure Models II: Two Factor Models, in: Journal of Derivatives, Winter 1994, S. 37 ff.

HULL, J./WHITE, A.: Pricing Interest Rate Derivative Securities, in: Review of Financial Studies, 1990, S. 573 ff.

LONGSTAFF, F. A./SCHWARTZ, E. S.: Interest Rate Volatility and the Term Structure: A Two Factor General Equilibrium Model, in: JoF, 1992, S. 1259 ff.

MCCULLOCH, J. H.: Measuring the Term Structure of Interest Rates, in: JoB, 1971, S. 19 ff.

PERRIDON, L./STEINER, M.: Finanzwirtschaft der Unternehmung, 10. Auflage, München 1999.

RAULEDER, R.: Bewertung, Anwendungsmöglichkeiten und Hedgingstrategien von Swaptions, Frankfurt a. M. 1994.

ROLFES, B.: Risikosteuerung mit Zinselastizitäten, in: ZfgK, 1989, S. 196 ff.

MILTERSEN, K./SANDMANN, K./SONDERMANN, D.: Closed Form Solutions for Term Structure Derivatives with Log-Normal Interest Rates; in: JoF, 1997, S. 409 ff.

SCHIERENBECK, H.: Ertragsorientiertes Bankmanagement – Controlling in Kreditinstituten, 5. Auflage, Wiesbaden 1997.

STEINER, M./BRUNS, C.: Wertpapiermanagement, 7. Auflage, Stuttgart 2000.

STEINER, M./HEINKE, V. G.: Rating aus Sicht der modernen Finanzierungstheorie, in: Büschgen, H. E./Everling, O. (Hrsg.): Handbuch Rating, Wiesbaden 1996.

STEINER, M./MEYER, F.: Hedging mit Financial Futures, in: Gebhardt, G./Gerke, W./Steiner, M. (Hrsg.): Handbuch des Finanzmanagements, München 1993.

STEINER, M.: Rating: Risikobeurteilung von Emittenten durch Rating-Agenturen, in WiSt, Oktober 1992, S. 509 ff.

SUITS, D. B./MASON, A./CHAN, L.: Spline Functions Fitted by Standard Regression Methods, in: Review of Econometrics and Statistics, 1978, S. 132 ff.

VASICEK, O. A.: An Equilibrium Characterization of the Term Structure, in: JoFE, 1977, S. 177 ff.

ZAGST, R.: Effiziente Value at Risk Berechnung für Rentenportfolios, Working Paper No. 9704, München 1997.

ZAGST, R.: Modernes Risikomanagement komplexer Rentenportfolios, Working Paper, München 1999.

Bernd Rolfes

Das Elastizitätskonzept der Zinsrisikosteuerung

1. Abbildung der Kundengeschäftsspezifika über Zinselastizitäten

Zinsänderungsrisiken treten bei Kreditinstituten in zwei Ausprägungen auf. Stehen Markt- respektive Kurswerte einzelner Vermögenswerte oder der Gesamtvermögenswert einer Bank im Vordergrund der Überlegungen, so besteht das Zinsänderungsrisiko in der Gefahr marktzinsinduzierter Kurs- bzw. Gesamtvermögensverluste. Werden hingegen die periodischen Zinsüberschüsse oder Zinsspannen betrachtet, so wird das Zinsänderungsrisiko in der Gefahr sinkender Bruttozinsspannen oder gar absolut fallender Zinsüberschüsse gesehen.

Während das Marktwertrisiko mit der Durationsmethode[1] oder zielführender mit dem Barwertkonzept analysiert werden kann, stehen sich bei der Betrachtung der Zinsspannenrisiken alternativ die Zinsbindungsbilanz[2] und das Elastizitätskonzept gegenüber. Die Zinsbindungsbilanz ist ein klassisches, ausschließlich Festzinsgeschäfte betrachtendes, Analyseinstrument, das die Festzinsüberhänge in ihrer Wirkung auf die periodischen Zinsüberschüsse erklären will. Es wird konkret der Fragestellung nachgegangen, welche Veränderungen der Zinsergebnisse aus einer Marktzinsänderung von einem Prozentpunkt resultieren können. Die Schwächen der Zinsbindungsbilanz liegen zum einen in der Vernachlässigung von Neugeschäftsannahmen und Bilanzstrukturprognosen. Zum anderen ist die Nichtberücksichtigung der beidseitig variabel verzinslichen Geschäfte und der unterschiedlichen Zinsreagibilität in den variabel verzinslichen Positionen besonders kritisch zu sehen.[3] Die Außerachtlassung dieser Komponenten und ihrer Wirkungen auf die Zinsspanne kann nicht nur betrags-, sondern überdies richtungsmäßig zu einer falschen Risikoaussage führen. Um diese Informations- und Steuerungslücke zu schließen, wurde das Elastizitätskonzept, dessen Ausprägungen im folgenden dargestellt werden, entwickelt.

1.1 Die Spezifika des Zinsrisikoprofils

Zinsbezogene Eigengeschäfte ohne Bonitätsrisiko beinhalten im Gegensatz zu Kundengeschäften kein Entgelt für die Übernahme von Ausfallrisiken und/oder sonstigen Leistungen, vielmehr erklärt sich ihre Verzinsung ausschließlich durch die am Geld- und Kapitalmarkt gültige Zinsbindungsprämie. Diese Art der Eigengeschäfte lässt sich anhand dreier wesentlicher Spezifika kennzeichnen:

- Die Zahlungsreihen sind bei Vertragsabschluss determiniert.[4] Daher kann das Zinsänderungsrisiko über die Barwertveränderung der Zahlungsreihe bei veränderten Marktzinsen ermittelt werden.

1 Vgl. Rudolph, 1981.
2 Vgl. Scholz, 1979.
3 Vgl. Rolfes/Bellmann/Napp, 1988.
4 Eine Ausnahme bilden Optionspositionen, welche über entsprechende Modelle bepreist werden können.

- Zukünftige Positionen werden zur am Abschlussstichtag gültigen Rendite kontrahiert und lassen sich über entsprechende Gegengeschäfte duplizieren.
- Variabel verzinsliche Positionen existieren am Geld- und Kapitalmarkt allein in Form von Tagesgeldpositionen und weisen stets einen Marktwert in Höhe des Nominalwertes auf.

Die Spezifika führen bei Beschränkung auf die bestehenden Festzinspositionen zu einer adäquaten Erfassung des Risikoprofils im Eigengeschäft.[5] Änderungen der Diskontierungsfaktoren bei gleichzeitiger Konstanz der vereinbarten Zahlungsreihen führen zu geänderten Marktwerten und daraus resultierenden Marktwertrisiken. Da angesichts der fehlenden Relevanz zukünftiger Geschäfte kaum die Notwendigkeit dynamischer Simulationen besteht, erweist sich eine barwertige Betrachtung hierbei sowohl für die Ergebnismessung als auch für die Risikoquantifizierung konzeptionell und abbildungstechnisch als zielführend.

Hingegen gelten die vorstehenden Ausführungen nicht für die zinsbezogenen Kundengeschäfte. Hier sind drei wichtige Kennzeichen der Kundengeschäfte zu nennen:

- Während für einen Teil der Positionen die Zahlungsreihe ex ante determiniert ist, trifft dies beispielsweise bei den Sichteinlagen nicht zu.
- Prognostizierte Kundengeschäfte weisen regelmäßig einen von Null verschiedenen Barwert auf, wobei der Barwert marktzinsbedingten Risiken unterliegt.
- Das Zinsanpassungsverhalten der Kreditinstitute kann geschäfts-, kunden- und produktspezifisch sein.

Auf die Kundengeschäfte sind die Prämissen und Implikationen des Eigengeschäfts folglich nicht übertragbar und es gilt daher, Anforderungen für die adäquate Erfassung von Zinsänderungsrisiken unter Berücksichtigung der Kundengeschäfte zu formulieren.

1.2 Anforderungen an ein Management von Zinsrisiken

In einem leistungsfähigen Konzept zur Analyse und Steuerung der gesamtbankbezogenen Zinsänderungsrisiken muss die Abbildung des Zinsänderungsrisikos aus bestehenden, aber hinsichtlich der Zahlungsreihe nicht exakt determinierten Geschäften sowie aus zukünftigen Geschäften integrativer Bestandteil sein. Diese Anforderungen gehen deutlich über andere existierende Konzepte hinaus, welche eine vorzeitige Absicherung mit der Begründung ablehnen, dass bei einem Nichteintritt der Fiktion ein eigenständiges Risiko aus der Absicherungsmaßnahme entstehen könnte. Im Hinblick auf das eigentliche Ziel der gesamtbankbezogenen Risikoerfassung, die potenziellen Schwankungen abzubilden und über entsprechende Gegenmaßnahmen abzusichern, ist eine solche Argumentation nicht überzeugend. Abbildung 1 zeigt illustrativ, welche Bedeutung dem Umfang der einbezogenen Positionen mit Blick auf die Zielsetzung zukommt.

5 Vgl. Koch, 1996.

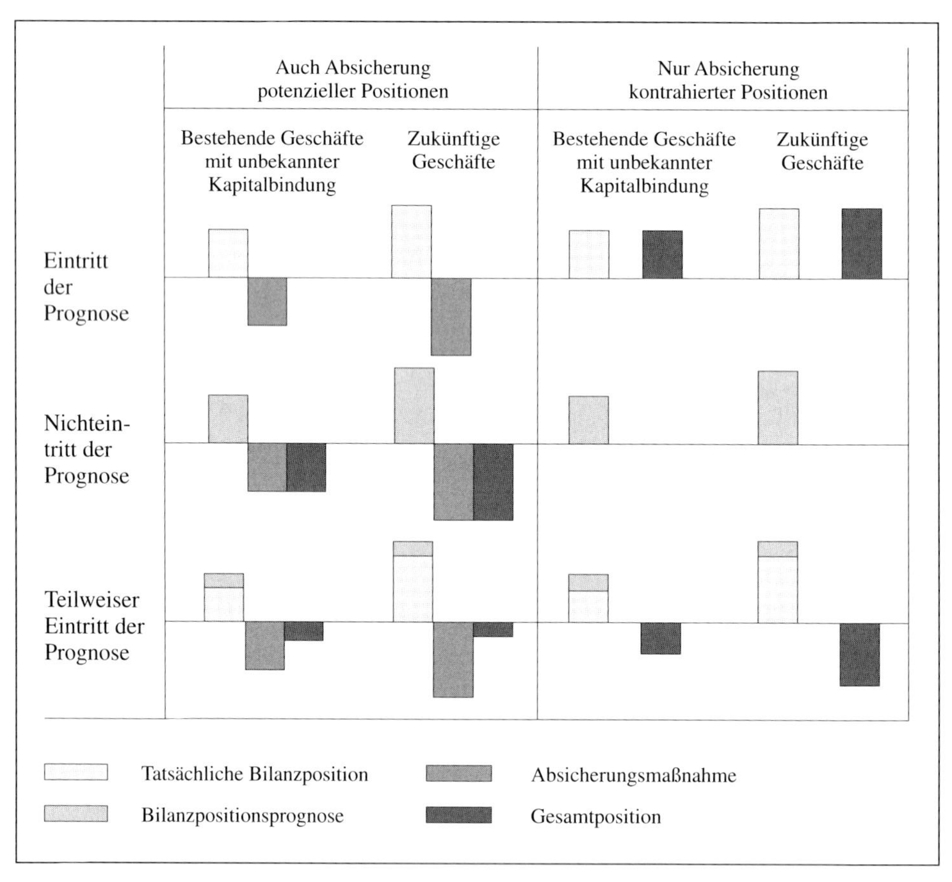

Abbildung 1: Marktwertrisiko und einbezogene Komponenten

Hierbei werden die zwei genannten Absicherungskonzeptionen (mit und ohne Einbeziehung unsicherer Zahlungsströme) bei Zugrundelegung von drei unterschiedlichen Umweltzuständen (vollständiger, Nicht- und teilweiser Eintritt der Prognose) untersucht. Beide Absicherungskonzeptionen unterscheiden sich definitionsgemäß nicht in der Behandlung bestehender Geschäfte mit determinierten Zahlungsreihen, sondern nur in der Nichtabsicherung bzw. Absicherung bestehender Geschäfte mit nicht festgelegter Zahlungsreihe sowie zukünftiger Geschäfte.

Es ist festzustellen, dass sich für den Fall des Nicht- bzw. Eintritts der Prognose die Vorteilhaftigkeit der Absicherungskonzeptionen exakt umkehrt, so dass augenscheinlich keine Vorgehensweise zu präferieren ist. Bei einem teilweisen Eintritt der Prognose, was den realistischsten Fall darstellen dürfte, sind zwei Möglichkeiten zu unterscheiden. Die Übereinstimmung mit der Prognose zu mehr (weniger) als 50% führt zu einem verminderten (erhöhten) Gesamtrisiko bei Übersicherung. Daraus ergibt sich eine Optimalbedingung, welche wie folgt formuliert werden kann: Der Umfang der einbezogenen Positionen ist so zu wählen, dass nach Duplikation faktisch eine möglichst geringe Variation der Zielgröße verbleibt. Auf diese Weise werden in der zentralen Fristigkeitsdisposition als verantwortlichem Geschäftsbereich die Risiken transparent und ergebniswirksam.

Neben der Abbildung des Mengengerüstes ist eine adäquate Berücksichtigung des spezifischen Zinsanpassungsverhalten der verschiedenen Kundengeschäftsarten sicherzustellen, wobei die einfache Messbarkeit und die realitätsnahe Modellierung eine zentrale Rolle spielen.

1.3 Die Konstruktion und Einsatzbereiche der Zinselastizität

Mit der Zinselastizität soll das Zinsanpassungsverhalten von Kundengeschäften abgebildet werden. Die Zinselastizität ist ein Phänomen, das zunächst empirisch beobachtet wurde und bereits seit längerer Zeit zur Abbildung des Zinsrisikoprofils von Kundengeschäften genutzt wird.[6] Die Zinselastizität beschreibt die Änderung der Zinssätze einzelner Bankprodukte in Abhängigkeit von der Zinsentwicklung am Geld- und Kapitalmarkt und ist wie folgt definiert.

$$(1) \quad e_i = \frac{dPZ_i^t}{dMZ^t}$$

mit:

e_i	Zinsanpassungselastizität der Position i
dPZ_i^t, dMZ^t	Veränderung des Positionszinses i bzw. Marktzinses im Zeitraum t

Mit der Zinselastizität werden Veränderungen der abhängigen Variable Positionszins und der erklärenden Variable Marktzins zueinander ins Verhältnis gesetzt.[7] Die prognostizierte Veränderung eines Positionszinses ergibt sich demnach durch die Multiplikation der Marktzinsänderung mit der geschäftsspezifischen Elastizität.

Bei der weitergehenden Erörterung des Phänomens der Zinselastizität ist zwischen einer sachlogisch und einer empirisch orientierten Sichtweise zu unterscheiden. Die sachlogische Analyse von Zinssätzen, welche auf preistheoretischer Basis erfolgt, separiert neben den marktzinsbedingten Anpassungen auch die strukturellen Effekte und kann überdies zur institutsindividuellen Ermittlung von Soll-Elastizitäten herangezogen werden.[8] Obgleich Zinselastizitäten durch das jeweilige Institut eigenständig gestaltbare Aktionsparameter darstellen, ist zu beobachten, dass sich die interne Elastizitätspolitik nur innerhalb bestimmter Bandbreiten vom Markt entfernt. Dies zeigt die enge Verknüpfung zwischen der sachlogischen und der empirischen Sichtweise auf, denn die Kenntnis der am Markt üblichen Elastizitäten bildet die Voraussetzung für die institutsinterne Gestaltung. Die em-

6 Vgl. Rolfes, 1985a, 1985b, 1989.

7 Im Gegensatz zum klassischen Elastizitätsbegriff ist die Zinselastizität kein Verhältnis relativer, sondern absoluter Veränderungen. Dies trägt der Tatsache Rechnung, dass sich die Preiswahrnehmung bei Bankprodukten eher an absoluten Änderungen orientiert.

8 Vgl. Koch, 1996.

pirische Ermittlung von Elastizitätswerten auf der Basis von Zeitreihen kann mittels der Regressionsanalyse erfolgen, wobei das Bestimmtheitsmaß als Indikator für die Güte und Stabilität der ermittelten Elastizitätsbeziehung dient.[9] Um zu differenzierten Ergebnissen zu gelangen, kann die Regressionsanalyse multifaktoral erweitert werden. Hierbei werden mit Hilfe eines Elastizitätsdiagramms Zeitverzögerungen und Strukturbrüche integriert.[10] Auf diese Weise lassen sich für die Vergangenheit überwiegend stabile und konsistente Elastizitäten ermitteln.

Der ursprüngliche Einsatzbereich von Zinselastizitäten liegt in der Planungsvereinfachung und -harmonisierung im Rahmen der strategischen Ergebnisprognose. Zur Ermittlung potenzieller zukünftiger Zinsüberschüsse ist eine Planung der Volumina und Zinssätze sämtlicher zukünftiger Bilanzpositionen sowie des außerbilanziellen Geschäftes erforderlich, wobei Zinselastizitäten den Zusammenhang zwischen Markt- und Positionszinsentwicklungen explizieren.[11] Im Konzept der Marktzinsmethode gewinnen die Zinselastizitäten erheblich an Bedeutung. Dort stellt sich für variabel verzinsliche Kundengeschäfte die Festlegung äquivalenter Geld- und Kapitalmarktopportunitäten als komplexeres Problem dar.[12] Um die im Konzept der Marktzinsmethode vorgenommene konsequente Trennung zwischen Vertrieb und Disposition zu gewährleisten, ist eine wesentliche Anforderung an die Opportunitätskonstruktion die Sicherstellung zinsänderungsunabhängig konstanter Margen. Im Kundengeschäft kann dies über einen Rückgriff auf das Konstrukt der Zinselastizität erreicht werden. Hierzu wird das Zinsanpassungsverhalten des entsprechenden Kundengeschäftes synthetisch dupliziert, indem Mischopportunitäten konstruiert werden, die zu einem der Elastizität entsprechenden Volumenanteil einer variablen Geldmarkttranche bestehen. Die Laufzeit der verbleibenden Festzinstranche wird in Abhängigkeit von der Kapitalbindung des Kundengeschäftes festgelegt. Ein variabel verzinsliches Kundengeschäft stellt somit eine über die Elastizität gewichtete Kombination aus einem Festzins- und einem Tagesgeldgeschäft dar.[13]

Eine zentrale Bedeutung kommt bei der Elastizitätsbestimmung der Frage der zugrunde zu legenden Referenzzinsen zu, wobei diese den Anforderungen an die Duplizierbarkeit durch die dispositionsverantwortliche Instanz und die Immunisierung des Kundengeschäftes gegen Zinsänderungsrisiken genügen soll. Im Gegensatz zu einem variabilisierten und einem gleitenden Kapitalmarktzins werden diese Kriterien von einem geldmarktorientierten Zins regelmäßig erfüllt.[14] Dessen Einsatz als Referenzzins liefert in der Regel einen plausiblen preispolitischen Impuls und ermöglicht die vollständige Disposition über eine elastizitätsorientierte Opportunität. Der kurzfristige Geldmarktzins gelangt somit als Referenzzins für die variabel verzinslichen Positionen, hingegen der fristengleiche Kapitalmarktzins bei den Festzins-Neugeschäftskonditionen zur Anwendung.

9 Vgl. Backhaus et al., 1996.
10 Vgl. Schwanitz, 1995.
11 Vgl. Rolfes, 1985a.
12 Vgl. Rolfes, 1994.
13 Vgl. Rolfes, 1999.
14 Vgl. Schwanitz, 1996.

2. Statische Zinsrisikokonzepte

In einem ersten Schritt wurden statische Zinsrisikokonzepte zur Abbildung und Steuerung von Zinsrisiken vorgeschlagen, da diesen eine Integration des Zinsanpassungsverhaltens im Rahmen von Kundengeschäften in das Risikoprofil gelingt. Das sind die Konzepte des Transformationsergebnisses, der Transformationsperformance und der Zinsbuchperformance. Die Konzepte unterscheiden sich zum einen im Umfang der einbezogenen Positionen und zum anderen in der Art der Ergebnisverdichtung, wie Abbildung 2 zeigt.

So wird bei Ermittlung des Transformationsergebnisses und der Transformationsperformance, gemäß dem Grundsatz der Ergebnisspaltung der Marktzinsmethode, auf die zinsbindungsäquivalenten Opportunitätsgeschäfte zurückgegriffen. Die Zinsbuchperformance betrachtet hingegen die originären Zahlungsreihen von zinstragenden bzw. von ihrer Wertentwicklung zinsinduzierten Positionen. Somit bleiben dort die sonstigen Bilanzpositio-

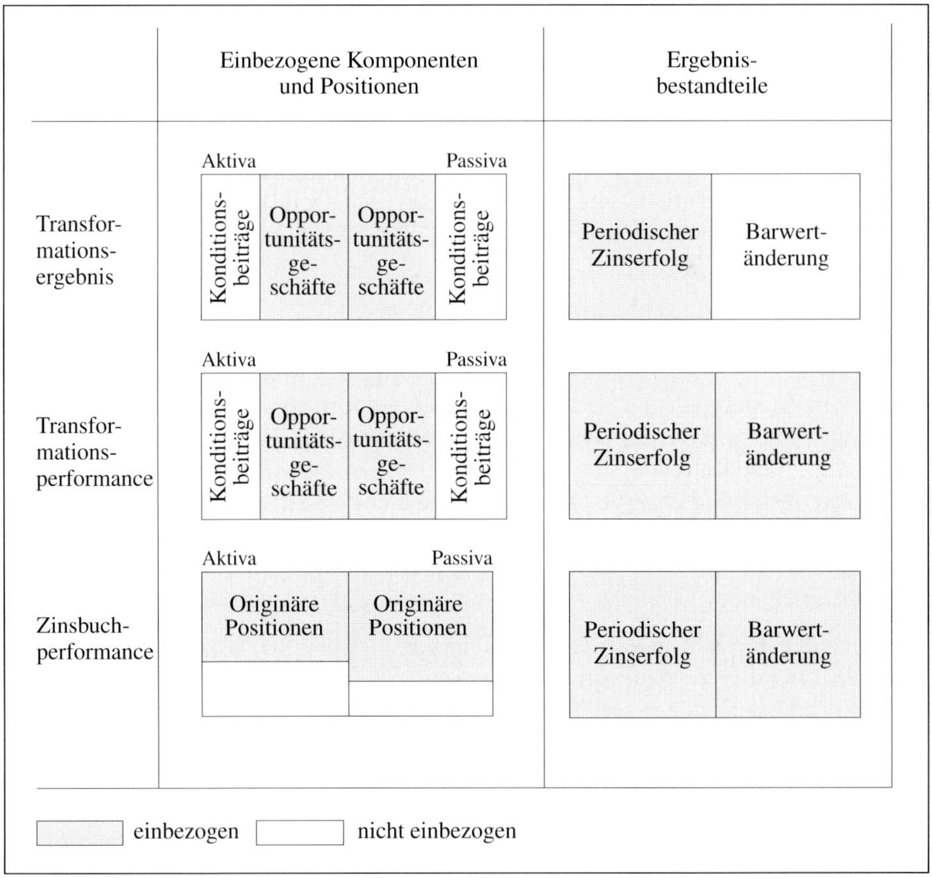

	Einbezogene Komponenten und Positionen	Ergebnisbestandteile
Transformationsergebnis	Aktiva: Konditionsbeiträge, Opportunitätsgeschäfte; Passiva: Opportunitätsgeschäfte, Konditionsbeiträge	Periodischer Zinserfolg; Barwertänderung
Transformationsperformance	Aktiva: Konditionsbeiträge, Opportunitätsgeschäfte; Passiva: Opportunitätsgeschäfte, Konditionsbeiträge	Periodischer Zinserfolg; Barwertänderung
Zinsbuchperformance	Aktiva: Originäre Positionen; Passiva: Originäre Positionen	Periodischer Zinserfolg; Barwertänderung

einbezogen / nicht einbezogen

Abbildung 2: Systematik der statischen Zinsrisikokonzepte

nen wie etwa die Sachanlagen und das Eigenkapital unberücksichtigt. Während sich im Rahmen der Ergebnisverdichtung das Transformationsergebnis auf die handelsrechtlichen Ergebniswirkungen beschränkt, beziehen Transformations- und Zinsbuchperformance darüber hinaus die kalkulatorischen Marktwertveränderungen systematisch mit ein.

2.1 Das Transformationsergebnis

Die Basis des Transformationsergebnisses liegt im Grundkonzept der Marktzinsmethode[15], wobei das (Fristen-)Transformationsergebnis die Brücke zwischen den kalkulierten Kundengeschäftserfolgen und dem handelsrechtlichen Zinsüberschuss der betrachteten Periode darstellt. Das in der Praxis bedeutsame Konzept ergibt sich formal aus der Summation der Strukturbeiträge sämtlicher Einzelpositionen sowie der handelsrechtlich wirksamen Marktwertänderungen bestimmter Positionen in der Betrachtungsperiode.

$$(2) \quad TE^t = \sum_{i=1}^{n} SB_i^t + \sum_{i=1}^{n} dMR(hr)_i^t$$

mit:

TE^t	Transformationsergebnis im Zeitraum t
SB_i^t	Strukturbeitrag der Position i im Zeitraum t
$dMR(hr)_i^t$	handelsrechtliche Marktwertänderung der Position i im Zeitraum t

Der Strukturbeitrag ergibt sich für jedes Geschäft mathematisch als Differenz zwischen dem Geld- und Kapitalmarkt-Opportunitätszins und beispielsweise dem Tagesgeldzins als einheitlichem Referenzzins. Da sich der Referenzzins bei der Aggregation aller Strukturbeiträge eliminiert, ergibt sich der gesamtbankbezogene Strukturbeitrag auch direkt aus der Gegenüberstellung der durchschnittlichen Opportunitäten beider Bilanzseiten. Während sich für die verschiedenen Kundengeschäfte adäquate Opportunitäten konstruieren lassen,[16] können für die sonstigen Bilanzpositionen Opportunitäten anhand von Fiktionen über deren zeitlichen Verbleib im Unternehmen erstellt werden. Trotz der praktischen Relevanz des Transformationsergebnisses kann das Konzept systemimmanent nicht dem Kriterium der Entscheidungsorientierung genügen, was anhand eines durchgängigen Zahlenbeispiels einer 3-jährigen Anlage verdeutlicht wird (vgl. Tabelle 1).

Bedingt durch die stark angestiegenen Refinanzierungssätze werden nach dem im ersten Jahr positiven Fristentransformationsbeitrag von 15 800,00 DM in den Folgeperioden negative Ergebnisse in Höhe von 12 123,56 DM bzw. 32 400,74 DM ausgewiesen (vgl. Tabelle 2). Letztere sind also die Folge der zu Beginn des ersten Jahres eingegangenen Inkongruenz und würden mit ihrem Anfall in den späteren Perioden zeitlich falsch zugeordnet.[17] Auch erfolgt mit der lediglich handelsrechtlichen Bewertung des Eigenge-

15 Vgl. Schierenbeck/Rolfes, 1988.

16 Vgl. Rolfes, 1999.

17 Vgl. Benke, 1991a, 1991b; Röpke/Schüller, 1994.

GKM-Geschäft	t_0	t_1	t_2	t_3
3-jährige Anlage zu 4,87 %	–1 000 000,00	+48 700,00	+48 700,00	+1.000.000,00 +48 700,00
1-jährige Aufnahme zum in t_0 gültigen Satz von 3,29 %	+1 000 000,00	–1 000 000,00 –32 900,00		
Zahlungssaldo in t_1		–984 200,00		
1-jährige Aufnahme zum in t_1 gültigen Satz von 6,18 %		+984 200,00	–984 200,00 –60 823,56	
Zahlungssaldo in t_2			–996 323,56	
1-jährige Aufnahme zum in t_2 gültigen Satz von 8,14 %			+996 323,56	–996 323,56 –81 100,74
Gesamtsaldo	0,00	0,00	0,00	**–28 724,30**

Tabelle 1: Zahlungsreihe der Fristentransformation

GuV	t_0	t_1	t_2	t_3
Zinsertrag		+48 700,00	+48 700,00	+48 700,00
Zinsaufwand		–32 900,00	–60 823,56	–81 100,74
Periodensaldo		+15 800,00	–12 123,56	–32 400,74
Gesamtsaldo				**–28 724,30**

Tabelle 2: Erfolgsbeiträge aus der Fristentransformation

schäfts keine vollständige bzw. exakte Marktbewertung der zukünftigen Verluste. Handelt es sich bei der obigen 3-Jahres-Anlage zum Beispiel um ein Interbankengeschäft, so erfolgt keinerlei Marktbewertung. Der exakte, dem ersten Jahr zuzurechnende Verlust der Fristentransformation ließe sich durch ein entsprechendes unterstelltes Schließen der offenen Positionen ermitteln.[18] Er beläuft sich im Beispiel auf –11 222,66 DM (vgl. Tabelle 3) und würde inklusive dem Transformationsergebnis von 15 800,00 DM den Gesamterfolg der Fristentransformation abbilden. Der ebenfalls darin enthaltene Barwert der negativen Transformationsergebnisse in t_1 und t_2 (–13 106,34 DM und –13 916,31 DM) ergäbe sich nach dem Schließen der offenen Positionen also zu –27 022,66 DM (vgl. Tabelle 4).

18 Vgl. Rolfes, 1999.

GKM-Geschäft	t_0	t_1	t_2	t_3
3-jährige Anlage zu 4,87 %	–1 000 000,00	+48 700,00	+48 700,00	+1.000.000,00 +48 700,00
1-jährige Aufnahme zum in t_0 gültigen Satz von 3,29 %	+1 000 000,00	–1 000 000,00 –32 900,00		
Zahlungssaldo in t_1		–984 200,00		
1-jährige Anlage zum in t_1 gültigen Satz von 6,18 %		–13 106,34	+13 106,34 +809,97	
2-jährige Aufnahme zum in t_1 gültigen Satz von 6,35 %		+986 083,69	-62 616,31	–986.083,69 –62 616,31
Gesamtsaldo	0,00	**–11 222,66**	0,00	0,00

Tabelle 3: Zahlungsreihe der Fristentransformation bei Schließen durch Gegengeschäfte

GuV	t_0	t_1	t_2	t_3
Zinsertrag		+48 700,00	+48 700,00 +809,97	+48.700,00
Zinsaufwand		–32 900,00	–62 616,31	–62 616,31
Periodensaldo		+15 800,00	–13 106,34	–13 916,31
Gesamtsaldo				**–11 222,66**

Tabelle 4: Erfolgsbeiträge aus der Fristentransformation bei Schließen durch Gegengeschäfte

2.2 Die Transformationsperformance

Zielsetzung des Konzeptes der Transformationsperformance ist es, die Ergebnisspaltung im Sinne der Marktzinsmethode beizubehalten und die aufgezeigten Probleme des Transformationsergebnisses zu vermeiden. Die Transformationsperformance ergibt sich aus der Summe sämtlicher Strukturbeiträge zuzüglich aller kalkulatorischen Marktwertänderungen sämtlicher Opportunitätszahlungsreihen. Das Ergebnis ist um alternativ erzielbare Erträge aus der Anlage in einer Benchmark zu bereinigen und ergibt sich wie folgt.[19]

19 Vgl. Koch, 1996.

$$(3)\quad TP^t = \sum_{i=1}^{n} SB_i^t + \sum_{i=1}^{n} dMW_i^t - BME^t$$

mit:

TP^t	Transformationsperformance im Zeitraum t
SB_i^t	Strukturbeitrag der Position i im Zeitraum t
dMR_i^t	Marktwertänderung der Position i im Zeitraum t
BME^t	Benchmarkerträge im Zeitraum t

Das Grundprinzip der Erfolgsmessung anhand der Transformationsperformance wird durch die Weiterführung des vorstehenden Beispiels verdeutlicht (vgl. Tabellen 1 bis 4). Schließt man die Fristeninkongruenz in t_1 nicht wie in Tabelle 3 aufgezeigt durch Gegengeschäfte, sondern verkauft den Zahlungsstrom in t_1 zum aktuellen Marktwert, ergibt sich folgendes Bild (vgl. Tabelle 5).

GKM-Geschäft	t_0	t_1	t_2	t_3
3-jährige Anlage zu 4,87 %	–1 000 000,00	+48 700,00	+48 700,00	+1.000.000,00 +48 700,00
1-jährige Aufnahme zum in t_0 gültigen Satz von 3,29 %	+1 000 000,00	–1 000 000,00 –32 900,0	*0,941797	*0,8840,58
Zahlungssaldo in t_1		–984 200,00		
Verkauf der Anlage mit einer Restlaufzeit von 2 Jahren in t_1		+45 865,51 +927 111,83		
Gesamtsaldo	0,00	**–11 222,66**	0,00	0,00

Tabelle 5: Zahlungsreihe der Fristentransformation bei Verkauf des Restzahlungsstroms

GuV	t_0	t_1	t_2	t_3
Zinsertrag		+48 700,00		
Zinsaufwand Kurswertkorrektur		–32 900,00 –27 022,66		
Periodensaldo		+11 222,66		
Gesamtsaldo		**–11 222.66**		

Tabelle 6: Erfolgsbeiträge aus der Fristentransformation bei Verkauf des Restzahlungsstroms

Der Gesamtzahlungssaldo von 11 222.66 DM resultiert aus dem Zinsertrag bzw. -aufwand abzüglich der notwendigen Kurswertabschreibung von 27 022,66 DM (vgl. Tabelle 6). Es zeigt sich, dass diese Vorgehensweise eine verursachungsgerechte zeitliche Zuordnung des Verlustes ermöglicht, denn der Gesamtverlust – welcher die gleiche Höhe aufweist wie bei einem Schließen durch Gegengeschäfte (vgl. Tabelle 3) – fällt nun vollständig in die erste Periode. Dieses Vorgehen wird auf den Ausgangsfall der revolvierenden Refinanzierung (vgl. Tabelle 1) ohne zwischenzeitliches Schließen übertragen. Das Offenhalten einer Position kann kalkulatorisch wie ein Schließen und direktes Wiedereingehen zum aktuellen Barwert behandelt werden. Die Barwerte werden für sämtliche Geschäfte zu jedem Entscheidungszeitpunkt ermittelt. Dies wird anhand des durchgehenden Beispiels aufgezeigt (vgl. Tabelle 7 und 8).

GKM-Geschäft	t_0	t_1	t_2	t_3
3-jährige Anlage zu 4,87 %	–1 000 000,00	+48 700,00	+48 700,00	+1.000.000,00 +48 700,00
Kurswert in t_0	+47 148,80 +44 757,23 +908 093,96 = 1 000 000,00	*0,96815	*0,91904 +0,94180	*0,86592
Kurswertab-schreibung in t_1	**–27 022,66**	+45 865,51 +927 111,34 = 972 977,34		*0,88406 *0,92473
Kurswertzu schreibung in t_1		**+3 215,92**	+969 761,42 = 969 761,42	
Kurswertzu schreibung in t_1			**+30 238,58**	= 1 000 000,00

Tabelle 7: Barwertentwicklung der 3-jährigen Anlage

Auf Basis der in der Barwertentwicklung ermittelten Kurswertkorrekturen kann die Zahlungsreihe der Fristentransformation bei periodischem Verlustausgleich entwickelt werden. Letzteres wäre gleichbedeutend mit dem Schließen und gleichzeitigem Wiedereingehen der offenen Position. Am Ende jeder Periode wird nur der eingetretene Verlust der aktuellen Periode ausgeglichen, welcher sich aus der Differenz des derzeitigen Kurswertes des Restzahlungsstroms zum Kurswert der Vorperiode ergibt. Daraus resultiert für t_1 ein Zinsertrag von 48 700,00 DM, ein Zinsaufwand von 32 900,00 DM und eine Kurswertabschreibung von 27 022,66 DM (vgl. Tabelle 9). Der Gesamtverlust in t_1 beträgt somit 11 222,66 DM.

Die Summe der berechneten Verluste von 25 868,58 DM weicht aufgrund der geänderten Fiktion des periodischen Verlustausgleichs vom errechneten Transformationsergebnis von 28 724,30 DM (vgl. Tabelle 1) ab. Durch Aufzinsung der zu früheren Zeitpunkten anfal-

GKM-Geschäft	t_0	t_1	t_2	t_3
3-jährige Anlage zu 4,87 %	–1 000 000,00	+48 700,00	+48 700,00	+1.000.000,00 +48 700,00
1-jährige Aufnahme zum in t_0 gültigen Satz von 3,29 %	+1 000 000,00	–1 000 000,00 –32 900,00		
Zahlungssaldo in t_1		–984 200,00		
1-jährige Aufnahme zum in t_1 gültigen Satz von 6,18 %		+972 977,34	–972 977,34 –60 130,00	
Zahlungssaldo in t_2			–984 407,34	
1-jährige Aufnahme zum in t_2 gültigen Satz von 8,14 %			+969 761,42	–969 761,42 –78 938,58
Gesamtsaldo	0,00	**–11 222,66**	**–14 645,92**	0,00

Tabelle 8: Zahlungsreihe der Fristentransformation bei periodischem Fristenausgleich

GuV	t_0	t_1	t_2	t_3
Zinsertrag		+48 700,00	+48 700,00	+48 700,00
Zinsaufwand Kurswertkorrektur		–32.900,00 –27 022,66	–60.130,00 –3 215,92	–78.938,58 –30 238,58
Periodensaldo		–11 222,66	–14 645,92	0,00
Gesamtsaldo				**–25 868,58**

Tabelle 9: Erfolgsbeiträge aus der Fristentransformation bei periodischem Verlustausgleich

lenden Verluste kann die Identität des Gesamterfolges bzw. -verlustes wiederhergestellt werden (vgl. Tabelle 10).

GuV	t_0	t_1	t_2	t_3
Periodensaldo		–11 222,66 *1,0618 →	–14 645,92 –11 916,22 = 26 562,14	
Gesamtsaldo			*1,0814 →	**–28 724,30**

Tabelle 10: Abstimmung des Ergebnisses bei unterschiedlichen Entnahmezeitpunkten

Dieser am vorstehenden einfachen Beispiel demonstrierte Ansatz lässt sich auf sämtliche Typen von Opportunitätstranchen und somit auf komplexe Bilanzstrukturen übertragen.[20] Im ersten Schritt findet transparenzfördernd eine Verbarwertung der Einzelpositionen statt, wobei die Opportunitäten der Festzinspositionen unproblematisch über Geld- und Kapitalmarkttranchen abgebildet werden. Bei der Opportunitätskonstruktion der variablen Positionen gelangt das Elastizitätsmodell zur Anwendung. Die Summation der Einzelpositionen ergibt den Barwert der gesamten Aktiva bzw. Passiva, die Differenz beider den sogenannten Transformations-beitragsbarwert der Periode. Die Änderungen des Transformationsbeitrages zwischen t_0 und t_1 entspricht der Marktwertänderung aller Positionen in der Periode t (vgl. Formel (3)). Während die Summe der Strukturbeiträge sich aus dem Transformationsergebnis ergibt, berechnen sich die Benchmarkerträge über die Finanzierung des Transformationsbeitrages von t_0 mittels des in t_0 gültigen 1-Jahreszinses. Die sich hieraus ergebende Transformationsperformance der Periode t gibt Auskunft, inwieweit eine Realisierung des Transformationsbeitrags (negatives Vorzeichen) oder das Offenhalten der Positionen (positives Vorzeichen) vorteilhaft gewesen wäre.

Das Konzept der Transformationsperformance vermeidet somit die Mängel des Transformationsergebnisses und kann, neben der Kompatibilität zum handelsrechtlichen Ergebnis, den Dispositionserfolg leistungs- und entscheidungsorientiert abbilden. Mit der Orientierung an bestehenden Geschäften zielt die Transformationsperformance primär auf die Generierung operativer Ergebnis- und Risikoinformationen ab.

2.3 Die Zinsbuchperformance

Die Zinsbuchperformance löst sich von der in der Marktzinsmethode vorgenommenen Art der Ergebnisspaltung.[21] Sie verwendet mit laufenden Erträgen, Marktwertänderungen und Benchmarkerfolgen einen identischen Erfolgsmaßstab wie die Transformationsperformance, definiert hingegen den Dispositionsgegenstand in abweichender Form. Es werden lediglich Positionen einbezogen, die in der Wertentwicklung direkt vom Zinsmarkt abhängen. Darüber hinaus stellen statt der Opportunitäten die zinstragenden Kunden- und Eigengeschäfte den Dispositionsgegenstand dar.

$$(2) \quad ZP^t = \sum_{i=1}^{n} ZE_i^t + \sum_{i=1}^{n} dMW_i^t - NME^t$$

mit:

ZP^t	Zinsbuchperformance im Zeitraum t
ZE_i^t	Zinserfolg der Position i im Zeitraum t
dMW_i^t	Marktwertveränderung der Position i im Zeitraum t
BME^t	Benchmarkerträge im Zeitraum t

20 Vgl. detailliert Rolfes, 1999.

21 Vgl. Wittrock/Jansen, 1996

Die Barwertermittlung erfolgt weitestgehend analog zur im Konzept der Transformationsperformance dargestellten Weise,[22] so dass hier auf eine eingehendere Darstellung anhand eines Beispieles verzichtet werden kann.

Der wesentliche Unterschied der Zinsbuchperformance zur Transformationsperformance liegt in der Beschränkung auf ihren Charakter nach zinsinduzierten Positionen. Diese Beschränkung des Dispositionsgegenstandes hat zwei wesentliche Konsequenzen. Zum einen geht die Bedeutung subjektiver Prämissen zurück, da auf diese Weise die mitunter problematische Festlegung von Zinsbindungsfristen für die sonstigen Positionen entfällt. Dies ist aufgrund der stärkeren Identität des tatsächlichen und des modellhaften Zinsbindungsprofils als klarer Vorteil zu werten.

3. Dynamische Zinsrisikoansätze

Während bei den zuvor dargestellten statischen Zinsrisikoansätzen eine Einbeziehung des Zinsanpassungsverhaltens im Kundengeschäft gelingt, bleiben diese jedoch auf die bestehenden Geschäfte beschränkt und werden daher überwiegend im operativen Bereich eingesetzt. Um strategische Implikationen berücksichtigen zu können, ist darüber hinaus die Abbildung der zukünftigen Geschäfte und Bilanzstrukturen von entscheidender Bedeutung. Dies sollen dynamische Zinsrisikoansätze leisten, wie die nachfolgend in Abbildung 3 vorgestellte dynamische Elastizitätsbilanz, das marktzinsorientierte Elastizitätskonzept und das dynamische Barwertkonzept.

Die Konzepte unterscheiden sich hinsichtlich der vorgenommenen Ergebnisspaltung, der Art der Ergebnis- und Risikoverdichtung und darüber hinaus im zeitlichen Umfang der einbezogenen Positionen. Während im Rahmen der Ergebnisspaltung bei der dynamischen Elastizitätsbilanz auf eine Trennung zwischen Dispositions- und Kundengeschäftsbereich weitestgehend verzichtet wird, findet im marktzinsorientierten Elastizitätskonzept und dynamischen Barwertkonzept eine Differenzierung zwischen Struktur- und Konditionsbeiträgen statt. Ein weiteres Kennzeichen sind die einbezogenen Ergebnisbestandteile. Während sich die dynamische Elastizitätsbilanz auf die periodischen Zinsüberschüsse konzentriert, verbarwertet das marktzinsorientierte Elastizitätskonzept darüber hinaus die Dispositionsgeschäfte, und das dynamische Barwertkonzept schließlich wählt die barwertige Verdichtung für alle Ergebnisbereiche. Im Konzept der dynamischen Elastizitätsbilanz findet eine zeitliche Berücksichtigung der einbezogenen Bestandteile nur bis zu einem einheitlichen Planungszeitpunkt statt. Dies bedeutet, dass hinausgehende Komponenten ausgeblendet, und für kürzerfristige Positionen bis an den Planungshorizont reichende Geschäfte definiert werden. Das marktzinsorientierte Elastizitätskonzept verwendet die gleiche Vorgehensweise bezüglich der Konditionsbeiträge, berücksichtigt jedoch die gesamten Strukturbeiträge eines bestehenden Geschäftes, aber nicht der fiktiven An-

22 Die Generierung der Cash-Flows kann sich produktspezifisch komplexer gestalten. Vgl. detailliert Rolfes, 1999.

	Ergebnisspaltung und zeitliche Dimension	Ergebnisbestandteile
Dynamische Elastizitätsbilanz	bestehendes Geschäft: Konditionsbeiträge (KB), Strukturbeiträge (SB); best. Geschäft, Prolongation: KB, SB / KB, SB / KB, SB	Gesamtposition: Periodischer Zinserfolg, Barwertänderung
Marktzinsorientiertes Elastizitätskonzept	bestehendes Geschäft: Konditionsbeiträge (KB), Strukturbeiträge (SB); best. Geschäft, Prolongation: KB, SB / KB, SB / KB, SB	Strukturbeiträge: Periodischer Zinserfolg, Barwertänderung; Konditionsbeiträge: Periodischer Zinserfolg, Barwertänderung
Dynamisches Barwertkonzept	bestehendes Geschäft: Konditionsbeiträge (KB), Strukturbeiträge (SB); best. Geschäft, Prolongation: KB, SB / KB, SB / KB, SB	Strukturbeiträge: Periodischer Zinserfolg, Barwertänderung; Konditionsbeiträge: Periodischer Zinserfolg, Barwertänderung

einbezogen · nicht einbezogen

Abbildung 3: Systematik der dynamischen Zinsrisikoansätze

schlussgeschäfte. Gleiches gilt für das dynamische Barwertkonzept, welches hingegen die Konditionsbeiträge über den Planungszeitraum hinaus – bis zum Auslaufen der Geschäfte bzw. fiktiven Anschlussgeschäfte – einbezieht.

3.1 Die dynamische Elastizitätsbilanz

Das Konzept der Elastizitätsbilanz ist ein Ansatz zur Zinsergebnisprognose und Risikoquantifizierung. Zielgröße ist hierbei der periodische Zinsüberschuss bzw. die Bruttozinsspanne. Da sowohl bestehende als auch zukünftige Geschäfte über Volumen und Zinssatz auf die Höhe der Zielgrößen einwirken, ist die Abbildung zukünftiger Geschäfte systemimmanenter Bestandteil des Konzeptes. Wesentliche Elemente des Ansatzes sind die Verwendung der Zinselastizitäten und die Verdichtung im Rahmen sogenannter Elastizitätsbilanzen. Über die dynamische Elastizitätsbilanz ist somit die Berücksichtigung von mehreren Referenzzinsen, Fälligkeiten von Festzinsgeschäften und Entwicklungen in der Bilanzstruktur möglich.[23]

23 Vgl. Schwanitz, 1996.

Neben den bislang betrachteten variablen Positionen tragen auch Festzinsgeschäfte in der Periode ihrer Fälligkeit zur Veränderung der Zinsspanne bei. Für diesen Zeitpunkt ist eine Fiktion über die weitere Disposition in der Bilanz aufzustellen. Wird beispielsweise von volumensidentischer Prolongation ausgegangen, sind zwei Ursachen für die Änderung der Bruttozinsspanne zu unterscheiden. Der Ablaufeffekt bezieht sich auf den zurückliegenden und damit nicht mehr beeinflussbaren Zeitraum zwischen Abschluss eines Geschäftes und aktuellem Betrachtungszeitpunkt. Der Elastizitätseffekt bezieht sich hingegen auf den anschließenden Zeitraum zwischen Betrachtungs-zeitpunkt und zukünftigem Prolongationszeitpunkt und wird analog zum variablen Geschäft über die Elastizität des Neugeschäftes gemessen. Die Addition beider Effekte beschreibt die Gesamtänderung des Positionszinses, die durch die Aufspaltung in eine bereits sicher eingetretene und in eine Abhängigkeit von der Marktzinsentwicklung noch unsichere Komponente unterteilt wird. Struktureffekte werden immer dann wirksam, wenn sich durch die Veränderung des Bilanzsummenanteils von Positionen Änderungen der Bruttozinsspanne und/oder des Elastizitätsprofils ergeben. Sie quantifizieren damit ein Ergebnisrisiko, welches eine spezielle Form des Absatzrisikos darstellt. Die dynamische Elastizitätsbilanz zeigt die vorstehenden Effekte auf und lässt sich anhand des vereinfachten Beispiels in Tabelle 11 wie folgt darstellen.

Position	**Volumen**	**Zins**	**Δ Volumen**	**∅ Elastizität**			**Ablauf-effekt**
				3 M.	**1 J.**	**5 J.**	
Kredit	200	7,00 %		0,00			
Hypothek	100	6,00 %		0,40			
Kontokorrent	150	8,50 %		1,00			
Sonstige	50	0,00 %		0,00			
Σ Aktiva	500	**6,55 %**		**0,38**	**0,00**		
Sparbrief	50	3,00 %		0,00	0,00		
Termingeld	100	2,50 %			0,80		
Sichteinlage	100	0,50 %		0,00	0,00		
Spareinlage	200	2,50 %		0,20	0,00		
Sonstige	50	0,00 %		0,00	0,00		
Σ Passiva	500	**1,90%**		**0,08**	**0,16**		
Zinsspanne		**4,65 %**					
Elastizitäts-überhang				**0,30**	**–0,16**		

Tabelle 11: Dynamische Elastizitätsbilanz

In Abbildung 4 wird eine Unterteilung in festverzinsliche, variable und sonstige Positionen vorgenommen. Neben dem Volumen und dem durchschnittlichen Zins dieser Positionen sind die Elastizitäten zu drei Referenzzinsen und der Ablaufeffekt angegeben. Die Volumensänderung beschreibt die erwartete Wachstumsrate der einzelnen Positionen und beträgt hier aufgrund der angenommenen konstanten Bilanzstruktur Null.[24] Gleiches gilt für sämtliche Positionen bei denen kein Wert aufgeführt wurde. Im Beispiel ergibt sich eine Zinsspanne von 4,65%, ein aktivischer Elastizitätsüberhang von 0,3 zum 3-Monatszins und ein passivischer von -0,16 zum 1-Jahreszins. Dies bedeutet, dass ein Anstieg des 3-Monatsreferenzzinses um einen Punkt c. p. zu einer Verbesserung der Zinsspanne von 0,3% führt.

Die Integration der prognostizierten Bilanzstruktur kann sinnvoller Weise durch Formulierung alternativer Szenarien erfolgen, wobei neben der erwarteten auch der obere und untere Spread einer möglichen Entwicklung der Bilanzstruktur Eingang findet; ein analoges Vorgehen ist bei den Marktzinsen anzuwenden. Anhand dieser Szenarien wird anschließend die Bruttozinsspanne für die folgenden Stichtage prognostiziert. Die Gegenüberstellung dieser prognostizierten Zinsspanne mit der kalkulierten Mindestzinsspanne[25] zeigt – im Falle sinkender Zinsspannen unter das Niveau der Mindestzinsspanne – eine strategische Steuerungslücke auf. Der möglichen Ergebnislücke kann sowohl mit strukturellen als auch mit dispositiven Maßnahmen begegnet werden. Die strukturelle Gestaltung hat das Ziel, über die Konditionen-, Produkt- sowie Elastizitätspolitik die Deckungsbeiträge aus dem Kundengeschäft zu optimieren. Sie kann daher nur mittelbar auf die Zinsspanne einwirken. Direkte Maßnahmen beruhen auf Eigengeschäften am Geld- und Kapitalmarkt und können Elastizitätssalden bzw. -überhänge unmittelbar gestalten. Anhand von bilanziellen Eigengeschäften, Swaps und Forward Rate Agreements ist eine Absicherung bzw. Stabilisierung der Zinsspannenentwicklung erreichbar.[26] Dennoch bleibt festzuhalten, dass der Einsatzbereich dynamischer Elastizitätsbilanzen primär in der Zinsergebnisprognose liegt und nicht in der Steuerung von Zinsänderungsrisiken, da auch bei Vollabsicherung der Elastizitätssalden keine vollständige Stabilisierung des Zinsspannenverlaufs erreichbar ist.

3.2 Das marktzinsorientierte Elastizitätskonzept

Ziel des marktzinsorientierten Elastizitätskonzeptes ist es, die Vorzüge der dynamischen Elastizitätsbilanz mit einer differenzierten marktzinsorientierten Sichtweise zu vereinen und hierdurch zu einer verbesserten Steuerungs- und Prognosequalität zu gelangen. Die Elastizitätsbilanz wird hierzu in eine Strukturbeitragselastizitäts- und eine Konditionsbeitragselastizitätsbilanz aufgespalten. Die Strukturbeitragselastizitätsbilanz ergibt sich, indem sämtliche Positionen statt den tatsächlichen Positionszinsen mit ihren Opportu-

24 Vgl. zu einem detaillierten Beispiel mit einbezogenen Bilanzstrukturveränderungen und Ablaufeffekten Rolfes, 1999.

25 Die Mindestzinsspanne ergibt sich aus den Nettobetriebskosten, den Risikokosten und dem Mindestreingewinn.

26 Vgl. Rolfes, 1999.

nitätszinsen in die Elastizitätsbilanz eingestellt werden. Die Strukturbeitragsspanne kann analog zur Zinsspanne aus der Differenz zwischen aktivischen und passivischen Opportunitätszins ermittelt werden (vgl. Tabelle 12).

Position	Volumen	Opportunitäts-Zins	Δ Volumen	Ø SB-Elastizität			SB-Ablaufeffekt
				3 M.	1 J.	5 J.	
Kredit	200	5,59 %		0,00	0,00		
Hypothek	100	4,50 %		0,40	0,00		
Kontokorrent	150	3,32 %		1,00	0,00		
Sonstige	50	4,66 %		0,00	0,20		
Σ Aktiva	500	**4,60 %**		**0,38**	**0,02**	**0,00**	
Sparbrief	50	4,29 %		0,00	0,00	0,00	
Termingeld	100	3,29 %		0,00	1,00	0,00	
Sichteinlage	100	6,48 %		0,00	0,00	0,20	
Spareinlage	200	5,85 %		0,20	0,00	0,16	
Sonstige	50	6,48%		0,00	0,00	0,20	
Σ Passiva	500	**5,37 %**		**0,08**	**0,20**	**0,12**	
Strukturspanne		**–0,77 %**					
Elastizitäts-überhang				**0,30**	**–0,18**	**–0,12**	

Tabelle 12: Strukturbeitragselastizitätsbilanz

Ziel ist die Prognose zukünftiger Transformationsergebnisse, wobei sich die Dispositionssteuerung in gleicher Weise darstellt, wie bei der schon vorgestellten Transformationsperformance. Das wesentliche Element des marktzinsorientierten Elastizitätskonzeptes stellt jedoch die Konditionenbeitragselastizitätsbilanz dar, welche die Bereinigung der aus dem Kundengeschäften resultierenden Erfolgs- und Risikoeffekte zum Ziel hat. Der Aufbau entspricht der Elastizitätsbilanz mit dem Unterschied, dass die originären Zinssätze, Elastizitäten und Ablaufeffekte durch die entsprechenden Konditionsmargen, -elastizitäten und -ablaufeffekte ersetzt werden (vgl. Tabelle 13).

Mit der marktzinsorientierten Aufspaltung der Elastizitätsbilanz werden zwei Zielsetzungen verfolgt. Zum einen wird durch die Einbeziehung der Strukturbeitragsbarwerte eine entscheidungsorientierte Verdichtung des Transformationsergebnisses in das Elastizitätskonzept aufgenommen. Zum anderen wird eine Bereinigung der prognostizierten Erträge aus dem Kundengeschäft um nicht wertsteigernde Zinsbindungsprämien erreicht. Durch diese Vorgehensweise werden die Risikokennzahlen aus der Elastizitätsbilanz weiterge-

Position	Volumen	Konditions-marge (K)	Δ Volumen	∅ K-Elastizität			K-Ablauf-effekt
				3 M.	1 J.	5 J.	
Kredit	200	1,41 %			0,00		
Hypothek	100	1,50 %			0,00		
Kontokorrent	150	5,18 %			0,00		
Sonstige	50	–4,66 %			–0,20		
∑ Aktiva	500	**1,95 %**			**–0,02**	**0,00**	
Sparbrief	50	1,29 %			0,00	0,00	
Termingeld	100	0,79 %			0,20	0,00	
Sichteinlage	100	5,98 %			0,00	0,20	
Spareinlage	200	3,35 %			0,00	0,16	
Sonstige	50	6,48 %			0,00	0,20	
∑ Passiva	500	**3,47 %**			**0,04**	**0,12**	
Konditionsspanne		**5,42 %**					
Elastizitäts-überhang					**– 0,06**	**–0,12**	

Tabelle 13: Konditionenbeitragselastizitätsbilanz

hend interpretierbar. So kann über den Konditionsbeitragsstruktureffekt die Quantifizierung des sich in Volumensänderungen niederschlagenden Absatzrisikos erreicht werden, während die Konditionsbeitragselastizitätseffekte direkte Rückschlüsse auf die Konsequenzen von Markzinsänderungen und die Kundengeschäftserträge zulassen. Kritisch ist anzumerken, dass die Verdichtung der Effekte aus dem Kundengeschäft ausschließlich periodisch und damit nicht dispositionsorientiert vorgenommen wird. Daher ermöglicht der Ansatz zwar eine aussagefähige Simulation, die Ableitung klarer Steuerungsimpulse bleibt jedoch auf den Dispositionsbereich im engeren Sinne beschränkt.

3.3 Das dynamische Barwertkonzept

Der Fokus der vorstehenden dynamischen Ansätze liegt methodenimmanent eher auf der Ergebnisprognose als auf der Ableitung konkreter Hedgingmaßnahmen. Dies liegt vor allem an zwei Sachverhalten. Zum einen setzt sich erst allmählich die Erkenntnis durch, dass formale Fragen, wie insbesondere die Frage des vertraglich fixierten Geschäftsabschlusses nicht länger ein Kriterium für die Berücksichtigung einer Position im Zinsrisikostatus sind. Zum anderen fehlt bislang die konzeptionelle Basis, derartige zukünftige Positionen schlüssig in einer barwertorientierten Sichtweise abzubilden. Diese Lücke soll anhand des dynamischen Barwertkonzeptes geschlossen werden und es stellt somit das wertorientierte Pendant zur periodenorientierten dynamischen Elastizitätsbilanz dar.

Der dynamische Barwert ist dabei als Gesamtbankbarwert unter Einbeziehung der zukünftigen Geschäfte definiert, wobei die Duplikation des Ertrags- und Risikoprofils ebenfalls über das Konstrukt der Zinselastizität erfolgt. Es können zwei Kennzeichen der prognostizierten Geschäfte herausgestellt werden. Während einerseits das grundsätzliche Zustandekommen unsicher ist – also dem Absatzrisiko unterliegt –, ändert sich andererseits die Marge bzw. der Wert des zukünftigen Geschäftes in Abhängigkeit von der Marktzinsentwicklung. Folglich lassen sich die Zahlungsreihen der zukünftigen Geschäfte nicht unmittelbar aufstellen und darüber hinaus verbarwerten.

Als Lösung dieses Problems bietet sich die synthetische Duplikation der zunächst marktzinsabhängigen Kundenzahlungsreihe an. Die Ausgangsbasis stellen zunächst die deterministischen Konditionsbeiträge dar. Für den Fall, dass sich die Zinstruktur während der gesamten Planungsperiode stets gemäß der Forward Rates entwickeln würde, bliebe das für den Abschlusszeitpunkt prognostizierte Zinsniveau konstant und demnach die zukünftigen Konditionsbeiträge gleichfalls diesem Niveau entsprechend. Stellt sich hingegen eine abweichende Zinsentwicklung ein, so verändern sich auch die Forward Rates für den prognostizierten Abschlusszeitpunkt. Diese Konditionsbeitragsveränderung schlägt sich in Divergenzen der Kunden- und Opportunitäts-zinsentwicklungen nieder, was anhand der Konditionsmargenelastizität abgebildet werden kann. Die Duplikationszahlungsreihe umfasst damit zwei Komponenten. Zum einen sind die deterministischen Konditionsbeiträge in den Zahlungsstrom einzustellen. Zum anderen ist ein Forward Rate Agreement zu berücksichtigen, dessen Laufzeit dem des Kundengeschäftes entspricht. Dessen Volumen ergibt sich aus der Höhe des prognostizierten Kundengeschäftes multipliziert mit der produktspezifischen Konditionsmargenelastizität.[27] Anhand dieses Vorgehens kann eine marktzinsabhängige variable Kundenzahlungsreihe in eine wert- und risikoäquivalente Festzins-zahlungsreihe überführt werden und auf diese Weise die Sensitivität zukünftiger Geschäfte gegen Marktzinsänderungen abbilden. Überträgt man diese Vorgehensweise auf sämtliche Positionen der Bilanz, ergibt sich schematisch folgender in Tabelle 14 dargestellter dynamischer Gesamtbankbarwert.

In diesem Beispiel ergibt sich ein Barwert der zukünftigen Kundengeschäfte von 75 011 DM. Liegt der Barwert der bestehenden Positionen unter diesem Wert, bedeutet dies, dass das Offenhalten der Positionen eindeutig vorteilhafter ist et vice versa.

In der Praxisanwendung des dynamischen Barwertkonzeptes liegt die zentrale Herausforderung darin, die Volumina, Laufzeiten und Abschlusszeitpunkte der verschiedenen Produkte möglichst zutreffend zu prognostizieren. Eine Position sollte immer dann einbezogen werden, wenn ihr Abschluss wahrscheinlicher ist als ihr Nichtabschluss. Auf diese Weise kann mit diesem Konzept das Risiko- und Ertragsprofil entscheidungs- und leistungsorientiert dargestellt werden und es lassen sich darüber hinaus konkrete Hedgingmaßnahmen ableiten.

27 Vgl. Rolfes, 1999; Koch, 1996.

Position	t_1	T_2	t_3	t_4	t_5	t_6	t_7	t_8	t_9
Kredit									
Hypothek				**- 60.000**	**4 672**	**4 672**	**4 672**	**64 672**	
Kontokorrent			7 770	7 770	7 770	7 770			
Sparbrief		*12.500* **12 500**	*0.109* **0.109**	*- 12.391* *12.500* **0.109**	*0.109* **0.109**	*- 12.391* **- 12.391**			
Termingeld	*30.000* **30 000**	*- 30.197* *30.000* *30.000* **–197**	*- 30.197* *30.197* **–197**	*- 30.000* **–197**	*- 30.197* **-30 197**				
Sichteinlagen	*20 000* **20.000**	*–100* *20.000* **19.900**	*–100* *–100* *20.000* **19.800**	*–100* *–100* *–100* *20.000* **19.700**	*–100* *–100* *–100* *–100* **–400**	*- 20.100* *–100* *–100* *–100* **- 20.400**	*- 20.100* *–100* *–100* **- 20.300**	*- 20.100* *–100* **- 20.200**	*- 20.100* **- 20.100**
Spareinlagen	*32.000* **32.000**	*–734* *32.000* **31.266**	*–734* *–734* *32.000* **30.532**	*–734* *–734* *–734* *32.000* **29.798**	*–734* *–734* *–734* *–734* **-2.936**	*- 32.734* *–734* *–734* *–734* **- 34.936**	*- 32.734* *–734* *–734* **- 34.202**	*- 32.734* *–734* **- 33.468**	*- 32.734* **- 32.734**
Cash Flow	**82 000**	**63 469**	**58 013**	**-2 822**	**- 20 984**	**- 55 287**	**- 49 832**	**11.004**	**- 52 834**
Barwert	**79 388**	**58 330**	**50 235**	**-2 290**	**- 15 913**	**- 39 048**	**- 32 690**	**6.689**	**- 29 690**
Σ-Barwert									**75 011**

Tabelle 14: Dynamischer Gesamtbankbarwert

Literaturhinweise

BACKHAUS K./ERICHSON B./PLINKE W./WEIBER R.: Multivariate Analysemethoden, 7. Auflage, Berlin/Heidelberg/New York 1996.

BENKE H./GEBAUER B./PIASKOWSKI F.: Die Marktzinsmethode wird erwachsen: Das Barwertkonzept (I), in: Die Bank 1991(a), S. 457-463.

BENKE H./GEBAUER B./PIASKOWSKI F.: Die Marktzinsmethode wird erwachsen: Das Barwertkonzept (II), in: Die Bank 1991(b), S. 514-521.

KOCH U.: Die Integration von Marktzinsmethode und dynamischem Elastizitätskonzept im Rahmen der Aktiv-/Passivsteuerung, Schriftenreihe des Zentrums für ertragsorientiertes Bankmanagement, Band 11, Frankfurt am Main 1996.

RÖPKE K./SCHÜLLER S.: Ergebniskalkulation und Risikomanagement des Eigenhandels und der Bilanzstruktur, in: Bilanzstruktur- und Treasury-Management in Kreditinstituten, Rolfes B./Schierenbeck H./Schüller S. (Hrsg.), Frankfurt am Main 1994.

ROLFES B.: Die Steuerung von Zinsänderungsrisiken in Kreditinstituten, Frankfurt am Main 1985(a).

ROLFES B.: Die Entstehung von Zinsänderungsrisiken, in: Betriebswirtschaftliche Blätter, Heft 11, 1985(b), S. 468-473.

ROLFES B.: Risikosteuerung mit Zinselastizitäten, in: Zeitschrift für das gesamte Kreditwesen, Heft 5, 1989, S. 196-201.

ROLFES B.: Das Zinsergebnis variabel verzinslicher Bankgeschäfte, in: Handbuch Bankcontrolling, Schierenbeck H./Moser H. (Hrsg.), Wiesbaden 1994, S. 337-356.

ROLFES B.: Gesamtbanksteuerung, Stuttgart 1999.

ROLFES B./BELLMANN K./NAPP U.: Darstellung und Beurteilung von Zinsänderungsrisiken, in: Bank und Markt, Heft 12, 1988, S. 12-16.

RUDOLPH B.: Duration: Eine Kennzahl zur Beurteilung der Zinsempfindlichkeit von Vermögensanlagen, in: Zeitschrift für das gesamte Kreditwesen, 1981, S. 137-140.

SCHIERENBECK H./ROLFES B.: Entscheidungsorientierte Margenkalkulation, Frankfurt am Main 1988.

SCHOLZ W.: Zinsänderungsrisiken im Jahresabschluss der Kreditinstitute, in: Kredit und Kapital, 1979, S. 517-519.

SCHWANITZ J.: Analyse des Kontokorrentzinses mit Hilfe des Elastizitätsdiagrammes, in: Die Bank, Heft 3, 1995, S. 165-171.

WITTROCK C./JANSEN S.: Risikomanagement auf Gesamtbankebene, in: Der langfristige Kredit, 1996, S. 627-632

Beat M. Fenner

Credit Packaging – Ansätze zur Mobilisierung des Firmenkreditportfolios

1. Einleitung

Das Thema „Ansätze zur Mobilisierung des Firmenkreditportfolios weist auf einen möglichen Handlungsbedarf hin, den wohl eher statischen Bilanzposten „Kredite" zu dynamisieren, und eine höhere Flexibilität bei der Übertragung von Kreditrisiken auf andere Investoren zu erreichen. Was spricht für ein solches Vorgehen? Welchen Nutzen kann man sich davon versprechen?

Drei Ziele stehen im Vordergrund:

- die Optimierung des Eigenkapitalerfordernisses,
- die Sicherstellung einer kostengünstigen Refinanzierung und
- die Diversifikation des Delkredererisikos.

Um diese Ziele zu erreichen, stehen den Banken so unterschiedliche Instrumente wie Unterbeteiligung, Syndizierung, Kreditderivate und Verbriefung zur Verfügung.

Insbesondere die Verbriefung eignet sich zur Optimierung von Kapitalstruktur, Eigenkapitalrendite und Risikoprofil sowie zur Refinanzierung des Aktivgeschäftes. Aufgrund seiner variantenreichen Einsatzmöglichkeiten soll dieses Finanzvehikel in der vorliegenden Arbeit schwerpunktmäßig dargestellt werden.

In den USA besteht bereits heute ein sehr liquider Verbriefungsmarkt gewaltigen Ausmaßes, während die Schweiz erst ganz am Anfang einer solchen Entwicklung steht. Auf die Gründe dieses Rückstandes und den Handlungsbedarf soll ebenfalls näher eingegangen werden.

2. Finanzinstrumente im Überblick

2.1 Unterbeteiligung

Eine schon seit längerem bekannte Mobilisierungstechnik stellt die Abgabe einer Unterbeteiligung an einem Kredit an eine andere Bank bzw. einen Investor dar. Einerseits lässt sich damit das Delkredererisiko eines Kreditportfolios diversifizieren bzw. streuen, und andererseits werden die Eigenmittelerfordernisse und damit verbunden die Kapitalkosten reduziert. Die zu erwartenden Erträge aus Zinsmarge und Kommissionen gehen allerdings in dem Maße verloren, in dem sie an den Unterbeteiligungsnehmer weitergegeben werden müssen. Die Abgabe einer Unterbeteiligung setzt das Einverständnis des Schuldners voraus. Seltener, und in der Schweiz wegen des Bankgeheimnisses eingeschränkt, ist die Abgabe einer sogenannten „stillen Unterbeteiligung". Der Gläubigerwechsel wird bei einer „stillen" Unterbeteiligung dem Schuldner in der Regel nicht mitgeteilt. Folglich kann der Unterbeteiligungsnehmer seine Gläubigerrechte gegenüber dem Schuldner auch nicht direkt durchsetzen.

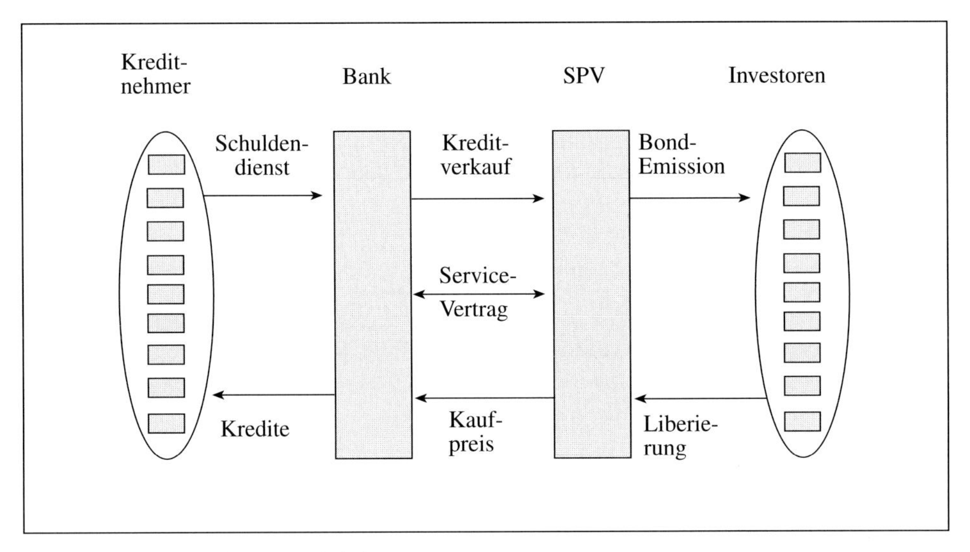

Abbildung 1: Grundidee der Verbriefung

2.2 Syndizierung

Die Syndizierung eines Kredites unterscheidet sich in ihren wirtschaftlichen Konsequenzen kaum von der Unterbeteiligung. Platziert der Syndikatsführer den ganzen Kredit im Markt, so erreicht er aufgrund der entfallenden Kapital- und Risikokosten, besonders dort, wo die Kommissionen nicht in vollem Umfang an die Syndikatsbanken weitergereicht werden, eine sehr hohe Eigenwirtschaftlichkeit. Oft erwartet der Schuldner jedoch, dass sich die syndizierende Bank mit einer eigenen Tranche am Kredit beteiligt und damit die Ernsthaftigkeit ihres Engagements an der Transaktion unterstreicht.

2.3 Kreditderivate

Eine moderne Variante der Diversifikation eines Kreditportfolios bildet der Einsatz von Kreditderivaten. Durch den Kauf und Verkauf von Kreditrisiken mit Hilfe von Derivaten auf Bankkredite wird versucht, losgelöst vom eigentlichen Kreditportfolio, ein optimiertes Risikoprofil zu erzielen. Allerdings gibt es derzeit in der Schweiz noch keinen funktionierenden Kreditderivatemarkt, und es fehlen diesbezügliche Eigenmittelvorschriften der Eidgenössischen Bankenkommission (EBK). Somit lassen sich bei diesem Instrument die wirtschaftlichen Konsequenzen derzeit kaum abschätzen.

2.4 Verbriefung

Das Schwergewicht dieser Abhandlung liegt deshalb auf der vierten und intensiv diskutierten Mobilisierungstechnik, der Verbriefung von Aktiva oder Asset Securitization [das entsprechende Instrument dazu heißt Asset Backed Securities (ABS)]. Auch bei dieser Technik werden Kreditrisiken auf andere Investoren übertragen, womit sich das Eigenkapitalerfordernis reduzieren lässt. Im Unterschied zur Unterbeteiligung und Syndizierung verbleiben die aus den entsprechenden Krediten generierten Erträge zum Teil beim Finanzdienstleister.

Wie noch zu zeigen sein wird, ist in den USA, wo diese Technik entwickelt wurde, über die Jahre ein bedeutender und äußerst liquider Markt entstanden, wegweisend für andere internationale Finanzplätze, darunter auch die Schweiz.

Die Grundidee jeder Verbriefung besteht darin, einen Teil der Aktiva einer Unternehmung – zum Beispiel gepoolte Hypotheken einer Bank – an eine allein zu diesem Zweck gegründete Finanzgesellschaft zu verkaufen. Die Finanzierung des Aktivaverkaufs an eine solche Einzweckgesellschaft oder Special Purpose Vehicle (SPV) wie es in der Fachsprache genannt wird, erfolgt in der Regel über den Kapitalmarkt (vgl. Abbildung 1).

Typischerweise wird das SPV nur mit einem minimalen Eigenkapital ausgestattet (vgl. Abbildung 2). In den angelsächsischen Ländern ist der Trust die bevorzugte Rechtsform. In der Schweiz, wo es keine entsprechende gesetzliche Regelung gibt, bieten sich als geeignetste Alternativen die Aktiengesellschaft und die GmbH mit ihren gesetzlich zulässigen Mindestkapitalerfordernissen an.

Mit dem Verkauf der Aktiva bzw. Kredite an das SPV entfällt bei der Bank die Kapitalunterlegungspflicht.

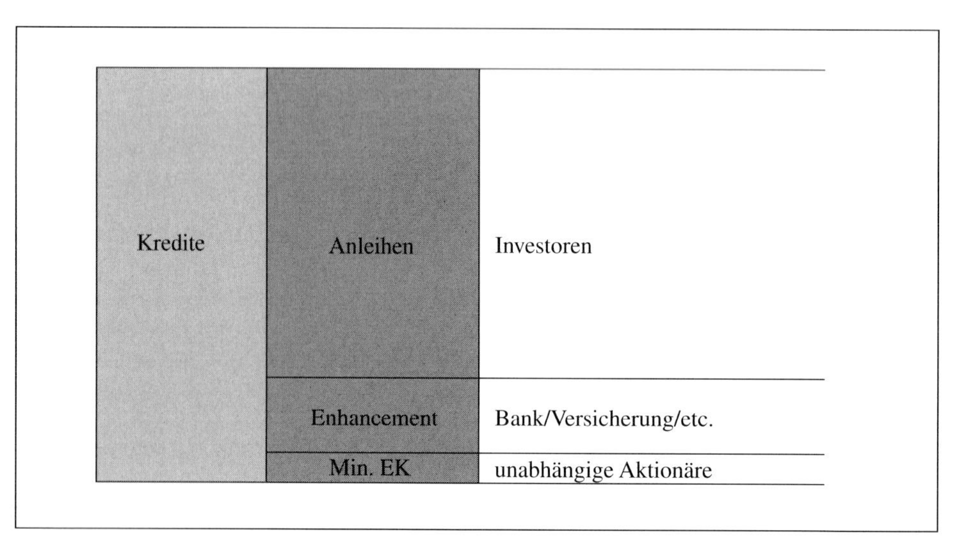

Abbildung 2: Typische SPV-Bilanz

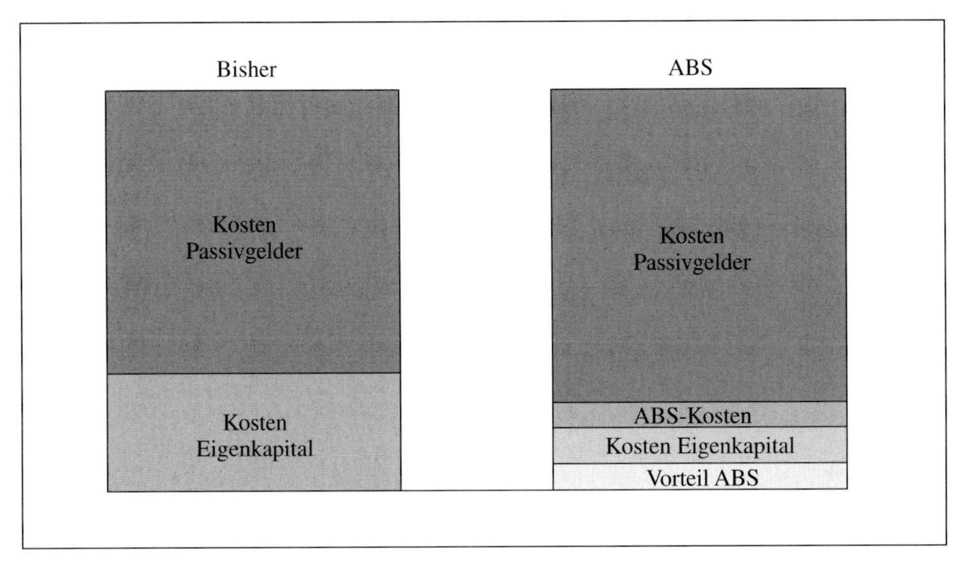

Abbildung 3: Wirtschaftlichkeit der Verbriefung

Die Kosten der Refinanzierung richten sich nach dem Rating. Angestrebt wird selbstverständlich das kostengünstigste AAA.

Das SPV bezahlt den Investoren einen dem Rating entsprechenden marktkonformen Zins. Die Zinsmarge der verkauften Kredite fällt spätestens bei der Liquidation des SPV an die Bank zurück. Somit kann das angestammte Kreditgeschäft unter weitgehender Freisetzung von regulatorischem Eigenkapital betrieben werden (vgl. Abbildung 3).

Wirtschaftlich betrachtet stellt dies eine interessante Option dar, um die Eigenkapitalrendite einer Bank zu steigern.

Da die Investoren im Allgemeinen nicht willens sind, die unter normalen Umständen anfallenden Kreditverluste zu tragen, wird eine ABS-Anleihe regelmäßig mit einem sogenannten Credit Enhancement versehen, welches die zu erwartenden Verluste (= expected losses) auffangen soll. Die Obligationäre haben also nur das statistisch gesehen unerwartete Risiko (= unexpected loss) zu übernehmen.

Credit Enhancements reichen von einer Überdeckung an Aktiva bis hin zu einem nachrangigen Darlehen oder einer Bankgarantie. Über deren Größenordnung entscheiden die Ratingagenturen aufgrund der Ausfallwahrscheinlichkeit der auf das SPV übertragenen Werte. Das Reglement der Schweizer Börse schreibt für die Kotierung einer ABS-Anleihe ein Rating von mindestens zwei anerkannten Agenturen vor.

Weil das erforderliche Credit Enhancement ebenfalls mit Eigenkapital unterlegt werden muss, haben die Banken ein vitales Interesse, ein solches möglichst tief zu halten. Mit anderen Worten richtet sich das Ausmaß der Kapitalkosten nach der Höhe des Credit Enhancements. Darüber hinaus sind mit einer ABS-Anleihe noch weitere, erhebliche Kosten verbunden: Anwaltskosten, Ratinggebühren, Emissionsabgaben, Investmentbanking Fees.

Damit sich eine ABS-Transaktion lohnt, müssen sämtliche anfallenden Kosten gegenüber herkömmlichen Finanzierungsarten durch den Effekt der geschilderten Eigenkapitalentlastung überkompensiert werden können.

3. Markt Ausland – Auslandtrends

In den USA hat sich in den vergangenen Jahren ein Verbriefungsmarkt von gewaltigen Dimensionen entwickelt. Das Emissionsvolumen an Asset Backed Securities übertrifft mittlerweile sogar das Volumen des gesamten übrigen Obligationenmarktes. Die Abbildung reflektiert dieses stürmische Marktwachstum (vgl. Abbildung 4).

Eine detailliertere Betrachtung des ABS-Marktes zeigt, dass Eigenheimhypotheken, Kreditkartenforderungen und Autofinanzierungen die hauptsächlichen Verbriefungskategorien darstellen. Gemeinsam ist diesen Aktiva, dass sie in großer Zahl, in standardisierter Form und Struktur vorkommen und einen hohen Liquiditätsgrad aufweisen.

Der amerikanische ABS-Markt ist weltweit klar dominierend. Beinahe ⅔ der im ersten Semester 1999 international begebenen Anleihen, ohne Mortgage Backed Securities, waren amerikanischen Ursprungs, etwa 22 Prozent stammten aus Europa und 17 Prozent aus dem Rest der Welt.

Ein Vergleich der Bankschulden in Relation zum Bruttoinlandprodukt verschiedener Länder zeigt deutlich, dass die Unternehmensfinanzierung in den USA im Unterschied zu Eu-

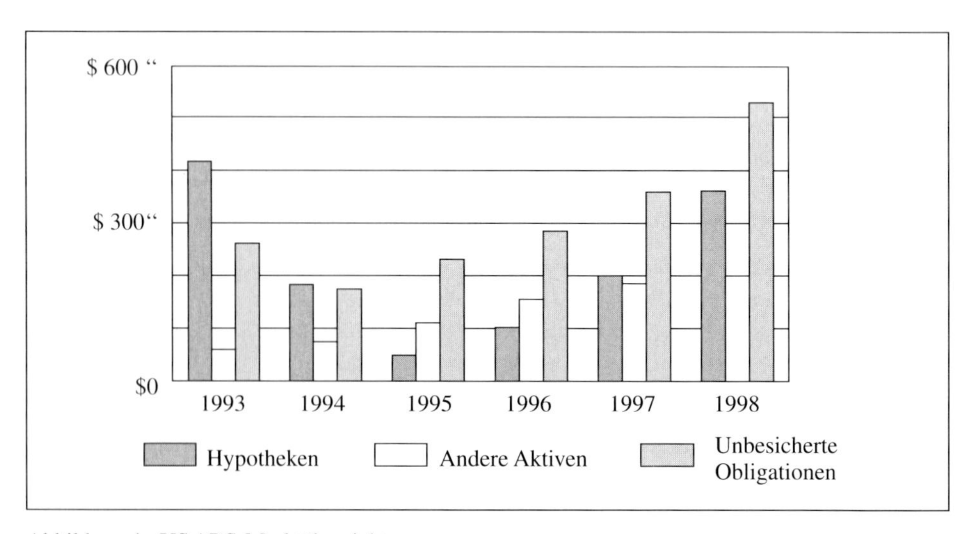

Abbildung 4: US ABS-Marktübersicht

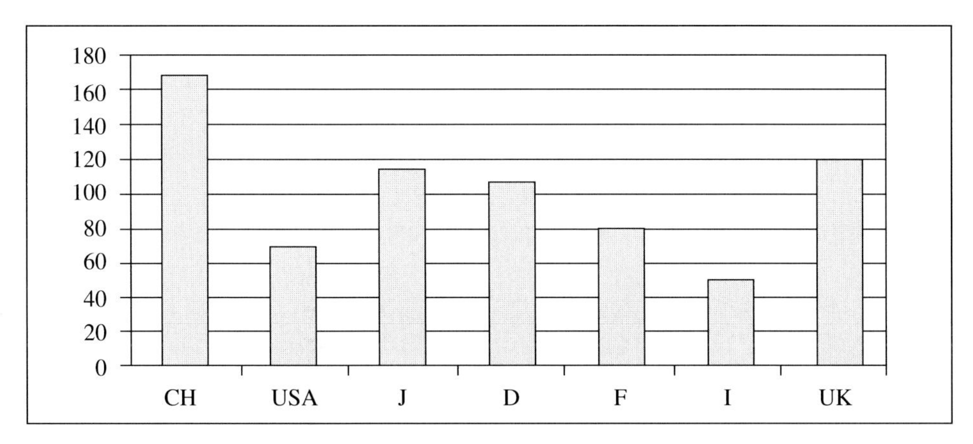

Abbildung 5: Bankschulden/BIP in Prozent (Privater Sektor)

ropa wesentlich stärker über den Kapitalmarkt erfolgt (vgl. Abbildung 5). Dies ist ein weiterer Hinweis, dass in Europa und insbesondere in der Schweiz noch ein sehr großes Verbriefungspotenzial besteht.

4. Markt Schweiz

Es sei gleich vorweggenommen: Das bisher in der Schweiz emittierte Volumen an ABS-Anleihen nimmt sich noch sehr bescheiden aus. Im Sommer 1998 war es der damalige Schweizerische Bankverein, der als erste und bisher einzige Schweizer Bank Hypotheken aus seinem Aktivaportfolio verbrieft hat.

Die Emission erfolgte in DM und wurde an einer ausländischen Börse kotiert. Außerdem war das Transaktionsvolumen mit 300 Mio. DM eher gering.

Daneben brachte die Credit Suisse First Boston von 1997 bis 1999 vier ABS-Anleihen über insgesamt 4 Mrd. CHF an die Schweizer Börse, wobei es sich ausschließlich um Aktiva amerikanischen Ursprungs handelte: Kreditkartenforderungen der Citibank und Autofinanzierungen der General Motors.

Bezüglich Verbriefungstechnik ist die Schweiz, das kann wohl mit Fug und Recht gesagt werden, noch ein Emerging Market.

Woran liegt das? Was sind die Hinderungsgründe?

4.1 Hauptmotive der Banken im Überblick

Die nun folgenden Ausführungen beschränken sich auf die Situation der Banken als Emittenten von ABS-Anleihen.

Bei den Schweizer Banken stehen für eine Verbriefung ihrer Aktiva die folgenden Gründe im Vordergrund:

- die Optimierung des Eigenkapitaleinsatzes,
- die Sicherstellung einer kostengünstigen Refinanzierung sowie
- die Diversifikation des Delkredererisikos.

Grundsätzlich lassen sich zwei Aktivenkategorien unterscheiden: Hypotheken und übrige Kredite.

Um eine ABS-Transaktion lohnend zu gestalten, braucht es, wegen der mit der Emission verbundenen hohen Initialkosten, ein gewisses Mindestvolumen, welches nicht unterschritten werden sollte. Dieses dürfte, wie die Erfahrung mit ausländischen Anleihen zeigt, bei etwa 500 Mio. CHF liegen.

Das Hauptaugenmerk der Schweizer Banken richtete sich bis dahin, aufgrund seiner Größe und Bedeutung, auf den Hypothekenmarkt; darin eingeschlossen sind auch hypothekarisch besicherte Firmenkredite. Zwar ist es durchaus denkbar, dass dereinst auch Blankoengagements im Firmenbereich verbrieft werden, doch dürfte es aufgrund des wesentlich bescheideneren Volumens schwierig sein, die geforderte Rentabilitätsschwelle zu erreichen.

4.2 Optimierung des Eigenkapitaleinsatzes

Auch im internationalen Vergleich ist die Eigenkapitalausstattung der Schweizer Banken bekanntlich komfortabel. Für die Betreibung ihres Kommerzgeschäftes verfügen die meisten von ihnen zur Zeit noch über ausreichend eigene Mittel. Wenn also eine Verbriefung von Bankaktiven erwogen wird, so steht der Aspekt der Eigenkapitaloptimierung und nicht dessen Mangel im Vordergrund.

In diesem Punkt unterscheidet sich die Schweiz ganz grundsätzlich von anderen Ländern wie zum Beispiel Frankreich, wo die knappe Eigenkapitalausstattung der Banken zu einer speziellen gesetzlichen Regelung der Verbriefung von Bankkrediten Anlass gegeben hat. Damit soll den französischen Banken geholfen werden, ihre Eigenkapitalprobleme im Hinblick auf die geltenden BIZ-Regeln in den Griff zu bekommen.

In der Schweiz sind erste Hypotheken mit 4 Prozent, Blankokredite an Firmen mit 8 Prozent Eigenkapital zu unterlegen. Daraus wird ersichtlich, dass die Verbriefung von Firmenkrediten von der Eigenkapitaloptimierungswarte aus betrachtet eine interessante Option darstellt. Nachdem jedoch die Schweizer Kommerzbanken derzeit noch über genügend Eigenkapital verfügen, stellt sich die grundsätzliche Frage nach der Verwendung der freigesetzten Eigenmittel.

Drei Möglichkeiten bieten sich an:

- eine Ausdehnung des Geschäftsvolumens,
- eine Expansion via Akquisition und

- die Rückzahlung von Eigenkapital an die Aktionäre.

Die Beantwortung der Frage nach dem effizienten Einsatz des Eigenkapitals ist alles andere als trivial. Jede Bank, die sich mit der Verbriefung von Krediten befasst, muss darauf ihre eigene Antwort finden. Grundsätzlich lohnen sich die mit einer ABS-Transaktion verbundenen Initialkosten nur, wenn der höhere Aufwand mit dem Effekt der Eigenkapitalbefreiung überkompensiert werden kann.

4.3 Refinanzierung

Das zweite Hauptmotiv einer Verbriefung von Bankkrediten betrifft die Refinanzierung. Die herkömmlichen kostengünstigen Passivgelder (Kassenobligationen, Spargelder, Kundensichtgelder) gehen aufgrund des gesteigerten Renditebewusstseins der Kunden in zunehmendem Maße an alternative Anlagemöglichkeiten wie zum Beispiel die Anlagefonds verloren. Hier bietet sich nun der ABS-Markt als alternative Refinanzierungsquelle an. Außerdem erleichtert die hohe Liquidität und Bonität von ABS-Anleihen die Erschließung der Auslandmärkte. Zu bedenken gilt allerdings, dass der Ersatz von Kundengeldern durch ABS teuer ist und zu engeren Margen führt. Somit kann die Frage nach ihrem Einsatz als Refinanzierungsinstrument, wie bereits erläutert, nicht losgelöst von der Eigenmittelfrage beantwortet werden.

4.4 Kreditportfoliosteuerung

Das dritte Hauptmotiv einer Verbriefung betrifft die Diversifikation des Bonitätsrisikos. Diese Strategie setzt allerdings voraus, dass Kredite in großer Zahl und unterschiedlichster Art bezüglich Kundensegment, geografischer Verteilung und Bonität gehandelt werden. Mit anderen Worten: Voraussetzung einer optimalen Kreditportfoliosteuerung ist ein liquider, gut diversifizierter ABS-Kapitalmarkt. Dieser ermöglicht einer Bank, ihr Kreditportfolio unabhängig von ihrer Akquisitionstätigkeit zu steuern und bezüglich Bonitätsrisiko zu optimieren.

In den USA gibt es bereits erste Anzeichen in Richtung eines eigentlichen Kreditportfoliomanagements mittels Einsatz von ABS.

Die bisherigen Ausführungen haben gezeigt, dass das Kreditgeschäft durch eine Verbriefung mobilisiert und mit einem reduzierten Kapitaleinsatz betrieben werden kann. Die Verbriefungsmöglichkeit verschafft nun auch neuen Mitbewerbern, den Nichtbanken, den Zugang zum Kreditmarkt.

5. Hindernisse einer Verbriefung in der Schweiz

Dass sich bis heute in der Schweiz noch kein wesentlicher Verbriefungsmarkt entwickeln konnte, hat verschiedene Ursachen.

Hauptgrund dürfte wohl sein, dass bisher – im Unterschied zu den USA oder Frankreich – für die Banken ganz einfach noch keine dringliche ökonomische Notwendigkeit bestand, und zwar weder aus dem Blickwinkel der Refinanzierung, noch aus jenem der Eigenmittelerfordernisse. Dies dürfte sich aber in Zukunft gründlich ändern. Erst kürzlich haben die Kantonalbanken angekündigt, dass sie die Verbriefungsmöglichkeit von Hypotheken aus Refinanzierungsüberlegungen vorantreiben wollen. Grund dafür ist die marktbedingte, zunehmende Substitution von kostengünstigen Kassenobligationen und Spargeldern als Refinanzierungsmittel für Hypotheken und damit verbunden die tendenzielle Verteuerung des Passivsortimentes. Ganz abgesehen vom fehlenden wirtschaftlichen Zwang gibt es aber noch einige weitere, sowohl bankinterne wie bankexterne Hindernisse, die einer Verbriefung im Wege stehen.

5.1 Bankinterne Hindernisse: Mangelnde Datenqualität über historische Kreditverluste

Die Qualität der verbrieften Hypotheken oder anderer Aktiva bestimmt den Umfang der Kreditverstärkung bzw. des Enhancements und damit verbunden die Höhe der Finanzierungskosten.

Im Ratingprozess stützen sich die Ratingagenturen primär auf die historisch belegbaren Ausfallrisiken der zu verbriefenden Aktiva, wobei zur Beurteilung ein Zeitraum von mindestens drei bis fünf Jahren herangezogen wird. Gelingt es einer Bank nicht, die historischen Ausfälle bzw. Verluste nachzuweisen und detailliert zu beziffern, das heißt, pro Kredit und Schuldner einzeln ausgewiesen, so werden diese Unsicherheiten der Datenqualität mit großzügigen Sicherheitsmargen abgefedert.

Die verbriefende Bank hat also ein großes Interesse daran, den Track Record ihrer Datenqualität so gut und vollständig wie möglich zu dokumentieren, wenn sie ein übersteigertes Enhancement und unnötige Kosten vermeiden will. Aber genau da hapert es bei den meisten Banken und zwar nicht nur in der Schweiz, wie die Bank für Internationalen Zahlungsausgleich (BIZ) in einer Analyse von Kreditrisikomodellen festgestellt hat.

In Zukunft werden Banken, wie bereits heute die Versicherungsgesellschaften im Sachversicherungsgeschäft, zwingend über Datenbanken mit historisierten Kreditausfällen verfügen müssen und zwar nicht nur wegen der Verbriefung, sondern auch zwecks Überprüfung von Kreditrisikomodellen, wie von der BIZ gefordert. Im nächsten Jahrzehnt dürfte das Thema Kreditrisiko-Datenbanken mit historisierten Ausfällen eine der großen IT-Herausforderungen der Banken und der übrigen Finanzdienstleister sein.

5.2 Bankexterne Hindernisse: Regelung durch EBK/EStV

Insbesondere im regulatorischen und steuerlichen Bereich sind die bankexternen Hindernisse einer Verbriefung zu finden.

Sowohl die Eidgenössische Bankenkommission (EBK) als auch die Eidgenössische Steuerverwaltung (EStV) wählten bisher bei der Beurteilung von Verbriefungsprojekten ein pragmatisches Vorgehen. Offene Fragen werden fallweise entschieden. Bei früheren Geschäften gefundene Lösungen und Regelungen haben für Folgetransaktionen nicht zwingenderweise Gültigkeit. Damit bewegen sich die Banken bezüglich Planungs- und Rechtssicherheit auf äußerst instabilem Grund.

5.3 Fehlende Rechts- und Planungssicherheit

Eine EBK-Regelung, die es in dieser Form nur in der Schweiz gibt, sei in diesem Zusammenhang besonders erwähnt. Die EBK hat verfügt, dass sämtliche mit einer ABS-Anleihe verbrieften Kredite einen Rückzahlungstermin aufweisen müssen, der vor dem Verfall der Obligation liegt. Andernfalls gewährt die EBK keine Eigenmittelentlastung. Diese Regelung führt nun bei der Zusammensetzung des Aktivapools zu ganz erheblichen Ineffizienzen und damit zu höheren Kosten als bei vergleichbaren Anleihen ausländischer Banken.

In der Schweiz sind unter diesem Regime vor allem Festhypotheken verbriefbar sowie variable Hypotheken, sofern sie mit einem festen Verfalldatum versehen sind.

Auch bei Firmenkrediten beschränkt sich die Verbriefbarkeit auf Vorschüsse mit einem fixierten Rückzahlungstermin. Die weitverbreiteten Kontokorrentkredite sind damit von vornherein ausgeschlossen. Das dürfte mit ein Grund dafür sein, dass in der Schweiz die Verbriefung von Bankaktiva bisher ein kümmerliches Dasein fristete. Die wirtschaftliche Attraktivität von ABS-Transaktionen ist unter den genannten Umständen noch stark eingeschränkt.

Als Variante zur klassischen Verbriefung von Hypothekarforderungen bietet sich hingegen eine Fondslösung an. Mit der letzten Revision des Anlagefondsgesetzes zu Beginn der 90er Jahre wurde auch die Möglichkeit der Errichtung von Hypothekaranlagefonds geschaffen. Da solche Anlagefonds keine Befristung kennen, ließe sich das Problem der von der EBK geforderten Fälligkeit von Hypotheken umgehen. Darüber hinaus wäre eine Fondslösung sowohl bezüglich Kosten als auch aus steuerlicher Sicht wirtschaftlich interessant. Bis dato hat die EBK aus aufsichtsrechtlichen Gründen gegenüber Hypothekaranlagefonds der Banken eine eher ablehnende Haltung vertreten. Sie stellt sich auch auf den Standpunkt, die diesbezüglich notwendigen Verordnungen erst im Zeitpunkt der erstmaligen Lancierung eines Hypothekaranlagefonds zu erlassen. Ergo sind auch auf diesem Gebiet der Rechts- und Planungssicherheit der Banken Grenzen gesetzt.

Erwähnt sei in diesem Zusammenhang noch, dass das Bundesamt für Sozialversicherung (BSV) im Rahmen des Bundesgesetzes über die berufliche Alters-, Hinterlassenen- und

Invalidenvorsorge (BVG) interessanterweise die Hypothekaranlagestiftung als Anlagevehikel für Vorsorgeeinrichtungen schon seit längerer Zeit kennt und zulässt. Wirtschaftlich betrachtet handelt es sich bei solchen Anlagestiftungen um nichts anderes als Anlagefonds, allerdings ohne die Möglichkeit der Börsenkotierung und ausschließlich für Vorsorgeeinrichtungen gedacht.

6. Lösungsansätze

Um den Verbriefungsmarkt auch in der Schweiz zu dynamisieren, braucht es verschiedene Maßnahmen, die sich aus dem bisher Gesagten ableiten.

6.1 Datensicherheit

Bankintern geht es primär darum, Datensicherheit zu schaffen. Bei den kleineren Banken könnte dies eine Aufgabe ihrer Gemeinschaftswerke im IT-Bereich sein. Die größeren Institute werden wohl nicht darum herumkommen, eigenständige IT-Lösungen zu entwickeln. Eine Aufgabe, die hingegen von allen Banken gemeinsam angegangen werden könnte, wäre die Bereitstellung von statistischen Grundlagen und Methoden zur Errichtung solcher Datenbanken, wobei auch das Know-how von Versicherungsmathematikern einzubeziehen wäre.

6.2 Dialog mit EBK und EStV

Zur Bewältigung der bankexternen Herausforderungen braucht es einen intensiven Dialog mit EBK und Steuerverwaltung. Im Interesse der Rechts- und Planungssicherheit ist es unerlässlich, dass die grundsätzlichen regulatorischen und steuerlichen Fragen verbindlich und rasch geklärt werden. Dies dürfte nicht nur im Interesse jener Finanzinstitute liegen, die einen Teil ihrer Aktiva verbriefen möchten, sondern auch im Interesse der Vermögensverwaltungsbanken, denen ebenfalls an der Entstehung eines nennenswerten ABS-Marktes in der Schweiz gelegen sein müsste. Denn auch aus Anlegersicht verkörpern ABS eine interessante und qualitativ hochstehende Anlagekategorie.

6.3 Arbeitsgruppe der SBV

Aufgrund dieser breit abgestützten Interessenlage ist es durchaus erwünscht, dass sich erneut eine Arbeitsgruppe, zum Beispiel unter dem Patronat der Schweizerischen Bankiervereinigung (SBV), mit der Behandlung von Fragen und Problemstellungen rund um die Verbriefungsthematik befasst. Dem Finanzplatz Schweiz wäre mit Bestimmtheit gedient.

7. Zusammenfassung

- Verbriefungsmärkte wachsen weltweit überproportional.
- Die Möglichkeit der Verbriefung von Bankaktiva inklusive Firmenkrediten ist auch für Schweizer Banken und den Finanzplatz Schweiz von großer Bedeutung.
- Zur Zeit eignen sich für eine Verbriefung primär Hypotheken, inklusive Firmenhypotheken, mit einem festen Verfall.
- ABS sind qualitativ hochstehende, risikoarme Anlageinstrumente mit ansprechenden Renditen, die sich auch zur Bilanzsteuerung eignen.
- Die Banken müssen zur Erschließung des ABS-Marktes ihre Datenqualität bezüglich Kreditverlusten wesentlich verbessern.
- Von Seiten der Behörden (Bankenkommission, Steuerverwaltung) sind möglichst rasch die nötigen Voraussetzungen zu schaffen, die die Entstehung eines Verbriefungsmarktes in der Schweiz begünstigen.

Literaturhinweise

BÄR, H. P.: Asset Securitisation: die Verbriefung von Finanzaktiven als innovative Finanzierungstechnik und neue Herausforderung für Banken, in: Bank- und finanzwirtschaftliche Forschungen; Bd. 262, Bern; Stuttgart; Wien; Haupt, 1998.

Jörg Baetge / Kai Baetge / Ariane Kruse

Bilanz-Rating und Kreditwürdigkeitsprüfung

1. Gegenstand und Bedeutung von Bilanz-Ratings

Ein Rating ist ein standardisiertes, objektives, aktuelles und skaliertes Urteil über die Bonität bzw. die wirtschaftliche Lage eines Unternehmens. Verschiedene Ratings unterscheiden sich durch den Prozess der Ratingerstellung und die Informationen, auf denen das Rating-Urteil beruht. Bilanz-Ratings werden auf der Grundlage von Jahresabschlussdaten mit Scoring-Verfahren oder empirisch-statistischen Verfahren erstellt. Daher sind Bilanz-Ratings standardisiert, denn jeder Analytiker kommt mit dem Instrument „Bilanz-Rating" auf dem gleichen Weg zum gleichen Ergebnis. Damit ist das Urteil auch objektiv, denn subjektive Einflüsse bei der Erstellung des Rating-Urteils werden vermieden. Wie objektiv ein Rating ist, hängt stark von dem Verfahren, mit dem es entwickelt worden ist, ab. Ratings sind aktuell, da sie aktualisiert werden, sobald neue Informationen über das analysierte Unternehmen vorliegen. Bilanz-Ratings können jährlich aktualisiert werden, wenn der neue Jahresabschluss vorliegt. Skaliert sind Ratings, da die Rating-Urteile auf einer Rating-Skala liegen, die zumindest ordinal, bei manchen Bilanz-Ratings auch metrisch ist. In der Regel existieren einzelne Ratingklassen, die die Ableitung eines Bestandsrisikos (Insolvenzwahrscheinlichkeit) erlauben.

Das Ziel von Bilanz-Ratings ist, ein Urteil über die Bilanzbonität des analysierten Unternehmens zu fällen. Damit soll die Frage beantwortet werden, ob das Unternehmen auch künftig solvent oder etwa insolvenzgefährdet ist. Die Bilanzbonität bezeichnet die wirtschaftliche Lage des Unternehmens, die sich ergibt, wenn allein der Jahresabschluss analysiert wird.[1] Aus der wirtschaftlichen Lage ergibt sich die Bestandsfestigkeit des beurteilten Unternehmens, woraus auf die Fähigkeit des Unternehmens geschlossen werden kann, seine finanziellen Verpflichtungen vollständig und fristgerecht zu erfüllen.

Die Bilanzbonität ist ein Teil der Unternehmensbonität, zu deren Beurteilung weitere Informationen notwendig sind, zum Beispiel die Managementqualität, die Branchensituation und das Zahlungsverhalten. Externen Analytikern stehen solche Informationen indes oft nicht zur Verfügung, so dass der Jahresabschluss als Informationsgrundlage und damit die Beurteilung der Bilanzbonität traditionell bei der Beurteilung der Unternehmensbonität dominieren.

Um zu einem Rating-Urteil auf der Basis von Jahresabschlussdaten zu gelangen, sind auf einer ersten Aggregationsstufe aus den Jahresabschlusspositionen Kennzahlen zu bilden. Traditionell wählt der Bilanzanalytiker solche Kennzahlen aus, die nach seiner persönlichen Erfahrung am besten geeignet sind, das Unternehmen zu beurteilen. Auf einer zweiten Aggregationsstufe werden die Kennzahlen gewichtet und zu einem einzigen Urteil verdichtet. Dies geschieht traditionell wieder nach den persönlichen Erfahrungen des Bilanzanalytikers. Hier steht der Bilanzanalytiker vor dem Problem, wie er Kennzahlenwerte zusammenfassen soll, wenn der Wert einer Kennzahl auf ein gesundes Unterneh-

1 Vgl. Baetge, J./Manolopoulos, P., Bilanz-Ratings zur Beurteilung der Unternehmensbonität, S. 351 f.

men deutet und der Wert einer anderen Kennzahl auf ein krankes Unternehmen. Zudem wird der Bilanzanalytiker wahrscheinlich nicht alle für die Beurteilung der Bilanzbonität eines Unternehmens relevanten Kennzahlen auswählen, so dass kein ganzheitliches[2] Urteil gewährleistet ist. Ebenso ist nicht gewährleistet, dass solche Kennzahlen gewählt werden, die von den Unternehmen betriebene Bilanzpolitik neutralisieren.[3] Mit der erfahrungsgestützten Vorgehensweise kann kein objektives Bonitätsurteil gefällt werden, da jeder Bilanzanalytiker über andere Erfahrungen verfügt, somit andere Kennzahlen auswählen und auch die Kennzahlen unterschiedlich gewichten würde.[4] Damit ist der Prozess der Urteilsfindung auch nicht standardisiert, denn verschiedene Bilanzanalytiker würden auf unterschiedlichen Wegen zu unterschiedlichen Beurteilungen des gleichen Unternehmens kommen.

Bei Bilanz-Ratings wird daher die Auswahl und Gewichtung der Kennzahlen nicht dem einzelnen Analytiker überlassen, sondern vom Ersteller des jeweiligen Modells vorgegeben. Damit ist zumindest gewährleistet, dass alle Unternehmen nach den gleichen Kriterien beurteilt werden. Wie objektiv und zuverlässig ein Bilanz-Rating ist, hängt indes vom Verfahren und der Datengrundlage ab, mit denen das Rating entwickelt wurde. In Abschnitt 2 werden die am weitesten verbreiteten Verfahren zur Erstellung eines Bilanz-Ratings vorgestellt.

Zu unterscheiden ist zwischen internen und externen Ratings. Interne Ratings werden von Finanzdienstleistern in deren Hause zur Beurteilung ihrer Kunden erstellt. Diese Rating-Systeme werden von den Finanzdienstleistern selbst bzw. speziell für sie entwickelt. Informationsgrundlage dieser Ratings sind in der Regel Jahresabschlussdaten, Kontodaten und qualitative Daten aus Checklisten. Bilanz-Ratings können also ein Teil interner Rating-Systeme sein. Interne Rating-Systeme sind seit ca. fünf bis zehn Jahren im Einsatz. Sie weisen die beurteilten Unternehmen meist sechs bis zehn Bonitätsklassen zu und sind nicht öffentlich. Interne Rating-Systeme verschiedener Finanzdienstleister sind kaum miteinander vergleichbar, so dass es vorkommen kann, dass dasselbe Unternehmen bei verschiedenen Finanzdienstleistern unterschiedlich beurteilt wird.

Externe Ratings werden von externen Anbietern, hauptsächlich Ratingagenturen aber auch Auskunfteien, erstellt. Auftraggeber des Ratings ist in der Regel das zu analysierende Unternehmen selbst. Zu den Ratingagenturen gehören Moody's und Standard & Poor's, deren Ratings sehr aufwendig, daher teuer und somit nur unter den großen Unternehmen verbreitet sind. Eine Auskunftei, die ein Rating anbietet, ist Creditreform, deren Bonitätsindex zu jeder Unternehmensauskunft gehört und sich aus verschiedenen qualitativen Merkmalen errechnet. Der Preis dieses Ratings ist aufgrund seiner wesentlich geringeren Qualität der Informationsgrundlage sehr niedrig.

2 Vgl. zum Ganzheitlichkeitsprinzip der Bilanzanalyse Baetge, J., Bilanzanalyse, S. 35 f., 64 f.
3 Vgl. zum Neutralisierungsprinzip der Bilanzanalyse Baetge, J., Bilanzanalyse, S. 30-32, 65 f.
4 Vgl. zum Objektivierungsprinzip der Bilanzanalyse Baetge, J., Bilanzanalyse, S. 36, 65.

2. Methoden zur Entwicklung eines Bilanz-Ratings

2.1 Scoring-Modelle

Unter den Bilanz-Ratings, die Kreditinstitute zur Beurteilung ihrer Kreditkunden einsetzen, sind Scoring-Modelle stark verbreitet. Scoring-Modelle werden auch als Nutzwertanalysen oder Punktbewertungsmodelle bezeichnet.[5] Mit diesen Modellen werden Objekte, für den Fall des Bilanz-Ratings sind dies Unternehmen, anhand verschiedener Merkmale, für den Fall des Bilanz-Ratings sind dies Kennzahlen, beurteilt. Den Merkmalen werden abhängig von gegebenen Präferenzen Nutzenwerte zugewiesen.[6] Mit dem Scoring-Modell selbst können die relevanten Merkmale bzw. Kennzahlen, ihre Gewichtung und Zusammenfassung zu einem Gesamtscorewert nicht bestimmt werden. Dies geschieht meist durch eine Expertengruppe auf der Grundlage von Erfahrungen. Daher ist eine sachlich-objektive Auswahl, Gewichtung und Zusammenfassung der Kennzahlen zu einem Bonitätsindex nicht gewährleistet. Ein Scoring-Modell gewährleistet lediglich, dass alle mit diesem Modell beurteilten Unternehmen mit den gleichen Kennzahlen beurteilt werden und dass diese Kennzahlen für jedes Unternehmen gleich gewichtet und auf dem gleichen Weg zu einem Gesamturteil zusammengefasst werden. Daher sind die Gesamtbeurteilung von Unternehmen mit einem Scoring-Modell und der Weg zu dem Gesamturteil nur quasi-objektiviert.[7] Das Ergebnis des Scoring-Modells ist zwar intersubjektiv nachprüfbar aber kaum objektiv richtig, da es auf der subjektiven Auswahl, Gewichtung und Zusammenfassung der Kennzahlen durch den Ersteller des Modells beruht.[8] Der Vorteil gegenüber der traditionellen Bilanzanalyse ist, dass mit einem Scoring-Modell vergleichbare Beurteilungen vorgenommen werden können. Beispiele für externe Bilanz-Ratings, die auf Scoring-Modellen beruhen, sind das Saarbrücker Modell von Küting[9] und das RSW-Verfahren von Schmidt[10].

5 Vgl. Adam, D., Planung und Entscheidung, S. 413.

6 Vgl. Zangemeister, C., Nutzwertanalyse in der Systemtechnik, S. 45; zu den Schritten der Nutzwertanalyse vgl. Blohm, H./Lüder, K., Investition, S. 177-189.

7 Vgl. Baetge, J., Bilanzanalyse, S. 539.

8 Vgl. Weber, M./Krahnen, J./Weber, A., Scoring-Verfahren – häufige Anwendungsfehler und ihre Vermeidung, S. 1621.

9 Vgl. Küting, K./Weber, C.-P., Die Bilanzanalyse, S. 401-410. Das Saarbrücker Modell berücksichtigt neben Bilanzkennzahlen (quantitative Analyse) auch die Bilanzpolitik (qualitative Analyse).

10 Vgl. Schmidt, R., Rating börsennotierter Unternehmen, S. 62-75; Baden, K., Alternative Ansätze zur Performance-Messung von Unternehmen, S. 128-131. Das RSW-Verfahren berücksichtigt neben Bilanzkennzahlen, die zum Fundamentalscore zusammengefasst werden, auch Aktienkurse, die in den Börsenscore eingehen.

2.2 Multivariate Diskriminanzanalyse

Ein Verfahren, das bereits 1968 von Altman[11] für die Klassifikation von solventen und insolventen Unternehmen mit Hilfe von Jahresabschlusskennzahlen entwickelt und im Firmenkundengeschäft von Banken eingesetzt wurde, ist die Multivariate Diskriminanzanalyse (MDA). Mit der MDA können anhand von mehreren Variablen Gruppenzugehörigkeiten bestimmt werden. Es werden die Variablen ermittelt, anhand derer bestimmte Gruppen besonders gut zu unterscheiden sind.[12] Für die Fragestellung der Unternehmensbeurteilung mit Hilfe von Kennzahlen aus Jahresabschlussdaten wird mit der MDA die Kennzahlenkombination herausgefunden, mit der solvente und insolvenzgefährdete Unternehmen am besten getrennt werden können. Dazu wird eine große Zahl von Jahresabschlüssen solventer und später insolvent gewordener Unternehmen benötigt. Diese Jahresabschlüsse werden auf die sogenannte Analysestichprobe und die sogenannte Kontrollstichprobe verteilt. An den Datensätzen der Analysestichprobe wird die Diskriminanzfunktion ermittelt. Die Datensätze der Kontrollstichprobe dienen der Prüfung der fertigen Diskriminanzfunktion.

Die MDA läuft in drei Schritten ab. Zunächst wird zum Beispiel mit der schrittweisen Diskriminanzanalyse die Diskriminanzfunktion ermittelt. In der Diskriminanzfunktion werden die Kennzahlen, die in Kombination die beste Beurteilungsleistung erbringen, gewichtet und linear zusammengefasst. Dazu wird zuerst die Kennzahl in die Diskriminanzfunktion aufgenommen, deren Ausprägungen in den für die Untersuchung zur Verfügung stehenden Jahresabschlüssen den größten Unterschied zwischen solventen und insolvenzgefährdeten Unternehmen aufweisen. Danach wird die Kennzahl in die Diskriminanzfunktion gewählt, die zusammen mit der bereits ausgesuchten Kennzahl solvente und insolvenzgefährdete Unternehmen am besten trennt. Dies wird fortgeführt, bis keine signifikante Verbesserung mehr erreicht werden kann, wenn eine neue Kennzahl aufgenommen wird.

Im zweiten Schritt der MDA wird ein kritischer Trennwert (Cut off) bestimmt. Dieser Trennwert teilt die Skala der Diskriminanzwerte (D-Werte = Rating-Urteile). Alle Unternehmen mit einem D-Wert über dem Trennwert werden als solvent und alle Unternehmen mit einem D-Wert unter dem Trennwert werden als insolvenzgefährdet klassifiziert (oder umgekehrt, je nach Transformation der Skala). Von der Wahl des Trennwerts hängt ab, wie viele Unternehmen falsch klassifiziert werden. Der Trennwert sollte so gewählt werden, dass die Kosten, die mit einer Fehlklassifikation verbunden sind, möglichst gering sind. Es gibt zwei Arten von Fehlklassifikationen, den Alpha-Fehler und den Beta-Fehler. Ein Alpha-Fehler entsteht, wenn ein tatsächlich insolventes Unternehmen als solvent klassifiziert wird. Für ein Kreditinstitut bei der Kreditprüfung sind mit dem Alpha-Fehler Ausfallkosten verbunden. Ein Beta-Fehler entsteht, wenn ein tatsächlich solventes Unternehmen als insolvenzgefährdet beurteilt wird. Für ein Kreditinstitut sind mit dem Beta-Fehler entgangene Gewinne (Opportunitätskosten) verbunden. Beide Fehler stehen in einem Austauschverhältnis zueinander, das heißt eine Verminderung des einen Fehlers durch eine

11 Vgl. Altman, E. I., Financial Ratios, Discriminant Analysis and the Prediction of Corporate Bankruptcy, S. 589-609.

12 Vgl. Backhaus, K./Erichson, B./Plinke, W./Weiber, R., Multivariate Analysemethoden, S. 91.

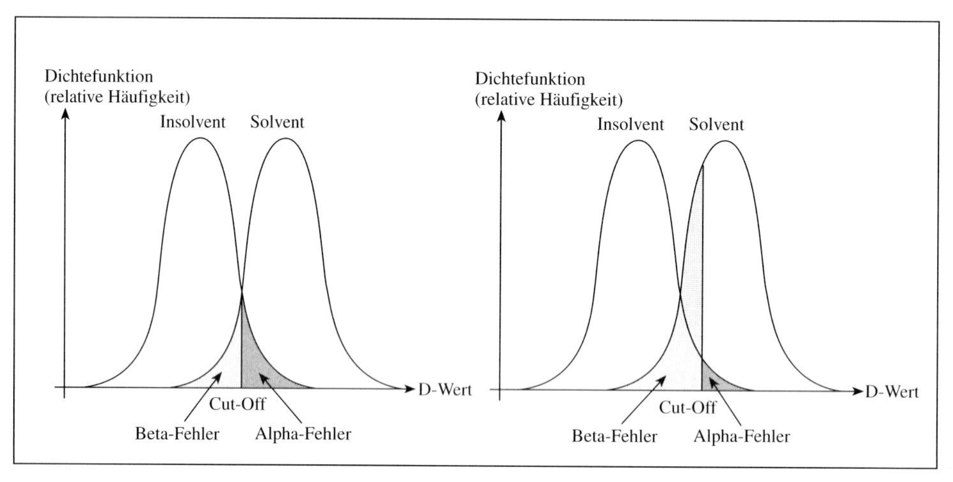

Abbildung 1: Dichtefunktionen der solventen und insolventen Unternehmen

Verschiebung des Trennwerts hat immer eine Erhöhung des anderen Fehlers zur Folge (vgl. Abbildung 1).

Im dritten Schritt der MDA wird die Diskriminanzfunktion an den bisher unberührten, das heißt nicht für die Entwicklung der Funktion verwendeten Datensätzen der Kontrollstichprobe getestet. Damit erhält man eine zuverlässige Einschätzung, wie gut die Diskriminanzfunktion neue Datensätze klassifiziert.

2.3 Künstliche Neuronale Netzanalyse

Ein Künstliches Neuronales Netz (KNN) ist ein System zur Informationsverarbeitung. Sein Vorbild sind biologische neuronale Netze. So besteht ein KNN wie ein biologisches neuronales Netz aus miteinander verbundenen Zellen, die Informationen in Form von Signalen senden und empfangen. KNN sind sehr gut geeignet, Klassifikationsaufgaben zu lösen, zu denen auch die Beurteilung von Unternehmen als solvent oder insolvenzgefährdet gehört.

Die Neuronen eines KNN sind meist in mehreren Schichten angeordnet. Die Neuronen der Eingabeschicht nehmen Informationen von außen in das Netz auf. Für den Fall der Bilanzbonitätsbeurteilung von Unternehmen sind dies Kennzahlenwerte. Jedes Eingabeneuron repräsentiert dabei eine Kennzahl. Von der Eingabeschicht werden die Informationen an die Neuronen der versteckten Schicht(en) weitergegeben, wo sie verarbeitet und an die Ausgabeschicht geleitet werden. Die Ausgabeschicht gibt das Netzergebnis, den N(etz)-Wert, nach außen.[13] In Abbildung 2 ist ein dreischichtiges KNN schematisch dargestellt.

13 Vgl. Zell, A., Simulation Neuronaler Netze, S. 73 f.

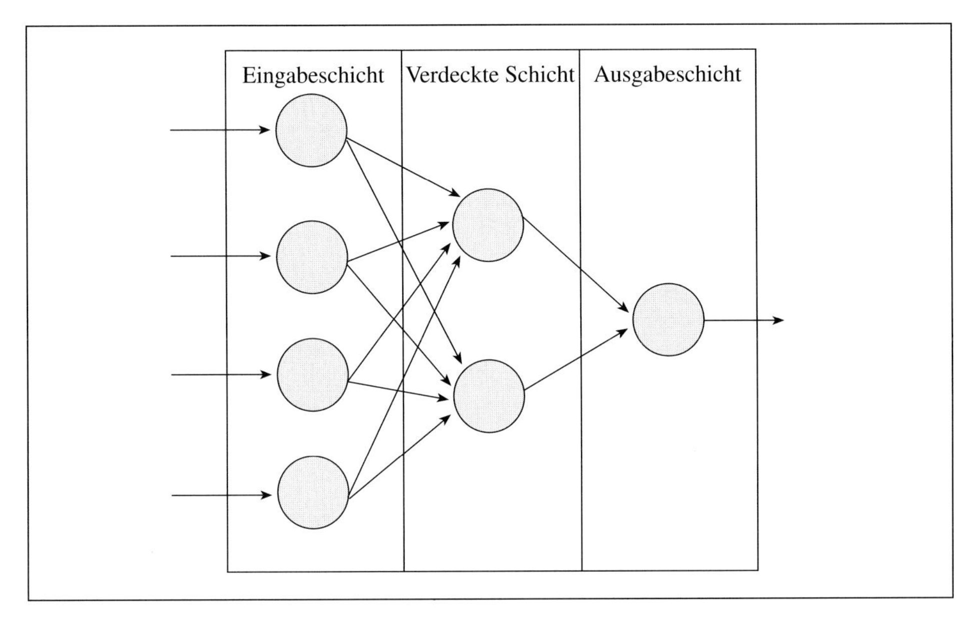

Abbildung 2: Schichten eines Künstlichen Neuronalen Netzes

Für die Künstliche Neuronale Netzanalyse (KNNA) wird das zugrunde liegende Datenmaterial in drei Stichproben aufgeteilt, die Analyse-, die Test- und die Validierungsstichprobe. An den Datensätzen der Analysestichprobe lernt das KNN, die Strukturen solventer und später insolventer Unternehmen möglichst gut zu unterscheiden. Die Teststichprobe dient der Einstellung bestimmter Netzparameter, wie Zahl der Lernzyklen und Zahl der Neuronen in der Eingabeschicht. An der Validierungsstichprobe, deren Datensätze während der Lernphase des KNN nicht verwendet werden, wird die Klassifikationsleistung des fertigen KNN abschließend geprüft. Wie auch bei der MDA muss bei der KNNA ein Trennwert gefunden werden, für den im Kreditprüfungsprozess, in dem das KNN eingesetzt werden soll, die geringsten Kosten der Fehlklassifikation entstehen.

Der Vorteil eines KNN gegenüber einer linearen Multivariaten Diskriminanzfunktion ist, dass das Netz auch nicht-lineare Zusammenhänge im Datenmaterial abbilden kann. Zwar kann auch die MDA nicht-linear sein, doch haben Untersuchungen ergeben, dass sie fremde Daten schlechter klassifiziert als die lineare MDA.[14] Zudem unterliegt die KNNA weniger strengen Anwendungsvoraussetzungen als die MDA, zum Beispiel müssen die Kennzahlen nicht normalverteilt sein.

Ein Beispiel für ein externes Bilanz-Rating auf Basis der KNNA ist das BBR Baetge-Bilanz-Rating BP-14 (BBR).

In das BBR gehen 14 Bilanzkennzahlen ein, die zu einem Bonitätsindex, dem sogenannten N(etz)-Wert verdichtet werden. Die 14 Kennzahlen stammen aus allen acht mit Hilfe

14 Vgl. Lachenbruch, P. A./Sneeringer, C./Revo, L. T., Robustness of the Linear and Quadratic Discriminant Function to Certain Types of Non-Normality, S. 53.

einer Clusteranalyse identifizierten Informationsbereichen des Jahresabschlusses, so dass ein ganzheitliches Bonitätsurteil gewährleistet ist. Die Informationsbereiche lassen sich der Vermögens-, Finanz- und Ertragslage zuordnen. Unter den 14 Kennzahlen sind vor allem solche, die Bilanzpolitik neutralisieren. Außerdem wurde das BBR auf einem Datenbestand von ca. 12.000 Jahresabschlüssen entwickelt und validiert, so dass die Urteile des BBR objektiv im Sinne von fehlerminimal und intersubjektiv nachprüfbar sind. Der N-Wert wird auf einer Skala von +10 bis -10 abgetragen. Diese Skala ist in sechs Güteklassen und in vier Risikoklassen eingeteilt. Zu jeder Klasse gehört ein bestimmtes Fortbestandsrisiko. Abbildung 3 zeigt die Zusammenhänge im BBR.[15]

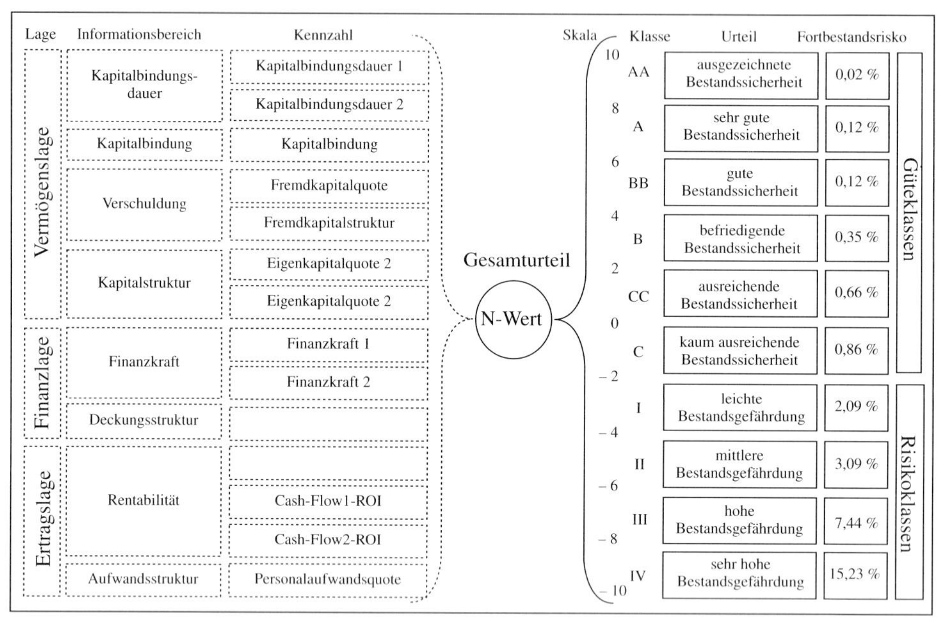

Abbildung 3: Zusammenhänge im BBR

3. Kreditwürdigkeitsprüfung mit Bilanz-Rating

Alle Unternehmen, die eine nicht unwesentliche Gläubigerposition gegenüber anderen einnehmen, führen eine Kreditwürdigkeitsprüfung durch, bevor sie einen Kredit vergeben. Dies sind vor allem Kreditinstitute, Kreditversicherungen sowie Unternehmen mit großen Debitorenbeständen.[16] Der Prozess der Kreditwürdigkeitsprüfung kann durch den Einsatz moderner Bilanz-Ratings schneller und kostengünstiger gestaltet werden als auf traditio-

15 Zum BBR vgl. auch Baetge, J./Baetge, K./Kruse, A., Moderne Verfahren der Jahresabschlußanalyse: Das Bilanz-Rating, S. 1628-1632.

16 Vgl. Baetge, J., Bilanzanalyse, S. 163.

nellem Wege. Dies soll im Folgenden an einem Beispiel verdeutlicht werden, in dem ein traditioneller Kreditprüfungsprozess einem Prozess unter Einsatz eines modernen Bilanz-Ratings gegenübergestellt wird.[17] Folgende erfahrungsgestützten Parameter sollen für das Beispiel gelten:

- Zahl der Kreditanträge pro Periode 5 000 Stück
- Durchschnittlicher Kreditbetrag 750 000 DM
- Bearbeitungskosten je Kreditantrag 1 000 DM
- Opportunitätskosten (nicht genutzte Gewinnmöglichkeit) 7 500 DM
- Kosten für einen Kreditausfall (nach Sicherheitenverwertung) 500 000 DM
- A-priori Insolvenzwahrscheinlichkeit 1,00 %
- Bearbeitungssicherheit eines Kreditsachbearbeiters, ein solventes Unternehmen richtig als „solvent" zu erkennen 80,00 %
- Bearbeitungssicherheit eines Kreditsachbearbeiters, ein später insolventes Unternehmen richtig als „insolvenzgefährdet" zu erkennen 60,00 %
- Bearbeitungssicherheit eines KNN-Klassifikators, ein solventes Unternehmen richtig als „solvent" zu erkennen 65,00 %
- Bearbeitungssicherheit eines KNN-Klassifikators, ein später insolventes Unternehmen richtig als „insolvenzgefährdet" zu erkennen 91,30 %
- Bearbeitungssicherheit eines Kreditsachbearbeiters, nach negativer Vor-Beurteilung durch den KNN-Klassifikator ein solventes Unternehmen richtig als „solvent" zu erkennen 70,00 %
- Bearbeitungssicherheit eines Kreditsachbearbeiters, nach negativer Vor-Beurteilung durch den KNN-Klassifikator ein später insolventes Unternehmen richtig als „insolvenzgefährdet" zu erkennen 80,00 %

Unter den 5 000 Unternehmen, die einen Kreditantrag stellen, sind nach Erfahrungswerten 4 950 tatsächlich solvente (gesunde) und 50 tatsächlich insolvente (kranke) Unternehmen (a-priori Insolvenzwahrscheinlichkeit von 1 %). Durch den Kreditprüf-ungsprozess soll möglichst gut erkannt werden, welche der 5 000 Unternehmen solvent bleiben und welche insolvent werden. Bei der traditionellen Kreditvergabemethode werden alle eingehenden 5 000 Kreditanträge von Kreditsachbearbeitern beurteilt (vgl. Abbildung 4). Somit fallen für jeden Antrag Bearbeitungskosten in Höhe von 1 000 DM an. Da die Kreditsachbearbeiter mit einer Sicherheit von 80 % solvente Unternehmen richtig als solvent beurteilen, werden 3 960 solvente Unternehmen richtig beurteilt und angenommen. Allerdings werden 990 solvente Unternehmen fälschlich als insolvenzgefährdet beurteilt und abgelehnt, so dass für diese Unternehmen dem Kreditinstitut jeweils ein Gewinn von 7 500 DM entgeht. Von den tatsächlich insolvenzgefährdeten Unternehmen werden 30 (60 %) richtig beurteilt und abgelehnt. Indes werden 20 Unternehmen fälschlich als solvent beurteilt und angenommen, so dass dem Kreditinstitut pro Unternehmen 500 000 DM Ausfallkosten entstehen.

17 Vgl. auch Baetge, J., Stabilität eines Bilanzbonitätsindikators und seine Einsatzmöglichkeiten im Kreditgeschäft. 2. Teil: Zum praktischen Einsatz in der Bonitätsprüfung, S. 751-758.

	Tatsächliche Aufteilung	Beurteilung durch Kreditsachbearbeiter	Konsequenz
5 000 Unternehmen Stellen einen Kreditantrag	99 % 4 950 tatsächlich Gesunde	80 % 3 960 Gesunde als „gesund“	Kredit wird gewährt
		20 % 990 Gesunde als „krank“	Kreditantrag wird abgelehnt
	1 % 50 tatsächlich Kranke	40 % 20 Kranke als „gesund“	Kredit wird gewährt
		60 % 30 Kranke als „krank“	Kreditantrag wird abgelehnt

Abbildung 4: Traditioneller Kreditvergabeprozess

Bei der Kreditvergabemethode unter Einsatz eines modernen Bilanz-Ratings werden auf der ersten Stufe alle Unternehmen mit dem Bilanz-Rating vorgeprüft. Auf der zweiten Stufe werden lediglich die Unternehmen noch von Kreditsachbearbeitern geprüft, die mit dem Bilanz-Rating als insolvenzgefährdet beurteilt wurden. Die Unternehmen, die von dem Bilanz-Rating als solvent klassifiziert wurden, werden ohne weitere Prüfung angenommen (vgl. Abbildung 5). Da das Bilanz-Rating mit 65 %iger Sicherheit solvente Unternehmen richtig erkennt, werden 3 218 solvente Unternehmen richtig als solvent beurteilt und sofort angenommen. 1 732 solvente Unternehmen werden fälschlich als insolvenzgefährdet beurteilt und gehen in die Nachprüfung. Die Beurteilungssicherheit des Bilanz-Ratings für insolvenzgefährdete Unternehmen liegt bei 91,30 %. Daher werden vier insolvenzgefährdete Unternehmen fälschlich als solvent beurteilt und sofort angenommen. Daraus resultieren Ausfallkosten in Höhe von 500 000 DM pro Unternehmen. 46 insolvenzgefährdete Unternehmen werden richtig beurteilt und gehen in die Nachprüfung. Die Sicherheit der Kreditsachbearbeiter, in der Nachprüfung ein solventes Unternehmen richtig zu erkennen, liegt bei 70 %, die Sicherheit, ein insolvenzgefährdetes Unternehmen richtig zu erkennen, bei 80 %. Somit werden in der Nachprüfung 1 212 solvente Unternehmen, die auf der ersten Stufe als insolvenzgefährdet klassifiziert wurden, richtig als solvent beurteilt und angenommen. 520 solvente Unternehmen werden auch in der Nachprüfung fälschlich als insolvenzgefährdet beurteilt und abgelehnt, so dass dem Kreditinstitut für jedes dieser Unternehmen ein Gewinn in Höhe von 7 500 DM entgeht. 37 insolvenzgefährdete Unternehmen werden auch in der Nachprüfung richtig als insolvenzgefährdet eingestuft und abgelehnt. Allerdings werden neun insolvenzgefährdete Unternehmen, die auf der ersten Stufe des Prüfungsprozesses richtig beurteilt wurden, in der Nachprüfung fälschlich als solvent klassifiziert und angenommen, so dass dem Kreditinstitut Ausfallkosten in Höhe von 500 000 DM pro Unternehmen entstehen.

	Tatsächliche Aufteilung	Klassifikation mit modernem Bilanz-Rating	Beurteilung durch Kreditsachbearbeiter	Konsequenz
5 000 Unternehmen stellen einen Kreditantrag	99 % 4 950 tatsächlich Gesunde	65 % 3 218 Gesunde als „gesund“	Entfällt → Rationalisierungsvorteil	Kredit wird gewährt
		35 % 1 732 Gesunde als „krank“	1 212 Gesunde 70 % als „gesund“	Kredit wird gewährt
			30 % 520 Gesunde als „krank“	Kreditantrag wird abgelehnt
	1 % 50 tatsächlich Kranke	8,70 % 4 Kranke als „gesund“	Entfällt → Rationalisierungsvorteil	Kredit wird gewährt
		91,30 % 46 Kranke als „krank“	20 % 9 Kranke als „gesund“	Kredit wird gewährt
			80 % 37 Kranke als „krank“	Kreditantrag wird abgelehnt

Abbildung 5: Kreditvergabeprozess bei Einsatz eines modernen Bilanz-Ratings

In Abbildung 6 werden die Kosten verglichen, die bei beiden Methoden der Kreditprüfung entstehen. Sowohl Bearbeitungskosten, Opportunitätskosten als auch Ausfallkosten können eingespart werden, wenn ein modernes Bilanz-Rating mit einer entsprechend hohen Klassifikationsgüte, die vor allem mit dem Verfahren der KNNA erreicht werden kann, in den Kreditprüfungsprozess integriert wird. In dem hier vorgestellten Beispiel können durch den Einsatz eines modernen Bilanz-Ratings ca. 65 % der Bearbeitungskosten, 50 % der Opportunitätskosten und 35 % der Ausfallkosten eingespart werden, was einer Gesamtersparnis von ca. 45 % bzw. 10 247 000 DM entspricht.

	Traditionelle Kreditprüfung		Zweistufige Kreditprüfung	
Bearbeitungskosten	5 000 Anträge werden durch Sachbearbeiter geprüft.	1 000 DM kostet jede Prüfung. Kosten: 5 000 000 DM	1 778 Unternehmen werden als „krank“ vorbeurteilt und daher noch durch Sachbearbeiter geprüft.	1 000 DM kostet jede Prüfung. Kosten: 1 778 000 DM
Nicht genutzte Gewinnmöglichkeit	990 gesunde Unternehmen werden fälschlich als „krank“ beurteilt und abgelehnt.	7 500 DM Gewinn entgehen pro Unternehmen. Kosten: 7 425 000 DM	30 gesunde Unternehmen werden nach beiden Stufen noch fälschlich als „krank“ beurteilt und abgelehnt.	7 500 DM Gewinn entgehen pro Unternehmen. Kosten: 3 900 000 DM
Ausfallkosten	20 kranke Unternehmen werden fälschlich als „gesund“ beurteilt.	500 000 DM Verlust entstehen pro Unternehmen. Kosten: 10 000 000 DM	2 (1+1) kranke Unternehmen werden insgesamt fälschlich als „gesund“ beurteilt.	500 000 DM Verlust entstehen pro Unternehmen. Kosten: 6 500 000 DM
Gesamtkosten		22 455 000 DM		12 178 000 DM
	Kostenersparnis durch die zweistufige Prüfung			10 246 000 DM

Abbildung 6: Kostenvergleich der beiden Kreditprüfungsprozesse

4. Zusammenfassung

In zunehmendem Maße setzen Finanzdienstleister für ihre Kreditwürdigkeitsprüfung Rating-Systeme ein. Arbeitet ein Rating-System mit Jahresabschlusskennzahlen, handelt es sich um ein Bilanz-Rating. Bilanz-Ratings auf der Grundlage von Scoring-Systemen haben gegenüber der traditionellen Bilanzanalyse den Vorteil, dass sie standardisiert sind, daher schnell arbeiten und vergleichbare Ergebnisse liefern. Indes müssen genau wie bei der traditionellen Bilanzanalyse die Kennzahlen, die in das Rating eingehen, subjektiv nach den Erfahrungen der Ersteller des Scoring-Modells ausgewählt, gewichtet und zu einem Gesamturteil zusammengefasst werden. Bilanz-Ratings auf der Basis von Scoring-Modellen sind daher nur quasi-objektiv.

Bilanz-Ratings hingegen, die mit statistischen Verfahren wie der MDA oder Verfahren der Künstlichen Intelligenz wie der KNNA erstellt werden, sind objektiv, da ihre Kennzahlen auf der Grundlage eines großen Bestandes an empirischen Bilanzdaten so ausgewählt wurden, dass die Fehlklassifikationen des Systems minimal sind. Außerdem ist auf diesem Wege gewährleistet, dass Bilanzpolitik neutralisierende Kennzahlen und alle relevanten Kennzahlen ausgewählt werden, so dass ein ganzheitliches Bonitätsurteil gegeben ist.

Werden moderne Bilanz-Ratings im Prozess der Kreditwürdigkeitsprüfung eingesetzt, können die Kosten der Kreditprüfung erheblich reduziert werden. Werden zunächst alle Kreditanträge automatisiert mit einem Bilanz-Rating vorgeprüft und werden nur die als insolvenzgefährdet beurteilten Unternehmen noch von Kreditsachbearbeitern nachgeprüft, können zum einen die Bearbeitungskosten reduziert werden, da nicht mehr sämtliche Unternehmen ausführlich geprüft werden müssen. Außerdem können die Opportunitätskosten gesenkt werden, da durch den zweistufigen Prüfungsprozess unter Einsatz eines Bilanz-Ratings mit hoher Klassifikationsgüte weniger solvente Unternehmen fälschlich abgelehnt werden. Schließlich können auch die Ausfallkosten gesenkt werden, da durch den zweistufigen Prüfungsprozess weniger insolvenzgefährdete Unternehmen fälschlich angenommen werden.

Literaturhinweise

ADAM, D.: Planung und Entscheidung, 4. Aufl., Wiesbaden 1996.

ALTMAN, E. I.: Financial Ratios, Discriminant Analysis and the Prediction of Corporate Bankruptcy, in: The Journal of Finance 1968, S. 589-609.

BACKHAUS, K./ERICHSON, B./PLINKE, W./WEIBER, R.: Multivariate Analysemethoden, 8. Aufl., Berlin u. a. 1996.

BADEN, K.: Alternative Ansätze zur Performance-Messung von Unternehmen, in: Wertsteigerungs-Management, hrsg. v. Höfner, K./Pohl, A., Frankfurt am Main 1994, S. 116-149.

BAETGE, J.: Bilanzanalyse, Düsseldorf 1998.

BAETGE, J.: Stabilität eines Bilanzbonitätsklassifikators und seine Einsatzmöglichkeiten im Kreditgeschäft. 2. Teil: Zum praktischen Einsatz in der Bonitätsprüfung, in: Der Schweizer Treuhänder 1998, S. 751-758.

BAETGE, J./BAETGE, K./KRUSE, A.: Moderne Verfahren der Jahresabschlussanalyse: Das Bilanz-Rating, in DStR 1999, S. 1628-1632.

BAETGE, J./MANOLOPOULOS, P. R.: Bilanz-Ratings zur Beurteilung der Unternehmens-bonität, in: Die Unternehmung 1999, S. 351-371.

BLOHM, H./LÜDER, K.: Investition, 8. Aufl., München 1995.

KÜTING, K./WEBER, C.-P.: Die Bilanzanalyse, 4. Aufl., Stuttgart 1999.

LACHENBRUCH, P. A./SNEERINGER, C./REVO, L. T.: Robustness of the Linear and Quadratic Discriminant Function to Certain Types of Non-Normality, in: Communications in Statistics 1973, S. 39-56.

SCHMIDT, R.: Rating börsennotierter Unternehmen, in: Anleger an de Börse, hrsg. v. Gerke, W., Berlin/Heidelberg 1990, S. 55-88.

WEBER, M./KRAHNEN, J./WEBER, A.: Scoring-Verfahren – häufige Anwendungsfehler und ihre Vermeidung, in: DB 1995, S. 1621-1626.

ZANGEMEISTER, C.: Nutzwertanalyse in der Systemtechnik, 4. Aufl., München 1976.

ZELL, A.: Simulation Neuronaler Netze, 1. unveränderter Nachdruck, Bonn u. a. 1996.

Erwin W. Heri / Heinz Zimmermann

Grenzen statistischer Messkonzepte für die Risikosteuerung

1. Die Unvollkommenheit ökonomischer Modelle als Grundproblematik des quantitativen Risikomanagements

Das heutige Finanzmarktumfeld ist komplex geworden, die gehandelten Volumina gigantisch. Nur allzu oft müssen heute Manager auf den unterschiedlichsten Stufen Verantwortung tragen für Produkte, Strategien und Volumina, die ausgesprochen schwierig zu verstehen sind, die aber (vermeintlich) angeboten werden müssen, weil sie die Konkurrenz auch anbietet. Wie sich die früheren Fürsten ihre Alchemisten gehalten haben (es wäre ja undenkbar gewesen, wenn der Nachbarfürst als erstes die chemische Formel für die Goldproduktion gefunden hätte), so halten sich die Leitungen heutiger Finanzgroßkonzerne ihre Stäbe von Physikern und Mathematikern. Diese Personen werden üblicherweise in der Nähe des Risikomanagements angesiedelt, weil ja die edelste Aufgabe einer Konzernleitung zunächst einmal darin besteht, die Risiken im Finanzbereich in den Griff zu bekommen.

Die Märkte sind komplex – aber zur Bewältigung dieser Komplexität sind diese Leute ja schließlich ausgebildet, und wir können uns wieder wichtigeren, „strategischen" Dingen zuwenden. Mathematik und Statistik werden es schon richten. Im Übrigen ist ja bekannt, dass das, was mit den Aktien und den Devisenkursen läuft, etwa ähnlich aussieht wie die Brown'sche Molekular-bewegung, dass die Veränderungen der Aktienkurse verglichen werden können mit dem „weißen Rauschen" aus der physikalischen Signalanalyse, dass das entsprechende Epsilon „i.i.d." ist (independently, identically distributed) – was nach dem zentralen Grenzwertsatz ja zum Glück bedeutet, dass wir meistens zur Normalverteilung greifen können.

Also können wir beispielsweise wunderbare VaR (Value-at-Risk)-Analysen machen, denn der VaR ist ja das, was inzwischen jeder verstanden hat – und im Übrigen lässt sich VaR ja auch einigermaßen gut erklären. Jetzt müssen wir eigentlich nur noch warten, bis sich das Tor zum Paradies auftut, denn die Märkte sind ja effizient, liquide, Arbitragemöglichkeiten kann es definitionsgemäß keine geben und alle Terminkurse und die Zinsstruktur sind die besten Prognosewerte für Preise und Zinsen in alle Zukunft. Brave New World.

Das Problem ist nur: So funktioniert diese Welt nicht. Die Finanzingenieure – und manchmal auch ihre Chefs – unterliegen gelegentlich dem gleichen Trugschluss, dem früher die Oekonometriker unterlegen sind. Diese haben lange Zeit gemeint, die Wirtschaft, und damit das Verhalten von Individuen, könne einer großen Maschine gleich linear modelliert werden, und man müsse nur genügend interdependente Verhaltensgleichungen und Gleichgewichtsbeziehungen formulieren sowie einen genügend großen Computer haben, um die zukünftige Entwicklung der Wirtschaft prognostizieren zu können. Die Modelle waren zwar analytisch eine ausgesprochene Herausforderung, aber die Prognosen leider auch nie besser als diejenigen von Oekonomen, die „Common Sense" (oder despektierlich: aus dem Bauch) Prognosen gemacht haben.

Immerhin haben diese Modelle eine ganze Oekonometrikergeneration großgezogen – und schließlich ist ja die Auseinandersetzung mit statistischen Verfahren auch per se interessant und lehrreich. Die an solchen Modellen arbeitenden Analytiker hatten damals aber irgendwie völlig vergessen, dass die Nationalökonomie an sich eine Sozialwissenschaft ist, und dass sich diese Disziplin nicht zuletzt auch mit dem Verhalten von Menschen, zum Beispiel in komplexen Systemen, beschäftigt. Entsprechend konnte es darum kaum verwundern, dass man eines Tages feststellte, dass einzelne Parameter des zu schätzenden Systems selbst systemendogen sind, das heißt, dass die in ihrem Verhalten und Reaktionen als exogen unterstellten Akteure auf die Ergebnisse des Modells reagieren, sich damit also ihrerseits „modellendogen" verhalten und auf diese Weise die unterstellte Modellstruktur ad absurdum führen[1]. Oder auf gut Deutsch: In den Wirtschaftswissenschaften ist es oft so, dass eine Theorie dann empirisch nicht mehr nachweisbar erscheint, wenn sie alle kennen, weil sie eben dann jeder in sein Verhalten einbezieht.

Ein illustratives Beispiel hierfür ist die alte Phillips-Kurven-Diskussion, nach welcher während vieler Jahre eine klar negative Beziehung zwischen Inflation und Arbeitslosigkeit nachgewiesen werden konnte. Ein „bisschen mehr" Inflation schien zu einer Reduktion der Arbeitslosigkeit zu führen. Dies funktionierte aber nur solange, bis die Arbeitnehmer auch gelernt hatten, was hier ablief. Sobald die Phillips-Kurve zum Allgemeinwissen geworden war und die Gewerkschaften gelernt hatten, dass Inflation zu sinkenden Reallöhnen führte, waren zusätzliche Preisschübe wirkungslos, weil die erwartete Inflation nun natürlich in die Lohnverhandlungen einbezogen wurde. Das heißt: Sobald es akzeptiert war, dass die Phillipskurve eine negative Steigung hatte, war dieselbe weg.

Die vorgehenden Beispiele zeigen, dass ökonomischen Gesetzen bei rationaler Erwartungsbildung, oder allgemeiner bei einer minimalen Lern- und Anpassungsfähigkeit der Akteure zwingend ein hohes Maß an Instabilität innewohnt. Dies dürfte für die Finanzmärkte in besonderem Maße zutreffen, und die Finanzmarktmodelle sind darum einem erheblichen Modellrisiko unterworfen. Quantitative und statistische Verfahren des Risikomanagements weisen darum ein erhebliches Unsicherheitspotenzial auf. Die vorangehende Diskussion zeigt überdies, dass dieses Risiko nicht (nur) auf einen Mangel an theoretischer Forschung über die relevanten Systemzusammenhänge zurückzuführen ist, sondern systemimmanent ist: Die Instabilität der Modellstruktur ist eine Folge der Erwartungsbildung und des Lernverhaltens der Individuen. Darin liegt der entscheidende Unterschied gegenüber der Modellierung jener Risiken, welche weitgehend durch die Natur bestimmt sind[2] (Unfälle, Wetter, Lebensalter) und keinem sozialen Rückkoppelungseffekt unterliegen.

1 Das bekannteste Beispiel dazu stellt die Lucas-Kritik dar (vgl. Lucas 1976), welche besagt, dass makroökonomische Beziehungen notorisch instabil sind, wenn die Individuen und wirtschaftspolitischen Akteure rationale Erwartungen bezüglich der zugrundeliegenden Modellstruktur aufweisen. Ein ähnliches Beispiel stellt die berühmte Random Walk Theorie für Finanzmarktpreise dar; Samuelson (1965) hat gezeigt, dass durch das Bemühen der Individuen, ungewisse Preise bestmöglich zu prognostizieren, die Preisveränderungen zwingend nicht prognostizierbar werden.

2 Moral Hazard Effekte, also Verhaltensrisiken in Abhängigkeit des gewählten Versicherungskontrakts, führen dazu, dass auch diese Risiken nicht durchweg als exogen betrachtet werden können.

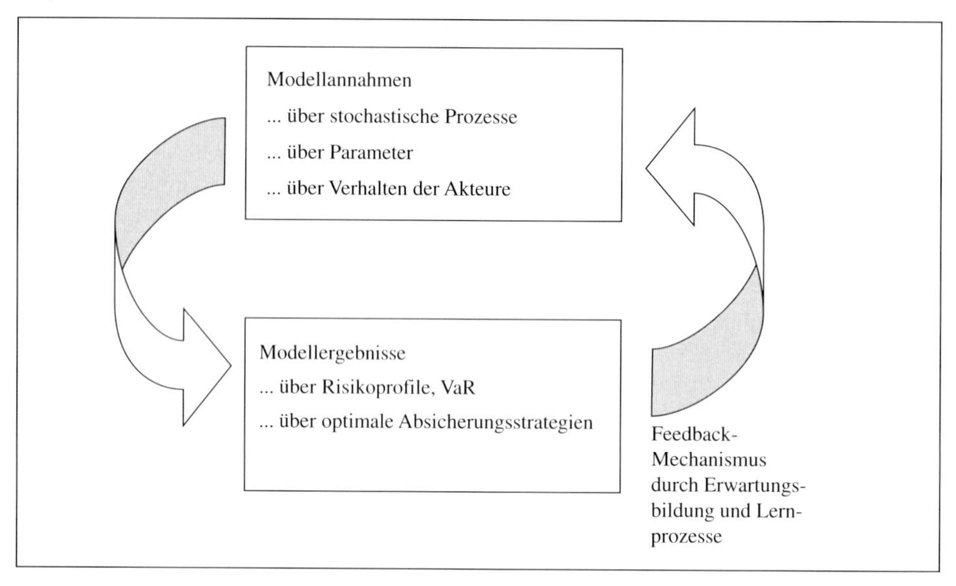

Abbildung 1: Modellannahmen und Modellergebnisse

Im vorliegenden Beitrag werden die Risiken, welche mit der Verwendung statistischer Messkonzepte im Risikomanagement verbunden sind, diskutiert. Im Vordergrund steht naheliegenderweise der Value-at-Risk-Ansatz in Bezug auf Markt- und Kreditrisiken. Der Ansatz wird häufig als Risiko-Standard bezeichnet, und seine Anwendung geht heute weit über die ursprüngliche Absicht, für die er entwickelt wurde hinaus. Die aufgeworfenen Fragen sind insbesondere auch aus regulatorischer Sicht von Interesse, beispielsweise weil die Bankenaufsicht mit der Anerkennung „interner" Risikomodelle hinsichtlich der Bestimmung der Eigenkapitalerfordernisse neue Wege beschreitet.

2. Statistische Messkonzepte im Risikomanagement

Das Management von Risiken hat unterschiedliche Dimensionen, und ebenso vielfältig sind die Verfahren, Methoden und Techniken, die zur Vermeidung oder Optimierung von Risiken eingesetzt werden. Sie reichen von Checklists bis hin zu neuronalen Netzen, von einfachen organisatorischen Vorkehrungen (zum Beispiel Vier-Augen-Prinzip) bis hin zu komplexen Kontrollsystemen. Der vorliegende Beitrag befasst sich ausschließlich mit Problemen, welche beim Management finanzieller Risiken auftreten. In diesem Bereich spielen statistische Messkonzepte traditionellerweise eine sehr große Rolle:

- In der *Versicherungswirtschaft* ist die Verwendung mathematischer und statistischer Modelle offensichtlich. Die Berechnung fairer Prämien erfordert eine genaue Modellierung der Häufigkeit und Höhe von Schadenfällen. Für Lebensversicherungsverträge werden aktuelle Informationen, beispielsweise über die auf das Alter konditionierte Lebenserwartung der Bevölkerung und ähnliches, benötigt.

- Die Modellierung spekulativer *Preisprozesse* als Random Walk (für Aktien, Währungen, Futures) hat eine lange Tradition. Es handelt sich um ein einfaches statistisches Modell, mit welchem u.a. der Einfluss des Zeithorizonts auf unterschiedliche Risikomasse untersucht werden kann (vgl. zum Beispiel Heri 2000).
- Mit der von Harry Markowitz in den fünfziger Jahren entwickelten *Portfoliotheorie* werden statistische Verfahren für die Quantifizierung von Diversifikationseffekten und die Optimierung des Risiko-Ertrag-Profils bei der Vermögensverwaltung herangezogen.
- Die *Optionspreistheorie* befasst sich mit der Absicherung und Bewertung derivativer Finanzkontrakte. Nebst der stochastischen Spezifikation der zugrundeliegenden Preisprozesse und Zustandsvariablen werden insbesondere Schätzverfahren für die Parameter dieser Prozesse benötigt.
- Die Quantifizierung von *Kreditrisiken* erlebt seit einigen Jahren einen enormen Aufschwung. Dabei spielen statistische Modelle, welche die Ausfallwahrscheinlichkeit unterschiedlicher Schuldnerkategorien und deren Korrelationseigenschaften beschreiben, eine herausragende Rolle.
- Mit *Value-at-Risk*-Ansätzen hat sich ein konzeptioneller Rahmen im quantitativen Risikomanagement entwickelt, der einen integrierten Ausweis des Verlustpotenzials von Risikopositionen (Handelsbestände, Bilanzstruktur, Kreditportfolios etc.) zulässt. Dies setzt voraus, dass die für die Risikofaktoren verwendeten Wahrscheinlichkeitsverteilungen in den kritischen Bereichen ein einigermaßen realistisches Modell für den Worst Case liefern.

Auch die regulatorischen Anstrengungen der Finanzmarktaufsicht stellen in den letzten Jahren vermehrt auf statistische Messkonzepte ab:

- Banken müssen die Zinsänderungsrisiken ihrer Bilanz und der Handelsbestände durch Gaps und Sensitivitätsanalysen unterbreiten.
- Vermehrt werden in der Zukunft interne Modelle bei der Bestimmung der Markt- und Gegenparteirisiken als Grundlage der Eigenkapitalbestimmung anerkannt werden.
- Vermehrt werden operationelle Risiken quantifiziert.
- Bei den Bemühungen, Bank- und Versicherungsrisiken zu konsolidieren und einer konsistenten Aufsicht zu unterstellen, spielt die Integration der unterschiedlichen Messsysteme eine zentrale Rolle.

Diese Entwicklungen – aber natürlich auch die eigenständigen Anstrengungen der Finanzindustrie zur Verbesserung ihres Risikomanagements – lassen die Fragen bezüglich der Grenzen der statistischen Messkonzepte als höchst aktuell erscheinen. Die folgenden Abschnitte sollen nicht Hand zur undifferenzierten Kritik bieten, sondern die Probleme und

Gefahren von Finanzmarktmodellen als Grundlage des Risikomanagements aufzeigen. Die Ausführungen sind von der Prämisse geprägt, dass die *Kenntnis der Grenzen von Verfahren* selbst einen zentralen Aspekt des Risikomanagements darstellt, und dass Risikomanagement nie die Suche nach einem einzigen, „optimalen" methodischen Ansatz sein kann. In erster Linie sind die unterschiedlichen Risiken einer Institution in ihrer ganzen Breite und Vielfalt festzustellen, und für die unterschiedlichen Risikokategorien werden sich dafür wohl unterschiedliche methodische Ansätze als geeignet oder eben weniger geeignet herausstellen. Methodenvielfalt wird damit zu einem Wesensmerkmal des Risikomanagements. Es ist eine andere Frage, ob bzw. in welchem Maß die unterschiedlichen Methoden geeignet sein müssen, einer gemeinsamen Fragestellung zu genügen (beispielsweise mit welcher Wahrscheinlichkeit innerhalb eines Jahres mit einem Verlust von über x CHF zu rechnen ist).

Keineswegs dürfen Risiken aus methodischen oder führungsmäßigen Gründen ausgeklammert werden. Man neigt dazu, jene Risiken prioritär zu betrachten, für welche sich analytisch ansprechende Messkonzepte etabliert haben, über die sich einfach kommunizieren lässt und für welche klare Verantwortlichkeiten definiert werden können. Man spricht bei Geschäftsleitungs- und Verwaltungsratssitzungen naheliegenderweise lieber über jene Risiken, die offensichtlich sind, für welche es einfache Messsysteme gibt oder die sich anderswie einfach feststellen lassen. Aber die Einschätzung der *Relevanz* der verschiedenen Risikotypen darf nicht, oder zumindest nicht alleine, von der Verfügbarkeit oder Komplexität der verfügbaren Modelle, oder mit den Worten des Soziologen Ulrich Beck: von der „technischen Handhabbarkeit" der Risiken (Beck 1986, p. 39) abhängig sein. Doch der Effekt ist verständlich: die Wahrnehmung von Risiken wird durch Modelle eben vereinfacht und so leichter kommunizierbar aber gerade dies stellt ein weiteres Risikopotenzial dar. Kurz: Ein Risikomesssystem, das „blind" macht gegenüber anderen, vom System nicht erfassbaren Risiken, liefert eine falsche Sicherheit und ist als Risikoüberwachungssystem fragwürdig. Ein Rückspiegel im Auto ist nur insofern ein gutes Instrument zur Risikobegrenzung, als der Benutzer die Grenzen des Systems – sprich die Existenz von Toten Zonen – kennt.

3. Value-at-Risk

Am Anfang stand ein berechtigtes Anliegen: Dennis Weatherstone, Chairman von J.P. Morgan, wollte täglich um punkt 16.15 Uhr nebst eines Reports über das Risikoprofil seiner Bank eine kompakte Maßzahl über das Gesamtrisiko vorgelegt erhalten. Till Guldimann, zu dieser Zeit Managing Director bei der Bank, hatte ein nicht einfaches Problem zu bewältigen. Die Marktrisiken der verschiedenen Finanzinstrumente wurden in diesem Zeitpunkt sehr unterschiedlich gemessen: Die Aktien mit Betas und Volatilitäten, die Bonds mit Duration und Konvexität, die Warrants mit Gearing Factors, die gehandelten Optionen durch Delta, Gamma, Theta und andere griechische Buchstaben – und es war nicht klar, wie diese Risikomasse über die verschiedenen Instrumente hinweg aggregiert werden können. Verbindendes Merkmal der unterschiedlichen Marktrisiken bildet die folgende Idee: Letztlich sollte ein Risikomaß immer eine Aussage darüber zulassen, welcher Verlust mit einer bestimmten Wahrscheinlichkeit überschritten wird – oder umgekehrt: wie hoch ein Risikolimit angesetzt werden sollte, welches mit einer vorgegebenen Wahrscheinlichkeit nicht überschritten wird. Dies ist der Kerngedanke des Value-at-Risk (VaR)-Modellansatzes, wie er in Abbildung 1 zu finden ist.

3.1 Definition und Berechnung des VaR

Der Value-at-Risk zeigt das Verlustpotenzial, welches innerhalb eines bestimmten Zeithorizonts (welcher sich aus der Liquidierbarkeit einer Position ergibt) mit einer bestimmten Wahrscheinlichkeit (meistens 1 %) überschritten wird.

Folgende statistische Voraussetzungen sind an die Implementation eines VaR-Konzepts geknüpft:

- Die Risiken müssen in zweckmäßige Einzelgruppen zerlegt (disaggregiert) und mit Eintretenswahrscheinlichkeiten versehen werden können (zum Beispiel eine Normalverteilung).
- Die Verbundenheit der Risiken muss bekannt sein.
- Die vorangehenden Eigenschaften müssen im Zeitablauf und gegenüber Strukturbrüchen hinreichend stabil oder prognostizierbar sein.

Selbstverständlich sind diese Voraussetzungen in der Realität nie vollständig und für alle Risikotypen gleichermaßen erfüllt. Es stellt sich somit die Frage, ob sich mit einem darauf beruhenden Navigationssystem das Risikomanagement trotzdem verbessern lässt.

Meistens wird der VaR, mangels besserer Alternativen, aufgrund einer Normalverteilung berechnet: Man unterstellt, dass sich die stetigen Renditen (also die logarithmierten Kursveränderungen) der betrachteten Anlage durch eine Normalverteilung beschreiben lassen. In diesem Fall liegt die Realisierung des Risikofaktors mit einer Wahrscheinlichkeit von 1 % unterhalb von 2.3 Standardabweichung des Erwartungswertes der Verteilung. Der 1 %-VaR ergibt sich aus dem Marktwert des Risikokapitals, welcher aufgrund der 2.3 Standardabweichungen berechnet werden kann; siehe Abbildung 2.

Ein Zahlenbeispiel soll diese Definition illustrieren. Bei einem jährlichen Aktienkursrisiko von 20 % (Volatilität) und einer erwarteten jährlichen Rendite von 10 % bedeuten die 2,3 Standardabweichungen einen Schwellenwert von -36 % (gerundet; 10 % minus 2,3 mal 20 %). Innerhalb eines Jahres beträgt die Wahrscheinlichkeit also 1 %, dass der logarithmierte Kurs um mehr als 36 % fällt. In Bezug auf eine gewöhnliche prozentuale Kursveränderung bedeutet dies einen Verlust von rund 30 %.

Der Grundgedanke des VaR-Ansatzes ist intuitiv einleuchtend und bildet eine einfache methodische Basis für die mögliche Aggregation unterschiedlicher Marktrisiken. Revolutionär war der Gedanke eigentlich nicht. Limiten im Handelsgeschäft, Margen bei Options- und Futuresbörsen, Belehnungssätze von Pfändern, Bilanzrückstellungen, Kreditlimiten, um nur ein paar Beispiele zu erwähnen, werden ja letztlich aufgrund genau derselben Überlegung angesetzt.

Für Handelspositionen, und damit in erster Linie Marktrisiken, lässt sich der Ansatz denn auch relativ einfach umsetzen. Voraussetzung ist, dass die Positionen hinreichend liquide sind (das heißt innerhalb des unterstellten Zeithorizonts ohne Einfluss auf die strukturellen Eigenschaften des Preisprozesses veräußert werden können) und dass die Korrelationsstruktur der Teilpositionen bekannt und einigermaßen stabil ist. Dazu einige Kommentare:

- Um den Einfluss des Zeithorizonts zu berücksichtigen, ist die Annahme eines stochastischen Prozesses für den Wert der betrachteten Risikoposition erforderlich. Unterstellt man einen Wiener-Prozess (was mit einer Normalverteilung konsistent wäre), dann verhält sich die Volatilität der Position proportional zur Wurzel des betrachteten Zeitintervalls. Bei einem Intervall von zwei Wochen (10 Handelstage oder 14 Kalendertage) wird man einen annualisierten Volatilitätswert von 20 % mit

  dem Faktor $\sqrt{\frac{14}{365}} \approx \sqrt{\frac{10}{250}} \approx 0{,}2$ multiplizieren.

- Die Korrelationsstruktur der zugrundeliegenden Anlagen beeinflusst natürlich die Volatilität der betrachteten Risikoposition: Je tiefer die Korrelationskoeffizienten ausfallen, umso größer ist der Diversifikationseffekt und umso tiefer ist der VaR.

Dazu wiederum ein Zahlenbeispiel: Eine Handelsposition besteht aus fünf Teilpositionen, jede weist ein Risiko von 20 % auf. Die Korrelation zwischen den Positionen beträgt einheitlich 0,5. Der VaR wird auf der Basis einer Wahrscheinlichkeit von 1 % und eines Liquidationshorizonts von 2 Wochen (Basler Standard) und 3 Monaten berechnet. Für die logarithmierten Kursveränderungen sämtlicher Anlagen werden Normalverteilungen mit einer jährlichen Rendite von 10 % angenommen.

Die errechneten Werte bedeuten dann, dass für den angegebenen Zeithorizont ein Verlust im ausgewiesenen Umfang mit einer Wahrscheinlichkeit von 99 % *nicht* überschritten wird. Konkret: Die Wahrscheinlichkeit, dass innerhalb von zwei Wochen (zehn Handelstage) ein Verlust von 6,6 % des Positionswerts überschritten wird, beträgt 1 %. Die Bank muss somit über genügend Reserven verfügen, um einen solchen Verlust aufzufangen – bevor die Position liquidiert werden kann. Es wird offensichtlich, dass eine vernünftige Diversifikation der Risiken die erforderlichen Eigenmittel reduziert.

	Undiversifiziert Risiko = 20 %	Diversifiziert Risiko = 16 %
2 Wochen	8,3 %	6,6 %
3 Monate	18,7 %	14,9 %

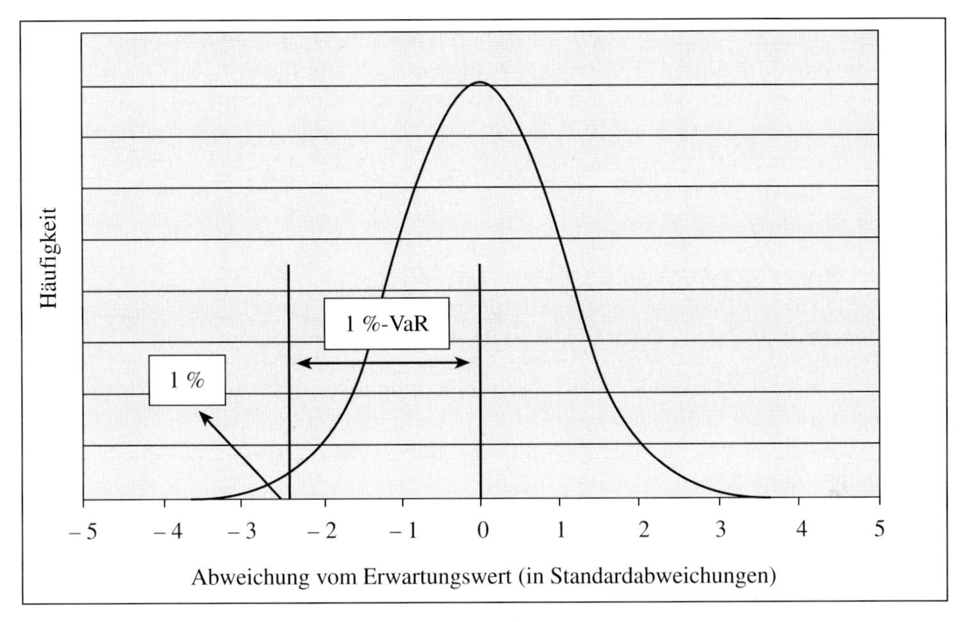

Abbildung 2: Normalverteilung als Grundlage eines VaR

3.2 VaR – ein Standard?

Das VaR-Konzept hat bei den Banken schnell Verbreitung gefunden und wurde auf die unterschiedlichsten Risikokategorien – und von ausgewählten Teilpositionen auf das globale Risiko – ausgedehnt. In letzter Zeit wird der Ansatz vermehrt auf operationelle Risiken und auf Firmen im Nicht-Finanzdienstleistungssektor ausgedehnt. Kann von einem globalen Risikomanagement-Standard gesprochen werden? Zumindest hat der Ansatz ein neues Paradigma begründet, denn er hat die Wahrnehmung der finanziellen Risiken nachhaltig verändert.

Die Marktlage erwies sich gegenüber dem neuen Paradigma auch als günstig: Die Softwareentwickler und Beratungsfirmen fanden neue Produkte und Tätigkeitsfelder; Mathematiker und Physiker erlebten einen wahren Konjunkturaufschwung in Bezug auf quantitatives Wissen. Die Verantwortlichkeit für Fehlleistungen im Risikomanagement wurde auf allen Managementstufen erhöht, was sich nicht zuletzt in einer ausgeprägten Nachfrage nach Aus- und Weiterbildung manifestierte. Das Tagungsbusiness blüht auf allen Stufen. Kaum ein neues Modell oder ein neuer Risikotyp, ohne dass eine Tagung in einem renommierten Fünf-Sterne-Hotel für den adäquaten gesellschaftlichen Rahmen sorgt, innerhalb dessen die Anbieter um die Gunst der Kunden und die Know-how-Träger der Banken um Reputation werben. Schließlich haben VaR-Modelle verständlicherweise die regulatorische Risikoüberwachungs- und Eigenmitteldiskussion nachhaltig geprägt, was sich ja auch im Vorschlag des Basler Ausschusses vom Juni 1999 mit der breiten Anerkennung „interner Modelle“ manifestiert[3].

3 Siehe: Bank of International Settlements, A New Capital Adequacy Framework, Consultative Paper issued by the Basle Committee on Banking Supervision, Basel 1999.

Man sollte hingegen die Universalität und Gültigkeit des Konzepts nicht überbewerten, und wenn immer häufiger gar von einem Risikomanagement-Standard gesprochen wird, so dürfte dies die Bedeutung des Konzepts überschätzen. Ein Standard würde wohl einen weitgehenden Konsens über die zentralen Aspekte der Umsetzung eines Konzepts sowie eine unabhängige Instanz voraussetzen, welche verbindliche Kriterien formuliert und überwacht. Alle diese Merkmale fehlen. Konkret müssen drei prinzipielle Schwächen des Ansatzes hervorgehoben werden:

- Er steht risikotheoretisch auf eher schwachen Füßen.
- Es besteht über zentrale Modell- und Implementationsaspekte kein genereller Konsens.
- Der Ansatz lässt sich nicht auf beliebige Risikotypen ausdehnen.

Aus diesen Schwachpunkten ergeben sich wichtige Implikationen, einerseits hinsichtlich der aufsichtsrechtlichen Behandlung interner Modelle, anderseits hinsichtlich der bankinternen Methodik des Risikomanagements und der Ressourcenallokation. Nachfolgend sollen einige dieser Schwachpunkte aufgegriffen werden.

4. Vorbehalte gegenüber VaR-Modellen

Im vorliegenden Abschnitt sollen verschiedene Probleme und Vorbehalte gegenüber dem VaR-Ansatz diskutiert werden:

- Die Hauptschwierigkeit der VaR-Modellierung liegt in der Implementation und empirischen Schätzung der erforderlichen Parameter.
- Die Übertragung des VaR-Ansatzes auf Kreditrisiken ist, trotz anderslautender Beteuerung, noch weitgehend unerforscht. Die Datenanforderungen sind höchst komplex und kaum vorhanden.
- Das Wissen über die Gültigkeit von Modellen im Stressfall ist äußerst bescheiden.
- „Ein kosmetisches VaR-Smoothing" hat gesamtwirtschaftlich fragwürdige Effekte.
- Ein VaR liefert nur dann eine gültige Risikoeinschätzung, wenn der erwartete Verlust im Stressfall „tragbar" erscheint.
- Mit der aufsichtsrechtlichen Anerkennung von Modellen findet eine teilweise Delegation des Modellrisikos an die Aufsichtsbehörde statt. Je genauer die Risikomessung reguliert wird, umso ausgeprägter ist dieser Effekt.

4.1 Stichproben, Daten, Parameter – die eigentlichen Stolpersteine der praktischen Umsetzung

Generell ist, gerade im Zusammenhang mit der aufsichtsrechtlichen Diskussion, viel zu viel von „Modellen“, die Rede, während die Aspekte der Schätzung und Implementation unbeachtet bleiben. Tanja Beder hat als erste Autorin die Bedeutung dieser Aspekte aufgezeigt. Jackson/Maude/Perraudin (1997) und Marshall/Siegel (1997) zeigen eindrücklich, dass die empirische Schätzung der Parameter die VaR-Ergebnisse wesentlich stärker beeinflusst als die Modellspezifikation selbst. Bei diesen Fragen einen Konsens oder Standard zu erwarten, wäre allerdings ziemlich absurd, denn der Wettbewerb im Pricing und Risikomanagement ergibt sich zwischen den Handelsabteilungen, ja eben gerade aus unterschiedlichen Annahmen und Spezifikationen.

4.2 Eine Wahrscheinlichkeit als Risikomaß?

Das VaR-Konzept beruht auf der Quantifizierung jener Risikolimite, welche (für eine bestimmte Periodizität) nur einmal in hundert Fällen überschritten wird. Doch um wie viel? Die Beantwortung dieser Frage dürfte für die Beurteilung der Risikokapazität einer Bank wohl grundlegend sein. Überspitzt könnte man sagen, dass VaR-Maße genau jenen Teil der Wahrscheinlichkeitsverteilung außer Acht lassen, der für das Risikomanagement am relevantesten wäre. Wahrscheinlichkeiten sind sehr unvollkommene Risikomaße – gerade wenn es um Stressfälle geht. Warum empfinden viele Leute das Fliegen als riskant, obwohl die Unfallwahrscheinlichkeit im Vergleich zu allen anderen Verkehrsmitteln eindeutig am geringsten ist? Nun, für jene Risiken, über welche Dennis Weatherstone seinen Bericht haben wollte, nämlich Marktrisiken liquider Handelspositionen, kann der erwartete Verlust im 1 %-Wahrscheinlichkeitsbereich als einigermaßen absehbar betrachtet werden. Hingegen sind die Wahrscheinlichkeitsverteilungen bei derivativen Instrumenten, namentlich (exotischen) Optionen oder bei Kreditrisiken und deren Derivaten so komplex, dass der einfache VaR schlichtweg keine Aussagekraft mehr aufweist. Eine Ergänzung der Maßzahl um den erwarteten Verlust im Stressfall ist daher unerlässlich. In Abbildung 3 findet man ein diesbezügliches Beispiel. Der erwartete Verlust, gegeben den Stressfall (1 % Ausfallwahrscheinlichkeit), liegt mit -2,7 Standardabweichungen unter dem Erwartungswert, was unter den Annahmen des vorangehenden Zahlenbeispiels (Abbildung 3; zweiwöchiger Zeithorizont) einen erwarteten Verlust von rund 8,5 % bedeutet (im Vergleich zum VaR von 6,6 %). Es gibt verschiedene Möglichkeiten, wie dieser Kritikpunkt aufgefangen werden kann. Eine Möglichkeit besteht im Einbezug der Lower Partial Moments[4] (LPMs) in die VaR-Berechnung. Einen diesbezüglichen Vorschlag liefern Portmann/Wegmann (1998).

4 Darunter versteht man Momente, welche sich nur auf einen Teil der gesamten Wahrscheinlichkeitsdichte beziehen. Die Ausfallerwartung, wie sie im vorangehenden Beispiel diskutiert wird, stellt das erste partielle Moment dar (LPM1); höhere partielle Momente können einfach berechnet werden, doch ist ihre Interpretation nicht immer naheliegend.

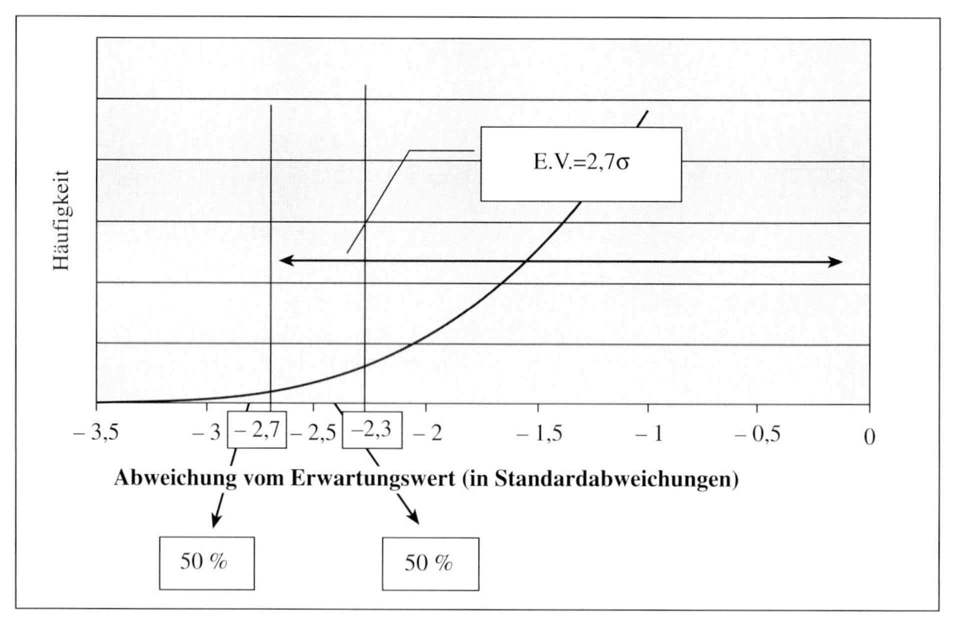

Abbildung 3: Erwarteter Verlust im Stressfall (als Ergänzung zum VaR)

4.3 VaR für Kreditrisiken?

Die Ausdehnung des VaR-Ansatzes auf andere Risikotypen als Marktrisiken ist gegenwärtig noch wenig fortgeschritten, an Modellen und analytischer Brillanz mangelt es natürlich auch hier nicht, doch die Umsetzung harzt. Der Ansatz ist wie wir bereits argumentiert haben auch für Marktrisiken ja nur dort geeignet, wo liquide Märkte und entsprechende Kapitalmarktinformationen verfügbar sind.

Immerhin – für die meisten Marktrisiken gibt es historische Daten in nahezu beliebigem Umfang als Input für VaR-Modellrechnungen und Backtests. Demgegenüber fehlen für Kreditrisiken ähnliche Berechnungsgrundlagen nahezu vollständig. Wie hoch ist beispielsweise die Ausfallwahrscheinlichkeit einer Ausleihung an eine Gemeinde im Kanton Wallis? Eine unangenehme Frage, aber für interne Kreditrisikomodelle wäre die Antwort ziemlich relevant. Oder wie hoch ist die Korrelation zwischen dem Ausfall von Forderungen im Bau- und dem Agrarsektor? Mit welcher Wahrscheinlichkeit verschlechtert sich das Rating einer AA-Gegenpartei innerhalb von fünf Jahren? Die empirischen Grundlagen für die Beantwortung dieser Fragen sind weitgehend inexistent; in den meisten Banken fehlen schlichtweg die Daten, um solche Fragen auch nur ansatzweise zu beantworten.

Zur Quantifizierung der Kreditrisiken werden Daten aus dem Kommerzgeschäft (Sektoren, Ausfälle, Migrationen, etc.) benötigt, welche in der Vergangenheit kaum systematisch erfasst wurden. Kreditinformationen von Rating-Agenturen sind häufig nicht repräsentativ für bankspezifische Kreditportfolios. Über die Verbundenheit von Markt- und Kreditrisiken („Korrelationen“) gibt es kaum empirisch gestützte Informationen. Gerade bei außerbörslichen Derivaten ist das Gegenparteirisiko fast ausschließlich von der Wertveränderung des zugrundeliegenden Instruments abhängig: Das Risiko der Zahlungsunfähigkeit der Gegenpartei ist genau dann am größten, wenn sich der Markt zu unseren Gunsten (und damit zum Nachteil der Gegenpartei) entwickelt! An integrierte Kennzahlen für Markt- und Kreditrisiken ist gegenwärtig kaum zu denken – und zwar nicht aufgrund fehlender Modellansätze, sondern aufgrund der fehlenden Daten und des Mangels an gesicherten empirischen Zusammenhängen.

4.4 Vom Normal- zum Stressfall

Risikomodelle sollten sich in Stresssituationen bewähren. Über die Gültigkeit von Modellen bei extremen Marktbewegungen, sektorübergreifenden Kreditausfällen oder Schwächen im Zahlungssystem ist so gut wie nichts bekannt. Viele Preisbildungsmodelle, namentlich für Derivate, sind für „normale“ Risiken konzipiert, weil eine Preisstellung, welche den Stressfall einbezieht, ganz einfach nicht wettbewerbsfähig ist. Diversifikationseffekte, das heißt das Risikoreduktionspotenzial durch unabhängige Preisbewegungen, erweisen sich gerade in Stressfällen als höchst trügerisch: Bei starken Marktbewegungen – und zwar in erster Linie bei fallenden Märkten – bewegen sich die Märkte nahezu parallel. Stresstests vermögen diese Probleme nicht prinzipiell zu bewältigen: Eine Stresssituation zeichnet sich im Flugverkehr nicht so sehr dadurch aus, dass die Windstärke um fünf Standardabweichungen vom Normalfall abweicht, sondern dass die Messgeräte versagen. Genau darin liegt das Modellrisiko bei quantitativen Risikomessverfahren begründet. *Der Stressfall ist kein um ein paar Standardabweichungen aufgeblähter Normalfall!*

Es muss nicht einmal der Stressfall sein: Verschiedene Arbeiten zeigen, dass schon die Risikoparameter liquider Aktienmärkte in down-Märkten erheblich unvorteilhafter ausfallen als in up-Märkten (siehe etwa Drobetz/Zimmermann 2000), insbesondere auch, dass die Korrelationen in Zeiten hoher Marktvolatilität höher sind als in normalen Marktphasen (siehe Longin/Solnik 1995).

In Stressphasen auf Finanzmärkten erweisen sich Liquiditätsrisiken und operationelle Risiken als viel zentralere Probleme als die Risiken, welche sich durch einen VaR erfassen lassen. Es stellt sich deshalb die Frage, ob die statistische Modellierung extremer Ereignisse im Rahmen *gegebener* Wahrscheinlichkeitsverteilungen, wie dies bei VaR-Ansätzen häufig erfolgt, überhaupt als ökonomisch relevante Fragestellung betrachtet werden kann.

4.5 VaR-Smoothing – eine fragwürdige Risikopolitik für Banken

Es ist auffällig, dass Banken, seit sie explizit VaR-Zahlen ausweisen, eine ausgeprägte Politik zeitlich ausgeglichener VaR-Werte verfolgen. Da sich der VaR, vereinfacht formuliert, als Produkt aus dem erwarteten Risiko und der Risikolimite ergibt, und das erwartete Risiko (Volatilität, Kreditausfall) meistens mit den aktuellsten Werten quantifiziert wird, hat dies einen vielleicht unbeabsichtigten, aber in seiner Tragweite nicht unerheblichen Nebeneffekt: Um den Value-at-Risk zeitlich auszugleichen, müssen im Zuge hoher Volatilitäten und Kreditausfälle die Limiten zurückgenommen werden, bei stark erhöhten Risiken zum Teil substanziell. Dies erfordert die Liquidation von Risikopositionen, etwa den Verkauf von Wertschriften, die Glattstellung von Derivaten, den Abbau von Krediten etc. und dies möglicherweise in einem schwierigen Marktumfeld. Eine so gestaltete, zyklische Risikopolitik kann sich bei mangelnder Marktliquidität oder marktdominierender Stellung selbstverstärkend und gesamtwirtschaftlich womöglich in höchstem Maße advers auswirken. Bei Kreditrisiken könnte auf diese Weise ein eigentlicher Kreditcrunch ausgelöst werden. Gesamtwirtschaftlich stellt sich deswegen die grundsätzliche Frage, ob eine konstante Risikobereitschaft tatsächlich die ultimative ertragsorientierte Zielsetzung eines Finanzintermediärs darstellt.

5. Modellrisiko und die aufsichtsrechtliche Behandlung interner Modelle

In diesem Abschnitt folgen einige Überlegungen zu Modellrisiken und ihrer Bedeutung im Zusammenhang mit der aufsichtsrechtlichen Behandlung interner Modelle.

5.1 Modellrisiko

Zunächst eine begriffliche Klärung. „Modellrisiko“ tritt im Risikomanagement in mindestens drei unterschiedlichen Bereichen auf:

- *Modellarchitektur und -evaluation*: Hier geht es um die Wahl eines adäquaten Modells, einer adäquaten stochastischen Spezifikation, zur Abbildung des in Frage stehenden Risikos. Zur Modellierung des Zinsstrukturrisikos im ALM wird man sich auf ein einfaches Faktormodell der Zinsstruktur beschränken, für das Zinsrisiko eines Zinsderivats wird man etwa ein Modell des Heath-Jarrow-Morton-Typs wählen, für ein einfaches, europäisches Aktienderivat das Black-Scholes-Modell.
- *Modellschätzung und Daten*: Jedes Modell erfordert die Schätzung einer Reihe von Parametern. Beim Black-Scholes-Modell beschränkt sich dies auf die Schätzung der Stan-

dardabweichung des zugrundeliegenden Kursprozesses, bei Zinsmodellen sind es in der Regel drei Parameter oder mehr. Außer ökonometrischen Schätzverfahren und der Prognostizierbarkeit von Parametern geht es hier auch um die Probleme, welche bei der Erhebung und Aufbereitung des Datenmaterials auftreten.

- *Algorithmen*: Risikomanagement erfordert häufig die Simulation von Zufallsprozessen und Szenarien. Hier stehen verschiedene Rechenverfahren zur Auswahl, welche sich bezüglich Rechenaufwand, Genauigkeit, Konvergenzverhalten, Simulationseigenschaften etc. unterscheiden.

5.2 Zur aufsichtsrechtlichen Anerkennung interner Modelle

Im vorangehenden Abschnitt wurden einige allgemeine Probleme des VaR-Ansatzes als globalem Risikostandard aufgeführt. Je mehr dieses Konzept bei regulatorischen Behörden auf Akzeptanz stößt, umso ausgeprägter fallen diese Kritikpunkte ins Gewicht, denn mit jeder regulatorischen Norm wird, wie bereits erläutert, ein Teil der Verantwortung an die regulatorische Behörde überwälzt: Wenn regulatorisch ein Minimum gefordert wird, wird ein starker Anreiz erzeugt, das Verhalten auf dieses Minimum zu reduzieren. Man mag dazu verschiedene Beispiele aus dem Alltag finden. Warum ist die Eigenkapitalausstattung der Banken fortwährend gesunken, seit es verbindliche Eigenkapitalquoten gibt? Mit jeder gesetzlichen Vorschrift wird ein Teil der Verantwortung an die regulatorische Behörde delegiert. Und je detaillierter die Vorschriften sind, umso genauer wird man sich an die Vorschriften halten. Damit signalisiert die Behörde einen Informationsvorsprung, auf welchen sich die Regulierten legitimerweise verlassen. Im Schadenfall kann man argumentieren, habe man immerhin die Vorschriften eingehalten!

Die Ausstattung der Eigenmittel ist heute im Bankenbereich auf einem historischen Minimum angelangt, während die Risiken und die Komplexität der Kapitalmärkte, der Instrumente und Transaktionen zugenommen haben, die Zahl und Verflochtenheit der Finanzmarktakteure gestiegen und die Schuldnerqualität weltweit schlechter geworden ist. Zentrale Frage ist deshalb, ob sich durch ein verstärktes Engagement der Aufsichtsbehörden in den Detailfragen der Risikoberechnung und durch eine weitergehende Reglementierung des Risikomanagements, die systemischen Risiken reduzieren lassen.

Das Gegenteil ist wohl zu vermuten: In einem Bereich, in welchem es keine verbindlichen Standards, klare Beurteilungsmaßstäbe für die Quantifizierung von Risiken gibt, sollten sich regulatorische Vorgaben aus der Evaluation bankinterner Modelle heraushalten. Die Folge liegt nicht nur in einer Minimierung der Eigenmittel auf das gesetzliche Minimum, sondern auch in regulatorischer Arbitrage zwischen unterschiedlich regulierten Risiken.

Vor diesem Hintergrund muss der jüngste Vorschlag des Basler Ausschusses zur Eigenmittelregulierung der Banken äußerst kritisch betrachtet werden. Es wird vorgeschlagen, dass die Banken zur Ermittlung der regulatorischen Eigenmittelanforderungen auch für Kreditrisiken interne Modelle und externe Ratings heranziehen können.

Die Anerkennung spezifischer, bankinterner Modelle durch die Aufsicht transferiert zumindest einen Teil des Modellen inhäerenten Modellrisikos an die Aufsichtsbehörde. Die damit verbundenen Verhaltensrisiken können erheblich ausfallen. Risiko-Management ist ein Prozess, innerhalb dessen die verwendeten Modelle ständig verbessert werden müssen. Die Anerkennung interner Modelle darf nicht dazu führen bzw. darf nicht so ausgestaltet sein, dass der Anreiz für die Reduktion der Modellrisiken eingeschränkt wird. Die Vorschläge des Basler Ausschusses, welche auch die Anerkennung interner Modelle und externer Ratings für die Eigenmittelunterlegung von Kreditrisiken ins Auge fassen, müssten dem Aspekt des Modellrisikos und den damit verbundenen, adversen Anreizeffekten vermehrt Beachtung schenken.

5.3 ‚Survivorship Bias' als Grundproblem der empirischen Validierung von Modellen

Ein besonderes Problem soll die vorangehende Diskussion abrunden. Es lassen sich nur Sachverhalte empirisch, das heißt aufgrund historischer Daten, validieren, welche eine bestimmte Zeitdauer überlebt haben. Dies klingt banal – hat aber entscheidende Implikationen für das Risikomanagement. Oder gibt es irgendwo einen seit zehn Jahren erfolgreichen Chefhändler eines Derivatedesks, welcher sein Geschäft als letztlich nicht besonders risikoreich betrachtet? Warum sollte er auch, denn er hat ja letztlich viele Runden des Spiels überlebt. Es überleben nur die erfolgreichen Dinge – und je größer der Wettbewerbsdruck ist, umso kürzer ist die Survival Period. Wer nicht erfolgreich ist, fällt aus dem Selektionsprozess heraus und schreibt sich dies auch nicht auf den Hut.

Der zentrale Punkt für das Risikomanagement besteht darin, dass eine bestimmte Datengeschichte (nämlich ein über zehn Jahre erfolgloser Händler) und so eine repräsentative Wahrscheinlichkeitsverteilung gar nicht erst zu Stande kommt und damit als empirische Bezugsgröße nicht zur Verfügung steht. Survivorship-Effekte bewirken, dass von den Charakteristika der Überlebenden fälschlicherweise auf die Eigenschaften der gesamten Stichprobe geschlossen wird. Aus der Beobachtung, dass alle Händler mit einem glaubhaften – sprich langen – Track Record überdurchschnittlich (relativ zu was?) erfolgreich sind, kann bestimmt nicht geschlossen werden, dass die Gesamtheit *aller* heute aktiven Aktienhändler überdurchschnittlich erfolgreich ist[5]. Es heißt nicht einmal, dass alle *langjährig erfolgreichen* (das heißt überlebenden) Händler auch weiterhin vom Erfolg verwöhnt bleiben – denn Survivorship funktioniert ja gerade auch bei rein von Zufall getriebenen Prozessen[6].

Die Schlussfolgerung liegt darin, dass die ex-post festgestellte Performance von Systemen, welche durch Zufall und Survivorship geprägt sind, generell nicht repräsentativ sind

5 In diesem Zusammenhang ist auf ein einfaches psychologisches Experiment zu verweisen, wonach bei einer Selbstklassifikation der Leute relativ zu einer Gruppe sich immer etwa zwei Drittel der Personen als überdurchschnittlich betrachten.

6 Siehe Zimmermann 2000 für ein Simulationsbeispiel.

für die zukünftigen Chancen und Risiken der Systeme. Bei *sozialen* Systemen kommen zwei zusätzliche Faktoren dazu: Erstens, wer überlebt, neigt dazu, die Risiken, welche zum Erfolg geführt haben, zu unterschätzen. Und zweitens, wer über längere Zeit Erfolg hat, wird von der Gesellschaft unweigerlich – unbeachtet von Survivorship-Effekten – zum „Star" hochstilisiert. Und dies ist letztlich die wichtigste Voraussetzung dafür, dass Risiken unvollkommen wahrgenommen werden.

6. Komplementäre Ansätze des Risikomanagements

Die vielfältigen methodischen und empirischen Schwierigkeiten, welche mit der Verwendung von VaR-Modellen verbunden sind, machen es unumgänglich, die Modelle in breitere Risk Management Frameworks einzubetten. Dies ist umso mehr angezeigt, als das finanzielle Risikomanagement den operationellen Risiken zunehmende Beachtung schenkt. Dazu würden sich beispielsweise die folgenden Ansätze anbieten[7]:

- *Risk Histories:* Risiken sind gegenseitig verbunden. Wenn die Aktienmärkte abstürzen (Marktrisiko) steigt das Gegenparteirisiko im außerbörslichen Derivatgeschäft, der Wert von Sicherheiten fällt und Kreditlinien werden gekündigt (Kreditrisiko), was zu Zahlungsausständen und Liquiditätsengpässen führen kann (Liquiditätsrisiko), und vielleicht in langwierige rechtliche Verfahren münden kann (operatives Risiko). Es dürfte nicht einfach sein, solche Kausalitätsketten mit statistischen Verfahren exakt zu erfassen. Auf alle Fälle würde ein erster nützlicher Schritt darin bestehen, typische Risikoabfolgen (Risk Histories) zu dokumentieren oder szenariomäßig zu konstruieren. Dem liegt die Hypothese zugrunde, dass Risikoereignisse, gerade in Stressfällen, in bestimmten typischen Abfolgen auftreten.

- *„Soziotope":* Eine gemeinsame Ursache verschiedener Pannen und Fehlleistungen im Risikomanagement scheint darin zu bestehen, dass es immer wieder soziale, organisatorische und ökonomische Umfelder (hier als „Soziotope" bezeichnet) gibt, welche geeigneter sind als andere, damit sich Individuen gegenüber Kontrollprozessen immunisieren können. Dies kann verschiedene Ursachen haben: Erfolg (und die Drohung, die Organisation zu verlassen), ein Guru-Effekt (einzelne Mitarbeiter gelten als unantastbar, völlig losgelöst von ihrem tatsächlichen Erfolg), Selbstbestätigungseffekte von Gruppen und andere gruppendynamisch erklärbare Phänomene. Die Soziologie hat vielversprechende Methoden entwickelt, um solche Strukturen zu erkennen (siehe etwa Brügger 1999 für eine ethnografische Studie des Devisenmarktes); diese Ansätze lassen sich vermehrt für das Risikomanagement nutzen.

- *Wissensmanagement:* Risiken entstehen immer wieder durch eine mangelhafte Institutionalisierung von Information und Wissen (Knowledge) in Organisationen. Intransparente Führungsinformationssysteme, Informationsmonopole bei Mitarbeitern und Orga-

7 Die nachfolgenden Ansätze sind entliehen aus: Zimmermann/Wegmann/Schütze 2000.

nisationseinheiten, durch personelle Konstellationen geprägte Projekte, ungenügende Dokumentation oder fehlende Qualitätsstandards (Benchmarks) bilden häufig die Ursache für Schwachstellen bei den Kontrollmechanismen. Die Managementlehre hat in den letzten Jahren unter den Stichworten „Wissensmanagement", „lernende Organisation", u. a. fruchtbare Forschungsansätze entwickelt, welche für das finanzielle Risikomanagement, namentlich die operationellen Risiken, vermehrt genutzt werden können.

- *Qualitätsstufen:* Risikomanagement ergibt sich aus einer Vielzahl quantitativer und qualitativer Anforderungen, welche sich in einer Organisation nur schrittweise umsetzen lassen. Viele der in den letzten Jahren publizierten Principles, Standards, Guidelines etc. konzentrieren sich zu stark auf die anzustrebenden Merkmale eines optimalen Risikoüberwachungssystems, während die Aspekte der Umsetzung, das heißt die einzelnen Schritte zur Erreichung des Idealzustandes, vernachlässigt werden. Innovative Prozesse lassen sich in Organisationen durch ein stufenweises *etappiertes* Vorgehen einfacher in Gang setzen und verwirklichen. Neben diesem pragmatischen Gesichtspunkt zwingt es die Verantwortungsträger insbesondere, zeitliche und sachliche Prioritäten zu definieren und ein hierarchisches Zielsystem festzulegen („was setzt was voraus"). Auf diese Weise gewinnt man ein differenziertes Bild über den Entwicklungsstand resp. Reifegrad von Prozessen. Die erreichte Qualitätsstufe lässt sich anhand eines Standards beurteilen oder kann direkt für ein Rating herangezogen werden. Ein Ansatz, bei welchem finanzielles Risikomanagement als sechsstufiges hierarchisches Zielsystem dargestellt wird, ist bei Zimmermann/Heinzl/von Senger (1999) beschrieben.

7. Ausblick

Ähnlich wie früher an der traditionellen Oekonometrikerfront scheint es, dass wir an den Finanzmärkten – und hier insbesondere im Risikomanagement – alte Fehler wiederholen. Wir haben gelernt, in welcher Art und Weise die Prozesse an den Finanzmärkten am besten zu modellieren sind. Wir haben Anleihen aufgenommen in Disziplinen, die in der analytischen Durchdringung ihrer Fragestellungen weiter sind als wir, teilweise nota bene aber auch ein einfacheres Forschungsobjekt vorfinden. Ein Forschungsobjekt, das oft deterministisch ist oder sich dann durch eine Stochastik auszeichnet, die etwas stabiler ist als in den Sozialwissenschaften. In vielen Perioden und über lange Zeit können sich Finanzmarktpreise durchaus in Bahnen bewegen, die durch eine wohl zu beschreibende Stochastik charakterisiert sind. Das heißt aber nicht, dass dies immer so zu bleiben hat. Es heißt insbesondere nicht, dass sich das Risikomanagement darauf verlassen kann, dass die relevanten Parameter (Volatilitäten, VaR, Verteilungen oder ähnliches), wie man sie aus der Historie ablesen kann für die nähere oder weitere Zukunft auch nur irgendeine Relevanz zu haben brauchen. Plötzlich kann der berühmte Flügelschlag des Schmetterlings zu einer Änderung der Preisdynamik führen, die „wie auf einem anderen Planet aussieht".

Die an den Finanzmärkten wirkenden preisbestimmenden Prozesse sind alles andere als deterministisch. In vielen Fällen gehorchen sie auch nicht einer vernünftigen Stochastik, sondern sind vollgestopft mit Irregularitäten, Strukturbrüchen, „Katastrophen", Seifenblasen, die unvorhersehbar platzen und ähnlichem. Solche vermeintlichen Irregularitäten oder Irrationalitäten werden produziert durch eine Mischung unterschiedlichen Verhaltens unterschiedlichster Marktteilnehmer mit den verschiedensten Risikoneigungen, Vorlieben und Ängsten, die sich mehr oder weniger unvorhersehbar ändern können. Aber nicht nur solche oft irrational erscheinenden Irregularitäten können dafür verantwortlich sein, dass Preise und ganze Marktstrukturen plötzlich außer Rand und Band zu geraten scheinen. Manchmal führt gerade eine längere Periode der Stabilität eines Preises auch ganz einfach zu ökonomischen Ungleichgewichten, die sich über kurz oder lang korrigieren werden.

In den Wirtschaftswissenschaften gibt es langfristige Gleichgewichte, die sich immer wieder durchsetzen. Beispiele hierfür gibt es viele: die langfristige Beziehung zwischen Zins und Inflation; die Kaufkraftparität, die eine langfristige Beziehung stipuliert zwischen der Kaufkraft einer Währung und dem Wechselkurs; die langfristige Beziehung zwischen der Liquiditätsausstattung einer Volkswirtschaft und der Inflationsrate (und damit wieder dem Wechselkurs) usw. Wichtig ist an diesen Quasi-Gleichgewichten, dass sie im Normalfall nur langfristig gültig und oft quantitativ nicht klar zu spezifizieren sind. – Das ändert aber nichts an ihrer grundsätzlichen Gültigkeit. Gerade die Turbulenzen der letzten Monate haben uns einmal mehr vor Augen geführt, dass Ungleichgewichte, die sich längerfristig aufgebaut haben, irgendwann einmal korrigiert werden. Und je größer das Ungleichgewicht ist bzw. je länger es sich hat etablieren können, desto heftiger die nachfolgende Reaktion.

Wie soll man sich aber, beispielsweise als Anleger, als Händler oder eben als Riskmanager, verhalten, wenn man doch weder genau weiß, wo das Gleichgewicht ist, noch wie lange ein Ungleichgewicht andauert? Es gibt hierfür selbstverständlich keine Norm. Sonst gäbe es nämlich die Ungleichgewichte gar nicht. Aber allein die Einsicht, dass solche Ungleichgewichte existieren, und dass sie durch das (oft individuell rationale) Verhalten von Marktteilnehmern hervorgebracht werden, sollte die entsprechenden Alarmsignale auslösen. Die neueren Theorien im breiten Kontext der sogenannten „Behavioral Finance" zeigen, dass sich solches Verhalten eben sehr schnell ändern kann, und dass man dann mit vielen Parametern, die man in noch so komplexen Risk Management Tools implizit oder explizit eingebaut hat, plötzlich sehr schnell im Regen steht.

Neben einer sophistizierten Mathematik und Statistik gehört deswegen je länger je mehr einerseits wieder ein solides Werkzeug zur Analyse makroökonomischer Gleichgewichte zum Arbeitsinstrumentarium des Risk Managers im Finanzbereich. Und andererseits sollten wir uns gelegentlich daran zurückerinnern, dass viele der Modelle, die wir zur Analyse der Finanzmärkte verwenden aus Gebieten stammen, die nur beschränkt für soziale Systeme wie es ein Marktsystem ist, Anwendung finden können.

Literaturhinweise

BEDER, T.: VaR – Seductive but Dangerous. Financial Analysts Journal, Sept./Oct. 1995, pp. 12-24.

BRÜGGER, U.: Wie handeln Devisenhändler? Eine ethnographische Studie über Akteure in einem globalen Markt. Dissertation Universität St. Gallen 1999.

DEMBO, R./FREEMAN, A.: Seeing Tomorrow : Rewriting the Rules of Risk. Wiley 1998.

DROBETZ, W./ZIMMERMANN, H.: Volatility and Stock Market Correlation. Januar 2000, erscheint in: Global Asset Allocation Hrsg. Drobetz/Oertmann/Zimmermann.

GULDIMANN, T. M.: Editorial: The growing importance of quantifying financial risks. Finanzmarkt und Portfolio Management, Nr. 3 1998.

HEINZL, T./LEIPPOLD, M./ZIMMERMANN H.: Wertsteigerung durch Risikomanagement. Manager Bilanz IV, Nr. 10 1997, pp. 28-32.

HERI, E.: Risikomanagement auf des Messer's Schneide. Finanz und Wirtschaft, 27. März 1999.

HERI, E.: Die Acht Gebote der Geldanlage, Helbing & Lichtenhahn, Januar 2000.

JACKSON, P./MAUDE, D. J./PERRAUDIN, W.: Bank Capital and Value at Risk. Journal of Derivatives 4 (3) 1997, pp. 73-89.

LONGIN, F./SOLNIK, B.: Is the Correlation in International Equity Returns Constant: 1960-1990? Journal of International Money and Finance 14 1995, pp. 3-26

LUCAS, R. JR.: Econometric Policy Evaluation: A Critique. in K. Brunner and A. Meltzer: eds. The Phillips Curve and Labor Markets. North-Holland 1976.

MARSHALL, C./SIEGEL, M.: Value at risk: Implementing a Risk Measurement Standard. Journal of Derivatives 4 (3) 1997, pp. 91-111.

PORTMANN, T./WEGMANN, P.: Lower Partial Moments und Value-at-Risk: Eine Synthese. Finanzmarkt und Portfolio Management 12 1998, pp. 326-341.

PROBST, G./KNAESE, B.: Risikofaktor Wissen. Wie Banken sich vor Wissensverlusten schützen. Wiesbaden 1998.

SAMUELSON, P.: Proof that Properly Anticipated Prices Fluctuate Randomly. Industrial Management Review 6 1965, pp. 41-49.

ZIMMERMANN, H.: Value-at-Risk – ein zweifelhaftes Paradigma. Manager Bilanz IV II/1999, pp. 12-17.

ZIMMERMANN, H.: Editorial. Survivorship – Die verzerrte Wahrnehmung von Chancen und Risiken. Finanzmarkt und Portfolio Management 14, 1-6.

ZIMMERMANN, H./HEINZL, T./VON SENGER, C.: A Capability-Maturity Framework to Evaluate Risk Management Procedures. Manuskript s/bf-HSG 1999.

ZIMMERMANN, H./WEGMANN, P./SCHÜTZE, A.: Wertorientierte Gesamtbanksteuerung. Buchmanuskript, Schweiz. Institut für Banken und Finanzen, HSG 2000.

Stefan Kirmße

Gesamtbankorientierte Kreditrisikosteuerung

1. Einleitung: Die Marktsituation im Kreditgeschäft als Ausgangspunkt für den Aufbau einer Kreditrisikosteuerung

Das Firmenkreditgeschäft der Kreditinstitute ist aktuell durch verschiedene marktliche Entwicklungen in seiner Ergebnisqualität beeinträchtigt. Zum einen ist durch eine hohe Innenfinanzierungsquote bei Unternehmen guter Bonität, die Zunahme eigenständiger Aktivitäten der Unternehmen an den Kapitalmärkten (Securitization) sowie die wachsende Bedeutung von Eigenkapitalfinanzierungen (Equitization), sei es über eine Zunahme von Going-Public-Aktivitäten oder von Projektfinanzierungen, tendenziell eine Beschränkung des Geschäftspotenzials im Kreditgeschäft zu verzeichnen. Diese Effekte verringern die Möglichkeiten zur Erzielung von Erträgen aus dem zinstragenden Geschäft, die auch nur in Teilen durch zusätzliche Potenziale bei den Provisionserträgen kompensiert werden. Zum anderen schlägt sich die marktlich feststellbare Entkopplung von Insolvenzquote und Konjunkturverlauf als Reflex struktureller Faktoren (wie beispielsweise der Entwicklung von einer Industrie- zu einer Dienstleistungs- und Informationsgesellschaft) in kontinuierlich steigenden Insolvenzzahlen nieder.[1] Diese Entwicklung wird darüber hinaus noch dadurch verstärkt, dass, als Ergebnis der bereits genannten Einschränkung der geschäftspolitischen Optionen, als potenzielle Kreditkunden tendenziell Kunden von eher schlechterer Bonität (zumindest in den oberen Mittelstandssegmenten) verbleiben. Die Auswirkungen spiegeln sich in den Bewertungsergebnissen der Kreditinstitute wider. So betrug das Bewertungsergebnis in Prozent des Geschäftsvolumens in den Jahren zwischen 1995 und 1998 bei den Kreditgenossenschaften zwischen 0,35 % und 0,41 %, bei den Sparkassen zwischen 0,34 % und 0,52 % und bei den Großbanken zwischen 0,15 % und 0,25 %.[2,3]

Diese Entwicklungen finden vor dem Hintergrund einer Neuausrichtung der Banksteuerung an der Leitlinie des Shareholder-Value statt. Ein derartiges System unterstützt bei den Kreditinstituten aktuell die Bestrebungen, die Attraktivität von Geschäftsfeldern und einzelnen Aktivitäten im Hinblick auf ihren Beitrag zum Unternehmenswert messbar zu machen. Zur konkreten Beurteilung insbesondere des Firmenkreditgeschäftes sind dabei zwei Fragen zu beantworten:

1. Inwieweit werden Investitionen in die Bereitstellung einer qualifizierten Beratungsleistung (und Transformationsleistung), die Verfügbarkeit eines regionalen, nationalen oder internationalen Netzes an Filialen und Stützpunkten und die Übernahme von Pro-

---

1 Die Gesamtzahl der Insolvenzen in Deutschland betrug im Jahr 1999 nach Angaben von Creditreform 33 500. Davon entfielen 27 400 auf Insolvenzen von Unternehmen und der freien Berufe.

2 Die ermittelten Größen ergeben sich aus der GuV-Position „Abschreibungen und Wertberichtigungen auf Forderungen und bestimmte Wertpapiere sowie Zuführungen zu Rückstellungen im Kreditgeschäft“. Leistungen der jeweiligen Sicherungseinrichtungen fließen nicht mit ein.

3 Vgl. Deutsche Bundesbank 1996-1999.

duktionsleistungen von den Kunden adäquat honoriert? In die Begriffe der Ergebnisrechnung überführt stellt sich somit die Frage, ob die nach Abzug von Risiko- und Stückkosten verbleibenden Deckungsbeiträge ausreichen, einen vorab definierten Mindest-Ergebnisanspruch zu erzielen.

2. Gelingt es, durch die Übernahme von Ausfallrisiken ein angemessenes risikoadjustiertes Ergebnis zu erzielen? Oder: Rechtfertigt der durch die Übernahme von Ausfallrisiken erzielte RORAC die weitere Bereitstellung von Risikokapital im Vergleich zu alternativen Verwendungsrichtungen?

Wenn die zweite Frage negativ beantwortet wird, stellt sich zunächst die Frage nach Verbesserungsmöglichkeiten der bisherigen Steuerung von Ausfallrisiken. Sind hier die Verbesserungspotenziale bereits ausgeschöpft, besteht die letztendliche Konsequenz in einem Verzicht auf die Risikoübernahme und einer Fokussierung auf die Akquisitionsleistung. Dieses ist nur dann praktisch umsetzbar, wenn über bestimmte Instrumentarien die Trennung von Kreditvergabe und Risikoübernahme möglich ist. Wird durch die Bereitstellung von Beratungsleistungen ebenfalls kein befriedigendes Ergebnis erzielt, stellen die konsequente Überprüfung von Prozessabläufen und deren Verbesserung sowie die Erarbeitung und Umsetzung kundengruppenspezifischer Vertriebskonzepte probate Maßnahmen dar. Erst wenn auch hier nach Ausschöpfung sämtlicher Potenziale kein ausreichendes Ergebnis erzielt wird, ist das Geschäftsfeld insgesamt in Frage zu stellen.

Eine wesentliche Voraussetzung zur Beurteilung beider Fragen ist die Existenz eines leistungsfähigen Management-Informationssystems, dessen wesentlicher Bestandteil ein Instrumentarium der gesamtbankorientierten Kreditrisikosteuerung darstellt.

2. Die Elemente einer gesamtbankbezogenen Kreditrisikosteuerung

Das Kreditrisiko ist definiert als die Gefahr, dass der Wert einer Position, sei es eine Aktie, Anleihe oder auch ein Kredit, aufgrund einer Bonitätsveränderung des Titelemittenten (negativ) vom Erwartungswert abweicht.[4] Kreditrisiken treten, wie aus der Definition ersichtlich, nicht nur bei Kredittiteln auf, sondern können sich auch auf Finanztitel wie Anleihe, Aktie und Optionen auswirken.[5] So führt beispielsweise die Bonitätsverschlechterung oder sogar die Zahlungsunfähigkeit des Emittenten zu einem Rückgang des Aktien- oder Anleihekurses. Beispielhaft seien hier die Russlandkrise 1998/99 mit einem drastischen Rückgang der Anleihekurse und die Auswirkung der Sanierung des angeschlagenen Holzmann-Konzerns auf den Aktienkurs 1999 erwähnt. Einzig Devisenkurse und Rohstoffpreise sind in ihrer Wertentwicklung unabhängig von Bonitätsänderungen eines Emittenten.[6]

4 Vgl. Hölscher 1988, S. 317; Kirmße 1996, S. 14.
5 Vgl. Schierenbeck 1999, S. 5.
6 Vgl. ebenda, S. 6.

	Ausfallrisiko	Bonitätsrisiko
expected loss (aktuelle Risikokosten)	Erwarteter Kreditausfall	Erwartete Bonitätsverschlechterung
unexpected loss* (Value-at-Risk)	Abweichung vom erwart. Ausfall eines Kredites	Abweichung vom erwart. Kurswert eines Kredites

* Maximaler Verlust innerhalb einer bestimmten Zeitspanne bei vorgegebenem Wahrscheinlichkeitsniveau

Abbildung 1: Dimensionen des Kreditrisikos
Quelle: Rolfes, Bernd, Gesamtbanksteuerung, S. 332.

Das Kreditrisiko lässt sich weiter differenzieren. Das Ausfallrisiko bezeichnet dabei den Fall des Übergangs eines Kreditnehmers in die „Default-Klasse". Das Bonitätsrisiko hingegen bezieht sich bereits auf Wanderungsbewegungen zwischen einzelnen Bonitätsstufen.[7]

Für beide Dimensionen des Kreditrisikos ist zwischen dem erwarteten („expected loss") und dem unerwarteten („unexpected loss") Verlust zu unterscheiden. Unter dem erwarteten Verlust versteht man die Risikokosten, die sich auf Basis der Bonitätsbeurteilung des Kreditnehmers im Kreditvergabezeitpunkt ergeben. In diesem Sinne handelt es sich bei dem „expected loss" um einen bei der Kreditvergabe zu berücksichtigenden Kostenfaktor, der in die Preisfestsetzung als Risikoprämie einzufließen hat. Erst beim „unexpected loss", verstanden als Schwankung des tatsächlichen Verlustes um die ex ante veranschlagte und (hoffentlich) vereinnahmte Risikoprämie, stellt das eigentliche Kreditrisiko dar.[8]

Damit zerfällt die Quantifizierung des Kreditrisikos in zwei Problemkreise. Zuerst muss ein „Kurswert" für den Kredit berechnet werden, der den Risikostatus in der Ausgangssituation über einen Kursabschlag in Höhe der dafür zu kalkulierenden Risikoprämie berücksichtigt. Anschließend ist die Berechnung der potenziellen Prämienerhöhung und, bei nicht veränderbarem Kreditpreis, damit des potenziellen Kurswertrückgangs aufgrund von Bonitätsverschlechterungen erforderlich.[9]

Die gesamtbankorientierte Kreditrisikosteuerung vollzieht sich vor diesem Hintergrund in vier Schritten.[10] Zunächst gilt es, engagementspezifisch einen Risikostatus zu erheben und die daraus gewonnenen Informationen in einem nachfolgenden Schritt mit weiteren, noch

7 Vgl. Rolfes 1999, S. 332.
8 Vgl. ebenda, S. 332.
9 Vgl. ebenda, S. 333.
10 Vgl. Rolfes 1999, S. 331.

zu erläuternden Informationen in einer engagementspezifischen Risikoprämie zu verdichten. Darauf aufbauend wird in einem dritten Schritt der unerwartete Verlust als Schwankung um den erwarteten Verlust für das gesamte Kreditportefeuille (und damit unter Berücksichtigung von Diversifikationseffekten) abgeleitet. Mit dieser Ermittlung des unerwarteten Verlustes als Maßgröße für den Value-at-Risk im Kreditgeschäft kann auch eine Aussage über den marginalen Beitrag jedes Einzelengagements zum gesamtbankbezogenen Value-at-Risk im Kreditgeschäft vorgenommen werden. Aufbauend auf dieser informatorischen Basis kann in einem vierten Schritt die eigentliche Steuerung des Portefeuilles zur Optimierung des Ertrags-/Risikoprofils unter Berücksichtigung von Aspekten der Risikotragfähigkeit einsetzen.

Dieser geschilderte Bereich der quantitativen Steuerung von Kreditrisiken bedarf für eine erfolgreiche Umsetzung der Implementierung eines geeigneten prozessualen Vorgehens bei der Kreditvergabe. Im Bereich der qualitativen Steuerung des Kreditgeschäftes, als notwendige Bedingung für den erfolgreichen Aufbau einer Kreditrisikosteuerung, werden somit einzuhaltende prozessuale Qualitätskriterien im Rahmen der Kreditvergabe definiert. Es werden institutsspezifische „Mindestanforderungen an das Betreiben von Kreditgeschäften" formuliert. Eine wesentliche Aufgabe besteht dabei in der Standardisierung von Prozesselementen aufbau- und ablauforganisatorischer Art unter Qualitäts- und Sicherheitsaspekten.[11] Diese Aspekte sollen im Folgenden nicht weiter vertieft werden.[12]

3. Die Quantifizierung von erwartetem und unerwartetem Verlust im Kreditgeschäft als Teil des Gesamtrisikos einer Bank

3.1 Verfahren zur Ermittlung des erwarteten Verlustes als Kostenfaktor im Kreditgeschäft

Die methodische Basis für die Ermittlung des erwarteten Verlustes stellen die aus der folgenden Abbildung (Abbildung 2) ersichtlichen drei Komponenten dar. Im Einzelnen handelt es sich um die erwartete Ausfallrate (expected default rate/frequency), das Kreditvolumen/-exposition (credit exposure) sowie die Verlust- resp. Besicherungsquote (recovery rate). Diese werden zur Berechnung der Risikoprämie multiplikativ verknüpft.

Zur konkreten Wertermittlung für den erwarteten Verlust sind nach Art und Umfang der Segmentierung von Kreditnehmern einerseits und der Berechnungsmethodik andererseits unterschiedliche Ansätze entwickelt worden.[13]

11 Mit einer derartigen Vorgehensweise würde gleichzeitig eine Minimierung operationeller Risiken erfolgen.
12 Vgl. dazu Schmoll 1985 S. 230-235; derselbe 1993, S. 515-519.
13 Vgl. Kirmße 1996, S. 47.

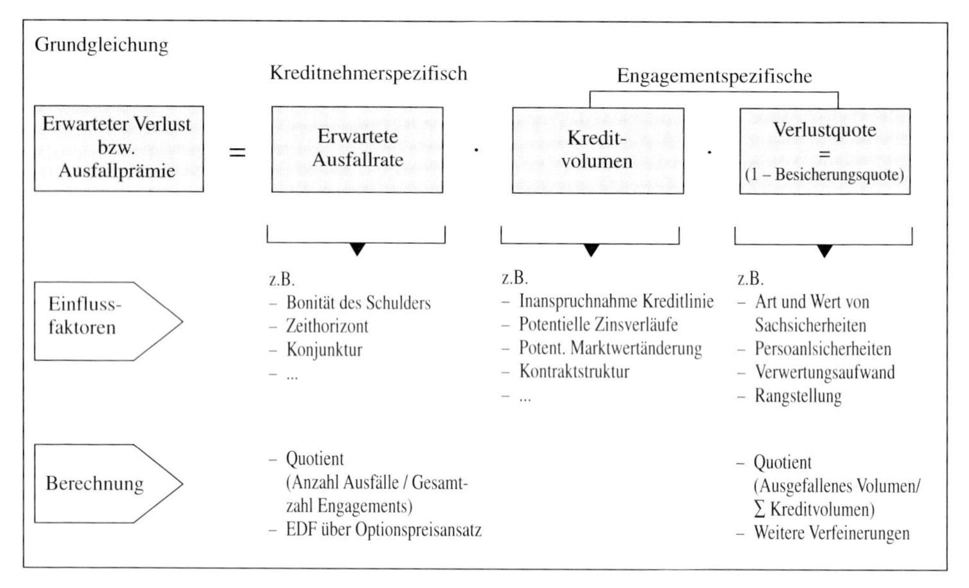

Abbildung 2: Methodische Basis einer zukunftsorientierten Kreditrisikosteuerung

Bei den „klassischen“, auf Risikoklassen basierenden Verfahren wird die Risikoprämie auf Basis einer Durchschnittskalkulation der Vergangenheit ermittelt.[14] Die drei Komponenten des erwarteten Verlustes werden nicht separat ermittelt, sondern nur als verdichtetes Ergebnis ausgewiesen. Zur Prämienberechnung werden die Kreditengagements zunächst in verschiedene, hinsichtlich ihres Risikogehalts möglichst homogene und untereinander möglichst heterogene Segmente unterteilt. Bezüglich der Art der Risikoklassenbildung werden verschiedene Segmentierungskriterien unterschieden. Bei der Segmentierung nach Kreditarten ist das durch den Kreditnehmer in Anspruch genommene Produkt entscheidend für den Zuschlag der Risikokosten. Beim geschäftsfeldspezifischen Ansatz erfolgt eine mehrdimensionale Segmentierung. Es werden hierbei zum Beispiel der Kreditnehmertyp in Verbindung mit der Kreditart und der Art der Besicherung als Kriterien zur Bildung eines Segmentes herangezogen.[15] Jedes Segment wird dabei durch eine bestimmte Ausprägung eines jeden Kriteriums definiert.

Die konkrete Berechnung erfolgt, indem der Quotient aus den in der Vergangenheit angefallenen Ist-Risikokosten und dem Kreditvolumen jeweils je Segment ermittelt und im Sinne einer Durchschnittsrechnung anschließend normalisiert wird. Die hierdurch gewonnenen normalisierten Ist-Risikokosten je Segment werden in die Zukunft extrapoliert und zur Kreditpreisfindung herangezogen.[16]

Das grundlegende Problem dieser Verfahren zur Ermittlung des „expected loss“ besteht darin, dass es sich beim Ergebnis um institutsspezifische Durchschnittsprämien der Ver-

14 Vgl. im Folgenden ebenda, S. 49-55.
15 Vgl. Schierenbeck/Rolfes 1988, S. 235-242.
16 Vgl. Schierenbeck 1995, S. 19; Rolfes 1999, S. 360 ff.

gangenheit handelt. Daraus resultieren zwei Effekte. Zum einen wird für dasselbe Kreditengagement in verschiedenen Kreditinstituten eine Prämie unterschiedlicher Höhe ermittelt werden und zum anderen wird die Höhe der Prämien maßgeblich durch die Qualität des Geschäftes der Vergangenheit beeinflusst.[17]

Bei weiteren Verfahren der Prämienermittlung wird eine getrennte Berechnung der drei prämiendeterminierenden Parameter vorgenommen. Die kreditnehmerspezifische, erwartete Ausfallrate wird dabei aus einem Verfahren zur Erfassung des Risikostatus abgeleitet. Dieses Verfahren kann auf den Methoden der klassischen Kreditwürdigkeitsanalyse aufbauen, wo in der Regel mittels heuristischer Scoring-Verfahren auf Basis qualitativer und quantitativer Daten ein Gesamturteil über die Bonität ermittelt wird, aus der dann wiederum die Ausfallwahrscheinlichkeit hergeleitet wird. Auch mittels Expertensystemen werden unter Verwendung spezifischer qualitativer und quantitativer Kundendaten Aussagen über deren Bonität abgeleitet.[18]

Die Einstufung in eine Ratingklasse und die nachfolgende Ableitung von Ausfallwahrscheinlichkeiten kann auch durch statistisch fundierte Insolvenzprognosen und Kreditscorings erfolgen. Bei diesen Verfahren werden insbesondere aus den Jahresabschlüssen (zwischenzeitlich auch unter Einbezug qualitativer Daten) risikorelevante Kennzahlen identifiziert, die ex ante eine Trennung in solvente und insolvente Unternehmen zulassen. Darüber hinaus ist es möglich, aus den jeweils ausgewiesenen Score-Werten auf eine Ausfallwahrscheinlichkeit zurückzuschließen. Die Eingruppierung der Kreditnehmer in ein Segment erfolgt dabei unter Anwendung verschiedener Verfahren wie der Multivariaten Diskriminanzanalyse (MDA) oder Künstlicher Neuronaler Netze.[19]

Bei einem anderen Ansatz wird die Krisenwahrscheinlichkeit – aufbauend auf dem Grundgedanken, dass ein Unternehmen dann insolvent wird, wenn der Marktwert der Aktiva den Marktwert der Passiva unterschreitet – unter Berücksichtigung des ökonomischen Verschuldungsgrades sowie der Volatilität des Marktwertes der Aktiva ermittelt. Dieser Ansatz entspricht der Ableitung von „expected default frequencies" aus dem Optionspreisansatz, über den auch direkt eine Ermittlung des erwarteten Verlustes möglich ist.[20]

Auch die veröffentlichten Bonitätsurteile externer Ratingagenturen (bislang insbesondere für Großunternehmen)[21] sowie die mit der jeweiligen Ratingkategorie verbundenen historischen Ausfallraten können als Parameter bei der Prämienermittlung herangezogen werden. Diese Risikoprämie lässt sich in Teilen auch direkt am Markt als Differenz zwischen dem Kurs bonitätsfreier Wertpapiere und dem Kurs des vom Unternehmen emittierten Papiers als Credit-Spread ablesen. Sowohl das Rating durch externe Agenturen als auch der Credit-Spread stehen jedoch für eine Vielzahl der Kreditnehmer nicht zur Verfügung, so dass nur in den seltensten Fällen auf diese Größen zurückgegriffen werden kann. Darüber hinaus kann

17 Für eine ausführliche Beurteilung der einzelnen Ansätze vgl. Kirmße 1996, S. 61-66.

18 Vgl. Betsch 1997; Reuter 1996, S. 321 ff.

19 Zu diesen Verfahren vgl. Baetge 1995, derselbe 1998a; derselbe 1998b; Hüls 1995; Rolfes 1999, S. 342-351; Uthoff 1997.

20 Vgl. Kirmße 1996, S. 76-80 sowie die dort angegebene Literatur.

21 Vgl. Meyer-Parpart 1996, S. 120 ff.; Steiner 1992, S. 509-515.

ebenfalls gezeigt werden, dass der Credit-Spread von weiteren Faktoren, wie zum Beispiel der Liquidität des Marktes, abhängt, so dass Unternehmen mit gleicher Bonität Differenzen im Credit-Spread aufgrund unterschiedlicher Marktliquidität aufweisen können.[22]

Die Ermittlung der Kreditexposition als weiterer Parameter bei der Quantifizierung des erwarteten Verlustes ist in der Regel problemfrei möglich. Grundsätzlich handelt es sich um den Betrag, der für die Wiederbeschaffung einer vergleichbaren Forderung aufgewandt werden muss.[23] Bei der Betrachtung frei durch den Kreditnehmer ausschöpfbarer Kontokorrentlinien ist zu beachten, dass die Linienauslastung mit Herannahen der Insolvenz ansteigt, die Höhe der Kreditexposition demgemäß durch den Kreditnehmer verändert werden kann.[24] Komplexer ist die Ermittlung von Kreditäquivalenten bei den Derivativprodukten.[25] Zum einen sind Netting-Vereinbarungen zu berücksichtigen. Zum anderen ist der Einfluss von Marktparameteränderungen auf die Höhe der Kreditexposition zu beachten. So können beispielsweise Zinsänderungen zu einer Veränderung der Exposition bei Derivativgeschäften führen.

Die Rückzahlungsquote im Insolvenzfall als dritter Bestandteil einer Ableitung des erwarteten Verlustes ergibt sich aus dem Verhältnis des Nettoerlöses im Insolvenzfall zum Kreditvolumen. Dabei sind als wesentliche Einflussfaktoren die Höhe des Blankoanteils eines Engagements, die Erlöse aus der Sicherheitenverwertung, der Zinsverlust sowie die Kosten des Workouts zu berücksichtigen.[26]

Ein weitere direkte Möglichkeit der Ableitung einer Ausfallrisikoprämie besteht in der Interpretation von Eigen- und Fremdkapitalpositionen als „contingent claims“, deren Bewertung mittels eines Optionspreisansatzes erfolgen kann.[27] Die Risikoprämie ergibt sich bei diesem Ansatz direkt als Preis einer (aus Kreditgebersicht verkauften) Verkaufsoption auf das kreditnehmende Unternehmen mit einem Basispreis in Höhe des Kreditrückzahlungsbetrages.[28] Aus diesem Ansatz kann auch auf die modellimmanenten einzelnen Parameter (Ausfallwahrscheinlichkeit und Recovery-Rate) zurückgeschlossen werden.[29]

Es soll an dieser Stelle noch einmal betont werden, dass es sich beim erwarteten Verlust um einen Kostenfaktor im Kreditgeschäft handelt, der (neben den Stückkosten) zumindest über die Bruttomarge zu verdienen ist, um einen positiven Beitrag zu einem Renditeanspruch beitragen zu können.

22 Vgl. Bröker 2000, S. 286.

23 Vgl. ebenda, S. 23.

24 Vgl. Varnholt 1997, S. 139 f.

25 Vgl. Lawrence, 1995, S. 23-26; Rowe 1995, S. 13 f.

26 Für empirische Untersuchungen zur Ermittlung der Rückzahlungsquoten bei Unternehmensanleihen vgl. Carty/Lieberman 1996, S. 3 ff.; Altman 1996, S. 2 ff. Für Bankkredite vgl. Asarnow/Edwards 1995, S. 24 ff. Eine Untersuchung für den deutschen Markt liefert Jansen (in Vorbereitung).

27 Vgl. Black/Scholes 1973, S. 649-652; Bookstaber 1987, S. 96-102; Copeland/Weston 1992, S. 248 f.; Cox/Rubinstein 1985, S. 375-384; Galai/Masulis 1976, S. 57-61; Jurgeit 1989, S. 34-45; Klug 1985, S. 54 f.; Kruschwitz 1984, S. 68; Park/Subrahmanyam 1990, S. 358-368; Rudolph 1994, S. 898-901; Skaruppe 1994, S. 182-187; Smith 1976, S. 41 f.; derselbe 1979, S. 87 f.; Varnholt 1995, S. 25; Weddige 1973, S. 147 f.

28 Vgl. Kirmße 1996. S. 76-86 sowie die dort angegebene Literatur.

29 Vgl. Rolfes/Bröker 1999, S. 176-179; Kirmße 1996, S. 103-106 sowie die dort angegebene Literatur.

3.2 Die Ableitung des unerwarteten Verlustes als Risikogröße

Wie oben bereits beschrieben, ergibt sich der „unexpected loss" allgemein formuliert als (negative) Abweichung des tatsächlichen Verlustes vom erwarteten Verlust. In Abhängigkeit von der Definition des erwarteten Verlustes ergeben sich unterschiedliche Definitionen und konkrete Ermittlungsmethodiken für den „unexpected loss" als Maßgröße für den Value-at-Risk im Kreditgeschäft.

Konkret werden Ausfall- und Bonitäts-(Wertänderungs-)Modelle unterschieden. Bei Ausfallmodellen wird das Risiko als Abweichung der tatsächlichen von den erwarteten Kreditausfällen modelliert und quantifiziert. Die Betrachtung wird damit ausschließlich auf den Übergang von der Solvenz- in die Insolvenzklasse fokussiert. Bei den Bonitätsmodellen werden bereits Bonitätsveränderungen, das heißt Wanderungsbewegungen im Bereich der Solvenzklassen und die damit verbundenen Wertveränderungen von Kredittiteln bei der Ermittlung des Value-at-Risk berücksichtigt.

Allgemein formuliert ist die Höhe des Value-at-Risk im Kreditgeschäft eine Funktion des Diversifikationsgrades. Dieses kann an den Grundzusammenhängen der Portfolio-Theorie verdeutlicht werden.[30]

- Je größer die Anzahl der Einzelengagements in einem Kreditportefeuille ist, umso geringer wird die Bedeutung des Einzelrisikos gemessen an der Varianz der Erträge und umso größer wird der Einfluss des Kovarianzrisikos.
- Je stärker die Streuung der Größenklassen im Portefeuille, umso größer ist die Bedeutung der Varianz dieser Großgeschäfte und umso größer ist c.p. der Value-at-Risk.
- Je stärker die Korrelationsbeziehungen zwischen Kredittiteln/-klassen gemessen am Korrelationskoeffizienten ausfallen, umso größer ist der Value-at-Risk.

Daneben ist zu konstatieren, dass die Wahrscheinlichkeit von Kreditausfällen auch nicht näherungsweise einer Normalverteilung gehorcht. In der Regel liegt eine rechtsschiefe Verteilung vor. Je besser die Bonität der betrachteten Kreditnehmer, umso stärker ist dieser Effekt zu beobachten.

Zur Abbildung der Wahrscheinlichkeitsverteilungen von Kreditausfällen resp. Wertverlusten und der darauf aufbauenden Quantifizierung des Value-at-Risk sind in der Praxis in jüngster Zeit verschiedene Modelle entwickelt worden. Es handelt sich (in zeitlicher Reihenfolge der Veröffentlichung) u. a. um die Modelle CreditMetrics™ von J. P. Morgan,[31] CreditRisk+™ von Credit Suisse Financial Products[32] sowie Credit Portfolio View™ von McKinsey.[33,34]

30 Gemäß der Portfolio-Theorie ergibt sich das Risiko eines Portfolios – gemessen an der Varianz der Erträge – aus der Addition der gewichteten Einzelvarianzen sowie den jeweiligen gewichteten Kovarianzen.

31 Vgl. J.P. Morgan 1997a; dieselben 1997b.

32 Vgl. Credit Suisse, CreditRisk+™.

33 Vgl. Wilson 1997.

34 Vgl. im Folgenden Rolfes 1999, S. 409-432 sowie die dort angegebene Literatur.

CreditMetrics™ quantifiziert das Ausfallrisiko als wertänderungsbedingten unerwarteten Verlust. Damit werden auch Wertänderungen innerhalb des Solvenzbereiches berücksichtigt. Das Modell ist originär für die Quantifizierung des bonitätsbedingten Wertminderungspotenzials geratener Bonds konzipiert worden. Zur Ermittlung des Ausfallrisikos werden zunächst aus historischem Datenmaterial Migrationsmatrizen aufgestellt, die die Frage beantworten, mit welcher Wahrscheinlichkeit ein Kreditnehmer von einer Ratingklasse in eine andere gewandert ist.[35] Die Berechnung des Value-at-Risk für eine Einzelposition wird auf Basis dieser Wanderungsbewegungen in zwei Schritten vorgenommen. Im ersten Schritt werden in Abhängigkeit von den zukünftig möglichen (sich aus der Migrationsmatrix ergebenden) Ratingeinstufungen einer Anleihe für t_1 alternativ mögliche Kurswerte errechnet. Die Diskontierung des im Zeitpunkt 1 noch ausstehenden Cash Flows einer Anleihe erfolgt mittels Forward-Zinsstrukturen, die aus den im Zeitpunkt 0 gültigen Zinsstrukturen der verschiedenen Ratingkategorien für den Zeitpunkt 1 errechnet werden. Das Ergebnis der Berechnungen stellt ein Vektor möglicher, von der zukünftigen Ratingbeurteilung abhängiger Kurswerte der Anleihe im Zeitpunkt 1 dar. Im zweiten Schritt werden diesen berechneten Vektor-Kurswerten Eintrittswahrscheinlichkeiten, die sich aus der erwähnten Migrationsmatrix ergeben, zugeordnet. Aus der Addition der mit den jeweiligen Eintrittswahrscheinlichkeiten gewichteten Vektor-Kurswerte ergibt sich als Ergebnis der Erwartungswert der Anleihe in t_1. Der Value-at-Risk berechnet sich nun aus der Differenz des ermittelten Erwartungswertes und dem Kurswert, auf den die Anleihe in t_1 mit einer angenommenen Wahrscheinlichkeit maximal fallen kann. Diese Wahrscheinlichkeit ist dabei vom Anwender vorzugeben. Um ausgehend von dieser Einzelwertbetrachtung die Wahrscheinlichkeitsverteilung des Wertes eines Kreditportfolios (unter Berücksichtigung von Korrelationen) und damit den Value-at-Risk für ein Kreditportfolio ableiten zu können, wird eine Monte-Carlo-Simulation durchgeführt. Die generierten Zufallszahlen führen dann entsprechend der Wahrscheinlichkeiten aus den Migrationsvektoren zu einer Zuordnung zu einer Ratingklasse. Die Korrelationen zwischen einzelnen Kreditnehmern werden bei der Zuordnung der Zufallszahlen berücksichtigt, die damit nicht unabhängig erfolgt.

Im Rahmen von Credit Portfolio View™ werden ebenfalls wertänderungsbedingte unerwartete Verluste quantifiziert. Es fließen allerdings makroökonomische Parameter (Arbeitslosenquote, Wachstum des Bruttoinlandsproduktes etc.) explizit in das Modell ein. Die eingehenden Parameter werden zu einer Indexentwicklung verdichtet und letztlich bei der Ermittlung des Value-at-Risk berücksichtigt. Die Ausfallwahrscheinlichkeiten werden als Funktion dieser Indizes dargestellt. Der unerwartete Verlust ergibt sich dann auf Basis einer Monte-Carlo-Simulation, bei der die Indexentwicklungen simuliert werden.

Das Verfahren CreditRisk+™ berechnet den Value-at-Risk für das Ausfallrisiko auf Basis unerwarteter Wanderungen in die Default-Klasse. Bonitätsveränderungen innerhalb der Solvenzklassen und die damit verbundene Veränderung der Kurswerte von Kredittiteln werden nicht berücksichtigt. Die Grundlage für die Bestimmung des Ausfallrisikos bilden die für die einzelnen Kreditnehmer respektive Kreditnehmergruppen unterstellten Aus-

35 Vgl. J. P. Morgan, Introduction, S. 7 ff.; Rolfes 1999, S. 415 ff.

fallwahrscheinlichkeiten. Diese wiederum ergeben sich in der Regel aus den historischen Ausfallraten des eigenen Kreditportfolios. Eine Besonderheit des Verfahrens liegt in der Art der Berücksichtigung von Mengen- und Volumenstruktureffekten. Die Modellierung der Wahrscheinlichkeitsverteilung der Anzahl der Kreditausfälle erfolgt aus einer Poisson-Verteilung. Die Volumenstruktur wird über sogenannte Exposure-Bänder abgebildet, deren „expected loss" sich aus der Ausfallwahrscheinlichkeit der einzelnen Schuldner sowie den dazugehörigen Kreditexposures ergibt. Aufbauend auf diesen Grundlagen wird die Wahrscheinlichkeitsverteilung der potenziellen Ausfallvolumina ermittelt. Aus dieser Verteilung kann nun direkt der Value-at-Risk als Differenz zwischen erwartetem und unerwartetem Verlust bei einem gewünschten Sicherheitsniveau abgelesen werden. Daneben können volatile Ausfallraten einbezogen werden. Korrelationseffekte von Kreditausfällen werden über die Zuordnung einzelner Kreditnehmer zu sogenannten Hintergrundsektoren (z. B. eine Branche) erreicht. Zwischen diesen Hintergrundsektoren wird dabei eine Korrelation von null unterstellt. Das Modell CreditRisk+™ benötigt eine relativ geringe Datenmenge (Kreditexposure, Ausfallwahrscheinlichkeiten und deren Schwankungen sowie eine Sektorenaufteilung) und ist daher vergleichsweise einfach handhabbar. Als Nachteil steht dem entgegen, dass die Hintergrundfaktoren nur relativ grob die kreditnehmerspezifischen und makroökonomischen Einflüsse auf die Wahrscheinlichkeitsverteilung abbilden können. Eine handelsorientierte Neubewertung des Kreditportefeuilles ist mit CreditRisk+™ wie oben bereits beschrieben ebenfalls nicht möglich.[36]

Sofern die erwarteten Verluste mittels eines Optionspreisansatzes quantifiziert worden sind, kann aus der Wahrscheinlichkeitsverteilung der Optionsprämien, sei es für einen einzelnen Kredit oder ein Kreditportfolio, der Value-at-Risk aus der Differenz zwischen heutiger und der mit einer bestimmten Wahrscheinlichkeit nicht überschrittenen Risikoprämie errechnet werden.[37]

3.3 Ansätze für eine Integration von Marktpreis- und Kreditrisiken im Value-at-Risk-Konzept

Das Ziel einer integrativen Risikobetrachtung als Ausgangspunkt einer Formulierung konkreter Steuerungsmaßnahmen besteht im Idealfall darin, sämtliche Risikoarten einer Bank unter Berücksichtigung der Korrelationseffekte zu einem Gesamtbank-Value-at-Risk zu verdichten. Das Ergebnis ist ein umfassender Risikostatus der Gesamtbank. Dieser Risikostatus kann beispielsweise in Form einer Risikomatrix aufgebaut sein.[38] Dabei werden die Risiken differenziert nach Risikoarten und Geschäftsbereichen dargestellt und zum Gesamtstatus verdichtet. Innerhalb jedes Feldes der Matrix können risikokompensierende Effekte in die Betrachtung einfließen.

36 Eine Einbeziehung von Ratingveränderungen in CreditRisk+™ zeigen Rolfes/Bröker 1998, S. 72 f.

37 Vgl. Kirmße 1996, S. 136 ff.; derselbe 1998, S. 72; Rolfes 1999, S. 428-432.

38 Vgl. Krumnow 1990, S. 102 f. und S. 118; Schierenbeck 1999, S. 10 f.

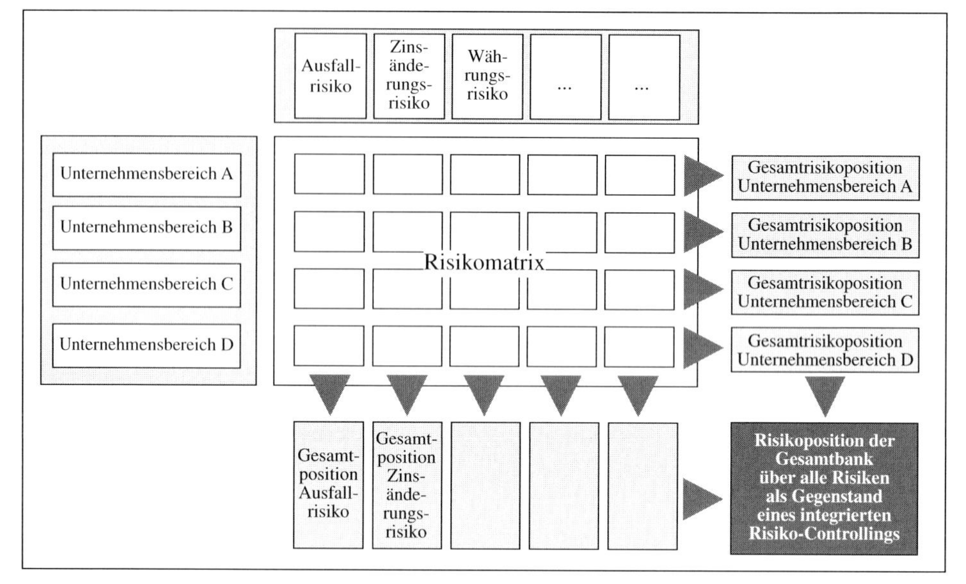

Abbildung 3: Risikomatrix zur Ermittlung des Gesamtbankrisikostatus
Quelle: Schierenbeck (II) 1999, S. 11.

Ein Beispiel für die Verteilung des ökonomischen Risikokapitals auf einzelne Risikoarten kann dem Geschäftsbericht der Deutschen Bank entnommen werden. Danach verteilt sich die Gesamtrisikoposition der Bank von 24 240 Mio. DM zu 72,6 % auf das Kreditrisiko, zu 22,4 % auf operatives Risiko und nur zu 5,0 % auf Marktpreisrisiko.[39]

Als Voraussetzung einer integrativen Risikobetrachtung muss zunächst je Risikoart ein Verfahren der Risikoidentifikation und -quantifizierung definiert werden. Während im Bereich der Marktpreisrisiken diesbezüglich eine ausgefeilte und praxiserprobte Methodenbasis vorliegt, besteht im Bereich der Kreditrisiken im Bereich der Umsetzung und bei den operationellen Risiken hinsichtlich Konzeption und Umsetzung weiterer Handlungsbedarf.[40,41]

Um eine Aggregation der je Risikoart ermittelten einzelnen Value-at-Risk-Werte zu erreichen, bedarf es der Erfüllung verschiedener Anforderungen, von denen die bedeutendsten hier genannt werden sollen:

- Verwendung eines einheitlichen Risikobegriffs: Es ist zu beachten, dass das Risiko als Abweichung vom erwarteten Ergebnis definiert wird.[42]

39 Vgl. Deutsche Bank 1999, S. 121.

40 Zu den operationellen Risiken vgl. Kingsley 1998, S. 1 ff.

41 Dies verdeutlicht, dass nach dem derzeitigen Stand von Theorie und Praxis die Risiken am besten abbilden, die den geringsten Anteil am Gesamtrisiko repräsentieren.

42 Über eine solche Betrachtung wird auch erreicht, dass bei Betrachtung des Ausfallrisikos als Abweichung von den erwarteten Risikokosten sowohl positive als auch negative Schwankungen auftreten können und damit eine Vergleichbarkeit mit den Marktpreisrisiken vorliegt.

- Einführung eines einheitlichen Risikomessverfahrens: Eine Möglichkeit besteht in der Risikobestimmung über ein adäquates Value-at-Risk-Verfahren. Dabei ist zu beachten, dass nicht alle Konzeptionen für Marktpreis- als auch für Ausfallrisiken gleichermaßen geeignet sind. Da bei Ausfallrisiken in der Regel eine rechtsschiefe Verteilung vorliegt, sind gerade die im Marktrisikobereich verbreiteten (weil einfach anwendbaren) Varianz-Kovarianz-Modelle, die auf einer Normalverteilungsannahme basieren, nicht auf Ausfallrisiken übertragbar.[43] Dieser Sachverhalt erfordert bei einer Integration von Marktpreis- und Ausfallrisiken die Anwendung von Simulationsverfahren, die unabhängig von einer Verteilungsannahme arbeiten.
- Verwendung eines einheitlichen Zeithorizonts bei der Risikomessung: Während bei der Messung von Marktpreisrisiken tendenziell ein kurzer Zeithorizont (ein bis zehn Tage Haltedauer) unterstellt wird, ist die Messung von Ausfallrisiken – insbesondere bei Portefeuilles aus nicht-marktnotierten Titeln, aus Gründen der Datenverfügbarkeit nur auf einer Jahresbasis möglich. Bei einer Integration wird damit der Zeithorizont von einem Jahr den kleinsten gemeinsamen Nenner für die Risikomessung darstellen.
- Ermittlung der Korrelationen der Risikoparameteränderungen: Hier stellt sich die Frage, inwieweit Korrelationen für die identifizierten Risikoparameter vorliegen oder ermittelbar sind und welcher Komplexitätsgrad aus einer derartigen Einbeziehung resultiert. Im Idealfall wären sämtliche Risikoparameter identifiziert und hinsichtlich ihres Einflusses beschrieben, damit auf Basis von Szenarien für diese Risikoparameter unter Berücksichtigung der Korrelationen der Gesamtbank-Value-at-Risk abgeleitet werden kann. Praktikabel erscheint hier eine Beschränkung auf wenige Risikoparameter verbunden mit dem Versuch einer empirischen Ermittlung von Korrelationen. Vor dem Hintergrund der Umsetzungsschwierigkeiten wird in der (veröffentlichten) Praxis bislang zur Ermittlung der Gesamtrisikoposition eine Addition der einzelnen Risikoarten vorgenommen.[44] Damit wird bei der Risikoquantifizierung von der Prämisse ausgegangen, dass die negativen Fälle je Risikoart gleichzeitig auftreten und keine Gegenläufigkeiten existieren.

4. Die Kreditrisikosteuerung als Bestandteil einer gesamtbankorientierten Ertrags-/Risikosteuerung

4.1 Risikokalküle als Grundsätze der Steuerung

Da eine Erzielung von Erträgen nur unter Eingehung von Risiken möglich ist, ist eine isolierte Betrachtung von Erträgen oder Risiken nicht zielführend. Erst eine integrative Be-

43 Das Ausmaß der Schiefe ist dabei abhängig vom Diversifikationsgrad des Portefeuilles im Hinblick auf Größe und Korrelation der Einzelengagements.

44 Vgl. Deutsche Bank 1999, S. 121.

trachtung beider Komponenten ermöglicht eine effiziente Kapitalallokation. Im Rahmen der Kapitalallokation ist durch die Instrumente einer gesamtbankbezogenen Risikosteuerung sicherzustellen, dass sich einstellende Verluste ohne Eintritt einer existenzgefährdenden Situation abgedeckt werden können. Da die Einhaltung dieses Kalküls zwar die Eingehung existenzgefährdender Situationen vermeiden hilft, allerdings keine Unterstützung im Hinblick auf eine Kapitalallokation bietet, ist es durch ein Kalkül zu ergänzen, das gewährleistet, dass das Risikokapital in die effizientesten Verwendungsrichtungen gelenkt wird.

Die erste (notwendige) Bedingung der Risikosteuerung mit der Zielsetzung der Existenzsicherung wird im Risikotragfähigkeitskalkül operationalisiert. Dem gemäß hat sich die Höhe des maximal übernehmbaren Risikos an der Höhe des vorhandenen Risikodeckungspotenzials zu orientieren.[45] Zu diesem Zweck werden, in Abhängigkeit von der Risikoneigung der Entscheidungsträger, unterschiedliche Deckungsmassen definiert, die zur Abdeckung des bei unterschiedlichen Szenarien erwarteten Verlustpotenzials ausreichen sollen. Es werden beispielsweise Normal-, Negativ- und Maximalbelastungsfall definiert, das damit verbundene Verlustpotenzial ermittelt und mit dem jeweils zur Verfügung stehenden Deckungspotenzial abgeglichen. Je geringer die Eintrittswahrscheinlichkeit eines Falles angenommen wird, umso höher ist das akzeptierte Verlustpotenzial.[46]

Die Allokation erfolgt im Rahmen eines Risiko-/Chancen-Kalküls.[47] Es wird durch den Vergleich von Ertrags-/Risiko-Relationen geprüft, in welchen Bereichen die Übernahme von Risiken sinnvoll ist. In diesem Sinne kann die Gesamtbank als ein unter Ertrags-/Risikogesichtspunkten zu optimierendes Portefeuille verstanden werden, dessen Teilportefeuilles einer performanceorientierten Betrachtung unterzogen werden. Die erzielten Ergebnisse der Teilportefeuilles werden somit an einer ex ante definierten Benchmark gemessen.[48]

Die in der Praxis entwickelten Steuerungssysteme verknüpfen Ertrag und Risiko einzelner Geschäftsaktivitäten im Sinne eines integrativen Ansatzes über die Bildung risikoadjustierter Ergebnismesszahlen.[49] In der Regel wird die Vergleichbarkeit über die Verwendung des Return On Risk Adjusted Capital (RORAC) oder den Risk Adjusted Return On Capital (RAROC) hergestellt. Im ersten Fall findet eine Ergebnisnormierung über die Adjustierung des eingesetzten Kapitals, im zweiten Fall des erzielten Ergebnisses statt.[50]

45 Vgl. Lister 1997, S. 187 ff.; Schierenbeck 1999, S. 1 f. und S. 48-66; derselbe 1995, S. 8-13; Timmermann 1995, S. 122 f.

46 Vgl. Groß/Knippschild 1995, S. 75; Schierenbeck 1995, S. 10-12.

47 Vgl. Schierenbeck 1999, S. 1 f. und S. 66-76; derselbe 1995, S. 14.

48 Vgl. Benke/Gebauer; Piaskowski 1991, S. 515 f.; Flesch/Lichtenberg 1994, S. 47 f.; Flesch/Gerdsmeier/Lichtenberg, 1995, S. 279-281.

49 Vgl. Flesch/Gerdsmeier 1995, S. 111-129; Flesch/Lichtenberg 1994, S. 33-53; Groß/Knippschild 1995, S. 69-109; Timmermann 1995, S. 115-129; Wuffli 1995, S. 93-114.

50 Vgl. Groß/Knippschild 1995, S. 100-102.

4.2 Der Steuerungsprozess

Der Prozess einer gesamtbankorientierten Kreditrisikosteuerung basiert auf einem dualen Steuerungssystem, bestehend aus einer dezentralen Einzelgeschäftssteuerung und einer zentralen Gesamtbanksteuerung.[51]

Die grundlegende Festlegung von Ertrags- und Risikozielen, die Positionierung der Gesamtbank sowie die Definition anzustrebender Geschäftsfeldziele erfolgt zentral auf der Ebene der Unternehmensleitung.[52] Für den Bereich der Kreditrisiken bedeutet dieses konkret die Vorgabe einer RORAC-Benchmark für das zur Verfügung gestellte Risikokapital. Dieser Ergebnisanspruch an die Übernahme von Ausfallrisiken ist von den Ertragserwartungen der Kapitalgeber,[53] der Risikoneigung der Unternehmensleitung sowie den Rendite-/Risikoprofilen der am Markt existierenden Investitionsmöglichkeiten abhängig. Das Risikokapital, als zweite zentral vorgegebene Größe, ist im Sinne obiger Risikodefinition als maximal erlaubte Abweichung vom erwarteten Ergebnis definiert. Es dient der Abdeckung des Value-at-Risk im Kreditgeschäft im Risikotragfähigkeitskalkül und stellt die Begrenzung der Geschäftsaktivitäten dar. Die Bereitstellung des Risikokapitals erfolgt als Bestandteil eines gesamtbankweiten Allokationsprozesses über die Festlegung bereichsbezogener Limite, deren Höhe die jeweiligen dezentralen Möglichkeiten der Risikoübernahme kennzeichnet.[54]

Daneben ist zur Gewährleistung der Einheitlichkeit der methodischen Basis auf der zentralen Ebene festzulegen, nach welchem der beschriebenen Verfahren die Ermittlung risikoadjustierter Preise im Einzelgeschäft erfolgt.[55] Gleiches gilt für das anzuwendende Portfoliomodell. Ebenfalls zentral werden die oben bereits angesprochenen prozessualen Qualitätskriterien festgelegt.

Mit den beschriebenen zentralen Festlegungen ist es möglich, die Kundengeschäftsbereiche als dezentrale, eigenständig agierende Einheiten organisatorisch zu verankern. Das Grundprinzip bei der dezentralen Steuerung des Ausfallrisikos ist die Freistellung des Kundengeschäftes von Risiken. Diese Freistellung erfolgt durch die Festlegung eines Transferpreises für die Risikoweitergabe an die zentrale Ausfallrisikosteuerung in Höhe der Risikoprämie (Preis für die Übernahme des erwarteten Verlustes). Diese Prämie mindert den einzelgeschäftsbezogenen Erfolg des Kundenbereiches und hat für den Kundenbereich die Funktion einer Versicherungsprämie. Der Kundenbereich wird also unabhängig von Branche, Region oder Volumen jedes Kundengeschäft einwerben, das nach Abzug der Risikoprämie und der übrigen Kostenkomponenten einen positiven Deckungsbeitrag erbringt.

---

51 Zum Grundaufbau eines dualen Steuerungssystems vgl. Schierenbeck 1999, S. 279-289; derselbe 1994, S. 415 f. und S. 421-433; Schierenbeck/Rolfes 1988, S. 219-224.

52 Vgl. Schüller 1995, S. 180.

53 Zu deren Festlegung vgl. Rolfes1999, S. 33-43.

54 Vgl. im Folgenden Flesch/Gerdsmeier 1995, S. 115 f.; Flesch/Lichtenberg 1994, S. 48-51; Flesch/Gerdsmeier/Lichtenberg, 1995, S. 279-281.

55 Dieses kann im Ergebnis auch die Anwendung verschiedener Verfahren je Geschäftsfeld beinhalten, solange die Überführbarkeit und Vergleichbarkeit von Ergebnissen erhalten bleibt.

Die Ausfallrisikosteuerung selbst erfolgt dann zwar auf einer zentralen, gesamtbankorientierten Ebene, kann aber organisatorisch ebenfalls als selbstständig disponierende Einheit verankert werden. Die Aufgabe der Ausfallrisikosteuerung besteht darin, die von den dezentralen Kundenbereichen zum Preis der Risikoprämie übernommenen Risiken unter Ertrags-/Risiko-Aspekten zu steuern. Es wird angestrebt, auf das zur Abdeckung des unerwarteten Verlustes bereitgestellte Risikokapital eine möglichst hohe (insbesondere im Vergleich zu anderen Verwendungsmöglichkeiten des Risikokapitals) Rendite zu erwirtschaften.

Eine derartige Vorgehensweise, bei der auf jegliche Gestaltung der dezentralen Kundengeschäftsaktivitäten unter Kreditrisikoaspekten verzichtet wird und bei der ein Kontrahierungszwang bezüglich der Risikoübernahme für die zentrale Ausfallrisikodisposition besteht, bedarf für eine volle Funktionsfähigkeit der Möglichkeit zur Weitergabe von Kreditrisiken. Idealerweise müsste die zentrale Ausfallrisikosteuerung die Möglichkeit zur vollständigen Glattstellung der Risikoposition (ähnlich der Situation bei Zinsänderungsrisiken) haben. Nur bei Gültigkeit dieser Bedingung ist es möglich, die Kundenbereiche ausschließlich über den Verrechnungspreis einer Risikoprämie zu steuern. Aufgrund seiner Bedeutung wird dieser Aspekt im folgenden Gliederungspunkt noch kurz beleuchtet.

Mit Implementierung eines derartigen Steuerungsprozesses verändern sich auch die Anforderungen an die betriebswirtschaftliche Ergebnisrechnung. Die erzielten Ergebnisse aus der Übernahme von Ausfallrisiken werden im Sinne einer Performancerechnung abgebildet. Das Kundengeschäftsergebnis ergibt sich als Deckungsbeitrag nach Abzug von Prämien für den Transfer von Marktpreis- und Ausfallrisiken sowie einem Preis für die Inanspruchnahme von Produktionsleistungen. Der handelsrechtliche Ergebnisausweis stellt dagegen nur eine einzuhaltende Nebenbedingung dar. Die Kompatibilität mit der betriebswirtschaftlichen Rechnung wird durch eine Überleitungsrechnung gewährleistet (Abbildung 4).[56]

4.3 Die Möglichkeit einer Risikoweitergabe als Voraussetzung einer zukunftsweisenden Steuerung

Wie beschrieben ist eine vollständige Trennung der dezentralen Kundengeschäftssteuerung und der zentralen Ausfallrisikodisposition über die Risikoprämie als Transferpreis nur dann möglich, wenn die Fiktion einer marktlichen Glattstellungsmöglichkeit von übernommenen Ausfallrisiken tatsächlich realisierbar ist. Erst dann ist für die Ausfallrisikodisposition eine Abweichung von einer „Buy-and-hold-Strategie“ umsetzbar und ein Kontrahierungszwang gegenüber den Marktbereichen zum Preis der Risikoprämie ist einführbar.[57]

56 Auf die Berücksichtigung operationeller Risiken und weiterer Risikoarten wurde in diesem Schema verzichtet.

57 Vgl. Kirmße 1996, S. 242 f.

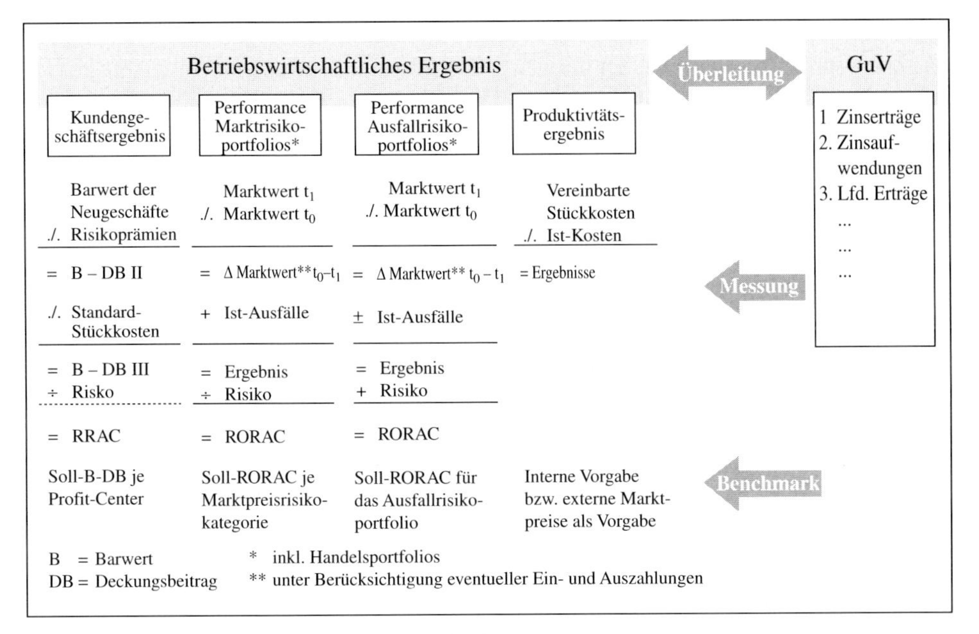

Abbildung 4: Ergebnissystematik der Gesamtbanksteuerung

Die zu entwickelnden Instrumente zur Mobilisierung von Kreditgeschäften sollten folgende Anforderungen erfüllen:

- Die Ausfallrisiken sollten nicht nur bei Geschäftsabschluss, sondern jederzeit während der Laufzeit transferierbar sein.
- Die Ermittlung des Transferpreises sollte auf Basis eines objektiven Bewertungsmodells erfolgen.
- Das Kontrahentenrisiko sollte über die Einschaltung einer Art „Clearing-House" weitestgehend eliminierbar sein.
- Die Gestaltung der Instrumente sollte eine hohe Marktliquidität ermöglichen.
- Der Risikotransfer sollte mit geringen Transaktionskosten und Flexibilitätseinbußen möglich sein.
- Eine Risikoweitergabe sollte nicht die Zustimmung des Ursprungsschuldners erfordern.
- Informationsasymmetrien sollten, sofern überhaupt möglich, durch die Vertragskonstruktion eingeschränkt werden.
- Mit Einsatz des Instrumentes und der damit einhergehenden betriebswirtschaftlichen Risikoverminderung sollte eine aufsichtsrechtliche Eigenkapitalentlastung einhergehen.

Ohne eine detaillierte Betrachtung der einzelnen Instrumente hier vornehmen zu können, ist zu konstatieren, dass viele der derzeitig anwendbaren Instrumente diese Anforderungen nicht erfüllen. Dieses gilt sowohl für klassische Instrumente wie die Kreditversicherung, Factoring/Forfaitierung oder die Kreditsyndizierung, aber auch für neuere Instrumente wie Asset Backed Securities[58] oder Kreditderivate.[59]

5. Schlussbetrachtung

Zur Umsetzung der Shareholder-Value-Maxime ist es von entscheidender Bedeutung, dass die Kapitalallokation auf die einzelnen Geschäftsfelder entsprechend der Ertragspotenziale unter Einschluss des Risikos vorgenommen wird. Der Gesamtbanksteuerung kommt dabei die Aufgabe zu, die Dimensionen Ertrag und Risiko zu messen und anschließend zusammenzuführen. Dabei muss sie in der Lage sein, das vorhandene Risikokapital, ausgedrückt in Risikolimiten, auf einzelne Geschäftsfelder unter Beachtung der vom Kapitalmarkt an das Gesamtinstitut herangetragenen Eigenkapitalforderung zu allokieren. Auch eine gesamtbankorientierte Kreditrisikosteuerung ist in diesen Kontext einzubinden, was vor dem Hintergrund der aktuellen marktlichen Ausgangssituation, verbunden mit einer in Teilen deutlichen Beeinträchtigung der Rentabilität des Kreditgeschäftes und bestimmter Kundensegmente/Geschäftsfelder, von großer Bedeutung ist.

Für die Implementierung einer gesamtbankorientierten Kreditrisikosteuerung sind quantitative und qualitative Aspekte der Steuerung zu beachten. Bei ersteren besteht die Aufgabe in der Ableitung von erwartetem und unerwartetem Verlust als Ausgangspunkt konkreter Dispositionsmaßnahmen, bei letzteren in der Formulierung von Mindeststandards an den Kreditvergabeprozess.

Der erwartete Verlust fungiert als Transferpreis zwischen den dezentral agierenden Kundenbereichen und der zentralen Ausfallrisikosteuerung, der die Steuerung des unerwarteten Verlustes obliegt. Dieser ist im Rahmen eines Limitsystems mit Risikokapital zu unterlegen und unter Ertrags-/Risikogesichtspunkten zu steuern. Für eine Vergleichbarkeit mit anderen Risikoarten sorgt dabei mit dem Value-at-Risk ein übertragbares Risikomesskonzept, wobei noch offene Fragen bezüglich einer direkten Vergleichbarkeit und Aggregierbarkeit der Risikoarten verbleiben. Die Instrumente der Ausfallrisikosteuerung sind aktuell noch nicht so weit entwickelt, dass bereits heute ein problemfreier Praxistransfer möglich ist. Erst mit der Realisierung eines Marktes für Ausfallrisiken wird eine gesamtbankorientierte Kreditrisikosteuerung wie bereits heute im Bereich der Marktpreisrisiken vollständig umsetzbar.

58 Ausführliche Darstellungen von ABS finden sich bei Arbeitskreis „Finanzierung“ 1992, S. 495-530; Böhmer 1996; Ohl 1994; Paul 1994.

59 Ausführliche Darstellungen von Kreditderivaten finden sich bei Das, Satyajit 1998; Rolfes 1999, S. 440-449.

Literaturhinweise

ALTMAN, E. I./KISHORE, V.: (1996) Default and Returns in the High Yield Debt Market 1991-1995, New York University Salomon Center Special Report, New York 1996.

ARBEITSKREIS „FINANZIERUNG“ DER SCHMALENBACH-GESELLSCHAFT DEUTSCHE GESELLSCHAFT FÜR BETRIEBSWIRTSCHAFT E.V.: (1992) Asset Backed Securities – ein neues Finanzierungsinstrument für deutsche Unternehmen?, in: ZfbF, 44. Jg. 1992, S. 495-530.

ASARNOW, T./EDWARDS, D.: (1995) Measuring Loss on Defaulted Bank Loans: A 24-Year Study, in: The Journal of Commercial Lending, Vol. 77 March 1995; S. 24-31.

BAETGE, J.: (1995) Früherkennung von Kreditrisiken, in: Rolfes, B., Schierenbeck, H., Schüller, S., Hrsg., Risikomanagement in Kreditinstituten, Frankfurt a. M. 1995, S. 191-221.

BAETGE, J.: (1998a) Stabilität des Bilanzbonitätsindikators bei internationalen Abschlüssen und Möglichkeit zur Bepreisung von Bonitätsrisiken auf der Basis von A-posteriori-Wahrscheinlichkeiten, in Oehler, A., Hrsg., Credit Risk und Value-at-Risk Alternativen: Herausforderungen für das Risk Management, Stuttgart 1998, S. 1-29.

BAETGE, J.: (1998b) Empirische Methoden zur Erkennung von Unternehmenskrisen, Wiesbaden 1998.

BENKE, H./GEBAUER, B./PIASKOWSKI, F.: (1991) Die Marktzinsmethode wird erwachsen: Das Barwertkonzept (II), in: Die Bank, o. Jg. 1991, S. 457-463.

BETSCH, O./BRÜMMER, E./HARTMANN, E.; WITTBERG, V.: (1997) Kreditwürdigkeitsanalyse im Firmenkundengeschäft, in: Die Bank, o. Jg. 1997, S. 150-155.

BLACK, F./SCHOLES, M.: (1973) The Pricing of Options and Corporate Liabilities, in: The Journal of Political Economy, Vol. 81 1973, S. 637-654.

BÖHMER, M.: (1996) Die arbitragefreie Bewertung von Asset-Backed Securities und der zugrundeliegenden Finanzaktiva mittels eines zeit- und zustandsdiskreten optionsbasierten Ansatzes, Frankfurt a. M. 1996.

BOOKSTABER, R. M.: (1987) Option Pricing and Strategies in Investing, Reading, Massachussetts u. a. 1987.

BRÖKER, F.: (in Vorbereitung) Quantifizierung von Kreditportfoliorisiken, Frankfurt a. M. 2000 (in Vorbereitung).

CARTY, L. V./LIEBERMAN, D.: (1996) Corporate Bond Defaults and Default Rates 1938-1995, Moody's Investor Service, Global Credit Research, 1/1996.

COPELAND, T. E./WESTON, J. F.: (1992) Financial Theory and Corporate Policy, Reading, Massachussetts u. a. 1992.

COX, J. C./RUBINSTEIN, M.: (1985) Options Markets, Englewood Cliffs 1985.

CREDIT SUISSE: (1997) Credit Risk+TM – A Credit Risk Management Framework 1997.

DAS, S. (HRSG.): (1998) Credit Derivatives, Singapur 1998.

DEUTSCHE BANK: (1999) Geschäftsbericht 1998, Frankfurt 1999.

DEUTSCHE BUNDESBANK (Hrsg.): (1999) Die Ertragslage der deutschen Kreditinstitute, in: Monatsberichte der Deutschen Bundesbank, Jahre 1996-1999.

FLESCH, J. R./GERDSMEIER, S.: (1995) Barwertsteuerung und Allokation von Risikokapital, in: Rolfes, B.; Schierenbeck, H., Schüller, S., Hrsg., Risikomanagement in Kreditinstituten, Frankfurt a. M. 1995, S. 111-129.

FLESCH, J. R./GERDSMEIER, S./LICHTENBERG, M.: (1995) Das Barwertkonzept in der Unternehmenssteuerung, in: Schierenbeck, H.; Moser, H., Hrsg., Handbuch Bankcontrolling, Wiesbaden 1995, S. 267-283.

FLESCH, J. R./LICHTENBERG, M.: (1994) Integration des Treasury-Managements in die Unternehmensplanung, in: : Rolfes, B.; Schierenbeck, H., Schüller, S., Hrsg., Bilanzstruktur- und Treasury-Management in Kreditinstituten, Frankfurt a. M. 1994, S. 33-53.

GALAI, D./MASULIS, R. W.: (1976) The Option Pricing Model and the Risk Factor of Stock, in: The Journal of Financial Economics, Vol. 3 1976, S. 53-81.

GROSS, H./KNIPPSCHILD, M.: (1995) Risikocontrolling in der Deutsche Bank AG, in: Rolfes, B.; Schierenbeck, H., Schüller, S., Hrsg., Risikomanagement in Kreditinstituten, Frankfurt a. M. 1995, S. 69-109.

HÖLSCHER, R.: (1988) Die Steuerung von Risikokosten durch ein Budget-System, in: Die Bank, o. Jg. 1988, S. 317-323.

HÜLS, D.: (1995) Früherkennung insolvenzgefährdeter Unternehmen, Düsseldorf 1995.

JANSEN, S.: (in Vorbereitung) Die optionspreisbasierte Bonitätseinstufung von Gewerbekunden, in Vorbereitung.

MORGAN, J. P.: (1997a) Introduction to Credit Metrics™, New York 1997.

MORGAN, J. P.: (1997b) Credit Metrics™ – Technical Document, New York 1997.

JURGEIT, L.: (1989) Bewertung von Optionen und bonitätsrisikobehafteten Finanztiteln: Anleihen, Kredite und Fremdfinanzierungsfazilitäten, Wiesbaden 1989.

KINGSLEY, S./ET AL.: (1998) Operational Risk an Financial Institutions, in: Arthur Andersen, Hrsg., Operational Risk an Financial Institutions, London 1998.

KIRMSSE, S.: (1996) Die Bepreisung und Steuerung von Ausfallrisiken im Firmenkundengeschäft der Kreditinstitute, Frankfurt a. M. 1996.

KIRMSSE, S.: (1998) Instrumente und Strategien im Aktiv-/Passiv-Management, in: Rolfes, B.; Schierenbeck, H., Schüller, S., Hrsg., Gesamtbankmanagement, Frankfurt a. M. 1998.

KLUG, M.: (1985) Zur Ableitung von Kapitalkosten aus dem diskreten Optionspreismodell, Berlin 1985.

KRUMNOW, J.: (1990) Risikoanalyse im Controlling einer Großbank, in: Kolbeck, R., Hrsg., Die Finanzmärkte der neunziger Jahre – Perspektiven und Strategien, Frankfurt a. M. 1990.

KRUSCHWITZ, L./SCHÖBEL, R.: (1984) Eine Einführung in die Optionspreistheorie (I), (II) und (III), in: WISU, o. Jg. 1984, S. 68-72, S. 116-121 und S. 171-176.

LAWRENCE, D.: (1995) Aggregating Credit Exposures: The Simulation Approach, in: Renaissance Software; Risk Publications, Hrsg., Derivative Credit Risk – Advances in Measurement und Management, London 1995, S. 13-21.

LISTER, M.: (1997) Risikoadjustierte Ergebnismessung und Risikokapitalallokation, Frankfurt a. M. 1997.

MEYER-PARPART, W.: (1996) Ratingkriterien für Unternehmen, in: Büschgen, H.; Everling, O., Hrsg., Handbuch Rating, München 1996, S. 111-174.

OHL, H.-P.: (1994) Asset-Backed Securities – Ein innovatives Instrument zur Finanzierung deutscher Unternehmen, Wiesbaden 1994.

PARK, S. Y./SUBRAHMANYAM, M. G.: (1990) Option Features of Corporate Securities, in: Figlewski, S; Silber, W.; Subrahmanyam, M., Hrsg., Financial Options: From Theory to Practice, Homewood, Ill. 1990, S. 357-414.

PAUL, S.: (1994) Bankenintermediation und Verbriefung, Wiesbaden 1994.

REUTER, A.: (1996) Kreditrating und Kreditrisikoanalyse, in: Betriebswirtschaftliche Blätter, o. Jg. 1996, S. 321-326.

RISK BOOKS (HRSG.): (1998) Credit Derivatives, London 1998.

ROLFES, B.: (1999) Gesamtbanksteuerung, Stuttgart 1999.

ROLFES, B./BRÖKER, F.: (1998) Good migrations, in: Risk, o. Jg., Heft 11 1998, S. 72-73.

ROLFES, B./BRÖKER, F.: (1999) Integration expliziter Rückzahlungsquoten bei der optionspreistheoretischen Bewertung von Krediten, in: Die Bank, o. Jg. 1999, S. 176-179.

ROWE, D. M.: (1995) Aggregating Credit Exposures: The Primary Risk Source Approach, in: Renaissance Software; Risk Publications, Hrsg., Derivative Credit Risk – Advances in Measurement und Management, London 1995, S. 13-21.

RUDOLPH, B.: (1994) Ansätze zur Kalkulation von Risikokosten für Kreditgeschäfte, in: Schierenbeck, H.; Moser, H., Hrsg., Handbuch Bankcontrolling, Wiesbaden 1994, S. 887-904.

SCHIERENBECK, H.: (1994) Das Duale Steuerungsmodell, in: Schierenbeck, H.; Moser, H., Hrsg., Handbuch Bankcontrolling, Wiesbaden 1994, S. 413-433.

SCHIERENBECK, H.: (1995) Konzeption eines integrierten Risikomanagements, in: Rolfes, B.; Schierenbeck, H., Schüller, S., Hrsg., Risikomanagement in Kreditinstituten, Frankfurt a. M. 1995, S. 3-51.

SCHIERENBECK, H.: (1999) Ertragsorientiertes Bankmanagement, Band 1, 6. Auflage, Wiesbaden 1999.

SCHIERENBECK, H.: (1999) Ertragsorientiertes Bankmanagement, Band 2, 6. Auflage, Wiesbaden 1999.

SCHIERENBECK, H./ROLFES, B.: (1988), Entscheidungsorientierte Margenkalkulation, Frankfurt a. M. 1988.

SKARUPPE, M.: (1994) Duplizierung von Bankgeschäften im Wertbereich als Kernproblem der Marktzinsmethode, Berlin 1994.

SCHMOLL, A.: (1993) Risikomanagement im Kreditgeschäft, in: Zeitschrift für das gesamte Kreditwesen, o. Jg. 1993, S. 515-519.

SCHMOLL, A.: (1985) Interne Gefahrenquellen für das Kreditgeschäft, in: Die Bank, o. Jg. 1985, S. 227-236.

SCHÜLLER, S.: (1995) Ertragsorientierte Risikopolitik – Changemanagement des Kreditprozesses, in: Rolfes, B.; Schierenbeck, H., Schüller, S., Hrsg., Risikomanagement in Kreditinstituten, Frankfurt a. M. 1995, S. 173-190.

SMITH, C. W. JR.: (1976) Option Pricing. A Review, in: The Journal of Financial Economics, Vol. 3 1976, S. 3-51.

SMITH, C. W. JR.: (1979) Applications of Option Pricing Analysis, in: Bicksler, J. M., Hrsg., Handbook of Financial Economics, Amsterdam u. a. 1979, S. 79-121.

STEINER, M.: (1992) Rating. Risikobeurteilung von Emittenten durch Rating-Agenturen, in: Wirtschaftswissenschaftliches Studium, o. Jg. 1992, S. 509-515.

TIMMERMANN, M.: (1995) Die Organisation des Risikocontrolling im Deutsche Bank Konzern, in: Basler Bankenvereinigung, Hrsg., Risk-Management in Banken, Bern, Stuttgart, Wien 1995, S. 115-129.

UTHOFF, C.: (1997) Erfolgsoptimale Kreditwürdigkeitsprüfung auf der Basis von Jahresabschlüssen und Wirtschaftsauskünften mit Künstlichen Neuronalen Netzen, Stuttgart 1997.

VARNHOLT, B.: (1995) Länderrisisken neu analysieren!, in: Schweizer Bank, 4/1995, S. 25-29.

VARNHOLT, B.: (1997) Modernes Kreditrisiko-Management, Zürich 1997.

WEDDIGE, H.: (1973) Optionsrechte – Eine theoretische Untersuchung, Berlin 1973.

WILSON, T. C.: (1997) Portfolio Credit Risk I und II, in: Risk, o. Jg. 1997, Heft Nr. 9 und 10, S. 111-117 und S. 56-62.

WUFFLI, P. A.: (1995) Elemente und Prozess der Ertrags-/Risikooptimierung im Bankkonzern – Das Beispiel SBV, in: Basler Bankenvereinigung, Hrsg., Risk-Management in Banken, Bern, Stuttgart, Wien 1995, S. 93-113.

II. Bankaufsichtsrechtliche Risikonormen

Hermann Groß / Martin Knippschild

Aufsichtsrechtliche Standardverfahren zur Eigenmittelunterlegung von Preisrisiken

1. Harmonisierung der aufsichtsrechtlichen Normen zur Limitierung von Preisrisiken

Mit dem Kreditwesengesetz (KWG) ist ein spezielles Gesetzeswerk geschaffen worden, um die Funktionsfähigkeit des Kreditsektors sicherzustellen und die Gläubiger vor Vermögensverlusten zu schützen. Bei der Ausgestaltung dieser gesetzlichen Rahmenbedingungen *standen die Ausfallrisiken lange Zeit im Vordergrund* der nationalen und internationalen Regelungen. So wurde in Deutschland mit dem Grundsatz I bereits Anfang der sechziger Jahre eine Norm zur Limitierung der Ausfallrisiken im bestimmten Verhältnis zum Eigenkapital geschaffen.

Bankaufsichtsrechtliche Normen wurden im Zeitablauf weiterentwickelt und verfeinert. Ursächlich hierfür waren meist bestimmte Krisensituationen bzw. Strukturveränderungen. *Preisrisiken* führten erstmalig Mitte der siebziger Jahre bei der Herstatt-Krise zum Anlass der Weiterentwicklung aufsichtsrechtlicher Normen in Form der Einführung des mittlerweile abgelösten Grundsatzes Ia für *Fremdwährungsrisiken.*

Darüber hinaus brachte der fortwährende Strukturwandel der internationalen Finanzmärkte eine Vielzahl von neuen Produkten hervor, die unter dem Begriff Finanzinnovationen zusammengefasst werden. Zunächst beschränkte sich der Einsatz dieser derivativen Instrumente auf die Absicherung von Bilanzpositionen im Rahmen des Asset-Liability-Managements. Die zunehmenden Umsatzvolumina dieser bilanzunwirksamen Geschäfte[1] ließ nicht nur bei der Deutschen Bundesbank Zweifel daran aufkommen, ob ausschließlich der Hedgegedanke von Bilanzrisiken im Vordergrund steht. Vielmehr sind auch andere Beweggründe, wie zum Beispiel das Spekulationsmotiv, von Bedeutung. Für den einzelnen Marktteilnehmer eröffnen sich durch den geringen Kapitaleinsatz und die damit verbundene Hebelwirkung bei diesen Produkten verhältnismäßig große Gewinnchancen, die aber letztlich, bei ungünstiger Marktentwicklung, auch ein gleich großes Risikopotenzial hervorrufen können.

Die deutsche Bankenaufsicht legte daher im Jahr 1985 einen umfassenden Entwurf zur Limitierung von Preisrisiken vor, bevor auf EU-Ebene die Notwendigkeit zur Begrenzung von Marktrisiken aus derivativen Finanzprodukten gesehen wurde. Nach mehrjährigem Dialog zwischen Kreditwirtschaft und dem Bundesaufsichtsamt für das Kreditwesen (BAKred) fand am 1. Oktober 1990 eine Novellierung des Eigenkapitalgrundsatzes Ia statt. Darin wurde der Grundsatz zu einer allgemeinen Norm erweitert, die neben der Begrenzung von Fremdwährungs- und Edelmetallrisiken auch die offenen Positionen mit Zinsänderungs- und sonstigen Preisrisiken (Aktienkursrisiken) aus Termin- und Optionskontrakten erfasste.

1 So stieg das Volumen der bilanzunwirksamen Geschäfte in Deutschland bis Ende Juni 1993 auf 6 116 Mrd. DM. Damit erreicht diese Zahl 90 Prozent des Geschäftsvolumens aller deutschen Banken. Ende 1991 lag der Wert bei nur circa 60 Prozent. Vgl. Deutschen Bundesbank 1993.

Ein weiterer Grund für die Notwendigkeit der Überarbeitung bankaufsichtsrechtlicher Normen ist in dem Zusammenwachsen der Finanzmärkte sowie in der *Internationalisierung des Bankgeschäftes* zu sehen. Es ist evident, dass nicht nur Finanzdienstleister zueinander in Wettbewerb treten, sondern vielmehr die einzelnen Bankensysteme mit den dahinterstehenden bankaufsichtsrechtlichen Normensystemen konkurrieren.

Diese Zusammenhänge erfordern auch für die Bankenaufsicht einen einheitlichen, international geprägten Ansatz für die Gestaltung der Aufsichtsnormen. Im Vordergrund stehen dabei sowohl die Herstellung eines funktionsfähigen und nicht diskriminierenden Wettbewerbs als auch die Schaffung allgemein verbindlicher Standards der Risikobegrenzung, um die Solidität des internationalen Finanzsystems zu gewährleisten.

So musste auch mit der Verwirklichung des Europäischen Binnenmarktes vor allem unter Wettbewerbsgesichtspunkten eine *Mindestharmonisierung des Bankenmarktes* erfolgen. Entsprechend stand die am 1. Januar 1993 in Kraft getretene vierte KWG-Novelle ganz im Zeichen des Europäischen Binnenmarktes. Mit ihr wurde im Wesentlichen die *Zweite Bankrechtskoordinierungsrichtlinie* in nationales Recht umgesetzt, welche als Richtlinienpaket die EU-Eigenmittelrichtlinie sowie die EU-Solvabilitätsrichtlinie umfasst.

Die Zweite Bankrechtskoordinierungsrichtlinie bildet die Grundlage für die EU-weite Niederlassungs- und Dienstleistungsfreiheit für Kreditinstitute auf der Basis des Herkunftslandprinzips. Sie gewährleistet das uneingeschränkte Betreiben von Bankgeschäften innerhalb der Europäischen Union und stellt insofern den Europapass für Kreditinstitute dar.

Die Transformation der *EU-Eigenmittelrichtlinie* in deutsches Recht führte zu einer Modifizierung des § 10 KWG. Danach wird der Eigenkapitalbegriff in Kernkapital und Ergänzungskapital 1. und 2. Klasse unterschieden. Obwohl die EU-Vorschläge grundsätzlich in den Formulierungen des neuen § 10 KWG wiederzufinden sind, schöpft dieser den Spielraum in Bezug auf die möglichen Eigenkapitalbestandteile, die bankaufsichtsrechtlich zugelassen werden können, nur bedingt aus. Ein wesentlicher Diskussionspunkt stellte die Anerkennung der Neubewertungsreserven in Grundstücken, Gebäuden, Wertpapieren und sonstigen Finanzanlagen dar, die nur mit erheblichen Einschränkungen ins deutsche Recht übernommen wurde.

Der auf Basis der *EU-Solvabilitätsrichtlinie* (und Baseler Cooke-Norm) gefasste Grundsatz I ist zu einem über das Kreditrisiko hinausgreifenden allgemeinen Grundsatz für das Adressenausfallrisiko ausgebaut worden. Er bezieht neben den bilanzunkwirksamen Geschäften auch die Bestände an Wertpapieren mit ein, um die darin enthaltenen Bonitätsrisiken zu begrenzen. Insgesamt müssen die Eigenmittel nach dem erweiterten Eigenmittelbegriff des § 10 KWG mindestens 8 Prozent der anrechnungspflichtigen, risikogewichteten Aktiva einschließlich der nicht bilanzwirksamen Positionen betragen.

Bevor auf EU-Ebene eine entsprechende Norm zur Limitierung von Marktrisiken erarbeitet werden konnte, musste zunächst der unterschiedlichen Strukturen des finanziellen Sektors in den einzelnen Ländern Rechnung getragen werden. Die verschiedenen Bankensysteme in Form des Trennbanken- und Universalbankensystems werfen im Rahmen der europäischen Bankrechtsharmonisierung die Frage nach der *Gleichbehandlung von Kreditinstituten und Wertpapierhäusern*[2] auf. Der Kreditinstitutsbegriff in der Zweiten Bankrechtskoordinierungsrichtlinie ist lediglich auf das Kredit- und Einlagengeschäft beschränkt; Wertpapiergeschäfte werden hingegen nicht berücksichtigt. Dies führt unter Wettbewerbsaspekten zu erheblichen Nachteilen der Universalbanken. Um eine EU-weite aufsichtsrechtliche Gleichbehandlung von Kreditinstituten und Wertpapierhäusern zu erzielen, wurde am 15. März 1993 die *Wertpapierdienstleistungsrichtlinie* verabschiedet. Darin wird die Niederlassungs- und Dienstleistungsfreiheit des Wertpapiergeschäftes geregelt. Sie stellt somit den Europapass für rechtlich selbstständige Wertpapierhäuser dar.

Gleichzeitig wurde mit der Richtlinie über die angemessene Eigenkapitalausstattung von Wertpapierhäusern und Kreditinstituten, kurz *EU-Kapitaladäquanzrichtlinie* (CAD) eine Rahmenbedingung geschaffen, in der jetzt auch Marktrisiken EU-weit reglementiert werden. Sie ist auf Kreditinstitute und Wertpapierhäuser gleichermaßen anzuwenden. Ziel dieser Richtlinie ist es, Eigenkapitalanforderungen insbesondere für Risiken festzulegen, die sich aus dem sogenannten *Trading Book* (darunter sind im Wesentlichen Positionen des Eigenhandelsgeschäftes zu verstehen) ergeben. Mit der Kapitaladäquanzrichtlinie wird damit der Zweck verfolgt, die Solvabilitätsrichtlinie, die bislang nur das Adressenausfallrisiko erfasst, um Marktrisiken zu erweitern.

In ihrer inhaltlichen Ausgestaltung hatte die Richtlinie nicht nur formell, sondern vor allem materiell erhebliche Auswirkungen auf die seinerzeit bestehenden aufsichtsrechtlichen Rahmenbedingungen. Die Umsetzung der Kapitaladäquanzrichtlinie in deutsches Recht erforderte signifikante Änderungen des Grundsatzes I und des KWG. Der zur Zeit geltende Grundsatz I ersetzt die bis dahin geltenden Grundsätze I und Ia. Ia.

Im April 1993 entschloss sich der Baseler Ausschuss ein *Marktrisiko-Konsultationspapier* allein zu veröffentlichen. Dieses entsprach in weiten Teilen der EU-Kapitaladäquanzrichtlinie. Gleichzeitig wurde vom Baseler Ausschuss mit dem *Zinsrisiko-Konsultationspapier* ein weiteres für Preisrisiken relevantes Diskussionspapier veröffentlicht.[3] Ziel dieses Papiers war die Festlegung eines einheitlichen Berichtsrahmens zur Erfassung und Analyse des konzernweiten Zinsänderungsrisikos von Banken aus der Gesamtbilanz (*Non-Trading-Book*) durch nationale Bankaufsichtsbehörden. Nachdem eine internationale Einigung bezüglich des Vorgehens bei der Erfassung und Analyse des Zinsänderungsrisikos nicht erzielt werden konnte, wurde mit der Veröffentlichung eines weiteren Konsultationspapiers des Baseler Ausschusses im Jahre 1999 (A New Capital Adequacy Frameworks) das Thema wieder aufgeworfen und diskutiert. Eine Entscheidung seitens des Baseler Ausschusses, wie man dieses Thema grundsätzlich angehen will, ist gegenwärtig noch nicht erfolgt.

2 Im Kreditwesengesetz als „Wertpapierdienstleistungsinstitute" bezeichnet.

3 Daneben wurde als drittes Papier ein Netting-Konsultationspapier veröffentlicht, das Voraussetzungen für die Zulassung von erweiterten Netting-Möglichkeiten bei der Ermittlung von Ausfallrisiken festlegt.

2. Grundzüge der aufsichtsrechtlichen Normen zur Begrenzung der Preisrisiken

2.1 Umsetzung der Kapitaladäquanzrichtlinie

Die aus der Kapitaladäquanzrichtlinie in den seit dem 1. Oktober 1998 anzuwendenden Grundsatz I eingeflossenen Regelungen sollen insbesondere die Marktrisiken des *Trading Books* limitieren. Grundsätzlich wird hier der Handelsbestand eines Instituts erfasst, das heißt im Wesentlichen die Wertpapiere und Derivate, die im Eigengeschäft als Handels- oder Hedgeinstrumente eingesetzt werden. Daneben können die klassischen Geldmarktinstrumente wie Geldmarkteinlagen oder Schuldscheindarlehen, die zwar den Charakter von nicht handelbaren Buchforderungen haben, im Trading Book geführt werden.

Im Allgemeinen werden im Grundsatz I Positionen des Handelsbuches zu *Marktwerten* erfasst und Risiken als mögliche Wertänderungen bei bestimmten vorgegebenen Szenarien definiert. Der Grundsatz I sieht eine *konsolidierte Beaufsichtigung* von Marktrisiken vor, so dass sich durch Verrechnung gegenläufiger Positionen im Konzern eine Senkung der Eigenmittelanforderungen ergeben kann. Neben einer konsolidierten Betrachtung müssen auch die das Handelsbuch betreffenden Regelungen auf Einzelinstitutsebene eingehalten werden.

Kreditinstitute und Wertpapierhäuser (Institute) werden gleichermaßen von der Pflicht, Marktrisiken mit Eigenmitteln zu unterlegen, betroffen. Für Institute allerdings, deren Geschäftstätigkeit in Handelsbuchgeschäften ein bestimmtes Maß nicht übersteigt, sieht die Regelung des KWG nach der sechsten KWG-Novelle eine Bagatellregelung vor. So brauchen Institute, bei denen der Anteil der Handelsbuchgeschäfte in der Regel kleiner als 5 Prozent des Geschäftsvolumen ist (maximal 6 Prozent) *und* die offenen Positionen in den Handelsbereichen in der Regel 15 Mio. € (maximal 20 Mio. €) nicht übersteigen, die Vorschriften zur kapitalmäßigen Unterlegung der Marktrisiken nicht zu beachten. Die Anwendung der Vorschriften, die aus der Solvabilitätsrichtlinie erwachsen, bleibt davon unberührt.

Die im Grundsatz I erfassten *Risikobereiche* werden in Abbildung 1 wiedergegeben. Die Bagatelleregelung betrifft jedoch nur die Positions-, Abwicklungs- und Erfüllungsrisiken. Fremdwährungsrisiken fallen nicht unter diese Ausnahmeregelung, da sie nicht nur für das Trading Book, sondern für die gesamte Bilanz zu ermitteln sind.

Die Positionsrisiken werden im *Baukastenprinzip* (Building Block Approach) erfasst. Dieses Prinzip sieht für Zins- und Aktienkursrisiken eine Trennung in ein emittentenbezogenes *besonderes Risiko* und ein *allgemeines Markt- bzw. Preisrisiko* vor. Während unter dem allgemeinen Marktrisiko die Gefahr einer Preisänderung des gesamten Marktes verstanden wird, kennzeichnet das besondere Risiko die Gefahr, dass sich einzelne Papiere aufgrund emittentenbezogener Bonitätsmerkmale abweichend vom Markt verhalten können. Das besondere Risiko ersetzt für Handelsbuchbestände die Risikobetrachtung der Anlagebuchanrechnung im Rahmen des Grundsatzes I, die im wesentlichen aus der EU-Solvabilitätsrichtlinie erwachsen ist.

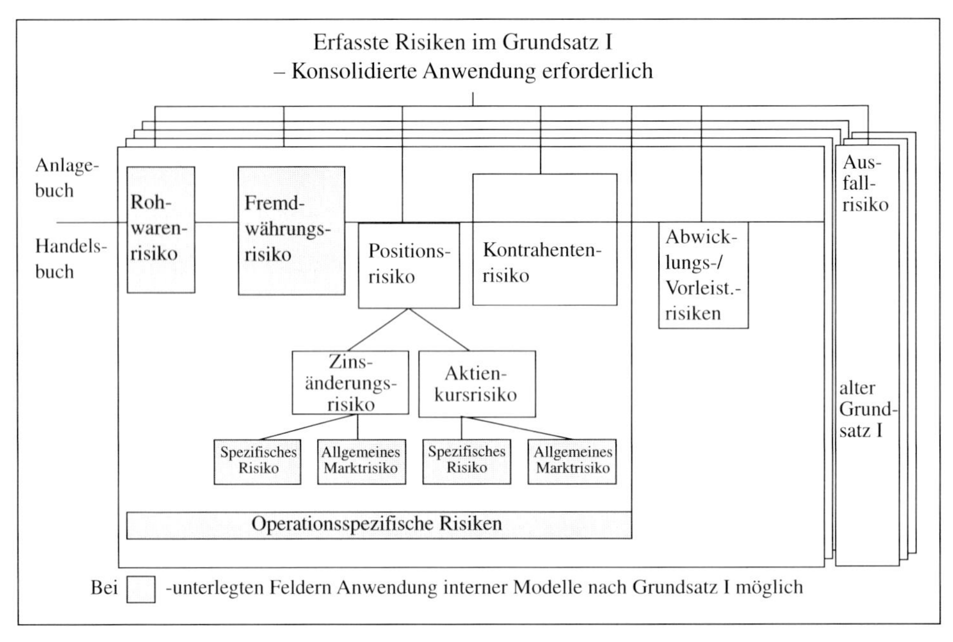

Abbildung 1: Erfasste Risiken im Grundsatz I

Neben den besonderen Risiken werden bei Handelsbuchpositionen auch *Kontrahentenrisiken* limitiert. Wie bisher ist die im Grundsatz I (bzw. EU-Solvabilitätsrichtlinie) vorgeschriebene Ermittlung von Adressenausfallrisiken bei nicht börsengehandelten Derivaten *(Risiko des Ausfalls der Gegenpartei)* auch für das Trading Book in Form der Laufzeit- bzw. Marktbewertungsmethode anzuwenden. Abwicklungs- bzw. Erfüllungsrisiken kennzeichnen Verlustmöglichkeiten bei Geschäften, die einseitig von der Gegenpartei oder von beiden Geschäftsparteien noch nicht erfüllt wurden. Diese letztgenannten bonitätsbezogenen Risikokategorien werden im Folgenden ebenso wie die expliziten Großkreditregelungen der CAD nicht näher erörtert.[4] Sie sind auch nicht Bestandteil der Baseler Marktrisikonorm.

Maßstab für die Begrenzung der Risiken sind die Eigenmittel. Die Bestimmungen der CAD, die im § 10 KWG aufgegangen sind, enthalten *zwei Eigenmittelbegriffe*. Die erste Eigenmitteldefinition bezieht sich auf die *EU-Eigenmittelrichtlinie*, die Kernkapital (Tier I) und Ergänzungskapital (Tier II) definiert. Dabei dürfen beim Ergänzungskapital langfristige nachrangige Verbindlichkeiten (Laufzeit > 5 Jahre) bis zu 50 Prozent des Kernkapitals genutzt werden.

Alternativ ist es erlaubt, Risiken mit *kürzerfristigen nachrangigen Eigenmitteln (Tier-III-Kapital)* zu unterlegen. Dieses Kapital muss vollständig eingezahlt sein, es darf keine Kündigungsklausel aufweisen und muss eine Ursprungslaufzeit von mindestens 2 Jahren haben. Insgesamt darf es *250 Prozent* des im Trading Book gebundenen Kernkapitals nicht

4 Vgl. hierzu Schulte-Mattler 1992.

übersteigen. Darüber hinaus können auch die *Nettogewinne des Trading Books* als sogenanntes *Tier-IV-Kapital* zur Risikodeckung genutzt werden, wobei hier keine zusätzliche Begrenzung im Verhältnis zum Kernkapital vorgenommen wird.

Das durch die Vorschriften der EU-Kapitaladäquanzrichtlinie und der Baseler Marktrisikonorm determinierte bankaufsichtliche Konzept des neuen Grundsatzes I fordert auch für die Marktrisiken ausdrücklich eine *echte Kapitalunterlegung*. Dies steht im Gegensatz zu den vormals geltenden Regelungen in Gestalt des Grundsatzes Ia, bei dem eine *Doppelbelegung des Eigenkapitals* möglich war. Diese für die Kreditwirtschaft negative Änderung der aufsichtsrechtlichen Kapitalerfordernisse wurde dadurch zumindest teilweise geheilt, in dem durch die Zulassung von Tier-III- und Tier-IV-Kapital bei Handelsbuchgeschäften die aufsichtsrechtliche Mindestkernkapitalquote von 4 Prozent im alten auf 2,29 Prozent im neuen Grundsatz I reduziert wurde.

2.2 Baseler Zinsrisiko-Konsultationspapier zur Messung der allgemeinen Zinsrisiken im kommerziellen Geschäft

Das Zinsrisiko-Konsultationspapier beabsichtigte auf Grundlage der Regelungen im Marktrisiko-Papier ein international einheitliches Erfassungssystem für die Preisrisiken aus allen zinsabhängigen Bankgeschäften festzulegen. Damit sollen insbesondere die *Zinsänderungsrisiken aus dem Non-Trading-Book (zum Beispiel Kredite und Einlagen)* erfasst werden, für die allerdings keine Unterlegung durch Tier-III- und Tier-IV-Mittel vorgesehen war. Vielmehr konzentrierten sich die Bemühungen des Baseler Ausschusses auf die Entwicklung eines Messsystems, welches die Aufsichtsbehörden für Beobachtungszwecke verwenden können, um Banken mit besonders hohen Zinsrisiken (sogenannte Ausreißer) zu erkennen. Die Einführung begrenzender Maßnahmen sollte in das Ermessen der nationalen Bankaufsichtsbehörden gestellt werden.

Mit einem *barwertbezogenen Ansatz,* der dem Messverfahren von Zinsänderungsrisiken im Trading Book entspricht, versuchte man Auswirkungen von Zinsänderungen auf den ökonomischen Wert des Eigenkapitals (Barwert sämtlicher Aktiva und Passiva) sichtbar zu machen. Probleme bereitet hierbei die Behandlung von Bankprodukten, deren Laufzeiten bzw. faktische Zinsbindungen unbestimmt sind (zum Beispiel Sichteinlagen, Spareinlagen). Die Risiken dieser Produkte werden unter Annahme bestimmter Zinsbindungs- und Laufzeitfiktionen in den Analysen berücksichtigt.

Neben dem barwertorientierten Ansatz wurden im Baseler Vorschlag auch noch *GuV-orientierte Ansätze* (Current Earnings Approach) erwogen. Zinsänderungsrisiken sollten hierbei als *Zinsertragsrisiken* die Sensitivität des Zinsergebnisses gegenüber künftigen Zinsänderungen oder auch latente Verluste aufgrund historischer Zinsänderungen erfassen.

Seit Erscheinen des Baseler Konsultationspapieres *A New Capital Adequacy Framework* im Juni 1999 ist die Diskussion zu diesem Thema erneut aufgekommen. Hier wurden bisher im Wesentlichen die gleichen Argumente für und wider vorgebracht, wie in der Diskussion auf der Grundlage des alten Papiers. So besteht keine Einigkeit über das anzuwendende Messverfahren. Weiterhin ist unklar, inwieweit Aufrechnungen zwischen dem Zinsänderungsrisiko aus Handelsgeschäften und dem allgemeinen Zinsänderungsrisiko aus dem kommerziellen Geschäft möglich sein sollen. In diesem Bereich dürfte daher wohl der größte Diskussionsbedarf liegen.

3. Aufsichtsrechtliche Verfahren zur Messung der Preisrisiken im Grundsatz I

Die Verfahren der Risikomessung und -begrenzung sollten generell zwei Voraussetzungen erfüllen:

- Die Eigenmittelanforderungen sollen in Form eines aufsichtsrechtlichen Mindeststandards den potenziellen Verlusten aus Marktrisiken gerecht werden.
- Die Eigenmittelanforderungen sollen für die einzelnen Marktrisiko-Kategorien aus ökonomischer Sicht gleichwertig sein, um bestimmte Risikoarten nicht bevorzugt zu behandeln.

Diese Anforderungen sind bei einer kritischen Würdigung der Verfahren[5] zu berücksichtigen.

3.1 Zinsänderungsrisiken

3.1.1 Ermittlung der besonderen Risiken im Zinsbereich

Zur Ermittlung des besonderen Risikos aus Positionen in zinstragenden Wertpapieren oder Derivaten wird zunächst die Position eines jeden Instruments berechnet, indem die Kaufpositionen den Verkaufspositionen in ihren *aktuellen Marktwerten* gegenübergestellt werden. Eine solche Aufrechnung von Positionen ist nur innerhalb derselben Emission möglich.

Bei der Ermittlung des besonderen Risikos sind auch Derivate zu berücksichtigen, sofern ein besonderes Risiko tragendes Underlying vorhanden ist. In diesem Fall besteht neben einem Kontrahentenrisiko (Ausfall des Kontraktpartners) auch ein *besonderes Preisrisiko*. Beispielsweise wird beim Wertpapierterminkauf der Preis des Underlyings und somit auch der Wert des Termingeschäfts neben den allgemeinen Marktzinssätzen auch von emittentenspezifischen Faktoren beeinflusst.

5 Auf die Möglichkeit der Anwendung eines internen Modells für Marktrisiken soll im Weiteren nicht eingegangen werden. Ebenso wird aufgrund der allgemein noch geringen Bedeutung darauf verzichtet, die Standardverfahren für Preisrisiken aus Rohwarengeschäften zu betrachten.

Nach Bildung der Nettoposition ergibt sich bei einer verbleibenden Longposition ein Risiko als Wertminderung der Position, sofern sich die Bonität des Emittenten verschlechtert. Bei der Ermittlung des besonderen Risikos wird nicht auf ein Ausfallrisiko, sondern auf eine emittentenbezogene Preisänderung einer Position abgestellt. Somit sind auch Shortpositionen bei der Ermittlung des besonderen Risikos zu berücksichtigen, da auch für Shortpositionen eine Preisminderung bei Verbesserung der Bonität des Emittenten möglich ist.

Die für einzelne Instrumente verbleibenden Nettolong- und -shortpositionen sind bei der Ermittlung des besonderen Risikos im Zinsbereich mit Eigenkapital zu unterlegen. Hierbei wird ein emittentenbezogenes Risikogewicht anhand einer bonitätsmäßigen Dreiteilung vorgegeben, die in der folgenden Tabelle dargestellt wird:

Zentralstaat Aktiva	**Qualifizierte Aktiva** (Sätze in Abhängigkeit von der Restlaufzeit)			**Sonstige**
	0-6 Monate	6-24 Monate	über 24 Monate	
0,00 %	3,125 %	12,50 %	20,00 %	100,00 %

In die Kategorie „Zentralstaat" fallen auch Regionalregierungen und örtliche Gebietskörperschaften. Zu den „qualifizierten Emittenten" zählen Kreditinstitute aus den OECD Ländern sowie (länderunabhängig) Nichtbanken-Emittenten, sofern sie börsennotiert sind, oder ein entsprechendes Rating aufweisen. Die in der Tabelle angegebenen Emittentengewichtungssätze sind anschließend mit acht Prozent zu multiplizieren.

Da eine Nettopositionsbildung nur bei Wertpapieren bzw. Wertpapieräquivalenten mit gleicher Ausstattung möglich ist und jeweils verbleibende Long- und Shortpositionen mit Eigenkapital unterlegt werden müssen, wird faktisch eine *risikogewichtete Bruttoposition* der Ermittlung des besonderen Risikos zugrundegelegt.

3.1.2 Ermittlung des allgemeinen Marktrisikos im Zinsbereich

Zur Ermittlung des allgemeinen Marktrisikos im Zinsbereich enthält der Grundsatz I zwei Standard-Verfahren: die Jahresbandmethode und das Durationverfahren.

(1) Eigenmittelunterlegung nach der Jahresbandmethode

In der Jahresbandmethode werden die Geschäfte nach ihrer Fälligkeit mit ihrem *Marktwert* in ein Fristigkeitsraster eingestellt, das in 15 Laufzeitbänder unterteilt ist, die wiederum zu 3 Zonen zusammengefasst sind (vgl. Abbildung 2). Die Kurs- bzw. Marktwerte werden anschließend über *laufzeitenspezifische Gewichtungssätze* in Risikowerte transformiert. Diese Risikowerte kennzeichnen mögliche Barwertänderungen der Positionen.

Zur Ableitung der pauschalen laufzeitspezifischen Gewichtungssätze wurden Kursänderungen eines Bonds mit einem Acht-Prozent-Kupon bei flacher Zinsstruktur herangezogen. Die Berechnung der möglichen Wertänderung basiert auf einer Renditeänderung im kurzfristigen Bereich um einen Prozentpunkt bis zu 0,6 Prozentpunkten im langfristigen Bereich.

Das Risiko eines festverzinslichen Wertpapiers ist nicht nur von der Laufzeit, sondern auch von der Höhe seines Kupons abhängig. So reagiert beispielsweise der Kurs eines Zerobond wesentlich stärker auf Zinsänderungen als der Kurs einer Kuponanleihe. Dieses höhere Risiko wird für Papiere mit einem Kupon kleiner gleich 3 Prozent über ein separates zweites Laufzeitband mit einer angepassten Laufzeiteinteilung berücksichtigt. Positionen mit unterschiedlicher Kuponhöhe werden möglicherweise in verschiedenen Laufzeitbändern erfasst, so dass Hedgeeffekte aus entgegengesetzten Positionen nicht adäquat wiedergegeben werden. Sinnvoller wäre es daher sicherlich, gleiche Laufzeiteinteilungen mit unterschiedlich hohen spezifischen Gewichtungsfaktoren für hoch und niedrig verzinsliche Bonds zu wählen.

Im Beispiel (vgl. Abbildung 2) liegt für den Laufzeitbereich 3-4 Jahre eine (aus Verrechnung innerhalb derselben Emission resultierende) Netto-Longposition in Höhe von 2 500 Mio. und eine Netto-Shortposition in Höhe von 2 000 Mio. vor. Nach Multiplikation mit dem Risiko-Gewichtungsfaktor in Höhe von 2,25 Prozent beläuft sich die gewichtete Netto-Longposition (Risiko long) auf 56,25 Mio. und die Shortposition auf -45 Mio.[6]

Nach der Ermittlung laufzeitspezifischer Risikowerte für Long- und Shortpositionen, sind die einzelnen Risikowerte zu einer Gesamtrisikozahl zu aggregieren. Für eine realistische Risikoabbildung stellt sich die Frage, inwiefern mögliche positive Wertänderungen (Chancen) und mögliche negative Wertänderungen (Risiken) innerhalb bzw. zwischen Laufzeitbereichen und Zonen miteinander verrechnet werden können.

In dem in der Richtlinie gewählten Verrechnungskonzept wird unterstellt, dass *innerhalb eines Laufzeitbereiches* die Zinsänderungen weitgehend parallel erfolgen. Im Rahmen des sogenannten *vertikalen Hedging* sind also Chancen und Risiken fast komplett aufrechenbar. Für die geschlossenen Positionen besteht im Grundsatz I eine Pflicht zur Unterlegung mit Eigenmitteln in Höhe von 10 Prozent. Durch diesen sog. *10-prozentigen Disallowance-Faktor* wird einer möglichen zeitlich-inkongruenten Position innerhalb eines Laufzeitbereiches Rechnung getragen. Wertänderungen von Positionen mit gleichem Barwert können auch innerhalb eines Laufzeitbereiches unterschiedliche Restlaufzeit haben und somit unterschiedliche Wertänderungen aufweisen. Mit dem Disallowance-Faktor sollen ferner *Spread- bzw. Basisrisiken* pauschal berücksichtigt werden. Diese Risiken kennzeichnen die Gefahr, dass sich Wertänderungen von Position und Hedge-Position aus verschiedenen Märkten (zum Beispiel Kapitalmarkt und Swapmarkt) aufgrund einer nicht-parallelen Entwicklung der Märkte nicht exakt ausgleichen. Bei sehr großen, weitgehend gehedgten Portfolios kann dieser pauschale Risikofaktor jedoch zu einer erheblichen *Überzeichnung des Risikos* führen. Im Beispiel beläuft sich die geschlossene Position innerhalb der Laufzeitbereiche auf insgesamt 90 Mio.

---

6 Die Vorzeichen der gewichteten Nettopositionen kennzeichnen primär die Positionen als Long- oder Shortposition. Sie bilden jedoch auch die Risiken (negatives Vorzeichen) und Chancen (positives Vorzeichen) ab, falls ein Zinsrückgang unterstellt wird.

Jahresbandmethode zur Erfassung von Zinsänderungsrisiken

①

	LAUFZEIT Band I Kupon >= 3 %	LAUFZEIT Band II Kupon <= 3 %	Angenommene Zinsänderung	GEWICHT = Zinsänderg x mod. Duration	Barwert Netto-Postionen		Gewichtete Netto-Postionen		Geschlo. Position pro LZ-Bd.	Verbleibende Offene Positionen	
					long	short	long	shor		long	short
Zone 1	0-1 M	0-1 M			5.000		0,00	0,00	0,00	0,00	0,00
	1-3 M	1-3 M	1,00 %	0,20 %	5.000		10,00	0,00	0,00	10,00	0,00
	3-6 M	3-6 M	1,00 %	0,40 %	4.000		16,00	0,00	0,00	16,00	0,00
	6-12 M	6-12 M	1,00 %	0,70 %		– 7.500	0,00	– 52,50	0,00	0,00	– 52,50
				Summe Zone 1	**14.000**	**– 7.500**	**26,00**	**– 52,50**	**0,00**	**25,00**	**– 52,50** →
Zone 2	1,0-1,9 J.	1,0-1,9 J.	0,90 %	1,25 %		– 2.500	0,00	– 31,25	0,00	0,00	– 31,25
	2-3 J.	1,9-2,8 J.	0,80 %	1,75 %	2.500		34,75	0,00	0,00	43,75	0,00
	3-4 J.	2,8-3,6 J.	0,75 %	2,25 %	2.500	– 2.000	56,25	– 45,00	45,00	11,25	0,00
				Summe Zone 2	**5.000**	**– 4.500**	**100,00**	**–76,25**	**45,00**	**55,00**	**– 31,25** →
Zone 3	4-5 J.	3,6-4,3 J.	0,75 %	2,75 %	1.500		41,25	0,00	0,00	41,25	0,00
	5-7 J.	4,3-5,7 J.	0,70 %	3,25 %		– 1.000	0,00	– 32,50	0,00	0,00	– 32,50
	7-10 J.	5,7-7,3 J.	0,65 %	3,75 %		– 1.500	0,00	– 56,25	0,00	0,00	– 56,25
	10-15 J.	7,3-9,9,3 J.	0,60 %	4,50 %	1.000	– 1.500	45,00	– 67,50	45,00	0,00	– 22,50
	15-20 J.	9,3-10,6 J.	0,60 %	5,25 %	1.500		78,75	0,00	0,00	78,75	0,00
	über 20 J.	10,6-12,0 J.	0,60 %	6,00 %	1.000		60,00	0,00	0,00	60,00	0,00
		12,0-20,0 J.	0,60%	8,00 %			0,00	0,00	0,00	0,00	0,00
		über 20 J.	0,60 %	12,50 %			0,00	0,00	0,00	0,00	0,00
				Summe Zone 3	**5.000**	**– 4.000**	**225,00**	**– 156,25**	**45,00**	**180,00**	**– 111,25** →
Summe über alle Zonen					**24.000**	**– 16.0000**	**351,00**	**– 285,00**	**90,00**	**261,00**	**– 195,00**

Abbildung 2: Horizontales Hedging in der Jahresbandmethode

In dem im nächsten Schritt durchzuführenden *horizontalen Hedging* werden die verbleibenden offenen Long- und Shortpositionen (bzw. Risikowerte) verrechnet. Die hierfür gültigen Unterlegungsfaktoren enthält die nachfolgende Tabelle:

horizontales Hedging/ Anrechnungsfaktoren	innerhalb einer Zone	zwischen benachbarten Zonen	zwischen nicht benachbarten Zonen
(kurzfristige) Zone 1	40 %	40 %	
(mittelfristige) Zone 2	30 %	40 %	150 %[7]
(langfristige) Zone 3	30 %		

Über diese Anrechnungsfaktoren werden *mögliche Drehungen der Zinskurve* abgebildet. Hierbei werden Korrelationen von Zinsänderungen in verschiedenen Fristigkeiten berücksichtigt. Die Notwendigkeit dieser Verrechnung illustriert das nachfolgende Beispiel:

> In der Zone 1 bestehe aus einer Shortposition bei einer angenommenen Zinssenkung ein Risiko von -10 Mio., und in Zone 3 läge gleichzeitig eine Chance von +10 Mio. vor. Unter der Annahme einer gleichgerichteten Verschiebung der Zinsstrukturkurve (Korrelation = 1) würden sich diese Effekte vollständig aufheben. Das Gesamtrisiko beliefe sich auf Null. Unterstellt man hingegen, dass im kurzen Laufzeitbereich die Zinskurve sinkt und im langen Bereich um die angenommene Zinsänderung steigt (Korrelation = –1), so addieren sich beide Effekte zu einem Gesamtrisiko in Höhe von -20 Mio. Unter Verwendung des Anrechnungsfaktors der Richtlinie für die geschlossene Position (= 10 Mio.) zwischen nicht benachbarten Zonen in Höhe von 150 Prozent beläuft sich das Risiko nicht auf 20 Mio., sondern nur auf 15 Mio.

In Fortführung des Beispiels werden die Verrechnungen der verbleibenden offenen Long- und Shortpositionen der drei Zonen dargestellt (vgl. Abbildung 3). Unter Berücksichtigung der Verrechnungen ergibt sich im Beispiel ein Gesamtrisikowert und somit eine erforderliche Eigenmittelunterlegung in Höhe von *141,78 Mio.*

Die insgesamt vorliegende (übrige) offene Position beläuft sich im Beispiel auf 66 Mio. Würde eine vollständige Verrechnung der Risikowerte aus Long- und Shortpositionen unterstellt (das heißt Annahme einer vollständig gleichgerichteten Verschiebung der Zinsstrukturkurve), entspräche dieser Wert dem Gesamtrisiko.

Die Differenz zum kalkulierten Gesamtrisiko in Höhe von 75,78 Mio. (= 141,78 Mio. – 66 Mio.) resultiert aus den zeitlich inkongruenten Positionen bzw. aus möglichen Drehungen der Zinskurve (das heißt aus der Annahme von nicht vollständig korrelierten Zinssätzen).

Dieses komplexe Verfahren mit pauschalen Anrechnungsfaktoren ist an moderne bankinterne verfeinerte Verfahren einer portfolioorientierten Risikoanalyse angelehnt. In den neueren Ansätzen werden Verlustpotenziale häufig unter Beachtung von aktuellen Zinsvolatilitäten und Zinskorrelationen ermittelt. Die Zinskorrelationen kommen hierbei jedoch auch bei der Aggregation von Risikowerten aus nicht geschlossenen Positionen zum An-

7 In der CAD und im Baseler Papier von 1996 ist ein Gewichtungssatz von nur 100 Prozent vorgeschrieben.

Jahresbandmethode zur Erfassung von Zinsänderungsrisiken (2)

Zonen	Verbleibende Offene Positionen long	Verbleibende Offene Positionen short	Geschlossene Positionen in Zone	Endgültige Offene Positionen long	Endgültige Offene Positionen short
Zone 1	26,00	- 52,50	**26,00**	0	- 25,50
Zone 2	55,00	- 31,25	**31,25**	23,75	0
Zone 3	180,00	- 111,25	**111,25**	68,75	0
Summe über alle Zonen				**92,50**	**- 26,50**
Offene Position (über alle Zonen)				**66,00**	

Geschlossene Positionen zwischen den Zonen

	long	short
original Zone 1	0	- 26,5
original Zone 2	23,75	0
Zone 1/2	**23,75**	
Rest Zone 2	0	0
original Zone 3	68,75	0
Zone 2/3	**0**	
Rest Zone 1	0	- 2,75
Rest Zone 3	68,75	0
Zone 1/3	**2,75**	

		Disallow. Faktor	Volumen	Anrechung
1. Geschlossene Position in den Bändern		10 %	**90,00**	**9,00**
2. Geschlossene Position in	Zone 1	40 %	**26,00**	**10,40**
(horizontales Hedging	Zone 2	30 %	**31,25**	**9,38**
innerhalb der Zonen)	Zone 3	30 %	**111,25**	**33,38**
2. Geschlossene Position zwischen	Zone 1+2	40 %	**23,75**	**9,50**
(horizontales Hedging	Zone 2+3	40 %	**0,00**	**0,00**
innerhalb der Zonen)	Zone 1+3	150 %	**2,75**	**4,12**
4. Übrige offene Position		100 %	**66,00**	**66,00**
Kapitalunterlegung (=Risiko) General Market Risk				**141,78**

Übrige offene Positionen

	long	short
Rest Zone 1	0	0
Rest Zone 2	0	0
Rest Zone 3	66,00	0
Summe	**66,00**	

Abbildung 3: Ermittlung des allgemeinen Marktrisikos nach der Jahresbandmethode

satz (zum Beispiel bei zwei Risikowerten aus Longpositionen), während in der CAD nicht geschlossene Positionen zu 100 Prozent angerechnet werden. Die CAD weist somit eine *asymmetrische Risikosichtweise* auf, die zu einer Risikoüberschätzung führen kann. Darüber hinaus sind die gewählten Anrechnungsfaktoren (insbesondere der Satz in Höhe von 150 Prozent) und die unterstellten Zinsänderungen in Höhe von 1- bis 0,6 Prozentpunkten als hoch zu bewerten. Sie orientieren sich eher an Crash-Situationen am Kapitalmarkt als an normalen Zinsschwankungen.

(2) Eigenmittelunterlegung nach dem Durationverfahren

Alternativ zur Jahresbandmethode kann zur Ermittlung der Eigenmittelunterlegung für das allgemeine Zinsrisiko auch die sogenannte Durationmethode verwendet werden, sofern ein Institut durchgehend für alle Bereiche dieses Verfahren anwendet.

Die Risikoermittlung wird in diesem Verfahren nicht über pauschale laufzeitenspezifische Gewichtungsfaktoren vorgenommen, sondern über die Duration der Positionen. Die *Duration* ist ein Maß für die mittlere Laufzeit, mit der finanzielle Anlagen mit einem festen Zins gebunden sind. Sie errechnet sich als gewogener Durchschnitt der einzelnen Zahlungszeitpunkte, wobei als Gewichtungsfaktor der Barwert der jeweiligen Zahlung im Verhältnis zum Gesamtbarwert der Zahlungsreihe dient.

$$D = \sum_{t=1}^{m} t \cdot \frac{C_t \cdot (1+r)^{-t}}{K_0}$$

mit: D = Duration
C_t = Zahlung im Zeitpunkt t
t = Zeitindex
r = Marktzins
K_0 = Kurswert (Barwert) der Gesamtzahlungen
m = Anzahl der Zahlungen

Die Duration ist ein Standardverfahren der Risikoanalyse, da sie ein gutes Näherungsmaß für die Sensitivität des Barwertes gegenüber Änderungen des Marktzinses darstellt. Die Barwertänderung errechnet sich aus der Multiplikation des aktuellen Marktwertes mit der modified Duration [= Duration/(1+r)] und der Zinsänderung:

$$\Delta K_0 = -\frac{1}{1+r} \cdot D \cdot K_0 \cdot \Delta r$$

$$\Delta K_0 = - \cdot D \cdot K_0 \cdot \Delta r$$

mit: D = Duration
mod. D = modified Duration
r = Marktzins
K_0 = Kurswert (Barwert)Gesamtzahlung
Δr = Marktzinsänderung
ΔK_0 = Barwertänderung (= Risiko)

Jede einzelne Nettoposition ist mit ihrem Marktwert entsprechend ihrer Duration in ein 15 Laufzeitbänder umfassendes Laufzeitraster einzustellen. Anschließend sind die positionsindividuellen Gewichtungssätze zu ermitteln. Zu diesem Zweck wird für jede einzelne Position zunächst die spezifische modified Duration bestimmt und mit der für das jeweilige Laufzeitband angenommenen Renditeänderung gewichtet. Als Renditeänderungen werden im kurzfristigen Bereich maximal ein Prozentpunkt und im langfristigen Bereich minimal 0,6 Prozentpunkte unterstellt. Diese Vorgehensweise weist folgende Vorteile auf:

- Der spezifische Kupon eines Wertpapiers wird direkt berücksichtigt.
- Der exakte Fälligkeitstermin beeinflusst unmittelbar das errechnete Risiko.

Die 15 Laufzeitbänder wiederum sind zu *drei Zonen* zusammengefasst, so dass das Vorgehen bei der Aggregation der Gesamtrisikozahl identisch mit der Jahresbandmethode ist. Lediglich der Disallowance-Faktor für das vertikale Hedging beträgt nur 5 anstatt 10 Prozent. Die Anrechnungsfaktoren für das horizontale Hedging stimmen mit der Jahresbandmethode überein.

Die *Unterschiede zwischen Jahresband- und Durationverfahren* sind in der folgenden Tabelle zusammenfassend dargestellt:

	Jahresbandmethode	**Durationverfahren**
Risikoermittlung	über pauschale Gewichtungsfaktoren	über modified Duration
Zahl der Laufzeitraster	2 Laufzeitraster	1 Laufzeitraster
Einteilung des Rasters	Laufzeitbänder/Zonen	Laufzeitbänder/Zonen
Zinsänderung	pro Laufzeitscheibe	Pro Zone
Vertikales Hedging	Disallowance 10 %	Disallowance 5 %[8]
Horizontales Hedging innerhalb einer Zone	Anrechnung 30 bzw. 40 %	Anrechnung 30 bzw. 40 %

8 In der CAD ist ein Disallowance-Faktor von 0 Prozent vorgesehen.

Ein Vergleich von Jahresband- und Durationverfahren erfordert Überleitungsrechnungen. Aus den spezifischen Gewichtungsfaktoren der Jahresbandmethode kann beispielsweise unter Verwendung der unterstellten Renditeänderung eine implizite durchschnittliche modified Duration pro Laufzeitbereich ermittelt werden.[9] Unter der Annahme, dass diese der tatsächlichen Duration der einzelnen Papiere entsprechen, lassen sich unter Verwendung der im Verfahren vorgegebenen Renditeänderung pro Zone für die einzelnen Long- und Shortpositionen Risikowerte nach dem Durationverfahren ermitteln.

Da das Durationverfahren eine exaktere Risikokalkulation als die pauschale Jahresbandmethode ermöglicht, ist der niedrigere Disallowance-Faktor in Höhe von 5 Prozent durchaus sachgerecht.

3.2 Aktienkursrisiken

Bei der Ermittlung der Eigenmittelunterlegung für Preisrisiken aus offenen Aktienpositionen ist gleichfalls ein emittentenbezogenes besonderes Risiko und allgemeines Marktrisiko separat zu analysieren. Generell ist bei der Ermittlung der Long- oder Shortposition in einer einzelnen Aktie eine Nettopositionsbildung innerhalb derselben Emission erlaubt.

3.2.1 Ermittlung des besonderen Risikos im Aktienbereich

Bei der Ermittlung des besonderen Risikos wird ein *Anrechnungssatz von 4 Prozent* auf die Bruttoposition angewandt. In der folgenden Tabelle wird beispielhaft die Ermittlung der Bruttoposition eines Portfolios aus zwei Aktien dargestellt:

	Aktie A	**Aktie B**	**Gesamt**
Long-Position	+200	+100	
Short-Position	–100	–125	
Nettoposition	100	– 25	**75**
Bruttoposition	100	25	**125**

Für dieses Beispielportfolio ergibt sich eine Eigenmittelunterlegung für das besondere Risiko in Höhe von 4 Prozent von 125 Mio. = 5 Mio.

Eine *Senkung des Anrechnungssatzes auf 2 Prozent* ist erlaubt, sofern die folgenden drei Bedingungen *gleichzeitig* erfüllt sind:

9 Für die Laufzeitscheibe 3-4 Jahre (Laufzeitband I) ergibt sich bei der angenommenen Zinsänderung von 0,75 Prozentpunkten und dem vorgegebenen Risikogewicht von 2,25 Prozent eine unterstellte mod. Duration von 3 Jahren (= Risikogewicht/Zinsänderung = 2,25 %/0,75 %).

(1) Das Wertpapierportfolio besteht nicht ausschließlich aus Aktien von Emittenten, die zur Kategorie der „sonstigen Emittenten“ zu zählen wären (vgl. Einteilung der Emittenten zur Ermittlung des besonderen Risikos im Zinsbereich).

(2) Die Papiere werden von den Behörden als hochliquide eingestuft.

(3) Keine Einzelposition ist größer als 5 Prozent des Gesamtportfoliowertes, *oder* keine Einzelposition ist größer als 10 Prozent des Gesamtportfolios, sofern der Gesamtwert dieser Einzelpositionen (< 10 Prozent) insgesamt 50 Prozent des Gesamtportfoliowertes nicht übersteigt.

Die Eigenmittelunterlegung für besondere Aktienkursrisiken wird in der *Baseler Marktrisikonorm wesentlich strenger formuliert als im Grundsatz I.* Basel sieht eine generelle Eigenmittelunterlegung von 8 Prozent (Grundsatz I: 4 Prozent) und einen reduzierten Satz für diversifizierte Portfolios von 4 Prozent (Grundsatz I: 2 Prozent) vor.

Bei börsengehandelten *Aktienindextermingeschäften* ist im Grundsatz I für Indizes, die einen hohen Diversifizierungsgrad aufweisen, keine Eigenkapitaldeckung für besondere Risiken vorgesehen, da sich diese Indizes weitgehend wie der Gesamtmarkt verhalten (keine emittentenspezifische Wertänderungen). Konsequent wäre es, diese Anrechnungsbefreiung auch auf Aktienportfolios auszudehnen, die zum Beispiel im Rahmen von Arbitragestrategien so gestaltet werden, dass sie einen Index oder den Gesamtmarkt nachweisbar mit hoher Wahrscheinlichkeit nachbilden. Nach der Baseler Marktrisikonorm sind diese Indexgeschäfte jedoch mit 2 Prozent zu unterlegen. Auch hier wäre eine Angleichung an die CAD, die diese Grundsatz-I-Regelung determiniert, sachgerecht.

3.2.2 Ermittlung des allgemeinen Marktrisikos im Aktienbereich

Nach dem Grundsatz I (ebenso wie nach der CAD und der Baseler Norm) ergibt sich die Eigenkapitaldeckung für das allgemeine Marktrisiko aus der mit dem *Anrechnungssatz von 8 Prozent* gewichteten Gesamtnettoposition. Unterstellt wird damit implizit, dass sich der Gesamtmarkt in eine Richtung bewegt. Somit heben sich Long- und Shortpositionen aus verschiedenen Aktien bei Ermittlung der Nettoposition auf. Beim besonderen Risiko kommt durch den Ansatz der Bruttoposition hingegen zum Ausdruck, dass Long- und Shortpositionen unterschiedlich (auf Marktbewegungen) reagieren können.

Gegenläufige Positionen in Aktienindexgeschäften werden gegeneinander aufgerechnet (Nettopositionsbildung innerhalb derselben Emission). Aktienindextermingeschäfte (bzw. auch Optionsgeschäfte mit ihrem Delta) können jedoch auch in die einzelnen, dem Index zugrundeliegenden Aktien aufgeschlüsselt und anschließend mit den jeweiligen Aktienpositionen verrechnet werden.

Für das obige Beispiel ergibt sich bei der vorliegenden Nettoposition in Höhe von 75 Mio. eine Eigenmittelunterlegung für das allgemeine Marktrisiko in Höhe von 6 Mio. Insgesamt ist ein Eigenkapital von 11 Mio. erforderlich.

3.3 Währungsrisiken

Im Rahmen der Kalkulation der Risiken aus offenen Fremdwährungspositionen sind nicht nur die Positionen aus dem Trading Book, sondern die gesamten Fremdwährungspositionen (inklusive Goldpositionen) der Bank zu berücksichtigen.

Bei der Ermittlung der Eigenmittelunterlegung ist eine *Bagatellgrenze* zu beachten. Sofern die Währungsgesamtposition den Betrag von 2 Prozent der Eigenmittel und die größere der beiden getrennt zu bestimmenden Summen aller in Euro umgerechneten Aktiv- und Passivpositionen in allen fremden Währungen den Betrag von 100 Prozent der Eigenmittel nicht übersteigt, ist das Institut nicht meldepflichtig. Eine Meldepflicht auf konsolidierter Basis bleibt davon unberührt. Wird die Freigrenze von der Währungsgesamtposition überschritten, ist diese komplett anzurechnen und mit 8 Prozent Eigenmitteln zu unterlegen.

Die nationalen Behörden konnten bei der Umsetzung der CAD die folgenden drei Verfahren zur Risikomessung zulassen, wobei bei dem erstgenannten Verfahren verschiedene Modifikationen möglich sind:

a) Standard-Methode
b) Benchmark-Methode
c) Simulationsmethode

Diese Alternativen sind nur zum Teil Bestandteil der *Baseler Marktrisiko-Norm*. Im Gegensatz zur CAD ist nach der Baseler Norm nur das einfache Standard-Modell und das Simulationsmodell zulässig. Die deutsche Bankenaufsicht hat im Rahmen des KWG nur die Standard-Methode und alternativ ein Internes Modell zur Quantifizierung des Fremdwährungsrisikos zugelassen.

Die Standard-Methode (Short-Hand-Methode) stellt ein einfaches Konzept zur Ermittlung des Eigenmittelbedarfs für Fremdwährungsrisiken dar. Die offenen Nettopositionen werden in die heimische Währung umgerechnet und getrennt für Long- und Shortpositionen addiert. Der jeweils höhere der beiden Gesamtbeträge stellt den *Netto-Gesamtbetrag der Devisenposition* dar, der *zu 8 Prozent mit Eigenkapital zu unterlegen* ist. Durch die Kapitaladäquanzrichtlinie wird explizit eine Einbeziehung der Heimatlandwährung gefordert. Bei diesem Vorgehen sind dann jedoch die Kauf- und Verkaufsposition gleich groß. Dieser Zusammenhang wird im folgenden Beispiel mit zwei Fremdwährungen deutlich.

Anrechnung der Währungsrisiken in der Kapitaladäquanzrichtlinie				
	Positionen in Mio. EUR long	short	Nettokauf-position	Nettoverkaufs-position
EUR	100	– 200	0	100
USD	500	– 100	400	0
GBP	400	– 700	0	300
Summe	**1 000**	**–1 000**	**400**	**400**
Eigenmittelunterlegung 8 % auf (längere) Nettoposition = 32 Mio.				

Für das Beispiel ergibt sich bei einer Eigenmittelunterlegung von 8 Prozent ein Betrag von 32 Mio. Das Verfahren der Richtlinie kann als *Middle-Case-Methode* bezeichnet werden, da nur die größere der Kauf- bzw. Verkaufsposition als Maßstab zur Risikoermittlung herangezogen wird. Demgegenüber war das Verfahren im *Grundsatz Ia Nr. 1 KWG* mit einem Eigenmittelbedarf von 146 Mio. eher Worst Case orientiert, da die Unterschiedsbeträge für sämtliche Währungen absolut aufaddiert wurden. Aufgrund der realistischeren Annahme hinsichtlich der Kursbewegungen (Middle Case) stellt die Standard-Methode eine adäquatere Risikoerfassung dar.

Im Rahmen des Grundsatzes I wurde bei eng korrelierenden Währungen eine geminderte Eigenmittelunterlegung in Höhe von 4 Prozent eingeführt (nach der CAD die sog. *modifizierte Standard-Methode*). Eine enge Korrelation liegt dann vor, wenn der Verlust aus einer geschlossenen Position

(1) innerhalb der letzten drei (fünf) Jahre,
(2) bezogen auf eine Haltedauer der Positionen von zehn Tagen,
(3) 4 Prozent der geschlossenen Position mit einer Wahrscheinlichkeit von 95 Prozent (99 Prozent bei einer unterstellten Haltedauer von fünf Jahren)

nicht übersteigt.

Eine *weitere im Rahmen der CAD vorgesehene Sonderregelung* innerhalb der Standard-Methode, Positionen in bestimmten Währungspaaren mit festen Wechselkursen geringer zu gewichten, ist nach den Bestimmungen des Grundsatzes I nicht anwendbar.

4. Konsequenzen aus der Umsetzung der EU-Kapitaladäquanzrichtlinie

Die im Rahmen des Grundsatzes I umgesetzten Verfahren der CAD und der Baseler Marktrisikonorm stellen durchaus geeignete Instrumente der Messung und Analyse von Preisrisiken dar. Sie führen aufgrund der verfeinerten Analyseverfahren zu *sachgerechteren Risikowerten* als die alten Grundsätze I und Ia. Die Risikoanrechnung (insbesondere von Währungsrisiken) ist tendenziell gesunken; der Eigenmittelbegriff wurde erweitert. Trotzdem führten die mittlerweile umgesetzten Normen zu einer *Erhöhung des Eigenkapitalbedarfs* insgesamt, da das Limitkonzept des Grundsatzes Ia durch eine direkte Eigenmittelunterlegung von Marktrisiken ersetzt wurde (*Wegfall der Doppelbelegung des Eigenkapitals*).

Die zusätzlichen Eigenkapitalanforderungen führten zudem zu einem *Überdenken der Performance-Erwartungen* in den Handelsbereichen. Auch für die Eigenkapitalallokation ergaben sich erhöhte Anforderungen. Da auch eine Risikodeckung über kurzfristiges Tier-III-Kapital möglich ist, wurden die Eigenkapitalkosten durch kurzfristig, revolvierend aufgenommene Eigenmittel gesenkt. Bei Nutzung des Tier-III-Kapitals ist eine *kontinuierliche, aktive Disposition des Eigenkapitalbedarfs* erforderlich.

Mit der Einführung der CAD durch Implementierung des Grundsatzes I ist es zu einer *Annäherung der externen aufsichtsrechtlichen und bankinternen Verfahren der Risikoanalyse* gekommen. Dies wurde erreicht, indem in der CAD trotz einer angestrebten Normierung der Verfahren, neben pauschalen Ansätzen der Risikoanalyse, auch komplexere Modelle möglich sind. Ein bereits mit modernen portfolioorientierten Methoden der Risikoanalyse arbeitendes Risikomanagement und -controlling ist darauf vorbereitet, die komplexeren aufsichtsrechtlichen Verfahren zu nutzen. Mit Implementierung der verfeinerten Methoden kann das aufsichtsrechtlich erforderliche Eigenkapital reduziert werden, da die pauschalen Methoden in der Regel mit höheren Anrechnungsfaktoren versehen sind.

Mit der Einführung des Grundsatzes I wurden somit auch aufsichtsrechtliche *Anreize zur Entwicklung verfeinerter Risikoanalysesysteme* gegeben. Weitere Impulse gab die Regelung in Anbetracht der geforderten konsolidierten Risikoermittlung für die Entwicklung einer konzernweiten Marktrisikosteuerung. Die *konzernweiten Limitsysteme* müssen als Nebenbedingung auch eine (tägliche) Einhaltung der Marktrisikoregelungen sicherstellen. Die direkte Unterlegung von Marktrisiken mit Eigenkapital gab mit Blick auf die Limitsysteme weitere Anreize, die noch nicht in allen Häusern vollzogene Umstellung von rein *volumenorientierten Limiten* auf *direkte verlustorientierte Limite* weiter voranzutreiben.

Diese Weiterentwicklung der Risikocontrollingsysteme und die Umsetzung der CAD erforderten entsprechende *EDV-Systeme*, deren Implementierung mit Blick auf die geforderte konsolidierte Risikoermittlung hohe Kosten verursachten. Die anstehende EDV-technische Umsetzung wurde weitgehend dazu genutzt, um durch *einheitliche Datenstrukturen für internes und externes Reporting* eine Aufwandsreduktion zu erreichen.

Durch flexible Systeme wurde es bankintern weitgehend möglich, für sämtliche Risikobereiche *konsistente Risikowerte nach vergleichbaren Verfahren* zu ermitteln. Dieses war ursprünglich auch ein Ziel der Kapitaladäquanzrichtlinie, das jedoch nur bedingt erreicht wurde. So sind in der Kapitaladäquanzrichtlinie beispielsweise im Währungsrisikobereich komplexe Simulationsverfahren zugelassen, während in anderen Bereichen (zum Beispiel Aktienbereich) nur pauschale Verfahren der Risikoanalyse anwendbar sind. Durch die Zulassung von internen Modellen zu Zwecken der Bankenaufsicht für sämtliche Marktrisikokategorien im Grundsatz I wurde ein wesentlicher Schritt in diese Richtung vollzogen. Unter Wettbewerbsaspekten und im Hinblick auf eine Reporting-Effizienz ist weiterhin auf eine Abstimmung der geplanten Baseler Marktrisikonormen mit der CAD hinzuarbeiten. Da derzeit auch wieder Methoden zur Quantifizierung von Zinsänderungsrisiken aus dem kommerziellen Geschäft im Baseler Ausschuss für Bankenaufsicht erörtert werden, ist zu erwarten, dass auch für diesen Bereich neue Anforderungen auf die Kreditinstitute und insbesondere auf das Risikomanagement und -controlling zukommen werden.

Literaturhinweise

DEUTSCHE BUNDESBANK: Monatsberichte Oktober 1993, Frankfurt am Main 1993.

CHEW, L.: Good, bad and indifferent, in: Risk Magazine, Vol. 6, Nr. 6, June 1993, S. 30-34.

GRÖSCHEL, U.: Politischer Kompromiß zur Kapitaladäquanzrichtlinie, in: Sparkasse 109. Jg., Heft 6, 1992, S. 292-293.

GROSS, H./KNIPPSCHILD, M.: Internationale Harmonisierung der Bankenaufsicht – Konsequenzen für das Treasury-Management, in: Treasury-Management, Hrsg. Schierenbeck, H./Rolfes, B., Frankfurt 1994.

GUMMERLOCK, R.: Double Trouble, in: Risk Magazine, Volume 6, No. 9, October 1993, S. 30-34.

LONDON BUSINESS SCHOOL: The debate on international capital requirements (The city research projekt), February 1994.

MUDGE, D. T./LIENG-SENG WEE: Truer to type in: Risk Magazine, Vol. 6, No. 12, December 1993, S. 16-21.

RUDOLPH, B.: Kapitaladäquanzrichtlinie: Zielsetzung und Konsequenzen der bankaufsichtsrechtlichen Regulierung im Wertpapierbereich, in: ZBB, 6. Jg, Heft 2, 30.05.1994, S. 117-204.

SCHIERENBECK, H.: Ertragsorientiertes Bankmanagement, 6. Auflage, Wiesbaden 1999.

SCHULTE-MATTLER, H.: Kapitaladäquanz-Richtlinie schafft einheitliche Aufsichtsregeln, in: Die Bank, Heft 8, August 1992, S. 460-467.

SCHULTE-MATTLER, H.: Baseler Vorschlag zur Erfassung und Begrenzung von Marktrisiken, in: Die Bank, Heft 1, Januar 1994, S. 28-33.

SCHULTE-MATTLER, H.: Bankaufsichtsrechtliche Eigenkapitalnormen für Marktrisiken im Vergleich, in: Die Bank, Februar 1994, S. 93-98.

Hermann Schulte-Mattler / Uwe Traber

Bankinterne Risikomodelle im Eigenkapitalgrundsatz I

1. Fundamentale Neuausrichtung der deutschen Bankenaufsicht

Im Januar 1996 veröffentlichte der Baseler Ausschuss für Bankenaufsicht die „Änderung der Eigenkapitalvereinbarung zur Einbeziehung der Marktrisiken" (kurz „Marktrisikoregelungen" genannt),[1] die die Baseler Eigenkapitalvereinbarung[2] vom Juli 1988 überarbeitet und ergänzt. Die Marktrisikoregelungen beinhalten verschiedene, zum Teil komplexe Risikoerfassungs- und Risikomessmethoden, die von den vom Baseler Ausschuss eingesetzten Untergruppen über viele Jahre hinweg entwickelt wurden. Neben den standardisierten Verfahren können Institute für die Zwecke der Ermittlung der bankaufsichtlich vorzuhaltenden Eigenmittel im Fremdwährungs-, Aktienkurs-, Zinsänderungs-, Rohwarenpreis- sowie Optionsrisikobereich alternativ auch *bankinterne Risikomodelle* verwenden. Dabei liegt die Überlegung zugrunde, dass die als Standardverfahren vorgesehenen Methoden das jeweils aktuell bestehende Risiko (verstanden als Wahrscheinlichkeit der Wertminderung des gesamten Marktrisiko-Portefeuilles) weniger gut abschätzen als die in den Instituten verwendeten eigenen Methoden.

Bei der Novellierung der Kapitaladäquanz-Richtlinie[3] im Juni 1998 („Kapitaldäquanz-Richtlinie II") wurde die Modellalternative in das Rahmenwerk der europäischen Bankrechtsrichtlinien übernommen und war damit von den Mitgliedstaaten der Europäischen Union zwingend in das nationale Bankaufsichtsrecht zu transformieren. Die Bundesrepublik Deutschland hatte dies bereits mit der Neufassung des Eigenkapitalgrundsatzes I im Oktober 1997 vollzogen,[4] der mit seinem Inkrafttreten am 1. Oktober 1998 den deutschen Kredit- und Finanzdienstleistungsinstituten die Modellalternative eröffnet.[5]

Ein *„Partial Use"*, das heißt die gleichzeitige Verwendung von eigenen Risikomodellen und Standardverfahren zur Bestimmung des *allgemeinen Preisrisikos* aus verschiedenen Risikobereichen, ist möglich. So kann ein Institut für die Gesamtheit aller Geschäfte im Bereich des allgemeinen Aktienkursrisikos ein eigenes Risikomodell und für die übrigen Risikobereiche hingegen die Standardverfahren verwenden.[6] Drei Ausnahmeregelungen für den Partial Use von juristisch selbständigen Einheiten (Unternehmen) einer Instituts-

1 Vgl. Baseler Ausschuß für Bankenaufsicht (1996a). Die Dokumente des Baseler Ausschusses sind verfügbar unter der folgenden Internetadresse: http://www.bis.org.

2 Vgl. Baseler Ausschuß für Bankenaufsicht (1988).

3 Vgl. Europäische Kommission (1998).

4 Vgl. Bundesaufsichtsamt für das Kreditwesen (1997a). Der Grundsatz I widmet den zulassungsfähigen („geeigneten") Risikomodellen einen eigenen, aus den sechs Paragraphen (§§ 32 bis 37) bestehenden (Siebten) Abschnitt.

5 Vgl. zu den Regelungen des Kreditwesengesetzes und des Eigenkapitalgrundsatzes I ausführlich Boos/Fischer/Schulte-Mattler (2000) sowie Schulte-Mattler/Traber (1997). Speziell zu den internen Modellen im Grundsatz I vgl. Boos/Schulte-Mattler (1997) und Schulte-Mattler (1998).

6 Eine grundsätzliche Anwendung des Partial Use auf lediglich einzelne, von dem Institut beliebig ausgewählte Portefeuilles scheidet aus bankaufsichtlichen Vorsichtsgründen aus.

gruppe und juristisch unselbständigen Einheiten (Hauptstelle, Niederlassungen) sowie für die Risikovolumina innerhalb einer juristisch unselbständigen Einheit sind zugelassen, um den Instituten den Übergang zur bankaufsichtlichen Verwendung von eigenen Risikomodellen zu erleichtern:

Partial Use *innerhalb der Institutsgruppe*: Auf der Ebene einer Institutsgruppe dürfen einzelne gruppenangehörige Institute ein Risikomodell oder mehrere Modelle verwenden und andere gruppenangehörige Institute auf Standardverfahren zurückgreifen („Aggregation-plus-Verfahren"). Die einheitliche Verwendung von Risiko-Modellen auf Gruppenebene ist nur dann notwendig, wenn die betreffenden Marktrisikopositionen unterschiedlicher gruppenangehöriger Institute nach § 10a Abs. 6 KWG konsolidiert werden. Die Konsolidierung setzt nämlich die Einbeziehung der nachgeordneten Institute in die zentrale Risikosteuerung des übergeordneten Institutes voraus und eine solche ist nicht möglich, wenn die Risiken verschiedener Institute nach unterschiedlichen Verfahren gemessen werden.

Partial Use *innerhalb des Institutes*: Verschiedene geographisch bestimmte Einheiten des Institutes (wie Hauptstelle oder Zweigstelle) können unterschiedliche Risikomodelle benutzen, die übrigen Standardverfahren. Die Anwendung der Standardverfahren ist aber nur Einheiten gestattet, die an „abgelegenen Orten" (Remote Locations) liegen oder deren Positionen „unbedeutend" sind.[7] Unbedeutend sind Positionen in Finanzinstrumenten, die, für alle Einheiten zusammengenommen, nicht mehr als 10 Prozent der gesamten Positionen des Institutes ausmachen (gemessen an den Nominalvolumina bei derivativen Geschäften und an den Marktwerten bei Wertpapieren). Die Grenze kann in Ausnahmefällen bis zu zwei Wochen auf 15 Prozent erhöht werden. Die Einhaltung dieser Grenzen ist zu dokumentieren und die Dokumentation dem Bundesaufsichtsamt für das Kreditwesen auf dessen Verlangen offenzulegen.

Partial Use *innerhalb einer geographisch bestimmten organisatorischen Einheit*: Verschiedene Risikomodelle für einzelne Finanzinstrumentsgruppen oder Portefeuilles und Standardverfahren dürfen innerhalb einer geographisch bestimmten Einheit des Institutes (wie Zentrale) nebeneinander genutzt werden. Diese Möglichkeit ist im Eigenkapitalgrundsatz I nur für Risiken „in weniger wichtigen Währungen" oder „in kaum ins Gewicht fallenden Geschäftsbereichen" gegeben.[8]

Der Baseler Ausschuss für Bankenaufsicht veröffentlichte im September 1997 eine Ergänzung zu den Marktrisikoregelungen, um die Modellalternative auch auf die Messung und Eigenmittelunterlegung des *spezifischen Kursrisikos* aus dem Handelsbuch auszudehnen (offene Positionen mit Aktienkurs- und Zinsänderungsrisiken), was bei der Neufassung der Kapitaladäquanz-Richtlinie II noch aufgegriffen und übernommen, bei der Novellierung des Grundsatzes I jedoch aus Zeitgründen nicht mit allen Detailregelungen berücksichtigt werden konnte. Die Regelungen zum spezifischen Kursrisiko werden deshalb vor-

7 Dies steht im Einklang mit den Baseler Marktrisikoregelungen. Vgl. Baseler Ausschuß für Bankenaufsicht (1996a), Teil B Ziffer 7 Fußnote 52.

8 Auch diese Regelung steht im Einklang mit den Baseler Marktrisikoregelungen. Vgl. Baseler Ausschuß für Bankenaufsicht (1996a), Teil B Ziffer 7 Fußnote 52.

aussichtlich im ersten Halbjahr 2000 im Rahmen einer ohnehin anstehenden Überarbeitung des Grundsatzes I zur Anpassung an verschiedene, seither verabschiedete europäische Richtlinien in den Grundsatz I übernommen. So hat eine Berechnung der spezifischen Risiken nur dann zu erfolgen, wenn das interne Modell diese Risiken gar nicht erfasst. Bei Modellen, die das spezifische Risiko erfassen, ist keine parallele Rechnung mit standardisierten Modellen nötig. Bei einer teilweisen Erfassung soll lediglich der mit dem Modell ermittelte Eigenmittelunterlegungsbetrag nach oben revidiert werden (mittels Erhöhung des weiter unten beschriebenen Skalierungsfaktors).

Bevor ein Institut sein internes Risikomodell für die Berechnung der Eigenmittelunterlegung für die Marktpreisrisiken nach Grundsatz I verwenden darf, muss das Bundesaufsichtsamt für das Kreditwesen die *Eignung des internen Modells* auf Antrag des Institutes schriftlich bestätigen und seine Zustimmung zur Verwendung erteilen. Das Bundesaufsichtsamt unterzieht zu diesem Zweck das interne Modell einer Prüfung. Bei der Modellprüfung handelt es sich um ein Verfahren, das lediglich die Eignung eines Risikomodells für die Berechnung der Eigenmittelunterlegung zum Gegenstand hat. Es wird insbesondere nicht geprüft, ob das Modell zur Risikosteuerung des Institutes geeignet ist. Diese Beurteilung ist und bleibt die eigenverantwortliche Aufgabe des Institutes.[9]

Die Zulassung interner Risikomodelle zum Zweck der Berechnung der aufsichtlich notwendigen Eigenmittelunterlegung stellt für die deutsche Bankenaufsicht eine fundamentale Neuausrichtung und damit einen großen Schritt in Richtung auf eine mehr *qualitativ orientierte Bankenaufsicht* dar. Anders als früher hat die Bankenaufsicht nicht mehr nur die Einhaltung schematischer quantitativer Vorgaben zu überwachen, sondern sie hat insbesondere zu prüfen, ob qualitative Voraussetzungen erfüllt werden, interne Modelle zuverlässig funktionieren und korrekt gehandhabt werden. Die bankaufsichtlichen Anforderungen an ein „geeignetes" Risikomodell sollen im Abschnitt 2 präzisiert werden. Im Mittelpunkt stehen dabei die qualitativen und quantitativen Voraussetzungen für die Anerkennung interner Modelle. Abschnitt 3 ist der Frage der Akzeptanz interner Modelle gewidmet.

2. Geeignete Risikomodelle

Mit der Modellalternative dürfen die Kredit- und Finanzdienstleitungsinstitute interne Risikomodelle zur Bemessung der Eigenmittelunterlegung von Marktpreisrisiken verwenden, sofern diese bestimmten Anforderungen genügen („geeignet" sind), das Bundesaufsichtsamt diese Eignung bestätigt und der Verwendung der Modelle zu diesem Zweck zugestimmt hat.[10]

9 Die Einzelheiten des Antragsverfahrens, insbesondere die Anforderungen an die beizufügende Dokumentation, hat das Bundesaufsichtsamt für das Kreditwesen (1997b) gesondert bekanntgegeben.

10 Nach § 32 Abs. 3 Satz 2 Grundsatz I hat das Bundesaufsichtsamt vor einer Bestätigung der Eignung und der Zustimmung zur Verwendung die Einhaltung der Eignungserfordernisse zu prüfen.

2.1 Risikomodelle und Value at Risk

Risikomodelle werden im Eigenkapitalgrundsatz I als „zeitbezogene stochastische Darstellungen der Veränderungen von Marktpreisen und ihrer Auswirkungen auf den Marktwert einzelner Finanzinstrumente oder Gruppen von Finanzinstrumenten (potenzielle Risikobeträge)“[11] definiert. Die Modelle „beinhalten mathematisch-statistische Strukturen und Verteilungen zur Ermittlung risikobeschreibender Kennzahlen, insbesondere des Ausmaßes und Zusammenhangs von Kurs-, Preis- und Zinssatzschwankungen (Volatilität und Korrelation)“[12]. Die Beschreibung von internen Modellen ist damit bewusst allgemein gehalten, um möglichst viele der verschiedenen, derzeit in der Praxis anzutreffenden Verfahren abzudecken und mögliche künftige Entwicklungen nicht auszuschließen.

Die von den Instituten verwendeten Risikomodelle folgen weitgehend dem Konzept des „*Value at Risk*“ (VaR),[13] der im Eigenkapitalgrundsatz I als potenzieller Risikobetrag bezeichnet wird. Die Modelle haben die Aufgabe, das Verlustpotenzial eines Portefeuilles von Finanzinstrumenten monetär zu quantifizieren. Wenn ΔW die interessierende negative *Wertveränderung* zwischen dem Wert des Portefeuilles zum Zeitpunkt t_0 (Gegenwart) und dem Wert zu einem zukünftigen Zeitpunkt t_1 bezeichnet (also den Verlust $W(t_1) - W(t_0) < 0$ in der betrachteten Zeitspanne), dann gibt der VaR-Betrag die für eine vorgegebene Wahrscheinlichkeit bestehende, in Geldeinheiten ausgedrückte Verlustoberschranke an; es gilt also $\Delta W \leq VaR$ (beide Größen als positive Beträge gefaßt).

Die Wertänderung des Portefeuilles ΔW wird von zufälligen Ereignissen bestimmt, nämlich den künftigen Entwicklungen der Marktpreise, und ist daher nicht mit Sicherheit vorhersehbar. Die Unsicherheit in den Einflussgrößen zur Bewertung eines Portefeuilles überträgt sich auf die Zielgröße VaR. Da eine vollkommene Sicherheit nicht erreichbar ist, wird gefordert, dass die Abschätzung des potenziellen Risikobetrages mit einer genügend großen Wahrscheinlichkeit P erfolgt (dem sogenannten Sicherheitsniveau). Formal ausgedrückt also: $P(\Delta W \leq VaR) = \text{x}$ Prozent.

Das x-Prozent-Quantil bezieht sich dabei auf eine Prognoseverteilung der Portefeuillewertänderungen zum Zeitpunkt t_1. Die *Prognoseverteilung* selbst ergibt sich aus einer Verknüpfung ökonomischer Größen (Marktwerte von Positionen und Sensitivitäten der Marktwerte hinsichtlich Veränderungen der preisbestimmenden Marktgrößen) mit stochastischen Größen (Verteilungen, die die Unsicherheit in den Risikofaktoren modellieren). Die eigentliche *Berechnung* des VaR-Betrages gliedert sich dabei in zwei Teilschritte.

Der erste Schritt dient der *Bestimmung des Marktwertes* jeder Position des Portefeuilles aus den preisbestimmenden Einflussgrößen mit Hilfe einer Preisfunktion. Die Preisfunktion kann auch durch eine Taylorapproximation beliebig genau angenähert und diese der VaR-Berechnung zugrunde gelegt werden. Anschließend werden die Sensitivitäten der

11 Bundesaufsichtsamt für das Kreditwesen (1997a), S. 45.

12 Bundesaufsichtsamt für das Kreditwesen (1997a), S. 45.

13 Andere oft verwendete Begriffe mit teilweise abweichender Definition sind „Money at Risk“ (MaR), „Daily-Earnings-at-Risk“ (DEaR) und „Capital at Risk“ (CaR).

Marktwerte der Finanzinstrumente oder Portefeuilles bestimmt, also die ersten mathematischen Ableitungen der Preisfunktionen nach den preis-bestimmenden Größen.

Der zweite Schritt bestimmt ein *stochastisches Modell* zur Abbildung der Dynamik der preisbestimmenden Risikofaktoren. Hierunter ist die Spezifikation eines Zeitreihenmodells zu verstehen (Verteilungsannahme), das sowohl die Dynamik als auch die Unsicherheit der betrachteten Risikofaktoren beschreibt. Das *stochastische Modell* ist für die Bestimmung des VaR-Betrages unabdingbar, denn nur ein stochastisches Modell ist in der Lage, Prognosen zu erstellen, dessen Plausibilität durch eine Wahrscheinlichkeitsaussage beurteilt werden kann.

Ein Beispiel für ein oft verwendetes stochastisches Modell ist der *„Random Walk"*, bei dem die prozentualen Kursveränderungen[14] stochastisch und normalverteilt sind; denkbar sind aber auch komplexere Modelle der ARCH-Familie.[15] Ist ein solcher Zeitreihenprozess spezifiziert, so sind die jeweiligen Verteilungsparameter (wie Standardabweichung) numerisch zu bestimmen (zu „schätzen"). Dies setzt voraus, dass ein *Stichprobenmodell* existiert, das den formalen Rahmen für die konkrete Schätzung der Parameter gibt. Wichtigster Parameter des Stichprobenmodells wiederum ist der Stichprobenumfang oder – im Falle der hier interessierenden Zeitreihen – der *Beobachtungszeitraum*.[16]

Um ein auf der Basis des VaR-Ansatzes beruhendes Risikosteuerungssystem beurteilen zu können, muss man über die Schwächen und die Stärken des Risikomaßes VaR informiert sein. Der größte Vorteil dieses Ansatzes – und wohl auch der Hauptgrund für die weite Verbreitung – dürfte darin zu suchen sein, dass er eine methodisch einheitliche, konsistente Risikomessung für alle Arten von Marktpreisrisiken auf jeder notwendigen Aggregatikonsebene erlaubt (Universalität) sowie auch dem spätestens seit der Nobelpreisverleihung an Harry M. Markowitz im Jahre 1990 wieder in das allgemeine Bewusstsein gerückten Portefeuillegedanken (Risikosteuerung durch Diversifizierung) Rechnung trägt.[17] Allerdings kauft man sich damit auch einige Nachteile ein, an deren erster Stelle die vordergründige Präzision der Risikomessung steht. VaR-Modelle arbeiten mit statistischen Wahrscheinlichkeitsaussagen (wie „VaR is the maximum estimated loss on a given portfolio that can be expected to be incurred over the holding period with 99 percent probability"). Diese erwecken leicht den Eindruck von Genauigkeit, die in Wirklichkeit jedoch nicht vorhanden ist. Ferner bildet die Grundlage der obigen Definition ein Quantil der Verteilung der Handelsergebnisse, gemessen als Veränderung des Nettogegenwartsvermögens (Nettobarwerts) über einen bestimmten Zeitraum. Über die Größe des *maxi-*

14 Genauer die logarithmierten Kursveränderungen, sogenannte Ln-Renditen.

15 Vgl. Bollerslev/Chou/Kroner (1992) für eine ausführliche Darstellung der Einsatzmöglichkeiten von ARCH-Modellen in der Finanzwirtschaft (ARCH = Autoregressive Conditional Heteroskedasticity).

16 Da der Value-at-Risk-Betrag im Regelfall für ein Portefeuille von Finanzinstrumenten zu berechnen ist, sind die oben genannten Einzelschritte in geeigneter Weise auf den mehrdimensionalen (multivariaten) Fall zu übertragen und auszuweiten. Als wesentliche neue Parameter treten dann die Korrelationen hinzu.

17 Harry Markowitz teilte sich im Jahr 1990 den Nobelpreis mit Merton H. Miller und William F. Sharpe. Vgl. Markowitz (1952). Eine umfangreichere Betrachtung des Problems liefert seine Dissertation aus dem Jahre 1955, vgl. Markowitz (1959), die allerdings erst vier Jahre später veröffentlicht wurde. Vgl. zum Gedanken der Risikostreuung durch Diversifikation auch Schulte-Mattler/Tysiak (1999, 2000).

malen Verlustes wird mit diesem Konzept jedoch nichts ausgesagt, vielmehr wird diese bei der VaR-Berechnung anfallende Information vernachlässigt, obwohl sie eine wertvolle zusätzliche Information über das Risiko beinhaltet.[18]

2.2 Qualitative Voraussetzungen

Bei der Zulassung interner Risikomodelle für bankaufsichtliche Zwecke wird vorausgesetzt, dass das für die Ermittlung der bankaufsichtlich geforderten Eigenmittelunterlegung eingesetzte Modell mit dem von der Bank im täglichen Risikosteuerungsprozess verwendeten Modell in vollem Umfang identisch ist (mit Ausnahme von Abweichungen bei den quantitativen Parametern). Aus diesem Grund müssen die folgenden *"qualitativen" Anforderungen* bei der Verwendung von internen Modellen erfüllt sein:[19]

- die Modelle müssen in die Risikosteuerung des Kreditinstituts voll integriert, die Grundlage für die täglichen Positionsentscheidungen und die Ausgestaltung des im Handel eingesetzten Limitsystem sein, was eine zeitnahe Ermittlung der Risikobeträge und eine entsprechende Ausgestaltung der Aufbau- und Ablauforganisation des Institutes zwingend voraussetzt
- die für den Handel verantwortlichen Leitungsebenen des Institutes sind über die Ergebnisse des Modells zu unterrichten und haben diese als maßgebende Entscheidungsgrundlage heranzuziehen
- routinemäßig müssen außerordentliche Marktsituationen (Krisenszenarien) mit den Modellen durchgespielt werden, um die modellmäßig verwendeten Parameter auf Angemessenheit und Realitätsnähe zu überprüfen, ein vom Handel unabhängiges Risiko-Controlling muss die Modelle, ihre Rechenergebnisse und Verfahrensweisen laufend auf Realitätsnähe überprüfen (z. B. durch Gegenüberstellung historischer Modellprognosen mit tatsächlichen Marktentwicklungen und deren Einflüssen auf den Barwert des Portefeuilles)
- zusätzlich sind die Modelle zum Gegenstand interner und externer Kontrollen und Prüfungen zu machen.

Dabei erschöpfen sich die letztgenannten Aufgaben nicht nur in der mechanischen Produktion von Zahlen, sondern umfassen ebenso deren Analyse und Kommentierung für die Geschäftsleitung. Unter anderem wird das Bundesaufsichtsamt anhand dieser Reports die Qualität des Risiko-Controllings und des gesamten Risikomanagementprozesses eines Institutes beurteilen und zu einer Meinung darüber gelangen, ob das Risiko-Controlling die Geschäfte und Strategien des Handels in vollem Umfang versteht.

18 Vgl. zu den Nachteilen von Risikomeßgrößen Artzner/Delbaen/Eber/Heath (1999).

19 Vgl. § 36 Grundsatz I.

2.3 Zu erfassende Risikofaktoren

Von den Risikomodellen müssen grundsätzlich alle nicht nur unerheblichen Risiken erfasst und quantifiziert werden und zwar in einer Weise, die dem Umfang und der Struktur der Handelsgeschäfte des Institutes angemessen sind. Damit bietet der Eigenkapitalgrundsatz I die notwendige Flexibilität, nur unbedeutende Risikopositionen (beispielsweise in Zweigstellen oder in bestimmten Finanzprodukten) im Risikomodell nicht zu berücksichtigen. Für diese kann statt dessen die Eigenmittelunterlegung nach den jeweiligen Standardverfahren erfolgen. Folgende Risikofaktoren müssen die bankinternen Risikomodelle aber *mindestens* abdecken, um als geeignet anerkannt zu werden:[20]

Bei den *Optionspreisrisiken* sind neben den das nichtlineare Preisverhalten der Optionen charakterisierenden Sensitivitätskennziffern wie Delta (Veränderung des aktuellen Preises des Underlying), Rho (Veränderung des risikolosen Marktzinssatzes) und Theta (Verringerung der Restlaufzeit der Option) auch Volatilitätskennziffern wie Gamma (Veränderung des Deltas) und Vega (Veränderung der Volatilität des Preises des Underlyings) zu erfassen. Institute mit relativ großen oder komplexen Optionsportefeuilles müssen das Vegafaktorrisiko der den Positionen zugrunde liegenden Zinssätzen, Kursen und Preisen sogar getrennt für verschiedene Laufzeiten messen.

Bei den *Zinsänderungsrisiken* sind neben den Risikofaktoren für das Zinsstrukturrisiko auch solche für das Spreadrisiko in internen Modellen zu berücksichtigen. Das Zinsstrukturrisiko beschreibt das Risiko, das sich aus möglichen Veränderungen der Renditestrukturkurve ergibt, mit denen die theoretischen Werte der Finanzinstrumente berechnet werden. Renditestrukturkurven sind mit allgemein akzeptierten Verfahren zunächst zu schätzen[21] und in mindestens sechs zeitmäßig bestimmte Zinsrisikozonen (Time Buckets) zu unterteilen, um der unterschiedlichen Volatilität der Renditen für die verschiedenen Laufzeiten Rechnung zu tragen. Jede Zinsrisikozone entspricht in der Regel einem Risikofaktor. Die Anzahl wie auch die Lage der Zinsrisikozonen ist dem Umfang und der Art des Geschäfts des Institutes anzupassen. Auch für das Spreadrisiko, also das Risiko der Veränderung des Abstandes zwischen den Renditen von Wertpapieren staatlicher und anderer Emittenten sind separate Risikofaktoren einzubeziehen.

Für den Bereich der *Aktienkursrisiken* muss es Risikofaktoren für jeden Aktienmarkt geben, an dem das Institut nennenswerte Positionen hält. Risikomodelle müssen neben der Darstellung der Preisrisiken des Gesamtmarktes in Form eines Indexes auch in der Lage sein, die Bewegungen einzelner Teilmärkte wie Branchen oder auch einzelner Aktien abzubilden.

Auch im Bereich der *Rohwarenpreisrisiken* muss es für jeden Rohwarenmarkt, an dem das Institut nennenswerte Positionen hält, Risikofaktoren geben. Im Vordergrund steht dabei das Risiko, dass sich der Spotpreis (Kassapreis) der Rohwaren ändert, in denen offene Po-

20 Die Regelungen stehen im Einklang mit den Baseler Marktrisikoregelungen. Vgl. Baseler Ausschuß für Bankenaufsicht (1996a), Teil B Ziffer 3 und 4.

21 Vgl. Schulte-Mattler/Tysiak (1998).

sitionen bestehen. Es existieren darüber hinaus weitere Risiken, für die gegebenenfalls Risikofaktoren berücksichtigt werden müssen.[22]

Es gibt im Eigenkapitalgrundsatz I keine expliziten Ausführungen über die zu berücksichtigenden Risikofaktoren für den Bereich der *Fremdwährungsrisiken*. Für diese gelten durch einen Hinweis in den Erläuterungen zum Eigenkapitalgrundsatz I, dass die diesbezüglichen Darlegungen der Baseler Marktrisikoregelungen zu beachten sind. Danach müssen interne Modelle Risikofaktoren für die Wechselkurse zwischen der Inlandswährung und jeder Fremdwährung berücksichtigen, in der das Institut nennenswerte Positionen hat.

2.4 Quantitative Voraussetzungen

Da bei Risikomodellen grundsätzlich unterstellt wird, dass die Preis- oder Kursveränderungen der Vergangenheit auch für die Zukunft zu erwarten sind und dass die einzelnen Positionen im Portefeuille eine bestimmte Zeit gehalten werden, hängen die *Ergebnisse* der Risikoquantifizierung von der Beantwortung der folgenden Fragen ab:

- Wie weit geht man in die Vergangenheit zurück, um die für die Zukunft anzunehmende Marktbewegung, das heißt die Volatilität der Marktpreise, zu schätzen (historische Beobachtungsperiode)?
- Welche Zeitspanne unterstellt man als notwendig für die Schließung der Positionen, mithin welcher Liquiditätsgrad der verschiedenen Märkte wird unterstellt (Haltedauer der Positionen)?
- Mit welchem Grad an Wahrscheinlichkeit wird bestimmt, ob Marktbewegungen als normal zu betrachten sind?

Um das notwendige Maß an Eigenmitteldeckung zur Abfederung von Verlusten zu gewährleisten, gibt die Bankenaufsicht die nachfolgenden *quantitative Mindestparameter* vor und beantwortet damit die obigen drei Fragen.

Die negative Wertänderung eines Portefeuilles (VaR-Betrag) ist auf Grundlage einer effektiven *historischen Beobachtungsperiode* von mindestens einem Jahr zu schätzen. Zur Vereinfachung kann das Jahr auch mit 250 Arbeitstagen angesetzt werden. Sofern ein parametrisches Modell verwendet wird (wie Varianz-Kovarianz-Ansatz[23]), sind die verwendeten Datensätze mindestens alle drei Monate, bei erheblichen Marktpreisänderungen unverzüglich zu aktualisieren. Neben der üblichen Gleichgewichtung der Daten, das heißt, alle historischen Beobachtungen fließen mit gleichem Gewicht in die Berechnung statisti-

22 Wie Basisrisiko (Veränderung des Verhältnisses zwischen den Preisen ähnlicher Rohstoffe im Zeitablauf), Zinsänderungsrisiko (Veränderung der Bestandshaltekosten bei Termingeschäften) und Forward-Gap-Risiko (Veränderung des Terminpreises, die nicht auf Zinssatzänderungen zurückzuführen ist). Im Rohwarenhandel aktive Institute müssen auch die Entwicklung der Convenience Yield von Derivativpositionen einerseits und Kassapositionen andererseits berücksichtigen. Für Institute mit relativ begrenzten Positionen sind unter Umständen einfache Risikofaktoren ausreichend.

23 Vgl. Schulte-Mattler/Traber (1995). Die Varianz-Kovarianz-Modelle werden in der Bankenaufsicht auch als Benchmark-Modelle bezeichnet.

scher Parameter ein, können auch andere Gewichtungsschemata verwendet werden (wie exponentielle Gewichtung der Daten). Allerdings darf im Fall der Abweichung von einer Gleichgewichtung der gewichtete Durchschnitt die Zeitdauer von sechs Monaten nicht unterschreiten.

Es wird eine *Haltedauer* von zehn Tagen unterstellt, das heißt, man nimmt an, dass verlusttragende Positionen innerhalb dieser Zeitspanne glattgestellt werden. Sofern ein Institut den VaR-Betrag auf der Basis einer eintägigen Haltedauer ermittelt, darf dieses Ergebnis durch Multiplikation mit $\sqrt{10}$ auf eine zehntägige Haltedauer hochgerechnet werden („Wurzelregel"), also VaR 10 = VaR 1 · 3,16.[24]

Der *Volatilität* (Standardabweichung) einer Position oder eines Portefeuilles, kurz *Vola* genannt, gibt die geschätzte Höhe eines „typischen" Gewinnes oder Verlustes während des nächsten Handelstages an. Nach der „Rule 66"[25] ist die Wahrscheinlichkeit für eine maximale Schwankung vom Mittelwert um eine Standardabweichung (ungefähr) 66 Prozent.

Der von den Instituten in internen Modellen bestimmte *VaR* ist dahingegen ein „extremer" Verlustwert, der nur mit einer sehr geringen Wahrscheinlichkeit in Höhe von 1 Prozent während einer Halteperiode der Positionen von 10 Tagen überschritten wird. Die Risikobeträge müssen also auf dem 99prozentigen *Vertrauensniveau* eines einseitigen Prognoseintervalls basieren, das heißt, in 99 Prozent aller Fälle wird ein Verlust kleiner als die Risikomessgröße erwartet ($P(\Delta W \leq VaR)$ = 99 Prozent). Wenn das Risikomodell mit der Annahme einer Normalverteilung der Gewinne und Verluste eines Portefeuilles arbeitet, lässt sich die Höhe des Risikobetrages mit dieser Eigenschaft als das 2,33fache der zehntägigen *Vola* bestimmen. Den bankaufsichtlich geforderten VaR-Wert erhält man dann durch die Multiplikation der *Vola* (Standardabweichung) mit der Zahl 7,36, also *VaR* 10; 99 % = *Vola 1 · 3,16 · 2,33*. Es ist offensichtlich, dass durch entsprechende Anpassung auch VaR-Werte mit anderen Annahmen bezüglich Sicherheitsniveau und Haltedauer angegeben werden können.

2.5 Eigenmittelunterlegung

Die *Eigenmittelunterlegung* (EM) für die allgemeinen Kursrisiken im Grundsatz I ergibt sich als der größere der beiden folgenden Beträge:

- Potenzieller Risikobetrag (bankaufsichtlicher VaR-Betrag) des jeweils vorangegangenen Bankarbeitstages (t–1) oder der
- Durchschnitt der potenziellen Risikobeträge (bankaufsichtliche VaR-Beträge) der letzten sechzig Bankarbeitstage (t – 60 bis t – 1) gewichtet mit einem Skalierungsfaktor (SF).

24 Zwar treten in diesem Fall insbesondere bei Optionspositionen Fehler auf, die jedoch bis auf weiteres, das heißt bis zu einem Zeitpunkt, an dem nach Einschätzung des Baseler Ausschusses die meisten Institute entsprechend genaue Risikomodelle entwickelt haben, hingenommen werden.

25 In Anlehnung an die berühmte „Route 66" in den USA. Den exakten Wert in Höhe von 68,26 Prozent merkt der erste Autor sich mit seiner „Triple-6-Regel", wobei sich die mittlere Zahl 6 als Differenz der Zahlen 8 und 2 ergibt. Zugegeben, diese Regel ist nicht so elegant wie die zuerst genannte.

Formal ausgedrückt:

$$EM = Max\left(VAR_{t-1}; SF \cdot \frac{1}{60} \cdot \sum_{i=t-60}^{t-1} \cdot I \cdot VAR_t\right).$$

Der *Skalierungsfaktor* (Multiplikator) wird auf den Wert 3 festgesetzt. Er soll insbesondere dem Sachverhalt Rechnung tragen, dass zur Berechnung des VaR-Betrages normale Marktverhältnisse unterstellt werden. So werden plötzliche Marktzusammenbrüche oder sprunghafte Preisveränderungen in den internen Modellen nicht berücksichtigt. Derartige Stresssituationen müssen zwar von den Instituten im Rahmen der Erfüllung der qualitativen Anforderungen durchgespielt und auch quantifiziert, nicht aber unmittelbar mit Eigenmittel „abgepuffert" werden. Ferner dient der Skalierungsfaktor dem bankaufsichtlich notwendigen Ausgleich für bestimmte Schwachpunkte von internen Modellen.

Der Skalierungsfaktor hat jedoch einen offensichtlichen *Nachteil*: er basiert auf den Resultaten der Modellberechnungen. Sollte das interne Modell selbst Schwächen haben oder gar fehlerhaft sein und mit nur geringen VaR-Beträgen aufwarten, so wird die Eigenmittelanforderung auch bei Anwendung eines Skalierungsfaktors nur gering sein, da bereits die Basis klein ist, auf die er angewendet wird.

2.6 Stress Tests

Mit Hilfe von Stress Tests werden Situationen durchgespielt, in denen es zu ungewöhnlich großen Verlusten kommen kann, wobei jedoch nicht nur extreme Bewegungen von Marktpreisen als Stress-Szenarien in Frage kommen. Vielmehr können bei bestimmten Optionsportfolios auch nur geringfügige oder überhaupt keine Veränderungen der Marktpreise hohe Wertverluste bewirken.

Ein guter Stress Test ist so aufgebaut, dass die speziellen Risiken des Institutes erfasst werden (portfoliospezifischer Test).[26] Daneben sollten mit Hilfe von Stress Tests auch die im Rahmen des VaR-Modells getätigten Vereinfachungen und Annahmen kritisch überprüft werden, das heißt, bei der Durchführung derselben soweit wie möglich aufgegeben werden. Dies gilt beispielsweise für die Annahme der Normalverteilung der Risikofaktoren, der Stabilität der Korrelationen, der Liquidität einzelner Märkte sowie des Mapping-Verfahrens.

Die Qualität des Risiko-Controllings kann danach beurteilt werden, ob die erkannten Risiken eingehend analysiert und kommentiert und einem Maß für die Risikotragfähigkeit des Institutes gegenübergestellt werden, beispielsweise ob einzelnen Stress-Szenarien Wahrscheinlichkeiten zugeordnet werden. Die Ergebnisse des Stress-Tests sollen bei Entscheidungen über die Gestaltung des Portefeuilles und bei der Festsetzung von Geschäftslimiten berücksichtigt werden.

26 Vgl. Wee/Lee (1999).

2.7 Prognosegüte

Die Prognosegüte der internen Modelle ist durch den Vergleich der vom Modell prognostizierten (VaR-) Werte und den unter Zugrundelegung der tatsächlichen Preisbewegungen eingetretenen Wertveränderungen unter der Annahme eines unveränderten Portefeuilles über einen Tag (Haltedauer) zu ermitteln (*Backtesting*).[27] „Ausreißer", das heißt Überschreitungen der prognostizierten Risikowerte durch die Wertveränderungen, sind dem Bundesaufsichtsamt für das Kreditwesen sofort unter Angabe der Entstehungsgründe mitzuteilen. Die Anzahl der Ausreißer wird herangezogen, um die Prognosegüte des Modells zu beurteilen.

Das *Backtesting-Verfahren* legt zur Beurteilung interner Modelle einen auf einem Binomialtest basierenden „*Ampelansatz*" in Abhängigkeit von der Ausreißerzahl zugrunde. Die Farbeinteilung ergibt sich aufgrund der Höhe der kumulierten Einzelwahrscheinlichkeit P für das Auftreten einer bestimmten Anzahl k von Ausreißern x bei n Handelstagen (unter der Ausreißerwahrscheinlichkeit p):

$$P X \leq k = \sum_{x \leq k} \binom{n}{x} \cdot p^x \cdot 1 - p^{n-x}.$$

In Abhängigkeit von der Anzahl der Ausreißer X legt die Aufsicht einen additiven Zuschlag zum Skalierungsfaktor von 3 fest und gibt somit einen Anreiz zur Verbesserung des Risikomodells. Ist die Anzahl der Ausreißer (Portefeuillewertveränderung größer als erwartet) in den letzten 250 Handelstagen kleiner gleich 4, zeigt die Ampel *grün* und das Modell wird von der Bankenaufsicht ohne Zuschlag als geeignet akzeptiert (P ($X \leq$ 4) = 89,22 Prozent). Die Ampel zeigt *gelb* bei bis zu 9 Ausreißern (P ($X \leq$ 9) = 99,97 Prozent). Das Institut kann das interne Modell bei Anwendung eines Zuschlagsfaktors bis zu 0,85 weiter verwenden. In diesem Fall würde der Skalierungsfaktor von 3 auf einen Wert bis zu 3,85 erhöht. Liegt die Ausreißerzahl noch höher, zeigt die Ampel *rot*. Der Zuschlagsfaktor beträgt in diesem Fall 1 und der Skalierungsfaktor damit 4. Bei einer roten Ampel kann die Bankenaufsicht die Verwendung des internen Modells zur Bestimmung der Eigenmittelanforderung auch gänzlich untersagen.

Der Ansatz einer Binomialverteilung stellt einen Kompromiss zwischen Einfachheit und Präzision dar. Es ist klar, dass eine mechanische Beurteilung der Prognosegüte ausschließlich anhand der Ausreißerzahl fehlerhaft sein kann, weil weitergehende Informationen, die der Backtestingprozeß liefert, darin nicht berücksichtigt werden. Aus diesem Grund kommt es um so mehr darauf an, dass das Risiko-Controlling detaillierte und tiefgehende Analysen (auf der Ebene von Einzelportfolios, aufgesplittet nach Risikoarten u.ä.) durchführt. Diese Informationen können dann bei der Beurteilung der Prognosegüte durch das Bundesaufsichtsamt berücksichtigt werden.[28]

27 Die Einzelheiten regelt § 37 Grundsatz I.

28 Zu den theoretisch anspruchsvolleren Verfahren vgl. beispielsweise Crnkovic/Drachman (1996), Overbeck/Zakrzewski (1999) und Schulte-Mattler/Schröder (1997). Diese Verfahren sind derzeit in deutschen Instituten noch nicht implementiert, da sie erhebliche weitere Anforderungen an das Daten-Management und die Qualitätskontrolle stellen.

3. Resümee: Zur Akzeptanz interner Risikomodelle

Im Bundesaufsichtsamt für das Kreditwesen sind insgesamt neun Mitarbeiter mit der verantwortlichen Leitung und Durchführung von Modellprüfungen betraut, die von Seiten der Deutschen Bundesbank, genauer der Dienststelle des Direktoriums in Frankfurt am Main sowie den jeweils für ein Institut regional zuständigen Landeszentralbanken mit insgesamt 29 Personen unterstützt werden (Stand: Mai 2000). Der Kreis der Prüfer setzt sich zusammen aus Mathematikern und Statistikern sowie Wirtschaftswissenschaftlern (Volks- und Betriebswirte), die Bank- oder Wirtschaftsprüfererfahrung oder vertiefte Spezialkenntnisse im EDV-Bereich besitzen.

In den vergangenen drei Jahren hat das Bundesaufsichtsamt für das Kreditwesen eine Reihe von Prüfungen durchgeführt.[29] Im Jahr 1997 fanden Prüfungen bei fünf Kreditinstituten statt, wobei zwei Anträge negativ beschieden wurden.[30] Im Jahr 1998 wurden dem Bundesaufsichtsamt von fünfzehn Instituten Anträge auf Erteilung einer Eignungsbestätigung und Zustimmung zur Modellverwendung eingereicht, zwei Institute zogen noch vor Durchführung einer Prüfung ihre Anträge zurück. Von den dreizehn durchgeführten Prüfungen fielen vier negativ aus. Bei den restlichen Instituten kam es teilweise zu Befristungen, in jedem Fall wurde ein über den Mindestwert von 3 hinausgehender Multiplikator nach § 33 Grundsatz I festgesetzt. Die Spannweite reichte von 3,1 bis 5,0 mit einem Median in Höhe von 4,4.

Im Jahr 1999 wurden die Prüfungen der größeren Institute und denjenigen, bei denen erhebliche Mängel festgestellt worden waren, fortgesetzt. In einigen Fällen konnte der ursprünglich festgesetzte Multiplikator – teilweise deutlich – gesenkt werden, nicht zuletzt auch deshalb, weil nunmehr längere Zeitreihen für das Backtesting vorlagen, die eine aussagefähige Einschätzung der Prognosegüte eines internen Modells zulassen. Zum Jahresende 1999 durften insgesamt acht Kreditinstitute ihre internen Risikomodelle zur Ermittlung der Grundsatzkennziffer einsetzen; die Bandbreite der festgesetzten Multiplikatoren reicht von 3,1 bis 4,6 mit einem Median von 3,85.

Zahlenmäßig haben somit erst wenige deutsche Kreditinstitute (darunter keine Finanzdienstleistungsinstitute) Risikomodelle für die Zwecke des Grundsatzes I im Einsatz. Allerdings machen diese Institute den Großteil der handelsaktiven Banken in der Bundesrepublik Deutschland aus. Darüber hinaus gibt es eine Reihe anderer Institute, die zwar ein internes Risikomodell auf VaR-Basis verwenden, aber aus unterschiedlichen Gründen auf eine Prüfung durch das Bundesaufsichtsamt verzichtet haben. Es ist absehbar, dass mit weiterer Verbreitung von geeigneter Software sich auch die Anzahl der „Modellbanken" weiter erhöhen wird.

29 Vgl. hierzu auch die Jahresberichte des Bundesaufsichtsamtes für die Jahre 1997 und 1998.

30 Zwar war im Jahre 1997 der neugefaßte Grundsatz I noch nicht einzuhalten, aber das Baseler „Market Risk Amendment" trat zum 31. Dezember 1997 in Kraft, so daß bei den am Baseler Meldeverfahren teilnehmenden Banken, die ein internes Risikomodell einsetzen wollten, eine Modellprüfung durchzuführen war.

Nach der bisherigen Erfahrung des Bundesaufsichtsamtes für das Kreditwesen nimmt der Aufbau eines voll funktionsfähigen Risiko-Controllingsystems, das heißt sowohl die Entwicklung eines Risikomodells als auch die Einrichtung entsprechender Arbeits- und EDV-Abläufe (in Abhängigkeit von Größe und Komplexität des Institutes und der Anwendung auch auf ausländische Niederlassungen und Tochtergesellschaften) mindestens zwei Jahre, bei großen Banken vier und mehr Jahre in Anspruch. Zielgröße ist dabei ein funktionierendes Controlling mit den Aufgaben Risikoermittlung, Ergebnisermittlung, Backtesting und Stress Tests, Erstellung, Analyse und Kommentierung von Risikoreports sowie die „Durchdringung" des Institutes mit Risikobewusstsein und Entfaltung einer voll entwickelten Risikokultur, die auf dem Risikomodell fußt und das Risiko-Controlling als Kernstück einbezieht. Insbesondere die Verantwortlichen in der Geschäftsleitung eines Institutes sollten sich klar bewusst sein, dass ein *"langer Atem"* – auch und insbesondere im Hinblick auf die Kostenbelastung – notwendig ist, ein rundum zufriedenstellendes Risiko-Controlling aufzubauen und weiterzuentwickeln. Der Druck, schnelle Erfolge vorzuweisen, ist ausgesprochen kontraproduktiv.

Wesentlich dabei ist auch die Entwicklung eines Bewusstseins über die verbleibenden Mängel und die Unzulänglichkeiten der von dem Risikomodell „produzierten" Ergebnisse. Es zeugt von einer minder entwickelten Risikokultur, wenn den Ergebnissen des Modells sozusagen blind bis auf die dritte Nachkommastelle geglaubt und nicht berücksichtigt wird, dass es sich bei den VaR-Werten immer nur um wahrscheinlichkeitstheoretische Schätzungen auf der Basis bestimmter vorgegebener Annahmen handelt.[31] Insofern ist auch eine gesunde Portion Skepsis gegenüber den Modellergebnissen angebracht und steht jedem Risiko-Controlling und jedem Entscheidungsträger gut zu Gesicht.

Die größten Schwierigkeiten, die sich mehr oder minder ausgeprägt bei jedem der geprüften Institute fanden, bezogen sich auf die Daten, sowohl Positions- wie auch Marktdaten. Die Qualitätssicherung bei den *Marktdaten* ist eine Herausforderung ersten Ranges, die leider oftmals – auch und gerade bei den Entscheidungsträgern – unterschätzt wird. Verschiedentlich war in den Instituten zu hören, dass man sich vor allem aus Kostengründen für den externen Bezug von Marktdaten in Rohform oder in Form von Kovarianz- und Korrelationsmatrizen entschieden habe, ohne dabei zu bedenken, dass die absolut notwendige und unerlässliche Kontrolle der fremdbezogenen Daten ebenfalls erhebliche Ressourcen bindet und teilweise gar nicht zufriedenstellend möglich ist (Beispiel Kovarianzmatrizen: Ohne die Basisdaten besteht keine befriedigende Möglichkeit, die Plausibilität zu überprüfen).

Vor allem aber die Zusammenführung der *Positionsdaten* (auch hier teils in Rohform als Einzelgeschäftsdaten, teils aufbereitet in Form von Sensitivitätsvektoren) bereitet die größten, zeit- und kostenaufwendigsten Probleme. Das Thema „Schnittstellen" ist daher bei jeder Modellprüfung sehr beliebt. Es bleibt nur zu hoffen, dass mit zunehmender Ver-

31 Klein/Goebel (1999), Seite 263, Fußnote 15, bringen dies prägnant und vollkommen zutreffend zum Ausdruck: „Der häufig erweckte Eindruck, daß die heutigen ‚Value-at-Risk'-Zahlen das ‚echte' bzw. ‚wirkliche' Risiko nach einem einheitlichen Maßstab repräsentieren, ist pure Illusion." En passant ließe sich hier die Frage stellen, ob es so etwas wie „wahres" Risiko überhaupt gibt.

breitung der Ansätze zur integrierten Gesamtbanksteuerung und der weiteren Nutzung von Risikomodellen die Gesichtspunkte der Einbindbarkeit insbesondere der Front-Office-Systeme in die gesamte EDV-Infrastruktur eines Institutes mehr Gewicht gegenüber den handelsbezogenen Funktionalitäten erhält.

Literaturhinweise

ARTZNER, P./DELBAEN, F./EBER, J.-M./HEATH, D.: Coherent Measures of Risk, in: Mathematical Finance, Vol. 9, No. 3, July 1999, S. 203-228.

BASLER AUSSCHUSS FÜR BANKENAUFSICHT: Internationale Konvergenz der Eigenkapitalmessung und Eigenkapitalanforderungen, Basel, Juli 1988.

BASLER AUSSCHUSS FÜR BANKENAUFSICHT: Änderung der Eigenkapitalvereinbarung zur Einbeziehung der Marktrisiken, Basel, Januar 1996.

BASLER AUSSCHUSS FÜR BANKENAUFSICHT: Aufsichtliches Rahmenkonzept für Backtesting (Rückvergleiche) bei der Berechnung des Eigenkapitalbedarfs zur Unterlegung des Marktrisikos mit bankeigenen Modellen, Basel, Januar 1996.

BOLLERSLEV, T./CHOU, R. Y./KRONER, K. F.: ARCH modelling in finance, in: Journal of Econometrics, Vol. 52, S. 5-59.

BOOS, K.-H./FISCHER R./SCHULTE-MATTLER, H.: Beck'scher KWG Kommentar für die Praxis zum KWG zu den Eigenkapital- und Liquiditätsgrundsätzen sowie ergänzenden Bestimmungen, München (Beck), 2000.

BOOS, K.-H./SCHULTE-MATTLER, H.: Der neue Grundsatz I: Interne Risikomo-delle, in: Die Bank, Heft 11/1997, S. 684-687.

BUNDESAUFSICHTSAMT FÜR DAS KREDITWESEN: Bekanntmachung über die Änderung und Ergänzung der Grundsätze über das Eigenkapital und die Liquidität der Kreditinstitute, I 7 – A 223 – 2/93, 29. Oktober 1997.

BUNDESAUFSICHTSAMT FÜR DAS KREDITWESEN: Merkblatt, Unterlagen für die Prüfung der Eignung eines eigenen Risikomodells, D – C 1 – 1/96, 1. Dezember 1997, Berlin.

CRNKOVIC, C./DRACHMAN, J.: Quality Control, in: Risk, Nr. 7, S. 138-143.

EUROPÄISCHE KOMMISSION: Richtlinie 98/31/EG des Europäischen Parlaments und des Rates vom 22. Juni 1998 zur Änderung der Richtlinie 93/6/EWG des Rates über die angemessene Eigenkapitalausstattung von Wertpapierfirmen und Kreditinstituten, in: Amtsblatt der Europäischen Gemeinschaften, Nr. L 204 vom 21. Juli 1998, S. 13-25 („Kapitaladäquanz-Richtlinie II“).

KLEIN, W./GOEBEL, R.: Gesamtbanksteuerung – Bündelung von Kompetenz in der Sparkassenorganisation, in: Sparkasse, Jg. 1999, Heft 6, S. 255-271.

MARKOWITZ , H. M.: Portfolio Selection, in: Journal of Finance, 7. Jg., S. 77-91.

MARKOWITZ , H. M.: Portfolio Selection: Efficient Diversification, New York, 1959.

OVERBECK, L./ZAKRZEWSKI, O.: Der Q-Test von J.P. Morgan – Inhalt, Aussagekraft und Grenzen, in: Eller, R./Gruber, W./Reif, M. (1999), Hrsg.: Handbuch Bankenaufsicht und Interne Risikosteuerungsmodelle, Stuttgart (Schäffer-Poeschel), S. 329-340.

SCHULTE-MATTLER, H.: Regulatory Framework for the Risk Management of German Credit Institutions, in: Bol, G./Nakhaeizadeh, G./Vollmer, K.-H. (1998), Hrsg.: Risk Measurement, Econometrics and Neural Networks, Heidelberg (Physika), S. 245-257.

SCHULTE-MATTLER, H./SCHRÖDER, F.: CD-Verfahren als Alternative zum Baseler Backtesting, in: Die Bank, 1997, Nr. 7, S. 420- 425.

SCHULTE-MATTLER, H./TRABER, U.: Benchmark- und Simulationsmethode zur Quantifizierung des Fremdwährungsrisikos, in: Die Bank, Heft 10/1995, S. 626-632.

SCHULTE-MATTLER, H./TRABER, U.: Marktrisiko und Eigenkapital, Adressenausfall- und Preisrisiken, 2. Auflage, Gabler (Wiesbaden).

SCHULTE-MATTLER, H./TYSIAK, W.: Interpolation von Renditen mittels natürlicher Splines, in: Die Bank, Heft 12/1998, S. 772-777.

SCHULTE-MATTLER, H./TYSIAK, W.: TriRisk: Was Pythagoras und Markowitz gemeinsam haben, in: Die Bank, Heft 2/1999, S. 84-88.

SCHULTE-MATTLER, H./TYSIAK, W.: TriRisk-Watch: Visualisierung des Value at Risk komplexer Portefeuilles, in: Finanzmarkt und Portfolio Management, 8 Jg., Nr. 4, 2000, S. xx-yy.

WEE, L.-S./LEE, J.: Integrating Stress Testing with Risk Management, in: Bank Accounting & Finance, Spring 1999, S. 7-19.

Uwe Traber / Hermann Schulte-Mattler

Aufsichtsrechtliche Anforderungen an das Risikocontrolling der Banken

1. Verstärkte Aufmerksamkeit für das Risikocontrolling

Die allgemeine Aufmerksamkeit für die Belange des Risikocontrollings und des Risikomanagements in Unternehmen nimmt mehr und mehr zu. Sichtbarster Beleg hierfür ist das Gesetz zur Kontrolle und Transparenz im Unternehmensbereich (KonTraG),[1] das mit seinem neu in das Aktiengesetz eingefügten § 91 Abs. 2 die Einrichtung eines umfassenden und funktionsfähigen Risikocontrollings verlangt. Der Vorstand einer Aktiengesellschaft hat danach geeignete Maßnahmen zu treffen, insbesondere ein geeignetes Überwachungssystem einzurichten, damit den Fortbestand der Gesellschaft gefährdende Entwicklungen frühzeitig erkannt werden können.

Der Unternehmenstypus *Bank* zeigt im Unterschied zu Industrieunternehmen eine klare Strukturierung des unternehmerischen Risikos, das ansonsten meist nur vage und verschwommen und einem quantifizierenden Zugriff, der den Anforderungen der Wissenschaft genügt, überwiegend verschlossen bleibt. Das Risiko kann in Banken in einzelne Komponenten (Teilrisiken) zerlegt werden, die wiederum in hohem Grade einer Quantifizierung zugänglich sind und damit die Steuerbarkeit erhöhen. So ist es nach den Erfahrungen der jüngeren Vergangenheit nicht überraschend, dass vor allem in Banken das Risikocontrolling verstärkte Aufmerksamkeit sowohl der Geschäftsleitungen selbst wie auch der interessierten Öffentlichkeit (Wettbewerber, Analysten, Anleger und Sparer, Wissenschaft und Presse, Kunden) und vor allem der Bankenaufsicht genießt.

Angesichts der gegenwärtig nicht einheitlichen Begriffsverwendung erscheint es angezeigt, Risikocontrolling in Abgrenzung von Risikomanagement zu definieren:[2]

- *Risikocontrolling* beschreibt den Prozess sowie die Maßnahmen und Instrumente zur Identifizierung, das heißt Erfassung und Analyse von Risiken, zur größenmäßigen Abschätzung (Quantifizierung), zur Entwicklung von Methoden zur Beherrschung und Minimierung der Risiken (Steuerung) sowie zur Überwachung des störungsfreien Ablaufs des Regelkreises aus Identifizierung, Quantifizierung und Steuerung (IQS-Prozess).
- *Risikomanagement* ist ein im Hinblick auf die Risikosteuerung nachgelagerter Bereich, der mit Hilfe der vom Risikocontrolling entwickelten Methoden und Verfahren und auf der Basis der dort gewonnenen Erkenntnisse (Risikopositionen/Limitinanspruchnahme, Ergebnis/P&L) die operative Risikosteuerung, das heißt die direkte oder indirekte Veränderung der Risikopositionen betreibt.

1 Bundesrepublik Deutschland 1998, S. 786.

2 Vgl. auch die Definition von Risikocontrolling und Risikomanagement in Abschnitt 3 der „Mindestanforderungen an das Betreiben von Handelsgeschäften der Kreditinstitute" des Bundesaufsichtsamtes für das Kreditwesen 1995: „System zur Messung und Überwachung der Risikopositionen und zur Analyse des mit ihnen verbundenen Verlustpotentials (Risikocontrolling) sowie zu deren Steuerung (Risiko-Management)."

Ein deutliches Zeichen für die konstatierte verstärkte Aufmerksamkeit für das Risikocontrolling im Bankbereich ist die gegenwärtig unternommene Revision der Baseler Eigenmittelvereinbarung vom Juli 1988,[3] die nach dem Bekunden des Baseler Ausschusses für Bankenaufsicht neben einer differenzierten Erfassung der Bankrisiken, insbesondere der Kreditrisiken, die Qualität des Risikocontrollings stärken soll, unter anderem indem Anreize (Incentives) zu seiner Verbesserung geschaffen werden. Banken, die ihr Risikocontrolling[4] verbessern, erhalten direkt oder indirekt Erleichterungen bei der Festlegung der Höhe der Eigenmittelunterlegung für ihre Risiken, vor allem dadurch, daß sie für die Beurteilung des Kreditrisikos ihre eigenen Bonitätseinstufungen der Kreditnehmer (interne Ratings) heranziehen dürfen.

Der Präsident des Berliner Bundesaufsichtsamtes für das Kreditwesen prognostiziert in diesem Zusammenhang eine deutliche Gewichtsverlagerung in der Tätigkeit der Aufsichtsbeamten weg von quantitativ-kontrollierender, reaktiv-sanktionierender zu qualitativ-beurteilender, proaktiv-vorbeugender Tätigkeit.[5] Die Überschriften der verschiedenen Rundschreiben des Bundesaufsichtsamtes für das Kreditwesen unterstreichen diese Veränderung der bankaufsichtlichen Grundhaltung. So werden im Unterschied zu früher zunehmend „Mindestanforderungen" formuliert, die grundlegende Prinzipien angeben und damit die Möglichkeit bieten, den Umständen des Einzelfalles besser Rechnung zu tragen. Insbesondere beabsichtigt das Bundesaufsichtsamt damit zu verdeutlichen, dass die konkrete Form der Ausgestaltung beispielsweise der Internen Revision oder auch anderer Bereiche risikoorientiert, das heißt dem Umfang und Struktur der Geschäftstätigkeit des Instituts wie auch seiner Organisationsstruktur angemessen sein muss. Insoweit finden der Wesentlichkeitsgedanke und das Materialitätsprinzip mehr und mehr Eingang in die deutsche Aufsichtspraxis, was einen Umgewöhnungsprozess auch der Kreditinstitute und der Wirtschaftsprüfer erforderlich macht.

Die geschilderte Entwicklung nimmt nicht erst heute ihren Beginn, sondern setzt eine bereits seit längerer Zeit verfolgte Politik der deutschen Bankenaufsicht fort. Bereits derzeit existieren zahlreiche bankaufsichtliche Vorschriften, die Anforderungen an das Risikocontrolling stellen und spezielle Regelungen für verschiedene Risikobereiche treffen. Diese Vorschriften stehen im Mittelpunkt dieses Beitrages.

---

3 Vgl. Baseler Ausschuss für Bankenaufsicht 1988, 1999 sowie die Ausführungen in Schulte-Mattler 1999 und Schulte-Mattler/Traber 1999.

4 Der Baseler Ausschuss für Bankenaufsicht spricht zwar von Risikomanagement; aus dem Zusammenhang wird aber klar, dass hiermit das Risikocontrolling im Sinne der genannten Definition gemeint ist.

5 Präsident Sanio hat sich und seinen Mitarbeitern das Ziel gesetzt, „den endgültigen Übergang von einer reaktiven, auf quantitative Vorgaben setzende Aufsicht, die vom Schreibtisch aus arbeitet, zu einer proaktiven und individuellen Aufsicht zu schaffen, die sich mit den qualitativen Aspekten der Bankgeschäfte der einzelnen Bank und den damit verbundenen Risiken befaßt." Das BAKred stecke schon mitten in diesem Paradigmenwechsel (Bundesaufsichtsamt für das Kreditwesen 2000b, S. 15).

2. Aufsichtsrechtliche Anforderungen

Die aufsichtsrechtlichen Anforderungen an das Risikocontrolling der Banken erstrecken sich zunächst auf die allgemeine Organisation mit speziellen Mindestanforderungen an das Betreiben von Handelsgeschäften und an die Ausgestaltung der Internen Revision der Kreditinstitute. Daneben bestehen detailliertere Anforderungen für den Kreditrisiko- und Zinsrisikobereich sowie für die Verwendung bankinterner Risikomessmodelle im Bereich der Marktpreisrisiken.

2.1 Allgemeine Organisation

Der im Rahmen der *Sechsten Novelle des Kreditwesengesetzes*[6] neu in das Gesetz eingefügte § 25a verlangt in seinem Absatz 1 insbesondere, dass die Institute „über geeignete Regelungen zur Steuerung, Überwachung und Kontrolle der Risiken sowie über angemessene Regelungen verfügen, anhand deren sich die finanzielle Lage des Instituts jederzeit mit hinreichender Genauigkeit bestimmen lässt" (Nr. 1). Ferner müssen sie „über eine ordnungsgemäße Geschäftsorganisation, über ein angemessenes internes Kontrollverfahren sowie über angemessene Sicherheitsvorkehrungen für den Einsatz der elektronischen Datenverarbeitung verfügen" (Nr. 2).

Die *Verlautbarungen* des Bundesaufsichtsamtes für das Kreditwesen beispielsweise im Hinblick auf die Tätigkeit der Innenrevision, des Kredit- und des Handelsgeschäftes der Institute können als Konkretisierung dieser allgemeinen Gesetzesnorm angesehen werden, wobei die meisten jedoch vor der Einfügung dieser Vorschrift in das Kreditwesengesetz veröffentlicht wurden und vom Bundesaufsichtsamt als Ausformulierung der noch generelleren Anforderung des § 33 Abs. 2 KWG an die fachliche Eignung von Geschäftsleitern verstanden wurde. Da dies jedoch als juristisch unbefriedigend betrachtet wurde, hat man sich im Vorfeld der Sechsten KWG-Novelle entschlossen, dieses allgemeine Gebot an die Organisation eines Instituts in das Gesetz mit aufzunehmen.

2.1.1 Mindestanforderungen an das Betreiben von Handelsgeschäften

Bereits im Jahre 1995 hat das Bundesaufsichtsamt für das Kreditwesen seine „*Mindestanforderungen an das Betreiben von Handelsgeschäften*" (kurz MaH genannt)[7] formuliert, die die früheren Anforderungen an den Devisen- und den Wertpapierhandel[8] zusammenfassen und dem neuesten Stand der Diskussion über Risikocontrolling und Risikomanagement der Institute anpassen. Zum ersten Mal verlangt das Bundesaufsichtsamt explizit die

6 Vgl. Boos/Fischer/Schulte-Mattler 2000 und Schulte-Mattler/Traber 1997.

7 Bundesaufsichtsamt für das Kreditwesen 1995.

8 Das nach dem Herstatt-Debakel vom Bundesaufsichtsamt für das Kreditwesen 1975 veröffentlichte Rundschreiben über „Mindestanforderungen für bankinterne Kontrollmaßnahmen bei Devisengeschäften – Kassa und Termin" sowie das Schreiben des Bundesaufsichtsamtes für das Kreditwesen 1980 zu den „Anforderungen an das Wertpapierhandelsgeschäft der Kreditinstitute".

Einrichtung eines Risikocontrolling- und Risikomanagementsystems in den Banken, welches sowohl aufbau- wie ablauforganisatorisch verstanden wird. Neben der zentralen Anforderung an die Unabhängigkeit der organisatorischen Einheit des Risikocontrollings wird auch ausdrücklich die Installation von Prozessen angesprochen, was verdeutlicht, daß unter dem Begriff des „Systems“ nicht nur Systeme der Datenverarbeitung gemeint sind.

Angesichts der komprimierten Formulierung der Mindestanforderungen sollen diese, anstelle einer Paraphrase, selbst zu Wort kommen (Abschnitt 3): „Zur Begrenzung der mit den Handelsgeschäften verbundenen Risiken ist ein System zur Messung und Überwachung der Risikopositionen und zur Analyse des mit ihnen verbundenen Verlustpotentials (Risikocontrolling) sowie zu deren Steuerung (Risikomanagement) einzurichten. Die Aufgaben des Risikocontrollings sind einer vom Handel weisungsunabhängigen Stelle zu übertragen. Die Limitierung der Risikopositionen ist durch die Geschäftsleitung vorzunehmen.“

Die *Anforderungen* an das Risikocontrolling werden wie folgt konkretisiert: „Das Risikocontrolling- und Risikomanagement-System muss entsprechend dem Umfang, der Komplexität und dem Risikogehalt der betriebenen oder beabsichtigten Handelsgeschäfte ausgestaltet sein. Bei seiner Konzeption sind auch die allgemeine geschäftspolitische Ausrichtung des Kreditinstituts, die allgemeinen Handelsusancen und die sonstigen Marktgegebenheiten zu berücksichtigen. Das System hat insbesondere die mit den Handelsgeschäften verbundenen Marktpreisrisiken zu erfassen und zu quantifizieren. Es soll in ein möglichst alle Geschäftsbereiche der Bank umfassendes Konzept zur Risikoüberwachung und -steuerung eingegliedert sein und dabei die Erfassung und Analyse von vergleichbaren Risiken aus Nichthandelsaktivitäten ermöglichen. Seine Konzeption muss gewährleisten, dass kurzfristig auf Veränderungen in den marktmäßigen und organisatorischen Rahmenbedingungen reagiert werden kann.

Die einzelnen Elemente des Systems, seine Methoden und Rechenverfahren zur Risikoquantifizierung und die hierbei verwendeten Parameter sind detailliert zu dokumentieren, regelmäßig mindestens jährlich zu überprüfen und fortlaufend weiterzuentwickeln. Marktabhängige Parameter sind darüber hinaus umgehend an veränderte Marktsituationen anzupassen. Die modellmäßig ermittelten Risikowerte sind fortlaufend mit der tatsächlichen Entwicklung zu vergleichen. Bei größeren Abweichungen zwischen Modellergebnissen und tatsächlichen Entwicklungen ist das Modell anzupassen.

Die Handelsgeschäfte und die zugehörigen Risikopositionen sind regelmäßig auf die mit ihnen verbundenen Verlustrisiken zu untersuchen. Hierbei sind nicht nur mehr oder minder wahrscheinliche Ereignisse, sondern auch auf den ‚schlimmsten Fall‘ bezogene Szenarien in Betracht zu ziehen. Insbesondere sind außergewöhnliche Marktpreisänderungen, Störungen in der Liquidität der Märkte und Ausfälle großer Marktteilnehmer zu berücksichtigen. Dem Zusammenhang verschiedener einzelner Märkte und der Möglichkeit des Übergreifens von Störungen über Marktsegmente und Märkte hinweg ist besondere Aufmerksamkeit zu widmen. Über die Ergebnisse dieser Untersuchungen ist die Geschäftsleitung in aussagefähiger Form nachweislich zu unterrichten.“

Über diese zunächst vorrangig auf Marktpreisrisiken bezogenen Anforderungen kommen dem Risikocontrolling weitere Aufgaben im Zusammenhang mit der Erfassung und Beherrschbarmachung anderer Arten von Risiken zu (Adressenausfall-, Liquiditäts-, Rechts- und Betriebsrisiken). Ausdrücklich gefordert wird die methodische Konsistenz der Risikomessung, die einer adäquaten Limitierung und Steuerung zugrunde liegen muss.

2.1.2 Mindestanforderungen an die Ausgestaltung der Internen Revision

Am 17. Januar 2000 veröffentlichte das Bundesaufsichtsamt für das Kreditwesen sein Rundschreiben 1/2000,[9] in welchem es die oben genannte Vorschrift des § 25a KWG konkretisierte und „Mindestanforderungen an die Ausgestaltung der Internen Revision der Kreditinstitute" aufstellt. Zwar gehört die Innenrevision nicht zum Risikocontrolling im engeren Sinne, das meist als organisatorische Einheit mit den oben genannten Funktionen konstituiert ist; sie bildet jedoch aufgrund ihres alle anderen Arten von Risikocontrolling und Risikomanagement überwölbenden Auftrags ein unverzichtbares Element eines verantwortungsvollen Umgangs mit Risiko in allen seinen Ausprägungen.

Zu den Grundanforderungen an ein angemessenes internes Kontrollverfahren, das heißt an ein internes Überwachungssystem, gehört die Existenz einer funktionsfähigen Innenrevision, die als Instrument der Geschäftsleitung dieser unmittelbar unterstellt sein muss. Das Bundesaufsichtsamt definiert als internes Kontrollsystem „alle Formen von Überwachungsmaßnahmen, die unmittelbar oder mittelbar in die zu überwachenden Arbeitsabläufe integriert sind (prozessabhängige Überwachung). Diese werden von Personen oder Organisationseinheiten vorgenommen, die an den jeweiligen Arbeitsabläufen beteiligt sind und häufig für das Ergebnis der zu überwachenden Prozesse wie auch das Überwachungsergebnis selbst verantwortlich sind."

Die Interne Revision „überwacht als unternehmensinterne Stelle im Auftrag der Geschäftsleitung die Betriebs- und Geschäftsabläufe innerhalb des Kreditinstituts, das Risikomanagement und -controlling sowie das interne Kontrollsystem". Grundanforderung ist ihre Unabhängigkeit (prozessunabhängige Überwachung): „Die Prüfungshandlungen der Internen Revision erfolgen daher durch Personen, die nicht in die betrieblichen Arbeitsabläufe des Kreditinstituts einbezogen sind und die für das Ergebnis der zu überwachenden Prozesse nicht verantwortlich sind."

Um ein ordnungsgemäßes Arbeiten der Innenrevision sicherzustellen, hat die Geschäftsleitung die Verantwortung, eine schriftlich fixierte Ordnung des gesamten Betriebes, das heißt eine nachvollziehbare und laufend zu aktualisierende Darstellung der Aufbau- und Ablauforganisation einschließlich des Kompetenzgefüges auszuarbeiten, zu genehmigen und in Kraft zu setzen. Die Interne Revision hat unter Berücksichtigung des Umfangs und des Risikogehaltes der Betriebs- bzw. Geschäftstätigkeit alle Betriebs- und Geschäftsabläufe des Kreditinstituts zu untersuchen; sie hat dabei insbesondere die Funktionsfähig-

9 Vgl. Bundesaufsichtsamt für das Kreditwesen 2000a. Das Amt hat damit sein Schreiben vom 28. Mai 1976 über die „Anforderungen an die Ausgestaltung der Innenrevision" (Bundesaufsichtsamt für das Kreditwesen 1976) überarbeitet.

keit, Wirksamkeit, Wirtschaftlichkeit und Angemessenheit des internen Kontrollsystems, die Anwendung, Funktionsfähigkeit, Wirksamkeit und Angemessenheit der Risikomanagement- und -controllingsysteme, des Berichtswesens, des Informationssystems und des Finanz- und Rechnungswesens, die Einhaltung geltender gesetzlicher und aufsichtsrechtlicher Vorgaben sowie sonstiger Regelungen, die Wahrung betrieblicher Richtlinien, Ordnungen und Vorschriften sowie die Ordnungsmäßigkeit aller Betriebs- und Geschäftsabläufe und Regelungen und Vorkehrungen zum Schutz der Vermögensgegenstände zu prüfen und zu beurteilen. Bei dieser risikoorientierten Prüfungstätigkeit sind Umfang der Geschäftstätigkeit und Institutsgröße angemessen zu berücksichtigen.

Die Interne Revision muss selbständig und unabhängig, das heißt weisungsungebunden, sowie funktional getrennt von den übrigen Organisationseinheiten eines Instituts sein. Die in der Internen Revision beschäftigten Personen dürfen grundsätzlich nicht mit Aufgaben betraut werden, die nicht im Rahmen der Internen Revision liegen. Auf keinen Fall dürfen sie Aufgaben wahrnehmen, die mit der Prüfungstätigkeit nicht im Einklang stehen. In Einzelfällen dürfen auch andere Mitarbeiter des Instituts, wenn dies zur Nutzung ihres Spezialwissens angezeigt ist, zeitweise zur Unterstützung tätig werden. In der umgekehrten Richtung ist das Bundesaufsichtsamt für das Kreditwesen überraschenderweise zurückhaltend: es sei nicht ausgeschlossen, dass die Interne Revision ihre Expertise anderen Organisationseinheiten zur Verfügung stellen und beratend sowie projektbegleitend tätig sein kann, sofern ihre Unabhängigkeit dadurch nicht beeinträchtigt und Interessenkonflikte ausgeschlossen werden. Hier wäre eine aktivere Einbindung der Internen Revision (regelungstechnisch zum Beispiel in Form einer Soll-Bestimmung) wünschenswert, um eine engere Verzahnung von Planung und Überwachung der Durchführung von Änderungen zu gewährleisten.

Der Internen Revision sind alle von ihr als notwendig erachteten Informationen zu erteilen; andere Organisationseinheiten haben die Interne Revision von sich aus unaufgefordert einzuschalten, wenn Anhaltspunkte auf Mängel bestehen. Sie ist von Seiten der Geschäftsleitung mit der notwendigen personellen und sachlichen Ressourcen auszustatten, die sie zur Erfüllung ihrer Aufgaben benötigt. Die Personal- und Sachausstattung muss insbesondere an der Betriebsorganisation, den Geschäftsfeldern, der geschäftlichen Entwicklung und der Risikostruktur des Kreditinstituts sowie an aufsichtsrechtlichen Vorgaben ausgerichtet sein. Die mit der Internen Revision betrauten Personen müssen über eine jederzeit dem neuesten Stand der zu prüfenden Betriebs- und Geschäftsabläufe entsprechende Qualifikation verfügen – alles Anforderungen, die das Bundesaufsichtsamt sicherlich auch gern dem Haushaltsgesetzgeber zur Kenntnis bringen würde, um seine eigene Ausstattung an die aktuellen Erfordernisse anzupassen.

Grundsätzlich müssen alle Betriebs- und Geschäftsabläufe sowie die ausgelagerten Bereiche eines Kreditinstituts innerhalb von drei Jahren geprüft werden. Wenn besondere Risiken bestehen, ist zumindest jährlich zu prüfen. Die Prüfungstätigkeit ist in einem Bericht niederzulegen, der der Geschäftsleitung, in Fällen schwerwiegender Mängel auch dem Aufsichtsrat oder einem anderen Aufsichtsorgan des Instituts vorzulegen ist. Neben der Mängeldarstellung sind auch Empfehlungen zur Abstellung der Mängel anzugeben. Die Einhaltung der Mängelabstellung ist kontinuierlich zu überwachen.

2.2 Kreditrisiko

Auch im Bereich des Kreditrisikos geht das Kreditwesengesetz davon aus, dass die Verantwortlichen in der Geschäftsführung einer Bank entsprechend ihren Eignungsvoraussetzungen nach § 36 KWG genau wissen, welche Anforderungen das Betreiben des Kreditgeschäftes an sie stellt. Eine Sondervorschrift hinsichtlich der Bonitätsüberprüfung von (potentiellen) Kreditnehmern besteht im § 18 KWG, der vermutlich deshalb so viel Prominenz genießt, weil er zum einen eine Mindestschwelle setzt, jenseits derer eine Bonitätsbeurteilung anhand schriftlicher Dokumente zwingend zu erfolgen hat, wenn nicht zum zweiten die Stellung von Sicherheiten oder andere objektive Merkmale darauf hindeuten, dass ein Kreditrisiko weitgehend vermindert ist.

Das Bundesaufsichtsamt für das Kreditwesen hat im Jahre 1998 ein Rundschreiben zu einigen Fragen der Anwendung dieser Gesetzesnorm veröffentlicht, das zunächst konstatiert, dass die Vorschrift des § 18 KWG Ausfluss des anerkannten bankkaufmännischen Grundsatzes ist, Kredite nur nach umfassender und sorgfältiger Bonitätsprüfung zu gewähren und bei bestehenden Kreditverhältnissen die Bonität des Kreditnehmers laufend zu überwachen. Sie diene dem Schutz des einzelnen Kreditinstituts und seiner Einleger, indem sie die Kreditinstitute über die Kreditwürdigkeitsprüfung zu einer risikobewussten Kreditvergabe anhalte.

Angesichts der immer noch andauernden, objektiv wenig verständlichen Diskussion und Polemik gegen die Vorschrift des § 18 KWG macht das Bundesaufsichtsamt für das Kreditwesen darauf aufmerksam, dass sie einer im Einzelfall nicht risikofreien Kreditvergabe nicht entgegen stehe, sofern sich das kreditgewährende Institut über die aus der Kreditvergabe entstehenden Risiken ein klares Bild verschafft und sie als verkraftbar beurteilt. Hier wie auch in anderen Fällen verweist das Bundesaufsichtsamt deutlich auf die Verantwortung der Geschäftsführung des Instituts; die oftmals geäußerte polemische Behauptung, der Aufsicht setze sich zunehmend an die Stelle der verantwortlichen Geschäftsführung, entbehrt objektiv jeglicher Grundlage. Nach § 18 Abs. 1 KWG ist eine Bonitätsbeurteilung im wesentlichen in drei Schritten durchzuführen: Vorlage der erforderlichen Unterlagen sowie deren Auswertung und die Dokumentation dieser Tätigkeit.

Was als erforderliche Dokumente anzusehen ist, hängt natürlich von der Rechtsform des Kreditnehmers ab. Bei bilanzierenden Kreditnehmern geben der Jahresabschluss (bzw. im konkreten Fall eine Zeitreihe mehrerer fortlaufender Jahresabschlüsse) Aufschluss über die wirtschaftlichen Verhältnisse, während dies bei nichtbilanzierenden Kreditnehmern (natürlichen Personen) beispielsweise durch Vermögensaufstellungen oder Einnahmen-/Überschussrechnungen erreicht werden kann. Bei Objektkrediten, Existenzgründungen und vergleichbaren Engagements, die ausschließlich oder teilweise auf der Fähigkeit eines Projektes zur Bedienung des Kapitaldienstes (bzw. sämtlicher Cashflows) beruhen, sind die hierfür bestimmenden Risikostrukturen zu untersuchen.

Eine vernünftige Beurteilung der Kreditwürdigkeit kann sich nicht in der Vorlage der erforderlichen Unterlagen erschöpfen; eine Selbstverständlichkeit ist es insofern, auch die Auswertung dieser Unterlagen und das Bilden eines eigenen Urteils zu fordern, um der

Bank eine abschließende Entscheidung über die Kreditgewährung zu ermöglichen: Das Kreditinstitut muss die vorgelegten Unterlagen zukunftsgerichtet auswerten, sie auf Plausibilität und innere Widersprüche überprüfen und gegebenenfalls mit anderweitigen Erkenntnissen der Bank abgleichen. Reichen die vorhandenen Unterlagen hierfür sinnvollerweise nicht aus, so sind weitere Unterlagen anzufordern und in Zweifelsfällen, insbesondere im Bereich der Bewertung von Vermögensgegenständen, eigene Ermittlungen anzustellen. Erst wenn die mit der Auswertung betraute Stelle in der Bank zu der Beurteilung gelangt, dass ein klares Bild von den wirtschaftlichen Verhältnissen des Kreditnehmers besteht, kann auf der Grundlage dieses Bildes der Kredit von dem dazu berufenen Entscheidungsträger gewährt oder fortgesetzt werden.

Darüber hinaus müssen die Tatsachen und Belege, die das Kreditwürdigkeitsurteil begründen und es rechtfertigen, dieses Urteil während der laufenden Überwachung des Kreditengagements aufrechterhalten, für die Geschäftsleitung, die Innenrevision, den Abschlussprüfer und die Bankenaufsicht in den Kreditakten (für die Dauer von sechs Jahren) festgehalten werden, so dass jederzeit die Vertretbarkeit des Kredits beurteilt werden kann.

Die Bonitätseinschätzung hat während der gesamten Dauer der Kreditbeziehung kontinuierlich anzudauern. Insofern sind auch während dieser Zeit fortwährend die geeigneten Unterlagen und Dokumente vom Kreditnehmer einzuholen. Es ist nicht ausreichend, nur vor dem Beginn einer Kreditbeziehung die Bonität zu untersuchen und zu beurteilen, das Kreditinstitut muss die wirtschaftliche Entwicklung seines Kreditnehmers während der Dauer des Kreditverhältnisses kontinuierlich beobachten und analysieren. Die vom § 18 KWG geforderte Offenlegung der wirtschaftlichen Verhältnisse muss das Institut nötigenfalls durchsetzen; anderenfalls darf es den Kredit nicht gewähren oder muss – bei laufenden Engagements – ihn notfalls kündigen. Die hierfür erforderlichen zivilrechtlichen Voraussetzungen hat sich das Kreditinstitut vor Eingehung des Engagements zu verschaffen.

Allerdings weist das Bundesaufsichtsamt für das Kreditwesen einschränkend darauf hin, das dies das Kreditinstitut nicht zu einem Kündigungsautomatismus verpflichten soll, insbesondere nicht bei Krediten, die ansonsten störungsfrei bedient werden. Wenn das Kreditinstitut alle nach den Umständen zumutbaren Anstrengungen unternimmt, die Offenlegung der wirtschaftlichen Verhältnisse durchzusetzen, und in den Kreditakten nachvollziehbar darlegt, weshalb es das Engagement trotz Verweigerung der Offenlegung fortführt, wird der Verstoß gegen § 18 KWG bankaufsichtlich ohne Konsequenzen bleiben. Eine Erhöhung oder Verlängerung des Engagements kommt jedoch nur nach Offenlegung der wirtschaftlichen Verhältnisse des Kreditnehmers in Frage.

Es kann davon ausgegangen werden, dass das Bundesaufsichtsamt in nicht allzu ferner Zukunft eine Kodifikation seiner in dem genannten und verschiedenen weiteren Rundschreiben und Verlautbarungen niedergelegten Anforderungen an das Kreditgeschäft in Form von „Mindestanforderungen an das Betreiben des Kreditgeschäfts" (MaK) durchführen wird. Insbesondere auch die im Rahmen der Neufassung der Baseler Eigenmittelübereinkunft erwogene Zulassung bankinterner Ratings wird von derartigen qualitativen Anforderungen begleitet sein.

2.3 Zinsänderungsrisiko

Die Jahre 1979 bis 1981 waren in der Bundesrepublik Deutschland eine Zeit erheblicher Turbulenzen auf dem Geld- und Kapitalmarkt. Innerhalb nur weniger Monate erhöhten sich kurz- und langfristige Zinsen drastisch, und es bildete sich eine deutlich inverse Zinsstrukturkurve heraus (so stieg nach Angaben der Deutschen Bundesbank die Umlaufrendite für einjährige festverzinsliche Wertpapiere zwischen August 1980 und August 1981 von 8,22 Prozent auf 13,14 Prozent, die Rendite zehnjähriger Papiere im gleichen Zeitraum von 7,97 Prozent auf 10,57 Prozent). Von diesen Turbulenzen blieben auch die Kreditinstitute nicht unberührt; einige, darunter auch große, internationale tätige Banken, kamen aufgrund ihrer teilweise stark inkongruenten Zinspositionen in Verlegenheit.

Auf diese Geschehnisse reagierte das Bundesaufsichtsamt für das Kreditwesen – neben Maßnahmen zur Abwehr der Gefahren bei den einzelnen Instituten – mit der Anforderung, dass die Geschäftsleitung eines Instituts die eingegangenen Zinsänderungsrisiken regelmäßig zu überwachen habe.[10] Für eine solche Überwachung ist zunächst die Grundlage in Form der Risikoidentifikation und Risikoquantifizierung zu schaffen. Aus diesem Grund fordert das Bundesaufsichtsamt, dass die Institute grundsätzlich jederzeit, mindestens aber zu mehreren Stichtagen während des Jahres, in der Lage sein sollen, sich aus ihrem Rechenwerk ein zutreffendes Bild über die Zinsänderungsrisiken zu machen.

Wegen der Vielzahl der zum damaligen Zeitpunkt von der Wissenschaft angebotenen und in der Praxis verwendeten Verfahren zur Quantifizierung des Zinsänderungsrisikos hat das Bundesaufsichtsamt für das Kreditwesen darauf verzichtet, eine bestimmte Methode vorzuschreiben und lediglich gewissermaßen empfehlend das System der Zinsbindungsbilanz oder Zinsablaufbilanz hervorgehoben. Als Grundanforderung formulierte das Bundesaufsichtsamt die Notwendigkeit, die Zinsinkongruenzen über einen Zeithorizont von mindestens fünf Jahren mit einer Granularität (Größe der Zeitabschnitte) von sechs Monaten zu ermitteln. Das Bundesaufsichtsamt weist im Zusammenhang mit der Ermittlung der zinsinkongruenten Positionen ausdrücklich darauf hin, auch Zinsänderungsrisiken aus der Möglichkeit der Kündigung von Krediten nach § 247 BGB (heute § 609a BGB) – im modernen Sprachgebrauch „optionale Risiken" genannt – zu berücksichtigen. Zur Ermittlung des Risikos aus derartigen Inkongruenzen sollen auf der Basis aktueller Zinssätze wie auch von realistischen Zinsszenarien die ertragsmäßigen Auswirkungen errechnet werden. Die Verfahren sind im Prüfungsbericht zum Jahresabschluss darzustellen und kritisch zu würdigen; ferner hat der Wirtschaftsprüfer die Zinsinkongruenzen und die Auswirkungen von Zinsänderungen auf die Ertragslage darzustellen.

Weil für das Zinsänderungsrisiko aus Positionen des Anlagebuches (also hauptsächlich Kredite und zur Refinanzierung begebene Schuldverschreibungen) keine ausdrückliche Eigenmittelunterlegung bankaufsichtlich erforderlich ist (was angesichts der teilweise extrem detaillierten Regelungen zur Eigenmittelunterlegung von Marktrisiken im Handelsbuch und des beträchtlichen Anteils am Gesamtrisiko etwas überraschen muss), kommt es auch heute noch um so mehr auf eine vom Institut selbst durchgeführte Messung und ei-

10 Vgl. Bundesaufsichtsamt für das Kreditwesen 1983.

genverantwortliche Limitierung des Zinsänderungsrisikos an. Zwar kann dieser Versuch des Rückgriffs auf das Verantwortungsbewusstsein der Geschäftsleitungen der Institute praeter propter nicht als gescheitert angesehen werden; auf die Festlegung eines expliziten Eigenmittelpuffers für derartige Risiken ist angesichts einiger „Ausreißer“ unter den Banken wohl künftig nicht zu verzichten.

Auch auf internationaler Ebene wird der Stellenwert des Zinsänderungsrisikos und die Notwendigkeit eines angemessenen Umgangs damit (Risikocontrolling und Risikomanagement) mehr und mehr betont: Der Baseler Ausschuss für Bankenaufsicht veröffentlichte im September 1997 seine „Principles for the Management of Interest Rate Risk“ und informiert in seinem Konsultationspapier vom Juni 1999 über seine Absicht, eine Eigenmittelunterlegung auch für das Anlagebuch vorzuschreiben – in Anbetracht mittlerweile ausgefeilter Verfahren zur Risikomessung und der Bedeutung des Zinsänderungsrisikos für das gesamte Risikoprofil von Banken eine unabdingbare Konsequenz.[11]

2.4 Erhöhte Anforderungen bei Verwendung interner Modelle

Die Eigenmittelunterlegung für Marktpreisrisiken nach dem Eigenkapitalgrundsatz I[12] darf, wenn die entsprechenden Voraussetzungen erfüllt sind und insbesondere die Zustimmung des Bundesaufsichtsamtes für das Kreditwesen zur ihrer Verwendung vorliegt, auch mit Hilfe bankeigener Risikomodelle ermittelt werden (Modellalternative).[13]

Dabei kommt der Funktion des Risikocontrollings nach § 36 Abs. 2 Grundsatz I eine zentrale Rolle zu, die zwar mit Bezug auf das Risikomodell über die „Mindestanforderungen an das Betreiben von Handelsgeschäften“ hinausgeht, im übrigen aber mit diesen übereinstimmt und lediglich einige Konkretisierungen vornimmt. Neben der Selbstverständlichkeit, dass eine zeitnahe und vollständige Erfassung aller relevanten Geschäfte und Risikopositionen gewährleistet sein muss, ist das vom Handel – und zwar bis auf die Ebene der Geschäftsleitung eines Instituts (gegebenenfalls Gesamt- oder Konzernvorstand) hinauf – unabhängige Risikocontrolling für die Entwicklung und Pflege (laufende Überprüfung der Angemessenheit der verwendeten Methoden und Verfahren, Weiterentwicklung) des Risikomodells zuständig und verantwortlich.

Darüber hinaus gehören zu seinen Pflichten die tägliche Ermittlung der potentiellen Risikobeträge, das heißt des Value-at-Risk, die Durchführung der Stress Tests und des Backtestings.[14] Es hat direkt an die Geschäftsleitung zu berichten, das heißt die Geschäftsleitung hat sicherzustellen, dass sie durch das Risikocontrolling direkt, zeitnah und vollständig über die Risikosituation unterrichtet wird. Dies bedeutet nicht nur die Zusammenstellung, sondern auch die Analyse und Kommentierung der ermittelten Werte. Selbstverständlich sollte in diesem Zusammenhang sein, dass das Risikocontrolling auch die

11 Vgl. Baseler Ausschuss für Bankenaufsicht 1997, 1999.

12 Vgl. Bundesaufsichtsamt für das Kreditwesen 1997a und Schulte-Mattler 2000.

13 Vgl. hierzu Bundesaufsichtsamt für das Kreditwesen 1997b, Boos/Schulte-Mattler 1997 sowie Schulte-Mattler 1998.

14 Vgl. hierzu auch Baseler Ausschuss für Bankenaufsicht 1996a, 1996b.

Aufgabe der täglichen Ergebnisermittlung übertragen wird, da ansonsten die Gefahr „kommunikativer Diskrepanzen“ droht (in der Regel ergebnislose Auseinandersetzungen über Sachverhalte aufgrund von inkompatiblen Daten verschiedenen Ursprungs).

3. Resümee und Ausblick

Zunehmend wird von der Bankenaufsicht ein starkes Risikocontrolling gefordert, das vor allem anderen unabhängig zu sein hat von risikonehmenden und positionsverantwortlichen Stellen. „Unabhängig“ bedeutet in diesem Zusammenhang „weisungsunabhängig“, wie dies auch die „Mindestanforderungen an das Betreiben von Handelsgeschäften“ festlegen. Aufgrund der zentralen Bedeutung dieser Anforderung ist dies sehr strikt auszulegen. So ist darauf zu achten, dass die Unabhängigkeit nicht nur formal besteht und durch disziplinarische oder ähnliche Unterordnungsverhältnisse konterkariert wird. Insbesondere wenn – wie in der jüngeren Vergangenheit – aufgrund extrem positiver Marktentwicklung der Ergebnisbeitrag des Handels innerhalb eines Instituts einen wesentlichen Anteil am Gesamtertrag bildet und damit die Stellung des Handels in der innerbetrieblichen „Hierarchie“ gestärkt wird, ist es für die Geschäftsleitung nicht nur notwendig, sondern unabdingbar, mittels eines unabhängigen Risikocontrollings eine neutrale Kontrollinstanz zu besitzen.

Ein unabhängiges Risikocontrolling mit den ihm zukommenden weitreichenden Befugnissen und Funktionen ist das Kernelement einer entwickelten Risikokultur eines Instituts. Je höher die Risikokultur, der bewusste Umgang mit Risiken, desto geringer die Gefahr systemischer Gefahren, des Kollapses des internationalen Finanzsystems. Auch mittels des vom Baseler Ausschuss für Bankenaufsicht künftig vorgeschriebenen „Supervisory Review Process“ wird die Bankenaufsicht deshalb ihr Augenmerk verstärkt hierauf richten, wie sie dies bereits bei der Prüfung und Zulassung bankeigener Marktrisikomodelle mit gutem Erfolg begonnen hat. Sie wird – auch mittels hoheitlicher Maßnahmen (neben Anordnungen nach § 6 Abs. 3 KWG auch Maßnahmen gegen Geschäftsleiter nach § 36 KWG) – darauf hinwirken, dass die Risikokultur deutscher Institute auf (auch in weltweitem Vergleich) hohes Niveau gebracht und eine gefährliche einseitige Fixierung auf die „schnelle Mark“ von vorne herein unterbunden oder zurückgedrängt wird.

Literaturverzeichnis

Baseler Ausschuss für Bankenaufsicht: Internationale Konvergenz der Eigenkapitalmessung und Eigenkapitalanforderungen, Basel, Juli 1988.

Baseler Ausschuss für Bankenaufsicht: Änderung der Eigenkapitalvereinbarung zur Einbeziehung der Marktrisiken, Basel, Januar 1996.

Baseler Ausschuss für Bankenaufsicht: Aufsichtliches Rahmenkonzept für Backtesting (Rückvergleiche) bei der Berechnung des Eigenkapitalbedarfs zur Unterlegung des Marktrisikos mit bankeigenen Modellen, Basel, Januar 1996.

Baseler Ausschuss für Bankenaufsicht: Principles for the Management of Interest Rate Risk, Basel, September 1997.

Baseler Ausschuss für Bankenaufsicht: Neuregelung der angemessenen Eigenkapitalausstattung, Basel, Juni 1999.

Boos, K.-H./Fischer, R./Schulte-Mattler, H.: Kreditwesengesetz. Kommentar zu KWG und Ausführungsvorschriften, München (Beck), 2000.

Boos, K.-H./Schulte-Mattler, H.: Der neue Grundsatz I: Interne Risikomodelle, in: Die Bank, Heft 11/1997, S. 684-687.

Bundesaufsichtsamt für das Kreditwesen: Mindestanforderungen für bankinterne Kontrollmaßnahmen bei Devisengeschäften – Kassa und Termin, Schreiben I 4 – 32 vom 24. Februar 1975.

Bundesaufsichtsamt für das Kreditwesen: Anforderungen an die Ausgestaltung der Innenrevision, Schreiben I 4 – 3 vom 28. Mai 1976.

Bundesaufsichtsamt für das Kreditwesen: Anforderungen an das Wertpapierhandelsgeschäft der Kreditinstitute, Schreiben V 3 – Gr. 8/77 vom 30. Dezember 1980.

Bundesaufsichtsamt für das Kreditwesen: Schreiben I 1 – 31 – 2/77 vom 24. Februar 1983.

Bundesaufsichtsamt für das Kreditwesen: Mindestanforderungen an das Betreiben von Handelsgeschäften der Kreditinstitute, Schreiben I 4 – 42 – 3/86 vom 23. Oktober 1995.

Bundesaufsichtsamt für das Kreditwesen: Bekanntmachung über die Änderung und Ergänzung der Grundsätze über das Eigenkapital und die Liquidität der Kreditinstitute, I 7 – A 223 – 2/93, vom 29. Oktober 1997.

Bundesaufsichtsamt für das Kreditwesen: Merkblatt „Unterlagen für die Prüfung der Eignung eines eigenen Risikomodells", D – C 1 – 1/96, vom 1. Dezember 1997.

Bundesaufsichtsamt für das Kreditwesen: Mindestanforderungen an die Ausgestaltung der Internen Revision der Kreditinstitute, Rundschreiben I 4 – 42 – 5/97 vom 17. Januar 2000.

Bundesaufsichtsamt für das Kreditwesen: Sanio: Eine Illusion – internes Rating quasi zum Nulltarif, in: Genossenschaftsblatt, Heft 9/2000, S. 14-16.

Bundesrepublik Deutschland: Gesetz zur Kontrolle und Transparenz im Unternehmensbereich, Bundesgesetzblatt (BGBl.), I, S. 786.

Schulte-Mattler, H.: Drei Generationen bankaufsichtlicher Strukturnormen im neuen Eigenkapitalgrundsatz I, in: Pfingsten, A. (1999), Hg., Münsteraner Bankentage 1997, Wandel als Chance – Perspektiven für die Kreditwirtschaft, ifk edition Sonderband 1, Münster (Lit), S. 19-36.

Schulte-Mattler, H.: Baseler Vorschlag zur Erfassung und Begrenzung von Kreditrisiken, in: Die Bank, Heft 8/1999, S. 530-535.

Schulte-Mattler, H.: Grundsatz I: Grundsätze über die Eigenmittel und die Liquidität der Kreditinstitute, in: Boos/Fischer/Schulte-Mattler 2000, S. 1137-1290.

Schulte-Mattler, H./Traber, U.: Marktrisiko und Eigenkapital, Adressenausfall- und Preisrisiken, 2. Auflage, Wiesbaden (Gabler).

Schulte-Mattler, H./Traber, U.: Neue Aufsichtsregeln für das Kreditrisiko: Das Konsultationspapier zur Revision der Baseler Eigenkapitalübereinkunft, in: Wertpapier- Mitteilungen, Nr. 50/1999, S. 1953-1992.

Danièle Nouy / Karl F. Cordewener

Die neuen Basler Empfehlungen zur Mindesteigenkapitalausstattung in Banken

1. Einleitung

Der Basler Ausschuss für Bankenaufsicht[1] hat am 3. Juni 1999 ein Konsultationspapier zur Neuregelung der angemessenen Eigenkapitalausstattung von Banken veröffentlicht.[2] Die Neufassung soll in ihrer endgültigen Form die aus dem Jahre 1988 stammende Eigenkapitalvereinbarung[3] ersetzen, die sich im Laufe des letzten Jahrzehnts zur weltweit wichtigsten bankaufsichtlichen Regelung entwickelt hat. Ursprünglich nur für international tätige Banken in den Ländern der Zehnergruppe gedacht, stellt sie mittlerweile weltweit in mehr als 100 Ländern die Norm zur Berechnung der Eigenmittel von Banken dar.

2. Eigenkapitalvereinbarung von 1988

Die insbesondere durch ein rasches Wachstum der Aktiva und die zunehmende Bedeutung außerbilanzieller Risikopositionen bedingte Erosion des Eigenkapitals der Banken in den achtziger Jahren veranlasste den Ausschuss 1988, Mindestanforderungen an das Eigenkapital von Banken zu verabschieden. Nach einer Übergangszeit von mehreren Jahren hatten die Banken ein Eigenkapital in Höhe von acht Prozent der risikogewichteten Aktiva und außerbilanziellen Risikopositionen zu halten. Mit dieser Regelung sollten die Widerstandskraft der einzelnen Banken gegenüber Kreditausfällen gestärkt, die Stabilität des gesamten Finanzsystems verbessert und gleiche Wettbewerbsbedingungen für international tätige Banken geschaffen werden.

Im Januar 1996 wurde die Eigenkapitalvereinbarung um Kapitalanforderungen für Marktrisiken ergänzt.[4] Diese betrafen das Risiko aus Zinsinstrumenten und Aktien im Handelsbuch sowie das Fremdwährungsrisiko und das Rohstoffrisiko in der Gesamtbank. Während die Eigenkapitalvereinbarung für Kreditrisiken ein Standardverfahren vorschreibt, können die Banken ihre Eigenkapitalanforderungen für das Marktrisiko nicht nur nach einer Standardmethode berechnen, sondern haben alternativ die Möglichkeit, Risi-

1 Der Basler Ausschuss für Bankenaufsicht ist ein Ausschuss von Bankenaufsichtsbehörden, der 1975 von den Präsidenten der Zentralbanken der Länder der Zehnergruppe gegründet wurde. Er setzt sich aus hochrangigen Vertretern der Bankenaufsichtsbehörden und der Zentralbanken der Länder der Zehnergruppe und Luxemburgs zusammen. Das ständige Sekretariat des Ausschusses hat seinen Sitz bei der Bank für Internationalen Zahlungsausgleich in Basel. Vorsitzender des Ausschusses ist zur Zeit William J. McDonough, Präsident und Chief Executive Officer der Federal Reserve Bank of New York.

2 Basler Ausschuss für Bankenaufsicht, Konsultationspapier zur Neuregelung der angemessenen Eigenkapitalausstattung, Juni 1999. Alle Papiere des Ausschusses können im Internet über die Website der Bank für Internationalen Zahlungsausgleich (www.bis.org) abgerufen werden.

3 Basler Ausschuss für Bankenaufsicht, Internationale Konvergenz der Eigenkapitalmessung und Eigenkapitalanforderungen, Juli 1988.

4 Basler Ausschuss für Bankenaufsicht, Änderung der Eigenkapitalvereinbarung zur Einbeziehung der Marktrisiken, Januar 1996.

komessgrößen (Value at Risk) zu verwenden, die mit ihren internen Modellen errechnet werden.

Die Eigenkapitalvereinbarung hat ihr Hauptziel erreicht: Sie führte zu einer deutlichen Stärkung der Eigenkapitalbasis international tätiger Banken und machte damit das internationale Finanzsystem widerstandsfähiger gegen die Stürme, denen es im letzten Jahrzehnt ausgesetzt war. So konnte der Ausschuss bereits 1993 verkünden, dass alle international tätigen Banken in den Ländern der Zehnergruppe den Acht-Prozent-Mindeststandard übertreffen. Ein weiterer Erfolg war, dass die Eigenkapitalvereinbarung auch zur Grundlage der Eigenkapitalanforderungen in zahlreichen Ländern wurde, die nicht dem Ausschuss angehören.

Das Risikomanagement hat sich in den Banken jedoch in den letzten zehn Jahren wesentlich verbessert. Neue Bankprodukte wurden entwickelt, deren Risikostruktur in der Eigenkapitalvereinbarung nur unzureichend berücksichtigt wird. Das Risikogewichtungsschema der derzeitig geltenden Eigenkapitalvereinbarung stellte sich dabei als zu grob dar und spiegelt das den jeweiligen Positionen immanente Risiko nur unzureichend wider. Dies gilt insbesondere für die einheitliche Risikogewichtung von 100 Prozent für Forderungen gegenüber Schuldnern des Nichtbankensektors.

Des Weiteren wurde die unzureichende Berücksichtigung von Techniken zur Verminderung des Kreditrisikos, wie zum Beispiel Garantien, Sicherheiten, Kreditderivate und Netting-Vereinbarungen, kritisiert. Auch entspricht die Fokussierung auf Kredit- und Marktrisiken, ohne dass andere Risiken explizit mit Eigenkapital zu unterlegen sind, nicht mehr der Risikosituation der Banken.

Nach der Übernahme des Vorsitzes durch William J. McDonough hat der Basler Ausschuss diese Kritik zum Anlass genommen, die Eigenkapitalvereinbarung umfassend zu überarbeiten. Zu diesem Zweck hat der Ausschuss eine spezielle Arbeitsgruppe ins Leben gerufen, die unter der Leitung von Claes Norgren, Generaldirektor der schwedischen Bankenaufsicht, die Arbeiten koordiniert und überwacht. Schon in einem frühen Stadium wurden auch die Banken sowie diejenigen Länder, die nicht Mitglieder des Ausschusses sind, in die Beratungen mit einbezogen. Der Ausschuss legt besonderen Wert auf eine breite Akzeptanz und Anwendbarkeit seiner Regelungen, da, wie bereits erwähnt, die Eigenkapitalvereinbarung mittlerweile als weltweiter Standard für die Messung der Solvenz der Banken angesehen werden kann. Darüber hinaus nimmt auch die EU-Kommission an den Beratungen des Ausschusses als Beobachter teil, um eine weitgehende Harmonisierung mit den entsprechenden EU-Richtlinien zu erzielen.

3. Prinzipien des Konsultationspapiers vom Juni 1999

Mit der Neufassung der angemessenen Eigenkapitalausstattung verfolgt der Ausschuss die folgenden Ziele:

- Die Eigenkapitalvereinbarung soll weiterhin die Sicherheit und Solidität des Finanzwesens fördern; die Eigenkapitalausstattung im Bankensystem soll deshalb insgesamt mindestens auf dem derzeitigen Niveau gehalten werden.
- Die Wettbewerbsgleichheit zwischen den Banken soll weiter verbessert werden.
- Die Risiken, denen die Banken ausgesetzt sind, sollen umfassender behandelt werden.
- Zwar soll die Eigenkapitalvereinbarung auf international tätige Banken ausgerichtet bleiben; ihre Grundsätze sollen sich aber auch zur Anwendung auf Banken unterschiedlicher Komplexität und unterschiedlich anspruchsvoller Tätigkeit eignen.

Um diese Ziele zu erreichen, hat der Ausschuss einen Ansatz gewählt, der auf drei Säulen aufbaut: Mindesteigenkapitalanforderungen, Regelungen zum Aufsichtsverfahren sowie einem wirksamen Einsatz der Marktdisziplin. Der Ausschuss legt besonderen Wert darauf, dass diese drei Säulen als ebenbürtig angesehen werden und keine hierarchische Gliederung darstellen. Darüber hinaus ist der Anwendungsbereich (das heißt im Wesentlichen die Regelungen zur konsolidierten Beaufsichtigung) näher spezifiziert und ausgeweitet worden.

Im weiteren Verlauf soll auf die angestrebten Änderungen näher eingegangen werden. Grundlage der Darstellung ist insbesondere das Konsultationspapier vom Juni 1999. Die dazu erhaltenen Kommentare sowie zwischenzeitlich erfolgte Arbeiten des Ausschusses haben jedoch auch Berücksichtigung gefunden. Bei der Darstellung ist jedoch zu beachten, dass das Konsultationspapier als Diskussionsgrundlage gedacht war, um in einem frühen Stadium die interessierte Öffentlichkeit über die Vorschläge des Ausschusses zu informieren und sie mit in die weiteren Beratungen einzubeziehen. Wesentliche Bereiche des Konsultationspapiers, zum Beispiel zum internen Rating sowie zu den Eigenkapitalanforderungen für sonstige Risiken, lagen im Konsultationspapier vom Juni 1999 nur im Rohentwurf vor und bedurften noch einer Präzisierung.

4. Anwendungsbereich der Eigenkapitalvereinbarung

Während die Eigenkapitalvereinbarung von 1988 nur wenige, allgemeine Regelungen zum Anwendungsbereich enthält, ist die Neufassung wesentlich präziser und umfassender gestaltet. Die einzelnen Vorschriften befassen sich dabei in erster Linie mit Fragen des Konsolidierungskreises und der Konsolidierungsmethoden.

Grundsätzlich wird angestrebt, Bankkonzerne aufsichtsrechtlich umfassend zu überwachen. Die konsolidierte Beaufsichtigung sollte daher bei der Muttergesellschaft, die an der Spitze des Konzerns steht, ansetzen. Problematisch wird diese Forderung jedoch, wenn an der Spitze des Konzerns eine Nichtbank steht, zumal wenn überwiegende Teile des Konzerns aus Unternehmen bestehen, die zwar im finanziellen Bereich tätig sind, aber nicht der Bankenaufsicht unterliegen. Das Konsultationspapier schlägt daher vor, Holdinggesellschaften dann einzubeziehen, wenn sie einer Bankengruppe übergeordnet sind, das heißt vorwiegend im Bankgeschäft tätig sind. Im Übrigen ist auch eine Unterkonsolidierung vorgesehen, soweit an der Spitze des Unterkonzerns eine international tätige Bank steht. Damit soll eine risikoadäquate Verteilung der Eigenmittel im Konzern sichergestellt werden.

Im Mehrheitsbesitz befindliche oder beherrschte Tochtergesellschaften, die Kreditinstitute (nach jeweiliger nationaler Definition) sind, sollten grundsätzlich auf vollkonsolidierter Basis in den Konsolidierungskreis einbezogen werden. Handelt es sich bei den Tochtergesellschaften um im Mehrheitsbesitz befindliche oder beherrschte Versicherungsunternehmen, so sollte grundsätzlich der Beteiligungsbuchwert vom Eigenkapital der Mutter abgezogen werden, da eine Anwendung der Eigenkapitalvereinbarung auf Versicherungsunternehmen wegen der unterschiedlichen Risiken nicht angebracht erscheint. Dabei soll jedoch eine Ungleichbehandlung mit Versicherungsunternehmen, die Bankbeteiligungen halten, möglichst vermieden werden. In einzelnen Ländern müssen Versicherungsunternehmen Bankbeteiligungen weder konsolidieren noch muss der Beteiligungsbuchwert vom Eigenkapital abgezogen werden.

Minderheitsbeteiligungen an der Aufsicht unterliegenden Finanzunternehmen sollten entweder nach Maßgabe der Quotenkonsolidierung berücksichtigt werden, oder der Beteiligungsbuchwert sollte vom Eigenkapital der Mutter abgezogen werden. Die Berücksichtigung von Minderheitsbeteiligungen an unbeaufsichtigten Finanzinstituten ist im Konsultationspapier noch nicht abschließend geregelt. Dies gilt auch für wesentliche Beteiligungen an gewerblichen Tochterunternehmen.

5. Die erste Säule – Mindesteigenkapitalanforderungen

Der Teil zu den Mindesteigenkapitalanforderungen der Banken ist der mit Abstand umfassendste des Konsultationspapiers. Der Ausschuss war hierbei bestrebt, die Kapitalunterlegung risikoadäquater vorzunehmen und den Entwicklungsstand des Risikomanagementsystems in der jeweiligen Bank zu berücksichtigen. Während die Eigenkapitalvereinbarung von 1988 nur einen einzigen Ansatz für alle Banken kennt, ist Grundlage der neuen Regelungen, unterschiedlich anspruchsvolle Methoden zur Eigenkapitalunterlegung anzubieten, die, beginnend bei einem Standardansatz, zu weiterentwickelten internen Verfahren führen. Lediglich ein Standardansatz für alle Banken ist nicht mehr zeitgemäß in einem Papier, das sich an Banken unterschiedlicher Größe und Geschäftstätigkeit wendet. Des Weiteren wird eine bessere Berücksichtigung von Methoden zur Risikobegrenzung (zum Beispiel Garantien und Sicherheiten) sowie eine Kapitalunterlegung für das Zinsänderungsrisiko im Bankenbuch sowie für sonstige Risiken vorgeschlagen.

Der Ausschuss konzentriert sich bei der Neufassung der Eigenkapitalvereinbarung auf die Risikogewichtungsseite. Änderungen zur Definition des Eigenkapitals sind nicht geplant.

Der Ausschuss hatte sich zu dieser Frage zuletzt im Oktober 1998 in einer Presseerklärung geäußert, in der er seine Haltung zur Einbeziehung bestimmter innovativer Instrumente in das Kernkapital klarstellte.[5]

5.1 Mindesteigenkapitalanforderungen für das Kreditrisiko

5.1.1 Standardansatz

Der Ausschuss ist bestrebt, ein Standardverfahren zur Messung des Mindesteigenkapitals zu entwickeln, das weitgehend der Risikolage der Banken gerecht wird und für eine Vielzahl von Banken unterschiedlicher Größe und Geschäftstätigkeit anwendbar ist. In diesem Zusammenhang ist er bestrebt, Normen zu entwickeln, die weltweit umgesetzt werden können.

Die wesentlichste Änderung im Standardansatz des Konsultationspapiers betrifft die Berücksichtigung externer Bonitätsbeurteilungsinstitute für bankaufsichtliche Zwecke. Falls diese bestimmte Mindestanforderungen erfüllen, sollen sie für die Messung des Mindesteigenkapitals von Banken herangezogen werden.

Das Konsultationspapier schlägt fünf Kategorien von Risikogewichten vor: 0, 20, 50, 100 und 150 Prozent. Neben den vier bereits in der Eigenkapitalvereinbarung von 1988 aufgeführten Risikokategorien wird ein Risikogewicht von 150 Prozent für besonders risikoreiche Forderungen als notwendig erachtet. Die einzelnen Schuldnergruppen, das heißt im Wesentlichen staatliche Stellen, Banken und Wertpapierhäuser sowie Unternehmen, werden diesen Kategorien entsprechend ihrer Bonität zugeordnet.[6]

Bei der Neugewichtung staatlicher Schuldner hat der Ausschuss einen wesentlichen Kritikpunkt berücksichtigt. In der Eigenkapitalvereinbarung von 1988 wird zwischen Mitgliedsländern der OECD[7] und anderen Staaten unterschieden. Forderungen an Mitgliedsländer der OECD werden mit 0 Prozent gewichtet, während andere Staaten einem 100 Prozent Gewicht unterliegen. Zwar spiegelte dieses System im Jahre 1988 im Wesentlichen die Kreditwürdigkeit der einzelnen Länder wider, im Laufe der Jahre war es jedoch zunehmender Kritik ausgesetzt, da es die Risikogewichtung zu schematisch vornimmt und nicht in jedem Fall der Kreditwürdigkeit eines Landes gerecht wird. Es soll daher durch ein System ersetzt werden, das auf externen Bonitätsbeurteilungssystemen aufbaut und eine feinere und risikoadäquatere Kapitalunterlegung zur Folge hat.

Bezüglich der Forderungen gegenüber Banken und Wertpapierhäusern hat der Ausschuss zwei Optionen zur Diskussion gestellt. Option 1 bindet die Kapitalunterlegung an das Risikogewicht der Forderungen gegenüber dem Staat, in dessen Hoheitsgebiet die Bank oder

5 Basler Ausschuss für Bankenaufsicht, Zulässige Instrumente für die Eigenkapitalklasse 1, Pressemitteilung vom 27. Oktober 1998.

6 Im Folgenden wird nur auf einige wesentliche Änderungen zur Eigenkapitalvereinbarung von 1988 eingegangen. Eine umfassende Übersicht zu den Vorschlägen enthält Anhang 2 des Konsultationspapiers.

7 Die OECD Gruppe enthält auch diejenigen Länder, die besondere Kreditvereinbarungen im Rahmen der Allgemeinen Kreditvereinbarungen des Internationalen Währungsfonds abgeschlossen haben.

das Wertpapierhaus ansässig ist. Das Risikogewicht für die Bank ist dabei um eine Kategorie ungünstiger als das des Staates. Option 2 baut dagegen auf der Beurteilung auf, die der jeweiligen Bank oder dem jeweiligen Wertpapierhaus von einem externen Bonitätsbeurteilungsinstitut zugewiesen wurde.

Sein besonderes Augenmerk richtet der Ausschuss auf strikte Auswahlkriterien für externe Bonitätsbeurteilungsinstitute, wie Unabhängigkeit von politischen Einflüssen oder wirtschaftlichem Druck, ausreichender Erfahrung des Instituts und Zugänglichkeit zu den Beurteilungen. Ziel des Ausschusses ist es dabei, Beurteilungen zu erhalten, die, unabhängig davon, von welchem Institut sie stammen, möglichst vergleichbar sind. Die Anerkennung der einzelnen Institute obliegt zwar den nationalen Behörden, der Ausschuss vertraut jedoch darauf, dass Marktkräfte solche Institute ausschließen, deren Zuverlässigkeit nicht gewährleistet ist. Er legt daher besonderen Wert darauf, dass Transparenz im Hinblick auf die Auswahl und die Beurteilungskriterien externer Bonitätsbeurteilungsinstitute gewährleistet ist. Dies ist ein Bereich unter vielen, wo die Verbindung zwischen den drei Säulen, auf denen die Neufassung der Eigenkapitalvereinbarung aufbaut, zum Ausdruck kommt.

Ein weiteres Gebiet, auf das der Ausschuss sein besonderes Augenmerk im Zusammenhang mit der Berücksichtigung externer Bonitätsbeurteilungsinstitute richtet, betrifft die große Zahl von Forderungen, insbesondere gegenüber Unternehmen, die nicht extern beurteilt sind. Er arbeitet daran, auch für dieses Problem eine zufriedenstellende Lösung zu finden.

Ein zum Zeitpunkt der Veröffentlichung des Konsultationspapiers noch weitgehend offenes Gebiet umfasst die Methoden zur Kreditrisikobegrenzung. Die Eigenkapitalvereinbarung von 1988 erkennt diese nur in begrenztem Umfang an. So führen Garantien und Sicherheiten nur in gewissem Grad zur Minderung des Risikogewichts. Der Ausschuss ist nun bestrebt, Garantien und Sicherheiten in größerem Umfang risikomindernd zu berücksichtigen. Im Übrigen ist eine risikoadäquatere Berücksichtigung von Kreditderivaten und bilanziellen Netting-Vereinbarungen geplant. Der Ausschuss berät jedoch noch darüber, wie Risiken aus unvollständigen Sicherungsgeschäften, beispielsweise bei Laufzeitinkongruenz oder Denominierung der Positionen in unterschiedlichen Währungen, zu behandeln sind.

5.1.2 Internes Rating

Während der Standardansatz naturgemäß nur ein grobes Raster vorgeben kann, ermöglichen es interne Ratingverfahren, dem spezifischen Risikoprofil einer Bank Rechnung zu tragen. Damit können die Banken zum Beispiel interne Kundeninformationen für bankaufsichtliche Zwecke nutzen.

Mehrere Arbeitsgruppen des Ausschusses beschäftigen sich intensiv mit der aufsichtsrechtlichen Anerkennung interner Ratingverfahren, wobei quantitative und qualitative Mindestanforderungen an die Systeme erarbeitet werden und Methoden zur Verknüpfung von Eigenkapitalanforderungen und internen Ratings geprüft werden. Im Januar 2000 hat der Ausschuss eine Zusammenfassung seiner Untersuchungen bei Banken veröffentlicht.[8] Zudem ist – ähnlich dem Modellansatz im 1996 veröffentlichten Marktrisikopapier – die Genehmigung der Aufsichtsbehörde erforderlich, wenn eine Bank beabsichtigt, ihr internes Ratingverfahren für aufsichtliche Zwecke zu nutzen. Der Ausschuss beabsichtigt, die Vorschläge zum internen Rating gleichzeitig mit einer modifizierten Version des Standardansatzes zu veröffentlichen.

Bei der Entwicklung des internen Ratingverfahrens beschäftigt sich der Ausschuss insbesondere mit folgenden Fragen:

- Welche wesentlichen Elemente muss ein internes Ratingverfahren enthalten?
- Wie kann das Risiko gemessen werden, und wie können die Positionen gegebenenfalls zu Risikokategorien zusammengefasst werden?
- Wie können die Kapitalanforderungen bestimmt werden?
- Welche qualitativen Anforderungen müssen erfüllt werden?

Interne Ratingverfahren basieren zunächst auf einer Bewertung der Ausfallwahrscheinlichkeit der jeweiligen Gegenpartei, können jedoch auch bestimmte Charakteristika der Forderungen berücksichtigen und damit die Höhe eines zu erwartenden Verlustes einbeziehen. Die Methoden zur Messung der Ausfallwahrscheinlichkeit basieren dabei auf statistischen Modellen sowie auf Kenntnissen der Banken bezüglich des einzelnen Schuldners. Ein wichtiges Element bei der Messung der Ausfallwahrscheinlichkeit ist die Festsetzung eines bestimmten Zeithorizontes, der in den Banken oftmals ein Jahr umfasst.

Die Ausfallwahrscheinlichkeit ist jedoch zur Messung des Verlustrisikos noch nicht hinreichend. Hierzu bedarf es auch einer Messung über die Höhe eines zu erwartenden Verlustes. Im Falle des Ausfalls eines Schuldners führen u.a. Sicherheiten oder Garantien dazu, dass der Verlust nur einen Teil der Forderung umfasst.

Der zweite Schritt hin zu einer Eigenkapitalunterlegung umfasst die Messung des Risikos sowie eine mögliche Gruppierung der Positionen. Die Schuldner werden dabei nach ihrer Ausfallwahrscheinlichkeit klassifiziert. Die vom Ausschuss in die Untersuchung einbezogenen Banken nutzen im Durchschnitt zehn Risikoklassen, wobei die Spannweite jedoch sehr stark schwankt. In einem weiteren Schritt sind auf Grundlage der Ausfallwahrscheinlichkeiten und des zu erwartenden Verlustes die Eigenkapitalanforderungen für jede Risikoklasse festzusetzen.

Wie bei der Zulassung interner Modelle für das Marktrisiko ist die Einhaltung qualitativer Standards von besonderer Bedeutung. Die internen Ratingverfahren sollten beispielsweise für eine sinnvolle Differenzierung der Risiken sorgen, die Datenbasis sollte stabil sein, und die Systeme sollten einer unabhängigen Prüfung unterliegen. Der jeweiligen Aufsichtsbehörde obliegt es, die Einhaltung dieser Standards zu überwachen.

Der Ausschuss verfolgt bei seinen Beratungen zum internen Rating einen evolutionären Ansatz, das heißt er versucht nicht, einen einzelnen Ansatz festzulegen, der für alle Ban-

8 Basler Ausschuss für Bankenaufsicht, Range of practice in banks' internal rating systems, Januar 2000. Das Papier ist zur Zeit nur in englischer Sprache verfügbar.

ken und deren Portfolios gleich ist. Vielmehr ist er bestrebt, die jeweilige Ausgestaltung der bankinternen Systeme zu berücksichtigen. So könnten sowohl einfache Systeme mit von der Aufsicht vorgegebenen Richtwerten für das Verlustrisiko als auch anspruchsvollere Verfahren, die auf Methoden der einzelnen Bank zur Messung des Verlustrisikos aufbauen, zugelassen werden. Die Grundidee sollte dabei sein, dass Banken um so geringere Eigenkapitalanforderungen haben, je ausgefeilter ihr System ist, um damit für die Bank Anreize zu schaffen, ihr Risikomanagementsystem zu verbessern. Diese Überlegungen beziehen auch den Standardansatz mit ein, der grundsätzlich den Banken keinen Anreiz schaffen sollte, auf risikoadäquatere und höherstehende Verfahren zu verzichten. Die Wettbewerbsgleichheit wird dabei dadurch erreicht, dass jede Bank prinzipiell Zugang zu allen Methoden hat.

5.1.3 Bankinterne Kreditrisikomodelle

Bankinterne Kreditrisikomodelle stellen die anspruchsvollsten Verfahren zur Risikomessung dar. Sie unterscheiden sich wesentlich dadurch von internen Ratingverfahren, dass sie Korrelationen hinsichtlich der Ausfallwahrscheinlichkeit zwischen verschiedenen Regionen und Geschäftsbereichen berücksichtigen. Sie dienen den Banken insbesondere zur Preisfestsetzung und Kapitalallokation sowie zum aktiven Risikomanagement.

Der Ausschuss hat im April 1999 ein Konsultationspapier zum Stand der Entwicklung von Modellen zum Kreditrisiko veröffentlicht.[9] Er steht einer bankaufsichtlichen Berücksichtigung zur Zeit noch skeptisch gegenüber. Im Gegensatz zu den bereits anerkannten Marktrisikomodellen gilt es, die Datenbasis zu verbessern. Zudem gibt es Schwierigkeiten bei der Überprüfung der Kreditrisikomodelle wegen der langen Haltedauer der Positionen.

5.2 Mindesteigenkapitalanforderungen für sonstige Risiken

Ein Ziel des Ausschusses ist es, die bankaufsichtlichen Risiken umfassender zu behandeln. Zu diesem Zweck befasst er sich damit, Kapitalanforderungen für das Zinsänderungsrisiko im Bankenbuch sowie für sonstige Risiken, insbesondere das Betriebsrisiko, zu erarbeiten.

5.2.1 Zinsänderungsrisiko

Beim Zinsänderungsrisiko handelt es sich um ein bedeutendes Risiko, das auch in Zeiten einer länger andauernden Niedrigzinsphase nicht übersehen werden sollte. Der Ausschuss hat 1996 bereits Kapitalanforderungen für das Zinsänderungsrisiko im Handelsbuch erlas-

9 Basler Ausschuss für Bankenaufsicht, Entwicklung von Modellen zum Kreditrisiko: aktuelle Verfahren und Verwendung, April 1999. Eine Zusammenfassung der erhaltenen Kommentare wurde vom Ausschuss im Mai 2000 veröffentlicht; s. Basler Ausschuss für Bankenaufsicht, Summary of responses received on the report „Credit risk modelling: current practices and applications".

sen,[10] für das Zinsänderungsrisiko im Bankenbuch hat er sich jedoch bisher auf Grundsätze für das Management des Zinsänderungsrisikos beschränkt.[11]

Der Ausschuss befasst sich im Zusammenhang mit der Neufassung der Eigenkapitalvereinbarung nunmehr auch mit Eigenkapitalanforderungen für das Zinsänderungsrisiko im Bankenbuch. Im Mittelpunkt seiner Überlegungen steht dabei, nur Ausreißer zu erfassen, also Banken, deren Zinsänderungsrisiko ein Normalmaß übersteigt. Wichtig ist in diesem Zusammenhang, dass z. B. mit einem Screening Test auf möglichst einfache Weise solche Ausreißer-Banken identifiziert werden können, um ein aufwendiges Meldeverfahren zu vermeiden.

In einem zweiten Schritt ist ein System zu entwickeln, mit dem die Eigenkapitalunterlegung für das Zinsänderungsrisiko gemessen werden kann. Dies könnte beispielsweise ein Standardverfahren, wie es bereits 1993 vorgeschlagen wurde, oder ein bankinternes Verfahren sein. Allerdings ist eines der Hauptprobleme eines jeden Standardverfahrens, diejenigen Positionen risikoadäquat zu erfassen, deren Zinsbindungsfrist unbekannt ist, wie zum Beispiel Spareinlagen oder Kredite, die vorzeitig gekündigt werden können. Zudem variieren die Risikomanagementverfahren zum Zinsänderungsrisiko bei den Banken in großem Ausmaß. Daher könnte eine Behandlung des Zinsänderungsrisikos im Zusammenhang mit der zweiten Säule sinnvoller erscheinen.

5.2.2 Sonstige Risiken

Der Begriff sonstige Risiken umfasst alle Risiken, die auf andere Weise noch nicht explizit erfasst sind. Insbesondere handelt es sich dabei um Betriebsrisiken, Rechtsrisiken und Reputationsrisiken. In der Eigenkapitalvereinbarung von 1988 waren diese Risiken zwar nicht explizit mit Eigenkapital zu unterlegen, implizit waren sie jedoch in den Kapitalanforderungen für das Kreditrisiko berücksichtigt.

Im Zusammenhang mit einer genaueren Messung des Kreditrisikos besteht die Gefahr, dass die Eigenkapitalanforderungen den sonstigen Risiken nicht mehr gerecht werden. Der Ausschuss prüft daher eine gesonderte Kapitalunterlegung für diese Risiken, insbesondere für das Betriebsrisiko. Bei diesem handelt es sich um ein bedeutendes Risiko, das in den Banken mehr und mehr Beachtung findet – auch was die Unterlegung mit Eigenkapital anbelangt. Allerdings sind die Banken zur Zeit noch dabei, Risikomessverfahren für das Betriebsrisiko zu entwickeln. Ein Standardverfahren hat sich noch nicht herausgebildet. Auch gibt es noch keine anerkannte Definition, was unter Betriebsrisiken zu verstehen ist. Übereinstimmung dürfte jedoch dahingehend bestehen, dass zwei Arten von Betriebsrisiken unterschieden werden können: zum einen diejenigen, die mit hoher Wahrscheinlichkeit auftreten, aber zu relativ geringen Einzelverlusten führen. Diese Risi-

10 Basler Ausschuss für Bankenaufsicht, Änderung der Eigenkapitalvereinbarung zur Einbeziehung der Marktrisiken, Januar 1996.

11 Basler Ausschuss für Bankenaufsicht, Grundsätze für das Management des Zinsänderungsrisikos, September 1997. Der Ausschuss hat sich jedoch bereits zu einem früheren Zeitpunkt auch mit Fragen der Eigenkapitalunterlegung des Zinsänderungsrisikos im Bankenbuch beschäftigt. Vgl. hierzu: Basler Ausschuss für Bankenaufsicht, Messung des Zinsänderungsrisikos der Banken, April 1993.

ken sind grundsätzlich im Rahmen von Risikomanagementsystemen messbar. Zum anderen handelt es sich um Einzelfallrisiken, die jedoch existenzbedrohende Ausmaße annehmen können.

Die Banken sollten insbesondere angehalten werden, Eigenmittel für diejenigen Risiken vorzuhalten, die mit hoher Wahrscheinlichkeit auftreten und somit messbar sind. Einzelfallrisiken sollte dagegen im Rahmen der allgemeinen Risikokontrolle begegnet werden. Grundsätzlich sollten Eigenmittelanforderungen eng mit den Risiken verbunden sein und damit auf der Ebene der Einzelgeschäfte ansetzen. Solange die Banken jedoch noch nicht über ausgefeilte und einheitliche Systeme zur Messung des Betriebsrisikos verfügen, kann – für eine Übergangszeit und um einen Anreiz zur Entwicklung entsprechender Systeme zu schaffen – auch auf der Ebene aggregierter Daten aus dem Rechnungswesen angesetzt werden. Ein Alternativansatz wäre eine Art Matrixansatz, der das Gesamtrisiko auf der Ebene einzelner Geschäftsbereiche erfasst.

6. Die zweite Säule – Überprüfung durch die Aufsichtsbehörden

Die zweite Säule, die Überprüfung des Mindesteigenkapitals durch die Aufsichtsbehörden, ist integraler Bestandteil der Neufassung der Eigenkapitalvereinbarung. Sie bezweckt, dass Banken nicht nur über ein normiertes Mindesteigenkapital verfügen, sondern über ein adäquates Risikomanagementsystem, mittels dessen sie ihre Risiken überwachen und ihr Eigenkapital gegebenenfalls der individuellen Risikosituation anpassen. Die zweite Säule beruht dabei auf den folgenden vier Grundsätzen:

- Die Aufsichtsbehörden erwarten von den Banken eine über der aufsichtsrechtlich geforderten Mindestquote liegende Eigenkapitalausstattung. Während diese Forderung in einzelnen Ländern schon jetzt erfüllt ist, bestehen in anderen Ländern rechtliche Probleme, ein höheres Mindesteigenkapital für bestimmte Banken zu fordern. Auch in Ländern, die der letzteren Gruppe angehören, hält ein Großteil der Banken jedoch ein Eigenkapital, das das Minimum deutlich übersteigt.
- Banken sollten über ein Berechnungsverfahren für das gesamte, ihrem Risikoprofil angemessene Eigenkapital sowie eine Strategie zur Erhaltung ihres Eigenkapitalniveaus verfügen. Banken sollten somit in der Lage sein, nachzuweisen, dass ihr Eigenkapital die Risiken umfassend berücksichtigt sowie der jeweiligen Geschäftspolitik und den wirtschaftlichen Gegebenheiten angemessen ist. Die Einhaltung dieser Vorschrift sollte der obersten Geschäftsleitung der Bank obliegen.
- Die Aufsichtsbehörden sollten die bankinterne Beurteilung und Strategie der Eigenkapitalausstattung sowie die Einhaltung der aufsichtsrechtlich vorgegebenen Eigenkapitalquoten überprüfen und beurteilen. Eine solche Funktion der Aufsichtsbehörde erfor-

dert natürlich eine ausreichende Anzahl qualifizierter Mitarbeiter, insbesondere was die Prüfung der internen Ratingsysteme anbelangt.

- Die Aufsichtsbehörden sollten bestrebt sein, in einem frühen Stadium einzugreifen, damit das Eigenkapital nicht unter das nach dem Vorsichtsprinzip erforderliche Niveau fällt. Hierzu gehört auch, dass die Aufsichtsbehörde die rechtlichen Möglichkeiten hat, entsprechende Schritte zu vollziehen.

Diese hier aufgeführten Grundsätze sollten auch im Zusammenhang mit den 1997 vom Ausschuss erlassenen Grundsätzen für eine wirksame Bankenaufsicht[12] sowie verschiedenen Empfehlungen und Richtlinien des Ausschusses zum Risikomanagement gesehen werden. Die Überprüfung der Eigenkapitalsituation einer Bank durch die Aufsichtsbehörden soll sicherstellen, dass alle Risiken einer Bank adäquat mit Eigenkapital zu unterlegen sind. Für einzelne Länder dürfte insbesondere diese Säule eventuell auch Änderungen in der Aufsichtsphilosophie mit sich bringen.

7. Die dritte Säule – Marktdisziplin

Der Ausschuss hat im Januar 2000 seine Anforderungen zur Offenlegung des Eigenkapitalniveaus präzisiert.[13] Mit der dritten Säule strebt der Ausschuss an, die Rolle des Marktes bei der Bestimmung angemessener Eigenmittel zu untermauern. Insbesondere soll das Vertrauen in die jeweilige Bank durch qualitative und quantitative Informationen gestärkt werden. Durch zusätzliche Informationen zur finanziellen Situation einer Bank sollen insbesondere diejenigen Marktteilnehmer geschützt werden, die nicht durch Einlagensicherungssysteme abgesichert sind. Im Einzelnen umfassen die Anforderungen die Offenlegung der Kapitalstruktur, des Risikoengagements und der angemessenen Eigenkapitalausstattung einer Bank.

Hinsichtlich der Kapitalstruktur wird empfohlen, zumindest die Komponenten des Eigenkapitals, das heißt die Elemente der Klasse 1, Klasse 2 und Klasse 3, sowie deren wesentliche Merkmale offen zu legen. Insbesondere sollten innovative Instrumente, die in das Kapital der Klasse 1 einbezogen werden, gesondert ausgewiesen werden. Auch sollten in diesem Zusammenhang Informationen zur Rechnungslegung und Bewertung der Aktiva und Passiva sowie zu Wertberichtigungsgrundsätzen veröffentlicht werden.

Bezüglich des Risikoengagements sollte eine Unterteilung in die wesentlichen Risikokategorien vorgenommen werden, wie z. B. Kreditrisiko, Marktrisiken und Betriebsrisiken. Der Umfang dieser Risiken sowie Informationen zur Risikomanagementstrategie der Bank sollten offengelegt werden. Nähere Informationen zu diesem Themenbereich sind auch in weiteren Publikationen des Ausschusses enthalten.[14]

12 Basler Ausschuss für Bankenaufsicht, Grundsätze für eine wirksame Bankenaufsicht, September 1997.

13 Basler Ausschuss für Bankenaufsicht, A new capital adequacy framework: pillar 3 market discipline, Consultative Paper, Januar 2000.

14 Basler Ausschuss für Bankenaufsicht, Verbesserung der Transparenz im Bankwesen, September 1998, und Sachgerechte Methoden der Bilanzierung von Krediten und der Offenlegung, Juli 1999.

Zur angemessenen Eigenkapitalausstattung sollte zumindest die Eigenkapitalquote auf konsolidierter Basis, aufgeteilt nach Kreditrisiken und Marktrisiken, offengelegt werden. Auch sollte die Methode, nach der die Quote errechnet wird, genannt werden. Zudem sollte mitgeteilt werden, welche Faktoren die Kapitaladäquanz beeinflussen und wie das Kapital, auf Grundlage interner Berechnungen, auf die einzelnen Geschäftsbereiche aufgeteilt ist.

8. Weitere Vorgehensweise

Der Ausschuss beabsichtigt, Anfang 2001 eine überarbeitete Fassung der Neuregelung der Eigenkapitalanforderungen zu veröffentlichen. In diesem Papier wird er die zum Konsultationspapier vom Juni 1999 erhaltenen Kommentare und weitere eigene Arbeiten berücksichtigen.

Auch wenn der Ausschuss bestrebt ist, ein großes Maß an Flexibilität in seine Regelungen einzubauen, um damit auch nationalen Besonderheiten entgegenzukommen, so sollte dennoch nicht übersehen werden, dass es sich bei den Regelungen um weltweit anzuwendende Standards handelt, die nicht in jedem Fall auf nationale Besonderheiten zugeschnitten sein können. Der Ausschuss muss vielmehr hierbei stets das Ziel der Wettbewerbsgleichheit im Auge behalten und sich an seinem Hauptziel, der Stärkung des internationalen Finanzsystems, orientieren.

III. Gesamtbanksteuerung: Integration von Rendite- und Risikosteuerung

Stefan Paul

Risikoadjustierte Gesamtbanksteuerung und Risikokapitalallokation

Einleitung

Die Bankenwelt befindet sich seit einigen Jahren in einer Phase der Restrukturierung und Neuorientierung. Besonderes Aufsehen haben dabei Fusionsaktivitäten erregt, wie sie zum Beispiel zwischen der *Bayerischen Vereinsbank* und der *Bayerischen Hypotheken- und Wechselbank* oder der *Schweizerischen Bankgesellschaft* und dem *Schweizerischen Bankverein* in den vergangenen Jahren stattgefunden haben. Aber auch kleinere und mittelgroße Institute sind von diesen Konzentrationstendenzen nicht unberührt geblieben. Im Vordergrund dieser Restrukturierungsprozesse am Bankenmarkt steht jedoch nicht ausschließlich das Streben nach Größe bzw. Marktanteilen, sondern vielmehr die Vorstellung, durch entsprechende Zusammenschlüsse die Rentabilität der neu entstandenen Einheit nachhaltig zu steigern bzw. zu optimieren. Von besonderer Bedeutung ist in diesem Zusammenhang auch das seit Jahren intensiver in der Diskussion stehende Gedankengut des *Shareholder Value,* das die Banken dazu veranlasst hat, die Verzinsungsansprüche der Eigenkapitalgeber stärker als bisher in ihrem strategischen Zielsystem zu berücksichtigen.

Vor diesem Hintergrund beschäftigt sich der vorliegende Beitrag mit der Konzeption einer risikoadjustierten Gesamtbanksteuerung und der damit verbundenen Problemstellung einer effizienten Allokation von Risikokapital im Bankportfolio.

1. Wertorientierung als Triebfeder für eine integrierte Risiko-/Renditesteuerung

1.1 Entwicklungsstufen in der strategischen Ausrichtung von Finanzinstituten

Noch bis in die siebziger Jahre wurden die verschiedenen durch die Finanzinstitute betriebenen Geschäftsfelder mehrheitlich auf Basis von Volumensgrößen und Wachstumszielen gesteuert. Dabei herrschte allgemein die Vorstellung vor, dass allein durch möglichst hohe (jährliche) Zuwachsraten in den jeweiligen Geschäftsfeldern automatisch ausreichend hohe Ergebnisbeiträge zu erzielen wären. Das Streben nach überdurchschnittlichen Wachstumsraten und den damit verbundenen zunehmenden Marktanteilen wurde somit mit entsprechend ansteigenden Ergebnisgrößen gleichgesetzt. Die vorwiegend auf Volumens- und Wachstumsgrößen abstellende Steuerung der Geschäftsbereiche von Finanzinstituten führte jedoch dazu, dass deren Rentabilitätspotenziale kalkulatorisch entweder gar nicht oder nur sehr unzureichend abgebildet wurden. Darüber hinaus wurde in den verschiedenen Geschäftsfeldern auch der Aspekt des Risikos faktisch kaum in der Steuerung des Bankportfolios berücksichtigt. Lediglich die durch die bankaufsichtsrechtlichen Behörden erlassenen Risikobegrenzungsnormen, die zu dieser Zeit jedoch eher rudimentären Charakter aufwiesen, wurden im Rahmen der Gesamtbanksteuerung als strikte Nebenbedingung berücksichtigt. Eine konsequente Beurteilung des Risikopotenzials verschiedener Geschäftsfelder, einzelner Produktgruppen, Produktarten oder Kundengruppen vor dem Hintergrund der dort erzielbaren Ergebnisbeiträge bzw. die systematische Messung bankbetrieblicher Risiken wie Markt-, Gegenpartei- oder operationeller Risiken fand in den Kreditinstituten hingegen faktisch nicht statt.

Gegen Ende der siebziger und zu Beginn der achtziger Jahre fand ein langsamer Prozess der Umorientierung bezüglich der zur Banksteuerung herangezogenen Zielgrößen statt. Die Erkenntnis, dass Wachstum nicht automatisch mit Rentabilität gleichzusetzen ist, führte dazu, dass nunmehr verstärkt Rentabilitätsziele in den Vordergrund der Unternehmenssteuerung gerückt wurden. Damit einher ging die seitens der Wissenschaft betriebene Entwicklung von Konzepten zur ertragsorientierten Steuerung von Kreditinstituten, in dessen Zentrum die Erzielung einer angemessenen (Mindest-)Rentabilität steht. Eine ertragsorientierte Banksteuerung beruht dabei in seinem Kern auf der Formulierung und Durchsetzung einer Unternehmenspolitik, die auf den Grundprinzipien der sog. *Triade des Ertragsorientierten Bankmanagements* fußt.[1]

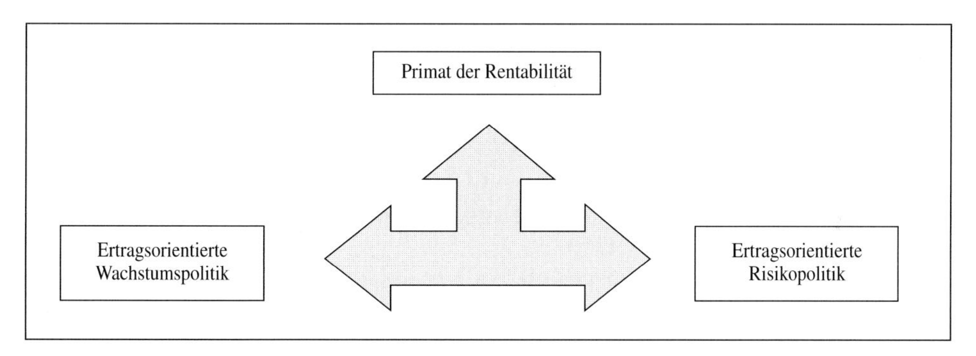

Abbildung 1: Die Triade des Ertragsorientierten Bankmanagements

Im Zentrum des Ansatzes steht das Primat der Rentabilität. Damit wird zum Ausdruck gebracht, dass alle geschäftspolitischen Entscheidungen stets vor dem Hintergrund zu treffen sind, ob bzw. inwieweit sie zur Erzielung einer angemessenen Ziel- bzw. Mindest-Rentabilität beitragen. Für die ertragsorientierte Wachstums- und Risikopolitik gilt zudem, dass sie stets als unterstützende Konzeptionen zu der eindeutig im Vordergrund stehenden Rentabilitätsmehrung bzw. -sicherung zu sehen sind. Damit wird insbesondere der aus den siebziger Jahren bekannten Volumensorientierung konzeptionell ein „Riegel" vorgeschoben. Aber auch die Übernahme von Risiken wird im Kontext des *Ertragsorientierten Bankmanagements* konsequent vor dem Hintergrund der Risikotragfähigkeit der Bank einerseits und den mit der Risikoübernahme verbundenen Ertragschancen andererseits beurteilt.

1 Zur Konzeption des Ertragsorientierten Bankmanagements vgl. Schierenbeck, H. (1999a), S. 1 ff.

1.2 Ertragsorientierte Banksteuerung im Lichte des Wertmanagements

Zu Beginn der neunziger Jahre setzte sich auch im kontinentaleuropäischen Bankenmarkt verstärkt die Überzeugung durch, dass der Aspekt einer nachhaltigen Steigerung des Unternehmenswertes stärker in die strategische Unternehmensführung zu integrieren ist.

Von besonderer Bedeutung in der Diskussion um eine wertorientierte Unternehmenssteuerung (Value Based Management) sind die Arbeiten von *Rappaport,* der die aus der Investitionsrechnung bzw. Unternehmensbewertung bekannte sog. *Discounted Cash-Flow-Methode* konsequent auf die Unternehmenssteuerung überträgt.[2] Im Gegensatz zu der von *Rappaport* gewählten barwertbezogenen Bewertungsmethodik existieren allerdings auch eine Reihe alternativer Ansätze, die auf periodenbezogenen Ergebnisgrößen basieren. Zu nennen wäre hier vor allem das Konzept des *Economic Value Added* der Unternehmensberatungsgesellschaft *Stern, Stewart & Co.*[3]

Wesensmerkmal sämtlicher Ansätze zur wertorientierten Unternehmensführung ist der explizite Einbezug der Kapitalkosten (Eigen- bzw. Gesamtkapitalkosten) als Benchmark, anhand dessen das Wertsteigerungs- bzw. Wertvernichtungspotenzial einer Unternehmensstrategie beurteilt wird. Dabei gilt, dass nur dann zusätzlicher Unternehmenswert im Sinne von *Shareholder Value* bzw. *Economic Value Added* geschaffen wird, wenn die Unternehmung über die als Verzinsungsansprüche der Kapitalgeber zu interpretierenden Kapitalkosten hinausgehend Ergebnisbeiträge erzielt.

Zur Bestimmung der Eigenkapitalkosten, die im Bankenbereich als Benchmarkgröße im Vordergrund stehen, werden in der Regel kapitalmarkttheoretische Modellansätze wie das *Capital Asset Pricing Model* (CAPM) oder die *Arbitrage Pricing Theory* (APT) herangezogen.[4] Der in diesen Modellen postulierte Zusammenhang zwischen den (systematischen) Risiken, denen sich eine Bank aussetzt, und den durch die Eigenkapitalgeber geforderten Eigenkapitalkosten stellt den entscheidenden Schritt hin zu einer wertorientierten Unternehmensführung dar. Das heisst, im Rahmen einer wertorientierten Unternehmenssteuerung müssen neben der gezielten Optimierung der Unternehmensrentabilität zwingend auch die mit der gewählten Unternehmensstrategie verbundenen Risiken berücksichtigt werden, die sich im kalkulationsrelevanten Eigenkapitalkostensatz widerspiegeln. Dies bedeutet, nur die *integrierte Messung und Steuerung der Rentabilität und der eingegangenen Risiken* ermöglicht eine wertorientierte Unternehmensführung.

2 Vgl. Rappaport 1986.

3 Vgl. Stewart 1991.

4 Zu den Grundlagen des CAPM vgl. Sharpe 1964; Lintner 1965a und 1965b sowie Mossin 1966; zur Konzeption der APT vgl. Ross 1976.

1.3 Bankbetriebliche Performance-Maße (RAPM) im Überblick

Um eine integrierte Risiko-/Rendite-Messung und -Steuerung im Bankbetrieb im Hinblick auf eine wertorientierte Unternehmensführung zu gewährleisten, wurden eigenständige bankbetriebliche Steuerungskennziffern entwickelt, die sich in ihrer Grundkonzeption aus den klassischen Performance-Maßen der Kapitalmarkttheorie ableiten lassen. Diese bankspezifischen Kennzahlen, die in der Literatur im Allgemeinen unter dem Sammelbegriff der *„Risikoadjustierten Performance-Messung“* (RAPM) diskutiert werden, ergeben sich, indem eine im Zähler stehende absolute Ergebnisgröße durch eine (absolute) Kapitalgröße dividiert wird.[5] Damit ähneln die Kennzahlen der RAPM in ihrer Konstruktionsweise den klassischen Rentabilitätskennziffern, wie sie beispielsweise im bankbetrieblichen ROI-Schema auftreten.[6] Der wesentliche Unterschied besteht allerdings darin, dass bei den Kennzahlen der RAPM eine Berücksichtigung des Risikoaspektes vorgenommen wird.

Hierbei sind grundsätzlich zwei Vorgehensweisen denkbar, um das Risikopotenzial der jeweils analysierten Position abzubilden. Entweder wird die im Nenner der Kennzahl stehende Kapitalgröße risikobereinigt, oder der im Zähler stehende absolute Ergebnisbeitrag der Position risikoadjustiert. Im ersten Fall spricht man demzufolge vom sog. *„Return on Risk-Adjusted Capital“* (RORAC), während die zweite Variante der RAPM-Kennzahlen allgemein als *„Risk-Adjusted Return on Capital“* (RAROC) bezeichnet werden kann.

Betrachtet man die Definition der RORAC-Kennzahl näher, ergibt sich die folgende formale Beziehung:

$$(1.1)\quad \text{RORAC} = \frac{\text{(erwarteter) Netto-Ergebnisbeitrag}}{\text{Risikokapital}}$$

Der im Nenner der RORAC-Kennziffer stehende Kapitalbetrag, der das Risikopotenzial der betrachteten Position abbildet, wird in der Folge als sog. „Risikokapital“ bezeichnet. Andere ebenfalls gebräuchliche Bezeichnungen sind „ökonomisches Kapital“ bzw. „Economic Capital“. Je höher dabei das Risiko einer Position eingeschätzt wird, desto größer fällt dieser Risikokapitalbetrag aus.

Wird die notwendige Risikoadjustierung dagegen im Zähler vorgenommen, ergibt sich für die in diesem Fall resultierende RAROC-Kennzahl formal:

$$(1.2)\quad \text{RAROC} = \frac{\text{Risikoadjustierter Ergebnisbeitrag}}{\text{(eingesetztes) Eigenkapital}}$$

Im Gegensatz zu der obenstehenden RORAC-Kennzahl bleibt die Fachliteratur bei der Spezifizierung dieser RAPM-Kennziffer eher vage. In der Praxis wird analog zur Vorge-

5 Vgl. Lister 1997, S. 204 ff.

6 Zu den klassischen Rentabilitätskennziffern im bankbetrieblichen ROI-Kennzahlenschema vgl. Schierenbeck 1999a, S. 412 ff.

hensweise beim RORAC auch für die RAROC-Kennziffer häufig das Risikokapital als Bezugsgröße herangezogen. Damit findet de facto aber sowohl im Zähler als auch im Nenner eine Risikobereinigung statt. In diesem Fall wäre es mithin sachgerechter vom sog. RARORAC *(Risk-Adjusted Return on Risk-Adjusted Capital)* zu sprechen. In der Literatur wird jedoch auch eine derartige RAPM-Kennzahl häufig als RAROC bezeichnet, so dass diese eigentlich unzutreffende Abkürzung in der Folge beibehalten wird. Unter Verwendung des das Risikopotenzial einer Position i widerspiegelnden Risikokapitals gilt für dessen $RAROC_i$:

$$(1.3)\quad RAROC_i = \frac{\text{Risikoadjustierter Ergebnisbeitrag}_i}{\text{Risikokapital}_i}$$

Aus der obenstehenden Beziehung wird deutlich, dass sich der RAROC bei Verwendung des Risikokapitals als Bezugsgröße im Nenner vom RORAC nur durch die im Zähler zusätzlich durchgeführte Risikobereinigung der Ergebnisgröße unterscheidet. Die Berücksichtigung des Risikos im Zähler erfolgt, indem vom (erwarteten) Netto-Ergebnisbeitrag einer (Teil-)Position i ein aus dem Verzinsungsanspruch der Eigenkapitalgeber abgeleiteter risikoadjustierter Ziel-Ergebnisbeitrag abgezogen wird.

$$(1.4)\quad RAROC_i = \frac{\text{(erwarteter) Netto-Ergebnisbeitrag}_i - \text{Ziel-Ergebnisbeitrag}_i}{\text{Risikokapital}_i}$$

Zu beachten ist hierbei, dass sich der Eigenkapitalverzinsungsanspruch auf das durch die Eigenkapitalgeber investierte Kapital (= Marktwert des Eigenkapitals) bezieht und daher auf das Risikokapital der jeweils betrachteten (Teil-)Position transformiert werden muss. Dies geschieht konzeptionell, indem der beispielsweise auf Gesamtbankebene formulierte absolute Verzinsungsanspruch der Eigenkapitalgeber auf das für das Gesamtbankportfolio bestimmte Risikokapital normiert wird. Hierdurch ergibt sich ein Zielwert, der den Verzinsungsanspruch der Eigenkapitalgeber je Einheit Risikokapital quantifiziert und gemäß der in (1.1) formulierten Definition als Ziel-RORAC auf Gesamtbankebene interpretierbar ist. Der (absolute) Ziel-Ergebnisbeitrag einer im Gesamtbankportfolio enthaltenen (Teil-)Position i bestimmt sich weiterhin durch Multiplikation des Ziel-RORAC mit dem dieser (Teil-)Position zugeordneten Risikokapital. Auf Basis von (1.4) resultiert für den $RAROC_i$:

$$(1.5)\quad RAROC_i = \frac{\text{(erwarteter) Netto-Ergebnisbeitrag}_i - (\text{Ziel-RORAC} \cdot \text{Risikokapital}_i)}{\text{Risikokapital}_i}$$

Wird der in (1.5) dargestellte Quotient in zwei gleichnamige Brüche zerlegt, kann vereinfachend geschrieben werden:

$$(1.6)\quad RAROC_i = \text{(erwarteter) } RORAC_i - \text{Ziel-RORAC}.$$

Durch die Integration der Eigenkapitalkosten lassen sich auf Basis der RAROC-Kennzahl somit Aussagen treffen, ob im Gesamtbankportfolio enthaltene (Teil-)Positionen zur Erwirtschaftung von Ergebnisbeiträgen über das durch die Eigenkapitalgeber geforderte Mindestergebnis hinaus beitragen oder statt dessen zu einer Vernichtung von Unternehmenswert führen.

Hinzuweisen ist an dieser Stelle noch auf den engen Zusammenhang zwischen dem RAROC und dem zuvor kurz erwähnten Konzept des *Economic Value Added* (EVA). Wird die in (1.6) dargestellte Bestimmungsgleichung für den RAROC einer (Teil-)Position i mit deren zugewiesenem Risikokapitalbetrag multipliziert, ergibt sich ein absoluter Differenzbetrag, der materiell dem *Economic Value Added* (EVA) der untersuchten Position entspricht.

(1.7) EVA_i = (erwarteter) Netto-Ergebnisbeitrag$_i$ – Ziel-Ergebnisbeitrag$_i$.

2. Alternative Ansätze zur Quantifizierung und Allokation von Risikokapital

2.1 Eignung bankaufsichtsrechtlicher Vorschriften zur Ermittlung von Risikokapitalien

Wie aus der Darstellung der im Bankbetrieb einzusetzenden risikoadjustierten Performance-Maße (RAPM) hervorgeht, ist es erforderlich, das Risikopotenzial einzelner (Teil-)Positionen im Bankportfolio systematisch zu messen und in Form eines Kapitalbetrags auszudrücken. Es gilt somit, den Nenner der RORAC- bzw. RAROC-Kennziffern zu quantifizieren. Die Zuordnung dieser das Risikopotenzial der zu evaluierenden (Teil-)Positionen widerspiegelnden Kapitalbeträge stellt somit die Voraussetzung für eine am Unternehmenswert orientierte Risiko-/Renditesteuerung der Gesamtbank dar.

In diesem Zusammenhang ist die Frage zu stellen, ob bzw. inwieweit die seitens der bankaufsichtsrechtlichen Behörden erlassenen Risikobegrenzungsnormen zur Quantifizierung von Risikokapitalbeträgen im Bankportfolio geeignet sind. Von besonderer Bedeutung sind diesbezüglich die vom *Basler Ausschuss für Bankenaufsicht* seit Dezember 1987 erarbeiteten und publizierten Empfehlungen zur Begrenzung bankbetrieblicher Erfolgsrisiken, die die Grundlage vieler nationaler und supranationaler Risikobegrenzungsnormen bilden.

Ohne im Rahmen dieses Beitrages detailliert auf die Wesensmerkmale bankaufsichtsrechtlicher Risikobegrenzungsnormen einzugehen[7], lassen sich die wesentlichen Kritikpunkte hinsichtlich einer Eignung dieser Verfahren zur quantifizierung von Risikokapital im Bankportfolio anhand von vier Teilkriterien erläutern.[8]

7 Vgl. hierzu Basler Ausschuss 1988, 1991, 1994a, 1994b, 1995, 1996a-d, 1997, 1998a und b bzw. 1999a und b.

8 Vgl. Paul 2000, S. 110 f.

Bezüglich des *Umfangs der Risikoerfassung* fällt auf, dass im Rahmen der Gegenparteirisiken grundsätzlich sämtliche Positionen, die diesem Risiko ausgesetzt sind mit Haftungsmitteln im Sinne von Risikokapital zu unterlegen sind, während sich die Unterlegungspflicht für Marktrisiken lediglich auf die Zinsänderungs- und aktienkursrisiken im Trading Bock der Bank bezieht. Darüber hinaus bleiben auch operationelle risiken im aufsichtsrechtlichen Regelwerk unberücksichtigt, so dass insgesamt von einer unvollständigen bankaufsichtsrechtlichen Risikoerfassung auszugehen ist.

Betrachtet man den *Differenzierungsgrad der Risikomessung,* so zeigt sich, dass für Gegenparteirisiken gegenwärtig noch ein sehr pauschales System von bonitätsabhängigen Anrechnungsfaktoren existiert. Die hiermit verbundene Einteilung der Kontraktpartner der Bank in Schuldnerklassen ist dabei derart undifferenziert, dass für einen Kredit an eine Privatperson der gleiche Anrechnungsfaktor (100 %) gilt wie für einen Kredit an Industrieunternehmen mit einwandfreier Bonität. Zudem bleiben risikoreduzierende Vereinbarungen, wie zum Beispiel die Stellung von Sicherheiten, in der Risikoerfassung konzeptionell ebenso unberücksichtigt wie das für das Gegenparteirisiko eines Kreditgeschäftes bedeutsame Kriterium der Fristigkeit. Für die Messung der Marktrisiken fällt das Urteil ähnlich negativ aus, da eine explizite Modellierung der Wirkungszusammenhänge wertbestimmender Risikoparameter (zum Beispiel Laufzeitzinssätze, Währungsparitäten oder Marktindices) innerhalb einer bestimmten Risikokategorie unterbleibt.

Hinsichtlich der *Berücksichtigung von Risikoverbundeffekten* im Portfoliokontext offenbaren sich für die standardisierten Risikomessverfahren weitere eklatante Unzulänglichkeiten. So werden im Bereich der Gegenparteirisiken Diversifikationseffekte, mit Ausnahme von bestimmten Netting-Möglichkeiten, praktisch vollständig vernachlässigt. Aber auch im Bereich der Marktrisiken werden Diversifikationseffekte nur unzureichend in Form stufenweiser Aufrechnungsmöglichkeiten (vertikales und horizontales Hedging) abgebildet. Darüber hinaus bleiben Risikoverbundeffekte, die zwischen den verschiedenen Risikokategorien existieren, gänzlich unberücksichtigt.

Der wohl gravierendste Kritikpunkt, der gegen einen Einsatz der aufsichtsrechtlichen Standardvefahren zur Quantifizierung von Risikokapital spricht, bezieht sich jedoch auf die Unzulänglichkeit dieser Verfahren, das *ökonomische Risiko von (Teil-)Positionen im Gesamtbankportfolio* für unterschiedliche Belastungsszenarien und Haltedauern adäquat wiederzugeben. Während der Aspekt unterschiedlicher Haltedauern vollständig vernachlässigt wird, unterstellt der *Basler Ausschuss* in den Standardmessverfahren lediglich einen Belastungsfall, der sich in Form standardisierter Unterlegungssätze für das jeweils anzurechnende Risikoexposure manifestiert.

Zusammenfassend ist somit festzuhalten, dass sich die bankaufsichtsrechtlich vorgegebenen Risikobegrenzungsnormen aufgrund der diskutierten Kritikpunkte offenkundig kaum zu einer auf eine integrierte Risiko-/Renditesteuerung abzielenden Bestimmung von Risikokapitalgrößen im Bankportfolio eignen. In Anbetracht dieser Tatsache sind die Geschäftsbanken daher dazu übergegangen, eine von den bankaufsichtsrechtlichen Risikobegrenzungsnormen weitgehend unabhängige Risikomessmethodik zu entwickeln und im

Unternehmen zu implementieren, die den Anforderungen an eine adäquate Messung von Risikokapitalien im Bankportfolio besser gerecht wird.

2.2 Quantifizierung von Risikokapital auf Basis bankinterner Risikomodelle

Eine zentrale Bedeutung bei der Entwicklung bankinterner Risikomessverfahren nimmt das sog. *Value-at-Risk-Konzept* (VaR) ein. Beim (marktwertbezogenen) VaR handelt es sich dabei um den *maximalen (Marktwert-)Verlust* einer (Teil-)Position, der innerhalb eines *bestimmten Zeitraumes* (Haltedauer) mit einer *bestimmten Wahrscheinlichkeit* (Konfidenzniveau) nicht überschritten wird. Derartige Risikomessverfahren wurden zunächst für den Bereich der Marktrisiken entwickelt und im Bankbetrieb schrittweise eingeführt. Auch die bankaufsichtsrechtlichen Behörden haben in Anbetracht der konzeptionellen Unzulänglichkeiten der von ihnen vorgeschriebenen Standardverfahren die Nutzung bankinterner Risikomodelle im Marktrisikobereich zugelassen, sofern bestimmte quantitative und qualitative Standards eingehalten werden.[9]

Neben den VaR-basierten Verfahren zur Messung von Marktrisiken haben die Banken ihre Anstrengungen in letzter Zeit verstärkt auf die Entwicklung vergleichbarer Ansätze im Bereich des Kreditrisikos und des operationellen Risikos konzentriert. Im Steuerungsbereich des für das Kreditgeschäft bedeutsamen Gegenparteirisikos existieren bereits einige alternative Risikomodelle, die das Kreditrisiko eines Kreditportfolios in Form einer VaR-Größe abbilden.[10] Für den Bereich der operationellen Risiken sind derartige Verfahren dagegen (noch) nicht verfügbar.

Anstelle der mathematisch recht komplexen und statistisch aufwendigen VaR-Ansätze zur Quantifizierung von Risikokapitalien steht den Banken alternativ ein weitaus einfacheres Risikomessverfahren zur Verfügung: Der prinzipielle Unterschied des sog. *Earnings Volatility Models* (EVM)[11] zu den (marktwertbezogenen) VaR-Ansätzen besteht darin, dass die Risikomessung nicht differenziert nach den für das Gesamtbankrisiko relevanten bankbetrieblichen Risikokategorien erfolgt, sondern dass das Risiko als Volatilität periodischer Ergebnisgrößen interpretiert wird, die im Zeitablauf aus den Geschäftsaktivitäten der Bank resultieren. Bezüglich des in der Risikomessung verwendeten Blickwinkels handelt es sich beim EVM daher um einen *„Top-down-Approach“*, während die VaR-basierte Risikomessung als *„Bottom-up-Approach“* charakterisiert werden kann.

Zur Beurteilung der bankinternen Risikomodelle im Hinblick auf die Quantifizierung von Risikokapitalgrößen im Bankportfolio können die bereits bei der Diskussion bankaufsichtsrechtlicher Standardverfahren genannten vier Teilkriterien herangezogen werden.

---

9 Zu den bankaufsichtsrechtlichen Anforderungen an interne Risikomodelle im Marktrisikobereich vgl. Basler Ausschuss 1996c, S. 38 ff.

10 Für eine Übersicht über die wichtigsten internen Risikomodelle im Bereich des Kreditrisikos vgl. Paul 2000, S. 133 ff.

11 Vgl. Matten 1995, S. 2 ff.

Bezüglich des *Umfangs der Risikoerfassung* lässt sich für die VaR-basierten Risikomodelle konstatieren, dass die im Marktrisiko- und Gegenparteirisikobereich übernommenen Risikopotenziale grundsätzlich abgebildet werden können, während für den Bereich der operationellen Risiken gegenwärtig noch keine überzeugenden quantitativen Risikomessverfahren verfügbar sind. Für den Top-Down-Approach des EVM kann dagegen festgestellt werden, dass über die im Zeitablauf erfassten Performance-Schwankungen grundsätzlich sämtliche bankbetrieblichen Erfolgsrisiken abgebildet werden.

Weitere Unterschiede ergeben sich im Hinblick auf den *Differenzierungsgrad der Risikomessung*. Während die VaR-basierten Verfahren aufgrund ihres Bottom-up-Ansatzes eine modulare Risikomessung unter Berücksichtigung der jeweiligen Risikoparameter erlauben, wenngleich dies nur mit Einschränkungen für den Bereich der Kreditrisiken gilt, liefert das EVM aufgrund der gesamthaften Risikoauffassung in der Top-Down-Betrachtung eine weitaus weniger differenzierte Risikoaussage. Auch der dem EVM inhärente Vergangenheitsbezug wirkt sich negativ auf den Differenzierungsgrad der Risikomessung aus, da strukturelle Veränderungen im Risikoprofil des Bankportfolios erst im nachhinein in den Kalkül integriert werden. Eine zeitnahe Abbildung veränderter Geschäftsstrukturen ist damit nur sehr schwer darstellbar.

Bezüglich der Abbildung von im Bankportfolio existenten *Risikoverbundeffekten* lässt sich feststellen, dass die VaR-basierten Ansätze dies innerhalb der jeweils betrachteten Risikokategorie (Marktrisiken bzw. Kreditrisiken) konzeptionell gut gewährleisten. Die zwischen den beiden erwähnten Risikokategorien existierenden Risikoverbundeffekte (bzw. die zu den gegenwärtig noch nicht quantifizierbaren operationellen Risiken) werden dagegen vernachlässigt, so dass es sich bei den beschriebenen Risikomodellen lediglich um Teillösungen handelt. Von einer integrierten Risikomessung unter Berücksichtigung sämtlicher im Bankportfolio existierenden Risikoverbundeffekte kann somit nicht gesprochen werden.

Für das auf Performance-Schwankungen basierende EVM kann dagegen konstatiert werden, dass die in der Vergangenheit aufgetretenen Diversifikationspotenziale zwischen den verschiedenen bankbetrieblichen Risikoparametern bzw. Risikokategorien implizit abgebildet werden, wenngleich auch hier erneut der Vergangenheitsbezug des Ansatzes zu kritisieren ist.

Der wohl entscheidende Vorteil der VaR-Modelle im Vergleich zu den aufsichtsrechtlichen Standardverfahren stellt jedoch deren Fähigkeit dar, das *ökonomische Risiko* zu evaluierender (Teil-)Positionen in Abhängigkeit unterschiedlicher Eintrittswahrscheinlichkeiten und Haltedauern zu quantifizieren. Die VaR-basierten Verfahren verwenden hierbei modelltheoretische Verteilungen der wertbestimmenden Risikoparameter bzw. der Verteilung der Wertveränderungen der betrachteten (Teil-)Position. Demzufolge lassen sich entsprechende Aussagen über das mit einer bestimmten Wahrscheinlichkeit maximal eintretende Verlustpotenzial einer (Teil-)Position innerhalb einer festgelegten Kalkulationsperiode (Haltedauer) machen.

Die Fähigkeit des EVM das ökonomische Risiko einer (Teil-)Position bzw. eines Portfolios in Abhängigkeit von der angenommenen Haltedauer und der Eintrittswahrscheinlichkeit zu quantifizieren, scheint auf den ersten Blick gegeben. Grundsätzlich wird im EVM das Risikokapital einer (Teil-)Position bestimmt, indem die auf Basis der Standardabweichung der Periodenergebnisse und des angenommenen Z-Wertes ermittelten Earnings at Risk (EaR) mit Hilfe des Zinssatzes einer risikolosen Anlage kapitalisiert werden. Gerade diese Transformationsregel erweist sich jedoch als problematisch, da sie letztlich keine ökonomisch überzeugende Lösung zur Bestimmung des potenziellen (Marktwert-)Verlustes der betrachteten (Teil-)Position darstellt. Vielmehr wird der Kapitalbetrag ermittelt, der bei risikofreier Verzinsung notwendig ist, um den im Risiko stehenden Periodenergbnisbetrag (EaR) zu kompensieren. Dieser Kapitalbetrag ist konzeptionell jedoch nicht mit dem für ein bestimmtes Kofidenzniveau maximal zu erwartenden Marktwertverlust im Sinne eines VaR vergleichbar. Es kann daher allenfalls von einer approximativen Abbildung des ökonomischen Risikos mit Hilfe des EVM gesprochen werden.

Insgesamt ist jedoch zu konstatieren, dass die bankinternen Risikomodelle weitaus besser in der Lage sind Risikokapitalbeträge im Bankportfolio abzubilden, als die bankaufsichtsrechtlich vorgeschriebenen Standardmessverfahren. Aus diesem Grund erscheint eine konsequente risikoadjustierte Steuerung der Gesamtbank, trotz der nach wie vor bestehenden Lücken in der Risikomessung und der konzeptionellen Schwächen der angesprochenen Verfahren, nur auf Basis bankinterner Risikomodelle sinnvoll.

2.3 Alternative Methoden zur Allokation von Risikokapital im Bankportfolio

Neben der Problematik der Auswahl adäquater Verfahren zur Risikomessung ist im Rahmen einer integrierten Risiko-Renditesteuerung auch die Frage nach der zu verwendenden Allokationsmethodik zu beantworten, um eine differenzierte Zuordnung von Risikokapitalbeträgen auf (Teil-)Positionen innerhalb des Gesamtbankportfolios zu ermöglichen. Hierbei sind grundsätzlich drei alternative Methoden zur Allokation von Risikokapital im Bankportfolio denkbar. Risikokapitalien lassen sich im Bankportfolio entweder als *Stand-alone-Größen, adjustierte Stand-alone-Risikokapitalien* oder *Marginal-Größen* quantifizieren.[12]

Die wesentlichen Unterschiede der drei genannten Methoden zur Allokation von Risikokapital seien in der Folge anhand eines einfachen Beispiels illustriert. Dabei wird von einem Gesamtbankportfolio ausgegangen, das sich in drei Geschäftsbereiche A, B und C zerlegen lässt.

Das für das Gesamtbankportfolio gemessene Risikokapital betrage 1.200 Mio. Geldeinheiten (GE). Bei Verwendung von Stand-alone-Größen bei der Allokation von Risikokapital wird für jedes Geschäftsfeld isoliert vom übrigen Gesamtbankportfolio das Risikopotenzial bestimmt. Für das Beispiel wird angenommen, dass für die drei Geschäftsbereiche die in Abbildung 2 dargestellten Stand-alone-Risikokapitalien resultieren.

12 Vgl. hierzu und im Folgenden Paul 2000, S. 152 ff.

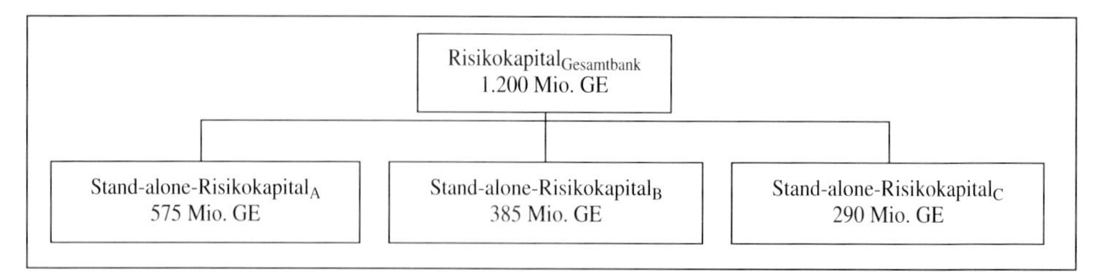

Abbildung 2: Stand-alone-Risikokapitalien der drei Geschäftsbereiche

Werden die Stand-alone-Risikokapitalien der drei Geschäftsbereiche summarisch aggregiert, zeigt sich, dass deren Summe (1.250 Mio. GE) höher ist als das für das Gesamtbankportfolio gemessene Risikokapital (1.200 Mio. GE). Dieser Umstand erklärt sich aus der Tatsache, dass bei der Stand-alone-Betrachtung die zwischen den drei Gechäftsbereichen offenkundig existierenden Risikoverbundeffekte bewusst vernachlässigt wurden.

Anstelle den Geschäftsbereichen ihre Stand-alone-Risikokapitalien zuzuweisen, wäre auch deren nachträgliche Adjustierung um die zuvor vernachlässigten Risikoverbundeffekte denkbar. Hierzu lässt sich ein Adjustierungsfaktor bestimmen, der als eine Art Bonifizierung für die verschiedenen Geschäftsbereiche zu einer Herabsetzung der Stand-alone-Risikokapitalien führt. Der Adjustierungsfaktor ergibt sich dabei, indem das Risikokapital des Gesamtbankportfolios (1.200 Mio. GE) durch die Summe der Stand-alone-Risikokapitalien der Geschäftsbereiche (1.250 Mio. GE) dividiert wird. Im Beispiel ergibt sich demnach ein Adjustierungsfaktor von 0,96 mit dem die einzelnen Stand-alone-Größen der Geschäftsbereiche multipliziert und damit die adjustierten Risikokapitalien bestimmt werden. Abbildung 3 zeigt diese adjustierten Risikokapitalien, die in der Summe genau dem Risikokapital des Gesamtbankportfolios entsprechen.

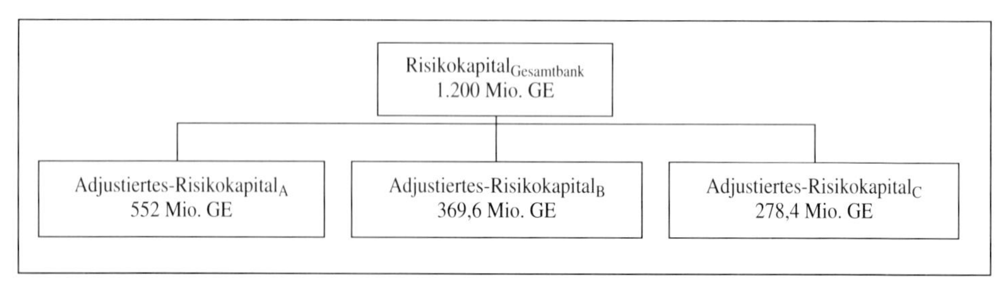

Abbildung 3: Adjustierte (Stand-alone-)Risikokapitalien der drei Geschäftsbereiche

Als dritte Methode zur Zuweisung von Risikokapitalien im Bankportfolio ist der Einsatz von marginalen Risikokapitalgrößen denkbar. Diese werden ermittelt, indem vom Gesamtbankrisikokapital das Risikokapital des Residualportfolios subtrahiert wird, welches jeweils nach Entfernen eines Geschäftsbereiches verbleibt. Formal gilt somit für das marginale Risikokapital eines Geschäftsbereiches (GB):

(2.1) $\text{marginales Risikokapital}_{GB} = \text{Risikokapital}_{Gesamtbank} - \text{Risikokapital}_{Gesamtbank\text{-}GB}$

Für das Beispiel werden die in Abbildung 4 illustrierten marginalen Risikokapitalien der Geschäftsbereiche unterstellt.

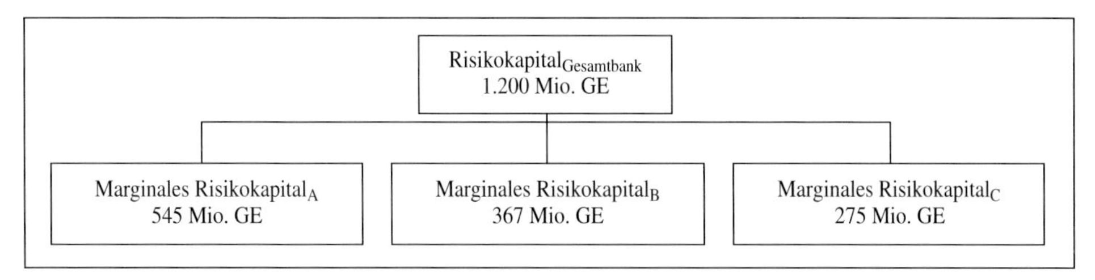

Abbildung 4: Marginale Risikokapitalien der drei Geschäftsbereiche

Die Summe der marginalen Risikokapitalien der drei Geschäftsbereiche (1.187 Mio. GE) fällt niedriger aus als das Risikokapital des Gesamtbankportfolios. Ursache hierfür ist, dass bei der Bestimmung eines jeden Marginalwertes immer die Diversifikationseffekte des gesamten verbleibenden Restportfolios berücksichtigt werden, mithin also eine systematische Mehrfacherfassung von Risikoverbundeffekten stattfindet.

Welches der drei vorgestellten Verfahren zur Allokation von Risikokapital letztlich einzusetzen ist, hängt von der jeweiligen Zielsetzung der zugrundeliegenden Analyse bzw. Auswertung ab. Geht es beispielsweise um die Beantwortung der Frage, wie sich der Risikostatus einer Bank durch das Hinzufügen bzw. die Eliminierung eines Geschäftsbereiches bzw. einer (Teil-)Position aus dem Bankportfolio verändert, scheint das auf marginalen Größen basierende Verfahren am geeignetsten. Dagegen ermöglicht nur das mit Stand-alone-Werten operierende Modell eine objektive Vergleichbarkeit der Risikoperformance verschiedener im Bankportfolio enthaltener (Teil-)Positionen im Zeitablauf, da hier der risikodiversifizierende Einfluss der Geschäftsbereiche untereinander bewusst ausgeklammert wird. Im Hinblick auf die anzustrebende Additivität der allokierten Risikokapitalbeträge erscheint dagegen das auf adjustierten Stand-alone-Größen basierende Verfahren vorteilhaft. Eine Aussage, welches der diskutierten Allokationsverfahren letztlich „das Beste" ist, kann somit nicht eindeutig getroffen werden. Fest steht allerdings, dass die alternativen Verfahren je nach zu beantwortender Fragestellung offenkundig unterschiedlich gut geeignet sind.

3. Grundzüge eines integrierten Systems zur risikoadjustierten Gesamtbanksteuerung

3.1 Aufbau eines bankbetrieblichen RAPM-Kennzahlensystems

Auf Basis der für den Bankbetrieb entwickelten RAPM-Kennziffern lässt sich ein hierarchisches Kennzahlensystem entwickeln, mit dessen Hilfe eine risikoadjustierte Steuerung der im Bankportfolio enthaltenen Geschäftsbereiche und der darin enthaltenen organisatorischen Teileinheiten möglich ist.[13] Der wesentliche Unterschied dieses Kennzahlensystems im Vergleich zu dem traditionell im Bankbetrieb eingesetzten ROI-Kennzahlenschema besteht darin, dass die bei der Durchführung bankbetrieblicher Geschäftsaktivitäten regelmäßig übernommenen Risiken explizit in der Kalkulation berücksichtigt werden.

Um die Darstellung des Grundkonzeptes einer risikoadjustierten Kennzahlensystematik möglichst übersichtlich zu gestalten, wird lediglich für eine Konsolidierungsstufe die stufenweise Bestimmung von RORAC-Kennziffern und die Aggregation zum RORAC der Gesamtbank illustriert. Dazu sind zunächst für die im Marktbereich der Beispielbank abgrenzbaren Geschäftsbereiche A und B die Ist-RORACs zu bestimmen. Dies geschieht, indem die in der Kalkulationsperiode erzielten Netto-Ergebnisbeiträge der beiden Geschäftsbereiche durch die für die beiden Geschäftsfelder quantifizierten Risikokapitalbeträge, die das Risikopotenzial der dort jeweils zu verantwortenden Positionen widerspiegeln, dividiert werden. Um die Ist-RORACs der beiden Geschäftsfelder im Marktbereich zum Ist-RORAC des gesamten Marktbereichs verdichten zu können, ist ein kalkulatorischer Zwischenschritt erforderlich. Hierbei wird der Ist-RORAC der beiden Geschäftsfelder jeweils mit dem Quotienten aus dem Risikokapital des Geschäftsbereiches zum Risikokapital des (übergeordneten) gesamten Marktbereiches multipliziert (vgl. Abbildung 5). Faktisch erfolgt somit eine Umdimensionierung der Netto-Ergebnisbeiträge der beiden Geschäftsbereiche auf das dem gesamten Marktbereich zugerechnete Risikokapital. Die resultierenden Größen werden als Teil-RORACs der beiden Geschäftsfelder A und B bezeichnet und stellen deren Beitrag zum Ist-RORAC des Marktbereiches dar. Durch einfache Addition der Teil-RORACs ergibt sich schließlich der Ist-RORAC des Marktbereiches der Bank. Analog erfolgt die Kalkulation auch für den Zentralbereich der Bank und den darin enthaltenen Eigenhandel, die Treasury und den Anlagenbereich bzw. auf der übergeordneten Konsolidierungsstufe bei der Bestimmung des Ist-RORACs der Gesamtbank (vgl. Abbildung 5).

Aus der in Abbildung 5 dargestellten Kennzahlensystematik wird deutlich, dass neben der differenzierten Abbildung von Netto-Ergebnisbeiträgen auf verschiedenen Ebenen im Bankportfolio vor allem die im vorherigen Abschnitt besprochene Quantifizierung und Allokation von Risikokapitalbeträgen für die verschiedenen im Bankportfolio enthaltenen

13 Ein alternatives RAPM-Kennzahlensystem zu dem hier vorgestellten findet sich bei Schierenbeck 1999b, S. 496 ff.

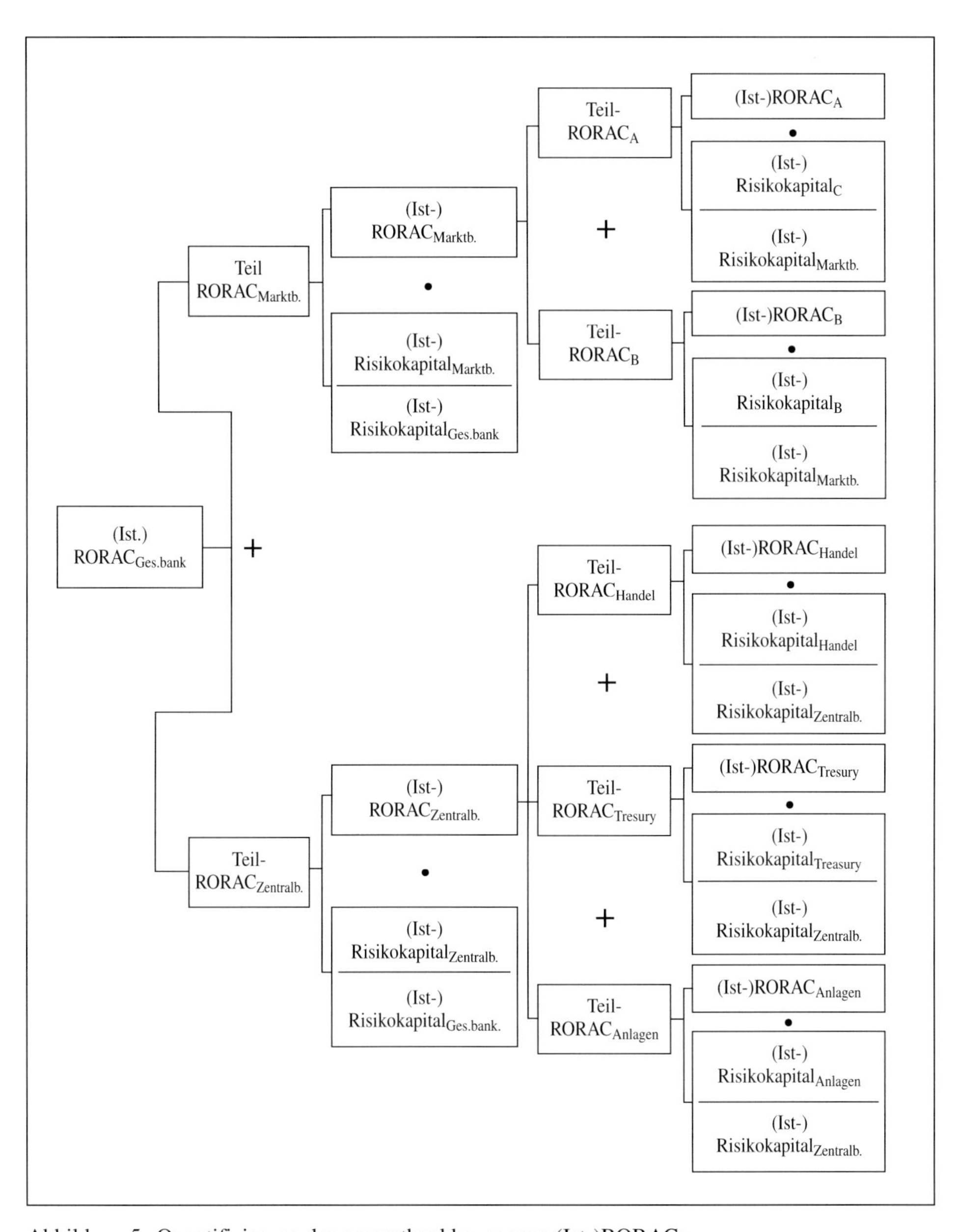

Abbildung 5: Quantifizierung des gesamtbankbezogenen (Ist-)RORACs

Teileinheiten von besonderer Bedeutung ist. Unabhängig davon, welche der drei genannten Verfahrensweisen zur Allokation von Risikokapital letztlich zum Einsatz kommt, ist festzustellen, dass mit der Durchführung bestimmter Geschäftsaktivitäten in den verschiedenen organisatorischen Teileinheiten laufend bankbetriebliche Risiken übernommen werden, die kalkulatorisch durch entsprechende Risikokapitalbeträge dargestellt werden können. Damit führt jede Bank, ob bewusst oder unbewusst, laufend eine Allokation von Risikokapital im Bankportfolio durch. Die Frage, welche Konsequenz diese Allokation für die Risikoperformance der Gesamtbank und die daraus resultierenden Wertsteigerungspotenziale im Sinne von *Shareholder Value* hat, kann durch eine Erweiterung des illustrierten Kennzahlensystems verdeutlicht werden.

3.2 Ableitung des Wertzuwachses aus der risikoadjustierten Kennzahlensystematik

Den Ausgangspunkt der Kalkulation bildet der für die Gesamtbank ermittelte (Ist-)RORAC. Dieser wird in einem ersten Schritt mit dem (Ist-)Risikokapital der Gesamtbank multipliziert. Als Ergebnis resultiert die Summe aller im Markt- und Zentralbereich der Bank erzielten Teilbetriebsergebnisse (vgl. Abbildung 6).

Von dieser Ergebnisgröße sind anschließend die Overheadkosten der Gesamtbank abzuziehen, da dieser Anteil der Betriebskosten bei der Bestimmung der Netto-Ergebnisgrößen im Bankportfolio bewusst außer Acht gelassen wird, um eine nicht verursachungsgerechte Schlüsselung von Gemeinkosten zu vermeiden. Zu dem hieraus resultierenden

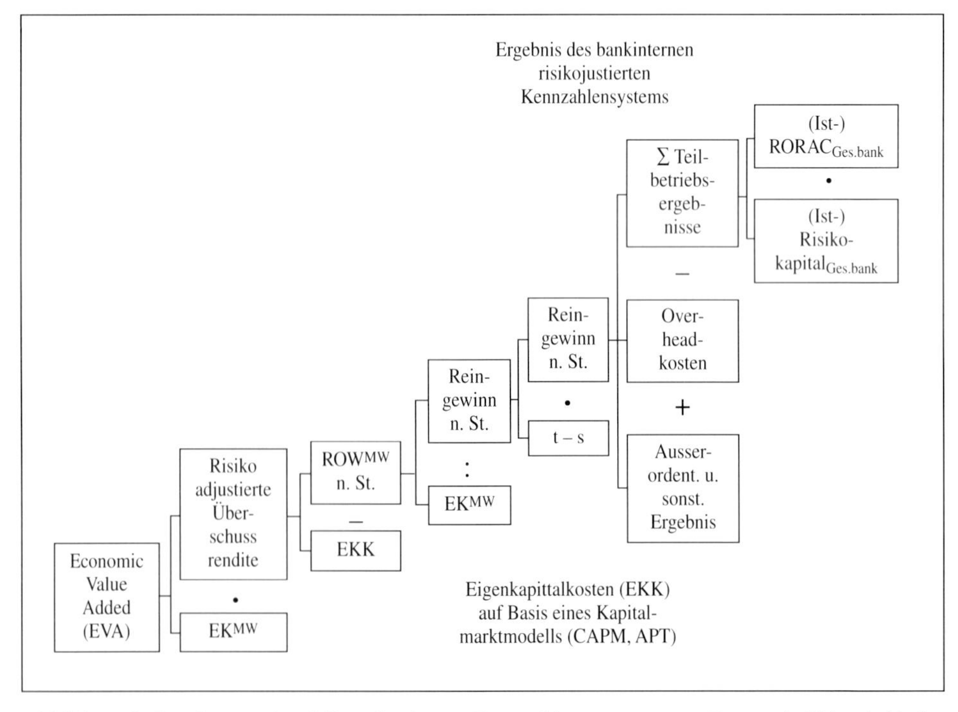

Abbildung 6: Erweiterung des risikoadjustierten Kennzahlensystems zum Economic Value Added

Betriebsergebnis der Bank wird des Weiteren das außerordentliche und sonstige Ergebnis hinzuaddiert, um den Reingewinn vor Steuern zu erhalten. Durch Multiplikation dieser Ergebnisgröße mit dem Faktor „1 – Steuerquote" (1 – s) resultiert der Reingewinn nach Steuern.

Abweichend zu der Vorgehensweise im traditionellen ROI-Kennzahlenschema[14] wird jedoch auf die Ermittlung der Eigenkapitalrentabilität zu Buchwerten (ROE^{BW}) verzichtet. Stattdessen wird direkt die Eigenkapitalrentabilität zu Marktwerten (ROE^{MW}) bestimmt, indem man den Reingewinn nach Steuern durch den Marktwert des Eigenkapitals (EK^{MW}) dividiert. Wird von der Eigenkapitalrentabilität zu Marktwerten anschließend der auf Basis eines Kapitalmarktmodells bestimmte Eigenkapitalkostensatz (EKK) abgezogen, resultiert die sog. risikoadjustierte Überschussrendite der Bank. Ein positives Vorzeichen dieser Renditegröße zeigt dabei an, dass die Bank in der betrachteten Kalkulationsperiode zusätzlichen *Shareholder Value* im Sinne eines Zuwachses des Marktwertes des Eigenkapitals generieren konnte. Fällt die risikoadjustierte Überschussrendite dagegen negativ aus, konnte die Bank die durch die Eigenkapitalgeber geforderte Mindestverzinsung auf ihre eingesetzten Mittel in der Abrechnungsperiode nicht erzielen. Um die in der Kalkulationsperiode erzielte absolute Wertsteigerung (bzw. den absoluten Wertverlust) im Sinne des *Economic Value Added* (EVA) darstellen zu können, wird die für die Gesamtbank ermittelte risikoadjustierte Überschussrendite im letzten Teilschritt mit dem Eigenkapital zu Marktwerten multipliziert (vgl. Abbildung 6).

3.3 Allokation von Risikokapital auf Basis von Risikolimiten

Wie aus den vorstehenden Ausführungen hervorgeht, lassen sich auf Basis des entwickelten risikoadjustierten Kennzahlensystems Aussagen über die Risikoperformance einzelner Geschäftsbereiche bzw. darin enthaltener organisatorischer Teileinheiten machen. Diese bilden die Basis für eine auf die nachhaltige Steigerung des Unternehmenswertes ausgerichtete integrierte Risiko-Renditesteuerung des (zukünftigen) Bankportfolios. Dabei gilt im Grundsatz, dass das auf Gesamtbankebene maximal zu beanspruchende Risikokapital möglichst effizient auf die verschiedenen Geschäftsbereiche bzw. die darin enthaltenen organisatorischen Teileinheiten zu allokieren ist, um eine möglichst hohe Risikoperformance der Gesamtbank zu generieren. Ziel einer am *Shareholder Value* orientierten risikoadjustierten Gesamtbanksteuerung ist es somit, das auf der Gesamtbankebene fixierte Risikolimit unter Berücksichtigung der für die verschiedenen Geschäftsbereiche erwarteten Risikoperformance stufenweise im Bankportfolio zu allokieren. Dabei können die in der Vergangenheit beobachteten Risiko-/Rendite-Relationen zumindest Hinweise auf die zukünftigen risikoadjustierten Ergebnisse der verschiedenen im Bankportfolio enthaltenen Teileinheiten liefern. Es liegt somit nahe, im Rahmen eines Budgetprozesses denjenigen Teileinheiten ein höheres Risikolimit zuzuweisen, die in der Vergangenheit hohe RORAC-Größen generieren konnten, während für diejenigen Geschäftsbereiche, deren Risikoperformance in der Vergangenheit niedrig ausgefallen ist, das Risikolimit tendenzi-

14 Vgl. Schierenbeck 1999a, S. 412 ff.

ell zu reduzieren ist, um die hierbei frei werdenden Risikokapitalien an anderer Stelle effizienter einzusetzen.

Aufgrund der Nicht-Linearität des Risikos, die durch die Existenz von Risikoverbundeffekten im Portfoliokontext hervorgerufen wird, erweist sich dieser Prozess der Neu-Allokation von Risikokapitalien mit Hilfe von Risikolimiten in der Praxis als sehr komplexes Problem. Zur Lösung dieses Planungsproblems stellen nichtlineare Optimierungsalgorithmen, wie sie im bereits für die Optimierung der Risiko-/Rendite-Relation von Wertpapierportfolios eingesetzt werden, eine mögliche Alternative dar. Hierbei sind jedoch eine Reihe von z. T. sehr restriktiven Nebenbedingungen in der Optimierung zu berücksichtigen. Konkret wäre zum Beispiel an die Problematik der zukunftsbezogenen Einschätzung von Risikoverbundeffekten bei der Festlegung von Risikolimiten im Bankportfolio zu denken, die sich in der Praxis als äußerst schwierig erweist. Dies gilt insbesondere dann, wenn davon ausgegangen wird, dass die in der Vergangenheit beobachteten Korrelationsparameter zeitlich nicht stabil sind. Ebenfalls zu beachten sind im Rahmen eines algebraischen Lösungsalgorithmus aber auch die seitens der Bankenaufsicht erlassenen Risikobegrenzungsnormen, die dazu führen, dass bestimmte Allokationsszenarien von vornherein auszuschließen sind. Darüber hinaus stellen aber auch die Gegebenheiten in den (Teil-)Märkten, in denen die Bank im Rahmen ihrer Geschäftstätigkeit operiert, gewisse Restriktionen im Hinblick auf die Festlegung von Risikolimiten dar. Das heißt, die Zuweisung hoher Risikolimite für ein besonders attraktives Geschäftssegment ist nur solange sinnvoll, wie die damit verbundenen Geschäftsvolumina bzw. erwarteten Ergebnisbeiträge am relevanten Teilmarkt auch tatsächlich realisiert werden können. Ist dies nicht der Fall, bleibt ein Teil des zugewiesenen Risikolimits ungenutzt und könnte stattdessen an einer anderen Stelle im Bankportfolio effizienter im Hinblick auf eine möglichst hohe Gesamtbank-Risikoperformance eingesetzt werden. Zusammenfassend lässt sich konstatieren, dass eine optimale Allokation des auf Gesamtbankebene definierten Risikokapitals nur dann zu bewerkstelligen ist, wenn der zugrundeliegende Optimierungsalgorithmus sämtliche Nebenbedingungen und Problemkreise vollständig erfasst und im Modell internalisiert. Dies erweist sich jedoch in der Praxis gegenwärtig als (noch) nicht realisierbar. Darüber hinaus sind derartige Lösungsalgorithmen als mathematisch außerordentlich komplex und rechentechnisch sehr aufwendig zu charakterisieren.

Aus pragmatischen Gründen könnten Banken alternative Vorgehensweisen zur Neu-Allokation von Risikokapital evaluieren und gegebenenfalls einsetzen. Zu denken wäre hier beispielsweise an Simulationsansätze, in denen die kalkulierende Bank alternative Allokationsszenarien im Sinne eines *Trial-and-Error-Ansatzes* für das zukünftige Bankportfolio kalkuliert, um anschließend das Allokationsszenario zu wählen, das die höchste Rsikoperformance für die Gesamtbank verspricht. Analog zu den mathematischen Optimierungsalgorithmen müssen jedoch auch bei den Simulationsansätzen, die bereits angesprochenen Nebenbedingungen beachte und Annahmen über zukünftig auftretende Risikoverbundeffekte getroffen werden. Zur Simulation alternativer Allokationsszenarien eignet sich jedoch prinzipiell das zuvor entwickelte System risikoadjustierter Kennzahlen.

Fazit

Im vorliegenden Beitrag wurde die Notwendigkeit einer integrierten Risiko-/Renditesteuerung vor dem Hintergrund einer wertorientierten Unternehmensführung verdeutlicht und die besondere Bedeutung der Messung und Allokation von Risikokapitalien im Bankportfolio herausgearbeitet. Dabei zeigte sich, dass die gegenwärtig in Theorie und Praxis intensiv diskutierten und fortlaufend weiterentwickelten bankinternen Risikomodelle, trotz nach wie vor existierender konzeptioneller Unzulänglichkeiten, erheblich besser zur Messung von Risikokapitalbeträgen geeignet sind, als die bankaufsichtsrechtlich vorgeschriebenen Standardverfahren. Bezüglich der auf den bankinternen Risikomessmethoden aufbauenden Allokationsverfahren wurde argumentiert, dass letztlich kein zu präferierendes Modell existiert, sondern dass vielmehr je nach Fragestellung alternative Verfahren zum Einsatz gelangen sollten.

Im dritten Abschnitt wurden die Grundzüge eines hierarchischen Kennzahlensystems zur risikoadjustierten Gesamtbanksteuerung dargestellt und schrittweise bis zur Abbildung des Wertsteigerungspotenzials in Form des *Economic Value Added* (EVA) erweitert. Abschließend wurde auf die nach wie vor komplexe und noch weiter zu erforschende Problematik einer zukunftsbezogenen Allokation von Risikokapitalien mit Hilfe von differenzierten Risikolimiten im Bankportfolio hingewiesen und mögliche Lösungsansätze erläutert.

Zusammenfassend blieb jedoch festzustellen, dass die stufenweise Allokation von Risikokapital über die gezielte Vorgabe von Risikolimiten letztlich der nachhaltigen Verbesserung der Risikoperformance der Bank dienlich ist. Zielsetzung der Risikokapitalallokation ist es also, eine effizientere Ausnutzung des der Bank zur Verfügung stehenden Risikokapitals in Bezug auf die realisierte Risiko-/Renditerelation im Bankportfolio zu gewährleisten. Die (zukunftsbezogene) Allokation des Risikokapitals im Rahmen einer risikoadjustierten Gesamtbanksteuerung stellt daher eine zentrale strategische Herausforderung für die Kreditinstitute im Hinblick auf ein konsequentes Wertmanagement dar.

Literaturhinweise

BASLER AUSSCHUSS FÜR BANKENAUFSICHT: International Convergence of Capital Measurement and Capital Standards, Basel 1988.

BASLER AUSSCHUSS FÜR BANKENAUFSICHT: Amendment of the Basle Capital Accord in respect of the inclusion of General Provisions/General Loan-Loss Reserves in Capital, Basel 1991.

BASLER AUSSCHUSS FÜR BANKENAUFSICHT: The Treatment of the Credit Risk associated with certain Off-Balance-Sheet Items, Basel 1994a.

BASLER AUSSCHUSS FÜR BANKENAUFSICHT: Amendment to the Capital Accord of July 1988, Basel 1994b.

BASLER AUSSCHUSS FÜR BANKENAUFSICHT: Treatment of Potenzial Exposure for Off-Balance-Sheet Items, Basel 1995.

BASLER AUSSCHUSS FÜR BANKENAUFSICHT: Supervisory Framework for the use of „Backtesting“ in conjunction with the Internal Models Approach to Market Risk Capital Requirements, Basel 1996a.

BASLER AUSSCHUSS FÜR BANKENAUFSICHT: Overview of the Amendment to the Capital Accord to incorporate Market Risks, Basel 1996b.

BASLER AUSSCHUSS FÜR BANKENAUFSICHT: Amendment to the Capital Accord to incorporate Market Risks, Basel 1996c.

BASLER AUSSCHUSS FÜR BANKENAUFSICHT: Interpretation of the Capital Accord for the Multilateral Netting of Forward Value Foreign Exchange Transactions, Basel 1996d.

BASLER AUSSCHUSS FÜR BANKENAUFSICHT: Principles for the Management of Interest Rate Risk, Basel 1997.

BASLER AUSSCHUSS FÜR BANKENAUFSICHT: Amendment to Capital Accord, Basel 1998a.

BASLER AUSSCHUSS FÜR BANKENAUFSICHT: Operational Risk Management, Basel 1998b.

BASLER AUSSCHUSS FÜR BANKENAUFSICHT: Credit Risik Modelling: Current Practices and Application, Basel 1999a.

BASLER AUSSCHUSS FÜR BANKENAUFSICHT: Principles for the Management of Credit Risk, Basel 1999b.

LINTNER, J.: The Valuation of Risky Assets and the Selection of Risky Investments in Stock Portfolios and Capital Budgets, in: Review of Economics and Statistics, Vol. 47, 1965a, S. 13-37.

LINTNER, J.: Security Prices, Risk and Maximal Gains from Diversification, in: The Journal of Finance, Vol. 20, 1965, S. 587-615.

LISTER, M.: Risikoadjustierte Ergebnismessung und Risikokapitalallokation, Schriftenreihe des Zentrums für Ertragsorientiertes Bankmanagement, Münster, Band 12, hrsg. von Rolfes, B./Schierenbeck, H., Frankfurt a. M. 1997.

MATTEN, C.: Earnings Volatility as an Alternative Risk Capital Measure, in: SBC Prospects Nr. 6, 1995, S. 2-5.

MOSSING, J.: Equilibrium in a Capital Asset Market, in: Econometrica, Vol. 34, 1966, S. 768-783.

PAUL, S.: Risikoadjustierte Gesamtbanksteuerung, Dissertation zur Erlangung der Würde eines Doktors der Staatswissenschaften, Wirtschaftswissenschaftliches Zentrum der Universität Basel, 2000, im Druck.

RAPPAPORT, A.: Creating Shareholder Value – The New Standard for Business Performance, New York 1986.

ROSS, S. A.: The Arbitrage Pricing Theory of Capital Asset Pricing, in: Journal of Economic Theory, Vol. 13, 1976, S. 341-360.

SCHIERENBECK, H.: Ertragsorientiertes Bankmanagement – Band 1: Grundlagen, Marktzinsmethode und Rentabilitäts-Controlling, 6. Auflage, Wiesbaden 1999a.

SCHIERENBECK, H.: Ertragsorientiertes Bankmanagement – Band 2: Risiko-Controlling und Bilanzstruktur-Management, 6. auflage, Wiesbaden 1999b.

SHARPE, W. F.: Capital Asset Prices – A Theory of Market Equilibrium under Conditions of Risk, in: The Journal of Finance, vol. 19, 1964, S. 425-442.

STEWART, G. B.: The Quest for Value, New York 1991.

Michael Lister

Value Controlling in Geschäftsbanken

1. Begriff und Wesen des Value Controllings in Geschäftsbanken

1.1 Value Controlling und Wertmanagement

Das Controlling ist die konstituierende Kraft des Führungssystems einer Bank. Es agiert als die rechte Hand des Managements, unterstützt es bei allen Aktivitäten und koordiniert diese. Da das Führungssystem der Unternehmensphilosophie folgen muss, ist das Controlling der Umsetzung dieser Unternehmensphilosophie in besonderem Maße verpflichtet.

Der aktuell zu beobachtende Paradigmenwechsel in der Geschäftsphilosophie der Banken hin zum Wertorientierten Management bzw. Value(= Wert)-Management hat deshalb beachtliche Auswirkungen auf die Stoßrichtung des Bankcontrollings. In den Banken wurde zunächst in den 80er Jahren eine Abkehr von der Wachstumsorientierung hin zur Ertragsorientierung forciert. Schon im Konzept des Ertragsorientierten Bankmanagements (Schierenbeck) wurde mit der Triade des Ertragsorientierten Bankmanagements auf die notwendige Verknüpfung von Rentabilitäts-, Risiko- und Wachstumszielen hingewiesen. Mit dem Konzept des Wertorientierten Managements wird der Unternehmenswert in den Mittelpunkt gestellt. Das Wertmanagement verlangt die Erzielung „angemessener" bzw. „risikoadjustierter" Renditen zur Steigerung des Unternehmenswertes.

Primäres Ziel des mit dem Konzept des Wertorientierten Managements verknüpften Shareholder-Value-Ansatzes ist die nachhaltige Steigerung des Unternehmenswerts (= Value) bzw. der Anlegerrendite (= Performance) für die Aktionäre (= Shareholder). Die Umsetzung dieser Zielsetzung erfolgt regelmäßig durch ein Bündel von Strategieempfehlungen und operativen Maßnahmen. Hierzu zählen beispielsweise

- die systematische Nutzung von Möglichkeiten zur Kostensenkung und zu Ertragssteigerungen im operativen Geschäft,
- die strategische Konzentration auf Geschäftsfelder, die infolge bestehender oder erwerbbarer Kernkompetenzen Mehrwerte zu generieren in der Lage sind,
- das Financial Engineering in Bezug auf Kapitalstruktur und Ausschüttung sowie
- die Pflege der Investor Relations durch aussagekräftige finanzielle Berichterstattung und sonstige aktionärsfreundliche und vertrauensbildende Maßnahmen, welche die langfristige und hohe Bindung des Aktionärs an die Unternehmung zum Ziel haben (Schierenbeck 1997).

Vor diesem Hintergrund müssen alle Instrumente und Methoden des Bankcontrollings nun auf die Wertorientierung fokussiert werden. Ein solchermaßen ausgerichtetes Controlling kann deshalb auch als Value Controlling bezeichnet werden. Value Controlling bedeutet, dass alle Unterstützungs- und Koordinationsfunktionen des Controllings auf die Erhaltung oder besser noch auf die Steigerung des Unternehmenswertes bzw. des Shareholder Values ausgerichtet werden.

1.2 Funktionen des Value Controllings

Das Value Controlling muss auch im Prozess des Wertorientierten Managements alle controllingtypischen Informations-, Planungs- und Kontroll- sowie Koordinationsfunktionen übernehmen. Diesbezüglich ließe sich eine Vielzahl von Teilaufgaben ableiten, die sich auf einer höher aggregierten Ebene zu einem dreistufigen Prozess zusammenfassen lassen (hierzu sowie zum Folgenden Schierenbeck/Lister 2001).

In der ersten Stufe dieses Prozesses wird der aktuelle Unternehmenswert quantifiziert, indem entsprechende Bewertungsverfahren der Investitionsrechnung eingesetzt werden. Hierauf aufbauend muss das Value Controlling im zweiten Schritt analysieren, welche Wertsteigerungspotenziale die Unternehmung aufweist. Dazu sind etwa die aktuellen und potenziellen zukünftigen Geschäftsbereiche mit Hilfe entsprechender Controllinginstrumentarien zu untersuchen. Schließlich sind in der dritten Stufe die Geschäftsbereiche, die sich mit der Umsetzung der vom Value Controlling entwickelten Wertsteigerungsstrategien auseinandersetzen, durch entsprechende controllingspezifische Maßnahmen zu unterstützen.

1.2.1 Unternehmensbewertung im Value Controlling

Um überhaupt Shareholder-Value-Strategien anwenden zu können, müssen zunächst geeignete Verfahren zur Unternehmensbewertung herangezogen werden. Die neueren Entwicklungen auf dem Gebiet der Unternehmensbewertung sind durch die Betonung des subjektiven Charakters der Verfahren gekennzeichnet. Ganz bewusst wird die Interessenlage und die Entscheidungssituation der Beteiligten in den Mittelpunkt gestellt. Die Aufgabe der Unternehmensbewertung besteht danach in der Ermittlung von Entscheidungswerten, die es den jeweiligen Beteiligten ermöglichen sollen, rationale Entscheidungen zu fällen.

Die Quantifizierung des Unternehmenswertes bzw. des Shareholder Values und die damit verbundene Identifizierung von Werttreibern bilden die zentrale Basis des Shareholder-Value-Konzepts. Die Unternehmenswertbestimmung darf jedoch keinesfalls so verstanden werden, dass hier ein theoretisch nicht mehr angreifbarer und wissenschaftlich exakter Wert gemessen wird. Gerade angesichts der Zukunftsbezogenheit und der Berücksichtigung von Planzahlen und Markteinschätzungen wird eine wesentliche Intention von Unternehmensbewertungen deutlich: Die Bewertungsverfahren sind als Simulationshilfe zum Verständnis der Werttreiber zu begreifen und sollen die Abhängigkeiten des Unternehmenswertes von bestimmten Einflussfaktoren aufzeigen. Gerade anhand der im Shareholder-Value-Konzept üblicherweise verwendeten Discounted-Cash-Flow-Methoden wird die bewusst in Kauf genommene Subjektivität des Verfahrens deutlich: Die Werttreiber ergeben sich in der Regel nur aus Schätzungen und sind daher kaum als sichere Werte anzusehen.

Deshalb ist vor allem zu überlegen, welches Bewertungsverfahren den unternehmensspezifischen Eigenschaften am ehesten Rechnung trägt und wie diese Spezifika in die Bewertung einfließen können. So ist unmittelbar einsichtig, dass Banken grundsätzlich nach anderen Prinzipien beurteilt werden müssen als Industrieunternehmen, da sich gänzlich andere Werttreiber ergeben.

Die Theorie bietet vor diesem Hintergrund eine Reihe unterschiedlicher Verfahren traditioneller und moderner Unternehmensbewertungen an (Schierenbeck 2000; Drukarczyk 1998). Die Praxis kann diese Vielfalt nutzen, indem alternative Verfahren gleichzeitig angewendet werden. Mit derartigen Kontrollrechnungen kann einerseits die Korrektheit der ermittelten Unternehmenswerte durch entsprechende Vergleichswerte überprüft werden. Andererseits lassen sich die potenziellen Veränderungen, die nach der Einleitung bestimmter geschäftspolitischer Maßnahmen zu erwarten sind, besser abschätzen. Wie unterschiedlich die Ergebnisse alternativer Verfahren sein können, zeigt eine Untersuchung von J. P. Morgan (Diederichs 1998). Danach ergaben sich für die Deutsche-Bank-Aktie als Maßstab des Shareholder Values in Abhängigkeit vom gewählten Verfahren die in Abbildung 1 skizzierten Werte.

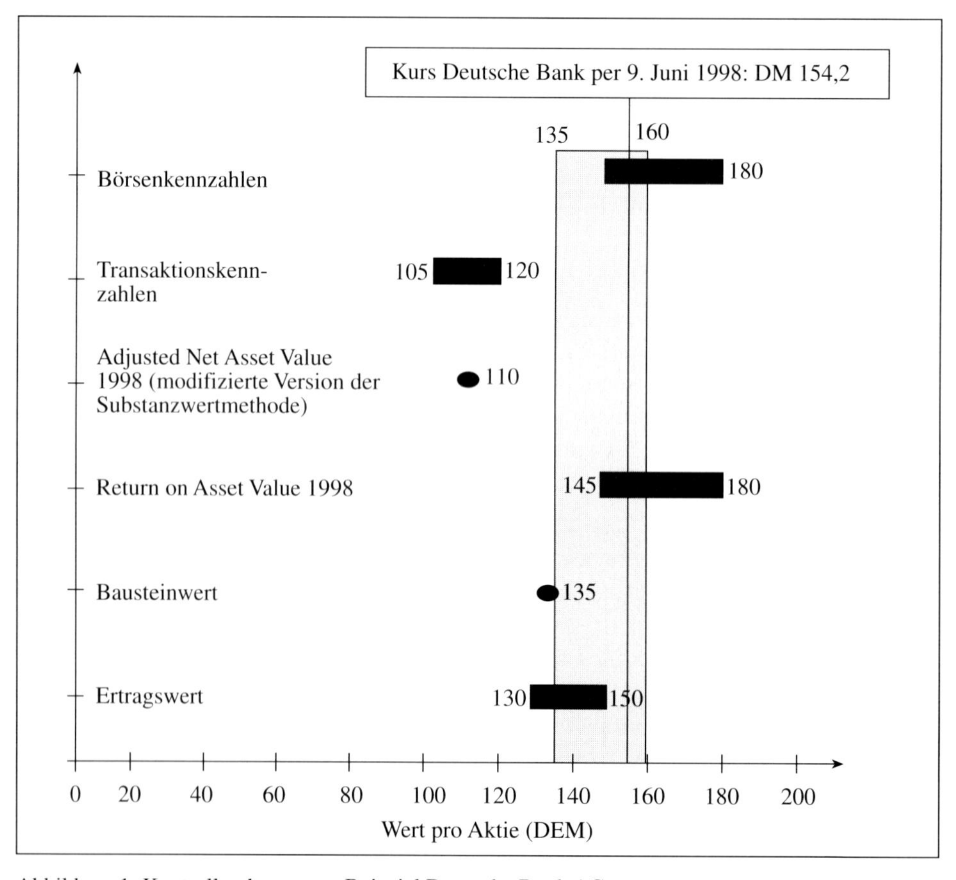

Abbildung 1: Kontrollrechnung am Beispiel Deutsche Bank AG

Die verwendeten Verfahren unterscheiden sich insbesondere hinsichtlich der Komplexität, der Aussagekraft und der Integration von Werttreibern. Demgemäß sind auch die unterschiedlichen Ergebnisse, die zwar insgesamt zwischen Kurswerten von 105 und 180 DM schwanken, aus denen sich aber trotzdem ein zentraler Korridor mit Kurswerten zwischen 135 und 160 DM ableiten lässt, nicht verwunderlich. Wesentlich ist daher die Erkenntnis, dass die Unternehmensbewertung keine „exakte" Wissenschaft ist. Vielmehr ist gerade auch vor dem Hintergrund des Shareholder-Value-Konzepts ausreichende Erfahrung und gutes Beurteilungsvermögen für das Verständnis der quantifizierten Werte erforderlich.

1.2.2 Analyse des Wertsteigerungspotenzials

Die wertorientierte Bankführung ist grundsätzlich darauf ausgerichtet, den Shareholder Value zu erhöhen. Um dies zu erreichen, ist ein mehrstufiges, in Abbildung 2 skizziertes Vorgehen erforderlich (Copeland et al. 1993).

In der ersten Stufe ist der reale, am Markt zu bezahlende Wert der Bank zu bestimmen. Bei aktiennotierten Banken wäre hier die Börsenkapitalisierung als Preis heranzuziehen. Für nicht börsennotierte Banken lässt sich ein derartiger Wert allerdings nur in Ausnahmefällen, zum Beispiel unmittelbar nach Übernahmeverhandlungen, bestimmen.

Im zweiten Schritt ist der Unternehmenswert mit Hilfe entsprechender Bewertungsverfahren zu quantifizieren. Den Entwicklungen des Shareholder-Value-Konzepts entsprechend würde hier tendenziell das Discounted-Cash-Flow-Modell verwendet werden. Im Rahmen

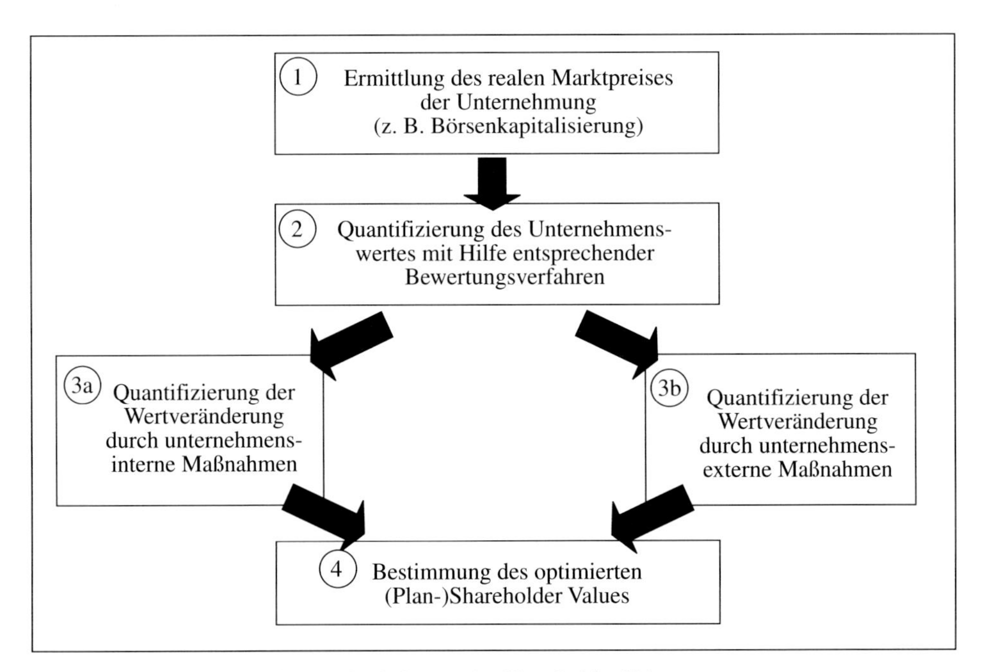

Abbildung 2: Planungsstufen zur Optimierung des Shareholder Values

von Kontrollrechnungen sollten aber auch alternative Bewertungsverfahren angewendet werden. Optimal wäre natürlich in diesem Zusammenhang eine geschäftsbereichsspezifische Bewertung der Wertpotenziale einer Bank. Auf diese Weise könnten schon im ersten Schritt die aktuellen Wertschöpfer und Wertvernichter identifiziert werden. zeigt beispielhaft die Verteilung der Wertpotenziale einer amerikanischen Großbank (Copeland et al. 1993).

Die dritte Planungsstufe beinhaltet zum einen die Analyse interner Verbesserungsmöglichkeiten. Hier ist zu untersuchen, welchen Einfluss strategische und operative Maßnahmen auf die Werttreiber und damit auf die Bewertungskomponenten haben. Aus der Zusammenführung dieser Werttreiber bzw. Bewertungskomponenten folgt dann der potenzielle Unternehmenswert nach internen Maßnahmen. Zum anderen sind neben intern ausgerichteten geschäftspolitischen Maßnahmen extern orientierte Strategien zu überprüfen. Gegebenenfalls lassen sich auch durch den Verkauf von Unternehmensteilen einer Bank oder durch Akquisitionen Wertsteigerungen erzielen. Zur Überprüfung der Werthaltigkeit derartiger, auf die Gestaltung der strategischen Geschäftsfelder durch Kauf bzw. Verkauf von Unternehmensteilen ausgerichteter Strategien, ist anschließend der potenzielle Unternehmenswert nach externen Veränderungen festzustellen.

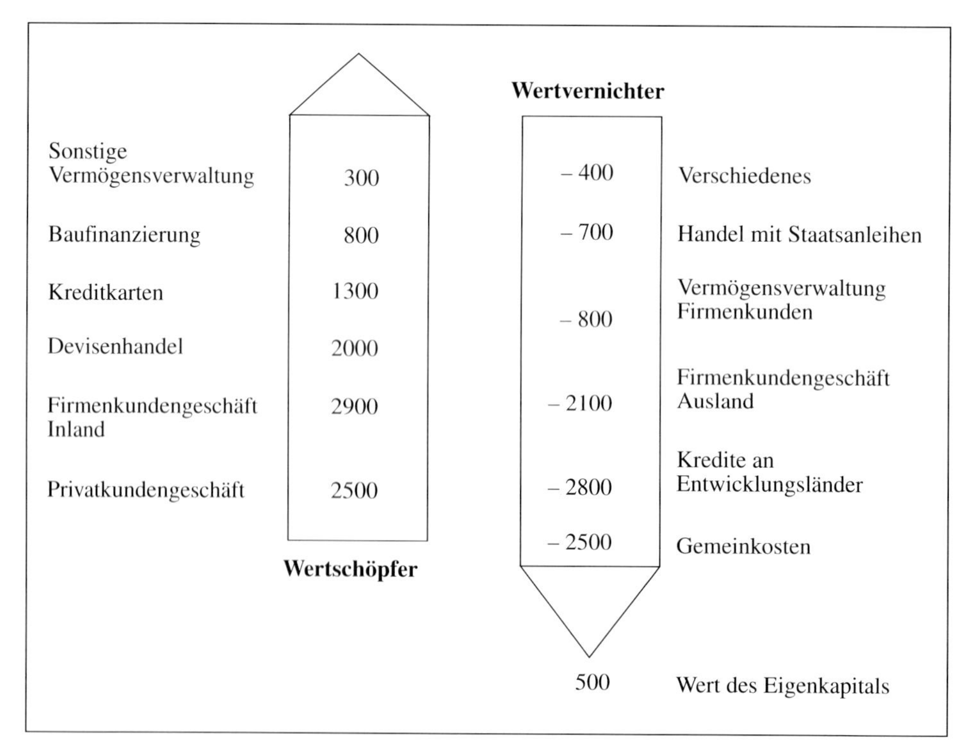

Abbildung 3: Beispiel der Verteilung der Wertpotenziale einer amerikanischen Großbank (in Mio. Dollar)
Quelle: Copeland et. al. 1993

Unter Zusammenführung und Optimierung aller Maßnahmen bzw. Strategien ergibt sich abschließend in der vierten Stufe der optimierte Unternehmenswert der Bank.

1.2.3 Unterstützung bei der Umsetzung von Wertsteigerungsstrategien

Anhand des dargestellten Stufenkonzepts zur Planung des Wertsteigerungspotenzials (vgl. Abbildung 3) lässt sich ablesen, dass die zentralen Maßnahmen zur Wertsteigerung die internen strategischen und operativen Veränderungen sowie die extern fokussierten Strategien sind. Die extern orientierten Strategien sind letztlich auf den Kauf und Verkauf von Unternehmensteilen ausgerichtet. Die damit verbundenen Strategien beinhalten, dass entweder neue Unternehmensteile gefunden werden müssen, die hinsichtlich ihrer Struktur und des mit ihnen verbundenen Potenzials durch den Zukauf zu einer Steigerung des Unternehmenswertes führen. Oder es sind alte Unternehmensteile abzustoßen, deren Verkauf Verbesserungen des bisherigen Unternehmenswertes mit sich bringt. Kauf und Verkauf von Unternehmensteilen sind dem Geschäftsbereich von Mergers and Acquisitions (M&A) zuzuschreiben (Volkart 1999; Copeland et al. 1993).

Demgegenüber werden aber für Shareholder-Value-Überlegungen in den meisten Fällen die intern ausgerichteten Strategien im Mittelpunkt des bankpolitischen Interesses stehen. Zur Generierung von Wettbewerbsvorteilen lassen sich verschiedene Marktbearbeitungsstrategien entwickeln. So wird etwa mit Konkurrenzstrategien versucht, spezielle Konkurrenzvorteile zu generieren. Porter entwickelte hierfür mit der Kosten- und Preisführerschaft, den Differenzierungs- und den Konzentrationsstrategien drei strategische Grundkonzeptionen, die letztlich sogar über das Feld der Konkurrenzstrategien hinausgehen und auch Komponenten der übrigen Marktstrategien umfassen (Porter 1983 und 1985; Backhaus 1997; Kreikebaum 1997; Meffert 1997).

1.3 Stoßrichtungen des Value Controllings

Vor der Gestaltung der Controllingelemente ist zu entscheiden, welche Steuerungsgrößen im Fokus des Value Controllings stehen. Losgelöst von den neueren finanzierungstheoretischen Erkenntnissen lassen sich dazu die zentralen Determinanten des Marktwertes sehr einfach mit Hilfe des Kurs-/Gewinn-Verhältnisses (KGV) bzw. der Price-/Earnings-Ratio (PER) darstellen. Das KGV erklärt das Verhältnis von Aktienkurs zum Gewinn der Unternehmung (pro Aktie). Der Börsenkurs aktiennotierter Gesellschaften ist als Spiegelbild der Erwartungen und Präferenzen der Börsenteilnehmer bzw. Aktionäre zu betrachten:

$$KGV = \frac{Aktienkurs}{Gewinn\ pro\ Aktie}$$

Je höher das Risiko ist, das mit einer Bank nach Meinung der Börsenteilnehmer insgesamt verbunden ist, desto niedriger ist das KGV. Denn für ein höheres Risiko ist ein rational handelnder Investor nicht bereit, einen höheren Preis, hier also einen höheren Aktienkurs zu bezahlen. Demnach müsste für eine risikolos agierende Bank das KGV dem reziproken Wert des risikofreien Zinses (RFZ) entsprechen:

$$KGV = \frac{1}{RFZ} = \frac{1}{4\,\%} = 25$$

Dies würde für einen risikofreien Zins von beispielsweise 4 Prozent ein KGV von 25 bedeuten. Bei einem Gewinn pro Aktie von 4 DM würde sich also ein Kurs von 100 DM (= 4 DM x 25) ergeben. Geht die Bank Risiken ein, so verlangen Investoren eine Risikoprämie. Unterstellt man im Beispiel eine Risikoprämie von 6 Prozent, so führt ein Verzinsungsanspruch von 10 Prozent (= 6 Prozent Risikoprämie + 4 Prozent risikofreier Zins) zu einem KGV von 10.

$$KGV = \frac{1}{RFZ + RPR} = \frac{1}{4\,\% + 6\,\%} = 10$$

Grundsätzlich wird gelten, dass das KGV

- von den Zukunftserwartungen der Marktteilnehmer bezüglich Gewinnwachstum und Gewinnvolatilität sowie
- von den allgemeinen Rahmenbedingungen an den Geld- und Kapitalmärkten

bestimmt wird.

So ist das KGV bei gegebenen makroökonomischen Bedingungen regelmäßig umso höher,

- je stärker das erwartete Gewinnwachstum pro Aktie ist,
- je schwächer die erwartete Gewinnvolatilität um diesen Wachstumstrend ist und
- je größer das Vertrauen in die Gültigkeit dieser Erwartungen ist.

Bei gegebenen Gewinnerwartungen (die sich in den Konsensschätzungen der Analysten widerspiegeln) und gegebenen Marktbedingungen wird das KGV also maßgeblich geprägt von dem Risiko, dem sich die Investoren bei ihrer Kapitalanlage ausgesetzt sehen. Wegen der vielfältigen sonstigen Einflussgrößen kann das KGV allerdings grundsätzlich keinen theoretischen Erklärungsbeitrag für die Höhe des Risikos bzw. der Risikoprämie liefern, die mit bestimmten Investitionen verbunden sind. Gleichwohl liefert es zumindest einen logischen und leicht nachvollziehbaren Einblick in die Zusammenhänge des Value Controllings.

Ausgehend vom KGV kann nun eine Verbindung zum Marktwert des Eigenkapitals hergestellt werden. Es gilt:

$$KGV \times EKR$$

$$= \frac{Aktienkurs}{Gewinn\ pro\ Aktie} \times \frac{Aktienanzahl}{Aktienanzahl} \times \frac{Jahresüberschuss}{Buchwert\ des\ Eigenkapitals}$$

$$= \frac{Marktwert\ des\ Eigenkapitals}{Jahresüberschuss} \times \frac{Jahresüberschuss}{Buchwert\ des\ Eigenkapitals}$$

$$= \frac{\textit{Marktwert des Eigenkapitals}}{\textit{Buchwert des Eigenkapitals}} = \frac{MW_{EK}}{BW_{EK}}$$

$$= \textit{Markt-/Buchwert-Verhältnis} = MBV = KGV \; x \; EKR$$

Das MBV drückt aus, wie stark der Marktwert des Eigenkapitals den Buchwert übersteigt. Das Wertorientierte Management ist diesbezüglich darauf ausgerichtet, den Marktwert des Eigenkapitals zu stabilisieren bzw. zu erhöhen. Grundsätzlich lassen sich hier alternative Stoßrichtungen für die Steuerung des MBV ableiten. Tendenziell führen diese jedoch stets zur Forderung der Konstanz bzw. der Erhöhung des MBV. Vor diesem Hintergrund lassen sich die Zusammenhänge zwischen KGV und EKR mit Hilfe von Isoquanten grafisch darstellen (vgl. Abbildung 4). Die Isoquanten erfassen alle Kombinationen von EKR und KGV, die zu einem identischen MBV führen. Je weiter rechts bzw. je weiter oben die Isoquanten liegen, desto höher ist das MBV. Bei gleichbleibendem Buchwert sind hohe MBV und somit möglichst weit rechts bzw. oben liegende Punkte auf den Isoquanten anzustreben (Schierenbeck/Lister 2001).

Für gleichbleibende MBV ermöglicht eine Erhöhung des KGV (= Risikoreduktion) die Reduktion der EKR. Umgekehrt lässt eine Erhöhung der EKR die Reduktion des KGV (= Risikozunahme) zu. Eine Bank, die bei gleichbleibenden Buchwert das MBV erhöhen will, kann zwischen drei Strategien wählen. Diese Strategien sind als Zielpfad in Abbildung 4 eingezeichnet.

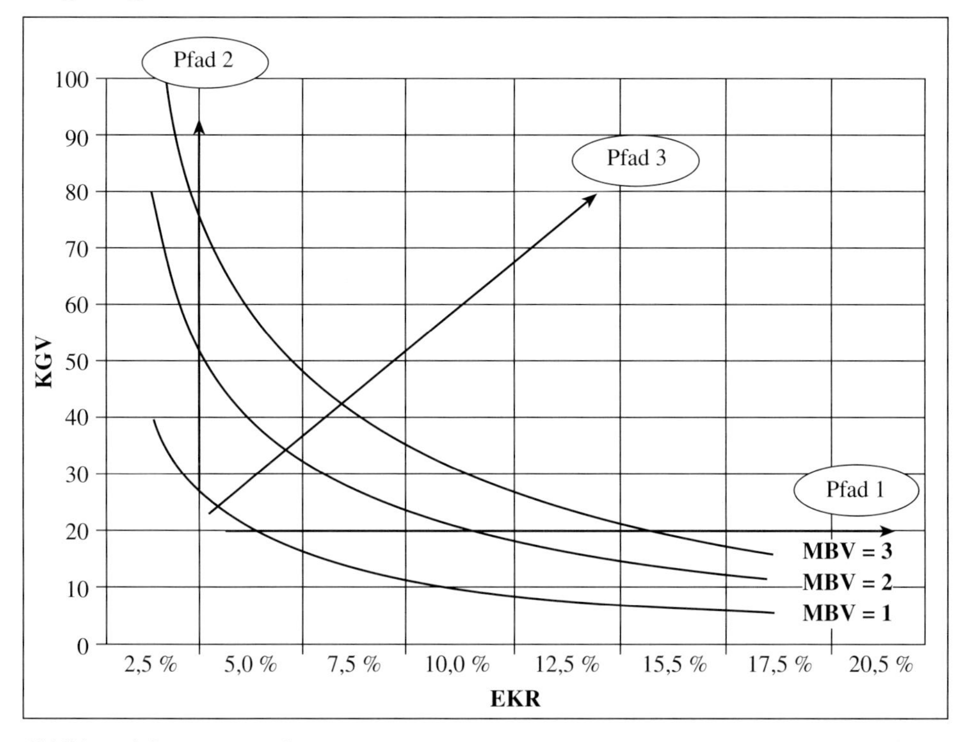

Abbildung 4: Isoquantenanalyse

- Zielpfad 1: gleichbleibendes KGV und Erhöhung der EKR,
- Zielpfad 2: gleichbleibende EKR und Erhöhung des KGV,
- Zielpfad 3: gleichzeitige Erhöhung von KGV und EKR.

Der erste Pfad setzt ein gleichbleibendes Risiko voraus. Dann müssen alle Aktivitäten auf die Erhöhung der Eigenkapitalrentabilität ausgerichtet werden. Der zweite Pfad verlangt die Reduktion des Risikos bei gleichzeitiger Konstanz der Eigenkapitalrentabilität. Schließlich wird auf dem dritten Pfad die optimierte Integration von Risiko- und Rentabilitätsaspekten vorangetrieben. Zur Steuerung und Optimierung des Marktwertes können auf den Ergebnissen der Isoquantenanalyse aufbauend und parallel zu den drei herausgearbeiteten Zielpfaden drei Thesen formuliert werden:

These 1: Bei konstantem Risiko führt die Verbesserung der Eigenkapitalrentabilität zu einer Erhöhung des Unternehmenswertes (= Zielpfad 1).

These2: Bei gleichbleibender Eigenkapitalrentabilität kann die Optimierung der eingegangenen Risiken zu Verbesserung des Unternehmenswertes führen (= Zielpfad 2).

These 3: Letztlich kann eine wirkliche Maximierung des Unternehmenswertes nur durch die gleichzeitige Optimierung von Eigenkapitalrentabilität und Risiko erfolgen (= Zielpfad 3).

2. Gesamtbankbezogene Zielgrößen im Value Controlling

Die Steuerung des Unternehmenswertes einer Bank kann im Value Controlling nur dann rational betrieben werden, wenn geeignete Ziele fixiert werden können. Die Zielparameter des Value Controllings können dabei entweder periodenerfolgsorientiert oder barwertorientiert formuliert werden.

2.1 Eigenkapitalrentabilität als periodenerfolgsorientierte Zielgröße

2.1.1 Alternative Ansätze zur Bestimmung der Soll-Eigenkapitalrentabilität

Im Konzept des Ertragsorientierten Bankmanagements wird die Eigenkapitalrentabilität bzw. Return on Equity als oberste Ziel- und Steuerungsgröße auf Gesamtbankebene verwendet. Hierauf aufbauend wird das Zielsystem einer Bank zur Steuerung sämtlicher Geschäftsbereiche abgeleitet (Schierenbeck 1999). Zur Quantifizierung der Soll-Eigenkapitalrentabilität können drei verschiedene Ansätze herangezogen werden:

- Ableitung der Eigenkapitalrentabilität aus dem finanzstrukturellen Gewinnbedarf,
- Ableitung der Eigenkapitalrentabilität als Renditeanspruch der Kapitalgeber aus finanzierungstheoretischen Modellen und
- Ableitung der Eigenkapitalrentabilität aus Best Practice Standards.

Aus dem finanzstrukturellen Gewinnbedarf einer Bank wird die Gleichgewichtsrentabilität abgeleitet. Diese Gleichgewichtsrentabilität entspricht demjenigen Wert, der zur Existenzsicherung der Bank mindestens erwirtschaftet werden muss. Der finanzstrukturelle Gewinnbedarf ist von einer Reihe miteinander verknüpfter Einflussfaktoren abhängig. Das geplante Geschäftsvolumen, die sich aus den aufsichtsrechtlichen Vorschriften ergebende Risikostruktur und der sich zum Beispiel im Solvabilitätskoeffizient ausdrückende Grad der Sicherheitsanforderungen führen für die Planperiode erst zur geforderten Eigenmittelausstattung, anschließend über das geplante Verhältnis aus insgesamt haftenden Eigenmitteln zum (Kern-)Eigenkapital zur geplanten Eigenkapitalausstattung und durch den Vergleich mit dem vorhandenen Eigenkapital schlussendlich zum Eigenkapitalbedarf. Letzterer kann entweder durch Zuführung externen Eigenkapitals oder durch Gewinnthesaurierung gedeckt werden. Um überhaupt Gewinne thesaurieren zu können, müssen diese zuvor verdient werden. Zusammen mit den Dividenden und den auf Dividenden und Gewinnthesaurierung anfallenden Steuern ergibt sich der strukturelle Reingewinnbedarf. Wird dieser ins Verhältnis zum geplanten Eigenkapital gesetzt, folgt daraus die Gleichgewichts-(Eigenkapital-)rentabilität als Zielwert.

Die finanzierungstheoretischen Modelle bilden die Basis für die Ableitung der Renditeansprüche der Eigenkapitalgeber. Mit Hilfe dieser Modelle wird versucht, den Verzinsungsanspruch von Investoren auf das von ihnen eingesetzte Kapital zu quantifizieren. Diesbezüglich wurde ein Reihe alternativer Verfahren entwickelt (Schierenbeck/Lister 2001), zum Beispiel das Capital Asset Pricing Model (CAPM), das Aritrage Pricing Model (APT), das Option Pricing Model (OPM), das Dividend Discount Model (DDM), das Income Capitalization Model (ICM) und die Coherent Market Hypothesis (CMH).

Von diesen Verfahren konnte sich bislang lediglich das CAPM durchsetzen. Gemäß CAPM setzt sich die für eine Investition geforderte Rendite zusammen aus der Verzinsung einer risikofreien Investition und einer Risikoprämie für die Übernahme systematischer Marktrisiken. Im Gegensatz zur finanzstrukturellen Gewinnbedarfsrechnung wird die im Rahmen der finanzierungstheoretischen Modelle berechnete Verzinsung immer auf den Marktwert des Eigenkapitals bezogen. Um die auf den Buchwert des Eigenkapitals (EKBW) bezogene Eigenkapitalrentabilität (EKRBW) mit der auf den Marktwert des Eigenkapitals (EKMW) bezogenen Eigenkapitalrentabilität (EKRMW) vergleichen zu können, muss eine Transformation auf eine einheitliche Bezugsbasis erfolgen.

Die aus dem CAPM in Form von Eigenkapitalkosten hergeleitete Renditeerwartung entspricht der Mindestperformance, welche die Anleger auf ihr investiertes Eigenkapital erwarten. Es handelt sich hierbei insofern um eine Total Investor Performance (TIP), als sie sich stets aus Dividenden- und Kursgewinnen zusammensetzt, wobei unter steuerlichen Gesichtspunkten die beiden Komponenten der Performance i.d.R. nicht gleichwertig sind, da Kursgewinne entweder, wie in Deutschland, gar nicht (nach Ablauf der Spekulationsfrist) oder, wie in den USA, zu einem begünstigten Satz zu versteuern sind. Seht man von dieser Komplizierung ab, geht es darum, beide Komponenten in eine Soll-Eigenkapitalrentabilität, die als unternehmensinterne Steuerungsgröße fungiert, zu transformieren.

Dazu wird die TIP zunächst zerlegt in

- eine von den Anlegern erwartete Dividendenrendite und
- eine erwartete Kursrendite.

Die Dividendenrendite ergibt sich, indem der auf den Buchwert des Eigenkapitals bezogene Dividendensatz mit dem Markt-/Buchwert-verhältnis multipliziert wird. Aus der Multiplikation der um 1 erhöhten Eigenkapitalwachstumsrate mit der sich aufgrund unterschiedlichster Einflußgrößen ergebenden Veränderungsrate des MBV, von der der Wert 1 zu subtrahieren ist, folgt die Kursrendite. Die Summe aus der Eigenkapitalwachstumsrate und dem Dividendensatz führt schließlich zur Soll-EKRBW nach Steuern (Schierenbeck/Lister 2001)

	Ist-ROE (nach Steuern)		**Publiziertes ROE-Ziel**
	1994	**1995**	
Britische Banken			
Lloyd TSB	24,0 %		> 25 %
Barclays	20,0 %	19,3 %	–
Nat West	18,7 %	18,0 %	–
Standard Chartered	22,0 %	25,0 %	–
HSBC	19,2 %	18,5 %	20 %
US-amerikanische Banken		1. Halbjahr	
Citicorps	–	17,5 %	–
Chase Manhattan	–	16,0 %	–
Wells Fargo	25,0 %	–	
Deutsche Banken			
Deutsche Bank	6,4 %	9,8 %	10-13 %
Dresdner Bank	7,2 %	8,7 %	–
Commerzbank	10,0 %	8,0 %	–
Schweizer Grossbanken			
Schweizerische Bankgesellschaft	7,5 %	7,5 %	12 %
Schweizerischer Bankverein	8,5 %	8,7 %	15 % (mittelfristig)
CS Holding	5,6 %	7,5 %	10 % (bis 1997)

Abbildung 5: Eigenkapitalrentabilität internationaler Banken (entnommen aus Schierenbeck 1999)

Als dritte Variante zur Ableitung der Soll-Eigenkapitalrentabilität kann eine Form des Benchmarkings betrieben werden. Dazu erfolgt eine Orientierung an sogenannten Best-Practice-Banks. Best-Practice-Banks sind Banken, die in der Vergangenheit überdurchschnittlich hohe Eigenkapitalrentabilitäten erwirtschaften konnten und dadurch für die eigene Bank Vorbildcharakter haben können. Deren in der Vergangenheit erzielten Eigenkapitalrenditen avancieren so zu Best-Practice-Standards, wie sie in Abbildung 5 beispielhaft skizziert werden.

Selbstverständlich muss der Rentabilitätsvergleich nicht zwingend weltweit erfolgen. So wäre es beispielsweise für die Gruppe der Genossenschaftsbanken oder Sparkassen in Deutschland durchaus sinnvoll, ein bankengruppenspezifisches Best-Practice-Verfahren anzuwenden. Außerdem ist zu beachten, dass eine reine Rentabilitätsorientierung im Sinne solcher Best-Practice-Standards zu Fehlinterpretationen führen kann. Denn wenn eine höhere Rentabilität mit einem höheren Risiko erreicht wurde, wäre das erzielte Ergebnis zu relativieren.

2.1.2 Soll- und Ist-Eigenkapitalrentabilität im Konzept des Economic Value Added

Prinzipiell ist das Wertmanagement barwertorientiert. Trotzdem wurde mit dem Konzept des Economic Value Added (EVA) (Stewart 1991) ein Verfahren entwickelt, das in einer periodenspezifischen Betrachtung untersucht, ob Unternehmen, hier also Banken, Shareholder Value geschaffen oder vernichtet haben. Dazu wird eine einfache Regel aufgestellt: Shareholder Value wird immer dann generiert, wenn der Jahresüberschuss größer ist als die Eigenkapitalkosten. Sind die Eigenkapitalkosten höher als die erzielten Jahresüberschüsse, wird Shareholder Value vernichtet. Abbildung 6 veranschaulicht diese Regel grafisch. Dieser auf absoluten Zahlen basierende Vergleich kann natürlich auf Rentabilitätskennziffern übertragen werden. Dazu sind die Eigenkapitalkosten gemäß der zuvor aufgestellten Regel in die Soll-Eigenkapitalrentabilität und der Jahresüberschuss in die Ist-Eigenkapitalrentabilität zu überführen. Shareholder Value wird danach immer dann generiert, wenn die Ist- die Soll-Eigenkapitalrentabilität übertrifft.

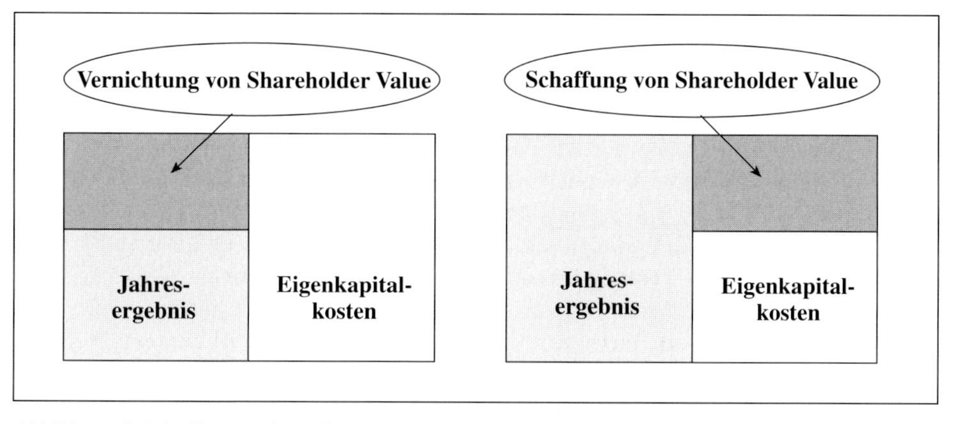

Abbildung 6: Schaffung und Vernichtung von Shareholder Value im EVA-Konzept

2.1.3 Der Prozess zur Fixierung der Eigenkapitalrentabilität

Vor dem Hintergrund der verschiedenen Verfahren zur Bestimmung der Eigenkapitalrentabilität und der Prinzipien des EVA-Konzepts ist abschließend zu überlegen, welche Soll-Eigenkapitalrentabilität endgültig fixiert werden soll (Schierenbeck 1999).

Der finanzstrukturelle Ansatz führt zu einer Zielgröße, die einzuhalten ist, wenn die Bank im finanziellen Gleichgewicht bleiben soll. Dieser Wert ist demnach als Mindestgröße zu beachten, wenn die Bank ihre Existenz sichern will.

Die finanzierungstheoretischen Eigenkapitalkosten stehen im engsten Zusammenhang zu den Ideen des Wertmanagements. Zur Befriedigung der Renditeforderungen der Aktionäre ist dieser Wert mindestens zu erzielen. Ansonsten würde im Sinne des EVA-Konzepts Shareholder Value vernichtet werden. Tendenziell werden die finanzierungstheoretischen Eigenkapitalkosten als absoluter Wert über dem finanzstrukturellen Gewinnbedarf liegen und damit die Messlatte für den zukünftigen Erfolg darstellen. Gleichwohl ist eine Umkehrung der Reihenfolge denkbar. Dann würde Wert der Eigenkapitalkosten unter dem finanzstrukturellen Gewinnbedarf liegen. Würde sich eine Bank damit begnügen, nur diesen niedrigeren Wert zu erzielen, würde sie zwar keinen Shareholder Value vernichten. Sie würde jedoch ihre Existenz gefährden.

Best-Practice-Standards werden vermutlich stets die übrigen Werte dominieren. Sie stellen Richtwerte dar, die zu einer möglichst hohen Wertsteigerung führen.

2.2 Marktwert des Eigenkapitals als Zielgröße in der ROI-Kennzahlenhierarchie

Börsennotierte Banken können ihren Unternehmenswert an der Börsenkapitalisierung ablesen. Für die an der Börse aktiven Investoren sind bei der Beurteilung einzelner Titel vor allem die Höhe, das Wachstum und die Volatilität des aktuellen und zukünftigen Bankergebnisses entscheidungsrelevant. Insofern muss das Value Controlling diese Parameter so gestalten, dass die Investoren positiv auf entsprechend gesteuerte Entwicklungen reagiert (Schierenbeck 1999).

Zudem muss die Bank eine geeignete Pflege ihrer Investor Relations betreiben. Diesbezüglich ist es unbedingt erforderlich, die zwischen dem Bankergebnis und dem Marktwert des Eigenkapitals bestehenden Zusammenhänge externen Adressaten wie beispielsweise Investoren, Finanzanalysten und Medien im Rahmen einer effizienten Informationspolitik zu kommunizieren. Außerdem sollte eine solche Informationspolitik flankiert werden von weiteren aktionärsfreundlichen Maßnahmen wie etwa der Lancierung von Rückkaufprogrammen anstelle von Dividendenausschüttungen. So ist es keineswegs verwunderlich, dass große Unternehmen zwischenzeitlich sogar Werbung für ihre eigenen Aktien betreiben, da angesichts der Euphorie für Neuemissionen die Nachfrage nach Blue Chips stagniert und deren Börsenkurse nur vergleichsweise schwach ansteigen (Slodczyk 2000).

Vor diesem Hintergrund bietet es sich an, den Marktwert des Eigenkapitals in das ROI-Schema zu integrieren. Zunächst wird die Eigenkapitalrentabilität nach Steuern mit dem Eigenkapital pro Aktie multipliziert, woraus der Gewinn pro Aktie resultiert. Wird dieser mit dem KGV vervielfacht, erhält man den Marktwert pro Aktie. Aus dessen Multiplikation mit der gesamten Anzahl vorhandener Aktien ergibt sich schließlich der Marktwert des Eigenkapitals (vgl. Abbildung 7).

Aus den formalen Zusammenhängen werden die drei zentralen Werttreiber des Marktwertes des Eigenkapitals deutlich. Diese sind die Eigenkapitalrentabilität, das Eigenkapital pro Aktie und das Kurs-/Gewinn-Verhältnis. In Abbildung 7 werden zudem die zentralen geschäftspolitischen Ansatzpunkte zur Steuerung dieser Wertreiber genannt.

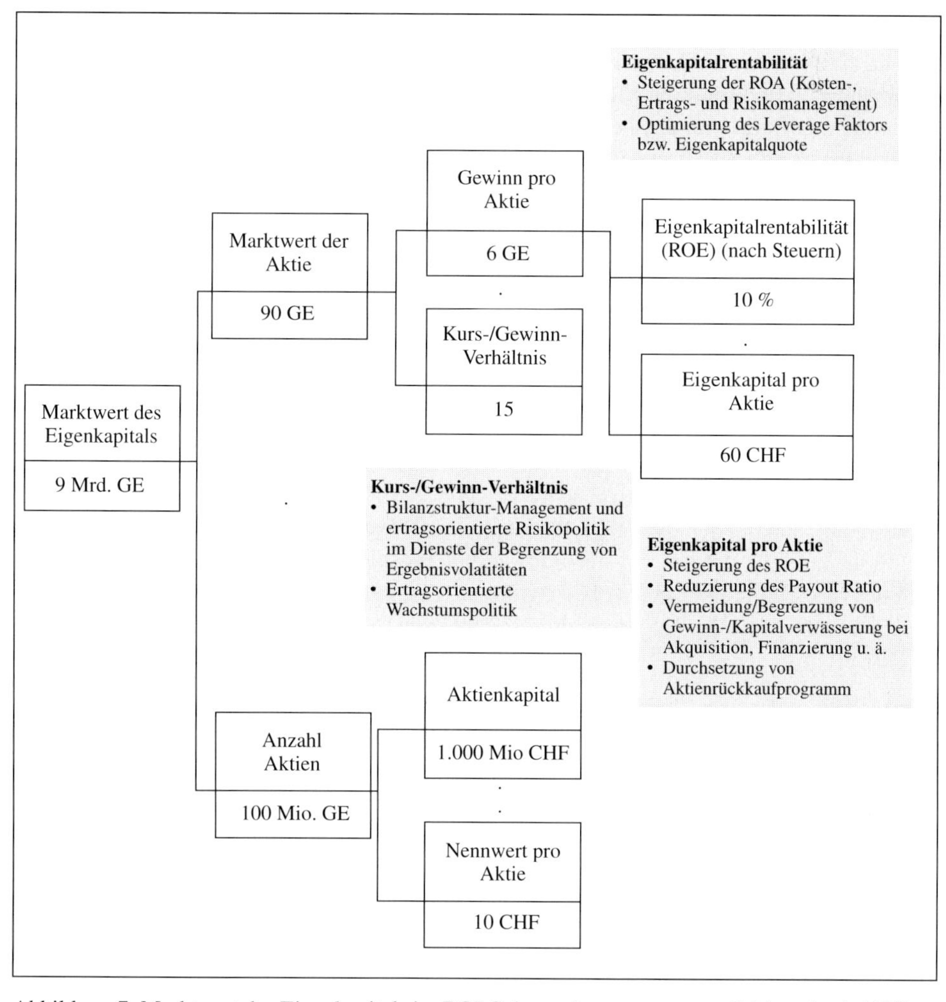

Abbildung 7: Marktwert des Eigenkapitals im ROI-Schema (entnommen aus Schierenbeck 1999)

2.3 Barwertorientierte Ergebnisrechnungen im Value Controlling

Vor der Auseinandersetzung mit dem Marktwert einer Bank muss zunächst der Begriff des Marktwertes genau definiert werden. Grundsätzlich lassen sich drei Varianten des Marktwertes einer Unternehmung und damit auch einer Bank differenzieren:

Es existiert ein Marktwert im Sinne eines Marktpreises für Unternehmen. Für börsennotierte Gesellschaften folgt dieser Marktwert aus der Börsenkapitalisierung. Für nicht-börsennotierte Banken kann ein solcher Marktpreis nur im Rahmen von Übernahme- oder Fusionsverhandlungen festgestellt werden.

Hiervon abzugrenzen ist der Marktwert im Sinne einer risikoadjustierten Unternehmensbewertung. Dieser Marktwert resultiert in einer dynamischen Betrachtung aus der Diskontierung zukünftiger, für Ausschüttungen an die Eigentümer zur Verfügung stehende Cash Flows mit risikoadjustierten Eigenkapitalkostensätzen. Wirklich dynamisch ist diese Betrachtung allerdings nie, da noch kein Konzept existiert, mit dessen Hilfe Risikoprämien für eine mehrperiodige Betrachtung bestimmt werden können. In einer einfacheren statischen Betrachtung wird mit einer prinzipiell ähnlichen Vorgehensweise der Jahresüberschuss mit dem KGV multipliziert. Über die Ableitung von risikofreien Zinsen und Risikoprämien wird versucht, Rückschlüsse auf den objektiv richtigen Unternehmenswert zu ziehen.

Der dritte Marktwertbegriff umfasst den Marktwert im Sinne einer prinzipiell risikofreien Cash-Flow-Bewertung. Dieser ergibt sich aus dem Barwertkalkül der Marktzinsmethode (Schierenbeck 1999). Im Barwertkalkül werden sämtliche Cash Flows durch den fiktiven oder realen Aufbau gegenläufiger Positionen ausgeglichen. Bei diesen Gegengeschäften handelt es sich um risikofreie, am Geld- und Kapitalmarkt jederzeit durchführbare Geschäfte. Auf diese Weise kann für jedes Bankgeschäft ein risikofreier Barwert berechnet werden. Die Summe der Barwerte aller Bankgeschäfte ergibt den Barwert bzw. Marktwert des Eigenkapitals. Würden die Gegengeschäfte tatsächlich abgeschlossen werden, ließe sich der vermeintlich risikofreie Marktwert des Eigenkapitals als Überschuss erwirtschaften. Sofern die Gegengeschäfte nicht oder nur teilweise getätigt werden, ist auch dieser Marktwert unsicher.

Die Marktwertsteuerung kann und muss sich letztlich immer am Marktpreis der Bank orientieren. So wird eine börsennotierte Unternehmung von den Eigentümern grundsätzlich nur bedingt nach den Verfahren der Unternehmensbewertung, sondern wohl eher nach dem am Markt zu beobachtenden Aktienkurs beurteilt. Für Steuerungszwecke sind jedoch zur Bewertung der geschäftspolitischen Aktivitäten einer Bank die beiden anderen Marktwertbegriffe heranzuziehen.

Bei der Verknüpfung mit der ROI-Kennzahlenhierarchie wurde über die Integration des KGV eine eher statische Risikoadjustierung vorgenommen. Die dynamische Risikoadjustierung ähnelt dem Vorgehen des Barwertkalküls der Marktzinsmethode. Bezüglich der risikoadjustierten Bewertungsmethoden ist immer noch ein Richtungsstreit darüber zu beobachten, wie die Risikoprämien mit welchem zeitlichen Bezug für welche Risiken quantifiziert werden sollen. Schon deshalb ist das Barwertkalkül der Marktzinsmethode zumindest im Bankgeschäft diesen Verfahren überlegen. Hier wird mit nachvollziehbaren, in der Praxis zu beobachtenden, risikofreien und vor allem durchsetzbaren Preisen bewertet und ein tatsächlich zu erwirtschaftender Marktwert quantifiziert. Allerdings ist sehr wohl zu konstatieren, dass auch bei Anwendung des Barwertkalküls der Marktzinsmethode eine Risikoadjustierung immer dann erforderlich wird, wenn Gegengeschäfte eben nicht abgeschlossen werden oder die Barwerte aus Bankgeschäften aus unterschiedlichsten Gründen unsicher sind.

Im Barwertkalkül der Marktzinsmethode wird als Zielgröße der Marktwert des Eigenkapitals herangezogen. Dieser Marktwert muss entsprechend gemehrt werden. Wenn der Marktwert völlig risikofrei ist, müsste für eine Planperiode der Marktwert des Eigenkapitals aus Eigentümersicht mindestens in Höhe der risikofreien Verzinsung für den Planungszeitraum gemehrt werden. Im Risikofall wäre analog zu den bereits beschriebenen Methoden der finanzierungstheoretischen Bestimmung von Eigenkapitalkosten zusätzlich eine Risikoprämie zu verlangen.

Gerade im Bankgeschäft bietet es sich an, eine Aufspaltung des gesamten Marktwertes in seine geschäftpolitisch relevanten Bestandteile vorzunehmen. Das Barwertergebnis kann dabei nach folgendem allgemeingültigen Schema berechnet werden:

  Barwert des Neugeschäfts
± Barwertveränderung des Altgeschäfts
± Operatives Ergebnis
= Barwerterfolg einer (Plan-)Periode

Der Barwert des Neugeschäfts folgt aus der Diskontierung der aus Neugeschäften resultierenden Cash Flows. Die Barwertveränderung des Altgeschäfts ergibt sich, indem die Differenz zwischen den Marktwerten zum Jahresanfang und zum Jahresende berechnet wird. Das operative Ergebnis umfasst all diejenigen Positionen, für die keine Diskontierung vorgenommen wird. Hierunter kann beispielsweise das Produktivitätsergebnis fallen, in dem sinnvollerweise periodenspezifisch die Wirtschaftlichkeit der einzelnen Geschäftsbereiche berechnet wird (Schierenbeck/Wiedemann 1996).

Selbstverständlich kann dieses Berechnungsschema in weitere Erfolgsbereiche zerlegt werden. So könnte zum Beispiel das barwertorientierte betriebswirtschaftliche Ergebnis in das Kundengeschäftsergebnis, die Performance des Marktportfolios, die Performance des Ausfallrisikoportfolios und das Produktivitätsergebnis aufgespaltet werden (Rolfes 1999). Außerdem ist zu beachten, dass nicht nur die bereits abgeschlossen Geschäfte in die Barwertberechnung mit aufgenommen werden. Vielmehr lässt sich zeigen, dass notwendigerweise auch die zukünftigen Geschäfte adäquat berücksichtigt werden müssen, um eine effiziente Barwertsteuerung zu erreichen (Rolfes 1999). Im Sinne der Risikokalküle des Ertragsorientierten Bankmanagements kann zudem auch im Barwertkalkül der Marktzinsmethode eine Risikoadjustierung vorgenommen werden. Dazu müssen die geschäftsbereichsspezifischen Barwertergebnisse ins Verhältnis zum geschäftsbereichsspezifischen Risiko gesetzt werden. Das Risiko kann hier beispielsweise mit Hilfe von Value-at-Risk-Ansätzen gemessen werden. Das Ergebnis dieser Relation entspricht dann der Kennziffer RORAC (Lister 1997).

3. Das steuerungspolitische Dilemma der Zielgrößen im Value Controlling

3.1 Das Risiko-/Rendite-Paradoxon

Im Zentrum des Wertmanagements steht die Fokussierung des bankbetrieblichen Zielsystems auf die Integration von Risiko und Rendite. Das Wertmanagement folgt somit der normativen Entscheidungstheorie. Danach würde ein Anleger im Sinne des μ-σ-Prinzips von zwei Erwartungen stets diejenige wählen, die bei gleichem Erwartungswert das geringere Risiko oder bei gleichem Risiko den höheren Erwartungswert aufweist. Auf dieser Theorie aufbauend sind die zahlreichen Modelle der Portefeuille- bzw. Kapitalmarkttheorie entwickelt worden. Aus der Sicht des Investors wurden vor dem Hintergrund der mit einer Investition verbundenen Risiken Renditeerwartungen abgeleitet. Zentrale Aussage, auf der auch das Wertmanagement basiert, ist: Ein höheres, mit einer Unternehmung verbundenes Risiko muss auch mit einer höheren Rendite abgegolten werden.

In empirischen Untersuchungen konnte jedoch entgegen dieser Kernaussage festgestellt werden, dass häufig Unternehmen hohe Renditen mit geringem Risiko und niedrige Renditen mit hohem Risiko erzielten. Dieses Phänomen wird als Risiko-Rendite-Paradoxon bezeichnet (Bowman 1980, Wiemann/Mellewigt 1998). Es widerspricht den Forderungen des Wertmanagements. Die zur Bestätigung des Risiko-/Rendite-Paradoxons durchgeführten empirischen Untersuchungen (für eine Übersicht: Wiemann/Mellewigt 1998) kommen teilweise zu unterschiedlichen Ergebnissen. Trotzdem wurde in der Mehrzahl der Empirien die Existenz des Risiko-Rendite-Paradoxons bestätigt.

Mit der Prospect-Theory (Kahnemann/Tversky 1979) und dem Kontingenzansatz (Baird/Thomas 1985) liegen mögliche Erklärungsansätze für die Existenz des Risiko-Rendite-Paradoxons vor. Die Prospect-Theory erklärt, dass für den Manager eines Unternehmens Verluste deutlicher seine Entscheidungssituation beeinflussen als Gewinne. Im Falle negativer Unternehmensentwicklungen ist der Manager eher bereit, höhere Risiken einzugehen, um durch aus seiner Sicht höhere Ertragschancen die Problemsituation zu bereinigen. Die Empirien weisen jedoch überwiegend darauf hin, dass dieses Verhalten in der Mehrzahl der Fälle eben nicht erfolgversprechend ist. Im Rahmen des Kontingenzansatzes wird der Einfluss unternehmensinterner und -externer Faktoren auf das Risiko-/Rendite-Verhältnis untersucht. Im Kern konnte dabei festgestellt werden, dass Diversifikationsstrategien zu Verbesserungen des Risiko-Rendite-Verhältnisses führen (Wiemann/Mellewigt 1998).

Diese sehr formalen und theoretischen Untersuchungen sind durchaus von praktischem Nutzen. Denn sie zeigen auf, dass in Krisensituationen und dies gilt für Banken ebenso wie für alle anderen Unternehmen eine höhere Risikoübernahme sich häufig nicht rechnet. Gerade in Negativsituationen ist deshalb die besondere Bedeutung des Risiko-Chancen-Kalküls (Schierenbeck 1999) im Hinblick auf ein ausgewogenes Verhältnis von Risiken und Chancen hervorzuheben.

3.2 Das Rentabilitätsdilemma des Wertmanagements

Bei gleichbleibendem Risiko gilt: Je höher die Eigenkapitalrentabilität ist, desto höher ist der generierte Marktwert. Diese Philosophie des Wertmanagements bringt jedoch zwei systemimmanente Effekte mit sich, die die Werthaltigkeit und Bedeutung der Philosophie des Wertmanagements durchaus in Frage stellen. Denn bei gleichbleibendem Risiko kann eine wertorientierte Betrachtung zu einem Anstieg des absoluten oder sogar des relativen Rentabilitätsbedarfs führen. Diese Effekte können an zwei stark vereinfachten Beispielen kurz demonstriert werden (für eine ausführlichere Analyse: Schierenbeck/Lister 2001)

So verfügt eine Bank über eine bilanzielle Eigenkapitalausstattung von 1 Mrd. DM. Bei einem konstanten MBV von 1 bedeutet dies, dass der Marktwert des Eigenkapitals in der Ausgangssituation ebenfalls 1 Mrd. beträgt. Im ersten Jahr muss die Bank bei einem auf den Marktwert bezogenen Eigenkapitalkostensatz von 10 Prozent einen Jahresüberschuss in Höhe von 100 Mio. DM erwirtschaften. Wird dieser Gewinn vollständig thesauriert, erhöht sich der Buchwert des Eigenkapitals auf 1,1 Mrd. DM. Bei einem gleichbleibendem MBV von 1 wächst der Marktwert des Eigenkapitals in gleicher Weise. Bei unveränderter Risikosituation und somit gleichermaßen konstantem Eigenkapitalkostensatz von 10 Prozent entwickelt sich hieraus ein in der Folgeperiode zu erwirtschaftender Jahresüberschuss von 110 Mio. DM (= 1,1 Mrd. DM x 10 Prozent). Der absolute Jahresüberschuss würde auch in den nachfolgenden Perioden permanent um 10 Prozent pro Jahr wachsen und somit den aus den Bankgeschäften heraus zu erwirtschaftenden Reingewinn permanent ansteigen lassen.

In einer weiteren Betrachtung liegt ebenfalls in der Ausgangssituation ein MBV von 1 vor. Jetzt wird der Jahresüberschuss aber vollständig ausgeschüttet, so dass sich der Buchwert des Eigenkapitals nicht verändert. Bei einem Eigenkapitalkostensatz von 10 Prozent auf den Marktwert des Eigenkapitals müssten wiederum 100 Mio. DM in der Planperiode erwirtschaftet werden. Dies entspricht einer Soll-Eigenkapitalrentabiltität zu Buchwerten von ebenfalls 10 Prozent (= 100 Mio. DM/1 Mrd. DM). Tatsächlich gelingt es der Bank durch effizientes Management einen Gewinn von 120 Mio. DM zu erzielen. Dadurch steigt der Marktwert. An dieser Stelle sei unterstellt, dass sich ein neuer Marktwert von 1,2 Mrd. DM ergibt, weil die Aktionäre den Jahresüberschuss als ewige Rente bewerten und der „Rentenbarwert" bei einem Kalkulationszins von 10 Prozent eben 1,2 Mrd. DM (= 120 Mio. DM/10 Prozent) beträgt. In der nachfolgenden Periode müssen jetzt zur Befriedigung der Ansprüche der Eigenkapitalgeber bereits 120 Mio. DM (= 1,2 Mrd. DM x 10 Prozent) erwirtschaftet werden. Bei unverändertem Buchwert des Eigenkapitals folgt hieraus eine erhöhte Soll-Eigenkapitalrentabilität von 12 Prozent (= 120 Mio. DM/1 Mrd. DM).

Die Zielgrößen des Value Controllings bewirken demnach, dass sich die Anforderungen an die zu erzielende Rentabilität tendenziell erhöhen. Das Management einer Bank wird dadurch gezwungen, von Jahr zu Jahr höhere Gewinne zu erzielen.

4. Fazit

Das Value Controlling dient der Umsetzung der Ideen des Wertmanagements im Bankgeschäft. Dazu müssen der Unternehmenswert der Banken im Rahmen des Value Controllings berechnet, Werttreiber und Wertpotenziale im Bankgeschäft identifiziert sowie Wertsteigerungsstrategien entwickelt und umgesetzt werden. Die zentrale Zielgröße des Wertmanagements ist der Marktwert des Eigenkapitals einer Bank. Dieser kann sowohl periodenerfolgs- als auch barwertorientiert gesteuert werden. Allerdings sind die mit dem Wertmanagement verbundenen Entwicklungen nicht unkritisch zu sehen, wie das Risiko-/ Rendite-Paradoxon und das Rentabilitätsdilemma des Wertmanagements zeigen.

Literaturhinweise

BACKHAUS, K.: Industriegütermarketing, 5. Aufl., München 1997.

BAIRD, I. S./THOMAS, H.: Towards a Contingency Model of Strategic Risk Taking, in: Academy of Management Review, Vol. 10, 1985, S. 230-243.

BOWMAN, E.: A Risk/Return Paradox for Strategic Management, in: Sloan Management Review, Vol. 21, 1980, S. 17-31

COPELAND, T./KOLLER, T./MURRIN, J.: Unternehmenswert: Methoden und Strategien für eine wertorientierte Unternehmensführung, aus dem Amerikanischen von TH. SCHMIDT, Frankfurt/Main, New York, 1993.

DIEDERICHS, K.: Die Bewertung von Banken und ihren strategischen Geschäftsfeldern, Vortragsunterlagen vom 24. Juni 1998.

DRUKARCZYK, J.: Unternehmensbewertung, 2. Aufl., München 1998.

KAHNEMANN, D./TVERSKY, A.: Prospect Theory, An analysis of decisions under risk, in: Econometrica, Vol. 47, 1979, S. 262 – 291.

KREIKEBAUM, H.: Strategische Unternehmensplanung, 6. Aufl., Stuttgart/Berlin/Köln 1997.

LISTER, M.: Risikoadjustierte Ergebnismessung und Risikokapitalallokation, Frankfurt 1997.

MEFFERT, H.: Marketing, 8.Aufl., Wiesbaden 1997.

PORTER, M. E.: Wettbewerbsstrategie, Frankfurt 1983.

PORTER, M. E.: Competitive advantage, London, New York 1985.

RAPPAPORT, A.: Creating Shareholder Value, New York/London 1986.

ROLFES, B.: Gesamtbanksteuerung, Stuttgart 1999.

SCHIERENBECK, H.: Ertragsorientiertes Bankmanagement im Visier des Shareholder Value-Konzepts, in: Shareholder Value-Konzepte in Banken: Tagungsband zum 4. Basler Bankentag, 27. November 1996, Basler Bankenvereinigung (Hrsg.), Bern/Stuttgart/Wien 1997, S. 3-48

SCHIERENBECK, H.: Ertragsorientiertes Bankmanagement, Band 1: Grundlagen, Marktzinsmethode und Rentabilitäts-Controlling, 6. Aufl., Wiesbaden 1999.

SCHIERENBECK, H.: Grundzüge der Betriebswirtschaftslehre, 15. Aufl., München/Wien, 2000.

SCHIERENBECK, H./WIEDEMANN, A.: Marktwertrechnungen im Finanz-Controlling, Stuttgart 1996.

SCHIERENBECK, H./LISTER, M.: Finanz-Controlling und Wertorientierte Unternehmensführung, in: Bruhn, Manfred/Lusti, Markus/Müller, Werner/Schierenbeck, Henner/Studer, Tobias (Hrsg.): Wertorientierte Unternehmensführung, Wiesbaden 1998.

SCHIERENBECK, H./LISTER, M.: Value Controlling – Grundlagen wertorientierter Unternehmensführung, München/Wien 2001.

SLODCZYK, K.: Aktien am Sixpack, in: Die Zeit, Nr. 13, 23. März 2000.

STEWART, G. B.: The Quest for Value, New York 1991.

VOLKART, R.: Unternehmensbewertung und Akquisitionen, Zürich 1999.

WIEMANN, V./MELLEWIGT, TH.: Das Risiko-Rendite-Paradoxon. Stand der Forschung und Ergebnisse einer empirischen Untersuchung, in: zfbf, 50. Jg., Heft 6/1998.

Wilhelm Menninghaus

Barwertige Zinsbuchsteuerung

1. Grundkonzeption einer integrierten barwertigen Zinsbuchsteuerung

1.1 Dimensionen einer integrierten Zinsrisikosteuerung

Der markant gestiegene Risikogehalt des Bankgeschäftes, sinkende Kundenkonditionsbeiträge, der wachsende Druck, angemessene Rendite-/Risiko-Relationen zu erwirtschaften sowie hohe aufsichtsrechtliche Anforderungen an die Risikosteuerung stellen die Kreditinstitute vor neue geschäftspolitische Herausforderungen.

Mit der „klassischen" periodenorientierten Banksteuerung allein kann eine unter Ertrags- und Risikoaspekten optimale Steuerung des Zinsbuches nicht gewährleistet werden. Hinter dem Planungshorizont liegende Effekte werden vernachlässigt und die Verdichtung zu einem Risikostatus ist nicht möglich. Die Auswirkungen von bereits in der Vergangenheit getroffenen Fristentransformationsentscheidungen können sich zudem erfolgsrechnerisch auf mehrere Jahre erstrecken und bei einer ausschließlich periodenweise vorgenommenen Ergebnisrechnung zu einer falschen Beurteilung der tatsächlichen Dispositionsleistung führen.

Vor diesem Hintergrund setzt sich im Risikomanagement immer mehr die barwertorientierte Steuerung des Zinsbuches durch. Die besondere Stärke liegt darin, dass sich Änderungen der relevanten Risikoparameter ohne zeitliche Verzögerung im Vermögenswert der Bank niederschlagen. Dadurch können Risiken präventiv erkannt werden, noch bevor stille Reserven angegriffen oder die Verluste in der Gewinn- und Verlustrechnung sichtbar werden. Das Barwertkonzept erfüllt auf diese Weise die Anforderungen der Kreditwirtschaft nach Transparenz der Ergebnisse und Risiken und gilt deshalb in der Praxis als Steuerungskonzept der Zukunft.

Neben der vermögensorientierten Sichtweise mit den unbestritten steuerungsrelevanten Performance- und Risikozielgrößen der Barwertsteuerung sind aber nach wie vor auch klassische Betrachtungsdimensionen des eingegangenen Zinsänderungsrisikos zu beachten. Im Rahmen einer mehrperiodig ausgelegten Aktiv-Passiv-Steuerung wird der Fokus auf die Entwicklung des periodischen Zinsergebnisses gelegt, zudem sind Teilportfoliobetrachtungen, die auf die Ergebnisentwicklung des Depot A abzielen, erforderlich.

Eine Überführung der Steuerungsimpulse dieser unterschiedlichen Konzeptionen (vgl. Abbildung 1) gelingt nur dann, wenn Analysen auf gleichen Basisdaten aufsetzen und vor dem Hintergrund gleicher Zinsprognosen stattfinden.

Im Hinblick auf den Umfang der einbezogenen Geschäfte und die zeitliche Dimension unterscheiden sich die Ansatzpunkte der barwertigen Zinsbuchsteuerung wesentlich von denen einer mehrperiodigen Betrachtung der Entwicklung des periodischen Zinsergebnisses. Während eine vermögensorientierte Steuerung auf dem bestehenden Gesamtbank-Cash-Flow des Zinsbuches basiert, bezieht eine mehrperiodige Planung des Zinsergebnisses na-

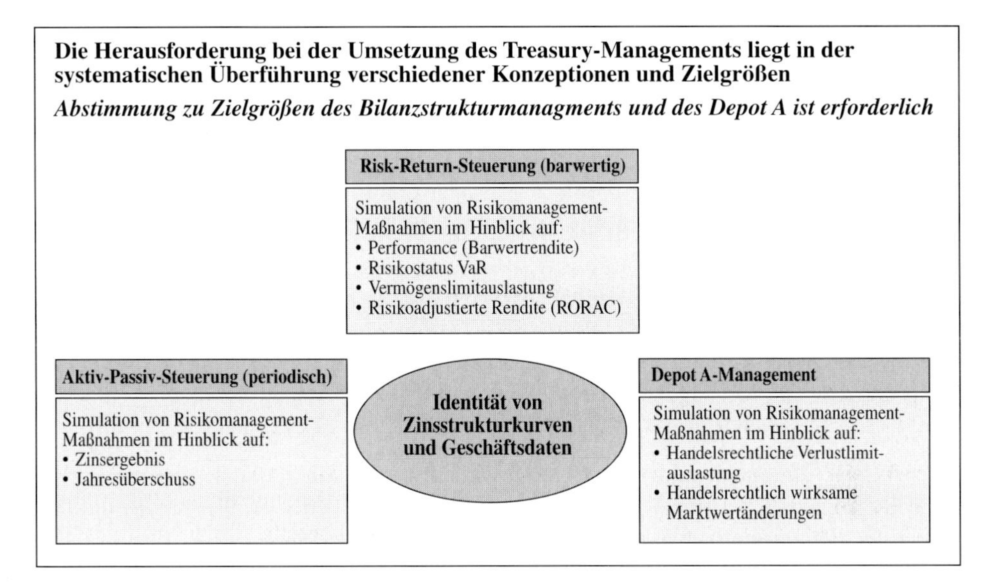

Abbildung 1: Dimensionen der Zinsrisikosteuerung

turgemäß auch die zukünftig anfallenden Neu-Geschäfte mit ihren Ergebniskonsequenzen ein. Auf diese Weise lassen sich die für das periodische Zinsergebnis relevanten Ergebniswirkungen aus auftretenden – geplanten – Strukturveränderungen in der Bilanz sowie die aus Festzinsabläufen resultierenden Effekte periodengerecht in der GuV abbilden. Die mit veränderten Geld- und Kapitalmarktsätzen einhergehenden Konditionsveränderungen im Kundengeschäft werden in einer mehrperiodigen Aktiv-Passiv-Steuerung schließlich über die produktspezifischen Elastizitäten abgebildet. Die periodische Steuerung stellt damit auf einen anderen Rahmen als die barwertige Zinsbuchsteuerung ab, was den Umfang der einbezogenen Geschäfte im Zeitablauf angeht, und sie berücksichtigt explizit die eintretenden Strukturveränderungen sowie Ergebniskonsequenzen aus zukünftigen Kundengeschäften.

Die Depot A-Steuerung in Kreditinstituten basiert grundsätzlich auf der gleichen konzeptionellen Basis wie die gesamtbankbezogene barwertige Zinsbuchsteuerung und orientiert sich an Markwertbetrachtungen, deren Erfolg entsprechenden Benchmarks gegenüberzustellen ist. Eine besondere Bedeutung gewinnt das Depot A-Management aus aufsichtsrechtlicher Sicht, da die aufsichtsrechtlichen Regelungen bei den Handelsgeschäften ansetzen, um Zinsänderungsrisiken in Kreditinstituten nach einheitlichen Standards zu quantifizieren und zu begrenzen. Zudem besitzen die Positionen des Depot A auch aus der handelsrechtlichen Sichtweise durch unterschiedliche Bewertungsvorschriften und -wahlrechte eine besondere Bedeutung für den periodischen Ergebnisausweis. Diese Aspekte rechtfertigen eine gesonderte Betrachtung des Depot A im Rahmen der Zinsrisikosteuerung.

Um ein effizientes Treasury-Management in Kreditinstituten aufzubauen, bei dem die Verantwortung für die Steuerung des gesamtbankbezogenen Zinsbuchs dem Treasury übertragen wird, wird eine Orientierung an barwertigen Zielgrößen die das eingegangene Ertrags- und Risikoprofil der Bank widerspiegeln unabdingbar. Aus diesem Blickwinkel dominiert eine konsequent vermögensorientierte Risk-Return-Steuerung auf Basis des Gesamtbank-Cash-Flows die anderen beiden Betrachtungsdimensionen der Zinsrisikosteuerung.

1.2 Instrumente zur barwertorientierten Zinsbuchsteuerung

Zur Optimierung der Steuerungsqualität des Zinsbuches in Kreditinstituten hat das zeb/rolfes. schierenbeck associates ein Programmpaket bestehend aus den Modulen zeb/cash.flow-manager und zeb/risk.return-manager entwickelt. Es basiert auf dem Barwertkonzept und entspricht den Anforderungen der Kreditwirtschaft und der Aufsichtsbehörden an eine sowohl Ertrags- als auch Risikoaspekte integrierende Steuerung des Zinsbuches.

Der zeb/cash.flow-manager generiert den für die barwertige Steuerung des Zinsbuches erforderlichen zinsrisikoäquivalenten Cash-Flow aller verzinslichen Bankgeschäfte auf Basis der durch die operativen Systeme zur Verfügung gestellten Daten.

Der zeb/risk.return-manager ermöglicht eine Performance- und Risikoanalyse für das gesamte Zinsbuch oder für abgegrenzte Portfolios. Dispositionsentscheidungen werden durch laufende Ergebnis- und Risikosimulationen unterstützt. Zudem wird durch einen dynamischen Risikolimitierungsansatz flankierend nachgehalten, inwiefern Vermögenslimite bereits ausgelastet sind und ob sich geplante Maßnahmen im Rahmen der freien Risikolimite noch realisieren lassen oder ob sie risikoreduzierend wirken.

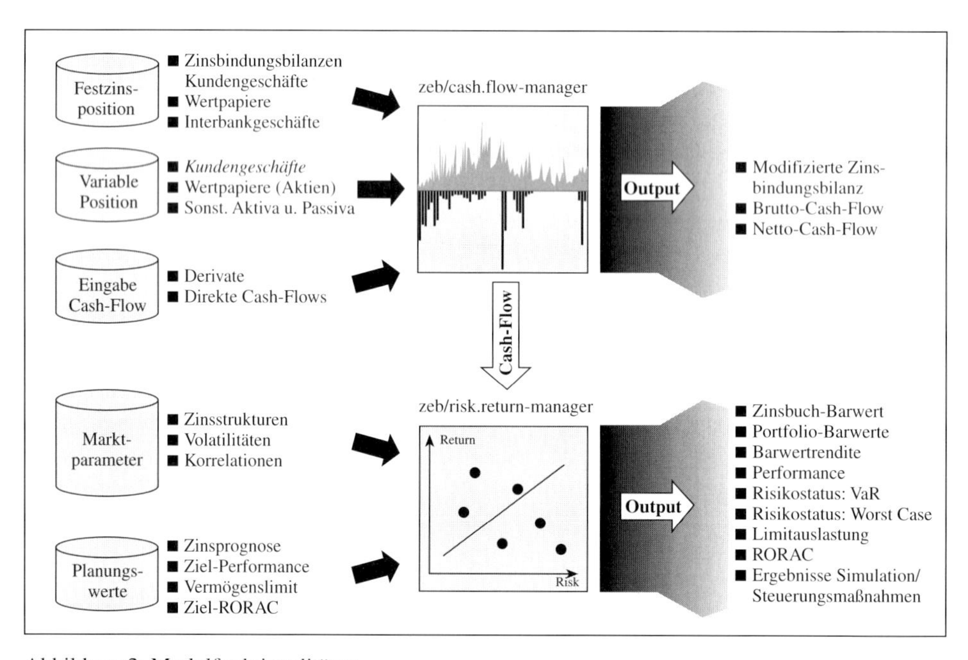

Abbildung 2: Modulfunktionalitäten

Grundfunktionalitäten dieser Module zur barwertigen Zinsbuchsteuerung sind in Abbildung 2 im Überblick dargestellt.

1.3 Strukturierung des barwertigen Steuerungsprozesses

Für eine adäquate Zinsrisikosteuerung ist es erforderlich, den komplexen Gesamtsteuerungsprozess zu strukturieren und in entsprechende Prozessschritte aufzuspalten.

Der erste Schritt setzt sich mit dem Prozess der Datengenerierung auseinander. Hier sind die gelieferten Rohdaten aus den diversen Vorsystemen so aufzubereiten, dass zinsrisikoäquivalente Cash-Flows ermittelt werden. Auf dieser Basis findet in einem zweiten Schritt eine Auseinandersetzung mit dem Cash-Flow-Profil der Gesamtbank bzw. ausgewählter Portfolios statt. Die Strukturen sind zu überprüfen und eine marktgerechte Bewertung der Vermögenswerte ist vorzunehmen. Auf diese Analyse des Cash-Flow-Profils baut die Risk-Return-Steuerung auf.

In einem dritten Schritt sind Performance-Analysen zu erstellen und es ist der Risikostatus des Zinsbuches zu quantifizieren. Auf Basis dieser Informationen ist es nun möglich, in einem vierten Schritt Steuerungsmaßnahmen zu entwickeln sowie deren Auswirkungen auf die Ertrags- und Risikosituation auf der Grundlage alternativer Zinsszenarien zu simulieren. Dabei ist eine strikte Limitüberwachung zu gewährleisten und ggf. sind limitentlastende Maßnahmen zu verabschieden. Für die weiterführende systematische Analyse bietet es sich in einem letzten Schritt an, die entscheidungsrelevanten Zielgrößen im Zeitablauf zu historisieren und ein steuerungsrelevantes Reporting aufzubauen.

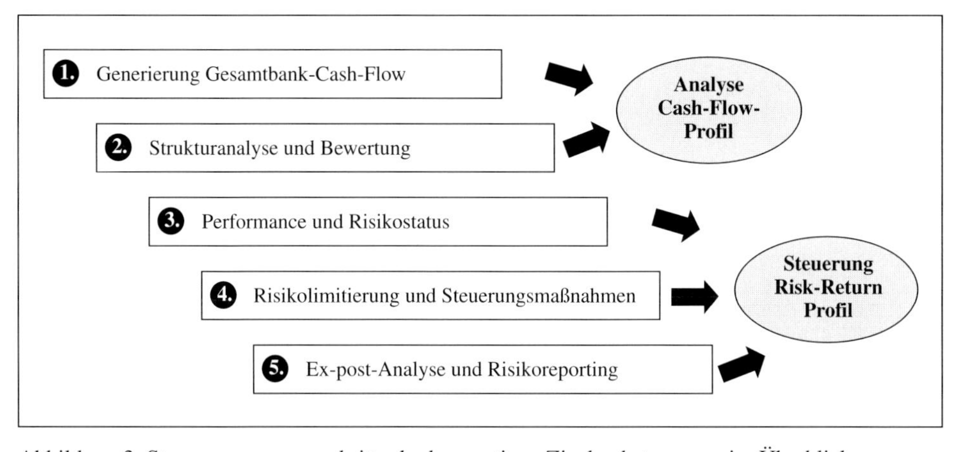

Abbildung 3: Steuerungsprozessschritte der barwertigen Zinsbuchsteuerung im Überblick

2. Steuerungsprozessschritte einer barwertigen Zinsbuchsteuerung

2.1 Generierung des Gesamtbank-Cash-Flows

Die Generierung des Cash-Flows aller zinstragenden Geschäfte und Aggregation zu einem Gesamtbank-Cash-Flow ist Ausgangspunkt für die barwertige Steuerung. Dazu ist es erforderlich, die durch das Institut zum Analysestichtag eingegangenen Geschäfte mit ihren zinsrisikoäquivalenten Cash-Flows abzubilden.

Als Datenquellen können hierfür grundsätzlich Zinsbindungsbilanzen, variable Bestände oder auch direkte Cash-Flows verwendet werden. Aufgrund ihrer fest determinierten Zins- und Tilgungszahlungen lassen sich für die klassischen Festzinsgeschäfte die korrespondierenden Cash-Flows unmittelbar kalkulieren. Für Produkte mit variabler Verzinsung bzw. mit unspezifizierten Tilgungsvereinbarungen hingegen sind weitere Parameter erforderlich, um zinsänderungsrisikoäquivalente Cash-Flows ableiten zu können. In der Praxis hat sich an dieser Stelle insbesondere die Generierung von Cash-Flows basierend auf dem Elastizitätskonzept oder die Verwendung gleitender Durchschnitte bewährt.

Grundsätzlich ist im Rahmen des Datengenerierungsprozesses dafür zu sorgen, dass sämtliche Steuerungssysteme auf einer einheitlichen Datenbasis aufbauen, um einen Abgleich der Ergebnisse in unterschiedlichen Dimensionen zu ermöglichen und die Generierung falscher Steuerungsimpulse zu vermeiden. Daher sollten die zur Verfügung stehenden Ba-

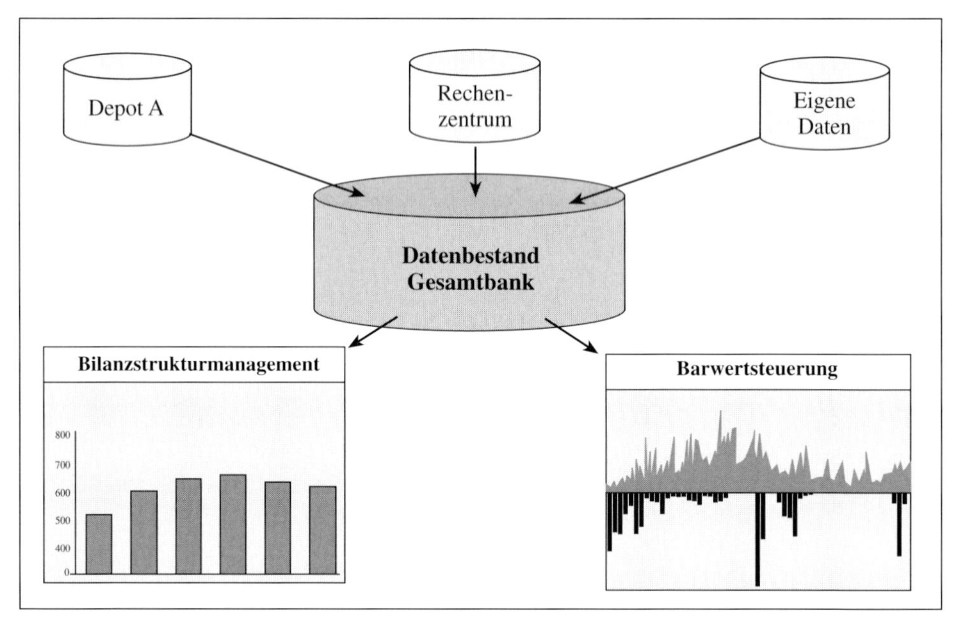

Abbildung 4: Konsistenz des Datenbestandes als Ausgangsvoraussetzung

sisdaten zunächst in einem zentralen Datenbestand zusammengeführt werden, um dann eventuell erforderliche Abstimmungen bzw. Korrekturen einheitlich vorzunehmen. Auf diese Weise werden Doppelarbeiten vermieden und es gelingt eine konsistente Datenplattform sowohl für die barwertige Zinsbuchsteuerung als auch für Analysen im Bilanzstrukturmanagement zu generieren.

Die für die unterschiedlichen Produkte kalkulierten parameterspezifischen Cash-Flows sind anschließend übergeordneten Portfolios und Bilanzpositionen zuzuordnen, um später auf aggregierter Ebene auch Aussagen über Performance und Risiken für einzelne Portfolios zu ermöglichen. Indem bereits hier eine Abgrenzung der Positionen mit eindeutig determinierten Cash-Flows von den Positionen, bei denen die Cash-Flow-Generierung auf Parametern basiert, vorgenommen wird, lassen sich im Rahmen der Cash-Flow-Analyse anschließend Validitätsbetrachtungen sehr strukturiert durchführen. Dabei kann die Sensitivität des Cash-Flow-Profils und des Gesamtbank-Barwertes auf Parameterveränderungen überprüft werden.

2.2 Strukturanalyse und Bewertung des Cash-Flow-Profils

Die Ergebnisse aus dem Datengenerierungsprozess sind im Anschluss in verschiedenen Dimensionen auszuwerten und zu analysieren:

Der Brutto-Cash-Flow dient als erste Orientierungsgröße zur Strukturanalyse des Zinsbuches, da er sämtliche zinsrisikoäquivalenten Zahlungsströme eines Kreditinstituts unsaldiert widerspiegelt. Für den Netto-Cash-Flow werden alle Zahlungen, die zum gleichen

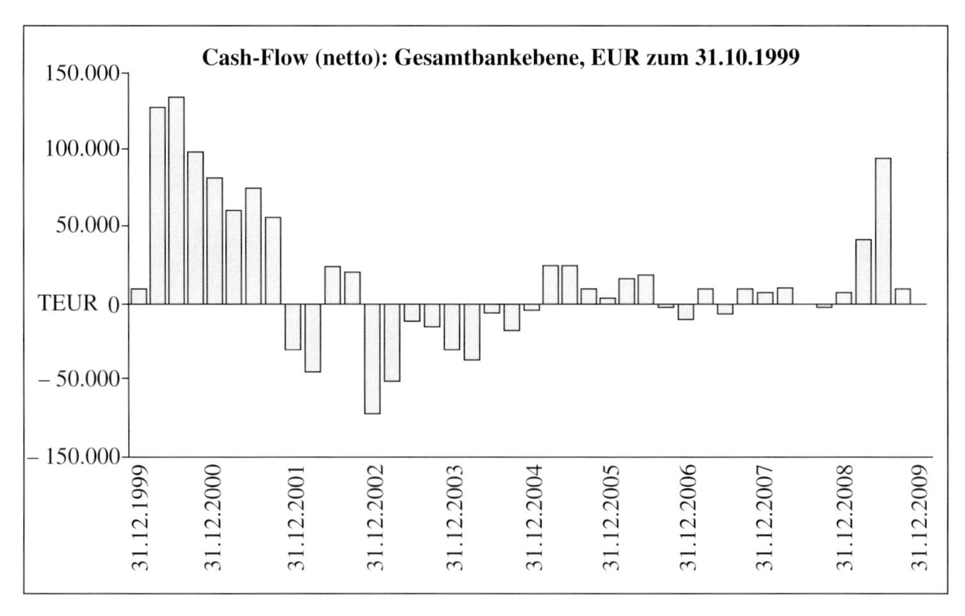

Abbildung 5: Netto-Cash-Flow des Zinsbuches

Zeitpunkt anfallen, zusammengeführt, um dadurch die Kompensationseffekte unter den einzelnen Aktiv- und Passivgeschäften zu berücksichtigen. Die verbleibenden Zahlungsstromspitzen eignen sich für eine differenzierte Analyse der aktuellen Risikosituation. Je ausgeprägter die Zahlungsstromspitzen sind und je weiter sie in der Zukunft liegen, desto größer ist das aus ihnen resultierende Zinsänderungsrisiko.

Zur weiteren Analyse des Zinsänderungsrisikos kann darüber hinaus auch eine modifizierte Zinsbindungsbilanz herangezogen werden, welche für jede Periode – getrennt nach Aktiva und Passiva – die Höhe des gebundenen Kapitals angibt. Im Gegensatz zur klassischen Zinsbindungsbilanz für Festzinsgeschäfte werden hier auch die variablen Geschäfte mit ihren unterstellten Kapitalbindungen einbezogen. Da bei dieser Darstellungsform die zugehörigen Zinszahlungen keine Berücksichtigung finden, diese jedoch ebenfalls mit einem Zinsänderungsrisiko behaftet sind, kann die modifizierte Zinsbindungsbilanz nur als zusätzliche Informationsquelle über die grundsätzliche Ausrichtung des Fristigkeitsprofils dienen.

Vor dem Hintergrund der aktuellen Zinsstruktur lassen sich nun für das gesamte Zinsbuch sowie für einzelne Portfolios die zugehörigen Barwerte bestimmen. Bei der Berechnung ist es möglich, die Zugehörigkeit von in den Portfolios enthaltenen Positionen zu verschiedenen Zinsmärkten sowie die für ein Institut individuell gültigen Geld-Brief-Spannen am Geld- und Kapitalmarkt zu berücksichtigen.

Die Differenz des Barwertes der aktivischen Cash-Flows von den passivischen Cash-Flows wird als Zinsbuch-Barwert zur zentralen Steuerungsgröße für die weiterführende Performance- und Risikoanalyse sowie für Steuerungsentscheidungen im Rahmen des Treasury-Management.

2.3 Ermittlung von Performance und Risikostatus

Die Steigerung des Zinsbuch-Barwertes im Zeitablauf allein reicht noch nicht aus, um die Dispositionsleistung eines Treasury positiv zu beurteilen. Zum einen sind von der Barwertentwicklung des gesamten Zinsbuchs die Konditionsbeitrags-Barwerte aus dem Neugeschäft zu separieren, zum anderen kann eine absolute Barwert-Steigerung an sich nicht als Treasury-Erfolg deklariert werden, da eine Mindestgewinnerwartung im Sinne eines Eigenkapitalverzinsungsanspruchs abzudecken ist.

Um die Treasury-Leistung beurteilen zu können, ist diese einer Benchmark gegenüberzustellen, die den absoluten barwertigen Erfolg relativiert. Als Vergleichsmaßstab kann ein risikoadäquater Performance-Index, wie zum Beispiel der REXPTM oder auch eine „sichere Verzinsung“ zum Beispiel mit Tagesgeld als Mindestgewinnerwartung definiert werden. Die Performance des Treasury sollte sich daher stets als barwertige Überrendite zwischen der tatsächlich eingetretenen Barwertentwicklung im Vergleich zur gewählten Benchmarkrendite im Betrachtungszeitraum bestimmen. In Abbildung 6 wird dieser Zusammenhang aufgezeigt.

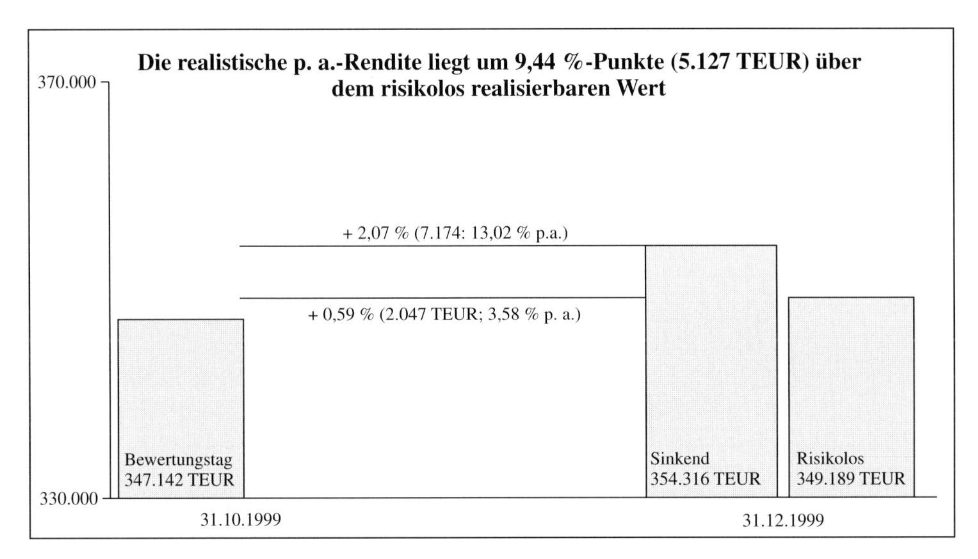

Abbildung 6: Performance-Simulation auf Basis eines individuellen Zinsszenarios

Relevant für den Dispositionserfolg des Treasury ist nicht allein die Steigerung des Ausgangsbarwertes im Bewertungszeitraum, sondern vielmehr der bessere Barwert am Bewertungsstichtag im Vergleich zum alternativen Benchmark-Ergebnis.

Mit Hilfe individueller Zinsszenarien, die zum Beispiel einen Best-, Real- und Worst-Case beschreiben, können Auswirkungen sich verändernder Zinsstrukturen auf die zukünftige Performance simuliert werden. Auf diese Weise lassen sich die Ertrags- und Risikopotenziale quantifizieren, die aus dem bestehenden Cash-Flow-Profil eines Kreditinstituts resultieren. Eine maßgebliche Voraussetzung hierfür ist jedoch, dass auch interne Prozesse und Zuständigkeiten zur Bestimmung der Hauszinsmeinung und der Szenarien definiert sind. Als Ausgangspunkt für die Herleitung und Beurteilung alternativer Zinsstrukturen empfiehlt es sich Forward Rates heranzuziehen. Diese Termin-Zinssätze sind als quasi Null-Linie besser als die aktuellen Zinssätze am Geld- und Kapitalmarkt für die Performance- und Zinsrisikoanalyse geeignet, da bei ihrem Eintreffen der Erfolg aus jeglicher Fristentransformation gerade null beträgt.

Um den aktuellen Risikostatus zu quantifizieren, bietet es sich an, neben individuellen Zinsszenarien, die die Risikobestimmung eher flankierend unterstützen sollten, eine Risikomessung auf Basis des Value-at-Risk-Konzeptes vorzunehmen. Hier wird das Risiko des Zinsbuches zum Beispiel im Rahmen eines Varianz-Kovarianz-Ansatzes aufgrund historischer Volatilitäten und Korrelationen und somit unabhängig von einer subjektiven Zinsprognose gemessen (vgl. Abbildung 7). Auf Basis eines vorgegeben Konfidenzniveaus wird der maximale Verlust innerhalb einer definierten Haltedauer bestimmt.

Mit einem Value-at-Risk-Ansatz wird die Messgüte der Risikosteuerung verbessert und auf eine statistisch fundierte, sich stetig aktualisierende Basis gestellt.

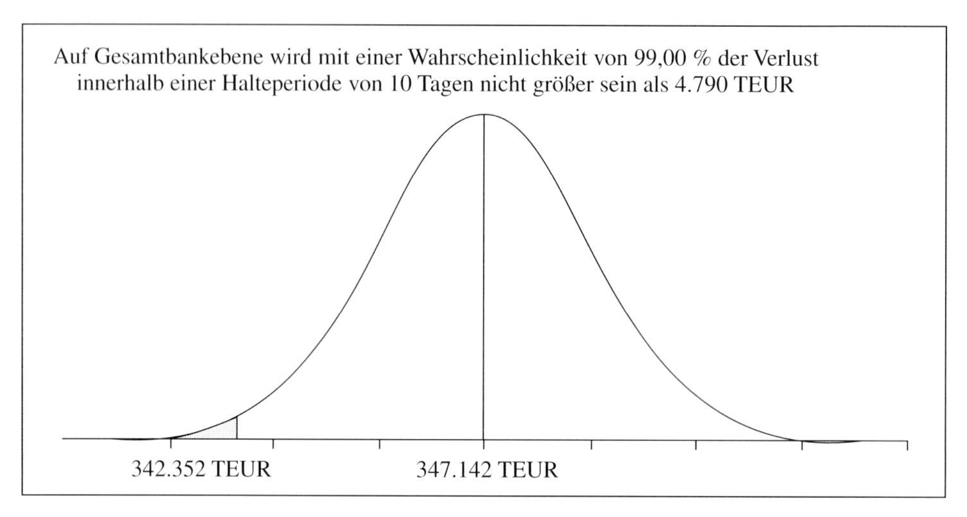

Abbildung 7: Value-at-Risk auf Basis eines Varianz-Kovarianz-Modells

Allein aus der Relation des gemessenen Risikos im Verhältnis zum Barwert des Zinsbuchs lässt sich an dieser Stelle aber noch keine abschließende Beurteilung des Risikostatus vornehmen. Eine adäquate Beurteilung der Risikosituation muss immer in einen umfassenderen Risikolimitierungsansatz eingebunden sein. Nicht die Risikoquantifizierung ist letztlich entscheidend sondern vielmehr die Auslastung des vorhandenen vermögensorientierten Risikolimits.

Eine Verbindung der Performance- und Risikomessung kann als integrierte Ertrags-/Risikomessung durch RORAC-Kennzahlen vorgenommen werden. Der RORAC (Return On Risk Adjusted Capital) setzt als risikoadjustierte Performance-Kennziffer die erwartete Überrendite ins Verhältnis zum eingegangen Risiko.

$$RORAC = \frac{Überrendite}{Risiko}$$

Die Überrendite ist die Differenz zwischen dem zukünftigen Barwert, der sich am Vergleichstag bei einem bestimmten Zinsszenario einstellen würde, und dem risikolos realisierbaren Ergebnis am Vergleichstag. Das Risikopotenzial kann wahlweise auf Basis eines Value-at-Risk-Ansatzes oder auf Basis eines subjektiven Worst-Case-Zinsszenarios berechnet werden. Um die Vergleichbarkeit zwischen Performance und Risiko zu gewährleisten, sollten beide Kenngrößen auf einen identischen Bezugszeitraum umbasiert werden.

Um die Vorteilhaftigkeit der Ausrichtung des Zinsbuchs zu beurteilen, wird ein Ziel-RORAC vorgegeben, der in der folgenden Abbildung 8 als Isoquante aus dem Ursprung des Performance-Risiko-Diagramms dargestellt ist.

Die simultane Einbeziehung von Performance- und Risiko-Zielgrößen bei der Beurteilung der Ausrichtung des Zinsbuches ist insbesondere bei der Diskussion um Steuerungsmaß-

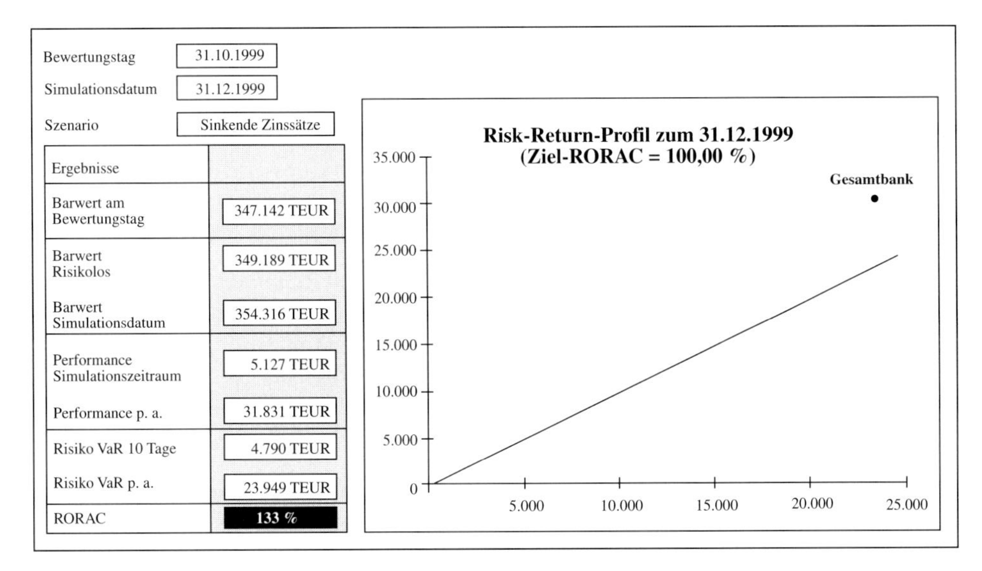

Abbildung 8: Risk-Return-Profil für das Zinsbuch

nahmen hilfreich, da sie eine Vergleichbarkeit der Performance unterschiedlicher Zinsbuch-Profile vor dem Hintergrund des eingegangenen Risikos schafft.

2.4 Risikolimitierung und Ableitung von Steuerungsmaßnahmen

Vor einer Diskussion um Steuerungsmaßnahmen, die der Zielsetzung nachgehen, sich entsprechend einer Zinsprognose möglichst performance-optimierend auszurichten, ist stets in einem ersten Schritt zu prüfen, ob aus Risikolimitierungssicht risikoreduzierende Maßnahmen erforderlich sind.

Da eine Bank grundsätzlich nicht verhindern kann, dass übernommene Risiken teilweise oder vollständig schlagend werden und damit zu Verlusten führen, ist im Rahmen eines Risikotragfähigkeitkalküls sicherzustellen, dass sich diese Verluste nicht existenzbedrohend auswirken. Nach Ermittlung des für den Belastungsfall zur Verfügung stehenden Risikodeckungspotenzials ist ein Gesamtrisikolimit durch den Vorstand zu beschließen und auf die einzelnen Geschäftsbereiche zu verteilen. Dies soll sicherstellen, dass Risiken nur in vordefinierten Spielräumen übernommen werden und damit für die Bank tragbar bleiben.

Die Limitierung im Rahmen der Zinsbuchsteuerung sollte dabei grundsätzlich vermögensorientiert gestaltet sein. Die Differenz aus Zinsbuchbarwert im Zeitpunkt der Limitfestlegung und dem Limit als maximal tolerierbarem Barwertverlust ergibt die Vermögensuntergrenze, die in einer festzulegenden Periode nicht unterschritten werden darf. Da das

Treasury im Rahmen seiner Disposition grundsätzlich auch die Möglichkeit besitzt, den gegenwärtigen Zinsbuchbarwert für die Laufzeit der Periode risikolos anzulegen, ist auch die Vermögensuntergrenze kontinuierlich im Zeitablauf zu erhöhen. Dies verhindert, dass das Treasury allein durch die risikolose Verzinsung des Zinsbuchbarwerts das ihm zugeteilte Limit ausweiten kann. Die stetige Erhöhung der Vermögensuntergrenze mit dem risikolosen Zinssatz stellt in diesem dynamischen Limitierungskonzept sicher, dass am Jahresende das zu Beginn geplante Mindestvermögen erreicht wird.

Um die laufende Limitauslastung nachzuhalten, ist zu jedem Zeitpunkt durch das Risikocontrolling zu überprüfen, ob der bestehende Zinsbuchbarwert abzüglich des aktuellen Value-at-Risk als Verlustpotenzial die festgelegte Vermögensuntergrenze bereits unterschreitet. In diesem Fall wären alle Positionen glattzustellen und der sich daraus ergebende Barwert als Kassenbestand bis zum Ende der Periode risikolos anzulegen.

In diesem dynamischen Limitierungsansatz wird somit der Verzinsungsanspruch an das Treasury erfasst, bereits eingetretene negative Barwertänderungen des Zinsbuchs werden berücksichtigt und das bestehende Risikopotenzial wird über die laufende Value-at-Risk-Messung adäquat einbezogen.

Sind das Risiko und die Limitauslastung des Gesamtbank-Cash-Flows moderat, werden keine Hedgemaßnahmen aus Limitierungsgründen erforderlich. Also kann nun unter Berücksichtigung alternativer Zinsprognosen untersucht werden, wie das Zusammenwirken von Zinsstruktur und Cash-Flow-Profil den Barwert des gesamten Zinsbuchs verändert. Vor dem Hintergrund einer realistischen Zinsstrukturprognose des Instituts ist eine vorteilhafte Strategie zu identifizieren.

Grundsätzlich ist die Fristigkeitsstruktur eines Kreditinstituts entsprechend der Hauszinsmeinung auszurichten. Die Gegenüberstellung von Forward Rates und Zinsprognose lässt die Risikopotenziale und Performance-Chancen erkennen. Werden beispielsweise im Vergleich zu den Forward Rates niedrigere Zinsen erwartet, so führt ein Aktivüberhang der

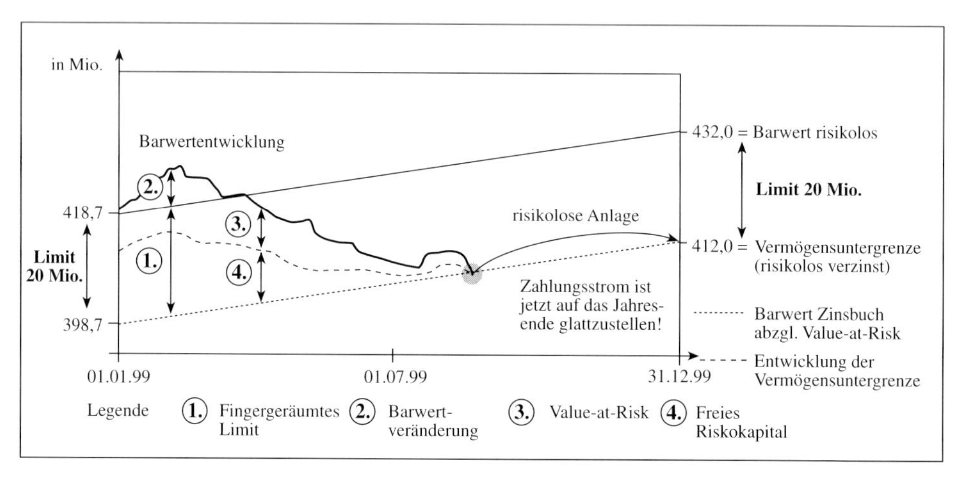

Abbildung 9: Komponenten eines vermögensorientierten Limitsystems

Zinsbindungen zu positiven Fristentransformationserfolgen. Die Gestaltung des Cash-Flow-Profils kann zum Beispiel durch entsprechende Swap-Geschäfte realisiert werden. Die Auswirkungen verschiedener Steuerungsmaßnahmen sind in einer Bandbreite von Zinsstrukturszenarien im Hinblick auf die Optimierung der Zielgrößen Performance, Risikolimitauslastung und RORAC zu simulieren.

Einer durch Abschluss von Steuerungsmaßnahmen erhöhten Performance ist gleichzeitig das durch die neue Zahlungsprofilstruktur verursachte Risiko gegenüberzustellen. Hierbei lässt sich über die zugehörigen RORAC-Kennzahlen die Vorteilhaftigkeit der geplanten Maßnahmen relativ zum Risiko beurteilen.

Gleichzeitig müssen sich die Steuerungsmaßnahmen auch vor dem Hintergrund der Risikotragfähigkeit rechtfertigen lassen, das heißt es ist insbesondere darauf zu achten, dass eine tatsächliche Durchführung nicht zu einer Überschreitung des eingeräumten Limits führt. Dazu ist es erforderlich das jeweils aktuelle Verlustpotenzial unter zusätzlicher Berücksichtigung der alternativen Steuerungsmaßnahmen zu simulieren und die daraus resultierende Limitauslastung zu überprüfen. Durch diese Vorgehensweise wird die flankierende Einhaltung des vorgegebenen Vermögenslimits explizit berücksichtigt.

2.5 Ex-post-Analyse und Risikoreporting

In einem regelmäßigen Reportingzyklus ist die vergangene Entwicklung von Zinsbuchbarwert, Benchmark, Performance, Risikostatus, risikoadjustierten Kennziffern sowie der Limitauslastung gegenüberzustellen und zu analysieren.

Neben den vermögensorientierten Zielgrößen sollten in einem monatlichen Entwicklungsreporting auch die aufgezeigten anderen Steuerungsdimensionen Berücksichtigung finden. Dabei sind zum einen für die GuV-Planung die Veränderung des periodischen Zinsergebnisses sowie Abschreibungserfordernisse aus der Entwicklung des Depot A darzustellen. Zum anderen sollte auch die Entwicklung des Eigenhandels mit entsprechenden Performance-Kennziffern abgebildet werden. Die Auswertung geht den Vorständen sowie dem Dispositionsausschuss zu und dient als Entscheidungsgrundlage bei der Generierung von Steuerungsmaßnahmen.

3. Schlussbemerkungen

Die sukzessive Verbreitung des Barwertkonzepts im Bankensektor macht eine periodenorientierte Steuerung keinesfalls überflüssig. Auch wenn sich aufsichtsrechtliche Risikonormen zunehmend internen betriebswirtschaftlichen Modellen öffnen, so verbleibt dennoch eine starke Orientierung an handelsrechtlichen Größen, die daher ebenfalls bei der Steuerung der Risiken zu beachten sind. Aus diesem Grund muss auch ein Institut mit barwertiger Steuerungsphilosophie fundierte Informationen darüber haben, wie sich die bestehenden Risikopotenziale sowie die geplanten Steuerungsmaßnahmen in Bilanz und Gewinn- und Verlustrechnung niederschlagen.

Vor diesem Hintergrund sollte das optimale Steuerungskonzept eine kombinierte Betrachtung von periodischen und barwertigen Erfolgsgrößen enthalten, wobei die barwertige Größe als die primär steuerungsrelevante, die periodische als strenge Nebenbedingung angesehen wird.

Umsetzungshürden bei der praktischen Realisierung eines Ansatzes, der barwertige und periodische Steuerung integriert, ergeben sich regelmäßig dadurch, dass

- die primäre Steuerungsgröße Barwert weniger greifbar ist und daher oft ein gewisses Misstrauen besteht, diese als oberste Zielgröße in der Steuerung zu akzeptieren,
- die Ergebnisse von barwertiger Analyse und periodischer Simulation nicht sichtbar im Einklang oder sogar scheinbar im Widerspruch stehen können,
- es an einer nachvollziehbaren Überführung der barwertigen Steuerungsgrößen in eine periodische Betrachtung mangelt.

Um die barwertige Steuerungsdimension mit ihren vermögensorientierten Zielgrößen in Instituten einzuführen, sollte daher das entsprechende Know-how schrittweise aufgebaut werden, um eine Vertrautheit mit den neuen Steuerungsimpulsen langsam aufzubauen. Die bestehenden, in der Regel periodisch ausgerichteten Ansätze sind beim Einführungsprozess der Barwertsteuerung bzw. dem Aufbau eines Treasury-Managements nicht einfach – wie es manchmal eher ultimativ gefordert wird – abzulösen, sondern besitzen vielmehr weiterhin ihre Bedeutung im Rahmen einer integrierten Betrachtung.

Barwertige und periodenorientierte Steuerung stellen keine Gegensätze dar, da sich die Ergebnisse beider Konzeptionen auf der Zeitachse bei gleichzeitiger Berücksichtigung von Neugeschäften aus der Bilanzstrukturplanung ineinander überführen lassen. Letztendlich kann die komplette GuV als verzögerter Ausweis barwertiger Erfolge dargestellt werden.

E. Geschäftsbereichscontrolling

Claudia B. Wöhle

Controlling im Vermögensverwaltungsgeschäft

1. Vermögensverwaltung als Geschäftsfeld von Banken

Das Vermögensverwaltungsgeschäft gehört zum sogenannten Dienstleistungsgeschäft der Banken, das nicht in der Bankbilanz erfasst wird. Die Hauptertragsquelle stellen die Provisionserträge dar, die durch die Anlage von fremden Geldern im Namen der Kunden erzielt werden.[1] Konkret umfasst die Vermögensverwaltung die folgenden vier Grundfunktionen:[2]

1. Gesamtplanung der Geldanlage
2. Umsetzung des Plans durch den Erwerb von Kapitalanlagen
3. Verwaltung des Portfolios von Kapitalanlagen
4. Planung der Ertragsentnahme und die spätere Liquidierung von Vermögenswerten

Das Vermögensverwaltungsgeschäft der Banken hat im Laufe der Zeit einen steten Wandel vollzogen. In vergangenen Zeiten stand der einzelne Privatkunde mit seinem (Finanz-) Vermögen im Mittelpunkt. Die Privatbankiers als persönlich haftende Gesellschafter einer Bank berieten die vermögenden Privatkunden in allen Vermögensfragen. Mit der Entwicklung der Modernen Portfolio-Theorie ist die Vermögensverwaltung zu einem Produkt geworden, das in Form von professionell geführten Portfolios dem Kunden verkauft wird. Im Zuge dessen hat die Kollektivierung von Anlagevermögen an Bedeutung gewonnen.

Von daher teilt sich das Vermögensverwaltungsgeschäft der Banken in Bezug auf die Kundenbasis in zwei Bereiche auf: Das *Private Banking* lässt sich in allgemeiner Form als das Bankgeschäft mit den vermögenden Privatkunden umschreiben, in dessen Rahmen sämtliche Finanzdienstleistungen und die damit verbundenen Beratungs- und unterstützenden Zusatzdienstleistungen zur Erfüllung der speziellen Bedürfnisse dieser anspruchsvollen Kundengruppe bereitgestellt werden.

Kunden des *Institutionellen Asset Managements* sind juristische Personen mit Anlagebedarf, also Banken, Versicherungen, Pensionskassen, Anlagefondsgesellschaften und Ausgleichskassen, um nur die wichtigsten zu nennen. Die Geschäftstätigkeit dieser Institutionen umfasst die Kollektivierung der Anlagebeträge von (Privat-)Personen zum Zwecke der Anlage mit der Verpflichtung, spätere Ansprüche aus dem Vermögen zu decken.

Während der vermögende Privatkunde eigenverantwortlich nach seinen persönlichen Bedürfnissen vorgeht, handelt der Kunde im Institutionellen Asset Management im Namen einer Institution, deren Richtlinien in der Anlagepolitik einzuhalten sind und gegenüber der in regelmäßigen zeitlichen Abständen Rechenschaft abzulegen ist.[3] Damit verbunden ist der institutionelle Anleger tendenziell risikoaverser, was sich in einer geringeren Toleranz gegenüber einer höheren Volatilität bzw. gegenüber Volatilitätsschwankungen und in

1 Vgl. Schierenbeck/Hölscher 1998, S. 323 f. und S. 560 ff.

2 Vgl. Spremann 1999, S. 144.

3 Vgl. Wertschulte 1995, S. 65 f.

der schnelleren Reaktion auf negative Entwicklungen der Anlagen zeigt.[4] Des Weiteren ist für institutionelle Investoren die globale Anlagestrategie von Bedeutung. Der Privatkunde kann jedoch eher die Entscheidungen über den Kauf einzelner Titel nachvollziehen, die in den Bereich der Umsetzung der Anlagestrategie fallen, weshalb sein diesbezügliches Interesse größer ist.[5] In jüngerer Zeit hat sich das Anlagespektrum im Private Banking erweitert, so dass in ganzheitlichen Vermögensberatungskonzepten neben dem Finanzvermögen Immobilien, Kunstgegenstände, Antiquitäten, direkte Unternehmensbeteiligungen, Rohstoffe etc. als Anlagemöglichkeiten einbezogen werden. Des Weiteren wird die Beratung zur Lösung mehr oder weniger spezifischer Fragestellungen in den Bereichen Steuern, Vorsorge und Erbschafts-/Nachlassregelungen angeboten. Letztere können zur Unterstützung bei der Gründung von Stiftungen, privaten Vermögensverwaltungsgesellschaften und Trusts führen.

In der von Vertrauen und Diskretion geprägten Kundenbeziehung im Private Banking legt der Privatkunde Wert auf die individuelle Betreuung und Beratung, wohingegen seine Performance-Orientierung weniger stark ausgeprägt ist als die des institutionellen Anlegers. Im Institutionellen Asset Management ist die Kundenbeziehung durch Professionalität gekennzeichnet, wobei die Konditionen stark an der erzielten Performance ausgerichtet sind.[6] Die Anlagebeträge im Institutionellen Asset Management sind mit zwei- bis dreistelligen Millionenbeträgen in der Regel höher als im Private Banking, in Verbindung damit sind die Volumina für Wertschriftentransaktionen entsprechend höher.

Insgesamt kann festgestellt werden, dass sich die Grenzen und Unterschiede bezüglich der Anlageziele und des Kundenverhaltens zwischen beiden Kundengruppen zunehmend verwischen, je höher das Vermögen der Private Banking-Kunden (= Ultra High Net-Worth Individuals[7]) ist.

Das Vermögensverwaltungsgeschäft wie oben kurz charakterisiert kann zum einen als bankbetriebliches Geschäftsfeld verstanden werden. Entsprechend werden bei den global tätigen Universalbanken in der Regel die Geschäftsbereiche Private Banking und Institutionelles Asset Management unterschieden. Des Weiteren lassen sich so die Geschäftstätigkeiten von ausschließlich im Vermögensverwaltungsgeschäft tätigen Banken umschreiben.

Wie im Bankgeschäft generell hat sich auch im Vermögensverwaltungsgeschäft der Banken die strategische Ausrichtung von einer alleinigen Volumen- und Größenorientierung hin zu einer stärkeren Betonung von Rentabilität und Wertgenerierung gewandelt. Strategische Programme beinhalten Maßnahmen wie die stärkere Segmentierung der Kundenbasis mit besonderer Betonung des Lebenszykluskonzeptes im Privatkundengeschäft, verbessertes Kostenmanagement, insbesondere auch im Back Office-Bereich, Einsatz von

4 Vgl. Cramer 1995, S. 5 f.

5 Vgl. Odier 1996, S. 74 f.

6 Vgl. Aichinger 1995, S. 105 f.

7 Als Ultra High Net-Worth Individuals (U-HNWIs) werden Privatpersonen mit disponiblen und damit bankfähigen (Netto-)Vermögenswerten von mindestens 30 Mio. USD bezeichnet. Vgl. Merrill Lynch/Gemini Consulting 2000.

Benchmarking-Konzepten zur Produktivitäts- und Qualitätssteigerung, Ausbau der Performance-Messung und des Reportings, Nutzung der Möglichkeiten der Informations- und Kommunikationstechnologie, insbesondere des Internets. Zur Unterstützung dieser Maßnahmen, die ganz im Zeichen der Ertragsorientierten Banksteuerung[8] stehen, ist das Controlling entsprechend auszubauen. Ansatzpunkte hierzu sollen im Folgenden aufgezeigt werden, wobei zunächst das Geschäftsfeld insgesamt und in einem zweiten Schritt das Portfoliomanagement im Speziellen betrachtet werden.

2. Geschäftsfeldbezogenes Controlling

2.1 Grundzüge der ROI-Analyse im Vermögensverwaltungsgeschäft

Unabdingbare Voraussetzung für eine ertragsorientierte Steuerung der Rentabilität im Vermögensverwaltungsgeschäft ist ein *integriertes Kennzahlensystem*, mit dessen Hilfe die sachlogischen Zusammenhänge zwischen der Eigenkapitalrentabilität (= Return on Equity) als oberste Ziel- und Steuerungsgröße und deren beeinflussenden Determinanten transparent gemacht werden. Mit der ROI-Analyse steht ein Instrument zur Verfügung, das unter Verwendung der in den geschäftsbereichsbezogenen Management-Rechnungen ausgewiesenen Ergebnisgrößen die Erklärung der Eigenkapitalrentabilität ermöglicht und zudem für Planungszwecke eingesetzt werden kann.[9]

Dabei erfolgt die Kennzahlenbildung durch die Bezugnahme der verschiedenen Ertrags, Aufwands- und Ergebnisgrößen – bis auf die Eigenkapitalrentabilität – auf das *Geschäftsvolumen*. Da im Vermögensverwaltungsgeschäft der Schwerpunkt des Geschäftes im außerbilanziellen Bereich liegt, die Ergebnisbeiträge, insbesondere das Provisionsergebnis, also maßgeblich durch die anvertrauten Vermögenswerte erzielt werden, ist als Geschäftsvolumen das durch die Bank *betreute Kundenvermögen bzw. die Assets under Management and Administration* (= AMA) anzusetzen, um so den Zusammenhang zwischen den Ergebnisgrößen und der verursachenden Geschäftsvolumengröße adäquat abzubilden.

Im ROI-Grundschema für das Vermögensverwaltungsgeschäft[10] wird zunächst der *Bruttoertrag*, bestehend aus Zins-, Provisions-, Handels- sowie dem übrigen ordentlichen Ergebnis auf das betreute Kundenvermögen bezogen. Auf der Aufwandsseite werden sowohl der Personal- und Sachaufwand einschließlich Abschreibungen auf das Anlagevermögen als auch die Risikoaufwendungen zum *Gesamtaufwand* zusammengefasst und mit der Division durch das betreute Kundenvermögen relativiert. Ein solcher Gesamtausweis der Aufwendungen ist mit der untergeordneten Bedeutung der Risikoaufwendungen im Vermö-

8 Vgl. Schierenbeck 1999a und 1999b.
9 Vgl. Schierenbeck 1993, S. 5 sowie Schierenbeck 1999a, S. 412 ff.
10 Vgl. Schierenbeck 1998, S. 34 ff.

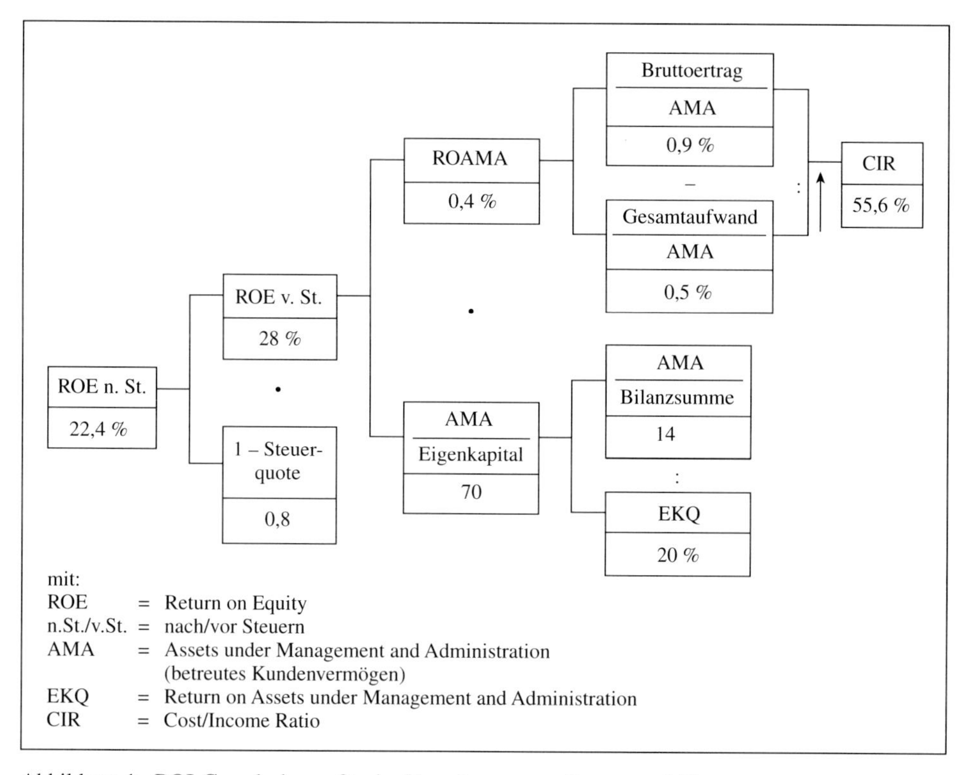

Abbildung 1: ROI-Grundschema für das Vermögensverwaltungsgeschäft

gensverwaltungsgeschäft zu begründen. Wird der relative Gesamtaufwand auf die Erträge bezogen, ergibt sich die Cost/Income Ratio, die aufgrund ihrer Bedeutung separat im Schema ausgewiesen wird.

Aus der Zusammenführung von Erträgen und Gesamtaufwendungen, jeweils bezogen auf das betreute Kundenvermögen, resultiert der relative Reingewinn als *Return on Assets under Management and Administration* (= ROAMA). Um zur Eigenkapitalrentabilität (= ROE) vor Steuern zu gelangen, wird der ROAMA mit der Kennzahl *„betreutes Kundenvermögen zu Eigenkapital"* multipliziert. Durch die Korrektur um den *Steuerfaktor* (= 1 – Steuerquote) ergibt sich aus der ROE vor Steuern schließlich die geschäftsbereichsbezogene *Eigenkapitalrentabilität nach Steuern*. In Abbildung 1 ist das soeben hergeleitete, für das Vermögensverwaltungsgeschäft modifizierte ROI-Grundschema unter Verwendung von Beispielzahlen dargestellt.

Neben der Analyse der Daten aus veröffentlichten Management-Rechnungen von Finanzinstituten für die Geschäftsbereiche „Private Banking" bzw. „Institutional Asset Management" kann das hergeleitete Schema auch zur Auswertung der Jahresabschlüsse von im Vermögensverwaltungsgeschäft tätigen selbständigen Banken herangezogen werden. Für diesen Fall lässt sich die Kennzahl „AMA/Eigenkapital" in die Kennzahlen „AMA/Bilanzsumme" und „Eigenkapitalquote" aufspalten.

Mit Hilfe von *Daten des internen Rechnungswesens* ist für den eigenen Geschäftsbereich eine weitere Aufspaltung der Ertrags- und Aufwandskomponenten möglich, so dass sich auf Basis der Daten der Einzelgeschäftskalkulation kunden-, produkt- und vertriebswegebezogene Auswertungsrechnungen vornehmen lassen. Hierfür sind Kalkulationsinstrumente wie die Marktzinsmethode für Zinsergebnisbeiträge, die prozessorientierte Standard-Einzelkostenrechnung für die Kalkulation der Betriebskosten und eventuell eine Standard-Risikokostenkalkulation anzuwenden.[11]

2.2 Planung und Kontrolle des Geschäftsfeldergebnisses

Neben der Erklärung der Ist-Rentabilität und deren Vergleich mit historischen Daten im Zeitvergleich und mit Daten der Konkurrenz kann das Kennzahlensystem auch zu Planungszwecken eingesetzt werden. Somit lassen sich im Rahmen des institutionalisierten Controlling-Zyklus Ergebnisgrößen für das Vermögensverwaltungsgeschäft planen.

Aufgabe der Gesamtbanksteuerung ist u. a. die Zuweisung von Risikokapital für die Geschäftsbereiche und die Formulierung von risikoadjustierten Ergebnisanforderungen. Die entsprechenden Zielgrößen für das Vermögensverwaltungsgeschäft stellen dann die maßgeblichen Planungsgrößen dar, von denen im Planungs- und Kontrollzyklus auszugehen ist. So lässt sich aus der auf Gesamtbankebene für den Geschäftsbereich geplanten Ziel-Eigenkapitalrentabilität mit Hilfe der Plan-Größe für die betreuten Kundenvermögen die Zielgröße Return on Assets under Management and Administration (= Ziel-ROAMA) ableiten.[12]

Neben dem Return on Assets under Management and Administration ist die *Cost/Income Ratio* die zweite zentrale Zielgröße für die Rentabilitätssteuerung im Vermögensverwaltungsgeschäft, die eine Aufspaltung des ROAMA in Ertrags- und Aufwandsgrößen erlaubt. Abbildung 2 zeigt die Zusammenhänge anhand eines Beispiels für das Geschäftsfeld Private Banking auf.

Zunächst wird die *Ertragsseite* betrachtet, wobei in der Planung auf kundenbezogene Ergebnisgrößen abgestellt wird, da der Kunde die maßgebliche Ertragsquelle darstellt. Unter der Annahme eines durchschnittlichen Depotvolumens pro Kunde in Höhe von 1,25 Mio. CHF resultiert ein Ziel-Bruttoertrag pro Kunde von 15 625 CHF. Dieser Bruttoertrag setzt sich aus den geplanten Provisionserträgen für die Depotverwahrung und -administration, die Ausführung von Wertschriftentransaktionen, Verwaltungs- und Beratungsmandate, Treuhandgeschäfte, Kontoführung und Zahlungsverkehr zusammen. Weitere Ertragskomponenten resultieren aus dem zinsabhängigen Geschäft und dem Devisen- und Edelmetallhandel.

Weitere Zielgrößen für den durchschnittlichen Ertrag pro Kunden sind ableitbar, wenn man sich nach Abzug sonstiger Erträge ausschließlich auf die Provisionserträge im Wert-

11 Vgl. Schierenbeck 1999a, S. 290 ff.

12 Vgl. Wöhle 1999, S. 186 ff.

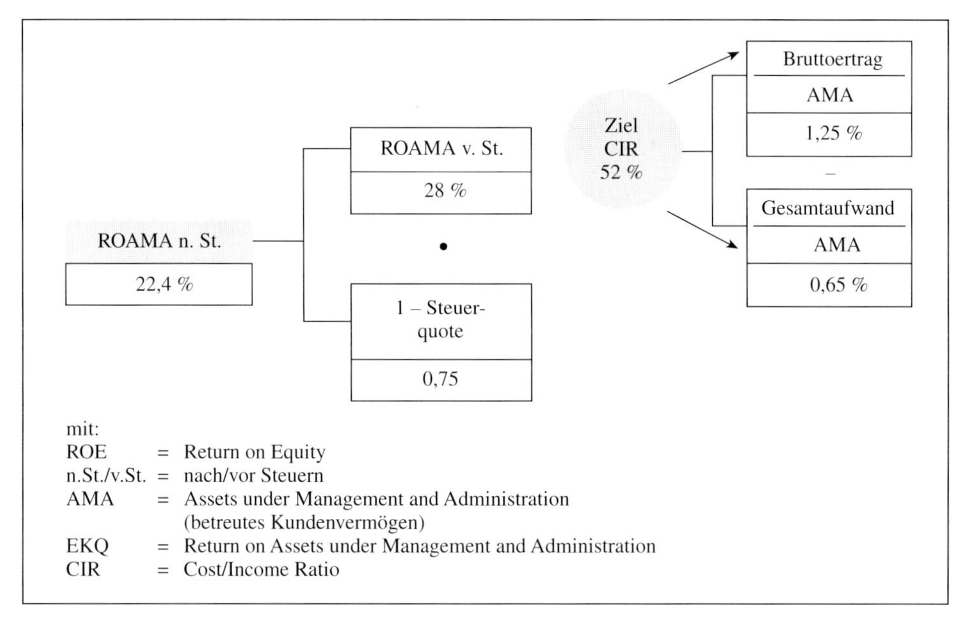

Abbildung 2: Zielgrößen für Bruttoertrag und Gesamtaufwand bezogen auf das betreute Kundenvermögen

schriftenanlagebereich als zentrale Ertragskomponente konzentriert. Sieht man einen Beitrag von 30 % für sonstige Erträge vor, so ist ein Bruttoertrag aus dem Provisionsgeschäft in Höhe von 10 940 CHF (= 15 625 · (1 – 0,3) anzustreben.[13]

Über den Zusammenhang, dass mit einem Depot ein bestimmter Umsatz verbunden ist, dessen Höhe im Wesentlichen vom Investmentstil abhängt, kann die Aufteilung der 10 940 CHF in transaktionsabhängige und transaktionsunabhängige bzw. depotvolumenabhängigen Gebühren für Wertschriftenanlagen vorgenommen werden. Abbildung 3 zeigt für einen als Durchschnitt angenommenen Umsatz in Höhe von 50 % bezogen auf des Depotvolumen beispielhaft eine mögliche Variante der Aufteilung der Gebühren. Annahmegemäß beträgt das Transaktionsvolumen (Summe aus Wertschriftenkäufen und -verkäufen) pro Kunde im Durchschnitt 625 000 CHF, das sich aus 10 Aufträgen mit einem durchschnittlichen Transaktionsvolumen in Höhe von 62 500 CHF zusammensetzen soll. Es wird unterstellt, dass die transaktionsvolumenbezogene Gebühr 0,8 % beträgt. Dies führt zu einer Aufteilung der transaktionsunabhängigen zu -abhängigen Gebühren 54 % zu 46 %.

Die Aufspaltung der Erträge im Wertschriftenanlagebereich kann hier nur ansatzweise dargestellt werden. Eine im Weiteren durchzuführende detailliertere Betrachtung setzt weitere Plan-Daten über die Verteilung der Kundenvolumina nach Größenklassen und die dazugehörigen Transaktionsvolumina voraus. Sind Plan-Größen hinsichtlich des Volu-

13 Es handelt sich hier um Durchschnittsgrößen über die gesamte Kundenbasis.

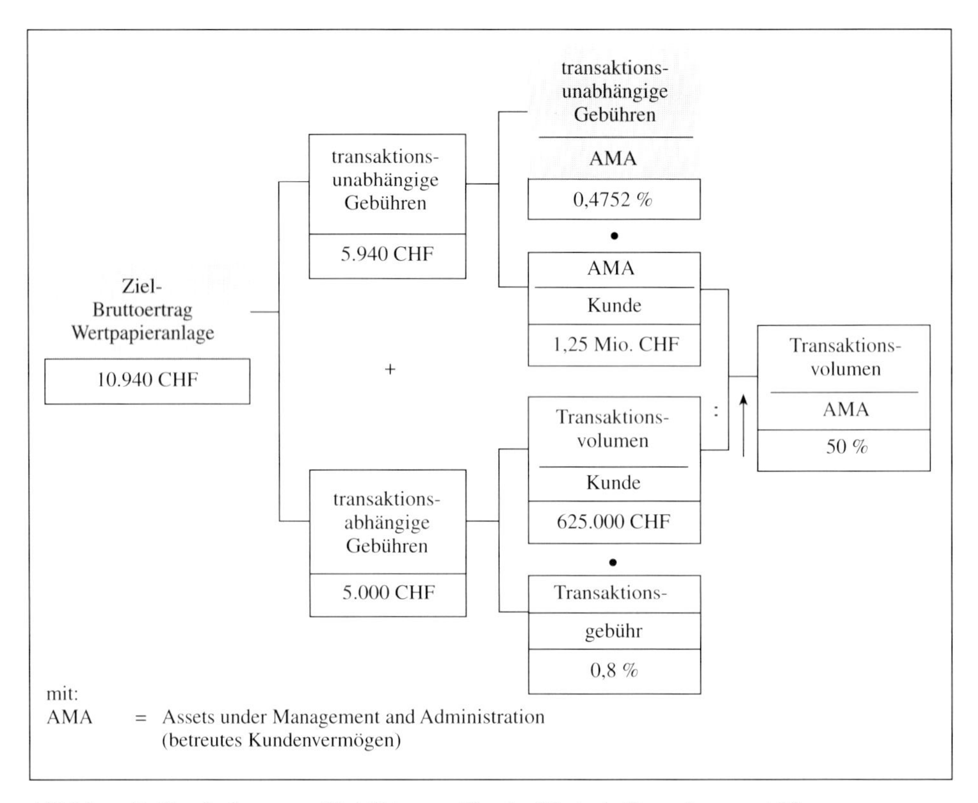

Abbildung 3: Kundenbezogene Ziel-Ertragsgrößen im Wertschriftenanlagegeschäft

men- und Mengengerüsts im Kundengeschäft pro Kundensegment gegeben, kann mit Hilfe von Simulationen unter Berücksichtigung von Preissensitivitäten der Kunden die Konditionengestaltung vorgenommen werden, mit dem Ziel, den insgesamt erforderlichen Bruttogewinn im Kundengeschäft zu erreichen.

In Abbildung 4 wird für das Beispiel die *Aufspaltung des Aufwands* vorgenommen. Setzt man den Ertrag aus dem Kundengeschäft bezogen auf das betreute Kundenvermögen mit 1,25 % als fix an, so stellt die Gesamtaufwandsspanne in Höhe von 0,65 % eine Obergrenze im Sinne des Target Costing für die Realisation der Cost/Income Ratio von 52 % dar. In diesem Sinne sind die daraus ableitbaren Aufwendungen für die Bereiche Kundenbetreuung, Leistungserstellung und Overhead ebenfalls als Zielkosten zu interpretieren, die nicht überschritten werden dürfen.

Da die Aufwendungen maßgeblich durch die Mitarbeiter bestimmt werden, erfolgt die weitere Aufspaltung der Aufwandsgrößen mitarbeiterbezogen. Unter der Annahme, dass das betreute Vermögen pro Kundenbetreuer 110 Mio. CHF beträgt, ergeben sich Ziel-Aufwendungen pro Kundenbetreuer in Höhe von 715 000 CHF. Eine weitere Aufspaltung dieser Aufwendungen im Bereich der Kundenbetreuung könnte durch die Unterscheidung von Personal- und Sachaufwendungen vorgenommen werden.

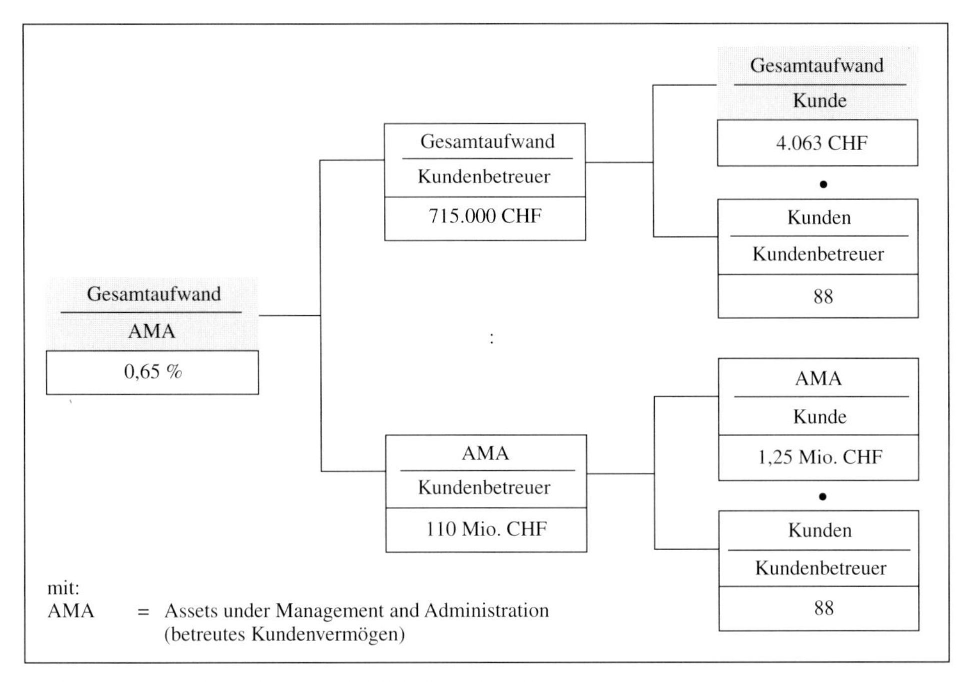

Abbildung 4: Mitarbeiterbezogene Ziel-Aufwandsgrößen

Die Kennzahl betreutes Kundenvermögen pro Kundenbetreuer ergibt sich aus der Planung der von jedem Kundenbetreuer zu betreuenden Kunden – hier 88 – in Verbindung mit dem durchschnittlichen Kundenvolumen (1,25 Mio. CHF), womit der Bezug zur Planung der Ertragsgrößen hergestellt ist (vgl. Abbildung 3). Neben dem betreuten Vermögen pro Kunde sind auch die weiteren, für den Ertragsbereich angenommenen Volumen- und Mengengrößen in der Planung der Aufwendungen zu berücksichtigen, damit letztendlich ein konsistentes Zielsystem entsteht.

Während die Zielgrößenbestimmung bisher auf Basis der geschäftsfeldbezogenen Daten erfolgte, lassen sich mit Hilfe des entsprechenden Instrumentariums der Einzelgeschäftskalkulation differenzierte Kalkulationen durchführen. Mit der Formulierung von kundengruppenspezifischen *Ziel-Bruttoerträgen* pro Kunde wird die Zielsetzung verfolgt, dass die direkt mit den einzelnen Geschäftsabschlüssen verbundenen Kosten, also die produktbezogenen Standard-Einzelkosten, die kundenbezogenen Betreuungskosten sowie die nicht auf Produkte oder Kunden verteilbaren Gemeinkosten und der erforderliche Gewinn für die Gesamtbank anteilig verdient werden. In einem konsistenten Zielsystem lassen sich diese differenziert ermittelten Ziel-Bruttoerträge wiederum in die geschäftsfeldbezogenen Daten integrieren.

Abbildung 5 zeigt das mögliche Vorgehen zur Ermittlung von kundengruppenspezifischen Ziel-Bruttoerträgen, wobei das Kostenverursachungs- und das Tragfähigkeitsprinzip kombiniert angewendet wird.

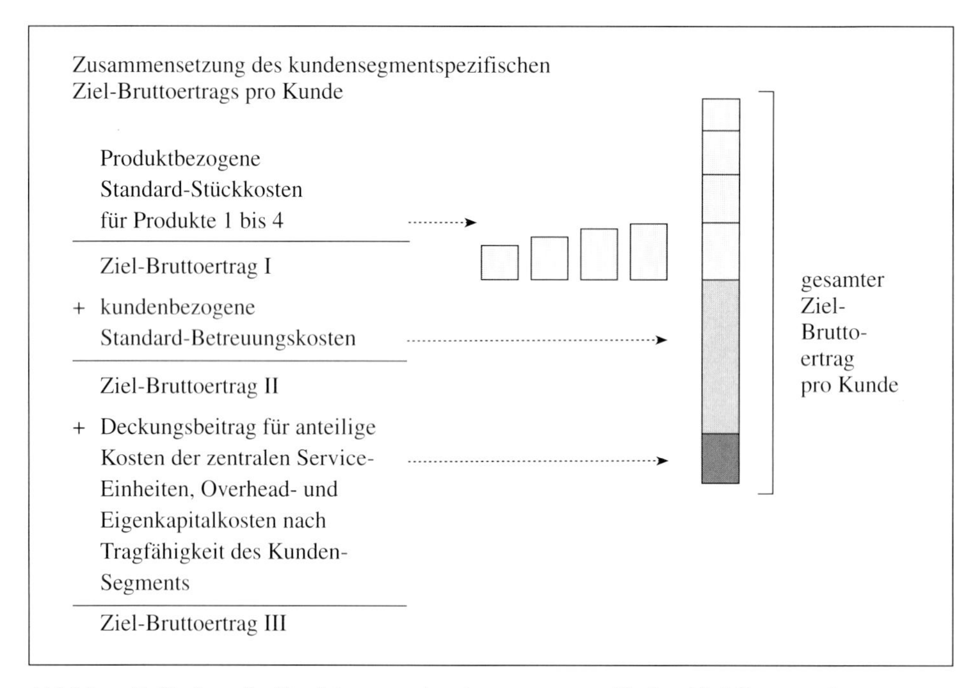

Abbildung 5: Stufenweise Ermittlung von kundensegmentspezifischen Ziel-Bruttoerträgen pro Kunde

Basis für die *Kontrolle der Geschäftsaktivitäten* im Vermögensverwaltungsgeschäft bilden die Plan-Größen, die mit den realisierten Ist-Zahlen zu vergleichen sind. Dabei ist wichtig, dass neben der möglichst detaillierten Zuordnung von Aufwands- und Ertragsgrößen eine systematische Ursachenanalyse betrieben wird, in der die Verantwortlichkeiten für Abweichungen festgestellt werden.

Neben Auswertungsrechnungen in der Kundendimension, die Aufschluss über die Rentabilität von einzelnen Kundenbeziehungen bzw. Kundengruppen darstellen und damit notwendige Voraussetzung für die Steuerung der Kundenbeziehungen darstellen, sind des Weiteren produkt- und vertriebswegebezogene Auswertungsrechnungen durchzuführen. Während Produktrechnungen wichtige Informationen über die Rentabilität von Produkten und damit auch für Outsourcing-Entscheidungen liefern, dienen Vertriebswegerechnungen der Optimierung des Vertriebswegesystems.

3. Controlling im Portfoliomanagement

3.1 Der Portfoliomanagement-Prozess

Einen wesentlichen Bestandteil des Leistungsangebotes im Vermögensverwaltungsgeschäft stellt das Portfoliomanagement von Investmentfonds sowie der Portfolios privater und institutioneller Anleger dar. Zur Planung und Kontrolle der Finanzanlagen ist ein strukturierter *Portfoliomanagement-Prozess* durchzuführen, mit dessen Institutionalisierung, die primär auf die Rechenschaftslegung gegenüber den Kunden und der Leistungsbeurteilung der Portfoliomanager ausgerichtet ist, die zentrale Controllingfunktion der Planung und Kontrolle implementiert ist. In seinen Grundzügen – mit leichten Unterschieden zwischen der kundenindividuellen und der institutionellen Vermögensverwaltung – läuft der Portfoliomanagement-Prozess wie folgt (vgl. Abbildung 6).[14]

Abgeleitet aus den Bedürfnissen der Kunden ergeben sich spezifische Anlegerprofile. Mit der informatorischen Unterstützung der Analysen und Prognosen aus dem Investment Research werden in der Regel zentral die Anlagepolitik sowie im Rahmen der Anlagestrategie verschiedene Asset Allocations, die sich hinsichtlich der Anlagestrategien voneinander unterscheiden, festgelegt. Im Rahmen der individuellen Vermögensverwaltung wird abgestimmt auf den Kunden daraus das kundenindividuelle Anlagekonzept, das die kundenspezifische Asset Allocation und die individuelle Portfoliostrategie beinhaltet, hergeleitet. Für die Ausführung der getroffenen Entscheidungen ist der Handel zuständig, der – wie das Investment Research – unterstützende Funktion für die Vermögensverwaltung und Anlageberatung ausübt.

Nach der Umsetzung, welche die konkrete Titelauswahl sowie die Entscheidungen hinsichtlich der Umsetzung der Portfoliostrategie umfasst, wird die Entwicklung des Portfolios laufend überwacht. Der Kunde wird direkt oder indirekt über die Umsetzung und die Ergebnisse der Anlageentscheidungen über das Reporting informiert. Hiervon gehen wiederum wichtige Impulse auf sämtliche Phasen des Prozesses aus, so dass insgesamt von einem Portfoliomanagement-Zyklus gesprochen werden kann.

3.2 Kontrollen im Portfoliomanagement

Mit der Institutionalisierung des gesamten Portfoliomanagement-Prozesses – wie zuvor in Grundzügen aufgezeigt – ist ein planvolles Vorgehen im Portfoliomanagement gegeben. Von daher stehen im Rahmen der Controlling-Aktivitäten im Portfoliomanagement die *Kontrollen* im Vordergrund, da hierüber zum einen Aufschlüsse über die eigene Performance des Geschäftsbereiches gezogen werden können. Zum anderen ist es möglich, dem Kunden über ein aussagekräftiges Reporting Rechenschaft über den Anlageerfolg seines Vermögens abzulegen.

14 Vgl. Wöhle 1999, S. 14 ff.

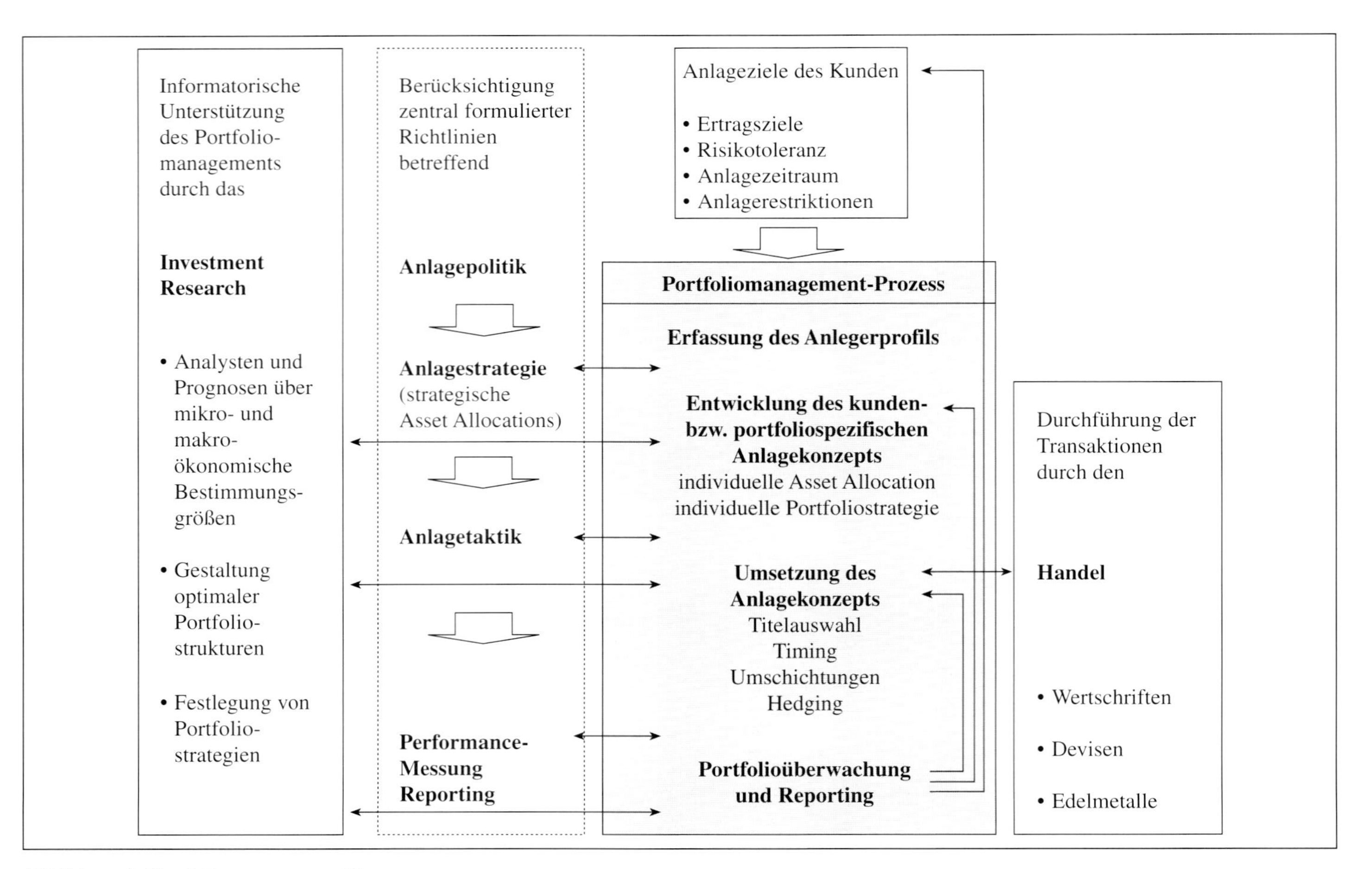

Abbildung 6: Portfoliomanagement-Prozess

Die Kontrollen im Portfoliomanagement konzentrieren sich auf die regelmäßige und systematische Überprüfung der Prämissen, der Ergebnisse und der Prozesse.

Im Rahmen der *Prämissenkontrolle* werden die den Portfolioentscheidungen zugrunde gelegten Annahmen mit der tatsächlich eingetretenen Situation verglichen. Dies betrifft zum einen die Annahmen, welche bei der Festlegung der Anlagestrategie für den Kunden getroffen wurden. Zum anderen sind hier die Bestimmungsgrößen aus dem wirtschaftlichen Umfeld zu nennen, die in die Formulierung von Anlagestrategie und Anlagetaktik Eingang gefunden haben.

Die Performance-Messung und -Attribution stehen im Mittelpunkt der *Ergebniskontrolle*. Mit Hilfe vorwiegend quantitativer Kriterien wird der relative Anlageerfolg eines Portfolios ermittelt. Dabei ist neben der Wertentwicklung des Portfolios auch das eingegangene Risiko zu bestimmen, das im Vergleich zu einer Benchmark zu beurteilen ist. Durch die Performance-Attribution wird das erzielte Anlageergebnis aufgespaltet, um so nähere Aufschlüsse über dessen Herkunft zu erhalten. Hier interessiert insbesondere, die Leistung des Portfoliomanagers, die sich auf dessen Selektionsfähigkeit und Timing-Fähigkeit bezieht, von weiteren Einflussfaktoren einschließlich Zufallserfolgen abzugrenzen.[15]

Die mangelnde Vergleichbarkeit von Performance-Rechnungen sowie die verzerrte Darstellung von Portfoliomanagement-Leistungen führte zur Einführung von allgemein anerkannten Performance Presentation Standards. In enger Anlehnung an die amerikanischen Vorschriften sind entsprechende Richtlinien in der Schweiz und in Deutschland in Kraft getreten bzw. in Arbeit.

Schließlich beziehen sich die *Prozesskontrollen* auf die Einhaltung von in- und externen Anlagevorschriften. Somit ist hier auch die Überprüfung der Einhaltung von Compliance-Vorschriften anzusiedeln. Da im Bereich der Vermögensverwaltung den operationellen Risiken die größte Bedeutung zukommt, stellen die ständigen Kontrollen der Prozesse wichtige Maßnahmen des Risikomanagements im Vermögensverwaltungsgeschäft dar.

Die besondere Bedeutung der Prozesskontrollen wird dadurch bestätigt, dass zur Zertifizierung der Anwendung von Performance Presentation Standards neben Regeln über die Berechnung der Performance und deren Darstellung auch Anforderungen hinsichtlich der Aufbau- und Ablauforganisation sowie bezüglich des EDV-Systems zu erfüllen sind. Die für die Zertifizierung erforderliche jährliche Überprüfung durch unabhängige Dritte verlangt die Dokumentation der Ablauf- und Aufbauorganisation durch Organisationshandbücher, Stellenbeschreibungen, Prozessbeschreibungen und Verfahrensanweisungen. Von daher gehen von der Zertifizierung wichtige Impulse auf ein funktionsfähiges Controlling-System im Portfoliomanagement aus.

15 Siehe hierzu ausführlich u. a. Bruns/Meyer-Bullerdiek 2000, S. 429 ff.; Steiner/Bruns 1996, S. 495 ff.; Wittrock 1998, S. 933 ff.

Literaturhinweise

AICHINGER, CHR.: Stellenwert der Porfoliomanager-Klienten-Beziehung bei Privat- und Firmenkunden, in: Handbuch für Anlageberatung und Vermögensverwaltung, Methoden und Instrumente des Portfoliomanagements, hrsg. von J.-E. Cramer/B. Rudolph, Frankfurt a. M. 1995, S. 100-113.

BRUNS, CHR./MEYER-BULLERDIEK, F.: Professionelles Portfoliomanagement, 2. überarb. u. erw. Aufl., Stuttgart 2000.

CRAMER, J.-E.: Anforderungen an eine professionelle Anlageberatung und Vermögensverwaltung, in: Handbuch für Anlageberatung und Vermögensverwaltung, Methoden und Instrumente des Portfoliomanagements, hrsg. von J.-E. Cramer/B. Rudolph, Frankfurt a. M. 1995, S. 3-24.

MERRILL LYNCH/GEMINI CONSULTING: World Wealth Report, ohne Ortsangabe 2000.

ODIER, P.: Private Banking: Gemeinsamkeiten und Unterschiede zur institutionellen Vermögensverwaltung, in: Private Banking, Aktuelle Probleme und neue Herausforderungen, hrsg. von B. Gehrig, 2. Aufl., Zürich 1996, S. 69-81.

SCHIERENBECK, H. ET AL.: ROI-Management Schweizer Banken, Vorgehensweise und empirische Befunde, WWZ-Forschungsbericht 5/93, Basel 1993.

SCHIERENBECK, H.: Private Banking in der Schweiz – Märkte, Kunden, Geschäftskonzeptionen, in: Private Banking – Die Herausforderung für den Finanzplatz Schweiz, Tagungsband zum 5. Basler Bankentag am 20. November 1997, hrsg. von der Basler Bankenvereinigung, Basler Bankenstudien, hrsg. von H. Schierenbeck, Bern 1998, S. 3-51.

SCHIERENBECK, H.: Ertragsorientiertes Bankmanagement, Band 1: Grundlagen, Marktzinsmethode und Rentabilitäts-Controlling, 7. Auflage, Wiesbaden 1999a.

SCHIERENBECK, H.: Ertragsorientiertes Bankmanagement, Band 2: Risiko-Controlling und Bilanzstruktur-Management, 7. Auflage, Wiesbaden 1999b.

SCHIERENBECK, H./HÖLSCHER, R.: BankAssurance, 4. Aufl., Stuttgart 1998.

SPREMANN, K.: Vermögensverwaltung, München 1999.

Steiner, M./Bruns, Chr.: Wertpapiermanagement, 5. überarb. u. erw. Aufl., Stuttgart 1996.

WERTSCHULTE, J. F.: Wertpapiermanagement institutioneller Anleger, in: Handbuch für Anlageberatung und Vermögensverwaltung, Methoden und Instrumente des Portfoliomanagements, hrsg. von J.-E. CRAMER/B. RUDOLPH, Frankfurt a. M. 1995, S. 65-75.

WITTROCK, C.: Moderne Verfahren der Performancemessung, in: Handbuch Portfoliomanagement, hrsg. v. J. M. Kleeberg/H. Rehkugler, Bad Soden/Ts. 1998, S. 933-971.

WÖHLE, C. B.: Private Banking in der Schweiz – Geschäftspolitische Ansätze zur Kunden- und Ertragsorientierten Steuerung, Bern 1999.

Stephan Haeringer / Anton Stadelmann

Controlling in der UBS Schweiz

1. Zusammenfassung

Das Controlling der UBS Schweiz hat zur Aufgabe, die Unternehmensführung in der Strategiefindung und -umsetzung zu unterstützen. Strategien zielen darauf ab, nachhaltigen finanziellen Erfolg zu erzielen. Die Optimierung der Kunden- und Mitarbeiterzufriedenheit, der betrieblichen Prozesse und Investitionsentscheide stehen dabei im Vordergrund. Controlling befasst sich deshalb schwergewichtig mit diesen Inhalten. Seine Wirksamkeit lässt sich in der längeren Frist aus dem Unternehmenserfolg schlechthin ableiten und bedingt Führungsprozesse, die eine proaktive und prominente Einflussnahme auf Unternehmensentscheide ermöglichen.

Die Planung stellt sicher, dass alle Akteure stufengerecht und konsistent in die strategische Stoßrichtung des Unternehmens arbeiten. Der Planungszyklus beginnt mit der Kompasseinstellung durch das Top-Management (Juni) und endet mit individuellen Zielvereinbarungen (Dezember).

Das Reporting analysiert die Zielabweichungen, stellt Anträge zur Ergebnissteigerung und bildet die Basis zur erfolgsabhängigen Entlöhnung. Über die periodischen Abweichungsanalysen hinaus werden ad hoc-Berichte zur Verfügung gestellt, wo und wann immer sich Chancen zur Verbesserung des Unternehmenserfolges anbieten.

Der Value Report fokussiert die Wertschöpfung und unterstützt die Leistungserbringung entlang der Werttreiber.

Da der nachhaltige Erfolg des Unternehmens sich über Projekte definiert, bildet das Projektergebnis-Controlling das Kernstück der strategischen Führungsunterstützung. Es bewertet besonders bedeutende Entwicklungsprojekte („change the bank“) und verhilft zur optimalen Allokation knapper Investitionsmittel.

Die Balanced Scorecard ergänzt das finanziell ausgerichtete Führungsinstrumentarium um die Komponenten Kunde, Mitarbeiter und Prozesse. Sie unterstützt integriertes Denken, indem sie harte und weiche Faktoren in den vernetzten Zusammenhängen zeigt und die ganzheitliche strategische Ausrichtung des Unternehmens reflektiert. An Ersteller wie Nutzer stellt die Balanced Scorecard die höchsten Anforderungen.

2. Planung

Die *Terms of Reference* (Juni) sind auf drei Jahre angelegt und definieren

- die Mission
- die längerfristigen Unternehmensentwicklungsziele auf Basis der Marktopportunitäten
- die anzustrebenden Eckwerte der Leistungserbringung in Front und Logistik.

Im Wesentlichen geht es dabei um die Kompasseinstellung, die Festlegung des Ambitionsniveaus und des entsprechenden Risikoappetits.

Der *Business Plan* (Oktober) beschreibt die Umsetzung der Terms of Reference in den folgenden Aspekten:

- Sozio-ökonomisches Umfeld
- Branchen- und Konkurrenz-Analyse
- Stärken und Schwächen, Chancen und Risiken
- Längerfristige Ziele
- Strategische Optionen
- Definition und Überprüfung der Strategie
- Maßnahmen und Projekte
- Kritische Annahmen
- Financials

Das *Budget* (Dezember) fokussiert das Folgejahr und die finanziellen Werte. Es leitet sich aus den vorgelagerten Planungsüberlegungen ab.

Die *Zielvereinbarungen* bis Stufe Team und Mitarbeiter schließen den Planungszyklus ab.

Planung muss sicherstellen, dass

- alle Kräfte und Ressourcen in die gewünschte Richtung eingesetzt werden sowie
- variable Lohnkomponenten erfolgsabhängig zugewiesen werden können.

3. Value Report

Der Value Report hilft, die Unternehmensentscheide entlang der maßgeblichen Werttreiber zu fokussieren und optimieren.

Die UBS hat sich zum Ziel gesetzt, nachhaltig Shareholder Value zu generieren. Basierend auf der Discounted Cash Flow Methode bewertet sie regelmässig ihre Geschäftseinheiten. Zur Schätzung der künftigen Generated Free Equity wird ein Zwei-Phasen-Modell verwendet: Die erste Phase zielt auf 3 Jahre und stützt sich auf die in Kapitel 2 beschriebene Planung (Business Plan). Die zweite Phase setzt mit dem vierten Jahr ein und geht davon aus, dass sich die Werttreiber gemäss makroökonomischer Entwicklung verändern. Die Generated Free Equity werden mit einem dem Risikogehalt einer Geschäftseinheit entsprechenden Eigenkapitalkostensatz, welcher mittels des Capital Asset Pricing Model (CAPM) ermittelt wird, abdiskontiert. Der berechnete Wert wird einer Sensitivitätsanalyse bezüglich der wichtigsten Werttreiber unterzogen.

Der Value Report gibt Auskunft über die Entwicklung wichtiger Werttreiber sowie über die Wertveränderung einer Geschäftseinheit. Bestandteil dieses Reports ist die Value Gap Analyse zwischen dem intern berechneten Wert einer Geschäftseinheit und dem entsprechenden Wert externer Berechnungen (Finanzanalysten).

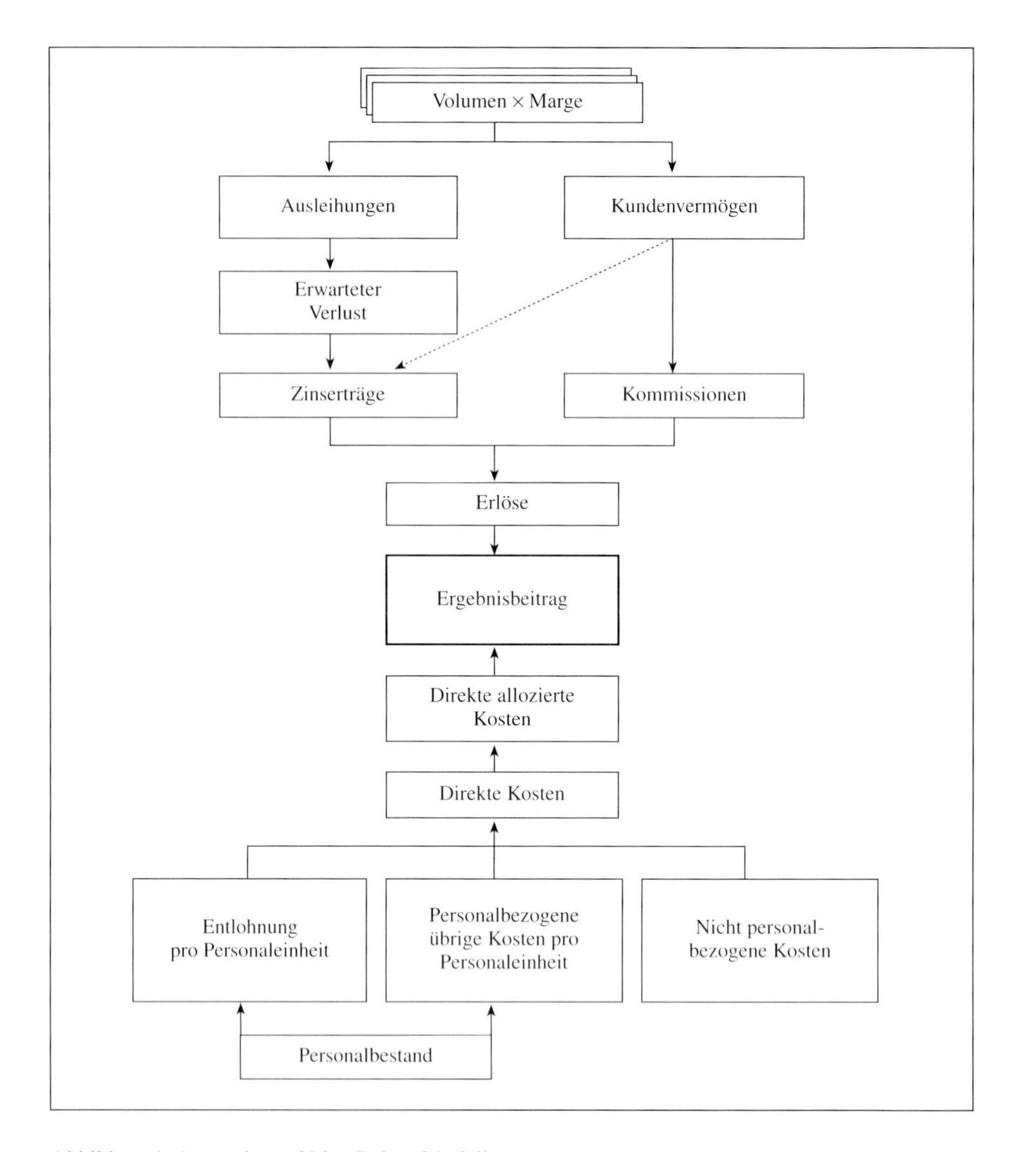

Abbildung 1: Aggregiertes Value Driver Modell

4. Projektergebnis-Controlling

Strategische Führung in einem gewinnorientierten Unternehmen bezweckt letztlich eine signifikante, nachhaltig erzielbare quantitative und qualitative Verbesserung des Ergebnisses. Erreicht wird diese Ergebnisverbesserung durch strategische Projekte.

Strategien können an ihren Inhalten scheitern, etwa wenn sie sich nicht primär am Kunden orientieren. Strategien scheitern oft aber an wenig überzeugender Umsetzung, an mangelnder Führbarkeit, das heißt wegen zu hoher Abstraktion und zuwenig griffiger Steuerungsmöglichkeit. Es wird hier dargestellt, wie das Projektergebnis-Controlling als integriertes Führungssystem dazu beiträgt, die strategische Zielerreichung und den gezielten Einsatz der knappen Ressourcen sicherzustellen.

Die Ziele sind nicht als Ergebnis, sondern immer als Ergebnis*verbesserung* definiert. Der durch strategische Initiativen erzielbare Fortschritt ist zu quantifizieren. Welche „bottom line" das Unternehmen letztlich ausweisen kann, hängt nicht nur von den effektiv herbeigeführten Verbesserungen ab, sondern auch von exogenen, also nicht beeinflussbaren Parametern. Zielgerichtet steuern lässt sich das Ergebnis längerfristig nur, wenn die direkt beeinflussbaren Ergebniskomponenten separat ausgewiesen und die Managementleistungen somit bewertet werden können.

Basierend auf einer fundierten Lagebeurteilung werden jene *Ergebnistreiber* identifiziert, deren Hebelwirkung auf das Ergebnis am größten ist.

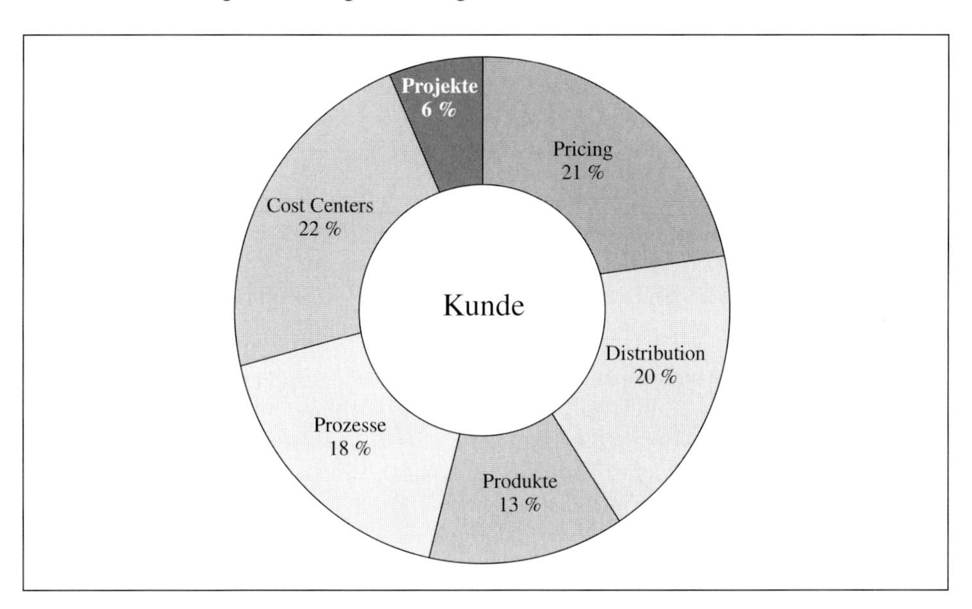

Abbildung 2: Ergebnistreiber im Projektergebnis-Controlling (Prozentzahlen: Anteil der Ergebnistreiber an der Gesamtergebnisverbesserung im Retailbereich)

Die Ergebnisverbesserungsziele werden entlang der Ergebnistreiber durch strategische Maßnahmen substantiiert.

Ergebnistreiber	Strategische Maßnahmen
Distribution	Kostenoptimalere Alternativen zum physischen Vertrieb. Multichanneling (Internet, Call-Center, Automaten).
Pricing	Ausgeprägtere verursacher- und wertschöpfungsgerechte Differenzierung.
Produkte/Prozesse	Verstärkte Kundenausrichtung (Beratungs- und Betreuungsprozesse). Deutliche Senkung der Produktionskosten im Bereich der Kredit- und Verarbeitungsprozesse durch Prozess-Reengineering.
Cost Centers	Ausschöpfung der Synergien im Bereich der logistischen Strukturen und Abläufe, Steigerung der Produktivität in der Informations-Technologie.
Projekte	Fokussierung des Projektportfolios auf die Strategie sowie Durchsetzung von Rendite-Hürden.

Tabelle 1: Ergebnistreiber mit den zugeordneten strategischen Maßnahmen im Retailbereich

Mehr als die Hälfte der Ergebnisverbesserung müssen die Produkt- und Prozessoptimierungen sowie die Distribution beisteuern. Für den Kunden entsteht dabei unmittelbar Mehrwert, da Produkte wie Prozesse spezifischer auf seine Bedürfnisse ausgerichtet und in der Distribution verschiedenartige Kanäle verfügbar gemacht werden („Multichanneling“).

Strategisch relevant sind nur Maßnahmen, die eine substantielle und nachhaltig erzielbare Ergebnisverbesserung bringen. Sie sind hinsichtlich der zu erzielenden Mehrerlöse und Kosteneinsparungen zu quantifizieren. Dabei muss neben der letztlich angestrebten Ergebnisverbesserung auch deren zeitliche Entwicklung, der sogenannte „strategische Pfad“ definiert werden.

Die strategischen Ziele und Maßnahmen werden mittels *Projekten* umgesetzt. Als strategierelevant gelten Projekte, die einen wesentlichen und unmittelbaren Beitrag zur Erreichung der strategischen Vorgaben leisten. Durch die Zuordnung der strategierelevanten Projekte zu den einzelnen Maßnahmen wird erkennbar, welche Ziele durch die bestehenden Projekte erreicht werden können. Nötigenfalls müssen zusätzliche Projekte mit strategischem Ergebnisverbesserungspotenzial aufgesetzt werden. Demgegenüber sind nicht strategierelevante Projekte auf ihre Notwendigkeit zu überprüfen und allenfalls zu sistieren. Auf diese Weise werden die knappen Ressourcen optimal alloziert, das heißt jenen Projekten zugeordnet, welche die Entwicklung des Unternehmens in die gewünschte strategische Richtung vorantreiben.

Die Kernelemente des Projektergebnis-Controlling sind ein standardisierter Entscheidungsprozess für strategische Projekte auf Stufe der Geschäftsleitung sowie ein handlungsorientiertes Reporting, das sich auf projektspezifische, vordefinierte *Messgrößen* stützt. Das zentrale Element der Erfolgsbewertung und Steuerung bildet somit die Messbarkeit der angestrebten Ergebnisverbesserung zum Zeitpunkt der Verabschiedung sowie nach der Implementierung eines Projektes. Die Messgrößen werden in den Dimensionen Mehrerlöse, Minderkosten, Projektkosten sowie Restrukturierungskosten festgelegt.

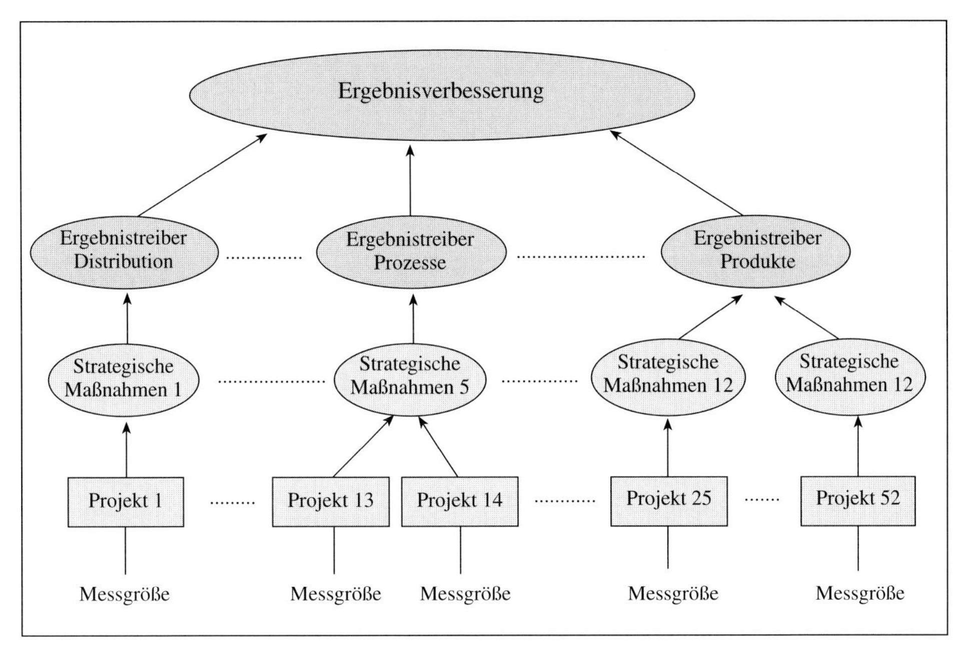

Abbildung 3: Ergebnisverbesserung durch strategische Projekte

Durch die Quantifizierung der Messgrößen wird der sogenannte „Soll-Pfad“ definiert. Damit die „Spielregeln“ für das spätere Reporting allen Beteiligten klar sind, wird pro Messgröße die Ausgangslage, das Messverfahren (Kostensätze, Margen) sowie die Reporting-Verantwortung und -Periodizität festgelegt. Das so erstellte „Projektblatt“ wird zusammen mit den Projektleitern erarbeitet und als „Kontrakt-Vereinbarung“ durch ihn und seinen Auftraggeber visiert. Der ganze Prozess der Erfassung, Bewirtschaftung und Auswertung der benötigten Projektdaten wird durch eine Datenbank unterstützt.

Die zeitgerechte Realisierung des strategischen Projektportfolios ist für die Erreichung der Unternehmensziele von entscheidender Bedeutung. Deshalb werden strategische Projekte im Rahmen der IT-Ressourcenallokation priorisiert. Allerdings sind sie auch an einen klar definierten Entscheidungsprozess sowie standardisierte Projektmanagement-Guidelines gebunden. Für jedes Projekt sind ein Projektantrag (Antrag zur Erstellung eines Business Cases) und ein Business Case in nachfolgend aufgezeigter Struktur vorzulegen, die durch die Geschäftsleitung genehmigt werden müssen.

Projekt	Projektleiter:	Auftraggeber:

Ausgangslage/Problemstellung	Ziele	Wichtige Meilensteine: Termine
•	•	1. Business Case
•	•	2. Analyse-Spezifikation
•	•	3. Schlussbericht/Projektende
•	•	

Wirtschaftlichkeit					
(in Mio. SFr.)	Jahr 1	Jahr 2	Jahr 3	Jahr 4	Jahr 5
Cash in					
Mehrerlöse					
Mindererlöse					
Cash out					
Projektkosten					
Restruktuierungskosten					

Reliabilität in Prozent +/–	NPV (18 %, 15 Jahre)	Mutm. Rahmenkredit

Lösungsansätze:	Risiken:		
•	Inhaltliche	Technologische	Projektmanagement
•	☐ hoch	☐ hoch	☐ hoch
•	☐ mittel	☐ mittel	☐ mittel
•	☐ tief	☐ tief	☐ tief

Erfolgsfaktoren:	Involtierte externe Unternehmungen:
•	•
•	•
•	•
Konsequenzen bei Projektablehnung:	**Abgrenzung**
•	•
•	•

Entscheid GL:	Auflagen:	Hinweise:
☐ go	•	•
☐ no go	•	•
	•	•

Abbildung 4: Projektantrag

Vorgaben im Business Case	
Management Summary	
Ausgangslage	Stärken/Schwächen, Chancen/Risiken
Projektumfang	Ziele, Restriktionen, Projektabgrenzung
Lösungsantrag	Kunde & Markt
	Produkte & Dienstleistungen
	Prozesse, Organisation, IT-Aspekte
Projektorganisation	
Wirtschaftlichkeit	Kosten, Nutzen, NPV-Betrachtung
Finanzierung	Kostenbudget, Sponsoren
Risiken	
Anträge	

Tabelle 2: Struktur des Business Case

Das semesterweise Reporting stellt der Geschäftsleitung Informationen über den Realisierungsstand des strategischen Projektportfolios sowie die bereits erzielte Ergebnisverbesserung zur Verfügung. Somit können Differenzen zur strategischen Zielsetzung frühzeitig erkannt und entsprechender Handlungsbedarf adressiert werden. Die Ergebnisse der Einzelprojekte werden hierzu je Maßnahme und Geschäftsbereich verdichtet, dem entsprechenden Soll-Pfad gegenübergestellt und bewertet.

Zudem werden die Projekte durch die Geschäftsleitung einem regelmäßigen Review unterzogen. Hierfür sind 1-2 Tage pro Semester reserviert, an denen die Projektleiter entlang vorgegebener Berichtspunkte rapportieren. Daraus notwendige Maßnahmen können rasch und unbürokratisch ausgelöst werden.

Die Zusammenfassung der geplanten Ergebniswirkungen der Einzelprojekte ermöglicht die Definition jährlicher Vorgaben über die zu erzielenden strategischen Ergebnisverbesserungen. Diese sind konsequent in die operative Jahresplanung einzubinden. Auf diese Weise können die strategierelevanten Managementleistungen in den Soll/Ist-Vergleichen ausgewiesen werden.

5. Balanced Scorecard

Die Balanced Scorecard ergänzt das finanziell ausgerichtete Führungsinstrumentarium mit den Komponenten:

- Kunden
- Mitarbeiter
- Prozesse

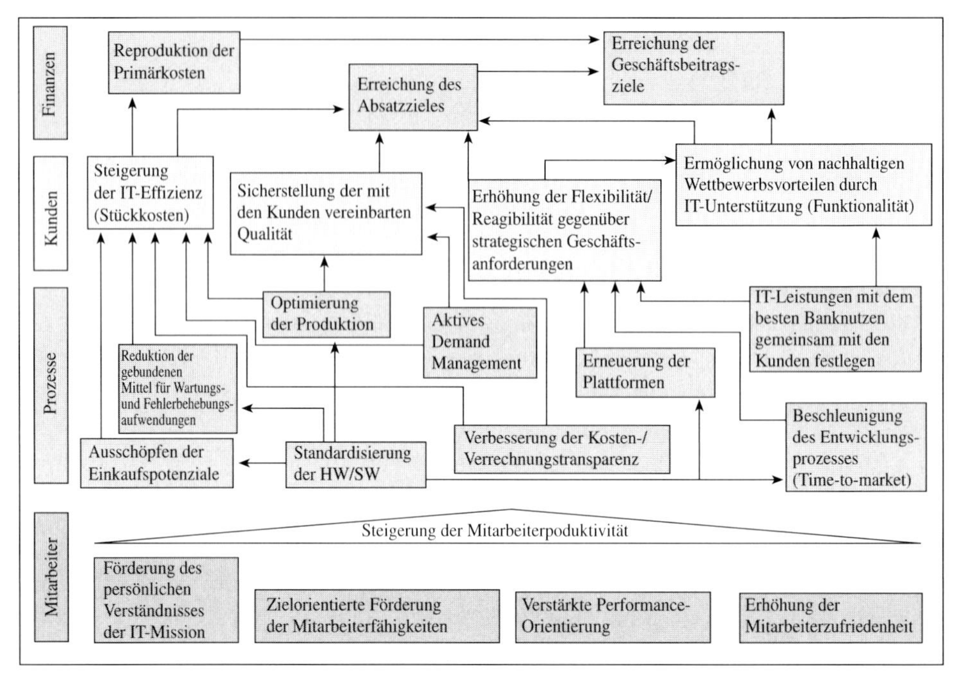

Abbildung 5: Balanced Scorecard am Beispiel des Geschäftsbereiches IT mit Ursache-/ Wirkungskette

Die Balanced Scorecard ist nicht in erster Linie ein Strategie*formulierungs*-, sondern ein Strategie*umsetzungsprozess*. Sie hilft aber durchaus mit, die Vollständigkeit und Konsistenz der bestehenden Strategie zu überprüfen.

Ziele und Maßnahmen werden im Sinne von Ursache-/Wirkungsketten miteinander verknüpft. Dies erlaubt, nicht nur ex post Ergebniskennzahlen, sondern auch vorlaufende Indikatoren (Leistungskennzahlen) zu überwachen. Die Analyse von Ursache-/ Wirkungsketten führt zu einem vertieften Verständnis der ergebnistreibenden Faktoren und ermöglicht gezieltere Eingriffe.

Die strategischen Zielsetzungen werden mit Größen der Leistungsmessung verbunden und durch Maßnahmen zur Zielerreichung konkretisiert. Bei der Auswahl und Bestimmung der Messgrößen ist besonders darauf zu achten, dass Output- und nicht Inputgrößen gemessen werden. Voraussetzung ist, dass alle Messgrößen quantifizierbar und messbar sind („If you can't measure it, you can't manage it.").

6. Die Wirksamkeit des Controllings

Setzt sich Controlling zur Aufgabe, die Unternehmensführung in der Strategiefindung und -umsetzung zu unterstützen, lässt sich seine Wirksamkeit in der längeren Frist aus dem Unternehmenserfolg schlechthin ableiten. So in die Pflicht genommen, beansprucht Controlling Führungsstrukturen und -prozesse, die eine proaktive und prominente Einflussnahme auf Entscheidungen ermöglichen, eine Unternehmenskultur, die kritikfähig ist, sowie eine engere Abstimmung mit den leistungsabhängigen Kompensationsprozessen.

Um diesem anspruchsvollen Rollenverständnis besser genügen zu können, hat das Controlling und Rechnungswesen der UBS Schweiz für sich selber eine Balanced Scorecard erarbeitet, welche spezifische, maßgebliche Schwächen und Herausforderungen adressiert.

Im deutlich schärfer gewordenen Wettbewerb der Banken sind strategische Führungs- und Controllingkonzepte zwar unverzichtbare Erfolgsfaktoren, entscheidend jedoch ist die Kraft des Managements zur konsequenten Umsetzung der Strategie.

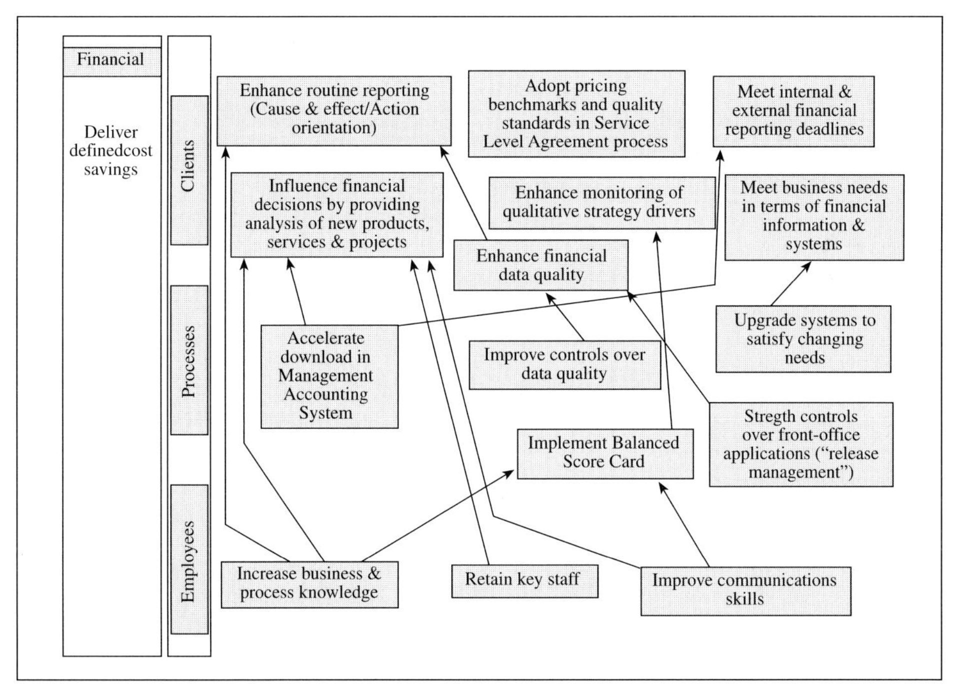

Abbildung 6: Balanced Scorecard des Controlling und Rechnungswesens UBS Schweiz

Wilfried Krüger

Beteiligungscontrolling

1. Charakteristik

Beteiligungscontrolling ist eine auf die Planung, Steuerung und Kontrolle von Beteiligungsunternehmungen gerichtete Form des Controllings. Nachdem die teilweise erhebliche Zahl unterschiedlichster Beteiligungen in der Vergangenheit typischerweise eher verwaltet als unternehmerisch geführt wurde, hat sich ein professionelles Controlling in den letzten Jahren auch in diesem Bereich durchgesetzt. Im Grundsatz unterscheiden sich die Aufgaben des Beteiligungscontrollings zwar nicht von denen des allgemeinen Controllings. In der konkreten Ausformung der benötigten Informationen, Kennzahlen und Steuerungsgrößen weist die Führungsbeziehung zwischen Mutter und Tochter allerdings einige Besonderheiten auf, die zu beachten sind.

Der Beteiligungscontroller ist eine Unterstützungseinheit, die in zwei Richtungen arbeitet. Zum einen ist er Berater des Topmanagements der Führungsgesellschaft (zum Beispiel Stammhaus, Holding). In dieser Funktion bereitet er Informationen auf und liefert Anregungen und Vorschläge für die Beteiligungsstrategie der Mutter. Zum anderen begleitet und überwacht er das Geschehen in den Tochtergesellschaften und übernimmt ggf. auch die Rolle eines Beraters oder Coaches. Beteiligungscontrolling lässt sich insofern mit einem Scharnier vergleichen, das Mutter und Tochter führungsmäßig miteinander verbindet.

Das *strategische Beteiligungscontrolling* dient der Planung, Steuerung und Kontrolle der Erfolgspositionen und Erfolgspotenziale von Beteiligungen im Rahmen der Unternehmungsentwicklung. Hauptaufgabengebiete sind die Beratung bei der Formulierung von Beteiligungszielen sowie bei Investitionen und Desinvestitionen. Diese Aufgaben besitzen ihren Schwerpunkt am Beginn und am Ende der Lebensphasen einer Beteiligung und sind gekoppelt mit tiefgreifendem Unternehmungswandel (vgl. Krüger 2000). Das *operative Beteiligungscontrolling* dient der Umsetzung strategischer Absichten in operative Ziele und Maßnahmen und hat seinen Schwerpunkt in der Nutzungsphase. Seine Aufgabengebiete folgen dem Führungsregelkreis: Zielformulierung, Überwachung der Zielerreichung, Abweichungsanalysen, ggf. Korrekturen und Eingriffe im Ausnahmefall.

Die Rollen des strategischen und des operativen Beteiligungscontrollings sowie die hierfür erforderlichen Fähigkeiten unterscheiden sich deutlich. Hinreichendes Aufgabenvolumen vorausgesetzt, spricht dies dafür, in der Praxis eine personelle und organisatorische Trennung der beiden Aufgabengebiete vorzunehmen. Die strategischen Fragen könnten insbesondere einer dem Vorstandsvorsitzenden unterstellten Einheit „Konzernentwicklung" zugeordnet werden. Die dem Tagesgeschäft näherstehenden operativen Fragen lassen sich dann in die Controllingabteilung einordnen.

Die inhaltliche Ausgestaltung des Beteiligungscontrollings wird im Einzelfall von der Führungsbeziehung zwischen Mutter und Tochter geprägt. Zu ihrer differenzierten Erfassung arbeitet der vorliegende Beitrag mit einer Reihe von *Bestimmungsgrößen* des Beteiligungscontrollings, die in Abbildung 1 verdeutlicht werden. Das sogenannte *Führungs-*

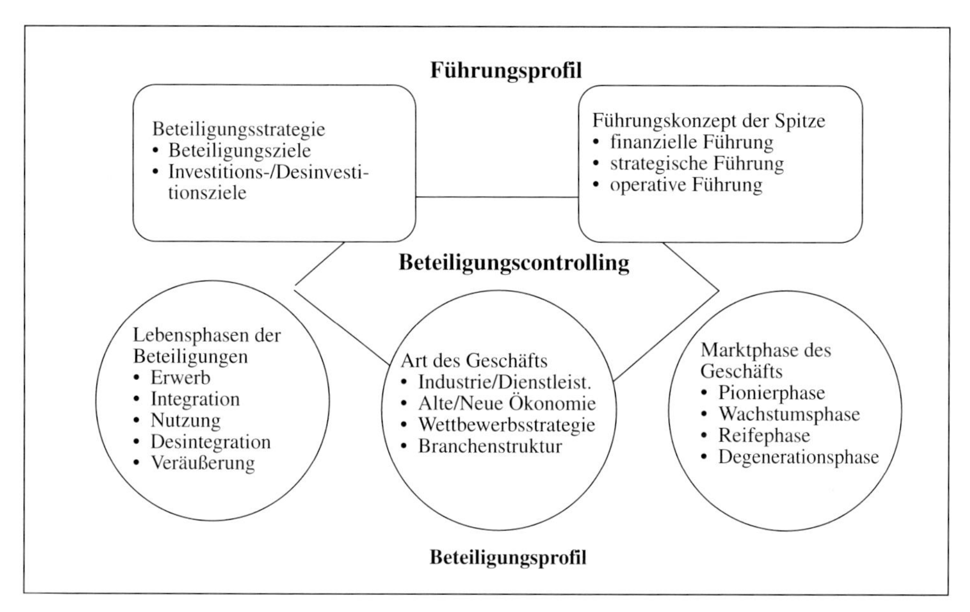

Abbildung 1: Bestimmungsgrößen des Beteiligungscontrollings

konzept umschließt mit der Beteiligungsstrategie und dem Führungsanspruch der Spitze zwei Variablenkomplexe, die den Controllingauftrag seitens der Muttergesellschaft betreffen. Das *Beteiligungsprofil* erfasst die controllingrelevanten Besonderheiten der Töchter. Hier sind vor allem die Lebensphasen der Beteiligung, die Art des dort betriebenen Geschäfts sowie die Marktphase, in der es sich befindet, zu beachten.

2. Bestimmungsgrößen des Führungsprofils und ihre Auswirkungen auf das Beteiligungscontrolling

2.1 Beteiligungsstrategie

Basis für die Ausrichtung des Beteiligungscontrollings ist zunächst die Beteiligungsstrategie. Hierzu gehört als erstes die Festlegung der *Beteiligungsziele*. Sollen angestammte Geschäfte intensiviert oder ausgeweitet werden, oder handelt es sich um eine Portfoliostrategie, die dem Aufbau neuer Fähigkeiten und Geschäfte dient? Im ersten Fall ist die Beteiligung Teil eines integrierten Geschäfts, und es dominieren die dort bereits gültigen Ziele und Verfahrensweisen. Ein gesondertes Beteiligungscontrolling kann entfallen. Die weiteren Ausführungen konzentrieren sich daher auf Beteiligungen, die Ausdruck einer *Portfoliostrategie* sind. Ausgeschlossen aus der Betrachtung bleiben auch Beteiligungen, die unscharf als „strategische Beteiligungen" bezeichnet werden. Das Attribut „strategisch" wird in der Praxis an dieser Stelle häufig benutzt, um solche Fälle zu beschreiben, die sich den üblichen Beurteilungsmaßstäben entziehen (bzw. ihnen entzogen werden sollen) und aus übergeordneten unternehmungspolitischen Gründen gehalten werden, sei es, dass man zum Beispiel eine Partnerschaft absichern, einen Konkurrenten blockieren oder Übernahmeversuche verhindern will.

Betrachtet man Beteiligungen als ein Portfolio von Geschäften, so ist zu fragen, welche Geschäfte völlig unabhängig voneinander sind und in welchen Fällen Verbundeffekte zu berücksichtigen sind, zum Beispiel um Größenvorteile zu erzielen oder komplementäre Produkte, Märkte oder Fähigkeiten zu nutzen. Bei Abhängigkeiten zwischen Geschäften ist eine Formulierung einheitlicher Renditeziele erschwert, und differenzierte Ziele, die auch Markt-, Wettbewerbs- und Fähigkeitsgesichtspunkte berücksichtigen, sind erforderlich. Voneinander unabhängige Geschäfte lassen sich nach einheitlichen Renditezielen steuern. Je mehr formale Gemeinsamkeiten sie aufweisen, desto leichter fällt die Steuerung. Erfolgreiche Mischkonzerne zeichnen sich offenbar unter anderem dadurch aus, dass zwischen den inhaltlich völlig unterschiedlichen Geschäften solche formalen Gemeinsamkeiten existieren. Im Falle von General Electric zum Beispiel handelt es sich um Geschäfte mit reifen Technologien, einem hohen Forschungs- und Entwicklungsaufwand auf globalen Märkten mit wenigen Konkurrenten.

Die Unternehmungsspitze bei der Zielformulierung sowie bei der Suche und Auswahl geeigneter Beteiligungen zu beraten, ist eine Hauptaufgabe des Beteiligungscontrollers. Neben den eigentlichen Beteiligungszielen als Maßstab der Investitionen und Desinvestitionen spielen auch das *Risiko*, die *Fungibilität* der Beteiligungen sowie die *Portfoliobalance* eine wichtige Rolle. Die Einschätzung dieser Größen beginnt bei der Beurteilung von Kandidaten und setzt sich nach dem Beteiligungserwerb in der Nutzung der Beteiligung fort. Das Risikomanagement, mittlerweile gesetzlich vorgeschrieben, ist mit dem Beteiligungscontrolling eng verbunden.

Wie die Erfahrung zeigt und empirische Untersuchungen bestätigen, spielt eine klare und konsequente *Investitions-* und *Desinvestitionspolitik* eine bedeutende Rolle für den Gesamterfolg des Konzerns. Hierfür ist eine regelmäßige Feststellung der Renditeposition der Beteiligungen, selbstverständlich unter Einschluss der Kapitalkosten, vorzunehmen. Beteiligungen, die nachhaltig renditeschwach sind, sind ggf. zu veräußern, das Beteiligungsportfolio ist also umzuschichten. Investition und Desinvestition sind Maßnahmenprogramme, die zwei Seiten einer Medaille darstellen. Sie müssen als Wege zum Erreichen der Beteiligungsziele begriffen werden. Dies gilt insbesondere auch vor dem Hintergrund einer ausgewogenen Portfoliostruktur aus „cash-generierenden" und (heute noch) „cash-verzehrenden" Beteiligungen.

2.2 Führungskonzeption der Spitze

2.2.1 Charakteristik ergebnisorientierter Führung

Die Umsetzung und Durchsetzung der Beteiligungsstrategie verlangt eine ergebnisorientierte Führung der Tochtergesellschaften, typischerweise im Rahmen eines jährlichen Managementzyklus. Die jeweils verantwortlichen Führungskräfte sind also an geeigneten Renditekennzahlen zu steuern und zu überwachen. Ein Bonussystem mit erfolgsabhängigen Anteilen liefert die monetären Anreize zur Zielerreichung. In Unternehmungen mit einem ausgebauten Führungskonzept, zum Beispiel dem *Management by Objectives*, können die Beteiligungen analog geführt werden. Im Übrigen ist auf die *Balanced Scorecard* zu verweisen, die eine Orientierungshilfe für die Ableitung von Zielen und Kennzahlen bieten kann. Dabei geht es im Wesentlichen um eine abgestimmte Führung der Untereinheiten in Richtung auf vier Dimensionen (vgl. Kaplan/Norton 1997). Finanzen: Was sind unsere finanziellen Ziele? Kunden: Wie sehen uns unsere Kunden? Prozesse: Welche Prozesse benötigen wir? Lernen und Entwicklung: Wie können wir uns verbessern?

Welche operativen Ziele, Budgets und Kennzahlen konkret nötig sind, hängt davon ab, in welchem Umfang die Spitze in das Geschehen der nachgelagerten Gesellschaften eingreift, welches *Führungskonzept* sie also verfolgt, und welchen *Führungsanspruch* sie damit verbindet. Hier lassen sich drei Varianten unterscheiden: *finanzielle*, *strategische* und *operative* Führung. Daraus ergeben sich dann unterschiedliche Aufgabenschwerpunkte des Beteiligungscontrollings (vgl. Abbildung 2). Finanzielle Führung (zum Beispiel Finanzholding) beschränkt sich im Wesentlichen auf die finanzielle Ergebnisdimension. Strategische Führung (zum Beispiel Managmentholding) drängt zusätzlich in die Markt- und Wettbewerbsdimension ein, und operative Führung (zum Beispiel Stammhauskon-

Führungskonzepte	**Steuerunggrößen**	**Aufgaben des Beteiligungscontrolliing**
1. Finanzielle Führung „Wie-viel?“	konzernwiete Finanz- und Erfolgsziele	– ergebnisorientierte Planung, Steuerung und Kontrolle der Einzelgesellschaften – ergebnisbezogene Analyse und Gestaltung des Beteiligungsportfolios
2. Strategische Führung „Was & wieviel?“	zusätzlich: Markt- und Wettbewerbsziele	– Konzernweite Analyse der Geschäftsfelder, Ermittlung kritischer Stellgrößen – geschäftspezifische Analyse und Steuerung der Beteiligten
3. Operative Führung „Was & wie viel? „Wie & wer bis wann?“	zusätzlich: Ziele für einzelne Funktionsbereiche bzw. Prozesse	– Analyse, Steuerung und Gestaltung einzelner Funktionsbereiche bzw. Prozesse – Einzelmaßnahmen und Eingriffe in das Tagesgeschäft

Abbildung 2: Führungskonzepte und Beteiligungscontrolling

zern) umschließt auch das Geschehen in den einzelnen Aufgabengebieten und Prozessen sowie deren Entwicklung.

2.2.2 Finanzielle Führung

Die Muttergesellschaft beschränkt sich auf Finanzinteressen, sieht also Beteiligungen als renditeorientierte Investitionen bzw. Desinvestitionen an. Inhaltliche Geschäftsinteressen treten demgegenüber zurück. Dies bedeutet in aller Regel, dass die Tochtergesellschaften nicht nur rechtlich, sondern auch organisatorisch und personell weitgehend selbstständig operieren. Maßgebliche Steuerungsgrößen sind *konzernweite Finanz- und Erfolgsziele* und entsprechende Kennzahlen, zum Beispiel Cash Flow und RoI als eher traditionelle Vergangenheitsgrößen, der Discounted-Cash-Flow als zukunftsbezogene Größe (vgl. Bühner 1990, S. 34 ff.). Mehr und mehr setzt sich im Zuge der Internationalisierung der Gedanke der Steigerung des Unternehmungswerts bzw. Geschäftswerts durch, der durch den Börsenwert oder Kennzahlen wie EVA (Economic Value Added) umgesetzt wird. Die Konzernspitze informiert sich jährlich in wenigen Sitzungen, zum Beispiel durch Wahrnehmung von Aufsichtsratsmandaten, mehr über das „Wie viel“ (zum Beispiel Rentabilität, Dividende) als über das „Was“ (zum Beispiel Produkte, Kunden) oder gar das „Wie“ eines Geschäfts.

2.2.3 Strategische Führung

Dieser weitergehende Führungsanspruch umschließt auch inhaltliche, geschäftspolitische Interessen. Der Akquisiteur nimmt inhaltlichen Einfluss auf die Festlegung, Abgrenzung und Entwicklung von Geschäftsfeldern. Das Management der Tochtergesellschaften ist auf eine entsprechende Politik zu verpflichten. Steuerungsgrößen sind daher geschäftsfeldorientierte Ziele. Neben Finanz- und Erfolgszielen zählen dazu Markt- und Wettbewerbsziele (zum Beispiel Umsatz, Marktanteil, Sortiment), aber auch Ziele, die sich auf die Entwicklung von Kernkompetenzen richten (vgl. Krüger/Homp 1997). Strategische Fragen werden in regelmäßigen Planungs- und Kontrollgesprächen (zum Beispiel Mandatsgesprächen, Planungsreviews) auch unterjährig behandelt und abgestimmt. Darüber hinaus findet der strategische Dialog zwischen der Managementholding und dem Beteiligungsunternehmen im Rahmen gemeinsamer Projektarbeit statt. Die Konzernspitze konzentriert sich neben dem „Wie viel“ also auf das „Was“, wofür sie sich ein (Mit-)Entscheidungsrecht oder zumindest ein Genehmigungsrecht vorbehält. Strategische Führung kennzeichnet den Führungsstil der sogenannten Management-Holding (zum Beispiel Aventis).

In der Praxis zeigen sich innerhalb der strategischen Führung zwei Abstufungen (vgl. Chandler 1994, S. 341 ff.). In einem Fall werden inhaltliche strategische Pläne in gemeinsamer Arbeit von Konzernleitung und Leitung der Tochtergesellschaften entwickelt. Die Konzernleitung ist bemüht, das richtige Geschäftportfolio zusammenzustellen. Sie verhält sich als „strategischer Planer“. In Deutschland dürfte zum Beispiel Siemens diesem Typ angehören. Angemessen ist dieses Verhalten bei einer begrenzten Anzahl von Geschäften, die einander ähnlich sind. Im anderen Fall liegt die Strategieformulierung (stärker) in den Händen der nachgelagerten Einheiten, die anhand der von ihnen selbst aufgestellten Pläne und Budgets überwacht und kontrolliert werden. Die Spitze lässt sich als „strategischer Controller“ einstufen. In Deutschland ist zum Beispiel die Haniel-Gruppe diesem Typ zuzurechnen.

2.2.4 Operative Führung

Im Falle operativer Führung behält sich die Konzernspitze auch Eingriffe in das betriebliche Tagesgeschäft vor. Neben das „Was“ treten das „Wie“ und das „Wer bis Wann“. Demgemäß prägen Steuerungsgrößen für die jeweiligen Funktionsbereiche sowie für kritische Prozesse das Geschehen. Leistungsziele (zum Beispiel Mengen, Zeiten, Qualitäten) sowie Erfolgsziele (zum Beispiel Budgets, Kosten, Deckungsbeiträge) stehen im Vordergrund.

Operative Führung ist aufwendig. Man wird sie insbesondere in Konzernen finden, die ein weitgehend homogenes Geschäfts betreiben, Beteiligungen also vorwiegend der Absicherung und Arrondierung des Stammgeschäfts dienen (Stammhauskonzern). Außerdem wird sie in Krisen- oder Restrukturierungssituationen angezeigt sein, sei es konzernweit, sei es nur für gefährdete Geschäfte.

3. Bestimmungsgrößen des Beteiligungsprofils und ihre Auswirkungen auf das Beteiligungscontrolling

3.1 Controlling in den Lebensphasen der Beteiligung

3.1.1 Verflechtungssynergie als Kernproblem von Erwerb und Integration der Beteiligung

Um den Erfolg von Beteiligungen nachhaltig zu sichern, ist es erforderlich, ein Controlling aufzubauen, das den gesamten Lebenszyklus einer Beteiligung betrachtet. Als Einteilung hierfür werden die fünf Phasen „Erwerb, Integration, Nutzung, Desintegration, Veräußerung“ benutzt (vgl. Abbildung 3, nach Krüger 1996). Das strategische Beteiligungscontrolling beginnt mit Erwerb und Integration der Beteiligung. Zu prüfen ist vorab, ob in der jeweiligen Unternehmungssituation *externes Wachstum* durch Beteiligung internen Wachstumsalternativen überlegen ist. Eine Beteiligung ist nur dann sinnvoll, wenn netto – also nach Abzug der Integrationskosten – ein „Familienvorteil“ erzielt werden kann. Hierfür wird die Bezeichnung „Parenting-Value“ vorgeschlagen (vgl. Goold et al 1994). Er entsteht durch die hinlänglich bekannte und stark strapazierte Kategorie der Synergie („2 + 2 = 5“-Effekt).

Für finanzielle Führung reichen finanzielle Synergien in Form einer Risikostreuung bzw. Kapitalkostensenkung bereits aus, dies zumindest, soweit man in voneinander unabhängige Felder investiert. Strategische und operative Führung verlangen dagegen nach Verflechtungsüberlegungen und damit nach geschäftsbezogenen Synergien. Um sie transparent, greifbar und auch rechenbar zu machen, sollten die Wertketten der Beteiligten betrachtet werden (vgl. Krüger/Müller-Stewens 1994, S. 66 ff.). Nur durch Verflechtungen oder Ergänzungen der Wertketten von Mutter- und Tochtergesellschaft kann ein „Beteiligungsmehrwert“ eintreten. Wenn hierfür weitreichende Integrationsbemühungen erforderlich sind, entstehen Integrationskosten, deren Höhe regelmäßig unterschätzt wird. Man berücksichtige auch Markt- und Markeneffekte, zum Beispiel Abschmelzverluste und Kannibalisierungseffekte, durch die der Mehrwert erodiert werden kann. Die Folgerung daraus ist, dass sich der Akquisiteur seine strategischen Absichten und deren Konsequenzen sehr genau klar machen muss. Insbesondere muss er wissen, welche Änderung seiner Markt- und Wettbewerbsposition er anstreben bzw. erreichen kann und welche Wirkungen und Rückwirkungen sich aus einem Beteiligungserwerb ergeben würden.

Je mehr Synergieeffekte angestrebt werden, desto höher muss der Führungsanspruch der Mutter werden. Leitbild des Erwerbs und der Integration ist dann das Erzielen einer strategischen Stimmigkeit (strategic fit) zwischen Mutter- und Tochtergesellschaft (vgl. Krüger/Müller-Stewens 1994, S. 76 ff.). Es gilt, Unterschiede und Barrieren zu überwinden, dies vor allem auf den folgenden sechs Feldern:

1. Stimmigkeit der *Strategie*: Markt- und Wettbewerbsstrategien der Unternehmung bzw. Geschäftsfelder müssen zusammenpassen.
2. *Management-Fit*: Top Management bzw. Einfluss nehmende Eigentümer von Erwerber und Erworbenem müssen vertrauensvoll zusammenarbeiten.
3. Stimmigkeit der *Potenziale*: Technologische, humane, finanzielle Ressourcen sowie Know-how müssen sich ergänzen.
4. Stimmigkeit der *Systeme*: Planungs-, Kontroll- und Informationssysteme, aber auch Anreiz- und Karrieresysteme müssen kompatibel gemacht werden.
5. Stimmigkeit der *Strukturen* und *Prozesse*: Aufbau- und Ablauforganisation sind im erforderlichen Umfang einander anzupassen.
6. Stimmigkeit der *Kulturen*: Die Werte, Einstellungen und Verhaltensweisen der Mitglieder von Mutter- und Tochtergesellschaft dürfen sich nicht grundlegend widersprechen.

3.1.2 Wertmanagement in der Nutzungsphase

Gelingt die Integration des Targets, so sind im Sinne operativer Planung, Steuerung und Kontrolle die jährlichen Ziele für die Beteiligungen zu formulieren und zu überprüfen. Insofern dominiert in der Nutzungsphase der „Normalbetrieb“ eines eher operativen Beteiligungscontrollings. Um eine klare Investitions- und Desinvestitionspolitik betreiben zu können, sind aber auch in diesem Rahmen immer wieder strategische Fragen des Wertmanagements zu stellen und zu diskutieren. Als Hilfestellung hierfür ist die folgende Liste gedacht:

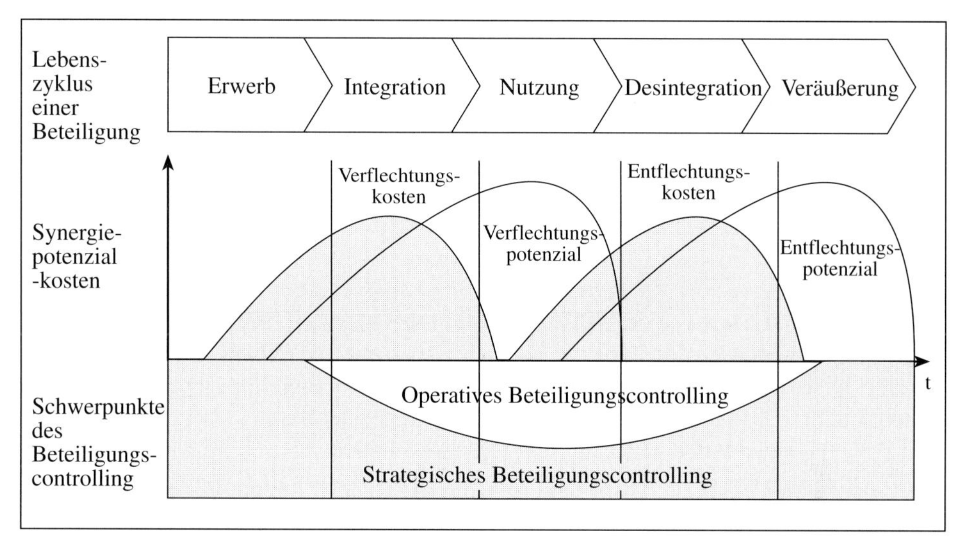

Abbildung 3: Controlling in den Lebensphasen der Beteiligung

- Welche Kapitalmittel binden die einzelnen Geschäftsfelder/Gesellschaften/Betriebe?
- Welche Renditen werden dort erzielt?
- Wie ist die Kostenstruktur zu beurteilen?
- Welcher Cash Flow wird erzielt und wie wird er verwendet?
- Gibt es Vermögen, das nicht (mehr) für das Kerngeschäft erforderlich ist?
- Sind Desinvestitionen im Kerngeschäft oder in Randgeschäften möglich oder erforderlich?
- Welche Investitionen im Kerngeschäft und in Kernfähigkeiten sind möglich/erforderlich und welche Rendite wird erwartet?
- Welche Investitionen zum Aufbau neuer Geschäfte/Fähigkeiten sind möglich/erforderlich und welche Rendite wird erwartet?

3.1.3 Entflechtungssynergie als Kernproblem von Desintegration und Veräußerung der Beteiligung

Im Sinne der Lebenszyklusbetrachtung ist der Rückzug aus einer Beteiligung ein völlig normaler, ja notwendiger Vorgang. Eine strategische Konzentration oder Neuorientierung der Kräfte erfordert zwangsläufig auch eine Umgruppierung der Beteiligungsstruktur. Wenn der „Familienvorteil" schwindet, wird es zum Beispiel Zeit, das Familienmitglied in die Selbstständigkeit zu entlassen oder einer anderen Firmenfamilie zu übergeben. Die Entflechtungssynergie (5 – 2 = 6) und der Break-up-Value (vgl. Bühner 1990, S. 70) treten an die Stelle der Verflechtungssynergie und des Parenting-Value. Wertsteigerung kann also auch durch Entflechtung entstehen. Unternehmungen, die dauerhaft keine geordnete Desintegration und Veräußerung von Beteiligungen vornehmen, setzen sich dem Verdacht aus, Strategiedefizite aufzuweisen.

Die anzustellenden Überlegungen sind im Prinzip spiegelbildlich zu denen des Erwerbs, mit dem einzigen Unterschied, dass nunmehr die Veräußerung einer Beteiligung statt ihres Erwerbs die Antwort auf geschäftspolitische Fragen darstellt. Es versteht sich, dass beide Bewegungen – Veräußerung und Neuerwerb – Hand in Hand gehen können. Je intensiver die Unternehmungen rechtlich, organisatorisch und personell verflochten waren, desto mehr Bemühungen der Entflechtung sind erforderlich, ehe die Veräußerung vonstatten gehen kann.

3.2 Controlling für unterschiedliche Geschäftstypen

Beteiligungscontrolling muss auch nach der Art des Geschäfts differenziert werden. Dies gilt bereits für die finanzielle Führung, in stärkerem Maße für die strategische und ganz besonders für die operative Führung. Aus der Fülle möglicher Geschäftsmerkmale, die für das Controlling von Bedeutung sein können, zeigt Abbildung 1 eine Auswahl.

Weitreichende Unterschiede ergeben sich zunächst zwischen Industrie- und Dienstleistungsgeschäften. Die Renditeziele mögen gleich sein, aber die Kennzahlen der Steuerung sind gänzlich andere. Für einen Batteriehersteller zum Beispiel ist der Bleipreis eine kritische Größe, für einen TV-Sender sind es der Zuschauer-Marktanteil und der Werbeminutenpreis.

In neuester Zeit wird zwischen sogenannter „Alter“ und „Neuer“ Ökonomie unterschieden. Die Alte Ökonomie sei nach den herkömmlichen Kennzahlen zu führen (zum Beispiel KGV), die Neue, zum Beispiel Internetfirmen, dagegen nicht. Hier spielen Wachstumserwartungen, ausgedrückt zum Beispiel in Kennzahlen, die den Wert des Kundenstamms betreffen, eine Rolle. Dies gilt zumindest in den Anlauf- und Wachstumsphasen. Letztlich muss sich auch eine noch so „Neue“ Wirtschaft an fundamentalen Renditegrößen messen lassen.

Von Bedeutung ist ferner, ob es sich um ein regionales und/oder ein globales Geschäft handelt und ob eher ein standardisiertes Massenprodukt, ein Individualprodukt oder eine komplette Problemlösung verkauft wird. Damit ist die Frage nach der Wettbewerbsstrategie der Tochtergesellschaft angesprochen. Wird eine Nischenstrategie oder eine Gesamtmarktstrategie verfolgt? Liegen die angestrebten Wettbewerbsvorteile im Bereich der Kosten- und Preisführerschaft oder der Differenzierung? Für die Einschätzung der Ertragspotenziale einer Beteiligung und ihrer möglichen Entwicklung ist schließlich die genaue Kenntnis der Branchenstruktur und der sie prägenden Triebkräfte wichtig (vgl. Porter 1995$$). Neben der Intensität des vorhandenen Wettbewerbs ist auch der mögliche Zutritt neuer Konkurrenten, das Risiko von Substitutionsprodukten sowie die Situation auf der Seite der Absatz- wie der Faktormärkte (zum Beispiel Ersatz bisheriger Einsatzgüter, neue Technologien) zu analysieren. Die Bewegungen innerhalb der Branche sowie in relevanten Nachbarbranchen sind ebenso zu diskutieren wie die verschiedenen Barrieren (zum Beispiel Markteintritts- und -austrittsbarrieren), die Bewegungen behindern.

3.3 Controlling in verschiedenen Marktphasen

Eine weitere Differenzierung des Beteiligungscontrollings sollte im Hinblick auf die Marktphasen (Lebenszyklus) erfolgen, in denen sich das Produkt bzw. Geschäft befindet. Hierzu ist zunächst die Stellung im Lebenszyklus zu bestimmen. Geschäfte, die sich in der Phase des Markteintritts oder sogar davor befinden, lassen sich noch nicht an Renditekennzahlen messen, sondern zunächst in Wachstumskennzahlen wie Umsatzsteigerung oder Marktentwicklung. Gelingt der Markteintritt und die erwartete Wachstumsphase ist erreicht, so treten Renditekennzahlen in den Vordergrund, selbstverständlich unter Berücksichtigung der zukünftigen Entwicklung. In reifen Industrien, die also in einer herkömmlichen Portfoliobetrachtung den Status einer Cash Cow einnehmen, sind Cash-Flow-Betrachtungen anzustellen, aber ggf. auch Restrukturierungsüberlegungen hinsichtlich einer Weiterentwicklung oder eines Umbaus des Geschäfts. Befindet sich ein Geschäft nachhaltig im Abschwung, also am Ende des Lebenszyklus, ist zu prüfen, ob ein Rückzug auf einen verteidigungsfähigen Sockel oder eine Aufgabe des Geschäfts in Frage kommt. Auch ein Transfer vorhandener Ressourcen und Fähigkeiten auf neue Produkte, Regionen oder Kunden kommt grundsätzlich in Betracht. Die entsprechenden Kosten und möglichen Verkaufserlöse bzw. Umsatzerwartungen bilden die Situation im Beteiligungscontrolling ab.

4. Thesen zum Beteiligungscontrolling

1. Klare strategische Absichten formulieren!

Viele Beteiligungsportfolios sind historisch gewachsen und werden eher verwaltet als unternehmerisch geführt. Ausgangspunkt jedes professionellen Managements und damit auch des Beteiligungscontrollings ist die klare Formulierung der strategischen Ziele, die den Maßstab des Erwerbs und der Veräußerung von Beteiligungen bilden.

2. Ergebnisorientierte Führung sicherstellen!

Das Beteiligungscontrolling hat einen Führungsregelkreis zu installieren, der die jährliche Planung, Steuerung und Kontrolle der Beteiligungen im Hinblick auf die angestrebten Ergebnisse sicherstellt. Es hängt vom Führungsanspruch (finanzielle, strategische, operative Führung) ab, wie detailliert die benötigten Ziele und Kennzahlen ausfallen.

3. Beteiligungslebenszyklus als Handlungsrahmen!

Das Beteiligungscontrolling sollte sich vom Bild des Lebenszyklus einer Beteiligung leiten lassen. Erwerb, Integration, Nutzung, Desintegration und Veräußerung sind unterschiedliche Lebensphasen, die im Controlling abzubilden und durchgehend zu begleiten sind. Im Ergebnis führt dies zu einem „lebenden Portfolio", das den jeweiligen „Lebensumständen" anzupassen ist.

4. Nüchterne Analyse der Synergiepotenziale und -kosten!

Synergien der verschiedensten Form werden regelmäßig als Begründung für Akquisitionen benutzt. Die vermeintliche „Zauberformel" entpuppt sich nicht selten als „Milchmädchenrechnung". Eine genaue und nüchterne Analyse der Potenziale und der Kosten der Synergie ist sowohl im Rahmen der Integrations- wie der Desintegrationsphase erforderlich, um Enttäuschungen zu vermeiden. Werden lediglich finanzielle Synergien (zum Beispiel Risikostreuung) angestrebt, reicht finanzielle Führung aus. Weiterreichende Synergieziele lassen sich nur durch Verflechtungen erzielen und erfordern einen höheren Führungsanspruch der Muttergesellschaft, also strategische oder operative Führung.

5. Strategischen Fit als Leitidee verfolgen!

Je intensiver die Beteiligungen genutzt werden sollen, desto besser müssen „Mutter" und „Tochter" zusammenpassen bzw. passend gemacht werden. Leitidee ist der strategische Fit, der sich vor allem in der Abgestimmtheit von Markt- und Wettbewerbsstrategien, Unternehmungsträgern, Kultur und Philosophie, Strukturen und Prozessen sowie Systemen äußert. Grundlegender und nicht korrigierbarer „Misfit" sollte Anlass sein, auf den Erwerb zu verzichten bzw. die Beteiligung zu veräußern.

6. Geschäftsspezifische Differenzierung der Stellgrößen und Kennzahlen!

Die strategischen Absichten können über alle Geschäfte hinweg identisch sein. Die erforderlichen Stellgrößen, an denen die Position der Geschäfte zu erkennen und ggf. zu beeinflussen ist, müssen geschäftsspezifisch formuliert werden. Hierfür sind entsprechende Kenntnisse des Geschäfts notwendige Bedingung.

7. Marktphasen des Geschäfts beachten!

Die Kennzahlen des Beteiligungscontrollings müssen sich auch an der Marktphase des Geschäfts ausrichten. Produkte, die sich zum Beispiel in der Einführungsphase befinden, sind anders zu steuern als solche in der Reife- oder Abschwungphase.

8. Der Beteiligungscontroller als Prozesspromotor!

Das anzustrebende Selbstverständnis eines Beteiligungscontrollers lässt sich als das eines Prozesspromotors beschreiben, der über die gesamten Lebensphasen der Beteiligung hinweg eine überwachende und gestaltende Rolle spielt. Dies kann im Einzelfall direktive Eingriffe ebenso umfassen wie eine vertrauensvolle Beratung. In jedem Fall gilt es, das Gesamtoptimum im Auge zu behalten und auf seine Verwirklichung im Sinne einer Scharnierfunktion zwischen Mutter- und Tochtergesellschaft hinzuwirken.

Literaturhinweise

BÜHNER, R.: Das Management-Wert-Konzept, Stuttgart 1990.

CHANDLER, A. D.: The Functions of the HQ Unit in the Multibusiness Firm, in: Rumelt, R. P./Schendel, D. E./Teece, D. J. (Hrsg.): Fundamental Issues in Strategy, Boston/Massachusetts 1994, S. 323-360.

DIECKHAUS, O.-T.: Management und Controlling im Beteiligungslebenszyklus, Köln 1993.

GOOLD, M./CAMPELL, A./ALEXANDER, M.: Corporate-Level Strategy, New York 1994.

KAPLAN, R./NORTON, D.: Balanced Scorecard: Strategien erfolgreich umsetzen, Stuttgart 1997.

KLEINSCHNITTGER, U.: Beteiligungs-Controlling, München 1993.

KRÜGER, W.: Organisation der Unternehmung, 3. Aufl., Stuttgart 1994.

KRÜGER, W.: Beteiligungscontrolling, in: Schulte, C. (Hrsg.): Lexikon des Cotrolling. München, Wien 1996, S. 74-79.

KRÜGER, W. (Hrsg.): Excellence in Change – Wege zur strategischen Erneuerung, Wiesbaden 2000.

KRÜGER, W./HOMP, C.: Kernkompetenz-Management: Steigerung von Flexibilität und Schlagkraft im Wettbewerb, Wiesbaden 1997.

KRÜGER, W./MÜLLER-STEWENS, G.: Matching Acquisition Policy and Integration Style, in: von Krogh, G./Sinatra, A./Singh, H. (Hrsg.): The Management of Corporate Acquisitions, London u. a. 1994, S. 50-84.

OBRING, K./RINGSLETTER, M.: Strategisches Beteiligungscontrolling im Konzern, in: Zeitschrift für Betriebswirtschaft, 62. Jg., 12/1992, S. 1303-1323.

PORTER, M.: Wettbewerbsstrategie, Frankfurt 1995.

SCHULTE, C.: Beteiligungscontrolling, Wiesbaden 1993.

VOGEL, J.: Marktwertorientiertes Beteiligungscontrolling: Shareholder Value als Maß der Konzernsteuerung, Wiesbaden 1998.

WEBER, J.: Strategisches Beteiligungscontrolling, in: Zeitschrift für Planung, Nr. 2/1992, S. 95-111.

Gerhard Schlangen

Controlling im Bauspargeschäft

1. Einleitung

Controlling gibt es bei der einen oder anderen Bausparkasse bereits seit Ende der 70er Jahre und hat damit im Vergleich zur übrigen Finanzdienstleistungsbranche eine relativ lange Tradition. Vor dem Hintergrund eines sich deutlich verlangsamenden Marktwachstums erkannte die LBS West frühzeitig, dass sie ihr Ergebnis nur durch ein effektives Kostenmanagement würde langfristig sichern können. Bereits kurz nach der Einführung standen die Controllingsysteme vor einer ernsten Bewährungsprobe. So brach Anfang der 80er Jahre das Neugeschäft branchenweit nachhaltig ein. Die Bausparkassen standen vor einem sehr weitreichenden Handlungs- und Steuerungsbedarf.

Im Folgenden sollen die Schwerpunkte eines Controllingsystems für Bausparkassen vorgestellt werden. Spezifische Merkmale ergeben sich aus den Besonderheiten des Bauspargeschäfts. Auf diese Besonderheiten soll zunächst kurz eingegangen werden.

2. Besonderheiten des Bauspargeschäfts

Die Bausparsysteme in Deutschland und Österreich stellen in einer sehr langen Tradition nennenswerte Beiträge zur Wohnungsbaufinanzierung bereit. Der Bausparmarkt in Deutschland setzte sich Ende 1999 aus 32 Bausparkassen zusammen, die rund 33 Mio. Bausparverträge mit einem Volumen von mehr als 1,2 Billionen DM Bausparsumme betreuten. Der Erfolg des Systems Bausparen führt derzeit zu einer zunehmenden Internationalisierung, insbesondere in den Reformstaaten des ehemaligen Ostblocks.

Der Bausparvertrag ist Anlage- und Finanzierungsprodukt in einem. Der Bausparprozess beginnt mit der Sparphase, in der die Kunden zugleich einen Anspruch auf ein Bauspardarlehen erwerben. Die Verzinsungen in der Spar- wie in der Darlehenphase sind bei Abschluss des Bausparvertrages bekannt und liegen für die gesamte Vertragslaufzeit fest, so dass die Bausparer unabhängig von den Zinsschwankungen am Kapitalmarkt sind. Der Bausparvertrag ist damit ein kalkulierbares und sicheres Finanzierungsinstrument. Er bietet zudem eine Vielzahl von Optionen, die der Kunde bei sich ändernden Bedürfnissen wahrnehmen kann.

Beim Bausparen handelt es sich um ein weitgehend geschlossenes Finanzierungssystem, das so genannte Kollektiv: Die Bausparer in der Sparphase stellen die Refinanzierungsmittel für die Darlehen der übrigen Bausparer bereit. Ein Rückgriff auf andere Refinanzierungsquellen ist grundsätzlich nicht vorgesehen.

Als Spezialkreditinstitut gelten für die Bausparkassen ihren Besonderheiten entsprechende Regelwerke. Die Sonderregelungen betreffen die Sicherungsinstrumente, insbesondere hinsichtlich der Liquidität, und die Bankenaufsicht. Gravierend ist jedoch die Beschränkung der Geschäftstätigkeit auf das Bauspargeschäft. Danach sind bausparfremde Tätigkeiten selbst im Zuge von Beteiligungen nur sehr eingeschränkt zulässig. Damit handelt es sich bei Bausparkassen quasi um Einproduktunternehmen.

Entsprechend vereinfacht ist die Bilanz- und GuV-Struktur von Bausparkassen. Neben den Bauspareinlagen und -darlehen finden sich im Wesentlichen die beim Sofortfinanzierungswunsch des Kunden eingesetzten Vor- und Zwischenfinanzierungskredite und die Geldanlagen. Das Betriebsergebnis setzt sich aus den Komponenten Zinsüberschuss, Provisionsüberschuss und dem Verwaltungsaufwand zusammen. Es gibt üblicherweise kein Handelsergebnis.

Die Risikosituation der Bausparkassen stellt sich ebenfalls abweichend von anderen Kreditinstituten dar: Gegenparteienrisiken, wie das Kreditausfallrisiko, sind bedingt durch das Mengengeschäft und den Vorsparcharakter des Bausparproduktes sehr gering. Auch Marktrisiken, wie Währungs- oder Aktienkursrisiken, haben praktisch keine Bedeutung. Der Schwerpunkt des Risikocontrolling einer Bausparkasse liegt dagegen auf dem Zinsänderungsrisiko und dem Liquiditätsmanagement, um die aus den Bausparverträgen resultierenden Ansprüche jederzeit erfüllen zu können.

3. Steuerungsbereiche des Controlling einer Bausparkasse abgeleitet aus den strategischen Erfolgsfaktoren

Die Anforderungen an ein Controllingsystem ergeben sich aus den Unternehmenszielen und den strategischen Erfolgsfaktoren. Oberstes Ziel der Bausparkasse LBS West ist die Rentabilität bei gleichzeitiger Marktführerschaft. Zu ihrer Steuerung gibt es drei wesentliche strategische Erfolgsfaktoren, die sich grob den drei Perspektiven Markt, Kollektiv und Betrieb zuordnen lassen:

1. So gilt es in der Akquisitionsphase zum einen die Abschlussbereitschaft durch die Schaffung eines positiven Images und einer hohen Bekanntheit zu erhöhen. Zum anderen kommt einer hohen Vertriebsdichte, wie sie zum Beispiel aus dem Zusammenspiel von Handelsvertreteraußendienst und Sparkassenkooperationspartner entsteht, eine entscheidende Bedeutung zu. Bei den zur Steuerung dieser Ansatzpunkte in der Akquisitionsphase eingesetzten Controllinginstrumenten handelt es sich um außerordentlich wichtige, aber nicht bausparkassenspezifische Controllingbereiche. Daher soll auf diese hier nicht näher eingegangen werden.
2. Der Ertrag aus dem Bausparvertrag ergibt sich nicht mit dem Vertragsabschluss, sondern erst im Verlaufe der mehrjährigen Vertragsbeziehung. Hier gilt es, die den Kunden im Bausparvertrag eingeräumten Optionen und die Folgen ihrer Inanspruchnahme so zu steuern, dass über die Vielzahl der Bausparkonten, im Falle der LBS West immerhin

2,4 Mio., die angestrebte Liquidität und Rentabilität erreicht wird. In Verbindung mit dem Finanzmanagement und der Risikosteuerung liegen in der Kollektivsteuerung daher wesentliche Herausforderungen an die Controllinginstrumente einer Bausparkasse.

3. Auch als Folge der eingeschränkten Möglichkeiten, auf andere Geschäftsfelder auszuweichen, lautet die strategische Stoßrichtung „Optimierung der Geschäftsprozesse", was letztlich die Stabilisierung der Stückkosten bedeutet. Nur so lassen sich bei grundsätzlich konstanter Marge im Bauspargeschäft Kostensteigerungen auffangen. Wesentliche Einflussgröße ist der Personaleinsatz im Unternehmen, dessen Effizienz sich tendenziell an der Kennzahl Produktivität ablesen lässt. Produktivität wird dabei als die Anzahl der Verträge im Bestand pro Mitarbeiter gerechnet.

In den folgenden Kapiteln wird zum besseren Verständnis der Schilderung der Instrumente jeweils die Beschreibung der Rahmenbedingungen und des Steuerungsbedarfs vorangestellt.

4. Kollektivsteuerung und Finanzmanagement

Um die Anforderungen an ein Controllingsystem im Kollektivbereich einer Bausparkasse zu verdeutlichen, ist zunächst ein kurzer Blick auf die grundsätzliche Funktionsweise eines Kollektivs hilfreich. Das kollektive Grundprinzip lässt sich anhand eines simplen Modells erläutern, das aber bereits die wesentlichen Merkmale eines echten Kollektivs enthält:

Wie bereits erläutert ist Bausparen ein Optionsprodukt, dessen Rahmenbedingungen zwar durch die Produktausgestaltung vorgegeben sind, dessen konkreter Vertragsablauf aber unvorhersehbar ist. Erst durch die hohe Anzahl von Bausparverträgen im Bestand bilden sich stabile Verhaltensgruppen heraus, so etwa die Regel- oder Schnellsparer sowie die Darlehensnehmer oder -verzichter. Diese verschiedenen Verhaltenstypen, die sich durch die Größe der Gruppe, durch das Ansparverhalten und die Nutzung von Vertragsoptionen, wie etwa der Erhöhung, Zuteilung oder Kündigung unterscheiden, bilden die so genannten Bausparerschichten. Das Kollektivmodell geht nun davon aus, dass im Zeitablauf laufend Neuverträge in einer bestimmten Mischung der einzelnen Schichten in den Vertragsbestand eingespielt werden. Aus diesem Neugeschäft ergeben sich durch die in den Schichten unterstellten Besparungs- und Tilgungsprämissen Liquiditätsströme und letztlich Bilanzbestände. Bei stabilem Neugeschäft und konstantem Kundenverhalten in den jeweiligen Schichten ergeben sich nach einer Übergangsphase kollektive Gleichgewichtszustände, das heißt, Liquiditätszu- und -abflüsse halten sich die Waage. Ein Kollektiv muss so strukturiert sein, dass das Spar-, Tilgungs- und Zuteilungsverhalten dauerhaft Liquidität im Kollektiv garantiert und die kollektiven Bestände ein tragfähiges Zinsergebnis ermöglichen. Diese Anforderungen waren bei der LBS West in aller Regel erfüllt, wenn das Verhältnis der Bauspardarlehen zu den Bauspareinlagen, der so genannte Anlegungsgrad, einen Wert von 70 bis 80 Prozent erreichte. Die nicht in Bauspardarlehen angelegten

Bauspareinlagen können zum Beispiel am Kapitalmarkt oder im außerkollektiven Kreditgeschäft investiert werden und stützen damit das kollektive Zinsergebnis.

Die Notwendigkeit einer Kollektivsteuerung ergibt sich, wenn der kollektive Gleichgewichtszustand gestört wird. Dies kann im Wesentlichen durch zwei, einander gegebenenfalls überlagernde Effekte geschehen, und zwar durch eine Verschiebung des Neugeschäftsniveaus oder durch geänderte Verhaltensparameter der Bausparer. Verhaltensänderungen ergeben sich beispielweise im Zusammenhang mit dem Zinsniveau oder durch eine Änderung der staatlichen Vermögensbildungspolitik.

- Befindet sich ein Kollektiv in einem stabilen Gleichgewichtszustand, so führt ein Rückgang des Neugeschäfts auf ein niedrigeres Niveau bei sonst gleichen Bedingungen zu einem rückläufigen Spargeldeingang und damit zu vermindertem Geldzufluss. Wenn die Bausparkasse nicht eingreift, verschlechtert sich der Anlegungsgrad, denn die Kunden im Bestand fragen zunächst weiterhin die Darlehen nach, während die zur Refinanzierung erforderlichen Sparzahlungen zurückgehen. Den Anstieg des Anlegungsgrades kann die Bausparkasse begrenzen, indem sie die Vergabe der Darlehen durch Verlängerung der Ansparzeiten herauszögert. Bleibt es bei dem verringerten Neugeschäft, dann stabilisiert sich das Kollektiv nach einer Übergangsphase auf niedrigerem Niveau. Die Ansparzeiten können dann langsam wieder an das Niveau des ursprünglichen Gleichgewichtszustandes herangeführt werden.

- Verhaltensänderungen können die gleichen kollektiven Auswirkungen haben wie die Änderung des Neugeschäfts. Verhaltensänderungen ergeben sich etwa regelmäßig in Abhängigkeit vom Zinsniveau. So lässt sich zum Beispiel eine Parallelentwicklung zwischen der Zuteilungsnachfrage und dem Kapitalmarktzinsniveau beobachten:

  In Hochzinsphasen drängen die Bausparer vermehrt in die Zuteilung, um sich die Vorteile des zinsgünstigen Bauspardarlehens zu sichern. Dies führt bei in aller Regel

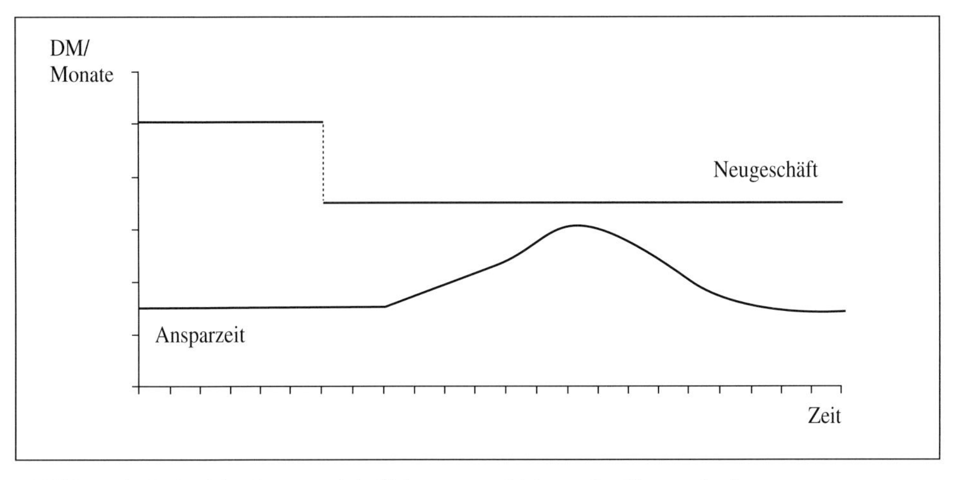

Abbildung 1: Verlauf der Ansparzeit bei Niveauverschiebung des Neugeschäfts

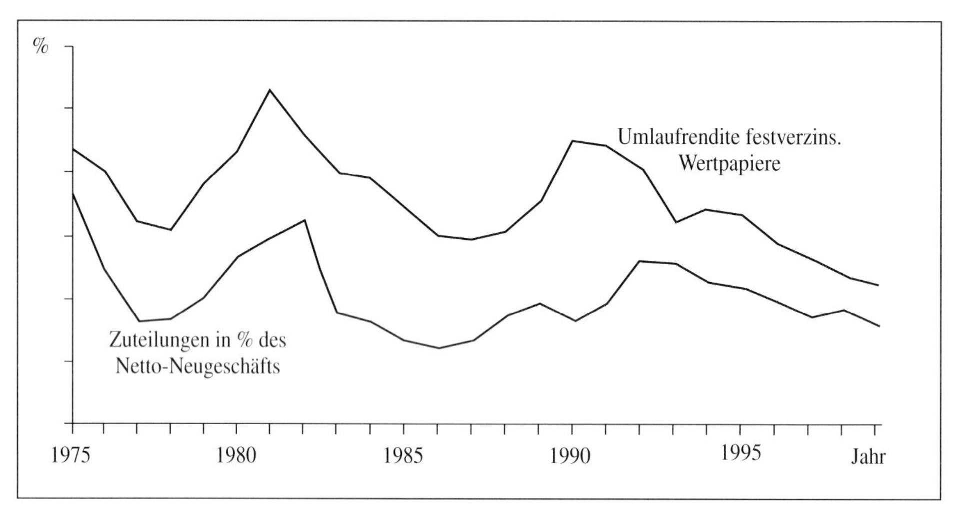

Abbildung 2: Umlaufrendite vs. Zuteilungen in % des Neugeschäfts vor 7 Jahren

gleichzeitig abnehmender Sparneigung zu zusätzlichem Druck auf das Bausparkollektiv.

Die dargestellten Wirkungszusammenhänge zeigen, dass bei einer Störung des Gleichgewichtszustandes im Bausparkollektiv zunächst ein bestimmter Toleranzbereich im Anlegungsgrad genutzt werden kann. Bei gravierenden Entwicklungen kann die Bausparkasse über die Veränderung der Ansparzeiten eingreifen. Eine Verlängerung der Ansparzeiten bedeutet aber tendenziell eine Verschlechterung der Produktqualität, die möglicherweise ihrerseits die ursprüngliche Störung verstärkt. Aus diesem Grunde versucht die Kollektivsteuerung die Verlängerung der Ansparzeiten zu vermeiden. Ansatzpunkte sind die präventive Begrenzung von Risiken durch eine adäquate Gestaltung der Bausparprodukte, die konsequente Auswertung von Frühwarnindikatoren, die Fokussierung auf kollektivfreundliche Zielgruppen sowie die Schaffung von Reserven:

- Bei einigen Bausparkassen verschärften sich Anfang der 80er Jahre die Probleme aus dem Neugeschäftseinbruch durch produktbedingte Probleme: Letztlich bestanden diese darin, dass Kunden deutlich mehr Leistung aus dem Kollektiv erhalten konnten als sie selbst erbracht hatten. Als Leistungen können die Kapitalbindung in der Sparphase (Sparerleistung) und der Darlehensphase (Kassenleistung) angesehen werden. Das Verhältnis zwischen den individuellen Leistungen des Bausparers und denen der Bausparkasse, bezogen auf die gesamte Laufzeit eines einzelnen Bausparvertrages, wird als individuelles Sparer/Kassen-Leistungsverhältnis (SKLV) bezeichnet und gilt als Gradmesser für die Ausgewogenheit des Produkts. Grafisch lassen sich die Zusammenhänge wie folgt darstellen.

  Die Produktgestaltung muss für die unterschiedlichsten Rahmenszenarien, zum Beispiel hinsichtlich des Zinsniveaus, sicherstellen, dass nicht einzelne Gruppen ungerechtfertigte Leistungen zu Lasten des Kollektivs in Anspruch nehmen können. Mit der

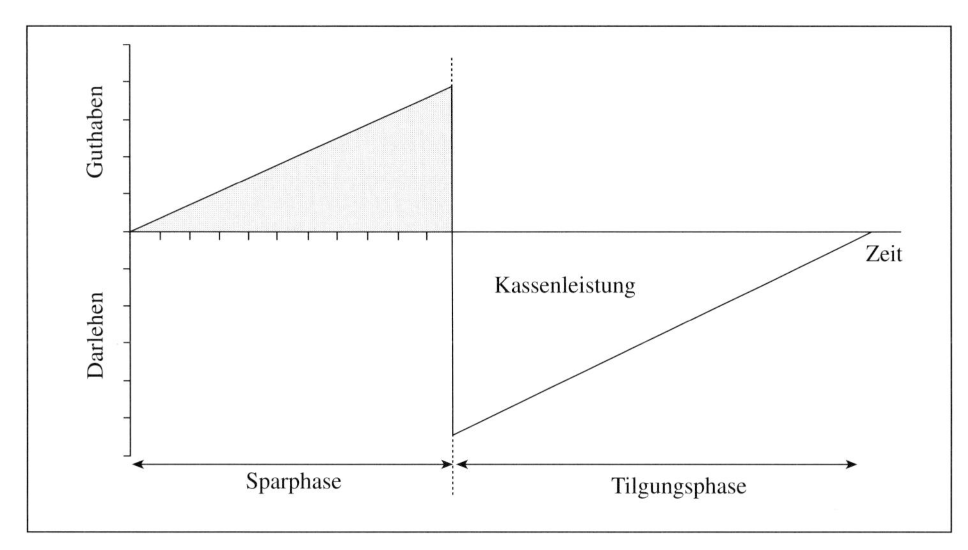

Abbildung 3: Verlauf von Sparer- und Kassenleistung

Novellierung des Bausparkassengesetzes und der Bausparkassenverordnung hat auch der Gesetzgeber auf die genannten Probleme reagiert und für neue Produkte entsprechende Anforderungen an die Produktkonstruktion vorgegeben. So muss das individuelle SKLV nach der Bausparkassenverordnung zum Beispiel mindestens 0,5 betragen. So können die neuen Produkte von ihrer Konstruktion her durch die Begrenzung der Leistungsansprüche einzelner „Optimierer" gleichzeitig für eine höhere Zuteilungsgerechtigkeit sorgen.

- Störungen im Kollektiv wirken sich in aller Regel erst mittelfristig aus, umgekehrt wirken auch gegensteuernde Maßnahmen meist erst mit erheblichem Zeitverzug. Entsprechend kommt dem Identifizieren und systematischen Überwachen von Frühwarnindikatoren eine hohe Bedeutung zu. Vor allem die laufende Beobachtung von Verhaltensparametern, wie etwa der Spar- und Tilgungsintensität, der Zuteilungsnachfrage und diverser Kündigungsquoten, ist hier zu nennen. Bei nennenswerten Verhaltensänderungen sind die künftigen Liquiditätsflüsse und die Entwicklung der Bauspar- und Bilanzbestände neu zu prognostizieren. Die LBS-Gruppe arbeitet daher mit dem Zentrum für angewandte Informatik an der Universität Köln zusammen, um Szenariorechnungen für lange Zeiträume von mindestens 20 Jahren mit Hilfe eines auf sachlogischen und empirischen Zusammenhängen aufbauenden Kollektiv-Prognosemodells durchzuführen.

- Die einzelnen Bausparerschichten im Kollektiv tragen in unterschiedlichem Maße zur Stabilität und Qualität des Kollektivs bei. Um eine gesunde Kollektivstruktur zu fördern, werden vor allem möglichst langfristig orientierte Kundenschichten, etwa junge Leute, und Kundenschichten mit kontinuierlichen Zahlungsströmen akquiriert. Zu letztgenannten zählen zum Beispiel die Anleger vermögenswirksamer Leistungen. Aber auch bei Vorfinanzierungskrediten, die in Verbindung mit einem regelmäßig zu besparenden Bausparvertrag an Kunden mit sofortigem Finanzierungsbedarf ausgelegt werden, ergibt sich ein kontinuierlich gut prognostizierbarer Zufluss zum Kollektiv und eine gleichmäßigere Zuteilungsnachfrage. Dagegen sind die Anteile der nach dem Bausparkassengesetz definierten Groß- und Schnellbausparer zu begrenzen. Durch den schnellen Ansparprozess stehen die Einlagen dem Kollektiv nur relativ kurz zur Verfügung und durch die hohen Bausparsummen wird in der Darlehensphase ein relativ großer Umfang an Kollektivmitteln gebunden.

- Während eine ausgewogene Kollektivstruktur primär auf die Erhaltung der Leistungsfähigkeit des Kollektivs auch ohne Neugeschäftswachstum abzielt, soll eine antizyklische Liquiditätspolitik über eine vorausschauende Zuteilungssteuerung die aus konjunkturellen Einflüssen resultierenden Neugeschäftsschwankungen und damit einhergehende Belastungen für das Kollektiv ausgleichen. Unterstützt wird eine solche Politik durch die Einführung des Fonds zur bauspartechnischen Absicherung. In § 6 Abs. 1 BSpKG ist die Bildung einer Liquiditätsreserve in diesem Sonderposten gesetzlich vorgeschrieben. Die Bildung von Liquiditätsreserven und der antizyklische Einsatz dieser Reserven ist geeignet, einen Anstieg der Ansparzeiten und damit die Gefahr eines weiteren Neugeschäftsrückgangs zu verhindern.

Die zuvor geschilderten Ansatzpunkte fördern eine stabile und gesunde Kollektivstruktur. Als Mess größe für die Kollektivqualität dient das so genannte kollektive Sparer/Kassen-Leistungsverhältnis. Hierbei handelt es sich im Gegensatz zum individuellen SKLV um das Verhältnis zwischen den Leistungen aller Bausparer im Kollektiv zu denen der Bausparkasse gegenüber allen Darlehensnehmern. Die Bausparkassenverordnung schreibt ein auf Dauer ausgeglichenes Leistungsverhältnis vor. Letztlich muss dies durch eine entsprechende Gestaltung der Zuteilungsvoraussetzungen sichergestellt werden.

4.1 Bilanzstruktur

Die zuvor dargestellten kollektiven Wirkungszusammenhänge finden ihren Niederschlag in den Bilanzbeständen.

Die Passivseite der Bausparkassen ist in den meisten Fällen dominiert vom kollektiven Geschäft, den Bauspareinlagen. Daneben stehen auf der Passivseite gegebenenfalls Fremdmittel und schließlich unverzinsliche Passiva, insbesondere die Eigenmittel. Die Anlage dieser Mittel in geeigneter Struktur und Verzinslichkeit ist Gegenstand des Finanzmanagements. Als Anlageformen treten neben die kollektiven Darlehen einerseits die zur Sofortfinanzierung eingesetzten Vor- und Zwischenfinanzierungskredite und andererseits die Geldanlagen. Andere Aktiva treten kaum in nennenswertem Umfang auf.

- Den Bausparkassen ist bei der Geldanlage durch den § 4 Abs. 3 und den § 6a BSpKG ein Handlungsrahmen gesetzt, der vor allem auf die Liquidität und die Sicherheit der Anlageformen abstellt. Die Liquiditätsanforderungen gehen dahin, dass nur in fungible Wertpapiere angelegt werden darf. Die sicherheitsorientierten Anforderungen beschränken die Anlage in fremder Währung, grenzen den Kreis der zulässigen Emittenten und Geschäfte mit derivaten Anlageformen ein. Die LBS West verfolgt überwiegend die Buy-and-Hold-Strategie, betreibt also keinen Handel mit den Geldanlagen zur kurzfristigen Gewinnerzielung, so dass sie trotz des zum Teil erheblichen Geldanlagevolumens gemäß § 2 Abs. 11 KWG als Nicht-Handelsbuchinstitut einzustufen ist.

- Kunden mit fehlender oder noch nicht ausreichender Ansparleistung können Kredite zur Sofortfinanzierung in Anspruch nehmen. Dieses außerkollektive Kreditgeschäft macht in einigen Bausparkassen beachtliche Anteile der Aktivseite aus. Einer Refinanzierung dieses Geschäfts aus freien, das heißt nicht in Darlehen gebundenen Bauspareinlagen setzt der § 1 Bausparkassenverordnung einen festen Rahmen. So darf die Bausparkasse höchstens 70 Prozent der zur Zuteilung angesammelten Beträge für maximal 48 Monate zur Gewährung von Darlehen verwenden. Grundgedanke dabei ist es, durch eine Beschränkung der langfristigen Anlagen letztlich die Liquidität im Kollektiv zu sichern.

Die Bilanzpositionen unterscheiden sich hinsichtlich ihrer Fristigkeit und ihrer Reagibilität auf externe Einflüsse: Durch die vielen Optionen im Bausparen sind die Laufzeiten der Bauspareinlagen und -darlehen theoretisch nicht bestimmbar und sehr veränderlich. Allerdings stabilisieren sich vielfach die Einzelbewegungen in der Gesamtheit der Verträge, so dass sich auf Basis von Erfahrungswerten und Simulationsrechnungen gute Prognosen erstellen lassen. Die Kreditlaufzeit für Vor- und Zwischenfinanzierungen ist bereits auf Einzelvertragsbasis besser prognostizierbar, sie enthält aber zum Beispiel gegenüber Hypotheken dennoch Unsicherheiten, die aus Optionen resultieren. Die Kapitalbindung bei Fremdmitteln und Geldanlagen ist grundsätzlich gut zu bestimmen, die unverzinslichen Passiva stehen dem Unternehmen grundsätzlich unbegrenzt zur Verfügung.

Die unterschiedlichen Fristigkeiten und Reagibilitäten der Bilanzpositionen bedingen ein Zinsänderungsrisiko. Zur Steuerung bieten sich neben Schichten- und Ablaufbilanzen zunehmend Instrumente auf Basis von Barwertmethoden an. Beispielhaft sei hier der Basis-Point-Value-Ansatz genannt, der die barwertigen Auswirkungen einer Zinsänderung auf das Unternehmen aufzeigt. Neben dem betriebswirtschaftlich motivierten Instrumenteneinsatz sind die Bausparkassen verpflichtet, einen speziellen Liquiditätsnachweis hinsichtlich der Verwendung der kollektiven Mittel gegenüber dem Bundesaufsichtsamt zu führen. Durch § 1 Abs. 1 Bausparkassenverordnung wird sichergestellt, dass die Trägheitsreserve nicht zu langfristig gebunden wird. Diese Anforderungen zwingen die Bausparkassen mit starkem Vorfinanzierungsgeschäft regelmäßig dazu, trotz erheblicher Liquiditätsreserven Fremdmittel zur Refinanzierung des außerkollektiven Geschäfts einkaufen zu müssen.

4.2 GuV-Struktur

Neben Bilanzvolumina und -strukturen ist insbesondere auch die Verzinslichkeit der Bestände Steuerungsgegenstand des Finanzmanagements.

- Zunächst zu der Verzinsung in den *kollektiven Beständen*: Zwar weisen die Bausparprodukte in aller Regel eine feste, meist 2-prozentige Marge zwischen Bauspareinlagenverzinsung und Darlehenszinssatz auf. Diese entspricht aber keineswegs der tatsächlichen Marge über das gesamte Kollektiv. Eine Ursache liegt darin, dass diejenigen Kunden, die definitiv nur sparen wollen, in aller Regel ein Produkt mit hoher Sparverzinsung wählen. Dieses Verhalten ist besonders in Niedrigzinsphasen ausgeprägt. Der kollektive Einstandssatz verteuert sich, das kalkulierte Äquivalent einer entsprechend höheren Darlehensverzinsung bleibt durch Darlehensverzicht aus. Während für die Kunden der Bausparvertrag Unabhängigkeit vom Kapitalmarkt und seinen Risiken bietet, gilt dies für die Bausparkassen nur eingeschränkt: Die Nutzung von Produktoptionen durch den Kunden ist vom Kapitalmarkt beeinflusst und wirkt sich für die Bausparkassen über sich ändernde Spar- und Tilgungsgewohnheiten, aber auch durch wechselnde Produktwahl bezüglich der Bilanzvolumina und der Bestandsverzinslichkeit aus.

- Bei der Steuerung der *außerkollektiven Kreditvolumina* ist Hauptziel des Finanzmanagements eine Austarierung zwischen Volumina und Verzinsung. Für die Konditionengestaltung ist das Vorliegen eines detaillierten Margenkonzeptes wichtige Voraussetzung.

- Bei der *Geldanlage* und beim etwaigen Einsatz von *Fremdmitteln* schließlich geht es um die Optimierung von Verzinsungen durch geeignete Wahl von Anlageterminen und Laufzeiten. Dieser Bereich ist primär vom Kapitalmarkt abhängig und reagiert in besonderer Weise auf Zinsänderungen. Die bereits oben im Zusammenhang mit der Fristenproblematik angesprochene Steuerung der Zinsänderungsrisiken durch Barwertmethoden impliziert auch die Verzinsungsproblematik. Weitere Instrumente sind die periodisch erscheinenden Finanz- und Risikoreports, die auch die Anforderungen aus den MaH abdecken.

Im Bauspargeschäft stehen vor allem kollektive Risiken und teilweise Zinsänderungsrisiken im Vordergrund. Darüber hinaus gibt es detaillierte weitere Risikosteuerungsbereiche und -instrumente, auf die hier aber nicht weiter eingegangen werden soll.

5. Produktivitäts- und Kostensteuerung

Gehen wir zunächst wieder von unserem Kollektiv- und Unternehmensmodell aus. Nachdem die Fragen nach der Liquidität und dem Zinsüberschuss geklärt sind, fehlt zur Bestimmung des Betriebsergebnisses noch eine Aussage zum Einsatz betrieblicher Ressourcen. Ein finanzielles Äquivalent für den Ressourceneinsatz sind die Netto-Kosten, die neben den Verwaltungsaufwendungen auch den Teil der Provisionsaufwendungen enthalten, der nicht durch Abschlussgebühreneinnahmen gedeckt ist. Die Kennzahl „Kosten pro Vertrag im Bestand“ ist für einen Betriebsvergleich auf Basis extern veröffentlichter Daten eine erste wichtige Kennzahl für die Effizienz des betrieblichen Ressourceneinsatzes. Grundsätzlich sollten diese Stückkosten im Zeitablauf stabilisiert werden. Für interne Steuerungsansätze ist die Kennzahl allerdings zu grob. So enthalten die Netto-Kosten einerseits Mittel für die Marktbearbeitung, wie etwa die Werbe- und Vertriebsetats. Diese werden vor allem durch Planungs- und Budgetierungsinstrumente gesteuert. Andererseits spiegeln sich hier die Kosten für die Vertragsverwaltung wider. Diese sind bei einem Finanzdienstleister primär vom Personal- und EDV-Einsatz geprägt.

Eine grobe Kennzahl für die Effizienz des Personaleinsatzes ist die Produktivität. Sie errechnet sich als Anzahl der Verträge im Bestand pro Mitarbeiter. Hauptziel der LBS ist die Produktivitätsführerschaft in der Bausparbranche. Wie nachhaltig dieses Ziel verfolgt wird zeigt sich daran, dass sich die Produktivität der LBS seit Anfang der 80er Jahre mehr als verdoppelt hat. Ein solcher Erfolg setzt eine konsequente Steuerung auf Basis eines genau bekannten Personalbedarfs voraus. Das wesentliche Instrument hierzu ist die Personalbedarfsrechnung: Für eine überschaubare Anzahl standardisierter, häufig auftretender Arbeitsprozesse wird über geeignete Mess- und Schätzverfahren der für die Bearbeitung erforderliche Zeitbedarf ermittelt. Aus der Arbeitsmenge und dem Personalbedarfsschlüssel lässt sich dann der Personalbedarf ableiten. Eine laufende Personalbedarfsrechnung gibt es in der Bausparbranche in aller Regel erst bei größeren Häusern, bei denen die einzelnen Geschäftsvorfälle in nennenswertem Umfang auftreten.

Die Personalbedarfsschlüssel lassen sich als Einzelproduktivität des jeweiligen Geschäftsprozesses interpretieren. Ein Betriebsvergleich und die daraus resultierende Steuerung ist sinnvoller Weise auf Basis der Einzelproduktivitäten durchzuführen, da die Kennziffer Gesamtproduktivität nur bei gleicher Struktur des Geschäfts aussagekräftig ist. Ein deutlich unterschiedlicher Anteil arbeitsintensiver Geschäftsprozesse, wie etwa der Kreditbewilligung, schränkt die Aussagekraft der Kennziffer ebenso ein wie ein nennenswerter Umfang von Outsourcing.

Aber selbst das Abstellen auf Einzelproduktivitäten löst das Problem nur teilweise, sind doch die Gesamtkosten zunehmend von Fremdvergaben und steigenden IT-Kosten geprägt. Aus diesem Grunde bildet sich die Prozesskostenrechnung als aussagefähigeres Instrument heraus, das auf Basis einer präzisen Personalbedarfsrechnung die Kosten für die betriebliche Leistungserstellung bis heute am besten beschreibt. Auf dieses Instrument wird im Folgenden näher eingegangen:

Die Prozesskostenrechnung hat das Ziel, Stückkosten auszuweisen, die von dem jeweiligen Prozess kurz- und langfristig verursacht werden. Durch die Prozesssicht sind die Stückkosten von der Organisationsform der jeweiligen Bausparkasse unabhängig und bieten sich damit für einen detaillierten Betriebsvergleich an. Die Prozesskostenrechnung ist ein wichtiges Instrument zur Verbesserung von Arbeitsabläufen und somit zur Produktivitätssteigerung.

Ausgangspunkt der Prozesskostenrechnung ist die Analyse und Festlegung der Prozesse. Grundsätzlich lassen sich diese in die Gruppen Haupt-, Service- und Regieprozesse aufteilen. Die rund 150 Hauptprozesse der LBS stehen im Zusammenhang mit der Verwaltung eines Bausparvertrages und lassen sich entlang dem Lebenszyklus des Bausparvertrages in die Untergruppen Akquisition, Sparphase, Darlehensbewilligung und Darlehensverwaltung aufgliedern. Beispielhaft seien hier die Vertragsannahme und die Bewilligung gegen Sicherheiten genannt.

Alle übrigen Tätigkeiten, die nicht in unmittelbarem Zusammenhang mit der Verwaltung eines Bausparvertrages stehen, werden als Hilfsprozesse bezeichnet und danach unterschieden, ob sie direkt in die Hauptprozesse einfließen oder die Rahmenbedingungen für die Leistungserstellung schaffen. Im ersten Fall handelt es sich um Serviceprozesse, wie etwa bei der Registratur, dem Rechenzentrum oder der Poststelle. Im zweiten Fall kann man von Regieprozessen sprechen, zu denen etwa die Tätigkeiten der Geschäftsleitung oder des Rechnungswesens zählen.

Die Ermittlung der Prozesskosten vollzieht sich in vier Schritten:

1. Kostenstellenweise Verteilung aller Mitarbeiter auf die Prozesse. Hierbei wird auf die Zahlen der Personalbedarfsrechnung zurückgegriffen.
2. Abbildung der Leistungserstellung und der Leistungsverflechtungen im Hause anhand eines Mengengerüsts.
3. Zuordnung der Kosten auf die Prozesse: direkt oder geschlüsselt über die Personalverteilung.
4. Umlage der Hilfsprozesse auf Hauptprozesse.

Zum Zweck einer ergänzenden Vollkostenbetrachtung werden schließlich die Regiekosten mit Hilfe eines prozentualen Zuschlags auf die Hauptprozesse verteilt.

Unter strategischen Aspekten stellt die Prozesskostenrechnung für die LBS-Gruppe ein herausragendes Instrument dar, um die gegenüber den bundesweit tätigen Konkurrenten teilweise bestehenden Betriebsgrößennachteile soweit möglich durch die Übernahme der jeweils effizientesten Verfahrensweisen und Arbeitsabläufe auszugleichen.

Arbeitsschritte	Hauptprozesse					Hilfsprozesse	
	Akquisition	Sparphase	Darlehens-bewilligung	Darlehens-verwaltung	Sonstige Geschäfte	Service Prozesse	Regie-Prozesse
Zurechnung der Mitarbeiter	x	x	x	x	x	x	x
Zurechnung der Kosten	x	x	x	x	x	x	x
Umlage der Service-Prozesse (iteratives Verfahren)	x	x	x	x	x		x
	Arbeitskosten					./.	Arbeitskosten
Zurechnung der Regie-Prozesse (prozentualer Zuschlag)	x	x	x	x	x		
	Vollkosten					./.	./.

Abbildung 4: Ermittlung der Prozesskosten in der LBS West

Personalbedarfs- und Prozesskostenrechnung zeigen Rationalisierungspotenziale auf, die es systematisch zu erschließen gilt. Ansatzpunkte ergaben sich in den letzten Jahren unter anderen aus

- der zunehmenden IT-Unterstützung. Die Entwicklung ging hier vom Einsatz bei einzelnen Geschäftsvorfällen bis hin zu den heute eingesetzten vollständigen Systemen zur Geschäftsvorfallbearbeitung, die Elemente von Expertensystemen und eine elektronische Archivierung integrieren,
- der Entwicklung zum bargeldlosen Zahlungsverkehr,
- den Änderungen im Bausparkassengesetz, die eine vereinfachte Kreditbewilligung bei Kleinkrediten ermöglichten sowie
- der Reduzierung von Kontrollen durch Einsatz von Stichprobenverfahren.

Die weitere Entwicklung wird gekennzeichnet sein von der intensiven Erschließung von Synergiepotenzialen durch gemeinsame Abwicklung auf Basis eines einheitlichen IT-Anwendungssystems, die Optimierung von Arbeitsprozessen unter Nutzung der Internettechnologie sowie den fortschreitenden Einsatz von Beleglesesystemen. Zugleich erhöhen sich aber auch die Anforderungen unserer Kunden an die Intensität der Betreuung und Beratung, auch bezogen auf die Geschäftszeiten. Die Internettechnologie weicht schließlich zunehmend das bisherige Prinzip der Back-Office-Abwicklung auf, die Abwicklungstätigkeiten an möglichst einem Standort zu bündeln.

Diese Entwicklungen werden zu Strukturveränderungen führen und einen geänderten Ressourceneinsatz erfordern. Bei den dazu erforderlichen Entscheidungen liefern die skizzierten Instrumente außerordentlich wichtige Informationen.

6. Einbettung der Instrumente

Die vorhergehenden Kapitel stellten auf die in Bausparkassen besonders hervorzuhebenden Steuerungsinhalte und die dazu erforderlichen Instrumente ab. Wie in allen anderen Unternehmen sind Instrumente jedoch allenfalls Voraussetzung, nicht aber Garantie für ein funktionierendes Controllingsystem. Ganz wichtig für den Unternehmenserfolg ist das ergebnisorientierte Handeln aller Entscheidungsträger. Eine Organisationseinheit Controlling sollte vor allem die Instrumente und die Informationen bereitstellen. Gelebt werden muss die Philosophie von allen. Das setzt Information und Beteiligung voraus.

Dem Informationsbedarf über die laufende Entwicklung des Unternehmens wird durch ein aussagekräftiges Controlling-Informationssystem Rechnung getragen, das auch die Ergebnisse systematischer Betriebsvergleiche bereitstellt. Idealerweise leistet das Controlling im Rahmen eines Berichtswesens Hilfestellung bei der Interpretation der Daten. Verständnis für die unternehmerischen Wirkungszusammenhänge wird in den Controlling-Arbeitskreisen, in dem alle Führungskräfte vertreten sind, vermittelt. Zur Schaffung von Transparenz über die unternehmerischen Ziele und die strategische Ausrichtung wird in der LBS West unter anderem die Balanced Scorecard eingesetzt. Auf Basis einer so erzielten gemeinsamen strategischen Grundausrichtung wird der weitgehend dezentral angelegte Planungsprozess durchgeführt. Dieser beinhaltet die üblichen Instrumente, wie etwa die Budgetierung, die Einjahres- und die Langfristplanung mit einem Planungshorizont von fünf – und bezüglich der Kollektiventwicklung – sogar zehn und mehr Jahren.

Information und Beteiligung sind bisweilen zeitraubend und kostspielig. Aber ohne diese beiden Faktoren entfaltet wohl kein Controllingsystem seinen vollen Nutzen.

Stichwortverzeichnis

O

P

Q

R